GESCHICHTE DER DEUTSCHEN EINHEIT

*BAND 4*

Außenpolitik für die
deutsche Einheit

GESCHICHTE DER DEUTSCHEN EINHEIT
IN VIER BÄNDEN

---

Band 1

Karl-Rudolf Korte
DEUTSCHLANDPOLITIK
IN HELMUT KOHLS KANZLERSCHAFT

Band 2

Dieter Grosser
DAS WAGNIS
DER WÄHRUNGS-, WIRTSCHAFTS-
UND SOZIALUNION

Band 3

Wolfgang Jäger
DIE ÜBERWINDUNG DER TEILUNG

Band 4

Werner Weidenfeld
AUSSENPOLITIK
FÜR DIE DEUTSCHE EINHEIT

GESCHICHTE DER DEUTSCHEN EINHEIT

BAND 4

Werner Weidenfeld
mit Peter M. Wagner und Elke Bruck

# Außenpolitik für die deutsche Einheit

Die Entscheidungsjahre
1989/90

DEUTSCHE VERLAGS-ANSTALT STUTTGART

Die Deutsche Bibliothek – CIP-Einheitsaufnahme

**Geschichte der deutschen Einheit** : in vier Bänden. –
Stuttgart : Deutsche Verlags-Anstalt
Bd. 4. Weidenfeld, Werner: Außenpolitik
für die deutsche Einheit. – 1998
**Weidenfeld, Werner:**
Außenpolitik für die deutsche Einheit :
Die Entscheidungsjahre 1989/90 / Werner Weidenfeld.
In Zusammenarbeit mit Peter M. Wagner und Elke Bruck. –
Stuttgart : Deutsche Verlags-Anstalt, 1998
(Geschichte der deutschen Einheit ; Bd. 4)
ISBN 3-421-05093-7

©1998 Deutsche Verlags-Anstalt GmbH, Stuttgart
Alle Rechte vorbehalten
Abbildungen: Bundesbildstelle, Bonn, außer Abb. 4, 5, 7, 18, 24, 28 (dpa)
Satz: Typomedia Satztechnik GmbH, Ostfildern
Druck und Bindearbeit: Kösel, Kempten
Printed in Germany
ISBN 3-421-05093-7

# INHALT

### PROLOG: DIE MAUER FÄLLT
### Seite 9

Eingeschränkte Souveränität ..................................... 16

### IMPROVISATION ALS STAATSKUNST
### Seite 21

Kohls abendliche Telefondiplomatie ............................. 21
Zwischen Interesse und Emotion ................................ 33
Moskaus Suche nach neuen Partnern ........................... 42
Primat des Gleichgewichts ....................................... 54
Londons Angst vor einem neutralen Deutschland ................ 69

### AUF DER SUCHE NACH EINER KONZEPTION
### Seite 75

Zwischen Annäherung und Zweistaatlichkeit ..................... 75
Frostiges Gipfel-Klima .......................................... 88

### EINE IDEE WIRD PROGRAMM
### Seite 97

Helmut Kohl will aus der Defensive heraus ...................... 97
Zwischen Schulterschluß und kritischer Distanz ................. 111
Die Alliierten zwischen Ärger und Akzeptanz .................... 117

## DIPLOMATIE IM ZEICHEN DES STATUS QUO
### Seite 135

Dissens um Frankreichs EG-Fahrplan .......................... 135
Osteuropäische Initiativen ..................................... 153
»Der Zeit ihre Zeit lassen« .................................... 164

## ZWISCHEN ALLEN STÜHLEN
### Seite 175

Bush demonstriert den Schulterschluß mit Kohl ................ 175
Die Vier Mächte melden sich zurück ........................... 179
Eine »neue Architektur für eine neue Zeit« ................... 186
Gorbatschows Sorgen und Schewardnadses Warnschuß ............. 192
Die Wende in der Wende: Kohl in Dresden ...................... 201

## RINGEN UM DEN BESTEN WEG
### Seite 209

Kohl wartet ab ................................................ 211
Moskau will weitere Vier-Mächte-Treffen ...................... 215
»Zwei-plus-Vier« oder »Vier-plus-Zwei«? ...................... 222
Gorbatschow empfängt Kohl: »Nichts ohne Sie!« ................ 234

## SYNCHRONISATIONSVERSUCHE DES WESTENS
### Seite 255

Warnungen von der Hardthöhe ................................... 255
Bush, Baker und Kohl legen sich fest .......................... 264
Der Widerspenstigen Zähmung ................................... 276
»Zwei-plus-Vier« – Die Formel bekommt einen Inhalt ........... 290

## DIE NEUEN PARTNER SUCHEN IHRE LINIE
Seite 299

Bonn setzt auf Beruhigung ........................................ 300
Umstrittene NATO-Mitgliedschaft ............................. 308
Für Artikel 23, aber Zweifel in der Bündnisfrage .................... 315
Warten auf Entscheidungen von oben ............................. 337


## TANDEM AUSSER TRITT
Seite 347

Hinter den Kulissen: Einsicht in Unausweichliches ................. 349
Eskalation bilateraler Spannungen ................................ 356


## EUROPÄISCHES RAHMENPROGRAMM
Seite 383

»Sonderfall« Ostdeutschland ..................................... 383
Aufbruch zur Politischen Union .................................. 404


## GROSSE ENTWÜRFE UND KLEINE ERFOLGE
Seite 425

Nur wenig Bewegung im Sechser-Kreis ........................... 427
Bilaterales Herantasten an den Lösungsweg ....................... 445


## DIE GRÖSSTEN HÜRDEN
Seite 479

Disput um die polnische Westgrenze ............................. 479
»Die Frage der Fragen« .......................................... 510

## DIE UDSSR NENNT IHREN PREIS
Seite 529

»Noch kein Durchbruch zu erwarten« .......................... 529
Eine Frage des Stils und des Vertrauens ........................ 547

## HOCHSPANNUNG BIS ZULETZT
Seite 567

Polen lenkt in der Grenzfrage ein ............................... 568
Moskau schiebt weitere Forderungen nach ..................... 577
Umstrittene Details bedrohen den Erfolg ....................... 590
Letzte Feinarbeiten für Deutschlands Souveränität ............. 606

## FAZIT
Seite 621

Das präzisere Bild ............................................... 623
Rahmenbedingungen politischen Handelns ...................... 627
Steuerung durch Sprache ......................................... 629
Innenpolitisch getriebenes Tandem ............................... 634
Überall ist Oggersheim – Männerfreundschaften in der Politik .. 638
Eine neue Stabilität .............................................. 640

## ANHANG
Seite 643

Beschreibung der Aktenlage ...................................... 645
Anmerkungen ..................................................... 649
Dank .............................................................. 861
Interviews ........................................................ 862
Literaturverzeichnis .............................................. 865
Chronologie ...................................................... 920
Abkürzungsverzeichnis ........................................... 932
Personenregister ................................................. 935
Sachregister ..................................................... 946

# PROLOG:
## DIE MAUER FÄLLT

»Herr Bundeskanzler, im Augenblick fällt gerade die Mauer!« Ein begeisterter Eduard Ackermann bestätigte Helmut Kohl, was dieser kurz zuvor seinem Pressesprecher Hans Klein nicht hatte glauben wollen. Nach dem schnellen Ende des Festbanketts im Palast des polnischen Ministerrates in Warschau hatte Kohl sich deshalb selbst telefonisch in Bonn rückversichert.[1] Was dem Kanzler am frühen Abend des 9. November 1989, unmittelbar vor seiner Abfahrt vom Gästehaus der polnischen Regierung, von Kanzleramtsminister Rudolf Seiters aus Bonn als Ankündigung des SED-Politbüros mitgeteilt worden war, wurde nun auch für ihn zur Tatsache: Die Berliner Mauer – in ihrer Undurchlässigkeit *das* Symbol für die europäische Nachkriegsordnung, die damit verbundene deutsche Teilung und den SED-Staat – hatte ihre zentrale Aufgabe verloren. Unter den Augen von Grenzsoldaten strömten Zehntausende aus dem Osten der geteilten Stadt ungehindert nach Westen, wo sie von jubelnden Landsleuten empfangen wurden.

Der Fall der Mauer bedeutete den Höhepunkt jener Revolution der Rahmenbedingungen europäischer Politik, die mit den Aktivitäten der polnischen Gewerkschaftsbewegung »Solidarität« in den frühen achtziger Jahren ihren Anfang genommen hatte.[2] In den unter Michail Gorbatschow zunächst in der Sowjetunion, dann in immer weiteren Teilen des Ostblocks angeregten und geduldeten Reformen hatte sich diese Revolution fortgesetzt – und im Frühsommer 1989 schließlich auch die DDR erreicht. Die wachsende Unzufriedenheit der DDR-Bevölkerung mit ihren Lebensumständen und Regierenden, der friedliche Protest und die anhaltende Massenflucht Hunderttausender bewirkten letztlich den Zusammenbruch des Grenzregimes. Die über Jahrzehnte tödliche Trennlinie zwischen den Deutschen in Ost und West wurde von den Machthabern unter dem Druck der freiheitssuchenden Menschen unter chaotischen Bedingungen aufgegeben.

Helmut Kohl und seine hochrangige Delegation wurden von dieser Entwicklung in Warschau völlig überrascht. Am Morgen desselben Tages hatte Innenminister Wolfgang Schäuble in einer kurzen Sitzung des Bundeskabinetts noch ausführlich über die Flüchtlingsproblematik berichtet; die Mauer war in der Ministerrunde aber kein Thema gewesen.[3] Nun war aus den von der Bundesregierung erhofften Reiseerleichterungen für die Menschen in der DDR die Öffnung der innerdeutschen Grenze geworden – und der bereits im Vorfeld mit Mißverständnissen und innerdeutschen Streitigkeiten belastete Besuch in Polen von zusätzlichen Problemen beschwert. Wie sollte Kohl auf die neue Situation reagieren? In ganz Europa werde genau beobachtet, ob die Deutschen aus ihrer

Geschichte gelernt hätten und »welche Sprache sie sprechen«, mahnte er im Anschluß an das Festbankett die in einem Warschauer Hotel wartenden Journalisten. Zugleich verkündete er aber: »Jetzt wird Weltgeschichte geschrieben.«[4] Das »Rad der Geschichte« drehe sich nunmehr schneller – und Kohl fühlte sich dabei sichtlich unsicher. Angesichts der Ereignisse in Ost-Berlin, so sein Eindruck, war er in Warschau am falschen Ort. Daß Konrad Adenauer nach dem Mauerbau am 13. August 1961 nicht sogleich nach Berlin geflogen war, sondern in Augsburg seinen Wahlkampf fortgesetzt hatte, war ihm angesichts der Niederlage bei der darauffolgenden Bundestagswahl immer wieder vorgehalten worden. Einen derartigen Fehler wollte der ebenso geschichts- wie machtbewußte Helmut Kohl keinesfalls wiederholen, zumal er auch aus dem Kreis seiner Mitarbeiter zur Rückkehr nach Bonn aufgefordert wurde. Gleichzeitig war ihm allerdings bewußt, daß ein Abbruch des auf fünf Tage angelegten Besuchsprogrammes in Polen einen nur schwer wiedergutzumachenden Affront gegenüber den Gastgebern und großen Schaden für den von ihm angestrebten deutsch-polnischen Versöhnungs- und Annäherungsprozeß bedeuten konnte.

Bereits beim Abendessen hatte er angesichts der Entwicklungen in Berlin gegenüber Ministerpräsident Tadeusz Mazowiecki laut mit dem Gedanken gespielt, den Besuch zu unterbrechen, ohne daß der polnische Gastgeber widersprach. Kohl stimmte deshalb nicht in das Gelächter vieler Journalisten ein, als Gisbert Kuhn, einer der zahlreichen nach Warschau mitgereisten Bonner Korrespondenten, ihm beim mitternächtlichen Pressegespräch vorschlug, den Besuch »nicht abzubrechen, sondern nur zu unterbrechen«[5]. Öffentlich äußern wollte sich Kohl aber noch nicht, zu spärlich flossen neue Informationen aus Bonn und Berlin an die Weichsel. Statt dessen sprach er von »Güterabwägung« und der notwendigen Rücksicht auf die Gefühle der polnischen Gastgeber.

Den ganzen Abend über und bis tief in die Nacht telefonierte der Kanzler immer wieder mit Eduard Ackermann, seinem zuständigen Abteilungsleiter für Öffentlichkeitsarbeit, und Kanzleramtsminister Rudolf Seiters in Bonn und beriet sich mit seinen Mitarbeitern vor Ort. Gegenüber den rund 200 deutschen Journalisten gab Kohl sich nüchtern: Die Lage sei dramatisch, doch müsse man – und hier verwies der Kanzler explizit auf den disziplinierten Protest der DDR-Bevölkerung – nun ruhig reagieren. Betont deutlich sprach Kohl nicht nur von Deutschland und der Mauer, sondern bezog immer wieder Polen, Ungarn und die Sowjetunion in seine Antworten auf die zahlreichen Fragen der Journalisten ein.

Die endgültige Entscheidung fiel schließlich lange nach Mitternacht, im Anschluß an ein Gespräch mit Außenminister Hans-Dietrich Genscher. Der FDP-Parteivorsitzende Otto Graf Lambsdorff hatte bereits öffentlich erklärt, der Platz der Regierungsspitze sei jetzt »in Bonn und nicht bei touristischen Sehenswürdigkeiten«.[6] Kohl beschloß, an diesem 10. November den ersten Teil des Besuchsprogrammes zunächst wie geplant fortzusetzen. Um 17 Uhr wollte er dann nach Bonn zurückfliegen, wo bereits Telefonate und Gespräche mit den wichtigsten politischen Partnern, Verbündeten und Beratern sowie für den Samstagmorgen eine außerordentliche Kabinettsitzung geplant waren. Dies teilte er seinen Mitarbeitern morgens gegen 7.30 Uhr mit; kurz darauf wurden die polnischen Gastgeber über die neuen Pläne informiert.

Parallel dazu lief das offizielle Besuchsprogramm zunächst weiter nach Plan:[7] Der Kanzler legte Kränze am Grabmal des unbekannten Soldaten, am Nike-Denkmal für die Warschauer Kriegstoten und schließlich auch am Ghetto-Mahnmal nieder. Während ein Überlebender des Aufstands von 1943 von seinen Erlebnissen berichtete, ließ Kohl die mitgereisten Politiker, Wirtschaftsvertreter und Journalisten in der Nähe zusammenrufen, um sie über seinen Entschluß zur Unterbrechung des Besuches zu informieren. Dringend bat er darum, daß ihn nur Regierungsmitglieder zu der Sondersitzung des Bundeskabinetts begleiten sollten; alle anderen Delegationsteilnehmer forderte er auf, durch ihren Verbleib in Warschau den außenpolitischen Schaden der Unterbrechung so gering wie möglich zu halten.

Als Kohl zu Beginn des Gesprächs der beiden Delegationen ankündigte, daß er seinen Besuch für einen Tag unterbrechen und nach Deutschland zurückfliegen werde, zeigte Mazowiecki Verständnis. Dies änderte sich allerdings, als Kohl anschließend gegenüber dem Ministerpräsidenten erklärte, sein Abflug werde vorgezogen, da er bereits am Nachmittag in Berlin sein müsse. Das für 13.45 Uhr geplante Gespräch mit Präsident Jaruzelski müsse deshalb auf die Zeit nach seiner für Samstagnachmittag geplanten Rückkehr nach Warschau verschoben werden.[8] Mazowiecki war nachdrücklich gegen diese neuerliche Änderung des Programms, lenkte nach einem Telefonat mit dem Präsidenten aber ein. Den Ausschlag für die kurzfristige Vorverlegung des Rückflugs hatten die neuesten Nachrichten aus Bonn gegeben. Für den frühen Abend war dort aus Anlaß der Maueröffnung eine Kundgebung der CDU vor der Gedächtniskirche angekündigt worden. Am Morgen hatte Kohl auch erfahren, daß bereits für den Nachmittag eine vom Berliner Senat organisierte Veranstaltung vor dem Schöneberger Rathaus geplant wurde, auf der er – ungefragt – als Redner auftreten sollte.[9] Da der Bundeskanzler daran teilnehmen wollte, mußte die Abflugzeit der Regierungsmaschine »Otto Lilienthal« noch einmal vorgezogen werden: Bereits um die Mittagszeit sollte das Besuchsprogramm unterbrochen werden, so daß Kohl kurz nach einer Kranzniederlegung am Grab eines unbekannten deutschen Soldaten auf dem Warschauer Nordfriedhof abfliegen konnte.

Mehr Verständnis für die heikle Lage der deutschen Gäste als Mazowiecki zeigte Polens Außenminister Krzysztof Skubiszewski.[10] Im Anschluß an eine erneute Begegnung mit seinem Amtskollegen Genscher, bei der auch die Möglichkeit der Wiedervereinigung angesprochen wurde, ließ er die polnische Regierungssprecherin Malgorzata Niezabitowska das Thema der Stunde öffentlich beim Namen nennen und gleichzeitig die dazugehörigen Vorstellungen der polnischen Regierung erläutern: Die aufgrund des Selbstbestimmungsrechtes

aller Völker mögliche deutsche Einheit betreffe auch deren Nachbarn und Verbündete. Bevor es zur Wiedervereinigung kommen könne, müßten deshalb drei Bedingungen erfüllt sein:
- Ein solcher Schritt müsse erstens dem Willen der Bevölkerung in der Bundesrepublik und der DDR entsprechen.
- Zum zweiten seien das Einverständnis und die Mitsprache der Vier Mächte notwendig. Die Frage einer deutschen Vereinigung müsse dann in einem gesamteuropäischen Rahmen diskutiert werden, in dem auch Garantien für die Sicherheitsbedürfnisse aller Staaten auf dem europäischen Kontinent zu finden seien.
- Drittens dürfe die Dauerhaftigkeit der deutsch-polnischen Grenze an Oder und Neiße zu keinem Zeitpunkt in Frage gestellt werden; die Wiedervereinigung müsse sich in den Grenzen der beiden deutschen Staaten abspielen.

Die polnische Regierungssprecherin sprach damit einmal mehr das zentrale Thema des Besuches an, das bereits in Mazowieckis Tischrede am Abend zuvor im Mittelpunkt gestanden hatte: Erst wenn das polnische Volk sich innerhalb seiner Grenzen sicher fühle, könne es zu einer fruchtbaren Zusammenarbeit zwischen den beiden Völkern kommen. Und wenngleich weder der polnische Ministerpräsident noch sein Außenminister daran zweifelten, daß Kohl die bestehende Grenze zwischen Deutschland und Polen als endgültig ansah, so sorgten unterschiedliche Argumentationsweisen in öffentlichen Äußerungen von Bundeskanzler Kohl und Außenminister Genscher doch für Verunsicherung[11]: Während Kohl, in seiner Regierungserklärung vom 8. November ebenso wie anschließend in Polen, sich stets nur auf den ersten Teil der Entschließung des Bundestags zur polnischen Westgrenze bezogen hatte, in dem die Vertragstreue der Bundesrepublik – auch gegenüber allen Teilen des Warschauer Vertrages – bekräftigt wurde, war Genscher bereits deutlich weitergegangen. Er wiederholte immer wieder seine zuletzt am 27. September 1989 vor der UNO-Vollversammlung in New York verwendeten Formulierungen, die den zweiten Teil der Bundestagsentschließung vom 8. November 1989 bildeten: »Das polnische Volk ist vor 50 Jahren das erste Opfer des von Hitler-Deutschland vom Zaune gebrochenen Krieges geworden. Es soll wissen, daß sein Recht, in sicheren Grenzen zu leben, von uns Deutschen weder jetzt noch in Zukunft durch Gebietsansprüche in Frage gestellt wird. Das Rad der Geschichte wird nicht zurückgedreht. Wir wollen mit Polen für ein besseres Europa der Zukunft arbeiten. Die Unverletzlichkeit der Grenzen ist Grundlage des friedlichen Zusammenlebens in Europa.« Dieser Position stand nach Ansicht der polnischen Politiker das Verhalten des Bundeskanzlers entgegen, der ebenso wie zuletzt in seiner Regierungserklärung vom 8. November im Kontext der Grenze stets auf den noch ausstehenden Friedensvertrag verwies. Sein im Zusammenhang mit der deutsch-polnischen Grenze formulierter Satz: »Jeder von uns weiß, daß wir noch keinen Friedensvertrag haben«, beunruhigte seine polnischen Gesprächspartner, die auf eine eindeutige Aussage des Kanzlers zur Endgültigkeit der Grenze warteten.

Neben diesen politischen Grundsatzproblemen bereiteten der deutschen Delegation um die Mittagszeit des 10. November 1989 jedoch vor allem organisatorische Fragen Kopfzerbrechen[12]: Alliierte Vorbehaltsrechte standen einem direkten Flug der Kanzlermaschine von Warschau nach Berlin entgegen. Nur Flugzeuge der westlichen Alliierten durften bestimmte Luftkorridore über der DDR benutzen; auch ein Umsteigen aus der Luftwaffenmaschine in ein ziviles deutsches Fluggerät hätte in dieser Situation nicht weitergeholfen. Ein Anruf Horst Teltschiks, Abteilungsleiter für auswärtige Beziehungen im Kanzleramt, beim Botschafter der USA in Bonn, Vernon Walters, brachte schließlich die Lösung: Der US-Diplomat kümmerte sich darum, daß am Nachmittag ein amerikanisches Militärflugzeug die kleine westdeutsche Delegation von Hamburg nach Berlin flog.

Einige Zehntausend erwarteten dort den Kanzler und seinen Außenminister vor dem Schöneberger Rathaus.[13] Mit Helmut Kohl, Hans-Dietrich Genscher und dem ehemaligen Bundeskanzler Willy Brandt sowie den Organisatoren, Berlins Regierendem Bürgermeister Walter Momper und dem Präsidenten des Westberliner Abgeordnetenhauses Jürgen Wohlrabe waren die wichtigsten Repräsentanten der führenden politischen Parteien, der Bundespolitik und West-Berlins auf dem überdachten Aufgang versammelt, deren Begrüßung durch die Zuschauer unterschiedlicher nicht hätte sein können. Tosender Jubel kam auf, als Genscher die ihm von Momper zugesteckte Namensliste neu geöffneter Grenzübergänge nach Ost-Berlin verlas; Jubel begleitete auch die Redebeiträge der SPD- und FDP-Politiker, während Helmut Kohl sich mit seiner im Flugzeug eilig konzipierten Rede kaum Gehör verschaffen konnte.

Bevor er jedoch, immer wieder unterbrochen von schrillen Pfeifkonzerten und Buh-Rufen, zu Wort kam, zog ihn Horst Teltschik noch einmal zur Seite. Der sowjetische Staats- und Parteichef Michail Gorbatschow hatte soeben über seinen Bonner Botschafter Julij Kwizinskij eine Botschaft an den Kanzler übermitteln lassen[14]: Gorbatschow erinnerte den Kanzler daran, daß die Entscheidung zur Öffnung der Grenze der neuen Führung der DDR nicht leichtgefallen sei, gleichwohl aber die tiefgehenden Veränderungen in Ostdeutschland dokumentiere. In schwerfälligem Politbüro-Jargon warnte der KPdSU-Chef davor, die Zweistaatlichkeit Deutschlands in Frage zu stellen: »Erklärungen aus der BRD, die vor diesem politischen und psychologischen Hintergrund abgegeben werden, die unter Losungen der Unversöhnlichkeit gegenüber der realen Existenz zweier deutscher Staaten Emotionen und Leidenschaften anheizen sollen, können kein anderes Ziel verfolgen, als die Lage in der DDR zu destabilisieren und die sich dort entwickelnden Prozesse der Demokratisierung und Erneuerung aller Bereiche des gesellschaftlichen Lebens zu untergraben.« Da Gorbatschow eine Eskalation der Ereignisse in Berlin befürchtete, wollte er den Kanzler zudem, wie bereits in einem Telefonat am 11. Oktober 1989 sowie in einer ebenfalls durch Kwizinskij übermittelten Nachricht nach der Abwahl Erich Honeckers als SED-Generalsekretär, zu Besonnenheit aufrufen.[15] Dieser solle alles tun, um eine »Komplizierung und Destabilisierung der Situation« zu verhindern.

Vergeblich versuchte Kohl anschließend, in einer aufgeladenen, dichten Atmosphäre gegen eine die Menge dominierende pfeifende und brüllende Minderheit anzureden, deren Lärm durch aufgebaute Rundfunkmikrofone noch verstärkt wurde. Wie er war zuvor bereits Willy Brandt sehr deutlich auf die sich abzeichnende Möglichkeit zur Vereinigung Deutschlands eingegangen[16]: »Jetzt wächst zusammen, was zusammen gehört. Jetzt erleben wir, und ich bin dem Herrgott dankbar dafür, daß ich dies miterleben darf: die Teile Europas wachsen zusammen«, verkündete Brandt. Gleichzeitig erklärte er aber, »keiner sollte jetzt so tun, als wüßte er ganz genau, in welcher konkreten Form die Menschen in den beiden deutschen Staaten in ein neues Verhältnis zueinander geraten werden.« Deutlich anders hatte sich zuvor Walter Momper geäußert: Nachdrücklich sprach das West-Berliner Stadtoberhaupt vom »Volk der DDR«; der 9. November sei »kein Tag der Wiedervereinigung, sondern ein Tag des Wiedersehens« gewesen. Vor allem an Deutschlands Nachbarn war Genschers anschließende Rede gerichtet: »Unsere Mitbürger in der DDR haben das Schicksal der Deutschen auf die Tagesordnung der internationalen Politik ganz oben angesetzt.« Einleitend hatte er – nach einer Würdigung der friedlichen Revolution in der DDR, der Betonung des Selbstbestimmungsrechtes der Deutschen und der Einheit der Nation sowie einer Absage an jegliche Bevormundung der Bevölkerung der DDR – ausdrücklich der sowjetischen Führung für ihre Zurückhaltung gedankt. An alle Nachbarn Deutschlands gerichtet, formulierte er den Wunsch der Deutschen, mit ihnen in Frieden zu leben, wiederholte seine Zusicherung, daß die deutsch-polnische Grenze jetzt und in Zukunft nicht in Frage gestellt würde und unterstrich die Verankerung der Bundesrepublik im Kreis der westlichen Demokratien.

Ebenso wie sein Vorredner und Koalitionspartner sprach sich auch Helmut Kohl für das Selbstbestimmungsrecht der Deutschen aus. Sehr viel deutlicher formulierte er aber die bevorstehenden Herausforderungen: »Es geht um Deutschland, es geht um Einigkeit und Recht und Freiheit. Es lebe ein freies deutsches Vaterland. Es lebe ein freies, einiges Europa!« Zuvor hatte er die Rolle der Alliierten positiv herausgestrichen: Dem Dank an Frankreich, Großbritannien und die Vereinigten Staaten von Amerika für ihre Freundschaft und Standfestigkeit während der vergangenen Jahrzehnte war eine Respektbekundung gegenüber Michail Gorbatschow für dessen Bekenntnis zum Selbstbestimmungsrecht der Völker gefolgt. Zugleich rief Kohl die DDR-Regierung zu weiteren Reformen, darunter vor allem das Recht auf freie, gleiche und geheime Wahlen, auf. Sollten sich die Ostdeutschen für einen solchen Weg entscheiden, stünde die Bundesrepublik mit Rat und Hilfe bereit, ihn gemeinsam »mit heißem Herzen und mit kühlem Verstand« zu gehen.

Im Anschluß an die friedliche, für den Kanzler sehr viel erfolgreichere und angenehmere CDU-Kundgebung vor der Kaiser-Wilhelm-Gedächtniskirche und einen Abstecher zum alliierten Kontrollpunkt Checkpoint Charlie – wo Kohl eines der von ihm so geschätzten Bäder in der Menge nehmen konnte – startete die Maschine der US-Air-Force gegen 20 Uhr mit Kohl und seiner Begleitung zum Flug nach Bonn. Auf seine Anweisung hin hatten seine Mitarbeiter dort bereits zahlreiche Telefontermine vereinbart.[17] So fand er auf seinem Schreibtisch einen Vermerk von Peter Hartmann, dem stellvertretenden Leiter der außenpolitischen Abteilung des Kanzleramtes: Bereits um 22 Uhr erwartete die britische Premierministerin Margaret Thatcher seinen Anruf, um 23 Uhr sollte das Gespräch mit US-Präsident George Bush stattfinden; der Termin mit dem französischen Staatspräsidenten François Mitterrand war für den darauffolgenden Tag um 9.15 Uhr angesetzt. In den Gesprächen wollte Kohl – ebenso wie im noch nicht organisierten Telefonat mit Michail Gorbatschow – die ersten Reaktionen dieser Politiker auf die neuen Rahmenbedingungen europäischer Politik erfahren und ihnen im Gegenzug die Haltung der Bundesregierung erläutern.

## Eingeschränkte Souveränität

Noch nicht einmal 24 Stunden waren vergangen, seit die Mauer gefallen war, Helmut Kohl seinen Staatsbesuch in Warschau unterbrochen und einen Abstecher nach Berlin gemacht hatte. Zurück in Bonn, bereitete er sich nun auf die ersten Gespräche mit ausländischen Staats- und Regierungschefs vor. Daß er diese Kontakte suchte, war nicht nur ein Akt der Höflichkeit gegenüber befreundeten Staaten, sondern vor allem sichtbares Zeichen der Rechtslage Deutschlands[18]: Angesichts der eingeschränkten Souveränität der beiden deutschen Staaten war die Regierung der Bundesrepublik Deutschland nur begrenzt selbständig handlungsfähig. Nach der bedingungslosen Kapitulation der deutschen Wehrmacht hatten die vier Siegermächte des Zweiten Weltkrieges – die USA, die Sowjetunion, Großbritannien und Frankreich – mit ihrer Erklärung vom 5. Juni 1945 zunächst die oberste Regierungsgewalt in Deutschland übernommen. Weite Teile der Souveränität wurden den beiden 1949 gegründeten deutschen Staaten bis Mitte der fünfziger Jahre zurückgegeben.[19] Die Rechte und Verantwortlichkeiten der Vier Mächte in bezug auf Deutschland als Ganzes und Berlin blieben allerdings bestehen. Wann immer in der Folgezeit Fragen anstanden, die Deutschland als Ganzes, die Beziehungen der beiden deutschen Staaten zueinander und Berlin angingen, waren die vier Siegermächte deshalb automatisch Verhandlungs- und Gesprächspartner der beiden deutschen Regierungen.

Wenn Helmut Kohl nun noch vor einer Sitzung des Bundeskabinetts mit George Bush, Michail Gorbatschow, François Mitterrand und Margaret Thatcher sprechen wollte, dann zollte er damit auch der eingeschränkten deutschen Souveränität Tribut. Selbst nach der Revolution der Rahmenbedingungen gehörte »die deutsche Frage nicht den Deutschen allein«[20]. Wie unter einem Brennglas wurde so innerhalb der ersten 24 Stunden nach dem Fall der Mauer Deutschlands Rechtslage ebenso deutlich wie weitere Bestimmungsfaktoren und Konstellationen der Deutschlandpolitik. Sie prägten entscheidend den Verlauf der kommenden 329 Tage[21], die mit der deutschen Einheit ein zu diesem Zeitpunkt noch nicht erwartetes Ergebnis bringen sollten.

### *Die internationale Einbindung der deutschen Frage*

– Obwohl dies im Alltag kaum sichtbar war, unterlag die deutschlandpolitische Handlungsfähigkeit der Bundesregierung selbst in Kleinigkeiten äußeren Einflüssen und Grenzen. Exemplarisch hierfür waren die logistischen Probleme von Kohl, Genscher und ihrer Delegation auf dem Weg nach Berlin: Nur mit einem Flugzeug der amerikanischen Luftwaffe konnten sie dorthin kommen, da der westdeutschen Regierungsmaschine die Route über die DDR versperrt war.

– Mit Massenflucht und friedlichen Demonstrationen hatte die Bevölkerung der DDR die deutsche Frage wieder ins allgemeine Bewußtsein gebracht. Kohls Kontaktsuche zu den Staats- und Regierungschefs der Vier Mächte zeigte sofort den existierenden deutschlandpolitischen Rahmen: Ohne Unterstützung, zumindest aber Duldung der Vier Mächte war jede substantielle Veränderung in den deutsch-deutschen Beziehungen undenkbar. Selbst wenn zu diesem Zeitpunkt noch niemand an die Vereinigung dachte, so waren doch alle substantiellen Veränderungen des Status quo außenpolitischen Beschränkungen unterworfen. Die alliierten Vorbehaltsrechte sicherten den Regierungen der USA, der UdSSR, Großbritanniens und Frankreichs entscheidenden Einfluß bei allen Fragen zu, die Deutschland als Ganzes und Berlin betrafen.
– Die erste Reaktion des polnischen Außenministers Skubiszewski auf den Fall der Mauer hatte deutlich gemacht, daß die deutsche Frage neben der Bundesrepublik Deutschland und der DDR zumindest auch diesen Nachbarn betraf: Neben dem Selbstbestimmungsrecht und der Beteiligung der Vier Mächte würde ebenso die Frage der polnischen Westgrenze auf dem Weg zur Herstellung der deutschen Einheit eine wichtige Rolle spielen.
– Die Teilung Deutschlands war auch Ergebnis der Nachkriegspolitik in Europa. Nur im gesamteuropäischen Rahmen und unter Berücksichtigung der Sicherheitsinteressen aller Nachbarn war die Teilung zu beenden. Es mußte deshalb damit gerechnet werden, daß viele europäische Staaten bei tiefgreifenden Veränderungen am deutsch-deutschen Verhältnis den Wunsch nach Mitsprache ebenso anmelden würden, wie Skubiszewski dies am 10. November bereits getan hatte. Die deutsche Frage war, wie einige der Redner bei den Kundgebungen in West-Berlin betont hatten, untrennbar mit der internationalen Politik verbunden.
– Bereits in ihren ersten öffentlichen Stellungnahmen zu den jüngsten Entwicklungen hatten Kohl und Genscher die feste Verwurzelung der Bundesrepublik im Westen betont. Unter Berufung auf Konrad Adenauer wurde Helmut Kohl auch in der Folgezeit nicht müde zu bekräftigen, daß die deutsche Einheit und die europäische Integration zwei Seiten derselben Medaille seien. Dieser Satz stand nun vor seiner Wahrheitsprobe, da der Westen in jeder Annäherung der Bundesrepublik an die DDR zugleich die Gefahr eines Abrückens von der westlichen Gemeinschaft sehen mochte.
– Die von Kohl und Genscher gleichermaßen beschworene Verwurzelung der Bundesrepublik Deutschland innerhalb der westlichen Demokratien hatte neben der Europäischen Gemeinschaft auch einen transatlantischen Anker: die NATO-Mitgliedschaft der Bundesrepublik. Angesichts der Zugehörigkeit der DDR zum Warschauer Pakt manifestierten sich in der Bündnisfrage zugleich die ideologischen und politischen Gegensätze zwischen Ost und West. Die Unvereinbarkeit der beiden Militärbündnisse drohte zum unüberwindbaren Hindernis für eine Annäherung der beiden deutschen Staaten zu werden.

## Aktuell-politische Ausgangsbedingungen

- Die ersten Reaktionen zweier wichtiger Partner der Bonner Außenpolitik zeigten den guten Stand der bilateralen Beziehungen. Die USA als der zentrale Verbündete im Westen ermöglichten es der deutschen Delegation, durch die Bereitstellung eines Luftwaffen-Flugzeugs rechtzeitig nach Berlin zu kommen; Gorbatschows gutes Verhältnis zu Kohl manifestierte sich darin, daß er – zwar zur Besonnenheit mahnend, aber ohne den drohend-aggressiven Unterton früherer Äußerungen sowjetischer Generalsekretäre – den schnellen und direkten Kontakt zu Kohl suchte.
- Die ungewisse Informations- und Nachrichtenlage am Abend des 9. November 1989 sollte symptomatisch für die kommenden Wochen und Monate sein. Unkonventionelle, kurzfristige Entscheidungen und ungewöhnliche Ideen – wie die Unterbrechung des Besuches in Polen – waren gefragter denn je. Hinzu kam der Zeitdruck der deutschen Delegation auf dem Weg von Warschau nach Berlin, der in den kommenden Wochen und Monaten anhielt. Kurzfristig auftauchende Chancen mußten genutzt, der »Mantel der Geschichte« ergriffen werden, wie Kohl und Gorbatschow im Sommer 1990 – kurz vor dem letzten Durchbruch auf dem Weg zur deutschen Einheit – übereinstimmend feststellen sollten.[22]
- Unterschiede in Grundeinstellungen, Temperament und Politikstil führender Bonner Politiker und ihrer Parteien wurden bereits bei der Kundgebung in Berlin deutlich vor Augen geführt. Obwohl beispielsweise Helmut Kohl und Hans-Dietrich Genscher unzweifelhafte Befürworter der deutschen Einheit waren, unterschieden sie sich doch im Duktus ihrer Reden. So sprach Kohl eher pathetisch bereits vom freien und einigen Vaterland sowie einem freien und einigen Europa, während Genscher in seinen stärker an das Ausland gerichteten Ausführungen vieles offen ließ. Konfliktlinien innerhalb der Opposition zeigten sich in den Personen von Brandt und Momper, von denen der eine vom »Zusammenwachsen«, der andere aber vom »Volk der DDR« und ausdrücklich nur von »Wiedersehen« und nicht »Wiedervereinigung« sprach. Bereits am 10. November 1989 in Berlin wurden ein Generationenkonflikt und damit zusammenhängende deutschlandpolitische Meinungsverschiedenheiten in der SPD deutlich[23], die bis zuletzt weder eine einheitliche Linie noch ein schlüssiges Konzept erreichen konnte.
- Während im Westen Politiker das Geschehen bestimmten, wurden in der DDR die Ereignisse von der Bevölkerung vorangetrieben. Sie hatte für einen inneren Druck gesorgt, der zur chaotischen und so nicht geplanten Grenzöffnung geführt hatte. Eine Steuerung der Prozesse durch die Regierung war zu diesem Zeitpunkt ebensowenig erkennbar wie nach den ebenfalls von den Menschen erzwungenen ersten freien Volkskammerwahlen im Frühjahr 1990. »Es geschah mit uns. Wie auf einem reißenden Fluß sind wir da runtergeschwommen. Wir waren vielleicht ganz kluge Steuerleute, die also

aufgepaßt haben, daß wir nicht rechts und links an die Felswände anschlagen und daß wir dann irgendwann das breite Fahrwasser wieder erreicht haben, wo es ruhiger wird. Aber der Rest war Naturereignis«, sollte der erste freigewählte und zugleich letzte Ministerpräsident der DDR, Lothar de Maizière, diese Entwicklung später charakterisieren.[24]

Die außenpolitischen Wege in diesem Fahrwasser zur deutschen Einheit stehen im Mittelpunkt der folgenden Untersuchung. Am Abend des 10. November 1989 ahnten weder die Redner bei der Berliner Kundgebung noch ihre Adressaten, wie sich die Dinge weiterentwickeln würden.

# IMPROVISATION
# ALS STAATSKUNST

Zum Auftakt seines Telefonats mit der britischen Premierministerin Margaret Thatcher am Abend des 10. November 1989 umging Helmut Kohl zunächst das Thema der Stunde[1]: Die polnische Regierung benötige unbedingt eine klare Geschäftsgrundlage für ihre Finanz- und Wirtschaftspolitik. Es sei deshalb dringend notwendig, daß die Verhandlungen des Landes mit dem Internationalen Währungsfonds (IWF) Ende November, spätestens aber Anfang Dezember abgeschlossen werden könnten. Wenn Margaret Thatcher den Vertreter ihres Landes beim IWF beauftragen könne, sich für eine Beschleunigung der Gespräche einzusetzen, dann wäre dies sehr hilfreich, versicherte Kohl. Die wirtschaftliche Situation in Polen sei schwierig, doch gebe sich die – allerdings etwas unerfahrene – polnische Führungsmannschaft sehr viel Mühe. Es sei deshalb wichtig, daß man in Warschau die Unterstützung des Westens spüre, warb der Kanzler und kündigte an, er werde der Premierministerin nach Abschluß seines Besuches in Polen einen ausführlichen Brief mit detaillierten Vorschlägen zum weiteren Vorgehen schicken.

## Kohls abendliche Telefondiplomatie

Das Gespräch mit der britischen Premierministerin war das erste einer ganzen Reihe von Telefonaten mit ausländischen Staats- und Regierungschefs, mit denen Kohl sich in den kommenden zwölf Stunden über den Fall der Mauer, dessen unmittelbare Folgen und die neue politische Situation unterhalten wollte. Noch während er um die Mittagszeit nach Unterbrechung seines Besuches in Warschau über Hamburg nach Berlin und von dort am Abend direkt zurück nach Bonn geflogen war, hatten seine Mitarbeiter der Abteilung 2 des Bundeskanzleramtes »Auswärtige und innerdeutsche Beziehungen; Entwicklungspolitik; äußere Sicherheit« bereits die Gesprächstermine vereinbart. Alle Vorbereitungen waren mittlerweile abgeschlossen, so daß nun an weiteren Telefonapparaten eine Dolmetscherin und ein Protokollant bereitsaßen.[2]

## Thatcher: »Ein großer Tag für die Freiheit«

Margaret Thatcher zeigte sich gegenüber den Wünschen des Bundeskanzlers bezüglich einer Kredithilfe für Polen entgegenkommend. Zügig kam sie dann auf die Entwicklungen in der DDR zu sprechen, die sie im Verlauf des Tages bereits in Übereinstimmung mit fast allen öffentlichen Reaktionen in Großbritannien begrüßt hatte.[3] Ganz ausdrücklich hatte sie den Tag der Maueröffnung als einen »großen Tag für die Freiheit« bezeichnet, zugleich aber im Rundfunk vor einem zu schnellen Wandel in Osteuropa und zu hohen Erwartungen an die Veränderungen in der DDR gewarnt. Ähnlich äußerte sich Thatcher nun gegenüber Kohl: Sie habe viele der teilweise historischen Szenen, die sich jetzt dort abspielten, im Fernsehen verfolgt. Ihrer Ansicht nach komme es nun vor allem darauf an, daß eine wirklich demokratische Regierung gebildet werde. Kohl stimmte dem zu und ging dann auf seine Erlebnisse in Berlin ein. Unter den Hunderttausenden dort herrsche eine unvorstellbare Stimmung. Er selbst habe zwei Kundgebungen besucht, wobei an der zweiten, veranstaltet von der Berliner CDU, zwischen 120 000 und 200 000 Menschen teilgenommen hätten.

Das System der DDR sei in seinen Grundfesten getroffen, doch wisse im Augenblick niemand, wie es weitergehe. In der Führung gebe es zwei Gruppen: Die Mehrheit wolle weitermachen, ohne politischen Pluralismus zuzulassen; das andere Lager sei bereit, sich an den Veränderungen in Ungarn und Polen zu orientieren. Daß es ohne Pluralismus in der DDR nicht weitergehe, wolle er auch dem außerordentlich beunruhigten Gorbatschow in einem Telefongespräch deutlich machen. Nur wenn sich die Dinge – darunter vor allem die wirtschaftlichen Verhältnisse – grundlegend änderten, könne in der DDR wieder Ruhe einkehren. Die nächsten sechs Wochen würden sehr wichtig werden. Sollte die Entwicklung einen dramatischen Verlauf nehmen, werde er sofort mit der britischen Premierministerin Kontakt aufnehmen, erklärte Kohl, der zugleich zusicherte, daß von Bonn aus alles getan werde, um einen dramatischen Akzent zu vermeiden. Skeptisch reagierte er auf Thatchers Frage, ob die Regierenden in Ost-Berlin von irgend jemandem einen Rat annehmen würden, sei es nun vom Bundeskanzler selbst oder aber aus Polen oder Ungarn. Er glaube nicht, daß die DDR-Führung dazu bereit sei, schließe aber nicht aus, daß sich dies ändern könne. Er habe Egon Krenz, als dem Nachfolger Erich Honeckers, bereits am Telefon empfohlen, sich an den Reformpolitikern in Warschau und Budapest ein Beispiel zu nehmen. Bevor Margaret Thatcher sich nach gut einer halben Stunde mit Grüßen an die Regierenden in Warschau verabschiedete, schlug sie ein halbtägiges Treffen in Bonn oder London vor und bot – wie bereits Christopher Mallaby bei einem morgendlichen Treffen der Bonner Westmächte-Botschafter mit Kanzleramtsminister Rudolf Seiters – britische Unterstützung bei der Bewältigung des Übersiedlerstromes an. Kohl versicherte, daß er die Premierministerin in jedem Fall erneut anrufen werde. Dann könne man auch über ein persönliches Treffen sprechen.

## Anerkennung von George Bush

Die Bitte um Unterstützung der polnischen Anliegen gegenüber dem IWF und eine Schilderung der Lage in Polen stellte Helmut Kohl auch an den Beginn des anschließenden Gesprächs mit US-Präsident George Bush.[4] Die neue Regierung in Warschau sei mit sehr guten Leuten besetzt – vielleicht ein bißchen zu idealistisch und zu wenig professionell, da viele von ihnen ja noch vor kurzem im Gefängnis gesessen hätten. Klar sei aber, daß man der neuen Regierung nun helfen müsse und daß dies beispielsweise konkret durch eine Beschleunigung der IWF-Verhandlungen erreicht werden könne. Er habe eigentlich keine weiteren Fragen zu Polen, sei aber sehr daran interessiert, Kohls Beurteilung der Ereignisse in der DDR zu hören, erwiderte der US-Präsident, der auch auf sein bevorstehendes Gipfeltreffen mit Michail Gorbatschow hinwies.

George Bush war am Nachmittag des 9. November im Rahmen einer seit langem angesetzten Unterrichtung von Geheimdienstmitarbeitern über die rasanten Entwicklungen in Osteuropa informiert worden.[5] Ein Berater hatte seine Ausführungen mit dem Hinweis auf die soeben angekündigten neuen Reisegesetze der DDR begonnen und erklärt, die Dinge bewegten sich derzeit so schnell, daß er alleine auf der Fahrt von seinem Büro ins Weiße Haus dreimal seine Notizen habe zerreißen und neu schreiben müssen. Später hatte der Präsident dann die Öffnung der Berliner Mauer im Fernsehen *live* mitverfolgt. Doch ausgerechnet er, der bereits im Sommer 1989 – so früh wie kein zweiter führender ausländischer Politiker – die Möglichkeit einer Vereinigung der beiden deutschen Staaten begrüßt hatte, wirkte nun in der Öffentlichkeit zögerlich und spröde: »Ich werde nicht auf der Mauer tanzen«, hatte er wartenden Journalisten in einer ersten Reaktion verkündet. Zu dünn war ihm der Informationsfluß aus Berlin und zu groß die Gefahr einer grundlegenden Verärgerung der Sowjetunion mit unvorhersehbaren Konsequenzen, als daß er angesichts der sensiblen Entwicklungen in unkontrollierte Sieger-Euphorie verfallen wollte.[6]

Er werde dafür sorgen, erklärte Präsident Bush nun auch dem Kanzler am Telefon, daß niemand aus seiner Regierung in eine exzessive Rhetorik verfalle. Dies könne der ganzen Entwicklung nur schaden, waren sich beide einig. Allerdings, so Bush, wolle er mit Kohls Zustimmung gerne der Presse mitteilen lassen, daß sie miteinander telefoniert hätten und daß der Bundeskanzler die amerikanische Rolle ausgiebig gewürdigt habe. Diese Würdigung hatte Kohl zuvor mit warmen Dankesworten an die USA und einer ausführlichen Schilderung seiner Erlebnisse in Berlin verbunden. Dort gehe es zu wie auf einem riesigen Jahrmarkt. Kohl berichtete von den beiden Kundgebungen und warnte den Präsidenten: Die Fernsehbilder der Veranstaltung vor dem Schöneberger Rathaus zeigten nicht das richtige Berlin. Unter den dortigen Teilnehmern habe sich sehr viel »linker Pöbel« befunden. Demgegenüber habe auf der CDU-Kundgebung auf dem Kurfürstendamm, an der zwischen 120 000 und 200 000 Menschen teilgenommen hätten, eine »unglaublich gute Stimmung« geherrscht.

Überhaupt gehe es bei den Demonstrationen in der DDR, egal ob in Ost-Berlin, Leipzig oder Dresden, sehr friedlich, ernst und beeindruckend vernünftig zu.

Skeptisch zeigte Kohl sich bezüglich des Reformwillens der neuen DDR-Regierung. Krenz wolle zwar Reformen durchführen, doch liege die Grenze da, wo die Einparteienherrschaft der SED berührt werde. Genau dies würden die Menschen aber nicht akzeptieren, prophezeite Kohl. Die Öffnung der Mauer werde den Übersiedlerdruck zunächst nicht erhöhen. Wenn sich in den kommenden Wochen aber kein Licht am Ende des Tunnels zeige, dann würden die Menschen doch noch davonlaufen. Die katastrophalen Auswirkungen der Massenflucht sehe man schon jetzt, nachdem in diesem Jahr bislang 230 000 überwiegend jüngere Menschen in die Bundesrepublik übergesiedelt seien. Zum Abschluß der Unterredung kam Bush dann doch noch auf Kohls einleitende Anfrage bezüglich finanzieller Unterstützung für Polen zurück. Er werde die Bitte an Finanzminister Brady weiterleiten, versicherte er und wünschte dem Bundeskanzler, der sich für die Behandlung der bisherigen Vorgänge allergrößte Achtung verdient habe, weiterhin viel Erfolg.

### Mitterrand: Eine Stunde des Volkes

Ein ausführliches Gespräch mit François Mitterrand setzte die Reihe der Telefonate mit Vertretern der drei wichtigsten westlichen Verbündeten am frühen Samstagmorgen fort.[7] Der französische Staatspräsident hatte sich am Vortag zu einem Staatsbesuch in Dänemark aufgehalten, als ihn die Nachricht vom Fall der Mauer erreichte. Sein PR-Berater Jacques Pilhan legte ihm daraufhin nahe, sofort nach Berlin zu reisen. In einer ersten Stellungnahme hatte Mitterrand die Öffnung der Mauer begrüßt, zugleich aber darauf hingewiesen, daß diese Veränderung des bisherigen Gleichgewichts in Europa auch voller unabsehbarer Risiken und Schwierigkeiten sei. Wie in den Gesprächen mit Thatcher und Bush trug Kohl zunächst seine Bitte um Unterstützung der polnischen Anträge beim Internationalen Währungsfonds vor und kam dann nach einigen Minuten auf seine Eindrücke aus Berlin zu sprechen. Er warnte davor, die Fernsehbilder von der Kundgebung vor dem Schöneberger Rathaus für repräsentativ zu nehmen; dort habe leider ein Teil der chaotischen Linken das Bild beherrscht. Auf dem Kurfürstendamm gehe es hingegen zu wie beim französischen Nationalfeiertag am 14. Juli auf den Champs-Elysées. Überhaupt sei der gesamte Prozeß in der DDR nicht revolutionär, sondern evolutionär, versicherte Kohl.

Wie in den vorangegangenen Telefonaten ging Kohl ausführlich auf Größe und Verlauf der Berliner CDU-Kundgebung vom Vortag, den enormen Übersiedlerdruck seit Anfang des Jahres und seine Skepsis bezüglich des Reformwillens der neuen SED-Machthaber ein. Er betonte ausdrücklich, daß weder eine Destabilisierung der Lage in der DDR noch eine weitere Massenübersiedlung von Ostdeutschen in den Westen im Interesse der Bundesregierung liege. Dies wolle er Krenz bei einer möglichen Begegnung in etwa 14 Tagen ebenso selbst mitteilen wie die Bereitschaft zur wirtschaftlichen Hilfe, vorausgesetzt, es komme zu wirklichen Reformen. Er kündigte an, am 20. November einen Beauftragten zu Krenz zu schicken.

Auf jeden Fall werde er den französischen Präsidenten in der kommenden Woche noch einmal anrufen, bei einer Dramatisierung der Ereignisse auch früher, versicherte Kohl. Auf Mitterrands Einwurf, der Kanzler erlebe derzeit bewegende Stunden, erwiderte dieser, man sei ja als Politiker hartgesotten, doch gebe es Ereignisse, die man ein Leben lang nicht vergessen werde, und schilderte im weiteren seinen Besuch am Checkpoint Charlie in Berlin. Mitterrand bat Kohl, den Deutschen öffentlich seine besten Wünsche zu übermitteln. Dies sei ein großer Augenblick der Geschichte und eine Stunde des Volkes, in der man die Chance habe, daß diese Bewegung in die Entwicklung Europas einfließe. Er dankte dem Kanzler noch einmal dafür, daß dieser ihm beim deutschfranzösischen Gipfel am 3. November in Bonn den Rat gegeben hatte, seine positive Haltung zur deutschen Einheit öffentlich zu erklären.

Wie sehr dies Kohl am Herzen gelegen hatte, hatte sich auch darin gezeigt, daß er damals die Erklärung mit den Worten: »Passen Sie auf, was der Staatspräsident jetzt antwortet, das wird sehr, sehr wichtig sein« angekündigt hatte. »Haben Sie Angst vor einer deutschen Wiedervereinigung?« war Mitterrand von einem deutschen Journalisten gefragt worden. Mitterrand hatte die Frage nicht sofort verstanden, weshalb Kohl ihm zugeflüstert hatte: »Das ist eine wichtige Frage. Alle Welt muß sie verstehen.« Mitterrand hatte daraufhin erklärt, er habe keine Angst vor der deutschen Einheit, zumal dies keine Frage von Befürchtungen oder Zustimmungen sei. Hier zählten nur »der Wille und die Entschlossenheit des Volkes«. Kohl habe das richtige Gespür für die Sache gehabt, lobte Mitterrand nun, acht Tage später, bevor er abschließend den Kanzler ausdrücklich seiner Freundschaft versicherte und an ihr geplantes Treffen Anfang Januar 1990 erinnerte.

Noch vor Beginn der für 9.30 Uhr angesetzten zweistündigen Sondersitzung des Bundeskabinetts hatte Helmut Kohl durch seine Telefonate bereits
- einen persönlichen Eindruck von den Reaktionen bei den wichtigsten außenpolitischen Partnern erhalten und dabei festgestellt, daß diese – ebenso wie er und seine Regierung – von den Entwicklungen in der DDR überrascht worden waren und genausowenig konkrete Vorstellungen von den nächsten Schritten hatten;
- den Gesprächspartnern seine eigene Darstellung und Interpretation der Ereignisse liefern können, wobei sein Bemühen eindeutig davon bestimmt war, den friedlichen Charakter aller Veränderungen zu betonen;
- gegenüber den Staats- und Regierungschefs der drei Westmächte die von diesen aufgrund der internationalen Rechtslage Deutschlands zu erwartende Reaktion gezeigt, nämlich die Information über die grundlegenden Verände-

rungen deutschlandpolitischer Rahmenbedingungen, ohne die Verbündeten formell zu konsultieren.[8]

In allen drei Gesprächen wurde – neben der gelungenen Improvisation innerhalb unklarer Rahmenbedingungen – Kohls Bemühen deutlich, die Situation in ihrer Dramatik herunterzuspielen. Ganz offensichtlich wollte er seinen Gesprächspartnern deutlich machen, daß es für sie als Vertreter der ehemaligen Siegermächte keinen deutschlandpolitischen Handlungsbedarf gab. Dem diente beispielsweise der in allen drei Telefonaten weitgehend identische Gesprächsanfang mit einer Bitte bezüglich der Finanzhilfe für die polnische Regierung. Damit wurden nicht nur die Ereignisse in der DDR relativiert, sondern den Gesprächspartnern zugleich deutlich gemacht, daß die Bundesrepublik sich auch angesichts der neuen Rahmenbedingungen ihrer internationalen Verantwortung und vertraglichen Bindungen bewußt blieb – eine Strategie, die der Kanzler in der anschließenden Kabinettsitzung beibehalten sollte.[9]

## Stabilitätsappelle im Bundeskabinett

Dem am Freitag kurzfristig einberufenen Bundeskabinett gab Kohl zunächst einen Bericht über den Verlauf der Polenreise sowie die beiden Kundgebungen in Berlin.[10] Nur kurz streifte er die von ihm bislang geführten Telefongespräche und wiederholte seine dort bereits geäußerte Einschätzung der Lage in der DDR: Böte sich den Menschen eine Perspektive, so blieben sie in der Heimat. Geschehe hingegen – vor allem im Bereich der Wirtschaft – nichts, werde die Situation sehr riskant. Das Kabinett solle jetzt nicht über einzelne Schritte beschließen, sondern sich vor allem mit zwei wichtigen Themen befassen: erstens mit der Frage von Wirtschaftshilfen für die DDR, die es nur nach klar definierten Kriterien und für die Reform der wirtschaftlichen Strukturen geben dürfe, sowie zweitens mit der Frage des Besucherstroms und seiner praktischen Bewältigung.

Kohl berichtete seinen Ministern – die er eindringlich aufforderte, zum momentanen Zeitpunkt keinerlei Vorschläge in die Öffentlichkeit zu tragen – auch über sein Gespräch mit Egon Krenz, für das er die Sitzung zwischendurch kurz verlassen hatte. Nachdem er zuvor bereits seine Pläne für ein baldiges Treffen mit Krenz erwähnt hatte, erklärte er nun, er habe dem SED-Politiker klargemacht, daß Ziel der Politik der Bundesregierung sei, zu soliden Verhältnissen in der DDR beizutragen, um es den dort lebenden Menschen zu ermöglichen, in ihrer Heimat zu bleiben. Ihm sei sehr daran gelegen, den neuen Ministerpräsidenten der DDR kennenzulernen, hatte Kohl im Telefonat mit Krenz erklärt. Bevor er selbst in die DDR fahre, wolle er in der kommenden Woche aber erst Rudolf Seiters zu Vorgesprächen nach Ost-Berlin schicken. Mehrfach hatte Krenz versucht, mit Kohl Übereinstimmung zu erzielen, daß die Wiedervereinigung nicht auf der politischen Tagesordnung stehe. In diesem

Punkt gehe ihr Verständnis wohl auseinander, so Kohl: Er sei auf das Grundgesetz vereidigt und habe bestimmt eine andere Auffassung als der Staatsratsvorsitzende. Der Kanzler bestätigte aber, daß die Vereinigung sie im Augenblick wohl nicht am meisten beschäftige.

### Mahnungen aus Moskau

Anders als bei seinen Gesprächen mit den Vertretern der westlichen Alliierten kam Helmut Kohl im anschließenden Telefonat mit Michail Gorbatschow direkt zur Sache:[11] Er danke für dessen mündliche Botschaft, die ihn in Berlin erreicht habe, und wolle gerne eine kurze Antwort und Stellungnahme dazu abgeben. Der Kanzler schilderte detailliert das Telefonat mit Krenz und versicherte erneut, daß er jegliche Form der Radikalisierung und Destabilisierung der Lage in der DDR ablehne. Eine Massenübersiedlung aus der DDR wäre eine absurde Entwicklung, ja ein Exodus, der mit schweren ökonomischen Schäden und Problemen einhergehen könne. Er selbst glaube, daß ein Großteil der Hunderttausenden, die seit Öffnung der Grenze zu Besuch in den Westen gekommen seien, wieder zurückkehren werde. Kohl betonte, daß er seinen Aufenthalt in Warschau nur unterbrochen habe, und erklärte die Bereitschaft der Bundesregierung, die wirtschaftlichen Reformen in Polen zu unterstützen. Auch hierüber wolle er mit Gorbatschow in Kontakt bleiben, den er, wie bereits verabredet, nach seiner Rückkehr aus Warschau wieder anrufen werde. Kohl erwähnte kurz sein Telefonat mit US-Präsident Bush, dessen bevorstehendes Treffen mit Gorbatschow er sehr begrüße. Zudem wolle er noch darauf hinweisen, daß der Generalsekretär ihm sagen solle, wenn er bei der Behebung der wirtschaftlichen Schwierigkeiten in der Sowjetunion helfen könne.

Gorbatschow dankte dem Kanzler für seinen Anruf, der erst wenige Stunden zuvor von Horst Teltschik über den Bonner Botschafter der UdSSR, Julij Kwizinskij, angekündigt worden war. Das Gespräch zeige das Niveau sowohl der deutsch-sowjetischen als auch der persönlichen Beziehungen, erklärte der KPdSU-Generalsekretär, der bereits während der krisenhaften Entwicklung in der DDR im Vorfeld des Mauerfalls mehrfach den direkten Kontakt zu Kohl gesucht hatte. Nun dankte er zunächst für dessen zurückhaltende öffentliche Äußerungen und betonte den Reformwillen der neuen SED-Führung.

Ähnlich wie Thatcher und Mitterrand warnte Gorbatschow davor, daß alle Veränderungen zugleich auch gewisse Instabilitäten beinhalteten. Man müsse vorsorgen, damit kein Chaos entstehe und die Entwicklungen nicht durch ungeschickte Handlungen behindert würden. Kohl stimmte dem zu und erklärte, er habe sich soeben in einer Sondersitzung des Bundeskabinetts ähnlich geäußert. In Deutschland habe man den Begriff des »Augenmaßes«, der bedeute, daß man bei all seinen Handlungen die Folgen bedenken müsse. Er spüre die – auch persönliche – Verantwortung sehr deutlich. Kein deutscher Bundeskanzler sei bislang in einer Lage gewesen, die ähnlich viel Fingerspitzengefühl erfordert habe. Er sei deshalb dankbar, daß die deutsch-sowjetischen Beziehungen wie auch das persönliche Verhältnis zwischen ihm und dem Generalsekretär so gut seien. Im Hinblick auf die DDR sah Kohl die Probleme vor allem im psychologischen Bereich: Honecker habe bis zuletzt jegliche Reformen verweigert, weshalb seine Nachfolger nun unter ungeheurem Zeitdruck stünden. Wenn Gorbatschow sage, daß Reformen Zeit benötigten, dann habe er recht. Das Problem sei aber, dies den Menschen in der DDR klarzumachen. Der Generalsekretär zeigte sich optimistisch: Die Gründlichkeit der Deutschen in der Bundesrepublik und der DDR werde eine Lösung des Problems ermöglichen. Er wünsche dem Kanzler noch viel Erfolg bei der Fortsetzung des Besuches in Polen und hoffe, daß man – falls erforderlich – wieder schnell in Kontakt kommen könne. Kohl bestätigte dies und lenkte das halbstündige Gespräch abschließend auf eine privatere Ebene: Viel lieber unterhalte er sich ja ohne dramatische Akzente mit Gorbatschow, was dieser ganz ausdrücklich bestätigte, allerdings nicht ohne sofort einen neuerlichen Aufruf zu umsichtigem Handeln nachzuschieben.

## *Unsicherheit bei allen Partnern*

Umsichtiges Handeln, Zurückhaltung bei öffentlichen Äußerungen, die Sicherung der Stabilität in Europa, die Notwendigkeit von Reformen in der DDR – in allen Telefongesprächen des Bundeskanzlers mit den Staats- und Regierungschefs der Vier Mächte, seinem Vortrag im Bundeskabinett und seiner Unterhaltung mit SED-Chef Egon Krenz waren diese Elemente vorhanden. Sie zeigen zunächst, daß weder auf Seite des Bundeskanzlers noch bei seinen Gesprächspartnern das gesamte Ausmaß der eingetretenen Veränderungen bislang erfaßt worden war. So war Improvisation zu diesem Zeitpunkt die gefragteste Tugend. Zu unsicher war die Nachrichtenlage, wie beispielsweise im Kanzleramt einlaufende Fernschreiben der Ständigen Vertretung in Ost-Berlin zeigten[12]: »Die von Politbüromitglied Schabowski am Abend des 9.11.89 überraschend angekündigte weitgehende Freigabe von Besuchsreisen und Übersiedlungen aus der DDR kann als Signal nach innen und außen verstanden werden«, hieß es dort. »Berichte und Kommentare in der westlichen Presse, die bereits die Mauer funktionslos und die Grenzen offen sehen wollen, gehen an den Tatsachen vorbei.« Hinzu kam, daß alle Beteiligten sich über die sensible Sicherheitslage in der DDR, vor allem aber in Ost-Berlin im klaren waren. Während die Sowjets von einer »extremen Situation« sprachen, waren sich – nicht zuletzt angesichts von rund 340 000 in Ostdeutschland stationierten sowjetischen Militärangehörigen – US-Politiker wie Außenminister James Baker beispielsweise der Tatsache bewußt, »daß ein betrunkener oder allzu euphorischer Ostdeutscher einen Vorfall auslösen könnte, der das Ganze außer Kontrolle geraten lassen würde«.

All diese internationalen Bedenken bekam auch Bundesaußenminister Hans-Dietrich Genscher zu hören, der am 10. und 11. November ebenfalls den Telefonkontakt mit seinen Amtskollegen in Frankreich, Großbritannien, den Vereinigten Staaten von Amerika und der Sowjetunion suchte.[13] Trotz einer zur Besonnenheit mahnenden Sonderbotschaft von Generalsekretär Gorbatschow habe der Bundeskanzler bei seinen Auftritten in Berlin Thesen vertreten, »die zu Besorgnis Anlaß geben«, rügte beispielsweise der sowjetische Außenminister Eduard Schewardnadse. Er riet ausdrücklich, »provokatorische Aufrufe oder gar Aktionen zu vermeiden, die die Lage nicht nur in einem Lande, sondern auch in Europa insgesamt destabilisieren könnten«. Dies gelte besonders für die Stabilität in der DDR. Die UdSSR begrüße zwar die jüngsten Entscheidungen der dortigen Regierung, warne aber vor unberechenbaren Entwicklungen der »extremen Situation«. In der Sowjetunion schätze man Genschers persönlichen Beitrag zu den positiven Veränderungen in Europa. Nun gelte es, diese positiven Tendenzen in der momentan komplizierten Etappe zu erhalten. Die Bundesrepublik werde an allen Verpflichtungen festhalten, darunter besonders an den Verträgen von Moskau, Warschau und Prag sowie dem deutsch-deutschen Grundlagenvertrag; Verhandlungen über den KSZE-Prozeß und Abrüstungsmaßnahmen müßten gerade jetzt mit noch größerer Energie vorangetrieben werden, hatte Genscher zuvor versichert. Einig war er sich mit Schewardnadse darin, daß er der vertrauensvollen Beziehung zwischen ihnen beiden große Bedeutung beimesse.

Der sowjetische Außenminister war in diesem Telefonat sehr viel deutlicher als Gorbatschow gegenüber Kohl geworden, zugleich in seinen Äußerungen aber weit hinter den Formulierungen einer Gorbatschow-Botschaft an die Staats- und Regierungschefs der drei Westmächte geblieben. Diese war US-Präsident Bush am Tag nach der Maueröffnung übermittelt worden; Sicherheitsberater Brent Scowcroft hatte die Nachricht noch am Abend an Teltschik weitergeleitet. Gorbatschow hatte darin seine an Kohl gesandte Botschaft erwähnt, vor jeglichen Zweifeln an den »Nachkriegsrealitäten, d.h., der Existenz zweier deutscher Staaten« gewarnt und ein Vier-Mächte-Treffen zur Erörterung der aktuellen Lage auf Botschafterebene gefordert. Innerhalb der Bundesregierung wie in der US-Administration herrschte Einigkeit darüber, daß ein derartiges Treffen unangebracht war. Gorbatschows Schreiben wurde deshalb – nach ausgiebiger Diskussion auch mit Vertretern Frankreichs und Großbritanniens in der Bonner Vierergruppe[14] – von den USA am 16. November beantwortet, ohne daß auf die Forderungen der UdSSR eingegangen wurde. Die Ablehnung einer Vier-Mächte-Konferenz durch Baker in dessen Telefonat mit Genscher war deshalb ebenso eine nur scheinbar überflüssige Selbstverständlichkeit wie Genschers mehrfache Versicherung, Deutschland werde weiterhin zu EG und NATO stehen und zuverlässig seine Bündnisverpflichtungen erfüllen. Daß gerade die formelhafte Wiederholung in diesen ansonsten vor allem von Überraschung und Improvisation geprägten Tagen besonders notwendig war, zeigte

Bakers Reaktion auf Genschers Stellungnahme: »Was Sie über die NATO und Ihren Entschluß gesagt haben, Ihre gegenwärtige Politik im Verbund mit den westlichen Alliierten fortzusetzen, ist sehr wichtig.«

### Die Stunde der Selbstverständlichkeiten und der Vorsicht

Warum aber war die Wiederholung einer jahrzehntelangen Selbstverständlichkeit zu diesem Zeitpunkt so wichtig? Die Telefonate Helmut Kohls und Hans-Dietrich Genschers mit internationalen Partnern in den Tagen nach dem Mauerfall zeigen, daß dieser Punkt zu den durchgängig vorhandenen Elementen all ihrer Gespräche gehörte. Ob explizit, wie im Falle Genschers, oder indirekt, wie durch Kohls Betonung der Normalität, stets wurde die in NATO- und EG-Mitgliedschaft sichtbare Westbindung der Bundesrepublik hervorgehoben. Dies ist zum einen ein Hinweis darauf, wie sehr die beteiligten Politiker in dieser neuen Situation auf ihre Fähigkeiten zum flexiblen Handeln angewiesen waren. Zu deutlich waren Kohl und Genscher aber auch die mehr oder minder offenen Vorwürfe der internationalen Presse aus den vergangenen Wochen und Monaten präsent[15]: Die Deutschen dächten zu sehr an eine Wiedervereinigung, weswegen die Bindungen an die Europäische Gemeinschaft, die NATO und den Westen insgesamt schwächer würden. Das sei doch schlicht »Unsinn«, hatte Kohl dem US-Präsidenten noch in einem Telefonat am 23. Oktober versichert und Bush gefragt, ob er dies nicht den anderen Verbündeten ebenfalls deutlich machen könne. Ihm sei sehr wohl bewußt, daß gerade eine starke NATO und die Entwicklung der Europäischen Gemeinschaft zu den großen Veränderungen in Osteuropa beigetragen hätten.

War Bündnistreue ein zentraler Terminus gegenüber den westlichen Gesprächspartnern, so war Vertragstreue einer der Schlüsselbegriffe gegenüber der Sowjetunion. Natürlich stehe er zu all seinen Aussagen aus den Begegnungen im Sommer 1989, versicherte Helmut Kohl gegenüber Gorbatschow; selbstverständlich stelle niemand die in den vergangenen Jahrzehnten geschlossenen Verträge in Frage, betonte Hans-Dietrich Genscher gegenüber Schewardnadse. Zuverlässigkeit und Vertrauen sollten so ausdrücklich betont werden, wozu Genscher zusätzlich noch die Hervorhebung des KSZE-Prozesses mit seinen zentralen Aspekten Sicherheit und Zusammenarbeit einsetzte.

Vergleicht man die Reaktionen der Gesprächspartner von Kohl und Genscher, zeigen sich deutliche Unterschiede. Während beispielsweise die britische Premierministerin Margaret Thatcher vor allem auf mögliche Gefahren für die Sicherheit und Stabilität in Europa hinwies, deutete der französische Staatspräsident François Mitterrand eine mögliche Richtung der aktuellen Dynamik an: Man habe die Chance, daß die Bewegung in die Entwicklung Europas einfließe, erklärte er, ohne aus seiner Unsicherheit über die Veränderungen und deren unklaren Ausgang einen Hehl machen zu können. Noch einmal anders präsentierten sich die amerikanischen Gesprächspartner. Sowohl Präsident Bush als auch sein Außenminister James Baker zeigten noch am ehesten ihre uneingeschränkte Zustimmung zu den laufenden Veränderungen, während die beiden sowjetischen Politiker Gorbatschow und Schewardnadse vor allem deren Gefahren betonten. Gerade die Unterhaltungen Kohl-Gorbatschow beziehungsweise Genscher-Schewardnadse waren jedoch symptomatisch für das, was sich in den kommenden Monaten als zentrales Element der Spitzendiplomatie erweisen sollte: die Bedeutung persönlicher Beziehungen und Begegnungen. Noch in seiner schriftlichen Botschaft an die Westmächte hatte Michail Gorbatschow die ablehnende Haltung der Sowjetunion sehr deutlich formuliert, doch bereits im persönlichen Gespräch mit dem Bundeskanzler zeigte er sich kurze Zeit später um Konsens bemüht und geradezu konfliktscheu.

Zentrale Bedeutung in der Argumentation – nicht nur der Ostblockpolitiker Gorbatschow, Schewardnadse und Krenz – kam bei allen Gesprächen aber dem Begriff »Nachkriegsrealitäten« zu. Auch für westliche Politiker wie Thatcher und Mitterrand bestimmte er zu diesem Zeitpunkt die Denk- und Argumentationsweise: Die »Nachkriegsrealitäten« – in Gorbatschows Brief an die anderen Weltkriegs-Alliierten explizit mit dem Verweis auf die Existenz der beiden deutschen Staaten benannt – bedeuteten in diesem Denken Stabilität. Eine Veränderung dieser Realitäten barg deshalb das Risiko von Gewalt und unkontrollierbaren Entwicklungen. Hieran waren die Gesprächspartner von Kohl und Genscher nicht interessiert. Als Politiker der Vier Mächte hatten sie zudem ein besonderes Interesse daran, in die Beziehungen der beiden deutschen Staaten zueinander eingebunden zu sein.

## *Die Vorbehaltsrechte der Vier Mächte bis 1989*

Die Auswahl der Gesprächspartner für die ersten internationalen Kontakte von Kohl und Genscher nach Öffnung der deutsch-deutschen Grenze war dadurch bestimmt, daß die USA, die Sowjetunion, Großbritannien und Frankreich als ehemalige Siegermächte des Zweiten Weltkrieges mit besonderen Rechten und Verantwortlichkeiten für Berlin und Deutschland als Ganzes ausgestattet waren. Bezeichnungen wie »eingeschränkte Souveränität« oder »Vier-Mächte-Verantwortung« bestimmten deshalb auch Ende 1989 noch Deutschlands völkerrechtliche Lage.[16] Ausgangspunkt dieser Situation war die deutsche Niederlage im Zweiten Weltkrieg. Damit war Deutschland zwar nicht als Völkerrechtssubjekt verschwunden, gleichwohl verlor der deutsche Gesamtstaat seine Organe und Handlungsfähigkeit. Die Regierungsgewalt wurde nach 1945 – auf der Basis des Londoner Protokolls vom 12. September 1944, der zwei Abkommen zur Ergänzung des Londoner Protokolls vom 14. November 1944 und vom 26. Juli 1945 sowie die Berliner Erklärung vom 5. Juni 1945 folgten – von den vier Siegermächten zunächst gemeinsam ausgeübt. Auch nach Gründung der

Bundesrepublik Deutschland am 23. Mai 1949 und der Deutschen Demokratischen Republik am 7. Oktober 1949 behielten die jeweiligen Besatzungsmächte zentrale Vorbehaltsrechte. Selbst die Erklärung der Sowjetunion über die Gewährung der Souveränität an die DDR vom 25. März 1954 und die Aufhebung des Besatzungsstatuts durch die Westmächte für das Gebiet der Bundesrepublik vom 5. Mai 1955 waren mit der Beibehaltung von alliierten Vorbehaltsrechten bezüglich Deutschland als Ganzem und Berlin verknüpft. Am deutlichsten wurde dies im Vier-Mächte-Abkommen über Berlin vom 3. September 1971, an dem die beiden deutschen Staaten nur indirekt beteiligt waren, sowie in der Erklärung der Vier Mächte anläßlich der Antragstellung auf Beitritt der Bundesrepublik und der DDR zu den Vereinten Nationen im Jahr 1972.[17]

Zusätzlich zur allgemeinen Vier-Mächte-Verantwortung, die den ehemaligen Alliierten – unbeschadet des Selbstbestimmungsrechts des deutschen Volkes – Mitwirkungsrechte bei einer Diskussion über die deutsche Einheit gab, bestanden weiterhin spezielle Rechte der Vier Mächte. Diese betrafen vor allem
– den Status der Stadt Berlin,
– die Stationierung von alliierten Truppen,
– die Grenzen Deutschlands und
– die Bündnisfrage.
Alle Überlegungen und Schritte in Richtung einer Annäherung oder Vereinigung der beiden deutschen Staaten mußten deshalb die Rechte und Verantwortlichkeiten der Vier Mächte vor allem hinsichtlich dieser vier Bereiche berücksichtigen. Auch nach dem Verständnis der Bundesregierung und der DDR-Regierung gehörte »die deutsche Frage nicht den Deutschen allein«[18]. Politisches Handeln in deutsch-deutschen Angelegenheiten war deshalb auch Ende 1989 nur im Rahmen der Vier-Mächte-Rechte und der bisherigen Deutschlandpolitik dieser Staaten möglich.

## Zwischen Interesse und Emotion

Die Deutschlandpolitik der USA wurde über mehr als vierzig Jahre hinweg zum einen vom Grundsatz des Selbstbestimmungsrechtes der Völker und des unveräußerlichen Rechtes auf Freiheit bestimmt.[19] Die emotionale Komponente der deutschen Teilung wurde immer wieder – von John F. Kennedys Satz »Ich bin ein Berliner« im Juni 1963 bis hin zu Ronald Reagans dramatischem, in der Bundesrepublik als naiv belächelten Appell »Herr Gorbatschow, öffnen Sie dieses Tor! Herr Gorbatschow, reißen Sie diese Mauer nieder!« im Juni 1987 – von US-Präsidenten erkannt und im rhetorischen Kampf gegen den kommunistisch-sowjetisch geprägten Ostblock eingesetzt. Dabei zeigte sich gerade in Reagans Ausruf und seiner damit verbundenen Initiative zur Verbesserung der Situation in Berlin, wie Deutschlandpolitik in den USA gesehen wurde: Als Teil amerikanischer Sicherheitspolitik im Rahmen des Verhältnisses zwischen den beiden Supermächten USA und UdSSR, weswegen immer wieder die Sowjetunion beziehungsweise deren führende Politiker die Adressaten der amerikanischen Vorstöße waren. Zum anderen waren in der Regel ganz pragmatische Überlegungen, basierend auf der jeweiligen Definition amerikanischer Interessen, bestimmend für die konkrete Politikformulierung und -gestaltung im Umgang mit dem wichtigsten »Frontstaat« des Kalten Krieges. Dies galt auch für die Außen- und Deutschlandpolitik von George Bush, der Anfang 1989 die Amtsgeschäfte von Ronald Reagan übernahm.

Die deutsch-amerikanischen Beziehungen waren in dieser Anfangszeit der Bush-Administration einer schweren Bewährungsprobe ausgesetzt: Wichtigster Prüfstein war die Auseinandersetzung innerhalb der NATO um die von den USA und Großbritannien betriebene Modernisierung der nuklearen »Lance«-Kurzstreckenraketen.[20] Diese 88 SNF-Raketen mit ihrer Reichweite von rund 500 Kilometern waren in der Bundesrepublik stationiert und dienten in der NATO-Planung als Gegengewicht zur konventionellen Überlegenheit der Warschauer-Pakt-Staaten. Sie waren in Westdeutschland vor allem deshalb umstritten, wie Kohl den Staats- und Regierungschefs der NATO zu erläutern versuchte, weil »im Ernstfall diese Raketen in Rostock, Leipzig und anderswo im Osten Deutschlands« sowie in Polen und der Tschechoslowakei eingeschlagen hätten. Zu den energischsten Gegnern in der Modernisierungsfrage gehörte Hans-Dietrich Genscher. Angesichts der politischen Veränderungen in der Sowjetunion und deren Satellitenstaaten hielt er zur Jahreswende 1988/89 eine vorzeitige Diskussion um die ohnehin für 1995 geplante Nachrüstung für überflüssig und gefährlich. Die Haltung der Regierung Kohl-Genscher war nicht von vornherein geschlossen. Da Kohl sich anfangs bereit zeigte, dem Drängen der NATO-Partner auf Modernisierung nachzugeben, kam es innerhalb der Koalition zu einer im Genscher-Umfeld als »paradoxe Allianz« beschriebenen Zusammenarbeit: Der liberale Außenminister lag in seiner konsequenten Ablehnung auf einer Linie mit dem konservativen Vorsitzenden der

CDU/CSU-Bundestagsfraktion, Alfred Dregger, dessen Satz »Je kürzer die Reichweite, desto toter die Deutschen« auch US-Außenminister James Baker nachhaltig beeindruckte.

Ein Auseinanderbrechen der Bonner Koalition befürchtend, schwenkte der Kanzler Anfang 1989 auf Genschers Kurs ein. In einem Koalitionspapier forderten CDU/CSU und FDP im April nicht nur baldige Verhandlungen über nukleare Kurzstreckenwaffen und Artillerie, sondern stellten zusätzlich fest, daß erst 1992 zu entscheiden sei, ob die »Lance«-Raketen 1996 ersetzt werden müßten. Kohl erläuterte diese Haltung am 27. April 1989 in einer Regierungserklärung, was in der Folgezeit auch ihn verstärkt zum Ziel vor allem britischer Kritik machte. Die aus deutscher Sicht vollkommen verfrühte Modernisierungsfrage entwickelte sich damit zur Grundsatzdebatte über die Westbindung der Deutschen im allgemeinen sowie eine behauptete Denuklearisierung und spätere Neutralisierung der Bundesrepublik im besonderen – und das, obwohl nicht nur die Regierung Kohl/Genscher, sondern die große Mehrheit der kontinentaleuropäischen Staaten skeptisch zur »Lance«-Modernisierung stand. Dabei herrschten auf seiten der US-Regierung kaum Zweifel an Kohls Bündnistreue, die er mit der Umsetzung des NATO-Doppelbeschlusses Anfang der achtziger Jahre unter Beweis gestellt hatte. Mißtrauisch wurde aus amerikanischer Perspektive jedoch zumindest zeitweise Hans-Dietrich Genscher betrachtet, der mit seinem »Genscherismus« einen aus amerikanischer Sicht zu nachgiebigen Kurs gegenüber der Sowjetunion verfolgte.[21] Die US-Regierung sah in dieser Situation den Zusammenhalt des westlichen Verteidigungsbündnisses ernsthaft gefährdet. Der NATO-Gipfel am 29. Mai 1989 in Brüssel, eigentlich als Jubiläumsgipfel zum vierzigjährigen Bestehen gedacht, drohte so zu einer der konflikträchtigsten Veranstaltungen seiner Art zu werden. Erst lange nach Mitternacht – die Staats- und Regierungschefs waren beim feierlichen Dinner – fanden die Außenminister unter niederländischem Vorsitz einen Kompromiß, der auf eine Vertagung der Modernisierungs-Entscheidung hinauslief. Die USA, und bis zuletzt zögernd auch Großbritannien, waren damit der deutschen Seite weit entgegengekommen – ein angesichts der in Washington geplanten grundlegenden Neugestaltung des deutsch-amerikanischen Verhältnisses sinnvoller und notwendiger Schritt.

## »Partners in leadership«

Ziel der von Bush und seinen Mitarbeitern angestrebten Neugestaltung war es, ein Hinausdrängen der USA aus dem Zentrum Europas zu vermeiden. Die Beziehungen zwischen der Bundesrepublik und den Vereinigten Staaten sollten grundsätzlich neu definiert werden.[22] In einer unmittelbar nach dem NATO-Jubiläumsgipfel am 31. Mai 1989 in Mainz gehaltenen Rede faßte George Bush die Perspektive der künftigen deutsch-amerikanischen Beziehungen mit der

Formel »Partners in leadership« zusammen. Westdeutschland sollte demnach als gleichberechtigter Partner an der Seite der USA mehr internationale Verantwortung übernehmen. Bushs Administration, die sich nach der Amtsübernahme nur schleppend in die Regierungsgeschäfte eingearbeitet hatte und vor allem für fehlende Visionen hinsichtlich der Entwicklungen in Osteuropa heftig kritisiert worden war, nutzte die Mainzer »Partners in leadership«-Rede auch für die Ankündigung weiterer grundsätzlicher Themen und Ziele. Ähnlich wie in verschiedenen »Testreden« seit Anfang Mai 1989 und zuletzt auf der Pressekonferenz nach dem NATO-Gipfel stellte Bush die Überwindung der Teilung Europas in den Mittelpunkt seiner Überlegungen. Eindeutig an Gorbatschows Vision eines »gemeinsamen Hauses Europa« ausgerichtet, formulierte er seine Vorstellungen von einem »ganzen und freien Europa«, in dem jedermann frei von Zimmer zu Zimmer gehen könne. Der Kalte Krieg habe mit Europas Teilung begonnen, er könne nur enden, wenn Europa wieder vereint sei. Bush erinnerte an die jüngste Grenzöffnung in Ungarn und forderte in seiner von deutschen wie amerikanischen Medien gleichermaßen stark beachteten Rede: »Let Berlin be next!« Nirgends werde die Teilung in Ost und West offensichtlicher als dort, wo die Mauer auch als Symbol für das Versagen des Kommunismus stehe. Bush forderte – abweichend von einem früheren Redeentwurf mit noch deutlicheren Formulierungen zur deutschen Einheit – die Gewährung des Selbstbestimmungsrechtes für die Deutschen, aber auch für die Völker Osteuropas und wies auf den KSZE-Prozeß als eine Möglichkeit hin, Pluralismus und freie Wahlen in den Ländern des Ostblocks zu fördern.

Deutlich wie kein anderer ausländischer Politiker hatte Bush zu diesem Zeitpunkt bereits seine Haltung zu den sich fortlaufend verändernden Bedingungen der Deutschlandpolitik geäußert, zugleich aber die europäische Einbindung der aktuellen Entwicklungen gefordert. In Verbindung mit der beginnenden positiveren Beurteilung der Sowjetunion und ihres Staatschefs Michail Gorbatschow sollte diese frühe Neuorientierung es den USA im Herbst des Jahres 1989 erleichtern, mit der Revolution der Rahmenbedingungen deutschlandpolitischen Handelns zurechtzukommen. Dabei war die Intention derartiger Reden offensichtlich. Bushs Berater im Weißen Haus sahen es, anders als die Diplomaten im State Department, bereits seit Frühjahr 1989 als sehr wahrscheinlich an, daß die Wiedervereinigung eines fernen Tages auf die Agenda der internationalen Politik zurückkehren würde.[23] Es schien ihnen deshalb klar, daß die USA sowohl zur Gewährleistung des Selbstbestimmungsrechts der Deutschen als auch aus interessengeleiteten Überlegungen heraus eine Vereinigungspolitik aktiv unterstützen mußten, um die Marginalisierung der US-amerikanischen Position in Europa zu verhindern. Nur so schien es möglich, den Einfluß der Vereinigten Staaten in Europa dauerhaft gewährleisten zu können.

Daß die DDR in den amerikanischen Überlegungen keine Rolle spielte, überraschte nicht.[24] Der zweite deutsche Staat war von den USA in der Vergangenheit immer nur unter zwei Gesichtspunkten gesehen worden: entweder als ein kleiner Teilaspekt der amerikanisch-sowjetischen Beziehungen oder aber als zu berücksichtigendes Element in den Beziehungen der Vereinigten Staaten zur Bundesrepublik. Im Gefolge der beginnenden Ost-West-Entspannung und der Ostpolitik der Regierung Brandt/Scheel war die DDR 1974 zwar auch durch die USA diplomatisch anerkannt worden, doch blieben die Beziehungen auf allen Ebenen stets unterkühlt. So wurde der DDR bis zuletzt die Meistbegünstigungsklausel als zentrales Mittel zur Erleichterung des Handels verweigert. Da auch Ende der achtziger Jahre ein USA-Besuch von DDR-Politikern noch immer mit der »Aura des Ungewöhnlichen« umgeben war, kam die von Ost-Berlin angestrebte Einladung Honeckers nach Washington trotz zahlreicher Bemühungen nie zustande. Neben grundsätzlichen ideologischen Problemen und dem prinzipiellen Bestreben der USA, dem ostdeutschen Regime möglichst wenig öffentliche Anerkennung zu verschaffen, sorgte dabei die Politik der SED gegenüber Schadensersatzansprüchen vor allem jüdischer US-Bürger für ständige Störungen im Verhältnis zu den USA.

### Kohl und Bush: Vertrauen gegen Vertrauen

Bei der angestrebten Neugestaltung der deutsch-amerikanischen Beziehungen sollte es sich als positiv erweisen, daß mit George Bush und Helmut Kohl in Washington beziehungsweise Bonn zwei Politiker die Regierungsgeschäfte führten, die sich bereits seit 1983 kannten, einander schätzten und sich gegenseitig viel Vertrauen entgegenbrachten.[25] Kohl war im Juni 1983 zusammen mit dem damaligen Vizepräsidenten Bush in Deutschland unterwegs gewesen, als dieser sein Schlüsselerlebnis bezüglich der deutschen Demokratie hatte: Die beiden Politiker waren in eine gewaltsame Demonstration gegen den NATO-Doppelbeschluß geraten. Bushs Wagen war mit Steinen beworfen worden. Gemeinsam hatte er mit dem Kanzler in einer Garage gewartet, bis Sicherheitskräfte eine störungsfreie Route gefunden hatten. Für Bush war dieses Ereignis der Beweis für eine Gesellschaft, die bereit war, einen hohen Preis für das Recht auf Meinungsäußerung zu bezahlen. Es bestätigte in seinen Augen zugleich die gefestigte deutsche Demokratie, die man nicht ständig mit ihrer Vergangenheit konfrontieren sollte. Obwohl Bush als Frontsoldat im Pazifik persönliche Erfahrungen mit dem Zweiten Weltkrieg gemacht hatte, bezeichnete er sich selbst als wenig von historischen Ressentiments geprägt. Anders als viele US-Medien konnte er bei der Mehrzahl der Deutschen auch keine neutralistischen Tendenzen erkennen.

Vor dem Hintergrund seiner persönlichen Einschätzungen und den grundsätzlich positiven, in ihrer Tendenz allerdings deutlich zurückhaltenderen Empfehlungen seiner Beamten sah Bush kein Problem darin, den Bundeskanzler öffentlich zu unterstützen, als dieser ihn am 23. Oktober 1989 um Hilfe bat:[26]

In den USA, vor allem aber in London, Den Haag, Rom und Paris werde in jüngster Zeit verstärkt die Meinung geäußert, die Deutschen beschäftigten sich zu sehr mit ihrer eigenen »Ostpolitik« und Wiedervereinigungsgedanken. Die Bindungen an die EG, den Westen und die NATO seien deshalb nicht mehr so stark. Das sei natürlich vollkommener Unsinn, erklärte Kohl, und er wolle dies auch Anfang Januar bei einem Vortrag in Paris noch einmal deutlich machen. Er würde es begrüßen, wenn der Präsident »in einer Botschaft über den Atlantik« die Aussage machte, daß die Abrüstungsergebnisse und die Reformen in Osteuropa nur möglich seien, weil der Westen zusammenstehe. Ohne am Telefon direkt auf dessen Anfrage zu antworten, äußerte Bush Verständnis für Kohls Probleme und seine Hochachtung vor der Politik des Kanzlers. Er werde Ende November mit Premierministerin Thatcher zusammentreffen und wolle – nicht zuletzt angesichts der jüngsten bösartigen Zeitungsartikel – auch ein Zeichen zur Bedeutung der deutsch-amerikanischen Beziehungen setzen, sagte Bush. Er lud den Kanzler deshalb zu einem informellen Besuch auf den Landsitz der Präsidenten in Camp David ein, wo bis dahin noch kein anderer deutscher Regierungschef zu Gast gewesen war.

Bereits am folgenden Tag setzte Bush das von Kohl vertrauensvoll erbetene Zeichen amerikanischer Solidarität: Er sehe in Deutschland größere Veränderungen kommen und könne die in manchen europäischen Staaten geäußerten Bedenken hinsichtlich eines vereinten Deutschlands nicht teilen, erklärte Bush in einem Zeitungsinterview. Er stellte die deutsche Einheit zwar erneut in ihren europäischen Kontext, ließ aber keinen Zweifel daran, daß die USA einer geregelten Vereinigung der beiden deutschen Staaten nicht im Wege stehen würden. Die Gefahr eines neutralistischen Kurses Deutschlands sehe er nicht. Kohl hatte damit die gewünschte amerikanische Unterstützung, an deren Ernsthaftigkeit auch Beamte der Bush-Administration keinen Zweifel ließen. Wie denn die Einstellung der USA zu den aktuellen Entwicklungen in Deutschland sei, wurde Bakers Unterstaatssekretär Robert Kimmitt am Abend der Veröffentlichung des Interviews vom politischen Direktor des französischen Außenministeriums, Bertrand Dufourcq, gefragt. Die Antwort hierauf sei doch einfach und entspreche dem, was die USA seit vierzig Jahren gesagt hätten. Ganz aktuell könne man dies zudem im Interview des Präsidenten in der heutigen *New York Times* nachlesen.

Mit diesem Interview war Bush auch in seinen Formulierungen deutlich über die vorsichtigere Position im State Department hinausgegangen. Außenminister Baker hatte, nicht zuletzt auf Wunsch von Sicherheitsberater Brent Scowcroft, noch eine Woche zuvor in einer Grundsatzrede das Wort »Versöhnung« (reconciliation) dem Begriff der »Wiedervereinigung« (reunification) vorgezogen.[27] Mit Bushs Interview waren nun – anderthalb Wochen vor dem zu diesem Zeitpunkt von niemandem vorhergesehenen Fall der Mauer – die Eckpunkte amerikanischer Außenpolitik durch den Präsidenten selbst vorgegeben.

Bushs offensichtliche Bereitschaft, außenpolitische Entscheidungen selbst zu fällen, wurde ihm durch drei Faktoren erleichtert. Zum einen war er aufgrund eigener Tätigkeit als Diplomat bei der UNO und in China außenpolitisch sehr viel erfahrener als die meisten seiner Vorgänger. Zum anderen halfen ihm eine nach zehn Jahren gut eingespielte konservative Administration[28] sowie sein Arbeitsstil. Mit dem texanischen Anwalt James A. Baker III. hatte er einen langjährigen Freund und engen Vertrauten zum Außenminister gemacht. Damit stellte er unter anderem sicher, daß er in allen wichtigen Fragen internationaler Politik – notfalls auch direkt, unter Umgehung des Sicherheitsberaters – konsultiert werden konnte, ohne gleichzeitig von seiten des State Departments mit unnötigen Papieren und Kleinigkeiten überschüttet zu werden. Ebenso wie Baker selbst möglichst viele Aufgaben an untere Arbeitsebenen delegierte und sich vor allem bei strittigen Entscheidungen einmischte, lieferte der Außenminister dem Präsidenten zwar stets alle notwendigen Informationen, behelligte ihn aber lediglich dann, wenn eine Entscheidung nur noch auf dessen Ebene herbeigeführt werden konnte. Zugleich war für Baker, der seinen langjährigen persönlichen Freund in Anwesenheit Außenstehender nur mit »Mister President« ansprach, der Kern seiner Aufgabe stets klar, nämlich »der Mann des Präsidenten im State Department zu sein, nicht der Mann des State Department im Weißen Haus«. Einig waren sich beide auch in ihrer Vorliebe für kleine Mitarbeiterrunden.

Im Weißen Haus arbeitete Bush ein erfahrener und loyaler Mitarbeiterstab zu.[29] Brent Scowcroft, ein ehemaliger Luftwaffen-General, war bereits unter Gerald Ford von 1975 bis 1977 Nationaler Sicherheitsberater gewesen. Dessen Stellvertreter war Robert Gates, der seit 1968 bei der CIA gearbeitet hatte und dort von 1986 bis 1989 stellvertretender Direktor gewesen war. Weitere wichtige Mitarbeiter waren Robert Blackwill als Direktor für Fragen Europas und der Sowjetunion, die UdSSR-Expertin und ehemalige Stanford-Professorin Condoleezza Rice sowie der Berufsdiplomat und Abrüstungsfachmann Philip Zelikow.[30] Mit diesem Team hatte Scowcroft für die deutschlandpolitisch relevanten Themenfelder eine Beratergruppe mit einem sehr gemischten bürokratischen, diplomatischen und akademischen Hintergrund zu seiner Verfügung. Ähnlich sah die Konstellation im State Department aus, wo James Baker neben erfahrenen Außenpolitikern auch enge persönliche Vertraute in die Leitung des Hauses eingebunden hatte.[31] So hatte sein Berater Robert Zoellick bereits im Finanzministerium für Baker gearbeitet. Über Zoellicks Schreibtisch ging jedes für den Außenminister bestimmte Papier; gemeinsam mit dem Leiter des Planungstabes, Dennis Ross, war er für viele der außenpolitischen Konzeptionen verantwortlich.

Aus Sicht der Bundesregierung war dies eine gute personelle Grundkonstellation: Ein gegenüber der deutschen Frage positiv und offensiv eingestellter Präsident stand einer gut funktionierenden Administration vor, in der trotz teilweise unterschiedlicher Einstellungen im Detail die große Linie amerikanischer Außen- und Deutschlandpolitik weitgehend klar war. Die Revolution der Rahmenbedingungen im November 1989 erwischte die US-Regierung deshalb zwar insofern überraschend, als keinerlei konkrete Pläne für die unvorhergesehene Situation nach Öffnung der deutsch-deutschen Grenze bestanden. Seit Frühjahr 1989 hatte man in der Administration allerdings damit begonnen, in der deutschen Frage grundsätzlich umzudenken.

### Kritik an der eigenen Regierung

Der Wandel hatte in den amerikanischen Medien seinen Ausgang genommen.[32] Ende 1988/Anfang 1989 hatte es in den USA zwar noch kritische Stimmen zur Bündnistreue der Bundesrepublik gegeben, im Lauf des Sommers rückte dann aber die eigene Regierung in den Mittelpunkt der Kritik. Diese reagiere zu langsam auf die Veränderungen in Osteuropa, halte zu stark an den Konzepten des Kalten Krieges fest und habe mit George Bush einen Mann ohne Visionen und außenpolitischen Ideen an der Spitze. Zwar blieben in der vor allem ab Oktober 1989 äußerst umfangreichen Berichterstattung auch kritische Fragen an die Deutschen, ihre Vergangenheit und ihr Verbleiben im westlichen Lager nicht aus, alles in allem wurde in den amerikanischen Medien aber schon sehr früh und offen über die Möglichkeiten, Chancen und Risiken einer Wiedervereinigung geschrieben. Die Geschehnisse in der DDR um den 9. November 1989 wurden so für die USA eines der größten Medienereignisse aller Zeiten, das insbesondere die breite Öffentlichkeit positiv in ihrer Einstellung zu Deutschland beeinflußte. Deutlich weniger stark fiel die Zustimmung zu den neuen Entwicklungen allerdings in Teilen der intellektuellen Elite aus, deren Reserviertheit gegenüber der Perspektive einer deutsch-deutschen Vereinigung in zahlreichen Kommentaren sichtbar wurde.

Trotz teilweiser Skepsis erwies sich bis Ende 1989 die Einstellung der Bevölkerung zur deutschen Einheit weit weniger zwiespältig als die Berichterstattung und Kommentierung in den Medien.[33] Die Bundesrepublik war in Meinungsumfragen über Jahrzehnte konstant zu den beliebtesten Ländern gezählt worden, und auch die Zustimmung zu einer möglichen Wiedervereinigung war stets relativ hoch gewesen. Ende 1989 betraf die positive Einschätzung Deutschlands nicht nur die durch eine bislang beispiellose Fernsehberichterstattung auch emotional berührten breiten Bevölkerungsschichten; selbst Gruppen mit historisch begründeten, schlechten Erfahrungen mit Deutschland, wie US-Bürger jüdischer oder polnischer Abstammung, äußerten unmittelbar nach der Maueröffnung überwiegend Zustimmung zur Möglichkeit der Vereinigung. Insgesamt sahen bis zu 90 Prozent der Befragten in den Ereignissen des 9. November 1989 ein »ermutigendes Zeichen für den Weltfrieden«, bis zu 72 Prozent erklärten in der Woche danach, sie würden eine Wiedervereinigung begrüßen. Die Ergebnisse zahlreicher Umfragen lassen dabei zwar Differenzierungen zu – so war die Zustimmungsrate bei höher Gebildeten und Angehörigen der Kriegsgeneration zumeist niedriger, und der Grad der Zustimmung ging ab Dezember insgesamt langsam zurück –, in ihrer großen Mehrheit standen die Amerikaner allerdings positiv zur deutschen Einheit.

In dieses Meinungsbild paßten auch die ersten öffentlichen Reaktionen führender amerikanischer Politiker.[34] So legte sich der stellvertretende US-Außenminister Lawrence Eagleburger bereits wenige Tage nach dem Fall der Mauer in einem Interview fest: »Für mich steht außer Frage, daß Deutschland wiedervereinigt wird. Dieser Prozeß ist jetzt unausweichlich, aber ich kann Ihnen einfach nicht sagen, wie lange es dauern wird.« Noch weiter ging der ehemalige Außenminister Henry Kissinger. Obwohl mit keinem offiziellen Amt betraut, stand er mit den wichtigen amerikanischen Außenpolitikern in Kontakt. Ebenso wie er Bush und Baker am 13. November anläßlich eines Abendessens im Weißen Haus versicherte, die Einheit sei unvermeidlich, erklärte er in den Medien, daß er die Wiedervereinigung »in den nächsten drei bis vier Jahren« erwarte. Deutlich zurückhaltender äußerten sich Leitartikler führender Tageszeitungen und akademische Deutschlandexperten. So sah Gordon A. Craig zwar die Vereinigung als unausweichlich an, doch sollte sie nicht überstürzt und »ohne Schaden für ein stabiles europäisches Gleichgewicht« geschehen; der in Deutschland geborene Historiker Fritz Stern wies in einer ersten Einschätzung vor allem auf die Sorgen und Vorbehalte der europäischen Nachbarn hin, die eine schnelle staatliche Vereinigung »extrem unwahrscheinlich« machen würden.

## Bush verlangt eine »besonnene Evolution«

Im Resümee der deutschlandpolitischen und administrativen Ausgangsbedingungen, der persönlichen Beziehungen zwischen den führenden Politikern und des innenpolitischen Stimmungsbildes in den USA zeigte sich eine aus deutscher Sicht günstige Konstellation. Weder innerhalb der politischen noch der administrativen oder publizistischen Führungsschicht gab es explizite Gegner einer möglichen Wiedervereinigung. Ein Masterplan zur Reaktion auf die »Revolution der Rahmenbedingungen« lag auch in Washington nicht vor, doch teilte Bush bereits am 13. November seinem Außenminister seine allgemeine Vorstellung über die weiteren Entwicklungen mit[35]: Das Unvermeidliche sollte in eine »besonnene Evolution« umgewandelt werden. Allen Beteiligten und Beobachtern amerikanischer Außenpolitik war zu diesem frühen Zeitpunkt klar, daß die USA den Deutschen in einem möglichen Vereinigungsprozeß keine Hindernisse in den Weg legen durften, wollten sie nicht dauerhaft in Europa an den Rand gedrängt werden. Da allerdings weder die internen Meinungsverschiedenheiten hinsichtlich der Einschätzung von Michail Gorbatschow und seinen Reformbemühungen beseitigt, noch die westdeutschen

Überlegungen über die nächsten Schritte bekannt waren, blieb der genaue Weg zunächst noch unklar: Die kommenden Tage und Wochen sollten deshalb eindeutig im Zeichen der Improvisation stehen und dem Abklären der aktuellen Situation dienen, wozu sich unter anderem das bevorstehende amerikanisch-sowjetische Gipfeltreffen Anfang Dezember vor der Mittelmeerinsel Malta anbot. Hier sollte die Haltung der zweiten Weltmacht erkundet werden, deren Interessenlage in der deutschen Frage sich in fast allen Punkten von jener der Vereinigten Staaten unterschied.

## Moskaus Suche nach neuen Partnern

Als Michail Gorbatschow 1985 Generalsekretär des ZK der KPdSU wurde, war die Deutschlandpolitik seiner Vorgänger vier Jahrzehnte lang von einer zentralen Prämisse bestimmt worden[36]: die DDR als zentralen Eckpfeiler im sowjetisch dominierten Ostblock zu stärken, um so den Einfluß der UdSSR in Europa – der auf der Nachkriegsteilung des Kontinents beruhte – abzusichern.

Gorbatschow dachte zunächst nicht daran, diese Situation zu ändern, da der DDR aufgrund ihrer vermeintlichen wirtschaftlichen Stärke in seinen politischen Überlegungen eine wichtige Rolle zukam. Mit seiner Amtsübernahme hatte er die Führung eines wirtschaftlich immer weiter zurück- und verfallenden Staates angetreten. Dies konnte langfristig weder für die innenpolitische Situation noch die militärische Stärke der UdSSR ohne Folgen bleiben. Um den – als *raison d'être* auch von Gorbatschow unbestrittenen – Sozialismus zu stärken, waren tiefgreifende ökonomische Reformen notwendig. Diese wiederum waren ohne die im Begriff »Perestroika« zusammengefaßten, weitreichenden Veränderungen in Staat, Wirtschaft und Gesellschaft undenkbar. Schon früh erkannte Gorbatschow allerdings, daß er keines seiner Ziele erreichen konnte, ohne auch in der Außenpolitik neue Wege zu gehen. Unter dem Primat der Innenpolitik sollten Veränderungen in der internationalen Politik einen positiven Rahmen für sein angestrebtes Reformwerk bilden.

### *»Neues Denken« und »Freiheit der Wahl«*

Obwohl er sich zunächst auf die Bewältigung der innenpolitischen Probleme konzentrierte, erarbeitete Gorbatschow mit seinen engsten Mitarbeitern, darunter der neue Außenminister Eduard Schewardnadse, bereits im ersten Jahr nach Amtsantritt die wesentlichen konzeptionellen Grundzüge seiner Außenpolitik.[37] Hatten bislang Konkurrenzstreben und Konfrontation das Agieren der Sowjetunion in der internationalen Politik bestimmt, sollten künftig Dialog, friedlicher Interessenausgleich und Abrüstung das Handeln leiten. Die erklärte Abkehr vom Prinzip, daß die UdSSR so stark sein müsse wie jede erdenkliche Koalition der ihr gegenüberstehenden Staaten, betonte zugleich die Notwendigkeit zur Kooperation, auch über die Systemgrenzen hinweg. Die unter dem Schlagwort »Neues Denken« zusammengefaßte Politik hob unter anderem den Vorrang des Völkerrechtes und der Menschenrechte vor dem internationalen Klassenkampf hervor und nahm Abschied von der Ideologie des Kampfes der entgegengesetzten Systeme Sozialismus und Kapitalismus. Zur Erfolgsbestimmung in der internationalen Politik sollte künftig nicht mehr die militärische Stärke, sondern die Effizienz des politischen und wirtschaftlichen Systems dienen.

Bei seiner neuen Politik konzentrierte Gorbatschow sich zunächst auf Abrüstungsfragen und die Beziehungen zu den USA als zweiter Weltmacht.[38] Die Fixierung auf die Vereinigten Staaten zeigte sich beispielsweise darin, daß er bis 1989 zwar zu zwei Gipfeltreffen mit US-Präsidenten zusammengekommen war, seine westeuropäischen Auslandsbesuche sich aber auf eine Visite in Paris beschränkt hatten. Daneben arbeitete er daran, in den anderen Ostblockstaaten politische Veränderungen in seinem Sinn zu forcieren. Mehr Satelliten als Verbündete, hatten diese Staaten in der Vergangenheit jede innen- und außenpolitische Kurskorrektur der Sowjetunion nachvollziehen müssen. Die Liste sowjetischer Eingriffe in ihre Politik war lang. Im deutschlandpolitischen Teil umfaßte sie beispielsweise die Absage des Honecker-Besuches in der Bundesrepublik im Jahr 1984, die auf eindeutige Weisung aus Moskau zurückzuführen war.[39] Die dahinterstehende »Breschnew-Doktrin« – wonach der UdSSR das Recht zustand, in allen sozialistischen »Bruderländern« auch mit militärischen Mitteln einzugreifen, wenn nach ihrer Ansicht der Sozialismus gefährdet war – wurde von Gorbatschow explizit außer Kraft gesetzt. An ihre Stelle trat das schrittweise entwickelte Konzept der »Freiheit der Wahl«, das Außenamtssprecher Gerassimow später unter Bezug auf die Liedzeile »I did it my way« als »Sinatra-Doktrin« bezeichnete. Die kommunistischen Parteien der Verbündeten erhielten damit das Recht, entsprechend den eigenen Bedürfnissen ihres Landes den erfolgversprechendsten Entwicklungsweg zu suchen. Wie ernst Gorbatschow es mit dieser zunächst als rhetorische Formel benutzten »Freiheit der Wahl« meinte, zeigte sich 1989, als er in Ungarn und Polen nicht nur weitgehend freie Wahlen und Mehrparteiensysteme zuließ, sondern auch die Regierungsübernahme durch ungarische Reformkommunisten und polnische Demokraten akzeptierte. Die deutschlandpolitischen Konsequenzen des Konzeptes waren allerdings beschränkt: Die UdSSR ließ die »Freiheit der Wahl« lediglich auf der innen- und wirtschaftspolitischen Ebene zu. Ein Ausscheren aus den militärischen und außenpolitischen Bündnisverpflichtungen des Ostblocks wurde davon nicht gedeckt.[40] Nach dem Abzug der Sowjettruppen aus Afghanistan und dem Abschluß eines amerikanisch-sowjetischen Abkommens zur weltweiten Beseitigung ihrer Mittelstreckenraketen war sein Verhalten gegenüber Ungarn und Polen aber ein weiterer Beweis dafür, daß Gorbatschow bereit war, seinen öffentlichkeitswirksamen Formulierungen und Ankündigungen konkrete Taten folgen zu lassen.

Hinter den Beziehungen zu den USA und den Ostblock-Verbündeten war das Verhältnis der UdSSR zum Westen Europas zunächst drittrangig. Da Gorbatschow für den Erfolg seiner Wirtschaftsreformen den dort entstehenden Binnenmarkt und die wirtschaftliche Stärke der EG-Mitglieder berücksichtigen mußte, begann er gegen Ende der achtziger Jahre mit der Entwicklung einer eigenen Europakonzeption.[41] Ende 1988 griff er dabei auf die Formel des »Gemeinsamen Europäischen Hauses« aus der Breschnew-Zeit zurück. Basierend auf den Ostverträgen und dem gesamteuropäischen Helsinki-Prozeß sollte in diesem »Haus« eine intensivere Zusammenarbeit der unterschiedlichen Systeme stattfinden. Nach anfänglichen Unklarheiten – so hatte die UdSSR mit dem Bau eines »Gemeinsamen Europäischen Hauses« ursprünglich auch ein Hinausdrängen der USA aus Europa angestrebt – präzisierte Gorbatschow seine Überlegungen anläßlich seines Besuches in der Bundesrepublik im Juni 1989. Die Mitarbeit der USA und Kanadas war nunmehr auch von ihm ausdrücklich erwünscht. Anders als das auf innenpolitische Aspekte beschränkte Konzept der »Freiheit der Wahl« hatten die Überlegungen zum »Gemeinsamen Europäischen Haus« eine starke deutschlandpolitische Komponente. Wenn Gorbatschow die europäische Spaltung in einem geregelten Prozeß überwinden wollte, würde er langfristig nicht darum herumkommen, sich mit der deutschen Teilung zu befassen. Während die SED-Führung um Honecker sich dessen sehr wohl bewußt war, ignorierte Gorbatschow diesen Zusammenhang. Dies hing nicht zuletzt damit zusammen, daß er die Bundesregierung zunächst überhaupt nicht als primäre Ansprechpartnerin im westlichen Lager sah.

Bis Mitte 1987 war Gorbatschows Sicht der Bundesrepublik noch von den alten Denklinien sowjetischer Deutschland- und Außenpolitik bestimmt.[42] In der Regierungskoalition aus CDU/CSU und FDP sah Moskau vor allem einen weitgehend unselbständigen Vasallen der USA, der von der Stationierung nuklearer amerikanischer Mittelstreckenraketen bis hin zu Ronald Reagans SDI-Programm alle rüstungs- und sicherheitspolitischen Vorgaben aus Washington mittrug. Als Reaktion auf die Umsetzung des NATO-Doppelbeschlusses hatten Gorbatschows Vorgänger 1984 eine Politik der Abstrafung und Stagnation in den Beziehungen zu Westdeutschland eingeleitet, an der auch der neue Generalsekretär zunächst festhielt. In Verbindung mit den traditionellen »Revanchismus«-Vorwürfen gegenüber der Bundesrepublik und der Einschätzung, daß gute Beziehungen zur DDR ebensolche Beziehungen zum anderen deutschen Staat ausschlossen, bildete dies einen Sperriegel, der eine Neubewertung des bilateralen Verhältnisses verhinderte. Hinzu kam die Hoffnung, daß die von Helmut Kohl geführte Regierung spätestens bei den Bundestagswahlen 1987 aus dem Amt gedrängt würde.

Im Verlauf des Jahres 1987 kam es zu einer schrittweisen Änderung der Einstellung gegenüber Bonn, die auf einer Gemengelage unterschiedlicher Motivationen beruhte:

– Nach dem Wahlsieg der CDU/CSU-FDP-Koalition im Januar 1987 war klar, daß die Regierung Kohl/Genscher für vier weitere Jahre Ansprechpartner sein würde. Die bisherige Zurückhaltung bei bilateralen Kontakten auf höchster Ebene mußte aufgegeben werden, da andernfalls eine deutliche Verbesserung der Zusammenarbeit nicht erreicht werden konnte.
– Die mit den USA erzielten Abrüstungserfolge verschafften Gorbatschow neben einer Verbesserung des Gesamtklimas zusätzlichen Spielraum für einen Ausbau der europäischen Beziehungen.
– Seitens der USA kamen keinerlei eindeutige Signale, daß Washington über

die Zusammenarbeit im Abrüstungsbereich hinaus zu einer engeren wirtschaftlichen und politischen Kooperation bereit war. Die Verbesserung der Beziehungen zu den Staaten Westeuropas gewann deshalb an Bedeutung.
– In Moskau wuchs die Erkenntnis, daß verbesserte Kontakte zu den westeuropäischen Staaten – und hier vor allem der Europäischen Gemeinschaft – ohne die Einbeziehung der Bundesrepublik keinen Sinn machten. Westdeutschland war nicht nur eine bedeutende wirtschaftliche Größe, sondern innerhalb der EG zugleich einer der Motoren der Integration und somit von eminenter politischer Bedeutung.

Zeitgleich setzte sich bei Gorbatschow und seinen engsten Mitarbeitern langsam die Erkenntnis durch, daß die DDR nicht nur wirtschaftlich-technologisch sehr viel schwächer als ursprünglich angenommen, sondern aus Ost-Berlin zudem keinerlei Unterstützung bei den politischen Reformbemühungen zu erwarten war. Wirtschaftliche und politische Unterstützung konnten die Moskauer Reformer wenn überhaupt dann nur im Westen erhalten. Dort hatte sich die Bundesregierung nach anfänglichem Zögern zu einer entschiedenen Befürworterin einer Gorbatschow stützenden Politik entwickelt. Nach außen manifestierte dies Hans-Dietrich Genscher, als er im Februar 1987 die westlichen Regierungen zu mehr Offenheit und aktiverem Handeln gegenüber der Sowjetunion aufrief.[43] Anstatt sich bequem zurückzulehnen und die Reformbemühungen in der UdSSR zu beobachten, solle der Westen die neue Politik unterstützen und beeinflussen, um ihr so zum Erfolg zu verhelfen. »Nehmen wir Gorbatschow ernst, nehmen wir ihn beim Wort«, forderte Genscher, der gleichzeitig ankündigte, daß die Bundesregierung ihr wirtschaftliches Potential sowohl für die europäische Integration nach Westen als auch für die Zusammenarbeit mit dem Osten in die Waagschale werfen wolle. Anders als die noch immer zögerliche US-Regierung gab Genscher damit eine klare politische Linie für die möglichen Beziehungen mit der UdSSR und ihren Verbündeten vor. Als die Bundesregierung dann noch im August 1987 mit dem Verzicht auf die 72 deutschen Pershing Ia-Raketen das INF-Abkommen zum weltweiten Abbau der nuklearen Mittelstreckenraketen forcierte, mußte auch Moskau klar sein, daß man in Bonn einen wirtschaftlich potenten, zur Zusammenarbeit bereiten und zum eigenständigen sicherheitspolitischen Entgegenkommen fähigen Partner gewinnen konnte.

### Persönliche Annäherung mit Hindernissen

Parallel zur Verbesserung der zwischenstaatlichen Beziehungen zwischen der UdSSR und der Bundesrepublik entwickelte sich ab Ende der achtziger Jahre auch die persönliche Beziehung zwischen Michail Gorbatschow und Helmut Kohl. Bei ihrer ersten Begegnung am Rande des Begräbnisses seines Amtsvorgängers Tschernenko im März 1985 sah der künftige KPdSU-Generalsekretär im Bundeskanzler vor allem den Befürworter des NATO-Nachrüstungsbeschlusses, den er mit den vorwurfsvollen Worten »Wohin driftet die Bundesrepublik?« empfing.[44] Kohl versuchte zwar, Vorschläge zur deutlichen Verbesserung der bilateralen Beziehungen ins Gespräch zu bringen, bekam aber fast ausschließlich kritische Bemerkungen zur Pershing-Stationierung zu hören. Ein persönliches Verhältnis konnte sich auf der Basis dieses kurzen Treffens nicht entwickeln. Statt dessen kam es Ende Oktober 1986 gar zu einer neuen »Eiszeit« in den bilateralen Beziehungen, als das amerikanische Magazin *Newsweek* ein nicht autorisiertes Interview mit Helmut Kohl abdruckte, in dem dieser Gorbatschow aufgrund dessen propagandistischer Fähigkeiten mit Joseph Goebbels verglichen hatte.[45] Die sowjetische Führung reagierte verärgert und konzentrierte ihre Kontakte mit dem Westen zunächst auf andere Staaten.

Angesichts der allgemeinen politischen Entwicklung waren Bonn und Moskau allerdings im Grundsatz weiter an einer Annäherung interessiert. Um das persönliche Treffen der beiden Spitzenpolitiker zu ermöglichen und der sowjetischen Seite entgegenzukommen, mußte jedoch gleich zweimal von den sonstigen Gepflogenheiten abgewichen werden:[46] Gemäß einer Absprache zwischen Horst Teltschik und Staatssekretär Klaus Blech aus dem Präsidialamt reiste zuerst Bundespräsident Richard von Weizsäcker zu einem Staatsbesuch nach Moskau[47], obwohl üblicherweise vorab der Kanzler seine UdSSR-Reise hätte absolvieren müssen. Und während das Protokoll eigentlich einen Besuch Gorbatschows in Bonn vorgesehen hätte, beharrte die sowjetische Führung darauf, daß zunächst Kohl nach Moskau kommen müsse.[48] Ungeachtet dieser Anlaufschwierigkeiten wurde das erste persönliche Treffen von Kohl und Gorbatschow ein Erfolg. Als der Bundeskanzler vom 24. bis 27. Oktober 1988 in der Sowjetunion weilte und dort zum Vier-Augen-Gespräch mit dem Generalsekretär zusammentraf, waren sich die beiden Politiker offensichtlich persönlich sympathisch. Dies erleichterte den Durchbruch im Verhältnis der beiden Staaten zueinander.[49] Man sei einen großen Schritt aufeinander zugegangen und habe »ein neues Kapitel in den deutsch-sowjetischen Beziehungen aufgeschlagen«, faßte Gorbatschow den Besuch anschließend zusammen. Um die neue Qualität ihres Verhältnisses zu demonstrieren, wurde nicht nur ein Staatsbesuch Gorbatschows in der Bundesrepublik für das kommende Jahr vereinbart, sondern zugleich eine Vielzahl von neuen bilateralen Abkommen geplant. Wie von Kohl seit längerem gewünscht, sollte die Zusammenarbeit auf möglichst vielen Gebieten – von Regierungskonsultationen über bessere Wirtschaftskontakte bis hin zu den kulturellen Beziehungen – intensiviert werden. Gorbatschow hatte zeitweise sogar den Abschluß eines neuen Grundlagenvertrages vorgeschlagen, doch hatte die Bundesregierung in diesem Punkt Zurückhaltung signalisiert.[50]

Wie ernst es der sowjetischen Seite mit der Annäherung an Bonn war, zeigte sich in den folgenden Monaten zunächst intern und mit Gorbatschows Aufenthalt in der Bundesrepublik vom 12. bis 14. Juni 1989 dann auch öffentlich.[51]

Obwohl es wegen der Einbeziehung West-Berlins in die Verträge weiterhin Schwierigkeiten gab, konnten im Rahmen der Visite elf Abkommen unterzeichnet werden. Für Gorbatschow war dies auch aus innenpolitischen Gründen von Bedeutung, da so die dank seiner Politik der Veränderungen erzielten internationalen Erfolge öffentlich gewürdigt wurden. Im zentralen Abkommen, der »Gemeinsamen Erklärung«[52], hatten beide Seiten für sie besonders wichtige Standpunkte festgeschrieben. Gorbatschow fand Eckpunkte seiner Außenpolitik wie Abrüstung, friedliche Konfliktregelung und wirtschaftliche Kooperation erstmals in einem bilateralen Dokument mit einem westlichen Staat skizziert, während die Bundesregierung Unterstützung für das aus deutschlandpolitischer Sicht bedeutsame Selbstbestimmungsrecht erhielt. Bereits Artikel 1 betonte das »Recht aller Völker und Staaten, ihr Schicksal frei zu bestimmen und ihre Beziehungen zueinander auf der Grundlage des Völkerrechtes souverän zu gestalten«. Zentral war zudem die Erkenntnis, daß mit dem Besuch und der »Gemeinsamen Erklärung« ein Schlußstrich unter die Nachkriegsperiode der deutsch-sowjetischen Beziehungen gezogen worden war. Neben der Anerkennung auf Regierungsebene erzielte Gorbatschow bei seinem Besuch in der Bundesrepublik in einem zweiten Bereich große Erfolge. Die westdeutsche Bevölkerung reagierte mit großer Zustimmung und viel Sympathie auf seine öffentlichen Auftritte. Ob auf dem Bonner Rathausplatz oder vor Arbeitern in einem Dortmunder Stahlwerk, stets erhielt der Generalsekretär jenen jubelnden Applaus, der ihm zu Hause in Moskau oft genug versagt blieb. Bei einem Mann, der wie er öffentliche Anerkennung und die äußeren Zeichen der Macht schätzte,[53] konnte dies nicht ohne Auswirkungen auf sein Deutschlandbild bleiben.

Ein dritter Erfolgspunkt wurden die direkten Begegnungen Gorbatschows mit Helmut Kohl und dessen Ministern. In drei Vier-Augen-Gesprächen und privaten Kontakten kamen Kanzler und Generalsekretär sich menschlich näher. Kohl setzte dabei eindeutig darauf, zunächst vor allem den persönlichen Kontakt zu verbessern und überreichte zu Beginn des ersten Treffens unter anderem ein Geschenk für Gorbatschows Mutter.[54] Die beiden Politiker stellten anschließend eine große Übereinstimmung bei der Bewertung wichtiger politischer Themen fest und zeigten sich gleichermaßen von der Notwendigkeit deutlicher Abrüstungsschritte überzeugt. Gorbatschow versicherte, Realist zu sein: Eine allgemeine Verbesserung der internationalen Beziehungen sei nicht erreichbar, solange sich die sowjetisch-amerikanischen Beziehungen nicht verbessert hätten. Der Bundesrepublik komme in den sowjetischen Überlegungen gleichwohl eine »globale Rolle« zu. Was die DDR anbelangte, so waren beide sich einig, daß eine Destabilisierung nicht wünschenswert sei. Kohl versicherte, die europäische Statik keinesfalls verändern zu wollen, weswegen er sich mit öffentlichen Äußerungen zurückhalte. Er müsse aber – ebenso wie Gorbatschow – die Stimmung im eigenen Land berücksichtigen. Um den gewonnenen Kontakt aufrechtzuerhalten, so Kohl, solle man möglichst oft miteinander telefonieren. Sollten tatsächlich einmal Probleme auftauchen, sei er gerne bereit, Horst Teltschik direkt nach Moskau zu entsenden – ein Angebot, das Gorbatschow begrüßte. Die deutsche Frage tauchte in den offiziellen Gesprächen lediglich am Rande auf.

Das in Kohls Augen wichtigste Zweiergespräch fand am dritten Tag des Besuches, außerhalb des Protokolls nach einem Abendessen der Ehepaare Gorbatschow und Kohl im Kanzlerbungalow, statt.[55] Nur von einem Dolmetscher begleitet, spazierten Kanzler und Generalsekretär gegen Mitternacht in Richtung Rheinufer und setzten sich auf eine Mauer. Neben persönlichen Dingen, etwa ihrer Jugend in der Nachkriegszeit, unterhielten sich die beiden auch über die deutsch-sowjetischen Beziehungen und einen möglichen neuen Grundlagenvertrag. Kohl machte deutlich, daß jede prinzipielle Neuordnung der Beziehungen von der ungelösten deutschen Frage belastet sein werde: Dieses Thema werde immer zwischen Bonn und Moskau stehen. Gorbatschow widersprach und verwies einmal mehr darauf, daß die Existenz zweier deutscher Staaten ein Ergebnis der historischen Entwicklung sei. Kohl deutete daraufhin auf den vorbeifließenden Rhein und verlieh seiner Überzeugung mit einem Vergleich Ausdruck: Das Wasser des Flusses gehe zum Meer, »und wenn Sie den Fluß stauen, geht er über das Ufer und zerstört das Ufer, aber das Wasser geht zum Meer, und so ist es auch mit der deutschen Einigung«. Anders als sonst antwortete der Generalsekretär nicht, sondern schwieg. Helmut Kohl war sich allerdings sicher, daß sich mit diesem Gespräch »etwas verändert« hatte, das sowohl das persönliche Verhältnis der beiden Politiker zueinander als auch Gorbatschows Einstellung zur deutschen Frage betraf.

### Realitäten und Ergebnisse der Geschichte

Der Staatsbesuch des sowjetischen Generalsekretärs in der Bundesrepublik hatte gezeigt, wie gut sich die zwischenstaatlichen Beziehungen in den vergangenen anderthalb Jahren entwickelt hatten. Gleiches traf auf das Verhältnis zwischen Gorbatschow und Kohl zu, das nunmehr als ausgesprochen gut und vertrauensvoll gelten konnte. Diese positiven Entwicklungen verdeckten allerdings, daß es in Gorbatschows Einschätzung der deutschen Frage keine weitreichenden Veränderungen gegeben hatte. Das Schweigen Gorbatschows gegenüber Kohl bei ihrem nächtlichen Gespräch am Rhein sowie teilweise widersprüchliche Äußerungen in der Öffentlichkeit zeigten seine anhaltende Ambivalenz.[56] Mit der Anerkennung des Selbstbestimmungsrechtes der Völker in der »Gemeinsamen Erklärung« hatte der Generalsekretär dieses Recht auch den Deutschen zugestanden. Andere Aussagen zeigten aber zugleich, daß Gorbatschow weder einen aktuellen Handlungsbedarf sah, noch grundsätzliche Überlegungen zum Thema angestellt hatte. Immer wieder verwies er darauf, daß die deutsche Teilung ein Ergebnis der Geschichte sei. Intensivere Kontakte zwischen der Bundesrepublik und der DDR seien dadurch aber nicht ausgeschlossen. Gefragt nach einer möglichen Annäherung der beiden deutschen Staaten, versicherte er auf der Abschluß-Pressekonferenz in Bonn, er »halte alles für möglich«, verwies jedoch zugleich auf die »Realitäten« der gesamteuropäischen Situation. Während seine Aussagen in der Bundesrepublik offensichtlich vom Bemühen gelenkt waren, den positiven Gesamteindruck des Besuches nicht zu verwässern, äußerte Gorbatschow sich einige Tage später in Paris sehr viel deutlicher. Man müsse bei allen politischen Schritten von der realen Situation in Europa ausgehen, wie sie als Ergebnis des von Deutschland verursachten Zweiten Weltkrieges entstanden sei. Dabei schloß er Veränderungen keinesfalls aus, doch seien diese nur im großen Rahmen des KSZE-Prozesses und der laufenden Wiener Abrüstungsverhandlungen über die konventionellen Streitkräfte in Europa (VKSE) möglich. Anstatt sich auf eine konkrete Diskussion einzulassen, rief er dazu auf, das »gemeinsame europäische Haus« zu bauen. In dessen Rahmen werde dann die Geschichte darüber entscheiden, wie die historisch gewachsene Situation sich verändern könne.

Im Kern hatte Gorbatschow sich damit kaum über seinen Standpunkt vom Juni 1987 hinausbewegt, als Richard von Weizsäcker ihn auf die deutsche Frage angesprochen hatte.[57] Die Existenz zweier deutscher Staaten, so der Generalsekretär damals, sei eine »Realität«, von der man auszugehen habe. Der Ausbau von politischen, wirtschaftlichen, kulturellen und menschlichen Kontakten sei dabei möglich, doch dürften die Grundlagen – also die Zweistaatlichkeit – nicht unterminiert werden. Auf der Basis der Nachkriegsrealitäten gelte es, die Zukunft der Beziehungen zu gestalten. Zum gegebenen Zeitpunkt werde die Geschichte ihr Urteil fällen. Gorbatschow nannte – eindeutig mehr rhetorisch als konkret gemeint – einen Zeitraum von hundert Jahren, was im Westen vereinzelt als Zeichen einer neuen Offenheit in der deutschen Frage gewertet wurde. Dabei wurde zumeist übersehen, daß Gorbatschow zwar, anders als seine Vorgänger an der Spitze von Staat und Partei, eleganter und weniger abweisend zu formulieren pflegte, inhaltlich aber jegliche Wiedervereinigungsdebatte ablehnte. Sein Hinweis, jede Veränderung der Nachkriegsrealitäten mit der Teilung Europas und Deutschlands bringe eine Destabilisierung des Kontinents mit sich, zeigte dies deutlich. Änderungen der Nachkriegsstatik, so seine auch im Herbst 1989 noch vertretene Position, waren lediglich innerhalb des von ihm gewünschten »gemeinsamen europäischen Hauses« möglich. Darüber, was dies für die beiden deutschen Staaten bedeuten würde, hatte er sich aus naheliegenden Gründen noch keine Gedanken gemacht. Die Situation zwischen den beiden Blöcken in Europa sowie zwischen den und innerhalb der beiden deutschen Staaten schien im Frühsommer 1989 so stabil, daß dazu aus seiner Sicht keinerlei Notwendigkeit bestand. Er reagierte deshalb auch mit einer »olympischen Ruhe« auf Vorschläge aus der Internationalen Abteilung des ZK der KPdSU, wo Valentin Falin angesichts der Krise in der DDR eine aktive Deutschlandpolitik vorschlug.[58]

Gorbatschows Aussage, die deutsche Teilung sei ein Ergebnis der Geschichte und werde letztlich auch von dieser gelöst, basierte auf der Annahme, daß das Thema »Deutsche Einheit« nicht auf der Tagesordnung der internationalen Politik stand – und deshalb von ihm nicht in Angriff genommen werden mußte. Bereits wenige Tage nach seinem Abflug aus Bonn begann mit der Massenflucht von DDR-Einwohnern über Ungarn in den Westen allerdings eine Entwicklung, die den von Gorbatschow prophezeiten historischen Rahmen radikal zu beschneiden drohte. Der sowjetische Generalsekretär war sich seit Mitte der achtziger Jahre bewußt darüber, daß seine Reformbemühungen von der SED-Führung um Honecker abgelehnt wurden, hatte zunächst aber noch an die wirtschaftliche Stärke und innenpolitische Stabilität der DDR geglaubt.[59] Die durch Gorbatschows Prinzipien der Nichteinmischung und der »Freiheit der Wahl«[60] ermöglichte Öffnung der ungarischen Grenze nach dem Westen hin zeitigte allerdings ungeahnte Folgen. Die Flucht tausender Menschen aus der DDR, die turbulenten Ereignisse um die Botschaftsflüchtlinge von Prag und Warschau sowie die im Herbst 1989 einsetzenden Demonstrationen in Ostdeutschland belehrten den Generalsekretär eines Besseren. Wie schlecht die Stimmung in der DDR-Bevölkerung war, konnte Gorbatschow selbst erleben, als er vom 5. bis 7. Oktober an den Feierlichkeiten zum 40. Jahrestag der Gründung der DDR teilnahm.[61] Als beim Fackelzug der Jugend am 7. Oktober statt der »SED«- und »Honecker«-Rufe die »Gorbi, Gorbi«-Rufe überwogen, war vielen Beteiligten deren Bedeutung bewußt. »Das bedeutet das Ende«, meinte der neben ihm stehende polnische Ministerpräsident Rakowsky zu Gorbatschow. »Ja«, antwortete der Generalsekretär einsilbig. Nur widerwillig war Gorbatschow nach Ost-Berlin gereist, da er nicht mehr hoffte, die reformunwillige SED-Spitze von der Notwendigkeit tiefgreifender politischer und gesellschaftlicher Veränderungen auch in der DDR überzeugen zu können. Seine Gespräche mit Honecker und dem Politbüro blieben denn auch ohne konkrete Ergebnisse.[62] Der sowjetische Parteichef deutete seine Kritik in unzweifelhaften Formulierungen an, sprach sie aber nie offen aus. Honecker wiederum wich jedem Dialog aus, und auch das Politbüro – aus dessen Mitte bereits Überlegungen zur Ablösung des SED-Chefs nach Moskau getragen worden waren – verpaßte die Chance zur offenen Diskussion. Die von Gorbatschow gleich mehrfach ausgesprochene Warnung vor weiteren Verzögerungen bei Reformen – von einem Dolmetscher auf die griffige Formel »Wer zu spät kommt, den bestraft das Leben« gebracht[63] – verhallte ohne Resonanz.

Offensichtlich enttäuscht kehrte Gorbatschow nach Moskau zurück.[64] Mit Honecker und der aktuellen DDR-Führung waren Veränderungen in Ostdeutschland nicht erreichbar. Gleichwohl war er nicht bereit, bei der Ablösung des SED-Chefs eine aktive Rolle zu spielen. Über den Vorstoß im SED-Politbüro war er zwar informiert, doch griff er weder dabei noch bei der Wahl von Egon Krenz zum neuen Generalsekretär des ZK der SED ein. Als Krenz am 1. November in Moskau mit Gorbatschow zusammentraf, waren sich beide darin einig, daß trotz des bisherigen Stillstands auch in der DDR Reformen möglich seien. Der sowjetische Generalsekretär sicherte seinem ostdeutschen Gesprächspartner zu, daß die UdSSR zur deutschen Teilung stehe. Die »Realitäten der Nachkriegszeit, einschließlich der Existenz zweier deutscher Staaten«, standen für ihn in keiner Weise zur Disposition. Auffallend war allerdings nicht nur, wie geringschätzig der Besuch von Krenz in den Moskauer Medien behandelt wurde, sondern auch, daß Gorbatschow auf eine öffentliche Solidarisierung, beispielsweise durch eine gemeinsame Pressekonferenz, verzichtete.

Obwohl die sowjetische Führung über das von der Krenz-Regierung ausgearbeitete neue Reisegesetz informiert worden war, sorgten die Umstände der Grenzöffnung vom 9. November – wie in allen anderen Staaten – für Verwirrung.[65] Zwischen Moskau und Ost-Berlin war lediglich über die begrenzte Öffnung einzelner Grenzübergänge im Südwesten der DDR gesprochen worden. Damit sollte die große Fluchtbewegung via Ungarn in eine kontrollierte Ausreise umgewandelt werden. Vizeaußenminister Iwan Aboimow hatte dem auf Anfrage von DDR-Außenminister Fischer bei Botschafter Kotschemassow am Morgen des 9. November kurzfristig zugestimmt. Der sowjetischen Seite war ebensowenig wie den Verantwortlichen im SED-Politbüro bewußt, daß das von Ministerialbeamten der DDR ausgearbeitete neue Reisegesetz weit darüber hinausging. Es sah sowohl kurzzeitige Westreisen als auch die Öffnung der Berliner Grenzübergänge vor. Als Günter Schabowski die Grundzüge dieser Regelung am Abend des 9. November öffentlich bekanntgab, kam es zum Massenansturm auf die Grenzen der DDR. Nur durch die – auf dem offiziellen Dienstweg noch gar nicht angeordnete – Öffnung weiterer Grenzübergänge konnte das drohende Chaos verhindert werden.

Als Gorbatschow und Schewardnadse vom Fall der Mauer erfuhren, war es für ein steuerndes Eingreifen zu spät.[66] In ihren ersten öffentlichen Reaktionen bezeichneten sie die Grenzöffnung als positiven Schritt, der von der sowjetischen Führung begrüßt werde. Obwohl es in ihrem Umfeld vereinzelt Stimmen gab, die für den Einsatz sowjetischer Truppen zur Schließung der Grenze plädierten, blieben Gorbatschow und Schewardnadse beim Prinzip der Nicht-Einmischung und Gewaltlosigkeit. Auch dem letzten Zweifler im Westen mußte nun klar werden, daß der Generalsekretär der KPdSU an den Grundsätzen seiner Politik auch in einer solchen Extremsituation festhielt. Mit fast schon stoischer Gelassenheit nahm er die im Fall der Berliner Mauer manifestierte Revolution der Rahmenbedingungen europäischer Politik hin – nicht zuletzt, da er sie nicht als solche erkannte. Vor allem in Gorbatschows Einschätzung der deutschen Frage hatte sich nichts verändert:
- Die deutsche Teilung war ein Produkt der Geschichte und konnte nur von dieser wieder – in einem langfristigen Prozeß – korrigiert werden.
- Die »Realitäten der Nachkriegszeit« bestanden unverändert fort. Die Öffnung der deutsch-deutschen Grenze hatte diesen lediglich ihren anomalen Charakter genommen.

Von der aktuellen DDR-Führung war Gorbatschow enttäuscht, doch glaubte er weiter an die Reformierbarkeit des Sozialismus in Ostdeutschland. Solange die von ihm zur Zurückhaltung aufgerufene Bundesregierung den ostdeutschen Reformprozeß nicht untergrabe [67], so seine Einschätzung, konnten die von ihm angestoßenen evolutionären Entwicklungen sich im normalen Rahmen fortsetzen. Wie alle führenden Politiker unterschätzte er dabei die Tragweite der stattfindenden Veränderungen innerhalb der DDR-Bevölkerung.

### Riesige Apparate, doch kleine Entscheidungsrunden

Mit seiner Wahl zum Generalsekretär der KPdSU war Michail Gorbatschow an die oberste Stelle eines riesigen Verwaltungs- und Entscheidungsapparates in Staat und Partei getreten. [68] Bei all seinen Entscheidungen konnte er sich auf die Expertise einer Vielzahl von Mitarbeitern in der Partei, der Staatsverwaltung, den Geheimdiensten und zahlreichen wissenschaftlichen Instituten stützen. Bereits bei der Erarbeitung der Grundzüge seiner Reformprojekte hatte sich bis Ende der achtziger Jahre allerdings gezeigt, daß er sehr viel weniger als seine Vorgänger auf die eingespielten – und wenig reformfreudigen – Strukturen und Apparate zurückgriff, sondern statt dessen stärker mit kleinen Beratergremien zusammenarbeitete. Dabei ging er nicht nur inhaltlich häufig neue Wege, sondern war auch für personalpolitische Überraschungen gut, wie 1985 die Ablösung von Andreij Gromyko, dem Inbegriff des orthodox denkenden sowjetischen Außenpolitikers, durch den außenpolitisch unerfahrenen Eduard Schewardnadse bewies. Ähnlich wie Gorbatschow galt der Georgier Schewardnadse als undogmatisch und reformorientiert, war zugleich aber flexibler und stärker humanistischen Werten verpflichtet. Beiden zentralen Figuren der sowjetischen Außenpolitik nach 1985 war gemein, daß sie der Nachkriegsgeneration angehörten. In bezug auf Deutschland war deshalb von ihnen eine größere Flexibilität zu erwarten, da ihre persönlichen Erfahrungen sich eher mit den auch im Volk vorherrschenden Einstellungen gegenüber der Bundesrepublik deckten, als dies bei ihren Vorgängern der Fall gewesen war. Denn auch im Volk hatte ein Umdenkungsprozeß eingesetzt. Nur noch drei Prozent der sowjetischen Bürgerinnen und Bürger fühlten sich laut einer Umfrage aus dem Frühjahr 1989 von der Bundesrepublik Deutschland bedroht. [69]

Sowohl Gorbatschow als auch Schewardnadse hatten eine klassische Parteikarriere hinter sich. Sie kannten sich seit Jahrzehnten und wußten jeweils um die Reformvorstellungen des anderen, sahen aber auch die Beharrungskräfte bestehender Apparate. Beide hatten sich deshalb schrittweise eigene kleine Stäbe zusammengestellt, mit denen sie eng und vertrauensvoll arbeiten konnten. Dies galt im besonderen für die Behandlung der deutschen Frage ab Ende 1989. In Gorbatschows Umfeld waren seine engen Mitarbeiter Anatolij Tschernajew [70] – für die »kapitalistischen Staaten« – und Georgij Schachnasarow – für die Beziehungen zu den sozialistischen Ländern – durchgängig auch mit den damit zusammenhängenden außenpolitischen Entscheidungen befaßt. Vertreter von Politbüro, Verteidigungsministerium, Armee, Geheimdiensten und der Internationalen Abteilung des Zentralkomitees wurden in die Vorbereitung der Entscheidungen in Einzelfällen eingebunden, tauchten aber nie durchgängig als Angehörige des inneren Zirkels auf. Ähnlich sah die Situation zum Jahresende 1989 im Außenministerium aus, wo Schewardnadse mit Tejmuras Stepanow und Sergej Tarassenko zwei Vertraute in sein engstes Umfeld geholt hatte.[71] Der Berufsdiplomat Tarassenko leitete die Planungsabteilung des Ministeriums und nahm als »Note-Taker« an fast allen wichtigen Begegnungen Schewardnadses mit ausländischen Politikern teil. Darüber hinaus kümmerte er sich um die Zusammenarbeit mit den Fachbeamten des Außenministeriums. Der Journalist Stepanow – wie Schewardnadse georgischer Herkunft – war vor allem für das Verfassen wichtiger Reden und konzeptioneller Beiträge zuständig. Beiden war gemein, daß sie das uneingeschränkte Vertrauen Schewardnadses besaßen und dafür im Gegenzug von den meisten ihrer Kollegen mißtrauisch beobachtet wurden. Dies galt in erster Linie für die – von ihnen intern als »Berliner Mauer« bezeichneten – Deutschlandexperten der 3. Westeuropäischen Abteilung mit deren Leiter Alexander Bondarenko. Dessen orthodoxe deutschlandpolitische Einschätzungen wurden in Schewardnadses Umfeld zwar nicht geschätzt, doch drängte der Außenminister seine beiden Vertrauten immer wieder dazu, den Ausgleich mit dem Weltkriegsveteranen Bondarenko zu suchen, dessen Einfluß trotz des faktischen Verlusts der Zuständigkeit für die DDR enorm geblieben war.

In der Sowjetunion war vor dem Mauerfall somit bereits ein Umdenken in den Beziehungen zur DDR und zur Bundesrepublik im Gang. Die Gewichte begannen sich dabei zwar von Ost-Berlin nach Bonn zu verschieben, doch hatten weder Gorbatschow und Schewardnadse noch ihre Mitarbeiter bislang realisiert, daß die Veränderungen in Mittel- und Osteuropa, inbesondere aber innerhalb der DDR, weitreichende neue Konzepte notwendig machen würden. Die Personenkonstellation an der Regierungsspitze war aus westdeutscher Sicht günstiger denn je, fand allerdings weder auf Beamtenebene noch in der konkreten Politik bislang ihre Fortsetzung. Vor allem aber war die deutsche Frage für Moskau kein Thema der aktuellen Politik, woran auch die Grenzöffnung zunächst nichts änderte.

## Primat des Gleichgewichts

Als geographischer Nachbar der Bundesrepublik wurde auch Frankreich unmittelbar von den Erschütterungen des Mauerfalls erfaßt. Die politischen Schockwellen, die sich von Berlin über die Grenzen Deutschlands hinaus ausbreiteten, drohten die Nachkriegsarchitektur, in der sich Frankreich behaglich eingerichtet hatte, zu zerstören. Die politische Klasse in Paris empfand die Aussicht auf eine Überwindung des Status quo des Kalten Krieges und die Möglichkeit einer deutschen Vereinigung – von der internationalen Presse bereits seit Sommer 1989 diskutiert – somit zunächst weniger als Chance denn als Gefahrenpotential. Ein Fundament französischer Außenpolitik, das Gleichgewicht der Kräfte, schien aus dem Lot zu geraten. Grund für diese Sicht waren die der französischen Außen- und Deutschlandpolitik innewohnenden strukturellen Widersprüche: Als engster europäischer Partner der Bundesrepublik hatte Frankreich sich zwar über Jahrzehnte – auf rhetorischer Ebene – solidarisch mit der nationalen Frage seines Nachbarn erklärt. Aber, so Alfred Grosser, es wollte die deutsche Einheit nur, solange diese nicht möglich war.[72]

### *Pragmatismus der ersten Nachkriegsjahre*

Frankreichs vorrangiges deutschlandpolitisches Nachkriegsziel war es gewesen, Deutschland dauerhaft als machtpolitischen Faktor und Sicherheitsrisiko in Europa auszuschalten und damit gleichzeitig eine Voraussetzung für das Zurückgewinnen von Frankreichs einstiger Macht zu schaffen.[73] Seine Rolle in Europa und der Welt war folglich eng verknüpft mit dem Schicksal des geteilten Deutschland. Eine Vereinigung und die Wiederherstellung der deutschen Souveränität waren aus französischer Sicht verbunden mit Machtzuwachs für Deutschland einerseits, mit Statusverlust für Frankreich andererseits. Die anfänglich restriktive Politik gegenüber Deutschland fiel jedoch schon bald dem Ost-West-Konflikt zum Opfer. Pragmatismus war gefragt, da die Wahrnehmung der sowjetischen Gefahr zusehends die der deutschen Bedrohung überlagerte. Der Schutz Westeuropas erforderte amerikanische Hilfe und die neugegründete Bundesrepublik als Verbündete. Die sich abzeichnende Teilung Deutschlands und Europas war damit grundlegend für eine Neubestimmung des deutsch-französischen Verhältnisses. Das Leitmotiv französischer Deutschlandpolitik lautete fortan »Kontrolle durch Integration« einer fest im Westen verankerten Bundesrepublik.[74] Es sollte – ungeachtet wechselnder Staatspräsidenten – zu einer Konstante werden und gleichzeitig den Rahmen der deutsch-französischen Aussöhnung bilden. Dabei richtete sich Frankreich innerhalb der von den Supermächten gesteckten Koordinaten ein. Die Wahrung des Gleichgewichts der Blöcke wurde zur Prämisse einer Politik der nationalen Unabhängigkeit. Frankreichs Integrationsstrategie gründete auf dem Aufbau und der

Organisation Westeuropas. Der Instrumentalcharakter dieser Strategie kam dabei in mehrfacher Hinsicht zum Tragen. Frankreich verfolgte einerseits den Ansatz, seine vordringlichsten nationalen Ziele zu verwirklichen, das heißt, seine sicherheitspolitischen Bedürfnisse zu befriedigen, den neu gegründeten westdeutschen Staat durch supranationale Einbindung wirtschaftlich und militärisch dauerhaft zu binden und zu kontrollieren sowie den Wiederaufbau der eigenen Wirtschaft voranzubringen. Gleichzeitig bildete die westeuropäische Integration den Rahmen für den Abbau der deutsch-französischen Gegensätze und die Aussöhnung zwischen den beiden Völkern. Sichtbares Ergebnis der Bemühungen war der Elysée-Vertrag über die deutsch-französische Zusammenarbeit vom 22. Januar 1963, der die bilaterale Kooperation auf eine verbindliche Grundlage stellte.[75]

Daneben erfüllte die Bundesrepublik mehrere Prämissen der französischen Sicherheitsdoktrin: Die NATO-Integration der Bundesrepublik, ihr beschränkter sicherheitspolitischer Status[76] und die Präsenz alliierter, insbesondere amerikanischer Streitkräfte im Westen Deutschlands sicherten Frankreich eine Stellung in der »zweiten Linie«. Das »Glacis« Deutschland an der Schnittstelle zwischen den beiden militärischen Blöcken ermöglichte Frankreich eine autonome (nukleare) Verteidigung seines Hoheitsgebietes,[77] welche mit dem Austritt Frankreichs aus der militärischen Organisation der NATO besiegelt wurde. Die nuklear begründete militärische Überlegenheit Frankreichs gegenüber der Bundesrepublik bildete den Ausgleich zu einer wirtschaftlich zunehmend stärkeren Bundesrepublik, die den französischen Führungsanspruch in Westeuropa zu gefährden drohte.[78] Erst vor dem Hintergrund dieses »Gleichgewichts der Ungleichgewichte« wird deutlich, warum Frankreichs Status als Siegermacht des Zweiten Weltkrieges und der Besitz einer unabhängigen nuklearen Verteidigung aus französischer Sicht immer wichtiger wurden.[79]

Das »problème allemand« war jedoch nicht nur von sicherheitspolitischer Relevanz für Frankreich, sondern zugleich ein Teilproblem der übergeordneten globalen Bipolarität, die sich in der Vorherrschaft der beiden Supermächte manifestierte. Aus de Gaulles Sicht war dies nicht nur für die französische Sicherheit bedrohlich, sondern verhinderte auch, daß Frankreich seine Rolle als »Grande Nation« wiedererlangen konnte. Der General sah es deshalb als seine Aufgabe an, Spannungen der Blockkonfrontation zu verringern, die Neugestaltung Europas in Angriff zu nehmen und dadurch Frankreichs internationalen Handlungsspielraum zu erweitern.[80] Daß die Republik dabei eigene Wege zu gehen versuchte, war Ausdruck des französischen Selbstverständnisses. Die von de Gaulle initiierte eigenständige Ostpolitik stand unter dem Leitmotiv der Überwindung der »Ordnung von Jalta«. Sein Fernziel eines »Europa vom Atlantik bis zum Ural« beinhaltete damit auch die Perspektive zur Regelung der deutschen Frage.

Wenngleich das Bemühen um eine eigenständige Ostpolitik, insbesondere um privilegierte Beziehungen zur Sowjetunion, ein Wesensmerkmal französischer Außenpolitik wurde, zeigte sich Paris in seiner Haltung zur deutschen Frage doch solidarisch mit den westlichen Verbündeten und der Bundesrepublik.[81] Am verbalen Bekenntnis zum deutschen Recht auf Selbstbestimmung und der Unterstützung der nationalen Einheit wurde festgehalten.[82] Darüber hinaus stellte das deutsche Problem für Frankreich eine Angelegenheit der Vier Mächte dar. Selbst de Gaulle war nicht bereit gewesen, von den bestehenden Abkommen abzuweichen, da sie das Mitspracherecht Frankreichs an der Zukunft Deutschlands und Europas sicherten und »gleichzeitig eine Bestätigung für die Zugehörigkeit zu den ›großen Vier‹ in der Weltpolitik«[83] waren. So blieb Frankreich in der Frage der DDR-Anerkennung kompromißlos und handelte insgesamt nicht gegen die Interessen des Partners Bundesrepublik. Mit der Zeit stellte sich jedoch auch Frankreich auf eine Status-quo-orientierte Politik ein. Die Lösung des »problème allemand« wurde nicht mehr zwangsläufig in einer deutschen Vereinigung gesehen. Statt dessen sollte zumindest mittelfristig ein starkes, unabhängiges Europa die »Souveränitätsprobleme der Bundesrepublik absorbieren«[84]. Voraussetzung dafür waren der Aufbau Westeuropas sowie die verstärkte deutsch-französische Zusammenarbeit als Fundament hierfür. Frankreichs Großmacht-Attribute – die neben dem Siegermachtstatus die Stellung als einzige westeuropäische Nuklearmacht auf dem Kontinent und den ständigen Sitz im UN-Sicherheitsrat umfaßten – sicherten die Wahrung der politischen Statusdifferenz zur Bundesrepublik und balancierten deren wirtschaftliche Stärke aus.[85]

### Deutschlandpolitik und deutsche Frage bei Mitterrand

Die Geschichte hatte Frankreich gelehrt, Vorsicht im Umgang mit den nationalen Gefühlen des Nachbarn walten zu lassen. Entsprechend empfindlich reagierte man auf Veränderungen im Ost-West-Gleichgewicht. Die Angst vor einer Vereinigung Deutschlands unter »neutralen Vorzeichen« und einem möglichen Abdriften Deutschlands in Richtung Osten blieb charakteristisch für die französische Deutschlandpolitik auch unter Staatspräsident François Mitterrand.[86] Hatte er als Oppositionspolitiker einst zu den schärfsten Kritikern gaullistischer Politik gehört, so wahrte er als Präsident doch Kontinuität in allen wichtigen Bereichen französischer Außenpolitik[87], auch in der deutschlandpolitischen Linie. Die Wahrung nationaler Unabhängigkeit und das Festhalten am Gleichgewichtsprinzip beeinflußten in hohem Maße seine Haltung zum Partner Bundesrepublik, zu Deutschland und zur deutschen Frage. »Jalta« – in französischer Perzeption gleichbedeutend mit der Teilung des Kontinents – rückgängig zu machen, betrachtete Mitterrand zwar nahezu als patriotische Pflicht[88], aus seiner kritischen Haltung zur deutschen Vereinigung hatte er jedoch schon als Oppositionspolitiker keinen Hehl gemacht: »Ohne zu verschweigen, was die Wiedervereinigung politisch, historisch und moralisch für die Deutschen bedeuten kann, so glaube ich dennoch, ausgehend vom europäischen Gleichgewicht, von der Sicherheit Frankreichs und von der Wahrung des Friedens, daß sie weder wünschenswert noch möglich ist. Doch bei jeder Störung des Gleichgewichts – wie könnte man das verhindern – wird die Wiedervereinigung einen ungeheuren Einsatz darstellen, für die Russen nicht weniger als für die Vereinigten Staaten von Amerika, ein Einsatz um Krieg und Frieden.«[89]

Auch unter dem sozialistischen Staatspräsidenten Mitterrand führte Frankreich deshalb weiter eine Status-quo-orientierte Politik. Daß er sich gleichzeitig für ein deutsches Recht auf Selbstbestimmung aussprach, mußte dabei nicht zwangsläufig ein Widerspruch sein. Vielmehr ging François Mitterrand von der festen Überzeugung aus, daß allein die Wahrung des Gleichgewichts für Sicherheit sorgen und – langfristig gesehen – friedlichen Wandel in Europa garantieren konnte. Nur ein solcher friedlicher Wandel mit einem allmählichen Abbau der Gegensätze konnte eine Perspektive für die kontrollierte Lösung des deutschen Problems eröffnen. Solange sollte Frankreich – ganz im Bewußtsein der nachkriegsbedingten Statusunterschiede zwischen den beiden Ländern – als Siegermacht und als der Bundesrepublik vertraglich verpflichteter Staat handeln.

Seit Beginn der achtziger Jahre dominierten sicherheitspolitische Aspekte das Verhältnis zur Bundesrepublik. Frankreichs Deutschlandpolitik bewegte sich unter Mitterrand wieder verstärkt im Spannungsfeld der Konfrontation zwischen den Supermächten. Die Ereignisse in Afghanistan und Polen, vor allem aber die von Frankreich wahrgenommene Veränderung des militärischen Gleichgewichts zugunsten der Sowjetunion hatten Mitterrand zu einer neuen Lagebeurteilung im Ost-West-Kontext veranlaßt. Insbesondere die Aufstellung der sowjetischen SS 20-Raketen rührten an Frankreichs Gleichgewichtsphilosophie. Aus Sicht Mitterrands stellte die Raketenfrage die schwerwiegendste Krise seit Berlin (1948) und Kuba (1962) dar.[90] Der Dialog mit der Sowjetunion wurde zunächst eingefroren, während Mitterrand eine stärker pro-atlantische Haltung einnahm. Die französische Wahrnehmung der internationalen Sicherheitslage wurde dabei insbesondere von der innerdeutschen Entwicklung beeinflußt. Die lebhafte Debatte um den Nachrüstungsbeschluß, das Ablehnen des NATO-Doppelbeschlusses in breiten Teilen der bundesdeutschen Bevölkerung, das Aufkommen der Friedensbewegung in Deutschland und die Fortschritte in den innerdeutschen Beziehungen – trotz erneuter Spannungen im Ost-West-Kontext – ließen in Frankreich zunehmend die Sorge vor einem deutschen »Nationalneutralismus« und »Nationalpazifismus« aufkommen. Vor allem die gesamtdeutsche Dimension der Friedensbewegung gab Anlaß zur Sorge vor einem Abdriften der Bundesrepublik. Diese war aus französischer Perspektive zum »unsicheren Kantonisten« im atlantischen Bündnis geworden. Eine mögliche Schwächung des Vorfeldes Deutschland schien das militärische Gleichgewicht und damit unmittelbar die Sicherheit Frankreichs im »zweiten Glied« zu bedrohen.

Mitterrands Deutschlandpolitik konzentrierte sich folglich darauf, die Bundesrepublik fester in den westlichen Gemeinschaften (NATO, EG, WEU) zu verankern. Auf politischer Ebene wurde eine mehrgleisige Strategie verfolgt, die folgende Komponenten umfaßte:
- eine entsprechende Politik gegenüber den Supermächten;
- die Wiederbelebung vorhandener institutioneller Ansätze auf bilateraler Ebene;
- die Intensivierung der europäischen Zusammenarbeit;
- die Bekundung eines größeren Verständnisses für die deutschen Souveränitäts- und Identitätsprobleme.

Die vermeintliche Sicherheitsbedrohung war dabei bestimmend für Frankreichs Prioritätenliste. Vordringliches Ziel Mitterrands wurde die Wiederherstellung des militärischen Gleichgewichts. Seine pro-atlantische Haltung zeigte sich insbesondere in seinem vehementen Einsatz für die Durchführung des NATO-Doppelbeschlusses und die Stationierung von amerikanischen Pershing II-Raketen in der Bundesrepublik. In einer für Furore sorgenden Rede vor dem deutschen Bundestag anläßlich des 20. Jahrestags des Elysée-Vertrages sprach Mitterrand sich unzweideutig für die Nachrüstung und damit die Gewährleistung des amerikanischen Schutzes in Europa aus.[91] Der sozialistische Staatspräsident leistete damit der CDU mit Helmut Kohl an ihrer Spitze Schützenhilfe im Wahlkampf und verprellte gleichzeitig die SPD, die von einer Einmischung in innenpolitische Angelegenheiten sprach. Daneben beinhaltete Mitterrands Rede den Appell, in Sicherheitsfragen auf europäischer Ebene solidarisch zu kooperieren. Ein erstes konkretes Ergebnis dieser Bemühungen war zu diesem Zeitpunkt bereits erreicht worden: die Institutionalisierung des sicherheitspolitischen Dialogs zwischen Frankreich und der Bundesrepublik. Auf den 39. deutsch-französischen Konsultationen im Februar 1982 waren »im Geist des deutsch-französischen Vertrages vom 22. Januar 1963« eine engere Abstimmung der Außenpolitik beider Länder sowie ein »vertiefter Meinungsaustausch« zu Sicherheitsfragen beschlossen worden.[92] Der Beschluß zur Schaffung einer Vierergruppe, bestehend aus den Außen- und Verteidigungsministern der beiden Länder, war ein erster Schritt in diese Richtung. Ein zentraler Bestandteil des Elysée-Vertrages war somit reaktiviert.

Das Interesse an einem vertieften Meinungsaustausch mit der Bundesrepublik im Bereich von Sicherheit und Verteidigung sollte sich wie ein roter Faden durch die achtziger Jahre ziehen. Dessen Intensität korrelierte jeweils mit der Konjunktur in den internationalen Entwicklungen (SDI, Stand der Abrüstungsverhandlungen etc.). Daß die Koordination der Verteidigungsanstrengungen vorrangiges Ziel deutsch-französischer Zusammenarbeit sei, betonte Mitterrand gegen Ende der achtziger Jahre noch einmal in seinem »Lettre à tous les Français«, seiner markantesten publizistischen Offensive im Präsidentschaftswahlkampf von 1988.[93] Frankreichs Bemühen um eine enge Kooperation sollte symbolischer Ausdruck der Solidarität mit der Bundesrepublik in Fragen der

Sicherheit und Verteidigung sein, um so langfristig neutralistischen Tendenzen entgegenzuwirken. Die Einsicht in die Notwendigkeit einer solidarischen Haltung mit dem deutschen Verbündeten, der auch weiterhin seine strategische Vorfeldfunktion beibehalten und damit französisches Territorium schützen sollte, belegt auch eine stärkere Rücksichtnahme auf dessen nationale Empfindlichkeiten. So häuften sich im Gefolge der Nachrüstungsdebatte Äußerungen, Frankreich habe keine grundlegenden Bedenken gegen eine Wiedervereinigung der Deutschen: »Für die Solidarität im Bereich von Sicherheit und Rüstung, die man von ihnen erwartete, bot man die Solidarität mit ihrem nationalen Problem.«[94]

## Europa als Mittel und Zweck

Neben der sicherheitspolitischen Einbindung Deutschlands gehörte es zu Mitterrands Strategie, die Bundesrepublik durch Forcierung des europäischen Einigungsprozesses stärker an ihre westlichen Partner zu binden. War in Frankreich der Beginn der Pershing-Stationierung 1983 mit großer Erleichterung aufgenommen worden, so tauchte am französischen Sicherheitshorizont schon bald eine neue Bedrohung auf: das amerikanische Raketenabwehr-Projekt SDI.[95] Dieses war nicht nur Auslöser für ein konfliktreicheres Verhältnis zu den USA und eine parallel dazu betriebene Wiederaufnahme des Dialogs mit der UdSSR, sondern beschleunigte gleichzeitig einen europapolitischen Kurswechsel Mitterrands hin zu einer »Europäisierung Europas«[96]: »Das wichtigste ist, angesichts der zwei großen Mächte, die sich Europa teilen, unserem Kontinent die Fähigkeit zu bewahren, er selbst zu bleiben.« Die sicherheitspolitischen, ökonomischen und insbesondere durch SDI deutlich gewordenen technologischen Herausforderungen bildeten für Frankreich ein Problembündel, das nur über einen europäischen Ansatz und in enger Abstimmung mit der Bundesrepublik bewältigt werden konnte. Dabei erwies sich einmal mehr, daß die Verankerung der ökonomisch starken Bundesrepublik in den europäischen Einigungsprozeß für Frankreich Mittel und Zweck zugleich darstellte.[97] Mitterrands Devise blieb: »Die Hauptachse der französischen Außenpolitik heißt Europa.« Frankreich werde seine wahre Größe durch Europa finden.

In der Folge machte sich Mitterrand zum Fürsprecher und Gestalter des zeitweilig von »Eurosklerose« bedrohten europäischen Einigungswerks. Entgegen anderslautender Äußerungen als Oppositionsführer und noch zu Beginn seiner Amtszeit stützte auch er sich dabei spätestens seit 1983/84 auf die engen bilateralen Beziehungen zur Bundesrepublik.[98] In der Person Helmut Kohls fand Mitterrand seinen wichtigsten Mitspieler bei der Verwirklichung europapolitischen Fortschritts.[99] Neben dem gemeinsamen Ziel der europäischen Integration verband die beiden Politiker auch auf persönlicher Ebene eine über die Gipfelroutine hinausgehende Beziehung. In gut eingespielter Zusammenarbeit konnten Initiativen zur allmählichen Verwirklichung einer Politischen Union und einer effizienteren Gestaltung des innergemeinschaftlichen Entscheidungsprozesses lanciert werden. Die vorläufige Krönung dieser bilateralen Anstrengungen bildete die Einheitliche Europäische Akte von 1986, mit der erstmals eine grundlegende Revision der Gemeinschaftsverträge auf den Weg gebracht und das Ziel eines gemeinsamen Marktes festgeschrieben wurde. Wenngleich die Kooperation nicht zu ähnlich spektakulären Aktionen wie etwa unter ihren Vorgängern Schmidt und Giscard d'Estaing führte[100], so war die Bilanz doch beachtlich. In seinen Überlegungen kam Mitterrand 1986 deshalb zu dem Ergebnis: »Frankreich kann sich keinen besseren, keinen solideren Partner in Europa (...) wünschen.« Doch auch die enge europapolitische Zusammenarbeit des Tandems Kohl-Mitterrand hatte ihre Grenzen.[101] Erstmals schienen die Rollen europapolitischen Engagements vertauscht: Während Frankreich sich verstärkt Europa zuwendete, schien die Bundesregierung einen eher passiv-reaktiven Part zu spielen. Da die deutsche Integrationsbereitschaft in Frankreich stets auch als Maßstab für die jeweilige west- beziehungsweise osteuropäische Orientierung der Bundesrepublik diente, kamen Mitte der achtziger Jahre erste Zweifel an der Kooperationsbereitschaft der Regierung Kohl/Genscher auf.

Trotz seiner Ambivalenz war Mitterrand von den bisherigen französischen Präsidenten derjenige, der am ehesten Sensibilität für die spezifische Problemlage des Nachbarn bewies.[102] Seine Einsicht, daß beide Länder jeweils eigene, historisch bedingte Interessen in Osteuropa hatten, sowie eine ostpolitische Kurskorrektur Frankreichs ermöglichten Ende der achtziger Jahre Ansätze einer gemeinsamen deutsch-französischen Ostpolitik.[103] Diese reichten jedoch nicht über die rhetorische Ebene hinaus, da die dahinterstehenden Motivationen zu unterschiedlich waren. Für Frankreich lag der wesentliche Grund für eine gemeinsame Ostpolitik in der Einbindung und Kontrolle Westdeutschlands; darüber hinaus blieb man Gorbatschow gegenüber skeptisch. In engem Zusammenhang damit stand die Wahrnehmung deutscher Zuverlässigkeit: Genschers Aufforderung, Gorbatschow beim Wort zu nehmen, löste auch in Frankreich Nervosität aus.[104] Noch im Mai 1989 äußerte Mitterrand Zurückhaltung und Skepsis hinsichtlich der tatsächlichen Dialogbereitschaft in der Sowjetunion und den übrigen Staaten Osteuropas. Für Frankreich bestand das wohl größte Problem darin, daß Gorbatschows sicherheitspolitische Initiativen ein westliches Entgegenkommen im Bereich der Ostpolitik nach sich zu ziehen drohten, was für Paris implizit mit Bewegung in der deutschen Frage verknüpft war. Es schien, daß eine gemeinsame Vorstellung einer europäischen Ordnung »jenseits von Jalta« nicht gefunden werden konnte, da dies für Frankreich den Verzicht auf nationale Dogmen bedeutet hätte.

## Frankreichs Beziehungen zur DDR

Trotz aller Sensibilitäten für die nationale Problematik des Partners Bundesrepublik war Frankreich den übrigen Westmächten in seiner Politik gegenüber der DDR immer eine Idee voraus. Als Erich Honecker im Januar 1988 nach Paris fuhr, war er der erste DDR-Staats- und SED-Parteichef, der von einer der drei Westmächte offiziell empfangen wurde. Für die Westpolitik der DDR konnte dies als der bis dato größte Prestigeerfolg verbucht werden. Der Besuch war die Fortsetzung einer Reihe von diplomatischen Gesten gegenüber dem zweiten deutschen Staat, mit denen Paris, ganz in de Gaullescher Manier, Unabhängigkeit in seiner Außen- und Ostpolitik zu demonstrieren suchte. Die Einladung an Honecker war das bedeutendste Gastgeschenk gewesen, das der damalige Premierminister Fabius 1985 bei seinem Besuch als erster Regierungschef einer der drei westlichen Alliierten in der DDR im Gepäck hatte. Erste Vorzeichen dieser entspannungspolitischen Vorreiterrolle waren der »Arbeitsbesuch« von DDR-Außenminister Oskar Fischer an der Seine 1976 sowie die Visite von Jean François-Poncet als erstem Außenminister einer der drei Westmächte in Ost-Berlin im Juli 1979. Wenngleich alle diese Besuche für die DDR Prestigegewinn und diplomatische Aufwertung bedeutet hatten, so war Frankreich doch stets darauf bedacht gewesen, die Vier-Mächte-Rechte peinlich zu wahren und den bundesdeutschen Partner nicht zu brüskieren. Diplomatische Beziehungen hatte Paris mit der DDR erst aufgenommen, nachdem das Vier-Mächte-Abkommen über Berlin erzielt, die beiden deutschen Staaten Mitglieder der Vereinten Nationen geworden waren und schließlich auch die Bundesrepublik eine Ständige Vertretung in der DDR eingerichtet hatte. So konnte 1974 der erste »außerordentliche und Bevollmächtigte Botschafter der Französischen Republik bei der Deutschen Demokratischen Republik« seine Tätigkeit aufnehmen.[105]

Trotz aller DDR-Kontakte war Deutschlandpolitik für Frankreich aber im wesentlichen stets gleichbedeutend mit der Politik gegenüber der Bundesrepublik geblieben. Die französische DDR-Politik war Anhängsel französischer Ostpolitik und darüber hinaus – im Unterschied zu den DDR-Interessen – hauptsächlich wirtschaftlich motiviert. Die Intensivierung der Wirtschaftsbeziehungen und die Steigerung französischer Exporte standen im Vordergrund, was die DDR stets politisch für sich zu nutzen wußte.[106] Neben der Wahrung seiner Alliierten-Rechte waren für Frankreichs DDR-Politik die Beziehungen zur Sowjetunion, vor allem aber die Entwicklungen in den deutsch-deutschen Beziehungen maßgeblich. Auch unter Mitterrand änderte sich daran nichts Grundlegendes. Seiner noch im Herbst 1981 lancierten Initiative, die Beziehungen zu den Staaten Osteuropas zu intensivieren, wurde aufgrund der Verhängung des Kriegsrechtes in Polen im Dezember zunächst ein jähes Ende bereitet. Davon betroffen waren auch die diplomatischen Verbindungen zur DDR. Erst nach Aufhebung des Kriegsrechtes in Polen 1983 entspannte sich das französische

Verhältnis zur UdSSR. Nachdem auch die innerdeutschen Treffen revitalisiert worden waren, waren die Voraussetzungen für die Wiederaufnahme der Kontakte Frankreichs mit der DDR wiederhergestellt. Obwohl die DDR unter den Ostblock-Staaten nach der UdSSR der zweitwichtigste Handelspartner für Frankreich war, blieben die Handelsbeziehungen aufgrund der ökonomischen Schwäche der DDR und ihrer RGW-Verpflichtungen für Frankreich unbefriedigend, da sie gesamtwirtschaftlich zu vernachlässigen waren.[107] Doch auch wenn sich die Beziehungen diplomatisch soweit »normalisiert« hatten, daß Honecker als Staatsgast in Paris empfangen werden konnte, war Ost-Berlin kein eigenständiger, gleichberechtigter Gesprächspartner für Frankreich. Der fundamentale politische Dissens, sowie die Rücksichtnahme auf den Partner Bundesrepublik und die internationalen Entwicklungen standen dem im Wege, was beim Staatsbesuch Honeckers im Januar 1988 erneut sichtbar wurde.[108] Dabei zeigten sich nicht nur diametral entgegengesetzte Positionen in Abrüstungsfragen. Präsident Mitterrand und – noch stärker – Premierminister Jacques Chirac bekräftigten vielmehr, daß die künstliche Trennung Europas überwunden werden müsse. Unvereinbarkeiten hinsichtlich des Status von Berlin betonte Chirac mit der Aussage, »daß Frieden nur in Freiheit einen Sinn hat«. Er formulierte zudem seine Hoffnung, daß die Mauer eines Tages fallen werde.

*»Die Vereinigung ist nicht aktuell«*

Daß Hoffnung und tatsächliche politische Erwartung in diesem Fall zweierlei waren, zeigte sich allerdings bereits im Sommer/Herbst des folgenden Jahres mehr als deutlich: Die Ereignisse in der DDR trafen auch die politische Klasse in Frankreich unvorbereitet. Die offiziellen Reaktionen ließen zunächst auf sich warten und waren dann entsprechend zurückhaltend. Dieser Zurückhaltung lag die Einschätzung zugrunde, daß der Status quo trotz der Ereignisse in Osteuropa unumstößlich sei. Die beiden deutschen Staaten waren in ihre jeweiligen Bündnisse fest eingebunden. Paris machte weder bei den Verantwortlichen in West noch Ost Anzeichen dafür aus, an dieser Situation in absehbarer Zeit etwas verändern zu wollen oder zu können. In Regierungskreisen lautete die Devise deshalb: Die Frage der Vereinigung ist nicht aktuell.

Ganz anders als die Regierungspolitik zeigten sich die Medien und die veröffentlichte politische Meinung. Während die staatlichen Akteure die Brisanz der Entwicklungen zu relativieren suchten und sichtlich darum bemüht waren, Vorsicht und Zurückhaltung walten zu lassen, indem sie sich auf traditionelle Positionen und Bekenntnisse zurückzogen, jonglierten und spekulierten politische Beobachter und Publizisten längst mit Zukunftsszenarien und Vereinigungskonzeptionen. Mit zunehmendem Problemdruck gerieten aber auch die verantwortlichen französischen Politiker in Zugzwang, da von außen vermehrt offizielle Stellungnahmen zu den jüngsten Entwicklungen gefordert wurden. Die Regierenden gaben sich eher passiv und beschränkten sich während dieser Phase darauf zu reagieren, wie auch die erste Stellungnahme von Staatspräsident Mitterrand zu den Ereignissen in Deutschland zeigt. Auf der Pressekonferenz zum Abschluß des Besuches des sowjetischen Staats- und Parteichefs Gorbatschow Anfang Juli 1989 in Paris nach einer möglichen Vereinigung Deutschlands bzw. dem Selbstbestimmungsrecht der Deutschen befragt, antwortete Mitterrand, »sichtlich irritiert«[109], die Geschichte werde darüber ihr Urteil sprechen. Das Streben der Deutschen nach Einheit bezeichnete er als prinzipiell legitim, letztlich sei dies eine Entscheidung der Deutschen selbst – eine Position, die der traditionellen französischen Anerkennung des deutschen Selbstbestimmungsrechtes entsprach. Gleichzeitig formulierte er aber seine Bedenken und impliziten Einschränkungen, die dem Erhalt des Gleichgewichts und der Stabilität in Europa den Vorrang einräumten: »Wie sieht die Wirklichkeit aus? Zwei Deutschland, die sich in Systeme einfügen, die in jeder Hinsicht verschieden sind: wirtschaftlich, gesellschaftlich, politisch, sie gehören verschiedenen Bündnissen an, wie es sie bei Staaten, souveränen Staaten gibt. Das schafft also viele Probleme, und ich glaube, daß alle politisch verantwortlichen Deutschen möchten, daß der von ihnen erstrebte Prozeß friedlich verläuft und kein Element neuer Spannungen ist.« Bis es soweit sei, gebe es noch eine Menge von Problemen zu lösen. Deren Kern bildeten aus Mitterrands Sicht die Strukturen der europäischen Nachkriegsordnung und damit die Verantwortlichkeit der Vier Mächte für Deutschland als Ganzes. Man werfe »die Geschichte, die nach dem Zweiten Weltkrieg begründet wurde, nicht einfach mit einer Eingebung über den Haufen, und sei sie auch noch so schön. Es gibt also weder eine grundsätzliche Ablehnung noch eine zwingende Realität. Die Länder, die heute die Verantwortung tragen, werden dies weiter tun.«

Bereits kurze Zeit später äußerte Mitterrand sich sehr viel akzentuierter und direkter.[110] So bezeichnete er zum einen die Vereinigung als »ein berechtigtes Anliegen aller Deutschen«, zum anderen benannte er auch die Voraussetzungen dafür. An seiner Überzeugung, daß es einen Versuch zur Vereinigung geben werde, ließ er keinen Zweifel bestehen: »Dieses Problem, das seit fünfundvierzig Jahren auf eine Lösung wartet, fällt mit der zunehmenden Stärke Deutschlands immer mehr ins Gewicht. In der Wirtschaft ist diese Stärke bereits erwiesen; in der Politik ist sie im Kommen.« Dabei äußerte er Verständnis für das allein aufgrund ihrer geographischen Lage gegebene Interesse der Bundesrepublik, gute Beziehungen zur Sowjetunion und zu den übrigen Staaten des Warschauer Pakts zu unterhalten: »Wer könnte Deutschland einen Vorwurf daraus machen, dem Osten, Polen, der Sowjetunion, der Tschechoslowakei sein Augenmerk zu schenken? Das zu einer großen Wirtschaftsmacht von Weltrang wiedererstarkte Deutschland möchte selbstverständlich auch eine größere politische Rolle spielen. Auch das ist nicht verwunderlich. Für mich gehört diese Gegebenheit mit zu der Vorstellung, die ich mir von der Europa- und Weltpolitik mache, und sie veranlaßt mich auch, Frankreichs Präsenz und Einsatz im

Konzert der Nationen zu verstärken.« Gleichzeitig bekräftigte er sein Vertrauen in die Bündnistreue der Bundesrepublik gegenüber ihren westeuropäischen Vertragspartnern. Deutschland habe »kein Interesse daran, das Lager zu wechseln und seine Europapolitik für eine Wiedervereinigung zu opfern, zu der die Sowjetunion ohnehin nicht bereit ist. Und ich glaube, es denkt auch gar nicht daran.«

Unklar blieb, inwieweit Mitterrand zuvor versucht hatte, seine Politik mit der Sowjetunion abzustimmen.[111] Bereits vor Gorbatschows Besuch war in Paris vermutet worden, dieser werde Mitterrand nahelegen, die Deutschen zu einem besonnenen Vorgehen gegenüber dem Reformprozeß in Osteuropa zu bewegen.[112] Während über die vertraulichen Gespräche wenig bekannt wurde, machte Mitterrand offiziell nachdrücklicher als zuvor das Einverständnis der für Deutschland verantwortlichen Mächte zur Voraussetzung einer Vereinigung. Damit sei das Selbstbestimmungsrecht der Deutschen zwar unbestritten, es dürfe allerdings nicht, so Mitterrand, zu einer »Zangengeburt« führen.[113] Eine neue Interpretation des Selbstbestimmungsrechtes beinhaltete sein Zusatz, daß dieses auch eine Einigung der beiden deutschen Regierungen impliziere. Diese »Verwechslung von Selbstbestimmungsrecht der Völker und Souveränität der Staaten« erfolgte sicherlich nicht versehentlich[114], fügte sie sich doch in die Logik französischer Stabilitäts- und Gleichgewichtspolitik ein. Sie zeigte, daß man in Frankreich die innere Stabilität der DDR und ihrer Regierung noch für gewährleistet hielt und dieser bei der künftigen Entwicklung eine nicht unbedeutende Rolle zumaß. Seinen Ursprung hatte dies in der französischen Strategie einer Konsolidierung der DDR, welche für Frankreich nicht erst seit Mitterrand als »Garant der Stabilität in Europa« galt. Hierzu paßten auch weitere Äußerungen Mitterrands: »Kein deutsches Land kann dem anderen seinen Willen aufzwingen. Dieser innerdeutsche Aspekt ist grundlegend. Und die Führer der Bundesrepublik, diejenigen, die ich getroffen habe, haben niemals den Anspruch erhoben, die Wiedervereinigung durch Erhöhung der inneren Spannungen in Europa zu erreichen.«

In diese scheinbare Stabilität platzte am 9. November die Nachricht vom Fall der Berliner Mauer. Quasi über Nacht war die Überwindung der »Ordnung von Jalta« nicht mehr länger Worthülse oder nicht einzulösender politischer Anspruch. Die Regierenden in Paris, die jede Veränderung des Status quo in eine größere historische Dimension gestellt hatten, wurden davon ebenso überrascht wie alle anderen Beobachter. Anläßlich seiner Pressekonferenz zum Abschluß des deutsch-französischen Gipfels am 3. November 1989 hatte Staatspräsident Mitterrand dies noch einmal deutlich gemacht. Er könne keine Prognose stellen, doch »in der Geschwindigkeit, in der das vorangeht, wäre ich erstaunt, wenn die nächsten zehn Jahre vergingen, ohne daß wir uns einer neuen Struktur Europas stellen müßten«[115]. Außenminister Roland Dumas hatte noch am 7. November vor der französischen Nationalversammlung erklärt, daß die Geschichte es übernehmen werde, die Mauern verschwinden zu lassen. Daß die »Geschichte«

bereits zwei Tage später ihre Aufgabe erfüllen würde, machte die französische Fehleinschätzung der Dynamik ostdeutscher Entwicklungen deutlich. Die Schwäche der französischen Diplomatie schien vor allem darin zu bestehen, zu sehr auf den Faktor Zeit zu setzen.

Eine erste offizielle Stellungnahme zur Öffnung der Berliner Mauer überließ Mitterrand dann ebenfalls seinem Außenminister.[116] Dieser hatte einen Tag vor dem Fall von Mauer und Stacheldraht noch einmal darauf hingewiesen, daß die Vereinigung wohl ein legitimes Anliegen sei, sich aber durch die »internationalen Realitäten« verzögern werde. Prinzipien und Realitäten dürften dabei nicht verwechselt werden, betonte Dumas und verwies auf die internationalen Beziehungen und »die Verträge, die das Schicksal Deutschlands nach dem Krieg geregelt haben«. Am Abend des 9. November beschränkte sich der Außenminister darauf, lediglich Fakten zu konstatieren und unverbindliche Glückwünsche zu formulieren. Erst am Tag darauf erklärte Mitterrand selbst von Kopenhagen aus, wo er sich zu Gesprächen mit der dänischen Regierung aufhielt, seine Freude über das Ereignis, bedeute es doch einen weiteren Fortschritt für die Freiheit. Wie schon im Rahmen der deutsch-französischen Konsultationen Anfang November beteuerte er auch jetzt, die Vereinigung nicht zu fürchten, wenn sie dem Willen des deutschen Volkes entspreche. In einem Nebensatz wies er aber auch darauf hin, daß die Vereinigung nicht die einzig denkbare Variante künftiger deutsch-deutscher Beziehungen darstelle.

### Zwei Paare steuern das Tandem

Die deutsch-französischen Beziehungen waren nicht erst 1989/90 in hohem Maße personalisiert und von zwei dominierenden politischen »Paaren« bestimmt: von Staatspräsident François Mitterrand und Bundeskanzler Helmut Kohl einerseits sowie den beiden Außenministern Roland Dumas und Hans-Dietrich Genscher andererseits.[117] Ihre Zusammenarbeit basierte auf jahrelangen Kontakten, die im Fall der beiden Außenminister lediglich während der Phase der Kohabitationsregierung in Frankreich von 1986 bis 1988 unterbrochen worden war. Insbesondere das persönliche, anfangs als schwierig prophezeite Verhältnis des Christdemokraten Kohl und des Sozialisten Mitterrand zueinander war Basis eines erfolgreichen und effektiven »Tandems« vor allem in der Europapolitik. In Kohl fand Mitterrand – nach dem Ausscheiden der Kommunisten aus der französischen Regierung und einer Neuorientierung der französischen Europapolitik Anfang der achtziger Jahre – einen in vielen Bereichen ähnlich denkenden Partner für seinen nunmehr pro-europäischen Kurs.

Die optischen Gegensätze zwischen dem kleinen, zierlichen Franzosen und dem hochgewachsenen, massigen Deutschen fanden ihre Fortsetzung in der jeweiligen Selbstdarstellung und Medienberichterstattung über die beiden Politiker. Auf der einen Seite stand der Geistesmensch Mitterrand, der sich –

französischen Traditionen folgend – immer auch als Literat verstanden hatte. Während seiner gesamten politischen Laufbahn, deren Anfänge bis in die Jahre des Zweiten Weltkrieges zurückreichten, schrieb er zahlreiche Bücher und Aufsätze über das Wesen der Politik und das politische System in Frankreich. Ihm stand mit Helmut Kohl ein Politiker gegenüber, der als betont bodenständig galt und seine Herkunft aus der pfälzischen Provinz nie verleugnete. Das ihnen gemeinsame Machtbewußtsein, ihre Zielstrebigkeit und ihr instinktgeleiteter Politikstil glichen diese äußeren Gegensätze aber aus. Hinzu kam eine weitere Gemeinsamkeit: Beide hatten die Kriegszeit noch persönlich erlebt, Kohl als Jugendlicher, Mitterrand als Soldat. In deutsche Kriegsgefangenschaft geraten, habe er allerdings, so Mitterrand später, auch den »guten Deutschen« kennengelernt. Aus ihrem persönlichen Erleben des Zweiten Weltkrieges heraus hatten Kohl und Mitterrand die Versöhnung und den dauerhaft freundschaftlichen Umgang ihrer beiden Länder miteinander zu zentralen Aufgaben ihrer Politik gemacht. Auf der Basis dieses Verhältnisses, das häufig mit der Beziehung zwischen de Gaulle und Adenauer verglichen wurde, kam es im Verlauf der achtziger Jahre zu einer europapolitischen Zusammenarbeit, mit der zunächst kein Beobachter gerechnet hatte und zu der es keine vergleichbare Personenkonstellation gab. Neben der deutsch-französischen Aussöhnung erwarben sie sich vor allem Verdienste um die europäische Integration, die in den achtziger Jahren immer wieder wichtige Impulse von dem Tandem Deutschland-Frankreich erhielt.

Seine ideale Ergänzung fand das Verhältnis zwischen Staatspräsident und Bundeskanzler in der Beziehung zwischen den Außenministern Dumas und Genscher. Auch hier war die politische Zusammenarbeit mit freundschaftlichen Elementen unterfüttert und von einem großen gegenseitigen Vertrauen bestimmt. Bereits die fast täglichen, vertraulichen Telefonate zwischen den beiden Außenministern zeigten die eingespielte und effiziente Zusammenarbeit, die über bilaterale Routine hinausging. Im wesentlichen wurden die richtungsweisenden europapolitischen Entscheidungen von Kohl und Mitterrand getroffen, da auch Mitterrand die Außenpolitik als »domaine réservé« handhabte. Dumas und Genscher kam die maßgebliche Rolle bei der Implementierung zu.

Für die Kommunikation zwischen Kanzler und Präsident war ein kleiner Kreis von Mitarbeitern in Kanzleramt und Elysée zuständig. Auf deutscher Seite waren dies im wesentlichen der Leiter der außenpolitischen Abteilung im Kanzleramt, Horst Teltschik, und sein Referatsleiter Joachim Bitterlich, der zeitweise an der französischen Elitehochschule ENA studiert hatte und zahlreiche Kontakte in die politischen Zirkel und Clubs in Paris pflegte. Auf französischer Seite war es ebenfalls nur eine kleine Schar von engen Beratern, die für Mitterrand sowohl in deutsch-französischen Angelegenheiten als auch in europapolitischen Belangen relevant war. Hierzu zählten Teltschiks Ansprechpartner Jacques Attali, Präsidentensprecher Hubert Védrine, Mitterrands europapolitische Beraterin, Elisabeth Guigou und der Generalsekretär des Elysée,

Jean-Louis Bianco. Einen ausgesprochenen Deutschlandexperten gab es in dieser Gruppe nicht.

Die Konzentration auf kleine ausgewählte Zirkel lag auch an Mitterrands persönlichem Arbeitsstil.[118] Er lehnte jegliche Art von Formalismus und strenger Abgrenzung von Zuständigkeitsbereichen ab. Eine Einrichtung vergleichbar dem Nationalen Sicherheitsrat, der dem US-Präsidenten in außenpolitischen Angelegenheiten zuarbeitete, gab es im Elysée nicht. Statt dessen pflegte Mitterrand seine Gedanken in spontan – und nach subjektiv-empirischen Kriterien, nämlich immer dann, wenn er es für nötig empfand – einberufenen Gesprächsrunden zu erörtern. Grundlage hierfür war seine ausgeprägte Verwurzelung in historisch-kulturellen Bezügen. Stand ein aktuelles Problem zur Lösung an, hatte Mitterrand meist schnell ein recht klares Bild hiervon, da es seiner Gewohnheit entsprach, sich unabhängig von Einzelereignissen permanent Gedanken über politische Gesamtzusammenhänge und die großen Linien seiner Politik zu machen. Dies galt in besonderer Weise für sein Bild von und seine Politik gegenüber Deutschland. Davon ausgehend, konnte Mitterrand so im Einzelfall schnelle Entscheidungen treffen. Das Erarbeiten kurzfristiger, taktischer Konzepte lag ihm demgegenüber fern. Entsprechend wenig Interesse maß er der diplomatischen Alltagsarbeit bei. Dossiers aus den französischen Botschaften beziehungsweise aus dem Außenministerium, mit denen er täglich versorgt wurde, interessierten ihn nicht. Flog er zu einem Gipfel oder Staatsbesuch, so zog er es vor, im Flugzeug mit seinen Begleitern zu plaudern oder Literatur zu genießen. Vorbereitungsunterlagen nahm er meist nur flüchtig zur Kenntnis – und dann wohl in erster Linie, um die darin steckende Arbeit seiner Berater zu honorieren. Wenn er Akten las, dann stets sehr schnell und selten von Anfang bis Ende. Seine Informationen holte er sich lieber im Dialog und intellektuellen Austausch mit seinen jeweiligen Gesprächspartnern.

Mitterrand schätzte die intellektuelle Auseinandersetzung auch mit seinen Beratern. Oft provozierte er bewußt einen Dissens, um sich ein Bild über deren Charakterfestigkeit oder aber ihre Neigung zum Opportunismus zu verschaffen, also um festzustellen, ob sie ihm lediglich nach dem Mund redeten. Von besonderer Bedeutung für die Beziehungen zu Deutschland war Hubert Védrine. Als »conseiller diplomatique« war er zuständig für die Beziehungen zu anderen Staaten und damit auch für Deutschland inklusive der Vorbereitung von internationalen Gipfeltreffen. Daneben trug Elisabeth Guigou für den Bereich der Europapolitik die Hauptverantwortung. Ab Anfang 1990 wurde sie zusätzlich mit den Beziehungen zu Mittel- und Osteuropa betraut. Eine Sonderstellung hatte Jacques Attali inne. Seine Position im Elysée war nicht in den klassischen Hierarchien zu verorten – wie Mitterrand sich überhaupt um Organigramme nicht weiter kümmerte. Attali fungierte als Sonderberater des Präsidenten, forcierte aus seiner Stellung heraus den direkten Kontakt zu Horst Teltschik und hatte – wie andere Mitarbeiter es formulierten – die Neigung, sich dem Präsidenten unentbehrlich zu machen. Hierfür zog er alle möglichen

Aufgabenbereiche an sich. Eine Schlüsselfigur im Elysée war Bianco, bei dem als Generalsekretär alle Fäden zusammenliefen, ohne daß er in der Deutschlandpolitik eine herausragende Position eingenommen hätte. Alle diese Mitarbeiter hatten – und das war das entscheidende Merkmal – regelmäßigen und persönlichen Kontakt zum Präsidenten. Sie gehörten zu seinen kleinen Gesprächszirkeln, zu denen bisweilen auch Roland Dumas stieß. Dieser war mit Mitterrand sehr eng vertraut und wurde gerne spöttisch als das »alter ego« des Präsidenten bezeichnet. Innerhalb des Beraterzirkels nahm Dumas allerdings keine hervorgehobene Stellung ein.

Premierminister Michel Rocard, dem Mitterrand keine besondere Kompetenz in der Außenpolitik zutraute, hatte in diesem Gefüge ebenso eine nachgeordnete Position wie die französischen Botschafter im Ausland. Ihr Einfluß – auch auf die Meinungsbildung des Außenministers – war eher gering. Trafen etwa Berichte aus der Bonner Botschaft im Außenministerium am Quai d'Orsay ein, so wußte Dumas meist schon aus erster Hand, was in Bonn vor sich ging beziehungsweise was Genscher darüber dachte: Der deutschsprechende Außenminister hatte in der Regel schon längst mit Genscher telefoniert. Die hauptsächliche Bedeutung der französischen Botschaft in Bonn lag aus Sicht Dumas' eher darin, das Ohr »an der Basis« zu haben, das heißt über aktuelle Trends in der öffentlichen Meinung Bescheid zu wissen und diese erklären zu können.

Die guten politischen und persönlichen Beziehungen zwischen Bonn und Paris wurden mit dem Fall der Mauer allerdings auf die Probe gestellt. Die in der Öffnung der innerdeutschen Grenze sichtbar gewordene Revolution der Rahmenbedingungen europäischer Politik kam dabei für Frankreich zum schlechtestmöglichen Zeitpunkt. Noch hatte die Regierung in Paris keinerlei Konzepte für den Wandel in Mittel- und Osteuropa, da sie sich zuletzt auf ihre Pläne zur Fortschreibung der westeuropäischen Integration konzentriert hatte: Auf der Agenda hatten statt dessen Fortschritte bei der europäischen Wirtschafts- und Währungsunion gestanden, die während der französischen EG-Präsidentschaft im zweiten Halbjahr 1989 erreicht werden sollten.

## Londons Angst vor einem neutralen Deutschland

Die britische Deutschlandpolitik war über Jahrzehnte maßgeblich von sicherheitspolitischen Überlegungen geprägt.[119] So gehörte das Bewußtsein, daß der Frieden in Europa nur durch eine deutsch-französische Aussöhnung und die dauerhafte amerikanische Präsenz auf dem Kontinent gesichert werden könne, zu den entscheidenden Koordinaten britischer Deutschland-, aber auch Europapolitik nach 1945. Unzweifelhaft erschien zudem der Sinn der Westbindung der Bundesrepublik, da ein in sowjetische Abhängigkeit geratenes Deutschland das Gleichgewicht und die Sicherheit in Europa ernsthaft gefährden würde. Die Wiederherstellung der deutschen Einheit war deshalb zwar ein unter anderem im Deutschlandvertrag, dem Harmel-Bericht der NATO sowie zahlreichen deutsch-britischen Kommuniqués unterzeichnetes Ziel britischer Politik, die loyale NATO-Mitgliedschaft Deutschlands aber die hierfür unersetzliche Bedingung – und eine deutsche Neutralität Schreckgespenst aller britischen Sicherheitsüberlegungen.[120] Das Verhältnis zur DDR war, in Ergänzung zu diesen Überlegungen, entscheidend vom Selbstverständnis Großbritanniens als Siegermacht des Zweiten Weltkrieges geprägt.[121] So wurden beispielsweise Konzessionen bezüglich des Status' Berlins oder gar dessen Anerkennung als Hauptstadt der DDR nie in Betracht gezogen, die wirtschaftlichen und kulturellen Beziehungen waren eher schwach ausgeprägt, und auch im diplomatischen Umgang legte man in London Wert auf Unterschiede im Vergleich zu anderen osteuropäischen Staaten: Im Stab des britischen Botschafters in Ost-Berlin gab es keinen Militärattaché, und im Außenministerium war die mit Berlin-Fragen befaßte Westeuropaabteilung auch für die DDR zuständig.

Die für Großbritanniens Deutschlandpolitik zentralen Sicherheitsüberlegungen standen im Mittelpunkt, als das bis dahin als gut bezeichnete Verhältnis zur Bundesrepublik, eine »stille Allianz«, Anfang 1989 auf einem Tiefpunkt anlangte: Der wegen seiner Auswirkungen auf die deutsch-amerikanischen Beziehungen bereits geschilderte Streit um die Frage einer Modernisierung der atomaren NATO-Kurzstreckenwaffen des »Lance«-Systems in Europa, bestimmte die Wahrnehmung deutscher Politik auch jenseits des Ärmelkanals. Das deutsche Zögern, modernisierte Kurzstreckenraketen auf dem Gebiet der Bundesrepublik zu stationieren, wurde als Anzeichen für schwindende Bündnistreue und nachlassende Zuverlässigkeit der Deutschen gesehen. In Zusammenhang mit den Veränderungen in Osteuropa und dem begeisterten Empfang, den Michail Gorbatschow anläßlich seines Besuches in der Bundesrepublik erfuhr, sahen zahlreiche britische Medien ab Frühsommer 1989 zudem die Gefahr einer zu starken Annäherung Deutschlands an die Sowjetunion.[122] Ungeachtet der Tatsache, daß Gorbatschow auch in Großbritannien – und hier vor allem bei Premierministerin Margaret Thatcher – schon seit Mitte der achtziger Jahre allergrößte Hochachtung erfuhr,[123] erschien die Wertschätzung Gorbatschows durch die deutschen Medien und Politiker britischen Beobachtern als gefährliches Zeichen. Auf der traditionellen deutsch-britischen Königswinter-Konferenz im März 1989 warnte die britische Seite nicht zuletzt deshalb vor einer »Entamerikanisierung« deutscher Außenpolitik und forderte die »Verwestlichung der deutschen Ostpolitik«.

Insgesamt zeigt sich in der britischen Außen- und Deutschlandpolitik dennoch eine große Konstanz, die im Vorfeld des Vereinigungsprozesses auch dadurch kaum gestört wurde, daß aufgrund innenpolitisch begründeter Probleme der Premierministerin 1989 an der Spitze des Foreign Office gleich zweimal ein kurzfristiger Wechsel stattfand: Der seit 1982 amtierende Sir Geoffrey Howe wurde im Juli vom außenpolitisch unerfahrenen John Major abgelöst, der wiederum nach nur drei Monaten im Amt durch den ehemaligen Berufsdiplomaten und bisherigen Innenminister Douglas Hurd ersetzt wurde.

## Margaret Thatchers Welt- und Deutschlandbild

Angesichts des Anfang 1989 angespannten deutsch-britischen Verhältnisses erwies es sich als zusätzlich erschwerend, daß mit Margaret Thatcher eine Politikerin an der Spitze der britischen Regierung stand, deren Verhältnis zu Deutschland von ihren Jugenderfahrungen in der Kriegszeit geprägt war.[124] Sie empfand weder für Deutschland noch für Frankreich Sympathie; einzelne Beobachter warfen ihr sogar einen Hang zu Isolationismus und Xenophobie vor: »Durchdrungen von einem genuinen Nationalismus, betrachtete sie die Staaten Kontinentaleuropas eher mit Skepsis, wenn nicht gar mit Aversion.« Dies prägte auch ihre integrationsfeindliche Europapolitik, deren Zielsetzung sie in ihrer Rede am Europa-Kolleg in Brügge im September 1988 programmatisch zusammenfaßte: starke Nationalstaaten in einer engen Zusammenarbeit anstatt zentralisierter Entscheidungen und der Verzicht auf Souveränität sowie die Konzentration auf die Atlantische Gemeinschaft, die »unser größtes Erbe und unsere größte Stärke ist«. Dahinter stand auch ihre Angst vor einem von Deutschland dominierten Europa. Ein solches sah sie entstehen, falls sich die – ihres Erachtens verständlicherweise – mit einem schwachen Nationalbewußtsein ausgestatteten deutschen Politiker in ihrer »zwanghaften Beschäftigung mit einem europäischen Deutschland« durchsetzen sollten.

Die britische Premierministerin – bei aller ideologischen Standfestigkeit mit einem Hang zu personenbezogener Außenpolitik behaftet – machte selten einen Hehl daraus, daß derartige Einschätzungen vor allem auf Bundeskanzler Kohl gemünzt waren.[125] Obwohl sich beide Politiker öffentlich immer wieder ihrer gegenseitigen Hochachtung versicherten, blieb ihr Verhältnis unterkühlt, häufig sogar von einer persönlich motivierten Aggressivität geprägt. Dies zeigte sich deutlich anläßlich eines NATO-Gipfels im Rahmen der »Lance«-Nachrüstungsdebatte Ende der achtziger Jahre. Als Thatcher hier – eindeutig gegen den Bundeskanzler gerichtet – ständig von »Feigheit« sprach, reagierte dieser unter anderem mit dem Hinweis darauf, daß er, der wohl als einziger Teilnehmer dieser Runde zugleich Vater von zwei Reserveoffizieren sei, derartige Belehrungen nicht brauche – ein gegen Thatchers schlagzeilenträchtigen Sohn Mark gerichteter Hinweis. Angesichts dieser Grunddisposition erschien es später nicht überraschend, daß Thatcher innerhalb von Helmut Kohls internationalem Beziehungs- und Kontaktnetz im Vereinigungsprozeß neben Bush, Mitterrand und Gorbatschow keine bedeutende Rolle spielte.[126]

Faßt man Margaret Thatchers außen-, europa- und deutschlandpolitisches Credo zusammen, zeigt sich ein zentrales Grundelement: Alle ihre Überlegungen waren von sicherheitspolitischen Aspekten geprägt. Dabei setzte sie, ganz in der Tradition der »special relationship«, auf einen engen britisch-amerikanischen Kontakt, der gleichzeitig einen der Eckpfeiler des von ihr für unverzichtbar gehaltenen Engagements der USA in Europa bilden sollte. Basis dieser Einbindung konnte ausschließlich die NATO sein, in der für Thatcher wiederum die Mitgliedschaft Deutschlands unerläßlich war. Nur in dieser Kombination erschien ihr die ursprüngliche Funktion der NATO, zugespitzt ausgedrückt von deren erstem Generalsekretär Lord Ismay, erfüllbar, nämlich die Amerikaner drinnen, die Russen draußen und die Deutschen unten zu halten. Diese Einstellung in Verbindung mit ihrer übersteigerten Abneigung gegen alles Europäisch-Kontinentale – vor allem aber gegen alles Deutsche und Französische –, ein dem ausgehenden 19. Jahrhundert entstammendes Macht- und Gleichgewichtsdenken als Koordinatensystem für ihr internationales Denken und das konfliktträchtige Verhältnis zu Helmut Kohl bildeten die Grundlage Thatcherscher Außenpolitik in der Ende 1989 beginnenden deutsch-deutschen Vereinigungsdiskussion.

Margaret Thatcher wurde ein tiefgreifendes Mißtrauen gegen alles Institutionelle nachgesagt, was ein Kommentator auf den Satz brachte: Sie könne keine Institution sehen, ohne mit ihrer Handtasche danach zu schlagen.[127] Die beiden formellen Zentren der Regierungsarbeit, das Prime Minister's Office und das Cabinet Office, spielten denn auch bei ihrer Politikgestaltung eine nachgeordnete Rolle. Statt dessen war für Thatcher die Absprache mit Freunden und Vertrauten aus ihrer unmittelbaren Umgebung wichtig. Im Bereich der Außenpolitik standen ihr insbesondere ihr Privatsekretär für Außen- und Verteidigungspolitik, Charles Powell, ihr Pressesekretär, Bernard Ingham, ihr Berater in auswärtigen Angelegenheiten, Sir Percy Cradock, sowie ihr erster Privatsekretär, Andrew Turnbull, ausgesprochen nahe.[128] Diese vier bildeten das Thatchersche »Küchenkabinett« für Auswärtige Angelegenheiten. Der Diplomat Charles Powell war dabei der einflußreichste unter den vieren, mit dem sie sich nach eigenem Bekunden blind verstand – auch darin, daß Außenpolitik mehr sei als Diplomatie.

Bernard Ingham war der Längstgediente unter Thatchers Mitarbeitern in Downing Street No. 10. Schon 1979 übernahm er die Position des ersten Pressesekretärs und blieb dies bis 1990. Wie Powell verstand sich Ingham blendend mit der Premierministerin und war bei allen vertraulichen Sitzungen anwesend. Sir Percy Cradock war seit 1984 Margaret Thatchers außenpolitischer Berater. Auch er war von Haus aus Diplomat. Von 1976 bis 1978 war er Botschafter in der DDR gewesen, galt aber in erster Linie als Asien-Experte. Sein Einfluß auf die Premierministerin war – im Vergleich zu Powell und Inhgam – eher gering. Andrew Turnbull schließlich war der erste Privatsekretär Margaret Thatchers und damit Chef-Koordinator im Private Office der Premierministerin. Seine Aufgabenfelder waren vorwiegend wirtschaftspolitischer Art; die Außenpolitik überließ er Powell. So war sein Einfluß in der Deutschlandpolitik auf die ökonomischen Aspekte begrenzt.

Margaret Thatcher pflegte zudem in unregelmäßigen Abständen Seminare mit Wissenschaftlern und Experten abzuhalten, um sich über die verschiedensten Themen zu informieren. Ihr personalisierter Regierungsstil war für britische Regierungschefs nicht ungewöhnlich, hob sich aber dennoch deutlich von dem ihrer Vorgänger ab. Thatchers Regierungsstil schwächte merklich die Rolle des Kabinetts. Die Premierministerin umging dieses Gremium, wo es nur möglich war, was teilweise dazu führte, daß sich Minister wichtiger Ressorts vom inneren Zirkel der Politikgestaltung ausgeschlossen fanden.[129] 1989 war nur noch einer der seit 1979 im Kabinett befindlichen Kollegen übriggeblieben. Thatchers Stil entsprach die Angewohnheit, die Arbeit schnell und gründlich zu tun, nicht jedoch Zeit mit Diskussionen oder langwieriger Konsensfindung zu »vergeuden«. Besonders bemerkbar machte sich dies im Umgang mit ihren Kollegen, die sie ihrerseits oft barsch zurechtwies, sich aber umgekehrt nicht von ihnen beraten ließ.

So hatten auch die jeweiligen Außenminister einen schweren Stand gegenüber der Premierministerin. Die dem politischen System Großbritanniens inhärente Konkurrenz zwischen Downing Street No. 10 und dem Foreign Office (FCO) in der Außenpolitikgestaltung kam insbesondere in den Jahren 1989/90 zum Tragen. Nach der Ablösung des außenpolitisch unerfahrenen John Major[130] kam mit Douglas Hurd ein altgedienter Diplomat an die Spitze des Foreign Office, der mehr und mehr einen gewichtigen Gegenpart zur Premierministerin darstellte. Hurd war einer der europafreundlichsten Politiker in den Reihen der britischen Konservativen und Verfechter einer einheitlichen europäischen Währung. Daß Margaret Thatcher ihn ins Außenministerium berief, galt als ein erstes Zeichen schwindender Macht innerhalb der eigenen Partei. In Hurd erwuchs ihr nun ein starker Opponent innerhalb ihrer Regierung. In deutschlandpolitischer Hinsicht hatte Hurd kein tiefgreifendes Wissen, so daß er sich in erster Linie auf den Rat seiner Beamten verließ. Dabei spielten insbesondere John Weston (Politischer Direktor) und Hilary Synnott (1989 bis 1991 Leiter der Abteilung Westeuropa im Außenministerium) eine maßgebliche Rolle, die später auch der britischen »Zwei-plus-Vier«-Delegation angehörten.[131]

## Auf dem Weg zu einem »Vierten Reich«?

»Wir sind auf dem Weg zu einem Vierten Reich« – mit Schwarzmalerei und offener Deutschfeindlichkeit begann Anfang Oktober 1989 in der britischen Tageszeitung *The Times* eine heftige Auseinandersetzung um die mögliche Vereinigung der beiden deutschen Staaten und deren Folgen.[132] Der Autor Conor Cruise O'Brien, ein ehemaliger Parlamentsabgeordneter, vertrat darin die einleitende These, die Sowjetunion sei nicht mehr in der Lage, die Wiedervereinigung zu verhindern, was unweigerlich die Errichtung eines »Vierten Reiches« bedeute. Dieses werde dann wohl die schwarz-weiß-rote Fahne der Hohenzollern ebenso wieder einführen wie einen Kaiser aus diesem Hause. Der explodierende Nationalismus werde bewirken, daß die Deutschen das Ende der Besatzung und den Rückzug aller ausländischen Truppen fordern würden. Zuvor müßten allerdings Adolf Hitler, der Nationalsozialismus und der Holocaust rehabilitiert werden, ebenso die Rassenpolitik, deren Wiederbelebung bevorstehe. Die Vertreibung der Juden, der Abbruch der Beziehungen zu Israel, die Errichtung einer Militärmission bei der PLO sowie Hitlerstatuen in jeder deutschen Stadt würden weitere Konsequenzen dieses Vierten Reiches sein.

Bundeskanzler Kohl und seine Mitarbeiter nahmen derartige Pressestimmen aufmerksam zur Kenntnis, wenngleich man der Ansicht war, daß aufgrund des haltlosen und polemischen Inhaltes eine direkte Auseinandersetzung mit diesem Artikel indiskutabel sei. Wie tief der Vorwurf Kohl dennoch traf, zeigte sich anläßlich seines Besuches in Cambridge Ende März 1990, als er sich unter anderem gegen all jene wandte, »die heute leichtfertig vom Gespenst des ›Vierten Reiches‹ sprechen«. O'Briens negativer Artikel erwies sich in der Folgezeit zwar als Extrem-, keineswegs aber als Einzelfall. Vor allem externe Kolumnisten der regierungsnahen *Times*, einzelne Berichte im Nachrichtenmagazin *Economist* und einige Massenblätter taten sich mit Berichten über die tatsächlich vorhandenen oder vermeintlichen Gefahren der deutschen Einheit und die Ängste der Briten hervor. Betrachtet man allerdings die gesamte britische Presse im unmittelbaren Umfeld der Grenzöffnung, so zeigt sich eine weitgehend neutrale, häufig positive Berichterstattung, die sich in dieser Phase auch in der öffentlichen Meinung widerspiegelte: Rund 70 Prozent der Briten befürworteten im Oktober 1989 die deutsche Einigung, nur rund 16 Prozent zeigten Furcht vor einer militärischen Bedrohung, und 36 Prozent sahen sich durch eine mögliche Vereinigung der beiden deutschen Staaten wirtschaftlich gefährdet.

Einen »großen Tag für die Freiheit« nannte Premierministerin Thatcher in ihrer ersten öffentlichen Reaktion den Fall der Mauer. Wie ihr Außenminister Douglas Hurd, der auf dem Weg zu einem Essen beim italienischen Botschafter von den Ereignissen erfahren hatte, war auch sie von den Entwicklungen in der DDR überrascht worden.[133] Anders als François Mitterrand oder George Bush hatte sie in den Tagen und Wochen zuvor keinerlei Kommentare zu den sich angesichts von Massenflucht und Öffnung der ungarischen Grenze abzeichnenden Veränderungen im deutsch-deutschen Verhältnis abgegeben, wohingegen das Außenministerium erst Tage später auf diese Ereignisse reagiert hatte. Zugleich warnte sie nun ausdrücklich vor den möglichen Gefahren einer Wiedervereinigung für die Stabilität in Europa. Darin zeigte sich insgesamt, daß die britische Premierministerin den von ihr selbst verkündeten Sieg des Kapitalismus über den Kommunismus zwar aus ideologischen Gründen begrüßte, sich aber noch nicht auf die überraschende Revolution der deutschland- und sicherheitspolitischen Rahmenbedingungen eingestellt hatte – und sich auf absehbare Zeit auch nicht darauf einstellen würde. Nur so ist es zu erklären, daß ihr Außenminister Douglas Hurd am 16. November in Berlin feststellte, die deutsche Einheit sei ein Gegenstand, der »zur Zeit nicht aktiv auf der Tagesordnung steht«, und am 5. Dezember in einem deutschen Rundfunkinterview versicherte, er habe »noch keinen britischen Politiker von Wiedervereinigung reden hören«. Ziele des offensichtlich improvisierten Handelns vor allem der Premierministerin waren zunächst ganz eindeutig Zeitgewinn und der Aufbau einer – anscheinend im Kreis der EG-Staats- und Regierungschefs erhofften – Ablehnungsfront.[134]

# AUF DER SUCHE
# NACH EINER KONZEPTION

»Wir haben zwar keine Konzeption, aber zugeben dürfen wir das gegenüber diesen Leuten nicht.«[1] Der Ausruf eines Abgeordneten in der Sitzung der CDU/CSU-Bundestagsfraktion am 14. November 1989 faßte die politische Situation knapp eine Woche nach Öffnung der innerdeutschen Grenze treffend zusammen: Ungewißheit über die aktuelle Lage, Unsicherheit über die notwendigen nächsten Schritte und eine große Ambivalenz kennzeichneten die innen- wie außenpolitische Situation dieser Tage. Auch die unmittelbare Reaktion des Auslands auf die Öffnung der deutsch-deutschen Grenze hatte gezeigt, daß niemand mit dieser Revolution der Rahmenbedingungen europäischer Politik gerechnet hatte.

### Zwischen Annäherung und Zweistaatlichkeit

Nach dem Fall der Mauer waren alle Aktivitäten und Äußerungen der deutschen und ausländischen Regierungen zunächst von einem durch die Überraschung bestimmten Zwang zur Improvisation geprägt. Dabei kam es zu Entwicklungen, die aus Sicht der Bundesregierung – deren führende Politiker zu diesem Zeitpunkt ebenfalls keine genauen Vorstellungen von den nächsten Schritten hatten – gefährliche Konsequenzen zeitigen konnten. So wurde nach dem 9. November 1989 im In- und Ausland schnell deutlich, daß trotz der veränderten Rahmenbedingungen keinerlei konkrete Perspektive für eine Beantwortung der deutschen Frage bestand. Während einerseits noch kein Bonner Regierungspolitiker explizit erklärt hatte: »Wir wollen die Einheit und haben dazu folgende Vorstellungen«, unterbreiteten andererseits Gegner einer Wiedervereinigung erste Vorschläge zur künftigen Gestaltung der deutsch-deutschen Beziehungen.

#### *Modrow bietet eine »Vertragsgemeinschaft«*

Angebote zu einer bislang beispiellos dichten und engen Zusammenarbeit, gleichzeitig aber eine klare Ablehnung jeglicher Vereinigungsgedanken – Hans Modrows Signale waren eindeutig. In seiner Regierungserklärung vom 17. November 1989, acht Tage nach dem Fall der Mauer und vier Tage nach seiner Wahl zum Ministerpräsidenten der DDR, sandte der SED-Politiker unmißverständliche Zeichen an die ostdeutsche Bevölkerung, vor allem aber an die Bonner Regierung.[2] Nach Darstellung der angestrebten innen- und wirtschaftspolitischen Veränderungen präsentierte er zunächst seine allgemeinen außen- und sicherheitspolitischen Überlegungen. Diese gingen – ebenso wie die neuerliche Nominierung des bisherigen Außenministers Oskar Fischer – über Altbekanntes kaum hinaus. Die angekündigten inneren Reformen hatten das ausdrückliche Ziel, die Zweistaatlichkeit zu zementieren: »Damit wird die Legitimation der DDR als sozialistischer Staat, als souveräner deutscher Staat erneuert. Nicht durch Beteuerungen, sondern durch eine neue Realität des Lebens in der DDR wird den ebenso unrealistischen wie gefährlichen Spekulationen über eine Wiedervereinigung eine Absage erteilt.« Modrow betonte die Vertragstreue der DDR gegenüber allen ihren internationalen Verpflichtungen, vor allem dem Warschauer Pakt und der Wirtschaftszusammenarbeit im RGW. Mit der Ankündigung, seine Regierung strebe an, »möglichst bald kooperative Beziehungen« mit den Europäischen Gemeinschaften zu vereinbaren, hob Modrow sich deutlich von der diesbezüglich zögerlichen Haltung seiner Vorgänger ab.

Ganz an das Ende seiner Regierungserklärung – deren durchgängiges Hauptmotiv die Idee der Reform unter Beibehaltung des Sozialismus war – hatte Modrow seinen Vorschlag einer kompletten Neugestaltung der deutsch-deutschen Beziehungen gestellt. Er bot eine weit über den Grundlagenvertrag und alle bisherigen Verträge und Abkommen hinausgehende Zusammenarbeit auf allen erdenklichen Gebieten an. Die bestehende »Verantwortungsgemeinschaft« der beiden deutschen Staaten sollte durch eine »Vertragsgemeinschaft« unterfüttert werden. Modrow führte damit in Absprache mit der sowjetischen Regierung einen – staats- und völkerrechtlich sowie historisch nicht greifbaren – Begriff in die Diskussion ein, der die bestehende Zweistaatlichkeit ebenso unterstrich wie die Formulierung einer »kooperativen Koexistenz«. Dieser Begriff stellte zugleich eine Weiterentwicklung der »friedlichen Koexistenz« von kommunistischem und kapitalistischem System dar, die seit den sechziger Jahren zur Ideologie der Sowjetunion und ihrer Satellitenstaaten gehört hatte.

Mit seiner Absage an eine Wiedervereinigung lag Modrow weitgehend auf einer Linie mit den anschließenden Debattenbeiträgen in der Volkskammer[3]: Während Manfred Gerlach (LDPD), Karl-Heinz Werner (DBD) und Wolfgang Herger (SED) eine grundsätzliche Übereinstimmung in den außen- und sicherheitspolitischen Positionen feststellten, legte sich Günter Hartmann von der NDPD zwar ebenfalls auf die Beibehaltung der Zweistaatlichkeit fest, brachte aber noch den Gedanken an eine Konföderation zweier souveräner Staaten in die Diskussion. Andere Redner gingen überhaupt nicht auf die deutschlandpolitischen Vorstellungen Modrows ein, während Lothar de Maizière (Ost-CDU) dem Thema weitgehend auswich. Obwohl kein Volkskammerabgeordneter, vertrat der designierte stellvertretende Ministerpräsident seine Partei in der von weitgehendem Konsens geprägten Debatte und wies die Abgeordneten darauf hin, daß sich die DDR ihren »Platz in Europa als geachteter, kooperationsbereiter Nachbar« erst noch erarbeiten müsse.

Wie unvorstellbar der Gedanke an eine Wiedervereinigung für die kommunistischen Eliten zu diesem Zeitpunkt war, machte wenige Tage später auch ein Treffen des zuständigen ZK-Sekretärs der SED mit den Ost-Berliner Missionschefs der sozialistischen Staaten deutlich.[4] Hans-Joachim Willerding vermittelte seinen Gesprächspartnern aus den Staaten des Warschauer Paktes, Vietnam, Kuba und der Mongolei den Eindruck, »daß die Führung der SED weder politisch noch ökonomisch über ein Konzept verfüge«. Nach Berichten von Teilnehmern malte der ZK-Sekretär mit bislang nie dagewesener Offenheit ein düsteres Bild vom Zerfall der SED, vom zerrütteten Zustand der Wirtschaft des Landes und dessen Auswirkungen auf die staatlichen Strukturen der DDR. Zugleich machte er jedoch deutlich, daß die im Raum schwebende Frage der Wiedervereinigung nur von der Bundesrepublik aufgeworfen worden sei, für die SED aber nicht existiere. Die DDR müsse eine sozialistische Alternative zur Bundesrepublik bleiben, so Willerding, der die ausländischen Diplomaten um Unterstützung hierfür bat.

### Gegen die »Zementierung der Zweistaatlichkeit«

Die Reaktion der Bonner Regierung auf den »Modrow-Plan« fiel deutlich weniger zustimmend aus.[5] So erklärte die Bundesministerin für innerdeutsche Beziehungen Dorothee Wilms öffentlich, daß es sich um »positive, wenn auch zunächst noch formale Ansätze« handle, bei denen aber die praktische Umsetzung entscheidend sein werde. In internen Einschätzungen hieß es demgegenüber sehr viel deutlicher, »daß alle vage angesprochenen Vorstellungen nicht nur der Annäherung, sondern vor allem auch der Zementierung der Zweistaatlichkeit dienen sollen«. Außenminister Genscher wies darauf hin, daß Modrows Plan zugleich ein Memorandum an die französische Regierung als Gastgeberin des EG-Sondergipfels von Paris am 18. November beinhalte. Die neue DDR-Regierung, in der die SED weiterhin alle zentralen Ministerien besetzt hatte, versuche damit, den eigenen Reformkurs durch eine breite internationale Zusammenarbeit mit dem Westen abzusichern. Teile der ausländischen Presse sahen ebenfalls vor allem die klare Absage an einen Wiedervereinigungsgedanken in Modrows Regierungserklärung und wollten darin auch den Beginn einer Trendwende in der öffentlichen Diskussion ausmachen: Ab sofort werde vielleicht mehr über das Wie eines dauerhaften Nebeneinanders der beiden deutschen Staaten gesprochen. Viel zu vage waren die Äußerungen Modrows in den Augen von Helmut Kohl und seinen Mitarbeitern, zumal die SED nicht explizit auf ihren Führungsanspruch verzichtet hatte. Da man aus Bonner Sicht weiter an der bereits in der eigenen Regierungserklärung vom 8. November erläuterten Position – wirtschaftliche Hilfen nur bei eindeutigen

Reformen in Richtung Demokratie und Marktwirtschaft – festhalten wollte, mußten Modrows Vorschläge als unzureichend erscheinen.

Die Diskussion der Regierungserklärung in der Volkskammer und den DDR-Medien zeigte, daß der Gedanke an eine Wiedervereinigung nicht nur bei den etablierten Politikern der DDR noch nicht ins Bewußtsein gerückt war. Während verläßliche Meinungsumfragen zu diesem Thema in Ostdeutschland fehlten, zeigten Aktionen wie der Aufruf »Für unser Land« sowie Stellungnahmen von Bürgerrechtsgruppen und der neugegründeten Sozialdemokraten der DDR, daß auch die gegen das bestehende System gerichteten Protestbewegungen keinesfalls automatisch die Einheit befürworteten. So stellte SDP-Sprecher Markus Meckel noch Ende November die Frage, ob eine Wiedervereinigung überhaupt im Interesse der DDR liege und ob die Bevölkerung sie auch wirklich wolle.[6] Daß allerdings immer mehr Menschen unter den aktuellen Umständen nicht in Ostdeutschland bleiben wollten, zeigten die anhaltend hohen Übersiedlerzahlen: In den zehn Tagen seit Öffnung der Mauer hatten DDR-Behörden mehr als 16 000 Ausreisegenehmigungen erteilt; da diese Genehmigungen nicht mehr notwendig waren, gingen Schätzungen zu diesem Zeitpunkt sogar von täglich 2000 Übersiedlungen in die Bundesrepublik aus. Bei fast 10 Millionen Menschen aus der DDR, die im gleichen Zeitraum zu Besuch in den Westen gereist waren, mutet diese Zahl relativ niedrig an, in Verbindung mit den hohen Flüchtlingszahlen seit Frühsommer 1989 schien jedoch ein personelles Ausbluten der DDR kaum mehr zu verhindern. Hinzu kam, daß seit dem 19. November zunächst in Leipzig und dann auch in anderen Städten der DDR der Slogan »Wir sind das Volk« mehr und mehr durch »Wir sind ein Volk« verdrängt wurde. In Berichten der Staatssicherheit wurde zwar erklärt, daß »eine Wiedervereinigung Deutschlands zum gegenwärtigen Zeitpunkt mehrheitlich abgelehnt wird«, doch werde eine »Konföderation zwischen beiden deutschen Staaten unter Beibehaltung der unterschiedlichen Gesellschaftssysteme als ein möglicher Weg angesehen. Gleichzeitig wird aber auch die Meinung vertreten, im Falle eines Scheiterns der Politik der Wende sei eine Wiedervereinigung unausweichlich.« Gerade in grenznahen Gebieten werde von der Bevölkerung die Meinung vertreten, daß die deutsche Einheit »durch die Öffnung der Grenze ihrer Meinung nach bereits praktisch vollzogen sei«.[7]

Keinen Zweifel an ihrer Absicht zur Selbständigkeit ließen die beiden SED-Politiker Egon Krenz und Hans Modrow am 20. November bei ihrem Gespräch mit Kanzleramtsminister Rudolf Seiters in Ost-Berlin.[8] In der fast dreistündigen Unterredung machte Modrow nach Einschätzung westdeutscher Teilnehmer zudem deutlich, daß er sich zwar der Schwere seiner Aufgabe bewußt war, gleichzeitig aber die Dimension der anstehenden Probleme noch nicht voll überblickte. Erstaunt waren die Westdeutschen über die ungewohnte Offenheit seitens der DDR-Delegation. Modrow wie Krenz betonten die Besonderheit der deutsch-deutschen Beziehungen und sprachen ohne jegliche Vorbehalte Berlin-Fragen an. Auch in deutsch-deutschen Politikerbegegnungen wurde also deutlich, daß die alten Selbstverständlichkeiten nicht mehr galten. Abseits der jahrzehntealten diplomatischen Rhetorik konnte Neues unverblümt angesprochen werden. Zugleich erklärten beide aber explizit die Eigenständigkeit der DDR. Bestrebungen zur Wiedervereinigung seien nicht aktuell. Krenz betonte zudem, daß über einen weiteren Bereich in der DDR breiter Konsens herrsche: Die DDR müsse ein sozialistischer Staat bleiben. Den Schwerpunkt seiner Ausführungen legte Modrow, der bereits vor seiner Wahl zum Regierungschef ausdrücklich darum gebeten hatte, bei künftigen Verhandlungen zwischen der Bundesregierung und der DDR als Gesprächspartner neben Staats- und Parteichef Krenz berücksichtigt zu werden, auf Wirtschaftsfragen. Ebenso wie Krenz versicherte er zum Abschluß des mit zahlreichen Detailfragen gefüllten Gesprächs gegenüber Seiters die Bereitschaft zu freien Wahlen. Als möglichen Termin hierfür nannten die beiden DDR-Politiker einen Zeitraum zwischen Herbst 1990 und Frühjahr 1991.

### *Immer wieder Njet aus Moskau*

Mit einem diplomatisch formulierten, aber dennoch unmißverständlichen Nein zu Veränderungen an den bestehenden europäischen Grenzen hatten der sowjetische Parteichef Michail Gorbatschow und sein Außenminister Eduard Schewardnadse unmittelbar nach Öffnung der Mauer in ihren Telefonaten mit Helmut Kohl beziehungsweise Hans-Dietrich Genscher reagiert.[9] Ähnlich diplomatisch hatte sich zunächst auch der Sprecher des sowjetischen Außenministeriums, Gennadij Gerassimow, geäußert. Zwar bezeichnete er die Wiedervereinigungsdiskussion in den Medien als »rein intellektuelle Übungen, die mit praktischer Politik nichts zu tun haben«, doch machte er zugleich deutlich, daß Regierungen sich ändern könnten, solange die DDR Mitglied im Warschauer Pakt bleibe und ihre sonstigen internationalen Verpflichtungen erfülle. Einige Tage später präzisierte beziehungsweise verschärfte er diese Äußerung: »Es gibt zwei deutsche Staaten. Und zwischen zwei Staaten gibt es immer auch eine Grenze.«

Ähnlich äußerte sich am 15. November auch Gorbatschow selbst. Unter Hinweis auf die Mitgliedschaft der beiden deutschen Staaten in der UNO, aber auch in den jeweiligen militärischen und wirtschaftlichen Bündnissen – NATO und Warschauer Pakt, Europäischer Gemeinschaft und RGW – erklärte er vor Moskauer Studenten: »Es existieren zwei deutsche Staaten. So hat es die Geschichte verfügt. Und diese Tatsache wird von der Weltgemeinschaft allgemein anerkannt.« Zugleich veröffentlichte die Nachrichtenagentur TASS an diesem Tag noch den Satz: »Diskussionen über die Wiedervereinigung würden eine Einmischung in die Angelegenheiten Westdeutschlands und der Deutschen Demokratischen Republik bedeuten.« Zwei Tage später, als die TASS-Dokumentation in der Parteizeitung *Prawda* erschien, war diese Anerkennung des

Selbstbestimmungsrechtes der Deutschen allerdings wegredigiert worden, und zwar von Gorbatschow selbst. Damit verdeutlichte der Parteichef zum einen, daß ihm Überlegungen über eine Wiedervereinigung keinesfalls mehr vollkommen fremd waren. Durch die Streichung wurde aber zugleich offenbar, daß eine Diskussion dieses Themas zum momentanen Zeitpunkt unerwünscht war. Diesen Eindruck verstärkte der Generalsekretär am 17. November gegenüber einer hochrangigen deutsch-französischen Parlamentarierdelegation: Die Nachkriegsrealitäten dürften keinesfalls in Frage gestellt werden; das betreffe die Grenze in Europa ebenso wie die militärischen Bündnisse. Diese sollten, parallel zu weiteren Abrüstungsschritten, in politische Bündnisse umgewandelt, keinesfalls aber abgeschafft werden. Transformation statt Liquidation heiße die Devise, und das gelte auch für die deutsche Frage, erklärte Gorbatschow im Gespräch mit Bundestagspräsidentin Rita Süßmuth und deren französischem Amtskollegen Laurent Fabius.

Im Bundeskanzleramt wurden alle derartigen Äußerungen der sowjetischen Staats- und Parteispitze ebenso sorgfältig registriert wie im Auswärtigen Amt.[10] Dabei wurde mit einem gewissen Unbehagen zur Kenntnis genommen, daß die Sowjets ihre Kontakte zu Diplomaten und Politikern der drei Westmächte intensiviert hatten und mit diesen offensichtlich auch über die Wahrnehmung der Vier-Mächte-Rechte im Gespräch waren. So empfingen Gorbatschow und Schewardnadse in Moskau binnen weniger Tage die Botschafter der USA, Großbritanniens und Frankreichs. Schewardnadse, der am 17. November vor Abgeordneten des Obersten Sowjet unmißverständlich den Zusammenhang zwischen den in zahlreichen internationalen Verträgen festgeschriebenen »Realitäten« sowie der Stabilität und Sicherheit in Europa betont hatte, griff damit Äußerungen auf, die er bereits drei Tage zuvor gegenüber Roland Dumas gemacht hatte: Daß einzelne Kreise in der Bundesrepublik die Frage der Wiedervereinigung auf die Tagesordnung setzen wollten, rufe in Moskau »große Besorgnis« hervor, da so nicht nur die Existenz der DDR, sondern die »gesamte territorial-politische Ordnung auf dem Kontinent in Zweifel« gezogen werde. Im Kanzleramt wurde allerdings auch zur Kenntnis genommen, daß Schewardnadse sich zumindest gegenüber den sowjetischen Parlamentariern nur gegen einseitige Änderungen am Status quo ausgesprochen hatte; gemeinsame friedliche Veränderungen im gesamteuropäischen Kontext sah der Außenminister hingegen als möglich an.

Deutliche ablehnende Worte fand der sowjetische Botschafter in Bonn, Julij Kwizinskij, bei einem Treffen mit Kanzleramtsminister Rudolf Seiters am 15. November.[11] Die UdSSR begrüße den eingeleiteten Prozeß. Wichtig sei nun aber, daß man die DDR weiterhin als souveränen Staat behandle. Bei der Suche nach Lösungen werde sich Moskau konstruktiv verhalten, doch müsse Bonn die »harten Realitäten« beachten. Staatssekretär Jürgen Sudhoff vom Auswärtigen Amt wies in der Unterhaltung darauf hin, daß selbstverständlich alle bestehenden Verträge einzuhalten seien. Die innerdeutschen Beziehungen seien in das europäische Schicksal eingebettet, weshalb es gelte, die gesamteuropäische Entwicklung voranzubringen. Konkret nannte Sudhoff den KSZE-Prozeß. Kwizinskij selbst betonte, daß es für die Sowjetunion hinsichtlich der anhaltenden Abwanderung aus der DDR nicht nur um politische, sondern auch um schwerwiegende wirtschaftliche Interessen gehe: Die UdSSR wickle 20 Prozent ihres Außenhandels mit der DDR ab. Ähnlich argumentierte Kwizinskij zu dieser Zeit auch in Telegrammen an seine Zentrale in Moskau. Schon einmal, nämlich bis zum Bau der Mauer, habe der DDR durch die Zahl der Übersiedlungen in den Westen großer wirtschaftlicher Schaden gedroht. Wenn der aktuelle Massenexodus anhalte, führe dies zum Ausbluten der DDR; die Wiedervereinigung sei dann nicht mehr abzuwenden. Kwizinskij riet seiner politischen Führung, diesen unaufhaltsamen Prozeß durch gezielte Vorschläge zumindest in ihrem Sinne zu beeinflussen.

### »Wir denken auch über Undenkbares nach«

Eine derartige Beeinflussung versuchte einige Tage später Nikolaj Portugalow, der als enger Mitarbeiter des Abteilungsleiters für internationale Beziehungen im ZK der KPdSU, Valentin Falin, zu den wichtigen sowjetischen Deutschlandexperten gehörte. Bereits wenige Tage nach dem Fall der Mauer hatte er in einem Interview zwar Überlegungen hinsichtlich einer »Neuvereinigung« für verfrüht erklärt, zugleich aber die Entwicklung von »konföderativen Strukturen« in den Bereichen Wirtschaft, Ökologie und Kultur nicht ausgeschlossen. Portugalow hatte darauf hingewiesen, daß »keinem der Nachbarn der beiden deutschen Staaten, im Osten wie im Westen«, eine Wiedervereinigung ins Konzept passe. Die Bundesrepublik und die DDR würden auf absehbare Zeit als souveräne Staaten nebeneinander weiterexistieren, »als zwei Staaten, die zwar verschiedenen Systemen angehören, die aber beide Staaten der deutschen Nation sind«.

Für den 21. November hatte sich Portugalow im Auftrag Falins bei Horst Teltschik zu einem Gespräch angemeldet. Wie früher zu Egon Bahr, unterhielt Portugalow nach Kohls Amtsübernahme eine vertrauliche Verbindung mit Horst Teltschik. Im Rahmen dieses in der internationalen Politik üblichen Verfahrens wurden von Zeit zu Zeit nicht nur sensible Nachrichten zwischen Bonn und Moskau übermittelt, sondern – wie an diesem Tage – auch Ideen auf informellem Wege vorgetragen und unverbindlich in ihrer Wirkung getestet.[12] Portugalows Vorstoß war von Falin angeregt sowie teilweise mit Gorbatschows wichtigstem außenpolitischen Berater Anatolij Tschernajew abgesprochen worden, bevor er mit zwei Zielen auf den Weg nach Bonn geschickt wurde: Erstens sollte er in Erfahrung bringen, welche deutschlandpolitischen Initiativen die Bundesregierung plante; zweitens sollte er durch Stichworte wie Konföderation die deutschen Überlegungen in eine von Falin für wünschenswert gehaltene Richtung lenken.

Was Portugalow gegenüber Teltschik in dessen Amtszimmer aus seinen handschriftlichen Notizen vortrug, war für Kohls Mitarbeiter »eine kleine Sensation«[13]. Anhand eines unverbindlichen Denkpapiers skizzierte der sowjetische Diplomat zunächst die aktuelle Lage aus Moskauer Sicht. Dabei wurde deutlich, daß Gorbatschow und seine Mitarbeiter – abweichend von den offiziellen Darstellungen – sich sehr wohl darüber im klaren waren, daß die deutsche Frage wieder auf der Tagesordnung stand. Im zweiten Teil seiner Ausführungen – welche nicht mit Gorbatschow und dessen engeren Beratern abgesprochen waren – stellten Falin und Portugalow Fragen an die Bundesregierung. Dabei fielen erstmals lange Zeit tabuisierte Begriffe wie Friedensvertrag und Konföderation, die Portugalows abschließende Bemerkung bestätigten: »Wie Sie sehen, denken wir in der deutschen Frage alternativ über alles Mögliche, sogar quasi Undenkbares nach.« Wie sehr dieser Besuch Teltschik »elektrisiert« hatte, zeigte sich unmittelbar danach, als er dem Bundeskanzler vorschlug, die positiven Signale aus Moskau für eine eigene Initiative zur deutschen Frage zu nutzen.

Die Inhalte der sowjetischen Initiative und die Reaktion im Kanzleramt zeigen unterschiedliche Ebenen der Argumentation. So wurden in offiziellen und öffentlichen Stellungnahmen jegliche Überlegungen zur deutschen Frage energisch abgelehnt. Gleichzeitig wurden in kleineren Kreisen – wie beispielsweise in Schewardnadses Rede vor dem Auswärtigen Ausschuß im Obersten Sowjet – mögliche Alternativen zu einer ausdrücklichen Vereinigungsdiskussion erörtert beziehungsweise über vertrauliche Kanäle – wie durch Portugalows Vorstoß bei Teltschik – Überlegungen zu konkreten Annäherungsmodellen der beiden deutschen Staaten ventiliert. Im Kanzleramt mußte dies den Eindruck erwecken, daß eigene Überlegungen und Äußerungen zur deutschen Frage sehr viel konkreter werden mußten, wollte man bei einem öffentlichen Vorstoß der Sowjetunion nicht in die Defensive gedrängt werden und damit eine später sehr viel schlechtere Ausgangs- und Verhandlungsposition für die Durchsetzung eigener Prämissen haben.[14] Wie sollte man beispielsweise reagieren, wenn die UdSSR in Anlehnung an die Stalin-Note von 1952 eine Vereinigung der beiden deutschen Staaten anbieten, zugleich aber die Neutralität des vereinten Deutschlands fordern würde?

### Die USA betonen das Selbstbestimmungsrecht

War die Position der Sowjetunion zur deutschen Frage von Ablehnung, aber auch Widersprüchen bestimmt, so schien die Haltung der US-Regierung zunächst sehr viel kohärenter zu sein. Schon früh und stets positiv hatten sich Präsident Bush und Außenminister Baker zur Wiedervereinigung geäußert, und aufgrund ihrer frühzeitigen Beschäftigung mit dem Thema »Deutsche Frage« war die US-Administration auch zum Thema Vier-Mächte-Rechte nicht unvorbereitet. Bereits im Oktober hatten die Rechtsberater des State Department eine Expertise zu den Rechten der Alliierten in Deutschland vorgelegt.[15] Baker und seine Mitarbeiter zogen daraus unmittelbar nach dem Fall der Mauer den Schluß, daß es keinesfalls zu einer Einigung der beiden Supermächte über die Köpfe der Deutschen hinweg kommen dürfe. Entscheidend sei vielmehr deren Selbstbestimmungsrecht. Diese Linie vertrat Präsident Bush auch in seinem Telefongespräch mit Helmut Kohl am 17. November.

Der Kanzler hatte dabei zunächst über seinen Besuch in Polen und die dortigen Reformen berichtet. Wie bereits eine Woche zuvor wies er auf die Notwendigkeit von Wirtschaftshilfen für Polen – das im kommenden Winter wohl Lebensmittelhilfe der EG benötigen werde – und Ungarn – mit dessen Ministerpräsident er sich am Sonntag diskret treffen wolle – hin. Wenn die Reformer dort keinen Erfolg hätten, wären auch die Reformen in der DDR zum Scheitern verurteilt, so die Prognose Kohls, der offensichtlich erneut bemüht war, die Aktualität der deutschen Frage nicht allzu dominant erscheinen zu lassen. Hinsichtlich der Entwicklungen in der DDR berichtete er dem Präsidenten zunächst von der neuen Regierung unter Modrow. Hier scheine sich zwar wirtschaftlich einiges in die richtige Richtung zu bewegen, doch fehlten weiterhin klare Aussagen zu den für die Bevölkerung wirklich wichtigen Themen wie freien Wahlen, der Zulassung von Parteien, freien Gewerkschaften und freier Presse. Momentan würden viele Besucher aus der DDR wieder in ihre Heimat zurückkehren, doch könne sich das schnell ändern, wenn die Hoffnungen auf Veränderungen enttäuscht würden. Das habe er auch Gorbatschow in einem ausführlichen Telefongespräch erklärt und diesen gebeten, entsprechend Einfluß auf die Führung in Ost-Berlin zu nehmen. Kohl versicherte, er werde bei seinem bisherigen Kurs bleiben und nichts tun, was die Lage in der DDR destabilisieren könne. Bush berichtete im Anschluß über den Besuch von Lech Walesa in Washington. Er selbst habe, wie von Kohl vorgeschlagen, beim Internationalen Währungsfonds auf eine schnellere Abwicklung der Verhandlungen mit Polen gedrungen, was nun wohl auch bis Mitte Dezember geschehen werde. Ohne sich auf den Umfang der amerikanischen Hilfe für Polen festzulegen, bat Bush den Kanzler, bei der bevorstehenden Sondertagung des Europäischen Rates über ihr gemeinsames Telefonat zu berichten und um weitere Hilfe für Polen zu werben.

Im weiteren Verlauf der Unterhaltung wurde erneut deutlich, welche Bedeutung Bush dem direkten Kontakt mit Kohl beimaß. Der Präsident bedauerte ausdrücklich, daß es Kohl nicht möglich sei, noch vor dem für Anfang Dezember geplanten amerikanisch-sowjetischen Gipfel vor Malta zu einem persönlichen Treffen nach Camp David zu kommen. Aufgrund seines eigenen Terminkalenders sei es auch nicht möglich, sich – wie von Kohl angeregt – mit dem Bundeskanzler vor der Begegnung mit Gorbatschow für ein bis zwei Stunden in Spanien zu treffen. Er wolle aber auf jeden Fall noch einmal ausführlich mit Kohl über die deutsche Frage sprechen, um dessen Rat und Vorschläge zu erhalten. Am besten sei es wohl, im Anschluß an den Besuch von Außenminister Genscher in Washington noch einmal zu telefonieren. Bush wies darauf hin, daß es innerhalb der NATO Differenzen hinsichtlich der Beurteilung der aktuellen Lage gebe, weswegen er sich mit allen Partnern beraten wolle. Wichtiger als die großen Konsultationen sei ihm im Augenblick aber ein Einzelgespräch mit den Deutschen, damit er deren Standpunkt verstehen könne, ohne sich wegen der Anwesenheit anderer Beschränkungen auferlegen zu müssen. Er wolle sich deshalb bereits am Vorabend des NATO-Treffens vom 4. Dezember in Brüssel mit dem Kanzler zum Essen treffen. Gegen Ende des dreißigminütigen Gesprächs wiederholte Bush noch einmal seinen Wunsch, jede Nuance der Position Kohls zu verstehen, weshalb nach Genschers Washingtoner Gesprächen am 21./22. November vielleicht auch die beiden außenpolitischen Berater Scowcroft und Teltschik miteinander reden oder sich treffen sollten. Kohl stimmte dem zu und kündigte abschließend an, dem Präsidenten in den Tagen nach Genschers USA-Aufenthalt ein detailliertes Memorandum schicken zu wollen.

### Der Wink mit den Vier-Mächte-Rechten

Deutlich konkreter konnte Bush sich wenige Tage später mit Genscher über die Perspektiven einer Wiedervereinigung unterhalten.[16] Bei ihren Gesprächspartnern in Washington – Präsident George Bush, Außenminister James Baker und Sicherheitsberater Brent Scowcroft – erlebte die deutsche Delegation eine Atmosphäre »von großer Herzlichkeit, aufrichtiger Sympathie, ja Wärme und tiefen freundschaftlichen Gefühlen«. Genscher unterstrich in der Begegnung mit Bush das Verantwortungsbewußtsein der Deutschen gegenüber den Nachbarn in Europa sowie den Partnern in EG und NATO und die Anerkennung der deutschen Ostgrenzen, aber auch das Selbstbestimmungsrecht der Deutschen. Bush erklärte, die USA stünden zum Konzept von Selbstbestimmung sowie Einheit in Frieden und Freiheit, doch wollte er nicht ausschließen, daß der Prozeß der deutsch-deutschen Annäherung noch sehr viel schneller laufen werde, als allgemein erwartet. Er machte deutlich, daß es bei seinem unmittelbar bevorstehenden Treffen mit Gorbatschow auch darum gehen werde, dessen Handlungsspielraum in der deutschen Frage zu erkunden.

Daß das Kennenlernen Gorbatschows und das Ausloten seiner außenpolitischen Spielräume ein wichtiger Punkt beim amerikanisch-sowjetischen Gipfel sein werde, betonte auch General Scowcroft im anschließenden halbstündigen Gespräch mit Genscher in kleinem Kreis. Als der US-Sicherheitsberater dabei die Frage einer Konferenz der Vier Mächte oder des Abschlusses eines Friedensvertrages aufwarf, reagierte der deutsche Außenminister energisch: Unter Verweis auf eine Rede Willy Brandts verwahrte er sich erneut gegen eine mögliche »Katzentischlösung«[17], bei der die beiden deutschen Staaten – nach dem Muster der Genfer Außenministerkonferenzen im Jahr 1959 – lediglich Objekt von Verhandlungen sein könnten. Eine solche Lösung könne in jeder Hinsicht nur ein Rückschritt sein, so wie auch ein Friedensvertrag den Gegebenheiten nicht mehr gerecht werden könne. Beide Überlegungen enthielten vielmehr die Gefahr einer Isolation Deutschlands. Statt dessen müßten alle sechs von der deutschen Frage betroffenen Staaten gleichberechtigt an einem Tisch Platz finden. Die deutsche Frage müsse mit der europäischen Frage verbunden bleiben. Darüber solle man nicht allzuviel reden, aber jeder wisse doch eigentlich, daß der Westen das erfolgversprechendere Konzept habe und die Dinge letztlich im westlichen Interesse verlaufen würden.

Wie alarmierend die Scowcroft-Äußerungen zu Friedensvertrag und Vier-Mächte-Konferenz aus westdeutscher Sicht waren, zeigte ein später erfolgter Kommentar eines deutschen Spitzendiplomaten: »Auch die USA müssen sich daran gewöhnen, daß Jalta vorbei ist!«[18] – ein eindeutiger Hinweis darauf, daß im November 1989 aus westdeutscher Sicht derartige Vorstöße seitens der US-Regierung nicht ausgeschlossen wurden. Bakers Mitarbeiter Robert Kimmitt war deshalb bereits einige Tage zuvor bei einem Gespräch im Auswärtigen Amt ausdrücklich erklärt worden, daß nach Bonner Auffassung eine Vier-Mächte-Konferenz zum gegenwärtigen Zeitpunkt nicht sinnvoll sei und deshalb abgelehnt werde. Insgesamt beurteilte Genscher seine Gespräche in Washington jedoch positiv, wie er am 23. November im Bundeskabinett berichtete, wo er vor allem seine Absage an einen deutschen Sonderweg betonte, für die er sehr viel Wohlwollen und Verständnis geerntet habe.

Daß die im politischen Raum schwebende Frage einer Vier-Mächte-Konferenz die Bundesregierung dennoch ebenso verunsicherte wie Indizien für eine Ausübung der alliierten Vorbehaltsrechte durch die drei Westmächte, hing unter anderem mit Erfahrungen bei den Verhandlungen zum Berlin-Abkommen vom 3. September 1971 zusammen[19]: Wann immer die Deutschland- und Ostpolitik der Bundesregierung grundlegenden Einfluß auf die Ost-West-Beziehungen zu nehmen drohte, meldeten die West-Alliierten ihre Vorbehaltsrechte an. Zwar boten diese Rechte der Bundesregierung auch positive Ansatzpunkte, wie zum Beispiel den Hinweis auf die Offenheit der deutschen Frage und die Vorläufigkeit der Grenzen Deutschlands, gleichzeitig schränkten sie den Bonner Handlungsspielraum aber in vielen Fragen auch entscheidend ein. Im Kanzleramt herrschte deshalb große Sensibilität, wann immer die Rede auf die alliierten Vorbehaltsrechte kam, wie dies beispielsweise wenige Tage vor Genschers Washington-Besuch bereits in einem Gespräch zwischen Horst Teltschik und dem US-Botschafter in Bonn, Vernon Walters, der Fall gewesen war.[20] Auch hier war die Option einer Vier-Mächte-Konferenz angesprochen worden, wobei Walters sich allerdings nur zwei Situationen für ein solches Treffen der Siegermächte des Zweiten Weltkrieges vorstellen wollte: eine Begegnung zur Besiegelung der »Einheit und Freiheit Deutschlands« oder aber eine »krisenhafte Entwicklung« in der DDR. Walters hatte Teltschik zuvor über eine Begegnung mit dem sowjetischen Botschafter in Ost-Berlin, Wjatscheslaw Kotschemassow, berichtet. Als erster der drei Bonner Westmächte-Botschafter hatte er sich mit dem Vertreter der Sowjetunion in der DDR am 12. November getroffen; ganz allgemein hatten Walters und seine Kollegen, Serge Boidevaix aus Frankreich und Christopher Mallaby aus Großbritannien, gegenüber der Bundesregierung allerdings bereits weitere Gespräche zwischen den drei Mächten und der Sowjetunion auf Botschafter-Ebene angekündigt.

Während die Bonner Westmächte-Botschafter also ihre Kontakte zum sowjetischen Vertreter in der DDR etwas ausbauten, gab es auch aus den Hauptstädten der westlichen Verbündeten Hinweise darauf, daß dort verstärkt über die Vier-Mächte-Rechte nachgedacht und geredet wurde.[21] So hatte sich der französische Verteidigungsminister Jean-Pierre Chevènement bereits zwei Tage nach dem Fall der Mauer zu einer möglichen Wiedervereinigung geäußert. Diese sei nicht mehr auszuschließen; die Nachbarn müßten sie allerdings akzeptieren, »und die Vier Mächte müssen ihr zustimmen«. Ähnliche Stimmen waren auch aus der britischen Regierung zu hören, deren aktuelle Grundhaltung Außenminister Hurd am 16. November in einer Pressekonferenz in Berlin deutlich machte. Großbritannien habe keine grundsätzlichen Probleme mit einer möglichen Vereinigung der beiden deutschen Staaten. Die deutsche Frage stehe »zur Zeit nicht aktiv auf der Tagesordnung«. Sollte sich das ändern, dann sei die Wiedervereinigung aber ein Thema, dessen »Prinzip« im Grundgesetz der Bundesrepublik sowie in den entsprechenden Erklärungen der Alliierten und der britischen Regierung stehe und das »eine Menge Leute angehe«.

Hinweise darauf, daß die Rechte der Vier Mächte diesen sehr wohl bewußt waren, kamen auch aus den USA, wo sich in den Tagen nach dem Fall der Mauer verschiedene Deutschlandexperten dazu äußerten.[22] Die Siegerstaaten des Zweiten Weltkrieges »könnten eine Konferenz vereinbaren, um zu entscheiden, welche Formen der Veränderungen in beiden deutschen Staaten akzeptabel wären«, meinte beispielsweise Gordon A. Craig, während George F. Kennan darauf hinwies, daß in Deutschland viele Entscheidungen nicht »im Alleingang« getroffen werden könnten. Andere Fachleute erklärten die Zeit für gekommen, die alliierten Verantwortlichkeiten und Rechte wahrzunehmen, während im Außenministerium in Washington noch immer über den richtigen Weg in dieser neuen Situation nachgedacht wurde. Wenngleich also noch kein führender Politiker explizit und öffentlich eine Konferenz der Vier Mächte gefordert hatte, so konnte angesichts der Andeutungen und einer Grundtendenz der Berichterstattung in den Medien doch der Eindruck entstehen, daß eine entsprechende deutschlandpolitische Initiative seitens einer der ehemaligen Siegermächte bei den drei anderen ehemaligen Alliierten Gehör finden konnte. In der Umgebung von Helmut Kohl wurden entsprechende Überlegungen und Andeutungen aus Paris, London und Washington aufmerksam zur Kenntnis genommen, da sie eindeutige Hinweise darauf boten, daß auch die westlichen Verbündeten der Bundesrepublik der in den Bereich des Möglichen rückenden

Annäherung der beiden deutschen Staaten – zumindest teilweise – reserviert gegenüberstanden. Gespannt wurde deshalb analysiert, wie die Stimmung gegenüber den Deutschen sich bei den anderen westlichen Nachbarn entwickelte, mit denen die Bundesrepublik innerhalb der Europäischen Gemeinschaften seit vielen Jahren zusammenarbeitete.

## Frostiges Gipfel-Klima

Eine erste Gelegenheit, die Reaktionen der EG-Partner auf die Revolution der deutschlandpolitischen Rahmenbedingungen persönlich zu erleben, bot sich für Helmut Kohl bereits neun Tage nach dem Fall der Mauer: Frankreichs Staatspräsident François Mitterrand hatte die Staats- und Regierungschefs für den 18. November zu einem Abendessen nach Paris gebeten, um dort die aktuellen Entwicklungen in Mittel- und Osteuropa zu diskutieren.

### *Mitterrand gerät unter innenpolitischen Druck*

Mitterrand hatte kurzfristig zu diesem Treffen eingeladen, mit dem er drei wesentliche Ziele verfolgte:
- innenpolitischen Kritikern seiner angeblichen Passivität und Orientierungslosigkeit den Wind aus den Segeln zu nehmen;
- die außenpolitische Handlungsfähigkeit der Zwölfer-Gemeinschaft angesichts der rasanten Entwicklungen in Mittel- und Osteuropa zu demonstrieren;
- eine Überfrachtung des bereits seit längerem geplanten EG-Gipfels am 8./9. Dezember in Straßburg mit anderen Themen als Mitterrands Planungen für eine Europäische Wirtschafts- und Währungsunion zu verhindern.

Innenpolitisch war Mitterrand wenige Tage nach dem Fall der Berliner Mauer vor allem von seinem Amtsvorgänger Valéry Giscard d'Estaing attackiert worden.[23] Dieser hatte unter Hinweis auf die revolutionären Veränderungen in Osteuropa ein Signal der Europäischen Gemeinschaft eingefordert, für dessen Auslösung Mitterrand als amtierender EG-Ratspräsident zuständig sei. Zugleich hatte Giscard vorgeschlagen, daß Mitterrand sich von George Bush und Michail Gorbatschow zum bevorstehenden Gipfeltreffen der beiden Supermächte vor der Insel Malta einladen lassen solle, um dort die Vorschläge der Zwölfer-Gemeinschaft zu präsentieren. Gerade dieser Teil der Forderungen Giscards rief die Ablehnung Mitterrands und seiner Berater hervor, da so Assoziationen zum Jalta-Gipfel vom Februar 1945 geweckt werden konnten, bei dem – aus französischer Sicht – die USA, Großbritannien und die UdSSR ohne Beteiligung Frankreichs die Grundlagen für die Teilung Europas gelegt hatten.

»Malta wird nicht Jalta sein«, hieß es deshalb aus dem Elysée. Die USA und die UdSSR würden die Welt nicht unter sich aufteilen – eine französische Angst, die in diesen Tagen auch Thema eines Telefonats von Mitterrand mit Bush war. Außenminister Roland Dumas erklärte zudem in der französischen Nationalversammlung, die beiden Supermächte könnten Europa heutzutage keine Lösung aufzwingen, die von den Europäern nicht gewollt sei. Eine Gipfelteilnahme Mitterrands im Namen der EG sei deshalb lächerlich, während ein Besuch in französischem Namen sogar gefährlich sei: Vor Malta gehe es um Abrüstungsfragen, bei denen es Frankreich – aufgrund seines Selbstverständnisses als eigenständiger Nuklearwaffenstaat – stets abgelehnt habe, sich in die Diskussion der beiden Supermächte einzumischen. Noch deutlicher wurde Mitterrand selbst im Kabinett: Niemand könne doch ernsthaft glauben, daß er sich auf ein Kriegsschiff im Mittelmeer begeben werde, um dort von den EG-Beratungen zu berichten, dann aber wieder abfahren müsse, »damit die zwei Großen allein die Angelegenheiten der Welt diskutieren können«.

Während Mitterrand und seine Berater heftig bemüht waren, jegliche Erinnerung an Jalta oder den Eindruck eines Nachgebens gegenüber den Forderungen der innenpolitischen Gegner zu vermeiden, wuchs im Elysée doch die Einsicht, daß die Europäische Gemeinschaft in der aktuellen Situation Flagge zeigen mußte. Unter äußerem Druck lenkte Mitterrand deshalb letztlich ein und beauftragte seinen Außenminister am 12. November, ein informelles Treffen der EG-Staats- und Regierungschefs sowie ihrer Außenminister vorzubereiten.[24] Da er selbst weiterhin der Ansicht war, daß es eigentlich nichts Dringendes zu bereden gab – es also lediglich darum ging, das »Terrain zu besetzen«, ohne daß das Treffen zu etwas führen konnte –, wollte Mitterrand explizit weder eine Vorverlegung des geplanten Europäischen Rates von Straßburg noch einen Sondergipfel, sondern lediglich ein »Arbeitsessen« veranstalten.

Mit seiner kurzfristigen Einladung, die am 13. November ohne jegliche Vorwarnung im Kanzleramt eintraf, wollte Mitterrand vor allem verhindern, daß seine langfristigen Europa-Planungen von den aktuellen Ereignissen in Mittel- und Osteuropa überlagert würden.[25] Zu groß war für ihn die Gefahr, daß die eigentliche Tagesordnung für den regulären Europäischen Rat am 8./9. Dezember in Straßburg einer ausfernden Diskussion über Bewertungen und mögliche Reaktionen zu den Veränderungen in Polen, Ungarn, der Tschechoslowakei und der DDR zum Opfer fallen würde. Seine ursprüngliche Planung, beim Straßburger Treffen entscheidende Fortschritte hinsichtlich der von ihm gewünschten Regierungskonferenz zu einer Wirtschafts- und Währungsunion und einer europäischen Sozialcharta zu erzielen, schien stark gefährdet. Angesichts des erklärten Widerstands Großbritanniens und der offensichtlichen Zurückhaltung Deutschlands, der Niederlande und Luxemburgs gegenüber Mitterrands Projekt und des nicht nur in der Öffentlichkeit vorhandenen Diskussionsbedarfs zu den osteuropäischen Reformstaaten waren entsprechende Bedenken nicht unbegründet. Das Abendessen im Elysée sollte deshalb auch dazu beitragen, den offensichtlichen Aktualitätskonflikt zwischen der Agenda der EG – und hier vor allem dem Abschluß der französischen Ratspräsidentschaft – einerseits sowie der aktuellen Umbruchsituation in Europa andererseits zu mildern. Allerdings blieben Mitterrands Bedenken hinsichtlich überstürzter Aktionen in einer nicht nur für ihn unübersichtlichen Situation bestehen.

## Kohl bittet vergeblich um Unterstützung

Der französische Staatspräsident legte großen Wert darauf, daß es im Anschluß an das Abendessen der Zwölf kein offizielles Kommuniqué geben sollte. Entsprechende Vorstöße aus dem Bundeskanzleramt blieben deshalb erfolglos.[26] So hatte Horst Teltschik zwei Tage vor dem Treffen in einem Brief an Jacques Attali einen Textvorschlag des Bundeskanzlers für eine mögliche Abschlußerklärung übermittelt. Zwar habe man gehört, daß in Paris keine formelle Deklaration beabsichtigt sei, und verstehe auch die Probleme, die aus einer dazugehörigen längeren Diskussion über ein solches Papier entstehen könnten. Gleichwohl wünsche man sich im Kanzleramt, daß vom Pariser Treffen eine klare Botschaft ausgehen solle, wenngleich natürlich Präsident Mitterrand die Entscheidung über die Verwendung der deutschen Vorschläge zu treffen habe. Zur deutschen Frage hieß es in diesem Entwurf aus Bonn, daß die EG-Staats- und Regierungschefs die jüngsten Entwicklungen in der DDR auf der Grundlage eines Berichts des Bundeskanzlers diskutiert hätten. Der Gipfel unterstütze demnach die Reisefreiheit in der DDR und das Recht der Bevölkerung auf freie Meinungsäußerung, Pressefreiheit, die Bildung unabhängiger Gewerkschaften und Parteien sowie freie, gleiche und geheime Wahlen. Es habe zudem Einigkeit geherrscht, daß weitere Bemühungen zur Überwindung der Teilung in Europa unternommen werden sollten, wobei der KSZE-Prozeß den Weg hierfür vorgebe. Es sei weiter das Ziel der gemeinsamen Politik, für einen Friedenszustand in Europa zu arbeiten, in dem auch das deutsche Volk seine Einheit in freier Selbstbestimmung wiedererlangen könne.

Im Bundeskanzleramt wollte man mit einem solchen Textvorschlag offensichtlich erreichen, daß
- Helmut Kohl durch einen konkreten Kommuniqué-Entwurf die Diskussion des Abends strukturieren konnte;
- eine grundsätzliche Debatte über das Vereinigungsthema durch die EG-Staats- und Regierungschefs vermieden wurde, da dieser Kreis – anders als die vier Alliierten – keinerlei besondere Rechte und Verantwortlichkeiten in der deutschen Frage hatte;
- trotz vermiedener Vereinigungsdebatte durch den Hinweis auf die mögliche »Einheit in freier Selbstbestimmung« als Ziel gemeinsamer EG-Politik von diesem Treffen der Zwölf ein eindeutig positives Signal zum deutsch-deutschen Annäherungsprozeß ausgehen konnte.

Mitterrand blieb jedoch, ungeachtet des Bonner Vorstoßes, bei seiner ablehnenden Haltung gegenüber jeglichem Schlußdokument, da er statt offizieller Festlegungen lediglich eine unverbindliche »tour d'horizon« haben wollte.[27] Ein weiterer Grund lag darin, daß er zunächst eine klare Meinungsäußerung der Bundesregierung zur neuen Situation erwartete. Zu undeutlich erschien ihm deren Haltung – eine Ansicht, in der er vom französischen Botschafter in Bonn bestärkt wurde. Serge Boidevaix hatte in einem seiner Berichte nach Paris festgestellt, daß »die deutsche politische Klasse nach dem Bild, das die öffentliche Meinung vermittelt, noch keine klare Vorstellung von dem besitzt, was sie will und was sie von den laufenden Entwicklungen erwarten kann«. Zudem wollte der statusbewußte französische Präsident keinesfalls die deutschlandpolitisch ohne besondere Rechte ausgestattete EG diesbezüglich unnötig aufwerten, da dies zugleich eine Abwertung Frankreichs als ehemalige Siegermacht bedeutet hätte. Für Helmut Kohl wiederum machte der Verzicht auf ein Gipfel-Kommuniqué – zumal in Verbindung mit den sonstigen reservierten Reaktionen ausländischer Politiker nach Öffnung der deutsch-deutschen Grenze – bereits vor Beginn des Abendessens klar, daß von dieser Veranstaltung keine unterstützenden Signale der westeuropäischen Partner der Bundesrepublik zu erwarten waren.

In dieser von Unklarheiten, unausgesprochenen Ängsten und einem Zwang zu kurzfristigem Handeln geprägten Situation trafen sich die zwölf EG-Staats- und Regierungschefs am 18. November im Elysée-Palast zu ihrem Abendessen, an dem auch der französische Premierminister Michel Rocard und EG-Kommissionspräsident Jacques Delors teilnahmen.[28] Während das parallele Essen der Außenminister in entspannter Atmosphäre verlief und es beim zeitgleichen Treffen der »Sherpas« genannten Spitzenbeamten lediglich eine Auseinandersetzung um die von Attali vorgeschlagene Osteuropa-Bank gab, herrschte im Kreis der Staats- und Regierungschefs ein »frostiges, gereiztes Klima«.

### »Die Welt von gestern hat einen historischen Riß bekommen«

»Wenn die Vereinigung genannt wurde, dann nur in Andeutungen, gleichsam aus Versehen.« François Mitterrands Erinnerungen an den Verlauf des Essens der Zwölf gibt einen treffenden Eindruck von einer Veranstaltung, die überwiegend von Improvisationen sowie der Flucht in scheinbare Floskeln und Selbstverständlichkeiten bestimmt war.[29] Der Staatspräsident hatte vier Leitfragen an den Beginn der Diskussion gestellt, auf die er in aller Kürze bereits erste Antworten gab:
1. Sollte man den osteuropäischen Ländern sofort helfen oder die Stabilisierung des Demokratisierungsprozesses abwarten? Mitterrand sprach sich für eine schnelle Hilfe an Polen und Ungarn, eventuell auch an die DDR aus.
2. Sollte man die Frage der Grenzen aufwerfen? Der Präsident war eindeutig dagegen, ohne allerdings zu verdeutlichen, welche Grenzen er meinte.
3. Welche Position sollte man gegenüber Gorbatschow beziehen? Man dürfe den sowjetischen Generalsekretär als Initiator und Garanten der Reformen auf keinen Fall destabilisieren.
4. Was konnte die Gemeinschaft tun? Man könne der Ratspräsidentschaft oder der Troika ein entsprechendes Mandat geben, auf jeden Fall aber müsse man auf die Partner Rücksicht nehmen.

Nach seiner kurzen Begrüßungsrede gab Mitterrand das Wort an den Bundeskanzler weiter, der ausführlich seine Einschätzung der aktuellen Situation in Europa, vor allem aber der DDR, referierte.[30] Ähnlich wie in seinen Telefonaten vom 10. und 11. November war Kohl auch hier bemüht, eine allzu starke Fokussierung auf die DDR zu vermeiden. Statt dessen verwies er auf die Entwicklungen in Polen, Ungarn und der Tschechoslowakei sowie Gorbatschows Perestroika und stellte den Zusammenhang mit den Veränderungen in der DDR her: Ein Scheitern der Reformer in Warschau und Budapest würde unweigerlich auch die friedliche Revolution in der DDR gefährden. Kohl plädierte für umfangreiche Wirtschaftshilfe an die osteuropäischen Staaten, denen ein harter Winter mit Versorgungsengpässen ins Haus stehe. Mehrfach versicherte er seine Zuhörer der in der Bundesrepublik unbestrittenen Westbindung mit ihren Kernelementen europäische Integration und NATO-Mitgliedschaft. Gerade die Dynamik und die damit verbundene Anziehungskraft der Integration sowie das feste Zusammenstehen des Verteidigungsbündnisses anläßlich der Nachrüstungsdebatte von 1983 hätten die aktuellen Entwicklungen in Mittel- und Osteuropa doch erst möglich gemacht. Bei alledem gelte es aber, den freien Willen der DDR-Bevölkerung zu respektieren. Wie bereits in seinen jüngsten Äußerungen argumentierte Kohl dabei vor allem auf zwei Schienen:
– Deutschlandpolitik und Europapolitik seien für ihn zwei Seiten derselben Medaille; sämtliche Ängste der Nachbarn in Europa vor einem deutschen Sonderweg oder einem nationalen Alleingang seien deshalb unnötig;
– da die Freiheit der Kern der deutschen Frage sei, dürfe das Selbstbestimmungsrecht aller Völker – also auch der Deutschen – durch nichts eingeschränkt werden; den Menschen in der DDR müsse deshalb eine freie Entscheidung ermöglicht werden, deren Ergebnis dann von jedermann im Osten und Westen akzeptiert werden müsse.
Mit dieser Strategie sollte verhindert werden, daß es im Kreis der Zwölf zu einer konkreten Vereinigungsdebatte kam. Da zugleich kein demokratischer Politiker offen das Selbstbestimmungsrecht bestreiten oder gar verweigern konnte, war ein direkter Widerspruch gegen eine deutsch-deutsche Annäherung unmöglich gemacht.

Die ersten Wortmeldungen beschäftigten sich denn auch mit den anderen Fragen Mitterrands.[31] Bei allen anwesenden Politikern wurde dabei der Wunsch nach einer Stabilisierung der Reformen in Osteuropa, aber auch Gorbatschows deutlich, und niemand sprach zunächst die deutsche Frage an. Nur die britische Premierministerin Margaret Thatcher machte aus ihrer Einstellung keinen Hehl. Unter Berufung auf die KSZE-Schlußakte von Helsinki forderte sie, die Grenzen in Europa sollten so bleiben, wie sie seien. Die Frage der Grenzen stehe nicht auf der Tagesordnung, erklärte sie und meinte damit ganz offensichtlich nicht nur die polnische Westgrenze, sondern auch die deutsch-deutsche Grenze. Jegliche Überlegungen zur deutschen Wiedervereinigung würden in Zentraleuropa die »Büchse der Pandora öffnen«. Die Debatte mündete nach dem Essen in ein kurzes aber heftiges Wortgefecht zwischen Thatcher und Kohl, als der Bundeskanzler daran erinnerte, daß auch Großbritannien sich in der Vergangenheit öffentlich zum deutschen Selbstbestimmungsrecht bekannt hatte. Margaret Thatcher hingegen hatte sich vom Treffen der Zwölf – vergeblich – erhofft, daß durch eine Diskussion der deutschen Frage im größeren Kreis dieser Thematik die hohe Dynamik genommen würde. Mitterrand beendete den Disput, indem er den Vorschlag einer Investitionsbank für Osteuropa in den Raum stellte, eine Idee Attalis, die bei der Mehrzahl der Anwesenden auf wenig Gegenliebe traf. Vor allem Margaret Thatcher lehnte diesen Vorstoß ab, dessen Beratung unter dem entstandenen Zeitdruck auf den folgenden Gipfel verschoben wurde.

Mitterrand mußte also nicht die Unwahrheit sagen, als er im Anschluß an das Dinner zusammen mit den weiteren Vertretern der Troika, den Ministerpräsidenten Spaniens, Felipe González, und Irlands, Charles Haughey, gegen Mitternacht vor die Presse trat[32]: Über die Vereinigung der beiden deutschen Staaten sei während des Essens nicht gesprochen worden, sehr wohl aber – indirekt – über die Konsequenzen der Entwicklungen in Osteuropa für das strategische Gleichgewicht in Europa, beantwortete Mitterrand die Fragen zweier Journalisten. Später erinnerte er sich, daß außer diesen beiden alle anwesenden Pressevertreter hinsichtlich der deutschen Frage dieselbe Diskretion gezeigt hätten wie zuvor die EG-Staats- und Regierungschefs. Mitterrand schien mit der Bewältigung der ihm unangenehmen Situation durch das informelle Abendessen zufrieden zu sein, wenngleich ihm und allen anderen Teilnehmern die Tragweite der jüngsten Ereignisse bewußt war: »Jedem war klar, daß die Welt von gestern gerade einen historischen Riß bekommen hatte, die Welt von heute aber noch nicht wußte, wann, wie und mit welchem Tempo das Europa von morgen Gestalt gewinnen würde.«

Auch dem Bundeskanzler schien bei diesem Abendessen einiges deutlicher geworden zu sein[33]: »Ist hier in Paris über die Wiedervereinigung geredet worden?« wurde Helmut Kohl nach Abschluß des Abendessens in einem Fernsehinterview gefragt, woraufhin er – ohne eindeutig mit Ja zu antworten – erklärte, das Thema sei »als Selbstbestimmungsrecht« behandelt worden. Auf diesem Umweg war es ihm möglich gewesen, die deutsche Frage in der allgemeinen Tischdiskussion unterzubringen, ohne eine konkrete Vereinigungsdebatte loszutreten. Vorbereitung und Verlauf hatten ihm allerdings gezeigt, daß seitens der westlichen Partner keine aktiven Schritte hin zu einer offensiveren Diskussion der deutschen Frage zu erwarten waren. Statt dessen wurde immer klarer, daß ein weiteres Abwarten seitens der Bundesregierung die Gefahr beinhaltete, daß die sich bietenden politischen Chancen zerredet und die Dynamik der aktuellen Entwicklungen abgebremst würden. Die Notwendigkeit für ein eigenständiges und deutlich aktiveres Vorgehen wurde deshalb immer offensichtlicher.

*Die Diskussion verlangt nach Bündelung, Ordnung und Richtung*

Die öffentlichen Diskussionen und Stellungnahmen sowie die bilateralen Gespräche und Kontakte in den ersten 14 Tagen nach Öffnung der deutsch-deutschen Grenze zeigten fünf zentrale Argumentationsstränge und Entwicklungen, denen eines gemeinsam war: der offensichtliche Zwang zur Improvisation bei der Reaktion auf die neuen deutschland-, außen- und sicherheitspolitischen Gegebenheiten.

1. Die Forderungen nach Festschreibung der Zweistaatlichkeit wurden im In- und Ausland ebenso lauter wie die Warnungen vor einer unangebrachten Vereinigungsdiskussion. Deutlich wurde dies unter anderem in Modrows Regierungserklärung und den öffentlichen Reaktionen hierauf. Demgegenüber war die Vereinigung der beiden deutschen Staaten von Bonner Regierungspolitikern noch nicht explizit – öffentlich oder in Gesprächen mit ausländischen Politikern – als Ziel einer näher erläuterten Strategie genannt worden.
2. Aus der Sowjetunion kamen zum einen nachdrückliche Warnungen vor Veränderungen am Status quo, während zwischen den Zeilen sowie in informellen Begegnungen sich die Zeichen für eine flexiblere politische Linie mehrten. Entsprechend dieser Linie schien es angebracht, auch in Bonn »das Undenkbare zu denken«. Vorstöße wie jener von Portugalow ließen zugleich befürchten, daß die sowjetische Seite den Westen mit einem eigenen Vorschlag zur künftigen Neugestaltung der deutsch-deutschen Beziehungen in die Defensive bringen könnte.
3. Die Signale der westlichen Verbündeten der Bundesrepublik hinsichtlich einer möglichen Annäherung der beiden deutschen Staaten waren zu diesem Zeitpunkt heterogen, teilweise sogar widersprüchlich. Offensichtlich wurde dies im Verlauf des EG-Sondertreffens von Paris sowie in Äußerungen westeuropäischer Politiker. Dessen war man sich auch im Kanzleramt bewußt, wo die öffentliche Diskussion so zusammengefaßt wurde: »Unter den drei Westmächten gibt es eine deutlich abgestufte Haltung zur Wiedervereinigung: am positivsten die USA, zurückhaltender Frankreich und gegenüber beiden deutlich abfallend Großbritannien.«[34]
4. Seitens der Vier Mächte gab es Hinweise darauf, daß diese eine aktive Rückbesinnung auf ihre Rechte und Verantwortlichkeiten bezüglich Deutschland als Ganzem und Berlin nicht ausschlossen. Zwar wurde von den USA stets das Selbstbestimmungsrecht der Deutschen betont, doch gab es auch Indizien dafür, daß man sich in Washington, vor allem aber in London und Paris der in den alliierten Vorbehaltsrechten enthaltenen Möglichkeiten bewußt war. Zudem bestand – Genschers Gespräche in Washington hatten dies bestätigt – die Gefahr, daß beim amerikanisch-sowjetischen Gipfel Anfang Dezember ohne Beteiligung der beiden deutschen Staaten über deren Zukunft beraten würde beziehungsweise daß sich der französische Staats-

präsident Mitterrand anläßlich seines angekündigten DDR-Besuches Ende Dezember dem Kreis der erklärten Vereinigungsgegner weiter annähern oder gar anschließen könnte.
5. Hinzu kam eine nicht zu unterschätzende innenpolitische Komponente: Während Medien und Bevölkerung bereits konkret über Wege – aber auch Alternativen – zur deutschen Einheit diskutierten, waren die Politiker im In- und Ausland bislang jeder positiven Richtungsvorgabe ausgewichen. Kohl und seine Berater standen vor der Notwendigkeit, diese Zieldefinition zu leisten und damit die Meinungsführerschaft an sich zu ziehen. Dies konnte dazu beitragen, das schlechte öffentliche Ansehen Kohls zu verbessern. Darüber hinaus wurde der kaum noch aufzuhaltende Zerfall staatlicher und wirtschaftlicher Strukturen in der DDR täglich offensichtlicher.[35]

Bei der Umsetzung in konkrete Politik führte die Analyse dieser Gesamtsituation zu zwei konkreten Entscheidungen des Bundeskanzlers:
- An die Stelle seiner ursprünglichen Ankündigung für ein »baldiges Treffen« mit Egon Krenz trat die am 23. November im Bundeskabinett verkündete Absicht, nun doch erst dann in die DDR zu reisen, wenn man »in die Entscheidungsphase« gekommen sei.[36]
- Mit einem eigenen Konzept zur deutschen Frage wollte Kohl eine zunehmend verunsicherte deutsche Öffentlichkeit stabilisieren und möglichen Vorstößen des deutschlandpolitisch engagierten und profilierten Koalitionspartners FDP, der Opposition oder ausländischer Partner zuvorkommen.[37]

# EINE IDEE WIRD PROGRAMM

»Nicht einmal Hitler hat sich etwas derartiges erlaubt«, empörte sich der sowjetische Außenminister.[1] Als Hans-Dietrich Genscher am 5. Dezember in Moskau zu einem Gespräch mit Michail Gorbatschow und Eduard Schewardnadse zusammenkam, mußte der Bundesaußenminister sich heftigste Kritik für eine Rede anhören, von der er selbst erst im letzten Augenblick erfahren hatte. Eine Woche zuvor hatte Helmut Kohl in einem »Zehn-Punkte-Programm« seine Überlegungen zur Lösung der deutschen Frage vorgestellt, die Gorbatschow nun erbost einen »politischen Fehlschuß« des Kanzlers nannte. Erstmals seit dem Fall der Mauer hatte ein führender deutscher Politiker konkrete Vorstellungen und mögliche Schritte für den Weg zur Einheit öffentlich vorgetragen. Kohls Außenminister und Koalitionspartner Genscher, der ebenso wie viele von Kohls Parteifreunden von der Rede überrascht war, mußte kurze Zeit später die heftigste Kritik am Zehn-Punkte-Programm abfangen: ein »politischer Fehlschuß« oder »eine große Rede«[2] – kaum eine andere Einzelaktion auf dem Weg zwischen dem Fall der Mauer am 9. November 1989 und dem Tag der deutschen Einheit am 3. Oktober 1990 hatte eine innenpolitisch, vor allem aber international vergleichbare Wirkung.

## Helmut Kohl will aus der Defensive heraus

In den Tagen nach dem Fall der Mauer war im Bundeskanzleramt immer deutlicher geworden, daß man auch dort angesichts der offensichtlichen Revolution der deutschland- und außenpolitischen Rahmenbedingungen und der begonnenen internationalen wie innenpolitischen Diskussionen über Deutschlands Zukunft kein strategisches Konzept zur Bewältigung der Situation hatte. Die orientierungslose Öffentlichkeit machte eine neue Zielbestimmung der Politik notwendig. Während dabei nach außen zunächst die von Helmut Kohl verordnete Zurückhaltung gewahrt wurde, machten sich der Kanzler und seine engsten Mitarbeiter intern bereits Gedanken darüber, wie diese Zielsetzung erfolgen sollte. Nachdem er am 17. November gegenüber George Bush ein »detailliertes Memorandum« zu seinen deutschlandpolitischen Positionen angekündigt hatte, erteilte Kohl am Abend des 23. November anläßlich einer Besprechung im Kanzlerbungalow seinen Mitarbeitern den Auftrag, ein solches Papier auszuarbeiten. Damit wurden vier zentrale Ziele verfolgt[3]:
– Die Bundesregierung war zusehends unter öffentlichen Druck geraten, da

auch sie kein Konzept für den Umgang mit der neuen politischen Situation hatte. Mit einem eigenen deutschlandpolitischen Vorstoß wollte Kohl dem entgegensteuern.
- Ein unmißverständliches, öffentliches Bekenntnis zur deutschen Einheit und die Skizzierung eines möglichen Weges dorthin konnten zum jetzigen Zeitpunkt noch die zerfaserte Diskussion bündeln. Zugleich konnte so den noch nicht geschlossenen Gegnerreihen – vor allem in den Regierungen der DDR und der Sowjetunion – sowie Zweiflern in der Bundesrepublik und im westlichen Ausland ein Alternativvorschlag zu der unter Modrows Formulierung »Vertragsgemeinschaft« bereits ausführlich diskutierten Beibehaltung des Status quo entgegengehalten werden.
- Da weder aus der CDU/CSU noch aus der FDP ein offenes Nein zu einem Gesamtkonzept mit dem Ziel deutsche Einheit kommen konnte, bot der Vorstoß die Möglichkeit, der Regierungskoalition nach außen hin neue Geschlossenheit zu verleihen. Der mit seiner im Bundestag geplanten Rede verbundene Überraschungseffekt sollte es dem Kanzler zudem ermöglichen, gegenüber dem deutschlandpolitisch profilierten und ambitionierten Außenminister und Koalitionspartner sowie der gesamten deutschen Innenpolitik die Meinungsführerschaft beim zentralen politischen Thema »Deutsche Frage« zu übernehmen.
- Vor dem amerikanisch-sowjetischen Gipfel vor Malta am 2./3. Dezember, Genschers geplanten Visiten in Paris, London und Moskau, dem NATO-Gipfel am 4. Dezember, den angekündigten Besuchen Mitterands in Kiew am 6. Dezember und in Ost-Berlin vom 20. bis 22. Dezember und dem Europäischen Rat am 8./9. Dezember hatte Kohl mit seinem Vorstoß die Gelegenheit, nicht nur befürchteten Vorschlägen der internationalen Partner zuvorzukommen, sondern gleichzeitig auch der angelaufenen Diskussion über Deutschlands Zukunft eine Richtung vorzugeben.

Um all dies zu erreichen, setzte Kohl einen Vorbereitungsmechanismus in Gang, der zahlreiche typische Punkte seines Arbeits- und Politikstils aufwies.

### Grundkonzeption im Beraterkreis

Als Kohls »engster Beraterstab« sich am 23. November 1989 im Kanzlerbungalow zu einer abendlichen Diskussionsrunde traf, stand einmal mehr die Verbesserung der Öffentlichkeitsarbeit der Bundesregierung auf dem Programm. Die Runde setzte sich aus vier Gruppen zusammen[4].

1. Mitarbeitern aus dem Kanzleramt: Eduard Ackermann (Leiter der Abteilung für Öffentlichkeitsarbeit und langjähriger Berater des Kanzlers) und Baldur Wagner (im Kanzleramt zuständig für Fragen der Gesellschaftspolitik), die Redenschreiber Norbert Prill und Michael Mertes sowie der stellvertretende Leiter des Kanzlerbüros und ehemalige Redenschreiber Stephan Eisel;

2. Angehörigen des Bundespresseamtes: Hans (»Johnny«) Klein, der im Rang eines Bundesministers die Funktion des Regierungssprechers ausübte, und Wolfgang Bergsdorf, der Kohl seit Mainzer Tagen in verschiedenen Funktionen zugearbeitet hatte;
3. engen Vertrauten Kohls, die zugleich seine Mitarbeiter im Bundeskanzleramt waren: Juliane Weber, Leiterin des Persönlichen Büros und seit den frühen siebziger Jahren Angehörige des engsten Kreises um Kohl, Kanzleramtschef Rudolf Seiters und Horst Teltschik, Leiter der Abteilung 2 im Bundeskanzleramt und damit wichtigster außen- und deutschlandpolitischer Berater des Kanzlers. Teltschik hatte bereits in Rheinland-Pfalz für Kohl gearbeitet;
4. Wolfgang Gibowski von der Forschungsgruppe Wahlen als externer Berater und Fachmann für Demoskopie.

Die abendliche Diskussionsrunde war insofern typisch für Helmut Kohls Arbeitsstil, als er die Anwesenden nicht aufgrund ihrer Positionen in der offiziellen Hierarchie, sondern überwiegend wegen der ihnen von ihm zugeschriebenen Kompetenz und Loyalität ausgewählt hatte. Entsprechend breit waren die formalen Ränge gestreut, die von Mitarbeitern der Redenschreibergruppe über Abteilungsleiter und externe Berater ohne öffentliches Amt bis hin zu Bundesministern reichten. In diesem Kreis brachte Teltschik, nach einer kurzen Diskussion des eigentlichen Hauptpunktes »Öffentlichkeitsarbeit«, den Vorschlag einer deutschlandpolitischen Initiative des Bundeskanzlers vor. Vor allem Prill, Mertes, Eisel und Gibowski unterstützten diese Idee, die sich mit Kohls bereits gegenüber Bush angedeuteten Plänen deckten.[5] In einer offenen Diskussion wurden die von Kohl gewünschten Eckpunkte des späteren Zehn-Punkte-Programms gesetzt:

– Der zur Erreichung des Zieles unbedingt notwendige Überraschungseffekt sollte durch einen möglichst kleinen Kreis an Eingeweihten gesichert werden. Teltschik erhielt deshalb den Auftrag, Details mit einer überschaubaren Mitarbeitergruppe auszuarbeiten. Der Plan sollte zudem so abgefaßt werden, daß Kohl damit eindeutig und dauerhaft von der Defensive in die Offensive übergehen konnte.

– Gegen Modrows Konzept der »Vertragsgemeinschaft« mit der darin implizierten Festschreibung der Zweistaatlichkeit sollte die Perspektive der deutschen Einheit mit griffigen, doch nicht allzu eng gefaßten Zwischenschritten und ohne konkreten Zeithorizont gesetzt werden. Entscheidend hierbei war, daß zum einen zwar die Zielperspektive unverrückbar festgeschrieben, zum anderen aber der noch unbekannte Weg nicht durch verfrühte Festlegungen erschwert werden sollte.

Mit diesen von Kohl vorgegebenen Eckpunkten einer Orientierungs-, Abgrenzungs- und Führungsfunktion wurde der Plan von ihm an die Fachleute weiterverwiesen, die sich bereits am nächsten Vormittag mit den Feinheiten des Papiers befassen sollten.

*Der Text wird von den Experten gegossen*

Nachdem in der Bungalowrunde die äußere Form der deutschlandpolitischen Initiative beschlossen worden war, hatten Horst Teltschik und seine Mitarbeiter am nächsten Morgen zunächst die Aufgabe, diese Hülle mit Details auszufüllen. Fast den ganzen Freitag verbrachte der hierfür zusammengerufene Arbeitsstab damit, die Grundkonstruktion weiterzudiskutieren und in kleinen Gruppen einzelne Teile auszuformulieren. Dabei sollte Horst Teltschiks Vorschlag, das Konzept in zehn griffigen Punkten medienwirksam zu verpacken, das formale Grundgerüst der Rede bilden. Die Arbeitsgruppe setzte sich aus drei Gruppierungen zusammen[6]:

1. Claus-Jürgen Duisberg als Leiter des Arbeitsstabs Deutschlandpolitik (LASD) und sein Mitarbeiter Rüdiger Kass. Obwohl diese Arbeitseinheit im Kanzleramt formal für die Deutschlandpolitik zuständig war, spielte sie im weiteren Verlauf der internationalen Schritte auf dem Weg zur deutschen Einheit keine größere Rolle mehr. Als erfahrener Diplomat war Duisberg sich allerdings der außen- und deutschlandpolitischen Implikationen des Kohl-Vorstoßes bewußt und trug über seinen Vorgesetzten Rudolf Seiters am Freitag morgen Bedenken gegen eine zu weit gehende deutschlandpolitische Initiative des Bundeskanzlers vor.[7]
2. Norbert Prill, Michael Mertes und Martin Hanz sollten als Redenschreiber die verschiedenen Ideen letztlich in einen Gesamttext umsetzen. Wie immer ging es hierbei nicht nur um reine Formulierungsarbeiten, sondern vor allem um kreative Aufgaben bei der inhaltlichen Gestaltung der Texte. Dabei erwies es sich als hilfreich, daß Prill und Mertes seit Jahren für Kohl arbeiteten. Sie hatten für ihn unter anderem die Funktion von Beratern und »Diskussions-Sparringspartnern«, was sie zu den profundesten Kennern von Denkgebäude und Überzeugungen des Kanzlers machte.[8]
3. Horst Teltschik, sein Stellvertreter als Leiter der Abteilung 2, Peter Hartmann, sowie die beiden Referatsleiter Uwe Kaestner und Joachim Bitterlich bildeten jenen Teil der Gruppe, der für die konzeptionelle Planung der außenpolitischen Schritte auf dem Weg zur Einheit gleichermaßen zuständig war wie für deren operative Umsetzung. Dabei war der ursprünglich als Politikwissenschaftler auf die Sowjetunion spezialisierte Teltschik aufgrund des direkten Zugangs zu Kohl und seiner jahrzehntelangen Arbeit für diesen vor allem für die direkte Zusammenarbeit mit dem Bundeskanzler sowie die Vorbereitung und Umsetzung der politischen Grundsatzentscheidungen zuständig. Hartmann war eigentlich Diplomat im Auswärtigen Dienst, von dort aus für einige Jahre in die außenpolitische Abteilung der CDU-Bundeszentrale abgeordnet worden und schließlich 1984 ins Bundeskanzleramt gewechselt. Als Gruppenleiter 21 war er hier für die Zusammenarbeit mit dem Auswärtigen Amt zuständig, weswegen er im Frühjahr 1990 auch das Kanzleramt in der »Zwei-plus-Vier«-Delegation vertrat. Ihm und Teltschik

arbeiteten die für die Sowjetunion beziehungsweise die europäische Integration zuständigen Berufsdiplomaten Kaestner und Bitterlich zu, die beide als ausgewiesene Experten auf ihren Arbeitsfeldern galten.

Am Samstag morgen um 9 Uhr setzten sich Teltschik, Hartmann, Duisberg, Prill, Kass, Mertes und Hanz dann noch einmal zusammen. Erneut wurde heftig um das Gesamtkonzept und einzelne Formulierungen gerungen. Obwohl ausdrücklich kein »Masterplan« zur Herstellung der deutschen Einheit gezeichnet und mit Begriffen wie »konföderativen Strukturen« statt »Konföderation« der transitorische Charakter der Gedankenskizze deutlich gemacht werden sollte[9], gingen die darin gemachten Aussagen Duisberg viel zu weit. Seine zentrale Befürchtung war, daß mit diesem »Programm« Kohls die gesamte bisherige Deutschlandpolitik in Frage gestellt würde. Wohl wissend, wie das Ergebnis aussehen würde, ließ Teltschik die Anwesenden schließlich abstimmen – und erhielt eine deutliche Mehrheit für das letztlich beschlossene Konzept. Diese Zustimmung fiel nicht zuletzt deshalb leicht, weil keines der für die Rede vorgesehenen Elemente zur internationalen Politik wirklich neu war. Statt dessen hatten Kohls Mitarbeiter auf Aussagen aus alten Verträgen wie dem Deutschlandvertrag oder von den Verbündeten im EG- und NATO-Rahmen mitgetragenen Kommuniqués zurückgegriffen.

Die Ergebnisse der gemeinsamen Überlegungen dieser bis 13.30 Uhr tagenden Arbeitsgruppe wurden in einer sauber abgetippten Endfassung zusammengefügt. Von einem Kurier wurde der Entwurf in das Privathaus der Familie Kohl gebracht, wo der Bundeskanzler den Text über das Wochenende durcharbeiten wollte.

## Der Quellen-Mix als Stilmittel

Aus der abstrakten Idee eines deutschlandpolitischen Memorandums war so in wenigen Tagen zunächst der Entschluß für ein grundsätzliches Programm geworden. Diese Entscheidung war allgemein in einer größeren Runde diskutiert und anschließend von den Fachleuten des Kanzleramtes in einen ersten Textentwurf umgesetzt worden. In Oggersheim kam es nun am Wochenende des 25./26. November zu einem für Helmut Kohl typischen weiteren Schritt: Wie so oft bei wichtigen Reden besprach er sein Vorhaben mit persönlichen Vertrauten aus dem privaten Ludwigshafener Umfeld und holte sich telefonisch zusätzliche Einschätzungen und Sachverstand von außerhalb ein.[10] Diese für Kohl übliche Arbeitsweise führte dazu, daß die einzelnen Diskussionskreise nichts Konkretes voneinander wußten und letztlich nur er selbst den gesamten Diskussionsverlauf und die Hintergründe bei der Konzipierung einer Grundsatzrede kannte.

Im Fall der Rede zum Zehn-Punkte-Programm waren es zwei private Bekannte des Bundeskanzlers sowie ein ehemaliger Verteidigungsminister, deren Mitarbeit das Konzept seinen letzten inhaltlichen Feinschliff verdankte: die

Brüder Fritz und Erich Ramstetter sowie der CDU-Bundestagsabgeordnete Rupert Scholz. Während die Brüder Ramstetter, der eine pensionierter Lehrer, der andere Stadtdekan von Ludwigshafen, im persönlichen Gespräch vor allem grundsätzliche Ratschläge beisteuerten, lief der Kontakt zum Staatsrechtler Scholz via Telefon. Hinzu kamen Anregungen von Hannelore Kohl, die auf ihrer Reiseschreibmaschine auch Teile einer neuen Manuskriptfassung erstellte, und Anmerkungen von Horst Teltschik, mit dem Kohl am Sonntag telefonierte.[11] Am Montag gab Kohl dann seine Wünsche für die endgültige Fassung an seine Mitarbeiter im Bundeskanzleramt weiter, wo Teltschik und das Redenschreiberteam jenes endgültige Manuskript erstellten, mit dem der Kanzler am Dienstag vor den Bundestag treten wollte.[12] Im Grundsatz hatte Kohl kaum Veränderungen an den außenpolitisch relevanten Punkten sechs bis zehn des Entwurfs vorgenommen.[13]

Wenngleich Zusammensetzung und spezifische Aufgaben der verschiedenen Gesprächs- und Arbeitskreise im Vorfeld zentraler Kanzlerreden von Fall zu Fall variierten, so zeigten sich doch am Beispiel des Zehn-Punkte-Programms einige grundsätzliche Strukturelemente von Helmut Kohls Arbeitsstil[14]:

1. Die Zusammensetzung der eher »kreativen« Diskussionskreise im Kanzlerbungalow nahm keinerlei Rücksicht auf Organigramme und Hierarchien. Waren es im Fall des Treffens vom 23. November überwiegend Mitarbeiter aus dem Umfeld der Bundesregierung, so konnten derartige Zirkel sich auch – wie im folgenden noch an verschiedenen Beispielen zu sehen sein wird – vollkommen anders zusammensetzen.
2. Die dort diskutierten Eckpunkte wurden, soweit sie das Einverständnis Kohls gefunden hatten, anschließend von den zuständigen Fachreferaten inhaltlich ausgearbeitet und – gemeinsam mit den Redenschreibern – zu einer ersten Vorlage zusammengefügt. Am Beispiel der Rolle des Leiters Arbeitsstab Deutschlandpolitik wurde deutlich, daß hierbei nicht unbedingt das eigentlich zuständige Referat die Federführung haben mußte.
3. Dieser Entwurf wurde von Kohl selbst überarbeitet. Der Bundeskanzler holte sich dabei – im persönlichen Gespräch oder telefonisch – externen Sachverstand und zusätzliche Anregungen ein, ohne daß die verschiedenen Gruppierungen voneinander wußten. Neben dem Rat von politischen Freunden und Experten seines Vertrauens – in diesem Fall dem Staatsrechtler Rupert Scholz – griff Kohl dabei auf Bekannte und Freunde aus dem in keiner Weise mit der politischen Szene in Bonn verbundenen persönlichen Umfeld zurück.

Das Ergebnis dieses Vorgehens war ein fertiges Manuskript für die von Helmut Kohl geplante Grundsatzrede zur Zukunft der beiden deutschen Staaten, sein »Zehn-Punkte-Programm« zur deutschen Einheit. Da bereits in der ersten Besprechung am 23. November der Überraschungseffekt als zentrales Element in der Gesamtstrategie zur Rückgewinnung der deutschlandpolitischen Meinungsführerschaft gesehen worden war, machte der Bundeskanzler sich ge-

meinsam mit Teltschik allerdings noch Gedanken zum weiteren Vorgehen. Konkret betrafen diese Überlegungen
- die Parteigremien der Union,
- die Medien und
- die Vertreter der Vier Mächte,
die zwar informiert werden mußten, jedoch so, daß der gewünschte Überraschungseffekt erhalten blieb.

### Verschleierung durch Information

Da der Bundeskanzler – nicht zuletzt in seiner Funktion als CDU-Vorsitzender – auch auf die eigene Partei Rücksicht nehmen mußte, war vor der Zehn-Punkte-Rede im Bundestag die Unterrichtung der Parteigremien geplant. Die damit verbundene Vergrößerung des Kreises der über den Plan Informierten auf mehrere hundert Personen hätte aber die bisherige Vertraulichkeit beendet und so den Überraschungseffekt zerstört. Kohl entschloß sich deshalb zu einer differenzierten Strategie nach dem Motto »Je kleiner das Gremium, desto höher der Informationsgehalt«.[15] So sprach er vor dem CDU-Präsidium am Montag vormittag lediglich ganz allgemein über die Idee eines Stufenplanes zur deutschen Einheit und streifte die dazugehörigen Etappen. Etwas detaillierter wurde der Bundeskanzler dann in der anschließenden Sitzung des Parteivorstandes, wo er ankündigte, in der Bundestagssitzung des darauffolgenden Tages einen derartigen Stufenplan vorlegen zu wollen. Explizit bezeichnete er es als eines seiner damit verbundenen Ziele, daß die SPD dieses Thema nicht besetzen könne.

Nur mit sehr allgemeinen Worten kündigte Kohl seine geplante Rede vor der CDU/CSU-Bundestagsfraktion an. Statt dessen lieferte er einen ausführlicheren Bericht zur aktuellen Situation, bei dem er das Gewicht auf innenpolitische Themen legte.[16] Der Kanzler ging davon aus, daß freie Wahlen in der DDR nun von den SED-Machthabern nicht mehr zu verhindern seien und daß diese – sollten sie vor den Bundestagswahlen im Dezember 1990 stattfinden – auch »eine ungeheure Auswirkung« auf diese Wahl in Westdeutschland haben würden. Auf jeden Fall werde das »Deutschlandthema« hierbei das stärkste Thema überhaupt sein. Kohl warb in seiner Rede für finanzielle Unterstützung der Reformstaaten Polen und Ungarn, da dies auch zur Entspannung der internationalen Lage beitrage. Zur internationalen Situation nach Öffnung der innerdeutschen Grenze berichtete der Bundeskanzler andeutungsweise vom außerordentlichen Treffen der EG-Staats- und Regierungschefs in Paris. Es sei nicht zu übersehen gewesen, daß die Entwicklungen in Deutschland von »europäischen Partnern mit einer gewissen Zurückhaltung, so will ich es einmal formulieren, gesehen wird«. In Paris sei ihm aufgefallen, daß er dort insbesondere von den sozialistischen Regierungschefs Unterstützung erfahren habe, während auf Seiten der Christdemokraten nur Wilfried Martens (Belgien) und Jacques Santer (Luxemburg)

»bei uns standen«. Ähnliche Erfahrungen habe er wenige Tage später bei seiner Rede im Straßburger Parlament gemacht, wo vor allem die sozialistische Fraktion sich bei der Abfassung einer positiven Resolution zur deutschen Frage wohlwollend und hilfreich verhalten habe. Es sei angesichts der »Töne aus London und von anderswo« nicht zu übersehen, daß von seiten der Freunde und Partner nur begrenzt Unterstützung zu erwarten sei. Eine große Ausnahme sei George Bush, der die deutsche Sache mit großem Stehvermögen unterstütze.

Bevor er abschließend zu einer breit angelegten Kritik an den Medien und den Sozialdemokraten anhob, skizzierte Kohl seinen Stufenplan zur deutschen Einheit, ohne dabei allerdings anzukündigen, daß dieser ein zentraler Punkt seiner geplanten Rede im Bundestag sein sollte: Ausgangspunkt sei das Selbstbestimmungsrecht der Deutschen. Ganz ausdrücklich forderte er »konföderative Schritte«, bei denen es nach freien Wahlen auf staatlicher Ebene zu »gemeinsamen Ausschüssen in einem breiten Feld kommen kann«. Vorstellbar sei dann auch eine Zusammenarbeit im parlamentarischen Bereich. Wenngleich er sich der weltpolitischen Lage bewußt sei und wisse, »daß in Ost und West andere von dieser Entwicklung tangiert sind«, müsse man nun seinen Standpunkt »mit Vernunft und ohne Schaum vor dem Mund« vortragen: Die Bürger sollten wissen, wo für die CDU der Ausgangspunkt – nämlich im Selbstbestimmungsrecht – und wo der Schlußstein sei – nämlich in der Föderation und damit der deutschen Einheit. Wie angekündigt, verließ Kohl nach gut einer Stunde die Sitzung mit der Begründung, er müsse »für morgen noch Vorbereitungen treffen« und habe noch »eine Summe von Dingen zu erledigen«, während die Abgeordneten aktuelle Einzelpunkte seiner Ausführungen und allgemeine Themen diskutierten. Mit seinen drei Auftritten vor Präsidium und Vorstand der CDU sowie der CDU/CSU-Bundestagsfraktion hatte Kohl sichergestellt, daß von dort keine Klagen über eine ausgebliebene Informierung kommen konnten und zugleich Aufmerksamkeit für die angekündigte Grundsatzrede geweckt war. Da er aber nur im 34-köpfigen CDU-Vorstand die Vorlage eines konkreten Stufenplanes angekündigt hatte, blieben die Vertraulichkeit und damit die Aussichten auf einen Überraschungserfolg der Rede weitgehend gewahrt.

Ebenfalls vorab informiert wurden an diesem Montag noch Bundespräsident Richard von Weizsäcker – dessen abwartende Haltung in der deutschen Frage wurde im Kanzleramt ebenso mißtrauisch beobachtet wie seine Warnung vor »unerbetenen Ratschlägen« an die Ostdeutschen – sowie die westdeutschen Medien.[17] Hierfür hatten Eduard Ackermann und Hans »Johnny« Klein 23 Journalisten ausgewählt, denen Rudolf Seiters und Horst Teltschik am Abend des 27. November im Speisesaal des Kanzleramtes die Grundzüge der geplanten Rede erläuterten. Wie bei derartigen »Briefings« üblich, wurden ihnen Hintergründe des Planes geschildert. Zugleich wurde die Runde bis zum Dienstag morgen zum Stillschweigen verpflichtet, an dem Kohl die Rede im Bundestag halten würde, während Teltschik zeitgleich die deutsche und internationale Presse offiziell informieren wollte.

Der Überblick zu den Vorab-Informationen ergibt, daß folgende Gruppen und Personen bereits vor der öffentlichen Bekanntgabe des Zehn-Punkte-Programms informiert wurden:
- Parteigremien der CDU sowie die CDU/CSU-Bundestagsfraktion,
- Bundespräsident Richard von Weizsäcker sowie
- westdeutsche Journalisten.

Hinzu kam US-Präsident George Bush. Ihm wurde der Plan bereits vor der Rede im Bundestag innerhalb eines Briefes mit allgemeinen Informationen im Vorfeld des amerikanisch-sowjetischen Gipfels am frühen Dienstag morgen per Fernschreiben zugesandt. Daneben gab es aber wichtige Gruppen, die nicht informiert worden waren, darunter vor allem
- der Koalitionspartner FDP mit seinem Außenminister Genscher[18] sowie
- die Regierungen Frankreichs, Großbritanniens und der Sowjetunion als Angehörige der Vier Mächte mit ihren besonderen Rechten und Verantwortlichkeiten für Deutschland als Ganzes und Berlin.[19] Selbst Mitterrands Berater Jacques Attali, der noch am Vormittag des 25. November in Bonn angerufen hatte, um dort Horst Teltschik über seine Gespräche in Moskau zu unterrichten, erfuhr von diesem nicht, daß im Kanzleramt zeitgleich letzte Hand an eine zentrale deutschlandpolitische Rede des Bundeskanzlers gelegt wurde.

## »Es war still wie selten im Bundestag«

Trotz aller Stillhalteappelle des Kanzlers waren bis zum Morgen des 28. November bereits erste Details der geplanten Rede an die Öffentlichkeit gedrungen.[20] Bei den bekanntgewordenen Informationen handelte es sich allerdings nur um Bruchstücke aus dem Gesamtprogramm. Die Überraschung an jenem 28. November war gelungen: »Es war still wie selten im Bundestag. Als Helmut Kohl seinen Dreistufenplan zur Wiedervereinigung präsentierte, da schien der Atem der Geschichte durchs Bonner Wasserwerk zu wehen«, faßte ein Pressebericht die Stimmung während der Erklärung des Bundeskanzlers zusammen. Zu Beginn der Sitzung stellte Kohl sein in den vergangenen fünf Tagen erarbeitetes Zehn-Punkte-Programm vor. Konkret benannte er dabei zunächst die sachlichen Voraussetzungen – die er keinesfalls als Vorbedingungen verstanden wissen wollte – für eine vertiefte Zusammenarbeit mit der DDR, nämlich freie Wahlen, die Aufhebung des Machtmonopols der SED und die Schaffung marktwirtschaftlicher Strukturen. Im Anschluß an die Punkte 1 bis 4, die sich mit innen- und wirtschaftspolitischen Fragen wie humanitärer Hilfe, Devisenfonds, der Fortsetzung und Vertiefung der Zusammenarbeit mit der DDR, der Ausweitung dieser Zusammenarbeit nach Beginn wirtschaftlicher und politischer Reformen und dem Aufbau eines dichten Netzes von Vereinbarungen und gemeinsamen Institutionen befaßten, kam Kohl ab Punkt 5 auf außenpolitisch relevante Themen zu sprechen. Diese behandelten im einzelnen[21]

- die Entwicklung konföderativer Strukturen mit dem Ziel, eine Föderation zu schaffen (Punkt 5),
- die weiter notwendige Einbettung der deutsch-deutschen Beziehungen in den gesamteuropäischen Prozeß (Punkt 6),
- die Europäischen Gemeinschaften als zentrale Konstante dieses gesamteuropäischen Prozesses (Punkt 7),
- das Vorantreiben des KSZE-Prozesses (Punkt 8),
- die Beschleunigung von Abrüstung und Rüstungskontrolle (Punkt 9) sowie
- die Wiedergewinnung der staatlichen Einheit Deutschlands als erklärtem politischen Ziel der Bundesregierung (Punkt 10).

*Europäische Integration als Vorbild*

Obwohl die in Punkt 5 thematisierten Vorschläge zum staatlichen Zusammenwachsen von Bundesrepublik und DDR zunächst rein innenpolitischer Natur waren, so handelte es sich hierbei doch um den ersten Punkt der Rede mit entscheidender außenpolitischer Bedeutung. Kohl nannte hier nämlich nicht nur explizit die Einheit als Ziel seiner Politik, sondern skizzierte zugleich – sehr vorsichtig – einen möglichen Weg dorthin: »Wie ein wiedervereinigtes Deutschland schließlich aussehen wird, das weiß heute niemand. Daß aber die Einheit kommen wird, wenn die Menschen in Deutschland sie wollen – dessen bin ich sicher.« Auch an die Adresse des Auslands gerichtet, wurde der Kanzler so dem allgemeinen Orientierungsbedarf gerecht, indem er ein fernes, doch konkretes Ziel deutscher Politik definierte.

Die Skizzierung des damit verbundenen Weges war einer der wichtigen Diskussionspunkte im Entstehungsprozeß des Zehn-Punkte-Programms gewesen. Die Debatte hatte sich im wesentlichen um die Begriffe »Konföderation« und »Föderation« gedreht.[22] Hierzu war – unabhängig von den späteren Überlegungen im Kanzleramt und ohne das Wissen der Kohl-Mitarbeiter – bereits wenige Tage nach dem Mauerfall im Bundesministerium für innerdeutsche Beziehungen eine Gedankenskizze zu verfassungs- und völkerrechtlichen Aspekten einer deutschen Konföderation, also eines Staatenbundes, erarbeitet worden. Die darin beschriebenen Konföderationsmodelle wurden zwar nicht im Widerspruch zum Wiedervereinigungsgebot des Grundgesetzes gesehen, gleichwohl wurden in dem Papier zahlreiche der mit dem Konföderationsgedanken verbundenen Probleme behandelt. Diese betrafen vor allem Fragen des staatlichen Selbstverständnisses, die Staatsangehörigkeitsfrage, die EG-Mitgliedschaft der Konföderation oder ihrer beiden Teilstaaten, die Anerkennung der polnischen Westgrenze durch das neue Gebilde, die anhaltenden Vier-Mächte-Rechte und den Status von Berlin. Fest stand, daß jedes Konföderationsmodell aus Sicht des Bundeskanzlers eine Gefahr in sich barg: Innerhalb des Staatenbundes hätte sich eine Zweistaatlichkeit verfestigen können, da die Bundesrepublik und die DDR darin zwar miteinander verbunden und voneinander abhängig gewesen, gleichwohl aber als souveräne Staaten existent geblieben wären – und genau dies war erklärtermaßen nicht das Ziel Kohls. Statt dessen sollte die staatliche Einheit Deutschlands am Ende des zu beginnenden Prozesses stehen.

Dieser Punkt war bereits während der abendlichen Runde im Kanzlerbungalow ausführlich diskutiert worden, ohne daß dort eine endgültige Lösung gefunden worden war.[23] In der Ausarbeitung des Programms durch die Expertengruppe des Kanzleramtes hatte sich Claus-Jürgen Duisberg mit jenen Überlegungen am schwersten getan, die sich mit konföderativen Strukturen und einer anschließenden Föderation befaßten. Bis in die letzten Diskussionen war es vor allem um die Verwendung von Begriffen wie »Konföderation«, »Föderation« oder – wie schließlich von Prill vorgeschlagen und im Papier umgesetzt – »konföderative Strukturen« gegangen, da hier der entscheidende Gefahrenpunkt verborgen lag: Eine staatsrechtlich zu spezifische Formulierung hätte die Gefahr einer zu frühen Festlegung auf den möglichen Weg zur deutschen Einheit mit sich gebracht, während eine zu allgemeine Begrifflichkeit das Ziel der Vereinigung verwässern konnte. Die Gruppe hatte damit bereits Helmut Kohls spätere Hauptbedenken erkannt, der sich bei seiner Überarbeitung des Programms vor allem um dieses Thema kümmerte. Hilfestellung erhielt er dabei von Rupert Scholz. Der Professor für Staatsrecht beriet Kohl in mehreren Telefonaten überwiegend zu jenen Passagen, in denen es um die Begriffe »Föderation« und »Konföderation« sowie die damit verbundenen Implikationen ging. Wie sehr Kohl die Frage der richtigen Formulierung am Herzen lag, zeigte sich nicht zuletzt darin, daß er hierzu bereits gegenüber der Unionsfraktion Andeutungen gemacht hatte, in denen er sich energisch gegen den Begriff »Konföderation« verwahrt und statt dessen die »konföderativen Strukturen« in die Diskussion eingebracht hatte.

Im Bundestag stellte Kohl nun einen Dreischritt vor, der den unmittelbar notwendigen Sofortmaßnahmen folgen sollte[24]: Ausgehend von Modrows Konzept einer »Vertragsgemeinschaft« sollten »konföderative Strukturen« die weitere Annäherung der beiden deutschen Staaten verstärken und dazu beitragen, daß es eines Tages zur »Föderation«, also einer bundesstaatlichen Ordnung in einem vereinten Deutschland kommen konnte. »Staatliche Organisation in Deutschland ist immer Konföderation und Föderation«, erklärte Kohl im Bundestag und erinnerte an den Deutschen Bund von 1815 bis 1866 einerseits sowie die föderale Struktur der Bundesrepublik andererseits. Damit lehnte er sich zugleich an eine bekannte Denkfigur aus dem westeuropäischen Einigungsprozeß an: Gerade christlich-demokratische Parteien stellten sich das Ziel einer Europäischen Union immer auch in föderativen Kategorien vor.

Während die Frage des Weges zur Vereinigung die Außenpolitik der Bundesrepublik und das Ausland zunächst nur indirekt berührte, ging Kohl in seinem sechsten Punkt konkret auf die außenpolitische Dimension dieses Weges ein.

Die Entwicklung der innerdeutschen Beziehungen müsse in den gesamteuropäischen Prozeß eingebettet bleiben, für den der Westen entscheidende Schrittmacherdienste geleistet habe, so der Kanzler, der unter anderem das Selbstbestimmungsrecht und das Recht eines jeden Staates, sein politisches und soziales System frei zu wählen, als Elemente des angestrebten »gemeinsamen europäischen Hauses« nannte.

Der europäische Integrationsprozeß stand im Mittelpunkt von Punkt sieben. Die Anziehungs- und Ausstrahlungskraft der Europäischen Gemeinschaft müsse gestärkt und ausgebaut werden. Gegenüber den reformorientierten Staaten in Mittel- und Osteuropa – darunter die DDR – gelte es flexibel und hilfsbereit zu reagieren, sowie diese durch großzügige Unterstützung an die Gemeinschaft heranzuführen. Kohl wandte sich an dieser Stelle ausdrücklich an die EG-Partner: Die Wiedergewinnung der deutschen Einheit werde von der Bundesregierung als europäisches Anliegen verstanden, und die Freunde im Westen sollten die damit verbundenen Chancen nicht ungenutzt lassen.

Über die westeuropäische Integration hinaus ging der achte Punkt: Der KSZE-Prozeß sei das »Herzstück« der gesamteuropäischen Architektur. In seinem Rahmen müsse über neue institutionelle Formen der Zusammenarbeit nachgedacht werden, so Kohl, der als Beispiele die Koordinierung der Wirtschaftszusammenarbeit von Ost und West sowie einen gesamteuropäischen Umweltrat nannte. Als konkrete Schritte auf dem Weg zur Überwindung der Spaltung Europas und der Teilung Deutschlands forderte der Kanzler im neunten Punkt eine Beschleunigung und Ausweitung der Abrüstungs- und Rüstungskontrollverhandlungen, etwa im Rahmen der Wiener Verhandlungen über den Abbau der konventionellen Streitkräfte in Europa (VKSE). Ein anderes Ziel sei es, den Umfang der Atomwaffen der Großmächte auf das strategisch notwendige Minimum zu reduzieren. In Punkt 10 führte Kohl dann die innen- und außenpolitischen Stränge seiner Rede zusammen, indem er die Präambel des Grundgesetzes und den Brief zur deutschen Einheit paraphrasierte: Aufgabe der von ihm in den vorherigen neun Punkten erläuterten Politik sei es, in Europa einen Zustand des Friedens zu schaffen, »in dem das deutsche Volk in freier Selbstbestimmung seine Einheit wiedererlangen kann«. Diese staatliche Einheit sei das politische Ziel der Bundesregierung.

Langanhaltender Beifall von CDU/CSU, FDP und SPD war die erste Reaktion des Bundestags auf Kohls Rede, auf welche die folgenden Redner wegen des Überraschungsmoments spontan reagieren mußten. Nur oberflächlich konnten sie deshalb auf die zentralen Inhalte des Programms eingehen.

*Ein Programm ohne Zeitvorgaben*

Untersucht man die außenpolitisch relevanten Inhalte des Zehn-Punkte-Programms unter dem Gesichtspunkt von Neuigkeitswert, Quellen und Lücken der Erklärung, dann zeigt sich folgendes[25]:
1. In der gesamten Rede des Bundeskanzlers finden sich keine qualitativ neuen oder gar revolutionären Elemente. Vom Bekenntnis zur deutschen Einheit über die hierzu vorgeschlagenen Schritte bis hin zu den damit verbundenen Aufgaben von Institutionen wie der KSZE waren alle erwähnten Punkte Bestandteile der etablierten Deutschlandpolitik der Bundesregierung. Neu – und damit aufsehenerregend – waren lediglich die Bündelung der Aussagen in einem griffigen, durchnumerierten Programm sowie die ausdrückliche Ankündigung, bewährte Rhetorik in Anbetracht der Möglichkeiten einer geänderten Lage in konkrete Politik umsetzen zu wollen. Ein Großteil des Überraschungsmoments rührte daher, daß Kohl als erster führender Politiker die Umsetzung jahrzehntelanger Vereinigungsrhetorik in operative Tagespolitik ankündigte und somit das öffentlich machte, was spätestens seit dem Fall der Mauer ohnehin evident war: Die deutsche Frage war nach Jahrzehnten wieder an einen prominenten Platz auf der politischen Agenda zurückgekehrt.
2. Ebensowenig neu wie die Inhalte der Rede Kohls war eine Vielzahl der von ihm verwendeten Quellen. Zentrale Passagen – beispielsweise zur deutschen Frage, zum Selbstbestimmungsrecht oder zum »gemeinsamen europäischen Haus« – waren dem Grundgesetz, dem Brief zur deutschen Einheit, früheren Reden des Bundeskanzlers, der Brüsseler NATO-Erklärung vom Mai 1989, der gemeinsamen deutsch-sowjetischen Erklärung aus dem Juni 1989 sowie der KSZE-Schlußakte von Helsinki entnommen. Bis hin zu konkreten Formulierungen galt auch hier ein bereits bei den Inhalten zu findender Grundsatz: Das Zehn-Punkte-Programm gewann seine Bedeutung nicht durch einzelne Neuheiten oder Veränderungen, sondern ausschließlich in der neuartigen Zusammenstellung längst etablierter Sätze und Ziele westdeutscher Politik, die in einzelnen Punkten – wie KSZE und Abrüstung – auch mit außenpolitischen Zielen der DDR übereinstimmten.
3. Daß Kohls Rede vor allem in der Zusammenfassung von Altbekanntem bestand, führte dazu, daß nach jenen Elementen gesucht wurde, die aus dem vorhandenen Repertoire gerade nicht in den Zehn Punkten untergebracht worden waren. Die im weiteren Verlauf dieses Kapitels noch detaillierter darzustellende Kritik richtete sich vor allem gegen zwei »Lücken«: Weder zur Frage der polnischen Westgrenze, die seit dem Frühsommer 1989 wieder stärker ins öffentliche Bewußtsein gerückt war, noch zur NATO-Mitgliedschaft als elementarem Bestandteil der Westbindung – und damit des bundesdeutschen Selbstverständnisses – fanden sich entsprechende Bezüge.

4. Eine weitere entscheidende »Lücke« wies das Programm hinsichtlich eines möglichen Zeitplanes auf: Keiner der genannten Punkte war terminlich fixiert, was ganz ausdrücklich im Interesse Kohls lag, der insgeheim noch von fünf bis zehn Jahren bis zur Einheit ausging. So waren Kohls Redeinhalte ganz bewußt als »Programm« konzipiert und nicht als »Plan«, wie dies die später oft gebrauchte Formulierung »Zehn-Punkte-Plan« suggerierte. Damit sollte unter anderem auch der Verzicht auf einen Kalender zum Ausdruck kommen. Ausdrücklich wehrte der Kanzler sich dagegen, den Weg zur Einheit »vom grünen Tisch aus oder mit dem Terminkalender in der Hand« zu planen. Ganz gezielt war dem Programm so der Charakter eines Fahrplanes genommen worden, mit dem die Überlegungen nur eines gemeinsam hatten: die Nennung eines konkreten, angesteuerten Zieles, in diesem Fall der deutschen Einheit.[26]

Wenngleich mit dem Zehn-Punkte-Programm die Richtschnur westdeutschen Regierungshandelns gesteckt war, so blieb unmittelbar nach Kohls Rede im Bundestag zunächst unklar, inwieweit die beiden anderen Zielsetzungen des Programms erfüllt worden waren:
– die Übernahme der innenpolitischen Meinungsführerschaft sowie
– eine Orientierungsleistung im Vorfeld der anstehenden Treffen auf internationaler Ebene.

Von Bedeutung waren deshalb die unmittelbaren Reaktionen auf das Zehn Punkte-Programm im In- und Ausland.

## Zwischen Schulterschluß und kritischer Distanz

Die ersten öffentlichen Reaktionen in der Bundesrepublik auf Kohls Zehn-Punkte-Programm fielen heterogen aus.[27] »Endlich wird nachgedacht«, formulierte eine deutsche Tageszeitung, während der FDP-Abgeordnete Gerhart Baum nach dem Abklingen der ersten Euphorie summierte, daß in Kohls Plan eigentlich nichts Neues zu finden sei. Der gelungene Überraschungseffekt und die Parallelen zu eigenen Überlegungen führten allerdings dazu, daß die ersten Reaktionen der oppositionellen SPD positiv ausfielen: Der Kanzler sei in vielen Punkten, darunter vor allem der Rolle der KSZE sowie einer Politik der kleinen Schritte, auf die Sozialdemokraten zugegangen. »Deshalb stimmen wir Ihnen in allen zehn Punkten zu«, erklärte etwa der SPD-Bundestagsabgeordnete Karsten Voigt unmittelbar nach Vorstellung des Kanzlerplanes.

### *Ein kurzer Zwist in der Regierungskoalition*

Daß die Sozialdemokraten in ihrer ersten öffentlichen Reaktion im Bundestag positive Worte zu Kohls Zehn-Punkte-Programm fanden, hing zunächst damit zusammen, daß viele der darin enthaltenen Überlegungen sich mit eigenen Ideen deckten.[28] So hatten Fraktionschef Hans-Jochen Vogel, sein Vize Karsten Voigt und der frühere Bundesminister Horst Ehmke bereits einige Tage zuvor Konföderationsideen – unter anderem als Zwischenschritt auf dem Weg zu einem gemeinsamen Bundesstaat – öffentlich diskutiert, die sich teilweise auch in Vogels Bundestagsrede vom 28. November fanden. Die Fraktionsspitze entschloß sich nach Kohls Rede deshalb spontan zu einer kooperativen Strategie, die in Voigts positiver Reaktion auf die Kanzlerrede deutlich wurde.

Der erklärte Wille zu Gemeinsamkeit und Zusammenarbeit endete allerdings bereits am Tag danach: In einer Sondersitzung der SPD-Bundestagsfraktion wurde heftige Kritik am Kooperationskurs der Fraktionsführung laut. Diese wurde zum einen grundsätzlich mit der fehlenden Diskussion des Themas, zum anderen aber auch mit den bezogenen Positionen begründet. Für die Mehrheit der Abgeordneten stellte eine Konföderation als lockerer Bund zweier souveräner Staaten das letzte Ziel des deutsch-deutschen Annäherungsprozesses dar, der dem Ziel der Einigung Europas unterzuordnen war. SPD-Kanzlerkandidat Oskar Lafontaine sprach angesichts der Reaktionen des Auslands zudem von einem »diplomatischen Fehlschlag« und zog Voigts erste Einschätzung des Zehn-Punkte-Programms in Zweifel: »In Wirklichkeit gibt es gar keine Gemeinsamkeit.« An die Stelle des angekündigten Schulterschlusses trat statt dessen die heftige Kritik an der Politik der Bundesregierung und Kohls deutschlandpolitischem Programm. Diese kulminierte letztlich in einem Entschließungsantrag der Sozialdemokraten, in dem einerseits Vogels Idee einer Konföderation fehlte, während andererseits die Erweiterung von Kohls Programm um einen »elften Punkt«, nämlich die endgültige Anerkennung der polnischen Westgrenze, gefordert wurde.

Kohls Strategie des überraschenden Vorpreschens hatte also zumindest gegenüber der SPD Erfolg: Während dort noch unterschiedliche Fassungen einer Deutschlanderklärung zur Ergänzung des neuen Grundsatzprogrammes diskutiert wurden, geriet die Partei durch das Zehn-Punkte-Programm in die Defensive. Der Kanzler übernahm die eindeutige Meinungsführerschaft. Zugleich wurde die außenpolitische Hauptthematik der SPD für die kommenden Monate deutlich: Die Diskussion der internationalen Aspekte der Vereinigung sollte sich seitens der SPD weitgehend auf die Frage der polnischen Westgrenze beschränken.

Ähnlich wie die SPD war auch Kohls Koalitionspartner FDP von dessen deutschlandpolitischem Vorstoß vollkommen überrumpelt, dessen Text erst zu Beginn der Bundestagssitzung am 28. November, also rund zwei Stunden vor Kohls Rede, an die Fraktionsvorsitzenden von CDU/CSU und FDP übergeben worden war.[29] In seinem anschließenden Debattenbeitrag machte Hans-Dietrich Genscher spontan auf die im Detail unterschiedlichen Positionen aufmerksam. Der Außenminister hatte dabei die Mittagspause genutzt, um sich mit seinem Parteivorsitzenden Otto Graf Lambsdorff abzustimmen. Beide waren befremdet darüber, daß Kohl seine Initiative weder in der Koalition noch im Kabinett abgestimmt hatte, und sahen den Vorstoß Kohls überwiegend als parteipolitisch motiviert an. Das habe Kohl dem FDP-Vorsitzenden vor Beginn seiner Rede auch bestätigt, versicherte Lambsdorff später. In seiner ausdrücklich für die gesamte FDP vorgetragenen Reaktion auf Kohls Zehn-Punkte-Programm unterstützte Genscher die Erklärung des Kanzlers, da diese in der Kontinuität der FDP-Positionen zur Deutschland-, Außen- und Sicherheitspolitik stehe. Anders als der Bundeskanzler ging Genscher anschließend konkret auf die Ostgrenze Deutschlands ein und betonte in Anlehnung an seine Reden der vergangenen Monate das Recht Polens auf sichere Grenzen. Der Außenminister erinnerte daran, daß zur Vollendung der Einheit der Wille der Menschen in beiden Teilen Deutschlands entscheidend sei, und warnte davor, das »Schicksal unserer Nation« zum Wahlkampfthema zu machen.

Daß diese Gefahr vor allem im Verhältnis der Koalitionspartner CDU/CSU und FDP bestand, machte die Diskussion der folgenden Tage deutlich.[30] Während Außenminister Genscher sich mit öffentlichen Kommentaren zurückhielt, machte sein Parteichef Graf Lambsdorff auf die Differenzen im Regierungslager aufmerksam. Daß die Alliierten nicht über Kohls Vorhaben unterrichtet wurden, sei eine Sache, die fehlende Konsultation des Koalitionspartners, die er selbstverständlich erwartet hätte, eine andere. Hinzu komme, daß im Katalog des Kanzlers der Hinweis auf die Anerkennung der polnischen Westgrenze fehle. Vor dem Bundeshauptausschuß der Liberalen am 2. Dezember in Celle bezeichnete Lambsdorff die außenpolitischen Bemühungen der Union als »tapsig«. »In der Außenpolitik müssen wir bei der CDU auf jeden Schritt aufpassen«, so Lambsdorff, und erinnerte an frühere umstrittene Auftritte des Bundeskanzlers, wie etwa dessen Besuch mit US-Präsident Ronald Reagan auf dem Soldatenfriedhof Bitburg mit seinen SS-Gräbern. Die allgemeine Verärgerung zeigte sich unter anderem darin, daß die Versammlung keine unterstützende Erklärung zum Zehn-Punkte-Programm verabschieden wollte. Insgesamt machte der FDP-Vorsitzende allerdings klar, daß sich die inhaltliche Kritik seiner Partei lediglich auf das Fehlen einer Bestandsgarantie für die deutsch-polnische Grenze entlang von Oder und Neiße bezog. Ansonsten enthalte das Programm ausschließlich Punkte, die langjähriger FDP-Politik entsprächen.

Anders als FDP und SPD grenzten sich die Grünen sofort und mit teilweise harschen Formulierungen vom Zehn-Punkte-Programm ab. Sie forderten eine »Politik der Zweistaatlichkeit ohne jedes Wenn und Aber«, da nicht eines der vorhandenen Probleme nach einer Wiedervereinigung besser gelöst werden könne als in zwei Einzelstaaten. Zudem müsse der DDR eine eigenständige, sozialistische Entwicklung ermöglicht werden.[31]

Die Haltung der Bundestagsparteien spiegelte sich in den Tagen nach Kohls Rede zum Zehn-Punkte-Programm auch in den Medien der Bundesrepublik wider[32]: Grundsätzliche Zustimmung zur Wiedervereinigung ging einher mit dem Lob für Kohl, die Initiative ergriffen zu haben. Zugleich wurde aber auch Kritik an Einzelpunkten laut. So sahen einzelne Kommentatoren bereits den Bundestagswahlkampf 1990 eröffnet (*tageszeitung*), während andere dem Kanzler einen Mangel an Phantasie vorwarfen (*Süddeutsche Zeitung*). Auffallend war zudem, daß das langfristig angelegte Programm – anders als von Kohl ausdrücklich konzipiert – immer wieder als »Plan« verstanden und bezeichnet wurde, wie ein Interview mit Willy Brandt besonders deutlich machte. Angesprochen auf den »Zehn-Punkte-Plan« erklärte er, diese Bezeichnung sei »für die bloße Aneinanderreihung (...) ein bißchen hoch gegriffen«. Der SPD-Ehrenvorsitzende sprach deshalb von einer »bescheidenen Skizzierung von Punkten«.

Insgesamt betrachtet, fielen die Reaktionen auf Kohls Zehn-Punkte-Programm in der Bundesrepublik weitgehend unaufgeregt aus. Sieht man dabei von parteipolitisch motiviertem Geplänkel ab, zeigten sich folgende Grundstrukturen der öffentlichen Diskussion:
– Das Bekenntnis Kohls zur Einheit wurde begrüßt;
– es gab Warnungen vor dem Aufbau einer zeitlichen Druckkulisse;
– der fehlende Hinweis zur Oder-Neiße-Grenze wurde ebenso kritisiert wie
– die fehlende Abstimmung Kohls mit den Alliierten und dem Koalitionspartner FDP, was als Hinweis auf eine parteipolitische Motivation für den Plan interpretiert wurde;
– allgemein wurde die deutschland-, sicherheits- und außenpolitische Kontinuität aller Vorschläge des Kanzlers betont.

Mit Ausnahme der Grünen und Teilen der in der deutschen Frage völlig fragmentierten SPD war das nach dem Mauerfall erstmals so deutlich erklärte Ziel Wiedervereinigung damit in kürzester Zeit für weite politische Kreise zu einer Selbstverständlichkeit geworden, wenngleich noch niemand den zeitlichen Horizont überblicken konnte.[33] So wurde allgemein davon ausgegangen, daß es im Rahmen der neuen Konstellationen auf dem Kontinent zuerst zur Integration Mitteleuropas und der Heranführung der Staaten Süd- und Osteuropas an die EG kommen würde, bevor die Vereinigung Deutschlands in einigen Jahren in Angriff genommen werden konnte. Öffentliche Debatten und Berichterstattung gingen deshalb relativ zügig zur Tagesordnung über, da angesichts des anhaltenden Zerfalls der staatlichen und wirtschaftlichen Strukturen in der DDR die Diskussion über kurzfristige Hilfsmaßnahmen für Ostdeutschland im Vordergrund standen. Die tagesaktuellen Bewertungen waren also nur begrenzt identisch mit der späteren Wertung des Zehn-Punkte-Programms durch die Historiker: »Der Zehnpunkteplan leitete einen Paradigmenwechsel von pragmatischer Zweistaatlichkeit ›zur offensiv angesteuerten staatlichen Vereinigung‹ ein.«[34] Zugleich gab es in der westdeutschen Berichterstattung Hinweise darauf, daß neben der Bundesrepublik noch weitere Teilnehmer auf dem Weg zur deutschen Einheit mitzureden hatten, darunter vor allem die Regierungen der Alliierten sowie Bevölkerung und Politiker der DDR.

### Ost-Berlin: »An den Realitäten vorbei«

Moderat, doch fast durchweg ablehnend fielen in der DDR die öffentlichen Kommentare zu Kohls Zehn-Punkte-Programm aus[35]: »Solche Erklärungen gehen nicht nur an den Realitäten vorbei, sondern können sehr leicht zu Irritationen führen, da sie sowohl die im Grundlagenvertrag als auch in der Schlußakte von Helsinki festgeschriebene Souveränität und Unabhängigkeit der beiden Staaten außer acht lassen«, formulierte beispielsweise der Regierungssprecher Wolfgang Meyer in Ost-Berlin. Die Wiedervereinigung stehe »nicht auf der Tagesordnung«. Zugleich wies Meyer auf eine Schlüsselstelle in Kohls Programm hin: Eine Konföderation bedeute zwar zwei souveräne Staaten, doch habe der Kanzler an dieser Stelle nicht eindeutig Position bezogen. Gleichwohl könne man in der Erklärung »interessante Ansätze« finden, so die offizielle Position der DDR-Regierung, die ebenso wie die Oppositionsgruppen am Tag nach der Bundestagsrede vom Leiter der Ständigen Vertretung der Bundesrepublik in Ost-Berlin, Franz Bertele, offiziell informiert wurde.

Zurückhaltender äußerte sich Egon Krenz. Solange man von zwei unabhängigen Staaten ausgehe, könne man über vieles reden, befand der SED-Chef. Allerdings lehnte er darüber hinaus jegliche Vorbedingungen ab. Noch schwächer fiel die Reaktion der meisten Parteien aus. Das Parteiorgan der Ost-CDU, *Neue Zeit*, bot als Alternative zu Kohls Plänen eine europäische Konföderation unter Beibehaltung der Souveränität aller Mitgliedstaaten an, während der neue CDU-Vorsitzende Lothar de Maizière im Zehn-Punkte-Programm ein »interessantes Konzept« sah, das »wesentliche Elemente eigener Vorstellungen« enthalte. Er warnte allerdings vor zu großem Zeitdruck und »politischer Planwirtschaft mit dem Terminkalender in der Hand«, eine Einstellung, der sich die neugegründete Sozialdemokratische Partei (SDP) anschloß. Man solle den Menschen in der DDR »etwas Zeit lassen, darüber authentisch nachzudenken und zu reden«. Ähnlich argumentierte auch Manfred Bogisch von der Liberaldemokratischen Partei, der in einer Wiedervereinigung kein aktuelles Problem sah. Diese sei eine Aufgabe »für kommende Generationen, eine Aufgabe, die sich in 25 bis 30 Jahren stellt«. Daß die Frage des Zusammenwachsens der beiden deutschen Staaten gleichwohl die Parteien der DDR beschäftigte, zeigten verschiedene Konzepte, die in den Wochen nach dem 28. November als »Alternativmodelle« zu Kohls Zehn-Punkte-Programm kursierten: Sowohl ein Acht-Punkte-Programm der NDPD, ein Drei-Stufen-Plan von »Demokratie Jetzt« als auch ein Sechs-Punkte-Plan des »Demokratischen Aufbruch« sahen die deutsche Einheit nur als Fernziel der Politik.

### »Eine Frage auf Leben und Tod«

Den relativ unaufgeregten deutschen Reaktionen auf Helmut Kohls Zehn-Punkte-Programm stand eine teilweise heftige Ablehnung im Ausland gegenüber. Nie werde die UdSSR auf ihre sicherheitspolitische Schlüsselrolle in der DDR verzichten, erklärte der Gorbatschow-Berater Wadim Sagladin. Dies sei eine »Frage auf Leben und Tod«. Die britische Premierministerin Margaret Thatcher nahm den Plan »sehr kritisch« auf, und auch US-Sicherheitsberater Brent Scowcroft war zunächst »sehr verärgert«.[36] Zu fragen war deshalb, wie diese ersten Reaktionen sich auf die anschließende Politik jener Staaten auswirkte, die als Nachbarn Deutschlands oder Teil der Vier Mächte ein besonderes Augenmerk auf die Entwicklungen in der deutschen Frage hatten.

Nicht unfreundlich, doch ablehnend, reagierte Polens Außenminister Skubiszewski auf das Zehn-Punkte-Programm[37]: »Nichts, was Deutschland betrifft, kann uns gleichgültig sein«, faßte er die Haltung seiner Regierung zusammen und forderte ein polnisches Mitspracherecht bei allen weiteren Entwicklungen in Deutschland. Das Selbstbestimmungsrecht der Deutschen werde nicht in Zweifel gezogen, doch könnten deren Nachbarn nicht außen vor gelassen werden. Dabei müsse es einen klaren und bedingungslosen Standpunkt zur deutsch-polnischen Grenze geben. Grundsätzlich herrschte bei vielen führenden Reformpolitikern die Ansicht, ein vereinigtes Deutschland müsse nicht unbedingt zu Polens Ungunsten sein. Aufmerksam wurde die innerdeutsche Diskussion um die Anerkennung der polnischen Westgrenze verfolgt, da man allgemein davon ausging, daß eine Vereinigungsdebatte unweigerlich auch eine Grenzdebatte mit sich bringen würde. Der Großteil der polnischen Medien, der vor allem die Stabilität der geographischen Nachkriegsrealitäten betonte, sah dies genauso. Lediglich die »Solidaritäts«-Zeitung *Gazeta Wyborcza* sah etwas

Positives in der Möglichkeit, mit einer Vereinigung Deutschlands auch die künstliche Teilung Europas zu überwinden – solange die »bestehenden Grenzen, vor allem die Oder-Neiße-Grenze« gesichert blieben. An jeglichen Gesprächen über die Zukunft – und damit auch der Grenzen – des Kontinents wollte Polen aber nicht zuletzt aufgrund seiner historischen Erfahrungen nach dem Zweiten Weltkrieg von Beginn an beteiligt sein. »Nic o nas bez nas«, Nichts über uns ohne uns, hieß das polnische Sprichwort, das Ministerpräsident Tadeusz Mazowiecki in den kommenden Monaten deshalb immer wieder zur Verdeutlichung der Position seines Landes zitieren sollte.

»Höchst beunruhigt« zeigte sich derweil ein Sprecher der tschechoslowakischen Regierung von Kohls Programm, während westliche Nachbarn der Bundesrepublik weniger abweisend, doch abwartend reagierten.[38] So begrüßte der niederländische Ministerpräsident Ruud Lubbers den Plan Kohls, warnte aber zugleich vor einem nationalen Alleingang Deutschlands. Sein dänischer Amtskollege Paul Schlüter verwies auf das Selbstbestimmungsrecht der Deutschen. Angesichts der Tatsache, daß die Bundesbürger in EG und NATO bleiben wollten und keine Neutralität anstrebten, sehe er allerdings nicht, »daß wir eine Wiedervereinigung erleben werden«. Israels Ministerpräsident Jitzhak Shamir bezeichnete die Vision eines wiedervereinigten Deutschland als »besorgniserregend« für das jüdische Volk.

Anders als in Deutschland wurde das Zehn-Punkte-Programm im Ausland zunächst mit sehr viel Skepsis und teilweise sogar offener Ablehnung aufgenommen. Übereinstimmung herrschte hinsichtlich des fehlenden elften Punktes, der nach Ansicht vieler Kommentatoren eine Garantie der deutsch-polnischen Grenze hätte beinhalten müssen. Zudem wurde das Programm häufig als konkrete politische Agenda interpretiert. Da keines der genannten Länder allerdings besondere völkerrechtliche Zuständigkeiten hinsichtlich Deutschlands besaß, handelte es sich bei dieser Debatte vor allem um eine Stimmungsfrage. Deutlich anders sah dies bei den Vier Mächten aus, die noch immer ihre Vorbehaltsrechte für Deutschland als Ganzes und Berlin besaßen und auf diese bereits im Vorfeld des Zehn-Punkte-Programms mehrfach hingewiesen hatten.

## Die Alliierten zwischen Ärger und Akzeptanz

Wenngleich nur wenige ausgewählte Personen und Gremien innerhalb der Bundesrepublik von Kohl über seine Zehn Punkte vorab unterrichtet worden waren, so war dennoch allen Beteiligten klar, daß die Vorschläge des Kanzlers vor allem bei den drei Westmächten und der Sowjetunion Aufmerksamkeit erregen würden. Als Horst Teltschik am Morgen des 28. November das Zehn-Punkte-Programm vor der deutschen und internationalen Presse vorstellte, stand denn auch in der Diskussion die Frage nach der Unterrichtung der Alliierten und der DDR im Mittelpunkt. Teltschik erinnerte an die Telefonate und Gespräche, die der Bundeskanzler in den vorangegangenen Tagen mit George Bush, François Mitterrand, Margaret Thatcher und Michail Gorbatschow geführt hatte. Die Summe dieser Gespräche sei in Kohls Rede eingeflossen.[39] Daneben informierte der außenpolitische Berater des Kanzlers ebenfalls persönlich die diplomatischen Vertreter der Vier Mächte in Bonn. Hierzu war bereits um elf Uhr der sowjetische Botschafter Kwizinskij ins Kanzleramt eingeladen worden, wo er von Teltschik den Text der Rede sowie einige zusätzliche Erläuterungen erhielt. Zugleich schlug Teltschik seinem Gesprächspartner, der die rasche Weiterleitung des Textes nach Moskau zusagte, ein baldiges Treffen des Kanzlers mit Gorbatschow vor. Die Botschafter der drei Westmächte waren Teltschiks nächste Gesprächspartner. Auch Vernon Walters (USA), Serge Boidevaix (Frankreich) und Sir Christopher Mallaby (Großbritannien) erhielten neben Übersetzungen des Programms ausführliche Erklärungen zu dessen Inhalten. Sie waren, so Teltschik später, überrascht, zeigten dies aber nicht und reagierten mit zahlreichen Nachfragen.[40]

Mit seinem Vorgehen hatte Kohl zweierlei erreicht:
– Zum einen waren die besonderen Rechte der ehemaligen Alliierten mit der speziellen Unterrichtung durch Horst Teltschik indirekt anerkannt worden, während
– zum anderen durch die späte Information sichergestellt war, daß die Vier Mächte nicht in irgendeiner Weise vorab Position gegen die Verkündung des Programms beziehen konnten.

Ein präventives Einschreiten der Vier Mächte war somit verhindert. Aufgrund ihrer deutschlandpolitischen Rechte und Verantwortlichkeiten waren die Reaktionen aus Moskau, Washington, London und Paris dennoch von erheblicher Bedeutung. Dies galt besonders für die Sowjetunion, deren Staatsführung sich bereits nachdrücklich zur weiteren Zweistaatlichkeit Deutschlands bekannt und vor jeglicher Veränderung der »Nachkriegsrealitäten« gewarnt hatte.

### Immer mehr schlechte Nachrichten aus Ost-Berlin

Nach Veröffentlichung des Zehn-Punkte-Programms hatte sich die Bundesregierung zunächst nur anhand von Presseberichten ein Bild von der Stimmungslage in Moskau machen können. Am Tag nach Kohls Erklärung im Bundestag war zwar der stellvertretende sowjetische Ministerpräsident Ivan Silajew in Bonn vom Bundeskanzler zu einem Gespräch empfangen worden, doch hatten weder er noch sein Begleiter Kwizinskij die Rede Kohls angesprochen.[41] Auch Dieter Kastrup, Politischer Direktor im Auswärtigen Amt, der am 28. November zur Vorbereitung eines Genscher-Besuches in Moskau weilte, bekam keinerlei Reaktionen zu hören oder zu spüren. Von Gorbatschow selbst war zunächst ebenfalls nichts zu vernehmen gewesen, da der Generalsekretär zu einem offiziellen Besuch nach Italien geflogen und von dort aus direkt zum Gipfeltreffen mit Bush nach Malta weitergereist war. Erst Außenamts-Sprecher Gennadij Gerassimow verkündete, daß das Programm des Bundeskanzlers für die UdSSR unannehmbar sei, da es die Stabilität in Europa gefährde. Zugleich betonte Gerassimow, daß eine seriöse Diskussion seiner Inhalte denkbar sei, sobald Kohl einen elften Punkt angefügt habe: Der Kanzler solle unmißverständlich erklären, daß er – anders als das Bundesverfassungsgericht in seinem Urteil von 1972 – nicht mehr von einem Fortbestand des Deutschen Reiches und seiner Grenzen von 1937 ausgehe, da dies die Grenzen Polens, der Tschechoslowakei und der Sowjetunion betreffe. Heftige Kritik kam auch von Außenminister Schewardnadse, der während eines Besuches in Rom Kohls Plan eine Tendenz zum Revanchismus vorwarf. In einer Stellungnahme des stellvertretenden Sprechers des Außenministeriums, Jurij Gremitskich, war das Programm ebenfalls abgelehnt worden. Gremitskich hatte sich gegen die Vorbedingungen gegenüber der DDR gewandt. In anderen Erklärungen wurde die SPD in die Kritik einbezogen, da Egon Bahr bei einem Besuch in Moskau den Eindruck hinterlassen habe, mehr Verständnis für die Stabilität in Mitteleuropa aufzubringen, während die Partei sich in ihrer ersten Reaktion hingegen dem Zehn-Punkte-Programm angeschlossen habe. Insgesamt wurde kritisiert, daß die deutsche Frage aus innenpolitischen Gründen instrumentalisiert worden sei; dabei seien Fragen öffentlich diskutiert worden, die derzeit nur vertraulich hätten sondiert werden sollen.

Daß die sowjetische Führung so ablehnend reagierte, war auch auf neue Berichte über die Lage in Ost-Berlin zurückzuführen, von wo Valentin Falin wenige Tage zuvor zurückgekehrt war.[42] Der Leiter der Internationalen Abteilung beim ZK der KPdSU hatte – entsprechend seiner Aufgabe als »Außenminister der Partei« und seinem Selbstverständnis als führender sowjetischer Deutschlandexperte – wenige Tage nach dem Fall der Mauer damit begonnen, verstärkt eigene Aktivitäten zu entwickeln. Während er seinen Intimus Portugalow zu vertraulichen Gesprächen nach Bonn geschickt hatte – und dort, unwillentlich, Überlegungen zu einem eigenen deutschlandpolitischen Vorstoß des Bundeskanzlers forciert hatte –, war er selbst nach Ost-Berlin gereist. In der sowjetischen Botschaft Unter den Linden konferierte er ausführlich mit dem von ihm wegen der Grenzöffnung mißtrauisch beäugten Egon Krenz und dem neuen Ministerpräsidenten Hans Modrow. Dabei machte Falin aus dem Ziel seines Besuches keinen Hehl. Wie er in einer Besprechung aller Botschaftsangehörigen deutlich erklärte, ging es ihm darum, die Wiedervereinigung zu verhindern. So dachte er auch laut über die Möglichkeit nach, dem Westen einen sowjetischen Truppeneinsatz anzudrohen, und nutzte die Gelegenheit, die Position von Krenz gegenüber Modrow weiter zu schwächen. Insgesamt zeigte sich Falin gegenüber seinen Gesprächspartnern sehr skeptisch, ob und wie man gemeinsam die Kontrolle über die Ereignisse zurückgewinnen konnte: Das deutsche Sprichwort »Wer die Wahl hat, hat die Qual« gelte nicht mehr – »Wir haben nur noch die Qual und nicht die Wahl.« Entsprechend pessimistisch dürfte deshalb nach der Rückkehr aus Ost-Berlin sein Bericht an Gorbatschow ausgefallen sein.

Hinzu kam, daß Gorbatschow am Wochenende vor Genschers Besuch anläßlich des Gipfeltreffens mit George Bush vor der Mittelmeer-Insel Malta am 2./3. Dezember deutlich geworden war, daß er die USA nicht in seine Gegnerschaft zur deutschen Einheit einbinden konnte.[43] Bush sicherte seinem Gesprächspartner bei dieser Gelegenheit zwar unmißverständlich zu, daß der Westen aus den aktuellen Entwicklungen keine einseitigen Vorteile ziehen wolle, ließ aber auch keinen Zweifel an seiner positiven Haltung zur deutschen Frage. Gorbatschow war damit nicht einverstanden, ohne sich allerdings – anders als noch eine Woche zuvor gegenüber dem kanadischen Premierminister Brian Mulroney – energisch dagegenzustemmen. Er wiederholte seine Sichtweise, daß die Geschichte die beiden deutschen Staaten geschaffen habe und daß der Verlauf der Geschichte auch über deren Schicksal entscheiden werde. Eindeutig auf Kohls Zehn-Punkte-Programm anspielend, warnte der Generalsekretär jedoch vor einer künstlichen Beschleunigung der laufenden Prozesse.

Unmittelbar vor dem Besuch Genschers in Moskau wurde die sowjetische Haltung von drei Hauptpunkten bestimmt:
- In allen öffentlichen Stellungnahmen wurde Helmut Kohls Zehn-Punkte-Programm deutlich, doch ohne hysterische Untertöne abgelehnt;
- die nicht nur aus der Botschaft und den Medien kommenden, sondern nun auch noch von Falin vor Ort bestätigten Berichte über die Lage in der DDR wurden immer negativer;
- der amerikanisch-sowjetische Gipfel hatte letzte Zweifel daran beseitigt, daß die USA sich in irgendeiner Weise bei der Verhinderung der Wiedervereinigung beteiligen oder auch nur instrumentalisieren lassen würden.

Zu ähnlichen Einschätzungen kam ein internes Analysepapier des Bundeskanzleramtes, in dem am 30. November die internationalen Reaktionen auf das Zehn-Punkte-Programm zur Unterrichtung für den Bundeskanzler zusammengefaßt wurden.[44] Während die Haltung der westlichen Verbündeten als überwiegend »konstruktiv« bezeichnet wurde, hieß es darin zur UdSSR: »Die sowjetischen Äußerungen sind weniger negativ, als es zunächst den Anschein hat.« So wurde vor allem die grundsätzliche Bereitschaft hervorgehoben, bei einem ausdrücklichen Verzicht auf die Grenzen von 1937 das Programm zu diskutieren.

All dies bestimmte den aktuellen Hintergrund, vor dem Genscher im Rahmen der seit längerem geplanten deutsch-sowjetischen Gespräche mit Gorbatschow zusammentraf.[45] Bereits am Vorabend dieser Begegnung, am 4. Dezember, hatte der Bundesaußenminister sich mit Eduard Schewardnadse zu einem ersten Meinungsaustausch getroffen. Dieser hatte zwar seine Verärgerung über den jüngsten deutschlandpolitischen Vorstoß aus Bonn gezeigt, doch war die Unterhaltung der beiden Minister insgesamt ebenso sachlich verlaufen wie die Delegationsgespräche der verschiedenen deutsch-sowjetischen Arbeitsgruppen. Dabei wurde eine umfangreiche Tagesordnung mit Fragen der bilateralen Zusammenarbeit – von der Schiffahrt über den Bau einer deutschen Schule in Moskau, Reisemöglichkeiten ins nördliche Ostpreußen und technische Kooperationen – abgearbeitet. Schewardnadse hatte Genscher allerdings sehr deutlich gesagt, daß die bevorstehende Begegnung mit Gorbatschow keinesfalls angenehm werden würde. Zudem gewann der westdeutsche Außenminister den Eindruck, daß die am Tag seiner Ankunft aus Moskau abgereiste DDR-Delegation mit Ministerpräsident Hans Modrow und dem intern bereits heftig umstrittenen SED-Generalsekretär Egon Krenz gegen die Erklärung des Kanzlers Stimmung gemacht habe.

### »Kann man denn so Politik machen?«

Was am nächsten Tag folgte, war für Genscher »meine unerfreulichste Begegnung mit dem Generalsekretär«.[46] Der deutsche Außenminister skizzierte einleitend die zentralen außenpolitischen Positionen der Bundesregierung mit den Eckpunkten der KSZE-Schlußakte von Helsinki, dem Grundlagenvertrag mit der DDR sowie den Verträgen von Moskau, Warschau und Prag und der gemeinsamen deutsch-sowjetischen Erklärung vom Sommer 1989. Er erinnerte Gorbatschow an ihre erste Begegnung im Sommer 1986, bei der dieser bereits die Grundzüge seiner geplanten Innen- und Außenpolitik erläutert habe. Er, Genscher, habe diese Reformpolitik von Anfang an mit Sympathie begleitet und aktiv unterstützt. Stets habe er die Bedeutung der Perestroika auch als »Beitrag zu einer europäischen Friedensordnung, zum Bau des gesamteuropäischen Hauses« gesehen. Nun gelte es, einen geeigneten Rahmen für die Reformpolitik in Mittel- und Osteuropa zu schaffen. Die Deutschen seien sich dabei ihrer Verantwortung bewußt, die aus der Vergangenheit und der geographischen Lage ihres Landes herrühre.

Genscher wies darauf hin, daß die in den Ostverträgen festgeschriebene

Politik der Bundesrepublik dazu beitrage, in einer Reihe wichtiger Fragen Klarheit zu verschaffen und Mißverständnisse zu vermeiden. Dies gelte zum Beispiel für die Westgrenze Polens, deren Sicherheit er unter anderem in seiner vom Bundestag zustimmend zur Kenntnis genommenen UNO-Rede vom 27. September 1989 betont habe. Der Westen wolle aus den derzeit in Osteuropa ablaufenden Prozessen keine einseitigen Vorteile ziehen. Ziel der Bundesregierung sei statt dessen die Stabilisierung der Beziehungen. Der Außenminister unterstrich ebenfalls die Einbindung der Bundesrepublik in die Europäischen Gemeinschaften und den KSZE-Prozeß. »Wir streben keinen Alleingang, keinen separaten deutschen Weg an.« Genscher hob in seinem ausführlichen einleitenden Statement auch die Bedeutung weiterer Abrüstungsschritte hervor. Diese würden von der Bevölkerung in Ost und West erwartet. Die beiden Militärbündnisse NATO und Warschauer Pakt hätten zur Zeit eine stabilisierende Bedeutung, weswegen sie noch lange fortbestehen würden. Die Bündnisse müßten sich allerdings stärker politisch definieren und eine größere Rolle im Abrüstungsprozeß spielen. All dies sage er nicht als Privatperson, sondern als Außenminister der Bundesrepublik Deutschland, deren Regierung eine verantwortungsbewußte Politik betreibe. Diese Politik werde von einer Mehrheit der Deutschen mitgetragen, was den großen Vertrauensvorschuß der ausländischen Partner, darunter auch der UdSSR, rechtfertige.

Wenn Genschers Ausführungen die Realität widerspiegelten, dann könne man alles nur begrüßen und das Gespräch eigentlich zufrieden und optimistisch beenden, begann Gorbatschow seine ausführliche Replik. Er wolle aber doch einige Bemerkungen dazu machen. So müsse man zwischen zwei Ebenen unterscheiden, nämlich der philosophisch-konzeptionellen Ebene – auf die Genschers Ausführungen sich bezögen – und den realen, praktischen Schritten, die man sich im folgenden genauer anschauen werde. Angesichts der aktuellen Entwicklungen in Europa und der ganzen Welt, die eindeutig einen Umschwung zum Besseren bedeuteten, sei es gefährlich, wenn »irgendwelche provinziellen, regionalen, egoistischen, utilitaristischen Einstellungen die Oberhand gewinnen würden«. Er verstehe deshalb Bundeskanzler Kohl nicht, der »seine berühmten Zehn Punkte über die Absichten der BRD im Verhältnis zur DDR verkündet hat«. Hier handle es sich doch um ultimative Forderungen an einen selbständigen und souveränen Staat, die zugleich aber auch andere beträfen. Ein solches Dokument hätte erst nach Konsultationen mit den Partnern vorgelegt werden dürfen. »Oder hat der Bundeskanzler das nicht mehr nötig?« fragte Gorbatschow entrüstet. »Er glaubt offenbar, daß er den Ton angibt, und marschiert vorneweg.« Besonders verärgert zeigte sich Gorbatschow darüber, daß Kohl ihm telefonisch noch zugesichert habe, die DDR keinesfalls destabilisieren zu wollen. In der praktischen Politik sei von diesen Zusicherungen nun nichts mehr zu merken. Statt dessen gebe er Anweisungen zum künftigen Weg der DDR und den dort zu schaffenden Strukturen: »Die Führung der BRD platzt schier vor Verlangen, das Kommando zu führen.«

Gorbatschow betonte noch einmal seinen Standpunkt zur deutschen Frage: Es gebe zwei souveräne und selbständige deutsche Staaten. Das habe sich historisch so ergeben. Als Realisten müßten sie doch beide einsehen, daß diese Geschichte »auch das Schicksal und die Prozesse, die auf dem Kontinent ablaufen, lenkt und damit eben auch den Platz und die Rolle dieser beiden Staaten bestimmt«. Der Generalsekretär erinnerte an das gemeinsame Bemühen, ein neues Europa zu bauen, »ein gesamteuropäisches Haus«. Dabei würden natürlich auch die Beziehungen zwischen den beiden deutschen Staaten enger werden, doch dürfe man diesen Prozeß nicht künstlich beeinflussen, da dies die Stabilität bedrohe. Im Anschluß an diese eher allgemeinen Ausführungen wurde Gorbatschow konkret. Was bedeute es beispielsweise, wenn Kohl nun behaupte, US-Präsident Bush unterstütze die Idee einer Konföderation? Wie solle es dann weitergehen? Eine Konföderation setze schließlich eine gemeinsame Verteidigung und Außenpolitik voraus. Wo aber werde sich die Bundesrepublik dann wiederfinden? In der NATO oder im Warschauer Pakt? Oder wolle sie vielleicht neutral werden? Was aber sei die NATO ohne die Bundesrepublik? Das alles sei doch wohl wenig durchdacht: »Kann man denn so Politik machen?«

Auch Eduard Schewardnadse, der sich bislang zurückgehalten hatte, machte nun keinen Hehl aus seiner Verärgerung: »Heute geht man in diesem Stil mit der DDR um, morgen dann vielleicht mit Polen, mit der Tschechoslowakei und danach – mit Österreich.« Gezielt und direkt attackierte Gorbatschow daraufhin den Bundesaußenminister: Dieser demonstriere »nicht gerade den besten Politikstil«, da er sich nicht von Helmut Kohl distanziere. All dies könne man jedenfalls weder verantwortlich noch berechenbar nennen. Genscher widersprach energisch und warf sein persönliches politisches Gewicht in die Waagschale: Die Politik der Bundesregierung sei stets berechenbar gewesen und werde dies auch bleiben. Das gelte für den Moskauer Vertrag ebenso wie für die gemeinsame deutsch-sowjetische Erklärung vom Sommer. Sollte sich dies ändern, dann werde er »nicht weiter für sie einstehen können«. Das habe er heute bereits zu Eduard Schewardnadse gesagt. Die Erklärung des Bundeskanzlers demonstriere doch gerade die Langfristigkeit deutscher Politik, zeige, daß sie Bestandteil des gesamteuropäischen Integrationsprozesses sei. Kohl habe sich in seiner Erklärung – die weder ein Diktat noch ein Ultimatum darstelle – an die DDR gewandt, um die Hilfsbereitschaft der Bundesregierung zu bekräftigen und Möglichkeiten für eine künftige Annäherung aufzuzeigen. Wie sie auf dieses Angebot reagiere, sei die freie und unabhängige Entscheidung der DDR.

Unter Verweis auf ein Gespräch mit Kohl am Vorabend seiner Moskau-Reise betonte Genscher die langfristige Perspektive der Zehn Punkte. Diese seien kein Sofortprogramm; die DDR werde nun ihre Position dazu bestimmen und selbst auf den Vorschlag reagieren. Die Bundesregierung sei an der Stabilität in der DDR interessiert, und die Zehn Punkte seien als Beitrag zur Festigung dieser Stabilität zu verstehen. Weder in Polen noch in Ungarn habe man den Eindruck gewonnen, daß es sich dabei um ein Diktat oder ultimative Forderungen handle.

Und auch alle im Bundestag vertretenen Parteien würden die mit der Erklärung verbundene Politik unterstützen. Gleichzeitig halte die Bundesrepublik sich aus den inneren Problemen der DDR heraus, für die sie im übrigen nicht verantwortlich sei.

*»Noch nicht einmal Hitler hat sich etwas derartiges erlaubt«*

Genschers loyale Verteidigung des Zehn-Punkte-Programms brachte Gorbatschow nur noch weiter auf: »Ich habe wirklich nicht erwartet, daß Sie den Anwalt des Bundeskanzlers Kohl einnehmen werden«, entgegnete er und verwies auf Punkt drei der Erklärung. Die darin als Bedingung für umfassende Hilfe und Zusammenarbeit geforderten grundlegenden und unumkehrbaren Veränderungen im gesellschaftlichen und politischen System der DDR seien doch eine »ungenierte Einmischung in die inneren Angelegenheiten eines souveränen Staates«. »Noch nicht einmal Hitler hat sich etwas derartiges erlaubt«, verschärfte Schewardnadse den Ton erneut. Und auch Gorbatschow schob weitere Argumente nach: Kohl habe sich mit seiner Ansprache doch direkt an die DDR-Bevölkerung gewandt, »wie an seine eigenen Staatsbürger. Das ist einfach eingefleischter Revanchismus, der seine positiven Beteuerungen zunichte macht, alle von uns erreichten Übereinkünfte in Frage stellt.«

Auch als Genscher die Aufmerksamkeit seiner Gesprächspartner auf den zweiten Punkt der Erklärung zu lenken versuchte, in welchem der Wunsch nach gleichberechtigter Zusammenarbeit mit der DDR betont werde, reagierte Gorbatschow barsch: »Hören Sie doch auf, den Anwalt zu spielen, Herr Genscher.« Mit Kohls Erklärung verhalte es sich wie mit der Situation eines politischen Häftlings im zaristischen Rußland. Diesem habe man nach seiner Freilassung erklärt, er könne sich nun niederlassen, wo immer er wolle, außer in 18 Gouvernements. »Nun gab es aber in Rußland nur 18 Gouvernements – wo sollte er also, Ihrer Meinung nach, hinziehen?« Genschers Entgegnungsversuch schnitt Gorbatschow ab: »Die Erklärung des Kanzlers ist ein politischer Fehlschuß. Wir können sie nicht ignorieren.« Die Sowjetunion sei zur Zusammenarbeit mit der Bundesregierung bereit, wenn diese nur wolle. Wenn nicht, dann werde man daraus eben politische Konsequenzen ziehen, warnte der Generalsekretär. Das Vorgehen Kohls stelle ein Ultimatum dar und habe »damit die Beendigung der europäischen Prozesse« im Sinn. Diesem Verweis auf den KSZE-Prozeß widersprach Genscher energisch. Die Bundesrepublik mische sich in keine inneren Angelegenheiten ein, sondern trete für eine politische Zusammenarbeit und verantwortliche Schritte ein.

Mit dem Hinweis auf die Ursachen des inneren Zerfalls der DDR ging der westdeutsche Außenminister dann wieder seinerseits in die Offensive. Was dort vor sich gehe, »haben wir nicht organisiert«. Gleichwohl könne die Krise durch die richtigen Schritte der jetzigen DDR-Führung überwunden werden, die aber das Vertrauen der eigenen Bevölkerung gewinnen müsse. Zudem sei er nicht »irgend jemandes Anwalt. Ich spreche im Namen aller Parteien, im Namen des Bundeskanzlers und der Bundesregierung«. Völlig zufrieden war Gorbatschow mit dieser Darstellung allerdings nicht. Man spreche hier nicht über die Politik der DDR, sondern über die der Bundesrepublik. Und dort herrsche »in den Köpfen Verwirrung und Durcheinander«. Kopflose Politik sei aber keine Politik mehr. »Ihr Deutschen seid ein emotionales Volk, aber ihr seid doch auch Philosophen. Und dürft nicht vergessen, wozu kopflose Politik in der Vergangenheit geführt hat.« Dessen sei man sich in Deutschland sehr wohl bewußt, versicherte Genscher, der erneut die Diskussion in eine andere Richtung zu steuern versuchte. Zum einen lobte er den sowjetischen Anteil an den Veränderungen in Osteuropa, zum anderen den Beitrag der Menschen in der DDR zu den jüngsten Entwicklungen in ihrem Land. Diese würden in Westdeutschland mit Sympathie und Anteilnahme beobachtet. Die sowjetische Seite solle den Beitrag der Bundesrepublik zur Stabilisierung des politischen Lebens nicht unterschätzen. Gorbatschow brachte das Gespräch allerdings sofort wieder zurück zu seinem Thema: »Mir geht es im Augenblick nicht um die Politik insgesamt, sondern um die Zehn Punkte.« Es sei doch offensichtlich, daß Helmut Kohl damit die Entwicklungen künstlich vorantreiben wolle, was den mühsam in Gang gekommenen gesamteuropäischen Prozeß untergrabe.

Heftig reagierte Gorbatschow auf Genschers Hinweis, man solle dies alles nicht dramatisieren: Was dieser hier gehört habe, sei die Meinung der sowjetischen Führung – offen und direkt. »Andere werden sich womöglich weniger direkt und umstandslos äußern, doch ich wage zu behaupten, daß sie in ihrem tiefsten Inneren der gleichen Meinung sind wie wir«, drohte er. Wer denn diese anderen seien, wollte Genscher daraufhin wissen und erhielt die Antwort: »Ihre und unsere wichtigsten Partner in West und Ost.« Erneut verteidigte der Bundesaußenminister die Bundesregierung, die ein solches Urteil nicht verdiene, doch Gorbatschow blieb bei seiner vorwurfsvollen Linie. Die Bundesregierung schätze die ganze Situation falsch ein. »Unter der Oberfläche schwelt es, sozusagen, und Sie blasen in die Glut, fachen das Feuer an.« Diese Unbedachtheit erstaune die sowjetische Führung doch sehr. Er befürchte, daß die momentane Situation in Deutschland bereits zum Wahlkampfthema für die bevorstehende Bundestagswahl gemacht werden solle – ein Vorwurf, dem Genscher widersprach. Ausführlich betonte er das Verantwortungsbewußtsein der Bundesregierung und deren Aufrichtigkeit, was Gorbatschow zum Ende kommen ließ: »Ich habe den Eindruck, daß wir beginnen, uns zu wiederholen.« Noch einmal mahnte er eine verantwortliche Politik an: »Improvisationen in der Politik sind, das sage ich unverblümt, eine höchst gefährliche Angelegenheit.« Wer sich wie ein Elefant im Porzellanladen verhalte, der lasse sich eine große Chance entgehen.

Er habe nun eine Pressekonferenz vor sich, und auch zu Hause werde man ihn nach seinen Gesprächen in Moskau fragen, leitete Genscher zum Abschluß der Unterhaltung über. Was solle er da denn sagen? »Wenn wir die Beziehungen zur BRD stören oder sie verderben wollten, könnten wir wohl auch den Inhalt unseres Gesprächs bekanntgeben«, faßte Gorbatschow die Unterredung zusammen. Da er hieran aber kein Interesse habe, schlage er vor, man sage einfach, es sei um besonders wichtige Fragen der Europa- und Weltpolitik gegangen, ebenso um die Beziehungen zwischen den beiden souveränen deutschen Staaten, die Stabilität auf dem Kontinent und die Vertiefung des gesamteuropäischen Prozesses. Abschließend wolle er Genscher noch einmal daran erinnern, daß man im Kreml alles sehr aufmerksam verfolge. Wichtig sei nun, daß alle Prozesse normal verliefen. »Da soll man nichts übereilen, soll keiner die Feuerwehr spielen, wie Kanzler Kohl es getan hat.« Er habe übrigens den Eindruck, daß Genscher von den Zehn Punkten auch erst im Bundestag erfahren habe, stichelte der Generalsekretär, worauf Genscher kurz angebunden erwiderte, daß dies zwar stimme, aber eine innere Angelegenheit sei. »Das regeln wir alleine.«

»Nehmen Sie nicht alles, was ich gesagt habe, persönlich, Herr Genscher. Sie wissen, daß wir zu Ihnen ein anderes Verhältnis haben als zu anderen. Wir hoffen, daß Sie das nicht falsch verstanden haben«, versicherte Gorbatschow seinem deutschen Gesprächspartner, der vor allem zwei Eindrücke aus der Unterhaltung mit nach Hause nahm: Zum einen wollte Gorbatschow mit seinem energischen Auftreten demonstrieren, daß er noch immer Herr der Lage – »Akteur und Gestalter« – war, zum anderen, so Genscher später in seinen Memoiren, hatte sich die sowjetische Führung »auf die Unausweichlichkeit der deutschen Vereinigung eingestellt. Jetzt ging es um die Umstände und um die Zeitachse.«[47]

### Ein folgenreiches Mißverständnis

Wenngleich Genschers Analyse im Anschluß an die dramatisch verlaufene Unterhaltung im Kreml noch recht optimistisch erscheinen mußte, so erfaßte sie doch deutlich den begonnenen Prozeß des Umdenkens bei den Moskauer Spitzenpolitikern und den mit Deutschland befaßten Diplomaten:

1. Der innere Zerfall der DDR setzte sich Ende November/Anfang Dezember unverändert fort, wie sich exemplarisch am geschlossenen Rücktritt des Politbüros der SED am 3. Dezember zeigte. In Verbindung mit den anhaltenden Demonstrationen der Bürgerrechtsbewegung sorgte diese Entwicklung dafür, daß sich sowohl in der Ost-Berliner Botschaft als auch in der federführenden 3. Europäischen Abteilung des sowjetischen Außenministeriums eine »panische Stimmung« ausbreitete. Hektische Aktivitäten und eine im weiteren Verlauf dieser Untersuchung noch näher zu beschreibende Neubewertung der deutschlandpolitischen Situation waren die Folge.[48]
2. Die mißverständliche Interpretation des Zehn-Punkte-Programms als konkretem deutschlandpolitischen Aktionsplan des Bundeskanzlers durch Gor-

batschow und seine Mitarbeiter verschärfte in Moskau den Eindruck, man verliere die Kontrolle über die laufenden Prozesse und werde zusehends zu deren Beobachter. Am deutlichsten wurde dieses folgenschwere Mißverständnis in Gorbatschows Reaktion auf Kohls Formulierung von der Schaffung »konföderativer Strukturen« im deutsch-deutschen Verhältnis. Während Kohl den Begriff der Konföderation aufgrund der damit verbundenen Unwägbarkeiten bewußt mied und durch die unpräzise Formulierung »konföderative Strukturen« ersetzte, war anscheinend genau dies für die sowjetischen Außenpolitiker ein Hinweis auf angeblich konkrete Vereinigungspläne des Bundeskanzlers. Wo Kohl durch das Aufzeigen von Perspektiven lediglich eine Zementierung der Zweistaatlichkeit hatte verhindern wollen, sah Gorbatschow bereits eine operative Vereinigungspolitik, die tatsächlich aber nicht einmal in Ansätzen vorhanden war.

Zusätzlich gesteigert wurde die Verärgerung der sowjetischen Staatsspitze dadurch, daß das Kanzleramt auf jede Konsultation oder auch nur Vorabinformation verzichtet hatte. Wie Gorbatschow im Gespräch mit Genscher deutlich machte, sah er damit nicht nur die Rolle der UdSSR als Siegermacht des Zweiten Weltkrieges und eine der Vier Mächte ignoriert, sondern gleichzeitig die Grundgedanken der deutsch-sowjetischen Erklärung vom Frühsommer 1989 verletzt. Trotz aller Härte der Auseinandersetzung mit Genscher wurde deshalb auch hier das neue sowjetische Denken deutlich. Wo jeder seiner Vorgänger noch energisch auf die alliierten Siegerrechte verwiesen hätte, argumentierte Gorbatschow sehr viel stärker mit den neuen Kooperationsideen und der von ihm erhofften deutsch-sowjetischen Annäherung.

### *Vorabinformationen für den wichtigsten Verbündeten*

Wie in Moskau sorgte der unangekündigte deutschlandpolitische Vorstoß des Kanzlers auch in Washington zunächst für Aufregung, als die Verantwortlichen vollkommen überraschend von den Medien um eine Stellungnahme zu dem ihnen noch unbekannten Zehn-Punkte-Programm gebeten wurden.[49] Kurz vor seiner täglichen Pressekonferenz hatte Präsidentensprecher Marlin Fitzwater von Robert Blackwill Informationen für eine offizielle Stellungnahme verlangt, da der Nachrichtensender CNN über Helmut Kohls Rede im Bundestag und seinen »Plan zur deutschen Einheit« bereits berichtet hatte. Er kenne keine Details, antwortete Blackwill auf die Anfrage. Fitzwater solle erklären, Bush unterstütze den Plan. Mit derselben Weisung ging die Sprecherin des State Departments, Margaret Tutwiler, vor die Presse, wo sie allerdings auch betonte, die prinzipielle Zustimmung zu Kohls Ankündigungen bedeute noch keine Unterstützung.

Bedeutete diese Einschränkung, wie teilweise interpretiert wurde, einen Hinweis auf Verstimmungen im Verhältnis zwischen Bonn und Washington? Eine genauere Untersuchung der Ereignisse des 28. November 1989 in Washington ergibt ein anderes Bild: Obwohl sie von der mit ihnen nicht abgesprochenen Initiative des Bundeskanzlers überrascht waren, ließen die Verantwortlichen des Weißen Hauses sofort öffentlich ihre Zustimmung verkünden. Angesichts der intensiven Telefonate zwischen dem Präsidenten und dem Bundeskanzler hatten Scowcroft und seine Mitarbeiter ein in diesem Falle wörtlich zu nehmendes »blindes« Vertrauen zu Kohl. Ohne Kenntnis des Inhaltes unterstützten sie deshalb seinen deutschlandpolitischen Vorstoß gegenüber den Medien. Die Rede des Kanzlers und das Fehlen jeglicher Informationen hatten sie zwar überrascht, aber nicht nachhaltig verärgert.

Wie begründet dieses Vertrauen war, zeigte sich erst Stunden später: Gegen Abend tauchte im Weißen Haus ein ausführlicher Brief des Bundeskanzlers an Präsident Bush auf, in dem unter anderem Vorabinformationen zum Zehn-Punkte-Programm enthalten waren.[50] Auf Anordnung Kohls war das elfseitige Schreiben in Bonn bereits am frühen Morgen des 28. November nach Washington übermittelt worden, wo es aber erst mit mehrstündiger Verspätung auf dem Schreibtisch des Präsidenten ankam. Der Brief enthielt das bereits zehn Tage zuvor telefonisch angekündigte Memorandum, in dem Kohl seinem in der deutschen Frage derzeit wichtigsten Verbündeten im Vorfeld des amerikanisch-sowjetischen Gipfels noch einmal die deutsche Position verdeutlichen wollte.

Bevor Kohl in seinem Schreiben auf die zentralen deutschlandpolitischen Themen »Lage in der DDR« und »Deutsche Wiedervereinigung« einging, dankte er Bush noch einmal ausdrücklich für dessen positive Haltung zur deutschen Frage und nahm zu weiteren wichtigen Punkten Stellung:

1. Ausdrücklich warnte Kohl hinsichtlich des bevorstehenden amerikanisch-sowjetischen Gipfeltreffens unter der Überschrift »Malta-Philosophie« davor, den »Eindruck eine Status quo-Gipfels« zu erwecken. Die Reformprozesse in Mittel- und Osteuropa sollten nicht nur in Richtung der westlichen Werte freie Selbstbestimmung, Demokratie und Privatinitiative verlaufen, sondern eben auch von den dortigen Völkern getragen werden. Man dürfe die Entwicklungen deshalb nicht »von oben« steuern.
2. Gorbatschow müsse sich sicher sein können, daß der Westen nichts unternehmen werde, was die Lage in Europa destabilisiere. Statt dessen müsse klargestellt werden, daß die jetzigen Entwicklungen ihre Ursache in gewaltsam unterdrückten Konflikten und Reformverweigerung hätten. Stabilität bedeute dabei eine stabile Reformentwicklung hin zu der von Gorbatschow gewünschten »Freiheit der Wahl«, was letztlich nichts anderes sei, als die Ideale der amerikanischen Gründungsväter: »Wie 1776 geht es auch heute um life, liberty and the pursuit of happiness!«
3. Gorbatschows Position in der UdSSR sei derzeit wohl ungefährdet, doch sinke angesichts ausbleibender wirtschaftlicher Erfolge seine Popularität in der Bevölkerung. Aus der bislang theoretischen Frage »Gorbatschow helfen?« könne deshalb bald Ernst werden, und zwar »sowohl, was die kon-

kreten Wünsche« der Sowjetunion angehe, als auch was die tatsächlichen Hilfsmöglichkeiten des Westens betreffe, »die vergleichsweise beschränkt sind«.

4. Hinsichtlich Abrüstung und Rüstungskontrolle drückte Kohl seine Hoffnung aus, daß vom Gipfel »starke Impulse« ausgehen mögen, die sich vor allem bei den laufenden Wiener Verhandlungen über die konventionellen Streitkräfte in Europa (VKSE) in konkreten und baldigen Ergebnissen bemerkbar machen sollten. Gorbatschow solle immer wieder darauf aufmerksam gemacht werden, »daß er die große Überlegenheit des Ostens einseitig abbauen und so spätere Verhandlungen erleichtern sollte«. Zugleich zeigte Kohl sich erfreut über Bushs Ankündigung, auch weiter US-Truppen in Europa stationiert zu lassen: »Wir betrachten die Präsenz amerikanischer Streitkräfte nach wie vor als vital für die Sicherheit Europas.«

5. Gorbatschows Perestroika habe die aktuellen Reformprozesse in Polen, Ungarn, Bulgarien, der CSSR und der DDR »mitausgelöst, erleichtert oder beschleunigt«. Jetzt gelte es, ihn auf sein Prinzip der Nichteinmischung und der »freien Wahl« weiter festzulegen. Kohl machte deutlich, daß zur Unterstützung die seit längerem diskutierten wirtschaftlichen und finanziellen Hilfsmaßnahmen endlich realisiert werden müßten. Nur so könne man »soziale Eruptionen« ausschließen, an denen orthodoxe Parteikreise der Kommunisten, vor allem in Polen und Ungarn, interessiert sein könnten. Außer den USA habe bislang aber noch kein westliches Land einen Beitrag zu dem von Bush im Oktober vorgeschlagenen Stabilitätsfonds von 1 Milliarde US-Dollar erbracht. Der Kanzler kündigte an, beim Treffen der NATO-Staaten am 4. Dezember in Brüssel auf schnelle Beschlüsse und weitere Hilfen drängen zu wollen.

Mit seinen ausführlichen Hinweisen zu den genannten Themen machte Kohl deutlich, daß er die Fragen einer deutsch-deutschen Annäherung keinesfalls als derzeit einzig aktuellen Punkt oder losgelöst von den sonstigen Entwicklungen in Europa betrachtete. Erst danach kam der Bundeskanzler ausführlich auf die Lage in der DDR zu sprechen. Die politische Führung sei, so der Eindruck von Rudolf Seiters bei seinen Gesprächen in Ost-Berlin, weiter instabil. Hinzu komme, daß die Stimmung in der Bevölkerung unruhig bleibe, was sich sowohl in weiteren Massendemonstrationen als auch einem anhaltenden Zuzug von DDR-Bewohnern in den Westen zeige. Entscheidend seien deshalb die Antworten des bevorstehenden SED-Parteitags auf die Fragen nach einer Abkehr vom Machtmonopol, nach Wirtschaftsreformen, freien Wahlen sowie der Zulassung auch nichtsozialistischer Parteien und Gewerkschaften. Falls Gorbatschow darin eine Einmischung sehe, solle Bush klarstellen, daß es dem Westen nicht um die Stabilisierung einer diskreditierten Führung und unhaltbar gewordener Zustände gehe, sondern ausschließlich darum – »entsprechend dem Willen der Bevölkerung selbst« –, einen tiefgreifenden politischen, wirtschaftlichen und gesellschaftlichen Veränderungsprozeß von außen abzustützen.

»Deutsche Wiedervereinigung« lautete der letzte und ausführlichste Punkt in Kohls Brief. Gorbatschow werde hierzu wohl sagen, daß die Nachkriegsrealitäten auch in Zukunft respektiert werden müßten und daß Reformen in der DDR keinesfalls dazu führen dürften, »die Einheit Deutschlands, in welcher Form auch immer, wiederherzustellen«. Nachdrücklich bat der Kanzler den US-Präsidenten, keiner Festlegung zuzustimmen, die als Einschränkung der Politik verstanden werden könnte, »auf einen Zustand des Friedens in Europa hinzuwirken, in dem das deutsche Volk in freier Selbstbestimmung seine Einheit wiedererlangt«. Explizit nahm Kohl damit auf die NATO-Erklärung vom 30. Mai 1989 sowie die beispielsweise beim Abschluß des Moskauer Vertrages bereits 1970 erklärte Position der Bundesrepublik Bezug. Zugleich wies er darauf hin: »Kern der Sache aber ist und bleibt die freie Selbstbestimmung der Deutschen in der DDR.« Ausschließlich von deren Willen hing für Kohl also die weitere deutsch-deutsche Entwicklung ab, und er machte gegenüber Bush deutlich, wie er diesen Willen sah: Die Ereignisse seit dem Sommer, die Massenbesuche im Westen und die anhaltenden Großdemonstrationen zeigten, daß die Menschen in der DDR »nicht als Angehörige einer separaten Nation denken und fühlen«. Dabei liege es in niemandes Interesse, die von Gorbatschow in seiner Botschaft vom 10. November befürchteten »chaotischen Situationen« entstehen zu lassen. Das wüßten auch die Menschen in der DDR, die bislang viel Vernunft und Besonnenheit gezeigt hätten.

Ohne die NATO beim Namen zu nennen, ging Kohl auf die »unverbrüchliche Treue zum Bündnis« ein und betonte den erwiesenen Willen zur verstärkten Mitarbeit an der europäischen Integration. Die Bundesregierung habe die in der DDR entstandene Lage nicht einseitig ausgenutzt und werde dies auch in Zukunft nicht tun, versicherte Kohl. Dies habe er auch Gorbatschow bei ihrem jüngsten Telefonat versichert. Eine kurze Auflistung der einzelnen Elemente des Zehn-Punkte-Programms schloß das Schreiben ab, bevor Kohl dem Präsidenten noch einmal für dessen Unterstützung dankte. Er hoffe, daß Bush die in den Zehn Punkten zusammengefaßte Politik gegenüber Gorbatschow unterstützen werde. Man müsse dem Generalsekretär deutlich machen, »daß nicht das Festhalten an überkommenen Tabus, sondern dieser zukunftsgerichtete Kurs im besten Interesse auch seines Landes liegt«.

*Washington ist zufrieden – und baut vor*

Im Weißen Haus waren George Bush und seine Berater mit diesem Schreiben sehr zufrieden, stand es doch im krassen Gegensatz zu einem Brief von Egon Krenz, der ebenfalls an diesem Tag in Washington eingetroffen war.[51] Der SED-Generalsekretär, dessen Schreiben von Bush nie beantwortet wurde, hatte darin freie Wahlen und andere politische Veränderungen angekündigt. Aufgrund der Betonung und Wiederholung des Begriffs »sozialistisch« in bezug auf die DDR ging man in Washington allerdings davon aus, daß das neue Regime zwar Perestroika, nicht aber Demokratie zulassen werde. Hinzu kam, daß Krenz' Hinweise auf die deutsche Zweistaatlichkeit als Vorwarnung für das Treffen Gorbatschow-Bush gewertet wurde, mit der zugleich die Grenzen einer möglichen Diskussion der deutschen Frage abgesteckt werden sollten.

Da die USA sich seit einiger Zeit dazu entschlossen hatten, den Bundeskanzler bei seinen Bemühungen zur Wiederherstellung der deutschen Einheit so weit wie möglich zu unterstützen, fanden seine im Zehn-Punkte-Programm enthaltenen Vorschläge weitgehende Zustimmung. Zwar wurden die möglichen Gefahren durch eine Überreaktion der Partner im Osten wie im Westen gesehen, und vor allem Sicherheitsberater Scowcroft war wegen des nicht abgesprochenen Vorpreschens Kohls »sehr verärgert«, doch überwogen die positiven Interpretationen[52]: Der entscheidende Vorteil sei, daß der Plan eine Vielzahl an Optionen biete, ohne sich auf einen bestimmten Weg oder einen Zeitplan zur Herstellung der Einheit festzulegen. Zugleich wurden aber auch zwei Lücken in Kohls Programm gesehen, aus denen im weiteren Verlauf der Ereignisse Probleme entstehen konnten: Das Fehlen eines Hinweises auf die polnische Westgrenze sowie die Bündniszugehörigkeit Deutschlands – ein Punkt der von Mitarbeitern der US-Botschaft in Bonn auch auf Referentenebene angesprochen wurde. Während es in Washington keinerlei Zweifel daran gab, daß weder Kohl noch sonst ein relevanter deutscher Politiker die aktuelle deutsch-polnische Grenze in Frage stellen würde, wuchs in Washington die Erkenntnis, daß die NATO-Mitgliedschaft auch eines vereinten Deutschlands bereits frühzeitig abgesichert werden mußte.

Seine Zufriedenheit mit Kohls Zehn Punkten machte Bush anderntags, am 29. November, in einem Telefonat mit dem Bundeskanzler deutlich, bei dem es erneut um den bevorstehenden Gipfel vor Malta und die aktuelle Situation in der Sowjetunion ging.[53] Kohl sah in der DDR weitere Veränderungen bevorstehen und rechnete mit ersten freien Wahlen im Herbst 1990 oder Anfang 1991. Zur Bündnisfrage erklärte Kohl, daß man diesen Punkt im Augenblick nicht überstrapazieren dürfe. Die DDR werde im Warschauer Pakt und die Bundesrepublik in der NATO bleiben. Er schilderte dem Präsidenten auch seine Überlegungen, wie Frankreich zur Unterstützung des Vereinigungsprozesses gewonnen werden sollte: Er werde Mitterrand bei der Erreichung der nächsten EG-Integrationsziele – der Verwirklichung einer Wirtschafts- und Währungsunion – unterstützen. Zugleich versicherte Kohl erneut, daß es keinerlei deutsche Alleingänge geben werde, bevor er Bush abschließend erklärte, wie aufmerksam die Deutschen in Ost und West derzeit positive öffentliche Stellungnahmen zu den Fragen Selbstbestimmung und Einheit beobachteten.

An die Unterhaltung mit Kohl anknüpfend, nutzte Bush ein Pressegespräch im Verlauf des 29. November denn auch sofort, um seine Unterstützung für den Bundeskanzler in der Öffentlichkeit zu demonstrieren.[54] Er sei mit den Ergebnissen des Telefonats zufrieden, so der Präsident, der zugleich an einige seiner früheren Reden erinnerte, in denen er bereits über neue Wege zur Überwindung der europäischen Teilung nachgedacht hatte. Man komme dem Ziel eines freien und geeinten Europas näher. Wie dies und die Lösung der deutschen Frage allerdings letztlich im Detail erreicht werden könnten, das wisse er im Augenblick noch nicht.

Parallel zu diesen unterstützenden Äußerungen – denen ähnliche Aussagen gegenüber DDR-Diplomaten in Washington folgten – wurde im Planungsstab des State Departments allerdings bereits darüber nachgedacht, wie man die laufenden Entwicklungen stärker strukturieren und vor allem auch beeinflussen konnte. Das Ergebnis dieser Überlegungen von Francis Fukuyama und Dennis Ross waren »Vier Prinzipien« zur deutschen Vereinigung, die Baker am 29. November beim Pressebriefing erstmals vorstellte[55]:

1. Entscheidend sei das Prinzip der freien Selbstbestimmung; keiner der möglichen Wege in Richtung deutsche Einheit dürfe dabei im Augenblick bevorzugt oder ausgeschlossen werden.
2. Auch ein vereintes Deutschland müsse der NATO und der EG angehören.
3. Die Vereinigung müsse schrittweise und friedlich vor sich gehen.
4. Wie in der Schlußakte von Helsinki beschlossen, sei die Unverletzlichkeit der Grenzen zu beachten.

Diese Vier Prinzipien, die von Präsident George Bush wenige Tage später beim NATO-Gipfel in Brüssel den Mitgliedern der Allianz als zentrale Leitlinien der US-Politik gegenüber Deutschland vorgestellt wurden, waren somit ein wesentlicher Bestandteil der Reaktionen der Vereinigten Staaten auf Kohls Zehn-Punkte-Programm. Aus Sicht des Bundeskanzlers und seiner Mitarbeiter bedeutete all dies zum einen die endgültige Bestätigung, daß seitens der US-Regierung weitere Vereinigungsschritte nicht nur akzeptiert, sondern auch aktiv unterstützt würden, sowie zum anderen eine klare Aussage Washingtons zu den amerikanischen Vorstellungen von Verlauf, Inhalt und Zielrichtung jeglicher Vereinigungsbestrebungen. Die Vier Prinzipien waren dabei sowohl Bekräftigung als auch – in Sachen NATO und polnischer Westgrenze – Präzisierung der deutschlandpolitischen Vorstellungen Kohls.[56]

## *Thatcher beschwört den Status quo*

Ganz anders als Bush reagierte die britische Premierministerin Margaret Thatcher auf Kohls Zehn-Punkte-Programm. An ihrer Abneigung ließ sie keinen Zweifel[57]: Das bekam Hans-Dietrich Genscher zu spüren, als er am 29. November zu politischen Gesprächen in London eintraf. Nur wenige Tage zuvor, am 18. November, sei man im Kreis der EG-Staats- und Regierungschefs in Paris zusammengesessen und habe festen Grund unter den Füßen sowie ein Konzept vor Augen gehabt. Nun aber müsse sie feststellen, daß alles in Bewegung geraten sei. Die verärgerte Regierungschefin erbat von Genscher weitere Erklärungen zu den Zehn Punkten, da sie sich aufgrund der verschiedenen Artikel in

der Presse, des Berichts ihres Botschafters und des Redetextes nicht ganz im klaren darüber sei. Thatcher machte zudem deutlich, daß sie sich mit den Entwicklungen nicht abfinden wollte. Immer wieder betonte sie die Gefahren, die in einer Veränderung des Status quo lägen. Die Wiedervereinigung stehe nicht auf der Tagesordnung. Zunächst einmal müßten überall in Osteuropa demokratische Strukturen verankert werden. Erst wenn diese sich als haltbar erwiesen, könne man vielleicht in eine Situation kommen, in der auch die Frage nach der Wiedervereinigung gestellt werden könne. Genscher verließ London in Richtung Paris mit der Erkenntnis, daß
- die Vorbehalte in Großbritannien größer denn je waren,
- Margaret Thatcher sich in ihren Vorurteilen gegen die deutsche Vereinigung bestätigt sah,
- man sich nach einer Übereinkunft mit Frankreich und den USA auch mit Großbritannien würde arrangieren können und daß
- Klarheit in der deutschen Position zu den Themen NATO, EG und Oder-Neiße-Grenze die weitere Entwicklung erleichtern würde.

Die Premierministerin hatte den Eindruck George Bushs und seiner Berater bestätigt, den diese bereits fünf Tage zuvor gewonnen hatten. Anläßlich ihres Besuches auf dem Landsitz des amerikanischen Präsidenten in Camp David hatte Thatcher am 24. November deutlich gemacht, daß für sie die deutsche Frage nicht aktuell war. In ihrer Argumentation konzentrierte sie sich dabei auf zwei Stränge: die Grenzfrage sowie die mit einer Vereinigungsdiskussion verbundenen Gefahren für Gorbatschow. Man könne die Deutschen zwar nur schwer von einer Vereinigung abhalten, doch könne man immerhin ihre Erwartungen dämpfen. Im nachhinein war sich Thatcher allerdings im klaren darüber, daß sie Bush nicht für ihre Politik gewinnen konnte. Wenngleich er nicht direkt widersprochen habe, so habe das Gespräch auch nicht dazu beigetragen, die angespannte bilaterale Atmosphäre zu verbessern.[58]

Analysiert man die Position der britischen Regierung, so orientierte diese sich Ende November/Anfang Dezember 1989 an den Prämissen dreier maßgeblicher Politikfelder[59]:
1. Ostpolitik: Hier wurde die Stabilisierung Gorbatschows sowie der Demokratisierungsprozesse in den Reformstaaten als wichtigste politische Aufgabe gesehen.
2. Sicherheitspolitik: In diesem Bereich galt es für den Westen, auch in der veränderten Situation Stärke zu beweisen sowie an der NATO – und damit auch am Warschauer Pakt – als wichtigen Elementen für Sicherheit und Stabilität in Europa festzuhalten.
3. Deutschlandpolitik: Entgegen allen anderslautenden Erklärungen war die deutsche Frage aus britischer Sicht nicht aktuell und stand schon gar nicht auf der Tagesordnung der operativen Politik. Entsprechende Erwartungen der Deutschen waren zu bremsen und mögliche Entwicklungen durch die Verlagerung des Themas in größere Gremien wie die KSZE zu verlangsamen.

Sehr viel offener hätte der Widerstand Thatchers gegen Helmut Kohls Zehn-Punkte-Programm kaum ausfallen können. Wenn man die Übernahme der deutschen Frage aus der politischen Rhetorik in die tagespolitische Aktualität als eines der zentralen Ziele von Kohls Initiative sieht, dann war Thatchers Hinweis, die Wiedervereinigung stehe nicht auf der Agenda, eine glatte Absage an das Konzept des Kanzlers. Andererseits waren durch ihre Argumentationen jene Themenbereiche deutlich geworden, die für eine Überzeugung Großbritanniens bearbeitet und gelöst werden mußten. Schließlich hatte auch Genscher bei seinem Besuch den Eindruck gewonnen, daß die von Großbritannien eingebrachten Bedenken nicht gänzlich unüberwindbar waren.

*Die Fronten werden klarer*

Als Helmut Kohl am 17. November 1989 gegenüber George Bush ein ausführliches Memorandum zu seinen deutschlandpolitischen Positionen angekündigt hatte, war auch dem Bundeskanzler nicht bewußt gewesen, welche konkreten Auswirkungen diese Idee letztlich haben würde. Aus dem angekündigten Informationspapier wurde ein öffentlich vorzustellendes Programm mit den bekannten Beweggründen und Zielen.

Faßt man die Reaktionen in der Bundesrepublik, der DDR und im Ausland hierauf zusammen, so zeigt sich, daß das Programm neben der erwünschten Orientierungsleistung auch die angestrebte Diskussionsbündelung brachte. Hinzu kam ein zumindest explizit nicht angestrebter Beschleunigungseffekt: Obwohl Helmut Kohl selbst noch von einem Zeitraum von fünf bis zehn Jahren bis zur Herstellung der Einheit ausging, sahen sich vor allem die Kritiker des Programms nun massiv unter zeitlichen Druck gesetzt. Dies zeigte sich sowohl in der innenpolitischen Diskussion als auch in den Reaktionen der DDR und der ausländischen Partner. Dieser auf einem Mißverständnis beziehungsweise einer Überinterpretation beruhende Beschleunigungseffekt trug zudem dazu bei, daß sich in der Debatte auch einige Fronten klärten:
1. Die zentralen Themen Bündniszugehörigkeit und Grenzfrage, aber auch Fragen nach der europäischen Integration – kurz, die Frage nach dem Fortbestand der Westbindung eines geeinten Deutschlands – traten sehr viel offener als bislang zutage.
2. Die unterschiedlichen Lager in der Bundesrepublik wurden deutlich: Innenpolitisch war die FDP zwar über Kohls nicht abgesprochenen Vorstoß verärgert, doch trug sie alle relevanten Grundgedanken des Zehn-Punkte-Programms mit. Während die Grünen in geschlossener Opposition zu Kohls Konzept standen, war die in sich zerstrittene SPD weder in der Lage, sich zu Kohls Ziel und Wegvorschlägen zu bekennen, noch konnten die Sozialdemokraten durch substantielle eigene Vorschläge die Diskussion mitbestimmen.

3. Die Probleme der DDR mit dem Programm wurden deutlich: Während die SED und die mit ihr verbundenen Eliten die Zweistaatlichkeit festschreiben wollten, hatten die ehemaligen Blockparteien ebenso wie die Bürgerrechtsgruppen und die neuen Oppositionsparteien vor allem Probleme mit der perzipierten zeitlichen Forcierung.
4. Bei den zur Erlangung der Einheit maßgeblichen Vier Mächten zeigte sich, daß lediglich die USA derartige Bestrebungen unterstützten und eigene – mit den Ideen des Kanzlers weitgehend deckungsgleiche – Vorstellungen hatten. Die sowjetische Führung lehnte den Plan kategorisch ab, doch zeigte sich bereits, daß sie weder militärische noch politische oder diplomatische Gewaltmittel zur Verhinderung anwenden würde. Nicht zuletzt aufgrund des anhaltenden Zerfalls staatlicher Strukturen in der DDR wurde den politisch Verantwortlichen in Moskau zunehmend bewußt, daß die von ihnen beschworenen Nachkriegsrealitäten immer weniger der Wirklichkeit entsprachen.

Daneben liefert die Analyse der Entstehungs- und Wirkungsgeschichte des Zehn-Punkte-Programms Hinweise auf koalitionsinterne Arbeitsweisen und Konfliktlagen: Helmut Kohl war eben nicht nur Bundeskanzler, sondern zugleich auch Vorsitzender der CDU, weswegen er seinen Plan nicht mit dem Koalitionspartner – und damit dem der FDP zugehörigen Außenminister – abstimmte. Das Thema »deutsche Einheit« war, wie die Reaktionen der Liberalen bewiesen, nicht nur eine nationale Frage, sondern zugleich Teil einer kompetitiven Politik innerhalb der Regierungskoalition. Die grundlegende Übereinstimmung zwischen Kanzler und Außenminister war allerdings so groß, daß Genscher sich trotz aller parteipolitisch wie inhaltlich motivierten Kritik nicht öffentlich gegen den Vorstoß aussprechen wollte. Er verteidigte Zielrichtung und Inhalte des Programms gegenüber seinen ausländischen Gesprächspartnern energisch, spiegelten sie doch trotz aller Verärgerung über die fehlende Vorabinformation seine politische Grundeinstellung wider: Ebenso wie Kohl war er fest entschlossen, die sich abzeichnende Chance zur Wiedervereinigung zu nutzen. Hierfür war es nun von zentraler Bedeutung, Verbündete zu finden. Da die USA ihre Unterstützung bereits deutlich und mehrfach signalisiert hatten, aus Moskau heftiger Protest kam und die britische Regierung keine Bereitschaft zur Kooperation zeigte, fiel nunmehr Frankreich eine Schlüsselrolle zu. Bei seinen nächsten Gesprächen am 30. November in Paris wollte Genscher ausloten, wie der notwendige Schulterschluß mit dem wichtigsten westeuropäischen Partnern der Bundesregierung erreicht werden konnte.

# DIPLOMATIE
# IM ZEICHEN DES STATUS QUO

Wie alle anderen europäischen Partner traf Helmut Kohls Zehn-Punkte-Programm auch den Nachbarn Frankreich völlig unvorbereitet. Frankreichs politische Klasse war zunächst zuversichtlich gewesen, daß die Vereinigung Deutschlands nicht auf der Tagesordnung stehe, wie auch Staatspräsident François Mitterrand und sein Außenminister Roland Dumas immer wieder versichert hatten. Mit der Vorstellung von Kohls deutschlandpolitischer Skizze war ihnen die Aktualität der deutschen Frage nun aber deutlich vor Augen geführt worden.

## Dissens um Frankreichs EG-Fahrplan

Wenn auch die Regierenden nicht, wie etwa *Le Figaro* am nächsten Tag kommentierte, die Agenda der internationalen Diplomatie vom deutschen Bundeskanzler diktiert sahen, so fielen die Reaktionen der Staatsspitze doch sehr zurückhaltend aus.[1] Aus Athen, wo François Mitterrand sich zu Vorbereitungsgesprächen für den EG-Gipfel am 8. und 9. Dezember aufhielt, erinnerte dieser an die Rechte der vier Siegermächte des Zweiten Weltkrieges. Der Wille der Völker sei eine notwendige Gegebenheit, und im Falle Deutschlands würde ihn die Aussicht auf eine Konföderation zur Behandlung von Sachfragen keineswegs schockieren. Sie sei weder nachteilig noch zu verhindern. Dennoch genieße die Stabilität in Europa einen ebenso hohen Stellenwert wie die Freiheit und das Recht auf Selbstbestimmung.

### *Zurückhaltung an der Staatsspitze*

Im weiteren Verlauf der Debatte hielt die Regierung in Paris sich mit öffentlicher Kritik zurück. Außenminister Dumas bezeichnete das Zehn-Punkte-Programm in der Nationalversammlung am 29. November auf Nachfrage als einen »Entwurf, welcher lediglich eine Diskussionsgrundlage darstelle«[2]. Zwar könne keine Form der Zusammenarbeit der beiden deutschen Staaten von vornherein ausgeschlossen werden, diese müsse aber in jedem Fall die spezifische Situation der beiden deutschen Staaten berücksichtigen. Die Einheit sei ein legitimes Anliegen der Deutschen, doch gehe es nicht »ohne die Zustimmung der beiden deutschen Staaten, wie es auch nicht ohne die Staaten geht, die

Garanten für den deutschen Status sind«. Besonderes Gewicht maß Dumas dem weiteren Eintreten Kohls für die europäische Integration bei. Die Beziehungen zur DDR dürften für die Bundesrepublik nicht Alternative zur Europäischen Gemeinschaft sein. Statt dessen müsse die Gemeinschaft gestärkt werden, um die »Beziehungen mit dem anderen Teil der deutschen Nation zu erleichtern«. Das bevorstehende Treffen des Europäischen Rates werde zur Nagelprobe für den Bundeskanzler; seinen Absichtserklärungen müsse er nun Taten folgen lassen.

Französische Sozialisten wie Oppositionelle reagierten auf das Zehn-Punkte-Programm reserviert bis ablehnend. Laurent Fabius, politischer Mitstreiter Mitterrands und Präsident der Nationalversammlung, zeigte sich der Aussicht auf eine Wiedervereinigung »sehr, sehr reserviert« gegenüberstehend und warnte davor, die Wiedervereinigung gar gegen den Aufbau Europas zu stellen. Ebenso ablehnend gab sich Verteidigungsminister Chevènement: Eine Auflösung der Pakte werde weder von der UdSSR noch von den USA gewünscht. Ein französischer Diplomat bezeichnete die Initiative Kohls gar als »Überrumpelungsversuch«. Edouard Balladur, Ex-Finanzminister der Regierung Chirac, gab sich etwas weniger kategorisch: Die Vier Mächte könnten versuchen, eine Bewegung hin zur Wiedervereinigung zu verzögern, verhindern könnten sie diese nicht. Allgemeiner Hauptkritikpunkt war in Frankreich, daß das Zehn-Punkte-Programm keine verbindlichen Aussagen zur Anerkennung der bestehenden Grenzen in Europa sowie bezüglich der Zuständigkeiten der Vier Mächte enthielt, welchen von Paris immer wieder die entscheidende Rolle bei einer möglichen deutschen Vereinigung zugewiesen wurde. Jacques Attali, Mitterrands engster außenpolitischer Berater, signalisierte Horst Teltschik in einem Telefonat zwar, daß man im Elysée »damit leben« könne. Ihm wäre es aber lieber gewesen, wenn »das Ziel der europäischen Integration stärker herausgestellt worden wäre«.

Insgesamt waren es weniger Inhalt und Zielsetzung des von Kohl vorgelegten Programms, welche den französischen Präsidenten und sein Umfeld verärgerten, als vielmehr die Tatsache, vom Bundeskanzler nicht vorab informiert worden zu sein. Wenngleich von offizieller Seite die Tragweite dieses Versäumnisses angesichts der sonstigen deutsch-französischen Informations- und Konsultationsdichte heruntergespielt wurde, so war die Verstimmung darüber nicht zu übersehen. Die Vorstellungen Kohls über den Verlauf eines deutschen Einigungsprozesses kamen für Frankreich völlig unerwartet: Weder beim Sondergipfel der EG-Staats- und Regierungschefs am 18. November in Paris noch in den Kontakten zwischen Kohl und Mitterrand in den Tagen zuvor war auch nur eine Andeutung gefallen. Dabei hätte es nicht an passenden Gelegenheiten für eine solche Unterrichtung gemangelt, herrschte doch Ende November, Anfang Dezember 1989 reger Briefverkehr zwischen den beiden. Im Mittelpunkt dieser Korrespondenz stand der Fortgang der europäischen Integration und hier insbesondere die erforderlichen Maßnahmen auf dem Weg zu einer europäischen Wirtschafts- und Währungsunion. Dieser Punkt war bereits seit 1988 fester Bestandteil jeglicher Kommunikation zwischen François Mitterrand und Helmut Kohl. In der aktuellen Situation hatte sich die Gesprächsgrundlage der beiden Staatsmänner aber gravierend verändert. Mit den Meldungen aus der DDR und den Entwicklungen in Mittel- und Osteuropa entstanden am europäischen Horizont neue Perspektiven. Wenngleich Hilfsmaßnahmen für die Reformstaaten Mittel- und Osteuropas Bestandteil des bilateralen Dialogs waren, so mutete es zunächst erstaunlich an, daß die Veränderungen in der DDR und damit die deutsche Frage in den Briefwechseln dieser Tage mit keiner Silbe wiederzufinden waren.

Ein Brief des deutschen Bundeskanzlers an den französischen Staatspräsidenten, datiert vom 27. November 1989[3], also einem Tag vor der Veröffentlichung des Zehn-Punkte-Programms, beinhaltete ausschließlich Vorschläge zur Europäischen Wirtschafts- und Währungsunion sowie zur Politischen Union einschließlich eines detaillierten Arbeitskalenders für das weitere Vorgehen der Gemeinschaft bis 1993. Weder auf die sich zuspitzenden Ereignisse in der DDR noch auf die für den nächsten Tag geplante Bekanntgabe seines Programms zur deutschen Einheit ging Helmut Kohl in seinem Schreiben ein. Anders als gegenüber George Bush hatte Kohl hier Stillschweigen bewahrt. Hinzu kamen innerfranzösische Schwierigkeiten bei der Übermittlung des Redetextes an den Präsidenten. Ein erster Bericht über das Programm, von Teltschik den Botschaftern der Westmächte parallel zur morgendlichen Haushaltsdebatte im deutschen Bundestag übergeben und erläutert, wurde vom französischen Botschafter erst am Abend nach Paris übermittelt – als die Medien längst darüber berichtet hatten. Der Präsident erhielt seine ersten Informationen deshalb über die Nachrichtenagenturen AFP und dpa statt aus diplomatischen Kanälen. Die französische Übersetzung folgte sogar erst mit zwei Tagen Verspätung, als in Paris längst ein erstes Urteil zum Text gefällt worden war.[4]

Außenminister Genscher, der von seiner London-Visite am 30. November direkt weiter nach Paris flog, traf folglich auch hier auf diplomatische Unterkühlung. Offiziell wurde nach den Treffen mit Mitterrand und Dumas von Harmonie und Übereinstimmung gesprochen, zumal der Bundesaußenminister noch einmal ein klares Plädoyer zugunsten einer Europäischen Union abgelegt und die Entschlossenheit der Bundesrepublik in dieser Frage betont hatte. Dennoch wurden zwischen den Zeilen auch Zweifel an der Zuverlässigkeit und Berechenbarkeit der Politik des Bundeskanzlers sichtbar.[5] So gab Dumas seinem Gast zu verstehen, daß Paris entsetzt gewesen sei über die Tatsache, daß Kohl am 18. November in Paris über den Inhalt der Zehn Punkte kein Wort verloren habe. Mitterrand wies zum wiederholten Mal auf die Gefahren einer deutschen Vereinigung, die er als historisch unaufhaltsam bezeichnete, für Europa hin. Dabei sparte er nicht mit Kritik: Die Bundesrepublik, einst Motor europäischen Integrationsfortschritts, sei zur Bremse desselben geworden. Darüber hinaus wurde kolportiert, daß in Paris derzeit die Frage gestellt würde, »ob das besondere Verhältnis zwischen Frankreich und der Bundesrepublik Bestand haben werde, oder ob Frankreich sich neu orientieren müsse«.

Für die Tabuisierung des Themas »deutsche Einheit« im Vorfeld des Zehn-Punkte-Programms gab es unterschiedliche Motivationen. So wollte Helmut Kohl zum einen auch aus innenpolitischen Gründen den gewünschten Überraschungseffekt nicht gefährden. Zum anderen wollte er offensichtlich vermeiden, daß in der Frage der deutschen Einheit von der Europäischen Gemeinschaft Zuständigkeiten reklamiert würden.[6] François Mitterrand lag demgegenüber daran, seinen geplanten EG-Kurs fortzusetzen. Vor dem Hintergrund der deutsch-deutschen Annäherungen und dem Szenario einer Wiedervereinigung sah er die zügige Fortsetzung der europäischen Integration als Instrumentarium, um Deutschland in seine westeuropäische Verantwortung einzubinden. Daß Mitterrand sich hierbei der Zuverlässigkeit Kohls keineswegs sicher war, zeigt ein Blick auf den europapolitischen Fahrplan und die Zielsetzungen der französischen EG-Ratspräsidentschaft in der zweiten Jahreshälfte 1989. Wiederholt war es bereits im Vorfeld zu Interessensdivergenzen der beiden Partner gekommen.

*Vorsichtiges Herantasten an die Währungsunion*

Als Frankreich in der zweiten Jahreshälfte 1989 den EG-Vorsitz übernahm, galt Mitterrands besondere Aufmerksamkeit einem Ziel auf dem Weg zur Fortsetzung der europäischen Integration: der Schaffung einer einheitlichen Währung in Europa. Die Etablierung einer Währungsunion zwischen den Mitgliedstaaten der Europäischen Gemeinschaft war kein neues Ziel, sondern bereits seit Ende der sechziger Jahre in den Blick genommen worden. Ein Mangel an Integrationsbereitschaft beziehungsweise unterschiedliche ökonomische Auffassungen in den Mitgliedstaaten hatten jedoch noch in den siebziger Jahren Bemühungen wie den Werner-Plan für eine stufenweise Verwirklichung der Wirtschafts- und Währungsunion[7] scheitern lassen: Vertreter eines monetaristisch ausgerichteten Konzeptes wie Frankreich stellten die Schaffung einer gemeinsamen Währung in den Vordergrund. Sie bauten darauf, daß die Einführung einer Gemeinschaftswährung sich förderlich auf Gemeinschaftsanstrengungen bei der Weiterentwicklung einer gemeinsamen Wirtschafts- und Konjunkturpolitik auswirken würde. Im Gegensatz dazu sahen die Ökonomisten – allen voran Deutschland – die Einführung einer einheitlichen Währung als die Krönung eines Prozesses an, der zunächst die Annäherung der nationalen Wirtschaftspolitiken zur Aufgabe hätte. Hauptziel war eine möglichst hohe Geldwertstabilität, zu deren Wahrung auch ein geringeres Wirtschaftswachstum in Kauf genommen wurde. Das Erreichen von annähernd gleichen, niedrigen Inflationsraten sollte dann die Ausgangsbasis für eine Gemeinschaftswährung bilden.[8] Zu diesen grundsätzlichen konzeptionellen Differenzen kam hinzu, daß eine einheitliche Währung einen beträchtlichen Verlust an nationaler Souveränität bedeutete – Streitpunkt bei jeglichem Ringen um weitere Integrationsschritte der Gemeinschaft.

Nach dem Scheitern des Großprojekts einer Währungsunion wurden in den folgenden Jahren lediglich pragmatische Schritte unternommen, um das Wechselkursrisiko innerhalb der Gemeinschaft zu begrenzen: 1972 wurde die sogenannte Währungsschlange eingeführt, die zur Grundlage des Europäischen Wechselkursverbundes wurde.[9] Es folgte 1979 das Europäische Währungssystem (EWS). Erst als Mitte der achtziger Jahre die Vollendung des Europäischen Binnenmarktes mit der zeitlichen Zielvorgabe 31. Dezember 1992 in Angriff genommen wurde, konnte auch das ambitionierte Projekt der Währungsunion wieder aufgegriffen werden. Bestrebungen zur Angleichung der wirtschaftspolitischen Konzepte waren wesentlicher Bestandteil dieses Integrationsschrittes und schufen die erforderliche Gesprächsgrundlage für das Ziel einer Währungsunion.[10] So beinhaltete die Einheitliche Europäische Akte (EEA) von 1986 einen Abschnitt zur wirtschafts- und währungspolitischen Zusammenarbeit, der mit Art. 102a in den EWG-Vertrag (Vertrag zur Gründung der Europäischen Wirtschaftsgemeinschaft) integriert wurde. Neue Kompetenzverteilungen auf diesem Gebiet brachten die Bestimmungen jedoch nicht mit sich.[11]

Ein neuer Impuls ging schließlich Ende der achtziger Jahre von Deutschland aus, das aufgrund seines streng ökonomistischen Kurses französische Vorstöße immer wieder abgelehnt und sich dadurch den Ruf eines »Bremsers« eingehandelt hatte. Mit dem sogenannten Genscher-Memorandum, welches unter deutschem Vorsitz im Europäischen Rat am 26. Februar 1988 vorgelegt wurde, signalisierte Deutschland ein Abweichen von seiner restriktiven Linie.[12] Das Memorandum zielte auf die Schaffung eines europäischen Währungsraumes sowie einer europäischen Zentralbank, um den gemeinsamen Markt zu vollenden und Europa von der Hegemonie des Dollars unabhängig zu machen. Eine Arbeitsgruppe sollte hierzu innerhalb eines Jahres einen Bericht verfassen, der dann den Zwölf zur Begutachtung vorgelegt werden sollte. Sowohl in Deutschland als auch in Frankreich wurde Zustimmung signalisiert, wenngleich auf beiden Seiten Bedenken bestehen blieben, die bereits das Spannungsfeld diametral gegensätzlicher Grundauffassungen absteckten: Fürchtete man in Deutschland den Verlust einer starken D-Mark und der Unabhängigkeit der Bundesbank, so stand dem in Frankreich die Sorge gegenüber, die Kontrolle der Regierung über die Nationalbank aufgeben zu müssen.

Auf dem Europäischen Rat von Hannover im Juni 1988 war schließlich – trotz massivem britischem Widerstand – beschlossen worden, ein Komitee, bestehend aus den Zentralbankpräsidenten der Mitgliedstaaten und anderen Experten, einzuberufen, das unter der Leitung von Kommissionspräsident Jacques Delors Vorschläge zur stufenweisen Verwirklichung einer Währungsunion erarbeiten sollte. Sehr schnell hatten sich zwei unterschiedliche Herangehensweisen herauskristallisiert: zum einen die sofortige Schaffung eines europäischen Reservefonds mit dem Ziel, die jeweiligen Geldpolitiken einander anzunähern und dadurch das bereits bestehende Europäische Währungssystem zu stärken. In einer anschließenden Phase sollte unmittelbar zur gemeinsamen Währung übergegangen werden. Diese Linie wurde hauptsächlich vom französischen Zentralbankchef de Larosière, aber auch von Italien befürwortet. Im Gegensatz dazu wurde von einer zweiten Gruppe – angeführt von Jacques Delors – ein sofortiges Engagement für die Währungsunion favorisiert, der ein genauer zeitlicher Fahrplan zugrunde gelegt werden sollte. Aus unterschiedlicher Motivation heraus bevorzugten Großbritannien und die Bundesrepublik diese Variante. Für die Briten ließ sie die Option offen, an einer ersten Stufe der Währungsunion teilzunehmen, sich aber aus weiteren Etappen oder ganz außen vor zu halten. Der Hauptgrund für die Bundesregierung bestand in der Möglichkeit, zunächst nur einen anhand bestimmter Stabilitätskriterien ausgewählten Zirkel von Staaten teilnehmen zu lassen, um so in der Startphase eine Schwäche der einheitlichen Währung – durch Beitritt von Mitgliedern mit weniger stabilen Währungen – zu verhindern.[13]

Trotz gegenteiliger Ansicht seines Finanzministers Bérégovoy rang Mitterrand sich schließlich zur Unterstützung dieses Ansatzes durch, da er Frankreich bei letztlich gleichem Ziel nicht wegen Befürwortung einer anderen Methode isolieren wollte.[14] Die deutsch-französische Abstimmung beruhte dabei auf einem Geben und Nehmen: Bonn forderte vor allem die Einrichtung einer Europäischen Zentralbank nach striktem Vorbild der Deutschen Bundesbank, also unter Garantie völliger Unabhängigkeit von den Regierungen der Mitgliedstaaten. Im Gegenzug erwartete Frankreich von seinem deutschen Partner ein zügiges Eintreten bei der Verwirklichung der einheitlichen Währung, vor allem der Einberufung einer Regierungskonferenz, welche die entsprechenden vertraglichen Bestimmungen zur Umsetzung der Währungsunion in Angriff nehmen sollte. Der Delors-Bericht, vorgelegt im April 1989, sah als erste Etappe den Eintritt aller Gemeinschaftswährungen in das bestehende Europäische Währungssystem (EWS) vor. Phase zwei sollte die Gründung der Europäischen Zentralbank beinhalten, eine dritte Phase schließlich die einheitliche Währung einführen. Lediglich Phase eins war zeitlich auf den – spätestmöglichen Termin – 1. Juli 1990 fixiert.[15]

Bereits die abschließende Sitzung des Europäischen Rates unter spanischer Präsidentschaft in Madrid am 26./27. Juni 1989 hatte einen Vorgeschmack auf die Zielsetzung der bevorstehenden französischen Ratspräsidentschaft gegeben. Unzweifelhaft lag Mitterrand daran, das Tempo, mit dem auf die einheitliche Währung zugesteuert werden sollte, zu beschleunigen.[16] Frankreich forderte, die erste Etappe der Währungsunion schon zum 1. Januar 1990 beginnen zu lassen und parallel dazu die Regierungskonferenz zur Vorbereitung der beiden nächsten Phasen einzuberufen. Seine Bemühungen blieben jedoch erfolglos. Nach hartem Ringen um den Starttermin für die erste Stufe der Währungsunion einigte man sich schließlich auf den 1. Juli 1990; ebenso mußte Paris auf die zeitliche Festlegung der geplanten Regierungskonferenz verzichten. Der Bericht der Notenbankgouverneure wurde insgesamt »als gute Grundlage für die weitere Arbeit« gewertet. Mitterrands Vorhaben war vor allem mit britischen und deutschen Interessen kollidiert. Während Margaret Thatcher eine prinzipielle Verweigerungshaltung einnahm, die auf der grundsätzlichen Ablehnung von Souveränitätsabgabe zugunsten einer europäischen Einheitswährung fußte, spielten bei Helmut Kohl vor allem wahltaktische Gründe eine Rolle. Vor der im Dezember 1990 anstehenden Bundestagswahl wollte er eine Diskussion um das Procedere der Währungsunion, ausgelöst durch die frühzeitige Einberufung einer Regierungskonferenz, unbedingt vermeiden. Der Verzicht auf eine weitere terminliche Festlegung über den 1. Juli 1990 hinaus war schließlich das Ergebnis eines von Kohl eingebrachten Kompromisses. Daß Mitterrand sich hiermit im Hinblick auf die französische EG-Präsidentschaft nicht zufriedengeben wollte, machte er noch in Madrid deutlich, wo er an seiner Forderung nach einer Einberufung der Regierungskonferenz für die zweite Jahreshälfte 1990 festhielt.

*Feilschen um die europäische Integration*

Was unter normalen Umständen unter der Rubrik »taktisches Geben und Nehmen« verbucht worden wäre, erschien durch den Fall der Mauer und das am 28. November vorgelegte Zehn-Punkte-Programm Kohls plötzlich in einem ganz anderen Licht. Durch die rasanten Entwicklungen in der DDR sah Mitterrand die Prioritätenliste des Kanzlers noch weiter zuungunsten einer schnellen Verständigung über die europäische Einheitswährung verrutschen. Für das französische Staatsoberhaupt wurde die Frage des zeitlichen Entgegenkommens des Bundeskanzlers in den folgenden Wochen zur Nagelprobe für dessen europapolitische Zuverlässigkeit. Noch stärker als zuvor sah er die feste Einbindung der Bundesrepublik in die westeuropäische Staatengemeinschaft als Garant für Stabilität und Gleichgewicht an. Die Forcierung der europäischen Integration sollte folglich zu einem Hauptinstrumentarium seiner Deutschlandpolitik in dieser Phase des Umbruchs werden. Dabei war sein Blick nicht nur auf Westeuropa gerichtet, wie die folgenden Wochen und Monate zeigen sollten. In einer stärker autonomen Politik gegenüber dem östlichen Europa drückte sich zum einen sein Wunsch – und zugleich seine Sorge – aus, Deutschland nicht allein dieses Feld zu überlassen. Außerdem sah er darin eine probate Möglichkeit, auf die Veränderungen, wenn nicht grundsätzlich, so doch zumindest auf ihren Verlauf und ihre Geschwindigkeit Einfluß nehmen zu können.

Im Vorfeld des Europäischen Rates von Straßburg stand der Dialog zwischen Mitterrand und Kohl ganz im Zeichen der weiteren Schritte bei der europäischen Integration, wie ihr Briefwechsel zur bilateralen Abstimmung zeigte.

Knackpunkt dieser Korrespondenz war die Frage der Einberufung einer Regierungskonferenz. Hatte dieses Thema bis zum Sommer 1989 lediglich wie eine Frage von Verhandlungstaktik ausgesehen, so wurde es spätestens im Oktober für beide Seiten zu einem Ärgernis. Am 12. Oktober hatte der für Europaangelegenheiten zuständige Referatsleiter im Kanzleramt, Joachim Bitterlich, der europapolitischen Beraterin Mitterrands im Elysée, Elisabeth Guigou, signalisiert, daß Kohl bereit wäre, der Eröffnung der Regierungskonferenz im zweiten Halbjahr 1990 zuzustimmen.[17] Eine Antwort, ob dies – wie von Frankreich gewünscht – auf dem Straßburger Gipfel im Dezember auch offiziell bestätigt würde, blieb Bonn zunächst jedoch schuldig. Anläßlich eines Arbeitsessens der beiden Staatsmänner im Elysée am 24. Oktober unternahm Helmut Kohl dann entgegen französischen Erwartungen alles, um das Thema Währungsunion zu umgehen. Auch massive Bemühungen Mitterrands fruchteten nicht: »Kohl weigert sich, über das Datum für die Einberufung der Regierungskonferenz zu sprechen«, so Elisabeth Guigou. Die Reaktion des Staatspräsidenten folgte auf dem Fuß. Am nächsten Tag, dem 25. Oktober, kündigte Mitterrand vor dem Plenum des Europäischen Parlaments an, daß der Straßburger Gipfel die Regierungskonferenz für den Herbst des kommenden Jahres festsetzen werde. Kurz zuvor hatte er einen »wütenden« Helmut Kohl über seine Absicht informiert.[18]

### Meinungsunterschiede vor dem Straßburger Ratstreffen

Der Brief des Bundeskanzlers vom 27. November 1989[19] muß also vor dem Hintergrund seiner Vorgeschichte gesehen werden. Allgemein bekräftigte Kohl darin noch einmal seinen grundsätzlichen Willen, in Straßburg »in die Zukunft weisende Entscheidungen« zu treffen. Der Absicht, mit einer gemeinsamen Linie zum weiteren Vorgehen anzureisen, komme er mit der Vorlage eines Arbeitskalenders nach, von dem er hoffe, daß er die Zustimmung Mitterrands finde. Allgemein positiv äußerte er sich zu den Vorarbeiten unter französischer Ratspräsidentschaft zur ersten Stufe der Wirtschafts- und Währungsunion. Insbesondere hob er hier die wechselseitige Überwachung und Konsultation sowie Fortschritte bei der Liberalisierung des Kapitalverkehrs hervor. Dann aber nannte er seine Bedenken hinsichtlich der – trotz massiver Bemühungen – immer noch erheblichen Unterschiede bei der Stabilitätsentwicklung der Zwölf. Dies könne nicht nur die Stabilität des EWS gefährden, sondern auch das Erreichen der angestrebten Konvergenzziele einer ersten Phase der Währungsunion in Frage stellen. Ebenso könnten, wenngleich sich das Engagement für den Binnenmarkt positiv entwickle, Defizite in diesem Bereich, wie beispielsweise bei der Steuerharmonisierung, zu einem Gefahrenpotential für die Verwirklichung der ersten Stufe einer Währungsunion werden. Zum Abschluß seines Briefes erläuterte der Kanzler deshalb, daß er es für wichtig halte, in

Straßburg die Notwendigkeit von Fortschritten auf diesem Gebiet zu verdeutlichen sowie deren Bedeutung für die Wirtschafts- und Währungsunion herauszustellen.

Mit einem dem Brief beigefügten Arbeitskalender setzte Kohl seine geäußerten Befürchtungen in konkrete Terminvorschläge um: So sollte der Europäische Rat in Straßburg den Eintritt in die erste Phase der Währungsunion zum 1. Juli 1990 bestätigen. Darüber hinaus sollte er den zuständigen Gremien lediglich den Auftrag erteilen, die Grundlagen zur Fixierung der weiteren Stufen zu erarbeiten, welche dem Europäischen Rat erst im Dezember 1990 in Rom vorgelegt werden sollten. Dort solle die politische Entscheidung zur Einberufung der Regierungskonferenz getroffen werden, welche dann zu Beginn des folgenden Jahres ihre Arbeit aufnehmen könne. Parallel hierzu sollten die weiteren institutionellen Reformen der Gemeinschaft in Angriff genommen werden. Eine zweite Regierungskonferenz könne beim EG-Gipfel im Dezember 1991 eingesetzt werden. Beide Regierungskonferenzen sollten ihre Arbeiten im Laufe des Jahres 1992 abschließen.

Dies war eine klare Absage an den ambitionierten Zeitplan des französischen Präsidenten: Die Einsetzung der Regierungskonferenz sollte ein Jahr später als nach dessen Vorstellungen erfolgen, vorausgesetzt, der Europäische Rat würde die neuerlichen Vorbereitungsarbeiten akzeptieren. Damit hätte der frühestmögliche Zeitpunkt für einen Start der Regierungskonferenz im Jahr 1991 gelegen – eine Aussicht, die Mitterrand verdrießlich stimmte. Zwar brachte man im Elysée bis zum 27. November durchaus Verständnis für Kohls schwierige innenpolitische Situation auf, eine umstrittene Entscheidung auf EG-Ebene vor dem Ende 1990 ins Haus stehenden Wahltermin rechtfertigen zu müssen[20] – das Verständnis reichte jedoch nur bis zum nächsten Tag, dem 28. November 1989: Mit der Bekanntgabe des Zehn-Punkte-Programms begann man sich in Paris zu fragen, ob der Bundeskanzler die europäische Integration der nationalen Einheit Deutschlands opfern wollte.

Entsprechend deutlich antwortete Mitterrand in einem Brief vom 1. Dezember 1989.[21] Er wollte sich nicht von seinem ursprünglichen Weg abbringen lassen und erklärte dem Kanzler, daß auch er sich auf einen gemeinsamen Kalender zu verständigen gedenke. Dies solle jedoch bereits in Straßburg geschehen, wo er definitiv beabsichtige, die Frage nach der Einsetzung der Regierungskonferenz zu stellen. Wie Kohl ja wisse, wolle er, daß eine solche noch vor Ablauf des Jahres 1990 ihre Arbeit aufnehmen könne. Einlenkend fügte er hinzu, daß die erste Sitzung der Regierungskonferenz, würde sie zeitgleich mit dem Europäischen Rat unter italienischem Vorsitz noch im Dezember 1990 stattfinden, lediglich formalen Charakter habe, während die eigentlichen, inhaltlichen Arbeiten erst 1991 beginnen würden – wie es dem Kanzler ja vorschwebe. Er teile die Sorge Kohls im Hinblick darauf, daß die Wirtschafts- und Währungsunion nur dann funktionieren könne, wenn auch eine wirtschaftliche Konvergenz erreicht werde. Dies sei unverzichtbar für die Stabilität der Währung. Die erste Phase der geplanten Währungsunion, auf welche er im Anschluß näher einging, bereite das nötige Terrain für alle weiteren Etappen. Erste Schritte seien hierzu seitens der Finanzminister und Notenbankgouverneure bereits erreicht worden. Die letzten Diskussionen hätten darüber hinaus Annäherungen der Standpunkte gezeigt. Was diese Etappen angehe, so könne die Regierungskonferenz ihre Arbeit auf den in Madrid verabschiedeten Grundsätzen von Parallelität und Subsidiarität gründen, das heißt die Regierungskonferenz werde die nötigen wirtschaftlichen Kriterien (»disciplines«) und gleichzeitig das institutionelle Gleichgewicht sowie dessen demokratische Legitimität definieren. Über die Wirtschafts- und Währungsunion hinaus sei auch er für eine Europäische Union. Er sei bereit, einen Fahrplan dafür »in den kommenden Jahren« in Angriff zu nehmen. Dies werde er gerne mit Helmut Kohl am 4. Dezember in Brüssel diskutieren, wo sich die beiden im Rahmen des NATO-Gipfels treffen würden. Zu dieser Aussprache zwischen Kohl und Mitterrand am Rande der NATO-Begegnung kam es jedoch nicht, da Kohl seinem Unmut über die Haltung des französischen Präsidenten wohl auch dadurch Ausdruck verleihen wollte, daß er ein solches Treffen ablehnte.[22]

Helmut Kohls Verstimmung über die Antwort Mitterrands zeigte sich aber auch in seiner schriftlichen Reaktion. In einem Schreiben vom 5. Dezember[23] stellte er deutlich die unterschiedlichen deutschen und französischen Prioritäten auf dem weiteren Weg der europäischen Integration heraus: Während Mitterrand der Forcierung einer Währungsunion absoluten Vorrang einräumte und auf die weiteren Schritte in Richtung einer Politischen Union kaum eingegangen war, betonte Kohl die Notwendigkeit dieser letzteren. Insbesondere die Entwicklungen in den Ländern Mittel- und Osteuropas machten aus seiner Sicht – so der Kanzler – die Forcierung der europäischen Integration nötiger denn je. Deswegen solle von Straßburg eine deutliche politische Signalwirkung ausgehen. Dort müsse der Wille bekräftigt werden, auf eine Politische Union hinzuarbeiten. Binnenmarktvollendung, das Ausfüllen von dessen sozialer Dimension sowie die Arbeit an einer Wirtschafts- und Währungsunion seien die Hauptbestandteile dieses Gemeinschaftszieles. Danach wiederholte der Kanzler noch einmal die wesentlichen Etappen seines bereits am 27. November vorgeschlagenen Arbeitskalenders. Er blieb bei der Festlegung, daß erst der Europäische Rat Ende 1990 über die Eröffnung der Regierungskonferenz zur Wirtschafts- und Währungsunion entscheiden solle, fügte seiner Agenda jedoch einen neuen Aspekt hinzu: So solle auf diesem EG-Gipfel Ende 1990 – nach entsprechenden Vorbereitungen – auch über die Erweiterung der Rechte des Europäischen Parlaments befunden werden, da die Kompetenzerweiterung der europäischen Institutionen ausgewogen sein müsse. Die Abgabe nationaler Befugnisse zugunsten der Europäischen Kommission könne gegenüber den Parlamenten der Mitgliedstaaten nur dann gerechtfertigt werden, wenn im gleichen Maße das Europäische Parlament größere Kontrollrechte erhalte. Nachdem er seiner Überzeugung Ausdruck verliehen hatte, daß Mitterrand in Straßburg einen geeigneten Weg finden werde, diese Zielsetzungen in die Schlußfolgerungen aufzunehmen, betonte er noch einmal, wie wichtig eine derartige Termingestaltung für ihn vor allem vor der innenpolitischen Kulisse sei.

Der Appell an Mitterrands Verständnis hierfür fand kein Gehör. In seinem Rundschreiben an die EG-Partner kündigte der Staatspräsident statt dessen an, daß in Straßburg über die Einsetzung der Regierungskonferenz entschieden werden solle.[24] Eine derartige Entscheidung werde letztlich als Beleg dafür gewertet, ob die Gemeinschaft gewillt sei, einen neuen qualitativen Schritt zu tun. Bereits in seiner allgemeinen Einführung hatte er die Notwendigkeit einer positiven Außenwirkung der Gemeinschaft hervorgehoben: So sei die aktuelle Entwicklung des europäischen Kontinents nicht zuletzt darauf zurückzuführen, daß die Europäische Gemeinschaft auf wirtschaftlicher und politischer Ebene für die mittel- und osteuropäischen Reformstaaten ein attraktives Modell darstelle. Es liege also im Interesse Gesamteuropas, das Tempo hin zu einer Europäischen Union zu beschleunigen. Grundsätzlich schlug er in diesem Kontext vor, prinzipielle Entscheidungen über Solidaritätsbekundungen gegenüber diesen Staaten zu treffen, insbesondere finanzieller Art.

### *Junktim zwischen Währungsunion und Einheit*

Wenngleich das Thema im Briefwechsel zwischen Mitterrand und Kohl keine Rolle spielte, so schwebte die Frage der deutschen Einheit doch beständig über ihren Kontakten. Wenige Tage vor Straßburg stand zudem die Problematik der Regierungskonferenz ungelöst – und trennender denn je – im Raum. Auch über das Zehn-Punkte-Programm hatten Mitterrand und Kohl bislang miteinander noch kein direktes, offenes Wort gewechselt. Helmut Kohl konnte also davon ausgehen, daß die elf EG-Partner ihn in Straßburg in angespannter Stimmung erwarten würden. Wollte er von seinem engsten europäischen Partner Unterstützung für seine Deutschlandpolitik und ein »Ja« zum Ziel der Vereinigung erlangen, mußte er in der Frage der Wirtschafts- und Währungsunion Zugeständnisse machen. Zugleich war es notwendig, durch einen entschlossenen Schritt in dieser Frage sein unzweideutiges Festhalten am bisherigen europapolitischen Kurs der Bundesrepublik zu demonstrieren. Unmittelbar vor dem Gipfeltreffen ließ Kohl deshalb auf den zwischen Elysée und Bundeskanzleramt eingespielten Kanälen, in diesem Falle über Bitterlich an Guigou, den französischen Präsidenten wissen, daß er zu einem Entgegenkommen bereit sei. Er werde sein Einverständnis zur Eröffnung der Regierungskonferenz im Dezember 1990 geben.[25] Mitterrand konnte also mit einem Etappensieg im Gepäck nach Straßburg aufbrechen. Das wichtigste seiner für die französische Ratspräsidentschaft gesteckten Ziele war erreicht.

Im Gegenzug hoffte Kohl, mit französischer Hilfe ein offizielles Bekenntnis der Gemeinschaft zu einer deutschen Vereinigung erlangen zu können. Dabei hatte er offensichtlich die negative Haltung seiner europäischen Partner unterschätzt. In all seinen Jahren als Bundeskanzler, so Kohl später, habe er »niemals einen EG-Gipfel in so eisiger Atmosphäre miterlebt wie diesen«²⁶. Obwohl er sich der Hypothek der deutschen Vergangenheit und der für einige Nachbarn beunruhigenden Aussicht auf ein 80-Millionen-Volk mitten in Europa bewußt gewesen sei, sei er »doch erstaunt über die fast tribunalartige Befragung« gewesen, mit der man ihm in Straßburg begegnete. So wurde er gefragt, was ihm »bei der Vorstellung des Zehn-Punkte-Programms eigentlich durch den Kopf gegangen sei, wie man überhaupt auf den Gedanken kommen könne, eine solche Rede zu halten (...). Daß wir zu den engagiertesten Befürwortern der europäischen Integration gehörten und die Gemeinschaft nicht zuletzt auch von unseren hohen Beitragszahlungen in die EG-Kasse profitierte – das alles spielte in diesem Augenblick keine Rolle.«

Während des gemeinsamen Mittagessens am ersten Tag des Gipfels, dem 8. Dezember, hatte Helmut Kohl zunächst öffentlich sein Einverständnis zur Einsetzung der Regierungskonferenz für Ende 1990 erklärt, welche die Anpassung der Römischen Verträge an die Erfordernisse der Wirtschafts- und Währungsunion vorbereiten sollte. Nach dieser prinzipiellen Einwilligung des Bundeskanzlers konnte hinsichtlich weiteren Fortschritts bei der Europäischen Union zur französischen Zufriedenheit schnell Einigkeit erzielt werden. Lediglich von Margaret Thatcher kamen grundsätzliche Einwände, da sie eine solche Entscheidung für verfrüht hielt.²⁷

Hinter den Kulissen gaben die Mitarbeiter von Kohl und Genscher derweil zu verstehen, daß vom Gipfel auch eine öffentliche Unterstützung der deutschen Einheit erwartet werde. Dies zu erreichen, sollte sich allerdings als ein äußerst schwieriges Unterfangen erweisen. Außer dem Spanier Felipe González war keiner der elf Partner dazu auf Anhieb und vor allem nicht konzessionslos bereit. Die Hauptforderung der übrigen Zehn – maßgeblich von britischen, italienischen, niederländischen, aber auch französischen Bedenken angeführt – war eine verbindliche Garantie des Kanzlers für die Unverletzlichkeit der polnischen Westgrenze. Dies war Auslöser einer bis in den Abend fortgesetzten harten Auseinandersetzung im Zwölfer-Kreis, die insbesondere zu einem deutsch-britischen Aufeinanderprallen »von seltener Heftigkeit«²⁸ führte. Die britische Regierungschefin forderte während des Abendessens, Kohl solle eine eindeutige Erklärung zugunsten der Unverletzlichkeit der polnischen Westgrenze abgeben, die Teil der Schlußerklärung des Gipfels werden solle. Kohl, der sich zu einem solchen Schritt unter keinen Umständen nötigen lassen wollte, lehnte dies ab. Die öffentliche Meinung in Deutschland sei hierfür noch nicht reif. Nur González war bereit, Kohls Zusage Glauben zu schenken, daß ein vereintes Deutschland die Grenze zu Polen endgültig anerkennen würde. Aber nicht nur Margaret Thatcher hatte daran massive Zweifel. Der niederländische Regierungschef Ruud Lubbers kritisierte, daß das Zehn-Punkte-Programm Kohls die Wiedervereinigung beschleunige. Er halte es zudem für gefährlich, vom Selbstbestimmungsrecht der Deutschen zu reden, weswegen man es vermeiden solle, von *einem* deutschen Volk zu sprechen. Kohl erwiderte, Deutschland habe für den Krieg mit dem Verlust von einem Drittel seines Staatsgebietes bezahlt, und mahnte, die Grenzfrage solle nicht zu einem »juristischen Problem« werden.

Vom allgemeinen Widerstand in ihrer Haltung bestärkt, setzte Margaret Thatcher nun auf Frankreich. Am Rande des Gipfels hatte sie sich – in der Hoffnung, taktische Allianzen gegen eine deutsche Vereinigung schmieden zu können – auf dessen Initiative hin zweimal inoffiziell mit Mitterrand getroffen. Einziges Thema dieser Gespräche war ein mögliches gemeinsames Vorgehen in der deutschen Frage.[29] Auch Mitterrand hatte wohl für kurze Zeit mit dem Gedanken an eine Neuauflage der französisch-britischen »Entente cordiale« geliebäugelt. Beide verband die historisch begründete Furcht vor dem Wiedererstarken eines geeinten Deutschlands und damit einem Freiwerden unberechenbarer Kräfte in Europa. Deutschland habe, so zitierte Thatcher später den französischen Staatspräsidenten, »in der Geschichte noch nie seine wahren Grenzen gefunden, denn die Deutschen seien ein Volk, das ständig in Bewegung und im Wandel sei«. Nach Thatchers Meinung war Mitterrand angesichts der dramatischen Veränderungen in Deutschland und der Perspektive einer deutschen Vereinigung noch beunruhigter als sie selbst – vor allem wegen des Zehn-Punkte-Programms. Mitterrand erklärte, Frankreich habe »in Augenblicken großer Gefahr stets besondere Beziehungen zu Großbritannien entwickelt«[30]. Nun habe er das Gefühl, eine solche Zeit sei wieder angebrochen. »Wir müßten zusammenrücken und in Verbindung bleiben.«

Thatcher stellte zunächst einen gemeinsamen Willen dazu fest, »den deutschen Moloch in die Schranken« zu weisen, bekam aber bald Zweifel an Mitterrands Entschlossenheit, seinen Worten auch Taten folgen zu lassen. So warf sie denn Mitterrand im nachhinein »Unfähigkeit vor, vertrauliche Worte mit öffentlichen Taten zu verknüpfen«. Dem französischen Staatspräsidenten sei nichts daran gelegen, die Grundrichtung seiner Außenpolitik zu ändern: »Er konnte entweder den europäischen Einigungsprozeß vorantreiben, um den deutschen Riesen zu bändigen, oder aber diese Linie aufgeben und sich auf jene von General de Gaulle zurückbesinnen – das heißt, auf die Verteidigung der französischen Unabhängigkeit und eine Bündnispolitik zur Sicherung der Interessen seines Landes. Er traf die falsche Entscheidung für Frankreich.«

Frankreich war offensichtlich auf der Suche nach Gleichgesinnten, um regulierend auf den deutschen Einigungsprozeß einwirken zu können. In Großbritanniens Premierministerin fand Mitterrand jedoch eine Gesprächspartnerin, deren rigide Haltung ihn in einen Konflikt mit seinen europapolitischen Interessen brachte. Substantieller europapolitischer Fortschritt war mit Großbritannien nicht zu verwirklichen; insbesondere in Sachen einer Wirtschafts- und Währungsunion war Frankreich auch weiterhin auf die Unterstützung der Bundesrepublik angewiesen. Eine teilweise Interessenkonvergenz in bezug auf die Beeinflussung oder Verhinderung der deutschen Einheit war für Mitterrand keine ausreichende Grundlage für eine dauerhafte gemeinsame Politik mit Großbritannien, sondern kollidierte zwangsläufig mit seinen grundlegenderen Interessen. Wollte die französische Führung auf die Ereignisse in Deutschland steuernd einwirken, mußte sie die Zusammenarbeit mit der Bundesregierung suchen.

Trotz seiner Skepsis in der deutschen Frage und insbesondere der gewünschten Grenzgarantie für Polen lag Mitterrand am Abend des 8. Dezember 1989 vor allem am erfolgreichen Abschluß des von ihm geleiteten Europäischen Rates in Straßburg. Er bat deshalb den französischen und den bundesdeutschen Außenminister, über Nacht eine Erklärung auszuarbeiten, die sich zugunsten der deutschen Einheit aussprechen würde, gleichzeitig aber geeignet wäre, den britischen Widerstand in dieser Angelegenheit zu überwinden.[31] Erst in den frühen Morgenstunden des nächsten Tages fanden Dumas und Genscher mit Unterstützung von Horst Teltschik, Jacques Attali und ihren Mitarbeitern schließlich den notwendigen Kompromiß für das Abschlußkommuniqué. Eingebettet in eine lange Erklärung zu den Ereignissen und Entwicklungen in Mittel- und Osteuropa wurde das Recht der Deutschen auf Einheit in freier Selbstbestimmung – entsprechend dem Wortlaut des Briefes zur deutschen Einheit zum Moskauer Vertrag von 1970[32] – anerkannt. Die entscheidende Passage lautete: »Wir streben die Stärkung des Zustands des Friedens in Europa an, in dem das deutsche Volk in freier Selbstbestimmung seine Einheit wiedererlangt. Dieser Prozeß muß sich auf friedliche und demokratische Weise, unter Wahrung der Abkommen und Verträge sowie sämtlicher in der Schlußakte von Helsinki niedergelegten Grundsätze im Kontext des Dialogs und der Ost-West-Zusammenarbeit vollziehen. Er muß auch in die Perspektive der europäischen Integration eingebettet sein«[33]. Der Hinweis auf die in Helsinki festgelegten KSZE-Prinzipien bezog sich dabei eindeutig auf die Unantastbarkeit bestehender Grenzen – in diesem Fall der polnischen – und war das äußerste Zugeständnis, zu dem Helmut Kohl sich bereit fand.

Wie lange das Ringen um die deutschlandpolitische Passage des Abschlußkommuniqués gedauert hatte, zeigte sich, als zu Beginn des traditionell am zweiten Tag eines jeden EG-Gipfels stattfindenden gemeinsamen Frühstücks von Mitterrand und Kohl der deutsche Textentwurf noch nicht fertig vorlag.[34] Dennoch war die Spannung des Abends bereits gewichen; der Kompromiß war entworfen. Kohl berichtete seinem französischen Gesprächspartner, daß ihm seine Mitarbeiter den wesentlichen Inhalt skizziert hätten und er damit sehr zufrieden sei. Damit war für den Bundeskanzler dieser zeitweise unerfreuliche Punkt aus der Welt geräumt. Statt dessen wechselte er zu einem ganz anderen Thema: dem zeitgleich stattfindenden außerordentlichen Parteitag der SED. Er habe noch in der Nacht eine Botschaft von Hans Modrow erhalten, in welcher dieser ihn bitte, insbesondere während seines bevorstehenden Besuches in Dresden beruhigend auf die Menschen in der DDR einzuwirken. Deren Unruhe werde angesichts der sich häufenden Aufdeckung von Korruptionsfällen immer größer.

Auch Mitterrand schlug in dem morgendlichen Gespräch versöhnliche Töne an. Das Regime der DDR breche nun in sich zusammen. Dabei handele es sich – im Gegensatz zur russischen Revolution von 1917 – um eine echte Revolution, welche vom Volk ausgelöst wurde. Nach einigen Worten des Bundeskanzlers zur wirtschaftlichen Lage in Mittel- und Osteuropa, insbesondere in Polen, kam Mitterrand auf seinen geplanten Staatsbesuch in der DDR zu sprechen. Er wolle hierzu einige Dinge näher erläutern. Wie Helmut Kohl wisse, datiere die Einladung und Absprache zu einem solchen Besuch noch aus der Zeit Erich Honeckers aus dem Jahr 1988. Der Bundeskanzler habe ihm seinerzeit geraten, diese Offerte anzunehmen. Krenz habe dann vor einigen Wochen die Einladung erneuert, und er, Mitterrand, habe keinen Grund zur Ablehnung gesehen. Niemand habe ahnen können, wie schnell sich die Dinge tatsächlich entwickeln würden. So wisse er nun nicht, auf wen er in der DDR treffen werde; die Reise habe »surrealistische Züge« angenommen.

Kohl warf ein, daß mit Manfred Gerlach als Staatsratsvorsitzendem derzeit ein Mann amtiere, der kein gutes Renommee habe. Er wisse auch nicht, ob in der DDR die Absicht bestehe, bis Ende des Jahres einen neuen Staatsratsvorsitzenden zu wählen. Mitterrand zeigte sich davon unberührt. Bis zu seinem Besuch sei angesichts der allgemeinen Dynamik noch sehr viel Zeit. Ihm sei bewußt, daß dies nicht der geeignete Zeitpunkt für solch eine Reise sei. Aber er wolle im Hinblick auf die seit einem Jahr laufenden Vorbereitungen nun nicht mehr absagen. Es sei denn, es würden unvorhergesehene Umstände eintreten, die ein Umdenken erforderlich machen würden. Ausdrücklich betonte der Präsident, daß die von der Presse beschworene Rivalität und das Termingerangel zwischen Kohl und ihm bezüglich ihrer beider DDR-Aufenthalte jeglicher Grundlage entbehren. Der Bundeskanzler bestätigte, daß auch er unter den momentanen Bedingungen keinen Anlaß zu einer Absage des Besuches des Staatspräsidenten sehe. Noch einmal hob Mitterrand daraufhin hervor, daß das von der Presse gezeichnete Bild, wonach er unbedingt vor dem deutschen Kanzler in die DDR reisen wolle, so nicht stimme. Der Zeitpunkt der Reise sei schon früh für das Jahr 1989 avisiert worden. Kohl bekräftigte, daß das für den 4. Januar geplante informelle Treffen zwischen ihnen beiden eine sehr gute Gelegenheit sei, um sich über die jeweiligen Besuchsergebnisse detailliert auszutauschen.

Mitterrand kam dann auf sein Treffen mit Gorbatschow drei Tage zuvor, am 6. Dezember, in Kiew zu sprechen.[35] Insgesamt habe er den Eindruck gewonnen, daß es für die sowjetische Nummer eins Punkte gebe, in denen er unnachgiebig sei, und solche, in denen eine Flexibilität vorhanden sei. Gorbatschow habe erstaunlicherweise eine innere Ruhe ausgestrahlt – ganz anders als etwa bei ihrem letzten Treffen im Juli in Paris. Er sei ihm weniger »handelnd als philosophisch« erschienen. Gorbatschow habe in bezug auf die deutsche Einheit nicht heftig reagiert; zentraler Punkt seien in dieser Frage die Grenzen. Hier sei er hart, wenngleich die Grenze zwischen der Bundesrepublik und der DDR nicht mit der polnischen Westgrenze verglichen werden könne.[36] Nicht beantworten könne er, Mitterrand, im Moment die Frage, was Gorbatschow unternehmen würde, wenn sich die Entwicklungen hin zu einer Vereinigung der beiden deutschen Staaten deutlich beschleunigen würden. Klar sei aber, daß für Gorbatschow der Warschauer Pakt als letzte Bastion seiner Macht unverzichtbar sei, und hierin sei die DDR nun einmal Kernland. Innerhalb dieser Prämisse sowjetischer Sicherheitspolitik sei für Gorbatschow alles akzeptabel. Ergänzend fügte Mitterrand hinzu, daß nach seiner Einschätzung der Warschauer Pakt diese existentielle Bedeutung wohl nur noch für die UdSSR, aber nicht mehr für die übrigen Mitgliedstaaten habe. So sei die Warschauer Vertragsgemeinschaft letztlich nur noch eine Illusion, welche Gorbatschow dazu diene, sich nach innen abzusichern.

Helmut Kohl, der diese Sicht bestätigte, betonte, daß er in seinem engen Kontakt, den er seit Sommer zum sowjetischen Generalsekretär halte, einen positiven Eindruck gewonnen habe. Gorbatschow wisse, daß nicht die militärische Macht entscheidend für die Weltmacht sei, sondern die wirtschaftliche Entwicklung. Gorbatschow wolle die Sowjetunion, die Kohl als letzte Kolonialmacht bezeichnete, auf den richtigen Weg bringen. Dabei dürfe man ihn nicht durch Aktionen von außen von diesem Weg abbringen. Ein übereiltes Handeln in der Frage der deutschen Einheit würde das Reformwerk Gorbatschows gefährden. Deshalb bremse er, der Bundeskanzler, das diesbezügliche Tempo und versuche die Lage zu entspannen. Mitterrand bekräftigte die Worte Kohls und betonte, daß für Gorbatschow die DDR weniger ein politisches als vielmehr ein militärisches Problem darstelle. Dies gelte insbesondere für die Grenze zwischen den beiden deutschen Staaten – wenngleich die politische Grenze etwas anderer Natur sei.

Nach dem zuvor weitgehend auf Konsens bedachten Wortwechsel blieb ein Schatten der Trübung am Ende jedoch nicht aus: Mitterrand informierte seinen Gesprächspartner am Ende der Unterhaltung über die sowjetische Initiative zu einem Treffen der Vier Mächte auf Botschafterebene in Berlin. Er habe noch nicht entschieden, wie Frankreich sich in solchen Vierergesprächen verhalten wolle, erklärte Mitterrand und ließ so zum Schluß des Gesprächs einen verstimmten Helmut Kohl zurück, da dieser Vierergespräche über die Köpfe der Deutschen hinweg grundsätzlich ablehnte.[37]

Trotz des zeitweise stürmischen Verlaufs konnten letztlich alle Teilnehmer des Gipfels mit den erreichten Ergebnissen zufrieden sein: In der Wirtschafts- und Währungsunion war man einen entscheidenden Schritt vorangegangen, und auch bei der umstrittenen Anerkennung des Rechtes der Deutschen auf Selbstbestimmung war ein Kompromiß erzielt worden. Neben der deutschlandpolitischen Passage, die vom Staatsminister im Kanzleramt, Lutz Stavenhagen, am 13. Dezember 1989 vor dem Ausschuß des Bundesrates für Fragen der

Europäischen Gemeinschaft als »optimale Formulierung« und lupenreine Position der Bundesregierung bezeichnet wurde, entsprachen aber auch die Ergebnisse zur europäischen Wirtschafts- und Währungsunion den Vorstellungen der Bundesregierung.[38] Demnach sollten die Vorbereitungen im Verlauf von 1990 für die Regierungskonferenz vorangetrieben werden. Mitte Dezember 1990 sollte dem Europäischen Rat ein Sachstandsbericht hierüber vorgelegt werden, auf dessen Basis die Regierungskonferenz eröffnet werden könnte. Die Aufnahme der praktischen Arbeiten würde somit erst 1991 erfolgen. Hinweise auf eine zweite Regierungskonferenz zur Politischen Union waren trotz des Plädoyers Helmut Kohls nicht in die Schlußfolgerungen aufgenommen worden. Dennoch, so Stavenhagen, sei vom Straßburger Gipfel ein wichtiges Signal für den anhaltenden Integrationsfortschritt ausgegangen. Insbesondere für Deutschland sei dies von Bedeutung, hinterfragten doch die anderen Mitgliedstaaten immer wieder – auch am Rande dieses Gipfels – die Prioritäten der deutschen Politik.

Neben dieser positiven Bewertung gab es allerdings auch deutliche Kritik an der Bilanz des Treffens von Straßburg. Insbesondere der französischen Presse gegenüber sah Mitterrand sich in den folgenden Tagen einem enormen Rechtfertigungsdruck ausgesetzt. Ihm wurde ein sehr unausgewogener Handel vorgeworfen: Im Gegenzug zur Straßburger Abschlußerklärung von weitreichender, noch nicht absehbarer Bedeutung, die der Stabilität in Europa gefährlich werden könnte und quasi das Einverständnis der elf EG-Partner mit der deutschen Einheit beinhalte, sei lediglich die deutsche Zustimmung zu begrenzten Fortschritten der europäischen Integration erfolgt.[39] Mitterrand verbat sich die Unterstellung eines solchen »Kuhhandels«. Zu keinem Zeitpunkt seien die beiden Probleme miteinander verknüpft worden. So sei die Einigung bezüglich der Regierungskonferenz zur Wirtschafts- und Währungsunion bereits einige Tage vor dem Gipfel zustande gekommen, wohingegen das »problème allemand« erst am ersten Abend des Gipfels geregelt worden sei. Darüber hinaus betonte er, daß die abgegebene Erklärung hinsichtlich des deutschen Selbstbestimmungsrechtes kein Novum darstelle. Sie sei in der Vergangenheit bereits mehrfach in offiziellen Erklärungen so formuliert worden, zuletzt im Schlußdokument des NATO-Gipfels im Mai 1989 in Brüssel. Neu hinzugekommen sei in Straßburg hingegen die europäische Verständigung darüber, daß das »neue deutsche Gleichgewicht nicht auf Kosten des Gleichgewichts Europas« gehen dürfe. Angesprochen auf die Krise im deutsch-französischen Verhältnis, entgegnete Mitterrand ausweichend: Es stehe fest, daß die Bundesrepublik die Entscheidung über den Beginn der Regierungskonferenz über die Währung lieber verschoben hätte. Er habe dem Kanzler aber gesagt, daß er das Thema auf jeden Fall beim Europäischen Rat stellen werde. Schließlich habe man sich verpflichtet, Europa voranzubringen. »Und Bundeskanzler Kohl hat hier völlig zugestimmt, denn er ist ganz entschieden Europäer. Es gibt keinen Grund, daran zu zweifeln.«

Gefragt, ob die Deutschen möglicherweise eine »faktische« Vereinigung ungeachtet der Bestimmungen der Siegermächte durchsetzen könnten, entgegnete Mitterrand, daß er dies für möglich halte, aber: »Dann müssen sie die Verträge einhalten, sie müssen die Nachbarn berücksichtigen sowie eine Reihe von entscheidenden Verbindungen vor allem zwischen diesen Ländern und der Sowjetunion.« Man müsse sich solchen Entscheidungen stellen, aber die »deutschen Freunde« hätten auch zu berücksichtigen, »daß es einen Weltkrieg gegeben hat. Dieser Weltkrieg hat gewisse Konstellationen in Europa geschaffen. Wir fordern Demokratie und Frieden. Wir verlangen auch, daß die Grenzen Europas, die damals festgelegt worden sind, nicht umgeworfen werden.« Wenn man mit einer solchen Diskussion erst einmal anfange, bringe man einen Stein ins Rollen. Insbesondere verwies er auf die Unantastbarkeit der Oder-Neiße-Linie als polnischer Westgrenze, während er der Grenze zwischen den beiden Teilen Deutschlands einen anderen Status zubilligte: »Bei den Deutschen mag das anders sein. Das ist ein Volk, das man erst in jüngster Vergangenheit durch eine Grenze geteilt hat.« Es gebe kein Recht dazu, solche Vorgänge zu fürchten, »die an sich glückliche Umstände sind. Wie lange fordern wir denn schon, daß die Freiheit zu ihrem Recht kommt!« Um einen Verlust an Sicherheit zu verhindern, seien in Straßburg entsprechende Vorkehrungen getroffen worden, und zwar mit der Festlegung auf die KSZE-Grundsätze der Helsinki-Beschlüsse.

## Osteuropäische Initiativen

Parallel zu seinen Bemühungen um eine zügige Vertiefung der Europäischen Gemeinschaft war Mitterrand mehr denn je daran gelegen, politische Präsenz auch in Osteuropa zu demonstrieren. So stand bereits zwei Tage vor dem Europäischen Rat in Straßburg ein Treffen mit dem sowjetischen Generalsekretär Gorbatschow auf seinem Programm. Die Begegnung, die auf Mitterrands Initiative zurückging, wurde mit der besonderen Verantwortung des französischen EG-Vorsitzes begründet. Sie fand in einem informellen Rahmen und ohne feste Tagesordnung statt. Auch die sowjetische Seite war im Vorfeld bemüht gewesen, die Spitzenbegegnung als wichtig, aber nicht außergewöhnlich einzustufen. Sie finde, so die offiziellen Verlautbarungen, im Rahmen der regelmäßigen persönlichen Treffen zwischen den Staats- und Regierungschefs statt. Die deutsche Einheit, so wurde in Regierungskreisen beteuert, sei dabei kein ungewöhnliches Thema, sondern derzeit ja in aller Munde.⁴⁰

### *Eine neue »Rückversicherungsallianz« mit Moskau?*

Daß die deutsche Frage mehr als ein Randthema sein würde, war allerdings bereits anläßlich von Roland Dumas' Aufenthalt in Moskau am 14. November deutlich geworden: Bei seinen Gesprächen mit der sowjetischen Führung war man übereingekommen, daß ein vertiefter Meinungsaustausch auf der Ebene der Staatschefs beider Länder über die neue europäische Ordnung nötig sei. Gelegenheit dazu sollte es im Rahmen eines außerplanmäßigen Treffens von Gorbatschow und Mitterrand bereits im Dezember oder Januar geben.⁴¹ Zwei Wochen vor dem sowjetisch-amerikanischen Gipfel vor Malta, der sich im wesentlichen mit den politisch-strategischen Konsequenzen der Öffnung des Eisernen Vorhangs befassen würde, hatte Frankreich mit dieser Initiative wieder diplomatische Präsenz zu demonstrieren gesucht. Der Staatspräsident hatte zwar den von Teilen der französischen Opposition geforderten Gang nach Malta abgelehnt, hielt es aber doch für erforderlich, unmittelbar nach deren Gipfel auf bilateraler Ebene mit den beiden Supermächten in Kontakt zu treten. Schon am 15. November hatte der Elysée bestätigt, daß Frankreich an einem baldigen Termin interessiert war. Demnach sollte das kurzfristig vereinbarte Treffen nicht den regulären französisch-sowjetischen Gipfel im Frühjahr ersetzen. Den Eindruck hektischer Betriebsamkeit suchte der Elysée allerdings zu vermeiden; ein Termin stehe noch nicht fest.⁴² Erst am 22. November wurde offiziell mitgeteilt, daß sich Mitterrand bereits am 6. Dezember mit Gorbatschow in Kiew treffen werde.

Der Gesprächsverlauf zwischen den beiden Politikern strafte von Anfang an alle im Vorfeld verbreiteten Beschwichtigungen Lügen.⁴³ So betonte Michail Gorbatschow bereits in seiner Begrüßung, daß er die Initiative des französischen

Präsidenten zu diesem Austausch sehr begrüße, da dieser notwendiger sei als zuvor. Eine noch grundlegendere Kooperation ihrer beiden Länder sei heute vonnöten. Auch François Mitterrand hielt mit seiner Einschätzung der Lage nicht hinter dem Berg: Er erkenne die Verantwortung des zeitlichen Moments. Deshalb freue er sich, daß mit dem ständigen Dialog zwischen den beiden Ländern eine historische Tradition wieder aufgenommen werden könne, welche eine sehr wichtige Brückenfunktion erfülle. Die durch die gravierenden Probleme begonnene schwierige Phase würde er, Mitterrand, gerne »im Zustand enger Beziehungen zwischen unseren Ländern« durchlaufen: Beziehungen »im Geiste des vollen Vertrauens«. Dies alles solle auch mit dem Ziel einer gesamteuropäischen Einheit geschehen.

Nachdem Gorbatschow dieser allgemeinen Beschwörung gemeinsamer Ziele zugestimmt hatte, wurde Mitterrand konkreter: Ein wirkliches Problem sei heute Deutschland. Die Lage sei momentan sehr widersprüchlich. Es sei natürlich schwierig, den Willen eines Volkes, wenn es diesen so massiv zum Ausdruck brächte, nicht zu berücksichtigen. Und die Grenze zwischen den beiden deutschen Staaten sei nicht mit einer Grenze zwischen unterschiedlichen Völkern zu vergleichen. Andererseits wolle niemand, daß es durch eine mögliche Vereinigung Deutschlands, deren Konsequenzen nicht absehbar seien, in Europa zu Störungen komme. Deswegen müsse zum einen die Europäische Gemeinschaft ausgebaut werden; zum anderen müßten alle gemeinsam an einer Forcierung des gesamteuropäischen Prozesses arbeiten; gemeinsame Strukturen müßten geschaffen werden. Es sei unbedingt erforderlich, daß dieser gesamteuropäische Prozeß schneller vorangehe als die deutsche Entwicklung, ja sie überhole, denn die »deutsche Komponente« dürfe nicht die europäische Politik dominieren, sondern lediglich ein Bestandteil dieser sein. Um das Gesagte zu unterstreichen, versicherte Mitterrand, alle Europäer würden so denken und meinen, daß man gemeinsam vorwärts gehen müsse, um das deutsche Problem auf ein Minimum zu reduzieren.

Er habe keine Angst vor der Wiedervereinigung, betonte Mitterrand. Sie müsse aber demokratisch und friedlich verlaufen. Damit meine er nicht die Möglichkeit einer kriegerischen Auseinandersetzung, sondern daß die Vier Mächte die Verantwortung für Europas Sicherheit trügen. Sie dürften dem deutschen Gleichgewicht keinen Vorrang vor der europäischen Balance gewähren. Gegenüber den Deutschen habe er seiner Verwunderung darüber Ausdruck verliehen, daß sie – in Kohls Zehn-Punkte-Programm – die Frage der polnischen Westgrenze nicht thematisiert hätten. Das erweise sich als ein ernsthaftes Problem. Auch die anderen Mitglieder der Europäischen Gemeinschaft dächten so, wenngleich sie es mit unterschiedlicher Deutlichkeit zum Ausdruck brächten. Gorbatschow warf an dieser Stelle ein, daß er den Eindruck habe, daß die Vereinigten Staaten ihre Haltung hierzu nicht ganz offenlegten.

Mitterrand bekräftigte diese Einschätzung und ergänzte, daß alle westlichen Staatsführer, mit denen er darüber gesprochen habe, die Meinung teilten, daß sich die deutsche Frage zu schnell entwickle und statt dessen der europäische Prozeß vorangetrieben werden solle. Insbesondere müßten die Helsinki-Prinzipien in bezug auf die Garantie der Grenzen respektiert werden. Dies gelte wohl auch für die Amerikaner, so Mitterrand. Obwohl sie hinsichtlich der deutschen Frage ihre Position nicht völlig offenlegten, halte er es doch für unwahrscheinlich, daß sie bereit wären, den Bruch der europäischen Grenzen zu unterstützen. Präsident Bush habe am 4. Dezember in Brüssel anläßlich des NATO-Treffens nur von der Stabilität und nicht von der Unverletzlichkeit der Grenzen gesprochen. Er habe auf seine Frage, ob es zwischen diesen beiden Begriffen einen Unterschied gebe, keine Antwort erhalten, schilderte Mitterrand. Trotzdem denke Bush in die richtige Richtung, auch wenn er nicht alles sage.

Er wolle ganz offen zu dem sowjetischen Generalsekretär sein, fuhr Mitterrand fort. Zwischen der Bundesrepublik und Frankreich bestehe ein besonderes Verhältnis, gegründet auf den deutsch-französischen Vertrag von 1963. Auch er handle auf der Basis dieses Vertrages. Wenn Deutschland einen Fehler mache, so sei es für ihn vor diesem Hintergrund besonders schwierig, den Deutschen das Recht hierzu abzusprechen. Nichtsdestoweniger sei es aber auch seine Pflicht, den Frieden in Europa zu bewahren. Um dies zu gewährleisten, müsse eine bestimmte Reihenfolge der Entwicklungen eingehalten werden: Die europäische Integration, die Evolution in Osteuropa sowie die Schaffung einer gesamteuropäischen Friedensordnung stünden dabei an erster Stelle. Diese Abfolge habe Helmut Kohl mit seinem Zehn-Punkte-Programm aber komplett unterminiert. Deshalb wolle er mit Freunden und Verbündeten, und hier meine er vor allem die Sowjetunion, permanenten Kontakt halten und dieses Problem ernst nehmen.

Gorbatschow, der sich bislang ganz in die Rolle des Zuhörers gefügt hatte, griff nun die Gedanken Mitterrands auf: Er teile dessen Einschätzung hinsichtlich der Veränderungen in Ost und West sowie der deutschen Frage. Er habe den Eindruck, daß sich zwischen ihnen beiden eine neue Kooperation eingestellt habe, auf deren Basis die »normale Entfaltung all dieser Prozesse« gewährleistet werden könnte, auch wenn diese stürmisch verliefen. Auf die Zwischenfrage Mitterrands, was Gorbatschow konkret zu tun gedenke, entgegnete der Generalsekretär, daß er auf alle Fälle den Kurs der friedlichen Veränderungen weiterführen wolle. Dabei solle jedes Land individuell seine Marschrichtung bestimmen. Eine Einmischung von außen dürfe nicht erfolgen, der Wille der Völker müsse respektiert werden. Er wies auf die kurz zuvor erfolgte Absage der Staaten des Warschauer Paktes an die Breschnew-Doktrin hin, gab dem Präsidenten aber recht, daß man sich nicht mit der Position des Beobachtenden zufriedengeben dürfe. Man müsse jedem dieser Länder mit Vertrauen begegnen und die Zusammenarbeit vertiefen. Mitterrand, der sich offensichtlich mehr sowjetischen Widerstand gegen die überstürzten Entwicklungen erhofft hatte, genügte diese vage Aussage nicht. Was, so seine Frage, könne denn konkret in der DDR geschehen? Gorbatschow blieb ausweichend. Anstatt sich auf die Frage einzulassen, betonte er noch einmal, daß er mit Mitterrand in der Sicht der Dinge grundlegend übereinstimme und daß die deutsche Frage in den gesamteuropäischen Kontext eingebettet werden müsse. Nur so könne die Gefahr einer Destabilisierung Europas vermieden werden. Eine künstliche Beschleunigung des Vereinigungsprozesses müsse ausgeschlossen werden.

Gorbatschow berichtete daraufhin von seinem Gespräch mit Genscher am Vortag und hob dabei besonders die drastischen Passagen der Unterredung hervor. Als Gorbatschow schließlich auf die Zersetzungsprozesse des alten SED-Regimes in der DDR zu sprechen kam, warf Mitterrand ein, daß auch er die Lage für schwierig erachte – und dabei beabsichtige er doch Ende Dezember in die DDR zu reisen. Gorbatschow entgegnete, daß man alles genau abwägen müsse. Er frage sich, ob er nicht auch nach Ostdeutschland fahren solle. Mitterrand griff diese Idee sofort auf: Man könne die Reise doch gemeinsam unternehmen. Die Besonderheit der Situation bestehe für ihn darin, daß sein Besuch noch auf eine Einladung Honeckers zurückgehe, so der französische Präsident. Es handle sich gewissermaßen um einen Gegenbesuch, den er nicht verschieben wolle, nur weil die Lage diffizil sei. Das wäre ein falsches politisches Signal. Gorbatschow, überrumpelt von der spontanen Aufforderung Mitterrands, ihn in die DDR zu begleiten, überging diese Frage in seiner Antwort völlig. In allgemeinen Worten wies er lediglich darauf hin, daß die Lage in der DDR wohl schwierig sei, aber durchaus nicht katastrophal. Die Menschen gingen arbeiten und auch die Demonstrationen würden weniger. Ob die Idee der deutschen Einheit denn innerhalb der DDR-Bevölkerung auf ernstzunehmenden Anklang stoße, wollte Mitterrand daraufhin wissen. Eine gewisse Resonanz, so der Generalsekretär, sei schon zu spüren. Aber mehr als die Hälfte der Bevölkerung wolle ihr Land in der bestehenden Form erhalten, wenn auch mit politischen Veränderungen. Beziehungen zwischen der Bundesrepublik und der DDR würden sich die Menschen dort von gleich zu gleich zweier souveräner Staaten vorstellen. Modrow nenne dies Vertragsgemeinschaft. Mitterrand – mit dem Gesprächsverlauf offensichtlich nicht zufrieden – bekräftigte nach dieser ausweichenden Antwort nochmals seine Absicht, in die DDR zu fahren, und zwar unabhängig davon, wie sich die weiteren Entwicklungen gestalten würden. Er betonte nachdrücklich, daß es sich dabei um einen Staatsbesuch handeln werde. Dies werde den »natürlichen Charakter der sich in der DDR vollziehenden Prozesse unterstreichen«, so der Kommentar Gorbatschows dazu, mit welchem er dieses Gespräch beendete.[44]

Was Mitterrand nur verhalten und zwischen den Zeilen angesprochen hatte, brachte Jacques Attali in seinem nachfolgenden Gespräch mit Wadim Sagladin, dem europapolitischen Berater Gorbatschows, sehr viel deutlicher zum Ausdruck.[45] Mitterrand hatte sich offensichtlich nach seiner Unterredung mit dem sowjetischen Generalsekretär zunächst mit Attali ausgetauscht und dabei seiner Enttäuschung über Gorbatschow Luft gemacht. Gegenüber Sagladin bezog Attali sich nun ausdrücklich auf die Eindrücke Mitterrands. Attali gab die Haltung der französischen Führung wieder, ohne ein Blatt vor den Mund zu nehmen: Der sowjetische Entschluß, sich nicht in die inneren Angelegenheiten der Bündnispartner einzumischen – auch nicht in die der DDR – habe die französische Führung »verwirrt«. Frankreich begrüße »aufrichtig und mit voller Zufriedenheit« die Tatsache, daß man sich von der Breschnew-Doktrin endgültig verabschiedet habe. In der Konsequenz müsse man sich allerdings fragen, ob die UdSSR sich mit der Wiedervereinigung Deutschlands gewissermaßen abgefunden habe und nichts zu tun beabsichtige, um diese zu verhindern. Dies habe Angst hervorgerufen, die fast an Panik grenze. Frankreich, so Attali, wolle unter keinen Umständen die Wiedervereinigung Deutschlands, auch wenn es verstehe, daß diese letztlich unvermeidlich sei. Etwas beschwichtigend erklärte er, daß Mitterrand sich im Verlauf seiner Unterredung mit Gorbatschow dann doch davon habe überzeugen können, daß auch der Generalsekretär diese Haltung einnehme. Mitterrand habe daraufhin beruhigt aufgeatmet. Attali wiederholte im Anschluß daran die Einschätzung, daß es erforderlich sei, so bald wie möglich mit der Schaffung gesamteuropäischer Strukturen über die Trennungslinie zwischen Ost und West hinweg zu beginnen. Dies werde einen deutschen »Alleingang« und Hegemonialstreben verhindern. Er verwies auf den besonderen Status Frankreichs und der Sowjetunion. Zum einen hätten beide als Siegermächte des Zweiten Weltkrieges dafür Sorge zu tragen, daß von Deutschland nie wieder Kriegsgefahr drohe. Zum anderen seien sie »traditionelle Verbündete«, die am meisten unter der Aggression Deutschlands zu leiden gehabt hätten und denen entsprechend stark daran gelegen sein müsse, eine Wiederholung zu verhindern.

Die beiden Gespräche hinter verschlossenen Türen boten im Anschluß mannigfaltigen Anlaß zu Spekulationen, wie bereits die gemeinsame Pressekonferenz von Mitterrand und Gorbatschow zeigte. Das Urteil der Medien über die Wortwahl der beiden in der Öffentlichkeit, vor allem aber über die herausragende Symbolik des Treffens war eindeutig:[46] Für Mitterrand habe diese Begegnung ganz im Zeichen der Bewahrung des Status quo gestanden. Mit zuvor nicht vernommener Klarheit habe er in Kiew seine Überzeugung zum Ausdruck gebracht, daß jegliche Veränderung der Grenzen in Europa verfrüht sei und folglich destabilisierend wirke. Kein Staat in Europa könne es sich leisten, ohne Berücksichtigung des Gleichgewichts und der gegenwärtigen Realitäten zu handeln. Mitterrand war sich darin mit Gorbatschow einig: »Keines unserer Länder in Europa, vor allem, wenn es ein Land mit so großem Gewicht, mit solcher geographischer Lage ist, kein Land in Europa kann handeln, ohne das europäische Gleichgewicht zu berücksichtigen, ohne die anderen zu berücksichtigen, ohne die historische Situation des Augenblicks zu berücksichtigen, die aus dem letzten Weltkrieg resultiert. Daher ist meine Antwort, daß nicht die Reihenfolge der Faktoren umgestoßen und insbesondere nicht mit dem Problem der Grenzen angefangen werden sollte«[47]. So sei es auf westeuropäischer Seite vordringlicher, die Strukturen der Europäischen Gemeinschaft zu stärken und der geplanten Europäischen Union einen wirklichen Inhalt zu geben. Zum anderen müßten sich die Beziehungen zwischen Ost und West weiterentwickeln, wofür Mitterrand die Bedeutung eines KSZE-Treffens für 1990 herausstrich. »Das ist die Reihenfolge der Faktoren.« Die Vereinigung dürfe nicht an der europäischen Stabilität rühren. Die bestehenden Verträge dürften deshalb nicht in Frage gestellt werden – was im Kern die Existenz von Warschauer Pakt und RGW auf der einen und NATO beziehungsweise Europäischer Gemeinschaft auf der anderen Seite bedeutete: »Zwar sind die Blöcke nicht unbedingt wünschenswert, doch die Bündnisse erscheinen notwendig.« Die Vereinigung, so Mitterrand, sei nicht exklusiv Sache der Deutschen, sondern ebenso der anderen beteiligten Mächte. Einigkeit herrschte zwischen ihm und dem Generalsekretär bezüglich der Prioritäten: Zunächst müßten die beiden deutschen Staaten ihren Willen formulieren. Danach sollten die vom Ende des Kalten Krieges betroffenen Mächte darüber befinden. Mitterrand betonte die Bedeutung zweier deutscher Staaten für das europäische Gleichgewicht. Dennoch bezeichnete er Frankreich als »Freund« und »Verbündeten« der Bundesrepublik. Es sei folglich »offensichtlich, daß sich Frankreich, das sich als ein Freund der BRD versteht, nicht leidenschaftslos dem gegenüber verhalten kann, was das deutsche Volk betrifft«[48].

Bei aller demonstrativen Einigkeit zwischen Gorbatschow und Mitterrand kam es in Kiew nicht zu einer Neuauflage des alten französischen Bündnisses mit Rußland. Beim deutschen Nachbarn konnte allerdings der Eindruck nicht ausbleiben, Frankreich habe die französisch-russische Karte zu spielen und seinen Großmachtstatus zu demonstrieren versucht. War man Gorbatschow in Frankreich noch bis vor kurzem mit Mißtrauen begegnet, so wurde er im Vorfeld des Kiew-Besuches als Partner präsentiert, dem der französische Staatspräsident den Zugang zur von Frankreich initiierten Europäischen Entwicklungsbank ermöglichen wollte. Mitterrand unterstützte nun auch den Vorschlag Gorbatschows, das nächste KSZE-Folgetreffen (»Helsinki II«) nicht erst 1992, sondern bereits 1990 einzuberufen. Das demonstrative Einverständnis zwischen Mitterrand und Gorbatschow war zu groß[49], als daß man sich in der Bundesrepublik nicht daran gestoßen hätte. Zu den wenigen inhaltlichen Nuancierungen gehörte, daß Gorbatschow zu verstehen gab, daß man sich an die Realitäten halten müsse. Die Existenz zweier deutscher Staaten war für ihn eine solche Realität, wenngleich er nicht bereit war, durch Einmischung in die inneren Angelegenheiten anderer Staaten gewaltsam daran festzuhalten. Mitterrand betonte demgegenüber stärker die Reihenfolge der Dinge: Wenn die Vereinigung unvermeidlich sei, dann müsse sie den Schlußpunkt eines zunächst west-, dann gesamteuropäischen Prozesses bilden. Auch wenn die Haltung Gorbatschows weniger dezidiert und entschlußfreudig ausfiel, als der französische Staatschef sich dies erhofft hatte, so blieb die UdSSR aus seiner Sicht zunächst der Hauptgarant für die Bewahrung des europäischen Gleichgewichts und damit die Voraussetzung für die Fortführung französischer Politik in gewohnten Bahnen –

ohne daß man Zusagen gegenüber dem Partner Bundesrepublik aufgeben und diesen offen brüskieren mußte.

### Demonstration für eine souveräne DDR

Obwohl in der DDR die Auflösung der staatlichen Ordnung voranschritt und die Erosion des SED-Regimes immer offensichtlicher wurde, hielt Mitterrand an seinem Staatsbesuch in der DDR fest, wie er es in seinen Gesprächen mit Kohl und Gorbatschow Anfang Dezember angekündigt hatte. Die Planungen hierfür hatten eine längere Vorgeschichte, die mit dem Honecker-Besuch 1988 in Paris begann.[50] Ursprünglich war ein französischer Gegenbesuch bereits für die erste Jahreshälfte 1989 beabsichtigt gewesen. Im Verlauf des Jahres verschoben sich die französischen Prioritäten gegenüber den mittel- und osteuropäischen Staaten, so daß der Staatspräsident zunächst Polen besuchen wollte. Der DDR-Besuch wurde deshalb auf die zweite Jahreshälfte 1989 verlegt. Avisiert wurde der Zeitraum zwischen Oktober und Dezember, wobei der Elysée den Besuch aus dem zeitlichen Umfeld der Feiern zum 40. Jahrestag der DDR-Gründung am 7. Oktober 1989 heraushalten wollte. Angesichts des wachsenden Flüchtlingsstroms und der zusehends undurchsichtigen innenpolitischen Lage schien die Reise an sich jedoch zeitweise offen. Anfang Oktober erläuterte dann der Generalsekretär des Elysée, Bianco, dem deutschen Botschafter in Paris, Pfeffer, daß man trotz außenpolitischer Risiken an der Reise des Staatspräsidenten festzuhalten gedenke, und nannte den Dezember als möglichen Termin. Es komme nun nicht zuletzt darauf an, wie die westdeutsche Seite den Zeitpunkt und die Realisierungsabsicht beurteile, signalisierte Bianco französisches Entgegenkommen.[51] Aus Sicht des Kanzleramtes war in der Folge von der angekündigten Abstimmung jedoch nichts mehr zu spüren.

Am 1. Dezember überbrachte Europaministerin Edith Cresson dem Staatspräsidenten eine vertrauliche Nachricht von DDR-Außenhandelsminister Gerhard Beil[52]: Mitterrand möge, so dessen in fast schon flehentlichem Ton vorgetragene Bitte, bei seinem bevorstehenden Besuch deutlich machen, daß er in allem, was er tue, dies gemeinsam mit der souveränen DDR tue. Die gesamte DDR einschließlich der dortigen Opposition würde eine solche Demonstration von ihm erwarten. Beil hatte beschwörend hinzugefügt, daß eine Bevölkerung von 80 Millionen Deutschen in einem Staat wohl kaum in französischem Interesse liege. Die dramatische Zuspitzung der innenpolitischen Situation in Ostdeutschland wurde in internen französischen Berichten bestätigt, so von der Diplomatin Caroline de Margerie, die am 4./5. Dezember zur Vorbereitung von Mitterrands Reise in der DDR weilte. Am 6. Dezember unterrichtete sie Mitterrand über ihren »seltsam irrealen Eindruck«, den sie aus der DDR mitgebracht hatte. Niemand wisse, so ihr Bericht, wohin die zunehmend chaotische Entwicklung in der DDR gehe, welches System, welcher Staat am Ende dieser

Veränderungen stehen würden. Als der Präsident am folgenden Tag bei de Margerie nachhakte, ob sie ihm deshalb von einem Besuch abrate, bejahte diese. Trotzdem bestätigte Mitterrand drei Tage später im französischen Fernsehen, daß er an der Reise festhalten werde.

Aus Sicht Mitterrands war der Staatsbesuch in der DDR Ende 1989 ein wohlabgewogener Schritt innerhalb seiner auf Sicherung der Stabilität ausgerichteten Politik.[53] Die Unsicherheit bezüglich der Unternehmung war dennoch nicht zu übersehen. Einen Tag vor Mitterrands Abreise – zu spät also, um die Planungen noch zu ändern – rief Außenminister Dumas bei Genscher an, um ihn nach seiner Einschätzung zu fragen.[54] »Wenn Ihr unbedingt die ersten und die letzten sein wollt, die diese ostdeutsche Führung treffen, dann fahrt hin«, antwortete Genscher. Sollte Mitterrand an seinem Vorhaben festhalten, rate er aber zu drei Dingen: Der Präsident müsse sich deutlich für die deutsche Einheit aussprechen, nach Leipzig als dem Ausgangspunkt der friedlichen Revolution fahren und schließlich mit Repräsentanten der DDR-Opposition wie Kurt Masur zusammentreffen. In seinem umfangreichen Besuchsprogramm griff Mitterrand alle diese Anregungen auf. In letzter Minute, nachdem das Programm am 19. Dezember immer noch nicht festgestanden hatte, wurden Treffen mit Vertretern von Oppositionsgruppen und der Kirche sowie Studenten in Leipzig anberaumt.[55]

In Bonn war man mit dieser Entwicklung nicht glücklich.[56] Zwar hatte Helmut Kohl noch am 20. Dezember in Dresden öffentlich betont, daß es hinsichtlich der deutschen Frage zwischen den USA, Frankreich und der Bundesrepublik keine Divergenzen gebe und Mitterrand bei vielen Gelegenheiten das deutsche Recht auf Selbstbestimmung bekräftigt habe, doch wurde allein der »Wettbewerb« um einen offiziellen Besuchstermin in der DDR zwischen dem deutschen Bundeskanzler und dem französischen Staatsoberhaupt als befremdlich empfunden. In Pariser Politikzirkeln und Medien war gar von einem »Scheitern« Mitterrands die Rede, habe dieser doch bei seinem Bemühen, vor dem Bundeskanzler in die DDR zu reisen, ohne vorherige Absprache mit Bonn Kohls ursprünglichen Termin besetzt. Die nachgeschobene Rechtfertigung des Elysée, die Bundesrepublik habe kein Monopol auf exklusive Beziehungen mit der DDR, wurde als »Eitelkeit« bezeichnet.

Als erster west-alliierter Staatschef traf Mitterrand schließlich am 20. Dezember in Ost-Berlin, der »Hauptstadt der DDR«, ein. Gastgeber war der amtierende Staatsratsvorsitzende Manfred Gerlach, der in mehreren Gesprächen dem Präsidenten die offizielle Zielsetzung der DDR-Regierung übermittelte, nämlich den Erhalt der »DDR als souveräner, dem Antifaschismus, dem Humanismus und einem zutiefst demokratischen Sozialismus verpflichteter Staat, als Mitglied einer Föderation europäischer Staaten«[57]. Auch Gregor Gysi, der neue Vorsitzende der mittlerweile von SED in SED-PDS umbenannten Regierungspartei, gab dem Gast zu verstehen, daß er gegen eine Vereinigung sei und die diesbezügliche Entwicklung »bremsen« wolle.[58] Nur ein Drittel der DDR-

Bürger wolle eine rasche Herbeiführung der deutschen Einheit, ein Viertel sei ganz dagegen, während der Rest zwar die Einheit, jedoch in einem vernünftigen Rhythmus wolle. Deshalb seien ausländische Investitionen vonnöten, welche die wirtschaftlichen Schwierigkeiten lindern und damit auch den Druck in Richtung einer Vereinigung abschwächen würden.

Beim Abendessen, das Gerlach zu Ehren Mitterrands am ersten Abend gegeben hatte, hatte Mitterrand seinerseits erklärt, daß das Streben nach Einheit eine Angelegenheit zuerst der Deutschen sei, die frei über ihr Schicksal bestimmen sollten.[59] Andererseits sei dies auch eine Angelegenheit, welche die Nachbarstaaten betreffe, »die versuchen, zusammen mit dem Gleichgewicht den Frieden zu bewahren«. Ihr Weg müsse folglich demokratisch und friedlich sein. Vor dem Gedanken an Grenzveränderungen in Europa warnte Mitterrand ausdrücklich. Abkommen und Verträge müßten eingehalten werden. Diese grundlegende Position, welche er als Voraussetzung für Sicherheit, Zusammenarbeit und Vertrauen bezeichnete, legte er in all seinen Gesprächen dar. Mitterrand schlug vor, das von Gorbatschow für das kommende Jahr angeregte KSZE-Treffen in Paris zu veranstalten, da man nun die Chance habe, sich entschlossen für das kommende 21. Jahrhundert zu engagieren, anstatt die Gespenster des 19. Jahrhunderts wieder auszugraben. Auch bekräftigte er die »Berufung« der Europäischen Gemeinschaft, »die Völker zu versammeln«. Die ideologischen Gegensätze hätten dies bislang verhindert; heute sei dies in noch zu entwerfenden Formen möglich. Mitterrand kündigte an, demnächst einige Gedanken über die zukünftige Gestaltung Europas zu präsentieren, denn es sei an der Zeit, seine »Vorstellungskraft unter Beweis zu stellen«. Den geplanten Abschluß einer Vertragsgemeinschaft zwischen den beiden deutschen Staaten, deren Vorbereitung im Mittelpunkt der Gespräche zwischen Bundeskanzler Kohl und Ministerpräsident Modrow am Tag zuvor in Dresden gestanden hatte, nannte Mitterrand einen »pragmatischen Ansatz«. Auch Frankreich und die übrigen Staaten der Europäischen Gemeinschaft spielten eine gewisse Rolle bei der Entwicklung Ostdeutschlands. Er kündigte baldige Verhandlungen zwischen der DDR und der EG über ein Handels- und Kooperationsabkommen an, welches noch innerhalb der nächsten sechs Monate abgeschlossen werden könne.

Insgesamt gewann Mitterrand bei seinem Besuch den Eindruck, daß die Ereignisse sich auch weiterhin überstürzen würden. Mit der geplanten Vertragsgemeinschaft schien die Souveränität der beiden deutschen Staaten zwar zunächst gesichert, doch würde die Frage sich nach den für den 6. Mai geplanten ersten freien Volkskammerwahlen erneut stellen. Eine Prognose über den weiteren Verlauf der Dinge wagte der Staatspräsident nicht. Seine Begegnungen mit Oppositionspolitikern und Studenten in Leipzig, wo die »friedliche Revolution« ihren Ausgang genommen hatte, waren, wie er es formulierte, dazu gedacht, auch Kontakt »mit dem Volk der DDR« aufzunehmen und der allgemeinen Stimmung nachzuspüren. Doch auch wenn sich keiner seiner Gesprächspartner zugunsten einer schnellen Vereinigung ausgesprochen hatte[60], so war auch für Mitterrand unverkennbar, daß die Stimmung im Lande pro Einheit war. Dieser starken Bewegung fehle lediglich noch ein Sprachrohr, so der Präsident auf seiner abschließenden Pressekonferenz in Ost-Berlin am 22. Dezember.[61] Es gebe aber »ein unglaubliches Streben nach Demokratie, nach Freiheit. Das steht fest.«

Über das Schicksal der Deutschen zu befinden, sei Sache der Deutschen. Dies müsse in Gestalt des demokratischen Willensbildungsprozesses – also in Gestalt von Wahlen – geschehen. Wenn deren Ergebnis eine schnelle Vereinigung nahelege, so gehöre er »nicht zu denen, die bremsen«. Die Form der Vereinigung hänge allein von den Deutschen ab. Mitterrand mahnte aber auch: »Wenn es um Europa geht, dann fängt es an, Frankreich zu betreffen, weil Frankreich und Europa dabei eine bestimmte Rolle spielen.« Er erinnerte an die französischen Mitspracherechte und die Sensibilität der Grenzfrage. »Wir sind auch die Garanten für den Frieden in Europa. Wir selbst sind Garanten für den deutschen Status.« Es dürfe kein Ungleichgewicht entstehen, das in einer Wiederherstellung des Europas der Kriege ende. Dessen müßten sich auch die Deutschen bewußt sein, denn »man kann nicht mit Grenzen spielen«. Das französische Mitspracherecht gelte auch für Berlin. Frankreich stehe hier zu seinen Rechten und Pflichten. Wenn eine neue Situation es erfordere, werde eine neue Antwort gefunden, denn: »Kein Vertrag ist unabänderlich.« Die Vier Mächte hätten sich bereits getroffen, und sie würden es – falls notwendig – wieder tun. Er hoffe aber, daß dies mit den deutschen Staaten gemeinsam getan werden könne. Mitterrand wünschte sich, »daß es keinen Widerspruch gibt zwischen dem deutschen Willen und dem europäischen Willen, zwischen der deutschen Einheit und der europäischen Einheit, darum habe ich diese Dinge immer miteinander verknüpft«. In diesem Sinne wollte er auch die Deklaration des Straßburger EG-Gipfels verstanden wissen. Nach einer demokratischen Willensformulierung der Deutschen müßte alles weitere »im Rahmen eines strukturellen Fortschritts Europas stattfinden«, denn: »Die deutsche Einheit und die europäische Einheit sind nicht voneinander zu trennen.«

Die französische Delegation machte bei ihrem Besuch deutlich, schnell handeln zu wollen, vor allem um den wirtschaftlichen Vorsprung der Bundesrepublik im Handel mit der DDR aufzuholen. In einem Fernsehinterview sprach Mitterrand sich für engere Beziehungen zwischen der DDR und Frankreich aus. DDR-Wirtschaftsministerin Christa Luft und Außenhandelsminister Gerhard Beil sicherten Frankreich einen maßgeblichen Platz bei dem anstehenden Ausbau der DDR-Wirtschaftsbeziehungen zu. Entsprechende Übereinkünfte konnten noch im Rahmen des Staatsbesuches geschlossen werden. Fünf Abkommen zur »Vertiefung der politischen, wirtschaftlichen und kulturellen Zusammenarbeit« wurden unterzeichnet. Unter anderem sagte Frankreich umfangreiche Finanzhilfen zu.[62]

Das französische Interesse an einer Ausweitung der Beziehungen mit der

DDR war zwar auch wirtschaftlich motiviert, doch waren die getroffenen Abkommen in der Bilanz von nachrangiger Bedeutung. Im Vordergrund stand vielmehr die stabilitätsfördernde Wirkung des DDR-Staatsbesuches, mit dem Mitterrand die Anerkennung der Existenz sowie den Wunsch nach Fortbestand des ostdeutschen Staates demonstrierte. Nicht zuletzt die hochrangige Zusammensetzung seiner Reisebegleitung belegte dies.[63] Gleichzeitig fand Mitterrand aber auch Worte, die der Bundesrepublik entgegenkamen. So hatte er bis zu diesem Moment die Einheit des deutschen Volkes zwar stets als legitimes Bestreben bezeichnet, sich aber bislang nicht so verständnisvoll gezeigt wie in der DDR.[64] Nie zuvor hatte er so klar die Aktualität des Wunsches nach Einheit eingeräumt, nie zuvor sein Vertrauen in ost- und westdeutsches Verantwortungsbewußtsein so deutlich zum Ausdruck gebracht. Diese ambivalente Haltung Mitterrands wurde auch in Bonn gesehen, wo Teltschik zum Schluß kam: »Es ist offensichtlich, daß in Mitterrands Brust zwei Seelen kämpfen. Er will einerseits dem Prozeß der deutschen Einheit nicht im Wege stehen. Wie er selbst mehrfach gesagt hat, fürchtet er die deutsche Einheit nicht. Andererseits weist er ständig auf große Hürden hin, die zu überwinden seien. Unsere französischen Freunde tun sich schwer mit Deutschland.«

Ein Hinweis auf französische Empfindlichkeiten war die Abreise Mitterrands unmittelbar vor Öffnung des Brandenburger Tores. Wieder zurück in Paris, antwortete er auf eine Journalistenfrage, warum er diesem Ereignis nicht beigewohnt habe: »Es hat mich niemand dazu aufgefordert, und wenn, dann hätte ich es nicht getan!«[65] Am Ende seiner letzten Pressekonferenz in der DDR hatte er noch zur Verwunderung der Anwesenden den Inhalt eines Papiers bekanntgegeben, das er in den Händen gehalten hatte: Die offiziellen Feierlichkeiten zur Öffnung des Brandenburger Tores in Gegenwart von Kohl und Modrow seien abgesagt worden. Er verwies allerdings darauf, daß diese Meldung noch nicht bestätigt sei. Die Information, die angeblich von der Französischen Botschaft in Bonn stammte, berief sich auf die aktuellen Ereignisse in Rumänien und erwies sich im nachhinein als falsch. In der französischen Öffentlichkeit wurde dem Präsidenten allerdings unterstellt, er habe bei der Verkündung der Nachricht eine gewisse Genugtuung empfunden, nicht zuletzt da sein Staatsbesuch insgesamt doch kaum materielle Ergebnisse gezeigt habe.[66] Mitterrands Reise in die DDR wurde zudem von Kohls Dresden-Aufenthalt am Tag zuvor überschattet, von der genau die gegenteilige Nachricht ausgegangen war: Während Mitterrand mit seiner Visite die Souveränität der DDR anerkennen und damit die Zweistaatlichkeit Deutschlands unterstreichen wollte, hatte Kohls Besuch für viele Beobachter einen Wendepunkt hin zu einer Vereinigungspolitik markiert.

## »Der Zeit ihre Zeit lassen«

Mitterrands politische Aktionen nach dem Fall der Mauer hatten deutlich gemacht, wie schwer der französische Staatspräsident sich mit der Revolution der Rahmenbedingungen tat. Selbst nachdem seine Reisen nach Kiew und in die DDR nicht den gewünschten Erfolg gebracht hatten, begann er nur zögerlich umzudenken.

### PR unter Palmen

Daß Frankreich die deutsche Vereinigung nicht bremsen konnte, gleichzeitig aber auch nicht substantiell erleichtern wollte, hatte François Mitterrand bereits am 16. Dezember bei seinem Treffen mit US-Präsident George Bush auf der Karibikinsel St. Martin klargemacht. Der französische Staatschef hatte die Begegnung parallel zum Treffen mit Gorbatschow initiiert, um der innenpolitischen Kritik Paroli zu bieten.[67] Insbesondere hatte er damit den im Vorfeld aufgebrachten Oppositionsvorschlag entkräften wollen, er solle zu dem Gipfel der beiden Großen – USA und UdSSR – nach Malta fahren. Zum anderen war er sich der negativen Wirkung seiner Kiew-Reise vor allem auf den bundesdeutschen Partner bewußt. Er beauftragte deshalb seine Berater für Kommunikationsfragen Jacques Pilhan und Gérard Colé damit, französisch-amerikanisches Einvernehmen international in Szene zu setzen – das idyllische und legere Umfeld der kleinen Antilleninsel St. Martin lieferte dafür den geeigneten Hintergrund.[68]

Bush, der seinem Gesprächspartner vorwiegend zuhörte, äußerte sich zwar beunruhigt über die Aussicht auf eine Beschleunigung der Entwicklungen in der DDR, dennoch machte er auf seinen französischen Partner einen gelassenen Eindruck. Weitgehende Übereinstimmung herrschte zwischen den beiden bei der Einschätzung der deutschen Entwicklungen. Unter keinen Umständen sollten die Dinge überstürzt werden. Was die Bedingungen für eine Vereinigung anbelangte, ergaben sich keine Nuancen zu bisherigen Erklärungen. Bush machte klar, daß er mit einer deutschen Vereinigung einverstanden sei, sofern Deutschland in der NATO bleibe und Gorbatschow diese bittere Pille zu schlucken bereit sei. Mitterrand wiederum maß der Grenzfrage herausragende Bedeutung bei. Welche Konsequenzen, so seine Frage an Bush, hätte ein Rühren an den Grenzen etwa für die ehemals deutschen Ostgebiete in der UdSSR und Polen, wo noch immer größere deutschstämmige Bevölkerungsgruppen lebten? Kohl forciere die Dinge zu sehr und vermische sie mit innenpolitischen Motiven. Dadurch wecke er bei den Menschen in der DDR zu hohe Erwartungen. Glücklicherweise gebe es in der Bundesrepublik aber auch Anhänger eines vernünftigen Kurses, wie etwa von Weizsäcker, Brandt und Genscher. Bushs Zwischenfrage, ob die USA nach Mitterrands Ansicht zu sehr für die

Wiedervereinigung seien, bejahte der Franzose. Insbesondere die Äußerung von Vernon Walters, wonach die Einheit sich in fünf Jahren vollziehen werde, sei aus seiner Sicht nicht förderlich gewesen. Selbst wenn Walters sich nicht täusche, so beschleunige er doch zusätzlich den Prozeß. Bushs explizites Bedauern für die Haltung seines Botschafters unterstrich Mitterrand noch: So könne der Eindruck entstehen, die USA hätten es letztlich eiliger als Kohl selbst.

Auf den Plan des amerikanischen Außenministers Baker zur politischen Stärkung der NATO und einer »neuen atlantischen Architektur« reagierte Mitterrand, wie schon zuvor sein Außenminister, zurückhaltend.[69] Zwar müsse sich auch die NATO den veränderten Umständen anpassen, doch sei dies nicht vordringlich. Während die konservative Opposition in Frankreich den Baker-Plan, ein vereinigtes Deutschland in die NATO zu integrieren – die ebenso wie der Warschauer Pakt eine stärker politische Bedeutung verliehen bekommen sollte –, begrüßt hatte, beharrte Mitterrand auf dem KSZE-Prozeß als dem geeigneten Forum für den Ost-West-Dialog und die Neuordnung Europas. Er unterstützte deshalb auch gegenüber Bush nachhaltig den sowjetischen Vorschlag, das KSZE-Folgetreffen von 1992 auf 1990 vorzuziehen. Mitterrands Strategie angesichts der deutschen Entwicklungen bestand somit Mitte Dezember vor allem darin, Zeit zu gewinnen, wie auch Kommentatoren feststellten: »Die Taktik Mitterrands ist nunmehr klar: Er geht in kleinen und wohlabgewogenen Schritten vor. Der Zeit ihre Zeit lassen ... Nichts überstürzen – weder für die NATO noch für Deutschland. Nichts destabilisieren – weder Europa noch Gorbatschow.«

### Vage Perspektiven für ein neues Europa

Langfristige Perspektiven und damit die Möglichkeit zur Kanalisierung der Entwicklungen in Mittel- und Osteuropa zu schaffen, waren somit vordringliches Anliegen Mitterrands am Jahresende 1989. Seine Sorge galt dabei dem französischen Interesse an gesamteuropäischer Stabilität. In diesem Zuge hatte er bereits die von Attali aufgebrachte Idee einer osteuropäischen Entwicklungsbank auf die politische Agenda gesetzt und arbeitete auf deren Verwirklichung mit seinen europäischen Partnern hin. Darüber hinaus unterstützte er vehement Gorbatschows Vorschlag einer KSZE-Konferenz für 1990.[70] Seine offizielle Ansprache zum Jahreswechsel nahm Mitterrand zum Anlaß, noch einmal die Tragweite der Ereignisse des Umbruchs herauszustreichen. Diese überträfen in ihrer Bedeutung alles, was man seit dem Zweiten Weltkrieg erlebt habe und reihten sich in die herausragenden Momente der Geschichte ein.[71] Dabei warf er die Frage nach Form und Bedingungen einer möglichen deutschen Einheit sowie nach der Unantastbarkeit der bestehenden Grenzen auf. Ebenso stellte er die Frage nach der Zukunft der Militärbündnisse, nach dem Verlauf der Abrüstungsverhandlungen sowie der Form der Zusammenarbeit zwischen Ost und West. Seine Antworten auf die europäischen Herausforderungen blieben jedoch vage: Europa werde entweder zerfallen und zu den Strukturen von 1919 zurückkehren oder aber sich »aufbauen«. Letzteres könne in zwei Etappen geschehen: Zunächst müsse die Europäische Gemeinschaft ihre Strukturen stärken, wie bereits in Straßburg beim Europäischen Rat geschehen. In einem zweiten Schritt, der noch zu überdenken sei, könne auf der Basis der Helsinki-Grundsätze eine »europäische Konföderation« entstehen, welche alle Staaten des Kontinents in einer Organisation gemeinsamen und beständigen Austauschs, des Friedens und der Sicherheit miteinander verbinde. Damit sollte der Europäischen Gemeinschaft in Gestalt der Konföderation gewissermaßen eine »zweite Etappe« hinzugefügt werden. Voraussetzung dafür sei die Etablierung demokratischer Strukturen in den mittel- und osteuropäischen Staaten.

Der Vorschlag einer europäischen Konföderation an sich – vor allem auch die Begrifflichkeit – war neu, dennoch enthielt sich Mitterrand erläuternder Details. Er skizzierte lediglich ein Bild: »Gestern noch abhängig von den zwei Supermächten, wird sie – so als ob man nach Hause kommt – ihren Platz in Geschichte und Geographie wieder einnehmen« (»rentrer dans son histoire et sa géographie«). Europa werde sich von seinen Abhängigkeiten gegenüber den Supermächten befreien. Damit grenzte sich Mitterrand gegenüber dem von Baker vorgeschlagenen »neuen Atlantismus« deutlich ab. In Frankreich waren die Entwicklungen seit dem 9. November 1989 vorrangig unter dem Blickwinkel der Gefährdung des europäischen Gleichgewichts sowie einer Marginalisierung der eigenen Rolle betrachtet worden. So sollte die Konföderation zwei Funktionen erfüllen:
– die Verhinderung eines in Nationalismen mündenden, ganz Europa bedrohenden mittel- und osteuropäischen Desintegrationsprozesses sowie
– eine durch zunehmendes deutsches Gewicht als notwendig erachtete Ausbalancierung des europäischen Kräftegleichgewichts.

Es galt folglich, den im Umbruch befindlichen Staaten eine europäische Perspektive am Horizont aufzuzeigen – ohne die Sowjetunion dabei auszugrenzen – und gleichzeitig den Handlungsspielraum auszuloten sowie die eigene Rolle in dem von Frankreich als bedroht empfundenen europäischen Gleichgewicht neu zu definieren.[72] Mitterrands erstmalige Lancierung dieses Projekts im Rahmen seiner Neujahrsansprache erfolgte noch in der Hoffnung, daß der Erfolg der am Fortbestand der DDR orientierten Reformkräfte nicht ganz ausgeschlossen sei. Auch die DDR hätte demnach zumindest fürs erste ihren Platz als eigenständiger Staat in Europa in einer solchen Konstruktion finden können. Die weiteren Entwicklungen ließen diese Hoffnung jedoch schnell zur Illusion werden. So stieß das Vorhaben, welches Mitterrand im wesentlichen ohne seine Berater konzipiert hatte, in Bonn auf wenig Gegenliebe, wie bereits das nächste Treffen des Präsidenten mit dem Bundeskanzler zeigte: In ihren Gesprächen Anfang Januar wurde der nur vier Tage zuvor unterbreitete Vorschlag Mitterrands am Rande und in allgemeinen Formulierungen und Absichtserklärungen aufgegriffen, nicht jedoch explizit benannt.[73]

### Tête-à-tête im Schatten anhaltender Verstimmungen

Auf seinem privaten Landsitz in Latché an der französischen Atlantikküste empfing Mitterrand Helmut Kohl unmittelbar nach dem Jahreswechsel, am 4. Januar 1990, zu einem privaten Besuch.[74] Das Treffen, seit längerem geplant, hatte angesichts der aktuellen bilateralen (Stimmungs-)Lage die Aufgabe, die Wiederherstellung deutsch-französischer Harmonie zu demonstrieren. Die deutsch-französischen Unstimmigkeiten der vergangenen Wochen waren nicht spurlos an den beiden Politikern vorbeigegangen. Noch bei der Begrüßung wirkte Mitterrand auf Helmut Kohl, der den Präsidenten nach eigenem Bekunden in den vielen Jahren der engen Zusammenarbeit noch nie so erlebt hatte, »etwas befangen«. Nur langsam löste sich die Spannung.

Im Mittelpunkt der Gespräche standen die Umwälzungen in Mittel- und Osteuropa, die Entwicklung der EG sowie die Frage der deutschen Einheit. Zur Zeit, so Mitterrand, gingen große Veränderungen vonstatten, und dies sei gut so. Der frühere Zustand sei letztlich unerträglich gewesen, auch wenn es sich dabei um eine stabile Ordnung gehandelt habe. Kohl knüpfte daran an: Das bevorstehende Jahrzehnt werde ein gutes werden. Von besonderer Bedeutung sei dabei die deutsch-französische Zusammenarbeit, deren Kurs fortgesetzt werden müsse. Geschehe dies nicht, so wäre das tragisch. Die Geschichte – einschließlich der Entwicklungen in Mittel- und Osteuropa – könne nicht aufgehalten werden. Wichtig sei es in dieser Situation vor allem, Gorbatschow zu helfen. Die Lage in der UdSSR sei derzeit die große Unbekannte.

Kohl erläuterte im weiteren Gesprächsverlauf die dramatische Zuspitzung der Situation in der DDR und die Folgen des anhaltenden Massenexodus für die dortige Wirtschaft. Nach langen Jahren sozialistischer Mißwirtschaft ließen sich die Menschen nicht mehr mit leeren Versprechungen hinhalten. Er betonte, daß die Wiedervereinigung, wie bereits Adenauer es formuliert hatte, nur unter einem europäischen Dach erfolgen könne. Außerdem, so Kohl, stehe die Vereinigung nicht unmittelbar bevor, sondern sei eine Angelegenheit von Jahren, bei der völlig unterschiedliche Gesellschafts-, Wirtschafts- und Sozialsysteme langsam zusammenwachsen müßten. Gleichwohl müßten die Deutschen ein Licht am Ende des Tunnels erkennen können. Sie sähen ein, daß die Vereinigung nicht von heute auf morgen realisiert werden könnte, aber sie bräuchten eine Perspektive. Deshalb sei es von großer Wichtigkeit, daß die neunziger Jahre auch die europäische Integration entscheidend voranbrächten. Die feste Einbindung Deutschlands in die EG bilde die Grundlage für alle weiteren Entwicklungen. Deshalb sollten sie ihre Pläne gemeinsam umsetzen. Erneut bekräftigte er die Rolle der deutsch-französischen Beziehungen. Einige »Kollegen« und »Kolleginnen« könnten nicht verstehen, daß es keine Lösungen wie die am Ende der beiden Weltkriege geben könne. Er verstehe deren Sorgen, doch könne man aus Ängsten nichts Neues aufbauen. Die beiden Teile Deutschlands müßten, zunächst noch eingebunden in unterschiedliche Militärblöcke, mittels konföderativer Strukturen zusammenarbeiten; am Ende müsse dann die Vereinigung in den Prozeß der europäischen Integration eingebunden werden, was auch eine Souveränitätsabgabe des vereinten Deutschlands an die Gemeinschaft bedeute. All das müsse mit Augenmaß und in Abstimmung mit den Nachbarn geschehen. Deutschland werde weiter eine westliche Orientierung haben. Deutschland wolle seinen Weg nicht isoliert gehen, was nach außen hin dokumentiert werden müsse. Frankreich sei dabei Deutschlands natürlicher Partner – und dies liege nicht zuletzt auch im Interesse Frankreichs. Deshalb wolle er ganz offen darauf hinweisen, daß es gut sei, wenn die weitere Entwicklung mit Mitterrand und ihm verbunden werde, da sie ja auch bisher den Motor Europas in Schwung gebracht hätten. In der Geschichte sei der Weg Europas immer von Persönlichkeiten beeinflußt worden. Europapolitische Stagnation bedeute eine Katastrophe auch für die mittel- und osteuropäischen Staaten. Selbstverständlich, so Kohl, müßten die Grenzen garantiert werden. Er betonte, daß es sich bei der Debatte um die Oder-Neiße-Grenze um ein »künstlich erzeugtes innenpolitisches Problem« handle. Interessant finde er, daß die britische Premierministerin Thatcher, wenn sie von den Grenzen spreche, augenscheinlich auch die innerdeutsche Grenze zwischen der Bundesrepublik und der DDR meine. Man müsse, so Kohl weiter, den Polen auf dem Weg nach Europa helfen, was eine deutsch-französische Aufgabe sei. Zu diesem Zweck schlug er unter anderem vor, gemeinsam eine Agenda zu erarbeiten.

Deutschland und Frankreich müßten in die neunziger Jahre gemeinsam voranschreiten. Unverständnis äußerte Kohl über die Reaktionen in Frankreichs politischer Klasse auf sein Zehn-Punkte-Programm. Damit habe er die Diskussion in Deutschland zu kanalisieren versucht. Die Menschen in der DDR hätten alle Prophezeiungen »überrannt«, wenngleich sie wüßten, daß »Lösungen« nicht von einem Tag auf den anderen erwartet werden könnten. Er sehe aber gute Chancen für solche Lösungen noch in diesem Jahrzehnt, ohne sich auf ein genaues Datum festlegen zu wollen.

Mitterrand seinerseits wies angesichts der dynamischen Veränderungen in Europa auf zwei Probleme hin: das »russische« und das deutsche. Die Zukunft Gorbatschows sei durch die aktuelle Entwicklung bedroht. Wenn dieser scheitere, drohe eine sowjetische Militärdiktatur. Der Warschauer Pakt befinde sich in Agonie, das »imperiale und russische Nationalgefühl« sei zutiefst getroffen. Die Militärs würden den Zerfall des Imperiums mit allen Mitteln zu verhindern suchen – was unweigerlich Blutvergießen bedeute. Bei der deutschen Frage würden sie sicher nicht nachgeben, Gorbatschow – bei entsprechend klugem Vorgehen – dagegen schon.

Doch dann machte der französische Staatschef klar, daß er sich sehr wundere:

Sobald die Verbündeten Deutschlands leise Skepsis artikulierten, würde ihre Treue angezweifelt, ja, würden sie gar als Verräter angesehen. Stimme er, Mitterrand, einmal nicht mit Helmut Kohl überein, dann reagierten die deutschen Medien sofort entsprechend scharf. Dabei hänge die Lösung der deutschen Frage vom Willen der Deutschen in den beiden deutschen Staaten ab. Niemand habe das Recht, sich hier einzumischen. Die Deutschen müßten aber verstehen, daß Bundesrepublik und DDR unterschiedlichen Bündnissystemen angehörten, verschiedene Wirtschaftssysteme hätten etc. Jeder nicht wohlüberlegte Schritt in diesem Zusammenhang zwinge Gorbatschow zu reagieren.

Für ihn, Mitterrand, bestehe das Hauptproblem darin, diesen Widerspruch in Einklang zu bringen. Die Vereinigung dürfe nicht zu einer Verhärtung der sowjetischen Position und zu »Säbelrasseln« führen. Man sei aber einer solchen Entwicklung bedenklich nahe, da die Dinge in Deutschland sehr rasch vorangingen. In Kiew habe Gorbatschow sich bereits sehr beunruhigt gezeigt, weniger wegen der Entwicklung an sich, als vielmehr wegen der großen Geschwindigkeit. Wenn man mit einer deutsch-deutschen Vertragsgemeinschaft beginne, würden die Menschen sich auch in der Sowjetunion an diese Situation allmählich gewöhnen; dies sei der richtige Weg. Man könne sich nicht gegen den Strom stellen – die 80 Millionen Deutschen seien nun einmal geschichtliche Realität. Aber die Geographie Europas vertrage derzeit keine zu starken Eingriffe, weswegen er das deutsche mit dem russischen Problem verknüpft habe.

Als man die Schlußakte von Helsinki unterzeichnet habe, so Mitterrand weiter, sei die innerdeutsche Grenze eine Grenze wie viele andere auch gewesen. Heute hingegen habe sie einen anderen Charakter und trenne nicht wie andere Grenzen zwei Nationen voneinander. Wenn in beiden Teilen Deutschlands Regierungen gewählt würden, die sich für die Vereinigung einsetzten, wäre es »dumm und ungerecht«, sich dem entgegenzustellen. Es gebe aber noch immer eine Mixtur aus dem Europa von 1919 und 1945: Überbleibsel der Übertreibung des Nationalitätsgedankens und der Teilung von Nationen. Deshalb sei die Vertragsgemeinschaft eine gute Lösung. In der Folge müsse man sich die Zeit nehmen, um Fragen der Bündnisse und der Rüstung zu lösen. Würden die beiden Teile Deutschlands durch Zugehörigkeit zu unterschiedlichen Allianzen gespalten, so drohe eine Neutralisierung, was der sowjetischen Haltung entgegenkäme.

Einer solchen Entwicklung, so Kohl, habe er mit seinem Zehn-Punkte-Programm vorbeugen wollen: Wenn kein klarer Kurs mit Perspektive und Augenmaß gesteuert würde, könne sehr schnell die Idee der Neutralität aufkommen. Mitterrand stellte daraufhin die Frage, wie man die Sowjetunion dazu bringen könne, ihre militärischen Positionen hierzu zu revidieren. Er, Mitterrand, habe darauf keine Antwort. Deshalb benötige man Zeit und dürfe nicht eher agieren, bevor man eine entsprechende Strategie habe. Er betonte nochmals, daß Frankreich an die 80 Millionen Deutschen gewohnt sei. Zum erstenmal in der Geschichte seit Karl dem Großen aber gebe es anstelle eines militärischen ein friedliches Gleichgewicht.

Für alles weitere Agieren sei nun das richtige Timing das Schlüsselwort, so Mitterrand. Wäre er Deutscher, so wollte er die deutsche Einheit so schnell wie möglich. Er würde es sogar mit Bedauern registrieren, daß nicht alle Deutschen so empfänden. Aber er sei nun einmal Franzose. Und nicht um französische Interessen zu wahren, sage er jetzt, daß Europa noch keine »klare Geographie« habe. Der Kurs, auf den es zusteuere, sei noch unklar. Man habe kein Interesse daran, daß Gorbatschow stürze. Der Bundeskanzler dürfe nicht vergessen, daß Gorbatschows Schicksal mehr von Kohl als von dessen innenpolitischen Gegnern abhänge.

Dies sei sowohl ihm als auch Gorbatschow bewußt, versicherte Kohl. Im übrigen empfinde er es als »sympathisch«, daß Mitterrand sich geäußert habe, als wäre er Deutscher. Kritischster Punkt für sein weiteres Vorgehen sei jetzt zu erreichen, daß die Menschen in der DDR blieben. Nur, diese Problematik erkenne man leider außerhalb von Deutschland nicht. Man könne es nicht schaffen, wenn zu viele Menschen aus der DDR weggingen. Mitterrand warf ein, daß es richtig sei, wenn der Kanzler betone, die Deutschen müßten ein Licht am Ende des Tunnels erkennen. Man müsse folglich gemeinsam vorgehen und auf die deutsche und die europäische Einigung gleichzeitig hinarbeiten. Das, so Kohl, sei ein Schlüsselwort.

Auch im Hinblick auf die anderen Staaten Europas, die jetzt noch nicht Mitglieder der Europäischen Gemeinschaft werden könnten, müßten ein akzeptabler Status und perspektivische Strukturen gefunden werden, erklärte Mitterrand im folgenden. Politische Verträge müßten – eventuell sogar mit der UdSSR – geschlossen werden. Dann könne es bis zum Ablauf des Jahrhunderts eine völlig neue Situation geben. Der Bundeskanzler müsse klarstellen, daß die polnische Westgrenze unantastbar sei, eine Konzeption hierfür müsse schnell gefunden werden. Bis 1995 sollte dann die europäische Integration vorangetrieben und ein System von Abkommen mit den übrigen demokratischen Staaten Europas geschlossen werden – alles unter dem Vorbehalt, daß keine Unruhe erzeugt werde.

Helmut Kohl betonte, dies entspreche seiner Politik, und gab seiner Zuversicht Ausdruck, daß es im nächsten Jahrzehnt so geschehen werde. Nachdrücklich wiederholte Mitterrand, daß er, wenn er nicht so rede wie der Bundeskanzler, von den Medien sofort angegriffen würde. Dabei akzeptiere er doch, daß die beiden deutschen Staaten sich letztlich vereinigten. Er mache lediglich die Einschränkung, daß die Vereinigung kein »russisches Drama« auslösen dürfe. Mehr könne man von ihm einfach nicht verlangen. Kohl entgegnete hierauf, daß es ihn nicht berühre, was die Zeitungen schrieben. Mitterrand werde darin mit der politischen Klasse Frankreichs gleichgesetzt. Hier werde alles miteinander vermengt. Aus seiner Sicht sei die Hauptsache, den Menschen in Deutschland und Frankreich zu vermitteln, daß an den deutsch-französischen Beziehungen, dem Tandem Mitterrand-Kohl sowie der europäischen Integration festgehalten werde. Die Deutschen sollten wissen, daß mit Mitterrand im

Elysée jemand sei, der die Entwicklungen in Deutschland mit Sympathie begleite. Das wolle er festhalten, versicherte Mitterrand. Nach einer Mittagspause kam Kohl auf seine Absicht zu sprechen, bald nach Moskau zu fahren und Gorbatschow zu versichern, daß er nichts tun wolle, was dessen Lage erschwere, und daß man für alles Zeit brauche. Wenn es gelinge, die »Probleme zeitlich zu entzerren« und Gorbatschows Vertrauen dafür zu gewinnen, daß man ihn nicht vor faits accomplis stellen wolle, könne man zu einem Arrangement kommen.

Anstatt sich direkt den in Latché anwesenden und über Hinweise auf deutsch-französische Dissonanzen spekulierenden Journalisten zu stellen, ließen Kohl und Mitterrand eine schriftliche Erklärung verteilen. Darin stimmten beide überein, den Integrationsprozeß der EG zu beschleunigen und eine Struktur zu schaffen, in die langfristig auch die osteuropäischen Länder eingebettet werden könnten. In diesem Zusammenhang sprach sich Helmut Kohl für Mitterrands Idee einer europäischen Konföderation aus.[75] Deren Ziel sollte laut Mitterrand sein, den entstehenden Demokratien Osteuropas eine Perspektive, wenn nicht innerhalb der EG, so doch unter einem europäischen Dach zu bieten.

Aus Bonner Sicht fiel die Bewertung des Treffens positiv aus. Kohl bezeichnete die Begegnung als interessant und freundschaftlich. Teltschik bewertete sie gar als »ein Schlüsselgespräch, um die deutsch-französische Zusammenarbeit zu festigen und die persönliche Freundschaft zu stabilisieren. Es scheint gelungen zu sein.« Irritationen im deutsch-französischen Verhältnis wurden aus Kanzleramtskreisen dementiert, auch wenn sich Helmut Kohl gelegentlich über Äußerungen seitens der französischen Regierung – und hier insbesondere von Außenminister Dumas – geärgert habe. Im Kreis seiner engsten Mitarbeiter sagte Kohl einige Tage nach dem Treffen mit Mitterrand, daß es 1990 insbesondere auf die Unterstützung der USA und Frankreichs sowie die Zusammenarbeit mit der Sowjetunion ankommen werde. Er sei deshalb bereit, Mitterrand so weit wie möglich entgegenzukommen und Gorbatschow umfassend zu helfen.[76]

Angesichts des guten Gesprächsverlaufs war es um so ärgerlicher, als am Tag des Treffens in Latché Auszüge eines Berichtes der Deutschen Botschaft in Paris über die französische Haltung zur deutschen Frage in der Presse zu lesen waren. Darin wurde es als »offen« bezeichnet, ob Frankreich den deutschen Einigungsprozeß konstruktiv begleiten oder sich ihm entgegenstellen werde.[77] Die politische Elite Frankreichs sei angesichts der Veränderungen in der DDR skeptisch. Die Sorgen reichten von historischen Reminiszenzen an das Bismarck-Reich bis hin zur wirtschaftlichen Dominanz der Deutschen. Mitterrand sei zwar überzeugt, daß die Einheit kommen werde, fürchte aber um das europäische Einigungswerk, das er folglich vorantreiben und in gesicherte Bahnen lenken wolle. Unter Frankreichs Beamten gebe es jedoch »Bremser«. Hierfür wurden verschiedene Motive angeführt, so etwa die Sorge um die politische Zukunft Gorbatschows, die Stabilität Europas oder die Unverletzlichkeit der polnischen Westgrenze. Darüber hinaus würde die deutsche Einheit das französische Kalkül auf eine Führungsrolle in Europa durchkreuzen. Dies erkläre auch die französische Tendenz, das deutsche Selbstbestimmungsrecht nicht nur dem Kreis der Siegermächte, sondern auch einem europäischen Rahmen zu überantworten. Es bleibe deshalb abzuwarten, inwieweit die geplante KSZE-Konferenz dazu benutzt werde, um verzögernd auf die deutschen Entwicklungen einzuwirken.

### Zwischen altem Denken und zaghaftem Strategiewechsel

Mitterrands Äußerungen und Initiativen nach dem Fall der Mauer illustrieren, wie reserviert und bisweilen ratlos Frankreichs Führung angesichts der Aussicht auf ein vereinigtes Deutschland im Zentrum Europas und eine gleichzeitig geschmälerte eigene Rolle war. Eine Mixtur aus geschichtlicher Erfahrung und geographischer Lage gab Anlaß zu skeptischeren Reaktionen als etwa in den Vereinigten Staaten. Letztlich mußte man aber auch in Paris einsehen, daß Frankreich sich aufgrund des begrenzten Machtpotentials und aus Rücksichtnahme auf den europapolitisch so wichtigen bundesdeutschen Partner dem deutschen Recht auf Selbstbestimmung nicht entgegenstellen konnte. Dabei zeigten sich mehrere Phasen der Entwicklung.

Nach Kohls Zehn-Punkte-Programm setzte zunächst eine spürbare Abkühlung der bilateralen Beziehungen ein. Paris quittierte diesen deutschlandpolitischen Vorstoß mit diplomatischer Betriebsamkeit zur Absicherung der eigenen Interessen. Die Stabilisierung des Nachkriegsgleichgewichts und damit auch der deutschen Zweistaatlichkeit waren Handlungsmotivation für Mitterrands Forcieren des europäischen Einigungswerks einerseits sowie zahlreiche Abstimmungen auf bilateraler Ebene andererseits. Denken und Handeln der französischen Regierungsakteure ließen in diesem Stadium noch wenig Bereitschaft zu einer grundlegenden Neuorientierung innerhalb der veränderten außenpolitischen Koordinaten erkennen. Vielmehr waren diese bemüht, neuen Fragen mit altbewährten Antworten zu begegnen. So blieb die politische Klasse länger als die Mehrheit der französischen Bevölkerung ein »Opfer alter Reflexe«[78]. Formelartig wurden die im Vorfeld des Mauerfalls geäußerten Erwartungen an eine eventuelle Vereinigung wiederholt. Während der Begriff der »Bedingungen« öffentlich weitestgehend vermieden wurde, um somit zumindest ein äußeres Einvernehmen mit der Bundesrepublik zu bewahren, handelte es sich doch bei den immer wieder benannten Rahmenbedingungen de facto um eben solche. Im Vokabular der französischen Politiker tauchten sie als »Verpflichtungen« der Bundesrepublik und »Interessen« der Nachbarstaaten auf, die es zu »berücksichtigen« gelte.

Dabei herrschte in Paris große Ratlosigkeit angesichts des Szenarios, daß die ostdeutschen Demokratisierungsbestrebungen in eine deutsche Vereinigung münden könnten. Konkrete Überlegungen, wie die deutschen Entwicklungen in geordnete Bahnen gelenkt werden könnten, gab es nicht – sei es aus einem allgemeinen Orientierungsdefizit heraus oder weil man verhindern wollte, unnötig Steine ins Rollen zu bringen. Statt dessen setzte die Pariser Führung auf einen langsamen gesamteuropäischen Reifeprozeß. Aufmerksam wurde beobachtet, daß auch im Bonner Parteienspektrum Uneinigkeit in der Lagebeurteilung und bei der Zielsetzung »deutsche Einheit« herrschte.[79]

Bis zum Jahreswechsel verfolgte Mitterrand verschiedene Strategien, um sein Interesse an Kontrolle und Verlangsamung der deutschen Entwicklungen durchzusetzen:

– Zunächst setzte er auf die Forcierung der europäischen Integration als maßgeblicher Antwort auf die Umbruchssituation. Priorität besaß vor allem die schnelle Einberufung der Regierungskonferenz zur Schaffung einer Europäischen Wirtschafts- und Währungsunion.

– In einem zweiten Stadium erinnerte er den deutschen Nachbarn an Frankreichs russische »Karte«. Die konsequente Demonstration dessen, daß man noch über andere Optionen als die deutsch-französische, nämlich eine sogenannte Rückversicherungsallianz (»alliance de revers«) verfügte, war allerdings nicht mit der traditionellen Linie deutsch-französischer Kooperation und den eigenen EG-Zielen vereinbar.

– So war Mitterrand schließlich darum bemüht, durch eine verstärkte Präsenz auf der internationalen Bühne aktiv auf die Ereignisse Einfluß zu nehmen. Zwischenetappe dieser Aktivitäten bildeten Mitterrands Kombinationsversuche von westeuropäischer Integration und gesamteuropäischem Konzept, die sich in seiner Idee einer europäischen Konföderation bündelten.

Sie blieben allerdings nur ein – unerwidertes – Zwischenspiel, bevor Mitterrand sein Hauptinteresse nach dem Jahreswechsel von 1989/90 Schritt für Schritt ganz auf den Fortschritt der Europäischen Gemeinschaft richtete.

# ZWISCHEN
# ALLEN STÜHLEN

Die Reaktionen im Ausland auf das Zehn-Punkte-Programm hatten gezeigt, daß das genannte Ziel einer Wiedervereinigung letztlich nur bei der US-Regierung Unterstützung fand. Kohls deutschlandpolitischer Vorstoß hatte der zerfasernden Diskussion allerdings eine konkrete Zielperspektive gegeben. Aus Sicht der Bundesregierung galt es nun zu beobachten, welche Positionen die betroffenen Staaten einnehmen und welche Aktivitäten und Initiativen sie starten würden. Dabei zeigte sich recht schnell, daß vor allem die UdSSR sich zusehends zwischen allen Stühlen wiederfand, da es im Ausland immer weniger Unterstützung für eine aktive Politik der Zweistaatlichkeit gab. Die internationalen Rahmenbedingungen waren in Bewegung geraten, ohne daß die Richtung dieser Bewegung bereits offensichtlich gewesen wäre.

### Bush demonstriert den Schulterschluß mit Kohl

Noch präziser wurde dieses Bild beim NATO-Gipfel, zu dem sich die Staats- und Regierungschefs gemeinsam mit ihren Außenministern am 4. Dezember in Brüssel trafen. Zeitgleich kamen die Führer der Mitgliedstaaten des Warschauer Paktes in Moskau zusammen. Die Mitglieder des Atlantikpaktes hatten zuletzt auf ihrer Jubiläumstagung zum vierzigjährigen Bestehen die Berliner Mauer als »ein unannehmbares Symbol der Trennung Europas« bezeichnet und sich für einen Zustand auf dem Kontinent ausgesprochen, »in dem das deutsche Volk in freier Selbstbestimmung seine Einheit wiedererlangt«[1]. Erstmals seit langem war die Mauer – nach längerer Diskussion auf Beamtenebene – wieder einmal in einem NATO-Kommuniqué zur Sprache gebracht worden. Nach der Öffnung der deutsch-deutschen Grenze war es für Helmut Kohl deshalb um so wichtiger, daß vom aktuellen NATO-Gipfel zumindest keine negativen oder gegenteiligen Signale in Sachen deutsche Einheit ausgingen.

Deutlich höhere Erwartungen stellte US-Präsident George Bush an das Treffen. Er wollte nicht nur die westlichen Verbündeten auf das Ziel »deutsche Einheit« einschwören, sondern zugleich auch sicherstellen, daß ein vereintes Deutschland Mitglied der NATO bliebe. Bush kam bereits am Vorabend des Gipfeltreffens in Brüssel an, wo er sich mit dem Bundeskanzler zu einem Abendessen im Kreis engster Mitarbeiter in der Residenz des US-Botschafters traf.[2] Um Kohl die Möglichkeit zu geben, sich frei von Koalitionszwängen und innenpolitischen Überlegungen äußern zu können, nahm US-Außenminister

Baker nicht an dem auf amerikanischer Seite später als »Schlüsselszene« auf dem Weg zur Einheit bezeichneten Treffen teil, so daß auch Bundesaußenminister Hans-Dietrich Genscher nicht eingeladen werden mußte.

Kohl war, wie er zwei Tage später auch vor der Unionsfraktion im Bundestag betonte, dankbar für diese Demonstration des engen Schulterschlusses zwischen Bonn und Washington.[3] Bush berichtete zunächst ausführlich von seinem Mittelmeertreffen mit Gorbatschow vor Malta, wo der sowjetische Staats- und Parteichef sich vor allem über das zu hohe Tempo der Westdeutschen beklagt und von der schlechten wirtschaftlichen Situation in der UdSSR berichtet habe. Kohl betonte erneut, daß sein Zehn-Punkte-Programm keinen Zeitplan darstelle, und schilderte detailliert die aktuellen Entwicklungen in der DDR, wo die Dinge der SED-Führung vollkommen entglitten seien. Er wolle Gorbatschow keinesfalls in die Ecke drängen, doch habe die deutsche Frage die nie dagewesene Dynamik einer »Grundwelle im Ozean« entwickelt. Wenn der ehemalige US-Außenminister Henry Kissinger allerdings von einer Wiedervereinigung binnen zweier Jahre spreche, dann habe er Unrecht, da nicht zuletzt das wirtschaftliche Gefälle zwischen der Bundesrepublik und der DDR dem entgegenstünde. Der Bundeskanzler, der auf seine Gesprächspartner erschöpft wirkte[4], kündigte an, sich möglichst bald mit Gorbatschow treffen zu wollen, eine Idee, die Bush ausdrücklich begrüßte. Immer wieder erkundigte Kohl sich nach möglichen Fortschritten bei der Abrüstung, die eine große Bedeutung für Gorbatschow hätten.

Da Kohl sich der Hauptsorgen seines Gegenübers bewußt war, kam er auch ausführlich auf die europäische Integration und die Bündniszugehörigkeit eines vereinten Deutschlands zu sprechen. Erst am Tag zuvor habe er sich bei einer Begegnung mit Vorsitzenden europäischer christdemokratischer Parteien in Salzburg nachdrücklich zu NATO und EG bekannt. Angesichts der zahlreichen Bedenken im benachbarten Ausland freue er sich um so mehr über die Unterstützung durch den US-Präsidenten.

### Zweifel am Selbstbestimmungsrecht

Amerikanische Unterstützung erfuhr Kohl auch am nächsten Tag beim eigentlichen NATO-Gipfel, der mit dem ausführlichen Bericht des US-Präsidenten zu seinen Gesprächen mit dem sowjetischen Staats- und Parteichef Michail Gorbatschow begann. Nach dem gemeinsamen Mittagessen der 16 Staats- und Regierungschefs stand die Nachmittagsrunde ganz im Zeichen der Veränderungen in Europa. George Bush stellte seine Erklärung über ein »neues Europa« vor, in der er seine Rückschlüsse aus der Revolution der Rahmenbedingungen skizzierte. Er ließ keinen Zweifel daran aufkommen, daß die NATO weiter bestehen bleiben müsse, und sprach sich für eine weitere Integration Europas sowie eine engere Zusammenarbeit zwischen der EG und den USA aus. Ganz ausdrücklich

unterstützte er Helmut Kohls Ziel der Wiedervereinigung, deren Grundzüge er in weitgehender Übernahme von James Bakers »Vier Prinzipien« skizzierte[5]:
1. Demnach stand das Selbstbestimmungsrecht der Deutschen im Mittelpunkt der Politik. Es sollte aber so ausgeübt werden, daß nicht jetzt schon Festlegungen auf einen der möglichen Wege zur Erlangung der Einheit vorweggenommen würden.
2. Auch ein vereintes Deutschland hatte Mitglied der NATO und Teil einer fortschreitenden europäischen Integration zu bleiben. Die besonderen Rechte und Verantwortlichkeiten der Vier Mächte sollten im Vereinigungsprozeß gebührend berücksichtigt werden. Dieser Hinweis auf die Rechte der alliierten Siegermächte des Zweiten Weltkrieges hatte in Bakers Erklärung noch gefehlt. Er war eingebaut worden, nachdem sich die Bonner US-Botschaft darüber beklagt hatte, daß Kohl die alliierten Vorbehaltsrechte nie gewürdigt oder auch nur erwähnt habe.[6]
3. Die Vereinigung durfte die allgemeine Stabilität in Europa nicht gefährden. Sie sollte friedlich, allmählich und schrittweise erfolgen.
4. Hinsichtlich der Grenzfragen gelte das Bekenntnis zu den Prinzipien der KSZE-Schlußakte von Helsinki. Damit betonte auch Bush die Unantastbarkeit der polnischen Westgrenze.

Der Rede des US-Präsidenten folgte eine kurze, aber heftige Auseinandersetzung zwischen Helmut Kohl und Giulio Andreotti. Dieser hatte eingeworfen, daß die Überbetonung des Selbstbestimmungsrechtes auch Gefahren in sich berge. Statt geduldiger Diplomatie würden künftig Volksbewegungen die politische Agenda Europas bestimmen, warnte der italienische Ministerpräsident, der als Beispiel hierfür die baltischen Staaten anführte. Wenn der Tiber sein Land teilen würde, dann würde er wohl anders denken, hielt der Bundeskanzler entgegen. Ihm sprang der niederländische Ministerpräsident Ruud Lubbers bei, der sich hinter Bushs Vorschläge stellte, damit aber wiederum Margaret Thatcher auf den Plan rief. Sie war vor allem an einer Verlangsamung der Ereignisse interessiert[7], schloß sich Andreottis Bedenken an und forderte eine sorgfältige Prüfung von Bushs Thesen. Mit ihrem offenen Widerstand gegen die aktuellen Entwicklungen sowie die Politik der USA und der Bundesrepublik fanden Thatcher und Andreotti letztlich allerdings keine positive Resonanz bei den anderen NATO-Partnern.

Zustimmung erhielt hingegen Helmut Kohl, der neben George Bush der zweite Hauptredner der Debatte war. Kohl hatte bereits nachdrücklich die Ergebnisse der amerikanisch-sowjetischen Gespräche vor Malta begrüßt und versuchte nun in Brüssel erneut, den Verbündeten seine eigenen Vorstellungen zu erläutern.[8] Dabei konzentrierte er sich auf folgende Hauptlinien der Argumentation:
– Es werde weder jetzt noch in Zukunft einen deutschen Sonderweg geben. Ziel seiner Politik sei statt dessen eine »organische Entwicklung«, die den

Interessen aller Beteiligten – darunter auch der Deutschen – Rechnung trage sowie ein friedliches Zusammenleben in Europa garantiere.
– Die Deutschen wüßten sehr wohl, daß es »ohne die feste Solidarität und ohne die zukunftsfähige Politik unseres Bündnisses« nicht zu den revolutionären Veränderungen in Mittel- und Osteuropa gekommen wäre. Nur mit dem »Rückhalt aller Freunde und Verbündeten« könne das gemeinsame Ziel verwirklicht werden, nämlich die Schaffung einer europäischen Friedensordnung, in der alle Europäer – und damit auch die Deutschen – in gemeinsamer Freiheit zusammenkommen könnten.

Immer wieder betonte Kohl die Bündnistreue und den Realitätssinn der Deutschen sowie die Tatsache, daß seine Zehn Punkte keinen Zeitplan beinhalteten. Dieser Hinweis fand auch die ausdrückliche Zustimmung Thatchers. Insgesamt konnte die Bundesregierung letztlich mit den Ergebnissen dieses NATO-Gipfels sowie der Treffen der EG-Staats- und Regierungschefs in Paris und Straßburg zufrieden sein[9]:

– Weder im Kreis der NATO noch seitens der EG-Partner waren unüberwindbare Hindernisse auf dem Weg zur Vereinigung errichtet worden. Innerhalb dieser Institutionen – in denen sich die Westbindung der Bundesrepublik manifestierte – war statt dessen Zustimmung zur oder doch zumindest murrende Akzeptanz der aktuellen Politik der Bundesregierung erzielt worden.
– Die vorgebrachte Kritik konzentrierte sich überwiegend auf den Zeitfaktor – ein Punkt, in dem Kohl sich angesichts der eigenen, zurückhaltenden Einschätzungen mißverstanden fühlte. Hinzu kamen Mahnungen zur Rücksicht auf Gorbatschow, dessen Reformen nicht durch einseitige Schritte des Westens gefährdet werden sollten.

Während der Westen also – wenngleich mit sichtbarem Widerwillen – hinter der von George Bush und seinen Mitarbeitern stark unterstützten Regierung Kohl stand, schienen die einzigen offenen Widersacher von Vereinigungsbemühungen nur noch im östlichen Bündnis zu existieren. Daß dieser Eindruck täuschte und daß der Rückhalt Kohls mit seinen Vereinigungsbemühungen im westlichen Lager weiter gering war, zeigte sich bereits wenige Tage später, als die Sowjetunion mit ihrer Aufforderung zu einem Botschaftertreffen der Vier Mächte auch bei westlichen Verbündeten der Bundesrepublik offene Türen einrannte.

## Die Vier Mächte melden sich zurück

»Sie müssen sich entscheiden zwischen der Zusammenarbeit mit uns in der NATO und in der Europäischen Gemeinschaft oder mit der Sowjetunion im Kontrollrat.« Außenminister Hans-Dietrich Genscher machte aus seiner Verärgerung keinen Hehl, als er am 13. Dezember in Brüssel mit seinen Amtskollegen aus den USA, Frankreich und Großbritannien zusammenkam.[10] Zwei Tage nach einem Treffen der Botschafter der westlichen Siegermächte des Zweiten Weltkrieges mit dem sowjetischen Vertreter in der DDR im Alliierten Kontrollrat nutzte Genscher die traditionellen Vierergespräche zu allgemeinen Deutschland- und Berlin-Fragen dazu, den westlichen Verbündeten die Haltung der Bundesregierung unmißverständlich und möglichst endgültig klarzumachen: Die Bundesregierung war – 45 Jahre nach Kriegsende und angesichts der vollkommen veränderten deutschlandpolitischen Rahmenbedingungen – nicht willens, bei Gesprächen über Deutschland noch einmal als unbeteiligter Zuschauer keinen Einfluß auf die Entscheidungen nehmen zu können: »Eine Wiederbelebung des Vier-Mächte-Mechanismus war für uns nicht akzeptabel« – eine Haltung, die Helmut Kohl bereits nach einer Sitzung des Bundeskabinetts am Vormittag des 9. November hatte veröffentlichen lassen.[11]

### *Kotschemassow lädt ins Kontrollratsgebäude ein*

Der Anstoß für das vor allem von westdeutschen Politikern und Medien kritisierte Botschaftertreffen im Alliierten Kontrollratsgebäude[12] – dem ersten seit Abschluß des Berlin-Abkommens von 1971 – war aus Moskau gekommen. Am Abend des 8. Dezember hatte der sowjetische Gesandte in Ost-Berlin den Gesandten der USA, Frankreichs und Großbritanniens in West-Berlin den Vorschlag zu baldigen Gesprächen der vier Alliierten im ehemaligen Kontrollratsgebäude überbracht. Die Initiative sah vor, daß sich die Botschafter der Vier Mächte »innerhalb kürzester Zeit« treffen sollten, um über die Entwicklungen in der DDR und den möglichen Zusammenbruch der dortigen öffentlichen Ordnung zu sprechen.[13] Aus Sicht der Bundesregierung gab es verschiedene Fragen, deren Beantwortung zugleich Perspektiven für die deutsche Frage aufzeigen konnte:
1. Wie würden die drei Westmächte auf den sowjetischen Vorschlag reagieren, und wie würden sie ihr jeweiliges Vorgehen begründen?
2. Inwieweit würde die Bundesregierung über das vorgeschlagene Treffen informiert, und wie sollte die Abstimmung einer gemeinsamen westlichen Position erfolgen?
3. Worüber würden sich die vier Botschafter bei ihrem Treffen im Alliierten Kontrollratsgebäude unterhalten?

Offensichtlich war die Motivation der Sowjetunion, den Dialog der Vier Mächte über Berlin-Fragen hinaus zu intensivieren. Bereits in seiner Botschaft an die Staats- und Regierungschefs der westlichen Alliierten vom 10. November 1989 hatte Michail Gorbatschow ein Treffen der ehemaligen Siegermächte des Zweiten Weltkrieges angeregt, ohne das gewünschte Echo zu erzielen.[14] Angesichts der rasanten Entwicklungen in der DDR hatte Moskau kurze Zeit später versucht, über den Vorschlag einer Zweiten Konferenz über Sicherheit und Zusammenarbeit in Europa – »Helsinki II« – mehr Einfluß auf den Gang der Ereignisse zu bekommen und den Prozeß der deutsch-deutschen Annäherung zu bremsen. Die Mitarbeiter von Präsident Bush waren strikt gegen ein solches KSZE-Treffen und deshalb froh, daß Gorbatschow den Vorschlag weder beim Treffen vor Malta noch in der Folgezeit wieder aufgriff. Statt dessen schob die UdSSR nun eine neuerliche Initiative zur Wiederbelebung des Vier-Mächte-Mechanismus nach, um zu »demonstrieren, daß die Vier Mächte in alle Prozesse der Deutschen involviert« seien.[15] Diese Ansicht vertrat auch Moskaus Botschafter in Bonn, Kwizinskij, am 11. Dezember bei einem Gespräch im Auswärtigen Amt. Gefragt nach sowjetischen Vorstellungen zur Rolle der beiden deutschen Staaten im Zusammenhang mit der aktuellen Demonstration alliierter Vorbehaltsrechte, erklärte er nur trocken, die Bundesrepublik und die DDR sollten derzeit »interessiert zuschauen«.

Aus Paris erhielt Gorbatschow mit seinem Vorstoß schnell eine positive Antwort. Frankreich sagte seine Teilnahme sofort zu, da man auch dort die Rolle der einstigen Weltkriegs-Alliierten bislang nicht gebührend berücksichtigt fand. Staatspräsident Mitterrand machte daraus keinen Hehl, als er den sichtlich irritierten und verärgerten Bundeskanzler Kohl am 9. Dezember, zum Ende des gemeinsamen Arbeitsfrühstücks anläßlich der Tagung des Europäischen Rates in Straßburg, über Moskaus Initiative unterrichtete.[16] Die UdSSR habe am Tag zuvor bei den Westmächten angefragt, und Frankreich werde sich der sowjetischen Bitte nicht entziehen können. Die Vier Mächte, so Mitterrand, seien bislang eher Zuschauer der Ereignisse, doch stünde für die Sowjetunion beispielsweise die Anwesenheit ihrer Truppen in der DDR auf dem Spiel. Er habe noch nicht darüber nachgedacht, wie man sich in den Gesprächen verhalten solle, doch bereite ihm der Fragenkomplex Sorgen. Was solle man tun, wenn die UdSSR beispielsweise ein Treffen der vier Staats- und Regierungschefs verlange? Man müsse beginnen, gemeinsam über solche Fragen nachzudenken, erklärte der Staatspräsident, dessen Mitarbeiter Attali sich zwischenzeitlich bei Außenminister Dumas nach dem geplanten Thema des Treffens erkundigt hatte. Demnach hatte Kotschemassow Gespräche über »Berlin« vorgeschlagen. Frankreich werde die Bundesregierung über das Gespräch unterrichten und keinesfalls gegenüber der Sowjetunion initiativ tätig werden, sicherte Mitterrand dem Kanzler zu. Ihre beiden Stäbe sollten darüber aber im Kontakt bleiben. Dazu gehörte auch, daß Frankreichs Botschafter in Bonn, Serge Boidevaix, noch am selben Tag im Auswärtigen Amt vorstellig wurde, um dort

Staatssekretär Jürgen Sudhoff ausführlicher von der sowjetischen Initiative zu berichten. Sudhoff hielt die geplante Vier-Mächte-Veranstaltung zwar für »absolut deplaziert« und machte dies Boidevaix auch unmißverständlich klar, doch war die französische Entscheidung bereits gefallen: Paris würde seinen Bonner Botschafter zur Sitzung nach Berlin schicken, um so die französischen Mitspracherechte in den aktuellen deutschlandpolitischen Entwicklungen allgemein sichtbar zu machen.

Gleiches galt für Großbritannien, dessen Regierung ebenfalls ohne Rücksprache mit Bonn oder Washington die Teilnahme an den Gesprächen zusagte. Margaret Thatcher hatte nie verheimlicht, daß ihr die Veränderungen in Osteuropa, vor allem aber in der DDR, zu schnell gingen. Gegenüber George Bush hatte sie am 24. November in Camp David ihre Bedenken formuliert, die sich vor allem auf die mögliche Gefährdung von Gorbatschows Reformpolitik sowie die polnische Grenzfrage konzentrierten.[17] Zudem hatten sie, ihr Außenminister Douglas Hurd und Beamte des Foreign Office bei verschiedenen Gelegenheiten auf die Mitspracherechte der Vier Mächte verwiesen. Die britische Teilnahme am Treffen in Berlin konnte aus ihrer Sicht dazu beitragen, diese Rechte noch einmal zu manifestieren, die laufenden Entwicklungen in der DDR zu verlangsamen und der Sowjetunion das Gefühl zu geben, in den Prozeß eingebunden zu sein.

Neben der Sowjetunion unterstützten also Frankreich und Großbritannien ganz offen eine Wiederbelebung des Vier-Mächte-Mechanismus zur Besprechung deutscher Fragen. Demgegenüber war die Haltung der USA differenzierter. Zwar war – nicht zuletzt aufgrund von Interventionen der Bonner US-Botschaft – in Bushs »Vier Prinzipien« nachträglich noch der Hinweis auf die Vier-Mächte-Rechte aufgenommen worden, doch die Linie der politischen Führung war eindeutig[18]: Wie bereits anläßlich der Gorbatschow-Note vom 10. November lehnte Bush ein Einschreiten der Vier Mächte zur Regelung innerer Fragen in Deutschland eigentlich ab. Nach dem unabgesprochenen Vorpreschen der Regierungen in London und Paris – so die Erklärung – hätte die Teilnahmeverweigerung nun aber den Dissens im westlichen Lager offensichtlich gemacht. Zugleich bestand aus US-Sicht die Gefahr, daß es hinter dem Rücken der USA und der Bundesrepublik zu einer deutschlandpolitischen Annäherung zwischen der UdSSR, Frankreich und Großbritannien kommen würde. Auch die US-Administration kündigte deshalb ihre Teilnahme an dem geplanten Gespräch in Berlin an, teilte zugleich aber mit, daß dort nur über die sogenannte Reagan-Initiative von 1987 zur Verbesserung der Situation Berlins diskutiert werden könne. Anders als bei früheren Vier-Mächte-Konsultationen schickte das State Department diesen Brief auch direkt an die Bundesregierung. Gemeinsam erreichten Bonn und Washington zudem, daß sich die drei westlichen Botschafter vor dem Treffen zusammen mit dem Politischen Direktor des Auswärtigen Amtes zur Diskussion einer einheitlichen Linie trafen. Dabei wurde unter anderem festgehalten, daß die Botschafter sich alle weitergehenden sowjetischen Vorschläge lediglich anhören und das Auswärtige Amt anschließend schnell und ausführlich unterrichten sollten.

Dieser westliche Minimalkompromiß sah vor, daß die mittlerweile zwei Jahre alte Reagan-Initiative als offizielle Begründung für die Gespräche der alliierten Botschafter dienen sollte.[19] Die auch von den beiden anderen Westmächten unterstützte Initiative hatte die Verbesserung des Luftverkehrs nach Berlin sowie den Ausbau menschlicher Kontakte zum Inhalt. So sollten internationale Sportereignisse wie die Olympischen Spiele, Konferenzen und ein Studentenaustausch den Zusammenhalt von Ost- und West-Berlin fördern. Obwohl die UdSSR in ersten Reaktionen die Verbesserungen im Luftverkehr für nicht notwendig gehalten hatte, waren die westlichen Vorschläge im Frühsommer 1989 erneuert worden. Seit Herbst 1989 hatte es seitens der sowjetischen Botschaft in Ost-Berlin mehrfach Hinweise gegeben, daß Gespräche hierüber möglich seien, ohne daß aber bis zum 8. Dezember 1989 konkrete Vorschläge dazu erfolgt wären.

## »Das schlimmste Bild des Jahres«

Als die Bonner Botschafter Vernon Walters (USA), Serge Boidevaix (Frankreich) und Christopher Mallaby (Großbritannien) am späten Vormittag des 11. November im ehemaligen Sitz des Alliierten Kontrollrates mit Moskaus Botschafter in Ost-Berlin, Wjatscheslaw Kotschemassow, zusammentrafen, stand die Reagan-Initiative nur formal auf der Tagesordnung.[20] Da die Westmächte mit Walters den Vorsitz der Besprechung innehatten, konnte dieser zwar sofort auf die mit Bonn abgestimmten Berlin-Themen zu sprechen kommen, doch gingen Kotschemassows anschließende Ausführungen weit über den ursprünglich gesetzten Rahmen hinaus. Mit seiner ausführlichen Stellungnahme, die in Moskau ausgearbeitet und mit der SED abgestimmt worden war, wollte Kotschemassow nach eigenem Bekunden vier Dinge erreichen:
1. die gegenwärtige Situation in der DDR stabilisieren. Er wollte hierfür Verständnis bei den Westmächten wecken und eine öffentliche Betonung der gemeinsamen Verantwortung der Vier Mächte erreichen. Kotschemassow machte dabei immer wieder klar, daß die DDR ein unverzichtbarer Verbündeter und Partner der Sowjetunion sei;
2. die aktuelle Situation in der DDR aus seiner Sicht erläutern. In Ostdeutschland habe die Demokratisierung begonnen, und die Vier Mächte sollten der jetzigen Regierung bei ihren entsprechenden Bemühungen zur Seite stehen;
3. einige der zahlreichen Fragen hinsichtlich der Situation in West-Berlin ansprechen. Er beziehe sich hierbei – wenngleich nur sehr kursorisch – auf die Flugsituation, die verbessert werden könne;
4. betonen, daß die Vier-Mächte-Verantwortung für Berlin und Deutschland als Ganzes fortbestand. Kotschemassow schlug deshalb die Einsetzung einer

Arbeitsgruppe sowie regelmäßige Treffen der Botschafter vor. Als Beleg für die gemeinsamen Interessen aller Anwesenden verwies der sowjetische Botschafter auf den Verlauf des Malta-Gipfels sowie einige Äußerungen von Mitterrand und Thatcher.

Kotschemassows Ausführungen zeigen, daß die Sowjetunion vor allem an zwei Aspekten interessiert war: der nachdrücklichen Demonstration alliierter Vorbehaltsrechte sowie der Einrichtung eines festen Gremiums, in dem deutschlandpolitische Fragen diskutiert werden konnten. Seine drei Gesprächspartner konnten deshalb – ihren Instruktionen entsprechend – nur in allgemein-diplomatischen Floskeln die Gesprächsbereitschaft begrüßen, auf das eigentliche Gesprächsthema verweisen und ihr Interesse an Stabilität und Sicherheit in Europa unterstreichen. Konkrete Verabredungen über weitere Treffen wurden nicht getroffen.[21] Breiten Raum nahm die rund fünfundvierzigminütige Debatte über den Text für eine gemeinsame Presseerklärung ein. Während Kotschemassow dabei immer wieder die Vier-Mächte-Verantwortung für ganz Deutschland betont sehen wollte, wünschten die Westbotschafter lediglich die Erwähnung der Verantwortung für Berlin. Den Kompromiß bildete schließlich ein Vorschlag von Mallaby. Demnach habe während des Treffens Übereinstimmung geherrscht, wie wichtig Stabilität sei, und man sei zuversichtlich, daß die vier beteiligten Staaten dazu im Rahmen des Vier-Mächte-Abkommens von 1971 beitragen könnten.

Als die vier Botschafter gegen 14 Uhr gemeinsam vor das Gebäude des Alliierten Kontrollrates in Berlin traten, warteten dort bereits zahlreiche Journalisten. Diese waren allerdings weniger am Inhalt der vorausgegangenen Gespräche interessiert als vielmehr an der Symbolik des gemeinsamen Auftritts führender Vertreter der ehemaligen Siegermächte des Zweiten Weltkrieges vor der historischen Kulisse. »Die Vier zurück in einem Jeep«, kommentierte eine Zeitung dieses Ereignis, und US-Botschafter Walters bezeichnete später dieses Pressefoto als »das schlimmste Bild des Jahres«[22]. In zahlreichen westdeutschen Kommentaren und Berichten wurden die Gespräche so gewertet, daß die Sowjetunion damit in ihrer Opposition zu Vereinigungsüberlegungen den Schulterschluß mit den drei Westmächten erreicht habe.

### Die Bundesregierung warnt vor einer Wiederholung

Auf derartige Berichte und Bilder wiesen denn auch Kanzleramtsminister Rudolf Seiters und Staatssekretär Jürgen Sudhoff aus dem Auswärtigen Amt hin, als sie sich zwei Tage später mit den Botschaftern der Westmächte trafen. Diese hatten unmittelbar nach Beendigung das Auswärtige Amt durch Serge Boidevaix über Inhalt und Verlauf der Begegnung unterrichtet, waren sich aber noch nicht vollständig über die möglichen Auswirkungen des Ereignisses auf die Beziehungen ihrer Länder zur Bundesrepublik im klaren.[23] Im Gespräch mit

Seiters und Sudhoff schilderten sie Vorbereitung und Ablauf des Treffens mit Kotschemassow und gaben eigene Einschätzungen wieder. Seiters und Sudhoff faßten diese so zusammen, daß die Sowjetunion wohl vor allem an einem Vier-Mächte-Treffen als solchem, einer Fortsetzung sowie der Stabilität in Mitteleuropa interessiert sei – eine Bewertung, der die Botschafter zustimmten.

Christopher Mallaby trat anschließend für die Ausarbeitung genauer Vorschläge zum Luftverkehr ein, da die UdSSR an diesem Thema besonderes Interesse gezeigt habe, während Serge Boidevaix erklärte, daß zur Vorbereitung eventueller weiterer Botschafterrunden unter Umständen Arbeitsgruppen eingesetzt werden könnten. Seiters und Sudhoff nutzten diese Vorschläge dazu, die westdeutsche Position noch einmal zu präzisieren: Bereits das erste Treffen habe ein überproportionales Interesse in der Öffentlichkeit gefunden. Weitere Begegnungen der Vier-Mächte-Botschafter würden einen seltsamen Eindruck hinterlassen und »erheblichen Erklärungsbedarf auslösen«. Sie äußerten sich damit ähnlich, wie Genscher es einen Tag später in Brüssel gegenüber den Außenministern der Westmächte tat. Wie der Bundesaußenminister stellten Seiters und Sudhoff nunmehr unmißverständlich klar, daß die Bundesrepublik keinesfalls bereit war, weitere Konsultationen *über* das Schicksal der Deutschen ohne deren Beteiligung und ohne Gespräche *mit* den Deutschen hinzunehmen. Während man in Bonn grundsätzlich nichts gegen den offiziellen Inhalt der Vier-Mächte-Gespräche hatte, sorgte die Symbolik des Treffens für enorme Verärgerung. In einem Vermerk an den Bundesaußenminister schrieb Dieter Kastrup, daß das Maß nunmehr voll sei und die Bundesregierung sich derartiges nicht weiter bieten lassen könne.[24] Im Auswärtigen Amt herrschte kein Zweifel daran, daß letztlich alle Vier Mächte das Treffen ihrer Botschafter befürwortet hatten, sich der Symbolik ihres Auftritts in Berlin bewußt waren und keinesfalls kategorisch weitere gemeinsame Treffen ablehnten.

Insgesamt brachte das umstrittene Botschaftertreffen von Berlin vor allem einen Beitrag zur Klärung der aktuellen Situation:
- Der Bundesregierung war erneut sehr deutlich gezeigt worden, daß die Front des Westens gegenüber östlichen Störmanövern keinesfalls so geschlossen war, wie dies im Interesse der erhofften Vereinigungspolitik wünschenswert gewesen wäre.
- Die Bundesregierung hatte den westlichen Verbündeten nach dem Treffen unmißverständlich sagen können, daß jedes weitere Gespräch über die Deutschen nur mit den Deutschen geführt werden konnte. Zudem war für Bonn angesichts des Fehlens einer eigenständigen Außenpolitik der DDR einmal mehr klargeworden, daß dort frühestens nach freien Wahlen mit Gesprächspartnern in Sachen Vereinigung gerechnet werden konnte.
- Der Sowjetunion war klargeworden, daß es – trotz der offensichtlichen Differenzen im westlichen Lager – mit simplen Aktionen wie der Einladung zu einem Botschaftertreffen nicht möglich war, Frankreich oder Großbritannien offen ins Lager der erklärten Vereinigungsgegner herüberzuziehen.

– Die westlichen Verbündeten der Bundesrepublik, Frankreich und Großbritannien, hatten ihre Bedenken deutlich machen können, die sie angesichts der anhaltenden Nichterwähnung alliierter Vorbehaltsrechte durch den Bundeskanzler empfanden. »Zweck war es, die Deutschen daran zu erinnern, wer in Berlin das Sagen hat«, faßte ein Regierungsvertreter in Paris denn auch den französischen Standpunkt zum Treffen der vier Botschafter zusammen.[25]
– Paris und London hatten erkennen müssen, daß eine negative Grundhaltung gegenüber den Entwicklungen im deutsch-deutschen Verhältnis alleine kein Ersatz für eine konstruktive Politik war. Ebenso wie beim NATO-Gipfel in Brüssel war zudem die Rückendeckung der Politik Kohls durch US-Präsident Bush offensichtlich geworden. Jeder offene Widerstand gegen dessen Vereinigungsbemühungen hätte also zugleich die offene Opposition zur westlichen Führungsmacht bedeutet. Mit ihrer derzeitigen Politik hatten auch Paris und London sich bislang nur zwischen alle Stühle manövriert.

Wie fest die Politik der USA zu diesem Zeitpunkt bereits von einer möglichen Vereinigung ausging, sollte sich schon am darauffolgenden Tag zeigen, als Außenminister Baker nach Europa kam, um hier die amerikanischen Vorstellungen von einer »neuen Architektur für eine neue Zeit« des Kontinents zu erläutern.

## Eine »neue Architektur für eine neue Zeit«

Als US-Außenminister James Baker am 12. Dezember in Deutschland eintraf, standen drei wichtige Termine auf seinem Programm: eine öffentliche Rede zur künftigen »Architektur« Europas vor dem Berliner Presseclub, eine Begegnung mit Bundeskanzler Kohl sowie ein Kurztrip nach Ostdeutschland. Dort wollte er sich sowohl mit Ministerpräsident Modrow als auch mit Vertretern der demokratischen Opposition treffen.[26] Baker, der zuvor in London mit Margaret Thatcher gesprochen hatte und von Berlin weiter zu einem Treffen mit den EG-Außenministern zur Beratung der Hilfen für Osteuropa nach Brüssel fliegen wollte, hatte sich für seine Deutschland-Reise vor allem drei Ziele gesetzt:
– dem Kanzler – öffentlich wie intern – noch einmal die Rückendeckung der USA zuzusagen sowie diesen zur engen Abstimmung aller Aktivitäten aufzufordern;
– die amerikanischen Vorstellungen von der künftigen Ordnung Europas zu skizzieren, um so sowohl die Deutschen als auch die Sowjetunion zu beruhigen;
– zur Stabilisierung und Beruhigung der Lage in der DDR beizutragen, ohne zugleich aber dem herrschenden SED-Regime Legitimität und größeres Ansehen zu verschaffen.

### *Kohl bittet Baker um Unterstützung*

Bakers umfangreiches Tagesprogramm des 12. Dezember begann mit einem Frühstück mit Bundeskanzler Kohl[27], in dessen Verlauf sich die beiden zunächst ausführlich der gegenseitigen Unterstützung versicherten sowie für die bisherige Zusammenarbeit dankten. Baker wies Kohl darauf hin, daß es – vor allem seitens der Sowjetunion – eine gewisse Nervosität gebe, wie man sie auch in London und Paris spüren könne. Entscheidend sei, daß die Dinge nun verantwortungsbewußt vorangetrieben würden und daß auch die weiteren Entwicklungen friedlich verliefen, betonte Baker, der nur kurz seinen geplanten Besuch in der DDR erwähnte.

Kohl stimmte zu, daß man eine gefährliche Phase vor sich habe. Die Bundesregierung und auch er selbst würden nichts unternehmen, was die Lage komplizierter machen könne. Ganz wichtig bleibe es aber, den Menschen Perspektiven aufzuzeigen, wie er es mit seinen zehn Punkten getan habe. Damit habe er das Ende des gewünschten Prozesses benannt, ohne eine Art von Kalender hierfür zu entwickeln. Kleine Schritte, aber ein klares Ziel seien nun notwendig, da sonst die Unruhe gewaltig gesteigert werden könne. Wichtig sei zudem, daß die deutsche Entwicklung in eine europäische Architektur eingebettet werde, während gleichzeitig die Sicherheitsinteressen aller Beteiligten – also auch der Sowjetunion – zu berücksichtigen seien. Er wolle dem Außenminister vertrau-

lich mitteilen, daß er sich sobald als möglich mit Gorbatschow treffen werde, um mit diesem in Ruhe alle Fragen – darunter auch das Zehn-Punkte-Programm – zu besprechen. Die Sowjetunion sei durchaus bereit, neun Punkte zu akzeptieren; nur bei der angestrebten Konföderation[28] habe sie Schwierigkeiten. Kohl nannte drei Voraussetzungen für eine erfolgreiche Entwicklung:
- Erstens dürfe Gorbatschow nicht scheitern. Man werde vielleicht bald vor der Frage stehen, ob und wie man angesichts des bevorstehenden schwierigen Winters helfen könne.
- Zweitens müsse die Lage in Polen und Ungarn stabilisiert werden. Er habe vom ungarischen Ministerpräsidenten Németh erfahren, daß man dort vor großen Problemen in der Energieversorgung stehe. Auch hier werde man eventuell helfen müssen.
- Drittens gehe es um die Situation in der DDR. Es werde wohl im Frühsommer freie Wahlen geben. Mit einer demokratisch legitimierten Regierung werde er dann möglichst schnell über vernünftige Abmachungen, vor allem in den Bereichen Verkehr und Umweltschutz, verhandeln. Es gehe dabei um die Frage der Vertragsgemeinschaft. Entscheidend sei aber die Zukunft der Wirtschaft. Eigentlich müsse die DDR eine Währungsreform in Angriff nehmen. Am besten wäre es, wenn die Regierung sich an den neuen ungarischen Wirtschaftsgesetzen orientieren würde. Er habe keinen Zweifel, daß die Zulassung einer marktwirtschaftlichen Ordnung und verstärkter Privatinvestitionen die Wirtschaft rasch sanieren könnten. Erst danach gehe es um die von ihm vorgeschlagenen konföderativen Strukturen, also Dinge wie Ministerkomitees und parlamentarische Ausschüsse. Dies werde alles Jahre kosten und sei im übrigen von der weiteren Entwicklung der Weltpolitik abhängig.

Es sei deshalb wichtig, den Menschen nicht nur ein konkretes Ziel zu benennen, sondern gleichzeitig auch darauf hinzuweisen, daß die Verwirklichung dieses Zieles Jahre dauern könne – eine Einschätzung, bei der Baker dem Kanzler nachdrücklich zustimmte. Beide waren sich zudem einig, daß es ein Fehler wäre, entsprechend den Vorstellungen von Margaret Thatcher die Dinge einfach laufen zu lassen. Kohl betonte anschließend noch einmal seine Bereitschaft zum Ausbau der europäischen Integration. Wie bereits Adenauer erklärt habe, sei die deutsche Frage nur unter einem europäischen Dach zu lösen. Was könne er denn mehr tun, als nun die Schaffung der Wirtschafts- und Währungsunion mitzutragen? Dieser Schritt sei politisch wichtig, um in Europa jegliches Mißtrauen gegenüber Deutschland zu beseitigen. Baker bestätigte Kohl, auf dem EG-Gipfel von Straßburg Großartiges geleistet zu haben. Es sei aber wichtig, daß die Motive der Bundesrepublik besser verstanden würden. Je sicherer man im Westen wisse, daß die Bundesrepublik dort verankert sei, desto weniger Nervosität werde herrschen. Zugleich müsse man dem Osten noch deutlicher sagen, daß Kohls Zehn Punkte keinen festen Zeitplan enthielten.

Vor allem in der Grenzfrage sei Sensibilität notwendig, erklärte Baker dem Kanzler, der dies unterstrich: Er habe deshalb in Punkt acht seines Programms ausdrücklich die KSZE-Schlußakte betont, die ja nur die friedliche Änderung von Grenzen vorsehe. Kohl warnte davor, daß viele Kritiker seiner Politik zwar von der Oder-Neiße-Grenze sprächen, in Wirklichkeit aber die innerdeutsche Grenze meinten. Hinsichtlich der Oder-Neiße-Grenze gebe es – beispielsweise im Moskauer und Warschauer Vertrag – eindeutige rechtliche Verpflichtungen der Bundesrepublik, die für ihn absolute Geltung besäßen. Entsprechend der Interpretation des Bundesverfassungsgerichts könne die Bundesrepublik Deutschland aber nicht für Gesamtdeutschland sprechen – eine Bewertung, an die er als Verfassungsorgan gebunden sei. Die überwältigende Mehrheit der Deutschen wisse doch, daß niemand eine neue schreckliche Vertreibung in Gang setzen wolle, so Kohl, der zugleich auf die Vertriebenen-Charta von 1950 hinwies. Wenn es zur deutschen Einheit komme, werde die Grenzfrage mit Polen keine Sekunde ein Problem darstellen. Beim EG-Gipfel in Straßburg hätten seine Kritiker aber immer wieder von Grenzen im Plural gesprochen und damit eindeutig auch die Sektorengrenze in Berlin sowie die innerdeutsche Grenze gemeint.

Kohl erinnerte Baker daran, daß die USA sich 1919 nach dem Versailler Vertrag enttäuscht aus Europa zurückgezogen hätten. Heute sei man glücklicherweise in einer anderen Lage und habe aus der Geschichte gelernt. Ebenso erinnerte er daran, daß man gewisse Dinge von den Deutschen nicht erwarten dürfe, nämlich beispielsweise ein »Nein« zur Einheit ihrer Nation. Kohl stellte auch die Frage, was denn geschehen wäre, wenn er sein Zehn-Punkte-Programm nicht vorgestellt hätte. Dann wäre Gorbatschow mit einem eigenen Vorschlag gekommen – und der hätte bestimmt die Bedingung enthalten, daß die Bundesrepublik Deutschland sich aus der NATO zurückziehen solle. Baker bestätigte, daß Gorbatschow anläßlich eines Gesprächs mit der US-Regierung in der Tat ähnliche Überlegungen angestellt hatte. Genau deshalb, so Kohl, bitte er die Amerikaner um Unterstützung sowie Vertrauen und spiele ihnen gegenüber mit absolut offenen Karten. In seinem geplanten Treffen mit Gorbatschow werde er die weitere Wegstrecke abstecken und dabei klarmachen, daß er auf eine Politik der kleinen Schritte setze. Das müsse man auch den Menschen in der DDR sagen. In vierzig Jahren der Teilung habe man sich nicht nur wirtschaftlich auseinandergelebt, sondern es gebe auch erhebliche gesellschaftliche Unterschiede.

Baker erwähnte, daß er an diesem Tag noch in einem Vortrag seine Vorstellungen zur weiteren Entwicklung darlegen wolle. Hierzu gehörten engere und stärker institutionalisierte Beziehungen zwischen den USA und der EG, aber auch eine stärkere politische Rolle der NATO. Er begrüße es, wenn Kohl Gorbatschow treffen und beruhigen könne. Leider würden viele Erklärungen des Bundeskanzlers von anderen aus dem Zusammenhang gerissen, so Baker, der – auf Kohls Hinweis zur Lage im Jahr 1919 eingehend – versicherte, daß die

USA so lange eine europäische Macht bleiben würden, wie die Europäer und die Sowjetunion dies wollten. Anschließend ging Kohl auf die Entwicklung in der Tschechoslowakei ein: Dort werde es in sechs bis acht Monaten Wahlen geben. Bei einem entsprechenden Fortgang der Entwicklungen werde das Land in zwei bis drei Jahren nicht wiederzuerkennen sein, so Kohl, und folgerte deshalb, daß die CSSR, Ungarn und Polen eines Tages auch der EG beitreten wollten. Baker betonte daraufhin noch einmal die Bedeutung der Europäischen Gemeinschaft, die einen Magneten für Osteuropa darstelle. Kohl bestätigte dies und meinte, es sei folglich undenkbar, daß alle immer näher an die EG heranrückten, die Deutschen aus der DDR aber nicht dabeisein dürften.

Bevor die beiden Politiker sich abschließend über ein ganz anderes Thema, nämlich die Beziehungen ihrer Staaten zu Nicaragua, unterhielten, äußerte Kohl, der die Westbindung als Teil der Staatsräson der Bundesrepublik bezeichnete, noch eine Bitte: Er selbst habe immer großes Verständnis für die Interessen anderer gezeigt. Es wäre nun auch gut, wenn Baker in seiner heutigen Rede psychologisches Verständnis für die besondere Lage der Deutschen zum Ausdruck bringen könnte. Auch hier gebe es eine Innenpolitik mit Gruppierungen, welche die Neutralität der Bundesrepublik anstrebten. Baker sicherte dem Kanzler zu, sich in seiner Rede auf die Zehn Punkte zu beziehen, ohne aber die Formel »Freiheit und Einheit« benutzen zu wollen.

Auffallend war, wie Kohl immer wieder versuchte, bei Baker Verständnis für die besondere Situation der Deutschen in Ost und West zu wecken und diesen damit indirekt wie später auch offen aufzufordern, dieses Verständnis öffentlich zu bekunden. Baker wiederum versuchte, Kohl in aller Freundschaft nahezubringen, daß weitere westdeutsche Alleingänge wie das Zehn-Punkte-Programm nicht hilfreich wären und daß er sich im folgenden Prozeß vor allem um die Frage der europäischen Integration zur Einbindung der westlichen Nachbarn, die Grenzfrage zur Beruhigung der Anrainer im Osten sowie allgemein um ein besseres Verhältnis zur Sowjetunion kümmern sollte. Beide Politiker waren sich darin einig, daß es nun vor allem darum ging, die sowjetische Staatsführung in die künftigen Schritte einzubinden. Kohl und Baker sahen ganz offensichtlich die Gefahr einer verärgert zurückgezogenen UdSSR, die sich angesichts eines drohenden Macht- und Sicherheitsverlustes zum gefährlichen Partner des Westens entwickeln konnte. Einer Orientierungshilfe auch für die Sowjetunion sollte deshalb Bakers Rede dienen, die er im Anschluß an seine Begegnung mit Kohl vor dem Berliner Presseclub halten wollte.

### Bakers Vorstellungen vom Dreieck NATO – EG – KSZE

Wie sollten die USA und Westeuropa auf die Veränderungen im Osten sowie die Möglichkeit der deutschen Vereinigung reagieren? Diese Frage stand im Mittelpunkt der Ansprache des US-Außenministers vor dem Berliner Presse-

club noch am gleichen Tag, bei der Baker zunächst auf das einging, was er die
»neue Architektur Europas« nannte.[29] Diese sollte auf drei Säulen basieren:
1. einer NATO mit veränderter Aufgabenstellung: Das westliche Verteidigungsbündnis müsse bestehen bleiben, sich zugleich aber zu einer Institution mit einem stärker politisch definierten Selbstverständnis wandeln;
2. einer weiterentwickelten Europäischen Gemeinschaft: Dabei solle zum einen die Integration fortgeführt werden, während zum anderen bessere »institutionelle und konsultative Verbindungen« zu den USA anzustreben seien. Zudem solle die EG sich verstärkt um die Unterstützung der demokratischen Staaten Osteuropas kümmern;
3. einem Ausbau des KSZE-Prozesses zum »wichtigsten Forum der Zusammenarbeit zwischen Ost und West«: Nachdem die Schlußakte von 1975 den Status quo festgeschrieben und durch ihre Richtlinien zu Menschenrechten und Verhaltensnormen entscheidend zu den Veränderungen in Europa beigetragen habe, gelte es nun, den Prozeß fortzuschreiben. Dazu gehöre vor allem, daß die drei KSZE-»Körbe« zu den Themen Sicherheit, Wirtschaftsbeziehungen und Menschenrechte mit neuen Inhalten gefüllt würden.

Baker sah sehr wohl, daß diese erweiterten Aufgaben zu Überschneidungen zwischen der NATO und den europäischen Institutionen führen würden, betonte aber ausdrücklich die darin liegende Chance, daß hieraus Synergieeffekte resultieren könnten. Zentrales Ziel bleibe, die Sicherheit der USA politisch, militärisch und wirtschaftlich an die Sicherheit Europas zu koppeln: »Unser aller Aufgabe besteht also darin, gemeinsam auf ein neues Europa und den neuen Atlantizismus hinzuarbeiten.« Abschließend wandte Baker sich der deutschen Frage zu und wiederholte die »Vier Prinzipien«. Der »so positive Weg«, bei dem niemand drängen dürfe, werde nicht leicht werden, und er müsse friedlich und demokratisch gegangen werden. Zudem gelte es, die »legitimen Sorgen aller Mitgliedstaaten in dem neuen Europa« zu berücksichtigen.

Die öffentlichen Reaktionen auf Bakers Rede fielen sehr positiv aus. Auch die NATO griff seine Vorschläge zügig auf[30]: Bereits auf der Ministertagung des NATO-Rates am 14./15. Dezember wurde nicht nur ein Bekenntnis zum Selbstbestimmungsrecht der Deutschen formuliert, sondern auch eine Stärkung der politischen Funktionen des Bündnisses vereinbart. Seitens der Sowjetunion wurde vor allem Bakers Appell zu einem schrittweisen Vorgehen zustimmend zur Kenntnis genommen, da dies als Beitrag zur Stabilisierung der Situation verstanden wurde.

### *Baker trifft Modrow und die DDR-Opposition*

Zur Stabilisierung der Verhältnisse sollte auch Bakers Kurzbesuch in der DDR dienen, bei dem der US-Außenminister mit Regierungschef Hans Modrow sowie Kirchenvertretern zusammentraf. Der Entschluß zu diesem Besuch war weniger als 24 Stunden zuvor gefallen, nachdem Baker sich mit Kohl, Genscher und Schewardnadse hierüber unterhalten sowie die stark divergierenden Meinungen seiner Mitarbeiter gehört hatte.[31] Während der US-Botschafter in Ost-Berlin, Richard Barkley, den Abstecher nach Potsdam nachdrücklich befürwortete, widersprachen der Bonner Botschafter Vernon Walters und der West-Berliner Missionschef Harry Gilmore bis zuletzt. Sie befürchteten eine zu starke Aufwertung des SED-Regimes – und boten mit ihren öffentlich vorgetragenen Bedenken zugleich eine deutliche Kritik an den Besuchsplänen des französischen Staatspräsidenten Mitterrand.

Bakers Treffen mit Modrow begann mit einer kurzen Verwirrung: Obwohl die US-Seite ein Treffen mit Egon Krenz explizit abgelehnt hatte, betrat kurz nach Gesprächsbeginn ein Mann den Raum, den die US-Delegation für den am 6. Dezember zurückgetretenen Staatsratsvorsitzenden der DDR hielt. Die Irritation löste sich allerdings sehr schnell auf, als Baker und seine Mitarbeiter erkannten, daß der Neuankömmling lediglich ein Kellner war.

In seinem Gespräch mit Modrow betonte Baker dann vor allem die Bedeutung freier Wahlen. Ähnlich wie Kohl verknüpfte er jegliche Wirtschaftshilfe mit grundlegenden politischen und wirtschaftlichen Reformen, vermied aber, wie sein Gesprächspartner später feststellte, verbindliche Aussagen: »Der amerikanische Außenminister wollte viel hören und wenig sagen.« Modrows Bemühungen, für die DDR die Gewährung der Meistbegünstigungsklausel im Handel mit den USA zu erhalten, blieben erfolglos.

Sehr viel mehr als von der Begegnung mit Modrow war Baker von seinem Treffen mit führenden Kirchenvertretern in der Nikolai-Kirche beeindruckt.[32] Als Repräsentanten der Opposition machten sie dem US-Außenminister deutlich, daß sie Modrows Bemühen um Demokratisierung für ehrlich und unterstützenswert hielten. Sie überzeugten ihn auch davon, daß nicht Nationalismus, sondern überwiegend wirtschaftliche Gründe hinter den Vereinigungsbestrebungen steckten. Warum, so ihre Frage, sollten die Menschen abwarten, wenn die Vereinigung eine schnelle Verbesserung ihres Lebensstandards bedeute? Der US-Delegation war klar, daß die anwesenden DDR-Vertreter diese Meinung nicht begrüßten, sie aber dennoch in ihren Überlegungen zur Zukunft des Landes zu berücksichtigen hatten. Auf eine entsprechende Frage Bakers erklärten die Kirchenvertreter deshalb, daß eine zunächst nur wirtschaftliche Vereinigung der beiden deutschen Staaten den Menschen nicht genügen würde. Allerdings zeigten sie sich skeptisch, ob die internationale Situation schnelle Schritte in Richtung Einheit zulassen würde. Baker zog aus all dem den Schluß, daß nicht nur der Prozeß der Erneuerung in der DDR unumkehrbar war, sondern daß es auch »in jedem Fall de facto zu einer wirtschaftlichen Vereinigung der DDR und BRD kommen« werde.[33] Entscheidend sei deshalb, daß die USA weiter »im Spiel« blieben, was auch den Zielen der UdSSR entgegenkomme. Diese würden weitere Verflechtungen der beiden deutschen Staaten eher zulassen, »wenn sie glauben, daß wir ein Auge auf die Szenerie haben«.

## Gorbatschows Sorgen und Schewardnadses Warnschuß

Auch in Moskau hatten sich Politiker und Diplomaten – nicht zuletzt angesichts des erfolglosen Bemühens, die Vier-Mächte-Rechte zu reaktivieren – weitere Gedanken zu den aktuellen Entwicklungen in Europa, vor allem aber der DDR gemacht. Die Ergebnisse dieser Überlegungen wurden der Bundesregierung in der zweiten Dezemberhälfte auf zwei Wegen übermittelt:
– in einem Schreiben Gorbatschows an Bundeskanzler Helmut Kohl sowie
– in einer Rede des sowjetischen Außenministers Schewardnadse vor dem Politischen Ausschuß des Europäischen Parlaments in Brüssel.
Beide Aktionen boten Kohl und seinen Mitarbeitern kurz vor Jahreswechsel eine Zusammenfassung sowjetischer Sorgen und Warnungen.

### *Gegen »ultimative Forderungen«*

Den Brief Gorbatschows fand der Kanzler vor, als er am 18. Dezember von einem dreitägigen Besuch aus Ungarn zurückkehrte. Diese kurzfristig vereinbarte Reise sollte auch ein Zeichen der Dankbarkeit dafür darstellen, daß Ungarn mit der Öffnung seiner Grenzen im September 1989 Tausenden von Flüchtlingen aus der DDR den Weg in die Freiheit ermöglicht hatte.[34] Das darauf begründete gute Verhältnis zwischen der Bundesrepublik und Ungarn wurde nun erneut deutlich, als Ministerpräsident Miklos Németh dem Kanzler vertraulich von Modrows Zustimmung zu den ersten vier Punkten des Zehn-Punkte-Programms auf der Sitzung des Warschauer Paktes in Moskau berichtete. Németh schilderte zudem, wie eindeutig Gorbatschow bei jener Sitzung in seiner ablehnenden Haltung zur deutschen Einheit gewesen sei.

Dieser Eindruck des ungarischen Ministerpräsidenten fand in einem Brief Gorbatschows seine Bestätigung.[35] Das Schreiben hatte die erklärte Aufgabe, Kohl am Vorabend seines geplanten DDR-Besuches die Haltung der UdSSR noch einmal in aller Deutlichkeit vor Augen zu führen. Gorbatschow verwies deshalb sowohl auf seine Ausführungen gegenüber Außenminister Genscher am 5. Dezember als auch auf seine Rede vor dem Zentralkomitee der KPdSU vom 9. Dezember, wo er jeglichen Vereinigungsüberlegungen eine klare Absage erteilt hatte.[36] In seinem Schreiben sprach Gorbatschow von seiner Besorgnis angesichts der Politik der Bundesrepublik gegenüber der DDR und ging explizit auf das Zehn-Punkte-Programm des Kanzlers ein. Einige dieser Punkte seien Vorbedingungen – wenn nicht gar ultimative Forderungen – gegenüber einem souveränen Staat. Wie auch die DDR halte die Sowjetunion ein derartiges Vorgehen für unannehmbar, da es »weder dem Buchstaben noch dem Geist der Schlußakte von Helsinki« entspreche und die deutsch-sowjetische Erklärung vom Juni 1989 in Frage stelle. Der Generalsekretär erklärte, daß die derzeitigen Prozesse in Europa sich bei aller positiven Ausrichtung in einer ebenso komplizierten wie angespannten Atmosphäre entwickelten. Es sei deshalb sehr gefährlich, die Ereignisse »künstlich anzupeitschen« beziehungsweise »politischen Sprengstoff in das noch glühende Feuer zu werfen«. Gorbatschow betonte die Ernsthaftigkeit der Veränderungen in der DDR und mahnte erneut zur »Nichteinmischung in deren innere Angelegenheiten« sowie zu »Zurückhaltung und Besonnenheit«. Er wolle gerne Genschers Versicherungen glauben, wonach die Bundesrepublik auf dem Prinzip der Unverletzlichkeit der Nachkriegsgrenzen aufbauen und aus der entstandenen Situation keine einseitigen Vorteile ziehen wolle sowie an der inneren Stabilität der DDR und Europas interessiert sei.

Die UdSSR hoffe, so Gorbatschow weiter, daß Kohl diese Bedenken sehr ernst nähme und daß der bevorstehende Besuch des Kanzlers in der DDR im »Zeichen des Einvernehmens und der gegenseitigen Verständigung« ablaufen möge.

Bei der Bewertung des Briefes im Kanzleramt wurde die Ernsthaftigkeit von Gorbatschows Warnungen nicht übersehen: Die Sprache sei teilweise sehr hart und gehe sogar noch über die Formulierungen seiner ZK-Rede hinaus. Erstmals werde der Bundeskanzler nun auch persönlich vom Generalsekretär der KPdSU angegriffen, was eindeutig zeige, daß dieser nun einer härteren Linie den Vorrang gebe. Allerdings sah die Analyse auch positive Aspekte in Gorbatschows Schreiben. Dieser habe keine Bedenken gegen eine weitere Entwicklung des deutsch-deutschen Verhältnisses. Die Sowjetunion sei vor allem besorgt wegen »Tempo und Finalität des deutsch-deutschen Einigungsprozesses und dessen Rückwirkungen auf ihre eigene geopolitische und strategische Situation einschließlich evtl. bündnispolitischer Implikationen«. Dies könne damit zusammenhängen, daß der Generalsekretär mittlerweile nicht mehr nur wegen der desolaten Wirtschaftslage, sondern verstärkt aufgrund seiner Außenpolitik innenpolitische Kritik erfahre.

Der Brief löste wegen seines rückwärtsgewandten Duktus im Kanzleramt Enttäuschung aus.[37] Kohl stimmte der Einschätzung seiner Mitarbeiter zu: Eine Beantwortung des Briefes war nicht notwendig, da der Kanzler erst wenige Tage zuvor seine Position zu allen erwähnten Punkten in einer persönlichen Botschaft an Gorbatschow erläutert hatte. Die Schreiben der beiden Politiker hatten sich offensichtlich überschnitten. Horst Teltschik teilte deshalb Julij Kwizinskij diesen Umstand mit, als dieser sich telefonisch erkundigte, ob Gorbatschows Schreiben bei Kohl angekommen sei. Der sowjetische Botschafter wollte zugleich wissen, ob Kohls Brief vom 14. Dezember bereits die Antwort auf das jetzt übermittelte Schreiben sei. Grundsätzlich ja, erwiderte Teltschik: Kohls Brief sei zwar bereits vorher geschrieben und abgeschickt worden, spreche aber alle Themen an, die auch Gorbatschow behandle.

## Kohl wendet sich gegen »offensichtliche Mißverständnisse«

Anlaß für den elf Seiten langen Brief des Kanzlers an den sowjetischen Generalsekretär vom 14. Dezember waren Berichte von US-Präsident Bush, Frankreichs Staatspräsident Mitterrand, Italiens Ministerpräsident Andreotti und Außenminister Genscher über ihre jeweiligen Gespräche mit der sowjetischen Führung gewesen. »Sie haben in all diesen Gesprächen die Politik der Bundesregierung mit Kritik bedacht«, schrieb Kohl an den Generalsekretär. Die dem zugrunde liegenden sowjetischen Wertungen hielt er für nicht berechtigt. Mit seinem Schreiben wolle er »zu einem besseren Verständnis« seiner Politik beitragen und »offensichtliche Mißverständnisse ausräumen«[38]. Einleitend betonte Kohl die unveränderte Gültigkeit aller vertraglichen Regelungen zwischen den beiden Staaten, darunter den Moskauer Vertrag von 1970, die KSZE-Schlußakte von Helsinki samt der dazugehörigen Dokumente von Madrid und Wien sowie die am 13. Juni 1989 unterzeichnete »Gemeinsame Erklärung«. Sein Ziel sei es, die beiderseitigen Beziehungen auf allen Gebieten auszubauen. Niemand im Westen wolle aus den aktuellen Entwicklungen einen einseitigen Vorteil ziehen. Kohl warnte allerdings davor, Ursache und Wirkung zu verwechseln. Die Verantwortung liege bei der DDR-Führung, die mit ihrer Reformverweigerung erst die aktuelle Situation heraufbeschworen habe. Es seien die Menschen selbst gewesen, die die deutsche Frage auf die Tagesordnung gesetzt hätten. Kohl erinnerte daran, daß alle Entwicklungen in der DDR bislang gewaltfrei verlaufen seien. »Verantwortliche Persönlichkeiten in der DDR« hätten schon früh und mit Erfolg zu Gewaltlosigkeit aufgerufen. Die Bundesregierung habe solche Appelle stets unterstützt, und er werde dies anläßlich seiner Gespräche in Dresden wieder tun.

In seinem zweiten großen Punkt erklärte Kohl, es könne »nicht Sinn und Aufgabe verantwortlicher Politik sein, den Entwicklungen hinterherzulaufen«. Notwendig seien vielmehr das Schaffen und Erhalten eines stabilen Rahmens, in dem sich diese Prozesse friedlich und zum Wohl der Menschen entwickeln könnten. Mit einem eindrucksvollen Bild ging Kohl auf den Hang des sowjetischen Präsidenten zu plastischen Schilderungen ein und erklärte den Hintergrund seines Zehn-Punkte-Programms: »Wenn bekannt ist, daß ein Fluß nach Gewitterstürmen anschwellen und über die Ufer treten kann, so ist es ein Gebot der Klugheit, aus soliden Baumstämmen Dämme zu bauen, Hindernisse aus dem Flußbett selbst zu beseitigen und seiner ungestümen Kraft eine Richtung zu weisen. Die Wassermenge und die Flußgeschwindigkeit – die beide von der Schwere des Gewitters abhängen – zu vermindern, kann mit diesen Maßnahmen nicht erreicht werden – jeder Versuch, dies zu tun, würde erst recht die Dämme zum Brechen bringen.« Kohl griff damit ein Bild auf, das er im Juni 1989 benutzt hatte, als er Gorbatschow im persönlichen Gespräch am Rhein die deutsche Frage zu erläutern versucht hatte: Ebenso sicher wie der Rhein immer seinen Weg zum Meer finde, werde auch die deutsche Einheit kommen – und mit ihr die europäische Einheit.[39]

Kohl betonte, die Zehn Punkte seiner Regierungserklärung vom 28. November seien »eine Zusammenfassung bekannter und bewährter Politik. Sie sind – und hier liegt eine Hauptquelle des Mißverständnisses – kein Fahrplan, sondern verzichten bewußt auf jegliche Terminvorgabe; und sie sind keine Reihenfolge von Schritten, sondern setzen im Gegenteil darauf, daß alle politischen Prozesse in einer zukunftsgewandten Parallelität ablaufen« und dabei auch »ineinander verflochten bleiben«. Die Punkte könnten so weder Zeitdruck erzeugen noch Vorbedingungen darstellen:
– Ziel sei das Verhindern chaotischer Situationen. Es gehe darum, die Türen für eine »organische, evolutionäre gesamteuropäische Entwicklung« zu öffnen.
– Man müsse den Menschen in der DDR eine Perspektive geben. Er wolle sie dazu bewegen, »eine Chance in der Veränderung der Verhältnisse vor Ort und die Zukunft ihrer Kinder in der angestammten Heimat zu sehen«.
– Es gelte, »vernünftige und organische Leitlinien« für die Diskussion in der Bundesrepublik zu bieten.
Ausführlich ging der Kanzler anschließend auf die zahlreichen Bemühungen seiner Regierung ein, die gesamte europäische Situation zu verbessern, bevor er zum dritten Punkt seiner Argumentation kam: Das erklärte Ziel seiner Zehn Punkte, nämlich die Schaffung eines Zustands des Friedens in Europa, »in dem das deutsche Volk in freier Selbstbestimmung seine Einheit wiedererlangt«, könne niemanden überraschen. Der Sowjetunion sei es unter anderem aus dem »Brief zur deutschen Einheit« bekannt, der eben dieses Ziel im Zusammenhang mit der Ratifizierung des Moskauer Vertrages benannt habe. Anhand vieler Einzelpunkte skizzierte Kohl, was er unter dem Selbstbestimmungsrecht verstand und wie dieses im deutsch-deutschen Annäherungsprozeß zum Tragen kommen könne. Wie zentral der Begriff der Selbstbestimmung in seiner Argumentation gegenüber dem Generalsekretär war, hatte Kohl schon früh immer wieder deutlich gemacht, so in einem ausführlichen Brief an Gorbatschow vom 15. April 1988.[40] Der Kanzler verwies in seinem aktuellen Schreiben nun noch auf die Schlußpassage jener Rede, die er am 18. Dezember in der Ungarischen Nationalversammlung halten wollte und in der er die unter anderem historisch begründete »klare Absage an deutsche Alleingänge und Sonderwege und einen rückwärtsgewandten Nationalismus« zu betonen beabsichtigte. Die Zukunft aller Deutschen heiße Europa.

Hinsichtlich seiner Aussagen zur »Sicherheit unserer Nachbarn« erklärte der Kanzler, diese bezögen selbstverständlich die Sicherheitsbedürfnisse der UdSSR ein. Was die Grenzfrage angehe, so sei klar, daß die beiden deutschen Staaten von ihrer in der KSZE-Schlußakte von Helsinki zugesicherten Möglichkeit Gebrauch machen könnten, diese Grenzen in Übereinstimmung mit dem Völkerrecht, durch friedliche Mittel und durch Vereinbarung zu verändern. Komme eine solche Vereinbarung nicht zustande, dann blieben – wiederum entsprechend der KSZE-Schlußakte – »die Grenzen aller Staaten in Europa (…) unverletzlich« Zum Abschluß seines Briefes versicherte Kohl dem Generalsekretär, daß er angesichts der Tragweite der angeschnittenen Fragen natürlich nicht alle Aspekte habe erörtern und die »notwendigen Differenzierungen« habe einbringen können. Er würde es deshalb begrüßen, den Gedankenaustausch »in naher Zukunft persönlich fortsetzen« zu können und dabei besonders die Wirtschaftsbeziehungen zwischen den beiden Staaten aufzugreifen. Hierzu könne man doch im kommenden Jahr zusammentreffen.

Der Briefwechsel brachte zwar keinerlei Wandel in den jeweiligen Positionen, machte abere einige Details deutlich:
- Gorbatschow war durch das Zehn-Punkte-Programm sehr viel stärker verunsichert und verärgert worden, als Kohl dies vorausgesehen hatte. Unmittelbar vor Kohls Besuch in der DDR wollte der Generalsekretär mit seinen teilweise krassen Formulierungen verhindern, daß Kohl dort sein Zehn-Punkte-Programm fortschreiben würde.
- Kohl und seine Mitarbeiter im Kanzleramt nahmen diese Bedenken zwar wahr, neigten aber dennoch zu einer optimistischen Interpretation. Immerhin habe Gorbatschow sich ja nicht gegen jegliche Annäherung der beiden deutschen Staaten ausgesprochen.
- Die sowjetische Führung fand sich zwischen allen Stühlen wieder. Der Zielsetzung Kohls konnte sie bislang lediglich eine klare Position – nämlich ein »Nein« –, keinesfalls aber eine eigene Politik entgegensetzen.
- Der Bundeskanzler war sich sehr wohl der Rolle und der Persönlichkeit seines Gegenübers bewußt: Eine bildhafte Sprache, der Rückgriff auf dem Generalsekretär vertraute Formulierungen sowie der wiederholte Bezug auf die in Moskau geschätzte KSZE gingen gezielt auf Wahrnehmungsparadigmen und Denkstrukturen von Gorbatschow und dessen Umfeld ein. Angesichts des guten persönlichen Verhältnisses der beiden Spitzenpolitiker war es zudem nicht verwunderlich, daß Kohl weiter auf eine direkte Begegnung mit Gorbatschow hoffte, um diesem die eigene Politik persönlich erklären zu können.

Offensichtlich blieb bei allen Drohungen Moskaus zudem, daß man dort mit den Deutschen im Gespräch bleiben wollte. Der Verzicht auf ultimative Forderungen oder gar Drohungen war in den Augen Kohls und seiner Mitarbeiter ein Beweis für die Dialogbereitschaft im Kreml – eine Bereitschaft, die auch aus anderen sowjetischen Äußerungen dieser Zeit herausgelesen wurde.

### *Sieben Fragen aus Moskau*

Starke Aufmerksamkeit erregte zu dieser Zeit in Bonn – nicht zuletzt nach dem als drastisch und hart empfundenen Brief Gorbatschows vom 18. Dezember – eine Rede von Eduard Schewardnadse vor dem Politischen Ausschuß des Europäischen Parlaments in Brüssel.[41] Der sowjetische Außenminister, der seinen Vortrag vom 19. Dezember explizit als »lautes Denken« verstanden wissen

wollte, lieferte dabei die bislang umfassendste und konkreteste Stellungnahme seines Landes zur Lage in der DDR. Seine zentralen Aussagen wurden von den zuständigen Beamten des Kanzleramtes analysiert und der ausführliche Vermerk angesichts einer für den 20. Dezember angesetzten Kabinettssitzung mit dem Hinweis »Sofort auf den Tisch« an das Kanzlerbüro weitergeleitet. Der aus Dresden zurückgekehrte Helmut Kohl fand so eine Zusammenfassung des Textes vor, deren abschließende Bewertung ihm zugleich verschiedene Handlungsoptionen vorschlug. Schewardnadses Rede hatte drei zentrale Leitmotive:
- die Aufforderung zur Achtung der existierenden Nachkriegsrealitäten;
- die Abwehr von Destabilisierungsversuchen gegenüber der europäischen Ordnung, mit der auf die zehn Tage zuvor von Gorbatschow als »strategische(r) Verbündete(r)« der UdSSR bezeichnete DDR Bezug genommen wurde;
- die offensichtliche Irritation über eine zu schnelle Annäherung der beiden deutschen Staaten. Diesen sei lediglich ein langsames Aufeinanderzugehen zuzugestehen, das in den Begriffen »Existenz nebeneinander« über die »Existenz miteinander« hin zu »engeren Formen der zwischenstaatlichen Kooperation« formuliert wurde.

Der sowjetische Außenminister hatte vor den Europaparlamentariern einleitend einen historischen Rückblick auf die deutsche Frage gegeben, bei dem er auf verschiedene alte Propagandamuster – etwa »die BRD hat 1952 freie Wahlen in Gesamtdeutschland abgelehnt« – zurückgriff. Danach stellte er eine Liste mit sieben Fragen in den Raum, die, so die Analyse, »bemerkenswerterweise von der Hypothese eines vereinigten Deutschlands« ausgingen und mit Formulierungen wie »Deutsche Einheit«, »hypothetisches Deutschland« und »nationales deutsches Gebilde« verknüpft waren. Konkret wollte Schewardnadse vom Westen, vor allem aber der Bundesregierung wissen[42]:

1. Was sind die politischen, rechtlichen und materiellen Garantien dafür, daß die deutsche Einheit nicht die Sicherheit anderer Staaten und den Frieden in Europa gefährdet? Auf diese Frage gebe es keine Antwort.
2. Wäre so ein »hypothetisches Deutschland« – wenn es denn zustande käme – bereit, die bestehenden Grenzen in Europa anzuerkennen und jegliche Gebietsansprüche aufzugeben? Jeder wisse, daß die Bundesregierung eine Antwort auf diese Frage vermeide.
3. Welchen Platz hätte dieses »nationale deutsche Gebilde« innerhalb der existierenden militärisch-politischen Strukturen? Niemand könne ernsthaft denken, daß sich der Status der DDR radikal verändere, während der Status der Bundesrepublik unverändert bliebe.
4. Was wären im Falle der Wiederherstellung der deutschen Einheit das wirkliche Potential einer solchen neuen Formation, ihre Doktrin und die Struktur ihrer Streitkräfte? Wäre sie bereit zur Entmilitarisierung, zur Neutralität, zum fundamentalen Umbau ihrer wirtschaftlichen und sonstigen Beziehungen, wie es in der Vergangenheit zur Debatte gestanden habe?

5. Welche Auswirkungen hätte dies auf die Präsenz alliierter Truppen auf deutschem Boden, auf die Arbeit der militärischen Verbindungsmissionen und das Vier-Mächte-Abkommen von 1971?
6. Wie würde sich die Bildung eines vereinten Deutschlands auf den KSZE-Prozeß auswirken, und würde dies dazu beitragen, die Teilung Europas zu überwinden? Würde dies Fortschritte bei der Schaffung eines einheitlichen europäischen Rechts-, Wirtschafts-, Ökologie-, Kultur- und Informationsraumes bedeuten?
7. Wären die beiden deutschen Staaten, wenn sie sich denn – in welcher Form auch immer – für den Weg zur Einheit entschieden, bereit, dabei die Interessen anderer europäischer Staaten zu berücksichtigen und gemeinsam Antworten auf alle Probleme und Fragen zu finden, die für alle Seiten annehmbar seien, darunter auch ein europäisches Friedensabkommen?

Die Kanzler-Mitarbeiter wiesen darauf hin, daß damit neue Punkte in die öffentliche Diskussion eingeführt wurden, so die Frage der Entmilitarisierung und Neutralität Deutschlands sowie der dem Potsdamer Protokoll entnommene Begriff einer europäischen »Friedensregelung«. Zugleich müsse aber beachtet werden, daß diese Ausführungen nicht als verstecktes Angebot an die Bundesrepublik zu verstehen seien, sondern vielmehr, »entsprechend klassischem sowjetischem Muster«, als Vorgabe von Begriffen, um die Reaktionen der Partner zu testen.

Detailliert wurde in dem Vermerk gezeigt, wie die Ausführungen Schewardnadses – der stets von Entwicklungen »um« die DDR, nicht aber jenen »in« der DDR sprach und sich nicht auf das »Selbstbestimmungsrecht der Völker«, sondern »der Staaten« bezog –, »von einer gewissen Widersprüchlichkeit gekennzeichnet« waren. So übersehe der Außenminister hinsichtlich des auslösenden Faktors für die Veränderungen in der DDR den massiven Protest der Bevölkerung.

In der Gesamtbewertung hieß es, die sowjetischen Besorgnisse und Vorbehalte seien ernst zu nehmen. »Wir werden – wie bisher – positive Ansätze zu würdigen (deutsche Einheit in geschichtlicher Perspektive) und begründeten Besorgnissen Rechnung zu tragen haben; dabei müssen wir insbesondere darauf achten, daß nicht durch geballte juristisch-politische Anforderungen und eingeforderte Mitspracherechte aller Europäer das Selbstbestimmungsrecht der Deutschen zur bedeutungslosen Restgröße wird«[43]. Bei der Bewertung sei zu beachten, daß

- Schewardnadses Ausführungen sich an das Europäische Parlament, also ein europäisches Forum, richteten. Deswegen seien sie als Aufforderung an die Europäer zu verstehen, ihr gesamteuropäisches Mitspracherecht wahrzunehmen;
- der Bundesregierung »nicht der Fehdehandschuh hingeworfen« wurde, sondern »Raum für Antworten – und damit für den politischen Dialog – gegeben« sei;[44]

– Schewardnadse bei seinem vorangegangenen Besuch bei NATO-Generalsekretär Manfred Wörner die deutsche Frage nicht ausdrücklich angesprochen habe, sondern lediglich die stabilisierende Rolle der Bündnisse betont habe.

Der Bundeskanzler stimmte seinen Mitarbeitern zu, daß es bei Antworten auf diese Fragen zu Problemen kommen konnte, die aus einer Detaildiskussion der von Schewardnadse erwähnten historischen Abläufe und juristischen Begründungen resultieren konnten.[45] Statt dessen, so Kohls ausdrücklicher Wunsch, sollte der sowjetische Außenminister an den zentralen Schwachstellen seiner Argumentation gefaßt werden. Diese liege im völligen »Übergehen der Lage in der DDR und einer ehrlichen Ursachenanalyse«; ihr sollte ein Beharren auf dem Selbstbestimmungsrecht des deutschen Volkes entgegengesetzt werden.

Deutlich weniger positiv wurde Schewardnadses Rede beispielsweise in Washington aufgenommen[46]: »Die Sowjets hatten jetzt auch öffentlich die harte Haltung eingenommen, die sie zwei Wochen zuvor bei einem Treffen mit Genscher an den Tag gelegt hatten.« Bundesaußenminister Hans-Dietrich Genscher hielt am Tag nach der Rede in einer Sitzung mit Beamten des Auswärtigen Amtes einen Artikel der Bild-Zeitung hoch: Unter der Überschrift »Schewardnadse: Sieben Bedingungen für die Einheit« wurden dort mögliche Antworten auf die sowjetischen Fragen gegeben. Danach wurde eine Neutralisierung strikt abgelehnt, während sich, so der Journalist, über eine »Entmilitarisierung bis auf ein Mindestmaß« sowie die Reduzierung der amerikanischen Truppen in Deutschland auf ein »symbolisches Kontingent« reden lasse. Schewardnadses Rede war – unverkennbar – charakteristisch für die große Ratlosigkeit in der sowjetischen Außenpolitik.

## *Symptome für den Zustand der UdSSR-Diplomatie*

Die Beamten und Politiker im Bundeskanzleramt konnten zu diesem Zeitpunkt nur ahnen, wie symptomatisch Entstehungsgeschichte und Inhalt der »Sieben Fragen« für den aktuellen Zustand der sowjetischen Politik und Diplomatie waren:[47] Alexander Bondarenko und die deutschlandpolitischen Hardliner seiner 3. Westeuropäischen Abteilung hatten in einem ersten Entwurf für die Rede nicht die Erwartungen von Außenminister Schewardnadse getroffen. Dieser wollte die deutsche Vereinigung zwar nicht mehr kategorisch ausschließen, zugleich aber dem Westen die damit verbundenen Probleme und Gefahren vor Augen führen. Schewardnadse sah die Sowjetunion zu dieser Zeit zwischen allen Fronten und ohne ein Konzept, das er nun schrittweise erarbeiten lassen wollte. Bondarenko und seine Mitarbeiter stützten sich jedoch zunächst vor allem auf den Text von Gorbatschows Rede vor dem ZK-Plenum der KPdSU am 9. Dezember. In dieser – wohl stark von Falin beeinflußten – Ansprache hatte der Generalsekretär noch einmal die »Nachkriegsrealitäten« und deren Sicherung in den Mittelpunkt gestellt. Die UdSSR werde sich einer friedlichen Zusammenarbeit zwischen Ost- und Westdeutschland zwar nicht verweigern, die DDR aber »nicht im Stich lassen« und sich jeder Destabilisierung widersetzen.

Schewardnadse ging dies nicht weit genug, weswegen er Sergej Tarassenko, seinen Vertrauten und Direktor für Politische Planung im Außenministerium, mit einer Überarbeitung des Bondarenko-Entwurfs beauftragte. Tarassenkos Manuskript durfte aufgrund von Gorbatschows Vorgaben keinesfalls andeuten, daß die Sowjetunion eine deutsch-deutsche Vereinigung akzeptieren würde. In seinem Kompromißvorschlag ging der Planungsstabschef deshalb davon aus, die Möglichkeit der Einheit allgemein zu unterstellen, und schlug vor, sich auf die damit verbundenen Vorbedingungen zu konzentrieren. Dieses Konzept stieß wiederum in der 3. Westeuropäischen Abteilung auf heftigen Widerstand. Es führte zum offenen Konflikt zwischen Bondarenko und Tarassenko, der die Kritiker an den Minister verwies. Schewardnadse stellte sich hinter den Entwurf seines Vertrauten. Er betonte die Notwendigkeit einer konstruktiven sowjetischen Haltung zu den aktuellen Entwicklungen, weshalb Tarassenkos Text – ohne Absprache mit dem Politbüro oder den Mitarbeitern des ZK-Sekretariats – die Grundlage der geplanten Rede blieb. Nach seiner Ankunft in Brüssel erhielt Schewardnadse dann allerdings doch noch eine geänderte Fassung: Der Außenminister hatte die Rede seinem Bonner Botschafter Kwizinskij zur Kommentierung zugesandt, der Tarassenkos Text ebenfalls als zu weitreichend einschätzte und abschwächend eingriff. Das Ergebnis war, daß vor allem die Voraussetzungen für die als noch hypothetischer eingestufte Vereinigung deutlich verschärft wurden.[48]

All diese Einschränkungen und Verschärfungen durch die deutschlandpolitischen Traditionalisten im sowjetischen Außenministerium konnten allerdings nicht verhindern, daß es – ähnlich wie nach Gorbatschows Brief vom 18. Dezember – im Kanzleramt einerseits zu einer positiven Grundeinschätzung der Rede kam, während andererseits konkrete Überlegungen zur Beseitigung der genannten Hindernisse angestellt wurden. In Bonn wurde die Lage damit vollkommen anders gesehen als in der DDR, mit deren neuer Führung Kohl in Kürze erstmals zusammenkommen wollte. Dabei übersahen der Kanzler und seine Mitarbeiter aber nicht, daß die UdSSR gerade dieser Begegnung Kohls mit Modrow sorgenvoll entgegensah.

## Die Wende in der Wende: Kohl in Dresden

Mit welch großen Bedenken die UdSSR den ersten öffentlichen Auftritt Kohls in der DDR verfolgte, machte ein Gespräch von Igor Maximytschew mit einem Mitarbeiter der Ständigen Vertretung, wenige Tage vor der Reise, deutlich[49]: Der Kanzler stehe bei seiner Visite in Dresden wohl vor einer der schwierigsten Aufgaben seines Lebens, so der in Ost-Berlin akkreditierte sowjetische Gesandte. Angesichts der rasanten Veränderungen in der DDR, in der die Entwicklungen derzeit »auf der Kippe« stünden, und der unberechenbaren Stimmung bei der geplanten Massenkundgebung sei es im Augenblick vor allem wichtig, stabilisierend auf das weitere Geschehen einzuwirken. Auch der UdSSR-Botschafter in Bonn, Kwizinskij, machte keinen Hehl aus seinen Sorgen: Was der Bundeskanzler zu tun beabsichtige, wenn es in Dresden zu einem Aufruhr komme, wollte er am Vorabend des Besuches vom 19. Dezember von Horst Teltschik wissen. Zu derartigen Befürchtungen bestehe kein Anlaß, erwiderte dieser. Gleichwohl war man sich möglicher Gefahren bewußt. Neben einer sorgfältigen Vorbereitung des Besuches galt es deshalb nicht nur, die außenpolitischen Vorstellungen der DDR-Regierung auszuloten, sondern zugleich alles daran zu setzen, um eine Eskalation der öffentlichen Unruhe in Ostdeutschland zu verhindern.

### »Auf das Machbare konzentrieren«

Der Vorbereitung des Kohl-Besuches hatte unter anderem eine Begegnung zwischen Kanzleramtsminister Seiters und Ministerpräsident Modrow am 5. Dezember in Ost-Berlin gedient.[50] Modrow war mit hochrangigen Mitarbeitern, darunter Außenminister Oskar Fischer und Außenhandelsminister Gerhard Beil, zu dieser Begegnung gekommen. Zu den außenpolitisch relevanten Gesprächsinhalten – über die Seiters am 6. Dezember das Bundeskabinett sowie am 7. Dezember die Botschafter der drei Westmächte in Bonn informierte – gehörte Modrows Hinweis, daß er bei seinen Gesprächen in Moskau Unterstützung hinsichtlich der von ihm vorgeschlagenen Vertragsgemeinschaft erhalten habe. Die sowjetische Führung lehne aber jedes Konzept einer Wiedervereinigung ab. Für den Besuch des Bundeskanzlers wurde vereinbart, daß man sich auch über den internationalen Rahmen, einschließlich der Fragen von KSZE und Abrüstung, unterhalten, ansonsten aber »vor allem auf das Machbare konzentrieren« würde.

Auch über den organisatorischen Ablauf von Kohls Besuch in Dresden wurde bis kurz vor seiner Abreise diskutiert.[51] Das Umfeld der Visite war vor allem von Unsicherheit geprägt: Wen aus der im Westen noch immer weitgehend unbekannten Bürgerbewegung sollte Kohl neben seinen Gesprächen mit Regierungsvertretern um Hans Modrow noch treffen? Wie viele Menschen würden bei einer erwarteten Demonstration erscheinen? Wie sollte Kohl zu ihnen sprechen, was sollte er sagen? Welches Abendprogramm war dem Ereignis angemessen? Modrow hatte beispielsweise einen Besuch von Sehenswürdigkeiten wie dem »Grünen Gewölbe« vorgeschlagen, Regierungssprecher Klein einen abendlichen Konzert-Besuch ins Gespräch gebracht – doch Kohl wollte keinesfalls touristische Elemente in sein Besuchsprogramm einbauen. Statt dessen wurden die technischen Vorbereitungen für eine Kundgebung mit dem Bundeskanzler getroffen, ohne daß deren genauer Verlauf zunächst klar war.

Als der Bundeskanzler und seine Delegation am Morgen des 19. Dezember mit dem Flugzeug nach Dresden starteten, hatte keiner der Mitreisenden eine Ahnung davon, daß dieser Besuch zu einem der Schlüsselmomente auf dem Weg zur deutschen Einheit werden sollte: Angesichts des überwältigenden Zuspruchs aus der DDR-Bevölkerung wurde Kohl nach dem Verlassen des Flugzeugs in Dresden-Klotzsche klar, daß seine bislang längerfristig angelegte und im Zehn-Punkte-Programm skizzierte Vereinigungspolitik einer sehr viel konkreteren Vereinigungsplanung mit deutlich kürzerem Zeithorizont weichen mußte. »Die Sache ist gelaufen«, raunte Kohl dem hinter ihm die Gangway heruntergehenden Rudolf Seiters angesichts von Tausenden jubelnden Menschen zu: Nachdem seine Meinungsbildung zur Lage in der DDR bislang auf Berichten aus zweiter Hand beruht hatte, war es nun sein persönliches Erleben, welches einen Umdenkungsprozeß auslöste, der letztlich zu einem sehr viel zügigeren Handeln führen sollte.[52]

Den Auftakt im dicht gefüllten Programm bildete ein fast zweistündiges Vier-Augen-Gespräch des Kanzlers mit Ministerpräsident Modrow, der ihn bereits am Flughafen abgeholt und ins Hotel »Bellevue« begleitet hatte.[53] Im Mittelpunkt der Unterhaltung, die auch dem gegenseitigen Kennenlernen diente, standen überwiegend deutsch-deutsche Fragen sowie Modrows Wunsch nach westlicher Finanz- und Wirtschaftshilfe. Auf einige der dabei angeschnittenen Punkte ging der Ministerpräsident auch im anschließenden Delegationsgespräch ein.[54] Er und Kohl seien sich hinsichtlich der Verantwortung für die Lage in Europa sowie der Einbindung in den europäischen Prozeß einig. Gleiches gelte auch für ein KSZE-Nachfolgetreffen »Helsinki II«, das allerdings gut vorbereitet sein müsse. Dabei müsse es auch um Abrüstung und Rüstungskontrolle gehen. Der Erneuerungsprozeß in der DDR werde eine neuorientierte, berechenbare Außenpolitik ermöglichen, wobei man als Perspektive die demokratische Gestaltung Europas vor Augen habe. Die angestrebte Vertragsgemeinschaft zwischen den beiden deutschen Staaten könne ein Beitrag zur Architektur des gemeinsamen europäischen Hauses sein. Die Unverletzlichkeit der Grenzen sowie die Achtung der staatlichen Integrität seien grundlegende Bedingungen für die angestrebte systemübergreifende Friedensordnung. Dieser Betonung der Zweistaatlichkeit folgte ein Hinweis auf die Sicherheit in Europa, bei der Kooperation zusehends die militärischen Faktoren zurückdrängen müsse. Die DDR strebe Beziehungen zur EG an und sei zum Abschluß eines

Handels- und Kooperationsabkommens bereit. Ausführlich schilderte Modrow auch die Bedeutung der KSZE und ihrer Prinzipien als Instrument zur Überwindung des Ost-West-Konflikts.

Zu den militärischen Bündnissen erklärte der Ministerpräsident, daß er sich weiter für die Aufnahme offizieller Beziehungen zwischen NATO und Warschauer Pakt einsetze, wobei die politischen Beziehungen größere Bedeutung gewinnen müßten. Die DDR werde ihr Bündnissystem nicht verlassen und weiterhin ihre Aufgaben innerhalb des Warschauer Paktes erfüllen. Hauptverbündeter seines Staates sei nach wie vor die Sowjetunion. Einigkeit mit Kohl habe er beim beiderseitigen Wunsch festgestellt, die Verhandlungen zur Abrüstung im konventionellen Bereich bei den Wiener VKSE-Gesprächen zu einem raschen Ergebnis zu führen sowie ein allgemeines Verbot von C-Waffen anzustreben. Die DDR trete zudem für den völligen Abbau taktischer Nuklearwaffen in Europa ein. Abschließend versicherte Modrow, die Existenz zweier deutscher Staaten sei eine erstrangige Frage der Weltpolitik. Die Wiedervereinigung sei nicht aktuell. Versuche einer Beschleunigung brächten erhebliche Gefahren mit sich. Diese Frage müsse der Entwicklung überlassen und in die gesamteuropäischen Vorgänge eingeordnet werden. Die Vertiefung der europäischen Zusammenarbeit bis hin zur Auflösung der Militärbündnisse werde es aber möglich machen, auch die Beziehungen zwischen den beiden deutschen Staaten auf eine neue Grundlage zu stellen.

Helmut Kohl begann seine Ausführungen mit der persönlichen Bemerkung, wie bewußt ihm die Bedeutung dieser historischen Stunde sei, in der die Empfindungen der Deutschen, aber auch der Menschen draußen in der Welt stark berührt würden. Was immer man tue oder unterlasse, müsse in dem Bewußtsein geschehen, daß jede Veränderung in der Mitte Europas eine Veränderung der Statik Europas bedeute. Auf dem gemeinsamen Weg in die Zukunft müsse man stets auch die Sicherheitsbedürfnisse der Nachbarn im Auge behalten. Ähnlich wie Modrow halte er die Aussichten für günstig, in drei wichtigen Feldern der Abrüstungspolitik – bei den C-Waffen, den strategischen Nuklearwaffen und den Wiener Verhandlungen – zu Vereinbarungen zu kommen. Sollte es dabei notwendig sein, eine KSZE-Gipfelkonferenz einzuberufen, dann müsse diese allerdings gut vorbereitet sein, da es nicht um eine Konferenz als solche, sondern um substantielle Ergebnisse gehe. Kohl vertrat damit eine zurückhaltende Position, die zwischen der Ablehnung einer KSZE-Konferenz durch die USA und der Aufforderung Gorbatschows zu einem »Helsinki II« lag.[55]

Zwischen den Regierungen der DDR und der Bundesrepublik gebe es in vielen Punkten Meinungsverschiedenheiten, aber auch Gemeinsames. Die DDR könne wahrscheinlich – wenngleich zum Teil in anderen Formulierungen und mit einer Ausnahme – mit allen Teilen seines Zehn-Punkte-Programms einverstanden sein. Dieses Programm habe er nie als Zeitplan verstanden wissen wollen. Man solle doch jetzt den Gedanken der Föderation beiseite lassen und sehen, was heute getan werden könne. Er gehe davon aus, daß der Reformprozeß in der DDR unumkehrbar sei, daß es im Frühjahr zu Wahlen komme und daß das politische Strafrecht reformiert werde. Es liege nicht im Interesse der Bundesregierung, zur Destabilisierung der DDR und der Reformen in anderen Ländern Osteuropas sowie zu unkontrollierbaren Entwicklungen beizutragen. Für ihn sei Modrow im Augenblick der Gesprächspartner; und sie beide sollten nun gemeinsam versuchen, ihre Pflicht zu tun.[56] Kohl appellierte an Modrow, daß man mehr miteinander als übereinander reden und sich nicht von den Medien unter Druck setzen lassen solle. Er lehne es deshalb auch strikt ab, den Wahlkampf jeweils im anderen Bereich zu führen, wenngleich die Ereignisse natürlich die Menschen auf beiden Seiten berührten. Damit waren die außenpolitisch relevanten Gesprächsteile beendet; alle weiteren Diskussionen drehten sich um die gemeinsame Absichtserklärung zur Vertragsgemeinschaft, zu Wirtschaftsfragen und Details zur Weiterentwicklung des deutsch-deutschen Verhältnisses wie etwa der Frage nach der Öffnung des Brandenburger Tores. Hier blitzte noch einmal die Einbindung der deutschen Frage in die internationale Politik auf, als Modrow erklärte, er habe diesen Punkt mit dem sowjetischen Botschafter Kotschemassow besprochen. Dieser habe erklärt, die Entscheidung hierüber sei Sache der DDR.[57]

Vor allem Modrow nutzte die Begegnung mit der Bonner Delegation also dazu, die Eckpunkte seines außenpolitischen Programms darzulegen. Er war dabei zum einen sehr viel konkreter als der Bundeskanzler, während er zum anderen auch einen deutlich konfrontativeren Kurs fuhr: Der Ministerpräsident strebte explizit die Festschreibung der Zweistaatlichkeit an, wenngleich er nach Kohls Intervention bei der gemeinsamen Abschlußerklärung auf eine entsprechende Formulierung verzichtete.[58]

### Selbstbestimmung der Deutschen und Sicherheit für die Nachbarn

Höhepunkt des Dresden-Aufenthaltes war die kurzfristig improvisierte abendliche Kundgebung des Kanzlers vor den Ruinen der Frauenkirche.[59] Kohl hatte sich hierauf nach einer gemeinsamen Pressekonferenz mit Modrow, zu der mehr als tausend Journalisten gekommen waren, vorbereitet sowie selbst einige handschriftliche Notizen gemacht.[60] Zu den zentralen Anliegen seiner Ansprache vor den mehr als hunderttausend Menschen gehörte neben einer Bestätigung der Ziele der Demonstranten die Entspannung der emotional aufgeladenen Situation und zugleich die Beruhigung des Auslandes – ein vielschichtiges Unterfangen. Ein Teil der immer wieder von Jubel- und Beifallstürmen unterbrochenen Rede befaßte sich deshalb auch mit der internationalen Einbindung der deutschen Frage. Nachdem er den Versammelten seine Bewunderung für die friedliche Revolution in der DDR bekundet sowie die innenpolitischen Aspekte seiner Gespräche mit Modrow skizziert hatte, erklärte er: »Wir, die Deutschen, leben nun einmal nicht allein in Europa und in der Welt.« Ein Blick auf die Landkarte mache deutlich, daß jede Veränderung in Deutschland Auswirkungen auf die Nachbarn in Ost und West hätte. Es mache deshalb keinen Sinn, die vorhandenen Sorgen und Ängste nicht zu beachten. »Aus Ängsten aber kann nichts Gutes erwachsen«, mahnte Kohl. Gerade angesichts der Geschichte dieses Jahrhunderts sei es wichtig, dem Ausland zu sagen und zu zeigen, daß man Verständnis für viele dieser Ängste habe und sie ernst nehmen werde. Man sage »Ja« zum Selbstbestimmungsrecht aller Völker – also auch der Deutschen –, doch mache dieses Recht nur einen Sinn, wenn zugleich die Sicherheitsbedürfnisse der anderen berücksichtigt würden. Gemeinsam wolle man in eine Zukunft gehen, in der es mehr Frieden, mehr Freiheit und mehr Miteinander anstelle von Gegeneinander gebe. »Das ›Haus Deutschland‹ – unser gemeinsames Haus – muß unter einem europäischen Dach gebaut werden«, rief Kohl aus, der zugleich auch an die dunklen Kapitel deutscher Geschichte erinnerte. Ein Ziel der Gemeinsamkeit sei, daß von deutschem Boden in Zukunft immer Frieden ausgehen müsse. Dieser Frieden sei aber ohne Freiheit nicht möglich, einer Freiheit, für die viele Menschen in der DDR auf die Straße gegangen seien. Daß alles so weit gekommen sei, habe man vielen zu verdanken, darunter Gorbatschows Politik der Perestroika, der polnischen Freiheitsbewegung Solidarność oder den Reformern in Ungarn.

Vor einer großen Öffentlichkeit und im Scheinwerferlicht auch vieler ausländischer Medien hatte Kohl damit eine »vorsichtig-abgewogene Ansprache«[61] gehalten, die seinen Dresden-Besuch inhaltlich abrundete. Mit seinem Auftritt sowie den außenpolitischen Passagen seiner Rede hatte er zwei Dinge erreicht:
– den Beobachtern in aller Welt hatte er deutlich gemacht, wie die Stimmung der überwiegenden Mehrzahl der Teilnehmer an dieser Kundgebung und damit wohl auch der Bevölkerung in der DDR aussah: Ziel deutscher Politik sollte die Vereinigung der beiden deutschen Staaten sein.[62] Der im Zehn-Punkte-Programm von Kohl genannte Endpunkt seiner Politik erfuhr dabei eine eindrucksvolle Unterstützung und Begründung;
– sowohl den deutschen wie auch den ausländischen Zuhörern hatte er den Zusammenhang von Selbstbestimmungsrecht und Berücksichtigung der Sicherheitsinteressen der Nachbarn erklärt. Kohl demonstrierte damit sein Bewußtsein für die Unsicherheiten der aktuellen Situation, machte aber zugleich deutlich, daß das Ausland neben der Berücksichtigung der Sicherheitsinteressen in seinen Augen keine substantiellen Mitspracherechte hatte. Durch die Nichterwähnung der Vier Mächte sowie ihrer Rechte und Verantwortlichkeiten relativierte er deren Auftritt anläßlich der Sitzung der Botschafter der vier Alliierten rund eine Woche zuvor. Kohl war offensichtlich nicht bereit, konkrete Punkte der deutschen Frage ohne deutsche Beteiligung diskutieren zu lassen, wie er auch tags darauf bei seinem Treffen mit Oppositionsgruppen deutlich machte: So reagierte er dort ablehnend auf einen Vorschlag, es könne doch eine deutsch-deutsche Aufforderung an die Alli-

ierten geben, daß diese die Rechtsgrundlagen für die Vereinigung schaffen sollten. Derartige Pläne, so Kohl, würden schnell von der Realität überholt.[63]

Ähnlich wie in weiteren öffentlichen Ansprachen zum Jahreswechsel[64] griff Kohl die seines Erachtens zentralen Bedenken der Sowjetunion auf, nämlich das Sicherheitsbedürfnis aller Nachbarn Deutschlands. Sein Bemühen, auf Moskauer Sorgen einzugehen, zeigte sich zudem im Verzicht auf eine Erwähnung der NATO sowie in einem Verweis auf die Notwendigkeit engerer Zusammenarbeit in Europa, wobei Kohl anstatt der EG-Integration eher Gorbatschows Gedankenwelt vom gemeinsamen europäischen Haus entsprechende, allgemeine Formulierungen wählte. Zugleich verzichtete er weiterhin auf die Erwähnung der alliierten Vorbehaltsrechte für Deutschland als Ganzes und Berlin.[65] Damit stand er gemeinsam mit Genscher nicht nur im Gegensatz zu Teilen der Vier Mächte, sondern vertrat zugleich eine deutlich andere Position als die derzeitige DDR-Regierung. Der Dresden-Besuch wurde für Kohl zu einem Schlüsselerlebnis: Hier gelangte er zu der Erkenntnis, daß der innere Druck in der DDR unweigerlich in Richtung Wiedervereinigung führen und der Zeithorizont kürzer sein würde, als bisher anzunehmen war. Vor dem Hintergrund dieser Einsicht korrigierte er nunmehr seine Strategie: War er bisher eher abwartend, zögerlich, vom Ziel geleitet, Fehler zu vermeiden, so setzte er nun auf die innenpolitische Veränderung in der DDR, die es auch wahltaktisch zu nutzen galt. Die veränderte innenpolitische Lagebeurteilung Kohls wurde zur eigentlichen Triebfeder seiner Außenpolitik.

## Die Außenpolitik der DDR – das letzte Tabu?

»Ist die Außenpolitik unser allerletztes Tabu?«[66] – so titelte die ostdeutsche *Berliner Zeitung* Mitte November. Während die Mehrzahl der politischen Institutionen der DDR nach den Ereignissen vom Herbst 1989 von der Öffentlichkeit zusehends kritischer hinterfragt wurde, war der Bereich des Ministeriums für Auswärtige Angelegenheiten (MfAA) hiervon zunächst verschont geblieben. Als die Diskussion hierüber mit einigen Wochen Verspätung ab Mitte November ebenfalls einsetzte, ging es unter dem Schlagwort »Volksdiplomatie« unter anderem darum, wie außenpolitische Entscheidungsprozesse demokratisiert werden konnten. Eine entscheidende Rolle wurde dabei dem Parlament zugeschrieben, das künftig beispielsweise auch in Personalfragen mitentscheiden sollte.[67]

Außenminister Oskar Fischer, der als einer von wenigen Politikern der alten Garde in Modrows neues Kabinett übernommen worden war, versuchte, den Vorwürfen öffentlich entgegenzutreten.[68] Zwar sei die Außenpolitik immer »verbunden mit den ersten Männern des Staates« gewesen, woraus sich auch stets eine Abstimmung entwickelt habe, doch sei sie »immer in unserem Haus gemacht worden«, so Fischer. Energisch wehrte er sich gegen den Vorwurf mangelnder parlamentarischer Kontrolle: Wann immer dies gefordert worden sei, sei er dem Ruf des außenpolitischen Ausschusses der Volkskammer gefolgt. Angesichts der engen Kontakte beispielsweise zum Institut für internationale Beziehungen stimme auch der Vorwurf nicht, daß es in der Vergangenheit »zu wenig wissenschaftliches Herangehen und viel Subjektivismus« gegeben habe. Unklar war, ob sich die Zusammensetzung der Koalitionsregierung unter Hans Modrow künftig auch an der Spitze des Hauses widerspiegeln würde.

Inhaltlich sah Fischer keine Notwendigkeit, die Grundlagen der DDR-Außenpolitik zu ändern. Notwendig sei lediglich die Neubestimmung einiger Schwerpunkte, so die Art der weiteren Mitarbeit in der KSZE. Er machte allerdings deutlich, wo in der Vergangenheit das Hauptdefizit gelegen habe: die Wirtschaftskraft und die »Redlichkeit seiner Innenpolitik« bestimmten die internationale Autorität eines Staates; hier habe die DDR entsprechend der Regierungserklärung von Modrow einiges zu tun, um ihre »äußere Glaubwürdigkeit« zu sichern. Als wichtige zukünftige Aufgabe der Außenpolitik nannte Fischer den gesamten Komplex der Beziehungen zur Bundesrepublik, während bei der Zusammenarbeit mit der Sowjetunion »alles wieder in die Waage gebracht« worden sei und er selbst auch ein sehr freundschaftliches Verhältnis zu Außenminister Schewardnadse habe.[69]

Trotz Fischers beschwichtigender Einschätzung war aber nicht zu übersehen, daß die Außenpolitik der DDR nach dem Fall der Mauer seitens der Öffentlichkeit und der demokratischen Opposition zunehmend in die Kritik geriet, so daß auch auf diesem Feld Neuorientierungen notwendig wurden. Das künftige internationale Auftreten der DDR war dabei von folgenden Überlegungen und Umständen bestimmt:

1. Zentrale Aufgabe der DDR-Außenpolitik war die Festschreibung der Zweistaatlichkeit mit der Bundesrepublik auf der einen sowie einer weiterhin sozialistisch verfaßten DDR auf der anderen Seite. Westdeutschland wurde überwiegend als möglicher Helfer bei der Bewältigung wirtschaftlicher Probleme gesehen, wozu vor allem ein von Modrow gewünschter Solidarbeitrag von 15 Milliarden D-Mark dienen sollte.
2. Der Festschreibung der Zweistaatlichkeit diente auch die angestrebte Vertragsgemeinschaft, die als Ausdruck der besonderen Beziehungen zwischen den beiden deutschen Staaten und Beitrag zur gesamteuropäischen Annäherung, keinesfalls aber als Teilstrecke auf dem Weg zur Wiedervereinigung verstanden wurde.
3. Die KSZE wurde von der DDR nicht nur als wichtiges Instrument zur Überwindung des Ost-West-Konflikts, sondern zugleich als Puffer gegenüber den westdeutschen Vereinigungsbemühungen verstanden. So wurde das KSZE-Prinzip der Garantie aller Grenzen stets auch auf die deutsch-deutsche Grenze bezogen. Zugleich bot der KSZE-Rahmen mit seinen 35 Mitgliedern aus DDR-Sicht die Möglichkeit, die nicht zur offenen Vereinigungs-Opposi-

tion bereiten Staaten Westeuropas, darunter Frankreich und Großbritannien, mit den expliziten Vereinigungsgegnern zusammenzubringen. Angesichts des in der KSZE herrschenden Einstimmigkeitsprinzips schien hiermit eine Möglichkeit gefunden, Vereinigungsbestrebungen seitens der Bundesrepublik abzufangen.
4. Zur Beschreibung der Zukunft des deutsch-deutschen Verhältnisses in einem sich verändernden Europa verzichtete die DDR auf eigene Konzepte und griff statt dessen auf weitgehend unveränderte Überlegungen und Formulierungen der Sowjetunion zurück. Die Forderung nach einem KSZE-Nachfolgetreffen »Helsinki II« gehörte ebenso hierzu wie der Begriff vom »gemeinsamen europäischen Haus«.
5. Auftreten und Argumentation der DDR-Politiker machten deutlich, daß die Sowjetunion nicht nur als der wichtigste, sondern auch der wohl einzige Verbündete gesehen wurde. Immer wieder finden sich deshalb Hinweise auf die unauflösliche Allianz mit der UdSSR, während andererseits kaum Bezüge auf die osteuropäischen Reformstaaten sowie Partner in RGW und Warschauer Pakt – Polen, Ungarn, CSSR – auftauchten. Ähnlich wie die Regierenden in Moskau fand sich auch die Modrow-Regierung damit zwischen allen Stühlen wieder, die offensichtlich noch nicht mit der Abkehr Gorbatschows von der Breschnew-Doktrin und der damit verbundenen größeren Selbständigkeit der sozialistischen Staaten zurechtkam.
6. Hans Modrow wurde sowohl von Helmut Kohl als auch von der Sowjetunion und der demokratischen Opposition in der DDR als Hoffnungsträger beziehungsweise einziger Ansprechpartner gesehen. Ihm wurden allgemein Redlichkeit und Bemühungen zur Demokratisierung des Landes zugestanden, doch konnte er diesen Vertrauensvorschuß aufgrund seiner Verhaftung in überkommenen außenpolitischen Denkmodellen nur wenig in politischen Handlungsspielraum umsetzen.

Sechs Wochen nach dem Fall der Mauer hatte die Bundesregierung nach Kohls Besuch in Dresden ein ziemlich komplettes Bild der internationalen Stimmungslage. Mittlerweile war in allen betroffenen Staaten die deutsche Frage ein Thema der aktuellen politischen Diskussion. Recht schnell hatten sich zudem die Interessenskonstellationen herauskristallisiert: Der Bundesregierung und der US-Administration als wirklichen Befürwortern einer Vereinigung stand eine deutlich größere Gruppe von Zweiflern und Bremsern mit Frankreich und Großbritannien sowie erklärten Gegnern der Vereinigung mit der DDR und der Sowjetunion gegenüber.

Vom 9. bis 14. November 1989 stattete Bundeskanzler Helmut Kohl der Volksrepublik Polen einen offiziellen Besuch ab, den er allerdings wegen des Falls der Mauer unterbrach. Am 12. November wurde im niederschlesischen Kreisau, bekannt durch den Sitz der Familie Moltke und den Widerstandskreis des Grafen Helmuth James von Moltke, ein deutsch-polnischer Gottesdienst abgehalten, an dem der polnische Ministerpräsident Tadeusz Mazowiecki und Helmut Kohl (hier beim Friedensgruß) teilnahmen.

Im Mittelpunkt des Polen-Besuches standen die bilateralen Beziehungen und Wirtschaftsfragen. Zum Abschluß unterzeichneten die beiden Regierungschefs eine Gemeinsame Erklärung.
Bundeskanzler Kohl legte am 14. November im ehemaligen Konzentrationslager Auschwitz einen Kranz nieder.

Am 20. Dezember traf der französische Staatspräsident Mitterrand (bei der Begrüßung durch den Vorsitzenden des DDR-Ministerrats, Hans Modrow, links) zum ersten Besuch eines Staatsoberhaupts der Westmächte in der DDR ein. Er mahnte, im Streben nach der Einheit bestehende Realitäten nicht außer Acht zu lassen und die Grenzen zu respektieren. Die Interessen der Nachbarn – insbesondere die Sicherheitsbelange Polens – müßten berücksichtigt werden.

Von der Haltung der USA, Frankreichs und der Sowjetunion hing der Prozeß der deutschen Einigung entscheidend ab. Am 4. Januar 1990 besuchte Bundeskanzler Kohl Staatspräsident Mitterrand in dessen Ferienhaus in Latché im Südwesten Frankreichs (oben). Am 10./11. Februar trafen Kohl und Außenminister Genscher in Moskau mit Generalsekretär Gorbatschow und Außenminister Schewardnadse zu Gesprächen über die jüngsten Entwicklungen in den innerdeutschen Beziehungen zusammen (unten; rechts unten

beim Rückflug nach Deutschland). Gorbatschow erklärte: »Es ist Sache der Deutschen, den Zeitpunkt und den Weg der Einigung selbst zu bestimmen.«
Oben: George Bush und Helmut Kohl (bei einem Treffen auf dem Landsitz des amerikanischen Präsidenten in Camp David am 24./25. Februar 1990) stimmten darin überein, daß die sowjetische Zustimmung zu einer gesamtdeutschen NATO-Mitgliedschaft letztlich eine Frage des Preises sein würde.

Beim Sondergipfel des Europäischen Rates in Dublin legten die EG-Mitglieder ein eindeutiges Bekenntnis zur deutschen Einheit ab. Oben ein Blick in den Verhandlungssaal in Dublin Castle; unten die Staats- und Regierungschefs (von links nach rechts) Mitsotakis, Kohl, Mitterrand, Haughey, Thatcher, Andreotti, Cavaco Silva, Gonzales, EG-Kommissionspräsident Delors, Lubbers; dahinter die Außenminister.

»Zwei-plus-Vier«-Außenministerkonferenz in Bonn. Bei der ersten Gesprächsrunde am 5. Mai wurden Grenzfragen, politisch-militärische Fragen, Berlin und eine abschließende volkerrechtliche Regelung als Themenschwerpunkte vereinbart. Oben ein Blick in den Weltsaal des Auswärtigen Amtes, unten die Außenminister Baker, Schewardnadse, Genscher, Dumas, Meckel und Hurd beim Fototermin.

Durchbruch im Juli 1990: Bei politischen Gesprächen zwischen Bundeskanzler Kohl und Generalsekretär Gorbatschow sowie den Außenministern Genscher und Schewardnadse wurde unter anderem Übereinstimmung erzielt, daß das vereinte Deutschland seine Bündniszugehörigkeit frei wählen könne. Oben Begrüßung in Stawropol, der Heimat Gorbatschows; das Foto unten, das die deutsche und die russische Führung in bester Stimmung nach der Einigung zeigt, ging um die Welt.

Mit dem »Vertrag über die abschließende Regelung in bezug auf Deutschland« wurde am 12. September 1990 in Moskau die Ablösung der Vier-Mächte-Rechte und -Verantwortlichkeiten besiegelt (oben die Außenminister Baker, Hurd, Schewardnadse und Dumas; rechts DDR-Ministerpräsident de Maizière und Außenminister Genscher). Am Tag darauf paraphierten Eduard Schewardnadse und Hans-Dietrich Genscher den »Vertrag über gute Nachbarschaft, Partnerschaft und Zusammenarbeit«.

Im Beisein des polnischen Ministerpräsidenten Mazowiecki paraphierten die Außenminister Genscher und Skubiszewski am 14. November 1990 – 45 Jahre nach Kriegsende – in Warschau den »Vertrag zwischen der Bundesrepublik Deutschland und der Volksrepublik Polen über die Bestätigung der zwischen ihnen bestehenden Grenze«.

Mit einer letzten gemeinsamen Militärparade verabschiedeten sich die westlichen Alliierten am 18. Juni 1994 von Berlin. Zehntausende Zuschauer säumten die mit den englischen, französischen und amerikanischen Nationalfarben geschmückte Straße des 17. Juni (im Hintergrund das Brandenburger Tor).

»Leb wohl, Deutschland«. Nach fast einem halben Jahrhundert verabschiedeten sich die sowjetischen Truppen 1994 aus Deutschland und kehrten nach Moskau zurück.

»Soldaten Rußlands, es ist ein bewegender Anblick, wenn Ihre stolze Armee in Frieden in Ihre Heimat zurückkehrt. Im Namen aller Deutschen wünsche ich Ihnen und Ihren Familien für die Zukunft alles Gute und Gottes Segen.« Der russische Präsident Jelzin und der deutsche Bundeskanzler nach der Kranzniederlegung für die Kriegstoten am sowjetischen Ehrenmal in Berlin-Treptow.

Feierliche Verabschiedung der Truppen der drei Westalliierten am 8. September 1994 in Berlin. Im US-Hauptquartier holten zwei Soldaten die amerikanische Flagge ein. Am Luftbrückendenkmal – im Berliner Volksmund »Hungerharke« genannt – fand eine Gedenkfeier mit Kranzniederlegung statt.

In Anwesenheit des amerikanischen Außenministers Christopher, des französischen Staatspräsidenten Mitterrand und des britischen Premierministers Major (oben mit Bundeskanzler Kohl, Außenminister Kinkel und dem Regierenden Bürgermeister Diepgen) wurden die Angehörigen der drei Schutzmächte am Brandenburger Tor mit dem höchsten militärischen Zeremoniell der Bundeswehr, dem Großen Zapfenstreich, geehrt.

Mit einer Kranzniederlegung und einer Gedenkminute ehrte Bundeskanzler Kohl die Opfer der Luftbrücke. 1948/49 hatten die einstigen Kriegsgegner die Bevölkerung bei der sowjetischen Blockade auf dem Luftweg versorgt. Aus den früheren Gegnern wurden Freunde – Grundlage für die Rückkehr Deutschlands in die Völkergemeinschaft. Der Abzug der alliierten Truppen aus Deutschland wurde nun zum Symbol der wiedergewonnenen Souveränität.

# RINGEN
# UM DEN BESTEN WEG

Obwohl Helmut Kohl die innenpolitische Situation in der DDR mit dem Jahreswechsel 1989/90 zum Ausgangspunkt aller weiteren Überlegungen und Maßnahmen genommen hatte, so hatte er doch nicht mit dem folgenden Ausmaß an Tempo und Zuspitzung der Entwicklungen gerechnet. Nachdem im November und Dezember 1989 rund 180 000 Flüchtlinge und Übersiedler die DDR in Richtung Bundesrepublik verlassen hatten, waren seit Jahresanfang 1990 täglich rund 2000 Personen nach Westdeutschland übergesiedelt. Die Beunruhigung der Bundesregierung angesichts dieser Zahlen war verständlich: Zum einen bedeuteten sie ein stetiges Ausbluten der DDR, während sie zum anderen den Handlungsdruck auf die Regierungen in Bonn und Ost-Berlin erhöhten. Dringender denn je erschien es nun, den Menschen in Ostdeutschland eine Perspektive zum Verbleib in ihrer Heimat zu eröffnen. Nach Ansicht der Bundesregierung konnte dies nur dadurch geschehen, daß neben einer sofortigen Verbesserung der wirtschaftlichen Situation endlich auch das Fernziel deutsche Einheit konkretisiert und von allen Beteiligten festgeschrieben wurde.

Der besorgniserregende Bericht von Innenminister Wolfgang Schäuble am 10. Januar im Bundeskabinett zur aktuellen Situation im innerdeutschen Verhältnis sowie zur Entwicklung der Aus- und Übersiedlerzahlen war Anlaß für Kohl, eine persönliche Einschätzung der Lage abzugeben. In der deutschen Frage, so Kohl in der Ministerrunde, gebe es derzeit drei gleichberechtigte Felder[1]:
1. das Sicherheitsbedürfnis aller Beteiligten, und hier vor allem der Sowjetunion;
2. die Entwicklung der Europäischen Gemeinschaft mit den zu berücksichtigenden Interessenspositionen der westlichen Partner;
3. die erheblichen Unterschiede in der sozialen und wirtschaftlichen Ordnung der beiden deutschen Staaten.

Die außenpolitischen Aspekte dieser Lageeinschätzung bedeuteten für die Politik der Bundesregierung zwei zentrale Aufgaben: Zum einen war eine klare Aussage dazu notwendig, wie den Sicherheitsbedürfnissen der Nachbarn bei allen weiteren Entwicklungen in der deutschen Frage Rechnung getragen werden sollte. Hierbei ging es zunächst darum, die Bedenken der UdSSR zu beseitigen, da nur so deren Zustimmung zur Vereinigung zu erreichen war. Zum anderen mußte den Nachbarn im Westen verdeutlicht werden, daß keiner der Schritte auf dem Weg zur deutschen Einheit eine Lockerung der Westbindung bedeutete. Die Bedenken und das Zögern Frankreichs als wichtigstem

Partner der Bundesrepublik in Westeuropa hatten deutlich gemacht, daß dies nur über eine Vertiefung der europäischen Integration erreicht werden konnte. Hinzu kam, daß weiter nach einem Weg gesucht werden mußte, die Vier Mächte in den Prozeß der deutsch-deutschen Annäherungen einzubinden.

## Kohl wartet ab

Nachdem Helmut Kohl sich Anfang Januar 1990 zunächst in München mit dem tschechoslowakischen Staatspräsidenten Vaclav Havel und Ministerpräsident Marian Calfa getroffen sowie bei seinem Besuch auf Mitterrands Landsitz in Latché um die französische Unterstützung für den deutsch-deutschen Annäherungsprozeß geworben hatte[2], hielt der Bundeskanzler sich für einige Zeit mit öffentlichen Stellungnahmen zu außenpolitischen Fragen der Vereinigung zurück. Diese Phase war vor allem von zwei Elementen geprägt:
1. der bewußten Hinnahme des weiteren Zerfalls der staatlichen und wirtschaftlichen Strukturen der DDR, die mittlerweile selbst von sowjetischen Diplomaten als zum Teil unregierbar bezeichnet wurde[3], sowie
2. der schrittweisen Annäherung an die zuletzt so abweisende sowjetische Führung.

Am 18. Januar erklärte Rudolf Seiters, daß die Bundesregierung angesichts des Mißtrauens gegenüber der SED-Regierung in der DDR von ihrer Ankündigung abrücke, noch vor den geplanten Volkskammerwahlen eine Vertragsgemeinschaft der beiden deutschen Staaten einzugehen.[4] Der Kanzleramtsminister verkündete damit, was Kohl – der mittlerweile damit rechnete, daß die Einheit in ein bis zwei Jahren erreichbar war – zwei Tage zuvor im engsten Mitarbeiterkreis beschlossen hatte: Erst nach den freien Wahlen vom 6. Mai sollte mit einer demokratisch legitimierten Regierung über den weitergehenden Ausbau der Beziehungen verhandelt werden. Kohl quittierte hiermit die Politik Modrows, die zwar die Forderungen nach finanzieller Hilfe durch die Bundesrepublik zunehmend in den Vordergrund rückte, gleichzeitig im Innern aber zusehends reformunwillig wirkte. Das Fortbestehen einer lediglich umbenannten Staatssicherheit, SED-PDS bevorzugende Regelungen im neuen Wahlgesetz sowie eine unzureichende marktwirtschaftliche Ausrichtung der DDR-Ökonomie sind nur einige Belege hierfür.

Kohl hatte sich – während zwischen den verschiedenen Ministerien noch um die Federführung bei den deutsch-deutschen Verhandlungen gerungen wurde[5] – entschlossen, konkrete Gespräche mit den Regierenden in der DDR zu vermeiden. Auch wenn es weiterhin sein erklärtes Ziel blieb, das anhaltende personelle »Ausbluten« der DDR zu stoppen, so wollte er doch nichts unternehmen, was die derzeitige, demokratisch nicht legitimierte Regierung nachhaltig stabilisieren konnte. Ohne sich offen gegen Modrow zu stellen, trug Kohl damit dazu bei, daß der innere Druck auf die Regierung in Ost-Berlin so stark zunahm, daß der DDR-Ministerpräsident sich bereits Ende Januar gezwungen sah, eine Vorverlegung der Volkskammerwahlen auf den 18. März anzukündigen. Kohls Handeln war dabei auch von außenpolitischen Erwägungen motiviert: Je stärker der innenpolitische Druck in Richtung Vereinigung wurde und je mehr konkrete Schritte dabei in möglichst kurzer Zeit mit einer demokratisch legitimierten Regierung der DDR gegangen werden konnten, desto unwahrscheinlicher würden Einsprüche und Widerstand des Auslands werden, das mit seinen Reaktionen den Tatsachen in Ostdeutschland zusehends Rechnung tragen mußte.

### Gelegenheit für einen Freundschaftsdienst

Unter den außenpolitischen Partnern galt Kohls Augenmerk zu Beginn des Jahres 1990 vor allem der Sowjetunion. Noch immer wartete der Kanzler vergeblich auf eine Antwort auf sein Schreiben vom 14. Dezember, in dem er unter anderem ein baldiges Treffen mit Michail Gorbatschow angeregt hatte. Nach dessen geharnischtem Brief vom 18. Dezember war deshalb die energische Absage der Sowjetunion an jegliche Vereinigungs-Überlegungen der letzte Sachstand. Interne Analysen im Kanzleramt und dem Auswärtigen Amt wiesen zum Jahresbeginn vor allem darauf hin, daß Gorbatschow immer größeren inneren Problemen gegenüberstehe, da die Wirtschafts- und Versorgungslage in der Sowjetunion angespannt sei, die Kriminalität wachse und die Stimmung bei Armee und Sicherheitskräften sich zusehends verschlechtere.[6] Die allerorten schwelenden Nationalitätenkonflikte, die letztlich sogar den Bestand der Sowjetunion in Frage stellen könnten, gewännen an Bedeutung. Hinsichtlich der deutschen Frage kamen die Analysen jedoch zumeist zu positiven Ergebnissen: Grundsätzlich sei nicht zu übersehen, daß Bewegung in die bislang strikte Ablehnungsfront gekommen sei. Sowjetische Diplomaten würden immer wieder von der Notwendigkeit sprechen, den deutschen und den europäischen »Prozeß« zu synchronisieren, was letztlich darauf hindeute, daß die Sowjetunion nach interessengemäßen Prozeduren suche.

In dieser Situation kam im Kanzleramt eine Anfrage des sowjetischen Außenministers wie gerufen, als dieser dort am 7. Januar wegen möglicher deutscher Hilfe bei Lebensmittellieferungen an sein Land vorfühlen ließ.[7] Botschafter Kwizinskij hatte in einem Telefonat mit Horst Teltschik an ein Hilfsangebot des Bundeskanzlers gegenüber Gorbatschow vom Juni 1989 erinnert. Helmut Kohl, der am folgenden Tag von Schewardnadses Vorstoß erfuhr, beauftragte sofort Landwirtschaftsminister Ignaz Kiechle mit den notwendigen Vorplanungen und erhielt bereits eine Stunde später die Antwort: Innerhalb von vier bis sechs Wochen sei die Lieferung von 120 000 Tonnen Fleisch möglich.

Als der Bundeskanzler am Nachmittag des 7. Januar Kwizinskij zu dem gewünschten Gespräch empfing, drehte sich die Unterhaltung zunächst um die zusehends instabile Lage in der DDR und das Treffen des Kanzlers mit Staatspräsident Mitterrand, bevor der Botschafter auf sein eigentliches Anliegen zu sprechen kam: Angesichts von Versorgungsengpässen benötige die Sowjetunion vor allem Fleisch, Fette, Pflanzenöl und Käse, um über den Winter zu kommen. Schewardnadse habe ihn gebeten, deswegen beim Kanzler anzufragen. Sein Land denke keineswegs an ein Geschenk, wäre jedoch für einen Freundschaftspreis dankbar. Kohl sicherte eine schnelle Antwort zu, woraufhin Kwizinskij eine Woche später, am 15. Januar, eine detaillierte Liste mit den sowjetischen Wünschen übergab. Bereits Mitte Februar kam es so zur – mit rund 220 Millionen Mark Bundesmitteln subventionierten – Lieferung von mehr als 140 000 Tonnen Lebensmitteln sowie großen Mengen von Kleidung und Gebrauchsgütern.

Daß die rasche und großzügige Aktion der Bundesregierung ihre Wirkung nicht verfehlte, zeigte sich bereits kurze Zeit später: Bevor Botschafter Kwizinskij am 31. Januar gegenüber Teltschik die baldige Übermittlung einer vertraulichen Botschaft Gorbatschows an Kohl – in der es letztlich um die seit langem erwartete Einladung nach Moskau ging – ankündigte, überbrachte er zuerst den Dank der sowjetischen Führung für die Bereitschaft der Bundesrepublik, Lebensmittel zu Sonderkonditionen in die UdSSR zu liefern.[8] Zuvor hatte Kohl mit weiteren flankierenden Gesten den Politikern in Moskau seine Bereitschaft signalisiert, ihre Ängste und Sorgen ernst zu nehmen. So hatte er beispielsweise Mitte Januar in einem Zeitungsinterview eine vermittelnde Haltung zwischen den USA und der UdSSR eingenommen: Angesichts der Entwicklung in Osteuropa sei es noch zu früh, jetzt bereits über die Notwendigkeit einer Modernisierung der nuklearen Kurzstreckenwaffen vom Typ »Lance« in einem vereinten Deutschland nachzudenken.[9] Hinsichtlich der Stationierung amerikanischer Truppen in Deutschland erklärte Kohl, daß dies angesichts von 22 in Ostdeutschland stehenden sowjetischen Divisionen derzeit notwendig sei; für die Zukunft werde man zu einer vernünftigen Lösung kommen. Sein Ziel sei das gemeinsame europäische Haus, und dort werde es stets auch eine Wohnung für die USA geben.

Die Beschwichtigungsgeste gegenüber Gorbatschow – die bei den USA und Außenminister Genscher auf Mißfallen stieß – trug mit dazu bei, das seit der Veröffentlichung des Zehn-Punkte-Programms belastete Verhältnis zwischen Kohl und dem sowjetischen Generalsekretär zu entspannen. Daß es sich bei der Annäherung zwischen der Bundesrepublik und der UdSSR allerdings keinesfalls um einen geradlinigen Prozeß ohne Störungen handelte, zeigte sich im zeitlichen Umfeld der ansonsten freundschaftlich-vertrauensvoll geführten Gespräche über mögliche Hilfslieferungen. Moskau machte dabei mit diplomatischen Vorstößen immer wieder deutlich, daß man die DDR keinesfalls als Verbündeten abgeschrieben sehen wollte.

### Optimismus und Zukunftsvisionen

Im Kanzleramt rechneten Kohls Mitarbeiter dennoch fest damit, daß ein Treffen des Bundeskanzlers mit Gorbatschow im Laufe des Frühjahrs zustande kommen werde, weswegen bereits Mitte Januar mit den Vorbereitungen hierfür begonnen wurde.[10] Das Verhältnis zwischen der Bundesrepublik und der Sowjetunion sei schließlich gar nicht so schlecht, wenngleich noch immer keine Antwort auf Kohls Schreiben vom 14. Dezember des Vorjahres vorliege. Allerdings habe Gorbatschow mittlerweile sämtliche internationalen Termine für Januar abgesagt. In der Abteilung 2 des Kanzleramtes wurden ein ganzer Maßnahmenkatalog zur Annäherung an die Sowjetunion sowie mögliche Gesprächsthemen mit dem sowjetischen Staatschef erarbeitet, demzufolge Kohl vor allem um Unterstützung für sein Zehn-Punkte-Programm werben sollte. Zudem wurden mögliche Symbolprojekte zur Unterstützung von Gorbatschow, weitere Hilfslieferungen an die UdSSR, eine Erklärung zu einer weiteren KSZE-Runde sowie Impulse zur Abrüstungs- und Rüstungskontrolle angeregt. Als Geste zur »Besänftigung sowjetischer Urängste« sei auch ein Besuch in Stalingrad denkbar. Zur Vorbereitung des Treffens der beiden Politiker könne eventuell eine vertrauliche Mission hilfreich sein.

Ähnlich optimistisch und zukunftsorientiert war das Ergebnis einer abendlichen Expertenrunde zur Außenpolitik am 17. Januar im Kanzleramt.[11] Der aus Wissenschaftlern, Journalisten und Kohl-Mitarbeitern bestehende Kreis gelangte zu der Überzeugung, daß Gorbatschows Position in der Sowjetunion trotz immer wieder vorgetragener anderslautender Bedenken derzeit nicht gefährdet sei. Bei dem geplanten Treffen sollte der Bundeskanzler seinem Gesprächspartner auf jeden Fall eine Liste mit konkreten Angeboten zur Zusammenarbeit vorlegen, die auch den Komplex der Sicherheitspolitik beinhalten müsse. Der auf eine Anregung des Osteuropa-Experten Professor Boris Meissner zurückgehende Vorschlag sah vor, der Sowjetunion Zusicherungen und Perspektiven für die Zeit nach der angestrebten Wiedervereinigung anzubieten. Damit war eine Idee geboren, die letztlich im deutsch-sowjetischen Vertrag über gute Nachbarschaft, Partnerschaft und Zusammenarbeit vom 9. November 1990 ihre endgültige Gestalt erhalten sollte. Bevor Kohl und Gorbatschow sich allerdings zu persönlichen Gesprächen treffen konnten, war der Beginn des Jahres 1990 weiter von widersprüchlichen Signalen aus Moskau geprägt.

## Moskau will weitere Vier-Mächte-Treffen

»Wir brauchen keine vier Hebammen«[12]. Helmut Kohl war sichtlich verärgert, als er am Morgen des 11. Januar von der neuerlichen Aufforderung der Sowjetunion zu einem Treffen der Vier Mächte hörte. Genscher hatte den Kanzler angerufen, nachdem er von US-Außenminister Baker hierüber informiert worden war. Kohl bat Genscher nun, gegenüber den Westmächten noch einmal die Position der Bundesregierung klarzustellen, was dieser am selben Tag in Briefen an seine Kollegen in London, Paris und Washington tat: Bei den Gesprächen zwischen der Bundesrepublik und der DDR zur Vertragsgemeinschaft gehe es um das Selbstbestimmungsrecht der Deutschen, weswegen eine Antwort auf die sowjetische Initiative nur nach engster Konsultation und in Abstimmung mit der Bundesregierung erfolgen dürfte. Ähnlich wie eine weitere Aufforderung der Sowjetunion Ende Januar fand dieser erste Vorstoß in der Öffentlichkeit kaum Resonanz, doch wurde die Intervention von Politikern und Beamten im Westen teilweise kontrovers diskutiert.[13] Zugleich wurde deutlich, daß die drei Westmächte – und hier vor allem Frankreich und Großbritannien – keinesfalls dazu bereit waren, ihre besonderen Rechte und Verantwortlichkeiten für Deutschland als Ganzes und Berlin stillschweigend aufzugeben.

### *Mitsprache bei deutsch-deutschen Vertragsgesprächen*

Die Aufforderung zu einem neuerlichen Treffen der Vier Mächte war am 10. Januar – fast zeitgleich zur Anfrage Kwizinskijs bei Helmut Kohl nach Lebensmittelhilfe für sein Land – in einem sowjetischen Non-Paper[14] an die Regierungen Frankreichs, Großbritanniens und der USA übermittelt worden. Sie wurde mit den laufenden deutsch-deutschen Gesprächen über einen Vertrag über Zusammenarbeit und gute Nachbarschaft begründet. Der sowjetische Außenminister Eduard Schewardnadse schlug darin ein baldiges Treffen der ehemaligen Alliierten auf der Ebene von Botschaftern oder Sondergesandten vor. Für zusätzliche Verwirrung sorgte kurzzeitig, daß die amerikanische Seite nach einer ersten Lektüre des Papiers von einer Einladung zu Außenminister-Gesprächen ausgegangen war, was eine höhere Gesprächsebene – und folglich noch mehr öffentliche Aufmerksamkeit – als das Botschaftertreffen im Gebäude des Alliierten Kontrollrates im Dezember 1989 bedeutet hätte. Das Auswärtige Amt wurde noch am Abend des 10. Januar vom Leiter der Abteilung für Europa und die Sowjetunion im State Department, Raymond Seitz, informiert, daß Botschafter Dubinin direkt bei Außenminister Baker vorgesprochen hatte. Eine eventuelle Reaktion werde selbstverständlich mit den Partnern in Bonn, London und Paris abgesprochen, versicherte Seitz. Auch aus London, wo UdSSR-Botschafter Leonid Samjatin ein entsprechendes Papier an Außenminister Douglas Hurd übergeben hatte, wurden das Auswärtige Amt und die deutsche Botschaft über diese neue Entwicklung unterrichtet.

In Bonn war man sich der sowjetischen Sorgen zwar bewußt, gleichwohl aber nicht bereit, weitere Gespräche der Vier Mächte über Deutschland widerspruchslos hinzunehmen. Im Auswärtigen Amt herrschte die Ansicht, daß die laufenden Verhandlungen mit der DDR zur Vertragsgemeinschaft ein Einschreiten der Vier Mächte nicht rechtfertigten. Auch eine intern »Vier-plus-Zwei« genannte mögliche Konferenz der vier Siegermächte des Zweiten Weltkrieges mit den beiden deutschen Staaten sei zum momentanen Zeitpunkt nicht geboten. Der Grund für die neuerliche sowjetische Initiative wurde vor allem im Bemühen um Einfluß auf die aktuellen Entwicklungen in Mittel- und Osteuropa gesehen.

Ähnlich wie Außenminister Genscher am 12. Januar gegenüber dem britischen Botschafter Mallaby argumentierte deshalb auch der Politische Direktor des Auswärtigen Amtes, Dieter Kastrup, bei einem Treffen der Vierergruppe in Washington am 23. Januar[15] vor allem auf der Basis von Genschers Erklärung beim Außenministertreffen am 13. Dezember 1989 in Brüssel: Die Bundesrepublik habe nichts dagegen, wenn auf rangniedrigerer Beamtenebene weitere Gespräche über Berlin-Fragen – beispielsweise anhand der Reagan-Initiative und hier vor allem zum Flugverkehr – geführt würden. Keinesfalls dürfe aber der Eindruck erweckt werden, daß andere über Deutschland sprächen, ohne daß dessen Vertreter angemessen beteiligt seien. Auch sollte auf weitere Treffen im symbolträchtigen Kontrollratsgebäude und eine Einschaltung der Medien verzichtet werden. Bei der Sitzung der Politischen Direktoren hatten die USA und Großbritannien vor allem die stabilisierenden Vorteile aus den Vier-Mächte-Vorbehalten betont. Offensichtliches Hauptbedenken der Westmächte war ein Scheitern Gorbatschows, falls nicht genügend Rücksicht auf die sowjetischen Ängste und Befürchtungen genommen werde. Kastrup verwies auf die KSZE als Forum zur Beruhigung dieser Sorgen. Seine Kollegen stimmten ihm darin zwar zu, wollten aber keinesfalls grundsätzlich auf ihre Alliierten-Rechte verzichten. Hinzu kam der Hinweis, daß die Vier-Mächte-Verantwortung erst mit einem Friedensvertrag beendet würde. Einigkeit herrschte darüber, daß die im sowjetischen Vorschlag implizierte Möglichkeit einer »Direktoriumslösung«, bei der die Vier Mächte ohne deutsche Beteiligung aktiv steuernd in den Prozeß der deutsch-deutschen Annäherung eingreifen würden, aus westlicher Sicht keine Lösung darstellte. Eine Antwort an Moskau sollte nur nach Rücksprache mit der Bundesregierung erfolgen.[16]

### *Auch die Westmächte pochen auf ihre besonderen Rechte*

Ebenso wie die Sowjetunion machte die britische Regierung immer wieder deutlich, daß sie auf ihre besonderen Rechte und Verantwortlichkeiten für Deutschland als Ganzes und Berlin beharrte. Premierministerin Thatcher suchte Ende Januar nicht nur – erfolglos – den engen Schulterschluß mit

Frankreichs Staatspräsident Mitterrand, um eine gemeinsame Front gegen die Vereinigung aufzubauen beziehungsweise den angelaufenen Prozeß abzubremsen, sondern betonte zugleich immer wieder die Rechte der Vier Mächte bei allen deutsch-deutschen Entwicklungen. Einen vorläufigen Höhepunkt erreichte die deutsch-britische Verstimmung, als Margaret Thatcher in einem Interview heftige Kritik an der Politik von Kohl und Genscher übte, denen sie »nationalistische Ziele« vorwarf.[17] Wie im britischen Außenministerium die Bedeutung der Vier-Mächte-Rechte gesehen wurde, machte der Politische Direktor im Foreign Office, John Weston, derweil im Kanzleramt klar.[18] Spätestens mit der Aufnahme von deutsch-deutschen Verhandlungen über konföderative Strukturen würde eine Beteiligung der Vier Mächte erforderlich, resümierte Weston in einem Gespräch. Dies sei wohl auch die Meinung der Regierungen in Moskau, Paris und Washington. Sein Gesprächspartner Peter Hartmann erklärte demgegenüber, daß der begonnene deutsch-deutsche Annäherungsprozeß sowie mögliche vertragliche Regelungen sich auf der Grundlage des Selbstbestimmungsrechtes vollzögen. Jede Einmischung der Vier Mächte müsse den fatalen Eindruck erwecken, daß den Deutschen Bedingungen für die schrittweise Verwirklichung dieses Rechtes auferlegt würden. Zudem bedeute eine Konferenz der ehemaligen Siegermächte mit den beiden deutschen Staaten, daß die Sowjetunion ein direktes Mitspracherecht im sich anbahnenden Prozeß bekäme. Dies könne aber nicht im westlichen Interesse liegen. Hartmann bestätigte allerdings, daß spätestens bei einer Regelung der Berlin-Frage die besonderen Rechte und Verantwortlichkeiten der Vier Mächte eine Rolle spielen würden.

Kontrastiert man die deutschlandpolitischen Vorstellungen der Vier Mächte mit denen der Bundesregierung, so zeigen sich für die Zeit Ende Januar/Anfang Februar markante Unterschiede. Während Frankreich, Großbritannien, die USA und die UdSSR in den besonderen Rechten und Verantwortlichkeiten der Vier Mächte ein wichtiges Instrument bei der Bewältigung der deutsch-deutschen Annäherung sahen, waren sich Bundeskanzler Kohl und Außenminister Genscher darin einig, daß auch die außenpolitischen Fragen zunächst ausschließlich eine Sache der Deutschen seien. Erst das Ergebnis dieser Politik sollte dann von einem KSZE-Gipfel abgesegnet beziehungsweise formell zur Kenntnis genommen werden.[19]

Die Linie der Bundesregierung war auch in Genschers Vorstoß zur Lösung der bündnispolitischen Probleme enthalten: In einer seit längerem geplanten Rede vor der Evangelischen Akademie in Tutzing hatte der Bundesaußenminister sich am 31. Januar klar zur NATO-Mitgliedschaft eines vereinten Deutschlands bekannt.[20] Zugleich lehnte er an dem Ort, den Egon Bahr 1963 zur Vorstellung seines deutschlandpolitischen Konzeptes vom »Wandel durch Annäherung« gewählt hatte, eine Ausdehnung des NATO-Gebietes nach Osten, also auf das Gebiet der DDR ab: »Vorstellungen, daß der Teil Deutschlands, der heute die DDR bildet, in die militärischen Strukturen der NATO einbezogen werden soll, würden die deutsch-deutsche Annäherung blockieren«, so Genschers entgegenkommendes Signal an die Sowjetunion. Sein Konzept, in dem die Vier Mächte nur am Rande erwähnt wurden, sah vor, daß das Ergebnis der innerdeutschen Verhandlungen von einem KSZE-Gipfel zur Kenntnis genommen werden sollte. Zentrale Elemente seiner Rede waren der Ausbau und die Institutionalisierung des KSZE-Prozesses. Genscher schlug hierfür die Gründung verschiedener Einrichtungen vor. Sein Ziel war es, die deutsche Vereinigung über die KSZE gesamteuropäisch einzubetten. Die stärkere Betonung des Helsinki-Prozesses gegenüber einer erweiterten politischen Rolle der NATO war dabei eines seiner Schlüsselangebote an die Sowjetunion, die angesichts des anhaltenden Zerfalls dem westlichen Verteidigungsbündnis immer weniger entgegenzusetzen hatte. Sehr zum Mißfallen der USA äußerte Genscher sich nicht zum Verbleib westlicher Truppen in Deutschland sowie zur Zukunft der dort stationierten amerikanischen Atomwaffen. Die Position des Bundesaußenministers entbehrte zu dieser Zeit der letzten Klarheit.[21] Genscher hatte sich allerdings eindeutig gegen ein neutrales Deutschland ausgesprochen. Seine Rede war offensichtlich bemüht, zwischen Rücksichtnahme auf die UdSSR einerseits und dem Kampf gegen die Vermutung des Auslands, Deutschland sei ein »unsicherer Kantonist«, andererseits zu vermitteln. Mehr, so die Ansicht Kastrups, schien zu diesem Zeitpunkt nicht möglich zu sein.

### Für eine »Politik der großen Schritte«

Die Vorstellungen Genschers deckten sich teilweise mit Überlegungen im Kanzleramt, wo Ende Januar davon ausgegangen wurde, daß nach den Wahlen in der DDR der Handlungsdruck in Sachen Vereinigung wachsen würde. Eine »Politik der großen Schritte« – in der die ursprünglich geplante Vertragsgemeinschaft übersprungen und schneller auf föderale Strukturen hingearbeitet werden sollte – würde ein deutliches Signal an die Menschen in der DDR sein, in ihrer Heimat zu bleiben.[22] Seine Mitarbeiter schlugen dem Kanzler deshalb vor, noch vor den März-Wahlen in der DDR einen konkreten, in die Zukunft weisenden Fahrplan »Kohl II« vorzulegen, über dessen Grundlinien dieses Mal die wichtigsten Bündnispartner und auch die Sowjetunion unterrichtet werden sollten. Der Vorschlag nannte vier Faktoren, die im europäischen und internationalen Bereich zu beachten seien:
– die Entwicklung der Europäischen Gemeinschaft,
– den KSZE-Prozeß,
– die Rechte und Verantwortlichkeiten der Vier Mächte sowie
– die Bündnis- und Sicherheitsstrukturen.
Hinsichtlich der EG sei zu berücksichtigen, daß jede Annäherung der DDR an die Gemeinschaft zugleich auch die Gefahr einer Verfestigung der Zweistaatlichkeit in sich berge. Es sei deshalb unklug, über das angestrebte Handels- und

Kooperationsabkommen hinaus die Frage einer förmlichen EG-Mitgliedschaft der DDR zu diskutieren. Für die »politisch-psychologische Absicherung unserer Deutschlandpolitik in Europa« sei es wichtig, daß der deutsche Elan bei den anstehenden Vorbereitungen für die Regierungskonferenz zur Wirtschafts- und Währungsunion sowie für andere Reformvorhaben anhalte. Beim KSZE-Prozeß mache ein Gipfel nur dann einen Sinn, wenn ein entscheidender Durchbruch bei der Rüstungskontrolle, nämlich die Unterzeichnung des Vertrages über die konventionellen Streitkräfte in Europa (VKSE I), zu erreichen sei. Möglich seien auch Überlegungen zur verstärkten Institutionalisierung der KSZE, wobei sowohl die von Kohl ins Spiel gebrachte »Umweltagentur« als auch ein von Genscher angeregtes Verifikationszentrum den Anfang machen könnten.[23] Die Kohl-Mitarbeiter warnten allerdings davor, daß Gorbatschow mit seinem Vorstoß zu einem KSZE-Gipfel Ende 1990 auch versuchen werde, die deutsche Frage »gesamteuropäisch einzufangen«, also die Entwicklungen zu verlangsamen.

Zu den Bündnis- und Sicherheitsfragen kam das Papier der Abteilung 2 zum Ergebnis, daß diese nicht von den Deutschen allein, sondern lediglich im Rahmen »übergreifender Sicherheitsstrukturen« zu lösen seien. Dieser Begriff sei allerdings zunächst nicht viel mehr als eine »Leerformel«. Auch wenn der Warschauer Pakt zusehends verfalle, bleibe das militärische Potential der UdSSR bestehen. Für die Sicherheit in Mittel- und Westeuropa sei deshalb auch weiterhin das militärische Engagement der USA und Kanadas notwendig. Umfassende Sicherheit sei auf Dauer nur gewährleistet, wenn die britischen und französischen Nuklearkapazitäten eines Tages auch dem Schutz Europas dienten. Den Aufbau einer europäischen Verteidigungsstruktur werde die Sowjetunion wohl nur hinnehmen, wenn sie über Rüstungskontrollmechanismen einen gewissen Einfluß hierauf habe. Im Gegenzug müsse allerdings gelten, daß auch die UdSSR sich entsprechenden Regelungen unterwerfe.

Als »eines der schwierigsten Probleme, mit dem wir uns werden auseinandersetzen müssen«, sahen Kohls Mitarbeiter die mögliche sowjetische Forderung nach dem Abzug aller ausländischen Truppen vom Gebiet des vereinten Deutschlands, wofür es Unterstützung durch die Modrow-Regierung gebe. Da dies im Endeffekt die Abkoppelung Deutschlands von der NATO bedeuten würde, komme ein solcher Schritt derzeit nicht in Betracht. Gleichzeitig sei auch die andere »Extremvorstellung«, nämlich die Ausdehnung der militärischen und politischen NATO-Strukturen auf das Gebiet der jetzigen DDR, unrealistisch. »Wer diese Linie ernsthaft verficht, blockiert de facto die Wiederherstellung der deutschen Einheit.« Denkbar sei unter den aktuellen Bedingungen nur, daß die NATO-Mitgliedschaft der Bundesrepublik samt aller militärischen Verpflichtungen der Partner für deren derzeitiges Gebiet erhalten bleibe, während für das Territorium der DDR und deren zu reduzierende Streitkräfte ein Sonderstatus zu finden sei. Dies könne langfristig ebensowenig eine befriedigende Lösung sein, wie die Formel von den »übergreifenden Sicherheitsstrukturen« ausreiche, dieses Dilemma zu überbrücken. Es sei ausgeschlossen, daß ein Teil der deutschen Streitkräfte der NATO unterstellt bleibe, während der andere Teil zum Warschauer Pakt gehöre. Es werde zudem nicht genügen, die Rolle der Bündnisse in Richtung auf eine stärker politische, also abrüstungspolitische Funktion umzudefinieren. »Auch ein künftiges Gesamtdeutschland bedarf einer gesicherten Verteidigungsstruktur, und die kann es nur im Verbund mit den anderen europäischen Partnern finden.«

Eine klare Position bezogen die Kanzler-Mitarbeiter auch in Sachen Vier Mächte: Daß diese die Wiedervereinigung in irgendeiner Weise vorentschieden, sei ebenso unvorstellbar wie eine Viererkonferenz mit den Deutschen »vor der Tür oder am Katzentisch«. Ein derartiges Vorgehen sei nicht nur mit dem Selbstverständnis der beiden deutschen Staaten und deren Vorstellungen vom Selbstbestimmungsrecht unvereinbar, sondern würde auch den Eindruck einer »Friedensregelung« zwischen Siegern und Besiegten erwecken. Andererseits hätten sich alle Bundesregierungen – vor allem in Berlin-Fragen – immer wieder auf die besonderen Rechte und Verantwortlichkeiten der drei Westmächte berufen, so zuletzt beim Vier-Mächte-Abkommen. Es mache deshalb keinen Sinn, nun in eine Diskussion darüber einzutreten, ob diese Rechte und Verantwortlichkeiten noch gelten oder ob nicht. Die einzige Frage sei doch derzeit, wie die drei Mächte und die Sowjetunion am Prozeß der deutsch-deutschen Annäherung beteiligt werden könnten, ohne daß ihnen eine von der Bundesregierung nicht gewünschte Rolle zuwachse. Die Vier Mächte dürften bei der Regelung der deutschen Frage also weder Initiator noch abschließende Kontrollinstanz sein. Die Initiative müsse vielmehr – wie bereits im Zehn-Punkte-Programm des Bundeskanzlers angelegt – bei den beiden deutschen Staaten liegen.

### Für die schnelle Schaffung klarer Fakten

Aufgrund dieser Prämissen gab das Arbeitspapier des Kanzleramtes einem Verfahren den Vorrang, bei dem die beiden deutschen Staaten den Prozeß der Annäherung über die Schaffung konföderativer Strukturen, eine Wirtschafts- und Währungsunion und ähnliche Schritte vorantrieben, bis es um gesamtdeutsche Wahlen für eine verfassungsgebende Versammlung sowie anschließende Wahlen für ein gesamtdeutsches Parlament gehe. Ein solcher letzter Schritt müsse dann die stillschweigende Billigung der drei Mächte sowie der UdSSR haben, die gleichzeitig auf die Ausübung der Obersten Gewalt in Berlin verzichten müßten. Das Ergebnis dürfte keinesfalls von einem KSZE-Gipfel förmlich abgesegnet werden, da dies dem Gedanken der Volkssouveränität widersprechen würde. Statt dessen sollte die geforderte »gesamteuropäische Einbettung« dadurch erreicht werden, daß die KSZE-Staaten »in einer politischen Erklärung den Prozeß der Annäherung mit dem Ziel der Herstellung der staatlichen Einheit gutheißen«.

Die Ende Januar bestehenden Positionen der wichtigsten Beteiligten am internationalen Prozeß der deutsch-deutschen Annäherung zeigen die Existenz zweier gegensätzlicher Lager, innerhalb derer es wiederum unterschiedliche Strategien gab:
1. Die Bundesregierung hatte das Ziel, möglichst viele innerdeutsche faits accomplis zu schaffen. Die Vier Mächte sollten das Ergebnis des Annäherungsprozesses erst unmittelbar vor der endgültigen staatlichen Vereinigung durch den Verzicht auf ihre besonderen Rechte und Verantwortlichkeiten für Deutschland als Ganzes und Berlin absegnen. Aktiv Handelnde sollten dabei lediglich die beiden deutschen Staaten sein; die Vier Mächte wären gemeinsam mit den anderen europäischen Staaten im Rahmen des KSZE-Prozesses an der Schaffung günstiger Rahmenbedingungen für die Vereinigung beteiligt. Die Positionen des Auswärtigen Amtes und des Bundeskanzleramtes unterschieden sich dabei nur in Nuancen.
2. Die Vier Mächte setzten demgegenüber eindeutig auf die Ausübung ihrer besonderen Rechte und Verantwortlichkeiten. Hinter dieser Gemeinsamkeit verbargen sich allerdings unterschiedliche Strategien und Ziele: Die Sowjetunion lehnte das Ziel Wiedervereinigung noch definitiv ab. Eine Stärkung des KSZE-Prozesses sollte parallel zur Annäherung der beiden deutschen Staaten erfolgen, ohne daß dies als Ziel die Beseitigung der Zweistaatlichkeit Deutschlands hatte. Demgegenüber setzte Frankreich mit Mitterrands Überlegungen zur Schaffung einer europäischen Konföderation zwar ebenfalls auf einen Ausbau der KSZE, hatte sich aber mit einer in ferner Zukunft anstehenden Vereinigung der beiden deutschen Staaten abgefunden. Großbritannien hatte zu diesem Zeitpunkt noch keine eigenständige Politik entwickelt, die über die Betonung der Vier-Mächte-Rechte hinausging. Anders die USA, denen eine übermäßige Stärkung des Helsinki-Prozesses nicht nur traditionell widerstrebte, sondern die darin auch eine eindeutige Gefahr für das Ziel Wiedervereinigung sahen: In der KSZE mit ihren 35 gleichberechtigten Mitgliedstaaten bestand für die Sowjetunion die Möglichkeit, Verbündete für ihre Oppositionspolitik zu finden, so daß die deutsche Frage dort nicht nur be-, sondern eben auch zerredet werden konnte.

Die DDR-Regierung nahm in dieser Konstellation eine Zwitterrolle ein. Dem nicht zuletzt wirtschaftlich bedingten Wunsch nach engerer Zusammenarbeit mit der Bundesrepublik stand eine klare Ablehnung der Vereinigung gegenüber; der erklärte Wille zur Annäherung an den Westen war ein gewisser Gegensatz zur anhaltend starken Anlehnung an die Sowjetunion. Auch Modrow und seine Mitarbeiter verfochten deshalb aktiv eine Stärkung des KSZE-Prozesses, der alle diese Ziele und Gegensätze unter einen Hut zu bringen versprach.[24] Ohne ein grundsätzliches Einverständnis der UdSSR zur deutsch-deutschen Annäherung waren allerdings alle Überlegungen lediglich theoretische Modelle. Entscheidend aus Bonner Sicht war es deshalb, das »Ja« Gorbatschows zu konkreten Vereinigungsbemühungen zu erhalten.

## »Zwei-plus-Vier« oder »Vier-plus-Zwei«?

Der Erfolg hat viele Väter: François Mitterrand, Hans-Dietrich Genscher, das US-Außenministerium, die sowjetische Führung – zahlreiche Beteiligte am letztlich erfolgreichen »Zwei-plus-Vier«-Prozeß reklamierten im nachhinein die Urheberschaft an der dem Erfolg zugrundeliegenden Formel. Diese umfaßte die beiden deutschen Staaten sowie die Vier Mächte und bezeichnete jenes Forum, in dem die außenpolitischen Aspekte der deutschen Vereinigung verhandelt werden sollten.[25]

### *Das Sechser-Gremium erhält seinen Namen*

Das Grundkonzept von Gesprächen der Vier Mächte mit den beiden deutschen Staaten zeigt seine Schlüssigkeit bereits im Vergleich mit den möglichen Alternativen:

1. Friedensverhandlungen: Da im Potsdamer Protokoll, auf das sich die besonderen Rechte und Verantwortlichkeiten der Vier Mächte für Deutschland stützten, von einem »peace settlement«, also einer friedensvertraglichen Regelung, die Rede ist, waren Friedensverhandlungen zwischen den beiden deutschen Staaten und den ehemaligen Teilnehmerstaaten des Zweiten Weltkrieges eine theoretische Möglichkeit zur Wiederherstellung der deutschen Souveränität.[26] 45 Jahre nach Kriegsende erschien eine Wiederbelebung der Konstellation Sieger und Besiegte sowie die damit verbundene Diskussion beispielsweise um Reparationen allerdings allen Beteiligten als politisch nicht opportun.

2. Vier-Mächte-Konferenz: Die Vier Mächte hätten sich untereinander auf einen Katalog von Regeln einigen können, der dann als Bedingung zur Ablösung der Vier-Mächte-Rechte an die beiden deutschen Staaten gegangen wäre. Die Reaktionen der Bundesregierung sowie der Öffentlichkeit auf das Treffen im Alliierten Kontrollrat hatten jedoch unmißverständlich deutlich gemacht, daß ein derartiges Verfahren den Beziehungen zu Deutschland großen Schaden zugefügt hätte. Gleiches galt für jede Vier-Mächte-Konferenz mit einer nicht gleichberechtigten Beteiligung der beiden deutschen Staaten.

3. KSZE: Eine Beschäftigung der 35 KSZE-Mitgliedstaaten mit den äußeren Aspekten der deutschen Einheit hätte endlose Debatten sowie die Gefahr einer weitgehenden Verschleppung von Entscheidungen bedeutet. Vor allem die USA lehnten diesen Rahmen deshalb ab. Aus Sicht Frankreichs und Großbritanniens bot die KSZE Möglichkeiten zur Verzögerung der deutsch-deutschen Annäherung. Zugleich wäre dabei aber ihre Sonderrolle als Hauptsiegermächte des Zweiten Weltkrieges und Teil der Vier Mächte untergegangen, was den statusbewußten Regierungen nicht recht sein konnte. Für

die Bundesregierung kam eine Verhandlung der deutschen Frage im Rahmen des Helsinki-Prozesses ebenfalls nicht in Betracht; Kohl und Genscher konnten sich lediglich eine abschließende Zustimmung beziehungsweise Zurkenntnisnahme der Einheit durch einen KSZE-Gipfel vorstellen.
4. »Alleingang« der beiden deutschen Staaten: Dieses Modell wurde in Bonn präferiert, fand bei den anderen Beteiligten allerdings keine Zustimmung. Die Vier Mächte hatten immer wieder deutlich gemacht, daß sie keinesfalls zum stillschweigenden Verzicht auf ihre besonderen Rechte und Verantwortlichkeiten bereit waren.

Insgesamt zeichnete sich also bereits sehr früh ab, daß letztlich sechs Staaten gleichberechtigt an der Diskussion der äußeren Aspekte der deutschen Einheit beteiligt werden mußten: die Bundesrepublik Deutschland, die DDR, Frankreich, Großbritannien, die USA und die Sowjetunion. Ende Januar galt es deshalb, in diesem Kreis einen konkreten und praktikablen Mechanismus zur Regelung der internationalen Dimension der Vereinigung zu finden.

Die Idee, einen Sechser-Mechanismus unter der Bezeichnung »Zwei-plus-Vier«-Gespräche zu installieren, stammt aus dem State Department.[27] In Washington war der Vorschlag nicht unumstritten, da sowohl Teile des Außenministeriums als auch die Mitarbeiter des Nationalen Sicherheitsrates befürchteten, daß der Sowjetunion dabei ein zu großes Mitspracherecht und Chancen für eine Obstruktionspolitik eingeräumt wurden. Dort hätte man deshalb – ähnlich wie im Bundeskanzleramt und im Auswärtigen Amt – einen ungeregelten Prozeß bevorzugt, in dessen Verlauf sukzessive Tatsachen geschaffen worden wären, die niemand mehr hätte in Zweifel ziehen können. Bakers engster Mitarbeiterstab setzte sich letztlich jedoch mit seinen Vorstellungen durch und stellte die »Zwei-plus-Vier«-Formel bereits am 29. Januar dem britischen Außenminister Douglas Hurd vor. Dieser stimmte zu, gab aber zu bedenken, daß sich niemand derzeit Gedanken über die Konsequenzen einer Vereinigung mache.[28]

Deutlich begeisterter als Hurd nahm vier Tage später Außenminister Hans-Dietrich Genscher die amerikanischen Vorschläge auf. Genscher traf am 2. Februar in Washington ein, um bei Baker für seine in Tutzing skizzierten Vorstellungen zur außen- und sicherheitspolitischen Einbettung des Vereinigungsprozesses zu werben.[29] Der US-Außenminister wiederum wollte die deutsche Zustimmung zu einer Sechserkonferenz zur Regelung der äußeren Aspekte der deutschen Frage gewinnen. In einer Vorabbesprechung hatten Genschers Büroleiter Frank Elbe sowie Bakers Mitarbeiter Robert Zoellick und Dennis Ross hierüber bereits eine prinzipielle Übereinstimmung erreicht: Die USA stimmten Genschers Vorstellungen zu, die NATO nicht weiter ostwärts auszudehnen, während das Auswärtige Amt den Sechser-Mechanismus unterstützte, dessen erklärtes Ziel die Herstellung der deutschen Einheit sein sollte. Als Genscher und sein Politischer Direktor Dieter Kastrup am 2. Februar in Washington landeten, wurden sie von Elbe auf der Fahrt ins State Department über diese

Ergebnisse informiert. Der damit rundum zufriedene Bundesaußenminister legte in seiner Begegnung mit Baker vor allem Wert darauf, daß der Sechser-Mechanismus nicht etwa »Vier-plus-Zwei« – also mit den Vier Mächten an erster Stelle –, sondern »Zwei-plus-Vier« heißen sollte. Damit wurde die Führungsrolle der beiden deutschen Staaten auf dem Weg zur Vereinigung betont, während der Eindruck eines zu starken Einflusses der Vier Mächte vermieden werden sollte.

Ein weiteres zentrales Ergebnis des Treffens war, daß Genscher die Bedingungen der USA für einen KSZE-Gipfel noch 1990 akzeptierte. Ein solcher Gipfel sollte nur dann stattfinden, wenn dort der Vertrag über die konventionelle Abrüstung in Europa (VKSE) unterschrieben werden konnte. So sahen es auch Brent Scowcroft und Horst Teltschik.[30] Der US-Sicherheitsberater und sein westdeutscher Counterpart, die sich am 3. Februar am Rande der Wehrkundetagung in München trafen, stimmten zudem darin überein, daß ein möglichst schneller Weg zur Vereinigung gesucht werden sollte. Teltschiks Bemühen ging vor allem dahin, eine gemeinsame deutschlandpolitische Initiative der Vier Mächte bereits im Vorfeld zu verhindern. Angesichts der jüngsten, positiven Nachrichten und Signale aus Moskau und Ost-Berlin waren sich NSC und Kanzleramt aber einig, daß statt dessen nun eine zügige Vereinigung der beiden deutschen Staaten möglich und notwendig war.

### Stellungswechsel in Ost-Berlin und Moskau

Während die Regierungen in Bonn und Washington seit Anfang des Jahres 1990 bereits über Verfahrensfragen einer möglichen Vereinigung nachdachten, beschäftigten sich die führenden Politiker in Ost-Berlin und Moskau zunächst noch immer mit der Frage, ob und wie die deutsche Einheit letztlich zu verhindern, zumindest aber zu verlangsamen war. In Ost-Berlin hatte Ministerpräsident Hans Modrow den Januar dazu genutzt, seine Vorstellungen der mit Bundeskanzler Kohl in der gemeinsamen Erklärung von Dresden verkündeten Vertragsgemeinschaft auszuarbeiten. Einen Entwurf hierfür, der nicht mit dem Runden Tisch in der DDR abgestimmt worden war, übergab Modrow am 25. Januar – ebenso wie ein Papier mit Wünschen zu Finanzhilfen aus der Bundesrepublik und Listen zu möglichen Industriekooperationen und joint ventures – an Kanzleramtsminister Rudolf Seiters.[31] Der Ministerpräsident zeichnete bei diesem Treffen ein düsteres Bild von der inneren Lage in seinem Land, wo die staatliche Autorität immer mehr verfalle. Er warb dringend um positive Signale aus der Bundesrepublik, ohne auf ein allzu großes Echo zu stoßen: Vor den Volkskammerwahlen würden derart weitreichende Regelungen keinesfalls zum Abschluß gebracht, erklärte Seiters, der vorbereitende Gespräche – im Einvernehmen mit der Opposition – jedoch nicht ausschloß. Die westdeutsche Delegation machte deutlich, daß die Bundesrepublik auf keinen

Fall Zahlungen in ein »dunkles Loch« leisten könne, also auf klare Zahlen und verläßliche ökonomische sowie rechtliche Rahmenbedingungen angewiesen sei. Zum Zusammenwachsen der beiden deutschen Staaten erklärte Modrow, dessen Vertragsentwurf eine Konföderation als Endziel der Entwicklung nannte, daß dieses eingebettet in die europäische Entwicklung vonstatten gehen müsse. Die UdSSR erwarte einen längeren Prozeß, bei dem die europäischen Probleme nicht durch die deutsche Frage forciert würden. Seiters stellte dem gegenüber, daß man den Menschen in der DDR die Herstellung der deutschen Einheit als eindeutige Perspektive aufzeigen müsse. Daß diese Einheit im europäischen Rahmen verwirklicht werden solle, habe man bereits häufig erklärt.

Diese kurze Sequenz aus dem deutsch-deutschen Spitzengespräch verdeutlicht zwei Dinge, die für den weiteren Verlauf der Entwicklungen von Bedeutung sind:

1. Modrow meinte mit der Einbettung der deutschen Frage in die europäische Entwicklung eindeutig die zeitliche und organisatorische Synchronisation mit der europäischen Integration. Er ging also von einem langen Zeitraum bis zum Endziel Konföderation aus. Seiters hingegen vertrat die Linie der Bundesregierung, die einerseits die Einheit als Endpunkt des Annäherungsprozesses sah, während sie andererseits von deren Verwirklichung im europäischen Rahmen sprach, was keinesfalls eine Parallelität mit der europäischen Einigung bedeutete.
2. Die hinhaltenden Reaktionen der westdeutschen Delegation führten Modrow vor Augen, daß er mit seinem aktuellen Vorschlag nichts erreichen konnte. Der DDR-Ministerpräsident hatte sich – in Abstimmung mit der UdSSR – mit dem Bekenntnis zum Ziel der Konföderation zwar eindeutig über seine bisherigen deutschlandpolitischen Positionen hinausbewegt. Dennoch blieb er hinter der weitergehenden Haltung der Bundesregierung zurück. Hinzu kam, daß er – anders als noch anläßlich des Besuches in Dresden – von Helmut Kohl nur noch als zweitrangiger Gesprächspartner gesehen wurde. Der Bundeskanzler hatte sich zwischenzeitlich von der Vorstellung der Vertragsgemeinschaft gelöst und wollte nunmehr schnelleren Wegen zur Vereinigung den Vorrang geben.[32]

Zu den zahlreichen innenpolitischen Aufgaben Modrows kam deshalb die Konzeption einer neuen deutschlandpolitischen Initiative hinzu.[33] In ihr wollte er das Ziel »Deutsche Einheit« explizit benennen, um so die Bundesregierung vielleicht doch noch zu einem schrittweisen Vorgehen mit der ersten Stufe einer Vertragsgemeinschaft zu gewinnen. Was Modrow im Rückblick als »konsequente Weiterentwicklung« seiner ursprünglichen Ideen verstand, bedeutete jedoch einen eindeutigen Wandel in der bisherigen Politik. Da Ost-Berlin alle deutschlandpolitischen Initiativen und Überlegungen mit der sowjetischen Staats- und Parteiführung abzustimmen pflegte, mußte für die neue Ausarbeitung ein kompletter Meinungswandel in Moskau herbeigeführt werden: Auch Gorbatschow sollte sich so eindeutig und konkret zur deutschen Einheit als Endziel der deutsch-deutschen Annäherungen bekennen.

## Schrittweise Anerkennung der Realitäten

Ebenso wie Modrow, der neben der Suche nach einem gangbaren Weg zur internationalen Einbettung der deutschen Frage vor allem mit innenpolitischen Problemen zu tun hatte, kämpfte auch Michail Gorbatschow Anfang 1990 an verschiedenen Fronten gleichzeitig. Zusätzlich zu den wirtschaftlichen Schwierigkeiten in der Sowjetunion, die sich immer stärker auf dem Gebiet der Versorgung der Bevölkerung mit Lebensmitteln zeigten, beschäftigte ihn der innerparteiliche Machtkampf zwischen Gegnern und Befürwortern seines Reformkurses. Hinzu kam die Verschärfung der Nationalitätenkonflikte im sowjetischen Riesenreich, vor allem im nach Unabhängigkeit strebenden Baltikum sowie in Aserbeidschan, wo bei der gewaltsamen Niederschlagung von Aufständen um den 20. Januar 1990 Hunderte von Menschen getötet worden waren.[34] In dieser Phase stärkster Belastung kamen nun noch die zunehmend pessimistischen Berichte zur wirtschaftlichen und politischen Lage in der DDR, die eine Beschäftigung mit diesem Thema ebenso unausweichlich machten wie Modrows Anfrage zwecks Koordinierung einer gemeinsamen Politik.

Ohne daß es zu konkreten Verlautbarungen führender sowjetischer Politiker gekommen wäre, änderte sich im Laufe des Januar die öffentliche Diskussion der deutschen Frage in den Moskauer Medien, während es zudem Signale des Umdenkens aus den wissenschaftlich-politikberatenden Instituten wie beispielsweise dem IMEMO (Institut für Weltwirtschaft und Internationale Beziehungen) oder von seiten der Berater aus dem Gorbatschow-Umfeld gab.[35] Persönliche Eindrücke von Mitgliedern der Bundesregierung bestätigten diesen vorsichtigen Positionswandel. In Abstimmung mit dem Kanzleramt und dem Auswärtigen Amt hielt sich beispielsweise Entwicklungshilfeminister Jürgen Warnke am 18./19. Januar in Moskau auf, wo er an einer Tagung zu Umwelt- und Entwicklungsproblemen teilnahm. Warnke konnte bei dieser Gelegenheit gegenüber Gorbatschow sowie dessen Beratern Sagladin und Falin noch einmal die deutsche Position zum Selbstbestimmungsrecht erläutern, ohne auf nachhaltigen Widerspruch zu stoßen.

Aufmerksam verfolgten Horst Teltschik und seine Mitarbeiter zudem die Aussagen in einem »sensationellen Interview« von Falins Mitarbeiter Portugalow, der bereits Mitte November 1989 mit seinem Besuch im Kanzleramt zu den Auslösern des Zehn-Punkte-Programms gehört hatte.[36] Erneut stieß Portugalow ohne Rücksprache oder Rückendeckung in der deutschen Frage vor, als er erklärte: »Wenn das Volk die Einheit will, kommt sie. Wir werden uns in keinem Fall gegen diese Entscheidung stellen, werden uns nicht einmischen.« In Verbindung mit weiteren Medienberichten ließ dieses Interview eines nachgeordneten Gorbatschow-Beraters in der Bundesrepublik endgültig den Eindruck entstehen, daß nun Bewegung in die Frage der deutschen Vereinigung kam. Allerdings konnte zu diesem Zeitpunkt in Bonn noch niemand wissen, wie weit der Meinungsbildungsprozeß in der Sowjetunion tatsächlich fortgeschritten war beziehungsweise welches konkrete Ergebnis an dessen Ende stehen würde – denn auch in Moskau wußte noch niemand eine zuverlässige Antwort auf diese Frage.

Gorbatschow gewann allerdings zusehends den Eindruck, daß eine Beschäftigung mit der deutschen Frage unausweichlich war, weswegen er einige enge außenpolitische Mitarbeiter Ende Januar zu einer Besprechung des Themas einlud.[37] Das Treffen wurde zu einem Schlüsselereignis bei der Neubestimmung der sowjetischen Deutschlandpolitik. Mehr als vier Stunden lang beriet die Runde das weitere Vorgehen gegenüber den innerdeutschen Entwicklungen, ausgehend von Gorbatschows Vorgabe, daß alles außer einem Militäreinsatz denkbar sein solle. Grundlage waren die neuesten Berichte der sowjetischen Geheimdienste über den stetigen Zerfall der DDR. Ohne daß es zu verbindlichen Entscheidungen kam, kristallisierten sich am Ende der teilweise heftigen Diskussion fünf Punkte heraus[38]:

1. Hans Modrow – und nach ihm der neue SED-PDS-Chef Gregor Gysi – sollten rasch zu Gesprächen nach Moskau eingeladen werden, um mit ihnen das weitere Vorgehen abzustimmen. Gorbatschow war sich dabei zwar der zunehmenden politischen Schwäche seiner Gesprächspartner bewußt, dennoch aber nicht bereit, die bisherigen Verbündeten gänzlich fallenzulassen.
2. Die Bundesrepublik sollte künftig Hauptansprechpartner der UdSSR in der deutschen Frage sein. Einer kurzen Debatte darüber, ob man sich, wie beispielsweise von Falin gefordert, eher an der SPD oder aber, wie von Schewardnadse, Tschernajew und anderen vorgeschlagen, an der Union orientieren sollte, folgte die Einigung, daß die künftige Politik am Bundeskanzler ausgerichtet werden sollte, ohne dabei die SPD zu ignorieren.
3. Zur weiteren internationalen Diskussion der deutschen Frage sollte eine »Sechsergruppe«, bestehend aus den Vier Mächten und den beiden deutschen Staaten, eingerichtet werden. Um die Entwicklung abbremsen zu können, sollte verstärkt mit den anderen zögerlichen Staaten – also Frankreich und Großbritannien – zusammengearbeitet werden. Gorbatschow kündigte an, bei Bedarf zur Abstimmung einer gemeinsamen Position auch selbst kurzfristig nach London und Paris fliegen zu wollen. Von einer direkten Ausübung der Vier-Mächte-Rechte war ebensowenig die Rede wie von einer Friedenskonferenz oder der früheren Idee eines KSZE-Gipfels zur Diskussion der deutsch-deutschen Annäherung.
4. Gorbatschows Militärberater Achromejew erhielt den Auftrag, einen Abzug der sowjetischen Truppen aus der DDR vorzubereiten. Der Generalsekretär sah darin weniger ein außenpolitisches als vielmehr ein innenpolitisches Problem, da es galt, die Unterbringung von Hunderttausenden Heimkehrern zu organisieren.
5. Während Schewardnadse und Gorbatschow sich in der Bündnis-Frage noch keine abschließende Meinung gebildet hatten, dachten die engsten Berater des Generalsekretärs, Tschernajew und Schachnasarow, bereits an das »Un-

denkbare«. Sie schlossen auch die NATO-Mitgliedschaft eines vereinten Deutschlands nicht mehr aus und standen damit in krassem Gegensatz zu den Hardlinern um Falin, der sich solchen Überlegungen entschieden widersetzte.[39]

Gorbatschows Haltung zur deutschen Frage war Ende Januar also weiter unentschlossen, als Hans Modrow am Abend des 29. Januar nach Moskau kam, um dort am nächsten Tag seinen neuen Plan zur Annäherung der beiden deutschen Staaten mit dem wichtigsten Verbündeten der DDR abzustimmen. Im Flugzeug brachten der Ministerpräsident – der am selben Tag vor der Volkskammer die Vorverlegung des Wahltermins auf den 18. März angekündigt und damit einen weiteren Beweis für die Schwäche seiner Regierung geliefert hatte – und seine Begleiter letzte Änderungen am Text der deutschlandpolitischen Initiative an, der in der Nacht ins Russische übersetzt wurde.

## *»Deutschland einig Vaterland«*

Noch bevor Gorbatschow und Modrow sich am Morgen des 30. Januar im Kreml gemeinsam mit einigen engen Mitarbeitern zusammensetzten, gab es die erste Überraschung.[40] Der sowjetische Generalsekretär, der vorab von den neuen DDR-Plänen über seinen Botschafter in der DDR informiert worden war, wollte offensichtlich nicht als passiver Berichtsempfänger erscheinen und gab beim Fototermin mit ausländischen Journalisten bereits seine Grundposition bekannt: Zwischen den Vier Mächten und den Vertretern der beiden deutschen Staaten gebe es ein »gewisses Einverständnis darüber, daß die Vereinigung der Deutschen niemals und von niemandem prinzipiell in Zweifel gezogen wurde«. Im Augenblick seien die Dinge in einer beschleunigten Entwicklung, über die es nachzudenken gelte. Gorbatschow ging auf seine bisherige Position ein, wonach die Entstehung der beiden deutschen Staaten durch die Geschichte begründet worden sei, die nun »bereits ihre Korrekturen einbringt«. Zugleich erinnerte er an die Rechte der Vier Mächte und den gesamteuropäischen Prozeß, die es zu berücksichtigen gelte. »Auf der Straße« sei die deutsche Frage deshalb nicht zu lösen, so seine Warnung, mit der er sich ebenso an die DDR-Bevölkerung wie die Bundesregierung richtete, die mit ihrer Politik offensichtlich auf den wachsenden innenpolitischen Druck in Ostdeutschland setzte.

Gorbatschows Bekenntnis zum uneingeschränkten Selbstbestimmungsrecht der Deutschen, das von sowjetischen Medien nicht weiterverbreitet wurde, bestimmte andertags die Berichterstattung im Westen.[41] Dies verdeckte aber teilweise den Blick auf die Ergebnisse und den Verlauf seines Treffens mit Modrow. Der Generalsekretär ging offensichtlich davon aus, daß die Ost-SPD als stärkste Partei aus den Volkskammerwahlen hervorgehen und sich zugleich eine Mehrheit für den Fortbestand der DDR aussprechen würde. Seinem ostdeutschen Gesprächspartner fiel auf, wie wenig Interesse und Kompetenz Gorbatschow bei den für die DDR überlebenswichtigen Wirtschaftsfragen zeigte, die er stets an seinen Ministerpräsidenten Rhyshkow weiterverwies. Modrow gab sich alle Mühe, die Dramatik der Situation in der DDR aufzuzeigen. Ein ungeschönter Bericht zur ökonomischen Situation gehörte dazu ebenso wie die Schilderung der Stimmungslage in der Bevölkerung. Eine wachsende Mehrheit fordere die Wiedervereinigung. Sollten er und Gorbatschow nun nicht die Initiative ergreifen, würden sie jeglichen Einfluß auf den ohnehin nicht mehr aufzuhaltenden Prozeß verlieren.

Nicht zuletzt angesichts dieser Lageanalyse und vor dem Hintergrund seiner internen Besprechung wenige Tage zuvor stimmte Gorbatschow der DDR-Vorlage zu. Allerdings hielt er nicht mit seinen Zweifeln hinterm Berg und schlug einige inhaltliche und verfahrenstechnische Änderungen vor[42]: Erstens sollte Modrow seinen Plan um die Forderung nach Austritt der Bundesrepublik aus der NATO und einer späteren Neutralität Deutschlands erweitern. Der Ministerpräsident ging auf die Forderung ein. Er machte später aber, ebenso wie DDR-Diplomaten gegenüber dem Auswärtigen Amt, keinen Hehl daraus, daß er diesen Punkt für verhandelbar hielt, worin er Unterstützung aus der sowjetischen Botschaft in Ost-Berlin erfuhr.[43] Zweitens sollte er vor dessen Bekanntgabe seinen Plan noch einmal grundsätzlich überdenken sowie – was bislang noch nicht geschehen war – mit seiner eigenen Partei, den anderen Regierungsparteien und eventuell den Sozialdemokraten in der DDR abstimmen. Gorbatschow wollte den Plan auch nicht gemeinsam mit Modrow der Presse vorstellen, womit er dem Vorhaben bereits einen Teil des Rückhaltes entzog. Modrow unterließ daraufhin zwar die ursprünglich noch in Moskau vorgesehene offizielle Bekanntgabe, machte dort aber bereits weitgehende Andeutungen und stellte sein Konzept schließlich zwei Tage später ohne weitere Absprachen mit möglichen innenpolitischen Verbündeten in Ost-Berlin vor.

Während der DDR-Ministerpräsident auf seiner anschließenden Pressekonferenz in Moskau die positiven Grundtendenzen des Gesprächs mit Gorbatschow betonte und dabei vor allem auf dessen Erklärung zur langfristigen »Perspektive einer Einheit« einging, machte die sowjetische Seite in der Öffentlichkeit ihre Distanz deutlich.[44] Dabei wurde offensichtlich, daß die Führung der UdSSR ihre Haltung zur deutschen Frage noch nicht festgelegt hatte, was sie so auch dem Bundeskanzler ausrichten ließ: Der sowjetische Botschafter in Bonn, Julij Kwizinskij, las Kohls Mitarbeiter Horst Teltschik am 31. Januar persönlich den Text der offiziellen Meldung der Nachrichtenagentur TASS vor, in der lediglich vom »Verständnis« der Sowjetunion für die legitimen Interessen der beiden deutschen Staaten die Rede war. Die Anerkennung des deutschen Selbstbestimmungsrechtes war in den Berichten der sowjetischen Medien nicht zu finden, dafür aber eine deutliche Warnung an die Bundesrepublik vor dem »Eindringen in das Leben eines souveränen Staates«.

Das Treffen Gorbatschow – Modrow und seine Ergebnisse steckten den aktuellen politischen Handlungsspielraum ab:

– Gorbatschow wußte noch immer nicht, welche Politik er gegenüber der deutsch-deutschen Annäherung einschlagen sollte. Deutlich wurde aber, daß Modrow und dessen Regierung nicht mehr seine Wunschpartner waren.
– Modrows Konzept »Für Deutschland, einig Vaterland« schlug einen Stufenplan auf dem Weg zur Einheit vor, wie er ursprünglich in Kohls Zehn-Punkte-Programm zu finden gewesen war. Während der Bundeskanzler mittlerweile jedoch seine Strategie geändert hatte, ging der DDR-Ministerpräsident weiterhin von einer längeren zeitlichen Perspektive aus.
– Der Plan wurde von Gorbatschow dennoch als zu weitgehend eingeschätzt. Angesichts der von seinen engsten Mitarbeitern gestützten schonungslosen Darstellung der Lage in der DDR hatte der Generalsekretär der Veröffentlichung des Planes zugestimmt, doch verlangte er die Verschärfung einzelner Punkte sowie eine Abstimmung mit den Parteien in der DDR.[45]

Insgesamt war Gorbatschows Resonanz auf den keinesfalls revolutionären Plan Modrows somit sehr zurückhaltend. Mit seiner Erklärung vor dem Gespräch hatte der Generalsekretär zwar angedeutet, daß derzeit noch alles im Fluß sei, die offiziellen Nachberichte fielen aber negativ aus.

### *Helmut Kohl zeigt sich ermutigt*

Obwohl alle offiziellen Erklärungen der Sowjetunion zum Ergebnis des Treffens Modrow – Gorbatschow einen ablehnenden Grundton besaßen, reagierte der Bundeskanzler optimistisch auf die inoffiziellen Äußerungen des Generalsekretärs[46]: Diese seien sehr ermutigend, und auch Modrow habe nun seine Position verändert, so sein Kommentar im Rahmen einer längeren Erklärung in der Sitzung des Bundeskabinetts vom 31. Januar. Laut Gorbatschow sei die deutsche Frage in eine europäische Lösung einzubetten, wobei die Sicherheitsinteressen der benachbarten Länder berücksichtigt werden müßten. Ähnlich zuversichtlich wurden die Zitate des Generalsekretärs auch im Auswärtigen Amt interpretiert, wo interne Analysen von einem klaren und uneingeschränkten Bekenntnis zur deutschen Einheit sprachen, das den Weg zu konkreten Gesprächen frei mache. Dieser – durch die Faktenlage kaum begründete – Optimismus wurde verstärkt, als Botschafter Kwizinskij dem Bundeskanzler zwei Tage später eine kurze, zuvor bereits angekündigte persönliche Botschaft Gorbatschows überbrachte.[47] Der Generalsekretär wolle sich damit unmittelbar im Anschluß an sein Gespräch mit Modrow an Kohl wenden, so der Auftakt des Schreibens. Modrow habe einige interessante Ideen und Gedanken über die Annäherung der beiden deutschen Staaten und deren künftige Beziehungen vorgelegt. Auch der UdSSR erscheine es als der realistischste und praktischste Weg, eine Vertragsgemeinschaft als Etappe auf dem Weg zur Konföderation der beiden deutschen Staaten zu schaffen. Ein entsprechendes Dokument sollte schnellstmöglich unterzeichnet werden, da so »unvorhersehbare Momente« in der Entwicklung vermieden würden und die Stabilität in Europa gewahrt bleibe. Gorbatschow bezog sich auf das bevorstehende Treffen des Kanzlers mit Modrow beim Weltwirtschaftsgipfel in Davos, vor welchem er diese Position dem Kanzler nahebringen wollte. Zum Schluß des vertraulichen Schreibens erfolgte endlich die von Kohl seit Dezember erhoffte Einladung zum direkten Gespräch: Der Kanzler könne doch am 9. Februar zu einem Arbeitstreffen, »inoffiziell und frei von Protokoll«, nach Moskau kommen.

Auch nach Modrows Besuch in Moskau hatte Gorbatschow sich also noch nicht auf eine endgültige Position zur deutschen Frage festgelegt. Der Brief an den Bundeskanzler dokumentierte sein Bestreben, den innerdeutschen Prozeß stark zu verlangsamen: Die Unterzeichnung des so dringend eingeforderten Dokuments zur Vertragsgemeinschaft wäre dem entgegengekommen, da es den Einstieg in das von Kohl bereits bei der Vorstellung seines Zehn-Punkte-Programms Ende November 1989 skizzierte Stufenmodell auf dem Weg zur Vereinigung bedeutet hätte. Zwei Monate später war der Generalsekretär also ebenfalls an dem Punkt angelangt, der eine mehrjährige Perspektive bis zur Vollendung der Einheit eröffnet hätte. Kohl war über dieses Planungsstadium jedoch bereits hinaus, wie auch sein Gespräch mit Ministerpräsident Modrow am 3. Februar in Davos zeigte.[48] Der Bundeskanzler war nicht mehr bereit, über sein früheres Stufenmodell zu diskutieren. Auf entsprechende Vorstöße Modrows ging er in dem überwiegend von innerdeutschen Themen bestimmten einstündigen Gespräch ebensowenig ein wie auf die mehrfache Aufforderung zur Finanzhilfe an die DDR. Statt dessen skizzierte Kohl kurz einige Gedanken zur außenpolitischen Regelung der deutschen Frage: Wenn man mit den Vier Mächten über die deutsche Einheit sprechen wolle, dann dürften diese Deutschland nicht als ein »Protektorat« ansehen. Premierministerin Thatcher habe dies anscheinend noch nicht verstanden, während François Mitterrand eine andere Haltung einnehme und sich klar für das Selbstbestimmungsrecht der Deutschen ausgesprochen habe. Der französische Präsident habe ihm auch seine Unterstützung zugesagt.

Wenige Tage vor dem geplanten Treffen Kohls mit Gorbatschow in Moskau bot sich ein Gemengelage bestehend aus Fakten, die der Bundesregierung bekannt waren, und Fragen, über die in Moskau nachgedacht worden war, ohne daß das Ausland hiervon wußte.[49] Bekannt war,
- daß Gorbatschow über die Frage der deutschen Einheit reflektierte, ohne bislang eine endgültige Entscheidung gefällt zu haben;
- daß die innerdeutschen Entwicklungen aus sowjetischer Sicht zu schnell und unkontrolliert vorangingen, weswegen Gorbatschow in seinem jüngsten Brief an Kohl den langsameren Annäherungsweg über die Vertragsgemeinschaft zu forcieren versucht hatte;
- daß die Sowjetunion immer stärker auf wirtschaftliche Hilfe aus dem Westen – und hier vor allem der Bundesrepublik – angewiesen war;
- daß in der sowjetischen Politik ganz offensichtlich die »Weisung von oben« bestand, bevorzugt mit der Bundesregierung zusammenzuarbeiten.

Demgegenüber wußte man in Bonn noch nicht,
- daß in Moskau bereits konkret über einen Sechser-Mechanismus zur Regelung der deutschen Frage nachgedacht wurde;
- daß Gorbatschow den Auftrag zu Rückzugsplanungen für die sowjetischen Truppen in der DDR gegeben hatte;
- daß Modrow nicht mehr der zentrale Ansprechpartner der Sowjets in deutschlandpolitischen Fragen war;
- wie sich die drei deutschlandpolitischen Lager in Moskau im Detail zusammensetzten, nämlich aus einem vereinigungsfreundlichen Beraterkreis um Gorbatschow auf der einen Seite, einem zögerlichen Generalsekretär samt einem im Bewußtsein um die außenpolitischen Komplikationen zurückhaltenden Außenminister Schewardnadse in der Mitte sowie einer Hardliner-Fraktion um Falin, Bondarenko und Kwizinskij auf der Gegenseite.

Die Einladung Gorbatschows an Kohl ließ also grundsätzlich Hoffnung auf eine Annäherung der beiderseitigen Standpunkte zu, wie der Bundeskanzler in der Sitzung des Bundeskabinetts am 7. Februar versicherte.[50] Deutlicher als je zuvor sprach Kohl von seinem Optimismus in Sachen deutsche Einheit: Auch in der DDR werde es zu einer Entwicklung kommen, die zur Vereinigung der beiden deutschen Staaten führen werde. Der enorme Vertrauensverlust der Regierung Modrow sei ebensowenig zu übersehen wie die Dramatik der aktuellen Entwicklungen. Bei einem »Ja« der DDR werde es zunächst zu einer Übergangslösung kommen, in der sich die Bundesrepublik auch finanziell engagieren müsse. Nachdem Finanzminister Theo Waigel verschiedene Modelle zur Währungsunion mit der DDR vorgestellt und dabei die Einführung der D-Mark in Ostdeutschland als den einzig gangbaren Weg bezeichnet hatte, versicherte Bundesbankpräsident Karl Otto Pöhl, daß es bei diesem Thema keine unterschiedlichen Auffassungen zwischen seinem Institut und der Bundesregierung gebe.[51] Es sei wichtig, nun die richtigen Schritte einzuleiten und damit der Bevölkerung in der DDR Signale der Hoffnung zu geben, betonte Kohl wiederum. Er kündigte zugleich an, daß das Thema deutsche Einheit von jetzt ab ein ständiger Punkt auf der Tagesordnung des Kabinetts sein werde.

Die Minister beschlossen in ihrer Sitzung zudem, einen Kabinettausschuß »Deutsche Einheit« unter Vorsitz des Bundeskanzlers zu installieren.[52] Zur Vorbereitung des ersten Treffens der Untergruppe »Außen- und Sicherheitspolitik« hatten sich Vertreter der Ministerien bereits am 5. Februar erstmals zur Erarbeitung eines Themenkatalogs getroffen. Im Verlauf der vom Politischen Direktor des AA, Kastrup, geleiteten Abteilungsleiter-Sitzung hatten sich zu verschiedenen Punkten bereits unterschiedliche Positionen herauskristallisiert. So befürwortete der BMB-Vertreter Burkhard Dobiey bereits eine Vereinigung nach Artikel 23 des Grundgesetzes, was bei den Mitarbeitern des Kanzleramtes und des Auswärtigen Amtes wegen der notwendigen außenpolitischen Rücksichtnahmen noch auf Widerspruch stieß.[53] Einigkeit herrschte darüber, daß weder ein Friedensvertrag noch eine Vier-Mächte-Konferenz über Deutschland die Lösung der Probleme sein konnte. Die letztlich nie erfolgte Klärung der Formel »fortbestehende Rechte und Verantwortlichkeiten der Vier Mächte in bezug auf Berlin und Deutschland als Ganzes« komme deutschen Interessen entgegen, weswegen hieran nicht gerüttelt werden sollte. Für die künftige Themenliste wurden übereinstimmend die Punkte »Europapolitik«, »Sicherheitspolitische Fragen«, »Rechte und Verantwortlichkeiten der Vier Mächte«, »KSZE-Prozeß«, »Zusammenarbeit mit einer demokratisch gewählten DDR-Regierung« sowie »Abrüstung und Rüstungskontrolle« benannt. Dieter Kastrup ließ »durchblicken«, daß das Auswärtige Amt sich »in einem bestimmten Stadium« eine Einladung der beiden deutschen Staaten an die Vier Mächte zu einer »Sechserkonferenz« vorstellen konnte, umgekehrt aber eine Einladung der Vier an die Bundesrepublik und die DDR für »nicht akzeptabel« hielt.[54]

Während all diese Punkte in Bonn – wenngleich noch sehr theoretisch und hypothetisch – diskutiert wurden, herrschte über die konkrete Position der Sowjetunion noch Unklarheit. Solange es aus Moskau keine eindeutigen Hinweise gab, mußten die weiteren Entwicklungen in der deutschen Frage offenbleiben.

## Gorbatschow empfängt Kohl: »Nichts ohne Sie!«

Als Helmut Kohl an der Spitze einer deutschen Regierungsdelegation am 10. Februar zum »vermutlich bedeutsamsten Auslandsbesuch seines Lebens« in Moskau eintraf, war noch keinem der Beteiligten klar, welche Ergebnisse die Gespräche bringen würden.[55] Die Erwartungshaltung war allerdings enorm, konnte der Besuch nach internen Einschätzungen im Erfolgsfall doch »den historischen Rang des Erstbesuches von Bundeskanzler Konrad Adenauer 1955 haben«. Der Bundeskanzler hatte allerdings Grund zum Optimismus und eine gute Ausgangsposition. Zum einen hatten die jüngsten Äußerungen der sowjetischen Staatsführung – nicht zuletzt anläßlich Modrows Moskauaufenthalt wenige Tage zuvor – ein Umdenken in der deutschen Frage angedeutet. Zum zweiten wußte Kohl mittlerweile die westlichen Verbündeten weitgehend hinter sich: Britische und französische Regierungspolitiker hatten vor seiner Abreise öffentlich erklärt, die Einheit sei wahrscheinlich geworden und in greifbare Nähe gerückt, während die USA – deren positive Einstellung zur Wiedervereinigung bekannt war – dem Kanzler mit wichtigen Briefen massiv den Rücken stärkten.

### *Massive Unterstützung aus Washington*

Die beiden ersten Schreiben stammten von US-Präsident George Bush und waren bereits am Tag vor der Abreise Kohls in Bonn eingetroffen.[56] Bush, dem von seinen Mitarbeitern zwei völlig unterschiedliche Briefentwürfe vorgelegt worden waren, hatte sich für die ebenso persönliche wie nachdrückliche Unterstützung des Kanzlers entschieden. Neben einer privaten Botschaft mit warmen Dankesworten für die vertrauensvolle Zusammenarbeit, den persönlichen Beistand und kleinere Geschenke des Kanzlers sowie Grüßen an Kohls Ehefrau Hannelore sandte der Präsident deshalb noch einen detaillierten Brief mit den wichtigsten gemeinsamen Positionen. Bush ging darin zum einen auf die Frage der Vier-Mächte-Rechte ein: Diese stammten aus einer Zeit, als es Ziel der Alliierten gewesen sei, einen friedlichen, demokratischen deutschen Staat zu schaffen. Dies sei erreicht worden, denn niemand zweifle an der »Stärke und Lebenskraft der demokratischen Institutionen der Bundesrepublik«. Egal wie die besonderen Rechte und Verantwortlichkeiten der Vier Mächte aussähen, die USA würden nichts tun, was das Selbstbestimmungsrecht der deutschen Nation in Zweifel zöge. Seine Regierung werde auch nicht zulassen, daß die Sowjetunion den Vier-Mächte-Mechanismus zur Bestimmung des Tempos beziehungsweise des Ergebnisses der deutschen Vereinigungsbemühungen einsetzten.

Dieser unmißverständlichen Garantie des Selbstbestimmungsrechtes folgte eine detaillierte Standortbestimmung zur Frage der Bündniszugehörigkeit eines vereinten Deutschlands. Er freue sich, so Bush, daß Kohl als Reaktion auf Modrows Deutschland-Plan den darin enthaltenen Vorschlag eines neutralen Staates abgelehnt und die Zugehörigkeit zum westlichen Bündnis betont habe. Gewiß stimme der Kanzler ihm zu, daß diese Mitgliedschaft in einer sich wieder stärker politischen Aufgaben zuwendenden NATO die Stationierung amerikanischer Truppen auf deutschem Boden sowie zu deren Schutz eine glaubwürdige atomare Bewaffnung erfordere. Bei der Formulierung des künftigen Status des DDR-Gebietes griff Bush auf eine von NATO-Generalsekretär Manfred Wörner wenige Tage zuvor erstmals verwendete Formulierung zurück: Ostdeutschland könne einen »besonderen militärischen Status« erhalten. Da die US-Administration von einem weitgehenden, vielleicht sogar kompletten Abzug sowjetischer Truppen aus den Staaten Mittel- und Osteuropas ausgehe, könne dieser Status so aussehen, daß die Verteidigungspflichten der NATO für ganz Deutschland gelten würden.

Das dritte unterstützende Schreiben der US-Regierung stammte von Außenminister James Baker, der bereits am 7. Februar zu ausführlichen Gesprächen mit der sowjetischen Führung nach Moskau gekommen war und nach einem umfangreichen Besuchsprogramm unmittelbar nach Ankunft des Kanzlers die Sowjetunion wieder verließ. Da sich die beiden Delegationen nicht direkt trafen, wurde der mit Präsident Bush und dem Nationalen Sicherheitsrat (NSC) abgestimmte Brief Bakers dem deutschen Botschafter in Moskau, Klaus Blech, übergeben. Dieser wiederum gab ihn unmittelbar nach dem Eintreffen des Kanzlers auf dem Flughafen an Horst Teltschik weiter.[57] Baker gab darin eine sehr vorsichtige und zurückhaltende Zusammenfassung und Bewertung seiner Gespräche mit Schewardnadse und Gorbatschow ab, die dennoch Anlaß zu Optimismus in der deutschen Delegation boten: Es werde den Kanzler nicht überraschen, daß die Sowjets Bedenken hätten, doch würden sie mittlerweile akzeptieren, daß die Vereinigung unausweichlich sei. Ihre derzeitigen Hauptsorgen zielten auf,
– die Einheit als Auslöser von Unsicherheit und Instabilität in Europa;
– die Zuverlässigkeit der deutschen Einstellung hinsichtlich der aktuellen Grenzen – Gorbatschow und Schewardnadse hätten sich hierbei auf das Urteil des Bundesverfassungsgerichts bezogen;
– die möglichen Auswirkungen der Vereinigung auf eine künftige deutsche Führung, da aktuelle Aussagen und Zusicherungen der Regierung keine Garantie für die späteren Handlungen eines vereinten Deutschland seien;
– das Problem, wie der Vereinigungsprozeß gehandhabt und dabei Rücksicht auf die europäische Sicherheit genommen werden könne. Die Geschichte habe die UdSSR gelehrt, bei einem derartigen Prozeß nicht nur passiver Beobachter zu sein.

Baker schrieb weiter, er habe seinen Gesprächspartnern erklärt, daß die Bundesregierung diese Bedenken berücksichtige, daß letztlich aber niemand anders als die Deutschen selbst über deren Schicksal entscheiden könne. Die Vereinigung sei unausweichlich, und er erwarte, daß die internen Aspekte nach den DDR-Wahlen vom 18. März noch schneller vorangehen würden. Diese innerdeutschen Fragen seien ausschließlich eine Sache der Deutschen. Anders verhalte es sich bei der Frage nach den äußeren Aspekten, bei denen es wichtig sei, die Sicherheitsbedürfnisse der übrigen Staaten zu berücksichtigen. Um dies zu gewährleisten, gelte es, einen Rahmen beziehungsweise Mechanismus zur Behandlung dieser Fragen zu finden. Die Vier-Mächte-Rechte kämen hierfür nicht in Frage, da die Deutschen dies nie akzeptieren würden. Die KSZE sei hingegen zu schwerfällig, könne aber am Ende sehr wohl den Rahmen bieten, um die Ergebnisse des Vereinigungsprozesses abzusegnen. Er habe deshalb vorgeschlagen, so Baker weiter, ein »Zwei-plus-Vier«-Arrangement zu treffen, welches die beiden deutschen Staaten und die Vier Mächte umfasse. Ein solcher Mechanismus könne allerdings erst nach den Volkskammerwahlen vom 18. März in Gang gesetzt werden, nachdem der Prozeß der inneren Vereinigung begonnen habe und die Deutschen ihr Einverständnis hierzu gegeben hätten. Er habe hinzugefügt, daß er diese Idee bislang erst mit Genscher – der die Sache für überlegenswert gehalten habe –, nicht aber dem Bundeskanzler diskutiert habe. Dieser wisse allerdings bereits von seinem Vorschlag. Gorbatschow habe die »Zwei-plus-Vier«-Idee für »zur Situation passend« gehalten, sich aber noch nicht festgelegt. Er werde wohl gegenüber Kohl in irgendeiner Weise darauf zurückkommen, und es wäre sehr wichtig, wenn Baker über diese Reaktion unterrichtet werden könnte.[58]

Interessant, so resümierte der US-Außenminister weiter, sei auch Gorbatschows Haltung hinsichtlich der NATO-Mitgliedschaft Deutschlands gewesen. Er, Baker, habe geschildert, daß die Bundesregierung die NATO-Mitgliedschaft eines vereinten Deutschlands einer Neutralität eindeutig vorziehe. Die USA unterstützten dies und würden es begrüßen, wenn die UdSSR sich einem solchen Ergebnis nicht widersetzen würde. Ein so großes und wirtschaftlich bedeutsames Land könne kaum ein neutraler Staat sein. Er habe Gorbatschow gefragt, was ihm denn lieber sei: Ein vereintes Deutschland außerhalb der NATO, unabhängig und mit keinerlei US-Truppen auf seinem Gebiet, oder einen mit der NATO verbundenen Staat und die Zusicherung, daß die NATO-Zuständigkeit (»jurisdiction«) nicht einen Inch weiter als bislang nach Osten ausgedehnt würde. Der Generalsekretär habe erklärt, die sowjetische Führung denke intensiv über all diese Möglichkeiten nach und werde sich in einer Art Seminar mit dem Thema befassen. Sicher sei jedoch, daß jegliche Ausdehnung der NATO für die UdSSR inakzeptabel sei – woraus die US-Seite wiederum den Schluß ziehe, daß eine NATO-Mitgliedschaft auf dem bisherigen Gebiet akzeptabel sei. Kurz gesagt: Gorbatschow habe Bedenken, sei aber nicht verschlossen. Er sei offensichtlich willens, einen Weg mitzugehen, der ihm innenpolitischen Schutz und Begründungen für sein Handeln biete. Ein solcher Weg, so Baker, könne eine Kombination aus dem »Zwei-plus-Vier«-Mechanismus und dem weiteren KSZE-Rahmen sein. Es sei jedoch noch zu früh, dies endgültig zu entscheiden.

Bakers Brief gab der deutschen Delegation Grund zum Optimismus, zumal sie über zwei mögliche Problemfelder nicht informiert worden war. Zum einen hatte die US-Delegation feststellen müssen, daß eigentlich nur Gorbatschow in der deutschen Frage eine gewisse Flexibilität gezeigt hatte, während die sonstigen Gesprächspartner, darunter auch Schewardnadse, sich weiterhin starr verhalten hätten.[59] Zum anderen – und das war Baker zu diesem Zeitpunkt selbst noch nicht bekannt – hatten Analysen des NSC in Washington zu einer Neubewertung der »Tutzing-Formel« geführt, die der US-Außenminister auch gegenüber Gorbatschow noch benutzt hatte: Wollte man das gesamte Gebiet eines vereinten Deutschland unter den militärischen Schirm der NATO stellen, so mußten die in Artikel 5 und 6 des Nordatlantikvertrages geregelten Schutz- und Verteidigungsgarantien ausdrücklich auch für das Territorium der jetzigen DDR gelten. Dies bedeutete, daß das NATO-Gebiet nach Osten ausgedehnt werden mußte. Dabei sollte Ostdeutschland keinesfalls vollständig entmilitarisiert werden, sondern – so die NSC-Formulierung – einen »besonderen militärischen Status« innerhalb der NATO erhalten. Als Baker von dieser neuen Linie erfuhr, war sein Brief an Kohl bereits abgesandt; in seiner anschließenden Moskauer Pressekonferenz wechselte der US-Außenminister allerdings sofort auf die neuen Vorgaben aus Washington über, die nicht mehr identisch mit der »Tutzing-Formel« Genschers waren.

## *Gorbatschow gibt den Weg frei*

Als Helmut Kohl am Nachmittag des 10. Februar im Kreml mit Gorbatschow zusammentraf, konnte er sich also der uneingeschränkten Rückendeckung durch die USA sicher sein. Gemeinsam mit Hans-Dietrich Genscher hatte der Kanzler auf dem Flug von Bonn nach Moskau bereits eine Taktik für ihre Begegnungen mit dem sowjetischen Präsidenten und dessen Außenminister festgelegt, die Bakers Hinweise auf die Unausweichlichkeit der Vereinigung voll in Rechnung stellte: Beide wollten die sich zuspitzende Lage in der DDR in den Mittelpunkt ihrer Argumentation stellen.[60]

Gorbatschow, der kühl, aber bei weitem nicht so feindlich wie anläßlich seines Zusammentreffens mit Genscher am 5. Dezember 1989 wirkte, eröffnete das »Vier-Augen«-Gespräch mit einem Verweis auf die Bedeutung persönlicher Kontakte in einer so dynamischen Zeit.[61] Vor einiger Zeit habe man noch geglaubt, alles schwebe in den Wolken, doch nun sei alles sehr aktuell. Der Kanzler berichtete von der großen Sympathie, die Gorbatschow und seine Reformpolitik in der Bundesrepublik genössen. Es habe deshalb auch sehr viel Hilfe für die Lebensmittelaktion zur Unterstützung der UdSSR gegeben. Gorbatschow dankte Kohl für diese Lieferung, die ein Zeichen offener Solidarität gewesen sei und dabei nicht nur eine reine Aktion, sondern eine politische Geste. Wie geplant, ging der Kanzler danach auf die Lage in der DDR ein, deren dramatische Entwicklung niemand vorhergesehen habe. Für die Zukunft sehe er zwei Schienen: erstens die Zusammenarbeit der Deutschen und zweitens den internationalen Rahmen, die Einbeziehung der Nachbarn, ihre Interessen – insbesondere die der Sowjetunion –, die Fragen der Sicherheit und der europäischen Einbettung. Beide Schienen gehörten zusammen, doch wolle er zunächst auf die deutschen Probleme eingehen. Anders als bei Krenz habe er bei Modrow, den er für einen aufrichtigen Mann halte, anläßlich der Begegnung im Dezember in Dresden gedacht, daß dieser die Lage in den Griff bekomme. Um die Jahreswende sei die Situation zwar auch schwierig, doch stabil gewesen. Danach sei es jedoch innerhalb von 14 Tagen zu einem Einbruch gekommen, so daß seit Mitte Januar die Staatsautorität der DDR zusammengebrochen sei. Für diese Situation gebe es keine andere Bezeichnung, die Wirkungen seien katastrophal. Kohl verwies auf die wieder ansteigenden Übersiedlerzahlen: Allein im Februar würden wohl 65 000 bis 70 000 Menschen aus der DDR in die Bundesrepublik kommen.

Kohl berichtete dem aufmerksam zuhörenden, doch sichtlich entspannten Gorbatschow von seiner Begegnung mit Modrow in Davos. Dieser habe ihm berichtet, daß die staatliche Autorität vor dem Zusammenbruch stehe, wofür der Kanzler etliche Beispiele aus dem Alltag der DDR anführte. Zugleich wies er den Generalsekretär darauf hin, daß es dennoch zu keiner Radikalisierung der Stimmung komme. Es gebe zwar Demonstrationen mit bis zu 500 000 Teilnehmern, doch verliefen diese friedlich. Die Menschen würden ihre Hoffnungen auf die Bundesrepublik richten, und diese Hoffnungen dürften nicht enttäuscht werden, da sonst die bislang nur in Gerüchten existierende Radikalisierung drohe. Gorbatschow könne sich sicherlich vorstellen, was das bedeuten würde, so Kohl, der zugleich auf die rund 400 000 in der DDR stationierten sowjetischen Soldaten mit ihren Angehörigen verwies. Es sei die Pflicht Gorbatschows, sich auch für diese Menschen einzusetzen. Zu den bevorstehenden Wahlen wolle er eine Prognose abgeben: Da in der DDR jetzt keine Partei mehr die Einheit ablehne, werde das neue Parlament, unabhängig vom Ausgang der Wahl, sich für die Einheit aussprechen. In diesem Fall komme es darauf an, vernünftig zu reagieren, weswegen er jetzt bereits den Vorschlag einer Währungsunion und einer Wirtschaftsgemeinschaft gemacht habe [62], um die Wirtschaft der DDR möglichst schnell wieder auf die Beine zu stellen und so die Übersiedlerzahlen zu senken. Dieser Vorschlag bringe in der Bundesrepublik Probleme mit sich, doch seien diese lösbar. Auch er rechne mit Ärger in der Bundesrepublik, doch müsse er damit leben. Das störe ihn auch nicht sonderlich, er müsse nun handeln. Der Bundeskanzler versicherte, daß er nur in engstem Kontakt mit Gorbatschow vorgehen wolle, da ein solcher Prozeß natürlich elementare Interessen der Sowjetunion berühre. Er selbst wäre froh, wenn ihm mehr Zeit zur Verfügung stünde, aber er werde nicht gefragt. Die Entwicklung komme unaufhaltsam auf ihn zu.

Dieses Miteinander gelte auch bei der internationalen Einbettung der deutschen Frage, der zweiten Schiene, über die er mit Gorbatschow sprechen wolle. Er sei gewillt, alles in einem vernünftigen Miteinander zu regeln und dabei die Sicherheitsinteressen der UdSSR – die tatsächlichen wie auch die im psychologischen Bereich – zu berücksichtigen. Ihm sei klar, daß man dabei die Vergangenheit einbeziehen müsse, was übrigens nicht nur die Sowjetunion, sondern auch Frankreich, die Niederlande und andere betreffe. Er gehe davon aus, so Helmut Kohl weiter, daß dies nur das erste einer ganzen Reihe von Gesprächen sei. Sein Wunsch sei es, gemeinsam mit Gorbatschow das vor ihnen liegende Jahrzehnt so zu gestalten, daß sie dabei bewiesen, aus der Geschichte gelernt zu haben.

Über alle Fragen der internationalen Einbettung müsse auch mit den anderen Partnern gesprochen werden, erklärte der Kanzler, der daraufhin seine Grundvorstellungen skizzierte: Bei der Vereinigung gehe es um die Bundesrepublik, die DDR und Berlin. Wenn der Zeitpunkt der Einheit gekommen sei, gelte es, sie vertraglich abzusichern und dabei auch die Grenzfrage endgültig zu regeln. Ihm seien die sowjetischen Bedenken wegen des Urteils des Bundesverfassungsgerichts bekannt, doch stelle dieses Urteil kein Problem dar. Ein gesamtdeutsches Parlament und eine gesamtdeutsche Regierung könnten und würden die Grenzfrage definitiv entscheiden, weswegen es keinen Grund zum Mißtrauen gebe.

Demgegenüber stelle die Bündniszugehörigkeit der beiden deutschen Staaten eine Schwierigkeit dar. Die erwarteten Abrüstungserfolge würden jedoch manches erleichtern, wobei er damit rechne, daß angesichts der aktuellen Entwicklungen sich dann auch die Frage der Modernisierung der westlichen Kurzstreckenwaffen neu stelle. Eine Neutralisierung Deutschlands sei aber mit der Bundesregierung nicht durchsetzbar, betonte Kohl mit allem Nachdruck. Dies wäre im übrigen eine historische Dummheit, wie man aus den Fehlern der Zeit nach 1918 gelernt habe. Die NATO könne sich natürlich nicht auf das Gebiet der heutigen DDR ausdehnen, so der Kanzler in Anlehnung an Genschers Tutzinger Formel und den ihm von Baker übermittelten Standpunkt der USA. Gleichwohl benötige man dafür Regelungen, die im Einvernehmen gefunden werden sollten. Ihm sei sehr wohl bewußt, daß Gorbatschow und seine Kollegen aus der sowjetischen Staatsführung ihren Bürgern die Entwicklungen und Ereignisse erklären können müßten und daß dabei auch sehr viele historische Erinnerungen wieder hochkommen würden. Diese müsse man ernst nehmen, doch dürften sie nicht verhindern, daß man jetzt handle und mit allen Partnern, Nachbarn und Freunden über die anstehenden Fragen spreche. Das Thema der deutschen Einheit stehe nun einmal auf der Tagesordnung, und Gorbatschow habe schließlich selbst gesagt: »Wer zu spät kommt, den bestraft das Leben.«

Dies sei genau der Punkt, stimmte der Generalsekretär zu, doch müsse man wissen, wo Geschichte gemacht werde. Er selbst wolle nun doch einmal ein paar Fragen an den Kanzler richten. Wie sähen zum Beispiel dessen zeitliche Vorstellungen aus, wenn er von der Währungsunion und der Wirtschaftsgemeinschaft spreche? Diese Frage sei nicht zu beantworten, so Kohl. Er selbst sei Ende Dezember noch von einem Zeitraum von mehreren Jahren ausgegangen, wie es auch vernünftig gewesen wäre und der Meinung aller Ökonomen entsprochen hätte. In der jetzigen Lage werde er aber nicht mehr gefragt. Statt dessen entschieden die Menschen mit den Füßen. Auf die Frage, ob er sofort nach den Wahlen mit der Wirtschafts- und Währungsunion beginnen wolle, antwortete der Kanzler mit einem Ja. Auch hier gehe es nicht um das, was er wolle, sondern um die Bekämpfung eines drohenden Chaos. Bei Vorlage seines Zehn-Punkte-Programms sei es ihm ebenfalls noch darum gegangen, etappenweise vorzugehen.

Ein weiteres Thema Gorbatschows war die Frage der polnischen Westgrenze. Was, so der Generalsekretär, solle da noch geregelt werden? Kohl verwies auf die Verträge von Moskau und Warschau. Diese seien allerdings, so erklärte er, Verträge der Bundesrepublik, die nach der Einheit bestätigt werden müßten, worauf Gorbatschow erwiderte, es gehe nicht um eine Bestätigung, sondern um eine Bekräftigung. Das Urteil des Bundesverfassungsgerichts gelte im übrigen nur für die Bundesrepublik Deutschland. Ob diese denn verschwinden werde, fragte Gorbatschow daraufhin? Habe der Bundeskanzler keine Angst davor, fügte er lachend hinzu, und werde Kohl die Bundesrepublik also begraben? Dies werde dann kein Schaden sein, so der Kanzler. Ein neuer Vertrag sei nicht erforderlich. Der neue Staat könne mit Zustimmung aus Moskau beziehungsweise Warschau in den Vertrag eintreten, was eher eine technische als eine politische Frage sei.

Die Hauptfrage, so die beiden Politiker übereinstimmend, sei die nach dem Status eines vereinten Deutschlands, und hiermit sei vor allem der militärische Status gemeint. Auch hier, so Kohl, könne man eine Lösung finden. Das Interesse Gorbatschows liege in der Berücksichtigung sowjetischer Sicherheitsbedürfnisse. Die deutschen Interessen seien die Wahrung der staatlichen Souveränität und das Finden von Regelungen, die auf beiden Seiten Vertrauen schaffften. Das betreffe allerdings auch die USA, Großbritannien und Frankreich, die von den Entwicklungen ebenfalls berührt seien, fügte Kohl an, der damit erstmals indirekt die Verantwortlichkeiten und Rechte der Vier Mächte ansprach. Man könne vieles tun, so der Kanzler und führte beispielsweise an, daß auch ein geeintes Deutschland keine atomaren, biologischen oder chemischen Waffen besitzen werde.

In einem kleinen Intermezzo ging Gorbatschow dann auf den innerdeutschen Druck des Vereinigungsthemas ein, der im DDR-Wahlkampf – auch von westlicher Seite – erhöht werden könnte. Kohl verwies darauf, daß eine ruhigere Entwicklung möglich gewesen wäre, wenn Erich Honecker früher mit Reformen begonnen hätte, woraus sich eine Unterhaltung über die Schwierigkeiten der Perestroika in der UdSSR und den Einfluß westdeutscher Parteien auf die DDR und den dortigen Wahlkampf entwickelte.[63] Auf Nachfrage versicherte Kohl, daß der Zusammenhang zwischen der Vereinigung Deutschlands und der europäischen Einigung für ihn weiterbestehe, bevor Gorbatschow zu den für Kohl entscheidenden Sätzen kam[64]: »Wahrscheinlich kann man behaupten, daß zwischen der Sowjetunion, der Bundesrepublik und der DDR in der Frage der Einheit der deutschen Nation keine Meinungsverschiedenheiten bestehen. Um es kurz zu machen: Wir stimmen im wichtigsten Punkt überein: Die Deutschen müssen selbst ihre Entscheidung treffen.«

Der Bundeskanzler wiederholte diese Formulierung, bevor Gorbatschow fortfuhr, daß die Wahl des Weges jedoch im Kontext der Realitäten erfolgen müsse. Dazu gehöre, daß es einen Krieg gegeben habe, der den Menschen in der Sowjetunion ein Erbe hinterlassen habe. Man sei jetzt dabei, dieses Erbe zu überdenken und es zu ändern. Es gehe darum, Spaltung und Konfrontation zu überwinden, wie dies bereits mit dem europäischen Prozeß und dem neuen Denken in der Außenpolitik begonnen worden sei. Dies habe den Auftakt für eine neue Phase in der deutschen Frage gebildet. Die Deutschen in Ost und West hätten bewiesen, daß sie aus der Geschichte Lehren gezogen hätten. Dies umfasse, daß in Ost- und Westdeutschland gleichermaßen der Satz gelte: Von deutschem Boden darf kein Krieg mehr ausgehen – eine Formulierung, die Kohl lieber in ihrer positiven Wendung sehen wollte: Von deutschem Boden müsse Frieden ausgehen.

Nach einer guten Stunde waren die beiden Gesprächspartner so an einem Punkt angelangt, der das Ziel der Mission des Bundeskanzlers war: Gorbatschow hatte unmißverständlich seine Haltung zur deutschen Frage revidiert. Er anerkannte das Selbstbestimmungsrecht der Deutschen nun nicht mehr nur rhetorisch, sondern war auch bereit, die praktische Konsequenz hieraus zu akzeptieren: nämlich die allmähliche Annäherung der beiden deutschen Staaten mit dem Ziel ihrer Vereinigung. Horst Teltschik, der angesichts dieses Wandels innerlich jubelte, notierte mit »fliegender Hand« die Aussagen des Generalsekretärs und registrierte zugleich mit einem Seitenblick die große Ruhe des Kanzlers, der keinerlei Emotionen zeigte. Statt dessen ging er sofort daran, mit Gorbatschow auch Details der neuen Möglichkeit zu diskutieren. Dieser hatte erklärt, daß der Bau eines vereinten Deutschlands auf festen Fundamenten errichtet werden müsse, wofür es eine Struktur zu finden gelte. Noch einmal erläuterte Kohl seine Haltung zur Oder-Neiße-Grenze, die er keinesfalls in Frage stellen wolle. Er verwies auf versöhnliche Erklärungen der Vertriebenenverbände und bezeichnete es als sein zentrales Anliegen, die innere Zustimmung der großen Mehrheit der betroffenen Deutschen für seine Politik in diesem Punkt zu erhalten. Dafür sehe er gute Chancen, und auch die polnische Seite halte seine Position, wie er sie zuletzt in Paris geäußert habe, für völlig ausreichend. Über diese Frage werde »am Tage X« entschieden. Er sehe sich jedoch nicht in der Lage, dies heute schon zu tun, und bitte dafür um Verständnis.

Gorbatschow erinnerte den Kanzler in sichtlich gelösterer Stimmung daran, daß er ja noch eine Einladung in dessen Heimat Rheinland-Pfalz offen habe, bevor er dann auf seine inneren Probleme zu sprechen kam. Zu den Sorgen mit der Perestroika trete nun die deutsche Frage hinzu. Die beiden Politiker erörterten im weiteren Verlauf Fragen der wirtschaftlichen Beziehungen zwischen der UdSSR und den beiden deutschen Staaten, wobei der Kanzler versicherte, nach Vollzug der Einheit in entsprechende Vereinbarungen zwischen der DDR und der Sowjetunion einzutreten. Kern des deutschen Problems bleibe jedoch die militärische Frage, so der Generalsekretär, der zudem auf die Frage der europäischen und globalen Balance hinwies. Zu ihrer gemeinsamen Formel gehöre, daß von deutschem Boden kein Krieg ausgehen dürfe, die Grenzen unverletzlich seien und das Territorium des zukünftigen Deutschlands nicht von äußeren Kräften benutzt werden dürfe. Dieser Absage an die Stationierung ausländischer Truppen – und damit auch von NATO-Verbänden – in einem vereinten Deutschland schob Gorbatschow auch seine Überlegungen zur Bündniszugehörigkeit nach: Neutralität sei für Kohl nicht nur unannehmbar, sondern würde auch einen Rahmen schaffen, der das deutsche Volk erniedrige. Hier müsse man deshalb weiterdenken, wie der Status Deutschlands alternativ aussehen könne. Wenn nicht neutral, dann vielleicht blockfrei wie beispielsweise Indien, China oder andere Staaten in Europa. Er, Gorbatschow, sehe Deutschland außerhalb des militärischen Gebäudes, aber mit nationalen Streitkräften, die für eine nationale Verteidigung ausreichen.

Überlegungen, wonach ein Teil Deutschlands der NATO, der andere aber dem Warschauer Pakt angehören solle, seien nicht ernst zu nehmen. Gleiches gelte für den Vorschlag, daß bestimmte Truppen bis zu einem bestimmten Fluß[65], jedoch nicht im anderen Teil Deutschlands stationiert sein sollten. Wenn derzeit immer wieder gefragt werde, welchen Sinn denn eine NATO ohne die Bundesrepublik mache, so müsse man diese Frage doch auch für den Warschauer Pakt stellen. Was sei dieser ohne die DDR mit ihren starken Truppen denn noch wert? Wenn die NATO ohne Deutschland zerfallen werde, dann gelte dies ebenso für den Warschauer Pakt. Kohl warf ein, daß – wie ein Blick auf die Landkarte zeige – die Bundesrepublik und die DDR innerhalb ihrer jeweiligen Bündnisse ein unterschiedliches Gewicht hätten, doch ließ Gorbatschow dies nicht gelten. Es könne nicht angehen, daß jede Seite ihren eigenen Weg ginge und dabei NATO und Warschauer Pakt zerschlagen würden. Es gehe jetzt darum, das aufgebaute Vertrauen zu sichern und zusammenzuarbeiten.

Mit Hinweis auf seine – alle diese Themen umfassende – Unterhaltung mit US-Außenminister James Baker leitete der Generalsekretär zu der Frage über, in welchem Rahmen die anstehenden Probleme diskutiert werden könnten. Baker habe sich auf den Bundeskanzler berufen und angeregt, daß Vertreter der beiden deutschen Staaten und der Vier Mächte miteinander sprechen und einen »gemeinsamen Tisch« finden sollten. Kohl nannte diesen Vorschlag eine »gute Überlegung«, da er eine Vier-Mächte-Konferenz über Deutschland ablehne. »Nichts ohne Sie!« rief Gorbatschow daraufhin bekräftigend aus. Ein Treffen der »Zwei-plus-Vier« oder auch der »Eins-plus-Vier« sollte schon bald stattfinden, regte der Bundeskanzler an, der zugleich meinte, es sei aus psychologischen Gründen wünschenswert, wenn ein solches Gespräch in Deutschland stattfinden könnte.[66] Gorbatschow stimmte dem zu und fragte scherzhaft nach, wie Kohl sich das denn vorstelle: Solle der Verhandlungstisch vielleicht mit zwei Beinen auf dem Boden der Bundesrepublik und mit zwei Beinen auf dem Territorium der DDR stehen?

Der Bundeskanzler, der sich immer noch eine »Zwei-plus-Vier«-Konferenz erst zum Abschluß des innerdeutschen Vereinigungsprozesses vorstellte, fügte hinzu, daß bereits vor Beginn einer solchen Konferenz eine Lösung erreicht werden müsse, welche die UdSSR, die USA und die Deutschen gleichermaßen zufriedenstelle, ohne zugleich irgend jemandem zu nahe zu treten. Es sei wichtig, Rücksicht auf Frankreich und Großbritannien zu nehmen. Darüber hinaus betonte Kohl die starke Unterstützung der deutschen Einheit durch Präsident Bush und die amerikanische Öffentlichkeit. Anschließend resümierte er noch einmal ihr Gespräch und fragte Gorbatschow, ob dieser mit seiner Schlußfolgerung einverstanden sei: Sie seien sich darüber einig, daß die Deutschen nun selbst über ihre Einheit entscheiden müßten, dabei aber den internationalen Kontext zu berücksichtigen hätten. Zu diesem Kontext gehörten die Lehren aus der Geschichte ebenso wie die berechtigten Sicherheitsinteressen der Nachbarn. Parallel zum Einigungsprozeß in Deutschland müßten in der Frage der Bündnisse befriedigende Lösungen gefunden werden. Es gehe also um einen Prozeß auf zwei Schienen, an dessen Themen unverzüglich gearbeitet und über die mit den Partnern geredet werden müsse. Dies wolle er mit Einverständnis des Generalsekretärs bekanntgeben. Hingegen wolle er nichts zu ihrer Vereinbarung sagen, eine diskrete Bestandsaufnahme der Wirtschaftsbeziehungen zwischen DDR und der UdSSR in die Wege zu leiten, um später in diese Verpflichtungen eintreten zu können. Die Bundesregierung werde auch mit den USA, Frankreich und Großbritannien reden. Ziel sei es, daß die beiden deutschen Staaten oder gegebenenfalls nur noch ein deutscher Staat sich mit den Vier Mächten zu abschließenden Gesprächen träfen.

Damit liege der Bundeskanzler sehr nahe an seinen Vorstellungen, erwiderte Gorbatschow. Doch setzte er ausdrücklich noch einen Akzent: Es gelte nicht nur die Interessen und Hoffnungen der Deutschen zu berücksichtigen, sondern auch die der Nachbarn[67] – ein Punkt, den Kohl bestätigte. Konrad Adenauer habe vor 35 Jahren bereits gesagt, daß die deutsche Frage nur unter einem europäischen Dach gelöst werden könne, so der Kanzler. Gorbatschow pflichtete dem bei und erklärte, Adenauer verdiene, immer wieder neu gelesen zu werden. Die Hauptsache bestehe im Augenblick aber darin, zu verhindern, daß die Situation außer Kontrolle gerate. Kohl reagierte darauf mit dem Hinweis auf sein Gespräch mit Außenminister Schewardnadse auf dem Weg vom Flughafen ins Gästehaus des sowjetischen Außenministeriums: Gegenüber Schewardnadse habe er sich bereit erklärt, sich binnen Stunden zu treffen für den Fall, daß eine schwierige Situation eintreten sollte. Er sehe diese Gefahr nicht, doch wisse man nie. Vor fünf Wochen habe er auch noch nicht an die Notwendigkeit einer deutsch-deutschen Währungsunion gedacht. Auf jeden Fall wolle er den vor ihnen liegenden Weg gemeinsam mit dem Generalsekretär gehen. Die weitere Unterhaltung der beiden Politiker drehte sich um die Lage der Deutschen in der Sowjetunion, die Nationalitätenprobleme und Fragen der künftigen Zusammenarbeit beispielsweise auf dem Gebiet der Raumfahrt, bevor Gorbatschow zum Abschluß des zweieinhalbstündigen Treffens noch einmal auf das Hauptthema zu sprechen kam: Durch die neuen Entwicklungen würden in nächster Zeit viele Fragen auftauchen, wenn beispielsweise in der DDR die D-Mark eingeführt würde. Die Kostenkalkulation für die Stationierung sowjetischer Truppen in der DDR etwa basiere auf einer anderen Währung, warf Gorbatschow in den Raum, bevor die Verhandlungen im Kreis der Delegationen fortgesetzt wurden.

## *Große Linien und wenig Details*

Das Treffen Kohl – Gorbatschow brachte der deutschen Seite also den ersehnten Durchbruch: Die sowjetische Führung gab ihre Verweigerungshaltung offiziell auf und war ab sofort bereit, über konkrete Schritte zur deutschen Vereinigung zu verhandeln. Derselbe Gorbatschow, der zwei Monate zuvor den Bundesaußenminister in Reaktion auf das Zehn-Punkte-Programm abgekanzelt hatte, trat nun gegenüber Kohl sehr viel konzilianter und entspannter auf. Er hatte sich mit dem im Dezember noch Undenkbaren abgefunden und grünes Licht für die ersten Schritte zur deutschen Einheit gegeben. Neben diesem zentralen Ergebnis erbrachte die erste persönliche Begegnung von Kohl und Gorbatschow seit dem Besuch des Generalsekretärs im Juni 1989 in Bonn der westdeutschen Seite aber noch weitere Erkenntnisse zu Verhandlungsstilen und Positionen:

1. Beide Politiker mieden Details und trafen sich statt dessen auf der von ihnen gleichermaßen bevorzugten Ebene der großen politischen Linien und historischen Vergleiche. Da Detailverhandlungen angesichts des schnell erreichten Konsenses über die Grundzüge der weiteren Entwicklung nicht notwendig waren, konnten sie so eine relativ zügige Annäherung der Standpunkte beim zentralen Thema Selbstbestimmungsrecht erreichen.
2. Der Bundeskanzler zeigte sich als Verhandler, der drohenden Konfrontationen und Gegensätzen zunächst einmal auswich, um einige Zeit später – beispielsweise in der Frage der Grenzen oder der Bündniszugehörigkeit – mit neuen Formulierungen und Variationen von Einzelpunkten erneut darauf zurückzukommen.
3. Entsprechend der abgesprochenen Linie und von seinen Mitarbeitern mit Zahlen und Fakten präpariert, kam Kohl nach einer Aufwärmphase im Plauderton gezielt auf die unangenehmen Punkte zu sprechen: Der Zusam-

menbruch staatlicher Autoritäten in der DDR – von der inneren Sicherheit über die Ost-Berliner Müllabfuhr bis hin zur NVA – wurde von ihm in seiner gesamten Dramatik geschildert. Dabei schreckte er auch nicht davor zurück, vor konkreten Gefahren – wie etwa den Folgen für die in Ostdeutschland stationierten Sowjettruppen – zu warnen. Gorbatschows Reaktionen machten deutlich, daß dieser sehr viel weniger als sein Gegenüber mit Fakten und Details vertraut war und oft nur mit allgemeinen Floskeln reagieren konnte.
4. Bei Helmut Kohl wurde ein explizit benanntes Primat der Politik gegenüber den ihm bekannten und bewußten ökonomischen Fragen und Problemen deutlich. Einzelpunkte und Wirtschaftsfragen hatten – in diesem Gespräch ebenso wie in seiner sonstigen Politik dieser Zeit – hinter dem gesetzten Endziel deutsche Einheit und der hierfür im Augenblick notwendigen Einverständniserklärung der UdSSR zurückzutreten.
5. Die offensichtlichen Differenzen hinsichtlich des Zeitrahmens und der Struktur der Vereinigungsbemühungen wurden nicht thematisiert, da beide Politiker anscheinend davon ausgingen, ihr jeweiliges Konzept innerhalb der vereinbarten Rahmenbedingungen durchsetzen zu können. Gorbatschow setzte eindeutig auf eine langfristig angelegte Veränderung der gesamteuropäischen Strukturen, die parallel zu deutsch-deutschen Vereinigungsverhandlungen und den »Zwei-plus-Vier«-Gesprächen über die internationalen Aspekte vonstatten gehen sollte. Kohl ging demgegenüber weiterhin davon aus, durch relativ kurzfristig zu schaffende innerdeutsche faits accomplis einen Zustand zu erreichen, in dem bei einer abschließenden »Zwei-plus-Vier«-Konferenz die vorab bi- und multilateral zu bestimmenden internationalen Rahmenbedingungen der deutschen Einheit abgesegnet würden.

Dennoch konnten beide Politiker mit dem Ergebnis ihres Treffens zufrieden sein. Kohl hatte grünes Licht für konkrete Vereinigungsbemühungen erhalten, während Gorbatschow annehmen konnte, durch die heftig angemahnte internationale Einbettung und Berücksichtigung der Interessen der Nachbarn den unaufhaltsamen Prozeß der deutsch-deutschen Annäherung abgebremst zu haben. Zugleich war das Mitspracherecht der Sowjetunion gesichert worden, so daß ohne deren Beteiligung keine konkreten Schritte unternommen werden konnten.

Entsprechend gelöst begann bereits zehn Minuten später das Delegationsgespräch, zu dem neben weiteren Mitarbeitern auch die beiden Außenminister hinzukamen. Diese hatten sich zuvor ebenfalls im Kreml getroffen, wo Genscher sich mit dem Hinweis, 1989 sei nicht 1949, erneut energisch gegen jegliche Art einer Vier-Mächte-Konferenz ausgesprochen und für die »Zwei-plus-Vier«-Formel geworben hatte. Zu einer Konferenz nach dem Vorbild der Genfer Außenministertreffen werde er jedenfalls nicht erscheinen.[68] Die weiteren Gespräche über einen für alle Beteiligten tragbaren Modus sollten im Rahmen ihres Treffens anläßlich einer Konferenz im kanadischen Ottawa fortgeführt werden, so Genscher, der sich gegen jegliche Ausdehnung der NATO nach Osten aussprach. Es werde kein Problem darstellen, wenn nach einer Vereinigung der beiden deutschen Staaten sowjetische Truppen zunächst noch auf dem Territorium der jetzigen DDR stationiert blieben. Der Gesprächspartner des Bundesaußenministers, Eduard Schewardnadse, blieb deutlich reservierter und skeptischer gegenüber den Entwicklungen in Deutschland als Gorbatschow. Er reagierte aber positiv auf Genschers Vorschlag, Dieter Kastrup und Vizeaußenminister Adamischin könnten auf Arbeitsebene bereits erste Gespräche über die zahlreichen offenen Fragen führen.

### *Die sowjetische Zustimmung wird öffentlich*

Im größeren Kreis der beiden Delegationen wiederholte Gorbatschow sein Bekenntnis zum Selbstbestimmungsrecht der Deutschen.[69] Das blanke Entsetzen, so Kohl später, sei den beiden deutschlandpolitischen Hardlinern Valentin Falin und Alexander Bondarenko in den Gesichtern gestanden, als der Generalsekretär die Ergebnisse des Vier-Augen-Gesprächs vortrug – ein eindeutiger Hinweis darauf, daß die zentralen administrativen Stellen im ZK der KPdSU und des sowjetischen Außenministeriums nichts von Gorbatschows Kurswechsel in der deutschen Frage gewußt hatten. Auch Kohl wiederholte seine Zusammenfassung des vorangegangenen Gesprächs, wobei er vor allem das Bild von den beiden Schienen unterstrich. Die Schiene »Deutschland« laufe in einem nur bedingt zu beeinflussenden Tempo, so daß es nun darauf ankomme, auch auf der internationalen Schiene voranzukommen.

Es folgte der Bericht der beiden Außenminister, die sich eingehend über die Perspektiven eines KSZE-Gipfels noch in diesem Jahr unterhalten hätten. Dieser müsse nach übereinstimmender Ansicht allerdings sorgfältig vorbereitet werden, ein Punkt, den Kohl ausdrücklich unterstrichen haben wollte: Man könne nicht in diesen Kreis gehen, ohne die Fragen der deutschen Vereinigung vorher gelöst zu haben. Bei den Gesprächen über die deutsche Zukunft werde man nichts hinter dem Rücken der Vier Mächte tun, versicherte der Bundesaußenminister, dem Gorbatschow daraufhin trocken entgegnete, sonst würde man beginnen, etwas hinter dem Rücken der Deutschen zu tun. Damit wäre die Sowjetunion aber schlecht beraten, reagierte Genscher, worauf Kohl mit dem Hinweis, daß man derartiges im 20. Jahrhundert schon erfolglos versucht habe, den kurzen Disput beendete. Mit der Ankündigung, daß das Thema Kooperation bei der Weltraumfahrt an diesem Tag erfolgreich abgeschlossen werden konnte, leitete Kohl daraufhin zum Abschluß des halbstündigen Gesprächs über. Man habe sich sein Abendessen schließlich verdient, beendete Gorbatschow den offiziellen Teil des Treffens, dem ein entspanntes Dinner im Katharinensaal des Kreml folgte.

Gegen 21 Uhr verabschiedete sich die deutsche Delegation, da Kohl und Genscher gut eine Stunde später in einer gemeinsamen Pressekonferenz das

Ergebnis ihrer Gespräche der gespannt wartenden Presse verkünden wollten.[70] Gemeinsam mit Horst Teltschik und Uwe Kaestner hatte Kohl ein Manuskript für sein Eröffnungsstatement erstellt, wobei Teltschik dem Kanzler dringend zu emphatischeren Formulierungen riet, als von diesem zunächst gewählt. Bevor die Journalisten anschließend das Ergebnis der Gespräche erfuhren und ihre Fragen stellen konnten, zeigten – von den meisten Medienvertretern unbemerkt – Kohl und Genscher sich gegenseitig auf dem Podium ihre Freude über das Erreichte. Einem festen Händedruck unter dem Tisch folgte der vertrauliche Dialog der beiden[71]: »Eigentlich müßten wir uns jetzt besaufen«, flüsterte der Kanzler, worauf sein Außenminister entgegnete: »Weißt Du, wer sich heute abend besäuft?« – »Der Alfred Dregger. Aus seinem Gefühl. Verstehst Du«, antwortete Kohl, bevor er die Pressekonferenz offiziell eröffnete.

»Ich habe heute abend den Deutschen eine einzige Nachricht zu übermitteln. Generalsekretär Gorbatschow und ich stimmten darin überein, daß es das alleinige Recht des deutschen Volkes ist, die Entscheidung zu treffen, ob es in einem Staat zusammenleben will«, verkündete Kohl schließlich kurz nach 22 Uhr.[72] Entsprechend seiner Übereinkunft mit Gorbatschow erläuterte der Bundeskanzler die internationale Einbettung der Vereinigungsbemühungen und dankte dem Generalsekretär für dieses »historische Ergebnis«. Dies sei »ein guter Tag für Deutschland, und es ist, wie ich denke, für viele von uns, auch für mich persönlich, ein guter Tag«, schloß Kohl seinen Vortrag, dem zahlreiche Detailfragen der Medienvertreter in einer einstündigen Frage- und Antwort-Runde folgten. Nur schrittweise erfaßten die Anwesenden die Bedeutung der Erklärung, so daß Kohl und seine Mitarbeiter von den verhaltenen Reaktionen enttäuscht waren. Von den Ereignissen des Tages noch immer aufgewühlt, ging der Bundeskanzler anschließend mit einigen Mitarbeitern auf dem Roten Platz spazieren. Erst spät in der Nacht kam er im kleinen Kreis zur Ruhe.

Die letzten Zweifel am Ergebnis der Moskau-Reise verschwanden bei Kohl und seinen Begleitern, als sie am nächsten Morgen vom Pressereferenten der Deutschen Botschaft über die Berichterstattung der sowjetischen Medien informiert wurden. Anders als bei Modrows Besuch wenige Tage zuvor fand sich dort unmißverständlich die offizielle und öffentliche Bekanntgabe des erzielten Durchbruchs, der in einen Zusammenhang mit dem engen persönlichen Verhältnis zwischen Kohl und Gorbatschow gestellt wurde. Sowohl im Text der regierungsamtlichen Nachrichtenagentur TASS als auch auf der Titelseite im offiziellen Organ der KPdSU, der *Prawda*, wurde die entscheidende Formel zum Selbstbestimmungsrecht wiederholt: Es sei Sache der Deutschen, die Frage der Einheit der Nation zu lösen, und auch die Wahl der Staatsform, des Zeitpunktes, des Tempos und der Bedingungen liege bei ihnen. Noch immer begeistert, ließ Kohl auf dem Rückflug nach Bonn in der Regierungsmaschine Sekt servieren, um mit Genscher und allen anderen Mitreisenden auf den Durchbruch anzustoßen.[73]

## Gorbatschow unterrichtet Modrow

Die deutsche Regierungsdelegation konnte allerdings nicht wissen, wie ungern Gorbatschow letztlich der Annäherung der beiden deutschen Staaten zugestimmt hatte und wie schwer er sich weiterhin mit den Veränderungen in Deutschland tat. Diese Einstellung zeigte sich am Tag nach der Abreise des Bundeskanzlers, als der Generalsekretär in einem Telefonat mit Hans Modrow seine Eindrücke zusammenfaßte: Kohl sei hochmütig; er habe versucht, sich als Retter der Deutschen und Vater der deutschen Einheit zu präsentieren.[74] Der DDR-Ministerpräsident, der offensichtlich Rückendeckung für sein bevorstehendes Treffen mit Kohl suchte, stimmte beidem zu. Gorbatschow machte seinem Gesprächspartner zugleich sehr deutlich, daß dieser bei seiner Politik gegenüber der Bundesrepublik nicht mit aktiver sowjetischer Unterstützung rechnen konnte. Er zog sich statt dessen auf die mit Kohl gefundene Formel zum Annäherungsprozeß der beiden deutschen Staaten zurück, wonach die legitimen Rechte und Interessen der europäischen Staaten nicht außer acht gelassen und die »Lektionen der Geschichte nicht geringgeschätzt« werden dürften.

Gleich zu Beginn der Unterhaltung hatte Gorbatschow ausführlich Kohls Schilderungen der Lage in der DDR wiedergegeben. Unter Berufung auf sein Treffen mit Modrow in Davos habe der Bundeskanzler erklärt, die Lage in Ostdeutschland sei nur noch schwer lenkbar, während die »Bewegung zugunsten einer Vereinigung« stärker würde. Kohl habe versichert, daß die Vorbereitung einer Wirtschafts- und Währungsunion dringend notwendig sei. Dabei habe er sich ganz offensichtlich auf Rückhalt aus den USA gestützt und auch – wenngleich in geringerem Maße – die Positionen Frankreichs und Großbritanniens berücksichtigt. »Ich sagte dem Bundeskanzler, daß unsere Haltung in der deutschen Angelegenheit unverändert sei. In einer bestimmten Phase seien zwei deutsche Staaten entstanden. Die Frage, wie sie weiter existieren sollen, muß im historischen Kontext gelöst werden. Jetzt hat die Geschichte ihren Gang beschleunigt. Die Deutschen werden letztendlich die Staatsformen und das Tempo der Annäherung von DDR und BRD selbst bestimmen«, führte Gorbatschow weiter aus. Er habe dabei die Interessen und Sicherheitsaspekte der Nachbarn Deutschlands betont. Handelnde im Prozeß der deutschen Einheit müßten deshalb nicht nur die DDR und die Bundesrepublik, sondern eben auch die UdSSR sein: »Wir gehen nicht von einem Tandem aus, sondern von einem Dreieck«[75]. In der Frage der Bündniszugehörigkeit habe Kohl »zu lavieren« versucht, indem er die starke öffentliche Unterstützung für die NATO-Zugehörigkeit betont habe. Er selbst, so Gorbatschow, habe dies als inakzeptabel bezeichnet und vorgeschlagen, daß ein Staat ja auch neutral, nicht paktgebunden sein könne. In militärpolitischen Fragen müsse letztlich zwischen der UdSSR und der Bundesrepublik »absolute Klarheit herrschen«.

Modrow – der betonte, von Kohls neuen Vorschlägen erst aus der Presse erfahren zu haben – bestätigte, daß die innenpolitische Lage der DDR »natürlich schwierig« sei. Er bestritt aber, daß es seitens des Ost-Berliner Magistrates die von Kohl angeführten Vorschläge gegeben habe, wonach der West-Berliner Senat die Zuständigkeit für die Müllbeseitigung, medizinische Einrichtungen und die innere Sicherheit der gesamten Stadt übernehmen sollte. Dies sei die »reine Provokation«. Entsprechende Ideen seien lediglich im West-Berliner Senat zur Sprache gekommen. Die Stimmung für eine Vereinigung der beiden deutschen Staaten sei sehr stark, doch wüchsen derzeit auch die Sorgen der Menschen vor den sozialen Folgen eines solchen Schrittes. Gorbatschow ging auf keines der von Modrow vorgetragenen Details und Probleme ein. Statt dessen reagierte er mit Allgemeinplätzen wie »Ich halte unseren Informationsaustausch für ausgesprochen nützlich«, und verabschiedete sich mit den Worten: »Ich drücke Ihnen fest die Hand und wünsche viel Erfolg.« Unmittelbar vor seinem Zusammentreffen mit dem Bundeskanzler in Bonn mußte Modrow also erkennen, daß auch die sowjetische Staatsführung in seine seit dem 5. Februar tätige Koalitionsregierung nicht mehr allzuviel Vertrauen setzte und ganz offensichtlich vor weiteren Schritten erst einmal das Ergebnis der vorgezogenen Volkskammerwahlen abwarten wollte.

Diese Erkenntnis erfuhr eine letzte Bestätigung, als Modrow und 17 Minister seiner Regierung am 13./14. Februar zu einem Arbeitsbesuch nach Bonn kamen.[76] Korrekt, aber kühl wurden die Vertreter einer in Auflösung befindlichen DDR dort empfangen. Der ostdeutschen Forderung nach einem »Solidarbeitrag« von rund 15 Milliarden D-Mark setzte die Bundesregierung ihr Angebot zu einer Währungsunion entgegen, da sie den DDR-Ministerpräsidenten, dessen Abwahl bei den Volkskammerwahlen einen Monat später als sicher galt, nicht unnötig stützen wollte.

Ein weiteres eindeutiges Signal zum angepeilten Kurs der Bundesregierung war die Erklärung des Bundeskanzlers, einen Vereinigungsweg nach Artikel 23, Satz 2, des Grundgesetzes anzustreben.[77] Dieser Weg legte, anders als dies bei Anwendung des Artikels 146 der Fall gewesen wäre, zugleich das Ziel der deutsch-deutschen Annäherung fest, da er lediglich eine Erweiterung des bisherigen Staatsgebietes der Bundesrepublik Deutschland um die Territorien der DDR und Berlins bedeutete. Das gesamte politische und rechtliche System Westdeutschlands blieb dabei in seinen Grundstrukturen ebenso erhalten wie beispielsweise die Mitgliedschaft des vereinten Deutschlands in der Europäischen Gemeinschaft und der NATO. Eine Vereinigung nach Artikel 23 bot somit nicht nur den deutlich schnelleren Weg, sondern zugleich ein berechenbareres Verfahren, bei dem auch die Westbindung als zentrale außenpolitische Staatsräson der Bundesrepublik leichter gesichert werden konnte.

## Aus Absichtserklärungen wird eine Formel

Beim Treffen Kohl – Gorbatschow war am 10. Februar, drei Monate nach dem Fall der Mauer, das bis dahin größte Hindernis auf dem Weg zur deutschen Einheit beiseite geräumt worden: Die Vier Mächte stimmten nunmehr alle mit den Regierungen der Bundesrepublik und der DDR darin überein, daß die Vereinigung Deutschlands auf der Tagesordnung der Politik stand. Zugleich herrschte zwischen den Regierungen der USA, der UdSSR, Frankreichs und Großbritanniens sowie der Bundesrepublik und der DDR Einigkeit darüber, daß in ihrem Kreise gleichberechtigt über die internationalen Aspekte der deutschen Frage diskutiert werden sollte. Die Möglichkeit eines deutsch-deutschen Alleingangs war damit ebenso vom Tisch wie eine große Friedenskonferenz mit sämtlichen Teilnehmern des Zweiten Weltkrieges, eine durch ein Vier-Mächte-Direktorium außenpolitisch begleitete Vereinigung oder eine Diskussion der deutschen Frage im Rahmen der 35 KSZE-Mitgliedstaaten. Die seit Ende Januar in Vorabbesprechungen zwischen Vertretern der USA, Frankreichs, Großbritanniens, der Sowjetunion und der Bundesrepublik[78] erzielte grundsätzliche Übereinkunft war bislang allerdings weder mit Inhalten gefüllt noch endgültig beschlossen oder öffentlich bekanntgegeben worden. Dies wollte Genscher nun schnellstmöglich nachholen.

Während die Außenminister der NATO und des Warschauer Paktes sich vom 11. bis 13. Februar 1990 in Ottawa trafen, um im Rahmen einer »Open-Skies«-Konferenz über vertrauensbildende Maßnahmen zwischen den Bündnissen zu beraten[79], fand die entscheidende Arbeit an einem anderen Thema hinter den Kulissen statt. Sie endete noch vor Abschluß der Konferenz, als die Außenminister der USA, der Sowjetunion, Frankreichs, Großbritanniens, der Bundesrepublik und der DDR ihren Kollegen und den Medien verkündeten, sie würden sich demnächst treffen, »um die äußeren Aspekte der Herstellung der deutschen Einheit, einschließlich der Fragen der Sicherheit der Nachbarstaaten, zu besprechen. Vorbereitende Gespräche auf Beamtenebene werden in Kürze aufgenommen«[80]. Nachdem Hans-Dietrich Genscher und Eduard Schewardnadse drei Tage zuvor in Moskau noch verabredet hatten, die Frage nach dem besten Weg zur internationalen Einbindung der deutschen Einheit in Ottawa weiter zu diskutieren, war nun bereits die Entscheidung gefallen. Hintergrund war die vor allem von den USA und der Bundesrepublik vorangetriebene Einsicht der westlichen Partner, daß angesichts der Ereignisse in der DDR und der aktuell günstigen internationalen Lage nun »Nägel mit Köpfen« gemacht werden mußten.[81]

Bevor die später als »Zwei-plus-Vier«-Formel bekanntgewordene Verständigung über Gespräche der beiden deutschen Staaten mit Vertretern der ehemaligen Siegermächte des Zweiten Weltkrieges zustande kam, hatten sich die beteiligten Außenminister weit mehr als ein dutzendmal in unterschiedlichen Zusammensetzungen getroffen und währenddessen mehrfach Rücksprache mit ihren Staats- und Regierungschefs gehalten.[82] Ausgehend von zahlreichen Vorbesprechungen am 12. Februar, der anderntags im Kreis der drei Westmächte und der Bundesrepublik vereinbarten Beschleunigung einer Entscheidungsfindung[83] und einem ersten Textvorschlag von Bakers Berater Robert Zoellick[84], kristallisierten sich im Lauf des 13. Februar folgende Interessenlagen und Konfliktlinien heraus:

1. Die westdeutsche Seite legte Wert darauf, daß im »Zwei-plus-Vier«-Mechanismus nicht nur allgemein die internationalen Fragen der Vereinigung, sondern ganz konkret die »außenpolitischen Aspekte zur *Herstellung/Erlangung* der deutschen *Einheit*« besprochen werden sollten.[85]
2. Roland Dumas beharrte zunächst auf der Formel »Vier-plus-Zwei«, mit der die Rechte der Vier Mächte stärker hervorgehoben worden wären. Douglas Hurd fragte nach dem Unterschied zwischen den beiden Varianten »Zwei-plus-Vier« beziehungsweise »Vier-plus-Zwei«, der ihm von Bakers Mitarbeiter Raymond Seitz mit dem Selbstverständnis der Deutschen erklärt wurde. Hans-Dietrich Genscher machte seinen westlichen Amtskollegen noch einmal unmißverständlich klar, daß er an einer »Vier-plus-Zwei«-Runde nach dem Vorbild der Genfer »Katzentischlösung« keinesfalls teilnehmen werde. Auch der sowjetische Außenminister Schewardnadse gab in diesem Punkt trotz anderslautender Weisungen aus Moskau bald nach.[86]
3. Die UdSSR verlangte zum einen die Streichung des Halbsatzes, daß erste Treffen nach den Volkskammerwahlen in der DDR stattfinden sollten, sowie zum anderen die Erweiterung der Verhandlungsagenda um »Fragen der Sicherheit der benachbarten Staaten«. Dies führte am Nachmittag im Kreis der NATO-Außenminister zu heftigen Diskussionen, da die nicht am »Zwei-plus-Vier«-Prozeß beteiligten Staaten befürchteten, daß mit einer solchen Formulierung die der NATO vorbehaltene Diskussion westlicher Sicherheitsfragen an ein anderes Gremium übergehen konnte.[87]
4. Widerspruch gegen die »Zwei-plus-Vier«-Formel regte sich sowohl im westlichen Lager wie auch bei Polen, das Wert auf eine Garantie seiner Grenzen legte. Alle diese Staaten wurden allerdings erst nach Einigung der sechs Teilnehmer des »Zwei-plus-Vier«-Prozesses informiert. Genscher hatte in Ottawa noch einmal seine Formulierung wiederholt, wonach das vereinte Deutschland aus der Bundesrepublik, der DDR und Berlin bestehen sollte und keinerlei Gebietsansprüche gegenüber anderen Staaten stellen werde, doch drängte der polnische Außenminister Skubiszewski auf eine Klärung seiner Hauptsorge. Während in dieser Frage – unter anderem in Gesprächen mit Genscher und Baker – Beruhigung erreicht werden konnte, schlug der Bundesaußenminister gegenüber seinen westlichen Amtskollegen einen härteren Ton an: »You are not part of the game« (»Sie sitzen nicht mit am Tisch«), herrschte er den Niederländer Hans van den Broek und den Italiener Gianni de Michelis an, als diese später im NATO-Kreis mehrfach betonten, es gehe bei den »Zwei-plus Vier«-Gesprächen nicht nur um die Frage

der polnischen Grenze oder um Vier-Mächte-Probleme, sondern vielmehr um die Sicherheit Deutschlands und Europas.[88] Deswegen müsse die westliche Allianz beteiligt sein. Auch diese Punkte wurden letztlich geklärt, doch fragte sich James Baker anschließend, wie es angesichts solcher organisatorisch-protokollarischer Probleme wohl sein würde, wenn bei der Vereinigung wirklich substantielle Fragen anstünden.

Vor dem Hintergrund dieser komplexen Interessenlage und der Suche nach allgemein akzeptablen Lösungen war es nicht verwunderlich, daß Irritationen nicht ausblieben, von denen eine gleichermaßen symptomatisch für das herrschende Mißtrauen zwischen Auswärtigem Amt und Kanzleramt, die Reibungsverluste zwischen NSC und State Department und den engen Schulterschluß zwischen US-Präsident Bush und Bundeskanzler Kohl war: James Baker waren am 13. Februar nach einem Telefonat mit Präsident Bush und Sicherheitsberater Scowcroft Bedenken gekommen, ob Bundeskanzler Kohl wirklich hinter der unmittelbar vor ihrer Verlautbarung stehenden »Zwei-plus-Vier«-Formel stand, da Scowcroft – unter Berufung auf ein vorangegangenes Telefonat mit Teltschik – von Bonner Sorgen sprach.[89] Bei Kohls Mitarbeitern im Kanzleramt herrschte offensichtlich, nicht zuletzt bewirkt vom lückenhaften Informationsfluß aus dem Auswärtigen Amt über den dort bereits abgehakten »Zwei-plus-Vier«-Prozeß und die dünne Nachrichtenlage aus Ottawa, Unklarheit über den aktuellen Stand der Gespräche. Zugleich waren innerhalb der US-Administration die Meinungsverschiedenheiten noch immer nicht beseitigt, da in der Europaabteilung des State Department sowie im Nationalen Sicherheitsrat weiter Bedenken gegenüber der »Zwei-plus-Vier«-Formel bestanden. Um jedes Mißverständnis zu vermeiden, bat Baker seinen Amtskollegen Genscher deshalb, dieser möge sich bei Kohl über seine Zustimmung rückversichern und zugleich dafür sorgen, daß der Kanzler dies dem US-Präsidenten noch einmal persönlich mitteile.

Über diese Gemengelage allerdings nur unzureichend informiert, sprachen George Bush und Helmut Kohl in ihrem Telefonat am Abend des 13. Februar[90] zunächst allgemein über den Erfolg des Kanzlers bei seinem Besuch in Moskau sowie die Gespräche mit der DDR-Delegation an diesem Tag. Kohl bezeichnete dabei die Formulierungen Gorbatschows zur deutschen Frage als »in hohem Maße befriedigend«. Nun müsse man in diese Richtung gehen und zugleich die Sicherheitspolitik berücksichtigen. In Moskau, so Kohl, sei bereits über das Zusammenwirken der beiden deutschen Staaten mit den Vier Mächten diskutiert worden, wie es auch US-Außenminister Baker zuvor mit Gorbatschow und Schewardnadse besprochen hatte. Er habe soeben mit Genscher telefoniert, der ihm berichtet habe, daß die Außenminister sich in Ottawa in diesem Sinne geeinigt hätten. Bush betonte in diesem Telefonat mehrfach, daß eine volle NATO-Mitgliedschaft Deutschlands notwendig bleiben werde. Kohl stimmte dem zu. Er habe Gorbatschow versichert, daß eine Neutralisierung nicht in Frage komme. Angesprochen auf die Reaktion des sowjetischen Generalsekretärs, meinte der Kanzler, die Sowjets würden hierüber mit sich reden lassen.

Es komme auf die Modalitäten an, doch werde man zu einer Lösung kommen. Mit einem kurzen Ausblick auf den bevorstehenden Besuch des Kanzlers in Camp David endete das fünfzehnminütige Telefonat.

In Ottawa waren die Bedenken Bakers damit aber noch nicht ausgeräumt. Genscher versicherte nach einem neuerlichen Gespräch mit Kohl zwar, daß der Bundeskanzler »im Boot« sei, doch blieb sein US-Kollege mißtrauisch und telefonierte erneut mit Bush. Dieser wiederum wollte aus seinem Gespräch mit Kohl keine definitive Zustimmung zur »Zwei-plus-Vier«-Formel sowie der gegenüber der Ursprungsfassung leicht veränderten Bekanntmachung herausgehört haben. Gegen 21 Uhr telefonierte der US-Präsident deshalb erneut mit Kohl. Konkret fragte er den Kanzler nach dessen Meinung zu den Veränderungen im »Zwei-plus-Vier«-Kommuniqué, und hier vor allem nach dem Hinweis auf baldige Beamtengespräche, also noch vor den Wahlen in der DDR. Kohl versicherte Bush mehrfach, er finde die Neufassung in Ordnung[91] und, so Kohl weiter, es müsse heute noch zu einem Beschluß kommen, da er ansonsten befürchte, daß mehr Partner dazustoßen wollten – und dann wäre der Ärger perfekt. Bush stimmte dem zu: Der Weg über die 35 KSZE-Staaten sei nicht gangbar, also ein »non-starter«. Kohl äußerte sich abschließend sehr erfreut darüber, daß Bush versicherte, er wolle keinerlei Mißverständnisse zwischen ihm und dem Bundeskanzler; er unterstütze die Bundesrepublik und Kohl, zu dem er vollstes Vertrauen habe. Bush rief nun noch einmal seinen Außenminister an, um Kohls definitives Einverständnis mitzuteilen.

Nach dieser Beseitigung letzter Zweifel und Irritationen[92] stimmte Baker der Bekanntgabe der »Zwei-plus-Vier«-Formel zu, mit welcher der Öffentlichkeit die Rückkehr der deutschen Frage auf die internationale Agenda regierungsamtlich bestätigt und das konkrete Ziel »Herstellung der Einheit« benannt wurde. Zugleich war ein realistisch erscheinender Weg zur Lösung der damit verbundenen außenpolitischen Aspekte gefunden, bei dem aus westdeutscher Sicht vor allem zwei Dinge entscheidend waren: Mit der »Zwei-plus-Vier«-Formel konnten zwar schnell Kontakte auf Beamtenebene aufgenommen werden. Vor einer Befassung der Ministerebene mit dem Thema mußte zunächst jedoch eine demokratisch gewählte Regierung in Ost-Berlin ihr Amt antreten und erste Schritte des Zusammengehens der beiden Staaten mit der Bundesregierung besprechen. Der Zweischritt – zunächst innerdeutsche Annäherung, dann erst außenpolitische Diskussion – war somit festgeschrieben. Wie bereits in den von Bush im Dezember 1989 vorgegebenen »Vier Prinzipien«, bedeutete die »Zwei-plus-Vier«-Formel aber noch keinerlei Festlegung auf die Details des weiteren Weges. Diese mußten in den Wochen bis zur Eröffnung der »Zwei-plus-Vier«-Verhandlungen erst noch innerhalb der verschiedenen Staaten und Lager gefunden werden.

# SYNCHRONISATIONSVERSUCHE DES WESTENS

Die Verständigung der Außenminister über den »Zwei-plus-Vier«-Mechanismus hatte den Verhandlungsrahmen für die außenpolitischen Aspekte der deutschen Vereinigung geliefert. Die mit der gemeinsamen Erklärung vom 13. Februar sowie einem Gruppenbild demonstrierte Einigkeit der sechs beteiligten Staaten war jedoch nur eine scheinbare: Noch bevor Hans-Dietrich Genscher aus Ottawa nach Bonn zurückgekehrt war, hatte er auf einem Zwischenstopp in London bereits die anhaltenden Bedenken der britischen Premierministerin zu hören bekommen.[1] Erstmals sagte Margaret Thatcher ihm zwar eindeutig die britische Unterstützung im angelaufenen Einigungsprozeß zu, doch klagte sie zugleich über das ihres Erachtens zu hohe Tempo und die unklaren Rahmenbedingungen. Auch Außenminister Eduard Schewardnadse wollte mit Anmerkungen zur sowjetischen Position nicht bis zu seiner Ankunft in Moskau warten und gab schon auf dem Rückflug aus Kanada ein Interview, in dem er – ebenso wie Gorbatschow wenige Tage später in der *Prawda* – deutlich machte, daß die NATO-Mitgliedschaft eines vereinten Deutschlands der entscheidende Streitpunkt der kommenden Gespräche sein würde. Zu alledem brach Mitte Februar innerhalb der Bundesregierung noch ein heftiger Streit zwischen Außenminister Genscher und Verteidigungsminister Gerhard Stoltenberg aus, bei dem es um den Sicherheitsstatus des DDR-Gebietes nach der Vereinigung ging. Während alle Beteiligten gespannt auf den Ausgang der DDR-Volkskammerwahlen am 18. März warteten, da konkrete Vereinigungsverhandlungen und -schritte erst nach Bildung einer demokratisch legitimierten Regierung möglich sein würden, schienen alte und neue Konfliktlinien innerhalb des westlichen Lagers wie auch gegenüber und innerhalb der UdSSR erneut aufzubrechen. Zu den wichtigsten Aufgaben der Bundesregierung gehörte es deshalb, zunächst ihre eigenen unterschiedlichen Ideen zu synchronisieren sowie anschließend einen Gleichklang mit den Vorstellungen der westlichen Verbündeten zu erreichen.

## Warnungen von der Hardthöhe

Die zentrale Frage im Frühjahr 1990 lautete: Wie konnte man im Vereinigungsprozeß den Sicherheitsinteressen der Sowjetunion Rechnung tragen, um so deren Einverständnis zur gesamtdeutschen NATO-Mitgliedschaft zu erlangen? Die Gespräche von Helmut Kohl und Hans-Dietrich Genscher sowie James

Baker mit der sowjetischen Führung Anfang Februar in Moskau, die Verhandlungen zur Schaffung des »Zwei-plus-Vier«-Rahmens in Ottawa sowie die internen Analysen in Bonn und Washington hatten dies vor aller Augen geführt. Die Diskussionen dazu drehten sich vor allem um zwei Überlegungen:
1. Wie sollte die NATO-Mitgliedschaft im Detail geregelt werden, um die bislang kategorisch verweigerte Zustimmung der UdSSR zu erhalten?
2. Welche Angebote des Westens zur künftigen Sicherheitsarchitektur in Europa würden notwendig sein, um den bislang nur allgemein geäußerten Vorstellungen der Sowjetunion entgegenzukommen?

### *»Keine Ausdehnung des NATO-Territoriums nach Osten«*

Das zunächst meinungsbildende Angebot des Westens an die sowjetische Führung hatte Außenminister Genscher vor den Gesprächen in Moskau am 31. Januar in Tutzing formuliert.[2] Er bekannte sich eindeutig zum Fortbestand der deutschen NATO-Mitgliedschaft und lehnte ein »neutralistisches Gesamtdeutschland« ab. Zu den Sicherheitsgarantien an die UdSSR erklärte er: »Was immer im Warschauer Pakt geschieht, eine Ausdehnung des NATO-Territoriums nach Osten, das heißt näher an die Grenzen der Sowjetunion heran, wird es nicht geben.« Im weiteren Verlauf der Rede, in der Genscher auch eine neuerliche Grenzgarantie für Polen und ein Bekenntnis zur Mitgliedschaft in der Europäischen Gemeinschaft abgab, präzisierte er seinen Vorschlag zur deutschen Mitgliedschaft im atlantischen Bündnis: »Vorstellungen, daß der Teil Deutschlands, der heute die DDR bildet, in die militärischen Strukturen der NATO einbezogen werden solle, würden die deutsch-deutsche Annäherung blockieren.« Mit seiner auch »Genscher-Plan« genannten »Tutzing-Formel« – die weder mit dem Bundeskanzler noch den Westmächten abgestimmt worden war – bot der Außenminister erste Antworten auf eine der beiden zentralen gegenwärtigen Fragen an: Das vereinte Deutschland sollte NATO-Mitglied bleiben – wobei sich für das Gebiet der Bundesrepublik nichts ändern würde, während für das Territorium der DDR ein Sonderstatus gefunden werden sollte. Dieser Sonderstatus wurde mit einer unmißverständlichen Absage an die Einbeziehung der DDR in die militärischen Strukturen der NATO bereits präzisiert. Auf die grundsätzliche Frage nach der künftigen Sicherheitsarchitektur Europas gab die Rede noch keine konkrete Antwort.

Genscher diskutierte seine Formel wenige Tage später am 2. Februar in Washington mit Außenminister James Baker, der sich damit – ebenso wie seine beiden Mitarbeiter Ross und Zoellick zuvor bereits im Gespräch mit Frank Elbe – einverstanden erklärte.[3] Auf der anschließenden Pressekonferenz ergänzte Genscher den Hinweis Bakers, auch der Bundesaußenminister trete für die weitere NATO-Mitgliedschaft Deutschlands ein: Es herrsche zudem »vollstes Einverständnis, daß nicht die Absicht besteht, das Verteidigungs- und Sicherheitsgebiet der NATO nach Osten auszudehnen«. Auf kritische Nachfragen von Journalisten, wie seine »Tutzing-Formel« denn konkret aussehen solle, erklärte Genscher, er habe keinesfalls von einer »halben Mitgliedschaft« gesprochen. Es bestehe nur nicht die Absicht, »das NATO-Gebiet nach Osten auszudehnen«. Im übrigen solle man den Ereignissen nicht vorausgreifen, sondern die weiteren Entwicklungen abwarten. Baker, der die »Tutzing-Formel« zu diesem Zeitpunkt mittrug, verwendete sie – entsprechend seinem Verständnis von Genschers Einlassungen in Washington – einige Tage später bei seinen Gesprächen mit Gorbatschow und Schewardnadse in Moskau.[4] Er ging nach dem Treffen vom 2. Februar davon aus, daß Genscher zwar die NATO-Mitgliedschaft eines vereinten Deutschlands grundsätzlich befürwortete, gleichzeitig aber – angesichts des in der Pressekonferenz präzisierten Verzichts auf eine Ausdehnung des »Verteidigungs- und Sicherheitsgebietes« – gegen die Erweiterung des NATO-Gebietes um die damalige DDR und die Gültigkeit der Verteidigungspflichten des westlichen Bündnisses auf deren Territorium war. Im Hinblick auf Gorbatschows kritische Haltung zu einer gesamtdeutschen NATO-Mitgliedschaft fragte Baker den Generalsekretär deshalb, ob ihm ein wiedervereinigtes Deutschland ohne Zugehörigkeit zum westlichen Bündnis und ohne amerikanische NATO-Truppen auf deutschem Gebiet lieber sei, als ein ans nordatlantische Bündnis gebundener Staat und die Garantie, »daß es keine Ausdehnung der gegenwärtigen NATO-Zuständigkeit nach Osten geben wird«. Genau diese Position gab Baker in seinem Brief an Bundeskanzler Kohl wieder, der einen Tag nach ihm mit Gorbatschow zusammentraf.[5] Baker schilderte, wie er dem Generalsekretär den Verzicht auf die Ausdehnung der »NATO-Jurisdiktion« genannten Zuständigkeit des westlichen Bündnisses vorgeschlagen habe.

Der US-Außenminister hatte beim Verfassen des Briefes an den Bundeskanzler allerdings noch nicht gewußt, daß es in Washington mittlerweile zum Umdenken im Hinblick auf die »Tutzing-Formel« gekommen war. Im Weißen Haus war man nicht mehr der Meinung, daß eine Entmilitarisierung Ostdeutschlands sinnvoll war, weswegen Robert Blackwill und Philip Zelikow anstelle der Begriffe »Zuständigkeit/Jurisdiktion« nunmehr – in Anlehnung an eine Formulierung von NATO-Generalsekretär Manfred Wörner – nur noch von einem »besonderen Status« dieses Gebietes innerhalb der NATO sprechen wollten. Die Bush-Mitarbeiter waren bei ihrer genaueren Analyse zur Ansicht gelangt, der »Genscher-Plan« verhindere, daß Ostdeutschland durch die in Artikel 5 und 6 des Nordatlantischen Vertrages festgeschriebenen Sicherheitsgarantien der NATO geschützt werde. Nach der Vereinigung hätte so bei einem Angriff auf ehemaliges DDR-Gebiet keine Beistandsverpflichtung der westlichen Verbündeten bestanden. Kohl wurde – ebenso wie Baker – von Bush in einem noch vor den Moskauer Gesprächen der deutschen Delegation übermittelten Brief über diese neue Position informiert.[6] Diese Veränderung der Haltung des US-Außenministers wurde dem Auswärtigen Amt allerdings nur sehr unklar mitgeteilt.[7] Selbst in einem Mitte Februar nachgeschobenen Schreiben an den deutschen Außenminister rückte Baker nicht explizit von der »Genscher-Formel« ab, sondern erläuterte lediglich kurz, daß für Ostdeutschland nicht näher präzisierte »special arrangements« notwendig sein würden. Diese Formulierung – so das berechtigte Verständnis in Bonn – stand aber in keinem Widerspruch zur Haltung des Bundesaußenministers.

### Die NATO-Frage: »Jurisdiktion« oder Truppenstationierung?

Die »Tutzing-Formel« hatte nach dem Umschwenken der USA also nur rund eine Woche lang als gemeinsame Ausgangsposition des Westens zur Sicherung der Bündniszugehörigkeit eines vereinten Deutschlands Bestand gehabt. Die von den USA als dem wichtigsten westlichen Verbündeten der Bundesregierung vertretene Linie bestand nunmehr aus den Eckpunkten
– »Vollmitgliedschaft eines vereinten Deutschlands im westlichen Bündnis«,
– »Einbeziehung Ostdeutschlands in die Schutzgarantien der NATO« und
– »Sonderstatus für das DDR-Gebiet«.
Die mißverständlichen Begriffe »NATO-Jurisdiktion/-Zuständigkeit« wurden von Baker in der Folgezeit gemieden.

Anders sah die Situation in Bonn aus, wo die Mitglieder der als Teil des Kabinettausschusses »Deutsche Einheit« gebildeten »Arbeitsgruppe Außen- und Sicherheitspolitik« sich am 14. Februar zu einer konstituierenden Sitzung unter Vorsitz von Bundesaußenminister Genscher trafen.[8] Unter den Anwesenden herrschte Übereinstimmung, daß eine Vereinigung nach Artikel 23 des Grundgesetzes – also über einen Beitritt der DDR oder ihrer noch zu schaffenden Länder anstatt nach Artikel 146 und dem damit verbundenen Umweg über eine verfassunggebende Versammlung – angestrebt werden sollte. Bei der Diskussion sicherheitspolitischer Positionen traten unterschiedliche Auffassungen im Auswärtigen Amt einerseits sowie im Verteidigungsministerium andererseits zutage, die bei den an diesem Tag vorausgegangenen Sitzungen des Bundeskabinetts und des Kabinettausschusses »Deutsche Einheit« noch nicht thematisiert worden waren. Hans-Dietrich Genscher und der Politische Direktor des Auswärtigen Amtes, Dieter Kastrup, hatten den Arbeitsgruppenmitgliedern zur Bündnisproblematik übereinstimmend erklärt, daß Gesamtdeutschland zwar Mitglied der NATO bleiben, die »NATO-Jurisdiktion« sich jedoch nicht auf die DDR erstrecken sollte. Beide bezogen sich dabei explizit auf Baker, der den Begriff »keine Ausdehnung der Jurisdiktion« geprägt habe.

Verteidigungsminister Gerhard Stoltenberg wollte dies so nicht stehenlassen. Neben einer Reihe weiterer Fragen – die sich unter anderem mit der höchstens übergangsweisen Stationierung sowjetischer Truppen im vereinten Deutschland sowie der Gesamtstärke einer deutschen Armee nach der Vereinigung beschäftigten und allesamt gegen »isolierte Lösungen« für Deutschland gerichtet waren – erkundigte er sich nach Details zum Stand der Bündnisdiskussion.[9]

Basierend auf seinem Verständnis der Interessen der Bundesrepublik stellte er dem bisherigen »Genscher-Plan« eigene Überlegungen zu einem Modell gegenüber, bei dem
1. ein vereintes Deutschland Vollmitglied der NATO bleiben sollte,
2. die jetzige DDR auch nach der Einheit nicht zum Gebiet des westlichen Bündnisses gehören sollte,
3. Ostdeutschland dennoch von den Schutzgarantien des Nordatlantischen Vertrages erfaßt werden und
4. dieses Gebiet auf keinen Fall demilitarisiert werden sollte, weswegen die Stationierung eines nicht in die NATO-Strukturen integrierten deutschen Territorialheeres möglich sein müsse.

Genscher widersprach derartigen Überlegungen heftig. Die Anwesenheit deutscher Streitkräfte auf ostdeutschem Territorium schloß er allein schon deshalb aus, weil dort dann nur nationale, nicht der NATO unterstellte Truppen stationiert werden könnten, was auf den Widerstand aller Seiten stoßen würde. Es sei illusorisch zu glauben, daß nach der Vereinigung auf jetzigem DDR-Gebiet Bundeswehreinheiten stehen könnten. Man könne eine solche Option zwar in die Verhandlungen aufnehmen, doch sei sie sehr unrealistisch. Zur Wehrpflicht erklärte Genscher, er könne auf dem Gebiet der heutigen DDR gut darauf verzichten. Man habe ja auch in Berlin über Jahrzehnte mit diesem Zustand leben können, so der Außenminister, der darauf verwies, daß die USA dies mittragen könnten. Bezüglich der Beistandsverpflichtungen des westlichen Bündnisses und der entsprechenden Klauseln im NATO-Vertrag betonte er, dies sei von der Frage der »NATO-Jurisdiktion« zu unterscheiden. Im internen Kreis hatte der Außenminister damit seine »Tutzing-Formel« konkretisiert und ergänzt. Neben dem Bekenntnis zur fortdauernden NATO-Mitgliedschaft präzisierte er
1. den Begriff »keine Ausdehnung der NATO-Zuständigkeit/-Jurisdiktion«, indem er – im internen Kreis – versicherte, daß die Frage der Schutzgarantien des westlichen Bündnisses davon nicht betroffen sei;
2. seine Überlegungen zum militärischen Status des jetzigen DDR-Gebietes nach der Vereinigung, wonach die Aussicht auf die Stationierung von Bundeswehrtruppen – auch wenn diese nicht der NATO unterstellt wären – unmöglich war.[10]

Verteidigungsminister Stoltenberg sah hierin die Gefahr einer Demilitarisierung. Da Genscher in seinen Ausführungen nichts zur künftigen Rolle der Nationalen Volksarmee (NVA) sagte, konnten seine nicht weiter konkretisierten Überlegungen zu diesem Zeitpunkt allerdings auch noch von zwei getrennten Armeen mit unterschiedlichen Oberkommandos in einem einheitlichen Staat ausgehen. Als Genscher die Sitzung der Arbeitsgruppe schloß und das nächste Treffen bereits auf fünf Tage später ankündigte, nutzte er die Gelegenheit, auf die vom äußeren Zeitdruck diktierte Notwendigkeit hinzuweisen. Die begonnene Diskussion müsse schnell geführt werden. Bevor die Minister sich am

19. Februar erneut träfen, sollten die Beamten der beteiligten Häuser folglich schon vorab Problemskizzen zu den Bereichen »Verfassungsrechtlicher Weg«, »Europäische Gemeinschaften« und »Sicherheitsproblematik« verfassen.

*Der Streit zwischen Genscher und Stoltenberg eskaliert*

Zur Vorbereitung der Sitzung ihrer Minister trafen sich Mitarbeiter der beteiligten Ressorts bereits am nächsten Vormittag im Auswärtigen Amt, um ein Optionspapier beziehungsweise einen Katalog der zu klärenden Fragen zu erstellen.[11] Erneut verwies Dieter Kastrup auf die beiden Eckpunkte, wonach der deutsche Gesamtstaat zwar Mitglied der NATO bleiben würde, die Grenzen des Bündnisses aber nicht weiter nach Osten verschoben und – entsprechend der von US-Außenminister James Baker geprägten Formulierung – die Jurisdiktion der NATO nicht auf das Gebiet der gegenwärtigen DDR ausgedehnt werden sollten. Als weitere zu bearbeitende Themen führte Kastrup die Sicherheitsinteressen eines vereinten Deutschlands, einen eventuellen Sonderstatus für das Gebiet der DDR, die Frage des zeitweisen Verbleibs beziehungsweise Abzugs sowjetischer Truppen, die Zukunft der NVA und die Wehrpflicht in der DDR an. Auch die Sicherheitsinteressen der Sowjetunion wurden in den Themenkatalog aufgenommen, doch sollten dazu zunächst keine Aussagen gemacht werden. General Klaus Naumann aus dem Verteidigungsministerium stellte daraufhin – wie tags zuvor Gerhard Stoltenberg – die Frage nach den Schutzgarantien des westlichen Bündnisses. Er versicherte, daß ohne die Präsenz deutscher Streitkräfte auf dem Gebiet der DDR dessen Verteidigung kaum möglich sei. Die Stationierung nicht-integrierter deutscher Streitkräfte – und zwar zumindest im Umfang der in der DDR bereits angestrebten NVA-Stärke von 60 000 Mann – sei deshalb aus militärischen Gründen unerläßlich. Der General erläuterte zudem, welche sicherheits- und vertrauensbildenden Maßnahmen die Bundesregierung flankierend vornehmen konnte, darunter den Verzicht auf ABC-Waffen. Angesprochen wurde weiterhin die mögliche Gesamtstärke der Bundeswehr nach Vollzug der Einheit. In keinem der Punkte wurden von den Beamten endgültige Schlußfolgerungen gezogen. Statt dessen sollten Vertreter des Auswärtigen Amtes, des Verteidigungsministeriums und des Bundeskanzleramtes ein Diskussionspapier für die Ministerrunde am darauffolgenden Montag erstellen; der zwischen Genscher und Stoltenberg schwelende Konflikt blieb vorerst ungelöst.

Zur öffentlichen Auseinandersetzung über die Details der angestrebten gesamtdeutschen Bündniszugehörigkeit kam es am 16. Februar, als Stoltenberg seine Position in einer Pressemitteilung skizzierte.[12] Der Verteidigungsminister konnte dabei auf Rückhalt aus der Unionsfraktion hoffen, deren Vorsitzender Alfred Dregger sich bereits am 31. Januar für die volle NATO-Mitgliedschaft Deutschlands ausgesprochen hatte. Während des einige Tage dauernden Meinungsbildungsprozesses innerhalb der Union war am 6. Februar unter anderem eine mit dem Kanzleramt abgesprochene Erklärung des Bundesfachausschusses Sicherheitspolitik der CDU beschlossen worden. Darin wurde neben der vollen NATO-Mitgliedschaft gefordert, daß lediglich »Friedensstandorte der alliierten Landstreitkräfte« nicht auf ehemaliges DDR-Gebiet verlegt werden sollten. Die Option, nicht der NATO unterstellte Bundeswehreinheiten in Ostdeutschland zu stationieren, wurde hingegen ausdrücklich offengelassen. Stoltenberg konnte sich also der – zumindest teilweisen – Unterstützung durch CDU/CSU sicher sein.[13]

Hintergrund seines öffentliches Vorstoßes waren neben grundsätzlichen Überlegungen auch die Bedenken, mit der zurückgenommenen Haltung des Auswärtigen Amtes würde die Ausgangsposition in den anstehenden Verhandlungen mit der Sowjetunion nur unnötig geschwächt. Der Verteidigungsminister sprach sich dafür aus, das Gleichgewicht in Europa nicht zu stören und im Einigungsprozeß die legitimen Sicherheitsinteressen der Nachbarn – darunter der Sowjetunion – zu berücksichtigen. Ganz Deutschland müsse nach der Vereinigung Vertragsgebiet der NATO sein, ohne daß Truppen und Stäbe des westlichen Bündnisses auf das derzeitige DDR-Gebiet verlegt würden. Dort, so Stoltenberg, könne es nur solche Bundeswehrtruppen geben, die nicht der NATO unterstellt seien. Über den Umfang und die Ausrüstung dieser in Ostdeutschland stationierten Territorialverbände müsse bei den Wiener Verhandlungen über konventionelle Streitkräfte in Europa gesprochen werden. Europa, so Stoltenberg, werde weiterhin ein Kontinent bleiben, auf dem die »Entwicklung keinesfalls frei von Risiken« sei. In einem Vortrag skizzierte der Verteidigungsminister seine Ideen zur weiteren Entwicklung der militärischen Bündnisse. Die NATO müsse einige ihrer Aufgaben neu definieren und sich verstärkt auf ihre politische Rolle besinnen. Er warne aber vor dem »schwerwiegenden strategischen Irrtum«, daß im Falle zunehmender Auflösungserscheinungen des Warschauer Paktes zugleich auch das nordatlantische Bündnis zur Disposition gestellt werde. Genscher sah demgegenüber im KSZE-Prozeß ein neues Sicherheitssystem. »Wir wollen schrittweise eine überwölbende KSZE-Sicherheitsarchitektur in Europa aufbauen, die sich über die noch geraume Zeit bestehenden Bündnisse spannt und in die die Bündnisse integriert werden, in der sie schließlich aufgehen können«, erläuterte der Außenminister seine Vorstellungen. Schrittweise begann der Außenminister also, weitergehende Aussagen zur Organisation der gemeinsamen Sicherheit in Europa zu machen, um so den Wünschen der Sowjetunion entgegenzukommen.

Stoltenbergs Presseerklärung sorgte bei Genscher für Aufregung.[14] In Interviews attackierte er den Verteidigungsminister: Die NATO dürfe keinesfalls nach Osten ausgedehnt werden, wobei auch die Stationierung deutscher Streitkräfte, die nicht der NATO angehörten, »im Prinzip dasselbe oder ähnliches bedeuten« würde. Bei der Verteidigung seiner Position zog Genscher alle Register: Wer die westliche Truppenpräsenz nach Osten ausdehnen wolle, »würde die Wiederherstellung der deutschen Einheit stören«. Zur Untermauerung seiner Haltung verwies Genscher auf den US-Außenminister und den Bundeskanzler. James Baker habe »zu Recht festgestellt«, daß die »Jurisdiktion der NATO, also die Zuständigkeit nicht nach Osten verschoben« werden dürfe, während Helmut Kohl in Moskau versichert habe, »daß wir die Sicherheitsinteressen auch der Sowjetunion beachten werden«. Rückendeckung erhielt der Außenminister aus seiner Fraktion. Ähnlich wie nach der Vorstellung von Kohls Zehn-Punkte-Programm Ende November 1989 waren es wieder Genschers FDP-Parteifreunde, die ihre Kritik besonders scharf formulierten. So bezeichnete der verteidigungspolitische Sprecher der liberalen Bundestagsfraktion, Olaf Feldmann, Stoltenberg als »politischen Brandstifter« und erweckte in der Öffentlichkeit den Eindruck, die Sicherheitsdebatte könne die Regierungskoalition in Frage stellen. Immer wieder betonte er: Eine »Ausdehnung des NATO-Gebietes wird es mit der FDP nicht geben«[15].

## Das Kanzleramt greift ein

Nachdem die Auseinandersetzung zwischen Genscher, dem Auswärtigen Amt und der FDP auf der einen sowie Stoltenberg, dem Verteidigungsministerium und Teilen der CDU/CSU auf der anderen Seite während des Wochenendes am 17./18. Februar ihren Höhepunkt erreicht hatte, sah Helmut Kohl sich zum Einschreiten veranlaßt. Telefonisch forderte er die beiden Minister zur Beilegung des Streits auf, was diese bei einem Gespräch im Bundeskanzleramt am 19. Februar dann auch taten. Zusammen mit Kanzleramtsminister Rudolf Seiters erarbeiteten sie eine gemeinsame Erklärung, in der sie zunächst die Regierungserklärung des Bundeskanzlers vom 15. Februar wiederholten.[16] Über die darin enthaltenen Aussagen hinaus erreichte Genscher allerdings eine als Bekräftigung der bisherigen Positionen bezeichnete Kurskorrektur. Kohl hatte vor dem Bundestag noch erklärt, »daß keine Einheiten und Einrichtungen des westlichen Bündnisses auf das heutige Gebiet der DDR vorgeschoben werden«. In der Genscher-Stoltenberg-Erklärung hieß es nun, dieser Satz »bezieht sich auf die der NATO assignierten und nichtassignierten Streitkräfte der Bundeswehr«. Der sicherheitspolitische Status des damaligen DDR-Gebietes sei mit der freigewählten DDR-Regierung und den Vier Mächten »zu klären«.

Hans-Dietrich Genscher hatte sich somit in der Auseinandersetzung mit Gerhard Stoltenberg auf der ganzen Linie durchgesetzt. Die neue Erklärung umfaßte nicht mehr nur die allgemein unbestrittene Formulierung, daß das NATO-Gebiet nicht nach Osten ausgedehnt werden sollte, sondern sicherte zudem der UdSSR zu, daß auch nach der Vereinigung keinerlei Bundeswehrverbände auf dem Territorium der ehemaligen DDR stationiert werden sollten. Der Bundesaußenminister hatte damit die Regierung im Koalitionskrach auf seinen Kurs gezwungen, ohne daß die bestehenden Unklarheiten beseitigt

waren. Die Genscher-Stoltenberg-Erklärung blieb nicht nur Antworten auf bereits bekannte Fragen schuldig, sondern brachte zusätzlich neuen Diskussionsstoff auf:
1. Was sollte mit der NVA nach der Vereinigung geschehen? Ein Zusammenschluß mit der Bundeswehr schien nach dem neuesten Stand nicht möglich, da lediglich durch die Existenz einer zweiten deutschen Armee gewährleistet werden konnte, daß deutsche Soldaten – aber eben keine Bundeswehrtruppen – in Ostdeutschland stationiert würden. Die Genscher-Stoltenberg-Erklärung gab dazu lediglich den Hinweis, daß alle derartigen Fragen gemeinsam mit der freigewählten DDR-Regierung und den Vier Mächten geklärt werden sollten.
2. In der Erklärung fehlte – anders als in Genschers Ausführungen in der nichtöffentlich tagenden Arbeitsgruppe »Außen- und Sicherheitspolitik« – der Hinweis, daß nach Lesart des Bundesaußenministers eine »Nicht-Ausdehnung der NATO-Jurisdiktion« keinesfalls auch einen Verzicht auf die Schutzgarantien des westlichen Bündnisses bedeutete.
3. Welchen genauen militärischen Status sollte das ehemalige DDR-Gebiet nach der Vereinigung haben? Hier sorgten Äußerungen von Jürgen Chrobog für zusätzliche Verwirrung. Der Genscher-Vertraute und Sprecher des Auswärtigen Amtes wies darauf hin, daß Berlin ein gutes Beispiel dafür sei, was der Außenminister sich für die Zukunft des DDR-Gebietes vorstellen konnte.[17] Offen blieb, wie dies mit einem Grundsatz aus Kohls Regierungserklärung und dem gemeinsamen Papier von Genscher und Stoltenberg vereinbart werden konnte, wonach ein vereintes Deutschland weder neutralisiert noch demilitarisiert sein sollte.

Der Streit hatte also lediglich einen Sieger, keinesfalls aber die Synchronisation der Regierungsposition zum Sicherheitsstatus eines vereinten Deutschlands hervorgebracht und zudem das befreundete Ausland verunsichert.[18] Weiterhin ungeklärt war auch, welche Haltung der Bundeskanzler – dessen außenpolitische Mitarbeiter mit den Regelungen der Genscher-Stoltenberg-Erklärung unzufrieden waren – in dieser Angelegenheit einnehmen würde. Helmut Kohl hatte sich im Streit zwischen seinen beiden Ministern nicht öffentlich zu Wort gemeldet, da er sich in dieser bedeutsamen Frage zunächst mit US-Präsident George Bush als dem engsten außenpolitischen Verbündeten und deutlichsten Befürworter der deutschen Einheit abstimmen wollte.[19] Aus Kohls Sicht ging es dabei um mehr als nur die eine abstrakte Sicherheitsfrage: Ohne ein eindeutiges Bekenntnis zur NATO würde es keine Unterstützung der Vereinigungspolitik durch die USA geben, die sich bislang als einziger Verbündeter uneingeschränkt hinter die Politik der Bundesregierung gestellt hatte. Ziel mußte es also sein, Bush auf dieser Linie zu halten. Die hierfür notwendigen Gespräche sollten bereits wenige Tage später bei einem Treffen von Kohl und Bush in den USA stattfinden.

## Bush, Baker und Kohl legen sich fest

Der Bonner Streit über die Ausgestaltung einer gesamtdeutschen NATO-Mitgliedschaft wurde in Washington sehr mißtrauisch verfolgt. Die Genscher-Stoltenberg-Erklärung ließ, wie Bush beispielsweise der in Vereinigungsfragen weiterhin zögerlichen Margaret Thatcher am Telefon erklärte, Zweifel daran aufkommen, daß Deutschland Vollmitglied des westlichen Verteidigungsbündnisses bleiben werde.[20] Im NSC gab es zudem die Befürchtung, daß nach den Volkskammerwahlen eine linke Regierung unter Führung der ostdeutschen Sozialdemokraten gemeinsam mit den Sowjets die Bundesregierung vor die Entscheidung »Einheit oder NATO-Mitgliedschaft« stellen würde. Als Hauptaufgaben der US-Regierung wurde gesehen, noch vor Beginn der eigentlichen »Zwei-plus-Vier«-Verhandlungen eine gemeinsame Position des Westens zu erreichen, den »Zwei-plus-Vier«-Prozeß zu verschleppen, um so den Deutschen die Möglichkeit zu geben, möglichst viele innerdeutsche Fakten zu schaffen, sowie den Themenkatalog der Sechsergespräche so knapp wie möglich zu halten. Fragen der Verteidigung des künftigen Deutschlands sollten dort keinesfalls angeschnitten werden. Statt dessen sollte die NATO-Mitgliedschaft einmal in aller Deutlichkeit mit dem Bundeskanzler besprochen werden. Dessen seit längerem vereinbarter Besuch auf dem Landsitz der amerikanischen Präsidenten, Camp David, war mittlerweile auf den 24./25. Februar festgelegt worden.[21] Hauptziel der Amerikaner war die öffentliche Festlegung Kohls darauf, daß

- das gesamte Territorium des vereinten Deutschlands der NATO angehören werde[22];
- ein vereinigtes Deutschland in die integrierte Militärstruktur des westlichen Bündnisses eingebunden bleibe, es also auch keine deutsche Mitgliedschaft nach französischem Muster geben werde;
- die westliche Militärpräsenz in Westdeutschland erhalten bleibe und
- Ostdeutschland einen – im Detail noch zu bestimmenden – besonderen militärischen Status erhalten solle.

Die Mitarbeiter Bushs und Bakers wurden in ihrem Anliegen vor allem von Horst Teltschik unterstützt, der mit Hilfe von Präsidentenberater Robert Blackwill erreichen wollte, daß Kohl seine auf koalitionspolitischen Gründen basierende Unterstützung Genschers gegenüber Verteidigungsminister Stoltenberg aufgab.[23] Blackwill wiederum erhoffte sich, nachdem der amerikanische Außenminister intern bereits davon abgerückt war, nunmehr auch die offizielle Distanzierung Bakers von Genschers Tutzing-Formel, die nach Ansicht der USA keine befriedigende Lösung der Bündnisfrage bot.

In Bonn wurde die USA-Reise ähnlich intensiv vorbereitet wie in Washington. In Vorlagen wurde betont, daß Helmut Kohl der erste Bundeskanzler sei, der eine der international begehrten Einladungen auf den Landsitz des US-Präsidenten bekommen habe.[24] Die deutsch-amerikanischen Beziehungen wurden in internen Vermerken durchgängig als gut bezeichnet, die Unterstützung für die deutsche Einheit stets betont: »Die USA streben einen engen Schulterschluß mit uns an. Unsere Bereitschaft hierzu sollten wir ganz deutlich machen.« Kohl solle den Partnern deutlich machen, daß nichts hinter deren Rücken geschehen werde und daß er mit einer Konsultation der NATO-Verbündeten zu Sicherheitsaspekten im Rahmen der deutschen Einheit bereit sei. Zur Frage eines KSZE-Sondergipfels noch im Spätjahr 1990 hieß es, dort könne man die Ergebnisse der »Zwei-plus-Vier«-Gespräche den 35 Teilnehmerstaaten »zur Kenntnis« bringen. Insgesamt sahen Kohls Mitarbeiter keinerlei Probleme bei der aktuellen Zusammenarbeit mit den USA auf dem Weg zur deutschen Vereinigung.

### Spitzendiplomatie am offenen Kamin

Die Stimmung unter den Teilnehmern war deshalb ebenso locker wie die Kleidung der Gastgeber, die Kohl am 24. Februar am Flughafen in Washington und später beim Hubschrauberlandeplatz in Camp David empfingen. Der Bundeskanzler war mit seiner Ehefrau sowie einigen engen Mitarbeitern – doch ohne Hans-Dietrich Genscher und Mitarbeiter des Auswärtigen Amtes[25] – angereist; auf amerikanischer Seite waren neben George und Barbara Bush zeitweise auch weitere Familienmitglieder sowie US-Außenminister James Baker, Sicherheitsberater Brent Scowcroft und NSC-Direktor Robert Blackwill anwesend.[26] Während draußen eisige Kälte herrschte, setzten sich die Delegationen bereits am frühen Nachmittag in einem der Blockhäuser mit offenem Kaminfeuer zum ersten, zweieinhalbstündigen Gespräch zusammen.[27] Bush, der zuvor Teltschik aufgefordert hatte, sich angesichts des lockeren Rahmens – Kohl war in seiner grauen Strickjacke erschienen, Baker in Cowboystiefeln – doch die Krawatte abzunehmen, begrüßte den Kanzler als »alten Freund«, mit dem er sich gerne in informeller Runde zusammensetze. Kohl begann die Diskussion mit ausführlichen Analysen zur aktuellen Lage in der UdSSR, Mittel- und Südosteuropa sowie zur Europäischen Gemeinschaft. Dabei ging er besonders auf die Beziehungen zwischen der EG und den USA sowie auf das deutsch-französische Verhältnis ein. Für die Nachbarn sei es wichtig zu sehen, daß die Deutschen »die europäischsten Europäer« seien. In der aktuellen Situation sei es gut zu wissen, daß das Verhältnis zu den USA intakt sei. Zur innerdeutschen Entwicklung betonte der Kanzler die Dramatik der Ereignisse, die niemand so habe vorhersehen können. Nun gelte es zunächst einmal, die Lage zu stabilisieren, ohne daß er allerdings Modrows finanziellen Forderungen nachgeben wolle. Auf dem weiteren Weg zur deutschen Einheit gehe es auf zwei Schienen voran: den innerdeutschen Verhandlungen auf der einen sowie im internationalen Rahmen auf der anderen Seite. Dazu gehöre auch, daß die Europäische Gemeinschaft um die DDR erweitert werde, während er zugleich alles daransetzen werde, die Integration voranzubringen. Je mehr die Deutschen politisch integriert seien, desto weniger Grund gebe es für Ängste bei den Nachbarn.

Von sich aus kam Kohl dann auf ein Thema zu sprechen, das in dieser Zeit nicht nur die innerdeutsche Auseinandersetzung bestimmte. »Mister Chancellor, what about Poland?« hatte ihm ein Reporter bereits bei der Landung in Camp David über die Absperrung hinweg zugerufen. Der Kanzler hatte auf diese Frage zur Diskussion um die deutsch-polnische Grenze nicht reagiert, ging nun aber detailliert auf seine Vorstellungen ein. Die Grenzfrage sei kein großes Problem, sondern lösbar. Dabei komme es auf die Methode an. Die Mehrheit der Deutschen befürworte die Endgültigkeit der Oder-Neiße-Grenze. Er habe am Vortag lange telefonisch mit dem polnischen Ministerpräsidenten über dieses Thema gesprochen. Mazowiecki habe die psychologischen Gegebenheiten in seinem Land geschildert, und in der Tat sei nicht die Grenze, sondern die Psychologie der Menschen in beiden Staaten das Problem. Kohl wiederholte seine Position, daß er nur für die Bundesrepublik, nicht aber für ein vereintes Deutschland handeln könne. Sein Ziel sei ein völkerrechtlicher Vertrag, den eine gesamtdeutsche Regierung aushandeln und ein gesamtdeutsches Parlament ratifizieren müßten. Er warnte davor, daß im Zusammenhang mit der Grenzfrage die Diskussion um Reparationen wieder hochkoche. Die Bundesrepublik habe rund 100 Milliarden D-Mark an Wiedergutmachung, darunter große Summen an Polen, gezahlt. Nun könne man nicht 50 Jahre nach dem Krieg noch einmal mit Reparationen anfangen, verwahrte sich Kohl gegen derartige Forderungen, die – wie er auf Nachfrage von Baker bestätigte – nicht von Mazowiecki, sondern aus der polnischen Innenpolitik gekommen seien.

Der Bundeskanzler sprach sich gegen eine direkte Teilnahme Polens an den »Zwei-plus-Vier«-Gesprächen aus. Mazowiecki, dem er gerne helfen wolle, habe zuerst »Zwei-plus-Fünf«-, dann »Zwei-plus-Vier-plus-Eins«-Gespräche gewollt – beides gehe so aber nicht. Beim beschlossenen Sechser-Mechanismus handle es sich zunächst um die enge Abstimmung mit den Vereinigten Staaten, dann Gespräche mit den beiden anderen westlichen Partnern und schließlich mit der Sowjetunion. Dennoch müsse man, gemeinsam mit den USA, eine Lösung finden, um den innenpolitischen Druck auf Mazowiecki zu mindern. Es könne sich beispielsweise um Konsultationen handeln. Polen sei in der Tat wegen seiner Grenze in einer einzigartigen Lage, so daß hier auch nicht die Gefahr eines Präzedenzfalles bestehe, der zu einer weiteren Ausdehnung des »Zwei-plus-Vier«-Rahmens führen könne. Kohl sprach die Interessen der USA an, wo es viele national empfindende Polen gebe. Gorbatschow wiederum wolle nicht, daß die Polen mit einer Grenzdiskussion begännen, vor allem dann nicht, wenn es in den baltischen Staaten Veränderungen gebe. In der Bundesrepublik spielten die Linken die Grenzfrage künstlich hoch, da sie hofften, seine Partei werde dadurch rechtskonservative Wähler verlieren. Die Liebe zu Polen sei keinesfalls deren Motiv: Wenn es in diesem Jahr keine Wahlen gäbe, wäre das

Thema mit Sicherheit nicht so präsent. Zusammenfassend meinte Kohl, er sei guten Willens und werde eine Lösung finden. Es gehe nicht um die unbestrittene Sache, sondern um die Prozedur. Sobald ein gesamtdeutsches Parlament gewählt sei – was er für 1991 erwarte –, werde man auch in dieser Frage Ruhe bekommen. Wie denn die Zeitvorstellungen des Kanzlers hinsichtlich der Grenze aussähen, wollte Sicherheitsberater Brent Scowcroft wissen, worauf Kohl erwiderte, er hoffe auf einen Abschluß der »Zwei-plus-Vier«-Gespräche noch in diesem Jahr, da das Thema sonst auf den KSZE-Gipfel verschoben werden könne. Es sei wichtig, bei »Zwei-plus-Vier« vorher zu Ergebnissen zu kommen, denen der KSZE-Gipfel dann »nach Art eines alten Bischofs den Segen geben« könne – eine Einschätzung, der Baker ausdrücklich zustimmte. Am nächsten Tag ging Kohl noch einmal kurz auf seinen »Idealfahrplan« ein, der nach den Volkskammerwahlen vom März für den Mai/Juni Kommunalwahlen, anschließend die Herstellung der DDR-Länder und dann – im Jahr 1991 – gesamtdeutsche Wahlen vorsah.

Ebenso offensiv ging Kohl die Sicherheits- und Bündnisfragen an: Sein Land sei in keiner Weise am Besitz von Atomwaffen interessiert, und es gebe keinerlei ernsthafte Bestrebungen in diese Richtung. Wichtig sei, daß das vereinte Deutschland Mitglied der NATO bleibe. Man werde aber Übergangszeiten brauchen. Es sei undenkbar, daß NATO-Einheiten – oder auch Bundeswehrteile, die nicht der NATO angehörten – auf das Territorium der jetzigen DDR kämen.[28] Kohl vertrat damit uneingeschränkt Genschers Position, von der Teltschik und die USA den Kanzler abbringen wollten. Übergangsregelungen, so Kohl weiter, brauche man auch für die derzeit 380 000 in der DDR stationierten sowjetischen Soldaten. Deren Zahl werde nach den Ergebnissen der ersten VKSE-Runde zwar bereits auf die Hälfte reduziert, doch benötige Gorbatschow Zeit, um in der UdSSR für Unterbringung etc. zu sorgen. Es gehe aber nicht, daß die sowjetischen Truppen unbefristet dablieben. Kohl bat die USA um eine genaue Erklärung, was die von den Außenministern diskutierte Frage der »NATO-Zuständigkeit/-Jurisdiktion« für die militärische Integration Deutschlands bedeute. Es sei wichtig, daß kein Sonderstatus für Deutschland entstehe. Er habe gegenüber Gorbatschow eindringlich gesagt, daß jede Isolierung Deutschlands außerhalb der NATO unannehmbar sei. Bevor er zusammenfassend betonte, wie wichtig der Verbleib Deutschlands in der NATO und die Präsenz der USA in Europa für die künftige Sicherheit auf dem Kontinent seien, sprach Kohl noch die Frage der nuklearen Kurzstreckenwaffen (SNF) vom Typ Lance sowie deren Modernisierung an. Es sei wichtig zu wissen, was damit geschehen solle, so der Bundeskanzler. Übereinstimmend mit Bush lehnte er Verhandlungen über einen Friedensvertrag strikt ab.[29]

Kohl hatte damit seine Agenda für die Gespräche in Camp David gesetzt, auf die Bush und Baker im folgenden eingingen. Hinsichtlich der SNF-Debatte meinte der US-Präsident, die Lance-Nachfolge (FOTL) sei seines Erachtens »dead as a doornail«, also mausetot, während sein Außenminister ergänzend auf die Beschlußlage im Bündnis verwies: Die Entscheidung über die Lance-Nachfolge werde 1992 gefällt; nach Beginn der Umsetzung des Vertrages über die konventionellen Streitkräfte in Europa (VKSE I) solle es amerikanisch-sowjetische Gespräche über die nuklearen Kurzstreckenraketen geben. Zum zentralen Punkt des Treffens, der Frage der Bündniszugehörigkeit, betonte Bush, das geeinte Deutschland müsse ohne jede Einschränkung Mitglied der NATO bleiben – die Idee, es könne ein zweites Frankreich im Bündnis geben, wolle er lieber gar nicht erst diskutieren.[30] Es sei unbestritten, daß Deutschland und die USA bei der Zukunft Europas Schlüsselrollen hätten, doch müsse man Rücksicht auf die Ängste und Sensibilitäten der europäischen Verbündeten nehmen. Als Bundesaußenminister Genscher in Ottawa den Italienern ziemlich unverblümt gesagt habe, für sie sei kein Platz am »Zwei-plus-Vier«-Tisch, habe dies auch bei anderen den Eindruck eines wenig feinfühligen Deutschlands hervorgerufen. Wichtig seien deshalb Konsultationen mit den Verbündeten, ein Punkt, in dem ihm der Kanzler nachdrücklich zustimmte.

Zur Grenzfrage erklärte Bush, daß Kohl von der »Grenze wie sie ist« gesprochen habe. Je klarer der Kanzler sich hier ausdrücke, um so weniger Probleme werde es geben. Auch die USA schlössen polnische Reparationsforderungen aus, versicherte Bush, der im weiteren Verlauf des Gesprächs nicht mehr auf das polnische Anliegen zurückkam. Statt dessen schlug Außenminister Baker gegen Ende der Unterhaltung vor, sich über die entsprechenden Verlautbarungen gegenüber der Presse abzustimmen. Er regte an zu sagen, daß Polen »involviert« sei, da es um eine Frage gehe, bei der polnische Interessen fundamental berührt würden. Andererseits dürfe man das Thema nicht in Zusammenhang mit anderen Punkten aus dem »Zwei-plus-Vier«-Kontext bringen, der für ihn ein Mechanismus mit rein konsultativem Charakter sei. Viele Dinge müßten die Deutschen alleine beschließen, während andere – wie deren besondere Rechte und Verantwortlichkeiten sowie Berlin-Fragen – von den Vier Mächten entschieden werden müßten. Wann immer aber Fragen auftauchten, die das eine oder andere Land unmittelbar berührten, solle man einen Modus finden, dieses oder jenes Land zu solchen speziellen Fragen an den Tisch zu bitten. Das Thema »Oder-Neiße-Grenze« war damit für die beiden Delegationen erledigt.[31] Im weiteren Verlauf der ersten Gesprächsrunde ging es statt dessen neben ausführlichen Informationen über die Lage in der DDR, die innenpolitische Entwicklung in der Bundesrepublik sowie die angestrebte Wirtschafts- und Währungsunion vor allem um das weitere Vorgehen hinsichtlich der internationalen Aspekte der deutsch-deutschen Vereinigung. So erklärte Bush dem Kanzler deutlich, daß die USA schnelle Verhandlungen der beiden deutschen Staaten befürworteten, zugleich aber ein zu frühes Engagement der Vier Mächte – also den baldigen Beginn der »Zwei-plus-Vier«-Gespräche – ablehnten. Einig war er sich mit Kohl darin, daß man den sowjetischen Generalsekretär Gorbatschow stützen mußte.

## Optimismus in der Bündnisfrage

Zuversicht, daß alle derzeit offenen Fragen zufriedenstellend gelöst werden könnten, verbreitete der Bundeskanzler, nachdem James Baker von seinen Gesprächen Anfang des Monats in Moskau berichtet hatte. Auf Nachfrage von Bush versicherte Kohl, er »wolle« keinesfalls die Anwesenheit sowjetischer Truppen auf dem Gebiet der jetzigen DDR, doch könne Gorbatschow die Soldaten ja nicht über Nacht abziehen. Man brauche hier eine Stufenlösung mit einer zeitlich begrenzten Stationierung von UdSSR-Einheiten in Deutschland. Er sei sich sicher, daß die Sowjetunion einer deutschen NATO-Mitgliedschaft nicht dauerhaft im Wege stehen werde. Die sowjetische Regierung werde letztlich kein Problem mehr damit haben, aber sie werde ihren Preis dafür fordern. Wichtig seien nun direkte und diskrete Gespräche mit der UdSSR. Wahrscheinlich würden die Sowjets ihre Konditionen für die gesamtdeutsche NATO-Mitgliedschaft den USA als der zweiten Großmacht eher nennen als ihm, fuhr Kohl fort. Es komme deshalb darauf an, Entschlossenheit und Übereinstimmung zwischen den USA und der Bundesrepublik bei diesem Thema zu demonstrieren. Der Bundeskanzler habe ja große Taschen, warf Präsident Bush scherzhaft ein und deutete damit zugleich an, daß dieser – finanzielle – Preis für die NATO-Zugehörigkeit des vereinten Deutschlands am Ende von den Deutschen alleine aufgebracht werden müßte. Einig waren sich die beiden darin, daß amerikanische Truppen auf jeden Fall weiterhin in Deutschland stationiert bleiben sollten. Kohl baute seine optimistische Prognose später noch aus[32]: Für Gorbatschow gehe es auch um Fragen des Prestiges. Ein Durchbruch in der deutschen Frage, bei der Kohl offensichtlich nur noch die Bündniszugehörigkeit als ungelöstes Problem sah, könne bereits beim amerikanisch-sowjetischen Gipfel im Juni in Washington erzielt werden. Die Entscheidung werde Gorbatschow nicht leichtfallen, doch werde er sie letztlich gemeinsam mit dem Präsidenten der Vereinigten Staaten treffen, den er als einzigen gleichrangigen Partner sehe. Der Generalsekretär halte den »Zwei-plus-Vier«-Mechanismus zwar für wichtig, wolle aber Vereinbarungen mit der anderen Weltmacht abschließen, betonte Kohl und versicherte, daß man bis Juni hinsichtlich der anderen Punkte so weit sein könne, daß die sowjetische Entscheidung herbeizuführen sei. Wie bei allen anderen behandelten Themen wurden auch hier keine Differenzen zwischen den beiden Delegationen deutlich, die ihre Gespräche auf den nächsten Morgen vertagten.

Dem ersten Arbeitstreffen folgte ein Abendessen im kleinen Kreis, bevor anschließend wieder die Mitarbeiter dazustießen, um sich gemeinsam den Film »Die Schatzinsel« anzuschauen. Der Zeitunterschied zu Deutschland, wo es mittlerweile drei Uhr morgens war, die konzentrierten Gespräche und Bushs Hinweis, der Film sei kein Pflichtprogramm, verfehlten ihre Wirkung nicht – nach wenigen Minuten schlichen sich die Gäste nach und nach aus dem Zimmer, wo letztlich nur Bush, Scowcroft und Kohls UdSSR-Experte Kaestner dem Film bis zu seinem Ende folgten.

Der zweite Verhandlungstag, ein Sonntag, begann mit einem gemeinsamen Gottesdienstbesuch, bevor sich die beiden Delegationen um 9.30 Uhr für eine Stunde zusammensetzten.[33] Nachdem das ausführliche Gespräch am Vortag vor allem dem Informationsaustausch und dem Abtasten der jeweiligen Positionen gedient hatte, ging es nun um konkrete Details. Kohl kam direkt auf den »Zwei-plus-Vier«-Mechanismus zu sprechen, bei dem Bush nach der Haltung des Kanzlers zu den von Frankreich und Großbritannien gewünschten Vorbesprechungen auf Beamtenebene fragte. Vor den Volkskammerwahlen in der DDR sollte auf keinen Fall ein Treffen der Minister stattfinden, erläuterte Außenminister Baker mit Verweis auf die Einigung von Ottawa. Auf anderer Ebene, beispielsweise der Politischen Direktoren, könne es jedoch schon bald Gespräche geben. Der Bundeskanzler widersprach dem: Die Bundesregierung habe mit der DDR für den 7. März ein erstes bilaterales Beamtentreffen zur »Materialsammlung« vereinbart. Danach sollten weitere Begegnungen bis nach den Wahlen und der Bildung einer demokratischen Regierung vertagt werden, ein Vorschlag, der Baker wegen der Nervosität der übrigen westlichen Alliierten und Polens nicht gefiel. Seines Erachtens sollte es zunächst auf der Ebene der Politischen Direktoren ein »Eins-plus-Drei«-Treffen der drei Westmächte mit der Bundesrepublik geben, dem möglichst schnell das erste »Zwei-plus-Vier«-Treffen folgen sollte. So könne man Bedenken bei Frankreich, Großbritannien und den anderen NATO-Verbündeten dämpfen, die auf jeden Fall unterrichtet werden sollten. Auch Kohl sprach sich für die Unterrichtung der NATO-Partner und die Abstimmung im Rahmen »Eins-plus-Drei« vor den ersten Begegnungen mit der UdSSR aus. Er habe bereits mit NATO-Generalsekretär Wörner vereinbart, die Ständigen Vertreter in der kommenden Woche selbst zu informieren – ein Punkt, den Bush nachdrücklich begrüßte. Der Kanzler schlug folgendes Verfahren vor: Eventuell am 1. März sollte das »Eins-plus-Drei«-Treffen, am 7. März die bilaterale Besprechung mit der DDR und nach dem 18. März dann die erste »Zwei-plus-Vier«-Runde stattfinden. Er war sich mit Baker einig, daß die »Eins-plus-Drei«-Gespräche sehr diskret, ohne großes öffentliches Aufsehen stattfinden sollten.

Der US-Außenminister war allerdings mit dem großen zeitlichen Abstand zwischen dem »Eins-plus-Drei«- und dem »Zwei-plus-Vier«-Treffen unzufrieden. Man habe in Ottawa frühe Gespräche vereinbart, die zwar nicht auf der Direktorenebene stattfinden müßten, aber der Beruhigung der anderen Beteiligten dienen könnten. Ob es denn wirklich etwas bringe, so Kohls Gegenfrage, wenn man jetzt schon mit Verhandlungen beginne? Die derzeitige DDR-Regierung werde in der NATO-Frage ein Sprachrohr der Sowjets sein, weswegen er Vertreter des weiterhin kommunistischen DDR-Außenministeriums vor dem 18. März nicht mit am Tisch haben wolle. Vor den Wahlen würden praktisch auf einer Seite des »Zwei-plus-Vier«-Tisches die westlichen »Eins-plus-Drei« sowie auf der anderen Seite die DDR und die Sowjetunion sitzen. Baker und Bush stimmten Kohl hinsichtlich seiner diesbezüglichen Bedenken zu. Die USA, so der US-Außenminister, seien hinsichtlich des Gesprächsbeginns flexibel, doch seien Großbritannien und Frankreich anderer Auffassung. Man könne doch mit diesen beiden Regierungen reden, schlug der Bundeskanzler vor, der für die nächste Zeit vor allem Diskretion und einen engen Schulterschluß zwischen der Bundesrepublik und den USA wünschte. Wichtig sei nun, wie man mit der UdSSR umgehe, und das sei vor allem Bakers Aufgabe.

Nach einem kurzen Exkurs dazu, wie Kohl sich den Zeitrahmen der Vereinigung vorstellte – wobei er auf die zögerliche Haltung westlicher Verbündeter, darunter vor allem Großbritanniens hinwies –, ging es noch einmal um die konkrete »Zwei-plus-Vier«-Planung. Wenn alles gut laufe, so Kohl, könne es bald Ministergespräche geben. Einziges relevantes Datum sei der KSZE-Gipfel zum Jahresende. Bis dahin müßten die »Zwei-plus-Vier«-Gespräche beendet sein, da das Thema sonst den Gipfel dominieren würde. Nachdem er noch einmal seine optimistische Einschätzung zur Lösung der Bündnisfrage wiederholt und präzisiert hatte, griff Kohl abschließend Bakers Formulierung auf, wonach die »Jurisdiktion« der NATO nicht ausgedehnt werden dürfe. Was dies denn heißen solle, wollte er wissen. Baker versicherte – ganz wie NSC-Direktor Blackwill dies erhofft hatte –, es gehe einzig darum, daß keine NATO-Truppen auf dem Gebiet der heutigen DDR stationiert werden sollten. Kohl stimmte dem zu, womit er auf den von Teltschik bevorzugten Kurs einschwenkte und von Genschers Linie abwich. Er bat Baker, seine Position auch öffentlich und gegenüber den westlichen Partnern richtigzustellen.

Zusammenfassend zeigte der Gesprächsverlauf in der ländlichen Idylle von Camp David also, daß
- es zwischen dem Kanzleramt und der US-Regierung keine grundlegenden Unterschiede bei der Bewertung der Lage und der geplanten nächsten Schritte gab;
- vor allem Kohl von einem enormen Optimismus geleitet war, dem seine amerikanischen Gesprächspartner nicht widersprachen: Bereits zu diesem Zeitpunkt war er sich sicher, daß die Einheit binnen Jahresfrist vollzogen sein würde, wobei er sich in der Öffentlichkeit bemühte, die Beschleunigung der Ereignisse mit dem Druck durch die Menschen in der DDR zu begründen.[34] Bereits zu diesem frühen Zeitpunkt ging Kohl intern davon aus, daß auch die UdSSR sich letztlich mit einer gesamtdeutschen NATO-Mitgliedschaft abfinden würde. Offen, so Kohl, sei nur noch der »Preis« für dieses Entgegenkommen Gorbatschows;
- die USA in der Behandlung der Grenzfrage zwar ein offensiveres Vorgehen durch die Verwendung der entsprechenden KSZE-Formel befürworteten, dem Bundeskanzler aber auch in diesem Punkt vollkommen vertrauten und keinen größeren Druck auf ihn ausüben wollten.

## Konfliktsuche auf der Pressekonferenz

Nach einigen letzten Abstimmungen zur Vorbereitung der Pressekonferenz stellten sich der US-Präsident und der Bundeskanzler um 11 Uhr den wartenden Medienvertretern.[35] In ihren zuvor abgesprochenen Eingangsstatements gingen die beiden auf die Vollmitgliedschaft des vereinten Deutschlands in der NATO sowie den militärischen Sonderstatus für das Gebiet der DDR, den gewünschten Verbleib amerikanischer Truppen in Europa, den KSZE-Gipfel zur Unterzeichnung eines VKSE-Abkommens sowie die polnische Westgrenze ein. Daß dieses Thema die Medien am stärksten interessierte, zeigte bereits die erste Frage des polnischen Journalisten Zygmunt Broniarek, der sich nach der Endgültigkeit der aktuellen deutsch-polnischen Grenze erkundigte. Der Bundeskanzler wiederholte seine bekannte Position und versicherte: »Niemand will die Frage der Einheit der Nation mit der Verschiebung bestehender Grenzen verbinden. Das ist meine Position, an der niemand zu zweifeln erlaubt ist.« Mit seinen Formulierungen hatte er aber nach Ansicht von Beobachtern erneut »Schwierigkeiten, die formale Rechtsposition seiner Regierung in der Grenzfrage verständlich zu machen«, wonach er als Vertreter der Bundesrepublik eben nicht völkerrechtlich verbindliche Zusagen im Namen eines vereinten Deutschlands machen konnte. Gefragt, ob er – von der polnischen Regierung zuletzt gewünschte – Verhandlungen mit Polen für ausgeschlossen halte, verwies Kohl erneut darauf, daß »der wirklich zuständige Souverän – auch völkerrechtlich zuständige, und das ist der gesamtdeutsche Souverän – eine solche Entscheidung trifft. Es gibt in Polen Wünsche, daß vor dieser Entscheidung eines freigewählten deutschen Parlaments in der Ratifikation, die dann notwendig ist, in den beiden deutschen Staaten Entscheidungen getroffen werden. Wir haben dazu im deutschen Bundestag eine ganz klare, mit riesiger Mehrheit getroffene Entscheidung bekanntgegeben, die noch einmal diese Linie bestätigt«, so sein Hinweis auf die Erklärung des westdeutschen Parlaments.

Bush ergänzte diese neuerliche Erklärung mit dem von seinen Mitarbeitern vorbereiteten Hinweis' auf die amerikanische Position, derzufolge »die Vereinigten Staaten die Bestimmung der Helsinki-Schlußakte hinsichtlich der Unverletzlichkeit bestehender Grenzen in Europa respektieren. Und die Vereinigten Staaten erkennen formell die gegenwärtig bestehende deutsch-polnische Grenze an.« Auf Nachfrage betonte Bush ausdrücklich, daß er in dieser Erklärung keinen Widerspruch zu den Äußerungen Kohls sehe, über die er nicht sagen könne, »daß sie in irgendeiner Weise unklar« gewesen seien. In der Berichterstattung wurde dennoch bei der Suche nach einem Konfliktpunkt zwischen Kohl und Bush immer wieder auf die Frage der deutsch-polnischen Grenze zurückgegriffen. Ob Bushs Einwurf nicht einen Gegensatz des Kanzlers zum wichtigsten westlichen Verbündeten aufgezeigt habe, wurde Kohl beispielsweise noch auf dem Rückflug nach Deutschland gefragt, während die *Frankfurter Allgemeine Zeitung* »haarfeine Unterschiede« zwischen den Positionen der beiden Politiker feststellte.[36]

Ein heftiger Schneesturm fegte über das weitläufige Areal des Präsidentenlandsitzes, als die beiden Delegationen nach der Pressekonferenz und dem Mittagessen das Programm mit einem gemeinsamen Spaziergang beendeten.[37] Ungeachtet des schlechten Wetters marschierten Kohl und Bush, eingehüllt in dicke Anoraks der amerikanischen Marine, vorneweg. Die beiden unterhielten sich über ihre Familien und ihr Leben und genossen die Wanderung offensichtlich deutlich mehr als ihre Mitarbeiter: Als die zwei Politiker zu einer neuen Runde über das ausgedehnte Gelände ansetzten, ließen sich Horst Teltschik und Robert Blackwill, frierend und über die Möglichkeit des Verirrens auf dem schneebedeckten, weitläufigen Terrain scherzend, mit einem der kleinen Golfwagen zurück zu den Blockhäusern fahren.

## *Zufriedener Kanzler*

Zurück in Bonn, zeigte sich Helmut Kohl mit dem Ergebnis seiner Gespräche zufrieden. Mit der Einladung nach Camp David hatte Bush den besonderen Stellenwert der Beziehungen zueinander unterstrichen und, wie Kohl wenige Tage später im Bundeskabinett betonte, nicht nur das ungewöhnliche Interesse der amerikanischen Administration, sondern auch seine ganz persönliche Beschäftigung mit der deutschen Frage demonstriert.[38] Auf der gemeinsamen Pressekonferenz war der enge Schulterschluß zusätzlich in der Übereinstimmung bei allen wichtigen Fragen deutlich geworden, wenngleich Kohl nicht auf Bushs Vorschlag eingegangen war, hinsichtlich der deutsch-polnischen Grenze Formulierungen aus der KSZE-Schlußakte zu benutzen. Auch die Mitarbeiter der beiden waren mit den Ergebnissen zufrieden, denn
- beide Politiker hatten sich übereinstimmend auf die Vollmitgliedschaft Deutschlands in der NATO sowie einen militärischen Sonderstatus für das Gebiet der jetzigen DDR festgelegt;
- Kohl hatte sich damit ebenso wie Baker eindeutig über Genschers Tutzing-Formulierung hinausbewegt;
- Bush hatte eine unmißverständliche Garantie der USA für die aktuelle deutsch-polnische Grenze ausgesprochen und
- die vollständige Übereinstimmung bezüglich der Vorgehensweise bei den »Zwei-plus-Vier«-Gesprächen war deutlich geworden.

Im Bundeskabinett stellte Kohl am 28. Februar zudem klar, daß sich für die künftige Position Deutschlands in Europa jeglicher Sonderstatus ebenso verbiete wie eine Isolation, die den Keim für Spannungen beinhalten würde. Auch in Zukunft werde die Bundesrepublik Teil der westlichen Wertegemeinschaft bleiben. Außenminister Genscher erklärte, jeglicher Verweis auf eine friedensvertragliche Regelung sollte künftig unterbleiben – ein eindeutig in Richtung auf den Bundeskanzler zielender Hinweis. Kohl hatte am 17. Januar in Paris noch argumentiert, daß eine Grenzregelung von den Siegermächten des Zweiten Weltkrieges bis zu einer friedensvertraglichen Regelung für ganz Deutschland aufgeschoben worden sei. Die Bundesrepublik könne also nur für sich selbst sprechen, nicht aber stellvertretend für einen gesamtdeutschen Souverän. In der Bundesregierung herrsche mittlerweile Übereinstimmung, daß – mehr als 45 Jahre nach Kriegsende und aufgrund der erfolgreichen Integration der Bundesrepublik in die westliche Gemeinschaft – Verhandlungen über einen Friedensvertrag nicht angemessen wären, so daß dieser Punkt nicht mehr thematisiert werden sollte. Genscher selbst erhielt am 28. Februar über die US-Botschaft in Bonn einen Brief des amerikanischen Außenministers. Baker informierte seinen Amtskollegen darin über die sicherheitspolitischen Gesprächsteile und Vereinbarungen des Camp-David-Treffens: Bush und Kohl seien gleichermaßen der Ansicht, daß Deutschland Mitglied der NATO und ihrer militärischen Kommandostruktur bleiben solle. Dies beinhalte auch, daß die in den Artikeln 5 und 6 des Nordatlantischen Vertrages festgeschriebenen Sicherheitsgarantien für das gesamte Gebiet eines vereinten Deutschlands gelten sollten. Der zuletzt verwendete Begriff von der NATO-»Jurisdiktion«, also der Zuständigkeit der NATO, habe hier anscheinend für Verwirrung gesorgt und sollte deshalb künftig vermieden werden.

Baker wies in seinem Brief auch darauf hin, daß der »Zwei-plus-Vier«-Prozeß auf der Basis eines Konsenses innerhalb der NATO über derartige Fragen beginnen sollte und daß deshalb Konsultationen mit den westlichen Verbündeten notwendig seien. Wie ernst dieses bereits von Bush in Camp David vorgetragene Anliegen der USA in Bonn genommen wurde, zeigte sich am 8. März, als der Bundeskanzler selbst den NATO-Rat in Brüssel über Fragen der deutschen Einheit unterrichtete.[39] Die Ständigen Vertreter der 15 westlichen Verbündeten waren hocherfreut, als Helmut Kohl ihnen in einem zwanzigminütigen Statement die Politik der Bundesregierung erläuterte: Sein Auftritt solle den Auftakt zu ständigen Konsultationen der Partner im »Zwei-plus-Vier«-Prozeß bilden, bei dem er sich gegen jegliche Art einer Neutralitätspolitik aussprechen werde. Vereinigt werden sollten die Bundesrepublik, die DDR und Berlin; Veränderungen der polnischen Grenze seien kein Thema. Kohl kündigte für die Zeit nach dem 18. März gleichlautende Erklärungen der Volkskammer und des Bundestages über die Garantie der bestehenden Grenze an, denen nach der Vereinigung ein vom gesamtdeutschen Parlament beschlossener Vertrag folgen werde. Im Gegenzug wünsche er sich von Polen den erneuten Verzicht auf Reparationen sowie die Anerkennung der Rechte der dortigen deutschen Minderheit. Für das jetzige DDR-Gebiet, so Kohl, müsse während einer Übergangszeit, in der dort zunächst weiterhin sowjetische Truppen, aber keine Bundeswehreinheiten stationiert sein sollten, ein Sonderstatus gefunden werden. Der Bundeskanzler betonte, daß die NATO auch eine Wertegemeinschaft darstelle. Diesen Aspekt müsse man nun stärker herausstreichen. Wie bereits im Gespräch mit Bush zeigte Kohl sich hinsichtlich der Bündniszugehörigkeit eines vereinten Deutschlands optimistisch: Gorbatschow werde, wenngleich zu einem hohen Preis, der gesamtdeutschen NATO-Mitgliedschaft letztlich zustimmen. Abschließend skizzierte er kurz seinen Zeitplan für die Vereinigung, der den KSZE-Gipfel am Jahresende als Zieldatum fixierte. Dabei verwies er nochmals auf den hohen innenpolitischen Druck, welcher nicht zuletzt durch 116 000 Übersiedler allein in den ersten acht Wochen des Jahres entstanden sei. Die NATO-Botschafter stellten dem Bundeskanzler in Anschluß an seine Ausführungen überwiegend Fragen zum innerdeutschen Einigungsprozeß, machten aber auch deutlich, daß sicherheitspolitische Entscheidungen nicht im kleinen »Zwei-plus-Vier«-Rahmen, sondern in Abstimmung mit der NATO getroffen werden müßten. Die Einbindung und Beruhigung der westlichen Partner war damit auf dem Weg, so daß die Bundesregierung sich nun der direkten Vorbereitung der »Zwei-plus-Vier«-Gespräche zuwenden konnte.

## Der Widerspenstigen Zähmung

Mit der in Ottawa beschlossenen »Zwei-plus-Vier«-Formel hatten die Außenminister der beiden deutschen Staaten und der Vier Mächte die Grundlagen für den geregelten Ablauf und die außenpolitische Absicherung der deutsch-deutschen Annäherung geschaffen, ohne alle offenen Punkte abschließend zu klären. Ihr Kommuniqué vom 13. Februar gab Auskunft über:
– Teilnehmer und Verhandlungsebene: Neben der Bundesrepublik Deutschland und der DDR sollten Frankreich, Großbritannien, die Sowjetunion und die USA an den Gesprächen teilnehmen; die Treffen sollten auf der Ebene der Außenminister stattfinden;
– Gesprächsinhalt und -ziel: Bei den »Zwei-plus-Vier«-Runden sollte es »um die äußeren Aspekte der Herstellung der deutschen Einheit einschließlich Fragen der Sicherheit der Nachbarstaaten« gehen.

Ungeklärt blieben damit zum einen die konkrete Tagesordnung der Treffen sowie der Zeitpunkt des Verhandlungsbeginns. Die »Zwei-plus-Vier«-Erklärung sagte hierzu lediglich: »Vorbereitende Gespräche auf Beamtenebene werden in Kürze beginnen.« Hintergrund dieser vagen Formulierung war, daß der sowjetische Außenminister Eduard Schewardnadse in Ottawa auf einen zügigen Start der Vorgespräche gedrängt hatte.[40] Vor allem die USA – die darin von Bundeskanzler Kohl bestärkt worden waren – wollten demgegenüber zunächst die freien Wahlen in der DDR abwarten, da die eigentlichen Verhandlungen erst mit einer demokratisch legitimierten Regierung geführt werden sollten. Zudem ging man auch in Washington davon aus, daß bei einem späteren Auftakt der internationalen Gespräche bereits mehr innerdeutsche faits accomplis geschaffen sein würden, was zügige »Zwei-plus-Vier«-Verhandlungen begünstigen würde. Mit der Ottawa-Formulierung war allerdings die Möglichkeit geschaffen worden, »vorbereitende« Gespräche bereits früher aufzunehmen. Hans-Dietrich Genscher, der nach seiner Rückkehr aus Kanada den Außenministern der Vier Mächte in persönlichen Briefen für ihre Unterstützung beim Entstehen der »Zwei-plus-Vier«-Formel dankte, ging in seinem Schreiben an Schewardnadse auf die sowjetischen Bedenken ein und schlug vor, daß die Gespräche »unverzüglich« eröffnet werden sollten.

### *Feinabstimmung der Vierergruppe*

Im Auswärtigen Amt hatten die organisatorischen Vorbereitungen für die internationalen Aspekte der Vereinigung bereits vor der Einigung auf den »Zwei-plus-Vier«-Mechanismus von Ottawa begonnen.[41] Neben dem bereits existierenden Sonderarbeitsstab »Deutschlandpolitische Fragen« wurden Mitte Februar weitere zusätzliche Arbeitseinheiten geschaffen. Eine Projektgruppe »Deutsche Einheit« unter Vorsitz des Leiters der Unterabteilung 21, in der auch

Mitarbeiter der Rechtsabteilung und des Planungsstabes vertreten waren, beschäftigte sich ab sofort mit den außen- und sicherheitspolitischen sowie völkerrechtlichen Aspekten des Einigungsprozesses, während eine in der Unterabteilung 41 gegründete Arbeitsgruppe sich mit wirtschafts- und währungspolitischen Fragen sowie den Auswirkungen auf die Mitgliedschaft in den Europäischen Gemeinschaften befaßte. Hinzu kam nach Eröffnung des »Zwei-plus-Vier-Mechanismus« noch der »Arbeitsstab »Zwei-plus-Vier«. Das entscheidende Verbindungsglied zwischen der politischen Führung des Auswärtigen Amtes und dem Beamtenapparat war während des gesamten Prozesses der Politische Direktor, Dieter Kastrup.[42] Der Karrierediplomat war seit 1988 Leiter der Politischen Abteilung 2 (D 2) und aufgrund seiner früheren Verwendungen einer der besten Kenner deutschlandpolitischer Verhandlungen und Probleme seit Anfang der siebziger Jahre. Als ruhiger, prinzipientreuer und kompetenter Verhandlungspartner genoß er hohes Ansehen sowohl innerhalb seines Amtes als auch bei seinen ausländischen Gegenübern. Von seinen sonstigen Aufgaben eines Politischen Direktors wurde er nunmehr weitgehend durch Wilhelm Höynck entlastet. Von Genscher erhielt Kastrup für die Auswahl seiner Mitarbeiter im »Arbeitsstab Zwei-plus-Vier« vollkommen freie Hand: Wenn er einen speziellen Beamten als Mitarbeiter haben wollte, dann brauchte er dies nur zu sagen.

Den Auftakt zu Kastrups diplomatischem Marathon mit seinen zahllosen Telefonaten sowie bi- und multilateralen Gesprächen bildete die erste Direktorenkonsultation der Bundesrepublik mit den drei Westmächten am 28. Februar in London.[43] Seine Partner während der fünfstündigen »Eins-plus-Drei«-Gespräche waren die Politischen Direktoren John Weston (Großbritannien), Bertrand Dufourcq (Frankreich) sowie die beiden Baker-Mitarbeiter Robert Zoellick und Raymond Seitz (USA). Erstmals nach Ottawa saßen damit jene Männer an einem Tisch, die sich aus ihrer sonstigen Arbeit bereits gut kannten, innerhalb ihrer jeweiligen Häuser die Schnittstelle zwischen der Administration und der politischen Führung bildeten sowie in den folgenden Monaten die internationalen Gespräche des »Zwei-plus-Vier«-Prozesses auf Beamtenebene verantwortlich führten.[44] Dabei bestätigte sich gleich zu Beginn, was James Baker in Camp David gegenüber Helmut Kohl hervorgehoben hatte: Nicht nur die UdSSR, sondern auch Frankreich und Großbritannien drängten auf einen zügigen Beginn der Vorgespräche, wovon sie sich eine beruhigende Wirkung auf das europäische Umfeld, besonders aber die Sowjetunion und Polen, versprachen. Sie konnten zudem darauf verweisen, daß der eigentliche »Zwei-plus-Vier«-Mechanismus mit den von Kastrup eingangs für die kommende Woche angekündigten Vorgesprächen mit der sowjetischen Seite und der DDR bereits begonnen habe. Bei seinem erfolgreichen Bemühen, zumindest Ministergespräche vor den Volkskammerwahlen zu verhindern, erfuhr Kastrup massive Unterstützung von Robert Zoellick: Nur wenn die Bundesrepublik für Gespräche vor dem 18. März sei, würden die USA mitziehen, versicherte er und machte damit den engen Schulterschluß zwischen Bonn und Washington deutlich.[45]

Daß dieses Zusammenspiel Grenzen hatte, zeigte die US-Delegation allerdings bereits beim folgenden Punkt der Tagesordnung, als es um »Sicherheitsaspekte«, also die Frage einer gesamtdeutschen NATO-Mitgliedschaft, ging. Kastrup erläuterte hier anhand der Gespräche von Bush und Kohl in Camp David sowie jüngster Äußerungen von Genscher die Position der Bundesregierung, die allerdings noch kein endgültiges Konzept habe. Die damit befaßte Arbeitsgruppe des Kabinettausschusses tage erst wieder am 5. März. Zur Gültigkeit der Sicherheitsgarantien von Artikel 5 und 6 des NATO-Vertrages für das Gebiet der DDR wollte Kastrup sich nicht äußern, da ihm Details der Abmachungen von Bush, Baker und Kohl noch fehlten. Zoellick und auch Seitz widersprachen energisch: Artikel 5 und 6 müßten, so die Ansicht von Kohl und Bush, nach der Vereinigung auch das ostdeutsche Territorium umfassen. Kritische Nachfragen auch von Weston und Dufourcq – der dazu ebenfalls noch keine abschließende Meinung hatte, grundsätzlich aber den vollen NATO-Schutz für ganz Deutschland befürwortete – machten deutlich, daß dies für die Westmächte ein sensibler Punkt war. Kastrup stand seinen Kollegen allein gegenüber, die bei diesem Thema zu keinen Kompromissen bereit waren. Übereinstimmend lehnten sie eine entmilitarisierte Zone ab und vertraten dabei einen Standpunkt, der weitgehend der Argumentation von Bundesverteidigungsminister Stoltenberg in seiner mißglückten Auseinandersetzung mit Außenminister Genscher glich.[46] Einigkeit mit Kastrup herrschte lediglich darüber, daß man diesen Punkt im »Eins-plus-Drei«-Rahmen klären mußte, um der UdSSR keine Gelegenheit zur Obstruktion zu geben. Überhaupt, so Zoellick, müsse man noch einmal grundsätzlich festlegen, welche Punkte im »Zwei-plus-Vier«-Rahmen besprochen werden sollten und welche nicht. Gemeinsam wehrten sich Kastrup und Zoellick anschließend dagegen, dem bei »Zwei-plus-Vier« auszuhandelnden Dokument den Namen »Friedensvertrag« oder »Friedensregelung« zu geben. Während Weston und Dufourcq – der darauf hinwies, daß der Bundeskanzler den Begriff bei seiner Pariser Rede vom 17. Januar selbst benutzt hatte[47] – vor allem juristisch argumentierten, vertraten Zoellick und Kastrup die Ansicht, es genüge, wenn ein Paket verbindlicher Dokumente ausgehandelt würde, die letztlich die Wirkung einer Friedensregelung hätten.

Ähnliches galt bei der Diskussion über eine Grenzregelung mit Polen, wobei auch Weston einer pragmatischen Lösung den Vorzug geben wollte. Kastrup hatte hier zunächst vom neuesten polnischen Vorschlag berichtet, wonach die beiden deutschen Staaten nach dem 18. März einen entsprechenden Vertrag aushandeln und paraphieren sollten, dieser dann aber erst von einem gesamtdeutschen Parlament ratifiziert werden sollte. Genscher habe dies als gangbaren Weg bezeichnet und wollte mit Kohl darüber reden, da dieses Verfahren sowohl den polnischen Wünschen als auch den rechtlichen Beschränkungen der Bundesrepublik entgegenkomme. Zur Behandlung des Themas im »Zwei-plus-

Vier«-Rahmen schlug Weston vor, das Verhandlungsergebnis könne ja dort eingebracht werden, worauf die Vier Mächte gegenüber Polen ihre Genugtuung mit der gefundenen Lösung ausdrückten, ohne allerdings eine explizite Garantie damit zu verbinden, da dies zu weit führen würde. Einigkeit herrschte zudem darüber, daß Polen zu diesem Thema in den »Zwei-plus-Vier«-Prozeß involviert werden könne. Zoellick machte deutlich, daß die Westmächte auf positive Bonner Signale in der Grenzfrage warteten, die am besten noch vor Mazowieckis Washington-Besuch am 21. März erfolgen sollten.

Fragen nach dem schrittweisen Abbau der Vier-Mächte-Rechte in Berlin und der Direktwahl von Berliner Abgeordneten für den Bundestag[48] standen abschließend ebenso auf der Tagesordnung wie der Zusammenhang zwischen dem KSZE-Gipfel und dem »Zwei-plus-Vier«-Prozeß. Alle Beteiligten waren sich einig, daß die Ergebnisse der Sechsergespräche den Gipfelteilnehmern »zur Kenntnis« gebracht werden sollten, ohne daß diese formal darüber beschließen dürften. Der KSZE-Kontext, so Seitz, sei vor allem für die sowjetische Seite wichtig, die hier für ihre innenpolitische Diskussion möglichst viele greifbare Resultate benötige. Diese solle man ihnen deshalb, wo immer möglich, liefern.

In der Zusammenschau zeigt sich, daß diese westliche Direktorenkonsultation – das erste »Eins-plus-Drei«-Gespräch im anlaufenden »Zwei-plus-Vier«-Prozeß – für alle Beteiligten wichtige Erkenntnisse ermöglichte:

1. der ungewöhnlich starke Rückhalt für die Vereinigungsbemühungen durch die US-Regierung: Der in Camp David demonstrierte enge Schulterschluß zwischen Präsident und Bundeskanzler fand in London seine Entsprechung auf der Beamtenebene. Robert Zoellick und Raymond Seitz unterstützten Dieter Kastrup in fast allen Punkten energisch mit der mehrfach auch ausgesprochenen Devise: »Wenn die Deutschen das so wollen, werden die USA es unterstützen.« Im Ergebnis trug dies dazu bei, den spürbaren, hinhaltenden Widerstand bei den Vertretern Frankreichs und Großbritanniens im Vorfeld zu überwinden;

2. das kompromißlose Beharren der Westmächte auf der NATO-Mitgliedschaft eines vereinten Deutschlands: Der einzige Dissens zwischen der westdeutschen und der amerikanischen Delegation manifestierte sich in der Diskussion um Sicherheitsfragen. Unterstützt durch den Briten John Weston und den Franzosen Bertrand Dufourcq zeigten die US-Vertreter ihrem deutschen Kollegen eindeutig die Grenzen ihrer Verhandlungsbereitschaft auf. Das vereinte Deutschland sollte Vollmitglied der NATO bleiben; ein entmilitarisiertes Ostdeutschland – wie es in der Genscher-Stoltenberg-Erklärung angelegt war – kam für die westlichen Verbündeten ebensowenig in Frage wie der Verzicht auf die Ausdehnung des NATO-Schutzes auf das gesamte deutsche Territorium;

3. die Unterstützung für eine zügige Vereinigung: Die westlichen Verbündeten zeigten ihre grundsätzliche Bereitschaft, den schnellen und unkomplizierten Vereinigungsweg über Artikel 23 des Grundgesetzes – der in der Bundesrepublik noch nicht endgültig beschlossen worden war – mitzutragen;

4. die mehrheitliche Forderung nach einem baldigen Beginn des »Zwei-plus-Vier«-Prozesses: Frankreich und Großbritannien unterstützten die sowjetischen Bemühungen zu ersten Beamtenverhandlungen noch vor der Volkskammerwahl am 18. März; lediglich die USA trugen Kastrups Position mit, wonach substantielle Gespräche erst mit einer demokratisch legitimierten Regierung stattfinden sollten;
5. unterschiedliche Grundhaltungen in Frankreich und Großbritannien: Während der französische Vertreter Dufourcq zu vielen Diskussionspunkten noch keine endgültige Position vortragen und vertreten konnte, trat in den Hauptlinien seiner Argumentation ein ausgeprägtes Statusbewußtsein zum Vorschein. Frankreich war sich seiner Position als Teil der Vier Mächte bewußt, hatte allerdings noch keine abschließende politische oder diplomatische Linie entwickelt. Demgegenüber zeigte sich in den Redebeiträgen des Briten Weston, daß es zur deutschen Frage zwar noch keine positiven Vorgaben der politischen Spitze seines Landes gab, die britische Administration aber zur pragmatischen Zusammenarbeit bereit war, solange die – energisch vertretenen – juristischen Standpunkte nicht gefährdet schienen. Weston war deshalb nicht endgültig davon zu überzeugen, daß ein Friedensvertrag oder eine formale Friedensregelung mehr als 45 Jahre nach Kriegsende nicht mehr in die politische Landschaft paßten. Insgesamt deutete sich hier bereits an, daß die britischen Beamten sich zusehends in einem Spannungsverhältnis zwischen der ablehnenden Haltung der Premierministerin einerseits sowie dem Wunsch nach konstruktiver Begleitung der anstehenden Veränderungen andererseits – auch etwa innerhalb der Europäischen Gemeinschaft – befanden [49];
6. der Wunsch der Westmächte nach einer reibungslosen und endgültigen Grenzregelung mit Polen: Lediglich der Politische Direktor des Quai d'Orsay beharrte nachdrücklich auf einem internationalen Akt und einer Befassung der Vier Mächte mit dieser Frage. Seine Kollegen aus Großbritannien und den USA zeigten sich bereit, eine pragmatische Lösung mitzutragen, solange diese – wie Dieter Kastrup es formulierte – für Polen, die Bundesrepublik und die DDR gleichermaßen zufriedenstellend war. Die Vertreter der drei Westmächte machten gegenüber ihrem deutschen Kollegen allerdings sehr deutlich, daß in diese Frage endlich Bewegung kommen mußte. [50]

Grundsätzlich herrschte in der »Eins-plus-Drei«-Runde Übereinstimmung, daß nur durch Einigkeit im westlichen Lager eine sowjetische Obstruktionspolitik zu verhindern war. Wenngleich die vor allem von Kastrup und den US-Vertretern skizzierten Vorüberlegungen bei dieser ersten Besprechung im Vorfeld der anstehenden »Zwei-plus-Vier«-Runden nicht in allen Punkten Übereinstimmung hervorriefen, so konnte der Politische Direktor des Auswärtigen Amtes doch die Erkenntnis mit nach Bonn nehmen, daß die Partner zumindest prinzipiell zur Zusammenarbeit bereit waren. Bevor Kastrup zu den schon vereinbarten Begegnungen mit Vertretern Moskaus und Ost-Berlins aufbrach, hatte er also grundsätzliche Rückendeckung aus dem Westen erfahren.

### Moskau rammt seine Pflöcke ein

Im Ton ebenfalls freundlich, in der Sache jedoch ungleich härter als die Londoner Gesprächspartner von Kastrup zeigte sich zwei Tage später, am 2. März, der sowjetische Vizeaußenminister Anatoli Leonidowitsch Adamischin in Genf.[51] Wie von den Ministern Genscher und Schewardnadse vereinbart, trafen sich die beiden Spitzenbeamten zu einem mehr als vier Stunden dauernden Gespräch über Inhalte und Verfahrensweisen im »Zwei-plus-Vier«-Prozeß. Nachdem sich Adamischin und Kastrup eingangs gegenseitig versichert hatten, nichts hinter dem Rücken anderer tun zu wollen, kam Schewardnadses Stellvertreter zur Sache. Er verwies auf die jüngsten Interviews von Gorbatschow in der *Prawda* beziehungsweise Eduard Schewardnadse in *Iswestija*, in denen die Quintessenz der sowjetischen Position und Interessen enthalten sei:
1. die Forderung nach einem etappenweisen Vorgehen, bei dem die DDR nicht geschluckt werden dürfe und das mit dem gesamteuropäischen Entwicklungsprozeß synchronisiert werden müsse;
2. die Sicherheit bezüglich des militärischen Status eines vereinten Deutschlands – konkret gehe es um die Frage eines neutralen Deutschlands, das nicht über ABC-Waffen verfügen dürfe. Über den Umfang der militärischen Rüstung sowie die Anwesenheit ausländischer Truppen in Deutschland und deren nukleare Bewaffnung müsse noch geredet werden;
3. die internationale Absicherung der Grenzen und der künftige Status Deutschlands.

Zudem wollte Adamischin weitere Details wie den Beginn der »Zwei-plus-Vier«-Beamtengespräche und den Stand der Verhandlungen zwischen der Bundesrepublik und der DDR erörtern. Kastrup erläuterte daraufhin entlang der Regierungserklärung des Bundeskanzlers vom 15. Februar und der Genscher-Stoltenberg-Erklärung die Politik der Bundesregierung. Ein ins westliche Bündnis eingebettetes Deutschland sei ein Stabilitätsfaktor in der Mitte Europas, weswegen ein neutraler oder entmilitarisierter Staat abgelehnt werde. Die NATO werde allerdings eine immer stärker politisch definierte Rolle übernehmen und maßgeblich am Aufbau kooperativer Sicherheitsstrukturen beteiligt sein. Diese würden zunächst als Dach über den beiden Bündnissen dienen, die später in diesen Strukturen aufgehen könnten. Kastrup versicherte auf Nachfrage, daß weder NATO-assignierte Bundeswehrtruppen noch Teile des Territorialheeres nach der Vereinigung auf ehemaligem DDR-Gebiet stationiert sein sollten.

Adamischin machte deutlich, daß die UdSSR von zwei Grundannahmen ausging: Erstens sollte ein vereintes Deutschland keinesfalls der NATO angehören, während Moskau zweitens von einem längerwährenden Vereinigungsprozeß ausging, bei dem die Einheit erst nach Vollendung des von Gorbatschow immer wieder skizzierten »gemeinsamen europäischen Hauses« erreicht werden sollte. Moskau lehnte folglich eine Vereinigung nach Artikel 23 des Grundgesetzes ab. Kastrup verwahrte sich dabei gegen Begriffe wie »Schlucken« oder »Anschluß«, mit denen Adamischin einen potentiellen Beitritt der DDR zur Bundesrepublik auf diesem Weg stigmatisierte. Diese würden allesamt der Würde des Prozesses nicht gerecht, so Kastrup. Er wies darauf hin, daß es hier noch keine endgültige Entscheidung der Bundesregierung gebe, zumal in dieser Frage nicht die Bundesrepublik, sondern allein die DDR entscheiden und handeln könne. Zu entsprechenden Bedenken Adamischins, mit den in Artikel 23 genannten »anderen Teilen Deutschlands« könne mehr als die DDR gemeint sein, schilderte Kastrup die Möglichkeit, diesen Artikel nach der Vereinigung aus dem Grundgesetz zu streichen.

Anders als der Politische Direktor des Auswärtigen Amtes, der eine solche Möglichkeit definitiv ausschloß, sprach Anatoli Adamischin von der Notwendigkeit, die deutsche Frage mit einem Friedensvertrag endgültig zu regeln. Keinen scharfen Gegensatz gab es hingegen bei der Diskussion über die Beteiligung Polens am laufenden Prozeß. Kastrup verwies hier auf einen Vorstoß der polnischen Regierung vom 21. Februar, bei dem diese klargestellt hatte, daß es nicht um einen »Zwei-plus-Fünf«-Prozeß gehe, sondern ausschließlich um die Mitsprache Warschaus bei jenen Punkten, die polnische Interessen berührten. Man werde hier formal wie inhaltlich zu einer Lösung kommen. Adamischin wiederholte zudem das sowjetische Interesse an einem baldigen »Zwei-plus-Vier«-Beamtentreffen, fragte nach der Möglichkeit von Dreiergesprächen zwischen der Bundesrepublik, der DDR und der Sowjetunion und äußerte erste Überlegungen zu den Verhandlungen: Ideal wäre es, wenn man ein Konsensprinzip finden könnte, bei dem niemand ein Vetorecht hätte.

Die Analyse der zentralen Gesprächsinhalte des – ausdrücklich exploratorisch angelegten – Treffens zeigt zwei sowjetische Grundannahmen für den anlaufenden »Zwei-plus-Vier«-Prozeß, die sich einen Tag später auch im Gespräch zwischen Adamischin und dem französischen Politischen Direktor Dufourcq fanden[52]:

1. Eine gesamtdeutsche NATO-Mitgliedschaft war für Moskau unvorstellbar. Adamischin lehnte deswegen alternative Ausgangspositionen, wie beispielsweise in der Genscher-Stoltenberg-Erklärung skizziert, kategorisch ab.
2. Die UdSSR wollte den »Zwei-plus-Vier«-Prozeß zwar bald beginnen, ging aber von einem sich über Jahre hinziehenden Verlauf aus, bei dem die innerdeutsche Vereinigung mit den gesamteuropäischen Prozessen synchronisiert werden sollte. Hinweise hierfür lieferte unter anderem Adamischins Einschätzung, der KSZE-Gipfel könne sich ausgiebig mit der deutschen Frage befassen. Nicht zuletzt aus Angst vor übereilten Entwicklungen lehnte die UdSSR eine Vereinigung nach Artikel 23 des Grundgesetzes ab.

Gemeinsam mit den anläßlich des »Eins-plus-Drei«-Direktoren-Treffens in London gewonnenen Erkenntnissen rundete das offene Gespräch mit einem sowjetischen Spitzendiplomaten Kastrups Eindrücke zur Ausgangssituation im »Zwei-plus-Vier«-Prozeß ab. Die zentralen Argumentationslinien sowohl der westlichen als auch der sowjetischen Seite lagen nun weitgehend gebündelt vor und sollten in einem nächsten Schritt am 9. März mit der DDR-Seite diskutiert werden.

*Innerdeutsche Konsenssuche*

In Bonn war die Entscheidung zu einer ersten Beamtenrunde auf der Basis des »Zwei-plus-Vier«-Mechanismus noch vor dem Treffen mit der DDR gefallen. In einem Gespräch am 5. März hatten der Bundeskanzler und sein Außenminister sich darauf geeinigt, eine entsprechende Einladung an die anderen fünf Staaten auszusprechen, zumal die UdSSR zeitgleich ein Treffen der »Zwei-plus-Vier«-Direktoren für den 12. oder 13. März in Genf gefordert hatte.[53] Dieter Kastrup lud daraufhin seine fünf ausländischen Kollegen für den 14. März nach Bonn ein. Wie er am 5. März bei der abendlichen Sitzung des Unterausschusses »Außen- und sicherheitspolitische Zusammenhänge« den Vertretern der anderen Häuser erläuterte, hatten Frankreich, Großbritannien und die Sowjetunion auf einen baldigen Gesprächstermin gedrängt, da andernfalls der Eindruck entstünde, die äußeren Aspekte der deutschen Einheit seien weniger wichtig als die innenpolitische Dimension. In der Sitzung des Unterausschusses betonte Genscher noch einmal seine Präferenz für eine Vereinigung nach Artikel 23, wenngleich dies im Ausland nicht unumstritten sei. Die Vorteile gegenüber dem Weg über Artikel 146 lägen beispielsweise darin, daß die Beitrittslösung die Identität Deutschlands in der Europäischen Gemeinschaft wahre, so daß dort zahlreiche Fragen wie die nach dem Stimm- und Sitzrecht nicht berührt würden und auch der EG-Vertrag nicht geändert werden müsse. Er sei sich mit dem Bundeskanzler einig, daß man nicht viel Zeit habe, was ebenfalls für Artikel 23 spreche.

Kastrup berichtete über seine ersten Sondierungsgespräche und das bevorstehende Treffen mit der DDR-Seite. Als Schwerpunkte hätten sich bislang die Bereiche Sicherheit, Grenzen und Ablösung der Vier-Mächte-Rechte sowie die Frage einer Friedensregelung herauskristallisiert. Dabei seien die drei Westmächte vor allem daran interessiert gewesen, ob die Schutzwirkung des NATO-Vertrages nach der Vereinigung für ganz Deutschland gelte. Bei der Grenzfrage hätten alle Gesprächspartner auf klaren Regelungen bestanden, wobei Polen allerdings nicht förmlich am »Zwei-plus-Vier«-Prozeß beteiligt, sondern allgemein »einbezogen« werden sollte. Bei der Ablösung der Vier-Mächte-Rechte müsse noch nach Form und Einzelheiten einer Erklärung gesucht werden, mit der die Vier Mächte abschließend diesen Akt förmlich bekunden sollten. Auch bei den zahlreichen Berlin-Fragen gebe es noch Klärungsbedarf. Einen Friedensvertrag habe er in allen seinen Gesprächen aus rechtlichen wie politischen Gründen abgelehnt. Vor allem gegenüber der UdSSR müsse hierzu noch Überzeugungsarbeit geleistet werden, da dort viele irrige Rechtsauffassungen bestünden. Zu dem geplanten Gespräch mit DDR-Vertretern erklärte Kastrup, daß es vor allem um die Erstellung einer »Problemskizze« gehe. Viele technisch erscheinenden Fragen – wie die nach der Sitzordnung, dem Sitzungsrhythmus oder den Gesprächsthemen im »Zwei-plus-Vier«-Rahmen – hätten eine politische Dimension. Der Politische Direktor kündigte abschließend an, daß es vor dem ersten »Zwei-plus-Vier«-Beamtentreffen auf jeden Fall noch eine neuerliche »Eins-plus-Drei«-Direktoren-Runde in Paris geben werde.

Zunächst stand allerdings das Treffen mit DDR-Vertretern an, zu dem Kastrup am 9. März gemeinsam mit Peter Hartmann und Claus-Jürgen Duisberg nach Ost-Berlin reiste, wo der stellvertretende Außenminister Krabatsch die westdeutsche Delegation im Namen des erkrankten Außenministers Oskar Fischer begrüßte.[54] Während Kastrup die bekannte Position und Politik der Bundesregierung skizzierte, gab Krabatsch – der aufgrund der Vier-Mächte-Rechte lieber von »Vier-plus-Zwei« anstatt von »Zwei-plus-Vier« reden wollte – eine ausführliche Darstellung der Erwartungen und Ziele der aktuellen DDR-Regierung. Zentral sei, daß die Vereinigung die Stabilität in Europa nicht gefährden dürfe. Man müsse von zwei gleichberechtigten Staaten ausgehen, wobei der Grundlagenvertrag zwischen der Bundesrepublik und der DDR nicht außer Betracht gelassen werden dürfe. Die DDR akzeptiere den Artikel 23 des Grundgesetzes nicht und lehne diesen Weg ab, da er einem »Anschluß« gleichkomme. Der bereits laufende Prozeß des Zusammenwachsens der deutschen Staaten müsse in die Entwicklung der europäischen Einigung einbezogen werden. Kastrup wehrte sich energisch gegen die Verwendung des Begriffs »Anschluß«, stimmte Krabatsch aber zu, daß die Diskussion über Artikel 23 bei diesem Treffen nicht anstehe, weswegen man zu Verfahrensfragen für die »Zwei-plus-Vier«-Gespräche überging.

Dabei konnte nach kurzen Diskussionen zu Details zumeist grundsätzliche Übereinstimmung erzielt werden, so daß die technischen Fragen bereits so fixiert werden konnten, wie sie am 14. März in Bonn dann auch beim ersten »Zwei-plus-Vier«-Treffen auf Beamtenebene beschlossen wurden[55]: Runder Tisch, Namensschilder in der jeweiligen Landessprache, Sitzordnung entsprechend der Reihenfolge im deutschen Alphabet und Simultanübersetzungen in alle vier Sprachen waren unumstritten, ebenso die Tatsache, daß die Politischen Direktoren im Wechsel in Bonn und Ost-Berlin tagen und der Vorsitz von Sitzung zu Sitzung wechseln sollte. Einigkeit bestand zudem darin, daß die Verhandlungen nach dem Konsensprinzip geführt werden und jeder Teilnehmerstaat das Recht haben sollte, die Einberufung einer Sitzung zu verlangen. Gleiches galt für ein pragmatisches Vorgehen bei der Tagesordnung, über die von Fall zu Fall gesprochen werden sollte, sowie für eine vertrauliche Behandlung der Gesprächsinhalte. Nach den Treffen auf Beamtenebene sollte der jeweilige Vorsitzende lediglich eine kurze Erklärung abgeben, was während der Begegnung zur Sprache gekommen sei. Für die Sitzung der Außenminister hatte Bonn vorgeschlagen, abwechselnd in verschiedenen ost- und westdeutschen Städten zu tagen. Die DDR-Delegation sah hier technisch-logistische Probleme auf sich zukommen, doch erwiesen sich diese Sorgen schnell als unbegründet: Während die Beamtentreffen ausschließlich in den beiden deutschen Staaten stattfinden sollten, legten die Vier Mächte später Wert darauf, daß die Außenminister sich auch in ihren Hauptstädten trafen.

*Die DDR-Regierung nimmt ihre Eröffnungsposition ein*

Nachdem im ersten Teil des zweieinhalbstündigen Treffens vor allem technische Fragen geklärt worden waren, kam Krabatsch auf inhaltliche Überlegungen der DDR zu sprechen, welche deren Ausgangspunkt für die »Zwei-plus-Vier«-Verhandlungen darstellten. Er machte deutlich, daß seine Regierung vor allem von einem langsamen und längerdauernden Verfahren ausging, bei dem eine Synchronisierung nicht nur zwischen den innen- und außenpolitischen Schritten, sondern ebenso zwischen der deutschen Einigung und dem gesamteuropäischen Prozeß angestrebt werden sollte. Dabei müßten, wie im jüngsten DDR-Memorandum zur KSZE skizziert, weitere Interessierte und ein größerer Kreis der Nachbarn Deutschlands miteinbezogen werden.[56] Das am 23. Februar sowohl an die Ständige Vertretung in Ost-Berlin als auch am 27. Februar direkt an das Bundeskanzleramt übergebene Papier, das später allen KSZE-Teilnehmerstaaten zugestellt wurde, hatte zahlreiche wichtige Positionen der DDR im Vereinigungsprozeß gebündelt. Dabei war nach Bonner Interpretation bereits deutlich geworden, daß Ost-Berlin bestrebt war, durch eine Ausdehnung des »Zwei-plus-Vier«-Kreises auf weitere Staaten den Prozeß zu komplizieren und zu verzögern. Nach DDR-Ansicht würde im »Zwei-plus-Vier«-Verfahren bis zu dem für Jahresende geplanten KSZE-Gipfel keine Entscheidung über die Einheit getroffen werden. Statt dessen sollten beim Gipfel selbst Bedingungen der weiteren Annäherung der beiden deutschen Staaten beschlossen werden.

Als vorrangigen Punkt, so Krabatsch, betrachte die DDR die Grenzen, bei denen insbesondere die deutsch-polnische völkerrechtlich verbindlich anerkannt werden müsse. Entsprechend dem Vorschlag des polnischen Ministerpräsidenten Mazowiecki solle ein Vertrag ausgehandelt werden, der dann von einem gesamtdeutschen Parlament ratifiziert werden müsse. Bloße einseitige Erklärungen – wie die des Bundestages – genügten hier ebensowenig wie der Hinweis auf Verträge aus den siebziger Jahren. Ein zweiter wichtiger Punkt sei die Frage des künftigen militärpolitischen Status Deutschlands, der das Umfeld nicht belasten dürfe und zur Erhaltung der Stabilität beitragen müsse. Ein vereinigtes Deutschland dürfe deswegen weder der NATO noch dem Warschauer Pakt angehören. Beide deutsche Staaten müßten ihren Status in gleicher Weise verändern, wobei verstärkte Abrüstungsbemühungen dies ebenso erleichtern würden wie ein verstärkter Beitrag bei der Suche nach bündnisübergreifenden Sicherheitsstrukturen. Krabatsch erklärte, daß hinsichtlich des Aufenthaltes ausländischer Truppen in Deutschland für beide Teile dasselbe gelte, und machte so deutlich, daß für Ost-Berlin ein Abzug der sowjetischen Truppen aus der DDR nur parallel zum Rückzug von ausländischen NATO-Truppen aus der Bundesrepublik denkbar war. Am Ende des »Zwei-plus-Vier«-Prozesses müsse zum einen das Erlöschen aller Rechte der Vier Mächte für Deutschland als Ganzes stehen sowie zum anderen ein völkerrechtlich verbindliches Dokument, dessen genaue Bezeichnung letztlich zweitrangig sei. Damit müßten aber alle Probleme der Kriegs- und Nachkriegszeit gelöst werden.

Bevor Kastrup entlang der bekannten Linien und Positionen die Politik der Bundesregierung zu verschiedenen der genannten Bereiche erläuterte, kam Krabatsch auch auf die Frage der Eigentumsverhältnisse in der DDR zu sprechen.[57] Er verwies auf einen Brief von Ministerpräsident Hans Modrow an Bundeskanzler Helmut Kohl vom 2. März, dem eine Erklärung der DDR-Regierung – darunter die vom Runden Tisch abgeordneten Minister ohne Geschäftsbereich – vom 1. März beigefügt worden war. Darin wurde die Bestätigung der bestehenden Eigentumsverhältnisse in Ostdeutschland gefordert, wie sie unter anderem durch die Bodenreform von 1945 in der damaligen Sowjetischen Besatzungszone geschaffen worden waren. Der DDR-Seite, die von der UdSSR in ihrem Anliegen unterstützt wurde, ging es vor allem um die vor Gründung ihres Staates von der Sowjetunion – als Siegermacht des Zweiten Weltkrieges und unter Berufung auf das Potsdamer Protokoll – vorgenommenen Enteignungen. Diese, so die zentrale Forderung, sollten nicht rückgängig gemacht werden. Krabatsch verlangte nun, daß über dieses Thema im Sechser-Rahmen gesprochen werden müsse, um dort eine die derzeitigen Eigentumsverhältnisse festschreibende Aussage zu treffen. Der westdeutsche Delegationsleiter wehrte sich mit Nachdruck dagegen, dieses Thema auf die Tagesordnung der »Zwei-plus-Vier«-Gespräche zu setzen, da es Teil der nach dem 18. März beginnenden bilateralen Verhandlungen sei.[58] Zu der von Krabatsch angesprochenen Zusammenführung der beiden auswärtigen Dienste meinte Kastrup, hierzu gebe es im Auswärtigen Amt erste Überlegungen, die aber noch nicht abgeschlossen seien. Duisberg erklärte, dieser Komplex gehöre ebenfalls ins Gebiet der bilateralen Verhandlungen nach den Volkskammerwahlen. Unklarheit bestand noch darüber, wie die internationalen Verträge abgeglichen werden sollten, da die DDR-Seite von mehr als 3300 bilateralen und mehreren hundert multilateralen Verträgen sprach.

Das Treffen der beiden Delegationen, das in einer – für deutsch-deutsche Gespräche in der Vergangenheit keinesfalls selbstverständlichen – sachlichen und angenehmen Atmosphäre stattfand, hatte Bonn einen kompletten Überblick zur Eröffnungsstellung der DDR im anlaufenden »Zwei-plus-Vier«-Prozeß gebracht. Wenngleich davon ausgegangen wurde, daß die derzeitige SED-PDS-Regierung nach den freien Wahlen am 18. März von anderen Parteien abgelöst würde, so konnte man angesichts der zu erwartenden personellen Kontinuität auf der Beamtenebene des MfAA davon ausgehen, daß Elemente dieser Ausgangsposition sich auch in der künftigen Außenpolitik der DDR wiederfinden würden. Hinzu kam, daß Politiker der Ost-SPD sich zu dieser Zeit ähnlich äußerten, so etwa der Vorsitzende Ibrahim Böhme und Walter Romberg anläßlich eines Moskau-Besuches sowie Markus Meckel und Hans-Jürgen Misselwitz während eines USA-Aufenthaltes. Insbesondere gaben die ostdeutschen Sozialdemokraten, die fest mit ihrem Sieg bei der bevorstehenden Volkskammerwahl rechneten, ebenfalls übergreifenden Sicherheitsstrukturen den Vorzug gegenüber einer gesamtdeutschen NATO-Mitgliedschaft.[59]

Insgesamt erbrachte das Treffen der beiden deutschen Delegationen am 9. März Aufklärung darüber, daß
- die DDR-Seite von einem langsamen und langwierigen Prozeß ausging, bei dem der »Zwei-plus-Vier«-Mechanismus neben der KSZE sowie anderen bi- und multilateralen Gesprächen nur eine von verschiedenen Verhandlungsebenen sein würde;
- eine gesamtdeutsche NATO-Mitgliedschaft aus DDR-Perspektive derzeit unvorstellbar war und
- die Sicherung der Eigentumsordnung zu den wichtigsten Themen der DDR-Politik gehören würde.

### Verwirrende Signale aus Moskau

Keine Aufklärung hatte die Begegnung mit der DDR-Delegation den westdeutschen Beamten hinsichtlich einer vorausgegangenen Initiative von Eduard Schewardnadse gebracht: Mit einem an die fünf übrigen Außenminister des »Zwei-plus-Vier«-Mechanismus gerichteten Brief hatte dieser am 2. März für Irritation gesorgt.[60] Nach den Volkskammerwahlen in der DDR, so Schewardnadse im zweiten Absatz dieses Schreibens, könne es »unvorhergesehene Umstände« geben, die eine Reaktion erforderlich machen würden. Er regte deshalb an, daß jede der am »Zwei-plus-Vier«-Mechanismus beteiligten Regierungen dann das Recht haben müsse, um ein Treffen der Botschafter in der jeweiligen Hauptstadt zu bitten. Sollte dieser Bitte nicht binnen 12 Stunden nachgekommen werden, habe die anfragende Regierung »freie Hand in ihrer Handlung als Antwort auf die zustande gekommene Situation«. In den westlichen Hauptstädten herrschte daraufhin Verwirrung, was die UdSSR mit den »unvorhergesehenen Umständen« meinen konnte, zumal der Baker-Mitarbeiter Robert Kimmit bei der Entgegennahme des Schreibens in Washington ebensowenig eine konkrete Antwort erhalten hatte wie der amerikanische Botschafter in Moskau, John Matlock, oder andere westliche Diplomaten mit ihren entsprechenden Nachfragen im sowjetischen Außenministerium.

Nach den Hintergründen der unklaren Formulierungen hatte Hans-Dietrich Genscher auch den sowjetischen Botschafter Kwizinskij befragt, als dieser das Schreiben am 2. März bei einem kurzfristig vereinbarten Treffen in der Wohnung des Bundesaußenministers übergeben hatte.[61] Genscher hatte Kwizinskij dabei zugleich auf seine jüngsten Aussagen in den Medien aufmerksam gemacht – in denen er erneut jeglichem deutschen Alleingang eine Absage erteilt und die Zusammenarbeit mit den Vier Mächten zugesichert hatte. Um dem Nachdruck zu verleihen, hatte er Kwizinskij die entsprechenden Artikel zur Übermittlung an Schewardnadse mitgegeben. Der Botschafter möge seinem Minister doch ausrichten, daß die Bundesregierung niemanden vor vollendete Tatsachen stellen wolle. Dem Westen blieb angesichts fehlender Antworten auf Nachfragen unklar, was genau Schewardnadse mit »unvorhergesehenen Umständen« meinte. Bei verschiedenen Gesprächen kamen die drei Westmächte und die Bundesrepublik zum Ergebnis, daß in der sowjetischen Führung eine extreme Nervosität herrschte. Nach Überlegungen des Westens kamen vor allem drei Befürchtungen der UdSSR in Betracht:

1. Nach dem 18. März würde die neugewählte Volkskammer ohne Rücksicht auf die ungeklärte internationale Situation einen Beschluß zum baldigen Beitritt nach Artikel 23 des Grundgesetzes stellen.
2. Die neue Volkskammer oder die Regierung der DDR würden ultimative Forderungen nach einem schnellen Abzug der sowjetischen Truppen aus der DDR erheben, was für die UdSSR innenpolitisch und finanziell nicht verkraftbar wäre.
3. Im Umfeld der Wahlen könnte es zu Unruhen und gewaltsamen Übergriffen auf Einrichtungen der Roten Armee in Ostdeutschland kommen.

Verwunderung herrschte über das von Schewardnadse vorgeschlagene Verfahren, da es ohnehin jedem Außenminister freistand, jederzeit die ausländischen Botschafter vor Ort einzuberufen. Direkte Antworten auf das Schreiben unterblieben deshalb zunächst.[62] Im sowjetischen Außenministerium wurde das Thema allerdings sehr ernst genommen, wie ein weiterer Brief Schewardnadses an Genscher belegte, der am 14. März in Bonn übergeben wurde. Mit dringenden Worten forderte Schewardnadse eine Antwort, die Genscher ihm am 16. März auch auf schnellstmöglichem Weg schicken ließ. Er versuchte dabei die – weiterhin unbestimmten – sowjetischen Sorgen zu zerstreuen, indem er noch einmal Rücksichtnahme auf die Interessen aller Partner am »Zwei-plus-Vier«-Prozeß zusicherte. Ebenso wie James Baker erklärte der Bundesaußenminister in seinem Antwortbrief, daß man sich selbstverständlich auch einem kurzfristigen Konsultationswunsch nicht entziehen würde.

Neben Schewardnadses verwirrendem Vorstoß sorgten zahlreiche weitere Äußerungen sowjetischer Politiker, Diplomaten und Wissenschaftler für eine unklare Ausgangslage im Vorfeld des ersten »Zwei-plus-Vier«-Beamtentreffens.⁶³ In Gesprächen mit ausländischen Besuchern wurde von den Sowjets auf der Arbeitsebene immer wieder die Vermutung geäußert, eine gesamtdeutsche NATO-Mitgliedschaft sei – unter nie näher definierten Bedingungen und bei ebenfalls nicht präzisierten Veränderungen im westlichen Bündnis – möglich. Die öffentliche Ablehnung der Vereinigung nach Artikel 23 GG wurde dabei häufig als »Eröffnungsposition« in den anlaufenden Verhandlungen interpretiert.

Im Bundeskanzleramt wurde neben diesen Einzelmeldungen aus Moskau allerdings auch zur Kenntnis genommen, daß die sowjetische Position sich nach dem Kohl/Genscher-Besuch bei Gorbatschow Anfang Februar sowie der in Ottawa gefundenen Einigung über den »Zwei-plus-Vier«-Mechanismus schrittweise verhärtete. Dies zeige sich, so interne Analysen für Helmut Kohl, zum einen in einer massiven Einmischung der UdSSR in den Wahlkampf in der DDR sowie zum zweiten im Bestreben, die eigene Ausgangsposition in den kommenden Verhandlungsrunden zu verbessern. Die Sowjetunion peile einen möglichst großen Einfluß auf die inneren Aspekte der Vereinigung an, bei der es auch um wirtschaftliche Interessen gehe. Mit Sorge wurden dabei Schewardnadses verschiedene Äußerungen von Anfang März registriert, in denen dieser materielle beziehungsweise finanzielle Interessen anmeldete. Dabei, so Kohls Mitarbeiter, gehe es zwar nicht um Reparationen, wahrscheinlich aber um Entschädigungen für ehemals sowjetische Zwangsarbeiter, wie sie auch in Polen diskutiert würden. Die in ihrem Grundtenor dennoch sehr optimistischen Einschätzungen und Prognosen von Horst Teltschik und seiner Abteilung 2 werteten auch Gorbatschows Äußerungen vom 6. März nicht grundsätzlich negativ. In einem Fernsehinterview hatte der Generalsekretär eine wie auch immer geartete NATO-Mitgliedschaft eines vereinigten Deutschlands unmißverständlich abgelehnt. Da er aber, so die Analyse im Bundeskanzleramt, weder Forderungen nach Neutralität noch nach einer Auflösung der militärischen Bündnisse in Ost und West erhoben hatte, bewahre er sich in allen wichtigen Punkten seine Flexibilität. Dies gelte auch für Außenminister Schewardnadse. Beide Politiker wollten offensichtlich die deutsche Frage als Hebel für die Erlangung einer neuen europäischen Sicherheitsstruktur nutzen, da angesichts von ungarischen und tschechoslowakischen Anträgen zum Abzug der sowjetischen Soldaten der Warschauer Pakt vor seinem Ende stand.

Unmittelbar vor Beginn der ersten »Zwei-plus-Vier«-Runde auf Beamtenebene schien damit klar, daß die UdSSR vor allem an einem umfangreichen Themenkatalog für die Gespräche und einer langen Dauer der Verhandlungen interessiert war. Neben den Fragen der Vier-Mächte-Rechte sowie der Grenzen standen für die sowjetische Seite – die immer häufiger explizit einen Friedensvertrag forderte – deshalb die Sicherheitsarchitektur im sich verändernden Europa, der militärische Status Deutschlands und Wirtschaftsprobleme auf der Tagesordnung.

## »Zwei-plus-Vier« – die Formel bekommt einen Inhalt

Die ersten Vorgespräche zum Auftakt des »Zwei-plus-Vier«-Prozesses hatten gezeigt, daß die verschiedenen Teilnehmer mit sehr unterschiedlichen Grundkonzeptionen in die Verhandlungen gingen. Auf der einen Seite standen zunächst die Sowjetunion und die DDR. Sie wollten einen schnellen Beginn der Gespräche, um die Schaffung zu vieler innerdeutscher faits accomplis zu verhindern. Außerdem waren sie daran interessiert, daß die Verhandlungen sich möglichst lange hinziehen würden, um die Synchronisierung der deutsch-deutschen Annäherung mit der Schaffung des »gemeinsamen europäischen Hauses« zu erreichen, und daß es eine umfassende Agenda geben würde, um so zum einen die Verhandlungen hinauszuzögern sowie zum anderen Mitspracherechte bei möglichst vielen Punkten zu erhalten. Dem stand das Konzept der Bundesregierung und der US-Administration gegenüber, die beide von einer knappen Tagesordnung und dem zügigen Abschluß der Gespräche ausgingen. Folglich galt es nun, einen Mittelweg zwischen diesen Vorstellungen zu suchen und gleichzeitig Frankreich und Großbritannien noch fester einzubinden.

### *Einigkeit in Bonn und Gleichklang mit Washington*

In Bonn wurden die letzten interministeriellen Abstimmungen vor Beginn der »Zwei-plus-Vier«-Runden am 13. März getroffen. Noch vor Sitzungsbeginn des Unterausschusses »Außen- und sicherheitspolitische Zusammenhänge« hatten Außenminister Genscher und Verteidigungsminister Stoltenberg sich darauf verständigt, daß spezifische Sicherheitsfragen wie die künftige Stärke der in Deutschland stationierten Streitkräfte nicht Gegenstand der »Zwei-plus-Vier«-Gespräche sein sollten.[64] Begleitend zu den Gesprächen wollte man aber Abrüstungsvorschläge für die zweite Runde der Wiener Verhandlungen über die konventionellen Streitkräfte in Europa (VKSE II) erarbeiten und vorlegen. Daß die Einengung des Verhandlungsrahmens zentrales Ziel der westdeutschen Strategie war, machte bei der Sitzung der Arbeitsgruppe Wilhelm Höynck deutlich, der von Kastrups Vorgesprächen berichtete. Dem Ansinnen der DDR, die Sicherung der Eigentumsverhältnisse in Ostdeutschland im »Zwei-plus-Vier«-Rahmen zu behandeln, sei man entgegengetreten. Genscher selbst zeigte sich überrascht, daß die Regierung Modrow zu diesem Thema mit den Briefen an den Bundeskanzler und Generalsekretär Gorbatschow einen internationalen Vorstoß unternommen hatte. Das sei eindeutig die Angelegenheit der beiden deutschen Staaten, und werde von einer neuen DDR-Regierung gewiß anders gesehen werden als von Modrow.

Zu den weiteren Punkten des Treffens gehörte die Frage nach der Behandlung der Grenzfragen. Genscher schlug Beratungen über eine gemeinsame Erklärung der beiden deutschen Parlamente im engeren Beamtenkreis vor, zumal sich das Thema bald stellen werde. Die polnische Regierung habe, so Staatssekretär Jürgen Sudhoff, bereits angekündigt, daß sie demnächst einen Vertragsentwurf vorzulegen gedenke. Horst Teltschik leitete daraufhin zu der von Kohl und Gorbatschow besprochenen Bestandsprüfung der wirtschaftlichen Verpflichtungen der DDR gegenüber der Sowjetunion über, bei der Einigkeit herrschte, daß diese nur gemeinsam mit der DDR möglich sein werde. Weitere Themen der Besprechung waren die Frage eines notwendigen Vertrages zur vorläufigen Stationierung sowjetischer Truppen in der DDR, die eventuell mögliche Neuverhandlung des Truppenstatuts auch mit den westlichen Verbündeten und die Ablösung der Vier-Mächte-Rechte. Genscher gab sich zuversichtlich: Zum einen würden die gesamten Berlin-Probleme sich gemeinsam mit der deutschen Frage von selbst lösen. Zum anderen wäre es wünschenswert und optimal, wenn die Beendigung der besonderen Rechte und Verantwortlichkeiten der Vier Mächte als Ergebnis der »Zwei-plus-Vier«-Gespräche einseitig durch diese selbst erfolgen könnte. Eine vertragliche Regelung könne aufgrund der unterschiedlichen Vorstellungen bei den »Zwei-plus-Vier«-Partnern allerdings derzeit noch nicht ausgeschlossen werden.

Eine ähnliche Grundkonzeption wie in Bonn wurde – trotz unterschiedlicher Auffassungen im Detail zwischen dem State Department und dem Nationalen Sicherheitsrat – in Washington bevorzugt.[65] Auch hier wurde es kategorisch ausgeschlossen, grundsätzliche Sicherheitsfragen im »Zwei-plus-Vier«-Rahmen zu diskutieren. Statt dessen erstellte die US-Administration eine umfangreiche Liste der aktuellen Themen, die in drei Kategorien aufgeteilt wurden. Die erste, zu der die Vier-Mächte-Rechte gehörten, sollte im »Zwei-plus-Vier«-Rahmen beschlossen werden. Eine weitere, darunter beispielsweise die Größe der künftigen Bundeswehr, sollte dort keinesfalls beraten werden. Die dritte und umfangreichste Themengruppe bestand aus Punkten wie der Grenzfrage oder der künftigen Anwesenheit sowjetischer Truppen auf dem Gebiet der damaligen DDR. Diese sollten allein aufgrund deutscher Souveränität von den deutschen Regierungen entschieden werden, jedoch bilateral oder im »Zwei-plus-Vier«-Rahmen diskutiert werden können.

Mit ihren Vorstellungen von einer eng gesteckten Themenagenda zur Diskussion innerhalb des Sechser-Mechanismus setzten sich die westdeutsche und die amerikanische Delegation bei den am Nachmittag des 13. März in Paris stattfindenden Direktorenkonsultationen (»Eins-plus-Drei«) zwar durch, doch hatten sie dabei teilweise erheblichen Widerstand zu überwinden.[66] Vor allem Bertrand Dufourcq, der sich – ebenso wie Dieter Kastrup – Anfang März in Genf mit dem sowjetischen Vizeaußenminister Anatoli Adamischin getroffen hatte, legte Vorschläge für eine umfangreichere Tagesordnung vor. Im Verlauf des rund vierstündigen Treffens, das in einer angespannten Atmosphäre verlief, kam es bei prozeduralen Fragen zumeist zur schnellen Einigung. Dennoch tauchten immer wieder Mißstimmungen auf, so etwa als Dufourcq die von der – aus Robert Zoellick, Raymond Seitz und Condoleezza Rice bestehenden – US-

Delegation gewünschten engen »Eins-plus-Drei«-Abstimmungen vor jeder »Zwei-plus-Vier«-Runde für nicht unbedingt notwendig hielt oder als die französische Seite Kritik daran übte, daß die Direktorenrunde durch eine Pressemitteilung des Auswärtigen Amtes vorab schon bekanntgemacht worden war. Unterschiedliche Auffassungen zeigten sich zudem bei der Frage nach der ersten »Zwei-plus-Vier«-Ministerrunde. Während Großbritannien und Frankreich ein erstes Treffen bereits kurz nach der Volkskammerwahl vorschlugen, wollten die USA und die Bundesrepublik sich noch nicht festlegen, da ihnen an einem möglichst langsamen Start des »Zwei-plus-Vier«-Prozesses gelegen war.

Für den Fall, daß im Sechserkreis am nächsten Tag die Grenzfrage angeschnitten würde, schlug Frankreich vor, daß man dann auch eine Verhandlungsrunde in Warschau abhalten sollte. Dieter Kastrup, der gemeinsam mit Teltschiks Stellvertreter Peter Hartmann und Genschers Büroleiter Frank Elbe nach Paris gereist war, lehnte ein Treffen in Warschau jedoch kategorisch ab. Polen müsse selbstverständlich bei den seine Grenze betreffenden Fragen beteiligt werden – was Präsident Bush mit dem Begriff »involvement« passend umschrieben habe –, doch könne es keine »Zwei-plus-Vier«-Runde auf polnischem Gebiet geben. Die westliche Haltung war wenige Stunden vor dem ersten Treffen mit den Gesprächspartnern aus der UdSSR und der DDR also noch keinesfalls so homogen, wie sich dies die Delegationen aus Bonn und Washington gewünscht hatten. Vor allem Dufourcq – der abschließend bat, man solle doch lieber von Gesprächen der Sechs, anstatt von »Zwei-plus-Vier« sprechen – zeigte sich nicht nur an einer Ausweitung der Tagesordnung interessiert. Immer wieder betonte er daneben den französischen Status als Teil der Vier Mächte wie beispielsweise durch seine Abneigung, das ausdrücklich gewünschte Treffen mit einer polnischen Delegation im Rahmen der regulären »Zwei-plus-Vier«-Gespräche abzuhalten oder die NATO-Partner regelmäßig zu informieren.

*Konsenssuche am runden Tisch*

Weitgehende Übereinstimmung in prozeduralen Fragen, deutlich unterschiedliche Auffassungen zur Grundkonzeption und eine spürbare Gereiztheit bestimmten die erste »Zwei-plus-Vier«-Konferenz, zu der sich die Delegationen Frankreichs, Großbritanniens, der USA, der Sowjetunion, der DDR und der Bundesrepublik am 14. März in Bonn trafen.[67] Dieter Kastrup, der als Gastgeber den Vorsitz innehatte, erläuterte in seinen Begrüßungsworten das Konzept des »Zwei-plus-Vier-Mechanismus«, wobei er im Blick auf die »äußeren Aspekte« drei Punkte besonders hervorhob:
1. Die Einheit könne sich erst vollziehen, wenn im »Zwei-plus-Vier«-Rahmen alles geklärt worden sei.
2. Niemand solle bei den anlaufenden Verhandlungen vor vollendete Tatsachen gestellt werden.

3. Die Vereinigung müsse in Übereinstimmung mit den außen- und sicherheitspolitischen Erfordernissen stehen.

Der Politische Direktor des Auswärtigen Amtes ging damit gezielt auf die von Schewardnadse wiederholt geäußerten Bedenken ein, denenzufolge die Teilnehmer am außenpolitischen Prozeß der Vereinigung von den innerdeutschen Entwicklungen überrollt würden. Kastrups Vorschlag für die Tagesordnung der Sitzung – prozedurale Fragen, Gedankenaustausch über die zu behandelnden Themen, künftige Beamten- und Ministertreffen sowie die Frage von Stellungnahmen gegenüber der Öffentlichkeit – wurde anschließend ebenso akzeptiert wie die in den »Eins-plus-Drei«-Runden sowie im Gespräch Kastrups mit Krabatsch vorbereiteten technischen Aspekte. Die Delegationen sollten demnach sowohl bei Beamten- wie auch Ministertreffen an einem runden Tisch, entsprechend dem deutschen Alphabet entgegen dem Uhrzeigersinn sitzen. Mit dieser Sitzordnung sollte gewährleistet werden, daß es nicht zur bereits optisch deutlichen Frontenbildung beispielsweise zwischen den beiden deutschen Staaten und den Vier Mächten beziehungsweise zwischen dem westlichen und dem östlichen Lager kommen konnte. Allgemein akzeptiert wurde auch, daß alle Treffen der Beamten abwechselnd in Bonn und Ost-Berlin[68] stattfinden, der Vorsitz von Sitzung zu Sitzung allerdings zwischen allen beteiligten Staaten wechseln sollte.

Während die westdeutsche und die amerikanische Delegation sich – letztlich erfolgreich – gegen eine feste Entscheidung über den Termin des nächsten Beamtentreffens wehrten, forderten die sowjetischen Vertreter, unterstützt von Dufourcq, ein Anschlußtreffen möglichst bald nach der Regierungsbildung in der DDR. Ebenfalls vertagt wurde die Frage nach der Einsetzung von Expertengruppen zur Vorbereitung der jeweiligen Treffen, worüber die Minister selbst beschließen sollten. Die Entscheidung, alle Verfahrensfragen nach dem Konsensprinzip zu treffen und im Anschluß an die Beamtenrunden jeweils nur eine kurze Stellungnahme des jeweiligen Vorsitzenden gegenüber den Medien vorzusehen, fand demgegenüber allgemeine Zustimmung. Vor allem die sowjetische Delegation hatte sich hierfür »im Zeichen von Glasnost« stark gemacht.

Adamischin brachte später auch den in Schewardnadses Brief vom 2. März aufgebrachten Vorschlag in die Diskussion ein, daß jede Seite das Recht haben sollte, jederzeit die Einberufung eines Treffens zu verlangen. Er erinnerte in deutlichen Worten daran, daß die UdSSR hier noch immer auf eine Antwort warte. Unabhängig von diesem Vorstoß des sowjetischen Außenministers – dessen Hintergründe Adamischin nicht erläutern wollte oder konnte[69] – beschlossen die Delegationen, daß der mit einer substantiellen Begründung versehene Antrag eines Landes auf ein Treffen von den anderen Regierungen wohlwollend geprüft werden sollte, bevor – in einem »vernünftigen Zeitrahmen« – eine Einladung erfolgen könnte.

Ein Auseinanderbrechen der bislang weitgehend einheitlichen Position der vier westlichen Verhandlungspartner drohte bei der Diskussion über die Einbeziehung Polens in den »Zwei-plus-Vier«-Prozeß. Zwar gab es keinen Widerspruch dagegen, daß die polnische Regierung möglichst frühzeitig zur Beratung über die Grenzfrage an den Gesprächen beteiligt werden sollte, doch zeigte sich Robert Zoellick »verwirrt« vom französischen Vorschlag, hierfür ein spezielles Treffen – vielleicht sogar in Polen – anzusetzen. Den Weg zum Kompromiß eröffnete die von Weston vorgetragene Idee, sich bei einem der regulären »Zwei-plus-Vier«-Treffen zwar am selben Ort, nicht aber an derselben Stätte mit einer polnischen Delegation zusammenzusetzen. So werde der Eindruck einer »Zwei-plus-Fünf«-Runde vermieden. Kastrup entschärfte den sich anbahnenden Konflikt mit dem Hinweis, daß die Bundesregierung sich – wie von Weston angeregt – nach der Volkskammerwahl möglichst schnell mit der neuen DDR-Führung verständigen und dann in Kontakt mit Polen treten werde.

Während in all diesen Punkten nach teilweise konträrer Diskussion eine Einigung erzielt werden konnte, kamen bei der Beratung der möglichen Themen für den »Zwei-plus-Vier«-Prozeß die unterschiedlichen Erwartungshaltungen der beteiligten Staaten zum Tragen. Kastrup schlug – entsprechend der »Eins-plus-Drei«-Gespräche vom Vortag – vier Bereiche vor:
1. Grenzfragen,
2. politisch-militärische Fragen,
3. Berlin-Probleme,
4. Vier-Mächte-Rechte und -Verantwortlichkeiten sowie deren Ablösung.
DDR-Vertreter Krabatsch wollte diese Liste um einige Punkte erweitert wissen, die eindeutig auf längerandauernde und kompliziertere Verhandlungen hindeuteten. Zum einen wünschte er, den Prozeß der Zusammenführung der beiden deutschen Staaten mit dem gesamteuropäischen Prozeß zu synchronisieren. Zum zweiten sollte am Ende der Verhandlungen eine endgültige, völkerrechtlich verbindliche Regelung zur Lösung der Sachfragen stehen. Als drittes forderte er den Schutz der in der DDR – als Folge des Zweiten Weltkrieges und der Beschlüsse der Alliierten von Potsdam – entstandenen Eigentumsordnung, wobei er explizit die Enteignung von Kriegs- und Naziverbrechern, die Bodenreform und die Entstehung des Volkseigentums benannte. Sein vierter Punkt thematisierte die Frage, ob und wie nach der Vereinigung die vertraglichen Verpflichtungen der DDR, vor allem gegenüber der Sowjetunion, übernommen und fortgeführt werden sollten. Die westlichen Delegationen argumentierten, daß die Punkte drei und vier zu den inneren Aspekten der Vereinigung zählten, während die beiden ersten Punkte in der von Kastrup vorgeschlagenen Themensammlung bereits enthalten seien.

Die Sowjetunion vertrat demgegenüber die Ansicht, daß die ökonomischen Aspekte und Eigentumsfragen sehr wohl im »Zwei-plus-Vier«-Rahmen besprochen werden könnten, und nutzte die Gelegenheit, ihre Forderung nach einem Friedensvertrag zu formulieren. Dies sei die beste Möglichkeit, 45 Jahre nach Kriegsende einen endgültigen Schlußstrich unter den Zweiten Weltkrieg zu ziehen. Der Punkt »mögliche Formen einer Friedensregelung« müsse deshalb in die Tagesordnung aufgenommen werden. Adamischin wehrte sich auch energisch gegen Kastrups Kompromißvorschläge, beispielsweise von der »Möglichkeit einer endgültigen Regelung« zu sprechen. Die UdSSR brauche einen Friedensvertrag und könne darauf nicht verzichten. Zudem wünschte er, daß lediglich die Rechte und Verantwortlichkeiten der Vier Mächte auf der Tagesordnung stünden, nicht aber »deren Ablösung«, was allgemein akzeptiert wurde. Es wurde übereinstimmend beschlossen, die von Kastrup vorgeschlagenen Tagesordnungspunkte zunächst anzunehmen und später noch einmal über deren mögliche Ergänzung zu beraten. Das Treffen endete mit der ausführlichen Diskussion des Pressetextes und einem kurzen Disput zwischen den Delegationen der UdSSR und Großbritanniens: Weston hatte zum Aufbruch gedrängt, da sein Flugzeug in Kürze starten sollte, worauf Adamischin ihn bat, künftig nicht mehr derartig frühe Flüge zu buchen, da man unter Zeitdruck nicht ordentlich arbeiten könne. Er sehe sich angesichts der Eile nun auch nicht in der Lage, über Hintergründe von Schewardnadses Brief zu berichten, wolle aber noch einmal feststellen, daß es die Pflicht der Empfänger des Briefes sei, diesen auch zu beantworten.

Im Ergebnis dieser ersten »Zwei-plus-Vier«-Beamtenrunde sowie der dazugehörigen Vorgespräche erwiesen sich, neben der von Condoleezza Rice konstatierten Zurückhaltung und mangelhaften Vorbereitung der UdSSR-Delegation[70], aus Sicht der Bundesregierung wie auch der US-Administration vor allem vier Punkte als problematisch:
1. das Beharren der Sowjetunion auf einem Friedensvertrag, wie er von der Bundesregierung 45 Jahre nach Kriegsende abgelehnt wurde. Die Forderung nach einer friedensvertraglichen Regelung wurde – allerdings nur in internen »Eins-plus-Drei«-Runden – von der britischen Seite unterstützt;
2. der Wunsch der UdSSR und der DDR – die darin teilweise einer Meinung mit Frankreich und Großbritannien waren –, den Themenkatalog für die Verhandlungen auszudehnen, was zu einer Verzögerung der Gespräche führen konnte;
3. das von der UdSSR und der DDR angepeilte Ziel einer Synchronisierung der deutschen Vereinigung mit dem gesamteuropäischen Prozeß, der die auf wenige Monate bis zur Erlangung der Einheit angelegte Planung der Bundesregierung gefährdet hätte;
4. das zeitweise Ausscheren Frankreichs aus der westlichen Verhandlungslinie, das – ebenso wie die Weigerung des Quai d'Orsay hinsichtlich regelmäßiger Konsultationen mit den NATO-Partnern und die geäußerten Zweifel an der Notwendigkeit substantieller »Eins-plus-Drei«-Absprachen – Sorgen über ein geschlossenes Auftreten des Westens aufkommen ließ.

Die Verantwortlichen in Bonn und Washington konnten mit dem Erreichten trotz allem zufrieden sein. Gemeinsam hatten sie das Drängen auf baldige weitere Verhandlungen, einen allzu umfassenden Themenkatalog und eine

Ausdehnung des Teilnehmerkreises abwehren können. Entscheidend war, daß durch die Verschiebung des nächsten Treffens auf einen Termin nach der Volkskammerwahl zum einen Zeit für den Ausbau der deutsch-deutschen Beziehungen und die Vorbereitung weiterer unumstößlicher Tatsachen wie der Währungsunion gewonnen werden konnte sowie zum anderen sichergestellt schien, daß nach den Wahlen in der DDR eine vereinigungsfreundlichere Regierung die politische Linie bestimmen würde.

### Warten auf die neue DDR-Regierung

Ähnlich argumentierte auch Bundeskanzler Helmut Kohl, als er am 15. März mit US-Präsident George Bush telefonierte.[71] Die Bundesregierung werde ihre Partner keinesfalls vor vollendete Tatsachen stellen, doch werde man nach Abschluß der Regierungsbildung in der DDR mit der neuen Spitze hart am Thema Währungsunion arbeiten. Kohl – der intern aufgrund der Koalitionsstreitigkeiten, der Auseinandersetzung um die Oder-Neiße-Grenze und die schlechten Ergebnisse der Ost-CDU bei Meinungsumfragen keinen Hehl aus seiner schlechten Stimmung machte – verwahrte sich gegen Darstellungen in amerikanischen Zeitungen, daß er Hektik betreibe. Wenn allerdings gar nichts geschehe, dann würden die Menschen weiterhin aus der DDR davonlaufen. Allein seit Anfang des Jahres seien mehr als 140 000 Ostdeutsche in den Westen übergesiedelt, was den Aufbau der DDR zusehends erschwere. Der Bundeskanzler betonte seine Hoffnung, die außen- und sicherheitspolitischen Fragen gemeinsam mit den »Zwei-plus-Vier«-Partnern zu lösen, um dann die entscheidenden Schritte zur Vereinigung Deutschlands unternehmen zu können. In seiner ersten Einschätzung zu den tags zuvor in Bonn angelaufenen »Zwei-plus-Vier«-Gesprächen wehrte Kohl sich energisch gegen eine Ausweitung des Verhandlungsrahmens oder gar »Zwei-plus-Vier«-Runden in Warschau. Dies sei für ihn vollkommen inakzeptabel, da man dann »auch gleich nach Jalta« fahren könne.[72] Kohl erläuterte dem US-Präsidenten noch einmal seine Überlegungen zur Klärung der Grenzfrage und zur geplanten gemeinsamen Erklärung von freigewählter Volkskammer und Bundestag.

Der Kanzler versicherte Bush nachdrücklich, daß die Idee einer gesamtdeutschen NATO-Mitgliedschaft auch in Ostdeutschland viel Anklang finde. Dies sei sein Eindruck aus den zahlreichen Versammlungen in der DDR, an denen er im Rahmen des Wahlkampfes teilgenommen habe. Kohl war am Vorabend zu seinem letzten großen Wahlkampfauftritt in Leipzig gewesen, wo er vor mehr als 300 000 Menschen gesprochen hatte. Er habe, so seine Schilderung gegenüber dem US-Präsidenten, zwischenzeitlich mehr als eine Million Menschen bei Versammlungen und Kundgebungen direkt erreicht. In seinen Reden mache er immer wieder fünf Punkte klar: Erstens hätten die Menschen in der DDR das Hauptverdienst an den aktuellen Entwicklungen und Perspektiven; zweitens danke er den Alliierten und hier vor allem den USA für ihre Unterstützung; drittens verdanke man vieles der Perestroika von Michail Gorbatschow sowie viertens den Reformern in Polen, Ungarn und nun auch der ČSSR; fünftens müsse Polen wegen seiner Grenze keine Sorgen haben, da man diese Frage in einem Vertrag klären werde. Zuletzt weise er stets darauf hin, daß ein vereinigtes Deutschland Mitglied der NATO und der EG bleiben müsse, wofür es ebenfalls immer wieder großen Beifall gegeben habe. Er wolle, so Kohl, daß mit der Vereinigung der beiden deutschen Staaten und dem Abschluß eines entsprechenden Vertrages nicht nur die Grenzfrage, sondern auch das Thema Reparationen endgültig vom Tisch käme. Wenn, wie jüngst der polnische Parlamentspräsident bei einem Besuch in der Bundesrepublik, hier erneut Milliardenforderungen an die Bundesregierung herangetragen würden, dann bringe ihn dies in eine katastrophale innenpolitische Lage. Fast 50 Jahre nach Kriegsende würden die Menschen solche Forderungen nicht mehr akzeptieren. Bush bestätigte Kohl, daß man sich wohl auf einer »Wellenlänge« befinde. Er werde den Kanzler vor dem geplanten Besuch des polnischen Ministerpräsidenten Mazowiecki in der kommenden Woche erneut anrufen.

Das Gespräch der beiden Politiker hatte kurz nach der ersten »Zwei-plus-Vier«-Runde noch einmal bewiesen, daß Bonn sich vor allem auf Rückendeckung aus Washington verlassen konnte. So machte Bush unmißverständlich klar, daß auch er nichts von einer »Zwei-plus-Vier«-Runde in Warschau hielt. Zugleich wurde einmal mehr offensichtlich, daß die Frage der polnischen Westgrenze keinesfalls geklärt war und zur Belastung für den US-Präsidenten zu werden drohte. Einigkeit bestand darin, daß weitere konkrete Schritte zur internationalen Begleitung und Absicherung der deutschen Einheit erst nach den unmittelbar bevorstehenden Volkskammerwahlen stattfinden sollten, auf deren Ausgang das In- und Ausland gespannt wartete.

# DIE NEUEN PARTNER
# SUCHEN IHRE LINIE

»Kohls Sieg«, »Kohls Triumph« – auch regierungskritische Medien waren sich in ihrer Bewertung des Ergebnisses der Volkskammerwahl vom 18. März einig[1]: Der Bundeskanzler hatte mit der »Allianz für Deutschland« und seinen Auftritten bei sechs zentralen Großveranstaltungen in Erfurt, Chemnitz, Magdeburg, Rostock, Cottbus und Leipzig entscheidend zum klaren Erfolg der bürgerlichen Parteien in der DDR beigetragen. Nicht zuletzt sein bedingungsloses Eintreten für die Vereinigung, der von ihm ausgestrahlte Optimismus und die in ihm personifizierte Perspektive einer baldigen Einführung von D-Mark und sozialer Marktwirtschaft auch in Ostdeutschland hatten den Ausschlag gegeben. Bei einer Wahlbeteiligung von deutlich über 90 Prozent erreichte das CDU-dominierte Bündnis rund 48 Prozent der Stimmen und verfehlte mit 192 Volkskammermandaten nur knapp die absolute Mehrheit. Die in der Öffentlichkeit und den Meinungsumfragen lange Zeit als haushoher Favorit gehandelte SPD kam demgegenüber auf nur knapp 22 Prozent der Stimmen und 88 Sitze, die Liberalen erreichten 5,3 Prozent (21 Sitze), das vor allem aus der parteienfernen Bürgerbewegung hervorgegangene Bündnis 90 nur 2,9 und die Grünen 1,9 Prozent. Überraschend war neben dem überwältigenden Sieg der »Allianz für Deutschland« allerdings auch das gute Ergebnis der ehemaligen SED: Deren Nachfolgepartei PDS erhielt mehr als 16 Prozent der Stimmen und 66 Sitze in der ersten frei gewählten Volkskammer.

Für Helmut Kohl war das Ergebnis, so zwei Tage später seine Interpretation in der Sitzung des Bundeskabinetts, »eine eindeutige Entscheidung für rasches und nachdrückliches Handeln auf dem Weg zur Herstellung der deutschen Einheit«[2]. Aus Sicht der Bundesregierung bedeuteten die neuen Mehrheitsverhältnisse in der DDR nicht nur einen parteipolitischen Erfolg, sondern auch die Aussicht auf eine problemlose Zusammenarbeit mit den neuen, demokratisch breit legitimierten Partnern in Ost-Berlin. Entscheidend würde nun sein,
- wie die Zusammenarbeit mit sowie innerhalb der im Detail noch nicht feststehenden neuen DDR-Regierung aussah,
- welche konkreten Schritte die Bundesregierung zur internationalen Absicherung des Vereinigungsprozesses unternahm und
- welche Entwicklungen – vor allem in der Sowjetunion – derweil die Rahmenbedingungen der Außenpolitik auf dem Weg zur deutschen Einheit bestimmten.

## Bonn setzt auf Beruhigung

Für den Erfolg der Vereinigungsbemühungen war aus Bonner Sicht maßgeblich, daß der kurz vor der Wahl eröffnete Sechser-Mechanismus zur Klärung der äußeren Aspekte der deutschen Einheit nicht ins Stocken geriet. Der Bundeskanzler wollte deshalb noch vor der Beratung weiterer Schritte mit der neuen DDR-Regierung zunächst einmal die innenpolitischen Weichen in Westdeutschland stellen sowie den positiven Kontakt mit den bedeutendsten Verbündeten in Ost und West aufrechterhalten.

### *Der Übersiedlerdruck – Hilfe und Problem zugleich*

Zu den zentralen Zielen der Bundesregierung hatte seit Jahresanfang 1990 die Eindämmung des Übersiedlerstroms aus Ostdeutschland gehört.[3] Auf der einen Seite kam diese Entwicklung dem Kanzler zwar gelegen, da sie auch international die Notwendigkeit einer deutsch-deutschen Annäherung mit der Perspektive Vereinigung deutlich gemacht hatte. Dem standen jedoch auf der anderen Seite die mit den Übersiedlerzahlen verbundenen ökonomischen Probleme in Ost- wie Westdeutschland gegenüber. Die mit der Volkskammerwahl manifestierte Demokratisierung der Verhältnisse in der DDR sollte, so das Kalkül des Kanzlers, gemeinsam mit der Aussicht auf eine baldige Einführung der D-Mark in Ostdeutschland die Menschen zum Verbleiben in ihrer Heimat bewegen. In seiner Erklärung zum Wahlausgang hatte Kohl die Menschen deshalb noch einmal aufgefordert, nun doch in ihrer Heimat zu bleiben, um »mit uns gemeinsam dieses wunderschöne Land aufzubauen«. Der Appell des Bundeskanzlers blieb angesichts der neuen Rahmenbedingungen nicht ohne Erfolg: Nachdem die Übersiedlerzahlen im Januar und Februar noch bei 73729 beziehungsweise 63893 gelegen hatten, gingen sie im März zunächst auf 46241, im April dann auf 24615 zurück.

Mögliche nächste Schritte für den Weg zur deutschen Einheit hatten Mitarbeiter des Bundeskanzleramtes bereits unmittelbar vor der Volkskammerwahl vorgeschlagen[4]: Da die Einheit erst nach Klärung der äußeren Aspekte – und hier vor allem des militärischen und sicherheitspolitischen Status Deutschlands, der Vier-Mächte-Rechte und der Grenzen – vollzogen werden könne, müßten die »Zwei-plus-Vier«-Gespräche bis zur KSZE-Konferenz vom November erfolgreich abgeschlossen werden. Erst danach könnten eine Beitrittserklärung sowie ein Eingliederungsgesetz mit Übergangsbestimmungen und -fristen beschlossen werden. Eine zügige Vorgehensweise sei notwendig, da Währungsunion und Wirtschaftsgemeinschaft mit der DDR nur zu vertreten seien, wenn dem bald die staatliche Einheit folge. Um all dies innerhalb der nur noch wenige Monate umfassenden Frist zu bewältigen, sei die zeitliche und sachliche Verzahnung der Gespräche auf drei Gebieten notwendig:

- der bilateralen Gespräche mit der DDR zur Herstellung der Einheit,
- der ebenfalls bilateralen Verhandlungen mit Ost-Berlin über die Währungsunion sowie
- der im »Zwei-plus-Vier«-Rahmen stattfindenden Gespräche über die internationalen Fragen der Vereinigung.

Nach Ansicht des Bundeskanzlers und seiner Berater war es also unabdingbar, daß der kurz vor der Volkskammerwahl in Bonn ohne größere Rückschläge begonnene »Zwei-plus-Vier«-Mechanismus am Laufen blieb. Dabei zeichnete sich – neben der Frage der deutsch-polnischen Grenze[5] – immer deutlicher ab, daß der Sowjetunion außer an Garantien für die Sicherheit in Europa vor allem an einer wirtschaftlichen Stabilisierung der Verhältnisse im eigenen Land gelegen war. Diese Fragen konnten nach westdeutschem Verständnis nicht Bestandteil der Sechserrunden sein, mußten also bilateral mit der UdSSR besprochen werden. Wie Kohl sich die Regelung der zu den Sicherheits- und Wirtschaftsfragen gehörenden Aspekte vorstellte, zeigte sich in seinen ersten Gesprächen mit ausländischen Politikern und Diplomaten kurz nach der Volkskammerwahl.

### Kohl wirbt bei den Supermächten um Verständnis

Als Helmut Kohl, wie wenige Tage zuvor vereinbart, am 20. März mit George Bush telefonierte, war dem Bundeskanzler offensichtlich an einer Beruhigung des amerikanischen Präsidenten gelegen.[6] Das Gespräch begann mit herzlichen Glückwünschen Bushs zum Wahlerfolg des von Kohl geführten Bündnisses und dessen Schilderung der aktuellen Lage. Der Kanzler betonte, wie wichtig die Frage der NATO-Zugehörigkeit eines vereinten Deutschlands sei. Angesichts der Mehrheitsverhältnisse in der DDR sah er hierfür eine deutlich stärkere Unterstützung als ursprünglich gedacht. Der größte Teil des Gesprächs drehte sich anschließend um die Haltung der Bundesregierung in der Grenzfrage. Einen Tag vor seinem Treffen mit dem polnischen Ministerpräsidenten Mazowiecki zeigte Bush sich von den Zusicherungen des Bundeskanzlers, daß man einen für alle Beteiligten akzeptablen Weg finden werde, beruhigt und versicherte, daß Kohl von seiner Seite keine unangenehmen Überraschungen zu erwarten habe. Er machte aber auch deutlich, daß ein weiteres Abwarten in der Grenzfrage der Sowjetunion dazu dienen könne, Unruhe zu stiften. Abschließend kündigte Bush dem Kanzler seine geplanten Begegnungen mit François Mitterrand und Margaret Thatcher an, bei denen er wegen »gewisser Untertöne« ein wenig besorgt sei. Das Telefonat der beiden Politiker diente offensichtlich nicht nur der gegenseitigen Beteuerung, daß man fest zur NATO-Mitgliedschaft eines vereinten Deutschlands stehe, sondern zugleich der Beruhigung des amerikanischen Präsidenten über die Zuverlässigkeit der Position des Kanzlers in der Grenzfrage. Angesichts der – von Bush thematisierten –

spürbaren Nervosität in Moskau versuchte Kohl zwei Tage später auch beruhigende Signale an den sowjetischen Generalsekretär zu schicken.

Übermittler der Botschaft an Gorbatschow sollte der sowjetische Botschafter in Bonn, Julij Kwizinskij, sein.[7] Der Kanzler bat Kwizinskij, die Inhalte ihres Gesprächs – unter Umgehung der »Betonköpfe« – direkt an den Generalsekretär zu übermitteln. Sein Hauptanliegen sei, daß nach Abschluß des Prozesses der deutschen Vereinigung die Beziehungen seines Landes zur UdSSR nicht etwa schlechter, sondern besser als derzeit seien. Im Verlauf der Unterhaltung betonte Kohl seine Zuversicht, nicht nur die Bundestagswahlen 1990, sondern auch die wohl Ende 1991 stattfindenden gesamtdeutschen Wahlen gewinnen zu können. Er sei sich mit US-Präsident Bush einig, daß man die innenpolitischen Probleme des sowjetischen Präsidenten nicht vergrößern wolle. Deshalb wolle er deutlich machen, daß er keinesfalls die Absicht habe, Hektik auszulösen. Das Ergebnis der Volkskammerwahl habe ja bereits eine gewisse Entlastung gebracht, was sich beispielsweise in der sinkenden Übersiedlerzahl zeige. Kohl betonte mehrfach, er wolle nicht in die Diskussion über die Unabhängigkeit Litauens – die Gorbatschow innenpolitisch immer stärker belastete – hineingezogen werden beziehungsweise hier Partei ergreifen müssen.[8]

Wie sehr der Bundeskanzler um eine Beruhigung der allgemeinen Situation bemüht war, zeigte sich zudem, als er noch einmal auf frühere Überlegungen sowie sein Zehn-Punkte-Programm einging: Damals sei er davon ausgegangen, daß es 1990 zur Vertragsgemeinschaft, 1991 zu konföderativen Strukturen und 1992/93 zu einer Föderation der beiden deutschen Staaten kommen werde. Die tatsächliche Entwicklung habe diese Überlegungen überholt. Kohl verwies auf den katastrophalen Zustand der DDR-Wirtschaft mit einem Auslandsdefizit von rund 40 Milliarden Mark. Eine Lösung der Probleme liege auch im Interesse der UdSSR. Der Kanzler versicherte, daß die Entwicklung in geordneten Bahnen verlaufen müsse und werde. Die Sowjetunion werde keinesfalls über Nacht vor ein fait accompli gestellt werden. Er wolle den »Zwei-plus-Vier«-Prozeß allerdings bis zum November abgeschlossen haben. Zur Verbesserung des Gesamtklimas könnten die noch 1990 möglichen weitreichenden Schritte in den Beziehungen zwischen NATO und Warschauer Pakt sowie bei den Gesprächen über die nuklearen Kurzstreckenwaffen dienen. Er sei jederzeit bereit, sich mit Michail Gorbatschow zu direkten Gesprächen zu treffen, wenn dies der Vermeidung von Mißverständnissen dienlich sei.

Neben der Unterrichtung Kwizinskijs über die geplante Regelung der deutsch-polnischen Grenzfrage und den angestrebten Ausbau der europäischen Integration standen die künftige Ausgestaltung der deutsch-sowjetischen Wirtschaftsbeziehungen sowie die Sicherheitsinteressen der UdSSR im Mittelpunkt des rund einstündigen Gespräches. Kohl erklärte, die mit den bestehenden Wirtschaftsabkommen zwischen der DDR und der Sowjetunion zusammenhängenden Probleme könnten ebenso gelöst werden wie die finanziellen

Aspekte einer zeitlich begrenzten Anwesenheit sowjetischer Truppen auf ostdeutschem Gebiet. Er könne sich auch damit abfinden, so der Kanzler, wenn während dieser Zeit keine deutschen Truppen auf dem Gebiet der jetzigen DDR stationiert wären. Zugleich versicherte er seinem Gegenüber, daß die Vereinigung ebenso unaufhaltsam sei, wie der Rhein auf seinem Weg ins Meer.

Zu den wirtschaftlichen Verflechtungen der DDR mit seinem Land schlug Kwizinskij vor, Deutschland solle sich im »Zwei-plus-Vier«-Abschlußdokument doch pauschal verpflichten, alle bestehenden Verträge und Abkommen – insgesamt wohl 3 600 an der Zahl – zu übernehmen. Man kaufe doch nicht die Katze im Sack, entgegnete Kohl, der sich gleichwohl bereit zeigte, diesen Punkt in vertraulichen Gesprächen zu klären. Auch auf die Abschwächung des Botschafters, man könne in die pauschale Übernahmeerklärung einen Vorbehalt hinsichtlich der Details einfügen, wollte der Bundeskanzler nicht eingehen: Die Sowjetunion könne zwar vom guten Willen der Bundesregierung zur konstruktiven Klärung dieser Frage ausgehen, doch sei Deutschland kein Dukatenesel.

Keine Annäherung der Standpunkte ergab sich auch bei der Diskussion über den künftigen sicherheitspolitischen Status eines vereinten Deutschlands: Es sei für die UdSSR innenpolitisch nicht verkraftbar, daß Deutschland in der NATO bleibe, so Kwizinskij. Möglich sei, daß der neue deutsche Staat im Westen wie im Osten gleichermaßen verankert sei, was angesichts der militärischen Bedeutungslosigkeit des Warschauer Paktes sowie der diesbezüglich weiterhin intakten NATO machbar sein müßte. Kohl lehnte diese Vorschläge ab: Ein neutraler Staat wäre für alle eine größere Bedrohung als ein im westlichen Bündnis eingebettetes Deutschland. Die Stationierung sowjetischer Truppen könne vertraglich für etwa fünf Jahre festgeschrieben werden, danach werde sich das Problem nicht mehr stellen. Auch weitergehende Überlegungen Kwizinskijs fanden bei Kohl keine Zustimmung. Ob man nicht außer der DDR noch einen 100 bis 150 Kilometer breiten Streifen der Bundesrepublik entmilitarisieren könne, fragte der Botschafter, worauf Kohl entgegnete, diese sei ja an der engsten Stelle gerade einmal 150 Kilometer breit. Einen vollständigen Abzug der Westmächte im Zusammenhang mit dem Rückzug der sowjetischen Truppen wollte Kohl ebensowenig gelten lassen. Die sowjetischen Truppen zögen sich dann 600 Kilometer zurück, die US-Soldaten aber 6 000 Kilometer, was er sich so nicht vorstellen könne. Abschließende Bemerkungen des Botschafters deuteten an, in welche Richtung aktuelle Überlegungen der Sowjetunion gingen: Kwizinskij bedankte sich für Kohls Rede zur Eröffnung einer Konferenz über Wirtschaftliche Zusammenarbeit in Europa (KWZE) am 19. März. Bei der Umsetzung der Ausführungen des Kanzlers, der dabei unter anderem die verstärkte Institutionalisierung der KSZE angeregt hatte, sollten die Bundesrepublik und die UdSSR an einem Strang ziehen. Zudem sollten einige solcher Überlegungen ins »Zwei-plus-Vier«-Abschlußdokument aufgenommen werden.[9]

Inhalt und Verlauf der Unterhaltung verdeutlichen Kohl vor allem zwei Punkte:

1. Die Frage der gesamtdeutschen NATO-Mitgliedschaft war für die UdSSR noch nicht vom Tisch. Ohne allerdings mit konkreten oder realisierbaren Alternativvorschlägen zu dem westlichen Vorschlag anzutreten, betonte Kwizinskij immer wieder die Unannehmbarkeit dieser Überlegungen, wobei er vor allem mit der innenpolitischen Stimmung in der Sowjetunion argumentierte.
2. Anscheinend noch größer als die Angst vor einem militärisch in den Westen eingebundenen Deutschland waren die Moskauer Sorgen, wirtschaftlich endgültig isoliert zu werden und damit in eine ökonomische Katastrophe zu schlittern. Das Beharren des sowjetischen Botschafters auf der Übernahme aller Verpflichtungen durch ein vereintes Deutschland war hierfür ebenso ein Anzeichen wie die konkret angesprochenen Sorgen vor einem Zusammenbruch von DDR-Unternehmen und dessen nicht näher erläuterten Auswirkungen auf die UdSSR.

Zur Beruhigung der sowjetischen Führung über die Zukunft ihres Landes in Europa und die Beziehungen zum Westen – und hier vor allem der Bundesrepublik – waren also weitere westliche Schritte und Überlegungen auf den Gebieten Wirtschaft und Sicherheit nötig. Außerdem war es für Bonn unerläßlich, mehr Klarheit über die Haltung der teilweise weiter zögerlichen Westmächte zu bekommen.

### »Wir sollten nett zu den Deutschen sein«

Während die Haltung der USA, der Sowjetunion sowie Frankreichs zur deutschen Vereinigung Ende März 1990 weitgehend klar war, gab es im Verhältnis der Bundesrepublik Deutschland zu Großbritannien weiter Störungen.[10] Die britische »Zwei-plus-Vier«-Delegation sowie die Vertreter der Botschaft in Bonn hatten zwar eine konstruktiv-kritische Mitarbeit an der Lösung der deutschen Frage aufgenommen, doch kamen von der Premierministerin immer wieder negative Signale. So machte sie, kurz vor einem Treffen mit Helmut Kohl, in einem Interview vom 26. März, keinen Hehl aus ihren Bedenken gegen eine zu rasche Annäherung der beiden deutschen Staaten und warf Kohl gar unverblümt vor, die Grenzen in Europa – und hier vor allem die deutsch-polnische Grenze – nicht anerkennen zu wollen. Um so überraschter war der Kanzler deshalb, als ihm Margaret Thatcher am 29./30. März bei den Feiern zum vierzigjährigen Bestehen der Königswinter-Konferenz in Cambridge und den regulären deutsch-britischen Konsultationen in London mit eher unüblicher und unerwarteter Freundlichkeit begegnete.[11]

Was weder er noch seine Begleiter wußten, war, daß die Premierministerin sich am 24. März auf ihrem Landsitz in Chequers in einem eigens einberufenen Expertenseminar mit Fragen nach den Lehren aus der deutschen Vergangenheit befaßt hatte.[12] Erst Ende Juli, als eine vertrauliche Mitschrift der sehr offenen

Diskussion in britischen und dann auch deutschen Medien veröffentlicht wurde, sorgte dies für eine heftige Debatte über die Inhalte des Treffens. Doch bereits Ende März schien Thatcher sich zumindest eine der Kernaussagen ihrer Berater zu Herzen genommen zu haben: »We should be nice to the Germans.« Der Kreis war von Thatchers Mitarbeiter Charles Powell zusammengestellt worden, der mit Hilfe der Experten die Ängste der Premierministerin vor den Deutschen abbauen wollte. Bei ihren Stellungnahmen zu den »nationalen Eigenschaften der Deutschen« kamen die externen Berater zum Schluß, daß die heutigen Deutschen nicht mehr das Bewußtsein einer »historischen Mission« hätten und weder Eroberungsgelüste hegten, noch weiterhin dem Militarismus huldigten. Zwar war man sich in der Gruppe nicht sicher, ob diese nach dem Zweiten Weltkrieg erfolgten Wandlungen von dauerhaftem Bestand sein würden, doch kamen die Teilnehmer zum Schluß, daß man nunmehr »nett zu den Deutschen« sein sollte.

Daß Margaret Thatcher dieses Ergebnis beherzigt hatte, schien tags darauf ein Interview zu zeigen.[13] Sie sei nicht mehr über die deutsche Vereinigung besorgt, teilte die Premierministerin darin mit. Als Grund für ihr bisheriges Zögern nannte sie ihre Verstörung und Verwirrung über das Vorpreschen der Deutschen, ohne alle Konsequenzen ausreichend bedacht zu haben. Ein Sprecher von Downing Street 10 bekräftigte Thatchers Standpunkt noch einmal: Die Regierungschefin wolle die Einheit, die allerdings in einer geordneten Art und Weise ablaufen müsse. Kurz vor ihren erneut harschen Äußerungen zur Grenzfrage schien Margaret Thatcher Ende März 1990 also auf Versöhnungskurs mit dem Kanzler einzuschwenken. Ihre Rede in Cambridge war deshalb wohl auch mit reichlich Lob für den Kanzler als zuverlässigen Partner des Atlantischen Bündnisses gespickt. Sie sei nicht immer die »geschickteste Diplomatin«, umschrieb sie ihre stets unverblümt geäußerten Ansichten zu den Folgen der Einheit und den Vier-Mächte-Rechten, den deutschen Grenzen und der Zukunft von EG und NATO. Bei aller Zurückhaltung ging sie allerdings auch beim Festakt in den ehrwürdigen Gemäuern der britischen Universität auf einen noch offenen, sensiblen Punkt auf dem Weg zur Vereinigung ein: Die NATO-Mitgliedschaft eines vereinten Deutschlands, der Verbleib von NATO-Kernwaffen auf deutschem Boden und der Verbleib britischer und amerikanischer Truppen seien ihre Vorbedingungen für die Einheit.

Die Premierministerin hatte damit einen der zwei für sie zentralen Themenbereiche – die künftige Sicherheitsgestaltung in Europa – angesprochen. Den zweiten Komplex, nämlich die wirtschaftliche Entwicklung und Stabilität auf dem Kontinent und die damit verbundenen Erfolgsaussichten des sowjetischen Reformers Michail Gorbatschow, diskutierte sie mit Helmut Kohl am nächsten Tag in London im Rahmen der 20. deutsch-britischen Gipfelkonsultationen.[14] Wie in seinen Gesprächen mit Bush und Kwizinskij versuchte der Bundeskanzler auch in Downing Street No. 10 von Beginn an, offensiv die nicht zu überhörenden Bedenken aus dem Weg zu räumen. So versicherte er Margaret Thatcher, Pläne zur Demilitarisierung Ostdeutschlands – wie sie ihr am Vorabend in Cambridge von vier DDR-Vertretern erläutert worden waren – entsprächen keinesfalls seiner Ansicht. Die NATO-Zugehörigkeit eines vereinten Deutschlands sei unabdingbar, zumal dies von den Menschen in der DDR so gewünscht werde. Gorbatschow habe diese Frage im Gespräch mit ihm nie zu einem großen Thema gemacht, weswegen er – soweit sich Amerikaner, Franzosen, Briten und die Vertreter der beiden deutschen Staaten bei den »Zwei-plus-Vier«-Gesprächen einig seien – von einer einvernehmlichen Lösung ausgehe. Der UdSSR gehe es vor allem um die Lösung der Finanzprobleme im Zusammenhang mit der Stationierung ihrer Truppen in der DDR. Die sowjetische Seite spiele mit der NATO-Zugehörigkeit unter taktischen Gesichtspunkten. Dies habe sich beispielsweise bei der Tagung des Warschauer Paktes am 17. März gezeigt, als der tschechoslowakische Außenminister Jiri Dienstbier seinem sowjetischen Kollegen Eduard Schewardnadse mitgeteilt habe, die ČSSR sei für die NATO-Mitgliedschaft von ganz Deutschland. Schewardnadse habe Dienstbier gebeten, diese Position im großen Kreis zu wiederholen, was der Tschechoslowake – unterstützt von den Vertretern Polens und Ungarns – dann getan habe.[15] Anschließend habe Schewardnadse sich bei Dienstbier für dessen Stellungnahme bedankt.

Margaret Thatcher war, über die allgemeine Aussage Kohls zur NATO-Mitgliedschaft eines vereinten Deutschlands hinausgehend, an Details der künftigen Sicherheitsarchitektur Europas interessiert. So erkundigte sie sich – von ihren Mitarbeitern offensichtlich über die koalitionsinternen Auseinandersetzungen zwischen Genscher einerseits sowie Stoltenberg und der US-Administration andererseits informiert – danach, ob das jetzige DDR-Gebiet nach der Vereinigung unter die Schutzgarantien der Artikel 5 und 6 des NATO-Vertrages fallen sollte. Kohl wehrte sich dagegen, derartige Fragen im »Zwei-plus-Vier«-Rahmen zu besprechen, wo sie nach seinem Verständnis nicht hingehörten. Die Premierministerin regte später an, angesichts des praktisch nicht mehr existierenden Warschauer Paktes diesen Staaten einen anderen politischen Rahmen – unter Einschluß einer sich demokratisierenden Sowjetunion – anzubieten, ohne allerdings Details vorzuschlagen. Am Vorabend hatte sie in ihrer Ansprache bereits einen Ausbau der KSZE angeregt, der letztlich zu einer teilweisen Institutionalisierung führen konnte. Auf Thatchers Vorschlag, man solle verschiedene Optionen zur Lösung der Bündnisfrage zusammenstellen, um so US-Präsident Bush vor seinem für Mai geplanten Treffen mit Gorbatschow zu helfen, entgegnete Kohl, man könne während der – zeitlich befristeten – Anwesenheit von sowjetischen Truppen in Ostdeutschland beispielsweise darauf verzichten, NATO-Einrichtungen und -Truppen auf das Gebiet der DDR vorzuschieben. Der Bundeskanzler blieb damit deutlich hinter den eine Woche zuvor gegenüber Kwizinskij geäußerten Überlegungen zurück, bei denen er noch über den Verzicht auf die Stationierung von Bundeswehrsoldaten in Ostdeutschland nachgedacht hatte. Er zeigte sich aber unerschütterlich optimistisch, daß die deutsche Einheit in Verbindung mit einer gesamtdeutschen NATO-Mitgliedschaft erreichbar sei. Auch in diesem Gespräch versicherte er, daß er niemanden vor vollendete Tatsachen zu stellen beabsichtige. Seit der Wahl in der DDR ging die Zahl der Übersiedler in die Bundesrepublik zurück, so daß man die Dinge nun im Griff habe.

Um die Rahmenbedingungen für eine sowjetische Zustimmung zur NATO-Mitgliedschaft zu schaffen, müsse der Westen allerdings Gorbatschow – »im Rahmen unserer Möglichkeiten« – wirtschaftlich unter die Arme greifen, war Kohl sich mit der Premierministerin einig. Man habe nun sechs bis sieben Monate Zeit, die man gemeinsam mit Frankreich, den USA und der neuen DDR-Regierung zu Absprachen nutzen müsse. Thatcher betonte die Bedeutung wirtschaftlicher Hilfe für Gorbatschow, der offensichtlich nicht wisse, wie man eine Marktwirtschaft einrichten könne. Sie zeigte sich daneben vor allem an wirtschaftlichen Fragen der deutsch-deutschen Annäherung interessiert. Kohl, der auch in diesem Gespräch mit gesamtdeutschen Wahlen erst in der zweiten Hälfte des kommenden Jahres rechnete, nannte ihr erste Überlegungen zum Umtauschkurs für die D-Mark in der DDR. Man werde wohl zunächst pro Kopf nur 2000 Mark im Verhältnis 1:1, alle anderen Konten aber im Verhältnis 1:2 umtauschen. Eines der großen Probleme bestehe derzeit darin, eine Bestandsaufnahme der tatsächlichen wirtschaftlichen Daten der DDR zu erhalten. Zu den Auswirkungen der Einheit auf die Europäische Gemeinschaft – mit der die Bundesregierung eng zusammenarbeite – versicherte Kohl, er wolle hierfür kein Geld von der EG und habe entsprechende Sorgen einiger Partner bereits in Brüssel besänftigt. Einzelne Übergangsregelungen für die Integration Ostdeutschlands würden allerdings notwendig sein.

Die ausführliche Unterhaltung, der eine Pressekonferenz in gelöster Atmosphäre folgte, endete mit der Diskussion allgemeiner außenpolitischer Themen, bevor Thatcher dem Bundeskanzler ankündigte, sie wolle mehr Englischlehrer in die DDR schicken. Kohl begrüßte dies und schlug vor, auch über Stipendien für Studenten aus der DDR nachzudenken. Zuvor hatte er bereits angeregt, den direkten bilateralen Kontakt durch regelmäßige Treffen von Mitarbeitern des Kanzleramtes und Thatchers Berater Powell zu verstärken.

Die Begegnung der beiden Politiker war Beleg für eine allmähliche Entspannung des deutsch-britischen Verhältnisses. Margaret Thatcher war zwar noch immer weit davon entfernt, die Vereinigung euphorisch zu begrüßen oder aktiv zu unterstützen, doch schien sie zu einer konstruktiven Mitarbeit bereit, wie sich auch in der exklusiven schriftlichen Unterrichtung des Bundeskanzlers über ihr Treffen mit US-Präsident George Bush am 13. April zeigte. Thatcher stellte sich dort nicht nur hinter die amerikanische »Zwei-plus-Vier«-Konzeption, sondern stimmte mit Bush auch darin überein, daß am Ende der Gespräche die Ablösung der Vier-Mächte-Rechte, also die vollständige Herstellung der deutschen Souveränität stehen sollte. Sie war damit zumindest teilweise auf eine Linie eingeschwenkt, die Douglas Hurd und Beamte des britischen Außenministeriums bereits seit einiger Zeit vertraten.[16]

## Umstrittene NATO-Mitgliedschaft

Während Frankreich und Großbritannien ab Ende März 1990 langsam hinter die anfangs vor allem von den Regierungen der Bundesrepublik und den USA getragene westliche Linie für die internationale Einbettung der deutschen Vereinigung rückten, trat die in der sowjetischen Führung herrschende Verwirrung im März und April immer stärker zum Vorschein. Zugleich schienen die westlichen Synchronisationsbemühungen für eine gemeinsame Position bei den zentralen Themen der deutschen Vereinigung – und hier vor allem der gesamtdeutschen NATO-Mitgliedschaft – zeitweise ins Stocken zu geraten.

### *Moskaus ehemalige Partner wenden sich ab*

Der überwältigende Wahlsieg der »Allianz für Deutschland« unter Führung der Ost-CDU bei der Volkskammerwahl am 18. März hatte die sowjetische Regierung um die Aussicht gebracht, mit den als Wahlsieger erhofften Sozialdemokraten einen in der NATO-Frage entgegenkommenderen »Zwei-plus-Vier«-Verhandlungspartner zu finden. Einen weiteren Dämpfer hatten diesbezügliche Moskauer Hoffnungen bereits einen Tag zuvor beim Sondertreffen der Warschauer Pakt-Staaten erhalten. Ein Großteil der anwesenden Außenminister wollte weder die sowjetische Ablehnung einer gesamtdeutschen NATO-Mitgliedschaft noch deren Bemühungen gegen den allmählichen Zerfall des Bündnisses unterstützen.[17] Die Veranstaltung endete ohne ein offizielles Kommuniqué und machte das Auseinanderdriften der politischen Zielsetzungen innerhalb des Warschauer Paktes offensichtlich. Die sowjetische Führung hatte zuvor unmißverständlich erklärt, die NATO-Mitgliedschaft eines vereinten Deutschlands sei schlicht unvorstellbar. Wortführer der Gegner von Schewardnadses Deutschlandpolitik war der tschechoslowakische Außenminister Jiri Dienstbier, der sich kurz vor der Tagung noch mit Hans-Dietrich Genscher getroffen hatte und nun, gemeinsam mit seinem ungarischen Kollegen Gyula Horn, energisch gegen ein neutrales Deutschland argumentierte. Von einer solchen Konstruktion gehe längerfristig mehr Gefahr für die Stabilität und Sicherheit in Europa aus als von einem fest in den Westen eingebundenen Staat. Auch der polnische Außenminister Skubiszewski folgte dieser Linie weitgehend, nannte aber eine Reihe von Bedingungen. So sei es unbedingt notwendig, das militärische Potential eines vereinten Deutschlands zu begrenzen. NATO-Truppen sollten nicht auf das Gebiet der DDR vorgeschoben werden; dafür sei dort die Stationierung von gemischten, deutsch-polnischen oder deutsch-tschechoslowakischen, Brigaden denkbar. Lediglich der krank und erschöpft wirkende DDR-Außenminister Oskar Fischer betonte gemeinsam mit Schewardnadse die Risiken einer gesamtdeutschen NATO-Mitgliedschaft, ohne sich uneingeschränkt auf die sowjetische Seite – die sich vor allem gegen eine Vereinigung nach Artikel

23 des Grundgesetzes aussprach – stellen zu wollen. Der Versuch der UdSSR, im östlichen Lager Verbündete für ihre unklare deutschland- und europapolitische Konzeption zu finden, war eindeutig gescheitert.

Im Bundeskanzleramt flossen diese Entwicklungen und zahlreiche Äußerungen sowjetischer Diplomaten und Wissenschaftler Ende März in einen zusammenfassenden Vermerk zur sowjetischen Haltung in der NATO-Frage ein.[18] Kohls Mitarbeiter kamen dabei zu zwiespältigen Ergebnissen, die letztlich gleichwohl in einer optimistischen Prognose mündeten. Als Grundton aller offiziellen Äußerungen der UdSSR sah die Analyse, daß die NATO-Mitgliedschaft Gesamtdeutschlands bislang nur ablehnend erwähnt worden sei. An Alternativen dazu habe die sowjetische Führung lediglich die Einfügung Deutschlands in »neue europäische Sicherheitsstrukturen« angesprochen. Dennoch spreche vieles dafür, daß die endgültige Haltung Moskaus noch nicht festgelegt sei und das weitere Verhalten sich vor allem an vier Punkten ausrichten werde:

– Erstens wolle die UdSSR weder im Zweiten Weltkrieg gewonnene Positionen noch ihr von der DDR eingeräumte Rechte und Vorteile einseitig aufgeben.
– Zweitens gehe es Moskau um die Wahrung der globalen Machtbalance, die vor allem im Vergleich zu den USA bewertet werde.
– Drittens sorge man sich um die Zukunft der sowjetischen Truppen in der DDR.
– Viertens gehe es um verhandlungstaktische Überlegungen wie Zeitgewinn, die Schaffung von »Manövriermasse« und die Frage von Kompensationen.

Aus Äußerungen östlicher, darunter auch sowjetischer, Diplomaten und Wissenschaftler gewinne man jedoch den Eindruck, daß die Zustimmung Moskaus zur deutschen NATO-Mitgliedschaft letztlich unter bestimmten Bedingungen erreicht werden könne. Um dies zu erleichtern, solle man, so der Vorschlag an Kohl, den bereits beschrittenen Weg fortsetzen und die UdSSR davon überzeugen, daß die deutsche Mitgliedschaft im westlichen Bündnis mit sowjetischen Interessen vereinbar sei. So könne man signalisieren, daß man zur Verhandlung über die zeitweise Stationierung sowjetischer Truppen in der DDR und vor allem zu einem Beitrag für dessen Finanzierung bereit sei. Zusätzlich müsse man in Moskau dem Gefühl entgegenwirken, daß die NATO-Frage mit einem »Verlust« oder gar Nachteilen für die Sowjetunion verbunden sei. Insgesamt müsse man den Fortbestand der NATO und eine gesamtdeutsche Mitgliedschaft durch energische Abrüstungs- und Rüstungskontrollbemühungen sowie den Ausbau überwölbender gesamteuropäischer Strukturen »relativieren«. Parallel zu all diesen Bemühungen sei der Ausbau wirtschaftlicher Beziehungen sinnvoll, um den Eindruck zu vermitteln, man wolle die Sowjetunion nicht etwa aus den europäischen Entwicklungen hinausdrängen, sondern im Gegenteil enger mit ihr kooperieren.

Der Vermerk zog die Konsequenz aus einer ganzen Reihe von Berichten und Zusammenfassungen zu Gesprächen der Ständigen Vertretung sowie der deutschen Botschaften im Ausland, bei denen die verschiedenen Gesprächspartner immer wieder die innenpolitische Komponente des sowjetischen Zögerns betont hatten[19]: Eine gesamtdeutsche NATO-Mitgliedschaft erschien in Moskau vor allem aus internen Gründen nicht akzeptabel, könnte aber im Umfeld einer Umwandlung der Bündnisse und weitreichender Abrüstungsmaßnahmen vermittelbar gemacht werden. Ähnlich wie Außenminister Eduard Schewardnadse bei seinem Treffen mit Hans-Dietrich Genscher anläßlich der Unabhängigkeitsfeiern in Namibia zwischen dem 20. und 22. März machten die sowjetischen Fachleute immer wieder deutlich, daß vor allem die innenpolitischen Zwänge auch den Abschluß eines Friedensvertrages wichtig machten, um so für alle sichtbar das Ende des Zweiten Weltkrieges zu dokumentieren.

Wie unklar die Haltung der sowjetischen Führung kurz nach der Volkskammerwahl in der DDR war, machte den Mitarbeitern des Bundeskanzlers zusätzlich ein Gespräch zwischen Horst Teltschik und Nikolaj Portugalow deutlich. Der Mitarbeiter Falins aus dem ZK-Sekretariat für internationale Beziehungen der KPdSU war am 28. März ins Bundeskanzleramt gekommen, um seinem Gesprächspartner einige Fragen zum angelaufenen »Zwei-plus-Vier«-Prozeß zu stellen und zugleich die Positionen der sowjetischen Führung zu übermitteln.[20] Sein Besuch in Bonn war, wie er eingangs betonte, mit Tschernajew als dem wichtigsten außenpolitischen Berater Gorbatschows abgesprochen. Überraschend für die Bundesregierung war Portugalows Abweichen von der bisherigen Linie seiner Regierung: Man sei sich in Moskau im klaren darüber, daß eine Vereinigung nach Artikel 23 GG nicht verhindert werden könne, und sehe dies als nicht sonderlich tragisch an, da damit keine Vereinnahmung der DDR durch die Bundesrepublik verbunden sei. Bedenken gebe es nur noch hinsichtlich der möglichen Anwendung des Beitrittsartikels auch auf die darin angesprochenen »anderen Teile Deutschlands« sowie der Frage, ob bei einer entsprechenden Vereinigung die DDR aus allen rechtlichen Verpflichtungen gegenüber der UdSSR entlassen werde. Konkret erkundigte er sich nach Zeitpunkt und Bedingungen der Währungsunion sowie den sozialen Auswirkungen in der DDR. Was, so Portugalow, werde geschehen, wenn in der DDR die öffentliche Ordnung zusammenbreche und es zu einem politischen Kollaps komme? Müsse dann nicht die Sowjetunion als Siegermacht des Zweiten Weltkrieges für die Aufrechterhaltung der Ordnung sorgen?

Zur internationalen Einbettung der Vereinigung erklärte Falins Gesandter, man verstehe in Moskau die innenpolitische Debatte um die polnische Westgrenze nicht. Hinsichtlich des künftigen sicherheitspolitischen Status Deutschlands meinte er, hier müsse man zu einem später schriftlich fixierten Ergebnis kommen, das allen Interessen gerecht werde. In seinen Überlegungen blieb Portugalow allerdings widersprüchlich. Während er zum einen erklärte, eine gesamtdeutsche NATO-Mitgliedschaft sei für die Sowjetunion nicht akzeptabel, fragte er andererseits nach möglichen Überlegungen zu einer Mitgliedschaft nach französischem Vorbild und einer »Art Mitgliedschaft« der UdSSR im westlichen Bündnis. Wichtig sei auf jeden Fall, daß die Bundeswehr verkleinert würde und ein vereintes Deutschland auf ABC-Waffen verzichte. Skeptisch zeigte Portugalow sich hinsichtlich der Institutionalisierung der KSZE. Entsprechende deutsche Vorschläge seien zwar aussichtsreich, doch würde deren Verwirklichung zu viel Zeit kosten, weswegen man über Überbrückungsmöglichkeiten nachdenken solle. Er lobte nachdrücklich die Rede Genschers vor der WEU-Versammlung, in der dieser ein Aufgehen der Bündnisse in »überwölbenden« und kooperativen Sicherheitsstrukturen skizziert hatte. Zur Frage eines Friedensvertrages erklärte Portugalow, man kenne die – verständliche – Haltung der Bundesregierung, halte aber an der Forderung nach einem Friedensvertrag als Ausgangsposition fest. Ein solcher Vertrag könne im Kreis der beiden deutschen Staaten, der Vier Mächte und der im Zweiten Weltkrieg von Deutschland besetzten Staaten ausgehandelt werden und den feierlichen Verzicht aller Teilnehmer auf Reparationen enthalten. Mit einem deutlichen Hinweis versuchte Portugalow die Bundesregierung zu Zugeständnissen in der Bündnisfrage zu locken: Je flexibler und großzügiger sich die Bundesrepublik in der Frage des zukünftigen militärischen Status zeige, desto flexibler werde die UdSSR in der Frage des Friedensvertrages sein.

Portugalows Einlassungen waren symptomatisch für die sowjetischen Überlegungen in dieser Zeit:
1. Eine NATO-Mitgliedschaft erschien der UdSSR-Führung vor allem aus innenpolitischen Gründen unvorstellbar; mangels eigener Alternativvorschläge deutete sich jedoch an, daß unter noch näher zu definierenden Bedingungen das Einverständnis letztlich dennoch erzielt werden könnte.
2. Als mögliches Angebot an Moskau konnte eine forcierte politische Rolle der beiden Bündnisse in Verbindung mit spürbaren Abrüstungsbemühungen dienen. In Moskau schien sich die Erkenntnis durchzusetzen, daß das angestrebte »gemeinsame europäische Haus« nicht so schnell wie die deutsche Vereinigung erreicht werden konnte, weshalb konkrete Zwischenschritte für den Weg dorthin notwendig schienen.
3. Mangels anderer Druckmittel mußte Moskau im Dialog mit Bonn bereits auf das Thema »Friedensvertrag« und einen Wink mit den im Zweiten Weltkrieg erworbenen »Siegerrechten« zurückgreifen, was seitens der sowjetischen Führung offensichtlich als die beste Methode gesehen wurde, die Bundesregierung zum Einschwenken auf zentrale Themen der UdSSR zu bewegen.

Damit war offensichtlich, daß Moskau sich Ende März mit seiner strikten Verweigerungshaltung in eine Sackgasse manövriert hatte: Nicht einmal die ehemals engsten Verbündeten im auseinanderfallenden Ostblock unterstützten die unklaren deutschlandpolitischen Vorstöße, die mangels konkreter alternativer Vorschläge lediglich den Handlungsspielraum der sowjetischen Seite einengten. Um Gorbatschow und Schewardnadse aus dieser Situation herauszuhelfen, waren deshalb dringend Angebote des Westens notwendig.

### Genscher und die Zukunft der Bündnisse

Für kurzfristige Verwirrung und Verärgerung bei etlichen der am »Zwei-plus-Vier«-Prozeß beteiligten Staaten hatte in dieser Phase noch einmal eine Rede von Außenminister Genscher am 23. März auf einer Sondersitzung der Westeuropäischen Union (WEU) gesorgt.[21] Zur friedlichen Weiterentwicklung des Kontinents, so Genscher in Luxemburg, sei »neues Denken unverzichtbar«. In Anwesenheit von sowjetischen Gästen kündigte er die enge Abstimmung aller Schritte mit den betroffenen Staaten an: »Wir werden niemanden vor vollendete Tatsachen stellen, nichts wird hinter dem Rücken anderer geschehen.« Der Bundesaußenminister nahm in dieser Ansprache auf fast alle in Ost und West aktuell diskutierten Schlagworte Bezug, als er – ähnlich wie bereits in seiner Tutzing-Rede vom 29. Januar – erklärte: »Wir wollen den deutschen Vereinigungsprozeß in der Perspektive der Integration in der EG, des KSZE-Prozesses, der West-Ost-Stabilitätspartnerschaft, des Baues des gemeinsamen europäischen Hauses und der Schaffung der gesamteuropäischen Friedensordnung.« Neben seinen Überlegungen zur allgemeinen politischen Entwicklung ging Genscher ausführlich auf die sicherheitspolitischen Fragen im Zusammenhang mit der deutschen Vereinigung ein, bei denen »ein Höchstmaß an Klarheit« herrschen müsse. In der Frage der Bündniszugehörigkeit eines vereinten Deutschlands bekannte Genscher sich eindeutig zur NATO-Mitgliedschaft, forderte aber zugleich: »Für das Gebiet der heutigen DDR sollten dabei Regelungen möglich sein, die auch die Zustimmung der Sowjetunion und der Nachbarn finden können.« Um den gesamten sicherheitspolitischen Rahmen zu schaffen, sah er die »Notwendigkeit eines Wandels der Bündnisse von einer bisher antagonistisch-militärischen hin zu einer sicherheitsbildenden-politischen Rolle«.

Wie dieser – bereits eingeleitete – Wandel von der Konfrontation zur Kooperation aussehen konnte, ließ Genscher zunächst offen. Er rief die beiden Bündnisse aber auf, »ihre Rolle mehr und mehr politisch zu definieren und sich langfristig zu einem Instrument sicherheitsbildender Zusammenarbeit zu verbinden«, bevor er einen konkreten Stufenplan hierfür entwickelte: »Die den Völkern Europas von den Bündnissen gewährte militärische Sicherheit muß in einem ersten Schritt durch kooperative Sicherheitsstrukturen verstärkt werden. In einem zweiten Schritt müssen die kooperativ strukturierten Bündnisse in einen Verbund gemeinsamer kollektiver Sicherheit überführt werden. Sie schaffen neue Strukturen der Sicherheit in Europa, von denen sie zunehmend überwölbt werden, in denen sie schließlich aufgehen können.«

Über die Gorbatschow-Formulierung vom »gemeinsamen europäischen

Haus« und die westliche Forderung nach einer gesamtdeutschen NATO-Mitgliedschaft hinaus hatte der Bundesaußenminister damit die konkrete Perspektive einer Auflösung beider Bündnisse gezeichnet, eine Vision, die weder bei der US-Administration noch im Bundeskanzleramt auf Wohlwollen stieß. Helmut Kohl machte Genscher klar: Er teile dessen Auffassungen nicht und werde nicht zulassen, daß die Bundesregierung durch derartige öffentliche Äußerungen auf Positionen festgelegt werde, die er nicht unterstützen könne.[22] Nach Ansicht des Kanzlers war Genscher in seinem Bemühen zur Beruhigung und Einbindung der sowjetischen Seite zu weit gegangen, weswegen der Außenminister – ungewöhnlich schnell und deutlich – wieder auf Regierungskurs gebracht werden sollte. Unmittelbar vor den deutsch-britischen Konsultationen präzisierte Genscher in einem Zeitungsinterview seine Überlegungen, die – so der Außenminister – keinesfalls die »Auflösung der Bündnisse« zum Inhalt gehabt hatten.[23]

Ähnlich wie kurze Zeit zuvor Teltschik hatte Genscher sich mit seinen öffentlichen Äußerungen auf sensibles Terrain begeben. Während Genscher ein zu starkes Entgegenkommen gegenüber der Sowjetunion vorgeworfen wurde, war Teltschik das von ihm verwendete Zitat eines Zeitungskommentars zum Verhängnis geworden, mit dem der Anteil Kohls an den positiven Entwicklungen betont wurde. Beim Besuch des Kanzlers in Moskau habe Gorbatschow diesem »den Schlüssel zur Lösung der deutschen Frage überreicht«, so der Satz eines Journalisten, den Teltschik in einen Vortrag eingebaut hatte. Da hiermit einem deutschen Alleingang das Wort geredet und die Befindlichkeiten der Nachbarn außer acht gelassen würden, werteten Beobachter die Aussage Teltschiks als »törichten Ausrutscher« und als Bestätigung der im Auswärtigen Amt vorhandenen Meinung, im Umfeld des Bundeskanzlers arbeite ein außenpolitischer »Amateur« und »Tölpel«.[24] Auch Kohl zeigte sich von den Berichten über die – verkürzt wiedergegebenen – Äußerungen seines Mitarbeiters verärgert, drohten sie doch, ihm weitere Schwierigkeiten zu bereiten. Wie Genschers angebliche Äußerungen zur »Auflösung der Bündnisse« machten sie jedoch zum einen die allgemein herrschende Nervosität aller politischen Akteure deutlich und zeigten zum zweiten die Bedeutung von Formulierungen und Akzentsetzungen im außenpolitischen Prozeß zur deutschen Einheit: Ebenso wie Kohl und Genscher im unmittelbaren Umfeld der Maueröffnung zunächst fast nur vom Selbstbestimmungsrecht der Deutschen, kaum aber direkt von der Wiedervereinigung gesprochen hatten, waren im Frühjahr die von beiden Politikern verwendeten Formulierungen von einer europäischen Sicherheitsarchitektur und gesamteuropäischen Strukturen zentral für die öffentliche Diskussion. Ähnlich wie die Versicherung, nichts werde hinter dem Rücken der Partner geschehen, dienten diese Formulierungen der Beruhigung im In- und Ausland, weswegen sie – teilweise bewußt – ohne konkrete Inhalte belassen wurden. Daß Genscher bei seinem Vortrag vor der WEU diese rhetorisch-beschwichtigende Ebene verlassen hatte, drohte den westlichen Konsens zum

Fortbestand der NATO und einer gesamtdeutschen Vollmitgliedschaft darin zu verletzen. Der sensible Umgang mit Begriffen und Formulierungen – wie »NATO-Mitgliedschaft bei besonderem Status für das DDR-Gebiet«[25] – und die Vermeidung von Unworten – wie »Neutralität« oder »Reparationen« – gehörten zu den prägenden Merkmalen außenpolitischen Redens und Handelns im Umfeld der deutschen Einheit.

## Für Artikel 23, aber Zweifel in der Bündnisfrage

In der DDR liefen derweil die Verhandlungen zur Bildung einer Koalition. Die von Lothar de Maizière[26] geführte »Allianz für Deutschland« hätte gemeinsam mit den Liberalen eine sichere Mehrheit in der Volkskammer gehabt. Der Wunsch, die anstehenden Vereinigungsverhandlungen auf eine möglichst breite parlamentarische Basis zu stellen, und die Aussicht, gemeinsam mit der SPD eine für Verfassungsänderungen notwendige Zweidrittelmehrheit im Parlament zu haben, ließen de Maizière dennoch heftig um die Sozialdemokraten werben.[27]

### *Die Ost-SPD wird mühsam ins Boot geholt*

Die ostdeutsche SPD hatte vor und nach der Wahl mehrfach in Vorstands- und Präsidiumssitzungen beschlossen, wegen verschiedener Vorfälle im Verlauf des Wahlkampfes keinesfalls mit der DSU zu koalieren.[28] Die zeitweise heftige parteiinterne Diskussion – zwischen der verhandlungsbereiten Fraktion einerseits sowie Vorstand und Präsidium andererseits – nahm eine entscheidende Wendung, als der aufgrund seiner Stasikontakte umstrittene SPD-Vorsitzende Ibrahim Böhme am 2. April von seinem Parteiamt zurücktrat.[29] In einer Sitzung an diesem Tag wählte der SPD-Vorstand mit neun Ja-, sechs Nein-Stimmen und fünf Enthaltungen Böhmes Stellvertreter Markus Meckel zum amtierenden Vorsitzenden der Partei.[30] Damit übernahm einer der Gründer der SDP vom Herbst 1989 und eindeutiger Befürworter einer Regierungsbeteiligung der SPD, der bereits seit Februar als möglicher Außenminister einer demokratisch gewählten DDR-Regierung gehandelt worden war, die Parteiführung. Gemeinsam mit einer Entschuldigung des DSU-Vorsitzenden Hans-Wilhelm Ebeling für das Verhalten seiner Partei im Wahlkampf machte dies den Weg zu Koalitionsverhandlungen frei. Den ersten »Informationsgesprächen« ab dem 21. März folgten nun substantielle Verhandlungen über die Bildung einer gemeinsamen Regierung.

Einen sensiblen Punkt bildete dabei die Diskussion um den Vereinigungsweg. Die Bundesregierung hatte sich mittlerweile eindeutig darauf verständigt, den Beitritt der DDR oder ihrer noch zu gründenden Länder nach Artikel 23 Grundgesetz anzustreben. Die westdeutsche SPD war in dieser Frage noch völlig uneins und bevorzugte – vor allem unter dem Einfluß des Kanzlerkandidaten Oskar Lafontaine – die Lösung der deutschen Frage mit Artikel 146 GG, was unter anderem längerdauernde Verhandlungen über eine neue Verfassung bedeutet hätte.[31] Lothar de Maizière und seine Ost-CDU wiederum waren für eine baldige Vereinigung nach Artikel 23, was die ostdeutschen Sozialdemokraten ablehnten. Der in der Koalitionsvereinbarung gefundene Kompromiß sah schließlich – abweichend von den ursprünglichen Grundvorstellungen der Ost-SPD – als Ziel gemeinsamer Politik an: »Die Einheit Deutschlands nach

Verhandlungen mit der BRD auf der Grundlage des Art. 23 GG zügig und verantwortungsvoll für die gesamte DDR gleichzeitig zu verwirklichen und damit einen Beitrag zur europäischen Friedensordnung zu leisten.«

Deutlich weniger Kompromißbereitschaft war demgegenüber bei den Verhandlungen über die außen- und sicherheitspolitischen Bestandteile der Vereinbarung notwendig. Während die kleineren Parteien hierzu wenig beitrugen, kamen sich die Vertreter der CDU, Kersten Radzimanowski, und der SPD, Walter Romberg und Hans-Jürgen Misselwitz[32], in den Grundzügen relativ schnell nahe. Die Ergebnisse der Arbeitsgruppe wurden weitgehend unverändert in die Koalitionsvereinbarung übernommen, wo »Außen- und sicherheitspolitische Grundpositionen« auf sechs Seiten beschrieben wurden.[33] Die darin enthaltenen »Grundsätze« lassen sich unter einem einleitend gesetzten Hauptthema zusammenfassen: Die Vereinigung sollte die Stabilität in Europa nicht gefährden dürfen. Um dies zu erreichen, wurden verschiedene Themen genannt:

1. die Grenzen. Gefordert wurde die völkerrechtliche Anerkennung der polnischen Westgrenze. Die beiden deutschen Parlamente sollten dazu gleichlautende Erklärungen abgeben. Anschließend würde der bestehende Grenzverlauf in einem Vertrag zu paraphieren und nach der Vereinigung von der Regierung zu unterschreiben sowie vom gesamtdeutschen Parlament zu ratifizieren sein. Artikel 23 sollte nach Vollzug der Einheit aus dem Grundgesetz gestrichen werden;
2. die Zusammenarbeit in Europa. Hierfür wurde vor allem ein Ausbau der KSZE – die eigene Institutionen erhalten sollte – gefordert, um in deren Rahmen eine »gesamteuropäische Friedensordnung« zu finden. Deutschland sollte fest in die Europäische Gemeinschaft und ein künftiges gesamteuropäisches Sicherheitssystem integriert werden;
3. die Vertragstreue der DDR. Verpflichtungen der DDR sollten ihre Gültigkeit behalten und – soweit erforderlich – einvernehmlich mit den jeweiligen Vertragspartnern modifiziert werden.

In zahlreichen Unterpunkten wurden diese drei Themen im weiteren Verlauf des Koalitionsabkommens erläutert und mit konkreten Inhalten versehen. Aus Sicht der Bundesregierung und deren westlicher Verbündeter war die NATO-Frage von besonderer Bedeutung. Die künftige Regierung der DDR erklärte dazu, sie sehe es als ihre Aufgabe an, »den Prozeß der Ablösung der Militärbündnisse durch ein gesamteuropäisches Sicherheitssystem zu fördern«. Da die Schaffung eines solchen Systems mehr Zeit in Anspruch nehmen werde als die Erlangung der deutschen Einheit, könne ein vereinigtes Deutschland »für eine Übergangszeit« Mitglied einer sich »in ihren militärischen Funktionen verändernden NATO sein«. Den osteuropäischen Nachbarn sei dies nur zuzumuten, wenn die gesamtdeutsche Mitgliedschaft im westlichen Bündnis mit dem »Aufgeben bisher gültiger NATO-Strategien, wie Vorneverteidigung, Flexible Response und nuklearer Ersteinsatz, verbunden ist«.

Zu den weiteren sicherheitspolitischen Leitlinien gehörten:
- der vorübergehende Verbleib sowjetischer Truppen auf dem Territorium der DDR[34];
- die Stationierung deutscher Soldaten – die weder der NATO unterstellt noch Teil der Bundeswehr sein sollten – auf diesem Gebiet;
- eine drastische Reduzierung aller deutscher Streitkräfte in Verbindung mit Abrüstungsbemühungen aller in Europa mit Soldaten vertretenen Staaten;
- der Verzicht der DDR – und später auch des vereinten Deutschlands – auf Herstellung, Weitergabe und Besitz von atomaren, biologischen und chemischen Waffen;
- der Abzug aller Atom- und Chemiewaffen von deutschem Boden und schließlich
- die Umstrukturierung der Nationalen Volksarmee und ein schrittweiser Abbau der militärischen Verpflichtungen der DDR in Verbindung mit einer Intensivierung der politischen Zusammenarbeit im Warschauer Pakt.

All dies sollten Voraussetzungen für die Ablösung der Rechte der Alliierten des Zweiten Weltkrieges für Deutschland als Ganzes sein. Daneben wollte die neue Regierung – in der die SPD mit Markus Meckel den Außenminister stellen sollte – bis zur Vereinigung selbst mit der Europäischen Gemeinschaft über die Ausdehnung der EG auf das Gebiet der DDR verhandeln und sich für eine baldige, stufenweise Erweiterung der EG um die osteuropäischen Reformstaaten einsetzen. Zahlreiche Details wie der Beitritt zur Europäischen Menschenrechtskonvention rundeten das Arbeitsprogramm ab. Wie stark dabei das Bemühen war, neben eigenen Grundsätzen die Interessen der UdSSR ausreichend zu berücksichtigen, zeigt sich in den Passagen zu den Außenhandelsverpflichtungen der DDR. Die Sowjetunion wurde hier als einziger der Staaten explizit genannt, mit denen man »Lösungen im Sinne der Vertragstreue der DDR« finden müsse, um so zur Stabilisierung und Stärkung der Verhältnisse in Mittel- und Osteuropa beizutragen.

Offensichtlich wird bei der Analyse der außenpolitischen Teile des Koalitionspapiers, daß trotz des Bekenntnisses zu einer möglichst zügigen Vereinigung in längeren Zeiträumen als beispielsweise seitens der Bundesregierung gedacht wurde. So nannte das Papier die Einstellung der DDR-Rüstungsproduktion »möglichst bis 1992« als eines der Ziele gemeinsamer Politik. Auch der ausgiebig behandelte Punkt eines Ausbaus der in ihren Mechanismen sehr langsam funktionierenden Konferenz über Sicherheit und Zusammenarbeit in Europa (KSZE) zeigte die auf mehrere Jahre angelegte Perspektive der Vereinbarung. Daß die künftige DDR-Regierung sich allgemein eine umfangreiche Gesetzgebungsarbeit vorgenommen hatte, »die realistischerweise einen längeren Zeitbedarf erfordern dürfte«, fiel auch den Mitarbeitern des Bundeskanzlers bei ihren Analysen der Koalitionsvereinbarung auf.[35] Grundsätzlich befanden sie allerdings: Die »Aussagen über Verzahnung der deutschen Frage mit gesamteuropäischem Einigungsprozeß stimmen mit unseren Vorstellungen

im Kern überein«. Positiv bewertet wurde, daß Lothar de Maizière sich als Ministerpräsident die Richtlinienkompetenz »insbesondere in der Deutschlandpolitik« im Koalitionsvertrag festschreiben ließ.[36] Lediglich in Details und in der Vorgehensweise konnten die westdeutschen Fachleute Unterschiede zur Position der Bundesregierung feststellen, und zwar vor allem in drei Punkten:
1. Bei der Regelung der deutsch-polnischen Grenzfrage sprach sich der Koalitionsvertrag – entsprechend den Vorschlägen Mazowieckis und entgegen der Zielsetzung Kohls – dafür aus, bereits vor der Vereinigung einen Grenzvertrag zu paraphieren.
2. Die künftige DDR-Regierung nannte konkrete Bedingungen – wie die Abkehr vom Prinzip der Vorneverteidigung und der Flexible Response – für eine gesamtdeutsche NATO-Mitgliedschaft.
3. Überlegungen de Maizières, die DDR könne sich an einer »intensivierten politischen Zusammenarbeit« im Warschauer Pakt beteiligen, wurden in Bonn als »problematisch« betrachtet.

Alles in allem konnte Bonn jedoch mit den gefundenen Ergebnissen zufrieden sein, zumal auch die USA und Großbritannien in diesen Tagen Veränderungen der NATO und der KSZE zur Regelung der gesamteuropäischen Sicherheitsarchitektur befürworteten.[37] Für den Bundeskanzler galt es nun, im Kontakt mit Lothar de Maizière und seinen Mitarbeitern eine gemeinsame Linie mit der neuen DDR-Regierung zu erarbeiten. Noch vor der für den 19. April angekündigten ersten Regierungserklärung von de Maizière flogen Horst Teltschik und Peter Hartmann deshalb am Ostermontag nach Ost-Berlin, um sich mit dem Ministerpräsidenten und dessen engsten Mitarbeitern über die Grundzüge der künftigen Außenpolitik auszutauschen.[38] Vor allem der in einem ersten Entwurf der Regierungserklärung enthaltene Hinweis auf die zeitliche Befristung einer gesamtdeutschen NATO-Mitgliedschaft »bis zur Schaffung eines gesamteuropäischen Sicherheitssystems« entsprach nicht den Vorstellungen des Kanzlers und seiner Vertrauten, die neben de Maizière und dem Minister im Amt des Ministerpräsidenten, Klaus Reichenbach, noch mit de Maizières Büroleiterin Sylvia Schulz und Staatssekretär Günther Krause zusammentrafen. Außerdem mißfiel dem Kanzleramt, daß die Koalitionspartner in der DDR sich eindeutig auf das von Mazowiecki vorgeschlagene Verfahren zur endgültigen Anerkennung der deutsch-polnischen Grenze festgelegt hatten.

*Vorsicht in Ost-Berlin – Warnungen aus Moskau*

Als Lothar de Maizière am 19. April vor der Volkskammer seine erste Regierungserklärung abgab, konnte er sich auf eine Vielzahl von Quellen stützen.[39] So hatte Teltschik ihm beim Besuch in Ost-Berlin sehr ausführlich die Position der Bundesregierung erläutert. Weitere Grundlagen der außen- und sicherheitspolitischen Passagen bildeten Gespräche beispielsweise mit dem sowjetischen

Botschafter in der DDR, Kotschemassow, und Außenminister Markus Meckel. Hinzu kamen verschiedene Textentwürfe von de Maizières Mitarbeitern, darunter dem im Amt des Ministerpräsidenten für Außenpolitik zuständigen Abteilungsleiter Thilo Steinbach[40] sowie einem Verwandten des Ministerpräsidenten, Thomas de Maizière, der zuvor für Eberhard Diepgen beim West-Berliner Senat gearbeitet hatte. Da die Regierungserklärung auch im Kabinett beraten worden war, flossen zudem Bemerkungen der neuen Minister in den – letztlich allerdings von Lothar de Maizière weitgehend alleine erstellten – Text ein.

Als am Nachmittag des 19. April im Kanzleramt die Regierungserklärung analysiert wurde, mußten Helmut Kohls Mitarbeiter feststellen, daß sie sich in Ost-Berlin nicht mit allen ihren Anliegen hatten durchsetzen können.[41] Zwar war man in Bonn erfreut, wie deutlich Lothar de Maizière sich für eine – schnelle, aber geregelte – Vereinigung nach Artikel 23 GG aussprach, doch zeigte sich, daß der DDR-Ministerpräsident in seiner Ansprache vor der Volkskammer teilweise hinter den Aussagen der Koalitionsvereinbarung zurückgeblieben war. Notiert wurde zudem, daß die außen- und sicherheitspolitischen Aspekte der deutschen Einheit bei der Gewichtung der Regierungserklärung zwar an den Schluß gesetzt worden, aufgrund des Umfangs aber keinesfalls ein Schwerpunkt der angekündigten Politik waren. Dabei stach vor allem ins Auge, daß de Maizière auf konkrete Aussagen zur NATO-Mitgliedschaft eines vereinten Deutschlands verzichtet hatte.[42] Ansonsten waren alle aus Sicht der Bundesregierung und der UdSSR-Führung wichtigen Punkte in der Rede enthalten:

1. das klare Bekenntnis zur Anerkennung der deutsch-polnischen Grenze, wenngleich in der Regierungserklärung auf eine Festlegung zum Procedere verzichtet wurde;
2. ein eindeutiges Bekenntnis zu Europa und zur Einbettung des deutschen in den europäischen Einigungsprozeß;
3. das Unterstreichen der Bedeutung des KSZE-Prozesses, was nicht nur durch mehrfache Wiederholungen, sondern auch durch konkrete Vorschläge zum Auf- und Ausbau von KSZE-Institutionen geschah;
4. die Versicherung gegenüber den osteuropäischen Nachbarn und der Sowjetunion, daß die DDR deren Sicherheitsinteressen berücksichtigen und alle eingegangenen Außenhandelsverpflichtungen konsequent einhalten wollte;
5. ein energischer Aufruf zu verstärkten Abrüstungsbemühungen mit dem Ziel, die Militärbündnisse durch »bündnisübergreifende Sicherheitsstrukturen« abzulösen.

Positiv wurde im Kanzleramt vor allem gesehen, daß die Forderungen
- nach Paraphierung eines Grenzvertrages mit Polen noch vor Vollzug der Einheit sowie
- nach dem kompletten Abzug der Nuklearwaffen von deutschem Boden ebenso wie
- nach der Gleichsetzung amerikanischer und sowjetischer Truppen in Deutschland und
- nach einer Vorgabe zur Größe gesamtdeutscher Streitkräfte

in der Regierungserklärung fehlten. Problematisch wurde im Bundeskanzleramt demgegenüber gewertet, daß
- die neue DDR-Regierung bis zur Vereinigung selbst mit der Europäischen Gemeinschaft über die Bedingungen der EG-Ausdehnung auf Ostdeutschland verhandeln wollte;
- die Loyalität zum Warschauer Pakt und die Bereitschaft zur intensiven Mitarbeit in deren politischen Strukturen zu sehr betont wurden und
- es in der Regierungserklärung kein eindeutiges Bekenntnis zur gesamtdeutschen NATO-Mitgliedschaft in Verbindung mit einer klaren Absage an eine Neutralisierung Deutschlands gab.

Insgesamt wurde – trotz der Feststellung, der »idealistische Grundton« gebe auch Hinweise auf mögliche künftige Probleme in der Zusammenarbeit – der außenpolitische Teil der Regierungserklärung positiv bewertet, da man aus Bonner Sicht mit fast allen der von de Maizière verkündeten Grundsätze leben und arbeiten konnte. Daß man sich mit der aktuellen Politik trotz aller Vorsicht noch auf dünnem Eis bewegte, hatte kurz vor de Maizières Grundsatzrede in der Volkskammer einmal mehr ein sowjetischer Vorstoß bewiesen, mit dem die UdSSR ihre deutschlandpolitischen Mitsprache- und Mitentscheidungsrechte deutlich in Erinnerung gebracht hatte. In einem sogenannten Non-Paper, das Botschafter Kotschemassow am 18. April an Ministerpräsident de Maizière übergeben hatte, waren die sowjetischen Grundsätze zum immer schneller laufenden Vereinigungsprozeß in elf Punkten zusammengefaßt.[43] Die Moskauer Führung begrüßte dabei zwar noch einmal nachdrücklich den deutschdeutschen Vereinigungsprozeß, wiederholte aber auch ihre Bedingungen hierfür. Neben allgemeinen Forderungen zur Stabilität in Europa und der Wahrung der Sicherheitsinteressen enthielt das als »Gedächtnisstütze« für ein Gespräch von de Maizière und Kotschemassow erstellte Dokument sowohl die Ablehnung einer Vereinigung nach Artikel 23 GG, da dies einer »Einverleibung« der DDR gleichkomme, als auch ein Veto gegenüber einer gesamtdeutschen NATO-Mitgliedschaft sowie die Warnung vor einer »Illoyalität« der DDR gegenüber dem Warschauer Pakt. Hinzu kamen die Forderungen,
- alle Verträge und Abkommen der Bundesrepublik und der DDR mit der UdSSR zu erfüllen;
- vor Oktober 1949 als Ergebnis der Potsdamer Konferenz von der Sowjetunion getroffene Entscheidungen in der DDR zu respektieren[44];
- ein gesamteuropäisches Sicherheitssystem zur Überwindung der militärischen Blöcke in Europa zu schaffen;
- im Rahmen der »Zwei-plus-Vier«-Gespräche einen Friedensvertrag zur endgültigen Regelung der deutschen Frage auszuhandeln;
- in diesem Friedensvertrag auch die bestehenden Grenzen in Europa endgültig anzuerkennen;
- alle bestehenden Lieferverträge der DDR mit der Sowjetunion einzuhalten.

Ähnlich deutlich wie in einem am 19. April vom sowjetischen Geschäftsträger an Peter Hartmann übergebenen Papier hatte die UdSSR-Führung unmittelbar vor de Maizières Regierungserklärung damit noch einmal deutlich gemacht, wie wenig sich ihre Position seit dem grundsätzlichen Einverständnis zur Vereinigung im Februar 1990 gegenüber Helmut Kohl bewegt hatte.[45] Statt dessen hieß es, der – bislang nur aus Zeitungsberichten bekannte – Entwurf des »Vertrages über die Schaffung einer Währungs-, Wirtschafts- und Sozialunion der Bundesrepublik Deutschland und der Deutschen Demokratischen Republik« erinnere in Form und Inhalt »eher an ein Ultimatum« als an einen Vertrag zwischen zwei gleichberechtigten Staaten. Er sehe die weitgehende Abtretung der Souveränität der DDR an die Bundesrepublik vor und bilde eine »rechtliche Basis für die faktische Einverleibung der DDR«. Dies sei mit den westdeutschen Beteuerungen, nichts hinter dem Rücken der Vier Mächte zu planen, nicht vereinbar. Zugleich wurde auch im Papier an die Bundesregierung – in dem von der Ablehnung einer gesamtdeutschen NATO-Mitgliedschaft nicht die Rede war – noch einmal energisch die Einhaltung aller wirtschaftlichen Verpflichtungen der DDR gefordert.

In Bonn wurde der harsche Ton beider sowjetischer Texte zwar zur Kenntnis genommen, doch herrschte im Kanzleramt wie auch im Auswärtigen Amt übereinstimmend die Ansicht, daß dies keinesfalls das letzte Wort der sowjetischen Führung gewesen sei.[46] Statt dessen gelte es nun, den Dialog über die völkerrechtlichen, vor allem aber wirtschaftlichen Auswirkungen der deutsch-deutschen Vereinigung auszubauen, um so die Bedenken der Sowjetunion stärker zu berücksichtigen. Zugleich zeigte man sich – nicht zuletzt aufgrund anderer Hinweise von sowjetischen Diplomaten – zuversichtlich, daß beispielsweise die Forderung nach einem Friedensvertrag in Moskau zunehmend als nicht durchsetzbar erkannt würde. Daß im Kanzleramt nicht etwa der sowjetische Botschafter selbst, sondern nur der Geschäftsträger das Papier übergeben hatte, wurde als zusätzliche Ermutigung gewertet, das schriftlich – aber eben nur als Non-Paper – übergebene Positionspapier als nicht zu gewichtig zu bewerten.

Der sowjetische Vorstoß zur Klarstellung der eigenen Position machte vor allem drei Dinge deutlich:

1. Noch immer hatte Moskau kein konkretes Alternativkonzept zur Politik der Bundesregierung vorzuweisen. Statt dessen wurde versucht, durch schroffe Formulierungen die Ernsthaftigkeit der eigenen Anliegen – darunter vor allem die Frage der deutschen NATO-Mitgliedschaft – zu unterstreichen. Aufgrund anderer Signale aus sowjetischen Diplomatenkreisen konnte diese Strategie jedoch nicht greifen.
2. Die sowjetische Führung fürchtete immer mehr den ökonomischen Zerfall der DDR sowie die nicht absehbaren Auswirkungen der angekündigten Wirtschafts-, Währungs- und Sozialunion. Da eigene Vorstellungen zur künftigen Neuordnung der wirtschaftlichen Zusammenarbeit nicht existierten, ersetzte die Forderung nach der Aufrechterhaltung des Status quo derzeit noch konkrete Verhandlungen.

3. Die UdSSR setzte im Kontakt mit der neuen DDR-Regierung auf eine Politik des energischen Auftretens, die zumindest im Zusammenhang mit der ersten Regierungserklärung von Lothar de Maizière ihre Wirkung nicht verfehlt hatte.

## *Eine neue Mannschaft im Ost-Berliner Außenministerium*

Als Markus Meckel am 17. April, fünf Tage nach der Bestätigung als Außenminister durch die Volkskammer, erstmals seine künftige Wirkungsstätte am Marx-Engels-Platz in Ost-Berlin betrat, hatte die friedliche Revolution vom Herbst 1989 einen weiteren Höhepunkt erreicht: In fast allen Ministerien der DDR übernahmen in diesen Tagen ehemalige Regimekritiker und Dissidenten als Vertreter eines demokratisch gewählten Parlamentes die zentralen Führungspositionen in einem Staat, dessen Vereinigung mit dem anderen Deutschland – und damit dessen Auflösung – erklärtes Ziel ihrer Politik war. Für Meckel war es zugleich die Erfüllung eines alten Wunsches, wofür er den Vorwurf in Kauf nahm, eigene Interessen vor die der Partei gestellt zu haben, da er mit dem Innenressort zugleich das Amt des stellvertretenden Ministerpräsidenten der DSU überlassen hatte. Ebenso wie er erst nach dem Rücktritt von Ibrahim Böhme den Parteivorsitz nach einem knappen Abstimmungssieg kommissarisch übernommen hatte, setzte er sich bei der Entscheidung über die Besetzung des Außenministeriums nur knapp gegen den Wunschkandidaten von Ministerpräsident de Maizière durch. Dieser hätte lieber den aus seiner kirchenpolitischen Arbeit mit mehr diplomatischer Erfahrung und Gespür gewappneten Walter Romberg an der Spitze des Ministeriums für Auswärtige Angelegenheiten gesehen.[47] Statt dessen zog nun am Osterdienstag Meckel in das MfAA ein, der von jenen beiden Männern begleitet wurde, die in den kommenden Wochen und Monaten seine wichtigsten Mitarbeiter sein würden: Hans-Jürgen Misselwitz und Carlchristian von Braunmühl.[48] Ihre persönlichen Werdegänge – Theologe und führender Kopf der DDR-Bürgerbewegung der eine, Psychologe und Vertreter der westdeutschen Friedensbewegung der andere – waren ebenso charakteristisch für die Zusammensetzung der künftigen MfAA-Spitze waren wie das Fehlen der bisherigen Amtsführung zur Übergabe der Geschäfte. Diese Konstellationen sollten entscheidenden Einfluß auf Erfolg und Mißerfolg der künftigen DDR-Außenpolitik nehmen, weswegen sie anhand zweier Kriterien skizziert werden sollen:
1. Woher kamen die für die inhaltliche Ausrichtung der DDR-Diplomatie bestimmenden Personen, und wie arbeiteten sie zusammen?
2. Was waren die politischen und thematischen Grundausrichtungen dieser neuen Führungsspitze?

Entsprechend einer durch Carlchristian von Braunmühl erarbeiteten und von Meckel übernommenen Organisationsstruktur sollte die Arbeit im MfAA künftig innerhalb eines Dreiecks erledigt werden[49]: Die erste Spitze dieses Dreiecks sollte das Ministerbüro mit Meckel und seinen engsten Mitarbeitern bilden, eine zweite Spitze bestand aus dem alten Beamtenapparat des MfAA, die dritte aus einem neu einzurichtenden Planungsstab, zusammengesetzt aus Parteifreunden, Bekannten, Wissenschaftlern und abgeordneten Diplomaten aus Westdeutschland. Da diese Struktur nur in der Theorie existierte und schnell von den Realitäten des Alltags überholt wurde, ist es zum Verständnis der Arbeitsweise und Diplomatie des MfAA unter Meckel sinnvoller, die für ihn arbeitenden Personen in vier Gruppen einzuteilen:[50]

1. Ostdeutsche, die Markus Meckel während seiner Arbeit in der Opposition kennengelernt hatte. Zu dieser Gruppe gehörten vor allem
- Hans-Jürgen Misselwitz, der als SPD-Volkskammerabgeordneter Parlamentarischer Staatssekretär wurde und die DDR-Delegation bis zum Bruch der Koalition bei den »Zwei-plus-Vier«-Beamtengesprächen leitete. Misselwitz gehörte zu den engsten Vertrauten Meckels;
- Helmut Domke, der im MfAA die Schwerpunkte KSZE und Abrüstung bearbeitete. Nach dem Ausscheiden der SPD aus der Koalition im August 1990 leitete der von Demokratie Jetzt gekommene, mittlerweile parteilose Domke die »Zwei-plus-Vier«-Beamtendelegation der DDR;
- Wolfgang Kubiczek, ein Mitarbeiter der staatlichen Friedensforschung in der DDR[51], der als KSZE-Experte vor allem für Domke arbeitete, den er von Kontakten mit der kirchlichen Friedensbewegung kannte. Kubiczek leitete die DDR-Delegation bei den Vorbereitungstreffen für den Pariser KSZE-Gipfel;
- Petra Erler, die zunächst für Fragen der Europäischen Gemeinschaft zuständig war, bevor sie – nach Diskussionen über die Zuständigkeit für EG-Fragen – im Rang einer Staatssekretärin beim Ministerpräsidenten die EG-Aktivitäten der letzten DDR-Regierung koordinieren und leiten sollte[52];

2. Westdeutsche, die der neue Außenminister – oder seine engen Mitarbeiter – ebenfalls persönlich kannten. Dazu gehörten vor allem
- Carlchristian von Braunmühl, der als Politischer Direktor gemeinsam mit den Staatssekretären Misselwitz und Domke den inneren Führungszirkel des MfAA bildete. Zugleich gehörte er zu jenen Personen, denen Meckel – zumindest in der Anfangszeit seiner Arbeit – am meisten vertraute[53];
- Ulrich Albrecht[54], der den ursprünglich als Teil des organisatorischen Dreiecks gedachten Planungsstab leiten sollte. Da diese Konstruktion aber nie voll zum Tragen kam, arbeitete er in der Praxis vor allem Markus Meckel zu und unterstützte teilweise die »Zwei-plus-Vier«-Delegation mit Analysen;
- Wolfgang Wiemer, der als Mitarbeiter der SPD-Bundestagsfraktion über vielfältige deutschland-, außen- und sicherheitspolitische Erfahrungen sowie gute Kontakte in die DDR und nach Osteuropa verfügte. Er unterstützte Misselwitz seit Frühjahr 1990, zunächst bei der Arbeit der SPD-Volkskammerfraktion, dann – formal stellvertretender Leiter des Planungsstabes und Leiter des

Büros von Misselwitz – als Berater für die »Zwei-plus-Vier«-Verhandlungen;
- Peter Schlotter von der Hessischen Stiftung für Friedens- und Konfliktforschung in Frankfurt/Main, der Meckel, Misselwitz und Domke bei Seminaren in der DDR kennengelernt hatte. Schlotter arbeitete als Experte für den KSZE-Prozeß vor allem Domke zu;
- Wolfgang Schwegler-Rohmeis, Friedensforscher aus Tübingen und Bekannter von Carlchristian von Braunmühl, unterstützte die MfAA-Arbeit in den Themenbereichen NATO-Fragen, »Zwei-plus-Vier«-Verhandlungen und KSZE;
- Wolfram von Fritsch, dessen Bruder im Auswärtigen Amt arbeitete, leitete – nach einer kurzen Hospitanz im Büro Genschers – ab Mai 1990 das Büro von Außenminister Meckel und arbeitete nach dem Bruch der Koalition für Domke.

3. Westdeutsche aus dem Bereich der Bonner Politik, Diplomatie und Wissenschaft, die ihre Mitarbeit von sich aus angeboten hatten oder aber gezielt um Unterstützung gebeten worden waren. Dieser Personenkreis umfaßte unter anderem
- Egon Bahr, der zunächst als offizieller Berater Meckels im Gespräch gewesen war. Bahr wurde im Sommer 1990 mehrfach – vor allem im Umfeld von Verhandlungen mit der Sowjetunion sowie der »Zwei-plus-Vier«-Runden – von Meckels Mitarbeitern zu taktischen und inhaltlichen Fragen konsultiert[55];
- Dieter Senghaas, der als Friedens- und Konfliktforscher einige Diskussionspapiere zur neuen Friedensordnung für Europa schrieb;
- Hans Arnold; der westdeutsche Botschafter a.D. beriet den DDR-Außenminister zwischen Mitte Juni und Mitte Juli vor allem zu Fragen aus dem Bereich der Verhandlungen über konventionelle Streitkräfte in Europa sowie zum Nichtverbreitungsvertrag für Atomwaffen;
- einzelne aus dem Auswärtigen Amt abgeordnete Beamte, die – aufgrund einer Anordnung Meckels, der die Einflußnahme Genschers auf seine Arbeit fürchtete – allerdings nur im organisatorischen Bereich arbeiteten und aus der gesamten operativ-diplomatischen Tätigkeit ausgeschlossen wurden.[56]

4. Langjährige Mitarbeiter des MfAA. Während Meckel und sein engerer Kreis kaum direkt mit dem alten Apparat zusammenarbeiteten, wurden einige ehemalige Spitzenbeamte – nicht zuletzt aufgrund ihrer nicht zu ersetzenden Fachkompetenz zu speziellen Fragen der Außen- und Sicherheitspolitik – immer wieder zumindest indirekt in die Arbeit der Führung eingebunden.[57] Dies betraf vor allem
- Ernst Krabatsch, der als ehemaliger stellvertretender Außenminister nunmehr Leiter der Hauptabteilung 1 (Grundsatzfragen) wurde. Der KSZE-Fachmann hatte bereits die DDR-Delegation beim ersten »Zwei-plus-Vier«-Beamtentreffen geleitet und sollte – nach teilweise heftigen Diskussionen der Meckel-Vertrauten – in die »Zwei-plus-Vier«-Arbeit eingebunden bleiben[58];

- Herbert Süß, der Leiter der Hauptabteilung 3 (Recht) blieb und ebenfalls in der ostdeutschen »Zwei-plus-Vier«-Delegation mitarbeitete[59];
- Hans Voß, der früher unter anderem als Botschafter in Rom gearbeitet hatte, sowie
- Hans-Jürgen Ebert, dessen Fachwissen als ehemaliger DDR-Vertreter bei den KSZE-Verhandlungen weiterhin geschätzt wurde.

Außerhalb dieser Systematik stand beispielsweise Frank Tiesler von der DSU, der gegen den Willen Meckels zum Staatssekretär im MfAA ernannt worden war. Tiesler wurde aufgrund von inhaltlichen wie persönlichen Gründen konsequent von der Arbeit der engeren Führungsmannschaft um Meckel ferngehalten. Formal für die außereuropäischen Staaten sowie Finanz- und Verwaltungsfragen zuständig, nahm er nie Einfluß auf die konkrete DDR-Außenpolitik. Die führenden Vertreter distanzierten sich öffentlich von ihm, nachdem er zusammen mit fünf weiteren DSU-Abgeordneten nicht der gemeinsamen Erklärung von Bundestag und Volkskammer zur polnischen Westgrenze vom 21. Juni 1990 zugestimmt hatte.[60] Für die Auswahl seiner Mitarbeiter erfuhr Meckel in der Öffentlichkeit teilweise heftige Kritik.[61] Vor allem die Tatsache, daß der engste Kreis um den Außenminister sich weitgehend aus persönlichen Freunden und Verwandten zusammensetzte, die ihrerseits weitere Freunde und Verwandte für die Mitarbeit im MfAA rekrutierten, führte in der Presse zu Schlagzeilen wie »Braunmühl-Kindergarten«, »Familienministerium« und »Vetternwirtschaft«. Hinzu kamen Berichte über die teilweise vorhandene Inkompetenz der neuen Mannschaft, die sich beispielsweise darin zeigte, daß Horst Teltschik und Valentin Falin – deren Positionen offensichtlich unbekannt waren – auf Anfrage nur sehr kurze oder überhaupt keine Gesprächstermine mit dem neuen Außenminister erhielten. Das Verständnis für die besondere Problemlage der neuen MfAA-Führung, zu der Meckel sich auch vor der Volkskammer bekannte, war gering. Die insgesamt mißliche Personalsituation hatte vor allem drei Gründe:

1. Meckels Bedenken gegenüber Beamten aus dem Auswärtigen Amt, über die er eine Einflußnahme Genschers auf seine Politik befürchtete;
2. das – bei den teilweise über viele Jahre vom SED-Regime verfolgten Oppositionellen verständliche – Mißtrauen gegenüber allen Repräsentanten dieses Staates, darunter auch dem alten Apparat des DDR-Außenministeriums;
3. der kurzfristige Rückzug des eigentlich vorgesehenen Personalchefs, der – mangels anderer vertrauenswürdiger Personen – durch den Bruder des Außenministers, Hans-Martin Meckel, ersetzt werden mußte.

Faßt man die Personalsituation zusammen, dann zeigen sich hinsichtlich Herkunft und thematischer Ausrichtung drei Grundlinien, die bei der Umsetzung einer eigenständigen DDR-Außenpolitik mitentscheidend sein sollten:
- die Unerfahrenheit der meisten Mitarbeiter in Fragen der Führung eines großen Apparates und der praktischen Außenpolitik;
- die vor allem auf KSZE- und Abrüstungsfragen spezialisierten Experten mit einem stark akademischen Hintergrund ohne diplomatische Praxis;

– der große Idealismus aller Beteiligten, die sich weitgehend unbeeindruckt von der teilweise starken öffentlichen Kritik an ihrer Personal- und Sachpolitik zeigten.

### Neuer Stil, neue Linien und falsche Grundannahmen

Neben der Frage des Mitarbeiterstabes gehörte die Arbeitsorganisation des Amtes zu den ersten Aufgaben von Markus Meckel und seinen Vertrauten. Ihr großes Mißtrauen gegenüber den altgedienten Beamten des MfAA und die eigenen Intentionen des Planungsstabes brachten dabei ein Verfahren hervor, das in einem internen Papier als »Mobilisierung des alten Apparates durch Konkurrenz« bezeichnet wurde[62]: An vielen Vorgängen wurde parallel zum einen im Planungsstab sowie zum anderen im alten Apparat gearbeitet. Vorschläge aus der Behörde wurden danach zumeist umfangreichen Überarbeitungen durch den Beraterkreis um Meckel unterzogen, so daß der Planungsstab – ebenso wie später das Büro des Politischen Direktors Carlchristian von Braunmühl – eine Filterfunktion zwischen altem Apparat und neuem Minister einnahm. Für die »Zwei-plus-Vier«-Verhandlungen wurden die Vorarbeiten des Ministeriums dabei vor allem in der von Ernst Krabatsch geleiteten Abteilung 1 sowie – soweit völkerrechtliche Aspekte betroffen waren – der von Herbert Süß geleiteten Abteilung 3 vorbereitet. Die Papiere gingen danach sowohl an den für die »Zwei-plus-Vier«-Runden zuständigen Staatssekretär Hans-Jürgen Misselwitz als auch an den Politischen Direktor mit seiner allgemeinen Zuständigkeit, was teilweise zu Konkurrenzsituationen führen konnte. Der engere Führungszirkel – Meckel, von Braunmühl, Misselwitz, häufig Albrecht sowie einzelne andere Berater und ab Juni Domke – beriet sich zumeist bereits morgens gegen 7 Uhr über die aktuell anstehenden Probleme. Nach einiger Zeit kamen weitere Berater hinzu, und es wurde eine Presseschau vorgetragen. Dem folgte eine Lagebesprechung von Misselwitz mit den Abteilungsleitern. Eine »Blaue Stunde« im Kreis der Vertrauten, in der weniger operativ und mehr grundsätzlich über Außenpolitik diskutiert wurde, beendete in der Regel Meckels Arbeitstag.

Ähnlich deutlich wie diese Arbeitsorganisation unterschieden sich auch die politischen Zielsetzung der neuen DDR-Außenpolitik von jener des Meckel-Vorgängers Oskar Fischer. Dabei gab es vier Grundlinien, die sich von den Koalitionsverhandlungen bis zur Vereinigung der beiden deutschen Staaten durchzogen[63]:

1. die Übernahme des beiden deutschen Staaten gemeinsamen geschichtlichen Erbes von »Schuld und Verantwortung«. In der Volkskammersitzung vom 12. April hatten die neuen Abgeordneten sich – in weitgehender Abkehr von der früheren SED-Politik – eindeutig zur deutschen Verantwortung angesichts des Holocaust gegenüber Israel, zur Versöhnung mit den Völkern der Sowjet-

union, zur Mitschuld an der Niederschlagung des Prager Frühlings und zur Unverletzlichkeit der Oder-Neiße-Grenze bekannt.[64] Markus Meckel unterstrich dieses Bekenntnis dadurch, daß ihn seine erste Auslandsreise am 23. April nach Warschau führte. Hinzu kam, daß die neue DDR-Regierung trotz der absehbaren Auflösung ihres Staates diplomatische Beziehungen zu Israel aufnahm, was als symbolischer Akt zur Übernahme der historischen Verantwortung gesehen wurde;

2. der Wille zur aktiven Mitgestaltung des Einigungsprozesses. Die neuen DDR-Außenpolitiker verstanden sich keineswegs als Juniorpartner der größeren Bundesrepublik – was die Bundesregierung ebenso wie die in Westdeutschland in der Opposition befindliche SPD betraf –, sondern sie versuchten bewußt, eigene Akzente im Vereinigungsprozeß zu setzen. Zahlreiche diplomatische Initiativen – in den Bereichen KSZE und Abrüstung, vor allem aber zur Anerkennung der deutsch-polnischen Grenze – sowie die engagierte und selbständige Mitarbeit im »Zwei-plus-Vier«-Rahmen sollten dies beweisen;

3. die Mittler- und Brückenrolle zwischen Ost und West. Wie in der Koalitionsvereinbarung festgeschrieben, wurde die deutsche Vereinigung als ein Moment im Prozeß der europäischen Einigung gesehen. Die neue DDR-Regierung wollte gegenüber dem Westen zugleich Anwalt der mittel- und osteuropäischen Staaten sein und verhindern, daß die bisherige Ost-West-Blockgrenze lediglich durch eine unsichtbare Grenze weiter im Osten ersetzt würde. Die Unterstützung der Nachbarstaaten bei der angestrebten engeren Zusammenarbeit mit dem Westen – und hier vor allem der Europäischen Gemeinschaft – war erklärtes Ziel der neuen DDR-Außenpolitik. Ausgehend von der Idee eines Gesamteuropas sollte die deutsche Einheit aus moralischen wie politischen Gründen mehr als nur einen Westweg der DDR bedeuten;

4. der Wille zum Aufbau einer neuen Sicherheitsordnung für Europa. Den Koalitionspartnern erschien es unvorstellbar, daß aus dem bisherigen Antagonismus der beiden militärischen Bündnisse eine gestärkte NATO und ein sich auflösender Warschauer Pakt übrigbleiben sollten. Vor allem angesichts des Austrittswunsches beispielsweise Ungarns und der Tschechoslowakei aus dem östlichen Militärbündnis und der demokratischen Reformen in der UdSSR wollten Meckel und seine Mitarbeiter mit dazu beitragen, eine neue Sicherheitsstruktur in Europa zu schaffen. Die neue Ordnung sollte nicht mehr konfrontativ, sondern kooperativ gesichert werden. Aufgrund der Erfahrungen seit Mitte der siebziger Jahre und des persönlich-akademischen Hintergrunds zahlreicher Meckel-Mitarbeiter erschien die Konferenz über Sicherheit und Zusammenarbeit in Europa (KSZE) als der vernünftigste Weg, die bisherigen Bündnisse schrittweise ab- und aufzulösen.

Diese vier Grundlinien neuer DDR-Außenpolitik wurden in zwei operativen Strängen umgesetzt: Den bilateralen Beziehungen einerseits sowie den damit teilweise verbundenen Initiativen zur Schaffung einer neuen gesamteuropäischen Sicherheitsordnung, welche die Politik Meckels prägen sollten, andererseits.

Wenngleich die erste offizielle Dienstreise den neuen Außenminister nicht nach Bonn, sondern nach Warschau geführt hatte, war man sich im MfAA doch bewußt, daß die Bundesregierung der wichtigste Ansprechpartner im Prozeß zur deutschen Einheit war. Auf Einladung Genschers war Meckel gemeinsam mit Misselwitz und von Braunmühl bereits am 17. April zu einem Abendessen in Genschers Privathaus nach Pech gekommen. Mit dieser Geste, die nur wenigen Außenministern zuteil wurde, unterstrich Genscher seine Bereitschaft zur engen Zusammenarbeit, die er auch in seinem Angebot zeigte, Westbeamte zur Unterstützung des neuen Ministers nach Ost-Berlin zu entsenden.[65] Meckel reagierte hierauf ähnlich ausweichend, wie Genscher dies beim zweiten Treffen am 24. April im Auswärtigen Amt beim DDR-Vorschlag zu gemeinsamen Erlassen an die Auslandsvertretungen zwecks Koordinierung der Zusammenarbeit der Botschaften tat: Ebenso wie die neue MfAA-Führung mißtrauisch gegenüber einer Einflußnahme seitens der Bundesregierung war, herrschte im Auswärtigen Amt eine große Zurückhaltung gegenüber den DDR-Diplomaten der alten Schule. Seit Frühjahr 1990 hatte sich das Verhältnis zwar gebessert, doch war man in Bonn bemüht, jeden Eindruck zu vermeiden, der auf ein Zusammenrücken oder gar die Verschmelzung der beiden diplomatischen Dienste hinweisen konnte. Obgleich die DDR-Vertreter bei beiden Treffen das Gefühl hatten, die Gespräche seien zu sehr von Genscher dominiert gewesen, so konnten sie doch mit den Ergebnissen des inhaltlichen Austauschs zufrieden sein. Einigkeit bestand beispielsweise darin, daß eine schnelle Klärung der deutsch-polnischen Grenzfrage sowie die Berücksichtigung der sowjetischen Wirtschaftsinteressen zu den wichtigsten Aufgaben gehörten. Zudem hatte Genscher seinen Gästen zum Abschluß des eineinhalbstündigen Gesprächs im Auswärtigen Amt versichert, er gehe aufgrund der Aussagen im Koalitionspapier und in der Regierungserklärung sowie Meckels Erläuterungen davon aus, daß die beiden deutschen Staaten in der »Philosophie zum KSZE-Prozeß« voll übereinstimmten. Hinsichtlich des Zeitplanes waren sich die beiden Minister einig, daß die »Zwei-plus-Vier«-Gespräche bis zum geplanten KSZE-Gipfel im Herbst abgeschlossen sein sollten.

Weniger Übereinstimmung erlebte eine aus Ministerpräsident Lothar de Maizière, Außenminister Markus Meckel und Verteidigungsminister Rainer Eppelmann geführte DDR-Delegation einige Tage später bei ersten direkten Gesprächen mit der sowjetischen Führung in Moskau.[66] Gorbatschow und seine Berater machten ihren Gesprächspartnern deutlich, daß die NATO-Mitgliedschaft eines vereinten Deutschlands – selbst bei Modifikationen auf dem Gebiet der DDR – für die UdSSR nicht akzeptabel war. In teilweise sehr harter Form lehnte der Generalsekretär zudem eine Vereinigung nach Artikel 23 GG ab, forderte die Erfüllung aller wirtschaftlichen Verpflichtungen der DDR gegenüber seinem Land und verlangte die Anerkennung der nach dem Krieg in der DDR geschaffenen Eigentumsordnung. Lothar de Maizière zeigte sich später zumindest froh darüber, daß die Neutralitätsforderungen der UdSSR vom Tisch waren und gab sich – ebenso wie Markus Meckel[67] – zuversichtlich, daß auf der Basis der Formulierungen im Koalitionsvertrag doch noch eine Annäherung der Standpunkte möglich wäre. Die Reise nach Moskau hatte so zwar keine sichtbare Bewegung in der sowjetischen Verweigerungshaltung offengelegt, den DDR-Vertretern aber zu eigenen Einschätzungen ihrer Gesprächspartner in der UdSSR verholfen. Sie nahmen den Eindruck mit nach Hause, daß über den Weg eines gesamteuropäischen Sicherheitssystems – für das unter Umständen aufgrund der Geschwindigkeit des Vereinigungsprozesses noch nach Zwischenschritten gesucht werden mußte – letztlich auch die Zustimmung der Sowjetunion zur zeitweiligen Mitgliedschaft in einer sich wandelnden NATO erreichbar sein würde. In einem an Meckel übergebenen und zeitgleich an die Bundesregierung übermittelten Arbeitspapier hatte die sowjetische Führung zudem deutlich gemacht, daß ihr derzeit vor allem an der Diskussion ökonomischer Aspekte der Vereinigung gelegen war.[68]

Die Ergebnisse der ersten bilateralen Aktivitäten der neuen DDR-Regierung zeigten bereits, daß es vor allem bei der Frage nach dem Ausbau des KSZE-Prozesses seitens des MfAA falsche Grundannahmen gab. So wurde Genschers Erklärung, man befinde sich bei den Vorstellungen zur KSZE-Philosophie im Gleichklang, dahingehend überinterpretiert, daß der Bundesaußenminister dazugehörige Vorstöße der DDR unterstützen werde. Meckels Mitarbeiter übersahen, daß

1. die Frage der künftigen Sicherheitsarchitektur Gesamteuropas in ihrer eigenen Werteskala vor der Frage nach dem schnellstmöglichen Weg zur deutsch-deutschen Vereinigung stand, während
2. für Genscher die deutsche Einheit das allen anderen Überlegungen übergeordnete Ziel war, zu dessen Erreichen die ernstgemeinten, in der Bedeutung aber nachgeordneten Bemühungen zur Sicherung der Stabilität in Europa dienten.

Der Realpolitiker Genscher ging offensichtlich davon aus, daß nach Vollzug der Einheit auch vernünftige Regelungen zur Wahrung der Sicherheit in Europa erstrebenswert waren, während der eher idealistisch geprägte Kreis um Meckel sich die Vereinigung ohne vorherige Weichenstellungen in Richtung kollektiver Sicherheit nicht vorstellen konnte. Entsprechend wurden sie nach ihrem Amtsantritt auch aktiv.

### Mit der trilateralen Initiative für eine neue KSZE

Parallel zum Aufbau erster bilateraler Kontakte trieb die neue Spitze des MfAA die Verwirklichung ihrer Vorstellungen einer künftigen gesamteuropäischen Sicherheitsarchitektur voran. Vorbild und auszubauendes Vehikel hierfür sollte die KSZE sein. Vorgehensweise und Ergebnis der damit verbundenen Bemühungen in weiten Teilen waren dabei symptomatisch für die außenpolitische Arbeit Meckels und seiner Mitarbeiter, wie bereits die daraus resultierende trilaterale KSZE-Initiative zeigte.[69] Die Idee vom Ausbau der KSZE zu einem gesamteuropäischen Instrument der Sicherheit gehörte zu den sehr frühen Ideen der neuen DDR-Außenpolitiker. Aufgrund der wiederholten Forderungen westdeutscher Regierungspolitiker, darunter auch von Bundeskanzler Kohl sowie vor allem von Außenminister Genscher nach einer Stärkung und teilweisen Institutionalisierung des KSZE-Mechanismus, schienen entsprechende Ost-Berliner Überlegungen erfolgversprechend: Die neue Regierung – und hier vor allem ihr Außenminister – konnte sich so Profil verschaffen und einen eigenständigen Beitrag zur Beseitigung der Sicherheitsprobleme als höchster Hürde auf dem Weg zur Vereinigung leisten.

Bei der Suche nach potentiellen Verbündeten zur Verwirklichung wurden Meckel und sein neues Team im Frühjahr 1990 schnell fündig: Bereits am 18. Januar hatte Tadeusz Mazowiecki für die polnische Regierung einen Entwurf zur Schaffung eines »Rates für Europäische Zusammenarbeit« veröffentlicht, der als ständiges politisches Organ »Konsultations- und Koordinierungsfunktionen« der KSZE übernehmen sollte. Eine eigene Konzeption für eine »Europäische Sicherheitskommission« schlug kurze Zeit später die tschechoslowakische Regierung vor. Das auf der Außenministertagung des Warschauer Paktes am 17. März angekündigte Papier wurde den KSZE-Staaten am 6. April übermittelt. Hintergrund auch dieser Überlegungen war, daß die KSZE-Strukturen mit dem aktuellen Wandel in Osteuropa überfordert seien. Statt dessen sollte die zu schaffende Kommission mit Sitz in Prag sich unabhängig von NATO und Warschauer Pakt mit Fragen der gesamteuropäischen Sicherheit befassen. Dieses Außenministergremium sollte in einem zweiten Schritt gemeinsam mit den USA und Kanada in ein institutionalisiertes europäisches System der Sicherheit sowie später in ein »konföderatives Europa der freien und unabhängigen Staaten« übergeleitet werden. Bei einem Treffen der KSZE-Botschafter in Prag am 2. Mai, in einer Rede von Präsident Havel am 10. Mai vor dem Europarat sowie einer Ansprache von Außenminister Dienstbier am 16. Mai an der Harvard University wurden die tschechoslowakischen Vorschläge erläutert und begründet. Dabei machte Dienstbier deutlich, daß die Idee keinesfalls gegen die NATO gerichtet sei. Es bleibe aber die Frage, gegen wen sich die NATO künftig noch verteidigen müsse, wenn neben ihr nur noch verschiedene »atomisierte Gebilde« bestünden.[70]

Die beiden Vorschläge fanden im Westen wenig Resonanz, da vor allem die USA nicht an einer Schwächung der NATO zugunsten einer neu zu schaffenden KSZE-Institution interessiert waren. Hinzu kam – was sich auch für die nachfolgenden Überlegungen der DDR als entscheidend erweisen sollte – die aktuelle Entwicklung in der deutschen Frage: Die westlichen Teilnehmerstaaten des »Zwei-plus-Vier«-Prozesses erwarteten gemeinsam mit den anderen NATO-

Partnern ein Einlenken der Sowjetunion in der Bündnisfrage. Wenn nun, so ihre Annahme, eine Alternative zur gesamtdeutschen NATO-Mitgliedschaft diskutiert wurde, konnte dies die deutsche Vereinigung zumindest verzögern. Im MfAA wurden demgegenüber Genschers vor allem rhetorisch begründete Angebote an Außenminister Schewardnadse, gemeinsam eine gesamteuropäische Sicherheitsarchitektur zu schaffen, zu wörtlich genommen. Die zahlreichen KSZE-Experten in Meckels Beraterstab machten sich deshalb an die Erarbeitung einer eigenen KSZE-Konzeption, die sie in Abstimmung mit Polen und der ČSFR zum Erfolg führen wollten.[71] Die MfAA-Mitarbeiter luden hierzu ihre Kollegen aus den beiden Nachbarstaaten für den 11. und 12. Mai zu Sondierungsgesprächen über ein gemeinsames Vorgehen bei den ab Juli geplanten Vorbereitungsgesprächen für den KSZE-Gipfel nach Ost-Berlin ein.

Wie bei diesem Treffen beschlossen, trafen sich die drei Delegationen gut zwei Wochen später in Prag zur Diskussion eines konkreten MfAA-Papiers.[72] Meckels Mitarbeiter versuchten darin, Grundzüge der Koalitionsvereinbarung, der tschechoslowakischen und polnischen Vorschläge sowie Elemente aus der aktuellen Diskussion in ein schlüssiges Konzept zu bringen. Ihr Papier, das von den drei Delegationen weitgehend unverändert als Darstellung der gemeinsamen Prinzipien angenommen wurde, sah die Einrichtung eines »Rates für Sicherheit und Zusammenarbeit« vor, in dem sich die Außenminister – und später eventuell auch die Verteidigungsminister – halbjährlich treffen sollten. Die Sitzungen sollten von regelmäßigen Botschaftertreffen vorbereitet werden. Daneben sollte es dem Rat zugeordnete, letztlich aber selbständige KSZE-Zentren geben, von denen zwei auch konkret benannt wurden:
1. ein »Rüstungs- und Kontrollzentrum« zur Sammlung und Dokumentation sämtlicher Informationen im militärischen Bereich, um Krisen zu vermeiden. Hier sollten auch Einrichtungen der Alliierten in Deutschland genutzt sowie alle Maßnahmen der Verhandlungen über Vertrauens- und Sicherheitsbildende Maßnahmen (VSBM) und die Konventionellen Streitkräfte in Europa (VKSE) zusammengefaßt werden;
2. ein »Zentrum für friedliche Streitbeilegung/Krisenzentrum« zur Sammlung und Dokumentation sämtlicher Informationen über mögliche Konflikte im politischen Bereich. Dort sollten Mechanismen zur schnellen Informationsübermittlung im Krisenfall und zur friedlichen Konfliktbeilegung aufgebaut werden. Zudem sollten multilaterale Beobachtungsmechanismen von politisch-militärischen Aktivitäten und multilaterale Friedenstruppen nach dem Vorbild der friedenserhaltenden Truppen der UNO geschaffen sowie ein Wissenschaftlicher Beirat zur Konfliktforschung eingesetzt werden.

Die DDR-Seite hatte in diesem Entwurf bereits zahlreiche westliche Bedenken berücksichtigt. So ging der letzte Entwurf weder auf die von Polen vorgeschlagene Überordnung des Rates über die KSZE-Strukturen noch die Verbindung mit bereits bestehenden europäischen Gremien und Institutionen oder das von der tschechoslowakischen Seite erwähnte Fernziel eines konföderierten Europas ein. Mit einigen kleineren Veränderungen – wie einem alle zwei Jahre geplanten Treffen der Staats- und Regierungschefs – wurde das in Prag ausgiebig diskutierte Papier letztlich von den drei beteiligten Außenministern bestätigt. Auf Vorschlag Polens stellte Markus Meckel anläßlich des ersten Treffens der Gemeinsamen Kommission von AA und MfAA am 1. Juni in Ost-Berlin Hans-Dietrich Genscher das Konzept vor. Die ursprüngliche Hoffnung, Bonn werde sich an der Initiative beteiligen, erfüllte sich allerdings nicht.[73]

Nach letzten Überarbeitungen unterzeichneten die Außenminister der DDR, Polens und der Tschechoslowakei das Papier am Rand der »KSZE-Konferenz über die Menschliche Dimension« am 5. Juni in Kopenhagen, wo die trilaterale Initiative auch gegenüber den Vertretern der anderen Staaten angekündigt wurde.[74] Am 12. Juni wurde die Initiative mit dem Titel »Vorschläge der Deutschen Demokratischen Republik, der Republik Polen und der Tschechischen und Slowakischen Föderativen Republik betreffend die Institutionalisierung des KSZE-Prozesses« vom ČSFR-Vertreter offiziell bei der KSZE eingebracht und allen Teilnehmerstaaten zugesandt. Die Aktion wurde mit zahlreichen Gesprächen von Diplomaten und Politikern der drei Staaten begleitet, doch blieb die Resonanz aus Sicht des MfAA letztlich ernüchternd. Einzelne Aspekte des Papiers wurden zwar begrüßt, die Einrichtung eigenständiger KSZE-Gremien wie der verschiedenen Zentren stießen jedoch auf Skepsis, so daß in internen Analysen kaum mehr als allgemeines Interesse an der trilateralen Initiative konstatiert werden mußte. Zum Mißfallen der DDR-Vertreter rückten zudem auch die beiden Verbündeten in Warschau und Prag schrittweise vom gemeinsamen Vorschlag ab. So brachte die tschechoslowakische Delegation Mitte Juli beim ersten Treffen des Vorbereitungsausschusses ein eigenes Papier ein, das die gemeinsame Position nur noch sehr begrenzt widerspiegelte, und der polnische Außenminister Skubiszewski machte seinem Kollegen Meckel deutlich, daß sein Land die Initiative nur so lange stützen werde, wie die Vorschläge die Zustimmung anderer Staaten fänden. Da dies nicht der Fall war, blieb die DDR mit ihrem Vorstoß letztlich alleine.

Beim Vergleich der Ergebnisse des KSZE-Gipfels von Paris mit den Vorstellungen der DDR zur Weiterentwicklung des KSZE-Prozesses wird deutlich, daß diese im Mai 1990 entwickelten Ideen nicht allzu weit von den Grundzügen der im November desselben Jahres verabschiedeten »Charta von Paris« entfernt waren.[75] Daß Meckel und seine Mannschaft sich mit ihren Vorstellungen dennoch nicht durchsetzen konnten und in der öffentlichen Wahrnehmung häufig als durchgängige »Verlierer« dastanden, hatte vor allem drei Gründe:
1. der falsche Zeitpunkt: Da die westlichen Regierungen ein Nachgeben der UdSSR in der Bündnisfrage nur noch für eine Frage der Zeit hielten und dieses Einlenken sich – beispielsweise beim Besuch Gorbatschows Ende Mai in Washington – bereits andeutete, wollte der Westen keinesfalls eine Verbindung zwischen dem KSZE-Ausbau und der gesamtdeutschen NATO-Mitgliedschaft provozieren[76];

2. die falschen Partner: Mit der Entscheidung, die Initiative gemeinsam mit Polen und der ČSFR einzubringen, hatten Meckel und seine Mitarbeiter auf zwei Staaten gesetzt, deren Interessenlage sich im Frühsommer 1990 wandelte. Polen war vor allem an einer erfolgreichen Regelung der Grenzfrage interessiert, weswegen die Regierung in Warschau auch Wert auf die Einbindung der Bundesregierung in die KSZE-Initiative gelegt hatte. Gemeinsam mit der ČSFR und anderen Nachbarstaaten hatte Polen nach Einführung der deutsch-deutschen Wirtschafts-, Währungs- und Sozialunion zum 1. Juli 1990 zudem vor allem die ökonomischen Auswirkungen der Einheit vor Augen, bei deren Bewältigung die DDR der falsche Partner zu sein schien;
3. das falsche Vorgehen: Nicht zuletzt unter dem herrschenden Zeitdruck machte man sich im MfAA nach dem eher halbherzigen Versuch, Genscher für die Unterstützung der trilateralen Initiative zu gewinnen, zu wenig Gedanken über eine erfolgreiche Strategie zu deren Implementierung. Die Vorlage der Initiative im KSZE-Rahmen wurde deshalb zu wenig mit Vorgesprächen und Abstimmungen abgestützt. Das Ergebnis war, daß das Papier als einer von verschiedenen Vorschlägen zur Weiterentwicklung aufgenommen und entsprechend geschäftsmäßig behandelt wurde.[77]

In dieser Konstellation konnte die trilaterale Initiative nicht – wie von Meckel und seinen Mitarbeitern erhofft – einen eigenständigen Akzent der neuen DDR-Außenpolitik bilden. Statt dessen versandete der Vorschlag im allgemeinen KSZE-Konferenzbetrieb. Gleiches galt für eine weitere Aktion des DDR-Außenministers, die im Gegensatz zur KSZE-Initiative in der Öffentlichkeit sehr viel stärker wahrgenommen wurde: Meckels Projekt einer »Sicherheitszone« in Mitteleuropa.

## *Meckels umstrittener Vorstoß für eine »Sicherheitszone«*

Das in der Öffentlichkeit häufig mit der trilateralen Initiative verwechselte Projekt Meckels zur Schaffung einer speziellen »Sicherheitszone« in Mitteleuropa verschaffte dem DDR-Außenminister zwar die von ihm gewünschte Aufmerksamkeit, wirkte aber – selbst nach Einschätzung enger Mitarbeiter – zugleich »verheerend«: Nicht bis zum Ende durchdacht und zu früh vorgestellt, sollte es nicht nur Meckels Position im Kabinett de Maizière, sondern zugleich auch sein Ansehen in der internationalen Politik schwächen.[78] Die Idee entstand im Mai 1990, als die Bündnisfrage nach Ansicht der DDR eine Lösung der deutschen Frage zu verhindern drohte.[79] Die drei Westmächte und die Bundesregierung beharrten auf der NATO-Mitgliedschaft eines vereinten Deutschlands, während die sowjetische Seite dies energisch ablehnte und statt dessen Vorschläge zur Neutralität beziehungsweise der Doppelmitgliedschaft im westlichen Bündnis wie im Warschauer Pakt ventilierte.[80] Der neue DDR-Außenminister wollte all dem das Konzept einer Verflechtung der Bündnisse gegenüberstellen, damit den Sicherheitsbedenken der Nachbarn Deutschlands Rechnung tragen und zugleich die KSZE-Institutionalisierung vorantreiben. Um dies zu erreichen, schwebte ihm ein »Bündnis zwischen den Bündnissen« vor, in dem sich die DDR mit der ČSFR und Polen zur übernationalen Regelung der Sicherheit zusammentun sollte. Nach der Vereinigung sollte das Abkommen für das Gebiet der ehemaligen DDR gelten und bis zum Abzug der sowjetischen Truppen bestehenbleiben. Warschauer Pakt und NATO sollten die Sicherheitszone vertraglich anerkennen, die sowjetische Westgruppe in der DDR unter Umständen in die Konzeption miteinbezogen werden. In weitergehenden Überlegungen war zudem die Rede von besonderen Abrüstungsbemühungen innerhalb der Sicherheitszone.

Daß das Projekt nicht nur scheiterte, sondern zugleich auch die neue DDR-Außenpolitik nachhaltig diskreditierte, lag vor allem an Meckels Vorgehen. Die Ausarbeitung konkreter Papiere begann im MfAA erst am 11. Juni 1990 – sechs Tage, nachdem der Außenminister sein Konzept gegenüber anderen Regierungen bereits in die Diskussion eingebracht hatte und fünf Tage nach seinen ersten veröffentlichten Äußerungen dazu. Markus Meckel hatte die freundliche Zurückhaltung und reservierten Reaktionen seiner Gesprächspartner – James Baker, Douglas Hurd, Hans-Dietrich Genscher, Uffe Ellemann-Jensen und Hans van den Broek – am Rande der »KSZE-Konferenz über die Menschliche Dimension« am 5. Juni in Kopenhagen nicht als Ablehnung erkannt, sondern sich bereits einen Tag später in einem Zeitungsinterview detaillierter geäußert.[81] Auch die beiden potentiellen Bündnispartner Polen und Tschechoslowakei reagierten diplomatisch, doch reserviert.[82] Lediglich der sowjetische Außenminister Eduard Schewardnadse zeigte bei einem Treffen mit Meckel am 7. Juni zunächst Interesse und wollte die Sicherheitszone gemeinsam mit anderen Fragen in einer vertraulichen Arbeitsgruppe mit Vertretern der UdSSR und der DDR diskutieren lassen. Bereits beim Antrittsbesuch des neuen Moskauer Botschafters in Ost-Berlin, Schikin, am 11. Juni war das Thema allerdings vom Tisch.[83] Angesichts der Ergebnisse seines Vorstoßes – keine positive Resonanz bei den Nachbarn, wachsende Verärgerung bei Ministerpräsident de Maizière und Bundesaußenminister Genscher aufgrund fehlender Abstimmungen und negativen Schlagzeilen in den Medien – ließ Markus Meckel Mitte Juli vom Konzept der Sicherheitszone ab. Das Ansehen der neuen MfAA-Mannschaft auf internationalem Parkett war zu diesem Zeitpunkt allerdings bereits nachhaltig beschädigt.[84]

Die neue DDR-Außenpolitik – ein früh gescheitertes Projekt? Die Analyse zweier zentraler Initiativen von Außenminister Markus Meckel kann diesen Eindruck, der sich bereits seit Frühsommer 1990 in den deutschen Medien hielt, wecken. Eine derartige Bewertung greift dennoch zu kurz, da das Wirken der neuen Ost-Berliner Regierung auf internationalem Parkett sich deutlich vielschichtiger zeigte. Bei einer detaillierteren Betrachtung ist deshalb die Unterscheidung dreier Ebenen der außenpolitischen Bemühungen sinnvoll:

1. die moralische Dimension: Ausgehend von der Koalitionsvereinbarung über die Regierungserklärung von Lothar de Maizière bis hin zur konkreten Ausgestaltung der Außenpolitik unterstützte eine breite Volkskammer-Mehrheit die Neuplazierung der DDR im internationalen Rahmen. Die entscheidenden Unterschiede zur früheren SED-Politik lagen dabei auf den Gebieten
- der Aussöhnung mit Polen, wo Meckel und de Maizière weit über die einstigen rhetorisch-ideologischen Freundschaftsversicherungen hinausgingen, sich zur Verantwortung der DDR auch für nationalsozialistische Verbrechen am polnischen Volk bekannten und zu schnellen sowie entgegenkommenden Schritten bei der Regelung der deutsch-polnischen Grenzfrage bereit waren;
- der Beziehung zu den mittel- und osteuropäischen Nachbarstaaten, bei denen die DDR eine Brückenfunktion zwischen den EG-integrierten Staaten des Westens und den Reformstaaten im Osten anstrebte;
- des Bekenntnisses zur Verantwortung auch der DDR für die Verbrechen des Zweiten Weltkrieges sowie den Holocaust. Dies bedeutete zugleich eine Neuausrichtung des Verhältnisses zu Israel, bei dem die neue DDR-Regierung sich deutlich von der anti-jüdischen Politik ihrer Vorgänger abhob, was sich in der Bereitschaft zur Zahlung von Entschädigungsleistungen an Holocaustopfer ebenso zeigte wie im Willen zur Aufnahme diplomatischer Beziehungen;

2. der konzeptionell-organisatorische Rahmen: Innerhalb des neuen Kabinetts waren durch unterschiedliche Zielsetzungen und Mißverständnisse bei der Politikformulierung Konflikte teilweise vorprogrammiert. Hinzu kamen schon früh Schwierigkeiten bei der Konzeption und Organisation der künftigen Außenpolitik im MfAA. Die Hauptprobleme entstanden dabei auf den Feldern
- der Organisation der Außenpolitik im MfAA, wo die Besetzung fast aller Führungspositionen mit diplomatisch unerfahrenen Meckel-Vertrauten in Verbindung mit einer weitgehenden Abkoppelung von der Expertise des alten Beamtenapparates für zahlreiche taktische Fehler des neuen Außenministers verantwortlich waren;
- der inhaltlichen Grundausrichtung Meckels und seiner engsten Mitarbeiter, die aufgrund ihrer persönlichen Werdegänge den idealistischen Zielsetzungen einer grundlegenden Umgestaltung Europas den Vorrang vor pragmatisch-realisierbaren Politikkonzepten gaben. Durch die Konzentration auf KSZE- und Abrüstungsfragen wurde teilweise der Blick auf die tatsächlichen Entwicklungen und Interessenlagen der Partner im internationalen Prozeß verstellt;
- der Zuständigkeit für Details der Außenpolitik, bei der Ministerpräsident de Maizière sich die deutschlandpolitische Richtlinienkompetenz vorbehalten, Verteidigungsminister Eppelmann die abrüstungspolitische Zuständigkeit erhofft und Außenminister Meckel sich die ausschließliche Verantwortung für die internationale Politik gesichert hatte. In dieser – auch parteipolitisch

diffizilen – Grundkonstellation waren Eifersüchteleien vorprogrammiert, deren Ausbruch in der Anfangsphase durch die unterschiedlichen Schwerpunktsetzungen von de Maizière und Meckel verhindert wurde.[85] Der Ministerpräsident war mit den Schwerpunkten der Regierungserklärung zunächst zufrieden. Da es aus seiner Sicht zudem keine Probleme im anlaufenden »Zwei-plus-Vier«-Prozeß gab, hielt er sich aus diesem Bereich heraus. Meckel wollte demgegenüber mit seiner Amtszeit eindeutige Weichenstellungen beispielsweise in der gesamteuropäischen Sicherheitsstruktur setzen;
3. die operative Umsetzung: Fehlende Erfahrung auf dem Gebiet der Diplomatie und der konkreten internationalen Politik schlugen sich vor allem nieder
– bei der Vorbereitung und Implementierung von diplomatischen Initiativen. Diese wurden häufig zu wenig an die tatsächlichen Gegebenheiten angepaßt und vor der öffentlichen Präsentation ungenügend mit potentiellen Verbündeten abgestimmt;
– beim Umgang mit Formulierungen, die oft zu apodiktisch gesetzt wurden. Während Genscher – beispielsweise bei seinem Vorschlag an Schewardnadse, auch über »die Schaffung von Zonen ›verdünnter Rüstungen‹ in Europa an der Trennlinie der beiden Blöcke in dieser oder jener Form« nachzudenken[86] – intern sowie in einzelnen Reden geschickt mit Begriffen hantierte, ohne diesen allzu konkrete Inhalte zu geben, wirkten Meckels prinzipiell ähnliche Vorschläge – wie beispielsweise zur Einrichtung seiner »Sicherheitszone« – auf Gesprächspartner oft zu definitiv oder um Kleinigkeiten zu weitgehend;
– beim weitgehenden Verzicht Meckels auf die Zuarbeit des alten MfAA-Apparates. Damit wurde nicht nur auf Fachwissen, sondern zudem auf die Möglichkeit zur Sondierung auf klassischen diplomatischen Wegen über die DDR-Vertretungen im Ausland und die dortigen Außenministerien verzichtet.

Der Weg der neuen DDR-Regierung in die nächste Runde der »Zwei-plus-Vier«-Gespräche war also mit etlichen Handicaps belastet, deren Auswirkungen zunächst noch nicht absehbar waren.

## Warten auf Entscheidungen von oben

Die freien Volkskammerwahlen in der DDR hatten nicht nur den Weg zur Bildung einer demokratisch legitimierten Regierung in Ostdeutschland freigemacht, sondern zugleich den Beginn der eigentlichen »Zwei-plus-Vier«-Verhandlungen ermöglicht. Der Großteil der außenpolitischen Bemühungen aller an den Gesprächen zur Herstellung der deutschen Einheit beteiligten Staaten im März und April hatte deshalb auch das für den 5. Mai in Bonn geplante erste »Zwei-plus-Vier«-Außenministertreffen im Blick. Da sich bei den vorausgegangenen bi- und multilateralen Beamtentreffen sehr schnell die Grenzen der dort möglichen Lösungen gezeigt hatten, sollte das Treffen der sechs Außenminister aus westdeutscher Sicht einen ersten wichtigen Durchbruch auf dem Weg zur Vereinigung bringen.

### *Bonn wirbt um Moskau*

Die bisherigen Entwicklungen in der deutschen Frage hatten der Bundesregierung gezeigt, daß vor allem die Sowjetunion sich mit einer Vereinigung der beiden deutschen Staaten noch nicht abfinden konnte, zugleich aber auch keine abschließende Meinung über ihre konkrete Position gebildet hatte. Bundeskanzler Kohl und Außenminister Genscher waren deshalb in dieser Zeit besonders darauf bedacht, den seit ihrem Februar-Besuch weitgehend guten Kontakt zur sowjetischen Führung nicht abreißen zu lassen. Zugleich bemühte sich Bonn immer wieder, den guten Willen zur gemeinsamen Lösung der noch umstrittenen Fragen zu demonstrieren. So schrieb Genscher mehrere Briefe an seinen sowjetischen Kollegen, mit dem er zudem in Windhuk zu einem längeren Gespräch zusammenkam.[87]

Parallel dazu wurden im Kanzleramt Überlegungen angestellt, wie man die UdSSR möglichst eindeutig und spektakulär des deutschen Friedenswillens versichern konnte. Die Mitarbeiter der Abteilung 2 dachten vor allem über einen bereits seit einiger Zeit diskutierten umfassenden bilateralen Vertrag zwischen Deutschland und der Sowjetunion sowie ein mögliches Gewaltverzichtsabkommen nach. Da zeitgleich in Moskau die Vorbereitungen für die Feierlichkeiten zum 45. Jahrestag des Kriegsendes anstanden, entschloß sich der Bundeskanzler außerdem, eine persönliche Botschaft an Präsident Gorbatschow zu schicken. Mit diesem Schreiben, das bewußt auch die »Gefühle der sowjetischen Öffentlichkeit ansprechen« sollte, wollte Kohl dem Generalsekretär zugleich Unterstützung im innenpolitischen Kampf gegen die Gegner der Reformen – und damit auch der deutschen Einheit – geben.[88] Kohl versicherte Gorbatschow darin der Verbundenheit der Deutschen mit den sowjetischen Bürgern in ihrer Trauer um die Millionen Opfer des Zweiten Weltkrieges. Die Deutschen hätten aus diesen »bitteren Jahren der Geschichte gelernt und die Folgerungen gezogen«. Noch einmal wiederholte er seine Zusicherung vom

Februar, daß von deutschem Boden nur noch Frieden ausgehen solle. Man sei sich der berechtigten Sicherheitsbedürfnisse der Nachbarn vollauf bewußt. Auf der Basis des Moskauer Vertrages, des Abkommens über langfristige wirtschaftliche und industrielle Zusammenarbeit sowie der »Gemeinsamen Erklärung« anläßlich des Gorbatschow-Besuches vom 13. Juni 1989 wolle man an die guten Traditionen in der gemeinsamen Geschichte anknüpfen. Ein vereintes Deutschland werde das Erreichte nicht nur erhalten und einhalten, sondern zugleich ausbauen. Er bekenne sich »auch und gerade gegenüber den Völkern der Sowjetunion zu dem hohen Ziel, mit Verständigung und Versöhnung die Wunden der Vergangenheit zu heilen und gemeinsam eine bessere Zukunft zu bauen«. Darüber hinaus ging Kohl – der in diesen Tagen vor allem die ökonomischen Fragen als Kernproblem der UdSSR einschätzte und zugleich eine Forcierung der deutsch-deutschen Vereinigungsgespräche betrieb – auf die finanziellen Sorgen Moskaus ein: Für die Verpflichtungen der DDR gegenüber der Sowjetunion werde man einvernehmliche Lösungen im beiderseitigen Interesse finden. Alle diese Punkte waren auch Bestandteil einer Ministerbesprechung am 22. April gewesen, bei der Kohl zu konzeptionellen Überlegungen über die langfristige Entwicklung und Gestaltung der deutsch-sowjetischen Beziehungen aufgerufen hatte. Kanzleramtsminister Seiters wiederholte diese Bitte einen Tag später in einem Schreiben an die Bundesminister des Auswärtigen, Genscher, der Finanzen, Waigel, und für Wirtschaft, Haussmann, noch einmal.[89] Erste Vorschläge sollten der UdSSR bereits vor dem sowjetisch-amerikanischen Gipfel Ende Mai übermittelt werden.

Entsprechend seinem Brief an Gorbatschow argumentierte Kohl auch, als er – knapp einen Monat nach ihrem letzten Gespräch – am 23. April den sowjetischen Botschafter Kwizinskij empfing.[90] Wie von seinen Mitarbeitern vorgeschlagen, ging der Bundeskanzler zunächst auf die sowjetische Demarche vom 19. April ein. Das von der UdSSR übergebene Non-Paper sei unverständlich. Es überrasche ihn doch, daß die sowjetische Führung sich nach Presseveröffentlichungen richte. Er selbst habe am Vorabend erstmals Unterlagen zur Vorbereitung eines deutsch-deutschen Vertrages in der Hand gehabt. Vor allem habe er Kwizinskij aber zu sich gebeten, da man einmal über die Aufarbeitung der wirtschaftlichen Verpflichtungen der DDR gegenüber der Sowjetunion reden müsse. Er sei dabei zu einvernehmlichen Regelungen bereit. Zudem wolle er seine Überlegungen für einen deutsch-sowjetischen Vertrag erörtern, der nach Erreichung der deutschen Einheit Ende 1991 die Basis der künftigen deutsch-sowjetischen Zusammenarbeit bilden solle. Er gehe davon aus, daß er auch noch die gesamtdeutsche Regierung bilden werde. Wie lange er danach noch Bundeskanzler bleiben werde, wisse er nicht. Dennoch wolle er noch einige Entscheidungen auf den Weg bringen, darunter die Weiterentwicklung der Europäischen Gemeinschaft sowie eine Art Charta der Zusammenarbeit mit der Sowjetunion. Über die Aufarbeitung der DDR-Verpflichtungen gegenüber der UdSSR hinaus müsse man eine langfristige und dauerhafte Perspektive erarbeiten. Da es künftig keine Grenzprobleme mehr geben werde, denke er beispielsweise an eine Zugverbindung, die von Moskau über Warschau, Berlin und Frankfurt nach Paris und London führen würde, was mit zur Öffnung der Länder und der Intensivierung der Beziehungen beitragen könnte. Seine zeitlichen Vorstellungen skizzierte Kohl so, daß nach Abschluß der »Zwei-plus-Vier«-Gespräche und des KSZE-Gipfels die Gespräche aufgenommen und möglichst schnell nach Herstellung der Einheit Deutschlands abgeschlossen werden sollten.

Kohl erläuterte noch einmal seine Vorstellungen zur endgültigen Festschreibung der deutsch-polnischen Grenze und versicherte, er sei sich mit Präsident Bush bei einem Telefonat einig gewesen, daß der Westen Gorbatschow wegen der Litauen-Frage keine Probleme bereiten wolle. Kwizinskij betonte, es sei schon lange ein Traum von ihm gewesen, zwischen der Bundesrepublik und der UdSSR etwas »im Bismarck'schen Sinne« zu schaffen. Kohl erwiderte darauf, daß der Blick viel zu sehr nach hinten gerichtet werde. Statt dessen gehe es doch darum, gemeinsam nach vorne zu schauen. Er zeigte sich zufrieden, daß Kwizinskij in Moskau – wo dieser in Kürze stellvertretender Außenminister mit der Zuständigkeit auch für die »Zwei-plus-Vier«-Gespräche werden sollte – wichtige Aufgaben übernehme. Dieser versicherte, daß das von Kohl vorgeschlagene Vertragswerk im Sinne von Präsident Gorbatschow sei, worauf der Kanzler noch einmal betonte, es gehe ihm dabei keinesfalls nur um wirtschaftliche Fragen. Ob man ein entsprechendes Dokument denn vertraulich vorbesprechen könne, wollte Kwizinskij daraufhin wissen. Gewiß, so Kohl, solange man ein derartiges Verfahren mit ihm durchführe.

Der Botschafter kam anschließend auf die gesamtdeutsche NATO-Mitgliedschaft zu sprechen und meinte, ähnlich wie am 27. März, man könne doch einfach alle Verträge und Abkommen der beiden deutschen Staaten fest- und nach der Einheit fortschreiben und notifizieren. So könnten alle wirtschaftlichen und militärischen Abkommen zunächst weiterbestehen und später fortentwickelt werden. Bei der Anwesenheit sowjetischer Truppen auf dem Gebiet der jetzigen DDR gehe man in Moskau davon aus, daß diese Präsenz so lange dauern werde wie die Stationierung alliierter Truppen. Mit Nachdruck erwiderte Kohl, daß eine unbegrenzte sowjetische Truppenstationierung nicht akzeptabel sei, da dies der deutschen Souveränität widerspreche. Es gehe, so Kwizinskij, dabei doch im Grunde auch um die Reduzierung der Bundeswehr. Entsprechend müßten die Truppen der Vier Mächte bis auf eine vielleicht symbolische Restgröße verkleinert werden. Ein Problem sei allerdings, daß Nuklearsysteme so lange präsent blieben, wie die USA in Europa Truppen stationiert hätten. Die USA wollten doch in Deutschland bleiben, um die Deutschen unter Kontrolle zu halten. Man könne über alles vertraulich sprechen, versicherte Kohl noch einmal. Er selbst werde dann Außenminister Genscher unterrichten. Dessen Position, wonach das vereinte Deutschland aus der Bundesrepublik, der DDR und Berlin bestehen und keine weiteren Gebietsansprüche haben sollte, sei für sein Land übrigens überhaupt kein Problem, betonte Kwizinskij, worauf Kohl erwiderte, dies sei keinesfalls nur die Position des Außenministers, sondern die der gesamten Bundesregierung.

Gegen Ende der einstündigen Unterhaltung kam Kwizinskij auf die endgültige Herstellung der deutschen Souveränität zu sprechen. Ähnlich wie Außenminister Schewardnadse dies zwei Wochen später beim ersten »Zwei-plus-Vier«-Außenministertreffen in Bonn tun sollte, schlug er vor, daß es nach Abschluß der »Zwei-plus-Vier«-Gespräche durch einen gemeinsamen Vertrag zunächst noch eine Übergangsfrist geben könnte, in der die Bundesregierung ihre bei verschiedenen Verträgen und Abkommen geäußerten Vorbehalte bezüglich des Abschlusses eines Friedensvertrages beseitigen sollte. Danach könnten die Vier Mächte abschließend zusammenkommen, um die »Bereinigung« festzustellen. Zur Litauen-Frage überbrachte er eine Botschaft der sowjetischen Führung, in der die bisherige Zurückhaltung der europäischen Staaten gewürdigt wurde. Bei der Lösung des Problems mit politischen Mitteln rechne Gorbatschow auf Verständnis und Hilfe der Bundesregierung. Er hoffe ebenfalls, daß die Lage sich wieder entspanne, ohne daß es zu Rückschlägen in der Sowjetunion komme, versicherte Kohl abschließend.

Auch in diesem Gespräch war also klar geworden, daß
- die sowjetische Position zu zahlreichen Grundsatzfragen und Details der deutschen Vereinigung weiterhin ungeklärt war;
- vor allem wirtschaftliche Fragen in Moskau für Verunsicherung sorgten;
- mit einem grundlegenden Vertragswerk zur Zukunft der deutsch-sowjetischen Beziehungen ein Entgegenkommen der Moskauer Führung beispielsweise in der Bündnisfrage innenpolitisch erleichtert werden konnte.

Neu waren in der Begegnung Kwizinskij-Kohl Andeutungen zur Wiederherstellung der Souveränität. Erstmals hatte ein sowjetischer Diplomat den Vorschlag eingebracht, nach erfolgreichem Abschluß der »Zwei-plus-Vier«-Gespräche und der Vereinigung der beiden deutschen Staaten zunächst eine »Übergangs-« oder »Bewährungsfrist« vorzusehen. Erst mit einem gewissen zeitlichen Abstand sollte dann die endgültige Entlassung Deutschlands in die vollständige Souveränität erfolgen.[91] In Bonn wurden alle Äußerungen Kwizinskijs ebenso aufmerksam registriert wie sonstige Vorstöße sowjetischer Politiker, Diplomaten und Wissenschaftler. Kurz vor dem ersten »Zwei-plus-Vier«-Außenministertreffen am 5. Mai wurden auch personelle Veränderungen – wie die Ernennung des als liberal geltenden Schewardnadse-Vertrauten Sergej Tarassenko zum neuen Leiter des Planungsstabes im sowjetischen Außenministerium oder die in Bonn wie Washington befürchtete Ablösung des »Zwei-plus-Vier«-Verhandlungsführers Adamischin durch Kwizinskij – ebenso analysiert wie vermutete inhaltliche Verschiebungen bei der angenommenen Verhandlungsposition.[92] Dabei wurden folgende Grundzüge konstatiert:

1. Es gebe in Moskau deutlich unterschiedliche Auffassungen bei dem grundsätzlich positiv zur Einheit eingestellten Präsidenten, seinen persönlichen

Beratern und den wissenschaftlichen Instituten einerseits sowie dem alten Apparat im Außenministerium andererseits. Dazwischen stehe Eduard Schewardnadse, der zwar nicht negativ gegenüber der Einheit eingestellt sei, in seinen Reden aber immer wieder die Linie seiner Beamten – und hier vor allem der 3. westeuropäischen Abteilung unter Bondarenko – wiedergebe.
2. Meinungsumfragen belegten eine zunehmend positive Einstellung der sowjetischen Bevölkerung zur deutschen Einheit. Daneben gebe es aber latente Bedenken, daß mit der Vereinigung die Früchte des Sieges im »Großen Vaterländischen Krieg« verlorengehen könnten.
3. Die Moskauer Haltung zur Bündnisfrage schwanke zwischen Neutralisierungs- und Demilitarisierungs-Ideen, Vorschlägen zu einer Doppelmitgliedschaft und Andeutungen, daß eine NATO-Mitgliedschaft Gesamtdeutschlands zumindest keine »Dauerlösung« sein könne.
4. Die Einstellung zur Bündniszugehörigkeit sei in Moskau noch nicht abschließend geklärt. Eine Entscheidung werde sehr stark von Verhandlungsergebnissen auf wirtschaftlichem Gebiet abhängen.
5. Das westliche Bündnis müsse sich verändern und dabei mehr auf seine politische Rolle konzentrieren, keine Einheiten und Einrichtungen auf derzeitiges DDR-Gebiet vorschieben sowie seine Risiko-Analyse, Struktur und Strategie überprüfen.

Insgesamt herrschte im Westen allerdings Zuversicht, daß alle Fragen noch rechtzeitig – das heißt vor dem KSZE-Gipfel im Herbst 1990 – sowie in deutschem Interesse – also mit einer gesamtdeutschen NATO-Mitgliedschaft – gelöst werden konnten.

### *Beamtentreffen mit begrenzten Ergebnissen*

Während auf der politischen Ebene – trotz des Bewußtseins für die noch offenen Fragen – Optimismus herrschte, die deutsche Frage zur allgemeinen Zufriedenheit lösen zu können, zeigten sich bei den Gesprächen und Verhandlungsrunden der Beamten die weiterhin strittigen Details um so schärfer. Mit am stärksten bekam dies Dieter Kastrup zu spüren. Der Politische Direktor war innerhalb des Auswärtigen Amtes mittlerweile von seinen Routineaufgaben entlastet worden, um sich umfassend um die internen, bi- und multilateralen Abstimmungen kümmern zu können. Deren Umfang läßt sich exemplarisch anhand der Vorbereitung zur zweiten »Zwei-plus-Vier«-Beamtenrunde am 30. April 1990 in Ost-Berlin zeigen. Kastrup traf sich hierzu unter anderem [93]
– am 28. März mit den Botschaftern Frankreichs und Großbritanniens sowie dem amerikanischen Gesandten in Bonn [94];
– am 2. April mit seinem französischen Kollegen Dufourcq und dem Europadirektor im Quai d'Orsay, Jacques Blot, in Paris;
– am 5. April mit Mitarbeitern der Bush-Administration in Washington;

- am 9. April mit dem bisherigen sowie dem künftigen sowjetischen »Zwei-plus-Vier«-Delegationsleiter, Anatoli Adamischin und Alexander Bondarenko, in Moskau;
- am 10. April mit den Politischen Direktoren Frankreichs, Großbritanniens und der USA zu einer »Eins-plus-Drei«-Runde in Brüssel;
- am 27. April mit dem stellvertretenden Abteilungsleiter für Europa im State Department, James Dobbins, in Washington;
- wenige Tage vor dem »Zwei-plus-Vier«-Treffen in Ost-Berlin mit Meckels Berater Carlchristian von Braunmühl in Bonn;
- am Vormittag des 30. April noch einmal im »Eins-plus-Drei«-Rahmen mit seinen westlichen Kollegen in Berlin.

Die Erkenntnisse aus diesen Gesprächen hätten unterschiedlicher kaum sein können. Auf seiten der UdSSR zeichnete sich dabei zunehmend eine Erstarrung der Position ab, die in zahlreichen Details zum Ausdruck kam. So zeigte sich Bondarenko am 9. April in Moskau selbst beim Vorschlag Kastrups, das erste »Zwei-plus-Vier«-Ministertreffen in Bonn abzuhalten, zögerlich bis abweisend. Er deutete an, daß ein Verzicht auf die Vier-Mächte-Rechte vielleicht erst in einem noch zu schaffenden europäischen Gesamtgefüge möglich sein würde, und spielte mit dem Gedanken einer Mitgliedschaft Deutschlands in beiden militärischen Bündnissen. Im Gegensatz dazu verhielten sich nunmehr die Delegationen Frankreichs und Großbritanniens beim »Eins-plus-Drei«-Direktorentreffen in Brüssel »auffallend freundlich«[95]. Aus Sicht der Bundesregierung war dabei besonders erfreulich, daß sie nicht mehr auf einem Friedensvertrag beharrten, sondern statt dessen nur noch von einer »abschließenden Regelung« die Rede war. Auch in der Grenzfrage zeigten sich Paris und London nun entgegenkommender: Das von der Bundesregierung vorgeschlagene Verfahren wurde akzeptiert, kurzzeitig umstritten war nur noch der Termin für die Teilnahme Polens an einer der »Zwei-plus-Vier«-Außenministerrunden. Kastrup warb hier mit amerikanischer und britischer Unterstützung dafür, zunächst die Ergebnisse der von Großbritannien angeregten Gespräche zwischen der Bundesrepublik, der DDR und Polen abzuwarten, die polnische Regierung also frühestens zum zweiten Treffen einzuladen. Ähnlich problemlos verlief die letzte »Eins-plus-Drei«-Abstimmung unmittelbar vor der zweiten »Zwei-plus-Vier«-Beamtenrunde am 30. April 1990 in Berlin.[96] Kastrup skizzierte dort Genschers Vorstellungen zum weiteren Verlauf des »Zwei-plus-Vier«-Prozesses, die von einem zügigen Sitzungsrhythmus mit einem zweiten Treffen Ende Mai in Ost-Berlin, im Juni in Paris sowie im Juli in Moskau ausgingen. Im Mittelpunkt standen die westdeutschen Überlegungen zum Ablauf des ersten Ministertreffens wenige Tage später in Bonn sowie erneut die Frage der polnischen Beteiligung. Kastrup berichtete von seinem für den 3. Mai geplanten Treffen mit DDR-Staatssekretär Hans-Jürgen Misselwitz und dem polnischen Abteilungsleiter Jerzey Sulek und plädierte gemeinsam mit Dufourcq für eine Einladung von Außenminister Skubiszewski zum dritten Treffen nach Paris. Die

Minister sollten darüber entscheiden, ob Polen zuvor bereits bei einem Beamtentreffen Gelegenheit erhalten sollte, seine Position darzustellen.

Diese Linie vertrat Dieter Kastrup auch in der anschließenden Sechserrunde, zu der Hans-Jürgen Misselwitz die Delegationen am Nachmittag des 30. April im Schloß Niederschönhausen begrüßte. Der neue DDR-Chefunterhändler – der in zahlreichen Diskussionen und mit einem speziellen »Drehbuch« seiner Mitarbeiter auf seine Aufgabe vorbereitet worden war – hatte vor seiner ersten Tagungsleitung auf internationalem Parkett zunächst noch eine MfAA-interne Auseinandersetzung zu schlichten gehabt[97]: Carlchristian von Braunmühl und Ulrich Albrecht hatten gefordert, gemeinsam mit Staatssekretär Misselwitz am Verhandlungstisch sitzen zu dürfen. Dem widersprachen Angehörige des MfAA-Apparates, die sich dafür einsetzten, die alten DDR-Spitzenbeamten Krabatsch und Süß in die erste Reihe zu setzen. Hinzu kamen Forderungen aus dem Amt des Ministerpräsidenten und dem Ministerium für Abrüstung und Verteidigung, jeweils eigene Mitarbeiter in die »Zwei-plus-Vier«-Delegation entsenden zu können. Während der Vorstoß von Minister Eppelmann abgelehnt werden konnte, setzte sich de Maizière mit seinem Wunsch durch, wonach künftig sein für Außenpolitik zuständiger Abteilungsleiter Thilo Steinbach an den »Zwei-plus-Vier«-Verhandlungen teilnehmen sollte. Neben Misselwitz nahmen letztlich Ernst Krabatsch und Edelbert Richter[98] Platz, der als Volkskammerabgeordneter und Vorsitzender des Vereinigungsausschusses die Legislative repräsentieren sollte. Steinbach und von Braunmühl saßen in der zweiten Reihe, während die übrigen MfAA-Mitarbeiter den Verhandlungen in einem Nebenraum folgten, wohin diese mit noch zu SED-Zeiten versteckt angebrachten Kameras und Mikrofonen übertragen wurden.

In seiner Begrüßungsrede wies Misselwitz die Gäste auf zwei bemerkenswerte Ereignisse der jüngeren Geschichte hin, die beide im Tagungsort – dem Gästehaus der DDR-Regierung – stattgefunden hätten und zur direkten Vorgeschichte der »Zwei-plus-Vier«-Verhandlungen gehörten[99]: die Gespräche von Michail Gorbatschow mit der SED-Führung im Oktober 1989, die das Ende des alten Regimes mit eingeleitet hätten, sowie die Tagungen des Runden Tisches. Als Eckpunkte der Politik der Regierung de Maizière nannte Misselwitz das Bewußtsein um die europäische und internationale Verantwortung und den Willen, die Interessen der Nachbarn zu berücksichtigen. Die deutsche Einheit dürfe erst nach Klärung der anliegenden politischen Fragen erfolgen. Er dankte den Vier Mächten für die Anerkennung des Selbstbestimmungsrechtes der Deutschen und versicherte, die Herstellung der deutschen Einheit solle den europäischen Vereinigungsprozeß beschleunigen. Bereits bei der folgenden Wortmeldung von Alexander Bondarenko trat die sowjetische Linie zum Vorschein, die gegen jede Einschränkung des Verhandlungsmandats gerichtet war. Der sowjetische Delegationsleiter wiederholte die Forderung nach einem Friedensvertrag – oder einem adäquaten Dokument –, erinnerte an die notwendige Synchronisierung der deutschen Einheit mit dem gesamteuropäischen Prozeß und mahnte eine Regelung der wirtschaftlichen Verpflichtungen der beiden deutschen Staaten an. Erst nach mehr als einer Stunde, in der die westlichen Delegationsleiter ihrem Kollegen Dieter Kastrup immer wieder zur Seite sprangen, war ein Konsens zur Formulierung der Tagesordnung erreicht. Anstatt über einen Friedensvertrag sollten die Minister über eine »Abschließende völkerrechtliche Regelung und Ablösung der Vier-Mächte-Rechte und -Verantwortlichkeiten« reden. Damit war das – von der UdSSR immer wieder in den Zusammenhang der innenpolitischen Diskussion gestellte – Thema »Friedensvertrag« zunächst ausgeklammert, während andererseits klargestellt war, daß zur Herstellung der deutschen Souveränität ein völkerrechtlich verbindlicher Akt erforderlich sein würde. Die DDR-Delegation bemühte sich immer wieder, den sowjetischen Unterhändler nicht isoliert dastehen zu lassen, während die vier westlichen Vertreter Geschlossenheit demonstrierten. Mehr konkrete Ergebnisse gab es auch nach einer einstündigen Unterbrechung für einen Empfang beim neuen DDR-Außenminister Markus Meckel nicht. Bondarenko verwies auf seine eindeutigen Weisungen zur Unterbringung von zwei weiteren Tagesordnungspunkten – »Synchronisierung des deutschen Einigungsprozesses mit dem gesamteuropäischen Prozeß« sowie »Internationale Verpflichtungen beider deutscher Staaten« –, konnte sich aber nicht durchsetzen. Die Frage sollte deshalb auf dem bevorstehenden Treffen der Außenminister endgültig geklärt werden. Den Abschluß der Diskussion bildete ein Überblick zum Inhalt des »Zwei-plus-Vier«-Treffens vom 5. Mai in Bonn: Die Außenminister sollten sich über die endgültige Tagesordnung – und die Teilnahme Polens – einigen, Grundsatzerklärungen abgeben, bei Bedarf Arbeitsaufträge an Untergruppen erteilen, Ort und Zeitpunkt des nächsten Treffens festlegen sowie die Details ihrer Presseveröffentlichungen klären.

Knapp ein halbes Jahr nach dem Fall der Mauer und unmittelbar vor dem eigentlichen Beginn des bereits zehn Wochen zuvor in Ottawa vereinbarten »Zwei-plus-Vier«-Mechanismus bot das Treffen der Beamten aus Frankreich, Großbritannien, der UdSSR, den USA, der DDR und der Bundesrepublik eine Gelegenheit für eine Zwischenbilanz – mit einem sehr ambivalenten Bild:
1. Das Selbstbestimmungsrecht der Deutschen sowie der Vereinigungswille in Ost- und Westdeutschland gehörten mittlerweile zu den allgemein anerkannten Selbstverständlichkeiten. Daß die Einheit kommen würde, war unumstritten.
2. Dem stand die in Niederschönhausen erneut betonte Position der Sowjetunion gegenüber, die deutsche Vereinigung nur synchron zur gesamteuropäischen Einigung akzeptieren zu wollen. Trotz aller Initiativen und rhetorischen Bekenntnisse zur Weiterentwicklung des dafür fundamentalen KSZE-Prozesses sowie der anhaltenden Demokratisierungsbewegungen in ganz Mittel- und Osteuropa existierte diese gesamteuropäische Einigung aber nur in der Theorie und in den Köpfen vieler Akteure des deutsch-deutschen Vereinigungsprozesses.

3. Mit dem »Zwei-plus-Vier«-Mechanismus hatten die Außenminister der beteiligten Staaten Mitte Februar ein Forum zur Diskussion der äußeren Aspekte der Vereinigung vorgegeben. Die westdeutsch-amerikanische Strategie einer anfänglichen Verzögerung dieser Gespräche zur Schaffung möglichst vieler faits accomplis hatte sich zunächst bewährt. Nun war der Westen allerdings an einer Beschleunigung der Verhandlungen interessiert, während die UdSSR dem eine umfangreiche und langwierige Tagesordnung gegenüberstellen wollte.
4. In der Diskussion um den richtigen Weg zur Beendigung der deutsch-polnischen Grenzdebatte standen sich die unterschiedlichen Positionen der Bundesregierung einerseits sowie die der DDR, Polens und von Teilen der westdeutschen Öffentlichkeit andererseits gegenüber. Ein Ausweg zur Beseitigung der jeweiligen Maximalforderungen war noch nicht gefunden, wenngleich die Anfang Mai anlaufenden deutsch-deutsch-polnischen Gespräche Grund zu vorsichtigem Optimismus boten.
5. Der von allen führenden westlichen Regierungspolitikern ausgedrückte Optimismus, die deutsche Einheit entsprechend ihrer Vorstellungen – was vor allem eine gesamtdeutsche NATO-Mitgliedschaft beinhaltete – zu erreichen, stand einer vollkommen ungeklärten, im Grundsatz aber negativen Haltung der sowjetischen Führung in diesem Punkt gegenüber. Während die politischen Spitzen in Moskau nicht zuletzt aufgrund ihrer innenpolitischen Probleme eindeutige Positionen mieden, richtete sich die Beamtenebene im sowjetischen Außenministerium offensichtlich in ihrer Blockadehaltung ein. In dieser Situation wurde deutlich, daß die zur weiteren Ausnutzung des vorhandenen Schwungs notwendigen Schritte lediglich auf der politischen Ebene getan werden konnten. Zahlreiche Hoffnungen richteten sich deshalb auf das erste Treffen der Außenminister im »Zwei-plus-Vier«-Rahmen in Bonn, bei dem – so die Hoffnung vor allem in Bonn – endlich die wirkliche sowjetische Eröffnungsposition für die Verhandlungen gezeigt werden sollte.

# TANDEM AUSSER TRITT

Die Verständigung auf den »Zwei-plus-Vier«-Mechanismus konnte nicht darüber hinwegtäuschen, daß die Haltung der westlichen Verbündeten keineswegs uneingeschränkt positiv beziehungsweise einheitlich war. Im Unterschied zu den USA tat sich insbesondere Frankreich – als engster europäischer Partner der Bundesrepublik – ungleich schwerer mit der bedingungslosen Unterstützung des Vereinigungskurses. Auch nach dem Jahreswechsel 1989/90 blieb Frankreichs Einstellung zunächst ambivalent und schwierig zu verorten. Langfristige, am bisherigen Status quo orientierte nationale Interessen konkurrierten in Paris mit der Einsicht in Unabwendbarkeiten und eine pragmatische Neudefinition der eigenen Politik. Im Mittelpunkt französischer Besorgnis standen
– die Stabilität und die Sicherheit des europäischen Kontinents, manifestiert im massiven Eintreten für eine endgültige Anerkennung der polnischen Westgrenze, sowie
– der europäische Integrationsprozeß, dessen Kurs und Tempo durch die deutsche Vereinigung gefährdet schien.
Mit Mitterrands DDR-Reise vom 20. bis 22. Dezember 1989 hatte die französische Führung ihr Interesse an einem längerfristigen Erhalt des ostdeutschen Staates signalisiert. Die dort angetroffenen Personen und Umstände, insbesondere aber der ungebremste Strom von Übersiedlern in die Bundesrepublik – von denen Kohl dem französischen Staatsoberhaupt in Latché noch einmal eindringlich berichtet hatte – führten im Elysée-Palast zu einem Umdenken.
Dieser Prozeß vollzog sich allerdings nur allmählich und, was öffentliche Stellungnahmen und Verlautbarungen anging, mit großer Zurückhaltung. So entstand im ersten Quartal 1990 der Eindruck, die französische Führung verhalte sich abwartend, ja passiv gegenüber den deutschen Entwicklungen. Dieser Eindruck wurde durch die Berichterstattung der Medien noch verstärkt. Das zu diesem Zeitpunkt offensichtlich angespannte Verhältnis zwischen Helmut Kohl und François Mitterrand wurde zum Ausgangspunkt für Gerüchte, wonach zwischen Paris und Bonn Funkstille herrsche und das deutsch-französische Tandem außer Tritt geraten sei. Dabei muß allerdings zwischen zwei Aspekten französischer Deutschlandpolitik in dieser Phase unterschieden werden:
– der Außendarstellung und -wirkung, die von äußerster Vorsicht und Zurückhaltung bestimmt waren und im Falle von öffentlichen Äußerungen überwiegend Mahnungen an den deutschen Nachbarn beinhalteten. Paris schien ganz dem alten Denken verhaftet zu sein und dem Partner gegenüber zu »schmollen«;

– dem politischen Denken und Handeln hinter den Kulissen, das bereits unmittelbar nach der Jahreswende davon ausging, daß die deutsche Einheit unaufhaltsam war und selbst die Sowjetunion nicht mehr in der Lage sein würde, diese noch zu verhindern. Die politische Führung begann deshalb, das Hauptaugenmerk auf eine Kontrolle Deutschlands durch Einbindung in den gemeinsamen Fortschritt bei der europäischen Integration zu richten. Die Kommunikationskanäle zwischen Elysée und Bonner Kanzleramt waren – wenn auch vielleicht weniger häufig frequentiert als sonst üblich – keineswegs ganz verstummt. Abseits der Öffentlichkeit war man um »business as usual« bemüht.

## Hinter den Kulissen: Einsicht in Unausweichliches

Während Ende Dezember und Anfang Januar Berichte von Mitarbeitern des Kanzleramtes und des Auswärtigen Amtes deutliche Skepsis und teilweise sogar Ablehnung hinsichtlich der Vereinigung innerhalb der französischen Beamtenschaft ausmachten, war die politische Ebene im Elysée dabei, ihre Haltung neu zu überdenken.[1] Dabei wurde die Wiedervereinigung endgültig als unausweichlich betrachtet. Noch gab es aus französischer Sicht aber zu viele offene Fragen bezüglich des Einigungsprozesses, als daß man sich in der Öffentlichkeit als uneingeschränkter Befürworter der deutschen Einheit präsentieren wollte. Am 16. Januar faßte Mitterrand seine Überzeugung in einer kleinen Beratungsrunde über verteidigungspolitische Fragen zusammen[2]: Die Wiedervereinigung sei sicher. Bis vor kurzem habe alle Welt ängstlich auf die Sowjetunion geblickt, aber nun fange die Bundesrepublik offensichtlich an zu glauben, daß eine »russische Bedrohung« nicht mehr existiere. Auch Mitterrand selbst – wenn er vielleicht auch eine solche Gefahr an sich durchaus nicht gebannt sah – glaubte bereits nicht mehr daran, daß die UdSSR die deutsche Einheit verhindern konnte, wie er dem Chef der ungarischen Reformkommunisten, Rezsö Nyers, am 18. Januar in Budapest anvertraute.

### *Vereinigung noch vor dem Jahresende?*

Hinter den für die Öffentlichkeit verschlossenen Türen des französischen Ministerrats ging Mitterrand am 31. Januar sogar noch weiter: Die UdSSR verfüge weder über die psychologischen, noch die politischen Mittel, um irgend etwas zu verhindern. Wenn die Wiedervereinigung erst einmal vollendet wäre, würde sich unmittelbar die Frage der militärischen Allianzen stellen. Für ihn habe das Konzept der »Neutralisierung« die Bedeutung, die ihm während des Kalten Krieges zugekommen sei, eingebüßt. Er schließe es nicht kategorisch aus, daß Gorbatschow langfristig die Einbindung des vereinten Deutschlands in das Nordatlantische Bündnis einem neutralen, unabhängigen Deutschland vorziehen werde. Im Kreise von Mitterrands engsten Beratern wagte man sogar Prognosen hinsichtlich des Zeitraums bis zur Vollendung der Einheit: Am 30. Januar bot Jacques Attali seinem Bonner Gesprächspartner Horst Teltschik eine Wette an, wonach Deutschland noch vor Jahresende vereinigt sein werde.[3]

Damit war die Basis für alle weitergehenden französischen Handlungsoptionen klar umrissen – die Einheit würde auf alle Fälle kommen. Wie die französische Politik hierauf reagieren und sich dem Partner Bundesrepublik gegenüber verhalten sollte, war allerdings noch längst nicht definiert. Mitterrand beschränkte sich zunächst darauf, die Grundstimmung anderer europäischer Partner zu sondieren und sich mit öffentlichen Äußerungen nicht allzuweit aus dem Fenster zu lehnen. Im Rahmen der regelmäßigen informellen britisch-französischen Gespräche trafen am 20. Januar 1990 François Mitterrand und Margaret Thatcher in Paris zusammen.[4] Über den Inhalt ihrer Unterredungen wurde zunächst Stillschweigen gewahrt; aus diplomatischen Quellen wurde lediglich lanciert, daß das Treffen in einem »exzellenten Klima« stattgefunden habe. Die Verschwiegenheit hatte ihren guten Grund: Zentrales Thema dieser Gespräche waren die Entwicklungen in Deutschland, die nicht dazu geeignet waren, die beiden Politiker in helle Freude zu versetzen. Thatcher berichtete später von einem über die Deutschen offensichtlich verärgerten Staatspräsidenten: »Er konnte den Deutschen das Recht auf Selbstbestimmung zugestehen, doch hatten sie seiner Meinung nicht das Recht, die politischen Realitäten in Europa umzustoßen.« Mitterrand habe sich beklagt, daß die Deutschen jede Mahnung zu behutsamem Vorgehen als Kritik auffaßten. Sein wirkliches Problem sei jedoch, »daß es in Wahrheit keine Macht in Europa gebe, welche die Wiedervereinigung verhindern könne«. Während die Premierministerin nach eigenem Bekunden nichts unversucht lassen wollte, um die Einigung wenigstens zu verlangsamen, zeigte sich Mitterrand ratlos über das weitere Vorgehen. Zum Abschluß ihrer Gespräche verständigten sich die beiden lediglich darauf, daß ihre Außen- und Verteidigungsminister zu Gesprächen über die Wiedervereinigung zusammenkommen und prüfen sollten, inwieweit eine engere Kooperation zwischen Frankreich und Großbritannien in der Verteidigungspolitik denkbar sei.

Ähnlich äußerte Mitterrand sich am 29. Januar gegenüber dem italienischen Präsidenten Cossiga.[5] Da die Sowjetunion dazu nicht mehr in der Lage sei, betrachte er es als Aufgabe der europäischen Partner, mäßigend auf Deutschland einzuwirken und zur Vorsicht zu mahnen. All dieser Vorbehalte und Besorgnisse seiner europäischen Verbündeten war sich Helmut Kohl wohl bewußt. In der sich stetig zuspitzenden Situation wurden von ihm eindeutige Aussagen und Bekenntnisse zum gemeinsamen Europa erwartet. Bereits einige Tage nach dem Treffen mit Mitterrand in Latché hatte der Kanzler im Kreis seiner engsten Mitarbeiter betont, daß es in diesem Jahr insbesondere auf die Unterstützung der USA und Frankreichs sowie die Zusammenarbeit mit der Sowjetunion ankommen werde. Er sei deshalb bereit, nicht nur Gorbatschow umfassend zu helfen, sondern auch François Mitterrand so weit wie möglich entgegenzukommen.

### Vorsichtige Signale aus Bonn

Als Geste des Entgegenkommens und damit als Signal auch an seine übrigen Partner war ein Auftritt Helmut Kohls beim Pariser Institut français des relations internationales (IFRI) beabsichtigt. In einem sorgfältig und langfristig geplanten Vortrag unterstrich er dort am 17. Januar, daß die Bundesrepublik »ohne Wenn und Aber« zu ihrer europäischen Verantwortung stehe. Zugleich bekräftigte er seinen Willen zu verstärktem deutsch-französischem Engagement bei der Vertiefung der europäischen Integration, ohne welches das Europa der Zukunft nicht gelingen könne.[6] Einen Widerspruch zwischen europäischer und deutscher Einheit gebe es dabei nicht: »Sie sind beide nicht konkurrierende, sondern zusammengehörende Aufträge des Grundgesetzes.« Kohl bedankte sich beim französischen Staatspräsidenten dafür, daß dieser bereits mehrfach zum Ausdruck gebracht habe, daß das Streben der Deutschen nach Einheit legitim und es allein ihre Angelegenheit sei, über ihr weiteres Schicksal zu befinden. In diesem Zusammenhang erinnerte der Kanzler auch an die aus dem Deutschlandvertrag resultierende Verpflichtung der westlichen Siegermächte, gemeinsam das Ziel eines wiedervereinigten Deutschlands zu verwirklichen. Mit dem Abbau der Ost-West-Konfrontation bestehe nun erstmals die Möglichkeit, die Teilung Europas und die Teilung Deutschlands auf friedlichem Wege zu überwinden. Das »Haus Deutschland« müsse unter einem europäischen Dach gebaut werden. Die Einigung der Europäischen Gemeinschaft werde dabei energisch vorangetrieben, um den gesamteuropäischen Prozeß zu unterstützen. An die Regierung in Paris richtete Kohl den Appell, mit Bonn eine gemeinsame Ostpolitik zu entwickeln.

Darüber hinaus erklärte er deutlicher als bislang – und zum erstenmal vor der französischen Öffentlichkeit –, daß Polens Westgrenze mit der deutschen Vereinigung nicht zur Disposition stehe: »Die Deutschen wollen eine dauerhafte Aussöhnung mit ihren polnischen Nachbarn, und dazu gehört auch, daß die Polen die Gewißheit haben müssen, in sicheren Grenzen zu leben.« Niemand wolle »die Frage der Einheit der Nation verbinden mit der Verschiebung bestehender Grenzen – Grenzen, die in einem zukünftigen Europa der Freiheit an Bedeutung verlieren werden«. Allerdings, so ergänzte er, sei die Bundesrepublik rechtlich nicht befugt, bei der Anerkennung der Grenze bereits verbindlich für ein geeintes Deutschland zu handeln. Bereits im Warschauer und im Moskauer Vertrag habe man der Tatsache Rechnung getragen, daß es keinen Friedensvertrag gebe und daß die Bundesrepublik folglich nicht als gesamtdeutscher Souverän, sondern nur in ihrem eigenen Namen handeln könne. Diese Situation habe sich bis dato nicht geändert.[7]

Insbesondere diese – ihm bekannte und von ihm vielfach kritisierte – Position Helmut Kohls dürfte maßgeblich für die Zurückhaltung François Mitterrands hinsichtlich seiner Teilnahme an diesem Vortrag gewesen sein. So hatte er eine Einladung Kohls zu der IFRI-Veranstaltung im Vorfeld ausgeschlagen. In einem Brief vom 17. Januar, dem Tag der Rede des Bundeskanzlers, führte Mitterrand anderweitige terminliche Verpflichtungen als Grund für seine Absage an.[8] Gegenüber Mitterrand betonte Kohl dann noch einmal seinen Willen, gemeinsam mit ihm das europäische Einigungswerk weiter voranzutreiben. Seine Diskussionen und Gespräche im Anschluß an seine Pariser Rede hätten ihn in dieser Absicht noch bestärkt, so der Kanzler in seiner knappen Antwort vom 25. Januar auf Mitterrands Absagebrief. Durch das gemeinsame Engagement könne man zum Erfolg der Reformen in den Staaten Mittel- und Osteuropas beitragen.

Als die beiden Politiker wenige Tage später, am 5. Februar, miteinander telefonierten, waren gemeinsame Bemühungen zum Ausbau der Integration allerdings kein Thema.[9] Mit seinem Anruf wollte Kohl vor seinem bevorstehenden Moskau-Besuch noch einmal seine engsten Verbündeten über die aktuelle Situation in Deutschland sowie sein geplantes Treffen mit Gorbatschow unterrichten. Auch bei diesem Gespräch hielt sich Mitterrand auffallend zurück. Da Kohl gerne noch im Februar zu einem informellen Besuch nach Paris kommen wollte, resümierte Mitterrand zunächst kurz seinen Terminkalender, beschränkte sich danach aber weitgehend auf die Rolle des Zuhörers. Statt dessen führte Kohl aus, daß sich die Lage in der DDR weiter zuspitze. Sämtliche staatlichen Strukturen befänden sich in einem Auflösungsprozeß und das Ansehen der Regierung nehme kontinuierlich ab. Die Zahl der Übersiedler lasse nicht nach, was mittlerweile katastrophale Folgen für einzelne Wirtschaftszweige habe. Mit größeren Streiks sei ebenfalls zu rechnen. Er erwähnte kurz seine Unterredung mit Modrow beim Weltwirtschaftsforum in Davos. Im Moment wolle er, so Kohl, alles tun, um die Situation zu stabilisieren, so daß es im März zu Wahlen kommen könne. Auch die UdSSR schätze die Lage als immer verworrener ein. Die Botschaft, die Modrow kürzlich in Moskau erhalten habe, sei klar gewesen: Man könne ihm nicht helfen.

Auch er habe eine Botschaft aus Moskau erhalten, in welcher der sowjetische Generalsekretär ihn bitte, die Stabilisierung zu unterstützen. Er wolle nun zu einem kurzen Besuch nach Moskau fahren. Was er bei dieser Gelegenheit von Gorbatschow hören werde, wisse er noch nicht. Er, so Kohl weiter, werde diesem mitteilen, was er vorhabe, nämlich nach den Wahlen in der DDR mit der neuen Regierung föderative Strukturen in Angriff zu nehmen. Bezüglich der Sicherheitsfragen wolle er sich nicht festlegen. Es bleibe dabei, daß alles vorher abgestimmt werden müsse. Überhaupt müsse der Westen nun eng zusammenstehen. Es müsse einen europäischen Konsens geben, insbesondere da innerhalb der SPD und der Linken die Neigung zu einer Neutralitätslösung vorhanden sei. Hier werde er aber Gorbatschow ganz deutlich zu verstehen geben, daß dies nicht seiner Meinung entspreche. Er sehe einen deutschen Sonderstatus als falsch an. Deutschland müsse statt dessen in Europa eingebettet sein. Noch einmal betonte Kohl, wie wichtig es ihm derzeit sei, mit Mitterrand engsten Kontakt zu halten. Er werde sich unmittelbar nach seiner Rückkehr aus Moskau wieder mit diesem in Verbindung setzen. Auch mit dem amerikanischen Präsidenten und der britischen Premierministerin wolle er sprechen – Thatchers Position sei allerdings sehr viel schwieriger. Schließlich erwähnte er noch Anfragen aus der UdSSR nach Nahrungsmittelhilfen, für die er sich einsetzen wolle. Mitterrand stimmte hier zu und bejahte die Dringlichkeit. Er würde sich freuen, so der Staatspräsident abschließend, den Kanzler in Paris oder aber auch in Deutschland zu treffen.

Mit der Einsicht in die Unaufhaltsamkeit der in Gang gekommenen Entwicklungen war es für Paris nun allerhöchste Zeit, Bilanz zu ziehen und die eigene Politik den Gegebenheiten und Herausforderungen anzupassen. Mitterrand hatte sich seit seinem Gespräch mit Kohl in Latché in der Öffentlichkeit in Schweigen gehüllt. Alle vorausgegangenen Versuche des französischen Staatspräsidenten, in seinem Sinne »lenkend« in die Geschehnisse einzugreifen, also die Neugestaltung Europas in ruhige Bahnen zu leiten, um ein unkontrolliertes Auseinanderbrechen des Status quo zu verhindern, hatten keine substantiellen Ergebnisse gebracht. Seine diplomatischen Aktivitäten und der »diskrete« Dialog in Osteuropa hatten keine Alternative für das bewährte, wenn auch momentan aus dem Takt geratene deutsch-französische Tandem aufgezeigt. Mitterrand war bewußt, daß Frankreichs Sonderrolle, bisher auf den Trumpf seiner unabhängigen Atomstreitmacht gestützt, in einem veränderten Europa nicht mehr das bisherige Gewicht besitzen würde. Geographische Lage und wirtschaftliches Potential würden Deutschland statt dessen zusehends begünstigen.[10] Zur Kompensation eines erstarkenden Nachbarn gab es folglich keine andere Handlungsoption als die Vertiefung der Europäischen Gemeinschaft. Einen adäquaten Ersatz für die Bundesrepublik als dem zentralen Partner in Europa gab es für Frankreich dabei nicht. So lag im Elysée die Einsicht nahe, daß, wollte man größeren Schaden sowohl vom europäischen Einigungswerk als auch der Stabilität in Europa abwenden, die Verankerung der Bundesrepublik in Westeuropa gesichert und eine konstruktive Auseindersetzung mit der weiteren Entwicklung in Deutschland gewährleistet werden mußten.

### Verärgerung über deutsche »Alleingänge«

In Paris sorgte weniger die Erkenntnis für Verstimmung, daß eine deutsche Vereinigung nicht mehr aufzuhalten sein und in anderen Bahnen als den von Mitterrand gewünschten verlaufen würde, als vielmehr die vermeintlichen deutschen Alleingänge. Diese zeugten aus französischer Sicht von Selbstgefälligkeit und provozierten immer wieder Mißfallen. Entgegen anderslautender offizieller Beteuerungen hielt die Mißstimmung im deutsch-französischen Verhältnis bis ins Frühjahr 1990 an.[11] Dabei gab es Anfang Februar zwei entscheidende Ereignisse, die den Erkenntniswandel in Paris beschleunigten, gleichzeitig aber nicht zu einer Verbesserung des angespannten Verhältnisses beitrugen: die Ankündigung der Bundesregierung zu Verhandlungen über eine Wirtschafts-, Währungs- und Sozialunion mit der DDR sowie die grundsätzliche Zustimmung Gorbatschows zu einer deutschen Vereinigung.

Aus französischer Sicht stellte insbesondere die Bonner Initiative zur deutschen Wirtschafts- und Währungsunion – wie zuvor bereits das Zehn-Punkte-Programm – einen erneuten Alleingang der Bundesrepublik dar. In Paris gab man sich daraufhin verschnupft, eine Stellungnahme blieb zunächst aus. Erst

Mitte Februar durchbrach Mitterrand mit einem Interview sein öffentliches Schweigen.[12] Hinsichtlich der deutsch-deutschen Wirtschafts- und Währungsunion gab er sich allerdings völlig bedeckt: Es sei eine gute Sache, sofern sie das europäische Pendant einer Währungs- und Wirtschaftsunion beschleunige, im umgekehrten Fall eine schlechte. Die Forcierung des deutschen Einigungsprozesses müsse mit der Beschleunigung des europäischen Integrationsprozesses Hand in Hand gehen. Er räumte ein, daß durch eine Vereinigung mit der Bundesrepublik ein formeller Beitritt der DDR zur EG nicht mehr erforderlich wäre. Auf die Frage, ob Frankreich Gefahr laufe, seinen Rang einzubüßen, bekräftigte er, keine Angst vor einem 80 Millionen Menschen umfassenden Deutschland zu haben, fügte aber hinzu: »wenn sich Preußen und Sachsen an die Arbeit machen, wird dies nicht unbemerkt bleiben.« Letztlich werde Frankreich aufgrund seiner Geschichte, seiner kulturellen Ausstrahlung, seiner Wirtschaft und seiner internationalen Bedeutung diesem Vergleich jedoch standhalten können.

Die Ergebnisse des Treffens von Kohl mit Gorbatschow am 10. Februar in Moskau – also die prinzipielle sowjetische Zustimmung zu einer deutschen Vereinigung – ließen in Frankreich dann endgültig den Eindruck entstehen, daß Kohl in direkter Abstimmung mit den beiden Supermächten die Vereinigung verwirklichen wollte. Unausgesprochen hatte Mitterrand lange auf die sowjetische Ablehnung der deutschen Einheit gesetzt, ohne selbst die Vorteile der deutsch-französischen Beziehungen durch eigene Bremsmanöver zu gefährden. Die Moskauer Zustimmung kam um so überraschender. Mitterrand enthielt sich auch hier einer offiziellen Reaktion. Seine persönliche Prioritätenliste, erst die Stärkung des Europas der Zwölf zu realisieren, gefolgt von einer neuen KSZE-Runde, um schließlich eine Lösung der deutschen Frage im neuen europäischen Kontext zu erzielen, war nun aber endgültig nicht mehr einzuhalten.[13]

Einen ersten öffentlichen Wendepunkt in der französischen Einschätzung stellte ein Interview von Außenminister Dumas dar, welches dieser Anfang Februar vier europäischen Tageszeitungen gab. Frankreich, so Dumas, habe seine Vorbehalte gegenüber einer deutschen Vereinigung zurückgenommen, denn: »Die Dinge entwickeln sich so schnell, daß die deutsche Wiedervereinigung heute in greifbare Nähe gerückt ist.« Nach den Wahlen in der DDR am 18. März sei es wahrscheinlich, daß die neue Regierung die Frage nach der Vereinigung »sehr bald« stellen werde.[14] Nun wolle Frankreich »sich der Zukunft zuwenden, und diese Zukunft bereitet es vor, indem es alle Probleme eingehend prüft, die die aktuelle Entwicklung mit sich bringt, insbesondere die Probleme, die die Sicherheit in Europa berühren«. Gefragt, ob die Ausübung des Selbstbestimmungsrechtes der Deutschen dort ende, wo die Interessen der Nachbarn tangiert würden, entgegnete Dumas eindeutig: »Nein. Das Selbstbestimmungsrecht ist ein unantastbares Recht. Ich stelle keine Vorbedingung, ich sage: Die Wiedervereinigung wird stattfinden.« Prinzip und Modalitäten dieser

Vereinigung seien alleine Sache der Deutschen. Frankreich werde lediglich seine aus den Siegerrechten resultierende Verantwortung in Deutschland gemeinsam mit den anderen drei Mächten ausüben, »damit die Wiedervereinigung in Stabilität und Vertrauen mit den Nachbarn vonstatten geht«. Die deutsch-französische Freundschaft werde auch nach einer deutschen Vereinigung ihren Stellenwert behalten, versicherte Dumas. »Man wird nicht alles über Bord werfen, nur weil eine neue geschichtliche Epoche ihren Anfang nimmt.« Frankreich sei eine Macht, die ihren Platz halte, während für das größere Deutschland mit seinem größeren Wirtschaftspotential »nicht alles rosig« sein werde. Dennoch blieben die französischen Grundpositionen – Vier-Mächte-Beteiligung im Interesse der europäischen Stabilität und Vertrauensbildung sowie die Ablehnung deutscher Neutralität bzw. Fortbestand amerikanischer Präsenz in Europa – unverändert.

Neben dieser positiven Einschätzung gab es innerhalb der französischen Führung auch massive Bedenken. Insbesondere der französische Verteidigungsminister Chevènement tat sich schwer damit zu akzeptieren, daß die deutsche Einheit unausweichlich war. Wirtschaftlich betrachtet vollziehe sich eine Vereinigung bereits, so der Minister zu Jahresbeginn.[15] Die großen Unternehmen und Banken der Bundesrepublik seien in der DDR schon präsent, da diese ein beträchtliches Wirtschaftspotential biete. Er äußerte Verständnis für den Wunsch der Menschen, besser zu leben, gleichzeitig gab er aber seinem Mißtrauen Ausdruck: Auch die Deutschen müßten begreifen, daß die anderen Europäer nicht noch einmal durch ein Großdeutschland aus dem Gleichgewicht gebracht werden wollten, wie dies bereits zweimal geschehen sei. »Jeder muß seine Karten auf den Tisch legen, damit dieses Europa errichtet wird, das natürlich kein von Deutschland dominiertes Europa sein wird.«

## Eskalation bilateraler Spannungen

Obwohl Paris seine Haltung zur deutschen Frage mittlerweile überdachte und offiziell bereits eine Änderung des bisherigen Kurses angedeutet hatte, blieben die bilateralen Spannungen zunächst bestehen. Noch waren aus Sicht der französischen Führung zu viele Fragen unbeantwortet. So blieb unklar, wie konkrete Fortschritte in der europäischen Integration erreicht werden konnten, während gleichzeitig die Frage der polnischen Westgrenze zu einem immer wichtigeren Thema in den Beziehungen zwischen Bonn und Paris wurde.

### *Die Interessensgegensätze verfestigen sich*

Vor dem Hintergrund der latenten Verstimmungen fand am Abend des 15. Februar im Elysée-Palast in Paris das erste persönliche Treffen zwischen Mitterrand und Kohl seit ihrer Begegnung am 4. Januar 1990 statt.[16] Einleitend berichtete der Bundeskanzler im kleinen Kreis von der neuen Situation in der DDR. Die Entwicklungen seien anders verlaufen, als von ihm noch zur Jahreswende angenommen. Noch bei ihrem letzten Treffen habe er geglaubt, Modrow könne die Lage stabilisieren, doch nun verschärfe sie sich weiter. Die Zahl der Übersiedler habe nachgelassen, großer Enthusiasmus sei zu spüren gewesen. Die Diskussion über den Fortbestand des Ministeriums für Staatssicherheit, das immer noch fehlende Wahlgesetz sowie ausbleibende Wirtschaftsreformen seien aber entscheidende Fehler gewesen. Das alte Regime wolle offensichtlich möglichst viel von der SED-Ideologie bewahren. Wenn aber in der DDR erst einmal die erforderlichen Rahmenbedingungen geschaffen seien, werde es einen großen wirtschaftlichen Schub geben.

Auf Mitterrands Zwischenfrage nach dem Warschauer Pakt entgegnete Helmut Kohl lediglich, daß dieser nur noch auf dem Papier existiere, um sodann weiter die Lage in der DDR zu erörtern. Zunächst einmal müsse der Wahltermin erreicht werden; hierfür müsse der Übersiedlerstrom gestoppt werden. Dann müßten – als Voraussetzung für die Währungsunion – Wirtschaftsreformen verwirklicht werden. Er hoffe, daß die Wahlen die Lage so weit beruhigten, daß entsprechende Gesetze auf den Weg gebracht werden könnten, um zu verhindern, daß sich die Probleme über die DDR hinaus ausdehnten. Mitterrand warf ein, daß er keinen Grund dafür sehe, daß es vor den Wahlen noch zu gravierenden Veränderungen komme. Dies treffe nur dann zu, so Kohl, wenn nicht unvorhergesehene Umstände einträten. Auch die Affäre um die Staatssicherheit sei nicht vorhersehbar gewesen. Noch einmal nannte er als vordringliches Ziel der Bundesregierung, den Auflösungsprozeß in der DDR zu verlangsamen und die Übersiedlerzahlen zurückzuführen. Mit der Ankündigung einer Wirtschafts- und Währungsunion sei ein wichtiges Signal an die Menschen gesetzt worden. Mitterrand bemerkte, daß er dieses zwar gut fände, gab aber gleichzeitig zu bedenken, daß es nicht die aktuelle DDR-Führung sei, die darüber zu befinden habe. Kohl stimmte dieser Aussage zu, ergänzte jedoch, daß Gespräche auf Expertenebene bereits jetzt stattfinden würden. Darüber hinaus werde innerhalb der DDR über die Wiederherstellung der alten Länderstrukturen diskutiert. Doch auch dies sei ein Thema für die Zeit nach den Wahlen. Er, Kohl, blicke dem allem zuversichtlich entgegen.

Über seinen Moskau-Besuch und sein Treffen mit Gorbatschow berichtete Kohl, daß er sich »in völliger Übereinstimmung« mit dem Generalsekretär befinde, und schilderte kurz seine Einschätzung der innenpolitischen Problemlage in der UdSSR: Gorbatschow – dessen Verfassung trotz einer schwierigen Woche mit Sitzung des Zentralkomitees der KPdSU positiv gewesen sei – habe eine gute Chance. Problematisch sei für ihn jedoch die überaus schlechte Versorgungslage im Land. Außerdem stelle die Nationalitätenfrage ein immenses Problem dar; am kritischsten sei hier die Ukraine zu bewerten. Es sei vorstellbar, daß man das Baltikum in die Unabhängigkeit entlassen werde, nicht jedoch die Ukraine, da sie ein zentraler Bestandteil des Landes sei. Mitterrand warf ein, daß man Gorbatschow angesichts seiner Situation helfen müsse.

Erst jetzt kam Helmut Kohl auf das Thema deutsche Einheit zu sprechen, wobei er beim neuralgischsten Punkt einsetzte: der Frage des Sicherheitsstatus eines vereinten Deutschlands. Gorbatschow habe eingesehen, daß die Neutralität Deutschlands keine realistische Perspektive darstelle, und werde dies auch akzeptieren. Der Abzug der in der DDR stationierten sowjetischen Streitkräfte und der dazugehörigen Zivilisten sowie die Aufnahme dieser Menschen in der UdSSR seien aber ein Problem. Hinzu komme, daß mit Inkrafttreten der deutsch-deutschen Währungsunion für die sowjetischen Soldaten die bereits jetzt schon schwierigen Kontraste zur Lage in ihrer Heimat noch schärfer würden. Er sei zuversichtlich, daß im Hinblick auf NATO und Warschauer Pakt eine Lösung gefunden werden könne. Zufriedenheit bekundete er über die Vereinbarung von Ottawa, da nun parallel zu den inneren Entwicklungen in Deutschland auch die außen- und sicherheitspolitischen Aspekte im »Zwei-plus-Vier«-Rahmen angegangen würden.

Mitterrand erkundigte sich daraufhin, ob aus der Sicht des Kanzlers die sowjetischen Streitkräfte nach der Vereinigung abziehen sollten, und wollte – nachdem Kohl auf erforderliche Übergangsregelungen hingewiesen hatte – wissen, ob dieser damit einverstanden sei. Helmut Kohl bejahte dies unter der Voraussetzung, daß ein Verbleib zeitlich befristet wäre. Es müsse deutlich werden, daß Deutschland kein Interesse an militärischer Stärke habe. Da die Abrüstungsverhandlungen sich positiv entwickelten und Gorbatschow ohnehin maßgeblich auf die Wirtschaftsbeziehungen setze, könne man für das Territorium der DDR eine Lösung finden. Die europäische Integration zur Einbettung der deutschen Entwicklungen und ganz besonders die Freundschaft zwischen Frankreich und Deutschland bildeten eine solide Grundlage hierfür. Nach seinem Eindruck sei dies auch für Gorbatschow beruhigend, und er habe ihn darin bestärkt. Je fester sich Deutschland an die Gemeinschaft binde, was ja die Absicht der Bundesregierung sei, desto unwahrscheinlicher erscheine »das Gespenst eines Vierten Reichs«. Überdies, so Kohl weiter, werde das vereinte Deutschland eine andere Achse haben als das vormalige. Allein ökonomisch sei dies schon mit den heutigen wirtschaftlichen Schwerpunkten im Süden des Landes begründet.

An dieser Stelle setzte Mitterrand zu einer längeren Erklärung seiner Position an: Auch er sehe dies alles so. Bereits am 3. November habe er anläßlich der 54. deutsch-französischen Konsultationen gesagt, daß die Aussicht auf ein geeintes Deutschland für ihn kein Problem darstelle. Solche Aussagen bedürften allerdings der Wiederholung, vor allem gegenüber den Zeitungen in Deutschland. Ihm ergehe es genauso, versicherte Kohl. Man könne, so Mitterrand weiter, nicht erwarten, daß er »wie ein deutscher Patriot rede. Er rede wie ein französischer Patriot. Als französischer Patriot sei er nicht beunruhigt. Was heiße überhaupt beunruhigt? Deutschland sei eine historische Realität, mit der man sich abfinden müsse, ob es einem gefalle oder nicht. Ihm gefalle es. Es wäre ungerecht, wenn man die Ostdeutschen nicht als Deutsche betrachte und den Deutschen das Recht vorenthalte, sich zu vereinigen. Von dieser Position sei er nie abgewichen.« Diese deutlichen Worte ergänzte Mitterrand damit, daß die Franzosen an die deutschen Nachbarn »gewöhnt seien«. In der gemeinsamen Geschichte habe es glücklichere und weniger glückliche Phasen gegeben. Nun gehe es um die Frage, wie man die Folgen der Vereinigung angehe. Es seien verschiedene Bereiche zu berücksichtigen. Mit den Verteidigungsbündnissen habe Kohl einen davon bereits angesprochen. Dabei gebe es praktische Probleme, doch er glaube, daß die UdSSR nicht mehr in der Lage sei, übermäßige Forderungen zu stellen. Man dürfe sie aber nicht unnötig in die Enge treiben. Die Frage der sowjetischen Streitkräfte in der DDR lasse sich sukzessive lösen, dürfe aber nicht zu lange aufgeschoben werden.

Erstmals kam Mitterrand auf die Zukunft der westlichen Truppen in der Bundesrepublik zu sprechen: Er sei der Überzeugung, daß sich auch die Frage nach den Truppen der westlichen Verbündeten bald stellen werde. Er wolle jedenfalls nicht warten, bis die Bevölkerung Westdeutschlands zu dem Schluß komme, daß diese Anwesenheit ein zu großer Ballast sei. Eines Tages würden die Deutschen darauf bestehen, ein normales Land zu sein, mit eigenen Streitkräften und Bündnisverpflichtungen als ein Teil des europäischen Gleichgewichts. Eines Tages könnten die Deutschen, die dann als erwachsene Nation betrachtet werden wollten, eine »Vormundschaft« nicht mehr akzeptieren wollen. Und auf diesen Zeitpunkt wolle er nicht warten. Man könne die Truppen in Deutschland belassen, solange die Verhandlungen andauerten, aber eben nicht mehr lange. Schließlich seien die Beziehungen 45 Jahre nach Kriegsende nicht mehr denen zwischen Siegern und Besiegten vergleichbar. Man müsse der Stimmung der Deutschen in diesem Punkt große Sensibilität entgegenbringen. Eventuell könnten Teile der amerikanischen Streitkräfte als Teil einer Gesamtsicherung auch weiter stationiert bleiben. Unter keinen Umständen aber wolle er zu spät reagieren und dann ein Verhältnis wie zu einem besetzten Staat riskieren. Jeder deutsche Politiker, der dies aussprechen würde, fände Zustimmung in der Bevölkerung. Schwierig werde es für Kohl, so Mitterrand im weiteren, wenn es um die Atomwaffen gehe. Bislang seien nur amerikanische, zum Glück aber keine französischen Atomwaffen in Deutschland stationiert. Aber was solle Frankreich dann noch in Deutschland?

Es dürften – und darin stimme er mit dem Bundeskanzler überein – keine einseitigen Entscheidungen getroffen werden, aber es müsse Konsultationen geben. Noch einmal betonte Mitterrand, daß er in der Frage eines französischen Truppenabzugs auf jeden Fall zu handeln gedenke, bevor es zu einer Diskussion komme. Für die Sowjetunion sei die Sicherheitsfrage wegen der Glacisfunktion der DDR noch problematischer. Er glaube deshalb nicht, daß Gorbatschow die Einbeziehung Ostdeutschlands in die NATO gefahrlos billigen könne. Man müsse folglich feierlich erklären, daß die NATO nicht nach Osten ausgeweitet werde. Kohl stimmte dem ausdrücklich zu. Eine solche Erklärung müsse, so Mitterrand weiter, von allen NATO-Partnern gemeinsam abgegeben werden. Es handle sich dabei um eine Angelegenheit von großer Dringlichkeit. Direkt nach den Volkskammerwahlen in der DDR werde man die Frage nach dem Status der DDR im Hinblick auf die sowjetischen Truppen stellen. Und dabei müsse für Moskau unzweifelhaft klar sein, daß die Lösung – nämlich ein militärisch neutrales, politisch aber zu Deutschland gehörendes DDR-Territorium – weder eine Ausdehnung der NATO noch einen Rückzug der UdSSR bedeute.

Kohl stimmte seinem Gesprächspartner prinzipiell zu. Was die Frage der westlichen Truppen in der Bundesrepublik angehe, so der Kanzler weiter, entsprächen die Überlegungen Mitterrands jedoch keineswegs der Stimmung in der deutschen Bevölkerung. Im Gegenteil, die Menschen würden nicht den Abzug verlangen, sondern wollten, daß diese Streitkräfte für die Dauer der sowjetischen Präsenz in Deutschland blieben. Mitterrand hielt dem entgegen, daß die Bevölkerung die sowjetische »Besatzung« im Osten Deutschlands nur für kurze Zeit akzeptieren könne. Hierbei werde es um ein bis zwei Jahre gehen. Deshalb müsse man erklären, daß die NATO diese Situation nicht zu ihren Gunsten, also einer Gebietserweiterung, ausnutzen werde. Sicherlich müßten Truppenteile in Deutschland verbleiben, doch müsse man im Hinblick auf »Reflexe des deutschen Nationalgefühls« vorsichtig sein. Dies gelte um so mehr, als der Status der Vier Mächte ein Potential beinhalte, mit dem man die Deutschen reizen könne. Aus juristischer Perspektive hätten die Vier in allen Bereichen ein »droit de regard«, also auch in der Wiedervereinigung, so der Präsident. Das allerdings gefalle den Deutschen überhaupt nicht, was man immer wieder feststellen könne, wenn die Vier Mächte als solche in Erscheinung träten. Auch der Bundeskanzler würde dann »die Augenbrauen hochziehen«. Es gebe jedoch einen Unterschied zwischen den aus dem Krieg herrührenden Rechten und der Wirklichkeit, denn darin hätten die Alliierten im

Hinblick auf die Vereinigung Deutschlands nicht das Recht einzuschreiten. Hinsichtlich der Folgen einer Vereinigung hätten sie aber sehr wohl ein »droit de regard«, etwa wenn es um militärische Fragen oder Atomwaffen gehe. Daß der von Mitterrand zuletzt genannte Punkt ein besonderes Anliegen des Präsidenten war, zeigte er mit der anschließenden Frage. Er wollte wissen, ob ein vereintes Deutschland denn an seinem bisherigen Verzicht auf Atomwaffen festhalten würde. Kohl bejahte dies. Diese Frage sei für ihn legitim, so Mitterrand weiter, wohingegen es nicht legitim wäre, Einfluß zu nehmen auf den organisatorischen Teil, das »Wie« der deutschen Einheit.

Zu den legitimen Interessen der Vier Mächte gehöre auch das Verhältnis Deutschlands zu seinen Nachbarn, also etwa bezüglich der Grenzen im Osten. Er habe Kohl bereits früher gesagt, daß er die Verträge in der Folge des Ersten und Zweiten Weltkrieges für ungerecht erachte, doch könne man diese Fragen heute nicht wieder aufwerfen: Man müsse eben damit leben. Mit einem Einwurf versicherte Kohl, daß diesbezüglich keine Gefahr bestehe. Als wichtigsten Punkt bezeichnete Mitterrand die Oder-Neiße-Grenze. Es handle sich hierbei nicht um die einzige Grenze, die zu beiden Seiten von Deutschen bewohnt werde. Gefühlsmäßig habe er Verständnis für die Deutschen. Aus politischer Perspektive sei diese Frage aber schicksalhaft und dürfe folglich Frankreich auch beschäftigen und beunruhigen. Kohl wiederholte, daß das vereinte Deutschland sich bezüglich der atomaren Bewaffnung nicht umorientieren und die Grenzen bestätigen werde. Als psychologisch bedeutsamen Punkt bezeichnete er es jedoch, daß diese Bestätigung mit der Vereinigung einhergehe und nicht etwa als eine Art Vorleistung erbracht werde. In seiner Antwort räumte Mitterrand ein, daß Helmut Kohl juristisch im Recht sei. Dennoch wäre es, politisch betrachtet, gut gewesen, wenn der Bundeskanzler die Grenze bestätigt hätte, insistierte Mitterrand. Kohl, dessen Gereiztheit in diesem Punkt deutlich wurde, entgegnete, daß die gesamte Angelegenheit »hochgespielt« und – aufgrund innenpolitischer Motivationen – damit erst zu einem »Thema« gemacht worden sei. Es gehe natürlich um »eine große Wunde«, auch wenn es nichts nutze, an dieser zu rühren. In diesem Zusammenhang führte er als gelungenes Beispiel die Versöhnungsgeste Vaclav Havels und die positive Reaktion des Verbandes der Sudetendeutschen an, welcher daraufhin die deutsch-tschechische Grenze als endgültig bezeichnet hatte.

Den Einwurf Mitterrands, daß man dabei sei, die Geschichte anders zu gestalten, nämlich europäische Institutionen und ein Europa aufbaue, in welchem die Grenzen keine so bedeutende Rolle mehr spielen würden wie vormals, bestätigte Kohl. Was mit den Sudetendeutschen geschafft worden sei, wolle er auch mit den Schlesiern schaffen. In bezug auf die Oder-Neiße-Grenze und die deutsche Einheit sei die Sachlage klar: Das gesamtdeutsche Parlament werde darüber befinden. Es handle sich dabei um einen Ersatz sowohl für die im Warschauer und Moskauer Vertrag enthaltenen Bestimmungen als auch für eine friedensvertragliche Lösung. Dennoch setzte Mitterrand nach: Diese Frage werde in der Bundesrepublik selbst thematisiert. Er werfe sie nicht auf, um sie zu einer Vorbedingung zu machen. Noch einmal führte Kohl innenpolitische Beweggründe für die Grenzdiskussion an. Damit sollten bestimmte politische Gruppierungen – nämlich die Republikaner – zu Lasten anderer gestärkt werden.

Wie wichtig die Grenzfrage für den französischen Staatspräsidenten war, zeigte sich, als er noch einmal nachhakte: Man habe ein Problem berührt, das eventuell von großer Bedeutung sei. Die Oder-Neiße-Linie als polnische Westgrenze sei eine Erbschaft des Zweiten Weltkrieges. Stalin habe die Westverschiebung Polens gewollt, um sich sowohl polnisches als auch deutsches Territorium einzuverleiben. Als Kompensation wiederum habe Polen für die ihm zugefügten territorialen Verluste die Oder-Neiße-Linie erhalten. Dies sei geradezu die Verkörperung eines schlechten Vertrages. Zu der Zeit, als er Geschichte gelernt habe, sei Schlesien deutsch und Preußen das Zentrum eines großen Reiches gewesen. Doch heute sei die Lage nun einmal eine andere. Weder sage noch denke er, daß die Anerkennung der Oder-Neiße-Grenze eine Voraussetzung für die Wiedervereinigung sei. In Artikel 7 des Deutschlandvertrages von 1954 sei aber von einem Friedensvertragsvorbehalt die Rede. Eine Erklärung des gesamtdeutschen Parlaments, wie vom Bundeskanzler angekündigt, sei nur ein einseitiger Akt und reiche seiner Ansicht nach nicht aus. Kohl entgegnete, er habe nichts gegen einen Vertrag einzuwenden, sofern er auch vom deutschen Parlament ratifiziert werde. Jedoch könnten nicht »alle Länder« hieran beteiligt werden, worauf Mitterrand wiederum erläuterte, daß es ihm nicht um den Abschluß eines Friedensvertrages gehe, was ja faktisch die Wiederaufnahme der Situation von 1945 bedeuten würde. Während Kohl präzisierte, daß es eine Angelegenheit zwischen Polen und Deutschland sei, fügte Mitterrand dem noch die »interessierten Länder« Frankreich, die Sowjetunion, die USA und Großbritannien hinzu.

Erneut streifte Mitterrand anschließend die Bündnisproblematik. Diese sei vor allem ein Problem »Rußlands«. Daß die NVA heute noch die Bundesrepublik angreife, sei unvorstellbar. Der Warschauer Pakt sei nur noch Fiktion. Niemand würde mehr marschieren, so Mitterrand weiter. Die Bündnisse seien dazu da, vor einem Gegner zu schützen, doch wisse man bald nicht mehr, wer der Gegner sei. Natürlich sei die UdSSR auch weiter eine Militärmacht, die im Falle eines Putsches sehr gefährlich werden könnte. Doch dies sei ein internationales Problem.

Daneben, so Mitterrand, gebe es noch das Problem der Europäischen Gemeinschaft sowie die Frage, was aus ihr werden solle. Das vereinigte Deutschland schaffe eine neue Situation. Praktisch werde ein Mitgliedsland um 17 Millionen Menschen erweitert. Die DDR als eigenständiges Mitglied in der EG sehe er nicht, sondern nur ein Deutschland. Kommissionspräsident Delors habe sich diesbezüglich vorschnell geäußert.[17] Eine solche Erweiterung bedeute keine größeren Schwierigkeiten. Als Helmut Kohl einwarf, das Gegenteil sei der

Fall, meldete Mitterrand schließlich doch noch Bedenken an. Immerhin stünden nur 56 Millionen Franzosen dann rund 77 Millionen Deutsche gegenüber. Kohl stellte hierauf die Vorteile einer Vereinigung heraus: In den neunziger Jahren werde die gesamte EG von der gewachsenen Wirtschaftskraft der Bundesrepublik profitieren. Mitterrand stimmte dem zu. Die Menschen in der DDR seien sehr tüchtige Leute, die in katastrophalen Umständen gelebt hätten. Nun sei es an der Zeit, den Integrationsprozeß der EG voranzutreiben. Kohl hielt dies für selbstverständlich. Sowohl im Wirtschafts- und Währungsbereich, als auch bei der Politischen Union müsse nun die Integration forciert werden, erklärte Mitterrand. Die EG sei bereits heute eine Realität. Daneben müsse aber auch die langfristige Perspektive einer europäischen Konföderation verfolgt werden. Mit seiner Idee, die er am 31. Dezember 1989 vorgestellt habe, sei er mehrfach mißverstanden worden. Es gehe ihm darum, Strukturen zu schaffen, die den Reformstaaten Mittel- und Osteuropas die Möglichkeit zu einer vertieften Zusammenarbeit mit der Europäischen Gemeinschaft bieten könnten. Die Konföderation müsse alle Europäer umfassen, denkbar seien auch Eingliederungen von Institutionen wie EUREKA, der KSZE, der europäischen Banken etc.; Grundvoraussetzung sei die Gleichberechtigung aller in einem solchen – natürlich lockeren – Rahmen versammelten Staaten. Dies biete eine Perspektive für das kommende Jahrhundert, die Gegenwart sei die Europäische Gemeinschaft. Kohl zeigte sich einverstanden, solange einem solchen Gebilde nur Staaten freiheitlicher und rechtsstaatlicher Prägung beitreten dürften.

Nicht vernachlässigen, so Mitterrand, dürfe man vor dem Hintergrund der deutschen Vereinigung den Fortgang der europäischen Integration. Er sei deshalb für die Anberaumung eines Europäischen Rates nach den Volkskammerwahlen in der DDR. Dieses Treffen könne informeller Natur sein, ein persönliches Gespräch unter den zwölf Regierungschefs. Er freue sich, so Mitterrand weiter, daß Kohl zu ihm gekommen sei. Schließlich stehe dieser momentan »an der Spitze eines historischen Abenteuers«. Und noch einmal betonte er, daß er keine Angst vor einem vereinigten Deutschland habe. Er bestehe aber sehr wohl darauf, daß sein Land und auch andere berechtigt seien, die internationalen Konsequenzen einer Vereinigung zu prüfen. Kohl dürfe hier nicht den Eindruck erwecken, daß dies niemanden etwas angehe. Denn die anderen seien schon davon betroffen, was die Deutschen miteinander ausmachten.

Kohl wiederholte sein Einverständnis mit der Einberufung eines Europäischen Rates, das er bereits in Latché bekundet hatte, und ging dann auf die Perspektiven einer Erweiterung der Europäischen Gemeinschaft ein. Zahlreiche Beitrittsanträge würden gestellt werden. Diese Frage müßte parallel mit der Realisierung des Binnenmarktes diskutiert und verwirklicht werden. Mitterrand stimmte den Überlegungen des Bundeskanzlers zu. Für ihn selbst und die Bundesrepublik, so der Kanzler dann, gebe es keine Alternative zum gemeinsamen Weg. Gerade zu diesem Zeitpunkt bedürfe es, um Fortschritte bei der Integration zu erzielen, der engen Zusammenarbeit zwischen Frankreich und

Deutschland. Man solle folglich die Anberaumung eines informellen Europäischen Rates in einer öffentlichen Erklärung begrüßen. Der günstigste Zeitpunkt liege wohl in der zweiten Aprilhälfte, wenn man bereits wisse, wie die DDR nach den Wahlen aussehen werde. Und weiter bekräftigte Kohl sein uneingeschränktes Engagement für europapolitischen Fortschritt. Er wolle die Beschlüsse von Straßburg voranbringen.[18]

Mitterrand – offensichtlich in Sorge, falsch verstanden worden zu sein – erwiderte, daß er nicht den Eindruck eines schlechten Freundes erwecken wolle. Das von ihm geforderte Mitspracherecht bei der Vereinigung Deutschlands beziehe sich lediglich auf deren internationale Folgen, nicht jedoch auf Aspekte wie beispielsweise die Wiederherstellung der alten Länderstrukturen in der DDR. Nur im Scherz fügte der Staatspräsident hinzu: Wenn das Land Thüringen nicht wiederhergestellt würde, werde er sich persönlich desavouiert fühlen, da er dort in Kriegsgefangenschaft gewesen sei. Kohl betonte daraufhin noch einmal, daß er diesen schwierigen bevorstehenden Weg gemeinsam mit Frankreich und dem französischen Staatsoberhaupt gehen wolle und daß nichts diesen über Jahrzehnte gehüteten »Schatz der Freundschaft« gefährden dürfe. Die deutsch-französische Freundschaft und die EG-Integration seien im Hinblick auf die deutsche Einheit noch wichtiger, da sie dazu beitrügen, den Verdacht deutschen Hegemonialstrebens abzuschwächen. Zudem seien die wirtschaftlichen Perspektiven, die aus der Einheit folgten, für Frankreich positiv. Umgekehrt bewertete Mitterrand die ökonomischen Voraussetzungen in Deutschland für die Vereinigung als sehr günstig. Große Chancen ergäben sich aus der EG und der deutschen Mitgliedschaft in der Gemeinschaft. Auch unter Kaiser Wilhelm II. habe die Wirtschaft floriert, doch sei die Außenpolitik schlecht gewesen, was schließlich zum Krieg geführt habe. Heute jedoch sei Deutschland demokratisch und in die EG eingebunden. Kohl ergänzte diese Bemerkung mit dem Hinweis, daß die Bevölkerung in Deutschland außerdem »völlig europäisch« eingestellt sei. Hierin liege der entscheidende Unterschied zur Vergangenheit.

Zum Abschluß dieses sehr ausführlichen Meinungsaustauschs blieb noch die Frage zu klären, was man der Presse mitteilen wollte. Mitterrand schlug als Erklärung vor, daß man an der europäischen Integration festhalten und weiter vorwärtskommen wolle und daß man darüber hinaus den Termin für die für Dezember 1990 geplante Einberufung einer Regierungskonferenz zur europäischen Wirtschafts- und Währungsunion vorverlegen werde. An diesem Punkt widersprach Helmut Kohl mit Nachdruck: Dies sei ihm unmöglich. Mitterrand lenkte ein und führte aus, daß ihm die Haltung des Bundeskanzlers bekannt sei. Wenn allerdings die italienische Ratspräsidentschaft diesbezügliche Vorschläge machen würde, so werde man diese prüfen müssen, und die französische Haltung zu einer Vorziehung werde eine positive sein – auch wenn er dem Bundeskanzler eigentlich keine Schwierigkeiten bereiten wolle. Was getan werden müsse, beabsichtige er mit dem Kanzler gemeinsam zu tun – mit wem denn auch sonst. Des weiteren werde er vor der Presse sagen, daß es das Recht der Deutschen sei, über ihr Schicksal zu bestimmen. Er sei für die Vereinigung »der beiden deutschen Staaten und Berlins«. Konsequenzen nationalen Belangs seien Angelegenheit der Deutschen, wohingegen die internationalen Aspekte in einem entsprechenden Rahmen erörtert werden müßten, wie etwa Sicherheitsaspekte und EG-Fragen. Alle Ausführungen Mitterrands, so Helmut Kohl in seiner Antwort, könne er mittragen außer dem Punkt eines Abzugs von Truppen der westlichen Verbündeten innerhalb kurzer Zeit. Dies entspreche nicht dem Ansinnen der deutschen Bevölkerung. Wenn noch einige Truppen stehenbleiben würden, so Mitterrand, wäre er damit nicht unzufrieden.

Zum Schluß kam der Präsident noch auf Genschers Äußerung zu sprechen, die zwischen ihnen angesprochenen Fragen sollten von einem KSZE-Gipfel gebilligt werden. Er, Mitterrand, sei daran interessiert, diesem Treffen Substanz zu verleihen. Rußland, das ohne Satelliten dastehen werde, ebenfalls. Genscher habe nun den Eindruck erweckt, als ob die KSZE das entscheidende Gremium für die Behandlung der deutschen Einheit sei. Dem widersprach Kohl: Zuerst einmal müßten die »Zwei-plus-Vier«-Gespräche abgeschlossen sein. Dann dürfe die KSZE das Ergebnis billigend zur Kenntnis nehmen, aber nicht gestaltend eingreifen. Mitterrand betonte, daß sechs Staaten besser seien als 35. Kohl schloß mit der Bemerkung, daß seine Worte der deutschen Position entsprächen. Genscher sage lediglich, daß der »Zwei-plus-Vier«-Rahmen ein Ergebnis erzielen solle, welches dann den 35 KSZE-Staaten vorgelegt werde.

Der deutsche Regierungssprecher Vogel erklärte am folgenden Tag, es sei eine »fast nahtlose Übereinstimmung« zwischen Mitterrand und Kohl erzielt worden. Doch trotz aller beschwichtigenden Worte und der Beschwörung der deutsch-französischen Freundschaft waren die Differenzen zwischen Kohl und Mitterrand nicht zu übersehen gewesen:
– In Sachen europäische Integration konnten – trotz beiderseitigen Beteuerns, sich auch künftig gemeinsam engagieren zu wollen – die alten Unstimmigkeiten nicht ausgeräumt werden: So hielt Mitterrand hartnäckig an einer Vorverlegung der für die europäische Wirtschafts- und Währungsunion zuständigen Regierungskonferenz fest. Er gab lediglich zu verstehen, daß er nicht selber aktiv werden wollte, sondern auf entsprechende Vorschläge der italienischen EG-Präsidentschaft positiv zu reagieren gedachte. Während Kohl sich im Hinblick auf die im Dezember 1990 anstehenden Bundestagswahlen außerstande sah, dem zuzustimmen, hielt er im Gegenzug an einem verstärkten Eintreten für die Politische Union und damit an institutionellen Reformen der Gemeinschaft fest. Konkrete Beschlüsse für ein gemeinsames Vorgehen wurden nicht gefaßt.
– Bilaterale Dissonanzen waren vor allem bei der Frage der polnischen Westgrenze sichtbar geworden. Wenngleich Mitterrand explizit machte, daß er nicht auf der vertraglichen Grenzanerkennung als Vorbedingung der deutschen Einheit bestand, so ließ er den Kanzler doch deutlich merken, daß er

dessen Verhalten politisch nicht billigen konnte, wenngleich er es juristisch akzeptieren mußte. Kohl wiederum war über das Beharren Mitterrands auf diesem Punkt mehr als nur erstaunt.[19] Auch auf der anschließenden Pressekonferenz hatte Mitterrand seine diesbezügliche Haltung noch einmal deutlich gemacht und den Dissens mit Kohl auf die schlichte diplomatische Formel gebracht: »Wir haben darüber gesprochen.« Damit hatte sich in der Öffentlichkeit – trotz aller demonstrativen Übereinstimmung – der bereits seit Ende November 1989 kursierende Eindruck der Interessenskonfrontation und des gegenseitigen Mißtrauens verfestigt.[20]

### Frankreich zieht sich aus Deutschland zurück

Auch die Frage des französischen Truppenabzugs gewann in diesem Kontext zeitweilig an Bedeutung. Noch zu Jahresbeginn 1990 hatte sich Außenminister Dumas aus Sorge um ein nachlassendes Engagement der Amerikaner in Deutschland beziehungsweise Westeuropa nachdrücklich für den Verbleib der französischen, insbesondere aber auch der amerikanischen Truppen in Deutschland ausgesprochen. Diese Soldaten seien ein Ausdruck besonderer Solidarität der Alliierten mit der Bundesrepublik. Dahinter stand die Überlegung, nicht mit eigenen Rückzugsplänen die Diskussion um eine Abkopplung der USA von Westeuropa loszutreten[21], zumal noch immer Verunsicherung über den zukünftigen sicherheitspolitischen Status eines geeinten Deutschlands herrschte. So gab es Bedenken, daß Deutschland die Vereinigung um den Preis der Westbindung anstreben könnte, da eine Moskauer Einwilligung in die NATO-Mitgliedschaft des geeinten Deutschlands zu diesem Zeitpunkt schwer vorstellbar war. Hinter den Kulissen hatte Mitterrand allerdings bereits bei seinem Treffen mit Kohl am 15. Februar erste Andeutungen gemacht. Durch einen rechtzeitigen Abzug wollte er vermeiden, daß die Deutschen nach Herstellung ihrer staatlichen Souveränität die französischen Truppen als Besatzungsmacht empfinden könnten und deren Präsenz in Deutschland in Frage stellen würden. Denn wenn erst einmal die sowjetischen Truppen abgezogen wären, so Mitterrands Überlegungen, würde sich die Frage nach dem Verbleib der westlichen automatisch stellen. Eine solche psychologische Irritation wollte er bewußt vermeiden.[22] Nicht nur in diesem Gespräch, sondern auch in der Folge versuchte der Bundeskanzler immer wieder, seinen Gesprächspartner zu beruhigen. Bei den deutsch-französischen Konsultationen im April versicherte er Mitterrand, daß es keine Stimmung gegen die französischen Truppen in Deutschland gebe. Diese seien »Teil der Familie«. Außerdem versprach er, den Präsidenten sofort zu informieren, sobald es für solche Befürchtungen den geringsten Grund gebe.[23]

Mit der Etablierung des »Zwei-plus-Vier«-Rahmens änderte Frankreich seine Strategie und trat mit seinen Rückzugsabsichten auch an die Öffentlichkeit. Die

Forces Françaises en Allemagne (FFA) waren aus französischer Perspektive nach wie vor – auch wenn sie mittlerweile eine andere rechtliche Grundlage hatten – ein Statussymbol, das sie einst gleichberechtigt in den Kreis der Siegermächte des Zweiten Weltkrieges eingereiht hatte.[24] Frankreich hätte dieses Gewicht nun gerne bei den »Zwei-plus-Vier«-Verhandlungen in die Waagschale geworfen. Um so verärgerter war Außenminister Dumas deshalb über seinen amerikanischen Amtskollegen Baker, als dieser sich erfolgreich gegen eine Aufnahme dieses Themas und für einen eng gesteckten »Zwei-plus-Vier«-Themenkatalog aussprach.[25] Frankreich wurde damit deutlich vor Augen geführt, welchen militärischen und politischen Bedeutungsverlust seine Stationierungstruppen angesichts der Entwicklung innerhalb des Warschauer Paktes sowie der Debatte um eine Neudefinition der NATO-Strategie im Frühsommer 1990 erlitten.

Auf dem Londoner NATO-Gipfel erklärte Mitterrand noch einmal im größeren Rahmen, daß das Problem der französischen Truppen in Deutschland sich für ihn stelle, seit sich die Vereinigung am Horizont abzeichne.[26] Sobald Deutschland souverän und die alliierten Vorbehaltsrechte abgelöst wären, würde es die Logik erfordern, daß die französischen Truppen Deutschland verließen. Es sei offensichtlich, daß das Statut der französischen Truppen in Berlin und in Westdeutschland von Grund auf verändert werden müsse. Der definitive Beschluß zum Abzug der Truppen fiel letztlich isoliert und ohne Abstimmung mit dem Partner, obwohl Frankreich von bundesdeutscher Seite mehrfach aufgefordert worden war, seine Truppen in Deutschland zu belassen.

Im Kanzleramt war man sich dieser Problematik schon frühzeitig bewußt. Kohls Mitarbeiter schlugen deshalb bereits Mitte Juli 1990 vor, daß Bonn noch vor der Vereinigung Deutschlands deutlich Stellung zum künftigen Status und Umfang der französischen Truppen in Berlin und der Bundesrepublik beziehen sollte. In einem internen Vermerk regte Joachim Bitterlich im Vorfeld des deutsch-französischen September-Gipfels an, diese Problematik zunächst vertraulich auf »Chef-Ebene« zu diskutieren und anschließend an den gemeinsamen Sicherheits- und Verteidigungsrat zu delegieren.[27] Der Staatspräsident habe das Thema bereits bei mehreren Gelegenheiten aufgegriffen, ohne aus der Bundesrepublik eine eindeutige und operative Antwort erhalten zu haben. Sollte diese auch weiter ausbleiben, müsse man damit rechnen, daß Frankreich den schrittweisen Abzug seiner Truppen in die Wege leiten werde. Zumindest müsse man sich auf eine Reduzierung der Streitkräfte einstellen.

Wie richtig diese Prognosen waren, zeigte sich nur wenige Tage später. Bereits am 22./23. Juli berichtete *Le Monde* über erste Ergebnisse der Verteidigungskommission der französischen Nationalversammlung zum Abzug französischer Truppen aus der Bundesrepublik. Dabei müsse, um negative Folgen eines überstürzten Abzuges zu verhindern, mit einem Zeitraum von rund fünf Jahren gerechnet werden.[28] Konkrete Zeitvorstellungen der französischen Regierung folgten dann am 24. August. So sollte der Abzug französischer Streitkräfte aus der Bundesrepublik 1991 beginnen und 1994 abgeschlossen sein.[29] Während eines Besuches bei den französischen Streitkräften in Baden-Baden vier Tage später gab Verteidigungsminister Chevènement allerdings zu verstehen, daß die Abstimmung mit der deutschen Seite die Möglichkeit eröffne, einige Einheiten in Deutschland zu belassen, sofern dies gewünscht werde.[30]

Die endgültige Entscheidung zum Abzug, die in den Sommermonaten Gestalt annahm, überschattete letztlich die deutsch-französischen Konsultationen im September 1990 in München.[31] Im Nachtrag zu seiner im Alleingang gefällten Entscheidung konnte Mitterrand nur noch einmal bei Helmut Kohl um Verständnis bitten. Der Abzug der Truppen habe in der Logik der Vereinigung gelegen.[32] Er wisse die Haltung des Bundeskanzlers zu schätzen, doch könne er nicht ausschließen, daß eines Tages ein anderer Kanzler die französischen Truppen öffentlich zur Diskussion stellen und damit den Druck der öffentlichen Meinung provozieren werde, der die Truppen schließlich zum Abzug bewegen könnte. Alle von Paris beschlossenen Reduzierungen sollten nun allerdings einvernehmlich geregelt werden.

### Dissens um die polnische Westgrenze

Viel stärker als durch die Unsicherheit über die künftige Stationierung französischer Truppen in Deutschland wurde die öffentliche Diskussion im Frühjahr 1990 von der polnischen Westgrenze bestimmt. Im ohnehin vorhandenen Klima des Mißtrauens gewann die zögernde Haltung Bonns in der Frage der endgültigen Anerkennung der polnischen Westgrenze nach der Jahreswende zunehmend an Bedeutung. Am 21. Februar 1990 forderte der polnische Premierminister Mazowiecki, der deutsche Einigungsprozeß müsse von der Wahrung bestehender Grenzen der Nachbarn abhängig gemacht werden. Er schlug vor, gemeinsam mit den beiden deutschen Staaten noch vor ihrer Vereinigung einen völkerrechtlich bindenden Vertrag auszuhandeln, welcher nach den DDR-Volkskammerwahlen von Vertretern Polens und der beiden deutschen Staaten paraphiert und später durch eine gesamtdeutsche Regierung unterzeichnet werden sollte.[33] Die bundesdeutschen Reaktionen auf die Mazowiecki-Forderung stießen in Frankreich allgemein auf Unverständnis und Ablehnung. In Paris wurde immer wieder ein klärendes Wort des Bundeskanzlers verlangt. Sein Beharren auf juristischen Vorbehalten, wonach er nicht für ganz Deutschland sprechen könne, wurde als Scheinargument betrachtet. Dahinter, so die französische Interpretation, verbargen sich taktische Überlegungen zu den Ende 1990 anstehenden Bundestagswahlen, Rücksicht auf die Vertriebenenverbände sowie die Angst vor möglichen Reparationsforderungen Polens.[34] Da aus französischer Sicht das Schicksal Europas auf dem Spiel stand, wurden derlei Beweggründe als kurzsichtig und unangebracht empfunden. In Pariser Medien- und Politzirkeln fragte man sich, ob ein geeintes Deutschland überhaupt bereit sein

würde, in der Grenzfrage zu den Versicherungen Helmut Kohls zu stehen, oder ob nicht revisionistische Forderungen in der Zukunft die Oberhand gewinnen könnten. Die Gründe hierfür waren:
- die Angst, mit einer Grenze »an vielen Grenzen« zu rühren und damit
- die Sorge um Sicherheit und Stabilität in Europa sowie
- die traditionelle französisch-polnische Verbundenheit.

Kohls Ausführungen vom 17. Januar in Paris zur Oder-Neiße-Grenze waren in Frankreich mit einer gewissen Beruhigung und Genugtuung aufgenommen worden. Man betrachtete sie jedoch lediglich als einen ersten Schritt in dieser so sensiblen Angelegenheit. In einer Rede vor dem Berliner Presseclub am 1. März widmete sich Roland Dumas noch einmal ausführlich dem Thema der deutschen Einheit.[35] Mit größerer Schärfe als bislang formulierte er dabei die – grundsätzlich bekannten – französischen Positionen. Wesentlicher Punkt seiner Rede, den er lange und mit großer Eindringlichkeit ausführte, war die vertragliche Anerkennung der Oder-Neiße-Grenze durch Bundestag und Volkskammer noch vor einer Vereinigung der beiden deutschen Staaten. Eine Lösung hinauszuschieben sei unvernünftig. Was hindere die beiden Parlamente daran, bereits jetzt eine Entscheidung zu treffen, fragte der Außenminister weiter. Daran anknüpfend erhob er den Vorwurf: »Es gibt Momente, in denen das Schweigen voller Zweideutigkeiten ist.« Die Grenze sei unantastbar, und das müsse ohne Verzögerung gesagt werden, um die Unruhe und die Angst, welche den Kern jeglicher Instabilität bildeten, auszulöschen. Dies müsse klar und deutlich gegenüber den betroffenen Völkern und natürlich vor allem gegenüber Polen zum Ausdruck gebracht werden. Einfache Erklärungen, und seien sie noch so »feierlich«, genügten nicht. Wenn es um die so wichtige Frage der Unverletzlichkeit von Grenzen gehe, bedürfe es völkerrechtlich verbindlicher Regelungen. Unter Berufung auf die Versicherungen Genschers, die polnische Westgrenze endgültig anzuerkennen, sagte Dumas, daß die internationale Staatengemeinschaft einen Beleg für die Dauerhaftigkeit dieser Zusagen brauche. Er betonte ausdrücklich, daß Frankreich seine Verantwortungen für die Einheit Deutschlands wahrnehmen werde, damit sich die Einigung in Stabilität und mit dem Vertrauen seiner Nachbarn vollziehen könne. Der Moment nähere sich, wo es angebracht sei, die Vier-Mächte-Rechte – die nur allzu oft vergessen würden – zu beenden. Dies müsse aber unter juristisch absolut unzweideutigen Bedingungen geschehen, denn Deutschland habe Verpflichtungen, die sich aus Verträgen und internationalen Abkommen ergäben. Polen müsse zum gegebenen Zeitpunkt und unter noch zu bestimmenden Modalitäten in diesen Prozeß einbezogen werden: »Frankreich wird darauf aufpassen, daß dies auch wirklich so geschieht.«

Während im Publikum Hans-Dietrich Genscher zustimmend applaudierte, verlor Helmut Kohl in Bonn keine Zeit, um auf die Vorwürfe zu reagieren. In aller Eile wurde eine Pressemitteilung vorbereitet und durch den stellvertretenden Regierungssprecher, Dieter Vogel, am nächsten Tag verbreitet. Unter ausdrücklicher Bezugnahme auf Dumas' Äußerungen vom Vortag wurde betont, daß der Bundeskanzler bereits vorgeschlagen habe, die beiden freigewählten deutschen Parlamente sollten eine gleichlautende feierliche Erklärung zur polnischen Westgrenze auf der Grundlage der Bundestags-Entschließung vom 8. November 1989 abgeben.[36] Den Vorschlag des polnischen Premierministers Mazowiecki, einen deutsch-polnischen Vertrag abzuschließen, der den Charakter eines Friedensvertrages haben, die Grenzen des künftigen Deutschland endgültig festlegen und sowohl von den beiden deutschen Parlamenten vor als auch vom gesamtdeutschen Parlament nach einer Vereinigung paraphiert bzw. ratifiziert würde, lehnte Kohl ab.[37] Darüber hinaus knüpfte er an sein Angebot folgende Bedingungen: Polen solle auf jegliche Reparationen verzichten und die vertragliche Regelung der Rechte der Deutschen in Polen in Aussicht stellen.

Nachdem nicht nur in der Öffentlichkeit, sondern auch koalitionsintern die Wogen angesichts der Pressemitteilung Vogels im Verlauf des Wochenendes hochgeschlagen waren, nahm Kohl am Montag, dem 5. März, im Anschluß an eine Sitzung des CDU-Präsidiums vor der Presse noch einmal persönlich Stellung. Dabei ging er vor allem auf den Zusammenhang von Reparationsfrage und Oder-Neiße-Grenze ein.[38] Es gehe nicht darum, die Grenzfrage mit Bedingungen zu verknüpfen, sondern um eine Bestätigung bereits bestehender Verpflichtungen. Es liege im Interesse beider Seiten, die Dinge klarzustellen. Niemandem sei damit gedient, wenn bestimmte Forderungen den Eindruck erweckten, daß die Deutschen in Zukunft mit weiteren Lasten rechnen müßten. Wer – wie er – ein ehrliches Miteinander mit den polnischen Nachbarn wolle, der müsse »auch in diesem Augenblick, der für die Deutschen nicht einfach ist«, derartige Fragen in aller Ruhe ansprechen.

Aus französischer Perspektive beinhaltete das Angebot des Bundeskanzlers zu einer gemeinsamen Erklärung von Bundestag und Volkskammer nicht mehr, als er bisher schon gesagt hatte, und folglich deutlich weniger, als den Forderungen Dumas' entsprochen hätte. Damit bewies Helmut Kohl aus Sicht der Franzosen nicht nur ein weiteres Mal seine Vorbehalte hinsichtlich einer endgültigen Anerkennung der Oder-Neiße-Grenze, sondern auch ein beträchtliches Maß an mangelnder Sensibilität gegenüber den polnischen Ängsten einerseits und den Erwartungen der internationalen Staatengemeinschaft andererseits. Dabei war in Frankreichs politischer Klasse weitgehend die Einschätzung akzeptiert, daß Helmut Kohls Politik keinesfalls von revanchistischen Ansprüchen motiviert war. Viel gravierender wurde gewertet, daß sein »Lavieren« in dieser Frage aus purer Wahltaktik heraus erfolge, nämlich aus Rücksicht auf eine Minderheit von Wählern aus dem Kreis der Vertriebenenverbände. Es schien, als seien dem Kanzler die ausländischen Proteste geradezu willkommen, da seine Strategie anscheinend darin bestand, die Frage so weit gedeihen zu lassen, bis man diesem Wählerkreis die Notwendigkeit zum Verzicht auf die ehemals deutschen Ostgebiete als Preis für die wiederzugewinnende Einheit klarmachen konnte. In Zeiten, in denen es um den Frieden in Europa ging und folglich staatsmännische Klarheit gefordert war, fügte Kohl der Glaubwürdigkeit deutscher Politik aus französischer Perspektive durch diese Vermischung mit wahltaktischen Überlegungen großen Schaden zu.[39] Sicher nicht zufällig erfolgte am gleichen Tag wie die deutlichen Worte von Außenminister Dumas die Ankündigung eines Besuches des polnischen Präsidenten Jaruzelski und seines Ministerpräsidenten Mazowiecki für den 9. März in Paris. Die Einladung, auf dem Höhepunkt auch der innenpolitischen Diskussion in der Bundesrepublik um die Anerkennung der Grenze angekündigt, war nicht zuletzt als Zeichen an den Bundeskanzler und seinen Koalitionspartner FDP gerichtet.[40]

Über seine Konzessionen in bezug auf die Grenzfrage ging Helmut Kohl in den folgenden Tagen nicht hinaus – sehr zum Mißfallen Mitterrands. Die prinzipielle Uneinigkeit der beiden konnte auch bei der nächsten Gelegenheit nicht ausgeräumt werden, wie ein kurzes Telefonat am Abend des 5. März deutlich zum Ausdruck brachte.[41] Zunächst hatte Kohl kurz die Ergebnisse seines Besuches bei George Bush in Camp David erläutert. Dabei hatte er insbesondere hervorgehoben, daß er gemeinsam mit dem amerikanischen Präsidenten die Überzeugung teile, daß Gorbatschow in der Frage der NATO-Zugehörigkeit eines vereinten Deutschlands sowie einer übergangsweisen Stationierung sowjetischer Truppen in Ostdeutschland zu Verhandlungen bereit sein werde. Die Hauptschwierigkeiten für den sowjetischen Generalsekretär lägen im wirtschaftlichen Bereich. Dann erwähnte er die bevorstehenden »Zwei-plus-Vier«-Verhandlungen und den Brief Schewardnadses an seine fünf Kollegen aus diesem Gremium. Offensichtlich, so Kohl, hege man in der Sowjetunion die Befürchtung, daß nach der DDR-Volkskammerwahl die Entwicklungen noch schneller vonstatten gehen würden. Das wolle er aber verhindern, so der Bundeskanzler weiter, auch wenn auf deutsch-deutscher Ebene noch ein immenses Arbeitspensum zu absolvieren sei: Man habe gute Chancen, »die Dinge im innerdeutschen Bereich im nächsten Jahr auf den Punkt zu bringen«. Vorher müßten aber die EG-relevanten Entscheidungen zur Währungsunion getroffen werden. So sehe sein Zeitplan aus, der nicht allein von ihm abhänge, den er aber in dieser Richtung beeinflussen wolle.

Dann kam er auf den neuralgischen Punkt zu sprechen: Er habe erneut erklärt, daß eine gemeinsame Entschließung von Bundestag und Volkskammer den Willen bekräftigen solle, daß ein gesamtdeutscher Souverän – und nur dieser sei dazu befugt – die Oder-Neiße-Linie in völkerrechtlich verbindlicher Weise als polnische Westgrenze anerkenne. Die Diskussion hierum sei unsinnig und müsse beendet werden, so Helmut Kohl. Allerdings wolle er zwei Fragen damit verknüpfen: Zum einen betreffe dies die Sicherung der Minderheitenrechte der in Polen lebenden Deutschen. In seiner gemeinsam mit dem polnischen Ministerpräsidenten im vergangenen November geschlossenen Vereinbarung sei dies garantiert worden. Dennoch benötige er aus vorrangig innenpolitischen Gründen nochmals eine öffentliche Bestätigung Polens, daß diese Vereinbarung auch gegenüber einem vereinigten Deutschland Bestand haben werde. Zum zweiten gehe es um die Frage von Reparationsforderungen. Polen habe 1953 auf solche vertraglich verzichtet; wenn nun aber mit Polen die Oder-Neiße-Grenze fixiert werde, müsse dies nochmals explizit gemacht werden. Er sei dafür, »einen ehrlichen Anfang mit Polen zu machen, nicht mit Tricks zu arbeiten und keine Frage unerwähnt zu lassen«. Mit allem Nachdruck wolle er sich für die Absichtserklärung zur Oder-Neiße-Grenze stark machen und erwarte im Gegenzug von Polen das gleiche. Er äußere dies auch vor dem Hintergrund des bevorstehenden polnischen Staatsbesuches in Paris, wobei er dem französischen Präsidenten dankbar wäre, wenn dieser seinen Gästen die Position des Bundeskanzlers nahebringen könnte. Diese Frage sei für ihn von großer innenpolitischer Brisanz. Auch wenn Gefahr seitens rechter Strömungen bestehe – explizit nannte er mögliche Angriffe von »Rechtsradikalen« –, wolle er dies durchstehen. Wie um sich bei Mitterrand zu revanchieren, fügte er noch hinzu, daß es gewisse neutralistische Tendenzen gebe, die für ihn nicht akzeptabel seien. Deswegen müsse parallel zur deutschen die europäische Entwicklung vorangetrieben werden.

Mitterrand dankte dem Bundeskanzler zunächst für dessen Ausführungen und bekundete sein Einverständnis mit den wesentlichen von Kohl angesprochenen Punkten. Zwei Dinge wollte er allerdings klarstellen: Neutralistische Strömungen gelte es zu unterbinden; es gehe in dieser Angelegenheit lediglich darum, daß keine NATO-Truppen auf dem Territorium der DDR stationiert werden dürften; und zweitens – so betonte Mitterrand – könne Frankreich zur Problematik der Oder-Neiße-Grenze nicht einfach schweigen, wenn die Polen vor dem Hintergrund der anstehenden Wahlen sowie der Vereinigung danach fragten. Es blieb bei dem »gentlemen's disagreement«: Kohl gestand Mitterrand zu, seine Position zur Grenzfrage zu wiederholen, während er seinerseits zum wiederholten Male entgegnete, daß nur ein gesamtdeutscher Souverän rechtsverbindlich beschließen könne. Bis es soweit wäre, wollte Kohl lediglich der gemeinsamen Entschließung von Bundestag und Volkskammer zustimmen. Mitterrand wurde nicht müde hervorzuheben, daß Helmut Kohl zwar juristisch, nicht aber politisch im Recht sei. Die Grenze sei eine historische Realität, das rechtliche Verfahren zu ihrer Anerkennung könne doch variieren.

Das momentan mögliche und eindeutigste Verfahren hierzu, so der Bundeskanzler in seiner Erwiderung, sei ein klares Votum beider Parlamente, welches er zu unterstützen gedenke. Seine Besorgnis gelte viel eher der Neutralität Deutschlands, die heute von den gleichen Personen, etwa Oskar Lafontaine, befürwortet würde, die sich 1983 bereits gegen die NATO-Nachrüstung zur Wehr gesetzt hätten. Dies würden viele Leute im Ausland nicht erkennen. Mitterrand warf ein, er werde Willy Brandt noch in der laufenden Woche treffen und sich bei diesem über die Position der SPD erkundigen, die ihm noch nicht erläutert worden sei. Kohl entgegnete, daß Brandt in dieser Frage wohl kaum die Mehrheit seiner Partei repräsentiere. Noch einmal hob Mitterrand hervor, daß die einzige Schwierigkeit bei der Anerkennung der Oder-Neiße-

Linie in der Verfahrensfrage liege. Auch wenn er die Überlegungen Kohls verstehen könne, so wäre vom politischen Standpunkt eine klare Aussage zu begrüßen. Etwas anderes könne er nicht sagen. Er wolle ja eine entsprechende Erklärung nach der Entschließung der beiden deutschen Parlamente abgeben, so der Bundeskanzler darauf. Denkbar sei deren explizite Befürwortung durch ihn als Regierungschef im Rahmen einer Bundestagsdebatte. Mitterrand beendete das Gespräch mit der Bemerkung, daß er darüber nachdenken wolle. Auf alle Fälle sei das Gespräch so kurz vor dem polnischen Besuch in Paris sehr hilfreich gewesen. Er beabsichtige, Helmut Kohl von den Gesprächen anschließend zu berichten.

Mit der massiven Unterstützung für die polnischen Forderungen war ein absoluter Tiefpunkt in den deutsch-französischen Beziehungen seit dem Fall der Mauer erreicht, der nicht nur die Ebene Kohl-Mitterrand, sondern auch das Verhältnis ihrer Berater stark belastete.[42] Zum Abschluß des Staatsbesuches des polnischen Präsidenten Jaruzelski und seines Premierministers Mazowiecki am 9. März in Paris erklärte Mitterrand auf der gemeinsamen Pressekonferenz, daß die französische Position in der Oder-Neiße-Frage weitergehe als jene, die der Erklärung des Bundestags zugrunde liege.[43] Die Erklärung müsse »schärfere Konturen« erhalten. »Insbesondere muß gesagt werden, auch wenn es eine Selbstverständlichkeit ist, daß es sich nicht um irgendeine, sondern um die Oder-Neiße-Grenze handelt.« Deshalb fordere er einen von den Vier Mächten garantierten internationalen Rechtsakt, der die endgültige Anerkennung der Oder-Neiße-Linie als polnische Westgrenze beinhalte. Die Verhandlungen hierzu sollten noch »vor der zu erwartenden Vereinigung der beiden deutschen Staaten« stattfinden. Eine diplomatische Rüge beinhaltete Mitterrands Bemerkung, daß er die Grenzfrage bereits »seit mehreren Monaten« mit Kohl erörtere. Er habe diesem »immer wieder, freundschaftlich, gesagt, für mich sei es eine unabdingbare Voraussetzung, daß deutlich ausgesprochen wird, daß die Unantastbarkeit der Grenzen auch ein deutscher Grundsatz ist«[44]. Mitterrand forderte eine polnische Beteiligung an den »Zwei-plus-Vier«-Runden, welche die Erörterung und Regelung der entsprechenden Fragen zum Inhalt hätten. Zugleich fügte er hinzu, daß Polen nicht zu den »Sechs« gehöre. Frankreich hatte auf die Warschauer Forderung nach einer polnischen Beteiligung an den »Zwei-plus-Vier«-Verhandlungen zunächst mit wenig Begeisterung reagiert, war Paris doch daran gelegen, die Verhandlungen nicht zu komplizieren, indem der Kreis der sechs Teilnehmer ausgeweitet würde. Außerdem lag darin die Gefahr, daß die eigene Position und der Status als Siegermacht des Zweiten Weltkrieges geschwächt würden.

Aus der Umgebung des Präsidenten war im Umfeld des polnischen Staatsbesuches zu hören, daß Paris zu keinem Zeitpunkt an den privaten Versicherungen Kohls bezüglich der Unantastbarkeit der Grenze gezweifelt habe.[45] Man kenne seine juristischen Einwände, man »verstehe« seine wahltaktischen Überlegungen. Aber da dieses Verhalten den gesamten Einigungsprozeß zu überschatten und die bislang positive französische Meinung negativ zu beeinflussen drohe, sei Paris entschlossen, seine Vorwürfe öffentlich zu machen und nicht mehr nur in der intimen Atmosphäre der Vier-Augen-Gespräche vorzubringen. Nachdem eine erste »Warnung« seines Außenministers folgenlos geblieben war, habe Mitterrand nun die Anwesenheit der polnischen Gäste genutzt, um seine Botschaft zu übermitteln.

Im Unterschied zu den übrigen drei Mächten, die sich mit der Bundestags-Entschließung vom 8. März 1990 zufriedengegeben hatten, worin festgehalten wurde, daß die beiden demokratisch legitimierten deutschen Parlamente und Regierungen unmittelbar nach den Wahlen in der DDR eine gleichlautende Erklärung zur Grenze abgeben würden[46], hatte Mitterrand sich ganz hinter Mazowieckis Vorschlag eines Grenzabkommens noch vor der Vereinigung gestellt. Kohls Mitarbeiter Teltschik beschrieb die Reaktion des Kanzlers als »deutlich verärgert und enttäuscht. Die Grenzen der Freundschaft werden für ihn sichtbar. Die heutige Presse spricht bereits von zunehmenden Irritationen im deutsch-französischen Verhältnis. Diese können nicht mehr geleugnet werden.« In der französischen Presse wurde in der folgenden Woche das Ausbleiben einer Reaktion Kohls auf die Position Mitterrands mit Verwunderung konstatiert. Bonn verlieh seinem Unmut Ausdruck, indem es zunächst »eisiges Stillschweigen« bewahrte. Auch das von Mitterrand angekündigte Telefonat zur Unterrichtung des Bundeskanzlers über seine Gespräche mit den polnischen Gästen ließ erst einmal auf sich warten.

### *Liegt Paris »auf einem anderen Stern«?*

Erst fünf Tage nach dem polnischen Staatsbesuch in Paris kam es während des verspäteten Telefonats zu einer Aussprache zwischen den beiden Staatsmännern.[47] Mitterrand informierte Kohl zunächst über die Ergebnisse seines Treffens mit der polnischen Führung. Einigkeit, so der französische Präsident, habe in folgenden Punkten bestanden:
1. Die Anerkennung der Oder-Neiße-Grenze werde von beiden Parteien als unerläßlich erachtet. Mitterrand hob diesen Punkt gleich zweimal hervor und betonte, daß, wenngleich sich hier kaum Neues ergeben habe, die Grenzfrage immer drängender werde.
2. Vertragsverhandlungen mit Polen sollten sofort, also noch vor der Vereinigung beginnen, wenn auch die endgültige Annahme eines solchen Vertrages erst durch ein gesamtdeutsches Parlament erfolge.
3. Polen sollte an allen »Zwei-plus-Vier«-Runden, welche die Grenzfrage zum Thema hätten, teilnehmen.

Weitere Absprachen seien nicht getroffen worden, so Mitterrand. Er bedaure, daß die Stimmung infolge der unrichtigen Pressedarstellungen vergiftet worden sei.

Nach dieser Einleitung machte Kohl seinem bislang angestauten Unmut über die französische Haltung Luft: Er habe mit der Beteiligung Polens an den spezifischen Fragen nie Probleme gehabt. Dies sei sowohl in den polnischen als auch in den französischen Medien falsch dargestellt worden. Wenn über die Grenzfrage geredet werde, dürfe Polen nicht fehlen. Zum einen dürfe hiervon aber der grundsätzliche Rahmen der »Zwei-plus-Vier« nicht tangiert werden, zum anderen könnten solche Gespräche nicht in Warschau stattfinden. Er habe den Eindruck, daß gegenwärtig auf die Gefühle aller, nur nicht der Deutschen Rücksicht genommen werde. Ihm sei unverständlich, wie die polnische Führung ohne Rücksprache mit der deutschen Seite über eine Vertragsverhandlung Gespräche führen könne, wo er bereits im vergangenen November gegenüber Mazowiecki gesagt habe, daß die deutsche Einheit mit der Oder-Neiße-Grenze verknüpft sei. Dann erwähnte Kohl die von Bundestag und Volkskammer verabschiedete Ankündigung, nach den Volkskammerwahlen gemeinsam eine Erklärung zur Grenze abzugeben. Er könne nicht verstehen, wieso behauptet werde, daß unklar sei, von welcher Grenze in der Entschließung die Rede sei. Darüber hinaus habe er angeregt, daß man gemeinsam mit einer freigewählten Regierung und dem neuen Parlament in der DDR nochmals gleichlautende Erklärungen abgeben solle, wenngleich dadurch nicht die völkerrechtliche Verbindlichkeit hergestellt werden könne, die einem gesamtdeutschen Souverän vorbehalten bleibe. Auch ein noch mit den beiden deutschen Regierungen ausgearbeiteter Vertrag habe rechtlich keine stärkere Bindungswirkung als die gemeinsame Parlamentsentschließung.

Problematisch sei, daß in Polen in Zusammenhang mit der Frage nach der Grenze auch die nach Reparationen aufgeworfen worden sei. Sollte in Paris gegenüber Mitterrand etwas anderes behauptet worden sein, so sei dies nicht zutreffend; schließlich habe er das nicht frei erfunden. Der Präsident der polnischen Volksvertretung, des Sejm, habe kürzlich astronomische Forderungen genannt.[48] Auch von Israel seien zwischenzeitlich Forderungen gegenüber dem vereinten Deutschland angekündigt worden. Daß er angeblich versuche, sowohl Reparationen als auch Minderheitenrechte mit dem Grenzvertrag zu verknüpfen, wie Warschau dies darstelle, sei ebenso falsch. Er habe lediglich den Wunsch geäußert, daß Polen seinen Verzicht auf Reparationen, wie im Görlitzer Vertrag 1950 geschehen, bekräftige und ferner bestätige, daß die Vereinbarungen bezüglich der deutschen Minderheitenrechte, wie in der gemeinsamen deutsch-polnischen Erklärung vom November 1989 festgehalten, auch gegenüber einem vereinten Deutschland Bestand hätten.[49]

Dann übte er deutliche Kritik am polnischen Vorgehen. Dort werde aus innenpolitischen Beweggründen alles beiseite geschoben, was er für die Verständigung getan habe – und abgesehen von Willy Brandt habe kaum einer mehr für die bilaterale Aussöhnung getan.[50] Auch er habe aber innenpolitische Probleme zu berücksichtigen. Der Großteil der deutschen Bevölkerung akzeptiere die Oder-Neiße-Grenze, wenn man auch sagen müsse, daß schlimme

Dinge nicht nur in deutschem, sondern auch in polnischem Namen verübt worden seien: 12 Millionen Menschen hätten aus diesen Gebieten fliehen müssen, 2 Millionen Menschen seien umgekommen. Noch einmal beschrieb Kohl die sich weiter zuspitzende Dramatik der Ereignisse in der DDR. Gleichzeitig fügte er hinzu, daß er sich für das Voranschreiten der europäischen Integration – namentlich der gemeinsamen Währungsunion – stark machen wolle. Niemand solle den Eindruck haben, daß die europäische hinter der deutschen Entwicklung für ihn nur zweitrangig sei. Auf keinen Fall wolle er den Eindruck erwecken, Deutschland beabsichtige, die anderen Staaten und insbesondere Frankreich vor vollendete Tatsachen zu stellen. Dennoch habe er den Eindruck, daß Paris derzeit auf einem anderen Stern lebe als er. Auf seinem Stern seien seit Jahresbeginn 140 000 Übersiedler eingetroffen, und die Folgen einer Wahl, die nicht den Erwartungen der Menschen in der DDR entsprechen würde, wären unabsehbar. In ihn persönlich hätten die Menschen dort ihr Vertrauen gesetzt.

Erstaunt und betroffen zeigte Kohl sich auch darüber, daß den zwei Parlaments- und Regierungserklärungen international so wenig Geltung beigemessen werde. Er habe erfahren müssen, daß die vierzigjährige Demokratie in der Bundesrepublik von vielen nicht gebührend in Rechnung gestellt werde. Psychologisch betrachtet werde die Grenzfrage als unsichere Angelegenheit und zu Lasten der Haltung der CDU dargestellt. Von Polen komme keine positive Geste – im Unterschied etwa zur Tschechoslowakei, so Kohl. Er wolle aber die Versöhnung mit Polen und stimme mit Mitterrand überein, daß die deutsch-französische Freundschaft als Beispiel für die Aussöhnung Deutschlands mit Polen dienen könne. Dabei müsse aber nicht nur der polnischen, sondern auch der deutschen Psychologie Rechnung getragen werden. Daß die Würde eines Landes sehr wichtig sei, gelte nicht nur für Polen. Über die bisweilen zutage tretende Gehässigkeit zeigte er sich schockiert. Kohl erwähnte in diesem Kontext einen Artikel der französischen Zeitschrift *Canard enchaîné*. Darin werde behauptet, einer der engsten Mitarbeiter des Bundeskanzlers habe kürzlich in London gesagt, die deutsch-französischen Beziehungen seien so angespannt, weil es zu viele Juden in Mitterrands Umfeld gebe.[51] Die Behauptung entbehre jeglicher Grundlage. Keiner seiner Mitarbeiter sei dieser Tage in London gewesen. Vielmehr handele es sich um einen Ausschnitt einer Kampagne, die in allen möglichen Bereichen ablaufe und zur Schwächung seiner Partei beitragen solle. Dabei würde er eher sein Amt niederlegen, als nicht mehr an der deutschen und europäischen Einigung zu arbeiten. Dies seien zwei Seiten einer Medaille. Explizit betonte er, daß er sich weiter sowohl für die Freundschaft mit Frankreich als auch mit Polen einsetzen wolle.

Mitterrand dankte Kohl für dessen ausführliche Schilderungen und insbesondere für die offene Darlegung der psychologischen Seite. Zwei Bemerkungen wolle er allerdings noch zu den deutsch-polnischen Beziehungen machen, so Mitterrand. Die entscheidende Frage, welche die Atmosphäre vergiftet habe, sei die Oder-Neiße-Grenze gewesen. Dazu habe der Bundeskanzler ja seine Position erläutert. Was die Einbeziehung Polens in die Sechsergespräche anbelange, so sei keineswegs ausgemacht, daß Warschau der Verhandlungsort sein solle. Hierzu habe er Stellung bezogen, nicht aber zur Frage der Reparationen, da diese Frankreich nicht betreffe. Ergänzend sagte er, daß man in Polen momentan äußerst nervös sei. Schließlich sprach Mitterrand noch den Artikel im *Canard enchaîné* an: Er habe ihn selber nicht gelesen. Hätte er dies aber getan, wäre er lediglich einen Augenblick irritiert gewesen, hätte diesen Bericht dann aber angesichts der bekannten Qualität des Blattes sicher nicht ernst genommen. Er werde in Kürze eine Erklärung abgeben, in der er das gute Verhältnis zwischen ihren beiden Ländern, aber auch ihnen beiden persönlich hervorheben wolle.

Dann erwähnte er noch kurz den für diesen Tag bevorstehenden Besuch von SPD-Kanzlerkandidat Oskar Lafontaine im Elysée. Fast entschuldigend führte er an, daß dieser mehrere Termine in Paris wahrnehme und – vor dem Hintergrund des Wahlkampfes – die Visite beim Staatspräsidenten von rein protokollarischem Charakter sei, für die lediglich 30 Minuten anberaumt seien. Kohl antwortete, daß dieser Termin selbstverständlich sei und er hierzu keine Bemerkungen habe. Dann resümierte er nochmals die Polen betreffenden Gesprächsinhalte: Einigkeit bestehe in der Hinzuziehung Polens zu den »Zwei-plus-Vier«-Verhandlungen, welche die Grenzen zum Gegenstand hätten. Eine Meinungsdifferenz gebe es lediglich dahingehend, wie man den Polen eine Sicherheitsgarantie verschaffen könne zwischen dem aktuellen Status in der Grenzfrage und einer endgültigen Vertragsratifizierung durch das gesamtdeutsche Parlament. Er wolle hierüber allerdings nicht weiter am Telefon diskutieren. Man könne dies bei einem der nächsten Treffen fortsetzen, womit sich Mitterrand einverstanden erklärte.

Laut Teltschik war Mitterrand dankbar für die offenen Schilderungen Kohls. Das Gespräch sei eine Art »reinigendes Gewitter« gewesen und habe »vieles wieder ins Lot gebracht«. Auch Mitterrands Bewertung des Gesprächsverlaufs fiel Attali zufolge insgesamt eher positiv aus: »Anfänglich sei der Kanzler sehr kühl gewesen, am Ende sei das Gespräch aber doch wieder sehr gut verlaufen.«[52] Dennoch konnten weder die beiderseitigen Versuche, die Meinungsverschiedenheiten zu relativieren, noch das diskrete Pariser Bemühen, die französisch-polnische Pressekonferenz herunterzuspielen und zu versichern, daß die deutsch-französischen Beziehungen hiervon unbelastet seien[53], darüber hinwegtäuschen, daß das deutsch-französische Tandem außer Tritt geraten war und die Partner stärker eigene Wege gingen.

## Schwenk in der Öffentlichkeit

Mit dem Ergebnis der Volkskammerwahlen in der DDR am 18. März 1990 war das Votum zugunsten einer schnellen Vereinigung beider deutscher Staaten auch nach außen hin erkennbar gefallen. Dies trug maßgeblich mit dazu bei, der französischen Führung die Unumkehrbarkeit der deutschen Entwicklungen vor Augen zu führen. Frankreichs Problem war nun nicht mehr die Frage des »Ob«, sondern des »Wie« der deutschen Vereinigung. Auch in Paris war damit nicht zwangsläufig gerechnet worden. Wenngleich man sich im Elysée einer Prognose zum Wahlausgang enthalten hatte, war der Wahlsieg der SPD bei den Volkskammerwahlen ebenso wie bei den Bundestagswahlen im Dezember 1990 in Betracht gezogen und daran ein langsameres Voranschreiten in Sachen deutsche Einheit geknüpft worden. Der Empfang des SPD-Kanzlerkandidaten Oskar Lafontaine nur drei Tage vor dem DDR-Wahltermin unterstrich letztlich diese Hoffnung des Elysée, wenngleich man dort betonte, das Treffen sei allein auf Lafontaines Initiative hin zustande gekommen.[54]

Eine wichtige französische Forderung war mit den Wahlen erfüllt: Die Ostdeutschen hatten von ihrem Selbstbestimmungsrecht Gebrauch gemacht und sich auf demokratische Weise für den Vereinigungsprozeß entschieden. Nun galt es, die Vereinigung als Tatsache zu akzeptieren und sich mit ihren Konsequenzen auseinanderzusetzen. Mitterrands Glückwünsche zum Wahlsieg kamen einen Tag nach den Wahlen. In einer Rede anläßlich des Staatsbesuches von Vaclav Havel in Paris wünschte er Deutschland viel Glück: »Bonne chance à l'Allemagne.«[55] In einer Pressekonferenz mit dem tschechoslowakischen Präsidenten am 20. März sagte Mitterrand – in Worten, die eher Einsicht in Notwendigkeiten denn Begeisterung dokumentierten: »Es gibt allen Grund zu glauben, daß sie (die Wiedervereinigung) sich nicht hinschleppen wird. Dies alles, was auch immer dazu gesagt wurde, fügt sich in die Ordnung und die Logik der Dinge ein. Jeder muß sich darauf einstellen und diese Tatsache als ein großes Ereignis auffassen, das als Ausdruck des Willens des deutschen Volkes von den Nachbarn Deutschlands, insbesondere von Frankreich, mit Freude begrüßt werden muß.«

Mit dem Wahlergebnis zweifelte kaum noch jemand in Frankreich an einer schnellen Vereinigung.[56] Von nun an waren Staatspräsident Mitterrand und Außenminister Dumas augenscheinlich bemüht, im Zusammenhang mit der deutschen Einigung einen anderen Ton anzuschlagen. Wo zuvor Hinweise auf die damit verbundenen Probleme erfolgt waren, wurde jetzt Optimismus bekundet. So etwa sagte Mitterrand: »Es ist sogar möglich, daß bestimmte Verlegenheiten, die es in den vergangenen Monaten gab und die auf die Schwierigkeiten des Einigungsprozesses zurückzuführen sind, als Hypothek verschwinden und daß sich an deren Stelle in Zukunft positive Elemente ergeben werden, die die europäische Einigung voranbringen.« Nachdem man sich, wie *Le Monde* resümierte, zuvor zwar noch getroffen, aber nicht mehr miteinander geredet habe[57], erhielt das strapazierte bilaterale Verhältnis nunmehr die Chance auf eine grundlegende Bereinigung. Die Krise hatte sich nicht zuletzt als eine persönliche Vertrauenskrise zwischen Kohl und Mitterrand erwiesen. Der Bundeskanzler hatte sich aus französischer Sicht als Einzelkämpfer gebärdet, im Gegenzug dazu hatte Mitterrand sich diplomatisch ambivalent verhalten. Mit dem eindeutigen Votum der DDR-Wähler für eine schnelle deutsche Vereinigung war aber auch Paris an einem möglichst reibungslosen Einigungsprozeß gelegen, um so insbesondere die eigenen EG-Interessen abzusichern. War die bisherige deutsche Debatte um das Vereinigungsprocedere nach Artikel 23 versus 146 des Grundgesetzes in Frankreich eher mit Befremden aufgenommen worden, so sprach man sich jetzt auch in der französischen Hauptstadt für die Lösung nach Art. 23 GG aus. Dies wurde insgesamt als schneller und unkomplizierter erachtet, zumal sich dadurch auch die – aus französischer Perspektive unnötig zeitaufwendigen – Beitrittsverhandlungen der EG mit einem 13. Staat erübrigten.[58] Konkrete Erwartungen richteten sich an Kohls größere Kooperationsbereitschaft in Sachen europäische Integration – insbesondere, was die Vorziehung einer Regierungskonferenz zur Europäischen Wirtschafts- und Währungsunion anbelangte. Im Gegenzug zeigte man in Paris größere Bereitschaft, Schritte in Richtung einer Politischen Union zu unternehmen.

In einem Interview am 19. März bezeichnete Außenminister Dumas das unerwartet deutliche Wahlergebnis als persönlichen Erfolg Helmut Kohls, da dieser im Gegensatz zu den anderen Parteien die schnelle Vereinigung thematisiert habe.[59] Der von der Bevölkerung geäußerte Wunsch nach einer schnellen Vereinigung sei für ihn ein Faktum, das es nicht zu bewerten gelte. Man müsse aber an den europäischen Kontext denken. Daß Kohl nun der »starke Mann Europas« werde – so die Formulierung des Interviewers –, sei positiv, sofern dieser in absehbarer Zeit auch den an ihn gerichteten Erwartungen gerecht werde: »Ich denke, daß man ein gerechtes Gleichgewicht wird finden müssen zwischen den Sorgen Deutschlands, das sich vereinigt, und dem Aufbau Europas, den Bundeskanzler Kohl will und den die Deutschen selbst angekündigt haben. In diesem Bereich müssen wir handeln, und in diesem Bereich haben wir auch eine Rolle zu spielen.« Der Einigungsprozeß sei im Gange, nun müßten die äußeren Aspekte geregelt werden. Frankreich müsse seinen Blick entschlossen auf die Zukunft richten, und diese heiße »Stärkung der Gemeinschaft und Aufbau des neuen Europa«. Eine Abkühlung der Beziehungen zwischen den beiden Ländern bestritt Dumas; zwischen ihm und Genscher habe es nie eine solche gegeben, und auch zwischen Kohl und Mitterrand habe er keine festgestellt. Der beharrliche Verweis Frankreichs auf das Problem der polnischen Westgrenze habe letztlich auch zu dessen Regelung geführt und gleichzeitig die anderen Europäer beruhigt. Für die bereits mit einem ersten Treffen auf Beamtenebene eingeleiteten »Zwei-plus-Vier«-Verhandlungen kündigte der Außenminister Frankreichs Willen zu konstruktiver Zusammenarbeit an. Sorgen wegen eines möglichen Übergewichts der Deutschen in der EG habe er nicht. Deutschland werde durch die Vereinigung einige wirtschaftliche Anstrengungen zu unternehmen haben; darüber hinaus sei der demographische Trend in der Bundesrepublik rückläufig: »Ich glaube also nicht, daß man sich übermäßig darum sorgen muß, daß das vereinigte Deutschland außergewöhnlichen Einfluß auf Europa und insbesondere die EG ausüben wird. Frankreich ist da, es hat seine Aufgabe, es hat seine wirtschaftliche Stärke: Frankreich wird Frankreich bleiben.«

Daneben gab es innerhalb der französischen Regierung aber noch immer extrem skeptische Meinungen. Mit nicht zu überhörenden nationalen Untertönen und fast feindlicher Skepsis reagierte insbesondere Verteidigungsminister Chevènement auf den sich abzeichnenden Sieg der »Allianz für Deutschland« am Wahlabend: »Der Wahlkampf, den Kanzler Kohl in der DDR geführt hat, war zweideutig. Er hat auf das national-konservative Gefühl gesetzt.«[60] Kohl habe den Stimmungsumschwung in der DDR-Bevölkerung von »Wir sind das Volk« hin zu »Wir sind ein Volk« geschickt zu nutzen gewußt: »Ich bin also etwas beunruhigt über die wahltaktische Ausnutzung dieses konservativ-nationalen Wählerpotentials.« Die Absage an den Kommunismus könne dazu führen, »daß die Waage sehr viel mehr nach rechts ausschlägt, als es vernünftig wäre«. Nun gehe es um Garantien Deutschlands hinsichtlich der Grenzen, des Verzichts auf ABC-Waffen, aber auch um die Frage, wie Deutschland seine wiedergewonnene Stärke nutzen werde. Mißtrauen äußerte er auch hinsichtlich des von Kohl avisierten Tempos der Vereinigung. Sollte dieser die Bundestagswahl gewinnen, werde vieles sehr viel schneller laufen, »und dann besteht die Gefahr, daß zahlreiche Fragen nicht angemessen, also ohne die Zustimmung der übrigen Länder Europas und ohne die Garantien der Vier Mächte, gelöst werden.«

*Im Zeichen neuer Harmonie*

Während der französische Verteidigungsminister aus seinem Mißtrauen gegenüber der Einigungspolitik Kohls und einem wiedererstarkenden Deutschland keinen Hehl machte, blieben Mitterrand sowie Dumas nunmehr darauf bedacht, den weiteren Entwicklungen pragmatisch und konstruktiv zu begegnen. Die Chance, deutsch-französische Unstimmigkeiten öffentlich auszuräumen, ergriff Mitterrand in einem Interview am 25. März im französischen Fernsehen.[61] Die Vereinigung sei Wunsch der Deutschen und müsse folglich respektiert werden. Im übrigen freue man sich immer, wenn ein Volk sich auf demokratische Weise für seine Einheit entscheide. Bedenken habe er keine gehegt; man müsse sich der Geschichte eben stellen. Angesichts des kolportierten »Kraches« in den Beziehungen zwischen Frankreich und Deutschland räumte er »Reibungspunkte« ein: »Es gibt kein Zerwürfnis, es gibt unterschiedliche Betrachtungsweisen, nicht in der Frage der Vereinigung – die haben wir stets befürwortet –, sondern hinsichtlich ihrer Begleitumstände.« Es habe lediglich zwei Probleme gegeben: die Beschleunigung der EG-Integration zum einen sowie die Frage der Anerkennung der bestehenden Grenzen zum anderen. Im übrigen sei es richtig, daß er hier der Ansicht gewesen sei, daß die Deutschen sich zu viel Zeit mit klaren Äußerungen dazu gelassen hätten. Beide Probleme seien nun gelöst. Nachdem seine Deutschlandpolitik in den vorangegangenen Wochen in Frankreich immer heftiger kritisiert worden war[62], stellte er sich damit wieder hinter den Partner Bundesrepublik.

Auf der nunmehr geglätteten Oberfläche des deutsch-französischen Verhältnisses zeigten sich aber weiter die Narben der vorausgegangenen Verwerfungen. Immer wieder unter Erklärungszwang hinsichtlich der französischen Deutschlandpolitik gesetzt, blieben Offenbarungen eines verletzten Selbstverständnisses nicht aus. Angesprochen auf deutsche Vorwürfe hinsichtlich seiner Reisen in die DDR und die Sowjetunion im Dezember 1989, sagte Mitterrand in dem Fernseh-Interview auch: »Die Politik Frankreichs ist nicht von deutschen Entscheidungen abhängig.« Zu seinem Staatsbesuch in der DDR räumte er ein: »Es war in der Tat ein pittoresker Schlenker im Lauf der Geschichte, daß ich von Herrn Honecker eingeladen war, die Einladung von Herrn Krenz bestätigt wurde und ich schließlich Herrn Modrow getroffen habe.« Mitterrand betonte, dennoch mit allen führenden Köpfen der damaligen Opposition und allen demokratischen Kräften gesprochen zu haben. Mitterrand nannte die Beschleunigung der europäischen Integration wünschenswert, um so die Probleme der deutschen Einheit im europäischen Kontext zu bewältigen. Beim bevorstehenden EG-Gipfel in Dublin sollten ein Zeitplan sowie Fristen für die Schaffung der Europäischen Union festgelegt werden. Mitte 1991 solle dann eine Regierungskonferenz die Vorbereitung der europäischen Wirtschafts- und Währungsunion abschließen, im Januar 1993 solle die Europäische Union zeitgleich mit dem EG-Binnenmarkt in Kraft treten. Wegen der von Kohl abgelehnten Terminvorverlegung der Regierungskonferenz sei er nicht besorgt. Wichtig sei »nicht, wann man beginnt, sondern wann man fertig ist«. Die Bundesrepublik sei fest in der Europäischen Gemeinschaft verankert, was er in den kommenden Wochen mit dem Bundeskanzler gemeinsam zu beweisen gedenke. Dabei solle die politische Achse Paris-Bonn wieder Motorfunktion für Europa übernehmen. Um die deutsche Frage in den Griff zu bekommen, müsse man aber künftig über das deutsch-französische Tandem hinausgehen und das Problem ganz Europas angehen.

Mitterrand erinnerte in diesem Zusammenhang an seine Idee einer europäischen Konföderation und an ein Wort von Napoleon I: Jeder Staat mache die Politik seiner Geographie: »Nun, was uns betrifft, unsere Geographie beinhaltet die Nachbarschaft Deutschlands, das ein sehr mächtiger Nachbar ist, sehr vielfältig, sehr zahlreich. Und dann sind da noch die anderen Nachbarschaften, Europa ganz einfach, und wenn man das deutsche Problem bewältigen will, muß man über das Problem des deutsch-französischen Paares hinausblicken – wobei man darauf achten muß, daß es stabil ist –, um das Problem Gesamteuropas anzugehen.«

Auch von deutscher Seite war man um eine Wiederherstellung des Gleichklangs im deutsch-französischen Verhältnis bemüht. Davon zeugte ein einstündiger Auftritt Kohls im französischen Fernsehen, nur wenige Tage nach den Ausführungen des französischen Präsidenten vom 25. März. Daß er dieses Interview gab, dokumentierte bereits die Bedeutung, welche Helmut Kohl dem aktuellen Stand der bilateralen Beziehungen beimaß. In den Kommentaren der französischen Presse zählte deshalb anderntags weniger, was der Bundeskanzler gesagt hatte, als vielmehr, wie er gewirkt hatte. Das langanhaltende Mißtrauen schien beseitigt. Außer von seiten der französischen Kommunisten wurde ihm auf breiter politischer Front Respekt gezollt für sein Auftreten als Europäer und Staatsmann, der keine alten Rechnungen begleichen wollte. Seine französischen Kritiker waren positiv überrascht und schienen einen anderen Helmut Kohl zu entdecken.[63] Besonders positiv wurde sein Eintreten für den weiteren Ausbau der EG bewertet. So hatte der Kanzler gesagt, daß die Zukunft zeigen werde, wer bereit sei, zugunsten Europas staatliche Souveränität und nationale Rechte abzugeben.

Allen gegenteiligen offiziellen Erklärungen zum Trotz hatten die Äußerungen der führenden französischen Politiker zuvor vor allem eines deutlich gemacht: In Frankreich ging die Sorge um, die zukünftige zentrale Position Deutschlands nach der osteuropäischen Öffnung sowie die Wirtschaftskraft eines geeinten Deutschlands in Europa nicht ausbalancieren zu können. So herrschte Verunsicherung, ob Deutschland seine europapolitische Mustergültigkeit im Zuge seiner gestärkten Stellung nicht aufgeben und Arroganz in wirtschaftlichen Belangen an den Tag legen würde. Dabei wurde die mögliche wirtschaftliche Hegemonie Deutschlands als Vorspiel künftiger politischer Dominanz gefürchtet.

Vor dem Hintergrund dieser französischen Selbstzweifel wird das Verhalten führender Politiker verständlich. Wie die meisten französischen Politiker appellierte auch der Staatspräsident – nach den Wahlen in der DDR – an ein starkes und selbstbewußtes Frankreich. Mitterrand forderte dazu auf, im Bereich der Wirtschaft auf Expansionskurs zu gehen, appellierte an das Selbstvertrauen und die Leistungsfähigkeit Frankreichs, daran, vorhandene Reserven zu mobilisieren, um diese – unausgesprochen auch gegenüber der künftigen deutschen Wirtschaftskraft – voranzubringen.[64] Einen ähnlichen Tenor schlug Premierminister Rocard an. Ein geeintes Deutschland müsse Frankreichs Position nicht notwendigerweise schwächen.[65] Denn, so stellte er die Vorzüge der Position Frankreichs im gegenwärtigen Kräfteverhältnis heraus, Frankreich sei noch vor Deutschland oder Großbritannien, sowohl geographisch als auch historisch-politisch begründet, die Schlüsselmacht in Europa. Die Vereinigung Deutschlands könne nicht die Folgen des Zweiten Weltkrieges auslöschen, schon gar nicht die »psychologischen Narben«. Während Deutschlands Position schon immer auf seiner wirtschaftlichen Stärke basiere, werde die Position Frankreichs immer auch von politischen und strategischen Pfeilern getragen. Doch jenseits von Stärken und Schwächen der einzelnen Nationen komme es künftig vor allem auf die globale Stärke Europas an.

# EUROPÄISCHES RAHMENPROGRAMM

Die deutsche Einheit und die Integration Europas als zwei Seiten einer Medaille – dieser Vergleich gehörte zu den von Helmut Kohl seit dem Fall der Mauer unzählige Male wiederholten Formeln. Bereits in seiner ersten öffentlichen Rede nach dem Fall der Mauer hatte Kohl in Berlin diesen Zusammenhang aufgegriffen und die feste Verankerung Deutschlands im Westen betont. Die Mitgliedschaft in einer sich weiterentwickelnden Europäischen Gemeinschaft war neben der Zugehörigkeit zur NATO die zweite Säule der Westbindung als deutscher Staatsräson. Seitens der Bundesregierung gab es deshalb nie einen Zweifel, daß die Revolution der Rahmenbedingungen gesamteuropäischer Politik nicht zu einem Umdenken bei der westeuropäischen Integrationspolitik führen durfte. Für die EG-Partner war im Gegenzug die Europäische Gemeinschaft ein Mittel, das zusammenwachsende Deutschland fest in den Westen einzubinden. Diese offensichtliche Interessengemeinschaft verhinderte allerdings nicht, daß es auch hier zu intensiven Diskussionen darüber kam, wie diese Einbindung – und damit auch die Eingliederung Ostdeutschlands in die Gemeinschaft – genau aussehen konnte.

## »Sonderfall« Ostdeutschland

Zwei Handlungsstränge waren auf europäischer Ebene maßgeblich für die Einrahmung des deutschen Einigungsprozesses. Zum einen wurde ab Frühjahr parallel zur deutschen Entwicklung die europäische Integration weiter forciert. Zum anderen startete die Europäische Gemeinschaft zahlreiche Aktivitäten, welche eine Einbeziehung der DDR in die EG überhaupt erst organisatorisch-technisch und rechtlich ermöglichten. Beide Prozesse verliefen zwar nicht reibungslos, trugen im Ergebnis aber entscheidend dazu bei, weitere Hürden zu überwinden und die deutsche Vereinigung innerhalb der Zwölfer-Struktur einzubetten.

### *Unterstützung von der EG-Kommission*

Hatte sich die Kommission vor dem Jahreswechsel 1989/90 noch bedeckt und abwartend verhalten, so änderte sich dies ab Anfang 1990 schlagartig. Vorreiter dieses Umschwungs war Kommissionspräsident Jacques Delors, der aufgrund der großen Dynamik der Entwicklungen in der DDR rasch und realistisch die Notwendigkeit zu einer Initiative auf EG-Ebene erkannte. In einem Interview, mit dem er sich zu Beginn der irischen Ratspräsidentschaft zu den wichtigsten Vorhaben der Gemeinschaft für 1990 äußerte, bezog er Stellung zur Frage der deutschen Einheit sowie zur Haltung der Bundesrepublik gegenüber der EG insgesamt.[1] Auf die Frage nach einer möglicherweise bevorzugten Behandlung Ostdeutschlands gegenüber anderen osteuropäischen Beitrittskandidaten verwies Delors noch einmal ausdrücklich auf die im Dezember 1989 beim Europäischen Rat in Straßburg verabschiedete Erklärung. Als Grundprinzipien für die deutsche Einheit waren damals die freie Selbstbestimmung, die Beachtung der in der KSZE-Schlußakte von Helsinki niedergelegten Grundsätze sowie die Einbettung in den Kontext der europäischen Integration genannt worden. Bei Ratifizierung der Römischen Verträge 1957 habe Deutschland erklärt, daß die Mitgliedschaft in der Europäischen Gemeinschaft überprüft werde, wenn die Einheit in den Bereich des Möglichen rücke. Dann formulierte Delors den aus deutscher Sicht entscheidenden Satz: »Das bedeutet, daß, sobald Ostdeutschland eine pluralistische Demokratie mit einer offenen Marktwirtschaft wird, dieses Land seinen Platz in der Gemeinschaft hat. Dies ist meine persönliche Interpretation.« Er unterstütze den Wunsch des deutschen Volkes nach Vereinigung. Statt darin eine Gefahrenquelle zu sehen, gab Delors zu Protokoll, daß eine Vereinigung eher zu einer Verstärkung der Gemeinschaft beitragen werde. Ostdeutschland und die Ostdeutschen seien – nach der Überwindung der Hürden des Kalten Krieges – potentielle Gemeinschaftsmitglieder, denn sie seien auch Deutsche: »Das ist ganz einfach.« Der militärische Status beziehungsweise die Sorge um eine mögliche Neutralität Gesamtdeutschlands würden derzeit keine Rolle spielen. Es gehe nur darum, daß die EG unter dem Prinzip der Selbstbestimmung offen für Ostdeutschland sei.

Auch um die Haltung des Bundeskanzlers zu den weiteren Etappen der Integration mache er sich keine Sorgen, so Delors. Wegen der unterschiedlichen Vorstellungen bei der Realisierung der europäischen Wirtschafts- und Währungsunion bestehe kein Anlaß zur Sorge. Er teile Kohls Wunsch nach einer Kompetenzerweiterung des Europäischen Parlaments vor den nächsten Wahlen im Jahr 1994. Darüber hinaus sei es Aufgabe der Kommission, die »Besorgnisse, die Geschichte und Zwänge aller Mitgliedstaaten zu berücksichtigen«. Die Unabhängigkeit der Deutschen Bundesbank sei ein bedeutendes Symbol für Nachkriegsdeutschland. Somit bestehe die Aufgabe der Gemeinschaft darin sicherzustellen, daß eine Europäische Wirtschafts- und Währungsunion die Politik stabiler Preise, einer starken Währung sowie einer unabhängigen Zentralbank fortsetze. In das Engagement Deutschlands für die EG-Integration habe er auch nach dem Fall der Berliner Mauer großes Vertrauen. Besonders der Bundeskanzler stehe traditionell für eine sehr pro-europäische, innovative Linie. Damit hatte Delors seine Position im anlaufenden Vereinigungsprozeß grundsätzlich skizziert. Sie sollte in den kommenden Wochen und Monaten ein maßgeblicher Faktor für die große Kooperationsbereitschaft und Flexibilität der Kommission sein. Nur wenige Tage später, am 11. Januar, ging Delors sogar noch einen Schritt weiter, indem er die Möglichkeiten der DDR-Integration in die Gemeinschaft konkretisierte. Im Gespräch mit Außenminister Genscher versicherte er, daß Ostdeutschland dabei grundsätzlich drei Wege offenstünden[2]: Neben einer Assoziierung und einer eigenständigen Mitgliedschaft der DDR sei auch die Eingliederung über eine Vereinigung mit der Bundesrepublik möglich.

Am 17. Januar schließlich prägte Delors einen entscheidenden Begriff. Vor dem Europäischen Parlament in Straßburg erklärte er, Ostdeutschland sei ein »Sonderfall«[3]. Damit war die bisherige Linie der Gemeinschaft, nämlich den Kreis der Zwölf nicht vor Ende 1992 zu erweitern und statt dessen der Vertiefung der Integration den Vorrang vor einer Erweiterung zu geben, durchbrochen. Ostdeutschland werde nicht in eine Reihe mit den anderen mittel- und osteuropäischen Beitrittskandidaten gestellt. Falls es dies wolle, habe es seinen Platz innerhalb der Gemeinschaft. Delors trug somit auch argumentativ dem Umstand Rechnung, daß die Ereignisse in der DDR sich mit zunehmender Geschwindigkeit auf eine Vereinigung zubewegten. Aus einem langfristigen Szenario wurde aufgrund der anhaltenden Übersiedlerströme sowie dem deutlicher werdenden Tenor bei den Montagsdemonstrationen in der DDR eine Frage der konkreten Tagespolitik. Für Delors galt es zu verhindern, daß zwischen der deutsch-deutschen Annäherung auf der einen und der europäischen Einigung auf der anderen Seite ein unüberbrückbarer Gegensatz entstand, der die Bundesrepublik vor eine »entweder-oder«-Entscheidung stellen würde. Die gezielte Verknüpfung von europäischer Integration und deutscher Einheit, also die Strategie der Einbindung Deutschlands, sollte statt dessen Vertrauen bei den Partnern schaffen. Delors setzte so bewußt einen Kontrapunkt zu der insgesamt noch skeptischen Haltung innerhalb der EG-Mitgliedstaaten.[4]

Neben Delors war es insbesondere der deutsche EG-Kommissar Martin Bangemann, der sich für eine Sonderbehandlung der DDR einsetzte und sich gleichzeitig darum bemühte, die Sorgen seiner Kollegen vor einem Wiedererwachen deutschen Hegemoniestrebens in Europa auszuräumen. Ähnlich wie Delors machte er sich für eine Vorreiterrolle der Kommission bei der Besetzung des Themas EG und deutsche Einheit stark.[5] Dem Zusammenwirken von Bangemann und Delors war es in der Folgezeit zu verdanken, daß die Kommission sich sehr rasch auf die Entwicklungen einstellte. Die Vereinigung wurde in Brüssel als Chance begriffen, die Integration wirtschaftlich und politisch voranzubringen und gleichzeitig die Kommission als wichtigen und handlungsfähigen europapolitischen Akteur zu profilieren.

Dieser progressiven Haltung der Kommission mochten insbesondere einige kleinere Mitgliedstaaten zunächst nicht folgen, wie ein Sondertreffen der EG-Außenminister am 20. Januar 1990 zeigte. Die Diskussionen um einen möglichen Sonderfall hielten einige der Minister für verfrüht. So meldeten Belgien und die Niederlande grundsätzliche Zweifel an Delors' Sonderfall-Interpretation an: Die international als souveräner Staat anerkannte DDR sei »ein Fall wie jeder andere auch«. Aus ihrer Sicht bedeutete dies, daß die DDR sich in die Reihe der übrigen Beitrittskandidaten einreihen müßte.[6] Auch Margaret Thatcher war mit Delors' Position keineswegs einverstanden. Noch Ende Februar betonte sie, man könne die Geschichte dieses Jahrhunderts nicht einfach ignorieren. Eine automatische Aufnahme des zweiten deutschen Staates komme schon aufgrund der dort seit den dreißiger Jahren andauernden NS- beziehungsweise SED-Herrschaft nicht in Frage, da die DDR keine stabilen demokratischen Grundlagen besitze.[7]

Trotz vereinzelter Proteste zeichnete sich aber auch auf Ebene der Mitgliedstaaten ein allmählicher Wandel ab, nachdem die Kommission sich mit ihrer positiven Grundhaltung gegenüber einer Vereinigung erst einmal an die Spitze der Gemeinschaft gestellt hatte. Auch ein Treffen der EG-Außenminister am 20. Februar 1990 trug dazu bei, Skepsis und latenter Ablehnung gegenüber der Vereinigung entgegenzuwirken.[8] Genscher unterstrich die Bedeutung der europäischen Einigung und der Unterstützung der europäischen Partner für den Vereinigungsprozeß. Er kündigte an, die elf Partnerstaaten in den Meinungsbildungsprozeß zur deutsch-deutschen Annäherung stärker einzubeziehen. Die Partner sollten nicht nur fortlaufend über den Gang der Entwicklungen informiert werden, sondern ihre Meinungen dazu sollten auch regelmäßig eingeholt werden. Genscher äußerte sich eindeutig zur Anerkennung der polnischen Westgrenze und stellte klar, daß Deutschland seinen EG-Verpflichtungen auch in Zukunft nachkommen werde – zwei Punkte, die von den elf Partnern Deutschlands mit besonderer Sensibilität verfolgt wurden.

## Die Gemeinschaft wappnet sich institutionell

Nachdem ihr Präsident Delors zu Jahresbeginn die Leitlinie zur deutsch-deutschen Annäherung vorgegeben hatte, begann die Brüsseler Behörde, sich institutionell zu wappnen. Wie in der Bundesrepublik, wo der Kabinettausschuß »Deutsche Einheit« mit insgesamt sechs thematisch zugeordneten Arbeitsgruppen seine Aktivitäten aufgenommen hatte, wurden auch auf europäischer Ebene spezielle Arbeitsgruppen ins Leben gerufen, die sich mit den Folgen der deutschen Einheit für die EG befassen sollten. Ein erster Impuls hierfür war noch vom Treffen des Europäischen Rates am 8./9. Dezember 1989 in Straßburg ausgegangen. Damals war die Kommission beauftragt worden, die Reaktionen der Gemeinschaft angesichts der deutschen Ereignisse zu untersuchen. Mit der Einrichtung von Arbeitsgruppen im Laufe des Januar sollte unterschiedlichen Problembereichen Rechnung getragen werden[9]:

1. den Folgewirkungen für den europäischen Binnenmarkt (Leitung Kommissar Martin Bangemann),

2. den Konsequenzen für die Außenbeziehungen der EG (Leitung Kommissar Frans Andriessen),
3. den wirtschafts- und währungspolitischen Aspekten (Leitung Kommissar Henning Christophersen).

Eine zentrale Rolle sollte die zusätzlich eingerichtete »Bangemann-Gruppe« übernehmen. Benannt nach dem Vizepräsidenten der Kommission, sollte dieses Team sich nicht nur mit binnenmarktbezogenen oder technischen Fragen befassen, sondern alle die EG berührenden Fragen des deutschen Einigungsprozesses erörtern. Während die politische Koordinierung der Arbeitsgruppen bei Delors selber lag, erwies sich die »Bangemann-Gruppe« im Verlauf des Einigungsprozesses als das wichtigste Bindeglied bei der europäisch-deutschen Abstimmung. In der ersten Sitzung am 8. Februar 1990 erkannten die darin vertretenen Kommissare Bangemann offiziell als Koordinator für die deutschen Fragen an. Neben Kommissionsmitgliedern und Generaldirektoren, denen die Teilnahme an den fortan wöchentlich stattfindenden Treffen offenstand, sollten gegebenenfalls Sachverständige der Bundesregierung zu den Sitzungen herangezogen werden.

Wenngleich man sich innerhalb der Kommission mehrere Szenarien der Integration Ostdeutschlands in die Gemeinschaftsstrukturen vorstellen konnte, hielt die »Bangemann-Gruppe« doch bereits zu diesem frühen Zeitpunkt den Vollzug der deutschen Einheit – und zwar auf der Basis des bundesstaatlichen Prinzips bzw. der Beibehaltung der Länderstruktur – für die wahrscheinlichste Variante. Auf sie wollte die Kommission ihre weiteren Arbeiten stützen.[10] Um Details für eine Übergangszeit bis zur vollständigen Eingliederung des DDR-Territoriums in die EG erarbeiten zu können, sollte vom Zustand der Vollendung der Vereinigung ausgegangen werden. Die von Bangemann vertretene Position, daß der Handel mit den übrigen elf Mitgliedstaaten – vergleichbar dem innerdeutschen Handelsregime – zunächst möglichst zügig von Zöllen und anderen Handelshemmnissen befreit werden sollte, wurde akzeptiert. Die Aktivitäten der Kommission – insbesondere die Einbeziehung von Vertretern oder Abgesandten der Bundesregierung[11] – kamen sowohl der deutschen Seite als auch der Gemeinschaft entgegen: Die Kommission erhielt frühzeitig wichtige Informationen über den Fortgang der deutsch-deutschen Annäherung aus erster Hand und konnte entsprechend rechtzeitig tätig werden. Im Gegenzug dienten Begegnungen mit der Kommission der Bundesregierung dazu, mittels laufender Unterrichtung die Sorge vor möglichen deutschen Alleingängen zu zerstreuen. Gleichzeitig konnte sie auf die Überlegungen der Kommission Einfluß nehmen, um beispielsweise zu verhindern, daß der eigene Handlungsspielraum durch eventuelle richtungsweisende Kommissions-Initiativen beschnitten würde.

Ein erstes Ergebnis ihrer Arbeit legte die Kommission bereits Mitte Februar 1990 in einer internen Studie über die Auswirkungen einer deutsch-deutschen Währungsunion – über deren Stand die Kommission fortlaufend unterrichtet wurde – auf die EG vor. Gleichzeitig präsentierte Delors dem Europäischen

Parlament einen konkreten Kriterienkatalog, mit dem die Folgen der Vereinigung überprüft werden sollten.[12] Auch die Europaparlamentarier wollten in Fragen der deutschen Einheit nicht untätig bleiben, sondern die Entwicklungen aktiv mitbegleiten, fühlten sich zu diesem Zeitpunkt allerdings weder von der Bundesregierung noch von Kommission und Rat ausreichend informiert und schon gar nicht konsultiert. Das Europaparlament gründete deshalb am 16. Februar einen hochrangig besetzten, 20köpfigen Sonderausschuß »Deutsche Einheit«[13]. Dieser hatte fortan die Aufgabe, die Folgen der Vereinigung für die Gemeinschaft zu untersuchen, Stellung zu den Entwicklungen zu beziehen sowie im Gespräch mit deutschen Vertretern aus erster Hand die nötigen Informationen zu beschaffen.

Aus Sicht des Parlaments barg die deutsche Vereinigung neben Chancen auch gravierende Risiken: Eine mögliche Änderung der Sitzverteilung im Parlament etwa konnte für Zündstoff bei der Diskussion um die bekannte Schieflage in der Repräsentanz der Mitgliedstaaten sorgen. Demgegenüber implizierten die eventuell notwendigen EG-Vertragsänderungen – am primären Vertragsrecht – auch Chancen für das Europaparlament, nämlich das Recht auf Mitsprache und damit die direkte Einflußnahme seitens der europäischen Volksvertretung. Die Position des Parlaments bei der Integration der DDR wäre dadurch erheblich aufgewertet worden. Allerdings gelangte bereits der erste Zwischenbericht des Ausschusses Mitte März zu dem Ergebnis, daß Änderungen der EG-Vertragsgrundlagen – zumindest bei einem Beitritt der DDR nach Artikel 23 des Grundgesetzes – wohl nicht nötig sein würden.[14]

## Viele Fragen und einige Antworten

Parallel dazu gab es in Bonn erste Überlegungen, welche Konsequenzen die deutsch-deutschen Entwicklungen auf die Europäische Gemeinschaft haben konnten. Dabei ging es zunächst noch nicht konkret um die Folgen einer Vereinigung von Bundesrepublik und DDR, sondern um mögliche Auswirkungen des Zehn-Punkte-Programmes: Inwieweit wären EG-rechtliche Verpflichtungen der Bundesrepublik und ihre Handlungsfähigkeit betroffen, sollte es mit der DDR zu einer Vertragsgemeinschaft oder Konföderation kommen? Im Wirtschaftsministerium fielen die Antworten Ende Januar 1990 positiv aus.[15] Durch das Protokoll über den innerdeutschen Handel sei bereits ein beachtlicher Handlungsspielraum vorhanden, so die interne Einschätzung. Dieser mache weitgehende Vereinbarungen zwischen den beiden deutschen Staaten möglich, ohne daß sie EG-Recht zuwiderliefen. Offen blieben allerdings andere Fragen:
1. Welche Informations- und Abstimmungsverpflichtungen ergaben sich aus einer weiten Auslegung des Protokolls mit den Institutionen der EG?
2. Wie konnten die Institutionen der Gemeinschaft so in den deutsch-deut-

schen Annäherungsprozeß einbezogen werden, daß dem Informationsbedarf der Gemeinschaft angemessen Rechnung getragen wurde?
3. Wie ließ sich der innerdeutsche Prozeß mit der Entwicklung zur europäischen Wirtschafts- und Währungsunion koordinieren, ohne daß diese sich gegenseitig behinderten?

Grundsätzlich wurde es für nötig und sinnvoll erachtet, die Positionen der übrigen Mitgliedstaaten zu sondieren, da Deutschland letztlich nicht autonom über seine Verpflichtungen gegenüber der EG würde entscheiden können.[16]

Als im Laufe des Februar immer deutlicher wurde, daß es nicht mehr um Vertragsgemeinschaft und konföderative Strukturen, sondern direkt um eine baldige Vereinigung ging, rückte die Frage nach deren Modalitäten in den Vordergrund, da hiervon auch die EG-rechtlichen Konsequenzen entscheidend abhingen. Die Arbeitsgruppe »Außen- und sicherheitspolitische Zusammenhänge« des Bonner Kabinettausschusses »Deutsche Einheit« hatte zwischenzeitlich eigens eine Untergruppe zur Behandlung der europapolitisch relevanten Aspekte eingesetzt. Diese Untergruppe »Europa« tagte erstmals auf Abteilungsleiter-Ebene am 15. Februar 1990.[17] Dabei zeigte sich eine klare Präferenz für einen Beitritt der DDR zur Bundesrepublik nach Artikel 23 Grundgesetz, da die zweite vom Grundgesetz bereitgehaltene Option, Artikel 146, eine neue Verfassung verlangt und damit einen langwierigen und nicht kalkulierbaren Prozeß bedeutet hätte. In beiden Fällen aber ging die Untergruppe »Europa« davon aus, daß mit der Eingliederung der DDR die Identität des EG-Vertragspartners Bundesrepublik nicht verändert würde. Beitrittsverhandlungen mit der Gemeinschaft wurden folglich einhellig für nicht erforderlich befunden. Diese Haltung sollte sich im weiteren Verlauf innerhalb der Bundesregierung als unstrittig erweisen.

Darüber hinaus wurden in Vorwegnahme erwarteter Diskussionen in der europäischen Öffentlichkeit mehrere neuralgische Punkte erörtert: Eine Änderung der Finanzbestimmungen der Europäischen Gemeinschaft wurde nicht für nötig erachtet, da das System ohnehin im wesentlichen flexibel auf der Mehrwertsteuerbemessungsgrundlage und dem Anteil des Bruttosozialprodukts beruhte. Als ein noch wichtigeres Signal an die europäischen Partner wurde der frühe und deutliche Verzicht auf institutionelle Änderungen im EG-Gefüge gesehen. Angesichts der absehbaren EG-internen Diskussionen sollte diese Position zur Vertrauensbildung gegenüber der Gemeinschaft beitragen. Im einzelnen bedeutete dies, daß weder ein größeres Stimmgewicht eines vereinigten Deutschlands im Rat noch zusätzliche deutsche Kommissare gefordert werden sollten. Allerdings wollte man die Frage nach der Zahl der deutschen Abgeordneten im Europäischen Parlament weiter prüfen.[18] Die Erörterung von Anpassungs- und Übergangsbestimmungen auf dem Gebiet des Gemeinschaftsrechtes sollte unter der Federführung des Wirtschaftsministeriums erfolgen. Auch hieraus ergab sich die Notwendigkeit einer frühzeitigen und engen Abstimmung mit der EG-Kommission, da es deren Aufgabe war, die entsprechenden Vorschläge seitens der Gemeinschaft zu formulieren. Intern wurde angeregt, die Koordinierung gezielt mit Jacques Delors und der »Bangemann-Gruppe« zu bewerkstelligen. Während man sich über die entscheidenden Ansprechpartner auf seiten der Brüsseler Behörde einig war, blieb zunächst offen, wer in Bonn die deutschen Interessen bündeln und gegenüber der Kommission vertreten sollte. In Frage kamen neben dem Kanzleramt sowohl das Auswärtige Amt als auch das Wirtschaftsministerium. Vor dem Hintergrund der sachlichen und politischen Gesamtzusammenhänge sowie dem Argument der speziellen deutschlandpolitischen Kompetenz wollte das Bundeskanzleramt diese Aufgabe in seinem Zuständigkeitsbereich ansiedeln.[19]

Mit ihrer schnell entwickelten, klaren Linie bezüglich der Folgewirkungen einer Vereinigung für die Gemeinschaft wollte Bonn den europäischen Partnern Entgegenkommen bedeuten. Außenminister Genscher unterstrich dies beim Treffen mit seinen EG-Amtskollegen am 20. Februar 1990 in Dublin. Neben der Erklärung, daß die Bundesregierung eine Revision der EG-Verträge und eine Änderung des institutionellen Gleichgewichts nicht für nötig erachtete[20] – welcher von seinen Kollegen nicht widersprochen wurde –, gehörte dazu auch die Bekräftigung, daß die Bundesrepublik unvermindert an ihrem europapolitischen Engagement festhalten und engen Kontakt in allen gemeinschaftsrelevanten Fragen des deutsch-deutschen Annäherungsprozesses halten wolle.

### »Brüsseler Spitzen«: Information statt Konsultation

Aus Brüsseler Sicht erfolgten Abstimmung und Koordination trotz der mehrfach bekundeten Absicht der Bundesregierung nicht zufriedenstellend. Die Kritik an mangelnder Unterrichtung, vor allem aber fehlender Konsultation spiegelte sich in zahlreichen Stellungnahmen und Verlautbarungen wider. In mehreren Debatten des Europaparlaments im Frühjahr 1990 – bei denen im Tenor das deutsche Recht auf Selbstbestimmung und damit die deutsche Einheit bejaht wurden – gab es kritische Worte zum Verhalten der Bundesregierung. So reklamierten die europäischen Abgeordneten am 14. Februar das Recht für sich, konsultiert und nicht nur rückwirkend über den deutsch-deutschen Annäherungsprozeß informiert zu werden. Während einer Parlamentsdebatte am 16. März wurden allgemein Warnungen an Deutschland ausgesprochen, keinen Alleingang bei der deutschen Vereinigung zu wagen. Die Mahnungen und Forderungen gipfelten in einer Entschließung, in der am 4. April die deutsche Einheit grundsätzlich begrüßt wurde. Gleichzeitig wurde aber verlangt, daß »die Europäische Gemeinschaft in allen Bereichen, in denen sich Maßnahmen zur Verwirklichung der deutschen Einigung auf die Durchführung der Rechtsvorschriften der Gemeinschaft sowie gemeinschaftliche Programme und Maßnahmen auswirken, in vollem Umfang konsultiert und nicht bloß über die Entwicklungen informiert wird«. Darüber hinaus sollten die EG-Institutionen inklusive des Parlaments in allen Verhandlungsphasen zur Integration des DDR-Gebietes in die EG einbezogen werden, um ein Maximum an »Transparenz und demokratischer Verantwortlichkeit« zu sichern und »eine Vergrößerung des demokratischen Defizits zu vermeiden«.[21]

Selbst von höchster Stelle, nämlich von Präsident Delors selbst, wurde die stärkere Konsultation der Gemeinschaft angemahnt. Auch er kritisierte die fehlende Abstimmungsbereitschaft der Bundesregierung. Die deutsche Regierung informiere Brüssel zwar regelmäßig, aber sie konsultiere Brüssel nicht. Insbesondere im Hinblick auf das Angebot der Bundesrepublik an die DDR zu einer Wirtschafts- und Währungsunion bedauerte er »das bestürzende Schweigen mancher Politiker«[22]. Er habe Verständnis für die Dringlichkeit der deutschen Problematik, aber immerhin sei die Währungsunion »keineswegs eine Sache der Deutschen alleine; aufgrund der Solidarität, die uns im Europäischen Währungssystem verbindet, betrifft sie uns alle«. Eine Meinung, die auch von den Kommissaren Bangemann und Andriessen geteilt wurde, bestanden sie doch ebenfalls auf einem Mitspracherecht bei der deutsch-deutschen Wirtschafts- und Währungsunion.

Daneben richteten sich die europäischen Sorgen auf das grundsätzliche Engagement der Bundesrepublik im europäischen Integrationsprozeß. Würde die Bundesregierung nun, angesichts der Perspektive der deutschen Einheit und der damit verbundenen großen und schwierigen Aufgaben, in ihrem Engagement für die europäische Einigung nachlassen und sich fortan nur noch ihren »inneren« Angelegenheiten widmen? Diese Gefahr schien nicht ganz ausgeschlossen, auch wenn sie unterschiedlich gravierend eingeschätzt wurde. Delors hatte hierzu ebenfalls mahnende Worte an die Adresse der Bundesrepublik gerichtet. Noch weiter ging der belgische EG-Kommissar Karel van Miert, als er konstatierte, daß in der letzten Zeit viel Porzellan zerschlagen worden sei. Die europapolitischen Zusagen des Bundeskanzlers seien lediglich Lippenbekenntnisse. Eine positive Einstellung gegenüber der deutschen Vereinigung gebe es nicht mehr. Ganz offen stellte er die Frage, ob die EG überhaupt mit an dem Tisch sitze, an dem die Maßnahmen auf dem Weg zur deutschen Einheit und damit auch auf dem Weg Ostdeutschlands in die EG beschlossen würden. Trotz der ansonsten eher positiv-pragmatischen Grundhaltung von seiten der Kommission hielt sich ein gehöriges Maß an Skepsis gegenüber der Bonner Zuverlässigkeit in Sachen Europapolitik.[23]

Bei einigen kleineren Mitgliedstaaten herrschte zudem Unzufriedenheit darüber, daß die Bundesregierung zwar zügig der Vereinigung entgegenstrebe, sich gleichzeitig aber gegenüber dem Wunsch nach einer Aufstockung der EG-Finanzmittel zurückhalte. Ende Februar hatte die Kommission erstmals Zahlen über die zu erwartenden Gemeinschaftskosten für die DDR-Eingliederung in die EG ins Spiel gebracht, die eine Größenordnung von drei bis vier Milliarden Mark jährlich über einen nicht näher benannten Zeitraum umfaßten. Insbesondere die wirtschaftsschwächeren EG-Staaten befürchteten nun, bei unveränderter Finanzausstattung künftig weniger Zuschüsse aus den Strukturfonds zu erhalten. Erneut war es Bangemann, der versuchte, die angesichts solcher Szenarien erhitzten Gemüter zu beruhigen.[24] Zum einen werde die Bundesrepublik den größten Teil der anfallenden Kosten selber tragen, zum anderen werde es langfristig natürlich zu einer Aufstockung des EG-Haushaltes kommen, da die vergrößerte Bundesrepublik weiterhin unter die Einnahmeregeln der Gemeinschaft falle und deshalb nicht nur Empfänger, sondern automatisch auch Geber sein werde. Das Volkseinkommen des vereinigten Deutschlands werde im übrigen immer noch weit über dem EG-Durchschnitt liegen und sich folglich auf seinen Beitrag in die Gemeinschaftskassen auswirken.

Am 23. März 1990 ergriff Kohl bei einem Treffen mit der EG-Kommission in Brüssel die Gelegenheit, selbst Stellung zu derlei Skepsis und Mahnungen zu nehmen.[25] Im Mittelpunkt der Begegnung standen die jüngsten deutsch-deutschen Entwicklungen und deren Konsequenzen für die Gemeinschaft. Kohls Bericht wurde von den Kommissaren insgesamt sehr positiv aufgenommen. Dabei hatte der Bundeskanzler nicht mit deutlichen Worten hinter dem Berg gehalten. So äußerte er einerseits Verständnis dafür, daß viele Menschen Schwierigkeiten mit der rasanten Geschwindigkeit des Umbruchs in der DDR und dem daraus resultierenden Prozeß hätten. Gleichwohl könne er nicht begreifen, daß man am deutschen Europakurs grundsätzlich zweifle. Unabhängig davon, was gesagt oder geschrieben werde, bleibe er weiter seinen Grundprinzipien – nämlich deutsch-französischer Verständigung und europäischer Einigung – fest verbunden. Die deutsche Einheit werde die europäische Integration vorantreiben. Kohl bat um mehr Vertrauen: Er habe sich und seine Haltung nicht geändert. »Wir wollen nicht das Vierte Reich. Wir wollen niemanden überrollen. Wir wollen uns auch nicht wie der Elefant im Porzellanladen benehmen: Wir wollen deutsche Europäer und europäische Deutsche sein.« Helmut Kohl versuchte, wie er es formulierte, »berechtigte und unberechtigte« Sorgen vor deutschen Alleingängen zu zerstreuen.

Die von den übrigen Elf erwartete politische Geste zur Bekräftigung des bisherigen europapolitischen Kurses Deutschlands erfüllte Kohl nur insofern, als er sich für einen beschleunigten Ausbau zu einer politischen Einheit Europas aussprach und sein Engagement hierfür unterstrich. Die Hoffnungen einiger Partner, er werde darüber hinaus bei der Vorverlegung der Regierungskonferenz über die europäische Wirtschafts- und Währungsunion Zugeständnisse machen, erfüllte er nicht. Auf Genugtuung stieß Kohls Ankündigung, die nächsten Schritte zur deutschen Einheit eng mit den elf Partnern sowie der Kommission abstimmen zu wollen. Die Bundesregierung wünsche intensive und regelmäßige Konsultationen. Nur so könne gewährleistet werden, daß es weniger Mißverständnisse und Desinformationen über die Haltung Deutschlands gebe. Die Kommission erwartete nach diesen Ankündigungen, daß ihre Vertreter immer dann hinzugezogen würden, wenn es in den deutsch-deutschen Verhandlungen um Belange von europäischer Tragweite gehen sollte. In der Tat erfolgte die Abstimmung in der Folgezeit auf mehreren Ebenen. So gab es Treffen zwischen hohen Bonner und Brüsseler Beamten; Vertreter der Bundesregierung nahmen an den Sitzungen der »Bangemann-Gruppe« teil. Bangemann selbst wurde zu Kabinettsitzungen in Bonn eingeladen, bei denen es um EG-Themen ging.[26]

### Konsequenzen und Szenarien: »2+4+12«?

Die nachhaltige Forderung der europäischen Partner, in die deutsch-deutschen Entwicklungen einbezogen zu werden, hing eng mit den erwarteten Konsequenzen für die Gemeinschaft zusammen. Bei konkreten Schritten hin zu einer Wiedervereinigung, so die Annahme, würden Interessen der Zwölfer-Gemeinschaft so stark betroffen, daß deren Einbeziehung in die internationalen Gespräche notwendig schien. Ohne daß eine unmittelbare Beteiligung an den anlaufenden »Zwei-plus-Vier«-Verhandlungen gefordert wurde, deutete die diskutierte Formel »2+4+12« doch den Mitspracheanspruch der Gemeinschaft an.[27] Eine der zentralen Fragen war die Zukunft der völkerrechtlichen Verpflichtungen der DDR. Während man allgemein vom unveränderten Fortbestand des Gemeinschaftsrechtes für eine erweiterte Bundesrepublik ausging, war unklar, was im Gegenzug mit den existierenden DDR-Verträgen – insbesondere aus dem Bereich des Rates für gegenseitige Wirtschaftshilfe (RGW) – geschehen sollte. Würde die Bundesrepublik in die Rechtsnachfolge derartiger Verpflichtungen eintreten, die zum Teil in die unmittelbare Kompetenz der EG fallen würden? Obwohl der Umfang dieser teilweise geheimen Verpflichtungen der DDR noch nicht vollständig bekannt war[28], verständigten sich Kommission und Bundesregierung zunächst auf das Prinzip des »Vertrauensschutzes«. In Bonn sollte geprüft werden, welche der Verträge mit sonstigen Verpflichtungen der Bundesrepublik vereinbar waren und übernommen werden sollten; die Kommission ihrerseits behielt sich eine Prüfung dieses Bestandes auf seine EG-Rechtskonformität vor.[29] Auch wenn man in Bonn und Brüssel davon ausging, daß die Rechtspersönlichkeit der Bundesrepublik mit der Vereinigung via Beitritt nicht verändert würde, so mußten für das Territorium der DDR doch gewisse Einschränkungen gelten. Dies betraf vor allem das Gemeinschaftsrecht, das eigentlich nach Herstellung der deutschen Einheit auch auf dem Gebiet der DDR unmittelbar in Kraft treten mußte. Hier galt es, Übergangsregelungen zu finden, die eine verträgliche und schrittweise Eingliederung der DDR in die Europäische Gemeinschaft ermöglichten.[30]

Andere Überlegungen betrafen die institutionelle Ordnung der Gemeinschaft, deren inneres Gleichgewicht mit der Vereinigung zur Debatte stand. Konkret ging es um die Frage, welche Konsequenzen sich aus einer Vergrößerung der Bundesrepublik beispielsweise für die Stimmverteilung in den Gemeinschaftsorganen ergeben konnten. Dies betraf die Anzahl der deutschen

Abgeordneten im Europäischen Parlament, die Stimmengewichtung im Rat sowie die Zusammensetzung der Kommission. Ein vereintes Deutschland mit rund 80 Millionen Einwohnern würde von der Bevölkerungszahl her die drei anderen großen Gemeinschaftsmitglieder Frankreich, Italien und Großbritannien noch deutlicher hinter sich lassen. Trotz des darin liegenden Konfliktpotentials kristallisierte sich sehr schnell eine einheitliche Position der Bundesregierung heraus: Veränderungen im institutionellen Gefüge stünden nicht zur Debatte, weswegen Bonn weder mehr Stimmen im Rat noch weitere deutsche EG-Kommissare verlangen wollte. Bei der künftigen Zahl der Abgeordneten zum Europaparlament legte die Bundesregierung sich zunächst noch nicht fest, signalisierte den Partnern aber frühzeitig Interesse an einer einvernehmlichen Lösung.[31]

Bis zu den Volkskammerwahlen in der DDR am 18. März war allerdings völlig unklar, nach welchen Modalitäten die Eingliederung der DDR in die Strukturen der EG erfolgen würde. Diskutiert wurden drei Möglichkeiten, die unter dem von Delors geprägten Oberbegriff »Sonderfall Ostdeutschland« standen[32]: Die erste Option sah eine Assoziierung über einen Kooperationsvertrag zwischen der DDR und der EG vor. Die Aushandlung eines Handels- und Kooperationsabkommens gemäß Artikel 113 des EWG-Vertrages (EWGV) war bereits im Dezember 1989 beschlossene Sache gewesen, die entsprechenden Vorbereitungen waren zu Jahresbeginn angelaufen. Dabei war anfangs umstritten, ob neben dem Handelsabkommen auch ein Assoziierungsvertrag mit der DDR gemäß Artikel 238 EWGV ausgehandelt werden sollte. Vor allem die Modrow-Regierung hatte sich hierfür eingesetzt, da ein derartiger Vertrag die Vorstufe zu einem eigenständigen EG-Beitritt der DDR (gemäß Artikel 237 EWGV) gebildet hätte. Diese zweite Eingliederungs-Option hätte allerdings vorausgesetzt, daß die DDR auf nicht absehbare Zeit ein souveräner Staat geblieben wäre beziehungsweise die Europäische Gemeinschaft den entsprechenden Anspruch der Modrow-Regierung unterstrichen hätte. Insbesondere die Bundesregierung lehnte deshalb ein solches Verfahren strikt ab. Zudem hätte dieses Procedere die Zustimmung aller Mitgliedstaaten und EG-Institutionen erforderlich gemacht. Da in Brüssel seit längerem die Beitrittsgesuche anderer Staaten vorlagen, stieß diese Idee einer Sonderrolle der DDR nicht nur bei der Bundesregierung auf Ablehnung, wie sich schon bei der Außenministertagung am 20. Januar gezeigt hatte. Belgien und die Niederlande etwa lehnten jegliche Vorzugsbehandlung der DDR ab, Frankreich äußerte Bedenken hinsichtlich der politischen und wirtschaftlichen Reife der DDR für einen Beitritt nach Artikel 237 EWGV. Für die Kommission bezeichnete Vizepräsident Bangemann diese Lösung wegen der andauernden Zugehörigkeit der DDR zum Warschauer Pakt als indiskutabel.[33]

Die dritte Variante bestand in der Integration über den Weg der deutschen Vereinigung nach Artikel 23 Grundgesetz, also einer »simplen« Vergrößerung des Mitgliedstaates Deutschland. Dies schien nach allgemeiner Überzeugung die einfachste Lösung zu sein, da sie keinen Vertrag über einen förmlichen Beitritt zur EG erfordern würde. Der völkerrechtliche Grundsatz der »beweglichen Vertragsgrenzen« würde es ermöglichen, die Anwendung des Gemeinschaftsrechtes auf dem durch eine Vereinigung vergrößerten, in seiner rechtlichen Identität aber unveränderten Staatsgebiet der Bundesrepublik weitergelten zu lassen. In der Konsequenz bedeutete dies, daß fast alle Anpassungen und Übergangsregelungen durch Mehrheitsbeschlüsse des Ministerrates bzw. einfache Verwaltungsakte der Kommission geregelt werden konnten. Kommission und Ministerrat schlossen sich dieser Ansicht an; nur wenige gegenteilige Stimmen erhoben sich. Unklar waren demgegenüber die Konsequenzen aus einer Vereinigung nach Artikel 146 Grundgesetz, die eine neue Verfassung für das vereinte Deutschland erforderlich gemacht hätte. Die Frage, ob dadurch ein neues Völkerrechtssubjekt entstehen beziehungsweise Deutschlands bisherige vertragliche Verpflichtungen gegenüber der Gemeinschaft ihre Gültigkeit verlieren und damit komplizierte Neuaushandlungen der EG-Verträge nötig würden, war umstritten.[34]

Wegen der bevorstehenden Volkskammerwahlen in der DDR mußte eine Entscheidung über das Verfahren zur Eingliederung der DDR in die Gemeinschaft zunächst hintangestellt werden. Intern wurde in Brüssel allerdings schon vor dem 18. März der Weg einer Vereinigung Deutschlands nach den Bedingungen des Artikels 23 Grundgesetz eindeutig favorisiert. Bundesregierung und Kommission zeigten sich in diesem Punkt vollkommen einig: Das Gesetz des Handelns wurde so nicht an die Mitgliedstaaten oder den Rat abgetreten, wie es bei Beitrittsverhandlungen oder förmlicher Vertragsänderung zwangsläufig der Fall gewesen wäre. Statt dessen konnte die Kommission qua administrativem Akt bei der Eingliederung des DDR-Territoriums in enger Abstimmung mit der Bundesregierung eine maßgebliche Rolle einnehmen. Ungeachtet des Verfahrens war klar, daß die Integration der DDR zahlreiche Übergangsmaßnahmen erfordern würde, deren Ausgestaltung der Kommission vom Rat überantwortet würde. Für die Kommission lag hierin also eine nicht unerhebliche Profilierungschance, die Jacques Delors nutzen wollte.[35]

*Vom Prozeß überholt, oder: Die Tinte war kaum getrocknet...*

Obwohl im Frühjahr 1990 immer wahrscheinlicher wurde, daß sich die EG-Eingliederung der DDR über eine Vereinigung mit der Bundesrepublik vollziehen würde, hielt die Kommission an dem geplanten Abschluß eines Handels- und Kooperationsabkommens mit der DDR fest. Dieses Abkommen stellte keinen qualitativ neuen Sprung dar, sondern fügte sich in das bereits existierende Konzept der Kommission ein, erste politische Kontakte mit den Staaten des RGW mittels Handelserleichterungen und koordinierten Absprachen aufzunehmen. Die besonderen Grundlagen für ein solches Abkommen mit der DDR reichten in die Anfänge der Europäischen Gemeinschaften zurück. Schon die Römischen Verträge hatten der DDR im Verhältnis zur EG eine Sonderstellung eingeräumt, welche sich von der anderer Drittländer klar unterschied.[36] Diese Sonderstellung manifestierte sich am deutlichsten im »Protokoll über den innerdeutschen Handel und die damit zusammenhängenden Fragen« zu den Römischen Verträgen. Darin war verankert worden, daß der Handel zwischen der DDR und der Bundesrepublik innerdeutschen Charakter habe und damit weder Außenwirtschafts- noch Zollgesetze der EG galten. Die DDR war quasi in den innereuropäischen Handel miteinbezogen – soweit dies keine schädlichen Auswirkungen auf die übrigen EG-Partner hatte.[37]

Trotz anfänglichem Desinteresse und Zurückhaltung gegenüber einer weitergehenden Kooperation mit der EG wollte auch die DDR vom bevorstehenden europäischen Binnenmarkt profitieren.[38] So hatte sie ihr Interesse an einem Handels- und Kooperationsabkommen mit den Zwölf noch vor dem Fall der Mauer bekundet. Erste Kontakte dazu hatte es im Januar 1989 zwischen der Kommission und DDR-Abgesandten gegeben. Bei weiteren Sondierungsgesprächen im Sommer 1989 waren erste strittige Punkte aus dem Weg geräumt worden. Die massiven innenpolitischen Schwierigkeiten in der DDR behinderten in der Folge jedoch den Fortgang der Gespräche. Am 1. November 1989, nur wenige Tage vor dem Mauerfall, knüpfte Bangemann bei einem Besuch in Ost-Berlin an diese Kontakte an.[39] Die Visite wurde durchaus kritisch beäugt, da sie die Gefahr einer Aufwertung der Krenz-Regierung barg. Unter den EG-Außenministern herrschte nur geringe Bereitschaft, entsprechend den Vorstellungen der DDR ein Handelsabkommen zu unterzeichnen, das vor allem dem Abbau mengenmäßiger Beschränkungen beim Im- und Export von Waren auf beiden Seiten dienen sollte.

Mit dem Fall der Mauer änderte sich die Situation grundlegend. Nachdem die DDR-Regierung bis dahin lediglich einen Handelsvertrag angestrebt hatte, wollte sie nun – in dem Bestreben, mit anderen osteuropäischen Staaten gleichzuziehen – auch den Abschluß eines Kooperationsvertrages. In einem wenige Tage nach dem Mauerfall verfaßten Memorandum vom 17. November 1989 teilte der neue Regierungschef Hans Modrow ein entsprechendes Ansinnen mit.[40] Auch innerhalb der EG-Kommission setzte nun ein Umdenken ein. Anläßlich des Bangemann-Besuches in der DDR am 1. November hatte Kommissar Andriessen seine Skepsis über den Wert eines Handelsabkommens noch sehr deutlich formuliert: In der momentanen Umbruchsphase bestehe die Gefahr, »daß die Tinte unter dem Abkommen noch nicht getrocknet ist und man schon wieder einen neuen Vertrag aushandeln muß«[41]. Wenige Wochen später erklärte Andriessen dann während eines Besuches Anfang Dezember 1989 in Ost-Berlin, die Beziehungen zur DDR könnten über den Handel hinaus auf eine umfassendere Kooperation ausgedehnt werden. Die künftigen Beziehungen sollten einem dynamischen Prozeß gleichkommen, der gemäß den wirtschaftlichen und politischen Entwicklungen graduell ausgebaut werden sollte.[42]

Als Folge der neuen Rahmenbedingungen erteilten der Europäische Rat von Straßburg am 8./9. Dezember bzw. der Rat der Außenminister am 18./19. Dezember 1989 der Kommission Mandat und Verhandlungsdirektiven zur Ausarbeitung eines solchen Abkommens. Am 29. Januar 1990 wurden die eigentlichen Verhandlungen aufgenommen. Die EG orientierte sich bei der Konzeption an bestehenden Abkommen mit anderen osteuropäischen Staaten, wobei allerdings im Falle der DDR die Besonderheit des innerdeutschen Handels nicht tangiert werden durfte.[43] In einem ersten perspektivischen Ausblick auf die künftige Zusammenarbeit mit der DDR sprach die Kommission von einem auf zehn Jahre angelegten Abkommen. Bestehende Handelsbarrieren sollten bis 1995 sukzessive abgebaut werden. Die Kooperation sollte sich unter anderem auf die Bereiche Industrie, Bergbau, Wissenschaft, Technik, Landwirtschaft, Transport und Tourismus erstrecken. Die Verhandlungen gingen vor allem deshalb relativ reibungslos vonstatten, weil die DDR-Seite sich nunmehr sehr kompromißbereit zeigte – und immer deutlicher wurde, daß dem Abkommen keine große Zukunft beschieden sein würde.

Der Kurzlebigkeit eines solchen Abkommens mit der DDR war man sich auch innerhalb der Kommission bewußt. Bereits auf der ersten offiziellen Sitzung der »Bangemann-Gruppe« am 8. Februar 1990 hatte Bangemann zur Sprache gebracht, daß das Handels- und Kooperationsabkommen mittel- und langfristig gegenstandslos sein werde. Nichtsdestotrotz vertrat er die Ansicht, daß dessen Abschluß so schnell wie möglich erfolgen sollte, handelte es sich doch auch um ein wichtiges politisches Signal an die DDR. Allerdings verständigte man sich kommissionsintern darauf, bis zu den Volkskammerwahlen keinen hochrangigen Besuch mehr in die DDR zu schicken.[44] Auch im Kanzleramt war man sich der Problematik beim Umgang mit dem alten Regime bewußt. Hier hätte man gerne eine noch restriktivere Haltung gegenüber der Modrow-Regierung eingenommen. Um so sensibler wurden die Überlegungen der Kommission verfolgt, inwieweit Brüssel dem Drängen Modrows nach Paraphierung des fast fertigen Handels- und Kooperationsabkommens noch vor den Wahlen am 18. März nachgeben sollte.[45] Auch das Auswärtige Amt hatte bereits eine interne Positionsabstimmung angeregt. Vorschläge aus dem Kanzleramt zielten darauf, nach außen Zurückhaltung zu bewahren, um den Eindruck zu vermeiden, die Bundesregierung wolle die Kommission oder die DDR bevormunden. Auf vertraulicher Ebene allerdings sollte der Kommission signalisiert werden, daß es auch in deren Interesse sei, mit der Paraphierung bis nach den ersten freien Wahlen in der DDR zu warten. Während das Bundeswirtschaftsministerium dies offensichtlich für nicht so problematisch erachtete, vertrat das Auswärtige Amt eine ähnliche Position wie das Kanzleramt.

Die Entscheidung darüber fiel allerdings andernorts: Im Kreise der Ständigen Vertreter in Brüssel wurde am 28. Februar 1990 mehrheitlich – vor allem Belgien, Frankreich und Großbritannien zeigten sich als Befürworter – beschlossen, das Abkommen noch vor der Volkskammerwahl zu paraphieren.[46]

Auch die Kommission war der Ansicht, daß dies zeitlich machbar sei. Schließlich, so die Erklärung, stelle die Paraphierung kein »spektakuläres politisches Ereignis« dar, welches zur Aufwertung der Modrow-Regierung beitragen würde. Gemäß der gemeinsamen Linie von Kanzleramt und Auswärtigem Amt, sich in dieser Frage nicht öffentlich gegen die Kommission zu stellen, versicherte Bonns Ständiger Vertreter in Brüssel, Jürgen Trumpf, in dieser Runde, daß prinzipiell nichts gegen eine bloße Paraphierung des Abkommens einzuwenden sei. Die eigentliche Unterzeichnung solle aber auf keinen Fall mehr vor dem 18. März erfolgen.

Das Abkommen wurde schließlich am 13. März paraphiert. Drei Tage später gab das europäische Parlament seine Zustimmung. Als am 8. Mai die feierliche Unterzeichnung stattfand, bewahrheitete sich allerdings die Prognose von Kommissar Andriessen: Das Abkommen war bereits überholt, als die Unterschriften darunter getrocknet waren. Die Vereinigungsverhandlungen zwischen den beiden deutschen Staaten waren zu diesem Zeitpunkt schon so weit gediehen, daß ein eigenständiges Abkommen zwischen der DDR und der EG letztlich nur noch Makulatur war. Ein am 16. März 1990, zwei Tage vor den Wahlen in der DDR, von Modrow vorgelegtes Memorandum, mit dem dieser eine eigenständige Mitgliedschaft der DDR in der EG forderte, wurde von den zwölf EG-Partnern bereits nicht mehr ernst genommen. Es entsprach auch nicht dem Willen der neuen DDR-Regierung unter Lothar de Maizière. Diese ging von Anfang an davon aus, daß es nicht mehr zu einer eigenständigen EG-Mitgliedschaft kommen werde, wünschte sich allerdings direkte Verbindungen zwischen Ost-Berlin und Brüssel, um dort unmittelbar für die eigenen Interessen werben zu können.[47] Immerhin lieferte die Gemeinschaft mit dem zügig ausgehandelten Handels- und Kooperationsabkommen einen eindrucksvollen Beleg für ihren Willen, die DDR schnell in ihren Kreis aufzunehmen.

*Geschmeidig und flexibel: der »Dreiphasenplan« der Kommission*

Das Ergebnis der Volkskammerwahlen ließ auch in Brüssel keinen Zweifel daran zu, daß die Deutschen eine schnelle Vereinigung wünschten. Die neue Regierungskoalition sprach sich nun ebenso wie die Bundesregierung für den schnellen Weg nach Artikel 23 Grundgesetz aus. Beide deutschen Regierungen legten zudem noch einmal deutliche Bekenntnisse zur europäischen Integration ab, um die europäischen Partner zu beruhigen.[48] EG-Kommissionspräsident Jacques Delors kommentierte das Wahlergebnis mit dem Hinweis, daß die Schwierigkeiten nun erst begännen.[49] Er unterstrich die Notwendigkeit intensiver Konsultationen und Konzertierung zwischen der Bundesregierung und den elf Partnern sowie der Brüsseler Behörde bei den Verhandlungen zur deutsch-deutschen Wirtschafts- und Währungsunion. An den innerdeutschen Verhandlungen sollte künftig stets ein Kommissionsvertreter teilnehmen, um die Machbarkeit der einzelnen Schritte aus Brüsseler Sicht zu überprüfen. Jede Maßnahme zur DDR-Integration müsse nun abgestimmt werden. Delors hob noch einmal hervor, daß ein politisches Signal aus Bonn zur weiteren EG-Integration wünschenswert wäre, welches das europäische Engagement Kohls – an dem prinzipiell kein Zweifel bestehe – erneut unter Beweis stellen würde. Während Delors ein grundsätzliches Mitspracherecht der Gemeinschaft einforderte, vertrat Bangemann eine zurückhaltendere Position: Ein Recht der Kommission auf Mitentscheidung gebe es nur dort, wo die Gemeinschaft unmittelbare politische und finanzielle Verantwortung trage.

Das Wahlergebnis vom 18. März hatte auch den Weg für die von der Kommission favorisierte Eingliederung Ostdeutschlands in die EG über einen Beitritt der DDR zur Bundesrepublik frei gemacht. Delors, Bangemann und Andriessen betonten deshalb auf einer Sitzung des Sonderausschusses »Deutsche Einheit« am 22. März im Europäischen Parlament, daß sie nun von Artikel 23 Grundgesetz als Vorgabe für den weiteren Weg der Vereinigung ausgingen. Die Parlamentarier begrüßten dies in einer deutschlandpolitischen Resolution vom 4. April.[50] Die Diskussion um eine eventuell erforderliche Rechtsanpassung der EG-Verträge war endgültig obsolet geworden. Innerhalb der nunmehr klaren Rahmenbedingungen konnte die Kommission ihre Planungen und Vorarbeiten für eine reibungslose Eingliederung des DDR-Gebietes vorantreiben. Bei einem Gespräch mit deutschen Ressortvertretern am 22. März 1990 bekräftigte die Kommission noch einmal ihre Position, daß bei einem Beitritt der DDR zur Bundesrepublik die Eingliederung Ostdeutschlands in die EG ohne eine Änderung der Gemeinschaftsverträge ablaufen könne.[51] Zugleich wurden bereits verschiedene Integrationsphasen skizziert:
1. eine Anpassungsperiode, die bis zum Zeitpunkt der Vereinigung reichen und Anpassungsmaßnahmen sowie das Anlaufen der EG-Tätigkeiten beinhalten sollte;
2. eine Übergangsperiode, die vom Zeitpunkt der Vereinigung an zeitlich unterschiedlich befristete Übergangsregelungen für die einzelnen Bereiche vorsehen sollte;
3. die Endstufe mit uneingeschränkter Geltung des Gemeinschaftsrechtes.

Am 20. April 1990 wurden die von der Kommission entwickelten Leitlinien und das Procedere für eine zeitlich abgestufte DDR-Integration erstmals ausführlich und schriftlich präsentiert. Grundannahme war die Vereinigung nach Artikel 23 Grundgesetz, weswegen Änderungen an den Römischen Verträgen nach Artikel 237 EWGV nicht nötig erschienen. Die einzelnen Phasen sahen Übergangsmaßnahmen vor, um zu vermeiden, daß durch den Beitritt der DDR zur Bundesrepublik – und damit die unmittelbare Gültigkeit des gesamten Gemeinschaftsrechtes – inakzeptable Härten in Ostdeutschland entstünden. Grundlage war die erwähnte Dreiteilung:
1. Interimsphase: Sie sollte parallel zur deutsch-deutschen Wirtschafts-, Währungs- und Sozialunion am 1. Juli 1990 beginnen. Das Gemeinschaftsrecht

sollte bereits soweit als möglich in der DDR zur Anwendung kommen (z.B. Beihilfen- und Wettbewerbsrecht), die Voraussetzungen für die zweite Phase – wie etwa Reformen wirtschaftlicher und sozialer Art als Grundlagen für marktwirtschaftliche Bedingungen – sollten geschaffen werden; das Protokoll zum innerdeutschen Handel sollte zunächst bestehenbleiben.
2. Übergangsphase: Mit der formalen Vereinigung Deutschlands sollte das Gemeinschaftsrecht zur generellen Anwendung kommen. Nur noch wenige, eng definierte Ausnahmeregelungen im Bereich des sekundären Gemeinschaftsrechtes (also bei Richtlinien, Verordnungen, Entschließungen) sollten gestattet sein. Als zeitliche Zielvorgabe war die Vollendung des Binnenmarktes zum 31. Dezember 1992 vorgesehen.
3. Endgültige Phase: Das Gemeinschaftsrecht sollte in vollem Umfang gelten.

Nur einen Tag später, am 21. April 1990, wurde der Vorschlag der Kommission über den stufenweisen Übergang der DDR in die EG von den zwölf Außenministern auf einer informellen Ministerratssitzung gebilligt.[52]

## *Die Entwicklungen kanalisieren*

Trotz des Bekenntnisses beider deutscher Regierungen zur europäischen Integration zeigten sich weiterhin die Nachbarn über mögliche Folgewirkungen der deutschen Vereinigung auf die Europäische Gemeinschaft besorgt. Insbesondere die Befürchtung, die geplante Europäische Wirtschafts- und Währungsunion werde sich nun verzögern, war nicht nur auf französischer Seite virulent. In einem Brief vom 13. Februar 1990 schrieb der irische Ministerpräsident und amtierende Präsident des Europäischen Rates, Charles Haughey, an Helmut Kohl, wie wichtig es sei, gerade jetzt das Europa der Zwölf entschieden voranzubringen.[53] Es gelte nicht nur, die eigenen Interessen wahrzunehmen, sondern auch, den in einem neuen Europa veränderten Anforderungen an die EG Rechnung zu tragen. In diesem Zusammenhang, so Haughey, sei bei einigen Partnern die Überlegung aufgekommen, die Regierungskonferenz zur Vorbereitung der Europäischen Wirtschafts- und Währungsunion vorzuziehen. Er halte es deshalb für erforderlich, ein außerordentliches Treffen der Staats- und Regierungschefs einzuberufen, um sich auf höchster Ebene auf einen einheitlichen Standpunkt zu verständigen, wie es bereits Delors angeregt habe.

Die Idee zu einem Sondergipfel wurde in den Tagen danach rasch und in enger Abstimmung mit Kohl und Delors konkretisiert. Am 16. Februar teilte der irische Botschafter in Bonn dem Kanzleramt mit, daß Haughey schon bald zum Sondergipfel einzuladen gedenke, und zwar für Ende März oder Anfang April. Haughey wolle den genauen Termin aber vorab mit dem Bundeskanzler besprechen. Kohl ließ Haughey daraufhin mitteilen, daß er einen Termin in der zweiten Aprilhälfte bevorzugte, und schlug den 28. April vor.[54] Jacques Delors war mit diesem konkreten Schritt des Bundeskanzlers sehr zufrieden, als er sich

am 16. Februar mit den beiden Kohl-Mitarbeitern Ludewig und Hartmann in Paris zu einem Gespräch traf.⁵⁵ Gleichwohl zeigte sich der Kommissionspräsident auch kritisch: Aus einer Reihe von Gesprächen habe er den Eindruck gewonnen, daß die Besorgnis über die Entwicklung der Dinge in Deutschland wachse. Zum Teil handele es sich dabei um eine fast »irrationale Feindseligkeit«, so Delors, der Gespräche mit französischen, niederländischen, italienischen und polnischen Politikern erwähnte. Insbesondere der polnische Premierminister Mazowiecki werde in bezug auf Deutschland von einem regelrechten Alptraum verfolgt. Dies bleibe natürlich nicht ohne Konsequenzen für die europäische Einigung, erklärte Delors weiter. So gebe es Stimmen, die in dem sich abzeichnenden Weg zur deutschen Einheit gleichzeitig das Ende der bisherigen Europapolitik ausmachten. Hartmanns Einwand, beim Gipfel in Straßburg habe man im Hinblick auf die Wirtschafts- und Währungsunion sowie die Politische Union konkreten Fortschrittswillen demonstriert, wies Delors zurück. Der große Einsatz für die deutsche Vereinigung lasse in den Augen der Kritiker momentan Deutschlands Willensbekundungen verblassen, wenn diesen nicht Taten folgten. Für den geplanten Sondergipfel schwebte Delors deshalb vor, eine Botschaft zu verabschieden, die zwei Bereiche umfassen sollte:
– Zum einen sollten die EG-Mitgliedstaaten erneut bekräftigen, daß sie die Politische Union verwirklichen wollten. Entsprechend gehaltvoll formuliert, würde damit deutlich, daß die aktuellen Entwicklungen in Deutschland und Europa dieses Ziel nicht behinderten.
– Zum anderen sollte die Botschaft eine Solidaritätsadresse an die Menschen in der DDR enthalten, mit der vermittelt würde, daß die Gemeinschaft zur Unterstützung bereit sei.
Er wolle sich, so Delors, persönlich dafür einsetzen, auch wenn es Widerstand geben sollte – womit er insbesondere von seiten Margaret Thatchers rechnete. Darüber hinaus könne ein konkretes Angebot der EG, beispielsweise Gemeinschaftsmittel bereitzustellen, dazu beitragen, das »EG-Bewußtsein« in Ostdeutschland zu fördern. Einen solchen Vorschlag werde er natürlich nur in Abstimmung mit dem Bundeskanzler machen.

In der Folgezeit liefen im Bonner Kanzleramt die Überlegungen an, wie man mit diesem Angebot verfahren sollte.⁵⁶ Der Bundeskanzler wollte auf die Anregungen Delors' schriftlich reagieren. Beide Initiativen des Kommissionspräsidenten – Politische Union und Solidaritätsadresse – waren aus Sicht des Kanzleramtes grundsätzlich begrüßenswert, gleichwohl aber mit Risiken behaftet. Was die Verwirklichung der Politischen Union anbelangte, herrschten zwischen den Mitgliedstaaten noch Uneinigkeit und Unklarheit über das Ziel. Da es aus innenpolitischen Gründen problematisch gewesen wäre, über eine Beschleunigung des EG-Prozesses auch die Europäische Wirtschafts- und Währungsunion in den Vordergrund zu rücken – wie beispielsweise von Italien und Frankreich befürwortet –, mußte dieses Thema vorsichtig behandelt werden. Es ging der Bundesregierung deshalb insbesondere darum, die institutionellen

Reformen zu fokussieren, wozu ein Ausbau der gemeinsamen außenpolitischen Bemühungen und mehr Rechte für das Europaparlament gehörten. Diese Frage wurde bislang nur vom Europaparlament und der Kommission diskutiert. Eine Initiative aller interessierten Mitgliedstaaten gemeinsam mit der Kommission schien daher aus deutscher Sicht sinnvoll. Entscheidungen über das weitere Verfahren – wie etwa die Einsetzung eines Ausschusses zur Vorbereitung einer Regierungskonferenz – konnten folglich ein erster wichtiger Schritt beim Sondergipfel des Europäischen Rates in Dublin sein. Denkbar schien auch, eine Art Kalender zu verabschieden, der – ähnlich Kohls EG-Fahrplan, den dieser vor dem Straßburger Gipfel im Dezember 1989 vorgelegt hatte – alle Reformschritte bis 1993 auflisten würde. Hierfür, so die Überlegungen im Kanzleramt, waren allerdings zunächst vertrauliche Gespräche mit der Kommission, mit Frankreich und anderen Regierungen nötig.

Was die Solidaritätsadresse anging, richteten sich die größten Bedenken im Kanzleramt auf eine eventuell damit verbundene Debatte um die Verlagerung von Mitteln der EG-Strukturfonds zu Lasten der schwächeren Mitgliedstaaten.[57] Deren Bereitschaft, zugunsten Ostdeutschlands auf Gemeinschaftszuwendungen zu verzichten, schien gering. Viel eher mußte mit massiven Widerständen gerechnet werden. Deshalb, so die Überlegung, sollte sich die Bundesrepublik erst einmal einen Überblick verschaffen, was sie selbst leisten müsse und wolle, bevor die Frage nach weiteren Maßnahmen durch die Gemeinschaft gestellt werden konnte.

Auf der Basis dieser internen Abwägungen im Kanzleramt formulierte Kohl in seinem Schreiben an den Kommissionspräsidenten vom 13. März 1990[58] seine ersten offiziellen Überlegungen zum geplanten Sondergipfel sowie zu den Vorschlägen Delors'. Der Bundeskanzler versicherte noch einmal, den deutschen Einigungsprozeß in einen stabilen europäischen Rahmen einbetten und alle Fragen eng mit der Gemeinschaft abstimmen zu wollen. Er halte es für sehr wichtig, den Menschen in der DDR mittels einer Solidaritätsadresse zu zeigen, daß sie in »dieser Gemeinschaft der freien Völker Europas willkommen sind«. Allerdings teile auch er Delors' Sorge, daß eine Konkretisierung dieser Botschaft auf Widerstand und Bedenken seitens anderer Mitgliedstaaten stoßen könnte, weshalb er davon abrate, jetzt bereits Präzisierungen – etwa mögliche Hilfen aus den Strukturfonds – vorzunehmen. Daneben halte er es für bedeutsam, in der aktuellen Situation den Willen zur Realisierung der Politischen Union zu unterstreichen – was nicht nur eine Leerformel bleiben dürfe. Er überlege deshalb mit seinen Mitarbeitern, ob es nicht angebracht wäre, in Dublin eine »verfahrensmäßige Initiative zur Vertiefung der europäischen Integration« zu starten. Während die Europäische Wirtschafts- und Währungsunion sich bereits auf einem guten Weg befinde, sei dies aus seiner Sicht bei den institutionellen Reformen noch nicht der Fall. Um dem Gipfel zum Erfolg zu verhelfen, schlug Kohl zum Abschluß seines Briefes an Delors vor, könne man sich im Vorfeld noch einmal persönlich treffen.

Nur zwei Tage später kündigte Delors vor dem Ausschuß der Ständigen Vertreter in Brüssel an, daß zur Vorbereitung des informellen Gipfels in Dublin von der Kommission zwei Papiere erstellt würden – eines zur bevorstehenden deutschen Vereinigung, ein weiteres über die Entwicklung in den anderen mittel- und osteuropäischen Staaten.[59] Sein europapolitischer Optimismus hielt sich angesichts der täglich näher kommenden deutschen Vereinigung in engen Grenzen: Während er sich gegenüber Ludewig und Hartmann noch auf die Bedenken einiger Mitgliedstaaten berufen hatte, äußerte er nun auch ganz persönlich die Angst, daß das europäische Gemeinschaftswerk angesichts all der Umbrüche in Europa auf dem »Müllhaufen der Geschichte« landen könnte. Er machte darin eine reale Gefahr aus und wies darauf hin, daß es in einigen Ländern Leute gebe, die darüber keineswegs böse wären. Es sei deshalb nötiger denn je, spätestens auf dem regulären Treffen des Europäischen Rates im Juni den Schritt zur Europäischen Union in Angriff zu nehmen. Es genüge nicht, allein zu signalisieren, daß ein gutes Klima herrsche. Insofern lasse sich die Regierungskonferenz nicht vom deutschen Vereinigungsprozeß trennen. Dieser müsse auch Fortschritte hin zur Politischen Union mit sich bringen.

Damit war zwischen Jacques Delors, Helmut Kohl und Charles Haughey Einigkeit über ein gemeinsames Vorgehen hergestellt. Mit einem Schreiben vom 25. April eröffnete der Vorsitzende des Europäischen Rates den Staats- und Regierungschefs der Gemeinschaft das Programm des informellen EG-Gipfels in Dublin. Dessen Hauptaufgabe sollte es sein, sich auf allgemeine Verfahren und Leitlinien zu verständigen, mittels derer Ostdeutschland möglichst reibungslos in die EG integriert werden konnte. Grundlage hierfür sollte das Kommissionspapier »Die Gemeinschaft und die deutsche Vereinigung« sein, welches von den Außenministern bereits abgesegnet war. Außerdem wies Haughey darauf hin, daß einige seiner Kollegen Maßnahmen zur Realisierung der Politischen Union begrüßen würden. Er wolle deshalb einen intensiven Meinungsaustausch zu diesem Themenkomplex und die Verständigung auf das Verfahren für die erforderlichen weiteren Arbeiten.[60] Der geplante Sondergipfel, der ursprünglich vor allem im Zeichen der Folgen einer deutschen Vereinigung für die Gemeinschaft stehen sollte, erhielt mit der Politischen Union einen weiteren thematischen Schwerpunkt.

## Aufbruch zur Politischen Union

Es waren insbesondere Mitterrand und Kohl, die die Initiative im Hinblick auf die Politische Union Europas forciert hatten. Ihre Mitarbeiterstäbe standen seit Wochen im intensiven Dialog darüber, wie beim informellen Rat in Dublin ein abgestimmter Vorschlag eingebracht werden könnte. Die Ausgangslage der gemeinsamen Initiative bildete jedoch nicht Konsens, sondern vielmehr anhaltender deutsch-französischer Dissens – und zwar über die Grundsätze des weiteren Vorgehens in der Europapolitik.

### Eine Initiative wider Willen?

Die europapolitischen Vorstellungen in Paris und Bonn waren im Frühjahr 1990 weiterhin von Differenzen geprägt. Während Mitterrand vor allem an einer Beschleunigung der Vorbereitungen zur Europäischen Währungsunion gelegen war und er keine Gelegenheit versäumte, dies dem Kanzler mitzuteilen, waren Kohls Interessen anders gelagert.[61] Er wollte parallel zur Währungsunion die Politische Union Europas verwirklichen. Die hierzu notwendigen institutionellen Reformen bestanden aus seiner Sicht vor allem in der Kompetenzerweiterung von Kommission und Europäischem Parlament – zwei Punkte, mit denen Mitterrand sich überhaupt nicht anfreunden mochte. Dessen Mißtrauen galt insbesondere einer Stärkung der supranationalen Einrichtungen der Gemeinschaft. Nach Einschätzung seiner Mitarbeiterin Elisabeth Guigou hatten die Brüsseler Institutionen für Mitterrand vor allem die Tendenz, Macht um der Macht Willen an sich zu ziehen, wohingegen es seiner Meinung nach an der Zeit gewesen wäre, sich einmal zu fragen, was die EG-Partner auf zwischenstaatlicher Basis tun konnten – etwa eine gemeinsame Außenpolitik und eine gemeinsame Verteidigungspolitik zu etablieren. Zwar implizierte auch die Wirtschafts- und Währungsunion die Abgabe von Souveränität, jedoch aus einem profunden wirtschaftlichen Anliegen heraus. Dagegen stellte die weitere politische Integration, in deren Zuge die Kompetenzerweiterung von Europäischem Parlament und Kommission unumgänglich sein würde, aus Elysée-Sicht ein unnötiges Winken mit dem roten Tuch für einige der EG-Partner dar, allen voran Großbritannien. Darüber hinaus sah Mitterrand in diesem Integrationsziel eine Bedrohung für den ohnehin brüchigen Europa-Konsens in Frankreich.

Daß ausgerechnet der Franzose Jacques Delors die deutsche Position in dieser Angelegenheit unterstützte, stieß in Paris teilweise auf Mißfallen. Der Kommissionspräsident hatte bereits am 17. Januar 1990 seine Vorstellungen von einer künftigen europäischen »Föderation« – die nicht mit Mitterrands »Konföderations«-Plänen zu verwechseln war – skizziert.[62] Deren wesentliche Bestandteile waren die Wirtschafts- und Währungsunion, aber auch die politische Zusammenarbeit der EG-Mitgliedstaaten. Das Jahr 1990, so Delors in seinem Appell, dürfe nicht zu Ende gehen, ohne daß auf höchster Ebene über die Ausgestaltung einer Europäischen Union nachgedacht werde. Der Gedanke an eine zweite Regierungskonferenz lag deshalb nahe. Wie immer, wenn es um die Abgabe von Souveränität zu Lasten des eigenen Staates ging, reagierten Frankreichs politische Kreise sehr empfindlich. Mitterrand selbst zeigte sich nicht gerade unzufrieden über die Attacken, die etwa von Verteidigungsminister Chevènement gegen Delors gerichtet wurden. Nach außen hin gab sich der Elysée zunächst reserviert gegenüber den deutschen Angeboten zu einer gemeinsamen politischen Initiative. Mitterrand zog es statt dessen vor, seine zu Neujahr erstmals verkündete Idee einer großen – wenig konturierten – Konföderation aller europäischen Staaten in den Vordergrund zu stellen. So erwähnte er gegenüber Kohl bei einem Arbeitsessen am 15. Februar im Elysée nur kurz die Politische Union, jedoch eher in allgemeiner und langfristiger Perspektive. Seiner Konföderationsidee räumte er deutlich mehr Platz ein.[63]

Das Projekt der Politischen Union war aber nunmehr angestoßen und fand massive Unterstützung seitens der Abgeordneten des Europäischen Parlaments sowie bei den Regierungen Italiens, Irlands und Belgiens. Der von Haughey gemeinsam mit Kohl und Delors diskret initiierte außerordentliche Europäische Rat in Dublin sollte sich nach den Volkskammerwahlen in der DDR zwar vor allem mit den Konsequenzen der Vereinigung für die Europäische Gemeinschaft befassen, daneben aber auch die Diskussion über die Politische Union eröffnen. Mitterrands Vorstellungen, das Europa der Zwölf den veränderten Umständen anzupassen, sahen demgegenüber ganz anders aus.[64] Zum einen schreckte er weiterhin davor zurück, konkret an die Organisation der Eingliederung von 17 Millionen Menschen aus der DDR in die EG zu gehen. Zum anderen hielt er von einem derartigen Gipfel grundsätzlich eher wenig, auch wenn er der allgemeinen Absichtsbekundung immer wieder zugestimmt hatte. Nach seiner Einschätzung war dieser Sondergipfel keine geeignete Maßnahme oder gar Garantie dafür, daß die deutsche und europäische Einigung gleichermaßen vorangetrieben würden, zumal ihm diese Art integrationspolitischen Fortschritts überhaupt nicht ins Konzept paßte. Da er allerdings nur zu gut wußte, daß sich in der Frage der europäischen Währungsunion vor den Wahlen in der Bundesrepublik im Dezember 1990 ohnehin nichts bewegen würde, schwenkte er schließlich auf den Vorschlag zur Politischen Union ein und griff das Bonner Angebot auf. Sein Ziel bestand fortan in einer deutsch-französischen Initiative zur Politischen Union – in der Hoffnung, dadurch zumindest »föderalistische Exzesse« vermeiden zu können. Im Hinterkopf hatte er dabei auch die Überlegung, daß der Zeitpunkt für eine Stärkung der Gemeinschaft auf politischem Gebiet günstig war, da gerade andere internationale Organisationen wie vor allem die NATO täglich ein wenig mehr ihrer raison d'être einbüßten.

Hinzu kam, daß Mitterrand – nachdem er mit seinen anfänglichen »Bremsmanövern« gegenüber der deutschen Vereinigung gescheitert war und spätestens im Wahlergebnis vom 18. März ein eindeutiges Votum der Deutschen in der DDR für eine rasche Einheit erkennen mußte – einsah, daß es weder eine Alternative zur Einbindung Deutschlands in europäische Strukturen gab noch eine verläßliche Alternative zu diesem Partner bei weiteren Integrationsschritten. In der Folge setzte Frankreich auf einen forcierten europapolitischen Kurs und eine Erneuerung der französischen Vorreiterrolle bei der europäischen Einigung. Dabei war der französischen Führung einerseits daran gelegen, die Vertiefung der europäischen Integration aufgrund eigener wirtschaftlicher Interessen nicht zu verzögern, andererseits suchte sie so die mögliche wirtschaftliche und politische Dominanz des geeinten Deutschlands in Europa durch dessen verstärkte Einbindung abzuschwächen.[65]

Auf vertraulichen Kanälen wurden zwischen Elysée und Kanzleramt erste Sondierungen aufgenommen. Bereits Mitte März verständigten sich die Mitterrand-Mitarbeiter Jacques Attali, Jean-Louis Bianco und Elisabeth Guigou mit Horst Teltschik auf eine gemeinsame – und somit medienwirksame – EG-Initiative, um die Fortdauer der engen Zusammenarbeit nach außen zu demonstrieren. Gemeinsam verabredeten sie, eine deutsch-französische Initiative zur Politischen Union vorzubereiten, die auf dem Dubliner Gipfel im April vorgelegt werden sollte.[66] Die Funktion der Gleichgewichtsgarantie einer Europäischen Union vor dem Hintergrund der veränderten Rahmenbedingungen in Europa erklärt auch die wachsende Zustimmung in weiten Teilen der französischen Öffentlichkeit zur Perspektive einer Politischen Union, der zuvor ablehnend begegnet worden war.[67] Die anlaufenden Abstimmungen und Verhandlungen zwischen Elysée und Kanzleramt erwiesen sich als arbeitsintensiv. Bereits am 25. März waren sie aus Sicht Mitterrands aber so weit gediehen, daß er die deutsch-französische Initiative zur Politischen Union im französischen Fernsehen ankündigte. Kohl seinerseits ging im Rahmen des Besuches von Charles Haughey am 28. März in Bonn noch ein wenig weiter. Er unterstrich nicht nur Mitterrands Ankündigungen, sondern schlug zugleich vor, daß auf dem Europäischen Rat am 28. April in Dublin bereits über die Einsetzung einer Regierungskonferenz entschieden werden könne.[68]

Anfang April gingen die Diskussionen, aus der die beiden Außenministerien in weiten Teilen außen vor gehalten wurden, in eine entscheidende Schlußphase. Geplant war eine gemeinsame Botschaft der beiden Regierungen, die den übrigen Staats- und Regierungschefs konkrete Schritte hin zur Politischen Union vorschlagen sollte. Bei den Feinarbeiten an einem gemeinsamen Text zeigten sich jedoch die weiterhin unterschiedlichen Vorstellungen. Am 2. April hatte die französische Seite versucht, das »Gehäuse« Politische Union dem französischen Verständnis entsprechend aufzufüllen und vor allem engere zeitliche Margen zu setzen.[69] Dies betraf vor allem den Abschluß der Regierungskonferenz zur Wirtschafts- und Währungsunion – neben den institutionellen Reformen eines der Elemente bei der Verwirklichung der Politischen Union –, der bereits bis Juni 1991 erfolgen sollte. Zur weiteren inhaltlichen Ausgestaltung und Zielsetzung der Politischen Union konnte kein Konsens erzielt werden, so daß man sich darauf einigte, diese Frage auf die Zeit nach dem Sondergipfel zu verlegen. Der Kompromiß bestand darin, im Text zunächst nur allgemein das einzuleitende Verfahren sowie einen Zeithorizont festzulegen. Die französische Position wurde insoweit berücksichtigt, als ein Zeitziel formuliert wurde, demzufolge die einschlägigen Reformen möglichst am 1. Januar 1993 in Kraft treten sollten. Der gesamte Text sollte in Form von Schlußfolgerungen des Europäischen Rates gefaßt sein.

Zum weiteren internen Procedere wurde zwischen den Mitarbeitern in Elysée und Kanzleramt vereinbart, den Textentwurf dem Bundeskanzler und dem Staatspräsidenten zwecks Zustimmung vorzulegen. Anschließend sollte der Text mit einem gemeinsamen Brief an den Kommissionspräsidenten sowie die Regierungschefs der Gemeinschaft übermittelt werden. Darin sollte bereits angekündigt werden, daß die beiden Außenminister Genscher und Dumas auf dem informellen Treffen der zwölf Außenminister am 21. April 1990 die Vorschläge von Kohl und Mitterrand zu präsentieren beabsichtigten. Eine gemeinsame Erklärung der Regierungssprecher beider Seiten sollte einige Tage nach der schriftlichen Zustellung die Öffentlichkeit hierüber in Kenntnis setzen.[70] Der Textentwurf sah zu diesem Zeitpunkt unter Punkt eins die Politischen Perspektiven vor, nämlich die Gesamtheit der Beziehungen der Mitgliedstaaten in eine Europäische Union umzuwandeln. Als Mittel hierfür wurden zum einen die Wirtschafts- und Währungsunion gesehen und zum anderen weitere institutionelle Reformen. Abschlußberichte über die Vorbereitung der Regierungskonferenzen sollten im Dezember 1990 beim regulären EG-Gipfel vorliegen. Unter dem Stichwort »Arbeitskalender« wurde als letzter Punkt aufgeführt, daß diese grundlegenden Reformvorhaben am 1. Januar 1993 in Kraft treten sollten. Daß dem Bundeskanzler diese Angelegenheit besonders wichtig war, zeigen die – für gewöhnlich eher seltenen – ausführlichen handschriftlichen Anmerkungen auf der Vorlage. Seine Änderungswünsche zielten auf eine klarere Aussage über die Regierungskonferenz zur Wirtschafts- und Währungsunion. Die unter dem Stichwort »Orientierung der Arbeiten« genannte Zielformulierung »das volle demokratische Funktionieren der Union« versah er mit einem Fragezeichen; hinsichtlich des Zieldatums 1. Januar 1993 wollte er die ursprüngliche Formulierung »der Rat drückt seinen Wunsch aus« ersetzt haben durch »verfolgt das Ziel«. Diese scheinbaren Kleinigkeiten zeigen, daß ihm an einer größeren Stringenz beziehungsweise Verbindlichkeit der Botschaft gelegen war. Die Änderungswünsche des Bundeskanzlers sowie dessen ansonsten grundsätzliche Zustimmung teilte Bitterlich vier Tage später seiner Ansprechpartnerin Elisabeth Guigou mit.[71] Auf die von Kohl gewünschten Änderungen konnte man sich problemlos verständigen. Im einzelnen sollte nun von einer »Verstärkung der demokratischen Grundlagen der Union« die Rede sein. Außerdem sollte es heißen, der Europäische Rat bekräftige entsprechend den Schlußfolgerungen seiner Tagung in Straßburg im Dezember 1989, daß die Regierungskonferenz zur europäischen Wirtschafts- und Währungsunion auf Einladung der italienischen Regierung vor Ende 1990 zusammentreffen werde. Bis zu diesem Punkt schien ein schneller Abschluß der Vorbereitungen für die deutsch-französische Initiative gesichert zu sein. Nun aber stellte Guigou deutlicher als bisher heraus, daß Mitterrand es für unabdingbar halte, sich auf ein Minimum an inhaltlicher Zielsetzung bei der Politischen Union zu einigen, bevor man sich grundsätzlich über das Verfahren verständige. Deshalb, so der französische Vorschlag, sollten die beiden Außenminister, Genscher und Dumas, sich möglichst rasch darüber austauschen. Bitterlich wies im Gegenzug darauf hin, daß die Zeit aus Sicht des Kanzleramtes nicht ausreiche, um noch vor der Begegnung der EG-Staats- und Regierungschefs am 28. April die Inhalte und genauen Ziele der angestrebten Union zu klären. Trotz bestehender Differenzen sei er aber zuversichtlich, daß man sich anschließend auf eine Grundlinie werde verständigen können. Dazu sei Deutschland auch im gewohnten Kreise bereit – und zwar inklusive der Außenminister. Im Moment aber, so erläuterte er seiner Gesprächspartnerin, seien derlei Probleme auch innerhalb der Bundesregierung mit sensiblen Fragen verknüpft. Hierzu bedürfe es der politischen Abstimmung zwischen den Koalitionspartnern Genscher und Kohl, und man stehe erst am Anfang der Überlegungen.

Schließlich ergänzte Guigou – auf Basis eigenen Ermessens, wie sie betonte, sowie ausgehend von den bereits vom Quai d'Orsay formulierten inhaltlichen Vorstellungen –, daß man am 28. April die Außenminister damit beauftragen solle, bis zum regulären Gipfel des Europäischen Rates im Juni einen Bericht zu erstellen. Erst dann solle – nach ausführlicher Diskussion – eine Verfahrensentscheidung getroffen werden. Bitterlich äußerte sein Bedauern über die französische Zurückhaltung und das damit indirekt zum Vorschein kommende Mißtrauen gegenüber der Bundesregierung. Er habe, so berichtete er Teltschik, seine Gesprächspartnerin darauf hingewiesen, daß es in der Öffentlichkeit einen schlechten Eindruck mache, wenn man nun hinter bereits Angekündigtem zurückbleibe. Ein den französischen Vorstellungen entsprechender Ansatz sei denkbar unter der Voraussetzung, daß der weitere Weg klar vorgezeichnet sei – was auch die Parallelität der beiden Regierungskonferenzen bedeutete. Außerdem habe er Guigou gegenüber betont, daß Frankreich künftig Deutschland nicht mehr wie in der Vergangenheit den Vorwurf machen dürfe, den europäischen Integrationsprozeß bremsen zu wollen. Guigou habe versichert, mit Dumas und dem Präsidenten über die Angelegenheit sprechen zu wollen. Er habe daraufhin betont, daß eine deutsch-französische Initiative nur dann Sinn mache, wenn sie mit genügend zeitlichem Abstand vor dem Außenministertreffen erfolge.

Nach Bitterlichs Einschätzung gab es für den plötzlichen Rückzieher Mitterrands mehrere Erklärungsvarianten. Zum einen war denkbar, daß der Präsident sich aus der Initiative »klammheimlich davonstehlen« wollte, weil ihm diese von Deutschland aus der Hand genommen zu werden drohte oder weil

Deutschland sich den französischen Vorstellungen nicht bedingungslos anschließen mochte. Eine weitere Erklärung zielte auf das bewährte Zusammenspiel zwischen Genscher und Dumas: Vielleicht setzte der Elysée darauf, daß Dumas sich sehr rasch der Unterstützung seines deutschen Kollegen sicher sein konnte, wenn die weitere Arbeit an der Initiative erst auf die Außenminister übertragen wäre. Bitterlich riet Teltschik daraufhin, nicht erneut tätig zu werden, sondern das Gespräch der beiden Außenminister abzuwarten, prophylaktisch jedoch weiter am Text einer Botschaft zu arbeiten, um für alle Fälle gewappnet zu sein. Am 11. April signalisierte Attali gegenüber Teltschik schließlich die Zustimmung des französischen Staatsoberhauptes zum bisherigen Stand der Initiative – und zwar sowohl im Hinblick auf den Inhalt als auch das vorgesehene Verfahren.[72] Geplant waren nun eine gemeinsame Botschaft sowie Vorschläge für Schlußfolgerungen des Rates. Teltschik regte zusätzlich an, nach Bekanntmachung der Initiative gegenüber Kommission und EG-Staats- und Regierungschefs mit der Unterrichtung der Öffentlichkeit nicht zu lange zu warten, da dies erfahrungsgemäß sonst von anderer Seite geschehen würde.[73]

Nur zwei Tage später sah die Situation aber wieder vollkommen anders aus: Am 13. April übermittelte der Elysée einen überarbeiteten Entwurf. Dieser bestand zum einen nicht mehr aus den zwei Elementen »Botschaft« und »Entwurf von Schlußfolgerungen«, sondern einem kombinierten Text und wich zum anderen sprachlich und inhaltlich vom bisherigen Konsens ab.[74] Vier Tage lang rangen die beiden Stäbe im Kanzleramt und im Elysée in der Folge noch einmal um einen Kompromiß, der dem Präsidenten und dem Bundeskanzler zur Zustimmung vorgelegt werden konnte. Die Zeit war mittlerweile knapp geworden, da das Außenminister-Treffen am 21. April unmittelbar bevorstand und man mit der Bekanntgabe der Botschaft nicht zu nahe an dieses Treffen heranrücken wollte. Für das weitere Procedere war deshalb beabsichtigt, nur wenige Stunden nach der Übermittlung des Textes an die EG-Kollegen eine Mitteilung durch die Sprecher von Elysée und Kanzleramt an die Presse zu geben. Außerdem schlugen Mitarbeiter Kohls vor, die Botschaft nach Billigung durch den Bundeskanzler an Genscher weiterzuleiten, der deren Inhalt ja auf dem Außenministertreffen vertreten sollte, sowie sie Finanzminister Waigel und Wirtschaftsminister Haussmann zukommen zu lassen.

Die Botschaft konnte schließlich entsprechend dem letzten Verhandlungsstand fast unverändert übernommen und am 18. April in Form eines gemeinsamen Schreibens von Mitterrand und Kohl an den Präsidenten des Europäischen Rates, Haughey, nach Dublin weitergeleitet werden.[75] Darin appellierten sie an ihre Partner, die Regierungskonferenz über die Politische Union zeitgleich zu der über die Währungsunion einzusetzen: »Angesichts der tiefgreifenden Umwälzungen in Europa, unter Berücksichtigung der Herstellung des Binnenmarktes und der Verwirklichung der Wirtschafts- und Währungsunion halten wir es für notwendig, den politischen Aufbau des Europas der Zwölf zu beschleunigen. Wir glauben, daß es an der Zeit ist, die ›Gesamtheit der Beziehungen zwischen den Mitgliedstaaten in eine Europäische Union umzuwandeln und diese mit den notwendigen Aktionsmitteln auszustatten‹, wie es die Einheitliche Akte vorgesehen hat.«[76] Es gehe darum, die demokratische Legitimität der Gemeinschaft zu verstärken, ihre Institutionen effizienter zu gestalten, die Kohärenz der Tätigkeiten in den Bereichen Wirtschaft, Finanzen und Politik zu gewährleisten sowie eine gemeinsame Außen- und Sicherheitspolitik zu definieren und ins Werk zu setzen. Hierzu sollten die Außenminister einen ersten Bericht für den Europäischen Rat im Juni und einen abschließenden für den Ratsgipfel im Dezember 1990 erstellen. Die beiden Regierungskonferenzen sollten parallel arbeiten, so daß die Ergebnisse zum 1. Januar 1993 in Kraft treten könnten. Die Bezeichnung »Politische Union« tauchte in der Botschaft nicht mehr auf, sie mußte der etwas allgemeineren Variante »Europäische Union« weichen. Die deutsch-französischen Divergenzen über den Inhalt dieser Union wurden mit dehnbaren Begriffen überdeckt. So war etwa, was die Rechte des Europäischen Parlaments anbelangte, nur allgemein von der Verstärkung der demokratischen Legitimität der Union die Rede. Über die Kompetenzen der Kommission hieß es, die Institutionen sollten effizienter gestaltet werden.

Beim Außenminister-Treffen der Zwölf am 21. April wurde der deutsch-französische Vorschlag positiv aufgenommen. Auf einer anschließenden Pressekonferenz machte Dumas einige Andeutungen zur Gestaltung der künftigen Gemeinschaft. Vorrangig ging es Paris darum, die Entscheidungsfähigkeit des Ministerrates zu stärken; Hauptanliegen war es, diesem europäischen Organ permanenten Charakter zu verleihen. Auch das Europäische Parlament sollte stärker in Entscheidungen einbezogen werden, vor allem aber die nationalen Parlamente – beispielsweise mittels einer zweiten europäischen Vertretung aus deren Mitgliedern. Die Führungskraft der Kommission sollte zwar gestärkt werden, insgesamt wurde ihr aber gemäß den französischen Vorstellungen geringere Bedeutung beigemessen.[77]

Wenngleich die Meinungsunterschiede zwischen Kanzleramt und Elysée damit keineswegs ausgeräumt, sondern nur vertagt waren, konnte vorerst doch wieder Routine zwischen den beiden Hauptstädten einkehren. Wenige Tage vor dem Dubliner Gipfel kamen Kohl und Mitterrand am 25./26. April 1990 im Rahmen ihrer regelmäßigen bilateralen Konsultationen noch einmal zusammen. Beim Arbeitsfrühstück am Morgen des 26. April war die gemeinsame Initiative allerdings ebensowenig ein Thema wie der bevorstehende EG-Gipfel.[78] Insgesamt schien aus der Sicht der beiden Politiker die Initiative »in trockenen Tüchern« zu sein. Im Gegensatz zu den inhaltlichen Differenzen schienen zudem die vorherigen atmosphärischen Störungen endgültig beseitigt. Kohl zeigte sich im Anschluß an ein Vier-Augen-Gespräch mit Mitterrand geradezu »euphorisch«, und Mitterrand sprach in der Pressekonferenz davon, daß die deutsch-französische Freundschaft »lebendiger denn je« sei. Das Treffen habe in einem Klima »innigen Einvernehmens« stattgefunden. Öffentlich bekräftigten Kohl und Mitterrand noch einmal ihren Willen zur engen Zusammenarbeit auf dem Weg zu einem politischen Aufbau Europas. Die deutsche und die europäische Einigung müßten Hand in Hand gehen.

### In Dublin werden die Stränge gebündelt

Zwei Tage später wurde die deutsch-französische Initiative zur Politischen Union in der irischen Hauptstadt Dublin im Kreise der Zwölf – zumindest teilweise – abgesegnet.[79] Eine Verständigung über die Einberufung einer Regierungskonferenz wurde an diesem 28. April nicht erzielt – insbesondere wegen Londons Vorbehalten. Immerhin wurde aber beschlossen, daß bis zum nächsten Gipfel im Juni die Außenminister die Notwendigkeit von Vertragsänderungen genau prüfen sollten. Entsprechende Vorschläge sollten erarbeitet werden, welche dann im Hinblick auf die Einberufung einer weiteren Regierungskonferenz – neben der über die Europäische Wirtschafts- und Währungsunion – diskutiert werden sollten. Selbst Margaret Thatcher stimmte trotz ihrer prinzipiellen Bedenken diesem Vorgehen zu. Ihre Haupteinwände richteten sich allerdings gegen den noch unklaren Inhalt der Hülle »Politische Union«. Was die beiden denn darunter verstünden, bohrte sie bei Mitterrand und Kohl immer wieder nach: »Ich höre nur Rhetorik, aber wenig Substanz.« Diese Worthülse, so die britische Regierungschefin, verursache bei den Menschen Angst um ihre jeweilige nationale Identität. Thatcher hielt es deshalb für dringend geboten, erst einmal zu definieren, was sie unter einer Politischen Union gerade nicht verstanden wissen wollte, nämlich insbesondere einen Verzicht auf nationale Souveränität, den Ersatz der NATO durch eine rein europäische Sicherheitspolitik oder ein europäisches Staatsoberhaupt. Rückendeckung erhielt sie bei ihrer Kritik von Portugal und Dänemark. Delors sah sich schließlich bemüßigt, zu biblischen Argumenten zu greifen: »Wenn vor der Erschaffung des Menschen erst einmal alles definiert worden wäre, was der Mensch nicht sein soll, dann wäre Adam niemals zustande gekommen.« Noch mehr Lacher als der Kommissionspräsident allerdings erntete Margaret Thatcher auf der Pressekonferenz, als sie dem schlagfertig entgegenhielt: »Gott hat das, was ein Mensch nicht sein soll, durchaus einkalkuliert, als er im zweiten Anlauf Eva schuf.«[80]

Wenigstens ein Datum konnte in Dublin doch noch fixiert werden: Die EG sollte demnach vor Ende 1992 in eine »Europäische Union« umgewandelt werden. Die Weiterverfolgung der deutsch-französischen Initiative war damit festgeschrieben. Mit dem Impuls für den europäischen Sondergipfel funktionierte der »Interessenausgleich« zwischen Bonn und Paris wieder; das deutsch-französische Tandem hatte wieder Tritt gefaßt.[81] Es gab aber noch einen weiteren Grund, der dazu beitrug, daß der Gipfel aus deutscher Sicht ein voller Erfolg war[82]: Haughey, der das Sondertreffen des Europäischen Rates durch Reisen in die Hauptstädte der Mitgliedstaaten gründlich vorbereitet hatte, konnte erreichen, daß die zwölf Staats- und Regierungschefs den deutschen Einigungsprozeß ohne Einschränkungen begrüßten. Im Schlußdokument[83] hieß es: »Die Gemeinschaft begrüßt in hohem Maße die Vereinigung Deutschlands. Sie freut sich auf den positiven und fruchtbaren Beitrag, den das ganze deutsche Volk im Anschluß an die bevorstehende Eingliederung des Staatsgebietes der DDR in die Gemeinschaft leisten kann.« Es wurde Zuversicht geäußert, »daß die Vereinigung ein positiver Faktor in der Entwicklung Europas im allgemeinen und der Gemeinschaft im besonderen wird«. Grundlage für die Eingliederung der DDR in die EG sollte die Vereinigung mit der Bundesrepublik gemäß Artikel 23 Grundgesetz sein. Ein förmliches Beitrittsverfahren zur DDR-Integration oder die Änderung der Gemeinschaftsverträge waren damit endgültig vom Tisch. Das von der Kommission vorgelegte Papier mit seinem Mehrphasen-Konzept zur Eingliederung der DDR fand breite Zustimmung.

Um die DDR-Integration zu erleichtern, hatte Delors bereits am Vorabend von Dublin Helmut Kohl noch einmal vorgeschlagen, ein Programm zur Gemeinschaftshilfe auf die Tagesordnung des Gipfels zu setzen. Kohl lehnte dies – wie bereits im Vorfeld – kategorisch ab, da es aus seiner Sicht nur dazu beitragen würde, Deutschland, dessen Stärke bereits jetzt vielen Partnerstaaten nicht geheuer war, und die deutsche Einheit noch unbeliebter zu machen.[84] Die deutsche Einheit, so Kohl im Kreis der Zwölf, werde sich unter keinen Umständen zu Lasten der schwächeren Mitgliedstaaten der EG vollziehen. Außerdem verpflichtete sich die Bundesregierung in Dublin, die Gemeinschaft beständig über alle EG-relevanten Entscheidungen zwischen der Bundesrepublik und der DDR zu informieren; die Kommission sollte im vollen Umfang in diese Erörterungen einbezogen werden.

Darüber hinaus nutzte Kohl die Gelegenheit, um noch einmal ausführlich die Entwicklungen der letzten Monate in Deutschland darzulegen und sein unbedingtes Festhalten am europapolitischen Engagement zu bekräftigen: Die deutsche Einheit und die europäische Einigung seien zwei Seiten derselben Medaille. Daneben erläuterte er seine Position zur NATO-Zugehörigkeit eines vereinten Deutschlands sowie zur polnischen Westgrenze. Bundestag und Volkskammer würden schon im Juni eine gemeinsame Entschließung über die Anerkennung der polnischen Westgrenze verabschieden. Von der Runde in Dublin wurde dies mit Befriedigung zur Kenntnis genommen. Damit war der Stimmungsumschwung in der Gemeinschaft geschafft.[85] Die noch in Straßburg im vorangegangenen Dezember spürbare »eisige« Atmosphäre war einem pragmatischen bis konstruktiven Klima gegenüber Deutschland gewichen. Maßgeblich dafür waren
– ein nach anfänglichen Reibungsverlusten dichterer Konsultationsprozeß zwischen Bundesregierung und Gemeinschaft;
– das klare und oft wiederholte Bekenntnis Deutschlands zur Europäischen Integration;

– die deutsch-französische Initiative zur Politischen Union;
– der demonstrativ bekundete Verzicht der Bundesrepublik auf finanzielle Hilfen für die DDR.

Nach dem erfolgreichen Abschluß des Dubliner Sondergipfels waren die politischen Grundbedingungen für eine Eingliederung der DDR in die EG festgelegt. In der Folge ging es darum, diese in konkrete technische und rechtliche Maßnahmen umzusetzen. Für die Kommission bedeutete dies eine Fülle von Aufgaben bei einem immer enger werdenden Zeitplan. Ursprünglich war man noch davon ausgegangen, daß die deutsche Einheit erst 1991 hergestellt würde, danach hatte man den Termin der Bundestagswahlen am 2. Dezember 1990 ins Auge gefaßt – und nun mußte der Aufgabenkatalog bis zum 3. Oktober 1990 abgearbeitet werden. Zu diesem Zweck wurde eigens eine »Task Force on German Unification« unter Leitung des stellvertretenden Generalsekretärs der Kommission, Carlo Trojan, eingerichtet, die Anfang Mai ihre Arbeit aufnahm. Neben einem umfangreichen Maßnahmenpaket, das sie innerhalb kürzester Zeit erarbeitete, wurde die Arbeitsgruppe auch in die deutsch-deutschen Arbeiten am Staatsvertrag über die Wirtschafts-, Währungs- und Sozialunion einbezogen, um dort die Interessen der Gemeinschaft zu sichern.[86]

*Gipfeldessert: Die alten sind auch die neuen Probleme*

Nachdem die DDR-Integration in die Gemeinschaft politisch eine beschlossene Sache und operativ in die entscheidende Phase eingetreten war, richtete sich die Aufmerksamkeit der Bundesregierung auf politischer Ebene vor allem darauf, die beiden Regierungskonferenzen vorzubereiten und planmäßig zu eröffnen sowie die europäischen Nachbarn immer wieder des eigenen Europa-Engagements zu versichern. Daß sich daran nach der Vereinigung Deutschlands nichts ändern würde, wurde durch einen eindrucksvollen Ortstermin in Straßburg unterstrichen. Dort ergriff Kohl am 16. Mai die Gelegenheit, vor dem Plenum des Europaparlamentes die Ergebnisse von Dublin sowie die deutschen Entwicklungen persönlich darzulegen.[87] Der Auftritt war eine Premiere, denn Kohl erschien in Straßburg nicht alleine, sondern wurde von DDR-Ministerpräsident Lothar de Maizière begleitet. Damit besuchten zum ersten- und gleichzeitig letztenmal zwei deutsche Regierungschefs die europäische Volksvertretung. Der gemeinsame Auftritt stand ganz im Zeichen des gemeinsamen Willens, die deutsche Einigung in die europäische einzubetten. De Maizière konnte zwar nicht vor dem Plenum auftreten, da dieses Privileg nur den Präsidenten, nicht aber den Regierungschefs von Drittstaaten vorbehalten war, doch erhielt er die Möglichkeit, vor dem erweiterten Präsidium des Parlaments zu sprechen. Dabei bekannte er sich ausdrücklich dazu, daß »unsere Zukunft in der Einheit Deutschlands in einem ungeteilten Europa liegt«. Die deutsche Einigung sehe er als Bestandteil der europäischen Einigung »Sie kann und muß

ihr zum Nutzen gereichen.« Ein künftiges Deutschland müsse sich unverrückbar eingebettet in europäische Strukturen entfalten, so der DDR-Regierungschef. »Unsere Nachbarn sollen wissen, daß ihre Interessen beachtet und berücksichtigt werden.« Dabei legte er den Akzent – anders als Helmut Kohl – darauf, daß Deutschland künftig ein Scharnier zwischen West und Ost bilden sollte. Zuvor hatte der Bundeskanzler noch einmal betont, daß die deutsche Einheit nicht auf dem Rücken strukturschwächerer Partnerstaaten ausgetragen werde. Er sei überzeugt, daß ganz Europa von der sich in Ostdeutschland entfaltenden wirtschaftlichen Dynamik profitieren werde. Auch Kohl bekräftigte sein Engagement für die Weiterentwicklung der europäischen Integration. Die Politische Union Europas müsse sich von vier Zielen leiten lassen:
1. der Verstärkung von Rechten und Kompetenzen des Europäischen Parlaments;
2. der Verstärkung von Einheit und Zusammenhalt der Gemeinschaft in allen Politikbereichen;
3. deutlichen Fortschritten auf dem Weg hin zu einer gemeinsamen Außen- und Sicherheitspolitik sowie
4. der Verbesserung der Effizienz der EG-Institutionen.

De Maizière konnte in Straßburg zahlreiche Sympathiepunkte für sich verbuchen, was ihn wohl auch ermutigte, in den folgenden Wochen den Anlauf zu unternehmen, der DDR im Umgang mit der Gemeinschaft einen Hauch von Eigenständigkeit zu verleihen. So präsentierte er etwa Anfang Juni bei einem Besuch der Kommission in Brüssel einen Katalog von Maßnahmen zur Erleichterung des Übergangs der DDR in die EG, der Wert darauf legte, daß die wirtschaftliche Sanierung der DDR kein deutsch-deutscher Alleingang werden dürfe. Letztlich blieben derartige Vorstöße aber nur ein Zwischenspiel auf dem Weg zur deutschen Einheit.[88]

Von weitreichenderer Bedeutung war der europapolitische Kurs der Bundesregierung, der von den EG-Partnern mit Argusaugen verfolgt wurde. Als problematisch erwies sich während des gesamten Sommers 1990, daß die Schwierigkeiten und Meinungsunterschiede über die beiden Regierungskonferenzen immer noch nicht vollständig ausgeräumt waren. Immer noch waren beispielsweise unterschiedliche zeitliche Vorstellungen vorhanden. Am 31. Mai 1990 sicherte Ministerpräsident Haughey dem Bundeskanzler in Bonn zu, eine Entscheidung über die Einführung der Regierungskonferenz zur Politischen Union wie geplant beim nächsten EG-Gipfeltreffen im Juni herbeizuführen.[89] Grundlage hierfür sollte der im Rahmen des Ministerrats am 18./19. Juni vorgelegte Bericht der Außenminister sein. Bezüglich der Europäischen Wirtschafts- und Währungsunion wich Haughey allerdings von den Vorstellungen der Bundesregierung ab: Auch über diese Regierungskonferenz plane er eine Abstimmung herbeizuführen, und zwar sowohl über deren Eröffnung – wie am 28. April beschlossen – als auch eventuell schon über deren Abschluß. Dies wollte der Bundeskanzler, der in dieser Frage immer auch die Bundestagswahlen im

Dezember 1990 im Blick hatte, auf keinen Fall akzeptieren. Er warnte ausdrücklich davor und betonte, daß der Europäische Rat in Dublin bereits einen klaren und ausreichenden Zeitrahmen gesetzt habe, nämlich den Abschluß aller Reformschritte bis zum 1. Januar 1993. In seiner schriftlichen Einladung vom 21. Juni an die Staats- und Regierungschefs für ihr reguläres Ratstreffen am 25./26. desselben Monats ließ Haughey dann diesen sensiblen und äußerst umstrittenen Punkt außen vor.[90] Bei der Vorstellung der Tagesordnung benügte er sich mit der konsensfähigen Position, wonach lediglich der Zeitpunkt für die Eröffnung der Regierungskonferenz festgelegt werden sollte. Entsprechend zurückhaltend gab sich Delors in seinen Erwartungen an den Gipfel: Es sei schwer vorherzusagen, welche Entscheidungen zur Verstärkung der politischen und institutionellen Dimension der Gemeinschaft der Gipfel bringen werde.[91]

Beim Ratsgipfel Ende Juni wurde dann die Konferenz zur Politischen Union beschlossen, welche im Dezember parallel mit der über die Wirtschafts- und Währungsunion eröffnet werden sollte. Nachdem aber weder eine Sitzung des Ausschusses der Ständigen Vertreter am 11. Mai noch ein informelles Außenminister-Treffen am 19. Mai eine eindeutige Richtung hatten erkennen lassen, lag mit dieser Entscheidung lediglich ein inhaltlich breitgestreuter und wenig konkreter Themenkatalog vor. Dennoch interpretierte Kohl das Ergebnis auf der abschließenden Pressekonferenz in Dublin sehr optimistisch. Es habe sich erwiesen, »daß der deutsche Einigungsprozeß eine sehr starke Schubkraft auch auf den europäischen Einigungsprozeß ausübt, und ich bin zutiefst davon überzeugt, daß die Gemeinschaft nicht nur wirtschaftlich, sondern auch politisch großen Nutzen aus der deutschen Vereinigung ziehen wird«[92]. Die weitere Entwicklung zeigte allerdings, daß noch im Herbst 1990 sowohl die inhaltliche Ausgestaltung der Politischen Union als auch der Zeitplan für die Wirtschafts- und Währungsunion in der Sache ziemlich umstritten waren. So sprach Delors Kohl am 28. September 1990 noch einmal explizit darauf an und teilte ihm seine Besorgnis mit.[93] Es wäre gut, wenn Deutschland und Frankreich gemeinsam konkrete Vorschläge für die Ausgestaltung der Politischen Union machen würden. Kohl erwiderte, er sei mit Mitterrand so verblieben, daß sie sich vor der Eröffnung der Regierungskonferenz auf eine gemeinsame Linie einigen und, wenn möglich, gemeinsame weiterführende Vorschläge einbringen wollten.

Noch komplizierter schien die Situation bei den Vorbereitungen zur Europäischen Wirtschafts- und Währungsunion. Delors konstatierte hier sogar einen Rückschritt; grundsätzliche Zweifel an Deutschlands Engagement gebe es immer noch beziehungsweise wieder. Hintergrund waren Deutschlands Forderungen nach grundlegender Haushaltsdisziplin als Ausgangsbasis für eine stabile gemeinsame Währung.[94] In einer von der Bundesregierung unterstützten Stellungnahme hatte die Deutsche Bundesbank nach der Sommerpause hierzu ihre Vorstellungen präzisiert. Neben der Notwendigkeit der Vollendung des Binnenmarktes und der Ratifizierung der nötigen Reformschritte in den Mitgliedsparlamenten zählten dazu insbesondere die Unabhängigkeit der Zentralbank und der nationalen Zentralbankpräsidenten sowie Fortschritte bei der wirtschaftlichen Konvergenz der Mitgliedstaaten. Außerdem wurde die Verankerung der Haushaltsdisziplin als Grundlage einer dauerhaft stabilen Europäischen Wirtschafts- und Währungsunion betrachtet, ebenso das Verbot von Defizitfinanzierungen durch die Zentralbanken und die Wahrung der Haushaltsdisziplin der Mitgliedstaaten.

Deutschland wollte deshalb den Beginn der zweiten Stufe einer einheitlichen Währung erst zum 1. Januar 1994 festsetzen, während die Kommission, die diesem Datum besondere psychologische Bedeutung beimaß, die nächste Etappe um ein Jahr vorverlegen wollte. Die Bundesregierung beharrte jedoch auf ihrem Standpunkt, daß man ein solches Datum nicht losgelöst von den sachlichen Voraussetzungen betrachten könne – und hatte Erfolg damit: Mit einer breitgefächerten und dehnbaren Themenagenda für die Regierungskonferenz zur Politischen Union und einer bereits beim Treffen des Europäischen Rates im Oktober erfolgten Einigung auf den Beginn der zweiten Stufe der Wirtschafts- und Währungsunion zum späteren Termin (1. Januar 1994) gelang es schließlich, Konsens herzustellen. Beim Europäischen Rat in Rom am 14./15. Dezember 1990 wurden die beiden Regierungskonferenzen eröffnet, die letztlich im 1992 unterzeichneten Maastrichter Vertrag über die Europäische Union mündeten.[95]

Im unmittelbaren Zusammenhang mit der Vereinigung Deutschlands und den Folgen für die Gemeinschaft standen nun noch zwei Fragen zur Klärung an: die finanziellen Auswirkungen auf die Strukturfonds und die Frage der Entsendung von DDR-Abgeordneten mit Beobachterstatus ins Europaparlament. Mit der Frage nach den finanziellen Folgen für die Gemeinschaft erlangte die DDR-Integration noch einmal politische Brisanz. Bereits seit Frühjahr 1990 war hierüber eine Diskussion im Gange, die mehrere Stränge aufeinandertreffen ließ: Auf der einen Seite beabsichtigte die Kommission mit Delors an ihrer Spitze eine Art Sonderhilfe für die DDR bereitzustellen. Aus ihrer Sicht ging es dabei nicht nur um einen Akt der Solidarität, sondern vor allen Dingen um ein Instrumentarium, mit dem auf die deutsch-deutschen Wirtschafts- und Finanzverhandlungen Einfluß genommen werden konnte. Demgegenüber standen die wirtschaftlich schwächeren Mitgliedstaaten der Gemeinschaft, insbesondere die Mittelmeeranrainer, die um ihren Anteil an den Strukturfonds bangten, da sie fürchteten, diese in Zukunft mit Ostdeutschland teilen zu müssen.

Dazwischen stand die Bundesregierung, die eine uneinheitliche Position vertrat. Zunächst gingen die Bonner Ressorts davon aus, daß die Eingliederung der DDR in die EG einer gewissen Übergangszeit bedürfe, in welcher Ostdeutschland weder einen vollen Beitrag an die Gemeinschaft abführen noch den vollen Rückfluß aus den Gemeinschaftstöpfen erhalten würde. Da unbedingt der Eindruck vermieden werden sollte, daß die Vereinigung sich zu Lasten der übrigen Mitgliedstaaten der Gemeinschaft vollziehe, konnte in dieser Zeit die Unterstützung für Ostdeutschland im wesentlichen nur von der Bundesrepublik selber kommen. Darüber herrschte innerhalb der Bundesregierung Konsens. Zurückhaltung gegenüber der allgemeinen Diskussion, aber auch gegenüber der von der Kommission vorgeschlagenen Sonderhilfe lautete die Devise. Die Debatte über mögliche EG-Hilfen hielt jedoch an und wurde immer wieder, teils mit massiven Bedenken, von den Mitgliedstaaten aufgegriffen.[96]

Im Juli erreichte die Debatte um die Strukturhilfen der Gemeinschaft einen kritischen Punkt: Losgetreten wurde sie durch den Vorschlag der Kommission, einen Sonderstrukturfonds für das Gebiet der DDR einzurichten, aus dem bis 1993 – wenn sowieso eine Revision der existierenden Strukturfonds fällig würde – jährlich eine Milliarde Ecu fließen sollte.[97] Sollten also die vorhandenen Mittel zugunsten der DDR umverteilt, also den bisherigen Empfängerländern teilweise entzogen, oder aber die Höhe der EG-Eigenmittel von bisher 1,2 Prozent des Bruttoinlandprodukts aufgestockt werden? Bereits der Donnelly-Bericht des Sonderausschusses im Europaparlament, der am 11. Juni im Plenum beraten worden war, hatte dies thematisiert. Er ging davon aus, daß die Eingliederung der DDR in die Gemeinschaft mit zwar tragbaren, aber doch erheblichen Belastungen, insbesondere für Struktur- und Sozialfonds der EG, verbunden sein würde. So war von einer Nettobelastung in Höhe von zunächst zwei Milliarden D-Mark die Rede, die nicht durch Umverteilung zu Lasten der strukturschwachen Regionen, sondern durch eine Aufstockung der Mittel finanziert werden sollte.[98]

Beides lag nicht im Interesse des Bundeskanzlers, der unter allen Umständen vermeiden wollte, daß dadurch die latent vorhandenen Ängste vor der deutschen Einheit wieder angefacht würden. Unter den Ministern seines Kabinetts gingen die Meinungen hierüber auseinander. So gab es sowohl seitens des Bundesfinanzministeriums wie auch vereinzelt im Kanzleramt die Tendenz, das Angebot der Kommission anzunehmen. Schließlich würde Bonn nach der Vereinigung auch mehr in die Gemeinschaftstöpfe einbezahlen. Ein Rückfluß wäre also durchaus legitim, so interne Argumentationen.[99] Darüber hinaus hatte die de Maizière-Regierung betont, eine Milliarde Ecu pro Jahr seien viel zu wenig. Wie sehr diese Entwicklung Kohl mißfiel, zeigte sich in den zahlreichen kritischen Anmerkungen zur entsprechenden Vorlage seiner Mitarbeiter.[100] Von weiteren Maßnahmen und Vorstößen in dieser Richtung sollte von Bonner Seite, so Kohl, sofort Abstand genommen werden. Auch mit Delors setzte sich der Kanzler in Verbindung. In einem Schreiben vom 20. Juli 1990 formulierte er noch einmal scharf seine Haltung[101]: Die Pläne der Kommission zur Erhöhung des Eigenmittelplafonds hätten zwangsläufig zur Folge, daß dies in Zusammenhang mit der deutschen Einheit gebracht werde. Gegen eine solche Entwicklung habe er sich immer deutlich ausgesprochen, und er habe nicht die Absicht, seine Position zu ändern. Er habe seine Haltung auch den Bonner Ministerien noch einmal klipp und klar dargelegt und bitte um Rücksprache, bevor die Kommission endgültige Vorschläge formuliere. Delors ließ sich allerdings nicht von seiner Haltung abbringen, was in seiner Antwort an den Bundeskanzler zum Ausdruck kam.[102] Die Eingliederung des DDR-Gebietes in die EG könne nicht ohne Folgen für den Gemeinschaftshaushalt bleiben; außerdem hätten sich die Organe bereits auf einen Orientierungsrahmen eingerichtet. Der Europäische Rat in Dublin habe sich darauf verständigt, die Übergangsmaßnahmen auf ein Minimum zu beschränken und möglichst rasch eine vollständige und ausgewogene Integration zu erreichen. Dies könne bereits ab dem Haushalt für 1991 nicht ohne finanzielle Folgen bleiben. Allerdings werde, so Delors weiter, eine Erhöhung der Eigenmittelobergrenze nicht nötig sein. Die verfügbaren Mittel würden ausreichen beziehungsweise durch die aus der Vereinigung resultierenden Mehreinnahmen der EG gedeckt. Der Bundeskanzler schwenkte nun auf die Linie Delors' ein.[103] Im Kanzleramt wollte man – insbesondere unter der Bedingung, daß die Eigenmittelobergrenze nicht angetastet würde – den strukturpolitischen Vorschlägen der Kommission folgen, ohne allerdings selbst die Initiative zu ergreifen. In ihrem Telefonat am 20. August, in dem Kohl noch einmal forderte, daß die Vereinigung auf keinen Fall mit der Erhöhung der Gemeinschaftsmittel in Verbindung gebracht werden dürfe, machte Delors dann Zugeständnisse.[104] Er versicherte, auf einer Pressekonferenz zwei Dinge klarstellen zu wollen: Zum einen, daß die Vereinigung ohne eine Erhöhung der Gemeinschaftsmittel erfolgen werde, und zum anderen, daß die Mittel für die bisherigen Strukturhilfeempfänger wie Griechenland, Portugal oder Italien nicht angetastet würden. Kohl betonte nochmals, wie wichtig ihm dies vor allem angesichts der Diskussionen in einigen Mitgliedstaaten sei. Zum Schluß bekräftigte Kohl gegenüber Delors, er werde sich, »sobald die schwierigen innerdeutschen Dinge erledigt seien, mit ganzer Kraft der Europapolitik widmen«.

Das Problem war damit endgültig vom Tisch. Am 21. August verabschiedete die Kommission ihr Vorschlagspaket. Bis zum endgültigen Inkrafttreten würde zwar noch einige Zeit, vermutlich bis November 1990, verstreichen, da das endgültige Plazet der Zustimmung von Rat und Europaparlament bedurfte. Doch auch für die Übergangszeit vom Beitritt der DDR zur Bundesrepublik bis zum endgültigen Inkrafttreten des Maßnahmenpakets hatte Delors bereits eine Lösung gefunden. Die Kommission sollte demnach mit einer Sondervollmacht ermächtigt werden, ab dem Beitritt die vorgesehenen Maßnahmen vorläufig anzuwenden. Der Kommissionspräsident wollte hierfür eigens um eine Verkürzung des Zustimmungsverfahrens im Europaparlament bitten; der Rat könnte dann bereits am 16. September endgültig entscheiden. In der Runde der zwölf Außenminister am 10. August hatte es zu diesem Verfahrensvorschlag keinen expliziten Widerspruch gegeben.[105]

Für einen Mißklang im »Europäischen Rahmenprogramm« sorgte in diesem Kontext das Europaparlament[106]: Während von seiten der Kommission und des Ministerrates der Bundesregierung Lob ausgesprochen wurde für ihre Unterrichtung und Beteiligung an den Aushandlungen des Ersten Staatsvertrages, übte der EP-Sonderausschuß »Deutsche Einheit« nach wie vor harsche Kritik an der Informationspolitik der Bundesregierung. Die Parlamentarier drohten daraufhin zeitweise damit, die legislative Arbeit an den Übergangsmaßnahmen, welche die Eingliederung Ostdeutschlands in die EG ermöglichen sollten, zu verzögern. Allerdings war zunächst noch unklar, ob das Parlament überhaupt hinzugezogen würde, da der vorliegende Fall beispiellos und die noch verbleibende Zeit ohnehin recht knapp war, um den regulären Gesetzgebungsprozeß durchzuziehen. Das Parlament fürchtete deshalb, auf der Strecke und damit ohne Mitsprache zu bleiben. Letztlich billigte es Mitte September aber doch den Wunsch der Kommission – allerdings nur unter der Auflage, daß ein ständiger Informationsaustausch mit Brüssel und den deutschen Behörden gewährleistet würde. Die Sondervollmacht für die Kommission sollte bis Ende 1990 gelten.

Dank der Konzessionen des Europaparlaments und des Ministerrates konnte die Kommission ihre Vorschläge zu Übergangsmaßnahmen somit provisorisch in Kraft setzen, ohne daß die beiden anderen Gemeinschaftsorgane sie formal beraten und beschlossen hatten. Der Weg der DDR in die EG war damit frei, ohne daß es zu den befürchteten Härten – welche ohne Übergangserleichterungen zwangsläufig eingetreten wären – kam. Die Maßnahmen sollten ab dem 3. Oktober gelten und von der Kommission umgesetzt werden. Die Forderung der Europaparlamentarier, Vertreter der Bundesregierung bei Bedarf zwecks Unterrichtung herbeizitieren zu können, wurde ersetzt durch die erneute deutsche Zusicherung einer intensiven Informationspolitik.

Diese entschlossene Haltung der Bundesregierung gegenüber der Forderung des Parlaments stand auch in Zusammenhang mit der Entsendung ostdeutscher Abgesandter in die Straßburger Volksvertretung. Die Europaparlamentarier waren ihrer Ankündigung von vor der Sommerpause nicht nachgekommen, eine gewisse Zahl von DDR-Abgeordneten zur Mitarbeit einzuladen und ihnen dafür einen »Beobachter«-Status einzuräumen. Bereits bei der Absichtserklärung, die notwendigen Änderungen an der Geschäftsordnung hierfür vorzunehmen, hatte es Widerstand gegeben. Der bislang im Europaparlament unbekannte Beobachter-Status sollte Vertretern der DDR-Bevölkerung ermöglichen, zwar ohne Stimmrecht, aber mit allen sonstigen parlamentarischen Rechten an den Plenarsitzungen teilnehmen zu können. Angestrebt war ein Status vergleichbar dem der Berliner Abgeordneten im deutschen Bundestag. Da die Verträge ohnehin bis zur nächsten regulären Europawahl 1994 einer Revision bedurften, sollten ostdeutsche Abgeordnete solange im Rahmen des bisherigen, nicht vergrößerten Kontingents von 81 deutschen Abgeordneten als Beobachter vertreten sein. Diese Linie wurde im Kanzleramt weitgehend akzeptiert.[107]

Bis Mitte September war es aber noch nicht zu dieser Änderung der Geschäftsordnung, die eine absolute Mehrheit der Stimmen erforderte, gekommen, obwohl die DDR-Volkskammer zwischenzeitlich 18 ostdeutsche Vertreter benannt hatte. Für zusätzliche Verwirrung sorgte ein Brief des EP-Präsidenten Barón Crespo an Bundestagspräsidentin Rita Süssmuth, in welchem er nicht mehr von »Beobachtern« sprach, sondern lediglich von »Gästen«.[108] Außerdem, so Barón Crespo, sollten die Staats- und Regierungschefs bei ihrem nächsten Gipfel über die Rechte und Pflichten dieser ostdeutschen »Gäste« befinden. In Bonn sorgte der Brief für einigen Wirbel. In ihrem Antwortschreiben betonte Süssmuth daraufhin, daß sie es nicht für nötig erachte, die Staats- und Regierungschefs in dieser Angelegenheit entscheiden zu lassen, schließlich sei das Europaparlament Herr seiner eigenen Geschäftsordnung. In seiner zweiten Sitzungswoche im Oktober sollte das Parlament über die erforderliche Änderung der Geschäftsordnung beschließen. Dennoch schien man in Bonn um die notwendige absolute Mehrheit von 260 der 518 Stimmen zu bangen, da es innerhalb der Parlamentsfraktionen Diskussionen hierüber gab. Die Haltung des Parlamentspräsidenten war letztlich mit dafür verantwortlich, daß die ostdeutschen Vertreter ihre Arbeit erst 1991 aufnehmen konnten.[109] Diese Verzögerung, die auch innerhalb des Straßburger Parlaments auf zunehmendes Unverständnis stieß, hatte zur Folge, daß die Abgeordneten, die bereits von der Volkskammer ernannt worden waren, nochmals einer Bestätigung durch den gesamtdeutschen Bundestag bedurften: Da die Geschäftsordnung des Europaparlaments erst am 24. Oktober 1990 geändert wurde, entstand die Rechtsgrundlage für die Entsendung der Ostdeutschen erst nach der Vereinigung Deutschlands. Die Benennung der Beobachter war, wie Barón Crespo in einem Schreiben an Süssmuth vom 21. Januar 1991 noch einmal nachdrücklich betonte, durch die Volkskammer nicht mehr legitimiert. In Bonn verständigte man sich letztlich darauf, daß der Bundestag – auf der Basis der ursprünglich von der Volkskammer benannten Personen und des Ergebnisses der gesamtdeutschen Bundestagswahlen vom 2. Dezember 1990 – die Vertreter noch einmal benennen sollte.

## Deutsche Einheit als Katalysator für Europa

Die Entsendung ostdeutscher Beobachter in das Straßburger Parlament bildete den vorläufigen Schlußpunkt jenes »Europäischen Rahmenprogramms«, mit dem der deutsch-deutsche Vereinigungsprozeß in seinen europäischen Kontext eingebettet wurde. Der deutsche Einigungsprozeß wurde dabei von zwei wesentlichen Entwicklungen begleitet und von einer günstigen Akteurskonstellation befördert:

### 1. Forcierung der europäischen Integration
Zum einen wurde ab Frühjahr 1990 parallel zur deutschen Entwicklung die europäische Einigung weiter forciert: Nicht nur bei den Vorbereitungen für eine gemeinsame Wirtschafts- und Währungsunion, sondern insbesondere auch in Richtung auf eine Politische Union konnten entscheidende Weichenstellungen vorgenommen werden. Die Dynamik des deutschen Einigungsprozesses diente

damit auch als Katalysator für den Fortschritt des europäischen Einigungsprozesses. Ohne die außerordentliche Geschwindigkeit der deutschen Vereinigung hätten es weder die Bundesregierung noch ihre europäischen Partner mit diesen Schritten so eilig gehabt. Unter den gegebenen Umständen aber konnte Deutschland mittels europapolitischen Engagements sein unbedingtes Festhalten an der europäischen Integration unter Beweis stellen. Gleichzeitig war es für die europäischen Partner der Bundesrepublik ein probates Mittel, die europäischen Bande mit Deutschland nicht nur zu erneuern, sondern auch für die Zukunft enger zu knüpfen. Die Sorgen im Hinblick auf ein zu starkes Deutschland, das mit Alleingängen oder einer stärkeren Orientierung nach Osteuropa liebäugeln könnte, wurden dadurch relativiert.

*2. Einbindung Ostdeutschlands in die EG*
Einen zweiten wichtigen Strang des europäischen Rahmenprogramms der deutschen Einheit stellten jene Maßnahmen der Europäischen Gemeinschaft dar, mit denen die Einbeziehung der DDR in die EG organisatorisch-technisch und rechtlich ermöglicht wurde. Zu einem Zeitpunkt, als die Beitrittsmodalitäten – also die Frage, ob die DDR über eine Vereinigung (Artikel 23 oder 146 Grundgesetz) automatisch oder als eigenständiger 13. Staat Mitglied der EG werden würde – noch völlig offen waren, wurden hierfür schon erste wichtige Vorarbeiten geleistet. Bis zur Vereinigung im Oktober 1990 zeigte sich die Kommission als entscheidender Wegbereiter und vorausschauender sowie zuverlässiger Partner der Bundesregierung.

Nicht zuletzt in Sorge um das atemberaubende Tempo der deutsch-deutschen Entwicklungen arbeitete die Kommission in direkter und – nach einigen Anfangsschwierigkeiten – ab März zunehmend enger Abstimmung mit Bonn, um die Anpassungsmaßnahmen gezielt und schnell zu treffen. Für Delors bedeutete dies eine hervorragende Gelegenheit, Bedeutung und Effizienz der Brüsseler Behörde unter Beweis zu stellen. Die Kommission trug im Verlauf des Jahres 1990 nicht nur wesentlich dazu bei, die operative Eingliederung Ostdeutschlands in die Gemeinschaft der Zwölf reibungslos zu gestalten, sondern war auch maßgeblich dafür verantwortlich, daß die übrigen Organe der Gemeinschaft, insbesondere der Ministerrat, nach und nach eine positive Haltung gegenüber einem vereinigten Deutschland einnahmen. Delors war dabei einer der ersten europäischen Politiker, der beherzt voranschritt und verkündete, daß sich deutsche und europäische Einigung nicht ausschlössen, sondern im Gegenteil einander bedingen würden.

Delors und Kohl waren sich ab Anfang 1990 darin einig, daß der Weg gleichzeitig schon ein gutes Stück des Zieles war: Sie wollten die deutsche Frage europäisieren, um Sorgen der Partner zu vertreiben. Deren Bedenken zielten vor allem auf einen ökonomischen »Riesen«, der die kleineren Staaten an den Rand drängen und damit das Gleichgewicht und den Fortgang der europäischen Einigung erschüttern würde; ein vereinigtes Deutschland, das eine gewaltige

Expansion nach Osten treiben, sich von der Gemeinschaft abwenden und den Kontinent wirtschaftlich dominieren würde. Kohl und Delors stellten dem ihr gemeinsames Credo gegenüber: Europa sollte nicht unter der Vereinigung Deutschlands leiden, sondern vielmehr von ihr profitieren.

*3. Die Akteure und ihr Zusammenspiel*
Neben dem Präsidenten der EG-Kommission, Jacques Delors, sowie dem irischen Vorsitzenden des Europäischen Rates, Charles Haughey, bildeten die Regierungen Frankreichs und der Bundesrepublik den Motor der Etappen europapolitischen Fortschritts in der ersten Jahreshälfte 1990. Von zeitweiligen Reibungsverlusten abgesehen, demonstrierte das deutsch-französische Tandem mit dem gemeinsamen Einsatz für eine Politische Union Europas, daß es wieder Tritt gefaßt hatte. Dabei beschränkten sich konkrete Aktivitäten auf die Schaltzentralen Elysée-Palast und Bundeskanzleramt. Dort saßen auf beiden Seiten Teams, die in jahrelanger Zusammenarbeit Erfahrung gesammelt hatten und dafür sorgten, daß Probleme zwar nicht von vorneherein verhindert, aber immerhin bewältigt werden konnten. Dem Auswärtigen Amt in Bonn sowie dem Pariser Quai d'Orsay waren im Verlauf des Jahres 1990 fast ausschließlich operative Rollen zugewiesen. Ganz bewußt wurden die politischen Weichenstellungen und Initiativen zwischen Kanzleramt und Elysée ausgehandelt. Die Rolle der Außenministerien wurde vor allem im Kanzleramt vorrangig darin gesehen, die bereits getroffenen politischen Entscheidungen im Kreise der übrigen Mitgliedstaaten zu vermitteln. Die Bonner Europapolitik war während dieser Zeit quasi monopolisiert in den Händen des Bundeskanzlers und seiner engsten Mitarbeiter.

Persönliches Engagement und vertrauensbildende Maßnahmen einzelner Akteure spielten auch eine große Rolle, als es darum ging, ein europäisches Rahmenprogramm zur Integration Ostdeutschlands in die EG zu entwickeln. Neben Jacques Delors kam bei den Vorarbeiten dazu insbesondere dem deutschen EG-Kommissar Bangemann ein großes Verdienst zu. Seine Beziehungen zu Kohl und Genscher sowie die Tatsache, daß Bangemann als gebürtiger Magdeburger selbst aus Ostdeutschland stammte und damit ein offenes Ohr für die Problematik der deutschen Einheit hatte, taten ein übriges.[110] Verstärkt wurden die engen Bande zwischen Brüssel und Bonn durch den Politischen Direktor der Kommission und engen Berater von Delors, Günter Burghardt[111], sowie den Ständigen Vertreter der Bundesrepublik bei der EG, Jürgen Trumpf.

*Europäischer »dual use«-Effekt*
Die Einbindung des größeren Deutschlands in den bewährten europäischen Rahmen verlangte allen Beteiligten Kompromisse ab: Diese bestanden weniger darin, Integrationsetappen zuzustimmen, die nicht grundsätzlich gewollt waren, sondern vielmehr in zeitlichem Entgegenkommen. So war die Europäische Wirtschafts- und Währungsunion eine seit 1988 im Grundsatz beschlossene

Sache, wenn auch unter dem von Deutschland verfochtenen Vorbehalt, parallel die Politische Union zu verwirklichen. Die Bundesregierung hielt auch in der Folgezeit, nach Vollendung der deutschen Einheit, an der Forderung nach einer Koppelung von Wirtschafts- und Währungsunion und Politischer Union fest.[112] Die deutsche Einigung wirkte somit eher als eine Art Katalysator für den Fortgang der europäischen Integration, was insgesamt den Begriff des »dual use«-Effekts rechtfertigt. Die europäische Integration wurde forciert, um Deutschland fester in bewährte Strukturen einzubinden und möglichen Alleingängen vorzubeugen. Gleichzeitig machte die damalige Zwölfer-Gemeinschaft substantielle Fortschritte wie seit langem nicht mehr.

# GROSSE ENTWÜRFE
# UND KLEINE ERFOLGE

Seit Öffnung der Berliner Mauer am 9. November 1989 war knapp ein halbes Jahr vergangen, als sich die Außenminister der beiden deutschen Staaten und der Vier Mächte am 5. Mai 1990 in Bonn trafen. Beim ersten der Mitte Februar in Ottawa vereinbarten »Zwei-plus-Vier«-Treffen sollten sie die außenpolitischen Aspekte der deutsch-deutschen Vereinigung besprechen. Gut sechs Monate, nachdem die Menschen in der DDR – mit ihren anhaltenden Demonstrationen gegen das SED-Regime, der massenhaften Übersiedlung in den Westen und der dabei erreichten Öffnung der seit 1961 hermetisch abgeriegelten Grenze – der deutschen Frage neue Aktualität gegeben hatten, schien alles auf einem guten Weg: Die deutsche Einheit war erklärtes Ziel nicht mehr nur der Bundesregierung, sondern auch ihrer wichtigsten Verbündeten im Westen sowie der neuen, demokratisch legitimierten DDR-Regierung; die Sowjetunion hatte ihre Bereitschaft zur Hinnahme dieser Entwicklung zu erkennen gegeben. Damit war man aber, abgesehen von Positionsveränderungen der beteiligten Regierungen in Details, nur unwesentlich weiter als Anfang März 1990. Während in deutsch-deutschen Verhandlungen bereits konkret über die Schaffung der Wirtschafts-, Währungs- und Sozialunion oder gesamtdeutsche Wahlen gesprochen wurde, hatte die zuletzt starre Haltung der sowjetischen Führung auf internationalem Parkett für einen Stillstand gesorgt. Abgesehen vom Verzicht auf die Ablehnung einer Vereinigung nach Artikel 23 des Grundgesetzes, hatte die UdSSR sich kaum über die von Gorbatschow Anfang Februar vorgegebene Position hinausbewegt, in der das grundsätzliche Einverständnis zur deutsch-deutschen Annäherung gegeben worden war. Die Beamten des sowjetischen Außenministeriums hatten während der bi- und multilateralen Gespräche und Verhandlungen im Frühjahr 1990 nur wenig Beweglichkeit in Sachfragen gezeigt. Die politische Führung hatte weiterhin die Ablehnung einer gesamtdeutschen NATO-Mitgliedschaft als Grundlage ihrer Politik beibehalten. Der Schwung der politischen Entwicklungen schien Ende April deutlich an Kraft verloren zu haben.

Dem stand der erklärte Wille der Bundesregierung und ihrer westlichen Verbündeten gegenüber, die internationalen Gespräche über die deutsche Vereinigung bis zu dem für November 1990 geplanten KSZE-Gipfel abzuschließen. Die Überlegungen der politisch Verantwortlichen in Bonn, Ost-Berlin, Washington, Paris und London kreisten deshalb im Mai/Juni 1990 vor allem um zwei Komplexe:

1. um die Frage, ob die erste »Zwei-plus-Vier«-Runde der Außenminister in Bonn das Verharren der UdSSR beenden konnte beziehungsweise welche

offizielle Eröffnungsposition die Sowjetunion in den Gesprächen der Minister einnehmen würde;
2. um Mittel und Wege, wie man der Sowjetunion hinsichtlich deren Bedenken zur künftigen europäischen Sicherheitsarchitektur entgegenkommen konnte, ohne zugleich allzuviel von den eigenen Grundsätzen aufzugeben.

## Nur wenig Bewegung im Sechserkreis

Mit intensiven Vorbereitungen hatte die Bundesregierung versucht, stabile Grundlagen für einen Erfolg des »Zwei-plus-Vier«-Auftaktes zu schaffen.[1] Während im technischen Bereich beispielsweise die kurzfristige Installation einer Klimaanlage im Weltsaal des Auswärtigen Amtes dafür sorgen sollte, daß trotz der frühsommerlichen Schwüle ein wohltemperierter Rahmen für das Treffen möglich war, sollten zahlreiche Vorgespräche inhaltlichen Differenzen bereits im Vorfeld entgegenwirken. So hatte Hans-Dietrich Genscher sich am 3. Mai am Rande einer NATO-Außenministertagung in Brüssel mit James Baker, Roland Dumas und Douglas Hurd über das gemeinsame Vorgehen verständigt. Dieser westlichen Koordinierungsrunde folgten anderntags in Bonn zahlreiche bilaterale Begegnungen, bei denen sich Genscher – trotz seines angeschlagenen Gesundheitszustandes – als Gastgeber mit allen anderen Außenministern traf. Hinzu kamen beispielsweise Gespräche von Baker und Dumas mit Markus Meckel, der sein Debüt im internationalen Konferenzgeschäft erlebte.

### *Sorgen um Gorbatschow und die Perestroika*

Von größtem Interesse für die anderen »Zwei-plus-Vier«-Teilnehmer war die Frage nach aktuellen Entwicklungen der sowjetischen Position. So erkundigte sich Genscher bei seinem Treffen mit Meckel nach Neuigkeiten aus Moskau, die dieser allerdings nicht überbringen konnte.[2] Schewardnadse habe überraschend wieder ein neutrales Deutschland gefordert und sei vom früheren Vorschlag einer deutschen Doppelmitgliedschaft in NATO und Warschauer Pakt abgerückt. Der DDR-Außenminister berichtete über das Treffen von de Maizière und Gorbatschow in Moskau, bei dem der sowjetische Präsident eine gesamtdeutsche NATO-Mitgliedschaft strikt abgelehnt habe. Thilo Steinbach, der außenpolitische Mitarbeiter des DDR-Ministerpräsidenten, habe aus dem Gespräch de Maizières mit Gorbatschow dennoch den Schluß gezogen, daß eine »wesentliche Veränderung der NATO« neuen Spielraum schaffen könne. Meckel warnte gegenüber Genscher davor, die UdSSR bei den anstehenden Gesprächen zu isolieren. Es dürfe keinesfalls der Eindruck entstehen, daß die Sowjetunion den fünf anderen Staaten alleine gegenüberstehe. Dies zu vermeiden, sei eines der Ziele seiner Außenpolitik, was Genscher begrüßte und als gemeinsame Aufgabe der beiden deutschen Staaten bezeichnete. Auch US-Außenminister James Baker vertrat in seinem Gespräch mit Eduard Schewardnadse die Position, daß keiner der »Zwei-plus-Vier«-Partner diskriminiert oder singularisiert werden dürfe.[3] Baker erläuterte dem sowjetischen Außenminister auch erstmals im Detail die amerikanischen Vorstellungen zum »Zwei-plus-Vier«-Prozeß: Die Sechsergruppe könne nur in manchen Bereichen wirkliche Entscheidungen treffen, in anderen müsse sie diese andiskutieren und dann an die zuständigen Gremien und Institutionen – wie KSZE oder VKSE – weiterleiten. Schewardnadse fand an diesem Modell wenig Gefallen, da er den »Zwei-plus-Vier«-Rahmen ungern als Lenkungsgruppe nach amerikanischem Modell sehen wollte, sondern ein wirkliches Entscheidungsgremium wünschte.

Ein anderes Treffen führte Schewardnadse und Kwizinskij ins Bundeskanzleramt.[4] Am Tag zuvor hatte Horst Teltschik den sowjetischen Botschafter gefragt, ob der Außenminister denn kein Interesse an einem Gespräch mit Helmut Kohl habe. Gewiß, hatte Kwizinskij geantwortet, doch habe man ihm im Auswärtigen Amt gesagt, ein solcher Termin sei nicht vorgesehen. Kurzfristig vereinbarten die beiden Beamten noch das Treffen, zu dem Schewardnadse am frühen Nachmittag des 4. Mai eintraf. Der sowjetische Außenminister hatte vorher signalisiert, er wolle das Gespräch allein mit Kohl führen. Ein Großteil der Unterhaltung drehte sich um die Litauen-Frage, bei der Schewardnadse um Verständnis für die sowjetische Politik warb. Er erläuterte auch den Stand der Perestroika, vor deren Scheitern er nachdrücklich warnte. Kohl skizzierte noch einmal ausführlich seine Überlegungen zur künftigen Ausgestaltung der deutsch-sowjetischen Beziehungen. Der Außenminister begrüßte diese Gedanken und wies darauf hin, daß die bestehenden wirtschaftlichen Beziehungen zwischen seinem Land und der DDR nach der Vereinigung nicht einfach abbrechen dürften. Den parteiinternen Kritikern der Perestroika würde dies weiteren Auftrieb verleihen. An Kohls Überlegungen sei deshalb gerade die strategisch-langfristige Perspektive wichtig. Schewardnadse ging auch auf Kohls Anregung für ein neuerliches Gipfeltreffen mit Präsident Gorbatschow ein. Dieses müsse auf jeden Fall außerhalb Moskaus stattfinden, doch werde sich ein Termin wegen des anstehenden Parteitags der KPdSU wohl erst im Juli finden lassen. Der Kanzler sah darin kein Problem und skizzierte daraufhin kurz seine zeitlichen Überlegungen. Man könne sich beim Gipfel ja über die Grundzüge des deutsch-sowjetischen Vertragswerks verständigen, das Ganze dann bis nach der Einheit ruhen lassen und danach den Vertrag abschließen. Sein Interesse sei, bis zum 31. Dezember 1992 – wenn es seines Erachtens ein vereintes Deutschland bereits geben werde – nicht nur den europäischen Binnenmarkt aus der Taufe zu heben, sondern zugleich die Beziehungen zur Sowjetunion neu zu ordnen. Bevor Kohl zum Stand der »Zwei-plus-Vier«-Verhandlungen überging, schlug er noch vor, gegenüber den Medien nichts Konkretes über die Gesprächsinhalte zu sagen, sondern nur allgemein von Gesprächen über »alle Fragen gemeinsamen Interesses« zu sprechen.

Wie offen die Haltung der UdSSR in der Bündnisfrage war, machte Schewardnadse dem Bundeskanzler danach – indirekt, doch unter Verweis auf eine Absprache mit Gorbatschow – deutlich. Zwar versicherte er, daß sein Land eine gesamtdeutsche NATO-Mitgliedschaft nicht unterstützen könne, doch fügte er sogleich an, er hoffe, mit dieser Haltung keine Enttäuschung auszulösen. Er wolle nicht ausschließen, daß man einen Kompromiß finde, der auch vom sowjetischen Volk gebilligt werden könne. Über die unterschiedlichen Positionen müsse man offen reden – nicht nur im »Zwei-plus-Vier«-Rahmen, sondern auch im kleinen Kreis, antwortete Kohl. Gleiches gelte für die bilateralen Wirtschaftsgespräche, die man gegebenenfalls auf höherer Ebene voranbringen müsse, wenn sich Probleme auf der unteren Ebene nicht lösen ließen. Diesem Punkt stimmte Schewardnadse nachdrücklich zu.

Noch offensichtlicher wurden die ökonomischen Probleme der Sowjetunion, als Schewardnadse den Kanzler im Auftrag Gorbatschows ganz offen um einen Kredit für sein Land ersuchte.[5] Unter Hinweis auf die angespannte Finanzlage in der UdSSR ließ der sowjetische Generalsekretär seinen Außenminister Möglichkeiten für finanzielle Unterstützungsmaßnahmen aus Bonn sondieren. Gorbatschows Anfrage war äußerst dringlich, da die UdSSR ohne einen Mittelzufluß aus dem Westen zum 1. Juli 1990 ihre internationale Zahlungsfähigkeit verloren hätte. Insgesamt sollte es um einen Betrag von rund 20 Milliarden Mark für fünf bis sieben Jahre gehen, den die UdSSR bei westlichen Banken aufnehmen wollte. Die sowjetische Hoffnung war, daß die westlichen Banken bei vorliegenden Garantien ihrer Staaten eher zu Krediten bereit sein würden. Zugleich bat Moskau um ein Höchstmaß an Verschwiegenheit, da die prekäre finanzielle Situation zu diesem Zeitpunkt nicht international bekannt werden sollte. Kohl sagte sofort die Zusammenarbeit und Hilfe zu: Eine Regierung, die eine andere Regierung um finanzielle Unterstützung bat, würde kaum einen dauerhaften Konfliktkurs einschlagen.

Die von Schewardnadse signalisierte Bedeutung der Wirtschaftsfragen für die Zukunft der deutsch-sowjetischen Beziehungen – und damit auch für die weitere Haltung Moskaus im Vereinigungsprozeß – hatte der Bundeskanzler vor diesem Gespräch bereits in einem Treffen mit der von James Baker geleiteten amerikanischen »Zwei-plus-Vier«-Delegation angeschnitten.[6] Kohl hatte dabei zunächst vergeblich versucht, einen späteren Termin für den geplanten NATO-Gipfel zu erreichen: Die Grundzüge der angestrebten Veränderungen im Bündnis würden bis Anfang Juli in Moskau bekannt sein, so daß ein Gipfel gleichzeitig mit oder kurz vor dem 28. Parteitag der KPdSU von sowjetischen Hardlinern genutzt werden könnte, um Gorbatschow zusätzliche Schwierigkeiten zu bereiten. Die Lage des Präsidenten sei ohnehin kritisch, so die Argumentation Kohls, und auch die Versorgungssituation werde sich bis Sommer nicht grundlegend verbessern lassen. Bakers Berater Robert Zoellick verwies demgegenüber darauf, daß ein früher NATO-Gipfel, der den Wandel des Verteidigungsbündnisses dokumentiere, eher günstig für die Position Gorbatschows sein könne. Neben den Beratungen zur wirtschaftlichen und innenpolitischen Situation in der UdSSR – und hierbei vor allem zur Krise im Baltikum – kamen Kohl und Baker auf die Frage nach Hilfsmöglichkeiten für die Sowjetunion zu sprechen, da sie sich darüber einig waren, daß keinesfalls ein Militärregime die Macht in Moskau übernehmen dürfe. Die Halbherzigkeit der bisherigen ökonomischen Reformschritte sahen sie dabei ebenso als Hindernis an wie die Tatsache, daß wirtschaftliche Hilfe zwar zur innenpolitischen Stabilisierung der

UdSSR notwendig sei, durch den Litauen-Konflikt aber verhindert werde – ein »Teufelskreis« also.

Zu den anlaufenden »Zwei-plus-Vier«-Verhandlungen versicherte Kohl, daß Deutschland Mitglied der NATO bleiben werde und hier nicht erpreßbar sei. Er glaube aber, daß die UdSSR ein »Pokerspiel« betreibe, um sich möglichst viele Vorteile zu sichern. Aus seiner Sicht gelte es vor allem, die Wirtschaftsbeziehungen zwischen Deutschland und der Sowjetunion auf eine dauerhafte Grundlage zu stellen sowie den zeitweiligen Verbleib sowjetischer Truppen in Ostdeutschland vertraglich zu regeln. Kohl und Baker wandten sich gegen jegliche Versuche, Deutschland zu singularisieren. Auf eine entsprechende Frage von Baker begrüßte der Kanzler nachhaltig Überlegungen, den neuen DDR-Ministerpräsidenten de Maizière nach Washington einzuladen. Daß die US-Administration sich der deutschen Position in Sicherheitsfragen noch immer nicht vollkommen sicher war, zeigten Bakers Nachfragen zur Gültigkeit von Artikel 5 und 6 des NATO-Vertrages und der künftigen deutschen Truppenpräsenz auf ostdeutschem Gebiet. Er erklärte zudem Bushs Position zur Beendigung der Nachrüstungsdebatte über nukleare Kurzstreckenraketen. Baker und Kohl waren sich darin einig, daß die USA auch künftig – politisch wie militärisch – ein zentraler Akteur in Europa bleiben müßten.

Bevor die Außenminister am 5. Mai im Auswärtigen Amt zu ihrer ersten »Zwei-plus-Vier«-Runde zusammentrafen, hatte der Kanzler damit den beiden zentralen Partnern im außenpolitischen Begleitprozeß zur deutschen Vereinigung seine eigene Position deutlich gemacht, in welcher den bilateralen Kontakten zumindest Gleichberechtigung neben den Verhandlungen auf multilateraler Ebene eingeräumt wurde.

## Schewardnadse warnt und lockt

Mit Inkrafttreten der Pariser Verträge hatte die Bundesrepublik 35 Jahre vor dem ersten »Zwei-plus-Vier«-Außenministertreffen einen Teil jener Souveränität zurückerhalten, die das Deutsche Reich als Ergebnis des Zweiten Weltkrieges verloren hatte. Die Souveränitätserklärung vom 5. Mai 1955 hatte zugleich die Spaltung Deutschlands ein wenig deutlicher manifestiert. Diesen Zustand zu beenden war das Ziel der sechs Außenminister, die sich am 5. Mai 1990 zur ersten »Zwei-plus-Vier«-Runde trafen.[7] Hieran mitzuarbeiten sei ihm eine »ehrenvolle Pflicht«, erklärte US-Außenminister James Baker im Sechserkreis, und sein sowjetischer Amtskollege Eduard Schewardnadse versicherte: »Wir sind für das Recht der Deutschen auf Selbstbestimmung.« Hinter diesen positiven Bekenntnissen zur Vereinigung der beiden deutschen Teilstaaten steckten jedoch vollkommen unterschiedliche Grundkonzeptionen: »Sobald ein geeintes und demokratisches Deutschland in gegenseitig anerkannten Grenzen existiert, sind die Vier Mächte ihrer Verantwortung umfassend gerecht geworden«, so die Position der USA, die dabei von kurzen Zeiträumen ausgingen. »Auch nach der Schaffung eines einheitlichen Parlaments und einer einheitlichen Regierung in Deutschland werden offensichtlich für eine Reihe von Jahren bestimmte Maßnahmen im Zusammenhang mit der Lösung der äußeren Aspekte der Regelung gelten«, lautete demgegenüber die Haltung der UdSSR. Schewardnadse bot damit einen scheinbar leicht gangbaren und vor allem zügigen Weg zur Vereinigung an: Die inneren und äußeren Aspekte der deutschen Einheit müßten nicht zeitgleich geregelt werden. Bundesrepublik und DDR könnten sich relativ schnell zu einem gemeinsamen Staat vereinen, während über die außenpolitischen Zusammenhänge noch längere Zeit geredet würde und die Rechte der Vier Mächte solange gültig bleiben sollten.

Ausführliche Grundsatzerklärungen der sechs Außenminister zum Auftakt des Treffens und eine längere Debatte über das Eröffnungsstatement für die anschließende Pressekonferenz nahmen den Großteil der Verhandlungsdauer ein. Als Agenda für die künftigen »Zwei-plus-Vier«-Treffen hatten die Politischen Direktoren vier Punkte vorgeschlagen:
1. Grenzen;
2. politisch-militärische Fragen;
3. Berlin-Probleme;
4. abschließende völkerrechtliche Regelung und Ablösung der Vier-Mächte-Rechte und -Verantwortlichkeiten.

Wie bereits bei den Beamtentreffen forderte die sowjetische Seite eine stärkere Betonung der »Synchronisierung« der äußeren Aspekte der deutschen Einheit mit dem gesamteuropäischen Prozeß. Das könne entweder durch einen eigenständigen Tagesordnungspunkt oder aber durch eine Erweiterung des zweiten Punktes geschehen.[8] Markus Meckel eröffnete die Diskussionsrunde hierzu mit der Erklärung, daß der Zusammenhang mit dem europäischen Prozeß »gleichsam als Überschrift über dem Gesamtunternehmen« stehe. Ein eigenständiger Punkt sei also unnötig. Eine Verknüpfung mit dem zweiten Tagesordnungspunkt würde hingegen verdecken, daß die deutsche Vereinigung auf jeden Fall schneller laufe als der gesamteuropäische Prozeß. Auch die anderen Wortmeldungen machten deutlich, daß Schewardnadse keine Unterstützung für sein Anliegen finden würde. Auf der Basis verschiedener Kompromißformeln von Dumas, Schewardnadse, Genscher und Hurd schlug Baker die letztlich allgemein akzeptierte Neuformulierung für den zweiten Tagesordnungspunkt vor: »Politisch-militärische Fragen unter Berücksichtigung von Ansätzen geeigneter Sicherheitsstrukturen in Europa.«

Ein Großteil der inhaltlichen Vereinbarungen wurde während des zweistündigen Mittagessens im Ministerkreis beschlossen und anschließend von Bundesaußenminister Genscher im Konferenzsaal verkündet: Weitere Außenministertreffen sollten im Juni in Ost-Berlin, im Juli in Paris und im September in Moskau stattfinden und von den Politischen Direktoren sorgfältig vorbereitet werden. Dafür sollten diese sich vor jeder Runde ihrer Amtschefs, bei Bedarf auch mehrfach treffen, Arbeitsgruppen einsetzen und Experten hinzuziehen können. Wie bereits beim Mittagessen ging es anschließend erneut um die Details der deutsch-polnischen Grenzfrage. Genscher kündigte an, noch am selben Tag einen Brief an den polnischen Außenminister Skubiszewski schreiben zu wollen, um diesen einzuladen, beim Pariser Treffen über die polnische Westgrenze und damit zusammenhängende Themen mit den »Zwei-plus-Vier«-Ministern zu reden.[9] Der Politische Direktor des polnischen Außenministeriums werde an der »Zwei-plus-Vier«-Beamtenrunde vor dem Ministertreffen in Paris teilnehmen, für das Roland Dumas den 17. Juli vorschlug. Meckel hatte den Außenministern der Vier Mächte zuvor kurz berichtet, daß Polen am 27. April einen Grenzvertragsentwurf mit weiterreichenden Elementen eines Grundlagenvertrages übergeben habe und erste Gespräche der beiden deutschen Regierungen mit Polen stattgefunden hätten. Es herrsche, was Genscher in seinen ergänzenden Bemerkungen besonders betonte, Übereinstimmung zur Endgültigkeit der Grenze und ihrer völkerrechtlichen Anerkennung, gebe aber unterschiedliche Auffassungen zum Verfahren. Dumas nutzte dies für einen indirekten Hinweis auf die weiterhin bestehenden Vier-Mächte-Rechte: Sollte bis zum »Zwei-plus-Vier«-Treffen in Paris keine Lösung gefunden sein, müsse man im »Zwei-plus-Vier«-Rahmen eingreifen.

Die in der Öffentlichkeit teilweise heftig diskutierte Grenzfrage war im Ministerkreis kein großes Thema. Reichlich Aufmerksamkeit richteten die Minister hingegen auf Genschers Vorschlag für sein eröffnendes Statement bei der anschließenden Pressekonferenz, nach dem die anderen fünf Minister zu Wort kommen sollten. Der Satz »Der Wille der Deutschen, ihre Vereinigung solle sich ohne Verzögerung vollziehen, wurde von allen Teilnehmern anerkannt« könne so nicht stehenbleiben. Er wecke, so Schewardnadse, den Eindruck, die Vereinigung werde forciert – oder aber von jemandem künstlich hinausgezögert. Erneut kam der Kompromißvorschlag von James Baker, der den sowjetischen Bedenken dadurch Rechnung trug, daß nunmehr davon die Rede war, die »Vereinigung ordnungsgemäß und ohne Verzögerung zu vollziehen«.

Sehr viel grundsätzlicher als in den Detailanmerkungen war die sowjetische Position zuvor bereits in Schewardnadses Grundsatzrede deutlich geworden. Der sowjetische Außenminister hatte mehrfach mit dramatischen Worten auf die innenpolitischen Probleme seiner Regierung aufmerksam gemacht. Er könne bei der Behandlung der äußeren Aspekte der deutschen Einheit nicht die inneren Umstände in seinem eigenen Land außer acht lassen. Wenn man die UdSSR, vor allem in Fragen der Sicherheit, in Bedrängnis bringe, »wird dies, offen gesagt, zu einer Situation führen, wo der Grad unserer politischen Flexibilität stark eingeschränkt sein wird, da die Emotionen innerhalb des Landes hohe Wellen schlagen, die Gespenster der Vergangenheit in den Vordergrund rücken und die nationalen Komplexe wiedererstehen werden, die in den tragischen Seiten unserer Geschichte ihren Ursprung haben«. Mehrfach und eindringlich betonte Schewardnadse, er spreche offen und ehrlich, wolle »nichts vormachen und auch nicht bluffen«. Als Überraschung wurde seine Erklärung bewertet, daß die Regelung der inneren und äußeren Aspekte der Einheit nicht unbedingt zeitlich zusammenfallen müßten. Dieser Vorstoß, so Kohls Mitarbeiter Peter Hartmann in seinem Bericht an den Bundeskanzler, habe aber den »Pferdefuß«, daß damit die Vier-Mächte-Rechte und -Verantwortlichkeiten noch einige Zeit aufrechterhalten würden.[10] Hinsichtlich der gesamtdeutschen NATO-Mitgliedschaft war Hartmanns Analyse optimistisch: Schewardnadse habe die Mitgliedschaft Deutschlands im westlichen Bündnis abgelehnt, zugleich aber angedeutet, daß die Sowjetunion dies anders sehen könne, wenn die von ihm skizzierten gesamteuropäischen Sicherheitsstrukturen Wirkung zu entfalten begännen. Die westlichen Außenminister hätten dem eindeutig widersprochen, während Markus Meckel für die DDR erklärt habe, die demokratischen Revolutionen in den osteuropäischen Reformstaaten hätten nicht das Ziel gehabt, diese Länder in die »alte NATO« zu führen. Bei erheblichen Veränderungen der militärischen Aufgaben und der Strategie des westlichen Bündnisses sowie dem Verzicht auf die Ausdehnung des NATO-Gebietes auf die jetzige DDR könne man sich eine vorübergehende Mitgliedschaft allerdings vorstellen. Schewardnadse hatte in seiner teilweise sehr emotionalen Rede deutlich gemacht, daß das sowjetische »Zwei-plus-Vier«-Konzept sich noch immer deutlich von dem der westlichen Teilnehmerstaaten unterschied. Bakers Vorschlag, den »Zwei-plus-Vier«-Rahmen als Lenkungsgruppe zu verstehen, zahlreiche Aufgaben aber den dafür zuständigen anderen Gremien wie KSZE oder VKSE zu überlassen, lehnte er ebenso ab wie die Einengung des Teilnehmerkreises: Bei Bedarf müßten weitere Staaten hinzugezogen werden. Schewardnadse wiederholte die Forderung, ein vereintes Deutschland dürfe »natürlich die Rechtmäßigkeit der Maßnahmen und Beschlüsse, die von den Vier Mächten in den Besatzungszonen angenommen wurden, nicht revidieren oder in Frage stellen«. Sein Nachgeben bestand lediglich darin, daß er nicht weiter auf dem Abschluß eines Friedensvertrages beharrte. Er betonte aber, daß »wir weiterhin der Ansicht sind, daß es richtiger wäre, die Frage des Abschlusses eines Friedensvertrages zu stellen. Hier kommen wir unseren Partnern entgegen.« Ungewöhnlich freundliche und lobende Worte fand der sowjetische Außenminister für Hans-Dietrich Genscher, doch bediente er sich ansonsten immer noch der »düsteren Formeln aus dem Propaganda-Arsenal des Kalten Krieges«[11], wie seine Ausführungen zum westlichen Bündnis zeigten: »Für uns bleibt die NATO das, was sie immer war, nämlich ein uns gegenüberstehender Militärblock mit einer in bestimmter Weise ausgerichteten Doktrin, mit der in Kalkül gezogenen Möglichkeit, einen Kernwaffenerstschlag zu führen.«

Eduard Schewardnadse hatte mit seiner Rede die Aufmerksamkeit von den Ansprachen der fünf anderen Außenminister weitgehend abgelenkt, die sich sehr viel positiver und konstruktiver zur deutschen Vereinigung äußerten. In eindringlichen Worten hatte der sowjetische Politiker die innenpolitischen Schwierigkeiten der Regierung Gorbatschow umrissen und den Westen vor einer zu harten Position und deren negativen Auswirkungen auf die Reformpolitik in Moskau gewarnt. Zugleich hatte er mit einer möglichen Verhärtung der sowjetischen Verhandlungsposition gedroht, nicht ohne jedoch Alternativen für den Westen anzubieten: Der Ausbau der KSZE zum bündnisübergreifenden Sicherheitssystem biete Möglichkeiten zur Annäherung der Standpunkte und zum Nachgeben der UdSSR in der Bündnisfrage. Das scheinbar verlockendste Angebot Schewardnadses bestand allerdings in seinem »Entkoppelungsvorschlag«, der die Möglichkeit einer schnellen Vereinigung mit dem vorübergehenden Fortbestand der Vier-Mächte-Rechte verknüpfte. Wie ernst dieses von Botschafter Kwizinskij bereits bei seinem jüngsten Gespräch mit Helmut Kohl angedeutete Angebot gemeint war, zeigte Schewardnadses Aufforderung, die »Zwei-plus-Vier«-Experten sollten sich doch »vorrangig mit der Erarbeitung einer Konzeption für die Übergangszeit, ihrer Dauer und ihrem Inhalt befassen«. Während der abschließenden Pressekonferenz ging der sowjetische Außenminister nicht auf diesen Vorschlag ein, ließ anschließend aber seinen Redetext verbreiten, so daß der »Entkoppelungsvorschlag« gemeinsam mit dem öffentlich verbreiteten Optimismus der sechs Außenminister die allgemeine Berichterstattung über das Treffen beherrschte.[12]

Vor allem vier Begriffe hatten die Diskussion der Außenminister bestimmt, wobei nur selten alle sechs Politiker sich dasselbe unter dem jeweiligen Wort vorstellten. Von zentraler Bedeutung waren:
1. Selbstbestimmung: Das Recht der Deutschen hierauf wurde von allen sechs beteiligten Staaten anerkannt. Unterschiede zeigten sich in der Bewertung, wie stark das Selbstbestimmungsrecht durch die Vier-Mächte-Rechte eingeschränkt war. Während die Bundesrepublik und die USA kaum substantielle Mitspracherechte der Vier Mächte sahen, stufte die sowjetische Regierung ihre Einflußmöglichkeiten weiterhin hoch ein.
2. Singularisierung: Zentrales Ziel aller Konferenzteilnehmer war es, keinesfalls zuzulassen, daß ein einzelner Teilnehmerstaat isoliert würde. Die USA stellten sich hierunter beispielsweise vor, daß Deutschland nicht mit einer diskriminierenden Sonderrolle in die Einheit starten sollte, wie es etwa eine Festschreibung der Bundeswehrstärke im »Zwei-plus-Vier«-Vertrag anstatt bei den VKSE-Verhandlungen bedeutet hätte. Die neue DDR-Delegation ging in der Begriffsauslegung weiter und wollte unter anderem grundsätzlich verhindern, daß es bei den Gesprächen zu einer »Eins-plus-Fünf«-Situation – alle gegen die Sowjetunion – kam.
3. Diskriminierung: Dieser Begriff wurde von der UdSSR – anstelle von Singularisierung – sowohl für das eigene Land als auch für Deutschland verwendet. Ähnlich wie bei der Singularisierung sollte nicht ein Staat schlechter behandelt werden als andere – gegebenenfalls jedoch anders. Dies zeigte sich vor allem in der Forderung, Deutschland dürfe keinem Bündnis angehören. Sie stand im Gegensatz zum Recht auf Selbstbestimmung, war deshalb für Deutschland diskriminierend und deckte die logischen Brüche im sowjetischen Denkmodell auf.

4. Synchronisierung: Deutlich wie bei keinem anderen Thema traten hier die unterschiedlichen Einstellungen der »Zwei-plus-Vier«-Teilnehmer zur Vereinigung zum Vorschein. Die Bundesregierung sowie die Vertreter der USA, Frankreichs und Großbritanniens verstanden unter Synchronisierung anhaltende Bemühungen, den KSZE-Prozeß auszubauen und teilweise zu institutionalisieren, ohne aber die NATO als Eckpfeiler westlicher Sicherheitspolitik in Frage zu stellen. Eine Verbindung mit der Vereinigung wurde höchstens rhetorisch hergestellt, ohne daß es einen kausalen Zusammenhang geben sollte. Die UdSSR verstand demgegenüber unter der Synchronisierung noch immer, daß die deutsche Einheit erst dann hergestellt werden konnte, wenn die Auswirkungen einer gesamteuropäisch-kooperativen Sicherheitsarchitektur real vorhanden und die Bündnisse im weitgehenden Wandel hin zu ihrer Auflösung begriffen wären. Die DDR nahm eine Position dazwischen ein, die zwar bereits konkrete Schritte zum Aufbau kooperativer Sicherheitsstrukturen vorsah, dabei aber davon ausging, daß die Einheit bereits vorher vollzogen sein würde. Deutschland sollte deswegen vorübergehend Mitglied einer sich stark wandelnden NATO werden.

Anders als unmittelbar nach dem Fall der Mauer, als etwa der Begriff »Selbstbestimmungsrecht« zum Teil bewußt gemieden wurde, verwendeten alle in den außenpolitischen Prozeß der Vereinigung involvierten Staaten mittlerweile also dieselben Begriffe – wenn sie diese auch mit unterschiedlichen Bedeutungen versahen. In der Öffentlichkeit sowie bei einigen der beteiligten Politiker weckte dies Optimismus, der über die teilweise gravierenden Unterschiede in den tatsächlichen Verhandlungspositionen hinwegtäuschte. In der allgemeinen Euphorie ging zudem unter, daß hinter der sowjetischen Skizze mit dem großen Entwurf einer neuen gesamteuropäischen Ordnung lediglich ein minimales Entgegenkommen der UdSSR verborgen war: Sein Land, so Schewardnadse, halte einen Friedensvertrag zum Abschluß der »Zwei-plus-Vier«-Gespräche zwar immer noch für notwendig, ein großes abschließendes Dokument könne unter Umständen aber denselben Zweck erfüllen.

### *Genschers Position verwirrt den Westen*

Der Bundesregierung war mit dem »Entkoppelungsvorschlag« die Chance geboten, die Vereinigung schnell zu erreichen – zugleich aber die Wiedererlangung der vollen Souveränität auf ein unbestimmtes Datum zu verschieben. Hans-Dietrich Genscher hatte dem Bundeskanzler von diesem Vorschlag bereits in einem kurzen Telefongespräch während der Mittagspause des »Zwei-plus-Vier«-Treffens erzählt und von Helmut Kohl eine Weisung mit auf den Weg bekommen: Innere und äußere Aspekte der deutschen Einheit gehörten zusammen, weswegen der Bundesaußenminister in diesem Punkt keinen Millimeter nachgeben dürfe. Da Genscher in seinen anschließenden Äußerungen zu

Schewardnadses Vorschlag diesen nicht rundweg ablehnte, entstand in der Öffentlichkeit und bei den westlichen Verbündeten allerdings der Eindruck, er wolle sich die greifbare Gelegenheit zur Vereinigung nicht entgehen lassen und das Angebot zur Entkoppelung der inneren von den äußeren Aspekten der Vereinigung vielleicht doch nutzen.[13]

Als entsprechende Schilderungen am Montag nach dem Außenministertreffen in der Tagespresse veröffentlicht wurden, herrschte dort der allgemeine Konsens, daß nicht nur Genscher, sondern auch die Vertreter der drei Westmächte den Entkoppelungsvorschlag begrüßten.[14] Im Bundeskanzleramt – wo Helmut Kohl mit den Präsidenten Frankreichs und der USA, Mitterrand und Bush, telefoniert und Rückendeckung für seine ablehnende Position erhalten hatte – sahen die zuständigen Beamten hingegen keinen Grund, auf den sowjetischen Vorschlag einzugehen.[15] Der Vorstoß biete zwar unbestrittene Vorteile wie die Beschleunigung des Einigungsprozesses, vor allem aber eine ganze Reihe von Nachteilen. So blieben zumindest einige der Vier-Mächte-Rechte weiterhin bestehen, die Sicherheitsfragen würden nicht gelöst und die UdSSR behielte ein »Störpotential« gegenüber der Bundesregierung. In der Bewertung kamen Kohls Mitarbeiter zum Ergebnis, daß weiterhin die Möglichkeit bestehe, auch die äußeren Aspekte der Einheit wie geplant bis zum KSZE-Gipfel im Herbst einvernehmlich und zufriedenstellend zu regeln. Es deute derzeit »nichts darauf hin, daß dieses Ziel nicht zu erreichen ist«, versicherten sie in einer Vorlage für Kanzleramtsminister Rudolf Seiters. Ähnlich habe Dieter Kastrup bei der Unterrichtung des NATO-Rates am 7. Mai argumentiert, wenngleich der Politische Direktor des Auswärtigen Amtes eine abschließende Wertung noch nicht habe vornehmen wollen.

Daß, allen späteren Dementis zum Trotz, das Bundeskanzleramt und das Auswärtige Amt unterschiedliche Einstellungen zu Schewardnadses »Entkoppelungsvorschlag« hatten, zeigte sich einen Tag später, am Dienstag, in der Öffentlichkeit.[16] Helmut Kohl versicherte vor der CDU/CSU-Bundestagsfraktion, der sowjetische Vorstoß sei als Ausgangsposition in den »Zwei-plus-Vier«-Verhandlungen und Teil des üblichen »Verhandlungspokers« zu sehen. Er setze sich weiterhin dafür ein, die inneren und äußeren Aspekte zeitgleich und einvernehmlich zu lösen, was bis zum KSZE-Gipfel im Herbst möglich sei. Vor Journalisten und laufenden Kameras wurde Kohl noch deutlicher: Eine Vereinigung ohne Klärung der Bündnisfrage – und damit der äußeren Aspekte der Einheit – wäre »eine fatale Entwicklung«.[17] Für Kohl war relevant, daß eine Entkoppelung mittelfristig zu einer nationalen Erhitzung in Deutschland führen konnte – nach dem Motto »Das lassen wir uns als souveräner Staat nicht mehr bieten«. Hierin lag der Grund für die harsche Form, mit der er sofort in den Medien dem Eindruck entgegentreten wollte, die Bundesregierung könnte sich mit der Entkoppelungsidee arrangieren.

Diese Position hatte Horst Teltschik bereits am Montag als Politik der Bundesregierung verkündet. Hans-Dietrich Genscher äußerte sich derweil vor der

FDP-Bundestagsfraktion vorsichtiger: Er betonte zwar die Notwendigkeit, die Vier-Mächte-Rechte abzulösen, stellte aber keinerlei zeitlichen Zusammenhang mit der »ordnungsgemäß und ohne Verzögerung« herbeizuführenden Vereinigung her. In Presseberichten wurde der Bundesaußenminister zudem mit Überlegungen zitiert, die Bundesrepublik habe schließlich über vier Jahrzehnte mit einer eingeschränkten Souveränität gelebt. Wenn man nun die Einheit bekommen könne, solle man sie nicht zurückweisen. Im Auswärtigen Amt, so die Berichterstattung weiter, werde bereits konkret über die Auswirkungen des »Entkoppelungsvorschlags« nachgedacht[18], während die FDP-Führung dieses Verfahren als riskant, aber praktikabel bezeichnet habe. Der FDP-Vorsitzende Otto Graf Lambsdorff sprang Genscher zur Seite, indem er erklärte: Wenn im Herbst alles geklärt sei und nur noch einige deutsche Souveränitätsfragen offen seien, »wird so mancher seine starken Worte, die er in diesen Tagen von sich gegeben hat, wohl noch überdenken«[19].

Innerhalb von drei Tagen wurde so aus dem scheinbar unumstrittenen Schewardnadse-Vorstoß eine teilweise heftig geführte Auseinandersetzung innerhalb der Regierungskoalition, die in den Medien zugleich als weiterer Beweis für die unterschiedlichen Charaktere und Politikstile von Kohl und Genscher gewertet wurde. Aus der Sachauseinandersetzung wurde in der öffentlichen Wahrnehmung ein Machtkampf darüber, »wer die Richtlinien der deutschen Außenpolitik bestimmt, und vor allem, welche Tonart herrschen soll – diejenige der vorsichtigen Diplomatie oder die des kräftigen politischen Auftrumpfens«[20]. Dabei wurde übersehen, daß hinter den verschiedenen Politikstilen auch unterschiedliche inhaltliche Auffassungen davon standen, zu welchen Konditionen die Einheit erreicht werden konnte. Wie ernst die Frage der Entkoppelung sowie Genschers Haltung dazu im Kanzleramt genommen wurde, zeigte sich, als Kohl und Seiters am Nachmittag des 8. Mai den Außenminister auf diese Frage ansprachen.[21] Er habe keineswegs nachgeben wollen, sondern lediglich gezeigt, daß er über die sowjetische Idee nachdenken wolle, erwiderte Genscher. Das sei gefährlich, beschied ihn Seiters. Man solle nun nicht die bewährte gemeinsame Linie verlassen. Kohl warf seinem Außenminister vor, die Einigkeit der Regierung zu gefährden und das Einvernehmen mit den USA als wichtigstem Verbündeten zu untergraben. Es dürfe keinesfalls unter der Hand Abmachungen mit Schewardnadse geben. Die Nervosität im Kanzleramt war nachvollziehbar, da amerikanische Diplomaten bereits wegen der mißverständlichen Haltung Genschers angefragt hatten. Und auch im britischen Unterhaus hatte Außenminister Hurd sich auf eine Anfrage hin hinter Kohl gestellt[22]: Er teile die Ansicht des Bundeskanzlers, daß es falsch und möglicherweise gefährlich sei, die inneren und äußeren Aspekte der Einheit voneinander zu trennen. Um weitere Mißverständnisse zu vermeiden, schrieb US-Außenminister Baker am 9. Mai einen Brief an Genscher.[23] Die DDR-Delegation habe bereits beim »Zwei-plus-Vier«-Treffen ihr Unbehagen über den sowjetischen »Entkoppelungsvorschlag« geäußert und sei damit richtig gelegen. Die Entkoppelung könne zu einer Singularisierung Deutschlands führen. Zudem sei ein Fortbestand der alliierten Sonderrechte 45 Jahre nach Ende des Zweiten Weltkrieges nicht mehr angebracht. Im sowjetischen Vorschlag liege die Gefahr, daß ein vereintes Deutschland Mitglied in beiden militärischen Bündnissen bleiben und somit im Endergebnis ein neutraler Staat werden würde. Baker warnte deshalb davor, die Fortdauer der Vier-Mächte-Rechte auch nur vorübergehend zu akzeptieren – da man dies unter Umständen nie wieder ändern könne –, und appellierte an die Gemeinsamkeiten in der westlichen »Zwei-plus-Vier«- und NATO-Position.

Genscher sah sich in dieser Situation veranlaßt, öffentlich seine Haltung klarzustellen. In seiner Regierungserklärung vor dem Bundestag versicherte er zwei Tage später, man wolle das vereinte Deutschland nicht mit offen bleibenden Fragen belasten, wenngleich natürlich Übergangsregelungen – beispielsweise bei der zeitweisen Stationierung sowjetischer Truppen in Ostdeutschland – notwendig blieben.[24] Auch die sowjetische Seite schien sich nun zurückzuziehen. Der Vorstoß sei in den Medien falsch dargestellt worden, betonte Julij Kwizinskij anläßlich seines offiziellen Abschiedsbesuches als Botschafter der UdSSR am 9. Mai gegenüber dem besorgten Bundespräsidenten.[25] Alles sei nur ein großes Mißverständnis gewesen, betonte auch ZK-Mitglied Koptelzew Mitte Mai. Schewardnadse habe nie weitere Souveränitätseinschränkungen Deutschlands fordern, sondern lediglich das Problem der zeitweisen Truppenstationierung thematisieren wollen. Anstatt die entsprechenden Rechte der UdSSR aufrechtzuerhalten, könne man diesen Punkt in einem Vertrag lösen.

Die von Frank Elbe später zum »Sturm im Wasserglas« heruntergespielte Auseinandersetzung um den »Entkoppelungsvorschlag« und Genschers Reaktion hierauf machten noch einmal einige Konstellationen im Einigungsprozeß deutlich:
1. Der Tenor der Analysen und Konzepte des Bundeskanzlers und seiner Mitarbeiter war weiterhin drängender und direkter als der im Auswärtigen Amt vorherrschende. In der Praxis zeigte sich dies in einer stärkeren Unnachgiebigkeit Kohls gegenüber verschiedenen Vorstößen der UdSSR, weshalb auch der gemeinsam verabschiedete Fahrplan, wonach alle Fragen im Vereinigungskontext bis zum Herbst geklärt werden sollten, nicht kurzfristig in Frage gestellt wurde. Genscher und seine Diplomaten waren von dieser Linie zwar nie weit entfernt, wollten öffentlich aber mehr Rücksicht auf die fragile Situation in Moskau nehmen. Immer wieder deuteten sie deshalb gegenüber der Sowjetunion Kompromißbereitschaft an.
2. Kanzleramt und Auswärtiges Amt beobachteten sich bei allen Aktionen mißtrauisch. Unterschiedliche Konzepte und Strategien wurden in der Öffentlichkeit schnell zum Grundsatzstreit über Stil und Richtung der Außenpolitik aufgebauscht. Verschärft wurde diese Situation durch die Nervosität aller Beteiligten angesichts der Frage, wie die Vereinigung herbeigeführt werden konnte.

3. Die westlichen »Zwei-plus-Vier«-Partner hatten zu einer weitgehenden Harmonisierung ihrer Positionen gefunden. Die USA sahen ihre Aufgabe weiterhin darin, dieses westliche Lager zusammenzuhalten. Bakers Brief an Genscher ist deshalb auch als Warnung zu verstehen, die gemeinsame politische Linie nicht zu verlassen, da andernfalls der Gesamterfolg der Vereinigungsbemühungen gefährdet schien.

Für wie wichtig die USA diese Rolle hielten, zeigte sich bei den folgenden »Zwei-plus-Vier«-Beamtenrunden, bei denen die politischen Ergebnisse des ersten Ministertreffens aufgearbeitet werden sollten.

## Diskussionen über die Vertragsstruktur

Die Außenminister hatten sich in Bonn zwar auf eine Tagesordnung verständigt, die noch immer weit auseinandergehenden Vorstellungen zum »Zwei-plus-Vier«-Prozeß aber nur verdeckt. Dies zeigte sich mit aller Deutlichkeit beim folgenden Beamtentreffen, das am 22. Mai unter französischem Vorsitz in Bonn stattfand.[26] Eher beiläufig verkündete Alexander Bondarenko zunächst eine positive Veränderung der sowjetischen Position: Während Fragen des besonderen Status von Berlin beim Außenministertreffen noch als besonders problematisch dargestellt und deshalb ein eigenständiger Tagesordnungspunkt hierzu beschlossen worden war, gehe man nunmehr davon aus, daß alle Berlin-Fragen im Zusammenhang mit den anderen Vier-Mächte-Rechten und -Verantwortlichkeiten gelöst werden könnten. Die anderen Delegationen nahmen dies zustimmend zur Kenntnis.[27]

Wie im vorausgegangenen »Eins-plus-Drei«-Treffen der westlichen Direktoren beschlossen, brachte Bertrand Dufourcq einen Vorschlag in die Diskussion ein, wie das »Zwei-plus-Vier«-Abschlußdokument aussehen konnte. Das von allen Delegationen als Arbeitsgrundlage akzeptierte Schema sah eine allgemeine politische Erklärung in Form einer Präambel vor, der Bestimmungen über die Grenzen des künftigen Deutschlands folgen sollten. Dieses sollte – wie von den führenden Politikern der beteiligten Staaten bereits mehrfach verkündet – aus der Bundesrepublik, der DDR und ganz Berlin bestehen. Weitere Elemente des Schlußdokuments sollten die Beendigung des speziellen Berlin-Status sowie die Ablösung der Vier-Mächte-Rechte- und -Verantwortlichkeiten sein. Ferner sollten die »Zwei-plus-Vier«-Teilnehmer im abschließenden Dokument den deutsch-polnischen Grenzvertrag sowie die entsprechenden Änderungen des Grundgesetzes zur Kenntnis nehmen. Die unterschiedlichen Zielsetzungen der Delegationen wurden deutlich, als Bondarenko forderte, auch Bestimmungen zum politisch-militärischen Status eines vereinten Deutschlands aufzunehmen. Der sowjetische Delegationsleiter griff damit eine Intervention von Hans-Jürgen Misselwitz auf. Dieser hatte für die DDR gefordert, daß im »Zwei-plus-Vier«-Vertrag neben einer allgemeinen Absichtserklärung Deutschlands zu einer friedensorientierten Politik auch Aussagen zum Status ausländischer Truppen auf deutschem Gebiet sowie der Verzicht auf ABC-Waffen enthalten sein sollten. Während der ausführlichen Grundsatzdiskussion wandten sich die Vertreter der USA, Frankreichs, Großbritanniens und der Bundesrepublik nachdrücklich dagegen, das vereinte Deutschland mit derartigen Festlegungen zu diskriminieren oder zu singularisieren. Sie lehnten deshalb auch die sowjetische Forderung ab, daß das zu schaffende Gesamtdeutschland sich vertraglich verpflichten sollte, sein militärisches Potential einem Bündnis zur Verfügung zu stellen. Nach Schaffung einer neuen Sicherheitsarchitektur wären alle Fragen des militärischen Status Deutschlands sowieso hinfällig. Als Hinweis dafür, daß die UdSSR keinesfalls ein neutrales Deutschland wollte, nannte Bondarenko die von seinem Land akzeptierte deutsche EG-Mitgliedschaft – und das, obwohl die Europäischen Gemeinschaften sich immer stärker zu einer politischen Organisation mit mehr militärisch-politischen Elementen wandelten. Bondarenko unterstrich, daß sein Land den Vorschlag der Bundesregierung, NATO-Strukturen nicht auf das Gebiet der DDR auszudehnen, ablehne. Als Ergebnis der Diskussion faßte Dufourcq zusammen, daß das von Frankreich eingebrachte Schema für ein abschließendes Dokument den Außenministern vorgelegt werden sollte. Keine Fortschritte gab es bei dem Versuch, einen Termin für das nächste Außenministertreffen festzulegen.

Daß nicht nur die UdSSR, sondern auch die DDR weiterhin von einem längeren Prozeß und einer umfassenden Rolle der »Zwei-plus-Vier« ausging, belegt ein weiterer Vorschlag von Misselwitz: Die Sechsergruppe solle doch über gemeinsame Initiativen für den KSZE-Gipfel im Herbst diskutieren. Dem stellten die anderen Delegationen ihre Ansicht gegenüber, daß der neu geschaffene Rahmen zur Regelung der deutschen Frage nicht auch noch Einfluß auf die Diskussion der insgesamt 35 KSZE-Teilnehmerstaaten nehmen könne. Ähnlich wie in der Grenzfrage, wo die DDR-Seite sich weiterhin dafür aussprach, entsprechend dem polnischen Vorschlag noch vor der Vereinigung einen Vertrag auszuhandeln und zu paraphieren, setzten sich die Vertreter des MfAA nicht durch. Erneut wurde offensichtlich, was Misselwitz bereits eine Woche zuvor bei seinen Konsultationen in Moskau hatte erfahren müssen[28]: Sein Land wurde immer stärker als abtretender Staat wahrgenommen, von den Partnern kaum noch als gleichberechtigt eingestuft. Julij Kwizinskij, bis vor kurzem Botschafter in Bonn und nun stellvertretender Außenminister in Moskau, hatte dies seinen Gästen so deutlich wie kein anderer Gesprächspartner vor Augen geführt: Spätestens nach der Wirtschafts-, Währungs- und Sozialunion und den damit verbundenen Einschränkungen ihrer Souveränität werde die DDR-Regierung ihren Anspruch, auch sowjetische Interessen zu vertreten, »nur sehr schwer verwirklichen« können. Kwizinskij hatte zudem erklärt, daß es in Moskau überhaupt kein ausgearbeitetes »Entkoppelungskonzept« gab, sondern Schewardnadse mit seinem Vorstoß in Bonn lediglich auf die rasante Entwicklung des deutsch-deutschen Annäherungsprozesses reagieren wollte. Ziel der sowjetischen Politik war es ganz offensichtlich, Zeit zu gewinnen.[29]

Dies hatte auch der Besuch von Gorbatschow und Schewardnadse Anfang Juni in den USA dokumentiert, über den die amerikanischen Vertreter Zoellick und Seitz bei der »Eins-plus-Drei«-Direktorenrunde am 5. Juni in London berichteten.[30] Schewardnadse habe immer wieder deutlich gemacht, daß über die »Entkoppelung« der inneren von den äußeren Aspekten der Einheit vor allem die von ihm so häufig geforderte Synchronisation des deutschen Vereinigungsprozesses mit dem gesamteuropäischen Prozeß erreicht werden sollte. Die Ablösung der Vier-Mächte-Rechte könne deshalb unter Umständen erst einige Jahre nach der staatsrechtlichen Vereinigung Deutschlands erfolgen. Zur Bündnisfrage konnten die beiden amerikanischen Unterhändler nur wenig Neues mitteilen. Gorbatschows Aussage, man könne die Deutschen – entsprechend dem Selbstbestimmungsrecht – alleine über ihre Bündniszugehörigkeit entscheiden lassen, sei von Schewardnadse mit Unruhe aufgenommen worden. Man solle, so Zoellick, die Aussagen Gorbatschows nicht überbewerten, da diese zu den eher erratischen Ausführungen des Präsidenten gehörten. Wie ein roter Faden habe sich aber die Frage nach wirtschaftlicher Unterstützung durch die Begegnungen von Bush und Baker mit Gorbatschow und Schewardnadse gezogen. Aus dem Gipfel zog Zoellick eine mehrere Punkte umfassende Bilanz, die sich unter anderem mit der Frage nach weiteren Anreizen für die UdSSR, der Warnung vor einer zu starken Betonung der Bündnisfrage sowie der schnellen Lösung der Grenzfrage, um das insgesamt hohe Tempo des Vereinigungsprozesses weiter beibehalten zu können, befaßte.

Daß die Frage der Übergangsperiode eines der wichtigsten sowjetischen Anliegen war, konnte Dieter Kastrup bestätigen, der seinen westlichen Kollegen von Gesprächen mit Bondarenko und Kwizinskij in Moskau berichtete. Diese Periode sollte nach Vorstellungen der UdSSR eine Art »Bewährungsfrist« für die Deutschen sein. Deutlich sei zudem geworden, daß die zukünftige Stärke der Bundeswehr – bei der Kwizinskij eine Obergrenze von 200 000 bis 250 000 Mann nannte – gemeinsam mit der Bündnisfrage zu den Kernproblemen gehörte. Ähnlich wie Gorbatschow in Washington hatte auch Kwizinskij eine förmliche Beziehung oder gemeinsame Erklärung von NATO und Warschauer Pakt als günstig für die weitere Entwicklung bezeichnet. Die sowjetische Seite hatte zudem klargestellt, daß ein vollständiger Rückzug ihrer Soldaten aus der DDR nur dann möglich wäre, wenn auch die Truppen der Westmächte bis auf ein eher symbolisches Kontingent von rund 6000 Mann abgezogen würden.

Einigkeit herrschte zwischen den Politischen Direktoren vor allem über die Bedeutung wirtschaftlicher Hilfen für die UdSSR, wie hochrangige Politiker und Diplomaten es immer wieder anschnitten. Insgesamt zeige sich, daß die Sowjetunion eher abtastend und an verschiedenen Punkten vorfühlend reagiere. Im Hinblick auf die Abstimmung einer gemeinsamen Position für das bevorstehende »Zwei-plus-Vier«-Beamtentreffen erwies sich einmal mehr die Grenzfrage als Debattenpunkt. Hintergrund waren französische Überlegungen, daß der Grenzvertrag erst von einem gesamtdeutschen Parlament ratifiziert werden könne. Da es hier keine hundertprozentige Sicherheit über das Verhalten eines vereinten Deutschlands gebe und die Vier Mächte eine Garantiefunktion übernehmen sollten, sah Paris keine Chance, die alliierten Vorbehaltsrechte gleichzeitig mit der Vereinigung aufzugeben. Eine Entscheidung hierüber, so der letztlich gefaßte Beschluß, sollte von den Ministern selbst getroffen werden.

Wie sehr Robert Zoellick mit seinem Hinweis, eine zügige Regelung der Grenzfrage werde der Dynamik des deutsch-deutschen Vereinigungsprozesses dienen, recht hatte, zeigte sich vier Tage später beim vierten »Zwei-plus-Vier«-Beamtentreffen am 9. Juni[31]: Fast den ganzen Tag über wurde in Ost-Berlin über die »Grundsätze zur Behandlung der Grenzfrage« diskutiert, ohne daß es zu einer weitgehenden Annäherung der unterschiedlichen Standpunkte kam. Erst zum Ende ihres Treffens unter sowjetischem Vorsitz gingen die Delegationen noch einmal auf das Grundschema für die abschließende vertragliche Regelung ein. Bondarenko legte dazu ein Papier der UdSSR vor, das in deutlichem Gegensatz zur bereits in der vorigen Sitzung angesprochenen französischen Vorlage stand und die unterschiedlichen Zielsetzungen widerspiegelte: Wo der Westen ein kurzgefaßtes Dokument – und ebensolche Verhandlungen – wünschte, setzte die Sowjetunion ein in acht Kapitel gegliedertes Papier dagegen, das die von ihr angestrebte »Paketlösung« ermöglichen sollte. Ähnlich wie in einem ebenfalls neu vorgelegten Papier der DDR-Seite wurden darin vor allem die politisch-militärischen Aspekte betont. Doch während Misselwitz dem französischen Vorschlag unter dem Vorbehalt zustimmte, daß »politisch-militärische Fragen unter Berücksichtigung geeigneter Sicherheitsstrukturen« dennoch in das Vertragsschema aufgenommen und ausreichend behandelt würden, wollte Bondarenko sich nicht festlegen. Er zeigte sich lediglich bereit, zunächst eine Liste der Konsenspunkte zu erarbeiten, um danach zu den umstrittenen Themen zurückzukommen. Um trotz der gegensätzlichen Standpunkte vor dem Außenministertreffen am 22. Juni in Ost-Berlin Fortschritte zu erreichen und substantielle Papiere vorlegen zu können, verabredeten die Delegationen für den 20. Juni ein weiteres, ursprünglich nicht vorgesehenes Beamtentreffen.

Zwecks Abstimmung von Positionen und der Beratung der Verhandlungsstrategien kam es auch im Vorfeld dieser fünften »Zwei-plus-Vier«-Runde auf Beamtenebene zu verschiedenen Vorgesprächen. So beriet sich die DDR-Seite sowohl mit sowjetischen Diplomaten in Ost-Berlin als auch mit dem Ost-Experten der West-SPD, Egon Bahr, während Dieter Kastrup am 20. Juni zunächst bilateral mit Bertrand Dufourcq die französische Haltung zur Grenzfrage und dann mit den »Eins-plus-Drei«-Direktoren kurz das gemeinsame Vorgehen besprach. Bei den anschließenden Verhandlungen im Sechserkreis wurde schnell Einigkeit über die den Ministern vorzulegenden Prinzipien zur Grenzdiskussion erzielt.[32] Kastrup hatte hierzu die Grundzüge der am 21. Juni von Bundestag und Volkskammer zu verabschiedenden Entschließung zur deutsch-polnischen Grenze vorgelegt, bevor die sowjetische Seite die angesprochenen Änderungen des Grundgesetzes monierte. Dabei ging es Moskau zum einen darum zu verhindern, daß das aktuelle Grundgesetz der Bundesrepublik schon jetzt auch als Verfassung eines vereinten Deutschlands festgelegt würde. Zum anderen wünschte Bondarenko weitergehende Aussagen zu den Grundgesetzteilen, die geändert werden sollten. Während Kastrup lediglich Veränderungen wie die Streichung des Wiedervereinigungsgebots der Präambel sowie der dazugehörigen Artikel 23, Satz 2, und Artikel 146 akzeptieren wollte, schlug die sowjetische Delegation vor, dies durch Formulierungen wie »unter anderem« auszudehnen oder auch Artikel 116 – der die Staatsangehörigkeit unter Hinweis auf die deutsche Abstammung regelt – zu streichen. Energisch widersetzte sich der Bonner Delegationsleiter jedem »faulen Formelkompromiß«, der aus dem langanhaltenden Kampf um Begriffe zu erwachsen drohte. Als die Delegationen nach dreieinhalb Stunden eine längere Pause einlegten, war noch kaum Bewegung in die starren Fronten gekommen. Um so größer war die Überraschung deshalb, als Bondarenko nach Rückkehr aus der ausgedehnten nachmittäglichen Unterbrechung und – wie westliche Diplomaten vermuteten – nach Rücksprache mit Moskau einen akzeptablen Kompromißvorschlag einbrachte. Mit diesem wurde die Basis für Artikel 1 des Dokuments gelegt, das – was die Anwesenden zu diesem Zeitpunkt nicht ahnten – bereits am 23. September in Moskau als »Vertrag über die abschließende Regelung in bezug auf Deutschland« unterzeichnet werden sollte.

Ohne große Diskussion wurde demgegenüber der zweite Tagesordnungspunkt der von Robert Zoellick geleiteten Sitzung abgehandelt: Die DDR und Frankreich als jeweilige Gastgeber sollten den Politischen Direktor des polnischen Außenministeriums sowie Außenminister Skubiszewski zum nächsten Beamtentreffen am 4. Juli in Ost-Berlin beziehungsweise dem »Zwei-plus-Vier«-Ministertreffen am 17. Juli in Paris einladen. Die polnischen Delegationen sollten jeweils am Mittagessen sowie an der Nachmittagssitzung teilnehmen und sich dabei sowohl zu Grenzfragen als auch zu sonstigen Themen äußern können. Ebenso zügig wurden die organisatorischen Grundzüge des Außenministertreffens vom 22. Juni vereinbart, die sich weitgehend am Bonner Vorbild vom 5. Mai orientierten. Keine abschließende Übereinkunft gab es hingegen zur Struktur des Abschlußdokuments. Zwar herrschte nach teilweise heftiger Diskussion Einigkeit über die Grundzüge einer Präambel, die Bezugnahme auf die KSZE-Prinzipien zur Grenzfrage und einige der aufzunehmenden Berlin-Fragen, doch prallten die unterschiedlichen Grundannahmen weiter aufeinander. Die UdSSR-Seite beharrte darauf, daß politisch-militärische Aspekte den Kern des auszuhandelnden Dokuments ausmachen müßten, während die Ablösung der Vier-Mächte-Rechte erst das Ende der Lösung sein könne. Die DDR war zwar ebenfalls noch immer stark an der Diskussion über die künftige Sicherheitsarchitektur Europas interessiert, sah die Wiederherstellung der deutschen Souveränität aber in Übereinstimmung mit den vier westlichen Delegationen als eigentlichen Kern des angestrebten Vertrages. In der bis 23 Uhr dauernden Sitzung wurde keine gemeinsame Linie gefunden, so daß die den Ministern vorzulegende Gliederung nach den Aussagen zu Präambel, Grenzen und Berlin lediglich den Satz »Der Inhalt dieses Dokuments wurde noch nicht endgültig abgestimmt und erfordert weitere Erörterungen« enthalten sollte.

Die erste inhaltliche Arbeitsphase der Beamten am angestrebten Schlußdokument und zur Vorbereitung des zweiten »Zwei-plus-Vier«-Ministertreffens hatte gezeigt,
- daß die sowjetischen Beamten eine starre Blockadehaltung einnahmen, deren Auswirkungen durch ein offensichtlich minimales Verhandlungsmandat noch verstärkt wurden;
- daß der Zusammenhalt des Westens durch die Grenzdiskussion etwas geschwächt wurde, da Frankreich und teilweise auch Großbritannien hier eine von den Grundzügen der Bundesrepublik und der USA abweichende Linie einschlugen. Die im Detail unterschiedlichen Auffassungen führten aber nie zu so großen Differenzen in der westlichen Haltung, daß die UdSSR hier erfolgreich hätte ansetzen können;
- daß die französische Delegation sich bei anderen Themen als der Grenze stark zurückhielt, während die britische Seite mit verschiedenen Formulierungsvorschlägen Kompromisse ermöglichte und durch teilweise energische Kommentare gegenüber den Vertretern von UdSSR und DDR unsinnig erscheinende Vorschläge abzublocken half;
- daß die vor allem von US-Unterhändler Zoellick bevorzugte Strategie, Gemeinsamkeiten in den Positionen der Sechs zu betonen und zügig abzuarbeiten, trotz der häufig gegensätzlichen Ansichten ein rasches Vorankommen ermöglichte;
- daß Dieter Kastrup nicht nur gegenüber der sowjetischen Seite, sondern auch innerhalb der westlichen Gruppe streng auf seinem Kurs blieb, den er zielgerichtet, aber keinesfalls starr – nach den Anlaufproblemen bei der Auseinandersetzung um den »Genscher-Plan« im Februar – zumeist erfolgreich durchsetzte.

Zentrales Ergebnis der Beamtentreffen war allerdings die Erkenntnis, daß entscheidende Durchbrüche wohl nur auf der politischen Ebene erzielt werden konnten. Im Westen wurde deshalb große Hoffnung auf das bevorstehende zweite Treffen der Außenminister gesetzt, das durch eine Vielzahl von bilateralen Begegnungen und Kontakten der Spitzenpolitiker aller »Zwei-plus-Vier«-Staaten mit vorbereitet wurde.

## Bilaterales Herantasten an den Lösungsweg

Parallel zur Mitarbeit in den multilateralen Gremien war die Bundesregierung mit allen Kräften bemüht, den Vereinigungsprozeß durch bilaterale Gespräche und Angebote zu erleichtern. Neben den intensiven Kontakten zu Frankreich spielten vor allem die Regierungen
– der USA als stärkste Verbündete und Befürworterin der Einheit sowie
– der Sowjetunion als heftigste und bedeutendste Widersacherin
eine Rolle. Während die enge Zusammenarbeit mit Washington dabei nicht nur die Westbindung Deutschlands, sondern zugleich auch die Unterstützung des Westens für den von der Bundesrepublik favorisierten Vereinigungsweg bedeutete, war klar, daß die Einheit gegen den Willen der UdSSR kaum erreichbar wäre. Daß die sowjetische Zustimmung auf der Beamtenebene erarbeitet werden konnte, erschien dabei sehr zweifelhaft: Dort traf man nicht nur auf die alte, deutschlandkritische bis -feindlich eingestellte Garde der »Germanisten«, sondern zugleich auf Diplomaten, die kein konkretes oder gar weitreichendes Verhandlungsmandat besaßen. Beides eröffnete die Aussicht auf langwierige Diskussionen, während zugleich seitens des Westen nur ein enger Zeitkorridor zur Erlangung und Absicherung der Einheit gesehen wurde. Parallel zu den »Zwei-plus-Vier«-Verhandlungen suchten Helmut Kohl und Hans-Dietrich Genscher deshalb – im engen Kontakt mit und energisch unterstützt von George Bush und James Baker – den intensiven Dialog mit der Moskauer Führung, um den Bemühungen des Sechserkreises in bilateralen Gesprächen den Durchbruch zu erleichtern. Diesem Vorgehen lag die Überzeugung zugrunde, daß vor allem zwei Probleme gelöst werden mußten, um die UdSSR zum Einlenken zu bewegen:
1. die wirtschaftlichen Sorgen der Sowjetunion: Hier waren den USA aufgrund der Krise im Baltikum die Hände weitgehend gebunden, weswegen es an der Bundesregierung war, der UdSSR durch finanzielle Anreize entgegenzukommen;
2. die sowjetischen Sicherheitsbedürfnisse: Der amerikanischen Regierung kam hier als Führungsmacht im westlichen Bündnis die Aufgabe zu, die notwendigen Veränderungen der NATO einzuleiten und durchzusetzen.

Beide Punkte waren eng mit innenpolitischen Überlegungen Gorbatschows verknüpft, der nur bei einer deutlichen Verbesserung der ökonomischen Situation verbunden mit dem Gefühl der Sicherheit und Gleichberechtigung in der sowjetischen Bevölkerung sein »Ja« zur deutschen Einheit geben konnte.

Daß diese Strategie offensichtlich – doch keinesfalls unumstritten – war, zeigte eine Vorbesprechung der DDR-Delegation im Umfeld der »Zwei-plus-Vier«-Verhandlungen mit Egon Bahr, kurz vor dem fünften Beamtentreffen.[33] Der Ost-Experte der westdeutschen SPD warnte seine Gesprächspartner nachdrücklich vor dem Bemühen der Bundesregierung, bilateral mit der Sowjetunion einen Durchbruch bei den »Zwei-plus-Vier«-Gesprächen anzustreben.

Ausgehend vom gemeinsamen Ziel, eine neue europäische Sicherheitsordnung zu schaffen, nannte Bahr seinen Gesprächspartnern den Fortbestand der Vier-Mächte-Rechte als einziges Mittel zur Durchsetzung ihrer Vorstellungen: »Werden die 4-Mächte-Rechte abgelöst, gibt es keinen Hebel mehr für ein europäisches Sicherheitssystem.« Die DDR-Seite solle deshalb bei den »Zwei-plus-Vier«-Verhandlungen eine Position deutlich machen, »die signalisiert, daß Genscher bilateral keine Lösung finden wird.« Die am 18. Juni nach Bonn gereisten Meckel-Mitarbeiter Misselwitz, von Braunmühl, Wiemer und Schwegler-Rohmeis teilten zwar die Grundannahmen Bahrs, wollten einer Verzögerung bei der Ablösung der Vier-Mächte-Rechte aber nicht zustimmen, da dies dem MfAA den Vorwurf einbringen konnte, den Abschluß der »Zwei-plus-Vier«-Verhandlungen verzögern und »sowjetischer als die Sowjetunion« sein zu wollen. Abgesehen von kleineren Vorstößen unternahm die DDR-Seite deshalb keinen Versuch, über eine Verschleppung der »Zwei-plus-Vier«-Gespräche und den Fortbestand der Vier-Mächte-Rechte ihr zentrales Ziel, die Schaffung einer neuen gesamteuropäischen Sicherheitsarchitektur, zu erreichen. Den bilateralen Aktivitäten der Bundesregierung blieb deshalb ebenso genügend Spielraum wie den Bemühungen der USA, im direkten Kontakt mit der Moskauer Führung zusätzliche Anreize und Zusicherungen zu bieten.[34]

### *Kohls Kreditangebot für Gorbatschow*

Während in den »Zwei-plus-Vier«-Beamtentreffen die Vertreter der Außenministerien um Formulierungen und kleine Schritte der Annäherung rangen und die westlichen Delegationen sich einer anhaltend verhärteten Position der sowjetischen Diplomaten gegenübersahen, waren Helmut Kohl und die sowjetische Führung bereits auf dem Weg zu einem sehr viel engeren Miteinander. Das Mittel hierzu waren – wie von Kohls Mitarbeitern bereits seit dem Frühjahr angekündigt – westdeutsche Bemühungen, der UdSSR aus ihrer zusehends desolateren Finanzlage herauszuhelfen. Offizielle Verhandlungen über die ökonomischen Auswirkungen der Vereinigung auf die Sowjetunion wurden von Moskau aus Statusgründen zwar mit der DDR-Regierung geführt, die entscheidenden Durchbrüche aber im informellen Meinungsaustausch mit Bonn erreicht.[35] Der Bundeskanzler hatte am 4. Mai auf Schewardnadses Kreditanfrage sofort positiv reagiert. Parallel zu den allgemeinen Wirtschaftsgesprächen, die am 7./8. Mai vom stellvertretenden sowjetischen Außenminister Obminskij in Bonn eröffnet wurden, kümmerten sich Kohl und seine engsten Mitarbeiter um direkte Kontakte mit der sowjetischen Führung. Bereits am 4. Mai hatte diese ausrichten lassen, daß es um eine Bürgschaft von 20 bis 25 Milliarden Mark für zwei Jahre gehe. Die Erinnerung an die Lebensmittelhilfe für die UdSSR im Januar 1990 und Gorbatschows Einlenken in der deutschen Frage anläßlich Kohls Moskau-Besuch Anfang Februar war im Kanzleramt noch so präsent, daß Kohl sich sofort an die Vorbereitung einer angemessenen Reaktion machte.³⁶ Noch am 5. Mai beauftragte er Horst Teltschik, mit Hilmar Kopper von der Deutschen Bank und Wolfgang Röller von der Dresdner Bank Kontakt aufzunehmen und eine vertrauliche Sondierungsmission in Moskau vorzubereiten. Julij Kwizinskij hatte schon am 5. Mai in einem Papier die sowjetischen Wünsche präzisiert und kümmerte sich darum, daß die von Kohl selbst über seine Pläne unterrichteten Bankiers gemeinsam mit Teltschik bereits vier Tage nach der ersten Anfrage durch Schewardnadse zu geheimen Gesprächen in die sowjetische Hauptstadt fliegen konnten.

Mit einem Flugzeug der Bundesluftwaffe, dessen Besatzung die Namen von Teltschiks Begleitern nicht und den Zielort erst kurz vor dem Start erfuhren, reisten Kohls Sondergesandte am 13. Mai nach Moskau. Das Auswärtige Amt erfuhr nur zufällig von der Geheimreise, als nämlich das Verteidigungsministerium bei der Bonner Botschaft in Moskau anfragte, wohin genau die Maschine eigentlich unterwegs sei. In Moskau begannen am nächsten Morgen die Gespräche mit Ministerpräsident Nikolaj Ryshkow und seinem Stellvertreter Stepan Sitarjan, Außenminister Eduard Schewardnadse und dem Chef der Außenwirtschaftsbank, Juri Moskowski. Die Gastgeber, die eindringlich auf ihre angesichts der Einführung der D-Mark in der DDR anstehenden Probleme hinwiesen und offen über die wirtschaftlichen Schwierigkeiten in ihrem Land sprachen, äußerten konkrete Bitten: Zunächst brauche die UdSSR einen ungebundenen Finanzkredit von 1,5 bis 2 Milliarden Rubeln – was 1,5 bis 2 Milliarden D-Mark entsprach –, um die Zahlungsfähigkeit zu sichern. Weiter gehe es um einen langfristigen Kredit von 10 bis 15 Milliarden Rubeln zu Vorzugsbedingungen, der bei fünf tilgungsfreien Jahren in 10 bis 15 Jahren zurückbezahlt werden sollte. Während die beiden Bankiers, Kopper und Röller, vor allem die vorgelegten Wirtschaftsdaten überprüften und Details abklärten, betonte Teltschik die grundsätzliche Bereitschaft der Bundesregierung, der UdSSR bei ihren ökonomischen Problemen zu helfen. Man müsse die ganze Aktion aber als Teil eines Gesamtpakets zur Lösung der deutschen Frage sehen, erläuterte der Kanzlerberater die Politik Kohls, was Schewardnadse mit einem Lachen bestätigte.

Erst beim anschließenden Mittagessen teilte der mittlerweile als stellvertretender Außenminister in Moskau tätige Kwizinskij seinen drei Gästen mit, daß sie nachmittags noch mit Präsident Gorbatschow zusammentreffen würden. Diese Geste machte deutlich, daß die Sowjetunion nicht nur dringend an der westdeutschen Finanzhilfe interessiert, sondern zugleich bereit war, ihre Anfrage als politischen Akt auf allerhöchster Ebene einzustufen, ohne daß Gorbatschow als Bittsteller auftrat: Entspannt und selbstbewußt skizzierte er die Lage in der UdSSR, die in der sowjetischen Führung abgesprochenen Kreditwünsche sowie allgemeine politische Fragen.³⁷ Die Perestroika sei jetzt in eine entscheidende Phase getreten, und er könne die Politik in Richtung Marktwirtschaft nicht mehr aufhalten. Er wolle die Übergangsphase verkürzen. Das alte System sei aber schneller zerschlagen worden, als neue Maßnahmen sich durchgesetzt hätten. Die Wirtschaft sei außer Kontrolle. Der sowjetische Präsident deutete an, was »Vorzugszinsen« in seinem Land bedeuteten, nämlich 1,5 bis 2 Prozent und nicht 6 Prozent wie im Westen. Bei der Absicherung des Risikos der Übergangsphase rechne er mit Vorzugskrediten der westlichen Partner, brauche aber auch Warenkredite zum Kauf von Nahrungsmitteln. Durch das Fehlen von Lagermöglichkeiten habe die UdSSR in der landwirtschaftlichen Produktion jährlich Verluste von 25 bis 30 Prozent. Die Sowjetunion, so Gorbatschow weiter, brauche jetzt »Sauerstoff«, dürfe aber nicht mit anderen Staaten verglichen werden. Sein Land habe reiche Ressourcen und könne Kredite zurückzahlen. Auch er nannte seinen deutschen Gesprächspartnern eine benötigte Summe von 15 bis 20 Milliarden, die in sieben bis acht Jahren zurückbezahlt werden könnte. Zudem sei man an weiteren joint ventures interessiert, deren Gewinne im Land reinvestiert würden. Die UdSSR brauche Geld, um eine Wende herbeizuführen, sie brauche eine Schulter – und kurzfristig rund 1,5 bis 2 Milliarden Rubel. Er habe gesehen, daß die USA ihnen nicht helfen wollten, und warnte vor der Fehlkalkulation, aus der aktuellen Schwäche der Sowjetunion einen Vorteil ziehen zu können. Darüber werde er bei seinem bevorstehenden Gipfeltreffen offen mit Bush sprechen, und er bitte den Bundeskanzler, dies auch zu tun. Ähnlich wie Schewardnadse in Bonn, verwies der Präsident auf die sensible innenpolitische Lage in der UdSSR. Er wolle nun – im Rahmen des gemeinsamen Hauses Europa – im Westen Partner gewinnen. Außereuropäische Staaten hätten bereits ihre Hilfe bei Investitionen angeboten.

Gorbatschow erklärte sein Einverständnis, einen bilateralen Partnerschaftsvertrag vorzubereiten, der keinesfalls anderen Staaten einen Schrecken einjagen dürfe. Der Vertrag solle vielmehr ein Stützpfeiler für das europäische Haus sein. Gerne werde er darüber direkt mit dem Bundeskanzler reden, was aber erst nach dem bevorstehenden Parteitag der KPdSU gehen werde. Am liebsten wäre ihm ein Termin nach dem 20. Juli. Außerdem betonte der Präsident die Notwendigkeit, das sowjetische Volk davon zu überzeugen, daß dessen Sicherheit nicht gefährdet sei. Das europäische Sicherheitssystem müsse ausgewogen sein, keine Seite dürfe der anderen etwas aufzwingen. Der Bundeskanzler gehe davon aus, daß alle diese Fragen einvernehmlich gelöst werden könnten, warf Teltschik ein, eine Einschätzung, der Gorbatschow zustimmte. Zur Bündnisfrage habe er mit US-Präsident Bush telefoniert. Die einfachste Lösung sei doch, die Blöcke aufzulösen. Gorbatschow und Ryshkow erläuterten Teltschik kurz ihre Haltung zur Litauen-Frage und verwahrten sich gegen den Eindruck, die UdSSR habe eine Wirtschaftsblockade gegenüber Litauen verhängt. Zum Abschluß seines ausführlichen Statements bezeichnete der Präsident die Öffnung seine Landes nach Europa hin als zentrales Ziel seiner Reformen.

Teltschik antwortete mit der Übermittlung von Grüßen des Bundeskanzlers. Wie ernst man in Bonn die Anfrage der UdSSR nehme, zeige bereits die schnelle Reaktion und die Zusammensetzung der angereisten Delegation. Die Lösung der anstehenden Probleme könne nur in einem Gesamtpaket aus bi- und multilateralen Vereinbarungen bestehen. Dazu gehörten die Überlegungen des Bundeskanzlers für einen umfassenden und weit in die Zukunft reichenden Vertrag zwischen ihren beiden Ländern. Helmut Kohl wolle darüber bald persönlich mit Gorbatschow sprechen und schlage als Termine den 16. bis 20. Juli oder den 27. bis 31. August vor. Teltschik erinnerte den sowjetischen Präsidenten an dessen Idee, dem Bundeskanzler einmal seinen Heimatort und die kaukasische Steppe zu zeigen. Was die wirtschaftlichen Probleme der UdSSR angehe, sei Kohl zur Hilfe bereit. Wie schon gegenüber Schewardnadse betonte Teltschik auch Gorbatschow gegenüber ausdrücklich, daß der Bundeskanzler die Zusammenarbeit und Unterstützung als Teil des Gesamtpakets zur Lösung der anstehenden Fragen verstehe. Als Möglichkeiten zur multilateralen Zusammenarbeit und Lösungssuche nannte Teltschik den KSZE-Prozeß sowie Abrüstungs- und Rüstungskontrollbemühungen. Kohl habe gegenüber den USA zuletzt bei seinem Besuch in Camp David auf Fortschritte im Abrüstungsbereich – insbesondere bei den nuklearen Kurzstreckenwaffen – gedrängt; die entsprechenden Vorschläge des amerikanischen Präsidenten seien ermutigend und gingen in diese Richtung. In der Litauen-Frage sei es das Bemühen der Bundesregierung, weder einen Rat zu erteilen noch die Vermittlerrolle zu übernehmen. Mit seiner gemeinsamen Initiative mit Mitterrand habe der Kanzler aber dazu beitragen wollen, einen Konflikt zu vermeiden.[38] Er habe der litauischen Ministerpräsidentin Prunskiene bei ihrem Besuch in Bonn deshalb auch dringend angeraten, die Unabhängigkeitserklärung zunächst einzufrieren und ohne Bedingungen den Dialog zu suchen. Beide Seiten sollten vor allem Gewalt oder eine Blockadepolitik vermeiden.[39]

Vom Kreml fuhr die deutsche Delegation sofort zum Flughafen, um nach Bonn zurückzukehren. Bereits am nächsten Vormittag unterrichtete Teltschik den Bundeskanzler über die Gespräche in Moskau. Kohl wollte der Sowjetunion schnell und umfassend helfen, legte allerdings großen Wert auf den Zusammenhang zwischen dieser Unterstützung und den laufenden Gesprächen über die äußeren Aspekte der deutschen Einheit. Eine Woche später wurde dies erneut deutlich, als er im Gespräch mit Röller und Kopper das Ziel seiner Botschaft formulierte. Wie auch im weiteren Schriftwechsel zu diesem Thema, wurde die Übernahme der von Moskau gewünschten Kreditbürgschaft im Brief an den sowjetischen Präsidenten vom 22. Mai explizit als Teil eines Gesamtpakets zur Lösung der deutschen Frage genannt[40]: »Ich verbinde damit die Erwartung, daß Ihre Regierung im Rahmen des Zwei-plus-Vier-Prozesses im gleichen Geiste alles unternimmt, um die erforderlichen Entscheidungen herbeizuführen, die eine konstruktive Lösung der anstehenden Fragen ermöglichen.« Kohl sicherte Gorbatschow zu, sich bei den westlichen Partnerländern und den G7-Staaten für weitere langfristige Kredite einzusetzen, was er kurze Zeit später in einem dringlichen Schreiben auch tat. Etwas weniger deutlich verband der sowjetische Präsident in seiner Antwort vom 9. Juni den Kredit der deutschen Banken mit der deutschen Frage, doch bekräftigte er noch einmal seine Erklärung zum Selbstbestimmungsrecht vom Februar. Gorbatschow äußerte sich optimistisch, daß die »Zwei-plus-Vier«-Verhandlungen noch vor dem KSZE-Gipfel abgeschlossen werden könnten. Er sei dafür, annehmbare Lösungen im engen Kontakt mit Vertretern des Kanzlers vorzubereiten, und erneuerte seine Einladung zum »vertieften Dialog über die Zukunft unserer Beziehungen« bei einem Treffen in der zweiten Julihälfte.

Bereits drei Tage später präzisierte Kohl in einem weiteren Brief seine Vorstellungen: Er sei dankbar, daß auch die UdSSR nunmehr einen zügigen Abschluß der »Zwei-plus-Vier«-Verhandlungen befürworte, und verstehe die Antwort Gorbatschows so, daß »auch die Frage der Bündniszugehörigkeit des künftigen, geeinten Deutschlands in konstruktivem Geist und in einer Weise, die den Wünschen nicht nur der Deutschen, sondern auch den Interessen ihrer unmittelbaren Nachbarn entspricht, gelöst werden wird«. Während der Bundeskanzler also immer konkreter in seinen Forderungen wurde, blieb der sowjetische Präsident in seinem Antwortbrief vom 14. Juni unpräzise, wenn auch nicht unverbindlich: Gorbatschow betonte die Bedeutung der sehr häufigen Treffen der Außenminister beider Länder, bei denen man viel für die Annäherung der Standpunkte erreicht habe. Zu den von Kohl angesprochenen »politischen Problemen«, also der NATO-Frage, zeigte er sich zuversichtlich, daß man sich beim geplanten Treffen hierüber »offen und, ich bin mir sicher, konstruktiv« auseinandersetzen werde. Da die wirtschaftlichen Sorgen der UdSSR durch den ersten Kredit und die mittlerweile vorangeschrittenen Expertengespräche auf dem Weg zu einer guten Lösung waren, richtete der Präsident in seinem Brief den Blick noch in die Zukunft und auf die seines Erachtens nächsten wichtigen Wegmarken: Die Ergebnisse des NATO-Gipfels von London würden es gewiß erlauben, »die Perspektive besser zu sehen«, während ein baldiger Abschluß der Verhandlungen über den beiderseitigen Vertrag, gemeinsam mit den »Zwei-plus-Vier«-Ergebnissen und dem KSZE-Gipfel, einen neuen Abschnitt in den Beziehungen zwischen der UdSSR und Deutschland eröffnen könnten.

Der kurze Abriß zum politischen Umfeld des Überbrückungskredits deutscher Banken für die Sowjetunion macht deutlich, wie eng die Bürgschaft der Bundesregierung mit den Verhandlungserfolgen bei den »Zwei-plus-Vier«-Gesprächen zusammenhing. Ähnlich wie bei der Anfrage zur Lebensmittelhilfe im Januar 1990 hatte Helmut Kohl erneut nach kurzfristigen und überzeugenden Lösungsmöglichkeiten gesucht, die jeweils zur vollen Zufriedenheit der sowjetischen Seite ausfielen. Durch die direkte Anbindung der Verhandlungen an sich selbst und seine Mitarbeiter hatte er es zudem verstanden, parallel zu den Aktivitäten des Außenministers und Koalitionspartners sein eigenes außenpolitisches Profil zu schärfen, ein Bemühen, wie es auch bei den bilateralen Kontakten zu US-Präsident Bush zu beobachten war.

## Intensive Abstimmung zwischen Bonn und Washington

Weitgehend parallel zu den Kredit- und Bürgschaftsgesprächen mit der UdSSR hatte sich Helmut Kohl im Mai und Juni um die Verstärkung des bislang so engen Schulterschlusses mit der amerikanischen Regierung bemüht. Während seine Mitarbeiter – und hier vor allem Horst Teltschik im fast täglichen Telefonkontakt mit Bushs Beratern Brent Scowcroft und Robert Blackwill – den reibungslosen Ablauf des Tagesgeschäfts koordinierten, suchte Kohl zwischen Mitte Mai und Anfang Juni bei zwei USA-Reisen und Treffen mit George Bush den persönlichen Dialog, der durch eine Reihe von Telefonaten und Briefwechseln noch verstärkt wurde. Die starken außenpolitischen Aktivitäten Kohls fielen in eine Phase, in der die Klärung der innenpolitischen Aspekte der Vereinigung mit Abschluß des Vertrages zur Währungs-, Wirtschafts- und Sozialunion und den anlaufenden Verhandlungen über den Einigungsvertrag ihrem Höhepunkt zustrebten.[41] Zugleich war aber offensichtlich, daß die außenpolitischen Fragen nicht ohne massive Unterstützung durch die USA als einzig gleichwertigem Gegenpol zur Supermacht Sowjetunion geklärt werden konnten. Ziel des Bundeskanzlers – der immer stärker den Eindruck gewann, daß zur Erlangung der Einheit nicht unbegrenzt viel Zeit zur Verfügung stand – war es deshalb,
- die amerikanische Führung weiterhin der westdeutschen Bündnistreue zu versichern,
- US-Unterstützung für die finanziellen Anreize Bonns gegenüber Moskau zu erhalten und
- die Zukunft der NATO zu diskutieren, deren notwendige Veränderung ohne die westliche Führungsmacht USA nicht zu bewerkstelligen war.

Entsprechend argumentierte Helmut Kohl denn auch, als er am 16. und 17. Mai mit einer großen Delegation – darunter drei Bundesministern – zu Gesprächen mit Präsident George Bush nach Washington reiste.[42] Sowohl im kleinen Kreis im Oval Office als auch gemeinsam mit den Ministern und Beratern im Kabinettsaal betonte der Bundeskanzler immer wieder, wie wichtig ein erfolgreiches amerikanisch-sowjetisches Gipfeltreffen für die Lösung der deutschen Frage sei. Der US-Präsident wies demgegenüber auf seine innenpolitischen Probleme hin: Aufgrund der Litauen-Krise – zu deren möglicher Beendigung die gemeinsame Kohl-Mitterrand-Initiative sehr hilfreich sei – stehe er unter erheblichem Druck, das Gipfeltreffen mit Gorbatschow zu verschieben oder gar Sanktionen gegen die UdSSR zu verhängen. Kohl stellte dem vor allem zwei Argumente entgegen. Erstens stehe man unter Zeitdruck: Man sei in derselben Situation wie ein Bauer, der vorsorglich die Heuernte einbringe, weil möglicherweise ein Gewitter drohe. Zum zweiten sei die derzeitige sowjetische Führung – anders als ihre Vorgänger – sehr stark von der öffentlichen Meinung in der UdSSR abhängig. Gerade angesichts seiner innenpolitischen Probleme dürfe der sowjetische Präsident beim bevorstehenden Gipfel keinesfalls als »minderer Bruder« der Vereinigten Staaten erscheinen. Der Westen solle zur Unterstützung die von Gorbatschow angekündigten Wirtschaftsreformen so positiv wie möglich kommentieren. Bush dankte dem Kanzler für diesen Rat und sicherte ihm zu, seinen Gesprächspartner – bei allen zu erwartenden Meinungsverschiedenheiten – mit dem Respekt zu behandeln, der diesem nicht nur als Mensch, sondern auch als Führer der Sowjetunion zukomme. Einig waren sich beide Staatsmänner einmal mehr darin, daß eine gesamtdeutsche NATO-Mitgliedschaft unabdingbar sei. Der Verzicht hierauf, so Kohl, sei ein Preis, den er nicht bezahlen werde. Bush werde bei seinen Gesprächen mit Gorbatschow selbst merken, daß dieser, wenn er über die NATO rede, in Wirklichkeit die Wirtschaft meine. Über diese Frage werde bilateral noch zu sprechen sein.

Außenminister Genscher berichtete in der Runde sehr optimistisch über die Fortschritte bei den »Zwei-plus-Vier«-Verhandlungen. Der Beginn sei ermutigend gewesen, zumal der Westen die von ihm gewünschte Tagesordnung bekommen habe. Dabei würden Themen wie ein Friedensvertrag oder einseitige Abrüstungsschritte vermieden, die zu einer Singularisierung oder Diskriminierung des vereinten Deutschlands führen würden. Genscher ging auf die gemeinsame Erklärung von Bundestag und Volkskammer zur deutsch-polnischen Grenze ein und warb bei Bush um Unterstützung für den Bonner Lösungsvorschlag, der die förmliche Notifizierung der beiden Parlamentserklärungen, nicht aber die Paraphierung eines Grenzvertrages vorsah. Er unterstrich die Notwendigkeit, Deutschlands Souveränität schnell und vollständig wiederherzustellen. Zur Bündnisfrage meinte der Außenminister, die sowjetische Regierung arbeite daran, die NATO in der öffentlichen Meinung zu entdämonisieren, was sich im Besuch Schewardnadses bei der NATO in Brüssel sowie der Einladung von Generalsekretär Manfred Wörner nach Moskau zeige. Wichtig sei, die deutsche NATO-Zugehörigkeit nicht prinzipiell zu diskutieren, sondern vielmehr auf das in der KSZE-Schlußakte festgeschriebene Recht aller Staaten zu verweisen, einem Bündnis anzugehören oder nicht anzugehören. Er warne vor einer Diskussion, in der die amerikanischen und sowjetischen Truppen in Deutschland parallel behandelt würden, da beide nicht vergleichbar seien. Verteidigungsminister Stoltenberg berichtete abschließend über die NATO-Beratungen zu Strategie und Struktur des Bündnisses. Er bat Bush, bei seinen Treffen mit Gorbatschow auch die Rüstungskontrollverhandlungen anzusprechen und dabei auf Fortschritte zu drängen. Stoltenberg begrüßte die amerikanischen Überlegungen, den Sowjets angesichts des Ausscheidens der DDR aus dem Warschauer Pakt beispielsweise bei den angestrebten Obergrenzen für Flugzeuge entgegenzukommen. Es komme aber darauf an, der UdSSR deutlich zu machen, daß ein für den KSZE-Gipfel im Herbst notwendiger Abschluß der Wiener Verhandlungen über die konventionellen Streitkräfte in Europa (VKSE) auch von Moskau abhänge.

Konkrete inhaltliche Entscheidungen standen beim Treffen Kohl – Bush nicht an. Der Termin, unmittelbar vor dem amerikanisch-sowjetischen Gipfel,

hatte vor allem die Aufgabe, den engen Schulterschluß zwischen den beiden Regierungen zu demonstrieren. Die Gespräche in Washington ermöglichten aber, eine Zwischenbilanz sowohl der bilateralen Beziehungen als auch der internationalen Bemühungen zur endgültigen Regelung der deutschen Frage zu ziehen. Dies betraf:
1. den hervorragenden Zustand der deutsch-amerikanischen Beziehungen. Die US-Administration, so auch Kohls Urteil am 18. Mai in seinem Bericht vor dem Bundeskabinett[43], unterstützte die Vereinigungsbemühungen aktiv und offen, und der Präsident sah im Kanzler offensichtlich seinen derzeit wichtigsten Verbündeten in Europa;
2. den gemeinsamen Optimismus, daß Moskau bei akzeptablen wirtschaftlichen und sicherheitspolitischen Angeboten des Westens der Vereinigung wie auch einer gesamtdeutschen NATO-Mitgliedschaft zustimmen würde. Während die USA die Führung im Bereich Sicherheit – und hier vor allem bei der Abrüstung – übernehmen sollten, legte Bush die Verantwortung für ökonomische Impulse in die Hände des Bundeskanzlers, dem er bereits im Februar in Camp David »große Taschen« bescheinigt hatte;
3. die wiederholten Versicherungen des Kanzlers und seiner Minister, daß die Bundesregierung nicht bereit sei, einen NATO-Austritt als Preis für die Vereinigung zu bezahlen. Kohl, Genscher und Stoltenberg waren sich darin einig, daß die Mitgliedschaft im westlichen Bündnis nicht nur die einzig mögliche, sondern zugleich auch eine erreichbare Lösung war;
4. die innenpolitischen Schwierigkeiten der US-Regierung, die aufgrund der Litauen-Krise keine weitgehenden Zugeständnisse an Gorbatschow machen konnte. Im gemeinsamen Wissen um die diffizile Situation des sowjetischen Präsidenten zeigte Bush jedoch Verständnis für Kohls Wunsch, das amerikanisch-sowjetische Gipfeltreffen trotzdem zu einem Erfolg werden zu lassen;
5. die Grundzüge der deutsch-amerikanischen Strategie. Durch Ablehnung jeglicher Singularisierung und Diskriminierung sollte der Führung in Moskau deutlich gemacht werden«, daß nur ein uneingeschränktes »Ja« zum deutschen Selbstbestimmungsrecht eine dauerhafte und stabile Lösung ermöglichen würde.

Auf eben diesen Linien argumentierte der Bundeskanzler auch, als er unmittelbar vor Gorbatschows Eintreffen in Washington am 30. Mai noch einmal kurz mit dem US-Präsidenten telefonierte.[44] Bush solle seinem Gesprächspartner »ebenso freundlich wie deutlich« sagen, daß die USA und die Bundesrepublik in der NATO-Frage eng zusammenstünden. Kohl sagte der US-Regierung jegliche Unterstützung zu und erhielt von Bush im Gegenzug die Zusage, daß dieser sich für die vollständige Herstellung der deutschen Souveränität am Ende der »Zwei-plus-Vier«-Gespräche einsetzen werde. Er glaube nicht, so Bush, daß es beim bevorstehenden Gipfel in der deutschen Frage bereits zu einem Durchbruch kommen werde. Der Präsident machte Kohl noch einmal deutlich, daß die Litauen-Krise umfassende wirtschaftliche Hilfsmaßnahmen der USA für die

UdSSR unmöglich machten. Wie Kohl ihm geraten habe, werde er aber darauf achten, daß der Gipfel nach Möglichkeit dennoch zu einem Erfolgserlebnis für Gorbatschow werde. Abschließend kamen die beiden Staatsmänner auf Überlegungen Genschers zu sprechen, der kurz zuvor – als westdeutschen Beitrag zum Erfolg des amerikanisch-sowjetischen Gipfeltreffens – einen Vorschlag zur Obergrenze künftiger gesamtdeutscher Streitkräfte in die Diskussion eingebracht hatte. Horst Teltschik hatte das Thema bereits mit Bushs Mitarbeitern Robert Gates und Brent Scowcroft erörtert: Wenn die USA es für hilfreich hielten, könne die Bundesregierung hier ein Angebot machen. Ebenso wie Gates und Scowcroft lehnte Bush diese Offerte dankend ab. Es sei noch zu früh, um mit konkreten Zahlen zu hantieren. Statt dessen solle man sich dieses Thema für die Schlußphase der Verhandlungen aufsparen.

Wie sehr auch die US-Administration an einem engen Schulterschluß mit der Bundesregierung interessiert war, demonstrierte Bush, indem er noch während des mehrtägigen Besuches von Gorbatschow in den USA am 1. Juni sowie nach Abreise des sowjetischen Präsidenten am 3. Juni den Bundeskanzler telefonisch über seine Gespräche informierte.[45] Die wichtigste Neuigkeit, über die der amerikanische Präsident den Bundeskanzler dabei unterrichtete, war Moskaus Kehrtwende in der Haltung zur gesamtdeutschen NATO-Mitgliedschaft: Auf Bushs Vorschlag hin hatte Gorbatschow zugestimmt, daß diese Frage letztlich aufgrund des in der KSZE-Schlußakte festgeschriebenen Selbstbestimmungsrechtes nur von der Bundesregierung entschieden werden könne. Trotz dieser unerwarteten Wendung kam der US-Präsident in seiner Gesamteinschätzung zu dem Ergebnis, daß in der deutschen Frage – wie vorhergesehen – kein Durchbruch erzielt worden sei.

Es sei deshalb notwendig, weiter an Angeboten an die Führung in Moskau zu arbeiten, betonte der Bundeskanzler denn auch, als er am 8. Juni im Rahmen einer viertägigen USA-Reise erneut zu einem Gespräch mit George Bush zusammenkam – und zwar auf zwei zentralen Gebieten[46]: der Vorbereitung des NATO-Gipfels sowie der wirtschaftlichen Kooperation mit der Sowjetunion. Beim bevorstehenden Treffen der Staats- und Regierungschefs des westlichen Verteidigungsbündnisses in London sollte eine an den Warschauer Pakt gerichtete Botschaft verabschiedet werden, die den Veränderungswillen der NATO glaubhaft betonen würde. Möglich sei auch ein spektakulärer Schritt wie ein Nichtangriffspakt zwischen den beiden Bündnissen – eine Idee, die dem US-Präsidenten mißfiel. Damit, so Bush, würde der Warschauer Pakt zementiert. Kohl schlug alternativ vor, einen Nichtangriffspakt mit den einzelnen Mitgliedstaaten des östlichen Bündnisses zu schließen – eine Option, über die Bush weiter nachdenken wollte. Entsprechende Gedanken, so Baker, habe es bereits beim Treffen der NATO-Außenminister in Turnberry gegeben. Schewardnadse habe ebenfalls auf die ursprünglich von Gorbatschow lancierte Idee einer Erklärung von NATO und Warschauer Pakt verwiesen, wolle konkrete Ausführungen aber erst in etwa zehn Tagen nachreichen. Um die gemeinsamen Überlegungen besser zu koordinieren, schlug Kohl vor, Teltschik zu direkten Gesprächen mit Scowcroft nach Washington zu entsenden. Dabei könne man gleich über die Frage der künftigen Gesamtstärke einer gesamtdeutschen Bundeswehr nachdenken. Diese Frage, so waren sich die beiden Politiker einig, durfte allerdings nicht bei den »Zwei-plus-Vier«-Gesprächen verhandelt werden, sondern mußte im Dialog von NATO und Warschauer Pakt beziehungsweise den USA und der Bundesrepublik sowie der UdSSR erörtert werden. Kohl gab zu bedenken, daß hinter dieser Frage für ihn auch innenpolitische Aspekte stünden. Er wies Bush zudem darauf hin, daß die sowjetischen Ängste vor einem militärisch zu starken Deutschland keinesfalls nur eine Frage der Propaganda, sondern auch ein Ergebnis des Zweiten Weltkrieges seien, der die UdSSR 27 Millionen Tote gekostet habe. In den kommenden acht Wochen werde sich in der NATO-Frage aber etwas bewegen. Sein Eindruck sei, daß die Sowjets derzeit noch nicht wüßten, was sie eigentlich wollten. Gorbatschow pokere, was angesichts seiner innenpolitischen Lage verständlich sei. Der Westen habe ein Interesse daran, ihn weiter zu stützen, damit er zunächst einmal den bevorstehenden Parteitag der KPdSU überstehe.

Bei der Diskussion der wirtschaftlichen Fragen zeigte sich vor allem zweierlei: Zum einen betonte Bush noch einmal, daß ihm aufgrund der Litauen-Frage sowie anderer innenpolitischer Probleme »die Hände gebunden« seien, während sich zum anderen die unklaren sowjetischen Angaben zum Finanzbedarf als verwirrend erwiesen. So hatte die UdSSR gegenüber der Bundesregierung immer von einem Finanzbedarf von 20 bis 25 Milliarden D-Mark gesprochen, gegenüber James Baker aber ein Gesamtvolumen von 25 bis 30 Milliarden Dollar angegeben. Baker warnte Kohl im Rahmen der Unterhaltung davor, die Sowjetunion in irgendwelchen Bereichen vor faits accomplis zu stellen; man müsse die Moskauer Führung in alles einbinden. Beim abschließenden Abendessen im größeren Kreis wiegelte Kohl Bedenken von Bush ganz anderer Art ab: Die US-Truppen seien in Europa zur allgemeinen Sicherheit notwendig und willkommen. Der Präsident solle sich hierüber aber noch mit DDR-Ministerpräsident Lothar de Maizière unterhalten, wenn dieser bei seinem bevorstehenden USA-Besuch mit ihm zusammentreffe. Was den vorübergehenden Verbleib von sowjetischen Soldaten in Ostdeutschland anbelange, gehe er von einem Zeitraum von zwei bis drei Jahren aus. Es gebe für Moskau ja auch innenpolitische Überlegungen, die Soldaten frühzeitig in ihre Heimat zurückzuholen, da die mit der Währungsumstellung verbundene Verbesserung des Warenangebots in Ostdeutschland bei den sowjetischen Truppen zur weiteren Verunsicherung führen könnte. Bush zeigte sich optimistisch, daß Polen dem von Bonn vorgeschlagenen Weg zur Regelung der Grenzfrage zustimmen werde. Er sehe in Warschau ein zusehends besseres Verständnis für die deutschen Bedenken. Zur Nachrüstungsdebatte über nukleare Kurzstreckenraketen meinte Kohl, dieses Thema könne die Vereinigungsbemühungen nur unnötig belasten. Mögliche Zielgebiete dieser Waffen seien zudem nicht nur Ostdeutschland, sondern auch Warschau und Prag, begründete er seine Ablehnung ergänzend. Zur Frage des Termins für gesamtdeutsche Wahlen erklärte Kohl seine Taktik: Bis zum Abschluß des Staatsvertrages wolle er das Thema herunterspielen. Danach werde der Druck vor allem von ostdeutscher Seite wachsen, was psychologisch wichtig sei. Am Ende des Gesprächs erklärte Außenminister Baker, man sehe auf amerikanischer Seite erfreut, wie der Bundeskanzler und andere europäische Politiker die aktuellen Fragen anpackten. Deren Linie werde von den Bürokraten allerdings nicht immer übernommen – ein Punkt, in dem Kohl ihm zustimmte. Beide waren sich dabei besonders über ihre Probleme mit den französischen Diplomaten im Quai d'Orsay einig, während Kohl darüber hinaus von allgemeinen Vorbehalten der politischen Klasse Frankreichs gegenüber Deutschlands Vereinigung sprach.

Die zahlreichen Treffen und sonstigen Kontakte zwischen Kohl und Bush im Mai/Juni 1990 machten nicht nur einen Schulterschluß deutlich, der »eindrucksvoll und außerordentlich erfreulich« war [47], sondern auch, daß
- die beiden führenden Politiker in dieser entscheidenden Phase der Vereinigungsbemühungen so eng wie irgend möglich zusammenarbeiten wollten;
- Kohl und Bush im Vorfeld des NATO-Gipfels bewußt war, daß die Außenminister nicht alle anstehenden Fragen lösen konnten, so daß politischer Rückenwind von höherer Ebene notwendig war;
- die USA zwar zu weitgehenden sicherheitspolitischen Schritten bereit waren, sich an den wirtschaftlichen Maßnahmen zur Stützung der sowjetischen Führung aber aus innenpolitischen Gründen nicht beteiligen wollten [48];
- es weder bei Kohl noch Bush außer Frage stand, daß die Einheit ebenso erreichbar war wie die gesamtdeutsche NATO-Mitgliedschaft.

Der US-Präsident verdeutlichte alle diese Punkte noch einmal in seinem Gespräch mit Lothar de Maizière, mit dem er sich am 11. Juni in Washington traf, und über das er den Bundeskanzler anschließend in einem ausführlichen Brief informierte.[49] Dieses erste und letzte Treffen mit einem Regierungschef des zweiten deutschen Staates war von amerikanischer Seite als Geste der Anerkennung für den demokratischen Wandel in Ostdeutschland gedacht. Zugleich wollte Bush seinen Einfluß geltend machen, de Maizière auf die »Zwei-plus-Vier«-Linie des Westens zu bringen, die Außenminister Meckel nach Ansicht der USA mit seinen verschiedenen Vorstößen und Initiativen verlassen hatte. Das Treffen brachte der US-Administration – neben Informationen aus erster Hand zum Gipfel des Warschauer Paktes und einem Gespräch mit Gorbatschow – die Erkenntnis, daß es angesichts der unterschiedlichen Positionen von de Maizière und Meckel vernünftig wäre, wenn auch Frankreich und Großbritannien sich bemühen würden, dem DDR-Ministerpräsidenten die Ziele des Westens näherzubringen. Der ostdeutsche CDU-Politiker hatte gegenüber Bush und Baker keinen Hehl daraus gemacht, daß er einen Wandel der NATO zu einem stärker politischen Bündnis befürwortete. »Ich bin schon protestantisch. Mich müssen Sie nicht überzeugen«, antwortete er auf Bakers Werben um mehr

Verständnis für die NATO. »Ja«, erklärte daraufhin Baker, »das glaube ich wohl, aber Sie müssen Ihren Außenminister überzeugen.«[50] Lothar de Maizière erklärte darüber hinaus, kein noch so großes Finanzangebot könne alleine ausreichen, den sowjetischen Widerstand gegen eine gesamtdeutsche Mitgliedschaft im westlichen Verteidigungsbündnis zu beseitigen.

Die Ergebnisse dieses Gesprächs führten Kohl und Bush noch einmal klar vor Augen, daß auch weiterhin energische, bi- und multilaterale Anstrengungen notwendig sein würden, um die Sowjetunion zum Einlenken zu bewegen. Gleichwohl erwies sich die gezielte Zweiteilung der Überzeugungsarbeit als richtig: sicherheitspolitische Zugeständnisse wie die Veränderung der NATO einerseits sowie ökonomische Hilfen andererseits. Nicht zuletzt den intensiven Kontakten zwischen den Außenministern, die sich vor allem mit der künftigen Sicherheitsarchitektur in Europa befaßten, kam deshalb besondere Bedeutung zu.

*Komplementärdiplomatie und parteipolitische Konkurrenz*

Um die Sowjetunion konstruktiv in den »Zwei-plus-Vier«-Prozeß einzubinden und letztlich zu einem »Ja« zur deutschen Vereinigung bei Fortbestand der NATO-Mitgliedschaft zu bewegen, waren, so die übereinstimmenden Analysen im Kanzleramt wie im Auswärtigen Amt, zwei Aufgabenbereiche von zentraler Bedeutung:
1. die Linderung von Moskaus ökonomischen Sorgen;
2. die Berücksichtigung der sowjetischen Sicherheitsinteressen.

Beide Bereiche bestanden sowohl aus »harten« wie auch aus »weichen« Komponenten. Bei konkreten Verhandlungsergebnissen und Unterstützungsmaßnahmen war immer auch deren Öffentlichkeitswirkung zu beachten, wie Kohl – beispielsweise gegenüber George Bush – zu betonen nicht müde wurde: Gorbatschow, Schewardnadse und der Erfolg ihrer Reformbemühungen waren angesichts ihrer innerparteilichen Gegner von der Meinung und Unterstützung der Bevölkerung abhängig. Neben den konkreten Hindernissen galt es deshalb auch, jene Ängste und Sorgen in der UdSSR zu überwinden, die – historisch begründet und durch jahrzehntelange Propaganda geschürt – dem Westen im allgemeinen, den Deutschen im besonderen, dem Kapitalismus und vor allem der NATO als gefürchtetem Aggressor und Bündelung aller Feindbilder galten. Der Erfolg von Gorbatschows Deutschland-Besuch im Sommer 1989, die umfangreiche Lebensmittelhilfe im Frühjahr 1990 und die Bemühungen um eine Entideologisierung des deutsch-sowjetischen Verhältnisses waren hierbei erste erfolgreiche Schritte gewesen. Mit seinem Gesprächsangebot über einen umfassenden Vertrag zur Zukunft der bilateralen Beziehungen und seiner massiven Unterstützung für die sowjetischen Kreditwünsche hatte Helmut Kohl danach die Grundlagen für weitere Annäherungen geschaffen und zugleich diese beiden Themenfelder erfolgreich besetzt.

Bei allen gemeinsamen Vereinigungsaktivitäten von Kohl und Genscher hatten die koalitionspolitischen Konstellationen in Bonn allerdings immer wieder für Reibereien gesorgt. In der Sache – nämlich ihrem unbedingten Willen, die deutsche Einheit herbeizuführen – lagen die führenden Koalitionspolitiker von CDU/CSU und FDP auf einer Linie. Hinzu kam, daß die Einbindung – und Profilierungsmöglichkeit – aller drei Regierungsparteien mit den für die Vereinigungsverhandlungen zentralen Ministern Wolfgang Schäuble (CDU/Inneres), Theo Waigel (CSU/Finanzen) und Hans-Dietrich Genscher (FDP/Auswärtige Angelegenheiten) gewährleistet war. Die spätestens zum Jahreswechsel vorgeschriebenen Bundestagswahlen verschärften allerdings den ständig vorhandenen parteipolitischen Druck zur Selbstdarstellung, so daß Reibereien und Empfindlichkeiten nicht ausbleiben konnten. Die Reaktionen auf Kohls Zehn-Punkte-Programm, die heftige Auseinandersetzung um den »Genscher-Plan« und die Frage der Ausdehnung des NATO-Gebietes sowie die Diskussion über den Vereinigungsweg und den Modus der Grenzregelung waren in der Phase der Suche nach außenpolitischer Begleitung der Einheit Beispiele für diese Empfindlichkeiten.

Mit Beginn der »Zwei-plus-Vier«-Verhandlungen verfestigte sich ein spezifischer Bonner Stil: die abgesprochene Komplementärdiplomatie der Regierung mit parteipolitisch und ressortspezifisch motivierten Konkurrenzgedanken. Der Bundeskanzler und CDU-Vorsitzende Kohl besetzte seit Frühjahr 1990 immer stärker zentrale außenpolitische Felder, machte die Vertiefung der Europäischen Union ebenso wie die Kontakte zur US-Regierung oder den Milliardenkredit an die UdSSR zur »Chefsache«. Seinem Außenminister und FDP-Koalitionspartner Genscher wurden damit, wollte er sich von der gemeinsamen Regierungslinie nicht allzuweit entfernen, zahlreiche Profilierungsmöglichkeiten genommen oder zumindest eingeschränkt. Verstärkt wurde diese Entwicklung, als sich im Verlauf der Vereinigungsbemühungen immer deutlicher herauskristallisierte, daß zentrale Durchbrüche und Entscheidungen – zumal in der Sowjetunion – nur auf der allerhöchsten Ebene erreicht werden konnten. Die weiterhin notwendigen Vorbereitungsarbeiten der Diplomaten des Auswärtigen Amtes und Hans-Dietrich Genschers standen somit ständig in der Gefahr, daß die Krönung der verschiedenen Verhandlungsprozesse letztlich dem Bundeskanzleramt und Helmut Kohl vorbehalten blieb.[51] Da ein derartiges Ungleichgewicht der Regierungskoalition jedoch auf Dauer Schaden zufügen konnte, kam es zu einer Arbeitsteilung, deren Grundzüge sich am Beispiel der Beziehungen zur Sowjetunion besonders deutlich nachzeichnen lassen: Der Kanzler kümmerte sich um die Beziehungspflege auf höchster Ebene, hielt die Fäden bei der Wirtschaftshilfe für die UdSSR in den Händen und initiierte den großen deutsch-sowjetischen Vertrag als Grundlage für die künftigen Beziehungen zwischen beiden Ländern. Der Bundesaußenminister bearbeitete ergänzend das weite Feld der sicherheitspolitischen Ängste in Moskau, war als energischer Verfechter des KSZE-Prozesses das personifizierte Symbol der angestrebten gesamt-

europäischen Ordnung, baute vertrauensvolle Beziehungen zu seinem sowjetischen Amtskollegen Schewardnadse auf und hob gemeinsam mit seinen westlichen Außenministerkollegen den »Zwei-plus-Vier«-Mechanismus über die zahlreich sich stellenden Hindernisse hinweg. Dabei kam ihm bei seinen Kontakten zu Eduard Schewardnadse zweierlei entgegen:
1. Der sowjetische Außenminister unterstützte die Ideen von Perestroika und Glasnost und steuerte innerhalb der sowjetischen Führung den freundlichsten Kurs gegenüber Deutschland. An Probleme ging er für gewöhnlich offen, oft auch emotional heran, wobei er weniger zu taktischen Finessen neigte als Gorbatschow.[52]
2. Während Gorbatschow sich im Frühsommer 1990 aufgrund der innen- und wirtschaftspolitischen Probleme nur sporadisch mit der deutschen Frage beschäftigte und den Kontakt zu Helmut Kohl vor allem über Emissäre wie Julij Kwizinskij hielt, war Schewardnadse fast ständig mit der Materie befaßt.

In zahlreichen Begegnungen konnte Genscher deshalb sein persönliches Verhältnis zum sowjetischen Außenminister vertiefen, für die gemeinsamen Vorstellungen zur künftigen Ordnung Europas werben und so – neben der psychologischen Ebene der Ängste vor Deutschland – auch die konkreten politischen Sorgen Moskaus ansprechen.

### *Schewardnadse und Genscher auf sensiblem Terrain*

Bereits Anfang Mai hatten Genscher und Schewardnadse vereinbart, angesichts der großen Veränderungen in Europa ihren ohnehin schon engen Kontakt noch weiter zu intensivieren und sich so oft wie nur irgend möglich zu treffen, um die notwendige »Schnelldiplomatie« voranzutreiben.[53] Die Verhandlungsagenda umfaßte sämtliche Themen, wenngleich das Mandat des Bundesaußenministers eingeschränkt war: Die Fragen der Wirtschaftshilfe und des deutsch-sowjetischen Vertrages hatte zunächst der Kanzler in die Hand genommen, während konkrete militärpolitische Veränderungen fast nur im NATO-Rahmen möglich waren. Aufgrund der Vielzahl an offenen Fragen blieb dem Bundesaußenminister dennoch mehr als genug zu tun, um – ebenso wie Helmut Kohl, George Bush, James Baker, Margaret Thatcher und François Mitterrand in ihren bilateralen Kontakten untereinander sowie mit der UdSSR – im aktuellen »Zirkus mit mehreren Manegen« eine zentrale Rolle zu spielen.

Den Auftakt zu Genschers Kontaktintensivierung mit Schewardnadse bildete am 23. Mai ein dreistündiges Treffen der beiden Politiker in der sowjetischen UN-Mission in Genf. Gorbatschows Außenminister legte dabei in langen Ausführungen seine Eröffnungsposition für die kommenden Treffen dar. Nachdrücklich betonte er gleich zu Beginn, daß es sich um anfängliche Ansichten handle, und machte so deutlich, daß es bei allen offenen Fragen einen Verhand-

lungsspielraum gab. Vom Bundesaußenminister nach den »Kernproblemen« der sowjetischen Seite befragt, erläuterte Schewardnadse unter anderem [54]:
- Es sei notwendig, den »Zwei-plus-Vier«-Prozeß durch bilaterale Gespräche zu begleiten, ohne etwas hinter dem Rücken der Partner zu tun oder deren Zuständigkeiten in Frage stellen zu wollen. Moskau wolle nicht der Verkehrspolizist sein, der »ohne Notwendigkeit die Ampel auf Rot schaltet oder sonstige Barrieren aufbaut«.
- Das derzeit hohe Tempo der Annäherung solle durch sehr häufige – fast schon ständige – Treffen der Beamten beibehalten werden.
- Die UdSSR wolle die Vier-Mächte-Rechte nicht verewigen und die Deutschen auch nicht diskriminieren. Gleichwohl sei es unrealistisch anzunehmen, daß die Rechte der ehemaligen Alliierten parallel zur Bildung gesamtdeutscher »Organe« zum Jahresende automatisch aufgehoben würden. Es müsse deshalb zu eindeutigen Entscheidungen über eine »Übergangsperiode« kommen, für die Schewardnadse einen Zeitraum von 21 Monaten vorschlug. [55]
- Das vereinte Deutschland müsse sich auf eine – innerhalb von drei Jahren umzusetzende – Obergrenze seiner Streitkräfte von 200 000 bis 250 000 Mann festlegen, den bereits angekündigten Verzicht auf ABC-Waffen fixieren und sich verpflichten, daß von deutschem Boden nur mehr Frieden ausgehen solle. [56]
- Es gebe einen Zusammenhang zwischen der Stationierung sowjetischer Truppen in Ostdeutschland und der Anwesenheit von verbündeten Streitkräften in der Bundesrepublik, den man berücksichtigen müsse.
- Eine künftige deutsche Regierung dürfe die besatzungsrechtlichen Maßnahmen – darunter die Enteignungen vor 1949 – nicht antasten, solle Bereitschaft zur Entschädigung von Zwangsarbeitern zeigen, sich um den Erhalt sowjetischer Gedenkstätten in Ostdeutschland kümmern und ein Wiederaufleben der nationalsozialistischen Ideologie bekämpfen.
- Für ein vereinigtes Deutschland müßten alle von der Bundesrepublik und der DDR geschlossenen Verträge ihre Gültigkeit behalten.
- Es müsse Rücksicht auf die öffentliche Meinung in der UdSSR genommen werden.

Abweichend von früheren Äußerungen verwendete Schewardnadse den Begriff der »Synchronisierung«. Während damit bislang zumeist die zeitliche Parallelität zwischen dem Aufbau neuer Sicherheitsstrukturen und des gemeinsamen europäischen Hauses einerseits sowie der Vereinigung andererseits bezeichnet worden war, bezog er die Formulierung nun auf den Zusammenhang zwischen inneren und äußeren Aspekten der Vereinigung. Neu war auch, daß er sich – anders als im Verlauf des Gesprächs – nach Abschluß des Treffens vor der Presse damit einverstanden zeigte, daß die Obergrenze der gesamtdeutschen Streitkräfte nicht in den »Zwei-plus-Vier«-Gesprächen, sondern im Rahmen der Wiener Verhandlungen über die Reduzierung der konventionellen Streitkräfte in Europa (VKSE) festgelegt werden sollte. Das genaue Verfahren oder gar

Zahlen standen noch nicht fest, doch war aus Sicht des Bundesaußenministers damit eine Singularisierung Deutschlands verhindert, da in Wien auch über die Truppenstärke der übrigen europäischen Staaten verhandelt wurde. Auffallend war zudem, daß er – im Unterschied zu vielen anderen sowjetischen Stimmen seit Anfang Mai – keinen Friedensvertrag verlangte, der vor allem von deutschlandpolitischen Hardlinern und dem orthodoxen Teil der KP als entscheidender Hebel zur Durchsetzung der eigenen Interessen gefordert worden war.[57]

Hans-Dietrich Genscher stellte diesen Ausführungen seinen eigenen Standpunkt gegenüber, wobei er geschickt auf Formulierungen und Lücken seines Gesprächspartners einging: Anstatt konkret auf die »Übergangsperiode« zu reagieren, verwies er auf seine jüngste Bundestagsrede, in der auch er von »Übergangsregelungen«, beispielsweise für den zeitweiligen Verbleib sowjetischer Truppen in Ostdeutschland, ausgegangen sei. Unvorstellbar sei aber, daß ein vereintes Deutschland mit offenen Fragen belastet bleibe. Auch Schewardnadse habe ja davon gesprochen, daß ein Schlußstrich gezogen werden müsse. Viele der angeführten Punkte seien problemlos zu klären, während andere bereits entschieden seien. So enthalte das Grundgesetz das verfassungsrechtliche Verbot eines Angriffskrieges; die Bundesrepublik habe den Nichtverbreitungsvertrag für Kernwaffen unterzeichnet und den Verzicht auf ABC-Waffen erklärt. In der Bündnisfrage bedeutete Schewardnadse, eine gesamtdeutsche NATO-Mitgliedschaft sei für Gorbatschow und ihn psychologisch wie politisch nicht hinnehmbar. Gemeinsam mit Kwizinskij erläuterte er, daß während der »Übergangsperiode« die bisherigen Bündnisverpflichtungen der DDR gegenüber dem Warschauer Pakt sowie der Bundesrepublik gegenüber der NATO fortgelten könnten, so daß dann in Ruhe nach endgültigen Lösungen gesucht werden könne. Sämtliche Truppen der DDR und der Bundesrepublik, aber auch der Vier Mächte, sollten so lange die bisherige innerdeutsche Grenze nicht überschreiten dürfen, bis Deutschland entweder aus beiden Bündnissen ausgetreten sei oder diese sich aufgelöst hätten. Der sowjetische Außenminister warnte, daß sein Volk von jeder Lösung der deutschen Frage überzeugt werden müsse, da andernfalls die »Perestroika in die Luft gesprengt werde«.

Trotz der ablehnenden Haltung zur gesamtdeutschen NATO-Mitgliedschaft bestätigten Schewardnadses Ausführungen bei Genscher den Eindruck, daß die Führung der UdSSR diese Bündniszugehörigkeit innerlich bereits für unausweichlich hielt. Diese Interpretation wurde durch Schewardnadses weitere Überlegungen zur Bündnisfrage – die er als Hauptproblem aus sowjetischer Sicht bezeichnete – bestätigt. Er schilderte mehrere »hypothetische Varianten« und versicherte, die Sowjetunion suche nach einem Ausweg aus dem Dilemma, wozu ein Abkommen zwischen NATO und Warschauer Pakt zur Assoziierung, Zusammenarbeit oder ähnlichem ebenso gehören könne wie der Ausbau gesamteuropäischer Sicherheitsstrukturen. In diese Lücke der sowjetischen Ablehnungsposition stieß Genscher vor, als er zum einen versicherte, daß die NATO bereits auf dem Weg sei, ihre Strategie, ihr Selbstverständnis und ihre

Ziele zu überprüfen. Der bevorstehende Gipfel des westlichen Bündnisses werde positive Perspektiven eröffnen. Gleiches gelte für die bevorstehende KSZE-Runde, bei der man noch in diesem Jahr Entscheidendes bewegen könne.[58] Gemeinsames Ziel sei eine kooperative Rolle beider Bündnisse, so Genscher, der die von ihm im Frühjahr ventilierte mögliche Auflösung nicht mehr thematisierte. Er verwies zudem darauf, daß die Bundesrepublik wie auch die UdSSR Mitglied in ihren Bündnissen seien und deshalb nichts hinter deren Rücken geschehen sollte. Genscher war sich mit Schewardnadse einig darin, daß man sich vor dem »Zwei-plus-Vier«-Außenministertreffen von Ost-Berlin erneut austauschen sollte, und wiederholte abschließend unter vier Augen noch einmal im Auftrag des Bundeskanzlers die Bereitschaft zur Finanzhilfe.

Das Gespräch machte deutlich, wie offen die sowjetische Position in der NATO-Frage war.[59] Schewardnadse, so Genschers Analyse, hatte unmißverständlich signalisiert, daß dieser Punkt bei entsprechenden Annäherungen gelöst werden konnte. Daß er die Behandlung der sowjetischen Wirtschaftsinteressen auf einem guten Weg sah, belegte der Hinweis auf die angelaufenen Verhandlungen von Staatssekretär Lautenschlager und Vizeaußenminister Obminskij zum Fortbestand wirtschaftlicher Verträge der DDR. Wichtig, so Schewardnadse, sei auch die Vorbereitung des geplanten Treffens von Helmut Kohl und Michail Gorbatschow, bei dem weitere wichtige Entscheidungen gefunden werden könnten. Zentrales Ergebnis des Treffens war die Erkenntnis, daß die beiden Minister mittlerweile ein persönliches Vertrauensverhältnis aufgebaut hatten, das sie bei weiteren Begegnungen im Interesse der Sache einbringen konnten.

Auf dieser Basis setzten Schewardnadse und Genscher ihren Meinungsaustausch in Kopenhagen fort, wo die Außenminister der 35 KSZE-Staaten am 5. Juni zur »Konferenz über die menschliche Dimension« zusammenkamen.[60] Das Gespräch dauerte nur eine Stunde, gab dem Bundesaußenminister aber erneut einen guten Einblick in die aktuellen sowjetischen Überlegungen. Schewardnadse berichtete zunächst über das amerikanisch-sowjetische Gipfeltreffen in Washington und Camp David, bei dem es keine entscheidenden Fortschritte zur Lösung der deutschen Frage, wohl aber einen eindrucksvollen Strauß bilateraler Vereinbarungen und Bemühungen in Abrüstungsfragen gegeben habe.[61] Von Genscher auf Gorbatschows Erklärung angesprochen, die Entscheidung in der Bündnisfrage müsse entsprechend der KSZE-Prinzipien von den Deutschen selbst getroffen werden, wiegelte der sowjetische Außenminister ab: Es gebe dabei auch andere Abkommen zu berücksichtigen, so etwa die Potsdamer Erklärung, mit der die Vier Mächte sich zentrale Vorbehaltsrechte gesichert hätten. Man solle aber nicht die schwierigsten Probleme in den Vordergrund rücken, sondern mehr an den Hintergrund denken. Im Verlauf der Unterhaltung nannte er gleich zwei der für sein Land wichtigsten Fragen: Zum einen hänge nun alles davon ab, wie die NATO sich in Wirklichkeit verändern werde – eine Bemerkung, die bei Genscher angesichts des bevorstehenden Treffens der NATO-Außenminister auf fruchtbaren Boden fiel.[62] Zum anderen müsse verstärkt über Abrüstungsfragen geredet werden, zu denen eine mögliche Erklärung des Kanzlers oder des Außenministers zur künftigen Höchststärke der Bundeswehr gehöre. Diese Erklärung sollte noch vor Abschluß der »Zwei-plus-Vier«-Verhandlungen vorliegen, um nicht im Sechser-Rahmen darüber verhandeln zu müssen. Genscher wies erneut darauf hin, daß dies bei den Wiener Abrüstungsverhandlungen geschehen könne, da nur so die Singularisierung Deutschlands zu verhindern sei. Auch bei diesem Treffen gehörte eine Vereinbarung auf der »psychologischen« Ebene zu den entscheidenden Ergebnissen: Die beiden Minister verständigten sich darauf, bereits am 11. Juni erneut zusammenzukommen – und zwar in Brest. Der Name dieses Ortes im Westen der UdSSR war mit zahlreichen Ereignissen der deutschen, sowjetischen aber auch polnischen Geschichte ebenso verbunden wie mit Schewardnadses Familie: Sein Bruder war dort im Juni 1941, während der ersten Tage des deutschen Angriffs auf die Sowjetunion, gefallen. Mit bewegten Worten dankte er deshalb Genscher für dessen Bereitschaft, sich mit ihm an diesem historisch vorbelasteten Ort zu treffen. Die Begegnung werde dadurch eine zusätzliche symbolische Bedeutung bekommen und sichtbar machen, daß eine schwierige Etappe der deutsch-sowjetischen Beziehungen überwunden sei.

Wie schwierig die Überwindung alter Vorurteile und historischen Erbes war, zeigte sich bei Vorbereitung und Verlauf des Treffens von Brest gleich in mehrfacher Hinsicht[63]: Zum einen war der Ort ein Symbol für den Hitler-Stalin-Pakt vom September 1939, in dem die beiden Diktatoren Polen unter sich aufgeteilt hatten. Genscher warb deshalb beim polnischen Außenminister Skubiszewski telefonisch um Verständnis: Die Wahl des Ortes solle keinesfalls schlechte Erinnerungen an düstere Kapitel der sowjetisch-polnisch-deutschen Geschichte wecken, sondern vielmehr die Überwindung von Ost-West-Gegensätzen demonstrieren. Zum anderen war Brest für Eduard Schewardnadse nicht nur untrennbar mit dem Tod seines älteren Bruders verknüpft, sondern zugleich auch Erinnerung an die rund 27 Millionen Sowjetbürger, die im Verlauf des Zweiten Weltkrieges umgekommen waren. Eine schlichte Zeremonie, bei der Genscher und Schewardnadse rote Nelken auf dem Soldatenfriedhof niederlegten, bildete den auch von den sowjetischen Medien stark beachteten Höhepunkt der Begegnung. Zur politischen Bedeutung des Treffens kam dadurch eine starke emotionale Komponente hinzu. All dies belastete Hans-Dietrich Genscher – der seine aufreibende Reisediplomatie ungeachtet gesundheitlicher Probleme in diesen Wochen noch verstärkt hatte – psychisch wie physisch so sehr, daß er die dort stattfindenden Gespräche einmal sogar für 30 Minuten unterbrechen mußte, um seine Herzrhythmusstörungen von einer mitgereisten Ärztin behandeln zu lassen.

Die fünfstündige Diskussion der beiden Außenminister, die nun bereits zum sechsten Mal in diesem Jahr zu bilateralen Gesprächen zusammenkamen, umfaßte die gesamte Themenpalette der internationalen Politik wie der deutsch-

sowjetischen Beziehungen. Der sowjetische Außenminister zeigte sich dabei persönlich verbindlich, doch in der Sache hart. So drohte er, daß bei einem Verhandlungsstillstand einfach die Grundlage der Potsdamer Beschlüsse weiter bestehen bliebe. Sein Ringen um einen für ihn auch innenpolitisch vertretbaren Kompromiß war allerdings spürbar.[64] Schewardnadse skizzierte zahlreiche Variationen der Bündnisproblematik, während Genscher sich weiter dagegen aussprach, Zonen unterschiedlicher Sicherheit in Europa zu etablieren. Schewardnadse ging noch immer von einer Übergangsperiode aus, in welcher die äußeren Aspekte der Vereinigung in den gesamteuropäischen Kontext eingebettet werden sollten – eine Position, der Genscher widersprach. Beide waren sich allerdings einig, daß ein Ausbau und eine Vertiefung der KSZE wünschenswert sei. Als mögliche Höchstgrenze für die Bundeswehr eines vereinten Deutschlands nannte Schewardnadse eine Zahl zwischen 250 000 und 300 000 Mann, erhielt von seinem Amtskollegen aber keine Antwort: Der Bundesaußenminister verwies statt dessen auf die bereits mehrfach bekundete Bereitschaft zur Truppenreduzierung, ohne Zahlen zu nennen. Konkrete Ergebnisse konnten Genscher und Schewardnadse den wartenden Journalisten anschließend nicht bieten, wohl aber die Ankündigung, daß Fortschritte bei der Lösung »anderer Fragen« auch eine Lösung der Bündnisfrage erleichtern könnten. Das Treffen der NATO-Außenminister von Turnberry[65] hatte den Boden hierfür ebenso bereitet wie die Fortschritte bei den deutsch-sowjetischen Wirtschaftsgesprächen. Unklar blieb allerdings weiterhin, wie die UdSSR sich die »Übergangsperiode« vorstellte, mit der Schewardnadse nunmehr anscheinend nur noch die Frage eines zeitweisen Verbleibs sowjetischer Truppen in Ostdeutschland meinte. Man könne mit dem bislang Erreichten allerdings zufrieden sein und optimistisch in die nähere Zukunft blicken, versicherte Schewardnadses Planungsstabschef Sergej Tarassenko deutschen Diplomaten nach Abschluß des Treffens in Brest:
- Noch habe keine der beteiligten Seiten die Positionen für die Schlußphase der Gespräche zur Herstellung der deutschen Einheit eingenommen.
- Man liege sachlich wie zeitlich gut im Plan, so daß alle Fragen der »Zwei-plus-Vier«-Verhandlungen wie vorgesehen bis zum KSZE-Gipfel im November geklärt werden könnten.
- Gespannt, aber auch mit Sorge warte die sowjetische Führung auf das Ergebnis des NATO-Gipfels von London.
- Es gehe derzeit weniger um detaillierte Lösungen von Sachfragen, als vielmehr – gerade in der Bündnisfrage – darum, sorgfältig ausgewogene Formulierungen für eine Paketlösung zu finden. Diese müsse neben sicherheits-, europapolitischen sowie wirtschaftlichen Aspekten auch die psychologisch-emotionale Seite berücksichtigen.

Wer für den Augenblick mehr erwartet habe, der übersehe die Kompliziertheit der innersowjetischen Diskussions- und Abstimmungsprozesse. Man benötige im Augenblick in Moskau einfach noch etwas mehr Zeit und interne Diskussionen. Offensichtlich war allerdings, daß in Brest ein erster Durchbruch erreicht worden war, und zwar im emotionalen Verhältnis der beiden Außenminister zueinander. Gerade die psychologische Komponente war es, der Genscher in seinen häufigen Treffen mit Schewardnadse Rechnung zu tragen versuchte. Der Bundesaußenminister war in dieser Phase nicht nur bemüht, die Zeichen der Zeit – vor allem der millimeterweisen Veränderung sowjetischer Standpunkte – richtig zu deuten, sondern zugleich in die Zukunft weisende Signale zu setzen. Bewußt entschied er sich deshalb für das westfälische Münster als Ort einer neuerlichen Begegnung mit seinem sowjetischen Amtskollegen. Ebenso wie Brest für die Überwindung von Wunden der Vergangenheit und eine gemeinsame deutsch-sowjetische Zukunft stand, sollte auch Münster eine aus der Geschichte rührende, vorwärtsgewandte Symbolik vermitteln: Im Oktober 1648 war dort mit dem Westfälischen Frieden der Dreißigjährige Krieg beendet und zugleich den deutschen Fürsten und Reichsständen das Recht eingeräumt worden, selbst Pakte mit ausländischen Staaten schließen zu dürfen.

Bereits eine Woche nach dem Treffen in Brest kamen Schewardnadse und Genscher am 18. Juni in Münster wieder zusammen.[66] Die Mitarbeiter Genschers hatten in der Vorbereitung drei Schwerpunkte gesetzt: Zum einen sollte das künftige Verhältnis von NATO und Warschauer Pakt ausgiebiger diskutiert werden, zum zweiten Elemente des sowjetischen Entwurfs für den abschließenden »Zwei-plus-Vier«-Vertrag sowie drittens die Perspektive der bilateralen Beziehungen. Schewardnadse erweiterte diesen Themenkatalog im fast fünfstündigen Gespräch um eine erneute Darlegung seiner Vorstellungen von einer »Übergangsperiode« mit eingeschränkter deutscher Souveränität. Er machte – intern wie auf der anschließenden Pressekonferenz – deutlich, wieviel von substantiellen Veränderungen der NATO und erheblichen Abrüstungsfortschritten abhing. Genscher hatte ihm zuvor seine eigenen Überlegungen für die noch einmal andiskutierte gemeinsame Erklärung der beiden Verteidigungsbündnisse skizziert und sich zuversichtlich gezeigt, hierfür in der NATO eine Mehrheit finden zu können. Schewardnadse erklärte dazu, daß man in Moskau gespannt auf die konkreten Ergebnisse des NATO-Gipfels von London warte. Daneben seien die Lösung der wirtschaftlichen Fragen sowie die öffentliche Meinung in der UdSSR von Bedeutung. Als Obergrenze für gesamtdeutsche Streitkräfte nannte Schewardnadse dieses Mal 200 000 bis 300 000 Mann, doch blieb Genscher bei seiner Haltung. Ohne sich auf Zahlen einzulassen, betonte er die Bereitschaft des Westens, darüber ebenso zu sprechen wie über die Neuausrichtung der deutsch-sowjetischen Beziehungen. Wie bei den vorangegangenen Begegnungen wog auch in Münster die psychologische Bedeutung schwerer als die inhaltlichen Fragen: Mehr als 100 000 Menschen waren, mobilisiert von einer großen PR-Kampagne der nordrhein-westfälischen FDP, auf dem örtlichen Marktplatz zusammengekommen, als Schewardnadse sich in das »Goldene Buch« der Stadt eintrug. Und wie in Brest, wo ein Durchbruch im emotionalen

Verhältnis der beiden Außenminister erreicht worden war, kam es zu einer Neuerung im Verhältnis der beiden Staaten: Sergej Tarassenko übergab am Rande des Treffens Genschers Bürochef Frank Elbe ein Papier, in dem sein Planungsstab Überlegungen zur Klärung der deutschen Frage zusammengestellt hatte. Sehr viel klarer als zuvor umriß die UdSSR darin ihren Verhandlungsspielraum. Obwohl Schewardnadse vorher noch einmal betont hatte, daß die Souveränität Deutschlands nach Abschluß der »Zwei-plus-Vier«-Verhandlungen und der deutsch-deutschen Vereinigung während einer »Übergangsperiode« eingeschränkt bleiben sollte, fand sich dieser Punkt im Papier Tarassenkos nicht wieder.[67] »Machen Sie sich keine Sorgen, es wird so laufen wie in diesem Papier«, versicherte der enge Vertraute des sowjetischen Außenministers auf Nachfrage Elbes: Sein Chef war offensichtlich zu deutlich mehr Konzessionen bereit, als er dies am Konferenztisch – an dem auch die deutschlandpolitischen Hardliner dabeisaßen – bislang öffentlich einräumen wollte.

Der Verlauf der häufigen Zusammenkünfte von Schewardnadse und Genscher im Frühsommer 1990 erreichte mit dieser Aktion Tarassenkos einen vorläufigen Höhepunkt: Die gemeinsame Vertrauensbasis war mittlerweile so weit gediehen, daß auch vertrauliche Informationen über mögliche Entwicklungsszenarien der eigenen Position weitergegeben werden konnten. Das energische Werben Genschers trug somit Früchte, zu deren Heranreifen nicht zuletzt die parallelen Bemühungen der amerikanischen Regierung mit beigetragen hatten.

### *Bush und Baker locken Moskau mit »Neun Zusicherungen«*

US-Präsident George Bush und sein Außenminister James Baker hatten der UdSSR schon sehr früh klargemacht, daß Gorbatschow von den USA keine finanzielle Unterstützung erwarten konnte. Gleichzeitig arbeiteten sie allerdings um so intensiver daran, den sowjetischen Vorstellungen in der Sicherheitspolitik entgegenzukommen. Dabei gingen sie auf zwei Ebenen vor: Zum einen trieben sie Veränderungsüberlegungen innerhalb der NATO voran, zum anderen waren sie darum bemüht, der Moskauer Führung ein Gefühl der Eingebundenheit in die laufenden Entwicklungen zu vermitteln. Zentrales Ziel der US-Administration war es, die deutsche Einheit im Konsens mit allen Beteiligten zu erreichen. Da man sich in Washington zugleich der Tatsache bewußt war, daß anhaltende Verzögerungen ausschließlich Risiken bargen, wurde seit Anfang Mai parallel zu den Gesprächen mit Moskau über Alternativpläne nachgedacht: Sollten Gorbatschow und Schewardnadse sich nicht zu einer gemeinsamen Linie mit dem Westen bringen lassen, dann – so die US-Überlegungen – könnten Frankreich, Großbritannien und die Vereinigten Staaten gemeinsam auf die Vier-Mächte-Rechte verzichten, während Deutschland sich vereinigen sollte. Moskau stünde dann öffentlich als Blockierer da, der alleine noch die Besatzungsrechte aufrechterhielt.[68]

Priorität hatte aber die Variante eines gemeinschaftlichen Vorgehens aller »Zwei-plus-Vier«-Staaten, wie es bei den Treffen von amerikanischen und sowjetischen Spitzenpolitikern im Mai und Juni 1990 besprochen wurde. Den Auftakt bildete ein zweitägiger Arbeitsbesuch von James Baker vom 16. bis 19. Mai in Moskau.[69] Der US-Außenminister traf dort auf eine vollkommen desorientierte und handlungsunfähige außenpolitische Elite, die zu keinerlei konkreten Schritten fähig war. Am augenfälligsten wurde dies, als Schewardnadse am letzten Tag ein geplantes Treffen kurzfristig absagen ließ – und Robert Zoellick und Condoleezza Rice bei ihren Nachforschungen feststellen mußten, daß er statt dessen bei einer Ressortbesprechung im Außenministerium nach einer gemeinsamen internen Linie suchte. Trotz vielfältiger Überzeugungsversuche der US-Delegation zeigte Schewardnadse sich in Fragen der NATO-Mitgliedschaft ebenso starr wie bei der Regelung der Truppenstärke eines vereinten Deutschlands. Der sowjetische Außenminister und seine Mitarbeiter – an der Spitze Kwizinskij und Bondarenko – sprachen sich zudem dafür aus, die äußeren Aspekte der deutschen Einheit erst zu einem späteren Zeitpunkt abschließend zu behandeln. Auch im Gespräch mit Gorbatschow, dessen bevorstehendes Treffen mit George Bush vorzubereiten war, stieß Baker auf eine unveränderte Position der UdSSR. Erstmals trat die sowjetische Seite allerdings mit dem Wunsch nach westlichen Krediten auch an Washington heran – um eine deutliche Abfuhr zu erhalten. Die amerikanischen Bürger würden kein Geld für einen Staat zur Verfügung stellen, der »Kuba subventioniere und Litauen wirtschaftlich stranguliere«. Für den US-Außenminister war offensichtlich, daß die deutsche Frage seinen Gesprächspartnern »über den Kopf« zu wachsen drohte. Als entscheidend erachtete Baker aber, daß er sowohl gegenüber Schewardnadse als auch später bei Gorbatschow eine neue diplomatische Initiative der US-Seite lancieren konnte. Angesichts der starren sowjetischen Haltung hatte Bakers Berater Zoellick kurzfristig ein Paket mit »Neun Zusicherungen« zusammengestellt, das in Moskau möglichst viele Bedenken ausräumen sollte. Keiner der dabei vorgetragenen Punkte war für die am »Zwei-plus-Vier«-Prozeß beteiligten Regierungen neu. In seiner – so erstmals präsentierten – Kombination wirkte das Paket, das kurze Zeit später von George Bush bekräftigt wurde, letztlich aber beruhigend auf die Gesamtsituation. Die gleichermaßen der Zusammenfassung wie der Beschwichtigung dienenden »Neun Zusicherungen« beinhalteten im einzelnen:

1. Die USA waren bereit, die laufenden KSE-Verhandlungen bald abzuschließen, um anschließend schnellstmöglich Folgeverhandlungen aufnehmen zu können.
2. Nach Unterzeichnung des KSE-Vertrages über die konventionellen Streitkräfte in Europa wollte Washington in den schnellen Beginn von Rüstungskontrollgesprächen über nukleare Kurzstreckenwaffen einwilligen.
3. Deutschland würde sich verpflichten, auf Produktion und Besitz atomarer, biologischer und chemischer Waffen zu verzichten.

4. Auf dem Gebiet der DDR würden für eine Übergangsperiode keine NATO-Truppen stationiert.
5. Für den Abzug der sowjetischen Truppen aus Ostdeutschland würde Deutschland eine Übergangsperiode festlegen.
6. Der US-Präsident wollte sich für eine Veränderung der NATO-Strategie einsetzen, bei der die Entwicklungen in Europa angemessen berücksichtigt würden. Die NATO sollte sich im nuklearen wie im konventionellen Bereich verändern.
7. Deutschland würde die Grenzfrage eindeutig klären und festlegen, daß der vereinigte Staat nur aus der Bundesrepublik, der DDR und ganz Berlin bestehen werde.
8. Die USA unterstützten den Ausbau und die Stärkung der KSZE sowie – falls bis dahin der KSE-Vertrag unterschriftenreif war – ein KSZE-Gipfeltreffen zum Jahresende.
9. Deutschland würde – in Absprache mit der sowjetischen Führung – wirtschaftliche Fragen so behandeln, daß sie dem Prozeß der Perestroika zugute kämen und auch die Verpflichtungen der DDR gegenüber der UdSSR berücksichtigen.

Der Moskauer Führung war somit ein Katalog vorgelegt worden, der alle ihre sicherheits- und wirtschaftspolitischen Bedenken aufgriff. Aus einer Vielzahl kleiner Einzelpunkte – die gemeinsam mit Dieter Kastrup erarbeitet worden waren – hatte Zoellick einen umfassenden Entwurf zur Lösung der offenen Fragen erstellt. Die USA boten der UdSSR damit quasi Garantien der westlichen Supermacht auch für solche Bereiche an, in denen sie eigentlich nicht selbständig Entscheidungen treffen konnten. Die amerikanische Seite machte so auch zu Punkten wie Veränderungen der NATO, deutsch-sowjetischen Wirtschaftskontakten und der Grenzfrage deutlich, welche gemeinsame Linie des Westens ihre Unterstützung hatte. Wenngleich der US-Außenminister damit nicht unmittelbar einen Durchbruch erzielte, so zeigten die Reaktionen seiner sowjetischen Gesprächspartner doch, daß die im Gesamtpaket angedeutete Zielrichtung einen gangbaren Weg darstellte.

Baker war sich dabei der Bonner Zustimmung sicher, die Helmut Kohl dem amerikanischen Präsidenten kurz vor dessen Treffen mit Gorbatschow noch direkt mitteilte. Als sich der sowjetische Präsident dann vom 30. Mai bis zum 3. Juni zum amerikanisch-sowjetischen Gipfel in Amerika aufhielt, konnte George Bush mit Bonner Rückendeckung noch einmal für das im US-Außenministerium geschnürte Paket der »Neun Zusicherungen« werben.[70] In seinem Bestreben, die deutsche Vereinigung mit allen Mitteln zu fördern, betonte Bush gegenüber Gorbatschow seinen Willen, die NATO gemeinsam mit den Partnern zu verändern, und stimmte – trotz massiver Bedenken bis zuletzt – der Unterzeichnung eines amerikanisch-sowjetischen Handelsabkommens zu. Gorbatschow brauche dieses Abkommen aus innenpolitischen Gründen unbedingt, hatte Schewardnadse gegenüber Baker eindringlich wie nie zuvor geworben.

Nur so könne man in Moskau den allgemeinen Kooperationskurs mit dem Westen verteidigen. Keinen Erfolg hatte Gorbatschow demgegenüber mit seiner mehrfach vorgetragenen Bitte um Kredithilfe seitens der USA. Man werde aber, so Bush, beim Weltwirtschaftsgipfel in Houston über eine multilaterale Hilfsaktion nachdenken.

Anders als bei den zahlreichen Gesprächen Bakers in der sowjetischen Hauptstadt schien es in Washington zudem überraschend Bewegung in der Bündnisfrage zu geben. Zunächst hatte Gorbatschow auch gegenüber Bush noch die gesamtdeutsche NATO-Mitgliedschaft abgelehnt und unter anderem mit dem Hinweis auf »zwei Anker« das Modell einer Zugehörigkeit zu beiden Bündnissen vorgeschlagen. Zur Überraschung seiner Landsleute schien er dann aber umzuschwenken. Es sei doch das in der KSZE-Schlußakte verbriefte Recht aller Staaten, frei über ihre Bündniszugehörigkeit zu entscheiden, hatte Bush ihn gefragt. Während Baker zwei Wochen zuvor in Moskau hierauf – ebenso wie zuvor bereits andere amerikanische und westdeutsche Gesprächspartner der Sowjets – eine ausweichende beziehungsweise abweisende Antwort bekommen hatte, stimmte der sowjetische Präsident nun plötzlich zu.[71] Er widersprach auch nicht, als Bush seinen Standpunkt verdeutlichte: »Die USA sprechen sich eindeutig für eine Mitgliedschaft des vereinten Deutschland in der NATO aus, allerdings werden wir, falls es sich anders entscheiden sollte, die Entscheidung nicht anfechten, sondern tolerieren.« Mehrfach versuchte Gorbatschow, die Entscheidung seinem Außenminister zu übertragen. Eduard Schewardnadse zeigte angesichts der Brisanz des Themas allerdings keinerlei Bereitschaft hierzu und erklärte sich lediglich bereit, mit James Baker über das Thema zu reden. Im Mitarbeiterstab von Bush und Baker herrschte trotz Gorbatschows angedeutetem Positionswechsel Skepsis, da offensichtlich war, auf wie dünnem Eis sich der sowjetische Präsident befand. Niemand wollte zu diesem Zeitpunkt in öffentlichen und lauten Jubel ausbrechen, da in diesem Fall mit einem Zurückweichen der Sowjets gerechnet wurde. Um das – trotz schleppendem Konferenzbeginn – erfreuliche Ergebnis dennoch bekanntzugeben und Gorbatschow öffentlich auf seine neue Position festzulegen, schlugen Bushs Mitarbeiter einen ungewöhnlichen Weg ein. Condoleezza Rice übergab dem sowjetischen Botschafter in Washington, Alexander Bessmertnych, bereits vorab den Text für das Pressestatement des US-Präsidenten. Bessmertnych besprach das Papier unter anderem mit Gorbatschow, ohne daß es zu Änderungen kam. Bei der abschließenden Pressekonferenz am 3. Juni konnte Bush deshalb erklären, er, der Bundeskanzler und andere NATO-Mitglieder seien dafür, daß Deutschland ein vollberechtigtes Mitglied im westlichen Bündnis bleibe. Gorbatschow teile diese Auffassung nicht, doch seien sie sich einig gewesen, daß die Bündnisfrage, »in Übereinstimmung mit der Schlußakte von Helsinki, eine Sache ist, die die Deutschen entscheiden müssen«. Der sowjetische Präsident reagierte darauf mit dem Hinweis, daß die äußeren Aspekte der Vereinigung zwar nicht geklärt worden, die Bemühungen aber dennoch nicht nutzlos gewesen seien.

Bereits wenige Tage später hatten Schewardnadse und Baker am Rande des KSZE-Treffens in Kopenhagen erneut Gelegenheit, sich über die jeweiligen Standpunkte auszutauschen.[72] Im Mittelpunkt standen – wie nicht anders zu erwarten – Sicherheits- und Militärfragen. So drängte Schewardnadse seinen amerikanischen Kollegen, die bislang nur intern vorgebrachte Versicherung, in den USA sehe man die UdSSR nicht mehr als Feind, auch öffentlich zu wiederholen. Fortschritte waren vor allem in der Frage der Obergrenze gesamtdeutscher Streitkräfte zu verzeichnen. Der sowjetische Außenminister, der Ende Mai in Genf bereits gegenüber Genscher zugestimmt hatte, dieses Thema nicht im »Zwei-plus-Vier«-Rahmen, sondern bei den Wiener VKSE-Gesprächen zu regeln, lenkte weiter ein. Erstmals zeigte er sich mit einer einseitigen deutschen Erklärung zur Gesamtstärke der künftigen Bundeswehr zufrieden – ein Durchbruch, über den Baker noch in derselben Nacht den bereits zu Bett gegangenen Bundesaußenminister unterrichtete.

Zuvor hatte Baker von Schewardnadse noch Informationen des sowjetischen Geheimdienstes aus »zuverlässiger Quelle« erhalten: Viele Mitglieder der neuen DDR-Regierung seien mit Kohls Plänen und dem von ihm vorgegebenen Vereinigungstempo nicht einverstanden. Anders als von Kohl gewünscht, werde es deshalb wohl vor 1991 keine gesamtdeutschen Bundestagswahlen mehr geben – ein weiteres Argument, das für die von Moskau geforderte »Übergangsperiode« spreche. Baker hatte darauf zurückhaltend reagiert. Wenn die inneren Aspekte der Vereinigung langsamer liefen, dann würde dies noch immer kein Grund sein, auch die Regelung der äußeren Fragen zu verlangsamen. Die Sowjetunion werde sich selbst isolieren, wenn sie nach Herstellung der Einheit nicht in die vollständige Übertragung der Souveränität an den deutschen Staat einwillige – ein Argument, dem Schewardnadse zustimmte: So weit werde es nicht kommen.

Die häufigen Treffen in kurzen Abständen hatten bei der sowjetischen wie der amerikanischen Regierung für Klarheit in vielen Einzelpunkten gesorgt. Baker und Bush hatten mit den »Neun Zusicherungen« der UdSSR-Führung deutlich gemacht, daß auch im Westen niemand daran interessiert war, gegen sowjetische Interessen zu handeln. Sie hatten allerdings ebenso deutlich signalisiert, daß eine gesamtdeutsche NATO-Mitgliedschaft keinesfalls im Gegensatz zu den Sicherheitsinteressen Moskaus stehen mußte. Auf der anderen Seite hatten Gorbatschow und Schewardnadse ihren Gesprächspartnern zunächst indirekt, dann auch relativ offen zu verstehen gegeben, daß bei Veränderungen der NATO, Wirtschafts- und Finanzhilfen für die UdSSR und angemessenen Sicherheitsgarantien der Weg über die Betonung des Selbstbestimmungsrechtes für sie eine Möglichkeit bot, der gesamtdeutschen Mitgliedschaft im westlichen Bündnis doch noch zuzustimmen. Zuerst allerdings mußten hierfür seitens des Westens einige Vorleistungen erbracht werden, wie nicht zuletzt das Beharren Schewardnadses auf dem Handelsabkommen mit den USA gezeigt hatte. Die Kreml-Führung benötigte dringend vorzeigbare Erfolge des Kooperationskurses, um den innenpolitischen Kritikern beim bevorstehenden Parteitag der KPdSU konkrete Ergebnisse der reformorientierten Politik entgegenhalten zu können.

### Thatcher zeigt die Grenzen westlicher Kompromißbereitschaft

George Bush, James Baker und ihre Mitarbeiter hatten der sowjetischen Führung bis Ende Mai mehrfach aufgezeigt, wie weit der Verhandlungsspielraum des Westens für die anstehende Schlußrunde im »Zwei-plus-Vier«-Prozeß reichte. Daß es sich dabei nicht nur um die Meinung der amerikanischen Regierung handelte, hatten die parallelen Gespräche Schewardnadses mit Genscher deutlich gemacht. Spätestens beim Besuch der britischen Premierministerin Margaret Thatcher am 8. Juni in Moskau wurde aber endgültig klar, daß der Westen – trotz unterschiedlicher Auffassungen im Detail – bei Grundfragen nicht mehr auseinanderdividiert werden konnte.[73] Gleich zu Beginn ihrer Begegnung mit Michail Gorbatschow erklärte sie, die NATO sei immer ein Verteidigungsbündnis gewesen, zu dessen Kernbestand auch Kernwaffen gehörten. Ronald Reagan habe zwar gemeint, daß diese langfristig vollkommen beseitigt werden könnten, doch sei George Bush hier ihrer Meinung: Mit dem Faktor der atomaren Abschreckung könne man unbesonnene Politiker an der Aufnahme umfangreicher Kriegshandlungen stoppen. Sie sei deshalb dafür, daß ganz Deutschland in die NATO integriert würde und daß amerikanische Truppen auf deutschem Boden stationiert blieben. Zugleich machte sie keinen Hehl daraus, daß die deutsche Vereinigung bei ihr Befürchtungen auslöse, was sie – anders als Mitterrand, mit dem sie sich hierüber ausgetauscht habe – offen sage. Auch sie sei der Ansicht, daß bei der Vereinigung eine lange Übergangsperiode notwendig sei, und habe hierfür von den Medien in Frankreich, den USA und der Bundesrepublik viel Kritik erfahren. Durch die Entscheidung für einen Beitritt der DDR nach Artikel 23 des Grundgesetzes sei aber klar, daß es diese Übergangsperiode nicht geben könne. Ganz Europa beobachte diesen Prozeß nicht ohne Angst, »wohl wissend, wer die beiden Weltkriege begonnen hat. Die Aufgabe besteht nun darin, die Möglichkeit auszuschließen, daß erneut von deutschem Boden ein Konflikt ausgeht.« Amerikanische Truppen – und deren taktische Atomwaffen – in Deutschland seien dabei ein Sicherheitsfaktor für alle, auch für die UdSSR. Da Gorbatschow zuvor bereits gewarnt hatte, daß es keine »ungleiche Sicherheit« geben könne, bei der ein Partner verunsichert sei, Verdacht schöpfe und seine Sicherheit eingeschränkt sehe, wies sie auf ihre »Vorverhandlungen« hin. Mit James Baker habe sie beispielsweise darüber geredet, die gesamtdeutschen Streitkräfte – im Rahmen der Wiener KSE-Verhandlungen – auf deutlich unter 400 000 Mann zu begrenzen. Die von Gorbatschow vorgeschlagene gemeinsame Erklärung von NATO und Warschauer Pakt müsse dringend angegangen werden. Bei den Veränderungen der KSZE sprach Thatcher sich dafür aus, daß die Außenminister sich zweimal pro Jahr treffen könnten. Im wirtschaftlichen Bereich lockte die Premierministerin mit der Aussicht auf intensivere Beziehungen zwischen der UdSSR und den EG-Staaten.

Die Reaktionen des sowjetischen Präsidenten waren Beleg dafür, daß im Kreml noch immer keine endgültige Entscheidung in der Bündnisfrage gefallen war, man aber an einer Lösung, »die allen paßt«, arbeitete. Dabei sei es egal, von wem der Vorschlag letztlich stamme, ob »von Thatcher, Bush, Gorbatschow oder dem Papst«. Gorbatschow, der sich anerkennend über Lothar de Maizière, »seine Nüchternheit und seine Besorgnis um die strategische und politische Lage in Europa« äußerte, deutete Kritik an Helmut Kohl an, der unbedingt »Vater« der deutschen Vereinigung werden wolle. Es gebe dabei aber auch Realitäten zu beachten. So bestünden die Vier-Mächte-Rechte fort. Zu ihrer Aufhebung sei ein »Dokument über die endgültige Regelung« notwendig. Der sowjetische Präsident versicherte, »große Hoffnungen auf den bevorstehenden NATO-Gipfel in London« zu setzen. Zugleich müsse man sich Gedanken über Alternativen zur NATO-Mitgliedschaft eines vereinten Deutschlands machen. Wie bereits gegenüber George Bush in Washington benutzte er das Bild von den »zwei Ankern«, um für eine deutsche Mitgliedschaft in beiden Militärbündnissen zu werben. Zugleich wies er darauf hin, daß es doch viele andere Möglichkeiten einer NATO-Mitgliedschaft gebe: »Das französische Modell, das dänisch-norwegische Modell, das britische Modell.« Er kündigte an, daß die UdSSR beim nächsten »Zwei-plus-Vier«-Treffen ein »ausreichend schlüssiges Konzept« zur Klärung der äußeren Aspekte der Vereinigung vorlegen werde. Bevor nicht alle Fragen beantwortet seien, könne es kein souveränes Deutschland geben. Margaret Thatcher setzte dem das Beharren auf einer gesamtdeutschen NATO-Mitgliedschaft entgegen und betonte, wie stark Bush den Bundeskanzler unterstütze. Sie bezweifle allerdings, daß bis zum NATO-Gipfel im Juli konkrete Lösungsvorschläge für alle Fragen vorgelegt werden könnten. Auch sie sei ursprünglich für eine lange Übergangsperiode eingetreten, damit im westlichen Lager aber alleine dagestanden. Nun sei es wichtig, die endgültige Regelung nicht künstlich hinauszuzögern. Sie stimmte mit Gorbatschow darin überein, daß vor allem die Außenminister sich nun um Lösungskonzepte zu kümmern hätten. Ebenso wie in den amerikanisch-sowjetischen Kontakten war auch anläßlich Thatchers Besuch in Moskau deutlich geworden, daß
- im Kreml eine große Offenheit in der Bündnisfrage bestand, die es durch gezieltes Entgegenkommen des Westens zu nutzen galt;
- dem NATO-Gipfel dabei eine zentrale Rolle zukam, da Gorbatschow und seine Berater viel von der erwarteten Erklärung zum Verhältnis der beiden Bündnisse zueinander erhofften;
- es vor allem auf Gesten des guten Willens gegenüber der UdSSR-Führung ankam.

Alle Beteiligten setzten deshalb eine gewisse Hoffnung auf das bevorstehende »Zwei-plus-Vier«-Außenministertreffen in Ost-Berlin, bei dem eine Klärung der Standpunkte erreicht werden sollte, wenngleich die Gespräche auf Beamtenebene zuletzt nur wenig Bewegung gebracht hatten.

### Moskau zeigt ein weiteres Mal seine »Folterinstrumente«

Das zweite Außenministertreffen im »Zwei-plus-Vier«-Rahmen in Ost-Berlin brachte für die westlichen Vertreter ein Wechselbad der Gefühle.[74] Am Vormittag herrschte bei allen Beteiligten noch eitel Freude, als – einer Idee James Bakers folgend – in Anwesenheit der sechs Außenminister der alliierte Grenzübergang »Checkpoint Charlie« abgebaut wurde. Mit einem Kran wurde das überflüssig gewordene Kontrollgebäude angehoben und in einen Nebenhof versetzt. In eine andere Welt versetzt fühlten sich demgegenüber die fünf Kollegen Schewardnadses, als dieser erstmals ausführlich das Wort ergriff. Nachdem zuvor in großer Einmütigkeit die gemeinsame Resolution von Bundestag und Volkskammer zur deutsch-polnischen Grenze zur Kenntnis genommen und die Einladung Polens zur nächsten Verhandlungsrunde beschlossen worden waren[75], traf Genscher, Meckel, Hurd, Dumas und Baker »ein Guß mit kaltem Wasser«, als die sowjetische Delegation ihren Entwurf für die Ausgestaltung eines Abschlußdokuments verteilte. Unter Führung von Julij Kwizinskij hatten die sowjetischen Diplomaten erstmals alle ihre Vorstellungen zusammengetragen. Als ob die zahlreichen Gespräche von Schewardnadse mit Genscher und Baker im Mai und Juni nie stattgefunden hätten, zeigte der Entwurf in aller Deutlichkeit das konservative deutschlandpolitische Denken seiner führenden Mitarbeiter.[76]

Zu Beginn seiner ausführlichen Rede erinnerte Schewardnadse daran, daß an diesem Tag vor 49 Jahren der deutsche Überfall auf die Sowjetunion stattgefunden hatte. Dieses Ereignis habe bleibende »Narben in den Herzen und im Geist unserer Menschen« hinterlassen. Die auf Vereinbarungen der Kriegs- und Nachkriegsjahre basierende europäische Ordnung habe sich danach im Lauf der Jahre »immer mehr von den Realitäten des heutigen Europa« entfernt. Die Teilung Deutschlands war laut Schewardnadse »eine Widerspiegelung der Spaltung Europas und bestimmte in gewissem Maße auch deren Tiefe und Intensität«. Bei der Vorstellung des im Politbüro abgestimmten Vertragsentwurfs[77] ging der sowjetische Außenminister nicht auf alle Details – darunter die bereits mehrfach vorgebrachte Forderung nach Anerkennung aller besatzungsrechtlichen Maßnahmen vor 1949 und eine Verpflichtung Deutschlands zur Entschädigung von Zwangsarbeitern – ein, sondern konzentrierte sich auf die Hauptlinien seiner Argumentation. Auch der in der Vergangenheit immer wieder geforderte Ausbau der KSZE tauchte nur am Rande auf. Statt dessen skizzierte Schewardnadse, wie seine Regierung sich den weiteren Verlauf der deutsch-deutschen Vereinigung vorstellte. Das Papier, dessen zentrale Punkte in allen internen Analysen des Bundeskanzleramtes und des Auswärtigen Amtes als nicht akzeptabel bezeichnet wurden, sah vor, daß die »Grundprinzipien für eine abschließende völkerrechtliche Regelung« in einem Vertrag niedergelegt werden sollten.[78] Darin sollten Bedingungen formuliert werden, deren Verwirklichung wiederum Voraussetzung für einen zweiten Vertrag sein sollte. Dieses als »Schlußdokument« beziehungsweise »abschließende völkerrechtliche Regelung« bezeichnete Papier sollte bei einer Überprüfungskonferenz erarbeitet werden, die 21 Monate nach der gesamtdeutschen Regierungsbildung und Parlamentskonstituierung zusammentreten würde. Nach einer mindestens fünfjährigen Übergangsperiode sollten mit einem Schlußprotokoll die Vier-Mächte-Rechte und -Verantwortlichkeiten abgelöst werden.

Nach dieser Übergangsphase sollte das vereinte Deutschland das Recht erhalten, selbst über die weitere Bündniszugehörigkeit zu entscheiden. Auch die übrigen sicherheitspolitischen Gedanken des UdSSR-Papiers entsprachen nicht den Vorstellungen der Bundesregierung und ihrer westlichen Partner. So sollten für fünf Jahre sowjetische Truppen zu den noch von der DDR ausgehandelten Bedingungen in Ostdeutschland stationiert bleiben. Neben dem von der Bundesregierung und der neuen DDR-Regierung bereits angebotenen Verzicht Deutschlands auf ABC-Waffen sollten auch andere Staaten derartige Waffen nicht auf deutschem Boden stationieren dürfen. Die Truppen aller Vier Mächte sollten während der Übergangszeit halbiert und danach vollständig beziehungsweise bis auf symbolische Kontingente abgezogen werden. Bereits bis zum Jahresende sollten alle Einheiten der Vier Mächte aus Berlin abgezogen werden. Deutsche Truppen – die innerhalb von drei Jahren auf 200 000 bis 250 000 Mann zu reduzieren waren – konnten nach dem Entwurf nur in bestimmten Bereichen der vereinigten Bundesrepublik stationiert werden, so daß in der Mitte Deutschlands eine entmilitarisierte Zone entstanden wäre. Die NATO-Mitgliedschaft eines vereinten Deutschlands wurde von Moskau weiterhin abgelehnt. Statt dessen enthielt das in Ost-Berlin vorgelegte Konzept wieder die Idee einer Mitgliedschaft in beiden Bündnissen – eine Überlegung, die Schewardnadse selbst 14 Tage zuvor gegenüber Markus Meckel als überholt bezeichnet hatte.[79]

Diese Grundzüge der sowjetischen Vorschläge zeigten, daß Schewardnadse sich weit hinter jene Linie zurückgezogen hatte, die der Westen in den vorangegangenen Gesprächen mit Gorbatschow und dem sowjetischen Außenminister erreicht zu haben glaubte. Außer dem grundsätzlichen Einverständnis zur Vereinigung – wie es Anfang Februar vom sowjetischen Präsidenten formuliert worden war – und der Bereitschaft, das Abschlußdokument nicht mehr »Friedensvertrag« zu nennen, waren gegenüber Jahresanfang 1990 keinerlei fundamentale Veränderungen sichtbar. Alle früheren Beteuerungen, das zu vereinigende Deutschland solle weder singularisiert noch diskriminiert werden und so schnell wie möglich sein Selbstbestimmungsrecht ausüben können, schienen obsolet geworden zu sein. Was blieb, war das Bekenntnis, die äußeren Aspekte bis zum KSZE-Gipfel im Herbst klären zu wollen, wofür statt der gelegentlichen Treffen auch ununterbrochene Verhandlungen angeboten wurden.

Die anderen Außenminister mußten nach Schewardnadses Rede und der Lektüre der verteilten Texte improvisieren. »So much for German sovereignty« erwiderte James Baker sarkastisch, bevor er sich an seine ausführliche Erwiderung machte. Zuvor hatte Douglas Hurd, dem die undankbare Rolle der ersten Reaktion auf den sowjetischen Vorstoß zugefallen war, bereits die Grundlinie der westlichen Antworten deutlich gemacht. Ebenso wie später den Beamten im Kanzleramt und im Auswärtigen Amt war ihm, Baker, Dumas und Genscher sofort klar, daß die Rede Schewardnadses vor allem als Ansprache an die sowjetische Innenpolitik bewertet werden mußte. Wenige Tage vor dem 28. Parteitag der KPdSU konnte Schewardnadse wie erwartet keinerlei Entgegenkommen signalisieren. »Schaumschlägerei« hatte Genscher bereits während der Rede auf einen Zettel Bakers mit der Frage, was das alles wohl zu bedeuten habe, geschrieben.[80] Die westlichen Außenminister beschränkten sich in ihren Reaktionen deshalb auf Schadensbegrenzung und das Aufzeigen von Perspektiven. So wurde die UdSSR mehrfach darauf aufmerksam gemacht, daß der bevorstehende NATO-Gipfel die von ihr gewünschten Veränderungen im Verhältnis der beiden Blöcke zueinander bringen könne. Durchgängig lehnten sie eine Gleichsetzung von in Deutschland stationierten Truppen der UdSSR mit denen der NATO ab und kritisierten die an fast allen Punkten drohende Singularisierung Deutschlands. Hurd, Baker, Genscher und Dumas betonten zudem, daß mit der Vereinigung Deutschlands dessen vollständige Souveränität hergestellt werden müsse. Zugleich vermieden sie jeglichen Konfrontationskurs, mit dem Schewardnadse in die Enge getrieben worden wäre, und betonten die trotz aller Differenzen doch vorhandenen Gemeinsamkeiten zwischen dem sowjetischen Entwurf und einem von Frankreich vorgelegten Papier. Diese Gemeinsamkeiten, so Baker, sollten die Experten herausarbeiten.

Beim anschließenden Mittagessen stellte Genscher den sowjetischen Außenminister zur Rede.[81] Ebenso wie Baker bei einem abendlichen Treffen mit Schewardnadse wurden ihm dabei vor allem zwei Punkte bewußt:
1. Die sowjetische Führung konnte und wollte ihre Haltung aus innenpolitischen Gründen nicht vor dem 28. Parteitag der KPdSU ändern, da die zahlreichen Kritiker ihrer Politik andernfalls noch mehr Munition für die Angriffe gegen den Reformflügel unter Gorbatschow erhalten hätten.
2. Moskau wartete gebannt auf die Ergebnisse des NATO-Gipfels von London. Schewardnadse und seine Mitarbeiter machten klar, daß sehr viel von diesem Ereignis abhing, das zeitgleich zum Parteitag stattfinden würde und einen Weg aufzeigen sollte, auf dem die UdSSR eventuell doch noch einer gesamtdeutschen NATO-Mitgliedschaft zustimmen konnte.

Ohne es explizit auszusprechen, gaben Schewardnadse und seine Vertrauten den westlichen Außenministern zu verstehen, daß der harsche Auftritt in Ost-Berlin vor allem für das heimische Publikum gedacht war. Auch auf der Pressekonferenz deutete der sowjetische Außenminister an, daß der vorgelegte Entwurf keinesfalls das letzte Wort Moskaus zur deutschen Frage war. Zudem versicherte er, daß die »Zwei-plus-Vier«-Gespräche bis zur KSZE-Konferenz im Herbst so weit abgeschlossen werden sollten, daß »alle Aspekte der deutschen Einheit« gelöst seien.

Die dadurch erzielte Beruhigung von Genscher, Baker, Dumas und Hurd wurde durch einen parallelen Vorstoß Meckels allerdings wieder relativiert. Die Beteiligten sollten »erst dann vom ›Zwei-plus-Vier‹-Tisch aufstehen, wenn wirklich solides Einvernehmen über Grundsätze und Fahrplan einer Sicherheitsorganisation für ganz Europa erreicht ist«, forderte der DDR-Außenminister zu Beginn der Nachmittagsrunde in Schloß Niederschönhausen. Anders als von den westlichen Delegationen gewünscht, wollte auch Meckel eine Vielzahl von Regelungen innerhalb des »Zwei-plus-Vier«-Rahmens. Unter anderem forderte er

- den Verzicht Deutschlands auf Herstellung, Besitz, Weitergabe und Stationierung von ABC-Waffen;
- die Halbierung der aus NVA und Bundeswehr bestehenden deutschen Streitkräfte;
- eine Sonderregelung für das heutige DDR-Gebiet entsprechend dem Genscher-Plan vom Februar 1990;
- eine nicht näher erläuterte Deklaration der Mitgliedstaaten von Warschauer Pakt und NATO.

Eine Übergangsperiode bezeichnete Meckel – anders als noch am 5. Mai in Bonn – als »erträglich, wenn klar ist, wie lange sie dauert und wodurch sie abgelöst wird«. Mit all diesen Vorschlägen lag er, so eine Bewertung im Bundeskanzleramt, »den sowjetischen Positionen näher als den unsrigen«. Meckel riskierte damit, was schließlich auch eintrat: Die westlichen Minister gingen in ihren weiteren Beiträgen nicht auf seine Standpunkte ein.[82] Statt dessen kam es dazu, daß die Minister die auf Beamtenebene erstellte »vorläufige Gliederung für Elemente einer abschließenden Regelung« billigten und ihren Politischen Direktoren den Auftrag gaben, die Diskussion intensiv fortzusetzen. Die Liste sollte um solche Punkte, bei denen Konsens herrsche, erweitert werden. In einer weiteren Aufstellung sollten die umstrittenen Elemente versammelt werden. Bei ihrem Treffen in Paris würden die Minister sich dann dieser Vorlagen annehmen. Wie erwartet, hatte das Treffen in Ost-Berlin den »Zwei-plus-Vier«-Gesprächen nicht zum Durchbruch verholfen. In der internen Analyse war man im Kanzleramt wie im Auswärtigen Amt dennoch zufrieden.[83] Der sowjetische Vertragsentwurf war durch Schewardnadses Erläuterungen in seiner Dramatik eindeutig relativiert worden. Das Papier wurde deshalb zwar sorgfältig ausgewertet, hektische Reaktionen unterblieben jedoch. Auf der anderen Seite hatte der Konferenzverlauf allen Beteiligten auch neue Erkenntnisse gebracht beziehungsweise vorhandene Einsichten verstärkt:

- Daß Schewardnadse trotz seiner zuletzt entgegenkommenden Haltung ein letztes Mal die deutschlandpolitischen »Folterinstrumente« gezeigt hatte, war Beweis dafür, daß sein Reformkurs in der sowjetischen Führung – und vor allem in der Administration – keinesfalls mehrheitsfähig war.

- In Moskau war die Entscheidung über die gesamtdeutsche Bündniszugehörigkeit immer noch nicht gefallen. Zum einen konnte kein sowjetischer Politiker vor dem 28. Parteitag der KPdSU ein mögliches Nachgeben öffentlich auch nur andeuten, zum anderen wurde vom NATO-Gipfel eine innenpolitisch verwertbare Geste des westlichen Bündnisses erwartet.
- Die vier westlichen Außenminister konnten aus Schewardnadses Hinweisen auf die Bedeutung des Londoner Gipfels die Erkenntnis mitnehmen, daß nur ein mutiger Schritt nach vorne die Rahmenbedingungen für eine NATO-Mitgliedschaft des vereinigten Deutschlands schaffen konnte. Das von den NATO-Außenministern gesetzte »Signal von Turnberry« genügte zur Beruhigung der UdSSR nicht.[84]
- Jede neue Druckkulisse gegenüber der sowjetischen Führung konnte lediglich die Situation verschärfen. Für den Augenblick galt es abzuwarten, bis Gorbatschow und Schewardnadse sich gegenüber ihren innenpolitischen Gegnern so fest positionieren konnten, daß ihnen das bereits angedeutete Einlenken in der Bündnisfrage möglich wurde.
- Alle seit Anfang Mai lancierten »großen Entwürfe« – vom Entkoppelungsvorschlag über die Übergangsperiode bis hin zur großen KSZE-Reform – hatten keine Bewegung in die Fronten gebracht. Kleine Erfolge wurden statt dessen im bilateralen Entgegenkommen auf wirtschaftlichem und sicherheitspolitischem Gebiet durch die Bundesregierung beziehungsweise die US-Führung erreicht.
- Das westliche Lager war geschlossener denn je. Das Beharren darauf, daß Deutschland nicht singularisiert werden und zeitgleich mit der Vereinigung seine Souveränität erhalten sollte, war eine Linie, die Douglas Hurd ebenso wie Roland Dumas offensiv vertrat. Die Chancen der UdSSR, im Westen Verbündete für ihre Obstruktionspolitik zu finden, waren mittlerweile minimal geworden.
- Die DDR-Seite wurde von den anderen »Zwei-plus-Vier«-Teilnehmern als Verhandlungspartner offensichtlich nicht mehr ernst genommen. Auch Eduard Schewardnadse lehnte trotz vieler Parallelen zwischen dem sowjetischen Vertragsentwurf und ostdeutschen Konzeptionen einen Schulterschluß ab.

In dieser Gesamtlage kam es nun darauf an, daß einerseits die Staats- und Regierungschefs der NATO sich zu einer ernsthaften Geste des Entgegenkommens gegenüber der UdSSR entschlossen, während andererseits Gorbatschow und seine Reformer zunächst einmal den bevorstehenden Parteitag der KPdSU überstehen mußten. Vorher, soviel schien sicher, würde es in der deutschen Frage keine substantielle Bewegung geben.

# DIE GRÖSSTEN HÜRDEN

Je konkreter die Vereinigungsbemühungen im Frühjahr 1990 wurden, desto deutlicher kristallisierten sich zwei zentrale Punkte heraus, ohne deren Klärung die deutsche Einheit nicht erreichbar war:
1. Wie konnte die Frage der Grenze zwischen Polen und einem vereinten Deutschland geregelt werden? Die Forderung nach einer endgültigen Grenzgarantie noch vor der Vereinigung stand der Rechtsauffassung gegenüber, die das Thema zum einen von einem Friedensvertrag abhängig machte sowie zum anderen einem gesamtdeutschen Souverän zuschrieb.
2. Wie konnte die sowjetische Zustimmung zu einer gesamtdeutschen NATO-Mitgliedschaft erreicht werden? Während die Sowjetunion eine Stärkung und Erweiterung des atlantischen Verteidigungsbündnisses ablehnte, wünschten die Bundesregierung und ihre westlichen Verbündeten ebenso wie die neue DDR-Regierung und deren östliche Nachbarn die feste Einbindung eines vereinten Deutschlands in den Westen.

Vor allem diese beiden Themen bestimmten die öffentliche Wahrnehmung der Verhandlungen über die internationalen Aspekte der Vereinigung, da sie – anders als viele der sonstigen Punkte auf der »Zwei-plus-Vier«-Tagesordnung – emotional aufgeladen waren und sich für eine parteipolitische Polarisierung anboten.

## Disput um die polnische Westgrenze

Die internationale und innenpolitische Diskussion um die Frage der polnischen Westgrenze hatte einen Höhepunkt erreicht, nachdem Helmut Kohl am 28. November 1989 sein Zehn-Punkte-Programm vorgestellt hatte. Von verschiedenen Seiten wurde das Fehlen eines »elften Punktes« kritisiert, in dem die Oder-Neiße-Linie als endgültige Grenze zwischen Deutschland und Polen anerkannt wurde.[1] Die allgemeine Debatte schlug schnell in eine konkrete Auseinandersetzung darüber um, wie die Grenzfrage im Rahmen der Vereinigungspolitik endgültig geklärt werden sollte. Heftig prallten von Anfang an unterschiedliche Auffassungen aufeinander, wobei die Konfliktlinien nicht nur zwischen der Bundesregierung und der polnischen Führung, sondern auch innerhalb der Bonner Regierungskoalition verliefen.

Die seit Sommer 1989 gültige Deutschlandpolitik der neuen polnischen Regierung unter Ministerpräsident Tadeusz Mazowiecki erkannte das deutsche

Recht auf Selbstbestimmung – und damit auf Wiedervereinigung – an.² Gleichzeitig pochte man jedoch auf eine ausreichende Garantie der Oder-Neiße-Grenze. Noch vor einer Vereinigung sollte die Grenzfrage verbindlich für ein vereintes Deutschland festgelegt werden. Die davon abweichende Haltung Helmut Kohls wurde in Warschau deshalb mit Verstimmung registriert. Dieser betonte stets, als Bundeskanzler nur für die Bundesrepublik Deutschland sprechen zu können. Er bestand folglich auf der Linie der Bundesregierung und beharrte auf bestimmten Rechtspositionen, wie dem Friedensvertragsvorbehalt, der in allen seinen Berichten zur Lage der Nation zu finden war. Eine endgültige Anerkennung der Westgrenze Polens könne erst durch einen gesamtdeutschen Souverän vorgenommen werden. Gleichzeitig hielt Kohl aber »an Buchstaben und Geist des Warschauer Vertrages« fest und schloß jede Infragestellung der Oder-Neiße-Linie aus.³ Die Grenzfrage war für ihn damit einerseits rechtlich offen, während er andererseits zwischen Rechtsstandpunkten und der praktischen Politik unterschied: Die völkerrechtlichen Grundlagen der Deutschlandpolitik, wie sie sich aus den einschlägigen Rechtsquellen ergaben (Grundgesetz, Deutschlandvertrag, Moskauer und Warschauer Vertrag, Vier-Mächte-Abkommen, Briefe zur deutschen Einheit, Entscheidungen des Bundesverfassungsgerichts), dürften nicht zur Disposition gestellt werden. Gleichzeitig sollten die Darlegung von Rechtspositionen und das Bemühen um eine Verständigung mit Polen nicht in einen künstlichen Gegensatz gebracht werden.⁴

Während innerhalb der CDU die Haltung ihres Vorsitzenden weitgehend geteilt wurde, bezog die FDP als Koalitionspartner der Union eine widersprechende Position. Die Liberalen betonten in der Ostpolitik vor allem die entspannungspolitische Dimension. Jeder Zweifel an der Endgültigkeit der Oder-Neiße-Linie als Westgrenze Polens war für sie nicht akzeptabel, wie beispielsweise eine Rede von Bundesaußenminister Genscher im September 1989 vor der UN-Generalversammlung deutlich machte.⁵ Darin betonte er, das polnische Volk solle wissen, daß es in sicheren Grenzen lebe, die von den Deutschen weder jetzt noch in der Zukunft durch Gebietsansprüche in Frage gestellt würden. Anders als Kohl verband Genscher diese Aussage nicht mit dem Friedensvertragsvorbehalt. Die FDP stand damit der oppositionellen SPD, die in ihrem Grundsatzprogramm vom 20. November 1989 die polnische Westgrenze als endgültig bezeichnet hatte, näher als ihrem Koalitionspartner CDU.⁶ Die CSU dagegen lehnte sogar die Bindungswirkung der Ostverträge insoweit ab, als ein gesamtdeutscher Souverän dadurch in seiner Entscheidungsfreiheit eingeschränkt würde. Unter der Voraussetzung, daß »die anderen zustimmen«, hielten die Christ-Sozialen an einer Wiedervereinigung Deutschlands in den Grenzen von 1937 fest.

In diesen unterschiedlichen Positionen war in zwei Richtungen Konfliktstoff angelegt: zum einen zwischen der Haltung des Bundeskanzlers und der polnischen Regierung, zum anderen innerhalb der Bundesrepublik zwischen der

Union einerseits sowie FDP, SPD und Grünen andererseits. Die Polenpolitik führte die Koalition 1990 an den Rand einer Koalitionskrise.

## Streit in der Koalition

Obwohl im Dezember 1989 vor allem Polen und Frankreich die endgültige Anerkennung der polnischen Westgrenze forderten, die SPD sowie die FDP ein klares Bekenntnis Kohls verlangten und sich sogar in den Reihen der Union eine wachsende Bereitschaft zu einer weitergehenden Erklärung zur Oder-Neiße-Linie abzeichnete[7], sah der Bundeskanzler – trotz anderslautender Ratschläge von Mitarbeitern im Kanzleramt[8] – keinen über das Wiederholen von Rechtspositionen hinausgehenden Handlungsbedarf. Dies zeigte sich auch in der Auseinandersetzung um eine Initiative von Bundestagspräsidentin Rita Süssmuth von Ende Dezember 1989.[9] In einem Zeitungsinterview regte sie eine klare gemeinsame Willenserklärung der beiden deutschen Staaten über die Anerkennung der polnischen Westgrenze an. Der Vorschlag stieß im Bundeskanzleramt auf große Zurückhaltung. Regierungssprecher Vogel stellte mit ironischem Unterton klar, daß eine derartige Willensbekundung nicht die dringendste Sorge sei. Vielmehr stünden die freien Wahlen in der DDR im Vordergrund. Selbst wenn danach eine neue Regierung in der DDR im Amt sei, sei noch kein »gesamtdeutscher Souverän, der eine bindende Erklärung abgeben könnte«, zu erkennen. Auch Helmut Kohl widersprach der Bundestagspräsidentin. Ihr Vorschlag sei zum jetzigen Zeitpunkt nicht akzeptabel. Er erinnerte an die Entschließung des Bundestages vom 8. November 1989 zur polnischen Westgrenze und an die Gültigkeit des Warschauer Vertrages.[10]

Während Rita Süssmuth in ihrer Neujahrsansprache die gemeinsame Willenserklärung nicht mehr erwähnte, griffen nicht nur die beiden Oppositionsparteien, sondern auch die FDP ihre Äußerungen auf. Anläßlich ihres Dreikönigstreffens in Stuttgart beschäftigten sich die Liberalen intensiv mit den deutsch-polnischen Beziehungen und der Oder-Neiße-Grenze. Genscher warnte, »wer die deutsche Haltung zur polnischen Westgrenze offenhalten will, der schlägt das Tor zur deutschen Einheit zu«[11]. Weiter hob er in Anlehnung an den Süssmuth-Vorschlag hervor: »Nichts, auch keine Verfassungsbestimmung, hindert uns daran, schon jetzt zu sagen, daß wir Deutschen, alle Deutschen, die in der Bundesrepublik und die in der DDR, weder jetzt noch in Zukunft, weder getrennt noch geeint, die polnische Westgrenze in Frage stellen werden.«

Eine für Kohl brisante Situation drohte zu entstehen, als die SPD für die Bundestagssitzung vom 18. Januar 1990 einen Antrag in den Bundestag einbrachte, der den Vorschlag Rita Süssmuths aufgriff.[12] Demnach sollten nach den freien Wahlen in der DDR nicht nur die beiden deutschen Regierungen, sondern auch die beiden deutschen Parlamente eine gemeinsame Erklärung zur Endgültigkeit der polnischen Westgrenze abgeben, ohne dies mit einem Friedensvertragsvorbehalt zu verknüpfen. Kohls Position drohte überstimmt zu werden, zumal der Antrag sich weitgehend auf Zitate des Bundesaußenministers stützte – und kaum zu erwarten war, daß die FDP gegen die Meinung Genschers stimmen würde. Nur durch einen Geschäftsordnungstrick gelang es, eine Abstimmung im Bundestag dazu zu verhindern: Die SPD hatte geplant, ihren Antrag als Initiativantrag zu einer von Kohl vorgesehenen Regierungserklärung zu stellen. Über diesen Antrag hätte dann im Plenum abgestimmt werden müssen. Kohl änderte jedoch – nach der Geschäftsordnung des Bundestages zulässig – den amtlichen Titel seiner Rede in einen »Bericht der Bundesregierung« um, wodurch der SPD-Antrag in die Ausschüsse verwiesen werden konnte. Der Bericht der Bundesregierung wurde dann von Kanzleramtsminister Seiters abgegeben.

### Erste Zugeständnisse

Parallel zu diesen Entwicklungen war gleichwohl ab Januar 1990 eine Flexibilisierung von Kohls Haltung zu beobachten. So sprach Kohl die Grenzfrage bei seinem Treffen mit dem französischen Staatspräsidenten François Mitterand am 4. Januar in Latché offensiv an. Die Kontroverse sei ein »künstlich erzeugtes innenpolitisches Problem«[13]. Wenige Tage später bekräftigte Kohl vor der Bundespressekonferenz zwar noch einmal seine bisherige Position, verwies aber auch auf die Äußerungen des Präsidenten des Bundesverfassungsgerichts, Roman Herzog[14], die in eine neue Richtung deuteten. Aufgrund der völkerrechtlichen Lage, so Herzog, sei das Deutsche Reich nicht untergegangen.[15] Gleichwohl gebe es keine Rechtsprechung, die eine Wiederherstellung Deutschlands in den Grenzen von 1937 fordere. Eine Vereinigung ohne die Einbeziehung von Gebieten östlich von Oder und Neiße verstoße auch keineswegs gegen den Wiedervereinigungsauftrag des Grundgesetzes. Zudem sei für eine endgültige Regelung der Grenzfrage nicht unbedingt ein Friedensvertrag notwendig. Vielmehr genüge ein vergleichbares Instrument. Mit diesen Hinweisen kam eine neue Nuance ins Spiel, da es bis dahin als verfassungsrechtlich unbestritten gegolten hatte, daß zur Regelung der Grenzfrage ein Friedensvertrag notwendig wäre. In eine ähnliche Richtung wie Herzog hatte zuvor bereits der polnische Außenminister Skubiszewski gewiesen: Eine endgültige Klärung der Grenzfrage sei auch im Rahmen einer allgemeinen Friedensregelung durch eine Reihe von bilateralen und internationalen Verträgen möglich.

Seine bis dahin weitestgehende Erklärung zur polnischen Westgrenze gab Kohl bei einer Rede am 17. Januar 1990 in Paris ab.[16] Darin unterschied er noch einmal klar zwischen der rechtlichen und politischen Seite. Einerseits bekräftigte er die Gültigkeit des Warschauer Vertrages, in dem die Bundesrepublik die Unverletzlichkeit der bestehenden Grenzen hingenommen hatte. Gleichzeitig verwies er auf Artikel 7 des Deutschlandvertrages, in welchem die endgültige Festlegung der Grenzen Deutschlands bis zu einer friedensvertraglichen Regelung aufgeschoben wurde. Mit Blick auf die politische Dimension des Oder-Neiße-Problems sagte Kohl: »Eine andere Frage ist, wie die Deutschen, deren demokratischer Wille die Haltung einer künftigen gesamtdeutschen Regierung binden würde, in ihrer zweifellos überwältigenden Mehrheit hierüber denken. Die Deutschen – und hieran sollte niemand zweifeln – haben nicht die Absicht, im Europa von morgen eine Grenzdiskussion vom Zaun zu brechen, die die europäische Friedensordnung, die wir gemeinsam anstreben, gefährden müßte. Die Deutschen wollen eine dauerhafte Aussöhnung mit ihren polnischen Nachbarn, und dazu gehört auch, daß die Polen die Gewißheit haben müssen, in sicheren Grenzen zu leben.« Niemand wolle »die Frage der Einheit der Nation verbinden mit der Verschiebung bestehender Grenzen – Grenzen, die in einem künftigen Europa der Freiheit an Bedeutung verlieren werden.«

Kohl schwenkte damit zwar nicht auf Genschers Linie ein, doch erkannte die polnische Regierung die Geste und fand zunächst zu einem emotionsfreien Dialog mit Bonn zurück.[17] So bewertete der polnische Außenminister Skubiszewski die Rede bei seinem Bonn-Besuch im Februar durchaus positiv. In einem Vortrag vor der Deutschen Gesellschaft für Auswärtige Politik am 7. Februar 1990 stimmte er dem Bundeskanzler zu, daß es sich bei der Grenzdebatte um einen künstlichen Streit handle. Er würdigte die Pariser Rede des Kanzlers als »wichtige Ergänzung zu dem Zehn-Punkte-Programm«[18]. Im protokollierten Teil seines Gesprächs mit dem Bundeskanzler vom gleichen Tag[19] gingen dann weder Skubiszewski noch Kohl auf die Grenzfrage ein. Der polnische Außenminister versicherte, daß das Recht der Deutschen auf Selbstbestimmung – allerdings unter der Voraussetzung der Wahrung der Stabilität – nun verwirklicht werden solle. Er sei immer schon der Ansicht gewesen, daß die deutsche Teilung eine künstliche gewesen sei – auch zu Zeiten, als solche Überzeugungen in Polen noch nicht opportun gewesen seien. Eine Neutralisierung Deutschlands halte er ebenso wie Kohl für indiskutabel; einen deutschen Alleingang dürfe es nicht geben. Bezüglich einer Lösung in der Bündnisfrage sei er optimistisch. Was die deutsch-polnische Interessengemeinschaft – wie in der Gemeinsamen Erklärung vom November 1989 zum Ausdruck gebracht – angehe, so Skubiszewski weiter, bleibe die polnische Hand ausgestreckt – auch über die Vereinigung hinaus. Auch Staatspräsident Jaruzelski sah in den Aussagen des Bundeskanzlers vom 17. Januar einen Schritt nach vorn.[20] Vorsichtiger äußerte sich Ministerpräsident Mazowiecki in der ersten Sitzung des Sejm im Jahr 1990: Für ihn hänge die Lösung der deutschen Frage von Fortschritten im europäischen Einigungsprozeß ab. Die vorübergehende Entspannung im deutsch-polnischen Verhältnis wurde auch daraus ersichtlich, daß Skubiszewski in der Folgezeit wirtschaftliche Fragen in den Vordergrund schob.

Lob für die neuen Äußerungen Kohls kam aus der FDP.[21] So stellte Jürgen

Möllemann fest, daß Kohl alles getan habe, was er als CDU-Vorsitzender tun könne. Zuversichtlich blickte man nun bei den Liberalen auf die Umsetzung des Vorschlags ihres Fraktionsvorsitzenden, Mischnik, eine gemeinsame Resolution von Volkskammer und Bundestag über die Verwirklichung der Einheit bei gleichzeitiger Zerstreuung der Befürchtungen hinsichtlich der polnischen Westgrenze zu verabschieden. Dabei sollte sich jedoch schnell zeigen, daß die Beruhigung der Lage nur von kurzer Dauer war, bevor die internationale und innenpolitische Auseinandersetzung über das Verfahren zur endgültigen Bestätigung der polnischen Westgrenze erneut aufbrach.

*Polen am »Katzentisch«*

Die zweite Etappe der deutsch-polnischen und innerdeutschen Auseinandersetzungen begann, nachdem sich die beiden deutschen Staaten und die vier alliierten Mächte am Rande der »Open-Skies«-Konferenz in Ottawa vom 12. bis 14. Februar auf den »Zwei-plus-Vier«-Verhandlungsmechanismus zur Regelung der äußeren Aspekte der deutschen Einheit geeinigt hatten. Die »Zwei-plus-Vier«-Formel sorgte in Polen für einigen Wirbel. Tagelang war sie beherrschendes Thema der öffentlichen Debatten. Schließlich stand zu befürchten, daß damit ein Gremium geschaffen worden war, welches ohne Beteiligung Polens über dessen existentielle Interessen entscheiden konnte. In Warschau ging die Angst vor einem »zweiten Jalta«[22] um: »Nichts über Polen ohne Polen« wurde in der Folge Leitmotiv polnischer Politik.[23] Ziel der polnischen Regierung war es folglich, eine Beteiligung an den »Zwei-plus-Vier«-Verhandlungen durchzusetzen.[24] Außenminister Skubiszewski führte deshalb im Anschluß an die Konferenz in Ottawa Gespräche mit den Vier Mächten, deren Haltung uneinheitlich war. Die USA lehnten ebenso wie die Bundesrepublik eine Teilnahme Polens entschieden ab. Auch in London stieß Skubiszewski bei Außenminister Hurd nicht auf vorbehaltlose Unterstützung. Mazowiecki selbst telefonierte in diesen Tagen mit Gorbatschow, doch gab es keine Hinweise darauf, daß die Sowjetunion den polnischen Wunsch nach einer umfassenden Beteiligung an den »Zwei-plus-Vier«-Verhandlungen unterstützte.[25]

Selbst innerhalb der polnischen Regierung gab es unterschiedliche Vorstellungen zu den Modalitäten einer Teilnahme an der Sechserrunde.[26] So war insbesondere Mazowiecki zunächst an einer regulären, also voll- und gleichwertigen Teilnahme Polens gelegen, was eine Konstellation »Zwei-plus-Fünf« bedeutet hätte. Im Gegensatz zu dieser maximalistischen Forderung schienen Außenminister Skubiszewski und Staatspräsident Jaruzelski kompromißbereiter zu sein. Mazowiecki versuchte – ohne Erfolg – die beiden auf seine Linie zu bringen. Angesichts widerstreitender polnischer Äußerungen in der Öffentlichkeit sah sich Skubiszewski schließlich veranlaßt, in Bonn diskret klarstellen zu lassen, daß Polen bei den Sechsergesprächen keinen Status anstrebe, der dem der zwei deutschen Staaten beziehungsweise der Vier Mächte gleichkomme.[27] Allerdings, so gab der in Skubiszewskis Auftrag im Auswärtigen Amt und im Kanzleramt vorsprechende polnische Gesandte Jedrys am 21./22. Februar zu verstehen, sei die »Jalta-Formel« für Polen unter keinen Umständen akzeptabel. Deshalb wünsche es zumindest eine partielle Beteiligung an der Konferenz, und zwar dann, wenn Sicherheitsbelange, insbesondere aber die Frage der polnischen Westgrenze zur Debatte stünden. Für Polen sei es ferner von existentieller Bedeutung, nicht erst in der Schlußphase oder gar nach Abschluß der »Zwei-plus-Vier«-Verhandlungen eine vertragliche Garantie seiner Grenzen von den beiden deutschen Staaten zu erhalten, sondern so früh wie möglich. Polen sei bereit, am Entwurf eines solchen Vertrages mitzuarbeiten, der noch vor der Vereinigung Deutschlands paraphiert und danach unterzeichnet werden könne.

In der Öffentlichkeit wurde der Standpunkt der polnischen Regierung in zwei Verlautbarungen formuliert: zum einen in einer Pressekonferenz von Mazowiecki am 21. Februar, zum anderen in einer Rede von Skubiszewski am 22. Februar vor dem VI. deutsch-polnischen Forum in Posen.[28] Beide Politiker bewerteten die Perspektive der deutschen Einheit positiv, doch machte Mazowiecki deutlich, daß sich Polen kein politisches und rechtliches Vakuum leisten könne. Dahinter stand die Befürchtung, daß der Görlitzer Vertrag der DDR mit Polen über die Grenzfrage[29] und der Warschauer Vertrag nach der Vereinigung nicht mehr gelten würden. Deshalb müsse – so Mazowiecki – nach den freien Wahlen in der DDR zwischen den beiden deutschen Staaten und Polen ein Friedensvertrag mit einer endgültigen Regelung der Grenzfrage ausgehandelt und noch vor der Vereinigung paraphiert werden. Nach Herstellung der deutschen Einheit sollte der Vertrag unterzeichnet und ratifiziert werden. Wegen der notwendigen vertraglichen Regelung müsse aber Polen am »Zwei-plus-Vier«-Prozeß beteiligt werden, und zwar dann, wenn es um seine Sicherheitsbelange gehe. Auch Skubiszewski forderte öffentlich die Teilnahme Polens zu Sicherheitsfragen an den Gesprächen der Sechs. Bei der Grenzdiskussion sprach er aber nicht von einem Friedensvertrag, sondern lediglich von einer Friedensregelung, also einem Vertrag, der nur den Rang eines Friedensvertrages haben mußte. Mit den als »Mazowiecki-Plan« bezeichneten Äußerungen des polnischen Ministerpräsidenten lagen nunmehr drei Problemkreise auf dem Tisch:
1. die Teilnahme Polens auf der Sitzung der »Zwei-plus-Vier«-Verhandlungen zur Grenzfrage,
2. die darüber hinausgehende Teilnahme Polens bei der Diskussion von Sicherheitsfragen und schließlich
3. die Verhandlung und Paraphierung eines Grenzvertrages vor der Herstellung der deutschen Einheit mit anschließender Ratifizierung des Vertrages durch den gesamtdeutschen Souverän.[30]

Zentraler Punkt im Mazowiecki-Plan war die Paraphierung eines Grenzvertrages noch vor der Herstellung der deutschen Einheit. Hierüber und über die

Grenzfrage im allgemeinen kam es auch innerhalb der Bundesregierung und der Koalition wieder zu Auseinandersetzungen. Helmut Kohl lehnte den Vorschlag ab. Ein vor der Vereinigung paraphierter Vertrag könne, so seine Argumentation, im nachhinein in manchen Punkten in Frage gestellt werden und außerdem den Gegnern des Grenzvertrages einen rechtlichen Anhaltspunkt dafür geben, vor dem Bundesverfassungsgericht zu klagen. Kohl sah sich einen Tag später, am 23. Februar, dazu veranlaßt, persönlich gegenüber Mazowiecki die Lage zu schildern: »Sie haben eine schwierige innenpolitische Situation und ich auch. Und eigentlich gehört ja zu freundschaftlichen Beziehungen, daß man versucht, den anderen zu verstehen und sich gegenseitig zu helfen.«[31] Offensichtlich auf Weisung des Kanzleramtes verdeutlichte Regierungssprecher Vogel am selben Tag noch einmal die Linie der Bundesregierung, wonach die endgültige Regelung der Grenzfrage nur von einer gesamtdeutschen Regierung vorgenommen werden könne. Kohl versuchte augenscheinlich, den rechten Rand der Union zu binden, da dort wahlentscheidende Verluste drohten. Wahltaktik wurde immer mehr zum Kompaß für das politische Handeln. Genscher hingegen bewertete den Vorstoß Mazowieckis als »interessanten und ernst zu nehmenden Ansatz«. In einem Zeitungsgespräch forderte der Außenminister, sofort Gespräche mit Polen und den Vier Mächten aufzunehmen.[32]

Zugleich wuchs im Verlauf des Februar auch der internationale Druck auf Kohl, wobei vor allem Frankreich die polnische Position unterstützte. Mitterrand machte bei einem Treffen mit Kohl am 15. Februar deutlich, daß die Oder-Neiße-Linie derzeit die wichtigste Frage sei. Er kritisierte Kohl offen, indem er zwar die Position des Kanzlers als völkerrechtlich korrekt bestätigte, zugleich aber darauf hinwies, daß es politisch gut wäre, die Grenze noch einmal zu bekräftigen.[33] Bei seiner Rede in West-Berlin am 1. März 1990 forderte der französische Außenminister Dumas die unverzügliche, vertragliche Anerkennung der Grenze noch vor der Herstellung der Einheit. Und auch George Bush versicherte dem Bundeskanzler während seines Besuches in den Vereinigten Staaten am 24. und 25. Februar, daß eine klare Haltung in der Problematik der Westgrenze Polens die Einheit Deutschlands erleichtern würde, ohne daß der US-Präsident jedoch auf dieser Frage insistierte. Kohl wiederholte bei der anschließenden Pressekonferenz in Camp David dennoch nur seine bisherige Position, wonach »die Grenzfrage endgültig durch eine frei gewählte gesamtdeutsche Regierung und durch ein frei gewähltes gesamtdeutsches Parlament geregelt« würde[34].

Diese Aussagen verschärften den Streit innerhalb der Koalition noch einmal.[35] Der FDP-Vorsitzende, Otto Graf Lambsdorff, bedauerte, daß Kohl nicht genauso deutlich Stellung genommen habe wie Bush. Die außenpolitische Sprecherin der FDP, Hildegard Hamm-Brücher, meinte gar, daß das Thema nunmehr sogar »zur Koalitionsfrage« gemacht werden müsse. Demgegenüber warnte der CDU/CSU-Fraktionsvorsitzende Alfred Dregger vor »unbedachten Äußerungen« zur polnischen Westgrenze. Tags darauf versuchte die FDP-Spitze den Koalitionsstreit zu entschärfen. So nahm Lambsdorff seine Kritik am Bundeskanzler zurück und erklärte, daß die Liberalen die Äußerungen Kohls zur Westgrenze Polens »durchaus in Ordnung« fänden. Auch Genscher hielt öffentlich fest, daß diese Problematik nicht zur Koalitionsfrage werde. Andererseits betonte er jedoch seine Sympathie für den dritten Punkt des Mazowiecki-Plans und stellte sich damit wiederum in Gegensatz zum Kanzler.

Zu diesem internationalen und innenpolitischen Druck kamen zusehends kritische Stimmen aus Kohls eigener Partei hinzu[36], die schließlich einen Meinungswandel in der Frage einer gleichlautenden Erklärung von Bundestag und Volkskammer zur Anerkennung der Oder-Neiße-Linie bewirkten. In einer Kabinettssitzung am 28. Februar griff Kohl den Süssmuth-Vorschlag vom Dezember 1989 wieder auf und brachte sein Verständnis dafür zum Ausdruck, daß der Bundestag und eine demokratisch gewählte Volkskammer sich gemeinsam in dem Sinne zur Oder-Neiße-Grenze äußerten, wie es der Bundestag in seiner Erklärung vom 9. November getan habe.[37] Äußerungen des Sprechers des Auswärtigen Amtes, Chrobog, deuteten allerdings darauf hin, daß noch kein grundsätzliches Einvernehmen zwischen den Koalitionspartnern erzielt worden war. Chrobog unterstrich, daß im Kabinett keine Beschlüsse gefaßt worden seien, Außenminister Genscher betonte zudem noch einmal die große Bedeutung der Vorschläge von Ministerpräsident Mazowiecki. Kohl akzeptierte den Plan, einen Grenzvertrag noch vor der Vereinigung zu paraphieren, allerdings weiterhin nicht. Dies wurde von der Warschauer Regierung zwar bedauert, doch begrüßte sie insgesamt den Vorschlag einer gleichlautenden Erklärung.

### Eklat um deutsche Forderungen

Die Entspannung im bilateralen Verhältnis war wiederum nur vorübergehend. Die am 2. März bekanntgewordene Absicht Kohls, die gleichlautende Erklärung von Bundestag und Volkskammer mit einem polnischen Reparationsverzicht und der Frage der deutschen Minderheit in Polen zu verknüpfen, ließ die Wellen des internationalen und innerdeutschen Streits erneut hochschlagen. Regierungssprecher Vogel erläuterte das Ansinnen des Kanzlers, das – ohne das Auswärtige Amt zu konsultieren – im Gespräch mit wenigen Beratern im Kanzleramt entwickelt worden war[38]: Eine solche Erklärung sollte zugleich deutlich machen, »daß die Erklärung der polnischen Regierung vom 23. 8. 1953, die auf Reparationen gegenüber Deutschland verzichtet, unverändert fortgilt und daß die Rechte der Deutschen, wie sie von Bundeskanzler Kohl und Ministerpräsident Mazowiecki in der gemeinsamen Erklärung vom 14. 11. 1989 vereinbart sind, vertraglich geregelt werden«. Auf der Grundlage einer derartigen Entschließung sollte ein Vertrag zwischen der gesamtdeutschen Regierung und der polnischen Regierung geschlossen werden, der dann von einem gesamtdeutschen Parlament zu ratifizieren wäre.[39] Mit diesem Junktim wollte Kohl die endgültige Anerkennung der Westgrenze innenpolitisch – vor allem gegenüber den Vertriebenen – absichern.[40]

Sowohl in Polen als auch bei der SPD, den Grünen und der FDP löste diese Verknüpfung der Grenzfrage mit dem polnischen Reparationsverzicht und der Minderheitenfrage heftige Kritik aus. In diplomatischen Kreisen hieß es, die Äußerungen des Kanzlers hätten eine »verheerende Wirkung« gehabt, er sei in dieser Frage »absolut isoliert«[41]. Die polnische Regierungssprecherin äußerte sich entrüstet über Kohls Junktim und erklärte, Polen habe die Grenzfrage bisher nicht mit anderen Themen, zu denen etwa die Entschädigung für polnische Zwangsarbeiter zählen könnte, verbunden. Die Regierung könne aber ihre Meinung ändern.

Innerhalb der Koalition wurde die Grenzfrage nun zu einer echten Bedrohung für das Regierungsbündnis. Genscher ging am 4. März mit einem Interview, in dem er vor allem die nachteiligen Wirkungen der Aussagen Kohls auf das Vertrauen aller Europäer zu Deutschland betonte, auf Distanz zu seinem Koalitionspartner und Regierungschef.[42] Die Bundesregierung müsse »sehr klar sagen, was wir vereinigen wollen, nämlich die Bundesrepublik Deutschland, die DDR und das ganze Berlin. Und das bedeutet auch, daß wir Klarheit schaffen über die deutsche Ostgrenze«. Ebenfalls auf die Grenzfrage anspielend, sagte der Außenminister, um Vorbehalte abzubauen, müsse man »schon heute vor der Vereinigung vieles sagen«, und zwar »mit bindender Wirkung, was den Weg freimacht zur deutschen Einheit«. Genscher wollte in einem Gespräch den Bundeskanzler dazu bewegen, seinen Vorschlag zu korrigieren. Auch Otto Graf Lambsdorff und andere führende Liberale lehnten die Linie Kohls ab.

Trotz dieses negativen Echos lenkte Kohl, auch aus innenpolitischen Gründen[43], nicht ein. Auf einer Sitzung des CDU-Präsidiums am 5. März, das sich der Haltung des Kanzlers anschloß, bekräftigte er seine Position, während das FDP-Präsidium wiederum auf seiner Linie der Anerkennung der Oder-Neiße-Linie ohne Verknüpfung mit anderen Fragen beharrte. Die Liberalen übernahmen sogar den Vorschlag Mazowieckis, einen Grenzvertrag noch vor der Vereinigung zu paraphieren. Ein Gespräch unter vier Augen zwischen Kohl und Genscher endete, ohne daß eine Erklärung zur Sache abgegeben wurde; der CDU-Vorsitzende wurde anschließend mit den Worten zitiert: »Es wird in der Koalition sehr schwer.«[44]

Am 6. März fand man in einem Koalitionsgespräch doch noch zu einem Kompromiß, da keine der beiden Seiten bereit war, das Regierungsbündnis – ein dreiviertel Jahr vor der Bundestagswahl und die Chance der Vereinigung vor Augen – aufs Spiel zu setzen.[45] Obwohl sich die Spitzen von CDU/CSU und FDP auf eine Resolution einigen konnten, nach der die beiden deutschen Parlamente möglichst bald nach der Wahl in der DDR in gleichlautenden Erklärungen die Unverletzlichkeit der Oder-Neiße-Grenze garantieren sollten, war das Koalitionsgespräch von einer schweren Spannung zwischen dem Bundeskanzler und seinem Außenminister geprägt. Von der Presse wurde der gefundene Kompromiß als Erfolg Genschers gewertet.[46] Im gemeinsamen Antrag der Fraktionen von CDU/CSU und FDP hieß es, daß die beiden deutschen Parlamente nach den freien Wahlen in der DDR eine gleichlautende Erklärung abgeben sollten, die im Kern folgendes beinhaltete: »Das polnische Volk soll wissen, daß sein Recht, in sicheren Grenzen zu leben, von uns Deutschen weder jetzt noch in Zukunft durch Gebietsansprüche in Frage gestellt wird.« Damit wurde die Formulierung Genschers vom September 1989 übernommen. Im letzten Absatz des Antrages fand sich allerdings auch ein Hinweis auf Kohls Junktim: »Der Verzicht Polens auf Reparationen gegenüber Deutschland vom 23. August 1953 und die gemeinsame Erklärung von Ministerpräsident Mazowiecki und Bundeskanzler Helmut Kohl vom 14. November 1989 bleiben auch für das vereinte Deutschland gültig.«[47]

Während der Text des Entschließungsantrages bei den Bundestagsfraktionen der Koalition nahezu auf einhellige Zustimmung stieß, übte der Präsident des Bundes der Vertriebenen, Herbert Czaja, moderate Kritik. Eine solche Entschließung könne nicht einen förmlichen Vertrag mit Polen über die Rechte der deutschen Minderheit ersetzen. Der Antrag der Unions- und FDP-Fraktion wurde am 8. März nach einer vom Wahlkampf geprägten Debatte im Bundestag mit den Stimmen der Regierungsparteien verabschiedet. Ein Thema der Diskussion im Bundestag waren auch Interviewaussagen von Czaja, der im Fernsehen erklärt hatte, er sehe im Entschließungsantrag der Koalition nichts, »was absolut abzulehnen wäre. Es ist ja nur von einer sicheren Grenze Polens die Rede. Es ist aber nicht die Rede von der Grenze an der Oder und Neiße.«[48] Solche Äußerungen und Wahlerfolge der rechtsextremistischen »Republikaner« schürten die Nervosität Warschaus weiter.[49]

Obwohl angesichts der neuen koalitionspolitischen Situation auch Genscher den Mazowiecki-Plan nicht mehr öffentlich unterstützte, gab Polen sich nicht mit der Bundestagsresolution zufrieden und blieb bei seiner Haltung zur Grenzfrage.[50] So hielt Mazowiecki an einer Beteiligung Polens an den Sechsergesprächen und dem Abschluß eines Grenzvertrages vor Herstellung der deutschen Einheit fest. Bei einem Besuch von Wirtschaftsminister Haussmann in Warschau bezeichnete der polnische Ministerpräsident die Entschließung des Bundestages als »völlig unzureichend«. Seine Regierung verlange »Mitsprache« bei den Verhandlungen der beiden deutschen Regierungen mit den Siegermächten.

Unterstützung erhoffte Polen sich vor allem von Frankreich. Bei einem Besuch von Jaruzelski, Mazowiecki und Skubiszewski am 9. März in Paris zeigte sich allerdings, daß Übereinstimmung mit der Haltung des französischen Präsidenten nur in den Punkten vorhanden war, die nicht die Ablösung der Rechte der Siegermächte betrafen. Bei der Behandlung dieser Fragen wollten die Vier Mächte mit den beiden deutschen Staaten unter sich bleiben.[51] Mitterrand vertrat in der anschließenden Pressekonferenz die Auffassung, Polen sei nicht Mitglied der Sechs. Er sagte lediglich zu, daß Frankreich das Problem der polnischen Teilnahme insbesondere bei der Grenzfrage bei den ersten »Zwei-plus-Vier«-Treffen auf Beamtenebene auf die Tagesordnung setzen werde.[52] Andererseits stellte Mitterrand klar, daß für Frankreich die Oder-Neiße-Linie unantastbar sei und es den polnischen Wunsch unterstütze, die Grenze in einem »völkerrechtlichen Rechtsakt« festzulegen. Dieser sollte noch vor Herstellung der deutschen Einheit ausgehandelt und von den Vier Mächten garantiert werden. Von einer Paraphierung des Vertrages vor der Vereinigung war nicht die Rede. Mazowiecki dagegen blieb bei seinem Plan, daß »noch vor der Vereinigung ein Vertrag mit dem Rang und Wert eines Friedensvertrages paraphiert werden sollte, der also zwischen der deutschen und der polnischen Regierung unter Beteiligung der Vier Mächte geschlossen und die Westgrenze Polens und die Ostgrenze des künftigen geeinten Deutschlands endgültig billigen würde, und daß dieser deutsche Staat, dieser künftige gesamtdeutsche Staat, die Regierung dieses Staats und sein Parlament diesen Vertrag anschließend ratifizieren sollten«. Ebenso forderte er weiterhin die Teilnahme Polens an den »Zwei-plus-Vier«-Verhandlungen.[53]

Nach diesem französisch-polnischen Gipfel wurde bereits auf dem ersten »Zwei-plus-Vier«-Treffen auf Beamtenebene Einigkeit über die polnische Beteiligung an den Sechserrunden erzielt. Am 14. März erklärten die Politischen Direktoren der Außenministerien die Absicht, Polen zu den Verhandlungen über die Grenzfrage einzuladen. In einem Telefonat zwischen Kohl und Mitterrand am gleichen Tag hatte der Bundeskanzler dem französischen Präsidenten zugestimmt, daß Polen bei den Verhandlungen über die Grenze teilnehmen solle. Damit habe er nie Probleme gehabt.[54]

Die genaue Form der polnischen Teilnahme war damit allerdings noch nicht abschließend geklärt. So bestand Außenminister Skubiszewski darauf, während der polnischen Beteiligung an den Sechsergesprächen nicht nur über die Grenzproblematik zu reden.[55] Obwohl hinter den Kulissen bereits eine Flexibilisierung der polnischen Haltung zu erkennen war, beharrte Mazowiecki im Vorfeld seiner USA-Reise Mitte März weiter auf seinen Maximalforderungen. Wie schon zuvor in Paris hoffte er auch, die US-Administration als Garantiemacht für einen Grenzvertrag gewinnen zu können. Präsident Bush ging auf derartige Vorstöße am 21. März gegenüber Mazowiecki jedoch nicht ein.[56] Die Bundesregierung war mit dem Ergebnis des polnisch-amerikanischen Treffens denn auch sehr zufrieden, rückten die USA doch nicht von ihrer bisherigen Position zum »Zwei-plus-Vier«-Prozeß und der Grenzfrage ab. US-Präsident George Bush hielt sich statt dessen konsequent an die mit dem Bundeskanzler am Tag zuvor noch einmal telefonisch abgestimmte Linie[57]: Zur Grenzfrage werde man nur sagen, was bereits bei der Pressekonferenz in Camp David gesagt worden sei; nämlich daß man auf der Basis der Schlußakte von Helsinki formell die Grenzen in Europa inklusive der zwischen Deutschland und Polen bestehenden anerkenne. Was die polnische Beteiligung an »Zwei-plus-Vier« angehe, wolle man seine Bereitschaft zu ausgedehnten Gesprächen erklären, aber keine Erweiterung des »Zwei-plus-Vier«-Rahmens oder der dortigen Rolle Polens über das Vereinbarte hinaus billigen. Bush empfand es als positiv, daß Kohl anbot, die zentralen Passagen einer gemeinsamen Erklärung von Bundestag und Volkskammer vorab vertraulich mit Mazowiecki abzustimmen. Bei ihrem Treffen am 21. März gewann die amerikanische Seite den Eindruck, Polen sei sich nicht so recht im klaren, daß einige der für Polen sicherheitspolitisch relevanten Probleme – wie etwa die künftige Truppenstärke Deutschlands – gar nicht im »Zwei-plus-Vier«-Rahmen erörtert würden. Bei der anschließenden Pressekonferenz verteidigte Präsident Bush den Bundeskanzler. Dieser habe sich in den vergangenen Wochen und Monaten als großartiger Staatsmann erwiesen; Mißtrauen sei nicht angebracht.

*Pläne für die gemeinsame Parlamentserklärung*

Auch innerhalb der Bundesregierung wurde in dieser Zeit das weitere Vorgehen in der Grenzfrage beraten. Am 19. März fand dazu eine Unterredung zwischen Kohl, Seiters, Genscher und Stoltenberg statt. Vier Tage später, am 23. März, verständigte sich der Bundeskanzler mit seinem Außenminister darauf, daß nun in Abstimmung mit Ost-Berlin ein Text für die gleichlautende Entschließung von Bundestag und Volkskammer vorbereitet werden sollte. Die Bundesregierung würde die Resolution anschließend in einem Notenwechsel mit der polnischen Regierung bekräftigen. Genscher sah nun keine Notwendigkeit mehr, auf den Mazowiecki-Plan einzugehen.[58] Kohl bekräftigte diese Vorstellungen in einer Rede am 29. März 1990 in Cambridge[59]: »Die gleichlautende Erklärung beider Regierungen und Parlamente ist die politisch stärkste Form der Festlegung, die von den Deutschen vor der Vereinigung vorgenommen werden« könne.

Auch in Polen schien man Verständnis für diese Position aufzubringen: In seinem Glückwunschschreiben an Helmut Kohl anläßlich dessen sechzigstem Geburtstag betonte Mazowiecki am 3. April seine Hoffnung, daß die Vereinigung Deutschlands gute Voraussetzungen für eine dauerhafte Versöhnung des deutschen und des polnischen Volkes schaffen werde. Eine wichtige Grundlage hierfür werde der Vertrag zwischen Polen und dem vereinigten Deutschland zur Anerkennung der Oder-Neiße-Grenze darstellen. Die polnische Forderung nach einer noch vor der Vereinigung nötigen Paraphierung des Vertragswerkes erwähnte Mazowiecki – sehr zum Erstaunen des Kanzleramtes – nicht.[60] In seiner Antwort an den polnischen Ministerpräsidenten vom 4. April stellte der Kanzler folglich mit Befriedigung fest, »daß wir jetzt darin übereinstimmen, daß diese endgültige Regelung durch einen Vertrag zwischen dem vereinten Deutschland und der Republik Polen erfolgen wird«. Im weiteren erläuterte Kohl nochmals seinen Plan zu einer gleichlautenden Erklärung der beiden freigewählten deutschen Parlamente, die er wie bereits in Cambridge als stärkste mögliche politische Bindung bezeichnete, die man heute »für einen künftigen deutschen Souverän eingehen« könne. Gleichzeitig wiederholte Kohl aber auch seinen Wunsch, die in der Gemeinsamen Erklärung vom November 1989 enthaltene Regelung der Minderheitenrechte und den Verzicht auf Reparationen noch einmal zu bestätigen – ausdrücklich ohne dies mit der Grenzfrage verknüpfen zu wollen.

Auch dieser Vorschlag des Bundeskanzlers stellte die polnische Seite nicht vollständig zufrieden. Regierungssprecherin Niezabitowska erklärte, daß er zwar ein Schritt in die richtige Richtung sei, man in Warschau aber nicht verstehen könne, warum nicht bereits zum jetzigen Zeitpunkt ein Vertrag abgeschlossen werden könne.[61] Darüber hinaus erhob die polnische Regierung weitere Forderungen: So sollte etwa in die gesamtdeutsche Verfassung eine Grenzgarantie aufgenommen werden. Zudem ließ Mazowiecki einen Vorstoß bei der EG-Kommission in Brüssel starten, um zu verhindern, daß die Vereinigung über Artikel 23 Grundgesetz erfolgte. Offenbar befürchtete er, daß sich die deutschen Minderheiten in Polen auf diesen Grundgesetzartikel berufen könnten. Mazowieckies Forderungen lösten in Bonn Verwunderung, teilweise sogar Empörung aus.

Parallel zu diesen Auseinandersetzungen kam es im April zu einer vorsichtigen Neuorientierung der polnischen Deutschlandpolitik, die hauptsächlich der Initiative Skubiszewskis zuzuschreiben war. Vor allem die distanzierte Haltung der USA gegenüber den polnischen Forderungen hatte bei ihm ernüchternd gewirkt. Hinzu kamen seitens der DDR positive Signale in Richtung Polen: Die neu gewählte Volkskammer beschloß bereits am 12. April eine Erklärung, welche die Unantastbarkeit der Oder-Neiße-Grenze anerkannte und eine künftige gesamtdeutsche Regierung aufforderte, diese vertraglich zu bestätigen.[62] Zum Mißfallen Kohls war die Koalitionsvereinbarung der Regierung de Maizière sogar noch weiter gegangen, da darin sogar der Mazowiecki-Plan, dem der Kanzler so ablehnend gegenüberstand, befürwortet wurde.[63] Ein entsprechender Passus war auch für die Regierungserklärung von Ministerpräsident de Maizière vorgesehen, konnte nach Intervention Teltschiks aber vermieden werden. Lothar de Maizière legte sich in seiner Regierungserklärung danach nicht auf ein Verfahren zur Anerkennung der Westgrenze Polens fest. Der CDU-Politiker betonte aber die Unverzichtbarkeit einer völkerrechtlichen Anerkennung und forderte für die Zeit nach der Vereinigung die Streichung von Artikel 23 aus dem Grundgesetz. DDR-Außenminister Meckel, dessen erste Auslandsreise ihn am 23. April bewußt nach Warschau führte[64], kam der polnischen Regierung noch weiter entgegen. Er stimmte nicht nur dem Mazowiecki-Plan und der im Skubiszewski-Vorschlag enthaltenen Forderung zu, einen Grenzvertrag noch vor der Vereinigung zu paraphieren, sondern wollte sich auch dafür einsetzen, daß ein »Zwei-plus-Vier«-Ministertreffen in der polnischen Hauptstadt stattfand[65] – eine Forderung, die selbst Polen mittlerweile nicht mehr erhob.

Den Einschnitt in der polnischen Deutschlandpolitik markierte eine Rede Skubiszewskis vor dem polnischen Parlament am 26. April.[66] Bei ihm hatte sich die Erkenntnis durchgesetzt, daß der »Weg nach Europa« Priorität haben müsse, weil nur eine Einbindung innerhalb Westeuropas die wirtschaftliche und politische Stabilität des neuen Polen gewährleisten konnte. Der »Weg nach Europa« führe aber auch für Polen über Deutschland, so seine Überlegung. »Aufgabe der schrillen Töne, Verzicht auf symbolische Gesten in der Deutschlandpolitik und Entfaltung einer nüchternen Interessenpolitik, die sich am langfristigen Ziel einer Integration in Westeuropa orientierte, war daher das Gebot der Stunde. Die polnische Außenpolitik war an ihren Ausgangspunkt vom Herbst 1989 zurückgekehrt.« Dies bedeutete aber nicht, daß der Plan einer Paraphierung des Grenzvertrages vor der deutschen Vereinigung und der Teilnahme an den »Zwei-plus-Vier«-Verhandlungen aufgegeben wurde. Noch am selben Tag äußerte der polnische Gesandte Jedrys in Bonn gegenüber Hartmann, daß die polnische Öffentlichkeit eine klare und eindeutige Garantie der Oder-Neiße-Grenze haben wolle.[67] Hartmann hingegen erläuterte, daß er es für unangebracht halte, wenn Warschau nun einen förmlichen Vertragsentwurf einbringe und damit eventuell die anstehende Behandlung in den beiden deutschen Parlamenten durchkreuze. Auf die Frage Jedrys', was er statt dessen seiner Regierung raten solle, erwiderte Hartmann, Polen solle zumindest abwarten, wie die gleichlautende Erklärung von Bundestag und Volkskammer genau aussehe. Dann werde Polen erkennen können, daß man das Mögliche getan habe, um eine politische Klärung vor der Vereinigung zu erreichen. Er wolle dies nach Warschau weiterleiten, versicherte Jedrys, zeigte sich allerdings skeptisch, den Gang der Dinge noch stoppen zu können. Die Vorbereitung einer Note zum Vertragsentwurf sei bereits erfolgt und seine Regierung werde hiervon wohl nicht wieder abrücken.

Wie angekündigt, wurde den beiden deutschen Regierungen am 28. April und den Vier Mächten am 30. April ein vom polnischen Außenministerium erarbeiteter Entwurf für einen »Vertrag zwischen Polen und Deutschland über die Grundlagen ihrer Beziehungen« übermittelt.[68] Dieser beinhaltete unter anderem eine ausführliche Beschreibung des Grenzverlaufs – beschränkte sich also nicht nur auf die Bezugnahme auf bestehende Abkommen –, den Verzicht auf Gebietsansprüche jetzt und in Zukunft sowie die Verpflichtung zur Anpassung der innerdeutschen Gesetzgebung an diesen Vertrag. Der Entwurf griff den Begriff »peace settlement« auf, der im Potsdamer Abkommen für eine endgültige Regelung der Grenzfrage gebraucht worden war: So wurde die Grenze als »grundsätzlicher Bestandteil einer Friedensregelung in Europa« bezeichnet.

Entsprechend Skubiszewskis früheren Forderungen sollte der Vertrag noch vor der Vereinigung ausgehandelt werden. Allerdings sah die interne Bewertung im Kanzleramt ein gewisses Maß an Flexibilität der polnischen Haltung darin, daß die Forderung nach Paraphierung durch die beiden deutschen Unterhändler nicht ausdrücklich wiederholt wurde. Damit sei, so die Analyse im Kanzleramt, die Möglichkeit für einen gesichtswahrenden Kompromiß eröffnet, zumal wenn die angekündigten deutschen Parlamentserklärungen nun noch Formulierungsvorschläge der polnischen Seite aufgreifen würden – etwa aus der Präambel des Entwurfes. Für diese Interpretation spreche zudem, daß – anders als zuvor mehrfach angekündigt – kein ausführliches Memorandum zur polnischen Position übergeben worden sei. Neben der Grenzfrage wollte die polnische Seite – entgegen den Erklärungen des polnischen Ministerpräsidenten – aber noch andere Themen im Vertrag behandelt sehen. Dabei ging es zum einen um den weiteren Bestand von Verträgen der beiden deutschen Staaten bis zu ihrer möglichen einvernehmlichen Beendigung, also die Überführung von Verträgen, welche die DDR mit Polen abgeschlossen hatte. Zum anderen beinhaltete das Papier Grundsätze zur Gestaltung der künftigen Beziehungen wie der Verstärkung menschlicher Kontakte und der Kooperation in humanitären Angelegenheiten. Nicht enthalten waren Aussagen zu den Minderheitenrechten.

### Trilaterale Gespräche ohne Ergebnis

Der polnische Grenzvertragsentwurf und die Frage der Teilnahme Polens an den »Zwei-plus-Vier«-Verhandlungen standen dann auch im Mittelpunkt der trilateralen Expertentreffen, die am 3., 18. und 29. Mai 1990 stattfanden. Die Bundesrepublik hatte sich auf Initiative Großbritanniens beim ersten »Zwei-plus-Vier«-Beamtentreffen am 14. März bereit erklärt, solche Gespräche aufzunehmen.[69] Polen äußerte gleich beim ersten trilateralen Treffen die Erwartung, nicht nur zu den »Zwei-plus-Vier«-Beratungen über die Grenzfrage, sondern auch zu jenen über sonstige Sicherheitsfragen hinzugezogen zu werden.[70] Hierbei setze es auf die Unterstützung der beiden deutschen Staaten. Polen wolle kein »Spielverderber« sein, da es in der Vereinigung Deutschlands auch eine große Chance für sich selbst sehe. Skubiszewski habe bereits im Herbst 1989 das Recht der Deutschen auf Selbstbestimmung anerkannt, und man wolle die Absicherung polnischer Sicherheitsinteressen nicht gegen, sondern mit Deutschland erreichen. Außerdem wiederholte der polnische Vertreter überraschend die Forderung nach einem »Zwei-plus-Vier«-Treffen in Warschau. Insbesondere aus innenpolitischen Gründen sei dies für die polnische Regierung von großer Bedeutung. Von westdeutscher Seite wurde dem entgegengehalten, daß alle Gespräche über Deutschland auf deutschem Boden geführt werden sollten, was für die Beamtentreffen auch akzeptiert worden sei. Für die Außenministertreffen sei das Rotationsprinzip zwischen allen Teilnehmerstaaten anerkannt. Da Polen aber keinen vollberechtigten »Zwei-plus-Vier«-Teilnehmerstatus habe, sei ein Treffen in Warschau nicht realistisch. Auch die DDR-Seite schloß sich dieser Haltung an.[71]

Wenngleich die Delegation der Bundesrepublik nicht über den Grenzvertrag an sich sprechen wollte, so konnte sie doch nicht verhindern, daß letztlich der polnische Vertragsentwurf vom 27. April Gegenstand der Gespräche wurde.[72] Während die bundesdeutschen Vertreter ihre bekannten Einwände wiederholten und auf die feierliche Erklärung der beiden deutschen Parlamente verwiesen, erklärte Staatssekretär Misselwitz, daß die DDR grundsätzlich mit dem polnischen Entwurf einverstanden sei und eine gesamtdeutsche Regierung diesen bedingungslos unterzeichnen könne. Die DDR könne dabei sowohl mit dem von Außenminister Skubiszewski vorgeschlagenen Procedere als auch dem von der Bundesrepublik akzeptierten Verfahren leben. Die DDR-Delegation unterstützte die polnischen Forderungen und wollte gleichzeitig den westdeutschen Bedenken durch eine Aufsplittung des Vertrages in einen Grenzvertrag und einen zusätzlichen Vertrag entgegenkommen.

Zwischen Polen und der Bundesrepublik kam es demgegenüber zu keiner substantiellen Annäherung. Die westdeutschen Vertreter signalisierten lediglich Bereitschaft zu einer Abstimmung des Wortlauts der gleichlautenden Erklärung der beiden deutschen Parlamente. Der später zu dieser ersten Sitzung dazugestoßene Außenminister Skubiszewski erläuterte daraufhin, daß Grenzvertrag und Parlamentsentschließungen zwei grundsätzlich verschiedene Dinge seien, auch wenn die Entschließungen durch die von der deutschen Seite angekündigte Notifizierung durchaus einen verbindlicheren Stellenwert erhielten. Wichtig sei, so Skubiszewski, daß der Text des Vertrages vor der Vereinigung vorliege. Dabei seien die Entschließungen zwar hilfreich, doch sagten sie noch nichts über das weitere Verfahren aus. Auf die Frage, ob Polen sich auch ein anderes Verfahren als die Paraphierung vor der Vereinigung vorstellen könne, signalisierte Skubiszewski eine gewisse Flexibilität, entgegnete aber auch, daß die Notifizierung kein Ersatz für die Paraphierung sei.

Das zweite Treffen zu den trilateralen Verhandlungen fand am 18. Mai in Bonn statt. Das Auswärtige Amt legte ein Non-Paper mit Kernelementen zur Grenzfrage vor, das jedoch auf scharfe polnische Kritik stieß, da es »weder Aussagen über die Endgültigkeit der bestehenden Grenze noch über den genauen Verlauf der Grenze«, sondern lediglich den Verweis auf existierende Abkommen enthielt.[73] Deutliche Meinungsunterschiede betrafen auch das weitere Vorgehen: Die bundesdeutsche Seite wollte das formale Procedere bewußt offenlassen, sich also noch nicht auf einen Vertragsentwurf oder auch nur auf Textelemente für die gemeinsame Parlamentsentschließung in vertragssprachlicher Formulierung festlegen. Dagegen beharrte Polen weiter auf der sofortigen Aufnahme von Vertragsverhandlungen und der Paraphierung des Vertrages noch vor der Vereinigung. Außerdem bestanden die polnischen Vertreter auf einer exakten Beschreibung des Grenzverlaufs. Als Diskussionsgrundlage wollten sie sich weitgehend auf den eigenen Entwurf beschränken. Auf seiten der DDR wollte man – formal – alles unterstützen, was Polen ein Maximum an Grenzsicherheit garantiere. Dabei zeigte man sich bereit, sowohl polnischen als auch bundesdeutschen Vorstellungen entgegenzukommen. Inhaltlich unterstützte die DDR-Delegation hingegen die bundesdeutsche Linie – mit ihren Formulierungen zur Grenzbestätigung, der Unverletzlichkeit der Grenzen sowie dem Verzicht auf Gebietsansprüche. Demnach – und so war es bereits den Vier Mächten von den beiden deutschen Außenministern versichert worden – würde das vereinte Deutschland die Grenzfrage abschließend durch einen völkerrechtlichen Vertrag mit Polen regeln, der die bestehende deutsch-polnische Grenze, entsprechend ihrem in den Verträgen von Görlitz, Warschau und in den dazugehörigen Dokumenten festgelegten Verlauf, als endgültig bestätigen würde. Die Kernaussage war aus deutsch-deutscher Perspektive unstrittig: Die bestehende deutsch-polnische Grenze würde anerkannt. Von polnischer Seite schien man den durch die bevorstehende Pariser »Zwei-plus-Vier«-Ministerrunde entstehenden Zeitdruck zur Durchsetzung weiterer eigener Interessen nutzen zu wollen. Die westdeutsche Delegation war ihrerseits bemüht, den Themenkatalog der Gespräche einzugrenzen, da man befürchtete, daß Polen die Grenzfrage mit anderen Problemen, wie etwa der wirtschaftlichen Förderung, verknüpfen könnte.[74] Obwohl die polnische Seite eine gewisse Beweglichkeit erkennen ließ, blieb die Atmosphäre nach Einschätzung der Teilnehmer nicht frei von konfrontativen und mißtrauischen Untertönen.

Innerhalb der Bundesregierung waren Berichte über die Gesprächsinhalte dieser zweiten trilateralen Runde Anlaß für Verärgerung bei Helmut Kohl. Am Morgen des 25. Mai 1990 rief er deshalb den Staatssekretär im Auswärtigen Amt, Sudhoff, an, um seine Position erneut unmißverständlich und lautstark klarzustellen: Noch in der vergangenen Woche habe er mit Genscher über das Thema gesprochen und müsse nun erfahren, daß es entgegen der Absprachen bereits Gespräche mit Polen über die Grenzfrage gegeben habe. Explizit verwies Kohl darauf, daß dies eine Frage der Richtlinienkompetenz sei, und stellte klar, daß derartige Gespräche über einen Grenzvertrag nicht in Frage kämen. Zunächst wolle er in der kommenden Woche mit Genscher einen kurzen Text für die gemeinsame Erklärung von Bundestag und Volkskammer besprechen, diesen dann koalitionsintern abstimmen, mit de Maizière abklären und schließlich im Bundestag einbringen. Er wolle eine klare und unmißverständliche Erklärung, lasse sich aber von Polen nichts vorschreiben. Schließlich habe er bereits reichlich Probleme, und dies nicht nur mit den Vertriebenenverbänden. Sudhoff wies darauf hin, daß das Bundeskanzleramt den trilateralen Gesprächen vorab zugestimmt habe. Die Runden hätten dazu gedient, der deutschen Seite bei den »Zwei-plus-Vier«-Verhandlungen den Rücken freizuhalten. Die polnischen Wünsche, über einen konkreten Vertrag zu sprechen, seien von der Bonner Delegation deutlich zurückgewiesen worden. Statt dessen habe man über eine Erklärung auf der Basis der Bundestagsentschließung vom März gesprochen. Kurze Zeit später rief Peter Hartmann, der im Kanzleramt Zuhörer dieses Telefonates gewesen war, noch einmal bei Sudhoff an, um klarzustellen, daß Kohl keinesfalls eine Absage der nächsten trilateralen Runde in der kommenden Woche verlange. Dort dürfe, so das Verständnis des Bundeskanzlers, allerdings unter keinen Umständen über einen Vertrag gesprochen werden.[75]

Die erneute Klarstellung aus dem Kanzleramt blieb nicht ohne Wirkung. Am 29. Mai endete das dritte und letzte trilaterale Expertentreffen in Berlin ergebnislos.[76] Die DDR schlug einen Kompromiß zu einem Grenzvertrag und einer gleichlautenden Erklärung vor und verzichtete dabei auf Formulierungen, die über die Grenzfrage hinausgingen. Dennoch lehnte das Auswärtige Amt den Vorschlag der Ostdeutschen ab. Über die gleichlautende Erklärung von Bundestag und Volkskammer hinaus wollte man keine Zugeständnisse machen. Insbesondere das Beharren der polnischen Seite auf einer expliziten Beschreibung der Grenze und damit einer Neuformulierung wurde von der bundesdeutschen Seite abgelehnt. Außerdem wurde von den Bonner Vertretern immer wieder darauf verwiesen, daß ihre Delegation kein Mandat für Formulierungen eines Vertrages habe. Dieses liege auf politischer Ebene. Das vorhandene Mandat bestehe lediglich darin, Textelemente, die Eingang in die gemeinsame Parlamentsentschließung finden könnten, zu diskutieren.

Über das nicht abgesprochene Vorpreschen der DDR zeigte sich die bundesdeutsche Seite sehr verärgert. Der Bundeskanzler sah sich deshalb am 31. Mai veranlaßt, einen Brief an de Maizière zu schreiben.[77] Darin stellte er fest, daß es inhaltlich zwar keine Differenzen gebe, ihm das weitere Vorgehen aber Sorge bereite. Die Bundesregierung bleibe bei ihrer Haltung, daß die größtmögliche Bindungswirkung von einer gleichlautenden Erklärung der Parlamente ausgehe, die von den beiden deutschen Regierungen gegenüber Polen notifiziert würde. Ein paraphierter Vertrag wäre demgegenüber von geringerem politischen Gewicht und besäße auch keine völkerrechtliche Verbindlichkeit. Erst ein gesamtdeutscher Souverän könne einen solchen Vertrag mit Polen abschließen.

Weitere Gespräche zwischen den beiden deutschen Staaten und Polen fanden in der Folge nicht statt, da sich die Bundesregierung auf dem »Zwei-plus-Vier«-Beamtentreffen am 9. Juni mit der Aussetzung der trilateralen Verhandlungen durchsetzen konnte[78], obwohl zuvor noch beim dritten trilateralen Treffen keine Einwände gegen die Fortsetzung der Gespräche artikuliert worden waren. Dennoch wurde eine zunächst für den 21. Juni avisierte weitere trilaterale Runde aufgrund westdeutscher Bitten verschoben. Hintergrund dafür war die für den gleichen Tag angesetzte Debatte über die Bundestagsentschließung zur Grenze.

In seiner offiziellen Reaktion auf die Notifizierung der gleichlautenden Entschließungen von Bundestag und Volkskammer äußerte Skubiszewski dennoch erneut seine Erwartung, daß ein viertes Treffen bald in Warschau – und zwar noch vor dem Pariser »Zwei-plus-Vier«-Außenministertreffen vom 17. Juli – stattfinden werde. Innerhalb der Bundesregierung war die Fortsetzung der Gespräche selbst am 10. Juli noch gänzlich unentschieden. Auf informellem Wege ließ das Kanzleramt das Auswärtige Amt wissen, daß man an Vertragsverhandlungen noch vor der Vereinigung nicht interessiert war. Und auch Genscher hatte bei seinem Redebeitrag im Bundestag am 21. Juni weder einen Termin für die Aufnahme von Vertragsverhandlungen noch die Fortsetzung der trilateralen Gespräche in Aussicht gestellt. Allerdings hatte die bundesdeutsche Delegation auf »Zwei-plus-Vier«-Beamtenebene am 3./4. Juli erklärt, daß sie bereit sei, mit der polnischen Seite über die Perspektiven des deutsch-polnischen Verhältnisses in ihrer gesamten Themenpalette zu diskutieren, um nach der Herstellung der deutschen Einheit deren vertragliche Ausgestaltung aufnehmen zu können.[79]

### Verhaltene Reaktionen aus Warschau

Vorrangiges Ziel der Bundesregierung war es bis dahin gewesen, die gemeinsame Erklärung von Bundestag und Volkskammer auf den Weg zu bringen. Innerhalb der Regierung wurde im April und Mai die gleichlautende Erklärung zunächst im kleinsten Kreis abgestimmt.[80] Am 28. Mai beriet Kohl in einem ausführlichen Gespräch mit Genscher das weitere Vorgehen, tags darauf stimmte er den Text der Polen-Entschließung endgültig mit Teltschik ab. Der Entwurf sollte anschließend mit dem CDU-Präsidium, den Vorsitzenden der Koalitionspartner und mit der SPD besprochen werden. In einer Sitzung des CDU-Bundesvorstandes am 11. Juni warb Kohl für die gleichlautende Erklärung. Er führte aus, daß die Mehrheit der Deutschen längst die Grenze akzeptiert hätte. Dennoch sei die Grenze für einige eine Wunde, die immer noch schmerze. Wer auf einen Friedensvertrag warten wolle, müsse aber wissen, daß es ohne Anerkennung der Oder-Neiße-Grenze keine deutsche Einheit gebe. Der Bundeskanzler bestand deshalb darauf, daß diejenigen, die in Partei und Fraktion die Westgrenze Polens nicht anerkennen wollten, offen zugeben müßten, daß sie damit die Chance zur Wiedervereinigung nicht wahrnehmen wollten.

Die Abstimmung mit dem SPD-Fraktionsvorsitzenden Vogel fand am 12. Juni statt.[81] Einen Tag später sprach Kohl mit führenden Politikern der CDU/CSU über die Entschließung. Auch hier betonte der Kanzler den Zusammenhang zwischen der Anerkennung der Oder-Neiße-Linie als Westgrenze Polens und der Realisierung der deutschen Einheit. Während für die CSU Wolfgang Bötsch den Ausführungen des Kanzlers ausdrücklich zustimmte, lehnten die Vertriebenenfunktionäre Gerhard Dewitz und Herbert Czaja die Anerkennung weiter ab. Mit Lothar de Maizière einigte Kohl sich am 17. Juni bei einem Besuch in Ost-Berlin über die gleichlautende Erklärung der beiden Parlamente. Im Auswärtigen Ausschuß des Deutschen Bundestages am 20. Juni betonte der Kanzler zudem seine Absicht, außer einem Grenzvertrag auch einen Freundschaftsvertrag mit Polen schließen zu wollen.[82]

Wie in der Bundestagsentschließung vom 8. März angekündigt, nahmen der Bundestag und die Volkskammer der DDR am 21. Juni 1990 gleichzeitig identische Beschlüsse an, in denen die Endgültigkeit der Grenze zwischen dem vereinten Deutschland und der Republik Polen entsprechend ihrem derzeitigen Verlauf bestätigt und die völkerrechtlich verbindliche Festschreibung nach der Vereinigung angekündigt wurde. Im Deutschen Bundestag wurde die Entschließung mit 487 gegen 15 Stimmen (10 CDU- und 5 CSU-Abgeordnete) bei drei Enthaltungen angenommen.[83]

Mit seiner Regierungserklärung vom gleichen Tag hatte Kohl noch einmal für die gemeinsame Entschließung plädiert und ihre historische Bedeutung herausgestellt. Wie sehr ihm diese Angelegenheit am Herzen lag, wurde bereits bei der Vorbereitung seiner Rede deutlich. Ausführlich wie selten hatte er selbst in den Entwurf seiner Redenschreibergruppe eingegriffen[84]: Während es im Entwurf zur aktuellen deutsch-polnischen Grenze geheißen hatte, diese »hat Bestand«, änderte er dies handschriftlich um und fügte statt dessen »ist endgültig« ein. Auch wies er noch einmal auf den untrennbaren Zusammenhang von deutscher Einheit und Anerkennung der Grenze hin: Nicht zuletzt im Hinblick auf die zu erwartenden Einwände seitens der Vertriebenenverbände sollte – bei allem Verständnis für den Schmerz über den Verlust – ein Kerngedanke klar und deutlich aus seiner Erklärung hervorgehen, nämlich daß es ohne eine Grenzregelung keine deutsche Einheit geben würde.

Am 22. Juni gab Regierungssprecher Hans (»Johnny«) Klein bekannt, daß die Bundesregierung und die Regierung der DDR »getrennt auf diplomatischem Wege die Regierung der Republik Polen über die von den beiden deutschen Parlamenten gefaßten Entschließungen zur polnischen Westgrenze« unterrichten würden.[85] Im Schreiben von Bundesaußenminister Genscher an Skubiszewski ist der volle Wortlaut der Bundestagsentschließung, welche sich die Bundesregierung damit »in vollem Umfang zu eigen« machte, wiedergegeben.[86]

Die polnische Regierung nahm die Resolution verhalten auf. Regierungssprecherin Niezabitowska erklärte, daß die Entschließung einen Schritt nach vorn bedeute, doch stellte sie ebenso fest, daß eine derartige Erklärung kein völkerrechtlicher Vertrag sei. Der Inhalt eines Grenzvertrages müsse folglich noch vor der Vereinigung abgeklärt werden. Polen bestehe allerdings nicht mehr auf einer Paraphierung vor der Vereinigung, ein »Vereinbarungsprotokoll« sei ausreichend.[87] Damit gab Polen ein wichtiges Element des Mazowiecki-Plans zumindest teilweise auf. Daran bestand aber noch einige Tage Zweifel. So sagte die polnische Regierungssprecherin am 22. Juni zwar, daß Polen sich nicht mehr an eine Paraphierung vor der Vereinigung klammern werde; gleichzeitig sollten aber die Arbeiten am Grenzvertrag bis Dezember 1990 soweit abgeschlossen sein, daß ein Protokoll unterzeichnet werden könnte. Erst die offizielle Antwortnote der polnischen Regierung auf die gemeinsame Entschließung, die Außenminister Skubiszewski am 3. Juli 1990 übergab, klärte die Situation.[88] Dort hieß es unter Punkt 2: Die Entschließungen der beiden Parlamente seien »eine wichtige und nötige Etappe in den polnisch-deutschen Gesprächen zum Inhalt des Vertrages, der zwischen der Republik Polen und dem vereinten Deutschland geschlossen wird. Sie schaffen ein sehr gutes politisches Klima für die gegenwärtige Durchführung dieser Gespräche und dafür, den Vertrag unverzüglich nach der Vereinigung Deutschlands zu schließen.«

### Neue Bedingungen: das polnische Junktim

Dennoch beinhaltete die polnische Antwortnote eine brisante Aussage, die noch einmal die Wogen hochgehen ließ. So hieß es, daß »das Inkrafttreten des Vertrages zwischen der Republik Polen und dem vereinten Deutschland zeitlich mit dem Inkrafttreten der völkerrechtlichen ›abschließenden Regelung‹ koordiniert werden sollte und nicht später erfolgen sollte«. Dies liege im Interesse, jegliche rechtlichen Zweideutigkeiten bezüglich des Status der polnisch-deutschen Grenze auszuräumen. Die Gespräche über den Text des Vertrages könnten aufgrund der Geschwindigkeit der Ereignisse nicht auf die Zeit nach der Vereinigung verschoben werden. Der offensichtlichen Unzufriedenheit mit dem Text der Entschließung sollte eine Initiative Rechnung tragen, die Anfang Juli im polnischen Außenministerium vorbereitet worden war und den aufgegebenen Mazowiecki-Plan ersetzen sollte. Erste Hinweise hierauf gab der Passus in der polnischen Antwortnote an die Bundesregierung vom 3. Juli, wonach der deutsch-polnische Vertrag nicht später als die völkerrechtlich abschließende Regelung der »Zwei-plus-Vier«-Verhandlungen in Kraft treten sollte.[89] Das bedeutete, daß die Wiederherstellung der vollen Souveränität Deutschlands von der Ratifizierung des Grenzvertrages zwischen dem vereinigten Deutschland und Polen abhängig gemacht werden sollte. Polen wollte also ein Junktim zwischen voller deutscher Souveränität und der Ratifizierung des Grenzvertrages.

Hintergrund der erneuten Wende der polnischen Deutschlandpolitik war offenbar, daß in der Bundesrepublik gewichtige Stimmen laut geworden waren, die nicht nur einen Grenzvertrag forderten. Ein Vertrag mit Polen, so etwa Bundesfinanzminister Theo Waigel, müsse ein »umfassender Freundschaftsvertrag« sein, in dem nicht nur die Oder-Neiße-Grenze geklärt werden sollte, sondern auch von den Rechten der deutschen Minderheit sowie von den Rechten der Vertriebenen die Rede sein müsse, die in ihre alte Heimat zurückkehren wollten.[90] Die polnische Regierung befürchtete nun, daß durch Waigels Forderung der Abschluß eines Grenzvertrages verzögert, wenn nicht sogar verhindert werden könnte. Ihre Sorge galt einem möglichen rechtlichen Vakuum zwischen der Wiederherstellung von deutscher Einheit und Souveränität einerseits und dem Inkrafttreten des Grenzvertrages andererseits.[91] Außerdem hätte die Mazowiecki-Regierung keinen Hebel mehr für eine schnelle Durchsetzung ihrer Vorstellungen gehabt, was sie innenpolitisch dem Druck der kommunistischen und nationalistischen Opposition hätte ausliefern können. Die polnische Regierung nutzte mit dieser Verknüpfung der Wiederherstellung der deutschen Souveränität und der Ratifizierung des Grenzvertrages den Umstand, daß der sowjetische Außenminister Schewardnadse beim »Zwei-plus-Vier«-Außenministertreffen in Berlin am 22. Juni noch einmal vorgeschlagen hatte, die Regelung der äußeren und inneren Aspekte der deutschen Einheit zeitlich zu entkoppeln. Polen bot sich damit die Chance, die sowjetischen Vorbehalte für seine deutschlandpolitischen Ziele zu instrumentalisieren.[92]

Beim »Zwei-plus-Vier«-Beamtentreffen am 4. Juli, an dem zeitweise auch eine polnische Delegation teilnahm, schlug Dieter Kastrup zunächst vor, Polen möge den umstrittenen Passus zurücknehmen. Warschaus Vertreter Jerzey Sulek lenkte aber nicht ein. Neben der Bezeichnung der Grenzen als »Bestandteil einer Friedensregelung (peace settlement) in Europa« und der Forderung nach Änderung innerdeutschen Rechtes, das mit der Grenzregelung unvereinbar sei, verlangte er, daß der Grenzvertrag »spätestens am Tage des Inkrafttretens der ›abschließenden Regelung‹ in Kraft tritt«. Kastrup stellte für die Bundesregierung klar, daß sie zwar zu weiteren Gesprächen bereit sei, Vertragsverhandlungen aber erst nach der Vereinigung in Frage kämen.[93] Obwohl die DDR Verständnis für die Sorgen Polens zeigte, die UdSSR offen das polnische Junktim unterstützte und sogar Frankreich gewisse Sympathie für diese Vorstellungen Warschaus hegte, lehnte das Sechser-Gremium die Verknüpfung ab.[94] Öffentlich bekannt wurde die neue Forderung, als der Sprecher des polnischen Außenministeriums, Wladyslaw Klaczynski, das Problem am 9. Juli darlegte.[95] Am 13. Juli relativierte Regierungssprecherin Niezabitowska das polnische Junktim. Doch hielt auch sie daran fest, daß eine Übereinstimmung der Termine zwischen den Entscheidungen der »Zwei-plus-Vier«-Konferenz und dem Grenzvertrag angenommen werde. Der Grenzvertrag sollte schnellstmöglich abgeschlossen werden, der Zustand rechtlicher Unsicherheit nur von kurzer Dauer sein. In Deutschland blieb der Eindruck eines Junktims erhalten.[96]

Während es – ebenfalls am 13. Juli – dem polnischen Vize-Außenminister in Verhandlungen mit dem stellvertretenden Außenminister der UdSSR, Julij Kwizinskij, gelungen war, die sowjetische Unterstützung für die polnische Position zu gewinnen, lehnten die westlichen Alliierten jede Beschränkung der deutschen Souveränität ab.[97] Die Bundesregierung nahm das polnische Junktim mit Unbehagen und Mißmut auf. So bezeichnete der stellvertretende Vorsitzende der Unionsfraktion im Bundestag, Hornhues, den neuen polnischen Wunsch als »äußerst befremdlich«. Bundesaußenminister Genscher betonte, daß er die polnische Idee auf der nächsten »Zwei-plus-Vier«-Konferenz in Paris ablehnen werde. Auch das Medienecho in Westdeutschland war negativ.

## Empörung in Bonn

Diese jüngsten Entwicklungen veranlaßten Kohl, einen Brief an Mazowiecki zu schreiben. Am 13. Juli legte der Bundeskanzler seine Position zur Oder-Neiße-Grenze noch einmal dar und machte keinen Hehl aus seiner Enttäuschung über die Reaktion auf die Entschließung von Bundestag und Volkskammer, wie sie insbesondere in der polnischen Antwortnote vom 3. Juli ihren Ausdruck gefunden habe.[98] Dieser habe er entnehmen müssen, daß es nicht der polnischen Absicht entspräche, bald einen umfassenden Vertrag zwischen dem geeinten Deutschland und Polen abzuschließen. Deshalb schlage er folgendes weitere Verfahren vor: Auf der Grundlage der Resolution der beiden deutschen Parlamente, so Kohl, solle ein Grenzvertrag ausgehandelt, ein entsprechender Entwurf sodann binnen dreier Monate nach dem Zusammentreten des gesamtdeutschen Parlaments an die polnische Regierung übermittelt werden. Dadurch würde ermöglicht, daß innerhalb kürzester Frist nach der Vereinigung ein Grenzvertrag unterzeichnet und dem gesamtdeutschen Parlament zur Ratifikation zugeleitet würde.

Kohl betonte in dem Schreiben auch, daß es das Ziel der Bundesregierung sei, gleichzeitig mit der Vereinigung die volle Souveränität des gesamtdeutschen Staates zu erreichen. So könne innerhalb kürzester Zeit nach der Herstellung der deutschen Einheit die Unterzeichnung des Vertrages und die Ratifikation durch den gesamtdeutschen Souverän sichergestellt werden. Außerdem sei er bereit, eine Absichtserklärung hierzu in den »Zwei-plus-Vier«-Rahmen einzubringen. Eine Verknüpfung der Souveränität mit dem Inkrafttreten des deutsch-polnischen Grenzvertrages sei unannehmbar.

Unklar blieb, ob Warschau sein Junktim schließlich deshalb zurücknahm, weil die Verständigung zwischen Kohl und Gorbatschow im Kaukasus der polnischen Taktik den Boden entzog, oder ob es bereits zuvor einen möglichen Fehler eingesehen hatte.[99] Jedenfalls schwächte Skubiszewski das Junktim erst vor seinem Abflug zur Pariser »Zwei-plus-Vier«-Konferenz am 16. Juli öffentlich ab. Zwar strebe Polen immer noch danach, daß die Aufhebung der Alliierten-Rechte und die endgültige Bestätigung der Grenze zeitlich korrelierten, doch wisse man nicht, wann es gelinge, einen Grenzvertrag auszuhandeln. In Paris angekommen, dementierte Skubiszewski sogar, daß es je ein solches Junktim gegeben habe.[100] Als Bundesaußenminister Hans-Dietrich Genscher am 18. Juli 1990 vor dem Kabinettsausschuß »Deutsche Einheit« über die Pariser »Zwei-plus-Vier«-Konferenz berichtete[101], sprach er von drei polnischen Forderungen, die dort anfänglich auf dem Tisch gelegen hätten:
1. Deutschland solle erst nach der Ratifizierung des Grenzvertrages die volle Souveränität erhalten;
2. die Grenzregelung müsse als Bestandteil einer Friedensregelung in Europa bezeichnet werden und
3. die Bundesregierung müsse verschiedene innerdeutsche Gesetze ändern.[102]

Die Klärung der strittigen Fragen zwischen Genscher und Skubiszewski erfolgte am Rande der Pariser Konferenz[103], als die beiden Außenminister sich noch vor Skubiszewskis Teilnahme an der Sechserrunde aussprachen. Zum polnischen Positionswandel dürfte in dieser Situation beigetragen haben, daß auch die Sowjetunion unmittelbar zuvor beim Treffen Kohl – Gorbatschow im Kaukasus der deutschen Position in der Grenzfrage zugestimmt hatte.[104] Für das zeitliche Junktim und die Verpflichtung des vereinten Deutschlands zur Änderung innerdeutschen Rechtes gab es damit keine Unterstützung mehr.

Auf der Pariser »Zwei-plus-Vier«-Konferenz verständigte man sich dann auf fünf Prinzipien zur Grenzfrage:
1. Das vereinte Deutschland sollte die Gebiete der Bundesrepublik, der DDR und ganz Berlins umfassen: Die Außengrenzen des vereinten Deutschlands wären bereits mit dem Inkrafttreten des »Zwei-plus-Vier«-Vertrages endgültig. Außerdem würden sie – wie Polen es wünschte – als ein wesentlicher Bestandteil der Friedensordnung in Europa bezeichnet.
2. Das vereinte Deutschland und Polen sollten die zwischen ihnen bestehenden Grenzen in einem völkerrechtlich verbindlichen Vertrag bestätigen.
3. Das vereinte Deutschland werde weder jetzt noch in Zukunft Gebietsansprüche gegenüber anderen Staaten haben.
4. In der Verfassung des vereinten Deutschlands werde es keine Bestimmungen geben, welche diesen Prinzipien entgegenstünden.
5. Die Vier Mächte würden die Absicht, einen bilateralen Grenzvertrag zu schließen, zur Kenntnis nehmen und erklären, daß mit dessen Verwirklichung der endgültige Charakter der Grenzen des vereinten Deutschlands bestätigt werde.

Der polnische Außenminister erklärte sich nun damit einverstanden, daß der Grenzvertrag nach Vereinigung und Herstellung der vollen Souveränität schnellstmöglich unterzeichnet und vom gesamtdeutschen Parlament ratifiziert würde. Skubiszewski war damit von der zuvor mehrfach erhobenen polnischen Forderung nach einem Junktim zwischen Inkrafttreten der abschließenden Regelung und deutsch-polnischem Grenzvertrag abgerückt – auch wenn er nach wie vor eine solche Lösung als die eigentlich ideale bezeichnete.[105] Außerdem forderte er, daß noch vor der Vereinigung weiter über einen Vertragstext verhandelt würde – insistierte allerdings nicht darauf, daß dies im Protokoll auch so festgehalten wurde.[106] Bei der Frage des Friedensvertragsvorbehaltes kam man seinen Sorgen insoweit entgegen, als die vier Siegermächte in einer Protokollerklärung die Endgültigkeit der Grenzen des vereinten Deutschlands bestätigten, welche weder durch äußere Ereignisse noch durch äußere Umstände in Frage gestellt werden könnten. Im Gegenzug beharrte Genscher darauf, daß Polen zu Protokoll gab, daß es sich dabei aus polnischer Sicht nicht um eine Grenzgarantie der Vier Mächte handle. Für die deutsche Seite wiederum ließ er festhalten, daß die besagten äußeren Umstände nicht eintreten würden und damit ein Friedensvertrag oder eine Friedensregelung nicht beabsichtigt seien. Damit war das Thema Friedensvertrag auch offiziell vom Tisch. Insgesamt, so die deutsche Sicht, war die polnische Seite um eine versöhnliche Haltung bemüht und signalisierte Bereitschaft, nach Abschluß des Grenzvertrages an die Ausarbeitung eines umfassenden Kooperationsvertrages zu gehen.

Wenngleich es in der Folgezeit zwischen der Bundesrepublik und Polen weiter zu kleineren Unstimmigkeiten auf dem Weg zur endgültigen Festschreibung der polnischen Westgrenze kommen sollte, so hatten die Ergebnisse des »Zwei-plus-Vier«-Treffens von Paris eines gesichert: Bei den weiteren Verhandlungen der beiden deutschen Staaten mit den Vier Mächten über die internationalen Aspekte der Vereinigung würden Grenzfragen keine Rolle mehr spielen. Mitte Juli war damit eine der letzten großen Hürden auf dem Weg zur Herstellung der Souveränität Deutschlands überwunden.

### Taktieren um Grenzvertrag und Grundlagenvertrag

Mit den Vereinbarungen von Paris war klar, daß erst ein vereintes Deutschland einen Grenzvertrag mit Polen abschließen würde. Nicht geklärt war bislang, ob dies ein reiner Grenzvertrag oder ein umfassender Vertrag sein sollte. Bundeskanzler Kohl wollte zunächst einen umfassenden Grundlagenvertrag mit Polen, der sowohl die Grenzfrage als auch die restliche Themenpalette der bilateralen Beziehungen behandeln sollte. Bei einer Begegnung mit Mazowiecki Ende Juni 1990 in Budapest, am Rande einer Konferenz der Europäischen Christdemokraten, schlug er dies so vor.[107] Der Ministerpräsident lehnte jedoch ab, da er fürchtete, die Grenzregelung werde sich dadurch unnötig lange hinziehen. Über einen weiterführenden Vertrag sollte nach Auffassung von Skubiszewski zwar ohne Zeitverzug, aber eben erst nach dem Grenzvertrag verhandelt werden. Vor allem die CSU war aber weiterhin für einen Generalvertrag. Wieder einmal mußte ein für alle tragbarer Kompromiß gefunden werden.

Am 25. Juli griff Mazowiecki das Thema in einem Brief an Helmut Kohl auf, mit dem er Stellung zum Schreiben des Bundeskanzlers vom 13. Juli bezog.[108] Zunächst ging Mazowiecki auf die Enttäuschung Kohls bezüglich der polnischen Reaktion auf die gemeinsame Parlamentsentschließung ein und brachte sein Unverständnis darüber zum Ausdruck. Polen habe die Entschließungen von Bundestag und Volkskammer mit großer Befriedigung zur Kenntnis genommen und sei der Auffassung, daß sie einen wichtigen Schritt in den bilateralen Beziehungen darstellten. Auch die Rede des Bundeskanzlers vom 21. Juni vor dem deutschen Bundestag habe man mit »aufrichtigem Interesse« registriert, da sie Perspektiven der nachbarschaftlichen Beziehungen aufzeige. Man sei in der polnischen Antwortnote hierauf allerdings nicht eingegangen, weil sich auch die notifizierte Entschließung ausschließlich auf die Bestimmungen zur Grenzfrage beschränkt habe. Im polnischen Entwurf für einen Grenzvertrag vom 27. April sei man über diese Frage hinausgegangen und habe auch umfassendere Aspekte des beiderseitigen Verhältnisses thematisiert. In den trilateralen Gesprächen habe dann aber insbesondere die bundesdeutsche Seite eine »skeptische Haltung« gegenüber allen Fragen, die nicht direkt die Grenze betrafen, eingenommen. Unmittelbar vor dem »Zwei-plus-Vier«-Treffen von Paris sei Polen zu der Ansicht gelangt, daß unverzüglich nach Unterzeichnung eines Grenzvertrages Verhandlungen über einen umfassenden Vertrag aufgenommen werden müßten.

Weiter kritisierte Mazowiecki den von Kohl avisierten zeitlichen Spielraum bei der Grenzregelung, nämlich binnen drei Monaten nach Einberufung eines gesamtdeutschen Parlaments einen deutschen Vertragsentwurf an die polnische Regierung leiten zu wollen. Damit würden sich die Gespräche und erst recht die Vertragsunterzeichnung weiter hinziehen, als möglich und nötig sei. Der Grenzvertrag sollte unmittelbar nach der Vereinigung unterzeichnet werden. Eine zeitliche Entkoppelung von anderen in Zusammenhang mit der Vereinigung stehenden Rechtsakten würde einen »fatalen Eindruck« in Europa hervorrufen. Hinzu komme, daß ja, wie vom Bundeskanzler angekündigt, der Vertrag auf wörtliche Bestimmungen der beiden Parlamentsresolutionen zurückgreifen sollte und bereits trilateral ausführlich diskutiert worden sei. Zudem habe Genscher in Paris verbindlich bekräftigt, daß der Vertrag innerhalb kürzester Zeit nach der Vereinigung und der Wiederherstellung der gesamtdeutschen Souveränität abgeschlossen werden würde. Folglich sei es nötig, jetzt schon über den Vertragstext Gespräche zu führen, um nach der Vereinigung den Gang der Dinge beschleunigen zu können. Zum umfassenden Vertrag über gute Nachbarschaft und freundschaftliche Beziehungen merkte er an, daß der Vertragsentwurf der polnischen Regierung vom 27. April bereits erste Elemente hierfür enthalten habe. Wie von ihm schon in Budapest erklärt, sei Polen bereit, einen solchen Vertrag gemeinsam zu erarbeiten. Außerdem habe er sich gegenüber Kohl einverstanden erklärt, daß diese Angelegenheit vorerst »unter uns bleiben solle«. Nicht zuletzt deshalb sei man in der offiziellen polnischen Antwortnote nicht auf diesen weiteren Vertrag eingegangen. Er verstehe folglich nicht, warum der Bundeskanzler aus dieser Antwortnote die Schlußfolgerung ziehe, Polen habe kein Interesse an einem umfassenden Vertrag. Im übrigen halte er nach wie vor fest, daß er zu einem Treffen mit dem Bundeskanzler im Oktober bereit sei. Der Abschluß eines Grenzvertrages werde letztlich die Arbeiten an einem umfassenden Vertrag erleichtern.

Erste Bewertungen dieses Schreibens im Kanzleramt wiesen darauf hin, daß man unter den gegebenen Umständen Polen mit der Aufnahme von Vertragsverhandlungen wohl nicht länger würde hinhalten können.[109] Gleichzeitig sah man sich mit der innenpolitischen Problematik konfrontiert, die sich aus einer förmlichen Grenzvertragsverhandlung mitten im deutschen Wahlkampf zwangsläufig ergeben mußte. Durch die verbindliche Zusage im »Zwei-plus-Vier«-Kontext stand die Bundesregierung nun aber in der Pflicht, den Vertrag innerhalb kürzester Zeit zur Unterzeichnung zu bringen. Ein Ausweg aus dieser

Situation wurde im Kanzleramt darin gesehen, zügig an die polnische Seite heranzutreten und Sondierungsgespräche zum umfassenden Vertrag anzubieten, um zumindest ansatzweise eine Parallelität zum Grenzvertrag zu gewährleisten. Dessen wesentliche Elemente, so die Überlegung, standen durch die Entschließungen der beiden Parlamente ja bereits fest. Ohne eigene Initiative würde man leicht in die Defensive geraten, denn Polen konnte unter Berufung auf »Zwei-plus-Vier« auf einem schnellen Abschluß des Grenzvertrages beharren.

Ende August entschied Kohl, die Verhandlungen zu Grenzvertrag und umfassendem Vertrag parallel zu führen. Des weiteren sollte die Unterzeichnung des umfassenden Vertrages – voraussichtlich im Juni 1991 – zeitgleich mit dem deutsch-sowjetischen Freundschaftsvertrag erfolgen. Kohls Mitarbeiter nahmen allerdings an, daß das ursprünglich gewünschte Procedere nicht mehr einzuhalten war, da der deutsch-sowjetische Vertrag auf Wunsch der UdSSR bereits unmittelbar nach der Vereinigung unterzeichnet werden sollte.

In seinem Antwortschreiben an Tadeusz Mazowiecki vom 6. September bekräftigte Helmut Kohl die beim Treffen in Budapest am 30. Juni getroffene Absprache, gesonderte Verträge über Grenzfrage und Nachbarschaftsvertrag zu schließen.[110] Gleichzeitig bestätigte er das deutsche Interesse an parallel stattfindenden Verhandlungen. Kohl wies darauf hin, daß sich die Entwicklungen in Deutschland erneut beschleunigt hätten, und bat deshalb um Verständnis, wenn es ihm nicht mehr möglich sei, den Ministerpräsidenten noch im Oktober zu treffen. Die Bundesregierung stehe unter erheblichem Zeitdruck. Er wolle deshalb den 8. November vorschlagen, um dann über den Zeitplan und die Vorgehensweise zu sprechen, damit sowohl der Grenzvertrag als auch der umfassende Vertrag so schnell wie möglich im neuen Jahr abgeschlossen werden könnten. Daneben erwähnte Kohl lobend die Rede Außenminister Skubiszewskis anläßlich des 51. Jahrestages des Kriegsausbruchs, mit der zum erstenmal offiziell von seiten des »neuen Polens« Verständnis für das Leid der Vertriebenen zum Ausdruck gebracht wurde. Diese Haltung sei vom Geist der Verständigung und Versöhnung geprägt. Auf die inhaltlichen Ausführungen Mazowieckis zur offiziellen polnischen Reaktion auf die Parlamentsentschließungen ging Kohl überhaupt nicht mehr ein.

## *Ringen um die Reihenfolge*

Bevor es beim Treffen am 8. November 1990 zu einer Einigung zwischen Kohl und Mazowiecki kam, waren im Oktober noch einmal Verstimmungen im deutsch-polnischen Verhältnis auszumachen.[111] Die polnische Regierung drückte ihr Befremden darüber aus, daß der Bundeskanzler den Abschluß des Grenzvertrages erst für Frühsommer 1991 in Aussicht stellte. Skubiszewski vertrat demgegenüber die Ansicht, die Unterzeichnung des Grenzvertrages sei schon im Oktober 1990 möglich. In einem Fernsehinterview am 19. Oktober betonte er, Polen habe bereits zwei Vertragsentwürfe übermittelt, doch noch keine Antwort darauf erhalten. Der polnische Außenminister reagierte damit auf ein Interview Kohls, in dem dieser den Vorwurf geäußert hatte, Polen habe sich die Verzögerung beim Vertragsabschluß selbst zuzuschreiben.

Um dem Grenzvertrag und dem Grundlagenvertrag gleiches Gewicht zu verleihen, wollte der Bundeskanzler unbedingt erreichen, daß die beiden Kontrakte in einem einzigen Parlamentsakt verabschiedet würden. Polen lehnte ein solches Vorgehen jedoch weiter ab. Ministerpräsident Mazowiecki drängte auf eine Vorwegregelung der Grenzfrage, um keine Verzögerungen durch weitere Verhandlungsmasse hinnehmen zu müssen.[112] Insbesondere aus wahltaktischen Gründen war dem Kanzleramt aber an einer zeitlichen Koppelung der Vertragsverhandlungen gelegen. Als er in einem Vermerk über Äußerungen Skubiszewskis unterrichtet wurde, Polen bestehe darauf, schnell einen Grenzvertrag und dann erst einen Grundlagenvertrag zu unterzeichnen, kommentierte der Bundeskanzler das mit der Anmerkung »Dies ist nicht meine Meinung!!«[113].

Am 30. und 31. Oktober fanden dann die Verhandlungen über den Grenzvertrag und den umfassenden Vertrag auf Beamtenebene in Warschau statt.[114] Grundlage der Gespräche waren zum einen ein polnischer Vertragsentwurf zur Grenze vom 8. Oktober, zum anderen ein vom Auswärtigen Amt erarbeiteter Gegenentwurf. Dieser Text war betont knapp gehalten und enthielt auch nicht die von Kohl im Vorfeld als äußerstes Zugeständnis intern gebilligte Formulierung aus dem »Zwei-plus-Vier«-Vertrag, wonach die »Bestätigung des endgültigen Charakters der Grenzen des vereinten Deutschlands (...) ein wesentlicher Bestandteil der Friedensordnung in Europa« ist. Statt dessen beinhaltete die Präambel den Verweis darauf, daß »die Vereinigung Deutschlands als Staat mit endgültigen Grenzen ein bedeutsamer Beitrag zu Frieden und Stabilität in Europa ist«. Außerdem bekräftigte sie die Entschlossenheit, »gemeinsam einen Beitrag zum Aufbau einer europäischen Friedensordnung zu leisten, in der Grenzen nicht mehr trennen und die allen europäischen Völkern ein vertrauensvolles Zusammenleben und umfassende Zusammenarbeit zum Wohle aller sowie dauerhaften Frieden, Freiheit und Stabilität gewährleistet«.

Noch am ersten Tag konnten die Beamten sich über die Formulierungen des Grenzvertrages einigen. Er konnte somit ad referendum fertiggestellt werden.[115] Da die Inhalte durch den »Zwei-plus-Vier«-Rahmen und die enge Anlehnung an die Bundestagsentschließung vom 21. Juni weitgehend festgeklopft waren, ging es der Bonner Delegation darum, polnische Zusatzforderungen abzuwehren. Dies betraf vor allem die Bemühungen um eine vertragliche Fixierung der Anpassung innerdeutschen Rechtes sowie den Rückgriff auf Formulierungen aus dem Potsdamer Abkommen zur friedensvertraglichen Regelung. Hier konnte in der Präambel gemäß deutschem Wunsch die Vereinigung als Staat mit endgültigen Grenzen – und nicht etwa die Festlegung der

Grenze an sich – als ein gewichtiger Beitrag zur europäischen Friedensordnung herausgestrichen werden. Erstmals in einem deutsch-polnischen Text wurde – ebenfalls in der Präambel – ein Passus zu dem »von zahlreichen Deutschen und Polen erlittenen Verlust ihrer Heimat durch Vertreibung oder Aussiedlung« eingefügt. Mit dieser Formulierung, die von Mazowiecki abgesegnet wurde, war bewußt von Schuldzuweisungen an die beiden Seiten abgesehen worden.

Zum umfassenden Nachbarschaftsvertrag hatte allerdings noch keine Seite einen neuen Entwurf vorgelegt.[116] In der deutschen Delegation war mit einem polnischen Vorschlag hierzu gerechnet worden, auch wenn Warschau zuvor signalisiert hatte, an dem Entwurf vom 27. April festhalten zu wollen. Das Auswärtige Amt seinerseits hatte keinen Entwurf erarbeitet, da man zunächst nur über die allgemeine Struktur zu reden beabsichtigte und gegebenenfalls eine inhaltliche Gliederung einbringen wollte. Am zweiten Tag erzielte man zumindest Übereinstimmung in der Frage des Umfangs und der Themenbereiche dieses Vertrages[117], der sich im wesentlichen an die gemeinsame Erklärung von Kohl und Mazowiecki vom 8. November 1989 anlehnen sollte. Eine Inventurliste von möglichen Inhalten wurde diskutiert. Dabei legte die deutsche Seite besonderen Wert auf eine Regelung der Minderheitenfrage nach europäischem und internationalem Standard – was von den polnischen Verhandlungspartnern akzeptiert wurde. Die Erörterung von Entschädigungsfragen wurde von der deutschen Delegation kategorisch abgelehnt. Die deutschen Unterhändler waren allerdings nicht ermächtigt, über den Termin und das Procedere von Paraphierung, Unterzeichnung und Ratifizierung der Vertragswerke zu verhandeln. Diese »politische Entscheidung« sollte beim bevorstehenden Treffen zwischen dem Bundeskanzler und dem polnischen Ministerpräsidenten geklärt werden. Die gleichzeitige Unterzeichnung und Ratifikation beider Verträge wurde jedoch weiterhin als unabdingbar bezeichnet. Polens Außenminister Skubiszewski ließ unterdessen immerhin insoweit Kompromißbereitschaft erkennen, als er einen »gewissen politischen Zusammenhang« zwischen beiden Verträgen einräumte.[118] Gleichzeitig betonte er aber, daß Polen vor allem an einer zügigen Paraphierung des Grenzvertrages gelegen sei.

Am 8. November 1990 trafen sich Kohl und Mazowiecki schließlich an der deutsch-polnischen Grenze in Frankfurt an der Oder/Slubice. Die beiden Regierungschefs einigten sich bei der Terminierung auf einen Kompromiß[119]: Danach sollte der Grenzvertrag noch im November 1990 unterzeichnet werden, die Ratifizierung aber gemeinsam mit der des Freundschaftsvertrages Ende Februar 1991 erfolgen. Ferner wurden die Assoziierung Polens an die EG sowie die Abschaffung der Visumpflicht besprochen.

Der Grenzvertrag wurde denn auch nur wenige Tage nach dem Treffen der beiden Regierungschefs, am 14. November 1990, von den beiden Außenministern unterzeichnet.[120] Der »Vertrag zwischen der Bundesrepublik Deutschland und der Republik Polen über gute Nachbarschaft und friedliche Zusammenarbeit« ließ allerdings auf sich warten. Entgegen dem ursprünglichen Zeitplan wurde er erst am 17. Juni 1991 unterzeichnet. Der Grenzvertrag und der Freundschaftsvertrag wurden wie vereinbart gemeinsam durch den Bundestag am 17. Oktober 1991 mit großer Mehrheit ratifiziert. Der Sejm billigte die Verträge einen Tag später.[121]

## »Die Frage der Fragen«

Neben der Grenzregelung war die Frage der deutschen Bündniszugehörigkeit ein weiteres zentrales Thema im Vereinigungsprozeß. Daß die Sowjetunion letztlich der NATO-Mitgliedschaft eines vereinten Deutschlands zustimmen würde, hatten Helmut Kohl und George Bush bereits Ende Februar 1990 bei ihrem Treffen in Camp David übereinstimmend vermutet.[122] Unter welchen Bedingungen diese Zustimmung erfolgen konnte, stand damals zwar noch nicht fest, die Richtung möglicher sowjetischer Wünsche war allerdings absehbar. Die UdSSR, so Kohls Annahme, werde ihren »Preis« für die Vereinigung letztlich wohl den USA als zweiter Supermacht nennen. Der Kanzler habe ja »große Taschen«, hatte Bush knapp erwidert. Der Wortwechsel umriß damit bereits in aller Kürze die beiden zentralen Themenfelder außerhalb des wenige Tage zuvor in Ottawa beschlossenen »Zwei-plus-Vier«-Mechanismus:
- die erwarteten sowjetischen Forderungen nach finanzieller und wirtschaftlicher Hilfe, deren Behandlung der US-Präsident zur Sache der Deutschen erklärte, sowie
- Moskauer Vorstöße für Sicherheitsgarantien des Westens, die – so Kohls Einschätzung – angesichts der amerikanischen Führungsrolle in der NATO letztlich an die USA gerichtet sein würden.

Während die ersten offenen und konkreten Kreditanfragen Gorbatschows am 4. Mai von Eduard Schewardnadse gegenüber Helmut Kohl vorgetragen und von diesem sofort aufgegriffen wurden, verlief die Diskussion über sicherheitspolitische Rahmenbedingungen der deutsch-deutschen Vereinigung zunächst für einige Zeit ohne Struktur, Ergebnisse oder eine sichtbare Annäherung der unterschiedlichen Standpunkte. Je mehr der sonstigen strittigen Themen aber im Frühjahr 1990 innerhalb und außerhalb des »Zwei-plus-Vier«-Mechanismus geregelt werden konnten, desto klarer wurde ab Mai, daß nunmehr auch die allgemeinen Diskussionen über die künftige Sicherheitsarchitektur Europas und die Mitgliedschaft des vereinten Deutschlands in der NATO zu einem konkreten Verhandlungspaket zusammengefaßt werden mußten. »Die Frage der Fragen«, wie Schewardnadse es genannt hatte, mußte beantwortet werden.

### Moskauer Variationen des Bündnisthemas

In der Debatte über die Frage der gesamtdeutschen NATO-Mitgliedschaft hatte zunächst die Sowjetunion die aktivere Rolle übernommen. Während der Westen von Beginn an die Position vertreten hatte, daß auch das vereinte Deutschland uneingeschränkt Mitglied im Nordatlantischen Bündnis bleiben sollte, hatte Moskau seit Februar 1990 verschiedene Alternativvorschläge präsentiert. Diese seien aber alle auf energischen Widerstand seitens der NATO gestoßen, so

Eduard Schewardnadse am 7. Juni gegenüber DDR-Außenminister Markus Meckel während eines Treffens des Warschauer Paktes in Moskau[123]: Zunächst habe die sowjetische Seite eine deutsche Neutralität gefordert, danach ein nichtpaktgebundenes Deutschland vorgeschlagen, dann die Idee einer Doppelmitgliedschaft aufgegriffen – und stets nur Ablehnung erfahren. In inoffiziellen Gesprächen habe Gorbatschow zudem Hypothesen wie die einer NATO-Mitgliedschaft der UdSSR oder eines deutschen Bündnisstatus nach französischem Muster aufgestellt. Derzeit denke man vor allem darüber nach, welche neuen europäischen Sicherheitsstrukturen es künftig geben könne. Dies mache aber zum einen eine längere Übergangsperiode notwendig sowie zum anderen neuartige Beziehungen zwischen Warschauer Pakt und Nordatlantischem Bündnis. Letzteres könne beispielsweise durch einen Vertrag geregelt werden.

Meckel teilte die sowjetischen Vorstellungen einer neuen Sicherheitsarchitektur, warb für sein Konzept einer »Sicherheitszone«[124] und bot eine Zusammenarbeit an. Er gehe allerdings davon aus, so seine Einschätzung, daß ein vereintes Deutschland der NATO angehören werde und daß die Vereinigung – mit dem Beitritt der DDR zur Bundesrepublik und gesamtdeutschen Wahlen – bereits im Frühjahr 1991 erfolgen werde. Vor allem aber gab er zu bedenken, daß der Warschauer Pakt wohl kaum als Ansprechpartner der NATO beziehungsweise für eine künftige gesamteuropäische Sicherheitsstruktur tauge: Bei dem heutigen Gipfeltreffen der Warschauer Pakt-Staaten habe er den Eindruck gewonnen, daß einzelne Mitglieder entschlossen seien, das Bündnis mittelfristig zu verlassen.

Damit sprach Meckel – ohne eine Reaktion Schewardnadses zu erhalten – offen an, was sich bereits seit dem Frühjahr 1990 abgezeichnet hatte: Der Warschauer Pakt hatte seine Rolle als sowjetisch dominiertes Militärbündnis verloren. Vor allem Ungarn war nicht länger bereit, im Bündnis mitzuarbeiten.[125] Immerhin gelang es den Teilnehmern, an diesem 7. Juni in Moskau, anders als noch beim vorbereitenden Außenministertreffen am 17. März in Prag, ein gemeinsames Abschlußkommuniqué zu beschließen. Gorbatschow hatte zuvor noch einmal für eine Doppelmitgliedschaft Deutschlands in beiden Bündnissen geworben, den radikalen Wandel und die Demokratisierung des Warschauer Paktes gefordert und dessen Annäherung an die NATO angeregt. Auch er konnte aber nicht verhindern, daß beispielsweise bei Lothar de Maizière der Eindruck entstand, letztlich habe es sich bei dem Treffen um eine »Beerdigung erster Klasse« gehandelt. Von einer militärischen Rolle des östlichen Bündnisses war in der abschließenden Erklärung aller Mitgliedstaaten kaum noch die Rede. Die konfrontativen Elemente von WVO und NATO seien nicht mehr zeitgemäß. Das »ideologische Feindbild« wurde für überwunden erklärt. Statt dessen wurde vor allem das Ziel einer neuen europäischen Sicherheitsarchitektur betont. Die gesamtdeutsche NATO-Mitgliedschaft war kein Thema der Verlautbarung, während für den Vereinigungsprozeß lediglich in allgemeinen Worten die Einbindung in den KSZE-Kontext und die Berücksichtigung der legitimen Sicherheitsinteressen der Nachbarn gefordert wurden.

Das Treffen der Warschauer-Pakt-Staaten in Moskau zeigte noch einmal deutlich, daß die Sowjetunion selbst bei den einst engsten Verbündeten keine nennenswerte Unterstützung mehr für die Ablehnung einer gesamtdeutschen NATO-Mitgliedschaft erhielt. Hintergrund war ein allmählich einsetzender Meinungswandel zumindest in den Reformstaaten des auseinanderbrechenden Ostblocks, wo das westliche Bündnis bislang als Inbegriff des Kalten Krieges gegolten hatte. Die NATO, so Gorbatschows Berater Tschernajew später, war ein »Symbol der gesamten antisowjetischen Politik. So war es für die Öffentlichkeit und für die Partei, im ganzen Staat.«[126] Daß diese Einschätzung beispielsweise für die Reformer in der ČSFR nicht mehr galt, hatte der tschechoslowakische Präsident Václav Havel bereits im Februar 1990 in einer Rede vor dem amerikanischen Kongreß deutlich gemacht. Er verwies dabei auf das in der Nachkriegszeit unter Führung der USA als Gegenpol zur »bedrohlichen Macht« der UdSSR aufgebaute westliche Sicherheitssystem und gab zu bedenken: »Ihm verdanken wir vielleicht, daß wir immer noch leben.« Selbst in der sowjetischen Bevölkerung hatte das einstige Schreckgespenst NATO Ende der achtziger Jahre deutlich an Bedrohlichkeit verloren. Vom Moskauer Außenministerium im Frühjahr 1990 geheim durchgeführte Meinungsumfragen in verschiedenen Städten ergaben, daß nur noch eine Minderheit der Befragten – selbst unter den Militärs – eine gesamtdeutsche NATO-Mitgliedschaft ablehnten. Dem stand allerdings ein vehementer Widerstand seitens hochrangiger Funktionäre und Beamter gegenüber, den Gorbatschow und Schewardnadse berücksichtigen mußten.

Insgesamt befand sich die sowjetische Führung in der Frage einer NATO-Mitgliedschaft des vereinten Deutschlands in einer verzwickten Situation:
- Seit das Thema im Februar 1990 aktuell geworden war, waren in Moskau verschiedene Alternativvorschläge zur uneingeschränkten Mitgliedschaft des vereinten Deutschlands im westlichen Bündnis vorgelegt worden. Diese Vorschläge wurden allerdings nicht nur vom Westen kategorisch abgelehnt, sondern waren auch nie konkret ausgearbeitet und mit einer Stimme überzeugend vorgetragen worden.[127]
- Während Gorbatschow und Schewardnadse die NATO-Mitgliedschaft öffentlich stets ablehnten, waren ihre engsten Berater intern flexibler. So sah beispielsweise Tschernajew es bereits vor dem ersten »Zwei-plus-Vier«-Außenministertreffen Anfang Mai in Bonn als sicher an, daß Deutschland in der NATO bleiben würde.[128]
- Ohne geschlossenes Auftreten und ein schlüssiges Konzept war es der Sowjetunion auch nicht möglich, Verbündete für ihre ablehnende Haltung zu finden. Anders als für die UdSSR war den mittelosteuropäischen Staaten der Gedanke an ein ohne feste Bündnisverpflichtungen im Zentrum Europas gelegenes Deutschland wenig angenehm.

– Nach anfänglichen Unklarheiten – beispielsweise in bezug auf den »Genscher-Plan« vom Februar 1990 – hatte der Westen mittlerweile eine klare Position gefunden und bislang ohne erkennbaren Verhandlungsspielraum vertreten: Deutschland sollte Vollmitglied der NATO bleiben.
In ihren verschiedenen Gesprächen mit westlichen Politikern hatten Gorbatschow und Schewardnadse seit Frühjahr 1990 zunehmend den Eindruck erweckt, daß die Frage einer gesamtdeutschen NATO-Mitgliedschaft weniger ein grundsätzliches sicherheitspolitisches Problem, als vielmehr eine Frage der innenpolitischen Akzeptanz war.[129] Um bei der eigenen Bevölkerung nicht den Eindruck entstehen zu lassen, die sowjetische Seite habe bei den internationalen Verhandlungen zur Regelung der deutschen Frage in allen Punkten nachgegeben und sei so zum Verlierer des ganzen Prozesses geworden, benötigte Moskau vorzeigbare sicherheitspolitische Garantien und Vorleistungen des Westens. Die von Bush und Baker im Mai vorgelegten »Neun Zusicherungen« boten hier ein mögliches Gesamtpaket an, dessen einzelne Elemente allerdings noch konkretisiert werden mußten. So war zunächst unklar, wie die von Bush angeregte Überprüfung der NATO-Strategie aussehen konnte. Das von Gorbatschow, Schewardnadse und ihren Mitarbeitern im Grundsatz positiv aufgenommene Angebot mußte also vom Westen präzisiert und mit weiteren Anreizen versehen werden. Gorbatschows Berater Wadim Sagladin äußerte sich Ende Mai jedenfalls optimistisch: Sollte sich das westliche Bündnis einem »radikalen Wandel« unterziehen, dann könne es auf sowjetischer Seite in der NATO-Frage Bewegung geben.

### Der Westen schnürt sein Sicherheits-Paket

Angesichts der sich radikal verändernden Lage in Europa war im Weißen Haus bereits im April über die damit verbundenen Konsequenzen für die NATO nachgedacht worden.[130] US-Präsident Bush wollte sich keinesfalls in die Defensive drängen lassen und ließ von seinen Mitarbeitern im Nationalen Sicherheitsrat ein erstes Konzept zur Neuorientierung im westlichen Bündnis ausarbeiten. Um der Bedeutung der Veränderungen gerecht zu werden, sollte es bereits im Sommer 1990 einen NATO-Gipfel mit konkreten Beschlüssen zur künftigen Strategie geben. Bei einer Rede am 4. Mai präsentierte Bush einen ersten Überblick zu seinen hochgesteckten Zielen, die vor allem vier Gebiete betrafen: die politische Rolle der NATO, die konventionelle und die nukleare Verteidigung sowie eine neue Kursbestimmung des westlichen Bündnisses im KSZE-Prozeß. Unter Hochdruck arbeiteten Weißes Haus, Pentagon und State Department daran, die zentralen Vorgaben umzusetzen. Bush und Baker wollten den Verbündeten, der Sowjetunion und der Öffentlichkeit ein Konzept vorstellen, das sich qualitativ eindeutig von den üblichen Gipfelverlautbarungen unterschied. Das US-Außenministerium hatte zunächst darüber nachgedacht, die

Grundzüge einer neuen NATO-Strategie noch 1990 zu verkünden und bei einem Gipfel im kommenden Jahr zu verabschieden.[131] Damit hätte genügend Zeit für eine Diskussion in den Gremien des westlichen Bündnisses zur Verfügung gestanden. Bush ging dies allerdings nicht weit genug. Er wollte Gorbatschow mit den Ergebnissen des NATO-Gipfels vom 5./6. Juli in London bereits substantielle und verbindliche Veränderungen bieten, um der sowjetischen Seite so auch ein Einlenken in der Frage der gesamtdeutschen NATO-Mitgliedschaft zu ermöglichen. Um die befürchtete Verwässerung seiner Vorschläge im Routineverfahren der NATO-Gremien zu verhindern und zugleich den Überraschungseffekt möglichst groß zu halten, beschloß die US-Administration eine ungewöhnliche Vorgehensweise:
– Der US-Entwurf sollte nicht wie sonst üblich an die NATO nach Brüssel geschickt werden, um dort von den Diplomaten der Mitgliedstaaten ausgiebig diskutiert oder – so die Befürchtung – gar zerredet zu werden.[132] Statt dessen wollte Bush den NATO-Mechanismus umgehen und das Papier erst kurz vor dem Gipfel unmittelbar den Staats- und Regierungschefs zusenden. Eine Redaktion sollte dann erst während des Gipfels durch die Außenminister erfolgen.
– Wurde sonst vor Gipfeltreffen die Erwartungshaltung der Öffentlichkeit eher gedämpft, so hatte Bush dieses Mal seine hochgesteckten Ziele bereits öffentlich verkündet. Die US-Administration ging damit ein hohes Risiko ein, da das Scheitern der amerikanischen Vorlage nicht nur die sowjetische Zustimmung zur gesamtdeutschen NATO-Mitgliedschaft erschwert, sondern zugleich einen enormen Prestigeverlust für den US-Präsidenten bedeutet hätte.

Wie schwer die Durchsetzung eines wirklich substantiellen Reformsignals der NATO an die Sowjetunion sein würde und wie weit die Vorstellungen zu den anstehenden Veränderungen auseinandergingen, zeigte die Diskussion um das Abschlußkommuniqué der Außenminister-Tagung am 7./8. Juni im schottischen Turnberry.[133] Das zuvor von den NATO-Botschaftern in Brüssel beratene Dokument war im Ton zwar freundlich und entgegenkommend gegenüber den Warschauer-Pakt-Staaten, aus deutscher Sicht jedoch viel zu wenig zukunftsorientiert. Vor allem die britische Seite war gegen jede überstürzte und zu weit gehende Veränderung der NATO-Strategie, wie Premierministerin Margaret Thatcher bei ihrer Begrüßungsansprache in Turnberry noch einmal darlegte. Hans-Dietrich Genscher verwies demgegenüber unter anderem auf den herrschenden Zeitdruck. Die Bundesregierung wolle die Einheit noch in diesem Jahr, und es werde wohl bereits am 2. Dezember zu gesamtdeutschen Bundestagswahlen kommen. Der Bundesaußenminister und seine Mitarbeiter wollten daher, daß bereits vom Außenministertreffen ein klares Signal an Moskau gehen sollte, um Gorbatschow und Schewardnadse auf dem bevorstehenden Parteitag der KPdSU den Rücken zu stärken. Noch in der Nacht verfaßte Dieter Kastrup deshalb ein kurzes, politisch gehaltvolleres und reformorientiertes Papier. Die NATO bot darin der UdSSR und allen anderen europäischen Staaten »die Hand zu Freundschaft und Zusammenarbeit«. Man sei zum weiteren Ausbau »des KSZE-Prozesses als Instrument für Zusammenarbeit und Sicherheit in Europa« bereit und entschlossen, die laufenden Abrüstungsverhandlungen zu einem erfolgreichen Ende zu bringen. Zur deutschen Einigung hieß es, man sei überzeugt, daß diese »ein wesentlicher Beitrag zur Stabilität in Europa ist«. Diese Erklärung stimmte er mit den anderen Politischen Direktoren ab, so daß sie am 8. Juni als »Botschaft von Turnberry« dem eigentlichen Abschlußkommuniqué vorangestellt werden konnte. Moskau erhielt damit ein weiteres Zeichen des Westens, daß dieser bereit war, »äußerste Anstrengung« zur Bewältigung der anstehenden Aufgaben auf sich zu nehmen. Noch immer fehlten allerdings Aussagen darüber, wie das Angebot der NATO an die UdSSR konkret aussehen sollte.

In Washington waren die Arbeiten am Reformpaket Anfang Juni noch in vollem Gange. Wie auch in Bonn, wurde sorgsam auf jede Äußerung der sowjetischen Seite geachtet.[134] Die Moskauer Führung hatte mit der beim amerikanisch-sowjetischen Gipfel Anfang Mai in Washington gezeigten Kompromißbereitschaft in der NATO-Frage noch Anlaß zu Optimismus gegeben. Und auch die folgenden Treffen von Genscher und Schewardnadse am 11. Juni in Brest und am 18. Juni in Münster hatten einen nachdenklichen und entgegenkommenden sowjetischen Außenminister gezeigt. Um so größer war der Schock, als Schewardnadse am 22. Juni beim zweiten »Zwei-plus-Vier«-Außenminister-Treffen in Ost-Berlin plötzlich wieder eine deutlich verhärtete Position bezog. Diese hatte sich bereits angedeutet, als er am 13. Juni in einem Brief an US-Außenminister James Baker seine Vorstellungen für eine gemeinsame Erklärung von NATO und Warschauer Pakt präzisiert hatte. Der sowjetische Vorschlag reichte von einer Aufhebung der automatischen Beistandspflicht des westlichen Bündnisses über den Abzug aller US-Nuklearwaffen aus Europa und der US-Truppen aus Deutschland bis hin zur Schaffung entmilitarisierter Zonen in Mitteleuropa und war damit schlicht inakzeptabel. Auf der anderen Seite erhielt die westliche Seite ab Ende Mai kontinuierlich positive Zeichen aus der UdSSR, wie etwa Mitglieder der verteidigungspolitischen Arbeitsgruppe der CDU/CSU-Bundestagsfraktion in Gesprächen mit Wadim Sagladin, Valentin Falin, Marschall Sergej Achromejew und hochrangigen Vertretern des Obersten Sowjets, des Außenministeriums und des Generalstabes zwischen dem 4. und 8. Juni in Moskau. Die UdSSR, so ihr Eindruck, habe derzeit keine eigenen Konzepte und warte auf Vorschläge aus dem Westen. Insgesamt habe es aber auch bei eher orthodoxen Gesprächspartnern deutliche Anzeichen für einen Wandel gegeben. In Geheimdienstberichten war die Rede davon, daß die UdSSR sich de facto bereits mit der NATO-Zugehörigkeit eines vereinten Deutschlands abgefunden habe. Die sowjetische Führung wolle die Verhandlungen noch im September zum Abschluß bringen. Der dazugehörige Vertrag solle beim »Zwei-plus-Vier«-Außenministertreffen in der sowjetischen Hauptstadt unterzeichnet werden, um so durch einen »Moskauer Vertrag« die Bedeutung der Sowjetunion zusätzlich zu betonen. Optimistisch äußerte sich auch Margaret Thatcher, nachdem sie am 8. Juni in Moskau mit Gorbatschow gesprochen hatte: Dieser denke zwar über alle möglichen Alternativmodelle nach, habe die deutsche NATO-Mitgliedschaft aber nicht grundsätzlich abgelehnt. Letztlich werde die UdSSR in der Bündnisfrage zustimmen, und zwar ohne daß der Westen einen allzu hohen Preis dafür bezahlen müsse.[135]

Unbeeinflußt von den britischen Bedenken gegenüber einer weitreichenden Veränderung der NATO, stellten die Mitarbeiter von Bush und Baker am 18. Juni in der interministeriellen »Europäischen Strategie-Lenkungsgruppe« ihren endgültigen Entwurf eines sicherheitspolitischen Gesamtpakets zusammen.[136] Das von Robert Blackwill erarbeitete Konzept bestand aus sieben zentralen Punkten:

1. Die Mitgliedstaaten des Warschauer Paktes sollten eingeladen werden, bei der NATO in Brüssel Verbindungsmissionen einzurichten.
2. Bei der angestrebten nächsten Verhandlungsrunde über die konventionellen Streitkräfte in Europa (VKSE II) sollten Truppenreduzierungen von bis zu 50 Prozent angepeilt werden.
3. Die konventionellen NATO-Streitkräfte sollten hin zu mehr multinationalen Korps unter multinationalem Kommando umgebaut werden.
4. Das Atomwaffenarsenal sollte reduziert und die amerikanischen nuklearen Artilleriegranaten vernichtet werden. In einer neuen Nukleardoktrin sollten die Atomwaffen zu Waffen des »letzten Rückgriffs« werden.
5. Bei den bevorstehenden Verhandlungen über die nuklearen Kurzstreckenraketen (SNF) sollten weitgehende Abrüstungserfolge erzielt werden.
6. Die NATO sollte eine neue Militärstrategie entwickeln, bei der die Prinzipien der »Vorneverteidigung« wie auch der »flexiblen Erwiderung« ersetzt würden.
7. Beim Ausbau des KSZE-Prozesses sollte sich die NATO für die Schaffung einzelner Institutionen, darunter auch einem Zentrum für Konfliktverhütung, einsetzen.

Auf Drängen Bakers wurde anderntags noch der Entwurf einer NATO-Erklärung hinzugefügt, in der das westliche Bündnis sich zur Friedfertigkeit verpflichtete und die Staaten des Warschauer Paktes aufforderte, eine ähnliche Erklärung abzugeben. Damit wurden Elemente der ursprünglich von Helmut Kohl eingebrachten Idee eines Nichtangriffspaktes sowie dem von Baker favorisierten Gedanken einer gemeinsamen Erklärung beider Bündnisse aufgegriffen. Zugleich sollte durch die Ankündigung einer einseitigen Erklärung verhindert werden, daß die UdSSR bei den andernfalls notwendigen Verhandlungen über ein gemeinsames Papier mit unannehmbaren Forderungen eine Annäherung verhindern oder verschleppen konnte.

Am 21. Juni wurde der amerikanische Entwurf erstmals an wenige ausgewählte Verbündete verschickt. Neben Kohl erhielten Thatcher und Mitterrand, der italienische Ministerpräsident Andreotti und NATO-Generalsekretär Manfred Wörner das Papier samt einem Fernschreiben des US-Präsidenten.[137] Dieser erläuterte noch einmal die Motivation für die initiierte Reformdebatte und erklärte die von der US-Seite vorgeschlagenen Schritte. In Bonn stieß der amerikanische Vorschlag auf weitgehend positive Resonanz. Kohl hatte sich zwar noch immer nicht vollkommen von der Idee eines Nichtangriffspaktes verabschiedet, für den er zuletzt vor dem Auswärtigen Ausschuß des Bundestages geworben hatte, sah jedoch insgesamt die meisten seiner Vorstellungen erfüllt. Das Papier war zudem deutlich konkreter und weitreichender als beispielsweise zeitgleich im Bündnis zirkulierende Vorschläge Italiens, die allerdings ebenfalls auf der Bonner Linie einer zukunftsweisenden Reform der NATO lagen. Innerhalb der Bundesregierung existierte zu diesem Zeitpunkt noch kein ausgearbeitetes Konzept, weswegen die deutschen Kommentare sich zunächst auf Details beschränkten. Da er bei Frankreichs Staatspräsident Mitterrand Unterstützung für den Vorschlag eines Gewaltverzichtsabkommens zwischen den Mitgliedstaaten von NATO und Warschauer Pakt gefunden hatte[138], brachte Kohl seine Idee noch einmal vor. Scowcroft warnte demgegenüber weiter vor einem gemeinsamen Dokument beider Bündnisse und schlug den Austausch entsprechender Erklärungen zwischen den einzelnen Mitgliedsländern vor.

Deutlich negativer fiel die britische Antwort auf das amerikanische Konzept aus.[139] Margaret Thatcher stieß sich – ebenso wie Mitterrand – besonders an der Änderung der Nuklearstrategie und der Einladung an die Ostblockstaaten, diplomatische Vertretungen bei der NATO einzurichten, daneben aber auch an der Ankündigung weitreichender Abrüstungsziele. Eine ihrer Ängste bestand darin, daß durch die von den USA vorgeschlagenen Veränderungen bei den Menschen der Eindruck entstehen konnte, es gebe keine Bedrohung mehr. Bush verwies hingegen darauf, daß von der NATO jetzt Führungskraft und klare Entscheidungen verlangt würden, und lehnte Thatchers Vorschlag, gemeinsam mit Frankreich, der Bundesrepublik und Italien eine neue Erklärung ausarbeiten zu lassen, ab. Der US-Präsident war nicht willens, den amerikanischen Vorschlag so kurz vor dem Gipfel noch weitgehend zu ändern. Nachdem der US-Entwurf am 2. Juli offiziell bei der NATO eingegangen war, lehnte er deshalb auch eine Anfrage des spanischen Ministerpräsidenten González ab, der eine Beratung durch die Ständigen Vertreter bei der NATO vorgeschlagen hatte. Statt dessen ließ er sich von seinen Mitarbeitern intensiv auf den Gipfel vorbereiten und kümmerte sich telefonisch noch um die Unterstützung der Regierungen in Belgien, den Niederlanden und Dänemark. Trotz aller laut gewordenen Kritik war die US-Administration entschlossen, ihr Konzept beim Treffen der Staats- und Regierungschefs in London zum Erfolg zu bringen.

*»Ein Schlüsselereignis auf dem Weg zur deutschen Einheit«*

Mit großen Erwartungen und weitreichenden Hoffnungen reiste Helmut Kohl am 5. Juli zum Treffen der 16 NATO-Staaten nach London. In internen Vorbereitungspapieren des Kanzleramtes wurde der Gipfel als »ein Schlüsselereignis für uns auf dem Wege zur deutschen Einheit (äußere Aspekte) und für die künftige Sicherheitsarchitektur Europas insgesamt« bezeichnet.[140] Der Erfolg des Treffens »liegt in unserem unmittelbaren Interesse als Deutsche, als Europäer und als Freunde und Partner der USA«. Noch nie in der Geschichte der NATO habe es eine so große Dichte an Begegnungen auf höchster Ebene gegeben, da dieser Gipfel nach den Veranstaltungen vom Mai 1989 und Dezember 1989 bereits der dritte in Bushs Amtszeit sei. Der US-Präsident habe für das Treffen vier Schwerpunkte vorgeschlagen:
1. die künftige Aufgabenstellung des Bündnisses,
2. die zukünftigen Erfordernisse bei der konventionellen Verteidigung,
3. die Zukunft der US-Atomstreitkräfte in Europa sowie
4. gemeinsame Ziele der NATO-Verbündeten für die Zukunft der KSZE.

Beim Treffen in London, so Kohls Mitarbeiter, müsse als Kernfrage beantwortet werden, »ob das Bündnis angesichts des historischen Wandels in Europa selbst wandlungsfähig ist und die Chancen dieses Wandels durch aktive, initiative und zukunftsgewandte Politik zu nutzen und mitzugestalten weiß«. Dabei gelte es zu beachten, daß die Ergebnisse zum einen die UdSSR und die anderen Mitgliedstaaten des Warschauer Paktes – »auch als Grundlage ihrer letztendlichen Hinnahme des geeinten Deutschlands als Vollmitglied der NATO« – überzeugen sollten.[141] Zum anderen müsse der Öffentlichkeit deutlich gemacht werden, daß das Bündnis weiterhin unverzichtbar sei, und zwar als Garant der westlichen Sicherheit und als Grundlage einer bündnisübergreifenden europäischen Sicherheitsarchitektur. Die allgemeinen Erwartungen seien sehr hoch. Ihre Enttäuschung könne zu einem Rückschlag für die deutsche Einheit und einer Akzeptanzkrise des ganzen Bündnisses führen.

Die Antwort der NATO auf die anstehenden Fragen müsse vor allem in der Abschlußerklärung gegeben werden. Diese dürfe deshalb kein normales »Kommuniqué« sein, sondern müsse sich durch Sprache, konkrete Initiativen und zukunftsweisende Visionen deutlich von früheren Erklärungen abheben. Noch liege keine entscheidungsfähige Vorlage vor. Diese müsse vielmehr beim Gipfel selbst auf politischer Ebene erarbeitet werden.[142] Die in den NATO-Gremien geführten Vorgespräche hätten deutlich gemacht, daß es dabei noch einiges an »altem Denken« zu überwinden gelte. Der von George Bush verteilte amerikanische Entwurf sei demgegenüber deutlich besser, bleibe aber ebenfalls in einigen Punkten noch hinter den Erwartungen zurück. Für die Verhandlungen faßten Teltschik und seine Mitarbeiter noch einmal den aktuellen Diskussionsstand aus dem amerikanischen Papier und der bekannten Haltung Frankreichs und Italiens zu einzelnen Kapiteln der Schlußerklärung zusammen:

- Bezüglich des Verhältnisses zwischen NATO und Warschauer Pakt habe Kohl selbst noch am 21. Juni in seiner Regierungserklärung für einen Nichtangriffspakt der Mitglieder beider Bündnisse im Rahmen der KSZE geworben. Ein Abkommen zwischen den beiden Bündnissen komme nicht in Frage, da so nur eine Stabilisierung des Warschauer Paktes gefördert würde. Die Bundesrepublik und wohl die Mehrheit der NATO-Partner halte aber eine gemeinsame Erklärung mit vorausgehenden Abstimmungen für möglich. Die USA zögen demgegenüber den Austausch von Erklärungen ohne vorhergehende Verhandlungen vor. Eine gemeinsame Erklärung sei aber politisch verbindlicher und entspreche eher der von Eduard Schewardnadse gegenüber Baker und Genscher mehrfach geforderten »vertragliche(n) Grundlage« neuer Beziehungen zwischen den Bündnissen. Beim NATO-Gipfel sollte deshalb beschlossen werden, daß die am 10. Juli beginnenden Vorbereitungen für den KSZE-Gipfel von Paris zur Sondierung in Richtung einer gemeinsamen Erklärung genutzt würden. Inhaltlich ähnliche, im Text aber nicht abgestimmte Erklärungen blieben dann immer noch als Rückfallposition möglich.
- Eine Debatte oder gar Festlegung zur möglichen Obergrenze der Bundeswehr eines vereinten Deutschlands sollte vermieden werden. Statt dessen sollte man die grundsätzliche Verhandlungsbereitschaft über Gesamtstärken und eine allgemeine Richtung zu erkennen geben, die absoluten Zahlen aber für das »end-game« aufheben.
- Die Bereitschaft der USA, vom operativen Konzept der Vorneverteidigung abzurücken und eine neue Bündnisstrategie auch für die Nuklearwaffen auszuarbeiten, sei ein bedeutsames Entgegenkommen. Beim Gipfel sollte ein konkreter und zeitlich befristeter Auftrag zu dessen Umsetzung an ein besonderes Bündnisgremium gehen. Damit könne auch die »Gretchen-Frage nach den vom Bündnis künftig in und für Europa erforderlich gehaltenen Nuklearwaffen« vertagt werden.[143]
- Bei der Frage nach der Zukunft der Nuklearartillerie klafften die amerikanischen und deutschen Vorstellungen am weitesten auseinander. Die US-Seite wolle einen Abzug erst dann umsetzen, wenn alle in Europa stationierten sowjetischen Steitkräfte heimgekehrt wären. Die Bundesregierung sei demgegenüber dafür, bereits im Rahmen der Verhandlungen über die konventionellen Streitkräfte in Richtung auf eine Null-Lösung bei der Nuklearartillerie zu gehen. Als Zeichen des guten Willens solle der NATO-Gipfel hier zumindest eine zeitlich und zahlenmäßig klare einseitige Reduzierung verkünden, worüber wohl auch die US-Administration derzeit nachdenke.
- Bei der KSZE deute sich ein großes Einvernehmen hin zu einer Institutionalisierung ab. Dazu sollten regelmäßige Treffen der Staats- und Regierungschefs, der Außen- und Verteidigungsminister und der Generalstabschefs ebenso gehören, wie ein kleines ständiges KSZE-Sekretariat und ein modernes Kommunikationsnetz. Zusätzlich seien Zentren für Verifikation und Kon-

fliktverhütung erstrebenswert. Beim bevorstehenden Treffen der 16 NATO-Staaten in London sollte es dazu konkrete Aufträge für die bündnisinterne Vorbereitung des KSZE-Gipfels von Paris geben.

Aus Sicht des Bundeskanzleramtes waren die Chancen auf einen erfolgreichen Gipfelverlauf insgesamt nicht schlecht. Probleme wurden vor allem hinsichtlich der neuen Verteidigungsstrategie gesehen: Großbritannien sowie die »Flankenstaaten« Norwegen und Türkei könnten aufgrund ihrer konservativen Einstellungen beziehungsweise ihrer geographischen Lage das verbleibende Risiko durch die Sowjetunion höher bewerten und deshalb gegen eine weitgehende Änderung sein. Aufgrund der bislang nicht stattgefundenen Abstimmung zwischen allen NATO-Mitgliedern über das Abschlußdokument des Treffens waren konkrete Voraussagen zwar nicht möglich, doch schien ein komplettes Scheitern des Gipfels mit negativen Auswirkungen auf den Vereinigungsprozeß unwahrscheinlich. Ob ein ausreichend attraktives Angebotspaket an die Sowjetunion zusammengestellt werden konnte, um dieser die Zustimmung zur gesamtdeutschen NATO-Mitgliedschaft zu erleichtern, war allerdings noch unsicher.

### Heftiges Unbehagen bei Mitterrand und Thatcher

Als die 16 Staats- und Regierungschefs der NATO am 5. Juli 1990 in London zusammenkamen, richtete sich die allgemeine Aufmerksamkeit vor allem auf Maggie Thatcher. Die britische Premierministerin hatte im Vorfeld auch öffentlich noch einmal ihre Abneigung dagegen deutlich gemacht, daß die deutsche Vereinigung das Tempo der anstehenden NATO-Reform bestimmen sollte.[144] Durch Abrüstung und freundliches Einvernehmen mit dem Kreml allein, so ihre Position, lasse sich die europäische Sicherheitsfrage nicht lösen. Da diese beiden Punkte aber bestimmender Tenor des amerikanischen Kommuniqué-Entwurfs waren, wußte niemand, wie weit ihr Widerstand gegen grundlegende Veränderungen im Bündnis reichen würde. Während die Staats- und Regierungschefs im Lancaster House ihre Stellungnahmen abgaben, waren die 16 Außenminister – wie von den USA vorgeschlagen – seit Abschluß der Vormittagssitzung mit der Redaktion der Abschlußerklärung beschäftigt. Unter Leitung des Niederländers Hans van den Broek, der sich bereits bei der Bewältigung der internen NATO-Krise im Mai 1989 als Moderator bewährt hatte, übernahmen sie die inhaltliche Diskussion des amerikanischen Textvorschlags. Dabei zeigte sich, daß der britische Außenminister Douglas Hurd von seiner Premierministerin zwar zu harten Verhandlungen aufgefordert worden war, es aber offensichtlich an keiner Stelle zum Scheitern der amerikanischen Bemühungen kommen lassen sollte. Bis nach Mitternacht rangen die Außenminister letztlich um Kompromisse, da auch der französische Außenminister Roland Dumas immer wieder hartnäckig den amerikanischen Vorschlägen widersprach.

NATO-Generalsekretär Manfred Wörner hatte zuvor im großen Kreis mit seiner Eröffnungsansprache auf die angestrebten Reformen eingestimmt. Er warb dafür, die Möglichkeit zum Übergang von der Konfrontation zur Zusammenarbeit zwischen den Bündnissen zu nutzen. Ziel müsse es sein, die sicherheitswahrende Rolle der NATO zu erhalten, dabei aber die militärischen Aspekte den neuen politischen Realitäten anzupassen. François Mitterrand stimmte den amerikanischen Vorschlägen weitgehend zu, deren Geist und Richtung er unterstütze.[145] Er stellte sich explizit hinter US-Präsident Bush und in Opposition zur Bundesregierung, indem er sich gegen eine gemeinsame Erklärung von NATO und Warschauer Pakt aussprach. Ein solcher Schritt festige lediglich die künstliche, von der Realität überholte Block-gegen-Block-Konstellation. Das westliche Bündnis solle statt dessen lieber eine feierliche Erklärung zum Verzicht auf einen Angriff und den Ersteinsatz von Gewalt ausarbeiten, der sich beim KSZE-Gipfel von Paris alle 35 Teilnehmerstaaten anschließen könnten. Ziel der NATO müsse es sein, den defensiven Charakter des Bündnisses zu unterstreichen, gleichzeitig aber die wahrhaft abschreckende Intention seiner Strategie zu verdeutlichen. Zur künftigen NATO-Strategie erklärte Mitterrand, Frankreich habe eine besondere Position zur integrierten Kommandostruktur wie zur Strategie und werde dies auch nicht ändern. Auch künftig müsse es ein Abschreckungskonzept geben, dessen Ziel es nicht sei, einen Krieg zu gewinnen, sondern bereits dessen Ausbruch zu verhindern. Wenngleich zunächst sehr verklausuliert, so machte Mitterrand doch deutlich, daß Frankreich keinen Zweifel an seiner Sonderrolle im westlichen Bündnis aufkommen lassen wollte.

George Bush erläuterte in seinem anschließenden ausführlichen Debattenbeitrag noch einmal den amerikanischen Vorschlag. Da er um die britischen und französischen Bedenken in diesen Punkten wußte, ging er dabei auch auf die Frage der Nuklearstrategie und der allgemeinen Verteidigungsstrategie ein. Wenn er Atomwaffen als Waffen des »letzten Rückgriffs« (»last resort«) bezeichne, wolle er damit keinesfalls etwas zur Zukunft der »flexiblen Erwiderung« (»Flexible Response«) sagen. Die Formulierung lasse genügend Spielraum für den noch im Detail auszuarbeitenden Strategiewechsel und erlaube es auch den Gegnern eines Ersteinsatzes von Atomwaffen, sich in die Diskussion einzubringen. Der amerikanische Vorschlag zur Veränderung der Vorneverteidigung bedeute vor allem eine reduzierte Vorneverteidigung, also nicht die komplette Abkehr von diesem Prinzip. Bush mahnte seine Zuhörer eindringlich, die sich mit einer eindeutig politischen Gipfelerklärung bietende Chance zu nutzen: Beim letzten »Zwei-plus-Vier«-Außenminister-Treffen habe Schewardnadse allein viermal gegenüber James Baker betont, wie wichtig die Ergebnisse des Gipfels seien. Dies sei vielleicht die letzte Gelegenheit, die notwendige Botschaft an die UdSSR zur deutschen Einheit, zum KSZE-Prozeß und zu den Verhandlungen über die konventionellen Streitkräfte zu formulieren, bevor dort die Entscheidungen hierüber gefällt würden.

Sie sei mit vielen der Aussagen von Bush und Mitterrand einverstanden, halte aber ein paar Erläuterungen für notwendig, begann Maggie Thatcher ihre Stellungnahme. Im folgenden wies sie darauf hin, daß die Bedrohung durch die Sowjetarmee noch keinesfalls verschwunden sei, wie laufende Modernisierungsprogramme und die Produktion von beispielsweise sechs Panzern pro Tag belegten. Wer auf solche Fakten hinweise, dürfe deshalb nicht gleich als »Kalter Krieger« abgestempelt werden. Bei Abrüstungsfragen dürfe es nicht darum gehen, was man im Augenblick meine aufgeben zu können, sondern um das, was man auch in Zukunft benötigen werde. Thatcher schloß sich Mitterrands Warnung vor einer Abkehr vom Prinzip der Abschreckung, zu der auch Nuklearwaffen gehörten, an. Sehr kritisch äußerte sie sich zur Bezeichnung der Atomwaffen als Waffen des »letzten Rückgriffs«. Man dürfe weder einen Ersteinsatz dieser Waffen explizit ausschließen noch grundsätzlich sagen, wie sie eingesetzt werden sollten, da andernfalls jegliche Flexibilität und Abschreckungswirkung verloren gingen. Reden könne man allerdings über die Reduzierung der Gefechtsköpfe in Europa, wobei der Gipfel ein Signal setzen sollte. Im Abschlußkommuniqué müsse deutlich gemacht werden, daß die NATO auch unter den neuen Umständen vital bleibe, gleichwohl aber mit der Zeit gehe und Verständnis für sowjetische Sorgen habe. Die britische Seite unterstütze deshalb regelmäßige politische Kontakte im Rahmen der KSZE – die allerdings nie die Verteidigungsfunktion der NATO übernehmen könne – ebenso wie militärische Kontakte. Entsprechend der Position der Bundesregierung sprach sie sich auch für eine gemeinsame Erklärung der beiden Bündnisse aus, die allerdings keinesfalls als Nichtangriffspakt bezeichnet werden dürfe. Die britische Premierministerin äußerte also ihre Zweifel an zu weitgehenden Reformen der NATO ebenso deutlich wie ihre Bereitschaft, der sowjetischen Seite ein Entgegenkommen zu signalisieren.

Da allen Teilnehmern klar war, daß die deutsche Frage untrennbar mit dem Gipfelergebnis verbunden war, wurde der Beitrag des Bundeskanzlers mit besonderer Spannung erwartet. Kohl betonte sowohl das uneingeschränkte Ja zur deutschen Vollmitgliedschaft in der NATO wie auch deren Bedeutung für die weitere friedliche Entwicklung Europas. Man müsse nun die Partner im Osten überzeugen, daß Deutschlands Einbindung in das westliche Bündnis für alle einen Zugewinn an Stabilität bedeute. Zugleich warb er dafür, den Reformprozeß in Mittel- und Osteuropa auch durch Wirtschaftshilfe zu unterstützen.[146] Er verwies auf die deutsche Bereitschaft, im Rahmen der Verhandlungen über die konventionellen Streitkräfte in Europa eine Stellungnahme zur Gesamtstärke deutscher Truppen nach der Vereinigung abzugeben. Zentrale Aufgabe des Londoner Gipfels sei es, den zukunftsgewandten Kurs des Bündnisses zu verdeutlichen, bei der das gemeinsame Miteinander aller Staaten in Europa und die stärkere politische Rolle der NATO betont werden sollten. Ausdrücklich und energisch stellte Kohl sich hinter die Vorschläge der amerikanischen Seite. Er wurde dabei von den folgenden Rednern unterstützt, von denen keiner mehr in der Deutlichkeit von Mitterrand und vor allem von Thatcher Kritik an der amerikanischen Vorlage äußerte. Statt dessen machte sich der italienische Ministerpräsident Andreotti zum energischen Fürsprecher einer stärker politisch definierten Rolle der NATO, während der kanadische Premierminister Mulroney sogar ein explizites Lob der Politik von Kohl und Genscher in seine Stellungnahme einflocht: Deren Bewältigung der Probleme der deutschen Vereinigung samt ihrer äußeren Aspekte verdiene Anerkennung. Den zustimmenden Grundtenor der meisten Stellungnahmen betonte auch Wörner, als er abschließend die 16 Redebeiträge zusammenfaßte. Es herrsche ein breiter Konsens darüber, wie den Veränderungen in Europa Rechnung getragen werden sollte. Er wolle allerdings auf einen mehrfach angeklungenen Punkt hinweisen: In einigen Mitgliedstaaten laufe bereits eine grundlegende Überprüfung der eigenen Verteidigungsstrategie. Sollte diese auch Auswirkungen auf die Zahl der dem NATO-Kommando unterstellten Truppen haben, dann bitte er um rechtzeitige Konsultation innerhalb des Bündnisses, da andernfalls die Grundsätze der gemeinsamen Verteidigung gefährdet werden könnten.

Die 16 Außenminister hatten derweil um die Inhalte der feierlichen Abschlußerklärung gerungen.[147] Da nicht zuletzt Roland Dumas bei fast allen Punkten Einspruch erhoben hatte, konnten die Minister ihre Arbeit am Abend zunächst nicht abschließen. Gemeinsam mit den Staats- und Regierungschefs nahmen sie zwar an einem feierlichen Dinner der britischen Königin im Buckingham Palast teil, setzten sich danach aber noch einmal bis nach Mitternacht zusammen. Der amerikanische Textentwurf bildete die Grundlage ihrer Diskussion und letztlich in weiten Teilen auch der feierlichen Abschlußerklärung. Zu den verschiedenen Änderungen am US-Text gehörte allerdings, daß auf britisches Drängen die deutliche Zusage zu weiteren Abrüstungsschritten im konventionellen Bereich in eine allgemeine Aussage umgewandelt wurde, wonach Verhandlungen über weitere Begrenzungen angestrebt würden. Auf der anderen Seite hatte Hurd die deutsche Delegation unterstützt, so daß gegen den ursprünglichen Willen der USA doch noch eine gemeinsame Erklärung der Staaten von Warschauer Pakt und NATO zum künftigen Verhältnis der beiden Bündnisse beschlossen wurde. Roland Dumas hatte erfolglos versucht, die Aufforderung an die ehemaligen Ostblockstaaten, Botschaften bei der NATO einzurichten, zu streichen. Die ursprüngliche Formulierung wurde zwar abgeschwächt, doch blieb die grundsätzliche Einladung zur dauerhaften Anwesenheit in Brüssel erhalten. Abgeschwächt wurde auf französischen Wunsch auch die Zielsetzung, künftig mehr multinationale Korps unter dem integrierten Kommando der NATO aufzustellen. Frankreich, selbst nicht Mitglied der militärischen Integration, setzte durch, daß im Abschlußdokument nur noch die Rede von multinationalen Korps, zusammengesetzt aus nationalen Einheiten, die Rede war, konnte aber auch hier den Kern der Veränderungsbemühungen nicht berühren. Die ständigen französischen Einwürfe zeigten zwar, daß der Appell der USA an die Bundesregierung, sich im Vorfeld des NATO-Gipfels eng mit Frankreich abzustimmen, um dadurch Friktionen zu vermeiden, erfolglos gewesen war.[148] Doch letztlich blieben diese aufgrund des weniger fundamentalen Widerstands Großbritanniens ohne Auswirkung auf die zentralen Inhalte des Kommuniqués. Aus deutscher Sicht war das nun noch von den Staats- und Regierungschefs zu verabschiedende Dokument ein voller Erfolg. Die von den USA vorgeschlagenen und für Moskau so wichtigen Elemente waren allesamt erhalten geblieben. Zusätzlich hatte man gegen den Widerstand der USA noch eine gemeinsame Erklärung der Staaten von Warschauer Pakt und NATO durchgesetzt, in der die Prinzipien von Nichtangriff und Kooperation feierlich verkündet werden sollten.

Als die Staats- und Regierungschefs am nächsten Morgen abschließend über den Text der Erklärung befinden sollten, traten unerwartet noch zwei Probleme auf.[149] Zum einen beharrte Island darauf, daß bei künftigen Verhandlungen über konventionelle Streitkräfte in Europa auch der maritime Bereich einzubeziehen, zumindest aber nicht vollkommen auszuschließen sei. Zum anderen gab Frankreichs Staatspräsident François Mitterrand eine in Stil und Inhalt überraschende Erklärung ab. Auch gegenüber Bundeskanzler Kohl, mit dem er an diesem Morgen gefrühstückt und über Themen des bevorstehenden Weltwirtschaftsgipfels gesprochen hatte, hatte er seine diesbezügliche Absicht nicht erwähnt. In der morgendlichen Sitzung lobte Mitterrand zunächst den Geist der Londoner Erklärung, die eine Erneuerung des Bündnisses und eine Öffnung gegenüber den ehemaligen Gegnern des Kalten Krieges bedeute. Politisch und psychologisch sei das Papier gut angelegt, wenngleich die Allianz militärisch wachsam bleiben werde. Er wolle aber die Bedenken eines nicht der militärischen Integration angehörenden Partners klarstellen und zeigen, daß Frankreich die NATO-Strategie künftig ebensowenig wie bislang billige. Nach seiner Überzeugung könne Abschreckung nur unmittelbar wirken, also in einer Art Automatismus, bei dem der Einsatz von Atomwaffen vor dem Einsatz jeder anderen Waffe möglich sei. Nuklearwaffen seien deshalb nicht die Waffen des »letzten Rückgriffs«, sondern der Kriegsverhütung. Dies sei aber nur möglich, wenn ein potentieller Gegner um die Option wisse, unmittelbar mit der Verwendung von Atomwaffen konfrontiert zu sein. Weder die Strategie der »flexiblen Erwiderung« noch die des »letzten Rückgriffs« werde dem gerecht. In beiden sei die Mitteilung an den Gegner enthalten, man werde zunächst den Verlauf eines Krieges abwarten und dann vielleicht auf Atomwaffen zurückgreifen. Dem möglichen Gegner werde also ein völlig falsches Signal gegeben, weswegen Frankreich sich auch nicht an die Strategieaussagen der Londoner Erklärung gebunden fühle. Gleichwohl stelle die Erklärung einen mutigen Schritt dar – wenn nicht im militärischen Bereich, so doch auf der politischen Ebene. Mitterrand machte mit diesen Ausführungen noch einmal deutlich, daß dieser Gipfel nicht seinen Vorstellungen entsprach, da er hauptsächlich auf die Lösung der deutschen Frage und die dafür notwendigen Zeichen an Moskau ausgerichtet war. Zudem fehlten ihm konkrete Aussagen über die künftigen Beziehungen zwischen den USA und Europa beziehungsweise zur Rolle der europäischen Staaten innerhalb der NATO. Der Staatspräsident hatte dazu zunächst nichts sagen wollen, dann aber doch das Wort ergriffen. Auf amerikanischer Seite wurde sein Statement als Hinweis auf seine Verärgerung darüber aufgefaßt, daß US-Präsident Bush sich nicht auf eine langwierige Überprüfung der NATO-Strategie unter französischer Beteiligung eingelassen, sondern statt dessen seinen eigenen Text erfolgreich durch das höchste NATO-Gremium gebracht hatte.

### Ein deutliches Signal und eine rasche Antwort aus Moskau

Vom NATO-Gipfel, so das erklärte Ziel der Regierungen in Bonn und Washington, sollte ein entscheidendes Signal an die sowjetische Führung ausgehen: eine Zusammenstellung der sicherheitspolitischen Angebote des westlichen Bündnisses, um der Sowjetunion die Zustimmung zur NATO-Mitgliedschaft eines vereinten Deutschlands zu ermöglichen. Neben der Substanz des Paketes war dabei der Ton der Offerte wichtig, da Gorbatschow und seine reformorientierten Mitstreiter den Text auch in der innenpolitischen Debatte mit den Gegnern eines Einlenkens in der Bündnisfrage einsetzen mußten. Es war deshalb entscheidend, daß trotz etlicher inhaltlicher Abschwächungen bei der Redaktionssitzung der 16 Außenminister »Originalität und Stoßkraft« des Gipfelkommuniqués erhalten geblieben waren.[150] Der prägnante Ton des Dokuments und die Inhalte stellten daher in ihrer Mischung aus konkreten Zusagen und symbolreichen Gesten ein aus westlicher Sicht attraktives sicherheitspolitisches Angebotspaket unter dem Titel »Londoner Erklärung: Die Nordatlantische Allianz im Wandel« dar. Seine zentralen Aussagen waren:
- Die NATO bekräftigte, daß Sicherheit und Stabilität sich nicht nur militärisch definierten. Das westliche Bündnis würde deshalb seine schon immer vorhandene politische Komponente ausbauen. Gleich mehrfach wurde der grundsätzlich defensive Charakter des Nordatlantikpaktes betont.
- In einer gemeinsamen Deklaration sollten die Staaten der beiden Verteidigungsbündnisse feierlich bekunden, daß sie sich künftig nicht mehr als Gegner betrachteten und auf Aggression verzichteten. Alle anderen KSZE-Staaten wurden aufgefordert, sich dieser Erklärung anzuschließen.
- Michail Gorbatschow, aber auch andere Vertreter der mittel- und osteuropäischen Staaten, wurden eingeladen, vor dem Nordatlantikrat in Brüssel zu sprechen.
- Die Staaten des Warschauer Paktes sollten dabei nicht nur zu Besuch nach Brüssel kommen, sondern ständige diplomatische Verbindungen mit der NATO aufnehmen.
- Um »die Hinterlassenschaft von Jahrzehnten des Mißtrauens zu überwinden«, sollten militärische Kontakte intensiviert werden.
- Die NATO wollte künftig über »kleinere und umstrukturierte aktive Streitkräfte verfügen« und die Einsatzbereitschaft reduzieren.

– Die NATO wollte eine neue Strategie erarbeiten, die sich weniger auf Kernwaffen stützen und diese »wahrhaft zu Waffen des letzten Rückgriffs« machen würde.[151]
– Nach Unterzeichnung des Vertrags über die konventionellen Streitkräfte in Europa (VKSE) sollte es Verhandlungen über den Abbau der strategischen Nuklearstreitkräfte geben. Die NATO kündigte zudem bereits ihr Angebot eines kompletten Rückzugs der atomaren Artillerie auf beiden Seiten an.
– In einer angebotenen zweiten VKSE-Runde strebe man weitreichende Abrüstungsschritte mit der Begrenzung der Angriffsmöglichkeiten an.
– Die NATO-Mitglieder erklärten sich zu einem tiefgehenden Ausbau und zur Institutionalisierung der KSZE bereit. Dazu sollten Einrichtungen wie jährliche Treffen der Staatschefs oder der Außenminister, ein eigenes KSZE-Sekretariat, ein Zentrum zur Konfliktverhütung und Streitschlichtung sowie ein parlamentarisches Gremium gehören.

Konnte dieses Angebotspaket den Interessen der UdSSR gerecht werden? Bei den NATO-Verbündeten herrschte diesbezüglich Optimismus. Aufgrund der geschlossenen Reaktionen des Westens zu den verschiedenen Vorschlägen aus Moskau mußte Gorbatschow klar sein, daß es keine Alternative zur Vollmitgliedschaft des vereinten Deutschlands in der NATO geben konnte. Filterte man aus den zahlreichen sowjetischen Vorschlägen die Hauptinteressen heraus, dann blieben drei zentrale Punkte übrig, zu denen die Londoner Erklärung konkrete Antworten bereithielt:

1. politische Sicherheitsgarantien für Deutschlands Nachbarn im Osten und vor allem für die Sowjetunion: Die NATO bot hier von der Betonung des defensiven Charakters des Bündnisses bis hin zur gemeinsamen Erklärung zum Ende der Gegnerschaft und zum Verzicht auf Aggression zahlreiche explizit benannte Möglichkeiten;
2. Fortschritte bei der militärischen Abrüstung: Auch hier legte das westliche Bündnis neben dem rhetorischen Bekenntnis zu einer Welt mit weniger Waffen zahlreiche Offerten auf den Tisch, die neben den konventionellen Streitkräften auch weite Teile der nuklearen Bewaffnung umfaßten;
3. der Aufbau einer neuen Sicherheitsarchitektur in Europa: Die NATO erklärte sich zu der vor allem von Schewardnadse seit Frühjahr 1990 immer wieder geforderten Institutionalisierung der KSZE bereit. Sie machte auch hierzu konkrete Vorschläge, die sich mit früheren sowjetischen Initiativen deckten. Die Konferenz über Sicherheit und Zusammenarbeit in Europa sollte – ohne die NATO in ihrer Verteidigungsrolle ersetzen zu können – künftig eine größere Rolle spielen.

Aufgrund dieser Analyse konnte die Bundesregierung mit ihren Verbündeten hoffen, daß die sicherheitspolitischen Bedenken der UdSSR gegen eine gesamtdeutsche NATO-Mitgliedschaft nun überwunden werden konnten. Unklar war allerdings, wie die sowjetische Führung das westliche Angebot aufnehmen und politisch umsetzen würde. Um Gorbatschow Hintergrund und Bedeutung der

Londoner Beschlüsse unmittelbar klarzumachen, setzten die Mitarbeiter von US-Präsident Bush noch auf ihrem Rückflug nach Washington eine persönliche Nachricht an Gorbatschow auf.[152] Die Erklärung der NATO, die eine Transformation des westlichen Bündnisses verspreche, sei vor allem mit Blick auf den sowjetischen Präsidenten geschrieben worden, versicherte Bush in seinem per Funk nach Moskau übermittelten Brief. Aus der amerikanischen Botschaft wurde das Schreiben sofort zum Kongreß der Volksdeputierten gebracht, wo Tschernajew es entgegennahm und in einer ersten Reaktion als »bedeutsam« bezeichnete. Entscheidend aus westlicher Sicht war allerdings, wie die offiziellen Reaktionen der sowjetischen Führung ausfallen würden.

Im sowjetischen Außenministerium hatten Schewardnadse und sein Berater Tarassenko sich bereits vor Bekanntgabe der Londoner Erklärung auf eine schnell zu veröffentlichende Pressemitteilung vorbereitet.[153] Schewardnadse war bewußt, wie wichtig die erste regierungsamtliche Reaktion auf die NATO-Beschlüsse für die nachfolgende Diskussion sein würde. Einer von ihm, offiziell als Mitglied des Politbüros und Außenminister, verkündeten Interpretationslinie würden die zahlreichen orthodoxen Deutschlandexperten in der Verwaltung kaum offen entgegentreten können. Gleiches galt für in der deutschen Frage skeptischer eingestellte Politiker wie Marschall Sergej Achromejew. Über die groben Züge einer möglichen Reform der NATO hatte Schewardnadse sich im Vorfeld des Londoner Gipfels mehrfach mit Hans-Dietrich Genscher und James Baker unterhalten. Würden diese beim Treffen der Staats- und Regierungschefs der 16 NATO-Staaten die ihm zuvor angedeutete Linie durchsetzen, dann hielt Schewardnadse im Gegenzug ein Einlenken der Sowjetunion in der deutschen Bündnisfrage für möglich. Gemeinsam mit Tarassenko hatte er deshalb bereits einige Einschätzungen zu den angedeuteten Veränderungen schriftlich vorbereitet. Nun wartete er am Nachmittag des 6. Juli in seinem Büro auf die Bekanntgabe des Gipfelkommuniqués in London. Um sich einen Zeitvorsprung zu verschaffen, verließen sie sich nicht auf die Übermittlung des Dokuments auf den üblichen diplomatischen Kanälen, sondern zogen ihre Erkenntnisse aus eingehenden Meldungen von Nachrichtenagenturen und dem Rundfunk. Tarassenko notierte sich die Bewertungen Schewardnadses und erstellte gemeinsam mit diesem eine erste Analyse und Bewertung der »Londoner Erklärung«. Bereits eine Stunde später konnten sie so die offizielle Stellungnahme des Außenministeriums an die sowjetischen Medien übermitteln, wo sie auch gleich im Rundfunk bekanntgegeben wurde. Schewardnadse gab dabei eine positive Einschätzung der NATO-Beschlüsse ab.[154] Diese zeigten in die richtige Richtung und könnten einen Weg für eine sichere Zukunft in Europa weisen. Ob sie auch »einen Wendepunkt und einen Tag der Erneuerung« darstellten, könne man zwar noch nicht sagen, auf jeden Fall seien die Dinge aber in Bewegung gekommen. Vor allem die angekündigten Veränderungen der Strategie des westlichen Bündnisses, weg von der Vorneverteidigung und dem Prinzip der »flexiblen Erwiderung«, deuteten ein ernsthaftes Nachdenken des

Westens an. Er wies auch darauf hin, daß viele der sowjetischen Vorschläge zu Ausbau und Institutionalisierung der KSZE aufgegriffen worden seien, was »Anlaß zur Genugtuung« sei. Dieser positiven Grundtendenz schloß sich Gorbatschow an, der die Einladung nach Brüssel annahm und im Gegenzug NATO-Generalsekretär Manfred Wörner nach Moskau einlud. Die Nachricht von den Ankündigungen der NATO hatte den Präsidenten noch auf dem Parteitag der sowjetischen Kommunisten erreicht, wo er zwar heftige Kritik und vereinzelte Niederlagen hatte einstecken müssen, den er aber letztlich unbeschadet überstanden hatte. Entsprechend der ersten regierungsamtlichen Reaktion fielen auch zahlreiche Kommentare in den Medien positiv aus, ohne daß die Kritiker allerdings völlig verstummten. So distanzierte sich Valentin Falin deutlich von Gorbatschows Einschätzung, daß vom NATO-Gipfel »sehr positive Zeichen« gekommen seien, und forderte erneut die Auflösung der Blöcke in Europa und die Denuklearisierung des Kontinents.

Die ersten offiziellen Reaktionen aus der sowjetischen Hauptstadt auf das Angebotspaket des Westens fielen also im Grundsatz zustimmend aus. Welche Auswirkungen dies auf die Frage der deutschen NATO-Zugehörigkeit haben würde, war allerdings noch unklar. Kohl und seine Mitarbeiter glaubten dennoch, Grund zum Optimismus zu haben[155]: Am 11. Juli traf im Kanzleramt die Nachricht ein, daß Gorbatschow beim vereinbarten Besuch Kohls in der UdSSR einen gemeinsamen Abstecher in seine kaukasische Heimat unternehmen wolle. Dies, so die Einschätzung in Bonn, hätte der Generalsekretär nicht vorgeschlagen, wenn er von einem konfliktträchtigen Treffen ausgehen würde. Zuversichtlich stimmte außerdem, daß mit der Klärung der deutsch-polnischen Grenzfrage ein weiteres Problem aus dem internationalen Kontext der Vereinigungsverhandlungen aus dem Weg geräumt worden war.

# DIE UdSSR NENNT IHREN PREIS

Mit der »Londoner Erklärung: Die Nordatlantische Allianz im Wandel«[1] hatten die 16 Staats- und Regierungschefs der NATO-Staaten am 6. Juli ein deutliches Zeichen gesetzt und den ihnen möglichen Beitrag zur Verbesserung der Rahmenbedingungen für die deutsche Vereinigung geleistet. Die Erklärung war ihr abschließendes Angebot an die Staaten des Warschauer Paktes und vor allem die Sowjetunion, wie das jeweilige Sicherheitsbedürfnis zu befriedigen und zugleich die NATO-Mitgliedschaft eines vereinten Deutschlands zu erreichen waren. Gemeinsam mit den Initiativen der Bundesregierung zur wirtschaftlichen Unterstützung und finanziellen Hilfe für die UdSSR war damit der westliche Gesamtrahmen abgesteckt, in dem die deutsche Einheit verwirklicht werden sollte. Die geplante Visite Kohls mit einer hochkarätigen deutschen Delegation in der Sowjetunion wurde so in ein westliches Angebotspaket eingebunden. Dieses Paket zu erläutern und weitere Lösungsschritte zu sondieren, war das zentrale Ziel der Reise vom 14. bis 17. Juli, die mit einer für alle Seiten befriedigenden und für den Westen überraschenden Bilanz endete: »Heute kann ich die für alle Deutschen gute Nachricht mitbringen, daß nunmehr auch über alle äußeren Aspekte zwischen uns und der Sowjetunion Einigkeit erzielt ist«, faßte der Bundeskanzler die Ergebnisse abschließend zusammen.[2] Gemeinsam mit der Führung in Moskau hatten Helmut Kohl, Hans-Dietrich Genscher und Theo Waigel alle wesentlichen Hindernisse auf dem Weg zur Vereinigung beiseite geräumt.

### »Noch kein Durchbruch zu erwarten«

Im Bundeskanzleramt war die Moskau-Reise mit viel Optimismus, doch ohne überzogene Erwartungen vorbereitet worden. Beim Weltwirtschaftsgipfel in Houston am 9. Juni hatte Kohl – bestärkt von Mitterrand und Andreotti – noch einmal energisch für ein gemeinsames Vorgehen des Westens bei der Unterstützung der sowjetischen Reformbemühungen gekämpft. Gorbatschow hatte in einem Brief an die G 7-Teilnehmer seine Bitte um Hilfe wiederholt. Trotz aller Bemühungen der Europäer blieben die USA aber in ihrer Haltung hart: Solange die UdSSR ihre alten Schulden nicht bezahle und Kuba mit Milliardenbeträgen subventioniere, verbiete sich für sein Land jegliche Unterstützung, stellte Bush im Gespräch mit dem Bundeskanzler klar.[3] Er sehe aber, daß diese Fragen sich für Deutschland anders stellten, weshalb die Bundesregierung

diesen Punkt selbst entscheiden müsse. Kohl setzte dem entgegen, daß der Weltwirtschaftsgipfel ein ähnlicher Erfolg wie der NATO-Gipfel werden müsse, und warnte davor, nur über Hilfe für die Sowjetunion zu reden: Es wäre »schlimm und ungerecht«, wenn man nicht auch über Hilfe für Staaten wie Ungarn, Polen und die ČSFR spreche. Im Rahmen der Gespräche lenkte Bush – der negative Signale in Richtung Moskau verhindern, gleichwohl aber seiner innenpolitisch motivierten Linie treu bleiben wollte – schließlich ein. Alle G 7-Teilnehmer stimmten einer politischen Erklärung mit drei zentralen Elementen zu:
- Gorbatschow wurde für seinen Reformkurs gelobt und zur Fortsetzung ermutigt;
- der Internationale Währungsfonds, Weltbank, OECD und die Europäische Bank für Wiederaufbau und Entwicklung sollten bis zum Jahresende eine Studie über die sowjetische Wirtschaft mit Ratschlägen für weitere Reform- und Unterstützungsmaßnahmen erarbeiten;
- Staaten, »die jetzt schon dazu in der Lage sind«, blieb es freigestellt, bereits vor Vorliegen der Studie eigene Hilfsaktionen für die Sowjetunion vorzubereiten.

Das Bonner Verhandlungsziel einer gemeinsamen und umfassenden Wirtschaftshilfe der G 7-Staaten für die UdSSR war damit zwar nicht vollständig erfüllt, das erhoffte positive Signal an Gorbatschow aber dennoch gegeben worden. Nun galt es abzuwarten, wie dieser reagieren würde.

*Positive Zeichen aus dem Kreml*

Als der Bundeskanzler mit einer großen Regierungsdelegation und einem umfangreichen Journalistentroß am 14. Juli mit zwei Flugzeugen zu seiner dreitägigen Reise nach Moskau und Stawropol startete, waren die Erwartungen zurückhaltend. Daß Gorbatschow am 11. Juli eine neuerliche Botschaft an den Kanzler gerichtet hatte, in der weitere Annäherungsschritte angedeutet und ein Besuch auch in der kaukasischen Heimat des sowjetischen Präsidenten vorgeschlagen wurden, bewerteten Mitarbeiter des Kanzleramtes als positives Zeichen.[4] Damit drücke Gorbatschow die von beiden Seiten gewünschte Verbindung von politischen Inhalten mit der »persönlichen Chemie« aus. Gleichwohl stellten sie fest, realistischerweise sei von Kohls Besuch »noch kein Durchbruch derart zu erwarten, daß der weitere 2+4-Prozeß zur bloßen Formalie herabgestuft würde«.

Im Kanzleramt ging man bei der Vorbereitung von der Grundkonstellation aus, daß der Kanzler als erster Teilnehmer aller drei westlichen Gipfel – Dublin (Europäischer Rat), London (NATO) und Houston (G 7) – nach Moskau kam, wo er deren Ergebnisse ausführlich darstellen und interpretieren konnte. Als geschickt wurde auch die Einreihung der Moskau-Reise in andere Besuche westlicher Politiker betrachtet, wodurch jeder Anschein eines deutschen Alleinganges vermieden und statt dessen die Einbettung in einen westlichen Rahmen insgesamt unterstrichen würde.[5] Kohl werde auf einen Präsidenten treffen, der sich mit seiner Wiederwahl zum Generalsekretär der KPdSU über die innenpolitischen Gegner hinweggesetzt habe. Das bedeute zunächst eine Stärkung, zumal Gorbatschow sich mit seinem Präsidentenstab immer stärker vom bremsenden Parteiapparat unabhängig mache. Die Direktwahl als Generalsekretär durch den Parteitag verleihe ihm zudem gegenüber dem Zentralkomitee der KPdSU mehr Macht und Sicherheit. Gleichwohl, so die internen Analysen, habe der Parteitag gezeigt, daß Gorbatschow sich in inhaltlichen Fragen nur sehr begrenzt durchsetzen konnte.[6] Die dadurch beschleunigte Abspaltung progressiver Kräfte um Boris Jelzin werde zusätzlich zu einer personellen Auszehrung der Parteibasis führen. Parteikader und Militärführung hätten außerdem die Deutschland- und Osteuropapolitik zum innenpolitischen Thema gemacht. Der außenpolitische Spielraum der Moskauer Führung – vor allem in den wichtigen Fragen der gesamtdeutschen NATO-Mitgliedschaft und der Rüstungskontrollpolitik – werde dadurch weiter eingeschränkt. Hier sollte der Westen durch eine überzeugende Politik und die damit verbundene Neutralisierung der Kritik neben der außenpolitischen Stärkung auch eine innenpolitische Entlastung Gorbatschows bewirken.

Deutlich erschwert werde die innenpolitische Lage durch die katastrophale Wirtschafts- und Versorgungslage, so die Einschätzung von Kohls Mitarbeitern. Im ersten Halbjahr 1990 seien »das Wirtschaftswachstum negativ, der Inflationsdruck enorm und die Staatsfinanzen stark defizitär gewesen«. Der ökonomischen Zusammenarbeit wurde in den Vorüberlegungen viel Zeit gewidmet. Ein vereintes Deutschland, so die Annahme, werde der wichtigste Außenhandelspartner und Devisenbringer Moskaus sein. Die Vereinigung werde eine qualitative Ausweitung und Vertiefung der wirtschaftlichen Zusammenarbeit bringen und so politisch stabilisierend wirken. An bilateral erbrachten Leistungen für die UdSSR wurden unter anderem die Nahrungsmittelhilfe im Wert von 220 Millionen Mark im Februar 1990, die öffentliche Bürgschaft für den 5-Milliarden-Mark-Kredit deutscher Banken vom Juni 1990, den zum Jahresende 1989 ausgelaufenen Rahmenkredit eines deutschen Bankenkonsortiums über 3 Milliarden Mark sowie ein von Wirtschaftsminister Haussmann in Houston vorgestelltes »Kooperations-Paket«[7] genannt. Im Staatsvertrag über die Wirtschafts-, Währungs- und Sozialunion sei ein Vertrauensschutz für alle Verpflichtungen der DDR gegenüber der UdSSR vorgesehen. Hinzu kämen die Übernahme der Stationierungskosten für sowjetische Truppen in Höhe von rund 1,25 Milliarden Mark ab Ende 1990 sowie ein günstiger Umtauschkurs für Guthaben sowjetischer Soldaten bei der Feldbank.

Daneben wurde Kohl mit ausführlichen Informationen zu all jenen Leistungen versehen, die von westlicher Seite in jüngster Zeit gegenüber der Sowjetunion erbracht worden waren. Genannt wurde eine Vielzahl an Punkten, die von grundsätzlichen Bemühungen zur allgemeinen politischen Lage – wie beispielsweise der Entschließung von Bundestag und Volkskammer zur polnischen Grenze und der deutsch-französischen Initiative zur Entspannung der Lage im Baltikum – bis hin zu zahlreichen Initiativen auf den Gebieten Sicherheit, Abrüstung und Rüstungskontrolle reichten. Hinzu kamen die Angebote zum Ausbau der KSZE sowie einer gemeinsamen Erklärung der Mitgliedstaaten von NATO und Warschauer Pakt zum Gewaltverzicht und die Öffnung westlicher Institutionen, etwa die Unterstützung eines sowjetischen Gaststatus beim Europarat oder die Annäherung an GATT, IWF, Weltbank und G 7.

### Konkretes Angebot für einen gemeinsamen Vertrag

Zur künftigen Ausgestaltung der bilateralen Beziehungen hatten Kohls Mitarbeiter sich Gedanken für den »Entwurf eines Vertrages über Zusammenarbeit und gute Nachbarschaft zwischen dem künftigen geeinten Deutschland und der Union der Sozialistischen Sowjetrepubliken« gemacht.[8] Man war sich einig, daß dieser Entwurf zwar einer der Schwerpunkte der Gespräche mit Gorbatschow bilden sollte, es gleichwohl aber im Auge zu behalten sei, daß der Bundeskanzler einen solchen Vertrag noch immer vorrangig mit Polen abschließen wolle. Der sowjetische Präsident habe auf die Idee eines derartigen Vertrages bislang sehr positiv reagiert. Die nun vorgelegte Inhaltsgliederung sah zunächst eine Präambel vor, in der die europäische Friedensordnung und die gute Nachbarschaft ebenso betont werden sollten wie die aus der Geschichte gezogenen Lehren, der Wunsch Deutschlands, daß von seinem Gebiet nur noch Frieden ausgehen solle, der Wille zu Versöhnung und Verständigung sowie die positiven Aspekte der gemeinsamen Geschichte. Als Quelle hierfür wurde die gemeinsame deutsch-sowjetische Erklärung vom Sommer 1989 herangezogen. Ähnlich wie im deutsch-französischen Vertrag vom 22. Januar 1963 und dem Protokoll über Konsultationen vom 19. Januar 1988 sollten regelmäßige Begegnungen auf höchster politischer Ebene sowie zwischen Ministern, Konsultationen der Außenministerien, die Zusammenarbeit in internationalen Organisationen und verschiedene gemischte Kommissionen verabredet werden. Zudem wollte man – ähnlich wie in der deutsch-sowjetischen Erklärung vom Sommer 1989 – die Prinzipien der Beziehungen auflisten, zu denen Souveränität, Gleichberechtigung und Nichteinmischung, das Selbstbestimmungsrecht der Völker, Kriegsverhinderung und Sicherung des Friedens, der Vorrang des Völkerrechtes sowie das Überleben der Menschheit, die Erhaltung der natürlichen Umwelt und die Mehrung des Wohlstandes gehörten. Ebenfalls auf der Basis der deutsch-sowjetischen Erklärung, der KSZE-Dokumente von Wien und Kopenhagen sowie der gemeinsamen deutsch-polnischen Erklärung vom November 1989 wollte man Menschenrechte und Minderheiten ansprechen. Der Mensch mit seiner Würde und seinen Rechten sollte demzufolge im Mittelpunkt der Politik stehen, Minderheitenschutz und die Wahrung der Identität gewährleistet sowie Förderungsmaßnahmen zugunsten von Minderheiten möglich sein.

Unter Einbeziehung von Elementen des Moskauer Vertrages sollte ferner der Gewaltverzicht festgeschrieben werden, wie er sich in den Grundsätzen der UN-Charta und verschiedenen KSZE-Dokumenten findet. Der Verzicht auf Androhung oder Anwendung von Gewalt sollte bekräftigt sowie der Aufbau eines KSZE-Konfliktverhütungszentrums und eines Schiedsverfahrens unterstützt werden. Ebenfalls dem Moskauer Vertrag sowie der KSZE-Schlußakte wollte man Aussagen zu den Grenzen entnehmen, die neben Souveränität und dem Recht auf territoriale Integrität die Unverletzlichkeit der Grenzen entsprechend den KSZE-Prinzipien festschreiben sowie den Verzicht auf Gebietsansprüche »jetzt und in Zukunft« untermauern sollten. Unter Rückgriff auf Elemente der deutsch-sowjetischen Erklärung von 1989 sollten Fragen der Sicherheit, Abrüstung und Rüstungskontrolle geklärt werden. Beim einseitigen Verzicht Deutschlands auf den Besitz und die Herstellung von ABC-Waffen könne, so die Vorstellung von Kohls Mitarbeitern, ein begleitender Brief dies noch einmal bekräftigen. Zur künftigen wirtschaftlichen Zusammenarbeit hieß es, diese solle entsprechend der Philosophie von Gleichberechtigung und gegenseitigem Nutzen ausgerichtet werden. Die umfassende Kooperation, insbesondere auch in – noch nicht ausgearbeiteten – neuen Formen, Investitionsförderung und die Weitergeltung bestehender Verträge sollten die Grundlage dieser Zusammenarbeit bilden.

Ähnlich wie in der deutsch-polnischen Erklärung vom November 1989 sollte die humanitäre Zusammenarbeit geregelt werden. Hierzu skizzierte man im Kanzleramt Grundsätze, die auch die Frage der Kriegsgräber und -gedenkstätten sowie die Einschaltung humanitärer Organisationen umfaßten. Intensiv nachgedacht wurde zudem über Passagen zur Gestaltung der kulturellen und wissenschaftlichen Zusammenarbeit. Unter Bezug auf das gemeinsame kulturelle Erbe Europas ging es dabei unter anderem um den Auf- und Ausbau von Kulturinstituten, die Gestaltung von Geschichtsbüchern, die Sprachförderung, die Zusammenarbeit von Universitäten und Forschungseinrichtungen sowie das Fortgelten bereits bestehender Verträge und Abkommen. Überlegungen zur Begegnung der Völker waren an die deutsch-polnische Erklärung von 1989 angelehnt. Neben dem Jugendaustausch sowie Kontakten von Parteien, Gewerkschaften, Kirchen und Verbänden sollte es Partnerschaften zwischen Städten und Regionen sowie ein deutsch-sowjetisches Forum geben.

Die Überlegungen sollten der sowjetischen Führung beweisen, daß es dem Bundeskanzler und seiner Delegation in Moskau keinesfalls nur um den schnellen »Zwei-plus-Vier«-Erfolg ging. Statt dessen wollte Kohl die große Bedeutung der bilateralen Beziehungen für die Zukunft – inklusive deren Ausgestaltung – hervorheben. Der Rückgriff auf bewährte Elemente des fast 30 Jahre alten deutsch-französischen Vertrages, des Moskauer Vertrages von 1970, des deutsch-sowjetischen Wirtschaftsabkommens von 1978 sowie jüngerer gemeinsamer Erklärungen mit der Sowjetunion und Polen diente dazu, den Willen der Bundesregierung zu unterstreichen, dauerhaft gute Beziehungen zur UdSSR anzustreben.

Für Helmut Kohl und seine Berater stellte der geplante Vertrag zugleich ein Mittel dar, Gorbatschow innenpolitisch unter die Arme zu greifen: Um dem Präsidenten das Einlenken in der Bündnisfrage zu ermöglichen, müsse die öffentliche Meinung in der Sowjetunion berücksichtigt werden, rieten die Berater dem Kanzler. Zum einen brauche die Führung in Moskau den Nachweis, sowjetische Interessen in harten Verhandlungen bis zuletzt gewahrt zu haben. Zum zweiten gehe es darum, genügend Zeit für den Abbau der in Jahrzehnten verfestigten Propagandabilder der NATO bei der Bevölkerung zu gewinnen.[9] Die anlaufende positive Berichterstattung in den »Zentralmedien« gehe ebenso in diese Richtung wie die Einladung nach Stawropol, die »ein weiteres medienwirksames Zeichen des Einvernehmens« darstelle. Bei der öffentlichen Darstellung der Begegnungen mit dem sowjetischen Präsidenten sollte Helmut Kohl deshalb auf drei Dinge besonderes Gewicht legen: den Prozeßcharakter der »Zwei-plus-Vier«-Gespräche und des bilateralen Dialogs, die langfristigkonzeptionellen Ansätze der deutsch-sowjetischen Beziehungen sowie sein gutes persönliches Einvernehmen mit Gorbatschow.

Damit, so die internen Überlegungen, könne zugleich dem Eindruck vorgebeugt werden, durch die bilateralen Gespräche werde der »Zwei-plus-Vier«-Prozeß unterlaufen – was bei ausländischen Beobachtern zu einem Rapallo-Komplex führen könne. Entscheidend sei, der engeren sowjetischen Führung um Gorbatschow und Schewardnadse genügend Nachweise und Versicherungen in wirtschafts- und sicherheitspolitischen Punkten zu liefern, so daß diese in ihrem Kampf gegen die internen Kritiker besser bestehen könnten. Wie notwendig die Rücksichtnahme auf die innenpolitische Situation in der UdSSR war, machten zahlreiche öffentliche Stimmen in der Frage der gesamtdeutschen NATO-Mitgliedschaft deutlich.[10] Egal ob Vertreter des Außenministeriums in Moskau, des Verteidigungsressorts oder der Internationalen Abteilung des ZK, die große Mehrzahl der veröffentlichten Meinungen zeigte die weiter ablehnende Haltung zur Mitgliedschaft Deutschlands im westlichen Bündnis. Dies entsprach auch einer Sprachregelung, die Außenminister Schewardnadse noch Anfang Juli an die sowjetischen Botschafter im Ausland verschickt hatte: Die UdSSR-Diplomaten sollten auf allen Gesprächsebenen die NATO-Mitgliedschaft ablehnen und statt dessen für ein europäisches Sicherheitssystem plädieren.

Trotz einzelner positiver Vorzeichen – die von Kohls Mitarbeitern ausführlich erwähnt und optimistisch interpretiert wurden – sowie einer zuversichtlichen Grundstimmung gab es zu Beginn der Moskau-Reise des Bundeskanzlers und seiner Delegation nur wenig Hoffnung, daß die Gespräche mehr als nur eine »Zwischenetappe« im »Zwei-plus-Vier«-Prozeß sein würden.[11] Vor allem ein Zwischenbericht zum Stand der Sechsergespräche – bei denen es bislang

zwei Ministertreffen und sechs Beamtenrunden gegeben hatte – betonte, daß die Meinungen noch in vielen Punkten »weit auseinander«gingen. Gorbatschow habe zwar öffentlich zugesichert, daß vor dem KSZE-Gipfel von Paris eine umfassende Regelung vorliegen werde, doch deute dies »auf eine positive Lösung zwischen dem nach jetziger Planung letzten ›Zwei-plus-Vier‹-Treffen auf Ministerebene (Washington, Oktober) und dem KSZE-Gipfel selbst (Paris, Mitte November) hin«. Teltschik und seine Mitarbeiter schlugen deshalb vor, daß Kohl beim Thema »Zwei-plus-Vier« vor allem folgende Punkte ansprechen sollte:
- Die außenpolitischen Aspekte der Vereinigung sollten bis zum KSZE-Gipfel von Paris endgültig geklärt sein.
- Mit der Erlangung der Einheit sollte Deutschland seine vollständige Souveränität erhalten.
- Entsprechend der KSZE-Schlußakte und der UN-Charta sollte dem vereinten und souveränen Deutschland die freie Entscheidung bei der Bündniszugehörigkeit überlassen sein.

Alle diese Fragen hatte Helmut Kohl, der bereits am Vorabend in Moskau gelandet war, beim Frühstück am 15. Juli im Gästehaus der sowjetischen Regierung noch einmal mit seinen Ministern und Beratern durchgesprochen.[12] Die Runde – zu der neben Genscher, Waigel und Klein auch Eduard Ackermann, Walter Neuer, Horst Teltschik, Klaus Blech, Dieter Kastrup und Juliane Weber gehörten – war kurz vor den Gesprächen zuversichtlich: Der Grundton der aktuellen Berichterstattung in den sowjetischen Medien war freundlich und konstruktiv, was als gutes Zeichen für die Verhandlungen gewertet wurde.

## *»Jetzt ist der Zeitpunkt, alle Fragen zu klären«*

Betont freundlich und locker begann denn auch das fast zweistündige Gespräch, zu dem Gorbatschow und Kohl am 15. Juli 1990 kurz nach 10 Uhr im Gästehaus »Villa Morosow« des sowjetischen Außenministeriums zusammenkamen. Es sollte zu einer der wichtigsten Begegnungen auf dem Weg zur deutschen Einheit werden. Eduard Schewardnadse hatte die leicht verspätete deutsche Delegation vor dem Gebäude begrüßt und Kohl zu Gorbatschow begleitet, der den Kanzler im ersten Stock erwartete. Neben den beiden Dolmetschern folgten mit Horst Teltschik und Anatolij Tschernajew nur noch die jeweils engsten außenpolitischen Berater der beiden Spitzenpolitiker zum »Vier-Augen-Gespräch«, während sich die beiden Außenminister zu getrennten Beratungen zurückzogen.[13] Die Erde sei rund, und sie beide flögen immerzu um sie herum, begrüßte Gorbatschow den Bundeskanzler, der gleich seinen Optimismus demonstrierte: Bereits am Vorabend habe er gegenüber Außenminister Schewardnadse gesagt, man befinde sich in historisch bedeutsamen Jahren, deren Chancen es zu nutzen gelte. Bismarck habe einmal gesagt, man müsse den Mantel der

Geschichte ergreifen – ein Satz, den der sowjetische Präsident als »sehr interessant« bezeichnete.

Kohl fuhr fort, daß die erste Hälfte der vor ihnen liegenden neunziger Jahre eine große Chance biete, die zu nutzen Aufgabe ihrer beider Generation sei: Im Zweiten Weltkrieg noch zu jung, um persönliche Schuld auf sich zu laden, hätten sie doch beide diese Jahre schon bewußt miterlebt. Er habe einmal von der »Gnade der späten Geburt« gesprochen. Dazu gehöre, die jetzt vorhandenen Möglichkeiten zu nutzen – eine Aufforderung, die Gorbatschow aufgriff: Die einzigartige Erfahrung und die aktuelle Situation böten ihrer Generation die Aufgabe, diese Gelegenheiten zu ergreifen und zu gestalten. Ihm imponiere, daß heutzutage immer weniger davon geredet werde, wer gewonnen und wer verloren habe. Statt dessen gehe man gemeinsam vom Verständnis einer Welt aus. Kohl erinnerte den Präsidenten an ihr Gespräch im Juni 1989 im Garten des Bundeskanzleramtes, bei dem er angeboten habe, die sich neuerdings eröffnenden Möglichkeiten gemeinsam zu nutzen. Jetzt wolle er Gorbatschow ausdrücklich zu seiner Politik gratulieren. Dieser berichtete daraufhin kurz von den überstandenen Parteitagen der Kommunistischen Partei der Russischen Föderation und der KPdSU. Beide Veranstaltungen seien sehr schwierig gewesen, da die konservativen Kräfte versucht hätten, sich zu revanchieren. Das sei ein »Ritt auf dem Tiger« gewesen, warf Kohl ein und fügte hinzu, daß der KPdSU-Parteitag sicherlich zu den vier wichtigsten Parteitagen in der Geschichte der Partei überhaupt gehört habe. Das stimme so, versicherte Gorbatschow: Früher habe man ganz stereotyp alle Parteitage als »historisch« bezeichnet – der jüngste gehöre gewiß in diese Kategorie. Es habe keinen Kampf hinter den Kulissen oder Intrigen gegeben, wohl aber einen offenen Schlagabtausch über unterschiedliche Ideen, Meinungen und Gedanken. Im Mittelpunkt habe die Frage gestanden, wie die Gesellschaft umgestaltet und ein Marktsystem eingeführt werden könnten. Gorbatschow bedauerte den Rückzug Jelzins aus der Partei. Er wolle mit ihm in Kontakt bleiben und sich demnächst auch mit ihm treffen.

Im Augenblick, so der sowjetische Präsident, wolle er mit Kohl aber über konkrete Dinge sprechen, denen er ein paar Grundgedanken voranstellen wolle: Wie bereits in der Vergangenheit komme es jetzt wieder zu einer Situation, die Rußland und Deutschland zusammenführen müsse.[14] Die beiden Völker seien getrennt gewesen und müßten nun wieder zusammenkommen. Diese Aufgabe zu meistern, sei einer der kritischsten Punkte der neunziger Jahre. Für ihn sei dieses Ziel gleichrangig mit der Normalisierung der Beziehungen zu den USA. Wenn man eine neue Qualität in den Beziehungen erreichen könne, dann komme das beiden Völkern und ganz Europa zugute. Helmut Kohl unterstrich dies nachdrücklich: Sollte es gelingen, die aktuellen Probleme zu lösen, dann würde er gerne binnen eines Jahres einen umfassenden neuen Vertrag mit der Sowjetunion schließen. Er könne in diesem Punkt natürlich nur für sich sprechen, da im Dezember Bundestagswahlen seien. Der Ausgang dieser Wahl sei ungewiß, doch sehe es so aus, daß er im Amt bleiben werde. Dann wäre es seine erklärte Absicht, für alle sichtbar eine neue Ära in den beiderseitigen Beziehungen einzuleiten. Bereits jetzt könne »in diskreter Weise« mit den Vorarbeiten begonnen werden. So könne man die schon vorhandenen Verträge und Abkommen dahingehend überprüfen, was mittlerweile obsolet sei beziehungsweise was neu entwickelt werden könne. Der Vertrag solle alle möglichen Themengebiete – von der Wirtschaft über Kultur und Jugendaustausch bis hin zur Technologie und vielem mehr – umfassen und könne, soweit das eingebettet in andere Regelungen geschehe, analog zur Erklärung des NATO-Gipfels von London auch den Gedanken des Gewaltverzichts und des Nichtangriffs enthalten. Die Zeit sei reif für einen solchen Vertrag.

Wie von seinen Mitarbeitern vorgeschlagen, berichtete Kohl daraufhin über die drei westlichen Gipfel des Europäischen Rates in Dublin, der NATO in London und der G7 in Houston. Man sei sich dabei stets einig gewesen, die Reformbemühungen der UdSSR zu unterstützen, wenngleich es innerhalb der beteiligten Staaten unterschiedliche Auffassungen hinsichtlich des Tempos und unterschiedliche innenpolitische Zwänge gebe. Wenn Gorbatschow aber sein Reformprogramm fortentwickle und parallel dazu die Vorbereitungen für eine Zusammenarbeit begonnen würden, wären bis zum Jahresende Entscheidungen möglich, die alle von Gorbatschow gegenüber George Bush angesprochenen Punkte wie Kredite, Beratung etc. umfassen könnten. Was ihn persönlich angehe, so Kohl, sehe er alle Bemühungen um wirtschaftliche oder finanzielle Zusammenarbeit als Teil eines Gesamtpakets. Damit wechselte er zur innerdeutschen Lage über, wo er eine Vielzahl von Problemen kommen sah. Die Situation in der DDR verschlechtere sich von Tag zu Tag. Er drücke keinesfalls aufs Tempo und habe ursprünglich ganz andere Zeitvorstellungen gehabt. Er hätte lieber mehr Zeit zur Verfügung gehabt, doch verlaufe die wirtschaftliche Entwicklung in Ostdeutschland äußerst dramatisch, was auch Auswirkungen auf die UdSSR habe. Deshalb seien gesamtdeutsche Wahlen am 2. Dezember sehr wichtig. Kohl erlebe jetzt seine eigene Perestroika, bei der es nicht nur angenehme Dinge gebe, warf Gorbatschow ein. Große Ziele brächten aber große Schwierigkeiten mit sich, weswegen man sich gegenseitig helfen müsse. Kohl setzte an diesem Punkt an, um Beispiele für die verschiedenen westdeutschen Hilfsmaßnahmen zu nennen, die von der Lebensmittelaktion im Februar über die Bürgschaft für den sowjetischen 5-Milliarden-Mark-Kredit, die angekündigten Unterstützungsleistungen für die sowjetischen Truppen in der DDR ab Juni 1990 und die Zusagen des Vertrauensschutzes für die DDR-Verpflichtungen gegenüber der Sowjetunion reichten. Er habe sein Wort gehalten, und alle diese Regelungen seien ohne schriftliche Vereinbarung gefunden worden. Alles, was der Bundeskanzler tue, so Gorbatschow, sei von großer Bedeutung für Deutschland, werfe aber auch große psychologische und politische Probleme für die Sowjetunion auf. Man müsse deshalb ausgewogen und behutsam vorgehen und ein neues Niveau des Vertrauens und der Zusammenarbeit finden. Dabei seien Papiere zwar wichtig, doch könne man damit nicht alles erreichen.

Kohl leitete daraufhin zu den aktuellen Problemen über. Wenn man den zeitlichen Rahmen wahren wolle, seien Vereinbarungen in drei Bereichen notwendig:
1. über die Abwicklung des sowjetischen Truppenabzugs aus der DDR;
2. über die NATO-Mitgliedschaft eines vereinten Deutschlands und
3. über die Obergrenzen der Streitkräfte eines vereinten Deutschlands.
Diese drei Hürden seien zu nehmen, so daß am Ende der »Zwei-plus-Vier«-Gespräche die volle Souveränität Deutschlands am Tag der Vereinigung erreicht werde. Bei der Behandlung dieser Fragen seien die USA, Frankreich und Großbritannien miteinzubeziehen, während bei der Obergrenze deutscher Streitkräfte auch die NATO berührt sei. Primär handele es sich dabei aber um eine Frage zwischen ihnen beiden.

Auf diese konkreten Vorgaben Kohls antwortete Gorbatschow zunächst mit dem vom Bundeskanzler im Juni 1989 in Bonn herangezogenen Wort des Heraklit: Alles sei im Fluß und alles verändere sich. Mit anderen Worten wolle er sagen, daß man nicht zweimal in denselben Fluß steigen dürfe. Innerhalb von Monaten, mittlerweile sogar Tagen verändere sich die Lage. Heute sehe alles anders aus als zu Beginn ihrer Diskussion der Probleme. Nun seien der Zeitpunkt und die Notwendigkeit gekommen, alle Fragen zu klären und die Entscheidungen für die weitere Arbeit zu treffen. In den amerikanisch-sowjetischen Beziehungen habe es – nicht zuletzt Dank George Bush – viele Fortschritte gegeben. Der US-Präsident habe sich zu einer Erneuerung des bilateralen Verhältnisses entschlossen, woran auch die Bundesregierung – und vor allem Helmut Kohl – mitgewirkt hätten. Wie er schon früher dem Kanzler und kürzlich einem überraschten George Bush gesagt habe, sehe er in der Präsenz der USA in Europa einen Beitrag zur Stabilität. Kohl bestätigte, sich häufig mit Bush über die Beziehungen zur UdSSR unterhalten zu haben. Zuletzt sei beim NATO-Gipfel in London und beim Wirtschaftsgipfel in Houston die Position des US-Präsidenten sehr deutlich geworden. Dieser sei sich der Tatsache bewußt, daß man sich in einer bedeutenden Phase befinde und daß jetzt gehandelt werden müsse. Er verstehe, so Kohl, daß die aktuellen Entwicklungen in Deutschland nicht jedem in Europa gefielen. Darin spiegele sich die Last der Vergangenheit, was verständlich sei. Man müsse entsprechende Empfindungen in Paris, London und Den Haag in Rechnung stellen. Die Haltung Bushs sei hingegen klar: In seinem Konzept spiele Deutschland eine besondere Rolle. Es sei deshalb wichtig, daß bei einer Weiterentwicklung und Intensivierung der deutsch-sowjetischen Beziehungen in Washington kein Mißtrauen entstehe. Es müsse deutlich werden, daß alle Entwicklungen auch zum Vorteil der USA seien. Darüber habe er lange mit US-Sicherheitsberater Brent Scowcroft gesprochen. Dieser sei ein strategischer Kopf und habe begriffen, wie wichtig neue Grundlagen der amerikanisch-sowjetischen Beziehungen seien. Hinzu komme die Ebene der deutsch-sowjetischen Beziehungen, die man damit zwar nicht völlig vergleichen könne, doch gebe es Wechselwirkungen.

Gorbatschow leitete an dieser Stelle zu einem Bericht über seine US-Reise über, die für ihn viel Neues gebracht habe. Daß alles in Bewegung gekommen sei, gelte auch für die NATO. Die Londoner Erklärung sei ein Schritt in die richtige Richtung, wenngleich sie noch Ballast der Vergangenheit mit sich trage. Die Völker würden die Entwicklung sehr aufmerksam verfolgen, wobei Aussagen über die Zusammenarbeit und darüber, daß man im Westen die UdSSR nicht mehr als Gegner sehe, einen wichtigen politischen Fortschritt darstellten. Von größter Bedeutung seien die Aussagen der Bundesregierung und des Kanzlers. Was dieser in jüngster Zeit gesagt und hervorgehoben habe, spiele in den beiderseitigen Beziehungen eine große Rolle und sei sehr wichtig. Der sowjetische Präsident wies damit auf die innenpolitische Stimmungslage in der UdSSR hin: Der Bundeskanzler habe gewiß bemerkt, daß die sowjetische Führung versuche, die Bevölkerung Schritt für Schritt an die Probleme heranzuführen. Dabei könne man nicht alles aus der Vergangenheit vergessen machen. Jetzt gehe es jedoch darum, den Blick nach vorne zu richten und vor allem die Beziehungen zum deutschen Volk in das Bewußtsein der sowjetischen Menschen zu bringen. Seitens der Militärs und bei Journalisten gebe es ein großes Geschrei, daß man die Früchte des Zweiten Weltkrieges gegen D-Mark verkaufe. Man wirke aber auf die Öffentlichkeit ein, um sie auf den richtigen Weg zu bringen. Insgesamt wandle sich die Lage zum Besseren.

Nach dieser Überleitung kam Gorbatschow auf das geplante deutsch-sowjetische Vertragswerk zu sprechen. Man habe hierzu einige Überlegungen angestellt und zu Papier gebracht. Dabei handle es sich keinesfalls um einen Vertragsentwurf, sondern um ein ausschließlich für den Kanzler bestimmtes Papier mit »Überlegungen zum Inhalt eines Vertrages über Partnerschaft und Zusammenarbeit zwischen der Union der Sozialistischen Sowjetrepubliken und Deutschland«.[15] Gleiches gelte für sein vorbereitetes Papier, versicherte Kohl, als er eine im Kanzleramt vorbereitete Skizze übergab. Beide stimmten darin überein, daß es jeweils »sehr persönliche Überlegungen« seien. Kohl verwies auf zahlreiche Parallelen zwischen seinem Papier und dem deutsch-französischen Freundschaftsvertrag. Er verstehe diesen Hinweis gut, versicherte Gorbatschow. Gleiches gelte für den Wunsch Kohls, die Papiere zunächst auf der Ebene von Beauftragten weiterzudiskutieren und erst später die Außenminister hinzuzuziehen. Der Kanzler hatte dies mit seinem Wunsch begründet, den Inhalt der Verhandlungen nicht zum Gegenstand des anlaufenden deutschen Wahlkampfes zu machen.[16]

### *Gorbatschow geht in die Offensive*

Nachdem das Gespräch bis zu diesem Zeitpunkt rund eine Stunde lang im allgemeinen Bereich gehalten und weitgehend unverbindlich geführt worden war, ging Gorbatschow in die Offensive. Er – der nie als Getriebener, sondern stets als aktiv handelnder Politiker erscheinen wollte – leitete nun zu jenem Gesprächsteil über, mit dem er die kühnsten Erwartungen seines Gegenübers – und die Befürchtungen einiger externer Berater – übertreffen sollte[17]: Man gehe in Moskau nicht mehr davon aus, daß alle ursprünglich genannten völkerrechtlichen Regelungen getroffen werden müßten. Gleichwohl blieben ein paar Fragen zu klären, wenn man den Prozeß zu einem guten Ergebnis bringen wolle. So gehe er davon aus, daß das neue Deutschland innerhalb der Grenzen der Bundesrepublik, der DDR und Berlins gebildet werde. Das sei kein Problem, warf Kohl ein und erläuterte seinen Verfahrensvorschlag in der Grenzfrage. Er habe die polnische Haltung nicht immer verstanden, da er mit seinem Angebot, innerhalb von drei Monaten nach der Vereinigung einen Grenzvertrag zu unterzeichnen und zudem einen weit in die Zukunft reichenden Vertrag abzuschließen, auf eine zögerliche Reaktion gestoßen sei. Es sei vorherzusagen, wie Polen reagieren werde, wenn Deutschland einen solchen Vertrag mit der Sowjetunion schließe. Das müsse man berücksichtigen, warf Gorbatschow ein, der unverzüglich zu seinem zweiten Punkt überging: Deutschland müsse weiterhin auf ABC-Waffen verzichten, was ja auch die Position des Bundeskanzlers sei.

Danach kam der sowjetische Präsident auf seinen dritten Punkt – das nunmehr brennendste internationale Kernproblem des Vereinigungsprozesses – zu sprechen. Die militärischen Strukturen der NATO dürften nicht auf das DDR-Gebiet ausgedehnt werden. Zudem müsse eine Übergangsregelung für die Präsenz der sowjetischen Truppen vereinbart werden. Sein letzter Punkt war der Hinweis, daß die Vier-Mächte-Rechte abgelöst werden müßten. Ob dies heiße, daß Deutschland mit der Einigung auch seine volle Souveränität zurückerhalten solle, fragte Kohl nach und erhielt die Antwort: »Selbstverständlich.« Das, so Gorbatschow, setze allerdings voraus, daß die NATO-Militärstrukturen nicht auf das Gebiet der DDR ausgedehnt würden und eine Übergangsregelung für die sowjetischen Truppen gefunden würde. Die wichtigste Frage sei doch die deutsche NATO-Mitgliedschaft. De jure sei diese Frage klar. De facto sehe es aber so aus, daß nach der Vereinigung der Geltungsbereich der NATO nicht auf das derzeitige DDR-Territorium ausgedehnt werde. Ohne eine Reaktion des Bundeskanzlers abzuwarten, erläuterte der Präsident seinen Vorschlag: Es gehe um die Regelung für eine Übergangszeit. Die Mitgliedschaft Deutschlands in der NATO bleibe bestehen, doch könne – solange sowjetische Truppen in der DDR stationiert seien – der Geltungsbereich des westlichen Bündnisses nicht auf das Territorium der DDR ausgedehnt werden. Gorbatschow unterstrich die Bedeutung dieser Formulierung, indem er sie wiederholte: Es bleibe bei der Mitgliedschaft in der NATO, doch müsse diese für eine Übergangszeit berücksichtigen, daß ihr Geltungsbereich nicht auf das DDR-Gebiet übertragen werde, weil dort Truppen der UdSSR stationiert seien. So könne eine für beide Seiten zufriedenstellende Entscheidung getroffen werden.

Daß es sich bei seiner Entscheidung keinesfalls um eine spontane Äußerung handelte, machten die weiteren Ausführungen des sowjetischen Präsidenten deutlich, mit denen er konkret auf Details einging[18]: Helmut Kohl wünsche die sofortige Ablösung der Vier-Mächte-Rechte. Dem stehe entgegen, daß die Ergebnisse der »Zwei-plus-Vier«-Gespräche ratifiziert werden müßten, was Zeit erfordere. Das angestrebte Abschlußdokument, das die Hauptprinzipien der Lösung enthalten solle, werde die Aufhebung der Vier-Mächte-Verantwortung ohne Übergangszeit feststellen. Daneben müsse es einen separaten Vertrag geben, in dem der Aufenthalt sowjetischer Truppen auf bisherigem DDR-Territorium für die Dauer von drei bis vier Jahren geregelt werde, oder eine Bestätigung über den Fortbestand der diesbezüglichen bisherigen DDR-Verpflichtungen. Helmut Kohl betonte die Bereitschaft der Bundesregierung, in einer Vereinbarung zwischen dem souveränen Deutschland und der UdSSR alle Details der für drei bis vier Jahre geplanten Stationierung sowjetischer Truppen in Ostdeutschland zu regeln. Das Interesse seiner Regierung bestehe zudem darin, die Vier-Mächte-Rechte so früh wie möglich zu beenden und die volle Souveränität für Deutschland zu erreichen. Das verstehe er, versicherte Gorbatschow. Die Frage des Verbleibs der sowjetischen Truppen solle deshalb aus dem Gesamtkomplex herausgenommen und separat gelöst werden. Damit werde die volle Souveränität Deutschlands möglich, ohne daß die Frage der Truppenpräsenz störend wirke. Andernfalls würden die Soldaten der UdSSR als Besatzungstruppen bleiben.

Dies sei ein wichtiger Punkt für ihn und seine Regierung, bekräftigte Kohl, der nun das bisherige Ergebnis aus seiner Sicht zusammenfaßte: Deutschland als Ganzes müsse Mitglied der NATO bleiben. Das schließe ein, daß keine NATO-Truppen auf das Territorium der DDR verschoben würden. Wenn er Gorbatschow richtig verstanden habe, dann solle der Geltungsbereich der NATO erst nach dem Abzug der sowjetischen Truppen auf das DDR-Gebiet ausgedehnt werden. Das sei im gemeinsamen Interesse, bestätigte Gorbatschow. Das vereinte Deutschland werde Mitglied der NATO sein. De facto werde es aber so aussehen, daß das jetzige Territorium der DDR nicht zum Wirkungsbereich der NATO gehöre, solange dort sowjetische Truppen stationiert seien. Er stelle die Souveränität Deutschlands nicht in Frage: Deutschland bleibe Mitglied der NATO, doch sei eine Vereinbarung über die Präsenz der sowjetischen Truppen notwendig. Nach einem Jahr sollten Verhandlungen über den vollständigen Abzug der sowjetischen Soldaten erfolgen. Über die rechtliche Grundlage für die sowjetische Truppenpräsenz sollte ein separater Vertrag vereinbart oder die Verpflichtungen der DDR bekräftigt werden. Kohl schlug vor, einen separaten Vertrag über die Truppenpräsenz sofort vorzubereiten, worauf Gorbatschow seine Position noch einmal resümierte:

– Die Vier-Mächte-Rechte werden aufgehoben.
– Das vereinte Deutschland erhält seine volle Souveränität.
– Die Präsenz sowjetischer Truppen für einen Zeitraum von drei bis vier Jahren wird in einem separaten Vertrag geregelt.

Diese Dauer, so Kohl, sei für ihn kein Problem, könne aber eines für den Präsidenten werden. Gorbatschow solle die bevorstehenden Veränderungen in der DDR und die darauf folgenden Reaktionen seiner Soldaten berücksichtigen, spielte der Kanzler auf die erwarteten ökonomischen Veränderungen in Ostdeutschland an.[19] Er bekräftigte zudem, daß es für ihn sehr viel leichter durchsetzbar sei, wenn die befristete Stationierung der sowjetischen Truppen auf einem eigenen Vertrag und nicht auf Besatzungsrecht beruhen würde, wofür der sowjetische Präsident Verständnis bekundete. Kohl erläuterte im Gegenzug seine Vorstellungen über mögliche begleitende Hilfestellungen durch die Bundesrepublik. Er könne sich Managementtraining oder die Vereinbarung von Umschulungsprogrammen vorstellen, mit denen der Einstieg in zivile Berufe erleichtert werden könnte, was Gorbatschow – lachend – zum Zwischenruf brachte, daß auch Wohnungen erforderlich sein würden. Unterstützung hierfür, so Helmut Kohl, könne er sich nur vorstellen, wenn die Wohnungen in der UdSSR und nicht ausschließlich für die sowjetische Armee, sondern auch für die allgemeine Bevölkerung gebaut würden. Dies sei ein ganz entscheidendes Kriterium, betonte er und erfuhr von Gorbatschow Zustimmung. Die Soldaten würden auf das ganze Land verteilt werden. Es sei wichtig, einem derartigen Wohnungsprogramm den richtigen Namen zu geben, wiederholte der Kanzler seine Erwartung.

Der sachlich substantielle Teil der Unterhaltung – der insgesamt nur etwa ein Drittel der gesamten Zeit in Anspruch genommen hatte – war damit zunächst beendet. Da die angesetzte Gesprächszeit bereits deutlich überzogen worden war, leitete Kohl mit dem Hinweis, Gorbatschow persönlich sei das größte Kapital der Sowjetunion im Westen, in die Endphase über. Er sprach kurz über die – trotz psychologischer Probleme – im Kern optimalen Beziehungen zwischen der Bundesrepublik und Frankreich. In Deutschland herrsche heute die Meinung, daß mit der Sowjetunion Frieden geschaffen werden müsse, ohne daß dies erzwungen werden dürfe. Nach einem kurzen Schwenk zur Bedeutung guter amerikanisch-sowjetischer Beziehungen kündigte Gorbatschow noch einmal an, mit Kohl in das kaukasische Gebirge fliegen zu wollen. Dort werde es möglich sein, noch klarere Gedanken zu fassen – worauf Kohl mit dem neuerlichen Hinweis auf die innersowjetischen Probleme bei einer zu langen Stationierung sowjetischer Truppen in der DDR reagierte. Man werde dies alles gemeinsam regeln, verwies Gorbatschow auf die weiteren Gesprächsrunden. Dort müsse auch über die Begrenzung der Bundeswehr, die Verhandlungen über konventionelle Streitkräfte in Wien und andere Fragen gesprochen werden.

Innerhalb kürzester Zeit hatte Gorbatschow die Erwartungen seines Gegenübers übertroffen. Anders als in den internen Analysen des Bundeskanzleramtes prognostiziert, hatte er bereits jetzt – gegenüber dem Kanzler anstatt gemeinsam mit dem US-Präsidenten – die Eckpunkte der künftigen Entwicklung deutlich gemacht:

1. Mit der Vereinigung sollte die Souveränität Deutschlands wiederhergestellt werden[20];
2. das vereinte Deutschland konnte Mitglied der NATO bleiben;
3. für den auf drei bis vier Jahre befristeten Verbleib sowjetischer Truppen auf dem Gebiet der DDR sollte eine vertragliche Übergangslösung gefunden werden;
4. ebenso wie Kohl wollte Gorbatschow in einem umfassenden Vertrag die Zukunft der deutsch-sowjetischen Beziehungen prägen.

Wie diese Zielrichtung inhaltlich und rechtlich präzisiert werden sollte, blieb allerdings ungeklärt. So hatte Gorbatschow lediglich Hinweise gegeben, welchen sicherheitspolitischen Status das DDR-Gebiet während der Anwesenheit der sowjetischen Truppen haben, wie konkret die Souveränität Deutschlands möglichst noch vor der Ratifizierung des »Zwei-plus-Vier«-Vertrages ermöglicht werden und welche Einzelpunkte der gemeinsame Vertrag beinhalten sollte.

Bei dem anschließenden Treffen in großer Runde der beiden Delegationen[21] hielten Kohl und Gorbatschow sich mit inhaltlichen Aussagen noch zurück. Man habe sich »gleichsam aufgewärmt« und deshalb in der kaukasischen Luft – in der die Gehirne besser arbeiteten – sehr gute Aussichten auf eine Einigung, versicherte Gorbatschow eingangs. Das heutige Treffen werde einen wichtigen Platz in der Geschichte der Beziehungen einnehmen. Das Fazit der Gespräche werde man zwar erst später ziehen, doch berechtige der positive Anfang zu guter Hoffnung. Der Präsident ging ausführlich auf den zurückliegenden Parteitag ein, dem nun eine Phase intensiver Arbeit zur Umsetzung der Reformbeschlüsse folgen werde. Er dankte im Namen der sowjetischen Führung für die Bürgschaft zum 5-Milliarden-Mark-Kredit deutscher Banken. Dies sei ein »Schachzug« im richtigen Augenblick gewesen. Die Sowjetunion brauche angesichts der bevorstehenden Umgestaltung eine gewisse Unterstützung und schätze den Schritt der Bundesregierung deshalb sehr. Auch der Bundeskanzler hielt sich zunächst bedeckt: Man habe ganz grundsätzlich gesprochen und sei sich des historischen Augenblicks bewußt. Die Entwicklung dränge zu Entscheidungen, die für lange Zeit positiv wirken könnten. Er betonte noch einmal die Bereitschaft des Westens, der UdSSR bei ihren Reformbemühungen zu helfen, und zitierte George Bush, der beim G 7-Gipfel in Houston gesagt habe: »Wir wollen, daß Michail Gorbatschow Erfolg hat!« Dies sei – denke man drei bis vier Jahre zurück – ein sehr ungewöhnliches Zitat. Die Deutschen würden der Sowjetunion gerne helfen, und zwar nicht erst im Dezember, sondern – ohne große öffentliche Diskussionen – bereits in den kommenden Monaten.

Kohl erinnerte an die gemeinsame deutsch-russische Geschichte und daran, daß Deutschland zum Jahresende wohl vereinigt sein werde. Dabei sei wichtig, daß dies – anders als in der Vergangenheit – im Einverständnis mit den Nachbarn geschehe, was der Sache eine andere Qualität gebe. Die Generation der

Anwesenden habe die Pflicht, einiges in Ordnung zu bringen, bevor sie die Stafette an die nächste Generation weitergebe. Er habe deshalb mit Gorbatschow über den gemeinsamen Wunsch eines umfassenden Vertrages gesprochen, der möglichst viele Bereiche umfassen sollte. Zur geplanten Erklärung der Staaten des Warschauer Paktes und der NATO über Gewaltverzicht und Nichtangriff ergänzte der Kanzler, es wäre gut, wenn Deutschland und die UdSSR zu deren ersten Unterzeichnern gehören könnten. Gorbatschow griff diesen Gedanken auf. Mit einem konstruktiven Herangehen an die Fragen der deutschen Vereinigung könne man nicht nur den eigenen Ländern, sondern ganz Europa einen guten Dienst erweisen.

### Viel Optimismus und Symbolik, doch wenig Fakten

Nach einem gemeinsamen Mittagessen in gelöster Atmosphäre wollte Kohl sich – vor dem Abflug in den Kaukasus – noch kurz den Medien stellen.[22] Überraschend wurde er dabei von Gorbatschow begleitet, der die im Delegationsgespräch angedeutete Linie aufrechterhielt: Der sowjetische Präsident verbreitete zwar viel Optimismus, ließ aber an keiner Stelle sein gegenüber Kohl im Vier-Augen-Gespräch gezeigtes Entgegenkommen deutlich werden. So erklärte er auf die Frage nach der deutschen NATO-Mitgliedschaft, er habe zu Kohl gesagt: »Alles fließt.« Man verfolge in Moskau sehr aufmerksam die aktuellen Veränderungen in der NATO wie auch im Warschauer Pakt und habe sich im Verlauf des Gesprächs in vielen Punkten angenähert. Noch gebe es zwar einen ganzen Korb voll harter Nüsse, doch »wir haben sehr gute Zähne und werden sie knacken«. Ganz allgemein nannten die beiden Politiker den Journalisten die Palette der von ihnen angesprochenen Themen, die von Wirtschaftskooperationen über eine neue vertragliche Grundlage für die bilateralen Beziehungen bis hin zu sicherheitspolitischen Fragen gereicht habe. Dabei zeigte sich sowohl in den inhaltlichen Aussagen als auch im Auftreten Gorbatschows die Intention der sowjetischen Seite. Wenngleich die Äußerungen vor der internationalen Presse erfolgten, richtete Gorbatschows Nachricht sich vor allem an seine eigene Bevölkerung:
- Der Hinweis auf die erfolgten Änderungen im Ost-West-Verhältnis allgemein sowie in den deutsch-sowjetischen Beziehungen im speziellen sollte helfen, die sowjetischen Bürgerinnen und Bürger auf daraus resultierende Entscheidungen vorzubereiten. Der persönliche Auftritt Gorbatschows war dabei in eine überwiegend positive allgemeine Berichterstattung der zu diesem Zeitpunkt noch keinesfalls unabhängigen sowjetischen Medien eingebunden.
- Die Betonung der noch vorhandenen Probleme sollte verdeutlichen, daß die Staats- und Parteispitze in den Grundsatzfragen der deutschen Vereinigung weiterhin verhandelte und keinesfalls leichtfertig nachgeben würde.

– Die Ankündigung wirtschaftlicher Unterstützung der UdSSR und der Perestroika durch den Westen – und hier vor allem durch die Bundesrepublik – sollte in einen Gesamtkontext eingebettet werden, um von vornherein den Verdacht eines »Ausverkaufs« sowjetischer Interessen gegen Finanzhilfe abzuwenden.

Diese hauptsächlich auf den sensiblen innenpolitischen Hintergrund gerichtete Vorgehensweise fand ihre Fortsetzung in der Inszenierung der weiteren Besuchsetappen, zu denen die Delegationen zunächst von Moskau nach Stawropol flogen. Die Grundlagen für eine große Medienresonanz waren bereits dadurch geschaffen, daß Kohl als erster ausländischer Staatsmann von Gorbatschow in seine kaukasische Heimat eingeladen worden war. Diese in der Berichterstattung immer wieder unterstrichene Geste erhielt durch den weiteren Verlauf des Besuchsprogrammes zusätzliches Gewicht und zeigte klar Gorbatschows Bemühen, in den teilweise live gesendeten Berichten beim heimischen Publikum für Kohl »als den guten Deutschen« zu werben.[23] Mit noch nie dagewesener Konsequenz hatten die Präsidentenmitarbeiter einen medienwirksamen Ablauf vorbereitet, der nichts mehr mit dem fast schon höfischen Zeremoniell alter sowjetischer Schule gemein hatte, sondern überwiegend auf die Betonung der guten persönlichen Beziehungen, perfekte Bilder für die mitreisenden Fotografen und Kameraleute sowie reichhaltige Symbolik setzte. Dabei verlief die Ankunft in Stawropol – 1600 Kilometer südlich von Moskau – noch nach eher klassischem Muster. Fähnchenschwenkende Kinder und Erwachsene begrüßten die hohen Gäste, die zunächst zu einer Stadtrundfahrt aufbrachen. Eine Kranzniederlegung durch den Bundeskanzler am Denkmal für die Gefallenen des Zweiten Weltkrieges veranschaulichte der Öffentlichkeit danach, daß die beteiligten Politiker sich der historischen Lasten im Verhältnis ihrer beiden Staaten bewußt waren. Es folgten ein kurzer Besuch an Gorbatschows früherer Arbeitsstätte als Parteisekretär, wo dieser sich – für die Kameras und zur Betonung seiner Wurzeln – hinter seinen einstigen Schreibtisch setzte, und ein »Bad in der Menge«, zu dem auch sowjetische Kriegsveteranen erschienen.

Einen ersten Höhepunkt erreichte das Medienspektakel auf dem Flug von Stawropol ins abseits gelegene Archys, als die Hubschrauberstaffel nach kurzem Flug zu einem scheinbar spontanen Zwischenstopp auf einem weiten Stoppelfeld landete. In ihre heimische Tracht gekleidete Bauernmädchen begrüßten die Politiker und überreichten Brot und Salz als traditionelles Zeichen der Gastfreundschaft. Gorbatschow und Kohl zeigten sich als heimatverbundene Menschen und demonstrierten ihr jeweiliges Brauchtum: Der Präsident küßte das Brot, bestrich es mit Salz, brach es und verteilte es unter den Anwesenden; der Kanzler markierte einen Laib mit drei Kreuzzeichen. Danach schwangen sie sich auf einen roten Mähdrescher und demonstrierten im Gespräch ihre Kenntnisse der Landwirtschaft. Noch immer, so Gorbatschow, verderbe ein Teil der reichen Ernte aufgrund von Problemen bei Lagerung und Transport, doch wolle er auch dies ändern.

Eine halbe Stunde später flog die Gruppe weiter nach Archys, einem von dichten Wäldern umgebenen Dorf, in dem auch Gorbatschows Datscha stand. Mädchen in Trachten empfingen die Gäste und boten den malerischen Rahmen für weitere Pressefotos der verbliebenen Journalisten: Aufgrund von Platzproblemen und zur Unterstreichung des intimen Charakters des Besuches hatten nicht nur viele Mitarbeiter der Politiker, sondern auch der Großteil der internationalen Medienvertreter das letzte Stück der Reise nicht mitmachen dürfen. Sie warteten statt dessen im etwa 150 Kilometer entfernten Mineralnije Wodi auf offizielle Nachrichten von den Gipfelgesprächen sowie Bilder und Informationen ihrer – wie häufig bei solchen Anlässen – zu kleinen »Pools« zusammengestellten Kollegen. Diesen wurde die hervorragende Atmosphäre des Besuches kurz nach der Landung gleich noch einmal vor Augen geführt, als Raissa Gorbatschowa einen Strauß mit Wiesenblumen pflückte und dem Bundeskanzler überreichte. Auch ansonsten wurde der private Zuschnitt des Besuches von Gorbatschow zunächst unterstrichen: Kaum hatten sich die deutschen Gäste in den ihnen zugewiesenen Zimmern und Häusern frisch gemacht, lud der Präsident zu einem abendlichen Spaziergang ein.

Gorbatschow und Kohl – leger in Pullover und Strickjacke – und ihre Begleitung – weiterhin im formellen Anzug mit Krawatte – machten sich in dieser merkwürdig wirkenden Aufmachung auf den Weg zum nahe gelegenen Flußufer, wo jene Bilder entstanden, die später als Sinnbild für die deutsch-sowjetische Annäherung und Aussöhnung um die Welt gingen: Der Kanzler und der Präsident im Gespräch an der steilen Uferböschung und später in fröhlicher Runde gemeinsam mit Hans-Dietrich Genscher auf drei zu Stühlen zurechtgesägten Baumstümpfen an einem massiven Holztisch, umrahmt von ihren Mitarbeitern und Raissa Gorbatschowa. Politik war, wie beim anschließenden Abendessen, nur ein Randthema, statt dessen plauderten die Politiker vor allem über ihr Leben, Familienerinnerungen und Fußball.[24] Erst nach dem Essen ging es wieder konkret um die deutsche Frage, als Gorbatschow und Kohl sich zu einem kurzen Vier-Augen-Gespräch ohne Mitarbeiter zusammensetzten. Bei der NATO-Mitgliedschaft eines vereinten Deutschlands sei er zu keinen Einschränkungen bereit, machte der Bundeskanzler seinem Gegenüber noch einmal deutlich, was dieser schweigend zur Kenntnis nahm. Der wichtigste Eckpunkt für die inhaltlichen Gespräche am nächsten Morgen war damit von seiten der Bundesregierung gesetzt, bevor Kohl sich bis gegen Mitternacht mit seinen Ministern Genscher, Waigel und Klein zu einer letzten Abstimmungsrunde und zur Unterrichtung über die bisherigen Vier-Augen-Gespräche mit dem sowjetischen Präsidenten zusammensetzte.

## Eine Frage des Stils und des Vertrauens

Der bisherige Besuchsverlauf hatte die Erwartungen der deutschen Delegation übertroffen, so daß Kohl mit viel Optimismus in die wahrscheinlich harte – vielleicht aber auch letzte – Verhandlungsrunde mit Gorbatschow gehen konnte. Dieser hatte die Zielrichtung bereits so deutlich vorgegeben und mit der Inszenierung der Reise nach Archys derartige öffentliche Erwartungen geweckt, daß Horst Teltschik sich noch in der Nacht daran machte, die abschließende Erklärung des Bundeskanzlers vor der Presse vorzubereiten. Unklar waren allerdings noch die Details der Übereinkunft, des gemeinsamen Vorgehens und vor allem der öffentlichen Darstellung. Trotz aller Zuversicht blieb deshalb ein erhebliches Maß an Anspannung bestehen, zumal es am folgenden Morgen darum gehen sollte, die grundsätzliche Annäherung in konkrete, politisch und rechtlich tragfähige Kompromisse und Formulierungen umzusetzen.

### *Hartes Ringen um die Details*

Besonders deutlich spürte diese Anspannung der Bundesaußenminister[25]: Bei Hans-Dietrich Genscher machten sich wieder Herzrhythmusstörungen und eine Kreislaufschwäche bemerkbar, die ihm schon während des gesamten bisherigen Vereinigungsprozesses zugesetzt hatten. So hatte er beim emotional aufgeladenen Treffen mit Eduard Schewardnadse in Brest die Gespräche kurzzeitig unterbrechen und sich zur medizinischen Behandlung zurückziehen müssen. Mit einem enormen Aufwand an Energie und Disziplin hatte Genscher es aber trotz aller Bedenken der behandelnden Ärzte geschafft, daß seine gesundheitlichen Probleme weder an die breite Öffentlichkeit drangen noch seine Arbeit im Vereinigungsprozeß nachhaltig störten. Obwohl er sich zunächst kaum auf den Beinen halten konnte, schaffte er es auch am Morgen des 16. Juli in Archys wieder, mit bekannter Zähigkeit in die Verhandlungen der beiden Delegationen einzugreifen.

Anders als bei den bisherigen Begegnungen in Moskau und den geselligen Runden vom Vorabend ging es dieses Mal sofort zur Sache.[26] Helmut Kohl eröffnete die knapp vierstündigen Verhandlungen mit dem Hinweis auf die notwendigen Vorbereitungen für den deutsch-sowjetischen Vertrag: Man solle jetzt schon damit beginnen, da der Vertrag in etwa einem Jahr fertig sein sollte, um dann von der Regierung eines vereinigten Deutschlands unterzeichnet und von dessen Parlament gebilligt zu werden. Gorbatschow betonte in seiner Reaktion die Bedeutung eines derartigen Vertrages und erkundigte sich noch einmal explizit, ob damit eine langfristige Perspektive für die bilateralen Beziehungen eröffnet werden solle. Dies sei für das sowjetische Volk sehr wichtig, unterstrich er die innenpolitische Dimension des Projektes. Er glaube, daß man auch in der DDR Verständnis dafür haben werde. Kohl sicherte zu, daß er mit dem Vertrag eine neue, auf Dauer angelegte Qualität in den bilateralen Beziehungen anstrebe. Auf den Hinweis zur DDR eingehend, meinte der Kanzler, er sehe darin kein Problem. Bislang habe er es allerdings aus psychologischen Gründen vermieden, so aufzutreten, als ob man die Regierung des ganzen Deutschlands sei. Welche Bedeutung der Vertrag für die sowjetische Innenpolitik hatte, machte Schewardnadse mit einem Einwurf deutlich: Die Unterzeichnung könne zwar später erfolgen, doch solle man bis zum November 1990 alles vorbereitet haben. Einige Bestimmungen sollten schon jetzt ausgehandelt werden, da man andernfalls das Vertragswerk kaum rechtzeitig durch den Obersten Sowjet bringen könne. Was man denn für dieses Gremium benötige, erkundigte sich Kohl und erhielt vom Präsidenten und dessen Außenminister die Antwort, daß ein Briefaustausch mit Absichtserklärungen hilfreich sein könne. Das sei unproblematisch, so Kohl, der vorschlug, Gorbatschow einen gemeinsam erarbeiteten Brief zu schreiben und darin eine Erklärung zu den angestrebten Inhalten des Vertrages abzugeben. Das Schreiben, so Gorbatschow, sollte mit der DDR abgestimmt sein, worauf Kohl anregte, daß die Bundesregierung den Kontakt mit der DDR-Seite aufnehmen wolle. Ministerpräsident de Maizière könne sich dann mit einem eigenen Brief anschließen und darin das Bonner Schreiben billigen. Die Frage der künftigen bilateralen Beziehungen – für die sowjetische Seite ursprünglich das wichtigste Anliegen der Treffen in Moskau und Archys[27] – war damit binnen kürzester Zeit zur allgemeinen Zufriedenheit geregelt.

Ohne große weitere Vorreden ging Kohl anschließend zu den »Zwei-plus-Vier«-Verhandlungen und den noch offenen Fragen über. Zentrales Ziel sei die Herstellung der uneingeschränkten Souveränität Deutschlands. Man müsse deshalb einige Punkte besprechen, so das Verhältnis zu Polen beziehungsweise die Anerkennung der Grenze. Kohl verwies auf die Erklärungen von Bundestag und Volkskammer vom 21. Juni. Die polnische Seite wolle trotzdem noch Gespräche führen. Er selbst wolle einen umfangreichen Vertrag mit Polen schließen, der gleich nach der Vereinigung abgeschlossen werden könne. Der sowjetische Präsident ging auf diesen Punkt zunächst nicht ein und erkundigte sich, womit denn die Aufgabe der »Zwei-plus-Vier«-Gespräche enden solle. Hans-Dietrich Genscher erklärte ihm, daß ein abschließendes Dokument den Prozeß beenden werde. Dieses müsse bis zum KSZE-Gipfel in November erarbeitet und danach unterzeichnet werden. Als Ergebnis solle ein vereinigtes Deutschland seine volle Souveränität erhalten und keine Fragen offenbleiben. Es werde sich also, so Gorbatschow, um ein Dokument mit prinzipiellen Antworten handeln. Das neue Deutschland solle demnach aus der heutigen DDR, der Bundesrepublik und Berlin bestehen und einen Verzicht auf ABC-Waffen aussprechen. Genscher bejahte dies und fügte hinzu, daß die Vereinbarung »abschließende völkerrechtliche Regelung« heißen solle.

Gorbatschow widersprach dem nicht und ging statt dessen auf seine »Hauptprinzipien« für die Herstellung der vollen Souveränität ein: Die militärischen

Strukturen der NATO sollten nicht auf das Gebiet der heutigen DDR ausgedehnt werden. Über den Aufenthalt der sowjetischen Truppen in Ostdeutschland solle ein separater Vertrag geschlossen werden. Genscher warf ein, daß im »Zwei-plus-Vier«-Dokument das Recht Deutschlands festgestellt werden müsse, sich einem Bündnis seiner Wahl anzuschließen. Dabei sei klar, daß dies dann die NATO sein werde. Der sowjetische Präsident äußerte den Wunsch, die NATO nicht ausdrücklich zu erwähnen. Wenn Deutschland die volle Souveränität habe, dann sei dies ohnehin klar. Man solle sich doch anderen Sachthemen zuwenden, schlug Kohl vor und stellte zusammenfassend fest: Man sei sich einig, daß das vereinigte Deutschland die volle Souveränität haben werde. Zugleich stimme man darin überein, so Genscher, daß Deutschland das Recht auf die Zugehörigkeit zu einem Bündnis haben werde und daß dies – ohne daß es ausdrücklich erwähnt werden müsse – die NATO sein werde. Der Kanzler resümierte daraufhin seinerseits noch einmal, daß zur vollen Souveränität das Recht auf Bündniszugehörigkeit gehöre, daß dies Zugehörigkeit zur NATO bedeute und daß man dies im abschließenden Dokument nicht explizit erwähnen müsse. Gorbatschow stimmte dem zu.

Der Verzicht Deutschlands auf ABC-Waffen stehe fest, fuhr Kohl fort. Zur Frage der Aufenthaltsregelung sowjetischer Truppen in der heutigen DDR solle nach deutscher Auffassung ein bilateraler Vertrag abgeschlossen werden, der gleich ausgearbeitet werden müsse. Er schlage vor, daß Bonn und Moskau darüber miteinander verhandelten, und die deutsche Seite sich intern mit der DDR abstimme. Gorbatschow stimmte zu und nannte die Stationierungsfrage einen der wichtigsten Punkte, der mit der Nichtausdehnung der NATO-Strukturen auf dieses Gebiet verbunden sei. Dies stelle Deutschlands Souveränität nicht in Frage, sondern gehöre in den Kontext der bilateralen Beziehungen. Der Truppenaufenthalt müsse für eine bestimmte Zeit geregelt werden. Er halte fest, so Genscher, daß Deutschland also voll souverän sei und daß für eine bestimmte Zeit die Stationierung sowjetischer Streitkräfte auf dem Gebiet der jetzigen DDR vorgesehen werde. Grundlagen und Voraussetzungen dieser Stationierung würden bilateral zwischen dem vereinigten Deutschland und der UdSSR geregelt. Die Ausarbeitung müsse aber bereits bis zum November 1990 abgeschlossen sein, warf Kohl ein. Er schlug vor, auch dies in einem – mit der DDR abgestimmten – Briefwechsel mit Gorbatschow vorzubereiten.

Der nächste wichtige Punkt, so Gorbatschow, sei die Zusicherung, daß die Strukturen der NATO nicht auf DDR-Gebiet ausgedehnt würden, solange dort sowjetische Truppen stationiert seien. Dann, so sein Hinweis auf die innenpolitische Stimmungslage, könne er in der Sowjetunion leichter Verständnis dafür finden, daß das vereinte Deutschland sein Bündnis frei wählen könne und daß dies die NATO sein werde. Es sei klar, daß das vereinigte Deutschland in der NATO bleibe. Solange sowjetische Truppen in der jetzigen DDR stationiert seien, dürfe das NATO-Gebiet sich aber nicht auf diese Region erstrecken. Er brauche, so Gorbatschow werbend, Argumente, um seiner Bevölkerung die

Lage darzulegen. Das neue souveräne Deutschland könne doch erklären, daß es Verständnis für die sowjetischen Sorgen habe und keine Ausdehnung der NATO auf DDR-Gebiet erfolge – was Kohl mit dem Hinweis beantwortete, daß dies nur gelte, solange sowjetische Truppen auf dem Gebiet der heutigen DDR stünden. Wenn die sowjetischen Truppen abzögen, so Gorbatschow, sei die Situation vielleicht die, daß als Folge der geplanten zweiten Runde der Wiener Abrüstungskonferenz über konventionelle Streitkräfte in Europa die Truppen ohnehin reduziert würden. Die sowjetische Seite werde jedenfalls keine Erklärung abgeben, daß das NATO-Gebiet nach Abzug der sowjetischen Truppen erweitert werde, und Deutschland solle dies auch nicht tun. Es müsse allerdings klar sein, gab Genscher zu bedenken, daß das souveräne Deutschland dennoch das Recht dazu habe. Die Sache werde entsprechend der Lage entschieden, doch dürfe Deutschland in seiner Entscheidungsfreiheit nicht eingeschränkt werden.

Dabei handle es sich um eine ernste Frage, schaltete sich der ansonsten sehr zurückhaltende Eduard Schewardnadse ein[28]: Man dürfe nicht zulassen, daß nach einem Abzug sowjetischer Truppen die NATO-Strukturen auf das Gebiet der DDR ausgedehnt und dort Nuklearwaffen stationiert würden. Helmut Kohl versuchte es daraufhin mit einer neuerlichen Bilanz des Verhandlungsstandes:

1. Mit der Vereinigung Deutschlands werde sofort die volle Souveränität erreicht.
2. Das vereinigte Deutschland und die UdSSR würden eine Vereinbarung über den Abzug der sowjetischen Truppen aus der DDR abschließen. Diese Truppen blieben für eine bestimmte Frist aufgrund eines bilateralen Vertrages in der heutigen DDR. Dieser Vertrag solle jetzt bereits zwischen der Sowjetunion und der Bundesrepublik vorbereitet werden, wobei Bonn sich intensiv mit der DDR-Seite abstimmen werde.
3. Es sei die Entscheidung des souveränen Deutschlands, welchem Bündnis es sich anschließe. Seine Seite sage, man werde Mitglied der NATO sein. Nun müsse man eine Formulierung finden, mit der festgelegt werde, daß während der Anwesenheit sowjetischer Truppen in der DDR die Strukturen der NATO nicht auf dieses Gebiet erstreckt würden. Es sei dann Sache des souveränen Deutschlands, wie es sich nach dem Abzug der sowjetischen Truppen entscheide. Klar sei, daß der Rückzug einige Jahre dauern werde, und es müsse das Ziel sein, sich nicht gegenseitig unnötig zu belasten.

Schewardnadse war damit nicht einverstanden: Die NATO-Strukturen dürften auch nach dem Abzug der sowjetischen Truppen nicht gegen den Willen der UdSSR auf das Gebiet der heutigen DDR ausgedehnt werden. Dies müsse beim Abschluß eines Vertrages berücksichtigt werden, betonte er und machte damit eine Differenz zu der von Kohl und Gorbatschow diskutierten Position deutlich. Gorbatschow warb daraufhin noch einmal für seine – bis dahin nicht immer ganz eindeutige – Position: Wenn in den bilateralen Vereinbarungen festgeschrieben werde, daß Deutschland auch nach dem Abzug der sowjetischen Truppen nichts tun werde, was die Sicherheit der Sowjetunion beeinträchtige, so stelle dies keine Einschränkung der Souveränität dar. Es solle nicht niedergeschrieben werden, daß das vereinte Deutschland Mitglied der NATO sein werde, wenngleich die sowjetische Seite dies meine. Es solle auch nicht fixiert werden, daß die jetzige DDR nach Abzug der UdSSR-Truppen kein NATO-Gebiet werden dürfe, obwohl die sowjetische Seite dies so verstehe. Vor allem dürften dort keine Nuklearwaffen stationiert werden, während eine gesamtdeutsche Bundeswehr sehr wohl dort stationiert sein dürfe.

Das sei eine Änderung der sowjetischen Position, warf Außenminister Genscher ein: Zuerst habe Gorbatschow gesagt, Deutschland werde diesen Punkt nach Abzug der UdSSR-Truppen in seiner eigenen Souveränität entscheiden. Nun spreche er von seinem Verständnis, daß keine Ausdehnung der NATO-Strukturen erfolge. Gorbatschow bestritt diese Änderung und faßte seine Position noch einmal zusammen:
1. Es dürfe keine Ausdehnung des NATO-Territoriums auf das Gebiet der heutigen DDR geben, solange dort sowjetische Truppen stationiert seien, deren Aufenthalt in einem separaten Vertrag geregelt werde.
2. Er gehe davon aus, daß die NATO-Strukturen sich nicht auf dieses Gebiet erstreckten, ohne daß dies im Vertrag eigens gesagt werde.

Ob während der Anwesenheit sowjetischer Truppen in Ostdeutschland dort deutsche Streitkräfte stationiert sein könnten, die nicht in die NATO integriert seien, wollte Genscher wissen und lenkte damit von der festgefahrenen Verhandlungssituation ab. Ja, sicherte Gorbatschow zu, da Deutschland über volle Souveränität verfüge. Ebenso schnell konnte Einigkeit erzielt werden in der vom Bundesaußenminister eingeworfenen Frage nach der Anwesenheit von Streitkräften der Vier Mächte in Berlin, solange in Ostdeutschland sowjetische Truppen stünden. Diese sollten allerdings nicht verstärkt werden, gab Genscher zu bedenken, und Julij Kwizinskij warf ein, daß sie – entsprechend der ursprünglichen Grundlage von 1945 – auch nicht mit Massenvernichtungswaffen ausgerüstet sein sollten.

## *Welchen Sicherheitsstatus für Ostdeutschland?*

Nach diesen problemlos geklärten Themen versuchte Genscher es erneut mit einer Bilanzierung des Sachstandes, in der er die zeitlich befristete Stationierung von sowjetischen Truppen und die Anwesenheit von nicht in die NATO integrierten Bundeswehreinheiten erwähnte. In Berlin würden – auf der Grundlage bilateraler Vereinbarungen und bis zum Abzug der sowjetischen Truppen aus Ostdeutschland – Streitkräfte der Vier Mächte und nicht ins westliche Bündnis integrierte Bundeswehrsoldaten stationiert sein. Solange sich Soldaten der UdSSR auf heutigem DDR-Territorium befänden, würden die Strukturen der NATO nicht ausgedehnt. Mit der Wiedervereinigung werde Deutschland vollständig souverän. Der Bundesaußenminister, der damit weit über seine im

Frühjahr vertretene »Tutzing-Formel« hinausging, erntete von Gorbatschow bei grundsätzlicher Zustimmung in einzelnen Punkten Widerspruch: Es müsse sicher sein, daß die NATO nicht mit nuklearen Waffen oder Stützpunkten in den von der UdSSR geräumten Raum einziehe. Die Sowjetunion wolle nicht nur abziehen, sondern sei zugleich auch gegen eine Erweiterung des NATO-Territoriums. Genscher widersprach dem mit dem Hinweis, man sei stets dafür eingetreten, keine Zonen unterschiedlicher Sicherheit entstehen zu lassen. Das müsse auch für das Gebiet der jetzigen DDR gelten. Das, so Gorbatschow, sei das Recht des souveränen Deutschlands, doch spreche man im Augenblick davon, daß dort keine Strukturen des westlichen Bündnisses hinzukämen. Dessen Sicherheitsgarantien gälten aber unabhängig von der Stationierung von NATO-Truppen, warf Genscher ein, was der Präsident bejahte. Wenn dort jedoch fremde Truppen auftauchten, werde man sagen, daß man kein Vertrauen zu den Deutschen habe. Nach Wiederherstellung der Souveränität würden die in Artikel 5 und 6 des NATO-Vertrages niedergeschriebenen Sicherheitsgarantien aber für ganz Deutschland gelten, stellte der Bundesaußenminister klar. Auch hier stimmte Gorbatschow zu. Dies gelte bereits während der Anwesenheit sowjetischer Soldaten, doch dürften auch danach keine in die NATO integrierten Truppen dorthin verlegt werden.

Das sei eine wichtige Feststellung, erklärte Kohl: Mit der Erlangung der Souveränität würden Artikel 5 und 6 des NATO-Vertrages für ganz Deutschland gelten, doch würden für die befristete Anwesenheitsdauer sowjetischer Einheiten keine ins westliche Bündnis integrierten Bundeswehrverbände nach Ostdeutschland verlegt. Auch er faßte die Vereinbarungen zu Berlin noch einmal zusammen und wies darauf hin, daß der angestrebte Vertrag zwischen der Sowjetunion und Deutschland auch eine Sicherheitsgarantie beziehungsweise einen Nichtangriffspakt enthalten sollte. Dazu würde es nicht passen, wenn man nach einigen Jahren Nuklearwaffen nach Ostdeutschland verlege. Hier müsse man die richtigen Formulierungen finden. Das sei richtig, so Gorbatschow. Er wolle aber geltend machen, daß auch nach dem Abzug der sowjetischen Truppen in Ostdeutschland keine ausländischen Einheiten stationiert werden dürften. Über derartige Gegensätze müsse man offen und ehrlich miteinander reden, erwiderte Kohl. Er könne im Augenblick keine Lösung bieten. Ob Kohl in seinem angekündigten Brief auch die Frage der Gültigkeit der Artikel 5 und 6 des NATO-Vertrages berücksichtigen und eine entsprechende Absichtserklärung einbauen könne, wollte der Präsident wissen. Eine genaue Formulierung könne man ja später noch finden. Er habe seine Meinung dazu gesagt, versicherte Kohl, doch müsse man im Augenblick nicht über Formulierungen sprechen.

Auf eine Frage von Genscher stellte Gorbatschow erneut seinen Standpunkt klar: Vor dem Abzug der sowjetischen Soldaten dürften nur nicht-integrierte Bundeswehreinheiten in Ostdeutschland stationiert sein, danach könnten der NATO unterstellte deutsche Truppen dorthin verlegt werden. Es dürfe weder zur Verlegung von ausländischen Truppen noch von Nuklearwaffen kommen. Kohl faßte diesen Gesprächsstand zusammen, wobei er auch die Forderung nach dem Verzicht auf die Ausrüstung der in Ostdeutschland stationierten Bundeswehrtruppen mit nuklearen Trägersystemen erwähnte.[29]

Gorbatschows nächste Frage befaßte sich mit der Gestaltung des »Zwei-plus-Vier«-Abschlußdokuments. Der bilaterale Vertrag könne erst nach Entstehung eines vereinten Deutschlands abgeschlossen werden. Er schlage deshalb vor, daß im »Zwei-plus-Vier«-Vertrag eine Zeile eingefügt werde, in der auf die bilateral zu regelnde Frage der sowjetischen Truppenstationierung eingegangen werde. Dies, so Kohl, könne man gerne so tun und jetzt schon der Öffentlichkeit mitteilen. Er wolle aber noch wissen, für wie lange und in welchem Umfang die UdSSR ihre Soldaten in Ostdeutschland stationieren wolle. Man denke an 195 000 Mann und einen Zeitraum von fünf bis sieben Jahren, antwortete Gorbatschow zu Kohls Überraschung: Der Präsident habe am Vortag doch noch von drei bis vier Jahren gesprochen, so Kohl. Einen solchen Zeitraum halte man in Bonn für realistisch. Probleme werde es nicht auf westlicher Seite geben, sondern bei der UdSSR. Deren Soldaten würden eine wirtschaftlich völlig veränderte Umwelt erleben, weswegen er dringend zu einem Zeitraum von drei Jahren rate. Er werde sich allerdings nicht dafür verkämpfen, ob es dann letztlich drei oder vier Jahre seien. Er habe mit Gorbatschow ja bereits die deutsche Bereitschaft zur Unterstützung – beispielsweise bei der Umschulung auf zivile Berufe – gesprochen. Er habe verstanden, daß es bei der Unterbringung der Rückkehrer Probleme geben werde. Direkt könne man diese nicht lösen. Es sei Sache der sowjetischen Seite, Wohnungen zu bauen. Das Unterstützungsangebot des Kanzler begrüße er sehr, so Gorbatschow, doch wolle er auf interne sowjetische Probleme hinweisen. Die Armee sei um noch nicht einmal 500 000 Mann verkleinert worden, und schon gebe es eine verschärfte Lage, die sich noch weiter zuspitzen werde. Man könne im Rahmen der Wirtschaftshilfe ja den Bausektor berücksichtigen, deutete Kohl einen Lösungsansatz an, mit dem er zugleich auf ökonomische Fragen überleitete. Diese, so Gorbatschow, solle Sitarjan mit Waigel besprechen.[30]

Von der kurzzeitigen Diskussion von Wirtschaftsfragen lenkte Kohl wieder zu außen- und sicherheitspolitisch relevanten Themen zurück und fragte noch einmal nach der Aufenthaltsdauer der sowjetischen Soldaten in Ostdeutschland. Diese Frage müsse nicht sofort entschieden werden. Gorbatschow stimmte zu und versicherte, seine Soldaten würden drei bis vier Jahre bleiben; danach erfolge der Rückzug. Dem widersprach Kohl energisch. Auch er habe innenpolitische Probleme. Wenn er im Parlament über Hilfe für die UdSSR – also beispielsweise für den Bau von Wohnungen – spreche, dann müsse er sagen können, daß der Aufenthalt auf drei bis vier Jahre befristet sei. Es sei nicht wichtig, wann der erste Soldat gehe, sondern wann der letzte abgezogen werde, unterstrich Hans-Dietrich Genscher die deutsche Position. Der Bundesaußenminister faßte zudem noch einmal den bisherigen Gesprächsverlauf zusammen und ging dann zur Stärke gesamtdeutscher Streitkräfte über. Nach Auffassung der Bundesregierung sollten die nationalen Höchststärken für die Luft- und Landstreitkräfte bei den Wiener Verhandlungen über die konventionellen Streitkräfte in Europa (VKSE) vereinbart werden. Bis dahin sollte kein Staat seine Truppenstärke erhöhen. Deutschland sei bereit, schon jetzt eine Erklärung abzugeben, wie stark seine künftigen Luft- und Landstreitkräfte sein sollten. Diese Verpflichtung werde zusammen mit einer Gesamtregelung für alle Teilnehmerstaaten bei der angestrebten zweiten VKSE-Runde völkerrechtlich verbindlich. Die Bundesregierung gehe davon aus, daß es zu dieser weiteren Abrüstungsrunde komme, und werde deshalb jetzt bereits diese Erklärung abgeben. Die Reduzierung beginne direkt nach dem – für den Herbst angestrebten – Abschluß der laufenden VKSE-Verhandlungen. Unabhängig von sonstigen Entwicklungen wolle man die Reduzierung so vornehmen, daß sie zeitgleich mit dem vollständigen Abzug der sowjetischen Truppen aus Ostdeutschland abgeschlossen würde. Es gebe damit einen Zusammenhang mit der angestrebten Frist von drei bis vier Jahren, warf Kohl ein.

Wie hoch die Gesamtzahl der deutschen Streitkräfte denn nach der Reduzierung sein werde, erkundigte sich Gorbatschow, woraufhin der Bundeskanzler auf seine Äußerung vom Vortag verwies. Kohl hatte sich in dieser Frage bis zuletzt nicht festgelegt. Auf dem Flug nach Moskau war es zu einer Auseinandersetzung zwischen ihm und Genscher gekommen[31]: Kohl hatte eine Gesamtstärke von 400 000 Mann genannt, während der Bundesaußenminister nur 350 000 Soldaten vorgeschlagen hatte. Als Kohl der FDP daraufhin vorgeworfen hatte, sie strebe mit derartigen Vorschlägen die Abschaffung der Wehrpflicht und die Einführung einer Berufsarmee an, war es zu einem kurzen, aber heftigen Streit gekommen, den der Kanzler nach einiger Zeit unvermittelt und ergebnislos wieder abgebrochen hatte. Auf dem Weg von Moskau in den Kaukasus war es später zur ersten Unterhaltung zwischen Präsident und Kanzler über das Thema Truppenstärke gekommen. Gorbatschow hatte 350 000 Soldaten vorgeschlagen, was Kohl mit Hinweis auf die Wehrpflicht abgelehnt hatte. Als der sowjetische Präsident nun in Archys erneut nachfragte, verwies Kohl auf seine Äußerungen vom Vortag. Gorbatschow ging darauf zunächst nicht ein, sondern wandte sich den Stationierungskosten der UdSSR-Truppen in der DDR zu: Wenn man sich über die Streitkräfte und den zeitlichen Rahmen des Abzugs geeinigt habe, müsse man Klarheit hinsichtlich der finanziellen Bedingungen haben. Er wolle wissen, ob die Finanzierung des Aufenthaltes der sowjetischen Truppen auch nach 1990 entsprechend der bisherigen Regelung erfolge. Man gehe dabei von 195 000 Mann aus, erwiderte Kohl, woraufhin Gorbatschow erklärte, man müsse von der vorhandenen Zahl ausgehen. Außenminister Genscher machte klar, daß auch dieses Problem im angekündigten Brief des Bundeskanzlers behandelt würde. Die für das zweite Halbjahr 1990 gefundene Regelung könne allerdings nicht automatisch verlängert werden.[32] So müßten beispielsweise die für Umschulungsmaßnahmen zur Verfügung gestellten Mittel berücksichtigt werden. Grundsätzlich dürfe es keinen Vertrag geben, nach dem Deutschland Stationierungskosten übernehme. Dabei gehe es nicht um die Kosten, sondern vor allem darum, daß andere Staaten für ihre Truppen in Deutschland ebenfalls keine Stationierungskosten erstattet bekämen und man keine Begehrlichkeiten wecken dürfe. Man dürfe die Vereinbarung also keinesfalls Vertrag über Stationierungskosten nennen. Eine Einigung über die Bezeichnung werde nicht schwierig sein – solange das Verständnis so sei, daß die veränderten Aufenthaltsbedingungen der Soldaten zusätzliche Ausgaben erforderten, entgegnete Gorbatschow.

Kohl betonte daraufhin noch einmal das deutsche Interesse am Abzug der sowjetischen Truppen sowie daran, daß dieser Abzug der Sowjetunion nicht allzu viele Schwierigkeiten bereite. Man müsse gemeinsam Wege finden, wie Deutschland beispielsweise beim Wohnungsbau oder bei der Umschulung helfen könne. Er wolle zu Hause keine Diskussion darüber, daß Deutschland souverän sei und trotzdem weiterhin Stationierungskosten bezahle. Kohl sicherte dem Präsidenten zu, daß er dessen Probleme nicht vergrößern und deshalb eine befriedigende Lösung finden wolle. Gorbatschow nannte in seiner Antwort drei kritische Punkte:
1. die Frage, wie man nach dem 1. Januar 1991 die sowjetischen Truppen in der DDR unterhalten sollte;
2. die hohen Kosten des Rücktransportes und schließlich
3. die Unterbringung und Versorgung der heimgekehrten Soldaten.

Man müsse überlegen, wie man dies regeln wolle, und sich auf jeden Fall heute schon darüber klar werden, wie die deutsche Beteiligung am Unterhalt der Truppen aussehe. Kohl brachte den Begriff »Überleitungsvertrag« ins Gespräch, den Genscher präzisierte: Unter der Bezeichnung »Überleitungsvertrag betreffend die finanziellen Auswirkungen der Einführung der DM im Gebiet der DDR« könnten nach seinem Verständnis die genannten Kosten gedeckt werden, ohne daß dies ausdrücklich gesagt werde. Auf den Einwurf von Finanzminister Waigel, daß dabei auch allgemeine außenwirtschaftliche Fragen wie die Neubewertung des Transferrubels berücksichtigt werden sollten, erwiderte Gorbatschow, daß alles, was mit der Währungsumstellung zu tun habe, in diesem Abkommen geregelt werden sollte. Der Vertrag, so Genscher, müsse aber zeitlich befristet werden. Der sowjetische Präsident wies darauf hin, daß die Kosten sich bei fortschreitendem Abzug der Truppen reduzieren würden, und versuchte erneut, den Diskussionsstand zusammenzufassen: Der Abzug solle innerhalb von drei bis vier Jahren erfolgen. Notwendig seien zwei Verträge, nämlich zum einen ein Vertrag über den Aufenthalt der UdSSR-Truppen in der heutigen DDR sowie zum anderen ein Überleitungsvertrag. Ob man die Öffentlichkeit bereits jetzt darüber unterrichten solle, wollte Gorbatschow außerdem wissen. Kohl bejahte dies.

Auch Schewardnadse bestätigte nun noch einmal den Abzugstermin innerhalb der nächsten drei bis vier Jahre, wollte aber noch die Obergrenze der gesamtdeutschen Bundeswehr präzisieren. Man wisse nicht, wann die angestrebte zweite VKSE-Runde in Wien beginne, und es gebe bislang auch keine Verknüpfung der deutschen Reduzierung mit dem Abzug der sowjetischen Truppen. Helmut Kohl erklärte daraufhin, daß die gesamtdeutsche Bundeswehr binnen drei bis vier Jahren auf 370 000 Mann reduziert werden könne, während Hans-Dietrich Genscher noch einmal das gewünschte Vorgehen erläuterte: Man werde bei der laufenden VKSE I-Runde in Wien eine Erklärung abgeben, derzufolge das vereinigte Deutschland innerhalb von vier Jahren seine Streitkräfte auf 370 000 Soldaten reduzieren werde. Der Truppenabbau beginne nach dem Inkrafttreten des ersten Vertrages über die Reduzierung der konventionellen Streitkräfte in Europa. Zudem werde die Bundesregierung dafür eintreten, daß bei der erhofften zweiten Wiener Verhandlungsrunde alle 23 Staaten sich verpflichteten, nationale Höchstgrenzen festzulegen und ihre Streitkräfte nicht zu erhöhen. Bei VKSE II werde man dann die deutsche Reduzierung völkerrechtlich verbindlich machen. De facto werde diese Reduzierung bis dahin vielleicht schon vollendet sein. Er sehe kein Problem darin, daß die Erklärung der Bundesregierung im Rahmen der »Zwei-plus-Vier«-Verhandlungen zur Kenntnis genommen werde – Ausführungen, mit denen Gorbatschow sich ausdrücklich einverstanden erklärte.[33]

## Polens »Herzensfrage« und Gorbatschows Ängste

Nachdem das Thema Obergrenze der Bundeswehr sowie die Frage einer deutschen Beteiligung an den Stationierungskosten der sowjetischen Truppen in der DDR relativ zügig abgehandelt worden waren, ging Genscher noch einmal auf die deutsch-polnische Grenzdiskussion ein. Er wolle sich anderntags bei der dritten »Zwei-plus-Vier«-Runde in Paris so verhalten, wie er das mit Eduard Schewardnadse abgesprochen habe. Grundsätzlich gehe es um drei polnische Forderungen:
1. Die Regierung Polens wolle, daß Deutschland seine Souveränität erst wiedererlange, nachdem der Grenzvertrag zwischen den beiden Staaten abgeschlossen wäre. Damit sei die Bundesregierung nicht einverstanden, und er sehe keine Notwendigkeit für ein solches Vorgehen. Genscher verwies auf die Erklärungen des Bundestags und der Volkskammer und betonte, daß im »Zwei-plus-Vier«-Abschlußdokument gesagt werde, woraus das vereinigte Deutschland bestehen werde, nämlich aus der Bundesrepublik, der DDR und Berlin.
2. Die polnische Seite bestehe darauf, daß Deutschland sein innerstaatliches Recht ändere. Hierzu habe er bereits bei den »Zwei-plus-Vier«-Verhandlungen gesagt, daß all jene Bestimmungen beseitigt oder verändert würden, die durch die Vereinigung überflüssig würden. Dazu stehe man.
3. Warschau verlange, daß die Grenzen zwischen dem vereinigten Deutschland

und Polen Bestandteil einer Friedensregelung für Europa würden. Es sei für die Bundesregierung aber nicht hinnehmbar, eine besondere Regelung für die deutsch-polnische Grenze zu treffen.

Bei der Grenzfrage handle es sich für Polen um eine »Herzensfrage«, warf Gorbatschow ein. Er wolle lediglich sicher sein, so Genscher, daß die sowjetische Seite die Frage ebenso beurteile wie die Bundesregierung. Mit der Grenze gebe es kein Problem, ergänzte der Bundeskanzler. Seine Regierung bekomme jedoch erhebliche innenpolitische Probleme, wenn die deutsch-polnische Grenze zu *der* Grenze in Europa gemacht werde. Ob man sich in der Sache einig sei, insistierte Genscher und erhielt die Zustimmung Schewardnadses.

Nach mehr als drei Stunden läutete Gorbatschow daraufhin den Schluß ein: Was, so seine Frage, wolle man vor der Presse sagen? Man müsse den Eindruck vermeiden, daß man für die »Zwei-plus-Vier« entschieden habe. Ausgangspunkt müsse also die Erklärung sein, man habe die »Zwei-plus-Vier«-Verhandlungen vorbereitet. Genscher bot die Formulierung an, die Verhandlungen hätten der Klärung von Fragen gedient, die für die »Zwei-plus-Vier«-Gespräche im Zusammenhang mit der deutschen Vereinigung wichtig seien. Man werde, so Gorbatschow weiter, den Bundeskanzler als erstes fragen, ob der sowjetische Präsident dem NATO-Beitritt zugestimmt habe. Danach werde man sagen, Gorbatschow habe diese Zustimmung gegen die Gewährung von Krediten verkauft, was aber nicht richtig sei. Es sei Realpolitik betrieben worden. Man müsse deshalb sagen, Deutschland erhalte seine volle Souveränität – und der vereinigte deutsche Souverän müsse über die Bündniszugehörigkeit entscheiden.

In seiner Antwort lud Kohl zunächst den Präsidenten und seine Frau für das kommende Jahr nach Deutschland ein, wo er sie gerne in seiner Heimat empfangen wollte. Gegenüber der Presse – so Kohl unter Rückgriff auf den von Teltschik vorbereiteten Text – wolle er sagen, daß die deutsch-sowjetischen Beziehungen für die Zukunft Europas von schicksalhafter Bedeutung seien und daß man sich hierüber bei den Gesprächen einig gewesen sei. Weitere Punkte seiner Ausführungen könnten sein[34]:
- Er wolle sich dafür einsetzen, daß alle Politikbereiche in diese Beziehungen einbezogen würden, und verwies damit auf den angestrebten Vertrag.
- Man werde rechtzeitig vor dem KSZE-Gipfel im Herbst die äußeren Aspekte der deutschen Einheit lösen.
- Es bestehe Einigkeit darüber, daß das vereinigte Deutschland aus der Bundesrepublik, der DDR und Berlin bestehen solle und seine uneingeschränkte Souveränität erhalte. Das bedeute, daß die Vier-Mächte-Rechte und -Verantwortlichkeiten abgelöst würden.
- Das vereinte Deutschland werde – entsprechend der KSZE-Schlußakte von Helsinki – selbst entscheiden, welchem Bündnis es angehören werde. Dabei sei ja bekannt, daß die Bundesrepublik die Mitgliedschaft in der NATO wolle.

- Das vereinigte Deutschland werde mit der UdSSR zwei bilaterale Verträge schließen. Erstens ein Abkommen zur Abwicklung des Abzugs der sowjetischen Truppen vom Gebiet der jetzigen DDR innerhalb von drei bis vier Jahren sowie zweitens einen Überleitungsvertrag über die wirtschaftlich-finanziellen Auswirkungen der Einführung der D-Mark in der DDR für die Zeit ab Januar 1991.
- Die Bundesregierung werde die Vier Mächte zum Abschluß bilateraler Verträge über die Präsenz ihrer Truppen in Berlin einladen.
- Er werde den Verzicht Deutschlands auf ABC-Waffen noch einmal bekräftigen und bestätigen, daß das vereinte Deutschland weiterhin dem Nichtverbreitungsvertrag angehören werde.
- Schon vor dem Abzug sowjetischer Truppen könnten nicht in die NATO integrierte Verbände der Bundeswehr in Ostdeutschland und Berlin stationiert werden. Die Obergrenze der gesamtdeutschen Streitkräfte werde bei 370 000 Mann liegen. Über eine entsprechende Erklärung werde man sich mit der DDR abstimmen.
- Es werde über die Möglichkeiten der wirtschaftlichen Zusammenarbeit zwischen Deutschland und der UdSSR gesprochen.

Als Gorbatschow sich damit einverstanden erklärte, kam Kohl noch kurz auf die Frage der in der Sowjetunion lebenden Deutschen zu sprechen. Man müsse sich bald einmal über dieses Thema unterhalten, da es auch nicht im Interesse der Bundesregierung liege, wenn alle diese Menschen die UdSSR verließen. Gorbatschow kündigte an, darüber nachdenken zu wollen, und zeigte sich einverstanden, bei passender Gelegenheit mit Bundesinnenminister Wolfgang Schäuble darüber zu reden.

### Verhandlungserfolge auf allen Ebenen

Die ausführlichen Gespräche des Bundeskanzlers und seiner Delegation mit Präsident Gorbatschow und dessen Mitarbeitern in Moskau und Archys hatten den entscheidenden politischen Durchbruch im Vereinigungsprozeß gebracht. Wie dies ermöglicht wurde, zeigt eine Zusammenfassung und Analyse der Ergebnisse, bei der zwei Ebenen berücksichtigt werden: die inhaltliche Dimension der Gespräche sowie der Verhandlungsstil der Beteiligten.[35] Auf der inhaltlichen Ebene wurden im Bundeskanzleramt bereits bei den Vorbereitungen alle Ansätze stets als Teil eines Gesamtpakets zur Lösung der deutschen Frage gesehen. Dennoch können drei Themenblöcke unterschieden werden:
- die dauerhafte Neugestaltung der deutsch-sowjetischen Beziehungen,
- die Frage der finanziellen Unterstützung für die UdSSR sowie
- die noch ungeklärten Punkte aus dem »Zwei-plus-Vier«-Prozeß.

Da Gorbatschow – was die deutsche Seite nicht wußte – bereits vor der Ankunft Kohls in Moskau seine Grundsatzentscheidung zum weiteren »Zwei-plus-

Vier«-Verlauf getroffen hatte, war er vor allem an der Neugestaltung der deutsch-sowjetischen Beziehungen interessiert. Dieses Interesse deckte sich mit dem Anliegen des Bundeskanzlers. Beide Politiker hatten Grundsatzüberlegungen vorbereitet, weshalb dieser zentrale Punkt letztlich relativ schnell entschieden war: Mit einem umfassenden Vertrag wollten sie so schnell wie möglich die bilateralen Kontakte auf allen erdenklichen Ebenen bündeln und neu ausrichten. Kohls Hinweis auf den Elysée-Vertrag von 1963, der die historische Neubegründung der deutsch-französischen Beziehungen symbolisierte, gab dabei die Zielrichtung vor. Ähnlich wie mit dem Nachbarn im Westen strebte der Kanzler eine auf Dauer, Stabilität und Frieden angelegte Beziehung zur Sowjetunion an. Dies kam seinem Gesprächspartner sehr entgegen, da Gorbatschow mit dem Hinweis auf eine grundlegende Neugestaltung der Beziehungen zu Deutschland möglichen innenpolitischen Kritikern seines Nachgebens im »Zwei-plus-Vier«-Prozeß entgegentreten konnte.

In der Frage der westlichen und vor allem deutschen Hilfe für die Reformbemühungen der Moskauer Führung wurden in Moskau und Archys nur Grundlinien angedacht.[36] So erklärte sich die Bundesregierung bereit, neben allgemeiner – nicht näher spezifizierter Wirtschaftshilfe – einen Beitrag zu den Kosten für die befristete Stationierung sowjetischer Soldaten in Ostdeutschland zu leisten und den Truppenabzug zu unterstützen. Da die sowjetische Führung noch keine konkreten Vorstellungen hierzu hatte, wurde eine Arbeitsgruppe aus dem stellvertretenden Ministerpräsidenten Sitarjan und Finanzminister Waigel eingesetzt. Über allem schwebte das Bemühen, keinerlei Verdacht eines Tauschhandels »freie Bündniswahl gegen Bezahlung« aufkommen zu lassen. Gorbatschow war mit der grundsätzlichen Hilfsbereitschaft von Kohl zufrieden, zumal dieser keinen Zweifel daran gelassen hatte, daß es sich bei den deutschen Hilfen um erhebliche Beträge handeln würde.

Bei den noch offenen Fragen im »Zwei-plus-Vier«-Prozeß hatten die Kohl-Mitarbeiter in den Vorbereitungsunterlagen drei Punkte für die Gespräche mit Gorbatschow aufgelistet: den Abschluß der Verhandlungen vor dem KSZE-Gipfel vom November, die Erlangung der Souveränität parallel zum Vollzug der Einheit sowie das Recht des vereinten Deutschlands auf freie Bündniswahl. In diesen Punkten war Gorbatschow teilweise sogar über die – vorsichtig formulierten – Erwartungen der deutschen Seite hinausgegangen und hatte gleich noch zusätzliche Fragen geklärt:
1. Zeitplan: Der Präsident ließ keinen Zweifel daran aufkommen, daß vor dem KSZE-Treffen von Paris im November 1990 alle Probleme im Zusammenhang mit der deutschen Einheit gelöst sein sollten.
2. Parallelität von Vereinigung und Souveränität: Gorbatschow machte deutlich, daß er hierin keinerlei Schwierigkeiten sah, solange auf einige Anliegen der UdSSR Rücksicht genommen würde. Das im Frühsommer vertretene Konzept einer »Übergangsperiode« war kein Thema mehr.
3. Recht auf freie Bündniswahl: Die sowjetische Seite stimmte diesem Grund-

prinzip ohne Einschränkungen zu. Gorbatschow sprach sich mit keinem Wort dagegen aus, daß das vereinte Deutschland Mitglied der NATO würde. Er legte allerdings, um dies innenpolitisch besser vermitteln zu können, Wert auf eine Formulierung, in der das westliche Bündnis nicht explizit genannt wurde.

4. Sicherheitsstatus Ostdeutschlands: Vor allem in diesem Punkt gingen Gorbatschows Erwartungen weit über die Ziele des Westens hinaus. Zwar war dies der letztlich am härtesten umstrittene Punkt in der Begegnung mit Kohl und Genscher, doch waren seine Zugeständnisse sehr weitgehend. Bereits mit der Vereinigung sollten die Schutz- und Beistandsgarantien der NATO auf das Gebiet der derzeitigen DDR ausgedehnt werden dürfen. Zugleich sollten nicht in die NATO integrierte Bundeswehrtruppen dort stationiert werden können. Nach dem Abzug der sowjetischen Westgruppe waren Standorte mit NATO-integrierten Bundeswehrverbänden möglich. Deutschland sollte auf die Stationierung von Atomwaffen und ausländischen Truppen verzichten. Moskau ging damit über den sehr vorsichtig formulierten Genscher-Plan vom Frühjahr 1990 hinaus, in dem der Bundesaußenminister noch den Verzicht auf die Stationierung von Bundeswehrtruppen in Ostdeutschland angedeutet hatte.

5. Befristung der sowjetischen Militärpräsenz: Anders als bei der Zustimmung zur gesamtdeutschen NATO-Mitgliedschaft sah Gorbatschow hier den Hebel, um von Deutschland weitreichende finanzielle Zugeständnisse einzufordern. Nach seiner entgegenkommenden Haltung von Moskau ging der Präsident in Archys zunächst hinter seinen anfänglichen Zeitplan – der den Abzug innerhalb von drei bis vier Jahren vorgesehen hatte – zurück. Er sprach nun einerseits davon, daß die Stationierung noch sieben Jahre und mehr andauern könne, beziehungsweise davon, daß der Abzug nach drei bis vier Jahren beginnen könne. Auch in diesem Punkt gab er letztlich dem Drängen von Kohl und Genscher nach und stimmte einem auf drei bis vier Jahre befristeten Aufenthalt der UdSSR-Truppen zu. Ebenso gab die UdSSR in der Berlin-Frage nach: Bis zum Abzug der sowjetischen Soldaten sollten dort neben Bundeswehreinheiten auch Soldaten der westlichen Alliierten stationiert sein können; vom Abzug aller ausländischen Soldaten aus Deutschland war keine Rede mehr.

6. Obergrenze gesamtdeutscher Streitkräfte: Gorbatschow und Schewardnadse willigten in eine Obergrenze von 370 000 Mann und das von der westlichen Seite entwickelte Verfahren zur Bekanntgabe dieses Abrüstungsziels bei den VKSE-Gesprächen in Wien ein. Nach kurzem Zögern erfolgte dieses Zugeständnis ohne weitere Diskussionen, was zeigt, daß dieser Punkt keines der zentralen Anliegen der sowjetischen Seite war.[37]

Vergleicht man die Bonner Erwartungen und die erreichten Ziele, dann ergibt sich, daß die deutsche Seite in allen wesentlichen Punkten – teilweise unerwartete – Erfolge erzielen konnte. Lediglich das Zugeständnis, daß auch nach dem

Abzug der sowjetischen Truppen weder Nuklearwaffen noch ausländische Truppen in Ostdeutschland stationiert werden sollten, wich vom ursprünglichen Maximalkatalog ab. Gorbatschow hatte demgegenüber in allen zentralen Punkten die – allerdings nie präzise benannten oder konsequent vertretenen – Positionen der UdSSR vom Frühjahr/Frühsommer 1990 aufgegeben. Im Gegenzug hatte er die Zusage für eine umfassende Neuorientierung der deutsch-sowjetischen Beziehungen sowie bislang nicht näher quantifizierte Zusagen für Wirtschafts- und Finanzhilfen erhalten. Daß dieses Ergebnis zustande kam, war zum einen dem Denken Gorbatschows zuzuschreiben: Der sowjetische Präsident hatte erkannt, daß er den in immer schnellere Fahrt kommenden Vereinigungs-Zug nicht aufhalten konnte. Da er keinesfalls als ein von den äußeren Entwicklungen getriebener Politiker erscheinen wollte, hatte er sich zu weitgehenden Zugeständnissen entschlossen. Diese fügten sich ebenso schlüssig in sein Gedankenkonzept von der »Freiheit der Wahl« ein wie in seine Überlegungen zur künftigen Neuordnung Europas, die nicht mehr auf Konfrontation aufgebaut sein sollte.

Entscheidend für den deutschen Erfolg waren aber auch die unterschiedlichen Verhandlungsstile:

1. Gorbatschows Vorgehen: Der Präsident dominierte auf sowjetischer Seite die Gespräche mit seinen deutschen Gästen. Gorbatschow war offensichtlich bemüht, seine Gesprächspartner durch das zunächst großzügige Entgegenkommen zu beeinflussen. Auffallend war seine unpräzise Verhandlungsführung vor allem bei der Frage des Sicherheitsstatus für Ostdeutschland.[38] Dabei wechselte er immer wieder zwischen der Aussage, daß die NATO-Strukturen nach dem Abzug der sowjetischen Truppen ostwärts erweitert werden dürften, und der Position, daß diese Ausdehnung keinesfalls erfolgen dürfe. Während er bei der Bündniswahl eine überraschende Großzügigkeit zeigte, versuchte er die Frage der sowjetischen Truppenstationierung in Ostdeutschland als Druckmittel einzusetzen. Offensichtlich war zudem die große Bedeutung, die er dem deutsch-sowjetischen Vertrag beimaß.
2. Zusammenspiel von Außenminister und Präsident: Nur hin und wieder schaltete sich Schewardnadse in die Verhandlungen ein. Ausgerechnet ihm, der zuvor die deutlich verhandlungsbereitere Linie vertreten hatte, fiel in Archys die Aufgabe zu, bei anfangs umstrittenen Details wie dem Sicherheitsstatus und der Bundeswehr-Obergrenze eine härtere Linie zu fahren. Dabei war auffällig, wie wenig Gorbatschow und seine Mitarbeiter sich abgestimmt hatten beziehungsweise daß es anscheinend keine gemeinsame Strategie für die Gespräche gab.
3. Verhandlungsstil des Bundeskanzlers: Auf der einen Seite hatte Helmut Kohl in Moskau und Archys ein leichtes Spiel, da Gorbatschow von vornherein seine Bereitschaft zu weitgehenden Kompromissen erkennen ließ. Andererseits reagierte Kohl unnachgiebig, als Gorbatschow bei der Dauer des Verbleibs sowjetischer Soldaten Druck auszuüben versuchte. Zu seinen Stilmit-

teln gehörten die Betonung des angestrebten bilateralen Vertrages, der Aufbau enger persönlicher Beziehungen[39] und der Themenwechsel: Drohte bei seinem Gesprächspartner eine eindeutige Festlegung auf eine ihm selbst unangenehme Position, wechselte der Kanzler das Thema, um einige Zeit später – mit neuen Formulierungen und einem anderen Ansatz – wieder darauf zurückzukommen. Offensichtlich war sein Bemühen um einen ehrlichen Kompromiß, das sich immer dann zeigte, wenn – über die grundsätzliche politische Willenserklärung hinausgehende – Details zunächst intern abgestimmt werden mußten.

4. Zusammenwirken mit dem Bundesaußenminister[40]: Anders als Schewardnadse schaltete Genscher sich aktiv in den Aushandlungsprozeß ein. So beharrte er an verschiedenen Punkten auf eindeutigen Festlegungen der sowjetischen Seite und kümmerte sich stärker als Kohl auch um Details. Immer wieder brachte er die entscheidenden Formulierungen auf den Punkt. Dabei fiel auf, daß er, der noch im Frühjahr vielschichtige und weitgehend auslegbare Interpretationen zum Sicherheitsstatus Ostdeutschlands ermöglicht hatte, nun auf der Festschreibung der NATO-Sicherheitsgarantien bestand. Das Zusammenspiel mit Kohl funktionierte hier reibungslos.

### Ungläubiges Raunen der Journalisten

Angesichts der überraschenden Ergebnisse war es verständlich, daß der Bundeskanzler sichtlich gelöst war, als er sich nach Abschluß der Gespräche in Archys gemeinsam mit Gorbatschow der Presse stellte. Die Journalisten waren in Schelesnowodsk nicht nur vom Nachrichtenfluß aus dem entfernten Archys, sondern aufgrund der schlechten Infrastruktur zugleich weitgehend von ihren Heimatredaktionen abgeschnitten gewesen. Das touristische Programm der sowjetischen Gastgeber hatte die Verärgerung darüber nur unwesentlich beruhigen können. In einem örtlichen Lungensanatorium warteten sie nun gespannt darauf, ob ihre Geduld sich gelohnt hatte und ob Gorbatschow und Kohl nach den ausgiebigen Gesprächen in Moskau und Archys nun auch substantielle Ergebnisse vorlegen konnten.[41] Im sowjetischen Fernsehen wurde die Pressekonferenz live gesendet – und in den Abendnachrichten aus den beiden früher so sorgfältig unterschiedenen deutschen Staaten bereits ein »Germania« gemacht.

Nach einer kurzen Begrüßung überließ Gastgeber Gorbatschow dem Bundeskanzler das Wort, der die Ergebnisse, zusammengefaßt in acht Punkte, vortrug und damit teilweise ungläubiges Raunen der Journalisten erntete. Keiner der Anwesenden hatte mit einem derart weitgehenden Durchbruch gerechnet, bei dem nicht nur die Frage der Bündniszugehörigkeit, sondern zugleich erste Eckpunkte und Details des sowjetischen Truppenrückzugs, der deutschen Wirtschafts- und Finanzhilfen und eines umfangreichen bilateralen

Vertragswerks geklärt worden waren. Kohls Bestreben, einen Zusammenhang zwischen dem Verhandlungsergebnis und finanziellen Zusagen an die UdSSR zu vermeiden, war offensichtlich. Mit keinem Wort erwähnte er den von der deutschen Seite gewonnenen Eindruck, daß die sowjetische Wirtschaft sich in einem viel desolateren Zustand befand als bislang angenommen. Gorbatschow schloß sich dieser Strategie an. Man habe, so der Präsident, »Realpolitik« gemacht und dabei die laufenden Veränderungen der Wirklichkeit in Europa und der ganzen Welt berücksichtigt. Es finde eine Annäherung statt, so seine eindeutig an das heimische Publikum gerichteten Worte. Er betonte die Vielzahl der Treffen in jüngster Zeit, die neue Qualität der Beziehungen und die angekündigten Wandlungen der NATO. Nicht alles, was in London gesagt worden sei, könne man in Moskau mit Beifall aufnehmen. Die anlaufenden Veränderungen wolle er aber doch als eine »historische Wende« in der NATO-Entwicklung bezeichnen. Keine der beiden Seiten habe in Archys das Gewünschte in Reinform erhalten, so Gorbatschow. Er betonte vor allem den angestrebten bilateralen Vertrag und die Rücksichtnahme auf sowjetische Sicherheitsinteressen, darunter die Reduzierung der gesamtdeutschen Streitkräfte um 42 bis 45 Prozent gegenüber dem jetzigen Stand von Bundeswehr und Nationaler Volksarmee. Auf die Frage nach weiterer multilateraler Wirtschaftshilfe antwortete Gorbatschow, daß es sich hierbei um Unterstützung für den beginnenden, tiefgreifenden Wandel im ökonomischen System der Sowjetunion handle. »Wir erwarten jedoch keine Geschenke, wir brauchen keine Almosen«, stellte er stolz fest. Statt dessen gehe es um Vereinbarungen mit Vorteilen für alle Seiten.

Neben den Punkten Sicherheitsgarantien, zwischenstaatliche Zusammenarbeit und Wirtschaftshilfe ging Gorbatschow abschließend auf ein weiteres unterstützendes Moment für die positive Entwicklung der Gespräche ein, als ein Journalist nach dem »menschlichen Faktor in den internationalen Beziehungen« fragte: Neben der Einbeziehung der Wissenschaft und moralischer Grundlagen sowie einer notwendigen Demokratisierung der Außenpolitik durch die stärkere Einbindung der Öffentlichkeit seien die zwischenmenschlichen Kontakte ein wichtiger Faktor. »Vertrauen ist das beste Medium, mit dem Durchbrüche in den internationalen Beziehungen erzielt werden können«, konstatierte der Präsident. Im Verhältnis zwischen der UdSSR und der Bundesrepublik habe es gewiß eine Rolle gespielt, daß die persönlichen Kontakte – bei denen er ausdrücklich die beiden Außenminister einbezog – »Fortschritte« gemacht hätten. Ähnlich wie der Bundeskanzler hob er hervor, welche Punkte letztlich zur Lösung der bislang ungeklärten Fragen beigetragen hatten:
- die Rücksichtnahme auf die gegenseitigen Sicherheitsinteressen,
- der gemeinsame Wunsch, die bilateralen Beziehungen in einem umfassenden Vertrag neu zu regeln,
- der Ausbau wirtschaftlicher Kontakte und
- die sich im häufigen Kontakt stetig verbessernden persönlichen Beziehungen.

Angesichts einer derart weitgehenden Übereinstimmung zwischen den beiden Spitzenpolitikern und der Aussicht auf eine neue vertragliche Grundlage des beiderseitigen Verhältnisses konnten die – im Kanzleramt bereits vor dem Abflug nach Moskau befürchteten – Fragen nach dem »Gespenst von Rapallo« nicht ausbleiben, für die Kohl aber keine Grundlage sah. Vehement wehrte er sich gegen »diesen Unsinn«, wie er kurz zuvor auch in London wieder verbreitet worden sei, als der britische Industrie- und Handelsminister Nicholas Ridley nach einem für Kohl und die Bundesrepublik beleidigenden Interview und heftiger öffentlicher Kritik hatte zurücktreten müssen.[42] Im Prinzip war die Bonner Gelassenheit angesichts der Fortschritte im Vereinigungsprozeß zu diesem Zeitpunkt aber bereits so weit gediehen, daß es kaum noch für interne Aufregung sorgte, als zeitgleich Interna des »Chequers-Seminars« der britischen Premierministerin mit Deutschlandexperten vom Frühjahr 1990 bekannt wurden.

Für den Augenblick gönnte sich die Mannschaft um Helmut Kohl auf dem Rückflug nach Deutschland den kurzen Genuß des Erfolgs. Es sei ein Gefühl, als ob man Bäume ausreißen könnte, faßte Hans-Dietrich Genscher das Erlebte zusammen. Und auch der Bundeskanzler – der sich zunächst für eine Stunde in sein Privatabteil zurückgezogen hatte – war beschwingt. Kurz vor der Landung in Bonn ließ er auch an die mitreisenden Journalisten in der Maschine Sekt ausschenken, um gemeinsam mit ihnen auf die Erlangung der Souveränität und »Auf Deutschland!« anzustoßen. Bei aller Freude zeigte er sich aber nachdenklich: Er wisse, wie viele andere an diesem Erfolg mitgearbeitet hätten, und: »Ich hatte Fortüne.«

### *George Bush: Gratulation zu einem historischen Treffen*

Nach der Rückkehr am späten Abend des 16. Juli aus der Sowjetunion machte Kohl sich am 17. Juli an die weitere Unterrichtung der deutschen Öffentlichkeit und die Information der Partner. Während Genscher bereits zur dritten »Zwei-plus-Vier«-Außenministerrunde in Paris weilte, zog Kohl vor der Bundespressekonferenz eine Zwischenbilanz der sechs zurückliegenden Monate, in deren Mittelpunkt die Gespräche von Moskau und Archys standen.[43] In zehn Punkten faßte er – der zuvor mit Glückwünschen und Applaus begrüßt worden war – die Ergebnisse der Verhandlungen zusammen. Dabei wies er darauf hin, daß er am Vormittag schon mit Lothar de Maizière gesprochen hatte. Dieser habe unmißverständlich gesagt, daß es auch Wunsch der DDR sei, daß das geeinte Deutschland Mitglied der NATO bleibe. Zugleich machte Kohl die Einbindung der Beratungen in den internationalen Kontext deutlich, indem er nicht nur den Menschen in der DDR, sondern auch den drei westlichen Verbündeten – und hier vor allem Präsident Bush –, der EG-Kommission und deren Präsidenten Jacques Delors sowie Michail Gorbatschow dankte. Außerdem wies er noch einmal darauf hin, daß der bisherige Weg zur deutschen Vereinigung in enger Abstimmung im Rahmen von EG und NATO zurückgelegt worden sei. Auch künftig sei deutsche Politik nur gemeinsam mit den Partnern und Nachbarn erfolgversprechend und vorstellbar. Es werde nun wohl am ersten Dezembersonntag zu gesamtdeutschen Wahlen zum Bundestag kommen, kündigte Kohl an und schloß mit dem Satz: »Sie haben sicher Verständnis dafür, daß ich zum Schluß zum Ausdruck bringe, daß ich die Absicht habe, diese Wahlen zu gewinnen.«

Die enge Einbindung der in der UdSSR erzielten Einigung in den internationalen Rahmen unterstrich Kohl auch in seinem nachmittäglichen Telefonat mit George Bush.[44] Dieser gratulierte dem Kanzler eingangs zum Erfolg seiner Reise. Es habe sich wohl um ein »historisches Treffen« gehandelt. Man habe in der Tat eine historische Stunde erlebt, erwiderte Kohl, der anschließend einen ausführlichen Bericht von den verschiedenen Verhandlungsrunden im großen und kleineren Kreis gab. Dabei berichtete er unter anderem von Gorbatschows positiver Reaktion auf den NATO-Gipfel von London und die Wirtschaftsaspekte der Gespräche. In diesem Zusammenhang seien weder Summen genannt noch konkrete Absprachen getroffen worden. Er habe aber die Bereitschaft – und die Bedingungen – des Westens für Wirtschaftshilfe an die UdSSR erklärt. In der NATO-Frage habe er Bushs Formel benutzt, wonach ein souveränes Land sein Bündnis frei wählen können müsse. Er habe hinzugefügt, daß die Deutschen für die NATO votieren würden, und darauf hingewiesen, daß dies die Schutzgarantien des westlichen Bündnisses einschließe. Der sowjetische Präsident habe dem – trotz anderer Einflüsse aus seiner Umgebung[45] – zugestimmt. Auch bei der Dauer des Verbleibs sowjetischer Truppen in Ostdeutschland hätten Mitarbeiter des Kreml-Chefs wohl andere Zeitvorstellungen als die vereinbarten drei bis vier Jahre gehabt. Kohl bat um Verständnis, daß er die westlichen Alliierten nicht vorab über die Frage der Stationierung von Soldaten der Vier Mächte in Berlin habe informieren können. Hier müsse man – auch aus psychologischen Gründen – Verträge zwischen dem wiedervereinigten Deutschland und den französischen, britischen und amerikanischen Partnern schließen, um die Stationierung bis zum Abzug der sowjetischen Truppen vorzusehen.

Es bereite ihm Sorge, daß die UdSSR den Verbleib ihrer Truppen in Ostdeutschland dazu nutzen könnte, in dieser Zeit die öffentliche Meinung gegen den Verbleib der US-Truppen in Europa aufzubringen, entgegnete Bush. Er habe Bedenken, daß es eine Parallelität zwischen dem Abzug der sowjetischen Truppen und dem Rückzug amerikanischer Soldaten geben könne. Kohl beruhigte seinen Gesprächspartner: Das habe beim Gespräch mit Gorbatschow überhaupt keine Rolle gespielt. Schon zuvor hatte er Bush berichtet, wie positiv der sowjetische Präsident sich über die Aussichten der amerikanisch-sowjetischen Beziehungen geäußert habe. Bush bedankte sich für die ausführliche Information. Er werde über das Gehörte gründlich nachdenken und sich bei

Bedarf an den Kanzler wenden. Der amerikanische Präsident gratulierte Kohl noch einmal zu dessen hervorragender Führungsrolle und dem ausgezeichneten Ergebnis des Kaukasus-Treffens. Er wolle später noch mit Gorbatschow telefonieren, um diesen über die Ergebnisse des G 7-Treffens von Houston zu informieren.

Während Bush telefonisch über die Gespräche der deutschen Delegation in der Sowjetunion unterrichtet wurde, schrieb Kohl an die anderen westlichen Verbündeten, darunter auch den italienischen Ministerpräsidenten Giulio Andreotti, ausführliche Briefe.[46] Neben seinem Dank für die Unterstützung ging der Kanzler auf die Ergebnisse seiner Gespräche mit Gorbatschow ein, die er – ähnlich wie vor der Bundespressekonferenz – in zehn Punkten auflistete. Die »Zwei-plus-Vier«-Gespräche seien »wesentlich erleichtert worden«, so daß ihr Abschluß noch vor dem KSZE-Gipfel von Paris »ein Fixpunkt der europäischen Politik der nächsten Monate« sein werde. Im Kanzleramt waren zu diesem Zeitpunkt bereits die ersten Glückwunschschreiben aus aller Welt eingetroffen, unter denen sich auch Worte der Anerkennung, beispielsweise von Maggie Thatcher und Felipe González, fanden.

Der politische Durchbruch auf dem Weg zur deutschen Einheit war, so die Einschätzung fast aller Kommentatoren, geschafft. Daß die Vereinigung damit aber keinesfalls in allen Punkten beschlossene Sache oder gar unterschriftsreif war, gehörte ebenso zum Bewußtsein der Akteure. So war die Diskussion um die endgültige Regelung der deutsch-polnischen Grenze noch nicht beendet, und viele der grundsätzlichen, politischen Übereinkünfte aus Archys mußten ausformuliert und in Vertragsform gegossen werden. Offensichtlich war dabei der wachsende Zeitdruck, den Außenminister Genscher am direktesten zu spüren bekam: Bereits am Tag nach seiner Rückkehr aus Archys stand in Paris die dritte »Zwei-plus-Vier«-Außenministerrunde an, bei der auch das Grenzthema auf der Tagesordnung stand. Zudem galt es auszuloten, wie die anderen »Zwei-plus-Vier«-Partner auf die Übereinkunft der Bundesregierung mit der Moskauer Führung reagieren würden.

# HOCHSPANNUNG BIS ZULETZT

Mit den unerwarteten Ergebnissen der deutsch-sowjetischen Gespräche in Moskau und Archys waren die Fragen der Bündniszugehörigkeit und des künftigen Sicherheitsstatus Ostdeutschlands beseitigt worden. Bereits in den ersten Tagen nach Rückkehr der Bonner Regierungsdelegation wurde den Verantwortlichen aber klar vor Augen geführt, daß damit keinesfalls alle Probleme abschließend geklärt waren. Erster Widerstand zeigte sich, als Markus Meckel wesentliche Ergebnisse der Gespräche von Kohl und Gorbatschow in Frage stellte.[1] Der DDR-Außenminister wies darauf hin, daß die Bundeswehr auch künftig nicht auf dem Gebiet der heutigen DDR operieren dürfe, sondern daß dort eine Armee mit eigener Struktur und unabhängigem Oberbefehl existieren müsse. Das vereinte Deutschland solle nicht nur auf den Besitz, sondern grundsätzlich auf die Stationierung von ABC-Waffen verzichten. Darüber hinaus begrüßte er Gorbatschows angebliche Feststellung, daß in Deutschland künftig weder Atomwaffen noch fremde Truppen stationiert würden. Der DDR-Außenminister griff damit Forderungen auf, die er auch bei seinem Besuch in den USA sowie in einem Brief an Schewardnadse vertreten hatte.[2] Zudem, so Meckel später in der Pariser »Zwei-plus-Vier«-Ministerrunde, wolle er erst offiziell über die Gipfelergebnisse unterrichtet werden, um danach »notwendige Absprachen mit dem Ministerpräsidenten treffen zu können«.

Für weitere Irritationen sorgte Nikolaj Ryshkow mit zwei Briefen vom 18. Juli.[3] In seinen Schreiben an Bundeskanzler Kohl und Ministerpräsident de Maizière bezog der sowjetische Ministerpräsident sich auf die Einigung von Archys und regte die sofortige Aufnahme von Wirtschaftsgesprächen an. Während Gorbatschow und Kohl sich darauf verständigt hatten, daß die Gespräche zwischen Moskau und Bonn geführt und die DDR-Führung durch die Bundesregierung informiert werden sollte, schlug Ryshkow nun trilaterale Verhandlungen vor – und schob finanzielle Forderungen nach, die deutlich über den bislang abgesteckten Rahmen hinausgingen. Für die Bundesregierung konnte aus solchen Aktionen nur der Schluß folgen, daß bis zur endgültigen Besiegelung der deutschen Einheit noch zahlreiche Einzelschritte zu gehen waren, darunter:
1. die detaillierte Festlegung der ökonomischen und finanziellen Hilfen für die UdSSR;
2. die Umsetzung der politischen Formeln in völkerrechtlich substantielle Formulierungen im »Zwei-plus-Vier«-Abschlußdokument;
3. die Einbindung der westlichen Partner in die mit Gorbatschow vereinbarten Einzelheiten zum Sicherheitsstatus Ostdeutschlands sowie
4. die abschließende Klärung der noch offenen Punkte, darunter vor allem die Regelung der Grenzfrage.

### Polen lenkt in der Grenzfrage ein

Hauptgegenstand des dritten »Zwei-plus-Vier«-Außenministertreffens in Paris, an dem am 17. Juli zeitweise auch Polens Außenminister Krzysztof Skubiszewski teilnahm, war die Form der endgültigen Anerkennung der deutsch-polnischen Grenze. Letzte Meinungsverschiedenheiten in dieser Angelegenheit sollten beseitigt werden.[4] Hans-Dietrich Genscher war dazu bereits knapp eine Stunde nach seiner Rückkehr aus dem Kaukasus von Bonn in die französische Hauptstadt weitergeflogen, da am frühen Morgen vor dem »Zwei-plus-Vier«-Treffen die üblichen westlichen Abstimmungsgespräche – zunächst mit James Baker, anschließend im »Eins-plus-Drei«-Rahmen mit den drei Westmächten – geplant waren.

### *Einigkeit über den baldigen Abschluß der »Zwei-plus-Vier«-Runden*

In der Sechserrunde gab der französische Außenminister Roland Dumas als Gastgeber einen Sachstandsbericht[5]: Nicht zuletzt aufgrund der Ergebnisse des NATO-Gipfels von London, des G7-Treffens von Houston und des UdSSR-Besuches des Bundeskanzlers seien viele der vor einigen Wochen gestellten Fragen nicht mehr aktuell. Er schlug vor, anhand der seit längerem vorliegenden Gliederung des geplanten Abschlußdokuments die noch zu klärenden Punkte durchzuarbeiten. Den Politischen Direktoren solle man den Auftrag geben, eine Präambel zu formulieren sowie die Details der abschließenden völkerrechtlichen Regelung zu klären. Sie sollten auch entscheiden, was von der vorhandenen Themenliste in anderen Gremien besprochen werden könne. Letztlich sei der Weg für einen baldigen Abschluß der »Zwei-plus-Vier«-Gespräche aber frei. Dem schloß sich der sowjetische Außenminister an. Eduard Schewardnadse ging, ebenso wie Hans-Dietrich Genscher, auf die Ergebnisse der Kaukasus-Gespräche ein. Dabei seien nicht alle Probleme gelöst, wohl aber die wesentlichen Fragen geklärt worden. Es müsse nun möglich sein, bis zum nächsten »Zwei-plus-Vier«-Außenministertreffen am 12. September in Moskau einen ersten Entwurf für das abschließende Dokument vorzulegen. Zur bevorstehenden Diskussion der Grenzfrage mit dem polnischen Außenminister warf Schewardnadse die Frage auf, ob nicht durch bilaterale Kontakte im Vorfeld dafür gesorgt werden könne, daß die Nachmittagssitzung nicht zu heftig verlaufen werde. Genscher ging auf diese Anregung ein: Er bitte um Verständnis, daß er die Sitzung bereits um 12 Uhr vorläufig verlassen wolle, um sich mit Skubiszewski zu treffen. Auch er sei im übrigen der Auffassung, daß man die notwendigen Vorbereitungsarbeiten aufnehmen sollte, so daß am 12. September in Moskau substantiell über das Abschlußdokument gesprochen werden könne.

Ähnlich äußerten sich Douglas Hurd und James Baker, wobei der US-Außenminister seine Zielvorstellung für den Tag verdeutlichte[6]: Mit diesem Treffen

sollte die polnische Beteiligung an den »Zwei-plus-Vier«-Gesprächen endgültig beendet werden. Polen sollte mit einem als Erfolg vorzeigbaren Ergebnis nach Hause fahren können. Dem schloß sich Markus Meckel an, der darüber hinaus aber weitere Aufgaben für die künftige Politik formulierte. So sollte ein atomwaffenfreies Deutschland das gemeinsame Ziel sein. Der deutsch-polnische Grenzvertrag sollte bereits vor der Vereinigung durch beide deutsche Staaten unterzeichnet und dann von einem gesamtdeutschen Parlament ratifiziert werden. Meckel griff damit eine mittlerweile überholte Forderung der polnischen Regierung auf, auf die seine Verhandlungspartner jedoch nicht eingingen. Alle Außenminister waren sich einig, daß den Politischen Direktoren nun drei von Dumas formulierte Arbeitsaufträge erteilt werden sollten, mit denen diese während der Mittagspause beginnen könnten:
1. die Formulierung der Präambel;
2. die Klärung der noch strittigen Themen, die in einer Liste mit 20 Einzelpunkten zusammengefaßt waren;
3. die Ablösung der Vier-Mächte-Rechte und -Verantwortlichkeiten als zentraler Bestandteil der abschließenden Regelung.
Schewardnadse wies darauf hin, daß durch die deutsch-sowjetischen Gespräche viele Punkte und sowjetische Anmerkungen auf der ursprünglichen Inventarliste obsolet geworden seien.[7] Meckel erklärte demgegenüber, er könne sich zu etlichen Themen nicht abschließend äußern, da er sich zunächst mit Ministerpräsident de Maizière absprechen müsse. Seine Mitarbeiter hatten zuvor in Verhandlungen mit dem Auswärtigen Amt in Bonn auch noch einmal deutlich gemacht, daß ihre sicherheitspolitischen Vorstellungen nach wie vor von denen des Westens abwichen.[8] Man solle es dann doch so handhaben, daß die DDR-Seite sich heute »ad referendum« äußere, schlug Genscher deshalb vor, bevor er zu seinem Gespräch mit Skubiszewski aufbrach. Auch die anderen Minister unterbrachen ihre Beratungen, während die Politischen Direktoren sich zu einer Arbeitsrunde zusammensetzten. Wie von Schewardnadse prophezeit, kamen sie – vor dem Hintergrund der Londoner Erklärung der NATO und der Vereinbarungen von Archys – zügig voran: Binnen einer guten Stunde erreichten sie bei sieben der 20 Punkte eine weitgehende Einigung.

Die anschließende Nachmittagssitzung der Minister stand, ebenso wie bereits das gemeinsame Mittagessen, ganz im Zeichen der deutsch-polnischen Grenzfrage. Polens Außenminister Krzysztof Skubiszewski war als Gast zu dieser Runde eingeladen worden, deren Ziel – wie Roland Dumas unter Hinweis auf einen Satz Genschers erklärte – es war, alle mit der deutsch-deutschen Vereinigung zusammenhängenden Fragen der internationalen Politik zu klären. Nichts, so hatte der Bundesaußenminister immer wieder unterstrichen, sollte nach Vollzug der Einheit offenbleiben. Dumas lobte noch einmal die gemeinsame Erklärung von Bundestag und Volkskammer zur polnischen Westgrenze. Die Bedingungen für eine schnelle Einigung seien damit gegeben. Skubiszewski erläuterte den Anwesenden daraufhin ausführlich historische und politische

Hintergründe der polnischen Vorstellungen zur endgültigen Regelung der Grenzfrage.[9] Keinen Hehl machte er daraus, daß in seinem Land noch immer Bedenken herrschten, das vereinte Deutschland könne zu einem späteren Zeitpunkt – trotz anderslautender Bekenntnisse – doch noch Gebietsforderungen gegenüber Polen erheben. Da der bisherige Grenzverlauf an der Oder-Neiße-Linie unter einem Friedensvertragsvorbehalt stehe, benötige sein Land zusätzliche Absicherungen. Diese wurden durch eine beim Mittagessen beschlossene Protokollerklärung der Vier Mächte gegeben. Diese erklärten darin, »daß die Grenzen des vereinten Deutschlands einen endgültigen Charakter haben, der weder durch ein äußeres Ereignis noch durch äußere Umstände in Frage gestellt werden kann«. Genscher, der den Eindruck vermeiden wollte, die Grenze sei von Deutschland erst unter alliiertem Druck bestätigt worden, erreichte eine Erklärung Skubiszewskis zum Protokoll: Die polnische Regierung verstehe die Erklärung der Vier Mächte nicht als »Grenzgarantie«. Hans-Dietrich Genscher stellte zudem in einer formellen Erklärung klar, daß die von den Vier Mächten »erwähnten Ereignisse und Umstände nicht eintreten werden, d. h. daß ein Friedensvertrag oder eine Friedensregelung nicht beabsichtigt sind«[10]. Für die Bundesrepublik bedeutete dies die nunmehr auch schriftliche Bestätigung, daß es nicht zum Abschluß eines Friedensvertrages kommen würde.

Wie schwer Skubiszewski sich innerlich mit dem öffentlich verkündeten Abrücken vom einige Tage zuvor noch geforderten Junktim zwischen der Grenzregelung und der Herstellung deutscher Souveränität tat, zeigten seine weiteren Ausführungen. Dabei erklärte er sich mit Genschers Formulierung einverstanden, daß der Grenzvertrag innerhalb der kürzest möglichen Frist nach der Vereinigung und der Wiederherstellung der Souveränität Deutschlands unterzeichnet und einem gesamtdeutschen Parlament zur Ratifizierung vorgelegt werden sollte. Die beim Beamtentreffen am 4. Juli erhobene Forderung, die abschließende vertragliche Regelung der Vereinigung dürfe erst in Kraft treten, nachdem der deutsch-polnische Grenzvertrag gültig sei, war damit endgültig vom Tisch.[11] Skubiszewski nannte dieses Verfahren allerdings weiterhin die eigentlich »ideale Lösung« und verlangte zudem, daß noch vor der Vereinigung weiter über den Vertragstext verhandelt werden solle. Er verzichtete aber darauf, diese Forderung förmlich zu Protokoll nehmen zu lassen. Entsprechend seinem Wunsch gab es jedoch zwei redaktionelle Änderungen am Textvorschlag, der später weitgehend wortgleich Artikel 1 des Vertrages über die abschließende Regelung in bezug auf Deutschland werden sollte. So wurde der Satz »Die Bestätigung des endgültigen Charakters der Grenzen Deutschlands ist ein wesentlicher Beitrag zur Friedensordnung in Europa« hinzugefügt. Zudem wurde die Formulierung, in einem späteren Vertrag werde »die bestehende Westgrenze Polens« vom vereinten Deutschland und der Republik Polen bestätigt, durch »die zwischen ihnen bestehende Grenze« ersetzt. Skubiszewski hatte hier zunächst die Bezeichnung »deutsch-polnische Grenze« gefordert, was Genscher mit dem Hinweis, es gebe derzeit keine deutsch-polnische Grenze, ab-

lehnte. Auch die DDR sei ein deutscher Staat, hatte Markus Meckel eingeworfen, doch ließ Genscher sich nicht von seiner Linie abbringen. Trotz aller anfänglichen Bedenken war die Frage der Grenzregelung ohne größere Probleme und einvernehmlich gelöst worden. Daß es dazu kam, hatte vor allem zwei Gründe:
1. die harte Haltung der Bundesregierung, kein Junktim zwischen Grenzvertrag und deutscher Souveränität hinzunehmen, und
2. die damit übereinstimmende Position aller Vier Mächte. Polen konnte bei seinem Wunsch nach einer Garantie durch die alliierten Siegermächte auf keinerlei Unterstützung mehr rechnen. Skubiszewski fand letztlich nur noch bei den DDR-Vertretern Verständnis und mußte schließlich nachgeben.

Genscher hatte ihm allerdings zugesichert, daß der Grenzvertrag möglichst bald nach der Vereinigung unterzeichnet und ratifiziert werden sollte. Damit mußte im Interesse eines zügigen Grenzvertrages das von Kohl angestrebte grundlegende Vertragswerk zu den deutsch-polnischen Beziehungen zunächst hintangestellt werden. Beide Seiten waren sich aber einig, daß auch dieses Vorhaben zügig in Angriff genommen werden sollte. Zudem hatte Genscher seinem Gesprächspartner versprochen, daß noch vor der Sommerpause bilaterale Verhandlungen über die wirtschaftlichen Auswirkungen der deutschen Einheit auf Polen aufgenommen würden. Skubiszewski hatte diese Probleme zuvor nachdrücklich betont.[12]

In seinem ausführlichen Bericht vor dem Kabinettausschuß »Deutsche Einheit« verbreitete Hans-Dietrich Genscher am Tag nach der Pariser »Zwei-plus-Vier«-Konferenz Optimismus[13]: Wenngleich es noch einiger Anstrengungen bedürfe, so bedeute die Regelung der äußeren Aspekte kein Hindernis für die Herstellung der deutschen Einheit. Der Bundesaußenminister begrüßte vor allem, daß die wichtigen Fragen bislang einvernehmlich geregelt wurden – was, so die Hoffnung der Beteiligten, auch für die weiteren Treffen der Politischen Direktoren gelten würde. Diese Auffassung teilte der Bundeskanzler, der am 18. Juli im Bundeskabinett die Ergebnisse der Pariser »Zwei-plus-Vier«-Runde würdigte. Es sei ein Sog entstanden, der bei der Lösung schwierigster Probleme helfe. Er unterstrich seine Genugtuung darüber, daß die Einheit ohne jede Gewalt und im vollen Einverständnis mit den Nachbarn gelinge.

### Zügige Fortschritte und Ringen um Details

Der von Kohl festgestellte »Sog« zur Beschleunigung politischer Veränderungen setzte sich zunächst auch auf der »Zwei-plus-Vier«-Beamtenebene fort. Als die Politischen Direktoren am 19. Juli in Bonn zusammenkamen, war der grundsätzliche Wille zur Einigung – bei gleichzeitigem Beharren auf den jeweiligen politischen Grundlinien – offensichtlich.[14] Die vier westlichen Delegationen spürten aber den Widerwillen des sowjetischen Verhandlungsführers Alexander

Bondarenko, der mit zahlreichen Kommentaren und Anmerkungen zu Kleinigkeiten die Diskussion zu verlangsamen und alte Positionen zurückzugewinnen versuchte. Als wenig hilfreich wurde auch das Verhalten der DDR-Seite empfunden, die noch immer keine neuen Anweisungen erhalten hatte und deshalb auf teilweise überholten Positionen bestand. So wies Hans-Jürgen Misselwitz auf die Koalitionsvereinbarung der DDR-Regierung hin, wonach deutsche Truppen auf dem Gebiet der DDR nicht Teil der Bundeswehr sein sollten. Zu diesem Punkt könne man deshalb noch keine Festlegung treffen, sondern müsse erst Gespräche zwischen Bonn und Ost-Berlin abwarten.[15] Vor allem der britische Delegationschef John Weston fand offensichtlich einige der Diskussionen überflüssig und brachte dies auch deutlich zum Ausdruck: Die vorhandene Liste sei doch im Prinzip weitgehend überholt, weswegen eine lange Debatte über Einzelpunkte unnötig sei.

Unter der straffen Leitung von Dieter Kastrup wurde das von ihm vorgeschlagene Arbeitsprogramm trotz der hinhaltenden Positionen der DDR und der UdSSR bewältigt. Die 20 Punkte der »Liste zur Inventarisierung der zu lösenden Fragen« wurden weitgehend abgearbeitet, wobei einige Themen gestrichen beziehungsweise zusammengefaßt werden konnten. Im zweiten Teil der Sitzung war so noch genügend Zeit, erste konkrete Überlegungen zur Präambel für das geplante Vertragswerk zu diskutieren. Die Diplomaten des Auswärtigen Amtes hatten hierfür einen Vorschlag erarbeitet, was bei Bondarenko zunächst Widerspruch auslöste: Die Präambel des von der UdSSR am 22. Juni in Berlin vorgelegten Vertragsentwurfs sei doch bereits eine gute Basis. Nach Lektüre des westdeutschen Vorschlags mußte aber auch er zugeben, daß der Entwurf die bislang diskutierten Themen enthielt. Es ehre die Bundesregierung, alle Punkte berücksichtigt zu haben. Auch die anderen Delegationen äußerten ihre Zufriedenheit, so daß mit der Detaildiskussion begonnen werden konnte. Die ursprünglich sehr detaillierten Aussagen des Bonner Papiers wurden dabei auf die Nennung grundsätzlicher Prinzipien gekürzt. Offen blieben zunächst die Aussagen zur KSZE, da Frankreich eine weitgehende Festschreibung der angestrebten Institutionalisierung wünschte und die DDR weiter darauf drängte, daß neben der KSZE auch die Verbindung zu einer noch zu schaffenden neuen Sicherheitsarchitektur in Europa niedergeschrieben würde. Einigkeit herrschte aber über das von Kastrup vorgeschlagene weitere Verfahren. Vor dem nächsten Außenministertreffen in Moskau sollte es zwei weitere, jeweils zweitägige »Zwei-plus-Vier«-Beamtenrunden geben, und zwar Ende August und Anfang September in Bonn. Zudem erhielten die einzelnen Delegationen konkrete Arbeitsaufträge[16]:

– Frankreich sollte den Entwurf eines Vertragsartikels zu den Grenzfragen erarbeiten,
– Großbritannien einen Entwurf zur Ablösung der Vier-Mächte-Rechte und -Verantwortlichkeiten vorlegen,
– die USA Vorschläge für den Artikel zu Berlin-Fragen machen, während

– die Bundesrepublik und die DDR all jene Passagen und Erklärungen vorbereiten sollten, die nicht im »Zwei-plus-Vier«-Rahmen getroffen, von den Vier Mächten aber zur Kenntnis genommen werden sollten.

Das Auswärtige Amt wolle, so Kastrup, dazu einen Vorschlag erarbeiten und diesen mit der DDR-Seite abstimmen. Die sowjetische Delegation behielt sich das Recht vor, einen eigenen Gesamtentwurf zu präsentieren. Alle Vorschläge sollten bis Mitte August den anderen Gesprächspartnern zugesandt werden, so daß diese sich mit den Einzelheiten befassen konnten. Der Ablauf dieser Verhandlungsrunde ließ vor allem drei Faktoren erkennen, die den weiteren Weg bis zum Abschluß des »Zwei-plus-Vier«-Vertrages beeinflussen konnten:

1. Die sowjetische Delegation zeigte nur begrenzt den Willen, die auf höchster politischer Ebene bewiesene Bereitschaft der UdSSR zur schnellen Lösung der deutschen Frage mitzutragen. Die Ankündigung eines eigenen Vertragsentwurfs verdeutlichte zudem, daß man sich in Moskau noch nicht im klaren darüber war, wie verschiedene Einzelfragen zu lösen waren, und daß man sich dabei keineswegs von den westlichen Delegationen den Weg vorgeben lassen wollte.
2. Die DDR-Delegation reagierte zusehends empfindlicher darauf, daß sie vom entscheidenden Informationsfluß – vor allem zwischen der Bundesregierung und der sowjetischen Führung – abgeschnitten war.
3. Die drei Westmächte waren angesichts der bisherigen Erfolge bei der Durchsetzung ihrer Positionen immer weniger bereit, Konzessionen zu machen.

Für die Bundesregierung bedeutete diese Gemengelage, daß neben den auf Hochtouren laufenden innerdeutschen Verhandlungen zum Einigungsvertrag und den Gesprächen mit der UdSSR über die finanziellen und wirtschaftlichen Rahmenbedingungen des Truppenabzugs aus der DDR auch auf diplomatischem Parkett immer mehr parallele Handlungsstränge relevant wurden. Die internationalen Gespräche zur Herstellung der Einheit, die nie nur im Rahmen des »Zwei-plus-Vier«-Mechanismus, sondern daneben in zahlreichen bi- und multilateralen Abstimmungen betrieben worden waren, erreichten eine neue Dichte. So kam es ab Ende Juli auch im Abstimmungsprozeß mit den drei Mächten zu Problemen, deren Lösung teilweise erst sehr spät und auf Ministerebene erreicht werden konnte.

*Ein letzter Annäherungsversuch zwischen Genscher und Meckel*

Zusehends problematischer wurde aus Sicht der Bundesregierung die DDR-Außenpolitik. Daß Markus Meckel und seine Berater sich mit ihren Vorstellungen dabei auch innerhalb der Mannschaft um Lothar de Maizière allmählich isolierten, war bereits Anfang Juli deutlich geworden. Am 5. Juli gab der Ministerpräsident nach heftigem Drängen aus dem Ministerium für Auswärtige Angelegenheiten seine erste außenpolitische Regierungserklärung ab.[17] Bis zum Vorabend hatten Meckels Mitarbeiter vergeblich versucht, einen Entwurf der Rede zu bekommen, die wenig Neues enthielt: De Maizière wiederholte Passagen der Koalitionsvereinbarung und erwähnte verschiedene außenpolitische Initiativen seiner Regierung. Ähnlich wie Meckel forderte er zwar, daß das vereinte Deutschland frei von Atomwaffen sein müsse, doch sparte er andere umstrittene Themen wie die deutsch-polnische Grenzfrage, die Forderung nach einer eigenen, nicht der Bundeswehr angeschlossenen Armee in Ostdeutschland oder die sicherheitspolitischen Vorstellungen für das DDR-Gebiet aus. Als Meckel anschließend das Wort ergriff, konnte er sich einen Seitenhieb nicht verkneifen: Die Bedeutung dieser ersten wichtigen außenpolitischen Regierungserklärung sei dadurch unterstrichen worden, daß der Ministerpräsident sie gehalten habe. Nun wolle er »noch selbst einige Ausführungen machen«. Detailliert ging Meckel auf seine eigenen Vorstellungen zur Obergrenze der gesamtdeutschen Streitkräfte, dem Status Berlins, einer eigenen Territorialarmee und dem sicherheitspolitischen Status Ostdeutschlands ein. Die zusehends größere Kluft zwischen de Maizière und Meckel zeigte sich zudem im Vorfeld des Pariser Außenministertreffens, als der Ministerpräsident die Teilnahme von zweien seiner Mitarbeiter in der offiziellen DDR-Delegation durchsetzte, so daß Wolfgang Wiemer als engster Berater von Staatssekretär Misselwitz nicht an der Konferenz teilnehmen konnte.

Meckels politische Alleingänge und seine weitgehend negative Reaktion auf die Einigung von Archys verstärkten nicht nur die Kluft zwischen ihm und seinem Regierungschef, sondern führten auch zu einem stetig schlechteren Bild des Außenministers in der Öffentlichkeit.[18] So konstatierte eine Tageszeitung: »Meckel bemäkelt den Bonner Erfolg«, während seine Forderung nach einer eigenen Territorialarmee auf dem DDR-Gebiet an anderer Stelle als »grotesker Versuch, sowjetischer als Gorbatschow zu sein«, kritisiert wurde. Hinzu kamen vermehrt kritische Berichte über die Organisation im MfAA. Dabei wurde die Frage laut, welche Rolle die DDR in den außenpolitischen Verhandlungen zur deutschen Einheit überhaupt noch spielen konnte. Meckel verwies offiziell darauf, daß die DDR immer noch ein souveräner Staat und auch nach der Einigung von Kohl und Gorbatschow die eigenständige Außenpolitik keineswegs am Ende sei. Intern bewertete er die Lage allerdings anders und beklagte sich, »wie gering die Rolle des MfAA der DDR geschätzt wird«.

Die Politik Meckels hatte zudem zu Verärgerung bei Genscher geführt. Nach dem Pariser Außenministertreffen äußerte er erstmals öffentlich Kritik an seinem Ost-Berliner Kollegen. Die beiden Büroleiter der Außenminister, Frank Elbe und Wolfram von Fritsch, arrangierten angesichts der sich verhärtenden Positionen ein Treffen, zu dem Meckel am 6. August an Genschers Urlaubsort Bad Reichenhall kam.[19] Der DDR-Außenminister sprach dabei zunächst ein Anliegen seiner Mitarbeiter an: Er wollte wissen, ob man nicht für die Übernahme von Diplomaten des MfAA in den Auswärtigen Dienst des vereinten Deutschlands eine bestimmte Quote vereinbaren könne. Dabei sei natürlich eine Erklärung, nicht Mitarbeiter der Staatssicherheit gewesen zu sein, erforderlich. Wie es denn mit der SED-Mitgliedschaft und der Tätigkeit für das MfS aussehe, wollte Genscher daraufhin wissen. Es gebe, so Meckel, SED-Mitglieder und wohl auch Stasi-Mitarbeiter bis in die unteren Ränge. Über die Personalakten sei das aber kaum zu klären, da diese unterschiedlich geführt und teilweise wohl auch bereinigt worden seien. Genscher verwies daraufhin auf den Einigungsvertrag und die Auswirkungen der Vereinigung auf den öffentlichen Dienst. Dabei seien die amtsspezifischen Belange des Auswärtigen Amtes zu berücksichtigen. Man bemühe sich aber, bereits zum nächsten Auswahlverfahren auch Ostdeutsche einzuladen. Ablehnend reagierte Genscher auf Meckels Vorschlag, DDR-Vertretungen im Ausland bereits jetzt aufzulösen. Man sollte die diplomatischen Beziehungen keinesfalls bereits vor der Vereinigung abbrechen, sondern statt dessen lieber die Arbeit faktisch einstellen. Zur weiteren Abwicklung könnte man einen DDR-Vertreter vor Ort belassen, der – ähnlich wie beim Modell einer Schutzmacht – in die westdeutsche Botschaft integriert wäre.

Der Bundesaußenminister informierte seinen Gast zudem über die Ergebnisse des Kaukasus-Treffens mit Gorbatschow und Schewardnadse. Ein Kernproblem sei die Zukunft der sowjetischen Truppen in Ostdeutschland, deren Lage sich anscheinend drastisch verschlechtere. Meckel bestätigte dies und verwies auf die immer schlechter werdende Versorgungslage und zunehmende Ressentiments in der ostdeutschen Bevölkerung. Zur Abstimmung des weiteren Vorgehens legte der offenkundig versöhnungsbereite Genscher einen möglichen Text für die gemeinsame Erklärung zur Obergrenze der gesamtdeutschen Streitkräfte vor, der bei den VKSE-Gesprächen eingebracht werden sollte. Er schlage hierfür den 30. August vor, wobei derzeit noch offen sei, ob die Erklärung von den Ministern oder von Beamten vorgetragen werden solle.[20] Meckel regte im Gegenzug eine gemeinsame Erklärung bei der Genfer Verhandlungsrunde über die Nichtverbreitung von Atomwaffen an, um dort den Verzicht des vereinten Deutschlands auf den Besitz von ABC-Waffen vorzustellen.[21] Außerdem trug er sein Anliegen eines kernwaffenfreien Gesamtdeutschlands vor. Eine derartige Forderung, so Genscher, würde erhebliche Schwierigkeiten mit den westlichen Alliierten schaffen. Zudem solle man die mit innenpolitischen Debatten belastete Regierung der UdSSR nicht weiter in Verlegenheit bringen, indem man sie dem Vorwurf aussetze, auf eine Forderung verzichtet zu haben, der die DDR-Regierung bereits nachgegeben habe. Zum Zeitplan der »Zwei-plus-Vier«-Verhandlungen betonte Genscher, daß er von einem Abschluß in Moskau ausgehe. Er habe mit Douglas Hurd gesprochen: Großbritannien beharre nicht auf einem weiteren Treffen in London, solange es auch in Washington keine »Zwei-plus-Vier«-Runde gebe.

Was Genscher noch nicht wissen konnte, war, daß er die weiteren Gespräche über die internationalen Aspekte der deutschen Einheit mit einem anderen DDR-Außenminister führen würde. Nach heftigen Auseinandersetzungen über innen-, wirtschafts- und finanzpolitische Fragen und der Entlassung zweier Minister durch Ministerpräsident de Maizière verließen die restlichen fünf SPD-Mitglieder am 20. August 1990 das Kabinett.[22] Die große Koalition war damit am Ende, und Lothar de Maizière übernahm für die letzten Wochen der Existenz der DDR selbst das Amt des Außenministers. Gemeinsam mit Genscher gab er am 30. August die Erklärung zur Höchstgrenze der deutschen Streitkräfte nach der Vereinigung ab und unterzeichnete als amtierender Außenminister später das »Zwei-plus-Vier«-Abschlußdokument. Da mit Meckel auch der SPD-Staatssekretär Hans-Jürgen Misselwitz sein Amt aufgab, wurde Helmut Domke mit der Leitung der DDR-Delegation bei den »Zwei-plus-Vier«-Gesprächen auf Beamtenebene beauftragt. Bei einem einstündigen Treffen mit Genscher am 24. August in Ost-Berlin wies de Maizière bereits darauf hin, daß er selbst zur nächsten »Zwei-plus-Vier«-Runde nach Moskau reisen werde.[23] Auf Genschers Hinweis, ein Austritt der DDR aus dem Warschauer Pakt sei nicht notwendig, da die Mitgliedschaft mit der Vereinigung automatisch erlösche, meinte de Maizière, dieser Schritt solle zumindest »höflich« geschehen. Keine Festlegung traf der Ministerpräsident zu einem anderen Thema: Es wäre besser, wenn die letzte noch anstehende »Zwei-plus-Vier«-Beamtenrunde nicht in Ost-Berlin, sondern in Bonn stattfände, gab Genscher zu bedenken. Statt Domke habe dann der routiniertere Kastrup den Vorsitz. Im Gespräch mit Helmut Kohl fand de Maizière später zu einem Kompromiß: Die Verhandlungsrunde sollte wie geplant in Ost-Berlin stattfinden, der Vorsitz aber beim Politischen Direktor des Auswärtigen Amtes liegen.

Anders als Markus Meckel war Lothar de Maizière mit den Grundzügen der internationalen Aspekte der Vereinigung offensichtlich einverstanden. Sein Hauptaugenmerk galt zudem innenpolitischen Fragen, so daß nach dem Koalitionsbruch in Ost-Berlin nicht mehr mit irritierenden Vorstößen gerechnet werden mußte. Statt dessen kamen jedoch aus Moskau neue Meldungen und Initiativen, welche noch einmal für Spannungen in der Schlußphase der deutsch-deutschen Vereinigung sorgten.

## Moskau schiebt weitere Forderungen nach

Bei ihren Gesprächen im Kaukasus hatten Kohl und Gorbatschow sich grundsätzlich darüber verständigt, daß Deutschland der UdSSR mit Wirtschafts- und Finanzhilfe bei den anstehenden Reformen und beim Abzug der sowjetischen Truppen aus Ostdeutschland helfen sollte, Details aber ausgespart. In Bonn begannen die beteiligten Ressorts am 17. Juli, gleich nach der Rückkehr des Bundeskanzlers und seiner Delegation aus der Sowjetunion, mit den Vorbereitungen für die vereinbarten Verhandlungen. Diese Eile war zunächst damit begründet, daß die Verträge – mit Ausnahme des »Generalvertrages« – unmittelbar nach der Vereinigung der beiden deutschen Staaten unterzeichnet werden sollten. Zusätzlicher Zeitdruck entstand dadurch, daß die sowjetische Seite nach dem Kaukasus-Treffen erstmals ihre Vorstellungen präzisierte, während der Druck für eine schnelle Vereinigung immer noch zunahm[24]: Die innenpolitische Lage in der DDR wurde zusehends instabiler, die Arbeitslosenzahlen stiegen weiter, die Produktion ging stetig zurück, vereinzelt kam es zu Streiks. Die überforderte Koalitionsregierung von Lothar de Maizière zerbrach Mitte August. Am 23. August beschloß die Volkskammer nach einer turbulenten Sitzung den Beitritt der DDR zur Bundesrepublik zum 3. Oktober 1990; als Termin für die ersten gesamtdeutschen Wahlen legte die Bundesregierung den 2. Dezember fest. Da Hans-Dietrich Genscher aber zugesagt hatte, den »Zwei-plus-Vier«-Vertrag vor der Vereinigung bei einem KSZE-Treffen vorzulegen, war damit der neue Zeithorizont festgelegt: Beim nächsten »Zwei-plus-Vier«-Außenministertreffen in Moskau mußte der Vertrag unterzeichnet werden, so daß am 1. Oktober der KSZE-Außenministerkonferenz in New York über den Vertrag berichtet werden konnte.[25]

### *Schewardnadse: Unterzeichnung nur im Gesamtpaket*

Im Kanzleramt herrschte trotz dieses deutlich verkürzten Zeithorizonts Optimismus, die auf verschiedenen Ebenen und Schienen laufenden Verhandlungen mit der UdSSR rechtzeitig zu Ende bringen zu können.[26] Entscheidend hierfür, so Kohls Mitarbeiter in einem Sachstandsbericht für den Bundeskanzler, sei, daß beim nächsten »Zwei-plus-Vier«-Expertentreffen Anfang September in Berlin der dort verhandelte Vertragstext weitgehend fertiggestellt werden könne. Bei der vertraglichen Umsetzung der Grundsatzentscheidungen von Archys könne es sein, daß aufgrund des Zeitmangels teilweise nur generelle Übergangsregelungen ausgehandelt werden könnten. Wichtig sei, sich »auf die zunächst dringendsten Fragen« wie die nach den Kosten zu beschränken.

Daß dies auch im Interesse der UdSSR lag, hatte Nikolaj Ryshkow bereits in seinen Briefen an Kohl und de Maizière vom 18. Juli deutlich gemacht. Während der sowjetische Ministerpräsident dem DDR-Regierungschef lediglich mitteilte, daß der Bundeskanzler die Aufnahme trilateraler Verhandlungen über wirtschaftlich-finanzielle Fragen unterstütze, ging Ryshkow gegenüber der Bundesregierung ins Detail.[27] Zwar nannte er immer noch keine konkreten Summen, die Moskau zur Unterstützung des Reformprozesses und des Truppenabzugs aus der DDR erwartete, doch zeigten Stil und Inhalt seines Briefes deutlich, daß die Zeit der Zurückhaltung vorbei war. So forderte Ryshkow nun explizit, daß für den deutschen Beitrag zum Unterhalt der sowjetischen Truppen in der DDR nach der Vereinigung keine schlechtere Lösung gefunden werden durfte als die bereits für das zweite Halbjahr 1990 vereinbarte. Dies widersprach eindeutig den Vereinbarungen von Archys, wo Kohl und Genscher ausdrücklich darauf aufmerksam gemacht hatten, daß die Vereinbarung für 1990 so nicht weitergelten könne. Beim Truppenrückzug sprach die sowjetische Seite nun plötzlich von Unterstützung beim Wohnungsbau für heimkehrende Armeeangehörige – während in Archys nur allgemein von Hilfen für den Wohnungsbau gesprochen worden war – und der Errichtung von Umschulungszentren. Zudem regte Ryshkow einen weiteren Vertrag an, der über den Generalvertrag hinaus Einzelheiten der Handels- und Wirtschaftsbeziehungen regeln sollte. Für die Bundesregierung bedeutete dies, daß sie nunmehr allein mit der UdSSR über fünf Verträge verhandeln mußte, die allesamt binnen kürzester Zeit zu einem Abschluß gebracht werden sollten:

1. der umfassende deutsch-sowjetische Vertrag – auch »Großer Vertrag« oder »Generalvertrag« genannt – zur grundlegenden und zukunftsweisenden Neuausrichtung der bilateralen Beziehungen. Diese Verhandlungen, so Kohl und Gorbatschow in Moskau und Archys, sollten zunächst von persönlichen Beauftragten – also Teltschik und Tschernajew – geführt werden;
2. der Überleitungsvertrag zu den Fragen des finanziellen Ausgleichs der bei Stationierung und Abzug der UdSSR-Truppen entstehenden Kosten, inklusive Umschulung und Wohnungsbau in der Sowjetunion. Dieses Abkommen sollte von Finanzminister Waigel und seinen Mitarbeitern verhandelt werden, die sich hinsichtlich der anfangs unklaren Abgrenzung zum allgemeinen Abzugsvertrag mit dem Auswärtigen Amt abstimmen sollten;
3. der Abzugsvertrag zu den Modalitäten des befristeten Verbleibs der sowjetischen Truppen in der DDR und deren Abzug. Die Federführung dieser Verhandlungen lag in der Bundesrepublik beim Auswärtigen Amt;
4. der von der sowjetischen Führung nach den Gesprächen von Archys in die Diskussion eingebrachte allgemeine Wirtschaftsvertrag. Die Gespräche hierzu wurden auf deutscher Seite vom Bundeswirtschaftsministerium geleitet;
5. schließlich ein »Zwei-plus-Vier«-Dokument, dessen erfolgreiche Aushandlung Moskau immer deutlicher von einer schnellen Einigung in den übrigen vier Verhandlungsbereichen abhängig machte.

Der Hintergrund der neuen sowjetischen Gangart war offensichtlich: In der Sowjetunion überwogen – vor allem in der deutschlandpolitisch konservativen

»Germanisten-Fraktion« – Bedenken, ein vereintes Deutschland könnte sich von den allgemeinen in Moskau und Archys getroffenen Vereinbarungen abwenden. Man beschloß deshalb, »das Eisen zu schmieden, solange es heiß war«[28]. Hinzu kam ein zweiter Grund: Schewardnadse und seine engen Mitarbeiter waren sich im klaren darüber, daß – angesichts des wachsenden Widerstandes vor allem auf Seiten der Militärs – die Ratifizierung des »Zwei-plus-Vier«-Vertrages Probleme bereiten konnte. Zur Verbesserung der eigenen Position und Argumentationsmöglichkeiten wurde deshalb angestrebt, neben dem innenpolitisch als unbequem empfundenen »Zwei-plus-Vier«-Vertrag gleichzeitig weitere, für die Sowjetunion günstigere Abkommen – wie den »Großen Vertrag« oder das Überleitungsabkommen mit seinen Finanz- und Wirtschaftshilfen – vorziehen zu können.

All dies bekam Hans-Dietrich Genscher, der sich am 16./17. August zu Konsultationen in Moskau aufhielt, ebenso zu spüren wie seine Mitarbeiter in Vorgesprächen mit dem neuen sowjetischen Botschafter in Bonn, Terechow, und Dieter Kastrup bei einem Treffen mit Vizeaußenminister Kwizinskij am 13. August in der UdSSR. Genscher nutzte seine insgesamt rund sechsstündigen Gespräche in der sowjetischen Hauptstadt, um alle noch ungeklärten Fragen anzuschneiden. So bat er darum, den großen politischen Vertrag – den Kohl und Gorbatschow ursprünglich auf der Ebene von persönlichen Beauftragten hatten vorbesprechen wollen – zwischen den beiden Außenministerien zu verhandeln. Dann kam er auf die Frage der Souveränität zu sprechen. Ebenso wie Kwizinskij wenige Tage zuvor, reagierte Schewardnadse zurückhaltend auf den Vorschlag, daß die Vier Mächte mit einseitigen Erklärungen ihre besonderen Rechte und Verantwortlichkeiten mit dem Tag der Vereinigung – und somit noch vor der Ratifizierung in ihren Parlamenten – suspendieren sollten. Man denke eher über ein schnelles Ratifizierungsverfahren nach, so der sowjetische Außenminister. Zugleich betonte er mehrfach, daß nur erhebliche Fortschritte bei den verschiedenen bilateralen Verhandlungen – und hier vor allem konkrete Ergebnisse beim Abzugs- und beim Überleitungsvertrag – einen Abschluß der »Zwei-plus-Vier«-Gespräche am 12. September in Moskau sicherstellen konnten. Das sowjetische Junktim zwischen dem »Zwei-plus-Vier«-Prozeß und den bilateralen Verhandlungen war spätestens jetzt offensichtlich. In den weiteren Gesprächen, bei denen vor allem Kwizinskij immer wieder durch das Aufwerfen diffiziler Details auffiel, ging es auch um Inhalte des angestrebten »Zwei-plus-Vier«-Abschlußdokuments. Die Moskauer Vorstellungen reichten hier weiterhin von der Anerkennung der von ihnen getroffenen Enteignungsmaßnahmen in der SBZ über den Schutz von sowjetischen Denkmälern und die Erwähnung der KSZE-Institutionalisierung bis hin zur ausdrücklich festzuschreibenden »Friedensverpflichtung« Deutschlands. Wie ernst es ihm mit seinen Positionen war, machte Schewardnadse damit deutlich, daß er unvermittelt erklärte, die UdSSR habe bei den bisherigen Verhandlungen wohl Fehler gemacht. Das könne es vielleicht notwendig machen, zum Begriff des Friedensvertrages zurückzukommen. Dies kam einer offenen Drohung gleich, handelte es sich doch um eine der in Bonn am meisten gefürchteten Positionen – die Genscher überdies spätestens seit dem Pariser »Zwei-plus-Vier«-Außenministertreffen endgültig überwunden geglaubt hatte.

In einem Brief an Genscher verdeutlichte der sowjetische Außenminister am 26. August seine Position noch einmal.[29] Energisch warb Schewardnadse für schnelle und vorzeigbare Ergebnisse der bilateralen Verhandlungen, da andernfalls auch die parallelen »Zwei-plus-Vier«-Verhandlungen nicht rechtzeitig abgeschlossen werden könnten. Der Außenminister zeigte sich zwar erfreut, daß mit Besuchen von Finanzminister Theo Waigel und Wirtschaftsminister Helmut Haussmann die deutsch-sowjetischen Gespräche in Schwung gekommen waren, sah aber – vor allem bei der Frage der deutschen Hilfe für den Truppenabzug – noch zahlreiche ungelöste Probleme. Die sowjetischen Militärs würden ihm versichern, daß der Abzug keinesfalls wie geplant in drei bis vier Jahren beendet sein könne, sondern mindestens fünf bis sieben Jahre dauern werde. In den Verhandlungen für den »Großen Vertrag« vermißte Schewardnadse eine neue Qualität der Aussagen, welche durch die Wiederholung alter UN- und KSZE-Formulierungen nicht gegeben sei. Dieses Abkommen sei aber – für die sowjetische Öffentlichkeit und das Parlament – zu wichtig, als daß man mit »Halblösungen« zurechtkommen werde. Erneut wurde die doppelte Begründung der neuen Gangart sichtbar: Neben finanziellen Forderungen ging es Schewardnadse auch um die innenpolitische Absicherung der Zugeständnisse aus dem »Zwei-plus-Vier«-Prozeß.

Die sowjetische Seite war mit dem bislang Erreichten unzufrieden. Daß diese Position dennoch keine grundsätzliche Verweigerungshaltung bedeutete, demonstrierte der Umfang der Bemühungen, im Dialog auf allen möglichen Ebenen zu zufriedenstellenden Ergebnissen zu gelangen.[30] So sprach unter anderem der sowjetische Botschafter in Bonn, Terechow, am 1. und 9. September mit dem Politischen Direktor des Auswärtigen Amtes und überbrachte neue Vorschläge. Am 3., 4. und 6. September wurde Terechow zudem von Genscher empfangen, mit dem er ebenfalls offene Fragen sowohl in den bilateralen Verhandlungen als auch im »Zwei-plus-Vier«-Prozeß besprach. Dabei verdeutlichte er noch einmal das große Interesse der UdSSR am Abschluß auch der bilateralen Abkommen direkt nach Unterzeichnung des »Zwei-plus-Vier«-Abschlußdokuments. Die Dokumente könnten doch am 13. September zumindest dreiseitig – also unter Einbeziehung der DDR – paraphiert werden, so sein Vorschlag. Die Regierung der UdSSR war nicht mehr bereit, sich lediglich auf einen von Kohl im Kaukasus vorgeschlagenen und von Gorbatschow akzeptierten Brief der Bundesregierung zu den wichtigsten Vertragsinhalten zu beschränken. Aus innenpolitischen Gründen wollte man nunmehr völkerrechtlich verbindlichere Zusagen in Form paraphierter Verträge[31] – und vor allem eindeutig höhere finanzielle Leistungen, als Bonn bislang aufzubringen bereit war.

## Wachsender Druck und höhere Forderungen

Daß Moskau eine Lösung der Finanzfrage auf höchster politischer Ebene anstrebte, veranschaulichte ein Deutschland-Besuch von Julij Kwizinskij. Der stellvertretende Außenminister war am 27./28. August nach Bonn gekommen, wo er in Treffen mit Dieter Kastrup sowohl den »Großen Vertrag« als auch ungeklärte Fragen der »Zwei-plus-Vier«-Verhandlungen besprach. Im Auftrag von Eduard Schewardnadse wandte er sich zudem mit einer Gesprächsbitte an Horst Teltschik, der sich am Abend des 28. August im Kanzleramt mit dem ehemaligen Botschafter der UdSSR traf.[32] Angesichts der zugespitzten Lage in der Sowjetunion sei er ernsthaft besorgt, so Kwizinskij. Sein Minister wolle darauf aufmerksam machen, daß die sowjetische Führung sich in einer »kritischen Minute« befinde. Besonders die Verhandlungen zum Abzugsvertrag bereiteten Sorgen, da Finanzminister Waigel bei seinen Gesprächen in Moskau den Militärs alle Argumente gegen einen raschen Abzug aus der DDR geliefert habe. Wenn es bei der bisherigen Position bleibe – wonach es kein Geld für die Transportkosten, neue Wohnungen in der UdSSR und den Aufenthalt der Truppen in der DDR geben sollte –, dann werde es in der Sowjetarmee zu einem »Aufstand« kommen. Kwizinskij betonte, daß der Abzug der Truppen in drei bis vier Jahren nicht machbar sei. Er erinnerte an Kohls Zusage, beim Bau neuer Wohnungen zu helfen. Die sowjetischen Truppen hätten in der DDR rund fünf Millionen Quadratmeter Wohnfläche. Bei einem Abzug innerhalb von drei bis vier Jahren müßten jährlich 80 000 Familien in die UdSSR zurückkehren. Hinzu kämen 80 000 Familien aus Ungarn und der Tschechoslowakei. Gorbatschow verweise immer auf seine Gespräche mit Kohl und dessen Zusagen. Am Vorschlag, bei der Umschulung zu helfen, zeigte die UdSSR kein großes Interesse: Die in Ostdeutschland stationierten Truppen bestünden überwiegend aus Elitesoldaten, die nicht demobilisiert würden.

Besonders unterstrich Kwizinskij seine Bedenken im Blick auf den bisherigen Stand der Verhandlungen zum »Großen Vertrag«. Die deutschen Vorschläge seien unbefriedigend, da sie die angestrebte neue Qualität der Beziehungen nicht ausreichend unterstrichen. Dabei ging es ihm vor allem um zwei Punkte:
- Erstens die Fragen der Sicherheit und des Gewaltverzichts. Schewardnadse wolle hier besonders deutliche Aussagen, um dem Obersten Sowjet klar zu machen, daß Deutschland die »Inkarnation der Friedensliebe« sei.
- Zweitens gehe es um die Frage der künftigen Kooperation auf wirtschaftlichem, technologischem und wissenschaftlichem Gebiet. Hier müsse die »privilegierte Zusammenarbeit« stärker betont werden.

Auch bei den »Zwei-plus-Vier«-Verhandlungen gebe es trotz guter Fortschritte noch einige Punkte zu klären, so etwa die sofortige Suspendierung der Vier-Mächte-Rechte, aber auch die Rechtsnachfolge für Verträge und Abkommen mit der DDR, die Regelung der Kriegsgräberfürsorge und der Schutz sowjetischer Denkmäler sowie die Unantastbarkeit der Gesetzgebung der Alliierten zwischen 1945 und 1949. In diesen Punkten gebe es auch einen starken Druck seitens der DDR-Regierung. Hinzu kämen Details zur Stationierung der Bundeswehr auf DDR-Gebiet und bei der von Moskau gewünschten Kontrolle der Vereinbarungen. Abschließend betonte Kwizinskij noch einmal die Bedeutung des bilateralen Vertrages mit dem vereinten Deutschland. Dieser sollte vor dem 3. Oktober von der DDR, der UdSSR und der Bundesrepublik paraphiert und direkt nach der Vereinigung unterschrieben werden. Immerhin, so sein eindeutiger Hinweis, verhandle Frankreich mit der Sowjetunion über einen ähnlichen Vertrag. Sollte dieser vor dem Abkommen mit Deutschland unterzeichnet werden, dann verliere das von Kohl und Gorbatschow betriebene Unterfangen an Bedeutung.

Für Bonn wurde ab Mitte August damit immer klarer, daß der verbleibende zeitliche Spielraum enger wurde, der Druck seitens der UdSSR sich erhöhte und gleichzeitig neue Probleme die internationale Politik beschäftigten.[33] Der Einmarsch irakischer Truppen nach Kuwait wurde für die US-Administration zum beherrschenden Thema, und auch in ihren bilateralen Kontakten mit der Bundesregierung hatte dieser Punkt nunmehr Priorität. So sprachen Kohl und Bush bei einem Telefonat am 30. August nur indirekt über die deutsche Frage. Statt dessen unterrichtete der US-Präsident seinen Gesprächspartner ausführlich über die Lage am Golf und bat um finanzielle Unterstützung der internationalen Militäraktion. Er wisse, daß dies für Deutschland – das durch die Kosten der Wiedervereinigung stark belastet sei – derzeit eine zusätzliche Bürde bedeute, doch benötige man Geld, um den internationalen Druck auf den Irak aufrechterhalten zu können und zugleich die Verbündeten in der Region zu unterstützen.

In dieser Situation war es für die Bundesregierung um so wichtiger, die verbleibenden Probleme mit der UdSSR zügig aus dem Weg zu schaffen. Möglich erschien dies nur durch ein direktes Gespräch zwischen den beiden Spitzenpolitikern Kohl und Gorbatschow, die seit ihrer Begegnung im Kaukasus lediglich mit einem Briefwechsel zum 20. Jahrestag der Unterzeichnung des Moskauer Vertrages Kontakt gehabt hatten.[34] Durch die Beteiligung von Teltschiks Mitarbeitern an den verschiedenen Gesprächen und Verhandlungen mit der UdSSR war das Bundeskanzleramt über deren Verlauf informiert und hatte sich seit den ersten internen Bonner Beratungen im März 1990 auch immer wieder in den Bereich eines Abzugs- beziehungsweise Überleitungsvertrages eingeschaltet. Ab Anfang August lieferte das zuständige Referat dann beinahe tägliche Zwischenberichte zum Sachstand an Horst Teltschik sowie teilweise an Helmut Kohl direkt, so daß auch im Kanzramt Fortschritt und Problematik der Verhandlungen bekannt waren.

Die Überraschung war deshalb nicht allzu groß, als am 6. September – nach der vorerst letzten Gesprächsrunde zwischen Finanzminister Theo Waigel und dem stellvertretenden sowjetischen Ministerpräsidenten Stepan Sitarjan – eine weitgehende Einigung über den Vertragstext erreicht wurde, bei der die zentrale Frage aber ungeklärt blieb. Der Text des Abkommens war in nächtlichen Verhandlungen fast komplett fertiggestellt worden, doch fehlten noch an allen Stellen die von der Bundesrepublik Deutschland zu zahlenden Beträge.[35] Die Differenz zwischen den Forderungen der UdSSR und dem letzten Angebot von Finanzminister Waigel war enorm, wie auch der sowjetische Botschafter Terechow betonte, der sich um die Mittagszeit mit Hans-Dietrich Genscher traf. Während die deutsche Seite zuletzt Zahlungen in Höhe von sechs Milliarden D-Mark angeboten hatte, forderte die Sowjetunion 18,5 Milliarden D-Mark – und wies außerdem darauf hin, daß durch die Übergabe sowjetischer Liegenschaften und des Uranabbaus in der Zeche Wismuth weitere Milliardenforderungen folgen würden. Waigel – dem Sitarjan in einem Vier-Augen-Gespräch am 5. September eine Summe von 16 bis 18 Milliarden als sowjetische Erwartung genannt hatte – habe diese Forderung als »Illusion« bezeichnet, so ein interner Vermerk im Kanzleramt. Die Verhandlungen auf der bisherigen Ebene seien aber beendet: »Jetzt müssen die beiden Regierungschefs die abschließenden Entscheidungen treffen.«

### *Endspiel im Milliarden-Poker auf höchster Ebene*

Das nunmehr dringend notwendige Telefonat zwischen Kohl und Gorbatschow war intern in Gesprächen des Kanzlers mit seinen Ministern und Mitarbeitern sowie verschiedenen Vorlagen vorbereitet und von Teltschik bereits am 5. September gegenüber Terechow angekündigt worden.[36] Als Kohl am Morgen des 7. September mit Gorbatschow telefonierte, hielten sich beide nur kurz mit allgemeinen Begrüßungsworten auf. Sie waren sich einig, daß ihre Begegnung in Archys das bislang »gewaltigste Gespräch« zwischen ihnen gewesen sei. Die damit verbundenen Aufgaben, so Gorbatschow, seien nun mit großem Verantwortungsbewußtsein zu lösen. Er hoffe aber auf ruhigere Zeiten, in denen er in größerer Ruhe mit dem Bundeskanzler in den Bergen wandern könne. Auch er hoffe, daß dies bald der Fall sein werde, so Kohl. Heute wolle er aber einige Fragen ansprechen, die Gorbatschow dann mit seinen Mitarbeitern diskutieren könne, bevor sie in der nächsten Woche erneut miteinander sprächen. Der Bundeskanzler bestätigte die in Moskau und Archys gefundenen Vereinbarungen. Was den dort diskutierten »Großen Vertrag« angehe, sei er mit dem erreichten Stand zufrieden. Er wünsche, diesen Vertrag bald nach der für den 3. Oktober geplanten Vereinigung gemeinsam mit dem Präsidenten zu unterzeichnen. Gorbatschow bestätigte die guten Fortschritte, deren Ergebnisse er sich gerne einmal näher anschauen werde.

Auch die Verhandlungen über den Aufenthalt und die Stationierung der sowjetischen Streitkräfte in Ostdeutschland gingen ordentlich voran, so Kohl. Man werde hier zu einem guten Ende kommen. Ihm habe man gesagt, daß nicht alles glatt verlaufe, warf Gorbatschow ein, weshalb Kohl darauf hinwies, daß es

sich dabei wohl um das Überleitungsabkommen, beziehungsweise die damit verbundenen Kosten handle. Die UdSSR habe dazu vier Forderungen vorgetragen:
1. Hilfe für den Wohnungsbau in der Sowjetunion;
2. Kosten der Stationierung bis zum Abzug;
3. Kosten für Umschulungsmaßnahmen – wobei dieser Punkt wegen des geringen finanziellen Volumens wohl zu vernachlässigen sei – sowie
4. als neue Position Kosten für den Rücktransport der sowjetischen Truppen.

Er habe zugesagt, so Kohl, daß man beim Wohnungsbau helfen werde, und bleibe dabei. Es gebe aber wohl bei den Details Schwierigkeiten. Man wolle die Baumaßnahmen gemeinsam mit den sowjetischen Stellen verwirklichen und wolle dafür Geld, Material und alles, was dazugehöre, zur Verfügung stellen. Das werde aber nicht klappen, wenn die sowjetische Seite nicht vor Ort eine mit umfassenden Kompetenzen und »praktisch diktatorischen Vollmachten« ausgestattete Persönlichkeit benenne, die tatsächlich Entscheidungen treffen könne. Zum weiteren Vorgehen schlug der Bundeskanzler vor, daß man sich zunächst auf allgemeine Summen verständige, bevor Experten dann den Ablauf im einzelnen besprächen. Auf der bisherigen Verhandlungsebene komme man nicht weiter.

Gorbatschow reagierte auf diesen Vorschlag mit einer längeren Erklärung: Zum einen sei es wichtig, den politischen Aspekt im Auge zu behalten und das vorhandene Problem entsprechend der in Archys getroffenen historischen Beschlüsse zu lösen. Er hoffe, daß man bei diesen Vereinbarungen bleibe und daß die grundsätzlichen Fragen nunmehr geklärt werden könnten, ohne bei den Details ins Stocken zu geraten. Er sehe, daß beim Bundeskanzler – ebenso wie bei ihm selbst – neue Probleme aufgetreten seien. Diese seien aber keinesfalls so groß wie die Dinge, die sich aus der Vereinigung Deutschlands ergäben. Zum anderen sei es doch sicherlich nicht so, daß die sowjetische Seite kleinlich sei. Alle ihre Berechnungen seien nachprüfbar, was die deutsche Seite sehr wohl verstehe. Wenn man hinsichtlich der Gesamtsumme eine Einigung gefunden habe, dann könne man gerne die weitere Lösung der praktischen Fragen auf anderer Ebene beraten. Es komme nun aber auf den politischen Willen des Bundeskanzlers an – und er hoffe, mit diesem zu einem angemessenen Beschluß zu kommen. Er habe seinen politischen Willen schon bewiesen, so Kohl. Deutschland werde gemeinsam mit seinen westlichen Partnern auch weitere Überlegungen anstellen, sobald die Rahmenbedingungen der sowjetischen Wirtschaftsreformen zum Jahresende deutlicher würden.[37] Er habe sich die finanziellen Fragen sehr genau angesehen und wolle nun die jeweiligen Rechnungen beiseite lassen. Man müsse jetzt über eine Summe reden und dann erst über deren Aufteilung. Es sei also die Entscheidung des Präsidenten, wo er später den Schwerpunkt setzen wolle, ob beim Wohnungsbau oder bei den Stationierungskosten. Er halte ein Gesamtangebot von acht Milliarden Mark für denkbar, präzisierte Kohl seine Vorstellungen.

Ein solche Zahl führe in eine Sackgasse, lautete Gorbatschows prompte Antwort, der damit deutlich machte, wie weit Kohls Angebot noch von den sowjetischen Vorstellungen entfernt war. Allein die Kosten für den Wohnungsbau samt der dazugehörigen Infrastruktur wie Kindergärten, Schulen und medizinische Einrichtungen lägen bei rund elf Milliarden Mark. Wenn man dann noch die Kosten für Aufenthalt und Rücktransport der Soldaten hinzunehme, komme man zu einer ganz anderen Summe. Offen gesagt unterminiere das Angebot Kohls die bisherige gemeinsame Arbeit, so Gorbatschow und wies auf Berechnungen zur Integration der DDR in die Bundesrepublik hin. Hier würden zehn Jahre lang jährlich rund 50 Milliarden Mark fällig – bei kürzeren Fristen sogar noch mehr. Es gehe aber nicht nur um die DDR, sondern um einen wechselseitigen Prozeß. Was sie jetzt besprächen, sei Teil dieses Prozesses. Die Kostenaufstellung der UdSSR sei keine Bettelei. Man rede aber offen miteinander. Die für einen Stationierungszeitraum von vier Jahren genannten Summen seien keinesfalls zu hoch. Alles sei organisch miteinander verbunden, und dieser Zusammenhang sei für die UdSSR unverletzlich. Er verwies auf die Vereinbarung, daß man die Regelung der äußeren Aspekte der Vereinigung Deutschlands in einem Dokument festlegen wolle und die Fragen des Aufenthaltes und Abzugs in einem anderen. Das politische Dokument habe den Weg in eine Richtung freigemacht, in der es um schicksalsträchtige Fragen des Aufenthaltes und Abzugs der sowjetischen Soldaten gehe. Wenn man nun in diesem Bereich keine Fortschritte mache, bestehe die Gefahr, daß die beiden Vereinbarungen in Widerspruch zueinander gerieten. Man müsse sie aber im Zusammenhang sehen, so Gorbatschow, der damit auf das von Schewardnadse aufgestellte Junktim zwischen den verschiedenen Verträgen hindeutete. Diesen Widerspruch könne er nicht sehen, entgegnete Kohl. Beide Seiten seien guten Willens und müßten einen Weg finden. Er müsse aber feststellen, daß die Forderungen der UdSSR nunmehr sehr viel höher ausfielen. So habe man von Wohnungsbau gesprochen – und nun gehe es um Infrastruktur. Das sei ein völlig neues Argument. Er müsse berücksichtigen, daß Deutschland derzeit vor vielfältigen finanziellen Belastungen stehe. Der Kanzler schlug vor, man solle sich die Dinge noch einmal überlegen und am Montag nachmittag erneut miteinander telefonieren.

Gorbatschow wurde daraufhin noch direkter. Er unterstrich seine ernsthafte Besorgnis über die ihm vorgetragenen Informationen. Dabei denke er auch an den 12. September, an dem in Moskau die nächste »Zwei-plus-Vier«-Ministerrunde stattfinde. Welche Weisungen solle er nun seinem Außenminister geben? Er müsse sagen, daß die Situation für ihn sehr alarmierend sei. Es komme ihm vor, als ob er in eine Falle geraten sei. So könne und wolle man nicht miteinander reden, widersprach Kohl energisch, worauf Gorbatschow auf die »Realitäten« verwies. Gerade deshalb rede man ja über diese Realitäten, die es im übrigen auf beiden Seiten gebe, hielt Kohl ihm entgegen. Es sei entscheidend, den Knoten aufzulösen, antwortete Gorbatschow abschließend. Der Bundeskanzler stimmte dem zu und erinnerte an das neue Angebot der Bundesrepublik, Lebensmittel im Wert von 600 Millionen Mark an die UdSSR zu liefern. Man sei hier allerdings unter einem gewissen Zeitdruck, da nach dem Beitritt der DDR zur Bundesrepublik unter anderem die Bestimmungen der Europäischen Gemeinschaften zu berücksichtigen seien. Das derzeitige Angebot sei deshalb nur bis zum 3. Oktober in dieser Form aufrechtzuerhalten.[38]

Ebenso wie einen Tag zuvor im Telefongespräch mit George Bush äußerte Kohl eine vertrauliche Anfrage[39]: Ob Gorbatschow Interesse habe, an den Vereinigungsfeierlichkeiten am 3. Oktober in Berlin teilzunehmen? Er wolle diese Frage ganz unprotokollarisch stellen und habe auch noch nicht mit Frankreich und Großbritannien gesprochen. Der sowjetische Präsident könne das Thema ja bei seinem bevorstehenden Gipfeltreffen mit Bush in Helsinki erörtern. In der kommenden Woche könne man dann weiterreden. Gorbatschow ging nicht auf diese Frage ein, sondern meinte zum Abschluß, daß die bislang gute Atmosphäre hoffentlich erhalten bleibe. Er hoffe, daß keine neuen Hindernisse auftauchen würden, die das gemeinsam Aufgebaute gefährdeten.

Trotz dieses etwas versöhnlicheren Abschlusses hatte das dramatisch verlaufene Gespräch mit Gorbatschow dem Kanzler vor Augen geführt, daß die sowjetische Regierung sich noch in letzter Minute querzulegen drohte. Der Präsident hatte vor allem zwei Punkte betont:
1. Ohne eine Einigung beim Überleitungsvertrag würde die UdSSR am 12. September die Unterschrift unter das »Zwei-plus-Vier«-Abschlußdokument verweigern.
2. Das von Kohl auf acht Milliarden Mark aufgestockte Angebot hatte Gorbatschow so offensichtlich erbost, daß eine erhebliche Aufbesserung notwendig war, um auch nur in die Nähe einer konkreten Verhandlungssituation zu kommen.

Dem Telefonat vom Freitag folgten deshalb hektische Arbeiten im Finanzministerium, wo unter der Leitung von Staatssekretär Horst Köhler ein an die Grenzen deutscher Finanzkraft gehendes, neues Angebotspapier geschnürt wurde. Nach Beratungen mit seinen Ministern Waigel und Haussmann ging Kohl in die nächste Verhandlungsrunde mit Gorbatschow, der sich am Wochenende in Helsinki mit George Bush getroffen hatte.[40] Das von Köhler vorbereitete Papier hatte eine Obergrenze von zehn Milliarden Mark an deutschen Zahlungen beziffert. Bei kompletter Ablehnung durch Gorbatschow könne Kohl den Gesamtrahmen entweder auf »äußerstenfalls« elf Milliarden erhöhen oder aber einen von der UdSSR geforderten zinslosen Kredit über weitere drei Milliarden Mark zusagen. Ein solches Angebot sei nur dann vertretbar, wenn es wirklich »als abschließende finanzielle Regelung vereinbart wird«, die einen Abzug der sowjetischen Truppen bis zum 31. Dezember 1994 sicherstelle.

Mit einem Angebot von elf bis zwölf Milliarden Mark begann Kohl daraufhin am 10. September seine Verhandlungen mit Gorbatschow. Zuvor hatte er die von Sitarjan genannten 16 bis 18 Milliarden Mark noch einmal als zu hoch bezeichnet, was der Präsident so nicht stehenlassen wollte. Er wolle nicht feilschen, weise aber explizit darauf hin, daß es ja darum gehe, einen großen Mechanismus zur Vereinigung Deutschlands zu bewegen. Er hoffe, daß Kohl eine Summe von 15 bis 16 Milliarden Mark aufbringen könne. Der Bundeskanzler erwiderte, auch er sei nicht am Feilschen interessiert. Sein Angebot sei ein erster Schritt, dem zum Jahresende im Rahmen einer Gemeinschaftshilfe des Westens für die Sowjetunion ein zweiter deutscher Schritt folgen könne. Gorbatschow wurde daraufhin noch deutlicher: Es gehe weniger um Hilfe für die Sowjetunion, als vielmehr um den Einigungsprozeß. Kohl helfe also der UdSSR, am Ende aber auch sich selbst. Die von ihm genannten 15 Milliarden Mark seien das Ergebnis seines langen Ringens in der Regierung, mit Militärs und Finanzexperten. Wenn er jetzt sehe, daß diese Summe nicht erreicht werden könne, dann müsse man alle Themen praktisch komplett von Anfang an neu erörtern. Angesichts dieses massiven Drucks blieb Kohl nichts anderes übrig, als über den Vorschlag des Finanzministeriums hinauszugehen. Zusätzlich zu den zwölf Milliarden Mark bot er den ursprünglich als Ergänzung zu einem Zehn-Milliarden-Angebot gedachten zinslosen Kredit über drei Milliarden Mark an. So könne man das Problem lösen, reagierte Gorbatschow hörbar erleichtert. Die deutschen Experten könnten morgen gleich nach Moskau kommen, um alles abzuschließen. Mit warmen Worten verabschiedete sich der Präsident, der offensichtlich gespürt hatte, daß Kohl keinesfalls über die nun zugesagten 15 Milliarden Mark hinausgehen konnte.

Massiv wie noch nie hatte Gorbatschow gegenüber Kohl seine finanziellen Forderungen vorgetragen und teilweise durchgesetzt. Daß Kohls spontanes Erweiterungsangebot seinen Zweck erfüllt hatte, zeigte sich allerdings bereits am Nachmittag, als Julij Kwizinskij bei Horst Teltschik anrief: Der Präsident habe mittlerweile die Anweisung gegeben, auf der Basis seiner Einigung mit Kohl den Überleitungsvertrag endgültig abzuschließen, was Horst Köhler anderntags in Moskau dann auch tat. Da die sowjetische Seite zuletzt immer wieder den Zusammenhang zwischen ihren Finanzforderungen aus dem Überleitungsvertrag und den Verhandlungen zu den anderen deutsch-sowjetischen Verträgen betont hatte, waren die bilateralen Probleme damit weitgehend vom Tisch.[41]

Die zusammenfassende Analyse von Verlauf und Ergebnissen der Verhandlungen zwischen der Bundesregierung und der sowjetischen Führung zeigt drastische Unterschiede zwischen der scheinbar mühelosen und freundlichen Grundsatzverständigung in Moskau und Archys einerseits sowie der schwierigen, fast bedrohlichen Aushandlung der konkreten Vereinbarungen andererseits. Daraus ergaben sich folgende Schlüsse:

1. Gorbatschow war nach seinem weitgehenden und freiwilligen Entgegenkommen in der Bündnisfrage vom folgenden Verhalten der Bundesregierung enttäuscht. Die teilweise illusorischen Erwartungen an das auszuhandelnde bilaterale Vertragswerk zeigen, daß der sowjetische Präsident und seine Be-

rater angenommen hatten, Deutschland trotz der formalen Zugehörigkeit zur NATO letztlich stärker aus dem westlichen Lager herauslösen zu können.
2. Auf welch dünner Datenbasis Gorbatschow Mitte Juli die Grundsatzentscheidungen zur deutschen Vereinigung getroffen hatte, belegte sein weiteres Verhalten. Erst nachträglich wurden konkrete Zahlen zu den Ansprüchen an die Bundesrepublik erarbeitet und vorgestellt. Da zeitgleich bereits über konkrete Vertragsinhalte verhandelt wurde und dabei zum Teil zügige Fortschritte erreicht worden waren, blieb Moskau Anfang September nichts anderes übrig, als die »Notbremse« zu ziehen. Dadurch, daß der Präsident so spät, dafür aber äußerst massiv die Forderungen seiner Seite benannte, kam es zu genau jener Situation, die er in Archys noch bewußt vermieden hatte: Die Leistungen aus dem »Überleitungsvertrag« mußten durch das Junktim zwischen diesem Abkommen und dem »Zwei-plus-Vier«-Abschluß explizit als »Preis der Einheit« benannt werden.
3. Die Aushandlung der konkreten Summen wurde in Moskau eindeutig als »Chefsache« gesehen. Außenminister Schewardnadse und seine Mitarbeiter unterstützten den Aufbau einer Drohkulisse gegenüber Bonn zwar aktiv, mischten sich aber nicht in die beim Ministerpräsidenten angesiedelten Finanzverhandlungen ein.
4. Die DDR-Regierung wurde von der sowjetischen Führung nicht mehr als eigenständiger Verhandlungspartner betrachtet. Mit der von Moskau zeitweise geforderten Paraphierung der Verträge durch Vertreter der UdSSR, der DDR und der Bundesrepublik war die Regierung in Ost-Berlin lediglich instrumentalisiert worden, um den Druck auf die Bundesregierung zu erhöhen.
5. In Bonn waren die Erwartungen der sowjetischen Führung zu den künftigen wirtschaftlichen, finanziellen und politischen Beziehungen zunächst nicht in ihrer ganzen Tragweite erkannt worden. Erst nach dem Aufbau einer Druckkulisse und des Junktims zwischen Finanzhilfe und »Zwei-plus-Vier«-Vertrag sowie dem Telefonat Kohl – Gorbatschow am 7. September wurde ein wirklich weitreichendes Finanzpaket geschnürt, das zumindest in die Nähe der sowjetischen Erwartungen kam.
6. Nachdem die Verhandlungen zwischen Sitarjan und Waigel angesichts der weit auseinanderliegenden finanziellen Vorstellungen von fast 20 beziehungsweise sechs Milliarden Mark gescheitert waren, hatte man in Bonn schnell erkannt, daß eine Lösung nur auf der Spitzenebene möglich war. Nach Kohls auf acht Milliarden Mark erweitertem Angebot und der heftigen Ablehnung durch Gorbatschow war zudem klar, daß die Bundesregierung sich sehr weit nach vorne bewegen mußte. Das zweite Angebot von zehn beziehungsweise elf Milliarden Mark plus einem eventuellen Kredit reichte an die deutschen Belastungsgrenzen. Die Art und Weise, in der Gorbatschow die reduzierte Forderung von 15 Milliarden Mark vortrug, machte dem

Bundeskanzler jedoch klar, daß auch dieser an seinen Grenzen angelangt war. Ohne weitere Rücksprache mit Ministern oder Mitarbeitern mußte Kohl deshalb spontan über die intern als »äußerstes Angebot« bezeichnete Summe hinausgehen. So konnte er zumindest verhindern, daß Moskau nach einer weiteren Vertagung der Entscheidung vielleicht mit neuen Modellen aufgetreten wäre, bei denen beispielsweise eine zwar über viele Jahre gestaffelte, letztlich aber deutlich höhere Summe möglich gewesen wäre. Am 12. September berichtete Helmut Kohl im Bundeskabinett ausführlich über die sehr schwierigen Verhandlungen. Die UdSSR habe zunächst auf 18,5 Milliarden Mark bestanden, während das deutsche Eröffnungsangebot deutlich darunter gelegen habe. Letztlich sei ein Gesamtpaket vereinbart worden, das eine Summe von zwölf Milliarden Mark – aufgeteilt über vier Jahre – sowie einen Kredit von drei Milliarden Mark mit fünfjähriger Laufzeit umfasse.[42]

Mit der Einigung von Kohl und Gorbatschow war ein weiteres großes Hindernis auf dem Weg zur Vereinigung beseitigt. Die politisch bedeutsamsten Punkte schienen nunmehr geklärt:

- Kohl und Gorbatschow hatten im Kaukasus Einvernehmen darüber erzielt, daß das vereinte Deutschland sein Bündnis frei wählen, somit also der NATO angehören konnte.
- Auf der »Zwei-plus-Vier«-Außenministertagung in Paris war die internationale Diskussion um die endgültige Regelung der deutsch-polnischen Grenze endgültig beigelegt worden.
- Mit der Einigung über die finanziellen und wirtschaftlichen Hilfen an die Sowjetunion war der Rahmen geschaffen worden, nicht nur die bilateralen Verträge und Abkommen schnell abzuschließen, sondern nunmehr auch die nach sowjetischem Verständnis eng damit verbundenen »Zwei-plus-Vier«-Verhandlungen zu beenden und die volle Souveränität des vereinten Deutschlands herzustellen.

## Umstrittene Details bedrohen den Erfolg

Die auf höchster politischer Ebene erzielten Einigungen konnten allerdings nicht darüber hinwegtäuschen, daß es daneben noch zahlreiche – scheinbar nachrangige – Punkte gab, deren Klärung weiter ausstand. So zeigten die sowjetischen Unterhändler im »Zwei-plus-Vier«-Rahmen wenig Interesse an einer schnellen Beendigung der Verhandlungen und versuchten immer wieder, »Wasser in den Wein« der bereits erzielten Ergebnisse zu schütten. Dabei wurde deutlich, wie weit die sowjetischen Experten – darunter vor allem Bondarenko und Kwizinskij – noch immer von der deutschlandpolitischen Grundlinie Gorbatschows und Schewardnadses entfernt waren.[43] Hinzu kam, daß Anfang August auch die zuletzt hervorragend funktionierende Abstimmung im westlichen Lager in Gefahr geriet, da die Regierungen in Washington, Paris und London eine zu weit gehende und vorauseilende Rücksichtnahme der Bundesregierung gegenüber sowjetischen Wünschen befürchteten.

### *Irritationen bei den drei Westmächten und Ringen um Details*

Während mit der UdSSR zunächst noch über die Modalitäten des zeitweiligen Verbleibs ihrer Soldaten in Ostdeutschland verhandelt werden mußte, schien der Verbleib verbündeter NATO-Truppen in der Bundesrepublik vergleichsweise unproblematisch[44]: Im Aufenthaltsvertrag von 1954, dem NATO-Truppenstatut (NTS) und dem Zusatzabkommen hierzu (ZA-NTS) waren die Rahmenbedingungen für die Stationierung der amerikanischen, britischen, französischen, kanadischen, niederländischen und belgischen Truppen des Bündnisses in der Bundesrepublik geregelt. Der Aufenthaltsvertrag sah zwar vor, daß alle Bestimmungen mit Abschluß einer friedensvertraglichen Regelung obsolet würden, doch schien es den westlichen Alliierten am einfachsten, alle drei Abkommen einfach zu verlängern beziehungsweise das NATO-Truppenstatut künftig auch auf Ostdeutschland auszudehnen. Damit, so ihre Argumentation, könnte zum einen die Rechtslage der ausländischen NATO-Truppen im vereinten Deutschland übergangslos gesichert werden, während zum anderen eine öffentliche Diskussion über Sonderrechte der Verbündeten verhindert würde.

Um so größer war deshalb ihre Überraschung, als Diplomaten der drei Westmächte am 13. August bei einem Gespräch im Auswärtigen Amt erstmals offiziell erfuhren, daß die Bundesregierung nicht ihrer Ansicht war[45]: Die Bundesregierung wünschte sich eine Neuregelung der Stationierung sowohl für das derzeitige Bundesgebiet als auch für Berlin. Damit sollten alle noch verbliebenen besatzungsrechtlichen Grundlagen beseitigt und die vollständige Wiederherstellung der deutschen Souveränität demonstriert werden. Die Verhandlungen sollten bilateral mit den drei Alliierten geführt werden; bis zum Abschluß sollte eine vorübergehende Neuregelung vereinbart werden. Während der französische Vertreter sich aufgrund fehlender Weisungen aus Paris zunächst zurückhielt, lehnten die Vertreter der USA und – noch deutlicher – Großbritanniens diese Vorschläge weitgehend ab. In den folgenden Tagen setzten hektische diplomatische Bemühungen ein, um noch rechtzeitig vor der Vereinigung zu einer Lösung des aus Sicht der westlichen Alliierten gefährlichen Konfliktes zu kommen. Sie befürchteten nunmehr, daß durch die notwendigen Verhandlungen zusätzlich noch eine Gleichsetzung ihrer Truppen mit den sowjetischen Einheiten in der DDR erfolgen könnte. Teilweise mehrfach wurden hochrangige britische und amerikanische Diplomaten im Kanzleramt, im Auswärtigen Amt und im Verteidigungsministerium vorstellig, um – mit teilweise »in der Sache harten Demarchen« – für ihr Konzept zu werben.

Innerhalb der Bundesregierung herrschten unterschiedliche Auffassungen zur Vorgehensweise gegenüber den drei Westmächten. Während im Bundeskanzleramt und im Verteidigungsministerium gefragt wurde, ob eine komplette Neuverhandlung der Abkommen tatsächlich notwendig war, setzte sich die Spitze des Auswärtigen Amtes für diesen Standpunkt ein. Auch ein ausführlicher und deutlicher Brief des amerikanischen Außenministers Baker an Hans-Dietrich Genscher vom 16. August brachte zunächst nur wenig Bewegung. Genscher sprach sich weiterhin dagegen aus, das NATO-Truppenstatut nach der Vereinigung auf das Gebiet der DDR auszudehnen. In einem Gespräch mit dem Bundeskanzler überzeugte der Außenminister diesen am 20. August von seiner Linie.[46] Kohls Mitarbeiter hatten zwar gewarnt, daß durch Verhandlungen zu einem Stationierungs- und Abzugsvertrag für Berlin der Eindruck entstehen konnte, die UdSSR und die drei Westmächte – die zuvor von Kohl ausdrücklich um den Verbleib ihrer in West-Berlin stationierten Truppen gebeten worden waren[47] – würden gleichgestellt, doch setzte Genscher sich durch. Kohl folgte auch dessen Argumentation, bei einer Ausdehnung des NATO-Truppenstatuts werde der UdSSR der Eindruck vermittelt, daß – anders als vereinbart – NATO-Strukturen auf die DDR ausgedehnt würden.

Großbritannien und die USA blieben allerdings weiterhin dabei, daß sie die vom Auswärtigen Amt vorgeschlagenen bilateralen Neuverhandlungen nicht akzeptieren würden, und machten dies gegenüber ihren Bonner Gesprächspartnern immer wieder deutlich. Dieser dezidierte Widerstand brachte – in Verbindung mit dem wachsenden Zeitdruck und der Einsicht, daß gerade in der »Zwei-plus-Vier«-Schlußphase die Unterstützung der Westmächte gegenüber der UdSSR unbedingt notwendig war – ein teilweises Umdenken im Auswärtigen Amt mit sich. Nach einem Telefonat mit Baker am 30. August schrieb Genscher am 31. August einen Brief an den amerikanischen Außenminister, in dem er ein Einlenken andeutete: Statt der von ihm zunächst geforderten bilateralen Verhandlungen könne es zu multilateralen Gesprächen kommen, und auch ansonsten könne man die Probleme gewiß im Sinne der westlichen Verbündeten lösen. So sei es möglich, das NATO-Truppenstatut nicht direkt auf die heutige DDR auszudehnen, den nach der Vereinigung dort reisenden US-Soldaten aber dennoch die darin enthaltenen Rechte zu gewähren. Innerhalb von nur zwei Wochen kam es daraufhin zu Gesprächen, an deren Ende der Aufenthaltsvertrag erneuert, ein neues Stationierungsabkommen für die in Berlin anwesenden Truppen der drei Westmächte ausgehandelt und eine Vereinbarung zur Ausdehnung des NATO-Truppenstatuts auf das Gebiet der DDR gefunden wurden.[48] Dieser Kompromiß ermöglichte es beiden Seiten, ihr Gesicht zu wahren und wichtige eigene Interessen durchzusetzen. So konnten die drei Westmächte

– umfangreiche bilaterale Neuverhandlungen verhindern. Dadurch wurde die Gefahr verringert, daß in der Öffentlichkeit eine ausufernde Debatte über Sonderrechte der in Deutschland stationierten NATO-Truppen begann, die unter Umständen zu einer Grundsatzdiskussion über die gesamtdeutsche NATO-Mitgliedschaft geführt hätte;
– die von ihnen befürchtete »Gleichsetzung« mit Verhandlungen über den zeitweiligen Verbleib sowjetischer Truppen in Ostdeutschland verhindern und
– die Geschlossenheit des westlichen Lagers bei den laufenden »Zwei-plus-Vier«-Verhandlungen sicherstellen.

Auch Außenminister Genscher konnte mit dem Ergebnis der Einigung leben. Die Westmächte hatten ihm zwar demonstriert, daß sie vorauseilende Zugeständnisse an die sowjetischen Verhandlungspartner nicht hinnehmen würden, doch konnte er zumindest einige seiner Ziele durchsetzen. So hatte er deutlich gemacht, daß mit der Vereinigung die letzten Reste des ehemaligen Besatzungsrechtes beseitigt werden mußten und die Souveränität Deutschlands nun auch theoretisch nicht mehr beschränkt sein durfte. Die unterschiedlichen Einstellungen und Vorschläge innerhalb der Bundesregierung hatten allerdings einmal mehr die verschiedenen Politik- und Verhandlungsstile offengelegt:

– Das Auswärtige Amt und sein Minister gaben einer zurückhaltend-entgegenkommenden Politik gegenüber der sowjetischen Führung auch dann den Vorrang, wenn dadurch Störungen im Verhältnis zu den drei westlichen Verbündeten bewirkt wurden. Die Furcht vor einem sowjetischen Verhinderungskurs war dabei unverkennbar. Unter amerikanischem Druck lenkte Genscher schließlich weitgehend auf die Linie des Westens ein.
– Im Bundeskanzleramt vertraten etliche Mitarbeiter der außenpolitischen Abteilung einen enger an den westlichen Interessen orientierten Kurs. Die Gefahr, daß durch eine Ausdehnung des NATO-Truppenstatuts der Eindruck eines Vorrückens des westlichen Bündnisses entstehen konnte, wurde anscheinend ebenso gering eingeschätzt wie die Möglichkeit eines dauerhaften Vetos der UdSSR gegenüber der Vereinigung. Die offizielle Linie des Kanzleramtes wurde allerdings im direkten Gespräch von Kohl und Genscher definiert, wo der Außenminister sich mit seiner gegenüber der UdSSR verständnisvolleren Politik durchsetzte.[49]

– Das Verteidigungsministerium nahm die kompromißloseste Haltung – zugunsten einer NATO-freundlichen Lösung – ein, spielte bei der Entscheidungsfindung aber keine Rolle.

Da die gesamte Debatte in der Öffentlichkeit weitgehend unbeachtet blieb, war dem nach außen zuletzt erfolgreich demonstrierten Zusammenhalt der Bundesrepublik und ihrer wichtigsten westlichen Verbündeten kein Schaden zugefügt worden. In Paris, Washington und vor allem in London wurde das vorsichtige Taktieren der Bundesregierung allerdings aufmerksam registriert.

Wie wichtig der Zusammenhalt war, zeigte sich bei den parallelen Auseinandersetzungen um Details im abschließenden »Zwei-plus-Vier«-Dokument. Während die Bundesregierung davon ausgegangen war, daß im Kaukasus die wesentlichen Fragen zum künftigen sicherheitspolitischen Status Ostdeutschlands geklärt worden waren, brachten Konkretisierungen seitens der UdSSR neuen Verhandlungsbedarf. Dies wurde bei der letzten Beamtenrunde vom 4. bis 7. September in Ost-Berlin deutlich. Die DDR-Seite trat hierzu – nach dem Ausscheiden der SPD aus der Regierungskoalition und dadurch bedingten personellen Veränderungen – mit einer fast vollständig neuen Zusammensetzung an[50]: Im MfAA wurde Kersten Radzimanowski, ein langjähriges Mitglied der Ost-CDU, vom Leiter der Hauptabteilung 4 zum Staatssekretär und Stellvertreter des amtierenden Ministers Lothar de Maizière befördert; die Führung der »Zwei-plus-Vier«-Delegation übernahm der parteilose Staatssekretär Helmut Domke, der sich bislang überwiegend mit KSZE-Fragen beschäftigt hatte. Entsprechend der Absprachen zwischen Bonn und Ost-Berlin übergab Domke im Anschluß an die Begrüßung die Tagungsleitung an Dieter Kastrup.

Diesem war von Beginn an klar, daß es keine einfachen Gespräche geben würde.[51] Die UdSSR hatte am 16. August einen neuen Gesamtentwurf für einen Friedensvertrag mit Deutschland vorgelegt – der am 1. September wiederum durch ein anderes Papier ersetzt worden war. Im Vorgespräch am 4. September hatte der sowjetische Delegationsleiter Bondarenko Kastrup zudem deutlich gemacht, daß die Moskauer Beamten durch das Aufwerfen immer neuer Detailfragen eine Verschleppungstaktik verfolgten. So kam es zu harten Verhandlungen darüber, wie die angekündigte deutsche Truppenreduzierung festgeschrieben werden sollte.[52] Bondarenko schlug vor, den Abzug der sowjetischen Truppen zeitlich an die Reduzierung der Bundeswehr und damit die Abrüstungs-Vereinbarungen im VKSE-Rahmen zu koppeln. Der UdSSR wäre so unter Umständen eine Verzögerung beim Abzug ihrer Soldaten aus Ostdeutschland ermöglicht worden. Nach zähem Ringen rückte Bondarenko von diesem Vorhaben ab, das vor allem bei den drei Westmächten auf energische Ablehnung gestoßen war. Im »Zwei-plus-Vier«-Vertrag wurde statt dessen Bezug auf die parallelen Verhandlungen zwischen Bonn und Moskau über den »Vertrag über den befristeten Aufenthalt und den planmäßigen Abzug« der sowjetischen Truppen genommen: Vier Jahre nach dessen Inkrafttreten sollte der Rückzug der UdSSR aus Ostdeutschland abgeschlossen sein. Die USA waren mit

dieser Lösung zwar keinesfalls glücklich, lenkten aber ein, da Kastrup als westdeutscher Delegationschef den gefundenen Kompromiß akzeptabel fand. Keine Einigung gab es demgegenüber in Ost-Berlin bei zwei weiteren Punkten:
1. der Frage zur Ausrüstung der in Ostdeutschland stationierten Bundeswehrverbände. Hier verlangte die UdSSR den Verzicht auf sogenannte »dual use«- oder »dual capable«-Waffensysteme, die sowohl mit konventioneller als auch atomarer Munition bestückt werden konnten;
2. das von den Westmächten geforderte Recht, nach Abzug der Sowjets aus Ostdeutschland dort zwar keine ausländischen Streitkräfte zu stationieren, wohl aber Truppenbewegungen im Rahmen der NATO vorzunehmen.

Mit Ausnahme der noch zu klärenden Details war das abschließende »Zwei-plus-Vier«-Dokument damit prinzipiell fertiggestellt, da in Berlin auch Einigkeit über einen dazugehörigen Begleitbrief der beiden deutschen Außenminister erzielt worden war, in dem einige der im Vertrag nicht behandelten Themen aufgegriffen und geklärt werden sollten.[53] Alexander Bondarenko beklagte sich zwar, daß die Annahme sowjetischer Vorschläge zuletzt anscheinend per se verboten gewesen sei, doch tat dies der guten Grundstimmung keinen Abbruch. Domke erinnerte in einer kurzen Ansprache an »frühere Trostlosigkeit und jetzige Hoffnungen der Menschen in der DDR« und überreichte den Verhandlungsteilnehmern das Bild eines ostdeutschen Künstlers, auf dem vor allem Türen zu sehen waren. Da die ausländischen Gäste damit zunächst wenig anfangen konnten, schilderte Domke in bewegenden Worten Inhalt und Bedeutung des Bildes: Es zeigte einen Raum, in dem Antragsteller in der DDR auf ihre Reiseerlaubnis warten mußten. Zu den wichtigsten Ergebnissen der Umwälzungen in der DDR und der kommenden Einheit, so Domke, gehöre, daß dieses Bild endgültig Teil der Vergangenheit sei.

### Bush und Baker greifen ein

Trotz der beiden noch ungelösten Fragen zur Stationierung von doppelt verwendbaren Waffen und der Verlegung von NATO-Truppen nach Ostdeutschland war mit dem »Zwei-plus-Vier«-Beamtentreffen von Berlin der Großteil der Arbeit der Politischen Direktoren getan. Weniger als ein halbes Jahr nach ihrem ersten Treffen am 14. März und den ersten inhaltlichen Diskussionen am 30. April waren alle Eckdaten für jenen Vertrag gesetzt, der Deutschland die volle Souveränität über seine inneren wie äußeren Belange zurückgeben sollte. Die beiden noch offenen Fragen sollten bilateral besprochen werden. Am 11. September würden sich, so Kastrup zum Abschluß der Berliner Runde, die Vertragsrechtsexperten zur Vorbereitung der zu unterzeichnenden oder paraphierenden Papiere in Moskau treffen. Am Abend dieses Tages sollten die Politischen Direktoren noch einmal zur Klärung letzter Substanzfragen zusammenkommen, so daß die sechs Außenminister wie geplant am Vormittag des

12. September das Dokument verabschieden könnten. Zuvor mußten allerdings noch zwei heftig umstrittene Fragen geklärt werden, um den Weg zum erfolgreichen »Zwei-plus-Vier«-Abschluß frei zu machen.

Die UdSSR hatte von der Bundesrepublik zuletzt gefordert, bei der Ausrüstung ihrer in Ostdeutschland stationierten Bundeswehrtruppen auf all jene Waffensysteme zu verzichten, die nicht nur mit konventioneller, sondern auch mit atomarer Munition bestückt werden konnten.[54] Die Sowjets beriefen sich dabei auf eine angebliche Absprache zwischen Kohl und Gorbatschow in Archys. Gestützt wurde ihre Argumentation durch eine vage Formulierung in Kohls Bericht vor der Bundespressekonferenz vom 17. Juli über die Ergebnisse seiner Gespräche mit der sowjetischen Führung. In einem – auf der ersten Pressekonferenz in Schelesnowodsk nicht erwähnten – Punkt hatte der Kanzler versichert, daß auch nach Abzug der sowjetischen Truppen die in Ostdeutschland stationierten Bundeswehreinheiten »ohne für Atomwaffen verwendbares Abschußgerät« ausgestattet würden. Innerhalb der westlichen Verhandlungsteilnehmer herrschte Übereinstimmung, daß die sowjetische Interpretation dieser Aussage nicht zulässig war, da sie nicht nur jegliche schwere Artillerie, sondern zugleich auch praktisch alle Flugzeuge ausgeschlossen hätte. Unter Verweis darauf, daß er – anders als der sowjetische Delegationschef – bei den Gesprächen in Archys anwesend gewesen sei, lehnte Dieter Kastrup das von Bondarenko vorgetragene Ansinnen und dessen Interpretation ab. Der Politische Direktor des Auswärtigen Amtes ließ zudem noch am 7. September im Kanzleramt rückfragen, ob es anderweitige Absprachen gegeben habe. Helmut Kohl versicherte seinen Mitarbeitern auf deren Anfrage, daß er mit Gorbatschow über die Stationierung konventioneller Streitkräfte und den Verzicht auf ABC-Waffen gesprochen habe. Der Rückschluß, daß nun beispielsweise großkalibrige Mörser ausgeschlossen werden konnten, sei damit aber nicht möglich. Angesichts der geschlossenen Ablehnungsfront des Westens lenkte der stellvertretende sowjetische Außenminister Kwizinskij am 10. September in einem Gespräch mit Dieter Kastrup in Moskau ein. Der erfahrene Abrüstungsexperte stimmte – ebenso wie anderntags die drei Westmächte – einer Formulierung in Artikel 5 des »Zwei-plus-Vier«-Vertrages zu, wonach keine Kernwaffenträger in Ostdeutschland stationiert würden, dies aber nicht solche Waffensysteme betreffe, »die neben konventioneller andere Einsatzfähigkeiten haben können, die jedoch in diesem Teil Deutschlands für eine konventionelle Rolle ausgerüstet und nur dafür vorgesehen sind«[55].

Die Geschlossenheit des Westens und die Zweitrangigkeit dieses Punktes – dessen Einhaltung die UdSSR letztlich nicht kontrollieren konnte – brachten nach anfänglichem Widerstand ein schnelles Einlenken der sowjetischen Seite. Daß es sich dabei keinesfalls nur um die Bereitschaft zur bedingungslosen Aufgabe aller Positionen handelte, verdeutlichte die sehr viel schärfere Auseinandersetzung um den letzten noch offenen Punkt. Dabei ging es um die Frage, ob ausländische Truppen nach Abzug der sowjetischen Streitkräfte auf ostdeutsches Gebiet verlegt werden konnten.[56] Auch hier waren die Vereinbarungen zwischen Kohl und Gorbatschow unklar. »Ausländische Truppen und Atomwaffen sollten nicht dorthin verlegt werden«, hatte der Kanzler bei der Präsentation seiner Gesprächsergebnisse von Archys erklärt. Was genau mit dem Begriff »verlegt« gemeint war, wurde allerdings nicht präzisiert. Die Auseinandersetzung über den Begriff »Verlegung« begann, als die sowjetische Seite Mitte August einen weiteren Textvorschlag für das »Zwei-plus-Vier«-Abschlußdokument vorlegte. Darin war plötzlich die Rede davon, daß ausländische Truppen eine Linie entsprechend der aktuellen Grenze zwischen der Bundesrepublik und der DDR nur bei Truppenbewegungen zwischen Berlin und Westdeutschland überschreiten dürften. Den drei Westmächten – federführend den USA und Großbritannien – ging eine derartige Festlegung zu weit, wie sie der deutschen Delegation beim »Eins-plus-Drei«-Direktorentreffen am 23. August in London erklärten. In ihrem Textvorschlag wurde eine Stationierung ausländischer Truppen zwar ebenfalls untersagt, doch wurde diese Passage ergänzt durch eine Aussage, wonach die Bündnisrechte und -verpflichtungen Deutschlands hierdurch nicht beeinträchtigt würden. Gegenüber Kastrup machten Weston und Dobbins – der bei diesem Treffen die USA vertrat – darauf aufmerksam, daß der Westen in dieser Frage auch unter starkem sowjetischem Druck keinesfalls nachgeben dürfe. Die Sicherheitsgarantien aus Artikel 5 und 6 des NATO-Vertrages, so auch Dufourcq, müßten für Ostdeutschland ebenfalls uneingeschränkt gelten, da das vereinte Deutschland andernfalls singularisiert und in Zonen unterschiedlicher Sicherheit aufgeteilt würde. Um die vollständige Sicherheit zu gewährleisten, müsse der Westen sich die Möglichkeit offenhalten, nach Abzug der sowjetischen Truppen in Ostdeutschland begrenzte Manöver durchführen zu können. Im Krisenfall – beispielsweise einem Einmarsch sowjetischer Truppen in Polen – müsse die Verlegung von Streitkräften des westlichen Bündnisses möglich sein. Kastrup stellte dem entgegen, daß es keine Notwendigkeit von Manövern gebe und die sowjetische Formulierung bei Anwendung von Artikel 5 und 6 des NATO-Vertrages kein Hindernis darstellen würde. Er lenkte auch nicht ein, als der britische Vertreter drohend fragte, ob es in dieser Situation nicht erforderlich sei, den NATO-Rat mit der Frage zu befassen, da Interessen aller Verbündeten berührt seien.

Als die »Eins-plus-Drei«-Direktoren am 3. September in Berlin erneut zusammenkamen, war dieser Punkt nach wie vor umstritten. Dieter Kastrup erklärte unter Berufung auf eine Rückfrage bei deutschen Generälen, Manöver mit alliierter Beteiligung seien auf ehemaligem DDR-Gebiet auch künftig nicht nötig. Nach Bonner Verständnis seien sie zudem politisch unklug. Warum Deutschland sich auf Dauer binden wolle, fragte Robert Zoellick, während John Weston erneut eine Überprüfung dieser Frage innerhalb der NATO andeutete. Trotz längerer Diskussion wurde keine Einigung im westlichen Lager erzielt. Und auch eine kurze Debatte im Rahmen der »Zwei-plus-Vier«-Beamtenrunde vom 4. bis 7. September brachte keine Ergebnisse. Die USA und Großbritannien gaben der sowjetischen Delegation allerdings eindeutig zu verstehen, daß deren Ansatz für sie inakzeptabel sei. Die Politischen Direktoren beschlossen eine Vertagung, wobei John Weston bereits darauf aufmerksam machte, daß sich nun wohl die Minister dieses Themas annehmen müßten.

Noch während der Berliner »Zwei-plus-Vier«-Runde hatte Peter Hartmann, der Vertreter des Kanzleramtes in der westdeutschen Delegation, von den letzten Verzögerungen nach Bonn berichtet.[57] Dort hatte Helmut Kohl gegenüber Mitarbeitern der außenpolitischen Abteilung noch einmal betont, daß er keine Erfordernis für Manöver der westlichen Alliierten in Ostdeutschland sehe. Er stehe zudem zu seiner Vereinbarung mit Hans-Dietrich Genscher, daß das NATO-Truppenstatut nicht auf das DDR-Gebiet ausgedehnt werden dürfe. In einem Telefongespräch mit George Bush hatte der Kanzler am 6. September dies auch dem US-Präsidenten nahegelegt. Bush hatte Kohl auf noch ungeklärte Fragen in den »Zwei-plus-Vier«-Verhandlungen angesprochen, deren Details Außenminister James Baker bei einem Besuch in der kommenden Woche erläutern sollte. Nach Kohls Verständnis ging es dabei um die Frage des NATO-Truppenstatuts. Der Präsident hatte sich allerdings auch in anderer Hinsicht mißverständlich ausgedrückt: Der von ihm angekündigte Besuch von James Baker war erst in den Tagen nach der Moskauer »Zwei-plus-Vier«-Außenministerrunde geplant, so daß eine Vorbesprechung auf diesem Wege nicht mehr rechtzeitig möglich war. Dies wurde zwei Tage später auch der US-Administration bewußt. Sicherheitsberater Brent Scowcroft rief deshalb noch am 8. September aus Helsinki – wo er den Präsidenten bei dessen Treffen mit Gorbatschow begleitete – im Kanzleramt an und bat, dem Bundeskanzler folgende Nachricht auszurichten: Man sei sich in Washington leider nicht der Tatsache bewußt gewesen, daß Bakers Besuch erst nach dem Moskauer Treffen stattfinde. Zur Verdeutlichung der Position seines Landes wolle er deshalb die entscheidenden Punkte kurz umreißen. Es gehe um den sowjetischen Vorschlag, ausländischen Truppen dauerhaft das Überschreiten einer Linie entsprechend der aktuellen DDR-Grenzen zu untersagen. Nach amerikanischer Sicht stelle eine derartige Übereinkunft die volle NATO-Mitgliedschaft des vereinten Deutschlands in Frage. Scowcroft unterstützte damit eine Linie, die der US-Außenminister in einem am 6. September im Auswärtigen Amt eingegangenen Brief an Hans-Dietrich Genscher formuliert hatte. Baker hatte darin erneut bilateral zu klärende Fragen wie Ansprüche von US-Bürgern gegenüber der DDR und den Luftverkehr nach Berlin aufgeworfen, bevor er abschließend den für ihn besonders wichtigen Punkt der Verlegung von Truppen nach Ostdeutschland thematisierte. Für die westlichen Verbündeten gehe es nicht um die in Stawropol gefundene Übereinkunft, daß dort keine ausländischen Einheiten stationiert sein dürften. Der neue sowjetische Vorschlag gehe aber darüber hinaus und sei aus zwei Gründen unklug:
1. Deutschlands Souveränität werde damit auf alle Zeiten beschränkt, was den
   bisherigen Bemühungen der Bundesregierung und der US-Administration

zuwiderlaufen würde. Es sei die eine Sache, diesen Weg aus Gründen der eigenen Politik zu wählen, doch eine ganz andere Sache, sich für immer vertraglich entsprechend zu binden. Niemand wisse, ob es in einer zukünftigen Notsituation nicht erforderlich sein könne, in Ostdeutschland Bewegungen ausländischer NATO-Truppen vorzunehmen.

2. Durch das von den Sowjets gewünschte Vorgehen könne in der deutschen Öffentlichkeit die NATO-Unterstützung geschwächt werden, da es den Anschein erwecke, die Präsenz der westlichen Verbündeten sei in irgendeiner Weise ungesetzlich. Gerade den Menschen in Ostdeutschland werde damit die Überwindung alter Vorurteile und Feindbilder gegenüber der NATO erschwert, was die Schwächung und letztlich sogar den Zerfall des Bündnisses zur Folge haben könne.

Baker versicherte, daß seine Bitte keinerlei Aufruf zu NATO-Manövern im Osten darstelle. Man sei auch bereit, während der Anwesenheit sowjetischer Truppen in Ostdeutschland auf jegliche Aktivitäten zu verzichten. Danach müsse es jedoch die alleinige Entscheidung des souveränen Deutschlands sein, was seine Verbündeten im vereinten Land tun dürften. Für die Sowjets, so seine Einschätzung, stelle das Thema keine Angelegenheit auf Biegen und Brechen dar. Bei entsprechenden Zusagen hinsichtlich des Stationierungsverbots und gewisser Einschränkungen während der Übergangsperiode ihres Abzugs werde man die sowjetische Führung beruhigen können – es sei denn, daß sie mit ihrem Vorschlag die langfristige Verpflichtung des vereinten Deutschlands gegenüber der NATO untergraben wolle. Baker betonte abschließend noch einmal, welche Bedeutung er diesem Problem – das man hoffentlich gemeinsam lösen könne – beimesse.

Die amerikanische Seite hatte damit eindeutig Position bezogen. Der sowjetische Vorschlag war für sie nicht annehmbar. Daß Bush – via Scowcroft – und Baker diesen Standpunkt direkt gegenüber Kanzler und Außenminister vorgetragen hatten, machte die Ernsthaftigkeit ihres Anliegens deutlich. Dies wurde durch die Wahl der Argumente noch unterstrichen: Der sowjetische Vorschlag unterminiere die NATO – was den impliziten Vorwurf enthielt, daß die Bundesregierung mit ihrer bislang gezeigten Bereitschaft, Moskaus Vorschlag zu akzeptieren, das westliche Bündnis ebenfalls in Frage stelle. Baker erklärte dem Bundesaußenminister am 10. September bei einem kurzen Treffen in Brüssel die amerikanische Haltung noch einmal.[58] Der US-Außenminister hatte sich tags zuvor in Helsinki mit Schewardnadse getroffen und diesen auf das Problem angesprochen. Nach amerikanischem Verständnis hatte der sowjetische Minister sich dabei nur gegen Großmanöver[59] ausgesprochen, Truppenbewegungen aber nicht grundsätzlich abgelehnt. Für die USA sei es unter anderem unannehmbar, daß mit der bisherigen Forderung der UdSSR beispielsweise jeglicher amerikanische Flotten-Besuch in ostdeutschen Häfen oder die Akkreditierung von Militärpersonal bei einer Botschaft in Berlin ausgeschlossen würden. Genscher verwies demgegenüber auf die klaren Aussagen des Bundeskanzlers und des sowjetischen Generalsekretärs im Kaukasus: Kohl habe zugesichert, daß keine ausländischen Streitkräfte in die heutige DDR verlegt würden, während Gorbatschow mit seiner Forderung, wonach dort keinerlei westliche Streitkräfte »erscheinen« dürften, sich noch deutlicher ausgesprochen habe. Genscher und Baker kamen daraufhin überein, im »Zwei-plus-Vier«-Vertrag einen Passus zu vereinbaren, wonach keine britischen, amerikanischen oder französischen Truppen auf das Gebiet der DDR »verlegt«[60] würden. Dies könne dahingehend präzisiert werden, daß nur große Manöver auf jeden Fall ausgeschlossen blieben.

### Dramatisches Finale nach Mitternacht

Da er zuvor noch im Obersten Sowjet gebraucht worden war, kam Eduard Schewardnadse am Abend des 11. September etwas verspätet zu seinem Gespräch mit Hans-Dietrich Genscher.[61] Der Bundesaußenminister wollte am Vorabend der Vertragsunterzeichnung noch einige letzte Details diskutieren, so auch die Frage der Verlegung ausländischer Truppen nach Ostdeutschland. Bereits bei seiner Ankunft am Flughafen war er von Dieter Kastrup und Frank Elbe darüber informiert worden, daß die Politischen Direktoren bei ihren Vorgesprächen noch immer keine Annäherung der Standpunkte erreicht hatten. Genscher war deshalb nicht überrascht, als das Thema sein zunächst in großem Einvernehmen verlaufendes Gespräch mit Schewardnadse bestimmte. Eindeutig geklärt und präzise formuliert, so Kwizinskij in seinem Sachstandsbericht, seien mittlerweile das Verbot einer Stationierung sowie jeglicher militärischer Tätigkeiten ausländischer Streitkräfte während der Anwesenheit der sowjetischen Soldaten in Ostdeutschland. Schwierig sei die Frage des anschließenden Status dieses Gebietes, da die drei Westmächte sich hier durch vage Formulierungen das Recht zu Manövern mit bis zu 13 000 Mann offenhalten wollten.

Die beiden Außenminister diskutierten diesen Punkt ausführlich. Dabei schlug Genscher eine einseitige Erklärung vor, daß nach dem Verständnis der Bundesregierung der Vertrag große Manöver ausschließe, die Entscheidung über kleinere Manöver aber vom souveränen Deutschland getroffen werden sollte. Die Sicherheitsinteressen aller Beteiligten würden berücksichtigt. Da Schewardnadse – der offensichtlich jede schriftliche Festlegung beziehungsweise Fixierung dieses Punktes bei der Sitzung der Außenminister vermeiden wollte – davon nicht überzeugt war, bot Genscher eine entsprechende Erklärung im Verlauf der anschließenden Pressekonferenz an. Die anderen Minister könnten bei Rückfragen dann auf ihn verweisen. Nach Rückversicherung bei Gorbatschow schwenkte Schewardnadse schließlich auf diese Linie ein. Genscher, der jede weitere Diskussion über Änderungen am bisherigen Vertragsentwurf vermeiden wollte, verwies auf sein bevorstehendes Treffen mit Douglas Hurd und verzichtete auf eine weitere Präzisierung der Vereinbarung.[62]

Als die Politischen Direktoren abends zu einer letzten Runde zusammenkamen, belastete der noch immer schwelende Konflikt über die »Verlegung« ausländischer Truppen nach Ostdeutschland den Verlauf zunächst nicht[63]: Unter Kwizinskijs Leitung wurden technische Details besprochen und die von ihm und Kastrup vereinbarte Lösung für doppelt verwendbare Waffensysteme – die auch von den beiden Außenministern befürwortet worden war – bestätigt.[64] Die Verhandlungen gerieten allerdings rasch ins Stocken, als die unterschiedlichen Positionen in der Verlegungsfrage zur Sprache kamen. US-Unterhändler Zoellick betonte, er habe von seinem Minister eindeutige Weisungen erhalten. Solange mit dem Begriff »Verlegung« gemeint sei, daß auf DDR-Territorium keine Großmanöver stattfinden dürften – so wie Baker und Schewardnadse dies auch in Helsinki besprochen hätten –, seien die USA einverstanden. Weiter dürfe er sich aber nicht bewegen, eine Position, die auch John Weston unter Verweis auf Anweisungen von Douglas Hurd vertrat.[65] Dem widersprach Kwizinskij energisch. Er habe sich noch einmal bei Schewardnadse erkundigt: Es sei nicht über Großmanöver, sondern allgemein über Manöver gesprochen worden. Diese lehne die UdSSR ab. Zudem gelte es, die deutsch-sowjetische Absprache zu berücksichtigen. In der weiteren Diskussion machte Bertrand Dufourcq deutlich, daß auch Frankreich die Haltung der beiden anderen Westmächte unterstützte, während Dieter Kastrup vergeblich für Kompromißlinien warb. So brachte er die zwischen Baker und Genscher besprochene Formulierung ein, daß Großmanöver zwar verboten seien, die Entscheidung über kleinere Manöver aber nach dem Abzug der Westgruppe der sowjetischen Armee vom vereinten und souveränen Deutschland getroffen werden könnte. Der Bundesaußenminister könne bei der Pressekonferenz nach der Unterzeichnung des »Zwei-plus-Vier«-Vertrages auf die Frage nach Manövern noch eine Erklärung abgeben, daß die Bundesregierung eine entsprechende Entscheidung in Übereinstimmung mit den Sicherheitsinteressen aller sowie mit Vernunft und Verantwortung treffen werde. Angesichts verhärteter Fronten brachte dieser auch von Genscher und Schewardnadse besprochene Vorschlag aber keinen Fortschritt:
– Kwizinskij konnte oder wollte – ähnlich wie zuvor Schewardnadse – grundsätzlich nicht öffentlich darüber sprechen, ob und wie Manöver zugelassen werden sollten;
– Zoellick und Weston war eine – rechtlich wie politisch letztlich kaum verbindliche – Erklärung des Bundesaußenministers im Verlauf einer Pressekonferenz zu wenig. Sie blieben deshalb auf der von ihren Außenministern vorgegebenen Linie, daß es eine eindeutige, schriftliche Aussage zur Bedeutung des Begriffs »Verlegung« geben müsse.

Angesichts der unvereinbaren Standpunkte mußte auch diese Sitzung der Politischen Direktoren ergebnislos aufgehoben werden.[66] Rund zwölf Stunden vor dem abschließenden Treffen der sechs Außenminister sowie der bereits angekündigten Unterzeichnung des Abschlußdokuments schien der erfolgreiche

Abschluß der Verhandlungen somit ernsthaft gefährdet. Ohne das Einlenken zumindest einer der Seiten war keine Lösung denkbar, obwohl verschiedene Vorschläge auf dem Tisch lagen:
- Die drei Westmächte forderten eine unmißverständliche und rechtlich eindeutige Klarstellung: Nach Abzug der sowjetischen Truppen aus Ostdeutschland sollte die Stationierung ausländischer Streitkräfte dort verboten bleiben. Großmanöver konnten ebenfalls vertraglich ausgeschlossen werden, doch sollte es in der Verantwortung des souveränen Deutschlands liegen, über andere »Verlegungen« zu entscheiden.[67]
- Die sowjetische Seite hatte einmal mehr keinen konkreten, glaubhaft als unumstößlich vertretenen Standpunkt. In Gesprächen mit Baker und Genscher war Schewardnadse bereits andeutungsweise vom grundsätzlichen Verbot jeglicher ausländischer Truppenbewegungen in Ostdeutschland abgewichen. Der sowjetische Außenminister wollte aber keinesfalls schriftlich fixiert wissen, daß er in diesem Punkt nachgegeben hatte. Kwizinskij nutzte das Fehlen klarer Weisungen zu einer neuerlichen Verhärtung der Fronten.
- Der Bundesaußenminister suchte in dieser Situation nach einem Kompromiß. Inhaltlich beharrte er zwar auf dem Standpunkt der Westmächte, zeigte sich aber zu einer weniger eindeutigen Formulierung bereit. Dabei wollte die deutsche Seite der UdSSR auch insofern entgegenkommen, als es anstelle einer rechtlich verbindlichen Lösung den »weicheren« Weg einer Erklärung Genschers vor der Presse geben sollte. Die »Verlegungs-Frage« wäre damit zunächst vom Tisch gewesen, hätte allerdings nach Abschluß des sowjetischen Abzugs aus Ostdeutschland wieder akut werden können.

Da Genscher überzeugt war, diesen Punkt auch mit dem britischen Außenminister einvernehmlich geklärt zu haben, war er um so entsetzter, als er nach Mitternacht vom neuerlich drohenden Scheitern der endgültigen Vertragsformulierung hörte. Der Bundesaußenminister hatte sich nach seinem Gespräch mit Schewardnadse zu einem Abendessen mit Douglas Hurd getroffen, dem er ausführlich berichtet und auch den Text seiner geplanten Erklärung gezeigt hatte.[68] Auf Bitten Genschers wies Hurd seinen Privatsekretär Richard Gozney an, den britischen »Zwei-plus-Vier«-Unterhändler Weston zu informieren, dementsprechend zu verhandeln. Weder Weston noch Zoellick hatten sich aber in der Sitzung der Politischen Direktoren bewegt, weshalb eine Einigung erneut ausgeblieben war. Die Beunruhigung der deutschen Delegation wuchs noch, als sie von einem Mitarbeiter Schewardnadses darüber informiert wurde, daß die sowjetischen Gastgeber die Unterzeichnung des Vertrages abgesagt hatten.[69]

Es war bereits nach Mitternacht, als Genscher, Kastrup und Elbe im Hotel »International« auftauchten, wo die amerikanische Delegation untergebracht war.[70] Genscher hatte zuvor telefonisch dringlich um einen Gesprächstermin bei Baker bitten lassen. Da dieser bereits zu Bett gegangen war, lehnten seine Mitarbeiter das Ansinnen des Bundesaußenministers ab. Dieser ließ sich davon jedoch nicht beirren und kündigte seinen sofortigen Besuch an: Notfalls werde er Baker selbst wecken. Genscher war fest entschlossen, die Unterzeichnung keinesfalls an dieser – aus seiner Sicht nicht essentiellen – Frage scheitern zu lassen. Er warb bei Baker für eine Verständigung in dem umstrittenen Punkt und wies nachdrücklich darauf hin, daß er selbst und wohl auch Lothar de Maizière sowie Eduard Schewardnadse am nächsten Morgen zur Unterzeichnung erscheinen würden. Er wünsche sich, daß Baker neben ihm am Tisch sitze. Auf die britische Haltung anspielend, warnte Genscher, die Weltöffentlichkeit werde dann sehen, an wem der Vollzug des feierlichen Aktes scheitere. Der amerikanische Außenminister – der im Bademantel erschienen war – versicherte Genscher, daß der Unterzeichnung letztlich keine Hindernisse in den Weg gelegt würden. Zugleich bekräftigte er aber die amerikanische Position und diskutierte mit Genscher die Möglichkeit, die umstrittenen Formulierungen zur »Verlegung« im Vertrag zu belassen und in einer mündlichen Erklärung darauf hinzuweisen, daß damit lediglich Großmanöver ausländischer Streitkräfte dauerhaft ausgeschlossen seien. Beruhigt kehrte der Bundesaußenminister daraufhin in sein Hotel zurück, wo er noch den amtierenden Außenminister der DDR, Ministerpräsident Lothar de Maizière, und den sowjetischen Außenminister Schewardnadse darüber in Kenntnis setzen ließ, daß die Unterzeichnung nach seiner Überzeugung stattfinden konnte.

### *Großes Finale in schlichtem Rahmen*

»Alle Fragen in bezug auf die Anwendung des Wortes ›verlegt‹, wie es im letzten Satz von Artikel 5 Absatz 3 gebraucht wird, werden von der Regierung des vereinten Deutschland in einer vernünftigen und verantwortungsbewußten Weise entschieden, wobei sie die Sicherheitsinteressen jeder Vertragspartei, wie dies in der Präambel niedergelegt ist, berücksichtigen wird.«[71] Mit dieser Formulierung – von Genscher und Schewardnadse bereits am Vorabend in Grundzügen besprochen und von Kastrup noch in der Nacht zu Papier gebracht – wurde letztlich der Streit um den Inhalt des Begriffes »verlegt« geregelt. Der Text wurde von allen sechs Außenministern unterzeichnet und als Protokollnotiz dem »Zwei-plus-Vier«-Abschlußdokument beigefügt. Die Einigung innerhalb des westlichen Lagers war am frühen Mittwoch morgen erfolgt, als die vier westlichen Außenminister in der französischen Botschafterresidenz zusammenkamen. Der fest zur Unterschrift entschlossene Genscher hatte zuvor Frankreichs Außenminister Roland Dumas noch einmal eindringlich um dessen Unterstützung gegenüber Douglas Hurd gebeten. Da dieser mit dem nunmehr vorgeschlagenen Text – der zudem in rechtlich verbindlicher Form dem »Zwei-plus-Vier«-Vertrag beigefügt werden sollte – keine Probleme hatte, konnte er ebenso wie James Baker sein Erscheinen bei der Unterzeichnungszeremonie zusagen. Bei einer morgendlichen Besprechung im kleinsten Kreis überzeugten Baker und Genscher auch Schewardnadse von der Notwendigkeit einer klaren

Formulierung.[72] Schnell kam in der anschließenden Sechserrunde deshalb die endgültige Einigung zustande. Alle am Entscheidungsfindungsprozeß beteiligten Staaten konnten mit dem gefundenen Ergebnis zufrieden sein:
- Großbritannien, die Vereinigten Staaten und Frankreich hatten die von ihnen stets gewünschte, rechtlich verbindliche Formulierung erhalten, mit der die Sowjetunion keine dauerhaften Einspruchs- oder Mitspracherechte beim Sicherheitsstatus Ostdeutschlands haben würde.[73]
- Die sowjetische Regierung hatte ihr Gesicht gewahrt. Ebenso wie bei der Formulierung zur freien Bündniswahl des vereinten Deutschlands die NATO nicht explizit genannt wurde, war in der Protokollnotiz zur Verlegungsfrage nicht von Manövern ausländischer Einheiten auf ehemaligem DDR-Gebiet die Rede.
- Zentrales Anliegen Genschers war es gewesen, ein Scheitern der Moskauer Außenministerrunde zu verhindern. Mit der vereinbarten Protokollnotiz gelang dies. Darüber hinaus wurde dem vereinten Deutschland ausdrücklich die Souveränität über alle Entscheidungen zugestanden, ob und wie ausländische Truppen künftig in Ostdeutschland erscheinen konnten.

Nachdem – in letzter Minute – Einigkeit auch im letzten umstrittenen Punkt erreicht worden war, konnte dem informellen Vortreffen der sechs Außenminister kurze Zeit später auch das offizielle »Zwei-plus-Vier«-Treffen und die angekündigte Unterzeichnung folgen. Zuvor mußten zwar noch kleinere technische Probleme beim Endausdruck des Vertragswerks bewältigt werden, doch konnte diese Zeit mit Ansprachen der sechs Minister überbrückt werden.[74] Die längste Rede hielt Lothar de Maizière. Er dankte den beteiligten Staaten vor allem für ihr großes Verständnis dafür, daß der Vereinigungsprozeß durch politische und wirtschaftliche Gegebenheiten und den Wunsch der Menschen nach Einheit zuletzt eine zusätzliche Beschleunigung erhalten hatte. Ebenso wie die anderen Minister betonte er den Grundgedanken der zurückliegenden Verhandlungen, bei denen man auf der Basis des gegenseitigen Vertrauens aufeinander zugegangen sei und die legitimen Interessen aller berücksichtigt habe. Es sei von symbolischer Bedeutung, wenn die Unterzeichnung in Moskau stattfinde, da es die mutige Politik Michail Gorbatschows gewesen sei, welche den friedlichen Wandel in Mittel- und Osteuropa erst ermöglicht habe. Hans-Dietrich Genscher sprach von einer historischen Stunde für Europa und einer Stunde des Glücks für die Deutschen. Er dankte den Vier Mächten für ihre zügige, vom Geist der Vernunft geleitete Arbeit zur Regelung der äußeren Aspekte der Vereinigung, während Douglas Hurd und James Baker darauf hinwiesen, daß nunmehr die fünfundvierzigjährige Periode der Teilung Deutschlands und Europas beendet würde, die vor allem für die Deutschen ein großes Unglück gewesen sei. Welche Erwartungen die Nachbarn an das neue Deutschland stellten, machte Roland Dumas deutlich: Er betonte den untrennbaren Zusammenhang zwischen der Einheit Deutschlands und der europäischen Einigung. Eduard Schewardnadse hob in seiner Ansprache auf die

Verdienste der beteiligten Politiker ab. Dabei nannte er vor allem die Absprachen zwischen Helmut Kohl und Michail Gorbatschow im Kaukasus, würdigte aber auch den Beitrag der Präsidenten Frankreichs und der Vereinigten Staaten sowie der Premierminister Großbritanniens und der DDR.

Von den mit Dank bedachten war nur einer bei der Unterzeichnung im schlichten Rahmen des Parteihotels »Oktjabrskaja« anwesend: Der sowjetische Präsident Gorbatschow hielt sich im Hintergrund bei den anwesenden Beamten auf, bis Hans-Dietrich Genscher ihn nach vorne zog, wo er gemeinsam mit den sechs Außenministern einen Toast auf die Lösung der deutschen Frage ausbrachte. Diese hatten zuvor den »Vertrag über die abschließende Regelung in bezug auf Deutschland« unterzeichnet, der – knapp zehn Monate nach Öffnung der deutsch-deutschen Grenze und nur vier Monate nach der ersten »Zwei-plus-Vier«-Außenministerrunde in Bonn – alle äußeren Aspekte der bevorstehenden Vereinigung regelte. Darauf hob auch Helmut Kohl ab, als er am selben Tag in einer Sitzung des Bundeskabinetts die Moskauer Vertragsunterzeichnung würdigte.[75] Das Dokument spiegle in umfassendem Maße die Verhandlungsziele der Bundesregierung wider:
- Die volle Souveränität Deutschlands werde hergestellt;
- das vereinte Deutschland könne frei darüber entscheiden, welchem Bündnis es angehören wolle;
- der Abzug der sowjetischen Soldaten aus der heutigen DDR sei samt einem verbindlichen Zeitplan dafür beschlossen.

Besonders erfreulich sei, so Kohl, daß die Vereinigung sich im Einvernehmen mit allen europäischen Nachbarn vollziehe und ohne Krieg, Leid, neue Auseinandersetzungen und neue Verbitterungen geschehe. Der Kanzler ging zudem auf die umfassenden deutsch-sowjetischen Vertragsverhandlungen ein. Bereits morgen solle der deutsch-sowjetische Vertrag über gute Nachbarschaft, Partnerschaft und Zusammenarbeit paraphiert werden. Dieser Vertrag gebe dem bilateralen Verhältnis eine neue Qualität, ohne daß die klare Entscheidung, Teil der westlichen Wertegemeinschaft zu bleiben, dadurch in Frage gestellt werde. Wie wichtig der UdSSR die grundlegende Neugestaltung der bilateralen Beziehungen zur Bundesrepublik war, machte Michail Gorbatschow dem Bundesaußenminister deutlich, als dieser am Nachmittag der Unterzeichnung des »Zwei-plus-Vier«-Vertrages mit dem sowjetischen Präsidenten zusammentraf. Gorbatschow begrüßte die bevorstehende Paraphierung des »Großen Vertrages«, mahnte aber auch den zügigen Abschluß der teilweise noch laufenden weiteren Verhandlungen an. In der sowjetischen Gesellschaft könne andernfalls eine gefährliche Situation entstehen, unterstrich er die Bedeutung umfangreicher Wirtschafts- und Finanzhilfen. Verglichen mit der Unsicherheit und Nervosität nach dem Fall der Mauer und dem zum Jahresanfang einsetzenden diplomatischen Marathon bestand bei allen Beteiligten jedoch kein Zweifel mehr daran, daß auch die letzten Details zur Regelung der deutschen Frage einvernehmlich und bald geklärt werden konnten. So hatte Schewardnadse

seinen Gesprächspartnern signalisiert, daß auch die sowjetische Seite einen Weg mitgehen werde, bei dem die deutsche Souveränität noch vor Abschluß des Ratifizierungsverfahrens für den »Zwei-plus-Vier«-Vertrag wiederhergestellt würde, ohne die entsprechende Erklärung aber bereits verbindlich abzugeben. Die entspannte Stimmung beim Abendessen der sechs Außenminister mit Präsident Gorbatschow an diesem 12. September war ein Beleg dafür, daß alle Beteiligten sich über die gemeinsam erzielten Ergebnisse einig waren:
- In kürzester Zeit waren die außenpolitischen Aspekte der jahrzehntelang offenen deutschen Frage zu einer Lösung gekommen: Die beiden deutschen Staaten sollten in gut zwei Wochen mit vollem Einverständnis der europäischen Nachbarn wiedervereinigt werden.
- Die besonderen Rechte und Verantwortlichkeiten der vier Siegermächte des Zweiten Weltkrieges für Deutschland als Ganzes und Berlin gingen unwiederbringlich ihrem Ende entgegen. Die Vereinigung sollte zugleich auch die vollständige Herstellung der Souveränität mit sich bringen.
- Alle im Frühjahr 1990 noch umstrittenen Hauptpunkte – darunter vor allem die Fragen der deutschen Ostgrenze und der Bündniszugehörigkeit – waren einvernehmlich und für alle Beteiligten zufriedenstellend gelöst worden.
- Die deutsche Teilung, die für Dekaden stellvertretend für die Nachkriegsspaltung Europas gestanden hatte, war überwunden.

All dies war in äußerst kurzer Zeit gelungen – und zudem in einem ebenso kurzen wie klar formulierten Dokument, das nunmehr nur noch der Ratifizierung durch die Vier Mächte und das Parlament des vereinten Deutschlands bedurfte.

## Letzte Feinarbeiten für Deutschlands Souveränität

Mit der Unterschrift der Außenminister der Vereinigten Staaten, der Sowjetunion, Frankreichs, Großbritanniens, der DDR und der Bundesrepublik Deutschland unter den »Zwei-plus-Vier«-Vertrag war der Aushandlungsprozeß der äußeren Aspekte der deutschen Vereinigung beendet. Die Herstellung der Souveränität Deutschlands schien damit gesichert. »Alliierte entlassen die Deutschen in die Einheit«, »Die Einheit Deutschlands feierlich besiegelt«, »Historische Stunde«, »Zwei-plus-Vier und die deutsche Souveränität« titelten deutsche Zeitungen, nachdem nunmehr auch das letzte Hindernis überwunden schien.[76] Den beteiligten Politikern und Beamten war jedoch bewußt, daß mit den Moskauer Unterschriften keinesfalls die allerletzten Klippen umschifft waren:
- Das zeitliche Zusammenfallen von Wiedervereinigung und Herstellung der Souveränität für den 3. Oktober war noch nicht gesichert,
- das Dokument sollte noch der KSZE zur Kenntnisnahme vorgelegt werden und
- der Vertrag mußte zur Ratifikation durch fünf Parlamente gebracht werden.

Dabei mußte sich erst noch zeigen, inwieweit die gefundenen Kompromißformeln und Vertragsinhalte außerhalb der beteiligten Regierungen tragfähig und akzeptabel waren – woran vor allem für die Sowjetunion von Anfang an starke Bedenken herrschten.

### *Der »Zwei-plus-Vier«-Vertrag – kurz, aber umfassend*

Mit Unterzeichnung, Veröffentlichung und Beginn der Ratifizierungsverfahren des Vertrages konnte eine öffentliche und parlamentarische Debatte über den Text beginnen. Der »Vertrag über die abschließende Regelung in bezug auf Deutschland« vom 12. September 1990 war mit einer Präambel, zehn Artikeln und einer Protokollnotiz eines der kürzesten zentralen Vertragswerke im Umfeld der deutschen Vereinigung.[77] In der Präambel wurden Frieden, Freiheit, Selbstbestimmung, Völkerverständigung und Gewaltverzicht als die zentralen Gedanken des weiter zu entwickelnden KSZE-Prozesses und Grundlagen der partnerschaftlichen Übereinstimmung beim Vertragsabschluß gewürdigt.

Artikel 1 definierte die Grenzen des vereinigten Deutschlands, das »die Gebiete der Bundesrepublik Deutschland, der Deutschen Demokratischen Republik und ganz Berlins umfassen« sollte (Absatz 1). Die bestehende Grenze zwischen Deutschland und Polen würde in einem völkerrechtlich verbindlichen Vertrag bestätigt werden (Absatz 2). Das vereinte Deutschland sollte auch in Zukunft keinerlei Gebietsansprüche gegen andere Staaten (Absatz 3) haben und dies durch entsprechende Veränderungen seiner Verfassung beziehungsweise der Präambel und der Artikel 23 Satz 2 und 146 a. F. des Grundgesetzes sicherstellen (Absatz 4). Entsprechende Erklärungen und Verpflichtungen würden von den Regierungen Frankreichs, der UdSSR, Großbritanniens und der USA förmlich entgegengenommen werden (Absatz 5). Die Verwirklichung aller Verpflichtungen würde den endgültigen Charakter der Grenzen des vereinten Deutschlands bestätigen.

Artikel 2 bekräftigte – in Anlehnung an Art. 26 Absatz 1 GG a. F. und das bestehende Völkerrecht – die Erklärungen der Regierungen der Bundesrepublik Deutschland und der DDR zum Gewaltverzicht: Von deutschem Boden sollte nur Frieden ausgehen. Der Verzicht des vereinten Deutschlands auf Herstellung und Besitz von atomaren, biologischen und chemischen Waffen und die Verfügungsgewalt hierüber sowie die künftige Truppenstärke waren Inhalt von Artikel 3. Neben den allgemeinen Erklärungen zu ABC-Waffen wurde dabei (Absatz 1) besonders der Fortbestand aller Rechte und Verpflichtungen aus dem Vertrag über die Nichtverbreitung von Kernwaffen vom 1. Juli 1968 betont. Zudem nahmen die ehemaligen Siegermächte ausdrücklich die von Hans-Dietrich Genscher am 30. August 1990 bei den Wiener Verhandlungen über konventionelle Streitkräfte in Europa (VKSE) abgegebene Erklärung der Bundesregierung zur Kenntnis (Absatz 3). Diese Erklärung, der sich Lothar de Maizière für die DDR-Regierung ausdrücklich angeschlossen hatte, wurde im Vertrag wörtlich wiederholt (Absatz 2). Sie enthielt die Verpflichtung des vereinten Deutschlands, seine Streitkräfte innerhalb von drei bis vier Jahren auf 370 000 Mann zu reduzieren, wovon nicht mehr als 345 000 Mann den Land- und Luftstreitkräften angehören sollten.

Die Dauer des Verbleibs sowjetischer Truppen auf dem Gebiet der damaligen DDR und Berlins behandelte Artikel 4. Die Regierungen der Bundesrepublik Deutschland, der DDR und der UdSSR bekräftigten darin ihre Absicht, deren bis zum Jahr 1994 zu vollendenden Abzug vertraglich zu regeln. Artikel 5 befaßte sich mit dem militärischen Status des Territoriums der damaligen DDR nach Vollzug der deutschen Vereinigung sowie der Anwesenheit von Truppen der westlichen Alliierten in Berlin. Demnach durften auf dem Gebiet der ehemaligen DDR »ausschließlich deutsche Verbände der Territorialverteidigung stationiert werden, die nicht in die Bündnisstrukturen integriert sind, denen deutsche Streitkräfte auf dem übrigen deutschen Hoheitsgebiet zugeordnet sind«. Bis zum Abzug der sowjetischen Westgruppe sollten Streitkräfte anderer Staaten dort weder stationiert werden noch andere militärische Tätigkeiten ausüben (Absatz 1). Die Stationierung französischer, britischer und amerikanischer Truppen in Berlin wurde für die Dauer der Anwesenheit der Roten Armee auf dem Gebiet der ehemaligen DDR festgeschrieben (Absatz 2). Umfang und Ausrüstung der westlichen Streitkräfte in Berlin durften demnach jedoch nicht verstärkt werden, ihre Stationierung sollte durch neue »Verträge zu gerechten Bedingungen« geregelt werden. Erst nach Abzug der sowjetischen Streitkräfte sollten auch andere deutsche Streitkräfte auf dem Gebiet der ehemaligen DDR stationiert werden dürfen (Absatz 3). Diese dürften jedoch nicht mit Kernwaffenträgern ausgerüstet sein. Sogenannte »dual-use«-Systeme wurden allerdings zugelassen, solange sie zwar über den konventionellen Einsatz hinausgehende Verwendungsmöglichkeiten hätten, in Deutschland aber nur für »eine konventionelle Rolle ausgerüstet und nur dafür vorgesehen sind«. Ausländische Streitkräfte, Atomwaffen und deren Träger »werden in diesem Teil Deutschlands weder stationiert noch dorthin verlegt«. Eine Präzisierung dieses bis zum Tag der Vertragsunterzeichnung umstrittenen Punktes fand sich in der dem Vertrag beigefügten Protokollnotiz: Demnach sollte die deutsche Regierung unter Berücksichtigung der »Sicherheitsinteressen jeder Vertragspartei« über alle Fragen bezüglich der Anwendung des Wortes »verlegt« entscheiden. Das uneingeschränkte Recht auf freie Bündniswahl des vereinten Deutschlands wurde in Artikel 6 festgeschrieben.

Artikel 7 enthielt die zentrale Bestimmung des »Zwei-plus-Vier«-Vertrages: Die ehemaligen Siegermächte »beenden hiermit ihre Rechte und Verantwortlichkeiten in bezug auf Berlin und Deutschland als Ganzes. Als Ergebnis werden die entsprechenden, damit zusammenhängenden vierseitigen Vereinbarungen, Beschlüsse und Praktiken beendet und alle entsprechenden Einrichtungen der Vier Mächte aufgelöst. (2) Das vereinte Deutschland hat demgemäß volle Souveränität über seine inneren und äußeren Angelegenheiten.« In den drei letzten Artikeln (8, 9 und 10) wurden die Ratifikation, die auf deutscher Seite »durch das vereinte Deutschland« erfolgen sollte, die Hinterlegung der Urkunden und das Inkrafttreten – am Tag der Hinterlegung der letzten Ratifizierungsurkunde – geregelt.

Da die UdSSR in der Schlußphase der »Zwei-plus-Vier«-Verhandlungen immer wieder deutlich gemacht hatte, daß ein Erfolg bei diesem Thema nur bei – für sie vor allem innenpolitisch relevanten und vorzeigbaren – Ergebnissen in den verschiedenen bilateralen Vertragsgesprächen denkbar war, wurden auch diese in den nächsten Tagen zügig vorangetrieben. Der enge Zusammenhang wurde zunächst darin ersichtlich, daß Genscher und Schewardnadse noch am 13. September den deutsch-sowjetischen Vertrag über gute Nachbarschaft, Partnerschaft und Zusammenarbeit paraphierten, welcher dann anläßlich Gorbatschows Besuch im vereinten Deutschland von ihm und Helmut Kohl am 9. November unterzeichnet wurde.

Ähnlich zügig gingen die im Juli im Kaukasus vereinbarten Gespräche über die weiteren Abkommen voran. Kurz nach der Vereinigung wurden am 12. Oktober der Vertrag »Über die Bedingungen des befristeten Aufenthaltes und die Modalitäten des planmäßigen Abzugs der sowjetischen Truppen auf dem Gebiet der Bundesrepublik Deutschland« sowie das Abkommen »Über einige überleitende Maßnahmen« vom 12. Oktober 1990 unterzeichnet.[78] Zudem war allen Beteiligten daran gelegen, die im »Zwei-plus-Vier«-Vertrag geforderte Regelung der deutsch-polnischen Grenze vorzunehmen. Kohls ursprüngliche Absicht, diese Frage in einem umfassenden Vertrag über die bilateralen Beziehungen noch vor einem entsprechenden Abkommen mit der Sowjetunion endgültig zu klären, war damit gescheitert. Während der Vertrag mit Moskau bereits kurz nach der Vereinigung unterzeichnet werden konnte, wurde aufgrund des polnischen Beharrens zunächst getrennt ein Grenzvertrag ausgehandelt, der am 14. November unterzeichnet wurde.[79] Der anschließend in Angriff genommene deutsch-polnische Vertrag über gute Nachbarschaft und freundschaftliche Zusammenarbeit konnte schließlich am 17. Juni 1991 unterzeichnet werden.

Vergleicht man die Ergebnisse dieses Vertragspakets mit den Interessenlagen der beteiligten Staaten zu Beginn des Verhandlungsprozesses, zeigen sich unterschiedliche Erfolge der einzelnen Parteien[80]:
- Die Bundesregierung hatte deutlich mehr als ihre noch im November 1989 in Helmut Kohls Zehn-Punkte-Programm formulierten Ziele erreicht. Deutschland wurde nicht nur schneller als dort gedacht vereint und erhielt zugleich seine Souveränität, sondern konnte außerdem durch die gesicherte NATO-Mitgliedschaft und das ebenfalls im Vertrag festgehaltene Bekenntnis zur Einigung Europas die Westbindung als Staatsräson sichern. Der »Preis« in Form einer milliardenschweren Wirtschafts- und Finanzhilfe für die UdSSR erschien demgegenüber gering, da zugleich der Abzug der sowjetischen Streitkräfte aus Ostdeutschland mit klarer Zeitvorgabe festgeschrieben worden war. Mit der endgültigen Regelung der deutsch-polnischen Grenzfrage war zudem ein innen- wie außenpolitisch sensibles Thema dauerhaft geklärt. Das zentrale Anliegen, mit der Vereinigung einen deutschen Staat mit voller Souveränität als Gleichen unter Gleichen in Europa zu schaffen, war eindeutig verwirklicht.
- Die demokratisch gewählte DDR-Regierung unter Lothar de Maizière war mit dem erklärten Ziel angetreten, die beiden deutschen Staaten zusammenzuführen. Diese Aufgabe wurde mit dem »Zwei-plus-Vier«-Vertrag außenpolitisch zufriedenstellend erfüllt. Daß die anfangs gewünschte Mittlerfunktion zwischen Westeuropa auf der einen sowie Mittel- und Osteuropa auf der anderen Seite nicht festgeschrieben wurde, der Ausbau des KSZE-Prozesses und die Auflösung der Militärblöcke zunächst nicht in der teilweise gewünschten Intensität erfolgte und keine stärkeren Abrüstungsschritte erreicht wurden, konnte angesichts des erreichten Hauptzieles – der deutschen Einheit – als zweitrangig betrachtet werden.
- Die USA hatten von Anfang an den deutschen Vereinigungswillen unterstützt. Der »Zwei-plus-Vier«-Vertrag gestand dem deutschen Volk die Ausübung des geforderten Selbstbestimmungsrechtes zu, während zugleich das amerikanische Hauptanliegen erfüllt wurde: Das vereinte Deutschland konnte und wollte ohne Einschränkungen Mitglied der NATO bleiben. Die Gesamtkonstruktion des »Zwei-plus-Vier«-Vertrages hatte zudem festgeschrieben, daß die USA auch eine europäische Macht waren und bleiben konnten. Im Interessenausgleich mit der Sowjetunion war es dabei gelungen, eine Düpierung der zusehends zerfallenden zweiten Supermacht zu verhindern.

- Auch Frankreich sah seine Interessen – trotz des anfänglichen Unbehagens über die Vereinigung – gebührend berücksichtigt. Deutschland blieb politisch wie militärisch fest in den Westen eingebunden, verzichtete weiterhin auf eigene Atomwaffen, hatte sich der Fortschreibung der europäischen Integration verpflichtet und die deutsch-polnische Grenze endgültig anerkannt, zu deren Garantiemacht Frankreich sich zeitweise erklärt hatte.
- Großbritannien konnte mit dem Erreichten ebenfalls zufrieden sein. Abgesehen von – operativ irrelevanten – rhetorischen Störmanövern der Premierministerin, hatte sich die Regierung in London vor allem den Erhalt des westlichen Verteidigungsbündnisses und die anhaltende Einbindung Deutschlands in den Westen zum Ziel gesetzt. Nach der Einsicht in die Unvermeidbarkeit der Wiedervereinigung war zudem angestrebt worden, einen deutschen Staat zu schaffen, der frei von sämtlichen Überresten der Vier-Mächte-Rechte oder neuen Einschränkungen seiner Souveränität sein würde. Das britische Ringen in der »Verlegungsfrage« hatte dies in der Schlußphase noch einmal gezeigt; das erzielte Ergebnis hatte den Gesamterfolg abgerundet.
- Trotz aller anfänglichen Bedenken konnte auch die polnische Regierung das Vertragspaket als Erfolg sehen. Die zeitweise geforderten Grenzgarantien der Vier Mächte und die Bindung des Grenzvertrages an den »Zwei-plus-Vier«-Vertrag waren zwar nicht erlangt worden, doch wurde die Grenze zum vereinigten Deutschland wenige Wochen nach der Vereinigung dauerhaft garantiert. Daß der neue Partnerschaftsvertrag deshalb zunächst aufgeschoben wurde, nahmen die Regierenden in Warschau nicht als Niederlage wahr, da sie aus innenpolitischen Gründen weitgehend auf die Grenzfrage fixiert waren.
- Am wenigsten Grund zur Zufriedenheit gab es für die Sowjetunion. Zwar hatte man die Grundzüge der Gorbatschowschen Außenpolitik – Nichteinmischung, Recht auf freie Wahl – umgesetzt, doch war es Moskau, das am stärksten von seinen ursprünglichen Zielen hatte abrücken müssen: Anstelle einer mehrjährigen Übergangsperiode »auf Bewährung« gab es eine sofortige Vereinigung noch vor Jahresende, die DDR schied aus dem Warschauer Pakt und dem RGW aus, das vereinte Deutschland würde NATO-Mitglied bleiben, die sowjetischen Truppen mußten binnen vier Jahren aus Ostdeutschland abgezogen werden, eine starke KSZE-Institutionalisierung fand nicht statt. Im Gegenzug hatte Moskau einen rücksichtsvoll formulierten »Zwei-plus-Vier«-Vertrag erhalten, der beispielsweise mit keinem Wort die NATO erwähnte, dabei aber die Garantie einer deutlichen Reduzierung der gesamtdeutschen Streitkräfte, eine Friedenspflicht des neuen deutschen Staates sowie Zusagen für umfangreiche Wirtschafts- und Finanzhilfen und das Bekenntnis der Bundesregierung zu einer qualitativ wie quantitativ neuen Zusammenarbeit auf allen Gebieten beinhaltete.

## Zahlreiche Details im deutschen Begleitbrief

Mit dem »Zwei-plus-Vier«-Vertrag war der internationale Rahmen für die deutsch-deutsche Vereinigung abgesteckt worden. Er konnte allerdings nicht alle von der UdSSR gewünschten Regelungen enthalten, da die westlichen Verhandlungspartner stets die Konzentration auf jene Punkte verlangt hatten, die zur Wiederherstellung deutscher Souveränität notwendig waren. Schon früh hatte Moskau deshalb von einem allgemeinen Paket gesprochen, zu dem auch die verschiedenen bilateralen Verträge mit der Bundesrepublik gehörten. Daneben hatte die sowjetische Seite seit Beginn des »Zwei-plus-Vier«-Prozesses eine Reihe anderer Fragen aufgeworfen und deren Regelung verlangt. So waren in den verschiedenen Moskauer Vertragsentwürfen aus dem Sommer 1990[81] immer wieder Forderungen erhoben worden, Schutz und Pflege sowjetischer Denkmäler und Soldatenfriedhöfe nach der Vereinigung sicherzustellen, das Aufkommen neonazistischer Bewegungen zu verhindern und die Unumkehrbarkeit der sowjetischen Enteignungsmaßnahmen zwischen 1945 und 1949 zu garantieren. Entsprechend dem ursprünglichen amerikanischen Vorhaben, den »Zwei-plus-Vier«-Mechanismus als allgemeine »Lenkungsgruppe« einzusetzen, die möglichst viele konkrete Themen an andere zuständige Gremien weiterleiten sollte, wurden auch diese Fragen letztlich bilateral zwischen der Sowjetunion und der Bundesrepublik geklärt. Ihre Regelung erfolgte in einem Brief, den die beiden deutschen Außenminister bei der Vertragsunterzeichnung am 12. September an Eduard Schewardnadse übergaben, der diesen stellvertretend für die Vier Mächte entgegennahm.[82] Auf dieses Verfahren hatten sich die beteiligten Seiten Ende August geeinigt, als absehbar wurde, daß die Briefinhalte nicht wie von Moskau gewünscht Bestandteil des »Zwei-plus-Vier«-Vertrages werden konnten. Schewardnadse hatte bereits im Frühjahr 1990 in Windhuk gegenüber Genscher deutlich gemacht, daß es zur Regelung der deutschen Frage notwendig sein würde, »mit spitzem Bleistift Punkt für Punkt das Potsdamer Abkommen«[83] durchzugehen. Zu dessen Inhalten gehörten vor allem die Ziele einer Entnazifizierung, Entmilitarisierung und Demokratisierung Deutschlands. Die sowjetische Regierung wollte möglichst viele der für sie wichtigen Ergebnisse Potsdams bewahren, um dem innenpolitisch relevanten Vorwurf auszuweichen, man habe Gewinne aus dem verlustreichen Zweiten Weltkrieg nachträglich und unnötig verspielt.

Der von Genscher und de Maizière unterzeichnete Brief vom 12. September ging auf einige der für Moskau zentralen Punkte ein. So wurde die Verpflichtung Deutschlands betont, sowjetische »Denkmäler, die den Opfern des Krieges und der Gewaltherrschaft gewidmet sind«, ebenso zu achten und zu pflegen wie Kriegsgräber. Die beiden deutschen Regierungen verpflichteten sich zudem, den »Bestand der freiheitlich-demokratischen Grundordnung« im vereinten Deutschland zu schützen. Parteien und Vereinigungen mit nationalsozialistischen Zielsetzungen sollten deshalb auch künftig verboten werden können. In einem letzten Punkt bekannten sich die beiden Außenminister zum Prinzip des Vertrauensschutzes für alle von der DDR geschlossenen Verträge, deren Fortgeltung, Anpassung oder Erlöschen mit den ausländischen Vertragsparteien erörtert und entsprechend der sonstigen Verpflichtungen der Bundesrepublik bewertet werden sollten.

In einem weiteren Punkt ging der Brief der beiden deutschen Außenminister auf die »Regelung offener Vermögensfragen« ein. Dabei wurde die Gemeinsame Erklärung der Bundesregierung und der DDR-Regierung vom 15. Juni 1990 zitiert, wonach die zwischen 1945 und 1949 auf besatzungsrechtlicher und besatzungshoheitlicher Grundlage vollzogenen Enteignungen in der damaligen Sowjetischen Besatzungszone »nicht mehr rückgängig zu machen« seien. Die Bundesregierung nehme zur Kenntnis, daß die sowjetische Führung und die Regierung der DDR keine Möglichkeit sähen, »die damals getroffenen Maßnahmen zu revidieren«. Es bleibe aber einem gesamtdeutschen Parlament vorbehalten, abschließend über etwaige staatliche Ausgleichsleistungen zu entscheiden.

Die Festschreibung der bestehenden Eigentumsordnung in der DDR war am 2. März 1990 zuerst von Ministerpräsident Hans Modrow in die internationale politische Diskussion eingebracht worden.[84] In einem Schreiben an Michail Gorbatschow hatte er diesen gebeten, für die »Sicherung der Eigentumsverhältnisse in der Deutschen Demokratischen Republik« einzutreten, während er zeitgleich den Bundeskanzler über eine entsprechende Erklärung der DDR-Regierung informierte.[85] Gorbatschow ließ daraufhin am 27. März über die Nachrichtenagentur TASS eine Stellungnahme der sowjetischen Regierung verbreiten, in der diese sich für die Beachtung der herrschenden Eigentumsverhältnisse in der DDR aussprach.[86] In der Folgezeit machte die sowjetische Seite sich dieses Anliegen zur eigenen Sache, ohne es allerdings je auf höchster politischer Ebene zwischen Kohl und Gorbatschow zu thematisieren.[87] Statt dessen wurde das Thema mehrfach zwischen den beiden Außenministern Genscher und Schewardnadse sowie auf Beamtenebene diskutiert.[88] Wie wichtig der UdSSR das Thema war, zeigte sich bis in die letzten Verhandlungstage des »Zwei-plus-Vier«-Prozesses. Als die sowjetische Seite Anfang September einen neuen Entwurf für das abschließende Dokument vorlegte, hieß es dort in Artikel 9 weiterhin, daß die Legitimität der besatzungsrechtlichen Maßnahmen vom vereinten Deutschland anerkannt werden müsse: »Die Rechtmäßigkeit dieser Beschlüsse, darunter auch in Vermögens- und Bodenfragen, wird nicht revidiert.«[89] Unterstützung erfuhr die Sowjetunion dabei ab April 1990 auch von der demokratisch gewählten Regierung der DDR unter Lothar de Maizière. Dieser war ebenfalls dagegen, die Enteignungen rückgängig zu machen, wie er noch in seiner Rede zur Unterzeichnung des »Zwei-plus-Vier«-Vertrages am 12. September in Moskau betonte.[90]

Da auch die sowjetische Seite stets auf einer Festschreibung der Enteignungen beharrte, die Bundesregierung aber keine Vereinbarung im Rahmen des

»Zwei-plus-Vier«-Vertrages wünschte, kam es – nach dem innerdeutschen Kompromiß mit der gemeinsamen Erklärung der beiden deutschen Regierungen vom 15. Juni 1990 und der Aufnahme dieser Erklärung in den Einigungsvertrag – zum Brief der beiden deutschen Außenminister vom 12. September 1990. Die Bundesregierung gab damit dem unnachgiebigen Drängen aus Moskau und Ost-Berlin nach, nicht ohne allerdings die Möglichkeit einer finanziellen Ausgleichsregelung durch den gesamtdeutschen Souverän offenzuhalten. Nach Bonner Interpretation war dies zum damaligen Zeitpunkt die einzige Möglichkeit, den Abschluß der internationalen Verhandlungen zur Regelung der deutschen Frage einvernehmlich und innerhalb des knappen Zeitrahmens zu lösen.[91]

### *Die Vier Mächte geben ihre Rechte an Deutschland zurück*

Da die Vier Mächte als Verhandlungspartner der beiden deutschen Staaten mit dem »Zwei-plus-Vier«-Vertrag ihre außenpolitischen Zielsetzungen für die Vereinigung geklärt hatten und Moskau zudem in den weiteren bilateralen Abkommen mit der Bundesrepublik seine Zusatzbedingungen festgeschrieben hatte, sah kurz vor der Vereinigung auch die sowjetische Seite keinen Grund mehr, sich dem westlichen Drängen nach frühzeitiger Herstellung der Souveränität zu widersetzen.[92] Ausgangspunkt der frühen Überlegungen in Bonn und Washington war gewesen, daß der »Zwei-plus-Vier«-Vertrag erst nach Hinterlegung der letzten von fünf Ratifizierungsurkunden in Kraft treten würde. Während es keine Bedenken hinsichtlich des Verfahrens in Frankreich, Großbritannien und im vereinten Deutschland gab, war der Ratifizierungsprozeß in den Vereinigten Staaten mit Unsicherheiten behaftet und in der Sowjetunion unberechenbar: Unklar war dort nicht nur, wann das Verfahren abgeschlossen sein konnte, sondern auch, ob es im Obersten Sowjet der UdSSR überhaupt eine Mehrheit für den Vertrag geben würde. Die beiden potentiellen Unsicherheiten bestanden darin, daß
1. der amerikanische Senat mit Änderungswünschen unter Umständen langwierige Nachverhandlungen notwendig machen konnte[93], während
2. das sowjetische Parlament sowohl Veränderungen fordern als auch den Vertrag komplett ablehnen konnte.[94]

In beiden Fällen wäre das vereinte Deutschland aber bis zum Abschluß des letzten Ratifizierungsverfahrens nur mit eingeschränkter Souveränität ausgestattet gewesen.

Als beim »Zwei-plus-Vier«-Beamtentreffen am 19. Juli in Bonn die Arbeit an einzelnen Vertragspassagen unter den Delegationen aufgeteilt wurde, übernahmen der Brite John Weston und seine Mitarbeiter die Aufgabe, einen Vorschlag zur Suspendierung der Vier-Mächte-Rechte zu formulieren.[95] Wie innerhalb der drei westlichen Delegationen vereinbart, wurde dieser Textentwurf – der eine einseitige Verzichtserklärung der Vier Mächte enthielt – vorab den Verbündeten zur Kommentierung zugestellt. Bereits am 25. Juli traf der britische Vorschlag im Auswärtigen Amt ein, auf dessen Basis eine gemeinsame Linie des Westens abgestimmt wurde. Bei verschiedenen Gesprächen im Sechserkreis, zwischen Beamten der Außenministerien in Bonn und Moskau sowie Genscher und Schewardnadse erlebte der Westen bei diesem Thema aber eine Hinhaltetaktik: Die sowjetischen Diplomaten und Politiker zeigten sich mit dem Grundtenor zwar einverstanden, sahen aber keine Notwendigkeit zur vertieften Diskussion. Die Erklärung hierfür lieferte der sowjetische Außenminister am 17. August im Gespräch mit Genscher: Eine vorzeitige Suspendierung der Vier-Mächte-Rechte könne die eigentliche Ratifizierung des »Zwei-plus-Vier«-Vertrages im Obersten Sowjet erschweren. Die sowjetische Führung war zu diesem Zeitpunkt – als beispielsweise noch keiner der bilateralen Verträge oder gar konkrete Beträge für Wirtschafts- und Finanzhilfen ausgehandelt waren – noch nicht bereit, einen wichtigen Trumpf aus der Hand zu geben.

Nach erfolgreichem Abschluß der »Zwei-plus-Vier«-Gespräche und zufriedenstellenden Ergebnissen auch bei den bilateralen Verhandlungen mit der Bundesregierung sah sich auch Schewardnadse Mitte September in der Lage, der Suspendierung der Vier-Mächte-Rechte zuzustimmen.[96] Nachdem er bei seinem Gespräch mit dem Bundesaußenminister am Abend des 11. September noch einmal betont hatte, daß die bilateralen Verträge und die abschließenden Regelungen in bezug auf Deutschland als Paket zu sehen seien, stimmte er am 12. September im Kreis der »Zwei-plus-Vier«-Außenminister der Suspendierungs-Erklärung zu und widersprach auch nicht, als Genscher auf der anschließenden Pressekonferenz die Unterzeichnung für den 1. Oktober ankündigte. In einem Gespräch mit Dieter Kastrup setzte der sowjetische Botschafter in Bonn, Terechow, am 21. September dieses Thema aber noch einmal gezielt als Druckmittel ein. Solange es beim Aufenthalts- und Abzugsvertrag sowie beim Überleitungsabkommen noch offene Fragen gebe, sehe Moskau bei der gewünschten Suspendierung Schwierigkeiten, da auch der Auswärtige Ausschuß des Obersten Sowjets sich noch mit dieser Frage befassen sollte. Der erfolgreiche Abschluß aller bilateralen Verhandlungen beendete allerdings die deutschen Sorgen: Bei ihrem Treffen am 1. Oktober in New York setzten James Baker, Roland Dumas, Douglas Hurd, Eduard Schewardnadse, Hans-Dietrich Genscher und DDR-Wissenschaftsminister Hans-Joachim Meyer – der Lothar de Maizière vertrat – ihre Unterschriften unter eine »Erklärung zur Aussetzung der Wirksamkeit der Vier-Mächte-Rechte und -Verantwortlichkeiten«. Darin hielten die Außenminister fest, daß die Rechte der Vier Mächte bereits am Tag der Vereinigung Deutschlands ausgesetzt würden. Ebenso würden alle damit zusammenhängenden »vierseitigen Vereinbarungen, Beschlüsse und Praktiken und die Tätigkeit aller entsprechenden Einrichtungen der Vier Mächte« ab der Vereinigung bis zum Inkrafttreten des »Zwei-plus-Vier«-Vertrages ausgesetzt. Genscher und Meyer nahmen diese Erklärung im Namen der Bundesregierung und der DDR-Regierung zur Kenntnis.

Mit einfachen Formulierungen und in einem unspektakulären Akt wurde so – weniger als 48 Stunden vor dem Beitritt der DDR zur Bundesrepublik Deutschland – dem vereinten Deutschland seine volle Souveränität zugestanden.[97] Verzögerungen im Ratifizierungsprozeß konnten damit keine Auswirkungen mehr darauf haben, daß die künftige Bundesrepublik alle Bereiche ihrer inneren wie äußeren Politik uneingeschränkt selbständig gestalten konnte. Rund 45 Jahre nachdem die Siegermächte des Zweiten Weltkrieges am 5. Juni 1945 die Regierungsgewalt in Deutschland übernommen hatten, gaben sie nunmehr die letzten bei ihnen verbliebenen »Rechte und Verantwortlichkeiten in bezug auf Berlin und Deutschland als Ganzes« zurück.

### *Ratifizierung als Zitterpartie*

Die notwendige Ratifizierung des »Zwei-plus-Vier«-Vertrages erwies sich im Westen als reine Routineangelegenheit.[98] Nachdem die erste Lesung bereits in der ersten Sitzung des Bundestags des vereinten Deutschlands am 4. Oktober erfolgt war, wurde das Dokument nach zweiter und dritter Lesung am 5. Oktober mit großer Mehrheit verabschiedet. Am 8. Oktober passierte der Vertrag den Bundesrat. Trotz anfänglicher Bedenken verlief die Ratifizierung in den USA ebenso schnell. Bereits am 10. Oktober stimmte der Senat dem Vertrag zu, der am 12. Oktober von George Bush ratifiziert und am 25. Oktober von Botschafter Vernon Walters in Bonn hinterlegt wurde. Am 16. November wurde die britische Ratifizierungsurkunde in Bonn übergeben. In der französischen Nationalversammlung erfolgte die Ratifizierung – bei Gegenstimmen der Kommunistischen Partei – am 13. Dezember, so daß die entsprechende Urkunde am 17. Januar von Serge Boidevaix im Auswärtigen Amt hinterlegt wurde.

In Moskau zeichnete sich demgegenüber bereits im September ab, daß die Ratifizierung keinesfalls so schnell, wie von Außenminister Schewardnadse gegenüber Genscher angekündigt, erfolgen würde: Die sich zuspitzende innenpolitische Situation in der Sowjetunion brachte Verzögerungen mit sich – und zeitweise sogar grundsätzliche Zweifel daran, ob der »Zwei-plus-Vier«-Vertrag auch wirklich die Zustimmung des Obersten Sowjets erhalten würde. Die Bedenken westlicher Beobachter gründeten dabei vor allem auf zwei Entwicklungen:
1. der allgemeinen Radikalisierung der sowjetischen Politik und der Abkehr Gorbatschows von seinem innen- und außenpolitischen Reformkurs sowie
2. der Formierung einer Opposition in Bürokratie und Politik gegen das Vertragspaket zur Regelung der deutschen Frage.

In Moskau setzte Michail Gorbatschow ab Herbst 1990 zusehends auf orthodoxe Politiker und eine verschärfte Rhetorik, was eine wachsende Distanz zu seinen reformfreudigen Beratern bewirkte.[99] Wirtschaftspolitisch zeigte sich dies in der Ablehnung des 500-Tage-Programms von Schatalin durch den Präsidenten, der ab November 1990 immer stärker mit dem Kampf gegen die Unabhängigkeitbestrebungen in den sowjetischen Republiken beschäftigt war. Bei der Vorlage des Entwurfs für einen neuen Unionsvertrag machte Gorbatschow deutlich, daß er keinerlei Separatismus mehr dulden wollte. Daß die Sowjetunion auch um einen hohen Preis zusammengehalten werden sollte, zeigte sich Anfang Januar, als – mit Gorbatschows Billigung – deren Drohungen gegenüber den nach Unabhängigkeit strebenden baltischen Staaten durch militärische Gewalt unterstützt wurden: Einheiten der Roten Armee besetzten in Wilna öffentliche Gebäude und richteten am 15. Januar bei der Stürmung des Fernsehsenders ein Blutbad mit 13 Toten und zahlreichen Verletzten an. Die Macht wurde von einem – vom ZK der Kommunistischen Partei Litauens gesteuerten – »Komitee zur Nationalen Rettung« übernommen. Mindestens 14 Tote gab es auch in Lettland, als Spezialeinheiten des sowjetischen Innenministeriums das litauische Innenministerium stürmten.

Anders als im Umgang mit den Reformstaaten in Mittel- und Osteuropa, lehnte Gorbatschow Gewalt als Antwort auf Unabhängigkeitsbestrebungen innerhalb der UdSSR nicht mehr ab. Zunehmend setzte er dabei auch auf die sowjetischen Streitkräfte, die ihrerseits die auf Ausgleich mit dem Westen ausgerichtete Außenpolitik von Eduard Schewardnadse immer stärker konterkarierten.[100] So wurde der kurz zuvor unterschriebene Vertrag über die konventionellen Streitkräfte in Europa (VKSE) unterlaufen, indem beispielsweise große Mengen Waffen nicht zerstört, sondern in Regionen außerhalb des Vertragsgebietes gebracht wurden. Der sowjetische Außenminister sah sich nicht nur vor vollendete Tatsachen – die er wiederum im Ausland zu vertreten hatte – gestellt, sondern zudem einer wachsenden Zahl heftiger Kritiker gegenüber, die alle seine Entscheidungen, von der Deutschland- über die Irak- hin zur Abrüstungspolitik, ablehnten. Als er zudem noch den Eindruck gewann, daß Gorbatschow ihn nicht mehr verteidigte, sondern statt dessen seine Gegner stärkte, trat Schewardnadse am 20. Dezember 1990 von seinem Amt als Außenminister zurück, nicht ohne zuvor in einer Rede vor der wachsenden Gefahr einer anbrechenden Diktatur in der UdSSR gewarnt zu haben.

In Bonn waren alle diese Entwicklungen sorgfältig beobachtet worden. Unmittelbar nach Unterzeichnung des »Zwei-plus-Vier«-Vertrages und Abschluß der bilateralen Verhandlungen hatte Eduard Schewardnadse den Vertrag zu den äußeren Aspekten der deutschen Einheit dem Obersten Sowjet zur Ratifizierung vorgelegt.[101] In seiner Rede vor dem Ausschuß für Auswärtige Angelegenheiten sprach er von einem optimalen Ergebnis, das er in einen Gesamtzusammenhang mit den verschiedenen deutsch-sowjetischen Vereinbarungen und der Bonner Wirtschafts- und Finanzhilfe stellte. Diese hatte Gorbatschow zuvor bereits in einem Fernsehinterview am Abend der »Zwei-plus-Vier«-Unterzeichnung in Moskau als ganz beachtlich bezeichnet. Optimistisch zeigte sich zu diesem Zeitpunkt auch die deutsche Botschaft in Moskau. Daß der Vertrag im Ausschuß für Auswärtige Angelegenheiten behandelt werden sollte, lasse auf eine versachlichte Diskussion hoffen. Insgesamt würden die gefundenen Regelungen von der »politischen Klasse« überwiegend akzeptiert, und auch die Militärs könnten sich mit den gefundenen Lösungen abfinden.

Nach diesem zuversichtlich stimmenden Beginn des Ratifizierungsverfahrens waren Helmut Kohl und seine Mitarbeiter sehr überrascht, als Botschafter Terechow zwei Tage später ein scharf formuliertes Schreiben von Michail Gorbatschow für den Kanzler an Horst Teltschik übergab. In Archys, so der sowjetische Präsident, sei man sich einig gewesen, daß ein Schlußstrich unter die Vergangenheit gezogen werden müsse.[102] Es überrasche ihn deshalb, daß im Zuge der Vereinigung Mitglieder und Führung der SED »im Geiste eines primitiven Antikommunismus« beschuldigt und teilweise bereits juristisch verfolgt würden. Man spreche schon heute von rund 8000 Menschen, die wegen Landesverrat, Verbrechen gegen die Menschlichkeit und subversiver Tätigkeit im Interesse eines fremden Staates vor Gerichte gestellt werden sollten. Als »Kinder des ›Kalten Krieges‹« wüßten er und Kohl, wieviel Unrecht in dieser Zeit auf beiden Seiten geschehen sei. Zur Zeit entstehe aus zwei Lebensordnungen und zwei Souveränitäten ein neue Ordnung, doch genüge dies einigen offenbar nicht: »Man will den ehemaligen Gegner zwingen, den bitteren Kelch bis zur Neige zu leeren.« Es sei nicht zu übersehen, daß ein Teil der Vorwürfe sich gegen die UdSSR richte. Dabei werde deren Beitrag zur Wiederherstellung der Einheit Deutschlands übersehen. Es widerspreche auch den vereinbarten Prinzipien guter Nachbarschaft, wenn ehemalige Bündnisverpflichtungen der DDR jetzt als Verbrechen dargestellt würden. Gorbatschow warnte vor einer »Hexenjagd« und bat Kohl, den Eifer derjenigen zu dämpfen, die den »Kalten Krieg« nunmehr »an der innerdeutschen Front verlängern« wollten.[103]

Dieser an sich schon harte Ton erhielt zusätzlich Verstärkung durch den expliziten Hinweis Gorbatschows, daß die strafrechtliche Verfolgung ehemaliger SED-Funktionäre und -Mitglieder im laufenden Ratifizierungsverfahren vor dem Obersten Sowjet »nicht ohne Wirkung« bleiben könne. Nach Einschätzung der Mitarbeiter des Kanzleramtes war nicht auszuschließen, daß der Entwurf für diesen Brief vom KGB und/oder »Betonköpfen« aus Partei und Außenministerium geliefert worden war – vielleicht aber auch von Gorbatschow selbst formuliert worden sei. Dieser habe ja in den jüngsten Telefonaten gezeigt, daß er hin und wieder zu sehr drastischen Formulierungen greife. Kohls Mitarbeiter sahen keinen konkreten Anlaß für das Schreiben, das zudem eine »schwere Einmischung« in die inneren Angelegenheiten der Bundesrepublik, der Noch-DDR und des künftigen geeinten Deutschlands darstelle. Sie rieten Kohl deshalb dringend davon ab, den Brief außerhalb des Kanzleramtes bekanntzumachen, da sonst ein Schaden für die deutsch-sowjetischen Beziehungen in der Öffentlichkeit vorprogrammiert wäre. Nachdem Gorbatschow – ebenso wie Politiker und Bürger vieler anderer Staaten – zur Vereinigung Deutschlands am 3. Oktober betont herzlich gratuliert hatte, verringerten sich im Kanzleramt die Befürchtungen hinsichtlich negativer Auswirkungen auf den Ratifizierungsprozeß wieder etwas. In einem Brief an den sowjetischen Präsidenten verwahrte der Kanzler sich aber Mitte Oktober deutlich gegen dessen Vorhaltungen.[104] Er erläuterte ausführlich die politische und rechtliche Situation in Deutschland und zeigte sich bereit, das Thema beim nächsten persönlichen Treffen auch direkt zu besprechen.

Wie sensibel das sowjetische Parlament in der Ratifizierungsfrage reagieren würde, wurde noch einmal deutlich, als eine Anfrage der DDR-Regierung am 2. Oktober dem Obersten Sowjet zur Beratung vorgelegt wurde[105]: Die abtretende Regierung de Maizière hatte darin die Bitte geäußert, den Freundschaftsvertrag zwischen den beiden Staaten von 1975 mit der Vereinigung außer Kraft zu setzen. Obwohl eine reine Formalität, wurde hieraus eine zweitägige Debatte im Auswärtigen Ausschuß, die sich zugleich zu einer Generalabrechnung mit der Außen- und vor allem Deutschlandpolitik Schewardnadses auswuchs. Dabei zeigte sich auch, von wo den ausgehandelten Verträgen nunmehr besondere Gefahr drohte: Valentin Falin, der zuletzt von allen relevanten deutschlandpolitischen Entscheidungen ausgeschlossen gewesen war, machte aus seiner Ablehnung der Vereinbarungen mit Deutschland keinen Hehl mehr und begann immer stärker, die Kritik an Gorbatschows und Schewardnadses Politik zu bündeln und zu artikulieren.

Falin war von Gorbatschow zunächst gebeten worden, die verschiedenen Verträge mit Deutschland selbst vor dem Obersten Sowjet zu verteidigen, was dieser aber ablehnte[106]: Bei den Vereinbarungen von Archys sei »die schlechteste aller möglichen Varianten gewählt« worden, die er nun keineswegs nachträglich gutheißen wolle. Bei den Ausschußberatungen am 13. Dezember und 9. Januar gehörte er gemeinsam mit den radikalen Politikern der »Sojus«-Fraktion zu den energischen Kritikern der Verträge. Er habe nach Informationen aus dem Ausschuß »keine besonders schöne Rede gehalten«, hieß es im Kanzleramt, wo Kohl von seinen Mitarbeitern über den Verlauf der Ratifizierung auf dem laufenden gehalten wurde. Immerhin habe aber der Vertreter des Verteidigungsministeriums die Verträge befürwortet. Zugleich wurde bestätigt, daß Vizeaußenminister Kwizinskij – aufgrund disziplinärer Probleme in der Truppe – eine mögliche Beschleunigung des Abzugs der sowjetischen Westgruppe aus Ostdeutschland angesprochen habe.

Diese aus Sicht der Bundesregierung prekäre Situation wurde noch verschärft, als die Moskauer Regierung Anfang Februar mit Forderungen zur Nachbesserung des Vertragspakets an das Kanzleramt und das Auswärtige Amt herantrat.[107] In Briefen an Kohl und Genscher regten Gorbatschow und der neue sowjetische Außenminister Bessmertnych an, daß Deutschland durch weitere Zahlungen den Ratifizierungsprozeß erleichtern und beschleunigen könne. Konkret wurden eine Entschädigungsregelung für sowjetische Zwangsarbeiter und KZ-Opfer, Reparationen sowie eine Beteiligung an den höheren Kosten für den Abzug der sowjetischen Truppen aus Ostdeutschland gefordert. Der politische Vorstoß wurde auf der Beamtenebene unterstützt, so bei Gesprächen von Julij Kwizinskij mit Botschafter Klaus Blech am 5. Februar in Moskau und Peter Hartmann mit Wladislaw Terechow am 7. Februar. Die sowjetische Seite hatte bereits in ihrem Entwurf für den »Großen Vertrag« Entschädigung für Zwangsarbeiter gefordert, damit aber kein Gehör gefunden. Nun berief man sich in Moskau auf die angebliche Gesprächsbereitschaft von Bundesaußenminister Genscher im November 1990, was dieser jedoch intern dementierte.[108] Das Auswärtige Amt vertrat mittlerweile aber die Ansicht, daß baldige Gespräche über Entschädigungen für ehemalige Zwangsarbeiter und Opfer medizinischer Menschenversuche während der Naziherrschaft in deutschem Interesse lägen. Kohls Mitarbeiter waren in dieser Sache zunächst zurückhaltender: Wenn überhaupt, dann sollte das deutsche Entgegenkommen auf eine Geste im humanitären Bereich beschränkt bleiben; Reparationen oder eine Nachbesserung bei den Abzugskosten kamen für sie nicht in Frage.

Dies war auch die Linie Kohls, der die deutsche Gesprächsbereitschaft am 18. Februar Gorbatschow telefonisch mitteilte.[109] Die Verhandlungen zwischen Kwizinskij und Kastrup begannen Ende Februar – und wurden in den Medien gezielt bekanntgegeben. Julij Kwizinskij, der in den abschließenden Beratungen des Obersten Sowjets am 4. März die Position des Außenministeriums zum Vertragspaket zu erklären hatte, lobte vor den Abgeordneten dieses Entgegenkommen der deutschen Seite denn auch noch einmal explizit als Beispiel für die Zuverlässigkeit und das Verantwortungsbewußtsein der Bundesregierung. Anders als Schewardnadse bei seiner Einbringungsrede Ende September schilderte Kwizinskij die Inhalte des vorliegenden Vertragspakets eher nüchtern: »Ideale Verträge gibt es nicht.« Die Verhandlungen seien keinesfalls einfach gewesen, und es sei auch nicht zu übersehen, daß an vielen Stellen Kompromisse gemacht worden seien. Da die zentralen sowjetischen Interessen gewahrt worden seien und sich nunmehr die Gelegenheit zu einem neuen Kapitel der deutsch-sowjetischen Beziehungen biete, wäre es aber »unklug und gefährlich«, diese Chance zu vergeben. Obwohl er lange Zeit zu den internen Kritikern der Vereinbarungen gehört hatte, vertrat der Vizeaußenminister auch in der anschließenden Diskussion das Vertragspaket loyal und mit Überzeugungskraft – so daß es bei den Abstimmungen jeweils überraschend klare Mehrheiten für die vorgelegten Abkommen – darunter der »Zwei-plus-Vier«-Vertrag – gab. Die letzte parlamentarische Hürde auf dem Weg zur Souveränität Deutschlands war genommen.

Als Gorbatschow und Kohl am nächsten Tag miteinander telefonierten, war die Abstimmung im Obersten Sowjet ihr erstes Thema.[110] Er begreife mittlerweile alle Schattierungen in der Stimme des Kanzlers, so der sowjetische

Präsident. Daß man sich heute so gut verstehe, hänge vielleicht mit der erfolgreichen Ratifikation vom Vortag zusammen. Kohl dankte Gorbatschow dafür, daß dieser Wort gehalten habe, und bat ihn, auch seinen Mitarbeitern herzliche Dankesworte für die geleistete Arbeit zu übermitteln. Die Ratifizierung habe in Deutschland großen Eindruck gemacht, zumal zuvor so viele Dummheiten gesagt und geschrieben worden seien. Er glaube, dies sei nun ein gutes Ergebnis.

# FAZIT

Die Frage nach dem Standort der Deutschen hat eine ganze Nachkriegsdebatte über Deutschland geprägt. Westbindung oder Ostorientierung, Mittellage, Sonderweg, Mittler zwischen Ost und West – zahllose Begriffe sind sprachlicher Beleg für die Vielschichtigkeit dieser teils heftig geführten Auseinandersetzung über die Verortung der Deutschen in Europa. Einig war man sich lediglich darin, daß dieses in seiner Rolle unbestimmte Deutschland in der Mitte des Kontinents niemanden unberührt ließ. Zu schwach, um ohne seine Nachbarn eigene Wege zu gehen, zu stark, um für diese uninteressant zu sein, als geteilte Nation mit zusätzlichem Konfliktpotential aufgeladen, barg Deutschland für seine Umwelt vor allem Unwägbarkeiten. Im politischen Alltag waren diese deutschen Unsicherheiten durch das routinierte Management der Teilung sowie die langjährige Einbindung der Bundesrepublik Deutschland und der DDR in ihre jeweiligen Bündnisse kaschiert, im Tiefenbewußtsein aller Beteiligten waren sie jedoch stets präsent. Daß Jahrzehnte der Stabilität in Europa weitgehend auf der Teilung des Kontinents, der Grenze durch Deutschland und dem Antagonismus der Blöcke basierten, war zum allgemein hingenommenen Gewohnheitstatbestand geworden. Die Trennung Europas in Ost und West wurde nicht vorrangig als Quelle von Unsicherheit oder Instabilität empfunden, sondern als mittelfristig verläßliches Koordinatensystem, das zunächst einmal die Kalkulierbarkeit der Politik gewährleistete.

Der Fall der Mauer am 9. November 1989 kam in dieser Hinsicht einem Erdbeben gleich. Die Grundpfeiler der scheinbaren Stabilität knickten Streichhölzern gleich ein; an ihre Stelle traten Befürchtungen vor tektonischen Verschiebungen des Kontinents. Latent vorhandene Bedenken gegenüber deutschen Ungewißheiten wurden nun wieder offen artikuliert – ungeachtet aller gleichzeitig bekundeten Freude über den Wegfall der trennenden Grenze: Würden die Deutschen sich nun erneut vor allem mit sich selbst beschäftigen? Bedeutete das Ende der Teilung ein Ende der Westorientierung der Bundesrepublik Deutschland? Welchen Weg würde Deutschland – ob weiter geteilt in zwei Staaten oder auch vereint – künftig gehen? Würden langwierige Diskussionen über die Zukunft der Nation und der beiden deutschen Staaten ganz Europa in einen instabilen Schwebezustand mit ungewissem Ausgang versetzen?

Niemand konnte im November 1989 sagen, wohin die neuen Möglichkeiten Deutschland und den Kontinent treiben würden, doch kaum einer mochte diese anfängliche Orientierungslosigkeit ein knappes Jahr später noch zugeben: Am 3. Oktober 1990, elf Monate nach der Revolution der deutschlandpolitischen

Rahmenbedingungen, waren die Deutschen wieder in einem gemeinsamen Staat vereint, der in seiner außen- und bündnispolitischen Ausrichtung keinen der vieldiskutierten »dritten Wege« einschlug, sondern ungebrochen an die bundesdeutsche Tradition der Westbindung mit ihren Elementen europäische Integration und transatlantische Partnerschaft anknüpfte. Eine Neubestimmung der internationalen Verortung Deutschlands blieb aus; nach dem Beitritt der Länder der ehemaligen DDR zum Geltungsbereich des Grundgesetzes setzte der wiedervereinigte, »neue« Staat den Kurs der alten Bundesrepublik Deutschland fort. Am augenfälligsten wurde dies in der anschließenden Änderung des Grundgesetzes, wo Artikel 23 – der den Beitritt regelte – durch einen neuen Artikel ersetzt wurde, der die Mitwirkung Deutschlands an der Schaffung einer Europäischen Union festschreibt. Das früher kaum Vorstellbare – die friedliche Vereinigung Deutschlands im Rahmen der Integration Europas – war binnen Jahresfrist zur selbstverständlich akzeptierten Realität geworden.

Die Regelung der internationalen Aspekte der Vereinigung war ein Erfolg. Was aber hatte dieses Ergebnis möglich gemacht? Waren es die strukturellen Rahmenbedingungen, ein Automatismus der Geschichte oder aber staatsmännische Einzelleistungen? Wer oder was hatte welchen Anteil am Gesamtergebnis? Auf diese Fragen wurden vielfältige Antworten gegeben. Zahlreiche Beteiligte am Vereinigungsprozeß haben in der Folge ihre Sicht der Dinge dargelegt. Oftmals wurde dabei versucht, Grundsteine für den Bau des eigenen Denkmals zu legen. In einer kaum noch zu überschauenden Flut von Erinnerungsliteratur wurden innerhalb weniger Jahre erste Pflöcke für die Gesamtbewertung eingeschlagen: Die Vereinigung war demnach dem erfolgreichen Wirken einer kleinen Schar von Staatsmännern und ihren engsten Mitarbeitern zu verdanken. Prinzipienfest hatten sie am einmal eingeschlagenen Kurs festgehalten, geschickt sämtliche gefährlichen Klippen umschifft. Der glückliche Zufall hat in derartigen Memoiren und Biographien ebensowenig Platz wie die Wirkungsmacht von Strukturen und Institutionen: Männer machen Politik – und die Geschichte der Vereinigung wurde zum Musterbeispiel hierfür erklärt.

## Das präzisere Bild

Für ihre Memoiren greifen Regierungschefs, Minister und ihre Ghostwriter auf interne Regierungsdokumente zurück. Nicht das eigene Tagebuch, sondern vor allem Vorlagen und Aufzeichnungen von Beamten bilden das Rückgrat solcher Darstellungen. In der Regel werden diese Quellen aber weder explizit benannt noch offengelegt. Der Wissenschaft und einer breiteren Öffentlichkeit bleibt somit die Überprüfung auf Wahrheitsgehalt und vor allem Vollständigkeit zumeist verwehrt, denn Regierungsakten unterliegen für gewöhnlich langjährigen Sperrfristen. Die zeitgeschichtliche wissenschaftliche Aufarbeitung hinkt dadurch hinter der primär auf Selbstdarstellung zielenden Erinnerungsliteratur hinterher, das wünschenswerte Gesamtbild bleibt zwangsläufig fragmentarisch. Auch die selektive Publikation einzelner Akten kann diesem Manko nur begrenzt abhelfen. Notwendig ist vielmehr der Rückgriff auf die gesamte Bandbreite wissenschaftlicher Quellen, wie er für das Forschungsprojekt »Geschichte der deutschen Einheit« erstmals möglich war: die wissenschaftliche Aufarbeitung von Akten mehrerer Regierungen, die Analyse sonstiger zeitgeschichtlicher Quellen, Interviews mit einer Vielzahl von beteiligten Politikern und Beamten sowie der Rückgriff auf die gesamte Erinnerungs- und Forschungsliteratur. Erst diese neue Kombination einer bislang so niemandem zugänglichen Vielzahl an Quellen ermöglicht es, ein sehr viel umfassenderes und präziseres Bild des deutschen Vereinigungsprozesses zu liefern.

Gleichzeitig kann damit der drohenden Verklärung und Legendenbildung entgegengetreten werden. So herrscht in den Akteursberichten zur internationalen Vereinigungsdiskussion überwiegend Konsens darüber, daß das geschlossene Auftreten der westlichen Partner – der Bundesrepublik Deutschland, der USA, Frankreichs und Großbritanniens – gegenüber der Sowjetunion ein entscheidender Erfolgsfaktor war. Zieht man hiervon allerdings die nachträgliche Verklärung ab und betrachtet hinter dem Endergebnis auch die Summe der Einzelereignisse, ergibt sich ein sehr viel differenzierteres Bild:
- Der seit Sommer 1989 häufig gebrauchte Begriff des Selbstbestimmungsrechtes war lange Zeit unterschiedlich definiert worden. Massiv meldeten die Vier Mächte nach dem Fall der Mauer ihre Mitspracherechte in der deutschen Frage an. Die gleichberechtigte Teilnahme der Bundesrepublik Deutschland und der DDR an den späteren »Zwei-plus-Vier«-Gesprächen war keinesfalls die später behauptete Selbstverständlichkeit. Statt dessen prallten kurz vor dem Jahreswechsel 1989/90 zwei unterschiedliche Konzepte aufeinander: Kohl und Genscher vertraten eine Linie, wonach das Steuerungspotential vor allem im Selbstbestimmungsrecht der Deutschen angelegt war. Diese sollten deshalb zunächst selbst entscheiden, welchen Weg sie gehen wollten; die Vier Mächte würden dies dann abschließend und zustimmend zur Kenntnis nehmen. Letztere waren wiederum der Ansicht, es stehe ihnen aufgrund ihrer besonderen Rechte und Verantwortlichkeiten für

Deutschland als Ganzes und Berlin zu, alle deutsch-deutschen Entwicklungen aktiv mitzubeeinflussen. Selbst in den USA, wo die politische Führung um George Bush und James Baker den Bonner Interessen ein Maximum an Wohlwollen entgegenbrachte, maßen Teile der Bürokratie den Vier-Mächte-Rechten ein sehr viel größeres Gewicht bei, als dies der Bundesregierung recht sein konnte.

- Mit dem »blinden Vertrauen« zwischen der Bundesrepublik und den drei Westmächten war es weniger weit her als häufig beschworen. So wurde Hans-Dietrich Genscher von den Regierungen in Washington und London in der Bündnisfrage kritisch, ja teilweise mißtrauisch beobachtet. Auch Helmut Kohl hielt ihn wachsam im Blick. Wann immer der Bundesaußenminister bei der Beschreibung einer gesamtdeutschen NATO-Mitgliedschaft Nuancierungen erkennen ließ, wurden ihm diskret, aber deutlich die Grenzen des westlichen Entgegenkommens gezeigt. Mit höchster Sensibilität wurde beispielsweise aufgenommen, daß Genscher nach dem 5. Mai 1990 kurzzeitig den Eindruck erweckte, auf Eduard Schewardnadses Vorschlag zur Entkoppelung der äußeren von den inneren Aspekten der Einheit eingehen zu wollen. Mit zunächst diplomatischen Protesten und schließlich massivem politischen Druck setzten die Westalliierten sich auch zur Wehr, als die Bundesregierung, wie von Genscher gewünscht, im August 1990 bilaterale Neuverhandlungen zum NATO-Truppenstatut und dem dazugehörigen Zusatzabkommen forderte. Kurz vor dem erfolgreichen Abschluß der internationalen Verhandlungen prallten noch einmal zwei gegensätzliche Konzepte aufeinander: Bonn wollte die letzten besatzungsrechtlichen Elemente sofort tilgen, die drei Westmächte – aus Angst vor einer öffentlichen Grundsatzdiskussion über die gesamtdeutsche NATO-Mitgliedschaft – eine schnelle und unkomplizierte Regelung erst nach der Vereinigung aushandeln.
- François Mitterrand fand sich nach dem Fall der Mauer nur zögerlich und widerwillig mit der Perspektive einer deutsch-deutschen Annäherung ab. Vergeblich setzte er auf Michail Gorbatschow in der Hoffnung, daß dieser sich dem Vereinigungsprozeß in den Weg stellen würde, vergeblich suchte er die Modrow-Regierung durch seinen Staatsbesuch in Ost-Berlin zu stützen. Der französische Staatspräsident war in seiner Haltung noch sehr viel gespaltener, als bekannt und eingeräumt wurde. Das Verhältnis von Mitterrand und Kohl, welches im nachhinein von beiden als zwar schwierig, aber tragfähig dargestellt wurde, bewegte sich zeitweise nahe am Rande des Bruchs. Mitterrands zögerliches Verhalten, sein massives Drängen auf ein Einlenken Kohls in der Oder-Neiße-Frage und die in Paris lange Zeit fehlende Bereitschaft, die europäische Wirtschafts- und Währungsunion mit einer Politischen Union zu verbinden, strapazierten die Geduld des Kanzlers aufs äußerste. Im Gegenzug hielt Kohl bei seinem Partner im Elysée mit der fehlenden Abstimmung bei Vorstellung seines Zehn-Punkte-Programmes, seiner Unnachgiebigkeit bei der abschließenden Anerkennung der polnischen West-

grenze sowie der fortdauernden Zurückhaltung in Sachen europäische Wirtschafts- und Währungsunion alte französische Ängste vor einem Ausscheren Deutschlands aus der westlichen Gemeinschaft wach.
- Bundeskanzleramt und Auswärtiges Amt verfolgten in vielen Punkten unterschiedliche Strategien – ungeachtet der grundsätzlichen Übereinstimmung zwischen Kohl und Genscher. So lehnten Helmut Kohl und seine Mitarbeiter sich sehr viel enger an die USA an als Hans-Dietrich Genscher und seine Diplomaten. Überdies war Kohl meist früher und deutlicher bereit, sich im Sinne einer gemeinsamen westlichen Linie festzulegen. So sprach Kohl sich Ende Februar öffentlich und endgültig für die uneingeschränkte gesamtdeutsche NATO-Mitgliedschaft aus, während Genscher noch bis in den Frühsommer laut über Variationen, Alternativen und parallele Perspektiven wie eine gesamteuropäische Sicherheitsarchitektur nachdachte. Genscher signalisierte – zumindest in Gesten und Reden – zumeist größere Rücksichtnahme auf sowjetische Bedenken.
- Auf Ebene der Spitzenbeamten in den Außenministerien und Regierungszentralen wurden sehr viel mehr Probleme gelöst, als allgemein bekannt wurde. Dies betraf in besonderer Weise den »Zwei-plus-Vier«-Rahmen, wo letztlich nur sehr wenige politische Grundsatzentscheidungen auf Ministerebene gefällt wurden. Zahlreiche der eher politischen denn völkerrechtlichen Detailfragen – wie etwa der Inhalt der Präambel des abschließenden »Zwei-plus-Vier«-Vertrages – wurden weitgehend auf Beamtenebene ausgehandelt und beschlossen. Vor allem in der Bundesrepublik und den USA hatten Beamte wie Horst Teltschik, Dieter Kastrup oder Robert Zoellick und Robert Blackwill als Mittler zwischen Politik und Verwaltung großen eigenen Handlungs- und Entscheidungsspielraum, den sie zu nutzen wußten.
- Souveräne Einzelentscheidungen waren sehr viel stärker von äußeren Bedingungen beeinflußt, als dies von den Beteiligten im nachhinein eingeräumt wird. So machte Gorbatschow seine zentralen Zugeständnisse – Anfang Februar zu konkreten Vereinigungsverhandlungen und Mitte Juli zur gesamtdeutschen NATO-Mitgliedschaft – zum einen im jeweils letzten Moment, in dem er sich noch internationale Mitsprachemöglichkeiten und Gegenleistungen erwarten konnte. Zum anderen hing sein Einlenken stark von innersowjetischen Umständen ab: Die Stimmungslage innerhalb der Bevölkerung der UdSSR erlaubte ihm diesen Schritt und schützte ihn zugleich gegen Angriffe aus Bürokratie, Armee und Partei. Auch der französische Staatspräsident Mitterrand traf seine Entscheidung zur konstruktiven Mitarbeit am Vereinigungsprozeß nicht nur aufgrund höherer Einsicht, sondern infolge der machtpolitischen Erkenntnis, daß ihm bei anhaltender Verweigerungshaltung jede Gestaltungsmöglichkeit genommen würde. Helmut Kohls Entscheidung zugunsten einer entschlossenen und gezielten Vereinigungspolitik ab Mitte Dezember 1989 basierte im wesentlichen auf der – intuitiv richtigen – Einschätzung der Stimmungslage in der DDR-Bevölkerung.

– Die Bedeutung der DDR-Bevölkerung auch für die internationale Dimension des Vereinigungsprozesses wird üblicherweise zu gering bewertet. Der innenpolitische Druck in Ostdeutschland, der bereits zur Öffnung der Grenze geführt hatte, wurde durch die anschließende Übersiedlung von monatlich Zehntausenden von Menschen in den Westen noch verschärft. Der letzten SED-Regierung unter Hans Modrow blieb dabei kaum Handlungsspielraum: Die innenpolitischen Forderungen nach Demokratisierung und Freiheit wurden Ende 1989 durch das Bonner Junktim verstärkt, wonach es ohne grundlegende Veränderungen im politischen System keine Wirtschafts- und Finanzhilfe geben sollte. Die Menschen in der DDR gaben so das Tempo vor, während die Bundesregierung versuchte, sich dieses Tempo politisch zunutze zu machen und die Richtung zu bestimmen.

## Rahmenbedingungen politischen Handelns

Die erste Welle der Veröffentlichungen nach der Einheit war insbesondere bestimmt vom Bestreben vieler Akteure, sich durch Überzeichnungen der eigenen Rolle und verklärende Mythen einen Platz in der Geschichte zu sichern. Durch die Konzentration auf Personen und ihre Aktivitäten wurden dabei strukturelle Gegebenheiten verdrängt; ein scheinbar undurchdringliches Dickicht an Kommunikations- und Handlungssträngen auf dem internationalen Parkett versperrte zusätzlich den freien Blick auf tatsächliche Motivationen, Entscheidungen und Abläufe. Ein klares Bild der Ereignisse ist gleichwohl möglich. Eine Grobskizze der strukturellen Bedingungen für den Weg zur Vereinigung muß vor allem fünf entscheidende Faktoren nennen:

1. Die Ende der achtziger Jahre günstige Situation in der internationalen Politik, bei der vor allem das entspannte Verhältnis der beiden Supermächte USA und UdSSR eine zentrale Rolle spielte. Die Wahrnehmung der Bundesrepublik und der DDR als Frontstaaten des »Kalten Krieges« und unverzichtbare Bestandteile einer militärischen, politischen und wirtschaftlichen Einflußzone war dabei einem kooperativeren Bild gewichen.
2. Die zwischen 1989 und Mitte 1990 ungebrochene Macht der sowjetischen Reformer um Michail Gorbatschow, die trotz vereinzelter innerer Unruhen noch stabile Lage der Sowjetunion und die Orientierungslosigkeit alter Eliten wie der deutschlandpolitischen Hardliner angesichts der zerfallenden Weltordnung. In dieser Konstellation war es Gorbatschow und Schewardnadse möglich, ihre Zustimmung zur Vereinigung nicht nur nach außen zu geben, sondern auch innenpolitisch vertreten zu können.
3. Die Entwicklungen innerhalb der Ende der achtziger Jahre wirtschaftlich und politisch zusehends instabiler werdenden DDR, wo wachsende Teile der Bevölkerung zunächst persönliche Freiheit, dann politische Selbstbestimmung und schließlich die Wiedervereinigung forderten. Diese Forderungen waren zum einen politisch, zum anderen aber in starkem Maße wirtschaftlich motiviert, da viele Menschen in der Vereinigung nicht nur ein politisch erstrebenswertes Ziel, sondern zugleich die Aussicht auf bessere materielle Lebensgrundlagen sahen.
4. Die allgemein akzeptierte und selbstverständlich gewordene Westbindung der Bundesrepublik Deutschland, die in NATO und Europäischer Gemeinschaft nicht nur passives Mitglied, sondern fester und gleichberechtigter Bestandteil der westlichen Gemeinschaft war. Das in 45 Jahren Nachkriegsgeschichte erarbeitete Vertrauenskapital konnte 1989/90 zur Beruhigung der Nachbarn eingesetzt werden. Verstärkt wurde dies noch dadurch, daß Warschauer Pakt und der Rat für gegenseitige Wirtschaftshilfe sich zeitgleich in Auflösung befanden.
5. Das Paradoxon, daß die deutsche Teilung zur internationalen Normalität geworden, die deutsche Frage gleichwohl von der Bundesregierung stets

offengehalten worden war: Trotz anderslautender Beteuerungen hatten gerade die westlichen Partner der Bundesregierung weder damit gerechnet, daß die deutsche Einheit – zumal so abrupt – wieder aktuell noch daß der Vereinigungswille in beiden Teilen Deutschlands so massiv und entschlossen zutage treten würde.

Diese strukturellen Gegebenheiten bildeten den Rahmen, innerhalb dessen die Akteure 1989/90 handeln konnten. Die Grenzen der Handlungsmöglichkeiten waren dabei nicht nur inhaltlich, sondern zugleich auch zeitlich abgesteckt. Zwar konnte nach dem Fall der Mauer noch niemand sagen, wieviel Zeit zur Beantwortung der deutschen Frage blieb, doch wurde bereits ab Anfang 1990 zunehmend deutlicher, daß diese zeitliche Marge – vor allem aufgrund der inneren Entwicklungen in der UdSSR – nicht unbegrenzt sein würde. Dadurch ergab sich ein weiterer, alle Ereignisse beschleunigender Faktor: Das »Window of Opportunity« würde nur für kurze Zeit offenstehen und mußte folglich zügig und konsequent genutzt werden.

## Steuerung durch Sprache

Wie aber reagierten die Politiker darauf, daß mit dem Fall der Mauer die deutschlandpolitischen Rahmenbedingungen revolutioniert wurden? Folgt man ihren publizierten Erinnerungen, so scheint allen Beteiligten mit dem Fall der Berliner Mauer am 9. November 1989 klar gewesen zu sein, daß es nunmehr um die Klärung der deutschen Frage und die Wiederherstellung der staatlichen Einheit ging. Der nüchterne Blick auf die tatsächlichen Abläufe ergibt ein differenzierteres Bild: Nicht nur wenige Tage, sondern wochenlang hüllten sich die politisch Verantwortlichen im Blick auf ein praktisches Konzept erst einmal in Schweigen. Der allgemeine Jubel der Bevölkerung über das bislang Unvorstellbare verdeckte vor allem den Mangel an operativen Strategien ihrer Politiker. Immerhin hatte man innerhalb der Bundesregierung aufgrund der Massenflucht und Großdemonstrationen in der DDR seit Sommer 1989 erkannt, daß die deutsche Frage von der rhetorischen auf die – wenn auch langfristige – politische Ebene rückte. Gleichwohl hatte Helmut Kohl noch am Tag vor dem Fall der Mauer im Bundestag davor gewarnt, unter Zeitdruck und mit Blaupausen nach Antworten zu suchen. Hinter seinem Appell zu maßvoller Rhetorik stand nicht nur die Einsicht, daß markige Vereinigungsfloskeln weder im In- noch im Ausland ein positives Echo gefunden hätten. Ausschlaggebend war vielmehr, daß gar nicht mit einer Chance zur Einheit innerhalb überschaubarer Zeiträume gerechnet wurde und deshalb keine Konzepte existierten. Dies wurde nach dem Fall der Mauer noch offensichtlicher: Während die Politik instinktiv ahnte, daß eine neue Zeit angebrochen war, fehlten ihr die Rezepte für den Umgang damit ebenso wie die passenden Worte, um Optionen einer neuen Politik zu formulieren.

Folgerichtig flüchteten sich die Beteiligten auf der internationalen Ebene in tradierte Formeln und Bekenntnisse: Der Dank von Kohl und Genscher an die Verbündeten im Westen sowie die Partner im Osten, Bushs beschwichtigender Hinweis an die Führung der Sowjetunion, er werde nicht auf der Mauer tanzen, Gorbatschows Mahnung, daß die Durchlässigkeit der Grenze kein Rütteln an der Zweistaatlichkeit bedeute – alle waren zunächst bemüht, die Dramatik der Lage herunterzuspielen und das Neue möglichst nah beim Alten zu verorten. Die Betonung von Konstanz und Zuverlässigkeit dominierte. Niemand, so die gegenseitige Versicherung, wolle die Stabilität in Europa gefährden. Die Gemeinsamkeit in Formulierungen verdeckte jedoch bisweilen gravierende Unterschiede bei inhaltlichen Positionen. Während Gorbatschow und andere osteuropäische Politiker mit »Stabilität« eine Bewahrung des territorialen Status quo und der Existenz zweier deutscher Staaten meinten, hatten sich westliche Politiker wie George Bush und François Mitterrand kurz vor der Öffnung der Mauer noch einmal öffentlich zur Wiedervereinigung als gemeinsamem Ziel westlicher Politik bekannt. Eine Antwort auf die sich nunmehr konkret stellende Frage, wie man mit der neuen Situation umgehen sollte, blieben sie allerdings schuldig.

Dieser Rückzug auf vertraute Formulierungen war nicht nur als spontane Reaktion auf die so grundsätzlich neue Lage nach dem 9. November 1990, sondern auch in der Folgezeit immer wieder zu beobachten. Wann immer zu spüren war, daß die veränderten Gegebenheiten neue Perspektiven erforderlich machten, bediente man sich bekannter oder unpräziser Rhetorik. So bestanden etwa die beiden richtungsweisenden Erklärungen der USA im Vereinigungsprozeß – die »Vier Prinzipien« vom Dezember 1989 und die »Neun Zusicherungen« an die UdSSR vom Mai 1990 – im wesentlichen aus der Wiederholung früherer Aussagen. Entscheidend für den Erfolg solcher Offensiven waren folglich weniger die bereits bekannten Inhalte als vielmehr die teilweise neue Strukturierung und Gewichtung einzelner Argumente sowie die zeitlich geschickte Präsentation in einer völlig neuen politischen Konstellation, die erstmals seit Jahrzehnten tiefgreifende Veränderungen möglich machte. Die Strategie, Neues aus Altem, bereits Etabliertem zu schaffen, führte allerdings nicht immer zum direkten Erfolg. Als Helmut Kohl im Sommer 1990 Michail Gorbatschow den Entwurf für einen neuen »Großen Vertrag« zukommen ließ, wich in Moskau die Freude über diese Initiative schnell der Ernüchterung; massiv mahnten Diplomaten die versprochene neue Qualität eines derartigen Dokumentes an. Im Bundeskanzleramt war bei den Vorarbeiten auf den gesamten Kanon bestehender bilateraler Abkommen der Bundesrepublik zurückgegriffen worden, so daß der vermeintlich neue Vertragsentwurf lediglich aus einer Komposition von Aussagen und Zusicherungen bestand, wie sie bereits früher etwa gegenüber Frankreich und teilweise auch der UdSSR gemacht worden waren. Ähnlich wie Redenschreiber von Zeit zu Zeit über das bloße Zusammenfügen von Versatzstücken mit Schere und Klebstoff hinausgehen mußten, um aktuelle Themen und Positionen in passende Worte und Formulierungen zu kleiden, sollten sich nach sowjetischen Vorstellungen nun auch die Politiker und Diplomaten beider Staaten vom Bewährten und Vertrauten lösen. In der Sowjetunion hatte man zu diesem Zeitpunkt erkannt, wohin das Festhalten an alten Schablonen führen würde: Zur Wiedervereinigung unter den Vorzeichen der Westbindung, die den scheinbar befristeten Standort der Bundesrepublik zum endgültigen Standort ganz Deutschlands machten.

Ein Muster für den Umgang mit tradierten, abgesicherten Formeln waren demgegenüber die außenpolitischen Zielbeschreibungen aus Helmut Kohls Zehn-Punkte-Programm. Diese Rede bestand aus einer Sammlung bewährter Aussagen, von denen jede – zumeist mehrfach – in gemeinsamen Deklarationen mit westlichen Verbündeten in NATO und Europäischer Gemeinschaft erprobt und bestätigt worden war. Andere Fragmente basierten auf gemeinsamen Dokumenten mit der Sowjetunion oder längst ratifizierten internationalen Abkommen und Verträgen wie der KSZE-Schlußakte von Helsinki; weitere Teile stützten sich auf Passagen des Grundgesetzes. Inhaltlich konnte letztlich niemand im In- und Ausland von einem der Einzelpunkte überrascht sein. Durch die umfassende Bestandsaufnahme und neuartige Zusammenstellung der Einzelpunkte sowie die Bezeichnung der Rede als »Programm zur Überwindung der Teilung Deutschlands« wurde dennoch etwas Neuartiges geschaffen: Die erstmalige Benennung des Ziels »Deutsche Einheit« nach dem Mauerfall durch einen Spitzenpolitiker hob das Thema von der symbolischen und rhetorischen auf die konkrete Ebene politischen Handelns. Daß Kohl – zwanzig Tage nach dem Bericht zur Lage der Nation vom 8. November 1989 – noch immer davor warnte, die Einheit am »grünen Tisch oder mit dem Terminkalender in der Hand zu planen«, wurde dabei vielfach überhört. Niemandem erschien es bedeutsam, daß der Bundeskanzler bewußt jeden Zeitplan vermied, von rund zehn Jahren bis zur Erreichung einer Endstufe ausging und sich zur Beschreibung der Zwischenschritte unklarer Begrifflichkeiten wie beispielsweise »konföderative Strukturen« bediente. Entscheidend war nicht so sehr, was Kohl gesagt hatte, sondern vielmehr die Tatsache, daß er als erster führender Politiker die Zielbestimmung »wiedervereinigtes Deutschland« öffentlich vorgegeben hatte. Durch das formale Gerüst des Zehn-Punkte-Programmes wurde zudem eine operative Präzision suggeriert, die der Text an sich nicht hergab.

Entstehungs- und Wirkungsgeschichte des Zehn-Punkte-Programmes machen deutlich, wie stark Politik von Sprache geprägt wird. Am 28. November 1989 wollte Kohl allgemein-programmatisch eine Zieldefinition vornehmen. Was als Übergang vom normativen Vereinigungsgebot des Grundgesetzes und der damit verbundenen deutschlandpolitischen Standardrhetorik von vier Jahrzehnten hin zu ersten Überlegungen für eine neue deutsch-deutsche Politik gedacht war, wurde als konkretes Konzept, teilweise gar als Zeit- und Fahrplan verstanden. Fast alle Beobachter übersahen dabei, daß Kohl einmal mehr zwar ein Programm, jedoch keine konkrete Strategie bot. Während bislang auch die Vier Mächte mit ihren besonderen Rechten und Verantwortlichkeiten für Deutschland als Ganzes und Berlin durch Improvisation einen Zeitgewinn für Antworten auf die neuen Grundsatzfragen gesucht hatten, mußten sie nunmehr konkrete Reaktionen auf die von ihnen als Herausforderungen wahrgenommenen zehn Punkte zeigen. Eine nach dem Mauerfall zusehends zerfasernde Debatte über die Zukunft der beiden deutschen Staaten wurde durch Kohls Vorstoß gebündelt und zugleich in eine bestimmte Richtung gelenkt. Das politische Handeln folgte den rhetorischen Vorgaben – aus Sprache wurde Politik.

Mit Sprache Politik zu machen – in öffentlichen Reden und Veröffentlichungen ebenso wie im Dialog mit ausländischen Partnern –, gehörte auch zu den Spezialitäten von Hans-Dietrich Genscher. Kaum ein Politiker beherrschte das Spiel mit Nuancen einerseits und den Medien andererseits so gut wie der Außenminister, dessen Reden für die endlose Variation vielfältigster Grauschattierungen bekannt waren. In der politisch heiklen Situation nach dem Fall der Mauer war diese Fähigkeit wichtiger denn je. Wollte man in Bonn mögliche Grenzen deutschlandpolitischen Handelns international ausloten, mußten von dort grundsätzliche Anstöße wie im Zehn-Punkte-Programm und inhaltliche

Vorschläge kommen. Seitens der Bundesregierung versuchte Genscher diesen Part zu übernehmen. Während sich der Bundeskanzler im täglichen Prozeß der internationalen Meinungsbildung zurückhielt, nur bei den entscheidenden Grundsatzfragen eingriff und dort die Eckpunkte absteckte, bewegte sein Außenminister sich stärker entlang der Grenzen dieses Feldes. So war es Genscher, der ab Frühjahr 1990 mit regierungsintern meist nicht abgestimmten Vorstößen den Handlungsspielraum der sowjetischen Seite auszuloten versuchte und denkbare Angebote des Westens in Sicherheitsfragen skizzierte. Genscher ging dabei mit viel sprachlicher Kreativität vor, tastete sich behutsam im sensiblen internationalen Umfeld vor, das jede seiner Äußerungen genauestens und teilweise mißtrauisch analysierte. Beispielhaft zeigte sich dies in seiner Tutzinger Rede zur Zukunft Deutschlands in der NATO, die als Grundsatzrede konzipiert war, in der Folgezeit jedoch fortlaufend modifiziert und präzisiert wurde.

Mit immer neuen Formulierungen suchte Genscher nach Kompromissen zwischen den Forderungen des Westens, das vereinte Deutschland müsse uneingeschränkt der NATO angehören, und der UdSSR, die ebendies ablehnte. In Moskau wurde neben zeitweise in Erwägung gezogenen Ideen wie einer Doppelmitgliedschaft oder Neutralität Deutschlands vor allem auf gesamteuropäische Strukturen durch einen Ausbau der KSZE gesetzt. Im Frühjahr 1990 griff Genscher diese Gedanken auf, indem er verschiedentlich von »kooperativen Sicherheitsstrukturen«, einem System »kollektiver Sicherheit« oder die Bündnisse »überwölbenden« Strukturen sprach. Als er am 23. März vorschlug, NATO und Warschauer Pakt könnten nicht nur ihre Rolle verstärkt politisch definieren, sondern sich langfristig sogar zu einem Instrument sicherheitsbildender Zusammenarbeit verbinden, hatte er nach Ansicht seiner Partner im Westen allerdings die Grenze des rhetorischen Entgegenkommens gegenüber der Sowjetunion überschritten. Die in seinen Formulierungen enthaltene Option einer Auflösung der NATO bedeutete ein Abweichen vom westlichen Grundkonsens zum künftigen Standort der Deutschen. Demnach sollte das atlantische Bündnis zwar verändert, gleichwohl aber unbedingt erhalten werden; ein Ausbau der KSZE war bestenfalls komplementär möglich. Mißtrauen an der Bündnistreue der Bundesrepublik, offene Kritik in den USA sowie eine zur Zurückhaltung mahnende Reaktion des Bundeskanzlers waren die Folge. Mit seinen Äußerungen hatte sich Genscher über jene schmale Linie hinausbewegt, welche die eben noch tolerierbare Demonstration eigener Kompromißfähigkeit von vermeintlich gefährlichen Visionen trennte. Gleich mehrfach und sehr viel unsanfter stürzte Markus Meckel bei derartigen Gratwanderungen ab. Der DDR-Außenminister benutzte in seinen umstrittenen sicherheitspolitischen Vorstößen ein ähnliches Vokabular wie Genscher. Da er aber ungleich apodiktischer formulierte und es ihm in der anschließenden öffentlichen Debatte an inhaltlicher Geschmeidigkeit fehlte, geriet er stets massiv zwischen jene Fronten, die der Bundesaußenminister in der Regel zu überbrücken oder umgehen suchte.

Auseinandersetzungen über die konkreten Inhalte allseits verwendeter Formulierungen prägten den gesamten Vereinigungsprozeß. Dies zeigte sich nicht zuletzt auch am Beispiel der von allen Beteiligten geforderten »Parallelität« zwischen den verschiedenen Prozessen in Europa beziehungsweise deren »Synchronisierung« besonders deutlich. So war es vor allem taktisch im Sinne einer Verlangsamung des deutsch-deutschen Vereinigungsprozesses gemeint, wenn François Mitterrand davon sprach, daß dieser parallel zum europäischen Integrationsprozeß laufen solle. Ebenso taktisch auf Verzögerung ausgerichtet waren die von Gorbatschow, Schewardnadse und Meckel artikulierten Forderungen, die Schaffung des einen deutschen Hauses parallel zum Bau des gesamteuropäischen Hauses vorzunehmen. Hinter solchen Vorschlägen zur Synchronisierung der vielschichtigen Vorgänge stand stets das Bestreben, die rasant auf eine Lösung zulaufende deutsche Frage in die sehr viel langsamer ablaufenden europäischen Prozesse einzuordnen. Vor allem aber belegten derartige Initiativen unterschiedliche Grundannahmen: Nach Ansicht der Mahner sollte die deutsche Einheit den historischen Schlußpunkt einer Neuordnung Europas bilden, nach Meinung der Bundesregierung hingegen den international eingebetteten Beginn einer gesamteuropäischen Neuordnung bilden.

## Innenpolitisch getriebenes Tandem

Antreiber der Entwicklungen und zugleich Getriebene der Umstände, Architekten des Zeitdrucks und gleichzeitig Manager der vorgefundenen Ungeduld der Menschen waren die beiden Bonner Hauptakteure. Helmut Kohl und Hans-Dietrich Genscher ließen zu keinem Zeitpunkt Zweifel daran aufkommen, daß die Vereinigung Ziel ihrer gemeinsamen Politik war. In zentralen Detailfragen gab es abschließende gemeinsame Positionen der Bundesregierung jedoch erst mit Verspätung und nicht selten mit Reibungsverlusten. Besonders deutlich zeigte sich dies bei den Diskussionen über die NATO-Mitgliedschaft, das Verfahren zur Anerkennung der deutsch-polnischen Grenze und die Stärke gesamtdeutscher Streitkräfte. Hintergrund der teilweise heftig und öffentlich ausgetragenen regierungsinternen Auseinandersetzungen waren weniger unterschiedliche Grundpositionen als vielmehr koalitionspolitische und wahltaktische Gründe: Als die Berliner Mauer fiel, hatte der Bundestagswahlkampf für 1990 in seinem langen Vorlauf bereits begonnen. Das Agieren von Kohl und Genscher ist deshalb nicht nur als Politik des Bundeskanzlers und seines Außenministers, sondern zugleich als parteipolitische Profilierung der beiden zentralen Koalitionspolitiker aus CDU und FDP zu sehen.

Besonders deutlich wurde dies mit Helmut Kohls Zehn-Punkte-Programm, das den allgemeinen Führungsanspruch des Kanzlers in der Innen- und Außenpolitik, ganz gezielt aber auch innerhalb der Koalition demonstrieren sollte. Hans-Dietrich Genscher hatte sich nicht zuletzt mit seinem spektakulären Auftritt vor den Botschaftsflüchtlingen in Prag und der Haltung zur Anerkennung der polnischen Westgrenze als außen- und deutschlandpolitisch progressiver und erfolgreicher Vertreter der Liberalen positioniert. Helmut Kohl war demgegenüber – trotz Überwindung der innerparteilichen Krise im Herbst 1989 – in der öffentlichen Wahrnehmung noch weit davon entfernt, die Ende 1990 anstehenden Bundestagswahlen zu gewinnen. Die Umfragen standen schlecht. Für ihn war es deshalb wichtig, bei den Veränderungen im deutsch-deutschen Verhältnis persönliche Führungserfolge zu erzielen. Mit dem Zehn-Punkte-Programm setzte Kohl sich an die Spitze der Entwicklung – eine Position, die er in der Folge nicht mehr preisgeben wollte. Dabei kam ihm entgegen, daß die deutsche Frage in den involvierten Staaten – aufgrund der dort zum Teil existierenden Präsidialsysteme – überwiegend als Chefsache gehandhabt wurde. Gorbatschow und Mitterrand boten sich direkt als seine Partner an; die US-Führung nutzte geschickt ihr Wissen um die Bonner Konstellationen. In Washington war man sich des begrenzten Informationsflusses zwischen Kanzleramt und Auswärtigem Amt bewußt, weshalb James Baker nicht selten seinen Bonner Botschafter damit beauftragte, die Regierungszentrale über die Inhalte seiner Kontakte zu Hans-Dietrich Genscher zu informieren.

Dennoch mußte Kohl sich sein spezifisches – auch öffentlichkeitswirksames – Profil in den Verhandlungen zur Herstellung der deutschen Einheit gewissermaßen abstecken, da die damit verbundenen konkreten Aufgaben durch die zuständigen Ressortminister besetzt waren: Wolfgang Schäuble (CDU) hatte die Federführung bei den deutsch-deutschen Gesprächen übernommen, Theo Waigel (CSU) bei allen finanzpolitischen und Hans-Dietrich Genscher (FDP) bei den außenpolitischen Aspekten. Die Gesamtkoordination hinter den Kulissen oblag Kanzleramtsminister Rudolf Seiters (CDU). Wollte der Bundeskanzler mehr tun, als nur die Ergebnisse seiner Ressortchefs abzunicken, boten sich insbesondere die äußeren Aspekte der Vereinigung zur eigenen Profilierung an. Vor allem aus innenpolitischen Gründen und wahltaktischen Erwägungen heraus griff Kohl auf internationaler Ebene am stärksten in die Geschehnisse ein. Dabei konnte er sicher sein, mit Genscher in den Grundzielen der gemeinsamen Politik völlig übereinzustimmen. Selbst in so sensiblen Angelegenheiten wie dem (erfolglosen) Versuch zum Jahreswechsel 1989/90, die Vereinigung gegenüber den Vier Mächten als weitgehend innerdeutsche Angelegenheit zu definieren, herrschte eine fast nahtlose Übereinstimmung, die sogar von engen Mitarbeitern nicht immer richtig eingeschätzt wurde. Das Zusammenspiel von Kanzler und Außenminister war, ähnlich wie der gesamte Vereinigungsprozeß, eine oft undurchschaubare, scheinbar widersprüchliche Komposition von Bildern und Facetten, deren konkrete Ursprungsgestalt – zumal nach Spiegelungen in Medien und Interpretationen durch Beobachter – kaum jemand rekonstruieren konnte. Offensichtlich war allerdings Kohls Bereitschaft, sich im Interesse des Koalitionsfriedens und Machterhalts teilweise gegen seine eigenen Parteifreunde und Mitarbeiter auf seiten Genschers zu stellen. Am deutlichsten wurde dies nach dessen Tutzing-Rede zur Zukunft Deutschlands in der NATO. Nach massivem Druck aus der FDP wurde die Position des Bundesaußenministers – gegen Bedenken von Verteidigungsminister Stoltenberg und Horst Teltschik – am 19. Februar zur Regierungslinie erklärt. Kohl überließ es allerdings seinem Kanzleramtsminister Rudolf Seiters, dies gemeinsam mit den beiden Kontrahenten Genscher und Stoltenberg auszuhandeln und zu verkünden; er selbst wich von der ihm aufgezwungenen Linie bereits eine Woche später wieder ab, als er sich gemeinsam mit US-Präsident George Bush in Camp David öffentlich auf die Vollmitgliedschaft des vereinten Deutschlands im westlichen Verteidigungsbündnis festlegte.

Der feste Konsens zwischen Kohl und Genscher bestand im wesentlichen aus dem gemeinsamen Ziel »Wiedervereinigung und Westbindung«. Eine detaillierte Prüfung der Frage, wie sie den Punkt »Westbindung« letztlich exakt definierten, blieb ihnen erspart. Aufgrund der wenig kongruenten und in entscheidenden Punkten stark entgegenkommenden Politik der sowjetischen Führung mußten Kohl und Genscher nie zeigen, ob sie nicht – individuell oder gemeinsam – zu Zugeständnissen gegenüber der UdSSR bereit gewesen wären. Da derartige Nagelproben ausblieben, konnten sie sich aus parteipolitischen Gründen notwendige konträre Diskussionen über Detailfragen leisten. Genschers Vorstöße zum deutschen NATO-Status sind deshalb ebenso wie seine nachgiebigere Haltung in der Grenzfrage nicht nur als Ausdruck seiner flexibleren Politik, sondern zugleich als Abgrenzungsmaßnahmen gegenüber dem Koalitionspartner zu bewerten. Ähnliches gilt für Helmut Kohl. Im Kanzleramt wie auch in Washington wurde die häufig sehr offen wirkende Haltung des Bundesaußenministers kritisch beobachtet. Daß Genscher beispielsweise sechs Protokolle von Gesprächen mit Eduard Schewardnadse entgegen dem Usus nicht an Kohl weiterleitete und dessen Mitarbeiter über Details einzelner Verhandlungen mit der Sowjetunion im unklaren ließ, wurde vor allem von Horst Teltschik mißtrauisch registriert. Aber auch seitens des Kanzleramtes gab es keine unbegrenzte Transparenz. So wurden einzelne Gesprächsvermerke zu Treffen Kohls mit ausländischen Spitzenpolitikern lediglich in gekürzter Fassung an das Auswärtige Amt weitergereicht. Dabei wurden von beiden Seiten keine substantiellen Vereinbarungen gegenüber dem Koalitionspartner verborgen gehalten. Die Taktik bestand eher darin zu verschleiern, daß man den ausländischen Partnern einen möglichst exklusiven Kontakt mit dem Auswärtigen Amt beziehungsweise dem Kanzleramt vorschlug. Sowohl Kohl als auch Genscher waren von Anfang an bestrebt, ihren öffentlich bekanntwerdenden persönlichen Anteil am Erfolg der gemeinsamen Vereinigungspolitik so gewichtig wie nur irgend möglich darzustellen. Auch die Mühen, ihren Erfahrungshorizont in Buchform zu fassen, nahmen beide auf sich.

Hinzu kamen unterschiedliche parteipolitische Motivationen, die an der Diskussion über die polnische Westgrenze besonders deutlich wurden. Während Genscher, in seinem außenpolitischen Handeln ganz der Tradition sozialliberaler Ostpolitik folgend, beispielsweise Wählerschichten im konservativen und rechten Lager, die ihm ohnehin nicht zugänglich waren, vernachlässigen konnte, mußte Kohl hier nicht nur auf allgemeine innenpolitische, sondern auch auf wichtige innerparteiliche Gruppen Rücksicht nehmen. Anders als sein Außenminister war der Kanzler zudem im gesamten Verlauf des Einigungsprozesses offensichtlich bemüht, die Summe der wirklich substantiellen »präventiven« Zugeständnisse möglichst gering zu halten. Dieser Standpunkt war ihm wichtig, und sein Mißtrauen gegenüber dem Koalitionspartner entsprechend groß. Beispielhaft zeigte sich dies, als er persönlich im Kontext der trilateralen Verhandlungen zwischen Polen, der Bundesrepublik Deutschland und der DDR den Staatssekretär des Auswärtigen Amtes anrief und explizit auf seine eigene Richtlinienkompetenz hinwies – ein ungewöhnlicher Rückgriff auf ein in Koalitionsregierungen eher selten verbalisiertes Instrument. Das innenpolitisch motivierte Spannungsverhältnis zwischen Kohl und Genscher wurde allerdings immer dann von einer großen wechselseitigen Loyalität überlagert, wenn das Ausland versuchte, hieraus Kapital zu schlagen. Obwohl selbst aufgrund der Inhalte wie der Art der Präsentation zutiefst über das Zehn-Punkte-Programm verärgert, gab Genscher keinem der Versuche nach, einen Keil zwischen sich und Kohl treiben zu lassen, wie dies beispielsweise Gorbatschow bei ihrem Treffen am 5. Dezember 1989 versucht hatte.

Eine vollkommen andere Rollenverteilung zwischen Regierungschef und Außenminister zeigte sich innerhalb der DDR-Regierung. Lothar de Maizière konzentrierte seine Zeit und Energie fast ausschließlich auf die innenpolitischen Fragen der Vereinigung. Über die verschiedenen Vorstöße Markus Meckels war er zumeist weder informiert noch glücklich, doch ließ er seinem Außenminister freie Hand, solange dieser weder von den groben Grundlinien der DDR-Politik abwich noch den Erfolg der internationalen Verhandlungen gefährdete. Gleichwohl mischte sich der Ministerpräsident vereinzelt in Detailfragen ein, so als er im Frühjahr 1990 eine Reise von Staatssekretär Hans Misselwitz in die Hauptstädte der anderen »Zwei-plus-Vier«-Staaten untersagte. Beim zentralen sicherheitspolitischen Thema, der gesamtdeutschen NATO-Mitgliedschaft, trug de Maizière – anders als sein Außenminister – im Grundsatz die Linie des Westens mit. Einzelheiten dieser Frage galt sein Interesse allerdings nicht: Wollten Bonn und Washington die Vollmitgliedschaft, sollten sie sich selbst darum kümmern. Aus de Maizières Sicht war es sehr viel wichtiger, daß alle beteiligten Staaten und Nachbarn letztlich mit dem gefundenen Kompromiß einverstanden waren.

## Überall ist Oggersheim – Männerfreundschaften in der Politik

Erst die strukturellen Rahmenbedingungen ermöglichten die Wiedervereinigung. Zielrichtung und Geschwindigkeit des Prozesses wurden allerdings ungewöhnlich stark vom Zusammenspiel der beteiligten Spitzenpolitiker beeinflußt. Für gewöhnlich ziehen sich internationale Verhandlungen über einen längeren Zeitraum hin. Mehrere Beamtenebenen loten zunächst langwierig Kompromißlinien aus, bevor Minister und schließlich die Staats- und Regierungschefs für letzte Schlüsselentscheidungen aktiv werden. Paketlösungen sind dabei nichts Ungewöhnliches, selten aber so stark von Abstimmungen und Aktionen der Regierungsspitzen beeinflußt wie im Fall der Vereinigung. Aufgrund des Zeitdrucks war hier die Zahl der Arbeitsebenen auf drei maßgebliche reduziert: politische Spitzenbeamte, Minister sowie Staats- und Regierungschefs. Mit Helmut Kohl saß dabei ein Politiker an einer der Schlüsselstellen im dichten internationalen Kommunikationsnetz, dem eine solche Herausforderung mit ihren besonderen Handlungsbedingungen sehr zupaß kam. Die Vereinigungspolitik entsprach seinem persönlichen Stil, internationale Politik zu betreiben, ebenso wie seinen Ambitionen, selbst aktiv in die deutsche Außenpolitik einzugreifen.

Ähnlich wie Kohl sich bei der Zusammenstellung seiner Beraterzirkel weniger von formalen Rängen als vielmehr von persönlicher Kompetenz und Loyalität leiten ließ, setzte er sich auch in der Außenpolitik gerne über Usancen hinweg. So schlug er seinen ausländischen Gesprächspartnern immer wieder vor, Probleme doch direkt mit ihm anzugehen. Ohne das Auswärtige Amt dabei explizit auszugrenzen, bedeutete seine häufige Anregung, Verhandlungen von »persönlichen Beauftragten« führen zu lassen, in der Konsequenz nichts anderes als die Umgehung des zuständigen Ministeriums. Für Kohl hatte sich dieses Instrument zur Durchsetzung seiner Interessen immer wieder bewährt, so etwa bei der Vorbereitung der gemeinsamen deutsch-polnischen Erklärung vor seinem Warschau-Besuch im November 1989. Wie ein roter Faden zog sich das Angebot zur Ernennung eines »persönlichen Beauftragten« – zumeist Horst Teltschik – durch den Vereinigungsprozeß. Ob Absprachen mit den USA zur NATO-Reform, der Kreditwunsch der UdSSR oder die deutsch-französischen EG-Initiativen, immer wieder zog der Kanzler an den neuralgischen Entscheidungspunkten die Fäden an sich. Seine diesbezüglichen Offerten betrafen nicht nur allgemeine Kontakte, sondern setzten sich auch, wie beispielsweise mit dem Vorschlag an Gorbatschow, den »Großen Vertrag« zunächst unter Umgehung der Außenminister auszuhandeln, gezielt über das Ressortprinzip hinweg, wonach das Auswärtige Amt für derartige Vertragsverhandlungen zuständig gewesen wäre. Selbst das inhaltliche Grundgerüst eines deutsch-sowjetischen Vertrages hatten Kohls Mitarbeiter im Juni und Juli 1990 ohne das zuständige Ministerium vorbereitet, um den Bundeskanzler in eine eigenständige Verhandlungssituation zu bringen.

Gute persönliche Beziehungen über strukturelle Einzelaspekte zu stellen, war ebenfalls ein Charakteristikum von Kohls Verhandlungsstil. Sein Bestreben, enge, ja pseudo-private Kontakte zu möglichst vielen ausländischen Staats- und Regierungschefs aufzubauen, war dabei nicht nur Selbstzweck: Immer wieder warf der Bundeskanzler 1989/90 sein persönliches Ansehen in die Waagschale, indem er sich nach dem Motto »Vertrauen gegen Vertrauen« als personifizierten Garanten für eine berechenbare Politik anbot. Vor allem in den Beziehungen mit den beiden Supermächten war Kohl dabei erfolgreich, wie das große Vertrauen der USA in seine Person sowie Gorbatschows Einlenken in der Bündnisfrage beispielhaft zeigten. Als der sowjetische Präsident im Juli 1990 einer gesamtdeutschen NATO-Mitgliedschaft zustimmte, hatte er neben allgemeinen Zusagen der USA und Kohls Beteuerung, der UdSSR wirtschaftlich helfen und neuartige politische Beziehungen etablieren zu wollen, nichts Konkretes in der Hand. Wie groß Kohls Vertrauenswürdigkeit in den Augen der internationalen Partner war, manifestierte sich darin, daß er mit seiner Diplomatie der persönlichen Garantien zumeist erfolgreich war. Lediglich der polnische Ministerpräsident Tadeusz Mazowiecki und der französische Staatspräsident François Mitterrand begnügten sich nicht mit mündlichen Absichtserklärungen des Kanzlers. Sie forderten noch vor der Vereinigung verbindliche Zusagen in Sachen Grenze beziehungsweise Fortschreibung der europäischen Integration.

Wie wichtig der Faktor Vertrauen war, erfuhr auch Hans-Dietrich Genscher, der – im Unterschied zu Helmut Kohl – in der Frage der Anerkennung der polnischen Westgrenze zu einem größeren Entgegenkommen noch vor der Vereinigung bereit gewesen wäre. Das polnische Einlenken auf einen Kompromiß war nicht zuletzt auch dem großen Vertrauen zuzuschreiben, das Genscher beim polnischen Außenminister Skubiszewski genoß. Daneben trug das ungewöhnlich gute Verhältnis zwischen Genscher und Schewardnadse entscheidend dazu bei, den sowjetischen Außenminister auf dessen politischer Linie der Kooperation mit dem Westen zu halten. Die exzellenten Beziehungen der deutschen Regierungsspitze zu Politikern in Ost und West ermöglichten es schließlich auch, daß Bonn eine von den USA beanspruchte, letztlich aber nur partiell ausgefüllte Moderatorenrolle übernehmen konnte. Niemand kannte die deutschlandpolitische Ausgangslage, die gesamteuropäischen Befindlichkeiten und die innersowjetische Stimmungslage besser als Helmut Kohl, Hans-Dietrich Genscher und deren Mitarbeiter. Immer wieder brachten sie die häufig barsch und teilweise aus der Position der Sieger des »Kalten Krieges« vorgebrachten sicherheitspolitischen Forderungen der amerikanischen und britischen Delegation der sowjetischen Seite in verbindlicherem Ton näher. Ein Maximum an Verständnis und eine große Bereitschaft zum Kompromiß in Verbindung mit europa- und bündnispolitischer Prinzipientreue bestimmte dabei die Bonner Linie. Die US-Administration hatte Anfang 1990 die Parole ausgegeben, daß niemand im Vereinigungsprozeß singularisiert oder diskriminiert werden dürfe und daß kein Staat als Verlierer aus den Entwicklungen hervorgehen sollte – die Bundesregierung ermöglichte letztlich die Verwirklichung dieses Anspruchs.

## Eine neue Stabilität

Am 3. Oktober 1990 wurde Deutschland nicht nur vereinigt, sondern betrat zugleich – erstmals seit 1945 – wieder als völlig souveräner Staat die internationale Bühne. Ermöglicht wurde dies nicht zuletzt dadurch, daß die Bundesregierung, obwohl sie eigentlich nur für einen Teil Deutschlands sprechen konnte, an entscheidenden Punkten mit dem Anspruch antrat, für die ganze Nation zu sprechen. Dies wurde ihr dadurch erleichtert, daß sie mit ihrer Politik auch die Bevölkerungsmehrheit in Ostdeutschland hinter sich wußte. Vier Aktionen von Helmut Kohl und Hans-Dietrich Genscher waren dabei entscheidend:

1. Das Zehn-Punkte-Programm vom 28. November 1989: Kohl nannte darin nicht nur in einem operativen Sinne die Wiedervereinigung ein Ziel deutscher Politik, sondern skizzierte zugleich mögliche Etappen der Umsetzung hierfür. Sein Vorschlag beinhaltete ein doppeltes Angebot. Der DDR-Bevölkerung bot er die attraktive Perspektive der Einheit und Hilfe auf dem Weg dorthin, was in Ostdeutschland mangels gangbarer Alternativen auf große Zustimmung stieß. Zugleich stellte er gegenüber dem Ausland klar, wo das vereinte Deutschland seinen Standort haben wollte: Fest verankert in einer weiter zu vertiefenden Europäischen Gemeinschaft als Teil der westlichen Staatengemeinschaft.
2. Das Angebot einer Währungs-, Wirtschafts- und Sozialunion an die DDR Anfang Februar 1990: Die Bundesregierung stellte damit erste konkrete Schritte auf dem Weg zur staatlichen Vereinigung in Aussicht. Für die Menschen in der DDR bedeutete dies eine absehbare Lösung der ökonomischen Probleme in Ostdeutschland. Zugleich rückte damit die Wiedervereinigung in greifbare Nähe, da allen Beteiligten klar war, daß die DDR bei einer gemeinsamen Währungs-, Wirtschafts- und Sozialpolitik weite Teile ihrer staatlichen Unabhängigkeit aufgab. Diese Signalwirkung wurde noch dadurch verstärkt, daß die Bonner Regierungskoalition sich am 6. März auf eine Vereinigung nach Artikel 23 – also den Beitritt der DDR zur Bundesrepublik Deutschland – festlegte. Damit wurde zugleich dem Ausland gezeigt, daß das größere Deutschland in der Kontinuität der Bundesrepublik stehen würde.
3. Die deutsch-französische Initiative zu einer europäischen Politischen Union im Frühjahr 1990: Kohls Bereitschaft, die Europäische Gemeinschaft nicht nur in Wirtschafts- und Währungsfragen, sondern vor allem auch politisch zu stärken, war ein Signal an seine Partner. Das vereinte Deutschland würde nicht nur grundsätzlich fest im Westen verankert bleiben, sondern diesen Teil der Westbindung mit seinem Beitrag zur Vertiefung der Integration auch dauerhaft stärken und ausbauen.
4. Die Bereitschaft zu großzügiger Finanz- und Wirtschaftshilfe an die Sowjetunion: Daß Kohl im Mai 1990, ohne zu zögern, auf Gorbatschows unbürokratische Kreditanfrage reagierte, manifestierte auch die grundsätzliche deut-

sche Bereitschaft, die sowjetische Führung bei deren Reformschritten zu unterstützen. Die Bundesregierung erwies sich in der Folgezeit als energischster Fürsprecher der UdSSR im westlichen Lager, stellte aber zugleich klar, daß dies nur dann auch weiterhin möglich wäre, wenn Deutschland fest im Westen verankert bliebe. Kohl demonstrierte zwar seinen Willen, grundsätzlich neuartige Beziehungen mit der Sowjetunion zu entwickeln, ließ dabei aber nie einen Zweifel daran aufkommen, daß die deutsche Bündnistreue hiervon nicht tangiert wurde. Hans-Dietrich Genscher stellte parallel dazu immer wieder heraus, daß die Alternative zur Westbindung – ein neutrales, ungebundenes Deutschland in der Mitte Europas – für alle Beteiligten nur Nachteile bringen konnte.

Mit ihrer aktiven Politik stellte die Bundesregierung sicher, daß sie – gemeinsam mit den USA – die Rolle eines forcierenden Moderators im Vereinigungsprozeß spielen konnte. Die verschiedenen Lösungsangebote an die DDR und die UdSSR hatten dabei den großen Vorteil, jeweils sehr konkret und berechenbar zu sein: Ein vereintes Deutschland in der ungebrochenen Tradition der Westbindung würde – wie bislang die Bundesrepublik – für niemanden eine Bedrohung, für die Sowjetunion aber eine Chance zur neuartigen Zusammenarbeit darstellen. Nur dieses Konzept war in der Kürze der Zeit realisierbar, da sämtliche Alternativen wie der Ausbau gesamteuropäischer Sicherheitsstrukturen und die Auflösung der Bündnisse einen zeitlich nicht überschaubaren Zustand der Unsicherheit und Instabilität bedeutet hätte.

Das Erfolgsrezept der Vereinigung lag letztlich in einer Verbindung einzelner Faktoren: günstige Rahmenbedingungen, staatsmännisches und diplomatisches Geschick und schließlich auch eine beachtliche Prise »glücklichen Zufalls«. Somit konnte sich aus dem politischen Erdbeben, das der Mauerfall am 9. November 1989 in Deutschland ausgelöst hatte, binnen kürzester Frist ein Zustand neuer Stabilität entwickeln. Die Bequemlichkeiten des alten Status quo, seine vermeintlich klaren Ordnungs- und Orientierungslinien sind damit unwiederbringlich dahin. Die Diskussion über die Folgen und Zukunftsperspektiven gehen weiter. Die Frage nach der inneren Einheit wird noch auf Jahre hinaus ihre Aktualität behalten; die Debatte über das neue außenpolitische Selbstverständnis der größeren und souveränen Bundesrepublik wird ebenso von Deutschlands Partnern beobachtet und kommentiert wie Forderungen nach einer größeren internationalen Verantwortung an die Bundesrepublik herangetragen werden. Doch die grundlegende Frage nach der politischen Ordnung für alle Deutschen ist mit dem historischen Ereignis des 3. Oktobers 1990, dem Tag der deutschen Einheit, beantwortet worden.

# ANHANG

# BESCHREIBUNG DER AKTENLAGE

Daß vorliegendes Buch überhaupt möglich wurde, ist als ein besonderer Glücksfall zu bewerten. »Außenpolitik für die deutsche Einheit« basiert auf einer Fülle von internen Dokumenten der Bundesregierung, die in der Regel einer dreißigjährigen Sperrfrist unterliegen. Eine Sondergenehmigung hat den Zugang bereits wenige Jahre nach Abschluß des Einigungsprozesses eröffnet, was sonst nach dem Jahr 2020 ein Fall für die Historiker gewesen wäre. Der entscheidende Vorteil einer solchen Sonderregelung für die wissenschaftliche Analyse lag darin, daß parallel zum Aktenstudium fast alle Beteiligten des Vereinigungsprozesses von 1989/90 noch persönlich befragt und teilweise unmittelbar mit den Ergebnissen der Aktenanalyse konfrontiert werden konnten. Dies war ein außergewöhnlicher Vorgang. Zeitgeschichtlichen Ereignissen folgt ansonsten zunächst eine »erste Welle« von Publikationen, die sich auf Interviews sowie die Auswertung von Zeitungen und Zeitschriften stützen. Erst eine »zweite Welle« rund 30 Jahre danach kann unter normalen Umständen auch auf interne Dokumente zurückgreifen – wenn ein Großteil der Akteure bereits verstorben ist.

Im Unterschied dazu stand für die Reihe »Geschichte der deutschen Einheit« die gesamte Palette an Quellen- und Untersuchungsmaterial bereits wenige Jahre nach der Vereinigung zur Verfügung.[1] Im einzelnen bedeutete dies freien und umfassenden Aktenzugang zu Beständen
– des Bundeskanzleramtes,
– des Bundesministeriums für innerdeutsche Beziehungen,
– des Bundesministeriums des Innern,
– der Ständigen Vertretung in Ost-Berlin,
– von Gremien der CDU (West) und SPD (Ost).
Eine weitere Sonderregelung ermöglichte es überdies, die zentralen Inhalte der Sitzungen des Bundeskabinetts zwischen Herbst 1989 und Ende 1990 in die Untersuchung einzuarbeiten. Eine wissenschaftliche Auswertung der Bestände des Auswärtigen Amtes war demgegenüber nicht direkt möglich, da dort auf die Einhaltung der dreißigjährigen Frist bis zur Freigabe beharrt wurde. Diese Lücke konnte zum einen dadurch geschlossen werden, daß aufgrund der Beteiligung von Peter Hartmann an den »Zwei-plus-Vier«-Runden auf Minister- und Beamtenebene eigene Berichte des Bundeskanzleramtes vorlagen. Zum anderen finden sich in den für die Auswertung zugänglichen Beständen zahlreiche Durchschläge von weitergeleiteten Akten des Auswärtigen Amtes. Diese konnten für die Untersuchung zwar nicht zitiert, wohl aber ausgewertet werden. Hinzu kam, daß zahlreiche Interviewpartner im Gespräch auf Unterlagen

aus ihren Handakten zurückgriffen. In solchen Fällen wurden die Inhalte mit Angaben wie »Informationen aus dem Auswärtigen Amt« belegt. Ähnlich wurden an vielen Stellen des Anmerkungsapparats unter der Formulierung »Informationen aus der Bundesregierung« all jene Belege subsumiert, deren explizite Benennung aus verschiedenen rechtlichen Gründen nicht möglich war.

Auch ein noch so großer, zur wissenschaftlichen Auswertung freigegebener Aktenbestand darf allerdings nicht den Eindruck erwecken, daß auf seiner Basis eine lückenlose und detailgetreue Darstellung von Ereignissen möglich ist. Die vorliegende Untersuchung stützt sich deshalb daneben in weiten Teilen auch auf Interviews mit Akteuren, auf die einschlägige Literatur sowie eine umfangreiche Medienauswertung. Nur so konnten die in der Quellenbasis angelegten Lücken und Schwächen kompensiert werden, die vor allem auf zwei – nicht nur für den Vereinigungsprozeß typischen – Faktoren beruhen:

– Der Faktor »Zeit«. Viele der Ereignisse liefen 1989/90 mit so großer Geschwindigkeit und in extremer Aktionsdichte ab, daß – im Unterschied zu anderen, »normalen« Situationen – nicht immer die üblichen Gesprächsprotokolle und Vorlagen angefertigt werden konnten.[2] Viele Entscheidungen wurden dabei nicht auf den sonst üblichen »Dienstwegen« vorbereitet und gefällt, sondern kamen oftmals im mündlichen Dialog zwischen den Akteuren zustande.

– Der Faktor »Mensch«. Die Note-Taker im Bundeskanzleramt sowie im Auswärtigen Amt fertigten einen Gesprächsvermerk zunächst als Entwurf an. Diese erste Fassung wurde anschließend redigiert, teilweise auch gekürzt. Vereinzelt wurden dabei – beispielsweise im Kanzleramt – Passagen gestrichen, die nicht zur Weiterleitung an die verschiedenen Bundesministerien gedacht waren. Bei internen Vorgängen des Kanzleramtes ist zudem der besondere Arbeitsstil von Helmut Kohl zu berücksichtigen, der einerseits Akten oft nur spärlich mit schriftlichen Anmerkungen kommentierte sowie andererseits seine Kommentare vor Rückleitung an die Abteilungen von Mitarbeitern des Kanzlerbüros wieder entfernen ließ.[3]

Hinzu kommt, daß die in Bonn gefertigten Protokolle zu Gesprächen der Spitzenpolitiker meist nur Zusammenfassungen zum Verlauf von Unterhaltungen sind, bei denen Auslassungen nur vereinzelt kenntlich gemacht sind. Aus der Praxis des Auswärtigen Amtes ist bekannt, daß besonders konträre Dialoge und Zitate in Einzelfällen nicht in den späteren Gesprächsvermerk aufgenommen wurden. So gab etwa Hans-Dietrich Genscher nach seinem unerfreulichen Gespräch mit Michail Gorbatschow am 5. Dezember 1989 in Moskau explizit die Anweisung, einen »abgemilderten« Vermerk zu erstellen.[4] Der Bundesaußenminister wollte dadurch verhindern, daß die kritische Haltung der sowjetischen Führung einem zu großen Personenkreis bekannt wurde.

Ein weiteres Problem für den Zeithistoriker stellt die Datierung verschiedener Briefwechsel dar, wie ein Brief der britischen Premierministerin Margaret Thatcher an Bundeskanzler Helmut Kohl von Ende 1989 exemplarisch zeigt:

Das Schreiben trägt das Datum 28. November. In den Akten des Kanzleramtes fand sich der Brief mit einem Begleitschreiben des britischen Botschafters vom 1. Dezember – in dem er darauf hinweist, daß er Thatchers Brief bereits am 28. November »zur Kenntnis gebracht« habe. Der Eingangsstempel des Kanzlerbüros trägt aber das Datum 4. Dezember. In Anbetracht der Dynamik der Ereignisse und Entwicklungen können Unterschiede von einigen Tagen jedoch von erheblicher Bedeutung sein. Bei verschiedenen Schreiben von Michail Gorbatschow – die zumeist ganz ohne Datierung in Bonn eingingen – wurde in zweifelhaften Fällen jenes Datum angeführt, an dem das Dokument seinen Adressaten erreichte.

Hinsichtlich der Verwendung von Dokumenten für das Manuskript ist außerdem zu beachten: Verschiedene wörtliche Zitate basieren auf fremdsprachigen Vermerken, wodurch es in der Wiedergabe zu leichten Abweichungen von anderen Darstellungen kommen kann. Das Gespräch Gorbatschow – Genscher vom 5. Dezember 1989 veranschaulicht dies exemplarisch[5]: Äußerungen Genschers wurden von einem Dolmetscher zunächst ins Russische übersetzt und von einem sowjetischen Note-Taker mitgeschrieben. Das dabei entstandene Protokoll wurde später im Rahmen des Forschungsprojekts »Außenpolitik für die deutsche Einheit« zurück ins Deutsche übersetzt. Auch Zitate aus Fernschreiben entsprechen insofern nicht mehr dem Ursprungstext, als sie zugunsten der Lesbarkeit des Textes mit Umlauten und regulärer Groß-/Kleinschreibung wiedergegeben werden.

Um den Anmerkungsapparat nicht zu überfrachten, wurden die in der Registratur des Kanzleramtes gefundenen Dokumente – die den Großteil der zitierten Akten ausmachen – lediglich mit ihrer Bestandsnummer beziehungsweise dem Aktenzeichen versehen. Die bereits ans Bundesarchiv (Zwischenarchiv Hangelar) abgegebenen Akten des Bundeskanzleramtes tragen die Signatur »B 136«. Unterlagen aus der Registratur des Bundesinnenministeriums sind mit dem Hinweis »BMI« markiert. Die überwiegend bereits im Bundesarchiv in Koblenz gelagerten Akten des ehemaligen Bundesministeriums für innerdeutsche Beziehungen sind am Kürzel »B 137« erkennbar. Weitere Signaturen ergeben sich aus dem Abkürzungsverzeichnis.[6] Zur Charakterisierung des einzelnen Aktenstücks wurden außerdem die im Aktenkopf genannte Arbeitseinheit – also Abteilung, Gruppe oder Referat – sowie in Klammern der Verfasser angegeben.[7] Neben dem Adressaten und dem Erstelldatum wurde zusätzlich – soweit vorhanden – der jeweilige »Betreff« im Wortlaut wiedergegeben.

# ANMERKUNGEN

## PROLOG: DIE MAUER FÄLLT

1 Die Schilderung der Ereignisse in Warschau beruht, soweit nicht anderweitig belegt, auf eigenen Beobachtungen des Verfassers, der Mitglied der deutschen Regierungsdelegation war, sowie Diekmann/Reuth 1996, S. 125 ff.; Klein 1991, S. 115 ff. Zur problematischen Nachrichtenlage in Warschau siehe z. B. Teltschik 1993, S. 11 ff.; kritische Anmerkungen zur Arbeit der bundesdeutschen Nachrichtendienste und dem Informationsfluß im Auswärtigen Amt bieten Kiessler/Elbe 1993, S. 46. Zu den Hintergründen der Maueröffnung vgl. Hertle 1996; Maximytschew/Hertle 1994a-c.
2 Zur Entwicklung der deutschen Frage siehe die verschiedenen Publikationen von Weidenfeld, bes. 1983; 1984; 1985; 1987; 1990a. Zu den europäischen Entwicklungen und osteuropäischen Reformbewegungen während der achtziger Jahre vgl. z. B. Garton Ash 1993; 1990a; 1993b; Gaddum 1994; Elvert/Salewski 1994; Göttinger Arbeitskreis 1993; Wettig 1990a; Thies/Wagner 1990; Loth 1994b; Janning/Piepenschneider 1993. Zu Protestbewegungen und Massenflucht der DDR-Bevölkerung siehe u. a. Korte 1998, S. 445 ff.; Glaeßner 1992a; Schützsack 1990.
3 Zur Kabinettsitzung siehe Interview mit Michael Mertes v. 25. 8. 1996. Die Überraschung des Bundeskanzlers schildern Diekmann/Reuth 1996, S. 127; Teltschik 1993, S. 11. Zur Einschätzung durch den Außenminister vgl. Genscher 1995, S. 654. Zu den - bis an den Rand des Auseinanderbrechens der Regierungskoalition führenden - Schwierigkeiten im Vorfeld des Besuches, darunter v. a. die Diskussion um die neuerliche öffentliche Bestätigung der polnischen Westgrenze durch die Bundesregierung und einen Gottesdienst auf dem Annaberg, siehe z. B. die Berichterstattung am Tag des Abflugs nach Warschau, wie *Süddeutsche Zeitung* v. 9. 11. 1989, Nächtliche Drohgebärden am Rhein; *Frankfurter Allgemeine Zeitung* v. 9. 11. 1989, Die Koalition findet eine Kompromißformel zu Polens Westgrenze; außerdem grundsätzlicher: Miszczak 1993, bes. S. 303 ff.; Hajnicz 1995, S. 42 ff.; Korger 1993, S. 61 ff.; Teltschik 1990. Zu Vorgeschichte und Verlauf des Warschau-Besuches vgl. *Hannoversche Allgemeine Zeitung* v. 11. 11. 1989, Den Kanzler zog es magisch nach Berlin und Bonn.
4 Das Zitat »Jetzt wird Weltgeschichte geschrieben« findet sich u. a. bei Teltschik 1993, S. 15, sowie - ebenso wie die weiteren Zitate aus dieser Gesprächsrunde - in *Frankfurter Allgemeine Zeitung* v. 11. 11. 1989, Der Bundeskanzler unterbricht seinen Besuch in Warschau. Zu Adenauers Reaktion auf den Mauerbau vgl. z. B. Köhler 1994, S. 1106 ff.; Sontheimer 1991, S. 61. Zu Überlegungen über mögliche Reaktionen auf die neue Situation im Umfeld des Kanzlers siehe Diekmann/Reuth 1996, S. 130; Teltschik 1993, S. 16.
5 Zum Tischgespräch Kohl - Mazowiecki siehe Teltschik 1993, S. 15. Vgl. zur Diskussion mit den Journalisten sowie zum folgenden: *Frankfurter Rundschau* v. 11. 11. 1989, Den Kanzler hielt es nicht mehr an der Weichsel; *Die Welt* v. 11. 11. 1989, Kohl fühlt sich in Warschau an der falschen Stelle; *Frankfurter Allgemeine Zeitung* v. 11. 11. 1989, Der Bundeskanzler unterbricht seinen Besuch in Warschau; *Neue Zürcher Zeitung* v. 12. 11. 1989, Unterbrechung von Kohls Polenbesuch; *Stuttgarter Zeitung* v. 11. 11. 1989, »Ich kann doch jetzt nicht in Krakau spazierengehen«.

6 Vgl. dazu Genscher 1995, S. 655, der als Auslöser für die Entscheidung zur Unterbrechung die Ankündigung von Kundgebungen in Berlin nennt. Dies ist nicht schlüssig, da die Kundgebungen erst am Freitag morgen bekannt wurden. Das Lambsdorff-Zitat entstammt der *Stuttgarter Zeitung* v. 11.11.1989, »Ich kann doch jetzt nicht in Krakau spazierengehen«. Die folgende Darstellung stützt sich im wesentlichen auf die Schilderung in Teltschik 1993, S. 16ff.; Diekmann/Reuth 1996, S. 128ff., wonach Kohl erst am Freitag von den beiden Veranstaltungen in Berlin erfuhr.

7 Nach Informationen aus der Bundesregierung wurde das Programm im Verlauf des Tages geändert. Demnach war am Freitag morgen noch nicht klar, daß Kohl nach Berlin fliegen würde. Statt dessen war bis 13.45 Uhr die Beibehaltung des bisherigen Besuchsprogrammes einschließlich des bis 16.15 Uhr vorgesehenen Gesprächs mit Präsident Jaruzelski geplant. Um 17.30 Uhr sollte dann der Rückflug nach Bonn starten. Am Freitag wurden unter anderem verschiedene Abkommen unterzeichnet. Die Unterzeichnung einer umfassenden gemeinsamen Erklärung zu den bilateralen Beziehungen – die als Höhepunkt des Besuchsprogrammes und eine wichtige Wegmarke der deutsch-polnischen Beziehungen gedacht war – wurde auf die nachzuholenden Besuchstage verschoben.

8 Siehe Vermerk Referatsleiter 212 (Kaestner) v. 10.11.1989, betr.: »Offizieller Besuch des Herrn Bundeskanzlers in der Volksrepublik Polen; hier: Delegationsgespräch; Warschau, 10. November 1989, 10.30 Uhr – 11.20 Uhr« (213 30104 P4 Po28, Bd. 5). Kohl sprach dabei noch nicht von seiner Absicht, nach Berlin zu fliegen; Mazowiecki zeigte »Verständnis, daß der Bundeskanzler seinen Besuch wegen der Kabinettsitzung in Bonn unterbreche«. Vgl. auch die Erinnerung von Kohl (vgl. Diekmann/Reuth 1996, S. 129). Demnach kam es zu einem »veritablen Streit«, als Kohl dem Ministerpräsidenten gegen Mittag mitteilte, er wolle nach Berlin fliegen. Wenn der Bundeskanzler das für den Nachmittag geplante Gespräch mit Jaruzelski absage, dann sei dies ein Affront sondergleichen, so Mazowiecki. Der Kanzler könne jetzt auf keinen Fall nach Berlin fliegen. Auf Drängen Kohls telefonierte Mazowiecki mit Jaruzelski und schilderte ihm die neue Lage. Nach einiger Zeit übernahm Kohl selbst den Hörer und schilderte seine Situation: Er müsse in dieser bedeutsamen, aber auch gefährlichen Situation gemeinsam mit seinem Kabinett eine Reihe wichtiger Entscheidungen treffen. Wenn diese Arbeit getan sei, werde er sofort nach Warschau zurückkehren, um den Besuch fortzusetzen. Auch das ausführliche Gespräch mit dem Präsidenten sei damit keinesfalls gestrichen, sondern lediglich verschoben. An dieser Darstellung ist unklar, warum von einem »für den folgenden Tag« geplanten Treffen mit Jaruzelski die Rede ist. Teltschik, der bei diesem Telefonat anwesend war, schildert die Auseinandersetzung nicht (Teltschik 1993, S. 17); laut Walter Neuer (Interview v. 29.5.1998) reagierten die polnischen Gastgeber mit Verständnis auf die Unterbrechung. Sie schienen allerdings nicht davon überzeugt zu sein, daß Kohl tatsächlich nach der Unterbrechung des Besuches nach Warschau zurückkommen könne.

9 Zur Diskussion, ob Berlins Regierender Bürgermeister Walter Momper die Senatsveranstaltung absichtlich kurzfristig ansetzte, um ein Erscheinen des Kanzlers zu verhindern, vgl. Teltschik 1993, S. 17f.; Diekmann/Reuth 1996, S. 129f.; Ackermann 1994, S. 312. Nach Darstellung Mompers wurde auch er von der (vom Präsidenten des Abgeordnetenhauses, Jürgen Wohlrabe, initiierten) Veranstaltung überrascht. Daß Kohl als zweiter Redner das Podium betreten sollte (und somit sehr früh zur Stelle sein mußte), ergab sich Mompers Schilderung zufolge aus dem protokollarischen Rang Kohls als Bundeskanzler (Momper 1991, S. 156). Allerdings gelang es Kohl, bei Wohlrabe durchzusetzen, daß er als letzter reden sollte (vgl.

Momper 1991, S. 164). Teltschik schreibt (Teltschik 1993, S. 18), daß der Kanzler erst bei seiner Ankunft in Berlin durch Wohlrabe von der parallelen CDU-Kundgebung an der Gedächtniskirche erfahren habe. Eine anschauliche Schilderung, wie Regierungssprecher Hans Klein um die Mittagszeit noch Journalisten von »Erwägungen« über einen früheren Abflug unterrichtete, während gleichzeitig andere Kabinettmitglieder bereits ihre Koffer packten, bietet die *Stuttgarter Zeitung* v. 11. 11. 1989, »Ich kann doch jetzt nicht in Krakau spazierengehen«; ähnlich Klein 1991, S. 120.

10 Vgl. dazu die Darstellung in Genscher 1995, S. 655 f.; die Nennung der drei Bedingungen für die deutsche Einheit in *Neue Zürcher Zeitung* v. 12. 11. 1989, Unterbrechung von Kohls Polenbesuch. Zu Kohls Auftreten in Warschau siehe z. B. *Frankfurter Allgemeine Zeitung* v. 11. 11. 1989, Der Bundeskanzler unterbricht seinen Besuch in Warschau. Die unterschiedlichen Argumentationsweisen von Kohl und Genscher in bezug auf die polnische Westgrenze erläutert z. B. Brand 1993, S. 144 ff. Vgl. auch Korger 1993, S. 46 und 62.

11 Interview mit Tadeusz Mazowiecki v. 19. 9. 1996. Die im folgenden zitierten Reden finden sich in Auswärtiges Amt 1995, S. 600 ff. (Auszüge aus der Rede Genschers vor der 44. Generalversammlung der Vereinten Nationen am 27. 9. 1989); ebenda, S. 605 ff. (Auszüge aus der Erklärung von Bundeskanzler Kohl am 8. 11. 1989 vor dem Bundestag); ebenda, S. 612 ff. (Auszüge aus der Rede Genschers am 8. 11. 1989 im Bundestag); ebenda, S. 617 (Entschließung des Deutschen Bundestages zur polnischen Westgrenze vom 8. 11. 1989); Kohl 1992, S. 254 ff. (Ansprache Kohls anläßlich eines Empfangs durch den polnischen Ministerpräsidenten Mazowiecki am 9. 11. 1989 im Palais des Ministerrates in Warschau). Zur Vorgeschichte der Entschließung des Bundestags siehe Korte 1998, S. 468 ff.; Ludwig 1991a, S. 27 ff.; Miszczak 1993, S. 306 ff. Zu Kohls Festhalten am Friedensvertragsvorbehalt siehe z. B. Michael Garthe, Berichte zur Lage der Nation, in Weidenfeld/Korte 1992, S. 19 ff., hier S. 26. Zu den Erinnerungen von Kanzler und Außenminister siehe Diekmann/Reuth 1996, S. 118 ff.; Genscher 1995, S. 14 ff. und S. 652 ff. Daß die unterschiedlichen Argumentationsweisen der beiden führenden deutschen Politiker in der Öffentlichkeit auch zur Kenntnis genommen wurden, belegen z. B. *Frankfurter Allgemeine Zeitung* v. 11. 11. 1989, Der Bundeskanzler unterbricht seinen Besuch in Warschau; *Hannoversche Allgemeine Zeitung* v. 11. 11. 1989, Den Kanzler zog es magisch nach Berlin und Bonn.

12 Vgl. Teltschik 1993, S. 18; Walters 1994, S. 82 f.; Interview mit Vernon Walters v. 3. 11. 1994.

13 Die folgende Schilderung stützt sich im wesentlichen auf Beobachtungen des Verfassers sowie die – in bezug auf die Teilnehmerzahlen und den Verlauf an einigen Stellen stark widersprüchlichen – Erinnerungen von Kohl, Genscher, Teltschik und Momper. Siehe dazu Diekmann/Reuth 1996, S. 130 ff., mit einer detaillierten Darstellung der Auseinandersetzung um die CDU-Kundgebung vor der Gedächtniskirche; Genscher 1995, S. 657 ff., mit einer ausführlichen Zusammenfassung seiner Rede; Momper 1991, S. 162 ff., der Wohlrabe als Verantwortlichen für die Verwirrung über den Ablauf benennt; Teltschik 1993, S. 18 ff., der von einem Wutanfall des Kanzlers angesichts der organisatorischen Mängel berichtet. Teltschik gibt Schätzungen wieder, wonach 20 000 bis 50 000 Teilnehmer vor dem Schöneberger Rathaus und 100 000 bis 200 000 Teilnehmer vor der Gedächtniskirche gewesen seien. Von 30 000 Besuchern bei der Kundgebung des Senats und 150 000 Teilnehmern auf dem Kurfürstendamm berichtet US-Botschafter Vernon Walters in seinen Erinnerungen (Walters 1994, S. 86 f.). Zu weiteren – in der Regel deutlich niedrigeren – Zahlenangaben für die CDU-Kundgebung und den Zitaten der Kundgebung siehe

z. B. die Berichterstattung in *Die Welt* v. 11.11. 1989, Ostberliner dankten mit »Willy«- und »Walter«-Rufen; *Der Tagesspiegel* v. 11. 11. 1989, Dissonanzen vor dem Rathaus; *Bonner Rundschau* v. 13. 11. 1989, Verärgert über die Pfiffe; mit einigen Hintergrunderläuterungen zum gestörten Verhältnis Kohl-Momper: *Die Rheinpfalz* v. 14. 11. 1989, Ärger über die Pfiffe.

14 Die Botschaft ist detailliert wiedergegeben in Diekmann/Reuth 1996, S. 131 f.; Kohl erklärt darin die Nachricht Gorbatschows damit, daß dieser von einigen Beratern gezielt falsch über die wirkliche Situation in Ost-Berlin informiert worden sei. Der Generalsekretär habe unter anderem Angriffe gegen sowjetische Militäreinrichtungen befürchtet. In Gorbatschows Memoiren (Gorbatschow 1995a) findet sich hierzu keine Erklärung. Der sowjetische Botschafter in Bonn, Julij Kwizinskij, erinnerte sich später, daß Gorbatschow aufgrund des zeitgleichen Aufmarsches der Kommunisten im Stadion der Weltjugend in Ost-Berlin ein Aufeinanderprallen der beiden Gruppen befürchtet hatte. Siehe Kwizinskij 1993, S. 15, der auch von einer Nachricht an den SPD-Ehrenvorsitzenden Willy Brandt berichtet. Dies wird durch Informationen aus der Bundesregierung gestützt, wonach Klaus Lindenberg, Berater des Präsidenten der Sozialistischen Internationale, am 13. 11. 1989 im Auftrag von Brandt Kanzlerberater Teltschik um Unterrichtung des Bundeskanzlers bittet. Brandt habe am 10.11. eine ausführliche Botschaft von Generalsekretär Michail Gorbatschow in bezug auf die Ereignisse in Berlin erhalten und Gorbatschow am nächsten Tag geantwortet. Zum Wortlaut der mündlichen Nachricht vgl. außerdem: Vermerk AL 2 v. 8. 12. 1989, betr.: »Mündliche Botschaft von GS Gorbatschow an den BK vom 10. November«; ein Exemplar aus den Beständen des SED-Politbüros (Vorlage für die Politbürositzung v. 14. 11. 1989, »Persönliche Verschlußsache«) in SAPMO DY 30/J IV 2/2A/3258. Verfasser der Nachricht war angeblich Gorbatschows Berater Anatolij Tschernajew (Nikolaj Portugalow im Interview v. 29. 10. 1997).

15 Zum Telefonat v. 11. 10. 1989 vgl. Vermerk Neuer v. 11. 10. 1989, betr.: »Telefongespräch des Herrn Bundeskanzlers mit Präsident Gorbatschow am Mittwoch, dem 11. Oktober 1989« (21-30100 (56)-Ge 28 (VS)); Diekmann/Reuth 1996, S. 105 f. Der »Wortlaut der Weisung an den Botschafter der UdSSR in Bonn«, in der Gorbatschow explizit auf das Telefongespräch v. 11.10. Bezug nimmt, findet sich mit dem Datum 20. 10. 1989 in SAPMO DY 30/IV 2/2.039/319 (Bestand Büro Egon Krenz).

16 Die Rede Kohls findet sich im Wortlaut in Auswärtiges Amt 1995, S. 620 ff. Die Rede Brandts ist ebenfalls dort abgedruckt (S. 618 ff.). Die Rede Genschers findet sich in Genscher 1991, S. 228 ff. Eine paraphrasierte Version findet sich in Genscher 1995, S. 658 ff. Zitate aus der Momper-Rede finden sich in *Die Welt* v. 11. 11. 1989, Ostberliner dankten mit »Willy«- und »Walter«-Rufen; eine komplette Version der Rede ist abgedruckt in der Pressedokumentation der Stadt Berlin, Auszüge in Momper 1991, S. 165 f. Zur Verärgerung Kohls über Mompers Rede siehe ebenda; Diekmann/Reuth 1996, S. 133 f. Der Kanzler hatte sich nach seiner Rückkehr nach Bonn eine politische Analyse der Momper-Rede bestellt. Darin wurde Momper vorgeworfen, er spreche dies zwar nicht klar aus, lasse aber deutliche Sympathie »für ein Modell der Zweistaatlichkeit in Deutschland mit eigenständiger Gesellschaftsordnung in der DDR erkennen«. (Information aus der Bundesregierung).

17 Vgl. Diekmann/Reuth 1996, S. 137 ff.; Informationen aus der Bundesregierung.

18 Eine ausführliche Darstellung der Rechtslage Deutschlands findet sich im Kapitel »Improvisation als Staatskunst«. Vgl. zum folgenden z. B. Eckart Klein, Deutschlands Rechtslage, in Weidenfeld/Korte 1996, S. 216 ff.; Georg Ress, Selbstbestimmungsrecht, in Weidenfeld/Korte 1996, S. 597 ff. Zur Frage der Souveränität siehe z. B. Brand 1993, bes. S. 75 ff.

19 Am 25. März 1954 hatte die UdSSR eine Erklärung über die Gewährung der Souveränität an die DDR abgegeben; die drei Westmächte beendeten das Besatzungsstatut für die Bundesrepublik Deutschland am 5. Mai 1955.
20 Oeser 1990, S. 429.
21 In Anlehnung an den Buchtitel von Horst Teltschik wird damit auf die kurze aber ereignisreiche Epoche deutscher und europäischer Politik zwischen dem Fall der Mauer am 9.11. 1989 und dem Tag der deutschen Einheit am 3.10. 1990 Bezug genommen. Vgl. Teltschik 1993, S. 7.
22 Zur Formulierung »Mantel der Geschichte« siehe den Vermerk von AL 2 v. 14.8. 1990, »Vermerk über das Gespräch des Bundeskanzlers mit Präsident Michail Gorbatschow am 15. Juli 1990, 10.00 bis 11.45 Uhr, im Gästehaus des Außenministeriums« (21–30130 S 25 – De 2/8/90). Der Vermerk wird ausschnittsweise zitiert in Diekmann/Reuth 1996, S. 421 ff.; Teltschik 1993, S. 319 ff.; Gorbatschow 1995a, S. 724 f.
23 Siehe dazu z. B. Schuh/von der Weiden 1997.
24 Interview mit Lothar de Maizière v. 12.11. 1991, in Hoover Institution Archives, Stanford: Sammlung über die deutsche Vereinigung.

## IMPROVISATION ALS STAATSKUNST

1 Zum Telefonat mit der britischen Premierministerin siehe Vermerk GL 21/AL 2 i. V. v. 13.11. 1989 an Bundeskanzler Kohl, betr.: »Ihr Gespräch mit der britischen Premierministerin Thatcher am Freitag, 10. November 1989« (211-30131 B20 Te7). Zu Kohls eigener Darstellung des Gesprächs siehe Diekmann/Reuth 1996, S. 138. Kohl erwähnt darin seine Gesprächseinleitung zur Finanzhilfe für Polen nicht, berichtet allerdings von einem spürbaren Unbehagen Thatchers gegenüber der gesamten Situation. Siehe zu diesem Telefonat auch die Darstellungen in Thatcher 1993, S. 1097; Teltschik 1993, S. 21.
2 Zur Aufstellung der Termine siehe den Vermerk GL 21 (Peter Hartmann) v. 10.11. 1990 (212–354 00 De 39 NA 1, Bd. 1), auf dem auch die jeweiligen Telefonnummern der ausländischen Gesprächspartner vermerkt sind. Zur Vorbereitung und Abwicklung von Telefonaten des Bundeskanzlers allgemein siehe z. B. die Darstellung in Diekmann/Reuth 1996, S. 104, sowie einen Vermerk der Abteilung 2 an den neugewählten Bundeskanzler v. 19.11. 1982 (21-30131-F2 Te 6, Bd. 2). In diesem Vermerk heißt es zum technischen Ablauf: »Die Gespräche werden an einem zweiten Apparat neben dem Büro des Bundeskanzlers gedolmetscht; (...). Ein Note-Taker nimmt an einem Apparat an dem Gespräch teil (dies geschieht unseres Wissens auf britischer und französischer Seite).« Dem widerspricht die Darstellung von Jean-Louis Bianco im Interview v. 27.11. 1995, wonach bei Telefonaten des französischen Staatspräsidenten zumeist nur ein Dolmetscher beteiligt war. Für viele Telefonate von François Mitterrand mit Helmut Kohl wäre demnach der Vermerk im Bundeskanzleramt neben eventuellen handschriftlichen Notizen der beiden Politiker die einzige schriftliche Quelle. Grundsätzlich gilt, daß für eine Vielzahl der Telefonate von Helmut Kohl mit ausländischen Politikern schriftliche Vermerke existieren. Diese wurden von einem »Note-Taker« genannten Protokollanten gefertigt. Hierbei handelte es sich in der Regel um Mitarbeiter der Abteilung 2 – darunter Abteilungsleiter Horst Teltschik, dessen Stellvertreter Peter Hartmann sowie Uwe Kaestner und Joachim Bitterlich – beziehungsweise den Leiter des Kanzlerbüros, Walter Neuer, also überwiegend aus dem Auswärtigen Amt abgeordnete Diploma-

ten. Die im Anschluß an die Telefonate gefertigten Gesprächsvermerke sind – so die Erfahrungen bei den im Forschungsprojekt »Geschichte der deutschen Einheit« ausgewerteten Dokumenten – zumeist Verlaufs-, nur in Ausnahmefällen sehr knapp gefaßte Ergebnisprotokolle.

3 Zum Verlauf des Telefongesprächs mit Helmut Kohl siehe Vermerk GL 21/AL 2 i. V. v. 13. 11. 1989 an Bundeskanzler Kohl, betr.: »Ihr Gespräch mit der britischen Premierministerin Thatcher am Freitag, 10. November 1989« (211-30131 B20 Te7). Thatchers Vorschlag eines halbtägigen Treffens findet sich auch bei Diekmann/ Reuth 1996, S. 138; Teltschik 1993, S. 20. Dort ist jeweils von einem Treffen der EG-Staats- und Regierungschefs die Rede. Im Gesprächsvermerk v. 13. 11. 1989 ist demgegenüber nur davon die Rede, daß »man« sich noch vor dem für den 8./9.12. in Straßburg geplanten EG-Gipfel in Bonn oder London treffen solle. Da Frankreich in dieser Zeit den Vorsitz im Europäischen Rat innehatte, lassen die von Thatcher genannten und im Gesprächsvermerk wiedergegebenen Ortsvorschläge die Vermutung zu, daß sie eher an ein bilaterales Treffen dachte. Zu den ersten Reaktionen der britischen Politik siehe z.B. *The Guardian* v. 11. 11. 1989, Parties join Thatcher in welcoming change; Brand 1993; Volle 1990, S. 130 ff.; Mayer 1994. Zu Thatchers ersten Kommentaren siehe ihr BBC-Interview, BBC-Radio v. 10. 11. 1989. Zum Treffen Seiters mit den drei Westmächte-Botschaftern siehe Vermerk des Leiters des Arbeitsstabs Deutschlandpolitik v. 13. 11. 1989, betr.: »Gespräch von BM Seiters mit den Botschaftern der drei Mächte am 10. 11. 1989, 11.30 Uhr« (B 137/10310). Teilnehmer waren die Botschafter Serge Boidevaix (Frankreich), Christopher Mallaby (Großbritannien) und Vernon Walters (USA) sowie Staatssekretär Jürgen Sudhoff (Auswärtiges Amt) und der Leiter des Arbeitsstabs Deutschlandpolitik im Bundeskanzleramt, Claus-Jürgen Duisberg. Seiters unterrichtete die Botschafter dabei über die beabsichtigte Unterbrechung von Kohls Besuch in Warschau, die geplante Teilnahme an einer Kundgebung in Berlin, die Sondersitzung des Bundeskabinetts am 11.11. und die vorgesehenen Telefonate Kohls mit den Staats- und Regierungschefs der Vier Mächte. Zudem kündigte er an, sich am darauffolgenden Montag, 13.11., mit dem sowjetischen Botschafter in Bonn, Kwizinskij, treffen zu wollen. Auf eine Bitte von Seiters hin zeigten sich alle drei Botschafter bereit, eine Mitarbeit der Alliierten bei der Unterbringung und Verpflegung von Übersiedlern zu prüfen.

4 Die Darstellung des Telefonats mit Bush basiert auf dem Vermerk GL 21 v. 13. 11. 1989, betr.: »Telefongespräch des Herrn Bundeskanzlers mit dem amerikanischen Präsidenten George Bush am Freitag, 10. November 1989« (GL 21-30100(56)-Ge 28, Bd. 79). Teilweise stark gekürzte Zusammenfassungen finden sich bei Diekmann/Reuth 1996, S. 138; Teltschik 1993, S. 22. Die Formulierungen »linker Pöbel« und »unheimlich gute Stimmung« sind so im Verlaufsprotokoll enthalten, ohne allerdings ausdrücklich als wörtliche Zitate des Kanzlers kenntlich gemacht zu sein.

5 Eine Schilderung aus amerikanischer Sicht, basierend auf entsprechenden Akten der US-Administration, bieten Zelikow/Rice 1997, S. 157 ff. Eine lebendige Darstellung von Bushs spröder öffentlicher Reaktion findet sich bei Fitzwater 1995, S. 260 ff. Das Interview mit Bush vom 15. 11. 1989 ist abgedruckt in Presse- und Informationsamt der Bundesregierung 1991c, Bd. 15, S. 614 f. Zur Äußerung Bushs »Ich werde nicht auf der Mauer tanzen« vgl. Beschloss/Talbot 1993, S. 178. Zur Entwicklung von Bushs Position zur deutschen Frage ab Frühjahr 1989 siehe Zelikow/Rice 1997, S. 104 ff.; Pond 1993, S. 153 f.; die anschauliche Schilderung von Bushs engem Mitarbeiter Robert M. Gates in Gates 1996, S. 483 ff. Einen kurzen Einblick in die Startschwierigkeiten der Bush-Regierung im Frühjahr 1989 sowie die Entwicklung hin zu einer offensiven Unterstützung der deutschen Vereinigung gibt Bortfeldt 1993, S. 34 ff.

6 Im Interview v. 20. 2. 1998 betonte George Bush, daß er auch noch im Rückblick den Moment der Maueröffnung für den kritischsten Augenblick im gesamten Vereinigungsprozeß hält. Daß sich hinter dieser öffentlichen Zurückhaltung gleichwohl konkrete Überlegungen verbargen, betonte bspw. Michael Young im Interview v. 7. 11. 1994. Der Rechtsberater im State Department erhielt bereits wenige Tage nach dem Fall der Mauer von Bakers Mitarbeiter Robert Kimmitt den Auftrag, innerhalb kurzer Zeit eine juristische Denkschrift zur deutschen Einheit zu verfassen.

7 Die Unterredung ist protokolliert in Vermerk AL 2 i. V. an den Bundeskanzler v. 13. 11. 1989, betr.: »Ihr Telefongespräch mit dem französischen Staatspräsidenten Mitterrand am Samstag, 11. November 1989« (21-30131-F2 Te 6, Bd. 2). Siehe dazu auch Teltschik 1993, S. 27, sowie zur unmittelbaren Reaktion Mitterrands auf den Mauerfall Attali 1995, S. 337. Kurze Zusammenfassungen – ebenso wie im Fall der Gespräche mit Margaret Thatcher und George Bush vom Vortag ohne die einleitenden Bemerkungen des Bundeskanzlers über die Finanzhilfe für Polen – gibt es in Diekmann/Reuth 1996, S. 138 f. In dieser Darstellung fehlen auch die Ankündigung eines Besuches des Kanzlers in der DDR sowie die gegenüber Mitterrand ausdrücklich betonte Absicht der Bundesregierung, die Lage in der DDR nicht weiter zu destabilisieren. Demgegenüber findet sich ausschließlich in Teltschik 1993, S. 26 – der nicht Protokollant dieses Telefonates war –, ein Hinweis darauf, daß Mitterrand in diesem Gespräch auch auf seinen geplanten Staatsbesuch in der DDR einging. Demnach wollte der Staatspräsident »trotz der dramatischen Veränderungen« hieran festhalten, »während der Kanzler selbst zögert, mit Krenz zusammenzutreffen«. Die Szene der gemeinsamen Pressekonferenz von Kohl und Mitterrand am 3. 11. 1989 in Bonn und das Zitat des Bundeskanzlers sind wiedergegeben in Mitterrand 1996, S. 45 f.

8 Zu der in Art. 6, Sätze 1 und 2 des Deutschlandvertrages enthaltenen Konsultationspflicht der drei Mächte und der Bundesrepublik in bezug auf Deutschland als Ganzes und Berlin siehe Haftendorn 1996. Zur nicht endgültig definierten Unterscheidung zwischen Konsultation und Information siehe ebenda, S. 37 und S. 78.

9 Daß Kohls Anfrage bezüglich einer Finanzhilfe für Polen kein kurzfristig-taktischer Einfall des Kanzlers, sondern dessen ernsthaftes Anliegen war, zeigte sich beispielsweise in seinem Brief an Mitterrand v. 6. 11. 1989 (Information aus der Bundesregierung). Darin schildert Kohl auf rund vier Seiten ausführlich die im Zusammenhang mit seinem Besuch in Warschau geplanten Wirtschafts- und Finanzhilfen für Polen sowie den Stand der Ungarn-Hilfe. Wirtschaftshilfe für Polen stand auch auf der Agenda seines Telefongesprächs mit George Bush am 23. 10. 1989. Siehe dazu Vermerk Walter Neuer v. 23. 10. 1989, betr.: »Telefongespräch des Bundeskanzlers mit Präsident Bush am 23. Oktober 1989 um 14.00 Uhr« (21-301 00 (56) – Gr 28 (VS)).

10 Zur Kabinettsitzung siehe Interview mit Michael Mertes v. 25. 9. 1995. Das Telefonat Kohl–Krenz ist dokumentiert in einem zusammenfassenden Vermerk des Abteilungsleiters 2 v. 13. 11. 1989 über das »Telefongespräch des Herrn Bundeskanzlers mit dem DDR-Staatsratsvorsitzenden Egon Krenz am 11. November 1989, 10.10 bis 10.25 Uhr« (21-301 00(56)-Ge28 (VS) sowie 212-35400 De 39, Bd. 1). Ein Wortprotokoll der DDR-Seite ist abgedruckt in Potthoff 1995, S. 989 ff. Zusammenfassungen finden sich u. a. in Diekmann/Reuth 1996, S. 139 ff.; Teltschik 1993, S. 27; Krenz 1992, S. 142 f.; Krenz 1990, S. 186 f.

11 Das Gespräch mit Gorbatschow ist protokolliert in einem Vermerk von Walter Neuer v. 11. 11. 1989, betr.: »Telefongespräch des BK mit Präsident Gorbatschow am Samstag, dem 11. November 1989.« Eine von der UdSSR an die DDR übergebene »Information über den Inhalt des Telefongesprächs zwischen Michail Gorbatschow

und Helmut Kohl« findet sich in SAPMO DY 30/J IV 2/2A/3258H im Rahmen der Sitzungsunterlagen für die SED-Politbürositzung v. 14.11.1989. Ausführliche Zusammenfassungen finden sich in Diekmann/Reuth 1996, S. 141 ff.; Teltschik 1993, S. 27 f.; Gorbatschow 1995a, S. 713. Zu den Kontakten zwischen den beiden Politikern im Vorfeld des Mauerfalls gehörten beispielsweise verschiedene Telefonate zwischen dem Besuch Gorbatschows in Deutschland im Juni 1989 und dem Fall der Mauer sowie eine mündliche Botschaft Gorbatschows an Kohl v. 20.10. 1989, in der er den Kanzler über seine Einschätzung der Wahl von Egon Krenz zum neuen Generalsekretär des ZK der SED unterrichtete und diesen an seine Versicherung vom 11.10.1989 erinnerte, keinesfalls an einer Destabilisierung der DDR interessiert zu sein. Siehe dazu »Wortlaut der Weisung an den Botschafter der UdSSR in Bonn« v. 20.10.1989 (SAPMO DY 30/IV 2/2.039/319) sowie den Vermerk von Walter Neuer v. 11.10.1989, betr.: »Telefongespräch des Bundeskanzlers mit Präsident Gorbatschow am Mittwoch, 11. Oktober 1989« (21-301 00 (56)-Ge 28 (VS)).

12 Die Einschätzung der Ständigen Vertretung zur Grenzöffnung entstammt dem Fernschreiben Nr. 2539 der StäV v. 11.11.1989 (B 137/15797). Zur Einschätzung der Gefahren durch den amerikanischen Außenminister siehe Baker 1996, S. 155. Zur sowjetischen Formulierung von der »extremen Situation« siehe: »Mündliche Botschaft Michail Gorbatschows an Präsident François Mitterrand, Premierminister Margaret Thatcher und Präsident George Bush« in den Unterlagen der Sitzung des SED-Politbüros v. 14.11.1989 (SAPMO DY 30/J IV 2/2A/3258) sowie ein Protokoll mit dem »Inhalt des Telefongesprächs zwischen Eduard Schewardnadse und Hans-Dietrich Genscher« v. 11.11.1989 (SAPMO DY 30/J IV 2/2A/3258).

13 Hans-Dietrich Genscher berichtet kurz über seine Telefonate in Genscher 1995, S. 661 ff.; das Telefongespräch mit James Baker ist ausführlicher wiedergegeben in Baker 1996, S. 156 f., zum Gespräch mit Eduard Schewardnadse siehe auch Auswärtiges Amt 1995, S. 622 ff. Die Perzeption der internationalen Lage bei den verantwortlichen Politikern und Beamten in Washington sowie die Koordination der ersten Schritte ist dargestellt bei Baker 1996, S. 155 ff.; Zelikow/Rice 1997, S. 154 ff. Gorbatschows Nachricht an die Staats- und Regierungschefs der drei Westmächte findet sich als »Mündliche Botschaft Michail Gorbatschows an Präsident François Mitterrand, Premierminister Margaret Thatcher und Präsident George Bush« ebenso in den Unterlagen der Sitzung des SED-Politbüros v. 14.11.1989 (SAPMO DY 30/J IV 2/2A/3258) wie ein Protokoll mit dem »Inhalt des Telefongesprächs zwischen Eduard Schewardnadse und Hans-Dietrich Genscher« v. 11.11.1989 (SAPMO DY 30/J IV 2/2A/3258). Zur Weiterleitung der Gorbatschow-Nachricht durch Scowcroft nach Bonn siehe Teltschik 1993, S. 23. Zu Überlegungen bezüglich einer Vier-Mächte-Konferenz siehe z. B. *Frankfurter Allgemeine Zeitung* v. 15.11.1989, Kein Bedarf für eine Viermächte-Konferenz; *Die Welt* v. 14.11.1989, Auch die SPD-Führung hält Konferenz der Vier Mächte für verfrüht; *Frankfurter Rundschau* v. 15.11. 1989, Ruf nach Wiederbelebung; *Frankfurter Allgemeine Zeitung* v. 14.11.1989, Lambsdorff: Viermächtekonferenz nur mit Einbeziehung der Deutschen. Zur Bonner »Vierergruppe« als Instrumentarium der alliierten Vorbehaltsrechte siehe z. B. Haftendorn 1996.

14 Die Vierergruppe diente – entsprechend den Konsultationsverpflichtungen aus dem Deutschlandvertrag in der Fassung vom 23.10.1954 – als Abstimmungs- und Informationsgremium zwischen der Bundesregierung und den drei westlichen Alliierten. Vgl. ausführlicher Korte 1998, S. 57.

15 Eine ausführlichere Darstellung der Diskussion um die Bündnistreue der Bundesrepublik und die Stabilität ihrer Westbindung findet sich am Ende der folgenden

Ausführungen zur Deutschlandpolitik der Vier Mächte. Das zitierte Telefongespräch zwischen Kohl und Bush ist dokumentiert im Vermerk von Walter Neuer v. 23. 10. 1989, betr.: »Telefongespräch des Bundeskanzlers mit Präsident Bush am 23. Oktober 1989 um 14.00 Uhr« (21-301 00 (56) – Ge 28 (VS)); Diekmann/Reuth 1996, S. 104 f. (auszugsweise). Eine ausführliche Darstellung der Konfliktsituation im westlichen Bündnis 1988/89 aus Sicht des Bundesaußenministers findet sich in Genscher 1995, S. 581 ff.

16 Vgl. zur Rechtslage Deutschlands v. a. Michael Schweitzer, Die Verträge Deutschlands mit den Siegermächten, in Isensee/Kirchhof 1995, S. 199 ff.; Eckart Klein, Deutschlands Rechtslage, in Weidenfeld/Korte 1996, S. 216 ff. Zur Frage der eingeschränkten Souveränität siehe v. a. Brand 1993, bes. S. 51 ff.; Dieter Schröder, Souveränität, in Weidenfeld/Korte 1992, S. 600 ff. Zu Berlin siehe v. a. Rupert Scholz, Der Status Berlins, in Isensee/Kirchhof 1987, § 9; Wetzlaugk 1988; Langguth 1990a; Christian Matern, Berlin. Status und Politik, in Weidenfeld/Korte 1992, S. 27 ff.; Manuel Fröhlich, Berlin, in Weidenfeld/Korte 1996, S. 42 ff. Zur Frage der Grenzen vgl. v. a. Dieter Blumenwitz, Oder-Neiße-Linie, in Weidenfeld/Korte 1996, S. 515 ff.

17 Zu den Regelungen siehe Protokoll über die Besatzungszonen in Deutschland und die Verwaltung von Groß-Berlin (Londoner Protokoll) v. 12. 9. 1944, in Bayerische Landeszentrale für politische Bildungsarbeit 1996, S. 59 f.; Abkommen über Kontrolleinrichtungen in Deutschland – Londoner Erklärung der Alliierten v. 14. 11. 1944, in Bayerische Landeszentrale für politische Bildungsarbeit 1996, S. 61 f.; Abkommen zwischen den Regierungen Großbritanniens, Frankreichs, der Vereinigten Staaten und der Sowjetunion über die Ergänzung des Protokolls v. 12. 9. 1944 über die Besatzungszonen von Deutschland und Verwaltung von Groß-Berlin v. 26. 7. 1945, in Forschungsinstitut der Deutschen Gesellschaft für Auswärtige Politik 1967, S. 16 f.; Erklärung in Anbetracht der Niederlage Deutschlands und der Übernahme der obersten Regierungsgewalt hinsichtlich Deutschlands durch die Regierungen des Vereinigten Königreichs, der Vereinigten Staaten von Amerika und der Union der Sozialistischen Sowjetrepubliken und durch die Provisorische Regierung der Französischen Republik (Berliner Erklärung) v. 5. 6. 1945, in Bayerische Landeszentrale für politische Bildungsarbeit 1996, S. 66 ff.; Erklärung der Regierung der UdSSR über die Gewährung der Souveränität an die Deutsche Demokratische Republik v. 25. 3. 1954, in Bayerische Landeszentrale für politische Bildungsarbeit 1996, S. 89 f.; Deutschlandvertrag – Vertrag über die Beziehungen zwischen der Bundesrepublik Deutschland und den drei Mächten v. 26. 5. 1952 (Fassung v. 23. 10. 1954), in Bundesministerium für Gesamtdeutsche Fragen 1961, S. 86 ff.; Viermächte-Abkommen (mit den Anlagen I, II, III und IV) v. 3. 9. 1971, in Bundesministerium für innerdeutsche Beziehungen 1980, S. 158 ff.; Gemeinsame Erklärung der Regierungen Frankreichs, Großbritanniens, der Sowjetunion und der Vereinigten Staaten betr. die Rechte und Verantwortlichkeiten der Vier Mächte in Deutschland anläßlich der Antragstellung auf UN-Mitgliedschaft durch die Bundesrepublik Deutschland und die Deutsche Demokratische Republik v. 9. 11. 1972, in Bayerische Landeszentrale für politische Bildungsarbeit 1996, S. 138.

18 Oeser 1990, S. 429. Die Regierungen der Bundesrepublik und der DDR stellten den Fortbestand der alliierten Rechte niemals zur Disposition. Sowohl zur Unterzeichnung des Moskauer Vertrages wie zum Abschluß des Warschauer Vertrages versicherte die Bundesregierung in Noten an die drei Westmächte die weiterhin uneingeschränkte Gültigkeit der alliierten Rechte. Auch die Alliierten selbst betonten ihre diesbezügliche Verantwortung, so in einer gemeinsamen Erklärung vom 9. 11. 1972 anläßlich des Beitritts der deutschen Staaten zu den Vereinten Nationen.

Zu den Auswirkungen der Vorbehaltsrechte auf die bundesdeutsche Politik vgl. Haftendorn/Riecke 1996.

19 Zu Moral- und Missionsgedanken sowie Nationalinteressen als zwei zentralen Komponenten amerikanischer Außenpolitik siehe z. B. den Diskussionsbeitrag von Gerald R. Kleinfeld am 10.11. 1989 anläßlich des Kolloquiums »Vierzig Jahre Deutschland – Politik im internationalen Kräftefeld« in Fischer 1989, S. 66 ff. Daß die Interessen der Regierungen in Washington und Bonn 1989/90 deckungsgleich waren, nennt George Bushs außenpolitischer Berater Robert Blackwill als zentralen Erklärungsfaktor für den Erfolg der gemeinsamen Bemühungen (Interview mit Robert Blackwill v. 24. 10. 1994). Dazu, daß auch die Neudefinition der amerikanischen Deutschlandpolitik Anfang 1989 vor allem »ein Stück ureigener amerikanischer Interessenpolitik« war, siehe Kiessler/Elbe 1993, S. 19. Zu Reagans Appell und seiner Berlin-Initiative vom 12. 6. 1987 siehe Bortfeldt 1993, S. 12. Die ebenda vom ehemaligen US-Gesandten John Kornblum in West-Berlin reklamierte Urheberschaft an Reagans Appell wiederholte Kornblum im Interview v. 3. 11. 1994. Anders die Darstellung in Die Zeit v. 13. 6. 1997, Mauerschau, in dem der frühere Redenschreiber Reagans, Robinson, die Urheberschaft für sich beansprucht; ebenso Zelikow/Rice 1997, S. 515 f., Fn. 52.

20 Über den »Kampf gegen die Modernisierung der nuklearen Kurzstreckenraketen« und die diesbezüglichen koalitionsinternen Auseinandersetzungen (S. 603 ff.) berichtet aus seiner Sicht Genscher 1995, S. 581 ff. Eine gute Zusammenfassung der deutsch-britischen Differenzen um die SNF-Modernisierung, Einschätzungen zu Kohl und Genscher sowie zur Beilegung des Konflikts bietet Baker 1996, S. 85 ff.; hier finden sich auch Kohls Warnung vor einem Auseinanderbrechen der CDU/CSU-FDP-Koalition (S. 87) und das ohne Quelle wiedergegebene » ... desto toter die Deutschen«-Zitat Dreggers. Im Interview v. 23. 4. 1996 bezeichnete Baker die SNF-Diskussion als die kritischste Phase im deutsch-amerikanischen Verhältnis in den Jahren 1989/90. Kohls Erklärung zur Problematik der Kurzstreckenraketen anläßlich eines nicht näher erläuterten NATO-Gipfels Ende der achtziger Jahre findet sich bei Diekmann/Reuth 1996, S. 341 f., seine Regierungserklärung v. 27. 4. 1989 auszugsweise in Auswärtiges Amt 1995, S. 584 ff. Von der »paradoxen Allianz« zwischen Genscher und dem konservativen Dregger berichten Kiessler/Elbe 1993, S. 23. Zum Zusammenhang zwischen der SNF-Kontroverse und den zeitgleich laufenden Abrüstungsverhandlungen VKSE sowie der Erneuerung des Koalitionsvertrages von CDU/CSU und FDP siehe Zellner 1994, S. 136 ff., der in Bushs Initiative den »Ausweg aus einem doppelten Dilemma« sieht. Daß dieser Ausweg zugleich eine Niederlage für Margaret Thatcher war, konstatiert Bortfeldt 1993, S. 19. Die Bedeutung der einvernehmlichen Lösung des Modernisierungs-Streits für die deutsch-amerikanischen Beziehungen betonte auch James Baker im Interview v. 23. 4. 1996.

21 Zu amerikanischen Zweifeln an der deutschen Bündnistreue siehe z. B. *New York Times* v. 1. 2. 1989, As the Eastern Front Softens, a New Skepticism About Bonn; *Wall Street Journal* v. 31. 1. 1989, Germany Adrift. Für eine Definition von »Genscherismus« siehe Kiessler/Elbe 1993, S. 16 f.; Knappe 1996, S. 33 f., der auf dem *Wall Street Journal* v. 7. 1. 1989 beruht: »Genscherism« war demnach »a naive move to help Mr. Gorbachev and to ignore the significant military threat the Soviets still pose«. Zu »Gorbimania« und »Genscherism« siehe zudem Risse-Kappen 1994, S. 249 f. Zu Bakers abweichender Einschätzung siehe Baker 1996, S. 89; Interview mit James Baker am 23. 4. 1996. Diese – im Gegensatz zur Beurteilung durch die Reagan-Administration – positive Einschätzung Genschers betonte auch ausdrücklich Bakers enger Berater Robert Zoellick im Interview v. 2. 11. 1994. Demnach betrachtete die US-Administration bis 1988/89 Genscher weniger vertrauensvoll.

22 Grundlegend zur Neuorientierung der US-Deutschlandpolitik Ende der achtziger Jahre sowie zur Formulierung der zentralen politischen Ziele gegenüber Deutschland und Osteuropa: Zelikow/Rice 1997, S. 53 ff.; Pond 1993, S. 33 ff. (Kapitel 4 »Nuclear Angst and Reassurance«); Blackwill 1994. Siehe außerdem z. B. Bortfeldt 1993, S. 3 ff.; die entsprechenden Beiträge in Friedrich 1991. Zur langsamen außenpolitischen Einarbeitung der Bush-Administration und der Kritik hieran siehe z. B. Bortfeldt 1993, S. 34 ff.; Zelikow/Rice 1997, S. 49. Die Mainzer Rede Bushs v. 31. 5. 1989 ist (in gekürzter Version) abgedruckt in Europa Archiv, Nr. 12/1989, S. D356 ff.; eine ausführliche Inhaltsangabe und Hintergründe zu verschiedenen Fassungen und anschließenden Reaktionen bieten Zelikow/Rice 1997, S. 62 f.

23 Die internen Abstimmungs- und Diskussionsmechanismen zwischen dem US-Sicherheitsrat (NSC) und dem Außenministerium sind dargestellt in Zelikow/Rice 1997, S. 59 ff. Zur Motivation für Bushs Handeln siehe auch Szabo 1992, S. 13; Knappe 1996, S. 35. Hinweise auf die anfangs unterschiedliche Herangehensweise von NSC und State Department ergaben auch die Interviews mit Robert Blackwill am 12. 12. 1993, Robert Zoellick am 17. 12. 1993, Brent Scowcroft am 3. 11. 1994 sowie Philip Zelikow am 15. 12. 1993. George Bush selbst erklärte im Interview v. 20. 2. 1998, daß er im November 1989 das Gefühl bekommen habe, daß die Vereinigung möglich sei. Er sei aber davon ausgegangen, daß es bis zur endgültigen Vereinigung sehr viel länger dauern werde, als dies später der Fall war. Raymond Seitz berichtet im Interview v. 2. 6. 1997 von einem Treffen der Politischen Direktoren der Vierergruppe (»Quad«, mit den USA, Frankreich, Großbritannien und der Bundesrepublik) im September 1989 am Rande der UN-Hauptversammlung in New York, bei dem erstmals ausführlich über die Möglichkeit einer Wiedervereinigung diskutiert worden sei. Der Deutsche Dieter Kastrup habe sich zu diesem Thema allerdings nicht geäußert.

24 Zu den Beziehungen zwischen den USA und der DDR siehe z. B. Hamilton 1991; Gaida 1989; Bortfeldt 1993, S. 20 ff. Das Zitat »Aura des Ungewöhnlichen« findet sich bei Bernard von Plate, Die Außenpolitik und internationale Einbindung der DDR, in Weidenfeld/Zimmermann 1989, S. 589 ff., hier S. 600. Ein Beispiel für die Bewertung des DDR-Regimes durch die USA liefert Kuppe 1988b. Das Bestreben, die DDR nicht unnötig aufzuwerten, betonte auch James Baker im Interview am 23. 4. 1996. Mit der Frage der jüdischen Ersatzansprüche gegenüber der DDR beschäftigt sich Timm 1996 mit weiterführenden Literaturhinweisen.

25 Die Anekdote vom prägenden Zusammentreffen Kohl-Bush im Juni 1983, von Bush geschildert im Interview der *Washington Times* v. 16. 5. 1989, Bush »Would Love« Reunited Germany, ist auszugsweise wiedergegeben in Zelikow/Rice 1997, S. 59; die gute Beziehung Kohl – Bush betonte auch Robert Kimmitt im Interview v. 4. 11. 1994. Zur Verbesserung der Beziehung von Genscher zu Baker siehe Kiessler/Elbe 1993, S. 16 ff., bes. S. 18; Interview mit Robert Blackwill v. 15. 12. 1993. Hinweise auf Bushs Selbsteinschätzung bezüglich Europa und Deutschland finden sich in Zelikow/Rice 1997, S. 58 f. Zu Bushs Deutschlandbild siehe auch Pond 1993, S. 162.

26 Das Telefonat des Bundeskanzlers mit dem US-Präsidenten ist protokolliert in einem von Neuer verfaßten Vermerk v. 23. 10. 1989, betr.: »Telefongespräch des Bundeskanzlers mit Präsident Bush am 23. Oktober 1989 um 14.00 Uhr« (21-30100 (56) – Ge28 (VS)) und teilweise wiedergegeben in Diekmann/Reuth 1996, S. 104 f. Das von Kohl gewünschte Zeichen einer Unterstützung durch George Bush erfolgte mit einem Zeitungsinterview (*New York Times* v. 25. 10. 1989, Possibility of a Reunified Germany Is No Cause for Alarm, Bush Says). Die Vermutung aus dem Kanzleramt (siehe Vermerk AL 2, VLR Dr. Westdickenberg, an den Bundeskanzler v.

24. 10. 1989, betr.: »Reden von US-Außenminister Baker zum Verhältnis US-SU, aber auch zur deutschen Frage«; darin wird bereits auf eine Vorabmeldung zu Bushs Interview Bezug genommen) bestätigen ausdrücklich Zelikow/Rice 1997, S. 143. Zu den internen Hintergründen der Ereignisse Ende Oktober 1989 aus amerikanischer Sicht sowie zum Telefonat Kohl-Bush am 23. 10. 1989 siehe Zelikow/Rice 1997, S. 142 f. Zum Abendessen Kimmitts mit den politischen Direktoren aus den Außenministerien der damaligen EG-Troika (Frankreich, Irland und Spanien) siehe Interview mit Robert Kimmitt am 4. 11. 1994 sowie die Darstellung bei Kiessler/Elbe 1993, S. 57.

27 Zur Bonner Einschätzung der Baker-Rede und anderer amerikanischer Äußerungen siehe Vermerk AL 2, VLR Dr. Westdickenberg, an den Bundeskanzler v. 24. 10. 1989, betr.: »Reden von US-Außenminister Baker zum Verhältnis US-SU, aber auch zur deutschen Frage.« Bakers Darstellung seiner Grundsatzrede v. 17. 10. 1989 findet sich in Baker 1996, S. 154. Zu verschiedenen Aufforderungen aus dem Weißen Haus, den Begriff »Wiedervereinigung« zu meiden, siehe Interview mit James Baker v. 23. 4. 1996, wonach der Nationale Sicherheitsrat in dieser Frage »sehr nervös« gewesen sei. Grundsätzlich zu den unterschiedlichen Einschätzungen in Washington im Oktober 1989: Zelikow/Rice 1997, S. 142 f. Als die Option »Vereinigung« Anfang Dezember 1989 immer wahrscheinlicher wurde und die Diskussion über die Anerkennung der polnischen Westgrenze sich verstärkte, benutzte die US-Administration mit Rücksicht auf Polen nur noch den Begriff Vereinigung statt Wiedervereinigung (Raymond Seitz im Interview v. 2. 6. 1997). Für einen Überblick zu den Einschätzungen der US-Haltung im Herbst 1989 siehe auch *Frankfurter Allgemeine Zeitung* v. 12. 12. 1989, Washington: Vier Prinzipien aufgestellt.

28 Darauf, daß die – trotz des Wechsels von Reagan zu Bush und den damit verbundenen personellen Veränderungen – außenpolitisch erfahrene konservative Administration entscheidend zu den reibungslosen Abläufen beitrug, wiesen zahlreiche Interviewpartner hin. Sie betonten auch, daß es, verglichen mit früheren außenpolitischen Entscheidungsprozessen, allgemein relativ wenige Reibungspunkte zwischen NSC und State Department gegeben habe; so z. B. Robert Blackwill am 24. 10. 1994, Condoleezza Rice am 31. 10. 1994, Robert Zoellick am 2. 11. 1994, Robert Kimmitt am 4. 11. 1994, James Dobbins am 7. 11. 1994, Bowman Miller am 16. 12. 1993.

29 Zu Bushs Arbeitsstil, außenpolitischen Beratern und Entscheidungen siehe David 1996, bes. S. 200; Interview mit Robert Blackwill v. 24. 10. 1994. Zu den Mitarbeitern von Bush und Reagan sowie den häufig üblichen Differenzen zwischen Weißem Haus und State Department beziehungsweise innerhalb des Sicherheitsrats zu Reagans Zeiten siehe v. a. Baker 1996, S. 33 ff., bes. S. 39; Blackwill 1994, S. 224. Zu seinem Selbstverständnis als Außenminister siehe Baker 1996, S. 43; Zelikow/Rice 1997, S. 50. Zur personellen Zusammensetzung des deutschlandpolitisch relevanten Mitarbeiterstabs Bushs siehe Zelikow/Rice 1997, S. 50 ff., die auch darauf hinweisen, daß die ohnehin schon kleinen Beraterrunden im Prozeß der deutschen Vereinigung noch kleiner wurden (S. 51).

30 Blackwill hatte zudem die Position eines Spezialberaters des Präsidenten inne. Von 1985 bis 1987 war er Botschafter der Vereinigten Staaten und Leiter der US-Delegation für die Beziehungen zwischen der NATO und dem Warschauer Pakt bezüglich der Abrüstung konventioneller Waffen in Europa. Rice war für die Mitarbeit im Nationalen Sicherheitsrat von ihrer Professur für Politikwissenschaft an der Stanford-University freigestellt. Zelikow fungierte zwischen 1989 und 1991 als Direktor für europäische Sicherheitsfragen im NSC. Kurze Werdegänge und anschauliche Charakterisierungen der zentralen Mitarbeiter im Nationalen Sicher-

heitsrat finden sich im einleitenden Kapitel von Beschloss/Talbott 1993. Vgl. zur Einschätzung des außenpolitischen Teams um Bush und Baker v. a. Szabo 1992, S. 22 f.; David 1996; Pond 1993, S. 165 ff.
31 Siehe dazu v. a. Baker 1996, S. 40 ff.; zum Arbeitsstil des Außenministers vgl. auch Interview mit Robert Kimmitt v. 4. 11. 1994, der vor allem zwei Aspekte betonte: Baker wollte, daß seine Mitarbeiter möglichst viele Dinge selbst entscheiden. Zugleich habe er bereits zu Beginn seiner Amtszeit gefordert, daß er bei allen Treffen mit ausländischen Politikern der am besten vorbereitete Gesprächspartner zu sein habe. Nach Beginn der »Zwei-plus-Vier«-Verhandlungen leitete Zoellick auch die damit verbundenen, alle zehn bis 14 Tage stattfindenden Vorbereitungs- und Strategiesitzungen im State Department, die – um den normalen Arbeitsalltag nicht zu stören – zumeist erst abends stattfanden (Interview mit Bowman Miller v. 16. 12. 1993).
32 Für eine ausführliche Untersuchung zur Berichterstattung in den USA siehe die im Rahmen des Forschungsprojekts »Geschichte der deutschen Einheit« entstandene Arbeit von Knappe 1996. Zur Tendenz der Berichterstattung siehe ebenda, S. 104 ff. und S. 179 ff., zur Kritik an Bush, seiner Politik und »unglücklichen Fernsehauftritten« ebenda, S. 113 ff., zum Umfang der Berichterstattung ebenda, S. 86 ff. Weitere Überblicksdarstellungen bieten Glaeßner 1989; Handhardt 1991; Lehmann 1996, hier S. 42 ff. Kritische US-Pressestimmen zur deutschen Bündnistreue bieten z. B. *New York Times* v. 1. 2. 1989, As the Eastern Front Softens, a New Skepticism About Bonn; *Wall Street Journal* v. 31. 1. 1989, Germany Adrift. Vgl. dazu ergänzend Pond 1990; Bergsdorf 1990.
33 Zur öffentlichen Meinung siehe v. a. Knappe 1996, S. 159 ff., der sich auch ausführlicher mit Entwicklungen der Einstellung zur Vereinigung beschäftigt. Zu den Umfrageergebnissen um den 9. 11. 1989 siehe ebenda, S. 164. Für weitere Analysen und Zahlen vgl. Haltzel 1990; Lehmann 1996, S. 37 ff.; Gibowski/Smetko 1991. Mit der Einstellung jüdischer und polnischer Gruppen in den USA beschäftigen sich Knappe 1996, S. 73 ff.; Haltzel 1990, S. 127 f. Zu widersprüchlichen Aussagen über das Ausmaß der Zustimmung zur Vereinigung vor dem Mauerfall siehe Bortfeldt 1993, S. 72, der von einer hohen Akzeptanz ausgeht; Wolfssohn, 1993, S. 145 f., der kurz vor der Maueröffnung einen Tiefpunkt in der öffentlichen Zustimmung zur Vereinigung ausmacht.
34 Vgl. Knappe 1996, S. 115. Zu den Äußerungen von Eagleburger und Kissinger siehe *Der Spiegel* v. 27. 11. 1989, »Wiedervereinigung unausweichlich«; *Bonn Express* v. 16. 11. 1989, Kissinger: Deutsche Einheit bis 1993. Kissingers Verhältnis zur neuen Regierung skizzieren Zelikow/Rice 1997, S. 57. Zu seinem Abendessen mit Bush und Baker am 13. 11. 1989 siehe Baker 1996, S. 158. Eine Zusammenfassung von Kommentaren bieten: *Neue Zürcher Zeitung* v. 29. 11. 1989, Amerikanische Stimmen zur »deutschen Frage«; *Westdeutsche Allgemeine Zeitung* v. 17. 11. 1989, Wiedervereinigung erscheint in den USA als unvermeidlich, mit Stimmen überwiegend aus dem akademischen Bereich.
35 Zu Bushs Forderung nach einer »besonnenen Evolution« siehe Baker 1996, S. 158.
36 Vgl. dazu v. a. die materialreiche Untersuchung von Adomeit 1997a, bes. S. 191 ff.; und 1997b; Meissner 1995a-b; Geyr 1993. Zu den verschiedenen Etappen russisch-sowjetischer Deutschlandpolitik im 20. Jahrhundert siehe auch Pfeiler 1990a-b. Einen Gesamtüberblick zu den von Gorbatschow betriebenen Veränderungen – von ihren Anfängen bis zum Zerfall der UdSSR – bietet Simon/Simon 1993.
37 Vgl. v. a. Gorbatschow/Sagladin/Tschernajew 1997, S. 39 ff.; Tschernajew 1993a, bes. S. 44 f.; außerdem zu den Grundelementen des »Neuen Denkens« Adomeit 1997a, S. 193 ff.; und 1997b, S. 346. Adomeit (vgl. 1997b, S. 333) weist dabei über-

zeugend nach, daß zumindest in Gorbatschows Außenpolitik nicht eine häufig behauptete Bündelung von Ungeschicklichkeiten, Stümperhaftigkeiten und Zufälligkeiten bestimmend war, sondern statt dessen »ein beträchtliches Maß an konzeptioneller Konsistenz und taktischem Geschick« die Entwicklung prägte. Zu den Grundzügen von Gorbatschows Außenpolitik vgl. auch Meissner 1995a, S. 181 ff.; Meissner 1995b; Wettig 1993b. Über die Wahrnehmung der eingeleiteten Veränderungen in der Bundesrepublik berichtet Teltschik 1989. Zur anfänglichen Konzentration auf die USA siehe auch Garton Ash 1993, S. 157; Adomeit 1997a, S. 252 ff.

38 Anatolij Tschernajew bestritt dies im Interview v. 29.10.1997: Die Bundesrepublik sei für die Moskauer Führung keinesfalls unwichtiger als die USA gewesen.
39 Siehe dazu beispielsweise Korte 1998, S. 324 f.; Adomeit 1997b, S. 344 ff. Zum Konzept »Freiheit der Wahl« siehe auch die ausführliche Darstellung bei Biermann 1997, S. 87 ff.; Meissner 1995a. Zum Abkommen über die Beseitigung der Raketen mittlerer und längerer Reichweite (INF-Vertrag) vgl. Gasteyger 1994, S. 390 ff.
40 Dennoch war es gerade die »Freiheit der Wahl« in bezug auf die inneren Angelegenheiten, die Miklos Németh in einer anderen Situation die Sicherheit gab, sich über (außenpolitische) Bündnisverpflichtungen hinwegzusetzen: nämlich als es um die Erlaubnis zur Ausreise der ostdeutschen Botschaftsflüchtlinge im Spätsommer 1989 aus Ungarn ging. Im Interview v. 5.6.1997 erklärte Németh, daß es für ihn ein Schlüsselgespräch mit Gorbatschow im Frühjahr 1989 gegeben habe, bei dem es um die Zulassung eines Mehrparteiensystems bzw. freien Wahlen in Ungarn gegangen sei. In diesem Kontext habe er dem Generalsekretär die brisante Frage nach der sowjetischen Reaktion im Falle eines möglichen Wahlsieges der Opposition gestellt. Würde es eventuell zu einem gewaltsamen Einschreiten kommen wie schon 1956? Immerhin seien Ende der 80er Jahre in Ungarn rund 100 000 sowjetische Soldaten stationiert gewesen, so Németh Sorge. Gorbatschow habe dem ungarischen Ministerpräsidenten daraufhin versichert, daß dies nicht geschehen werde, solange er im Amt sei. Von diesem Moment an, so Németh im Rückblick, sei ihm bewußt gewesen, daß er sich zum einen auf Gorbatschow verlassen konnte und zum anderen die Hardliner innerhalb des Warschauer Paktes allein, ohne die Unterstützung der UdSSR, nichts gegen Ungarn unternehmen konnten. Vor diesem Hintergrund habe er sich dann ohne ausdrückliche Rückversicherung aus Moskau im Sommer 1989 dazu entschlossen, den in der Budapester Botschaft ausharrenden DDR-Flüchtlingen die Ausreise zu ermöglichen und damit bestehende Bündnisverpflichtungen zu ignorieren.
41 Vgl. dazu auch Biermann 1997, S. 85 ff.; Teltschik 1989; Weidenfeld 1990c.
42 Vgl. zum folgenden Oldenburg 1992; Hatschikjan/Pfeiler 1989; Biermann 1997, S. 100 ff.; Teltschik 1989, S. 217 ff.
43 Vgl. Genscher 1995, S. 527; Adomeit 1997a, S. 266. Auszüge der Rede Genschers vor dem Weltwirtschafts-Forum in Davos finden sich in Auswärtiges Amt 1995, S. 541 ff.
44 Siehe dazu Biermann 1997, S. 100; Gorbatschow 1995a, S. 262. Dieses Treffen war allerdings nur eines von vielen am Rande der Trauerfeierlichkeiten. Gorbatschow (Gorbatschow 1995a, S. 637) und Kohl (Diekmann/Reuth 1996, S. 39) bezeichnen deshalb wohl beide die Begegnung vom Oktober 1988 als erstes persönliches Treffen.
45 Vgl. dazu Korte 1998, S. 439; Adomeit 1997a, S. 259 ff.; Biermann 1997, S. 101 f.; Ackermann 1994, S. 265; Genscher 1995, S. 517 ff., der von den Reaktionen der sowjetischen Seite berichtet. Der sowjetische Außenminister Eduard Schewardnadse machte Genscher dabei allerdings auch deutlich, daß es sich bei aller Verärgerung »nur um kosmetische Schritte« handle. Tschernajew 1993a, S. 228, berichtet, daß

Gorbatschow nach diesem Interview zunächst die Intensivierung der Kontakte zu England, Italien und den USA vorangetrieben habe, um »den Deutschen ein Lektion zu erteilen«.

46 Siehe dazu Korte 1998, S. 439 f.; Biermann 1997, S. 101 f.; Gorbatschows Erklärung zu diesem Verfahren in Kuhn 1993, S. 35; Gorbatschow 1995a, S. 703 ff.

47 Der Besuch brachte allerdings keinen Durchbruch in den Beziehungen. Siehe dazu Adomeit 1997a, S. 264 ff.; mit positiverer Bewertung Genscher 1995, S. 543 f. Gorbatschow hatte, von Richard von Weizsäcker auf die deutsche Frage angesprochen, erklärt, darüber werde die Geschichte entscheiden. Was in hundert Jahren sein werde, könne heute noch niemand sagen.

48 Tejmuras Stepanow berichtete im Interview v. 28. 10. 1997, daß Kohl zuvor immer wieder heftig um einen Besuch Gorbatschows in Bonn geworben habe. So habe er gegenüber Eduard Schewardnadse bereits 1988 nachdrücklich betont, »Wir sind die Kraft, die Sie unterstützen wird!«, und eine langfristig neue Qualität der Zusammenarbeit in Aussicht gestellt.

49 Zur Bewertung des Durchbruchs siehe v. a. Tschernajew 1993a, S. 228 f.; das Zitat bei Gorbatschow 1995a, S. 705. Adomeit 1997a, S. 241, zeigt, daß die Buch-Metapher seit 1986 immer wieder auftauchte, ohne daß das neue Kapitel der deutsch-sowjetischen Beziehungen zunächst tatsächlich geschrieben wurde. Vgl. außerdem Biermann 1997, S. 103; Teltschik 1989; Korte 1998, S. 440 ff.

50 So Sergej Tarassenko im Interview v. 27. 10. 1997. Vgl. auch Biermann 1997, S. 134, wonach Kohl zunächst den Verlauf des Gorbatschow-Besuches in der Bundesrepublik abwarten wollte.

51 Zum guten Verlauf der Vorbereitungen siehe auch Vermerk Referat 212 (Westdickenberg) v. 5. 5. 1989, betr.: »Deutsch-sowjetischer Besuchsaustausch auf höchster politischer Ebene; hier: Ressortbesprechung am 25. April 1989, 15.00–17.00 Uhr« (213–30105 S25 So16, Bd. 2). Bei dieser Besprechung lobten die meisten Ressortvertreter den guten Verlauf der Gespräche. Horst Teltschik wies auf ein Gespräch mit Wadim Sagladin hin, bei dem ihm der Präsidentenberater noch einmal die hohen Erwartungen der sowjetischen Seite an den Besuch verdeutlicht hatte. Die Diskussion um die Einbeziehung West-Berlins sorgte auch innerhalb der sowjetischen Administration für Reibungen, da Außenminister Schewardnadse und seine engsten Mitarbeiter immer weniger Verständnis für die von den Diplomaten der für die Bundesrepublik zuständigen 3. Westeuropäischen Abteilung des sowjetischen Außenministeriums vertretene Blockadehaltung hatten. So auch Sergej Tarassenko im Interview v. 27. 10. 1997. Siehe dazu die ausführliche Darstellung bei Biermann 1997, S. 128 ff.; Pfeiler 1991b, bes. S. 122 ff.; die Schilderung der beiden Hauptakteure in Gorbatschow 1995a, S. 706 ff., und Diekmann/Reuth 1996, S. 39 ff.

52 Abgedruckt in Bulletin Nr. 61 v. 15. 6. 1989, S. 542 ff. Das Dokument wurde unter der Leitung von Dieter Kastrup und Alexander Bondarenko ausgehandelt. Zur Interpretation siehe auch Biermann 1997, S. 134 ff. Aus deutscher Sicht war besonders wichtig, daß Gorbatschow in der Erklärung explizit anerkannte, daß auch die USA und Kanada im »gemeinsamen europäischen Haus« einen Platz haben sollten.

53 Vgl. dazu Gorbatschows positive Äußerungen im Gespräch der beiden Delegationen, wiedergegeben in Vermerk Referatsleiter 212 (Kaestner) v. 14. 6. 1989, betr.: »Staatsbesuch Generalsekretär Gorbatschow (12.–15. Juni 1989); hier: Delegationsgespräch des Herrn Bundeskanzlers mit Generalsekretär Gorbatschow. Bonn, 13. Juni 1989, 11.40 Uhr – 13.15 Uhr« (213–30105 S25, Bd. 3, mit Kohls Zustimmung auf dem Anschreiben, den Vermerk an die Minister Haussmann und Genscher weiterzuleiten. Kohl und Gorbatschow waren nach ihrem Vier-Augen-Gespräch

gegen 12.40 Uhr zu den Delegationen gestoßen); Adomeit 1997a, S. 396f.; Matlock 1995, S. 152; Gorbatschow 1995a, S. 706 ff. Zu Medienberichten über die »Gorbimanie« der Deutschen und kritischen Stimmen im westlichen Ausland, wonach der Jubel für Gorbatschow die Gefahr einer Abwendung der Bundesrepublik vom Westen zeige, siehe Biermann 1997, S. 135. Kohl war sich dieser Gefahr bereits im Vorfeld bewußt. Die Gemeinsame Erklärung müsse in die Zukunft weisen, dürfe aber bei keiner der beiden Seiten oder den jeweiligen Verbündeten Mißtrauen auslösen, hatte er Schewardnadse bereits bei Vorgesprächen im Mai 1989 erklärt. Vgl. dazu Vermerk Neuer v. 16. 5. 1989, betr.: »Gespräch des Bundeskanzlers mit dem sowjetischen Außenminister Schewardnadse am Freitag, dem 12. Mai 1989 von 16.00 bis 17.00 Uhr« (213–30105 S25 So16). Nach dem Besuch Gorbatschows in der Bundesrepublik informierte Kohl die wichtigsten westlichen Verbündeten – Bush, Mitterrand und Thatcher – in Telefonaten persönlich über den Verlauf. Außenminister Genscher reiste zudem zur Unterrichtung der US-Regierung nach Washington. In seiner abschließenden öffentlichen Erklärung zum Gorbatschow-Besuch wies Kohl darauf hin, daß es keine deutschen Alleingänge oder Versuche der UdSSR, an der Bündnistreue Bonns zu rütteln, gegeben habe. Vgl. dazu Biermann 1997, S. 135.

54 Zu den Begegnungen siehe AL 2 v. 13. 6. 1989, »Vermerk über das Gespräch des Herrn Bundeskanzlers mit dem Generalsekretär des Zentralkomitees der Kommunistischen Partei der Sowjetunion, Vorsitzenden des Obersten Sowjets der Union der Sozialistischen Sowjetrepubliken, Michail S. Gorbatschow, am 12. Juni 1989, 15.15 Uhr bis 16.30 Uhr im Bundeskanzleramt« (21–30130 S 25 – De 2/4/89); AL 2 v. 16. 6. 1989, »Vermerk über das Gespräch des Herrn Bundeskanzlers mit dem Generalsekretär des Zentralkomitees der Kommunistischen Partei der Sowjetunion, Vorsitzenden des Obersten Sowjets der Union der Sozialistischen Sowjetrepubliken, Michail S. Gorbatschow, am 13. Juni 1989, 12.00 Uhr bis 13.15 Uhr, im Bundeskanzleramt« (21–30130 S 25 – De 2/6/89; »Entwurf«; von Kohl auf dem beigefügten Anschreiben mit »Teltschik R« markiert). In diesem Treffen schlug Kohl unter anderem die Ernennung von persönlichen Beauftragten aus dem Mitarbeiterkreis vor, die im vertraulichen Gespräch Möglichkeiten eruieren sollten, pauschal verurteilten deutschen Kriegsgefangenen Gerechtigkeit zukommen zu lassen. Vgl. dazu auch Kohls eigene Schilderungen und Wertungen in Diekmann/Reuth 1996, S. 40 ff.; Gorbatschow 1995a, S. 708 ff., der eine Auflistung der behandelten Themen bietet. Zu Kohls Berichten und persönlichen Einschätzungen über den neuen amerikanischen Präsidenten George Bush und dessen Ehefrau Barbara siehe Tschernajew 1993a, S. 258.

55 Zu diesem von Kohl immer wieder geschilderten Ereignis siehe z.B. seine Darstellung in Diekmann/Reuth 1996, S. 43 ff., und – mit dem Vergleich zwischen dem Rhein und der deutschen Frage sowie der Einschätzung, daß sich durch dieses Gespräch »etwas verändert« habe – in Kuhn 1993, S. 32 ff. Vgl. auch die Analyse bei Biermann 1997, S. 138.

56 Zur gemeinsamen Pressekonferenz mit Mitterrand am 5. 7. 1989 in Paris vgl. die Übersetzung des Wortprotokolls. Dem Bundeskanzler wurden von seinen Mitarbeitern der Text und eine Analyse zugeleitet. Kohl wurde bereits vor Beginn der Vereinigungsdiskussion fortlaufend über wichtige Reden Gorbatschows informiert. Vgl. dazu auch Biermann 1997, S. 136 ff.

57 Vgl. dazu die Darstellungen bei Gorbatschow 1995a, S. 701; Genscher 1995, S. 543 f. Für eine Analyse des Weizsäcker-Besuches in Moskau und der folgenden Entwicklungen siehe auch Adomeit 1997a, S. 264 ff.; Biermann 1997, S. 124 ff.

58 Vgl. die ausführliche Analyse über die »Neue Nachdenklichkeit in Moskau« bei

Biermann 1997, S. 112 ff., der die unterschiedlichen deutschlandpolitischen Strömungen im Umfeld der sowjetischen Führung untersucht. Das Zitat zur »olympischen Ruhe« entstammt Falin 1993a, S. 480.
59 Vgl. dazu Biermann 1997, S. 106 ff.; Adomeit 1997a, S. 220 ff. Zur Massenflucht aus der DDR im Sommer 1989 siehe auch Korte 1994, S. 44 ff.; Korte 1998, S. 445 f.; Biermann 1997, S. 148 ff., dessen ausführliche Analyse sich auch mit der innenpolitischen Situation in der DDR befaßt.
60 So auch Miklós Németh im Interview v. 5. 6. 1997. Vgl. auch Wettig 1994, S. 24 f.
61 Vgl. dazu Biermann 1997, S. 179 und S. 200 ff.; Adomeit 1997a, S. 401 ff.; Interview mit Wadim Sagladin v. 29. 10. 1997. Zu Gorbatschows Zögern, nach Ost-Berlin zu reisen, siehe auch Interview mit Wjatscheslaw Kotschemassow am 20. 5. 1995. Gorbatschow hatte demnach anläßlich eines Besuches des sowjetischen Botschafters in Ost-Berlin im August 1989 seiner Teilnahme zugestimmt, um am Rande der Feierlichkeiten Honecker und dem Politbüro noch einmal die Notwendigkeit von tiefgreifenden Reformen deutlich zu machen. Über seine wachsende Beunruhigung nach der Visite in der DDR berichtet der Generalsekretär in Gorbatschow 1995a, S. 711 f. Zur geschilderten Episode mit Rakowsky siehe *Frankfurter Allgemeine Zeitung* v. 17. 3. 1998, Die Einheit war eine Sache der Deutschen. Vgl. auch die verschiedenen Interviewauszüge in Kuhn 1993, S. 47 ff.
62 Ostdeutsche Protokolle der Gespräche Gorbatschows in Ost-Berlin finden sich in Stephan 1994, S. 240 ff. und S. 252 ff. Zu Andeutungen ostdeutscher Politbüro-Mitglieder, Honecker ablösen zu wollen, siehe Adomeit 1997a, S. 413; Biermann 1997, S. 201 und S. 210 ff. Heftige Kritik, Gorbatschow habe mit der DDR-Führung nie »Klartext« geredet und die Reformer im Politbüro nicht unterstützt, übte Igor Maximytschew im Interview v. 19. 5. 1995; ähnlich Wjatscheslaw Kotschemassow im Interview v. 20. 5. 1995.
63 Siehe dazu Biermann 1997, S. 204. In verschiedenen Wendungen benutzte Gorbatschow die Formulierung dreimal im Gespräch mit Honecker und viermal im Treffen mit dem Politbüro. Zuvor hatte er bereits vor Journalisten gemahnt: »Gefahren warten nur auf jene, die nicht auf das Leben reagieren.«
64 Siehe dazu sowie zum folgenden Biermann 1997, S. 207 ff. und S. 220 ff.; Adomeit 1997a, S. 413 ff. Die Zurückhaltung Gorbatschows bei der Ablösung Honeckers bestätigte auch Wjatscheslaw Kotschemassow im Interview v. 20. 5. 1995. Ob der sowjetische Generalsekretär mit der Wahl von Krenz statt Modrow zum neuen starken Mann der DDR zufrieden war, wollte Kotschemassow nicht bestätigen. Anders noch seine Darstellung Ende Oktober 1989 bei einem Treffen mit dem Ständigen Vertreter der Bundesrepublik in Ost-Berlin, Bertele. Krenz, so Kotschemassow mehrfach, sei die beste Wahl und besitze, da er reformorientiert sei, das volle Vertrauen Moskaus. Siehe dazu Telex StäV an ChBK v. 25. 10. 1989 (B 137/ 10729). Von der protokollarischen Herabsetzung Krenzs in der sowjetischen Berichterstattung über dessen Moskau-Besuch war, so Informationen aus dem Auswärtigen Amt, bereits am 2. 11. 1989 ausführlich von der Moskauer Botschaft nach Bonn berichtet worden. Die sowjetische Seite habe offensichtlich bewußt jeden Eindruck einer persönlichen Beziehung zwischen Gorbatschow und Krenz vermieden. Das DDR-Protokoll des Gesprächs – mit dem Zitat zu den »Realitäten der Nachkriegszeit...« – ist abgedruckt in Stephan 1994, S. 199 ff. Gorbatschow berief sich dabei auch auf die Haltung der drei West-Alliierten: Niemand wolle das Gleichgewicht in Europa stören. Der »Schwarze Peter« werde vom Westen allerdings in öffentlichen Reden nur der Sowjetunion zugeschoben.
65 Siehe dazu sowie zum folgenden die detailreiche Darstellung in Hertle 1996; die zusammenfassende Analyse zur sowjetischen Beteiligung in Biermann 1997,

S. 227 ff. Im Interview v. 20. 5. 1995 wies Botschafter Kotschemassow noch einmal darauf hin, daß die sowjetische Seite lediglich über Pläne zur Öffnung einzelner Grenzübergänge im Südwesten der DDR unterrichtet worden sei. Er selbst sei von Krenz am späten Abend des 8.11. über die labile innenpolitische Lage in der DDR informiert worden und habe daraufhin General Snetkow von der Westgruppe der sowjetischen Streitkräfte telefonisch angewiesen, sich keinesfalls in eventuelle Auseinandersetzungen zwischen Demonstranten und DDR-Ordnungskräften einzumischen. Am 9.11., gegen 1 Uhr morgens, habe er erfahren, daß seine Anordnung weitergeleitet worden sei. Am Nachmittag dieses Tages habe er dann die Information erhalten, daß mittlerweile »aus Moskau« eine gleichlautende Order eingetroffen sei. Bis zu diesem Zeitpunkt habe es keinen expliziten Befehl zum Gewaltverzicht gegeben. Vgl. dazu auch Adomeit 1997a, S. 435 ff.

66 Vgl. dazu sowie zum folgenden v. a. Biermann 1997, S. 231 ff. Die wichtigsten Beteiligten – Gorbatschow, Schewardnadse und Tschernajew – haben sich in ihren Memoiren nicht zu den unmittelbaren Reaktionen auf die Nachricht der Grenzöffnung geäußert. Über interne Vorschläge zum Einsatz sowjetischen Militärs zur Schließung der Grenze berichtete auch Sergej Tarassenko im Interview v. 27. 10. 1997. Hintergrund sei weniger die Bereitschaft zur Gewaltanwendung gewesen als vielmehr die Annahme, daß die aufgewühlte Situation in der DDR sich bereits durch demonstrative Truppenverlegungen der UdSSR hätte beruhigen lassen.

67 In einem betont herzlich und persönlich geführten Telefongespräch hatte Kohl dem Generalsekretär am 11.10. noch einmal versichert, es liege nicht im Interesse der Bundesrepublik, wenn die Entwicklung in der DDR außer Kontrolle gerate. Statt dessen wolle man, daß die DDR sich dem Reformkurs Gorbatschows anschließe und die Menschen in ihrer Heimat blieben. Vgl. Vermerk Neuer v. 11. 10. 1989, betr.: »Telefongespräch des Bundeskanzlers mit Präsident (sic!) Gorbatschow am Mittwoch, dem 11. Oktober 1989« (21-30100 (56) – Ge 28 (VS); von Kohl handschriftlich an »Teltschik« weitergeleitet). Zum ersten Kontakt zwischen den Regierungen der Bundesrepublik und der UdSSR nach dem Fall der Mauer siehe die Darstellung im Prolog »Die Mauer fällt«.

68 Vgl. zum folgenden v. a. die ausführlichen Untersuchungen zum sowjetischen Akteursrahmen bei Biermann 1997, S. 27 ff.; Adomeit 1997a, S. 299 ff.; Karaganov 1992, S. 336 ff. Im Mai 1989 war Gorbatschow zum Vorsitzenden des Obersten Sowjets der UdSSR gewählt worden und hatte damit die beiden höchsten Ämter in Staat und Partei in Personalunion inne. Zu seiner Vita siehe – neben seinen verschiedenen eigenen Veröffentlichungen – v. a. Sheehy 1992. Siehe auch Shumaker 1995.

69 Siehe dazu Adomeit 1997a, S. 308 f. Diesen Aspekt betonte auch Anatolij Tschernajew im Interview v. 29. 10. 1997 nachdrücklich.

70 Nikolaj Portugalow bezeichnete Tschernajew im Interview v. 29. 10. 1997 als »zentrale Zugangskontrolle« zu Gorbatschow; ohne Tschernajews Einverständnis habe kein außenpolitisch relevantes Papier den Schreibtisch des Generalsekretärs erreicht.

71 Zur Aufgabenteilung zwischen Stepanow und Tarassenko siehe auch Interview mit Sergej Tarassenko v. 27. 10. 1997 sowie Interview mit Tejmuras Stepanow v. 28. 10. 1997. Die Ablehnung Schewardnadses und seiner beiden engsten Mitarbeiter im sowjetischen Außenministerium war auch Jahre nach deren Rückzug aus dem Amt noch in den Interviews mit (ehemaligen) Untergebenen und Kollegen spürbar. Zu den sonstigen personalpolitischen Veränderungen nach Schewardnadses Amtsantritt siehe v. a. Biermann 1997, S. 48 ff., der sich auch mit der Besetzung der beiden zentralen Botschafterposten in Bonn und Ost-Berlin befaßt.

72 Grosser 1993, S. 11.
73 Vgl. zur Problematik der französischen Deutschlandpolitik der Nachkriegszeit insgesamt Scharf/Schröder 1983 sowie darin insbesondere die Beiträge von Poidevin (Poidevin 1983) und Loth (Loth 1983). Zur anfangs restriktiven Politik vgl. Kolboom 1989, S. 416; Wolfrum 1990; Kiersch 1977. Die Annahme der Marshallplan-Hilfe war zwar ein erster Schritt in eine pragmatischere Richtung und bedeutete eine Neuorientierung in der französischen Deutschlandpolitik. Dennoch konzentrierten sich die französischen Bedrohungsvorstellungen immer noch maßgeblich auf Deutschland. Erst der Prager Machtwechsel im Februar 1948 und die einsetzende Berlin-Blockade im Juni desselben Jahres brachten die entscheidende Wende in französischer Politik und Perzeption. Vgl. ebenda, S. 14 ff. Dies fand seinen Niederschlag auch im Brüsseler Beistandsvertrag mit Großbritannien und den Benelux-Staaten v. 17.3.1948. Zwar enthielt dieser noch den Verweis auf den Fall einer erneuten deutschen Aggression; er war jedoch von seiner Gesamtintention bereits gegen die Sowjetunion gerichtet. Vgl. Ehrhart 1988, S. 89 f.; Grosser 1989, S. 74 f.
74 Vgl. zu diesem Wandel und den innenpolitischen Kontroversen Weisenfeld 1986, S. 29 ff.; Ziebura 1970, S. 50 ff.
75 Der Vertrag sah eine engere politische, ökonomische und militärische Kooperation vor. Regelmäßige Treffen der Regierungschefs sowie der Außen- und Verteidigungsminister sollten für eine bessere Koordinierung sorgen. Der Partner sollte vor wichtigen außenpolitischen Entscheidungen jeweils konsultiert werden. Beleg dafür, daß der Vertrag im Zeichen der Aussöhnung stand, war auch das darin vorgesehene deutsch-französische Jugendwerk. Vgl. den Text in Schwarz 1990, S. 35 ff.; zur Entstehung vgl. ebenda, S. 9 ff.
76 Mit dem als »Deutschlandvertrag« bezeichneten Vertragswerk (in seiner revidierten Fassung) v. 23.10.1954 wurde das Besatzungsregime der drei Mächte in der Bundesrepublik formal beendet. Ihre Souveränität blieb jedoch begrenzt, insofern als sich die West-Alliierten »die bisher von ihnen ausgeübten oder innegehabten Rechte und Verantwortlichkeiten in bezug auf Berlin und Deutschland als Ganzes einschließlich der Wiedervereinigung Deutschlands und einer friedensvertraglichen Regelung« vorbehielten. Mit dem im Mai 1955 von der Bundesrepublik ratifizierten Vertragswerk wurde ebenfalls ihr Beitritt zu NATO und WEU geregelt. Vgl. ausführlicher Wilhelm G. Grewe, Deutschlandvertrag, in Weidenfeld/Korte 1994, S. 234 ff. Zum sicherheitspolitischen Aspekt französischer Deutschlandpolitik vgl. allgemein Kaiser/Lellouche 1986.
77 Zu Frankreichs Sicherheitspolitik vgl. allgemein Gordon 1993. Der gescheiterte Vorschlag eines Dreierdirektoriums in der NATO sowie die Diskussion um das amerikanische Projekt einer Multilateralen Atomstreitmacht (MLF), mit dem Kennedy die atlantische Integration voranzutreiben suchte, beschleunigten den französischen Rückzug aus der militärischen Organisation der NATO, der schließlich 1966 erfolgte. Nicht zuletzt die Furcht vor einem deutschen Aufkündigen der Bündnistreue im Falle einer Vereinigung war ausschlaggebend für diesen Schritt. Aufschluß über diese Motivation geben de Gaulles Äußerungen: »Wir machen es jetzt. Deutschland wird es auch eines Tages machen. Länder wie die unseren können nicht unbegrenzt in einem System leben, in dem sie nicht über sich verfügen. Auf lange Sicht haben sie kein Vertrauen in sich selbst, und die Regierungen halten sich nicht, wenn diese Länder nicht unabhängig sind.« (Charles de Gaulle, Lettres, Notes et Carnets. Janvier 1964 – Juin 1966, Paris 1987, S. 26, hier zitiert nach Rouget 1989, S. 75).

78 Die zunehmende wirtschaftliche Prosperität der Bundesrepublik bei gleichzeitiger Krisenanfälligkeit der französischen Wirtschaft wurde erstmals auf der Bonner Währungskonferenz vom November 1968 deutlich, als die Bundesrepublik sich weigerte, die D-Mark zugunsten des Francs aufzuwerten. Die französische Furcht vor der militärischen Bedrohung wurde allmählich von der Wahrnehmung einer vermeintlichen wirtschaftlichen Übermacht – und damit einem gesteigerten politischen Selbstbewußtsein – der Bundesrepublik überlagert. Vgl. Woyke 1987, S. 51. Zum Zitat »Gleichgewicht der Ungleichgewichte« von Dominique Moïsi siehe *Die Zeit* v. 9. 12. 1988, Die Mark und die Bombe.

79 Die Abrüstungsdynamik zwischen den Supermächten gefährdete aus französischer Perspektive dieses »Gleichgewicht« zunehmend. So stellte Dominique Moïsi, stellvertretender Direktor von IFRI / Paris, Ende 1988 die Frage: »Kann die Bombe bald das Gewicht der Mark nicht mehr aufwiegen?«; vgl. ebenda.

80 Vgl. hierzu ausführlicher Buda 1990, S. 47 ff.; Woyke 1987, S. 52 ff.

81 Dies hatte auch de Gaulle trotz seiner auf »détente, entente, coopération« zielenden Ostpolitik bewiesen. Im sich verschärfenden Ost-West-Konflikt Anfang der sechziger Jahre demonstrierte de Gaulle hinsichtlich der Deutschland- und Berlin-Frage Härte und Entschlossenheit gegenüber der UdSSR; vgl. Woyke 1987, S. 52. Weiterführend zu diesem Konzept vgl. Schütze 1989.

82 Grundlage war die im Deutschlandvertrag der Bundesrepublik seitens der drei Westmächte zugesicherte Unterstützung ihrer Wiedervereinigungspolitik. In der Fassung v. 23. 10. 1954 heißt es dort in Art. 7, Absatz 2: »Bis zum Abschluß der friedensvertraglichen Regelung werden die Unterzeichnerstaaten zusammenwirken, um mit friedlichen Mitteln ihr gemeinsames Ziel zu verwirklichen: Ein wiedervereinigtes Deutschland, das eine freiheitlich-demokratische Verfassung, ähnlich wie die Bundesrepublik, besitzt und das in die europäische Gemeinschaft integriert ist.« Text in Auszügen abgedruckt in Kaiser 1991a, S. 135 ff.

83 Ehrhart 1988, S. 106. Entsprechend verfolgte de Gaulle lediglich gegenüber der DDR keine aktive Ostpolitik, betrachete er diese doch als Produkt Moskaus und nicht als eigenständige Nation; vgl. Woyke 1987, S. 54.

84 Ehrhart 1988, S. 158.

85 Nach Ernst Weisenfeld gehörte dieses von de Gaulle geprägte »Schema für die Behandlung der deutschen Frage« auch in der nachgaullistischen Ära zum Konsens in Frankreich; vgl. Weisenfeld 1986, S. 111 f.

86 Dies war nicht nur Merkmal für das erste Nachkriegsjahrzehnt, wie es beispielsweise die Diskussion um die Stalin-Noten belegt, sondern wurde zu einer psychologischen Konstante bei der Einschätzung des deutschen Nachbarn. So fand zwar die von der sozialliberalen Koalition betriebene Ostpolitik offiziell Frankreichs Zustimmung, was die französische Beteiligung an den 1970 beginnenden Vier-Mächte-Verhandlungen über Berlin dokumentierte. Insgesamt blieb Präsident Pompidou jedoch mißtrauisch gegenüber diesem Kurs der Bundesregierung. Vgl. dazu Meyer-Landrut 1988; Wilkens 1990.

87 Dies zeigt bereits der erste Satz aus Mitterrands Einleitung seiner grundlegenden »Überlegungen zur französischen Außenpolitik«: »Die französische Außenpolitik ordnet sich um einige einfache Ideen: die nationale Unabhängigkeit, das Gleichgewicht der militärischen Blöcke in der Welt, den Aufbau Europas, das Recht der Völker auf Selbstbestimmung, die Entwicklung der armen Länder.« (Mitterrand 1987, S. 15).

88 Vgl. Mitterrand 1981, S. 209.

89 Zitiert nach Ménudier 1981, S. 228.

90 Die sowjetischen SS 20-Raketen hatten aus französischer Sicht das Gleichgewicht auf dem Kontinent bereits verschoben und drohten dies nun in absehbarer Zeit global zu tun. Seine Einschätzung zur Bedeutung der Raketenfrage legte Mitterrand im November 1983 im französischen Fernsehen dar; vgl. Ehrhart 1988, S. 140. Schütze 1982, S. 594 f., sieht als weitere Gründe für eine stärkere proatlantische Orientierung die innenpolitische Absicherung von Mitterrands koalitionspolitischem Kurs – die Regierungsbeteiligung der Kommunisten hatte vehemente Kritik in Frankreich hervorgerufen –, seiner innenpolitischen Reformen sowie die Hoffnung auf amerikanische Gegenleistungen im wirtschafts- und währungspolitischen Bereich.

91 Text abgedruckt in Europa-Archiv, Nr. 5/1983, S. D145 ff.

92 Gemeinsame Erklärung von Bundeskanzler Helmut Schmidt und Staatspräsident François Mitterrand v. 24./25. 2. 1982 (39. deutsch-französische Konsultationen), abgedruckt in Europa-Archiv, Nr. 7/1982, S. D194. Die Besonderheit dieser Erklärung lag zum einen darin, daß Frankreich den NATO-Doppelbeschluß erstmals offiziell akzeptierte, und zum anderen in der Tatsache, daß Paris die Bundesrepublik nun in ihrem Bestreben unterstützte, die Konsultationen in der EG auch auf den Bereich der Sicherheitspolitik auszudehnen. Vgl. Ehrhart 1988, S. 153.

93 Vgl. Le Monde v. 8. und 9. 4. 1988, François Mitterrand, Lettre à tous les Français.

94 Weisenfeld 1986, S. 159.

95 Die französischen Bedenken liefen auf die Prognose eines erneuten Rüstungswettlaufs der »großen Zwei« sowie einen stärkeren Rückzug der USA aus Europa hinaus, was in Folge die französische Abschreckungsstrategie und damit die Sicherheitspolitik insgesamt in Frage gestellt hätte. Außerdem wurde befürchtet, neutralistische Tendenzen in Deutschland könnten so erneut forciert werden. Vgl. Ehrhart 1988, S. 147 ff.

96 Ein Anknüpfungspunkt für die neuen französisch-sowjetischen Kontakte lag in der von Frankreich und der UdSSR gleichermaßen ausgemachten Gefährdung durch SDI. Vgl. Woyke 1987, S. 132. Die Isolation Frankreichs in der EG nach dem Scheitern seiner sozialistischen Europapolitik Anfang der achtziger Jahre (so die Idee eines europäischen Sozialraums und das Memorandum des Ministers für europäische Angelegenheiten, André Chandernagor, über die »relance européenne« sowie die wirtschaftlichen Probleme Frankreichs (wirtschaftliche Talfahrt, mehrfache Abwertungen des Francs, hohe Arbeitslosigkeit und hohe Inflationsrate) ließen einen europapolitischen Kurswechsel angeraten erscheinen; vgl. dazu ausführlicher Guérin-Sendelbach 1993, S. 37 ff.; Cole 1994, S. 119 ff.; Ehrhart 1990, S. 131. Zu Mitterrands Zitat »Das wichtigste ist ...« siehe Mitterrand 1987, S. 20.

97 Vgl. Cole 1994, S. 126. Rede François Mitterrands zur Außenpolitik in Lille am 7. 2. 1986, Auszüge in Frankreich-Info, Nr. 7/1986, 17. 2. 1986.

98 Seine Forderung, alle europäischen Partner gleichberechtigt zu behandeln, hatte Mitterrand zu Beginn seiner ersten Amtsperiode mit einer Annäherung an Großbritannien und Italien unterstrichen. Der Versuch scheiterte; eine echte Alternative zur deutsch-französischen Kooperation war nicht in Sicht. Vgl. dazu ausführlicher Guérin-Sendelbach 1993, S. 31 ff.

99 Nachdem die Beziehungen Mitterrands zu Helmut Schmidt – zumindest anfänglich – getrübt waren, da dieser sich für eine Wiederwahl Giscard d'Estaings ausgesprochen hatte, wurde mit Helmut Kohl – trotz unterschiedlicher parteipolitischer Orientierungen – eine neue Intensität im deutsch-französischen Dialog eingeleitet. Guérin-Sendelbach urteilt über die Zusammenarbeit der beiden Staatsmänner: »Die Beziehung Kohl/Mitterrand (...) war in den achtziger Jahren ein Verhältnis, in dem das objektive Interesse der Staaten an einer Entente größer war als die Gemeinsamkeit ideologischer und kultureller Werte oder Perspektiven.«; Guérin-Sendelbach 1993, S. 29.

100 So hatten diese gemeinsam das Europäische Währungssystem und die Direktwahl zum Europäischen Parlament initiiert. Vgl. z. B. Guérin-Sendelbach 1993, S. 53. Zur Bilanz des französischen Präsidenten siehe Mitterrand 1987, S. 109.

101 Auf der Ebene institutioneller Weiterentwicklung der Gemeinschaft zeigte sich Mitterrand zwar in Fragen der Supranationalität zugänglicher als noch sein Vorgänger Giscard d'Estaing, hinsichtlich einer Kompetenzerweiterung des europäischen Parlaments, wie von der Bundesregierung gefordert, konnte jedoch keine Einigung erzielt werden. Ein Konsens über eine gesamtwirtschaftliche Strategie konnte ebensowenig erzielt werden (etwa im Hinblick auf die GATT-Verhandlungen). Unstimmigkeiten zeigten sich auch hinsichtlich der konzeptionellen Ausgestaltung einer europäischen Wirtschafts- und Währungsunion zwischen französischen Monetaristen und deutschen Ökonomisten. Mitterrands Antwort auf die militärisch-technologische Herausforderung SDI – die EUREKA-Initiative vom April 1985 – stieß bei der Bundesregierung aufgrund ihrer positiven Haltung gegenüber der Strategischen Verteidigungsinitiative auf deutliche Zurückhaltung. Vgl. hierzu sowie zum folgenden Guérin-Sendelbach 1993, S. 227; Ehrhart 1988, S. 166.

102 Dies fand seinen konkreten Niederschlag im Verhalten Mitterrands. Als Beispiel dafür kann etwa der Umstand vermerkt werden, daß François Mitterrand bei seinem Berlin-Besuch 1985 nicht direkt von Paris nach Berlin flog, wie zuvor noch Staatspräsident Giscard d'Estaing, sondern den Umweg über Bonn machte, um sich von Bundeskanzler Kohl begleiten zu lassen. Vgl. Weisenfeld 1985, S. 311.

103 Die von Gorbatschow eingeleitete Entspannungsphase in den Ost-West-Beziehungen, die damit einhergehende Angst Frankreichs vor einer Denuklearisierung Europas und der Entwertung des eigenen Abschreckungspotentials sowie schließlich die erneute Raketenfrage 1986/87 und die Debatte um eine Null-Lösung führten in Frankreich zu der Erkenntnis, daß das durch den NATO-Doppelbeschluß wiederhergestellte Kräftegleichgewicht nur scheinbar war. Deshalb strebte Mitterrand nach dem Regierungswechsel 1988 durch eine aktive Ostpolitik die Erweiterung französischen Handlungsspielraums an. Anläßlich des 25. Jubiläums des Elysée-Vertrages am 23. 1. 1988 unterstrichen Mitterrand und Kohl die Notwendigkeit eines Dialogs mit Osteuropa sowie einer gemeinsamen Ostpolitik. Auch der neu geschaffene Sicherheits- und Verteidigungsrat sollte dazu beitragen. Reden abgedruckt in Schwarz 1990, S. 60ff.

104 Die eher positiven Reaktionen Bonns auf Gorbatschows Abrüstungsvorschläge ließen in Frankreichs »classe politique« die Wogen des Mißtrauens gegenüber der Bündnistreue der Bundesrepublik erneut hochschlagen. Vgl. dazu Kolboom 1987.

105 Vgl. Kiersch 1989, S. 158. Bei der Bezeichnung des Botschafters lag die Betonung insbesondere auf der Präposition »bei« anstelle von »in« – Ausdruck für die »peinlich genaue Wahrung der Rechtsposition der Westmächte«, denn die französische Botschaft befand sich in Ost-Berlin, und damit streng genommen nicht in der DDR; vgl. Meyer zu Natrup 1988, S. 311.

106 Dies fand seinen Niederschlag in den beiderseitigen Handelsbilanzen. So weist Meyer zu Natrup (Meyer zu Natrup 1988) darauf hin, daß französische Exporte immer dann (kurzfristig) kräftig zunahmen, wenn die DDR unmittelbare politische Ziele damit zu verwirklichen hoffte – wie beispielsweise in ihrem Ringen um diplomatische Anerkennung in den Jahren von 1970 bis 1972, als französische Exporte um über 200 Prozent anstiegen. Importzusagen seitens der DDR kam also sowohl eine »Katalysator«- als auch »Belohnungs«-Funktion zu.

107 Der Anteil des französischen Exports in die DDR betrug nicht mehr als 0,4 Prozent des gesamten Exports, was lediglich 1,6 Prozent des Handelsumfangs zwischen der Bundesrepublik und Frankreich entsprach, vgl. ebenda, S. 316.

108 Zum politischen Dissens vgl. z. B. die Aussagen von Premierminister Laurent Fabius anläßlich seines Besuches v. 11./12.6. 1985 in Ost-Berlin, abgedruckt in Frankreich-Info, Nr. 20/1985, 27.6. 1985. Aus Rücksichtnahme auf die Bundesrepublik war auf französischen Wunsch dem Besuch Honeckers in Paris dessen Visite in Bonn vorausgegangen. Darüber hinaus wurde der Besuchstermin (7. bis 9.1. 1988) so eingerichtet, daß er zeitlich nicht zu sehr in die Nähe des fünfundzwanzigjährigen Jubiläums des Elysée-Vertrages (22./23.1. 1988) geriet. Vgl. hierzu sowie zu den folgenden Zitaten (beispielsweise aus einem Interview Mitterrands mit der »Aktuellen Kamera« des DDR-Fernsehens am 6.1. 1988) Kuppe 1988a, S. 113 ff. Gemäß »dem üblichen Muster der DDR-Rhetorik« war »die Werbung für die abrüstungspolitische Position der Sowjetunion« Hauptgegenstand von Honeckers Erklärungen in Paris. Insbesondere die Forderung nach einer Abrüstung nuklearer Kurz- und Mittelstreckenraketen stieß in Frankreich auf heftigen Widerstand; vgl. Meyer zu Natrup 1988, S. 315.
109 Schütze 1990, S. 133. Die Pressekonferenz ist in Auszügen abgedruckt in Dokumente, Nr. 5/1989, S. 433.
110 Interview mit den Tageszeitungen *El País, La Republica, Süddeutsche Zeitung* und *The Independent* sowie der Wochenzeitschrift *Le Nouvel Observateur*, hier zitiert nach: *Süddeutsche Zeitung* v. 27. 7. 1989, Die Wiedervereinigung ist ein berechtigtes Anliegen.
111 Über den Inhalt seiner vorausgegangenen Gespräche mit dem sowjetischen Staats- und Parteichef in Paris hinter verschlossenen Türen ist vielfach gerätselt worden. Um so vielsagender war Mitterrands Antwortverhalten in diesem Kontext. Gefragt, ob er sich mit Gorbatschow über die Frage einer Vereinigung unterhalten habe, antwortete er mit dem Verweis darauf, daß eine Vereinigung friedlich und demokratisch vonstatten gehen müsse. Sein deutliches Ausweichen in dieser Frage könnte ein Anzeichen dafür sein, daß es hierüber sehr wohl Verständigungen gegeben hatte. Vgl. ebenda; keine Aussagen macht Gorbatschow 1995a, S. 651 ff.
112 Vgl. *Die Zeit* v. 28.7. 1989, Scharf bewachtes Deutschland.
113 *Süddeutsche Zeitung* v. 27.7. 1989, Die Wiedervereinigung ist ein berechtigtes Anliegen.
114 Siehe hierzu sowie zu den folgenden Zitaten Schütze 1990, S. 137.
115 Vgl. 54. deutsch-französische Konsultationen, Bonn, 3.11. 1989, Auszüge abgedruckt in der Dokumentation der Französischen Botschaft, Erklärungen des französischen Staatspräsidenten zu Deutschland (27.7. bis 31.12.) – ohne Seitennumerierung; zu den Äußerungen des französischen Außenministers vgl. *Le Monde* v. 11.11. 1989, M. Roland Dumas: Des avancées à grands pas.
116 Vgl. *The Times* v. 11.11. 1989, Tremors of fear for the French. Dumas' Stellungnahme ist zitiert nach *Frankfurter Allgemeine Zeitung* v. 10.11. 1989, Internationale Realitäten. Zur ersten Reaktion siehe M. Roland Dumas, Des avancées à grands pas, in *Le Monde* v. 11.11. 1989. Mitterrands erster offizieller Kommentar ist zitiert in *Libération* v. 11./12.11. 1989, La classe politique française se réjouit.
117 Einen Einblick in die Beziehungen zwischen Kohl und Mitterrand sowie Genscher und Dumas geben deren Memoiren. Vgl. dazu Diekmann/Reuth 1997, Mitterrand 1996, Genscher 1995, Dumas 1996. Weitere Hinweise entstammen verschiedenen Interviews mit Mitarbeitern der Politiker sowie mit Roland Dumas v. 28.11. 1995.
118 Zahlreiche Hinweise zum Arbeitsstil von Mitterrand entstammen dem Interview mit Jean-Louis Bianco v. 27.11. 1995.
119 Siehe zur von sicherheitspolitischen Überlegungen geprägten britischen Deutschlandpolitik v. a. Mayer 1994, S. 269 ff.; Bullard 1992. Zu den Grundsätzen des deutsch-britischen Verhältnisses bis Ende 1989 siehe Reynolds 1991; Mander 1974;

Glees 1993, S. 35 ff.; Heydemann 1994, S. 363 ff. Einen guten Einblick in die britische Sichtweise bietet ein Vortrag des britischen Botschafters in Bonn, Sir Christopher L. G. Mallaby, vom April 1989 (Mallaby 1989).

120 Um so mehr war die deutsche NATO-Mitgliedschaft auch 1989/90 eine conditio sine qua non. Aus britischer Perspektive wäre absolut inakzeptabel gewesen, Deutschlands Vereinigung zum Preis seiner Neutralisierung zuzulassen. Dies hätte zwangsläufig eine Schwächung der NATO und folglich eine Gefahr für die eigene Sicherheit bedeutet. Vgl. dazu Interviews mit Pauline Neville-Jones v. 4. 6. 1997; Charles Powell v. 3. 6. 1997.

121 Zu den Beziehungen Großbritanniens zur DDR siehe z. B. Josef Foschepoth, Vereinigtes Königreich und deutsche Einheit, in Weidenfeld/Korte 1991, S. 705 ff. Vgl. außerdem Fink 1979, bes. S. 513 ff. Zu den diplomatischen Beziehungen und ihren Unterschieden im Vergleich zu anderen osteuropäischen Staaten siehe zudem Bullard 1992, S. 33.

122 Zur Krise der deutsch-britischen Beziehungen im Frühjahr 1989 sowie zur Königswinter-Konferenz siehe z. B.: *Frankfurter Allgemeine Zeitung* v. 13. 3. 1989, Was bedeutet Europäisierung in der Ostpolitik? Einen Einblick in britische Pressestimmen gibt Werner Kastor, Anti-deutsche Pressekampagne in Großbritannien, in Parlamentarisch-Politischer Pressedienst v. 28. 4. 1989. Zum weiteren Verhältnis siehe zudem Heydemann 1992, S. 201 ff. Einblick in die Bedenken der Briten hinsichtlich der konstatierten deutschen »Gorbi-Manie« bieten z. B. *Stuttgarter Zeitung* v. 15. 6. 1989, Die Briten machen aus ihrer Skepsis keinen Hehl; *Kölner Stadt-Anzeiger* v. 15. 6. 1989, Gorbi-Begeisterung irritiert die Briten. Der Ausspruch Mallabys von der »stillen Allianz« ist zitiert nach *Frankfurter Allgemeine Zeitung* v. 26. 9. 1989, Britischer Lärm in der Stillen Allianz? Zum guten Verhältnis Gorbatschow – Thatcher siehe z. B. Beschloss/Talbott 1993, S. 41 f. Mit den innenpolitisch motivierten Personalwechseln im Außenministerium beschäftigen sich: Europa-Archiv, Nr. 15–16/1989, S. Z143; *Neue Zürcher Zeitung* v. 30. 6. 1989, Personalwechsel im Hause Thatcher; *Neue Zürcher Zeitung* v. 30. 9. 1989, Vertrauenseinbuße der Regierung Thatcher; *Frankfurter Allgemeine Zeitung* v. 31. 9. 1989, Auch angeschlagen wankt sie nicht; *The Observer* v. 29. 9. 1989, And then there was one...; *Newsweek* v. 6. 11. 1989, Bad Reviews for a One-man-Show.

123 So habe Margaret Thatcher viel mehr zum Durchbruch im Verhältnis des Westens gegenüber Gorbatschow beigetragen als etwa Ronald Reagan, betonte Pauline Neville-Jones im Interview v. 4. 6. 1997. Nach Gorbatschows erstem Besuch in London habe die britische Regierungschefin festgestellt, daß sie mit diesem Mann »Geschäfte« machen könne. Gleichwohl habe sie ihm von Anfang an unmißverständlich zu verstehen gegeben, daß sie den Kommunismus verabscheue, so Bernard Ingham im Interview v. 4. 6. 1997. Der Fall des Eisernen Vorhangs und damit der Bankrott des kommunistischen Systems habe Thatcher folglich mit großer Genugtuung erfüllt – nicht jedoch die Aussicht auf eine Vereinigung Deutschlands. In gewisser Weise habe sie sich als eine der Hauptverantwortlichen im Westen dafür gesehen, die Sowjetunion zu einer Öffnung und zu Reformen zu bewegen. Ihre Sorge um mögliche Rückschläge für diesen Reformkurs war entsprechend groß. Die Perspektive der deutschen Einheit erschien ihr dabei als besonderes Risiko (vgl. auch Interview mit Sir Charles Powell v. 3. 6. 1997).

124 Auf die herausragende Bedeutung historischer Bezüge für Thatchers politisches Denken und Handeln wiesen übereinstimmend im Interview Sir Christopher Mallaby (v. 3. 6. 1997), Sir Charles Powell (v. 3. 6. 1997) sowie Sir Bernard Ingham (v. 4. 6. 1997) hin. Dies sowie Thatchers Neigung, sich von ihrem politischen Instinkt leiten zu lassen, anstatt sich rein rational zu orientieren, bildeten den speziellen

Hintergrund für Margaret Thatchers höchst problematisches Verhältnis zu den deutsch-deutschen Entwicklungen in den Jahren 1989/90.
125 Zum Verhältnis von Kohl und Thatcher im Frühjahr 1989 siehe z.B. die Bemerkungen in Thatcher 1993, S. 1033; über ihre frühere Bewunderung für Kohls Standfestigkeit in der Frage des NATO-Doppelbeschlusses Anfang der achtziger Jahre siehe ebenda, S. 476. Zurückhaltendere Äußerungen Kohls über Thatcher und das beiderseitige Verhältnis finden sich z.B. in Diekmann/Reuth 1996, S. 196. Für eine Bilanz siehe Wallace 1991, der Thatcher eine »personenbezogene Diplomatie, von einem gut funktionierenden diplomatischen Apparat gestützt«, zuschreibt (S. 45). Auf einen personenbezogenen Regierungsstil weist zudem Madgwick 1992, S. 196 hin. Die Einschätzung von Thatchers Deutschlandbild findet sich bei Heydemann 1994, S. 369; Isolationismus, Fremdenfeindlichkeit und Angst vor einem übermächtigen Deutschland als zentrale Ordnungselemente von Thatchers politischer Gedankenwelt nennt ihr langjähriger außenpolitischer Berater George R. Urban in seiner Gesamtbetrachtung ihrer Außenpolitik: Urban 1996, u. a. S. 102 ff., 124 ff., 131 ff. und 140 ff. Siehe hierzu auch die Ausführungen im Zusammenhang mit der Chequers-Affäre. Daß Thatchers Einstellung innerhalb der britischen Bevölkerung relativ weit verbreitet war, zeigt Kettenacker 1991. Die Brügge-Rede ist auszugsweise abgedruckt in Europa-Archiv, Nr. 24/1988, S. 682, das Urteil »falsch und ein Vorspiel zu ihrem Untergang« findet sich in Urban 1996, S. 100. Thatchers Urteil über deutsche Politiker und deren Nationalbewußtsein findet sich in Thatcher 1992, S. 1034. Die Szene mit dem Hinweis auf seine beiden Söhne beschreibt Kohl in Diekmann/Reuth 1996, S. 340 f. Kohl schilderte diese Anekdote auch im Gespräch mit Gorbatschow im Juni 1989 in Bonn. Siehe AL 2 v. 16. 6. 1989, »Vermerk über das Gespräch des Herrn Bundeskanzlers mit dem Generalsekretär des Zentralkomitees der Kommunistischen Partei der Sowjetunion, Vorsitzenden des Obersten Sowjets der Union der Sozialistischen Sowjetrepubliken, Michail S. Gorbatschow, am 13. Juni 1989, 12.00 Uhr bis 13.15 Uhr im Bundeskanzleramt« (21–30130 S 25 – De 2/7/89; »Entwurf«). Weitere Einblicke in das nicht immer konfliktfreie Verhältnis der beiden Politiker und die Folgen der Nachrüstungsdiskussion geben z.B. Baker 1996, S. 88, mit dem Hinweis auf den privaten Charakter der Auseinandersetzung; Teltschik 1993, S. 188. Zum Besuch der Premierministerin in der Heimat des Kanzlers und der gemeinsamen Pressekonferenz in Deidesheim siehe z.B. die beiden Artikel in der *Süddeutschen Zeitung* v. 2. 5. 1989, Mühsamer Balanceakt in der Idylle; beziehungsweise Keine Annäherung zwischen Thatcher und Kohl; außerdem: *Frankfurter Allgemeine Zeitung* v. 2. 5. 1989, Auf der Suche nach den Ursachen der eisigen Atmosphäre; *Die Rheinpfalz* v. 2. 5. 1989, Deidesheimer Gipfel ohne Annäherung; *The Guardian* v. 3. 5. 1989, Thatcher message to Kohl in defence white paper. Die Ismay-Definition der NATO-Aufgaben findet sich z.B. in Heydemann 1992, S. 205.
126 Vgl. zum schwierigen Verhältnis der beiden Politiker zueinander Interview mit Sir Charles Powell v. 3. 6. 1997, der außerdem darauf verweist, daß Helmut Kohl derjenige war, der sich stärker um eine erfolgreiche bilaterale Beziehung bemühte. Die Größe und das Gewicht Deutschlands innerhalb Europas und Thatchers verinnerlichte Sorge vor einem (zu) mächtigen Deutschland – Resultat ihrer persönlichen Erfahrungen aus den dreißiger und vierziger Jahren – ließen ein unbeschwertes und pragmatisches Verhältnis nicht zu. Allerdings unterstrich Powell auch, daß die beiden sich keineswegs ständig bekämpft hätten.
127 Der Satz von Julian Critchley ist zit. nach Clarke 1992, S. 236.
128 Vgl. dazu ausführlicher Clarke 1992, S. 240. In diesem Zusammenhang fallen häufig auch die Namen Whitelaw, Gow, Whitmore, Sherman und Hoskyns. Doch im

Vergleich zu den erstgenannten stehen sie in der zweiten Reihe. Vgl. dazu ebenda, S. 200. Verschiedentlich wird das »Küchenkabinett« allerdings explizit dem Prime Minister's Office zugeordnet (so z. B. Madgwick 1991, S. 107 ff.). Zu den einzelnen Mitarbeitern vgl. auch Thatcher 1993, S. 747; Dickie 1992, S. 267. Einen kritischen Einblick in Downing Street No. 10, Margaret Thatchers Regierungsstil und die Art und Weise ihrer außenpolitischen Entscheidungsfindung gibt einer ihrer informellen außenpolitischen Berater und Redenschreiber, George Urban (Urban 1996). Weitere Einschätzungen entstammen Interviews mit Mitarbeitern von Thatcher und Hurd.

129 Vgl. dazu ausführlicher Madgwick 1991, S. 200.

130 Am 24. 7. 1989 hatte Thatcher eine umfassende Kabinettumbildung vorgenommen. Der seit 1982 amtierende Außenminister Sir Geoffrey Howe wurde von dem außenpolitisch wenig erfahrenen John Major abgelöst, der seinerseits nur drei Monate im Amt blieb. Vgl. dazu *Neue Zürcher Zeitung* v. 30. 6. 1989, Personalwechsel im Hause Thatcher.

131 Maßgeblich für den Kontakt mit der Bundesregierung und die Beschaffung deutschlandpolitisch relevanter Informationen war überdies die britische Botschaft in Bonn mit Sir Christopher Mallaby an der Spitze, Pauline Neville-Jones an zweiter Stelle sowie dem Rechtsberater Jeremy Hill. Vgl. dazu die Interviews mit Sir Christopher Mallaby v. 3. 6. 1997 sowie Pauline Neville-Jones v. 4. 6. 1997, die ausdrücklich darauf hinweist, daß den britischen Botschaften insgesamt eine vergleichsweise eigenständige und operative Rolle zukam. Auf die Rollenteilung zwischen FCO und Downing Street No. 10 im Prozeß zur deutschen Einheit machten auch Sir Charles Powell (Interview v. 3. 6. 1997), William Waldegrave (Interview v. 5. 6. 1997), Hilary Synott (Interview v. 4. 6. 1997), Sir Christopher Mallaby (Interview v. 3. 6. 1997), Pauline Neville-Jones (Interview v. 4. 6. 1997) und Bernard Ingham (Interview v. 4. 6. 1997) aufmerksam. Zum einen habe es einen Unterschied in Stilfragen zwischen der Premierministerin und ihrem Außenminister gegeben. Dieser habe sich hauptsächlich in der Art öffentlicher Verlautbarungen und Kommentare manifestiert, die bei Thatcher oftmals drastisch und undiplomatisch, seitens des FCO hingegen diplomatisch, konstruktiv und auf Ausgleich bedacht ausfielen. Allerdings sei Thatcher lediglich in ihrer Wortwahl dergestalt unvorsichtig gewesen, nicht aber in ihrem Handeln. Zudem habe Thatcher den Kurs des FCO als pro-europäischer eingeschätzt, als sie es für Großbritannien für gut befand. Auf der anderen Seite kristallisierte sich insbesondere nach dem Jahreswechsel 1989/90 eine Arbeitsteilung heraus, die dem FCO bzw. Douglas Hurd zunehmend die deutschlandpolitische Federführung überließ – eine für Margaret Thatchers sonstige Außenpolitikgestaltung ungewöhnliche Entwicklung. Aus dieser Konstellation heraus entstand eine Zweigleisigkeit britischer Deutschlandpolitik, bei der tatsächliches politisches Handeln und öffentliche Äußerungen Thatchers nicht immer übereinstimmten. Eine Tatsache, die Botschafter Mallaby zu dem Kommentar veranlaßte, daß die britische Politik diesbezüglich ein Mißerfolg war: eigentlich geleitet von konstruktivem Handeln, aber in der breiten Öffentlichkeit als destruktiv wahrgenommen.

132 Der Artikel von Conor Cruise O'Brien erschien mit dem Titel »Beware a Reich Resurgent« in *The Times* v. 31. 10. 1989 und ist – mit falsch wiedergegebenem Titel – abgedruckt in James/Stone 1992, S. 221. Ebenfalls mit falschem Titel und dem irrtümlichen Hinweis, daß es sich bei Conor Cruise O'Brien um einen Nobelpreisträger handle, finden sich Passagen des Artikels übersetzt in Lehmann 1996, S. 321 f. Die Darstellung der Reaktionen im Kanzleramt basiert auf Informationen aus der Bundesregierung. Zu den Erinnerungen des Kanzlers an seine Rede am 29. 3. 1990

in Cambridge siehe Diekmann/Reuth 1996, S. 342. Zur Perzeption in Deutschland siehe auch *Frankfurter Allgemeine Zeitung* v. 2. 11. 1989, Eine Hitler-Statue in jeder Stadt. Zu weiteren Artikeln O'Briens, Gegenstimmen und der insgesamt weniger deutschfeindlichen Haltung von *The Times* siehe auch *Neue Zürcher Zeitung* v. 18. 11. 1989, Britische Stimmen zum Thema Wiedervereinigung; Lehmann 1996, S. 320 ff. Das Gesamturteil zur relativ zurückhaltenden Reaktion der britischen Medien siehe ebenda, S. 420 ff. Zahlen zur öffentlichen Meinung finden sich ebenda, S. 289 ff.; bei Bullard 1992, S. 39; bei Josef Foschepoth, Vereinigtes Königreich und die deutsche Einheit, in Weidenfeld/Korte 1991, S. 705 ff.

133 Zu ersten Reaktionen britischer Politiker siehe z.B. *The Guardian* v. 11. 11. 1989, Parties join Thatcher in welcoming change; BBC-Interview mit Margaret Thatcher, BBC-Radio 4 v. 10. 11. 1989; Volle 1990, S. 131. Zu Thatchers erklärtem Willen, den Prozeß der deutschen Vereinigung zu verlangsamen oder gar zu bremsen, siehe Thatcher 1991, S. 1101. Einen Überblick zur internationalen Berichterstattung zum Fall der Mauer bieten z.B. drei Tage danach die *Welt am Sonntag* v. 12. 11. 1989, »Der Westen sollte keine Angst vor der Wiedervereinigung haben«, sowie die *Neue Zürcher Zeitung* v. 18. 11. 1989, Britische Stimmen zum Thema Wiedervereinigung. Zu den verspäteten Reaktionen der britischen Politiker auf die Veränderungen in Osteuropa siehe z.B. Bullard 1992, S. 35; zur Berichterstattung vom Parteitag der Konservativen siehe *Süddeutsche Zeitung* v. 14. 10. 1989, Sozialismus gleicht einem schrottreifen Auto; *Neue Zürcher Zeitung* v. 16. 10. 1989, Kämpferische Rede Frau Thatchers vor den Tories; *Die Zeit* v. 19. 10. 1989, Schwere Zeiten für die Lady; *Stuttgarter Zeitung* v. 9. 11. 1989, Bei der deutschen Frage prescht Sir Leon vor. Der konservative EG-Kommissar Sir Leon Brittan hatte am 7.11. erklärt, die DDR sei als Teil eines vereinigten Deutschlands in der Europäischen Gemeinschaft willkommen, wenn sie die demokratischen Institutionen Westdeutschlands sowie die Rechte und Pflichten der Gemeinschaft akzeptiere. Die Bemerkungen Hurds vom 16.11. in Berlin sowie vom 5.12. im Interview mit dem Bayerischen Rundfunk sind zitiert nach *Frankfurter Allgemeine Zeitung* v. 15. 12. 1989, London: Bedenken nach unerwartetem Wandel. Zu Hurds Berlin-Besuch vgl. *Tagesspiegel* v. 17. 11. 1989, Hurd: Frage der Wiedervereinigung zur Zeit nicht auf der Tagesordnung. Irmgard Adam-Schwaetzer, Staatsministerin im Auswärtigen Amt, bestätigte diese Sicht explizit als identisch mit dem Standpunkt der Bundesregierung.

134 Zusammenfassend lassen sich ihre zentralen Bedenken hinsichtlich der deutschlandpolitischen Entwicklungen auf folgende Punkte reduzieren: die möglicherweise katastrophalen Folgen für Gorbatschow und dessen Perestroika, die Konsequenzen für das westliche Verteidigungsbündnis, d.h. eine eventuelle Schwächung der NATO, ein zu starkes Deutschland in Europa sowie die aus einer möglichen Vereinigung für die EG resultierenden finanziellen Belastungen, die sie auf keinen Fall mitzutragen gewillt war (vgl. u.a. Interview mit Pauline Neville-Jones v. 4. 6. 1997). Zu Thatchers skeptischer Reaktion auf den Fall der Mauer vgl. die Interviews mit Sir Charles Powell v. 3. 6. 1997, Pauline Neville-Jones v. 4. 6. 1997 sowie Bernard Ingham v. 4. 6. 1997.

## AUF DER SUCHE NACH EINER KONZEPTION

1 Zum Ausruf des CDU-Bundestagsabgeordneten im Rahmen seines Berichts über Gespräche mit Besuchern aus der DDR siehe das Protokoll der CDU/CSU-Fraktionssitzung v. 14. 11. 1989, ACDP, Bestand VIII-001-1086/1, S. 35. Zur innenpolitischen Situation siehe auch Jäger 1998, S. 58 ff.; Korte 1994, S. 56 ff.

2 Modrows Regierungserklärung findet sich in Volkskammer der Deutschen Demokratischen Republik, 9. Wahlperiode, 12. Tagung, 17. und 18. 11. 1989, S. 272 ff., und ist auszugsweise abgedruckt in Gransow/Jarausch 1991, S. 97 f. Siehe dazu auch Modrows eigene Darstellung in Modrow 1991, S. 43 ff., bes. S. 47, sowie zum Umfeld die Darstellung seines persönlichen Mitarbeiters in Arnold 1990, S. 27 ff. Zum Begriff »Vertragsgemeinschaft« siehe auch Wettig 1996, S. 425, bes. Fn 174; Maier 1990, S. 58 f. (mit Einschätzungen von Otto B. Roegele und Hans-Dietrich Genscher). Eine Analyse der ökonomischen Elemente der Regierungserklärung Modrows bieten z. B. Gros 1994, S. 54 ff.; Korte 1994, S. 71 ff. Zum Stand des Verhältnisses der DDR zur EG Ende 1989 siehe Meyer 1993, S. 13 ff.

3 Die Stellungnahmen entstammen den Wortprotokollen BPA/DDR-Spiegel/Anhang v. 18. 11. 1989, S. 22 ff. Siehe auch Volkskammer der Deutschen Demokratischen Republik, 9. Wahlperiode, 12. Tagung, 17. und 18. 11. 1989, S. 281 ff. Zu westlichen Stimmungsbildern aus der Volkskammersitzung siehe z. B. *Die Welt* v. 18. 11. 1989, Mit monotoner Stimme verliest Modrow die Rede; *Stuttgarter Zeitung* v. 18. 11. 1989, Auch Modrow wirkt wie ein Mann des Übergangs.

4 Siehe dazu Telex der StäV Nr. 2658 an ChBK v. 23. 11. 1989, betr.: »Unterrichtung der sozialistischen Missionschefs in Ost-Berlin über die innere Lage der DDR durch ZK-Sekretär Willerding« (B137/10728). Das Fernschreiben basierte auf der Unterrichtung durch den Vertreter eines der teilnehmenden Staaten.

5 Zur offiziellen Reaktion siehe die Pressemitteilung des Bundesministeriums für innerdeutsche Beziehungen v. 17. 11. 1989. Die Einschätzung der Regierungserklärung als Papier zur Festschreibung der Zweistaatlichkeit entstammt einem Schreiben des Bundesministers für innerdeutsche Beziehungen v. 18. 11. 1989, betr.: »Zur Regierungserklärung des neuen DDR-Ministerpräsidenten Hans Modrow vor der Volkskammer der DDR am 17. November 1989« (212–35400 De 39, Bd. 1). Zur Perzeption der Regierungserklärung durch den Bundeskanzler siehe Diekmann/Reuth 1996, S. 148 f.; Teltschik 1993, S. 35 f. Zu Genschers Hinweis auf das an Frankreich gerichtete Memorandum siehe sein ARD-Interview (»Bericht aus Bonn«) v. 17. 11. 1989. Eine Zusammenfassung der Bonner Reaktionen, darunter auch positiver Stimmen aus der SPD, bietet die *Neue Zürcher Zeitung* v. 19. 11. 1989, Gemischtes Echo aus Bonn zu Modrows Programm. Zur ausländischen Berichterstattung siehe z. B. *New York Times* v. 19. 11. 1989, One Germany? Not Likely Now, in deutscher Übersetzung abgedruckt in Gransow/Jarausch 1991, S. 99 f.

6 Meckels Äußerungen finden sich u. a. in *Frankfurter Allgemeine Zeitung* v. 1. 12. 1989, Ost-Berlin bekräftigt Ablehnung einer baldigen Wiedervereinigung. Zu den Übersiedler- und Besucherzahlen aus der DDR siehe z. B. *Neue Zürcher Zeitung* v. 19. 11. 1989, Gemischtes Echo aus Bonn zu Modrows Programm. Siehe dazu auch Korte 1994, S. 80 f.; Jarausch 1995, S. 31 ff. Zur Umwandlung des Slogans »Wir sind das Volk« in »Wir sind ein Volk« siehe Pond 1992, S. 135; Greenwald 1993, S. 280.

7 Die DDR-interne Einschätzung der öffentlichen Stimmungslage entstammt einem Vermerk des Ministeriums für Staatssicherheit (MfS ZAIG, »Hinweise über eine Reaktion der Bevölkerung auf die 12. Tagung der Volkskammmer der DDR« v. 24. 11. 1989; BStU, ZA, ZAIG 5351), auszugsweise abgedruckt in Kuhrt 1996, S. 275.

8 Siehe dazu Vermerk LASD an ChBK v. 22. 11. 1989, betr.: »Gespräch von Bundesminister Seiters mit dem Staatsratsvorsitzenden und dem Ministerpräsidenten der DDR, Krenz und Modrow in Berlin (Ost) am 20. November 1989« (B 136/21329). Ein Protokoll der DDR-Seite ist abgedruckt in Potthoff 1995, S. 995 ff. Teilnehmer waren auf westdeutscher Seite neben Seiters noch Franz Bertele (Leiter der Ständigen Vertretung in Ost-Berlin), Claus-Jürgen Duisberg (LASD), Manfred Speck

(Leiter des Büros von Rudolf Seiters) und Burkhard Dobiey (BMB). Zur DDR-Delegation gehörten Außenminister Oskar Fischer, Heinz Eichler (Sekretär des Staatsrates), Alexander Schalck-Golodkowski (Ministerium für Außenhandel), Horst Neubauer (Leiter der Ständigen Vertretung der DDR in Bonn) und Karl Seidel (MfAA). Zu Modrows explizitem Wunsch, künftig in Gespräche mit dem Bundeskanzler eingebunden zu werden, siehe Potthoff 1995, S. 994, Fn 16; Modrow 1991, S. 57 f.

9 Siehe auch die Darstellung der Telefonate von Kohl und Genscher am 11. 11. 1989 im Kapitel »Improvisation als Staatskunst«. Die weiteren Äußerungen sowjetischer Politiker finden sich u. a. in Oldenburg 1990; *Frankfurter Allgemeine Zeitung* v. 12. 12. 1989, Moskau: Immer wieder Neutralisierung ins Spiel gebracht. Zu Gerassimows Äußerungen siehe v. a. *Die Welt* v. 10. 11. 1989, Kreml: Deutsche Einheit jetzt unrealistisch; *Frankfurter Allgemeine Zeitung* v. 10. 11. 1989, Moskau übt sich in Zurückhaltung; *Rheinische Post* v. 14. 11. 1989, Gefahr für das europäische Haus; sein Interview in der Sendung »Europe midi« des französischen Fernsehsenders »Europe 1« v. 15. 11. 1989. Gorbatschows Rede vor Moskauer Studenten ist dokumentiert in TASS v. 17. 11. 1989. Zu den Veränderungen am Text von TASS siehe *Die Zeit* v. 24. 11. 1989, Durch Evolution zur Einheit?; Informationen aus dem Auswärtigen Amt. Hierzu sowie zum Besuch der deutsch-französischen Parlamentsdelegation vgl. auch Biermann 1997, S. 326 f.

10 Zur weiteren Perzeption der Reaktionen in der Sowjetunion vgl. v. a. Teltschik 1993, S. 11 ff.; Informationen aus dem Auswärtigen Amt. Zu Berichten über Besuche des britischen Botschafters bei Gorbatschow sowie des amerikanischen beziehungsweise französischen Botschafters bei Schewardnadse siehe die Meldungen in *Prawda* bzw. TASS v. 18. und 19. 11. 1989. Zur Rede Schewardnadses am 17. 11. 1989 im Obersten Sowjet vgl. z. B. *Frankfurter Allgemeine Zeitung* v. 12. 12. 1989, Moskau: Immer wieder Neutralisierung ins Spiel gebracht; Informationen aus dem Auswärtigen Amt.

11 Zum Gespräch Seiters – Kwizinskij am 15. 11. 1989, 15 Uhr, siehe den Vermerk des LASD v. 27. 11. 1989 (B 136/20241). Weitere Teilnehmer waren der Staatssekretär im Auswärtigen Amt, Jürgen Sudhoff, sowie Claus-Jürgen Duisberg. Kwizinskijs Darstellung seiner Aktivitäten im November 1989 findet sich in Kwizinskij 1993, S. 15 ff. Siehe dazu auch Biermann 1997, S. 381 f.

12 Zu derartigen vertraulichen Kontakten vgl. das Bahr-Interview in der *Frankfurter Rundschau* v. 11. 3. 1995, »Man kann mal bluffen, aber man darf nicht betrügen«; Bahr 1996, S. 255 ff., bes. S. 263 f. Dort macht Bahr auch auf die den geheimen Kanälen innewohnende Problematik aufmerksam: »Jeder verdeckte Kanal ist ein begehrtes Ziel jedes Geheimdienstes; denn er stellt eine überlegene Konkurrenz zum Dienst dar, kann ihn teilweise überflüssig machen oder dumm aussehen lassen.«

13 Zur Person Portugalows siehe Biermann 1997, S. 61. Portugalows frühe Einschätzung entstammt der *Frankfurter Rundschau* v. 17. 11. 1989, »Zwei Systeme, eine Nation«. Zu seinem Gespräch am 21. 11. 1989 mit Teltschik siehe auch Teltschik 1993, S. 42 ff.; Portugalows, Falins und Teltschiks Version in Kuhn 1993, S. 81 ff. Zu Portugalows Einschätzung, er habe mit seinem Vorstoß ein Signal für die Erstellung des Zehn-Punkte-Programms von Bundeskanzler Kohl gegeben, siehe auch seinen Leserbrief in *Der Spiegel* v. 9. 11. 1996, Moskaus Signale. Dieselbe Einschätzung gibt Teltschik in Kuhn 1993, S. 83. In Kohls Memoiren fehlt der explizite Hinweis auf die Initialwirkung des Portugalow-Gesprächs mit Teltschik. Statt dessen ist dort davon die Rede, man habe aus Moskau Signale erhalten, daß sich die UdSSR einer Konföderation der beiden deutschen Staaten nicht widersetzen würde. Siehe dazu Diekmann/Reuth 1996, S. 156 und S. 159.

14 Zur Annahme, Kohl und Teltschik hätten sich die unterschiedlichen Signale aus Moskau damit erklärt, daß Gorbatschow im kleineren Kreis toleranter war als in der Öffentlichkeit, siehe Zelikow/Rice 1997, S. 163 f. Zur Stalin-Note von 1952 siehe Thomas Jäger, Stalin-Note 1952, in Weidenfeld/Korte 1992, S. 638 ff.; Adomeit 1997a, S. 87 ff.

15 Die amerikanische Position zur Frage der Vier-Mächte-Rechte – mit ihren teil- und zeitweise zwischen NSC und State Department unterschiedlichen Auffassungen – ist ausführlich dargestellt bei Zelikow/Rice 1997, S. 166 f. und S. 543 f. (Fn 31 und 32). Zur amerikanischen Perzeption des von Kohl konstatierten Selbstbestimmungsrechtes – wonach lediglich die DDR-Bevölkerung eine Entscheidung zu treffen habe, während die Bundesrepublik diese Entscheidung zu akzeptieren hätte – siehe Zelikow/Rice 1997, S. 166 ff. Das Telefonat Kohl – Bush v. 17.11. ist protokolliert in Vermerk Neuer v. 17.11. 1989, betr.: »Telefongespräch des Bundeskanzlers mit Präsident Bush am Freitag, dem 17. November 1989« (212-30132 A5 Am 31, Bd. 1). Siehe dazu auch Diekmann/Reuth 1996, S. 58; Teltschik 1993, S. 36 mit dem Hinweis, daß Bush »merklich zurückhaltender« als zuletzt gewesen sei; Zelikow/Rice 1997, S. 168. Ob Kohl mit dem von ihm gegen Ende der Unterhaltung angekündigten Memorandum bereits das spätere Zehn-Punkte-Programm meinte, ist unklar. Im Rahmen der Aktenrecherchen für das Forschungsprojekt »Geschichte der deutschen Einheit – Die internationalen Aspekte« wurde für die Zeit zwischen dem Telefonat und der Verkündung des Zehn-Punkte-Programms kein anderes Dokument ermittelt, das an Bush geschickt worden wäre.

16 Die Charakterisierung der Gespräche in Washington am 21.11. 1989 findet sich zusammen mit einer ausführlichen Wiedergabe in Genscher 1996, S. 664 ff.; zur Unterrichtung des Kanzleramtes siehe Teltschik 1993, S. 47 f.; Information aus dem Auswärtigen Amt. In der Darstellung von Zelikow/Rice 1995, S. 170, stellte Scowcroft die Frage, ob Genscher glaube, daß die Sowjetunion beim Gipfeltreffen in Malta einen Friedensvertrag vorschlagen werde. Dies habe Genscher verneint und anschließend seine grundsätzliche Abneigung gegen jeglichen Einsatz der Vier-Mächte-Rechte erläutert. Genschers Bewertung seiner Washingtoner Gespräche in der Sitzung des Bundeskabinetts v. 23.11. 1989 entstammt dem Interview mit Michael Mertes v. 20. 9. 1995.

17 Genscher sprach sich in dieser Zeit immer wieder auch öffentlich dagegen aus, daß Deutschland bei der Diskussion der gesamteuropäischen Entwicklungen außen vor bleibe und »am Katzentisch der Ost-West-Politik« angesiedelt werde. Vgl. z. B. *Stern* v. 23.11. 1989, »Die Karten werden neu gemischt«.

18 Information aus dem Auswärtigen Amt.

19 Zu den Erfahrungen der Regierung Brandt mit den Auswirkungen der alliierten Vorbehaltsrechte siehe Hindenburg 1996, bes. S. 103 f. und S. 121 ff., sowie die weiteren Beiträge in dem Sammelband Haftendorn/Riecke 1996.

20 Zum Gespräch Walters-Teltschik am 16.11. 1989 siehe Teltschik 1993, S. 32 f. Walters berichtete demnach über ein Gespräch mit Kotschemassow, das er erst »einige Stunden vorher« geführt hatte. Ein solches Gespräch ist für den 16.11. in anderen Quellen nicht belegbar. Statt dessen existieren verschiedene Belege für ein Treffen Walters mit Kotschemassow am 12.11. 1989, so z. B. der Vermerk im Bestand SED, ZK, Büro Egon Krenz, betr.: »Information über ein Gespräch des Botschafters der UdSSR, Wjatscheslaw Kotschemassow, mit dem Botschafter der USA in der BRD, Vernon Walters, am 12.11. 1989« (SAPMO DY30/IV 2/2.039/319). Dabei schlug Walters unter anderem vor, die Situation in Berlin durch die Öffnung eines Grenzübergangs beim Brandenburger Tor zu entspannen. Er erkundigte sich zugleich nach einer Antwort der UdSSR auf die jüngsten Vor-

schläge der »Berlin-Initiative«, da Washington einer Verbesserung der Situation in Berlin gerade in der gegenwärtigen Lage große Bedeutung beimesse. Wie zu allen anderen Punkten erhielt Walters von Kotschemassow dabei keine konkrete oder verwertbare Antwort (Informationen aus dem Auswärtigen Amt).

21 Der frühe Hinweis von Chevènement zu den Rechten der Vier Mächte entstammt einem Rundfunkinterview mit France Inter in der Sendung »Inter Soir« v. 13.11. 1989. Zu Hurds Aussagen anläßlich seines Deutschland-Besuches Mitte November 1989 siehe z.B. *Frankfurter Allgemeine Zeitung* v. 17.11., »Wiedervereinigung nicht aktuell«; *Süddeutsche Zeitung* v. 17.11., »Wiedervereinigung nicht aktuell«; *Frankfurter Allgemeine Zeitung* v. 15.12. 1989, London: Bedenken nach unerwartetem Wandel; Teltschik 1993, S. 33 f., mit Hinweisen darauf, wie aufmerksam derartige Äußerungen im Kanzleramt aufgenommen wurden.

22 Das Zitat Craigs entstammt einem Interview in *Der Spiegel* v. 13.11. 1989, Zu groß für Europa?; Kennans Stellungnahme findet sich in zwei Artikeln in der *International Herald Tribune* v. 14.11. 1989, An Irreversibly Changed Europe, Now to be Redesigned beziehungsweise Europe Is the Issue, Not the German Union (deutscher Text in *Der Tagesspiegel* v. 14.11. 1989, Wiedervereinigung – noch nicht). Zu Forderungen, die USA sollten ihre Vier-Mächte-Rechte gezielt einsetzen, siehe auch die Stellungnahme von Gerald Livingston in CNN, »Newsmaker Sunday« v. 12.11. 1989. Zu den grundsätzlichen Überlegungen im US-Außenministerium siehe z.B. *Bonner General-Anzeiger* v. 16.11. 1989, Die Wiedervereinigung scheint unvermeidlich; *Die Zeit* v. 24.11. 1989, Im Freudentaumel ohne Führung.

23 Zu Giscards Vorschlägen und Mitterrands anfangs ablehnender Haltung siehe z.B. *Le Monde* v. 15.11. 1989, Les chefs d'Etat et de gouvernement des Douze vont discuter, à Paris, de l'évolution des pays de l'Est. Das »Beraterkreisen« Mitterrands zugeschriebene Zitat »Malta wird nicht Jalta sein« (eigene Übersetzung des Verfassers) findet sich in *L'Express* v. 24.11. 1989, L'un s'inquiète, l'autre moins. Der Hinweis auf das Telefonat zwischen Mitterrand und Bush am 17.11. findet sich in Attali 1995, S. 342; Zelikow/Rice 1997, S. 173. Demnach mied Mitterrand eine Unterhaltung über das Thema Wiedervereinigung. Dumas' Ausführungen vom 15.11. 1989 in der Nationalversammlung sind zitiert nach *Frankfurter Allgemeine Zeitung* v. 17.11. 1989, Mitterrand plant Treffen mit Gorbatschow. Das Zitat Mitterrands aus dem französischen Kabinett ist wiedergegeben in *Süddeutsche Zeitung* v. 18.11. 1989, Engere Bindung an die NATO empfohlen; Attali 1995, S. 340.

24 Zu Mitterrands Motivation für die Gipfel-Einladung und dem – dort nicht näher definierten – äußeren Druck siehe Attali 1995, S. 339, der die Entscheidung allerdings auf den 13.11. datiert. Anders Dumas 1996, S. 340, der bereits am Sonntag, 12.11., den Auftrag erhalten haben will. Diese Angaben decken sich mit denen des Präsidentensprechers Hubert Védrine, zit. nach *Le Quotidien de Paris* v. 15.11. 1989, Douze à table. Dort ist ebenso von Kontakten zu den europäischen Partnern im Vorfeld der Einladung die Rede, wie beispielsweise in *Le Quotidien de Paris* v. 14.11. 1989, Reste avec nous, Helmut. Anders Teltschik 1993, S. 37, der derartige Kontakte für die Bundesregierung bestreitet. Dem entspricht auch die Darstellung in einem Vermerk samt Anlagen Referat 211 (Bitterlich) v. 14.11. 1989, betr.: »›Gipfel‹ der Zwölf auf Einladung des französischen Staatspräsidenten am Samstag, 18. November 1989, 20-22.30 Uhr in Paris« (B 136/30916). Demnach erfolgte die Einladung, die am 13.11. im Kanzleramt eintraf, »ohne vorherige Konsultation mit uns (bzw. den anderen EG-Partnern)«. In diesem Vermerk wird explizit anderslautenden Meldungen, beispielsweise in der *Financial Times*, widersprochen, die von einem »Drängen« des Bundeskanzlers berichtet hatten. Zum ausdrücklichen Hinweis des Elysées, daß es sich bei dem Treffen weder um einen vorgezogenen Europäischen Rat, noch um

einen Sondergipfel handle, es also weder eine festgelegte Tagesordnung noch ein vorbereitetes Kommuniqué geben solle, siehe Védrines Interview mit Antenne 2, hier zit. nach *Le Monde* v. 16.11. 1989, Le date et lieu de la rencontre entre M. Gorbachev et M. Mitterrand n'ont pas encore été fixés; *Le Quotidien de Paris* v. 18./19.11. 1989, France: La meilleure réponse. Wenig ergiebig zu den Hintergründen der Einladung sind die Darstellungen der beiden ranghöchsten Akteure in Paris und Bonn, nachzulesen in Mitterrand 1996, S. 61 ff., bes. S. 42, wo er ganz allgemein schreibt, Kohl sei mit seinem Vorgehen einverstanden gewesen; Diekmann/Reuth 1996, S. 149. Zu Mitterrands Bedenken hinsichtlich der Tagesordnung für den Straßburg-Gipfel und die künftige Agenda der EG siehe auch *Wirtschaftswoche* v. 21.11. 1989, Pariser Gipfel: Druck auf Supermächte; *The Economist* v. 18.11. 1989, Who's afraid of Germany?

25 Zu Mitterrands ehrgeizigen Plänen für den Straßburger Gipfel siehe z.B. *Le Quotidien de Paris* v. 15.11. 1989, Ouverture à l'Est – fissures à l'Ouest.

26 Der Textvorschlag des Kommuniqués wurde nach Absprache mit Kohl am 16.11. 1989 gemeinsam mit einem Brief von Horst Teltschik an Jaques Attali geschickt (Informationen aus der Bundesregierung). Mitterrand nimmt in seinen Memoiren auf dieses Schreiben Bezug, wenn er mit vorwurfsvollem Ton davon spricht, daß der Kanzler durch seinen Mitarbeiter Horst Teltschik »48 Stunden vor dem Essen im Elysée« die Bonner Vorschläge unterbreitet habe. Siehe dazu Mitterrand 1996, S. 62.

27 Zu Mitterrands Einstellung siehe Mitterrand 1996, S. 62. Dort sind auch übersetzte Auszüge aus dem Telegramm von Boidevaix wiedergegeben. Noch deutlicher wird Mitterrands Haltung in Favier/Martin-Roland 1996, S. 183 f., geschildert, wo sich auch seine Vorstellung von einer nur allgemeinen »tour d'horizon« findet. Demnach hatte er Angst, daß der Straßburger Gipfel sich auf die deutsche Frage konzentrieren könnte, zumal Kohl ihm dies im Telefonat v. 11.11. so angedeutet habe. Dieser Hinweis erscheint nachträglich konstruiert, da sich im Gesprächsvermerk des Bundeskanzleramtes kein Hinweis auf einen entsprechenden Vorstoß Kohls findet. Siehe dazu Vermerk AL 2 i. V., Hartmann, v. 13.11. 1989 an den Bundeskanzler, betr.: »Ihr Telefongespräch mit dem französischen Staatspräsidenten Mitterrand am Samstag, 11. November 1989« (21-30131-F2 Te 6, Bd. 2). Mitterrands sorgfältige Unterscheidung zwischen den Rechten der Siegermächte des Zweiten Weltkrieges und der EG-Mitglieder wird von seinem Sprecher Védrine geschildert in Favier/Martin-Roland 1996, S. 186. Zu Kohls Erwartungen an den Gipfel siehe dessen eigene Darstellung in Diekmann/Reuth 1996, S. 150.

28 Zur Atmosphäre beim Treffen der Außenminister siehe Genscher 1995, S. 663, der dort auch über das spürbar gereizte Klima im Kreis der Staats- und Regierungschefs berichtet. Zum Widerstand aller Delegationen – mit Ausnahme Italiens – gegen Attalis Vorschlag zur Gründung einer Osteuropa-Bank siehe Attali 1995, S. 344 (ausführlich zur Entstehungsgeschichte der später eingerichteten Europäischen Bank für Wiederaufbau und Entwicklung vgl. auch Attali 1994). Teltschik nahm an diesem Treffen nicht teil. Zur unterschiedlichen Darstellung in den Memoiren von Beteiligten siehe Bruck/Wagner 1997, bes. S. 17f.

29 Das Zitat Mitterrands »Wenn die Vereinigung…« findet sich in Mitterrand 1996, S. 65. Die Schilderung beruht weitgehend auf späteren Darstellungen von Teilnehmern und deren Mitarbeitern in Interviews. Zu den eingangs des Essens von Mitterrand aufgeworfenen Fragen sowie zum weiteren Verlauf der Veranstaltung siehe Attali 1995, S. 342 ff.

30 Helmut Kohls Erinnerung an seine Ansprache ist wiedergegeben in Diekmann/Reuth 1996, S. 150. Demnach sprach er das Thema Wiedervereinigung sehr viel

expliziter an, als dies in anderen Quellen – z. B. Teltschik 1993; Thatcher 1993; Attali 1995; Mitterrand 1996 – deutlich wird. Laut Teltschik gab Kohl lediglich einen ausführlichen Bericht zu den Ereignissen in der DDR, vermied aber gezielt die Frage der Wiedervereinigung. Er wollte so verhindern, daß sich die in der deutschen Frage ohne Rechte und Verantwortlichkeiten gebliebenen EG-Partner zur Einmischung veranlaßt sehen würden, was den Handlungsspielraum der Bundesregierung weiter eingeengt hätte. Ähnlich auch die Grundzüge eines von der Abteilung 2 vorbereiteten Papiers zu Hintergrund und möglichem Ablauf sowie Grundzügen einer Stellungnahme des Bundeskanzlers. Vgl. Vermerk Abteilung 2 (Bitterlich) an den Bundeskanzler v. 17. 11. 1989, betr.: »Sondertreffen der Staats- und Regierungschefs sowie der Außenminister der Europäischen Gemeinschaft und des Präsidenten der EG-Kommission auf Einladung des amtierenden ER-Vorsitzenden, des französischen Staatspräsidenten, am Samstag, 18. November 1989, 20–23 Uhr im Elysée in Paris« (B 136/30915).

31 Die weiteren Wortmeldungen sind auszugsweise wiedergegeben in Attali 1995, S. 343. Zur Auseinandersetzung zwischen Kohl und Thatcher sowie Mitterrands Vorstoß zur Gründung einer Osteuropa-Bank siehe die – u. a. mit Jacques Delors als Quelle belegte – Darstellung von Favier/Martin-Roland 1996, S. 185 f., bei denen sich auch das Zitat mit der »Büchse der Pandora« findet sowie anschaulich bei Attali 1995, S. 342 ff. (der allerdings nicht im Saal anwesend war, sondern das zeitgleiche Treffen der »Sherpas« leitete). Attali datiert dabei den von Kohl zitierten Bericht auf das Jahr 1970 und dürfte damit den Brief zur deutschen Einheit zum Moskauer Vertrag von 1970 meinen. Kohl schien sich hingegen auf den Harmel-Bericht der NATO von 1967 mit dem eindeutigen Bekenntnis des westlichen Bündnisses zur Wiedervereinigung zu berufen. Dieser ist abgedruckt in Auswärtiges Amt 1995, S. 311 ff. Dazu, daß Thatcher sich von der Verlagerung einer Diskussion der deutschen Frage in ein größeres Gremium auch ein Abbremsen der Geschwindigkeit versprach, siehe ihr Telefonat mit George Bush am 17. 11. 1989, ausführlich wiedergegeben in Zelikow/Rice 1997, S. 171 f. Zu Margaret Thatchers Erinnerungen zur Frage der Grenzen und der Schlußakte von Helsinki siehe Thatcher 1993, S. 1098 f.; zu Helmut Kohls deutlich abgeschwächter Darstellung, in der jeder direkte Hinweis auf einen Streit fehlt, siehe Diekmann/Reuth 1996, S. 149 f.

32 Darstellungen der Pressekonferenz finden sich u. a. in Mitterrand 1996, S. 66; Teltschik 1993, S. 38. Das Zitat »Jedem war klar...« entstammt Mitterrand 1996, S. 66. Zur westdeutschen Berichterstattung über das Treffen siehe z. B. *Frankfurter Rundschau* v. 20. 11. 1989, EG will Osteuropa helfen; *Handelsblatt* v. 20. 11. 1989, Voran mit Augenmaß; *Die Welt* v. 20. 11. 1989, EG sagt Reformstaaten in Osteuropa Hilfe zu; *Süddeutsche Zeitung* v. 20. 11. 1989, Europäische Gemeinschaft macht Hilfe für die DDR von freien Wahlen abhängig. Dort wird übereinstimmend berichtet, daß die Frage der deutschen Wiedervereinigung bei der Begegnung nicht angesprochen worden sei.

33 Die an Helmut Kohl gerichtete Frage nach der Behandlung des Themas Wiedervereinigung entstammt einem ZDF-Spezial v. 19. 11. 1989.

34 Entwurf für Vermerk Referat 212 v. 17. 11. 1989, »Haltung der drei Westmächte und der Sowjetunion zur Wiedervereinigung und zur Entwicklung in der DDR« (212-35400 De 39, Bd. 1).

35 Siehe Teltschik 1993, S. 49, der explizit auf die Gefahr hinwies, daß eine ähnliche Initiative von der FDP oder SPD kommen könnte. Zum Zerfall der staatlichen und wirtschaftlichen Strukturen in der DDR vgl. auch Grosser 1998, S. 95 ff.

36 Die Ankündigung eines baldigen Treffens mit Krenz in der Sondersitzung des Bundeskabinetts am 11. 11. 1989 entstammt ebenso dem Interview mit Michael

Mertes vom 20.9.1995 wie der Hinweis auf die zögernde Haltung während der Kabinettsitzung am 23.11.1989.
37 Zur Motivation für das spätere Zehn-Punkte-Programm siehe u. a. Kohls Version in Diekmann/Reuth 1996, S. 157 (internationale Beweggründe) und S. 159 (Reaktion auf Modrow-Vorstoß); Teltschik 1993, S. 49.

## EINE IDEE WIRD PROGRAMM

1 Schewardnadses Ausruf und Gorbatschows Einschätzung der Rede Kohls als »politischer Fehlschuß« entstammen der »Niederschrift des Gesprächs zwischen M. S. Gorbatschow und dem Außenminister der BRD H.-D. Genscher. 5. Dezember 1989« (Hoover Institution Archives, Stanford: Zelikow-Rice-Papers).
2 Das angebliche Genscher-Zitat »Helmut, das war eine große Rede« entstammt Teltschik 1993, S. 58. Dort finden sich auch weitere Hinweise auf die ersten öffentlichen Reaktionen nach Kohls Ansprache. Dem ihm zugeschriebenen Zitat widersprach Genscher im Interview v. 31.10. 1997: Er hatte demnach vor allem die Überlegungen zu »konföderativen Strukturen« abgelehnt. Vgl. dazu auch Genscher 1995, S. 669 ff. Um dem Ausland gegenüber keine offensichtlichen Differenzen zu zeigen, habe er aber auf eine öffentliche Auseinandersetzung verzichtet und das Programm gegenüber Kohl nie angesprochen.
3 Die Ankündigung Kohls gegenüber Bush, diesem in Kürze ein ausführliches Memorandum schicken zu wollen, ist enthalten in Vermerk Neuer v. 17.11. 1989, betr.: »Telefongespräch des Bundeskanzlers mit Präsident Bush am Freitag, dem 17. November 1989« (21-301 00 (56)-Ge 28 (VS)). Zu den vor allem innenpolitischen Hintergründen des Zehn-Punkte-Programms siehe auch die ausführliche Darstellung bei Jäger 1998, S. 58 ff.; Diekmann/Reuth 1996, S. 157 ff. Davon teilweise abweichend: Teltschik 1993, S. 48 ff., wonach Teltschik am 23.11. ein deutschlandpolitisches Programm zur Übernahme der Meinungsführerschaft vorschlug; von ihm und seinen Mitarbeitern stammte demnach der von Kohl in der Substanz angeblich kaum noch veränderte Textvorschlag. Weitere Details entstammen Ackermann 1994, S. 314 ff., der die Idee ebenfalls Teltschik zuschreibt. Ackermann verweist nachdrücklich auf die innenpolitischen Gründe für Kohls Plan. Siehe zum Zehn-Punkte-Programm auch Seiters 1991, S. 129 ff.; Klein 1991, S. 128 f., der vor allem die Reaktionen der Opposition und des Auslands erörtert.
4 Die seit 1982 zahlreichen Bemühungen Kohls, die Öffentlichkeitsarbeit seiner Partei und Regierung zu verbessern, sowie die damit verbundenen Personalwechsel, schildert anschaulich Ackermann 1994. Siehe dazu auch Teltschik 1993, S. 49, der die Öffentlichkeitsarbeit jener Zeit als so »unbefriedigend wie eh und je« bezeichnet. Zur Entstehungsgeschichte des Zehn-Punkte-Programms und der personellen Zusammensetzung der verschiedenen Gesprächs- und Arbeitsrunden siehe Ackermann 1994, S. 314 ff.; Teltschik 1993, S. 48 ff.; Kohls eigene Version in Diekmann / Reuth 1996, S. 158 ff., der die Runde des 23.11. als seinen engsten Beraterstab bezeichnet; Dreher 1998, S. 471 ff. Grundsätzlicher zum Entscheidungsprozeß: Korte 1998, S. 23 ff.
5 Im Interview v. 10.10. 1997 bestätigte Horst Teltschik noch einmal, daß die Idee zum Zehn-Punkte-Programm am 23.11. entstand. Einen Zusammenhang mit einem von Kohl gegenüber Bush angekündigten Memorandum sah er dabei allerdings nicht.

6 Zur Zusammensetzung der Arbeitsgruppe siehe grundsätzlich Diekmann/Reuth 1996, S. 159; ergänzend Ackermann 1994, S. 315; Teltschik 1993, S. 50f.; Jäger 1998, S. 65ff. Dreher 1998, S. 473, schreibt die Durchnumerierung des Konzeptes »einer alten Manier Teltschiks« zu, der auch Regierungserklärungen stets nach Nummern gliederte.
7 Zur Aufgabe des Arbeitsstabs Deutschlandpolitik und seiner internen Rolle im Bundeskanzleramt siehe ausführlich Korte 1998, S. 39ff. Die Bedenken des LASD und den über Seiters vorgetragenen Versuch, einen zu riskanten Vorstoß des Bundeskanzlers zu stoppen, schildern Teltschik 1993, S. 50f.; Ackermann 1994, S. 315; Jäger 1998, S. 64ff. (mit einer Auflistung der von Duisberg vorgetragenen Bedenken); Dreher 1998, S. 473ff. Seiters soll sich dabei auch gegen eine Verwendung des Begriffs »Wiedervereinigung« ausgesprochen haben (Horst Teltschik im Interview v. 10. 10. 1997).
8 Martin Hanz, der erst Anfang November 1989 aus dem Auswärtigen Amt zur Redenschreibergruppe im Kanzleramt abgeordnet worden war, wird bei Teltschik 1993 nicht erwähnt, dafür aber in Ackermann 1994, S. 315; Dieckmann/Reuth 1996, S. 160. Zu Arbeitsweise und Rolle der Redenschreiber im Umfeld Helmut Kohls siehe grundsätzlich Korte 1998, S. 42ff., bes. S. 43, wo sich auch die von Stephan Eisel stammende Formulierung »Diskussions-Sparringspartner« findet.
9 So Horst Teltschik im Interview v. 10. 10. 1997; ähnlich Martin Hanz im Interview v. 5. 6. 1998.
10 Zu Kohls Arbeitsstil, politische Grundsatzreden und wichtige Entscheidungen ausgiebig mit Personen außerhalb der Bonner Politikszene zu diskutieren, siehe Korte 1998, S. 25 ff. Kohl selbst schildert dies am Beispiel des Zehn-Punkte-Programms anschaulich in Diekmann/Reuth 1996, S. 160ff.
11 Dreher 1998, S. 475, schildert daneben noch Kommentare von Walter Wallmann und Ernst Albrecht. Vgl. auch Jäger 1998, S. 66, der auch ein Faksimile der von Kohl bearbeiteten Fassung bietet.
12 Siehe Kohls Schilderung in Diekmann/Reuth 1996, S. 160; mit dem Hinweis auf das Telefonat Kohl-Teltschik Teltschik 1993, S. 51. Während Kohl erzählt, daß er Kernpassagen »zum großen Teil neu« formuliert habe, schreibt Teltschik, der Kanzler habe die Rede offensichtlich »intensiv durchgearbeitet« und mit »jemand anderem darüber gesprochen«. In der Substanz sei die Rede allerdings »unverändert« geblieben. Lückenhaft ist in diesen Punkten die Darstellung bei Ackermann 1994, S. 315, wonach Kohl die Rede erst am Montag, 27. 11., zur Überarbeitung bekommen habe. Siehe dazu auch die ausführliche Darstellung in Jäger 1998, S. 64ff.
13 So das Ergebnis eines Vergleichs des endgültigen Redetextes (Deutscher Bundestag. Plenarprotokoll II/177, 28. 11. 1989; »10-Punkte-Programm zur Überwindung der Teilung Deutschlands und Europas, vorgelegt vom Bundeskanzler Kohl in der Haushaltsdebatte des Deutschen Bundestages am 28. 11. 1989«, in Bulletin Nr. 134 v. 29. 11. 1989, S. 1141 ff.) mit der letzten Fassung aus der Arbeitsgruppe v. 25. 11. 1989 (Kopie aus Privatbesitz). In der Beamtenfassung v. 25.11. wurde allerdings die Fortentwicklung der Europäischen Gemeinschaft noch in Punkt sechs (später Punkt sieben) behandelt; die Aussagen zur künftigen Architektur Gesamteuropas (später Punkt sechs) fanden sich noch als siebter Punkt wieder. Daß Kohl substantiell wenig geändert habe, betonte auch Horst Teltschik im Interview v. 10. 10. 1997. Laut Jäger 1998, S. 66, bestand die entscheidende Korrektur durch Kohl darin, daß er zum einen die Formulierung »konföderative Strukturen« durch das Ziel einer »Föderation« ergänzte, die Begriffe »Wiedervereinigung« und »wiedervereinigt« einsetzte und die Aussagen zum Ausbau der Europäischen Gemeinschaft stärker akzentuierte.
14 Siehe dazu grundsätzlich Korte 1998, S. 25 ff.

15 Die Absprache über die Informationsstrategie ist teilweise beschrieben bei Teltschik 1993, S. 52 ff.; Jäger 1998, S. 66 ff. Kohl selbst (Diekmann/Reuth 1996, S. 167 ff.) erwähnt die Parteigremien nicht.
16 Siehe zur Unterrichtung der Bundestagsfraktion Protokoll der Sitzung der CDU/ CSU-Bundestagsfraktion v. 27. 11. 1989, ACDP, Bestand VIII-001-1086/1, bes. S. 2 ff.
17 Zur Information des Bundespräsidenten siehe Teltschik 1993, S. 53. Hinweise auf die kritische Haltung des Bundeskanzlers und seiner engen Mitarbeiter hinsichtlich von Weizsäckers deutschlandpolitischer Position bieten Ackermann 1994, S. 314; Teltschik 1993, S. 315; Diekmann/Reuth 1996, S. 181. Zur Information der ausgesuchten Medienvertreter siehe Teltschik 1993, S. 52 f.; Kohls Schilderung in Diekmann/Reuth 1996, S. 173 f. Das Instrument des vertraulichen Briefings gehört zum Standardrepertoire der politischen Pressearbeit. Die von den Journalisten erwartete Verschwiegenheit wird von diesen fast ausnahmslos eingehalten, da bei einem Bruch der Regeln keine weiteren Einladungen zu derartigen Runden zu erwarten sind. Zu Teltschiks Auftritt vor der deutschen und internationalen Presse am 28.11. siehe Teltschik 1993, S. 54 ff.
18 Zu den Bedenken Kohls, Genscher könne bei einer Vorab-Information ähnlich wie bei der Organisation des Transports der Prager Botschaftsflüchtlinge in die Bundesrepublik vorpreschen, siehe z. B. Korte 1998, S. 455 f. Die Mitarbeiter Kohls befürchteten zudem, daß die Medien bei einem positiven Echo das gesamte Verdienst Genscher zuschreiben würden.
19 Vgl. zu den Beweggründen für dieses Verfahren und dem Widerstand der im Bundeskanzleramt arbeitenden Diplomaten auch Jäger 1998, S. 65 ff.
20 Dazu, daß bereits am 28.11. beispielsweise über die Idee der »konföderativen Strukturen« und den Brief Kohls an Präsident Bush berichtet wurde, siehe *Frankfurter Allgemeine Zeitung* v. 28. 11. 1989, Deutschlandpolitik Bonns in enger Abstimmung mit Washington. Die zu diesem Zeitpunkt vorherrschende Einschätzung der Rede wird allerdings darin deutlich, daß hier erst im Mittelteil eines längeren Berichts auf Kohls Vorschlag der »konföderativen Strukturen« eingegangen wird. Weitere Vorankündigungen des Programms finden sich z. B. in *Frankfurter Rundschau* v. 28. 11. 1989, Kohl legt heute Plan zur deutschen Einheit vor; *Die Welt* v. 28. 11. 1989, Bundeskanzler legt Mehrstufen-Plan für Weg zur Wiedervereinigung vor. Das Zitat »Es war still wie selten...« entstammt der *Frankfurter Rundschau* v. 30. 11. 1989, Kurz wehte der Atem der Geschichte im Bonner Wasserwerk.
21 Siehe hierzu sowie zu den weiteren Ausführungen: Deutscher Bundestag. Plenarprotokoll 11/177, 28. 11. 1989; »10-Punkte-Programm zur Überwindung der Teilung Deutschlands und Europas, vorgelegt von Bundeskanzler Kohl in der Haushaltsdebatte des Deutschen Bundestages am 28. 11. 1989«, in Bulletin Nr. 134 v. 29. 11. 1989, S. 1141–1148. Außerdem: Korte 1994, S. 89 und S. 131 f.; Weilemann 1990; Jäger 1998, S. 68 ff.; Grosser 1998, S. 135 f. und S. 141 f. Aus Sicht Kohls und teilweise mit dessen eigenen Interpretationen versehen, schildern Diekmann/ Reuth 1996, S. 160 ff., Inhalt und Struktur des Planes.
22 Siehe den im Referat II A 3 des Bundesministeriums für innerdeutsche Beziehungen auf Weisung des Staatssekretärs v. 12. 11. 1989 erstellten Vermerk v. 14. 11. 1989, betr.: »Verfassungs- und völkerrechtliche Aspekte einer deutschen Konföderation – Gedankenskizze« (B 137/10723). Aus dem vorliegenden Exemplar, das am 21.11. in der Registratur zur Ablage erfaßt wurde, ist nicht ersichtlich, welche Rückschlüsse aus der Ausarbeitung gezogen wurden bzw. welche weiteren Schritte dort eingeleitet wurden. In Interviews versicherten Horst Teltschik (10. 10. 1997) und Martin Hanz (5. 6. 1998), nichts von derartigen Vorarbeiten des BMB gewußt zu haben.

23 Zu den Bedenken Duisbergs siehe z. B. Teltschik 1993, S. 50; Ackermann 1994, S. 315; Horst Teltschik im Interview v. 10. 10. 1997; Martin Hanz im Interview v. 5. 6. 1998. Zu Kohls Überlegungen zu den Begrifflichkeiten und der Rolle von Scholz siehe Diekmann/Reuth 1996, S. 160. Zur Erklärung in der Unionsfraktion siehe Protokoll der Sitzung der CDU/CSU-Bundestagsfraktion v. 27. 11. 1989, ACDP, Bestand VIII–001-1086/1, bes. S. 18.

24 Siehe auch Teltschik 1993, S. 56. Zum Dreischritt Vertragsgemeinschaft – Konföderation – Föderation und dem Kompromißvorschlag »konföderative Strukturen« vgl. Diekmann/Reuth 1996, S. 159 f.; Teltschik 1993, S. 56; Brand 1993, S. 148. Auf den Zusammenhang mit den föderativen Kategorien im westeuropäischen Einigungsprozeß weist Weilemann 1990, S. 19, hin. Zur unmittelbaren öffentlichen Reaktion auf die Konföderationsüberlegungen siehe auch *Stuttgarter Zeitung* v. 29. 11. 1989, Konföderation – kein Fremdwort in der deutschen Geschichte.

25 Vgl. auch Weilemann 1990; Korte 1994, S. 88 ff.

26 Zu Kohls zeitlichen Vorstellungen siehe Teltschik 1993, S. 52. Kohl selbst erklärte einige Jahre später, er sei zum damaligen Zeitpunkt noch davon ausgegangen, daß die Einheit »erst in drei, vier Jahren kommen werde – auf jeden Fall erst nach der Vollendung des Europäischen Binnenmarktes« (Diekmann/Reuth 1996, S. 167).

27 Die Überschrift »Endlich wird nachgedacht« findet sich über einem Artikel in *Die Welt* v. 29. 11. 1989, dessen Autor Bernt Conrad zu den Teilnehmern der vorabendlichen Informationsrunde über das Zehn-Punkte-Programm im Kanzleramt gehört hatte. Die Aussage Gerhart Baums entstammt der *Frankfurter Rundschau* v. 30. 11. 1989, Kurz wehte der Atem der Geschichte im Bonner Wasserwerk. Karsten Voigts Redebeitrag ist abgedruckt in Deutscher Bundestag 1990a, S. 82.

28 Zu Hintergründen und Entwicklung der SPD-Haltung sowie den Zitaten siehe v. a. die im Rahmen des Forschungsprojekts »Geschichte der deutschen Einheit« entstandene Untersuchung von Petra Schuh in Schuh/von der Weiden 1997, hier S. 223 ff. Zu Vogels Konföderations-Überlegungen siehe z. B. sein Interview mit der *Badischen Zeitung* v. 23. 11. 1989, SPD denkt über Konföderation nach. Zum entsprechenden Vorschlag Ehmkes siehe Ehmke 1994, S. 404, der auch Reaktionen der Koalitionsfraktionen auf Vogels Bundestagsrede v. 28.11. schildert. Zu den mindestens vier verschiedenen Ende November vorliegenden Fassungen einer deutschlandpolitischen Erklärung der SPD siehe z. B. *Kölner Stadtanzeiger* v. 25. 11. 1989, SPD betont Ziel deutsche Einheit; *Frankfurter Rundschau* v. 30. 11. 1989, Die SPD auf der Suche nach der verlorenen Handschrift.

29 Zur Weitergabe des Redemanuskriptes zwei Stunden vor Beginn der Rede siehe z. B. *Süddeutsche Zeitung* v. 30. 11. 1989, Kohl wirbt bei den Verbündeten für seinen Deutschland-Plan. Zahlreiche Hinweise zu Genschers »Befremden« darüber, daß die Rede nicht in der Koalition bzw. im Kabinett abgestimmt worden war, finden sich in Genscher 1995, S. 671 ff., bes. S. 672; Kiessler/Elbe 1993, S. 49 ff. Genschers Verärgerung schilderte auch Dieter Kastrup im Interview v. 17. 4. 1998. Zur Auseinandersetzung innerhalb der Koalition sowie den Äußerungen des FDP-Vorsitzenden Graf Lambsdorff und Kohls Erklärung, das Zehn-Punkte-Programm vor allem als CDU-Vorsitzender vorzutragen, siehe z. B. Genscher 1995, S. 672; *Frankfurter Allgemeine Zeitung* v. 5. 12. 1989, Lambsdorff will den Streit über den Zehn-Punkte-Plan Kohls begrenzen; *Wirtschaftswoche* v. 9. 12. 1989, Streit ums Ehebett. Zu Lambsdorffs Kritik siehe zudem *Welt am Sonntag* v. 3. 12. 1989, FDP gegen Kohls Zehn-Punkteplan für Deutschland.

30 Zu Lambsdorffs Äußerungen siehe z. B. *Süddeutsche Zeitung* v. 1. 12. 1989, Lambsdorff wirft dem Kanzler Alleingang vor; *Welt am Sonntag* v. 3. 12. 1989, FDP gegen

Kohls Zehn-Punkteplan für Deutschland. Zur Formulierung »tapsig« und dem Hinweis auf die Fehler der CDU-Außenpolitik siehe v. a. *Frankfurter Rundschau* v. 5. 12. 1989, Von Amateuren und Diplomaten; *Wirtschaftswoche* v. 8. 12. 1989, Streit ums Ehebett. Zur Beruhigung der koalitionsinternen Auseinandersetzung siehe z. B. *Frankfurter Allgemeine Zeitung* v. 5. 12. 1989, Lambsdorff will den Streit über den Zehn-Punkte-Plan Kohls begrenzen. Demnach versicherte Lambsdorff ausdrücklich, seine Kritik nicht auf Wunsch Genschers geäußert zu haben. Zu Bemühungen aus dem Auswärtigen Amt, die Inhalte des Zehn-Punkte-Programms mit früheren Äußerungen Genschers zu untermauern, vgl. z. B. *Süddeutsche Zeitung* v. 30. 11. 1989, Kohl wirbt bei den Verbündeten für seinen Deutschland-Plan.
31 Zu Äußerungen der Grünen siehe z. B. *die tageszeitung* v. 29. 11. 1989, Koalition in Bonn: So groß wie furchterregend; *Frankfurter Rundschau* v. 29. 11. 1989, Föderations-Idee eint den Bundestag. Kohl schildert seine Verärgerung hierüber in Diekmann/Reuth 1996, S. 181.
32 Siehe dazu z. B. die Kommentare v. 29. 11. 1989 in *Frankfurter Rundschau*, Der Bonner Stufenplan; *Süddeutsche Zeitung*, Annäherungen an die Einheit; *Die Welt*, Endlich wird nachgedacht; *Frankfurter Allgemeine Zeitung*, Nach vorn geschaut; *die tageszeitung*, Vor einem finsteren Wahlkampf. Willy Brandts Aussagen finden sich in einem Interview mit dem *Stern* v. 7. 12. 1989, hier zitiert nach Maier 1990, S. 68f.
33 Zur Haltung der SPD siehe zusammenfassend *Neue Zürcher Zeitung* v. 3. 12. 1989, Bonner Deutschlandplan in der Anfechtung. Einen für diese Tage aktuellen Überblick zur Entwicklung in der DDR gibt die *Neue Zürcher Zeitung* v. 1. 12. 1989, Bonn in der deutschlandpolitischen Offensive, in dem von mehr als 2000 Übersiedlern pro Tag die Rede ist.
34 Jarausch 1995, S. 112.
35 Zur Erklärung des DDR-Regierungssprechers Wolfgang Meyer siehe Bundesministerium für innerdeutsche Beziehungen 1990, S. 433. Eine Zusammenfassung der DDR-Reaktionen des BMB findet sich im Vermerk II A 2–22.811 v. 1. 12. 1989 an den Parlamentarischen Staatssekretär, betr.: »Reaktionen aus der DDR auf den 10-Punkte-Plan des Bundeskanzlers« (B 137/10640). Zur Information von DDR-Regierung und Oppositionsgruppen durch den Leiter der Ständigen Vertretung siehe *Kölner Stadt-Anzeiger* v. 30. 11. 1989, Bonn läßt Kohl-Plan weltweit erläutern; *Neue Zürcher Zeitung* v. 1. 12. 1989, Bonn in der deutschlandpolitischen Offensive. Weitere ostdeutsche Reaktionen finden sich in Brand 1993, S. 150; Maier 1990, S. 65ff.; in zahlreichen Presseartikeln wie *Frankfurter Allgemeine Zeitung* v. 1. 12. 1989, Ost-Berlin bekräftigt Ablehnung einer baldigen Wiedervereinigung; *die tageszeitung* v. 30. 11. 1989, Konföderation pro und kontra. Zur Aussage des LDPD-Vorstandsmitgliedes Bogisch siehe *Badische Zeitung* v. 29. 11. 1989, »Eine Aufgabe, die sich in 25 Jahren stellt«. Zu den verschiedenen Plänen siehe *Bild am Sonntag* v. 10. 12. 1989, Neuer DDR-Plan: Acht Schritte zur Einheit; *Frankfurter Rundschau* v. 16. 12. 1989, Deutscher Bund ohne Waffen; *Bild am Sonntag* v. 17. 12. 1989, Sechs-Punkte-Plan zur Wiedervereinigung.
36 Das Zitat Sagladins stammt aus *die tageszeitung* v. 30. 11. 1989, Konföderation pro und kontra. Thatcher äußerte sich u. a. in ihren Memoiren (Thatcher 1993, S. 1102). Zu Scowcrofts eigener Darstellung, er sei »very upset« gewesen, siehe Interview mit Brent Scowcroft am 3. 11. 1994. Die Verärgerung habe sich allerdings weniger auf den Inhalt des Programms bezogen als vielmehr darauf, daß Kohl dabei vorgeprescht sei, ohne die Verbündeten zu informieren. Robert Hutchings bestätigte im Interview v. 4. 11. 1994, daß die Rede Kohls vor allem im Nationalen Sicherheitsrat für Ärger gesorgt hatte.

37 Skubiszewskis Ausführungen finden sich in *Rzeczpospolita* v. 8.12. 1989 sowie in einem Interview mit *De Volkskrant* v. 9.12. 1989, zitiert nach Ludwig 1991a, S. 191 ff. Ähnlich auch im Interview v. 23.4. 1996. Die Bedeutung des Sprichworts »Nichts über uns, ohne uns« betonte Tadeusz Mazowiecki im Interview v. 19.9. 1996. Zu polnischen Medienstimmen und Kommentaren von Politikern vgl. *Frankfurter Allgemeine Zeitung* v. 30.11. 1989, »Wir hatten uns an den Status quo gewöhnt. Es war so angenehm für alle«; *Die Welt* v. 6.12. 1989 mit der Aussage des polnischen Senatspräsidenten Andrzej Stelmachowski, »Kohl-Plan fehlt der elfte Punkt«; *Süddeutsche Zeitung* v. 9.12. 1989, Deutschland-Plan beunruhigt Polen.

38 Zur Reaktion der Tschechoslowakei siehe *Frankfurter Rundschau* v. 1.12. 1989, Supermächte zeigen Kohl die kalte Schulter. Zu Ruud Lubbers Kommentar siehe *Die Welt* v. 1.12. 1989, In Frankreich herrscht Irritation über Kohl. Weitere Kommentare finden sich in Brand 1993, S. 151 f.; *Süddeutsche Zeitung* v. 30.11. 1989, Moskau: Kohl will der DDR Bedingungen diktieren; *Handelsblatt* v. 30.11. 1989, Warschau und Moskau weisen auf »Realitäten« hin.

39 Zur Unterrichtung der deutschen und internationalen Presse sowie der alliierten Botschafter siehe Teltschik 1993, S. 54 ff.

40 Im Interview v. 3.6. 1997 berichtete Mallaby, daß Teltschik mehrfach betont habe, daß die Zehn Punkte keine Neuigkeit, sondern Kontinuität beinhalteten. Dagegen habe er, Mallaby, darauf bestanden, daß das Programm sehr wohl ein Novum darstelle, da es erstmals die Wiedervereinigung als konkretes und aktives Ziel der Politik benannte, wenn auch nicht mit zeitlicher Frist verbunden.

41 Zum Treffen mit Silajew siehe Kohls eigene Darstellung in Diekmann/Reuth 1996, S. 176; Teltschik 1993, S. 58; die Inhaltsangabe in Bulletin Nr. 135 v. 30.11. 1989, S. 1155. Zur Gesprächsvorbereitung im Kanzleramt siehe Vermerk AL 2 an Bundeskanzler Kohl v. 28.11. 1989, betr.: »Ihr Gespräch mit dem stv. sowjetischen Ministerpräsidenten Iwan S. Silajew am 29. November 1989, 11.00 Uhr.« Über seine eigenen Eindrücke berichtete Dieter Kastrup im Interview v. 17.4. 1998. Weitere Angaben zu sowjetischen Reaktionen finden sich in Brand 1993, S. 151 f.; *Frankfurter Rundschau* v. 1.12. 1989, Supermächte zeigen Kohl die kalte Schulter; *Süddeutsche Zeitung* v. 30.11. 1989, Moskau: Kohl will der DDR Bedingungen diktieren. Zum Gerassimow-Zitat siehe *Die Welt* v. 30.11. 1989, Deutscher Wille zur Einheit wird Thema der Weltpolitik; die Aussagen Schewardnadses finden sich in *Süddeutsche Zeitung* v. 1.12. 1989, Ohne Grenzgarantie keine deutsche Einheit; *Neue Zürcher Zeitung* v. 3.12. 1989, Bonns Deutschlandplan in der Anfechtung. Zur Verstimmung Moskaus über die Haltung der SPD siehe *Kölner Stadtanzeiger* v. 30.11. 1989, Moskau vor allem befremdet über SPD. Bahr hatte sich in Moskau mit Falin und dem Sekretär des ZK der KPdSU, Alexander Jakowlew, getroffen. In einer Pressekonferenz hatte Bahr u. a. berichtet, er stimme mit Falin darin überein, daß die deutsche Einheit nicht auf der Tagesordnung stehe. Bahr schlug weitere Vertragswerke zur Regelung des Verhältnisses zwischen den beiden deutschen Staaten vor, so z.B. ein Zusatzprotokoll zum Grundlagenvertrag. Eine Zusammenfassung der sowjetischen Reaktionen bietet Biermann 1997, S. 335 f. und (mit der relativierenden Distanz von Anfang Dezember 1989) S. 342.

42 Siehe zu Falins in Details noch immer ungeklärter Ost-Berlin-Reise auch die verschiedenen Interviews in Kuhn 1993, S. 71 ff.; Kotschemassow 1994, S. 195 f.; die ausführliche Analyse in Biermann 1997, S. 331 f., der sich auch mit dem Gerücht auseinandersetzt, Falin habe in Ost-Berlin mit der gewaltsamen Schließung der Grenzübergänge gedroht. Falin selbst berichtet in seinen Memoiren nur wenig über diese Reise. Siehe dazu Falin 1993a, S. 488. Das von Krenz überlieferte Falin-Zitat zur »Qual der Wahl« findet sich in Kuhn 1993, S. 73.

43 Zum Verlauf der deutschlandpolitisch relevanten Teile des Gipfeltreffens vor Malta siehe v. a. Zelikow/Rice 1997, S. 185 ff.; Gorbatschow 1995a, S. 696; Baker 1996, S. 161 ff. Weitere Informationen zu Umfeld und Verlauf des Malta-Gipfels finden sich in Beschloss/Talbott 1993, S. 183 ff.; Commitee on Foreign Affairs 1991, S. 232 ff. Zum vorausgegangenen Treffen Gorbatschows mit Mulroney siehe Zelikow/Rice 1997, S. 184; Biermann 1997, S. 335 f.

44 Zur internen Analyse der Kohl-Mitarbeiter siehe Vermerk AL 2 an den Bundeskanzler (von diesem abgezeichnet) v. 30. 11. 1989, betr.: »Reaktionen aus den wichtigsten Hauptstädten auf Ihren 10-Punkte-Plan« (212–35400 De 39, Bd. 1).

45 Zu Genschers Einschätzung der Gesprächsatmosphäre auch in den Delegationsgesprächen und der Begegnung mit Schewardnadse sowie zur Einflußnahme der abgereisten DDR-Delegation siehe Genscher 1995, S. 682 ff., bes. S. 683; Biermann 1997, S. 340, der auf der Basis von Presseberichten auch die Genscher-Schewardnadse-Begegnung als »kaum erfreulicher« (ebenda, S. 341) bezeichnet. Dieter Kastrup konnte sich demgegenüber im Interview v. 17. 4. 1998 nicht an ein besonders schlechtes Gesprächsklima erinnern. Zum Besuch der DDR-Delegation im Rahmen von Beratungen des Warschauer Vertrages in Moskau liegt eine Aktennotiz über ein Gespräch Modrows mit dem sowjetischen Ministerpräsidenten Nikolaj Ryshkow am 4.12. vor, in dem sowohl die Festigung der Zweistaatlichkeit als auch der Ausbau der deutsch-deutschen Beziehungen abgehandelt werden. Zudem wird in DDR-internen Papieren deutlich, daß die Regierung in Ost-Berlin sich bei gleichzeitiger Festschreibung der Zweistaatlichkeit durchaus eine Konföderation vorstellen konnte. Siehe dazu Nakath/Stephan 1996, S. 231; den Abdruck der Notiz ebenda, S. 255 ff. Zu den Begegnungen Gorbatschows mit den DDR-Politikern – der sowjetische Generalsekretär traf sich zuerst mit Modrow und Krenz gemeinsam, dann noch einmal mit Modrow alleine – siehe auch Biermann 1997, S. 337 f., der ausführlicher auf die DDR-internen Hintergründe der Moskau-Reise und die umstrittene Teilnahme von Krenz hieran eingeht.

46 Die Darstellung des Gesprächs folgt einer Übersetzung des Wortprotokolls der sowjetischen Seite, »Niederschrift des Gesprächs zwischen M. S. Gorbatschow und dem Außenminister der BRD H.-D. Genscher. 5. Dezember 1989« (Hoover Institution Archives, Stanford: Zelikow-Rice-Papers) sowie den Schilderungen von Dieter Kastrup im Interview v. 17. 4. 1998, bei dem er auf einen ausführlichen Gesprächsbericht zurückgriff. Genscher berichtete im Interview v. 31. 10. 1997, er habe nach dem Gespräch Anweisung gegeben, nur einen kurzen Bericht nach Bonn zu schicken, da er aufgrund der Brisanz der Unterhaltung nicht wollte, daß Details nach außen drangen. Zu den stark gekürzten und in ihren Inhalten deutlich abgeschwächten Schilderungen dieser Unterhaltung sowie der Einschätzung durch die Teilnehmer siehe Genscher 1995, S. 683 ff.; Gorbatschow 1995a, S. 713 f. Schewardnadse 1993, S. 240, schildert, ohne auf die konkrete Begegnung am 5.12. einzugehen, seine große Erregung sowie die allgemeine Stimmungslage hinsichtlich der deutschen Frage in der Sowjetunion. Weitere Darstellungen finden sich bei Teltschik 1993, S. 68; Kiessler/Elbe 1993, S. 69. An der Unterhaltung nahmen noch der Gorbatschow-Berater Sagladin sowie der Botschafter der Bundesrepublik in Moskau, Klaus Blech, und Dieter Kastrup teil. Eine Zusammenfassung und Einordnung der Unterhaltung findet sich in Zelikow/Rice 1997, S. 199 f.; Biermann 1997, S. 340 ff. Die Wiedergabe erfolgt ausführlich, da dieses Gespräch zum einen eine deutsch-sowjetische Schlüsselbegegnung darstellt und zudem – aufgrund der Dokumentenlage ausnahmsweise – Genschers Gesprächsführungsstil deutlich macht. Zum Genscher-Zitat »meine unerfreulichste Begegnung...« siehe Genscher 1995, S. 683.

47 Zu Genschers Interpretation des Gesprächs mit Gorbatschow siehe Genscher 1995, S. 687; die von ihm wiedergegebene Abschlußbemerkung Gorbatschows, daß es in der deutschen Frage neue Entwicklungen geben könne, wenn sich der gesamteuropäische Prozeß gut entwickle, und es zu weiterhin guten Beziehungen zwischen der Bundesrepublik und der Sowjetunion komme, findet sich so im Wortprotokoll der sowjetischen Seite nicht. Die dort an verschiedenen Stellen anzutreffenden Einschätzungen lassen allerdings eine derartige positive Interpretation durch den Bundesaußenminister zu. Das deutsche Protokoll stützt Genschers Version (so Dieter Kastrup im Interview v. 17. 4. 1998, bei dem er auf den ausführlichen Gesprächsvermerk zurückgreifen konnte).
48 Zur Bewertung des Treffens und dem sich in Moskau anbahnenden Meinungsumschwung siehe Biermann 1997, S. 342 f. Dort finden sich auch Belege für die von sowjetischen Diplomaten überlieferte »panische Stimmung«.
49 Die Darstellung der unmittelbaren amerikanischen Reaktion auf das Zehn-Punkte-Programm stützt sich auf Interviews mit Robert Blackwill; vgl. zudem Zelikow/Rice 1997, S. 180 ff.; Kiessler/Elbe 1993, S. 52 f., mit mißverständlichen Wertungen und Interpretationen. Die vorliegende Schilderung basiert zudem auf Interviews mit Condoleezza Rice am 31. 10. 1994 und Brent Scowcroft am 19. 9. 1996. Scowcroft bestätigte darin, daß er – wegen der fehlenden Absprache – deutlich stärker als Präsident Bush über den Vorstoß Kohls verärgert gewesen sei. Auch Bush sei kurz irritiert gewesen, habe dem Kanzler aber eindeutig mehr Vertrauensvorschuß eingeräumt. Spätestens nach dem gemeinsamen Abendessen am 3.12. in Brüssel seien aber alle Irritationen ausgeräumt gewesen.
50 Siehe den Brief von Bundeskanzler Helmut Kohl an US-Präsident George Bush v. 28. 11. 1989 (21–30100 (102) – Br 8, Bd. 27). Warum das Schreiben Kohls mit so großer Verspätung bei Bush ankam, ist nicht mehr nachzuvollziehen. Zelikow/Rice 1997, S. 549 (Fn 64), vermuten »Schwierigkeiten bei der Übermittlung«. Zur Übersendung des Schreibens siehe auch Teltschik 1993, S. 52; Kohls eigene Darstellung in Diekmann/Reuth 1996, S. 167 ff.
51 Zur Einschätzung des Kohl-Briefes durch die Bush-Administration siehe Zelikow/Rice 1997, S. 181; zum Brief von Egon Krenz an George Bush auch die Kopie des Schreibens in SAPMO DJ 30/IV4 2.039. Krenz bezog sich auf ein Schreiben Bushs aus den Tagen nach dem Mauerfall, in dem dieser die Öffnung der Mauer begrüßt und die Unterstützung der USA auf dem Weg zu einem vereinten und freien Europa angekündigt hatte. Bushs Brief war in der Sitzung der Bonner Vierergruppe am 15. 11. 1989 vom Vertreter der USA an die anderen Teilnehmer übergeben worden (B 137/10730). Zum Krenz-Brief und der Interpretation durch die USA siehe Zelikow/Rice 1997, S. 182; Baker 1996, S. 158 f.
52 Zur Einschätzung, der Plan sei sehr wohl auch gefährlich gewesen, siehe z.B. Interview mit Robert Zoellick am 2. 11. 1994 und Condoleezza Rice am 31. 10. 1994. Zum Hinweis Scowcrofts über seine Verärgerung nach dem einseitigen Vorpreschen Kohls siehe Interview mit Brent Scowcroft am 3. 11. 1994. Scowcroft erklärte sich demnach die fehlende Absprache unter anderem damit, daß Kohl dann auch seinen Außenminister hätte einweihen müssen, was ihm nicht zuletzt aus innenpolitischen Gründen unmöglich gewesen wäre. Zu kritischen Anmerkungen von Mitarbeitern der US-Botschaft in Bonn gegenüber einem der Mitarbeiter Teltschiks siehe Vermerk Referat 212 v. 1.12. 1989 an Abteilungsleiter 2, betr.: »10-Punkte-Plan, hier: Reaktion aus US-Botschaft« (212-354 00 De 39 NA 1, Bd. 1). US-Diplomaten hatten demnach am Rande eines Empfangs kritisiert, daß die USA nicht über den Plan informiert gewesen seien, während es angeblich Konsultationen mit der DDR und der UdSSR gegeben habe. Zudem wurde bemängelt, daß Kohl in

seiner Rede vollständig auf das Wort »NATO« verzichtet habe, was den Gedanken nahelege, daß das geeinte Deutschland neutral werde. Weitere Einblicke in die amerikanische Interpretation bieten Zelikow/Rice 1997, S. 182; die Interviews mit James Dobbins am 7. 11. 1994, Robert Hutchings am 4. 11. 1994, Robert Kimmitt am 4. 11. 1994, John Kornblum am 3. 11. 1994 und Bowman Miller am 16. 12. 1993.

53 Siehe zum Telefonat die auszugsweise Wiedergabe in Zelikow/Rice 1997, S. 182f.; Diekmann/Reuth 1996, S. 176f.

54 Zu Äußerungen von Mitarbeitern des State Departments gegenüber DDR-Diplomaten, daß die USA von der Unvermeidlichkeit der Vereinigung überzeugt seien, siehe z. B. eine Erklärung des stellvertretenden Leiters der Abteilung für Europa und die Sowjetunion, James Dobbins, gegenüber dem DDR-Botschafter, wiedergegeben in MfAA, Aussenpolitische Tagesinformation, Nr. 236/89 v. 30. 11. 1989. Dieser Prozeß könne nicht aufgehalten werden. Nach freien Wahlen in der DDR könnten Gespräche über eine Konföderation beginnen. Die beiden deutschen Staaten würden dabei noch für eine gewisse Zeit den jeweiligen Militärbündnissen angehören (SAPMO DJ 30/IV 4 2.039, Bd. 327). Ähnlich Dobbins im Interview v. 7. 11. 1994. Seine Einschätzung habe vor allem auf dem stetig wachsenden »Druck der Straße« beruht.

55 Zu Bushs Pressegespräch siehe Zelikow/Rice 1997, S. 169f. Die Entstehungsgeschichte der »Vier Prinzipien« wird von Baker geschildert in Baker 1996, S. 160, und weiter erläutert bei Zelikow/Rice 1997, S. 194ff. Bakers Darstellung ist insoweit irreführend, als in dieser geschilderten frühen Version noch kein Hinweis auf die besonderen Rechte und Verantwortlichkeiten der Vier Mächte enthalten war. Siehe dazu den Text der Pressekonferenz in Kaiser 1991a, S. 169. Die Betonung der Vier-Mächte-Rechte wurde erst für die Rede Bushs auf dem NATO-Gipfel v. 4. 12. 1989 in Brüssel eingebaut (Zelikow/Rice 1997, S. 194ff., bes. Fn 88).

56 Zum Hinweis, die Vier Prinzipien seien eine direkte Reaktion Bushs auf das Zehn-Punkte-Programm gewesen, siehe Interview mit Robert Zoellick v. 17. 12. 1993; Kiessler/Elbe 1993, S. 55, die sich ebenfalls auf Zoellick beziehen.

57 Zu den im Kanzleramt ausgewerteten Berichten über Genschers Besuch in London und den darin geäußerten Informationsbedarf der Premierministerin siehe auch Vermerk AL 2 an Bundeskanzler Kohl v. 30. 11. 1989, betr.: »Reaktionen aus den wichtigsten Hauptstädten auf Ihren 10-Punkte-Plan« (212–35400 De 39, Bd. 1). Entgegen der üblichen Praxis schickte die Delegation des Außenministers keine Fernschreiben zur Unterrichtung über den Gesprächsverlauf nach Bonn. Statt dessen kündigte Genscher im Kanzleramt telefonisch an, er werde Kohl selbst über den Inhalt der Gespräche informieren. Siehe dazu Vermerk v. Bitterlich an den Bundeskanzler v. 30. 11. 1989 (212–35400 De 39, Bd. 1). Zu Darstellungen des Zusammentreffens und wichtigen Inhalten siehe Genscher 1995, S. 675f.; Kiessler/Elbe 1993, S. 52. Thatcher schildert ihre kritische Reaktion auf das Zehn-Punkte-Programm – mit dem Kohl gegen »den Geist des Pariser Gipfeltreffens« verstoßen habe – in Thatcher 1993, S. 1100.

58 Zu Thatchers Besuch in Camp David siehe die ausführliche Darstellung bei Zelikow/Rice 1997, S. 172f. Vgl. auch *Die Welt* v. 25. 11. 1989, Thatcher warnt Bush vor Euphorie. Zur Einschätzung Thatchers, das Gespräch habe ihr gestörtes Verhältnis zu Bush nicht verbessern können, siehe Thatcher 1993, S. 1100.

59 Vgl. Klein 1996, S. 406; Jackisch 1996, S. 126.

## DIPLOMATIE IM ZEICHEN DES STATUS QUO

1 Vgl. dazu die Sammlung französischer Pressestimmen in Bonner *Generalanzeiger* v. 30.11. 1989, In Paris weckt Kohl Zweifel. Ein ehemaliger Regierungsbeamter berichtete, daß man im Elysée hinter vorgehaltener Hand von »Doppelzüngigkeit« und »Verrat« des deutschen Bundeskanzlers sprach, vgl. dazu Witznitzer 1991, S. 134.
2 Das Zitat Dumas' findet sich in der Antwort auf eine Frage zum Thema Deutschland – Europa, abgedruckt in Frankreich-Info, Nr. 31/1989, 1.12. 1989. Der Hinweis auf den »Überrumpelungsversuch« findet sich bei Kiessler/Elbe 1993, S. 51 f. Zu weiteren Reaktionen der politischen Elite Frankreichs vgl. Favier/Martin-Roland 1996, S. 189; Attalis Kommentar schildert Teltschik 1993, S. 60.
3 Vgl. Schreiben Helmut Kohls an François Mitterrand v. 27. 11. 1989 (30916 Gi 47). Der Vorwurf fehlender Unterrichtung kann teilweise relativiert werden. Bei der Vorbereitung eines solchen Briefes vergehen zumeist mehrere Tage der internen Abstimmung über Inhalte und einzelne Formulierungen zwischen den beteiligten Mitarbeitern des Kanzleramtes sowie mit Kohl selbst, bis die endgültige Version abgesegnet und an ihren Adressaten übermittelt werden kann. Daraus ergibt sich im vorliegenden Fall die Möglichkeit, daß – abgesehen von Kohls beabsichtigtem Überraschungseffekt – das Zehn-Punkte-Programm zum Zeitpunkt der Arbeiten am Brief für Mitterrand noch in einem völlig unausgereiften Zustand war. Vorstellbar ist auch, daß der Briefentwurf noch in die Phase vor dem 23.11. – der ersten konzeptionellen Sitzung zur Vorbereitung der Zehn Punkte – fiel, da er als Antwort auf ein Schreiben Mitterrands v. 6.11. gedacht war. Auch dann wäre es allerdings technisch noch möglich gewesen, eine Passage zur Ankündigung der deutschlandprogrammatischen Rede einzufügen. Damit hätte Kohl diese Gelegenheit bewußt verstreichen lassen, so Jacques Attali im Interview v. 30. 11. 1995: Aus Sicht des Elysée sei es unverständlich und nahezu surrealistisch gewesen, einen Tag vor der Verkündung der Zehn Punkte einen EG-Kalender präsentiert zu bekommen, aber mit keinem Wort über die Zehn Punkte unterrichtet zu werden. Eine Konsultation über den deutschlandpolitischen Fahrplan habe man in Paris nie erwartet, wohl aber eine kurze Information über das Vorhaben an sich. Wenn dies schon schriftlich nicht mehr möglich gewesen sei, so hätte die Unterrichtung wenigstens kurz vorher mündlich etwa via Teltschik erfolgen können, wie dies sonst üblich gewesen sei.
4 Nach Informationen aus der Bundesregierung. Nicht geklärt ist bei dieser »Panne«, ob es sich letztlich um ein Versäumnis der französischen Botschaft in Bonn handelte, die den Text erst mit zeitlicher Verzögerung weitergeleitet hatte, oder ob man innerhalb des Elysée die Bedeutung dieses Programms nicht in seinem vollen Umfang erkannt hatte. Normalerweise konnten wichtige Nachrichten und Informationen innerhalb von weniger als einer Stunde nach ihrem Eintreffen im Elysée vom zuständigen Berater über den Generalsekretär an den Präsidenten und von diesem mit entsprechenden Instruktionen wieder zurückgeleitet werden (vgl. Védrine 1996, S. 41; ähnlich Serge Boidevaix im Interview v. 29. 11. 1995).
5 Vgl. Genscher 1995, S. 676 ff. Seine Unterredung mit Mitterrand bezeichnet Genscher als wichtigstes Gespräch mit dem Staatspräsidenten überhaupt: »Auch in dieser Stunde erwies sich Mitterrand als Staatsmann von europäischem Rang und als verläßlicher Freund der Deutschen, bemüht, nicht Hindernisse für die deutsche Vereinigung aufzubauen, sondern vielmehr Rahmenbedingungen zu sichern, die die deutsche Vereinigung auch zu einem Gewinn für Europa werden lassen würden.« Zur Atmosphäre und den Zweifeln seiner Gastgeber siehe z. B. *Süddeutsche Zeitung* v. 1.12. 1989, Ohne Grenzgarantie keine deutsche Einheit; *Libération* v. 1.12. 1989,

Genscher rassure la France; *Süddeutsche Zeitung* v. 2.12. 1989, Mitterrand enttäuscht über fehlende Absprache.
6 Vgl. Teltschik 1993, S. 38.
7 Vgl. dazu Kortz 1996, S. 26 ff.
8 Vgl. dazu Hillenbrand 1998, S. 352, sowie ausführlich zur Charakterisierung der beiden unterschiedlichen Konzepte Schönfelder/Thiel 1996, S. 30 ff.
9 Vgl. ausführlicher Kortz 1996, S. 30 f.; Tolksdorf 1995, S. 56 ff.
10 Vgl. dazu Hillenbrand 1998, S. 353 f.
11 Institutionelle Neuerungen sollten demnach auch weiterhin nur mittels einer Vertragsänderung gemäß Art. 236 EWGV bei Zustimmung aller Mitgliedstaaten möglich sein. Vgl. dazu Häde 1992, S. 171.
12 Zu Genschers Memorandum zur Schaffung eines europäischen Währungsraumes und einer Europäischen Zentralbank v. 26.2. 1988 vgl. Deutsche Bundesbank, Auszüge aus Presseartikeln, Nr. 15/1.3. 1988, S. 6 f. Darin finden sich auch Reaktionen zu Genschers Vorstößen (ebenda, S. 7 f.). Zum Europäischen Rat von Hannover bzw. den unterschiedlichen Positionen bei der Verwirklichung einer europäischen Wirtschafts- und Währungsunion vgl. insbesondere Detlev W. Rahmsdorf: Währungspolitik, in Weidenfeld/Wessels 1990, S. 112 ff., hier: S. 115 ff.; Hasse 1989; Bertelsmann-Stiftung 1989.
13 Vgl. zu dieser Problematik weiterführend Schönfelder/Thiel 1996.
14 Siehe dazu insbesondere die ausführlichen Darstellungen bei Favier/Martin-Roland 1996, S. 163.
15 Vgl. Bericht zur Wirtschafts- und Währungsunion in der EG, vorgelegt vor dem Ausschuß zur Prüfung der Wirtschafts- und Währungsunion am 17. 4. 1989 (Delors-Bericht), abgedruckt in Europa-Archiv, Nr. 10/1989, S. D283 ff.; ausführlich dazu Schönfelder/Thiel 1996, bes. S. 40 ff.
16 Vgl. dazu sowie zum folgenden Peter Hort, Der Europäische Rat, in Weidenfeld/ Wessels 1990, S. 45 ff., hier: S. 47 ff. Des weiteren Bitterlich 1998, S. 113 f.
17 Vgl. hierzu sowie zum folgenden Favier/Martin-Roland 1996, S. 202. Die Autoren stützen ihre Schilderungen an dieser Stelle auf die Aufzeichnungen Elisabeth Guigous, die zu dieser Zeit Leiterin des französischen EG-Koordinierungsgremiums war. Ende Januar 1990 wurde sie außerdem zur Koordinatorin der französischen Politik gegenüber Osteuropa ernannt (Informationen aus der Bundesregierung). Das Interesse Bonns, die Eröffnung der Regierungskonferenz über die europäische Wirtschafts- und Währungsunion weder terminlich noch von ihren inhaltlichen Orientierungen zu konkretisieren, war bereits in einem Gespräch des Bundeskanzlers mit dem Präsidenten der Europäischen Kommission am 5.10. 1989 deutlich geworden: So hatte der Bundeskanzler den Kommissionschef gefragt, ob Frankreich nicht entsprechende Vorstöße auf dem Europäischen Rat in Straßburg unternehmen werde. Delors bezeichnete diese Vermutungen als Mißverständnis und erläuterte gegenüber Kohl, daß das Ziel der französischen Präsidentschaft im Europäischen Rat lediglich darin bestehe, die Regierungskonferenz im zweiten Halbjahr 1990 zu eröffnen, ohne jedoch nähere Rahmenbedingungen dafür festzulegen. Das Mißverständnis rühre daher, daß er, Delors, mit Mitterrand besprochen habe, am Abend in Straßburg über die institutionellen Folgen der europäischen Wirtschafts- und Währungsunion sowie die weiteren Reformschritte der Gemeinschaft eine erste Aussprache zu führen. Damit habe er Mitterrand ermöglichen wollen, seine persönlichen Vorstellungen der weiteren Integrationsschritte einzubringen. Aus seiner Sicht müsse Straßburg eine »dynamische Vision« des europäischen Einigungsprozesses bieten. Vgl. hierzu Vermerk Abt. 2 (Bitterlich) v. 13.10. 1989 an Bundeskanzler Kohl, betr.: »Ihr Gespräch mit dem Präsidenten der EG-Kommission am

5. Oktober 1989, 11.00-13.00 Uhr« (211 301105 Eu70). Zu Mitterrands Auftritt vor dem Europäischen Parlament am 25.10.1989 vgl. Auszüge in der Dokumentation der Französischen Botschaft, »Erklärungen des französischen Staatspräsidenten zu Deutschland« (27.7. bis 31.12.1989).
18 Vgl. dazu *Neue Zürcher Zeitung* v. 27.10.1989, Mitterrand für Hilfe der EG an Polen und Ungarn; *Süddeutsche Zeitung* v. 27.10.1989, Mitterrand: Osteuropa helfen; *Le Monde* v. 27.10.1998, M. Mitterrand plaide pour l'Europe politique et le soutien à M. Gorbatchev; Attali 1995, S. 325 ff.
19 Schreiben Helmut Kohls an François Mitterrand v. 27.11.1989 (30916 Gi 47).
20 Genscher bekundete in der Retrospektive wenig Verständnis hierfür. Im Zusammenhang mit seiner Mission in Paris am 30.11.1989 schreibt er: »Ich konnte mit diesen Bedenken nichts anfangen. Unter den gegebenen Umständen waren sie, fand ich, sogar problematisch. Keineswegs durfte es dazu kommen, daß dies Mißtrauen in Paris schuf und so auch Auswirkungen auf das deutsch-französische Verhältnis und Frankreichs Haltung zur deutschen Einheit hätte.«; Genscher 1995, S. 680.
21 Schreiben François Mitterrands an Bundeskanzler Helmut Kohl v. 1.12.1989 (301 00 (102) Bd. 27-33).
22 Der Vorschlag Mitterrands, sich am Rande eines internationalen Gipfels zum bilateralen Gedankenaustausch zu treffen, war nicht ungewöhnlich, sondern eine seit Jahren gepflegte deutsch-französische Gipfelroutine. Mitterrands Anwesenheit in Brüssel muß hingegen als besondere Geste gewertet werden. Für gewöhnlich nahm Mitterrand an allen regulären NATO-Gipfeln teil, nicht aber an außerplanmäßigen Informationstreffen wie diesem, zu denen meist Dumas delegiert wurde. Mitterrand signalisierte hiermit auch seine sensibilisierte Wahrnehmung der aktuellen internationalen, insbesondere deutschlandpolitischen Entwicklungen. Er wollte in dieser Situation offensichtlich mehr Präsenz auf der internationalen Bühne demonstrieren.
23 Schreiben Helmut Kohls an François Mitterrand v. 5.12.1989 (30916 Gi 47). Vgl. auch Bitterlich 1998, S. 114f.
24 Vgl. dazu Schreiben Mitterrand an Kohl v. 6.12.1989 (301 00 (102) Bd. 27-33). Zwar erwähnte er einleitend allgemein, daß es im Interesse aller Europäer sei, das Tempo in Richtung einer Politischen Union zu beschleunigen. Dabei war aber unmißverständlich, daß für ihn die europäische Wirtschafts- und Währungsunion wichtigster Bestandteil einer solchen Union war und nicht etwa die institutionellen Reformen der Gemeinschaft.
25 Siehe dazu Védrine 1996, S. 431. Dieser datiert das Telefonat allerdings auf drei Tage vor Straßburg, was unwahrscheinlich ist, da an diesem 5. Dezember der Brief Helmut Kohls an Mitterrand abgesandt worden war, welcher noch einmal eine deutlich ablehnende Haltung übermittelt hatte.
26 Kohl in Diekmann/Reuth 1996, S. 195. Ähnlich die Erinnerung von Dieter Kastrup im Interview v. 17.4.1998.
27 Vgl. hierzu sowie zum folgenden insbesondere die Darstellungen bei Favier/Martin-Roland 1996, S. 205 ff.; Peter Hort, Der Europäische Rat, in Weidenfeld/Wessels 1990, S. 49 ff.
28 Dumas 1996, S. 340 f. Auch im Interview v. 28.11.1995 bestätigte Roland Dumas das heftige Wortgefecht zwischen Kohl und Thatcher. Er hob allerdings die moderierende und beschwichtigende Rolle Mitterrands in dieser Situation hervor. Etwas anders Bitterlich 1998, S. 116f. Demnach waren die Stimmung »frostig«, einige Partner »distanziert« und die französische Verhandlungsführung aus deutscher Perspektive eine »sehr taktierende, zurückhaltende« gewesen. Einzig González sei dem Bundeskanzler zur Seite gestanden und habe seine aktive Unterstützung bei der

Vereinigung angeboten. Siehe auch Thatcher 1993, S. 1103. Über den genauen Wortlaut von Kohls Äußerungen zur Grenze gab es in der Presse lebhafte Spekulationen. Sie schwankten zwischen der Behauptung, er habe explizit die Oder-Neiße-Grenze als unveränderlich bezeichnet, und der Schilderung, er habe sich lediglich auf die Helsinki-Grundsätze und den Warschauer Vertrag berufen, d. h. gewaltsame Grenzveränderungen ausgeschlossen, und damit den Grenzverlauf »weder anerkannt noch angefochten«. Vgl. *Süddeutsche Zeitung* v. 11. 12. 1989, Ein Forum für das ungleiche Paar. Vgl. des weiteren *Le Quotidien de Paris* v. 9. / 10. 12. 1989, Kohl abat sa carte. Eine vertragliche Fixierung der Grenzen sollte es nach Kohls Worten keinesfalls vor einer Vereinigung geben, so Attali 1994, S. 42.

29 Vgl. zum folgenden Thatcher 1993, S. 1102 ff. Thatchers Mitarbeiter Charles Powell wies im Interview v. 3. 6. 1997 darauf hin, daß es Mitterrand gewesen sei, der Thatcher erstmals, und zwar noch deutlich vor dem Fall der Mauer, Anfang September 1989 bei einem privaten Treffen auf ihrem Landsitz in Chequers angesichts der in Gang gekommenen Entwicklungen alarmiert habe. Und auch danach habe Mitterrand die britische Regierungschefin mit seinen ablehnenden Äußerungen zum Thema deutsche Einheit immer wieder in Aufruhr versetzt – zum offensichtlichen Leidwesen des Stabes im FCO (vgl. Interview mit William Waldegrave v. 5. 6. 1997, der das Verhältnis der beiden als außergewöhnlich charakterisiert: Thatcher habe Mitterrands Politik zwar nicht gebilligt, sei aber von seiner Person durchaus fasziniert gewesen). Bis zur Jahreswende habe Mitterrand sogar den besorgteren Part von beiden eingenommen, was die deutsch-deutschen Entwicklungen anbelangte. Sein Positionswechsel in dieser Frage sei desillusionierend gewesen (Interview mit Sir Charles Powell v. 3. 6. 1997). Gemeinsam mit Gorbatschow und Mitterrand hatte Thatcher bis dahin gehofft, wenn keine Ablehnungsfront, so doch eine Allianz zur Verlangsamung der Ereignisse bilden zu können (Interview mit Bernard Ingham v. 4. 6. 1997).

30 Powell gab den Satz im Interview v. 3. 6. 1997 wie folgt wieder: »In times of great danger Britain and France have always drawn to each other closer.«

31 Vgl. dazu sowie zu Mitterrands Forderung nach einer »weicheren Formulierung« Favier/Martin-Roland 1996, S. 208; Dumas 1996, S. 340 sowie Roland Dumas im Interview v. 28. 11. 1990: Gerade Mitterrands Willen zur Vermittlung und Glättung der Wogen, so Dumas, sei es zu verdanken gewesen, daß man einen Konsens gefunden habe. Bis spät am Abend habe man im Kreis der Staats- und Regierungschefs gefeilscht, dann habe Mitterrand Dumas und Genscher instruiert, die schließlich noch bis zwei Uhr morgens an der Erklärung gearbeitet hätten. Ein Hinweis auf den nächtlichen Einsatz zur Ausarbeitung konsensfähiger Schlußfolgerungen des Europäischen Rates findet sich auch in Attali 1995, S. 372. Dieter Kastrup sprach im Interview v. 17. 4. 1998 von selten schwierigen und komplizierten Verhandlungen über Formulierungen, denen fast alle Anwesenden in irgendeinem Kontext bereits früher zugestimmt hatten.

32 Abgedruckt in Auswärtiges Amt 1995, S. 338.

33 Erklärung zu Mittel- und Osteuropa, abgegeben vom Europäischen Rat der Staats- und Regierungschefs: Schlußfolgerungen des Vorsitzes des Europäischen Rates zur 42. Ratstagung am 8. u. 9. 12. 1989 in Straßburg, in Weidenfeld/Wessels 1990, S. 421 ff., hier: S. 431 f. Die Wahrung der Helsinki-Grundsätze war insbesondere ein französisches Anliegen gewesen; vgl. hierzu *Le Quotidien de Paris* v. 9. / 10. 12. 1989, Strasbourg: La ligne Kohl.

34 Siehe zu diesem Gespräch den Vermerk von VLR I Bitterlich v. 14. 12. 1989, betr.: »Europäischer Rat Straßburg (8./9. Dezember 1989), hier: Arbeitsfrühstück des Bundeskanzlers mit dem französischen Staatspräsidenten Mitterrand am 9. 12. 1989, 8.45–9.30« (301 00 (56) Bd. 78–82).

35 Eine ausführliche Darstellung des Treffens Gorbatschow – Mitterrand erfolgt im weiteren Verlauf dieses Kapitels.
36 Vgl. dazu Favier/Martin-Roland 1996, S. 208f. Demnach habe der Kanzler Mitterrands Anmerkungen zum Unterschied zwischen der deutsch-polnischen und der innerdeutschen Grenze kommentiert mit der Bekräftigung, daß diese in der Tat verschieden seien. Nach Gesprächsaufzeichnungen Elisabeth Guigous erwähnte der Präsident in diesem Kontext auch, daß Gorbatschow beschlossen habe, keine militärische Gewalt einzusetzen und daß er, einmal so entschieden, nun sehr ruhig sei. Laut Gesprächsprotokoll aus dem Kanzleramt hatte Gorbatschow seine innere Ruhe gegenüber Mitterrand mit dem Verweis darauf begründet, daß die wichtigsten Grundlagen des Reformprozesses in der Sowjetunion beschlossen seien.
37 Vgl. Favier/Martin-Roland 1996, S. 209.
38 Die Darstellung basiert auf Informationen aus dem Bundeskanzleramt und dem Auswärtigen Amt. Stavenhagen fügte hinzu, daß mit der deutschlandpolitischen Passage der vorhandene Spielraum im Kreise der Zwölf ausgeschöpft worden sei. Zu einer skeptischeren Einschätzung kommt Kohls Mitarbeiter Bitterlich. Er weist explizit darauf hin, daß die konsensfähige Formulierung letztlich nicht viel mehr gewesen sei als die »wörtliche Wiederholung früherer fast ritueller Aussagen zur ›deutschen Frage‹. Die Einbettung der Einheit in die europäische Einigung hatten die Deutschen als Rahmen und Zielvorstellung hinzugefügt; die übrigen Aussagen des Textes aber mußte man sich langsam auf der Zunge zergehen lassen, um alle Bedingungen, Vorbehalte, Verfahrenskniffe klar zu verstehen, die hier eingeflochten waren und die das zu erreichende Ziel – die sorgfältige ›Einbindung‹ aller Deutschen – in eine mit Ungewißheiten belastete Ferne oder Distanz rückten oder rücken konnten.« (Bitterlich 1998, S. 116). Zu den Ergebnissen von Straßburg vgl. auch Peter Hort, Der Europäische Rat, in Weidenfeld/Wessels 1990, S. 49ff.
39 Vgl. zu den Vorwürfen Le Figaro v. 11./12.12.1989, Le prix du succès. Zu Mitterrands Aussagen siehe Die Welt v. 12.12.1989, Mitterrand erinnert an deutsche Vergangenheit. Die Zitate entstammen: Interview mit François Mitterrand auf Europe 1, Le Club de la Presse, v. 10.12.1989, Auszüge abgedruckt in Kommentarübersicht des Presse- und Informationsamtes der Bundesregierung, 11.12.1989.
40 Vgl. Le Figaro v. 7.12.1989, Contrôler le rapprochement entre les deux Allemagnes.
41 Vgl. Le Monde v. 16.11.1989, MM. Gorbatchev et Mitterrand vont se rencontrer pour discuter du nouvel équilibre européen.
42 Vgl. Le Monde v. 16.11.1989, La date et le lieu de la rencontre entre M. Gorbatchev et M. Mitterrand n'ont pas encore été fixés. Entgegen den Aussagen des Elysée berichtete der Moskauer Le Monde-Korrespondent bereits einen Tag später, gut unterrichteten Quellen zufolge sei das Treffen schon für Mitte Dezember anberaumt. Vgl. Le Monde v. 17.11.1989, M. Mitterrand rencontrerait M. Gorbatchev à Moscou à la mi-décembre.
43 Vgl. zum Gesprächsverlauf die »Niederschrift des Gesprächs zwischen M.S. Gorbatschow und dem Präsidenten Frankreichs F. Mitterrand, Kiew, 6. Dezember 1989« (Hoover Institution Archives, Stanford: Zelikow-Rice-Papers). Die ausführlichste Darstellung der Begegnung auf Basis französischer Protokolle findet sich bei Favier/Martin-Roland 1996, S. 195ff.; vgl. auch Mitterrand 1996, S. 76ff. (Allerdings bezieht sich Mitterrand in seinen Schilderungen hauptsächlich auf die Äußerungen Gorbatschows sowie auf dessen innen- und bündnispolitische Situation. Bezüglich seiner eigenen Position referiert er lediglich seine Aussagen auf der nach dem Treffen stattfindenden Pressekonferenz; auch hier geht er sehr selektiv vor: Nur die Passage, in der er auf die guten deutsch-französischen Beziehungen sowie sein Verständnis für das deutsche Anliegen in seiner nationalen Frage eingeht, erwähnt er

in seinen Erinnerungen.) Des weiteren vgl. Attali 1995, S. 359 ff. Attali, der die Unterredung auszugsweise in Dialogform wiedergibt, weicht in der Reihenfolge der Themen und Auslassungen teilweise vom oben benannten Gesprächsprotokoll ab. Jeweils sehr knappe Bezüge zum Gesprächsinhalt finden sich in Gorbatschow 1995a, S. 742 (fälschlicherweise wird das Treffen hier auf November 1989 datiert); Diekmann/Reuth 1996, S. 198 f.; Teltschik 1993, S. 71 f.

44 Laut Attalis Aufzeichnungen beendete Gorbatschow die Unterhaltung mit der Bitte an den Franzosen, die Wiedervereinigung Deutschlands zu verhindern, da ihm sonst die Ablösung durch das Militär bevorstehe. Mitterrand trage folglich die Verantwortung dafür, ob wieder ein Krieg in Europa drohe (Attali 1995, S. 366). Im sowjetischen Protokoll findet sich diese Aufforderung nicht.

45 Dies ergibt sich aus dem Inhalt des Protokolls »Gespräch von [W. Sagladin] mit Jacques Attali, Kiew, 6. Dezember 1989« (Hoover Institution Archives, Stanford: Zelikow-Rice-Papers; dabei handelt es sich nicht um ein Wortprotokoll). Attali selbst erwähnt dieses Gespräch in Verbatim III (Attali 1995) nicht.

46 Gemeinsame Pressekonferenz mit Michail Gorbatschow, Kiew, 6. 12. 1989, Auszüge abgedruckt in der Dokumentation der Französischen Botschaft, Erklärungen des französischen Staatspräsidenten zu Deutschland (27.7. bis 31.12. 1989) – ohne Seitennumerierung. Siehe exemplarisch *Le Figaro* v. 8.12. 1989, France-Allemagne: illusions perdues; *Le Figaro* v. 7.12. 1989, Contrôler le rapprochement entre les deux Allemagnes. Im übrigen bestätigte Mitterrand die beabsichtigte Signalwirkung des Besuches in seinen Erinnerungen: »Das gute Auskommen zwischen Frankreich und Rußland bildet einen der Hauptfaktoren des europäischen Gleichgewichts. Die augenblicklichen Schwierigkeiten Europas machten diese Demonstration (das Treffen mit Gorbatschow – d. Verf.) noch notwendiger.« Mitterrand 1996, S. 85.

47 Zitiert nach Ost-Informationen des Presse- und Informationsamtes der Bundesregierung, 7. 12. 1989.

48 Daß Mitterrand erst mit vierzigminütiger Verspätung nach Kiew abgeflogen war, weil, wie später bekannt wurde, Kohl ihn »noch unmittelbar vor dem Start ans Telefon bekam«, liefert einen Hinweis darauf, daß sich der Bundeskanzler in dieser Situation offensichtlich noch einmal des Vertrauens des französischen Partners vergewissern wollte. Vgl. *Süddeutsche Zeitung*, v. 11.12. 1989, Ein Forum für das ungleiche Paar.

49 Auch Gorbatschow weist in seinen Erinnerungen explizit auf die französisch-russische Übereinstimmung bezüglich der Einbettung einer deutschen Vereinigung in einen gesamteuropäischen Kontext hin. Vgl. Gorbatschow 1995a, S. 742.

50 Die Darstellung der Vorgeschichte und Hintergründe von Mitterrands DDR-Besuch basiert auf Informationen aus dem Auswärtigen Amt, dem Bundeskanzleramt und dem Quai d'Orsay.

51 In der Bonner Vierergruppe war diese Absicht am 3. Oktober 1989 vom französischen Sprecher bestätigt worden; eine Präzisierung des Zeitraumes hatte Außenminister Dumas bereits am 29. September gegenüber französischen Journalisten in New York vorgenommen und die Zeit vom 12. bis 16. oder 16. bis 20. Dezember 1989 als mögliche Termine genannt.

52 Vgl. hierzu sowie zum folgenden Favier/Martin-Roland 1996, S. 216 ff. Mitterrand bestätigt in seinen Erinnerungen die Erwartungen der DDR-Führung und die Nachricht von Beil (Mitterrand 1996, S. 97).

53 Rückblickend rechtfertigte Mitterrand sein Festhalten an dem Besuch trotz der stetigen Dynamisierung der Ereignisse mit seiner »Neugier«, jenes Land kennenzulernen, in welchem sich ein Teil des europäischen Schicksals entschied (Mitterrand 1996, S. 95).

54 Vgl. Favier/Martin-Roland 1996, S. 217; Genscher 1995, S. 704 f. Genscher datiert diese Unterhaltung nicht genau und erwähnt auch nicht explizit das Telefonat; er schreibt lediglich, daß Dumas ihn »schon vor einiger Zeit« darauf angesprochen habe; dabei habe er gesagt, daß es allein Sache Frankreichs sei, die Entscheidung zu fällen, ob ein solcher Besuch erforderlich sei. Es sei schwierig gewesen, etwas Gegenteiliges zu antworten, da der Bundeskanzler selbst kurz zuvor James Baker ermuntert habe, nach Potsdam zu fahren, um dort Modrow zu treffen. Roland Dumas betonte im Interview v. 28. 11. 1995 ausdrücklich das Einverständnis Genschers mit der Reise, zumal dieser quasi das Programm (mit)gestaltet habe. Er habe zu Dumas gesagt »Ihr müßt dorthin gehen und diese oder jene Person treffen«.
55 Zu den Problemen mit dem Programm der Reise gehörte, daß man sich in Paris nicht sicher war, wer nun eigentlich zur Opposition gerechnet werden konnte. Bianco bestätigte im Interview v. 27. 11. 1995, daß das Programm bis zuletzt nicht festgestanden habe, und führte dies auf die zwischenzeitlich völlige staatliche Desorganisation und das Chaos in der DDR zurück.
56 So auch Mitterand 1996, S. 94 f. Vgl. *Le Monde* v. 21. 12. 1989, M. Mitterrand n'est pas le premier... Innerhalb der Debatte blieb weitgehend unbeachtet, daß US-Außenminister Baker seinen DDR-Besuch am 12. 12. 1989 gezielt vor den des französischen Staatsoberhauptes gelegt hatte, um die amerikanische Führungsrolle zu demonstrieren. Vgl. dazu Baker 1996, S. 165 ff., bes. S. 167. Anders als Mitterrand war Baker allerdings bewußt nicht nach Ost-Berlin gefahren. Vgl. auch Védrine 1996, S. 452; Favier/Martin-Roland 1996, S. 212 f.; Aufzeichnungen Privatarchiv Weidenfeld.
57 Gerlach 1991, S. 372. Zum Besuch vgl. die Darstellungen in Mitterrand 1996, S. 93 ff., der hier keine Inhalte seiner Unterredungen mit der DDR-Führung, sondern lediglich Auszüge aus seinen Gesprächen mit Oppositionellen wiedergibt. Des weiteren Attali 1995, S. 379 ff.; Favier/Martin-Roland 1996, S. 216 ff. (Favier/Martin-Roland weisen ausdrücklich darauf hin, daß ihnen zum DDR-Besuch Mitterrands keine regierungsamtlichen Dokumente vorlagen. Auch sie stützen sich hier nur auf Interviews sowie öffentlich zugängliche Quellen.)
58 Vgl. Favier/Martin-Roland 1996, S. 218 f., die sich an dieser Stelle auf den vertraulichen Bericht eines französischen Delegationsmitglieds stützen.
59 Das nachfolgende Zitat Mitterrands ist entnommen aus *Süddeutsche Zeitung* v. 22. 12. 1989, Mitterrand warnt vor Grenzveränderungen. Vgl. zum KSZE-Treffen *Le Quotidien de Paris* v. 22. 12. 1989, »Helsinki-2« à Paris?; das Zitat zur »Berufung« der EG ist entnommen aus *Le Quotidien de Paris* v. 22. 12. 1989, RDA: Mitterrand garde la frontière. Zu den Gedanken über die künftige Gestaltung Europas vgl. *Libération* v. 23./24. 12. 1989, Le parcours en parallèle de Mitterrand (mit dem Zitat Mitterrands). Zum Handels- und Kooperationsabkommen zwischen der EG und der DDR vgl. ausführlich das Kapitel »Europäisches Rahmenprogramm«.
60 Das Zitat vom »Volk der DDR« entstammt *Le Monde* v. 23. 12. 1989, M. François Mitterrand a conquis les étudiants de Leipzig. Mitterrand war auf allgemeine Zurückhaltung gegenüber Vereinigungsabsichten gestoßen, vgl. Mitterrand 1996, S. 105 ff. Insbesondere die Studenten in Leipzig zeigten sich dem Gedanken der deutschen Einheit gegenüber reserviert. Ihre Fragen an Mitterrand fielen entsprechend gemäßigt aus; in bezug auf Frankreichs Rolle lautete die Frage, wie es der DDR praktisch helfen könne. Besonderen Applaus erhielt der Präsident für seinen Hinweis, die Nachkriegsrealitäten seien nicht mit einem Federstrich auszulöschen. Vgl. dazu *Frankfurter Allgemeine Zeitung* v. 23. 12. 1989, Die Deutschen müssen wissen, was sie wollen.

61 Pressekonferenz des französischen Staatspräsidenten, François Mitterrand, zum Abschluß seines Staatsbesuches in der DDR in Ost-Berlin am 22. 12. 1989, Auszüge in Europa-Archiv, Nr. 4/1990, S. D96 ff., hier S. D96.
62 Vgl. dazu *Süddeutsche Zeitung* v. 23./24./25./26. 12. 1989, Mitterrand: Über Status von Berlin neu verhandeln. Zu den Abkommen gehörten ein Regierungsprogramm über die wirtschaftlich-industrielle Kooperation (mit einer Laufzeit bis 1994) u. a. für die Bereiche Telekommunikation, Tourismus, Joint Ventures; Abkommen zur Vermeidung von Doppelbesteuerungen, zum Umweltschutz, zum Jugendaustausch sowie zur Arbeit der Kulturzentren. Auch die Möglichkeit zur Einrichtung neuer Kulturzentren wurde erörtert.
63 Neben Industrieminister Fauroux, Außenhandelsminister Rausch und Kulturminister Lang sowie zahlreichen Vertretern aus Industrie und Kultur zählten Außenminister Dumas und Innenminister Joxe zu Mitterrands Begleitung. Nicht ganz undelikat äußerte Mitterrand gegenüber Regierungschef Modrow: »Sie sind einer der Männer, auf denen im Moment das europäische Gleichgewicht ruht.«; zitiert nach *Le Monde* v. 23. 12. 1989, M. François Mitterrand a conquis les étudiants de Leipzig. In Gerlachs Urteil sei das Interesse Mitterrands an einer souveränen DDR mit guten Beziehungen zu Frankreich »deutlich erkennbar« gewesen. So seien »starke Vorbehalte Mitterrands gegen eine überstürzte Wiedervereinigung unüberhörbar« gewesen – trotz seines Plädoyers für das Selbstbestimmungsrecht der Völker, einschließlich des deutschen. In den Gesprächen seien die beiden immer wieder auf diesen Punkt zurückgekommen. Mitterrand habe nach Ansicht Gerlachs seinen »Widerstand« gegen die deutsche Vereinigung erst aufgegeben, nachdem der Zug zur deutschen Einheit bereits in voller Fahrt war. Vgl. Gerlach 1991, S. 372. Ähnlich auch der Eindruck von Wjatscheslaw Kotschemassow im Interview v. 20. 5. 1995. Demnach wurde Mitterrand vor allem von Frankreichs Botschafterin in Ost-Berlin, Timsit, in seiner Einschätzung gestützt, daß die Zweistaatlichkeit wünschenswert und möglich war.
64 Vgl. *Le Monde* v. 22. 12. 1989, Variations sur l'unité allemande; zur Einschätzung in Bonn siehe Teltschik 1993, S. 96.
65 Zitiert nach Picht 1990, S. 47, der sich auf die *Süddeutsche Zeitung* v. 23. 12. 1989 beruft. Gerlach gab an, daß diese zeitliche Abstimmung ausdrücklich mit Kanzleramtsminister Seiters erfolgt sei, um jede mögliche Kontroverse auszuschließen (»... mit Blick auf die Geschichte wäre dieses historische Ereignis noch während der Anwesenheit Mitterrands politisch unklug gewesen.«) Bei Mitterrand wollte Gerlach angeblich »Einverständnis« dafür festgestellt haben; vgl. Gerlach 1991, S. 373. Nach Angaben von Jean-Louis Bianco hatte es im Vorfeld Überlegungen zwischen Elysée und Kanzleramt gegeben, ein Treffen Kohl – Modrow – Mitterrand zu arrangieren. Bis zum Vorabend der Zeremonie am Brandenburger Tor habe Mitterrand über seine Teilnahme nachgedacht und diese schließlich verworfen. Bedenken hinsichtlich der deutschen Zuverlässigkeit in der Frage der Oder-Neiße-Grenze sowie die Sorge, der deutsch-deutschen Euphorie quasi als Anhängsel beizuwohnen, hätten ihn letztlich davon absehen lassen. Vgl. dazu Favier/Martin-Roland 1996, S. 221. Im Interview v. 27. 11. 1995 bestätigte Bianco die Überlegungen des Präsidenten. Mitterrand sei am Vorabend der Öffnungszeremonie mit einigen Delegationsteilnehmern zum Brandenburger Tor flaniert und sichtlich bewegt gewesen. Er habe gezögert, aber schließlich entschieden, daß es eine Angelegenheit allein der Deutschen sei. Vermutlich kam hinzu, so Bianco, daß Mitterrand eine explizite Einladung der Deutschen erwartet habe. Mitterrand selbst schreibt in seinen Erinnerungen, die Idee einer solchen Geste hätte ihm vor dem Hintergrund der deutsch-französischen Freundschaft und dem gemeinsamen Ziel der europäischen Einigung

imponiert. Aber, so der Präsident vage, er hätte auch die anderen Partner Frankreichs zu berücksichtigen. Die Feierlichkeiten seien zudem ureigenste Angelegenheit der Deutschen gewesen; er habe schließlich durch seine Teilnahme nichts und niemandem etwas zu beweisen gehabt (Mitterrand 1996, S. 103 f.).

66 Vgl. *Libération* v. 23./24.12.1989, Le parcours en parallèle de Mitterrand. Von kritischen Beobachtern in Frankreich wurde Mitterrands DDR-Besuch vielmehr als einer von mehreren diplomatischen Irrtümern und Fehlentscheidungen des französischen Präsidenten bewertet, die damit begonnen hätten, daß die französische Führung die Tragweite der Ereignisse völlig falsch eingeschätzt und sich daraufhin wie gelähmt verhalten habe, schließlich aber in eine Art blinden Aktionismus umgeschlagen seien. Vgl. dazu etwa Genestar 1992, S. 107 ff. Im Gegensatz zur Darstellung von *Libération* erklärte Serge Boidevaix im Interview v. 29.11.1995, daß am Morgen des 22.12. zahlreiche Gerüchte in Bonn kursiert seien, wonach die Feierlichkeiten aufgrund starken Regens abgesagt werden sollten. Diese seien bis nach Berlin vorgedrungen, so daß man Mitterrand schließlich informieren mußte. Als klar war, daß es sich um eine Fehlinformation handelte, sei er, Boidevaix, in Bonn und somit nicht mehr in der Lage gewesen, Mitterrand rechtzeitig vor seiner Pressekonferenz hierüber zu unterrichten.

67 Vgl. *Le Quotidien de Paris* v. 18.12.1989, Mitterrand-Bush: le langage commun; Mitterrand 1996, S. 71. Nach Informationen aus dem Auswärtigen Amt war ein informelles und eher privates Treffen der beiden Staatschefs allerdings seit längerem geplant gewesen.

68 Vgl. hierzu sowie zum folgenden die Darstellungen in Favier/Martin-Roland 1996, S. 213 f.; Attali 1995, S. 376 ff. Bei Mitterrand und Védrine findet sich keine inhaltliche Erwähnung dieses Treffens. Die nachfolgende Schilderung der Gesprächspassage zur amerikanischen Position zur deutschen Einheit bzw. der Prognose Vernon Walters findet sich nur bei Attali, wo sie in Dialogform wiedergegeben ist; vgl. Attali 1995, S. 377.

69 Zum Zitat »Der Zeit ihre Zeit lassen ...« siehe *Le Quotidien de Paris* v. 18.12.1989, La prudence des »si«. Zur Rede des amerikanischen Außenministers, James A. Baker, vor dem Berliner Presseclub in West-Berlin am 12.12.1989 vgl. den (auszugsweisen) Abdruck in Kaiser 1991a, S. 175 ff. Zu Mitterrands Forderung nach einem KSZE-Treffen vgl. auch Manfrasse-Sirjacques 1990, S. 119 f.

70 Im Kanzleramt war diese Unterstützung mit Unsicherheit und Besorgnis aufgenommen worden, wie ein Brief Teltschiks an Attali v. 21.12. zeigte (Informationen aus der Bundesregierung). Mitterrand habe bereits mehrfach seine Unterstützung für eine KSZE-Konferenz bekundet und vorgeschlagen, diese in Paris durchzuführen. Man wisse allerdings noch nicht, was Thema einer solchen Konferenz sein solle und ob Moskau erwäge, deutschlandpolitisch relevante Fragen zum Gegenstand der Konferenz zu machen. Er, Teltschik, wäre Attali sehr verbunden, wenn sie sich über die Behandlung des sowjetischen Vorschlags eng abstimmen würden und er ihm mitteilen könne, ob es bereits auf französischer Seite Gedanken zu möglichen Themen gebe. Er wolle noch erwähnen, daß es aus seiner Sicht äußerst problematisch wäre, diese Konferenz als Forum für deutschlandpolitische Aspekte zu nutzen, da damit sämtlichen KSZE-Staaten ein Mitspracherecht eingeräumt würde, die – im Gegensatz zu den Vier Mächten – weder Rechte noch Verantwortlichkeiten in bezug auf Berlin und Deutschland als Ganzes hätten. Attali (Attali 1995, S. 381) schreibt nicht von einem Brief, sondern von einem Anruf Teltschiks. Er habe die Äußerungen zur Kenntnis genommen, nicht jedoch kommentiert.

71 Vgl. Neujahrsansprache Staatspräsident Mitterrands, abgedruckt in *Le Monde* v. 2.1.1990, Les voeux de M. François Mitterrand. Des weiteren vgl. *Le Monde* v. 2.1.1990, M. Mitterrand souhaite une »confédération« europeenne avec les pays de l'Est.

72 Eine Präzisierung der Vorstellungen erfolgte erst nach Abschluß des deutschen Einigungsprozesses und der Pariser KSZE-Konferenz im November 1990, auch wenn die Idee der Konföderation immer wieder von französischen Regierungsmitgliedern im Laufe des Jahres 1990 aufgegriffen wurde. Vgl. weiterführend Weisenfeld 1991, S. 513 ff.
73 Lediglich in der anschließenden Presseerklärung bezeichnete Kohl diesen Vorstoß als eine gute Idee. Vgl. dazu Favier/Martin-Roland 1996, S. 225 f. Selbst Mitterrands Berater, wie etwa Hubert Védrine, fragten sich, wie die Konföderationsidee konkret verwirklicht werden sollte; vgl. ebenda, S. 225. Vgl. auch Anmerkung 75 in diesem Kapitel.
74 Vgl. dazu sowie zum folgenden Vermerk Neuer v. 8.1.1990, betr.: »Gespräch des Bundeskanzlers mit Präsident Mitterrand am Donnerstag, den 04. Januar 1990 in Latché« (01-301 00 (56) Ge 28 (VS) Bd. 80). Darstellungen finden sich auch – mit Kohls persönlichen Eindrücken – in Diekmann/Reuth 1996, S. 232 ff.; Teltschik 1993, S. 98 ff.; Favier/Martin-Roland 1996, S. 226 f.; Attali 1995, S. 389 f. Mitterrand selbst erwähnt dieses Treffen nicht.
75 Vgl. *Le Monde* v. 6.1.1990, MM. Kohl et Mitterrand sont d'accord sur l'idée de confédération européenne. Explizit wurde dies von Mitterrand und Kohl bei einem informellen Fototermin bestätigt. Siehe dazu Vermerk Neuer v. 8.1.1990, betr.: »Gespräch des Bundeskanzlers mit Präsident Mitterrand am Donnerstag, den 04. Januar 1990 in Latché« (01-301 00 (56) Ge 28 (VS) Bd. 80).
76 Vgl. Teltschik 1993, S. 100 bzw. S. 102. Hinweise darauf, daß die Wiederherstellung der Harmonie ansatzweise bezweifelt werden muß, gibt Attali. Danach hatte Mitterrand seinem engsten Berater im Anschluß seine persönlichen Eindrücke aus dem Treffen berichtet: Kohl forciere die Einheit, so Mitterrand, und wolle ihn gleichzeitig glauben machen, daß er nichts dafür könne, sondern vom Massenexodus quasi überrollt werde. Alle Welt begehre dagegen auf (»schreie«) – doch vergeblich. Nur Gorbatschow könne dem letztlich entgegentreten. Gelinge es diesem nicht, werde er seinen Posten verlieren und vom Militär abgelöst. Alles werde sich letztlich sehr schnell, d. h. in zwei bis drei Jahren abspielen. Vgl. hierzu Attali 1995, S. 390.
77 Vgl. dazu *Frankfurter Allgemeine Zeitung* v. 4.1.1990, Frankreich spielt in der deutschen Frage auf Zeit. Auch im Kanzleramt war man sich der teils massiven Skepsis der französischen Spitzenbeamten gegenüber der deutschen Frage bewußt (Informationen aus der Bundesregierung).
78 *Die Zeit* v. 24.11.1989, Bange Blicke nach Osten.
79 Vgl. exemplarisch *Le Monde* v. 23.11.1989, Des divergences apparaissent entre sociaux-démocrates et chrétiens-démocrates ouest-allemands sur la réunification.

# ZWISCHEN ALLEN STÜHLEN

1 Die Darstellung der Vorgeschichte der deutschlandpolitischen Passagen basiert auf Informationen aus der Bundesregierung. Das Schlußdokument der Tagung des Nordatlantikrates unter Teilnahme der Staats- und Regierungschefs in Brüssel am 29. und 30. 5. 1989 ist abgedruckt in Europa-Archiv, Nr. 12/1989, S. D337 ff. Zum Treffen der Mitgliedstaaten des Warschauer Paktes – bei dem Gorbatschow seine heftige Kritik an Kohls Zehn-Punkte-Programm wiederholte und die von DDR-Ministerpräsident Hans Modrow vorgeschlagene Vertragsgemeinschaft davon abhängig machte, daß diese nicht zur Vereinigung führte – siehe z. B. Zelikow/Rice 1997, S. 196 f.; Europa-Archiv, Nr. 3/1990, S. D71 f.

2 Zum Verlauf des Treffens Bush – Kohl siehe Vermerk Neuer v. 5.12.1989, betr.: »Gespräch mit Präsident Bush am Sonntag, dem 3. Dezember 1989 in Brüssel um 20.30 Uhr (Abendessen)« (21–30100 (56) Ge 28 (VS), Bd. 79); aus deutscher Sicht Diekmann/Reuth 1996, S. 185 ff.; Teltschik 1993, S. 63; aus amerikanischer Sicht Zelikow/Rice 1997, S. 193 ff. Das Treffen dauerte rund zwei Stunden. Teilnehmer waren neben Bush und Kohl noch Brent Scowcroft, der Stabschef des Weißen Hauses John Sununu, Horst Teltschik und Walter Neuer. Zum zeitgleichen Treffen der beiden Außenminister siehe Genscher 1995, S. 681 f. Die Einschätzung, das Treffen sei eine »Schlüsselszene« im Prozeß der deutschen Einheit gewesen, stammt von Bushs Sicherheitsberater (Interview mit Brent Scowcroft am 3.11.1994).

3 Zu Kohls Auftritt vor den CDU/CSU-Bundestagsabgeordneten siehe Protokoll der CDU/CSU-Fraktionssitzung v. 14.11.1989, ACDP, Bestand VIII-001-1086/1, S. 6 ff. Der Kanzler erinnerte noch einmal daran, daß sein Zehn-Punkte-Programm eine »Wegweisung« sei, »kein Kalender nach Daten«. Nur kurz berichtete er vom NATO-Gipfel, bei dem Manfred Wörner das Thema der Vereinigung »mit sehr viel Geschick« über die Runde gebracht habe und bei dem es erneut – namentlich von seiten des italienischen Regierungschefs Andreotti – Bremsversuche hinsichtlich der aktuellen Entwicklungen in Deutschland gegeben habe.

4 Der Hinweis auf die Erschöpfung des Kanzlers findet sich in Zelikow/Rice 1997, S. 194. Seitens der deutschen Delegation wurde bemerkt, daß Bush und Scowcroft müde wirkten (vgl. Teltschik 1993, S. 62).

5 Die von Baker am 29.11.1989 vor der Presse vorgetragenen »Vier Prinzipien« basierten auf einem Memorandum von Francis Fukuyama, einem der stellvertretenden Direktoren des Politischen Planungsstabs im State Department. Die USA sollten demnach mit der klaren Darlegung ihrer grundsätzlichen Einstellung zur deutschen Frage eine Führungsrolle übernehmen und die Entwicklung beeinflussen. Die Prinzipien waren sowohl eine Reaktion auf Kohls Zehn-Punkte-Programm als auch eine Vorbereitung des sowjetisch-amerikanischen Gipfeltreffens vor Malta. Vgl. dazu das Kapitel »Eine Idee wird Programm«; Baker 1996, S. 158 ff. Der US-Außenminister zitiert dabei allerdings bereits die später von Bush verwendete Version. Bakers ursprüngliches Pressestatement vom 29.11.1989 ist abgedruckt in Kaiser 1991a, S. 169. Die Bedeutung der »Vier Prinzipien« als wichtigste öffentliche Festschreibung der amerikanischen Position betonte John Kornblum im Interview v. 3.11.1994.

6 Siehe dazu Zelikow/Rice 1997, S. 195, bes. Fn 88. Demnach wurde gegenüber dem Entwurf des State Departments auch der einschränkende Halbsatz »wenn es zur Vereinigung kommt« gestrichen. Der Text von Bakers ursprünglicher Erklärung vor dem Pressecorps in Washington ist abgedruckt in Kaiser 1991a, S. 169.

7 Zur Kritik der britischen Premierministerin an der Geschwindigkeit der Entwicklungen siehe Thatcher 1993, S. 1101.

8 Die Wiedergabe von Kohls Redebeitrag basiert auf einem Manuskript der Erklärung von Bundeskanzler Kohl anläßlich des Treffens der Staats- und Regierungschefs der NATO am 4.12.1989, das offensichtlich auch Grundlage der Schilderung bei Diekmann/Reuth 1996, S. 188 f., ist. Diese beiden Autoren verlegen Kohls Redebeitrag allerdings auf den Vormittag und gehen nicht auf den Bericht von US-Präsident Bush zu seinem Treffen mit Michail Gorbatschow ein. Die Darstellung stützt sich zudem auf Zelikow/Rice 1997, S. 194 ff.; Teltschik 1993, S. 64 ff. Bei Zelikow/Rice fehlt allerdings der Hinweis auf Kohls ausführlichen Beitrag im Kreis der 16 Staats- und Regierungschefs. Bushs Rede, die dieser anschließend auch dem sowjetischen Präsidenten zukommen ließ, findet sich in Auswärtiges Amt 1990, S. 121 ff. Einen kurzen Einblick in die französische Interpretation der Ereignisse bietet Attali 1995, S. 357.

9 Siehe dazu auch Teltschiks Resümee nach den EG-Treffen von Paris und Straßburg sowie der NATO-Tagung von Brüssel (Teltschik 1993, S. 67; S. 73).
10 Zu Genschers Zitaten siehe Genscher 1995, S. 696; zum Hintergrund auch Informationen aus dem Auswärtigen Amt; Interview mit Dieter Kastrup v. 17. 4. 1998.
11 Zur öffentlichen Haltung Kohls und des Bundeskabinetts siehe z. B. *Frankfurter Allgemeine Zeitung* v. 10. 11. 1989, »Vierer-Konferenz nicht aktuell«. Zu anderen Stimmen aus der SPD siehe z. B. *Allgemeine Zeitung Mainz* v. 13. 11. 1989, Gauss fordert eine Deutschland-Konferenz; *Die Welt* v. 14. 11. 1989, Auch die SPD-Führung hält Konferenz der Vier Mächte für verfrüht. Zu weiteren Stimmen im Vorfeld des Treffens vgl. z. B. die Forderung des CDU-Fraktionsvorsitzenden im Berliner Abgeordnetenhaus, Eberhard Diepgen, nach einer Gipfelkonferenz auf Einladung des Bundeskanzlers in *Handelsblatt* v. 14. 11. 1989, Gipfeltreffen gefordert; außerdem: *Frankfurter Allgemeine Zeitung* v. 14. 11. 1989, Lambsdorff: Viermächtekonferenz nur mit Einbeziehung der Deutschen; *Süddeutsche Zeitung* v. 15. 11. 1989, Momper gegen Alliierten-Konferenz; *Frankfurter Allgemeine Zeitung* v. 15. 11. 1989, Kein Bedarf für eine Viermächte-Konferenz.
12 Nach sowjetischem Verständnis hatte die Existenz des Alliierten Kontrollrats mit dem Auszug des sowjetischen Vertreters 1948 geendet. Zu öffentlichen Reaktionen vgl. z. B. die Berichte in *Handelsblatt*, Vorgeschobene Gründe für das Botschafter-Treffen; *Die Welt*, Die Interessen bestimmten die Rolle; *Süddeutsche Zeitung*, UdSSR will Streben nach deutscher Einheit bremsen; *Frankfurter Allgemeine Zeitung*, Vier-Mächte-Treffen ohne Vereinbarungen (jeweils v. 13. 11. 1989); *Die Weltwoche* v. 14. 12. 1989, Die Vier zurück in einem Jeep; *Rheinischer Merkur* v. 15. 12. 1989, Die deutsche Sache auf dem Tisch der Sieger; *Die Zeit* v. 15. 12. 1989, Kleine Träume, große Alliierte.
13 Zur Einladung und Vorbereitung des Botschaftertreffens der Vier Mächte siehe v. a. Interview mit Wjatscheslaw Kotschemassow am 20. 5. 1995 – der sich selbst als Initiator des Treffens bezeichnete; auf seinen Vorschlag hin habe Moskau ihn zu dieser Initiative ermächtigt. Interview mit Serge Boidevaix am 29. 11. 1995, Interview mit Vernon Walters am 3. 11. 1994, Interview mit Sir Christopher Mallaby v. 3. 6. 1997 sowie die Darstellungen bei Zelikow/Rice 1997, S. 204 f.; Genscher 1995, S. 693; Kotschemassow 1994, S. 196 ff.; Baker 1996, S. 164 f. Demnach wurden die Gesandten in Washington, Paris und London parallel zu ihrem Kollegen in Ost-Berlin zur Überbringung des Moskauer Vorschlages vorstellig. Zur Unterrichtung Kohls durch Mitterrand siehe den Vermerk von Bitterlich v. 14. 12. 1989, betr.: »Europäischer Rat Straßburg (8./9. Dezember 1989); hier: Arbeitsfrühstück des Bundeskanzlers mit dem französischen Staatspräsidenten Mitterrand am 9. Dezember 1989, 8.45–9.30 Uhr« (21–301 00 (56) – Ge 28 (VS)) und die Darstellung bei Teltschik 1993, S. 72.
14 Zur sowjetischen Position vgl. auch Zelikow/Rice 1997, S. 203 ff.; Biermann 1997, v. a. S. 361 f.
15 Siehe dazu Telex StäV Nr. 2863 v. 13. 12. 1989, betr.: »Deutsch-deutsche Beziehungen; hier: Gespräch des Unterzeichners [Meyer-Sebastian] mit sowjetischem Gesandten Maximytschew« (B 136/20224, Bd. 107). Demnach hätten verschiedene Äußerungen westdeutscher Politiker, darunter auch CDU-Generalsekretär Volker Rühe, dafür gesorgt, daß der Westen so schnell und positiv auf die sowjetische Anfrage reagiert habe. Zur Begründung für Moskaus Vorstoß siehe Interview mit Wjatscheslaw Kotschemassow am 20. 5. 1995. Vgl. auch Biermann 1997, S. 358 f. Ähnlich äußerte sich der sowjetische Gesandte in Ost-Berlin, Maximytschew, in einer Nachbetrachtung des Treffens. Das Gespräch sei notwendig gewesen, um zu

zeigen, daß die Alliierten »noch da« seien. Kwizinskijs Zitat beruht auf einer Information aus dem Auswärtigen Amt. Sein Gesprächspartner Kastrup habe daraufhin unmißverständlich erklärt, daß dies einen Rückfall in die frühen fünfziger Jahre bedeute. In der Bundesrepublik und der DDR werde die Beschränkung auf eine Zuschauerrolle einen Aufschrei zur Folge haben. Eine – nicht in allen Details richtige – Zusammenfassung der Stimmung im Lager der Siegermächte bietet *Der Spiegel* v. 11. 12. 1989, Die Siegermächte warnen Bonn.

16 Mitterrands Erklärung ist dokumentiert in einem Vermerk von Bitterlich v. 14. 12. 1989, betr.: »Europäischer Rat Straßburg (8./9. Dezember 1989); hier: Arbeitsfrühstück des Bundeskanzlers mit dem französischen Staatspräsidenten Mitterrand am 9. Dezember 1989, 8.45–9.30 Uhr« (21–301 00 (56) – Ge 28 (VS)). Zu Kohls Überraschung ob der beiläufigen Erwähnung des Vier-Mächte-Treffens siehe die ausführliche Darstellung der Begegnung im Kapitel »Diplomatie im Zeichen des Status quo« sowie Teltschik 1993, S. 72. Zur Unterrichtung des Auswärtigen Amtes durch den französischen Botschafter und der Reaktion Sudhoffs siehe auch Biermann 1997, S. 360.

17 Zu Thatchers Besuch in Camp David, bei dem sie Bush mit einer mitgebrachten Landkarte die Grenzproblematik verdeutlichen wollte, und ihrem Hinweis auf die Vier-Mächte-Rechte siehe v. a. Zelikow/Rice 1997, S. 172. Der Hinweis auf das Gefühl britischer Diplomaten, daß angesichts der aktuellen Entwicklungen die Rechte der Alliierten zu kurz kamen, entstammt diversen Informationen aus dem Foreign Office sowie dem Auswärtigen Amt. Daß Thatcher mit ihrer Deutschlandpolitik sowie der Teilnahme britischer Diplomaten am Treffen des Alliierten Kontrollrates in Großbritannien nicht nur Zustimmung fand, betont Genscher mit Hinweisen auf britische Unterhausabgeordnete (Genscher 1995, S. 692). Botschafter Mallaby begründet die britische Zustimmung zu der sowjetischen Initiative mit der Rücksicht auf die massiven Sorgen der UdSSR. Man habe vermeiden wollen, daß diese Ängste seitens der sowjetischen Führung noch größer wurden, indem man die Möglichkeit zum Gespräch rundweg ablehnte. Das Verhalten der Sowjetunion in der allgemeinen Umbruchssituation wäre dadurch noch unberechenbarer geworden; sehr leicht hätte es in Obstruktion umschlagen können (Interviews mit Sir Christopher Mallaby v. 3. 6. 1997, ähnlich Pauline Neville-Jones v. 4. 6. 1997). Mallaby verwies außerdem explizit darauf, daß man mit dem Treffen der vier Botschafter auch die Absicht verfolgt habe, Deutschland zu demonstrieren, daß es so etwas wie Schutzmächte und Vorbehaltsrechte gab. Das Treffen habe seinen diesbezüglichen Zweck im übrigen nicht verfehlt. Pauline Neville-Jones betonte zugleich, daß man mit dem Treffen keinesfalls die Absicht verfolgt habe, Deutschland unten oder außen vor zu halten. Es habe folglich lange Diskussionen über das richtige Verhalten gegenüber den Sowjets auf der einen bzw. deutschen Empfindlichkeiten auf der anderen Seite gegeben.

18 Siehe dazu sowie zum folgenden v. a. Zelikow/Rice 1997, S. 204 f.; Biermann 1997, S. 361. James Baker betonte im Interview v. 23. 4. 1996, daß zwar alle Vier Mächte das Treffen gewollt hätten, aus westlicher Sicht dabei aber keinesfalls interne deutsche Aspekte der Vereinigung besprochen werden sollten. Zentrale Motivation für die amerikanische Zustimmung sei es gewesen, die UdSSR zu beruhigen. Robert Hutchings berichtete im Interview v. 4. 11. 1994, daß die Zustimmung zu diesem Treffen den Mitarbeitern des State Departments leichter gefallen sei als ihren Kollegen im Nationalen Sicherheitsrat (NSC).

19 Zur Reagan-Initiative siehe v. a. Maximytschew 1995; Zelikow/Rice 1997, S. 204 f. Zum Beschluß der westlichen Botschafter, nur über die Reagan-Initiative reden zu wollen, vgl. auch Interview mit Sir Christopher Mallaby v. 3. 6. 1997.

20 Zum Verlauf des Treffens siehe v. a. die Darstellungen bei Kotschemassow 1994, S. 196 ff., mit längeren Auszügen aus seinem Redebeitrag; Zelikow/Rice 1997, S. 205; Genscher 1995, S. 693 f.; Biermann 1997, S. 358 ff., mit dem Hinweis auf die Abstimmung zwischen Moskau und der SED. Weitere Details erbrachten Interviews mit den Teilnehmern Vernon Walters am 3. 11. 1994, Serge Boidevaix am 29. 11. 1995, Wjatscheslaw Kotschemassow am 20. 5. 1995 und Christopher Mallaby am 3. 6. 1997 sowie Informationen aus dem Auswärtigen Amt. Zum Zustandekommen und Verlauf des Treffens vgl. Maximytschew 1995, S. 112 ff., demzufolge man sich im Vorfeld des Treffens zusammen mit den Amerikanern darauf geeinigt hatte, daß Boidevaix den Vorsitz übernehmen solle. Vgl. ebenda, S. 113; Bruck/Wagner 1996a, S. 12.

21 So ganz ausdrücklich Kotschemassow 1994, S. 198. In verschiedenen Nachberichten zum Treffen ist allerdings davon die Rede, daß weitere Gespräche verabredet worden seien, ohne daß bereits feste Termine vereinbart worden wären. Siehe dazu z. B. die Darstellung in Telex StäV Nr. 2863 v. 13. 12. 1989, betr.: »Deutsch-deutsche Beziehungen; hier: Gespräch des Unterzeichners [Meyer Sebastian] mit sowjetischem Gesandten Maximytschew« (B 136/20224, Bd. 107); Informationen aus dem Foreign Office. Über die Möglichkeit zu weiteren Botschaftertreffen, so jedoch Mallaby im Interview v. 3. 6. 1997, sei bereits vorab zwischen den westlichen Partnern negativ entschieden worden; weitere Kontakte sollte es nur auf der Ebene der Berliner Vertretungen geben. Neville-Jones (Interview v. 4. 6. 1997) betonte, daß es kaum ein ernstzunehmender Vorschlag gewesen wäre, Deutschland in einem solchen Prozeß dauerhaft in untergeordneter Position zu halten. Vieles spricht also dafür, daß es sich um eine vom Wunschdenken bestimmte Interpretation einzelner Beobachter handelte. Vernon Walters berichtete im Interview v. 3. 11. 1994, er habe Kotschemassow erklärt, daß die deutsche Einheit unmittelbar bevorstehe. Dieser habe daraufhin nur gesagt, »Herr Walters, Sie werden schon lange tot sein, und die Mauer wird immer noch stehen.«

22 Der Artikel »Die Vier zurück in einem Jeep« findet sich in *Die Weltwoche* v. 14. 12. 1989. Das Zitat von Vernon Walters findet sich in Zelikow/Rice 1997, S. 205. Zur Opposition gegen die deutsche Einheit siehe z. B. *Der Spiegel* v. 11. 12. 1989, Vereinigung der Sieger? Hans-Dietrich Genscher erklärte im Interview v. 31. 10. 1997, er habe vor dem Treffen nachdrücklich auf Zurückhaltung bei der öffentlichen Darstellung gedrängt. Daß der umstrittene Fototermin dennoch zustande kam, begründet er damit, daß die drei westlichen Botschafter, vor allem aber Vernon Walters, die Situation nicht gemeistert hätten.

23 Zum Treffen von Seiters und Sudhoff mit den Westmächte-Botschaftern siehe den Vermerk des LASD v. 15. 12. 1989, betr.: »Gespräch BM Seiters mit den Botschaftern der drei Mächte am 13. 12. 1989« (B 136/20241). Zur sofortigen Unterrichtung der Bundesregierung durch Serge Boidevaix siehe auch Biermann 1997, S. 362; Teltschik 1993, S. 75.

24 So Dieter Kastrup im Interview v. 17. 4. 1998. Ähnlich wie Hans-Dietrich Genscher im Interview v. 31. 10. 1997 machte der damalige Politische Direktor des Auswärtigen Amtes deutlich, daß in dem Bonner Ministerium niemand daran zweifelte, daß letztlich alle Vier Mächte das Botschaftertreffen bewußt befürwortet hatten.

25 Das Zitat »Zweck ist es...« entstammt einem Artikel der *New York Times* v. 12. 12. 1989, Bonn Leader Softens His Plan For German Unity. Weitere Belege für diese Haltung finden sich in Zelikow/Rice 1997, S. 204.

26 Siehe dazu sowie zum folgenden v. a. Baker 1996, S. 165 ff.; Zelikow/Rice 1997, S. 207 ff.; Teltschik 1993, S. 77 f., der die frühmorgendliche Begegnung Kohl – Baker auf den Nachmittag datiert; Walters 1994, S. 65 f. Eine Darstellung aus ostdeutscher Sicht findet sich bei Modrow 1991, S. 64 f.

27 Die Darstellung des Gesprächsverlaufs folgt dem Vermerk des GL 21 v. 12.12.1989, betr.: »Gespräch des Herrn Bundeskanzlers mit dem Außenminister der Vereinigten Staaten von Amerika, James A. Baker III., am 12. Dezember 1989 in Berlin« (21-301 00 - Ge 28 (VS)). Das Papier gibt tiefe Einblicke in aktuelle Überlegungen Kohls. Weitere Schilderungen und Zusammenfassungen der Begegnung finden sich in Baker 1996, S. 165 f.; Teltschik 1993, S. 77 f.; Zelikow/Rice 1997, S. 209 ff. In Kohls eigener Darstellung des Einigungsprozesses (Diekmann/Reuth 1996) fehlt eine Schilderung der Begegnung mit Baker.

28 Während Kohl sonst fast nur von Föderation sprach, taucht an dieser Stelle der Begriff Konföderation auf. Vgl. Vermerk des GL 21 v. 12.12.1989, betr.: »Gespräch des Herrn Bundeskanzlers mit dem Außenminister der Vereinigten Staaten von Amerika, James A. Baker III., am 12. Dezember 1989 in Berlin« (21-301 00 - Ge 28 (VS)). Hierbei kann es sich um einen Hör- oder Schreibfehler handeln.

29 Bakers Rede vor dem Berliner Presseclub ist abgedruckt in Europa-Archiv, Nr. 4/1990, S. D77 ff. Zu Details und Hintergründen siehe Baker 1996, S. 166 f.; Zelikow/Rice 1997, S. 208 f., die auch auf die positiven Pressestimmen zu der im wesentlichen von Bakers Vertrautem Robert Zoellick konzipierten Rede eingehen. In Kohls Erinnerungen (Diekmann/Reuth 1996) sowie Teltschiks Vereinigungstagebuch (Teltschik 1993) wird Bakers Rede nicht erwähnt; Genscher 1995, S. 697, spricht lediglich von einer zukunftsweisenden Rede »über die neue Architektur Europas«, in der Baker v. a. auf die »Bedeutung der Regelung für die deutschen Ostgebiete« hingewiesen habe. Kiessler/Elbe 1993, S. 59, weisen v. a. darauf hin, daß Baker in dieser Ansprache die NATO-Mitgliedschaft eines vereinten Deutschlands als »conditio sine qua non« bezeichnete.

30 Zur Umsetzung von Bakers Vorschlägen bei der Ministertagung des NATO-Rates und der positiven Interpretation in der Bundesrepublik siehe Teltschik 1993, S. 81; die Interviews von Hans-Dietrich Genscher mit der Deutschen Welle v. 16.12.1989 und dem Südwestfunk v. 17.12.1989. Zu Schewardnadses Einschätzung siehe Zelikow/Rice 1997, S. 209.

31 Zum Hinweis darauf, daß Baker vor seinem Gesprächsangebot an die DDR sich mit Kohl, Genscher und Schewardnadse abstimmte, vgl. Telex der StäV an ChBK v. 14.12.1989, Az.: 12-35003 be 7-usa (B 137/10730). James Dobbins betonte im Interview v. 7.11.1994, daß es im Vorfeld des Besuches keine Abstimmung zwischen Bonn und Washington gegeben habe. Baker habe erst beim gemeinsamen Frühstück mit Kohl über das Thema gesprochen. US-Sicherheitsberater Scowcroft sprach sich bis zuletzt heftig gegen den Besuch Bakers in der DDR aus, da er eine unnötige Aufwertung der Modrow-Regierung befürchtete (Interview mit Brent Scowcroft v. 3.11.1994). Zum Verlauf von Bakers Kurzvisite in Potsdam siehe Baker 1996, S. 167 ff.; Modrow 1991, S. 64 f.; Zelikow/Rice 1997, S. 211 ff. Zur Auseinandersetzung unter Bakers Mitarbeitern siehe zudem Walters 1994, S. 65 f.; Interview mit Vernon Walters v. 3.11.1994; Interview mit Robert Zoellick v. 2.11.1994. Laut Zoellick wurden vor der Entscheidung »viele verschiedene Quellen« konsultiert. Ein wichtiges Ziel der Visite sei es gewesen, freie Wahlen zu beschleunigen. Diesem Interview entstammt die Anekdote mit dem Krenz-Doppelgänger, die sich auch bei Baker 1996, S. 168, und Zelikow/Rice 1997, S. 212, findet.

32 Vgl. dazu Baker 1996, S. 168 f., mit einer ausführlichen Wiedergabe seines Berichts an US-Präsident Bush; Bortfeldt 1993, S. 101. In der Presse fand Bakers Treffen mit ostdeutschen Kirchenvertretern kaum Beachtung.

33 Siehe hierzu sowie zum folgenden Baker 1996, S. 169.

34 Siehe Vermerk RL 212 v. 16.12.1989, betr.: »Gespräch des Herrn Bundeskanzlers mit dem ungarischen Ministerpräsidenten Miklos Németh, Budapest, 16.12.89,

15.00–16.50 Uhr« (mit weiteren Unterlagen zu diesem Besuch in 213–30104 U1 Un13, Bd. 3. Der Vermerk wurde mit handschriftlicher Zustimmung Kohls an das Auswärtige Amt weitergeleitet). Vgl. auch die Darstellung bei Korte 1998, S. 455. Zum Besuch in Ungarn und dem engen Verhältnis zwischen Kohl und den ungarischen Politikern Miklos Németh und Gyula Horn vgl. Diekmann/Reuth 1996, S. 65 ff und S. 207 ff.; Teltschik 1993, S. 82 ff.; Interview mit Miklos Németh v. 5. 6. 1997. Außenminister Genscher war zuvor am 23./24. 11. 1989 zu Gesprächen in Budapest gewesen. Die Entscheidung zur Grenzöffnung war zunächst in vertraulichem Rahmen mit Kohl und Genscher besprochen worden, so Németh im Interview v. 5. 6. 1997. Die eigene Kabinetts- und Parteiebene hätten er und ein kleiner Kreis an Vertrauten erst im Anschluß an diese Abstimmung mit der bundesdeutschen Seite in Kenntnis gesetzt. Im übrigen habe es auch keine Sonder- oder Vorabinformierung des sowjetischen Repräsentanten in Budapest über diese Entscheidung gegeben. Im Gegenteil: Als es soweit gewesen sei (in der Nacht auf den 11. 9. 1989), habe man die Botschafter in Budapest zu einer Art Briefing mit kleinem Empfang einbestellt, dessen abendliche Terminierung bewußt so gewählt worden sei, daß es aufgrund der Zeitverschiebung nicht mehr möglich war, in Moskau das Politbüro zusammenzurufen bzw. den Lauf der Dinge noch zu stoppen. Einen Zusammenhang mit (bundesdeutschen) Finanzhilfen wies Németh dezidiert von sich; man habe schließlich keine Menschen verkauft. Statt dessen habe er Kohl sogar um die Verzögerung eines nahezu unterschriftsreifen Millionen-Kredits gebeten, um einen solchen Eindruck zu vermeiden. Innenpolitisch sei er hierfür heftig kritisiert worden.

35 Die Darstellung des Briefes stützt sich auf eine – inoffizielle – Übersetzung der sowjetischen Seite (212–354 00 De 39 NA 2, Bd. 1) sowie die Analyse des Bundeskanzleramtes. Diese finden sich in einem Vermerk AL 2 i. V. an den Bundeskanzler v. 18. 12. 1989, betr.: »Brief von Generalsekretär Gorbatschow an Sie« (212–354 00 De 39 NA 2, Bd. 1). Weder Brief noch Übersetzung sind datiert, enthalten aber den handschriftlichen Vermerk »übergeben 18.12.89«. Zum Teil ausführliche Inhaltsangaben des Briefes enthalten Diekmann/Reuth 1996, S. 208 ff.; Teltschik 1993, S. 85; Biermann 1997, S. 342, S. 251 und S. 365.

36 Zu Gorbatschows Rede vor dem ZK-Plenum der KPdSU und den Reaktionen in Bonn siehe Teltschik 1993, S. 73 f.; Kiessler/Elbe 1993, S. 69 ff.

37 Vgl. Vermerk AL 2 i. V. an den Bundeskanzler v. 18. 12. 1989, betr.: »Brief von Generalsekretär Gorbatschow an Sie« (212–354 00 De 39 NA 2, Bd. 1). Die im folgenden konstatierte Zustimmung Kohls zu einzelnen Handlungsvorschlägen seiner Mitarbeiter bezieht sich auf handschriftliche Anmerkungen des Kanzlers an diesem Dokument. Siehe zur Interpretation Kohls auch Diekmann/Reuth 1996, S. 209 ff. Vgl. zudem Teltschik 1993, S. 85 f. Das Auswärtige Amt wußte bereits über die Moskauer Botschaft der Bundesrepublik von der Existenz des Schreibens. So wurde eine Kopie aus dem Kanzleramt an Außenminister Genscher zu dessen persönlicher Information übermittelt.

38 Vgl. hierzu sowie zum folgenden das Schreiben des Bundeskanzlers an den Generalsekretär des Zentralkomitees der KPdSU und Vorsitzenden des Obersten Sowjets der Union der Sozialistischen Sowjetrepubliken Michail Sergejewitsch Gorbatschow v. 14. 12. 1989 (212–354 00 De 39 NA 2, Bd. 1); die Zusammenfassungen bei Diekmann/Reuth 1996, S. 193 ff.; Teltschik 1993, S. 80 f.

39 Siehe zu dieser von Kohl sehr häufig geschilderten Anekdote z. B. Diekmann/ Reuth 1996, S. 43 f.

40 Vgl. dazu den neunseitigen Brief des Bundeskanzlers an Generalsekretär Michail Gorbatschow v. 15. 4. 1988 (212–35400 De 39 NA 2). Neben zahlreichen Be-

merkungen zur internationalen Politik sowie zu Wirtschaftsfragen schrieb Kohl darin zur deutschen Frage: »Sie fordern einen Dialog über die künftige Zusammenarbeit aller Staaten in Europa sowie darüber, wie die KSZE-Dokumente verwirklicht werden und dem Selbstbestimmungsrecht der Völker Rechnung getragen wird. Dieses Recht ist gerade für das geteilte deutsche Volk von großer Bedeutung.«

41 Zur Analyse des Textes im Kanzleramt siehe den von Uwe Kaestner erstellten Vermerk AL 2 i. V. (Hartmann) an Bundeskanzler Kohl v. 20. 12. 1989, betr.: »Äußerungen des sowjetischen Außenministers Schewardnadse vor dem Politischen Ausschuß des Europäischen Parlaments (Brüssel, 19. Dezember 1989); hier: Deutschlandpolitische Passagen« (212-35400 De 39 NA 2 Bd. 1). Der Vermerk wurde von Kohl abgezeichnet und mit etlichen Anstreichungen versehen. Bei den Zitaten wird im folgenden zumeist darauf verzichtet, verschiedene nicht von Kohl stammende Unterstreichungen hervorzuheben. Dieser Vermerk war offensichtlich Grundlage für Teltschiks spätere Schilderung und Analyse in Teltschik 1993, S. 92 f. Die Rede Schewardnadses ist abgedruckt in Europa-Archiv, Nr. 5/1990, S. D129 ff. Vgl. dazu auch die Interpretation und Zusammenfassung bei Riese 1990; Biermann 1997, S. 365 ff.

42 Die sieben Fragen waren – auf der Basis eines Textes der Nachrichtenagentur AFP – dem sechsseitigen Vermerk an Kohl beigefügt. Siehe dazu den von Uwe Kaestner erstellten Vermerk AL 2 i. V. (Hartmann) an Bundeskanzler Kohl v. 20. 12. 1989, betr.: »Äußerungen des sowjetischen Außenministers Schewardnadse vor dem Politischen Ausschuß des Europäischen Parlaments (Brüssel, 19. Dezember 1989); hier: Deutschlandpolitische Passagen« (212-35400 De 39 NA 2 Bd. 1). Die Fragen finden sich in ähnlicher Übersetzung bei Zelikow/Rice 1997, S. 219 f.

43 Im Original ist der letzte Satzteil ab »nicht durch juristisch-politische Anforderungen...« bis zum Ende unterstrichen.

44 Diese Passage wurde von Kohl mit dicken Anstreichungen versehen.

45 Die behauptete Zustimmung Kohls stützt sich hier sowie bei den weiteren Punkten darauf, daß der Bundeskanzler an den jeweiligen Stellen handschriftlich ein »Ja« anmerkte.

46 Zur Einschätzung in den USA und dem nachfolgenden Zitat siehe Zelikow/Rice 1997, S. 220. Die beiden Autoren weisen auch darauf hin, daß Schewardnadses Rede in der Öffentlichkeit angesichts der umfangreichen Berichterstattung über Kohls Besuch in Dresden, die Unruhen in Rumänien und die US-Invasion in Panama weitgehend unbeachtet blieb. Genschers Einschätzung findet sich in Genscher 1995, S. 703 f.; Kiessler/Elbe 1993, S. 72 ff. Zur Reaktion Genschers auf den Artikel der *Bild*-Zeitung (von Karl-Ludwig Günsche, in *Bild* v. 20. 12. 1989, Schewardnadse: Sieben Bedingungen für die Einheit) siehe Zelikow/Rice 1997, S. 220 f. Die beiden Autoren berufen sich auf verschiedene Schilderungen von Augenzeugen und berichten von unbestätigten Gerüchten, wonach Genscher die im *Bild*-Artikel gegebenen Antworten hatte lancieren lassen. Genscher bestritt dies im Interview v. 31. 10. 1997.

47 Zur Entstehungsgeschichte der Rede Schewardnadses vgl. Zelikow/Rice 1997, S. 216 ff.; Biermann 1997, S. 365 ff.; Interviews mit Sergej Tarassenko v. 27. Oktober 1997 und Tejmuras Stepanow v. 28. 10. 1997. Der sowjetische Außenminister schilderte die Zerrissenheit der sowjetischen Politik und Diplomatie später ansatzweise in Schewardnadse 1993, S. 240 ff. Zu Gorbatschows Rede vor dem ZK-Plenum der KPdSU und deren Aufnahme in Bonn siehe Teltschik 1993, S. 73 f.; Kiessler/Elbe 1993, S. 69 ff., wo vor allem die scharfe Ablehnung jeglicher Vereinigungsgedanken in Gorbatschows Rede vor dem ZK sowie Schewardnadses Ansprache in Brüssel betont werden. Die Rede Gorbatschows ist (in englischer Fassung) abgedruckt in Freedman 1990, S. 384 ff.

48 Im Interview v. 27. 10. 1997 betonte Sergej Tarassenko, daß die Rede aufgrund der zu rund 80 Prozent übernommenen Änderungsvorschläge von Kwizinskij keinesfalls den wirklichen deutschlandpolitischen Standpunkt Schewardnadses zu diesem Zeitpunkt wiedergab. Der Außenminister sei in vielen Punkten bereits weiter gewesen, als sein Redetext zeigte. Wie bei Bondarenko habe der Außenminister auch bei Kwizinskij Wert darauf gelegt, daß dieser in die Verfahren eingebunden blieb.

49 Die Aussagen zu Maximytschews Einschätzung basieren auf Informationen aus der Bundesregierung. Zum Telefonat Teltschik – Kwizinskij am 18.12. siehe die Schilderung in Teltschik 1993, S. 86.

50 Die Schilderung des Delegationsgesprächs stützt sich auf Informationen aus der Bundesregierung. Vgl. auch Vermerk LASD v. 11.12. 1989, betr.: »Gespräch des Chefs des Bundeskanzleramtes mit Ministerpräsident Modrow am 05. Dezember 1989« (B 136/20578); John 1991, S. 132 ff.. Nach Schilderung Johns wurde bei dem Treffen eine sehr weite Themenpalette erörtert. Neben der Vorbereitung des Besuches Kohls in Dresden am 19. 12. 1989 verständigten sich die Delegationsteilnehmer über erste Neuregelungen des Reiseverkehrs, der Zoll- und Umtauschmodalitäten sowie über den Ausbau des Handels, der Intensivierung der Kooperation beim Umweltschutz, verbesserte Bedingungen des Post- und Fernmeldewesens etc. Darüber hinaus angesprochen wurden die Frage der Strafrechtsreform in der DDR, Regelungen für Übersiedler, Hilfen für den Gesundheitsbereich, das Problem der politischen Häftlinge und die Rolle Schalck-Golodkowskis. Zur Unterrichtung der Westmächte-Botschafter hierüber siehe Vermerk LASD zu Gesprächen des ChBK mit den Botschaftern der drei Mächte am 7. 12. 1989 (B 136/20241). Zu Seiters Bericht in der Sitzung des Bundeskabinetts v. 6. 12. 1989 siehe Interview mit Michael Mertes v. 20. 9. 1995.

51 Die folgende Darstellung basiert auf Teltschik 1993, S. 78 f.; Informationen aus dem Bundeskanzleramt; Dreher 1998, S. 486 ff. Den atmosphärischen Rahmen des Dresden-Besuches umreißt John 1991, S. 141 ff. Kohl selbst (Diekmann/Reuth 1996, S. 213 ff.) stellt eine für den Abend geplante Kundgebung als kurzfristige Entscheidung vor Ort dar.

52 Siehe zum folgenden die ausführliche Erzählung Kohls in Diekmann/Reuth 1996, S. 213 ff.; seine Darstellung in Deutscher Bundestag 1995, Bd. V/1, S. 923; die Erinnerungen zweier Mitarbeiter in Teltschik 1993, S. 87 ff.; Ackermann 1994, S. 317 ff. Dieser gibt Kohls Zitat auf der Gangway mit »Die Sache wird hier heute laufen« wieder. Zu Modrows Einschätzung, Kohls Kurswechsel habe mit der Großkundgebung in Dresden begonnen, siehe Modrow 1991, S. 96 ff., bes. S. 99. Im folgenden werden vor allem die außenpolitisch relevanten Gesprächsinhalte referiert und analysiert. Zu innen- und außenwirtschaftspolitischen Aspekten siehe die entsprechenden Passagen in Grosser 1998, S. 141 f.; Jäger 1998, S. 80 ff.

53 Zum Vier-Augen-Gespräch, zu dem in den Beständen des Bundeskanzleramtes kein schriftlicher Vermerk vorliegt, siehe die kurzen Ausführungen aus der Sicht Kohls in Diekmann/Reuth 1996, S. 214 f., sowie Modrows etwas ausführlichere Darstellung in Modrow 1991, S. 97 ff.

54 Siehe Vermerk LASD v. 20. 12. 1989, betr.: »Besuch des Herrn Bundeskanzlers in Dresden am 19./20. Dezember 1989; hier: Gespräch mit Ministerpräsident Modrow im erweiterten Kreis am 19. 12. 1989« (B 136/21329 sowie ein von Kohl abgezeichnetes Exemplar in B 136/20578). Vgl. auch die ausführlichen Schilderungen aus westdeutscher Sicht in Diekmann/Reuth 1996, S. 215 f.; Teltschik 1993, S. 88 ff., der Modrow als hektisch und verkrampft schildert; außerdem – nur sehr kurz – aus ostdeutscher Sicht Modrow 1991, S. 99. Ackermann 1994, S. 318. Dieser

berichtet unter Berufung auf Kohl, das Vier-Augen-Gespräch sei sachlich, also »weder freundschaftlich – wie zu erwarten war – noch mit unüberwindbaren Abneigungen oder Positionen belastet« gewesen. Weitere Teilnehmer an dem Gespräch im erweiterten Kreis waren die Bundesminister Seiters und Klein sowie die Beamten Bertele, Teltschik und Duisberg auf westlicher Seite. Seitens der DDR nahmen noch Außenminister Fischer, sein Stellvertreter Nier, Regierungssprecher Meyer, der Leiter der Ständigen Vertretung in Bonn, Neubauer, und der Gesandte Schindler aus dem MfAA teil. Während des Mittagessens kamen die Bundesminister Blüm, Haussmann und Wilms sowie DDR-Außenhandelsminister Beil hinzu. Zur Vorbereitung Kohls auf die Begegnungen diente u. a. ein Vermerk LASD v. 18. 12. 1989, betr.: »Ihre Gespräche in Dresden« (B 136/20578). Kohl hatte darin verschiedene Wirtschaftsaspekte markiert und mit dem Hinweis »wichtig« versehen. Als außenpolitische Leitlinie wurde in diesem Vermerk auf das Ziel der deutschen Einheit durch Selbstbestimmung, entsprechend dem NATO-Kommuniqué v. 13. 12. 1989 sowie der Erklärung des Europäischen Rates von Straßburg, verwiesen. Entscheidend sei die Selbstbestimmung. Wollten die Menschen der DDR einen selbständigen Staat, so werde dies ebenso respektiert wie der Wunsch nach Vereinigung.
55 Zur Haltung der Sowjetunion und der USA siehe z. B. Zelikow/Rice 1997, S. 203 f. Zu Gorbatschows Vorschlag, die Vereinigung der beiden deutschen Staaten im Rahmen einer gesamteuropäischen Initiative abzuhandeln, siehe Biermann 1997, S. 347. Biermann zufolge ging der Vorschlag auf eine Denkschrift Daschitschews zurück. Vgl. dazu Daschitschew 1995, S. 65 ff.
56 In seinem Bericht im Bundeskabinett am 20. 12. 1989 berichtete Kohl allerdings bereits von seinem Eindruck, daß Modrow sich der Tatsache bewußt sei, über ganz dünnes Eis zu gehen. Der DDR-Ministerpräsident rechne nicht damit, sein Amt über die 1990 geplanten Volkskammerwahlen hinaus behalten zu können. Die wirtschaftliche Lage in der DDR schätzte Kohl – dem Hans-Dietrich Genscher im Kabinett zum Erfolg seines Dresden-Besuches gratulierte – als ungeheuer schwierig ein. Er habe aber nicht den Eindruck, daß bei den Menschen eine gefährliche Radikalisierung bevorstehe. Vgl. dazu Michael Mertes im Interview v. 20. 9. 1995.
57 Siehe dazu auch Biermann 1997, S. 365.
58 Vgl. Teltschik 1993, S. 90.
59 Siehe zu den improvisierten Vorbereitungen und zum Verlauf v. a. die ausführliche Darstellung Kohls in Diekmann/Reuth 1996, S. 217 ff.; Ackermann 1994, S. 318 ff.; Teltschik 1993, S. 85 f. und S. 91; Dreher 1998, S. 483 ff.
60 Kohls Ansprache ist abgedruckt in Presse- und Informationsamt der Bundesregierung 1992, Bd. 1, S. 358 ff. Kohl selbst berichtet (Diekmann/Reuth 1996, S. 214), daß die Entscheidung zu dieser Rede erst kurzfristig in Dresden gefallen sei. Ähnlich Ackermann 1994, S. 318. Dieser berichtet von einer Vorbereitung in der Mittagspause; Martin Hanz bestätigte im Interview v. 5. 6. 1998, daß die Redenschreibergruppe keinen Redenentwurf vorbereitet hatte. Teilweise abweichend: Teltschik 1993, S. 86, wonach es Diskussionen über konkrete Inhalte der Rede bereits am 18. Dezember gegeben habe.
61 So die positive Einschätzung bei Modrow 1991, S. 100. In der US-Administration wurde die Gefahr gesehen, daß Kohl nach dem großen Erfolg seines Auftritts in Dresden aufgrund innenpolitischer Interessen zu schnell und zu weit vorangetrieben werden könne, da er Emotionen entfacht habe, die nur schwer zu kontrollieren seien (Zelikow/Rice 1997, S. 214 f.). In Moskau wurde der Dresden-Besuch von Gorbatschows Berater Sagladin ohne Einschränkungen als positiv bewertet (Information aus dem russischen Außenministerium). Die Rede darf nicht

überinterpretiert werden, da sie zum einen spontan zusammengestellt wurde, während zum anderen das hochemotionalisierte Publikum und der äußere Rahmen keine Details und Verästelungen zuließen. Nicht zuletzt deshalb dürften konkrete Hinweise auf EG und NATO fehlen, da diese beiden Institutionen in der DDR mit zahlreichen Negativbildern behaftet waren.

62 Zu dieser Einschätzung kam – angesichts der Fernsehbilder – auch Hans Modrow (Modrow 1991, S. 100).

63 Zum Gespräch der westdeutschen Delegation unter Führung Kohls mit Oppositionsgruppen siehe Telex StäV Nr. 2924 v. 21.12. 1989, betr.: »Gespräch BK mit Oppositionsgruppen am 20.12. 1989, 10.00 bis 11.30 Uhr im Hotel Bellevue« (B 136/20578). Kohl habe dabei zu seiner Begegnung mit Modrow gesagt, er und Modrow »können miteinander«. Er sehe sehr wohl die Gefahr, daß durch eine Stabilisierung der DDR auch die SED gefestigt werde, und wolle deshalb Kontakt zu den Oppositionsgruppen halten. In der deutschen Frage gelte es, schrittweise, pragmatisch und ohne Kalender vorzugehen. Auf eine andere Frage hin erklärte er, seine Partei habe noch keine Entscheidung über mögliche Partner in der DDR getroffen. Kohl selbst erwähnt in seinen Erinnerungen (Diekmann/Reuth 1996, S. 223) nur ein Treffen mit evangelischen Kirchenleuten am 20.12. Teltschik 1993, S. 93, berichtet hingegen von einem Treffen des Kanzlers mit katholischen Bischöfen aus Berlin und Dresden sowie einer anschließenden Begegnung mit Vertretern der Oppositionsparteien am 20.12., während er ein Treffen mit evangelischen Bischöfen auf den frühen Abend des 19.12. datiert.

64 Siehe z. B. seine Erklärung am 21.12. 1989 vor dem Bundestag, die Ansprache anläßlich der Öffnung des Brandenburger Tores am 22.12. in Berlin sowie die Ansprache zum Jahreswechsel 1989/90 (alle abgedruckt in Presse- und Informationsamt der Bundesregierung 1992, Bd. 1, S. 363 ff.).

65 Vgl. dazu Vermerk des LASD v. 20. 12. 1989 über sein Gespräch mit den Gesandten der drei Mächte am 18.12. 1989 (B 136/20578). Die Gesandten der drei Westmächte in Bonn hatten bereits anläßlich ihrer Unterrichtung über den geplanten Kohl-Besuch in Dresden am 18.12. darauf hingewiesen, daß derzeit diskutierte Punkte wie die Frage nach der Direktwahl der Berliner Bundestagsabgeordneten sowie die Einrichtung eines Berliner Regionalausschusses den besonderen Status der Stadt unterminierten. Hier müsse man rechtzeitig konzeptionelle Grundlinien erarbeiten.

66 Zur Auseinandersetzung über die Umorientierung der DDR-Außenpolitik nach der Wende siehe die Kommentare im Organ der SED-Bezirksleitung Berlin, der *Berliner Zeitung* v. 17.11. 1989, Ist die Außenpolitik unser allerletztes Tabu? und v. 21.11. 1989, Für Transparenz der Außenpolitik. Vgl. dazu auch den Beitrag des NDPD-Organs *National-Zeitung* v. 25./26. 11. 1989, Erhöhte Präsenz der NDPD in der Außenpolitik. Zu ersten Neuorientierungen im Umfeld der Wende siehe z. B. für den Bereich der UNO-Politik der DDR Bruns 1990b. Insgesamt wurde in den DDR-Zeitungen das Thema »Außenpolitik« nur sporadisch diskutiert. Vgl. dazu exemplarisch die *Berliner Zeitung* v. 13.12. 1989, Die DDR ist ein wichtiger Baustein im europäischen Haus; *Neues Deutschland* v. 3.1. 1990, Wider eine Außenpolitik der einsamen Entschlüsse. Zur Perzeption der Diskussion in Bonn siehe z. B. Telex StäV Nr. 2738 v. 1.12. 1989, betr.: »Außenpolitik nach der ›Wende‹« (B 137/10728).

67 Zu den Strukturen der DDR-Außenpolitik siehe z. B. Interview mit Karl-Heinz Kern (MfAA) v. 22. 5. 1992, in Hoover Institution Archives, Stanford: Sammlung über die deutsche Vereinigung. Demnach wurden die Grundzüge der DDR-Außenpolitik im MfAA entwickelt und umgesetzt. Die Abteilung IV des ZK der SED war lediglich für internationale Parteibeziehungen zuständig. Das ZK redete allerdings

bei der Besetzung von Botschafterposten mit, wobei Vorschläge hierfür aus dem MfAA, der Parteiführung oder der Regierung kamen. Zur Außenpolitik der DDR bis Herbst 1989 vgl. z. B. Bruns 1989 sowie die grundsätzlichen Abhandlungen von Kregel 1979; Jacobsen u. a. 1979; Schulz 1982; Bulla 1988; Weilemann 1989; Spanger 1989. Darstellungen aus ostdeutscher Perspektive liefern Veröffentlichungen des Instituts für Internationale Beziehungen in Potsdam – so z. B. Doernberg 1979; Fippel 1981.

68 Zur Vermutung, Modrow hätte lieber den Konsistorialpräsidenten Manfred Stolpe als Außenminister in sein Kabinett geholt, siehe z. B. Telex StäV Nr. 2738 v. 1. 12. 1989, betr.: »Außenpolitik nach der ›Wende‹« (B 137/10728). Siehe zum folgenden das Interview mit Oskar Fischer in der *Berliner Zeitung* v. 29. 11. 1989, Der Umbruch trifft auch die Außenpolitik. Fischer war seit 1975 Minister für Auswärtige Angelegenheiten der DDR. Zu seiner Person siehe z. B. Barth u. a. 1995, S. 187.

69 Deutlich anders äußerte sich Fischer im Interview v. 9. 3. 1993 (Hoover Institution Archives, Stanford: Sammlung über die deutsche Vereinigung), wo er offene Zweifel an der Prinzipientreue und Zuverlässigkeit Schewardnadses äußerte. In diesem Interview faßte er den Prozeß zur deutschen Einheit mit den Worten »Die Dinge entwickelten sich wie in einer Sturzgeburt« zusammen. Angesprochen auf die Zusammenarbeit mit Erich Honecker, erklärte Fischer, dieser habe sich stets »sehr kooperativ« verhalten – dringende Entscheidungen des Generalsekretärs seien üblicherweise binnen einer halben Stunde zu ihm ins MfAA gekommen.

## RINGEN UM DEN BESTEN WEG

1 Siehe zu Kohls Auflistung der drei gleichberechtigten Felder in der deutschen Frage während der Sitzung des Bundeskabinetts v. 10. 1. 1990 das Interview mit Michael Mertes v. 20. 9. 1995. Weitere Informationen zur Sitzung finden sich in Teltschik 1993, S. 103 f. Zur Zahl der Übersiedler Ende 1989/Anfang 1990 vgl. die Angaben in Korte 1994, S. 46 und S. 96 ff.; Schäuble 1991, S. 78. Einblick in den Zerfall der DDR-Wirtschaft bietet auch das bei Gransow/Jarausch 1991 abgedruckte Dokument »Der Verfall der DDR-Wirtschaft vom 11. Januar 1990«, S. 114 ff.; Grosser 1998, S. 95 ff.

2 Siehe Vermerk GL 21 an den Bundeskanzler v. 3. 1. 1990, betr.: »Ihr Gespräch mit dem tschechoslowakischen Staatspräsidenten Havel am 2. Januar 1990 in München« (213-30105 T2 Ts6); Vermerk GL 21 an den Bundeskanzler v. 3. 1. 1990, betr.: »Ihr Gespräch mit dem tschechoslowakischen Ministerpräsidenten Calfa am 2. Januar 1990 in München« (213-30105 T2 Ts6). Beide Vermerke waren von Kohl abgezeichnet und an Teltschik weitergeleitet worden. Bei den Gesprächen Kohls mit den tschechoslowakischen Politikern Havel und Calfa am 2.1. in München war es um allgemeine politische Fragen, das bilaterale Verhältnis und die Heranführung der Tschechoslowakei an Westeuropa gegangen. Am Treffen mit Calfa hatten noch Außenminister Genscher, Regierungssprecher Klein, Bayerns Ministerpräsident Max Streibl sowie der tschechoslowakische Außenminister Dienstbier teilgenommen. Im Gespräch mit Havel hatte Kohl die Perestroika in der Sowjetunion, deren Erfolg er wünschte, als das schwächste Glied in der Kette der osteuropäischen Reformprozesse bezeichnet. Kohl hatte sich relativ offen darüber geäußert, daß es seine Politik sei, in der vor ihnen liegenden Zeit »so viel wie möglich in die Scheune zu fahren«. Kohl hatte Havel nachdrücklich seine direkte Hilfe angeboten und

vorgeschlagen, daß Havel ihm bei Problemen einen persönlichen Beauftragten schicken könne. Zum Treffen Kohl – Mitterrand in Latché siehe die ausführliche Darstellung im Kapitel »Diplomatie im Zeichen des Status quo«.

3 Zur Einschätzung, die DDR sei teilweise nicht mehr regierbar, die innenpolitische Lage undurchsichtig und problematisch siehe Telex der StäV Nr. 0070 v. 11. 1. 1990, betr.: »Beziehungen DDR/Sowjetunion; hier: Zur Einschätzung der politischen Lage in der DDR durch die hiesige sowjetische Botschaft« (B 136/20347). Botschaftsrat Wladimir Grinin kritisierte unter anderem das Verhalten der westdeutschen Parteien, nahm die Bundesregierung hiervon aber explizit aus. Grinin bestätigte, daß die UdSSR aufgrund der Entwicklungen in Berlin sowie im deutschdeutschen Verhältnis weiter ein erhebliches Interesse an Treffen der vier alliierten Botschafter hätte.

4 Zum Text der Regierungserklärung siehe Deutscher Bundestag 1990, S. 14508 ff. Zu Kohls Entscheidung vgl. die Darstellungen bei Teltschik 1993, S. 100, 104 f. und 108. Einen öffentlichen Hinweis auf das Umdenken im Umfeld des Kanzlers gibt Teltschik 1993, S. 116, mit dem Hinweis auf seinen Beitrag in der *Wirtschaftswoche* v. 26. 1. 1990, Wir bleiben stabil. Zur Einschätzung, Kohl sei Mitte Januar noch von einem Zeitraum von ein bis zwei Jahren bis zur Vereinigung ausgegangen, siehe Pond 1993, S. 171, die sich auf Interviews mit Teltschik bezieht. Zu Kohls Politik zum Jahresbeginn 1990 vgl. auch Jäger 1998, S. 88 ff.; Grosser 1998, S. 143 ff.

5 Siehe dazu z. B. den Vermerk aus dem Bundesministerium für innerdeutsche Beziehungen II A 3 v. 20. 12. 1989 (B 137/10876). Darin wurde aufgrund der »prinzipiellen Zuständigkeit für die Deutschlandpolitik« gefordert, dem BMB die Federführung bei den Vertragsverhandlungen mit der DDR zu übertragen. Man könne dieses nicht »wie bisher nur als Erfüllungsgehilfen der Gruppe 22 des Kanzleramtes« sehen. In einem Vermerk v. 4. 1. 1990 (Az.: II A 3–3890–13002/90; B 137/10876) an den Staatssekretär wurde diese Forderung erneuert. Das Kanzleramt habe durch die Einladung zu einer Vorbesprechung praktisch die Verhandlungsführung übernommen. Das BMB müsse neben der stellvertretenden Delegationsleitung auch weitere Sitze fordern, um so seine »natürliche prinzipielle Zuständigkeit für die Beziehungen zur DDR zu dokumentieren«.

6 Die Zusammenfassung der internen Einschätzung der Lage in der Sowjetunion in Bonn stützt sich auf Teltschik 1993, S. 109; Informationen aus dem Bundeskanzleramt und dem Auswärtigen Amt. Vgl. auch Biermann 1997, S. 408 f.

7 Die Schilderung stützt sich, soweit nicht anders belegt, auf Teltschik 1993, S. 100 ff. und S. 114; Diekmann/Reuth 1996, S. 280 f.

8 Vgl. Teltschik 1993, S. 122.

9 Zu Kohls Interview siehe *Washington Post* v. 18. 1. 1990, Kohl Calls E. German Move For New Police »Catastrophic«; außerdem die stark verkürzte Wiedergabe in *Rheinische Post* v. 20. 1. 1990, Erstaunen und Besorgnis in Bonn über die Haltung der USA. Zum Mißfallen der USA und Genschers, der darin einen Anlaß für mögliche Zweifel an der Bündnistreue der Bundesrepublik sah, vgl. Genscher 1995, S. 713; Hans-Dietrich Genscher im Interview v. 31. 10. 1997. Der Außenminister begründet mit Kohls Interview seine spätere Rede vor der Evangelischen Akademie in Tutzing, bei der er am 31.1. seine eigenen Vorstellungen von der Zukunft der Bündnisse in Europa skizzierte. Vgl. dazu auch die weitere Darstellung in diesem Kapitel. Die in der *Washington Post* wiedergegebenen Auszüge aus dem achtzigminütigen Interview stützen Genschers Behauptung nicht: Kohls Äußerung, für eine Diskussion sei es derzeit noch zu früh, bezieht sich demnach eindeutig auf die Frage der »Lance«-Modernisierung und nicht auf die Zukunft der Bündnisse. Ein weiteres Thema des Interviews war die Zusicherung des Kanzlers, niemand in Polen müsse vor Deutsch-

land Angst haben. Zu einer angeblichen Auseinandersetzung mit US-Botschafter Walters, der nach Presseberichten in einer Rede vor der Friedrich-Ebert-Stiftung die NATO-Mitgliedschaft eines vereinten Deutschlands als Vorbedingung für die Einheit bezeichnet haben sollte, siehe Walters Klarstellung im Vermerk AL 2 v. 25.1. 1990 an den Bundeskanzler, betr.: »Ihr Gespräch mit dem amerikanischen Botschafter, Vernon Walters, am Mittwoch, dem 24. Januar 1990« samt dazugehörigem Gesprächsvermerk (21-301 00 (56) - Ge 28 (VS); Note-Taker war Hartmann). Auf Frage von Walters erklärte Kohl bei diesem Treffen, es stehe noch kein Termin für seinen Besuch in Camp David fest; der hierfür ursprünglich ins Auge gefaßte 24.2. sei aufgrund der Entwicklungen in der DDR hinfällig geworden.
10 Die Darstellung stützt sich auf Informationen aus der Bundesregierung. Bereits am 19.1.1990 wurde eine Themenübersicht für die mögliche Begegnung mit Gorbatschow erarbeitet, wobei zu diesem Zeitpunkt noch davon ausgegangen wurde, daß der Besuch im April stattfinden würde. Weitere Vorschläge sollten demnach Maßnahmen zur Förderung des Verbleibs von Sowjetdeutschen in ihrer Heimat sein. Die Aktivitäten könnten das Ergebnis des im folgenden noch zu schildernden Treffens einer Expertengruppe am 17.1. gewesen sein, wobei dem allgemeinen »brainstorming« mit externen Kanzlerberatern dann am folgenden Tag eine interne Besprechung der Abteilung 2 gefolgt wäre. Die Vorbereitung eines im Verlauf des Jahres 1990 angepeilten Besuches des Bundeskanzlers (»Zeitpunkt noch offen«) stand auch im Hintergrund einer Ressortbesprechung in Bonn, bei der eine nicht in allen Bereichen positive Zwischenbilanz seit dem Besuch des sowjetischen Generalsekretärs in Bonn gezogen wurde. So waren die Verhandlungen über eine Weltraumzusammenarbeit und einen deutschen Kosmonautenmitflug an den hohen finanziellen Forderungen der UdSSR gescheitert. Seitens des AA und des Forschungsministeriums wurden in dieser Sitzung nachdrücklich das politische wie wissenschaftliche Interesse an der deutsch-sowjetischen Zusammenarbeit betont. Hauptziel dieses Arbeitstreffens war die Abstimmung der im Grundsatz sehr entgegenkommenden westdeutschen Politik gegenüber der UdSSR (Informationen aus der Bundesregierung). Zu Gorbatschows Absage sämtlicher internationaler Termine für den Januar 1990 siehe Teltschik 1993, S. 102.
11 Die folgende Darstellung stützt sich auf Erinnerungen des Autors, der zu dieser Runde gehörte. Weitere Teilnehmer und Details dieses Expertenkreises nennt Teltschik 1993, S.110. Zur Urheberschaft von Boris Meissner an der Idee für den zweiseitigen »Großen Vertrag« mit der Sowjetunion siehe das Vorwort von Dieter Blumenwitz in Meissner 1995a, S. 7.
12 Das Zitat »Wir brauchen keine...« entstammt Teltschik 1993, S. 105. Die folgende Darstellung der neuerlichen Vier-Mächte-Initiative stützt sich daneben v.a. auf Zelikow/Rice 1997, S.224f.; Baker 1996, S. 173ff.; verschiedene Informationen aus dem State Department und dem Auswärtigen Amt.
13 Dazu, daß die zweite Note ignoriert wurde, siehe Zelikow/Rice 1997, S.225. Hintergrund dieser Note waren demnach sowjetische Sorgen angesichts rechtsextremistischer und neonazistischer Umtriebe »in der BRD, der DDR und einigen anderen westeuropäischen Ländern«. Die US-Administration war unter anderem über die »altmodische und fast hysterische Sprache« erstaunt.
14 Der Begriff »Non-Paper« bezeichnet die schwächste Art eines diplomatischen Vorstoßes. Dabei wird eine Position - ohne offiziellen Absender und formelle Übergabe - schriftlich an eine andere Regierung übermittelt. Ein Non-Paper stellt eine Art »lautes Denken« dar, während die Verbalnote einen bereits deutlich offizielleren Charakter hat. Eine weitere Stufe stellt die Demarche dar, die in der Regel durch einen hochrangigen Diplomaten oder den Botschafter selbst vorgetragen wird. Vgl.

dazu *Süddeutsche Zeitung* v. 12.4. 1997, Wenn Diplomaten auf den Tisch hauen; außerdem die ausführliche Auflistung der Formen diplomatischer Akte in Mössner 1977, S.21f.

15 An diesem Treffen nahmen neben Kastrup noch Raymond Seitz (USA), John Weston (Großbritannien) und Bertrand Dufourcq (Frankreich) teil. Siehe auch Zelikow/Rice 1997, S.225, bes. Fn 12, die zur Einschätzung kommen, daß Frankreich und Großbritannien – wie bereits anläßlich des ersten Treffens der Vier Mächte im Dezember 1989 – deutlicher als die USA zum Ausdruck bringen wollten, daß sie »ein offenes Ohr für die sowjetischen Sorgen hatten«.

16 In diese Antwort wurde später zur Besänftigung der UdSSR der britische Vorschlag eingebaut, in Berlin ansässige Diplomaten könnten sich, »wenn nötig, in traditionell der Viermächte-Verantwortung unterstehenden Fragen wie dem Status von Berlin und der öffentlichen Sicherheit der Stadt mit der BRD und der DDR ins Benehmen setzen« (Zelikow/Rice 1997, S.559, Fn 11).

17 Zu Thatchers Interview mit dem *Wall Street Journal* v. 25.1. 1990, Thatcher Says Germans Should Slow Any Move Towards Reunification, siehe die Schilderung von Kohls Verärgerung in Teltschik 1993, S. 115f.; Vermerk AL 2 an den Bundeskanzler v. 25.1. 1990, betr.: »Interview der britischen Premierministerin Margaret Thatcher mit dem Wall Street Journal am 25. Januar 1990« (21-30131 B 20 Gr 33, Bd. 1). Seine Mitarbeiter schlugen dem Kanzler darin vor, nicht öffentlich auf die harsche Kritik zu reagieren, sondern gegenüber Außenminister Hurd beim geplanten Gespräch am 6.2. sowie beim britischen Botschafter die deutsche Position klarzustellen. Bei der Analyse des Interviews waren die Beamten des Kanzleramtes zum Schluß gekommen, daß Thatcher »scharf, zum Teil überpointiert« ihrer Linie in der Europapolitik treu bleibe, während sie sich in der Deutschlandpolitik noch nie öffentlich so kritisch geäußert habe. Sie bleibe »verhaftet in den Traditionen klassischer britischer Außenpolitik des 19. Jahrhunderts – die deutsche Einheit ist für sie letztlich eine Gefahr des Gleichgewichts auf dem Kontinent (über das GB wohl weiterhin wachen möchte!)«. Thatcher versuche sich auch als Beschützerin Gorbatschows zu präsentieren, der, so ihre Aussage im Interview, bei einer zu schnell kommenden Einheit gestürzt werden könnte. Siehe auch Berichte über Thatchers Treffen mit Mitterrand am 20.1. 1990 in Paris in Thatcher 1993, S. 1103ff., wo sie heftige Kritik an Mitterrands zögerlicher Haltung übt. Zu Hinweisen der Premierministerin auf die besonderen Rechte der Vier Mächte siehe z.B. *The Observer* v. 11.2. 1990, Thatcher says UK will not foot bill for german unity; die Schilderung ihres Vertrauten Charles Powell gegenüber Horst Teltschik, wiedergegeben in Teltschik 1993, S. 134. Die britische Seite befürwortete demnach ein »Vier-plus-Zwei«-Gespräch, um die Einheit Deutschlands in die Neuordnung Europas einzubetten.

18 Das Gespräch Hartmann – Weston fand am 5.2. 1990 statt. Siehe zum folgenden Vermerk GL 21 an den AL 2 v. 5.2. 1990, betr.: »Deutschlandpolitik; hier: Beteiligung der Vier-Mächte« (212-354 00 – De 39 NA 4, Bd. 1). Weston wies im Gespräch auf die Vorteile hin, welche die Bundesregierung bezüglich der Grenzregelung mit Polen aus eindeutigen Vorgaben der Vier Mächte ziehen könnte. So wäre es eventuell hilfreich, wenn man gegenüber dem Bundesverfassungsgericht auf derartige Bedingungen verweisen könnte. Der Vermerk macht zudem deutlich, daß die Beamten des Bundeskanzleramtes noch nicht über die Ergebnisse von Genschers Washington-Reise am 2.2. informiert waren, bei dem der Bundesaußenminister gegenüber Baker seine Zustimmung zu den späteren »Zwei-plus-Vier«-Verhandlungen gegeben hatte. Vgl. dazu die Darstellungen im weiteren Verlauf dieses Kapitels. Positiv wurde im Kanzleramt vermerkt, daß mit der Rede von Außenminister Hurd vor der Konrad-Adenauer-Stiftung am 6.2. 1990 erstmals ein britisches Regierungs-

mitglied »ein wenig aus der bisherigen Reserve« gegangen sei und sich grundsätzlich positiv zum Selbstbestimmungsrecht der Deutschen äußerte (Informationen aus der Bundesregierung).

19 Seitens der DDR-Außenpolitik wurde bis Ende Januar die Perspektive der deutschen Vereinigung noch abgelehnt, wie beispielsweise anläßlich des Besuches von Außenminister Fischer am 19./20.1. 1990 in Moskau deutlich wurde. Siehe dazu z.B. Kotschemassow 1994, S.200f.; Biermann 1997, S.378; Information aus dem Auswärtigen Amt. Die auch weiterhin gewünschte Festschreibung der Zweistaatlichkeit zeigt sich in einem Memorandum der DDR zum KSZE-Prozeß, das am 22. 1. 1990 in Ost-Berlin an die Missionschefs der NATO-Staaten übergeben wurde. Vgl. den Text des DDR-Papiers sowie erste Auswertungen durch die Ständige Vertretung in Ost-Berlin (Telex StäV Nr. 146 v. 22. 1. 1990, betr.: »KSZE«) sowie das Bundesministerium für innerdeutsche Beziehungen (Az. II A 4–63.21.12, betr.: »KSZE; hier: Haltung der DDR«) (alle drei Papiere finden sich in B 137/10728).

20 Vgl. dazu Genscher 1995, S.713ff., sowie – besonders zur amerikanischen Interpretation und Reaktion – Zelikow/Rice 1997, S.249ff. Genschers Rede wird zitiert nach dem vom Auswärtigen Amt verteilten Manuskript (»Mitteilung für die Presse« Nr. 1026/90 v. 31. Januar 1990). Der Text ist auszugsweise abgedruckt in Kaiser 1991a, S.190ff. Kurz zuvor hatte Genscher in einem Interview erklärt: »Wer die Grenze der NATO bis zur Oder und Neiße ausdehnen will, schlägt die Tür zu für unser geeintes Deutschland«, zugleich aber betont, daß der Verbleib der Bundesrepublik im westlichen Bündnis unbestritten sei. Die militärischen Bündnisse würden »von der Konfrontation übergehen zu einem kooperativen Verhältnis«. Siehe *Bild am Sonntag* v. 28. Januar 1990, Genscher hofft auf den Umzug nach Berlin. Zu Details, einer Interpretation der Rede und einer Antwort auf Kritiker aus Genschers Sicht siehe Kiessler/Elbe 1993, S.77ff. Genschers Verhalten in jenen Wochen wird dabei (S.78f.) mit dem eines Rieseninsekts verglichen, »das mit seinen Fühlern vorsichtig das Umfeld abtastet, bereit, zurückzuzucken, wenn es Widerstand spürte, um dann sofort den Fühler an einer anderen Stelle anzusetzen«. Dieter Kastrup unterstrich im Interview v. 17. 4. 1998, daß die Rede nicht im Auswärtigen Amt, sondern von Genscher selbst konzipiert worden war. In Tutzing hatte Egon Bahr am 15.7. 1963 sein deutschlandpolitisches Konzept »Wandel durch Annäherung« vorgestellt. Dessen Ziel war die »Überwindung des Status quo, indem der Status quo zunächst nicht verändert werden soll«. Vgl. dazu z.B. Manuela Glaab, Deutschlandpolitik der Bundesrepublik Deutschland, in Weidenfeld/Korte 1996, S. 178ff., bes. S. 181. Zu den amerikanischen Bedenken, daß Genscher mit seinem Vorschlag von einem sowohl neutralisierten als auch entmilitarisierten DDR-Gebiet ausging, siehe Zelikow/Rice 1997, S.251.

21 So Dieter Kastrup im Interview v. 17. 4. 1998, bei dem er eigene Einschätzungen aus seinen persönlichen Aufzeichnungen vom 2.2. 1990 zitierte.

22 Siehe hierzu sowie zu den folgenden Zitaten Vermerk GL 21 v. 29. 1. 1990, betr.: »Deutschlandpolitik im gesamteuropäischen Rahmen nach den DDR-Wahlen im März 1990« (212–35400 De 39, Bd. 2).

23 Zu den Parallelen zwischen den Vorstellungen Kohls und Genschers in diesen Punkten vgl. die amerikanische Analyse der Genscher-Position in Zelikow/Rice 1997, S.249ff.

24 Zu Bemühungen der DDR, den KSZE-Prozeß Ende Januar zu reaktivieren, siehe z.B. das am 22. 1. 1990 an westliche Diplomaten übergebene Memorandum des MfAA (B 137/10728).

25 Zur Reklamation der Formel »Zwei-plus-Vier« als jeweils eigene Idee siehe z.B. Mitterrand 1996, S. 129; Baker 1996, S. 175; Genscher 1995, S. 716f.; Kiessler/Elbe

1993, S. 87 ff.; zusammenfassend das Kapitel »Zwei-plus-Vier«-intern in Bruck/ Wagner 1996a, S. 153 ff., bes. S. 153 f. Auch der britische Botschafter Mallaby berichtete, daß seine Seite bei der Münchener Wehrkundetagung Anfang Februar die Idee zu einem solchen Mechanismus gegenüber Kastrup vorgebracht habe. Gleichzeitig räumte er ein, daß sowohl die US-Administration als auch die Bundesregierung eine ähnliche Idee zum fast gleichen Zeitpunkt vorgebracht hätten (Interview mit Sir Christopher Mallaby v. 3. 6. 1997).

26 Zur Diskussion um die Frage nach der Notwendigkeit eines Friedensvertrages siehe z. B. Fiedler 1985 sowie zusammenfassend Jens Hacker, Friedensvertrag, in Weidenfeld/Korte 1992, S. 338 ff. Zum Friedensvertragsvorbehalt vgl. beispielsweise Ekkart Klein, Deutschlands Rechtslage, in Weidenfeld/Korte 1996, S. 216 ff., bes. S. 221. Zu Bezügen auf einen Friedensvertrag in Verträgen zwischen der DDR und der UdSSR siehe z. B. Brand 1993, S. 245 f.

27 Siehe zum folgenden vor allem die Darstellung bei Zelikow/Rice 1997, S. 238 ff. Sie benennen auch (S. 562, Fn 31) ein konkretes Dokument (»Germany: Game Plan for Two plus Four Power Talks«), in dem Ross und Zoellick, basierend auf dem älteren Papier eines Mitarbeiters, US-Außenminister Baker die Formel präsentierten. Raymond Seitz schrieb die Idee im Interview v. 2. 6. 1997 James Dobbins zu, der den Ausdruck erstmals Ende Dezember/Anfang Januar in einer Konferenz im State Department benutzt habe. Vgl. dazu auch Baker 1996, S. 175 ff.; Interviews mit Robert Blackwill, Robert Zoellick, Michael Young und – v. a. zur Auseinandersetzung zwischen State Department und NSC sowie zur Entscheidung im direkten Kontakt zwischen Bush und Baker – Pond 1993, S. 180.

28 Zelikow/Rice 1997, S. 563, Fn 41, versichern, in US-Dokumenten keinen Beleg für die Behauptung gefunden zu haben, daß Douglas Hurd eine reine Viererrunde der ehemaligen Siegermächte vorgezogen hätte. Auch FCO-Mitarbeiter Hilary Synott stützte diese Behauptung nicht, wies jedoch darauf hin, daß man sich bereits früh, d. h. vor Februar 1990, in London bewußt gewesen sei, daß die Vier Mächte aufgrund ihrer besonderen Rechte und Verantwortlichkeiten für Deutschland als Ganzes eine Rolle spielten, zumal es noch keine Struktur für die Behandlung der äußeren Aspekte einer Vereinigung Deutschlands gab (Interview v. 4. 6. 1997). Hurd habe seine Premierministerin gegenüber Präsident Bush als »zögernde Befürworterin der Einigung« bezeichnet. Anläßlich Hurds Besuch sei auch ein diskreter Kanal für bilaterale Gespräche eingerichtet worden (Zelikow/Rice 1997, S. 248), der nach Auskunft von Baker bei den weiteren deutschlandpolitischen Aktivitäten aber keine Rolle mehr spielte (Interview mit James Baker am 23. 4. 1996). Charles Powell wies Berichte über die Einrichtung eines speziellen »Kanals« vehement zurück. Man habe bereits über jeden »diskreten Kanal« verfügt, der nötig war: Er habe jederzeit den Sicherheitsberater des US-Präsidenten, Brent Scowcroft, anrufen können – welches zusätzlichen Kanals hätte es also noch bedurft? (Interview mit Sir Charles Powell v. 3. 6. 1997).

29 Vgl. die teilweise widersprüchlichen Darstellungen bei Baker 1996, S. 176; Zelikow/Rice 1997, S. 252 f.; Genscher 1995, S. 716 f.; Kiessler/Elbe 1993, S. 86 f. US-Botschafter Vernon Walters berichtete später gegenüber Horst Teltschik in Bonn, Genscher habe Verhandlungen im Rahmen der Vier Mächte plus der beiden deutschen Staaten zwar nicht unterstützt, aber für die Zeit nach den Wahlen in der DDR nicht ausgeschlossen. Vgl. dazu AL 2, »Vermerk über das Gespräch mit US-Botschafter Vernon Walters am 4. Februar 1990, 13.00 Uhr« v. 7.2. 1990 (21-301 00 (56) – Ge 28 (VS)). Dies liegt teilweise auf einer Linie mit dem gemeinsamen Presseauftritt der beiden Außenminister, bei dem Baker darauf verzichtete, Genschers Zustimmung zur »Zwei-plus-Vier«-Formel öffentlich bekanntzugeben, da dieser – aus

Rücksicht auf die anderen beteiligten Staaten – damit bis nach den Wahlen in der DDR warten wollte (Zelikow/Rice 1997, S. 253; Genscher 1995, S. 718). So sollte der Eindruck vermieden werden, daß westlicher Druck auf die DDR ausgeübt würde; Baker begründet Genschers Wunsch nach Zurückhaltung demgegenüber damit, daß »das kippende Regime Modrow in der DDR nicht legitimiert« werden sollte (S. 176). Der Auftrag, das Kanzleramt vom Gespräch der beiden Außenminister zu unterrrichten, war von Baker direkt erteilt worden. Siehe dazu auch Teltschik 1993, S. 128f. Der Hinweis, der Bundesaußenminister habe gegenüber Baker »nicht gänzlich ablehnend reagiert«, sondern die sorgfältige Prüfung des Vorschlags zugesagt, findet sich auch in Vermerk GL 21 an AL 2 v. 5.2. 1990, betr.: »Deutschlandpolitik; hier: Beteiligung der Vier-Mächte« (212-354 00 – De 39 NA 4, Bd. 1). Hartmann unterrichtet darin Teltschik über ein Gespräch mit dem Politischen Direktor des FCO, John Weston, und eine anschließende Unterhaltung mit Dieter Kastrup aus dem AA. Der Vorschlag der Amerikaner wird dabei als »Konferenz Vier plus Zwei« bezeichnet. Im Bundeskanzleramt war also zumindest auf der Arbeitsebene noch nichts von Genschers prinzipieller Zustimmung zur »Zweiplus-Vier«-Formel bekannt. Zur Begegnung Baker-Genscher sowie den Vorgesprächen vgl. auch Pond 1993, S. 180; Genscher 1995, S. 715 ff.; Kiessler/Elbe 1993, S. 86 ff., die jeweils die Urheberschaft für die Bezeichnung des Sechser-Mechanismus für den deutschen Außenminister reklamieren.

30 In den USA war zum Teil mißtrauisch beobachtet worden, daß Genscher im Januar 1990 mehrfach eine größere Rolle für die KSZE gefordert hatte, in der er sogar eine Möglichkeit sah, die militärischen Bündnisse in Europa abzulösen. Vgl. dazu Biermann 1997, S. 303. Diese Idee stand im Gegensatz zu den Vorstellungen der US-Administration und des Bundeskanzlers, die eine langfristige Bestandsgarantie für die NATO anstrebten. Vgl. zum folgenden Zelikow/Rice 1997, S. 253 ff.; Teltschik 1993, S. 126 f.

31 Vgl. dazu sowie zum folgenden den Vermerk des LASD v. 20.1. 1990, betr.: »Gespräch von Bundesminister Seiters mit Ministerpräsident Modrow am 25. Januar 1990« (B 136/21329); John 1991, S. 153; Teltschik 1993, S. 115. Modrow berichtet über die Entstehung und Begründung des Papiers in Modrow 1991, S. 118 ff. Der DDR-Entwurf zum Vertrag über Zusammenarbeit und gute Nachbarschaft ist abgedruckt in Modrow 1991, S. 170 ff. Zur deutsch-deutschen Zusammenarbeit in dieser Phase vgl. Jäger 1998, S. 92 ff.

32 Siehe zur Entstehungsgeschichte des Modrow-Entwurfs sowie der Abstimmung mit Moskau – und dem sowjetischen Botschafter in Ost-Berlin, Kotschemassow, – v. a. Biermann 1997, S. 384f.; Modrow 1991, S. 119; Kotschemassow 1994, S. 214. Kohl gab seinen Entschluß, mit Modrow nicht mehr über eine Vertragsgemeinschaft zu sprechen, in der Sitzung des Bundeskabinetts v. 31.1. 1990 bekannt, als er die Einrichtung von Arbeitsstäben sowie ein grundsätzliches Konzept für einen Stufenplan bis zur Wiedervereinigung ankündigte (Interview Michael Mertes v. 20.9. 1995). Kohl verschärfte damit seinen am 15.1. gefällten Entschluß, die Vertragsgemeinschaft nicht mehr vor den Volkskammerwahlen »unter Dach und Fach zu bringen« (Teltschik 1993, S. 108).

33 Siehe dazu Modrow 1991, S. 118 ff.; Biermann 1997, S. 384 ff. Einen anschaulichen Bericht über den Arbeitsalltag Modrows in dieser Zeit liefert die sehr persönliche Darstellung seines engen Vertrauten und Mitarbeiters Karl-Heinz Arnold (Arnold 1990).

34 Zu den anschaulichsten Schilderungen dieser innen- und außenpolitischen Gemengelage gehört – trotz der Tendenz zur Beschwichtigung – Gorbatschows eigene Darstellung in Gorbatschow 1995a, bes. S. 475 ff. und 520 ff.; außerdem Tschernajew

1993a, S. 275 ff. Einen Überblick zum innerparteilichen Widerstand gegen Gorbatschows Politik gibt Biermann 1997, S. 404 ff. Zur Perzeption der Ereignisse in der Bundesrepublik sowie zur Einschätzung der inneren Lage der Sowjetunion siehe z. B. Teltschik 1993, S. 109.

35 Siehe zum folgenden v. a. die detaillierte Analyse bei Biermann 1997, S. 378 ff., sowie die deutlich kürzere Schilderung des Warnke-Besuches bei Teltschik 1993. Die Darstellung der Lageeinschätzung durch sowjetische Deutschlandexperten basiert auf Informationen aus dem Auswärtigen Amt sowie dem sowjetischen Außenministerium. Experten des IMEMO dachten demnach Mitte Januar über einen Stufenplan zur Regelung der äußeren Aspekte der deutschen Einheit nach, der zunächst Vier-Mächte-Beratungen, dann »Vier-plus-Zwei«-Gespräche, ferner die Hinzuziehung der Nachbarn Deutschlands und in einem letzten Schritt schließlich Beratungen und Abschluß im Rahmen der KSZE vorsah. Grundsätzlich wurde in Moskau allerdings noch von einer zeitlichen Synchronisation der deutschen mit der europäischen Einigung ausgegangen. Die Beschleunigung in der deutschen Frage wurde deshalb als Gefahr für den friedlichen Verlauf der europäischen Prozesse bewertet (Information aus dem Auswärtigen Amt).

36 Zum »sensationellen Interview« Portugalows in *Bild* v. 24. 1. 1990, »Wenn das Volk die Einheit will, kommt sie«, siehe Teltschik 1993, S. 114.

37 Die Datierung dieses zentralen Treffens ist umstritten. Die schlüssigste Beweisführung hinsichtlich des Datums 26. 1. 1990 findet sich bei Biermann 1997, S. 388 f., der sich auch ausführlich mit den widersprüchlichen Angaben bei Falin 1993a, S. 489 f., befaßt, während Adomeit 1994a, S. 217 ff., dieses Datum in Frage stellt. Er bezweifelt vor allem die für Biermann grundlegende Darstellung von Tschernajew 1993a, S. 296 f., und nimmt einen späteren Termin, nämlich den 29. 1., an. Vgl. dazu auch die unterschiedlichen Darstellungen und Hinweise bei Galkin/Tschernajew 1994, S. 14; Gorbatschow 1995a, S. 714 ff. (wonach er bereits aus diesem Treffen den Schluß zog, »die Wiedervereinigung Deutschlands sei unvermeidlich«); Modrow 1991, S. 123; Kotschemassow 1994, S. 216. Teilnehmer waren neben Gorbatschow und Schewardnadse die Politbüromitglieder Ryshkow, Jakowlew, Jasow und Krjutschkow, die Gorbatschow-Berater Tschernajew, Schachnasarow und Achromejew sowie Falin und dessen Stellvertreter Fjodorow aus der Internationalen Abteilung des ZK der KPdSU.

38 Eine ausführliche Analyse des Treffens bietet Adomeit 1994a. Vgl. Biermann 1997, S. 388 f.; Zelikow/Rice 1997, S. 233 ff. Tschernajew schreibt in seinen Memoiren (Tschernajew 1993a, S. 296 f.), er habe sich gegen den Besuch von Modrow und Gysi ausgesprochen, sich aber nicht durchsetzen können. Zur Einschätzung der inneren Lage in der DDR vgl. Interview mit Iwan Kusmin am 18. 5. 1995.

39 Zelikow/Rice 1997, S. 234, weisen darauf hin, daß Falin innerhalb der Runde wohl den besten Überblick zur Tragweite der Entwicklungen mit all ihren Facetten hatte. So warnte er nicht nur davor, die Einbeziehung Ostdeutschlands in die NATO fatalistisch hinzunehmen, sondern wies auch auf die möglichen Folgen unterschiedlicher Vereinigungswege – der Konföderation zweier selbständiger Staaten einerseits sowie der Eingliederung der DDR in die Bundesrepublik andererseits – hin. Wjatscheslaw Daschitschew berichtete im Interview v. 14. 12. 1997 von einer gegen die deutsche Einheit gerichteten Denkschrift Falins aus dem Januar 1990.

40 Siehe hierzu sowie zum folgenden die Darstellungen bei Gorbatschow 1995a, S. 714, und Modrow 1991, S. 120 ff.; außerdem die Analyse bei Biermann 1997, S. 392 f. Auf sowjetischer Seite nahmen neben Gorbatschow noch Außenminister Schewardnadse, Ryshkow und Falin an dem Treffen teil. Gorbatschows Erklärung ist abgedruckt in Deutschland Archiv, Nr. 3/1990, S. 468. Zu Teltschiks Einschätzung,

Gorbatschows Äußerungen seien – sollten sie zutreffen – »sensationell«, siehe Teltschik 1993, S. 120. Zur Wertung der Geschehnisse durch den Bundeskanzler siehe seine Darstellung bei Diekmann/Reuth 1996, S. 253 ff. Modrows Erklärung seiner Konzeption »Für Deutschland, einig Vaterland« ist abgedruckt in Modrow 1991, S. 184 f.

41 Siehe dazu z. B. *Süddeutsche Zeitung* v. 31. 1. 1990, Gorbatschow: Vereinigung der Deutschen wird nicht prinzipiell in Zweifel gezogen; *Süddeutsche Zeitung* v. 1. 2. 1990, Kein Freibrief von Gorbatschow, *Frankfurter Allgemeine Zeitung* v. 31. 1. 1990, Gorbatschow hat »prinzipiell« nichts gegen eine Vereinigung der beiden deutschen Staaten; *Frankfurter Allgemeine Zeitung* v. 30. 1. 1990, Auf der Tagesordnung; *Die Welt* v. 31. 1. 1990, Gorbatschow: Niemand zweifelt an Vereinigung der Deutschen.

42 Vgl. dazu Biermann 1997, S. 395 f.; Modrows spätere Zusammenfassung der Ergebnisse in Kuhn 1993, S. 100 f. Die Forderung Gorbatschows nach der Neutralität eines vereinten Deutschlands findet sich auch bei Modrow 1991, S. 123. Zum grundsätzlich zögerlichen Verhalten des sowjetischen Generalsekretärs siehe Arnold 1990, S. 97, wonach Modrow mit seinem Vorhaben »keine offenen Türen eingerannt« habe und Kotschemassow 1994, S. 217. Modrows späterer Hinweis, die Neutralität sei »verhandelbar«, fand bei Helmut Kohl großes Interesse. Siehe Diekmann/Reuth 1996, S. 256 f.

43 Siehe dazu Telex der StäV Nr. 303 v. 7. 2. 1990, betr.: »Überlegungen zum Sicherheitsstatus eines vereinigten Deutschland; hier: Gespräch mit dem sowjetischen Gesandten in Ost-Berlin am 5. 2. 1990« (B 136/20242). So erklärte der sowjetische Gesandte in Ost-Berlin, Maximytschew, Anfang Februar zur Bündniszugehörigkeit eines vereinten Deutschlands, die Forderung nach Neutralität sei ebenso eine »Eröffnungsposition in der kommenden Auseinandersetzung über diese Frage« wie die amerikanische Auffassung, ganz Deutschland müsse der NATO angehören. Maximytschew warnte vor den mit einer Vereinigung verbundenen psychologischen Problemen in der UdSSR. Der Eindruck, Gorbatschow verspiele den sowjetischen Sieg im Zweiten Weltkrieg könne konservativ-revanchistische Kräfte stärken. Er warb für ein schrittweises Vorgehen mit dem Ziel der ökonomischen Stabilisierung der DDR sowie eine KSZE-Gipfelkonferenz im Jahr 1990, bei der die deutsche Frage »das Hauptthema« sein sollte. Ähnlich äußerte sich Mitte Februar ein ranghoher DDR-Diplomat im Gespräch mit einem Spitzenbeamten aus dem AA: Die Frage einer Neutralität sei nicht »unumstößlich«. Entscheidend sei lediglich, daß ein vereintes Deutschland keine dauerhafte militärische Größe darstelle (Informationen aus dem Auswärtigen Amt).

44 Zur Perzeption der sowjetischen Medienberichterstattung durch die Mitarbeiter des Bundeskanzlers siehe v. a. Teltschik 1993, S. 120 ff., der auch den Anruf von Botschafter Kwizinskij schildert.

45 Die reservierte Haltung Gorbatschows gegenüber Modrows Plan wurde drei Tage später noch einmal deutlich, als der neue SED-PDS-Vorsitzende Gregor Gysi zu Gesprächen nach Moskau kam (vgl. Biermann 1997, S. 400 f.) Die SED-PDS hatte sich zuvor von Modrows Plan mit dem Endziel einer Föderation distanziert. In der offiziellen TASS-Meldung zu Gysis Besuch wurde noch einmal die klare Ablehnung der UdSSR gegenüber einer Wiedervereinigung betont.

46 Zu Helmut Kohls Stellungnahme im Bundeskabinett siehe Interview mit Michael Mertes v. 20. 9. 1995; Teltschik 1993, S. 121. Die Schilderung der Analyse im Auswärtigen Amt beruht auf verschiedenen Informationen aus dem Auswärtigen Amt. Intensiv wurde dort darüber nachgedacht, wie man beispielsweise über die KSZE der UdSSR bei ihren Sicherheitsinteressen entgegenkommen beziehungsweise wie die NATO-Mitgliedschaft eines vereinten Deutschlands konkret aussehen

konnte. Als ein mögliches Endziel der europäischen Entwicklungen wurde die Schaffung eines Systems kollektiver Sicherheit in Europa gesehen, in dem die USA und die Sowjetunion gleichberechtigte Partner sein würden.

47 Siehe das Schreiben des sowjetischen Generalsekretärs an den Bundeskanzler (212-35400 De 39 NA 2 Bd. 1); Diekmann/Reuth 1996, S. 255f.; Teltschik 1993, S. 122 und S. 124. Kwizinskij übergab die Botschaft persönlich an Kohl. Dieser schlug für das nun konkret werdende Treffen mit dem Generalsekretär aufgrund anderweitiger Verpflichtungen (so stand am 9.2. seine Nominierung zum Bundestagskandidaten in einer Versammlung seiner heimischen CDU an) den 10./11.2. für die Begegnung vor. In seinem kurzen Treffen mit dem sowjetischen Botschafter stellte Kohl klar, daß es sich bei seinem bevorstehenden Gespräch mit Modrow in Davos nur um einen kurzen Meinungsaustausch handeln werde. Substantielle Verhandlungen seien erst für den Besuch einer DDR-Regierungsdelegation am 13.2. in Bonn geplant. Im weiteren Verlauf der Unterhaltung ging Kohl kurz auf die geplante Lebensmittellieferung an die UdSSR sowie den anhaltenden Zerfall staatlicher Autorität in der DDR ein. Er verwies auf die anhaltend hohen Übersiedlerzahlen von 55 000 allein im Januar 1990. Siehe dazu Vermerk (Entwurf) RL 212 v. 5.2. 1990, betr.: »Gespräch des Herrn Bundeskanzlers mit dem sowjetischen Botschafter Julij Kwizinskij; Freitag, 02. Februar 1990, 15.40-16.00 Uhr« (213-30104 S 25 So 17).

48 Siehe Vermerk Neuer v. 5.2. 1990, betr.: »Gespräch des Bundeskanzlers mit dem Vorsitzenden des Ministerrates der DDR, Modrow, am Samstag, dem 3. Februar 1990 in Davos« (21-301 00 (56) - Ge 28 (VS)); Diekmann/Reuth 1996, S. 257f.; Modrow 1991, S. 128f.; Teltschik 1993, S. 126.

49 Zur internen Vorbereitung des Treffens siehe z.B. die für den Bundeskanzler erstellte Gesprächsmappe (212 30104 S 25 So 17). Darin besonders interessant: Vermerk RL 212 v. 8.2. 1990, »Arbeitsbesuch in der Sowjetunion - Stellenwert, Interessen, Ziele«. Der Besuch, so Uwe Kaestner, habe eine Schlüsselbedeutung für die Frage der künftigen Sicherheit und Zusammenarbeit in Europa - und hier v. a. Mitteleuropa -, für die langfristigen Weichenstellungen in den deutsch-sowjetischen Beziehungen sowie für Geschwindigkeit und Art und Weise des Weges zur deutschen Einheit. Zu Kohls Unterrichtung wurde darin u. a. auf die für den außenpolitischen Entscheidungsprozeß wichtigen innenpolitischen Auseinandersetzungen zwischen Reformern und Konservativen verwiesen. An der sowjetischen Spitze gebe es eine »Aufgabenteilung«: Außenminister Schewardnadse stelle ausführliche und detaillierte Fragen und formuliere - teilweise polemisch gefärbte - Warnungen, während Generalsekretär Gorbatschow sich knapp und mit positivem Grundton äußere, dabei aber Flexibilität und Optionen aufzeige. Dies eröffne die Möglichkeit zu einem Entgegenkommen hinsichtlich der deutschen Anliegen. Hauptinteresse der Bundesrepublik sei es, Gorbatschow eine »schonungslose Analyse der Lageentwicklung in der DDR« zu vermitteln. Der Kanzler wurde nachdrücklich darauf aufmerksam gemacht, daß der »persönlich-klimatische Besuchsaspekt« nicht hoch genug eingeschätzt werden könne. Symbolprojekte wie die Nahrungsmittelhilfe sowie die Zusammenarbeit in der bemannten Raumfahrt könnten das Klima des Besuches positiv beeinflussen. Alle diese Punkte finden sich ebenso wie die Frage nach Aussiedlern, Rüstungskontrolle etc. im detaillierten Gesprächsführungsvorschlag sowie später in Kohls Einlassungen gegenüber dem sowjetischen Generalsekretär. Als zentrales Interesse der UdSSR wurde dabei benannt, daß der Prozeß der deutschen Einheit »in stabilem Umfeld, nicht überstürzt, nicht ›chaotisch‹ verläuft. Sie möchte ihre Position und Rechte gewahrt sehen und den Prozeß mitsteuern.« Als Zusammenfassung sowjetischer Sorgen und Fragen wurde mehrfach Scheward-

nadses Rede v. 19.1. 1990 in Brüssel genannt, die den Unterlagen auszugsweise beigefügt war. Zur weiteren Vorbereitung des Bundeskanzlers und dem Hinweis auf die »Weisung von oben« siehe den Vermerk AL 2 v. 29.1. 1990 an den Bundeskanzler, betr.: »Stand und Perspektiven der deutsch-sowjetischen Beziehungen« (212-30104 S25 So17). Dieser Vermerk kommt zum Ergebnis, daß die deutsch-sowjetischen Beziehungen seit Gorbatschows Besuch in Bonn sich »in eindrucksvoller Breite, aber nicht spektakulär fortentwickelt« hätten. Der Generalsekretär habe Deutschland mit hohen Erwartungen verlassen, doch konnten diese nicht im vollen Umfang erfüllt werden.

50 Die Schilderung der Sitzung basiert auf dem Interview mit Michael Mertes v. 20.9. 1995; Teltschik 1993, S. 130 ff. Zur Diskussion um die Währungsunion siehe auch die Darstellung bei Grosser 1998, S. 149 ff. Der nunmehr herrschende Optimismus im Hinblick auf die weitere – auch zeitliche – Entwicklung wird im Vergleich mit der Sitzung des Bundeskabinetts v. 22.1. 1990 deutlich. Wolfgang Schäuble stellte dort Überlegungen zur Direktwahl der Berliner Bundestagsabgeordneten und deren Stimmrecht an. Er verwies auf den Zeitdruck, falls man dies noch bis zur Bundestagswahl Ende 1990 umsetzen wolle – ein eindeutiger Hinweis darauf, daß die Bundesregierung zu diesem Zeitpunkt noch nicht damit rechnete, die deutsche Einheit vor Dezember 1990 erreichen zu können (Interview mit Michael Mertes am 20.9. 1990).

51 Vgl. dazu weiterführend Grosser 1998, S. 184 f.

52 Vgl. zum folgenden den im Kanzleramt erstellten Vermerk des GL 21 v. 6.2. 1990, betr.: »Außen- und sicherheitspolitische Aspekte der Deutschlandpolitik« (212-354 00 De 39 NA 4 Bd. 1); den an die Ministerin gerichteten Vermerk aus dem BMB, erstellt v. AL II / II A 2 v. 6.2. 1990, betr.: »Kabinettsausschuß Deutschlandpolitik; hier: Untergruppe Außen- und Sicherheitspolitik« (B 137 / 10722; B 137 / 10723 sowie – mit handschriftlichen Einfügungen – B 137 / 10879); Teltschik 1993, S. 132. Die Zuschreibung von Positionen der Ministerien bzw. des Kanzleramtes beruht auf den Inhalten der beiden Vermerke. In einem internen Papier des Bundeskanzleramtes im Vorfeld des Kohl-Besuches in Moskau wurde bereits ein Beitritt der DDR – oder ihrer einzelnen Länder – nach Art. 23 GG a. F. als schnellerer und unkomplizierter Weg befürwortet. Siehe dazu die entsprechenden Gesprächsunterlagen für den Bundeskanzler (212 30104 S 25 So 17; hier: Papier »DDR-Aktionsprogramm«).

53 Als Alternative zum Beitritt der gesamten DDR oder ihrer Länder nach Art. 23, Satz 2 GG a. F. stand ein Einigungsvertrag mit Konföderationsstufen und einem späteren Zusammenschluß der beiden deutschen Staaten nach Art. 146 GG a. F. zur Debatte. Das BMB argumentierte damit, daß bei einem Beitritt nach Art. 23 GG a. F. durch die implizierte Selbstauflösung der DDR die Probleme der völkerrechtlichen Rechtsnachfolge der DDR entfielen, wodurch es beispielsweise der UdSSR schwerer fallen würde, Kompensationen für entgangene Verpflichtungen der DDR ihr gegenüber sowie im RGW einzufordern. Durch eine Beitrittserklärung würde zudem, anders als bei einer Debatte über eine gemeinsame neue Verfassung, international deutlich gemacht, daß die DDR nicht von Westdeutschland vereinnahmt werde, sondern sich mit dieser vereinige. Das Verfassungssystem sowie die internationalen Bindungen und Verträge der Bundesrepublik Deutschland blieben dabei rechtlich unangetastet. Angesichts der offensichtlichen Lebensunfähigkeit des ostdeutschen Staates und seines faktischen Zusammenbruchs entspreche der Beitritt auch den »realen Gegebenheiten«. Als Schlußfolgerung wurde im BMB-Papier vorgeschlagen, man solle sich einem wahrscheinlichen Beitrittswunsch der DDR nicht widersetzen, sondern sich stattdessen »überrollen« lassen. Siehe dazu BMB-Vermerk AL II / II A 2 v. 6.2.

1990, betr.: »Kabinettsausschuß Deutschlandpolitik; hier: Untergruppe Außen- und Sicherheitspolitik« (B 137/10722). Zur Diskussion über den Beitrittsweg, auf den im weiteren Verlauf dieser Untersuchung noch eingegangen wird, siehe auch Jäger 1998, S. 121 ff.; Korte 1994, S. 111 ff. Zur allgemeinen Diskussion siehe Maier 1990, S. 73 ff.

54 Die Formulierung im Vermerk des GL 21 v. 6.2. 1990, betr.: »Außen- und sicherheitspolitische Aspekte der Deutschlandpolitik« (212–354 00 De 39 NA 4 Bd. 1) zeigt, daß zu diesem Zeitpunkt zumindest die Arbeitsebene des Kanzleramtes noch immer nicht über Genschers prinzipielle Zustimmung zur »Zwei-plus-Vier«-Formel informiert war. Als Ansprechpartner für einen notwendigen Konsultationsmechanismus wurden in der Sitzung die drei Mächte, die UdSSR, NATO und – im Rahmen der Europäischen Gemeinschaft – die EPZ (Europäische Politische Zusammenarbeit) genannt. Die Grenzproblematik sollte innerhalb des Punktes »KSZE-Prozeß« behandelt werden. Unter »Sicherheitspolitische Fragen« wollte das AA beispielsweise die Frage eines möglichen Sonderstatus für das Territorium der DDR, die Problematik der sowjetischen Streitkräfte in der DDR »sowie damit zusammenhängend die US-Präsenz in der Bundesrepublik Deutschland« und den künftigen Status der NVA diskutieren lassen.

55 Der Vergleich mit Adenauers erstem Moskau-Besuch im Jahr 1955 findet sich in einem Vermerk des RL 212 v. 8.2. 1990, »Arbeitsbesuch in der Sowjetunion – Stellenwert, Interessen, Ziele« (dieser zusammenfassende Vermerk war Bestandteil der Gesprächsmappe des Kanzlers, in 212 30 104 S 25 So 17). Vgl. zum folgenden auch die Darstellung Kohls bei Diekmann/Reuth 1996, S. 265 ff. (mit einer Inhaltsangabe des Bush-Briefes sowie der Einschätzung Kohls, dieses Schreiben werde einmal zu den »Meilensteinen der deutsch-amerikanischen Freundschaft gezählt werden«); Teltschik 1993, S. 134 ff.; Zelikow/Rice 1997, S. 262 ff.; Genscher 1995, S. 722 ff.; Kiessler/Elbe 1993, S. 95 ff. Die Einschätzung, der Moskau-Besuch sei der »bedeutsamste Auslandsbesuch« in Kohls Leben, stammt von Brent Scowcroft, der damit gegenüber US-Präsident Bush für die massive Unterstützung des politischen Freundes Kohl geworben hatte (Zelikow/Rice 1997, S. 263). Baker selbst berichtet über seine Moskauer Gespräche ausführlich in Baker 1996, S. 180 ff.

56 Vgl. zum folgenden Kohls Schilderung in Diekmann/Reuth 1996, S. 265 ff.; die ausführliche Wiedergabe des »technischen« Briefes und seiner Hintergründe bei Zelikow/Rice 1997, S. 263.

57 Die nachfolgende Analyse des Schreibens stützt sich v. a. auf das an Kohl übergebene Original (212–35400 De 39 NA 1, Bd. 2). Vgl. auch die weitgehenden Inhaltswiedergaben bei Baker 1996, S. 189; Zelikow/Rice 1997, S. 266; Diekmann/Reuth 1996, S. 268 f.; Teltschik 1993, S. 137 f. Einleitend berichtete Baker über die erzielten Fortschritte auf den Gebieten Rüstungskontrolle, regionale Probleme, bilaterale Beziehungen, Menschenrechte und transnationale Fragen. Die Information der deutschen Delegation durch Baker war bereits vorab zwischen Genscher und Baker sowie Teltschik und Scowcroft vereinbart und von Bush in seinem Schreiben v. 9.2. angekündigt worden. Siehe dazu Genscher 1995, S. 718; Diekmann/Reuth 1996, S. 267; Teltschik 1993, S. 127. Zu Verlauf und Ergebnissen von Bakers Besuch in Moskau siehe Baker 1996, S. 180 ff.; Zelikow/Rice 1997, S. 256 ff.; aus sowjetischer Sicht Gorbatschow 1995a, S. 715 f.

58 Vgl. auch die Darstellung des Gesprächsverlaufs bei Baker 1996, S. 183 f.; Zelikow/Rice 1997, S. 261. Gorbatschow legte sich demnach gegenüber dem US-Außenminister sehr viel deutlicher auf den »Zwei-plus-Vier«-Mechanismus fest. Da Baker zu diesem Zeitpunkt noch keine grundsätzliche Zustimmung seitens des Bundeskanzlers zur »Zwei-plus-Vier«-Idee hatte, wollte er eine voreilige Festlegung ver-

meiden und nahm Gorbatschows prinzipielles »Ja« statt dessen »stillschweigend als Zustimmung« zur Kenntnis. Da nach dem britischen Außenminister Hurd und Hans-Dietrich Genscher auch der französische Außenminister Dumas – am 6.2. auf dem irischen Flughafen Shannon, anläßlich eines Zwischenstopps Bakers auf dem Flug von Washington nach Osteuropa – sein Einverständnis zum »Zwei-plus-Vier«-Mechanismus gegeben hatte, stand auf westlicher Seite nur noch die endgültige Antwort des Bundeskanzlers aus. Zudem bestanden im Nationalen Sicherheitsrat weiter Bedenken gegen die »Zwei-plus-Vier«-Formel. Vgl. dazu Baker 1996, S. 176f.; Zelikow/Rice 1997, S. 255ff.

59 Vgl. zur Flexibilität Gorbatschows sowie zur Veränderung der Formel einer gesamtdeutschen NATO-Mitgliedschaft jeweils Zelikow/Rice 1997, S. 262; Baker 1996, S. 183. John Kornblum vermutete im Interview v. 3.11.1994, daß Baker mit seiner gegenüber Gorbatschow benutzten Formel vor allem auf Genscher Rücksicht nehmen wollte. Dieser habe mehrfach versucht, den US-Außenminister dazu zu überreden, die krasse amerikanische Forderung nach einer uneingeschränkten gesamtdeutschen NATO-Mitgliedschaft zu »schattieren« beziehungsweise zu »verschleiern«. Dies habe innerhalb der US-Administration anläßlich des Moskau-Besuches von Baker einen heftigen Wirbel verursacht. Zur schrittweisen Veränderung der Position des Bundesaußenministers siehe Genscher 1995, S. 722, der dort ebenfalls beginnt, die Problematik der NATO-Schutz- und Verteidigungsgarantien aus Artikel 5 und 6 des NATO-Vertrages zu diskutieren. Zum Vertragswerk siehe Der Nordatlantikpakt vom 4.4.1949, abgedruckt in Gasteyger 1997, S. 119ff. Wadim Sagladin versicherte im Interview v. 29.10.1997, Baker habe gegenüber Gorbatschow explizit eine weitere Ausdehnung der NATO nach Osten ausgeschlossen.

60 Zur Absprache der bundesdeutschen Verhandlungslinie siehe Teltschik 1993, S. 137; Diekmann/Reuth 1996, S. 267. Daß dies weitgehend gelang, zeigen z.B. die Einschätzung des Generalsekretärs in Gorbatschow 1995a, S. 716, sowie seine Ausführungen gegenüber DDR-Ministerpräsident Hans Modrow anläßlich der telefonischen Unterrichtung über die Begegnung mit Kohl. Siehe »Niederschrift der grundlegenden Inhalte des Telefongesprächs zwischen M.S. Gorbatschow und dem Vorsitzenden des Ministerrats der DDR, Hans Modrow« v. 12.2.1990 (Hoover Institution Archives, Stanford: Zelikow-Rice-Papers).

61 Weitere Teilnehmer waren – neben zwei Dolmetschern – die engen Mitarbeiter Anatolij Tschernajew und Horst Teltschik. Siehe zum Gesprächsverlauf das von Kohl abgezeichnete, mit 26 Seiten ungewöhnlich umfangreiche, Protokoll des AL 2 v. 14.2.1990, »Vermerk über das Gespräch des Bundeskanzlers mit Generalsekretär Gorbatschow am 10. Februar 1990, 16.00 bis 18.30 Uhr in Moskau« (21-30130 S 25 – De 2/1/90). Vgl. zum Gesprächsverlauf und den Interpretationen die sehr detaillierte Darstellung Kohls bei Diekmann/Reuth 1996, S. 270ff.; Teltschik 1993, S. 138ff.; Gorbatschow 1995a, S. 716f. Zur amerikanischen Wahrnehmung und Bewertung vgl. Zelikow/Rice 1997, S. 267ff. Gorbatschow selbst (1995a, S. 716f.) schreibt von einem Monolog des Kanzlers – ein Eindruck, der durch den Vergleich der Redebeiträge gestützt wird: In immer neuen Anläufen und Variationen versuchte Kohl seinen Gesprächspartner vom inneren Druck in der DDR und der Verhandlungsbereitschaft des Westens zu überzeugen.

62 Ausgangspunkt derartiger Überlegungen war wohl ein Papier enger Kohl-Mitarbeiter von Anfang Februar, in dem diese den Bundeskanzler aufforderten, sich mit einer neuerlichen deutschlandpolitischen Initiative im Stile des Zehn-Punkte-Programms wieder »an die Spitze der Bewegung« zu setzen. Weiter hieß es darin, Kohl habe »aus guten Gründen« die Dynamik des Einigungsprozesses bislang nicht forciert. Angesichts der aktuellen Debatten über den wirtschaftlichen Neuaufbau in der

DDR müsse er nun aber wieder die Initiative ergreifen, einen »heilsamen Entscheidungsdruck erzeugen« sowie das noch zu bildende »Wahlbündnis der Mitte« unterstützen. Hauptpunkt der Überlegungen war ein noch nicht ausgearbeitetes Stichwort-Konzept zur Herstellung der wirtschaftlichen Einheit Deutschlands. Vgl. dazu Vermerk Prill, Gotto, Mertes, Ludewig, Nehring an den Bundeskanzler v. 2.2. 1990 (212–35400 De 39, Bd. 2; mit einer Rede v. Ludwig Erhard – »Wirtschaftliche Probleme der Wiedervereinigung«, in Bulletin Nr. 174 v. 12.9. 1953, S. 1453f. – in der Anlage); Grosser 1998, S. 174 ff.; Dreher 1998, S. 510 f. Zur am 6.2. kurzfristig erfolgten Ankündigung des Kanzlers, mit der DDR unverzüglich in Verhandlungen über eine Wirtschaftsunion und Währungsreform einzutreten, siehe z. B. Teltschik 1993, S. 129 f. Demnach wurde Kohl durch Hinweise auf eine entsprechende Initiative des baden-württembergischen Ministerpräsidenten Lothar Späth zu diesem Schritt gedrängt, über den im Kanzleramt »seit Tagen« nachgedacht wurde.

63 Vgl. die detaillierte Darstellung in Diekmann/Reuth 1996, S. 272; die Erzählungen von Gorbatschow und Teltschik in Kuhn 1993, S. 108 ff.

64 Kohl gibt diese Sätze in Diekmann/Reuth 1996, S. 272 f., so als wörtliche Rede wieder. Dabei handelt es sich eindeutig um eine Umsetzung der Formulierungen des Verlaufsprotokolls in direkte Rede. Vgl. dazu AL 2 v. 14.2. 1990, »Vermerk über das Gespräch des Bundeskanzlers mit Generalsekretär Gorbatschow am 10. Februar 1990, 16.00 bis 18.30 Uhr in Moskau« (21–30130 S 25 – De 2/1/90). Das folgende Zitat entstammt demgegenüber Gorbatschow 1995a, S. 717, da der ehemalige Generalsekretär sich beim Schreiben seiner Memoiren zumeist auf Wortprotokolle seiner Begegnungen mit ausländischen Politikern stützen konnte.

65 Gemeint ist damit offensichtlich die Elbe, deren Verlauf in etwa der östlichen Grenze des NATO-Gebietes entspricht.

66 Teltschik 1993, S. 141, gibt den Ausruf des Generalsekretärs als wörtliche Rede mit »Nichts ohne den Kanzler« wieder; anders die Darstellung Kohls in Diekmann/Reuth 1996, S. 274, sowie im deutschen Protokoll. Die dort enthaltene Formulierung des Bundeskanzlers sowie die Darstellungen bei Teltschik 1993, S. 141, und Diekmann/Reuth 1996, S. 274, mit ihrer Verwendung der Formel »Zwei plus Vier« steht im Widerspruch zu Gorbatschows Schilderung dieser Gesprächspassage in Gorbatschow 1995a, S. 717: Demnach war in Moskau lediglich von einer Sechserkonferenz beziehungsweise der Idee »Vier plus Zwei« die Rede. Erst später hätten die Deutschen, aktiv unterstützt von den USA, auf einer Umkehrung in »Zwei plus Vier« bestanden. Diese Schilderung widerspricht der sonstigen Position des Bundeskanzlers und auch seines Außenministers, der unter anderem schon am 2.2. in Washington massiv auf eine Voranstellung der beiden deutschen Staaten gedrängt hatte.

67 Wie wichtig dieser Punkt für Gorbatschow war, zeigt der Blick in seine Memoiren (Gorbatschow 1995a, S. 717). Demnach sei es für ihn entscheidend gewesen zu verhindern, daß Kohl in »Euphorie« verfiel und die deutsche Frage »lediglich auf die Vereinigung und die Befriedigung nationaler Sehnsüchte der Deutschen reduzierte«. Er habe deswegen auf den Zusammenhang mit den deutschen Nachbarn sowie der europäischen wie auch globalen Situation hingewiesen.

68 Dieter Kastrup berichtete im Interview v. 17.4. 1998 (unter Rückgriff auf ein Gesprächsprotokoll), Genscher habe auf die Würde des deutschen Volkes verwiesen und betont, daß es nicht zwei Qualitäten des Selbstbestimmungsrechtes gebe. Zu seinen Vorschlägen gehörte, daß zunächst die beiden deutschen Staaten miteinander reden müßten, um dann beispielsweise die Vier Mächte zu einer Konferenz einzuladen. Vgl. die sehr kurze Darstellung bei Genscher 1995, S. 723; verschiedene Informationen aus dem Auswärtigen Amt und dem sowjetischen Außenministerium. Zu Schewardnadses reservierter Haltung siehe Zelikow/Rice 1997, S. 269.

69 Vgl. zum folgenden Vermerk RL 212 v. 11.2. 1990, betr.: »Arbeitsbesuch des Herrn Bundeskanzlers in der Sowjetunion (10./11. Februar 1990); hier: Delegationsgespräch (10. Februar 1990, 18.40 Uhr – 19.15 Uhr)« (21–301 00 (56) – Ge 28 (VS); ohne die als Anlage angegebene Teilnehmerliste. Außerdem – zusammen mit weiteren Unterlagen zur Vorbereitung des Arbeitsbesuches – die von Kohl bearbeitete Version in 212–30104 S25 So 17). Teltschik 1993, S. 141, spricht von einem Gespräch im Viererkreis, wogegen in den Erinnerungen des Kanzlers (Diekmann/Reuth 1996, S, 275f.) ebenso wie im deutschen Protokoll Hinweise auf einen größeren Teilnehmerkreis zu finden sind. So berichtet Kohl über das »blanke Entsetzen« in den Gesichtern von Falin und Bondarenko. Keine nennenswerten Details zum weiteren Verlauf der Gespräche und des Abendessens finden sich bei Genscher 1995 und Gorbatschow 1995a.
70 Vgl. zum folgenden Kohls Erinnerungen in Diekmann/Reuth 1996, S. 276ff.; Teltschik 1993, S. 142. Das Kommuniqué zum Treffen von Kohl und Gorbatschow ist auszugsweise abgedruckt in Kaiser 1991a, S. 192f. Zur Wahrnehmung von Kohls Moskau-Reise durch die US-Administration siehe v. a. Zelikow/Rice 1997, S. 268ff. sowie S. 276f. Bush traf sich am 10./11.2. in Camp David mit NATO-Generalsekretär Manfred Wörner. Hauptpunkt der Gespräche war die Frage, wie die uneingeschränkte NATO-Mitgliedschaft eines vereinten Deutschlands gesichert werden konnte. Wörner sah darin ein zentrales Moment für die dauerhafte Stabilität in Europa und warnte vor einem in der Öffentlichkeit zeitweise diskutierten Modell, wonach weder Frankreich noch Deutschland vollständig in die NATO-Strukturen integriert gewesen wären. Er wies den US-Präsidenten zugleich auf die Gefahren hin, die aus einer zu starken Betonung der Vier-Mächte-Verantwortung resultieren konnten, da dies bei den Deutschen zu Mißstimmungen führen konnte. Eine zeitlich begrenzte Anwesenheit sowjetischer Truppen auf dem Territorium eines vereinten Deutschlands sei, so Wörner, letztlich ein geringer Preis für die schnelle Erlangung der Einheit (Informationen aus dem NSC, dem State Department und dem Auswärtigen Amt).
71 Eigene Abschrift einer nicht gesendeten Szene aus Filmmaterial des ZDF.
72 Vgl. zu den Zitaten Kohls Erinnerungen in Diekmann/Reuth 1996, S. 276ff.
73 Zu den Reaktionen auf die Ergebnisse des Moskau-Besuches siehe die Darstellung bei Teltschik 1993, S. 144; *Bild am Sonntag* v. 11.2. 1990, Ein Handschlag für die deutsche Einheit; die Artikel v. 12.2. 1990 in *Die Welt*, Kohl erzielt Durchbruch in Moskau: Der Weg zur Einheit ist jetzt frei; *Frankfurter Rundschau*, Ein Kanzler im Glück und ein Prosit auf Deutschland; *Süddeutsche Zeitung*, Das kleine Wunder von Moskau; *Frankfurter Allgemeine Zeitung*, Während des Rückfluges von Moskau stoßen Kohl und Genscher auf Deutschland an; *Bild*, Deutschland es wird wahr noch dieses Jahr. Teltschik äußerte sich einige Tage später im Rahmen eines Vortrags zur deutschen Frage und deren internationaler Einbettung. Dabei zitierte er unter anderem aus einem Pressebericht, wonach der Schlüssel zur deutschen Einheit nunmehr von Moskau nach Bonn gebracht worden sei. In Presseberichten wurden seine Aussagen anschließend stark verkürzt wiedergegeben, was ihm zornige Rügen des Kanzlers einbrachte. Vgl. Teltschik 1993, S. 156f. Die später von Kiessler/Elbe 1993, S. 98 (»ein außenpolitischer ›Amateur‹«), geschilderte Verärgerung Kohls über Teltschiks angebliche Aussage, der Schlüssel zur Vereinigung liege nun in Bonn, ist aus dem Zusammenhang gerissen.
74 Vgl. dazu sowie zum folgenden die aus sowjetischen Unterlagen stammende »Niederschrift der grundlegenden Inhalte des Telefongesprächs zwischen M.S. Gorbatschow und dem Vorsitzenden des Ministerrates der DDR, Hans Modrow« (Hoover Institution Archives, Stanford: Zelikow-Rice-Papers); die durch Interviews mit Ak-

teuren der sowjetischen Seite angereicherte Interpretation bei Zelikow/Rice 1997, S. 270f. Modrow selbst erwähnt in seinen Memoiren (Modrow 1991) dieses für ihn unerquickliche Telefonat nicht.
75 Dieser Hinweis Gorbatschows ist signifikant dafür, daß die sowjetische Politik zur Lösung der deutschen Frage ständigen, kurzfristigen Wechseln unterworfen war. Die Vorschläge waren dabei den jeweiligen Adressaten angepaßt. Dies zeigt auch die Unterrichtung der Westmächte von den Ergebnissen des Treffens Kohl – Gorbatschow. Während in den Nachrichten an Frankreich, Großbritannien und die USA allgemein dem Vorschlag zur Bildung eines Sechser-Gremiums zugestimmt wurde, fand sich in der diplomatischen Note an die US-Regierung zusätzlich noch der Vorschlag zu trilateralen Gesprächen zwischen der Bundesrepublik, den USA und der UdSSR. Die Vereinigten Staaten gingen auf diesen Vorschlag gar nicht erst ein; er wurde deshalb wohl nie wiederholt (Zelikow/Rice 1997, S. 567, Fn 72). Vor allem die Hardliner im ZK der KPdSU, Falin, und im Außenministerium, Bondarenko, versuchten demnach, Gorbatschows Zustimmung nachträglich noch zu verwässern und durch eine härtere sowjetische Position zu ersetzen.
76 Zum Bonn-Besuch der Modrow-Regierung am 13./14.2. 1990 siehe z.B. Jäger 1998, S. 123f.; Grosser 1998, S. 205ff.; Jarausch 1995, S. 170f.; Korte 1994, S. 116f. Berichte von Teilnehmern der Treffen finden sich u. a. in Teltschik 1993, S. 115; Modrow 1991, S. 127ff.; Kohl in Diekmann/Reuth 1996, S. 294ff.
77 Kohl selbst wies Modrow in einem Gespräch zugleich darauf hin, daß er jede Vier-Mächte-Konferenz über Deutschland ablehne. Siehe dazu Abteilungsleiter 2 v. 15.2. 1990, »Vermerk über das Gespräch des Bundeskanzlers mit DDR-Ministerpräsident Hans Modrow am 13. Februar 1990, 10.00 bis 11.00 Uhr, im Bundeskanzleramt« (21–35400 – De 26/4/90). Die Wiedergabe der Argumentation von Kohl-Mitarbeitern im Vorfeld der Moskau-Reise des Bundeskanzlers basiert auf Informationen aus der Bundesregierung. Zu den Vorteilen einer Vereinigung nach Art. 23 GG a. F. siehe beispielsweise Berichte und Ausarbeitungen, die im Umfeld des Kabinettausschusses »Deutsche Einheit« im Bundesinnenministerium erstellt wurden, so z. B. das in der Abteilung 2 des Kanzleramtes zur Kenntnis genommene Papier der Arbeitsgruppe G 1 v. 27. 2. 1990, »Überlegungen zu verfassungsrechtlichen Fragen im Zusammenhang mit der Einigung Deutschlands« (Aktenzeichen VI1–110 013/3; Fundstelle im Kanzleramt: 212–35400 De 39, Bd. 2). Zur internationalen Dimension siehe z. B. Schreiben MD Schiffer (BMI, Az. VI – 110 013/3) an andere Bundesministerien und den LASD v. 21.2. 1990 mit verschiedenen Ausarbeitungen, darunter »Überlegungen zum Thema: Auswirkungen des Zusammenschlusses Deutschlands auf die Zugehörigkeit zu EG, VN, NATO und RGW« v. 19. 2. 1990 (B 137/10878). Kohls Argumentation – in der er vor allem seine Ablehnung möglicher plebiszitärer Elemente in einer neuen Verfassung sowie die Bedenken vor neutralistischen Tendenzen beim SPD-Vorsitzenden Oskar Lafontaine betont – findet sich in Diekmann/Reuth 1996, S. 290ff. Zur Haltung der SPD in der Frage des Vereinigungsweges vgl. den Abschnitt zur Kontroverse um Art. 23/Art. 146 GG a. F. in Schuh/von der Weiden 1997, S. 247ff.
78 Die DDR-Regierung war nach allen verfügbaren Quellen nicht an der Vorbereitung der »Zwei-plus-Vier«-Formel beteiligt. Während dies hinsichtlich des Westens nicht überrascht, ist der Verzicht der Sowjetunion auf eine engere Abstimmung mit dem Verbündeten ein weiteres Indiz dafür, daß die Regierung Modrow von Gorbatschow und seinen Mitarbeitern nicht mehr als ernsthafter Partner gesehen wurde.
79 Der am 24.3. 1992 unterzeichnete »Open-Skies«-Vertrag ging auf einen Vorschlag von US-Präsident George Bush zurück. Dieser hatte 1989 eine alte Idee Eisenhowers von 1955 aufgegriffen, in der es um ein bilaterales Abkommen zwischen den

USA und der UdSSR über Luftbildaufnahmen vom jeweils anderen Territorium gegangen war. Dieser Vorschlag zur Schaffung weiterer vertrauensbildender Instrumente zwischen Ost und West wurde von Bush auf alle Staaten der NATO und des Warschauer Paktes ausgedehnt. Daneben stand Bushs neue VKSE-Abrüstungsinitiative im Mittelpunkt der Gespräche zwischen Baker und Schewardnadse. Der US-Präsident hatte zwei Wochen zuvor eine Verringerung der amerikanischen und sowjetischen Truppen in Mitteleuropa auf jeweils 195 000 Mann vorgeschlagen, den USA aber die Stationierung von 30 000 Mann in anderen Regionen Europas vorbehalten. Siehe dazu die Darstellung bei Baker 1996, S. 191 f.; Zelikow/Rice 1997, S. 244 ff., die auch auf die Diskussion innerhalb der NATO und die Kritik seitens Großbritanniens eingehen.

80 Das deutschsprachige Kommuniqué ist abgedruckt in Kaiser 1991a, S. 194. In der von Bakers Berater Zoellick entworfenen englischsprachigen Version ist demgegenüber vor »äußeren Aspekte« (»external aspects«) kein bestimmter Artikel eingefügt. Vor allem die britische Seite hatte dies begrüßt, da somit eine allgemeinere Beschreibung der Tagesordnung möglich war, ohne daß die Sowjetunion nachdrücklich auf der Behandlung *aller* äußeren Aspekte beharren konnte (Information aus dem Auswärtigen Amt und dem FCO). Siehe dazu auch Zelikow/Rice 1997, S. 271 ff. In Baker 1996, S. 195, wird von Vorgesprächen »auf offizieller Ebene« gesprochen, wobei es sich um einen Übersetzungsfehler handelt.

81 Darstellungen der Ereignisse in Ottawa finden sich in den Erinnerungen von Beteiligten, so Genscher 1995, S. 724 ff.; Baker 1996, S. 187 ff.; Schewardnadse 1993, S. 236 f.; Kiessler/Elbe 1993, S. 99 ff. Einen detaillierten Einblick aus amerikanischer Sicht bieten Zelikow/Rice 1997, S. 271 ff. Die nachfolgende Schilderung beruht zudem, soweit nicht anderweitig belegt, auf Kohls Erinnerungen in Diekmann/Reuth 1996, S. 297 ff.; Teltschik 1993, S. 145 f.; verschiedenen Informationen aus dem Kanzleramt, dem Auswärtigen Amt und dem State Department.

82 Der Vorstoß, eine Einigung über die »Zwei-plus-Vier«-Formel bereits in Ottawa anzukündigen, kam von Genscher, der im Zusammentreffen aller beteiligten Außenminister einen guten Rahmen hierfür sah. Der Bundesaußenminister hatte sich am 12.2. mit Baker zu einem halbstündigen Gespräch getroffen. Dabei schlug Genscher vor, den »Zwei-plus-Vier«-Mechanismus noch in Ottawa offiziell zu etablieren. Energisch lehnte Genscher aber Treffen im Alliierten Kontrollrat ab, so Dieter Kastrup im Interview v. 17.4. 1998 (unter Rückgriff auf einen Gesprächsvermerk). Baker hatte zuvor von einer Unterredung mit dem ungarischen Außenminister berichtet. Dieser habe versichert, daß es entgegen der Darstellung Schewardnadses beim Außenministertreffen der Warschauer-Pakt-Staaten am 11.2. keine Forderung nach einer Neutralität Deutschlands gegeben habe. Ähnlich hatte sich auch der tschechoslowakische Außenminister Dienstbier am 12.2. gegenüber Genscher geäußert. Die angebliche Forderung der Warschauer-Pakt-Staaten nach einem neutralen Deutschland basiere auf einem Mißverständnis auf der Beamtenebene, das auszuräumen man bemüht sei. Baker versicherte dem Bundesaußenminister, daß eine vorübergehende sowjetische Truppenpräsenz auf deutschem Gebiet auch nach der Vereinigung aus politisch-psychologischen Gründen wohl notwendig sein werde. Genscher bestätigte in diesem Gespräch noch einmal, daß die grundsätzliche Einigung der beiden deutschen Staaten mit einer Grenzgarantie für Polen verbunden sein werde. Die beiden Außenminister kamen auch überein, bei einem späteren KSZE-Gipfel nur die Ergebnisse aus den »Zwei-plus-Vier«-Verhandlungen zu präsentieren (Informationen aus dem Auswärtigen Amt). Die präziseste und umfangreichste Auflistung der zahlreichen bi- und multilateralen Gespräche in Ottawa findet sich in den Erinnerungen des US-Außenministers (Baker 1996,

S. 187 ff.). Hier wird deutlich, daß die Außenminister Roland Dumas (Frankreich), Douglas Hurd (Großbritannien), Eduard Schewardnadse (Sowjetunion) und Hans-Dietrich Genscher sich im Verlauf der Gespräche immer wieder telefonisch mit ihren Staats- und Regierungschefs besprachen, da eine so weitreichende Entscheidung nicht ohne deren Beteiligung gefällt werden konnte. Vgl. auch Genscher 1995, S. 724 ff., bes. S. 726, zu Vermutungen über Schewardnadses Telefonate mit Moskau; Kiessler/Elbe 1993, S. 99 ff.; Teltschik 1993, S. 145 f., zur Abstimmung Kohl – Genscher.

83 Die Darstellung des Treffens basiert v. a. auf dem Interview mit Dieter Kastrup v. 17. 4. 1998, der dabei auf einen Gesprächsvermerk zurückgreifen konnte. Bei diesem Arbeitsfrühstück kamen die Vertreter der drei Westmächte und der Bundesrepublik überein, zur Ausnutzung der aktuellen Dynamik der deutsch-deutschen Annäherung ein erstes »Zwei-plus-Vier«-Beamtentreffen möglichst bereits vor den Volkskammerwahlen abzuhalten. Alle Treffen sollten demnach in Deutschland stattfinden, wobei Genscher sich energisch gegen das Kontrollratsgebäude in Berlin als Tagungsort aussprach. Mit der »Beamtenebene«, so die Übereinkunft, seien die Politischen Direktoren gemeint, was die Festlegung auf eine relativ ranghohe Arbeitsebene bedeutete. Weiteres Thema im Viererkreis war die seit einiger Zeit von der Bundesregierung im Dialog mit den Vier Mächten behandelte Frage der Direktwahl der Berliner Bundestagsabgeordneten. Die drei Westmächte erhoben hiergegen keine prinzipiellen Bedenken mehr. Sie rieten Genscher aber zur Zurückhaltung, um den bereits vollen Themenkatalog nicht zu überlasten. Dies ist, ähnlich wie die bereits skizzierten Äußerungen von Innenminister Schäuble in der Sitzung des Bundeskabinetts am 22. Januar, ein Hinweis darauf, daß zu diesem Zeitpunkt noch niemand davon ausging, die Einheit Deutschlands – und damit den automatischen Wegfall des Sonderstatus Berlins – noch vor der Ende 1990 anstehenden Bundestagswahl erreichen zu können. Genscher nutzte das Treffen im Viererkreis zu warmen Dankesworten an die Verbündeten und einem deutlichen Bekenntnis zur Westbindung Deutschlands (Informationen aus dem Auswärtigen Amt).

84 Zu Zoellicks erstem Textvorschlag für einen Beschluß zum »Zwei-plus-Vier«-Mechanismus siehe Baker 1996, S. 190. Dort hieß es noch, die Außenminister würden sich kurz nach den Wahlen in der DDR am 18.3. treffen, um die außenpolitischen Aspekte der deutschen Vereinigung zu diskutieren. Vorgespräche auf offizieller Ebene würden »in Kürze« beginnen.

85 So Dieter Kastrup im Interview v. 17. 4. 1998. Die weitere Darstellung basiert auf Informationen aus dem Auswärtigen Amt.

86 Vgl. dazu die Darstellungen in Falin 1993a, S. 491 f., der von einem Alleingang Schewardnadses spricht; Gorbatschow 1995a, S. 717; Biermann 1997, S. 425 ff. Schewardnadse hatte in der einen ersten Reaktion den Verzicht auf die Formulierung »Vereinigung Deutschlands« gefordert, da er sich »Zwei-plus-Vier« offensichtlich als einen langfristig angelegten Prozeß wünschte (Informationen aus dem Auswärtigen Amt).

87 Siehe dazu die Darstellung des Konflikts und seiner Beilegung bei Baker 1996, S. 196.

88 Zum heftigen Ausbruch des sonst so konzilianten Bundesaußenministers siehe Genscher 1995, S. 729; Baker 1996, S. 197; Informationen aus dem Auswärtigen Amt. Genschers verständliche Verärgerung darüber, daß die westlichen Verbündeten nach erfolgreichem Abschluß der Gespräche mit Schewardnadse eine Wiederaufnahme der Diskussion verlangten, führte kurze Zeit später dazu, daß US-Präsident George Bush gegenüber Helmut Kohl um einen sorgsameren Umgang mit den Bedenken der kleineren NATO-Partner bat. Siehe dazu Kohls Erinnerungen in

Diekmann/Reuth 1996, S. 306; Rohentwurf Vermerk RL 212 v. 27.2. 1990, betr.: »Gespräch des Herrn Bundeskanzlers mit dem amerikanischen Präsidenten George Bush (Camp David, 24. Februar 1990, 14.30–17.00 Uhr)« (212-30104 A5 AM2). Zu den Bedenken des US-Außenministers über den Fortgang des Prozesses siehe Baker 1996, S. 197. Protest gegen die »Zwei-plus-Vier«-Formel gab es vor allem von Polen, Italien, Belgien und den Niederlanden (Robert Kimmitt im Interview v. 4.11. 1994).

89 So berichtete Horst Teltschik im Interview v. 10.10. 1997, er habe am 13.2. 1990 erst durch Baker von der »Zwei-plus-Vier«-Formel erfahren und diesem geantwortet, »Ich finde das überzeugend, aber ich muß erst Kohl fragen«. Dieser sei gleichzeitig von Genscher angerufen worden. Bevor Teltschik die Situation aufklären konnte, habe Kohl bereits einen Anruf von Bush erhalten. Bei Baker und seinen Mitarbeitern gab es unterdessen immer wieder Zweifel, ob das Kanzleramt wirklich über alle Schritte des Auswärtigen Amtes informiert war (Robert Zoellick im Interview v. 17.12. 1993).

90 Die Telefongespräche des Bundeskanzlers mit US-Präsident Bush sind zusammengefaßt in Vermerk Neuer v. 14.2. 1990, betr.: »Telefongespräch des Herrn Bundeskanzlers mit Präsident Bush am Dienstag, dem 13. Februar 1990 um 19.45 Uhr« (212-35400 De 39 NA 2, Bd. 2; außerdem: 21-30100 (56) – Ge 28 (VS) von Kohl an »Teltschik« weitergeleitet). Demnach dauerte die erste Telefonat ca. 15 Minuten. Das zweite Gespräch, dessen Verlaufsprotokoll nahtlos dem ersten angefügt wurde, begann um 21.00 Uhr und dauerte zehn Minuten. Siehe auch Kohls Erinnerung in Diekmann/Reuth 1996, S. 297f. Vgl. die detaillierte Darstellung der Ereignisse bei Genscher 1995, S. 726f. Dieser erwähnt nur jeweils ein Telefonat Bush – Kohl beziehungsweise Genscher – Kohl. Ohne Teltschik namentlich zu nennen, meint er offensichtlich diesen, wenn er von seinem Ärger über die »Quelle des Mißverständnisses in Bonn« spricht. Im Interview v. 31.10. 1997 bezeichnete Genscher die Verwirrung eines von mehreren »Störmanövern« von Personen, die nicht direkt am Prozeß beteiligt gewesen seien: »Bei uns war Teltschik sauer«, gleiches habe aber auch für Mitarbeiter Bushs gegolten. Ähnlich wie Genscher argumentieren Kiessler/Elbe 1993, S. 101f. (mit Verweis auf Beschloss/Talbott 1993 und Szabo 1992, deren Darstellungen sich allerdings nicht auf Akten stützen). Neutral, kurz und ohne Erwähnung der Inhalte berichtet Teltschik 1993, S. 145f., von den beiden Telefonaten. Vgl. dazu auch die Schilderung und Interpretation aus amerikanischer Sicht bei Baker 1996, S. 193ff.; Zelikow/Rice 1997, S. 274ff. Baker gibt – offensichtlich um Untermauerung seiner Darstellung bemüht – die Uhrzeiten der Telefonate zwischen Bush und Kohl auf die Minute genau an. Diese Angaben decken sich mit den im westdeutschen Gesprächsvermerk genannten Zeiten. Siehe zu dieser Situation auch das Kapitel »Zwei-plus-Vier«-intern in Bruck/Wagner 1996a, S. 153ff., hier S. 156f., wonach Teltschik es selbst bei eventuell vorhandenen Bedenken kaum gewagt hätte, hinter Kohls Rücken dessen Position in Frage zu stellen. Im Interview v. 23.4. 1996 bestätigte Baker, daß man in Washington gesehen habe, daß es zwischen Kanzleramt und Auswärtigem Amt hin und wieder einen »gesunden Wettbewerb« gegeben habe. Die Irritation in Ottawa sei aber auf inneramerikanische Abstimmungsprobleme zurückzuführen gewesen. Die folgende Darstellung gibt die Bonner Ortszeit wieder. In Ottawa war es aufgrund der Zeitverschiebung sechs Stunden früher, weswegen die Akteure von Telefonaten und Gesprächen »um die Mittagszeit« berichten.

91 Zelikow/Rice 1997, S. 275, zitieren hierzu einen Satz Kohls, der sich im deutschen Gesprächsvermerk nicht findet: »George, ich habe das Gefühl, da liegt ein Mißverständnis vor. Was die Außenminister in Ottawa beraten, hat meine vollste Zustimmung.«

92 Die Bedeutung der Verwirrung über Kohls Zustimmung zur »Zwei-plus-Vier«-Formel für die Akteure zeigt sich in den Darstellungen in deren Memoiren. Während der Ablauf der Telefonate weitgehend identisch geschildert wird, kommen vor allem Baker und Zelikow/Rice auf amerikanischer sowie Genscher und Kiessler/Elbe auf deutscher Seite zu unterschiedlichen Interpretationen. Baker 1996, S. 193 ff., schreibt die Verantwortung den NSC-Mitarbeitern um Brent Scowcroft zu. Diese hätten die »Zwei-plus-Vier«-Formel nicht nur abgelehnt (was Condoleezza Rice im Interview v. 31.10.1994 bestätigte), sondern – gegen die Linie des Außenministers – sogar aktiv bei Bush dagegen interveniert. Diese Version wird durch die Schilderung bei Zelikow/Rice 1997, S. 274 ff., gestützt. Obwohl 1989/90 selbst NSC-Mitarbeiter, sprechen sie vom »schwerwiegendsten Dissens innerhalb der US-Regierung während des Vereinigungsprozesses«: Das Außenministerium hatte die Ottawa-Formel mehrfach im Weißen Haus angesprochen aber nie »zum Gegenstand eines formellen Entscheidungsprozesses mit abschließender Vorlage beim Präsidenten« gemacht. Für das Durcheinander war demnach nach übereinstimmender Darstellung amerikanischer Akteure die US-Administration verantwortlich, wo Bedenken hinsichtlich des bürokratischen Ganges und inhaltlicher Fragen vor allem im Nationalen Sicherheitsrat bis zuletzt Widerstand zur Ottawa-Formel hervorriefen. Genscher 1995, S. 727 f., und Kiessler/Elbe 1993, S. 101 f., interpretieren die Verwirrung hingegen explizit als ein von Horst Teltschik initiiertes »Störmanöver« (Hans-Dietrich Genscher im Interview v. 31.10.1997), während Teltschik (1993) und Kohl (Diekmann/Reuth 1996) überhaupt nichts über Mißstimmungen berichten. Die verschiedenen Interpretationen geben jeweils deutlich wieder, welche Konfliktlinien bei den Beteiligten wahrgenommen und als zentral bewertet wurden.

## SYNCHRONISATIONSVERSUCHE DES WESTENS

1 Zur Verstimmung der britischen Premierministerin siehe auch Telefax des Bundespresseamtes an das Bundeskanzleramt, Az. IV B 3 v. 22.2.1990, betr.: »Inhalt und Übersetzung eines Thatcher-Interviews in *Corriere della Sera* v. 21.2.1990.« Thatcher forderte in ihrem Interview mit der italienischen Zeitung eine stärkere Beteiligung kleinerer Staaten, darunter auch Polens, an den Gesprächen über die deutsche Vereinigung und warnte vor einem zu schnellen Vorgehen. Es dürfe keinesfalls so sein, daß sich die Deutschen zunächst vereinigten und man sich anschließend erst um die damit verbundenen Fragen kümmere. Der »Zwei-plus-Vier«-Rahmen könne nicht das einzige Forum zur Diskussion sein, sondern müsse durch NATO und KSZE-Gremien ergänzt werden. Zu Genschers Zwischenstop in London siehe Genscher 1995, S. 731. Die Darstellung der Position Thatchers beruht zudem auf Informationen aus dem FCO. Ganz anders hingegen die Sichtweise des FCO: Mit der Etablierung des »Zwei-plus-Vier«-Mechanismus war hier eine spürbare Erleichterung zu konstatieren. Hurd sei derjenige gewesen, der bis zu diesem Zeitpunkt stets das Fehlen eines ordentlichen Prozesses bemängelt habe – eine sehr britische Eigenart, wie Pauline Neville-Jones im Interview erläuterte. Von diesem Moment an sei ein Rahmen vorhanden gewesen, innerhalb dessen Koordinaten das britische Außenministerium eine konstruktive Rolle spielen konnte und wollte. Siehe dazu die Interviews mit Pauline Neville Jones v. 4.6.1997 sowie Hilary Synott v. 4.6.1997. Für das FCO kann hier ein Wendepunkt in der Deutschlandpolitik festgestellt werden, der sich auch in einer Abkehr von der zum Teil immer noch sehr

rigiden Haltung Margaret Thatchers äußerte. Zur Verhärtung der sowjetischen Position siehe die Ausführungen bei Zelikow/Rice 1997, S. 288 ff. – die auch französische Verzögerungsversuche konstatieren; Biermann 1997, S. 431 f. Vgl. auch Gorbatschow 1995a, S. 716 und S. 721 ff. Der sowjetische Außenminister nahm noch an, daß der Prozeß der deutschen Vereinigung »wahrscheinlich mehrere Jahre dauern« würde. Siehe dazu Schewardnadse 1993, S. 243, der das am 20. 2. erschienene *Iswestija*-Interview auf die Zeit nach seiner Ankunft in Moskau datiert. Zur offiziellen Haltung der UdSSR vgl. auch das Interview mit Valentin Falin in *Der Spiegel* v. 19. 2. 1990, »Für militärische Neutralität«. Der Deutschland-Experte, dem zu diesem Zeitpunkt noch ein gewisser Einfluß auf Gorbatschow zugeschrieben werden kann, erklärte darin (S. 170): »Wer dafür ist, daß ganz Deutschland an die NATO fällt, ist nicht für die deutsche Einheit. Wer dafür ist, daß ein halbes Deutschland in der NATO bleibt, der ist halbherzig für die deutsche Einheit. Mit Halbherzigkeit löst man aber solche gigantischen Fragen wie eine Neuvereinigung Deutschlands nicht.« Zu den von Falin bestätigten Überlegungen für die nahe Zukunft Deutschlands gehörte, »daß der Viermächtestatus Berlins auf ganz Deutschland übertragen wird«. Angesprochen auf den erwarteten Wahlsieg der Ost-SPD und die Ablehnung einer Neutralität durch deren westdeutsche Parteifreunde, meinte Falin, »Niemals lügt man mehr als auf der Jagd und vor den Wahlen«.
2 Zu Genschers Rede – die häufig als »Tutzing-Formel« oder »Genscher-Plan« bezeichnet wird –, ihrer Entstehungsgeschichte und der späteren Verwendung durch James Baker in Moskau siehe das Kapitel »Ringen um den besten Weg«; Genscher 1995, S. 713 ff.; Kiessler/Elbe 1993, S. 77 ff. Die Rede ist auszugsweise abgedruckt in Kaiser 1991a, S. 190 f. Der Tutzing-Rede war laut Kiessler/Elbe 1993, S. 79, »die einsamste Geburt eines Textes« des Bundesaußenministers vorangegangen, bei der dieser offenbar weitgehend auf die Hilfe seines Amtes verzichtet hatte (so auch Dieter Kastrup im Interview v. 17. 4. 1998). Genschers Vorschläge zur Nichtintegration der DDR in das westliche Bündnis entsprachen allerdings den Grundlinien eines internen Papiers aus dem Auswärtigen Amt. Zur Sicherung des ehemaligen DDR-Territoriums nach der Vereinigung wurde dort zu dieser Zeit über die Stationierung defensiv ausgerichteter deutscher Verbände, die nicht in die NATO-Strukturen integriert sein sollten, nachgedacht. Siehe dazu Biermann 1997, S. 487 f., Fn 251. Bereits drei Tage vor der Tutzing-Rede hatte Genscher in einem Zeitungsinterview erklärt: »Wer die Grenze der NATO bis zur Oder und Neiße ausdehnen will, schlägt die Tür zu für ein geeintes Deutschland. Unser Verbleiben in der NATO ist dagegen unbestritten.« Siehe dazu *Bild am Sonntag* v. 28. 1. 1990, Genscher hofft auf den Umzug nach Berlin. Vgl. auch Kiessler/Elbe 1993, S. 81; Biermann 1997, S. 486 ff. Die Tutzing-Rede enthielt auch Genschers Position im innerdeutschen Annäherungsprozeß. Entsprechend der bisherigen Politik der Bundesregierung stellte er fest, daß die deutsch-deutsche Annäherung als »Einheit in nationaler Solidarität« sofort beginnen könne, da sie keine Rechte anderer Staaten oder mit diesen geschlossene Verträge berühre. Ebenso wie Kohl verwahrte Genscher sich gegen jegliche grundsätzliche Intervention beispielsweise der Vier Mächte und betonte die aus innerdeutscher Einigung und außenpolitischer Flankierung bestehende Zweigleisigkeit des geplanten Vorgehens.
3 Vgl. hierzu sowie zum folgenden die detaillierte Darstellung bei Zelikow/Rice 1997, S. 252 ff., wo auch die Zitate der Pressekonferenz entnommen wurden. Im englischsprachigen Original ist dabei von »the NATO area of defense and security« die Rede. Genscher widerspricht der Schilderung des Treffens Baker – Genscher bei Zelikow/Rice, die auf amerikanischen Mitschriften der Pressekonferenz und der Auswertung interner Akten der US-Administration beruht. Vgl. dazu den Brief-

wechsel zwischen Genscher und Zelikow im Frühjahr 1995, in dem es um den Ursprung der späteren Formulierung von der Ausdehnung der NATO-»Jurisdiktion« geht (Hoover Institution Archives, Stanford: Zelikow/Rice-Papers). Weitere Darstellungen – ohne daß diese auf Details eingehen – finden sich bei Genscher 1995, S. 717f.; Kiessler/Elbe 1993, S. 77ff. Der amerikanische Außenminister übergeht in seinen ansonsten detailreichen Memoiren (Baker 1996) diesen Teil seiner Unterhaltung mit Genscher am 2.2. 1990 komplett.

4 So Zelikow/Rice 1997, S.252. Zu Bakers Gesprächen in Moskau und der Verwendung der Formulierung NATO-»Jurisdiktion« siehe Zelikow/Rice 1997, S.256ff., und Baker 1996, S. 180ff., wo er sich vor allem zu den Diskussionen über den »Zwei-plus-Vier«-Mechanismus, nicht aber zur Ausdehnung der NATO äußert. Gegenüber Schewardnadse hatte Baker noch zugesichert, »daß die Zuständigkeit und die Streitkräfte der NATO nicht ostwärts verschoben werden« (Zelikow/Rice 1997, S.257). Zu Gorbatschows Darstellung des Treffens mit Baker siehe Gorbatschow 1995a, S. 715f., bes. S. 716. Der sowjetische Generalsekretär spricht hier – in der deutschen Übersetzung – von Bakers Angebot, »weder die Rechtsprechung (sic!) noch die Truppen der NATO auf Territorien auszudehnen, die östlich der jetzigen NATO-Grenzen liegen«. Palazchenko 1997, S. 172, erwähnt die Unterhaltung zwischen Baker und Gorbatschow am 9. 2., geht aber nicht auf konkrete Formulierungen des US-Außenministers ein. Daß die amerikanische Regierung noch am 5.2. auf Genschers Kurs lag und den mißverständlichen Begriff der »NATO-Jurisdiktion« verwendete, zeigt beispielsweise der Verlauf eines Presse-Hintergrundgesprächs in dem seitens des State Departments auf Nachfrage explizit erklärt wurde: »Yes, we agree that NATO's area of jurisdiction should not move eastward.« (EUR Press Guidance v. 5. 2. 1990; Hoover Institution Archives, Stanford: Zelikow-Rice-Papers).

5 Siehe dazu die ausführliche Darstellung im Kapitel »Ringen um den besten Weg«. Zum Inhalt des Baker-Briefes v. 10. 2. siehe auch 212–35400 De 39 NA1, Bd. 2, worin der US-Außenminister von »NATO's jurisdiction« spricht, und Zelikow/Rice 1997, S.266, die ebenfalls den Begriff NATO-Zuständigkeit verwenden. Teltschik 1993, S. 138, schreibt lediglich, Gorbatschow habe gegenüber Baker eine »Ausdehnung der NATO« als nicht akzeptabel bezeichnet. Kohl selbst berichtet, Baker habe den Sowjets vorgeschlagen, »daß das vereinte Deutschland ohne das Gebiet der DDR der NATO angehören sollte« (Diekmann/Reuth 1996, S.267).

6 Siehe dazu auch die Erläuterung bei Zelikow/Rice 1997, S.262, wonach Baker »umgehend« begann, sich von der Tutzing-Formel zu lösen. So erklärte er bereits auf der Pressekonferenz in Moskau, er habe mit seinem Angebot gegenüber Gorbatschow lediglich gemeint, es könne »hinsichtlich der Ausdehnung von NATO-Stationierungen nach Osten einige Sonderregelungen innerhalb der NATO geben«. Genscher geht in seinen Memoiren nicht auf diesen Punkt ein, während Kohl bei Diekmann/Reuth 1996, S.266f., ausführlich über diese neue Position der USA berichtet, wonach »bei einer Mitgliedschaft des vereinten Deutschlands in der NATO das Gebiet der DDR einen besonderen militärischen Status erhalten sollte«. Daß dies die neue Haltung der gesamten US-Administration – und damit auch von James Baker – war, wurde gegenüber der Regierung in Bonn in den folgenden Tagen offensichtlich nicht deutlich gemacht. Teltschik notierte in seinem Vereinigungs-Tagebuch noch am 14. 2., Genscher habe mit seiner im Bundestag vorgetragenen Ablehnung einer Ausdehnung der »NATO-Jurisdiktion« eine »Formel von Baker übernommen. Wir im Bundeskanzleramt halten sie für problematisch, weil sie die NATO-Mitgliedschaft eines geeinten Deutschlands generell in Frage stellt.« Siehe dazu Teltschik 1993, S. 149f.

7 So Dieter Kastrup im Interview v. 17. 4. 1998. Kastrup griff dabei auf den am 19. 2. 1990 im Auswärtigen Amt eingegangenen Brief Bakers zurück.
8 Die folgende Schilderung basiert auf dem Vermerk LASD v. 19. 2. 1990, betr.: »Kabinettausschuß ›Deutsche Einheit‹; hier: Arbeitsgruppe Außen- und Sicherheitspolitik« (B 136/20244); der sehr ausführlichen und detaillierten Darstellung bei Teltschik 1993, S. 147 ff.; Informationen aus dem Auswärtigen Amt und dem Bundeskanzleramt. Teilnehmer der Sitzung im Auswärtigen Amt waren – überwiegend auf Ministerebene – das Auswärtige Amt, ChefBK, Innenministerium sowie die Ministerien für Verteidigung, Justiz, Finanzen, Innerdeutsche Beziehungen, Wirtschaft und Umwelt. Das Bundeskanzleramt war durch Rudolf Seiters, Horst Teltschik und Claus-Jürgen Duisberg vertreten. Übereinstimmung herrschte bei dem Treffen, daß es nach den Ergebnissen der Gespräche von Moskau und Ottawa auf dem Weg zur Vereinigung keine prinzipiellen Hindernisse seitens der UdSSR mehr gebe, solange der Prozeß in einem geregelten Verfahren unter Berücksichtigung der Vier-Mächte-Rechte, unter Beachtung der Sicherheitsinteressen und der Grenzfrage sowie bei Einbettung in einen gesamteuropäischen Prozeß vor sich gehe. Bis zur KSZE-Konferenz im Herbst 1990 sollten die Ergebnisse der »Zwei-plus-Vier«-Gespräche vorliegen, da andernfalls von dort eine Vielzahl von Mitsprachewünschen und Anmerkungen zu erwarten gewesen wären. Genscher sprach sich in der Runde für einen baldigen Beginn der Vorgespräche auf Beamtenebene aus, da die Sowjetunion nachdrücklich auf ersten Kontakten noch vor der Volkskammerwahl bestanden habe. Gespräche im Sechserkreis sollten erst nach einem ersten deutsch-deutschen Meinungsaustausch geführt werden. Auf jeden Fall müsse verhindert werden, daß es zu Gesprächen über einen »Friedensvertrag« komme, für den es keinen Grund mehr gebe. Zur Unterstützung im Westen erklärte Genscher, daß die USA und auch Frankreich vorbehaltlos hinter der Herstellung der deutschen Einheit stünden; seitens der britischen Premierministerin seien wohl Schwierigkeiten bei der Frage der Einbettung in die Europäische Gemeinschaft sowie eventuell in Bündnisfragen zu erwarten. Der Leiter des Arbeitsstabes Deutschlandpolitik wies im Anschluß an das Treffen in einem Vermerk an den Bundeskanzler darauf hin, daß das AA die betroffenen Ressorts und das Kanzleramt an den Vorbereitungen beteiligen, die Gespräche aber in eigener Zuständigkeit führen wolle. Duisberg schlug vor, Gespräche und Verhandlungen mit der DDR vom Kanzleramt – unter Beteiligung des AA – führen zu lassen, während das Kanzleramt andererseits »an allen Gesprächen und Verhandlungen mit den Vier Mächten beteiligt wird«. Kohl solle dies am besten direkt mit Genscher abstimmen. Siehe dazu Vermerk LASD v. 16. 2. 1990, betr.: »Behandlung der deutschen Einigung mit der DDR und den Vier Mächten« (B 136/20253).
9 Zu Stoltenbergs Fragenkatalog und der Reaktion Genschers vgl. auch Teltschik 1993, S. 148 f., der erklärt, daß man im Kanzleramt den Begriff »Jurisdiktion« ebenfalls für problematisch hielt; Informationen aus dem Auswärtigen Amt. Der Verteidigungsminister fragte unter anderem, wann nach Vorstellung Genschers der Bündnisfall eintrete; ob nicht die Stationierungsverträge neu ausgehandelt werden müßten; wie die vorübergehende Stationierung sowjetischer Truppen rechtlich abgesichert werden könne; ob deutsche Streitkräfte nach der Vereinigung auf dem jetzigen Gebiet der DDR Übungen abhalten könnten; inwieweit die Stärke der Bundeswehr bei den beginnenden Gesprächen thematisiert werden könne, ohne daß es zu einer Singularisierung der Bundeswehr komme; ob die UdSSR auch Truppenreduzierungen auf ihrem eigenen Territorium vornehmen müßte.
10 Die eindeutigen Aussagen des Bundesaußenministers in der Sitzung v. 14. 2. widerlegen die spätere Schilderung seines Büroleiters Frank Elbe (Kiessler/Elbe 1993,

S. 81), Genscher habe sich keinesfalls gegen die Stationierung von Bundeswehrsoldaten auf dem Territorium der DDR ausgesprochen, sondern »einen den Territorialverbänden vergleichbaren Status« nicht ausschließen wollen. Auch die Erklärung Elbes, wonach die Darstellung bei Szabo 1992, S. 103, falsch sei, stimmt demnach nicht.

11 Vgl. zum folgenden: Entwurf für einen Vermerk RL 212 v. 15. 2. 1990, betr.: »Außen- und bündnispolitische Fragen der deutschen Einigung; hier: Ressortbesprechung im Auswärtigen Amt; Donnerstag, 15. 02. 1990, 11.30–13.15 Uhr« (212–354 00 – De 39 NA 4, Bd. 1). In diesem Vermerk des RL 212 (Kaestner) wurde bemängelt, daß unter anderem die Frage eines Verbleibs sowjetischer Truppen auf dem derzeitigen Gebiet der DDR unzureichend behandelt worden sei.

12 Siehe zum folgenden – soweit nicht anderweitig belegt – v. a. die detaillierte Darstellung bei Biermann 1997, S. 493 ff. Für die dort wiedergegebene Position des Auswärtigen Amtes, Stoltenberg habe mit seinem Vorpreschen einen Beschluß des Kabinettausschusses verletzt, wonach strittige Punkte vorerst offengelassen werden sollten, findet sich in den ausgewerteten Dokumenten keine Bestätigung. Eine nur kurze und kursorische Schilderung der »Kontroverse mit Verteidigungsminister Stoltenberg« gibt Genscher 1995, S. 732 f. Zur Presseberichterstattung und den Inhalten aus Stoltenbergs Presseerklärung siehe z. B. (jeweils v. 17. 2. 1990) *Süddeutsche Zeitung*, NATO-Schutz soll für ganz Deutschland gelten; *Die Welt*, Deutsche Truppen auf DDR-Gebiet sollen nicht in NATO integriert sein; *Frankfurter Allgemeine Zeitung*, Stoltenberg will ein Deutschland in der NATO. Zu den unterschiedlichen Auffassungen der beiden Minister hinsichtlich der Zukunft der Bündnisse in Europa vgl. auch *Frankfurter Allgemeine Zeitung* v. 19. 2. 1990, Stoltenberg warnt vor »strategischem Irrtum«.

13 Während der Auseinandersetzung erfuhr Stoltenberg mit seinem Vorschlag auch öffentlichen Widerspruch aus seiner eigenen Partei. So nannte Walter Wallmann die Äußerungen »keinen Beitrag zur politischen Stabilität in Europa« (*Die Welt* v. 20. 2. 1990, »Auf DDR-Gebiet keine Bundeswehr«). Die SPD lehnte Stoltenbergs Vorschlag ab und verurteilte ihn als »wirklichkeitsfremd und geradezu lebensgefährlich« (*Frankfurter Rundschau* v. 20. 2. 1990, Kohl bringt Stoltenberg auf Genscher-Kurs).

14 Vgl. zum Streit zwischen den beiden Ministern sowie den verschiedenen Zitaten die Darstellungen in (jeweils v. 19. 2. 1990): *Frankfurter Rundschau*, Zwist im Kabinett über militärische Zukunft; *Süddeutsche Zeitung*, Genscher: Bundeswehr nicht auf DDR-Gebiet; *Frankfurter Allgemeine Zeitung*, Meinungsverschiedenheiten zwischen Genscher und Stoltenberg; *Neue Zürcher Zeitung*, Bonner Ideen zur Sicherung Deutschlands. Beispielhaft für die zumeist gegen Stoltenberg gerichteten Kommentare vgl. *Frankfurter Rundschau*, Draufgesattelt; *Süddeutsche Zeitung*, Stoltenbergs Uhr geht vor; Bonner *General-Anzeiger*, Ein Elefantentritt (jeweils v. 19. 2. 1990).

15 Vgl. zur Koalitionsfrage z. B. Szabo 1992, S. 103. Das Zitat entstammt einem Interview in *die tageszeitung* v. 20. 2. 1990, »Stoltenberg gefährdet auch Gorbatschow«. Feldmann erklärte darin, er habe das Wort Koalitionsfrage »nicht in den Mund genommen«, setzte seine grundsätzliche Kritik an Stoltenberg allerdings fort. Daß dies in den Medien anders wahrgenommen wurde, zeigen beispielsweise *Süddeutsche Zeitung* v. 19. 2. 1990, Genscher: Bundeswehr nicht auf DDR-Gebiet; *Neue Zürcher Zeitung* v. 20. 2. 1990, Zwist über Deutschlands Sicherheitsstruktur. Der FDP-Vorsitzende Otto Graf Lambsdorff wollte nur »Sprachstörungen« zwischen Genscher und Stoltenberg feststellen. Siehe *Die Welt* v. 20. 2. 1990, »Auf DDR-Gebiet keine Bundeswehr«. Nach einer Sitzung des FDP-Präsidiums stellte er aber fest, auch im Falle der deutschen Einheit und nach Veränderungen in den Bündnissen

»wird und darf es nicht dazu kommen, daß westliche Truppen – NATO oder nicht NATO – auf das Gebiet der jetzigen DDR vorrücken«. Siehe dazu *Frankfurter Allgemeine Zeitung* v. 20. 2. 1990, Kohl schlichtet den Kabinettstreit zwischen Genscher und Stoltenberg.

16 Vgl. die Schilderung bei Teltschik 1993, S. 151 f.; Genscher 1995, S. 732 f. Das gemeinsame Statement ist abgedruckt in Bulletin Nr. 28 v. 21. 2. 1990, S. 218, »Sicherheitspolitische Fragen eines künftigen geeinten Deutschland«; Kaiser 1991a, S. 199 f. Die darin erwähnte Regierungserklärung von Bundeskanzler Helmut Kohl v. 15. 2. 1990 zu seinen Gesprächen in Moskau, dem Treffen mit DDR-Ministerpräsident Hans Modrow und den außenpolitischen Aspekten des Vereinigungsprozesses ist abgedruckt in Bundesministerium für innerdeutsche Beziehungen 1991, S. 107 ff. Zur Beilegung der Auseinandersetzung, dem veröffentlichten Regierungsstatement sowie der allgemeinen Kritik an Stoltenbergs Vorgehen und Haltung vgl. zudem die Berichterstattung (jeweils v. 20. 2. 1990) in *Stuttgarter Zeitung*, Prompte Reaktion; *Osnabrücker Zeitung*, Stoltenbergs Gang nach Canossa; *Stuttgarter Nachrichten*, Kohls Machtwort; *Die Welt*, »Auf DDR-Gebiet keine Bundeswehr«; *Frankfurter Allgemeine Zeitung*, Kohl schlichtet Kabinettstreit zwischen Genscher und Stoltenberg; *Frankfurter Rundschau*, Kohl bringt Stoltenberg auf Genscher-Kurs; *Süddeutsche Zeitung*, Koalitionsstreit um Geltungsbereich der NATO in vereinigtem Deutschland vorerst beigelegt; *Süddeutsche Zeitung*, Wie man die Einheit politisch einbettet. Weitere interessante Hintergründe und Einschätzungen bieten: *Neue Zürcher Zeitung* v. 21. 2. 1990, Eingreifen Kohls in die Sicherheitskontroverse; *Frankfurter Rundschau* v. 21. 2. 1990, Und danach zum Strafexerzieren bei Genscher; *Die Zeit* v. 23. 2. 1990, Vorwärts & zurück.

17 Chrobogs Äußerungen finden sich u. a. in *Frankfurter Allgemeine* v. 20. 2. 1990, Kohl schlichtet den Kabinettstreit zwischen Genscher und Stoltenberg; *Frankfurter Rundschau* v. 20. 2. 1990, Kohl bringt Stoltenberg auf Genscher-Kurs. West-Berlin war nicht Teil der NATO, die Bundeswehr war dort nicht zugelassen. Obwohl es in Ost-Berlin nicht eingehalten wurde, sahen die alliierten Grundsätze vor, daß in der ganzen Stadt keine deutschen Truppen stationiert sein sollten. Zur Rolle Chrobogs als »Vertrauter und enger persönlicher Berater« des Außenministers siehe Genscher 1995, S. 745.

18 Vgl. dazu z. B. die kritischen Nachfragen der Botschafter der drei Mächte bei ihrem Gespräch mit Rudolf Seiters am 14. 2. 1990 (Vermerk LASD v. 19. 2. 1990; B 136/20241). Die Verunsicherung des Auslandes zeigte sich auch in einer am 5. 3. 1990 im Kanzleramt übergebenen Fragen- und Themenliste der britischen Regierung. Nach Informationen aus dem Kanzleramt wurde darin Kohls Absage an eine entmilitarisierte DDR begrüßt, während kritische Fragen zu den Auswirkungen der Genscher-Stoltenberg-Erklärung auf die Verteidigung ostdeutschen Territoriums nach der Vereinigung gestellt wurden, die ohne eine Stationierung von Bundeswehrtruppen und die Möglichkeit zu militärischen Übungen auch von NATO-Verbänden gefährdet schien. Großbritannien, so hieß es in dem Schreiben weiter, gehe davon aus, daß das Gebiet der ehemaligen DDR nach der Vereinigung von den NATO-Schutzgarantien erfaßt würde (Informationen aus dem Auswärtigen Amt).

19 In der zweiten Sitzung der Arbeitsgruppe »Außen- und Sicherheitspolitik« am Nachmittag des 19. 2. wurde das Thema nicht mehr angesprochen. Genscher schlug hier lediglich vor, daß Beamte des Kanzleramtes, des Auswärtigen Amtes und des Verteidigungsministeriums gemeinsam einen Fragenkatalog erarbeiten sollten. Vgl. Vermerk LASD v. 21. 2. 1990, betr.: »Kabinettausschuß ›Deutsche Einheit‹; hier: Arbeitsgruppe Außen- und Sicherheitspolitik« (B 136/20244; außerdem B 136/20253); Teltschik 1993, S. 152. Im Kanzleramt wurde weiter überlegt, »Pro-

blempunkte« aus der Diskussion von Genscher und Stoltenberg doch noch zu klären (Informationen aus dem Kanzleramt). Genscher wies in der Sitzung vom 19. 2. darauf hin, daß bei einem Beitritt der DDR zur Bundesrepublik keine Änderungen des Regelwerks der Europäischen Gemeinschaften notwendig würden, was er auch im Außenministerrat so vertreten wolle. Die EG könne an den »Zwei-plus-Vier«-Gesprächen nicht teilnehmen, solle aber laufend unterrichtet werden. Zur Regelung der Grenzfragen erklärte der Außenminister, diese dürfe auf keinen Fall so verlaufen, daß sie zum Aufhänger für weitergehende Forderungen, insbesondere Reparationen, gemacht werden könne.

20  Siehe die Schilderung des Telefonats zwischen Bush und Thatcher am 22. 2. 1990 in Zelikow/Rice 1997, S. 291 f. sowie S. 575, Fn 22. Thatcher schlug unter anderem vor, sowjetische Truppen nach der Vereinigung für eine unbestimmte Zeit auf dem Gebiet der DDR stationiert zu lassen. Bush mißfiel dieser Gedanke sehr, weswegen er ihr Gespräche im Dreierkreis gemeinsam mit François Mitterrand vorschlug, zu denen es aber nicht kam. Thatcher zeigte sich laut Zelikow/Rice von der Genscher-Stoltenberg-Erklärung weniger beunruhigt. Anders äußerten sich nach Informationen aus dem Bundeskanzleramt britische Diplomaten in Bonn gegenüber ihren westdeutschen Gesprächspartnern; Großbritanniens Regierung mißfiel die Genscher-Stoltenberg-Erklärung demnach außerordentlich, da man dort beim Verzicht auf die Stationierung von Bundeswehrsoldaten in Ostdeutschland nicht erkennen konnte, wie dieses Territorium im Konfliktfall von der NATO geschützt werden sollte (Informationen aus dem Auswärtigen Amt). Zur weiteren Beunruhigung der US-Administration in dieser Phase siehe Zelikow/Rice 1997, S. 293 ff. Zur NATO-skeptischen Position der SPD in Ost- und Westdeutschland vgl. z. B. Schuh/von der Weiden 1997, S. 313 ff., mit weiteren Belegen; Biermann 1997, 484 f., wonach beispielsweise der SPD-Vorsitzende Oskar Lafontaine bei einem Besuch in Moskau die Bildung eines neuen europäischen Sicherheitssystems gefordert und sich gegen eine gesamtdeutsche NATO-Mitgliedschaft ausgesprochen hatte.
21  Zur endgültigen Terminvereinbarung zwischen Kohl und Bush siehe Teltschik 1993, S. 117. Zur Vorbereitung in den USA siehe Zelikow/Rice 1997, S. 297 ff.; Baker 1996, S. 198 ff. Zur inneramerikanischen Auseinandersetzung um die Teilnahme des US-Botschafters in Bonn, Vernon Walters, siehe Walters 1994, S. 49 ff.
22  In Interviews versicherten George Bush (20. 2. 1998) und James Baker (23. 4. 1996) nachdrücklich, daß sie an Kohls Willen zu einer gesamtdeutschen NATO-Mitgliedschaft nie gezweifelt hätten. Mit dem Bundeskanzler habe man in dieser Frage deshalb auch nie irgendwelche Probleme oder Sorgen gehabt.
23  Siehe dazu Zelikow/Rice 1997, S. 297. Teltschik selbst geht in seinem Vereinigungs-Tagebuch nicht auf die explizite Absprache mit Blackwill ein. Im Interview v. 10. 10. 1997 erklärte Teltschik, daß es zur Klarstellung der Positionen von Kohl und Baker zwar Absprachen zwischen ihm und Blackwill gegeben habe, keinesfalls aber eine »Intrige«. Laut Blackwill (Interview v. 15. 12. 1993) hatte allerdings auch die US-Seite bis zu diesem Zeitpunkt noch Bedenken gehabt, ob man eine uneingeschränkte gesamtdeutsche NATO-Mitgliedschaft wirklich verlangen könne.
24  Die Darstellung beruht auf Informationen aus der Bundesregierung. Im Kanzleramt wurde die Einladung als »außergewöhnlich« und »eine besondere Geste« bewertet.
25  Zum Fehlen Genschers vgl. Walters 1994, S. 49 ff. Der demnach geäußerte Wunsch des Bundeskanzleramtes – und hier v. a. der Abteilung 2 –, angesichts der anhaltenden Auseinandersetzung mit dem Bundesaußenminister keine Vertreter des Auswärtigen Amtes, also beispielsweise den deutschen Botschafter in Washington, dabei zu haben, ist nachvollziehbar. Die Nichtteilnahme von Genscher ist demgegenüber nicht ungewöhnlich, da auch etliche andere Staats- und Regierungschefs

während ihrer bewußt informell und locker gehaltenen Besuche in Camp David ohne Minister anreisten. Vgl. auch die anderslautende Einschätzung in *Die Zeit* v. 2. 3. 1990, Wer hat Angst vor Deutschland, wonach der FDP-Vorsitzende Otto Graf Lambsdorff »schäumte«, weil Genscher nicht eingeladen worden war, sowie *Frankfurter Rundschau* v. 26. 2. 1990, Washingtoner Wende, wonach Genschers Abwesenheit ein weiteres Indiz für den Streit zwischen Kanzleramt und Auswärtigem Amt gewesen sei. Kohl selbst berichtet (Diekmann/Reuth 1996, S. 305), die US-Seite hätte wenige Tage vorher erklärt, Baker würde nicht an dem Treffen in Camp David teilnehmen, doch sei er zur »Überraschung der Deutschen« plötzlich dort anwesend gewesen. Anders Robert Blackwill im Interview v. 15. 12. 1993, wonach Genscher auf Wunsch des Bundeskanzleramtes nicht am Treffen teilnahm. Dies bestritt Horst Teltschik im Interview v. 10. 10. 1997: Es habe keine explizite Abmachung darüber gegeben, ob Genscher an dem Treffen teilnehmen sollte. Genscher selbst erklärte im Interview v. 31. 10. 1997, er habe an den Gesprächen nicht teilgenommen, da die US-Seite mit Helmut Kohl vor allem über dessen Haltung in der deutsch-polnischen Grenzfrage reden wollte. Der Verlauf der Gespräche Bush – Kohl stützt diese Darstellung nicht. George Bush beantwortete die Fragen nach Genschers Abwesenheit im Interview v. 20. 2. 1998 mit »no comment«.

26 Die Schilderung der Begegnungen und Gespräche in Camp David stützt sich, soweit nicht anderweitig belegt, auf: Zelikow/Rice 1997, S. 296 ff.; Baker 1996, S. 198 ff.; Teltschik 1993, S. 158 ff. (welcher die von Zelikow/Rice bei Bush beobachtete Zusammenstellung von rotem Flanellhemd und Cowboystiefeln dem US-Außenminister zuschreibt, der die Gäste in Washington empfing und im Hubschrauber nach Camp David begleitete, wo George und Barbara Bush sie begrüßten); Interview mit Robert Blackwill am 15. 12. 1993. Siehe dazu auch Kohls Erinnerungen in Diekmann/Reuth 1996, S. 303 ff. Zur deutschen Delegation gehörten neben einer Dolmetscherin noch Horst Teltschik, Walter Neuer und Uwe Kaestner.

27 Siehe dazu Rohentwurf für einen Vermerk RL 212 v. 27. 2. 1990, betr.: »Gespräche des Herrn Bundeskanzlers mit dem amerikanischen Präsidenten George Bush (Camp David, 24. Februar 1990, 14.30–17.00 Uhr)« (30100 (56), Bd. 78–82). Das Gespräch ist sehr ausführlich wiedergegeben bei Teltschik 1993, S. 159 ff.

28 So im Entwurf für den deutschen Gesprächsvermerk. Anders die Darstellung bei Baker 1996, S. 202. Kohl sprach sich demnach lediglich gegen die Stationierung von »NATO-Truppen, inklusive die der NATO zur Verfügung gestellten Truppen der Bundeswehr« aus. Anders hingegen Teltschik 1993, S. 160. Kohl geht in seinen Erinnerungen (Diekmann/Reuth 1996, S. 305 ff.) nicht auf diesen Punkt ein. Zur Geschichte der Atomwaffenfrage siehe z. B. Riecke 1996, S. 187 ff.

29 Siehe dazu Zelikow/Rice 1997, S. 301, die Kohls Darstellung wiedergeben, im Mai 1945 hätten 110 Staaten mit Deutschland im Krieg gestanden. In den USA war intern bereits Mitte Februar die Entscheidung gefallen, daß ein Friedensvertrag nicht notwendig sein werde (Zelikow/Rice 1997, S. 576 f.). In der Rechtsabteilung des State Departments wurden seit Ende 1989 verschiedene Rechtsgutachten zu Fragen der deutschen Einheit erstellt, bei denen die eher politisch argumentierenden Juristen einen Friedensvertrag für nicht notwendig hielten. Siehe dazu das Interview mit dem stellvertretenden Rechtsberater des US-Außenministeriums, Michael Young, am 7. 11. 1994.

30 Laut Zelikow/Rice 1997, S. 302, und Bush/Scowcroft 1998, reagierte Bush damit auf Gedankenspiele Kohls, ob Deutschland nicht entsprechend dem französischen Muster, also ohne Einbindung in die militärischen Strukturen des westlichen Bündnisses und Mitarbeit lediglich in der politischen Allianz, NATO-Mitglied bleiben könne. Hinweise auf derartige Vorschläge des Bundeskanzlers finden sich allerdings

weder in den deutschen Gesprächsvermerken noch in den vorbereitenden Gesprächsunterlagen oder den publizierten Erinnerungen der anderen Beteiligten. Vgl. dazu auch Baker 1996; Blackwill 1994 – der die Idee einer Mitgliedschaft nach französischem Vorbild lediglich als Spekulation einiger Experten bezeichnet; Teltschik 1993; Diekmann/Reuth 1996. Zur SNF-Debatte siehe auch Teltschik 1993, S. 160.

31 In den weiteren deutschen Protokollen des zweitägigen Treffens in Camp David konnten keinerlei Hinweise auf eine ausführlichere Behandlung des Themas »Deutsch-polnische Grenze« gefunden werden. Siehe dazu auch Vermerk Neuer v. 28. 2. 1990, betr.: »Gespräch des Herrn Bundeskanzlers mit dem amerikanischen Präsidenten George Bush am Sonntag, dem 25. Februar 1990 von 09.30 bis 10.30 Uhr« (21-301 00 (56) – Ge 28 (VS)); Vermerk RL 212 v. 1. 3. 1990, betr.: »Tischgespräche des Herrn Bundeskanzlers mit Präsident George Bush (Camp David, 24. und 25. Februar 1990)« (beide: 21-30100 (56) – Ge 28 (VS)). Die Tischgespräche drehten sich – neben privaten Einlassungen – überwiegend um andere Fragen der internationalen Politik. Bush betonte das starke amerikanische Interesse an einem Erfolg der sowjetischen Reformpolitik, der vor allem Gorbatschow zuzuschreiben sei. Er bat Kohl, dies in ähnlichem Sinne bei der gemeinsamen Pressekonferenz am 25.2. zu tun. Amerikanische Anerkennung erfuhr Kohl für die Lebensmittellieferungen an die Sowjetunion. Er selbst, so Bush, habe beim Malta-Gipfel im Dezember diesbezüglich ganz vorsichtig sondiert, doch hätten die Sowjets keine Bitte um Hilfe geäußert oder auch nur anklingen lassen. Bush betonte seine Bereitschaft, das für Frühsommer geplante Gipfeltreffen mit Gorbatschow zu einem Erfolg – vor allem auf den Gebieten Abrüstung und Rüstungskontrolle – zu machen, und zwar zu einem Erfolg, den Gorbatschow auch innenpolitisch vorzeigen könne. Der amerikanische Außenminister berichtete später, Bush habe vorgeschlagen, sich zur Lösung des Problems der deutsch-polnischen Grenze einfach auf die KSZE-Schlußakte von Helsinki zu berufen, welche die Unverletzlichkeit der Grenzen garantiere. Er wollte zudem öffentlich erklären, daß die USA die derzeitige Grenze zwischen Polen und Deutschland anerkennen würden. Siehe dazu Baker 1996, S. 201f. Die westdeutsche Haltung war Baker und Scowcroft bereits wenige Tage zuvor von Bundesinnenminister Wolfgang Schäuble erklärt worden. Schäuble war in Washington besorgt gefragt worden, ob Artikel 23 GG a. F. über die DDR hinaus auf weitere Fälle angewendet werden könnte. Schäuble sah eine solche Möglichkeit nicht und verwies darauf, daß nach dem Beitritt der DDR oder ihrer Länder zur Bundesrepublik eine neuerliche Erklärung zur endgültigen Bestätigung der polnischen Westgrenze abgegeben werden könne. Man könne sich dann sofort an die Abschaffung des Artikels 23 GG a. F. machen. Vgl. Schäuble 1991, S. 59f.; Zelikow/Rice 1997, S. 567; verschiedene Informationen aus dem Auswärtigen Amt und dem NSC. Schäuble zeigte sich hinsichtlich der zeitlichen Perspektive etwas optimistischer als Kohl: Gesamtdeutsche Wahlen seien im Dezember 1990 grundsätzlich möglich, doch werde die Bundesregierung nichts beschleunigen. Denkbar sei, daß die DDR zunächst Vertreter in den Bundestag entsende. Blackwill nannte im Interview v. 15. 12. 1993 als zentrale Anliegen der USA die volle NATO-Mitgliedschaft und die Aufforderung Bushs an Kohl, mit der Vereinigungspolitik so schnell wie möglich voranzugehen (»Go as fast as you can«).

32 Siehe dazu die Inhalte der Unterhaltung am zweiten Tag des Treffens im Vermerk RL 212 v. 1. 3. 1990, betr.: »Tischgespräche des Herrn Bundeskanzlers mit Präsident George Bush (Camp David, 24. und 25. Februar 1990)« (21-30100 (56) – Ge 28 (VS)); Kohls Erinnerungen in Diekmann/Reuth 1996, S. 310.

33 Siehe dazu Vermerk Neuer v. 28. 2. 1990, betr.: »Gespräch des Herrn Bundeskanzlers mit dem amerikanischen Präsidenten George Bush am Sonntag, dem 25. Februar 1990 von 09.30 bis 10.30 Uhr« (21–301 00 (56) – Ge 28 (VS)); die Darstellung Kohls bei Diekmann/Reuth 1996, S. 309f.; Teltschik 1993, S. 162. Zur neuerlichen Absprache zwischen Teltschik und Blackwill hinsichtlich der Frage des Sicherheitsstatus der jetzigen DDR siehe Zelikow/Rice 1997, S. 302.

34 Vgl. z. B. die unkorrigierte Mitschrift des Bundespresseamtes sowie Ausschnitte aus der Pressekonferenz in »Heute Journal Spezial« v. 25. 2. 1990, 22.15 Uhr, mit der Aussage Kohls: »Die Entscheidung der Menschen in der DDR hat diese Beschleunigung herbeigeführt. Eine Beschleunigung, an der ich nicht interessiert bin.«

35 Siehe zum folgenden v. a. die unkorrigierte Mitschrift des Bundespresseamtes sowie – mit der Einschätzung zu Kohls Schwierigkeiten, seine Position deutlich zu machen – Zelikow/Rice 1997, S. 303f. Kurze Berichte aus deutscher Sicht bieten Teltschik 1993, S. 162; Kohl in Diekmann/Reuth 1996, S. 310f. Einen weiteren Einblick in den Verlauf der Pressekonferenz ermöglicht *Die Zeit* v. 2. 3. 1990, Wer hat Angst vor Deutschland, die in Bushs Ergänzung zur Grenzproblematik fälschlicherweise »gravierende Meinungsverschiedenheiten zwischen dem Bundeskanzler und dem amerikanischen Präsidenten« konstatiert, »deren Tragweite der Kanzler und seine Begleiter nicht zu ermessen schienen«. Einen Meinungsunterschied, der weder anhand der Protokolle noch durch den Text der Pressekonferenz direkt belegbar ist, konstatiert auch von Hindenburg 1996, S. 114.

36 Zur Frage nach Differenzen mit den USA siehe Deutschlandfunk, Informationen am Mittag v. 26. 2. 1990 sowie *Frankfurter Allgemeine Zeitung* v. 27. 2. 1990, Bush zieht in den Sturm und Drang der deutschen Einigung Zwischenböden und Querbalken ein; hier werden auch zahlreiche amerikanische Pressestimmen zitiert. Siehe zur Berichterstattung und Kommentierung über Kohls Besuch in Camp David auch – jeweils v. 26. 2. 1990 – *Neue Osnabrücker Zeitung*, Kein klares Wort; *Frankfurter Allgemeine Zeitung*, Bush zu Kohl: Ohne Vorbehalt hinter dem Wunsch der Deutschen nach Einheit; *Frankfurter Rundschau*, Kohls Balancegang in Camp David; Bonner *General-Anzeiger*, Ohne Vorbehalt; *Süddeutsche Zeitung*, Kohl muß Bedenken wegen der Grenzfrage zerstreuen. Bush besteht auf weiterer NATO-Mitgliedschaft; *Süddeutsche Zeitung*, Bush will vor Alleingängen sicher sein; *die tageszeitung*, Kohl mit Bush einig; *Westdeutsche Allgemeine Zeitung*, Wieder die Grenzfrage.

37 Die Schilderung des Spaziergangs beruht auf Kohls Erinnerung in Diekmann/Reuth 1996, S. 311; Teltschik 1993, S. 162; Interview mit Robert Blackwill am 15. 12. 1993.

38 Vgl. zu diesen und den folgenden Äußerungen aus der Sitzung des Bundeskabinetts v. 28. 2. 1990 Interview mit Michael Mertes v. 20. 9. 1995. Zum Schreiben Bakers an Genscher vgl. Informationen aus dem Auswärtigen Amt und dem State Department; Zelikow/Rice 1997, S. 304. Details zur aktuellen amerikanischen Haltung in der NATO-Frage wurden dem Auswärtigen Amt zudem am 9. 3. übermittelt, als ein Vertreter der US-Botschaft dort »talking points« übergab, wie sie an US-Vertretungen weitergeleitet werden sollten. Die Einbindung Deutschlands in die militärischen Strukturen der NATO wurde dort – so Informationen aus dem State Department und dem Auswärtigen Amt – ebenso angeführt wie die Ausdehnung der Artikel 5 und 6 des Nordatlantischen Vertrages auf ganz Deutschland. Wie mit Kohl vereinbart, ließ Baker den Außenministerien Frankreichs und Großbritanniens mitteilen, daß die USA einen Beginn der »Zwei-plus-Vier«-Gespräche erst nach den Volkskammerwahlen v. 18. 3. vorzogen. Bush wiederum telefonierte mit Gorbatschow, Thatcher und Mitterrand, um diese über seine Gespräche zu unterrichten. Während die beiden westlichen Politiker mit den Ergebnissen weitgehend zufrieden und

lediglich hinsichtlich der Grenzfrage weiterhin beunruhigt waren, wiederholte der sowjetische Generalsekretär seine Bedenken hinsichtlich einer gesamtdeutschen NATO-Mitgliedschaft.
39 Die folgende Schilderung beruht auf Teltschik 1993, S. 170 f.; Zelikow/Rice 1997, S. 304; Informationen aus dem Auswärtigen Amt und dem Bundeskanzleramt. Auch im Verlauf der »Zwei-plus-Vier«-Verhandlungen wurden die westlichen Alliierten in Brüssel immer wieder unterrichtet, so am 7. 5., 23. 5., 11. 6., 21. 6., 3. 9. und 10. 9. 1990. Genscher hatte kurz vor dem Camp David-Treffen des Bundeskanzlers einen langen Reigen von bilateralen Gesprächen in westlichen Hauptstädten eröffnet, wo er unter anderem in Rom und Amsterdam um Unterstützung warb. Siehe dazu Genscher 1995, S. 736 ff. Der Bundeskanzler verwendete die in Camp David beschlossene Formulierung zum künftigen sicherheitspolitischen Status des DDR-Gebietes in der Folgezeit mehrfach öffentlich, so anläßlich einer Rede zur Eröffnung der Konferenz über Wirtschaftliche Zusammenarbeit in Europa (KWZE) am 19. 3. 1990 in Bonn. Siehe dazu die Auszüge aus seinem Redetext in Auswärtiges Amt 1995, S. 661 ff.
40 Zur sowjetischen Position in Ottawa vgl. das Kapitel »Ringen um den besten Weg«; Zelikow/Rice 1997, S. 272 ff.; Genscher 1995, S. 724 ff. Zu den amerikanischen Überlegungen hinsichtlich des Beginns der »Zwei-plus-Vier«-Runden vgl. Zelikow/Rice 1997, S. 293 ff. Zu Genschers Briefen v. 19. 2. 1990 an die Außenminister der Vier Mächte vgl. Genscher 1995, S. 731 f.; Informationen aus dem Auswärtigen Amt und dem sowjetischen Außenministerium.
41 Die folgende Skizzierung des organisatorischen Rahmens der »Zwei-plus-Vier«-Gespräche beruht auf verschiedenen Interviews mit westdeutschen Diplomaten – darunter v. a. mit Dieter Kastrup v. 17. 4. 1998 – und Informationen aus dem Auswärtigen Amt. Zur Organisation und den beteiligten Personen vgl. Kiessler/Elbe 1993, S. 119 ff.; Kurzbiographien einiger Akteure bei Munske 1994, S. 232 ff.
42 Zur Person Kastrups und seinem Werdegang vgl. u. a. Munske 1994, S. 235 f.; Kiessler/Elbe 1993, S. 120 f.; Handbuch Bundesregierung, 11. WP, 3. Erg. Lfg. April 1989, S. 82. Der promovierte Jurist war 1965 ins Auswärtige Amt eingetreten. Deutschlandpolitische Erfahrung sammelte er später unter anderem als Assistent von Günther van Well bei den Verhandlungen zum Vier-Mächte-Abkommen Anfang der siebziger Jahre sowie als stellvertretender Leiter und Leiter des Referats Deutschlandpolitik. Als ehemaliger Unterabteilungsleiter für die Wirtschaftsbeziehungen mit dem Osten sowie später für die Zusammenarbeit mit osteuropäischen Staaten war er zudem mit den Entwicklungen in der Sowjetunion vertraut, deren wichtigste Diplomaten und Deutschlandexperten er teilweise seit Jahrzehnten kannte (so auch Dieter Kastrup im Interview v. 17. 4. 1998). Die im »Zwei-plus-Vier«-Prozeß wichtigen ausländischen Politiker waren ihm auch aufgrund seiner Tätigkeit als – intern »D 2« genannter – Politischer Direktor bekannt, da er häufig als Note-Taker den Außenminister zu Gesprächen begleitete.
43 Die folgende Schilderung des Verlaufs der ersten westlichen Direktorenkonsultation basiert auf zahlreichen Interviews und Informationen aus den beteiligten Außenministerien sowie der Darstellung bei Zelikow/Rice 1997, S. 312 ff. Der amerikanische Unterhändler Robert Zoellick mußte demnach früher abreisen. Da es im State Department die Position eines »Politischen Direktors« nicht gibt, nahm neben bzw. für Zoellick (der »Counselor«, also Berater von James Baker war) immer wieder Raymond Seitz – Abteilungsleiter für Europa und die Sowjetunion – als US-Delegationsleiter an den folgenden »Zwei-plus-Vier«-Runden teil. Zur Organisation des State Departments vgl. auch Baker 1996, S. 40 ff., bes. S. 47 f. Zoellick gehörte zum Kreis der engsten Baker-Mitarbeiter, über dessen Schreibtisch jedes der Baker vor-

gelegten Papiere ging. Zu den Vorbesprechungen Kastrups siehe auch Genscher 1995, S. 768f.

44 Auf die besondere Bedeutung dieser »Eins-plus-Drei«-Runden im Prozeß zur deutschen Einheit wiesen vor allem britische Akteure hin. Ihrer Ansicht nach waren diese mindestens ebenso wichtig wie der »Zwei-plus-Vier«-Mechanismus: Hier wurden die westlichen Positionen und Strategien für »Zwei-plus-Vier« abgestimmt, entscheidende Details vorgeklärt und auch gemeinsam abgewogen, wie bzw. inwieweit die Öffentlichkeit jeweils in Kenntnis gesetzt werden sollte. Das Gremium der »Eins-plus-Drei« diente allen Beteiligten auch als eine entscheidende Informationsbörse. Es sei dabei nicht nur um die Überlegung gegangen, so etwa Hilary Synott, wie man mit den Sowjets umgehen sollte, sondern vor allem um die Frage, wie man sich untereinander begegnen wollte. Daß im Verlauf Konflikte nicht ausblieben, lag in der Natur der Sache: Schließlich sei es hier um die kniffeligen Details des Prozesses gegangen (Interview mit Hilary Synott v. 4. 6. 1997). Pauline Neville-Jones bezeichnete »Zwei-plus-Vier« nur als Herzstück einer größer angelegten Gesamtkonstellation, bestehend aus bilateralen und anderen multilateralen Verhandlungen. »Zwei-plus-Vier« habe letztlich der sowjetischen Seite als ein Forum zur Präsentation gedient, wohingegen die eigentlichen Aufgaben und Probleme im Rahmen von »Eins-plus-Drei« bzw. bilateral gelöst worden seien (Interview mit Pauline Neville-Jones v. 4. 6. 1997; ähnlich auch die Einschätzung Charles Powells im Interview v. 3. 6. 1997, der »Zwei-plus-Vier« als eine Art »managing-body«, nicht jedoch als »leading body« bezeichnete).

45 Die Politischen Direktoren beschlossen letztlich, daß, falls es zu einem Beamtentreffen bereits vor dem 18. 3. kommen sollte, die Bundesrepublik dazu einladen würde. Unterschiedliche Auffassungen zwischen den Delegationen zeigten sich bei der Frage der Unterrichtung der NATO-Partner. Vor allem Frankreich, das auf seinem Status als Teil der Vier Mächte pochte, war dagegen, daß der NATO-Rat vor und nach jedem »Zwei-plus-Vier«-Treffen unterrichtet werden sollte. Beschlossen wurde entsprechend einem Vorschlag von Dufourcq, daß die NATO-Partner beispielsweise bei den gemeinsamen Mittagessen ihrer Ständigen Vertreter informiert werden sollten, ohne daß hierdurch eine Verpflichtung zur Konsultation entstehen würde. Robert Zoellick bezeichnete im Interview v. 2. 11. 1994 die Stimmung als »ungemütlich«.

46 Zelikow/Rice 1997, S. 313, berichten, Zoellick habe Kastrup gebeten, Genscher auszurichten, »daß die Verbündeten ein großes Stoppschild an diesem Weg aufgestellt hätten«. Der westdeutsche Politische Direktor habe sich zuvor explizit noch einmal auf Baker berufen, der ebenfalls gegen eine Ausdehnung der »NATO-Zuständigkeit« sei. Zoellick und Seitz verneinten dies unter Verweis auf die Vereinbarungen von Camp David und stellten zugleich die Genscher-Stoltenberg-Erklärung in Frage. Kastrups Beharren weist darauf hin, daß er zu diesem Zeitpunkt noch keine Kenntnis von Bakers Brief an Genscher (übergeben am 28. 2. 1990 im Auswärtigen Amt) hatte, in dem der US-Außenminister sich ausdrücklich auf das Treffen der vier Politischen Direktoren bezog und explizit gegen die Verwendung der Begrifflichkeiten »NATO-Zuständigkeit/-Jurisdiktion« aussprach.

47 In Paris hatte Kohl den Begriff »Friedensvertrag« in bezug auf die Rechtslage beim Thema deutsch-polnische Grenze verwendet und ausdrücklich auf die Verträge von Moskau und Warschau sowie Artikel 7 des Deutschlandvertrages verwiesen. Dufourcqs Interpretation zeigt die Problematik in Kohls Position: Während Kohl einen Friedensvertrag ablehnte, begründete er seine Haltung zur polnischen Westgrenze hingegen stets mit dem »Friedensvertragsvorbehalt«. In der Folgezeit führte dies auch dazu, daß Genscher in der Sitzung des Bundeskabinetts am 28. 2. 1990

allgemein darum bat, künftig auf die Erwähnung des Friedensvertragsvorbehaltes zu verzichten (Interview mit Michael Mertes v. 20. 9. 1995).

48 Die drei Westmächte hatten der Bundesrepublik in Ottawa grundsätzlich »grünes Licht« zur Änderung der Gesetzestexte über die Direktwahl der Berliner Bundestagsabgeordneten gegeben. Um die Verhandlungssituation mit Schewardnadse nicht unnötig zu belasten, war die endgültige Entscheidung allerdings zunächst vertagt worden. Daß die deutsche Delegation die Frage nach der vollen Wahlberechtigung der Berliner Bevölkerung bei der Bundestagswahl 1990 erneut vorbrachte, zeigt, daß man in Bonn Ende Februar nicht davon ausging, daß die Einheit – und damit die vollständige Wiederherstellung der deutschen Souveränität – zum Jahresende 1990 tatsächlich erreicht sein würde. Frankreich und Großbritannien hatten sich allerdings noch keine endgültige Meinung gebildet. Bezüglich der Vier-Mächte-Rechte schlug Kastrup vor, über den schrittweisen Abbau besonders symbolträchtiger Punkte nachzudenken. Er griff damit die Idee des Berliner Senats auf, künftig doch auf die Verbindungsoffiziere der Alliierten im Schöneberger Rathaus und die Verpflichtung zu deren Unterrichtung im Anschluß an jede Senatssitzung zu verzichten. Wie bei fast allen anderen Punkten zeigte die US-Delegation sich hier am entgegenkommendsten, doch verschloß auch Weston sich dem Anliegen nicht gänzlich. Einigkeit bestand allerdings, daß bei allen Schritten die Rückwirkungen auf den »Zwei-plus-Vier«-Prozeß und die Sowjetunion berücksichtigt werden mußten. Ähnlich argumentierte der Bundeskanzler bei einem Gespräch mit dem Regierenden Bürgermeister von Berlin, Walter Momper, am 28. Februar. Man müsse, so Kohl, in dieser Frage am Ball bleiben. Grundsätzliche Zustimmung gebe es nur bei den USA, bei den anderen sei dies zumindest fraglich, widersprach er der Ansicht Mompers, daß die Westmächte hier grundsätzlich positiv gestimmt seien. Gorbatschow habe ihm gegenüber bereits geklagt, man werde von einer Sache in die nächste gedrängt. Siehe dazu »Protokoll über das Gespräch des Bundeskanzlers und Mitgliedern der Bundesregierung mit dem Regierenden Bürgermeister von Berlin und Mitgliedern des Senats am 28. Februar 1990 von 16.00 bis 17.45 Uhr im Bundeskanzleramt« (B 136/21762).

49 Nach Informationen aus dem Bundeskanzleramt und dem Auswärtigen Amt machten britische Diplomaten bei Gesprächen mit deutschen Beamten zu dieser Zeit immer wieder deutlich, daß Veröffentlichungen über Margaret Thatchers Verweigerungshaltung keinesfalls die generelle Linie britischer Politik und Diplomatie widerspiegelten. So äußerte man auf Beamtenebene durchaus auch Verständnis für die juristische Argumentation des Bundeskanzlers hinsichtlich der polnischen Westgrenze, forderte aber immer wieder politische Schritte zur Milderung des internationalen Drucks. Informationen aus dem FCO weisen darauf hin, daß es Ende Februar/Mitte März innerhalb der britischen Diplomatie zumindest drei unterschiedliche Positionen gab. Während die britische Botschaft in Bonn gegenüber der Zentrale in London um aktive Unterstützung der Vereinigungsbemühungen warb, lehnte die Premierministerin dies nach wie vor ab. Die zuständigen Beamten im FCO nahmen eine Zwischenstellung ein, indem sie zwar mehr Bedenken als die britischen Diplomaten in Bonn geltend machten, zugleich aber ohne die bei Margaret Thatcher anzutreffende, grundsätzlich negative Einstellung zur deutschen Annäherung vorgingen. Trotz vieler kritischer Nachfragen und Vorschläge auf Beamtenebene wurde seitens des FCO die grundsätzliche Bereitschaft zu einer konstruktiven Haltung betont.

50 Ähnlich äußerten sich Anfang März immer wieder Beamte des State Departments gegenüber westdeutschen Diplomaten (Information aus dem Auswärtigen Amt). Die USA hätten demnach dieses Thema vor dem Hintergrund des für den 22./23.3.

geplanten Washington-Besuches des polnischen Ministerpräsidenten Mazowiecki gerne zügig geklärt gesehen, um eine anhaltende öffentliche Diskussion der Probleme und Differenzen zu unterbinden.

51 Die Schilderung der Begegnung Kastrup – Adamischin v. 2. 3., bei der Valerij Rogoshin aus der 3. Europäischen Abteilung als sowjetischer Note-Taker fungierte, basiert v. a. auf einem Interview mit Dieter Kastrup v. 17. 4. 1998, bei dem Kastrup sich auf ein deutsches Gesprächsprotokoll stützte. Weitere Details beruhen auf Informationen aus dem sowjetischen Außenministerium und dem Auswärtigen Amt.

52 Dufourcq und Adamischin trafen am 3. 3., ebenfalls in Genf, zu einem Gespräch zusammen. Der sowjetische Vizeaußenminister, so Informationen aus dem Quai d'Orsay, drängte dabei auf einen baldigen Beginn der »Zwei-plus-Vier«-Gespräche, was von Frankreich unterstützt wurde. Zentraler Eindruck in Paris war, daß die UdSSR zwar nichts mehr gegen eine baldige wirtschaftliche Vereinigung einzuwenden hatte, die politische Einheit allerdings hinauszögern wollte.

53 Die Schilderung des Gesprächs Kohl – Genscher sowie der Sitzung des Unterausschusses »Außen- und sicherheitspolitische Zusammenhänge« am 5. 3. 1990 basiert auf Informationen aus den beteiligten Ministerien und dem Bundeskanzleramt. Genscher wurde zu der Sitzung unter anderem von seinem Staatssekretär Jürgen Sudhoff sowie den beiden Abteilungsleitern Dieter Kastrup und Jürgen Oesterhelt begleitet. Das Kanzleramt war durch Peter Hartmann und Claus-Jürgen Duisberg vertreten, Verteidigungsminister Gerhard Stoltenberg erschien mit Admiral Dieter Wellershoff und General Klaus Naumann, die Ministerin für innerdeutsche Beziehungen, Dorothee Wilms, wurde von Burkhard Dobiey begleitet. Vertreten waren noch die Ministerien für Justiz, Finanzen, Inneres und Wirtschaft. Zur Aufforderung der Sowjets, ein Treffen in Genf abzuhalten, siehe Zelikow/Rice 1997, S. 314. Bushs Sprecher Marlin Fitzwater gab den Termin in Washington am 6.3. bekannt. Nach seiner Darstellung war die Gesprächsebene noch offen, doch sollte es keinesfalls ein Ministertreffen geben. Auf Nachfragen erklärte er, daß Bush auch nach seinen Gesprächen mit europäischen Politikern, wie etwa dem italienischen Ministerpräsidenten Andreotti, nicht über eine »elastischere« Auslegung des »Zwei-plus-Vier«-Rahmens nachdenke. Die westlichen Verbündeten könnten gleichwohl auf verschiedene Weisen informiert werden (Press Briefing v. 6. 3. 1990; Hoover Institution Archives, Stanford: Zelikow-Rice-Papers).

54 Die Darstellung der zentralen Inhalte des Konsultationstreffens v. 9. 3. 1990 basiert auf Vermerk LASD an den Chef des Bundeskanzleramtes v. 12. 3. 1990, betr.: »Gespräch mit der DDR im Rahmen des Mechanismus nach der Formel 2+4 am 09. März 1990 in Berlin (Ost)« (B 136/20244); auf Informationen aus dem Auswärtigen Amt, dem Bundeskanzleramt sowie dem Ministerium für Auswärtige Angelegenheiten der DDR. Vgl. zu den zentralen Gesprächsinhalten auch Interview mit Dieter Kastrup v. 17. 4. 1998, der dabei auf einen Gesprächsbericht zurückgriff. Teilnehmer waren der stellvertretende Außenminister der DDR, Ernst Krabatsch, die Hauptabteilungsleiter Steglich und Süß und die Abteilungsleiter Müller und Seidel sowie auf westdeutscher Seite Dieter Kastrup, Claus-Jürgen Duisberg und Peter Hartmann aus dem Bundeskanzleramt sowie ein Mitarbeiter der Ständigen Vertretung in Ost-Berlin.

55 Die Formalien sind erklärt bei Kiessler/Elbe 1993, S. 121f.

56 Vgl. dazu Vermerk Referat 221 (Germelmann) an ChBK v. 27. 2. 1990, betr.: »Memorandum des DDR-Außenministeriums zur Einbettung der Vereinigung der beiden deutschen Staaten in den gesamteuropäischen Einigungsprozeß« (B 136/20638; außerdem: B 136/20244 mit einer Abschrift des Memorandums). Im Ver-

merk wurde vorgeschlagen, die Bedeutung des Papiers durch den Hinweis zu relativieren, daß alle angesprochenen Punkte erst mit einer demokratisch legitimierten Regierung besprochen werden könnten. Vgl. auch »Memorandum des Ministeriums für Auswärtige Angelegenheiten der Deutschen Demokratischen Republik zur Einbettung der Vereinigung der beiden deutschen Staaten in den gesamteuropäischen Einigungsprozeß« (B 136/20638; B 137/10723). Im Auswärtigen Amt wurde das Papier der DDR zwar als prinzipiell substanzhaltig und diskussionswürdig, aufgrund der darin angelegten Verzögerung der Vereinigungsschritte aber nicht positiv bewertet (Informationen aus dem Auswärtigen Amt). Überlegungen der DDR-Seite zum Aufbau »übergreifender Sicherheitsstrukturen« finden sich auch in Telex StäV Nr. 626 v. 13. 3. 1990, betr.: »Zukunft des Warschauer Paktes« (B 137/11913; außerdem B 137/11914), wonach in der DDR verstärkt über eine größere politische Bedeutung des Warschauer Paktes nachgedacht wurde.

57 Vgl. zum folgenden die Erklärung der DDR-Regierung v. 1. 3., die Briefe von DDR-Ministerpräsident Hans Modrow an Helmut Kohl und Michail Gorbatschow v. 2. 3. sowie die dazugehörige – aus Sicht der DDR positive – Antwort der UdSSR-Regierung v. 27. 3. 1990, alle abgedruckt in Bundesministerium für innerdeutsche Beziehungen 1991, S. 131 ff. Zu Modrows Bemühungen, in diesem Punkt Unterstützung durch die UdSSR zu erhalten, vgl. den Bericht über seinen Besuch in Moskau, bei dem er von Vertretern der ehemaligen Blockparteien sowie sieben der acht Minister ohne Geschäftsbereich des Runden Tisches begleitet wurde, in Telex StäV Nr. 580 v. 8. 3. 1990, betr.: »Beziehungen DDR – Sowjetunion, hier: Moskaureise von MP Modrow am 5. und 6. 3. 1990« (B 136/20347). Der Bericht basiert auf einer Unterrichtung der Ständigen Vertretung durch einen Teilnehmer der Reise. Das Anliegen Modrows wurde demnach gerade von Mitgliedern des Runden Tisches »besonders aktiv vertreten«, da hinsichtlich der Enteignung bis 1949 unter den Parteien und politischen Gruppierungen der DDR ein ausgesprochen breiter Konsens darüber bestehe, die Eigentumsordnung im Vereinigungsprozeß unangetastet zu lassen. Vgl. auch Modrow 1991, S. 137 ff.

58 Ähnlich wurde im Kanzleramt gedacht, wo intern eine einheitliche Sprachregelung vorgeschlagen wurde: Die Frage der Eigentumsordnung sei keinesfalls bei den »Zwei-plus-Vier«-Gesprächen zu verhandeln (Informationen aus der Bundesregierung).

59 Zum Besuch von Böhme und Romberg in Moskau sowie Meckel und Misselwitz in Washington vgl. z. B. Telex der StäV Nr. 529 v. 2. 3. 1990, betr.: »Besuch der Ost-SPD in Moskau« sowie verschiedene Informationen aus dem State Department, dem sowjetischen Außenministerium und dem MfAA. Meckel wurde von den westdeutschen SPD-Politikern Horst Ehmke und Dietrich Stobbe begleitet. Meckel und Misselwitz äußerten sich hinsichtlich einer gesamtdeutschen NATO-Mitgliedschaft weniger ablehnend als Böhme und Romberg, die in Moskau unter anderem mit Valentin Falin zusammentrafen. Vgl. auch Ehmke 1994, S. 418; Schuh/von der Weiden 1997, S. 317 ff., mit einer Analyse zur Position der westdeutschen SPD. Schuh/von der Weiden nennen weitere der damals in der SPD ventilierten Ideen, darunter den »Momper-Plan« v. März 1990, der u. a. von einem entmilitarisierten DDR-Gebiet und sicherheitspolitischer Verantwortung der Vier Mächte sprach.

60 Die Schilderung beruht auf Vermerk GL 21 v. 5. 3. 1990 an den Bundeskanzler – persönlich –, betr.: »Schreiben von AM Schewardnadse an BM Genscher« (212-35400 De 39 NA 2, Bd. 1; Rohübersetzungen des Briefes finden sich außerdem in B 136/20244 sowie 212-25400 De 39 NA 4, Bd. 1), der Kohl aufgrund eines am 5.3. geplanten Gesprächs mit Genscher sofort vorgelegt werden sollte, sowie Informationen aus dem Bundeskanzleramt und dem Auswärtigen Amt. Die Dar-

stellung bei Teltschik 1993, S. 167, derzufolge der Brief am 5. 3. bei Genscher eingetroffen sei, stimmt nicht. Das Schreiben war Genscher bereits am 2. 3. übergeben worden; die Unterrichtung des Bundeskanzleramtes erfolgte allerdings erst drei Tage später. Vgl. zum folgenden auch die Darstellung bei Zelikow/Rice 1997, S. 314; Baker 1996, S. 204. Interviews mit Mitarbeitern des sowjetischen Außenministeriums erbrachten keine Antwort auf die Frage, was konkret mit »unvorhergesehenen Umständen« gemeint gewesen war. Lediglich Alexander Bondarenko und Wladimir Grinin erinnerten sich im Interview v. 22. 5. 1995: In der UdSSR habe die Angst bestanden, daß nach dem 18. 3. entweder die Volkskammer oder aber einzelne der zu gründenden Länder ohne Rücksicht auf die internationale Lage den Antrag auf Beitritt zur Bundesrepublik nach Artikel 23 GG a. F. fordern würden.
61 Zu Genschers Zeitungsbeiträgen dieser Zeit siehe z. B. *Nordsee-Zeitung* v. 3. 3. 1990, Die deutsche Vereinigung als Beitrag zur europäischen Stabilität (auch verbreitet vom Auswärtigen Amt, »Mitteilung für die Presse« Nr. 1048/90 v. 2. 3. 1990).
62 Laut Informationen aus den beteiligten westlichen Außenministerien berieten unter anderem deren Botschafter in Moskau über die Frage nach der konkreten Bedeutung des Schewardnadse-Briefes. Gegenüber französischen Diplomaten wurde beispielsweise die Angst der Sowjetunion vor der Forderung nach sofortigem Abzug ihrer Truppen in der DDR geäußert. Die Antwort der westlichen Verhandlungspartner an Schewardnadse wurde bei der »Eins-plus-Drei«-Konsultation der Politischen Direktoren am 13. 3. in Paris besprochen, die amerikanische Antwort wurde dem sowjetischen Außenminister am 18. 3. zugeschickt. Vgl. dazu Zelikow/Rice 1997, S. 586. Dumas hatte das Schreiben umgehend beantwortet und sich ebenfalls für ein Treffen der politischen Direktoren noch vor dem 18. 3. ausgesprochen. Botschafter Boidevaix unterrichtete Kastrup hierüber am 5. 3. Der Politische Direktor sprach sich daraufhin in einem eiligen Vermerk an Genscher für eine baldige Einladung zum ersten »Zwei-plus-Vier«-Treffen auf Beamtenebene aus, um so den Eindruck zu vermeiden, die Bundesregierung würde sich von den Vier Mächten drängen lassen.
63 Vgl. zum folgenden z. B. die beiden von Kohl abgezeichneten Vermerke des AL 2 v. 22. 2. 1990, betr.: »Jüngste sowjetische Äußerungen zur deutschen Frage« (212-35400 De 39 NA 2 Bd. 2); v. 9. 3. 1990, betr.: »Jüngste sowjetische Äußerungen zur deutschen Frage« (212-35400 De 39 NA 2 Bd. 2). Analysiert wurden darin Schewardnadses *Iswestija*-Interview v. 19. 2. und Gorbatschows *Prawda*-Interview v. 21. 2. sowie Äußerungen des sowjetischen Generalsekretärs in der ARD v. 6. 3. und seines Außenministers in der *Neuen Berliner Illustrierten* v. 7. 3. 1990, Was wird aus Deutschland? Siehe dazu auch – kurz nach der ersten »Zwei-plus-Vier«-Runde in Bonn eingegangen und mit den bis dahin positivsten Aussagen zur Akzeptanz von Artikel 23 GG a. F. – das Telex StäV Nr. 681 v. 20. 3. 1990, betr.: »Sicherheitsstatus eines vereinigten Deutschlands; hier: SU-Position« (212-35400 De 39 NA 2, Bd. 2). Vgl. Teltschik 1993, S. 153, S. 155, S. 157, S. 168 und S. 170. Nach Informationen aus dem Auswärtigen Amt gab es ab Ende Februar – vor allem aus der westdeutschen Botschaft in Moskau – zahlreiche Berichte über Gespräche mit Beamten der mittleren Führungsebene sowie Wissenschaftlern der politikberatenden Institute in der Sowjetunion, bei denen die Überzeugung zum Vorschein kam, daß – unter nicht näher bezeichneten Umständen – die NATO-Mitgliedschaft eines vereinten Deutschlands durchsetzbar sein könnte. Zugleich wurde demnach von sowjetischen Gesprächspartnern mehrfach betont, wie schwer sich vor allem die 3. Europäische Abteilung des Außenministeriums in der deutschen Frage tat. Ziel der dortigen Beamten unter Alexander Bondarenko sei es vor allem, die Entwicklung in der deutschen Frage zu bremsen und in einem den westdeutschen Interessen wider-

strebenden Sinn zu beeinflussen. Den Wandel der sowjetischen Deutschlandpolitik analysiert der im BMB erstellte Vermerk v. 15. 2. 1990, betr.: »Haltung der Sowjetunion zur innerdeutschen Frage (Treffen Kohl-Gorbatschow am 10./11. 2. 1990 in Moskau; Außenministertreffen der NATO und des Warschauer Paktes am 12./13. 2. 1990 in Ottawa)«, Az. II A 2–22.172 SU (B 137/10640).

64 Die Schilderung der Abstimmungen in Bonn sowie der Sitzung des Unterausschusses »Außen- und sicherheitspolitische Zusammenhänge« basiert auf Informationen aus dem Bundeskanzleramt sowie dem Auswärtigen Amt.

65 Siehe dazu im Detail die Darstellung bei Zelikow/Rice 1997, S. 317f.

66 Die folgende Darstellung der Direktorenkonsultation v. 13. 3. in Paris stützt sich auf Informationen aus dem Bundeskanzleramt, dem Auswärtigen Amt sowie der amerikanischen Delegation. Vgl. auch Zelikow/Rice 1997, S. 318ff., die von einem Treffen am Vorabend der ersten »Zwei-plus-Vier«-Verhandlungsrunde und von »leicht gereizten Verbündeten« berichten. Zu den Themen der Besprechung gehörte die Frage nach dem sowjetischen Delegationsleiter. Anlaß war die Ankündigung Moskaus, seinen Botschafter in Bonn, Julij Kwizinskij, als vierten Teilnehmer zum ersten »Zwei-plus-Vier«-Treffen zu entsenden. Zwischen den Vertretern der drei Westmächte und Dieter Kastrup bestand Übereinstimmung, daß die in der Bundesrepublik Deutschland akkreditierten Botschafter Frankreichs, Großbritanniens und der Vereinigten Staaten dennoch nicht an dem Treffen teilnehmen sollten, da sie in Deutschland die Vier-Mächte-Rechte und -Verantwortlichkeiten wahrnahmen. In der öffentlichen Perzeption hätte dies deshalb als stärkere Betonung der Vier-Mächte-Rechte bewertet werden können.

67 Vgl. zum Verlauf und den Ergebnissen Vermerk AL 2 v. 15. 3. 1990 an den Bundeskanzler (von diesem abgezeichnet), betr.: »Gespräche ›Zwei plus Vier‹ in Bonn« (212-35400 – De 39 NA 4, Bd. 1); den im MfAA erstellten »Bericht über die 1. Konferenz des Ottawa-Mechanismus ›4+2‹ am 14. 3. 1990 in Bonn« (212-35400 – De 39 NA 5, Bd.1). Weitere Details aus dem Treffen beruhen auf Informationen aus den beteiligten Delegationen und Außenministerien; Zelikow/Rice 1997, S. 319f.; Kiessler/Elbe 1993, S. 121ff. Teilnehmer waren für die DDR: Ernst Krabatsch (stellvertretender Außenminister), Herbert Süß (Hauptabteilungsleiter) und Karl Seidel (Botschafter); für Frankreich Bertrand Dufourcq (Politischer Direktor), Denis Gauer (Conseiller) und Thierry Dana (Conseiller); für die UdSSR: Anatoli L. Adamischin (Vizeaußenminister), Julij A. Kwizinskij (Botschafter in Bonn), Michail J. Timoschkin und Valerij S. Rogoshin (beide Botschaftsräte); für die USA: Robert Zoellick (Counsellor), Raymond H. Seitz (Abteilungsleiter im State Department) und Condoleezza Rice (Direktorin im Nationalen Sicherheitsrat); für Großbritannien: John Weston (Politischer Direktor), Hilary Synnott (Abteilungsleiter) und Jonathan Powell (Counselor); für die Bundesrepublik: Dieter Kastrup, Peter Hartmann (Bundeskanzleramt), Frank Elbe (Büroleiter bei Hans-Dietrich Genscher) und Christian Pauls (Protokollant). Die Unterrichtung der westlichen Verbündeten über den Stand der »Zwei-plus-Vier«-Gespräche erfolgte einen Tag später, am 15. März, bei einer Sitzung des NATO-Rates in Brüssel.

68 Der britische Delegationsleiter gab zu Protokoll, daß die Zustimmung zu Treffen in Ost-Berlin nichts über eine Änderung der britischen Ansicht zum Status Berlins aussage. Weston machte damit darauf aufmerksam, daß Ost-Berlin nach dem Verständnis der drei Westmächte keinesfalls »Hauptstadt der DDR« war.

69 Auf Nachfrage hatte Adamischin erklärt, sein Vorstoß habe nicht direkt etwas mit Schewardnadses Brief zu tun. Zu dessen Hintergründen – und vor allem der Formulierung »unvorhergesehene Umstände« – befragt, erklärte der sowjetische Vizeaußenminister, seine Gesprächspartner wüßten doch selbst, wie schwer es sei, den

eigenen Minister zu interpretieren. Er schlage vor, dieses Thema zu vertagen. Die Gründe habe er bereits gegenüber Kastrup erläutert. Als dieser Adamischin bat, es noch einmal für alle anderen Beteiligten zu wiederholen, verschob der sowjetische Delegationsleiter dies auf später, ohne daß es allerdings angesichts des Zeitmangels gegen Ende der Sitzung dazu kam. Vor allem der Brite Weston reagierte verärgert darüber, daß Adamischin und Kastrup sich bereits vorab über Details verständigt hätten, da es im Augenblick ja immerhin um ein Treffen mit sechs Beteiligten gehe. Dieter Kastrup konnte sich im Interview v. 17. 4. 1998 nicht mehr an Details des Vorfalls erinnern.

70 Siehe dazu die verschiedenen Zitate aus ihrem Bericht an das Weiße Haus sowie eine Zusammenfassung aus Zoellicks Bericht in Zelikow/Rice 1997, S. 319f. Weniger negativ fiel der Bericht von Peter Hartmann an den Bundeskanzler aus. Vgl. dazu Vermerk AL 2 v. 15. 3. 1990 an den Bundeskanzler (von diesem abgezeichnet), betr.: »Gespräche ›Zwei plus Vier‹ in Bonn« (212-35400 - De 39 NA 4, Bd. 1 und B 136/20244).

71 Siehe zum folgenden Telefonat Vermerk AL 2 an den Bundeskanzler v. 19. 3. 1990, betr.: »Telefongespräch des Herrn Bundeskanzlers mit dem amerikanischen Präsidenten George Bush am Donnerstag, 15. März 1990« (212-354 00 De 39 NA 1, Bd. 2). Siehe zur Darstellung des Telefonats auch die Schilderungen von Kohl in Diekmann/Reuth 1996, S. 329f.; Teltschik 1993, S. 176; Zelikow/Rice 1997, S. 320, die erklären, Kohl habe dem Präsidenten verschwiegen, daß eine baldige Währungsunion auch den schnellen Vereinigungsweg über Artikel 23 a. F. des Grundgesetzes begünstige. Dies habe zugleich bedeutet, daß Eingriffsmöglichkeiten des »Zwei-plus-Vier«-Rahmens auf Aspekte der inneren Vereinigung verringert würden. Der US-Präsident habe mit einem solchen Konzept allerdings keine Schwierigkeiten gehabt. Zu Kohls Stimmung in den letzten Tagen vor der Volkskammerwahl siehe z. B. Teltschik 1993, S. 173, auf den der Kanzler »fast depressiv« wirkte. Meinungsumfragen sahen die Ost-SPD mit 44 Prozent der Stimmen schon fast im Bereich einer absoluten Mehrheit, während die CDU in der DDR kurz vor der Wahl auf rund 20 Prozent der Stimmen geschätzt wurde.

72 Kohls engster außenpolitischer Mitarbeiter Horst Teltschik hatte bereits am Nachmittag des 14. 3. telefonisch auf eine Anfrage von James Baker reagiert, mit der dieser am 13. 3. die Bonner Haltung zu »Zwei-plus-Vier«-Runden in Warschau eruieren wollte. Kohl und Genscher lehnten dies ab, erklärte Teltschik dem amerikanischen Außenminister, bevor er mit Robert Blackwill vom NSC das weitere Vorgehen abstimmte. Siehe dazu Teltschik 1993, S. 175. In einem deutsch-polnischen Gespräch auf Beamtenebene war wenige Tage später von einer Ausweitung des Sechser-Mechanismus nicht mehr die Rede. Horst Teltschik machte seinen Gesprächspartnern dabei allerdings deutlich, daß die Vorstöße aus Warschau weder Polen noch der Bundesrepublik nützten. Die polnische Regierung dränge »unsere Partner und Freunde vor die Entscheidung ›entweder für Polen oder für Deutschland‹. Dies sei fatal.« Siehe Vermerk RL 212 v. 20. 3. 1990, betr.: »Gespräch AL 2 mit dem polnischen Botschafter Ryszard Karski und dem stv. Leiter der Abteilung Westeuropa im PAM Jerzy Sulek (Bonn, 19. 3. 1990, 15.00-15.50 Uhr)« (301 00 (56), Bd. 78-82; »Entwurf«). Siehe zu dieser Problematik ausführlich das Kapitel »Die größten Hürden«.

## DIE NEUEN PARTNER SUCHEN IHRE LINIE

1 Die Überschrift »Kohls Sieg« entstammt der *Frankfurter Rundschau* v. 19. 3. 1990; die Titelgeschichte »Kohls Triumph« findet sich in *Der Spiegel* v. 19. 3. 1990. Zu Vorgeschichte und Ausgang der Volkskammerwahl siehe auch Jäger 1998, S. 405 ff.; die Zusammenfassung und Interpretation bei Jarausch 1995, S. 188 ff. (»Der Schicksalswahlkampf«). Zur Bewertung des Wahlergebnisses im Bundeskanzleramt siehe die Schilderungen Kohls in Diekmann/Reuth 1996, S. 333 ff.; Teltschik 1993, S. 177 f.; Schäuble 1991, S. 51 ff.
2 Zu Kohls Einschätzung in der Sitzung des Bundeskabinetts v. 20. 3. 1990 siehe Interview mit Michael Mertes am 29. 2. 1996. Auffallend ist, daß die Deutschlandpolitik – sieht man von den Übersiedlerzahlen ab – während der Sitzungen des Kabinetts im Februar und März 1990 praktisch keine Rolle spielte. So verzeichnete das Protokoll der Sitzung v. 28. 3. zu den Tagesordnungspunkten »Deutschlandpolitische Fragen« und »Internationale Lage« jeweils keinerlei Wortmeldungen (Interview mit Michael Mertes am 29. 2. 1996).
3 Zu den hohen Übersiedlerzahlen Anfang 1990 vgl. auch die im Bundeskanzleramt erstellte Punktation Referat 221 v. 8. 5. 1990, betr.: »Schritte zur deutschen Einheit« (212-35400 De 39, Bd. 4). Demnach waren in der ersten Maiwoche mit 2574 Übersiedlern nur noch so viele Menschen aus der DDR in den Westen gekommen wie an einem einzigen Tag des Januar 1990. Zur im Kanzleramt stets vorhandenen Erkenntnis, daß eine Stabilisierung der Verhältnisse in der DDR nur über einen Stopp des Übersiedlerstromes zu erreichen war, siehe z. B. Skizze GL 22 an den Bundeskanzler v. 16. 3. 1990, betr.: »Weiteres Vorgehen zur Herbeiführung der Einheit« (B 136/20242). Zur aus dem Übersiedlerstrom erwachsenden Problemlage und der umstrittenen Haltung des SPD-Kanzlerkandidaten Oskar Lafontaine vgl. Schäuble 1991, S. 65 ff. Zu Kohls eigener Bewertung und seinem Aufruf an die DDR-Bevölkerung, nun in ihrer Heimat zu bleiben, siehe seine Schilderung in Diekmann/Reuth 1996, S. 336.
4 Vgl. Vermerk GL 22 an den Bundeskanzler v. 16. 3. 1990, betr.: »Weiteres Vorgehen zur Herbeiführung der Einheit«; Teltschik 1993, S. 177 f. Innerhalb der Bundesregierung ging man Ende März noch davon aus, daß die »Zwei-plus-Vier«-Gespräche zwar bis zum KSZE-Gipfel im November abgeschlossen sein sollten, die staatliche Einheit jedoch erst – so Seiters gegenüber den Botschaftern der Westmächte – nach der für den 2. 12. 1990 geplanten Bundestagswahl im Verlauf des Jahres 1991 vollzogen würde. Siehe dazu Vermerk GL 22 v. 21. 3. 1990 zum Gespräch des ChBK mit den Botschaftern der Westmächte am 20. 3. 1990, 16.30 Uhr (B 136/20241); eine ähnliche Skizze des Zeitplanes findet sich im Gesprächsführungsvorschlag an den Bundeskanzler zu seinem Treffen mit EG-Kommissionspräsident Jacques Delors (von der Abteilung 2 zusammengestellte Gesprächsmappe v. 19. 3. 1990, betr.: »Ihr Gespräch mit der EG-Kommission am Freitag, 23. März 1990, 9.00–12.00 Uhr, in Brüssel«; B 136/30060).
5 Siehe dazu das Kapitel »Die größten Hürden«.
6 Vgl. zum folgenden Vermerk Neuer v. 22. 3. 1990, betr.: »Gespräch des Herrn Bundeskanzlers mit Präsident Bush am Dienstag, dem 20. März 1990 um 14.30 Uhr« (212-35400 De 39 Na1, Bd. 2). Die Unterhaltung ist kurz wiedergegeben in Teltschik 1993, S. 197; ausführlich dargestellt von Kohl in Diekmann/Reuth 1996, S. 337 f. Vgl. auch Zelikow-Rice 1997, S. 308 f. Zur Unterrichtung der amerikanischen Medien siehe Press Briefing by Marlin Fitzwater v. 20. 3. 1990, 12.08 Uhr (Hoover Institution Archives, Stanford: Zelikow-Rice-Papers). Fitzwater betonte dabei auf zahlreiche Fragen nachdrücklich, daß Bush mit Kohls Position zur Grenz-

frage zufrieden sei. Das Gespräch sei im direkten Zusammenhang mit dem für den 21.3. geplanten Treffen des US-Präsidenten mit Polens Ministerpräsident Tadeusz Mazowiecki sowie den Gesprächen mit Mitterrand und Thatcher gestanden. Eine ausführliche Einbettung des Telefonats im Kontext der Grenzfrage findet sich im Kapitel »Die größten Hürden«.

7 Siehe zum Gespräch Kohl – Kwizinskij den vom AL 2 am 27. 3. 1990 erstellten »Vermerk über das Gespräch des Herrn Bundeskanzlers mit dem sowjetischen Botschafter, Julij Kwizinskij, am 22. März 1990, 16.00 bis 17.10 Uhr, im Bundeskanzleramt« (212-35400 De 39 NA 2, Bd. 2; außerdem: 21-301 00 (56) – Ge 28 (VS)). Neben Kohl nahm auch Teltschik an der Unterhaltung teil. Vgl. die ausführliche Schilderung bei Teltschik 1993, S. 179 ff.; Kohls Erzählung in Diekmann/Reuth 1996, S. 339 f.

8 Im Bundeskanzleramt war man sich der möglichen negativen Auswirkungen auf den Vereinigungsprozeß bewußt, wie beispielsweise die als besonders eilig gekennzeichnete Vorlage des AL 2 für den Bundeskanzler v. 29. 3. 1990, betr.: »Lage in Litauen; hier: Telefongespräch PM Frau Thatcher/Staatspräsident Gorbatschow (28. März 1990)«, zeigt (213-30101 L4 Li14, Bd. 1). Siehe auch Kohls Erinnerungen in Diekmann/Reuth 1996, S. 338 f. Nachdem das litauische Parlament am 11. 3. 1990 eine Deklaration zur Wiederherstellung der Unabhängigkeit beschlossen hatte, war dieser Beschluß am 15. 3. vom Volkskongreß der Sowjetunion für nichtig erklärt worden. Es folgten eine am 19. 4. verhängte Wirtschaftsblockade der UdSSR gegen Litauen, die angesichts der langsam einsetzenden Entspannung am 1. 7. wieder aufgehoben wurde. Im März und April drohte die Situation noch der Kontrolle zu entgleiten, was zu Nervosität innerhalb der sowjetischen Führung und zu gestörten Beziehungen der UdSSR zur US-Regierung führte. Diese sah angesichts der öffentlichen Stimmung in den USA beispielsweise keine Chance, das angestrebte Handelsabkommen mit Moskau abzuschließen. Eine anschauliche Schilderung der innersowjetischen Diskussion im ersten Quartal 1990, der Machtkämpfe und des zähen Entscheidungsprozesses bei Gorbatschow liefert Tschernajew 1993a, S. 275 ff. Vgl. dazu auch Zelikow/Rice 1997, S. 232; Gorbatschow 1995a, S. 475 ff. Zu den Unabhängigkeitsbestrebungen der baltischen Staaten vgl. z. B. Mommsen 1996, S. 109 ff., die verschiedenen Berichte des Bundesinstituts für ostwissenschaftliche und internationale Studien, darunter besonders Simon 1991; Uibopuu 1990; Levits 1991. Zum innenpolitischen Druck, der aus den Unruhen im Baltikum für Gorbatschow resultierte, vgl. Biermann 1997, S. 461.

9 Kohls Rede vor der KWZE-Konferenz v. 19. 3. 1990 ist auszugsweise abgedruckt in Auswärtiges Amt 1995, S. 661 ff. Zu den von Kohl angesprochenen Institutionalisierungsschritten der KSZE gehörten u. a. ein Konfliktzentrum sowie ein Zentrum zur Verifikation von Rüstungskontrollabkommen. Der Kanzler hatte grundsätzlich den Ausbau der KSZE »als dynamisches Instrument für das weitere Zusammenwachsen unseres Kontinents« sowie weitreichende Abrüstungsbemühungen gefordert. Zur Abschlußansprache von Genscher siehe Auswärtiges Amt 1995, S. 667 ff.

10 Siehe zur Entwicklung der französischen Haltung ausführlich die Kapitel »Tandem außer Tritt« und »Europäisches Rahmenprogramm«.

11 Zum Treffen in Cambridge am 29.3. und dem Gespräch in London am folgenden Tag siehe v. a. die eher grundsätzliche Darstellung von Kohl zu seiner Beziehung mit Thatcher in Diekmann/Reuth 1996, S. 340 ff.; die Zusammenfassung bei Teltschik 1993, S. 188 ff.; die kurzen Einlassungen bei Thatcher 1993, S. 1106. Das im Kanzleramt mit Verärgerung zur Kenntnis genommene Interview der Premierministerin findet sich in *Der Spiegel* v. 26. 3. 1990, »Alle gegen Deutschland – nein!«. Das Interview Thatchers – bei dem sie sich auf angebliche Äußerungen des Bundes-

kanzlers beim EG-Gipfel v. 8./9. 12. 1989 bezog – stand in der Tradition einiger ihrer jüngeren Aussagen zur deutschen Frage, so z. B. in *Corriere della Sera* v. 21. 2. 1990, Gorbaciov lavora per il mondo. Darin hatte sie sich sehr deutlich auch zur Frage eines Friedensvertrages mit Deutschland geäußert, was im Kanzleramt für Verärgerung gesorgt hatte. Vgl. dazu auch die Übersetzung des Artikels in einem Papier der Abteilung 2 (21-30131 B 20 Gr 33, Bd. 2). Das *Spiegel*-Interview kam für Kohl und seine Mitarbeiter überraschend, nachdem der britische Botschafter in Bonn zuvor eine »sehr gute Atmosphäre« für die Konsultationen erwartet hatte. Siehe dazu den auf Weisung des AL 2 erstellten Vermerk Referat 211 an GL 21 v. 23. 3. 1990, betr.: »Gespräch von AL 2 mit dem britischen Botschafter, Sir Christopher Mallaby, am Freitag, 23. März 1990, 11.45–12.30 Uhr; hier: Ergebnisse« (212-30103 Ko 29). Die meisten Presseberichte über das Treffen in Cambridge fielen positiv aus. Anders hingegen *The Times* v. 30. 3. 1990, Bad Thatcher aspects under Kohl ascendant.

12 Teilnehmer des Chequers-Treffens waren neben Thatcher, ihrem außenpolitischen Berater Charles Powell und Außenminister Douglas Hurd die Historiker Lord Dacre (i. e. Hugh Trevor-Roper), Gordon A. Craig, Fritz Stern, Norman Stone und Timothy Garton Ash sowie der Publizist George Urban. Einige der Experten haben sich nach der ursprünglich nicht vorgesehenen Veröffentlichung des Tagungsprotokolls mit eigenen Stellungnahmen und Erinnerungen zu Wort gemeldet, so Craig 1991; Urban 1996, S. 118 ff. und S. 151 ff.; Timothy Garton Ash in *Frankfurter Allgemeine Zeitung* v. 18. 7. 1990, Wie es eigentlich war; Norman Stone in *Frankfurter Allgemeine Zeitung* v. 19. 7. 1990, Recht geredet; Norman Stone in *The Times* v. 16. 7. 1990, What Mrs. Thatcher really thinks. Eine Darstellung aus amerikanischer Sicht liefern Zelikow/Rice 1997, S. 330 und S. 591. Die von Powell erstellten Notizen wurden von der Zeitung *Independent on Sunday* v. 15. 7. 1990, What the PM learnt about the Germans, erstmals veröffentlicht. Auf der Liste der »den Deutschen« seit Bismarck zugeschriebenen Nationaleigenschaften fanden sich u. a. »Neigung zur Psychose, Aggressivität, übertriebenes Selbstbewußtsein und zugleich Minderwertigkeitskomplexe, ... Neigung zum Selbstmitleid und zugleich die Sehnsucht danach, geliebt zu werden, Tendenz zu Exzessen, zu übertriebenen Handlungen, zur Selbstüberschätzung«. Vgl. dazu auch *Neue Zürcher Zeitung* v. 17. 7. 1990, Rücktritt Nicholas Ridleys in London. Einzelne Kommentatoren sprachen davon, daß diese Zusammenstellung sich wohl weitgehend mit Margaret Thatchers Deutschlandbild deckte (vgl. Zelikow/Rice 1997, S. 591). Auch in Kreisen der britischen Administration wurde die Thematik dieses Seminars – wenngleich die Durchführung eines solchen Expertentreffens an sich nichts Außergewöhnliches war – durchaus mit gemischten Gefühlen gesehen. Während die Konferenz dazu beitragen sollte, Thatcher vor Augen zu führen, daß sich bei den Deutschen in der Vergangenheit etwas (hin zum Positiven) verändert habe, habe ihre eigene Intention – so die Sicht von Beobachtern – zunächst einmal darin bestanden, vorhandene Vorurteile bestätigt zu bekommen. Eine weniger rationale, als vielmehr emotionale Haltung. Zur positiven Absicht des Seminars vgl. auch Interview mit Charles Powell v. 3. 6. 1997; dieser räumte allerdings ein, daß die Tagung trotz ihres insgesamt konstruktiven Tenors Thatchers Zweifel nicht gänzlich ausräumen konnte. Bei ihrer Veröffentlichung sorgten Powells Notizen für einen großen Wirbel in den deutschen und britischen Medien. Angesichts des zeitgleichen deutschlandpolitischen Durchbruchs während Kohls Besuch in Moskau und Archys nahmen der Kanzler und seine Mitarbeiter die Veröffentlichung nur am Rande zur Kenntnis, da sie zum einen keinerlei Einfluß auf die weitgehend abgeschlossenen internationalen Verhandlungen zur deutschen Einheit hatte und andererseits weder Bonn noch London zu diesem Zeitpunkt an einer ernsthaften Störung der bilateralen Beziehungen interessiert waren.

13 Zu ihren positiven Aussagen am Tag nach dem Chequers-Seminar siehe ihr Interview mit dem *Sunday Telegraph* v. 25. 3. 1990, »There is so much more to do«; *The Times* v. 26. 3. 1990, Kohl aims to heal German unity with Thatcher. Ihr – wohl bereits vor dem Chequers-Seminar gegebenes – erneut Deutschland-kritisches Interview findet sich in *Der Spiegel* v. 26. 3. 1990, »Alle gegen Deutschland – nein!«. Zu ihrer Rede im Cambridge siehe Teltschik 1993, S. 188 f., der betont, daß die Bundesrepublik angesichts der sowjetischen Unsicherheiten kein großes Interesse an der öffentlichen Diskussion der NATO –, Stationierungs- und Kernwaffenfragen hatte.

14 Siehe Vermerk GL 21 v. 2. 4. 1990, betr.: »Gespräch des Herrn Bundeskanzlers mit PM Thatcher bei den 20. deutsch-britischen Gipfelkonsultationen am Freitag, 30. März 1990 in London« (21-301 00 (56) – Ge 28 (VS); 211-30103 Ko 29, mit einer Verschriftung der gemeinsamen Pressekonferenz); die Schilderungen von Kohl in Diekmann/Reuth 1996, S. 324 f.; Teltschik 1993, S. 189.

15 Die zentrale Bedeutung der Mitgliedstaaten des Warschauer Paktes in dieser Situation hob auch Lech Walesa im Interview v. 23. 6. 1997 hervor. Ohne daß einzelne seiner Mitglieder ihre diesbezügliche Position offen vertreten hätten, wäre die deutsche Einheit nicht möglich gewesen, so Walesa. Aus Sicht Mazowieckis war die Integration Gesamtdeutschlands in die NATO auch eine Garantie dafür, daß Deutschland künftig europäisch bleiben und nicht Europa deutsch würde (vgl. Interview mit Tadeusz Mazowiecki v. 19. 9. 1996). Zur Entwicklung im Warschauer Pakt ab Anfang 1990 vgl. allgemein Biermann 1997, S. 447 ff.

16 Die Darstellung von Unterschieden in der Haltung von Hurd und Thatcher bezüglich der deutschen Frage basiert auf Informationen aus der Bundesregierung. Vgl. auch Vermerk GL 21 v. 12. 3. 1990, »Gespräch des Bundeskanzlers mit dem britischen Außenminister Hurd am 12. März 1990« (21-30100 (56) – Ge 28 (VS)). Zur konstatierten Entspannung des bilateralen Verhältnisses siehe z. B. Teltschik 1993, S. 189. Zur Unterrichtung des Bundeskanzlers über das Treffen Thatcher – Bush auf den Bermudas vgl. Teltschik 1993, S. 203; Zelikow/Rice 1997, S. 330 f. Einen ähnlichen Brief, so Informationen aus dem Auswärtigen Amt und dem FCO, erhielt lediglich noch der französische Staatspräsident Mitterrand, der sich wenige Tage später in Key Largo mit Bush treffen wollte. Thatcher stimmte laut ihrem Schreiben an Kohl einem baldigen NATO-Gipfel zur Diskussion der künftigen Rolle des westlichen Bündnisses zu, die stärker politisch bestimmt sein sollte. Siehe dazu auch »Press Conference by the President and Prime Minister Margaret Thatcher« v. 13. 4. 1990, Pembroke, Bermuda (Hoover Institution Archives, Stanford: Zelikow-Rice-Papers). George Bush berichtete im Interview v. 20. 2. 1998, daß Thatcher ebenso wie Mitterrand ernsthafte Bedenken gegenüber der Vereinigung gehabt habe, doch könne man nicht von »offener Opposition« sprechen. Die Meinungsunterschiede hätten vor allem die Geschwindigkeit des Vereinigungsprozesses betroffen.

17 Die Schilderung des Sondertreffens der Außenminister des Warschauer Paktes beruht im wesentlichen auf der dem Kanzleramt und dem Auswärtigen Amt zugeleiteten Analyse des Bundesnachrichtendienstes, in BND-Brieftelegramm v. 23. 3. 1990, betr.: »Sondertreffen der WP-Außenminister zur deutschen Frage« (B 137/10715), das von einem »Fehlschlag sowjetischer Deutschlandpolitik« spricht, sowie Informationen aus dem Auswärtigen Amt, dem sowjetischen Außenministerium und dem Ministerium für Auswärtige Angelegenheiten. Zu Verlauf und Folgen der Tagung siehe auch die Darstellungen bei Brand 1993, S. 199. Zur Haltung der SPD in der Bündnisfrage siehe z. B. Schuh/von der Weiden 1997, S. 181 ff., bes. S. 313 ff. Zu Genschers Besuch in Prag siehe Genscher 1995, S. 746.

18 Zur Analyse im Bundeskanzleramt siehe v. a. den von Kohl abgezeichneten Vermerk AL 2 (Westdickenberg) an den Bundeskanzler v. 23. 3. 1990, betr.: »Sowjetische

Position zum sicherheitspolitischen Status eines vereinten Deutschlands, insbesondere zur NATO-Mitgliedschaft« (212-35400 De 39 Na 2, Bd. 2).

19 Zu Berichten deutscher Diplomaten mit sowjetischen Gesprächspartnern vgl. z. B. Telex StäV, Nr. 664 v. 16. 3. 1990, betr.: »Sicherheitsstatus des vereinigten Deutschlands; hier: Sowjetische Haltung zur NATO-Einbindung« (B 136/20242); Telex StäV Nr. 681 v. 20. 3. 1990, betr.: »Sicherheitsstatus des vereinigten Deutschlands; hier: Sowjetische Haltung« (B 136/20242); Informationen aus dem Auswärtigen Amt und dem sowjetischen Außenministerium. Dabei wurde immer wieder auf das gespannte Verhältnis zwischen dem sowjetischen Außenministerium und dem Verteidigungsministerium hingewiesen, da ein zu schneller Abzug der Truppen aus Ostdeutschland zu großen sozialen Problemen führen könne. Zu den Gesprächen im Umfeld der namibischen Unabhängigkeitsfeiern siehe Zelikow/Rice 1997, S. 324 f.; Genscher 1995, S. 748 ff., der die für ihn und die Bundesregierung unannehmbare Frage des Friedensvertrages thematisiert; Baker 1996, S. 205 f.

20 Siehe dazu Vermerk AL 2 an den Bundeskanzler v. 4. 4. 1990, betr.: »Gespräch mit Herrn Portugalow, Mitarbeiter im ZK-Sekretariat für internationale Beziehungen der KPdSU, am 28. März 1990, im Bundeskanzleramt« (21-301 00 (56) – Ge 28 (VS); außerdem: 212-35400 De 39 Na 2, Bd. 2). Der Vermerk war dem Bundeskanzler direkt vorgelegt und von diesem abgezeichnet worden; ein weiteres Exemplar war mit Teltschiks handschriftlicher Anmerkung »Herrn ChBK – persönlich – z. K.« an Kanzleramtsminister Rudolf Seiters gegangen. Vgl. Teltschik 1993, S. 185 ff., der aus dem Gespräch folgerte, daß die sowjetische Seite sich zu den zentralen Fragen der deutschen Vereinigung noch keine abschließende Meinung gebildet hatte. Nikolaj Portugalow berichtete im Interview v. 29. 10. 1997, daß sein Besuch bei Teltschik mit Tschernajew »nur pro forma«, nicht aber detailliert inhaltlich abgesprochen gewesen sei.

21 Der Text von Genschers Rede vor der WEU ist abgedruckt in Bulletin Nr. 40 v. 27. 3. 1990, S. 309 ff., »Die deutsche Vereinigung als Beitrag zur europäischen Stabilität«; Genscher 1991, S. 257 ff. (»Wir wollen ein deutsches Europa«). Der Außenminister selbst gibt seine Rede in Auszügen – und unter Auslassung der umstrittenen Passagen – wieder in Genscher 1995, S. 752 ff. Zur mißtrauischen Reaktion der US-Administration auf die von Genscher skizzierte Vision einer Auflösung beider Bündnisse siehe Hutchings 1997, S. 120 f., wonach Genscher ähnliche Formulierungen am 6. 4. vor amerikanischen Medienvertretern benutzte; Zelikow/Rice 1997, S. 325 f. Hutchings vermutet, daß die NATO in Genschers Wertehierarchie hinter der Europa-Idee rangierte (ähnlich Hutchings im Interview v. 4. 11. 1994). Mehr Europäer als Atlantiker, schien er deshalb aus US-Sicht stärker als Helmut Kohl gefährdet, sowjetischem Drängen zur Suche nach Alternativen zur deutschen Vollmitgliedschaft in der NATO nachzugeben. Vor der WEU-Versammlung hatte auch ZK-Abteilungsleiter Falin gesprochen, der – so Analysen im Kanzleramt – angedeutet hatte, daß ein »vorübergehender Verbleib« des vereinigten Deutschlands in der NATO von der UdSSR geduldet werden könnte. Vgl. Vermerk AL 2 (Westdickenberg) an den Bundeskanzler v. 23. 3. 1990, betr.: »Sowjetische Position zum sicherheitspolitischen Status eines vereinten Deutschlands, insbesondere zur NATO-Mitgliedschaft« (212-35400 De 39 Na 2, Bd. 2). Zur – teilweise sehr kritischen – Berichterstattung über die Rede Genschers siehe z. B. *Süddeutsche Zeitung* v. 27. 3. 1990, Ein bündnisloses Europa?; Bonner *General-Anzeiger* v. 24. 3. 1990, Die Bündnisse sollen politische Steuerungsfunktion übernehmen; *Süddeutsche Zeitung* v. 24./25. 3. 1990, Genscher regt Auflösung der Militärbündnisse an; *Frankfurter Allgemeine Zeitung* v. 24. 3. 1990, Genscher wirbt für »kooperative Stabilität«. Zu weiteren Überlegungen des Bundesaußenministers siehe auch den Bericht über

seine Rede vor Mitgliedern des Europarates, in *Frankfurter Allgemeine Zeitung* v. 26. 3. 1990, Außenminister des Europarats gegen einen Sonderstatus Deutschlands. Genscher regte auch in Lissabon die Schaffung eines neuen europäischen »Stabilitätsrahmens« an und erklärte, daß die Bündnisse nach und nach in neue kooperative Strukturen gemeinsamer Sicherheit übergehen könnten.

22 Die Form der Aussage ist zwischen den Beteiligten strittig. Teltschik berichtet, es habe dazu einen Brief gegeben (Teltschik 1993, S. 182f.). Kohl selbst äußert sich in seinen Erinnerungen an die Vereinigungsbemühungen weder zu Genschers Initiative noch zu seiner Reaktion hierauf. Genscher konnte sich im Interview v. 31. 10. 1997 nicht mehr an einen solchen Brief erinnern; Dieter Kastrup erklärte im Interview v. 17. 4. 1998, nie von einem derartigen Brief gehört zu haben. Horst Teltschik wiederholte im Interview v. 10. 10. 1997 die Darstellung aus seinem Buch (Teltschik 1993), bei der er sich auf Notizen dieser Zeit stützte.

23 Das zitierte Genscher-Interview findet sich in der *Süddeutschen Zeitung* v. 30. 3. 1990, »Ich bin ein Anhänger der Vereinigung nach Artikel 23«. In diesem Interview versicherte Genscher, er habe »nicht von der Auflösung der Bündnisse gesprochen«. Seine weiteren Ausführungen machten allerdings ebenso wie die WEU-Rede v. 23. 3. das von Genscher favorisierte Szenario deutlich: Nach dem Wegfall des Blockantagonismus würden die Bündnisse eine immer stärker politisch definierte Rolle in der europäischen Sicherheitsarchitektur spielen und ein »immer kooperativeres Verhältnis gewinnen«. Anstatt der aktiven Auflösung der Bündnisse durch ihre Mitglieder sah Genscher also eher eine stetige Annäherung, ohne allerdings im SZ-Gespräch die Perspektive zu zeichnen, daß NATO und Warschauer Pakt irgendwann ineinander »aufgehen« würden. Da der Aufbau neuer Sicherheitsstrukturen nicht mit dem Tempo der deutschen Vereinigung Schritt halten könne, sei vorab bereits »die drastische Reduzierung der Streitkräfte auf beiden Seiten« notwendig. Im Interview bekannte Genscher sich nachdrücklich als »ein Anhänger der Vereinigung nach Artikel 23«, der anschließend die Streichung der entsprechenden Grundgesetzartikel folgen müsse.

24 Vgl. hierzu sowie zum folgenden die detaillierte Darstellung in Teltschik 1993, S. 155 ff.; die heftige Kritik bei Kiessler/Elbe 1993, S. 98. Dort findet sich auch das Zitat »törichter Ausrutscher«. Teltschik hatte sich in seinem umstrittenen Vortrag auf ein Zitat von Josef Riedmüller bezogen (*Süddeutsche Zeitung* v. 12. 2. 1990, Schlüsselübergabe in Moskau). Zur öffentlichen Auseinandersetzung über Teltschiks Vortrag vgl. z.B. *Bild* v. 1. 3. 1990, Schweig, Schwatzhuber, schweig; *Frankfurter Rundschau* v. 22. 2. 1990, Teltschik sorgt wieder für Wirbel; *Süddeutsche Zeitung* v. 23. 2. 1990, Kohl soll sich von Teltschik distanzieren; *Abendzeitung* (München) v. 23. 2. 1990, Moskau sieht Bonner »Blitzkrieg« in der DDR; *Die Welt* v. 24. 2. 1990, »Es ist immer interessant, Äußerungen von intelligenten Beamten zu hören«; *Süddeutsche Zeitung* v. 24. 2. 1990, Größe und Großmannssucht; *Der Spiegel* v. 26. 2. 1990, Tölpel am Werk. Leserbriefe Teltschiks als Antwort auf die verschiedenen Vorwürfe finden sich in *Frankfurter Rundschau* v. 3. 3. 1990, Es darf in Europa keine Sieger und keine Besiegten geben, weder im Westen noch im Osten; *Süddeutsche Zeitung* v. 8. 3. 1990, Keine Meinungsverschiedenheiten; *Der Spiegel* v. 12. 3. 1990, An den Pranger; *Die Zeit* v. 16. 3. 1990, Schlüssel abgeholt? Kopien der Briefe Teltschiks an die Redaktionen von *Bild* und *Frankfurter Rundschau* finden sich in den Akten des Bundeskanzleramtes (212-35400 De 39, Bd. 2).

25 Einen Einblick in die Bedeutung der immer wiederkehrenden Formulierungen gibt Hutchings 1997, S. 121. Der Bush-Mitarbeiter beschreibt, wie er im Frühjahr »hundert Mal« die amerikanische Formulierung zur deutschen NATO-Mitgliedschaft in Entwürfe für Redetexte schrieb. »Volles Mitglied der NATO und Teilnahme an der

militärischen Integration« war als Hinweis der US-Administration an Moskau aber auch Bonn gedacht, wo man jeglichem Verlangen, über diese Details zu verhandeln, vorbauen wollte. Zum Zusammenhang von Sprache und Politik vgl. auch Fröhlich 1997, der den Kampf um Worte und mit Worten am Beispiel der »Berichte zur Lage der Nation« im geteilten Deutschland während der achtziger Jahre analysiert.

26 Der am 2. 3. 1940 in Nordhausen geborene Diplomjurist und Rechtsanwalt legte 1958 das Abitur ab und studierte von 1959 bis 1965 Musik. Bereits während seiner zehnjährigen (1965 bis 1975) Tätigkeit als Orchestermusiker begann de Maizière 1969 ein Fernstudium der Rechtswissenschaften, das er 1975 abschloß. Seit 1987 fungierte er als stellvertretender Vorsitzender des Kollegiums der Rechtsanwälte in Ost-Berlin, dem er seit 1976 – ab 1982 als Vorstandsmitglied – angehörte. 1956 erfolgte sein Eintritt in die CDU, deren Ortsgruppe er ebenso wie den Kreisverband Berlin-Treptow seit 1958 als Referent vertrat. Nachdem de Maizière seit 1986 Mitglied und Vizepräses der Synode des Bundes der Evangelischen Kirche in der DDR war, engagierte er sich ab 1987 als Mitglied der Arbeitsgemeinschaft Kirchenfragen des Hauptvorstandes der CDU. 1989 zum Vorsitzenden der CDU gewählt, gehörte er der im November 1989 gebildeten DDR-Regierung Modrow als Stellvertreter des Vorsitzenden des Ministerrates für Kirchenfragen an. Ab April 1990 bekleidete er als Ministerpräsident das Amt des ersten in freier Wahl bestimmten Regierungsoberhauptes der DDR. Vgl. dazu etwa Barth u. a. 1995, S. 476; Baumgartner/Hebig 1997, S. 506.

27 Die folgenden Passagen zur Bildung der neuen DDR-Regierung unter Lothar de Maizière konzentrieren sich auf die außenpolitisch relevanten Ereignisse. Vgl. zu Verlauf und Ergebnis der Koalitionsverhandlungen auch die Darstellung bei Jäger 1998, S. 431 ff.; die detaillierte Schilderung – auch der SPD-internen Auseinandersetzungen – bei Jarausch 1995, S. 198 ff.

28 Zum gestörten Verhältnis zwischen SPD und DSU siehe Jarausch 1995, S. 198 ff.; die verschiedenen SPD-Beschlüsse, nicht mit der DSU zusammenzuarbeiten, in »Protokoll der Vorstandssitzung am 10. 3. 1990«; »Protokoll der Präsidiumssitzung am 19. 3. 1990«; »Protokoll der Vorstandssitzung am 19. 3. 1990«; »Protokoll der Präsidiumssitzung am 30. 3. 1990« (allesamt AdsD, Bestand Ost-SPD, Handakte Gröf. Die Protokolle der Vorstands- und Präsidiumssitzungen wurden ursprünglich von Ute Dauß handschriftlich erstellt. Zitiert wird im folgenden nach der maschinenschriftlichen Version, welche Ute Dauß im Auftrag des Archivs der sozialen Demokratie später anfertigte. Dieser – von Wolfgang Größ, Friedrich-Ebert-Stiftung, Archiv der sozialen Demokratie, zur Verfügung gestellten – Fassung waren die erwähnten Anlagen und Teilnehmerlisten nicht beigefügt).

29 Vgl. zum Folgenden »Protokoll der Vorstandssitzung am 2. 4. 1990« (AdsD, Bestand Ost-SPD, Handakte Gröf); Jarausch 1995, S. 200 f.

30 Markus Meckel war evangelischer Theologe und Pfarrer. Geboren am 18. 8. 1952 in Müncheberg wurde ihm die Möglichkeit, das Abitur abzulegen, verweigert, da er den vormilitärischen Unterricht und das sozialistische Bildungssystem ablehnte. Über eine spezielle Reifeprüfung fand er jedoch 1971 Zugang zu den kirchlichen Hochschulen, sein Studium der Theologie schloß er 1978 ab. Zwischen 1978 und 1980 arbeitete Meckel als Hausmeister, bevor er von 1980 bis 1982 eine Vikariatsstelle in Vipperow/Müritz besetzte. 1982 übernahm er die Pfarrstelle in Vipperow, 1988 wechselte er auf den Posten des Leiters einer Ökumenischen Begegnungsgruppe und Bildungsstätte bei Magdeburg. Nachdem sich Meckel bereits in den achtziger Jahren in der DDR-Friedensbewegung engagiert hatte, gründete er am 7. 10. 1989 zusammen mit Ibrahim Böhme und Arndt Noack die SDP, welche am 13. 1. 1990 in SPD umbenannt wurde. Zwischen April und August 1990 bekleidete

er das Amt des Außenministers der DDR. Vgl. dazu u.a. Elitz 1991, S.101ff.; Munske 1994, S.229ff. Zahlreiche Informationen über seine politische Arbeit während der achtziger Jahre sowie Hinweise auf sein Mißtrauen gegenüber westdeutschen Politikern bietet der von ihm mitherausgegebene Band Meckel/Gutzeit 1994. Zu seiner frühen Nennung als möglicher Außenminister siehe z.B. *Die Zeit* v. 2.3.1990, Der Moralist und die Macht.

31 Zur Haltung der West-SPD siehe v.a. Schuh/von der Weiden 1997, S.246ff., die das wochenlange Tauziehen in dieser Frage detailliert nachzeichnen. Zur Position de Maizières siehe u.a. Kohls Darstellung in Diekmann/Reuth 1996, S.352. Die ursprüngliche Haltung der Ost-SPD zeigt z.B. ein Streitgespräch zwischen Markus Meckel und Wolfgang Schäuble in *Der Spiegel* v. 19.3.1990, »Anschluß ist ein falscher Begriff«; außerdem: Jarausch 1995, S.201. Das Zitat aus der Koalitionsvereinbarung entstammt dem Papier »Grundsätze der Koalitionsvereinbarung zwischen den Fraktionen der CDU, der DSU, dem DA, den Liberalen, DFP, BFD, FDP und der SPD vom 12. April 1990« in Bundesministerium für innerdeutsche Beziehungen (Hrsg.), Informationen, Nr. 8/27.4.1990 (Beilage).

32 Kersten Radzimanowski war ursprünglich Leiter der internationalen Abteilung der Ost-CDU. Nach der Regierungsbildung sollte er im Rang eines Abteilungsleiters im MfAA die Positionen der CDU vertreten, wurde dabei aber von Meckel und dessen Mitarbeitern weitgehend ignoriert. Nach dem Bruch der Koalition wurde er Ende August 1990 Staatssekretär im MfAA. Hans-Jürgen Misselwitz war evangelischer Theologe. Seit den frühen achtziger Jahren in der DDR-Friedensbewegung aktiv, zog er im März 1990 für die SPD in die Volkskammer ein und leitete dort den Arbeitskreis 1 (Äußeres). Als Parlamentarischer Staatssekretär gehörte Misselwitz dem Ministerium für Auswärtige Angelegenheiten der DDR von April bis August 1990 an und leitete in dieser Zeit die Delegation der DDR bei den »Zwei-plus-Vier«-Verhandlungen. Vgl. dazu u.a. Baumgartner/Hebig 1997, S.547.

33 Zum Verlauf der Gespräche vgl. z.B. das von der Abteilung Außen- und Sicherheitspolitik der Ost-CDU erstellte Ergebnisprotokoll des »Arbeitskreises Außen- und Sicherheitspolitik« in den Koalitionsverhandlungen (6./7.4.1990) v. 9.4.1990 (B 136/20302). Demnach waren die beiden großen Parteien zu den Gesprächen mit Grundsatzpapieren erschienen, deren Inhalte nicht sonderlich weit voneinander abwichen und ohne Friktionen zu einem gemeinsamen Papier zusammengeführt werden konnten. Für eine relativ geringe Unterstützung der ostdeutschen Christdemokraten durch ihre westdeutschen Parteifreunde spricht der Hinweis, daß die CDU-Vertreter, anders als die Delegation der SPD, nicht auf »Computerschreibanlagen« zurückgreifen konnten. Kritisch angemerkt wird in dem Papier, daß »die Vertreter von DA und DSU ungenügend vorbereitet waren. Die teils ungeschickte, teils uninformierte Argumentation des DSU-Vertreters beförderte manch überflüssige Spannungen in der Diskussion.« Zur Einschätzung, das Koalitionsprogramm sei in außenpolitischen Fragen sehr nahe an den SPD-Positionen gewesen, vgl. z.B. die Aussagen von Markus Meckel in Gaus 1991, S.39. Die Auszüge aus dem Koalitionsabkommen entstammen: »Grundsätze der Koalitionsvereinbarung zwischen den Fraktionen der CDU, der DSU, dem DA, den Liberalen (DFP, BFD, FDP) und der SPD vom 12. April 1990« (B 136/20225). Neben den außen- und sicherheitspolitischen Grundpositionen sind dort auch Leitlinien zur Entwicklungspolitik festgeschrieben. Ein im weiteren Verlauf der Verhandlungen zur deutschen Einheit noch umstrittener Punkt findet sich im Bereich »Land- und Forstwirtschaft«, wo es unter »Eigentumsfragen« heißt: »Nichtinfragestellung der Eigentumsverhältnisse, die im Ergebnis der Bodenreform auf dem Territorium der DDR entstanden sind.«

34 In einer früheren Fassung – dem sogenannten Expertenpapier – hatte es noch geheißen: »Das Verbleiben stark reduzierter US-Truppen auf dem Gebiet der heutigen Bundesrepublik und von stark reduzierten sowjetischen Truppen auf dem Gebiet der heutigen DDR muß vertraglich befristet geregelt werden.« Siehe dazu das Papier »Aussen- und sicherheitspolitische Grundpositionen«, das gemeinsam mit einem anderen Papier als »Endfassung des Positionspapiers der CDU zu aussen- und sicherheitspolitischen Fragen« von der Ständigen Vertretung an das Bundeskanzleramt (Grp. 22), das Auswärtige Amt (Ref. 210) und das Innerdeutsche Ministerium (AL II) gefaxt wurde (parallel zu Telex StäV Nr. 877 v. 11. 4. 1990, betr.: »Aussen- und sicherheitspolitische Grundpositionen der neuen Koalition« (alle Dokumente in B 136/20302). Demzufolge war dieses Papier Grundlage der CDU für die Koalitionsverhandlungen. Dies erscheint aber eher unwahrscheinlich, da im Papier bereits an verschiedenen Stellen auf die Koalitionsverhandlungen v. 6./7. 4. Bezug genommen wird und einzelne Punkte an die zentrale Kommission zur weiteren Beratung verwiesen werden. Im begleitenden Telex der Ständigen Vertretung heißt es zudem, daß dieses Papier weitgehend den erzielten Koalitionskonsens widerspiegle. Es dürfte sich vielmehr um das Ergebnispapier der Arbeitsgruppe »Außen- und Sicherheitspolitik« handeln. Diese Darstellung wird gestützt durch die Analysen und Zitate in einem Vermerk des Bundeskanzleramtes. Vgl. dazu Vermerk Referat 212 (Westdickenberg) v. 9. 4. 1990 an ChBK, betr.: »Expertenpapier für den Koalitionsvertrag der sieben beteiligten Parteien der neugewählten Volkskammer; hier: Anmerkungen zum außen- und sicherheitspolitischen Teil« (B 136/20253; außerdem: 212-35400 De 39, Bd. 3). Die Gleichstellung sowjetischer und amerikanischer Truppen sowie die Befristung des Verbleibs der US-Truppen wurden darin als »nicht akzeptabel« bezeichnet.

35 Zur Analyse der DDR-Koalitionsvereinbarung und den folgenden Zitaten siehe den Vermerk LASD an den Bundeskanzler (von Kohl mit »R. Seiters erl.« markiert) v. 17. 4. 1990, betr.: »Regierungsbildung in der DDR; hier: Koalitionsvereinbarung« (B 136/20225). Für detaillierte frühere Analysen außenpolitisch relevanter Passagen des Expertenpapiers der Koalitionspartner siehe z.B. Vermerk Referat 212 (Westdickenberg) v. 9. 4. 1990 an ChBK, betr.: »Expertenpapier für den Koalitionsvertrag der sieben beteiligten Parteien der neugewählten Volkskammer; hier: Anmerkungen zum außen- und sicherheitspolitischen Teil« (B 136/20253; außerdem: 212-35400 De 39, Bd. 3). Dort wurde auch die Gleichsetzung sowjetischer und amerikanischer Truppen in Deutschland kritisiert sowie die kategorische Forderung nach dem Abzug aller Atomwaffen abgelehnt. Zu klären war demnach, wie die Nationale Volksarmee konkret organisiert werden konnte, solange sie weder der NATO unterstellt, noch Teil der Bundeswehr war.

36 Siehe auch Teltschik 1993, S. 196, der allerdings vermutete, daß de Maizière sich damit »selber die Zuständigkeit für die Zwei-plus-Vier-Gespräche« vorbehalten wollte. Wie im weiteren Verlauf zu sehen war, hielt der neue DDR-Ministerpräsident sich aus den »Zwei-plus-Vier«-Runden jedoch weitgehend heraus.

37 Zur gemeinsamen Position von Bush und Thatcher bei ihrem Treffen auf den Bermudas vgl. Zelikow/Rice 1997, S. 330 ff.; außerdem zur positiven Einschätzung in Bonn Teltschik 1993, S. 196.

38 Zum Inhalt der Gespräche von Teltschik und Hartmann vgl. auch Vermerk GL 21 (Hartmann) v. 18. 4. 1990, betr.: »Gespräch AL 2/GL 21 mit MP de Maizière und Minister Reichenbach in Ost-Berlin, am 16. April 1990« (212-35400 De 39, Bd. 3). Zu den wichtigsten Hinweisen de Maizières gehörte demnach die Warnung vor einer vollständigen Auflösung der NVA, was zu großen innenpolitischen Problemen und Instabilitäten führen könne. Unter Verweis auf Gespräche mit dem sowjeti-

schen Botschafter in Ost-Berlin, Kotschemassow, nannte de Maizière demnach die Fortsetzung der wirtschaftlichen Beziehungen zur UdSSR und die Einhaltung aller Lieferverträge als zentrale Anliegen Moskaus. Zur Absprache über die außenpolitischen Inhalte der Regierungserklärung von Lothar de Maizière siehe Teltschik 1993, S. 196 ff., der nichts von Hartmanns Anwesenheit berichtet; Kohls Darstellung in Diekmann/Reuth 1996, S. 352 f., die den 12. 4. als Termin für die Ansprache des Ministerpräsidenten vor der Volkskammer nennen.

39 Details zur Entstehungsgeschichte der ersten Regierungserklärung von de Maizière beruhen auf Interviews mit Thomas de Maizière v. 3. 2. 1994 und Thilo Steinbach v. 30. 5. 1994; Informationen aus dem MfAA; de Maizières Erinnerungen in Kuhn 1993, S. 131 ff.

40 Steinbach und Lothar de Maizière kannten sich aus ihrer Kirchenarbeit seit längerem. Nach Informationen aus dem Amt des Ministerpräsidenten hätte Steinbach in seiner neuen Funktion eng mit dem Kanzleramts-Mitarbeiter Bitterlich zusammenarbeiten sollen. Steinbach lehnte dies aber ab.

41 Zur Bewertung im Kanzleramt siehe Vermerk LASD an den Bundeskanzler (von diesem abgezeichnet) v. 19. 4. 1990, betr.: »Regierungserklärung von Ministerpräsident de Maizière am 19. April 1990« (B 136/20225); Vermerk AL 2 i. V. (Hartmann) an den Bundeskanzler (von diesem mit »Teltschik erl.« abgezeichnet) v. 19. 4. 1990, betr.: »Regierungserklärung von MP de Maizière; hier: Bewertung der außen- und sicherheitspolitischen Aussagen« (212-35400 De 39, Bd. 3 sowie 212-35400 De 39, NA 4, Bd. 1). In Bonn wurde angenommen, daß de Maizière vor allem aufgrund der Intervention Moskaus in der Regierungserklärung nichts zur NATO-Frage gesagt hatte. Vgl. z. B. den vom RL 212 zusammengestellten Entwurf für eine Gesprächsmappe zu den Gesprächen von Rudolf Seiters am 26. 4. in Ost-Berlin (212-35400 De 39, Bd. 3), darunter auch Vermerk RL 212 v. 25. 4. 1990, betr.: »Deutsch-sowjetische Beziehungen in der Perspektive der deutschen Einheit« (212-35400 – De 39 Na4, Bd. 1). Der Text der Regierungserklärung v. 19.4. ist abgedruckt in Deutschland Archiv, Nr. 5/1990, S. 795 ff. Zu den innen- und wirtschaftspolitischen Aspekten der Regierungserklärung vgl. auch Jäger 1998, S. 443 ff.; Grosser 1998, S. 275 und S. 279.

42 Sein Berater Thilo Steinbach erklärte dies im Interview v. 30. 5. 1994 damit, daß de Maizière die Festschreibung im Koalitionsvertrag für ein ausreichendes Signal hielt, die Auseinandersetzung über dieses Thema mit der sowjetischen Regierung aber den USA und der Bundesrepublik überlassen wollte.

43 Das Non-Paper der UdSSR ist abgedruckt in Bundesministerium für innerdeutsche Beziehungen 1991, S. 161 ff. Demnach wurde das Papier bereits am 16. 4. in Ost-Berlin übergeben. Lothar de Maizière (in Kuhn 1993, S. 132) und Horst Teltschik (Teltschik 1993, S. 200) datieren die Übergabe demgegenüber auf den 18. 4. De Maizière berichtet (in Kuhn 1993, S. 132) allerdings, das Papier sei ihm bei seinem ersten Gespräch als Ministerpräsident mit Kotschemassow am 18. 4. übergeben worden. Laut Teltschik 1993, S. 198, hatte de Maizière sich allerdings bereits vor dem 16. 4. mit Kotschemassow getroffen. Da erste Presseberichte über die sowjetische Demarche am 19. 4. erfolgten (vgl. z. B. *Berliner Morgenpost* v. 19. 4. 1990, Moskau meldet in Ost-Berlin Bedenken an), erscheint es wahrscheinlicher, daß das Papier erst einen Tag zuvor übergeben wurde. Vgl. auch die Angaben in Telex StäV Nr. 942 v. 20. 4. 1990, betr.: »Sowjetisches Non-Paper zur Deutschlandpolitik« (B 136/20243). Demnach berichtete der sowjetische Gesandte in Ost-Berlin, Maximytschew, am 20. 4. in der Ständigen Vertretung über das Papier. Er erklärte, daß das Non-Paper auch in Bonn übergeben worden sei. Maximytschew bezog sich dabei wahrscheinlich auf ein nicht vollkommen mit dem Non-Paper v. 18. 4. identisches,

im weiteren Verlauf der Untersuchung noch zu analysierendes Papier der UdSSR an die Bundesregierung v. 19. 4. 1990. Laut Igor Maximytschew (Interview v. 19. 5. 1995) wurde das Papier von Bondarenko und dessen Mitarbeitern im sowjetischen Außenministerium konzipiert und nach Abstimmung mit dem ZK der KPdSU an die Botschaft in Ost-Berlin zur Weiterleitung geschickt. Im Bundeskanzleramt waren die Inhalte des an die DDR übermittelten Non-Papers einige Tage lang nur aus einem Bericht der StäV über das oben genannte Gespräch mit dem sowjetischen Gesandten Maximytschew bekannt. Vgl. Vermerk LASD an den Bundeskanzler v. 23. 4. 1990, betr.: »Herstellung der staatlichen Einheit; hier: Sowjetische Demarche gegenüber der DDR« (212-35400 De 39 NA 2, Bd. 3). Eine Kopie des an de Maizière übergebenen Dokuments findet sich in 212-35400 De 39 NA 2, Bd. 3.

44 Ohne dies explizit zu nennen, bezieht sich diese Passage eindeutig auf die bereits von Modrow vorgebrachte Forderung nach einer Anerkennung der mit der Bodenreform vor 1949 vollzogenen Enteignungen.

45 Zum Papier an die Bundesregierung siehe z.B. Vermerk LASD an den Bundeskanzler v. 19. 4. 1990, betr.: »Vertrag über die Schaffung einer Währungsunion mit Wirtschafts- und Sozialgemeinschaft mit der DDR; hier: Sowjetische Demarche vom 19. 04. 1990« (212–35400 De 39 NA 2, Bd. 3; weitere Kopien der Demarche finden sich – z. T. in der von der sowjetischen Botschaft gelieferten deutschen Übersetzung, z. T. in einer vom Sprachendienst des Auswärtigen Amtes überprüften Übersetzung –, in 212–35400 De 39 NA 2, Bd. 3; B 136/20243). Im Kanzleramt wurde das Papier vom GL 21 (Hartmann) noch an den LASD, den für wirtschaftliche Fragen zuständigen GL 42 sowie an Genschers Büroleiter Frank Elbe weitergeleitet.

46 Die Darstellung der Reaktionen auf die sowjetischen Non-Papers beruht auf verschiedenen Informationen aus dem Bundeskanzleramt und dem Auswärtigen Amt; Teltschik 1993, S. 202 f. Zu den harten Formulierungen vgl. die Schilderung von de Maizière in Kuhn 1993, S. 132, wonach die »Diktion nicht von übergroßer Höflichkeit geprägt war«. Die Einschätzung, die Frage des Friedensvertrages sei eine »Eröffnungsposition« der UdSSR, teilte beispielsweise auch der britische Botschafter in Bonn, Sir Christopher Mallaby, der diesen Punkt anläßlich des Abschiedsbesuches von Moskaus Botschafter in Ost-Berlin, Kotschemassow, angesprochen hatte. Siehe dazu Vermerk GL 22 v. 4. 5. 1990, »Gespräch des Chefs des Bundeskanzleramtes mit den Vertretern der Drei Mächte am 30. April 1990, 11 Uhr« (B 137/19644 sowie B 136/20241).

47 Zu den Hintergründen der Ernennung Meckels zum Außenminister siehe Albrecht 1992, S. 16, der den Verzicht auf das Innenressort damit erklärt, daß Meckel davon ausging, Innenpolitik werde eh im Kabinett gemacht, so daß der zuständige Minister lediglich ausführendes Organ der dort gefällten Entscheidungen wäre. Zum Vorwurf, Meckel habe Parteiinteressen verletzt, sowie der Kampfabstimmung zwischen Meckel und Romberg siehe z.B. Gaus 1991, S. 52; Der Spiegel v. 14. 5. 1990, Unverschämte Art. Zu de Maizières Wunsch, den späteren Finanzminister Walter Romberg als Außenminister ins Kabinett zu holen, vgl. auch Interview mit Thilo Steinbach v. 30. 5. 1994. Manfred Stolpe, dessen Name ebenfalls gefallen sei, habe die Übernahme des Außenministeriums schon früh abgelehnt.

48 Der Psychotherapeut Carlchristian von Braunmühl war seit Anfang der achtziger Jahre in der Heidelberger Friedensbewegung aktiv und kam 1984 bei den »Mobilen Mecklenburger Friedenstagen« erstmals mit dem späteren DDR-Außenminister in Verbindung. Er war ein enger Vertrauter von Markus Meckel, den er im DDR-Volkskammerwahlkampf ab Januar 1990 unterstützte. Von April bis Oktober 1990 fungierte von Braunmühl als Berater im Ministerium für Auswärtige Angelegen-

heiten der DDR, wobei er de facto die Position des Politischen Direktors des MfAA einnahm. Seine offizielle Ernennung zum Politischen Direktor wurde von Ministerpräsident Lothar de Maizière, der Westdeutsche in Führungspositionen von DDR-Ministerien ablehnte, verhindert. Zeitweise war von Braunmühl Mitglied der »Zwei-plus-Vier«-Delegation der DDR. Er ist ein Bruder des von RAF-Terroristen am 10. 10. 1986 ermordeten Genscher-Vertrauten und Politischen Direktors des AA, Gerold von Braunmühl. Siehe dazu auch Genscher 1995, S. 760; Interview mit Carlchristian von Braunmühl v. 20. 7. 1994. Zur Begleitung von Meckel, Misselwitz und von Braunmühl – der den ersten Arbeitstag im MfAA auf den 14. 4. datiert – gehörte Meckels Persönlicher Referent Steffen Heller. Heller hatte am Institut für internationale Beziehungen in Moskau studiert, bevor er zur Vorbereitung auf die Arbeit im MfAA ein Praktikum im MfAA und – im Herbst 1989 – in der DDR-Vertretung bei der UNO in New York antrat. Ab November 1989 arbeitete er bei den neugegründeten Sozialdemokraten mit, wo er unter anderem für Ibrahim Böhme tätig war. Danach war Heller zunächst Büroleiter Meckels im MfAA, bevor er in die Presseabteilung des Ministeriums und zum 1. 8. 1990 als Mitarbeiter zu Stefan Hilsberg wechselte. Vgl. dazu Interview mit Steffen Heller v. 14. 7. 1994. Zur Übergabe der Amtsgeschäfte war aus der ehemaligen Führungsriege – die aus Außenminister Fischer sowie dessen sieben Stellvertretern bestand – nur Werner Fleck erschienen, der später im Rang eines Hauptabteilungsleiters die Schnittstelle zwischen der neuen Führung des Amtes und dem alten Beamtenapparat bilden sollte.

49 Vgl. dazu die Ausführungen bei Albrecht 1992, S. 18 ff. Carlchristian von Braunmühl bestätigte im Interview v. 20. 7. 1994, daß das Modell des Dreiecks nur begrenzt organisiert und inhaltlich ausgefüllt werden konnte. Zur Grundstruktur des MfAA siehe auch das undatierte Papier »Ministerium für Auswärtige Angelegenheiten. Übersicht über die Struktur sowie die Personalausstattung« (B 136/20302). Die Zahl der Mitarbeiter des MfAA wird darin mit 1061 zum 30. 4. 1990 angegeben. Zu anderen Zahlen – bei denen häufig nicht zwischen den in Ost-Berlin und den im Ausland tätigen Beschäftigten unterschieden wird – siehe z. B. Albrecht 1992, S. 18, Fn 19; *Westfälische Rundschau* v. 18. 4. 1990, Bei Amtsübergabe gab sich Meckel zugeknöpft – Keine Statements; *Stuttgarter Zeitung* v. 26. 4. 1990, Der Profi empfängt den gutwilligen Laien; *Süddeutsche Zeitung* v. 29. 5. 1990, Das Bemühen, bleibende Akzente zu setzen; *Neues Deutschland* v. 2. 8. 1990, Markus Meckel empfiehlt seinen Beamten Kurzarbeit. Daß die theoretische Grundstruktur nicht funktionierte, wurde in verschiedenen Interviews zum einen mit der fehlenden Zeit zur Etablierung neuer Strukturen sowie zum anderen mit Kompetenzunklarheiten innerhalb der Führungsebene erklärt. In der Praxis arbeiteten die verschiedenen Angehörigen des Planungsstabes später direkt dem Minister oder einzelnen Staatssekretären zu. Einer der weiteren Hintergründe des Scheiterns der ursprünglich angestrebten Konstruktion war die Vorstellung Lothar de Maizières, daß Westdeutsche keine formalen Positionen innerhalb der DDR-Administration einnehmen sollten. Seine Berater Thomas de Maizière und Hans Reckers arbeiteten deshalb Vorschläge für eine »Pärchen-Lösung« aus. Die jeweilige formale Position wurde dabei von einem Ostdeutschen übernommen, der – soweit dies von ihm gewünscht war – mit einem westdeutschen Berater zusammenarbeiten sollte. Vgl. dazu Interview mit Thomas de Maizière v. 3. 2. 1994. Zur ursprünglich geplanten Grundstruktur des Planungsstabes vgl. auch das von Albrecht erstellte MfAA-Papier (undatiert), »MEMO zur Realisierung der Beratergruppe des MfAA«.

50 Die folgende Schilderung beruht – soweit nicht anderweitig belegt – auf den Darstellungen bei Albrecht 1992, S. 18 ff.; Munske 1994, S. 226 ff.; zahlreichen –

zwischen Sommer 1994 und Herbst 1997 geführten – Interviews mit ehemaligen Mitarbeitern des MfAA aus allen der vier beschriebenen Gruppen.

51 Zu den wenigen anderen DDR-Wissenschaftlern mit einem schwachen Einfluß gehörten die Professoren Wolfram Wallraf vom Institut für Internationale Beziehungen an der Akademie für Recht und Staat (IIB) und Gerhard Basler vom Institut für internationale Politik und Wirtschaft (IPW) in Ost-Berlin, die bereits beratend für die »Konsultativgruppe Außenpolitik« der SPD tätig gewesen waren. Daneben wurde Stephan Finger – Internationaler Sekretär der SPD sowie Leiter der »Konsultativgruppe Außenpolitik« – gelegentlich zu Besprechungen hinzugezogen.

52 Erler war früher Mitarbeiterin des IIB gewesen. Im MfAA hatte sie zunächst den Bereich KSZE und trilaterale Initiative, dann EG-Fragen bearbeitet. Grund für den Wechsel ins Amt des Ministerpräsidenten war ein anhaltender Streit zwischen Außen- und Wirtschaftsministerium über die Federführung in der EG-Politik. Lothar de Maizière habe daraufhin die Koordinierung an sich gezogen und eine interministerielle Arbeitsgruppe gegründet (Interview m. Petra Erler v. 26. 2. 1994). Nach Erlers Ausscheiden aus dem Planungsstab des MfAA übernahm mit Ruth Stanley eine Mitarbeiterin Albrechts von der FU Berlin diesen Themenkomplex.

53 Wenn im folgenden vom »Politischen Direktor« des MfAA die Rede ist, dann bezieht sich dies auf Carlchristian von Braunmühl. Wenn auch seine Ernennung zum Politischen Direktor unterblieb, nahm er in der Praxis doch diese Position ein und wurde in zahlreichen Vermerken intern so angeschrieben.

54 Ulrich Albrecht war Professor für Friedens- und Konfliktforschung am Otto-Suhr-Institut der Freien Universität Berlin. Im Herbst 1989 erteilte ihm die DDR ein Einreiseverbot, da Albrecht seit den frühen achtziger Jahren intensiven Kontakt zu den Wortführern der DDR-Friedensbewegung gepflegt hatte. Ab Oktober 1989 war er Berater der SDP (ab 13. 1. 1990 SPD) in außenpolitischen Fragen. Von April bis Oktober 1990 bekleidete er das Amt des Leiters des Planungsstabes im Ministerium für Auswärtige Angelegenheiten der DDR.

55 Die offizielle Zusammenarbeit zwischen Meckel und Bahr kam nach Informationen aus dem MfAA nicht zustande, da Meckel eine zu starke Einflußnahme Bahrs und der westdeutschen SPD auf seine Politik sowie eine Rolle Bahrs als »Nebenaußenminister« befürchtete. Egon Bahr selbst schreibt in einem Brief vom 9. 3. 1994 an die Verfasser, daß er an einer »ad hoc-Arbeitsgruppe mit dem Außenminister an der Vorbereitung der Zwei-plus-Vier-Verhandlungen bzw. dem Einheitsvertrag teilgenommen« habe. Hinzu kamen nach Protokollen aus dem MfAA Gespräche mit Meckel-Mitarbeitern vor allem im Umfeld des dritten »Zwei-plus-Vier«-Außenministertreffens v. 17. 7. 1990 in Paris, bei denen Bahr, so Informationen aus dem MfAA, das Vetomacht der DDR bei den »Zwei-plus-Vier«-Verhandlungen stark überschätzte. Vgl. dazu z. B. undatiertes MfAA-Papier, »Gesprächsnotiz vom Gespräch mit Egon Bahr am 18. Juni 1990 in Bonn« (verfaßt vom Büro von Braunmühl); MfAA-Papier »Zusammenfassung einer Nachbesprechung zum Treffen zwischen Egon Bahr und Markus Meckel am 26. 6. 1990, 14.00 Uhr« (verfaßt von Patrick von Braunmühl); MfAA-Papier v. 2. 7. 1990, »Protokoll des Gesprächs mit Egon Bahr am 2. 7. 1990 in Bonn« (verfaßt von Peter Schlotter); Albrecht 1992, S. 196, Fn 107. Offiziell war Bahr für Abrüstungs- und Verteidigungsminister Eppelmann tätig. Gemeinsam mit anderen SPD-Bundestagsabgeordneten war Bahr am 17./18. 4. zu deutschlandpolitischen Gesprächen im Rahmen einer Arbeitsgruppe »Europäisches Haus« mit der KPdSU in Moskau gewesen. Die westdeutsche Gruppe traf unter anderem mit dem Politbüromitglied Alexander Jakowlew, Generaloberst Lobow und den Gorbatschow-Mitarbeitern Sagladin und Falin zusammen. Nach Informationen aus einem Presse-Briefing durch die SPD-Delegation warb Bahr in

Moskau um die Zustimmung zur Vereinigung nach Artikel 23 GG a. F. Anstelle eines von Moskau geforderten Friedensvertrages schlug Bahr eine Erklärung der Vier Mächte zum Erlöschen ihrer besonderen Rechte vor, da dies den besten Abschluß der Nachkriegsregelungen bilden würde. In der Bündnisfrage konstatierte Bahr eine Festlegung der UdSSR, die eine gesamtdeutsche NATO-Mitgliedschaft keinesfalls als Dauerlösung akzeptieren werde, gleichwohl aber Gesprächsbereitschaft zu verschiedenen Modifikationen angedeutet habe.

56 Einzige Ausnahme war Helmut Frick, der ab Juni 1990 im Ministerbüro des MfAA arbeitete. Einer der Hintergründe dafür dürfte sein, daß Frick als Schwager von Carlchristian von Braunmühl und Angehöriger des Auswärtigen Amtes eine Zwitterstellung zwischen den Gruppen »persönliche Bekannte« und »Westberater« einnahm. Seine Arbeit im Ministerbüro war bei anderen Meckel-Beratern umstritten.

57 Die Rolle der »alten Garde« wurde von ihren späteren Kollegen und Vorgesetzten teilweise widersprüchlich wahrgenommen. Zum einen benötigte man ihre unbestrittene Expertise, zum anderen waren sie aufgrund der engen Verbindung zwischen dem MfAA und dem alten Regime als besonders treue Diener der SED-Herrschaft umstritten. Hinzu kam, daß beispielsweise Krabatsch im Verlauf der »Zwei-plus-Vier«-Verhandlungen immer wieder ein »vorauseilender Gehorsam« gegenüber Bonner Positionen vorgeworfen wurde, wenn er diese Positionen aufgrund seiner diplomatischen Erfahrung für realistischer oder sinnvoller hielt als jene der aktuellen MfAA-Spitze. Die Mitarbeit der angeführten DDR-Diplomaten nach April 1990 wurde in der Mehrzahl der Interviews mit Angehörigen der Führungsspitze um Meckel allerdings als loyal und professionell eingestuft, so beispielsweise im Interview mit Markus Meckel v. 19. 1. 1994.

58 So beispielsweise Carlchristian von Braunmühl im Interview v. 20. 7. 1994, in dem er die Bedenken der neuen MfAA-Führung vor allem damit begründete, daß die Vorschläge Krabatschs häufig als zu »Bonn-freundlich« gegolten hätten. Letztlich habe sich allerdings oft gezeigt, daß dieser mit seinem Gespür für das Machbare und die »Logik der Macht« in seinen Einschätzungen häufig richtig gelegen habe. Ähnlich Hans-Jürgen Misselwitz im Interview v. 13. 7. 1994.

59 Vgl. u. a. Interview mit Herbert Süß v. 21. 7. 1994.

60 Siehe dazu z. B. Albrecht 1992, S. 103 f.; Interview mit Hans-Jürgen Misselwitz v. 13. 7. 1994; Informationen aus dem MfAA. Tiesler war zudem während der entscheidenden Phase der »Zwei-plus-Vier«-Verhandlungen im Sommer vier Wochen lang im Urlaub, so daß er auch deshalb von wichtigen Entscheidungen abgeschnitten war.

61 Zu den – intern wie öffentlich – teilweise umstrittenen Ernennungen von Verwandten und Freunden gehörten Claudia von Braunmühl (Cousine Carlchristian von Braunmühls, »Akzentprojekt Entwicklung und Zusammenarbeit«), Patrick von Braunmühl (Neffe von Carlchristian von Braunmühl und dessen Persönlicher Referent), Franziska Rahner (Freundin von Patrick von Braunmühl, Persönliche Referentin Meckels), Helmut Frick (Schwager von Carlchristian von Braunmühl; abgeordnet aus dem AA, Berater im Meckel-Büro) und Stefan Göbel (Schulfreund von Carlchristian von Braunmühl; abgeordnet aus dem AA ins Referat »Presse und Öffentlichkeit«). Zu den zahlreichen Berichten über die Personalpolitik im MfAA und den zitierten Schlagzeilen vgl. z. B. *Frankfurter Rundschau* v. 9. 6. 1990, Genschers Juniorpartner lernt die neue Algebra; *Deutsches Allgemeines Sonntagsblatt* v. 20. 7. 1990, DDR-Außenminister Markus Meckel – ein Senkrechtstarter im Sinkflug; *Der Spiegel* v. 30. 7. 1990, Wer ist Meckel? Aus dem DDR-Außenministerium hat Ressortchef Meckel ein Familienministerium gemacht – Vetternwirtschaft im Amt; *Die Andere* v. 25. 7. 1990, Meckel o Meckel. Familiäre Personalpolitik im Außenministerium;

*Hannoversche Allgemeine Zeitung* v. 2. 8. 1990, Markus Meckel empfiehlt seinen Beamten Kurzarbeit. Fälle von Vetternwirtschaft. Zu den im Meckel-Büro von Franziska Rahner – einer jungen Studentin – verursachten Peinlichkeiten bei der Terminvergabe an Falin und Teltschik vgl. zudem *Profil* v. 16. 7. 1990, Graue Exzellenzen. Ein westdeutscher Adelsclan führt im DDR-Außenministerium Regie; *Süddeutsche Zeitung* v. 27. 7. 1990, Nur zehn Minuten Zeit für Falin. Ein Stab gutwilliger Greenhorns berät den glücklos agierenden DDR-Außenminister Markus Meckel; *Süddeutsche Zeitung* v. 28. 4. 1990, Eine Mannschaft – untrainiert, aber guter Dinge; *Der Tagesspiegel* v. 17. 6. 1990, Die Entwicklung einer eigenständigen Außenpolitik fällt schwer. Vor der Volkskammer erklärte Markus Meckel zur Besetzung der DDR-Botschaften im Ausland: »Es ist nun einmal so, daß wir keine oder kaum Diplomaten haben, die eine Linie vertreten, wie sie in der CDU jetzt zum Ausdruck kommt. Wir von der SPD können das gleiche sagen.« (Volkskammer, 10. Wahlperiode, 5. Tagung v. 26. 4. 1990, S. 104). Dieses Grundproblem bestand auch für die Besetzung von Vertrauenspositionen in Ost-Berlin.

62 Zum Prinzip »Mobilisierung des alten Apparates durch Konkurrenz« siehe das von Albrecht verfaßte MfAA-Papier (undatiert) »MEMO zur Realisierung der Beratergruppe im MfAA«. Weitere Details beruhen auf Albrecht 1992, beispielsweise S. 47; Interviews mit Markus Meckel und seinen Mitarbeitern.

63 Die vier Hauptstränge – auf die im einzelnen im Verlauf der Untersuchung noch eingegangen wird – finden sich deutlich im Interview mit Markus Meckel v. 19. 1. 1994 sowie in Misselwitz 1996. Für alle diese Bereiche gilt allerdings, daß sie keinesfalls nur von der SPD so vertreten wurden. Unterschiedliche Auffassungen zwischen den beiden großen Koalitionspartnern zeigten sich zwar im Detail, nicht aber in den hier skizzierten Grundzügen der Außenpolitik.

64 Zur Erklärung der Volkskammer v. 12. 4. 1990 siehe auch Deutschland Archiv, Nr. 5/1990, S. 749f.

65 Vgl. zum folgenden v. a. die Darstellung der beiden ersten Treffen von Meckel und Genscher in Genscher 1995, S. 760ff. Misselwitz 1996, S. 50, bezeichnet das Treffen v. 24. 4. als erstes inoffizielles Treffen und übersieht dabei die Begegnung v. 17.4. Eine – negative – Bewertung des Treffens v. 24. 4. liefert Albrecht 1992, S. 22. Vgl. zu den beiden Treffen auch *Frankfurter Allgemeine Zeitung* v. 19. 4. 1990, Anfang Mai Außenminister-Konferenz über deutsche Einheit; *Süddeutsche Zeitung* v. 25. 4. 1990, DDR-Außenminister Meckel bei Genscher; *Frankfurter Allgemeine Zeitung* v. 16. 4. 1990, Genscher und Meckel wollen die Außenpolitik auf allen Gebieten koordinieren; Aussenpolitische Korrespondenz v. 7. 5. 1990. Die Schilderung des Treffens v. 24. 4. beruht zudem auf Informationen aus dem Auswärtigen Amt und dem Ministerium für Auswärtige Angelegenheiten. Über ihre Erfahrungen bei der Zusammenarbeit mit der neuen MfAA-Führung berichteten neun entsandte AA-Beamte bereits Mitte Mai, daß sie kaum Gelegenheit zur Mitarbeit in der Leitungsebene hätten, sondern statt dessen auf die alte MfAA-Ebene abgeschoben würden. Das Mißtrauen ihnen gegenüber werde auch offen zugegeben; so beispielsweise Dieter Kastrup im Interview v. 17. 4. 1998. Zu frühen Annäherungen des MfAA an die Bundesregierung siehe z. B. Telex StäV Nr. 776 v. 30. 3. 1990, betr.: »DDR-Botschaftsgrundstücke im Ausland« (B 136/20302). Der Verwaltungschef des MfAA war demnach an die Ständige Vertretung mit dem Vorschlag herangetreten, den Grundstücksbesitz im Ausland zu koordinieren. Konkreter Anlaß war ein Gelände der DDR in Peking. Nach Ansicht der DDR-Diplomaten konnte die Bundesregierung ihre Grundstückssituation demnach besonders bei einer Übernahme von DDR-Liegenschaften in Ostblockstaaten deutlich verbessern. Nach Informationen aus dem Auswärtigen Amt gab es – angestoßen vor allem vom Planungsstab –

im Juli 1990 Überlegungen zur beruflichen Perspektive der MfAA-Diplomaten. Der Großteil könne wegen der – teilweise allerdings erpreßten – Zusammenarbeit mit der Staatssicherheit nicht in den Auswärtigen Dienst eines vereinten Deutschlands übernommen werden, doch sollte man Umschulungsangebote erarbeiten, um möglichst vielen Betroffenen einen Neubeginn zu ermöglichen.

66 Vgl. zum folgenden soweit nicht anders belegt die Darstellungen im Vermerk Jansen (BMB; II A 2) an Ministerin Willms v. 3. 5. 1990, betr.: »Sowjetische Haltung zur Deutschlandfrage; hier: Besuch von MP de Maizière am 28. und 29. April 1990 in Moskau« (B 137/10640 sowie B 137/10729); Telex StäV Nr. 1033 v. 4. 5. 1990, zum Antrittsbesuch des Ständigen Vertreters, Franz Bertele, bei Lothar de Maizière, das einen ausführlichen Bericht de Maizières über seine Gespräche in Moskau wiedergibt (B 137/10691); Biermann 1997, S. 513; Aussenpolitische Korrespondenz v. 7. 5. 1990, S. 97; Interview mit Lothar de Maizière am 29. 4., 20 Uhr, in der ARD; Interview mit Markus Meckel am 29. 4. 1990, 21.45 Uhr, im ZDF; *Neues Deutschland* v. 30. 4. 1990, Am ehesten in einer NATO, die anders ist; Interview mit Lothar de Maizière am 30. 4. 1990 im Deutschlandfunk.

67 Meckel traf sich am 28. 4. 1990 mit Schewardnadse zu einem Gespräch. Dabei fiel den Besuchern aus der DDR auf, daß der sowjetische Außenminister keinerlei ausführliche Unterlagen bei sich hatte, sondern sich im gesamten Gespräch lediglich auf einige kleine Notizzettel stützte. Schewardnadse vermied es dabei offensichtlich, irgendeine Festlegung oder Zielrichtung in der NATO-Frage zu zeigen, und versuchte statt dessen, möglichst viel über Meckels Positionen zu erfahren (Steffen Heller im Interview v. 14. 7. 1994).

68 Zum »Aide mémoire« siehe das unveröffentlichte MfAA-Papier v. 30. 4. 1990, »Bericht über die Gespräche des Ministers für Auswärtige Angelegenheiten der DDR, Herrn Markus Meckel, mit dem Minister für Auswärtige Angelegenheiten, Herrn Eduard A. Schewardnadse, am 29. April 1990 in Moskau« (213–30100 Fr 6, Bd. 4), in dessen Anlagen sich das Arbeitspapier befindet. Dieses war bereits am 28. 4. vom stellvertretenden Außenminister der UdSSR, Kowaljow, an den Botschafter der Bundesrepublik in Moskau, Blech, übergeben worden. Blech leitete es per Telex an das Auswärtige Amt weiter, von wo es unter anderem auch an das BMB gelangte. Siehe dazu Telex Botschaft Moskau Nr. 1721 v. 28. 4. 1990, betr.: »Wirtschafts-, Währungs- und Sozialunion mit der DDR; hier: Sowjetisches Aide mémoire« (B 137/10882). In diesem Arbeitspapier nahm die sowjetische Seite unter anderem zur Frage der Enteignungen vor 1949 Stellung: Die von den Vier Mächten im Rahmen der Entnazifizierung, Entmilitarisierung und Demokratisierung getroffenen Entscheidungen – »insbesondere zu den Vermögens- und Bodenfragen« – dürften nicht in Frage gestellt und auch nicht von deutschen Gerichten überprüft oder gar revidiert werden.

69 Vgl. zur trilateralen Initiative v. a. die Darstellungen der MfAA-Akteure Albrecht 1992, S. 29 ff.; Kubiczek 1993; Misselwitz 1996, v. a. S. 64 f.; Schlotter 1992; Voß 1993. Detaillierte Untersuchungen zur trilateralen Initiative bieten – auf der Basis unveröffentlichter Dokumente und Interviews – die nicht publizierten Magister- und Zulassungsarbeiten von Markus Garn (Mainz 1996) und Katja Bewersdorf (Mainz 1995).

70 Zur polnischen Initiative siehe z. B. Skubiszewski 1990. Der ausgearbeitete Entwurf der polnischen Regierung wurde der DDR am 13. 3. 1990 in einer Note offiziell übermittelt. Siehe dazu das MfAA-Papier v. 20. 4. 1990 (Abteilung Europäische Einigungsprozesse, Sektor ESK), »Zum polnischen Vorschlag über die Bildung eines ›Europäischen Rates für europäische Zusammenarbeit‹«; außerdem: Aussenpolitische Tagesinformation v. 16. 3. 1990, S. 3 (ACDP Abt. VII–012 Nr. 3918). Zum

Vorstoß der ČSFR siehe Albrecht 1992, S. 31; das von der tschechoslowakischen Botschaft am 6. 4. an das MfAA übermittelte »Memorandum über die europäische Sicherheitskommission« (unveröffentlichtes Dokument); George 1990, bes. S. 9 ff. Zu Dienstbiers Ansprache in Harvard siehe Dienstbier 1990.

71 Vgl. zur DDR-Konzeption und der Arbeit hieran z. B. Albrecht 1992, S. 30 f.; das undatierte MfAA-Papier »KSZE als Basis einer neuen europäischen Entwicklung«; das undatierte MfAA-Papier »Einige Überlegungen für ein akzentuiertes Engagement der DDR in den Verhandlungen der 35 KSZE-Staaten über Vertrauens- und Sicherheitsbildende Maßnahmen (Empfehlung aus der Sicht der DDR-Delegation bei den VSBM-Verhandlungen)«. Eine Zusammenfassung der Beratungen in Schloß Niederschönhausen bietet das von Hans-Jürgen Ebert erstellte MfAA-Papier v. 14. 5. 1990, »Bericht über das Treffen von Experten der Republik Polen, der ČSFR und der DDR am 11. und 12. 5. 1990 in Berlin zur Problematik gemeinsamer Initiativen in Vorbereitung auf das KSZE-Gipfeltreffen 1990« (samt Anlagen). Schewardnadse hatte im Frühjahr 1990 mehrfach Einrichtungen wie einen »Großen Europäischen Rat«, ein »Komitee der Außenminister« oder eine »Troika« gefordert, ohne daß ein schlüssiges sowjetisches Konzept zur künftigen KSZE-Entwicklung sichtbar geworden wäre. Siehe dazu auch George 1990, bes. S. 2 ff.; das von der VSBM-Delegation in Wien erstellte MfAA-Papier v. 12. 6. 1990, »Die Frage der Institutionalisierung des KSZE-Prozesses im Rahmen der Verhandlungen über Vertrauens- und Sicherheitsbildende Maßnahmen«. Zur Wahrnehmung der Haltung der USA – die sich einen Ausbau der KSZE nur komplementär zu den Strukturen der NATO vorstellen konnte – im MfAA siehe z. B. den von Thilo Steinbach (Amt des Ministerpräsidenten) erstellten Vermerk v. 6. 5. 1990, »Kurz-Bericht des ersten Zwei-plus-Vier-Außenministertreffens in Bonn...«. Die DDR-Seite kam darin trotz der wahrgenommenen amerikanischen Bedenken zum Ergebnis, daß verstärkte Konsultationen sowie möglicherweise eine trilaterale Initiative mit Polen und der ČSFR die Entwicklung der KSZE voranbringen könnten. Vgl. zur Politik der USA auch Holst 1993.

72 Vgl. zu diesem Treffen das unveröffentlichte MfAA-Papier (ohne Verfasser) v. 21. 5. 1990, betr.: »Vorlage für das trilaterale Expertentreffen am 27.5.90 in Prag.« Das Papier enthielt zahlreiche Elemente eines noch von der vorigen DDR-Regierung am 23. 2. 1990 vorgelegten Papiers zur Weiterentwicklung der KSZE. Vgl. dazu »Memorandum des Ministeriums für Auswärtige Angelegenheiten der Deutschen Demokratischen Republik zur Einbettung der Vereinigung der beiden deutschen Staaten in den gesamteuropäischen Einigungsprozeß« (B 136/20638; außerdem in Aussenpolitische Korrespondenz v. 9. 3. 1990, S. 59). Zum Verlauf des zweiten trilateralen Treffens siehe das von Hans-Jürgen Ebert erstellte, unveröffentlichte MfAA-Papier v. 29. 5. 1990, »Bericht über das zweite Treffen von Experten aus der Republik Polen, der ČSFR und der DDR am 27. und 28. 5. 1990 in Prag zur Vorbereitung einer gemeinsamen Initiative für das KSZE-Gipfeltreffen 1990«; das unveröffentlichte MfAA-Papier (ohne Datum; erstellt Ende Mai 1990) »Vorschlag der Tschechischen und Slowakischen Föderativen Republik, der Deutschen Demokratischen Republik und der Republik Polen zur Institutionalisierung des KSZE-Prozesses«; die Presseerklärung »Über den Vorschlag der DDR, der ČSFR und der Republik Polen zur Institutionalisierung des KSZE-Prozesses« in Aussenpolitische Korrespondenz v. 22. 6. 1990, S. 138 f. Für einen Überblick zu Vorstellungen von der weiteren Entwicklung der KSZE siehe z. B. das unveröffentlichte MfAA-Papier (ca. 19. 6. 1990), »Übersicht über Vorschläge/Vorstellungen von Teilnehmerstaaten zur Institutionalisierung des KSZE-Prozesses«; die unveröffentlichten MfAA-Papiere (jeweils ohne Datum; eines der Papiere trägt den Verfassernamen »Rhein«, das

zweite stammt von Schwegler-Rohmeis und Patrick von Braunmühl) »Institutionalisierung des KSZE-Prozesses – Übersicht der Vorschläge« bzw. »Institutionalisierung des KSZE-Prozesses. Übersicht über vorhandene Vorschläge«.

73 Polen hatte sich auf beiden Vorbereitungstreffen nachdrücklich für eine Beteiligung der Bundesrepublik an der Initiative ausgesprochen. Laut Misselwitz 1996, S. 65, wurde Bonn deshalb auch dazu »eingeladen«, doch habe Genscher offiziell überhaupt nicht reagiert. Dies deckt sich mit Informationen aus dem Auswärtigen Amt, wonach Misselwitz im Verlauf eines achtzigminütigen Gesprächs zwischen Meckel und Genscher am 1. 6. Bonn ausdrücklich zur Teilnahme eingeladen, der Bundesaußenminister aber lediglich zugesichert habe, man werde sich den beim Mittagessen übergebenen Text »einmal ansehen«. Genscher selbst (S. 799 f.) erwähnt dies in seinen Memoiren ebensowenig wie seine allgemeinen Ausführungen zur notwendigen KSZE-Institutionalisierung. An anderer Stelle (S. 818) erklärt Genscher, er habe das MfAA-Gebäude am 17. 6. 1990 erstmals betreten.

74 Vgl. auch »Statement by the Head of the Czechoslovak Delegation, Ambassador Ladislav Balcar, in the Committee for the Preparation of a Summit Meeting in Paris on June 11, 1990« (unveröffentlichtes MfAA-Papier); »Rede des Leiters der Delegation der DDR, Dr. Johannes Langhoff, auf dem 2. Treffen der KSZE-Konferenz über die Menschliche Dimension, gehalten am 6. 6. 1990 in Kopenhagen«, in Aussenpolitische Korrespondenz v. 11. 6. 1990, S. 135 f.; unveröffentlichtes MfAA-Papier (UA Information) v. 19. 6. 1990, »Initiative zur Institutionalisierung des KSZE-Prozesses. Vertraulich. 84/VI«; Albrecht 1992, S. 33 ff. Zur Reaktion der angeschriebenen Regierungen siehe z. B. unveröffentlichtes MfAA-Papier (Kubiczek) v. 4. 7. 1990, »Zur Reaktion der KSZE-Teilnehmerstaaten auf die trilaterale Initiative zur Institutionalisierung des KSZE-Prozesses«; Reaktion der USA auf die KSZE-Initiative der ČSFR, DDR und Polens, in Außenpolitische Tagesinformation v. 3. 7. 1990, S. 2; verschiedene Telexe der DDR-Botschaften in Washington und London. Darin werden die unterschiedlichen Bedenken auf den Punkt gebracht: Die weiterentwickelte KSZE dürfe keinesfalls ein Ersatz für die NATO werden.

75 Zur später verabschiedeten »Charta von Paris« siehe »Charta von Paris für ein neues Europa. Erklärung des KSZE-Treffens der Staats- und Regierungschefs in Paris am 21. November 1990«, in Europa-Archiv, Nr. 24/1990, S. D656 ff. Für eine ausführlichere Analyse siehe Kubiczek 1993, S. 360 ff.; von Bredow 1992, S. 144 ff. Zum Abrücken der ČSFR von der gemeinsamen Position siehe das unveröffentlichte MfAA-Papier v. 10. 7. 1990 (Referat Benachbarte Länder), »Bericht über den Besuch des Außenministers, Herrn Markus Meckel, in der ČSFR am 9. Juli 1990«. Der Wandel der tschechoslowakischen Position wird analysiert in den unveröffentlichten MfAA-Papieren v. 12. 7. 1990 (Abt. 1, UA KSZE-Prozeß), »Zum Vorschlag der ČSFR für ein Abschlußdokument des KSZE-Gipfels 1990«; v. 27. 7. 1990 (Kubiczek), »Informationen über die erste Arbeitsetappe des Vorbereitungsausschusses für das KSZE-Gipfeltreffen (10.–27. Juli 1990)« (inkl. 2 Anlagen). Zu Skubiszewskis Rückzieher vgl. z. B. das unveröffentlichte MfAA-Papier v. 20. 7. 1990 (von Fritsch), »Protokoll der Gespräche von Außenminister Meckel mit dem Außenminister der Republik Polen, Herrn Skubiszewski, am 4. Juli 1990«; zur späteren polnischen Position das unveröffentlichte MfAA-Papier v. 9. 8. 1990 (Abt. 1, Ref. 110), »Zum überarbeiteten polnischen Vorschlag für die Bildung eines ›Rates für Sicherheit und Zusammenarbeit in Europa‹«.

76 Vgl. zum Staatsbesuch Gorbatschows in den USA die ausführliche Darstellung bei Zelikow/Rice 1997, S. 381 ff.

77 Albrecht 1992, S. 32, nennt die fehlende Einbindung der Bundesrepublik als entscheidenden strategischen Fehler des MfAA bei der Implementierung der trilate-

ralen Initiative. Ob Genscher – nicht zuletzt aufgrund der amerikanischen Widerstände gegen einen zu starken Ausbau der KSZE – selbst bei energischerem Nachfragen die Initiative aktiv unterstützt hätte, erscheint fraglich.

78 Vgl. zu den Hintergründen der »Sicherheitszone« v. a. Albrecht 1992, S. 64 ff. Die Einschätzung, die Auswirkungen des Projekts seien »verheerend«, zudem »undurchdacht« und hätten »unsere Seriosität in Frage gestellt«, stammt von Meckels stellvertretendem Planungsstabsleiter Wolfgang Wiemer. Siehe dazu das MfAA-Papier v. 1. 8. 1990 (Wiemer), »Bilanz und Ausblick; insbes. 2+4«; ähnlich die Einschätzungen in Interviews mit Mitarbeitern Meckels. Zu den Auswirkungen auf Meckels Position innerhalb der DDR-Regierung siehe z. B. Interview mit Markus Meckel im Rundfunk der DDR (Redaktion Monitor) v. 22. 6. 1990; Eppelmann 1992, S. 414; Interview mit Rainer Eppelmann v. 20. 4. 1994. Der Minister für Abrüstung und Verteidigung berichtet dabei jeweils, das Konzept der Sicherheitszone sei »in Irland« veröffentlicht worden, was nicht richtig ist. Nach Eppelmanns Darstellung war das nicht abgesprochene Sicherheitszonen-Projekt einer der entscheidenden Störpunkte im Verhältnis zwischen de Maizière und Meckel. Nach Informationen aus dem MfAA war de Maizière so sehr über Meckels Plan verärgert, daß er ihn bei der Tagung des Warschauer Paktes am 7. 6. von internen Gipfelgesprächen weitgehend ausschloß. Zu den internationalen Auswirkungen des Vorstoßes vgl. z. B. Zelikow/Rice 1997, S. 393, die von »verworrenen Ansichten des neuen ostdeutschen Außenministers« schreiben, welche nach Einschätzung der US-Administration v. 5. 6. 1990 »getrost ignoriert werden« konnten. Eine Analyse auch zur Vorgeschichte des Planes bietet Bewersdorf 1995.

79 Vgl. die unveröffentlichten MfAA-Papiere (jeweils von Albrecht) »Das Konzept einer Mitteleuropäischen Sicherheitszone« (1. Fassung v. 11. 6.; 2. Fassung v. 13. 6. mit zahlreichen Anmerkungen von Domke – der ebenso wie Egon Bahr in einem Gespräch mit Albrecht die Abrüstungskomponente stärker betonte; 3. Fassung v. 5. 7. 1990); Albrecht 1992, S. 67. In einem Vermerk zum ersten Entwurf v. 11. 6. 1990 hatte Albrecht explizit empfohlen, das Papier vor einer Veröffentlichung dem Ministerpräsidenten zugänglich zu machen. Zu seinen Beweggründen äußerte Meckel sich in der Sitzung der Volkskammer v. 14. 6. 1990 (Volkskammer, 10. Wahlperiode, 13. Tagung am 14. 6. 1990, S. 407 f.). Der Außenminister dachte an eine »Subregion« mit besonderen Abrüstungsbemühungen innerhalb der »Region Zentraleuropa«, wie sie bei den Wiener Verhandlungen über die konventionellen Streitkräfte in Europa definiert worden war. Siehe dazu z. B. Meckels Interview in Neues Deutschland v. 22. 6. 1990, UdSSR-Sicherheitsinteressen dürfen nicht ignoriert werden. Zu ähnlichen Konzepten vgl. z. B. Egon Bahr, Sicherheit durch Annäherung, in Die Zeit v. 29. 6. 1990; die verschiedenen Beiträge in Lutz 1990b.

80 Unterstützt wurde die Wahrnehmung Meckels unter anderem durch ein Gespräch mit Valentin Falin am 18. 5. 1990. Falin versuchte dabei, die Erfolglosigkeit der Idee einer gesamtdeutschen NATO-Mitgliedschaft deutlich zu machen. Selbst wenn die sowjetische Führung zustimmen sollte, so seine Argumentation, würde der Vertrag im Obersten Sowjet anschließend nie durch das Ratifizierungsverfahren gelangen und so »ein totgeborenes Kind« sein. Unvorstellbar sei auch, daß die UdSSR ihre Truppen aus der DDR abzöge, während gleichzeitig in Westdeutschland ausländische NATO-Truppen stationiert blieben (Interview mit Steffen Heller v. 14. 7. 1994).

81 Zu den Gesprächen Meckels siehe die unveröffentlichten MfAA-Papiere (ohne Datum; von Fritsch), »Protokoll eines Gesprächs zwischen Außenminister Meckel und Außenminister Hurd (Großbritannien) am 5. 6. 1990 in Kopenhagen«; »Protokoll eines Gesprächs von Außenminister Baker mit Außenminister Meckel am 5. 6.

1990 in Kopenhagen«; »Protokoll des Gesprächs zwischen Außenminister Meckel und Außenminister Ellemann-Jensen (Dänemark) am 5. 6. 1990 in Kopenhagen«; »Protokoll eines Gesprächs zwischen Außenminister Meckel und Außenminister van den Broek (Niederlande) am 5. 6. 1990 in Kopenhagen«. Genscher hörte sich Meckels Vorschlag an, sagte eine Prüfung zu und erkundigte sich nach der Haltung der Sowjetunion. Siehe dazu das Studiogespräch Meckels beim Sender Freies Berlin am 24. 8. 1990 (zit. bei Albrecht 1992, S. 70), in dem Meckel eingesteht, die »freundliche Zurückhaltung« Genschers aufgrund seiner eigenen diplomatischen Unerfahrenheit nicht als Ablehnung verstanden zu haben. Zum ersten Zeitungsinterview zu diesem Thema siehe *Frankfurter Rundschau* (jeweils v. 8. 6. 1990), DDR will eigene Sicherheitszone. Außenminister Meckel plädiert für Bündnis mit Polen und ČSFR; Eine neue militärische Überlegenheit in Mitteleuropa – ein Trauma für die Sowjetunion. FR-Interview mit DDR-Außenminister Meckel. Außerdem: *Der Morgen* v. 8. 6. 1990, Ein neuer Pakt. Zu den kritischen Pressestimmen vgl. z. B. *Die Welt* v. 26. 7. 1990, Markus Meckel und die Diplomatie. Die ursprünglich geplante Unterrichtung des sowjetischen Außenministers Schewardnadse in Kopenhagen fiel angesichts eines nur zehn Minuten dauernden Gesprächs aus. Siehe dazu *Frankfurter Rundschau* v. 9. 6. 1990, Genschers Juniorpartner lernt die neue Algebra.

82 Laut Albrecht 1992, S. 70, wurde die ČSFR vorab bereits über die Initiative unterrichtet, wofür es keine weiteren Belege gibt. Vgl. zur Überraschung in Prag auch *Süddeutsche Zeitung* v. 10. 7. 1990, Meckel: Zahl der Truppen halbieren. Nach Informationen aus dem MfAA unterhielt Meckel sich mit seinen Kollegen Dienstbier (ČSFR) und Skubiszewski (Polen) auf dem gemeinsamen Flug von Kopenhagen zur Tagung des Warschauer Paktes in Moskau über die Sicherheitszone. Erste Papiere gingen den Regierungen in Warschau und Prag erst Mitte Juni bzw. Mitte Juli zu. Vgl. dazu die unveröffentlichten MfAA-Papiere v. 2. 7. 1990, Brief des Botschafters der DDR in der ČSFR, Ziebart, an den Politischen Direktor des MfAA, von Braunmühl; (von Fritsch) »Zusatz zum Protokoll des Gespräches von Außenminister Skubiszewski mit Außenminister Meckel am 4. Juli 1990«. Zur zurückhaltenden Position siehe die unveröffentlichten MfAA-Papiere v. 10. 7. 1990 (Referat Benachbarte Länder), »Bericht über den Besuch des Außenministers, Markus Meckel, in der ČSFR am 9. Juli 1990«; v. 11. 7. 1990 (Schlotter), »Bericht über das Gespräch mit Herrn Calfa, Ministerpräsident der ČSFR, am 9. Juli 1990«; den Brief des polnischen Außenministers Skubiszewski an Markus Meckel v. 26. 7. 1990, in dem Skubiszewski sich sehr positiv über die Abrüstungsvorschläge äußerte.

83 Zum Gespräch der beiden Außenminister siehe das unveröffentlichte MfAA-Papier (ohne Datum; von Fritsch), »Protokoll eines Gesprächs mit Außenminister Schewardnadse am 7. 6. 1990 von 18.20 bis 20.20 Uhr im Hotel ›1. Oktober‹ in Moskau, vertraulich« (mit Anhang »streng vertraulich«). Bei diesem Treffen wurde vereinbart, in einer Arbeitsgruppe die Bündniszugehörigkeit, den militärischen Status Gesamtdeutschlands, eine mögliche Übergangszeit und auch die Sicherheitszone zu diskutieren. Meckel wertete dies als Bestätigung seines Projekts. Als die Arbeitsgruppe wie vereinbart im Rahmen des Antrittsbesuches von Schikin am 11. 6. in Ost-Berlin zusammentrat, fehlte das Thema Sicherheitszone auf der Themenliste. Vgl. das unveröffentlichte MfAA-Papier (ohne Datum; von Fritsch), »Zusatz zum Protokoll des Antrittsbesuches von Botschafter Schikin am 11. 6., 13.30 Uhr, streng vertraulich«. Nach Auskunft von Wladimir Grinin, der für Kontakte zwischen der sowjetischen Botschaft in Ost-Berlin und Meckels Planungsstab zuständig war, kam die gemeinsame Arbeitsgruppe nie richtig in Gang. Er habe zwar den Kontakt gehalten und immer wieder Sondierungsgespräche im MfAA geführt, doch hätten diese nie zu konkreten Ergebnissen geführt (Interview mit Wladimir Grinin v. 22. 5. 1995).

84 Siehe dazu z. B. die Einschätzung bei Misselwitz 1996, S. 65, der von »Irritationen und Mißverständnissen« spricht. In zahlreichen Interviews mit Akteuren des MfAA zeigte sich zudem, daß Meckels Initiative zur Sicherheitszone häufig als früher Wendepunkt für das internationale Ansehen Meckels bewertet wurde. Nach Informationen aus dem Auswärtigen Amt und dem MfAA war Meckels Sicherheitszone auch Bestandteil eines von Mitarbeitern der beiden Minister als »Versöhnungsgespräch« gedachten Treffens von Meckel und Genscher am 6. 8. 1990 in Bad Reichenhall. Genscher machte Meckel dort deutlich, daß sein »Sicherheitszonen«-Konzept einer gesamtdeutschen NATO-Mitgliedschaft komplett zuwiderlaufe. Zur Schwächung der Verhandlungsposition der DDR dürfte zudem beigetragen haben, daß bereits ab Frühjahr 1990 mit der Schließung einzelner Auslandsvertretungen – so Ende April der Botschaft in Kathmandu – das bevorstehende Ende dieses Staates noch zusätzlich verdeutlicht wurde. In den USA herrschte in dieser Zeit verstärkt der Eindruck, daß Meckel und seine Mitarbeiter sich immer weiter von der Realität verabschiedeten. Die Bedenken seien so weit gegangen, daß man zeitweise befürchtete, das MfAA werde mit dem Abteilungsleiter im sowjetischen Außenministerium Alexander Bondarenko zusammenarbeiten und so eine neue Vetosituation in den anlaufenden Verhandlungen schaffen (Condoleezza Rice im Interview v. 31. 10. 1994).

85 Eppelmann hatte sich für die Übernahme des – auf seinen Wunsch hin so bezeichneten – Ministeriums für Abrüstung und Verteidigung entschlossen, da er sich vor allem um die Abrüstung kümmern wollte. Erst nach Amtsantritt stellte er fest, daß dieses Gebiet traditionell zur Zuständigkeit der Außenminister gehörte (Interview mit Rainer Eppelmann v. 20. 4. 1994). In der Folgezeit war Eppelmann immer stärker über Meckels Alleingänge verärgert, zumal dieser keinerlei Koordinationsbereitschaft zeigte. Zu den wenigen Ausnahmen einer Abstimmung zwischen den beiden Ressorts gehörte ein Treffen am 20. 7. (unveröffentlichtes MfAA-Papier, ohne Datum, verfaßt v. Albrecht, »Protokoll einer Besprechung mit Minister Eppelmann, Minister Meckel, Herrn Egon Bahr, Herrn C. v. Braunmühl und Herrn Albrecht am 20. Juli 1990, 12.30 Uhr bis 14.00 Uhr«). Vgl. dazu auch Eppelmann 1992, S. 169f., und 1993, S. 414.

86 Dieser Vorschlag Genschers findet sich in der deutschen Übersetzung eines MfAA-Berichts über das Arbeitstreffen von Genscher und Schewardnadse am 18. 6. 1990 in Münster (undatiertes MfAA-Papier). Genscher berichtet in seinen Memoiren (S. 819 ff.) nichts von diesem Vorschlag, der in den Zusammenhang seiner zahlreichen, vorsichtig formulierten Angebote an die UdSSR zur Schaffung eines Sicherheitsrahmens für die Vereinigung gehört. Vgl. die Einschätzung bei Kiessler/Elbe 1993, S. 78f. Laut dem sowjetischen Bericht unterstützte Genscher in Münster auch die Idee einer gemeinsamen Erklärung der beiden Militärbündnisse, lehnte aber einen Vertrag ab. Er befand sich damit auf einer Linie mit der Position der US-Administration, die sich ebenfalls gegen einen konkreten Vertrag zwischen NATO und Warschauer Pakt aussprach, da dies als Beitrag zur Anerkennung und Stabilisierung des östlichen Bündnisses verstanden werden konnte.

87 Genschers Brief v. 16. 3. enthielt – wie bereits geschildert – die Antwort des Bundesaußenministers auf Schewardnadses im Westen nicht verstandene Vorschläge zum Vorgehen bei Krisen in der DDR v. 2. 3. Weitere Schreiben folgten am 29. 3. und 25. 4., wobei Genscher unter anderem auf das vorangegangene Gespräch in Windhuk sowie die anlaufenden innerdeutschen Verhandlungen zur Wirtschafts-, Währungs- und Sozialunion einging. Über die Ergebnisse seines Treffens mit Schewardnadse am 22. 3. in Windhuk – bei dem es vor allem um Fragen der KSZE-Weiterentwicklung und den von Genscher abgelehnten Friedensvertrag gegangen

war – sowie Treffen mit den Außenministern Polens, Ungarns und der Tschechoslowakei am Rande eines Sondertreffens der Außenminister des Europarates v. 24. bis 26. 3. in Lissabon unterrichtete Genscher am 27. 3. ausführlich die Mitglieder des Unterausschusses »Außen- und sicherheitspolitische Zusammenhänge« (Informationen aus dem Auswärtigen Amt). Vgl. dazu auch GL 22 v. 10. 4. 1990, »Vermerk über die Sitzung der Arbeitsgruppe Außen- und Sicherheitspolitik des Kabinettausschusses Deutsche Einheit am 27. März im Gästehaus des AA« (B 136/20253 sowie B 136/20244). Der Bundesaußenminister betonte demnach das große Interesse der UdSSR an Abrüstungsschritten und einem Ausbau der KSZE. Zum Treffen in Windhuk siehe auch Genscher 1995, S. 746 ff.; Kiessler/Elbe 1993, S. 109 f.; – zu den dortigen Gesprächen Bakers – Zelikow/Rice 1997, S. 324. Nach Informationen aus dem Auswärtigen Amt wurden zahlreiche der Gesprächsinhalte von Windhuk auch bei einem Treffen Genschers mit dem sowjetischen Vizeaußenminister Viktor Karpow am 13. 4. in Bonn angesprochen, bei dem ebenfalls die KSZE-Entwicklung sowie wirtschaftliche Fragen im Mittelpunkt standen. Karpow machte deutlich, daß die gesamtdeutsche NATO-Mitgliedschaft für die UdSSR vor allem ein innenpolitisches Problem darstelle: Sollte der sicherheitspolitische Status eines vereinten Deutschlands nicht den Vorstellungen aller Völker entsprechen, dann werde die sowjetische Führung hierzu keine Zustimmung im Parlament erhalten. Vgl. die kurze Zusammenfassung bei Genscher 1995, S. 767. Tejmuras Stepanow berichtete im Interview v. 28. 10. 1997, daß Schewardnadse in Windhuk erstmals die Idee einer »Übergangsperiode« in die Diskussion eingebracht habe. Vgl. dazu auch Kapitel »Große Entwürfe und kleine Erfolge«.

88 Mitarbeiter der Abteilung 2 hatten vor einer einseitigen Gewaltverzichtserklärung der Bundesrepublik gewarnt, da diese unter Umständen einer Singularisierung Deutschlands Vorschub leisten würde. Eine ausschließliche Bekräftigung des im Grundgesetz festgeschriebenen einseitigen Gewaltverzichts habe zudem Außenminister Genscher bereits am 6. 4. in Washington vorgenommen, während eine reine Bestätigung sämtlicher KSZE-Prinzipien nicht spektakulär genug wäre und somit auch die sowjetische Öffentlichkeit nicht erreichen könnte (Informationen aus der Bundesregierung). Letztlich schlug Teltschik dem Bundeskanzler – unter Verweis auf den entsprechenden Vorschlag eines sowjetischen Wissenschaftlers – einen Brief zum 45. Jahrestag des Kriegsendes vor. Dieses Schreiben wurde am 24. 4. abgeschickt. (21-30100 Ja15, Bd. 3; von Kohl mit seiner Paraphe und »i. O.« abgezeichnet). Das Schreiben wird weder von Kohl (Diekmann/Reuth 1996) noch Teltschik 1993 erwähnt. Teltschik 1993, S. 204, berichtet lediglich über ein »ausführliches Gespräch mit dem Bundeskanzler über die Entwicklung der Beziehungen zur Sowjetunion« am 23. 4. und (S. 275) Gorbatschows Antwort in einem am 15. 6. in Bonn eingetroffenen Brief. Zu Kohls Position Mitte April siehe seine eigene Darstellung in Diekmann/Reuth 1996, S. 355 f.

89 Information aus dem Bundeskanzleramt.

90 Vgl. zum folgenden Gesprächsvorlage AL 2 (Kaestner) an den Bundeskanzler (von diesem mit Anstreichungen und Bemerkungen versehen) v. 20. 4. 1990, betr.: »Ihr Gespräch mit dem sowjetischen Botschafter Julij Kwizinskij Montag, 23. 04. 1990, 17.00 Uhr« (212-35400 De 39 Na2, Bd. 3). Der Vorlage waren beigefügt: Vermerk LASD an den Bundeskanzler v. 19. 4. 1990, betr.: »Vertrag über die Schaffung einer Währungsunion mit Wirtschafts- und Sozialgemeinschaft mit der DDR; hier: Sowjetische Demarche vom 19. 04. 1990«; Vermerk GL 42 (Ludewig) v. 20. 4. 1990, betr.: »Wirtschaftsbeziehungen DDR-Sowjetunion im Zusammenhang mit der Währungsunion mit Wirtschafts- und Sozialgemeinschaft (WWU) mit der DDR«; »Vom Sprachendienst des Auswärtigen Amtes geprüfter Übersetzungstext« der so-

wjetischen Demarche v. 19. 4. 1990. Zum Gespräch siehe auch AL 2 v. 30. 4. 1990, »Vermerk über das Gespräch des Herrn Bundeskanzlers mit dem sowjetischen Botschafter Julij Kwizinskij am 23. April 1990, 17.00 bis 18.00 Uhr im Bundeskanzleramt« (21-30130 S 25 - De 2/5/90); die Darstellung Kohls in Diekmann/ Reuth 1996, S. 356f. Kohl berichtet darin, er habe Kwizinskij am Nachmittag des 23. 4. ins Kanzleramt rufen lassen. Siehe zum Gespräch Kohl - Kwizinskij auch Teltschik 1993, S. 205ff.; Kwizinskij 1993, S. 19 f. Der sowjetische Botschafter schildert die Atmosphäre als gut; der Kanzler sei überaus freundlich und aufmerksam gewesen und habe ihm mitgeteilt, fest mit einer positiven Antwort Gorbatschows hinsichtlich eines umfassenden politischen Vertrages und des weitreichenden Abkommens über wirtschaftliche Zusammenarbeit zu rechnen.

91 Kohl bezeichnet diesen Vorschlag in Diekmann/Reuth 1996, S. 356f., als »völlig inakzeptabel«. Es handelt sich dabei offenbar um eine nachträgliche Interpretation Kohls, denn das deutsche Protokoll der Unterredung verzeichnet keinen Widerspruch des Kanzlers. Der Vorschlag des Botschafters wurde offensichtlich zunächst in die lange Reihe anderer Ideen und Vorstöße sowjetischer Politiker, Diplomaten und Wissenschaftler gestellt. Erst bei den noch näher zu erläuternden Ausführungen Schewardnadses beim ersten »Zwei-plus-Vier«-Ministertreffen in Bonn wurde deutlich, daß die »Entkoppelung« der inneren und äußeren Aspekte mehr war als eine der zahlreichen Ideen nachgeordneter sowjetischer Beamter.

92 Nach Informationen aus dem Auswärtigen Amt und dem State Department wurden die Ende März kursierenden Gerüchte über die Ablösung Adamischins durch Kwizinskij als Hinweis auf eine Verhärtung der sowjetischen Verhandlungsposition gewertet. Kwizinskij, der westlichen Diplomaten durch seine harte Linie bei den Vier-Mächte-Verhandlungen über Berlin in unangenehmer Erinnerung war, übernahm später zwar die »Zwei-plus-Vier«-Verantwortung im sowjetischen Außenministerium, nicht aber die unmittelbare Leitung der »Zwei-plus-Vier«-Delegation. Diese ging auf den Leiter der 3. westeuropäischen Abteilung, Alexander Bondarenko, über, der ebenfalls den Ruf eines deutschlandpolitischen Hardliners hatte. Allerdings, so die Annahme, würden die konservativen Beamten den Vereinigungsprozeß schlimmstenfalls stören oder verzögern, keinesfalls aber aufhalten können. In den Bereich der mißtrauischen Überlegungen des Westens gehörten Ende März auch Vermutungen westlicher Diplomaten, Bondarenko sei - unter dem von ihm angeblich auch früher schon benutzten Pseudonym »M. Aleksandrow« - Autor eines in der Wochenzeitung *Literaturnaja Rossija* v. 16. 3. 1990 erschienenen deutschlandkritischen Artikels (Das vereinigte Deutschland und das gesamteuropäische Haus). In diesem Beitrag wurden mit großer Fachkenntnis die verschiedenen Vereinbarungen der Vier Mächte zu Deutschland als Ganzem und Berlin analysiert und zahlreiche mögliche »Extrempositionen« des sowjetischen Außenministeriums dargestellt. Bondarenko bestritt die Autorenschaft im Interview v. 22. 5. 1995. Er erklärte in diesem Interview weiter, Adamischin habe am ersten »Zwei-plus-Vier«-Treffen nur teilgenommen, weil er zu diesem Zeitpunkt sowieso in Westeuropa unterwegs gewesen sei. Danach habe man im Außenministerium aber erkannt, daß im »Zwei-plus-Vier«-Rahmen sehr wohl ernsthafte und substantielle Verhandlungen stattfänden. Schewardnadse habe daraufhin ihn mit der Delegationsleitung beauftragt. Zur Analyse der sowjetischen Position durch das Bundeskanzleramt vgl. z. B. Vermerk RL 212 (Kaestner) v. 25. 4. 1990, betr.: »Deutsch-sowjetische Beziehungen in der Perspektive der deutschen Einheit«; Vermerk RL 212 (Kaestner) v. 25. 4. 1990, betr.: »Gespräche ›Zwei-plus-Vier‹« (212-354 00-De 39 Na 4, Bd. 1; zusammen mit Teilen umfangreicher Gesprächsmappen für die geplanten Abstimmungen mit der neuen DDR-Regierung). Einen Überblick hierzu bietet auch Vermerk RL 514 an

ChBK (in Kopie an AL 2) v. 3. 5. 1990, betr.: »Der sicherheitspolitische Status Gesamtdeutschlands, sowjetische Positionen und deutsche Interessen«, mit einer Zusammenfassung der Ausarbeitung von Rafael Biermann (HV) v. 23. 4. 1990, »Der sicherheitspolitische Status des zukünftigen Gesamtdeutschland. Die sowjetische Verhandlungsposition und -taktik, Auswirkungen auf die bundesdeutsche Innenpolitik sowie Reaktionsmöglichkeiten der Bundesregierung« (beides in 212-35400 De 39 NA 2, Bd. 3). Vgl. zur sowjetischen Position im Vorfeld des ersten »Zwei-plus-Vier«-Außenministertreffens Zelikow/Rice 1997, S. 336ff. – mit einer ausführlichen Darstellung zu Schewardnadses Besuch in Washington am 6. 4. 1990 und den verschiedenen Fraktionen in Moskau; Biermann 1997, S. 514ff.

93 Die Darstellung und Analyse der zahlreichen Aktivitäten Kastrups erfolgt auf der Basis einer von Kastrup beim Interview v. 17. 4. 1998 übergebenen Aufstellung seiner offiziellen Gespräche ab Frühjahr 1990, ergänzt durch zahlreiche Interviews mit Beteiligten sowie Informationen aus dem MfAA, dem Auswärtigen Amt, dem Bundeskanzleramt, dem State Department, dem Quai d'Orsay, dem FCO und dem sowjetischen Außenministerium.

94 Bei dieser Runde in Bonn ging es nach Informationen aus den beteiligten Außenministerien vor allem um die Frage nach einer Revision der Rechte der drei Mächte in West-Berlin. Da in Bonn offensichtlich noch niemand mit der Herstellung der deutschen Souveränität bis Ende 1990 rechnete, wurde parallel zu den Vereinigungsbemühungen in einer beim »Eins-plus-Drei«-Direktorentreffen am 28. 2. in London beschlossenen Arbeitsgruppe nach Möglichkeiten zum Abbau sichtbarer bzw. besonders symbolischer Rechte der Westalliierten gesucht. Ein zusätzlicher Hinweis auf die Bonner Überlegungen zum zeitlichen Ablauf der Vereinigung war das zweite regelmäßig besprochene Thema, die Direktwahl der Berliner Bundestagsabgeordneten. Die umfangreichen Bemühungen der Bundesregierung zeigen, daß auch im Mai 1990 weder im Kanzleramt noch im Auswärtigen Amt mit dem vollständigen Vollzug der Einheit bis zur bevorstehenden Bundestagswahl im Herbst 1990 gerechnet wurde.

95 Die Einschätzung »auffallend freundlich« findet sich bei Zelikow/Rice 1997, S. 329. Die Darstellung der Runde v. 10. 4. basiert auf Zelikow/Rice 1997, S. 329f.; Interviews mit Akteuren und Informationen aus den beteiligten Außenministerien. Teilnehmer waren Zoellick, Seitz, Weston, Dufourcq und Kastrup.

96 Die Schilderung des »Eins-plus-Drei«-Treffens v. 30. 4. 1990 basiert auf Interviews mit Akteuren sowie Informationen aus den beteiligten Außenministerien. Teilnehmer der neunzigminütigen Abstimmungsrunde waren Weston, Dufourcq, Zoellick und Seitz sowie Kastrup. Mit Hinweis auf bereits vorhandene Termine Bakers und Bedenken wegen der durch die schnelle Abfolge gegenüber Moskau aufgebauten Druckkulisse reagierte die US-Delegation zurückhaltend auf den westdeutschen Vorstoß, der eine weitere Beschleunigung der Abläufe bedeutet hätte. Kastrup berichtete über den am 27. 4. übergebenen polnischen Entwurf eines Grenzvertrages und widersprach dem von Seitz aus seinen Gesprächen mit der polnischen Seite mitgenommenen Eindruck, es herrsche bereits Einigkeit über den Grenzvertrag. Er erläuterte noch einmal das vom Bundeskanzler bevorzugte Verfahren. Weston wie auch Zoellick kritisierten seine Formulierung, die Einladung Polens zu einem Beamtentreffen werde »nicht ausgeschlossen«, als unzureichend, worauf Kastrup eine Entscheidung der Außenminister hierüber vorschlug.

97 Die Schilderung der internen Auseinandersetzung im MfAA beruht auf der Darstellung bei Albrecht 1992, S. 36f.; Interviews mit Teilnehmern; dem unveröffentlichten MfAA-Papier (ohne Verfasser und Datum) »Zur Vorbereitung der Verhandlungen im Rahmen der 2+4« und dem unveröffentlichten MfAA-Papier (ohne

Datum, ohne Verfasser) »Drehbuch. Zweites Treffen im Rahmen 2+4 auf Beamtenebene«. Die DDR-Delegation stützte noch immer den Vorschlag, auch die Sicherung der Eigentumsverhältnisse in der DDR im internationalen Rahmen bestätigen zu lassen, verzichtete bei dieser Sitzung aber darauf, die Aufnahme eines eigenen Tagesordnungspunktes zu verlangen.

98 Zur Person von Edelbert Richter, der bei der Vorbereitung der »Zwei-plus-Vier«-Runden keine Rolle spielte: Evangelischer Theologe, Pfarrer. Geboren am 25. 2. 1943 in Chemnitz, nahm Richter 1961 ein Philosophiestudium auf, wurde jedoch aus politischen Gründen exmatrikuliert. Bevor er von 1963 bis 1968 Theologie studierte und ab 1974 seinen Pfarrberuf ausübte, hatte er von 1961 bis 1963 als Kranführer gearbeitet. 1989 trat er als Mitbegründer der Partei »Demokratischer Aufbruch« (DA) in Erscheinung, bis zum Übertritt in die SPD im Januar 1990 als Mitglied im Vorstand des DA. Ab März 1990 gehörte er für die SPD der DDR-Volkskammer an. Mitglied der »Zwei-plus-Vier«-Delegation der DDR. Vgl. dazu z.B. Barth u. a. 1995, S. 602; Baumgartner/Hebig 1997, S. 710. Statt von Steinbach wurde das Amt des Ministerpräsidenten in der Folgezeit zumeist von Wolfgang Schwarz vertreten, dem stellvertretenden Leiter der Abteilung für internationale Politik im Amt des Ministerpräsidenten.

99 Die folgende Darstellung der zweiten »Zwei-plus-Vier«-Beamtensitzung basiert auf dem unveröffentlichten MfAA-Papier (samt Anlagen) v. 30. April, »Bericht über das 2. Treffen ›4+2‹ am 30. April 1990 in Berlin«; dem unveröffentlichten MfAA-Papier (Misselwitz), »Stand der Vorbereitungen für die Zwei-plus-Vier-Verhandlungen. Gegenstand des Expertentreffens am 30. April 1990«; Zelikow/Rice 1997, S. 345; Albrecht 1992, S. 36 ff. Zur westdeutschen Delegation gehörte Peter Hartmann aus der Abteilung 2 des Bundeskanzleramtes, der als Verbindungsmann zum Auswärtigen Amt fungierte. Vgl. auch den Vermerk GL 21 v. 1. 5. 1990 an den Bundeskanzler, betr.: »Gespräche ›Zwei-plus-Vier‹; hier: 2. Runde in Berlin« (212-35400 De 39 NA 4, Bd. 1 – von Kohl abgezeichnet – sowie B 136/20244). Außerdem Informationen aus Interviews mit Beteiligten. Im MfAA wurde bis in den Frühsommer weiterhin von »4+2« statt »2+4« gesprochen, was Herbert Süß im Interview v. 21. 7. 1994 mit der »Achtung vor den Alliierten« begründete.

## TANDEM AUSSER TRITT

1 So der Eindruck von Mitarbeitern des Kanzleramts aus diversen Gesprächen in Paris. Vgl. auch *Frankfurter Allgemeine Zeitung* v. 4. 1. 1990, Frankreich spielt in der deutschen Frage auf Zeit. Dieser Artikel basierte offensichtlich auf Informationen der Bonner Botschaft in Paris (Informationen aus der Bundesregierung). Des weiteren Teltschik 1993, S. 98. Zu den Vermutungen über »Bremser« in der französischen Beamtenschaft siehe auch das Kapitel »Diplomatie im Zeichen des Status quo«.

2 Die Einsicht Mitterrands in die Unvermeidlichkeit der Einheit schildert Favier 1996, S. 228. Ähnlich die Eindrücke des CDU-Bundestagsabgeordneten Karl Lamers nach verschiedenen Gesprächen in Paris am 15./16. 1. 1990 (Informationen aus dem Auswärtigen Amt und dem Kanzleramt). Danach hatte unter anderem Jean-Louis Bianco, Generalsekretär im Elysée, erläutert, daß es Mitterrand nun vor allem um einen kontrollierbaren Einigungsprozeß gehe, bei dem vorrangige Bedingung ein freier und demokratischer Verlauf sei. Dabei dürfe das Gleichgewicht in Europa nicht gefährdet werden. Zur Frage der polnischen Westgrenze müsse – bei allem Verständnis für die juristischen Bedenken Kohls – klar und eindeutig Stellung

bezogen werden. Auch die beiden Militärallianzen dürften zu diesem Zeitpunkt nicht in Frage gestellt werden, da es noch keine neuen europäischen Sicherheitsstrukturen gebe.

3 Zur Wette zwischen Attali und Teltschik siehe Favier/Martin-Roland 1996, S. 230; Teltschik 1993, S. 118. Über Mitterrands Äußerungen vor dem Ministerrat am 31. 1. berichtet Favier/Martin-Roland 1996, S. 230.

4 Die Atmosphäre des Gesprächs zwischen Thatcher und Mitterrand wird nachgezeichnet in *Le Monde* v. 23. 1. 1990, Entretiens avec M. Mitterrand et Mme Thatcher. Vgl. zum Gesprächsverlauf auch die Darstellung bei Thatcher 1993, S. 1103 f. Der Abschluß des Gesprächs ist dargestellt in *Le Monde* v. 24. 2. 1990, Les Britanniques multiplient les consultations avec les Français. Die folgenden Zitate Thatchers sind entnommen aus Thatcher 1993, S. 1103 f.

5 Zu Mitterrands Bitte gegenüber Cossiga siehe Favier/Martin-Roland 1996, S. 229. Zu Kohls Wahrnehmung der Vorbehalte Mitterrands und seiner Reaktion darauf siehe Teltschik 1993, S. 102.

6 Über die langfristige Planung dieses Vortrags geben mehrere Dokumente aus dem Bundeskanzleramt Aufschluß: Bereits in einem Gespräch mit dem Präsidenten der EG-Kommission Jacques Delors am 5. 10. 1989 hatte der Bundeskanzler seine Absicht angekündigt, im kommenden Winter in Paris eine Grundsatzrede halten zu wollen. Vgl. Vermerk VLR I Bitterlich v. 11. 10. 1989, betr.: »Gespräch des Bundeskanzlers mit dem Präsidenten der EG-Kommission am 5. Oktober 1989, 11.00-13.00 Uhr« (211-301105 Eu70); des weiteren Vermerk von AL 2 an den Bundeskanzler v. 8. 1. 1990, betr.: »Ihre Rede am 17. Januar 1990 in Paris« (211-301 04 F2 Fr24). Darin schlug Teltschik vor, den ursprünglichen Titel des Vortrags (der ebenso wie sein an diesem Abend vorzustellendes Buch »Europa ist unser Schicksal« lauten sollte) den veränderten Umständen anzupassen und nun »Die deutsche Frage in Europa und die europäische Herausforderung« zu nennen. Zahlreiche handschriftliche Anmerkungen des Bundeskanzlers auf diesem Vermerk zeugen von der großen Bedeutung, die Kohl selbst diesem Vortrag beimaß. So wollte er unbedingt noch aktuell Stellung nehmen zu einer Delors-Rede vor dem Europäischen Parlament vom selben Tag; außerdem war ihm daran gelegen, die Dramatik der Ereignisse in der DDR stärker hervorzuheben sowie eine explizite Begrüßung der von Mitterrand anläßlich seiner Neujahrswünsche vorgestellten Europapläne einzufügen. Der Vortrag Helmut Kohls am 17. 1. 1990 in Paris ist abgedruckt in Bulletin Nr. 9 v. 19. 1. 1990, S. 61 ff. Jeweils nur knappe Verweise auf die Rede finden sich bei Dieckmann/Reuth 1996, S. 238; Teltschik 1993, S. 111.

7 Der Hinweis auf den Friedensvertragsvorbehalt in Kohls Rede fand in Frankreich besonderes Interesse. Ein solcher Lösungsweg für die deutsche Vereinigung hätte die Beteiligung aller im Mai 1945 mit der Bundesrepublik im Kriegszustand befindlichen Staaten an Vertragsverhandlungen bedeutet, bei denen mit Sicherheit auch Reparationsforderungen erhoben worden wären. Nicht nur Koalitionspartner Genscher mißfiel dieser Begriff deshalb, wie in der Kabinettssitzung vom 28. 2. zum Ausdruck kam. Der Bundesaußenminister bat, der Hinweis auf eine mögliche friedensvertragliche Lösung solle doch künftig nicht mehr verwendet werden (vgl. Interview mit Michael Mertes v. 20. 9. 1995). Auch Kohl lehnte einen förmlichen Friedensvertrag ab, der eine Mammutkonferenz und somit die Verschleppung der Frage der deutschen Einheit bedeutet hätte. Dennoch benutzte er den Begriff auch anschließend immer wieder, wenn er die Rechtslage beim Thema deutsch-polnische Grenze erläuterte (so u. a. in einem Interview mit *Die Welt* v. 30. 3. 1990, »Jetzt wird ein Beitrag zum inneren Frieden fällig«).

8 Vgl. dazu den Brief Mitterrands an Kohl v. 17. 1. 1990 (211-301 04 F2 Fr24, Bd. 2); Favier/Martin-Roland 1996, S. 234. Es ist aber durchaus vorstellbar, daß ihm vor allem daran gelegen war, den Eindruck zu vermeiden, seine Anwesenheit impliziere die uneingeschränkte Zustimmung zu den Positionen Kohls. Zur Antwort Kohls siehe den Brief des Bundeskanzlers an François Mitterrand v. 25. 1. 1990 (211-301 04 F2 Fr24).
9 Zum Telefonat Kohls mit dem französischen Staatspräsidenten siehe Vermerk Neuer v. 5. 2. 1990, betr.: »Telefongespräch des Herrn Bundeskanzlers mit Präsident Mitterrand am 5. Februar 1990« (21-30132 - F2 Te6, Bd. 2); Dieckmann/Reuth 1996, S. 263 f.; Teltschik 1993, S. 128.
10 Vgl. weiterführend zu diesem Aspekt Gouazé 1990.
11 Daß die deutsch-französischen Beziehungen auch Mitte Februar noch nicht wieder im Lot waren, berichten z. B. *Süddeutsche Zeitung* v. 16. 2. 1990, Aus dem Tandem wurde ein Hochrad; *Frankfurter Allgemeine Zeitung* v. 15. 2. 1990, Von Kohl und Gorbatschow überrumpelt.
12 Vgl. zum folgenden das Interview Mitterrands mit acht französischen Regionalzeitungen zur aktuellen politischen Lage am 14. 2. 1990, abgedruckt in Frankreich-Info, Nr. 5/1990, 15. 2. 1990.
13 In Paris wurde allerdings vehement bestritten, daß Frankreich daran interessiert sei, die deutsche Frage durch Einbeziehung der 35 KSZE-Teilnehmerstaaten zu »zerreden«. Vgl. *Die Zeit* v. 9. 2. 1990, Ein Fatalist im Elysée.
14 Die Wahlen zur Volkskammer waren am 27./28. 1. bei Verhandlungen von DDR-Ministerpräsident Modrow mit dem Runden Tisch vom ursprünglich geplanten Termin am 6. 5. auf den 18. 3. vorverlegt worden. Vgl. dazu Korte 1994, S. 95 f. Zu den zitierten Äußerungen des französischen Außenministers vgl. *Die Welt* v. 9. 2. 1990, Roland Dumas: »Die deutsche Einheit ist nicht aufzuhalten«.
15 Jean-Pierre Chevènement auf RTL am 3. 1. 1990, hier zitiert nach einer Kommentarübersicht des Presse- und Informationsamtes der Bundesregierung v. 4. 1. 1990.
16 Vgl. zum folgenden den Vermerk Neuers v. 16. 2. 1990, betr.: »Treffen des Herrn Bundeskanzlers mit Präsident Mitterrand bei einem Arbeitsessen in Paris am Donnerstag, dem 15. Februar 1990« (301 00 (56) Bd. 78-82), dem auch die verschiedenen Zitate entnommen sind; Dieckmann/Reuth 1996, S. 298 ff.; Teltschik 1993, S. 150 f. (der den Besuch in Paris irrtümlicherweise auf den 14. 2. datiert); Attali 1995, S. 422 ff.
17 Vgl. ausführlich das Kapitel »Europäisches Rahmenprogramm«.
18 Auch Bitterlich erwähnt, daß Kohl und Mitterrand in diesen drei Punkten übereingestimmt hätten: Forcierung der europäischen Integration im Hinblick auf Europäische Wirtschafts- und Währungsunion und Politische Union; vertiefte Überlegungen zu einer »Europäischen Konföderation« sowie Einberufung einer Sondertagung des Europäischen Rates nach den Volkskammerwahlen in der DDR. Er schließt daraus, daß es nach dem Gipfel von Straßburg im Dezember 1989 - wie vielfach konstatiert und kommentiert - doch keine Sprachlosigkeit zwischen Kanzleramt und Elysée gegeben habe, sondern »höchst intensive Arbeitskontakte« zwischen den Stäben der beiden Schaltzentralen, um das solchermaßen gesetzte Arbeitsprogramm in die Tat umzusetzen; vgl. dazu Bitterlich 1998, S. 118.
19 Laut Elisabeth Guigou hatte der Bundeskanzler Mühe damit, seine Zornesröte hierüber zu verbergen. Vgl. zu dieser Gesprächspassage insbesondere die Schilderung der angespannten Atmosphäre bei Favier/Martin-Roland 1996, S. 237 f.
20 Daß trotz vordergründiger Übereinstimmung die deutsch-französischen Beziehungen weiterhin von erheblichen Differenzen überschattet wurden, berichtet die *Frankfurter Allgemeine Zeitung* v. 17. 2. 1990, Bonn und Paris ›fast nahtlos‹ einig in der

Deutschlandpolitik. Zitat ebenda. *Le Monde* kritisierte, daß es in bezug auf die europäische Integration nicht die geringste konkrete Geste gegeben habe; vgl. *Le Monde* v. 17. 2. 1990, Le chancelier n'a pas voulu s'engager sur une convocation anticipée de la conférence sur l'union monétaire.

21 Vgl. Sauder 1994, S. 245. Vgl. des weiteren *Le Monde* v. 27. 1. 1990, MM. Dumas, Genscher et De Michelis prônent une accélération du procecus de désarmement conventionnel. Zu ähnlichen britischen Überlegungen siehe Mayer 1994, S. 298 f.

22 Vgl. die entsprechenden Passagen weiter oben in diesem Kapitel sowie Vermerk Neuer v. 16. 2. 1990, betr.: »Treffen des Herrn Bundeskanzlers mit Präsident Mitterrand bei einem Arbeitsessen in Paris am Donnerstag, dem 15. Februar 1990« (301 00 (56) Bd. 78–82); Diekmann/Reuth 1996, S. 299 f.; Teltschik 1993, S. 150.; Attali 1995, S. 425. Verwunderung wurde seitens politischer Beobachter immer wieder darüber artikuliert, daß auf die besatzungsrechtliche Grundlage für die Truppen Bezug genommen wurde. Lediglich die in Berlin stationierten Truppenteile fußten auf besatzungsrechtlichem Statut, während die übrigen in der Bundesrepublik angesiedelten französischen Streitkräfte seit den Pariser Verträgen vom 23. Oktober 1954 eine bündnispolitische Grundlage besaßen. Darüber hinaus war vor dem Einigungsprozeß die Bedeutung dieser Truppenteile für die Solidarität mit der westeuropäischen Verteidigung stets betont worden; ihr angekündigter Rückzug stand nun ebenso im Widerspruch zu den französischen Interessensbeteuerungen einer gemeinsamen europäischen Verteidigung wie zum Projekt einer deutschfranzösischen Brigade. Vgl. dazu Grosser A. 1992, S. 364 f.

23 Vgl. Vermerk Neuer v. 26. 4. 1990, betr.: »Gespräch des Herrn Bundeskanzlers mit Präsident Mitterrand beim Frühstück im Elysée-Palais am Donnerstag, dem 26. April 1990« (301 00 (56) Bd. 78–82).

24 Mit dem Ausscheiden Frankreichs aus der militärischen Organisation der NATO 1966 waren diese Einheiten allein nationalem Kommando unterstellt worden und hatten damit infolge der entstehenden Unsicherheit in bezug auf eine solidarische Verteidigung der Bundesrepublik zusätzlich an Gewicht gewonnen. Dies hatte das konstante Bemühen aller Bundesregierungen zur Folge, Frankreich stärker an die eigene Verteidigung zu binden. Insbesondere die achtziger Jahre hatten dieses Bestreben deutlich gemacht. Vgl. dazu Sauder 1994, S. 235.

25 Vgl. *Le Monde* v. 5. 5. 1990, M. James Baker a obtenu le ferme soutien des Alliés sur le principe de l'appartenance de l'Allemagne unie à l'OTAN.

26 Vgl. dazu *Le Monde* v. 8./9. 7. 1990, »La logique voudra que l'armée française stationnée en Allemagne regagne son pays«.

27 Vgl. Vermerk VLR I Bitterlich an GL 21 v. 19. 7. 1990, betr.: »Deutsch-französische Gipfelkonsultationen am 17./18. September 1990 in München« (211 30103 Ko 28, Hauptvorgang, Bd. 1).

28 Vgl. *Le Monde* v. 22./23. 7. 1990, Le retrait des forces françaises d'Allemagne pourrait prendre cinq ans.

29 Vgl. *Le Monde* v. 24. 8. 1990, Armées, horizon 2000.

30 Vgl. *Le Monde* v. 31. 8. 1990, Début des discussions sur le départ des forces françaises d'Allemagne.

31 Nach Angaben Sauders war dies von Beteiligten als »absichtliche Brüskierung« empfunden worden. Hinzu kam, daß die von Paris offiziell vorgetragene Motivation für diesen Rückzug nur schwer in Einklang zu bringen war mit der seit Mitterrands Treffen mit Präsident Bush in Florida immer wieder formulierten Notwendigkeit des Verbleibs amerikanischer Truppen in Deutschland; vgl. Sauder 1994, S. 263.

32 Vgl. Vermerk Bitterlich v. 24. 9. 1990, betr.: »56. deutsch-französische Konsultationen am 17./18. September 1990 in München, hier: Wesentliche Themen und

Ereignisse der Gespräche des Bundeskanzlers mit Staatspräsident Mitterrand und Premierminister Rocard« (211–30103 Ko 28, Bd. 2).

33 Vgl. Hajnicz 1995, S. 75f. sowie ausführlicher zur polnischen Position das Kapitel »Die größten Hürden«.

34 Auf informellem Weg setzte das französische Außenministerium das Kanzleramt in Kenntnis über die Pariser Verwunderung darüber, daß der Bundeskanzler vor französischem und nicht vor deutschem Publikum – am 17. 1. in Paris – die bislang deutlichsten Worte zur Frage der Oder-Neiße-Grenze gefunden habe (Informationen aus der Bundesregierung). Vgl. dazu auch den Kommentar in *Le Monde* v. 23. 2. 1989, La peur. Aus französischen Regierungskreisen wurde dem Kanzleramt außerdem bedeutet, daß man sich in Paris wieder zunehmend Sorge um Deutschlands Haltung zur Grenzfrage mache.

35 Vgl. zum folgenden Rede des französischen Außenministers Roland Dumas vor dem Berliner Presseclub am 1. 3. 1990, abgedruckt in *Der Tagesspiegel* v. 2. 3. 1990, Wir müssen die Vergangenheit zum Abschluß bringen. In der Presse wurde Dumas Rede als Vorwurf an Kohls Verhalten interpretiert, der seit Wochen seine Partner hinter verschlossenen Türen zu beruhigen versuche, sich aber vehement weigere, die gleichen Worte auch in der Öffentlichkeit zu artikulieren; vgl. *Le Monde* v. 3. 3. 1990, Parler net. Teltschik bemerkte dazu: »Mich ärgert das. Seit dem vergangenen Jahr haben wir immer wieder in Paris dafür geworben, die Reformpolitik Polens auch materiell zu unterstützen und sind bisher auf wenig Gegenliebe gestoßen. Man habe andere Interessen, lautete stets die lapidare Antwort.« (Teltschik 1993, S. 165). Teltschiks Hinweise auf frühere Vorwürfe von Dumas im Rahmen eines Berlin-Aufenthaltes am 1. 2. 1990 sowie die sofortige öffentliche Stellungnahme Kohls hierauf (vgl. Teltschik 1993, S. 125) scheinen auf einer Datums-Verwechslung zu beruhen, da hierfür keine weiteren Belege gefunden wurden.

36 Vgl. Presse- und Informationsamt der Bundesregierung (Hrsg.): Pressemitteilung Nr. 90/1990 v. 2. 3. 1990. Vgl. ebenfalls dazu Teltschik 1993, S. 165f. Der Text der Bundestags-Entschließung zur polnischen Westgrenze v. 8. 11. 1989 ist abgedruckt in Auswärtiges Amt 1995, S. 617. Noch am Abend des 1. 3. zeigten die ZDF-Sendungen »heute« und »heute-journal« Ausschnitte aus der Bundespressekonferenz vom selben Tag, in der Kohl geäußert hatte: »Die Grenzfrage wird endgültig durch eine frei gewählte gesamtdeutsche Regierung und ein frei gewähltes gesamtdeutsches Parlament geregelt. Und niemand will die Frage der Einheit der Nation mit der Frage der Verschiebung bestehender Grenzen verbinden. Und ich füge noch einmal hinzu – dann braucht keine Nachfrage zu kommen –, ich habe keinen Einwand dagegen, wenn der deutsche Bundestag, wenn die Volkskammer gewählt ist und dort eine ähnliche Entschließung getroffen wird, seine Entschließung vom November noch einmal wiederholt.« (ZDF, heute und heute-journal v. 1. 3. 1990, Wortlaut abgedruckt in Presse- und Informationsamt der Bundesregierung 1993, Bd. 18, S. 10965). Inwieweit diese Aussage Kohls bereits eine direkte Reaktion auf die Äußerung Dumas darstellte, ließ sich nicht definitiv klären.

37 Vgl. auch *Libération* v. 23. 2. 1990, Varsovie s'inquiète sur sa frontière allemande; Hajnicz 1995, S. 79ff.

38 Vgl. die Äußerungen Kohls am 5. 3. 1990 bei einer Pressekonferenz im Konrad-Adenauer-Haus sowie Pressekonferenzmitschnitte vom selben Tag, wiedergegeben in den Nachrichtensendungen von ZDF und ARD, abgedruckt in Presse- und Informationsamt der Bundesregierung 1993, Bd. 18, S. 10988ff.

39 Zur unterstellten Strategie Kohls im Hinblick auf die Bundestagswahlen vgl. *Le Monde* v. 3. 3. 1990, Le chancelier Kohl a confirmé sa réticence à prendre des engagements. Zur Ankündigung des polnischen Besuches in Paris vgl. *Le Monde* v.

3. 3. 1990, La visite de MM. Jaruzelski et Mazowiecki confirme le soutien de Paris à la Pologne.
40 Siehe ausführlicher auch zur innenpolitischen sowie koalitionsinternen Auseinandersetzung in der Bundesrepublik zu diesem Thema das Kapitel »Die größten Hürden«.
41 Siehe dazu Vermerk (Neuer) v. 6. 3. 1990, betr. »Telefongespräch des Herrn Bundeskanzlers mit Präsident Mitterrand am Montag, dem 5. März 1990 von 18.50 bis 19.15« (21-30131 – F2 – Te6, Bd. 2). Jeweils kurze Darstellungen finden sich bei Diekmann/Reuth 1996, S. 312 f.; Teltschik 1993, S. 167; Favier/Martin-Roland 1996, S. 239. Zum Inhalt und den Umständen des erwähnten Schewardnadse-Briefes vgl. die Ausführungen im Kapitel »Synchronisationsversuche des Westens«.
42 Vgl. Tréan 1991, S. 83. Laut Tréan war der Dialog nicht nur zwischen den Spitzen beider Länder gestört. Auch deren engste Berater, Horst Teltschik und Jacques Attali, hätten sich zeitweilig wenig freundschaftliche Gefühle entgegengebracht. Den zuständigen Referenten in Elysée und Kanzleramt sei in dieser prekären Situation langsam aber sicher der »kalte Schweiß« ausgebrochen. Bitterlich schreibt zu den bilateralen Beziehungen in der Zeit nach dem Straßburger Gipfel, daß der Dialog zwischen Paris und Bonn zu keiner Zeit ganz abgebrochen sei. Dies sei maßgeblich auf einen kleinen Personenkreis von »Freunden« im Elysée zurückzuführen gewesen. Er nennt dabei Jean-Louis Bianco, Hubert Védrine sowie Elisabeth Guigou, nicht aber Attali. Vgl. Bitterlich 1998, S. 119. Attali bestritt im Interview ein Zerwürfnis seinerseits mit Teltschik, während Bianco dieser Frage auswich; vgl. Jean-Louis Bianco bzw. Jacques Attali in Interviews v. 27. 11. 1995 u. 30. 11. 1995.
43 Vgl. die Erklärungen des französischen Staatspräsidenten während der Gemeinsamen Pressekonferenz des Präsidenten der Französischen Republik, François Mitterrand, und des Präsidenten der Republik Polen, Wojciech Jaruzelski, sowie des Ministerpräsidenten der Republik Polen, Tadeusz Mazowiecki, und des französischen Premierministers Michel Rocard, 9. 3. 1990, in Frankreich-Info, Nr. 10/1990, 14. 3. 1990. Jaruzelski unterstrich im Interview v. 2. 10. 1996 vor allem die psychologische Bedeutung des Treffens mit Mitterrand und der gemeinsamen Pressekonferenz.
44 Er fügte hinzu, daß die deutsch-französische Freundschaft gestärkt aus dieser Angelegenheit hervorgehen werde, denn Offenheit sei »unerläßlich zwischen Ländern, die sich achten«; vgl. Frankreich-Info, Nr. 10/1990, 14. 3. 1990.
45 Vgl. *Libération* v. 23. 2. 1990, Varsovie s'inquiète sur sa frontière allemande; *Le Monde* v. 11./12. 3. 1990, M. Mitterrand fait cause avec Varsovie.
46 Selbst Margaret Thatcher hatte dem Bundeskanzler zu seinem »staatsmännischen Schritt« in diesem Zusammenhang gratuliert; Gorbatschow sprach von einem Einlenken des Kanzlers in dieser Frage. Vgl. dazu *Neue Zürcher Zeitung* v. 14. 3. 1990, Deutsch-französische Friktionen um Polen. Das Zitat entstammt Teltschik 1993, S. 171 f. Zum nachfolgend erwähnten »eisigen Stillschweigen« vgl. *Neue Zürcher Zeitung* v. 14. 3. 1990, Deutsch-französische Friktionen um Polen.
47 Zum Gesprächsverlauf vgl. den Vermerk von Neuer v. 15. 3. 1990, betr.: »Telefongespräch des Herrn Bundeskanzlers mit Präsident Mitterrand am Mittwoch, dem 14. März 1990« (21-30131 – F2 – Te6, Bd. 2); außerdem die Auszüge bei Diekmann/Reuth 1996, S. 324 ff.; Teltschik 1993, S. 174 f.; Favier/Martin-Roland 1996, S. 240 f. Vgl. *Le Monde* v. 14. 3. 1990, Le chancelier se veut rassurant mais ne répond pas à M. Mitterrand. Des weiteren *Le Monde* v. 16. 3. 1990, Les »Six« invitent la Pologne à leurs discussions concernant ses frontières.
48 Im Interview v. 19. 9. 1996 erklärte der polnische Ministerpräsident Mazowiecki, daß dieser Vorstoß von Sejm-Marschall Kozakiewicz nicht mit der Regierung abgestimmt war.

49 Vgl. eingehender dazu sowie zur weiteren Entwicklung ausführlicher das Kapitel »Die größten Hürden«.
50 Wladyslaw Bartoszewski betonte im Interview v. 5. 11. 1996 allerdings, daß Kohls Einsatz für die deutsch-polnischen Beziehungen in Polen nicht in dem Maße bekannt gewesen seien. Darüber hinaus habe Kohl dazu geneigt, die Probleme zu verharmlosen, und bei seinen Erwartungen an die polnische Seite die historischen Belastungen nicht ausreichend in Rechnung gestellt.
51 Kohl war von seinen Mitarbeitern auf diesen Artikel aufmerksam gemacht worden. Der Vorgang wurde im Kanzleramt äußerst sensibel verfolgt (Informationen aus der Bundesregierung).
52 Teltschik 1993, S. 175.
53 So etwa bei einem »vertraulichen Treffen« zwischen dem Generalsekretär des Elysée, Jean-Louis Bianco, und Horst Teltschik am 15. 3. Vgl. ebenda.
54 Die Beziehungen mit Bundeskanzler Kohl hätten schon bessere Zeiten gesehen, man wolle nicht, daß dieses Treffen als eine Taktlosigkeit gegenüber dem Kanzler erscheine, so wurde – ganz im Bewußtsein des Risikos erneuter deutsch-französischer Spannungen – im Elysée ergänzt. Vgl. dazu *Le Monde* v. 16. 3. 1990, M. Lafontaine prône la concertation avec les voisins de l'Allemagne; Favier/Martin-Roland (1996, S. 241) deutet an, Lafontaine selbst habe bei der Begegnung die möglichen Erwartungen des Präsidenten eines SPD-Wahlsiegs gedämpft.
55 Zitiert nach *Le Monde* v. 21. 3. 1990, Paris voudrait accélérer l'intégration européenne. In der französischen Presse wurde dies als ambivalente Äußerung interpretiert: zum einen als Gratulation, zum anderen als Ausdruck der eigenen »Kapitulation«, des sich ins Unvermeidliche Schickens; vgl. ebenda. Das folgende Zitat ist der *Frankfurter Rundschau* v. 22. 3. 1990, Frankreichs plötzliche Eile, entnommen.
56 Am schwersten mit dieser Erkenntnis taten sich anscheinend Teile der französischen Ministerialbürokratie. Während der Präsident und die Regierung von der Hoffnung auf eine (mittelfristig) fortbestehende Zweistaatlichkeit Deutschlands Abschied genommen hatten, konnte diese auf der mittleren Ebene der politischen Administration die Wahlergebnisse noch eine Zeitlang überdauern. Vgl. Kolboom 1991b, S. 20. Nachfolgendes Zitat ebenda.
57 Vgl. *Le Monde* v. 21. 3. 1990, En terminer avec la brouille franco-allemande.
58 Beispielsweise plädierte Dumas für ein »saarländisches Vorgehen«, wonach die neuen Bundesländer über ihren Beitritt zur Bundesrepublik automatisch in die EG integriert würden; vgl. die Äußerungen des Außenministers auf Europe 1 am 20. 3. 1990, Auszüge abgedruckt in einer Kommentarübersicht des Presse- und Informationsamtes der Bundesregierung v. 21. 3. 1990. Vgl. detaillierter zu den Ausführungen der Vereinigung im EG-Kontext das Kapitel »Europäisches Rahmenprogramm«.
59 Vgl. Interview mit Roland Dumas auf Radio France Internationial am 19. 3. 1990, abgedruckt in Frankreich-Info, Nr. 11/1990, 23. 3. 1990.
60 Interview mit Jean-Pierre Chevènement auf Europe 1, Le Club de la Presse, am 18. 3. 1990, Auszüge abgedruckt in einer Kommentarübersicht des Presse- und Informationsamtes der Bundesregierung v. 19. 3. 1990.
61 Vgl. Staatspräsident Mitterrand im französischen Fernsehen am 25. 3. 1990, abgedruckt in Frankreich-Info, Nr. 12/1990, 27. 3. 1990.
62 Mitterrands nach außen passiver Eindruck, das Fehlen europapolitischer Perspektiven und einer klaren deutschlandpolitischen Linie zu Beginn des Jahres waren in Frankreich zum Teil massiv bemängelt worden, wobei Ex-Präsident Giscard d'Estaing Mitterrand angesichts der Entwicklungen in Europa sogar um ein Gespräch ersuchte, vgl. *Le Monde* v. 23. 2. 1990, M. Giscard d'Estaing demande audience

à M. Mitterrand. Hauptpunkt von Giscards Anliegen, das er Mitterrand am 26. 2. unterbreitete: Er verlange von Mitterrand, daß er als französischer Staatspräsident für Frankreich die Rolle der europäischen Garantiemacht der deutschen Vereinigung übernehme. Vgl. *Le Monde* v. 28. 2. 1990, M. Giscard d'Estaing: la France doit être garant de l'unification allemande.
63 Vgl. dazu *Le Monde* v. 31. 3. 1990, Le débat sur l'union politique est ouvert; *Die Zeit* v. 5. 4. 1990, Zum großen Auftritt getrieben.
64 Dabei war er offensichtlich inspiriert von einigen seiner Berater, allen voran Elisabeth Guigou, denen zufolge die deutsche Einheit eine historische Chance für Frankreich darstellte. So habe Frankreich nun die Gelegenheit, ganz oder zumindest teilweise seinen wirtschaftlichen Rückstand gegenüber der Bundesrepublik aufzuholen, während diese in den kommenden vier bis fünf Jahren davon in Anspruch genommen sein würde, die Folgen der Einheit zu verkraften. Vgl. *Le Monde* v. 27. 3. 1990, Le pari allemand du président de la République. Nur allmählich setzte sich in Frankreich die Einsicht durch, daß Deutschland nicht über Nacht zu einer wirtschaftlichen Supermacht avancieren, sondern zunächst vor enormen ökonomischen Herausforderungen stehen würde.
65 Vgl. Interview mit Premierminister Michel Rocard im *Time-Magazine* v. 2. 4. 1990, A vision of the new Europe: German unification is not a threat, says French Prime Minister, but the Soviet Union's economic mess could provoke a social explosion.

## EUROPÄISCHES RAHMENPROGRAMM

1 Siehe dazu *The Irish Times* v. 6. 1. 1990, Irish presidency faces »immense challenge«. Vgl. dazu auch Teltschik 1993, S. 102.
2 Siehe dazu *Süddeutsche Zeitung* v. 13./14. 1. 1990, Genscher: DDR kann vor 1993 EG-Mitglied werden.
3 Vgl. die Rede Jacques Delors vor dem Europäischen Parlament anläßlich der Vorlage des Arbeitsprogrammes der EG-Kommission für 1990, Straßburg 17. 1. 1990, abgedruckt in EG-Nachrichten, Berichte und Informationen – Dokumentation, Nr. 2 v. 22. 1. 1990, S. 1 ff.; Meyer 1993, S. 27. Als juristische Begründung für die Sonderrolle der DDR führte Delors an erster Stelle die Präambel des Grundgesetzes an, welche die anzustrebende deutsche Einheit mit der europäischen Einigung verknüpfte, sowie u. a. das EWG-Vertragsprotokoll zum innerdeutschen Handel, in dem auf die »zur Zeit infolge der Teilung Deutschlands gegebenen innerdeutschen Verhältnisse« Bezug genommen wird. Dort ist auch von deutschen Gebieten außerhalb des Geltungsbereichs des Grundgesetzes die Rede (»Da der Handel zwischen den deutschen Gebieten innerhalb des Geltungsbereichs des Grundgesetzes für die Bundesrepublik Deutschland und den deutschen Gebieten außerhalb dieses Geltungsbereichs Bestandteil des innerdeutschen Handels ist, erfordert die Anwendung dieses Vertrages in Deutschland keinerlei Änderung des bestehenden Systems dieses Handels«, Absatz 1). »Protokoll über den innerdeutschen Handel und die damit zusammenhängenden Fragen« v. 25. 3. 1957, abgedruckt in Vedder 1992, S. 241. Dieses Protokoll wurde in der Folgezeit immer wieder zur argumentativen Stützung herangezogen; so z. B. *Frankfurter Rundschau* v. 28. 2. 1998, Dorniger Weg nach Brüssel. Der Grundstein für die »Sonderfall«-Interpretation war von der Kommission bereits auf ihrer Klausur-Tagung am 10./11. November 1989 gelegt worden. Bei der Diskussion über die künftigen Leitlinien der Gemeinschaftspolitik gegenüber den anderen europäischen Ländern war seinerzeit konstatiert worden, daß es sich bei der

DDR um einen Ausnahmefall handele. Dieser ergebe sich aus dem Prinzip, daß es alleinige Angelegenheit der Einwohner eines Landes sei, über ihre Zukunft zu entscheiden und ihr Recht auf Selbstbestimmung wahrzunehmen (Informationen aus dem Auswärtigen Amt). Vgl. auch *Agence Europe* v. 15. 11. 1989, European Commission has defined some principles and guidelines.

4 Vgl. dazu etwa *Stuttgarter Zeitung* v. 3. 2. 1990, Nichts geht ohne Europa; Meyer 1993, S. 27 f. Daß Kohl die positive Grundhaltung Delors' zu schätzen wußte, zeigte sich u. a. darin, daß dieser der erste ausländische Adressat war, bei dem er nach seiner Rückkehr aus Moskau am 12. 2. anrief, um für die europäische Absicherung der deutschen Vereinigung zu werben; vgl. Teltschik 1993, S. 144.

5 Vgl. dazu *Die Rheinpfalz* v. 24. 1. 1990, Martin Bangemanns Seitenhiebe auf die Liberalen. Der EG-Kommissar wirbt in Brüssel für die deutsche Einheit und lobt die Politik des Bundeskanzlers; *Süddeutsche Zeitung* v. 22. 1. 1990, Bangemann sieht Chancen für EG-Beitritt der DDR; Meyer 1993, S. 28. Bangemann sagte am 19. 1. im Rahmen einer Veranstaltung der EG-Vertretung in Bonn, daß die DDR für die EG kein beliebiger Drittstaat sei und folglich auch nicht in die Reihe der regulären Antragsteller auf einen Beitritt zur Gemeinschaft eingereiht werden dürfe. Dabei handle es sich nicht um Bevorzugung oder »Trittbrettfahrertum« seitens der DDR. Vielmehr lägen dem rechtliche Fakten wie etwa das »Protokoll über den innerdeutschen Handel« zugrunde. Und weiter sagte er: »Die DDR ist für die Gemeinschaft rechtlich ein Sonderfall, und dementsprechend müssen wir sie auch behandeln.« (Rede von Dr. Martin Bangemann, Vizepräsident der Kommission der Europäischen Gemeinschaften, anläßlich einer Vortragsveranstaltung der EG-Vertretung am 19. Januar 1990 in Bonn: »Deutschland und Europa – Ein Gegensatz?«)

6 Vgl. *Rheinischer Merkur* v. 9. 2. 1990, Wankelmut im europäischen Lager; *Süddeutsche Zeitung* v. 22. 1. 1990, EG will Wahl in der DDR abwarten; *Frankfurter Allgemeine Zeitung* v. 22. 1. 1990, Die EG befürwortet eine KSZE-Gipfelkonferenz noch in diesem Jahr; *Die Welt* v. 22. 1. 1990, EG über DDR-Mitgliedschaft noch nicht einig; *Handelsblatt* v. 22. 1. 1990, Erst einige Bausteine sind gefunden sowie Die Beziehungen zur DDR bleiben in der Gemeinschaft vorerst umstritten; *Stuttgarter Zeitung* v. 22. 1. 1990, Sonderstatus für Ost-Berlin in der EG umstritten.

7 Vgl. Interview Margaret Thatchers mit *The Sunday Times* v. 25. 2. 1990, »I can't ignore the history of this century«; *Frankfurter Rundschau* v. 28. 2. 1990, Dorniger Weg nach Brüssel.

8 Die Darstellung basiert auf Informationen aus dem Bundeskanzleramt und dem Auswärtigen Amt; vgl. auch *Neue Zürcher Zeitung* v. 22. 2. 1990, Weitere EG-Sanktionen gegen Südafrika; *Time* v. 5. 3. 1990, A Case of The Jitters.

9 Vgl. dazu sowie zum folgenden Informationen aus dem Auswärtigen Amt; Meyer 1993, S. 35; Holeschovsky 1991, S. 22. Vgl. ebenfalls Spence, der zunächst von einer (kommissions-intern) als »group of four« bezeichneten Runde der Kommissare spricht (Spence 1991, S. 347 f., sowie Spence 1992, S. 146), deren Aufgabe es gewesen sei, die deutschen Entwicklungen quasi zu »europäisieren«.

10 Vgl. zu der Einschätzung, daß die EG-Eingliederung über den Weg der Vereinigung als wahrscheinlichste Lösung erachtet wurde, *Frankfurter Allgemeine Zeitung* v. 10. 2. 1990, Die EG-Kommission bereitet sich auf die deutsche Einheit vor; *Neue Zürcher Zeitung* v. 10. 2. 1990, Vorarbeiten der EG für deutsche Einheit. Ausführlicher zu den Optionen einer Eingliederung des DDR-Gebietes in die EG vgl. weiter unten das Teilkapitel: Konsequenzen und Szenarien: »2+4+12«?

11 Ein solches Treffen fand beispielsweise am 22. 2. 1990 statt. Daran nahmen die Staatssekretäre aus dem Bundeswirtschafts- und Bundesfinanzministerium sowie das Bundesbankdirektoriumsmitglied Tietmeyer teil. Hauptthema dieser Sitzung war

nach Informationen aus dem Auswärtigen Amt und dem Kanzleramt das Angebot einer Wirtschafts- und Währungsunion, das die Bundesregierung mittlerweile der DDR gemacht hatte.
12 Vgl. dazu Holeschovsky 1991, S. 22 f., mit einem Verweis auf die Studie: »First attempt by the Services for the European Commission to evaluate the implications of German monetary unification«, in Agence Europe, Europe Documents Nr. 1595 v. 14. 2. 1990.
13 Der Antrag auf Einrichtung eines solchen Ausschusses war zwei Tage zuvor bei einer Debatte des Europaparlaments zur Annäherung der beiden deutschen Staaten von der sozialistischen Fraktion eingebracht worden. Der Ausschuß wurde gezielt nur aus 20 Mitgliedern zusammengesetzt, da aufgrund der Proporzregeln der 21. Sitz an einen Vertreter der europäischen Rechten gefallen wäre, was die übrigen Fraktionen vermeiden wollten. Vgl. Vermerk Abt. 2 (Stuth) an den Bundeskanzler v. 19. 2. 1990, betr.: »Einsetzung eines ad-hoc-Ausschusses zur ›Prüfung der Auswirkungen des deutschen Einigungsprozesses auf die Europäische Gemeinschaft‹ durch das Europäische Parlament am 16. Februar 1990« (211–35400 EG 29 NA1, Bd. 1). Zu den Aufgaben und Zielsetzungen vgl. auch *Stuttgarter Zeitung* v. 16. 3. 1990, EG fordert von Bonn klares Wort zur Integration.
14 Vgl. *Handelsblatt* v. 16. 3. 1990, Signal aus Bonn erwartet; *Stuttgarter Zeitung* v. 16. 3. 1990, EG fordert von Bonn klares Wort zur Integration. Daß eine Vereinigung nach Art. 23 ebenso wie nach Art. 146 GG a. F. Vertragsänderungen erfordert hätte, blieb eine Minderheitsmeinung und dies auch nur für kurze Zeit; vgl. dazu Meyer 1993, S. 32 (mit Fn 146) sowie S. 38.
15 Die folgende Darstellung beruht auf Informationen aus der Bundesregierung.
16 Dies ergab sich auch aus Ziffer 2 des Protokolls über den innerdeutschen Handel sowie Art. 5 des EWGV, in welchem der Grundsatz der Gemeinschaftstreue verankert ist.
17 Die nachfolgende Darstellung basiert auf Informationen aus der Bundesregierung.
18 Dies sollte jedoch nicht im direkten Zusammenhang mit der Vereinigung problematisiert werden, sondern im Kontext institutioneller Reformen. Vgl. dazu Vermerk Abt. 2 (Bitterlich) an GL 21 und AL 2 v. 19. 2. 1990, betr.: »Sitzung der Arbeitsgruppe Außen- und sicherheitspolitische Zusammenhänge am 19. Februar 1990, 16.00 Uhr, unter Vorsitz von BM Genscher, hier: EG-Fragen« (211–35400-EG 29, Bd. 1). Vgl. auch Teltschik 1993, S. 152, der nicht auf die Frage der Zahl der EP-Abgeordneten eingeht.
19 Eine Verständigung über das federführende Ressort konnte jedoch zunächst nicht herbeigeführt werden, obwohl dies aus dem Apparat des Kanzleramtes dringend angemahnt wurde, um gegenüber Brüssel von Anfang an eine einheitliche Linie zu vertreten (Informationen aus der Bundesregierung).
20 Lediglich bei der Frage der EP-Abgeordneten wurde in Bonn intern Wert darauf gelegt, die entsprechende Formulierung so zu wählen, daß bei der nächsten Revision bzw. Stärkung der EP-Rechte die Möglichkeit bestünde, die bereits vorhandene asymmetrische Repräsentanz der Mitgliedstaaten zu beheben, d. h. eine Annäherung an den Grundsatz der Wahlgleichheit zu erreichen (Informationen aus dem Auswärtigen Amt). Hintergrund für die deutsche Zurückhaltung bei institutionellen Neuerungen war u. a. die Tatsache, daß auf der Basis bisheriger Regelungen die Vergrößerung Deutschlands als Mitgliedstaat de facto sowieso unerheblich gewesen wäre: Innerhalb aller Gemeinschaftsinstitutionen – der Kommission, dem EP, dem Wirtschafts- und Sozialausschuß oder bei der Berechnung der qualifizierten Mehrheit im Rat – wurde nach bestimmten Gruppen von Mitgliedstaaten unterschieden. Maßgebliche Kriterien waren hierbei zwar auch Gebietsgröße, Bevölkerungszahl und

Wirtschaftskraft – aber nicht entsprechend mathematisch exaktem Proporz, sondern vielmehr gemäß politischer »Rundung«. Dabei gehörte Deutschland schon vor der Vereinigung der Gruppe der größten Mitgliedstaaten an.
21 Zur Kritik des Europaparlamentes vgl. *Frankfurter Allgemeine Zeitung* v. 15. 2. 1990, Das Europäische Parlament befürwortet mit großer Mehrheit die deutsche Einheit; *Frankfurter Allgemeine Zeitung* v. 17. 2. 1990, Der Straßburger Resonanzboden läßt Zwischentöne hören; *Stuttgarter Zeitung* v. 5. 4. 1990, EG-Parlament fordert Hilfe für die DDR; *Die Welt* v. 5. 4. 1990, Straßburg steht zur deutschen Einheit; *Handelsblatt* v. 5. 4. 1990, Ein positives Echo. In der Folge wurden Vertreter beider deutscher Regierungen zu den Sitzungen des ad-hoc-Ausschusses »Deutsche Einheit« eingeladen; außerdem fanden Anhörungen in Bonn und Ost-Berlin statt. Mit Schreiben v. 10. 4. 1990 lud der Präsident des Europäischen Parlaments, Enrique Barón Crespo, Helmut Kohl ein, an der Sitzung des Sonderausschusses am 31.5./1. 6. 1990 in Bonn teilzunehmen und über den Stand des deutschen Vereinigungsprozesses zu berichten. Gleichzeitig übermittelte er damit die Entschließung des Europaparlaments v. 4. 4. 1990.
22 Das Delors-Zitat ist wiedergegeben in Picht 1990, S. 55. Zur Kritik am Angebot der Bundesregierung zu einer Wirtschafts- und Währungsunion mit der DDR vgl. auch *Süddeutsche Zeitung* v. 9. 2. 1990, Kohl beschwichtigt die Europäische Gemeinschaft; zur Kritik der beiden EG-Kommissare vgl. *Frankfurter Rundschau* v. 23. 3. 1990, Brüssel verlangt Mitspracherecht. Weiterführend zur Problematik der Währungs-, Wirtschafts- und Sozialunion der Bundesrepublik mit der DDR vgl. Grosser 1998, S. 151 ff. und 185 ff.
23 Vgl. *Die Welt* v. 13. 3. 1990, »Die EG sitzt nur am Katzentisch«; *Handelsblatt* v. 23. 3. 1990, In der deutschen Einigung geht nichts ohne die Gemeinschaft; des weiteren Grosser 1998, S. 386 ff.
24 Vgl. dazu Interview mit Martin Bangemann v. 12. 3. 1990 im Deutschlandfunk, abgedruckt in Presse- und Informationsamt der Bundesregierung 1993, Bd. 23, S. 14048; außerdem *Die Welt* v. 13. 3. 1990, »Die EG sitzt nur am Katzentisch«.
25 Vgl. das von der Ständigen Vertretung in Brüssel angefertigte Protokoll über den Besuch des Kanzlers in Brüssel (41 68018 De 2, Bd. 9 u. 10 sowie B 136/23745). Die Initiative zu diesem Besuch war von Kohl ausgegangen. In einem Telefonat mit Delors am 13. 3. 1990 hatte er angekündigt, den multilateralen Abstimmungsprozeß fortsetzen zu wollen – nachdem er wenige Tage zuvor vor dem NATO-Rat zu den deutsch-deutschen Entwicklungen Rede und Antwort gestanden hatte. Zu diesem Zweck regte er ein Treffen mit der Kommission an; vgl. dazu Teltschik 1993, S. 172. Zum Klima, in dem der Besuch der Kanzlers dann erfolgte, vgl. *Die Welt* v. 23. 3. 1990, Kohl muß in Brüssel Gemüter besänftigen; *Handelsblatt* v. 23. 3. 1990, In der deutschen Einigung geht nichts ohne die Europäische Gemeinschaft; Teltschik 1993, S. 181 f. Das Zitat Kohls vom »Elefanten im Porzellanladen« ist wiedergegeben in mehreren Artikeln, die über den Besuch des Kanzlers in Brüssel berichten: *General-Anzeiger* v. 24. 3. 1990, Überzeugungsarbeit; *Frankfurter Rundschau* v. 24. 3. 1990, »Wir benehmen uns nicht wie der Elefant im Porzellanladen«; *Stuttgarter Zeitung* v. 24. 3. 1990, Kohl für rasche europäische Einigung; *Frankfurter Allgemeine Zeitung* v. 24. 3. 1990, Kohl sichert der EG enge Abstimmung auf dem Weg zur Einheit zu; *Die Welt* v. 24. 3. 1990, Kohl: Weg zur Einheit in Europa beschleunigen; *Süddeutsche Zeitung* v. 24. 3. 1990, Kohl: Die europäische Gemeinschaft muß wegen der deutschen Vereinigung vorangetrieben werden.
26 Bis zum Dubliner Gipfel der Staats- und Regierungschefs Ende April konnte so eine hohe Konsultationsdichte erreicht werden; vgl. *Die Welt* v. 30. 4. 1990, In Dublin fährt der Kanzler die Ernte in die Scheuer; Meyer 1993, S. 37.

27 Die Formel prägte der Präsident des Europaparlamentes, Enrique Barón Crespo, bei einem Arbeitsbesuch in Bonn am 22. 3. 1990; vgl. *General-Anzeiger* v. 23. 3. 1990, Die deutsche Einheit als »Familienfrage«.
28 Als die neue DDR-Regierung im Frühjahr 1990 eine Bestandsaufnahme aller entsprechenden vertraglichen Verpflichtungen der DDR anordnete, meldete ein Beamter der zuständigen Staatssekretärin Petra Erler anschließend den Vollzug mit den Worten, er habe alles zusammengestellt, »was ich durfte«. Erst auf Nachfrage erfuhr Erler von verschiedenen geheimen Abkommen, deren Inhalt gegenüber der EG erst nach Rücksprache mit den anderen Vertragspartnern im Osten offengelegt werden durfte (Petra Erler im Interview v. 26. 2. 1994). Erschwerend kam hinzu, daß nicht alle Verträge mit ausländischen Staaten im Ministerium für Auswärtige Angelegenheiten der DDR gelagert wurden. Zahlreiche Abkommen, beispielsweise zu Fragen der Sicherheit, Partnerschaftsverträge etc., waren bei den jeweils zuständigen Ressorts beziehungsweise im Ministerrat deponiert, ohne daß das MfAA einen Ein- und Überblick dazu hatte (Herbert Süß im Interview v. 21. 7. 1994).
29 Vgl. dazu *Neue Zürcher Zeitung* v. 21. 4. 1990, Folgen der deutschen Vereinigung für die EG. Weiterführend zur Problematik des Umgangs mit den laufenden DDR-Verträgen nach Herstellung der deutschen Einheit vgl. etwa Frowein 1990, S. 234 f.; Seiffert 1992b, S. 132.
30 Vgl. zu diesem problematischen Bereich ausführlicher Grosser 1998, S. 388 ff.
31 Vgl. Vermerk Abt. 2 (Bitterlich) an AL 2 v. 19. 2. 1990, betr.: »Sitzung der Arbeitsgruppe Außen- und sicherheitspolitische Zusammenhänge am 19. Februar 1990, 16.00 Uhr, unter Vorsitz von BM Genscher, hier: EG-Fragen« (211–35400-EG 29, Bd. 1); Meyer 1993, S. 33.
32 Zu den einzelnen Optionen vgl. auch Beise 1990, S. 153 ff.; Meyer 1993, S. 29 ff.
33 Für die übrigen Mitgliedstaaten gab es mehrere Gründe, die gegen eine solche Option sprachen: eine Gewichtsverschiebung innerhalb der Gemeinschaft zugunsten der Deutschen; langwierige und komplizierte Beitrittsverhandlungen, die mehrere Jahre dauern konnten und sich damit hinderlich auf die weiteren Integrationsbemühungen auswirken würden; schließlich eine starke finanzielle Belastung für die Gemeinschaft bzw. deren Strukturfonds, da sich die Bundesrepublik bei einem Staatserhalt der DDR nicht allein für die Sanierung des bankrotten Systems zuständig gefühlt hätte. Vgl. Meyer 1993, S. 30 f. Einen Überblick über die Positionen der einzelnen EG-Mitgliedstaaten gibt die *Süddeutsche Zeitung* v. 22. 1. 1990, EG will Wahl in der DDR abwarten. Zu den Vorbehalten Belgiens und der Niederlande vgl. etwa *Rheinischer Merkur* v. 9. 2. 1990, Wankelmut im europäischen Lager; Die Bedenken Frankreichs beschreibt *Die Zeit* v. 26. 1. 1990, Mitterrands Mißgriff. Zu Bangemanns Ablehnung eines EG-Beitritts der DDR nach Art. 237 EWGV vgl. *Neue Zürcher Zeitung* v. 10. 2. 1990, Vorarbeiten der EG für deutsche Einheit; *Süddeutsche Zeitung* v. 22. 1. 1990, Bangemann sieht Chancen für EG-Beitritt.
34 In der EG-Kommission waren die Rechtsexperten geteilter Meinung. So gab es einerseits Stimmen, die meinten, bei einer Vereinigung über Art. 146 GG a. F., in deren Konsequenz eine neue Verfassung in Kraft treten würde, würden die bisherige Bundesrepublik und die DDR als Rechtssubjekte erlöschen und somit auch die EG-Mitgliedschaft, über die wiederum neu verhandelt werden müßte. Demgegenüber stand die Position, daß die Bundesrepublik als Rechtsnachfolger des deutschen Reiches auch die Rechtsnachfolge der Verpflichtungen der beiden Teilstaaten übernehmen würde. Vgl. *Frankfurter Rundschau* v. 28. 2. 1990, Dorniger Weg nach Brüssel, sowie den Beitrag von Martin Bangemann in EG-Nachrichten Nr. 13 v. 13. 4. 1990, Deutsche Einheit ein Gebot der Vernunft, S. 1 ff.

35 Vgl. dazu Meyer 1993, S. 32 f.
36 Die Gemeinschaft setzte damit in logischer Konsequenz ihre Politik der Öffnung bzw. der Annäherung gegenüber den Staaten des RGW fort, die durch die Reforminitiativen Gorbatschows und eine Lockerung der Blockstrukturen ab Mitte der achtziger Jahre möglich geworden war. Hatte noch bis in die siebziger Jahre eine Politik der gegenseitigen Nicht-Anerkennung vorgeherrscht, so begann mit der Entspannungspolitik zwischen Ost und West eine erste Phase der Annäherung gegenüber den Mitgliedstaaten des RGW. Darin eingeschlossen war auch die Aufnahme diplomatischer Beziehungen mit der DDR nach dem Abschluß des Grundlagenvertrages mit der Bundesrepublik 1973. Zu Beginn der achtziger Jahre hatte dann eine erneute Verhärtung der Blockkonstellation diese Entwicklung auf Eis gelegt, so daß substantieller Fortschritt erst wieder 1988 mit der »Gemeinsamen Erklärung für die Aufnahme offizieller Beziehungen und wirtschaftlicher Zusammenarbeit zwischen der EG und dem RGW« erzielt wurde (abgedruckt in Amtsblatt der Europäischen Gemeinschaften, Nr. L 157/34 v. 24. 6. 1988). Damit war die Aufnahme offizieller Beziehungen zwischen dem RGW und der Europäischen Gemeinschaft besiegelt. Zusammen mit Rumänien zählte die DDR allerdings eher zu den Hardlinern innerhalb des RGW, weshalb zunächst – anders als etwa im Falle Ungarns oder der ČSSR – auf beiden Seiten kein Interesse an vertieften Beziehungen in Gestalt eines Handels- und Kooperationsabkommens mit der EG bestand. Die DDR war folglich für die Zwölf nicht der interessanteste der mittel- und osteuropäischen Staaten. Doch mit dem Fall der Mauer und erst recht mit der Sonderfall-Interpretation der Kommission ab Januar 1990 begann die DDR vom Rand des Gemeinschaftsinteresses in dessen Zentrum vorzurücken. Konsequent war dies auch im Hinblick auf die Rechtsposition der EG zur deutschen Frage. Bereits bei Unterzeichnung der Römischen Verträge von 1957 war die deutsche Frage als »offen« akzeptiert worden. Dies hatte seinen expliziten Niederschlag gefunden im »Protokoll zum innerdeutschen Handel«, welches integraler Bestandteil des Vertragswerkes war. Implizit war diese Position akzeptiert worden, indem mehreren einseitigen Erklärungen der Bundesrepublik zum Wiedervereinigungsvorbehalt (wonach die Bundesrepublik für den Fall einer Vereinigung von einer Überprüfung der Gemeinschaftsverträge ausging), zur Staatsangehörigkeit (wonach als Staatsangehörige der Bundesrepublik alle Deutschen im Sinne des Grundgesetzes galten) sowie zu Berlin (wonach die Gemeinschaftsverträge auch für das Land Berlin galten), abgegeben bei Vertragsunterzeichnung, nicht widersprochen worden war (vgl. zu den Erklärungen zu Staatsangehörigkeit und Berlin Bundeszentrale für politische Bildung 1987; die Erklärung zum Wiedervereinigungsvorbehalt hatte hingegen keinen Eingang in die Schlußakte der Gründungsverträge der Gemeinschaft gefunden; hierzu vgl. Bundestagsdrucksachen II 3660, S. 11). Hinzu kamen als Bestandteil der Schlußakte der Römischen Verträge die gemeinsam abgegebene Erklärung zur Erleichterung der wirtschaftlichen und sozialen Situation sowie der Sicherung der wirtschaftlichen Stabilität Berlins (»Gemeinsame Erklärung betreffend Berlin«) sowie Art. 92 EWGV, der bestimmte durch die Teilung Deutschlands betroffene Gebiete der Bundesrepublik von den Beihilferegelungen der Gemeinschaft ausnahm. Unter rein wirtschaftlichen Gesichtspunkten waren sowohl das innerdeutsche Handelsvolumen als auch der diesbezügliche Stellenwert der DDR für die EG nur von nachgeordneter Bedeutung. Die »Sonderfall«-Interpretation der Kommission war vielmehr die konsequente Fortsetzung einer allgemein akzeptierten Rechtsposition. Vgl. ausführlicher zu dieser Problematik Bailey-Wiebecke 1989; Blumenwitz/Meissner 1986; Blumenwitz 1990a; Brauns 1990; Giegerich 1991, S. 385 ff.; Hrbek 1990, S. 117 ff.; Langguth 1990b; Lippert, Barbara, Der Rat für

gegenseitige Wirtschaftshilfe (RGW), in Weidenfeld/Wessels 1990, S. 394 ff.; Meyer 1993, S. 13 ff.; Ungerer 1990b; Zuleeg 1973, S. 209 ff.
37 Vgl. »Protokoll über den innerdeutschen Handel und die damit zusammenhängenden Fragen« v. 25. 3. 1957, abgedruckt in Vedder 1992, S. 241. Vgl. weiter EG-Nachrichten Nr. 40/41 v. 3. 10. 1989, DDR – kein Drittland im Verhältnis zur Europäischen Gemeinschaft, S. 5 ff. Darin werden die Handelsbeziehungen der DDR zur EG anläßlich eines EuGH-Urteils erläutert. Dem Verfahren lag die Klage eines Unternehmers zugrunde, dem das niederländische Wirtschaftsministerium die Einfuhr von Büroartikeln mit DDR-Ursprung aus der Bundesrepublik in die Niederlande untersagt hatte. Der ablehnende Bescheid stützte sich auf zwei niederländische Verordnungen, die bei Einfuhren aus bestimmten Ländern eine ministerielle Genehmigung verlangten. Dies, so die Meinung Den Haags, gelte auch für Erzeugnisse, die aus der DDR über die Bundesrepublik Deutschland in die Niederlande importiert würden. Der im Rechtsstreit der beiden Parteien angerufene EuGH entschied in seinem Urteil v. 21. 9. 1989, daß »den Mitgliedstaaten der Europäischen Gemeinschaft der Erlaß von Verordnungen untersagt (sei), die rechtlich oder tatsächlich die Einfuhr von Gütern mit DDR-Ursprung aus der Bundesrepublik Deutschland verhindern. Einzige Ausnahme ist die Situation, daß die Volkswirtschaft eines Mitgliedstaates in ihrer Gesamtheit durch die Einfuhr von DDR-Waren aus der Bundesrepublik Deutschland gefährdet würde.« (Ebenda, S. 6).
38 Zu den frühen Kontakten vgl. *Agence Europe* v. 20. 1. 1989. Zur Motivation der DDR vgl. Knodt 1992, S. 82 ff.
39 Vgl. hierzu Meyer 1993, S. 42; Knodt 1992, S. 82; Holeschovsky 1991, S. 18; *Frankfurter Allgemeine Zeitung* v. 2. 11. 1989, Ost-Berlin muß auf EG-Handelsvertrag warten; *Handelsblatt* v. 13. 11. 1989, Chancen einer Brüsseler Ostpolitik. In einem Bericht Bangemanns in den EG-Nachrichten Nr. 46 v. 14. 11. 1989, Demokratische Entwicklungen müssen unterstützt werden, S. 1 ff., rechtfertigte er sich, der Besuch habe vor allem dazu gedient, die »Aufmerksamkeit der DDR-Behörden auf das Faktum Binnenmarkt zu lenken«, während der eigentliche Handelsvertrag inhaltlich kein Gegenstand der Gespräche gewesen sei. Allerdings hätten seine Gesprächspartner auf DDR-Seite (Beil, Fischer, Gerlach, Krenz) übereinstimmend den Wunsch geäußert, den Vertrag möglichst bald abzuschließen.
40 Zum Wortlaut des Memorandums siehe *Frankfurter Rundschau* v. 21. 11. 1989, Zum politischen Dialog mit der EG bereit.
41 *Aachener Nachrichten* v. 14. 11. 1989, Die Wiedervereinigung ist für die EG ein heikles Thema.
42 Vgl. *Agence Europe* v. 7. 12. 1989, S. 7 f.
43 Vgl. auch Beise 1990, S. 152 f. Bestehende Abkommen gab es beispielsweise mit Jugoslawien seit 1980, mit Ungarn, Polen und der Sowjetunion seit 1989.
44 Informationen aus dem Auswärtigen Amt.
45 Die Darstellung beruht auf Informationen aus der Bundesregierung.
46 Informationen aus dem Auswärtigen Amt.
47 Petra Erler im Interview v. 26. 2. 1994. Seitens der EG-Kommission habe man für diesen Wunsch sehr viel Verständnis gefunden. Unterstützung fand die neue DDR-Regierung auch bei Staatsminister Lutz Stavenhagen aus dem Bundeskanzleramt, während seitens der Staatsministerin im Auswärtigen Amt, Adam-Schwaetzer, keinerlei Interesse für die ostdeutschen Wünsche gegenüber der EG vorhanden gewesen sei.
48 Kohl bekräftigte seine diesbezügliche Position am 23. 3. vor der Kommission in Brüssel; die neugebildete DDR-Regierung sah in ihrer Koalitionsvereinbarung die Notwendigkeit der Einbindung der deutschen Einheit in die europäische Einigung

vor. Vgl. dazu Grundsätze der Koalitionsvereinbarung zwischen den Fraktionen der CDU, der DSU, dem DA, den Liberalen, DFP, BFD, FDP und der SPD v. 12. 4. 1990, in Bundesministerium für innerdeutsche Beziehungen (Hrsg.), Informationen, Nr. 8 v. 27. 4. 1990 (Beilage). Eine ausführliche Darstellung der Koalitionsverhandlungen nach den Volkskammerwahlen findet sich im Kapitel »Die neuen Partner suchen ihre Linie«.

49 Vgl. dazu *Frankfurter Rundschau* v. 20. 3. 1990, Eine Zeit der Schwierigkeiten; *Handelsblatt* v. 20. 3. 1990, Forderung nach ständiger Konsultation mit Brüssel. Zur Position Bangemanns vgl. *Die Welt* v. 23. 3. 1990, Kohl muß in Brüssel Gemüter besänftigen. Brüsseler Mitspracherechte gab es vor allem in den Bereichen Binnenmarkt, Landwirtschaftspolitik und Außenhandel.

50 Zur Position des Sonderausschusses v. 23. 3. vgl. *General-Anzeiger* v. 31. 3. 1990, Die EG möchte die deutsche Einheit nach Artikel 23; *Frankfurter Rundschau* v. 2. 4. 1990, Einfach wird es nicht. Der deutschlandpolitischen Resolution der Parlamentarier war eine längere Debatte vorausgegangen. Vgl. *Die Welt* v. 5. 4. 1990, Straßburg steht zur deutschen Einheit; zur Resolution selbst vgl. *Stuttgarter Zeitung* v. 5. 4. 1990, EG-Parlament fordert Hilfe für die DDR.

51 Informationen aus der Bundesregierung.

52 Vgl. Kommission der EG, Mitteilung: Die Gemeinschaft und die deutsche Vereinigung, SEK (90) 751 endg. v. 20. 4. 1990, in EG-Nachrichten, Berichte und Informationen – Dokumentation, Sonderausgabe Nr. 4 v. 2. 5. 1990, S. 9 ff. Außerdem *General-Anzeiger* v. 20. 4. 1990, Gemeinschaft vor der Ost-Erweiterung; *Neue Zürcher Zeitung* v. 22. 4. 1990, Vorstellungen der EG zur Integration der DDR; *Süddeutsche Zeitung* v. 24. 4. 1990, Der Knackpunkt im Verhältnis der EG zur DDR.

53 Vgl. dazu Brief Premierminister Haughey an Bundeskanzler Kohl v. 13. 2. 1990 (211 68000 Gi 48, Bd. 1). Die Initiative, die Regierungskonferenz vorzuziehen, war insbesondere von Frankreich und Italien ausgegangen, hatten sie doch Angst, die Aufmerksamkeit und die Energie der Bundesrepublik könne sich nun allzu stark auf die deutsch-deutsche Wirtschafts- und Währungsunion konzentrieren, das Interesse an einer Europäischen Wirtschafts- und Währungsunion dagegen schwinden. Unterstützt wurden sie in ihrem Anliegen von Delors. Vgl. dazu *Frankfurter Allgemeine Zeitung* v. 19. 2. 1990, Deutsches und Europäisches.

54 Wie wichtig Kohl diese Angelegenheit war, zeigte sich auch in seiner Anregung, Haughey vorab noch einmal persönlich in Bonn zu treffen. Das Einverständnis Haugheys zu beiden Vorschlägen traf nur wenige Tage später im Kanzleramt ein (Informationen aus der Bundesregierung).

55 Vgl. Vermerk GL 21 an ChBK und Bundeskanzler Kohl v. 19. 2. 1990, betr.: »Gespräch Dr. Ludewig/Dr. Hartmann mit EGK-Präsident Delors am Freitag, 16. 2. 1990, in Paris« (211-35400 EG 29, Bd. 1).

56 Die folgende Darstellung basiert auf Informationen aus der Bundesregierung; des weiteren vgl. Vermerk GL 21 an ChBK und Bundeskanzler Kohl v. 19. 2. 1990, betr.: »Gespräch Dr. Ludewig/Dr. Hartmann mit EGK-Präsident Delors am Freitag, 16. 2. 1990, in Paris« (211-35400 EG 29, Bd. 1).

57 Diese Bedenken hatten allerdings nicht nur mit Blick auf kleinere Mitgliedstaaten ihre Berechtigung: Auch die britische Regierungschefin lehnte es strikt ab, der Gemeinschaft durch eine deutsche Vereinigung eventuell entstehende Kosten mitzutragen. Erst Kohls konsequente Versicherungen in diesem Punkt, die Vereinigung solle nicht zu Lasten der Partner erfolgen, hätten unter anderem einen entscheidenden Beitrag dazu geleistet, daß schließlich auch die Premierministerin von ihrer ablehnenden Haltung gegenüber der deutschen Einheit abrückte. Vgl. Interview mit Sir Charles Powell v. 3. 6. 1997.

58 Vgl. Schreiben Bundeskanzler Kohl an Delors v. 13. 3. 1990 (211 68 000 Gi 48).
59 Informationen aus dem Auswärtigen Amt.
60 Informationen aus dem Kanzleramt. Vgl. außerdem das Kommissionspapier Kommission der EG, Mitteilung: Die Gemeinschaft und die deutsche Vereinigung, SEK (90) 751 endg. v. 20. 4. 1990, abgedruckt in EG-Nachrichten, Berichte und Informationen – Dokumentation, Sonderausgabe Nr. 4 v. 2. 5. 1990, S. 9 ff.
61 Vgl. zu den Hintergründen der deutsch-französischen Initiative ausführlich Favier 1996, S. 243 ff.; dazu auch *Le Monde* v. 30. 3. 1990, La relance de la construction communautaire.
62 Vgl. dazu EG-Nachrichten, Berichte und Informationen – Dokumentation, Nr. 2 v. 22. 1. 1990, Rede Jaques Delors' vor dem Europäischen Parlament am 17. 1. 1990, S. 1 ff. Dabei sprach sich Delors explizit gegen die von Mitterrand favorisierte Reihenfolge der europapolitischen Initiativen aus: Mitterrands Idee einer (gesamt-) europäischen Konföderation als nächstem wichtigen Schritt bezeichnete er zwar als »erhabenes« Ziel. Aus seiner Sicht sei diese aber erst zu verwirklichen, nachdem die politische Einigung der Gemeinschaft abgeschlossen wäre.
63 Vgl. ausführlich dazu auch das Kapitel »Tandem außer Tritt«. Siehe auch Anmerkung 66 in diesem Kapitel. In der Folge spielte das Konföderationsprojekt in den bilateralen Aktionen allerdings keine Rolle mehr. Mitterrand habe erkennen müssen, daß es bei den übrigen Verbündeten eher Unbehagen verursachte: »Die Amerikaner unterstellten, Frankreich wolle mit Hilfe einer Art besonderer KSZE die USA aus Europa heraushalten, während die mitteleuropäischen Reformstaaten argwöhnten, man wolle ihnen auf diese Weise den Beitritt zur Europäischen Union vorenthalten.« (Bitterlich 1998, S. 119).
64 Vgl. zu Mitterrands Überlegungen ausführlich Favier/Martin-Roland 1996, S. 244 f.
65 Vgl ausführlicher Vernet 1993, S. 658.
66 Vgl. Teltschik 1993, S. 176. Védrine datiert die grundsätzliche Verständigung zwischen Elysée und Kanzleramt hierüber früher: Am 12. 2. 1990 – gemeint ist wohl das Treffen am 15. 2. – hätten sich Mitterrand und Kohl darauf geeinigt, den übrigen zehn EG-Partnern eine weitere Regierungskonferenz über die Politische Union vorzuschlagen. Das deutsche Protokoll dieses Treffens bestätigt den konkreten Schritt allerdings nicht. Daraus geht lediglich hervor, daß Mitterrand und Kohl sich allgemein im Hinblick auf das Ziel der Politischen Union bei weiteren Integrationsfortschritten einig gewesen seien. Auch Teltschik schreibt lediglich, daß Kohl und Mitterrand sich dafür ausgesprochen hätten, Europäische Wirtschafts- und Währungsunion und Politische Union voranzubringen (vgl. Teltschik 1993, S. 151). Laut Védrine habe daraufhin noch im Februar Elisabeth Guigou – insbesondere in Zusammenarbeit mit Bitterlich – die internen Überlegungen über die nötigen institutionellen Reformen aufgenommen. Védrine selbst habe sich um den Aspekt einer gemeinsamen Außen- und Sicherheitspolitik gekümmert. Vgl. Védrine 1996, S. 438. Bitterlich schreibt dazu, daß die gemeinsame Initiative im Februar noch »in ihren Grundelementen« gestanden habe, während die Feinarbeit dann erst ab Mitte März erfolgt sei (vgl. Bitterlich 1998, S. 119). Insgesamt zeigen Védrines Darstellungen aber einen Mitterrand, der der Idee einer Politischen Union sehr viel positiver (und dies v. a. deutlich früher) gegenüberstand als dies andere Quellen belegen. So habe Mitterrand bereits unmittelbar nach dem Gipfel von Straßburg im Dezember 1989 seinen Mitarbeiterstab auf dieses Ziel eingeschworen, das genauso unverzichtbar sei wie eine Europäische Wirtschafts- und Währungsunion. Vgl. Védrine 1996, S. 433. Die Auswertung der Dokumente im Kanzleramt hinterläßt einen anderen Eindruck. Die Vorstöße Kohls beim Europäischen Rat von Straßburg im Dezember

1989 im Hinblick auf institutionelle Reformen wurden von Mitterrand nicht rundheraus abgelehnt. So formulierte er in seiner Einladung an die Staats- und Regierungschefs zum Straßburger Gipfel – allgemein und unverbindlich –, daß es im Interesse der Europäer liege, nun das Tempo hin zu einer Politischen Union zu beschleunigen. In seinem Schreiben an Kohl v. 1. 12. 1989 hatte er aber derlei Initiativen deutlich auf die lange Bank geschoben: Einen Fahrplan für eine Europäische Union könne man ja »in den kommenden Jahren« in Angriff nehmen. Mitterrands eindeutige Priorität galt der Realisierung der Wirtschafts- und Währungsunion, was sich auch im Ergebnis von Straßburg widerspiegelte (Vgl. dazu auch ausführlich das Kapitel »Diplomatie im Zeichen des Status quo« mit weiteren Belegen). Diese Skepsis wird von Favier/Martin-Rolands Darstellungen untermauert, vgl. Favier/Martin-Roland 1996, S. 243 ff., bes. S. 244.

67 Vgl. ausführlicher Asholt 1992, S. 200 ff.
68 Vgl. Staatspräsident Mitterrand im französischen Fernsehen am 25. 3. 1990, abgedruckt in Frankreich-Info, Nr. 12/1990, 27. 3. 1990. Vgl. auch Favier/Martin-Roland 1996, S. 245; *Le Monde* v. 31. 3. 1990, Le débat sur l'union politique est ouvert.
69 Vgl. dazu Vermerk Abt. 2 (Bitterlich) an Bundeskanzler Kohl v. 3. 4. 1990, betr.: »Vorbereitung Sonder-ER Dublin 28. April 1990, hier: Deutsch-französische Initiative« (211 68 000 Gi 48, Bd. 1). Vgl. auch Teltschik 1993, S. 191, der nicht auf den Verhandlungsstand eingeht.
70 Während das Auswärtige Amt bislang nur auf Arbeitsebene einbezogen war, hielt man es im Kanzleramt nun für unumgänglich, den Minister selbst einzuschalten, da dies durch das avisierte Verfahren nicht mehr zu umgehen sei; vgl. Vermerk Abt. 2 (Bitterlich) an Bundeskanzler Kohl v. 3. 4. 1990, betr.: »Vorbereitung Sonder-ER Dublin 28. April 1990, hier: Deutsch-französische Initiative« (211 68 000 Gi 48, Bd. 1). Während die »Ausklammerung« der beiden Außenminister von Genscher implizit bestätigt wird – indem er diesen Themenbereich in seinen Erinnnerungen nicht weiter ausbreitet –, finden sich bei Dumas explizite Hinweise darauf: So schreibt er, daß Mitterrand und Kohl ihnen gerade einmal zwei Tage – »und nicht einen Tag mehr« – gelassen hätten, um die Initiative in vermittelbare Vorschläge und Erklärungen zu kleiden, die sie ihren Kollegen präsentieren sollten (vgl. Dumas 1996, S. 348).
71 Vgl. Vermerk Ref. 211 (Bitterlich) an AL 2 v. 6. 4. 1990, betr.: »Vorbereitung Sonder-ER Dublin am 28. April 1990, hier: Deutsch-französische Initiative« (211 68 000 Gi 49, Bd. 2).
72 Informationen aus der Bundesregierung. Vgl. zur Pariser Zustimmung auch Teltschik 1993, S. 195.
73 Hinter diesem Vorschlag konnte die Sorge stecken, daß die Präsentation der Initiative aus dem Auswärtigen Amt kommen und die damit verbundene Aufmerksamkeit der Medien dann dem Koalitionspartner Genscher zufallen könnte.
74 Nach Informationen aus der Bundesregierung.
75 Vgl. auch Teltschik 1993, S. 200.
76 Botschaft des Staatspräsidenten der Französischen Republik, François Mitterrand, und des Bundeskanzlers der Bundesrepublik Deutschland, Helmut Kohl, an den irischen Premierminister und amtierenden Präsidenten des Europäischen Rates, Charles Haughey, v. 18. 4. 1990, abgedruckt in Auswärtiges Amt 1995, S. 669 f., hier S. 669.
77 Zur Initiative vgl. *Süddeutsche Zeitung* v. 23. 4. 1990, Ein Schritt von besonderer Eleganz; zur britischen Kritik *Frankfurter Allgemeine Zeitung* v. 23. 4. 1990, Frau Thatcher kündigt Gegenvorschlag an; zu den Äußerungen Dumas' beim Ministerrat

*Le Monde* v. 24. 4. 1990, La proposition franco-allemande sur l'union politique a été bien accueillie; außerdem *Handelsblatt* v. 23. 4. 1990, Europäisches Tempo.
78 Vermerk Neuer v. 26. 4. 1990, betr.: »Gespräch des Herrn Bundeskanzlers mit Präsident Mitterrand beim Frühstück im Elysée-Palais am Donnerstag, dem 26. April 1990« (21–30100 (56) – Ge 28 (VS); 301 00 (56) Bd. 78–82). Es kann allerdings nicht ausgeschlossen werden, daß am Abend vorher noch einmal darüber gesprochen worden war, als zum Auftakt des Treffens zunächst ein Gespräch unter vier Augen stattfand, um die Wogen der letzten Wochen zu glätten (vgl. Teltschik 1993, S. 207). Vgl. außerdem *Frankfurter Allgemeine Zeitung* v. 25. 4. 1990, Nach Kohls und Mitterrands Vorstoß gelten die Pariser Konsultationen als sehr wichtig. Kurze Erwähnung finden die 55. deutsch-französischen Konsultationen auch bei Diekmann/Reuth 1996, S. 357 f., hier betont Kohl jedoch lediglich, daß er sich mit Mitterrand darin einig gewesen sei, daß europäische und deutsche Einigung »zwei Seiten einer Medaille« seien. Genscher, der ebenfalls die Einigkeit und Geschlossenheit beider Seiten erwähnt, schreibt, daß man bei den 55. Konsultationen beschlossen habe, rasch die Weichen in Richtung der Politischen Union zu stellen (Genscher 1995, S. 762 ff.). Zur Stimmungseinschätzung Kohls vgl. Teltschik 1993, S. 207; zur Pressekonferenz siehe 55. deutsch-französische Konsultationen (Paris, 25. und 26. 4. 1990), in Frankreich-Info, Nr. 15/1990, 7. 5. 1990; außerdem *Le Monde* v. 26. 4. 1990, Sous le signe de l'unification.
79 Vgl. die Schlußfolgerungen des Vorsitzes des Europäischen Rates zur 43. Ratstagung (Sondertagung) am 28. 4. 1990 in Dublin, abgedruckt in Weidenfeld/Wessels 1991, S. 402 ff. Vgl. auch Teltschik 1993, S. 211 f.
80 Zitate aus *Die Welt* v. 30. 4. 1990, In Dublin fährt der Kanzler die Ernte in die Scheuer. Vgl. auch Thatcher 1993, S. 1052 ff. Thatcher geht allerdings auf den in Dublin gefaßten Beschluß nicht konkret ein. Sie legt vielmehr ihre grundsätzlichen Bedenken gegenüber einer politisch gestärkten EG dar und beschreibt ihre Bemühungen, die deutsch-französische Allianz zu spalten.
81 Vgl. Lippert 1993, S. 55. Zur genauen Terminierung des weiteren EG-Fahrplans wurde in Dublin festgehalten, daß die Ratifikation der Wirtschafts- und Währungsunion und der Politischen Union noch »vor Ende 1992« abgeschlossen sein solle. Bulletin der Europäischen Gemeinschaften, Nr. 4/1990, S. 8.
82 Informationen aus dem Auswärtigen Amt.
83 Vgl. die Schlußfolgerungen des Vorsitzes des Europäischen Rates zur 43. Ratstagung (Sondertagung) am 28. 4. 1990 in Dublin, abgedruckt in Weidenfeld/Wessels 1991, S. 402 ff.
84 So die Begründung Kohls gegenüber Delors, wiedergegeben in Favier/Martin-Roland 1996, S. 246. Zum Vorschlag der Gemeinschaftshilfe siehe Kommission der EG, Mitteilung: Die Gemeinschaft und die deutsche Vereinigung, SEK (90) 751 endg. v. 20. 4. 1990, abgedruckt in EG-Nachrichten, Berichte und Informationen – Dokumentation, Sonderausgabe Nr. 4 v. 2. 5. 1990, S. 9 ff., hier: S. 16. Zu Delors' Angebot einer EG-Hilfe für Ostdeutschland vgl. auch *Frankfurter Allgemeine Zeitung* v. 28. 4. 1990, EG-Hilfen für die DDR aus vielen Quellen.
85 Zu Helmut Kohls persönlicher Einschätzung der europäischen Stimmungslage siehe Diekmann/Reuth 1996, S. 359 ff. Zu den Gründen für den Stimmungsumschwung vgl. auch Meyer 1993, S. 47 f.
86 Vgl. dazu ausführlich Grosser 1998, S. 397 ff.; Meyer 1993, S. 50 ff.
87 Vgl. zum gemeinsamen Auftritt Kohls und de Maizières in Straßburg *Süddeutsche Zeitung* v. 17. 5. 1990, De Maizière: DDR in die EG einbinden; *Handelsblatt* v. 17. 5. 1990, Die deutsche Einigung unter dem europäischen Dach; *Frankfurter Allgemeine Zeitung* v. 17. 5. 1990, Kohl in Straßburg: Deutsche Einheit wird ganz Europa

nützen; *Stuttgarter Zeitung* v. 17. 5. 1990, Deutschland soll Scharnier zwischen Ost und West sein.
88 Vgl. etwa *Süddeutsche Zeitung* v. 2. 6. 1990, Eigene Interessenvertretung verlangt; *Frankfurter Allgemeine Zeitung* v. 2. 6. 1990, DDR soll möglichst reibungslos in die EG eingebunden werden. Bei seinem Vorstoß, die EG in den Aufbau der ostdeutschen Länder einzubeziehen, traf de Maizière in Brüssel auf sehr viel Unterstützung (Interview mit Petra Erler v. 26. 2. 1994).
89 Nach Informationen aus der Bundesregierung.
90 Nach Informationen aus der Bundesregierung.
91 Vgl. das Interview mit Jacques Delors in *Handelsblatt* v. 18. 6. 1990, Die notwendigen Schritte zur Integration.
92 Presseerklärung des Bundeskanzlers über die Ergebnisse des Europäischen Rates in Dublin v. 26. 6. 1990, abgedruckt in Presse- und Informationsamt der Bundesregierung 1993, Bd. 23, S. 14454 ff. Vgl. auch die kurze Schilderung des Verlaufs des Europäischen Rates in Diekmann/Reuth 1996, S. 408 f. Zu den Schwierigkeiten bei der Vorbereitung der Regierungskonferenz zur Politischen Union vgl. Christian Engel: Der Europäische Rat, in Weidenfeld/Wessels 1991, S. 55 ff., hier S. 56 f.
93 Vgl. Vermerk Abt. 2 i. V. (Bitterlich) an Bundeskanzler Kohl v. 2. 10. 1990, betr.: »Ihr Gespräch mit dem Präsidenten der EG-Kommission am Freitag, 28. September 1990« (21–301 00 (56) -Ge 28).
94 Vgl. dazu ausführlicher Detlev W. Rahmsdorf: Währungspolitik, in Weidenfeld/Wessels 1991, S. 119 ff., hier S. 120 f.
95 Vgl. Schlußfolgerungen des Vorsitzes des Europäischen Rates zur 46. Ratstagung am 14. und 15. 12. 1990 in Rom, abgedruckt in Weidenfeld/Wessels 1991, S. 440 ff.
96 Vgl. etwa *Rheinischer Merkur* v. 27. 4. 1990, So gesund wie Großbritannien?; *Frankfurter Allgemeine Zeitung* v. 28. 4. 1990, EG-Hilfen für die DDR aus vielen Quellen. Ausführlich dazu Grosser 1998, S. 394 und 395 ff.
97 Grosser 1998, S. 408, schreibt, daß es der Kommission hiermit nun nicht mehr darum gegangen sei, Einfluß auf das Geschehen zu nehmen, da sie ja längst in die Verhandlungen zum Ersten Staatsvertrag eingebunden war. Statt dessen sei ihr daran gelegen gewesen, die generelle Linie der raschen und kompletten Einbeziehung der DDR in Rechte und Verpflichtungen der EG zu verfolgen.
98 Vgl. *Frankfurter Allgemeine Zeitung* v. 12. 7. 1990, EG-Parlament erörtert Folgen der Vereinigung.
99 Die Darstellung basiert auf Informationen aus der Bundesregierung.
100 Vgl. Vermerk Abt. 2 (Bitterlich) v. 19. 7. 1990 an Bundeskanzler Kohl, betr.: »EG und deutsche Einigung (Übergangsregelungen), hier: Einsatz der Strukturfonds und finanzielle Auswirkungen« (211–35400 – EG 29, Bd. 3). Der Vermerk ist insgesamt von Kohl kommentiert mit »Diese Vorlage entspricht nicht meiner Meinung!«. Bereits am 3. Mai hatte Helmut Kohl in der Sitzung des Bundeskabinetts Einzelgespräche der Ressorts mit den zuständigen EG-Stellen über mögliche finanzielle Vereinbarungen im Zuge des Einigungsprozesses zum damaligen Zeitpunkt abgelehnt. Zum Hintergrund seiner Haltung erläuterte er, daß die Frage der Übergangsfristen ökonomisch betrachtet viel wichtiger sei als die der finanziellen Unterstützung aus den Strukturfonds der Gemeinschaft (Interview mit Michael Mertes v. 29. 2. 1996).
101 Brief Kohl an Delors v. 20. 7. 1990 (211–35400 EG 29, Bd. 3).
102 Brief Delors an Kohl v. 1. 8. 1990 (211–35400 EG 29, Bd. 4).
103 Vermerk Abt. 4 (Thiele) v. 16. 8. 1990 an Bundeskanzler Kohl, betr.: »Ihr Gespräch mit Präsident Delors am 20. August 1990, hier: 1. Vorschlagspaket der KOM, 2. finanzielle Auswirkungen der deutschen Einheit auf die EG« (211–35400 EG 29, Bd. 4).

104 Vgl. AL 2 i. V. v. 21. 8. 1990 an Bundeskanzler Kohl, betr.: »Ihr Telefongespräch mit Kommissionspräsident Delors am 20. August 1990« (211-35400 EG 29, Bd. 4). Vgl. auch Teltschik 1993, S. 349.
105 So Informationen aus der Bundesregierung.
106 Vgl. *Süddeutsche Zeitung* v. 12. 7. 1990, Für Beteiligung am Einigungsprozeß; *Frankfurter Allgemeine Zeitung* v. 12. 9. 1990, EG-Parlament stimmt Sondervollmacht zu, *Süddeutsche Zeitung* v. 13. 9. 1990, Weg in die EG für DDR frei.
107 Vgl. Interview mit Egon Klepsch v. 31. 5. 1994; Informationen aus der Bundesregierung; vgl. des weiteren *Süddeutsche Zeitung* v. 14. 7. 1990, Mehr Informationen über Einigung gefordert; *Süddeutsche Zeitung* v. 19. 7. 1990, Die DDR bald im Europa-Parlament; *Süddeutsche Zeitung* v. 13. 9. 1990, Weg in die EG für DDR frei.
108 Nach Informationen aus der Bundesregierung. Vgl. außerdem: *Stuttgarter Zeitung* v. 13. 10. 1990, Die Neuen sollen in Straßburg nicht nur »Gäste« sein.
109 Nachfolgende Darstellung basiert auf Informationen aus der Bundesregierung.
110 Vgl. Meyer 1993, S. 37, Teltschik 1993, S. 182. Petra Erler, als Staatssekretärin im Amt des DDR-Ministerpräsidenten für Europapolitik zuständig, betonte im Interview v. 26. 2. 1994, daß sich neben Bangemann auch Kommissar Schmidhuber in Brüssel der DDR-Interessen besonders annahm. Während Bangemann aufgrund seiner Stellung stärker im Vordergrund wirkte, half Schmidhuber im Hintergrund bei zahlreichen der im Sommer 1990 auftauchenden Probleme.
111 Vgl. ausführlich European Voice v. 23. bis 29. 10. 1997, Profile: Günter Burghardt – Foreign policy general.
112 So forderte Helmut Kohl noch im November 1991, also unmittelbar bevor die EG-Staats- und Regierungschefs den Maastrichter Vertrag beschlossen, in einer Regierungserklärung, daß die Politische Union das – unverzichtbare – Pendant zur Europäischen Wirtschafts- und Währungsunion bilden müsse. Vgl. dazu Deutscher Bundestag (Hrsg.), Verhandlungen des deutschen Bundestages, Stenographische Berichte, 12. Wahlperiode, 53. Sitzung, 6. 11. 1991, S. 4367, sowie weiterführend zu dieser Problematik Hillenbrand 1998. John Kornblum sprach im Interview v. 3. 11. 1994 von Maastricht als einer »Panikreaktion auf die Einheit«.

## GROSSE ENTWÜRFE UND KLEINE ERFOLGE

1 Einen Einblick in die technischen und inhaltlichen Vorbereitungen für das »Zwei-plus-Vier«-Außenministertreffen geben Kiessler/Elbe 1993, S. 121 ff.; Genscher 1995, S. 768 ff.; Zelikow/Rice 1997, S. 344. Zu den Vorgesprächen von Meckel und Eindrücken zu seinem Debüt auf dem internationalen Konferenzparkett siehe auch Albrecht 1992, S. 41 ff., der die Herabsetzung Meckels durch zahlreiche Gesten seiner Gesprächspartner und Genschers gut einstündige »Vorlesung« für seinen jüngeren Amtskollegen kritisiert.
2 Die Darstellung des Treffens Meckel – Genscher basiert auf Albrecht 1992, S. 41 f.; Informationen aus dem Auswärtigen Amt. Zu den weiteren Vorgesprächen Meckels in Bonn siehe auch das von Steinbach erstellte Papier v. 6. 5. 1990, »Kurzbericht des ersten 2+4-Außenministertreffens in Bonn ...«; Misselwitz 1996, S. 50 ff. Misselwitz schreibt irrtümlich die bereits einige Zeit zuvor von Genscher entworfene Formel, das vereinte Deutschland werde aus der Bundesrepublik, der DDR und ganz Berlin bestehen, Baker zu. In der DDR-Delegation herrschte das Mißverständnis, die USA wollten aus »Zwei-plus-Vier« eine »Lenkungsgruppe« der Vier Mächte machen, falls die beiden deutschen Staaten selbst nichts auf die Beine stellen würden. Vgl. dazu Albrecht 1992, S. 42.

3 Zum Vorgespräch Baker-Schewardnadse siehe Baker 1997, S. 214 ff. Zum für den weiteren Verhandlungslauf zentralen Gedanken, die »Singularisierung« oder »Diskriminierung« eines Teilnehmerstaates zu verhindern, siehe z. B. Misselwitz 1996, S. 51; Genscher 1995, S. 771; Interviews mit James Baker v. 23. 4. 1996, Robert Zoellick v. 17. 12. 1993 und James Dobbins v. 7. 11. 1994. Die beiden Begriffe wurden in der Folgezeit von den USA vor allem dann verwendet, wenn die UdSSR die Diskussion oder Entscheidung solcher Punkte im »Zwei-plus-Vier«-Rahmen wünschte, die zu einer Diskriminierung oder Vorab-Festlegung von Positionen des zu vereinigenden Deutschlands geführt hätten, wie beispielsweise eine Fixierung der Bundeswehr-Truppenstärke im »Zwei-plus-Vier«-Vertrag.
4 Die Vorbereitungsunterlagen für den Bundeskanzler lagen diesem erst kurzfristig am 4. 5. 1990 vor (Informationen aus der Bundesregierung). Sie umfaßten u. a. Analysen zur Lage in der UdSSR, zum Stand der »Zwei-plus-Vier«-Gespräche und den deutschen Interessen sowie eine Gesprächspunktation. Der Gesprächsverlauf ist wiedergegeben in Vermerk AL 2 (Kaestner) an den Bundeskanzler v. 7. 5. 1990, betr.: »Ihr Gespräch mit dem Außenminister der UdSSR, Eduard Schewardnadse (Bonn, 04. Mai 1990, 14.10 Uhr – 15.20 Uhr)« (213–30105 S25 So 16). Der Bundesaußenminister war von Uwe Kaestner mündlich über die wichtigsten Gesprächsinhalte unterrichtet worden. Zum Inhalt des Treffens vgl. Kohls ausführliche Schilderung in Diekmann/Reuth 1996, S. 366 ff.; Teltschik 1993, S. 218 ff.; Biermann 1997, S. 567 f.; Kwizinskij 1993, S. 25 f. Zur Vorgeschichte des Treffens Kohl – Schewardnadse siehe Teltschik 1993, S. 216; Interview mit Horst Teltschik v. 10. 10. 1997.
5 Zu Schewardnadses Kreditanfrage, der sowjetischen Finanzlage und der Reaktion Kohls auf diese Bitte siehe Interview mit Horst Teltschik v. 10. 10. 1997; Teltschik 1993, S. 220 f. Botschafter Kwizinskij reichte zu dieser Anfrage am 5. 5. 1990 ein Papier nach, in dem die sowjetischen Wünsche präzisiert wurden. Kohl selbst berichtet in seinen Erinnerungen an dieses Gespräch (Diekmann/Reuth 1996, S. 366 ff.) nichts von der sowjetischen Bitte, die auch im deutschen Protokoll nicht erwähnt wird. Siehe dazu Vermerk AL 2 (Kaestner) an den Bundeskanzler v. 7. 5. 1990, betr.: »Ihr Gespräch mit dem Außenminister der UdSSR, Eduard Schewardnadse (Bonn, 04. Mai 1990, 14.10 Uhr – 15.20 Uhr)« (213–30105 S25 So 16); vgl. auch Dokumente zur Deutschlandpolitik 1998, S. 1087, Fn 3. Zu den weiteren Gesprächen über die sowjetische Kreditanfrage siehe die ausführliche Darstellung im Verlauf dieses Kapitels.
6 Vgl. zu diesem Gespräch Rohentwurf für Vermerk RL 212 (Kaestner) v. 7. 5. 1990, betr.: »Gespräch des Herrn Bundeskanzlers mit dem Außenminister der Vereinigten Staaten von Amerika, James Baker (Bonn, 04. Mai 1990, 12.30 Uhr – 13.50 Uhr)« (212–30105 A5 AM7); den ausführlichen Bericht Kohls in Diekmann/Reuth 1996, S. 363 ff.; Teltschik 1993, S. 217 f. Teltschik schreibt, Kohl habe in der Terminfrage für den NATO-Gipfel mit Baker übereingestimmt. Laut Protokoll versuchte Kohl hingegen eine Verschiebung des Termins auf die Zeit nach dem KPdSU-Parteitag sowie – als Geste gegenüber den zuletzt oft benachteiligten Kanadiern und zur eventuellen Kombination mit dem Weltwirtschaftsgipfel von Houston – ein Treffen in Ottawa vorzuschlagen. Baker wurde von Vernon Walters, Robert Zoellick, Reginald Bartholomew, Raymond Seitz, Robert Blackwill, Margaret Tutwiler und einer Dolmetscherin begleitet. Kohl erschien gemeinsam mit Teltschik, Kaestner und einer Dolmetscherin. Für das Treffen mit Baker war Kohl bereits am Vortag mit umfangreichen Vorbereitungsunterlagen versehen worden, darunter Papiere zu aktuellen Fragen wie »Zwei-plus-Vier«, Litauen, COCOM-Liste, Lage in der UdSSR, Rüstungskontrolle.

7 Zum Verlauf und zentralen Inhalten des Treffens vgl. Vermerk GL 21 an den Bundeskanzler v. 6. 5. 1990, betr.: »Außenministertreffen der ›2+4‹ am 5. Mai in Bonn« (B 136/20244; außerdem – von Kohl abgezeichnet – 212-35400 De 39 NA 4, Bd. 2 mit den Redetexten aller Außenminister); Genscher 1995, S. 770ff. (mit einer ausführlichen Wiedergabe seiner Statements); Albrecht 1992, S. 43ff.; Diekmann/Reuth 1996, S. 369ff.; Teltschik 1993, S. 221ff.; Zelikow/Rice 1997, S. 344ff.; Kiessler/Elbe 1993, S. 123ff. Die Zitate der Außenminister und Details zur Darstellung des ersten »Zwei-plus-Vier«-Außenministertreffens entstammen – falls nicht anderweitig belegt – den Redetexten und deren Arbeitsübersetzungen im unveröffentlichten MfAA-Papier (samt div. Anlagen) v. 6. 5. 1990, »Erstes Arbeitstreffen im Rahmen 2+4 in Bonn am 5. Mai 1990«; zahlreichen Interviews mit Teilnehmern der Verhandlungen; Informationen aus den beteiligten Außenministerien. Anders als im MfAA-Papier behauptet, beruhte auch der Redebeitrag des britischen Außenministers Douglas Hurd auf einer Vorlage (die »Speaking Note« lag dem Verfasser vor). Genschers Begrüßungsrede, sein erstes Statement und die Abschlußerklärung sind ebenso wie eine Stellungnahme von Bundeskanzler Kohl abgedruckt in Bulletin Nr. 54 v. 8. 5. 1990, S. 421ff., »Zwei-plus-Vier-Konferenz in Bonn«.

8 Die von Schewardnadse vorgetragene Position entsprach nach späteren Berichten nicht der persönlichen Einstellung des sowjetischen Außenministers und seiner engsten Mitarbeiter. Diese hatten sich – ebenso wie der Gorbatschow-Berater Tschernajew – für ein sehr viel weitergehendes Entgegenkommen gegenüber Deutschland eingesetzt, waren mit ihren Ideen aber bei einer Sitzung des Politbüros am 3. 5. 1990 auf Widerstand gestoßen. Siehe dazu die Aussage von Schewardnadse in Kuhn 1993, S. 137; Interview mit Sergej Tarassenko im Interview v. 27. 10. 1997; Tschernajew 1993a, S. 296ff., bes. S. 298; ausführlich in Biermann 1997, S. 554ff.; Adomeit 1997a, S. 505ff.

9 Ein Faksimile des Briefes von Genscher an Skubiszewski ist abgedruckt in Barcz 1994, S. 133. Der Brief wurde von US-Außenminister James Baker, der von Bonn kommend einen Kurzbesuch in Warschau abstattete, an den polnischen Außenminister übergeben.

10 Die folgende Zusammenfassung stützt sich im wesentlichen auf den Vermerk GL 21 an den Bundeskanzler v. 6. 5. 1990, betr.: »Außenministertreffen der ›2+4‹ am 5. Mai in Bonn« (B 136/20244; außerdem 212-35400 De 39 NA 4, Bd. 2 mit den Redetexten aller Außenminister).

11 So die Einschätzung auch in Genscher 1995, S. 775. Das Schewardnadse-Zitat unterscheidet sich im Satzbau geringfügig von der bei Genscher wiedergegebenen Version, da sich die vorliegende Darstellung auf den in unveröffentlichten MfAA-Papieren gefundenen Text »Rede des Außenministers der UdSSR. Übersetzung aus dem Russischen« stützt. Siehe auch Interview mit Hans-Dietrich Genscher v. 31. 10. 1997.

12 Die Darstellung des Auftritts der Außenminister vor Medienvertretern basiert auf einer Mitschrift des Bundespresseamtes v. 5. 5. 1990, »Internationale Pressekonferenz nach Abschluß der 2+4-Gespräche am 5. Mai 1990, 17 Uhr, im Hotel Maritim in Bonn«. Zu deutschen Medienberichten siehe z.B. das Interview mit Hans-Dietrich Genscher in Heute-Journal-Spezial v. 5. 5. 1990, »Zur Haltung der Sowjetunion in den ›Zwei-plus-Vier‹-Verhandlungen und zu ihrer Stellung im künftigen Europa«; Hans Keper in NDR 4 v. 6. 5. 1990 (18.40 Uhr); (jeweils v. 7. 5. 1990) *die tageszeitung*, Moskau vertagt sein Njet; *Frankfurter Allgemeine Zeitung*, Moskau will die deutsche Einheit bald; *Frankfurter Allgemeine Zeitung*, Potsdam läßt grüßen; *Frankfurter Rundschau*, Moskau gibt den Weg für deutsche Einheit frei; *Neues*

*Deutschland,* Nichts geht ohne guten Willen, Geduld und Sachlichkeit; *Hannoversche Allgemeine,* Neue Zeit; *Handelsblatt,* Viele Fragen liegen auf dem Tisch; *Bonner Rundschau,* Das Moskauer Angebot; *Stuttgarter Zeitung,* Schneller Weg zur Einheit; *Westdeutsche Allgemeine Zeitung,* Noch eine Wende; *Süddeutsche Zeitung,* Erstes 2+4-Gespräch in Bonn öffnet den Weg zur Vereinigung Deutschlands; *Die Welt,* Kohl: Ende der Nachkriegszeit. Moskau gibt Deutschen freie Hand.

13 Zur ausdrücklich als »Weisung« bezeichneten Vorgabe des Kanzlers zu Schewardnadses »Entkoppelungsvorschlag« siehe die Darstellung Kohls in Diekmann/Reuth 1996, S. 370. Genscher widersprach dieser Schilderung im Interview v. 31. 10. 1997: Schewardnadses Vorstoß sei überhaupt nicht Thema ihres kurzen Telefonats gewesen; er habe also auch keinerlei »Weisung« erhalten können. Details zum nachfolgenden Streit über Genschers Haltung zum sowjetischen Vorschlag liefern Zelikow/Rice 1997, S. 350 ff. und S. 598 f.; Pond 1993, S. 214 und S. 323, Fn 4; Szabo 1992, S. 83; Hutchings 1997, S. 126. Anders die Darstellung bei Genscher 1995, S. 781 ff., und Kiessler/Elbe 1993, S. 125 ff., bes. S. 128 f., wonach der Bundesaußenminister nie ernsthaft daran gedacht habe, auf den sowjetischen Vorschlag einzugehen. Er habe lediglich die Sorgen Schewardnadses ernst nehmen und auf dessen Vorschlag »nicht schroff ablehnend« reagieren wollen. Ähnlich auch Roland Dumas im Interview v. 28. 11. 1995: Genscher habe Schewardnadse nicht völlig abrupt zurückweisen wollen und seine Formulierung aus taktischen Gründen vorsichtig gewählt. Anders als bei Kiessler/Elbe dargestellt, lieferte Genschers Interview im Deutschlandfunk v. 7. 5. 1990 (Informationen am Morgen) kaum die behauptete Präzisierung seines Standpunktes zur Entkoppelungsfrage, da er darin lediglich betonte, mit dem sowjetischen Vorstoß würden »der Lösung der inneren Aspekte der deutschen Einheit keine Schranken in den Weg gelegt«. In Washington weckte dieses Interview statt dessen noch mehr Sorgen, da Genscher nur davon sprach, daß »der Teil Deutschlands, der in der NATO ist – auch weiterhin in der NATO bleiben wird«. Vgl. dazu Zelikow/Rice 1997, S. 352 und S. 599.

14 Entsprechende Aussagen finden sich z.B. in *Frankfurter Allgemeine Zeitung* v. 7. 5. 1990, Moskau will die deutsche Einheit bald; demnach erklärte US-Außenminister Baker sein Einverständnis mit den Worten »Das ist eure Vereinigung; sagt, wie und wann ihr es wollt: wir helfen euch«. Auch die Außenminister Frankreichs und Großbritanniens hätten dem zugestimmt. Ähnlich die Darstellungen in (jeweils v. 7. 5. 1990): *die tageszeitung,* Moskau vertagt sein Njet; *Frankfurter Rundschau,* Moskau gibt den Weg für die deutsche Einheit frei; *Stuttgarter Zeitung,* Schneller Weg zur Einheit; *Süddeutsche Zeitung,* Erstes 2+4-Gespräch in Bonn öffnet den Weg zur Vereinigung Deutschlands; *Die Welt,* Kohl: Ende der Nachkriegszeit. Moskau gibt Deutschen freie Hand. Vgl. auch *Der Spiegel* v. 14. 5. 1990, Wendemarke der Geschichte?, wo auf Genschers spätere Erklärung eingegangen wird, er sei nie für den »Entkoppelungsvorschlag« gewesen. Vgl. ebenda, »Nicht den Buchhaltern überlassen«. *Spiegel*-Gespräch mit Außenminister Hans-Dietrich Genscher über den Streit um die Souveränität Deutschlands. Das Gespräch für den *Spiegel* führte unter anderem Richard Kiessler – der später gemeinsam mit Genschers Büroleiter Elbe ein Buch zum Vereinigungsprozeß aus Sicht des Auswärtigen Amtes schreiben sollte – Genscher trat darin dem allgemeinen Eindruck entgegen, er habe Schewardnadses Entkoppelungsvorschlag zunächst zugestimmt.

15 Die Darstellung basiert auf Informationen aus der Bundesregierung. Zum Telefonat Kohl – Bush siehe z.B. Hutchings 1997, S. 126.

16 Zu Kohls Haltung vor der Bundestagsfraktion siehe seine Darstellung in Diekmann/Reuth 1996, S. 371 f.; Teltschik 1993, S. 226. Zu Teltschiks Äußerungen im Rahmen eines Vortrages bei der Deutschen Afrika-Stiftung siehe Teltschik 1993,

S. 224 ff.; *Westdeutsche Allgemeine Zeitung* v. 8. 5. 1990, Bonn gegen Sowjet-Vorschlag; Interview mit Horst Teltschik v. 10. 10. 1997. Unklar ist, warum die angeblichen Differenzen innerhalb der Bundesregierung zum »Entkoppelungsvorschlag« erst ab Dienstag, 8. 5., zum breit diskutierten Thema in den Medien wurden. Dem bei Kiessler/Elbe 1993, S. 128f., angedeuteten Verdacht, Teltschik habe einen entsprechenden Artikel in der *Frankfurter Allgemeinen Zeitung* lanciert, widersprach dieser (siehe dazu Zelikow/Rice 1997, S. 598). Anders als die *Frankfurter Allgemeine Zeitung*, die nur von einem »hohen Beamten im Kanzleramt« schreibt, nennen andere Berichte den Kohl-Berater namentlich als Quelle für die Position des Kanzleramtes, die Klärung der inneren und äußeren Aspekte zeitgleich abzuschließen. Vgl. dazu *Frankfurter Allgemeine Zeitung* v. 8. 5. 1990, Genscher begrüßt Moskaus Bereitschaft zur Trennung der inneren und äußeren Aspekte der Vereinigung; Kölner *Stadt-Anzeiger* v. 8. 5. 1990, Differenziertes Echo auf Schewardnadse; *Süddeutsche Zeitung* v. 9. 5. 1990, Kohl: Erst Bündnis- und Sicherheitsfrage klären. Genscher: Chance zur Einheit sofort nutzen; *Bonner Rundschau* v. 9. 5. 1990, Zwei Temperamente; *Frankfurter Allgemeine Zeitung* v. 9. 5. 1990, Kohl widerspricht Schewardnadses »Entkoppelungs«-Vorschlag; *Neues Deutschland* v. 10. 5. 1990, »Abkoppelung« und andere neue Reizworte. Anders die Darstellung im ZDF-Interview mit Horst Teltschik v. 9. 5. 1990, in dem dieser die Ablehnung des »Entkoppelungsvorschlags« als gemeinsame Linie der Bundesregierung bezeichnete. Vgl. auch Biermann 1997, S. 577f.

17 Vgl. hierzu sowie zum folgenden *Süddeutsche Zeitung* v. 9. 5. 1990, Kohl: Erst Bündnis- und Sicherheitsfrage klären. Genscher: Chance zur Einheit sofort nutzen. Demnach plädierte die FDP zu diesem Zeitpunkt für gesamtdeutsche Wahlen am 13. 1. 1991, während Kohl an Bundestagswahlen im Westen am 2. 12. 1990 festhielt und für gesamtdeutsche Wahlen Ende 1991 eintrat. Vgl. auch *Frankfurter Allgemeine Zeitung* v. 9. 5. 1990, Kohl widerspricht Schewardnadses »Entkoppelungs«-Vorschlag.

18 Dieter Kastrup bestätigte im Interview v. 17. 4. 1998 (bei dem er sich auf eigene Notizen v. 6. und 7. 5. 1990 stützte) derartige Überlegungen. Bereits beim Abendessen am 4. 5. 1990 habe Schewardnadse die Idee einer »Übergangsperiode« angedeutet. »Fast flehentlich« habe der sowjetische Außenminister um Rücksicht auf die Positionen seiner Regierung und die innenpolitische Situation in der UdSSR gebeten und eindringlich vor einer Ablösung Gorbatschows gewarnt. Genscher habe, indem er die Vorschläge nicht rundum ablehnte, Schewardnadses Bedenken teilweise Rechnung tragen wollen. Die interne Prüfung im Auswärtigen Amt habe aber ergeben, daß jede »Übergangsfrist« einen Verzicht auf die beziehungsweise Einschränkungen bei der Souveränität Deutschlands bedeutet hätte. Er, Kastrup, habe die Idee deshalb explizit abgelehnt. Tejmuras Stepanow erinnerte sich im Interview v. 18. 10. 1997, daß Genscher eine Übergangsperiode von Anfang an abgelehnt habe und diese keinesfalls in der gemeinsamen Abschlußerklärung der Außenminister erwähnt haben wollte.

19 Zu Genschers Vortrag vor der FDP-Fraktion vgl. Der Bundesminister des Auswärtigen, »Erklärung des Bundesministers des Auswärtigen Hans-Dietrich Genscher vor der FDP-Bundestagsfraktion am 08. Mai 1990«. Die zitierten Bemerkungen Genschers und die Berichte zur Einschätzung im Auswärtigen Amt sowie der FDP-Führung beruhen auf *Frankfurter Allgemeine Zeitung* v. 8. 5. 1990, Genscher begrüßt Moskaus Bereitschaft zur Trennung der inneren und äußeren Aspekte der Vereinigung. Ähnliche Aussagen finden sich zudem in Kölner *Stadt-Anzeiger* v. 8. 5. 1990, Differenziertes Echo auf Schewardnadse; *Süddeutsche Zeitung* v. 8. 5. 1990, Kohl: Erst Bündnis- und Sicherheitsfrage klären. Genscher: Chance zur Einheit sofort nutzen;

*Bonner Rundschau* v. 9. 5. 1990, Zwei Temperamente; *Frankfurter Allgemeine Zeitung* v. 9. 5. 1990, Kohl widerspricht Schewardnadses »Entkoppelungs«-Vorschlag. Zur Position der FDP und den zitierten Äußerungen von Graf Lambsdorff siehe auch *Frankfurter Allgemeine Zeitung* v. 10. 5. 1990, Kohl will sich durch Moskaus Vorschlag nicht beirren lassen. Auch die SPD lehnte eine Entkoppelung der inneren und äußeren Aspekte ab. Vgl. dazu z. B. *Die Welt* v. 9. 5. 1990, SPD ist irritiert über Abkoppelung der Zwei-plus-Vier-Verhandlungen.

20 Zum Zitat über die »Richtlinien der deutschen Außenpolitik« siehe *Süddeutsche Zeitung* v. 10. 5. 1990, Kohl will den Ton angeben. Ähnlich die Argumentation in *Bonner Rundschau* v. 9. 5. 1990, Zwei Temperamente. Zu den wenigen Artikeln, die Kohls Position unterstützten, vgl. z. B. *Rheinischer Merkur* v. 11. 5. 1990, Zuckerbrot und Peitsche.

21 Zur Konfrontation Kohl/Seiters – Genscher und den internationalen Einschätzungen und Reaktionen siehe Zelikow/Rice 1997, S. 350f. und S. 598f.; Pond 1993, S. 323, Anm. 4. Die Heftigkeit der Auseinandersetzung um die »Entkoppelungsfrage« wird in den Memoiren von Kohl, Seiters, Teltschik und Genscher nicht erwähnt. Genscher berichtete im Interview v. 31. 10. 1997, es sei bei dem Gespräch mit Kohl und Seiters nicht um seine Position, sondern lediglich um die verwirrenden Presseberichte gegangen. Weitere Details der Analyse beruhen auf Interviews mit Akteuren und Informationen aus dem Auswärtigen Amt, dem Bundeskanzleramt und dem State Department.

22 Zur Haltung der britischen Regierung siehe Parliamentary Debates (House of Commons), Sixth Series – Volume 172, S. 178. Auf Beamtenebene wurden Mitarbeiter des Kanzleramtes von britischen Diplomaten in einem Schreiben auf Hurds Stellungnahme im Unterhaus sowie explizit auf die damit verbundene Unterstützung der Position des Bundeskanzlers hingewiesen (Informationen aus der Bundesregierung und dem Foreign Office). Im Unterhaus war Hurd nach seiner Haltung in der Diskussion zwischen Kohl und Genscher gefragt worden. Schewardnadse, so Hurd, habe seinen Vorschlag bereits vor der »Zwei-plus-Vier«-Ministerrunde im Gespräch mit Genscher vorgebracht. Dieser habe den Westmächten darüber berichtet, und man sei übereingekommen, die Idee zu prüfen. Er selbst stimme mit dem Bundeskanzler überein, daß die Entkoppelung der inneren und äußeren Aspekte der Vereinigung gefährlich sei.

23 Baker bezog sich dabei auf ein Gespräch von Robert Zoellick und Frank Elbe vom 8. 5. Das Schreiben des US-Außenministers ging auch an Hurd und Dumas und wurde (so Zelikow/Rice 1997, S. 352, sowie Informationen aus dem Auswärtigen Amt) von Genscher noch vor Bakers Moskau-Reise v. 15. bis 19.5. beantwortet. Der Bundesaußenminister ging demnach nur ausweichend auf Bakers Hinweise zum gemeinsamen NATO-Standpunkt ein. Entsprechend den aktuellen Formulierungen betonte Genscher, er wolle ein souveränes Deutschland, das gleichberechtigt, nicht diskriminiert und nicht singularisiert sei.

24 Zum Text der Regierungserklärung v. 10. 5. 1990 siehe Deutscher Bundestag 1990b, S. 218 ff.; Kiessler/Elbe 1993, S. 127 ff., wo sich auch die Bezeichnung der Debatte als »Sturm im Wasserglas« findet.

25 So Dieter Kastrup im Interview v. 17. 4. 1998, bei dem er auf eigene Aufzeichnungen zurückgriff. Selbstverständlich müsse die abschließende völkerrechtliche Regelung der deutschen Frage schnellstmöglich erfolgen. Von Weizsäckers Bedenken, daß mit einer »Übergangsperiode« die deutsche Souveränität eingeschränkt werde, begegnete Kwizinskij mit einem Verweis auf den herrschenden Zeitdruck, den man mit dem gemachten Vorschlag abmildern wolle. Das Treffen war zugleich Kwizinskijs Abschiedsbesuch beim Bundespräsidenten, da er bereits als Vizeaußen-

minister nach Moskau zurückgekehrt war. Die Darstellung von Koptelzews Äußerungen Mitte Mai beruht auf Informationen aus dem Auswärtigen Amt.
26 Vgl. zum folgenden Vermerk GL 21 an den Bundeskanzler v. 23. 5. 1990, betr.: »Gespräche ›2+4‹; hier: 3. Runde auf Beamtenebene am 22. Mai 1990 in Bonn« (B 136/20244 sowie 212-35400 De 39 NA 4, Bd. 2, von Helmut Kohl abgezeichnet); Zelikow/Rice 1997, S. 369f., die auf leicht unterschiedliche Einschätzungen im westlichen Lager eingehen. Weitere Details beruhen auf dem unveröffentlichten MfAA-Papier v. 23. 5. 1990, »Niederschrift zum 3. Treffen im Rahmen 2+4 auf Beamtenebene am 22. 5. 1990 in Bonn« (mit zwei Anlagen); Informationen aus dem State Department und dem Auswärtigen Amt; Interviews mit Teilnehmern des Treffens. Die Delegationen wurden geleitet von Hans-Jürgen Misselwitz (DDR), Bertrand Dufourcq (Frankreich), Alexander Bondarenko (UdSSR), John Weston (Großbritannien), Robert Zoellick (USA) und Dieter Kastrup (Bundesrepublik). Das Treffen begann um 15 Uhr und endete kurz vor 20 Uhr. Zu den die deutsch-polnische Grenzdiskussion betreffenden Fragen siehe ausführlich auch die Analyse im Kapitel »Die größten Hürden«.
27 Über Berlin-Fragen wurde in der Folgezeit in Arbeitsgruppen diskutiert. Bereits am 8. 6. 1990 erklärten die drei Westmächte einige der Vorbehaltsrechte für Berlin für aufgehoben, so daß Vertreter Berlins im Bundestag und im Bundesrat künftig ein uneingeschränktes Stimmrecht erhielten sowie in direkten Wahlen bestimmt werden konnten. Vgl. dazu Bundesministerium für innerdeutsche Beziehungen 1991, S. 361. Die sowjetische Seite hatte ihr Umdenken bereits beim Vorabgespräch mit Hans-Jürgen Misselwitz anläßlich dessen Besuch in Moskau angedeutet. Nach Informationen aus den beteiligten Außenministerien waren dort jeweils umfangreiche Papiere zu den rechtlich verzwickten Berlin-Fragen vorbereitet worden, die nach dem sowjetischen Einlenken nicht weiter benötigt wurden, so insbesondere Michael Wood im Interview v. 5. 6. 1997: Wood berichtete, daß er von John Weston Anfang 1990 den Auftrag erhalten hatte, Material zusammenzustellen zu allen potentiell aufkommenden Rechtsfragen, insbesondere solchen, die von der sowjetischen Seite aufgeworfen werden konnten. Zu diesem Zeitpunkt sei es allerdings schwierig gewesen, die anderen Staaten für solche Aspekte zu interessieren. Erst nachdem auf der politischen Ebene die weichenstellenden Entscheidungen getroffen worden waren und die allgemeine Anspannung sich etwas gelegt hatte, sei es zu fruchtbaren Kontakten zwischen den zuständigen Rechtsberatern gekommen.
28 Zum Besuch von Hans-Jürgen Misselwitz am 17. 5. 1990 in der UdSSR siehe Albrecht 1992, S. 48. Vgl. dazu auch die unveröffentlichten MfAA-Papiere: »Zum sowjetischen Entkoppelungsvorschlag« (Abt. 1. v. 10. 5. 1990); »Kurzprotokoll über die Sondierungsgespräche für die Konsultationen von Staatssekretär Dr. Misselwitz« (Wolfram Wallraf, 16. 5. 1990); »Gesprächshinweise für Konsultationen in Moskau, von Staatssekretär Dr. Misselwitz am 17. Mai 1990« (Planungsstab); »Ergebnisse der Konsultationen des Staatssekretärs Dr. Misselwitz mit dem stellvertretenden Außenminister der UdSSR, Kwizinskij, am 17. Mai 1990 in Moskau« (Steinhöfer/Krabatsch v. 18. 5. 1990). Siehe auch Interview mit Hans-Jürgen Misselwitz v. 13. 7. 1994. Der Staatssekretär des MfAA hatte zu Konsultationen auch in die anderen »Zwei-plus-Vier«-Staaten reisen wollen, war von Ministerpräsident Lothar de Maiziere aber zurückgehalten worden.
29 Zur Verwirrung in Bonn über die Ernsthaftigkeit des Entkoppelungsvorschlags trugen verschiedene Äußerungen sowjetischer Politiker und Diplomaten bei. So soll nach Informationen aus dem Auswärtigen Amt ein ranghoher ZK-Mitarbeiter Mitte Mai von einem Mißverständnis gesprochen haben. Der sowjetische Außenminister habe bei seinem Vorschlag in Bonn keinesfalls einen anhaltenden Souveränitätsver-

zicht Deutschlands angestrebt, sondern lediglich das Problem der Truppenstationierung thematisieren wollen. Dieses könne man aber auch genauso gut über ein Truppenstatut lösen. Ein anderer sowjetischer Beamter habe die angestrebte Reduzierung der Truppenstärke von Bundeswehr und NVA als Hintergrund für die Übergangsphase genannt.

30 Zelikow/Rice 1997 S. 396 f.; Informationen aus den beteiligten Außenministerien. Vor dem »Eins-plus-Drei«-Direktorentreffen hatte am 31. 5. in Paris ein Gespräch der westlichen Rechtsberater stattgefunden. Bei dem Treffen war es vor allem um die Frage gegangen, wann die Grenzfrage wirklich als geklärt betrachtet werden konnte. Vgl. zu dieser juristischen Frage – die letztlich nicht weiter vertieft wurde – die Darstellung bei Zelikow/Rice 1997, S. 369 f. sowie S. 603 f., Fn 32 und Fn 33. Vertreter des MfAA hatten sich am Tag vor dem vierten Beamtentreffen mit der sowjetischen Delegation getroffen. Alexander Bondarenko war dabei nicht über allgemeine Aussagen zur Ablehnung der gesamtdeutschen NATO-Mitgliedschaft und einen möglichen Verzicht auf den Begriff »Friedensvertrag« hinausgegangen. Vgl. das unveröffentlichte MfAA-Papier (Büro von Braunmühl), »Notizen zum Gespräch zwischen Bondarenko mit Delegation und Hans Misselwitz mit Ulrich Albrecht und Carlchristian von Braunmühl am 8. 6. 1990«.

31 Die Schilderung und Analyse des vierten Beamtentreffens v. 9. 6. 1990 basiert auf Zelikow/Rice 1997, S. 398 ff.; Informationen aus den beteiligten Außenministerien; Interviews mit Teilnehmern. Siehe außerdem die unveröffentlichten MfAA-Papiere »Vorstellungen zur Regelung der Grenzfrage im Rahmen der 2+4-Verhandlungen«; »Niederschrift zum 4. Beamtentreffen im Rahmen 2+4 auf Beamtenebene am 9. Juni 1990 in Berlin« (v. 9. 6. 1990, mit div. Anlagen). Die amerikanische Delegation wurde von Raymond Seitz geleitet. Auf westdeutscher Seite nahmen – wie stets – Kastrup, Elbe und Hartmann teil. Hinzu kam Christian Pauls. Die DDR wurde von Misselwitz, von Braunmühl, Krabatsch, Richter und Schwarz vertreten. Das von der sowjetischen Seite hierbei vorgelegte Papier enthielt die acht Punkte »Kurze Präambel«, »Grenzen«, »Politisch-militärische Fragen«, »Regelung der Westberlin-Probleme«, »Weitere Regelungen«, »Vereinigung Deutschlands«, »Modus der Verabschiedung und Ratifizierung eines Dokuments über die abschließende Friedensregelung«, »Modus der Ablösung der Vier-Mächte-Rechte und -Verantwortlichkeiten für Berlin und Deutschland als Ganzes (zur Beendigung der Übergangsperiode)«. Unter »Weitere Regelungen« wurde eine ganze Reihe von begleitenden Verpflichtungen des vereinten Deutschlands aufgelistet, die von einer Anerkennung der Unumkehrbarkeit der von den Besatzungsmächten getroffenen Maßnahmen über Entschädigungen für Zwangsarbeiter und die Pflege der »Gedenkstätten und Kriegsgräber von Bürgern der Länder der Antihitlerkoalition« bis zur »Nichtzulassung des Wiederauflebens nazistischer Ideologie und Bewegungen« reichte.

32 Schilderung und Analyse des fünften Beamtentreffens basieren auf Zelikow/Rice 1997, S. 405; Informationen aus den beteiligten Außenministerien; Interviews mit Teilnehmern. Vgl. auch die unveröffentlichten MfAA-Papiere »Zur Vorgehensweise 2+4-Expertentreffen am 20. Juni in Bonn« (W. W. [Wolfgang Wiemer], v. 19. 6. 1990); »Als Antwort auf den WW-Vorschlag zu 2+4 und Berlin« (von Braunmühl, v. 19. 6. 1990); »Niederschrift zum 5. Treffen im Rahmen 2+4 auf Beamtenebene am 20. 6. 1990 in Bonn« (v. 21. 6. 1990, mit div. Anlagen). Zu den Vorbesprechungen der DDR-Delegation vgl. »Gesprächsnotiz mit Wladimir M. Grinin am 15. 6. 90« (Schwegler-Rohmeis); »Gesprächsnotiz vom Gespräch mit Egon Bahr am 18. Juni 1990 in Bonn« (Büro von Braunmühl). Grinin betonte noch einmal die Ablehnung einer gesamtdeutschen NATO-Mitgliedschaft, forderte einen mit Moskau abge-

sprochenen Wandel des westlichen Bündnisses und erklärte, die UdSSR wolle die »Zwei-plus-Vier«-Verhandlungen auf gar keinen Fall scheitern lassen.

33 Zum Treffen der MfAA-Mitarbeiter mit Bahr siehe das unveröffentlichte MfAA-Papier »Gesprächsnotiz vom Gespräch mit Egon Bahr am 18. Juni 1990 in Bonn« (Büro von Braunmühl), dem die nachfolgenden Zitate entnommen sind.

34 Zu den Schwächen der MfAA-internen Analysen gehörte, daß der wirtschaftliche Zerfall der UdSSR ebenso falsch eingeschätzt wurde wie die politischen Entwicklungen. Nach Aussagen ehemaliger MfAA-Diplomaten (so z.B. Herbert Süß im Interview v. 21. 7. 1994) waren entsprechende Erkenntnisse auf Beamtenebene – beispielsweise aus Botschaftsberichten – zwar vorhanden, doch drangen die Hinweise darauf anscheinend nie bis an die politische Spitze des Ministeriums vor. Hans-Jürgen Misselwitz bezeichnete es im Interview v. 13. 7. 1994 als einen der großen Fehler, daß man nicht genügend auf die im alten Apparat vorhandene Expertise sowie Kooperationsangebote des Auswärtigen Amtes zurückgegriffen habe.

35 Der Bundeskanzler wurde von seinen Mitarbeitern mit Vermerken über den Fortgang der Gespräche unterrichtet, so z.B. Vermerk AL 2 (Kaestner) an den Bundeskanzler v. 8. 5. 1990, betr.: »Deutsch-sowjetische Gespräche über Wirtschaftsfragen auf dem Weg zur deutschen Einheit«; Vermerk AL 2 (Kaestner) an den Bundeskanzler v. 19. 6. 1990, betr.: »Finanzierungsfragen der Westgruppe der sowjetischen Streitkräfte (WGS) in der DDR; hier: 3. Konsultationsrunde – Staatssekretär Dr. Lautenschlager/stv. AM Obminskij; Bonn, 19. 6. 1990« (beide in 212–35400 De 39 NA 2, Bd. 3). Eine detaillierte Darstellung der deutsch-deutsch-sowjetischen Wirtschaftsgespräche ab April 1990 bietet Grosser 1998, S. 411 ff. Aus der Vielzahl der westdeutsch-sowjetischen Kontakte wird im folgenden lediglich die – in ihren direkten Auswirkungen auf den außenpolitischen Prozeß der Vereinigung entscheidende – politische Dimension der sowjetischen Kreditanfrage v. Mai 1990 untersucht.

36 Die Darstellung und Analyse der außenpolitisch relevanten und auf höchster Ebene geführten Gespräche basieren – soweit nicht anderweitig belegt – auf Interview mit Horst Teltschik v. 10. 10. 1997; Teltschik 1993, S. 221, S. 226 ff. und S. 231 ff.; Kwizinskij 1993, S. 26. Kohl selbst schildert seine Erinnerungen in Diekmann/Reuth 1996, S. 377 ff. Um nicht auf Dolmetscher des Auswärtigen Amtes zurückgreifen zu müssen, übersetzte Kwizinskij die Gespräche des Kanzlerberaters, so Teltschik im Interview v. 10. 10. 1997. Die UdSSR habe Wert auf größte Geheimhaltung gelegt, da andernfalls die internationale Kreditwürdigkeit der Sowjetunion in Gefahr gewesen wäre.

37 Zum Treffen der deutschen Delegation mit Gorbatschow siehe Vermerk AL 2 v. 16. 5. 1990, betr.: »Vermerk über mein Gespräch mit Präsident Michail Gorbatschow am 14. Mai 1990, 16.00 bis 17.30 Uhr, im Kreml/Moskau« (21–301 30 S 25 – De 2/6/90); Teltschik 1993, S. 232 ff.; Kwizinskij 1993, S. 29 ff. Weitere Teilnehmer waren Ryshkow, Kwizinskij, Kopper und Röller. Im Gesprächsvermerk des Bundeskanzleramtes findet sich kein Hinweis darauf, daß Teltschik seinen Gesprächspartnern die zeitweise Finanzierung der Stationierungskosten für die sowjetische Westgruppe anbot, wie Beschloss/Talbott 1993, S. 277, dies behaupten. Vgl. dazu auch Zelikow/Rice 1997, S. 600.

38 Gemeinsam hatten Mitterrand und Kohl – auch als Zeichen der wiederhergestellten bilateralen Harmonie – einen Brief an Litauens Präsidenten Landsbergis verfaßt, in welchem sie einen Dialog zwischen Moskau und Litauen anregten und den litauischen Präsidenten baten, die baltischen Autonomiebestrebungen nicht zu Lasten Gorbatschows und seiner Reformpolitik eskalieren zu lassen. Vgl. *Süddeutsche Zeitung* v. 27. 4. 1990, Mitterrand begrüßt deutsche Einheit; ausführlicher zu den Ereignissen in Litauen und den Reaktionen Moskaus vgl. Beschloss/Talbott 1993, S. 269 ff.

39 Zum Treffen zwischen Helmut Kohl und Kasimiera Prunskiene vgl. Vermerk RL 212 v. 11. 5. 1990, betr.: »Gespräch des Herrn Bundeskanzlers mit der litauischen Premierministerin Frau Kasimiera Prunskiene; Bonn, 11. Mai 1990, 12.10-13.00 Uhr« (213-30101 L4 Li14, Bd.2). Der Bundeskanzler riet seiner Gesprächspartnerin dringend, die litauische Unabhängigkeitserklärung wenn schon nicht zurückzunehmen, so doch »einzufrieren«. In Gesprächen mit Moskau – die sie am besten selbst führen, keinesfalls aber durch Vorbedingungen belasten sollte – könne man dann vielleicht eine Lösung finden. Frau Prunskiene sollte unbedingt den schnellen und direkten Kontakt mit Gorbatschow suchen. Wie mit Kohl vereinbart, kontaktierte die litauische Ministerpräsidentin noch am selben Tag Julij Kwizinskij. Kohl selbst sprach am Telefon mit Genscher über sein Treffen und informierte, wie mit Frau Prunskiene verabredet, in einem Vier-Augen-Gespräch ebenfalls Kwizinskij. Auch Margaret Thatcher und François Mitterrand wurden in Schreiben über das Gespräch unterrichtet (Informationen aus der Bundesregierung). Auch beim Besuch von Hurd am 15. 5. in Bonn war Litauen ein Thema. Siehe dazu Vermerk Bitterlich (ohne Datum), betr.: »Gespräch des Bundeskanzlers mit dem britischen Außenminister Douglas Hurd am 15. 5. 1990; hier: Wesentliche Themen und Ergebnisse« (21-30100 (56) – Ge 28 (VS)). Die Aktivitäten Kohls waren offensichtlich vom Bemühen bestimmt, durch diskrete diplomatische Aktivitäten innenpolitischen Druck von Gorbatschow zu nehmen, ohne dabei die litauischen Unabhängigkeitsbemühungen zu unterminieren.

40 Siehe dazu den Brief des Bundeskanzlers an den sowjetischen Präsidenten Michail Gorbatschow v. 22. 5. 1990 (213-30130 S 25 So 38, Bd. 1); Teltschik 1993, S. 243 f. Der Brief wurde noch am Abend des 22. 5. an den sowjetischen Geschäftsträger übergeben. Teltschik hatte diesen bereits am Vortag darauf hingewiesen, daß es sich um direkte Kontakte zwischen Kohl und Gorbatschow handle. Der Kanzler habe den Bundesaußenminister aber persönlich unterrichtet. Noch vor Übergabe des Briefes erklärte Teltschik seinem Gegenüber, wie schwer der Kredit in der Bundesrepublik innenpolitisch verkraftbar sei. Die Entscheidung zugunsten seiner Bewilligung stehe aber in einem direkten Zusammenhang mit den laufenden »Zwei-plus-Vier«-Gesprächen und solle mit zu deren erfolgreichem Abschluß beitragen. Den Paketcharakter unterstrich Teltschik auch bei einem Treffen mit Markus Meckel am 25. 5. 1990. Siehe dazu unveröffentlichtes MfAA-Papier (gez. v. Fritsch), »Notiz eines Gespräches mit dem Leiter der Abt. Außen- und Sicherheitspolitik im Kanzleramt, Dr. Teltschik, am 25.5.90 im Ministerium für Auswärtige Angelegenheiten«. Teltschik warnte hier nachdrücklich davor, die Frage der Stationierung von Atomwaffen in Europa mit der deutschen Frage zu verknüpfen. Die Darstellung der weiteren Entwicklung basiert auf Brief des sowjetischen Präsidenten Michail Gorbatschow an Bundeskanzler Helmut Kohl v. 9. 6. 1990 (301 00 (102) Bd. 27-33); Brief des Bundeskanzlers an Präsident Gorbatschow v. 12. 6. 1990; Brief von Gorbatschow an Kohl v. 14. 6. 1990 – am 15. 6. an Horst Teltschik übergeben vom neuen sowjetischen Botschafter in Bonn, Wladislaw Terechow – (alle Dokumente in 213-30130 S 25 So 38, Bd. 1); Informationen aus der Bundesregierung. Siehe dazu auch die Darstellungen bei Teltschik 1993, S. 265 f., S. 269 und S. 275 f. Zu Kohls Schreiben an die Staats- und Regierungschefs der Europäischen Gemeinschaft sowie der G 7-Teilnehmerstaaten siehe Teltschik 1993, S. 274; Telex des Bundeskanzleramtes v. 13. 6. 1990, betr.: »Wirtschaftslage in der Sowjetunion/Westliche Unterstützungsmaßnahmen; hier: Beratung auf dem bevorstehenden Europäischen Rat und Wirtschaftsgipfel« (21-30101 S 25 (1) So2, Bd. 7).

41 Zu den Details der innen- und wirtschaftspolitischen Verhandlungen zwischen Bonn und Ost-Berlin im Mai/Juni 1990 siehe v. a. die ausführlichen Untersu-

chungen von Jäger 1998, S. 478 ff.; Grosser 1998. Zu Kohls Einschätzung, daß für den Vereinigungsprozeß nicht beliebig viel Zeit zur Verfügung stand, vgl. Diekmann/Reuth 1996, S. 374 f.

42 Zu den Gesprächen in Washington siehe die ausführlichen Darstellungen Kohls (in Diekmann/Reuth 1996, S. 377 ff.) und Teltschiks (Teltschik 1993, S. 236 ff.) sowie bei Zelikow/Rice 1997, S. 354 f. Vgl. auch Vermerk RL 212 v. 17. 5. 1990, betr.: »Besuch des Herrn Bundeskanzlers in den Vereinigten Staaten von Amerika (16./17. Mai 1990); hier: Delegationsgespräch: Weißes Haus, Kabinettsaal, 17. Mai 1990, 11.45-13.00 Uhr« (Entwurf; 21-30100 (56) Ge 28 (VS)). Am Delegationsgespräch nahmen auf deutscher Seite neben dem Bundeskanzler noch die Minister Genscher, Stoltenberg und Klein, Botschafter Jürgen Ruhfus, Teltschik, Kastrup, Naumann, Neuer, Kaestner (Note-Taker) und eine Dolmetscherin teil. Auf der US-Seite fehlte Außenminister Baker, der zu Gesprächen in Moskau weilte und von Lawrence Eagleburger vertreten wurde. Hinzu kamen John Sununu, Verteidigungsminister Richard Cheney, Brent Scowcroft, Botschafter Walters, Blackwill, Kimmitt, Hutchings (Note-Taker) und eine Dolmetscherin. Siehe dazu auch die Teilnehmerliste im Vermerk AL 2 (Kaestner) an den Bundeskanzler v. 21. 5. 1990, betr.: »Ihr Besuch in den Vereinigten Staaten von Amerika (16./17. Mai 1990); hier: Delegationsgespräch, Weißes Haus, Kabinettsaal 17. Mai 1990, 11.45 Uhr – 13.00 Uhr« (212-30104 A 5). Wie von Kohl angeordnet, gingen Durchschläge des Gesprächsvermerks an Genscher und Stoltenberg. In ausführlichen Briefen unterrichtete der Bundeskanzler am 23. 5. 1990 auch Mitterrand und Thatcher über Verlauf und Ergebnis seiner Gespräche. Dies war zum einen als Reaktion auf die Unterrichtung des Bundeskanzlers durch Thatcher nach ihrem Gespräch mit Bush in Bermuda sowie zum anderen zur Vorbereitung Mitterrands für sein bevorstehendes Treffen mit Gorbatschow gedacht (Informationen aus der Bundesregierung).

43 Interview mit Michael Mertes v. 29. 2. 1996.

44 Siehe Vermerk Neuer v. 30. 5. 1990, betr.: »Telefonat des Herrn Bundeskanzlers mit Präsident Bush am Mittwoch, dem 30. Mai 1990 von 13.30 Uhr bis 13.45 Uhr« (212-35400 De 39 NA 1; von Kohl abgezeichnet); Diekmann/Reuth 1996, S. 388 f.; Teltschik 1993, S. 253; Zelikow/Rice 1997, S. 370 ff. und S. 380 f. Die Diskussion über eine Obergrenze für die künftigen deutschen Streitkräfte ist ausführlich dargestellt bei Zelikow/Rice 1997, S. 370 ff.; Teltschik 1993, S. 250 ff.

45 Vgl. dazu Teltschik 1993, S. 255 und S. 257; Kohls Darstellung in Diekmann/Reuth 1996, S. 390, der nur von einem der beiden Gespräche berichtet; Zelikow/Rice 1997, S. 387 ff. Genscher wurde von Baker am 3. 6. über die Ergebnisse des amerikanisch-sowjetischen Gipfeltreffens unterrichtet. Zu Bushs Zusammenfassung der Fortschritte in der deutschen Frage vgl. »Press Conference by the President and President Mikhail Gorbachev« v. 3. 6. 1990 (Hoover Institution Archives, Stanford: Zelikow-Rice-Papers). Der US-Präsident erklärte, er sei sich mit Kohl einig, daß ein vereintes Deutschland Mitglied der NATO sein solle. Gorbatschow sei nicht dieser Ansicht, stimme jedoch mit ihm darin überein, daß die Entscheidung hierüber entsprechend den Prinzipen der KSZE-Schlußakte »von den Deutschen« getroffen werden müsse. Zelikow/Rice 1997, S. 390, erklären die amerikanische Zurückhaltung bei Reaktionen auf dieses – von Teltschik 1993, S. 256, als »Sensation« bezeichnete – Einlenken mit der Sorge, daß eine zu starke öffentliche Diskussion eine neuerliche Verhärtung der sowjetischen Position hätte bewirken können. Wadim Sagladin (Interview v. 29. 10. 1997) bezeichnete den Gipfel in Washington als entscheidendes Treffen der beiden Politiker Bush und Gorbatschow, da hier der Durchbruch in der Frage des Selbstbestimmungsrechtes erfolgt sei.

46 Zum Treffen der beiden Spitzenpolitiker siehe Vermerk GL 21 v. 11. 6. 1990, betr.: »Gespräch des Herrn Bundeskanzlers mit dem amerikanischen Präsidenten Bush am Freitag, 8. Juni 1990 in Washington« (301 00 (56) Ge 28 (VS) sowie 212-30104 A 5 Am 2). Der erste Teil des Gesprächs fand zwischen Kohl (mit Hartmann als Note-Taker) auf der einen sowie Bush und Scowcroft auf der anderen Seite statt, Baker kam im Verlauf des Treffens dazu. Zum zweiten Teil der Unterhaltung, der bei einem gemeinsamen Abendessen ablief und mit der Stationierung amerikanischer Truppen in Deutschland eröffnet wurde, kamen noch Hans Klein, Walter Neuer, Vizepräsident Dan Quayle und Lawrence Eagleburger hinzu. Zu Kohls viertägiger USA-Reise siehe seine Darstellung in Diekmann/Reuth 1996, S. 391; Teltschik 1993, S. 258 ff. Aus amerikanischer Sicht wird die Reise analysiert bei Zelikow/Rice 1997, S. 395 ff. Die Anfang Juni auf Hochtouren laufende Diskussion über den bevorstehenden NATO-Gipfel wird ausführlicher im Kapitel »Die größten Hürden« dargestellt.

47 Zum Zitat »eindrucksvoll und außerordentlich erfreulich« siehe Teltschik 1993, S. 257. Vgl. dazu auch Blackwill 1994. Kohls allgemeiner Optimismus zeigte sich auch bei einem Besuch amerikanischer Parlamentarier Ende Mai in Bonn: Gorbatschow werde noch vor Jahresende in der NATO-Frage nachgeben. Deutschland stehe uneingeschränkt zum westlichen Bündnis, das von der KSZE – die vor allem ein Instrument des Krisenmanagements sei – nicht ersetzt werden könne. Vgl. dazu Vermerk Ref. 212 (Westdickenberg) v. 13. 6. 1990, betr.: »Gespräch des Herrn Bundeskanzlers mit Vertretern der Study Group on Germany beider Häuser des amerikanischen Kongresses am 29. Mai 1990, 18.00-19.30 Uhr« (21-30100 (56) Ge28 (VS), Bd. 81).

48 Neben der Litauen-Krise sah die US-Regierung in den sowjetischen Hilfslieferungen und Subventionen an die kubanische Regierung sowie im mit rund 18 Prozent sehr hohen Anteil der Rüstungsausgaben am Bruttosozialprodukt der UdSSR Hindernisse für eine umfassende Wirtschaftshilfe, da diese in der amerikanischen Öffentlichkeit keine Unterstützung gefunden hätte.

49 Zum Bericht des US-Präsidenten an Helmut Kohl siehe Vermerk Abteilung 2 an den Bundeskanzler v. 13. 6. 1990, betr.: »Brief (Skipper) von US-Präsident Bush v. 13. Juni 1990 an Sie; hier: Arbeitsübersetzung« (21-35400 – De 26/22/90 geheim; von Kohl abgezeichnet sowie an Seiters und Teltschik weitergeleitet). Der DDR-Ministerpräsident, so Bush, habe sich in der Frage einer vollen NATO-Mitgliedschaft Deutschlands »vage« ausgedrückt, sich aber eindeutig von den sonstigen sicherheitspolitischen Initiativen Meckels – darunter dem in Kopenhagen verbreiteten Vorschlag für eine »Pufferzone« in Mitteleuropa – distanziert. Das Treffen zwischen de Maizière und Bush ist ausführlich dargestellt in Zelikow/Rice 1997, S. 399 f.; kurz bei Teltschik 1993, S. 274; Diekmann/Reuth 1996, S. 400.

50 Der zitierte Wortwechsel zwischen de Maizière und Baker findet sich im Interview mit Lothar de Maizière v. 12. 11. 1991, in Hoover-Institution Archives, Stanford: Oral-History-Projekt. De Maizière bezeichnete die Antwort Bakers als eine ihm peinliche »Ohrfeige«.

51 Ein besonders eindrucksvolles Beispiel hierfür ist die Darstellung der Ergebnisse des Moskau/Kaukasus-Treffens von Kohl und Genscher mit Michail Gorbatschow am 15./16. 7. in Kiessler/Elbe 1993, S. 168 ff., bes. S. 175. Der sowjetische Präsident gab bei diesem Treffen öffentlich und endgültig sein Einverständnis zu einer gesamtdeutschen NATO-Mitgliedschaft. Aus Sicht des Auswärtigen Amtes – dem Frank Elbe angehörte – wird hier geschildert, daß »die wesentlichen Verhandlungsergebnisse feststanden«, als Kohl und seine Delegation in die UdSSR aufbrachen. Siehe demgegenüber Zelikow/Rice 1997, S. 455 ff., die von »Überraschungen« sprechen. Siehe dazu die ausführliche Darstellung in »Die UdSSR nennt ihren Preis«.

52 Die Darstellung basiert auf Zelikow/Rice 1997, S. 39f.; Genscher 1995, S. 772f.; zahlreichen Schilderungen ehemaliger Gesprächs- und Verhandlungspartner des sowjetischen Außenministers.
53 Zur Vereinbarung häufiger Treffen siehe z. B. – mit dem von Zoellick stammenden Zitat »Zirkus mit mehreren Manegen« – Kiessler/Elbe 1993, S. 144; – mit dem Zitat »Schnelldiplomatie« – Schewardnadse 1993, S. 237. Den auf Schewardnadse lastenden Zeitdruck macht Kwizinskij 1993, S. 40, deutlich. Zum von Genscher in dieser Zeit öffentlich verbreiteten Optimismus, daß die UdSSR ihre Haltung in der Bündnisfrage noch nicht abschließend festgelegt hatte, siehe z. B. *Der Spiegel* v. 14. 5. 1990, »Nicht den Buchhaltern überlassen«. *Spiegel*-Gespräch mit Außenminister Hans-Dietrich Genscher über den Streit um die Souveränität Deutschlands.
54 Die Schilderung des Treffens basiert auf der ausführlichen Darstellung bei Genscher 1995, S. 788ff.; Kiessler/Elbe 1993, S. 145ff.; Interview mit Dieter Kastrup v. 17. 4. 1998; Informationen aus dem westdeutschen und sowjetischen Außenministerium. Neben Schewardnadse und Genscher nahmen unter anderem auch Kastrup und Kwizinskij an dieser Begegnung teil. Schewardnadses Ausführungen entsprachen in weiten Teilen dem von der UdSSR später beim 2. Außenministertreffen in Ost-Berlin vorgelegten Vorschlag für ein »Zwei-plus-Vier«-Abschlußdokument.
55 Nach Schewardnadses Vorschlag sollten sechs Monate nach Gründung eines gesamtdeutschen Parlaments sämtliche Berlin-Regelungen abgelöst sowie alle ausländischen Truppen aus ganz Berlin abgezogen werden. Zudem sollte dann das Vier-Mächte-Abkommen außer Kraft gesetzt werden. 21 Monate nach Bildung einer gesamtdeutschen Regierung sollten die Außenminister der Vier Mächte und Deutschlands zu einer Konferenz zusammentreten, bei der das Protokoll über die Aufhebung der Vier-Mächte-Rechte unterzeichnet und die beim Beitritt der beiden deutschen Staaten in die UNO gemachten Vorbehalte widerrufen werden sollten. An anderer Stelle sprach Schewardnadse gegenüber Genscher allerdings davon, daß die Übergangsfrist zur Regelung aller äußeren Aspekte rund fünf Jahre dauern sollte.
56 Genscher ging auf die von Schewardnadse genannten Zahlen nicht ein. Er betonte statt dessen den allgemeinen Abrüstungswillen der Bundesregierung und mahnte zu einem Verfahren, bei dem Deutschland nicht singularisiert würde, so Dieter Kastrup im Interview v. 17. 4. 1998. Sergej Tarassenko bestätigte im Interview v. 27. 10. 1997, daß Genscher nie konkrete Zahlen für eine gesamtdeutsche Bundeswehr genannt habe. In den USA gab es allerdings immer wieder Bedenken, daß Genscher zu übergroßen Zugeständnissen gegenüber der UdSSR bereit sei (Interview mit Raymond Seitz v. 2. 6. 1997). Im Kanzleramt wurde aufmerksam und ebenfalls mißtrauisch registriert, daß Genscher im Sommer 1990 bei sechs Gesprächen mit Schewardnadse anschließend keine Protokolle dorthin weiterleiten ließ (Horst Teltschik im Interview v. 10. 10. 1997). Zum Hintergrund der Truppenbegrenzung siehe Zelikow/Rice 1997, S. 370, die ausführlich auf den nach Bonns Unterhändler bei den KSE-Verhandlungen, Rüdiger Hartmann, als »Hartmann-Plan« bezeichneten Vorschlag Genschers eingehen. Dieser sah die Begrenzung der in der sogenannten Zentralzone Europas stationierten Soldaten auf 400 000 Mann pro Land vor. Durch die allgemeine Obergrenze wäre eine Singularisierung Deutschlands verhindert worden. Bedenken in Washington sowie bei Verteidigungsminister Stoltenberg brachten den Plan jedoch schnell zu Fall. Siehe dazu auch das Telefonat von Bush und Kohl, dokumentiert im Vermerk Neuer v. 30. 5. 1990, betr.: »Telefonat des Herrn Bundeskanzlers mit Präsident Bush am Mittwoch, dem 30. Mai 1990 von 13.30 Uhr bis 13.45 Uhr« (212-35400 De 39 NA 1; von Kohl abgezeichnet); Diekmann/Reuth 1996, S. 388f.; Teltschik 1993, S. 253.

57 Zum Vormarsch der »Orthodoxen in Moskau« sowie zur innersowjetischen Diskussion und verschiedenen öffentlichen Drohgebärden mit dem »Friedensvertragsvorbehalt« siehe die ausführliche Darstellung bei Biermann 1997, S. 585 ff.
58 Schewardnadse selbst präzisierte seine Vorstellungen zur Fortentwicklung des KSZE-Prozesses wenige Tage später, ohne dabei wesentliche neue Elemente in die Diskussion zu bringen. Vgl. Vermerk Abteilungsleiter 2 (Nikel) an den Bundeskanzler v. 29. 5. 1990, betr.: »Sowjetische Vorstellungen zur Institutionalisierung der KSZE. Bezug: Schreiben AM Schewardnadse an die Außenminister der KSZE-Teilnehmerstaaten vom 25. Mai 1990« (212-354 00 - De 39 NA 4, Bd. 2, von Kohl abgezeichnet; außerdem - mit der inoffiziellen Übersetzung des Briefes als Anlage - 212-354 00 - De 39 NA 4, Bd. 3).
59 Schewardnadses Mitarbeiter Tejmuras Stepanow faßte die verschiedenen Gespräche des sowjetischen Außenministers mit Genscher im Mai/Juni 1990 mit dem Satz zusammen: »Man lief wie die Katze um den heißen Brei«.
60 Das Gespräch Genscher - Schewardnadse v. 5. 6. 1990 ist ausführlich dargestellt bei Genscher 1995, S. 815 ff., der das Treffen aber auf den 15. 6. datiert. Die Schilderung beruht zudem auf Informationen aus dem Auswärtigen Amt und dem sowjetischen Außenministerium. Die KSZE-Konferenz wurde auch von anderen Außenministern zu bilateralen Treffen genutzt. So sprachen Baker und Schewardnadse über sicherheitspolitische Fragen und die Obergrenze gesamtdeutscher Streitkräfte, während Meckel unter anderem für seine trilaterale KSZE-Initiative und den bereits geschilderten Vorschlag für eine »Sicherheitszone« in Mitteleuropa warb. Vgl. dazu die Schilderung bei Zelikow/Rice 1997, S. 391 ff.; die unveröffentlichten MfAA-Papiere (allesamt verfaßt von Wolfram von Fritsch) »Protokoll eines Gesprächs von Außenminister Baker mit Außenminister Meckel in Kopenhagen am 5. 6. 1990«; »Protokoll des Gesprächs von Außenminister Meckel mit Außenminister van den Broek (Niederlande) am 5. 6. 1990 in Kopenhagen«; »Protokoll des Gesprächs zwischen Außenminister Meckel und Außenminister Ellemann-Jensen (Dänemark) am 5. 6. 1990 in Kopenhagen«; »Protokoll eines Gesprächs zwischen Außenminister Meckel und Außenminister Hurd (Großbritannien) am 5. 6. 1990 in Kopenhagen«.
61 Die zentralen deutschlandpolitischen Inhalte des sowjetisch-amerikanischen Gipfels werden im weiteren Verlauf dieses Kapitels analysiert.
62 Zum NATO-Außenministertreffen in Turnberry und den Weichenstellungen im westlichen Verteidigungsbündnis siehe »Die größten Hürden«.
63 Siehe hierzu sowie zum folgenden v. a. Genscher 1995, S. 805 ff.; Kiessler/Elbe 1993, S. 154 ff.; Teltschik 1993, S. 267 f., der die Frage stellt, ob die Öffentlichkeit einen Auftritt des Bundeskanzlers an diesem symbolträchtigen Ort ebenso gelassen hingenommen hätte; Biermann 1997, S. 619. Tejmuras Stepanow berichtete im Interview v. 28. 10. 1997, daß Genscher zunächst sehr verärgert auf den Vorschlag eines Treffens in Brest reagiert habe. Die Darstellung der Gespräche zwischen Genscher und Schewardnadse basiert zudem auf dem Interview mit Dieter Kastrup v. 17. 4. 1998, der dabei auf Aufzeichnungen zurückgreifen konnte, sowie Informationen aus dem sowjetischen Außenministerium und dem Auswärtigen Amt.
64 So Dieter Kastrup im Interview v. 17. 4. 1998.
65 Die NATO-Außenminister hatten am 7./8. 6. mit der »Botschaft von Turnberry« ein deutliches Signal an die Mitgliedstaaten des Warschauer Paktes geschickt: Beim bevorstehenden Gipfel des Nordatlantischen Bündnisses werde dieses weitreichende Beschlüsse fassen. Vgl. dazu die ausführliche Darstellung im Kapitel »Die größten Hürden«.
66 Siehe zum folgenden die Darstellung bei Genscher 1995, S. 819 ff.; Kiessler/Elbe 1993, S. 157 ff. (v. a. zum Papier des sowjetischen Planungsstabes und Tarassenkos

Versicherungen); Teltschik 1993, S. 276 ff.; Biermann 1997, S. 624 f. Die Darstellung und Analyse der Vorbereitung sowie zentraler Gesprächsinhalte stützt sich zudem auf das Interview mit Dieter Kastrup v. 17. 4. 1998; ein dem MfAA von der sowjetischen Seite übergebenes Papier (unveröffentlichtes MfAA-Papier, undatiert, 4 Seiten); Informationen aus dem sowjetischen Außenministerium und dem Auswärtigen Amt.

67 Kiessler/Elbe 1993, S. 157 ff. Im deutschen Protokoll des Treffens, so Dieter Kastrup im Interview v. 17. 4. 1998, fand sich lediglich ein Hinweis, daß Elbe anschließend den »Sprechzettel« Schewardnadses erhalten habe. Kastrup selbst konnte sich an die Übergabe eines bahnbrechenden Papiers ebensowenig erinnern wie Schewardnadses Mitarbeiter Sergej Tarassenko im Interview v. 27. 10. 1997 an Details.

68 Siehe zu den amerikanischen Überlegungen Zelikow/Rice 1997, S. 353 und S. 599 f. Ähnlich Brent Scowcroft im Interview v. 3. 11. 1994, der allerdings von starken Bedenken des Außenministeriums gegen derartige Überlegungen berichtete: Der Gesamtprozeß wäre bei einer einseitigen Aufgabe der Vier-Mächte-Rechte nicht mehr so gut steuerbar gewesen. Zudem erschien es zweifelhaft, ob die Regierungen Frankreichs und Großbritanniens sich an derartigen Plänen beteiligt hätten.

69 Zum Moskau-Besuch Bakers v. 16. bis 19. 5. 1990 siehe v. a. die ausführliche Schilderung bei Zelikow/Rice 1997, S. 363 ff.; Baker 1996, S. 218 ff. Zu den »Neun Zusicherungen« siehe zudem die – in Details abweichende – Darstellung von Blackwill 1994, S. 219; Biermann 1997, S. 591 f. Zur Mitarbeit der westdeutschen Seite an der Ausarbeitung einzelner Elemente der »Neun Zusicherungen« siehe auch Genscher 1995, S. 787 f.; Kiessler/Elbe 1993, S. 148 ff.; Dieter Kastrup im Interview v. 17. 4. 1998. Die Einschätzung Bakers, das Thema Deutschland wachse Gorbatschow »über den Kopf«, findet sich bei Zelikow/Rice 1997, S. 368. Bakers Ablehnung von Krediten wird wiedergegeben bei Zelikow/Rice 1997, S. 367. Die Einschätzung, daß die Vorstellung der »Neun Zusicherungen« das entscheidende Ereignis seiner Gespräche war, findet sich bei Baker 1996, S. 223. Zur Meinung, daß keiner der Punkte neu, ihre erstmalige Zusammenstellung zu einem »Paket« aber angesichts der verhärteten sowjetischen Position entspannend gewirkt habe, vgl. auch Interview mit Robert Zoellick v. 2. 11. 1994. Die westlichen Partner der USA wurden – so Informationen aus dem Auswärtigen Amt und dem State Department – zügig über die Gespräche informiert. Raymond Seitz unterrichtete am 21. 5. ausführlich Dieter Kastrup über die deutschlandpolitischen Aspekte der Treffen Bakers. Seitz und Reginald Bartholomew informierten am gleichen Tag zudem den NATO-Rat in Brüssel und hielten dabei nicht mit ihrer Einschätzung zurück, daß trotz kleiner Fortschritte für die Zukunft mit erschwerten Verhandlungsbedingungen gerechnet werden mußte.

70 Siehe – soweit nicht anderweitig belegt – hierzu sowie zum folgenden die ausführlichen Schilderungen bei Zelikow/Rice 1997, S. 381 ff.; Baker 1996, S. 225 ff. Wie kurzfristig Bushs Entscheidung zur Unterzeichnung des Handelsabkommens fiel, verdeutlichte auch Condoleezza Rice im Interview v. 31. 10. 1994: Erst als die beiden Delegationen den Konferenzraum verließen, habe sie von Brent Scowcroft erfahren, daß die von ihr betreuten Dokumente unterzeichnet werden sollten.

71 Die Szene und ihre Folgen sind sehr anschaulich geschildert bei Zelikow/Rice 1997, S. 384 ff. Zu Gorbatschows vergeblichem Versuch, die Entscheidung an Schewardnadse zu delegieren, siehe auch Baker 1996, S. 226. Zu verschiedenen Bewertungen von Gorbatschows Nachgeben vgl. z. B. Kiessler/Elbe 1993, S. 150; Blackwill 1994, S. 219 f.; Zelikow/Rice 1997, S. 385 ff. Condoleezza Rice sprach im Interview v. 31. 10. 1994 davon, daß in Washington ein »bedeutender Positions-

wechsel« sichtbar geworden sei, Gorbatschow die endgültige Entscheidung aber eindeutig erst später gefällt habe. Dabei sei es aus US-Sicht doch überraschend gewesen, daß dieses Zugeständnis letztlich gegenüber Helmut Kohl im Kaukasus und nicht gegenüber dem US-Präsidenten als Vertreter der zweiten Supermacht gemacht wurde.

72 Zum Treffen in Kopenhagen siehe v. a. Zelikow/Rice 1997, S. 391 ff.; Baker 1996, S. 228.

73 Die Analyse des Gesprächs Gorbatschow – Thatcher v. 8. 6. 1990 basiert vor allem auf »Niederschrift des Gesprächs zwischen M. S. Gorbatschow und der Premierministerin von Großbritannien, M. Thatcher« (Hoover Institution Archives, Stanford: Zelikow-Rice-Papers). Vgl. dazu auch Zelikow/Rice 1997, S. 400f.; Thatcher 1993, S. 1114. Thatcher hatte sich vor ihrem Abflug nach Moskau mit James Baker getroffen, der sich anläßlich des Treffens der NATO-Außenminister in Großbritannien aufhielt. Dabei hatte sie sich noch skeptisch zur Idee einer gemeinsamen Erklärung von NATO und Warschauer Pakt geäußert. Nach ihrer Rückkehr informierte die Premierministerin George Bush in einem Brief über ihr Gespräch. Auch sie war nunmehr von der Idee einer gemeinsamen Erklärung der Bündnisse angetan und überzeugt, die gesamtdeutsche NATO-Mitgliedschaft erreichen zu können. Im Bundeskanzleramt wurde Horst Teltschik am 11. 6. vom britischen Botschafter Christopher Mallaby informiert. Siehe dazu Teltschik 1993, S. 263 und S. 266. Thatchers vorsichtiger Optimismus war auch Thema bei einem Treffen von Mallaby und dem außenpolitischen Berater der Premierministerin, Sir Percy Cradock mit Staatssekretär Sudhoff am 18.6. in Bonn. Cradock, so Informationen aus dem FCO und dem AA, sprach sich dafür aus, daß vom bevorstehenden NATO-Gipfel neue, zukunftsgerichtete Signale ausgehen müßten.

74 Zu den Vorbereitungsgesprächen des Gastgebers, DDR-Außenminister Markus Meckel, hatte bereits am 17. 6. ein nur einstündiges Treffen mit Genscher gehört. Am 20. 6. war Meckel in London mit Hurd zusammengetroffen, während Ministerpräsident Lothar de Maizière mit Premierministerin Margaret Thatcher gesprochen hatte. Die beiden DDR-Politiker warben erfolglos für eine weitergehende Veränderung der NATO. Hurd lehnte Meckels Konzept neuer Sicherheitsstrukturen – mit dem Verzicht auf die Stationierung von Atomwaffen im vereinten Deutschland – entschieden ab. Vgl. dazu Deutschland Archiv, Nr. 8/1990, S. 1170; das unveröffentlichte MfAA-Papier (Telex der DDR-Botschaft in London v. 22. 6. 1990) »Besuch AM Meckel in London«; »DDR-Außenminister Meckel weilte zu Arbeitsbesuch in London«, in Aussenpolitische Korrespondenz, Nr. 19/1990, 29. 6. 1990, S. 147. Am 21. 6. kam US-Außenminister James Baker zu Meckel und traf sich auch mit de Maizière. Siehe dazu auch das unveröffentlichte MfAA-Papier (undatiert; von Fritsch) »Niederschrift eines Gesprächs von Außenminister Meckel mit Außenminister Baker am 21. Juni 1990 im MfAA«; Zelikow/Rice 1997, S. 405f. Weitere Einschätzungen basieren auf Interview mit Hans-Dietrich Genscher v. 31. 10. 1997.

75 Siehe dazu Entschließung des deutschen Bundestages/der Volkskammer der Deutschen Demokratischen Republik über die Grenze zwischen dem vereinigten Deutschland und der Republik Polen v. 21. 6. 1990, in Bulletin Nr. 79 v. 22. 6. 1990, S. 684. Die polnische Regierungssprecherin hatte daraufhin erklärt, die Paraphierung eines Grenzvertrages bereits vor der Vereinigung sei nun nicht mehr notwendig, eine Ausarbeitung aber wünschenswert. Die Arbeiten am Grenzvertrag sollten bis Dezember soweit abgeschlossen sein, daß ein Protokoll unterzeichnet werden könne. Außenminister Skubiszewski sagte, die Grenzfrage sei »nun zu den Akten gelegt«. Vgl. dazu *Frankfurter Allgemeine Zeitung* v. 23. 6. 1990, Zycie Warszawy lobt den Bundeskanzler; *Süddeutsche Zeitung* v. 29. 6. 1990, Warschau: Grenzfrage

jetzt zu den Akten gelegt. Die Forderung Polens, daß der Grenzvertrag dennoch bereits jetzt ausgearbeitet werden sollte, wurde von Frankreichs Außenminister Roland Dumas in der Ministerrunde wie auch bei der anschließenden Pressekonferenz unterstützt. Siehe dazu beispielsweise Vermerk GL 21 an den Bundeskanzler v. 23. 6. 1990, betr.: »Treffen der Außenminister im Rahmen ›2+4‹ am 22. Juni 1990 in Berlin (Ost)« (212-35400 De 39 Na 4, Bd. 3); die im MfAA erstellte »Abschrift Pressekonferenz (22. 6.)«, bes. S. 2. Zur skeptischen Haltung im Kanzleramt siehe Teltschik 1993, S. 282f. Zur Grenzdiskussion siehe auch die ausführliche Darstellung und Analyse im Kapitel »Die größten Hürden«.

76 Zur Analyse im Kanzleramt vgl. Vermerk GL 21 an den Bundeskanzler v. 23. 6. 1990, betr.: »Treffen der Außenminister im Rahmen ›2+4‹ am 22. Juni 1990 in Berlin (Ost)« (212-35400 De 39 NA 4, Bd. 3 sowie B 136/20244; von Kohl abgezeichnet; jeweils mit den Anlagen »Prinzipien für die Diskussion unter Tagesordnungspunkt 1«, d. h. Grenzfrage; »Eine vorläufige Gliederung für Elemente einer abschließenden Regelung« und dem von der UdSSR vorgelegten Entwurf »Grundprinzipien für eine abschließende völkerrechtliche Regelung mit Deutschland«). Zu den weiteren Analysepapieren aus der Abteilung 2 des Kanzleramtes gehört der Vermerk AL 2 (Nikel) an den Bundeskanzler v. 26. 6. 1990, betr.: »Außenminister-Treffen im Rahmen der 2+4-Gespräche am 22. Juni in Berlin-Ost; hier: Sowjetischer Entwurf betreffend Grundprinzipien für eine abschließende völkerrechtliche Regelung mit Deutschland« (212-35400 De 39 NA 2, Bd. 3 sowie 212-35400 De 39 NA 4, Bd. 3); hinzu kam beispielsweise eine Analyse der Rede von Markus Meckel. Die allgemeine Überraschung über den sowjetischen Entwurf zeigt, daß der Westen entsprechende sowjetische Ankündigungen – so beim Beamtentreffen am 22. 5. – nicht ernst genommen hatte. Vgl. auch Interview mit Hans-Dietrich Genscher v. 31. 10. 1997. Die Darstellung bei Zelikow/Rice 1997, S. 407, wonach Meckel den »östlichen Angriff« eröffnet habe, »indem er feststellte, daß es notwendig sei, den militärischen Status Deutschlands zu klären, die Truppenobergrenze zu bestimmen und den Abzug aller Viermächtestreitkräfte sicherzustellen«, ist nicht richtig: Meckel trug seine Rede erst nach der Mittagspause vor. Vgl. hierzu sowie zum folgenden – soweit nicht anderweitig belegt – v. a. die Darstellungen bei Zelikow/Rice 1997, S. 405ff. (wonach Bondarenko die Leitung der Arbeitsgruppe im sowjetischen Außenministerium innehatte; hinter dem Vertragsentwurf stand aber offensichtlich Kwizinskij, der als stellvertretender Außenminister auch für die »Zwei-plus-Vier«-Gespräche zuständig war); Baker 1996, S. 229ff.; Genscher 1995, S. 823ff.; Kiessler/Elbe 1993, S. 160ff. (mit dem Zitat »ein Guß mit kaltem Wasser«); Biermann 1997, S. 625ff.

77 Zur Abstimmung des Vertragsentwurfs im Politbüro siehe Kwizinskij 1993, S. 46; Kwizinskijs Schilderung in Biermann 1997, S. 625ff. Sergej Tarassenko berichtete im Interview v. 27. 10. 1997 nur davon, daß ein Entwurf für das erste Außenministertreffen v. 5. 5. 1990 im Politbüro abgestimmt worden sei.

78 Siehe dazu »Rede des Ministers für Auswärtige Angelegenheiten der UdSSR, E. A. Schewardnadse, am 22. Juni 1990 in Berlin« (212-35400 De 39 Na 4, Bd. 3); die interne Analyse des Bundeskanzleramtes in Vermerk AL 2 (Nikel) an den Bundeskanzler v. 26. 6. 1990, betr.: »Außenminister-Treffen im Rahmen der 2+4-Gespräche am 22. Juni in Berlin-Ost; hier: Sowjetischer Entwurf betreffend Grundprinzipien für eine abschließende völkerrechtliche Regelung mit Deutschland« (212-35400 De 39 NA 2, Bd. 3 sowie 212-35400 De 39 NA 4, Bd. 3). Die Rede Schewardnadses findet sich auch in Bundespresseamt, Ostinformationen v. 25. 6. 1990 (»Rede Schewardnadses in Ost-Berlin«). Der Text des sowjetischen Vertragsentwurfs ist in weiten Auszügen abgedruckt bei Kwizinskij 1993, S. 41ff., der mit am Verhand-

lungstisch saß. Auszüge und Erläuterungen finden sich zudem bei Schewardnadse 1993, S. 248 ff. Weitere Informationen über Rede und Entwurfsinhalt entstammen dem unveröffentlichten MfAA-Papier v. 22. 6. 1990, »Bericht über das zweite Treffen im Rahmen 2+4 auf Ministerebene am 22. Juni 1989 in Berlin« (mit dem Vertragsentwurf in der Anlage), in dem die drohende Singularisierung Deutschlands kaum thematisiert wird; verschiedenen Informationen aus dem Auswärtigen Amt, dem MfAA und dem Kanzleramt.

79 Vgl. dazu das unveröffentlichte MfAA-Papier (Wolfram von Fritsch) »Protokoll eines Gesprächs mit Außenminister Schewardnadse am 7.6.90 von 18.20 Uhr bis 20.20 Uhr im Hotel ›1. Oktober‹ in Moskau«. Teilnehmer des Treffens »in einer vertrauensvollen, freundlichen Atmosphäre« waren demnach außer dem Dolmetscher: Schewardnadse, Meckel, Albrecht, von Braunmühl und von Fritsch. Schewardnadse zeichnete dabei die Entwicklung der sowjetischen Haltung zur gesamtdeutschen NATO-Mitgliedschaft nach, die von den Forderungen nach Neutralität und Verzicht auf Paktbindung bis hin zur Doppelmitgliedschaft geführt habe. All dies sei vom Westen energisch abgelehnt worden, weswegen man in Moskau nun über die Schaffung neuer gesamteuropäischer Sicherheitsstrukturen nachdenke. Der sowjetische Außenminister berichtete über »Hypothesen« Gorbatschows, die von einer Integration der UdSSR in die NATO bis hin zu einer deutschen Mitgliedschaft nach französischem Vorbild reichten.

80 Markus Meckel hatte beispielsweise bereits vor dem Treffen in Interviews mehrfach betont, daß angesichts der innenpolitischen Situation vor dem Parteitag der KPdSU kein Durchbruch zu erwarten sei. Vgl. dazu *Neues Deutschland* v. 22. 6. 1990, UdSSR-Sicherheitsinteressen dürfen nicht ignoriert werden. Interview mit Markus Meckel; »Interview mit Markus Meckel am 22. Juni 1990, 7.18 Uhr im DLF«, Teilausarbeitung durch Karin Beindorf, Rundfunk der DDR, Redaktion Monitor. Zur Einschätzung bei Baker und Genscher siehe auch Zelikow/Rice 1997, S. 410 f.; Baker 1996, S. 229; Genscher 1995, S. 824 f.

81 Siehe dazu Genscher 1995, S. 825 f.; Kiessler/Elbe 1993, S. 162; Biermann 1997, S. 629 ff. US-Außenminister Baker schickte seine Mitarbeiter Ross und Zoellick los, um die Hintergründe der Moskauer Haltung zu erfragen. Von Schewardnadses Planungsstabschef Tarassenko erfuhr Ross, daß es sich dabei um einen im Prinzip veralteten Plan des Politbüros handelte, der aufgrund des bevorstehenden Parteitags nicht mehr widerrufen wurde. Siehe dazu Baker 1996, S. 229 f. Baker selbst hatte am Abend nach der »Zwei-plus-Vier«-Runde ein Treffen mit Schewardnadse, bei dem er aus seiner Verwunderung keinen Hehl machte. In sehr deutlichen Worten stellte er klar, daß der Westen keinesfalls auf die von Moskau vorgegebene Linie einschwenken werde. Zugleich setzte er sich erneut dafür ein, die Ergebnisse des bevorstehenden NATO-Gipfels abzuwarten und nannte – vertraulich – einige der von den USA angestrebten Ziele zur Veränderung des westlichen Bündnisses. Siehe dazu Baker 1996, S. 230 f.; Zelikow/Rice 1997, S. 413 ff. Demnach war Schewardnadse extrem auf das Londoner Gipfel »fixiert«.

82 Siehe dazu Vermerk AL 2 (Nikel) an den Bundeskanzler v. 28. 6. 1990, betr.: »DDR-Haltung zu den äußeren Aspekten der deutschen Einheit; hier: Rede von AM Meckel auf der AM-Konferenz in 2+4-Rahmen in Berlin (Ost) am 22. 6. 1990« (212–35400 De 39 Na 4, Bd. 4); das unveröffentlichte MfAA-Papier »Rede des Ministers für Auswärtige Angelegenheiten der DDR, Markus Meckel«. Zelikow/Rice 1997, S. 411, sprechen von einem »absurden, wenn nicht gefährlichen Vorschlag«, über den auch Schewardnadse mit dem Hinweis, man solle sich wieder dem sowjetischen Papier zuwenden, hinwegging. Dabei scheinen sie Meckels Aufforderung, den »Zwei-plus-Vier«-Tisch erst nach Einigung über eine europäische Sicherheitsarchitektur und deren Zeitplan zu verlassen, zu wörtlich zu nehmen.

83 Zur Zufriedenheit mit dem Endergebnis der Ost-Berliner Außenministerkonferenz siehe z. B. Teltschik 1993, S. 286. Nach Informationen aus dem Auswärtigen Amt kamen auch dessen Analysen zu einem positiven Ergebnis.
84 Anders die Einschätzung bei Genscher 1995, S. 801 ff., bes. S. 804; Kiessler/Elbe 1993, S. 153 f. Diese Darstellungen,welche die Bedeutung der Außenminister stärker betonen, werden relativiert im Vergleich beispielsweise mit der Schilderung bei Baker 1996, S. 228, der einen knappen Absatz zum Außenministertreffen von Turnberry schreibt.

## DIE GRÖSSTEN HÜRDEN

1 So sah etwa der polnische Außenminister Skubiszewski darin, daß die Grenzfrage nicht erwähnt wurde, einen »grundlegenden Mangel« des deutschlandpolitischen Programms des Kanzlers (zitiert nach *Frankfurter Allgemeine Zeitung* v. 9. 12. 1989, Skubiszewski: Kohl muß Deutschlands Grenzen definieren; ähnlich Skubiszewski im Interview v. 23. 4. 1996). Für Tadeusz Mazowiecki war das Fehlen eines Punktes über das Verhältnis zu Polen ausschlaggebend dafür, im weiteren Verlauf des Einigungsprozesses die Initiative zur Wahrung polnischer Interessen zu ergreifen (Interview v. 19. 9. 1996). Vgl. zur Kritik aus Polen auch Miszczak 1993, S. 369 ff. Differenzierter und die innenpolitische Diskussion würdigend Ludwig 1991a, S. 38 ff. Auch die französische Regierung betonte immer wieder die Unantastbarkeit der polnischen Westgrenze (vgl. Hajnicz 1995). Zur innenpolitischen Kritik an Kohls Zehn-Punkte-Programm vgl. *Frankfurter Allgemeine Zeitung* v. 30. 11. 1989, Im Bundestag kommt Streit auf über Deutschlandpolitik; *Süddeutsche Zeitung* v. 1. 12. 1989, Lambsdorff wirft dem Kanzler Alleingang vor; *Neue Zürcher Zeitung* v. 3. 12. 1989, Bonns Deutschlandplan in der Anfechtung; *Frankfurter Rundschau* v. 18. 12. 1989, FDP drängt Kanzler zu klarem Wort über polnische Westgrenze. Zur Haltung der SPD im gesamten Zeitraum siehe Schuh/von der Weiden 1997, S. 307 ff.
2 Hajnicz 1995, S. 74. Im Gegensatz dazu war für das »alte« Polen die Teilung Deutschlands traditionell Bestandteil seiner staatlichen raison d'être gewesen; vgl. Interviews mit Artur Hajnicz v. 16. 9. 1996 sowie Bronislaw Geremek v. 18. 9. 1996. Oppositionelle wie Walesa, Geremek und Mazowiecki hatten sich bereits sehr früh für eine Vereinigung Deutschlands ausgesprochen (vgl. die Interviews mit Lech Walesa v. 23. 6. 1997, Bronislaw Geremek v. 18. 9. 1996 sowie Tadeusz Mazowiecki v. 19. 9. 1996). Hajnicz (Interview v. 16. 9. 1996) wies allerdings darauf hin, daß bezüglich außenpolitischer Themen in Kreisen oppositioneller Intellektueller bzw. der Gewerkschaft »Solidarität« zwei Phasen zu unterscheiden seien: Vor der Verhängung des Kriegsrechtes in Polen Anfang der achtziger Jahre hielten sich die Oppositionellen von außenpolitischen Fragen möglichst fern. Dies geschah zum Schutz des Danziger Abkommens zwischen den Streikenden der Danziger Werft bzw. in Stettin und der damaligen polnischen Führung, welches die Grundlage für die Bildung freier Gewerkschaften und damit der Gewerkschaftsbewegung Solidarität geschaffen hatte. Das Abkommen respektierte ausdrücklich »das festgelegte internationale Bündnissystem« (Protokoll der Vereinbarungen zwischen dem Regierungsausschuß und dem Überbetrieblichen Streikkomitee (MKS) v. 31.8. 1980 in Danzig, abgedruckt in Europa-Archiv, Nr. 24/1980, S. D673 ff., hier S. D 674). Folglich war man im Umfeld der »Solidarität« zunächst bemüht, alle Auseinandersetzungen zu vermeiden, die einen Vorwand zum militärischen Einschreiten der Warschauer Pakt-Staaten geliefert hätten. Erst nach der Verhängung des Kriegsrechtes im Dezember

1981, in deren Folge die »Solidarität« in den Untergrund gedrängt wurde, rückten außenpolitische bzw. internationale Themen zwangsläufig stärker ins Blickfeld: Außenpolitische Kontakte und Aktivitäten seitens der Oppositionellen um Mazowiecki wurden nötig, um dem (westlichen) Ausland die Dimension und Konsequenzen des Putsches vor Augen zu führen und das einseitige offizielle Bild zu korrigieren. Damit wurde auch die Basis für ein Abweichen von der bisherigen deutschlandpolitischen Linie geschaffen. Der von Gorbatschow initiierte Wandel der sowjetischen Außenpolitik seit Mitte der achtziger Jahre beförderte solche Überlegungen zusätzlich. Auch die deutsche Frage bzw. Deutschlandpolitik blieb hiervon nicht unberührt. Wesentliche Prämissen und Zielsetzungen waren aus Sicht der oppositionellen Denker, daß 1. Polens Status als »Jalta-Staat« überwunden werden konnte, 2. die Doktrin des *einen* Feindes BRD und des *einen* Freundes UdSSR von der Maxime der *zwei Freunde* abgelöst werden sollte, 3. ein Ausgleich mit der Bundesrepublik gesucht werden mußte, was 4. nur mit einem Entgegenkommen in der Frage der nationalen Einheit Deutschlands – und damit dem Bruch eines bisher geltenden Tabus – geschehen konnte, 5. eine Kooperation mit der Bundesrepublik zur wirtschaftlichen Sanierung Polens beitragen würde und schließlich 6. die Oder-Neiße-Linie als polnische Westgrenze unantastbar war. Vereinfacht läßt sich der Standpunkt der damaligen Opposition auf folgenden Nenner bringen: Die deutsche Frage wurde für offen erachtet; der völkerrechtliche Grundsatz des Selbstbestimmungsrechtes sollte den Deutschen, sofern sie dies einmal wollten, die Wiedererlangung ihrer Einheit ermöglichen; gleichzeitig wurde die deutsch-polnische Grenze als absolut unumstößlich betrachtet (vgl. dazu weiterführend Hajnicz 1995, S. 25 ff., sowie Ludwig 1991a, S. 9 f.). Aus Sicht der neuen Regierung unter Mazowiecki, so Skubiszewski im Interview v. 23. 4. 1996, sei die DDR immer schon zwischen Polen und dem Westen – beispielsweise der Europäischen Gemeinschaft – gestanden. Zur polnischen Verstimmung hinsichtlich der Position Kohls vgl. Miszczak 1993, S. 371.

3 So Bundeskanzler Helmut Kohl in seinem Bericht zur Lage der Nation im geteilten Deutschland am 8. 11. 1989, vgl. Deutscher Bundestag (Hrsg.), Verhandlungen des deutschen Bundestages, Stenographische Berichte, 11. Wahlperiode, 173. Sitzung, 8. 11. 1989, S. 13011. Zum Friedensvertragsvorbehalt in den Berichten zur Lage der Nation vgl. Michael Garthe, Berichte zur Lage der Nation, in Weidenfeld/Korte 1992, S. 19 ff., hier: S. 26.

4 So der Bundeskanzler in einer schriftlichen Erklärung am 11. 7. 1989, vgl. Archiv der Gegenwart v. 11. 7. 1989, Bd. 1989, S. 33535 f. Zu den benannten Rechtsquellen siehe im einzelnen: Deutschlandvertrag – Vertrag über die Beziehungen zwischen der Bundesrepublik Deutschland und den drei Mächten v. 26. 5. 1952 (Fassung v. 23. 10. 1954), in Bundesministerium für Gesamtdeutsche Fragen 1961, S. 86 ff.; Vertrag zwischen der Bundesrepublik Deutschland und der Union der Sozialistischen Sowjetrepubliken v. 12. 8. 1970, in Bundesministerium für innerdeutsche Beziehungen 1980, S. 156; Vertrag über die Grundlagen der Normalisierung der Beziehungen zu Polen v. 7. 12. 1970, in Bayerische Landeszentrale für politische Bildung 1996, S. 119 f.; Vier-Mächte-Abkommen (mit den Anlagen I, II, III und IV) v. 3. 9. 1971, in Bundesministerium für innerdeutsche Beziehungen 1980, S. 158 ff.; Briefe zur deutschen Einheit v. 21. 12. 1972 in Bundesministerium für innerdeutsche Beziehungen 1980, S. 206 ff.; Urteil des Bundesverfassungsgerichtes zum Vertrag über die Grundlagen der Beziehungen zwischen der Bundesrepublik Deutschland und der Deutschen Demokratischen Republik v. 31. 7. 1973 in Bundesministerium für innerdeutsche Beziehungen 1980, S. 232 ff.

5 Vgl. Genscher 1995, S. 653 sowie S. 656; die Rede v. 27. 9. 1989 ist abgedruckt in Auswärtiges Amt 1995, S. 600 ff.
6 Zur Position der SPD vgl. Korger 1993, S. 73. Zur CSU: Zitat des deutschlandpolitischen Sprechers der CDU / CSU-Bundestagsfraktion, Eduard Lintner, zitiert nach *Süddeutsche Zeitung* v. 19. 12. 1989, CSU beharrt auf Grenzen von 1937.
7 So der stellvertretende CDU / CSU-Fraktionsvorsitzende im Deutschen Bundestag, Karl-Heinz Hornhues, am 13. 12. 1989 gegenüber Teltschik (vgl. Teltschik 1993, S. 79). Vgl. auch *Frankfurter Rundschau* v. 19. 12. 1989, Klares Ja zur Oder-Neiße-Grenze.
8 Nach Informationen aus dem Kanzleramt hatten Mitarbeiter Helmut Kohls bereits Anfang Dezember in Journalistenkreisen »getestet«, was man in dieser Frage denke. Die einhellige Ansicht sei gewesen, daß Kohl nicht um Aussagen hierzu herumkommen werde.
9 Vgl. *Frankfurter Allgemeine Zeitung* v. 30. 12. 1989, Frau Süssmuth ärgert das Kanzleramt; *Stuttgarter Zeitung* v. 30. 12. 1989, Streit um polnische Westgrenze verschärft sich; *Frankfurter Rundschau* v. 30. 12. 1989, Unselige Debatte; ebenda, Bonner Streit um polnische Westgrenze wird schärfer. Vgl. auch *Frankfurter Allgemeine Zeitung* v. 2. 1. 1990, Zum Jahresbeginn Streitereien in Bonn um die polnische Westgrenze.
10 Die Entschließung ist abgedruckt in Auswärtiges Amt 1995, S. 617.
11 Zitiert nach *Die Welt* v. 8. 1. 1990, »Polens Westgrenze Tor zur Einheit«. Vgl. auch: *Frankfurter Allgemeine Zeitung* v. 8. 1. 1990, Genscher verlangt in Stuttgart ein Bekenntnis der Deutschen zur Sicherheit der polnischen Grenzen. Zur Wahrnehmung des wachsenden Dissens zwischen Kohl und Genscher im Ausland siehe z. B. Mitterrand 1996, S. 126 f.
12 Die gemeinsame Erklärung sollte lauten: »Das polnische Volk soll wissen, daß sein Recht, in sicheren Grenzen zu leben, von uns Deutschen weder jetzt noch in Zukunft durch Gebietsansprüche in Frage gestellt wird.« Dies entsprach genau dem Wortlaut der Genscher-Rede vor der UNO im September 1989. Außerdem wurde im Antrag der SPD formuliert: »Wer die Frage der polnischen Westgrenze offenläßt, schließt das Tor zur deutschen Einheit« – ein fast wörtliches Zitat der Rede Genschers beim Dreikönigstreffen der FDP (vgl. Deutscher Bundestag, 11. Wahlperiode, Drucksache 11/6237 v. 17. 1. 1990). Auch die Fraktion der Grünen stellte einen ähnlichen Antrag (vgl. Deutscher Bundestag, 11. Wahlperiode, Drucksache 11/6250 v. 17. 1. 1990). Zum Bericht von Seiters vgl. Korger 1993, S. 64; *Frankfurter Allgemeine Zeitung* v. 18. 1. 1990, Heute Deutschland-Debatte im Bundestag; *Süddeutsche Zeitung* v. 18. 1. 1990, Kohl gibt politische Garantie für Oder-Neiße-Linie: Polen müssen die Gewißheit sicherer Grenzen haben.
13 Vgl. zu diesem Gespräch ausführlich das Kapitel »Diplomatie im Zeichen des Status quo«; Teltschik 1993, S. 99.
14 Vgl. Teltschik 1993, S. 104.
15 Vgl. *Frankfurter Allgemeine Zeitung* v. 2. 1. 1990, Herzog: Oder-Neiße-Grenze faktisch anerkannt; *Die Welt* v. 3. 1. 1990, »Das Deutsche Reich ist nicht untergegangen«. Siehe auch *Frankfurter Allgemeine Zeitung* v. 9. 12. 1989, Skubiszewski: Kohl muß Deutschlands Grenzen definieren. Skubiszewski erklärte im Interview v. 23. 4. 1996, daß es gerade die verschiedenen Bundesregierungen gewesen seien, die bei der Regelung der Grenzfrage auf einem Friedensvertrag beharrt hätten. Das Potsdamer Protokoll spricht in bezug auf die polnische Westgrenze nicht von der Notwendigkeit eines Friedensvertrages, sondern von der einer Friedensregelung, einem »peace settlement« (vgl. den auszugsweisen Abdruck des englischen Originaltextes, in Krülle 1970, S. 66 ff., hier: S. 67).

16 Die Rede ist abgedruckt in Bulletin Nr. 9 v. 19. 1. 1990, S. 61 ff.. Vgl. hierzu ausführlicher das Kapitel »Tandem außer Tritt«.
17 Vgl. dazu Korger 1993, S. 64.
18 Vgl. Ludwig 1991a, S. 44; *Bonner Rundschau* v. 7. 2. 1990, Klare Worte. Vgl. zum Bonn-Besuch des polnischen Außenministers auch Archiv der Gegenwart v. 25. 2. 1990, Bd. 1990, S. 34266. Zum Zitat: Skubiszewski 1990, S. 196.
19 Siehe Vermerk AL 2 (VLR I Dr. Kaestner) v. 12. 2. 1990 an Bundeskanzler, betr.: »Ihr Gespräch mit dem Außenminister der Republik Polen, Prof. Dr. Krzysztof Skubiszewski, Bonn, 7. Februar, 15.10 Uhr – 16.20 Uhr« (21–30100 (56) – Ge 28 (VS)). Demnach hatte zum Auftakt des Treffens ein zehnminütiges Gespräch unter vier Augen stattgefunden.
20 Vgl. *Die Welt* v. 19. 1. 1990, Warschau würdigt Kohls Erklärung. Appell an alle europäischen Staaten. Siehe auch Interview des Deutschlandfunks mit Außenminister Skubiszewski am 8. 2. 1990, abgedruckt in Presse- und Informationsamt der Bundesregierung 1993, Bd. 18, S. 11446.
21 Vgl. *Frankfurter Allgemeine Zeitung* v. 19. 1. 1990, Die FDP lobt Kohls Erklärung zur polnischen Westgrenze.
22 Vgl. z. B. Hajnicz 1995, S. 77.
23 So auch Tadeusz Mazowiecki im Interview v. 19. 9. 1996.
24 Vgl. Interview mit Tadeusz Mazowiecki v. 19. 9. 1996, der auch betonte, daß die ursprüngliche Initiative zu einer polnischen Beteiligung allein von Warschau ausgegangen sei und nicht – wie dies später v. a. infolge britischer und französischer Unterstützung oftmals interpretiert worden sei – von Paris, London oder Moskau. Des weiteren vgl. Ludwig 1991a, S. 53 f.
25 Sergej Tarassenko betonte im Interview v. 27. 10. 1997, daß die sowjetische Seite vielmehr Bedenken hatte, daß immer neue polnische Forderungen den fragilen »Zwei-plus-Vier«-Mechanismus stören könnten. An der Haltung der gesamten Bundesregierung in der Grenzfrage habe man in Moskau ohnehin keinen Zweifel gehabt.
26 So Informationen aus dem Auswärtigen Amt. Im nachhinein bestand Mazowiecki (Interview v. 19. 9. 1996) darauf, niemals einen den Siegermächten des Zweiten Weltkrieges vergleichbaren Status für Polen bei den »Zwei-plus-Vier«-Gesprächen gefordert zu haben.
27 Die konstruktive Rolle Skubiszewskis in dieser nicht einfachen Phase bestätigte indirekt auch Wladyslaw Bartoszewski im Interview v. 5. 11. 1996: Skubiszewski sei in den Jahren 1989 bis 1993 der Architekt der neuen Beziehungen zwischen Polen und Deutschland gewesen.
28 Vgl. dazu v. a. Ludwig 1991a, S. 56 ff.; des weiteren Hajnicz 1995, S. 75; Miszczak 1993, S. 379 f.
29 Abkommen zwischen der Deutschen Demokratischen Republik und der Republik Polen v. 6. 7. 1950, abgedruckt in Bundesministerium des Innern 1997, S. 259 ff.
30 Zu den Forderungen Mazowieckis vgl. Interview mit Bronislaw Geremek v. 18. 9. 1996; Ludwig 1991a, S. 56 f.; Hajnicz 1995, S. 76. Zur Position Skubiszewskis vgl. Ludwig 1991a, S. 60 f. Zum sogenannten Mazowiecki-Plan vgl. auch Miszczak 1993, S. 380. Im Interview v. 19. 9. 1996 betonte Mazowiecki, daß es ihm nicht um einen Friedensvertrag an sich gegangen sei. Zuvor sei nur allgemein immer wieder das Argument einer ausstehenden Friedenskonferenz bzw. eines Friedensvertrages bemüht worden. Maßgeblich sei für ihn vielmehr gewesen, einen Schlußpunkt zu setzen, der unwiderruflich und endgültig die Grenzfrage regelte.
31 So Helmut Kohl in Diekmann/Reuth 1996, S. 312. Auf die innenpolitischen Zwänge des Bundeskanzlers wies auch Wladyslaw Bartoszewski im Interview v.

5. 11. 1996 hin. Wenngleich man sich in Warschau dieser Umstände bewußt gewesen sei, sei es doch nicht realistisch gewesen anzunehmen, daß Polen ausschließlich darauf Rücksicht nehmen konnte. Mazowiecki selber verwies im nachhinein darauf, daß man sich durchaus darüber im klaren gewesen sei, daß revisionistisch bzw. revanchistisch motivierte Kräfte in Deutschland nicht besonders stark waren. Gleichwohl sei man unsicher gewesen, wie diese Gruppierungen sich nach der Vereinigung verhalten würden (Interview mit Tadeusz Mazowiecki v. 19. 9. 1996).
32 Zu den Reaktionen der Bundesregierung vgl. u. a. Hajnicz 1995, S. 80. Das Zitat Genschers entstammt der *Neuen Zürcher Zeitung* v. 2. 3. 1990, Flexibilität Kohls in der Oder-Neisse-Frage; zu Genschers Vorschlag: *Augsburger Allgemeine* v. 24. 2. 1990, Genscher dringt auf Garantie für Polen; *Augsburger Allgemeine* v. 24. 2. 1990, »Wir sollten mit Polen sprechen«.
33 Vgl. ausführlicher das Kapitel »Tandem außer Tritt«; Teltschik 1993, S. 150 f. Bartoszewski bestätigte, daß es maßgeblich Frankreich und Großbritannien waren, die mit ihren Forderungen gegenüber Deutschland die polnische Führung in ihrer Haltung bestärkt hätten, eindeutige Garantien in der Grenzfrage zu fordern (vgl. Interview mit Wladyslaw Bartoszewski v. 5.11. 1996).
34 Zur Rede Dumas' vgl. *Frankfurter Allgemeine Zeitung* v. 2. 3. 1990, Dumas fordert vertragliche Anerkennung; *Süddeutsche Zeitung* v. 2. 3. 1990, Dumas: Grenze schon vor der Vereinigung anerkennen – Kohl hält nur eine Übergangsgarantie für denkbar. Zur Äußerung Bushs vgl. ausführlicher das Kapitel »Ringen um den besten Weg«; Teltschik 1993, S. 161. Das Kohl-Zitat ist wiedergegeben in »Gemeinsame Pressekonferenz des Präsidenten der Vereinigten Staaten von Amerika, George Bush, und des Bundeskanzlers der Bundesrepublik Deutschland, Helmut Kohl, in Camp David am 25. 2. 1990«, in Kaiser 1991a, S. 200 ff., hier: S. 202. Kohl versicherte der US-Administration in dieser Phase immer wieder, er werde »zum richtigen Zeitpunkt« sagen, was gesagt werden müsse. Die zentrale Rückfrage der USA sei immer wieder gewesen, wann denn dieser richtige Zeitpunkt sei, so James Baker im Interview v. 23. 4. 1996. Man habe in Washington allerdings die innenpolitische Seite dieser Frage gekannt; ähnlich Robert Kimmitt im Interview v. 4. 11. 1994; Michael Young im Interview v. 7. 11. 1994. Raymond Seitz erklärte im Interview v. 2. 6. 1997, in der US-Administration habe es zeitweise Zweifel an Kohls Linie gegeben, da man den innenpolitischen Druck kannte und Kohl mehr ein Innenpolitiker, denn ein außenpolitischer Stratege sei.
35 Zu den Äußerungen aus den Reihen der Bonner Koalition vgl. *Süddeutsche Zeitung* v. 27. 2. 1990, FDP verlangt eindeutige Erklärung zu Polens Westgrenze; *Die Welt* v. 27. 2. 1990, Koalition streitet nach Kohl-Besuch bei Bush über polnische Westgrenze; *Die Welt* v. 28. 2. 1990, Lambsdorff: Kanzler-Erklärung zur Grenzfrage durchaus in Ordnung; *Handelsblatt* v. 28. 2. 1990, Genscher: Kein Thema für Koalitionsfrage; *Süddeutsche Zeitung* v. 28. 2. 1990, Genscher fordert klare Haltung Kohls; *Frankfurter Allgemeine Zeitung* v. 29. 2. 1990, Genscher hält Regelung der Grenzfrage für unausweichlich. Genscher selbst versicherte im Interview v. 31. 10. 1997, daß es in der Grenzfrage zwischen ihm und Kohl nie einen Konflikt, wohl aber einige Gespräche gegeben habe. Kohl habe in der Diskussion sehr viel Rücksicht auf den rechten Rand der CDU und Gruppen rechts davon genommen.
36 Vgl. Korger 1993, S. 65; *Frankfurter Rundschau* v. 1. 3. 1990, Starker Druck. Zur Diskussion im Kanzleramt siehe Teltschik 1993, S. 163 f. sowie S. 166.
37 Vgl. Ludwig 1991a, S. 65; Teltschik 1993, S. 163 f. Vgl. des weiteren *Frankfurter Allgemeine Zeitung* v. 1. 3. 1990, Kohl für eine Erklärung des Bundestages und der Volkskammer zur polnischen Westgrenze; *Süddeutsche Zeitung* v. 1. 3. 1990, Kohl befürwortet Erklärung beider deutscher Parlamente; *Frankfurter Rundschau* v. 1. 3.

1990, Kohl lenkt im Grenzstreit ein. Vgl. auch *Frankfurter Allgemeine Zeitung* v. 2. 3. 1990, Kohl akzeptiert Mazowieckis Plan eines Vertrages zur Westgrenze nicht.

38 Vgl. *Süddeutsche Zeitung* v. 5. 3. 1990, FDP lehnt Forderungen an Polen ab – Genscher will Kanzler zur Korrektur bewegen; *Frankfurter Allgemeine Zeitung* v. 5. 3. 1990, Genscher rückt deutlich von Kohl ab – Dregger nennt Kritik am Kanzler »bestürzend«.

39 Zitiert nach *Die Welt* v. 3. 3. 1990, Kanzler fordert polnischen Verzicht auf Reparationen. Vgl. auch (jeweils v. 3. 3. 1990) *Frankfurter Allgemeine Zeitung*, Kohl will die polnische Grenzfrage mit einem Verzicht auf Reparationszahlungen verbinden; *Frankfurter Rundschau*, Kohl hat neue Variante im Streit über Polens Grenze; *Süddeutsche Zeitung*, Kohl will Anerkennung der Oder-Neiße-Grenze mit Verzicht Polens auf Reparationen verknüpfen.

40 Vgl. Teltschik 1993, S. 165.

41 Das Zitat ist wiedergegeben in *Süddeutsche Zeitung* v. 5. 3. 1990, FDP lehnt Forderungen an Polen ab – Genscher will Kanzler zur Korrektur bewegen. Vgl. zur Äußerung der polnischen Regierungssprecherin Ludwig 1991a, S. 65f. Noch mehr als zwei Wochen später stand dieses Thema zwischen den beiden Hauptstädten: In einem Gespräch mit Teltschik erläuterten Botschafter Ryszard Karski und der stellvertretende Leiter der Abteilung Westeuropa im polnischen Außenministerium, Jerzey Sulek, daß durch diese Verknüpfung viel Porzellan im deutsch-polnischen Verhältnis zerschlagen worden sei. Das Vertrauen in die deutsche Seite habe auf höchster polnischer Ebene erheblich gelitten, d. h. sowohl beim Ministerpräsidenten als auch beim Staatspräsidenten. In der Folge habe man die »Flucht nach vorn« angetreten und in anderen Hauptstädten Unterstützung für polnische Interessen gesucht und auch gefunden. Vgl. dazu Vermerk RL 212 (Kaestner) v. 20. 3. 1990, betr.: »Gespräch AL 2 mit dem polnischen Botschafter Ryszard Karski und dem stv. Leiter der Abteilung Westeuropa im PAM Jerzey Sulek (Bonn, 19. 3. 1990, 15.00–15.50 Uhr)« (213-30130-P4 Po 30).

42 Zu den Reaktionen Genschers vgl. Kiessler/Elbe 1993, S. 116f. Das Interview ist dokumentiert in Presse- und Informationsamt der Bundesregierung 1993, Bd. 18, S. 10985f., hier: S. 10985. Zur Reaktion Lambsdorffs vgl. *Süddeutsche Zeitung* v. 5. 3. 1990, FDP lehnt Forderungen an Polen ab – Genscher will Kanzler zur Korrektur bewegen.

43 So auch die Vermutung seines Mitarbeiters Horst Teltschik (Teltschik 1993, S. 166); Interview mit Horst Teltschik v. 10. 10. 1997. Zu den innenpolitischen Gründen gehörten Kohls Bedenken, bei einem Einlenken in der Grenzfrage den rechten Rand der Union und die Heimatvertriebenen gegen seine Politik aufzubringen und so wahlentscheidende Stimmen zu verlieren.

44 *Frankfurter Allgemeine Zeitung* v. 6. 3. 1990, Kohl und Genscher ohne Einigung im Bonner Streit über die polnische Grenze.

45 Vgl. *Handelsblatt* v. 6. 3. 1990, Kohl will bei Grenzfrage mit Polen reinen Tisch machen; *Der Spiegel* v. 12. 3. 1990, Überall Unruhe.

46 Vgl. *Süddeutsche Zeitung* v. 7. 3. 1990, Koalition legt Streit über Oder-Neiße-Grenze bei – Kohl läßt Forderungen gegenüber Warschau fallen; *Frankfurter Allgemeine Zeitung* v. 7. 3. 1990, Die Koalition legt ihren Streit über eine Grenzgarantie für Polen bei; *Die Welt* v. 7. 3. 1990, Koalition entschärft Grenzstreit. Kompromiß über Reparationsfrage. Anders Kohl selbst, der sich nach der Koalitionssitzung als Sieger sah (vgl. Teltschik 1993, S. 167f.).

47 Der Antrag ist abgedruckt in Bulletin Nr. 34 v. 9. 3. 1990, S. 268. Vgl. auch Diekmann/Reuth 1996, S. 322ff.

48 Auch in Warschau war moniert worden, daß die Grenze in der Entschließung nicht explizit benannt wurde, wie Jerzey Sulek im Gespräch mit Teltschik am 19. 3. in Bonn erläuterte. Teltschik hingegen erwiderte, daß dies nur ein formaler Einwand sei. Niemand in Bonn sei auf die Idee gekommen, daß nicht die Oder-Neiße-Grenze gemeint sei. Vielmehr sollte Polen das hohe Maß an Zustimmung im deutschen Bundestag würdigen – es habe schließlich nur fünf Enthaltungen gegeben. Dies bedeute praktisch den vorletzten Schritt auf dem Weg einer endgültigen Anerkennung der Grenze. Insbesondere was die Haltung des Bundeskanzlers in dieser Angelegenheit anbelange, gebe es keinerlei Anlaß zu Zweifeln. Er habe immer wieder betont, an Buchstaben und Geist des Warschauer Vertrages festzuhalten. Vgl. Vermerk RL 212 (Kaestner) v. 20. 3. 1990, betr.: »Gespräch AL mit dem polnischen Botschafter Ryszard Karski und dem stv. Leiter der Abteilung Westeuropa im PAM Jerzey Sulek (Bonn, 19. 3. 1990, 15.00–15.50 Uhr)« (213-30130-P4 Po 30). Vgl. *Die Welt* v. 7. 3. 1990, Koalition entschärft Grenzstreit. Kompromiß über Reparationsfrage. Czaja ist zitiert nach Miszczak 1993, S. 387.

49 So forderte der Generalsekretär der Schlesischen Landsmannschaft, Hartmut Koschyk, eine freie Abstimmung über die Gebiete östlich von Oder und Neiße, wobei alle Heimatvertriebenen, ihre Nachkommen und die dort lebende Bevölkerung abstimmungsberechtigt sein sollten (vgl. Miszczak 1993, S. 387).

50 Vgl. Korger 1993, S. 94, Fn 357; Ludwig 1991a, S. 67; Interview mit Mazowiecki in *die tageszeitung* v. 10. 3. 1990, »Unsere Anwesenheit bei der Konferenz ist unerläßlich«; zu den Äußerungen gegenüber Haussmann vgl. *Der Spiegel* v. 12. 3. 1990, Überall Unruhe.

51 Vgl. Ludwig 1991a, S. 67f.; Mitterrand 1996, S. 132ff.; Interviews mit Tadeusz Mazowiecki v. 19. 9. 1996 und Wojciech Jaruzelski v. 2. 10. 1996. Polens Einstellung gegenüber Frankreich sei allerdings traditionell – seit den Zeiten Napoleons – ambivalent gewesen, so Wladyslaw Bartoszewski im Interview v. 5. 11. 1996: Frankreich war für Polen einerseits als ein Pendant zum starken Deutschland eminent wichtig; auf der anderen Seite betrachtete man die intensiven Beziehungen Frankreichs zu »Rußland« durchaus argwöhnisch.

52 Wortlaut der Pressekonferenz abgedruckt in Presse- und Informationsamt der Bundesregierung 1993, Bd. 18, S. 11467ff., hier: S. 11474. Vgl. auch das Kapitel »Tandem außer Tritt«.

53 Die heftigen Auseinandersetzungen in dieser Periode wurden auch von polnischen Meinungsumfragen reflektiert: Mehrheitlich sprachen sich die Polen gegen die Vereinigung Deutschlands aus – allerdings gab es hier einen unmittelbaren Zusammenhang mit der vermeintlichen Unsicherheit in der Grenzfrage, wie zahlreiche polnische Interviewpartner nachdrücklich betonten. Als Beleg dafür kann der rapide Meinungsumschwung hin zu einer sehr positiven Haltung gegenüber dem vereinten Deutschland gesehen werden, der sich 1991 überraschend schnell abzeichnete (vgl. Interviews mit Wladyslaw Bartoszewski v. 5. 11. 1996; Bronislaw Geremek v. 18. 9. 1996 sowie Wojciech Wieczorek v. 18. 9. 1996).

54 Vgl. Teltschik 1993, S. 174. Zum Beamtentreffen am 14. 3. vgl. ausführlich das Kapitel »Synchronisationsversuche des Westens«, des weiteren Hajnicz 1995, S. 76f.; Ludwig 1991a, S. 69f. Die förmliche Einladung zur polnischen Teilnahme an der Pariser »Zwei-plus-Vier«-Runde erfolgte durch Außenminister Genscher im Namen aller Sechs am 5. 5. in Bonn (vgl. Abdruck in Barcz 1994, S. 132f.; hier findet sich auch die förmliche Mitteilung der Annahme dieser Einladung durch Außenminister Skubiszewski, vgl. ebenda, S. 134). Vgl. zum Telefonat Mitterrand – Kohl die Darstellung im Kapitel »Tandem außer Tritt«.

55 Vgl. dazu sowie zum folgenden Ludwig 1991a, S. 70f.

56 Vgl. ebenda.
57 Zum Telefonat des Bundeskanzlers mit Präsident Bush vgl. Vermerk Neuer v. 22. 3. 1990, betr.: »Telefongespräch des Herrn Bundeskanzlers mit Präsident Bush am Dienstag, dem 20. März 1990 um 14.30 Uhr« (212-35400 De 39 Na 1, Bd. 2). Bush erklärte sich darin bereit, Mazowiecki gegenüber zu betonen, daß der Bundeskanzler wiederholt versichert habe, die Grenze, die vom gesamtdeutschen Souverän festgelegt würde, werde dem heutigen Grenzverlauf entsprechen. Was die angekündigte gemeinsame Entschließung von Bundestag und Volkskammer zur polnischen Westgrenze anbelangte, so war Kohl einverstanden, den Text mit der polnischen Seite vertraulich abzustimmen. Die beiden vereinbarten, daß Bush diese Bereitschaft gegenüber Mazowiecki signalisieren könne. Eine ähnliche Anfrage zwecks polnischer »Absegnung« der Parlamentsentschließungen durch die polnischen Diplomaten Karski und Sulek hatte Teltschik nur einen Tag zuvor noch unbeantwortet gelassen (Informationen aus dem Kanzleramt). Während seiner Unterredung mit Mazowiecki in Washington am 21. 3. kam Bush dann auf diese Angelegenheit zu sprechen (vgl. ausführlicher Zelikow/Rice 1997, S. 309 ff.; Diekmann/Reuth 1996, S. 337 f.). Er bot seine Vermittlung an und erklärte, daß er von den aufrichtigen Absichten Kohls fest überzeugt sei. Mazowiecki antwortete, er wolle sich dies überlegen, hakte aber nach, warum der Grenzvertrag nicht vor der Vereinigung paraphiert werden könne. Bush erläuterte noch einmal den deutschen Standpunkt und versuchte Mazowiecki zu überzeugen, daß er statt dessen den Vertragstext im voraus vertraulich mit Kohl aushandeln sollte. Das Gespräch Bush – Mazowiecki basierte allerdings auf einem Mißverständnis: Während Bush von einer vorherigen Besprechung des Textes des Grenzvertrages sprach, hatte Kohl lediglich die vertrauliche Abstimmung entscheidender Textpassagen angeboten, welche zunächst Eingang in die gemeinsame Erklärung von Bundestag und Volkskammer finden könnten. Ein Telefonat zwischen Teltschik und Blackwill noch am selben Tag trug zur Klärung dieses Mißverständnisses bei. Am 22. 3. versuchte Bush nochmals, auf Mazowiecki einzuwirken; seiner Ansicht nach seien die Parlamentsentschließungen als ein erster Schritt hin zum völkerrechtlichen Vertrag völlig ausreichend. Einen Tag später, am 23. 3., rief er wiederum bei Kohl an, um diesem sein Vertrauen in Mazowiecki zu versichern und nun auch Kohl für eine Vorabstimmung der Grenzpassagen zu gewinnen. Trotz anfänglichem Mißverständnis hatte das Telefonat im Vorfeld des Mazowiecki-Besuches in den USA noch einmal das große Vertrauen widergespiegelt, das zwischen Kohl und Bush bestand. Auch im anschließenden amerikanischen Pressebriefing bekräftigte Marlin Fitzwater ausdrücklich, daß man in Washington mit Kohls Haltung zufrieden sei (»Press Conference by the President« v. 22. 3. 1990, 11.15 Uhr, in Hoover Institution Archives, Stanford: Zelikow-Rice-Papers, Box # 5); Informationen aus dem Auswärtigen Amt. Mazowiecki bestätigte im Interview v. 19. 9. 1996 seine Skepsis gegenüber dem Vorschlag Bushs zur vorherigen Abstimmung der Parlamentsentschließungen. Aus seiner Sicht waren solche Deklarationen juristisch nicht ausreichend, da sie international nicht verbindlich waren, geschweige denn die Grenzfrage endgültig regeln konnten.
58 Bereits am 21.3. hatte erstmals im Auswärtigen Amt eine Unterarbeitsgruppe, bestehend aus Vertretern des Auswärtigen Amtes, des Kanzleramtes und des Ministeriums für innerdeutsche Beziehungen, getagt. Ihre Aufgabe war es, basierend auf dem Mandat der Bundestagsentschließung vom 8. 3. sowie auf ausdrückliche Weisung Genschers, sich Gedanken über inhaltliche Elemente einer gemeinsamen Erklärung von Bundestag und Volkskammer zu machen. Das Auswärtige Amt hatte zu diesem Zweck ein erstes Gliederungsschema relevanter Aspekte zusammengestellt, das die Punkte Reparationsverzicht und Minderheitenrechte nicht enthielt.

Deutlich wurden dabei die unterschiedlichen Herangehensweisen von Auswärtigem Amt und Kanzleramt: Während das Auswärtige Amt mit Rücksicht auf das Selbstverständnis der beiden freigewählten deutschen Parlamente vorerst keinen Textentwurf einer Erklärung verfassen wollte, drängte das durch Kaestner vertretene Kanzleramt darauf, für das bevorstehende Ministergespräch eine detaillierte Entscheidungsgrundlage anzufertigen. Diese sollte nach Passieren des Kabinettausschusses »Deutsche Einheit« sowohl den parlamentarischen Gremien als auch den zuständigen Regierungsstellen als eine Art gemeinsame Leitlinie dienen (Informationen aus der Bundesregierung). Vgl. auch Teltschik 1993, S. 179 sowie S. 183.

59 Die Rede ist abgedruckt in Bulletin Nr. 43 v. 3. 4. 1990, S. 333 ff.

60 Siehe Brief Ministerpräsident Mazowiecki an Bundeskanzler Kohl v. 3. 4. 1990, (213-30130-P4 Wi 18, samt Höflichkeitsübersetzung); Schreiben Bundeskanzler Kohl an Mazowiecki v. 4. 4. 1990 (30100 (102), Bd. 27-33); Teltschik 1993, S. 192. Die Argumentation des Bundeskanzlers zur Bindungswirkung einer Entschließung der beiden Parlamente fußte auf der Überlegung, daß einstimmig oder mit großer Mehrheit angenommene Willensbekundungen von Bundestag und (demokratisch legitimierter) Volkskammer einen künftigen gesamtdeutschen Souverän rechtlich sehr viel stärker in die Pflicht nehmen würden, als dies die Paraphen von höheren Beamten unter einem Grenzvertragsentwurf leisten könnten, da diese weder völker- noch staatsrechtlich eine Bindung begründeten. Die Verwunderung im Kanzleramt resultierte aus der Tatsache, daß Mazowieckis Geburtstagsschreiben wesentliche Bestandteile des sog. Skubiszewski-Vorschlags nicht enthielt, welcher infolge der Bundestagsentschließung vom 8. 3. in schriftlicher Form als Memorandum zur polnischen Haltung für die Zeit unmittelbar nach der Regierungsbildung in der DDR (inklusive einem Vertragsentwurf) angekündigt worden war. Konkret bezog sich dies auf die Schritte eins und zwei des Skubiszewski-Vorschlages: nämlich Vertragsverhandlungen baldmöglichst nach der Neubildung der DDR-Regierung zu dritt aufzunehmen sowie die Paraphierung des solchermaßen ausgehandelten Vertrages vor der Vereinigung vorzunehmen. Erst Schritt drei und vier dieses vom polnischen Außenminister formulierten Vorschlages stimmten mit der von Mazowiecki in seinem Brief gebrauchten Formulierung überein: Unterzeichnung des Vertrages durch die künftige gesamtdeutsche Regierung sowie Ratifizierung durch das gesamtdeutsche Parlament (Informationen aus dem Kanzleramt).

61 Vgl. dazu sowie zum folgenden Ludwig 1991a, S. 73 f.; Interview mit Krzysztof Skubiszewski v. 23. 4. 1996. Vgl. auch *Süddeutsche Zeitung* v. 3. 4. 1990, Im deutsch-polnischen Porzellanladen; *Süddeutsche Zeitung* v. 5. 4. 1990, Polens Westgrenze soll offiziell bestätigt werden.

62 Vgl. Ludwig 1991a, S. 74. Die Erklärung der Volkskammer ist abgedruckt in Europa-Archiv, Nr. 10/1990, S. D242.

63 Vgl. Teltschik 1993, S. 197 ff. sowie S. 202; Ludwig 1991a, S. 76 f.; Garn 1996, S. 61 ff. Die Regierungserklärung von Ministerpräsident Lothar de Maizière ist abgedruckt in Europa-Archiv, Nr. 10/1990, S. D243 ff., hier v. a. S. D258.

64 Interview mit Markus Meckel v. 19. 1. 1994.

65 Vgl. Miszczak 1993, S. 391 f.; Misselwitz 1996; Informationen aus dem Auswärtigen Amt. Dazu, daß Polen seine Forderungen zur Teilnahme an den »Zwei-plus-Vier«-Verhandlungen aufgegeben hatte, vgl. Teltschik 1993, S. 184, der einen Bericht von Bundesaußenminister Genscher im Arbeitskreis des Kabinettausschusses »Deutsche Einheit« am 27. März 1990 schildert. Bei der ersten trilateralen deutsch-deutsch-polnischen Verhandlungsrunde am 3.5. wurde diese Forderung allerdings wieder aufgebracht. Vgl. die weitere Darstellung in diesem Kapitel; Teltschik 1993, S. 215.

66 Vgl. hierzu sowie zu den verschiedenen Zitaten Ludwig 1991a, S. 78.

67 Vermerk GL 21 v. 26. 4. 1990 an Bundeskanzler, betr.: »Polnische Westgrenze, hier: Mein heutiges Gespräch mit dem polnischen Gesandten Jedrys« (213-30130-P4 Po 30).
68 Vgl. Vermerk AL 2 v. 30. 4. 1990 an Bundeskanzler, betr.: »Polnische Westgrenze, hier: Polnischer Vertragsentwurf« (213-30130-P4 Po 30; mit anliegender Höflichkeitsübersetzung des polnischen Entwurfs). Hierin findet sich auch die nachfolgend wiedergegebene Kanzleramts-interne Analyse des Vertragsentwurfs. Die Notifizierung des Entwurfs an die beiden deutschen Regierungen, datiert v. 27. 4., sowie die entsprechende Note zur Übermittlung des Entwurfs an die Vier Mächte v. 30. 4. sind abgedruckt in Barcz 1994, S. 125, S. 126 und S. 127.
69 Zur Diskussion über die polnische Teilnahme siehe z.B. unveröffentlichtes MfAA-Papier (Seidel) v. 14. 3. 1990, »Bericht über das 1. Beamtentreffen ›4+2‹ am 14. März 1990 in Bonn« (mit div. Anlagen); Informationen aus dem Auswärtigen Amt. Die westdeutsche Delegation wurde zunächst von Dieter Kastrup geleitet, der sich später vertreten ließ, zuletzt durch den Leiter der Rechtsabteilung im Auswärtigen Amt, Oesterhelt. Die DDR war vertreten durch Staatssekretär Misselwitz. Polen wurde vom Leiter der Rechts- und Vertragsabteilung im polnischen Außenministerium, Mickiewicz, dem Unterabteilungsleiter West-Europa im PAM, Sulek, sowie Barcz, ebenfalls Mitarbeiter der West-Europa-Abteilung des PAM, vertreten. Zeitweilig nahmen auch der Gesandte Jedrys sowie der Ost-Berliner Botschaftsangehörige Sznurkowski an den Runden teil. Siehe zu den Treffen auch die unveröffentlichten MfAA-Papiere v. 28. 4. 1990 (Telex der DDR-Botschaft in Warschau an das MfAA), »Entwurf: Vertrag zwischen der Republik Polen und Deutschland über die Grundlagen ihrer gegenseitigen Beziehungen«; v. 10. 5. 1990 (HA Rechts- und Vertragswesen), »Zur endgültigen Grenzregelung zwischen dem einheitlichen deutschen Staat und der Republik Polen«; MfAA-Entwurf »Vertrag zwischen Deutschland und der Republik Polen über die zwischen ihnen bestehende gemeinsame Staatsgrenze«; div. Telexe der DDR-Botschaft in Warschau an das MfAA.
70 Vgl. Garn 1996, S. 90 f.; Albrecht 1992, S. 102 f.; Hajnicz 1995, S. 79; Informationen aus dem Auswärtigen Amt.
71 Die Frage der Teilnahme Polens an den Sechsergesprächen wurde auf dem ersten »Zwei-plus-Vier«-Treffen der Außenminister in Bonn am 5. 5. endgültig geklärt. In der Abschlußerklärung gab Bundesaußenminister Genscher bekannt, daß vereinbart wurde, »den polnischen Außenminister zu dem dritten Außenministertreffen im Juli in Paris einzuladen, wenn Fragen erörtert werden, die die Grenzen betreffen«. Den polnischen Forderungen kam man insoweit entgegen, als es dem polnischen Außenminister freistehen sollte, »zu allen Fragen zu sprechen, die mit den Grenzfragen verbunden sind«. Die Erklärung ist abgedruckt in Kaiser 1991a, S. 217 f., hier: S. 218. Die schriftliche Einladung Genschers an die polnische Regierung ist abgedruckt als Faksimile in Barcz 1994, S. 133.
72 Vgl. Teltschik 1993, S. 215; Garn 1996, S. 91 f.
73 Misselwitz 1996, S. 62; die folgende Darstellung basiert auf Informationen aus dem Auswärtigen Amt.
74 Vgl. Garn 1996, S. 93.
75 Informationen aus dem Auswärtigen Amt.
76 Die folgende Darstellung beruht auf Informationen aus dem Auswärtigen Amt.
77 Brief des Bundeskanzlers an Ministerpräsident Lothar de Maizière v. 31. 5. 1990 (213-30130 - P4 Po 30). Vgl. auch Teltschik 1993, S. 254.
78 Vgl. Misselwitz 1996, S 63.
79 Vgl. dazu Vermerk GL 21 an BK v. 5. 7. 1990, betr.: »›2+4‹-Gespräche auf Beamtenebene; hier: 6. Runde unter Beteiligung Polens« (212-354 00-De 39 Na 4,

Bd. 4) sowie Informationen aus dem Auswärtigen Amt. Vgl. zu diesem Treffen im Gesamtkontext der »Zwei-plus-Vier«-Verhandlungen ausführlicher das Kapitel »Große Entwürfe und kleine Erfolge«.
80 Vgl. *Süddeutsche Zeitung* v. 31. 5. 1990, Bundestag und Volkskammer wollen gemeinsam die Aussöhnung mit Warschau besiegeln. Vgl. auch Miszczak 1993, S. 391.
81 Vgl. Teltschik 1993, S. 249 f. sowie S. 264 f.; *Süddeutsche Zeitung* v. 31. 5. 1990, Bundestag und Volkskammer wollen gemeinsam die Aussöhnung mit Warschau besiegeln.
82 Vgl. Teltschik 1993, S. 270 ff. sowie S. 279; *Kölner Stadt-Anzeiger* v. 18. 6. 1990, Kohl nun eindeutig für Polens Grenze.
83 Vgl. Archiv der Gegenwart v. 21. 6. 1990, Bd. 1990, S. 34633; zum Abstimmungsergebnis vgl. ebenda, S. 34626. Von den Mitgliedern der CDU / CSU-Koalition stimmten demnach folgende 15 Abgeordnete gegen den Staatsvertrag: Herbert Czaja, Gerhard Dewitz, Matthias Engelsberger, Hans Graf Huyn, Claus Jäger, Joachim Kalisch, Franz-Heinrich Kappes, Ortwin Lowack, Dietrich Mahlo, Erwin Marschewski, Lorenz Niegel, Helmut Sauer, Jürgen Todenhöfer, Heinrich Windelen und Fritz Wittmann. Ein weiterer Abgeordneter der CSU und zwei Mitglieder der grünen Fraktion enthielten sich der Stimme.
84 Vgl. Entwurf der Redenschreibergruppe v. 13. 6. 1990 mit zahlreichen handschriftlichen Anmerkungen Kohls (Kopie aus Privatbesitz). Die Rede sollte aus den drei Teilen »I. Würdigung des Staatsvertrages mit der DDR«, »II. Äußere Aspekte der Einheit unter besonderer Berücksichtigung der Grenzfragen und der Beziehungen zu Polen« sowie »III. Beziehungen mit der Sowjetunion und Ziel der gesamteuropäischen Friedensordnung« bestehen. Der von Prill vorgelegte Entwurf v. 13. 6. 1990 enthält lediglich die Teile I und II. Zu II. forderte Kohl, die Sprache zu überprüfen und Passagen »viel wärmer-bewegter« zu formulieren. Er bezeichnete dies als »mein Thema«. Ausdrücklich wünschte er sich Hinweise auf die Fähigkeit, aus der Geschichte zu lernen, und das Stichwort »Zukunft – Europa«.
85 Zitiert nach Presse- und Informationsamt 1993, Bd. 18, S. 11061.
86 Das Schreiben Genschers v. 22. 6. ist abgedruckt in Barcz 1994, S. 136 f. Der Text dieser Note findet sich als Pressemitteilung in Presse- und Informationsamt 1993, Bd. 18, S. 11059 f. Die entsprechende Note der DDR-Regierung findet sich ebenfalls in Barcz 1994, S. 138 f.
87 Vgl. Misselwitz 1996, S 63; Informationen aus dem Auswärtigen Amt.
88 Vgl. Ludwig 1991a, S. 83 f.; Miszczak 1993, S. 398; Teltschik 1993, S. 282; Hajnicz 1995, S. 81 f.
89 Vgl. auch die polnische Antwortnote an die Regierung der DDR in Barcz 1994, S. 144 ff. Dort abgedruckt ist auch das Schreiben Skubiszewskis, mit welchem dieser den amerikanischen Außenminister über die polnische Haltung zu den beiden Parlamentsresolutionen unterrichtete; vgl. ebenda, S. 148 ff; des weiteren Hajnicz 1995, S. 83; Miszczak 1993, S. 398.
90 Vgl. *Frankfurter Allgemeine Zeitung* v. 26. 6. 1990, Waigel will umfassenden Freundschaftsvertrag. Das Zitat findet sich ebenda. Vgl. des weiteren Ludwig 1991a, S. 84 f.
91 Mazowiecki bestätigte im Interview v. 19. 9. 1996 ausdrücklich die Sorge vor einer zeitlichen Verschleppung der Grenzfrage. Er sei sich bewußt gewesen, daß ein »großer« Vertrag Zeit brauche; deshalb habe man letztlich die Idee zu zwei Verträgen gehabt.
92 Vgl. Ludwig 1991a, S. 86.
93 Vgl. *Die Welt* v. 13. 7. 1990, Bonn: Warschau wird sich nicht durchsetzen; Informationen aus dem Auswärtigen Amt. Die immer wieder von Warschau erhobene Forderung, wonach die Grenzregelung als Bestandteil einer Friedensregelung in Europa fixiert werden sollte, gründe – so die Erklärung Jerzey Suleks – auf der

spezifischen deutschen Rechtsposition, daß die polnische Grenze erst in einem Friedensvertrag bestätigt werden könnte. Doch auch der Potsdamer Vertrag selber mache diese begriffliche Verwendung in der abschließenden Regelung nötig. Denn erst dadurch könne künftig nicht mehr der Vorwurf erhoben werden, daß aufgrund eines fehlenden Friedensvertrages die Grenze nur provisorischen Charakter habe.

94 Unveröffentlichtes MfAA-Papier (UA Europäische Einigungsprozesse; div. Anlagen) v. 4. 7. 1990, »Bericht über das 6. Beamtentreffen im Rahmen 2+4 am 3./4. 7. 1990 in Berlin«; Informationen aus dem Auswärtigen Amt. Vgl. auch Hajnicz 1995, S. 83.

95 Vgl. Hajnicz 1995, S. 84.

96 Vgl. auch die Aussagen der polnischen Regierungssprecherin im polnischen Fernsehen am 13. 7., abgedruckt in Barcz 1994, S. 152.

97 Vgl. Ludwig 1991a, S. 86. Hajnicz bestreitet, daß der polnische Vize-Außenminister in dieser Angelegenheit in Moskau war. Vielmehr soll es um den Abzug der sowjetischen Truppen aus Polen gegangen sein (Hajnicz 1995, S. 86). Andererseits hatte aber die Sowjetunion Zustimmung zum polnischen Junktim bereits auf dem »Zwei-plus-Vier«-Beamtentreffen am 4. 7. signalisiert (vgl. oben). Vgl. zur westlichen Ablehnung *Frankfurter Rundschau* v. 13. 7. 1990, Polens Vorstoß trifft auf Widerstand. Das Zitat Hornhues' findet sich ebenda. Zur Äußerung Genschers vgl. *Die Welt* v. 13. 7. 1990, Bonn: Warschau wird sich nicht durchsetzen. Eine Übersicht über die Reaktion der Medien gibt Hajnicz 1995, S. 84f. Allerdings schien die westliche Ablehnungsfront nicht einhellig gewesen zu sein. Bereits in den Wochen zuvor hatte es hier einige Positionsveränderungen gegeben. Insbesondere Frankreich hatte noch beim Treffen der westlichen Rechtsexperten am 31. 5. darauf beharrt, daß vor der »Zwei-plus-Vier«-Abschlußregelung alle Voraussetzungen – einschließlich Grundgesetzänderungen und Grenzvertrag – vorliegen müßten. Großbritannien nahm eine vermittelnde Position ein, hatte aber ebenfalls seine Sympathie dafür bekundet, die abschließende Regelung vom deutsch-polnischen Grenzvertrag abhängig zu machen (Informationen aus dem Auswärtigen Amt; vgl. dazu auch Zelikow/Rice 1997, S 369f. sowie S. 602ff., Anm. 31 und 33). Dies zielte auf die – vor allem von den USA – strikt abgelehnte Entkoppelung von inneren und äußeren Aspekten der Vereinigung. Ende Juni ließ Polens Unterhändler Sulek im Gespräch mit Angehörigen der deutschen Botschaft in Warschau wissen, daß sich Polen insbesondere durch die französische Haltung ermuntert fühle, auf einem solchen Junktim zu beharren (Informationen aus dem Auswärtigen Amt). Im Interview v. 16. 9. 1996 bestätigte Artur Hajnicz dies: Frankreich habe die Idee des Junktims konzeptionell unterstützt und an der Initiative hierzu sogar entscheidend mitgewirkt. Die französische Diplomatie habe sich in dieser Situation die bei Mazowiecki tiefsitzende Furcht vor einem zweiten »Jalta« zunutze gemacht. Beim sechsten »Zwei-plus-Vier«-Beamtentreffen unter polnischer Beteiligung am 4. 7. äußerte Frankreich für die polnische Position noch sein Verständnis. So bezeichnete Dufourcq das gleichzeitige Inkrafttreten der abschließenden Regelung in bezug auf Deutschland und des Grenzvertrages als eigentlich ideale Lösung. Vorstellbar, so der Franzose, sei aber auch, die Unterzeichnung des Grenzvertrages mit der Ablösung der Vier-Mächte-Rechte bzw. -Verantwortlichkeiten zu koppeln, insofern diese die Grenzfrage berührten (Informationen aus dem Auswärtigen Amt).

98 Vgl. Vermerk 212 (Kaestner) v. 13. 7. 1990, betr.: »Schreiben BK / MP Mazowiecki« (Fernschreiben an Botschaft Warschau mit Text des Schreibens zur Weiterleitung an Mazowiecki) (212-354 00-De 39 NA Bd. 4); Teltschik 1993, S. 315f. Vgl. auch *Die Welt* v. 16. 7. 1990, Kohl schrieb an Mazowiecki; Hajnicz 1995, S. 86; Miszczak 1993, S. 400f.; Diekmann/Reuth 1996, S. 447.

99 Ersteres vermutet Ludwig 1991a, S. 87, letzteres etwa Hajnicz 1995, S. 85f.

100 Vgl. Ludwig 1991a, S. 87; *Die Welt* v. 16. 7. 1990, Kohl schrieb an Mazowiecki. Nach Informationen aus dem Auswärtigen Amt hieß es gegenüber einem Botschaftsmitglied der Bundesrepublik in Warschau zwei Tage vor Abflug nach Paris, am 15. 7., daß Skubiszewski nicht auf einem zeitlichen Junktim bestehen werde. Dies sei Ergebnis einer Kabinettbesprechung in der Nacht vom 13. auf den 14. 7. Skubiszewski seinerseits bezeichnete die Umstände als Mißverständnisse und erklärte hierüber sein Bedauern. Anscheinend waren der Außenamtssprecher sowie Europadirektor Sulek für das Aufbauschen der Ereignisse verantwortlich. Er reise mit den besten Absichten nach Paris, so der Außenminister, und werde dort entsprechend den Vorstellungen des Bundeskanzlers nur für einen »kleinen Grenzvertrag« plädieren. Dieser solle lediglich die Grenze in ihrem Verlauf fixieren; wesentliche Elemente lägen durch die gemeinsamen Parlamentsentschließungen bereits vor (Informationen aus dem Auswärtigen Amt). Im Interview mit Skubiszewski v. 23. 4. 1996 versicherte dieser, nie wirklich ein Junktim gewollt zu haben. Auf Einwurf des bei diesem Interview anwesenden James Baker, er habe dieses Junktim aber immer sehr energisch vertreten, versicherte Skubiszewski, daß dies eben die offizielle Regierungslinie gewesen sei.
101 Zum Verlauf der »Zwei-plus-Vier«-Konferenz von Paris siehe ausführlich das Kapitel »Hochspannung bis zuletzt«.
102 Vgl. Teltschik 1993, S. 344.
103 Vgl. Hajnicz 1995, S. 95.
104 Vgl. Teltschik 1993, S. 338.
105 Die diesbezügliche Erklärung Skubiszewskis war mit dem polnischen Ministerpräsidenten genauso abgesprochen worden. Den Meinungswandel der polnischen Seite erklärte Mazowiecki mit der nunmehr vorhandenen Gewißheit, daß es schnell zu einer vertraglichen Regelung der Grenzfrage kommen würde. Außerdem habe es sich bei dem Junktim nicht um eine formelle, sondern vielmehr um eine politische Forderung gehandelt (vgl. Interview mit Tadeusz Mazowiecki v. 19. 9. 1996). Die Rede Skubiszewskis ist abgedruckt in Barcz 1994, S. 154ff.
106 Vgl. dazu Vermerk GL 21 v. 18. 7. 1990, betr.: »3. Treffen ›2+4‹ auf Außenministerebene in Paris (unter zeitweiliger Beteiligung Polens)« (212-354 00-De 39 NA 4 Bd. 4); Genscher 1995, S. 841 ff., hier insbesondere S. 845 f.
107 Vgl. *Saarbrücker Zeitung* v. 20. 7. 1990, Für Kohl ist ein Grenzvertrag nur die zweitbeste Lösung. Vgl. auch *Frankfurter Rundschau* v. 21. 7. 1990, CSU widerstrebt Polen-Vertrag.
108 Vgl. Brief Mazowiecki an Bundeskanzler Kohl v. 25. 7. 1990 (213 30130 Po 48 Bd. 1). Das Schreiben von Mazowiecki wurde offensichtlich erst am 30. Juli, also fünf Tage später, vom polnischen Geschäftsträger Jedrys im Kanzleramt übergeben.
109 Die folgende Darstellung stützt sich – soweit nicht anderweitig belegt – auf Informationen aus der Bundesregierung.
110 Vgl. Schreiben Bundeskanzler an Mazowiecki v. 6. 9. 1990 (301 00 (102), Bd. 27-33).
111 Interview mit Tadeusz Mazowiecki v. 19. 9. 1996; vgl. *Die Welt* v. 20. 10. 1990, Polen dringt auf Grenzvertrag; *Frankfurter Allgemeine Zeitung* v. 22. 10. 1990, Warschau verlangt baldigen Abschluß der Verträge mit der Bundesrepublik.
112 Vgl. *Die Welt* v. 22. 10. 1990, CSU macht mobil gegen isolierten Grenzvertrag.
113 Vgl. Vermerk Abt. 2 (VLR Nikel) an Bundeskanzler v. 9. 10. 1990, betr.: »Grenzvertrag mit der Republik Polen« (213-30130 P4 Gr 35). Weiter merkte Kohl an, daß ihm in der polnischen Vorlage nicht behage, daß die polnische Seite wie schon bei »Zwei-plus-Vier« anstrebe, auf die Terminologie des Potsdamer Abkommens (»peace settlement«) zurückzugreifen. Statt dessen stimmte er zu, eventuell Zuge-

ständnisse dahingehend zu machen, daß noch einmal die entsprechende, in der abschließenden »Zwei-plus-Vier«-Regelung gewählte Formulierung wiederholt würde: »Die Bestätigung des endgültigen Charakters der Grenzen des vereinten Deutschland ist ein wesentlicher Bestandteil der Friedensordnung in Europa.« Auch der im polnischen Entwurf vorgesehene Passus über die Verpflichtung zur Anpassung innerstaatlichen deutschen Rechtes, was v. a. auf Art. 23 sowie 146 GG a. F. zielte – und damit implizit auch auf die Problematik des deutschen Staatsangehörigkeitsrechtes inkl. Art 116 GG a. F. –, lehnte Kohl mit handschriftlichem Kommentar rigoros ab: »Das machen wir auf keinen Fall!«

114 Die folgende Darstellung beruht, soweit nicht anderweitig belegt, auf Informationen aus der Bundesregierung. Vgl. auch *Die Welt* v. 23. 10. 1990, Deutsch-polnisches Treffen an der Oder. Die Delegationen wurden von Kastrup und Sulek geleitet, das Verhandlungsklima allgemein als konstruktiv bezeichnet.

115 Auch der polnische Botschafter in der DDR bekräftigte, daß die Vertragsverhandlungen in dieser Phase reibungslos und schnell vonstatten gingen (vgl. Interview mit Wojciech Wieczorek v. 18. 9. 1996).

116 Vgl. *Frankfurter Rundschau* v. 30. 10. 1990, Zusammen oder getrennt: zwei deutsch-polnische Verträge.

117 Vgl. Hajnicz 1995, S. 105.

118 Vgl. *Frankfurter Allgemeine Zeitung* v. 1. 11. 1990, In Warschau Verhandlungen über den Grenz- und den Nachbarschaftsvertrag; *Süddeutsche Zeitung* v. 2. 11. 1990, Einigung über Entwurf eines Grenzvertrages; *Frankfurter Rundschau* v. 1. 11. 1990, Bonn und Warschau weitgehend einig. Zitiert nach ebenda.

119 Vgl. auch Miszczak 1993, S. 417 f.; *Süddeutsche Zeitung* v. 9. 11. 1990, Vertrag zur Anerkennung der Oder-Neiße-Grenze soll noch in diesem Monat unterzeichnet werden; *Frankfurter Rundschau* v. 9. 11. 1990, Grenzvertrag mit Polen im November; *Frankfurter Allgemeine Zeitung* v. 9. 11. 1990, Der deutsch-polnische Grenzvertrag wird noch im November unterzeichnet.

120 Der Text ist abgedruckt in Europa-Archiv, Nr. 13/1991, S. D310 f. Genscher betonte im Interview v. 31. 10. 1997, daß Kohl diesen Vertrag »nicht selbst unterzeichnen wollte«. Im Gespräch mit Genscher bezeichnete Lech Walesa die Unterschrift des deutschen Außenministers unter dem Grenzvertrag mitten im polnischen Wahlkampf als Schützenhilfe für Mazowiecki. Dabei habe er, Walesa, mehr für den Fall der Mauer getan als jeder andere. Genscher setzte dem entgegen, daß man solche historischen Prozesse nicht unter Wahlkampfgesichtspunkten betrachten dürfe (Informationen aus dem Auswärtigen Amt). Im Interview v. 23. 6. 1997 betonte Walesa, daß die »Mauer« bereits seit 1980 fester Bestandteil ihrer Diskussionen gewesen sei. Im Hintergrund dieser »Eifersüchtelei« stand die bereits in den Anfängen der antikommunistischen Opposition bzw. der Gewerkschaftsbewegung Solidarität erfolgte Teilung in Mazowiecki- und Walesa-Anhänger, so Wojciech Wieczorek im Interview v. 18. 9. 1996. Allerdings habe es in deutschlandpolitischen Fragen keine gravierenden Meinungsunterschiede gegeben, sondern v. a. in nationalen Belangen.

121 Vgl. Miszczak 1993, S. 423 ff.

122 Siehe dazu sowie zum folgenden die ausführliche Darstellung in den vorhergehenden Kapiteln. Zur Bezeichnung des NATO-Themas als »Frage der Fragen« siehe Kiessler/Elbe 1993, S. 133.

123 Siehe dazu das unveröffentlichte MfAA-Papier (v. Fritsch) »Protokoll eines Gesprächs mit Außenminister Schewardnadse am 7. 6. 90 von 18.20 Uhr bis 20.20 Uhr im Hotel ›1. Oktober‹ in Moskau« (»Vertraulich!«. Teilnehmer waren demnach neben den beiden Außenministern noch die Meckel-Berater Albrecht, von Braunmühl und von Fritsch sowie ein Dolmetscher). Diesem Protokoll war eine Notiz mit

der Aufschrift »Streng vertraulich« beigefügt, wonach Meckel und Schewardnadse »in engstem, streng vertraulichen Kreise« eine Arbeitsgruppe zur Diskussion gemeinsamer Vorstellungen für eine neue europäische Sicherheitsstruktur einsetzen wollten. Eine stringente Zusammenarbeit kam allerdings nicht zustande, so Wladimir Grinin im Interview v. 22. 5. 1995. Grinin, der als Mitarbeiter der sowjetischen Botschaft in Ost-Berlin die Kontakte zu Meckels Mitarbeitern hielt, nennt dafür vor allem zwei Gründe: Erstens habe die DDR viele Vorschläge zuvor bereits mit anderen Partnern abgestimmt, so daß kaum noch Spielraum zur Erarbeitung gemeinsamer Positionen geblieben sei. Zum anderen habe das DDR-Außenministerium wenig Konstanz gezeigt und bei jeder Begegnung neue Konzepte vorgelegt. Zu den verschiedenen sowjetischen Vorstellungen vgl. auch Albrecht 1992, S. 54 ff.; Kiessler/Elbe 1993, S. 133 ff.; Biermann 1997, S. 523 ff.

124 Zu Meckels Konzept einer »Sicherheitszone« siehe die Darstellung im Kapitel »Die neuen Partner suchen ihre Linie«. Wie schnell sich im Frühsommer 1990 Entwicklungen vollzogen und wie unterschiedlich die zeitlichen Vorstellungen zur Vereinigung teilweise waren, zeigt Meckels Einschätzung, daß die Vereinigung noch im Frühjahr 1991 erfolgen werde. Sie steht im Gegensatz zu einer Einschätzung von Verteidigungsminister Eppelmann, der Ende Mai noch von einer zwei- bis dreijährigen Phase bis zur Vereinigung ausging. Vgl. dazu z.B. Telex StäV an ChBK Nr. 1198 v. 25. 5. 1990 (B137/10722).

125 Die nachfolgende Darstellung basiert v. a. auf Interviews sowie Informationen aus dem Auswärtigen Amt und den Außenministerien der DDR, Ungarns, Polens sowie der Sowjetunion. Die Darstellung der polnischen Haltung ist dabei teilweise widersprüchlich. So hatte Polens Außenminister Skubiszewski sich beispielsweise bei seinem Besuch beim NATO-Rat in Brüssel am 21. 3. bereits für eine »normale« NATO-Mitgliedschaft des vereinten Deutschlands ausgesprochen. Beim Treffen des Warschauer Paktes in Moskau erweckte die polnische Delegation unter Leitung von Präsident Jaruzelski bei anderen Teilnehmern hingegen den Eindruck, aus Angst vor einem vereinten Deutschland selbst eine Lockerung der militärischen Zusammenarbeit im östlichen Bündnis abzulehnen. Vgl. zum Verlauf auch Zelikow/Rice 1997, S. 422 f. Der Eindruck de Maizières ist zitiert in Lippert 1993, S. 64. Zur Abschlußdeklaration der Teilnehmerstaaten der Warschauer Vertragsorganisation siehe Auswärtiges Amt 1991, S. 120 ff. Vgl. auch *Süddeutsche Zeitung* v. 8. 6. 1990, Warschauer Pakt will politische Allianz werden; *Frankfurter Allgemeine Zeitung* v. 8. 6. 1990, Gorbatschow für eine Reform des Warschauer Paktes. Gemeinsame Institutionen mit der NATO?; *Neue Zürcher Zeitung* v. 9. 6. 1990, Revisionsdiskussion im Warschaupakt.

126 Tschernajew in Kuhn 1993, S. 127. Auszüge von Havels Rede vor dem amerikanischen Kongreß am 21. 2. 1990 finden sich in Gasteyger 1994, S. 427 f. Positive Stimmen aus den mittelosteuropäischen Reformstaaten zur deutschen NATO-Mitgliedschaft werden zitiert in Adomeit 1997a, S. 528. Zum Meinungswandel in der sowjetischen Bevölkerung und den vom Außenministerium in Auftrag gegebenen Umfragen vgl. Palazchenko 1997, S. 182. Zum grundsätzlichen Bedrohungsgefühl in der sowjetischen Bevölkerung siehe auch Adomeit 1997a, S. 309, wonach sich bereits im Mai 1989 nur 19 Prozent der Befragten von den USA, 3 Prozent von der Bundesrepublik und 54 Prozent von überhaupt keinem Land bedroht fühlten. Zur Kritik an Gorbatschows Sicherheitspolitik in Armee und Partei siehe Adomeit 1997a, S. 509 ff.

127 Vgl. auch Biermann 1997, S. 532 f.; Kiessler/Elbe 1993, S. 135. Demnach hatten die von sowjetischer Seite vorgebrachten Vorschläge »zu keiner Zeit einen verbindlichen Charakter«.

128 Vgl. Tschernajew 1993a, S. 297; Galkin/Tschernajew 1994, S. 16f. Zur Frage, ob auch Schewardnadse sich bereits ab Februar mit einer gesamtdeutschen NATO-Mitgliedschaft abgefunden hatte, siehe Adomeit 1997a, S. 507f.; Kiessler/Elbe 1993, S. 135, wonach der sowjetische Außenminister im bilateralen Gespräch mit Baker und Genscher sich stets offen gezeigt habe.

129 Siehe dazu die Darstellung in den vorhergehenden Kapiteln; Kiessler/Elbe 1993, S. 137; Adomeit 1997a, S. 507; Schewardnadse 1993, S. 245ff. Zu den »Neun Versicherungen« vgl. Zelikow/Rice 1997, S. 364ff. Zum Hinweis von Wadim Sagladin, daß bei einem »radikalen Wandel« der NATO eine gesamtdeutsche Mitgliedschaft im Bündnis möglich sein könnte, siehe Zelikow/Rice 1997, S. 369; Interviews mit Robert Blackwill, Michael Young und Robert Zoellick.

130 Vgl. dazu sowie zum folgenden – soweit nicht anderweitig belegt – die äußerst ausführliche Darstellung bei Zelikow/Rice 1997, S. 335f. und 417ff.; des weiteren Biermann 1997, S. 633ff.; Gates 1996, S. 493f.; Hutchings 1997, S. 134ff. Die unter größter Geheimhaltung arbeitende »Europäische Strategie-Lenkungsgruppe« wurde von Robert Gates geleitet. Im Sicherheitsrat waren vor allem Robert Blackwill und Philip Zelikow für die Arbeiten an der neuen NATO-Strategie zuständig, die im State Department im wesentlichen bei Robert Zoellick Unterstützung fanden. Die Bundesregierung wurde – so Informationen aus dem Auswärtigen Amt und dem Bundeskanzleramt – auf diplomatischen Kanälen bereits seit Mitte April über Bushs Überlegungen für einen vorgezogenen NATO-Gipfel und die Neuorientierung des westlichen Bündnisses unterrichtet. Am Tag vor Bushs öffentlicher Ankündigung seiner Initiative informierte der US-Präsident den Bundeskanzler in einem ausführlichen Brief über die Grundzüge seiner Überlegungen. Die Darstellung basiert auf Informationen aus der Bundesregierung und einer von Teltschik und Westdickenberg erstellten Analyse (Dokumente zur Deutschlandpolitik 1998, S. 1076ff.). Nach seinem Besuch in Washington am 16./17. 5. stellte Kohl sich gegenüber Mitterrand und Thatcher bereits grundsätzlich hinter die amerikanische Haltung. Siehe dazu seinen Bericht über die Gespräche mit Bush in den gleichlautenden Briefen an Staatspräsident François Mitterrand und Premierministerin Margaret Thatcher v. 23. 5. 1990 (301 00 (102) Bd. 27-33).

131 Vgl. Interviews mit Robert Zoellick; Zelikow/Rice 1997, S. 335f. und S. 429ff.; Biermann 1997, S. 633ff.

132 Zu den amerikanischen Bedenken und dem Abstimmungsmechanismus im NATO-Rahmen siehe Zelikow/Rice 1997, S. 431ff.

133 Siehe dazu die Darstellungen bei Biermann 1997, S. 616ff.; Genscher 1995, S. 801ff. Beide betonen die Bedeutung des Kommuniqués als Signal an die unmittelbar vor dem wichtigen Parteitag der KPdSU stehende Sowjetunion. Aus amerikanischer Sicht sprechen Zelikow/Rice 1997, S. 422f., demgegenüber von »der sonst kaum erwähnenswerten, aber versöhnlich gestimmten Botschaft von Turnberry«. Siehe dazu auch Hutchings 1997, S. 134. Schewardnadses Berater Tarassenko erklärte im Interview v. 27. 10. 1997, daß die »Botschaft von Turnberry« in Moskau als eines von vielen positiven Signalen registriert worden sei. Ähnliches habe es aber auch schon in Gesprächen des sowjetischen Außenministers mit Genscher und Baker gegeben. Der entscheidende Schritt aus Sicht Schewardnadses und seiner Berater konnte nur vom NATO-Gipfel der Staats- und Regierungschefs in London kommen. Die Rede von James Baker beim NATO-Außenministertreffen, die »Botschaft von Turnberry« und die einen Tag zuvor in Moskau veröffentlichte Erklärung der Staaten des Warschauer Paktes sind abgedruckt in Kaiser 1991a, S. 219ff., S. 225f. und S. 224f. Nach Informationen aus dem Auswärtigen Amt und dem State Department machte der britische Außenminister Douglas Hurd während der Diskussion

noch einmal deutlich, daß sein Land gegen ein großes und dramatisierendes Gipfel-Dokument sei, mit dem alles abgehandelt werde. Statt dessen könne man ja eine Grundsatzerklärung abgeben und auf einen weiteren NATO-Gipfel im kommenden Jahr verweisen. Hurd sprach sich auch gegen eine zu frühe gemeinsame Erklärung von NATO und Warschauer Pakt aus, da man keine »Dauerbeziehung mit einem Leichnam« wünsche.

134 Siehe dazu sowie zum folgenden die ausführliche Darstellung der verschiedenen sowjetischen Stellungnahmen im vorhergehenden Kapitel; Interviews mit Robert Blackwill, Michael Young und Robert Zoellick. Zum Moskauer Vorschlag für die gemeinsame Erklärung von NATO und Warschauer Pakt siehe Zelikow/Rice 1997, S. 426f. Die Darstellung basiert zudem auf Informationen aus dem Auswärtigen Amt. Der Brief Schewardnadses wurde demnach eine Woche später auch dem Auswärtigen Amt übermittelt. Die Zusammenfassung der positiven Signale aus Moskau basiert auf Informationen aus dem Bundeskanzleramt, dem Auswärtigen Amt und dem Nationalen Sicherheitsrat.

135 Dieser Eindruck Thatchers (vgl. Zelikow/Rice 1997, S. 400f.) steht in einem teilweisen Gegensatz zu französischen Berichten über ein Treffen von Gorbatschow und Mitterrand am 25. 5. in Moskau – die allerdings wiederum in sich widersprüchlich sind. So schilderte Mitterrand in einem anschließend an Kohl geschriebenen – kurzen – Brief vor allem die Entschlossenheit Gorbatschows, eine NATO-Mitgliedschaft abzulehnen (Informationen aus der Bundesregierung). Präsidentensprecher Hubert Védrine hatte hingegen am 30. 5. gegenüber Joachim Bitterlich berichtet, daß Gorbatschow den Verbleib Deutschlands in der NATO mehrfach und ohne Begründung abgelehnt habe. Man habe aber den Eindruck gewonnen, daß dies zum einen mit der innenpolitischen Lage in der UdSSR sowie zum anderen mit taktischen Überlegungen Moskaus zusammenhänge, das so bei den laufenden Verhandlungen letztlich mehr erreichen wolle. Insgesamt sei die sowjetische Führung wohl noch nicht definitiv festgelegt. Bei seinen Ausführungen habe Gorbatschow die Möglichkeit eines neutralen Deutschlands zwar nicht erwähnt, wohl aber über andere Möglichkeiten wie eine Doppelmitgliedschaft in beiden Bündnissen oder einen Status nach französischem Muster nachgedacht. Siehe dazu Vermerk Abteilung 2 i.V. (Bitterlich) an den Bundeskanzler v. 30. 5. 1990, betr.: »Treffen Mitterrand/Gorbatschow am 25. Mai 1990 in Moskau; hier: Unterrichtung durch den Elysée« (211-30101 F2 Fr 11, Bd. 7; von Kohl an Teltschik weitergeleitet und mit verschiedenen Anstreichungen versehen. Die Passage zu Gorbatschows Überlegungen über Alternativen zu Neutralität und NATO-Vollmitgliedschaft Deutschlands wurde von Kohl mit einem großen Fragezeichen versehen). Zur Unterrichtung der Bundesregierung siehe auch Teltschik 1993, S. 248, wonach Mitterrand für keine der Alternativideen gewonnen werden konnte. Die Darstellung Védrines steht teilweise in Widerspruch zur ausführlichen Wiedergabe des Gesprächs Gorbatschow – Mitterrand bei Attali 1995, S. 496ff., bes. S. 500. Demnach schlug Mitterrand vor, über eine deutsche NATO-Mitgliedschaft nach französischem Vorbild nachzudenken, was Gorbatschow aber nicht zur Befriedigung sowjetischer Sicherheitsinteressen ausreichte. Vgl. auch die Niederschrift der gemeinsamen Pressekonferenz in Présidence de la République, Service de Presse, »Conférence de Presse conjointe de M. François Mitterrand Président de la République et de M. Mikhail Gorbatchev Président de l'Union des Républiques Socialistes Soviétiques. Moscou, vendredi 25 Mai 1990«. Zum Treffen Thatcher – Gorbatschow und der Unterrichtung Bushs durch die britische Premierministerin siehe Zelikow/Rice 1997, S. 400f.

136 Vgl. dazu – sowie zur teilweisen Abmilderung einzelner Forderungen – Zelikow/Rice 1997, S. 426ff., bes. S. 428.

137 Zur französischen Haltung siehe Attali 1995, S. 523 f., der auch über seine Beratungen mit Brent Scowcroft am 29. 6. in Washington berichtet. Laut Attali kam der Brief Bushs erst am 28. 6. in Paris an. Dem widerspricht, daß Kohl und Mitterrand sich am 26. 6. am Rande des EG-Gipfels bereits ausführlich über die US-Vorschläge unterhielten. Siehe dazu Teltschik 1993, S. 287. Vgl. auch Zelikow/Rice 1997, S. 433 ff.; Teltschik 1993, S. 281 f. Ein Angebot von Teltschik, gemeinsam mit Kastrup und Naumann zur Abstimmung der Gipfelerklärung in die USA zu reisen, hatte Scowcroft zuvor abgelehnt. Mit Rücksicht auf die britische Regierung und die nicht konsultierten NATO-Staaten wolle man keine Erörterung im kleinen Kreis. Siehe dazu Teltschik 1993, S. 288 f.
138 Siehe dazu Vermerk Bitterlich v. 29. 6. 1990, betr.: »Treffen des Bundeskanzlers mit dem französischen Staatspräsidenten am 22. Juni 1990; hier: Überblick über die wesentlichen Themen und Ergebnisse« (21–301 00 (56) – Ge 28 (VS) sowie 211 30105 F 2 Fr 25). Zur französischen Position siehe auch die Ergebnisse eines gemeinsamen Frühstücks von Kohl und Mitterrand am Rande des EG-Gipfels am 26. 6. 1990, bei dem es vor allem um Mitterrands Ablehnung von multinationalen Verbänden ging. Diese würden die militärische Struktur der NATO stärken, weshalb Frankreich sich nicht daran beteiligen könne. Breiten Raum nahm auch die Diskussion des französischen Standpunktes zu den nuklearen Kurzstreckenrakten (SNF) ein (Informationen aus der Bundesregierung). Das Gespräch ist zusammengefaßt in Teltschik 1993, S. 287. Mitterrands Bedenken gegenüber dem US-Vorschlag bezogen sich demnach vor allem auf die Aufstellung multinationaler Brigaden. Vgl. auch Zelikow/Rice 1997, S. 437 ff., die auf weitere deutsche Detailvorschläge eingehen. Zu zeitgleichen Bonner Überlegungen über die Höchststärke der Bundeswehr in einem vereinten Deutschland siehe Biermann 1997, S. 656 ff.; Diekmann/Reuth 1996, S. 412 f.; Teltschik 1993, S. 292 ff.
139 Vgl. dazu die ausführliche Darstellung bei Zelikow/Rice 1997, S. 434 ff.
140 Die Zitate sowie die folgende Darstellung basieren, soweit nicht anderweitig belegt, auf den umfangreichen Gesprächsunterlagen des Bundeskanzlers, zusammengestellt von der Abteilung 2 (212–37921 NA 8 NA 5 mit neun Fächern).
141 Für die Bundesregierung stand die Entwicklung der sowjetischen Politik zu dieser Zeit im Mittelpunkt des Interesses. So wurde Kohl auch ständig über den Verlauf des parallel zum NATO-Gipfel stattfindenden Parteitags der sowjetischen Kommunisten informiert. Siehe dazu z. B. Vermerk AL 2 (Nikel) an den Bundeskanzler v. 4. 7. 1990, betr.: »Innere Lage in der Sowjetunion nach Beginn des 28. KPdSU-Parteitages« (212–37921 NA 8 NA 5); Teltschik 1993, S. 297 f.
142 Die deutsche Einschätzung wich demnach deutlich von der amerikanischen ab: Die US-Administration sah in ihrem im kleinen Kreis abgestimmten und am 2. 7. an alle NATO-Partner verschickten Entwurf die vom Gipfel zu beratende Vorlage. Siehe dazu auch Zelikow/Rice 1997, S. 440.
143 Grundlage der künftigen NATO-Strategie sollte die Erkenntnis sein, daß Sicherheit in Europa künftig verstärkt auf politischen und wirtschaftlichen Strukturen beruhte. In einem internen Vorbereitungspapier der Abteilung 2 des Kanzleramtes hieß es, ohne explizit auf die US-Formulierung von den Atomwaffen als Waffen des »letzten Rückgriffs« einzugehen, daß der Verzicht auf den Ersteinsatz von Nuklearwaffen nicht festgeschrieben werden sollte. Konventionelle Kriege würden dadurch wieder »denk- und führbar« erscheinen. Siehe dazu Vorlage Gruppe 23 v. 2. 7. 1990, »NATO-Militärstrategie« in den umfangreichen Gesprächsunterlagen des Bundeskanzlers, zusammengestellt von der Abteilung 2 (212–37921 NA 8 NA 5 mit neun Fächern, hier Fach 9).

144 Siehe dazu z.B. *Frankfurter Allgemeine Zeitung* v. 4. 7. 1990, Festhalten, was funktioniert. Zum Gipfelverlauf siehe, soweit nicht anderweitig belegt, die – teilweise selektiven – Darstellungen bei Diekmann/Reuth 1996, S. 411 ff.; Teltschik 1993, S. 298 ff.; Zelikow/Rice 1997, S. 440 ff. Vgl. zudem Baker 1996, S. 233, der vor allem den ständigen Einspruch des französischen Außenministers Roland Dumas betont. Weitere Details basieren auf Informationen aus dem Bundeskanzleramt, dem Auswärtigen Amt, dem State Department und dem Foreign Office. In den ansonsten sehr ausführlichen Memoiren des Bundesaußenministers taucht der Londoner Gipfel nur ganz am Rande auf (Genscher 1995, S. 827 f.).

145 Vgl. dazu auch die Auszüge aus seiner Erklärung in *Le Monde* v. 7. 7. 1990, La France participera à toute réflexion pour adapter l'alliance aux exigences des temps à venir; *Le Monde* v. 8./9. 7. 1990, La logique voudra que l'armée française stationée en Allemagne regagne son pays. Zu den allgemeinen Differenzen zwischen Frankreich und den übrigen NATO-Mitgliedern vgl. Yost 1990b, S. 695 ff. Mitterrands ursprüngliche Ankündigung, eine gemeinsame Erklärung zu unterstützen, und weitere frühe Einsprüche gegen den US-Vorschlag s. Zelikow/Rice 1997, S. 438.

146 Die USA standen diesem Anliegen – wegen der sowjetischen Hilfen für Kuba – weiterhin ablehnend gegenüber. Der innenpolitische Druck auf Bush wurde auch offensichtlich bei dessen Pressekonferenz am Rande der NATO-Tagung. So wurde der US-Präsident von amerikanischen Journalisten gefragt, ob eine deutsche Finanzhilfe für die UdSSR nicht die NATO-Zusammengehörigkeit störe und ob von der deutschen Hilfe für Moskau nicht auch vieles nach Kuba fließe. Bush lehnte zwar jede amerikanische Finanzhilfe weiter ab, gestand anderen Staaten – darunter explizit auch der Bundesrepublik – aber entsprechende Aktionen zu. Siehe dazu News Conference of the President in London, England v. 6. 7. 1990, vormittags (Hoover Institution Archives, Stanford: Zelikow-Rice-Papers). Bush wurde zudem gefragt, ob aus dem Beobachterstatus osteuropäischer Staaten bei der NATO eventuell einmal eine Mitgliedschaft im Bündnis werden könne. Er wolle, so der Präsident, nicht grundsätzlich ausschließen, daß dies einmal der Fall sein könne. Die Frage sei derzeit aber nicht aktuell.

147 Auf Wunsch Kohls nahm auch Teltschik an der Redaktionssitzung teil. Siehe dazu sowie zum Sitzungsverlauf Teltschik 1993, S. 301 f. Zu den verschiedenen Änderungen am amerikanischen Textvorschlag vgl. Zelikow/Rice 1997, S. 442 f., die vor allem von Einwänden des britischen Außenministers Douglas Hurd berichten; ähnlich Robert Hutchings im Interview v. 4. 11. 1994, der von großer französischer Verärgerung und zahlreichen britischen Versuchen zur Abschwächung von wichtigen amerikanischen Positionen berichtet. Teltschik 1993, S. 301 f., und Baker 1996, S. 233, schildern demgegenüber Roland Dumas als schwierigsten Widerpart in den Verhandlungen. Genscher 1995, S. 828, berichtet über keinerlei inhaltliche Punkte und spricht nur allgemein von einer »Debatte«, während Dumas 1996 den NATO-Gipfel nicht erwähnt.

148 Siehe dazu z.B. die Aufforderung in Zelikow/Rice 1997, S. 463; Teltschik 1993, S. 288.

149 Die Darstellung des Gesprächs Kohl – Mitterrand basiert auf Informationen aus der Bundesregierung. Bei dem Gespräch ging es fast ausschließlich um die Vorbereitung des G 7-Gipfels von Houston. Kohl und Mitterrand waren sich beispielsweise darin einig, daß man bei der Hilfe für die mittel- und osteuropäischen Staaten keinesfalls nur Erklärungen abgeben dürfe, sondern konkrete Absprachen treffen müsse. Vgl. dazu sowie zum folgenden v. a. Teltschik 1993, S. 302 ff.; Zelikow/Rice 1997, S. 443 f. Der Text der »Londoner Erklärung« ist auszugsweise abgedruckt in Gasteyger 1994, S. 433 ff.; die ganze Erklärung im Wortlaut findet sich auch in Europa-

Archiv, Nr. 17/1990, S. D456ff. Weitere Details basieren auf Informationen aus dem Bundeskanzleramt, dem Auswärtigen Amt, dem State Department und dem französischen Außenministerium. Zu Mitterrands Äußerungen siehe auch *Le Monde* v. 7. 7. 1990, La France participera à toute réflexion pour adapter l'alliance aux exigences des temps à venir; *Le Monde* v. 8./9. 7. 1990, La logique voudra que l'armée française stationée en Allemagne regagne son pays. Vgl. auch *Le Monde* v. 7. 7. 1990, Invitation à M. Gorbatchev; *Le Monde* v. 5. 7. 1990, Les propositions américaines au sommet de l'OTAN.

150 So der niederländische Außenminister Hans van den Broek, der als Gesprächsleiter der Redaktionssitzung das Papier am Morgen des 6. 7. 1990 den Staats- und Regierungschefs präsentierte. Siehe dazu Zelikow/Rice 1997, S. 442. Eine knappe Zusammenfassung der politisch bedeutsamsten Punkte bietet Blackwill 1994, S. 220f. Die aus sowjetischer Sicht zentralen Punkte werden zusammengefaßt und analysiert bei Biermann 1997, S. 636ff. Der Text der »Londoner Erklärung« ist auszugsweise abgedruckt in Gasteyger 1994, S. 433 ff.; Europa-Archiv, Nr. 17/1990, D 456 ff.

151 Das neue strategische Konzept wurde im Rahmen der Vorgaben von London in den folgenden Monaten ausgearbeitet und im November 1991 bei einem NATO-Gipfel in Rom endgültig verkündet.

152 Vgl. zum folgenden v. a. Zelikow/Rice 1997, S. 444 ff., die in diesem Brief und der Londoner Erklärung »das letzte Angebot für eine Regelung der deutschen Frage« (S. 445) sehen. Zur Reaktion der sowjetischen Führung und dem Verlauf des 28. Parteitags der KPdSU siehe – soweit nicht anderweitig belegt – Zelikow/Rice 1997, S. 449 ff.; Biermann 1997, S. 639 f. und S. 665 ff.; Schewardnadse 1993, S. 251 und S. 255.

153 Die nachfolgende Darstellung basiert v. a. auf dem Interview mit Sergej Tarassenko v. 27. 10. 1997. Siehe dazu auch die Darstellungen bei Zelikow/Rice 1997, S. 453; Baker 1996, S. 233 f. Baker berichtet, er habe Schewardnadse zu dessen Beruhigung bereits vorab ein Papier mit den Grundzügen der geplanten NATO-Veränderungen zukommen lassen. Dem widersprechen Zelikow/Rice (1997, S. 453, Fn 10) sowie Tarassenko (im Interview v. 27. 10. 1997). Baker habe den sowjetischen Außenminister lediglich mündlich über einige der zentralen Vorhaben unterrichtet, um diesen im Vorfeld des Parteitages zu unterstützen. Zum innersowjetischen Vorbereitungsprozeß zur Zustimmung in der Bündnisfrage siehe auch Adomeit 1997a, S. 517 ff.

154 Siehe dazu Zelikow/Rice 1997, S. 453 f.; Biermann 1997, S. 640.

155 Siehe die ausführliche Darstellung im Kapitel »Die UdSSR nennt ihren Preis«; Teltschik 1993, S. 310 f.

## DIE UdSSR NENNT IHREN PREIS

1 Die Erklärung findet sich im Wortlaut in Europa-Archiv, Nr. 17/1990, S. D456ff.

2 Zu Helmut Kohls Zusammenfassung siehe »Bilanzen und Perspektiven der Politik der Bundesregierung. Erklärung des Bundeskanzlers vor der Bundespressekonferenz in Bonn«, in Bulletin Nr. 93 v. 18. 7. 1990, S. 801 ff., hier S. 802.

3 Die Schilderung des Gesprächs Bush – Kohl in Houston stützt sich auf Informationen aus der Bundesregierung. Auf deutscher Seite nahmen die Minister Waigel, Genscher und Haussmann sowie Horst Teltschik, Walter Neuer und eine Dolmetscherin an dem rund fünfzigminütigen Gespräch teil. Zusammenfassungen des G7-Treffens vom 9. bis 11. 7. bieten Genscher 1995, S. 828 ff.; Zelikow/Rice 1997,

S. 447f.; Teltschik 1993, S. 305ff. Außer den USA hatte vor allem Japan Bedenken gegenüber einer Finanzhilfe für Gorbatschow und verlangte statt dessen zunächst die Rückgabe der Kurilen-Inseln. Über Kohls stetes Drängen im Frühjahr 1990, Bush möge sich zu Wirtschaftshilfe für die UdSSR bereitfinden, berichteten bspw. Condoleezza Rice im Interview v. 31. 10. 1994; Robert Zoellick im Interview v. 2. 11. 1994. Zur Bestätigung, daß die US-Seite vom bevorstehenden Treffen Gorbatschow – Kohl keinen Durchbruch in der deutschen Frage erwartete, vgl. auch die Interviews mit Robert Zoellick v. 2. 11. 1994; Condoleezza Rice v. 31. 10. 1994 und Robert Blackwill v. 15. 12. 1993 sowie den Satz von James Baker, »Das ist ein Nicht-Ereignis«, zit. bei Kiessler/Elbe 1993, S. 178. Eine Zusammenfassung der sowjetischen Anfrage und der Diskussion in Houston bietet Biermann 1997, S. 652ff.

4 Die Analyse der Gesprächsvorbereitungen basiert – soweit nicht anderweitig belegt – auf Informationen aus der Bundesregierung. Vgl. zur Vorbereitung sowie zu Gorbatschows Botschaft vom 11. 7. auch Teltschik 1993, S. 310ff., der bei seinem Hintergrundgespräch mit Journalisten (S. 313ff.) auch auf die für Kohl vorbereiteten Unterlagen zurückgriff. Abweichend von den sonstigen Berichten (z.B. Kohls Schilderung in Diekmann/Reuth 1996, S. 421ff.; Genscher 1995, S. 830ff.; Gorbatschow 1995a, S. 724f.) erklären lediglich Kiessler/Elbe 1993, S. 168ff., bes. S. 175, »daß die wichtigsten Verhandlungsergebnisse feststanden«, bevor Kohl und Genscher nach Moskau aufbrachen. Dies stimmt ebensowenig wie die Behauptung (S. 178), Kohl habe Bush nicht persönlich über die Ergebnisse seiner Reise in die Sowjetunion unterrichtet: Der Bundeskanzler informierte George Bush als einzigen westlichen Partner nach seiner Rückkehr aus dem Kaukasus am 17. 7. telefonisch über die Ergebnisse. Siehe dazu die Schilderung im weiteren Verlauf dieses Kapitels sowie Vermerk Neuer v. 17. 7. 1990, betr.: »Telefongespräch des Bundeskanzlers mit Präsident Bush am 17. Juli 1990 von 14.45 bis 15.15 Uhr« (21-30100 (56) – Ge 28 (VS) sowie 212–30132 A 5 AM 31, Bd. 2). Dieter Kastrup zitierte im Interview v. 17. 4. 1998 aus seinen beim Rückflug nach Deutschland notierten Tagebucheinträgen, in denen er die Einigung von Archys »unerwartet und sensationell« nannte; ähnlich aus US-Sicht: Robert Blackwill im Interview v. 15. 12. 1993. Zu den Vorbereitungen in Moskau siehe v.a. die ausführliche Darstellung bei Biermann 1997, S. 678ff.

5 Unmittelbar vor Kohls Reise war NATO-Generalsekretär Manfred Wörner zu Gesprächen mit der sowjetischen Führung in Moskau. Kurz vor seiner Abreise hatte Wörner sich mit Kohl getroffen; noch am Tag seines Treffens mit Gorbatschow und Schewardnadse unterrichtete er den Kanzler über die Ergebnisse der Unterhaltungen. Siehe dazu Teltschik 1993, S. 312f. und S. 319. Am 18. 7. sollten EG-Kommissionspräsident Delors und EG-Kommissar Frans Andriessen in die Sowjetunion reisen. Um die Einbindung der westlichen Partner zu demonstrieren, informierte Horst Teltschik am 12. 7. die Botschafter der drei Westmächte über die Ziele der Reise (vgl. Teltschik 1993, S. 312).

6 Zum Verlauf des 28. Parteitags der KPdSU siehe v.a. Biermann 1997, S. 665ff., der in seiner Analyse auch auf die Enttäuschung bisheriger Gefolgsleute von Gorbatschow eingeht. So seien Reformer wie Schewardnadse, Jakowlew und Tschernajew von den inhaltlichen Ergebnissen des Parteitags enttäuscht gewesen. Tschernajew habe es deshalb abgelehnt, den Präsidenten und Kohl in den Kaukasus zu begleiten und über seinen Rücktritt von der Funktion eines Präsidentenberaters nachgedacht. Ähnlich Tschernajew 1993a, S. 306. Gorbatschow sei durchaus bewußt gewesen, daß sein begrenzter Erfolg auf dem Parteitag nicht von Dauer sein würde. Er habe verstanden, daß weitere Verzögerungen in der Frage der deutschen Einheit erneut konservativen Kräften in der UdSSR Auftrieb verleihen würden, so Wjatscheslaw Daschitschew im Interview v. 11. 12. 1996.

7 Dieses Paket sah unter anderem eine Erhöhung der sowjetischen Deviseneinnahmen durch verstärkte Erdöl- und Erdgasexporte vor. Zudem wollte die Bundesregierung Beratungsleistungen bei der Umstrukturierung der sowjetischen Wirtschaft sowie im Umweltschutzbereich, des weiteren Maßnahmen zur Aus- und Weiterbildung sowie zahlreiche Kooperations- und Consultantvorhaben fördern. Zum Gesamtpaket der wirtschaftlichen Anreize an die Sowjetunion siehe v. a. Grosser 1998, S. 417 ff.
8 Informationen aus dem Bundeskanzleramt. Zum späteren Vertrag zwischen Deutschland und der Sowjetunion – der zahlreiche der im folgenden skizzierten Elemente enthält – vgl. z. B. Biermann 1997, S. 714 ff.; Meissner 1995a, S. 202 f.; Oldenburg 1991b, S. 34 ff.; Wagensohn 1996, S. 95 ff.; Privatarchiv Weidenfeld. Siehe auch den Hinweis auf einen deutschen Textvorschlag in Dokumente zur Deutschlandpolitik 1998, S. 1345, Fn 15.
9 Diesen Punkt betonte auch Michail Gorbatschow im Gespräch v. 29. 10. 1997 besonders: Zu den problematischsten Aufgaben seiner Politik habe es 1990 gehört, der Bevölkerung deutlich zu machen, daß der Zweite Weltkrieg und der Kalte Krieg endgültig vorbei seien. Ähnlich die Aussagen in den Interviews mit den beiden engen Schewardnadse-Mitarbeitern Sergej Tarassenko v. 27. 10. 1997 und Tejmuras Stepanow v. 28. 10. 1997. Auch im Auswärtigen Amt war man sich dieser zeitlichen Problematik bewußt, so Hans-Dietrich Genscher im Interview v. 31. 10. 1997.
10 Eine umfassende Analyse der innersowjetischen Stimmungslage sowie zahlreiche Kommentare zur gesamtdeutschen NATO-Mitgliedschaft bietet Biermann 1997, S. 678 ff. Falin kündigte demnach bereits drohend an, daß ein von Schewardnadse unterzeichneter Vertrag in dem die gesamtdeutsche NATO-Mitgliedschaft akzeptiert würde, keinesfalls den Obersten Sowjet passieren könne. Anders äußerten sich zahlreiche – reformorientierte – Journalisten und Wissenschaftler, die ein Einlenken in der Bündnisfrage für möglich und teilweise begrüßenswert hielten. In den Vorbereitungspapieren für den Bundeskanzler hoben Kohls Mitarbeiter vor allem auf diese Stimmen ab. Sie registrierten »zunehmend ausgewogene bis aufgeschlossene Berichte und Kommentare der Zentralmedien zu NATO und zur Mitgliedschaft des geeinten Deutschland«. Zu der von Schewardnadse ausgegebenen Sprachregelung vom Juli 1990 siehe Biermann 1997, S. 679.
11 Informationen aus der Bundesregierung. Die Einschätzung, der Besuch werde eine von vielen Zwischenetappen im »Zwei-plus-Vier«-Prozeß sein, stammt von einem Mitarbeiter im ZK der KPdSU und ist zitiert bei Biermann 1997, S. 680. Trotz aller optimistischen Interpretation war die Grundhaltung bei Kohls Mitarbeitern eher zurückhaltend, wie Teltschik auch in einem vorbereitenden Hintergrundgespräch mit Journalisten betonte (Teltschik 1993, S. 313 ff.). Zu den vorgeschlagenen Gesprächsthemen gehörten die Lage der Deutschen in der UdSSR, die Rehabilitierung pauschal verurteilter deutscher Kriegsgefangener und die Frage von Reisemöglichkeiten im nördlichen Ostpreußen.
12 Zur Atmosphäre in der deutschen Delegation vor den Gesprächen vgl. z. B. Klein 1991, S. 63 ff.; Teltschik 1993, S. 316 ff.; Kohls Schilderung in Diekmann/Reuth 1996, S. 421 f. Zu den positiven Vorzeichen gehörte neben der Medienberichterstattung auch die Nachricht vom guten Verlauf der Gespräche Gorbatschows und Schewardnadses mit NATO-Generalsekretär Manfred Wörner am 14. Juli: Die Sowjets hatten dabei die deutsche Frage gar nicht erst angeschnitten, die Londoner Erklärung des NATO-Gipfels aber sehr positiv und weitgehend kritikfrei aufgenommen. Zum vorsichtigen Optimismus des Bundeskanzlers siehe auch *Süddeutsche Zeitung* v. 18. 7. 1990, Das gewaltige Gefühl der Erleichterung. Demnach hatte Kohl bereits auf dem Rückflug von Houston nach Bonn vermutet, die bevorstehende

Fahrt nach Moskau könne vielleicht »die wichtigste Reise meiner politischen Laufbahn« werden. An anderer Stelle wird Kohl darin mit dem Satz zitiert, er habe bei seiner Abreise eine Chance von 50:50 gesehen, die noch offenen Fragen zu klären.

13 Zum Vier-Augen-Gespräch von Kohl und Gorbatschow siehe v. a. AL 2 v. 14. 8. 1990, »Vermerk über das Gespräch des Bundeskanzlers mit Präsident Michail Gorbatschow am 15. Juli 1990, 10.00 bis 11.45 Uhr, im Gästehaus des Außenministeriums« (21–30130 S 25 De 2/8/90). Auszüge aus dem Gespräch Kohl – Gorbatschow sind zudem dokumentiert in Gorbatschow 1993, S. 161 ff. Eine Zusammenfassung aller Ergebnisse des Besuches bietet das unveröffentlichte MfAA-Papier »Informationen über die Hauptergebnisse der Gespräche M. S. Gorbatschows mit dem Bundeskanzler der BRD, H. Kohl, während dessen Arbeitsbesuches in der UdSSR vom 14. – 16. Juli 1990« (7 Seiten mit der handschriftlichen Anmerkung »Von SU am 21. 7. an MM übergeben«). Schilderungen weiterer Teilnehmer finden sich in Diekmann/Reuth 1996, S. 421 ff. – ohne Hinweis auf den Austausch der Vertragsentwürfe –; Teltschik 1993, S. 319 ff.; Gorbatschow 1995a, S. 724 f., der das Gespräch in Moskau nur sehr kurz streift; Tschernajew 1993a, S. 305 f. Über das parallele Treffen der beiden Außenminister berichtet Genscher 1995, S. 831 ff. Theo Waigel sprach mit Finanzminister Walentin Pawlow und dem stellvertretenden Ministerpräsidenten Stepan Sitarjan. Zu wirtschafts- und finanzpolitischen Inhalten der Reise siehe Grosser 1998, S. 422 ff.

14 Während diese Passage in der Darstellung Kohls bei Diekmann/Reuth 1996, S. 422 ff., fehlt, weist Teltschik 1993, S. 320, darauf hin, daß Gorbatschow an dieser Stelle von »Rußland« und nicht der »Sowjetunion« sprach. Dies entspricht der Wiedergabe in AL 2 v. 14. 8. 1990, »Vermerk über das Gespräch des Bundeskanzlers mit Präsident Michail Gorbatschow am 15. Juli 1990, 10.00 bis 11.45 Uhr, im Gästehaus des Außenministeriums« (21–30130 S 25 De 2/8/90). Im weiteren Verlauf der Unterredung sprach Gorbatschow dann wieder ausschließlich von der Sowjetunion.

15 Der sowjetische Vorschlag v. 15. 7. 1990 ist abgedruckt in Dokumente zur Deutschlandpolitik 1998, S. 2348 ff.

16 Tschernajew 1993a, S. 305 f., interpretiert diese Bitte Kohls als Aufforderung, die Außenminister zunächst nicht zu informieren (ähnlich Zelikow/Rice 1997, S. 475). Der Kanzler habe damit seine grundsätzliche Abneigung gegen zuviel Informationsfluß und seinen »Genscherkomplex« gezeigt sowie die Bedeutung der persönlichen Anteile von Gorbatschow und Kohl unterstreichen wollen. Da Kohl im Delegationsgespräch und im Beisein der Außenminister den Vertrag erwähnte (und dieser auch bereits Wochen zuvor zwischen Genscher und Schewardnadse Gesprächsthema gewesen war), dürfte Tschernajews Interpretation zu weit gehen: Kohl war bereit, die Außenminister zu informieren, hatte in diesem Stadium aber eindeutig Bedenken, die von ihm immer wieder mißtrauisch beobachtete diplomatische Arbeitsebene einzuschalten.

17 Zur Wende im Gespräch siehe v. a. Teltschik 1993, S. 323 f., der seine eigene Erregung und die äußere Gelassenheit von Kohl und Gorbatschow skizziert. Die Einschätzung, daß Gorbatschow nie als Reagierender, sondern stets als Agierender erscheinen wollte, unterstrich Hans-Dietrich Genscher im Interview v. 31. 10. 1997. Zu den Hintergründen der Entscheidung Gorbatschows, Kohl auf dem Weg zur deutschen Einheit überraschend weit entgegenzukommen, siehe auch Biermann 1997, S. 678 ff., der die davon abweichende Handlungsempfehlung Falins erläutert. Dieser hatte noch am Vorabend in einem Telefongespräch mit Gorbatschow energisch gegen eine gesamtdeutsche NATO-Mitgliedschaft und den Beitritt der DDR nach Artikel 23 GG a. F. argumentiert und sowjetische Eigentumsansprüche betont.

Vgl. auch Falin 1993a, S. 492 ff.; die Darstellungen von Falin und Portugalow in Kuhn 1993, S. 145 ff.

18 Insbesondere Tschernajew habe maßgeblich Anteil an Gorbatschows letztlicher Entscheidungsfindung in der Frage der Bündniszugehörigkeit gehabt, so Wjatscheslaw Daschitschew im Interview v. 14. 12. 1996. Die nachfolgende Passage basiert auf dem deutschen Gesprächsvermerk (AL 2 v. 14. 8. 1990, »Vermerk über das Gespräch des Bundeskanzlers mit Präsident Michail Gorbatschow am 15. Juli 1990, 10.00 bis 11.45 Uhr, im Gästehaus des Außenministeriums« (21–30130 S 25 De 2/8/90) und wird ausführlich wiedergegeben, da sie einen sehr guten Einblick in die Verhandlungssituation bietet. Zudem wurde an dieser Stelle bereits ein kurz vor der Unterzeichnung des »Zwei-plus-Vier«-Vertrages im September gravierend werdendes Problem andiskutiert, ohne daß Kohl und Gorbatschow sich bereits der ganzen Tragweite bewußt gewesen wären: Kohl sprach – allerdings nicht durchgängig – davon, daß während der befristeten Anwesenheit sowjetischer Truppen auf DDR-Gebiet dort keine NATO-Einheiten stationiert werden dürften. Gorbatschow verwendete demgegenüber die Formulierung »Wirkungs- oder Geltungsbereich« des westlichen Bündnisses. Damit wurde die bereits im Frühjahr – vor allem zwischen Genscher und Stoltenberg – umstrittene Frage wieder virulent, inwieweit das DDR-Gebiet in die NATO-Jurisdiktion, und damit in die Schutzgarantien des Bündnisses, einbezogen werden konnte.

19 Wie groß die Bedenken Kohls waren, daß eine deutliche Verbesserung des Lebensstandards in Ostdeutschland mit starker Unzufriedenheit in der dort stationierten sowjetischen Armee verbunden sein würde, zeigt sich u. a. darin, daß er gegen Ende des Treffens noch einmal auf diesen Punkt zu sprechen kam. Gorbatschow versicherte, man müsse die Frage gemeinsam klären. Zunächst sollten die rechtlichen Probleme beseitigt werden. In Bonn war die Lage der sowjetischen Streitkräfte in der DDR aufmerksam verfolgt worden. So wurde Ende Juni einerseits eine zunehmend negative Einstellung von Teilen der DDR-Bevölkerung gegenüber den sowjetischen Truppen sowie andererseits eine immer schlechtere Stimmung innerhalb der Westgruppe festgestellt. Dem Bundeskanzler wurde von Mitarbeitern empfohlen, zum einen bei passender Gelegenheit die Menschen in der DDR zu freundlichem Verhalten gegenüber allen Ausländern – und hier vor allem sowjetischen Soldaten – aufzufordern sowie zum anderen die UdSSR zu beruhigen, daß weder die Wirtschafts-, Währungs- und Sozialunion noch die deutsche Einheit ihre Truppen gefährden würden (Informationen aus der Bundesregierung).

20 Gorbatschows genaue Position in diesem Punkt blieb unklar: Sein Hinweis auf den notwendigen Ratifizierungsprozeß eines »Zwei-plus-Vier«-Abschlußdokuments deutet darauf hin, daß er eine vollständige Herstellung der deutschen Souveränität erst nach Abschluß dieses Verfahrens wünschte. Vgl. dazu z. B. Biermann 1997, S. 685. Andererseits finden sich im deutschen Gesprächsprotokoll Hinweise darauf, daß der sowjetische Präsident sich bei seinen entsprechenden Formulierungen nicht des deutschen Wunsches bewußt war, unmittelbar mit der Vereinigung auch die Souveränität wiederherzustellen. Kohl ging nur kurz auf diesen Punkt ein.

21 Zum Verlauf des Arbeitstreffens siehe Vermerk Kaestner v. 16. 7. 1990, betr.: »Arbeitsbesuch des Herrn Bundeskanzlers in der Sowjetunion; hier: Delegationsgespräch Moskau, 15. Juli 1990, 11.35 Uhr – 12.10 Uhr« (Anschreiben v. 19. 7. 1990, von Kohl mit den handschriftlichen Hinweisen »Vertraulich!« und »i. O.« an Teltschik weitergeleitet; 213 30104 S 25 So 17). Weitere – sehr kurze – Erwähnungen des Delegationsgesprächs finden sich in Genscher 1995, S. 833; Diekmann/Reuth 1996, S. 426 f.; Klein 1991, S. 87 ff.; Teltschik 1993, S. 324 f.; Waigel/Schell 1994, S. 42 ff.

22 Zu Details der Unterhaltung beim Mittagessen und der Pressekonferenz siehe z.B. die Darstellung Kohls in Diekmann/Reuth 1996, S. 427 f.; Teltschik 1993, S. 325 f.; Klein 1991, S. 87 ff.; die Presseberichterstattung (jeweils v. 16. 7. 1990) in *Frankfurter Rundschau*, Moskau will die deutsche Einheit nicht bremsen; *Süddeutsche Zeitung*, Annäherung zwischen Kohl und Gorbatschow in der Frage der deutschen NATO-Mitgliedschaft; *Frankfurter Allgemeine Zeitung*, Kohl und Gorbatschow vor einer Einigung im Streit über die Bündniszugehörigkeit Deutschlands.

23 Das Zitat »Kohl, als den guten Deutschen« entstammt der *Frankfurter Rundschau* v. 17. 7. 1990, Hoch auf dem roten Mähdrescher. Vgl. zur medienwirksam inszenierten Reise von Moskau über Stawropol nach Archys auch die Schilderungen einiger Teilnehmer in Diekmann/Reuth 1996, S. 428 ff.; Teltschik 1993, S. 327 ff.; Klein 1991, S. 137 ff., 145 ff., 173 ff. und 193 f.; Genscher 1995, S. 833 f.; Waigel/Schell 1994, S. 37 ff.

24 Auffallend, so Dieter Kastrup im Interview v. 17. 4. 1998, war, wie stark Gorbatschow immer noch unter dem Eindruck des Parteitages stand, auf den er immer wieder zu sprechen kam.

25 Zu Genschers Gesundheitsproblemen in Brest und Archys siehe Genscher 1995, S. 815 und S. 838.

26 Siehe zum Delegationsgespräch in Archys v. a. Vermerk Neuer v. 18. 7. 1990, betr.: »Gespräch des Herrn Bundeskanzlers mit Präsident Gorbatschow im erweiterten Kreis am Montag, dem 16. Juli 1990 von 10.00 bis 13.34 Uhr in Archys, Bezirk Stavropol« (von Kohl weitergeleitet an »Teltschik«; 21-30100 (56) – Ge 28 (VS); 213-30104 S 25 So 17, Bd. 2). Da dieser Vermerk – der sich auf die außenpolitisch relevanten Themen konzentriert, während Wirtschafts- und Finanzfragen nur kursorisch aufgenommen wurden – einen hervorragenden Einblick in den Verhandlungsstil der beteiligten Politiker gibt und eine Analyse des Zusammenspiels von Kohl und Genscher ermöglicht, erfolgt die Darstellung sehr ausführlich. Teilnehmer waren neben Kohl und Gorbatschow die beiden Außenminister Genscher und Schewardnadse, Finanzminister Theo Waigel, Regierungssprecher Hans Klein, der stellvertretende sowjetische Ministerpräsident Sitarjan und der stellvertretende Außenminister Kwizinskij. Zudem nahmen auf deutscher Seite Botschafter Klaus Blech, Horst Teltschik, Dieter Kastrup, Abteilungsleiter Gert Haller aus dem Finanzministerium, Walter Neuer als Note-Taker und ein Dolmetscher teil. Die sowjetische Delegation wurde durch Botschafter Terechow, den seit kurzem amtierenden Pressesprecher Gorbatschows, Arkadij Maslennikow, und einen Dolmetscher vervollständigt. Kursorische Darstellungen von Teilnehmern der Gespräche finden sich in Diekmann/Reuth 1996, S. 433 ff.; Teltschik 1993, S. 333 ff.; Genscher 1995, S. 838 ff.; Waigel/Schell 1994, S. 49 ff.; Kiessler/Elbe 1993, S. 168 ff.; Klein 1991, S. 253 ff. Alle diese Autoren lassen allerdings – da sie vor allem die Endergebnisse wiedergeben, ohne den Verhandlungsprozeß zu beleuchten – Teile der insgesamt fast vierstündigen Verhandlungen aus. So fehlen bei Diekmann/Reuth und Genscher Hinweise darauf, wie viele Anläufe bis zur Regelung der NATO-Frage notwendig waren, bzw. die Erwähnung der unterschiedlichen Herangehensweise von Gorbatschow und Schewardnadse. Diese Unterschiede bestätigte Dieter Kastrup im Interview v. 17. 4. 1998: Während Gorbatschow sehr viel Sachwissen präsent hatte, hielt Schewardnadse sich offensichtlich zurück.

27 Dazu, daß die sowjetische Seite sich bei den Treffen vom 14. bis 16. 7. 1990 vor allem mit der Neuregelung des deutsch-sowjetischen Verhältnisses befassen wollte, siehe z.B. Galkin/Tschernajew 1994, S. 19. Demnach ging es Gorbatschow im Juli 1990 schon nicht mehr darum, wie die Wiedervereinigung zu vollziehen wäre, sondern um die Beziehungen der beiden Staaten in der Zeit »danach« sowie die jeweilige und gemeinsame Rolle in Europa und der Welt.

28 Schewardnadses enger Vertrauter Tejmuras Stepanow vermutete im Interview v. 28. 10. 1997, daß Gorbatschows nachgiebige Linie auch für die engsten Mitarbeiter des sowjetischen Präsidenten und den Außenminister selbst »ein Schock« gewesen sei.
29 Im deutschen Gesprächsvermerk finden sich keine Hinweise darauf, daß Kwizinskij bereits am 16. 7. darauf hingewiesen habe, daß dies auch »dual-use«-Waffen umfasse. Dies sind Systeme die sowohl mit konventionellen als auch mit atomaren Sprengköpfen bestückt werden können. Dieser Aspekt wurde in der Schlußphase der »Zwei-plus-Vier«-Gespräche noch einmal zu einem Streitpunkt. Siehe dazu die Darstellung im Kapitel »Hochspannung bis zuletzt«; Biermann 1997, S. 689 f. und S. 730 ff.
30 Im Gesprächsvermerk des Bundeskanzleramtes heißt es an dieser Stelle: »Das Gespräch wendet sich wirtschaftlichen Fragen zu (Wiedergabe ist nicht vollständig).« Die im folgenden behandelten Fragen befaßten sich u. a. mit Kompensationsformeln für sowjetische Betriebe mit Verbindungen zu DDR-Firmen, den Stationierungskosten der sowjetischen Armee in Ostdeutschland, Eigentum des sowjetischen Verteidigungsministeriums in Ostdeutschland und Schutzmaßnahmen für deutsche Investoren. Zur grundsätzlichen Wirtschaftshilfe des Westens erklärte der Kanzler, Gorbatschow solle sich mit EG-Kommissionspräsident Delors und dem amtierenden Ratspräsidenten Andreotti in Verbindung setzen, da die in früheren Gesprächen angedeuteten Gesamtsummen die deutsche Kraft übersteigen würden. Siehe zu den ökonomischen Vereinbarungen auch die Analyse bei Grosser 1998, S. 425.
31 Siehe dazu sowie zum folgenden Kohls Darstellung in Diekmann / Reuth 1996, S. 428 und S. 436; Teltschik 1993, S. 337; Waigel/Schell 1994, S. 28. Vgl. auch Genscher 1995, S. 840. Zur Auseinandersetzung zwischen Kohl und Genscher auf dem Flug nach Moskau siehe die Darstellung bei Teltschik 1993, S. 370 f.; Klein 1991, S. 36 f.; Zelikow/Rice 1997, S. 457 und S. 465 f. Genscher 1995, S. 831, nennt entsprechende »Berichte – soweit sie mir bekannt sind – zutreffend«, verweist aber statt eines inhaltlichen Kommentars auf die Grundsatzfrage nach den »Grenzen der Diskretion für jene, die an Gesprächen zwischen Entscheidungsträgern teilnehmen«. In Kohls Erinnerungen (Diekmann/Reuth 1996) fehlt jeder Hinweis auf die Auseinandersetzung. Eine ausführliche – anderweitig nicht belegte – Darstellung zur Kontroverse um die Zahl der Bundeswehrsoldaten liefert Klein 1991, S. 261. Demnach wurde auch am 16. 7. noch bis zuletzt um die Truppenstärke verhandelt, da Gorbatschow seine ursprüngliche Zustimmung zu 370 000 Mann zurücknahm. Als Kohl hart blieb und sich gegen eine »Reichswehrlösung« wehrte, lenkte Gorbatschow schließlich ein.
32 Vgl. dazu auch Grosser 1998, S. 424 ff. Die Bundesrepublik hatte demnach für die Zeit nach der Wirtschafts-, Währungs- und Sozialunion – also der Umstellung von Ost- auf D-Mark – einen Teil der bislang von der DDR zugesagten Stationierungskosten übernommen. Vertreter des Auswärtigen Amtes und des Finanzministeriums hatten die sowjetische Seite von geforderten 1,4 auf 1,25 Milliarden D-Mark heruntergehandelt.
33 Kurze Zeit später schob Genscher die Erklärung nach, daß die von der Bundesregierung genannte Obergrenze von 370 000 Mann die Marine beinhalte. Bei den Wiener Verhandlungen werde aber nur über Luft- und Landstreitkräfte gesprochen. Mit der deutschen Zusage wolle man keine Vorentscheidung zum Wiener Verhandlungsgegenstand treffen, eine Erklärung, die Schewardnadse akzeptierte.
34 Kohls Ausführungen entsprachen weitgehend seiner späteren Eingangserklärung bei der Pressekonferenz in Schelesnowodsk. Vgl. dazu seine Darstellung in Diekmann/ Reuth 1996, S. 438 ff.; Teltschik 1993, S. 340 f.; Klein 1991, S. 275 f. Der Wortlaut der Presseerklärung ist abgedruckt in Europa-Archiv, Nr. 18/1990, S. D480 ff.

35 Diese Trennung erleichtert die Einordnung der Geschehnisse. Sie darf aber nicht darüber hinwegtäuschen, daß beide Ebenen in Verhandlungen der politischen Spitzenebene stets eng miteinander verwoben sind.
36 Vgl. dazu Biermann 1997, S. 690ff.
37 So beispielsweise Sergej Tarassenko im Interview v. 27. 10. 1997. Für Schewardnadse und seine Mitarbeiter war vor allem die Gesamtzahl der in Mitteleuropa stationierten Soldaten sowie der US-Truppen in Europa von Interesse. Zur deutschen Ausgangssituation siehe z.B. Biermann 1997, S. 662 ff., der auch den teilweise sehr heftig geführten Abstimmungsprozeß zwischen Mai und Anfang Juli in Bonn skizziert. Demnach wäre das Auswärtige Amt zeitweise mit einer »Drei am Anfang« zufrieden gewesen, und auch das Verteidigungsministerium rechnete intern zum Teil mit rund 350 000 Mann. Einigkeit bestand in Bonn darüber, daß bei den VKSE-Gesprächen unter Umständen eine noch stärkere Reduzierung der Streitkräfte in Europa – und damit der Bundeswehr – möglich war. Auch von bundesdeutscher Seite war die Gesamtzahl deshalb letztlich kein zentrales Problem, an dem die Einheit hätte scheitern können. Hans-Dietrich Genscher erklärte im Interview v. 31. 10. 1997, er sei von 350 000 bis 400 000 Mann ausgegangen. Zum Abstimmungsprozeß in Bonn siehe auch Teltschik 1993, S. 293 ff. und S. 317.
38 Dieter Kastrup betonte im Interview v. 17. 4. 1998 allerdings, daß Gorbatschow insgesamt durch sehr viel Sach- und Detailwissen aufgefallen sei.
39 Daß dies auch im Falle Gorbatschows erfolgreich war, beweist u. a., daß die beiden Politiker sich nach dem Treffen in Archys mit ihren Vornamen und »Du« ansprachen. Siehe dazu auch Tschernajew 1993a, S. 306, wonach Gorbatschow danach nur noch von »seinem Freund Helmut« gesprochen habe. Dazu, daß Kohl bewußt und geschickt die Neuordnung der deutsch-sowjetischen Beziehungen als Gesprächseinstieg wählte, siehe auch Genscher 1995, S. 839.
40 Siehe dazu auch dessen eigene Darstellung in Genscher 1995, S. 839, in der er von einer mit Blicken abgestimmten »Rollenverteilung« spricht. Diese bestand eindeutig darin, daß Kohl den grundsätzlich-entgegenkommenden Part übernahm, während Genscher sich um die eher technisch-umstrittenen Teile kümmerte; Interview mit Hans-Dietrich Genscher v. 31. 10. 1997. Ähnlich auch die Einschätzung von Dieter Kastrup im Interview v. 17. 4. 1998: In Genscher sei bei diesen Verhandlungen der Anwalt zu sehen gewesen, der Dinge immer wieder präzise auf den Punkt gebracht habe. Vgl. dazu auch Klein 1991, S. 261, wonach Gorbatschow sich an einer Stelle über zu lange Ausführungen Genschers ärgerte: Er wolle sich »auch wieder einmal zu Wort melden, sonst wird uns Herr Genscher noch zu Tode quälen«.
41 Zur Pressekonferenz in Schelesnowodsk siehe v. a. Klein 1991, S. 272 ff. Kohls Erklärung sowie Auszüge aus Gorbatschows Redebeitrag und Fragen an den sowjetischen Präsidenten finden sich zudem ausführlich in Europa-Archiv, Nr. 18/1990, S. D479ff., »Die deutsch-sowjetischen Verhandlungen im Kaukasus im Juli 1990«. Zur positiven Berichterstattung siehe (jeweils v. 17. 7. 1990) z. B. *Frankfurter Allgemeine Zeitung*, Deutschland und die Sowjetunion an einem neuen Anfang; *Bild*, Kohl hat's geschafft! Gorbi gibt ganz Deutschland frei; *Die Welt*, Kohl und Gorbatschow einig. Weg für Deutschland ist frei; *Münchner Merkur*, Geld öffnet Herzen; (jeweils v. 18. 7. 1990) *Neue Zürcher Zeitung*, Sowjetisch-deutsche Einigung in der NATO-Frage; *Frankfurter Rundschau*, Fragen nach dem »kaukasischen Friedenspreis«; *die tageszeitung*, Der Kanzler im Glück; *Die Welt* (mit Reaktionen aus dem Ausland), Baker: Ich hatte die Vereinbarung erst für den Herbst erwartet; *Die Welt*, Bonn und die Scheu vor historischem Überschwang; *Frankfurter Allgemeine Zeitung*, Ein Gefühl, als könnte man Berge versetzen; *Süddeutsche Zeitung*, Das gewaltige Gefühl der Erleichterung.

42 Im Zusammenhang mit der europäischen Integration und einer angeblichen Vorherrschaft Deutschlands in der EG hatte Ridley unter anderem gesagt: »Ich bin nicht dagegen, Souveränität abzutreten, aber nicht an solche Leute. Offen gesagt, könnte man dann auch gleich Adolf Hitler nachgeben.« Ridley hatte als einer der engsten Vertrauten von Premierministerin Thatcher gegolten (vgl. auch Interview mit Sir Charles Powell v. 3. 6. 1997, der betonte, daß weder er selbst noch sonst jemand aus dem Thatcher-Umfeld von Ridleys Interview gewußt habe. Letztlich sei keine andere Option geblieben, als Ridley zum Rücktritt zu bewegen). Später bedankte Thatcher sich bei Helmut Kohl für dessen gelassene Reaktion hierauf. Vgl. die Berichterstattung (jeweils v. 13. 7. 1990) in *Frankfurter Allgemeine Zeitung*, Londoner Aufregung über einen Minister; *Süddeutsche Zeitung*, Deutsche wollen Europa übernehmen; *The Times*, Amid sound and fury, real truth about Europe united; *Frankfurter Rundschau*, »Da können wir unsere Souveränität ja gleich an Hitler abtreten«; *The Guardian*, Arrogance that reeks of the 1930s; *Neue Zürcher Zeitung* v. 14. 7. 1990, Undiplomatische Verbalattacke eines britischen Ministers gegen Deutschland; *Frankfurter Allgemeine Zeitung* v. 16. 7. 1990, Der König der taktlosen Bemerkungen hat sich um sein Amt geredet. Zur »Chequers-Affäre« siehe die Darstellung im Kapitel »Die neuen Partner suchen ihre Linie«.

43 Vgl. »Bilanzen und Perspektiven der Politik der Bundesregierung. Erklärung des Bundeskanzlers vor der Bundespressekonferenz in Bonn«, in Bulletin Nr. 93 v. 18. 7. 1990, S. 801 ff. Der Verlauf der »Zwei-plus-Vier«-Außenministerkonferenz von Paris wird im Kapitel »Hochspannung bis zuletzt« analysiert.

44 Siehe Vermerk Neuer v. 17. 7. 1990, betr.: »Telefongespräch des Bundeskanzlers mit Präsident Bush am 17. Juli 1990 von 14.45 bis 15.15 Uhr« (212 30 132 A5 AM31, Bd. 2 sowie 21-30100 (56) – Ge 28 (VS)). Vgl. auch das Zitat bei Kiessler/Elbe 1993, S. 178 f., wonach George Bush verstimmt darüber war, daß Kohl und Gorbatschow ohne direkte Beteiligung der USA »letztlich die Sache unter sich ausgemacht hatten«. Bush habe deshalb – unter dem Vorwand, den Kreml-Chef über die Ergebnisse des Londoner Gipfels zu unterrichten – bei Gorbatschow angerufen. Im Telefonat mit Kohl, das vor dem Gespräch mit Gorbatschow stattfand, erklärte Bush demgegenüber, er wolle den sowjetischen Präsidenten über das Ergebnis des G7-Treffens von Houston informieren. Diese Version ist wahrscheinlicher als eine Unterrichtung über den 14 Tage zuvor abgeschlossenen NATO-Gipfel.

45 Siehe auch *Frankfurter Allgemeine Zeitung* v. 18. 7. 1990, Ein Gefühl, als könne man Berge versetzen. Demnach wurde die härtere Linie von Julij Kwizinskij gefahren.

46 Siehe z. B. Brief des Bundeskanzlers an Premierministerin Margaret Thatcher v. 17. 7. 1990 (213-30104 So17, Bd. 1), Brief des Bundeskanzlers an Staatspräsident François Mitterrand v. 17. 7. 1990; Brief des Bundeskanzlers an Ministerpräsident Giulio Andreotti v. 17. 7. 1990 (beide 21-301 00 (102) – Br 8 (VS)); siehe auch die Sammlung von Glückwunschschreiben ausländischer Politiker, darunter u. a. ein Brief von Margaret Thatcher v. 17. 7. 1990 (die vor allem die Einigung in der Bündnisfrage als großen Schritt vorwärts im Interesse Europas und des ganzen Westens bezeichnet); Glückwunschtelegramm von Felipe González v. 18. 7. 1990 (213-30104 S25 So17). Ein weiterer Dankbrief Kohls ging – entsprechend einer Anregung der deutschen Vertretung bei der NATO – an Generalsekretär Manfred Wörner (Information aus der Bundesregierung). An George Bush, der bereits telefonisch unterrichtet worden war, schickte der Bundeskanzler am 19. 7. 1990 einen sehr persönlichen Brief mit warmen Dankesworten für die bislang geleistete Unterstützung, darunter zuletzt den Anstoß zur NATO-Reform. Dieses Schreiben war in Bonn bewußt so gehalten worden, daß es in den USA veröffentlicht werden konnte. Siehe dazu Vorlage AL 2 (Kaestner) an den Bundeskanzler v. 19. 7. 1990, betr.:

»Dankschreiben an Präsident George Bush« (21–30100(102) Br8(VS), Bd. 30). Am nächsten Tag trat Kohl seinen Urlaub an, der bis zum 20. 8. 1990 dauerte.

## HOCHSPANNUNG BIS ZULETZT

1 Zu Meckels Reaktion siehe das MfAA-Papier »Stellungnahme des Außenministers der DDR zu den Ergebnissen der Gespräche von Bundeskanzler Kohl und Präsident Gorbatschow« (auch in 212–35400-De 39 NA 4, Bd. 5), das zum einen als Presseinformation des MfAA verteilt sowie am 17. 7. in Paris von der DDR-Delegation an die Vertreter der anderen »Zwei-plus-Vier«-Staaten übergeben wurde. Anders als darin behauptet, hatte Gorbatschow einen Verzicht auf die Stationierung von Nuklearwaffen und fremden Truppen lediglich für das ostdeutsche Gebiet gefordert. Zu Meckels Wunsch, offiziell über die Kaukasus-Ergebnisse unterrichtet zu werden, siehe das MfAA-Papier v. 18. 7. 1990 (Abt. 1, UA 10) »Bericht über das dritte Treffen im Rahmen 2+4 auf Ministerebene am 17. Juli 1990 in Paris«. Die offizielle Unterrichtung der DDR über die Gesprächsinhalte von Moskau und Archys erfolgte erst am 21. 7. durch die sowjetische Seite. Siehe dazu das MfAA-Papier »Informationen über die Hauptergebnisse der Gespräche M. S. Gorbatschows mit dem Bundeskanzler der BRD, H. Kohl, während dessen Arbeitsbesuches in der UdSSR vom 14. – 16. Juli 1990« (7 Seiten mit der handschriftlichen Anmerkung »Von SU am 21. 7. an MM übergeben«). Meckel wurde von Kwizinskij am Morgen des 18. 7. kurz über die Ergebnisse des Kaukasus-Treffens informiert.
2 Einen Monat nach Ministerpräsident Lothar de Maizière war Meckel am 13. 7. zu Gesprächen mit Politikern – darunter James Baker und Brent Scowcroft –, Wirtschaftsvertretern und Repräsentanten der Jewish Claims Conference nach Washington gereist. Zu seinen Treffen siehe das MfAA-Papier v. 16. 7. 1990, »Bericht über den Arbeitsbesuch des Ministers für Auswärtige Angelegenheiten in den USA am 13. 7. 1990« (10 Seiten inkl. verschiedener Anlagen); Albrecht 1992, S. 93f.; Zelikow/Rice 1997, S. 456. Meckel wollte gegenüber Baker vor allem für seine sicherheitspolitischen Vorstellungen werben. Siehe dazu das MfAA-Papier (Patrick von Braunmühl) »Gesprächsnotiz vom Gespräch mit Herrn Grinin am 12. 7., 14.00«, in dem über ein Treffen des Politischen Direktors von Braunmühl mit dem sowjetischen Diplomaten berichtet wird. Zur Berichterstattung über Meckels USA-Reise vgl. z. B. *Berliner Zeitung* v. 16. 7. 1990, Meckel fordert Abzug aller Kernwaffen; *Der Tagesspiegel* v. 15. 7. 1990, Meckel legt Zeitplan für Zwei-plus-Vier-Gespräche fest. In seinem Brief an Schewardnadse v. 13. 7. 1990 (unveröffentlichtes MfAA-Dokument) ging Meckel v. a. auf die NATO-Deklaration von London ein. Diese enthalte »viele positive Elemente, schreibt zugleich aber Positionen fest, die der Kritik bedürfen. Dies gilt vor allem in Fragen der Nuklearstrategie.«
3 Siehe dazu das Schreiben von Ryshkow an Helmut Kohl (inoffizielle Übersetzung samt Überprüfung) v. 18. 7. 1990 (213–30130 S25 Üb5, Bd. 1, außerdem B 136/ 26701); die detaillierteren Ausführungen im weiteren Verlauf dieses Kapitels; Grosser 1998, S. 426ff.
4 Vgl. dazu auch das Kapitel »Die größten Hürden«, in welchem die inhaltlichen Details der Debatte um die Anerkennung der polnischen Westgrenze sowie deren Verortung im Gesamtkontext des Vereinigungsprozesses nachgezeichnet werden. Im folgenden steht dagegen der Verlaufsaspekt der weiteren »Zwei-plus-Vier«-Verhandlungen im Mittelpunkt.
5 Die Schilderung des »Zwei-plus-Vier«-Außenministertreffens basiert – soweit nicht

anderweitig belegt – auf: Vermerk GL 21 (Hartmann) an den Bundeskanzler v. 18. 7. 1990, betr.: »3. Treffen ›2+4‹ auf Außenministerebene in Paris (unter zeitweiliger Beteiligung Polens)« (212–354 00 De 39 NA4, Bd. 4; außerdem, mit diversen Anlagen, B 136/20244); unveröffentlichtes MfAA-Papier v. 18. 7. 1990 (Abt. 1, UA 10) »Bericht über das dritte Treffen im Rahmen 2+4 auf Ministerebene am 17. Juli 1990 in Paris«; Informationen aus dem MfAA und dem Auswärtigen Amt. Vgl. zudem die kurzen Darstellungen bei Genscher 1995, S. 841 ff. (mit der Erwähnung seiner Vorgespräche); Zelikow/Rice 1997, S. 469 f. (mit einer Bewertung der Kaukasus-Ergebnisse aus Sicht der US-Administration); Diekmann/Reuth 1996, S. 446 ff. (mit Kohls Erinnerung an die Beilegung der Grenzdiskussion). Völlig anders die Schilderung bei Albrecht 1992, S. 108 ff., der – aus Sicht eines engen Meckel-Beraters – von einem kurzfristig erreichten Meinungsumschwung bei Skubiszewski spricht. Zur Vorgeschichte und den vorangegangenen trilateralen Verhandlungen auf Beamtenebene siehe auch das Kapitel »Die größten Hürden«.

6 Auf seiten der USA war man der Ansicht, daß man das Treffen von Paris »fast schon als unnötig hätte bezeichnen« könne, da mit der deutsch-sowjetischen Einigung alle wesentlichen Streitpunkte beseitigt waren. Die von Schewardnadse fünf Monate zuvor gestellte »Frage aller Fragen« – nämlich die nach der künftigen sicherheitspolitischen Gestalt Europas und den Sicherheitsgarantien für die UdSSR – war nach Auffassung des US-Außenministers beantwortet (Baker 1996, S. 233 f.). Seitens der DDR wurde die Pariser Verhandlungsrunde als »die ersten 1+4-Gespräche« wahrgenommen, bei denen die Position der DDR keine Rolle mehr spielte. Siehe dazu Carlchristian von Braunmühl, »Die Herstellung der Einheit ist keine gemeinsame Sache geworden«, in Frankfurter Rundschau v. 24. 8. 1990. Insgesamt »spielte die DDR erneut eine Nebenrolle«, so Albrecht 1992, S. 115.

7 Die Inventarliste umfaßte jene Aspekte, die nach Auffassung der Delegationen Teil der abschließenden Regelungen sein sollten. Die in Paris verhandelten Punkte befaßten sich neben dem ABC-Waffen-Verzicht eines vereinten Deutschlands mit der künftigen europäischen Sicherheitsarchitektur, dem politisch-militärischen Status des DDR-Gebietes, der befristeten Präsenz sowjetischer Truppen in Ostdeutschland, dem Recht auf freie Bündniswahl, den angekündigten Veränderungen in der NATO sowie der Frage nach einem gemeinsamen Dokument der Mitgliedstaaten von NATO und Warschauer Pakt. Auch in dieser Runde meldete die DDR Bedenken an: Seine Regierung müsse sich ihre Position solange vorbehalten, bis sie offiziell über die in Archys getroffenen Vereinbarungen unterrichtet sei. Zudem habe man auch noch Vorbehalte in der Sache, so Misselwitz. Vgl. Vermerk GL 21 (Hartmann) an den Bundeskanzler v. 18. 7. 1990, betr.: »3. Treffen ›2+4‹ auf Außenministerebene in Paris (unter zeitweiliger Beteiligung Polens)« (212–354 00 De 39 NA4, Bd. 4; außerdem, mit diversen Anlagen, B 136/20244). Im DDR-Protokoll heißt es dazu, man könne nur unter Vorbehalt zustimmen, da die DDR-Regierung nicht offiziell informiert worden sei und sich zunächst intern abstimmen müsse. Siehe dazu MfAA-Papier v. 18. 7. 1990 (Abt. 1, UA 10) »Bericht über das dritte Treffen im Rahmen 2+4 auf Ministerebene am 17. Juli 1990 in Paris«; Genscher 1995, S. 844; Albrecht 1992, S. 110. Alexander Bondarenko zeigte sich im Interview v. 22. 5. 1995 von diesem Verhalten Misselwitz' irritiert. Er konnte dies nur insofern verstehen, als daß keine der Delegationen je ein verbindliches Papier dazu erhalten habe, was Kohl und Gorbatschow im Kaukasus nun wirklich verabredet hatten. Statt dessen habe es zwei unterschiedliche Presseerklärungen gegeben, auf deren Basis alle Delegationen dann arbeiten mußten.

8 Am 16. 7. hatten sich Vertreter der beiden deutschen Außenministerien unter Leitung der Staatssekretäre Misselwitz und Sudhoff zu einer Ressortberatung ge-

troffen, bei denen es um die aus ihrer Sicht wichtigen Inhalte des Einigungsvertrages ging. In einem DDR-Vorschlag für den Staatsvertrag war unter anderem von bindenden Erklärungen des vereinten Deutschlands zum Verzicht auf ABC-Waffen, zur Personalstärke und zu Selbstbeschränkungen bei Rüstungsexporten die Rede. Ein derartiger Artikel wurde von der Bonner Delegation in den Bereich der »Zwei-plus-Vier«-Gespräche verwiesen (Informationen aus dem Auswärtigen Amt und dem MfAA). Auch im weiteren Verlauf der Verhandlungen beharrte die DDR-Seite auf der Berücksichtigung ihrer sicherheitspolitischen Pläne im Einigungsvertrag (Informationen aus der Bundesregierung). Vgl. dazu auch das MfAA-Papier v. 19. 7. 1990 (Schwegler-Rohmeis), betr.: »Protokoll einer Beratung über den Staatsvertrag II/Einigungsvertrag vom 18. Juli 1990«; Albrecht 1992, S. 117f. Als ständiges Mitglied des MfAA in der DDR-Delegation für die Verhandlungen zum Einigungsvertrag war Staatssekretär Domke ernannt worden. Manfred Stolpe, den Meckel ursprünglich vorgeschlagen hatte, war dessen Stellvertreter. Vgl. dazu das MfAA-Papier v. 20. 7. 1990, »Brief von Markus Meckel an Lothar de Maizière«. Im Einigungsvertrag, der am 31. 8. paraphiert wurde, fand sich später nur ein kurzer Hinweis auf sicherheitspolitische Fragen, in dem auf die Ergebnisse der noch laufenden »Zwei-plus-Vier«-Gespräche verwiesen wurde.

9 Der Text der vorab verteilten deutschsprachigen Fassung umfaßte 21 Seiten. Siehe dazu Anlage zum MfAA-Papier v. 18.7. 1990 (Abt. 1, UA 10), »Bericht über das dritte Treffen im Rahmen 2+4 auf Ministerebene am 17. Juli 1990 in Paris«. Die Analyse der folgenden Diskussion stützt sich im wesentlichen auf Vermerk GL 21 (Hartmann) an den Bundeskanzler v. 18. 7. 1990, betr.: »3. Treffen ›2+4‹ auf Außenministerebene in Paris (unter zeitweiliger Beteiligung Polens)« (212-354 00 De 39 NA4, Bd. 4; außerdem, mit diversen Anlagen und Protokollnotizen, B 136/20244); Informationen aus dem Auswärtigen Amt und dem MfAA; Interview mit Krzysztof Skubiszewski v. 23. 4. 1996.
10 DDR-Außenminister Meckel schloß sich auf Nachfrage Skubiszewskis der Erklärung Genschers an, daß nach seinem Verständnis die »abschließende völkerrechtliche Regelung« den Rang einer friedensvertraglichen Regelung habe.
11 Beim sechsten »Zwei-plus-Vier«-Beamtentreffen am 3. und 4. 7. in Berlin war eine »Inventurliste« mit den noch zu behandelnden Themen erstellt worden, die den Außenministern in Paris vorgelegt wurde. Dabei hatte die UdSSR noch einmal großen Wert darauf gelegt, daß auch Sicherheitsfragen im »Zwei-plus-Vier«-Rahmen erörtert werden sollten. Zudem brachte sie erneut die Idee einer »Übergangsperiode« ein. Am 4. 7. nahm der Politische Direktor des polnischen Außenministeriums, Jerzey Sulek, als Gast an den Beratungen teil. Er verlangte die Fortsetzung der deutsch-deutsch-polnischen Gespräche zu einem Grenzvertrag, ohne die von der DDR vertretene Position zur Paraphierung vor der Vereinigung zu unterstützen. Beim Mittagessen machte Sulek allerdings deutlich, daß es der polnischen Regierung vor allem darum ging, innenpolitisch ihr Gesicht wahren zu können. Er betonte, daß das Drängen auf einen separaten Grenzvertrag keinesfalls einen Verzicht auf den gewünschten allgemeinen Kooperationsvertrag bedeute. Vgl. dazu Vermerk GL 21 (Hartmann) v. 5. 7. 1990 an den Bundeskanzler, betr.: »›2+4‹-Gespräche auf Beamtenebene; hier: 6. Runde unter Beteiligung Polens« (212-35400 De 39 NA 4 Bd. 4 - von Kohl abgezeichnet - sowie B 136/20244 mit der Inventurliste und dem Textvorschlag für die Grundprinzipien zur Grenzfrage als Anlagen). Weitere Details entstammen dem MfAA-Papier v. 4. 7. 1990 (UA Europäische Einigungsprozesse), »Bericht über das 6. Beamtentreffen im Rahmen 2+4 am 3./4. Juli in Berlin«; Informationen aus dem Auswärtigen Amt und dem State Department. Siehe auch die ausführliche Darstellung im Kapitel »Die größten Hürden«.

12 Albrecht 1992, S. 113, deutet den Verdacht an, Polen habe sich sein Einlenken letztlich gegen D-Mark abkaufen lassen. Diese Einschätzung widerspricht den tatsächlichen Kräfteverhältnissen – also der fehlenden Unterstützung der polnischen Position durch die Vier Mächte – beim Pariser Treffen und wurde auch in Warschau als beleidigend aufgefaßt. So verwahrte sich Jerzey Sulek gegenüber dem Botschafter der DDR in Warschau gegen »Äußerungen aus Kreisen der DDR-Delegation, Polen habe Vorbedingungen zurückgenommen und dafür Hilfszusagen der BRD erhalten« (Albrecht 1992, S. 114). Vgl. auch Kiessler/Elbe 1993, S. 198 ff.
13 Zur Stellungnahme Kohls im Bundeskabinett siehe Interview mit Michael Mertes v. 29. 2. 1996; vgl. auch. Teltschik 1993, S. 344 f.; Informationen aus dem Auswärtigen Amt.
14 Die folgende Darstellung beruht auf Zelikow/Rice 1997, S. 472; Informationen aus dem Auswärtigen Amt, dem MfAA, dem State Department und dem Bundeskanzleramt. Siehe auch das MfAA-Papier (Abt. 1, UA 10, Ref. 100, Dr. Hillmann) »Bericht über das 7. Beamtentreffen im Rahmen 2+4 auf Beamtenebene am 19. 7. 1990 in Bonn« (mit 2 Anlagen). Delegationsleiter waren Kastrup (D), Misselwitz (DDR), Dufourcq (F), Bondarenko (UdSSR), Seitz (USA) und Weston (GB).
15 Der DDR-Delegationsleiter Hans-Jürgen Misselwitz berichtete später (Misselwitz 1996, S. 58) über seinen Widerstand dagegen, daß die Frage des befristeten Verbleibs sowjetischer Truppen auf DDR-Gebiet ohne Beteiligung seiner Regierung ausgehandelt werden sollte. Die Ministerien für Auswärtige Angelegenheiten sowie Abrüstung und Verteidigung bereiteten daraufhin zwar eine Mitwirkung an den Verhandlungen vor, nahmen letztlich aber nicht an den Gesprächen zwischen Bonn und Moskau teil. Misselwitz zitiert einen internen Vermerk des Auswärtigen Amtes, wonach der Chef des Bundeskanzleramtes, Rudolf Seiters, bei einer Besprechung mit Bonner Ministerien bereits am 1. 8. darauf hingewiesen hatte, daß eine Beteiligung der DDR an den Abzugsverhandlungen nicht vorgesehen war. Vgl. zum Abzug der sowjetischen Truppen aus der DDR auch Brandenburg 1993, der ausführlich die Verhandlungsgeschichte und Inhalte der beiden Verträge – »Vertrag über die Bedingungen des befristeten Aufenthalts und die Modalitäten des planmäßigen Abzugs« sowie »Abkommen über einige überleitende Maßnahmen« (sog. Überleitungsabkommen) – schildert. Demnach wurden gemeinsam mit dem Abzugsplan der UdSSR-Truppen erstmals offizielle Zahlen über deren Stärke bekannt. So waren 1990 rund 338 000 Soldaten und 208 000 Zivilisten (Angestellte und Familienangehörige), insgesamt also 546 000 Personen im Umfeld der sowjetischen Streitkräfte in der DDR.
16 Informationen aus der Bundesregierung. Demnach war die Präambel weitgehend geklärt, während für die Vertragsteile Arbeitsaufträge vergeben worden seien. Das Schlußdokument würde – wie Schewardnadse zugesagt habe – bis zur Außenministertagung am 12. 9. fertig sein.
17 Die folgende Schilderung basiert auf Informationen aus der Bundesregierung über die Regierungserklärung und Debatte in der Volkskammer. Vgl. auch *Süddeutsche Zeitung* v. 6. 7. 1990, Schwelender Konflikt; Interviews mit Akteuren aus dem MfAA (wie Hans-Jürgen Misselwitz v. 13. 7. 1994) und dem Amt des Ministerpräsidenten. Siehe dazu sowie zu den Zitaten auch: Regierungserklärung zur Außenpolitik von Ministerpräsident Lothar de Maizière, in Volkskammer, 10. Wahlperiode, 21. Tagung v. 5. 7. 1990, S. 827 ff.; den Beitrag Meckels S. 831 ff.
18 Vgl. z.B. die beiden Artikel in der *Frankfurter Neuen Presse* v. 18. 7. 1990, Meckel bemäkelt den Bonner Erfolg sowie ebenda, Herumgemeckelt. Das Zitat »grotesker Versuch...« findet sich in *Der Tagesspiegel* v. 19. 7. 1990, Meckels Armee. Nachdem sich auch die SPD-Volkskammerfraktion von der Idee einer eigenen ostdeutschen

Armee nach der Vereinigung distanziert hatte, ließ Meckel diese Überlegungen fallen (*Frankfurter Allgemeine Zeitung* v. 19. 7. 1990, Die Bundestagsfraktion der SPD weist Überlegungen Meckels zurück). Zur weiteren Kritik an der Arbeit des MfAA – die sich im wesentlichen darauf bezog, daß zahlreiche Schlüsselpositionen mit Verwandten und Freunden der Familien Meckel und von Braunmühl besetzt worden waren – siehe z. B. *Die Welt* v. 26. 7. 1990, Markus Meckel und die Diplomatie; *Der Spiegel* v. 10. 7. 1990, Wer ist Teltschik? Aus dem DDR-Außenministerium hat Ressortchef Meckel ein Familienministerium gemacht – Vetternwirtschaft im Amt. Meckels öffentliche Einschätzung zu den Möglichkeiten einer eigenständigen DDR-Außenpolitik findet sich in *Frankfurter Rundschau* v. 20. 7. 1990, Die NATO muß sich weiter verändern. DDR-Außenminister Markus Meckel im Gespräch über Abrüstung und Staatsvertrag. Zur anderslautenden internen Bewertung siehe z. B. das MfAA-Papier v. 23. 7. 1990 (Richter), »Gesprächsvermerk Walter Momper – Markus Meckel am 21. Juli 1990 im MfAA«. In diesem Gespräch schilderte Meckel die ihm aus der sowjetischen Botschaft in Ost-Berlin berichteten Reaktionen auf die Ergebnisse der Kohl-Gorbatschow-Einigung. Diese habe »bei sowjetischen Experten Entsetzen ausgelöst (Kwizinskij, Schikin, Bondarenko)«.

19 Vgl. zum folgenden z. B. *Süddeutsche Zeitung* v. 20. 7. 1990, Genschers Geduldfaden gerissen. Die weitere Darstellung basiert auf Interviews mit außenstehenden Beobachtern und Beteiligten sowie Informationen aus dem MfAA und dem Auswärtigen Amt. Der Bundesaußenminister erwähnt in seinen Memoiren (Genscher 1995, S. 849) lediglich, daß das Gespräch stattgefunden habe, ohne auf konkrete Inhalte einzugehen. Neben den beiden Außenministern nahmen die Büroleiter Frank Elbe und Wolfram von Fritsch an dem Treffen teil. Auch im Kanzleramt waren die Irritationen über Meckels politische Alleingänge groß. Für ein bevorstehendes Gespräch zwischen Kohl und de Maizière analysierten Mitarbeiter der Abteilung 2 die Initiativen Meckels und zahlreiche seiner Äußerungen zu Fragen der NATO-Mitgliedschaft, der Truppenstärke eines vereinten Deutschlands und zur Forderung nach einem kernwaffenfreien Deutschland. Diese Aktionen hätten nicht nur das Verhältnis zur Bundesregierung belastet, sondern auch in Washington und Moskau Irritationen ausgelöst. Mit seinem Beharren auf Behandlung der sicherheitspolitischen Fragen habe er zudem den »Zwei-plus-Vier«-Prozeß kompliziert (Informationen aus der Bundesregierung).

20 Die Erklärung – die Genscher dann doch selbst vortrug – ist Teil des »Zwei-plus-Vier«-Vertrages. Genschers Rede v. 30. 8. ist abgedruckt in Kaiser 1991a, S. 253ff. Wie Genscher im Interview v. 31. 10. 1997 betonte, war es ihm aus Gründen der Symbolik und zur Unterstreichung von deren Bedeutung wichtig, daß die Erklärung auf Ministerebene eingebracht wurde. Aufgrund des Austritts der SPD aus der DDR-Regierung nahm neben Genscher noch Ministerpräsident Lothar de Maizière als amtierender Außenminister der DDR an der Bekanntgabe in Wien teil. Er schloß sich in einem kurzen Statement der Erklärung des Bundesaußenministers an. Zu Genschers Rede bei der Vierten Überprüfungskonferenz des Vertrages über die Nichtverbreitung von Kernwaffen am 22. 8. 1990 in Genf siehe die ausführlichen Auszüge in Kaiser 1991a, S. 250f. Anders als im Frühjahr 1990 angestrebt, bedeutete diese Erklärung letztlich doch eine – wenngleich freiwillige – »Singularisierung« Deutschlands, da es als einziger Staat bei den VKSE-Gesprächen eine einseitige Erklärung zur Obergrenze seiner Streitkräfte abgab. Im Verteidigungsministerium war die einseitige Erklärung bis zuletzt abgelehnt worden. Als Erfolg wurde allerdings gewertet, daß es zumindest gelang, die von der UdSSR gewünschten Verifikationsmaßnahmen zu verhindern, die Erklärung lediglich als Anlage dem KSE-Vertrag beizufügen und von anderen Staaten das Versprechen zu erhalten, die eigenen

Streitkräfte bis zu Folgeverhandlungen über einen weiteren Truppenabbau zumindest nicht zu vergrößern. Vgl. dazu auch Biermann 1997, S. 722 ff., bes. S. 725.
21 Zur allgemeinen Geschichte des Verzichts der Bundesrepublik auf den Besitz von Kernwaffen siehe Riecke 1996, S. 187 ff.
22 Eine ausführliche Darstellung zur Entwicklung der Koalitionskrise bietet Jäger 1998, S. 449 f.
23 Siehe zu diesem Gespräch Telex StäV Nr. 1689 v. 29. 8. 1990, betr.: »Gespräch MP de Maizière/BM Genscher« (B 137/10722 sowie 212-35400 - De 39 NA 4, Bd. 5); Informationen aus dem MfAA und dem Amt des Ministerpräsidenten. Vgl. zum Gesprächsverlauf auch Genscher 1995, S. 861 ff. Die Frage nach dem Vorsitz bei der letzten »Zwei-plus-Vier«-Beamtenrunde wurde auch im Kanzleramt ausführlich diskutiert. Nach dortigen Informationen hatten auch die westlichen Alliierten Bedenken, daß ein unerfahrener Vorsitzender aus den Reihen der neuen DDR-Administration überfordert sein könnte. Kohl, so schlugen dessen Mitarbeiter vor, solle sich dazu mit Genscher abstimmen. Den Austritt der DDR aus dem Warschauer Pakt ließ de Maizière später trotz der anderslautenden Vorschläge aus dem AA in einer Note an die Partner des östlichen Bündnisses mitteilen; ein Schritt, den beispielsweise die ungarische Regierung als mögliches Vorbild für weitere Austritte und einen »letzten Gefallen« der DDR an ihre ehemaligen Verbündeten lobte.
24 Informationen aus der Bundesregierung. Der Brief Ryshkows mit den sowjetischen Vorstellungen findet sich in B 136/26701. Zur »Verkürzung des Zeithorizonts« siehe auch Biermann 1997, S. 708 ff.
25 Auf dem KSZE-Gipfel von Paris v. 19. bis 21. 11. 1990 wurde mit der »Charta von Paris« die Beendigung des Kalten Krieges besiegelt und die Vereinigung Deutschlands zur Kenntnis genommen. Zugleich fanden erste Schritte zur Institutionalisierung der KSZE statt. Siehe dazu z. B. Gasteyger 1994, S. 534 ff. - mit der »Charta von Paris«; von Bredow 1992, S. 145 ff.; Brand 1993, S. 237 ff. Die auf dem Gipfeltreffen der KSZE abgegebene Erklärung von Helmut Kohl - mit fünf »feierlichen Zusagen« des vereinten Deutschlands - findet sich in Kaiser 1991a, S. 364 ff. In Zusammenhang mit der deutschen Vereinigung stand auch die am 19. 11. in Paris unterschriebene gemeinsame Erklärung der 22 Staaten des Warschauer Paktes und der NATO »Zum Ende des Kalten Krieges und der Teilung Europas«, auszugsweise abgedruckt in Auswärtiges Amt 1995, S. 755 ff. Am 19. 11. wurde zudem der Vertrag »Über die konventionellen Streitkräfte in Europa« (VKSE) unterzeichnet.
26 Siehe dazu Vermerk AL 2 i. V. (Westdickenberg) an den Bundeskanzler v. 3. 8. 1990, betr.: »Außenpolitischer Regelungsbedarf im Hinblick auf die neue deutschlandpolitische Lage (mögliche gesamtdeutsche Wahlen und Beitritt im Oktober)« (213-30130 S25 Üb5, Bd. 1; von Kohl mit »Teltschik + Hartmann bald R« versehen). Als Grund für den Optimismus werden entsprechende Äußerungen von Eduard Schewardnadse vom 31. 7. genannt. Neben den Verträgen mit der UdSSR behandelt das Papier die Frage von eventuell notwendigen Verträgen mit weiteren Staaten, darunter Abkommen zur Neuregelung der Stationierung von Streitkräften der drei Westmächte in Berlin und die Frage der Einbeziehung des DDR-Gebietes in die Europäischen Gemeinschaften.
27 Vgl. zum folgenden das Schreiben von Ryshkow an Helmut Kohl (mit inoffizieller Übersetzung samt Überprüfung) v. 18. 7. 1990; Informationen aus der Bundesregierung. Bei der Analyse im Kanzleramt scheint nicht aufgefallen zu sein, daß Ryshkow bereits am 18. 7. von der Notwendigkeit eines Vertrages sprach, »der die für die UdSSR entstehenden wirtschaftlichen und finanziellen Folgen im Zusammenhang mit der Umsetzung von praktischen Maßnahmen zur Vereinigung Deutschlands und der Einführung der Mark der Bundesrepublik Deutschland in der DDR regeln

soll«. Diese Passage wurde offensichtlich als auf den Überleitungsvertrag bezogen interpretiert, da im Vermerk an den Kanzler v. 16. 8. erklärt wird, die UdSSR habe ihre Forderung nach einem vierten Vertrag am 13. 8. in einem Gespräch von Julij Kwizinskij mit Dieter Kastrup in Moskau aufgebracht. Am 17. 8. erhielt die von Genscher geleitete deutsche Delegation in Moskau einen sowjetischen Vorschlag für dieses Abkommen.

28 Das Zitat »das Eisen zu schmieden...« stammt von Kwizinskij 1993, S. 53. Siehe dazu auch Biermann 1997, S. 709 f.; Kiessler/Elbe 1993, S. 202; Genscher 1995, S. 854 ff., der ausführlich auf die Mitte August noch offenen Fragen eingeht. So verlangte Schewardnadse plötzlich wieder, daß der ABC-Waffen-Verzicht des vereinten Deutschlands ebenso im abschließenden »Zwei-plus-Vier«-Dokument zu erwähnen sei wie die Obergrenze der gesamtdeutschen Streitkräfte. Im Bonner Verteidigungsministerium wurde dies zwar abgelehnt, letztlich setzte sich die UdSSR aber durch. Die Darstellung der verschiedenen Gespräche basiert zudem auf Vermerk MDg Dr. Peter Hartmann v. 15. 8. 1990, betr.: »Gespräch MD Teltschik/ MD Kastrup am Mittwoch, 15. August 1990, im Bundeskanzleramt« (212-35400 De 39 NA 4, Bd. 5 und 212-35400 De 39 NA 2, Bd. 3); Informationen aus dem Auswärtigen Amt, dem sowjetischen Außenministerium und dem Bundeskanzleramt.

29 Informationen aus dem Bundesregierung; Genscher 1995, S. 863 f.; Teltschik 1993, S. 352. Zu den Verhandlungen über die wirtschaftlichen und finanziellen Beziehungen – in die mittlerweile das Bundeswirtschaftsministerium eingeschaltet worden war – siehe ausführlich die Darstellung bei Grosser 1998, S. 429 ff.

30 Die nachfolgende Schilderung basiert auf Informationen aus dem Auswärtigen Amt; dem sowjetischen Außenministerium und dem Bundeskanzleramt. Terechow brachte in seinen Treffen mit Genscher auch das Thema einer Entschädigungslösung für Zwangsarbeiter zur Sprache. Der Bundesaußenminister machte seinem Gesprächspartner deutlich, daß er und der Bundeskanzler dieses Thema keinesfalls in den laufenden Verhandlungen behandelt sehen wollten. Er bat darum, daß die sowjetische Seite diese Frage derzeit nicht aufbringen möge.

31 Während Genscher in diesem Punkt nachgiebiger erschien, hatte Helmut Kohl lange Zeit Bedenken. Auf der einen Seite befürchtete er neue polnische Verstimmungen, wenn der deutsch-sowjetische Vertrag vor den entsprechenden Abkommen mit Polen unterzeichnet würde. Andererseits war der Kanzler gegen Verhandlungen über einen Grenzvertrag im Vorfeld der Bundestagswahl vom Dezember, da er mit Protesten der Vertriebenen rechnete. Erst am 4. 9. stimmte er der frühzeitigen Paraphierung des deutsch-sowjetischen Vertrages zu. In einem Brief an Mazowiecki (213-30130 Po 48, Bd. 1) schlug Kohl am 6. 9. allerdings informelle Gespräche der beiden Regierungschefs für den 8. 11. vor. Vgl. dazu auch Teltschik 1993, S. 356 ff.

32 Siehe dazu AL 2 v. 30. August 1990 (Entwurf), »Vermerk über das Gespräch mit dem stellvertretenden sowjetischen Außenminister Julij Kwizinskij am 28. August 1990, 19.15 bis 20.30 Uhr im Bundeskanzleramt« (21-301 00 (56) – Ge 28 (VS), Bd. 81). Teltschik selbst berichtet in seinen Erinnerungen ausführlich über das Treffen, ohne aber beispielsweise die Fragen der sowjetischen Enteignungen bis 1949, der Wiedergutmachungen für Zwangsarbeiter oder der Suspendierung der Vier-Mächte-Rechte zu erwähnen. Resümierend zog Kohls Mitarbeiter den Schluß, daß die sowjetische Seite offensichtlich »nachzubessern« versuche. Siehe dazu Teltschik 1993, S. 352 ff.; Biermann 1997, S. 714 ff., der darauf hinweist, daß gerade Kwizinskij bei seinen Vorstellungen zum »Großen Vertrag« an den Berliner Vertrag zwischen dem Deutschen Reich und Rußland von 1926 dachte. Dieses Folgeabkommen zum Vertrag von Rapallo schrieb vor allem die Verpflichtung der beiden Staaten fest, bei einem Angriff durch Dritte Neutralität zu wahren. Am 4. 9. einigten Kohl und

Genscher sich darauf, diese Nicht-Unterstützung eines Angreifers vertraglich zu fixieren. Kohl legte in einem Brief an Genscher großen Wert darauf, jegliche historisch belasteten Formulierungen zu vermeiden. Siehe dazu auch Teltschik 1993, S. 357. und Kwizinskij 1993, S. 59, der davon spricht, daß viele berechtigte Forderungen der UdSSR gegen Ende der Verhandlungen von der Bundesrepublik bewußt ignoriert worden seien.

33 Siehe dazu Zelikow/Rice 1997, S. 473. Zum Telefonat Kohl – Bush siehe Vermerk Neuer v. 31. 8. 1990, betr.: »Telefongespräch des Bundeskanzlers mit Präsident Bush am Donnerstag, dem 30. August 1990« (21-301 00 (56) – Ge 28 (VS), Bd. 81); mit Kohls handschriftlicher Weiterleitung an »Teltschik«); Teltschik 1993, S. 354.

34 Informationen aus der Bundesregierung. Helmut Kohl wurde auch an seinem Urlaubsort in St. Gilgen fortlaufend über die Entwicklungen informiert.

35 Zum Sachstand am 6. 9. siehe auch einen Brief von Finanzminister Waigel v. 6. 9. 1990 (B 136/ 26701). Die folgende Schilderung basiert zudem auf Teltschik 1993, S. 354 ff.; Informationen aus dem Kanzleramt und dem Auswärtigen Amt. Zu den verschiedenen Forderungen der UdSSR, ihrer Aufschlüsselung und den einzelnen Verhandlungsrunden siehe auch Grosser 1998, S. 425 ff.

36 Vgl. Vermerk RL 212 v. 7. 9. 1990, betr.: »Telefongespräch des Herrn Bundeskanzlers mit Präsident Gorbatschow (7. September 1990, 10.02–10.40 Uhr)« (21-30100 (56) – Ge 28 (VS); 212-35400 De 39 NA 2, Bd. 3); auf Weisung des Bundeskanzlers ging eine Kopie an Staatssekretär Horst Köhler aus dem Finanzministerium. Siehe zum Telefonat und den Vorbereitungen auch Kohls Darstellung in Diekmann/Reuth 1996, S. 466 ff.; Teltschik 1993, S. 358 ff. In den Memoiren sowjetischer Akteure finden sich keine Passagen zu den finanziellen Forderungen durch Gorbatschow.

37 Ähnlich wie bereits im Kaukasus wies die Bonner Seite bei ihren Gesprächen mit sowjetischen Politikern immer wieder darauf hin, daß die direkte deutsche Hilfe durch einen Beitrag zu einem noch geplanten westlichen Unterstützungspaket abgerundet werden könne, so auch Staatsminister Lutz Stavenhagen bei einem Treffen mit dem stellvertretenden sowjetischen Ministerpräsidenten Leonid Abalkin (Informationen aus der Bundesregierung).

38 Siehe auch Teltschik 1993, S. 354 ff. Dieser beziffert den Wert des Angebots auf rund eine Milliarde Mark. Bei der Lieferung sollte es um Waren aus der DDR gehen, so daß neben den Empfängern in der Sowjetunion auch die ostdeutsche Landwirtschaft in den Genuß einer indirekten Subvention kommen würde. Die Verhandlungen wurden noch am 7. 9. zum Abschluß gebracht.

39 Siehe Teltschik 1993, S. 358, der die Anfrage bezüglich der Einigungsfeiern allerdings nicht erwähnt. Im Telefonat mit Bush am 6. 9. war es vor allem um die Politik gegenüber dem Irak und die in Bonn laufenden Vorbereitungen eines deutschen Hilfsangebots für die USA, Ägypten, Jordanien und die Türkei gegangen. Dem Telefongespräch war ein Brief Bushs v. 5. 9. vorausgegangen. Der US-Präsident hatte Kohl darin über den für den 9. 9. geplanten Gipfel mit Gorbatschow unterrichtet, in dessen Mittelpunkt die Golfkrise, weitere Rüstungskontrollgespräche und die innere Entwicklung in der UdSSR stehen sollten. Zur deutschen Einheit hatte Bush versichert, er werde Gorbatschows Zustimmung zur gesamtdeutschen NATO-Mitgliedschaft noch einmal begrüßen und darauf bestehen, daß Deutschland mit der Vereinigung auch seine volle Souveränität erhalte. Er mache sich zwar Sorgen, daß die sowjetische Seite weitere Einschränkungen zum Sicherheitsstatus Ostdeutschlands verlangen könnte, werde aber die Beziehungen Deutschlands zu seinen NATO-Partnern betonen. Nachdem die Antworten aus Washington und Moskau eher zurückhaltend ausgefallen waren, wurde von einer offiziellen Einladung an die Staats- und Regierungschefs zu den Vereinigungsfeierlichkeiten in Berlin abgesehen,

wie Rudolf Seiters bei seinem Gespräch mit den drei Westmächte-Botschaftern am 13. 9. 1990 erklärte. Vgl. auch Kwizinskij 1993, S. 63, wonach Gorbatschow mit seiner Absage wiederum auf Bushs ablehnende Haltung gegenüber der Einladung reagierte. In einem Treffen am 15. 9. dankte Baker dem Bundeskanzler für sein Verständnis angesichts Bushs Absage. Das Gespräch drehte sich daneben überwiegend um die Golf-Krise und sonstige aktuelle politische Fragen; die deutsche Frage war kein Thema mehr. Siehe dazu Vermerk Neuer v. 20. 9. 1990, betr.: »Gespräch des Bundeskanzlers mit Secretary Jim Baker am Samstag, den 15. September 1990 in Ludwigshafen« (212-30105 A5 AM7).

40 Siehe dazu Papier des BMF v. 9. 9. 1990, »Argumentation für Überleitungsvertrag« (mit Anschreiben von Staatssekretär Horst Köhler und handschriftlichen Anstreichungen durch den Bundeskanzler (213-30130 S 25 Üb5, Bd. 3). Der zinslose Kredit über drei Milliarden Mark, so Köhler, werde bei einer Laufzeit von fünf Jahren der Bundesrepublik Kosten von 1,2 Milliarden Mark verursachen. Vgl. dazu sowie zum weiteren auch die Darstellung bei Grosser 1998, S. 430; Teltschik 1993, S. 361ff.; Diekmann/Reuth 1996, S. 468.

41 Die Unterzeichnung des deutsch-sowjetischen Vertrages über gute Nachbarschaft, Partnerschaft und Zusammenarbeit erfolgte am 9. 11. 1990 anläßlich von Gorbatschows erstem Besuch im vereinten Deutschland. Am 9. beziehungsweise 12. 10. 1990 wurden der Vertrag »Über die Bedingungen des befristeten Aufenthalts und die Modalitäten des planmäßigen Abzugs der sowjetischen Truppen auf dem Gebiet der Bundesrepublik Deutschland« (»Aufenthalts- und Abzugsvertrag«) sowie das Abkommen »über einige überleitende Maßnahmen« (»Überleitungsvertrag«) unterzeichnet. Die Unterzeichnung des von der UdSSR nachträglich in die Diskussion gebrachten Vertrages über die Zusammenarbeit in Wirtschaft, Industrie, Wissenschaft und Technik fand am 9. 11. 1990 statt. Siehe dazu die jeweiligen Textauszüge in Kaiser 1991a, S. 334ff., S. 325ff., S. 318ff. und S. 346ff.; die Abdrucke in Bulletin Nr. 123 v. 17. 10. 1990 (»Aufenthalts- und Abzugsvertrag«, S. 1284ff./»Überleitungsvertrag«, S. 1281ff.); Bulletin Nr. 133 v. 15. 11. 1990 (»Nachbarschaftsvertrag«, S. 1379ff./»Vertrag über die Zusammenarbeit«, S. 1382ff.).

42 Interview mit Michael Mertes v. 29. 2. 1996.

43 Siehe auch Biermann 1997, S. 711ff., der zwei Gründe hierfür anführt: Zum einen wurden damit – angesichts der notwendigen Ratifizierung des »Zwei-plus-Vier«-Vertrages im Obersten Sowjet – die deutschlandpolitischen Hardliner eingebunden, zum anderen hatten Gorbatschow und Schewardnadse keinerlei personelle Alternativen, da die einschlägigen Experten allesamt negativ zu den bislang erzielten politischen Vereinbarungen standen. Die Einschätzungen, Bondarenko und Kwizinskij hätten bis zuletzt versucht, »Wasser in den Wein« der erzielten Ergebnisse beziehungsweise »Sand ins Getriebe« der weiterhin laufenden Verhandlungen zu schütten, stammen aus Interviews mit westdeutschen und amerikanischen Teilnehmern der »Zwei-plus-Vier«-Gespräche auf Beamtenebene.

44 Siehe hierzu – soweit nicht anderweitig belegt – die Darstellung bei Zelikow/Rice 1997, S. 483ff., die eine Reihe weiterer Punkte – wie die Flugrechte amerikanischer, britischer und französischer Gesellschaften nach Berlin sowie Restitutionsansprüche von US-Bürgern und jüdischen Gemeinschaften auf Eigentum in der DDR – auflisten. Einige dieser Punkte sprach Baker in einem Brief an Genscher an, der am 5.8. von der Bonner Botschaft an das Auswärtige Amt weitergeleitet wurde. Die folgende Darstellung basiert zudem auf zahlreichen weiteren Informationen aus der Bundesregierung. So hatte der amerikanische Gesandte Ward am 16. 8. 1990 bei Hartmann vorgesprochen. Die verschiedenen Punkte – wie die Zukunft des Berlin Document Centers und Stationierungskosten in Berlin – waren von den USA

zunächst im Auswärtigen Amt thematisiert worden. Das NATO-Truppenstatut und das dazugehörige Zusatzabkommen räumen den Alliierten keine Stationierungsrechte ein, sondern regeln die Rechtsstellung ihrer Truppen, beispielsweise in Fragen der Ausweispflicht oder der Haftpflichtversicherung. Vgl. Fuchs 1989; Gebhards 1989; grundsätzlicher: Wolfrum 1992; Bartsch/Sauder 1994.

45 Die Schilderung der Haltung der Bundesregierung und der Diskussion zwischen den verschiedenen Ressorts basiert auf verschiedenen Informationen aus der Bundesregierung. Demnach stimmten zumindest einige Mitarbeiter der Abteilung 2 des Kanzleramtes explizit der restriktiven Auffassung des Auswärtigen Amtes zu. Die Darstellung stützt sich zudem auf Informationen aus dem Auswärtigen Amt, dem Bundeskanzleramt und dem State Department. Der Hinweis auf die »in der Sache harten Demarchen« findet sich in einem Brief von Horst Teltschik an den Staatssekretär im Auswärtigen Amt, Jürgen Sudhoff, v. 30. 8. 1990 (Durchschlag in 212-37935 Tr2, Bd. 1). Teltschik berichtet darin über Gespräche der Abteilung mit US-Botschafter Walters und dem britischen Botschafter Mallaby, in denen diese ihre ablehnende Haltung deutlich formulierten. Hintergrund war, daß das NATO-Truppenstatut, das Zusatzabkommen zum NATO-Truppenstatut und die dazugehörigen Durchführungsabkommen im Einigungsvertrag auf die »Negativliste« gesetzt worden waren, womit eine Ausdehnung auf DDR-Gebiet ausgeschlossen war. Walters habe bei seiner Vorsprache am 30. 8. im Kanzleramt erklärt, die US-Administration sei »außerordentlich verstimmt« und erwarte, daß vor Abschluß der Konsultationen keine endgültigen Entscheidungen getroffen würden.

46 Die Darstellung basiert auf Informationen aus der Bundesregierung und Zelikow/Rice 1997, S. 485. Wenige Tage zuvor hatten Mitarbeiter Teltschiks aufgrund der noch nicht abgestimmten Position der Bundesregierung noch dafür plädiert, die Gespräche mit den drei Westmächten zunächst zurückzustellen. Kohl entschied dann allerdings, daß das Zusatzabkommen zum Truppenstatut nicht auf ganz Deutschland ausgedehnt werden, es zunächst keine Änderungen hieran sowie am Aufenthaltsvertrag geben sollte. Genscher, so Kohl, sei damit einverstanden.

47 Siehe dazu z. B. Brief des Bundeskanzlers an Premierministerin Margaret Thatcher v. 17. 7. 1990 (213-30104 S25 So 17, Bd. 1 sowie 212-37935 Tr2 NA1 mit Höflichkeitsübersetzung). In diesem ausführlichen Schreiben – das fast wortgleich an François Mitterrand ging – schildert Kohl die Ergebnisse seines Kaukasus-Besuches und erwähnt ausdrücklich seine Bitte, daß für »die Dauer der Anwesenheit sowjetischer Truppen auf dem Gebiet der heutigen DDR« Einheiten der drei Westmächte in Berlin stationiert bleiben sollten. Thatcher bestätigte die Bereitschaft dazu in einem allgemeinen Brief an den Bundeskanzler v. 24. 7. 1990 (212-37935 Tr2 NA 1). Bereits einen Tag später ging sie in einem separaten Schreiben konkreter darauf ein: Großbritannien sei zu Gesprächen über diese deutsche Bitte bereit, doch seien dazu Diskussionen über den rechtlichen Rahmen notwendig. Zudem werde ihr Land die französische und amerikanische Position zu berücksichtigen haben. Vgl. dazu Brief der Premierministerin an Helmut Kohl v. 25. 7. 1990 (212-37935 Tr2 NA1). Nach Informationen aus dem Bundeskanzleramt war die Position innerhalb der Bundesregierung noch nicht erarbeitet. Erste Gespräche mit den Westmächten hatten gezeigt, daß ein nicht unerheblicher und materiell teilweise komplexer Fragenkreis zu klären war. Der Bundeskanzler ging auf die Stationierungsfrage in einem Brief an die Premierministerin v. 22. 8. 1990 (212-301 00 (102) – Br 8 (VS)) noch einmal ein. Die britischen Truppen seien als Freunde willkommen und genössen gerade in Berlin großes Ansehen. Da die alliierten Truppen in Berlin allerdings am Tag der Vereinigung ihren besatzungsrechtlichen Status verlören und Deutschland seine volle Souveränität erlange, solle die Anwesenheit west-alliierter

Streitkräfte »aus politischen Erwägungen ein sichtbares Zeichen westlicher Partnerschaft« sein. Er begrüße deshalb die zwischen den Außenministerien auf Ebene der Beamten aufgenommenen Kontakte.

48 Die Verhandlungen waren von hohen Empfindlichkeiten und atmosphärischen Störungen geprägt, bei denen beispielsweise die deutsche Seite den Westmächten noch »viel altes Denken« attestierte (Informationen aus der Bundesregierung).

49 Das Bundeskanzleramt hielt sich offensichtlich bewußt von der Frontlinie zwischen Auswärtigem Amt und Westmächten entfernt. So erhielt Kanzleramtsminister Seiters beispielsweise intern den Vorschlag, sich bei einem anstehenden Gespräch mit den Botschaftern der drei Mächte am 13. 9. 1990 nicht selbst zum Thema Truppenstatut zu äußern, sondern den Vertreter des Auswärtigen Amts um Erläuterung zu bitten.

50 Nach Meckels Ausscheiden wurde zunächst sein – überwiegend aus Westdeutschen bestehender – Planungsstab aufgelöst. Einzelne dieser Berater, so Ulrich Albrecht, standen Domke als externe Experten weiter zur Verfügung. Domke führte Vorgespräche mit Ministerpräsident Lothar de Maizière und Dieter Kastrup. Zu seiner Delegation gehörten unter anderem Ernst Krabatsch, Herbert Süß sowie die MfAA-Beamten Günter Hillmann und Max Wegricht sowie Domkes Büroleiter Wolfram von Fritsch, der zuvor Meckels Büro geleitet hatte. Als Vertreter des Amtes des Ministerpräsidenten waren Thilo Steinbach und Fritz Holzwarth – ein Westberater – anwesend. Vgl. Albrecht 1992, S. 130 ff.; *die tageszeitung* v. 5. 9. 1990, DDR bei letzter 2+4-Runde ausgebootet. Weitere Informationen entstammen Gesprächen mit ehemaligen Mitarbeitern des Ministerpräsidenten und des MfAA. Entsprechend der Vorgaben durch de Maizière – der die Eckpunkte der Politik des Westens mittrug – vertrat die DDR-Delegation nunmehr kaum noch eigene Positionen und schloß sich überwiegend den Vorschlägen des Auswärtigen Amtes an. Siehe dazu z. B. unveröffentlichtes MfAA-Papier v. 31. 8. 1990 (Abt. 1), »Stand der ›Zwei-plus-Vier‹-Gespräche«.

51 Die folgende Schilderung basiert v. a. auf Gesprächen mit Verhandlungsteilnehmern sowie Informationen aus dem Auswärtigen Amt, dem Bundeskanzleramt, dem State Department und dem Foreign Office. Siehe auch Vermerk RL 212 an Abteilungsleiter 2 v. 7. 9. 1990, betr.: »Stand der 2+4-Gespräche in Berlin« (212-35400 – De 39 NA4, Bd. 6); Zelikow/Rice 1997, S. 486 ff. und S. 633 f., Fn 66. »Eins-plus-Drei«-Runden hatten zuvor am 23.8. in London sowie am 3.9. in Berlin stattgefunden, um die gemeinsame Position der vier westlichen Staaten abzustimmen.

52 Siehe dazu Zelikow/Rice 1997, S. 487 ff.; Kwizinskij 1993, S. 54 ff.; Biermann 1997, S. 723 ff.; Informationen aus der Bundesregierung. Die letztlich gefundene Lösung – bei der die deutsche Selbstverpflichtung in Artikel 3 des »Zwei-plus-Vier«-Vertrages aufgenommen und dort von den vier Siegermächten »zur Kenntnis« genommen wurde – war politisch, nicht aber rechtlich bindend.

53 Siehe dazu sowie zum folgenden die Darstellungen bei Zelikow/Rice 1997, S. 486 ff.; Kiessler/Elbe 1993, S. 202 ff., die sich auf einen Bericht von von Fritsch stützen. Die Anekdote zum von Domke überreichten Bild entstammt dem Interview mit Philip Zelikow v. 27. 10. 1994. Inhalt und Hintergründe des am 12. 9. 1990 in Moskau übergebenen Begleitbriefes der beiden deutschen Außenminister werden im weiteren Verlauf dieses Kapitels näher erläutert.

54 Zur Abstimmung mit dem Kanzleramt siehe Vermerk RL 212 an Abteilungsleiter 2 v. 7. 9. 1990, betr.: »Stand der 2+4-Gespräche in Berlin« (212-35400 – De 39 NA4, Bd. 6); Teltschik 1993, S. 361. Die folgende Darstellung beruht – soweit nicht anderweitig belegt – auf Informationen aus dem Auswärtigen Amt, dem Bundeskanzleramt und dem State Department; Biermann 1997, S. 730 ff.; Zelikow/Rice

1997, S. 486 ff. Kohls Zusammenfassung seiner Kaukasus-Ergebnisse findet sich in »Bilanzen und Perspektiven der Politik der Bundesregierung. Erklärung des Bundeskanzlers vor der Bundespressekonferenz in Bonn«, in Bulletin Nr. 93 v. 18. Juli 1990, S. 801 ff.

55 Eine fast identische Formulierung hatten die USA bereits beim vorangegangenen »Zwei-plus-Vier«-Beamtentreffen in Berlin vorgeschlagen, doch war sie dort noch von Bondarenko abgelehnt worden. Kiessler/Elbe 1993, S. 209, begründen das sowjetische Einlenken unter anderem damit, daß sich im Lauf des Verhandlungsprozesses ein so großes Vertrauensverhältnis zwischen den beteiligten Parteien eingestellt hatte, daß die UdSSR nunmehr eine bislang undenkbare »Großzügigkeit« bei den von ihr zuvor so rigoros vertretenen Abrüstungsfragen aufbringen konnte. Diese Einschätzung deckt sich mit Aussagen von Sergej Tarassenko im Interview v. 27. 10. 1997, wonach sich zwischen der Sowjetunion, Frankreich, Großbritannien, den USA und der Bundesrepublik ein Konsens darüber entwickelt hatte, daß man grundsätzlich fair und vertrauensvoll miteinander umgehen wollte.

56 Zur unpräzisen Vereinbarung von Archys siehe »Bilanzen und Perspektiven der Politik der Bundesregierung. Erklärung des Bundeskanzlers vor der Bundespressekonferenz in Bonn«, in Bulletin Nr. 93 v. 18. Juli 1990, S. 801 ff. Weitere Darstellungen finden sich bei Biermann 1997, S. 730 ff.; Zelikow/Rice 1997, S. 486 ff. Die Darstellung der dazugehörigen Debatte stützt sich daneben auf Informationen aus dem Auswärtigen Amt, dem Bundeskanzleramt, dem State Department und dem Foreign Office. Die Darstellung bei Zelikow/Rice 1997, S. 495, wonach Weston seine Vorbehalte erstmals am 6. 9. beim »Zwei-plus-Vier«-Beamtentreffen in Berlin vorbrachte, ist nicht korrekt, da dieses Thema bereits am 23. 8. im »Eins-plus-Drei«-Rahmen kontrovers diskutiert worden war. Kwizinskij 1993, S. 61, berichtet, dieser Punkt sei vom Westen erst am Abend des 11. 9. aufgeworfen worden. Damit sei versucht worden, angesichts der für den nächsten Tag angekündigten Unterzeichnung Druck auf die sowjetische Seite auszuüben. Kwizinskij übersieht, daß dieser Aspekt bereits seit rund einer Woche Gegenstand von Gesprächen zwischen Baker, Schewardnadse und Genscher sowie deren Beamten war.

57 Die spätere Präzisierung der Vereinbarung durch Kohl findet sich bei Teltschik 1991, S. 361. Vgl. dazu auch Vermerk RL 212 an Abteilungsleiter 2 v. 7. 9. 1990, betr.: »Stand der 2+4-Gespräche in Berlin« (212-35400 - De 39 NA4, Bd. 6; mit Erläuterungen auch in Dokumente zur Deutschlandpolitik 1998, S. 1531, bes. Fn 4). Das Telefongespräch zwischen Bush und Kohl v. 6. 9. wird in Teltschik 1993, S. 358, angeführt, ohne daß die Frage der Truppenverlegung dort erwähnt wird. Zum Telefonat Kaestner – Scowcroft am 8. 9. siehe Vermerk Referat 212 (Kaestner) an Abteilungsleiter 2 v. 10. 9. 1990, betr.: »2+4-Verhandlungen; hier: Problem ›crossing the line‹« (212-35400 - De 39 NA4, Bd. 6). Zu amerikanischen Aktivitäten zur Klärung der Situation siehe Zelikow/Rice 1997, S. 489 ff. Weitere Details wie der Brief Bakers basieren auf Informationen aus dem State Department und dem Auswärtigen Amt.

58 Die Darstellung des Treffens Baker – Genscher v. 10. 9. in Brüssel – das in den Memoiren des Bundesaußenministers (Genscher 1995) nicht erwähnt wird – basiert auf Informationen aus dem Auswärtigen Amt. Zum Treffen Baker – Schewardnadse am 9. 9. in Helsinki siehe die Darstellung bei Zelikow/Rice 1997, S. 489 f. Der sowjetische Außenminister zeigte sich demnach irritiert darüber, daß Genscher ihn und Baker um die Diskussion dieses Punktes gebeten hatte, der eigentlich souveräne Rechte Deutschlands berührte.

59 Die Bezeichnung Großmanöver umfaßte militärische Übungen mit mehr als 13 000 Soldaten. Diese Größenordnung entsprach der »Stockholmer Notifizierungs-

schwelle« aus dem 1986 unterzeichneten Abschlußdokument der Konferenz über vertrauensbildende Maßnahmen und Abrüstung in Europa (KVAE). Demnach mußten Manöver mit mindestens 300 Panzern oder 13 000 Soldaten innerhalb des Anwendungsgebietes spätestens sechs Wochen vor Beginn den anderen KSZE-Staaten angekündigt werden. Vgl. Peters 1987, S. 197f.; Bruns 1986, S. 103f.

60 Die beiden Außenminister einigten sich auf die Formulierung »deployed«, die später auf Ablehnung bei der sowjetischen »Zwei-plus-Vier«-Delegation stieß. So kritisierte Julij Kwizinskij, daß damit lediglich die Stationierung und »Entfaltung« verboten seien. »Deployment« lasse als sehr vager Begriff jedoch zu, daß Kampftruppen Stellungen – in diesem Fall in Ostdeutschland – beziehen könnten, ohne sie gleichzeitig zu »entfalten«. Die UdSSR setzte sich deshalb bis zuletzt für eine eindeutigere Formulierung ein, die jegliche militärischen Aktivitäten ausländischer NATO-Truppen auf dem Gebiet der ehemaligen DDR verhindern sollte.

61 Die Darstellung des Gesprächs stützt sich auf die ausführliche Schilderung in Genscher 1995, S. 865ff.; Interview mit Hans-Dietrich Genscher v. 31. 10. 1997. In diesem Interview sprach Genscher von einem »Brief«, den er auch selbst formuliert und den Schewardnadse mit Gorbatschow abgesprochen habe. In seinen Memoiren ist lediglich allgemein von einer »Erklärung« die Rede. In der anschließenden Runde der Politischen Direktoren schlug Dieter Kastrup demgegenüber eine Erklärung im Verlauf der Pressekonferenz vor, wie dies zuvor auch von den beiden Außenministern besprochen worden war. Einzelne Details zum Verlauf der Verlegungsdebatte – wie der Verzicht Genschers, seine Übereinkunft mit Baker vorzutragen, und die Erklärung vor der Presse – basieren auf dem ausführlichen Interview mit Dieter Kastrup v. 17. 4. 1998, der sich dabei auf Protokolle und eigene Notizen stützte; Informationen aus dem Auswärtigen Amt und dem sowjetischen Außenministerium. Schewardnadse 1993, S. 259, gibt den Verlauf der »Zwei-plus-Vier«-Schlußphase sehr verkürzt wieder und geht nicht darauf ein, daß die Verhandlungsproblematik bereits in früheren Gesprächen eine Rolle gespielt hatte. Kwizinskij, der an der Unterredung teilnahm, erwähnt sie in den entsprechenden Passagen seiner Memoiren (Kwizinskij 1993, S. 60f.) nicht.

62 Abschließend besprachen die beiden Außenminister noch kurz die für den 13. 9. geplante Paraphierung des »Großen Vertrages« sowie die spätere Paraphierung der drei anderen deutsch-sowjetischen Abkommen, die Frage der Suspendierung der Vier-Mächte-Rechte – bei deren Entscheidung Schewardnadse noch um etwas Geduld bat – sowie den Ablauf der Unterzeichnung des »Zwei-plus-Vier«-Vertrages am darauffolgenden Tag. Vgl. dazu auch Genscher 1995, S. 868f.

63 Obwohl Frankreich turnusgemäß den Vorsitz gehabt hätte, wurde dieser an die Sowjetunion als Gastgeber abgetreten. Die Sitzung wurde von Kwizinskij geleitet. Da die UdSSR in der ersten Sitzung am 14. 3. in Bonn von Vizeaußenminister Adamischin und anschließend von Abteilungsleiter Bondarenko vertreten worden war, war dies der zweite Wechsel in der Delegationsleitung. Noch weniger Kontinuität hatte es auf den übrigen Positionen der sowjetischen Delegation gegeben, wo immer wieder andere Beamte auftauchten. Westlichen Verhandlungsteilnehmern fiel zudem auf, daß die UdSSR auch in der Schlußphase häufig ohne einen ausgewiesenen Völkerrechtsexperten auftrat. Daß dies mit zur Schwächung der sowjetischen Position beigetragen haben könnte, dementierte Alexander Bondarenko im Interview v. 22. 5. 1995. Aufgrund der Urlaubszeit seien Positionen innerhalb seiner Delegation umbesetzt worden, doch habe man einen so großen Bestand an ausgewiesenen Deutschland-Experten gehabt, daß die personellen Veränderungen kein Nachteil sein mußten. Einen Wechsel hatte es während der neun Verhandlungsrunden auch an der Spitze der DDR-Delegation gegeben, die seit dem

Bruch der Regierungskoalition von Helmut Domke angeführt wurde. Auf US-Seite hatte die Delegationsführung bei Zoellick und Seitz – sowie während der »Eins-plus-Drei«-Runden teilweise bei James Dobbins – gelegen. Die Delegationsleiter Frankreichs, Bertrand Dufourcq, Großbritanniens, John Weston, und der Bundesrepublik, Dieter Kastrup, hatten an allen Treffen teilgenommen. Der Verlauf der Moskauer Runde ist dargestellt bei Zelikow/Rice 1997, S. 491 ff.; Kwizinskij 1993, S. 61 ff.; Kiessler/Elbe 1993, S. 209 ff.; Genscher 1995, S. 865 ff. Dabei unterscheiden sich die einzelnen Berichte vor allem in der Schuldzuweisung für die dramatischen Ereignisse in der Nacht zum 12. 9. Während Genscher, Kiessler/Elbe und – mit vagen Abstrichen – Kwizinskij die Hauptverantwortung dem britischen Delegationschef Weston zuschieben, betonen Zelikow/Rice die Gemeinsamkeit in der harten Position bei den Vertretern Großbritanniens und der Vereinigten Staaten. Ähnlich wurde die Situation auch seitens des FCO eingeschätzt: In der Verlegungsfrage habe grundlegende Übereinstimmung zwischen der britischen und der US-Delegation geherrscht, John Weston habe sich lediglich zu ihrem vehementesten Verteidiger aufgeschwungen – und dies nicht zum Mißfallen der Amerikaner. Siehe dazu auch den detaillierteren Vergleich der verschiedenen Schilderungen im Kapitel »Zwei-plus-Vier«-intern in Bruck/Wagner 1996a, S. 158 f. Die Darstellung des Bundesaußenministers wiederholte dieser im Interview v. 31. 10. 1997. Die folgende Analyse basiert zudem auf dem Interview mit Dieter Kastrup v. 17. 4. 1998; Informationen aus dem Auswärtigen Amt, dem Ministerium für Auswärtige Angelegenheiten, dem State Department und dem Foreign Office.

64 So sagte Kwizinskij zu, daß die UdSSR bei weiteren Verhandlungen über konventionelle Streitkräfte in Europa (VKSE I) nicht darauf zurückkommen wolle, die deutsche Erklärung zur Höchststärke der Bundeswehr in ein Abkommen aufzunehmen. Dies war dem Bundesaußenminister wichtig gewesen, um den Eindruck einer Singularisierung Deutschlands – das als einziger Staat bereits weitere Abrüstungsschritte ankündigte – abzuschwächen. Weitere Themen der Beamtenrunde waren die Frage, wie Polen offiziell über das »Zwei-plus-Vier«-Endergebnis informiert werden sollte, sowie die Herstellung der deutschen Souveränität noch vor Abschluß des Ratifizierungsverfahrens für den »Zwei-plus-Vier«-Vertrag. Die sowjetische Seite zeigte sich auf der Basis der bisherigen Gespräche grundsätzlich positiv eingestellt, wollte aber noch keine endgültige Entscheidung treffen. Bis zum Treffen der KSZE-Außenminister in New York und der Vereinigung am 3. 10. habe man hierfür noch genügend Zeit. Das Zögern wurde erneut damit begründet, daß eine Suspendierungserklärung mit Blick auf den Obersten Sowjet schwierig würde. Erst in Moskau wurde auch der definitive Titel des Abschlußdokuments geklärt. Zoellick stimmte dort als letzter der Bezeichnung »Vertrag« zu. Die US-Administration hatte zuvor Bedenken hinsichtlich des Ratifizierungsverfahrens im Senat gehabt. Ein »Agreement« (Exekutivabkommen) hätte aus US-Sicht dieselbe Bindewirkung wie ein »Treaty« (Vertrag) gehabt, ohne das Risiko von Auflagen durch den Senat und damit verbundenen Nachverhandlungen zu bergen. Zoellick hatte allerdings schon früh deutlich gemacht, daß der »Zwei-plus-Vier«-Vertrag keinesfalls an der US-Haltung zu dessen Bezeichnung scheitern würde. Vgl. auch Biermann 1997, S. 712 ff. und S. 721 ff.

65 Nach Informationen aus dem Foreign Office hatte Weston vor seiner Abreise nach Moskau auch Margaret Thatchers außenpolitischen Berater Charles Powell über den Verhandlungsstand unterrichtet. Dabei hatte er zusätzliche Rückendeckung für seine Position in der Verlegungsfrage erhalten, worüber er wiederum Hurd informierte. Kiessler/Elbe 1993, S. 210, und Genscher 1995, S. 873 f., äußern die Vermutung, daß Weston, der 1988/89 als Deputy Secretary für Auswärtige An-

gelegenheiten und Sicherheitsfragen im Stab der Premierministerin gearbeitet hatte, neben den Weisungen von Hurd noch einen zweiten Weisungsstrang aus London – eventuell am Außenminister vorbei – gehabt habe. Für diese Vermutung gab es in den Interviews mit Mitarbeitern aus dem Foreign Office und dem Cabinet Office keine weiteren Hinweise.

66 Aus der britischen und amerikanischen Delegation wurden während verschiedener Interviews im State Department und im Foreign Office später kritische Stimmen zum Verhalten der deutschen Delegation laut: Die Unnachgiebigkeit bei Kwizinskij sei nicht zuletzt dadurch verstärkt worden, daß Frank Elbe mehrfach heftige Vorwürfe gegenüber dem britischen Delegationschef ausgesprochen habe. Großbritannien, so Elbe, versuche mit seiner starren Haltung offensichtlich die Unterzeichnung zu hintertreiben. Weston hielt dem entgegen, daß die Sowjets die Unterzeichnung für den nächsten Tag bereits angekündigt hätten und Gorbatschow diesen Vertrag aus politischen Gründen brauche. Man müsse seitens des Westens also lediglich den Zeitdruck wirken lassen. Die sowjetische Seite, die zuvor schon in der »dual-use«-Frage eingelenkt hatte, werde auch in diesem Punkt nachgeben. Erst die lautstarke Fortsetzung dieser Auseinandersetzung durch Frank Elbe habe bei Kwizinskij den Eindruck verstärkt, daß es in der Frage der Manöver doch noch die Möglichkeit gebe, das grundsätzliche sowjetische Verlegungs-Verbot durchzusetzen. Die persönliche »Chemie« zwischen Elbe und Weston, so Beobachter, habe in dieser Situation nicht gerade beruhigend gewirkt.

67 Im Interview v. 5. 6. betonte der Rechtsexperte des britischen FCO, Michael Wood, noch einmal das dahinterstehende Anliegen, mit Abschluß der »Zwei-plus-Vier«-Verhandlungen keine Vertragslücken zu hinterlassen. Das ultimative Ziel habe darin bestanden, den Umfang der Singularisierung Deutschlands so gering wie nur irgend möglich zu halten (vgl. auch Interview mit Hilary Synott v. 4. 6. 1997). Die Frage war folglich, wie weit sollte man Moskauer Forderungen entgegenkommen bzw. inwieweit war es notwendig, Zugeständnisse zu Lasten der künftigen deutschen Souveränität zu machen. (Interview mit Pauline Neville-Jones v. 4. 6. 1990).

68 Das Abendessen und die anschließende Verärgerung Genschers sind dargestellt in Genscher 1995, S. 869 ff.; Kiessler/Elbe 1993, S. 209 f. Nach Informationen aus dem Foreign Office versuchte Hurd vergeblich, bei Genscher für eine andere Wortwahl in Artikel 5 Absatz 3 des Abschlußdokuments zu werben, in dem bislang davon die Rede war, daß auch nach dem Abzug der sowjetischen Streitkräfte aus Ostdeutschland ausländische Truppen dort »weder stationiert noch dorthin verlegt« würden. So habe Hurd vorgeschlagen, statt des Begriffs »deployed« in der englischen Fassung ein noch weniger verbindliches Wort wie »posted« zu benutzen. Genscher habe dies abgelehnt, da eine derartige Formulierung hinter den deutsch-sowjetischen Abmachungen aus dem Kaukasus zurückgeblieben wäre.

69 So die Darstellung bei Genscher 1995, S. 870, wonach die Absage durch Gorbatschow veranlaßt worden war. Kiessler/Elbe 1993, S. 211, berichten allgemein, die sowjetischen Gastgeber hätten den Beginn der nächsten Verhandlungsrunde »ausgesetzt«. Dem widerspricht die detaillierte Schilderung bei Kwizinskij 1993, S. 61 f., der die Entscheidung Schewardnadse zuschreibt und von seinem »heimlichen Vergnügen« hierüber berichtet. Der Außenminister habe ankündigen lassen, daß es angesichts der Forderungen des Westens in der Verlegungsfrage wohl zu einem Treffen der Minister, nicht aber zu einer offiziellen Sitzung oder zur Unterzeichnung kommen werde. Siehe dazu auch Schewardnadse 1993, S. 259. Dieter Kastrup berichtete im Interview v. 17. 4. 1998, daß ihm die Absage durch einen Boten des Außenministers übermittelt worden sei. Daß Genscher Schewardnadse ausrichten ließ, die Zeremonie werde auf jeden Fall stattfinden, war ihm nicht bekannt. Der

Interpretation, Schewardnadse habe seine Ankündigung nicht ernst gemeint, widersprach dessen engster Berater Sergej Tarassenko im Interview v. 27. 10. 1997: Der Außenminister sei eindeutig dagegen gewesen, daß die Verlegungsfrage in den Vertrag aufgenommen würde. Man habe deshalb die feste Absicht gehabt, diese Verhandlungsrunde notfalls »platzen« zu lassen – zumal es auch dann noch genügend Zeit gegeben hätte, diesen letzten Punkt vor dem geplanten Vereinigungstag – 3. 10. 1990 – zu klären.

70 Siehe dazu die Schilderungen in Genscher 1995, S. 871 f.; Kiessler/Elbe 1993, S. 211. Etwas weniger dramatisch die Darstellung bei Zelikow/Rice 1997, S. 493 f., die zudem berichten, daß Baker auf der amerikanischen Position beharrte. Man könne in der Kürze der Zeit keine Formulierung ausarbeiten, die große Truppenbewegungen des Westens in Ostdeutschland verbieten, gleichzeitig aber all jene Dinge erlauben würde, die für eine Verteidigung Deutschlands durch die NATO notwendig wären. Baker schlug demnach die Abgabe einer mündlichen Erklärung vor, daß nach westlichem Verständnis damit lediglich Großmanöver ausgeschlossen wären. Die folgende Darstellung stützt sich zudem auf Informationen aus dem State Department und dem Auswärtigen Amt; Interview mit Condoleezza Rice v. 31. 10. 1994. Raymond Seitz berichtete im Interview v. 2. 6. 1997, Genscher habe fast panisch gewirkt und sei wohl auch zu Zugeständnissen gegenüber Schewardnadse bereit gewesen, die nach amerikanischem Verständnis eine Einschränkung der deutschen Souveränität bedeutet hätten. Baker habe den Bundesaußenminister schließlich beruhigt und gebeten, die Verhandlungen am nächsten Morgen abzuwarten (ähnlich die Erinnerung v. Condoleezza Rice im Interview v. 31. 10. 1994 und Michael Young im Interview v. 7. 11. 1994, wonach die deutsche Seite in etlichen Situationen eher als die USA bereit gewesen sei, militärische Beschränkungen hinzunehmen). Auch aus dem FCO wurde berichtet, daß die Nerven der deutschen Delegation am Vorabend der Unterzeichnung blank lagen: Genscher und sein Team befürchteten offensichtlich, daß britisches und amerikanisches Beharren in diesem Punkt die letzte Verhandlungsrunde zum Scheitern verurteilen könnten. Dabei sei es doch nur darum gegangen, der sowjetischen Seite, die ihren Heimvorteil in Moskau genutzt und mit harten Bandagen gekämpft habe, auch auf dieser letzten Etappe noch ein wenig entgegenzuhalten und den Prozeß damit konstruktiv und insbesondere zu aller Zufriedenheit zu Ende zu führen.

71 Siehe dazu »Vereinbarte Protokollnotiz zu dem Vertrag über die abschließende Regelung in bezug auf Deutschland vom 12. September 1990«, abgedruckt beispielsweise in Kaiser 1991a, S. 267.

72 So Dieter Kastrup im Interview v. 17. 4. 1998, der an diesem Gespräch teilnahm. Diese Runde der drei Außenminister ist in keinem der Bücher anderer Teilnehmer erwähnt. Raymond Seitz berichtete im Interview v. 2. 6. 1997 von einem langen Gespräch Baker – Schewardnadse in der französischen Residenz am Morgen. Zur Beilegung des Konflikts um den Begriff »Verlegung« siehe auch Genscher 1995, S. 873 f.; Kiessler/Elbe 1993, S. 212; Schewardnadse 1993, S. 259; Kwizinskij 1993, S. 62; Zelikow/Rice 1997, S. 494 f. Unklar bleibt in all diesen Darstellungen, warum die sowjetische Seite ihr anfängliches Zögern letztlich aufgab und den Text doch noch unterschrieb. Auch in Interviews mit sowjetischen Teilnehmern des »Zwei-plus-Vier«-Prozesses konnte der Grund für den nächtlichen Meinungswandel in Moskau nicht geklärt werden. Vieles spricht für die Analyse in Zelikow/Rice 1997, S. 494, wonach Kwizinskij seine Darstellung im Lauf der Nacht änderte: Nachdem gegenüber Schewardnadse zu Anfang noch die Rede davon gewesen war, daß westliche Manöver in Ostdeutschland festgeschrieben werden sollten, sei es am Ende nur darum gegangen, die britische und amerikanische Interpretation des

Wortes »verlegt« ohne Gesichtsverlust für die Sowjetunion zu ermöglichen. Dies geschah durch die vereinbarte Protokollnotiz, so daß nirgends explizit auf das westliche Auslegungsverständnis Bezug genommen wurde. Biermann 1997, S. 733, weist darauf hin, daß die Bundesregierung 1994 in einem Notenwechsel mit den West-Alliierten gemeinsame Manöver von deutschen und ausländischen NATO-Einheiten in Ostdeutschland für die Zeit nach Abschluß des Abzugs der sowjetischen Truppen vereinbarte. 1997f fand eine erste entsprechende Übung statt.

73 Die britische Regierung war allerdings mit der Nachberichterstattung über die letzte »Zwei-plus-Vier«-Runde unzufrieden: In vielen deutschen Zeitungen wurde – ähnlich wie in den später veröffentlichten Erinnerungen Genschers und seines Mitarbeiters Elbe, aber anders, als dies tatsächlich der Fall gewesen war – den britischen Unterhändlern die alleinige Verantwortung für die hektische Schlußphase zugeschrieben. In einer diplomatisch formulierten Erklärung versuchte die britische Botschaft in Bonn diesem Eindruck – weitgehend erfolglos – entgegenzuwirken. Siehe dazu z.B. *Süddeutsche Zeitung* v. 19. 9. 1990, »Wichtig, aber nicht äußerst wichtig«. Zur negativen Berichterstattung über die britische Rolle in Moskau siehe z.B. (jeweils v. 14. 9. 1990) *Frankfurter Allgemeine Zeitung*, Mitten in der Nacht läßt Genscher Baker wecken; *Süddeutsche Zeitung*, Genscher dankt den Vier Mächten; *Handelsblatt*, Auf Messers Schneide. Ähnlich auch die Analyse der DDR-Delegation, die allerdings nicht direkt in die Verlegungs-Diskussion eingebunden, sondern weitgehend auf Informationen aus der westdeutschen Delegation angewiesen war. Siehe dazu auch das MfAA-Papier (Abteilung 1) v. 13. 9. 1990, »Bericht über das Treffen der Außenminister in Moskau am 12. 9. 1990«, in dem von einer »wenig flexible(n) Haltung vor allem der britischen, z.T. amerikanischen Delegation« die Rede ist. In anderen Analysen wird demgegenüber das Verdienst der britischen Diplomaten gewürdigt, mit ihrer Beharrlichkeit eine Singularisierung Deutschlands verhindert zu haben. Zudem wurde mit der gefundenen Vereinbarung eine letzte – wie sich beispielsweise während der Debatte um die NATO-Osterweiterung zeigen sollte – wichtige Frage eindeutig geklärt, so daß das vereinte Deutschland ohne verbleibende Unklarheiten in seine wiedergewonnene Souveränität gehen konnte. Siehe dazu z.B. Jackisch 1996, S. 209.

74 Zu den technischen Problemen bei der Endfassung des Vertragstextes siehe Genscher 1995, S. 874, wonach die deutschen Schreibkräfte und Dolmetscher bei der Erstellung der französischsprachigen Version mithalfen. Dieter Kastrup berichtete im Interview v. 17. 4. 1998, daß der mitgeführte deutsche Schreibcomputer am Vortag ausgefallen war. Ein Delegationsmitglied fuhr deshalb mit den deutschen und französischen Textversionen in die Botschaft der Bundesrepublik. Aufgrund des mittäglichen Staus in Moskau sei der Bote aber erst in allerletzter Minute zurückgekehrt, was in der deutschen Delegation für zusätzliche Nervosität sorgte. Von großem Nutzen war offensichtlich auch ein von der britischen Delegation mitgeführtes Laptop mit integriertem Drucker (damals noch eine technische Rarität), mit dem – so Hilary Synott im Interview v. 4. 6. 1997 – verschiedene Textänderungen in letzter Minute noch umgesetzt werden konnten. Die arg strapazierte Schreibkraft der britischen Delegation erlitt in diesen hektischen Stunden fast einen Nervenzusammenbruch. Auch die englischsprachige Version für James Baker wurde erst im letzten Augenblick fertiggestellt (Condoleezza Rice im Interview v. 31. 10. 1994). Zur Unterzeichnungszeremonie, den verschiedenen Ansprachen und dem Empfang Genschers und de Maizières bei Michail Gorbatschow siehe auch Genscher 1995, S. 874f.; Kiessler/Elbe 1993, S. 212; Zelikow/Rice 1997, S. 25f. und S. 495; de Maizière 1996, S. 89f. und S. 92f. Eine abschließende Zusammenfassung bieten auch das MfAA-Papier (Abteilung 1) v. 13. 9. 1990, »Bericht über das Treffen der Außen

minister in Moskau am 12. 9. 1990«; das Manuskript »Rede des Ministerpräsidenten der DDR auf dem Moskauer ›2+4‹-Treffen am 12. September 1990« (Anlage 3).
75 Siehe dazu Interview mit Michael Mertes v. 29. 2. 1996. Zum engen Zusammenhang zwischen dem erfolgreichen Abschluß der »Zwei-plus-Vier«-Verhandlungen und den parallelen deutsch-sowjetischen Gesprächen über die verschiedenen bilateralen Verträge siehe auch Genschers Schilderung seiner Unterredung mit Michail Gorbatschow v. 12. 9. 1990 und der Paraphierung des »Großen Vertrages« in Genscher 1995, S. 874 ff. Wie bewußt dieser Zusammenhang allen Beteiligten war, zeigt das MfAA-Papier (Abteilung 1) v. 13. 9. 1990, »Bericht über das Treffen der Außenminister in Moskau am 12. 9. 1990«: »Es wurde sichtbar, daß die UdSSR den Vertrag über die abschließende Regelung bis zum Schluß im engen Zusammenhang mit dem Stationierungsvertrag, dem Vertrag über wirtschaftliche und finanzielle Zusammenarbeit zwischen der UdSSR und der BRD verhandelt hat.«
76 Siehe zu den Überschriften *Handelsblatt, Frankfurter Allgemeine Zeitung, Der Morgen* und *Berliner Zeitung* (jeweils v. 13. 9. 1990). Weitere typische Zeitungsüberschriften des 13. 9. 1990 lauteten: Nun lauf mal schön, Deutschland (*Bild*); Ein Tag der Freude und Dankbarkeit (*Die Welt*); Sechs Unterschriften beenden das zähe Ringen (*Süddeutsche Zeitung*); Die vier Siegermächte entlassen Deutschland in die Souveränität (*Neues Deutschland*).
77 Der Vertrag ist abgedruckt in Auswärtiges Amt 1995, S. 699 ff. Umfassendere Zusammenfassungen und ausführliche Analysen finden sich in Blumenwitz 1990c; Gornig 1991a; Gornig 1991b; Ress 1995; Müller 1995.
78 Neben den Verträgen und Abkommen gab es zwischen den beteiligten Regierungen einen umfangreichen Noten- und Briefwechsel zur Regelung technischer Fragen beziehungsweise zur Klärung des Verständnisses einzelner Fragen aus den Verträgen. So erinnerte James Baker in einem Schreiben an Hans-Dietrich Genscher v. 11. 9. 1990 daran, daß unbeschadet der innerdeutschen Vereinbarungen zur Regelung offener Vermögensfragen die US-Regierung auf einer Regelung für amerikanische Bürger bestand. Mit einem Protokoll zwischen Verteidigungsminister Eppelmann und General Luschew wurde am 24. 9. 1990 die Herauslösung der Nationalen Volksarmee aus den Vereinigten Streitkräften des Warschauer Paktes geregelt, während mit Notenwechseln der Bundesregierung beispielsweise der weitere Verbleib von Truppen der drei Westmächte und anderer NATO-Staaten in der Bundesrepublik geregelt wurde. Einen Überblick hierzu bieten die abgedruckten Dokumente in Kaiser 1991a, S. 271 ff.
79 In den USA wurde dies aufmerksam zur Kenntnis genommen, wie US-Präsident George Bush am 17. 11. 1990 auch Bundeskanzler Helmut Kohl schrieb. Bush beglückwünschte Kohl zu diesem »historischen Abkommen«, das eine neue Grundlage für kooperative Beziehungen zwischen Deutschland und Polen schaffen werde. Der US-Präsident warb für die weitere wirtschaftliche Unterstützung Polens und bat um Kohls Hilfe bei den internationalen Gesprächen über die polnischen Auslandsschulden (Informationen aus der Bundesregierung).
80 Eine öffentliche Bewertung nahm Eduard Schewardnadse am 20.9. vor. Siehe dazu »Erklärung des sowjetischen Außenministers, Eduard Schewardnadse, vor dem Ausschuß für Auswärtige Angelegenheiten des Obersten Sowjets der UdSSR am 20. September 1990«, auszugsweise abgedruckt in Kaiser 1991a, S. 273 ff., besonders die Aufzählung der von ihm als begrüßenswert genannten »Realitäten« S. 275. Für die Analyse der Interessendurchsetzung der DDR-Regierung bilden die Koalitionsvereinbarung v. 12. 4. 1990 und die Regierungserklärung v. 19. 4. 1990 die Ausgangsbasis.

81 Siehe dazu die ausführlichen Darstellungen in den vorhergehenden Kapiteln. Die sowjetischen Forderungen finden sich beispielsweise im Vertragsentwurf für das Ost-Berliner Außenministertreffen v. 22. 6. 1990 (auszugsweise dokumentiert in Kwizinskij 1993, S. 41 ff.); den Entwürfen v. 17. 8. 1990 u. Anfang September 1990.
82 Das Schreiben ist u. a. abgedruckt in Kaiser 1991a, S. 268 ff. Dazu, daß die sowjetische Seite sich vor der Unterschrift Schewardnadses noch einmal versicherte, daß der Brief auch korrekt übergeben worden war, siehe z. B. Genscher 1995, S. 874; Julij Kwizinskij, Die Besatzungsmaßnahmen 1945 bis 1949 sind unumkehrbar, in *Frankfurter Allgemeine Zeitung* v. 11. 9. 1994; auch Wladimir Grinin betonte im Interview v. 22. 5. 1995 die Bedeutung dieses Briefes für die sowjetische Seite, die damit vor allem eigene Vorstellungen und Wünsche der DDR in den Vertrag einbringen wollte.
83 Siehe Genscher 1995, S. 748.
84 Vgl. zum folgenden auch die Darstellung in den vorhergehenden Kapiteln; Pressemitteilung des Presse- und Informationsamtes der Bundesregierung v. 2. 9. 1994 (Nr. 327/94, korrigierte Fassung) zu einer von der Bundesregierung in Auftrag gegebenen »Bodenreform-Dokumentation«. Ein Großteil der darin genannten Daten basiert auf Akten des Auswärtigen Amtes, die für dieses Forschungsvorhaben nicht zugänglich waren. Soweit andere Unterlagen geprüft werden konnten, zeigte sich, daß die Aufstellung der Daten ebenso korrekt ist wie die Auflistung verschiedener anderer Daten in der Aussage von Dieter Kastrup vor dem Bundesverfassungsgericht im Januar 1991 (Vgl. dazu BVerfGE 84, 90 v. 23. 4. 1991; BVerfGE 94, 12 v. 18. 4. 1996). Eine ausführliche Analyse der Diskussion um den sogenannten »Restitutionsausschluß« bietet Grosser 1998, S. 485 ff.
85 Informationen aus der Bundesregierung. Siehe auch dpa v. 7. 3. 1990 mit den Briefen Modrows an Gorbatschow und Kohl sowie die adn-Meldung v. 7. 3. 1990, in der noch einmal die einstimmige Verabschiedung der Erklärung im Ministerrat betont wird.
86 Vgl. TASS (engl. Dienst; zwei Teile) v. 27. 3. 1990, »Soviet Government Statement on Property in GDR«. Der russische Text wurde unter anderem in der *Prawda* v. 28. 3. 1990 veröffentlicht. Eine inhaltlich ähnliche Position wie die Regierung Modrow vertraten auch das erste demokratisch gewählte DDR-Parlament und die Regierung de Maizière.
87 Vgl. dazu auch BVerfGE 94, 12, S. 18 ff. Verschiedene spätere Interview-Äußerungen Gorbatschows werden darin in den entsprechenden Zusammenhang gerückt: Unter Hinweis auf seine Gesprächsprotokolle bestätigte Gorbatschow stets, daß er selbst nicht über das Restitutionsverbot verhandelt habe, dieses aber sehr wohl »auf anderen Ebenen diskutiert« worden sei (so zitiert nach *Der Spiegel* v. 5. 9. 1994, »Geheimprotokolle gab es nicht«). Auch in seinen späteren Aussagen wich Gorbatschow letztlich nie von dieser Linie ab: »auf höchster Ebene stand die Frage nicht zur Diskussion« (*Der Spiegel* v. 6. 4. 1998, »Eine sehr komplizierte Zeit«; etwas weniger präzise in *Frankfurter Allgemeine Zeitung* v. 17. 3. 1998, Die Einheit war eine Sache der Deutschen). Lothar de Maizière betonte demgegenüber, bei seinem ersten Gespräch in Moskau am 29. 4. 1990 mit dem sowjetischen Generalsekretär sei es »auch um die Unumkehrbarkeit der Maßnahmen der Sowjets in der Zeit von 1945 bis '49, und zwar dezidiert in Vermögensfragen« gegangen (*Der Spiegel* v. 9. 3. 1998, »Gorbatschow sagt die Unwahrheit«; de Maizière berief sich dabei auch auf die Erinnerung seiner beiden Schriftführer).
88 Siehe z. B. Genscher 1995, S. 857 ff., und die – auf einer Chronologie der Bundesregierung basierenden – Daten zu sowjetischen Vorstößen auf Beamtenebene in BVerfGE 94, 12. Dieter Kastrup bestätigte im Interview v. 17. 4. 1998 noch einmal

die Zusammenstellung der von ihm vor dem Bundesverfassungsgericht genannten Daten, die auf einer Auswertung aller Unterlagen des Arbeitsstabes »2+4« beruht habe.
89 Informationen aus der Bundesregierung.
90 Siehe z. B. das Interview mit Lothar de Maizière in *Der Spiegel* v. 9. 3. 1998, »Gorbatschow sagt die Unwahrheit«. Zu de Maizières Rede siehe das unveröffentlichte MfAA-Papier »Rede des Ministerpräsidenten der DDR auf dem Moskauer ›2+4‹-Treffen am 12. September 1990«. Ähnlich die Bewertung des Briefes der beiden deutschen Außenminister im MfAA-Papier v. 13. 9. 1990 (Abteilung 1) »Bericht über das Treffen der Außenminister in Moskau am 12. 9. 1990«. Der Brief wurde demnach von allen sechs Außenministern »als eine notwendige und bedeutende Ergänzung des Vertrages bewertet, in der zu wichtigen Fragen die deutschen Positionen enthalten sind: verbindliche Anerkennung der Ergebnisse der Bodenreform der Jahre 1945–1949; (...)«.
91 So auch die zusammenfassenden Bewertungen Kohls (bei Diekmann/Reuth 1996, S. 457 f.) und Genschers (Genscher 1995, S. 857 ff.).
92 Die Souveränitätsfrage wurde als Herzstück des »Zwei-plus-Vier«-Prozesses gesehen. Konkret ging es dabei um die Frage, wann und wie die Vier Mächte ihre besonderen Vorbehaltsrechte für Deutschland als Ganzes und Berlin aufgäben. Während die US-Administration schon Anfang 1990 bereit gewesen war, die Vier-Mächte-Rechte notfalls im Alleingang auszusetzen, hatte es dagegen in Frankreich und Großbritannien Bedenken gegeben: Die besonderen Rechte und Verantwortlichkeiten waren für die beiden westeuropäischen Alliierten der einzige Hebel, um aktiv und gestaltend in den deutschen Vereinigungsprozeß einzugreifen. Gegen Ende des »Zwei-plus-Vier«-Prozesses – und mit Erfüllung der zentralen Ziele – waren auch Paris und London für ein zeitliches Zusammenfallen von Vereinigung und Souveränität. So drängte der britische Unterhändler Weston bei der letzten Direktoren-Sitzung am 11. 9. 1990 seinen sowjetischen Kollegen: Die UdSSR solle doch gemeinsam mit den Westmächten ihre besonderen Rechte vor Inkrafttreten abgeben – da sie andernfalls auch in der Öffentlichkeit als einzig verweigernde Macht schlecht dastünde. In Bonn hatte es spätestens seit März 1990 Abstimmungen zwischen dem Auswärtigen Amt, dem Bundeskanzleramt, dem innerdeutschen Ministerium, dem Innen- und dem Justizministerium darüber gegeben, in welcher Form die Vier-Mächte-Rechte abgelöst werden konnten. Siehe dazu die diversen Arbeitspapiere aus den Beständen des BMB (B 137/10880).
93 Zu welchen Punkten die US-Administration einen möglichen Einspruch des Senats befürchtete, zeigen das Übermittlungsschreiben von Präsident George Bush v. 25. 9. 1990 sowie die Ausführungen von James Dobbins am 4. 10. 1990 vor dem Streitkräfteausschuß des Senats (siehe dazu die Dokumente in Kaiser 1991a, S. 260 ff., bes. S. 267 f. sowie S. 283 ff.): Während Bush neben einer allgemeinen Würdigung des »Zwei-plus-Vier«-Vertrages vor allem betonte, daß Eigentumsrechte amerikanischer Staatsbürger und jüdischer Opfer des Naziregimes gegenüber der DDR gewahrt blieben und mit dem vereinten Deutschland verhandelt würden, wies Dobbins explizit darauf hin, daß nach amerikanischem Verständnis die vereinbarte Protokollnotiz zum »Zwei-plus-Vier«-Vertrag Großmanöver in Ostdeutschland grundsätzlich verbiete, dennoch aber »Aktivitäten in kleinerem Umfang nach Gutdünken der deutschen Regierung stattfinden können«.
94 Zu entsprechenden Befürchtungen siehe z. B. Biermann 1997, S. 575 ff.; Kwizinskij 1993, S. 68 ff.
95 Siehe dazu u. a. das MfAA-Papier (Abt. 1, UA 10, Ref 100) v. 20. 7. 1990, »Bericht über das 7. Beamtentreffen im Rahmen ›Zwei-plus-Vier‹ auf Beamtenebene am

19. 7. 1990 in Bonn«; Informationen aus dem Auswärtigen Amt, dem State Department und dem Foreign Office. Das Grundkonzept des britischen Textvorschlags entstand demnach bei einem gemeinsamen Essen der beiden Juristen Michael Wood und Martin Ney in einer Bonner Pizzeria. Interviews mit britischen Akteuren ergaben, daß die ursprüngliche Idee hierzu von Jeremy Hill, dem Rechtsberater in der britischen Botschaft in Bonn, lanciert worden war. Im Hintergrund stand vor allem die Befürchtung, die Sowjetunion könne länger als nötig, d. h. über den Tag der Vereinigung hinaus, ein Druckmittel in Händen haben. Mit der Suspendierung konnte eine weitere, zeitlich unabsehbare Beschränkung deutscher Souveränität verhindert werden, die sich andernfalls aus einer (sowjetischen) Verzögerung beim Ratifikationsprozeß des »Zwei-plus-Vier«-Vertragswerkes ergeben konnte (vgl. Interviews mit Hilary Synnott v. 4. 6. 1997; Michael Wood v. 5. 6. 1997; Pauline Neville-Jones v. 4. 6. 1997; Sir Christopher Mallaby v. 3. 6. 1997). Die USA hatten den Auftrag erhalten, Vorschläge für die Berlin-Passagen zu formulieren. Da es hierbei ebenfalls um die Ablösung von Vier-Mächte-Rechten ging, wurden allgemeine Aussagen des amerikanischen Vorschlags später mit dem britischen Textentwurf kombiniert. Zur sowjetischen Haltung siehe beispielsweise die Darstellung bei Genscher 1995, S. 855 und S. 868, in denen Schewardnadses Argumentation erläutert wird.

96 Das Dokument ist abgedruckt in Kaiser 1991a, S. 310f. Die Darstellung der sowjetischen Bemühungen, das »Druckmittel« der Vier-Mächte-Rechte so lange wie möglich zu erhalten, basiert auf Informationen aus dem Auswärtigen Amt. Als Alternativtermine für die Unterzeichnung der Suspendierungserklärung nannte Terechow demnach das KSZE-Vorbereitungstreffen der Außenminister in Wien beziehungsweise den KSZE-Gipfel in Paris – und deutete so an, daß der von der Bundesregierung so dringend gewünschte Schritt bis in den November, also einige Wochen nach dem Vereinigungstermin, verschoben werden könnte.

97 Im MfAA war die Frage der Souveränität während der »Zwei-plus-Vier«-Verhandlungen nie ein großes Thema gewesen, da die DDR nach eigenem Verständnis ihre uneingeschränkte staatliche Souveränität als gegeben ansah (Herbert Süß im Interview v. 21. 7. 1994).

98 Zum Ratifikationsverfahren in Deutschland, den USA, Großbritannien und Frankreich siehe z. B. Brand 1993, S. 241 f.; Auswärtiges Amt 1993, S. 93 ff. Im Bundestag gab es geschlossene Zustimmung der Fraktionen von FDP und SPD; aus der CDU/CSU gab es einige Enthaltungen und wenige Gegenstimmen, die Mehrheit der Grünen-Abgeordneten enthielt sich der Stimme, einige Abgeordnete stimmten gegen den Vertrag; die PDS stimmte bei einigen Enthaltungen zu.

99 Zur Abkehr Gorbatschows von seinem innenpolitischen Reformprogramm und zur zunehmenden Distanz seiner engsten Ratgeber – wie Tschernajew und Schachnasarow – siehe z. B. Biermann 1997, S. 758 ff.; Tschernajew 1993a, S. 316 ff. und S. 341 ff. Zur Auflösung der Sowjetunion und der härteren Gangart Moskaus gegenüber den Nationalbewegungen vor allem im Baltikum siehe Simon/Simon 1993, S. 126 ff.

100 Die Ende 1990 wachsende Bedeutung der Streitkräfte in Gorbatschows Politik und deren Haltung gegenüber der Außenpolitik von Eduard Schewardnadse analysiert Biermann 1997, S. 760 ff., bes. S. 761. Diese zunehmende Diskrepanz zwischen der Haltung Gorbatschows und Schewardnadses bestätigte auch Wjatscheslaw Daschitschew im Interview v. 14. 12. 1996. Zum Rücktritt des sowjetischen Außenministers siehe auch Schewardnadse 1993, S. 263 ff.; den Insiderbericht in Palazchenko 1997, S. 238 ff.; Tschernajew 1993a, S. 331 ff.

101 Zur Vorlage des Vertrages im Obersten Sowjet siehe auch Schewardnadses Rede in Kaiser 1991a, S. 273 ff.; die Schilderung der positiven Einschätzung im Kanzleramt bei Teltschik 1993, S. 370 f. Der sowjetische Außenminister zielte in seiner Rede bereits auf mögliche Vorwürfe ab, indem er vor allem die garantierten Sicherheitsinteressen der UdSSR betonte, die bilateral mit Deutschland, aber auch gegenüber der NATO und im Rahmen der KSZE gesichert worden seien. Die Darstellung der anfänglich optimistischen Interpretation in Bonn basiert auf Informationen aus dem Bundeskanzleramt und dem Auswärtigen Amt. Zu Gorbatschows Fernsehinterview v. 12. 9. 1990 – und seiner expliziten Zufriedenheit mit dem Verhandlungsergebnis – siehe Adomeit 1997a, S. 553.

102 Informationen aus der Bundesregierung. Siehe dazu auch Schreiben Präsident Gorbatschow an Bundeskanzler Kohl v. 26. 9. 1990 (21–30101 S25(1) So2, Bd. 7). Der von Gorbatschow behauptete Zusammenhang mit angeblichen Zusagen Kohls in Archys konnte weder in den Bonner Protokollen noch in einer Gesprächszusammenfassung der sowjetischen Seite gefunden werden. Siehe dazu auch das MfAA-Papier (am 21. 7. 1990 an Markus Meckel übergeben) »Information über die Hauptergebnisse der Gespräche M. S. Gorbatschows mit dem Bundeskanzler der BRD, H. Kohl, während dessen Arbeitsbesuch in der UdSSR vom 14.–16. Juli 1990«; die ausführliche Schilderung und Analyse des Kaukasus-Treffens im Kapitel »Die UdSSR nennt ihren Preis«. In seinen Memoiren nennt Falin noch Willy Brandt als Zeugen für die Behauptung, Kohl habe Gorbatschow in Archys vorgeschlagen, einen Personenkreis zu benennen, gegen den nicht strafrechtlich vorgegangen werden solle. Gorbatschow habe dies aber abgelehnt. Siehe dazu Falin 1993a, S. 495 f. Portugalow berichtet, diese Frage sei bereits bei Kohls Moskau-Besuch im Februar 1990 von der deutschen Delegation angesprochen worden. Auch danach habe Bonn immer wieder versucht, den »Schwarzen Peter« einer generellen Amnestie für Stasi-Mitarbeiter an Moskau weiterzugeben, wo Gorbatschow aber kein Interesse an der Frage gehabt habe. Siehe dazu den Auszug aus dem unveröffentlichten Manuskript der Memoiren v. Portugalow o. J., S. 146 ff. In den deutschen Protokollen dieser Begegnungen findet sich allerdings keine Bestätigung dieser Aussage.

103 Igor Maximytschew berichtete im Interview v. 19. 5. 1995, daß Kohl bereits im Kaukasus Gorbatschow gefragt habe, welcher Personenkreis in der DDR vor Strafverfolgung geschützt werden sollte. Gorbatschow habe daraufhin erklärt, dies sei ausschließlich eine Entscheidung der Deutschen.

104 Laut Teltschik 1993, S. 372, hatte Kohl »bei nächster Gelegenheit« mit Gorbatschow über dieses Thema reden wollen. Die Antwort erfolgte dann allerdings Mitte Oktober schriftlich (Informationen aus der Bundesregierung). Dem Kanzleramt war zuvor von sowjetischer Seite Falin als Verfasser des Schreibens von Ende September genannt worden. Zu Hinweisen auf die Autorenschaft Falins und dessen fast zeitgleich gegebenen, kritischen Interviews siehe auch Biermann 1997, S. 762 f. In einem Interview mit dem Stern v. 31. 10. 1990, »Deutschland ist nicht mehr kriegsfähig«, benutzte Falin Formulierungen, die fast wortgleich mit Gorbatschows Schreiben waren. So sprach auch er von »Hexenjagd« und der Fortsetzung des »Kalten Krieges«. Zur Einschätzung, daß der Brief von Gorbatschow selbst formuliert worden sein könnte, s. Kohls Darstellung in Diekmann/Reuth 1996, S. 470 f.

105 Vgl. dazu die Darstellung bei Biermann 1997, S. 762.; Kwizinskij 1993, S. 67 f.; Tschernajew 1993a, S. 317 f.

106 Siehe dazu sowie zum folgenden die Darstellung bei Biermann 1997, S. 764; Falin 1993a, S. 496 ff., mit den Zitaten aus seinem Gespräch mit Gorbatschow; Kwizinskij 1993, S. 68 ff.; Tschernajew 1993a, S. 335, zu Falins Kritik an den Verträgen. Falin schildert in seinen Erinnerungen die von ihm vorgetragene Kritik an den Verträgen

als bewußtes Manöver, um die Ratifizierung trotz seiner Bedenken sicherzustellen. So habe er gezielt dafür gesorgt, daß in den Ausschüssen »Dampf« abgelassen wurde, um damit im Plenum eine zustimmende Mehrheit zu sichern. Kwizinskij (1993, S. 99) relativiert diese Einschätzung: Falin habe die Verträge insofern ermöglicht, »daß er sich dazu zwang, zu schweigen und nicht mehr zu stören«; Wjatscheslaw Daschitschew bezweifelte im Interview v. 14. 12. 1997 die Darstellung Falins grundsätzlich. Die Schilderung der regierungsinternen Analysen basiert auf Informationen aus der Bundesregierung. Demnach war dank eines vorzüglichen, von Kwizinskij vorgetragenen Memorandums bei den Beratungen ein Zusatzantrag der »Sojus«-Gruppe abgelehnt worden, mit dem diese festschreiben wollte, das Vertragspaket sei nicht zwischen gleichen Partnern, sondern zwischen Aggressor und Aggressionsopfer abgeschlossen worden. Intern wurden erhebliche Zweifel an der Seriosität von Falins Berichten gegenüber der deutschen Botschaft über Stand und Verlauf des Ratifikationsverfahrens geäußert. In der Kabinettsitzung am 29. 1. bezeichnete Kohl es als sein Ziel, den »Zwei-plus-Vier«-Prozeß völkerrechtlich so schnell wie möglich abzuschließen und den Abzug der sowjetischen Truppen vorzuziehen, da die damit zusammenhängenden Probleme zunähmen. Siehe dazu Interview mit Michael Mertes v. 29. 2. 1996. Zu den Problemen der sowjetischen Westgruppe, darunter einer wachsenden Zahl von desertierenden Soldaten, siehe auch Biermann 1997, S. 727 f. Im Kanzleramt wie im Auswärtigen Amt hatte es zum Beginn des Jahres 1991 Wechsel auf zentralen Positionen gegeben: Peter Hartmann löste den ausgeschiedenen Horst Teltschik als Abteilungsleiter 2 des Kanzleramtes ab, Uwe Kaestner rückte für ihn auf die Position des Gruppenleiters 21 nach. Im Auswärtigen Amt wurde Dieter Kastrup Staatssekretär.

107 Die folgende Darstellung basiert – soweit nicht anderweitig belegt – auf Informationen aus der Bundesregierung. In einem Schreiben v. 12. 2. an den Bundeskanzler sprach Gorbatschow das Thema der Entschädigungen ebenfalls an. In seinem Antwortschreiben v. 27. 2. 1991 ging Kohl nicht auf die finanziellen Nachforderungen ein, sondern verwies allgemein auf die Kontakte der beiden Außenminister und das deutsche Bemühen, »hilfreich« zu sein. Er mahnte zugleich die zügige Ratifikation der Verträge an, um anschließend weitere Fortschritte in den bilateralen Beziehungen angehen zu können. Die von Gorbatschow als »Meinungen einiger Zeitgenossen« wiedergegebene Befürchtung, Deutschland werde nach der Ratifikation wieder in alte Muster der Konfrontation verfallen, nannte Kohl »falsch und hinterhältig«. Die Schilderung aus sowjetischer Sicht findet sich bei Kwizinskij 1993, S. 84 f. Die angeblich höheren Abzugskosten wurden von Moskau damit begründet, daß der Abtransport aus Umweltgründen auf dem teuren Seeweg stattfinden solle. Zudem verlange die Regierung in Warschau für den Transport durch Polen hohe Transitgebühren.

108 In seinen Memoiren (Genscher 1995, S. 875) schreibt der Bundesaußenminister allerdings, daß er bei seinen Gesprächen mit der sowjetischen Führung Mitte August in Moskau deutlich gemacht habe, daß dieses Thema zwar nicht im »Zwei-plus-Vier«-Vertrag, wohl aber »in anderer Weise behandelt werden« müsse.

109 Informationen aus der Bundesregierung. Zu den zügig eingeleiteten Verhandlungen siehe Kwizinskij 1993, S. 84 f. Kwizinskijs Redebeitrag vor dem Obersten Sowjet ist wiedergegeben in Kwizinskij 1993, S. 86 ff. Zur abschließenden Beratung und der Abstimmung siehe auch Biermann 1997, S. 766 f. Demnach gab es bei der Abstimmung über den »Zwei-plus-Vier«-Vertrag nur 19 Gegenstimmen und 30 bis 40 Enthaltungen, beim »Generalvertrag« nur sechs Gegenstimmen und beim Wirtschaftsvertrag nur drei Gegenstimmen. Der Truppenvertrag und das Überleitungsabkommen wurden auf den 2. 4. vertagt, wo beide dann ebenfalls mit großer Mehrheit angenommen wurden.

110 Siehe dazu Vermerk Neuer v. 5. 3. 1991, betr.: »Telefongespräch des Bundeskanzlers mit Präsident Gorbatschow am Dienstag, dem 5. März 1991« (213-30130 S25 So28, Bd. 6). Die sowjetische Ratifikationsurkunde wurde von Botschafter Terechow am 15. 3. 1991 im Auswärtigen Amt hinterlegt, während zeitgleich im Bundestag die erste Lesung des »Großen Vertrages« und des umfassenden Wirtschaftsvertrages stattfand. Am selben Tag trat der »Zwei-plus-Vier«-Vertrag endgültig in Kraft.

## BESCHREIBUNG DER AKTENLAGE

1 Zum Freigabeverfahren auch für Verschlußsachen sowie zum folgenden vgl. auch Korte 1998, S. 501 ff. sowie S. 643 ff.
2 So beispielsweise Condoleezza Rice im Interview v. 31. 10. 1994.
3 Vgl. dazu Interview mit Stephan Eisel v. 27. 7. 1996; Informationen aus dem Bundeskanzleramt; ausführlicher Korte 1998, S. 14 ff., bes. S. 18 f.
4 So Hans-Dietrich Genscher im Interview v. 31. 10. 1997.
5 Vgl. dazu die ausführliche Wiedergabe im Kapitel »Eine Idee wird Programm«.
6 Siehe dazu auch die ausführlichere Charakterisierung in Korte 1998, S. 643 f.
7 Bewußt wurde davon abgesehen, anstelle des Verfassers den Unterzeichner des Aktenstücks, der nicht mit dem Verfasser identisch sein muß, aufzuführen. Der Unterzeichner trägt zwar die Verantwortung für das Aktenstück und kann auch auf dessen Inhalt Einfluß nehmen, doch ist es aufschlußreicher, den ursprünglichen Verfasser eines Vermerks zu benennen.

# DANK

Mein erster Dank gilt meinen Mitarbeitern Dr. Peter M. Wagner und Elke Bruck. Beide haben dieses Buch durch ihr außerordentliches Engagement möglich gemacht. Ihre Kompetenz und ihre Leidenschaft zur Erhellung des historischen Sachverhalts boten die Möglichkeit, ein solch großes Projekt überhaupt anzugehen.

Michael Mertes (Bundeskanzleramt), Robert Blackwill (Harvard University; ehemals Weißes Haus), Robert Zoellick (Center for International and Strategic Studies; ehemals State Department) und Dan Hamilton (State Department) bin ich für zahlreiche wertvolle Gespräche und Diskussionen dankbar.

Für Unterstützung beim Aktenzugang und bei organisatorischen Fragen danken wir Manfred Speck, Alex F. Stute und Dr. Karin Schmid (BMI), Frank Gehm und Wilhelm Loosen (Bundeskanzleramt), Mechthild Brandes (Bundesarchiv Koblenz), Dr. Günter Buchstab (Archiv für Christlich-Demokratische Politik der Konrad-Adenauer-Stiftung), Wolfgang Gröf (Archiv der sozialen Demokratie der Friedrich-Ebert-Stiftung), Elena S. Danielson (Hoover Institution Archives), Dr. Klaus Gotto (Bundespresseamt). Beim Zugang zu einzelnen Unterlagen aus dem Bereich der ehemaligen DDR waren vor allem Prof. Dr. Ulrich Albrecht, Dr. Michael Walter und Steffen Heller hilfreich. Die Übersetzung russischsprachiger Dokumente besorgte Alexandra Mey; Eva Feldmann und Markus Krzoska halfen bei der Auswertung polnischer Medien. Olga Wasiljewa dolmetschte Interviews mit russischen Gesprächspartnern, Susanne Plett übernahm die Verschriftung einiger der meist mehrstündigen Interviews. Aus der großen Zahl der Helfer bei der organisatorischen Vorbereitung der Interviews sei besonders der Konrad-Adenauer-Stiftung in Moskau und der Robert-Schuman-Stiftung in Warschau gedankt. Dr. Rafael Biermann, Dr. Hannes Adomeit und Dr. Philip Zelikow unterstützten das Projekt mit zahlreichen Hinweisen und Hilfestellungen.

Für inhaltliche Vorarbeiten danken wir Katja Bewersdorf, Markus Garn und Andreas Kießling. Engagierte Unterstützung vor allem bei organisatorischen Fragen fanden wir bei Katrin Steinack, Michael Weigl, Dr. Lars C. Colschen, Axel Dümmler, Dr. Manuela Glaab, Ines Hennig, Ivo Lingnau, Dr. Felix Ph. Lutz und Dr. Thomas Paulsen.

Für ihre wertvollen Kommentare zum Gesamtmanuskript sind wir Olaf Hillenbrand und Josef Janning zu großem Dank verpflichtet. Für ihre Bereitschaft zu zahlreichen Diskussionen danken wir Norbert Himmler und Dr. Sabine Weyand. Dr. Karl-Rudolf Korte war neben ihnen unser kritischster und anregendster Diskussionspartner und Helfer im gesamten Entstehungsprozeß des Buches.

# INTERVIEWS

Der direkte Zugang zu den Akten, wissenschaftliche Detailanalysen, Erinnerungsliteratur und eine ausführliche Medienauswertung bildeten das Grundgerüst der vorliegenden Untersuchung. Viele der in Akten, Büchern oder Zeitungsberichten dargestellten Vorgänge bleiben in ihren Zusammenhängen aber unverständlich, wenn sie nicht im direkten Gespräch mit den Akteuren hinterfragt werden. Die Recherchen wurden deshalb durch eine Vielzahl von Interviews abgerundet, bei denen Überraschungen – inhaltlicher wie auch prozeduraler Art – nicht ausblieben. Michail Gorbatschow beispielsweise stieß – nachdem er einen Gesprächswunsch aus Termingründen bereits abgelehnt hatte – unerwartet doch noch zum Interview mit seinem Berater Anatolij Tschernajew dazu.

Zahlreiche Interviewpartner wünschten aus verschiedenen Gründen keine namentliche Erwähnung im Text. Die Ergebnisse der zum Teil aber ebenfalls sehr ausführlichen Befragungen und Schriftwechsel mit diesen Gesprächspartnern flossen deshalb ohne explizite Nennung in den Text ein und werden zumeist mit allgemeinen Hinweisen wie »Informationen aus dem Auswärtigen Amt« o. ä. belegt. Ebenso wurde mit jenen Verschriftungen von Interviews verfahren, die von anderen Wissenschaftlern oder im Rahmen von Examensarbeiten geführt wurden, ohne daß eine Freigabe für das Forschungsprojekt »Geschichte der deutschen Einheit« vereinbart wurde.

Teilweise transkribierte Interviews mit 55 Zeitzeugen und Akteuren der DDR-Geschichte aus einem von James McAdams geleiteten Projekt finden sich im Archiv des Hoover Instituts (Stanford). Sie konnten für die vorliegende Untersuchung ausgewertet werden und werden mit dem Namen des Befragten, Gesprächsdatum und dem Zusatz »Hoover Institution« zitiert.

Neben den im Text zitierten Interviews mit Beteiligten am »Zwei-plus-Vier«-Prozeß liegt der Untersuchung eine Vielzahl von ausführlichen Gesprächen mit Beobachtern der Vereinigungspolitik aus dem Bereich von Medien und Wissenschaft zugrunde. Über die Einsicht in persönliche Aufzeichnungen und zum Teil wertvolle Materialien hinaus verdanken wir diesen Gesprächen vor allem eine Vielzahl von Hintergrundinformationen. Von den Befragten seien namentlich genannt: Abdulhan Ahtamzian (Moskau); Ulrich Albrecht (Berlin); Hans Hagen Bremer (*Frankfurter Rundschau*; Paris); Heiko Engelkes (ARD; Paris); Alfred Grosser (Paris); Artur Hajnicz (Warschau); Hans-Jörg Heims (*Süddeutsche Zeitung*; Berlin); Michael Ludwig (*Frankfurter Allgemeine Zeitung*; Warschau); Henri Ménudier (Paris); Barbara Munske (Berlin); Luc Rosenzweig (*Le Monde*; Paris); Joseph Rovan (Paris); Andrej Zagorski (Moskau).

Insgesamt konnten somit die Ergebnisse von mehr als 150 Interviews und Hintergrundgesprächen in die Untersuchung einfließen.

Die nachfolgende Liste umfaßt neben dem Namen des Gesprächspartners das Datum und den Ort des Interviews. Zu den 1989/90 innegehabten Positionen siehe die Angaben im Personenregister.

Jacques Attali; 30. 11. 1995 in Paris
James Baker; 23. 4. 1996 in München
Wladyslaw Bartoszewski; 5. 11. 1996 in München
Jean-Louis Bianco; 27. 11. 1995 in Paris
Robert Blackwill; u. a. 15. 12. 1993 und 24. 10. 1994 in Cambridge, Mass.
Serge Boidevaix; 29. 11. 1995 in Paris
Alexander Bondarenko; 22. 5. 1995 in Moskau
Carlchristian von Braunmühl; 20. 7. 1994 in Potsdam
George Bush; 20. 2. 1998 (Briefwechsel)
Wjatscheslaw Daschitschew; 14. 12. 1996 in München
Jacques Delors; 3./4. 7. 1998 in Berlin
James Dobbins; 7. 11. 1994 in Washington
Roland Dumas; 28. 11. 1995 in Paris
Stephan Eisel; 27. 7. 1996 in Fürstenfeldbruck
Rainer Eppelmann; 20. 4. 1994 in Bonn
Petra Erler; 26. 2. 1994 in Bonn
Hans-Dietrich Genscher; 31. 10. 1997 in Bonn
Bronislaw Geremek; 18. 9. 1996 in Warschau
Michail Gorbatschow; 29. 10. 1997 in Moskau
Wladimir Grinin; 22. 5. 1995 in Moskau
Martin Hanz; 5. 6. 1998 in Brüssel
Steffen Heller; 14. 7. 1994 in Berlin
Robert Hutchings; 4. 11. 1994 in Washington
Sir Bernard Ingham; 4. 6. 1997 in London
Wojciech Jaruzelski; 2. 10. 1996 in Frankfurt/Main
Dieter Kastrup; 17. 4. 1998 in Rom
Robert Kimmitt; 4. 11. 1994 in Washington
Egon Klepsch; 31. 5. 1994 in Mainz
Helmut Kohl; 9., 10., 11. 11. 1989; 17. 1. 1990; 19., 20., 21. 2. 1990; 6., 7.,
    8. 6. 1990; 1. 10. 1990; 19., 20., 21. 5. 1991; 5. 5. 1992; 26. 5. 1992
John Kornblum; 3. 11. 1994 in Washington
Wjatscheslaw Kotschemassow; 20. 5. 1995 in Moskau
Iwan Kusmin; 18. 5. 1995 in Moskau
Thomas de Maizière; 3. 2. 1994 in Schwerin
Sir Christopher Mallaby; 3. 6. 1997 in London
Igor Maximytschew; 19. 5. 1995 in Moskau
Tadeusz Mazowiecki; 19. 9. 1996 in Warschau

Markus Meckel; 19. 1. 1994 in Bonn
Michael Mertes; 25. 8. 1995, 20. 9. 1995, 29. 2. 1996, 22. 5. 1996 und
    14. 11. 1996 in Bonn
Bowman Miller; 16. 2. 1993 in Washington
Hans-Jürgen Misselwitz; 13. 7. 1994 in Potsdam
Miklos Németh; 5. 6. 1997 in London
Walter Neuer; 29. 5. 1998 (Briefwechsel)
Pauline Neville-Jones; 4. 6. 1997 in London
Nikolaj Portugalow; 29. 10. 1997 in Moskau
Sir Charles Powell; 3. 6. 1997 in London
Condoleezza Rice; 31. 10. 1994 in Stanford
Wadim Sagladin; 29. 10. 1997 in Moskau
Brent Scowcroft; 3. 11. 1994 in Washington
Raymond Seitz; 2. 6. 1997 in London
Krzysztof Skubiszewski; 23. 4. 1996 in München
Thilo Steinbach; 30. 5. 1994 (telefonisch) und 30. 5. 1994 in Bonn
Tejmuras Stepanow; 28. 10. 1997 in Moskau
Herbert Süß; 21. 7. 1994 in Berlin
Hilary Synnott; 4. 6. 1997 in London
Sergej Tarassenko; 27. 10. 1997 in Moskau
Horst Teltschik; 10. 10. 1997 in München
Anatolij Tschernajew; 29. 10. 1997 in Moskau
Hubert Védrine; 1. 12. 1995 in Paris
William Waldegrave; 5. 6. 1997 in London
Lech Walesa; 23. 6. 1997 in München
Vernon Walters; 3. 11. 1994 in Washington
Wojciech Wieczorek; 18. 9. 1996 in Warschau
Michael Wood; 5. 6. 1997 in London
Michael Young; 7. 11. 1994 in New York, 19.–22. 6. 1997 in München;
    21.–25. 1. 1998 in Honolulu
Philip Zelikow; 15. 12. 1993 und 25. 10. 1994 in Cambridge, Mass.
Robert Zoellick; u.a. 17. 12. 1993 und 2. 11. 1994 in Washington

# LITERATURVERZEICHNIS

*A chronology of events*. The Collapse of the German Democratic Republic (GDR) and the Steps toward German Unity. May 1989 – January 1991. In: *World Affairs*, Nr. 4/1990, S. 195–197.
*Ablaß, Werner E.*: Zapfenstreich. Von der NVA zur Bundeswehr. Düsseldorf 1992.
*Abromeit, Heidrun*: Der verkappte Einheitsstaat. Opladen 1992.
*Ackermann, Bruce A.*: Ein neuer Anfang in Europa. Nach dem utopischen Zeitalter. Berlin 1993.
*Ackermann, Eduard*: Mit feinem Gehör. Vierzig Jahre in der Bonner Politik. Bergisch Gladbach 1994.
*Ackermann, Eduard*: Politiker. Vom richtigen und vom falschen Handeln. Bergisch Gladbach 1996.
*Adomeit, Hannes* [1997a]: Imperial Overstretch. Germany in Soviet Policy from Stalin to Gorbachev. An Analysis Based on New Archival Evidence, Memoirs, and Interviews. Baden-Baden 1997.
*Adomeit, Hannes*: Gorbachev and German Unification. Revision of Thinking, Realignment of Power. In: *Problems of Communism*, Nr. 4/1990, S. 1–23.
*Adomeit, Hannes* [1994a]: Gorbachev, German Unification and the Collapse of Empire. In: *Post-Soviet Affairs*, Nr. 3/1994, S. 197–230.
*Adomeit, Hannes* [1994b]: The Atlantic Alliance in Soviet and Russian Perspectives. In: Neil Malcolm: Russia and Europe. An End to Confrontation? London, New York 1994, S. 31–58.
*Adomeit, Hannes* [1997b]: Rußland und Deutschland. Perzeptionen, Paradigmen und politische Beziehungen 1945–1995. In: Gottfried Niedhart/Detlef Junker/Michael W. Richter (Hrsg.): Deutschland in Europa. Nationale Interessen und internationale Ordnung im 20. Jahrhundert. Mannheim 1997, S. 332–354.
*Afheldt, Horst* u. a.: German Unity and the Future European Order of Peace and Security. Mosbach 1990.
*Albrecht, Ulrich*: Die Abwicklung der DDR. Die »2+4-Verhandlungen«. Ein Insiderbericht. Opladen 1992.
*Albrecht, Ulrich*: Neutralismus und Disengagement. Ist Blockfreiheit eine Alternative für die Bundesrepublik? In: ders. u. a. (Hrsg.): Deutsche Fragen – Europäische Antworten. Berlin 1983, S. 97–121.
*Albrecht, Ulrich*: Die internationale Regelung der Wiedervereinigung. Von einer »Nowin«-Situation zum raschen Erfolg. In: *Aus Politik und Zeitgeschichte*, Nr. B40/1996, S. 3–11.
*Altenhof, Ralf/Eckhard Jesse*: Das wiedervereinigte Deutschland. Zwischenbilanz und Perspektiven. München 1995.
*Altenhof, Ralf*: Versagen nicht nur im Osten – Die Haltung des Westens gegenüber der DDR. In: *Deutschland Archiv*, Nr. 6/1992, S. 633–636.
*Ammer, Thomas*: Sowjetische Soldaten in Deutschland. Interview mit einem ehemaligen Offizier der Westgruppe der Sowjetischen Streitkräfte in Deutschland. In: *Deutschland Archiv*, Nr. 5/1992, S. 513–519.
*Andersen, Uwe/Wichard Woyke* (Hrsg.): Handwörterbuch des politischen Systems der Bundesrepublik Deutschland. 2. Auflage, Bonn 1995.

*Anderson, Christopher/Karl Kaltenthaler/Wolfgang Luthardt* (Hrsg.): The Domestic Politics of German Unification. London 1993.
*Andert, Reinhold/Wolfgang Herzberg*: Der Sturz. Erich Honecker im Kreuzverhör. 3. Auflage, Berlin, Weimar 1991.
*Andert, Reinhold*: Unsere Besten. Die VIPs der Wendezeit. Berlin 1993.
*Anweiler, Oskar* u. a. (Hrsg.): Osteuropa und die Deutschen. Vorträge zum 75. Jubiläum der Deutschen Gesellschaft für Osteuropakunde. Berlin 1990.
*Apel, Hans*: Der Abstieg. Politisches Tagebuch eines Jahrzehnts. München 1991.
*Arbatow, Georgij*: Das System. Ein Leben im Zentrum der Sowjetpolitik. Frankfurt/M. 1994.
*Armstrong, David/Erik Goldstein* (Hrsg.): The End of the Cold War. London 1990.
*Arndt, Claus*: Wiedervereinigung und Ostgrenzen Deutschlands. In: *Zeitschrift für Rechtspolitik*, Nr. 10/1989, S. 366–367.
*Arnold, Eckart*: German Foreign Policy and Unification. In: *International Affairs* (London), Nr. 6/1991, S. 452–471.
*Arnold, Heinz Ludwig/Frauke Meyer-Gosau* (Hrsg.): Die Abwicklung der DDR. Göttingen 1992.
*Arnold, Karl-Heinz*: Die ersten hundert Tage des Hans Modrow. Berlin 1990.
*Asholt, Wolfgang*: Frankreich, Deutschland und das Gleichgewichtsdenken. Rückblick auf einige Lehren der jüngsten Vergangenheit. In: *Dokumente*, Nr. 3/1992, S. 199–204.
*Asholt, Wolfgang/Heinz Thoma* (Hrsg.): Frankreich – ein unverstandener Nachbar. Bonn 1990.
*Asholt, Wolfgang/Ingo Kolboom*: Frankreich und das vereinte Deutschland. Ein Rückblick nach vorn. In: *Europa-Archiv*, Nr. 7/1992, S. 179–186.
*Asmus, Ronald D.*: Deutsche Strategie und öffentliche Meinung nach dem Fall der Mauer 1990–1993. Strategy and Opinion after the Wall 1990–1993. Santa Monica/CA 1994.
*Asmus, Ronald D.*: A united Germany. In: *Foreign Affairs*, Nr. 2/1990, S. 63–76.
*Asmus, Ronald D.*: Deutschland im Übergang. Nationales Selbstvertrauen und internationale Zurückhaltung. In: *Europa-Archiv*, Nr. 8/1992, S. 199–211.
*Asmus, Ronald D./James F. Brown/Keith Crane*: Soviet Foreign Policy and the Revolutions of 1989 in Eastern Europe. Santa Monica/CA 1991.
*Attali, Jacques*: Europe(s). Paris 1994.
*Attali, Jacques*: Verbatim III. 1988–1991. Paris 1995.
*Aus dem Archiv Gorbatschow:* Brandt-Gorbatschow (Gespräch vom 17. Oktober 1989 in Moskau). In: *Swobodnaja Mysl*, Nr. 17/1992, S. 22–29.
*Auswärtiges Amt* (Hrsg.): Sicherheit und Zusammenarbeit in Europa. Dokumentationen zum KSZE-Prozeß. 6. erneuerte Auflage, Bonn 1984.
*Auswärtiges Amt* (Hrsg.): 40 Jahre Außenpolitik der Bundesrepublik Deutschland. Dokumentation. Stuttgart 1989.
*Auswärtiges Amt* (Hrsg.): Umbruch in Europa. Die Ereignisse im 2. Halbjahr 1989. Eine Dokumentation. Bonn 1990.
*Auswärtiges Amt* (Hrsg.): Deutsche Außenpolitik 1990/1991. Auf dem Weg zu einer europäischen Friedensordnung. Eine Dokumentation. Bonn 1991.
*Auswärtiges Amt* (Hrsg.): »2+4«. Die Verhandlungen über die äußeren Aspekte der Herstellung der deutschen Einheit. Eine Dokumentation. 2. Auflage, Bonn 1993.
*Auswärtiges Amt* (Hrsg.): Außenpolitik der Bundesrepublik Deutschland. Dokumente von 1949 bis 1994. Bonn 1995.
*Axen, Hermann*: Ich war ein Diener der Partei. Autobiographische Gespräche mit Harald Neubert. Berlin 1996.
*Ayache, Georges/Pascal Lorot*: La conquête de l'Est. Les atouts de la France dans le nouvel ordre mondial. Paris 1991.

*Baczkowski Krzysztof/Józef Buszko/Erhard Cziomer/Andrzej Pilch*: Deutschland und die deutsche Frage in der polnischen Geschichtsschreibung im 19. und 20. Jahrhundert. In: *Aus Politik und Zeitgeschichte*, Nr. B 14/1987, S. 18–28.
*Bader, Werner*: Links und rechts von Oder und Neiße. Eine Region mit europäischer Zukunft. In: *Deutschland Archiv*, Nr. 2/1992, S. 120–122.
*Bahr, Egon*: Sicherheit für und vor Deutschland. Vom Wandel durch Annäherung zur Europäischen Sicherheitsgemeinschaft. München, Wien 1991.
*Bahr, Egon*: Zu meiner Zeit. München 1996.
*Bahr, Egon*: Entspannung ist unsere einzige Chance. In: Ulrich Albrecht u. a. (Hrsg.): Deutsche Fragen – Europäische Antworten. Berlin 1983, S. 76–93.
*Bahr, Hans-Eckehard*: Von der Armee zur europäischen Friedenstruppe. München 1990.
*Bahrmann, Hannes*: Chronik der Wende. Bd. 1: Die DDR zwischen 7. Oktober und 18. Dezember 1989. Berlin 1994.
*Bahrmann, Hannes/Christoph Links*: Wir sind das Volk. Die DDR im Aufbruch. Eine Chronik. Wuppertal 1990.
*Bahrmann, Hannes/Christoph Links*: Chronik der Wende. Bd. 2: Stationen der Einheit. Die letzten Monate. Berlin 1995.
*Bailey-Wiebecke, Ilka*: Die Europäische Gemeinschaft und der Rat für Gegenseitige Wirtschaftshilfe. Multilaterale Diplomatie oder Blockpolitik. Bern u. a. 1989.
*Bajohr, Walter* (Hrsg.): Das Erbe der Diktatur. Bonn 1992.
*Baker, James A.*: Drei Jahre, die die Welt veränderten. Erinnerungen. Berlin 1996.
*Baker, James A.*: Points of Mutual Advantage. Perestroika and American Foreign Policy. In: Frederic J. Fleron/Erik P. Hoffmann/Robbin F. Laird (Hrsg.): Soviet Foreign Policy. Classic and contemporary Issues. New York 1991, S. 809–818.
*Bald, Detlef* (Hrsg.): Die Nationale Volksarmee. Beiträge zu Selbstverständnis und Geschichte des deutschen Militärs von 1945–1990. Baden-Baden 1992.
*Bald, Detlef* (Hrsg.): Nationale Volksarmee – Armee für den Frieden. Beiträge zu Selbstverständnis und Geschichte des deutschen Militärs 1945–1990. Baden-Baden 1995.
*Bald, Detlef*: Zum außen- und sicherheitspolitischen Grundgesetz der deutschen Staaten. Der völkerrechtliche Rahmen der 2 plus 4 Verhandlungen. In: *S+F. Vierteljahresschrift für Sicherheit und Frieden*, Nr. 2/1990, S. 59–65.
*Barcz, Jan*: Udzial Polski w konferencji »2+4«. Aspekty prawne i proceduralne. Warschau 1994.
*Baring, Arnulf* (Hrsg.): Germany's new Position in Europe. Problems and Perspectives. Oxford 1994.
*Barth, Bernd-Rainer* u. a. (Hrsg.): Wer war Wer in der DDR? Ein biographisches Handbuch. Erweiterte und aktualisierte Auflage, Frankfurt/M. 1995.
*Bartoszewski, Wladyslaw*: Eine polnische Stimme. In: *Die politische Meinung*, Nr. 243/1989, S. 19–23.
*Bartoszewski, Wladyslaw*: Es lohnt sich, anständig zu sein. Meine Erinnerungen. Mit der Rede zum 8. Mai. Mit einem Nachwort herausgegeben von Reinhold Lehmann. 2. Auflage Freiburg 1995.
*Bartsch, Sebastian*: Die alliierte Truppenpräsenz und die sicherheitspolitischen Aspekte der deutschen Vereinigung aus der Sicht der DDR. In: *Deutschland Archiv*, Nr. 1/1994, S. 42–57.
*Bartsch, Sebastian/Axel Sauder*: Die rechtlichen Grundlagen der ausländischen Truppenstationierung in Deutschland im Wandel der politischen Rahmenbedingungen. In: Gunther Hellmann (Hrsg.): Alliierte Präsenz und deutsche Einheit. Die politischen Folgen militärischer Macht. Baden-Baden 1994, S. 47–89.
*Basler, Gerhard*: Die »Herbstrevolution« und die Ost-West-Beziehungen der DDR. In: *Europa-Archiv*, Nr. 1/1990, S. 13–18.

*Bauer, Harald*: Frankreichs Sicherheitspolitik und das geteilte Deutschland 1980-1985. Zwischen Kontrolle, Kooperation und Abhängigkeiten. Berlin 1987.
*Baumann, Eleonore* (Hrsg.): Der Fischer-Weltalmanach. Sonderband DDR. Frankfurt/M. 1990.
*Baumgartner, Gabriele/Dieter Hebig* (Hrsg.): Biographisches Handbuch der SBZ/DDR 1945-1990. 2 Bde. München u. a. 1997.
*Baun, Michael J.*: The Maastricht Treaty as High Politics. Germany, France and European Integration. In: *Political Science Quarterly*, Nr. 4/1995-96, S. 605-624.
*Bayerische Landeszentrale für politische Bildungsarbeit* (Hrsg.): Dokumente zu Deutschland 1944-1994. München 1996.
*Becker, Johannes M.*: Ein Land geht in den Westen. Die Abwicklung der DDR. Bonn 1991.
*Becker, Josef* (Hrsg.): Wiedervereinigung in Mitteleuropa. Außen- und Innenansichten zur staatlichen Einheit Deutschlands. München 1992.
*Bedarff, Hildegard*: Die Viererrunden. Zum Bedeutungswandel multilateraler Koordinationsgremien zwischen westlichen Siegermächten und der Bundesrepublik. In: *Zeitschrift für Parlamentsfragen*, Nr. 4/1991, S. 555-567.
*Behnen, Peter*: Revolution in der DDR. Hannover 1990.
*Beise, Marc*: Die DDR und die Europäische Gemeinschaft. Vertiefte EG-Beziehungen als Vorstufe zur deutschen Einheit? In: *Europa-Archiv*, Nr. 4/1990, S. 149-158.
*Beker, Avid/Simona Kedmi*: German Unification. A Jewish-Israeli Perspective. Jerusalem 1991.
*Bellers, Jürgen* (Hrsg.): »Innen« und »Außen« in der europäischen Geschichte. Münster 1992.
*Ben-Ari, Jitzhak*: Israel und die Bundesrepublik. Eine Bilanz besonderer Beziehungen. In: *Aus Politik und Zeitgeschichte*, Nr. B15/1990, S. 3-7.
*Bender, Karl-Heinz*: Mitterrand und die Deutschen. Die Wiedervereinigung der Karolinger. Bonn 1995.
*Bender, Karl-Heinz*: Das Deutschlandbild Mitterrands. Poesie und Politik. Feste Grundsätze im Wandel des Rollenbildes. In: *Dokumente*, Nr. 3/1984, S. 202-214.
*Bender, Karl-Heinz*: »Das gleiche Bündnis und die gleiche Zukunft«. Zum Deutschlandbild von François Mitterrand. In: *Dokumente*, Nr. 3/1988, S. 183-190.
*Bender, Peter* [1989a]: Deutsche Parallelen. Anmerkungen zu einer gemeinsamen Geschichte zweier getrennter Staaten. Berlin 1989.
*Bender, Peter* [1989b]: Neue Ostpolitik. Vom Mauerbau bis zum Moskauer Vertrag. 2. Auflage, München 1989.
*Bender, Peter*: Unsere Erbschaft. Was war die DDR - was bleibt von ihr? Hamburg 1992.
*Bender, Peter* [1995a]: Die »Neue Ostpolitik« und ihre Folgen. Vom Mauerbau bis zur Vereinigung. München 1995.
*Bender, Peter*: Episode oder Epoche? Zur Geschichte des geteilten Deutschland. München 1996.
*Bender, Peter* [1990a]: 20 Jahre Warschauer Vertrag. In: *Neue Gesellschaft/Frankfurter Hefte*, Nr. 12/1990, S. 1069-1074.
*Bender, Peter* [1990b]: Über der Nation steht Europa. Die Lösung der deutschen Frage. In: *Merkur*, Nr. 5/1990, S. 366-375.
*Bender, Peter*: War der Weg zur deutschen Einheit vorhersehbar? Charles de Gaulle - Realist und Prophet. In: *Deutschland Archiv*, Nr. 3/1991, S. 258-262.
*Bender, Peter* [1995b]: Die Öffnung der Berliner Mauer am 9. November 1989. In: Johannes Willms (Hrsg.): Der 9. November. Fünf Essays zur deutschen Geschichte. München 1995, S. 66-82.
*Bennsdorf, Ulrich*: Die Bodenpolitik der DDR aus legislativer Sicht. In: *Deutschland Archiv*, Nr. 10/1995, S. 1064-1073.

*Bentzien, Joachim F*: Die Ablösung der alliierten Vorbehaltsrechte. In: *Recht in Ost und West. Zeitschrift für Rechtsvergleichung und innerdeutsche Probleme* 1991, S. 386–393.
*Benz, Wolfgang*: Die Gründung der Bundesrepublik. Von der Bizone zum souveränen Staat. 4. Auflage, München 1994.
*Berg, Heino/Peter Burmeister* (Hrsg.): Mitteleuropa und die deutsche Frage. Bremen 1990.
*Bergmann-Pohl, Sabine*: Abschied ohne Tränen. Rückblick auf das Jahr der Einheit. Aufgezeichnet von Dietrich von Thadden. Berlin, Frankfurt/M. 1991.
*Bergsdorf, Wolfgang*: Deutschland im Streß. Politische und gesellschaftliche Herausforderungen nach der Wende. München, Landsberg/Lech 1993.
*Bergsdorf, Wolfgang*: Wer will die Deutsche Einheit? Wie sich die Meinungen im In- und Ausland entwickelten. In: *Die politische Meinung*, Nr. 248/1990, S. 13–19.
*Bertelsmann-Stiftung* (Hrsg.): Die Vollendung des Europäischen Währungssystems. Ergebnisse einer Fachtagung. Gütersloh 1989.
*Bertram, Christoph*: The German Question. In: *Foreign Affairs*, Nr. 2/1990, S. 45–62.
*Beschloss, Michael R./Strobe Talbott*: Auf höchster Ebene. Das Ende des Kalten Krieges und die Geheimdiplomatie der Supermächte 1989–1991. Düsseldorf u. a. 1993.
*Bettzuege, Reinhard*: Hans-Dietrich Genscher – Eduard Schewardnadse. Das Prinzip Menschlichkeit. Bergisch Gladbach 1994.
*Bewersdorf, Katja*: Der Beitrag des Ministeriums für Auswärtige Angelegenheiten zur DDR-Außenpolitik der Regierung de Maizière/Meckel. Rahmenbedingungen, Leitlinien, Umsetzung. Mainz 1995 (unveröffentlichtes Manuskript).
*Beyme, Klaus von*: The legitimation of German Unification between national and democratic principles. In: *German Politics and Society*, Nr. 22/1991, S. 1–17.
*Bierling, Stephan*: Wirtschaftshilfe für Moskau. Motive und Stragegien der Bundesrepublik Deutschland und der USA 1990–1996. Paderborn u. a. 1998.
*Bierling, Stephan*: Political and social Aspects of German Unification. Political Process and Voting Behavior. In: Kim Dalchoong u. a. (Hrsg.): The Disintegration of the Soviet Union and its Impact on Korea and Germany, Seoul 1993, S. 159–171.
*Bierling, Stephan/Dieter Grosser/Beate Neuss* (Hrsg.): Bundesrepublik und DDR 1969–1990. Stuttgart 1996.
*Biermann, Rafael*: Zwischen Kreml und Kanzleramt. Wie Moskau mit der deutschen Einheit rang. Paderborn u. a. 1997.
*Biermann, Rafael* [1998a]: Moskau und die deutsche Wiedervereinigung. Zwei Interviews. In: *Osteuropa-Archiv*, Nr. 3/1998, S. A99-A111.
*Biermann, Rafael* [1998b]: Was Genscher mit Deutschland vorhatte. In: *Die Politische Meinung*, Nr. 338/1998, S. 49–61.
*Bingen, Dieter*: Deutsche und Polen. Paradigmenwechsel in Warschau 1985–1989. Köln 1989.
*Bingen, Dieter*: Deutschland und Polen in Europa. Probleme, Verträge und Perspektiven. Köln 1991.
*Bingen, Dieter*: Aspekte von Wandel und Kontinuität im polnischen politischen Denken über Deutschland von 1966 bis 1991. Krakau 1993.
*Bingen, Dieter/Janusz Józef Wec*: Die Deutschlandpolitik Polens 1945–1991. Von der Status-Quo-Orientierung bis zum Paradigmenwechsel. Krakau 1993.
*Birke, Adolf M.*: Großbritannien und die deutsche Einheit. Coburg 1991.
*Bischof, Henrik u. a.*: Der künftige sicherheitspolitische Status Deutschlands. Probleme und Perspektiven der »2+4«-Gespräche (Friedrich-Ebert-Stiftung, Kurzpapier des Arbeitsbereichs »Außenpolitikforschung/Sicherheit und Abrüstung«, Nr. 42). Bonn Juni 1992.
*Bitterlich, Joachim*: In memoriam Werner Rouget. Frankreichs (und Europas) Weg nach Maastricht im Jahr der deutschen Einheit (1989/1990). In: Werner Rouget: Schwie-

rige Nachbarschaft am Rhein. Frankreich-Deutschland. Herausgegeben von Joachim Bitterlich und Ernst Weisenfeld. Bonn 1998, S. 112-123.
*Blacker, Coit D.*: Hostage to Revolution. Gorbachev and Soviet Security Policy. 1985-1991. New York 1993.
*Blackwill, Robert D.*: Deutsche Vereinigung und amerikanische Diplomatie. In: *Aussenpolitik*, Nr. 3/1994, S. 211-225.
*Blanke, Thomas/Rainer Erd* (Hrsg.): DDR – ein Staat vergeht. Frankfurt/M. 1990.
*Blohm, Frank/Wolfgang Herzberg* (Hrsg.): »Nichts wird mehr so sein, wie es war«. Zur Zukunft der beiden deutschen Republiken. Frankfurt/M. 1990.
*Blumenwitz, Dieter* [1989a]: Denk ich an Deutschland. Antworten auf die deutsche Frage. München 1989.
*Blumenwitz, Dieter* [1989b]: Was ist Deutschland? Staats- und völkerrechtliche Grundsätze zur deutschen Frage und ihre Konsequenzen für die deutsche Ostpolitik. Bonn 1989.
*Blumenwitz, Dieter* [1990b]: Die Überwindung der deutschen Teilung und die Vier Mächte. Berlin 1990.
*Blumenwitz, Dieter* [1990a]: Europäische Integration und deutsche Wiedervereinigung. Aktuelle Fragen nach dem Zehn-Punkte-Programm und dem Straßburger Gipfel. In: *Zeitschrift für Politik*, Nr. 1/1990, S. 1-19.
*Blumenwitz, Dieter* [1990c]: Der Vertrag vom 12. September 1990 über die abschließende Regelung in bezug auf Deutschland. In: *Neue Juristische Wochenschrift*, Nr. 48/1990, S. 3041-3048.
*Blumenwitz, Dieter/Boris Meissner* (Hrsg.): Staatliche und nationale Einheit Deutschlands – ihre Effektivität. Köln 1984.
*Blumenwitz, Dieter/Boris Meissner* (Hrsg.): Die Überwindung der europäischen Teilung und die deutsche Frage. Köln 1986.
*Blumenwitz, Dieter/Gottfried Zieger* (Hrsg.) [1989a]: Die deutsche Frage im Spiegel der Parteien. Köln 1989.
*Blumenwitz, Dieter/Gottfried Zieger* (Hrsg.) [1989b]: 40 Jahre Bundesrepublik Deutschland. Verantwortung für Deutschland. Köln 1989.
*Bohn, Helmut*: Als die Mauer durchbrochen wurde. Die Deutsche Frage in der internationalen Karikatur. In: *Beiträge zur Konfliktforschung*, Nr. 1/1990, S. 87-118.
*Bohse, Reinhard* (Hrsg.): Jetzt oder nie – Demokratie. Leipziger Herbst '89. Neues Forum Leipzig, mit einem Vorwort von R. Heinrich. München 1990.
*Boidevaix, Serge*: Die deutsche Frage aus europäischer Sicht. Der französische Standpunkt zur europäischen Sicherheit und zur deutschen Frage. (Friedrich-Ebert-Stiftung, Vortrag im Arbeitsbereich »Deutschlandpolitisches wissenschaftliches Forum«). Bonn 17. Oktober 1989.
*Bolaffi, Angelo*: Die schrecklichen Deutschen. Eine merkwürdige Liebeserklärung. Berlin 1995.
*Boll, Michael M.*: Superpower Diplomacy and German Unification: The Insiders' Views. In: *Parameters*, Winter 1996-97, S. 109-121.
*Borkenhagen, Franz H. U.*: Eine neue Sicherheitspolitik – Chancen für Europa. In: *Aus Politik und Zeitgeschichte*, Nr. B36/1990, S. 13-22.
*Bortfeldt, Heinrich*: Washington – Bonn – Berlin. Die USA und die deutsche Einheit. Bonn 1993.
*Bortfeldt, Heinrich*: 15. Jahreskonferenz der German Studies Association. In: *Deutschland Archiv*, Nr. 1/1992, S. 85-86.
*Bortfeldt, Heinrich*: Die Vereinigten Staaten und die deutsche Einheit. Amerikanische Sondierungen im Herbst 1989. In: Klaus Larres/Torsten Oppelland (Hrsg.): Deutschland und die USA im 20. Jahrhundert. Geschichte der politischen Beziehungen. Darmstadt 1997, S. 256-276.

*Bothe, Michael*: Deutschland als Rechtsproblem. In: Hans-Jürgen Schröder (Hrsg.) Die Deutsche Frage als internationales Problem. Stuttgart 1990, S. 39-69.
*Bracher, Karl-Dietrich/Manfred Funke/Hans-Peter Schwarz* (Hrsg.): Deutschland zwischen Krieg und Frieden. Beiträge zur Politik und Kultur im 20. Jahrhundert. Festschrift für Hans-Adolf Jacobsen. Düsseldorf 1991.
*Bradley, Catherine/John Bradley*: Germany. The Reunification of a Nation. London 1992.
*Braitling, Petra/Walter Reese-Schäfer*: Universalismus, Nationalismus und die neue Einheit der Deutschen. Philosophen und die Politik. Frankfurt/M. 1991.
*Brand, Christoph-Matthias*: Souveränität für Deutschland. Grundlagen, Entstehungsgeschichte und Bedeutung des Zwei-plus-Vier-Vertrages vom 12. September 1990. Köln 1993.
*Brandenburg, Ulrich*: Die »Freunde« ziehen ab. Sowjetische und post-sowjetische Truppen in Deutschland. In: *Aussenpolitik*, Nr. 1/1993, S. 76-87.
*Brandenburger Verein für politische Bildung »Rosa Luxemburg«* (Hrsg.): 9. November. Nachbetrachtungen zur Grenzöffnung. 2 Bde. Potsdam 1994.
*Brandenburger Verein für politische Bildung »Rosa Luxemburg«* (Hrsg.): Der Fall der Mauer – das ungeklärte Mysterium. Materialien einer Podiumsdiskussion. Potsdam 1995.
*Brandt, Peter/Detlef Lehnert*: Die »Deutsche Frage« in der europäischen Geschichte und Gegenwart. In: Ulrich Albrecht u. a. (Hrsg.): Deutsche Fragen – Europäische Antworten. Berlin 1983, S. 19-41.
*Brandt, Willy*: Begegnungen und Einsichten. Die Jahre 1960-1975. Hamburg 1976.
*Brandt, Willy*: Erinnerungen. Frankfurt/M. 1989.
*Brandt, Willy*: ...was zusammengehört. Reden zu Deutschland. Bonn 1990.
*Brauns, Hans-Joachim*: Wiedervereinigung und europäische Integration. Frankfurt/M. 1990.
*Bredow, Wilfried von*: Der KSZE-Prozeß. Von der Zähmung bis zur Auflösung des Ost-West-Konflikts. Darmstadt 1992.
*Bredow, Wilfried von/Thomas Jäger*: Neue deutsche Außenpolitik. Nationale Interessen in internationalen Beziehungen. Opladen 1993.
*Bredow, Wilfried von/Thomas Jäger*: Die Außenpolitik Deutschlands. Alte Herausforderungen und neue Probleme. In: *Aus Politik und Zeitgeschichte*, Nr. B1-2/1991, S. 27-38.
*Breitenstein, Rolf*: Die gekränkte Nation. Geschichte und Zukunft der Deutschen in Europa. München 1996.
*Brenner, Stefan*: Die Entwicklung der Frage der Bündniszugehörigkeit eines wiedervereinigten Deutschlands von der Maueröffnung bis zum Treffen von Michail Gorbatschow und Helmut Kohl in Schelesnowodsk unter besonderer Berücksichtigung der sowjetischen Position. Egelsbach u. a. 1992.
*Breslauer, George W.*: Evaluating Gorbachev as Leader. In: Dallin, Alexander/Gail W. Lapidus (Hrsg.): The Soviet System. From Crisis to Collapse. Boulder, San Francisco, Oxford 1995, S. 160-189.
*Brigot, André*: Frankreich und Europa. In: *Aus Politik und Zeitgeschichte*, Nr. B42/1994, S. 34-38.
*Brown, James F.*: Surge to freedom. The End of Communist Rule in Eastern Europe. Durham/NC 1991.
*Bruck, Elke*: Französische Deutschlandbilder und deutsche Frage. Perzeptionen vor, während und seit der Vereinigung. In: *Revue d'Allemagne et des Pays de langue allemande*, Nr. 4/1996, S. 605-618.
*Bruck, Elke/Peter M. Wagner* (Hrsg.) [1996a]: Wege zum »2+4«-Vertrag. Die äußeren Aspekte der deutschen Einheit. München 1996.
*Bruck, Elke/Peter M. Wagner* [1996b]: »Die deutsche Einheit und ich«. Die internationalen Aspekte des Vereinigungsprozesses 1989/90 in Lebensbeschreibungen. In: *Zeitschrift für Politik*, Nr. 2/1996, S. 208-224.

*Bruck, Elke/Peter M. Wagner*: Bauen am eigenen Denkmal. In: *Die politische Meinung*, Nr. 333/1997, S. 15–23.
*Bruns, Wilhelm*: Die Außenpolitik der DDR. Berlin 1985.
*Bruns, Wilhelm*: Von der Deutschlandpolitik zur DDR-Politik. Opladen 1988.
*Bruns, Wilhelm* [1990c]: Von der Koexistenz über die Vertragsgemeinschaft zur Konföderation? (Friedrich-Ebert-Stiftung, Kurzpapier des Arbeitsbereichs »Außenpolitik- und DDR-Forschung«, Nr. 35). Bonn Januar 1990.
*Bruns, Wilhelm* [1990d]: Die äußeren Aspekte der deutschen Einigung (Friedrich-Ebert-Stiftung, Studie des Arbeitsbereichs »Außenpolitik- und DDR-Forschung«, Nr. 40). Bonn 1990.
*Bruns, Wilhelm*: Die Entwicklung der Vertrauens- und Sicherheitsbildenden Maßnahmen von 1954 bis 1986. In: Hans Günter Brauch (Hrsg.): Vertrauensbildende Maßnahmen und europäische Abrüstungskonferenz. Gerlingen 1986, S. 77–104.
*Bruns, Wilhelm*: Die Außenpolitik der DDR. In: Wichard Woyke (Hrsg.): Netzwerk Weltpolitik. Großmächte, Mittelmächte und Regionen und ihre Außenpolitik nach dem Zweiten Weltkrieg. Opladen 1989, S. 249–272.
*Bruns, Wilhelm* [1990b]: Auf der Suche nach einem neuen UNO-Profil. Die DDR auf der 44. UNO-Generalversammlung. In: *Deutschland Archiv*, Nr. 5/1990, S. 722–726.
*Bruns, Wilhelm* [1990a]: Die Regelung der äußeren Aspekte der deutschen Einigung. In: *Deutschland Archiv*, Nr. 11/1990, S. 1726–1732.
*Bruns, Wilhelm* [1991b]: Von den Uneinigen zum vereinten Deutschland. Zur 45. UNO-Generalversammlung. In: *Deutschland Archiv*, Nr. 6/1991, S. 584–587.
*Bruns, Wilhelm* [1991a]: Deutschlands Suche nach einer neuen außenpolitischen Rolle. In: *Deutschland Archiv*, Nr. 7/1991, S. 715–717.
*Buch, Günther*: Namen und Daten wichtiger Personen der DDR. 4. Auflage, Bonn 1987.
*Buda, Dirk*: Ostpolitik à la française. Frankreichs Verhältnis zur UdSSR von de Gaulle zu Mitterrand. Marburg 1990.
*Bulla, Marcel*: Zur Außenpolitik der DDR. Bestimmungsfaktoren, Schlüsselbegriffe, Institutionen und Entwicklungstendenzen. Melle 1988.
*Bullard, Julian*: Die britische Haltung zur deutschen Wiedervereinigung. In: Josef Becker (Hrsg.): Wiedervereinigung in Mitteleuropa. Außen- und Innenansichten zur staatlichen Einheit Deutschlands. München 1992, S. 27–42.
*Bund Sozialistischer Arbeiter* (Hrsg.): Das Ende der DDR. Eine politische Autopsie. Essen 1992.
*Bundesministerium des Inneren* (Hrsg.): Materialen zur Deutschen Einheit und zum Aufbau in den neuen Bundesländern (Bundesdrucksache 13/2280). Bonn 1995.
*Bundesministerium des Inneren* (Hrsg.): Dokumente zur Deutschlandpolitik. II. Reihe, Bd. 3. München 1997.
*Bundesministerium für Gesamtdeutsche Fragen* (Hrsg.): Dokumente zur Deutschlandpolitik. III. Reihe, Bd. 1: 5. Mai bis 31. Dezember 1955. Bonn/Berlin 1961.
*Bundesministerium für innerdeutsche Beziehungen* (Hrsg.): Zehn Jahre Deutschlandpolitik. Die Entwicklung der Beziehungen zwischen der Bundesrepublik Deutschland und der Deutschen Demokratischen Republik 1967–1979. Bericht und Dokumentation. Bonn 1980.
*Bundesministerium für innerdeutsche Beziehungen* (Hrsg.): DDR-Handbuch, 2 Bde., Köln 1985.
*Bundesministerium für innerdeutsche Beziehungen* (Hrsg.) [1988a]: Auskünfte zur Deutschlandpolitik A–Z. Bonn 1988.
*Bundesministerium für innerdeutsche Beziehungen* (Hrsg.) [1988b]: Informationsangebot zur Deutschen Frage. 4. Auflage, Bonn 1988.
*Bundesministerium für innerdeutsche Beziehungen* (Hrsg.): Deutschlandpolitische Bilanz 1988. Zahlen, Daten, Fakten. Bonn 1989.

*Bundesministerium für innerdeutsche Beziehungen* (Hrsg.): Texte zur Deutschlandpolitik. Reihe III, Bd. 7: 1989. Bonn 1990.
*Bundesministerium für innerdeutsche Beziehungen* (Hrsg.): Texte zur Deutschlandpolitik. Reihe III, Bd. 8a: 1990. Bonn 1991.
*Bundesrat* (Hrsg.): Deutschlandpolitische Debatte im Bundesrat am 21. Dezember 1989. Reden und Aufsätze. Bonn 1990.
*Bundeszentrale für politische Bildung* (Hrsg.): EWG-Vertrag. Grundlage der Europäischen Gemeinschaft. Text des EWG-Vertrages und der ergänzenden Bestimmungen nach dem Stand vom 1. Juli 1987. Bearbeitet und eingeleitet von Thomas Läufer. 2. Auflage, Bonn 1987.
*Burke, Justin*: The physical Wall is gone, but a mental Wall remains. In: *Transition*, Nr. 3/1996, S. 5–8.
*Burley, Anne-Marie*: The once and future German Question. In: *Foreign Affairs*, Nr. 5/1989, S. 65–83.
*Bush, George H. W./Brent Scowcroft:* A World Transformed. New York 1998.

*Caello, David P.* u. a.: Geteiltes Land – halbes Land? Essays über Deutschland. Frankfurt/M., Berlin 1986.
*Calließ, Jörg* (Hrsg.): »... geht nicht allein die Deutschen an«. Die deutsche Einheit als europäische Frage. Rehburg-Loccum 1991.
*Calließ, Jörg* (Hrsg.): Getrennte Vergangenheit – Gemeinsame Geschichte. Zur historischen Orientierung im Einigungsprozeß. Rehburg-Loccum 1992.
*CDU-Bundesgeschäftsstelle* (Hrsg.): Bundeskanzler Dr. Helmut Kohl. Empfang zum 60. Geburtstag. Reden. Bonn 1990.
*Cerný, Jochen* (Hrsg.): Wer war wer – DDR. Ein biographisches Lexikon. Berlin 1992.
*Chevènement, Jean-Pierre*: La France et la sécurité de l'Europe. In: *Politique étrangère*, Nr. 3/1990, S. 525–531.
*Chirac, Jacques*: L'après-Yalta. In: *Politique étrangère*, Nr. 4/1989, S. 743–754.
*Cipkowski, Peter*: Revolution in Eastern Europe. Understanding the Collapse of Communism in Poland, Hungary, East Germany, Czechoslovakia, Romania and the Soviet Union. New York u. a. 1991.
*Clark, Alan*: Diaries. London 1994.
*Clarke, Michael*: British external Policy making in the 1990s. Washington/DC 1992.
*Clemens, Clay*: CDU Deutschlandpolitik and Reunification 1985–1989. Washington/DC 1992.
*Clemens, Clay*: Paradigm or Paradox? Helmut Kohl and political Leadership in Germany. Paper for the nineteenth annual Conference of the German Studies Association. Chicago, 21.–24. September 1995.
*Cohen, Samy*: La Monarchie nucléaire. Les coulisses de la politique extérieure sous la Ve République. Paris 1986.
*Cohen, Samy*: Diplomatie. Le syndrome de la présidence omnisciente. In: *Esprit*, September 1990, S. 55–66.
*Coker, Christopher*: At the Birth of the Fourth Reich? The British Reaction. In: *The Political Quarterly*, Nr. 3/1990, S. 278–284.
*Cole, Alistair*: François Mitterrand. A Study in political Leadership. London, New York 1994.
*Cole, Alistair*: Looking on: France and the New Germany. In: *German Politics*, Nr. 3/1993, S. 358–376.
*Committee on Foreign Affairs* (Hrsg.): Soviet Diplomacy and Negotiating Behavior – 1988–90. Gorbachev-Reagan-Bush Meetings at the Summit. Washington/DC April 1991.

*Cordell, Karl*: Soviet Attitudes toward the German Democratic Republic. In: *The political Quarterly*, Nr. 3/1990, S. 285-298.
*Craig, Gordon A.*: Die Chequers-Affäre von 1990. Beobachtungen zum Thema Presse und internationale Beziehungen. In: *Vierteljahrshefte für Zeitgeschichte*, Nr. 4/1991, S. 611-623.
*Craig, Gordon A.*: Did Ostpolitik work? The Path to German Reunification. In: *Foreign Affairs*, Nr. 1/1994, S. 162-167.
*Crow, Suzanne*: The Changing Soviet View of German Unification. In: Report on the USSR, hrsg. von Radio Liberty, 3.8. 1990.
*Czaplinski, Wladyslaw*: Die friedliche Regelung mit Deutschland. In: *Zeitschrift für Recht in Ost und West. Rechtsvergleichung und innerdeutsche Probleme*, Nr. 5/1991, S. 129-134.
*Czempiel, Ernst-Otto*: Weltpolitik im Umbruch. Das internationale System nach dem Ende des Ost-West-Konflikts. München 1993.
*Czempiel, Ernst-Otto*: Die Modernisierung der Atlantischen Gemeinschaft. In: *Europa-Archiv*, Nr. 8/1990, S. 275-286.

*Dahl, Robert A.*: After the Revolution? Authority in a good Society. New Haven u.a. 1990.
*Dahn, Daniela*: Westwärts und nicht vergessen. Vom Unbehagen in der Einheit. Berlin 1996.
*Dahrendorf, Ralf*: Betrachtungen über die Revolution in Europa. Stuttgart 1990.
*Dahrendorf, Ralf/François Furet/Bronislaw Geremek*: »Wohin steuert Europa?« Ein Streitgespräch. Frankfurt/M., New York 1993.
*Dallin, Alexander/Gail W. Lapidus* (Hrsg.): The Soviet System in Crisis. A Reader of Western and Soviet Views. Boulder/CO 1991.
*Dankert, Jochen*: Frankreich und der zweite deutsche Staat. Ein Rückblick aus der Sicht der DDR. In: *Dokumente*, Nr. 6/1990, S. 469-475.
*Dann, Otto* (Hrsg.): Die deutsche Nation. Geschichte – Probleme – Perspektiven. Vierow, Greifswald 1994.
*Darnton, Robert*: Der letzte Tanz auf der Mauer. Berliner Journal 1989-1990. München, Wien 1991.
*Daschitschew, Wjatscheslaw*: Soviet Policy and the German Unification (Paper for Presentation at the XVI. World Congress of the International Political Science Association, Berlin, 21. – 25. August 1994). Moskau 20. Juli 1994.
*Daschitschew, Wjatscheslaw*: Die sowjetische Deutschlandpolitik in den achtziger Jahren. In: *Deutschland Archiv*, Nr. 1/1995, S. 54-67.
*David, Charles-Philippe*: Who was the real George Bush? Foreign Policy Decision-Making under the Bush Administration. In: *Diplomacy and Statecraft*, Nr. 1/1996, S. 197-220.
*Davy, Richard* (Hrsg.): European Detente. A Reappraisal. London 1992.
*Davy, Richard*: Großbritannien und die Deutsche Frage. In: *Europa-Archiv*, Nr. 4/1990, S. 139-144.
*Dawydow, Jurij P./Dmitrij W. Trenin*: Die Haltung der Sowjetunion gegenüber der deutschen Frage. In: *Europa-Archiv*, Nr. 8/1990, S. 251-263.
*Deese, David A.*: The new Politics of American Foreign Policy. New York 1994.
*Deibel, Terry*: Bush's Foreign Policy. Mastery and Inaction. In: *Foreign Policy*, Spring 1991, S. 3-23.
*Delors, Jacques*: Das neue Europa. München u.a. 1993.
*Denitch, Bogdan*: The End of the Cold War. European Unity, Socialism and the Shift in Global Power. Minneapolis 1990.
*Deutscher Bundestag* (Hrsg.) [1990a]: Auf dem Weg zur deutschen Einheit I. Deutschlandpolitische Debatten im Deutschen Bundestag vom 28. November 1989 bis 8. März 1990. Bonn 1990.

*Deutscher Bundestag* (Hrsg.) [1990b]: Auf dem Weg zur deutschen Einheit II. Deutschlandpolitische Debatten im Deutschen Bundestag vom 30. März bis 10. Mai 1990. Bonn 1990.
*Deutscher Bundestag* (Hrsg.) [1990c]: Auf dem Weg zur deutschen Einheit III. Deutschlandpolitische Debatten im Deutschen Bundestag vom 23. Mai bis 21. Juni 1990. Bonn 1990.
*Deutscher Bundestag* (Hrsg.) [1990d]: Auf dem Weg zur deutschen Einheit IV. Deutschlandpolitische Debatten im Deutschen Bundestag vom 08. bis 23. August 1990. Bonn 1990.
*Deutscher Bundestag* (Hrsg.) [1990e]: Auf dem Weg zur deutschen Einheit V. Deutschlandpolitische Debatten im Deutschen Bundestag vom 5. bis zum 20. September 1990 mit Beratungen der Volkskammer der DDR zu dem Vertrag der Herstellung der Einheit Deutschlands. Bonn 1990.
*Deutscher Bundestag* (Hrsg.): Enquete-Kommission »Aufarbeitung von Geschichte und Folgen der SED-Diktatur in Deutschland«. 9 Bde. in 18 Teilbänden. Baden-Baden 1995.
*Deutscher Bundestag und Bundesrat* (Hrsg.): Verhandlungen des deutschen Bundestages. Stenographische Berichte und Drucksachen, 11. Wahlperiode. Bonn 1987–1990.
*Deutsch-Französisches Institut* (Hrsg.)[1988a]: Über die Freundschaft hinaus... Deutschfranzösische Beziehungen ohne Illusionen. Stuttgart 1988.
*Deutsch-Französisches Institut* (Hrsg.)[1988b]: Frankreich-Jahrbuch 1988. Politik, Wirtschaft, Gesellschaft, Geschichte, Kultur. Opladen 1988.
*Deutsch-Französisches Institut* (Hrsg.): Frankreich-Jahrbuch 1989. Politik, Wirtschaft, Gesellschaft, Geschichte, Kultur. Opladen 1989.
*Deutsch-Französisches Institut* (Hrsg.): Frankreich-Jahrbuch 1991. Politik, Wirtschaft, Gesellschaft, Geschichte, Kultur. Opladen 1991.
*Deutsch-Französisches Institut* (Hrsg.): Frankreich-Jahrbuch 1992. Politik, Wirtschaft, Gesellschaft, Geschichte, Kultur. Opladen 1992.
*Dickie, John*: Inside the Foreign Office. London 1992.
*Diekmann, Kai/Ralf Georg Reuth*: Helmut Kohl. Ich wollte Deutschlands Einheit. Berlin 1996.
*Diemer, Gebhard/Eberhard Kulst*: Kurze Chronik der deutschen Frage. 2. Auflage, München 1991.
*Diemer, Gebhard*: Kurze Chronik der Deutschen Frage. Mit den drei Verträgen zur Einigung Deutschlands. München 1990.
*Dienstbier, Jiří* [1991a]: Träumen von Europa. Berlin 1991.
*Dienstbier, Jiří*: Die Außenpolitik der Tschechoslowakei in einer neuen Zeit. Vorschläge zur wirtschaftlichen Gesundung Osteuropas. In: *Europa-Archiv*, Nr. 13–14/1990, S. 397–407.
*Dienstbier, Jiří* [1991b]: Central Europe's Security. In: *Foreign Policy*, Nr. 83/1991, S. 119–127.
*Diewald, Martin/Karl-Ulrich Mayer* (Hrsg.): Zwischenbilanz der Wiedervereinigung. Opladen 1996.
*Ditfurth, Christian von*: Blockflöten. Wie die CDU ihre realsozialistische Vergangenheit verdrängt. Köln 1991.
*Doernberg, Stefan*: Außenpolitik der DDR. Berlin (Ost) 1979.
*Doerr, Jürgen*: The Big Powers and the German Question 1941–1990. A selected bibliographical Guide. New York 1992.
*Dohnanyi, Klaus von*: Das deutsche Wagnis. Über die wirtschaftlichen und sozialen Folgen der Einheit. München 1990.
*Dokumente zum Konflikt um den deutsch-polnischen Vertrag*. In: *Blätter für deutsche und internationale Politik*, Nr. 6/1991, S. 760–764.

Dokumente zur deutschen Vereinigung. Der Verlauf der Zwei-Plus-Vier-Gespräche. In: *Europa-Archiv*, Nr. 19/1990, S. D491-506.
Dokumente zur Deutschlandpolitik. Deutsche Einheit. Sonderedition aus den Akten des Bundeskanzleramtes 1989/90. Bearbeitet von Hanns Jürgen Küsters und Daniel Hofmann. Herausgegeben vom *Bundesministerium des Innern* unter Mitwirkung des Bundesarchivs. München 1998.
*Dolan, Sean*: West Germany on the road to Reunification. New York, Philadelphia 1991.
*Dost, Axel/Bernd Hölzer*: EG-Integration der DDR - rechtliche und praktische Probleme. In: *Staat und Recht*, Nr. 8/1990, S. 672-678.
*Dowe, Dieter* (Hrsg.): Die Ost- und Deutschlandpolitik der SPD in der Opposition 1982-1989. Bonn 1993.
*Dowe, Dieter/Reiner Eckart* (Hrsg.): Von der Bürgerbewegung zur Partei. Die Gründung der Sozialdemokratie in der DDR. Bonn 1993.
*Dreher, Klaus*: Helmut Kohl. Leben mit Macht. Stuttgart 1998.
*Dreyfus, François-Georges*: Les Allemands entre l'est et l'ouest. Paris 1987.
Dringliche Aufforderung an Bundesregierung und Parteien. Klarstellung zur Oder-Neiße-Grenze. In: *Blätter für deutsche und internationale Politik*, Nr. 10/1989, S. 1268-1275.
*Druwe, Ulrich*: Das Ende der Sowjetunion. Krise und Auflösung einer Weltmacht. Weinheim, Basel 1991.
*Duchardt, Heinz*: In Europas Mitte. Deutschland und seine Nachbarn. Bonn 1988.
*Duhamel, Alain*: Les peurs françaises. Paris 1992.
*Duhamel, Alain*: De Gaulle - Mitterrand. La marque et la trace. Paris 1993.
*Duisberg, Claus J.*: Der Abzug der russischen Truppen aus Deutschland. Eine politische und militärische Erfolgsbilanz. In: *Europa-Archiv* Nr. 16/1994, S. 461-469.
*Dülffer, Jost/Bernd Martin/Günter Wollstein* (Hrsg.): Deutschland in Europa. Kontinuität und Bruch. Gedenkschrift für Andreas Hillgruber. Frankfurt/M. 1990.
*Dumas, Roland*: Le Fil et la Pelote. Mémoires. Paris 1996.
*Dumas, Roland*: Muß man vor Deutschland Angst haben? In: Ulrich Wickert (Hrsg.): Angst vor Deutschland? Hamburg 1990. S. 304-316.
*Dümke, Wolfgang/Fritz Vilmar*: Kolonialisierung der DDR. Kritische Analysen und Alternativen des Einigungsprozesses. Münster 1995.

*Ehmke, Horst*: Mittendrin. Von der großen Koalition zur deutschen Einheit. Berlin 1994.
*Ehrhart, Hans-Georg*: Die »deutsche Frage« aus französischer Sicht (1981-1987). Frankreich zwischen deutschlandpolitischen Befürchtungen, sicherheitspolitischen Nöten und europäischen Hoffnungen. München 1988.
*Ehrhart, Hans-Georg*: Die europäische Herausforderung. Frankreich und die Sicherheit Europas an der Jahrhundertwende. Baden-Baden 1990.
*Ehrhart, Hans-Georg* (Hrsg.): Die »sowjetische Frage«. Integration oder Zerfall? Baden-Baden 1991.
*Ehrhart, Hans-Georg/Anna Kreikemeyer/Andrei V. Zagorski* (Hrsg.): The former Soviet Union and European Security. Between Integration and Renationalization. Baden-Baden 1993.
*Elbe, Frank* [1993a]: Die Lösung der äußeren Aspekte der deutschen Wiedervereinigung. Der 2-+-4-Prozeß. Vortrag gehalten im Rahmen des Walther-Schücking-Kollegs, Institut für Internationale Politik an der Universität Kiel, 11. Dezember 1992. Bonn 1993.
*Elbe, Frank* [1993b]: Resolving the external Aspects of German Unification. The »two-plus-four« Process. In: German Yearbook of International Law. Jahrbuch für internationales Recht. Berlin 1993, S. 371-384.

*Elitz, Ernst*: Sie waren dabei. Ostdeutsche Profile von Bärbel Bohley zu Lothar de Maizière. Stuttgart 1991.
*Elsenhans, Harmut*: Frankreichs Sonderstellung in der Weltpolitik und der internationalen Arbeitsteilung oder die List des nicht eingelösten Anspruchs. In: Deutsch-Französisches Institut (Hrsg.): Frankreich-Jahrbuch 1989. Politik, Wirtschaft, Gesellschaft, Geschichte, Kultur. Opladen 1989, S. 49–65.
*Elsenhans, Hartmut* u. a. (Hrsg.): Frankreich – Europa -Weltpolitik. Festschrift für Gilbert Ziebura zum 65. Geburtstag. Opladen 1989.
*Elvert, Jürgen/Michael Salewski* (Hrsg.): Der Umbruch in Osteuropa. Stuttgart 1993.
*Enders, Thomas*: Militärische Herausforderungen Europas in den neunziger Jahren. In: Europa-Archiv, Nr. 10/1990, S. 321–329.
*Eppelmann, Rainer*: Wendewege. Briefe an die Familie (hrsg. von Dietmar Herbst). Bonn, Berlin 1992.
*Eppelmann, Rainer*: Fremd im eigenen Haus. Mein Leben im anderen Deutschland. Köln 1993.
*Eppelmann, Rainer/Robert Havemann*: Perspektiven der Entmilitarisierung und Wiedervereinigung Deutschlands. In: Ulrich Albrecht u. a. (Hrsg.): Deutsche Fragen – Europäische Antworten. Berlin 1983, S. 85–92.
Die Europäische Gemeinschaft und die Deutsche Vereinigung. *Bulletin der Europäischen Gemeinschaften*. Beilage Nr. 4/1990.
*Europäisches Parlament* (Hrsg.): Endgültiger Bericht des Nichtständigen Ausschusses für die Prüfung der Auswirkungen des Prozesses zur Vereinigung Deutschlands auf die Europäische Gemeinschaft. Dok. A3–0315/90 v. 19. 11. 1990, S. 14–40.
*Europäisches Parlament*, Informationsbüro für Deutschland (Hrsg.): Sammlung Wissenschaft und Dokumentation. Die Auswirkungen der Vereinigung Deutschlands auf die Europäische Gemeinschaft. In: Europäisches Parlament und deutsche Einheit, Materialien und Dokumente. Bonn 1990, S. 50–226.

*Falin, Valentin* [1993a]: Politische Erinnerungen. München 1993.
*Falin, Valentin* [1993b]: Die Perestroika und der Zerfall der Sowjetunion. Ein Essay. Hamburg April 1993.
*Falke, Josef*: Die Erstreckung des Gemeinschaftsrechts auf das Territorium der DDR. Ein Integrationsprozeß mit Abstufungen. In: Norbert Reich/Cengiz Ahrazoglu (Hrsg.): Deutsche Einigung und EG-Integration, Beiträge und Berichte zur Arbeitstagung deutsch-deutscher Juristen vom 06. und 07. Juni 1990 am Zentrum für Europäische Rechtspolitik an der Universität Bremen (ZERP-DP 6/90). Bremen 1990, S. 23–40.
*Falkenrath, Richard A.*: Shaping Europe's Military Order. The Origins and Consequences of the CFE Treaty. Cambridge/MA 1995.
*Farwick, Dieter* (Hrsg.): Ein Staat, eine Armee. Von der NVA zur Bundeswehr. Frankfurt/ M., Bonn 1992.
*Faßbender, Bardo* [1991a]: Deutschland Europa gegenüber. In: *Politische Studien*, Nr. 319/ 1991, S. 514–529.
*Faßbender, Bardo* [1991b]: Zur staatlichen Ordnung Europas nach der deutschen Einigung. In: *Europa-Archiv*, Nr. 13/1991, S. 395–404.
*Favier, Pierre/Michel Martin-Roland*: La décennie Mitterrand. 3. Les Défis (1988–1991). Paris 1996.
Federalism, Unification and European Integration. *German Politics*, Themenheft, Nr. 3/ 1992.
*Feiler, Oswald*: Moskau und die deutsche Frage, Krefeld 1984.
*Feldmeyer, Karl*: Deutschland sucht seine Rolle. In: *Die politische Meinung*, Nr. 287/1993, S. 15–21.

*Fest, Joachim*: Germany after the two States. A Conversation with Joachim Fest. In: *European Journal of International Affairs*, Winter 1990, S. 73–89.

*Fieber, Hans-Joachim/Michael Preussler* (Hrsg.): Europäische Orientierungen. Dokumente und Materialien seit November 1989. Berlin 1990.

*Fieberg, Gerhard/Harald Reichenbach* (Hrsg.): Enteignung und offene Vermögensfragen in der ehemaligen DDR. 2 Bde. Köln 1991.

*Fiedler, Wilfried*: Vier-Mächte-Verantwortung ohne Friedensvertrag? Zur rechtlichen Funktion eines Friedensvertrages mit Deutschland. In: *Neue Juristische Wochenschrift*, Nr. 19/1985, S. 1049–1055.

*Fiedler, Wilfried*: Die Wiedererlangung der Souveränität Deutschlands und die Einigung Europas. Zum Zwei-plus-Vier-Vertrag vom 12.09. 1990. In: *Juristenzeitung*, Nr. 14/1991, S. 685–692.

*Filmer, Werner/Heribert Schwan* [1990a]: Helmut Kohl. Düsseldorf u. a. 1990.

*Filmer, Werner/Heribert Schwan* [1990b]: Oskar Lafontaine. Düsseldorf u. a. 1990.

*Filmer, Werner/Heribert Schwan*: Wolfgang Schäuble. Politik als Lebensaufgabe. München 1992.

*Fink, Hans Jürgen*: Deutscher Gipfel an der Elbe. In: *Deutschland Archiv*, Nr. 1/1990, S. 1–6.

*Fink, Jürgen*: Beziehungen zu anderen Staaten in Europa. Übrige Westeuropäische Länder. In: Hans-Adolf Jacobsen/Gert Leptin/Ulrich Scheuner/Eberhard Schulz (Hrsg.): Drei Jahrzehnte Außenpolitik der DDR. Bestimmungsfaktoren, Instrumente, Aktionsfelder. München, Wien 1979, S. 513–536.

*Fippel, Günther*: Die Außenpolitik der DDR. Eine Politik des Friedens und der Völkerverständigung. Berlin (Ost) 1981.

*Fischer, Alexander* (Hrsg.): Vierzig Jahre Deutschlandpolitik im internationalen Kräftefeld. Berliner Colloquium der Gesellschaft für Deutschlandforschung in Verbindung mit dem Bundesminister für innerdeutsche Beziehungen. 8. bis 10. November 1989. *Deutschland Archiv*, Sonderheft 1989.

*Fischer, Alexander/Maria Haendcke-Hoppe-Arndt* (Hrsg.): Auf dem Weg zur Realisierung der Einheit Deutschlands. Berlin 1992.

*Fischer, Alexander/Manfred Wilke*: Probleme des Zusammenwachsens im wiedervereinigten Deutschland. Berlin 1994.

*Fischer, Angela*: Entscheidungsprozeß zur deutschen Wiedervereinigung. Der außen- und deutschlandpolitische Entscheidungsprozeß der Koalitionsregierung in den Schicksalsjahren 1989/90. Frankfurt/M. u. a. 1996.

*Fisher, Marc*: After the Wall. Germany, the Germans and the Burdens of History. New York 1995.

*Fisher, Sharon*: Turning away from Slovakia. In: *Transition*, Nr. 3/1996, S. 38–41.

*Fitzwater, Marlin*: Call the Briefing! Reagan and Bush, Sam and Helen. A Decade with Presidents and the Press. New York 1995.

*Fleischer, Winfried* (Bearbeitung): Moskau, Warschau, Prag und Budapest zur deutschen Einheit. In: *Osteuropa-Archiv*, Nr. 8/1990, S. A441-A 490.

*Fleron, Frederic, J./Erik P. Hoffmann/Robbin F. Laird* (Hrsg.): Soviet Foreign Policy. Classic and contemporary Issues. New York 1991.

*Flohr, Anne Katrin*: Feindbilder in der internationalen Politik. Ihre Entstehung und ihre Funktion. Münster 1991.

*Forndran, Erhard* (Hrsg.): Politik nach dem Ost-West-Konflikt. Baden-Baden 1992.

*Forschungsinstitut der Deutschen Gesellschaft für Auswärtige Politik e. V.* (Hrsg.): Dokumente zur Berlin-Frage. 3. Auflage, Bonn 1967.

*François-Poncet, Jean*: Die europäische Herausforderung für Frankreich und Deutschland. In: *Europa-Archiv*, Nr. 11/1991, S. 327–331.

*Franz, Otmar* (Hrsg.): Europa und Rußland. Das Europäische Haus? Göttingen, Zürich 1993.
*Franzke, Jochen*: Kurswechsel Moskaus in der deutschen Frage. In: *Deutschland Archiv*, Nr. 9/1990, S. 1371–1374.
*Freedman, Lawrence* (Hrsg.): Europe transformed. Documents on the End of the Cold War. Key Treaties, Agreements, Statements and Speeches. New York 1990.
*Freney, Michael A./Rebecca S. Hartley*: United Germany and the United States. Washington/DC 1991.
*Frenkin, Anatolij A.*: Gestern Feinde, heute Freunde. Moskaus neues Bild der deutschen Konservativen. Erlangen, Bonn, Wien 1990.
*Frey, Eric G.*: Division and Detente. The Germanies and their Alliances. New York 1987.
*Fricke, Karl Wilhelm/Hans Lechner/Uwe Thaysen*: Errungenschaften und Legenden. Runder Tisch, Willkürherrschaft und Kommandowirtschaft im DDR-Sozialismus. Melle 1990.
*Friedrich, Wolfgang-Uwe* (Hrsg.): Die USA und die Deutsche Frage 1945–1990. Frankfurt/M., New York 1991.
*Friend, Julius W.*: The Linchpin. French-German Relations 1950–1990. New York u. a. 1991.
*Frindte, Wolfgang/Harald Pätzold* (Hrsg.): Mythen der Deutschen. Deutsche Befindlichkeiten zwischen Geschichten und Geschichte. Opladen 1994.
*Fritsch-Bournazel, Renata*: Rapallo: naissance d'un mythe. Paris 1974.
*Fritsch-Bournazel, Renata*: Die Sowjetunion und die deutsche Teilung. Die sowjetische Deutschlandpolitik 1945–1979. Opladen 1979.
*Fritsch-Bournazel, Renata*: Das Land in der Mitte. Die Deutschen im europäischen Kräftefeld. München 1986.
*Fritsch-Bournazel, Renata*: Europa und die deutsche Einheit. Bonn, Stuttgart 1990.
*Fritsch-Bournazel, Renata*: Europe and German Reunification. New York, Oxford 1992.
*Fritsch-Bournazel, Renata*: Rapallo. Eine hartnäckige Erinnerung an einen unvergleichlichen Augenblick. In: *Dokumente*, Nr. 3/1982, S. 247–253.
*Fritsch-Bournazel, Renata*: Frankreich und die deutsche Frage 1945–1946. In: Göttinger Arbeitskreis (Hrsg.): Die Deutschlandfrage und die Anfänge des Ost-West-Konflikts 1945–1949. Berlin 1984, S. 85–95.
*Fritsch-Bournazel, Renata*: German Unification. A Durability test for the Franco-German Tandem. In: *German Studies Review*, Nr. 14/1991, S. 575–586.
*Fritsch-Bournazel, Renata*: Paris und Bonn. Eine fruchtbare Spannung. In: *Europa-Archiv*, Nr. 12/1994, S. 343–348.
*Fritzsche, Klaus Jürgen* (Bearbeitung): Das Jahr der deutschen Einheit. Die Welt war dabei. Berlin, Frankfurt/M. 1991.
*Fröhlich, Manuel*: Sprache als Instrument politischer Führung. Helmut Kohls Berichte zur Lage der Nation im geteilten Deutschland. München 1997.
*Fröhlich, Stefan* [1990a]: Die NATO und Deutschland. Zur Ausgangssituation 1955 und 35 Jahre danach. In: *Beiträge zur Konfliktforschung*, Nr. 3/1990, S. 77–98.
*Fröhlich, Stefan* [1990b]: Umbruch in Europa. Die deutsche Frage und ihre sicherheitspolitischen Herausforderungen für die Siegermächte. In: *Aus Politik und Zeitgeschichte*, Nr. B29/1990, S. 35–45.
*Frowein, Jochen*: Die Rechtslage Deutschlands und der Status Berlins. In: Ernst Benda/Werner Maihöfer/Hans-Jochen Vogel (Hrsg.): Handbuch des Verfassungsrechts der Bundesrepublik Deutschland. Berlin, New York 1983, S. 29–58.
*Frowein, Jochen*: Rechtliche Probleme der Einigung Deutschlands. In: *Europa-Archiv*, Nr. 7/1990, S. 233–238.
*Fuchs, Michael*: Das NATO-Truppenstatut und die Souveränität der Bundesrepublik Deutschland. In: *Zeitschrift für Rechtspolitik*, Nr. 5/1989, S. 181–185.

*Fuchs, Ruth*: »Gott schütze unser deutsches Vaterland!« Erlebnisse einer Volkskammerabgeordneten. Berlin 1990.
*Fulbrook, Mary*: The Two Germanies 1945-1990. Problems of Interpretation. Atlantic Highlands/NJ 1992.

*Gabal, Ivan*: Changing Czech Attitudes toward Germany. In: *Transition*, Nr. 3/1996, S. 26-28.
*Gaddum, Eckhart*: Die deutsche Europapolitik in den 80er Jahren. Interessen, Konflikte und Entscheidungen der Regierung Kohl. Paderborn u. a. 1994.
*Gaida, Burton C.*: USA-DDR. Politische, kulturelle und wirtschaftliche Beziehungen seit 1974. Bochum 1989.
*Galkin, Alexander/Anatolij Tschernajew*: Die Wahrheit sagen, nur die Wahrheit. Gedanken zu den Erinnerungen. In: *Swobodnaja Mysl*, Nr. 2-3/1994, S. 19-29.
*Gallis, Paul E./Steven J. Woehrel*: German Unification. CRS (Congressional Research Service) Report for Congress. Wahington/DC, 06.11.1990.
*Garcin, Thierry*: La France dans le nouvel désordre international. Bruxelles, Paris 1992.
*Garn, Markus*: Die Rolle der DDR in den »Zwei-plus-Vier-Verhandlungen«. Positionen, Strategien, Ereignisse. Mainz 1996 (unveröffentlichtes Manuskript).
*Garthoff, Raymond L.*: The Great Transition. American-Soviet Relations and the End of the Cold War. Washington/DC 1994.
*Garton Ash, Timothy* [1990a]: Ein Jahrhundert wird abgewählt. Stuttgart 1990.
*Garton Ash, Timothy* [1990b]: The Magic Lantern. The Revolution of '89 witnessed in Warsaw, Budapest, Berlin and Prague. New York 1990.
*Garton Ash, Timothy*: Im Namen Europas. Deutschland und der geteilte Kontinent. München, Wien 1993.
*Garton Ash, Timothy*: Germany's Choice. In: *Foreign Affairs*, Nr. 4/1994, S. 65-81.
*Gasteyger, Curt*: Europa zwischen Spaltung und Einigung 1945 bis 1993. Bonn 1994.
*Gasteyger, Curt*: Europa von der Spaltung zur Einigung. Darstellung und Dokumentation 1945-1997. Überarbeitete und erweiterte Neuauflage, Bonn 1997.
*Gasteyger, Curt*: Ein gesamteuropäisches Sicherheitssystem? In: *Europa-Archiv*, Nr. 17/1992, S. 475-482.
*Gates, Robert M.*: From the Shadows. The ultimative insiders's story of five Presidents and how they won the Cold War. New York 1996.
*Gauland, Alexander*: Helmut Kohl. Ein Prinzip. Berlin 1994.
*Gaus, Günter* [1990a]: Deutsche Zwischentöne. Gesprächs-Porträts aus der DDR: Friedrich Schorlemmer, Lothar de Maizière, Gregor Gysi, Ingrid Köppe, Christoph Hein, Hans Modrow. Hamburg 1990.
*Gaus, Günter* [1990b]: Zur Person. Berlin 1990.
*Gaus, Günter*: Porträts in Frage und Antwort. Berlin 1991.
*Gaus, Günter*: Neue Porträts in Frage und Antwort. Berlin 1992.
*Gebhards, Wolfgang*: Das NATO-Truppenstatut und die Souveränität der Bundesrepublik Deutschland. In: *Zeitschrift für Rechtspolitik* 1989, S. 394.
*Gedmin, Jeffrey*: The Hidden Hand. Gorbachev and the Collapse of Eastern Europe. Washington/DC 1992.
*Gedmin, Jeffrey*: Reconstructing Germany. In: *World affairs*, Nr. 4/1990, S. 191-194.
*Geiger, Wolfgang*: »Wenn Deutschland erwacht...« Die deutsche Frage aus französischer Sicht. In: *Die Neue Gesellschaft/Frankfurter Hefte*, Nr. 1/1990, S. 63-68.
*Geiger, Wolfgang*: »Die Konturen des neuen Deutschlands sind alles andere als klar...«. Frankreich und die Wiedervereinigung. In: *Die Neue Gesellschaft/Frankfurter Hefte*, Nr. 3/1991, S. 210-215.

*Geipel, Gary L.* (Hrsg.): The Future of Germany, Indianapolis/IN 1991.
*Geiss, Imanuel*: Die deutsche Frage 1806–1990. Mannheim u. a. 1992.
*Geiss, Imanuel*: Europäische Perspektiven nach der deutschen Einigung. In: *Aus Politik und Zeitgeschichte*, Nr. B52–53/1990, S. 41–47.
*Gelman, Harry*: The Rise and Fall of National Security Decisionmaking in the Former USSR. Santa Monica/CA 1992.
*Genestar, Alain*: Les péchés du Prince. Paris 1992.
*Genscher, Hans-Dietrich*: Unterwegs zur Einheit. Reden und Dokumente aus bewegter Zeit. Berlin 1991.
*Genscher, Hans-Dietrich*: Reden über Deutschland. München 1992.
*Genscher, Hans-Dietrich*: Erinnerungen. Berlin 1995.
*George, Bruce*: Special report. Future European Security Architectures. North Atlantic Assembly, Political Committee. International Secretariat, o. O. 1990.
*Gerber, Margy/Roger Woods* (Hrsg.): The End of the GDR and the Problems of Integration. Lanham/MD 1993.
*Gerhards, Wolfgang*: Das NATO-Truppenstatut und die Souveränität der Bundesrepublik Deutschland. In: *Zeitschrift für Rechtspolitik*, Nr. 10/1989, S. 394.
*Gerlach, Manfred*: Mitverantwortlich. Als Liberaler im SED-Staat. Berlin 1991.
Germany relates to the world. In: *World Affairs*, Nr. 4/1990, S. 234–239.
*Gerster, Florian*: Zwei-Zonen-Staat unter alliierter Kontrolle? Der sicherheitspolitische Rahmen der deutschen Einheit. In: *S+F. Vierteljahresschrift für Sicherheit und Frieden*, Nr. 2/1990, S. 69–73.
*Gerster, Florian/Eva-Maria Masyk*: Partnerschaft im Wandel. Die sicherheitspolitischen Beziehungen zwischen den USA und Westeuropa. In: *Aus Politik und Zeitgeschichte*, Nr. B45/1989, S. 3–13.
*Gesamtdeutsches Institut* (Hrsg.): Politische Zielvorstellungen wichtiger Oppositionsgruppen in der DDR. Bonn 1990.
*Gesamtdeutsches Institut/Bundesanstalt für gesamtdeutsche Aufgaben* (Hrsg.): Analysen, Dokumentationen und Chronik zur Entwicklung in der DDR von September bis Dezember 1989. Bonn 1990.
*Geyr, Heinz*: Einheit und Zerfall. Deutschland und die Sowjetunion im Gegenlauf der Geschichte. Vom Moskauer Vertrag bis zum Ende des roten Imperiums. Ein Zeitzeugenbericht. Hamburg 1993.
*Ghebali, Victor-Yves*: La Diplomatie de la Détente. La C. S. C. E. d'Helsinki à Vienne. 1973–1989. Brüssel 1989.
*Gibowski, Wolfgang G.*: Demokratischer (Neu-)Beginn in der DDR. Dokumentation und Analyse der Wahl vom 18.3. 1990. In: *Zeitschrift für Parlamentsfragen*, Nr. 1/1990. S. 5–22.
*Gibowski, Wolfgang G./Holli A. Semetko*: Amerikanische öffentliche Meinung und deutsche Einheit. In: Friedrich, Wolfgang-Uwe (Hrsg.): Die USA und die deutsche Frage 1945–1990. Frankfurt/M., New York 1991, S. 391–406.
*Giegerich, Thomas*: The European Dimension of German Reunification. East Germany's Integration into the European Communities. In: *Zeitschrift für ausländisches öffentliches Recht und Völkerrecht*, Nr. 2/1991, S. 384–450.
*Gielisch, Dagmar*: Die ehemalige DDR und das Projekt »Europäischer Binnenmarkt«. Versuch einer Bestandsaufnahme. Münster 1992.
*Giesbert, Franz-Olivier*: François Mitterrand. Die Biographie. Berlin 1997.
*Gießmann, Hans-Joachim*: Das unliebsame Erbe. Die Auflösung der Militärstruktur der DDR. Baden-Baden 1992.
*Gillesen, Günther* u. a.: Deutschland im weltpolitischen Umbruch. Berlin 1993.

*Giordano, Ralph* (Hrsg.): Deutschland und Israel. Solidarität in der Bewährung. Bilanz und Perspektive der deutsch-israelischen Beziehungen. Gerlingen 1992.
*Girnius, Saulius*: Cooperation With the Baltics Grows, but Moscow's Shadow Lingers. In: *Transition*, Nr. 3/1996, S. 32–35.
*Gladis, Christian M.*: Alliierte Wiedervereinigungsmodelle für das geteilte Deutschland. Frankfurt/M. 1990.
*Glaeßner, Gert-Joachim*: Der schwierige Weg zur Demokratie. Vom Ende der DDR zur deutschen Einheit. Opladen 1991.
*Glaeßner, Gert-Joachim* (Hrsg.) [1992a]: Eine deutsche Revolution. Der Umbruch in der DDR, seine Ursachen und Folgen. 2. Auflage, Frankfurt/M. 1992.
*Glaeßner, Gert-Joachim* [1992b]: The Unification Process in Germany. From Dictatorship to Democracy. New York 1992.
*Glaeßner, Gert-Joachim*: Die Krise der DDR und die deutsche Frage in der Presse der USA. In: *Deutschland Archiv*, Nr. 12/1989, S. 1408–1413.
*Glees, Anthony*: Portraying West Germany to the British Public. British High Policy towards Germany on the Eve of Unification. Uxbridge 1990.
*Glees, Anthony*: The British and the Germans. From Enemies to Partners. In: Dirk Verheyen/Christian Søe (Hrsg.): The Germans and their Neighbours. Boulder/CO, Oxford 1993, S. 35–58.
*Goetze, Clemens R. A. von* [1990a]: Die Außenvertretung Berlins (West). Zugleich ein Beitrag zu den Rechten der Alliierten bei der deutschen Einigung. Erlangen, Nürnberg 1990.
*Goetze, Clemens R. A. von* [1990b]: Die Rechte der Alliierten auf Mitwirkung bei der Deutschen Einigung. In: *Neue Juristische Wochenschrift* Nr. 35/1990, S. 2161–2168.
*Goetzendorff, Günter*: Die Erblast Ost. Kritische Chronik der deutschen Einheit. Frankfurt/M. 1994.
*Goldgeier, James M.*: Leadership Style and Soviet Foreign Policy. Stalin, Khrushchev, Brezhnev, Gorbachev. Baltimore, London 1994.
*Goldman, Guido* (Hrsg.): German Unification. Power, Process and Problems. Cambridge/MA 1991.
*Goldman, Guido* u. a.: Germany. From Plural to Singular. Cambridge/MA 1990.
*Goldman, Marshall I.*: Gorbachev the Economist. In: *Foreign Affairs*, Nr. 2/1990, S. 28–44.
*Goldstein, Erik*: A Chronology of the Cold War. In: *Diplomacy and Statecraft*, Nr. 3/1990, S. 203–213.
*Golombek, Dieter/Dietrich Ratzke* (Hrsg.): Dagewesen und aufgeschrieben. Reportagen über eine deutsche Revolution, Bd. 1. Frankfurt/M. 1990.
*Golombek, Dieter/Dietrich Ratzke* (Hrsg.): Facetten der Wende. Reportagen über eine deutsche Revolution, Bd. 2. Frankfurt/M. 1991.
*Gorbatschow, Michail S.* [1989a]: Glasnost. Das neue Denken. 2. Auflage, Berlin 1989.
*Gorbatschow, Michail S.* [1989b]: Perestroika. Die zweite russische Revolution. Eine neue Politik für Europa und die Welt. München 1989.
*Gorbatschow, Michail S.*: Der Zerfall der Sowjetunion. München 1992.
*Gorbatschow, Michail S.*: Gipfelgespräche. Geheime Protokolle aus meiner Amtszeit. Berlin 1993.
*Gorbatschow, Michail S.* [1995a]: Erinnerungen. Berlin 1995.
*Gorbatschow, Michail S.* [1995b]: Adress at the Fourty-Third UN General Assembly Session, December 7, 1988. In: Alexander Dallin/Gail W. Lapidus (Hrsg.): The Soviet System. From Crisis to Collapse. Boulder, San Francisco, Oxford 1995, S. 442–454.
*Gorbatschow, Michail S./Vadim Sagladin/Anatolij Tschernajew*: Das neue Denken. Politik im Zeitalter der Globalisierung. München 1997.

*Gordon, Philip H.:* A Certain Idea of France. French Security Policy and the Gaullist Legacy. Princeton 1993.
*Gorholt, Martin/Norbert W. Kunz* (Hrsg.): Deutsche Einheit – deutsche Linke. Reflexionen der politischen und gesellschaftlichen Entwicklung. Köln 1991.
*Gornig, Gilbert* [1991a]: Die vertragliche Regelung der mit der deutschen Vereinigung verbundenen auswärtigen Probleme. In: *Aussenpolitik*, Nr. 1/1991, S. 3–12.
*Gornig, Gilbert* [1991b]: Der Zwei-Plus-Vier-Vertrag unter besonderer Berücksichtigung grenzbezogener Regelungen. In: *Recht in Ost und West. Zeitschrift für Rechtsvergleichung und innerdeutsche Probleme*, Nr. 4/1991, S. 97–106.
*Gorodetsky, Gabriel* (Hrsg.): Soviet Foreign Policy 1917–1991. A Retrospective. London 1993.
*Görtemaker, Manfred*: Unifying Germany 1989–1990. Houndmills u. a. 1994.
*Göttinger Arbeitskreis* (Hrsg.): Deutschlandvertrag, westliches Bündnis und Wiedervereinigung. Berlin 1985.
*Göttinger Arbeitskreis* (Hrsg.): Sowjetpolitik unter Gorbatschow. Die Innen- und Außenpolitik der UdSSR 1985–1990. Berlin 1991.
*Göttinger Arbeitskreis* (Hrsg.): Die revolutionäre Umwälzung in Mittel- und Osteuropa. Berlin 1993.
*Gouazé, Serge L.*: Dimension et portée économique de l'Unification. Le poids de l'Allemagne et sa place en Europe. In: *Allemagne d'aujourd'hui*, Nr. 114/Oktober – Dezember 1990.
*Grabitz, Eberhard/Armin von Bogdandy*: Deutsche Einheit und europäische Integration. In: *Neue juristische Wochenschrift*, Nr. 17/1990, S. 1073–1079.
*Gransow, Volker/Konrad H. Jarausch* (Hrsg.): Die deutsche Vereinigung. Dokumente zu Bürgerbewegung, Annäherung und Beitritt. Köln 1991.
*Gray, Richard T.* (Hrsg.): German Unification and its discontents. Documents from the peaceful Revolution. Seattle u. a. 1996.
*Greenaway, John/Steve Smith/John Street*: Deciding Factors in British Politics. A Casestudies Approach. London, New York 1992.
*Greenstein, Fred I./William C. Wohlforth* (Hrsg.): Retrospective on the End of the Cold War. Princeton/NJ 1994.
*Greenwald, G. Jonathan*: Berlin Witness. An American Diplomat's Chronicle of East Germany's Revolution. University Park/PA 1993.
*Greiffenhagen, Martin/Sylvia Greiffenhagen/Rainer Prätorius* (Hrsg.): Handwörterbuch zur politischen Kultur der Bundesrepublik Deutschland. Opladen 1981.
*Greiffenhagen, Martin/Sylvia Greiffenhagen*: Ein schwieriges Vaterland. Zur politischen Kultur im vereinigten Deutschland. München, Leipzig 1993.
*Gress, David R.*: The Politics of German Unification. In: *Proceedings of the Academy of Political Science*, Nr. 1/1991, S. 140–152.
*Grewe, Wilhelm G.* [1991a]: Machtprojektionen und Rechtsschranken. Essays aus vier Jahrzehnten über Verfassungen, politische Systeme und internationale Strukturen. Baden-Baden 1991.
*Grewe, Wilhelm G.* [1991b]: Teilung und Vereinigung Deutschlands als europäisches Problem. Division et Unification de l'Allemagne – problème européen (Reflexionen über Deutschland im 20. Jahrhundert). Bonn 1991.
*Gribkow, Anatolij*: Der Warschauer Pakt. Geschichte und Hintergründe des östlichen Militärbündnisses. Berlin 1995.
*Gries, Rainer*: Who's »We«? Deutsche Identitätsdiskurse im fünften Jahr der Einheit. In: *Deutschland Archiv*, Nr. 10/1995, S. 1095–1098.
*Gros, Jürgen*: Entscheidung ohne Alternativen? Die Wirtschafts-, Finanz- und Sozialpolitik im deutschen Vereinigungsprozeß 1989/90. Mainz 1994.

*Grosser, Alfred*: Das Deutschland im Westen. Eine Bilanz nach 40 Jahren. München, Wien 1986.
*Grosser, Alfred*: Mit Deutschen streiten. Aufforderungen zur Wachsamkeit. München, Wien 1987.
*Grosser, Alfred*: Affaires Extérieures. La politique de la France 1949-1989. Paris 1989.
*Grosser, Alfred*: Mein Deutschland. Hamburg 1993.
*Grosser, Alfred*: Es könnte noch viel schlimmer sein. Eine kritische Betrachtung aus Paris. In: Ulrich Wickert (Hrsg.): Angst vor Deutschland? Hamburg 1990, S. 141-152.
*Grosser, Alfred*: L'Allemagne élargie dans l'Europe élargie. In: *Politique étrangère*, Nr. 4/1991, S. 825-831.
*Grosser, Alfred*: Le rôle et le rang. In: *Commentaire*, Nr. 58/1992, S. 361-365.
*Grosser, Dieter* (Hrsg.): German Unification. The unexpected challenge. Oxord u. a. 1992.
*Grosser, Dieter*: Das Wagnis der Währungs-, Wirtschafts- und Sozialunion. Politische Zwänge im Konflikt mit ökonomischen Regeln (Geschichte der deutschen Einheit, Bd. 2). Stuttgart 1998.
*Grosser, Dieter/Stephan Bierling/Friedrich Kurz*: Die sieben Mythen der Wiedervereinigung. Fakten zu einem Prozeß ohne Alternative. München 1991.
*Grosser, Dieter* u. a.: Deutsche Geschichte in Quellen und Darstellung. Bd. 11: Bundesrepublik und DDR 1969-1990. Stuttgart 1996.
*Grothhusen, Klaus-Detlev* (Hrsg.): Ostmittel- und Südosteuropa im Umbruch. München 1993.
*Gruner, Wolf D.*: Die deutsche Frage in Europa 1800-1990. München 1993.
*Grusa, Jiri*: Die deutsche Entwicklung aus tschechoslowakischer Sicht. (Friedrich-Ebert-Stiftung, Vortrag im Arbeitsbereich »Deutschlandpolitisches wissenschaftliches Forum«). Bonn 16. Oktober 1991.
*Guérin-Sendelbach, Valérie*: Ein Tandem für Europa? Die deutsch-französische Zusammenarbeit der achtziger Jahre. Bonn 1993.
*Guérin-Sendelbach, Valérie/Jacek Rulkowski*: »Euro-Trio« Frankreich-Deutschland-Polen. In: *Aussenpolitik*, Nr. 3/1994, S. 246-253.
*Guggenberger, Helmut/Helmut Holzinger*: Neues Europa - Alte Nationalismen. Kollektive Identitäten im Spannungsfeld von Integration und Ausschließung. Klagenfurt 1993.
*Günther, Dirk/Barbara Lippert/Rosalind Stevens-Ströhmann*: Forschungsbericht. Eingliederung der fünf neuen Bundesländer in die Europäische Gemeinschaft. In: *Integration*, Nr. 3/1991, S. 125-132.
*Gutjahr, Lothar*: Wachsen oder wuchern. Die Außenpolitik der CDU zwischen deutscher Wiedervereinigung und westeuropäischer Integration. In: *S+F. Vierteljahresschrift für Sicherheit und Frieden*, Nr. 1/1990, S. 30-34.
*Gwertzman, Bernhard/Michael T. Kaufmann* (Hrsg.): The Collapse of Communism. New York 1991.
*Gysi, Gregor*: Wir brauchen einen dritten Weg. Selbstverständnis und Programm der PDS. Hamburg 1990.

*Haack, Dieter* u. a. (Hrsg.): Das Wiedervereinigungsgebot des Grundgesetzes. Köln 1989.
*Hacke, Christian*: Weltmacht wider Willen. Die Außenpolitik der Bundesrepublik Deutschland. Frankfurt/M. 1993.
*Hacke, Christian*: Deutschland und die neue Weltordnung. Zwischen innenpolitischer Überforderung und außenpolitischen Krisen. In: *Aus Politik und Zeitgeschichte*, Nr. B46/1992, S. 3-16.
*Hacker, Jens*: Deutsche Irrtümer. Schönfärber und Helfershelfer der SED-Diktatur im Westen. Frankfurt/M. 1992.

*Hacker, Jens*: Integration und Verantwortung. Deutschland als europäischer Sicherheitspartner. Bonn 1995.
*Hacker, Jens*: Die rechtliche und politische Funktion eines Friedensvertrages mit Deutschland. In: *Aus Politik und Zeitgeschichte*, Nr. B50/1987, S. 3–18.
*Hacker, Jens*: Die Berlin-Politik der UdSSR unter Gorbatschow. In: *Aussenpolitik*, Nr. 3/1989, S. 243–260.
*Hacker, Jens/Siegfried Mampel* (Hrsg.): Europäische Integration und deutsche Frage. Berlin 1989.
*Häde, Ulrich*: Die europäische Wirtschafts- und Währungsunion. In: *Europäische Zeitschrift für Wirtschaftsrecht*, Nr. 6/1992, S. 171–178.
*Haendcke-Hoppe, Maria/Erika Lieser-Triebnigg* (Hrsg.): 40 Jahre innerdeutsche Beziehungen. Berlin 1990.
*Haftendorn, Helga*: Das institutionelle Instrumentarium der Alliierten Vorbehaltsrechte. Politikkoordinierung zwischen den Drei Mächten und der Bundesrepublik Deutschland. In: Helga Haftendorn/Henning Riecke (Hrsg.): »... die volle Macht eines souveränen Staates...«. Die Alliierten Vorbehaltsrechte als Rahmenbedingung westdeutscher Außenpolitik 1949–1990. Baden-Baden 1996, S. 37–80.
*Haftendorn, Helga/Henning Riecke* (Hrsg.): »... die volle Macht eines souveränen Staates...«. Die Alliierten Vorbehaltsrechte als Rahmenbedingung westdeutscher Außenpolitik 1949–1990. Baden-Baden 1996.
*Hajnicz, Artur*: Polens Wende und Deutschlands Vereinigung. Die Öffnung zur Normalität 1989–1992. Paderborn u. a. 1995.
*Hajnicz, Artur*: Polen in seinem geopolitischen Dreieck. In: *Aussenpolitik*, Nr. 1/1989, S. 31–42.
*Hajnicz, Artur*: Polska polityka zagraniczna i kwestia zjednoczenia niemiec. Tezy. In: *Zeszyty Osrokdka Studiow Miedzynarodowych przy Senacie R. P.*, Nr. 1/1990, S. 41–49.
*Haltzel, Michael H.*: Amerikanische Einstellungen zur deutschen Wiedervereinigung. In: *Europa-Archiv*, Nr. 4/1990, S. 127–132.
*Hamacher, Heinz Peter*: DDR-Forschung und Politikberatung 1949–1990. Ein Wissenschaftszweig zwischen Selbstbehauptung und Anpassungszwang. Köln 1991.
*Hämäläinen, Pekka Kalevi*: Uniting Germany. Actions and Reactions. Aldershot, Dartmouth 1994.
*Hamann, Rudolf/Volker Matthies* (Hrsg.): Sowjetische Außenpolitik im Wandel. Eine Zwischenbilanz der Jahre 1985–1990. Baden-Baden 1991.
*Hamilton, Daniel*: Ferne Sterne: Die Beziehungen der USA zur DDR 1974–1990. In: Wolfgang-Uwe Friedrich (Hrsg.): Die USA und die Deutsche Frage 1945–1990. Frankfurt/M., New York 1991, S. 259–279.
*Hancock, Donald M./Helga A. Welsh* (Hrsg.): German Unification. Process and Outcomes. Boulder/CO 1994.
*Handhardt, Arthur M.*: Die deutsche Vereinigung im Spiegelbild der amerikanischen veröffentlichten Meinung. In: Wolfgang-Uwe Friedrich (Hrsg.): Die USA und die Deutsche Frage 1945–1990. Frankfurt/M., New York 1991, S. 407–417.
*Hannover, Ingolf*: Europäische Integration und deutsche Wiedervereinigung. Ein politischer Essay. Frankfurt 1989.
*Hanrieder, Wolfram F.*: Deutschland, Europa, Amerika. Die Außenpolitik der Bundesrepublik 1949–1994. Paderborn 1995.
*Hansen, Niels*: Verbindungen in die Zukunft. 25 Jahre diplomatische Beziehungen zwischen Deutschland und Israel. In: *Aus Politik und Zeitgeschichte*, Nr. B15/1990, S. 8–18.
*Hansen, Niels*: Deutschland und Israel. Besondere Beziehungen im Wandel. In: *Europa-Archiv*, Nr. 18/1992, S. 527–534.
*Hartmann, Karl*: Polen und die Vereinigung Deutschlands. In: *Osteuropa*, Nr. 8/1990, S. 761–765.

*Hartmann, Rüdiger/Wolfgang Heydrich/Nikolaus Meyer-Landrut*: Der Vertrag über konventionelle Streitkräfte in Europa. Vertragswerk, Verhandlungsgeschichte, Kommentar, Dokumentation. Baden-Baden 1994.
*Hartwich, Hans-Hermann*: Die Bundesregierung im Prozeß der deutschen Vereinigungsverhandlung (1989/90). Skizze zu einer kategorial geleiteten Analyse des Regierungshandelns. In: Ders./Göttrik Wewer (Hrsg.): Regieren in der Bundesrepublik Deutschland. Bd. 3.: Systemsteuerung und »Staatskunst«. Opladen 1991, S. 237-275.
*Hase, Karl-Günther von*: Britische Zurückhaltung. Zu den Schwierigkeiten Englands mit der deutschen Einheit. In: *Die politische Meinung*, Nr. 250/1990, S. 13-64.
*Hasse, Rolf H.*: Die europäische Zentralbank. Perspektiven für eine Weiterentwicklung des Europäischen Währungssystems. Gütersloh 1989.
*Hasse, Rolf H.*: Deutsche Vereinigung und europäische Umwälzungen. In: *Aussenpolitik*, Nr. 2/1992, S. 122-133.
*Hassner, Pierre*: Gorbachev and the West. In: Frederic J. Fleron/Erik P. Hoffmann/Robbin F. Laird (Hrsg.): Soviet Foreign Policy. Classic and contemporary Issues. New York 1991, S. 613-622.
*Hatschikjan, Magarditsch/Wolfgang Pfeiler*: Deutsch-sowjetische Beziehungen in einer Periode der Ost-West-Annäherung. In: *Deutschland Archiv*, Nr. 8/1989, S. 883-889.
*Häußler, Oliver*: Verantwortung im Dialog der Medien. Das Deutschlandbild französischer Korrespondenten. In: *Dokumente*, Nr. 3/1989, S. 220-225.
*Heidemann, Ernst*: Der real existierende Genscherismus. Frankfurt/M. 1991.
*Heilemann, Ullrich/Reimut Jochimsen*: Christmas in July? The Political Economy of German Unification Reconsidered. Washington/DC 1993.
*Heimann, Gerhard*: Die Auflösung der Blöcke und die Europäisierung Deutschlands. In: *Europa-Archiv*, Nr. 5/1990, S. 167-172.
*Heinemann, Ulrich*: »Blick nach vorn«. Entwicklung und Stand der deutsch-sowjetischen Beziehungen. Eine Tagung der Landeszentrale für politische Bildung Nordrhein-Westfalen. In: *Deutschland Archiv*, Nr. 10/1991, S. 1103-1105.
*Heinrich, Arthur*: Kein schöner Land in dieser Zeit. Die Bundesrepublik als »partner in leadership« und der Testfall Polen. In: *Blätter für deutsche und internationale Politik*, Nr. 8/1989, S. 925-936.
*Heinrich, Manfred/Manfred Stelter*: Osteuropa-Forschung. DDR-Bilanz und neue Herausforderungen im geeinten Deutschland. In: *Deutschland Archiv*, Nr. 2/1992, S. 167-175.
*Heisenberg, Wolfgang* (Hrsg.): Die Vereinigung Deutschlands in europäischer Perspektive. Baden-Baden 1992.
*Hellmann, Gunther* (Hrsg.): Alliierte Präsenz und deutsche Einheit. Die politischen Folgen militärischer Macht. Baden-Baden 1994.
*Hendry, I. D./M. C. Wood*: The Legal Status of Berlin. London 1987.
*Herbst, Ludolf*: Option für den Westen. Vom Marshallplan bis zum deutsch-französischen Vertrag. München 1989.
*Herles, Helmut/Ewald Rose (Hrsg.)*: Vom runden Tisch zum Parlament. Bonn 1990.
*Hertle, Hans-Hermann*: Chronik des Mauerfalls. Die dramatischen Ereignisse um den 9. November 1989. Berlin 1996.
*Hertle, Hans-Hermann:* Der Fall der Mauer aus der Sicht der NVA und der Grenztruppen der DDR. In: *Deutschland Archiv*, Nr. 9/1995, S. 901-919.
*Hertle, Hans-Hermann/Theo Pirker/Rainer Weinert*: »Der Honecker muß weg!«. Protokoll eines Gesprächs mit Günter Schabowski am 24. April 1990 in Berlin/West. Berlin 1990.
*Herzberg, Wolfgang/Patrick von zur Mühlen* (Hrsg.): Auf den Anfang kommt es an. Sozialdemokratischer Neubeginn in der DDR 1989. Interviews und Analysen. Bonn 1993.

*Heß, Jürgen C./Friso Wielenga*: Die Niederlande und die Wiedervereinigung Deutschlands. Ein Beitrag zur Debatte um die »Verpassten Gelegenheiten« im Jahr 1952. In: *Vierteljahrshefte für Zeitgeschichte*, Nr. 3/1987, S. 349-384.

*Hettlage, Robert/Karl Lenz (Hrsg.)*: Deutschland nach der Wende. Eine Bilanz. München 1995.

*Heydemann, Günther*: Ein Symposium zur deutschen Frage in London. In: *Deutschland Archiv*, Nr. 5/1990, S. 771-773.

*Heydemann, Günther*: Partner oder Konkurrent? Das britische Deutschlandbild während des Wiedervereinigungsprozesses 1989-1991. In: Franz Bosbach (Hrsg.): Feindbilder. Die Darstellung des Gegners in der politischen Publizistik des Mittelalters und der Neuzeit. Köln 1992, S. 201-234.

*Heydemann, Günther*: Großbritannien und Deutschland. Probleme einer »stillen Allianz« in Europa. In: Hans Kastendiek u. a. (Hrsg.): Länderbericht Großbritannien. Geschichte. Politik. Wirtschaft. Gesellschaft. Bonn 1994, S. 363-373.

*Hildebrand, Klaus*: Eine historische Betrachtung zur deutschen Frage. In: *Die politische Meinung*, Nr. 336/1997, S. 5-16.

*Hildebrandt, Reinhard*: Zusammenfügen oder Vereinnahmen? Die internationalen Aspekte deutsch-deutscher Politik. In: *Deutschland Archiv*, Nr. 7/1990, S. 1047-1057.

*Hillenbrand, Olaf*: Europäische Währungsunion. In: Landeszentrale für Politische Bildungsarbeit Bayern (Hrsg.): Währungspolitik. München 1998, S. 73-129.

*Hillgruber, Andreas*: Deutsche Geschichte 1945-1986. Die »deutsche Frage« in der Weltpolitik. 7. Auflage, Stuttgart u. a. 1989.

*Hindenburg, Hanfried von*: Die Einhegung deutscher Macht. Die Funktion der Alliierten Vorbehaltsrechte in der Ost- und Deutschlandpolitik der Bundesrepublik Deutschland 1945/49-1990. In: Helga Haftendorn/Henning Riecke (Hrsg.): »...die volle Macht eines souveränen Staates...«. Die Alliierten Vorbehaltsrechte als Rahmenbedingung westdeutscher Außenpolitik 1949-1990. Baden-Baden 1996, S. 81-124.

*Hitzer, Friedrich*: Die große Unordnung. Glasnost und die Deutschen. Galgenberg 1989.

*Hoagland, Jim*: Europe's Destiny. In: *Foreign Affairs*, Nr. 1/1990, S. 33-50.

*Hoensch, Jörg K.*: Der Normalisierungsprozeß zwischen der Bundesrepublik Deutschland und Polen. Hintergründe und Belastungen. In: *Aus Politik und Zeitgeschichte*, Nr. B12-13/1990, S. 39-51.

*Hoffman, Hilmar/Kurt Jürgen Maass (Hrsg.)*: Freund oder Fratze? Das Bild von Deutschland in der Welt und die Aufgaben der Kulturpolitik. Frankfurt/M., New York 1994.

*Hoffmann, Heinz J.*: Beneidet und gefürchtet. Die Deutschen aus der Sicht der anderen. München 1992.

*Hoffmann, Stanley*: La France dans le nouvel ordre européen. In: *Politique étrangère*, Nr. 3/1990, S. 503-512.

*Hoffmann, Stanley*: Dilemmes et stratégies de la France dans la nouvelle Europe (1989-1991). In: *Politique étrangère*, Nr. 4/1992, S. 879-892.

*Hoffmann, Theodor*: Das letzte Kommando. Ein Minister erinnert sich. Berlin 1993.

*Hogan, Michael J. (Hrsg.)*: The End of the Cold War. Its Meanings and Implications. New York 1994.

*Höhne, Roland [1991a]*: Frankreich und die deutsche Einheit. Die Reaktion der Öffentlichkeit auf den Wiedervereinigungsprozeß im Jahre 1989/90. In: *Lendemains*, Nr. 62/1991, S. 106-119.

*Höhne, Roland [1991b]*: Frankreichs Stellung in der Welt. Weltmacht oder Mittelmacht? In: *Aus Politik und Zeitgeschichte*, Nr. B47-48/1991, S. 37-46.

*Holeschovsky, Christine*: Der innergemeinschaftliche Abstimmungsprozeß zur deutschen Einheit. In: Werner Weidenfeld u. a.: Die doppelte Integration. Europa und das größere Deutschland. Gütersloh 1991, S. 17-29.

*Holst, Christian*: Zwischen Skepsis und Engagement. US-Amerikanische KSZE-Politik in den siebziger und zu Beginn der neunziger Jahre. In: Michael Staack (Hrsg.): Aufbruch nach Gesamteuropa. Die KSZE nach der Wende im Osten. Münster 1993, S. 177–207.

*Holzer, Jerzy*: Polen und die deutsche Selbstbestimmung. In: *Die Neue Gesellschaft/Frankfurter Hefte*, Nr. 1/1990, S. 69–72.

*Hömig, Herbert*: Von der deutschen Frage zur Einheit Europas. Historische Essays. Bochum 1993.

*Honecker, Erich*: Erich Honecker zu dramatischen Ereignissen. Hamburg 1992.

*Honecker, Erich*: Moabiter Notizen. Berlin 1994.

*Horelick, Arnold L.*: U.S.-Soviet relations. The Threshold of a New Era. In: *Foreign Affairs*, Nr. 1/1990, S. 51–69.

*Horelick, Arnold L.*: U.S.-Soviet Relations: Treshold of a New Era. In: Frederic J. Fleron/ Erik P. Hoffmann/Robbin F. Laird (Hrsg.): Soviet Foreign Policy. Classic and contemporary Issues. New York 1991, S. 623–637.

*Horn, Gyula* [1991a]: Freiheit, die ich meine. Erinnerungen des ungarischen Außenministers, der den Eisernen Vorhang öffnete. Hamburg 1991.

*Horn, Gyula* [1991b] u. a.: Reden über Deutschland, Bd. 9. München 1991.

*Horn, Hannelore*: Die Revolution in der DDR 1989. Prototyp oder Sonderfall? In: *Aussenpolitik*, Nr. 1/1993, S. 55–65.

*Horn, Hannelore/Siegfried Mampel* (Hrsg.): Die deutsche Frage aus der heutigen Sicht des Auslandes. Berlin 1987.

*Horn, Lutz*: Völkerrechtliche Aspekte der Deutschen Vereinigung. In: *Neue Juristische Wochenschrift*, Nr. 35/1990, S. 2173–2176.

*Hornstein, Walter/Gerd Mutz*: Europäische Einigung als gesellschaftlicher Prozeß. Soziale Problemlagen, Partizipation und kulturelle Transformation. Baden-Baden 1993.

*Hough, Jerry F.*: Gorbachev's Politics. In: *Foreign Affairs*, Nr. 5/1989, S. 26–41.

*Howard, Michael*: The Springtime of Nations. In: *Foreign Affairs*, Nr. 1/1990, S. 17–32.

*Howorth, Jolyon*: France since the Berlin Wall. Defence and Diplomacy. In: *The World Today*, Juli 1990, S. 126–130.

*Hrbek, Rudolf*: Die Vereinigung Deutschlands und die Integration in die Europäische Gemeinschaft. Probleme und Lösungsvorschläge. In: *Der Bürger im Staat*, Nr. 2/1990, S. 117–122.

*Hubel, Helmut*: Das vereinte Deutschland aus internationaler Sicht. Eine Zwischenbilanz. Bonn 1993.

*Hubel, Helmut/Bernhard May*: Ein »normales« Deutschland? Die souveräne Bundesrepublik in der ausländischen Wahrnehmung. Bonn 1995.

*Hutchings, Robert J.*: American diplomacy and the End of the Cold War. An insider's account of U.S. Policy in Europe 1989–1992. Washington/DC 1997.

*Hyland, William G.*: America's new course. In: *Foreign Affairs*, Nr. 2/1990, S. 1–12.

*Informedia-Stiftung/Gemeinnützige Stiftung für Gesellschaftswissenschaften und Publizistik* (Hrsg.): Der Preis der Tüchtigkeit. Deutschland von außen betrachtet. Köln 1991.

*Institut für Friedensforschung und Sicherheitspolitik an der Universität Hamburg*: Ein geeintes Deutschland in einem neuen Europa. Vom Blocksystem zur Sicherheitsgemeinschaft. In: Dieter S. Lutz/Elmar Schmähling (Hrsg.): Gemeinsame Sicherheit, Kollektive Sicherheit, Gemeinsamer Frieden. Bd. 6: Auf dem Weg zu einer Neuen Europäischen Friedensordnung. Baden-Baden 1990, S. 459–483.

*Isensee, Josef/Paul Kirchhof* (Hrsg.): Handbuch des Staatsrechts der Bundesrepublik Deutschland. Bd. 1: Grundlagen von Staat und Gesellschaft. Heidelberg 1987.

*Isensee, Josef/Paul Kirchhof* (Hrsg.): Handbuch des Staatsrechts der Bundesrepublik Deutschland. Bd. 7: Normativität und Schutz der Verfassung – Internationale Beziehungen. Heidelberg 1992.

*Isensee, Josef/Paul Kirchhof* (Hrsg.): Handbuch des Staatsrechts der Bundesrepublik Deutschland. Bd. 8: Die Einheit Deutschlands. Entwicklung und Grundlagen. Heidelberg 1995.

*Jackisch, Klaus-Rainer*: Diplomatie hinter den Schlagzeilen. Britische Vereinigungsstrategien zwischen Verweigerung und Kooperation. In: Elke Bruck/Peter M. Wagner (Hrsg.): Wege zum »2+4«-Vertrag. Die äußeren Aspekte der deutschen Einheit. München 1996, S. 126-135.

*Jacobsen, Hans-Adolf* u. a. (Hrsg.): Drei Jahrzehnte Außenpolitik der DDR. Bestimmungsfaktoren, Instrumente, Aktionsfelder. München, Wien 1979.

*Jacobsen, Hans-Adolf/Mieczyslaw Tomala* (Hrsg.): Bonn-Warschau 1945-1991. Die deutschpolnischen Beziehungen. Analyse und Dokumentation. Köln 1992.

*Jacobsen, Hans-Adolf* u. a. (Hrsg.): Deutsch-russische Zeitenwende. Krieg und Frieden 1941-1995. Baden-Baden 1995.

*Jäger, Thomas* [1990a]: Die Einheit Deutschlands und die Zukunft Europas (hrsg. vom Forschungsinstitut der Friedrich-Naumann-Stiftung). Königswinter 1990.

*Jäger, Thomas* [1990b]: Europas neue Ordnung. Mitteleuropa als Alternative? München 1990.

*Jäger, Wolfgang* (in Zusammenarbeit mit *Michael Walter*): Die Überwindung der Teilung. Der innerdeutsche Prozeß der Vereinigung 1989/90 (Geschichte der deutschen Einheit, Bd. 3). Stuttgart 1998.

*Jakobeit, Cord/Alparslan Yemal* (Hrsg.): Gesamteuropa. Analysen, Probleme und Entwicklungsperspektiven. Bonn 1993.

*Jakowlew, Alexander*: Offener Schluß. Ein Reformer zieht Bilanz. Gespräche (eingeleitet und kommentiert von Lilly Marcou). Leipzig 1992.

*James, Harold*: Deutsche Identität 1770-1990. Frankfurt/M. 1991.

*James, Harold/Marla Stone* (Hrsg.): When the Wall came down. Reactions to German Unification. New York, London 1992.

*Janning, Josef/Melanie Piepenschneider*: Deutschland in Europa. Eine Bilanz europäischer Einigungspolitik. Melle 1993.

*Jansen, Marlies*: Der Grenzvertrag mit Polen. In: *Deutschland Archiv*, Nr. 12/1990, S. 1820-1821.

*Jansen, Marlies*: Nachbarschaft mit Polen. In: *Deutschland Archiv*, Nr. 8/1991, S. 787-789.

*Janson, Carl-Heinz*: Totengräber der DDR. Wie Günter Mittag den SED-Staat ruinierte. Düsseldorf 1991.

*Jarausch, Konrad H.*: The Rush to German Unity. New York 1994.

*Jarausch, Konrad H.*: Die unverhoffte Einheit 1989-1990. Frankfurt/M. 1995.

*Jaruzelski, Wojciech*: Mein Leben für Polen. Erinnerungen. München 1993.

*Jedrys, Marek*: Glücklicher Wandel im deutsch-polnischen Verhältnis. In: *Die politische Meinung*, Nr. 299/1994, S. 23-26.

*Jeffrey, Charlie*: A giant with feet of clay? United Germany in the European Union. Birmingham 1995.

*Jesse, Eckhard/Armin Mitter* (Hrsg.): Die Gestaltung der deutschen Einheit. Geschichte – Politik – Gesellschaft. Bonn 1992.

*Jessel, Jacques*: La double défaite de Mitterrand. De Berlin à Moscou, les faillites d'une diplomatie. Paris 1992.

*Jewtuschenko, Jewgenij A.* u. a.: Reden über Deutschland, Bd. 8. München 1990.

*Joas, Hans/Martin Kohli* (Hrsg.): Der Zusammenbruch der DDR. Soziologische Analysen. Frankfurt/M. 1993.

*Jochum, Michael*: Der Zerfall des sicherheitspolitischen Konsenses und die Verschärfung der Wirtschafts- und Währungskrisen (1981-1989). In: Klaus Larres/Torsten Oppel-

land (Hrsg.): Deutschland und die USA im 20. Jahrhundert. Geschichte der politischen Beziehungen. Darmstadt 1997, S. 204-229.
*Jodice, David A.*: United Germany and Jewish Concerns. Attitudes Toward Jews, Israel, and the Holocaust. New York 1991.
*Joenniemi, Pertti* [1990a]: The Post-Cold-War Warsaw Pact. An Alliance re-articulated (Tampere Peace Research Institute). Tampere 1990.
*Joenniemi, Pertti* [1990b]: The Warsaw Treaty Organisation. A Story in decline (Tampere Peace Research Institute). Tampere 1990.
*John, Antonius*: Rudolf Seiters. Einsichten in Amt, Person und Ereignisse. Bonn 1991.
*John, Ieuan G.*: The Re-emerge of »the German Question«. A united Germany and European Security and Stability. In: *Diplomacy and Statecraft*, Nr. 3/1990, S. 126-146.
*Jung, Werner*: Probleme der Souveränität in Deutschland. In: Ulrich Albrecht u. a. (Hrsg.): Deutsche Fragen – Europäische Antworten. Berlin 1983, S. 42-49.
*Juricic, Michael*: Perception, causation and German foreign policy. In: *Review of International Studies* 1995, S. 105-115.

*Kaiser, Jens*: Zwischen angestrebter Eigenständigkeit und traditioneller Unterordnung. Zur Ambivalenz des Verhältnisses von sowjetischer und DDR-Außenpolitik in den achtziger Jahren. In: *Deutschland Archiv*, Nr. 5/1991, S. 478-495.
*Kaiser, Karl* [1991a]: Deutschlands Vereinigung. Die internationalen Aspekte. Bergisch Gladbach 1991.
*Kaiser, Karl* [1991b]: Germany's Unification. In: *Foreign Affairs*, Nr. 1/1991, S. 179-205.
*Kaiser, Karl* [1992a]: Die deutsch-amerikanischen Sicherheitsbeziehungen in Europa nach dem Kalten Krieg. In: *Europa-Archiv*, Nr. 1/1992, S. 7-17.
*Kaiser, Karl* [1992b]: Die Einbettung des vereinigten Deutschland in Europa. In: Die Internationale Politik 1989/90. Jahrbücher der deutschen Gesellschaft für auswärtige Politik. München 1992, S. 101-118.
*Kaiser, Karl/Pierre Lellouche* (Hrsg.): Deutsch-französische Sicherheitspolitik. Auf dem Wege zur Gemeinsamkeit? Bonn 1986.
*Kaiser, Karl/Pierre Lellouche* (Hrsg): Deutsch-französische Sicherheitspolitik. Bonn 1995.
*Kaiser, Karl/Hanns W. Maull* (Hrsg.): Die Zukunft der deutschen Außenpolitik. Bonn 1993.
*Kaiser, Karl/Hanns W. Maull* (Hrsg.): Deutschlands neue Außenpolitik. Bd. 1: Grundlagen. München 1994.
*Kaiser, Karl/Hanns W. Maull* (Hrsg.): Deutschlands neue Außenpolitik. Bd. 2: Herausforderungen. München 1996.
*Kaiser, Karl/Hans-Peter Schwarz* (Hrsg.): Die neue Weltpolitik. Bonn 1995.
*Kaiser, Robert G.*: Why Gorbachev happened. His Triumphs and his Failure. New York u. a. 1991.
*Kallabis, Heinz*: Ade, DDR! Tagebuchblätter. 7. Oktober 1989 bis 8. Mai 1990. Berlin 1990.
*Kaltefleiter, Werner/Ulrike Schumacher* (Hrsg.): Five Years after the Fall of the Berlin Wall. Papers presented at the International Summer Course 1995 on National Security. Frankfurt/M. u. a. 1996.
*Kamusella, Tomasz*: Asserting Minority Rights in Poland. In: *Transition*, Nr. 3/1996, S. 15-18.
*Karaganov, Sergeij*: Implications of German Unification for the Former Soviet Union. In: Stares, Paul B. (Hrsg.): The New Germany and the New Europe. Washington/DC 1992, S. 331-364.
*Karpinski, Jakub*: In the new Europe, Poland is better as a partner than an enemy. In: *Transition*, Nr. 3/1996, S. 12-14.

*Kartaschkin, Wladimir*: Europa. Auf dem Wege zur Rechtseinheit. Moskau 1990.
*Kastendiek, Hans* u. a. (Hrsg.): Länderbericht Großbritannien. Geschichte. Politik. Wirtschaft. Gesellschaft. Bonn 1994.
*Keithly, David M.*: The Collapse of East German Communism. The Year the Wall came down. 1989. Westport/CT 1992.
*Keller, Dietmar/Hans Modrow/Herbert Wolf*: Ansichten zur Geschichte der DDR. Eggersdorf 1994.
*Keller, Dietmar*: Minister auf Abruf. Möglichkeiten und Grenzen von 121 Tagen im Amt. Berlin 1990.
*Kende, Pierre/Aleksander Smolar* (Hrsg.): La Grande Secousse. Europe de l'Est 1989-1990. Paris 1990.
*Kenna, Friedhelm*: Deutschland – ein Jahr danach. In: *Die politische Meinung*, Nr. 262/1991, S. 10-16.
*Keohane, Robert/Joseph Nye/Stanley Hoffmann* (Hrsg.): After the Cold War. Cambrige/MA 1993.
*Keppler, Hans Mathias*: Ereignismanagement, Wirklichkeit und Massenmedien. Zürich, Osnabrück 1992.
*Kepplinger, Hans Mathias/Andreas Czaplicki*: Der Zusammenbruch der DDR aus der Sichtweise der Bundesrepublik. Der Weg zu den ersten freien Wahlen in der DDR. Mainz 1993.
*Kettenacker, Lothar*: Großbritannien. Furcht vor einer deutschen Hegemonie. Englische Spekulationen über die Deutschen. Die Briten und der Kontinent. In: Günther Trautmann (Hrsg.): Die häßlichen Deutschen. Deutschland im Spiegel der westlichen und östlichen Nachbarn. Darmstadt 1991, S. 194-208.
*Kettle, Steve*: Czechs and Germans Still at Odds. In: *Transition*, Nr. 3/1996, S. 22-25.
*Kielmansegg, Peter*: Vereinigung ohne Legitimität? In: *Merkur*, Nr. 7/1993, S. 561-575.
*Kiersch, Gerhard*: Frankreich und die DDR. Ein vergessener Bereich deutsch-französischer Beziehungen. In: Hartmut Elsenhans u. a. (Hrsg.): Frankreich – Europa -Weltpolitik. Festschrift für Gilbert Ziebura zum 65. Geburtstag. Opladen 1989, S. 147-159.
*Kiersch, Klaus*: Die französische Deutschlandpolitik 1945-1949. In: Claus Scharf/Hans-Jürgen Schröder (Hrsg.): Politische und ökonomische Stabilisierung Westdeutschlands 1945-1949. Fünf Beiträge zur Deutschlandpolitik der westlichen Alliierten. Wiesbaden 1977, S. 61-76.
*Kiersch, Klaus*: Rosa Gaullismus. Wandlungen in der Kontinuität französischer Außenpolitik unter Mitterrand. In: *Zeitschrift für Parlamentsfragen*, Nr. 2/1983, S 268-277.
*Kiessler, Richard/Frank Elbe*: Ein runder Tisch mit scharfen Ecken. Der diplomatische Weg zur deutschen Einheit. Baden-Baden 1993.
*Kiessling, Günter*: Neutralität ist kein Verrat. Entwurf einer europäischen Friedensordnung. Erlangen, Bonn, Wien 1989.
*Kiessling, Günter*: NATO, Oder, Elbe. Modell für ein europäisches Sicherheitssystem. Erlangen, Bonn, Wien 1990.
*Kimminich, Otto*: Überlegungen zu einer friedensvertraglichen Regelung für ein wiedervereinigtes Deutschland unter völkerrechtlichen Gesichtspunkten. In: *Aus Politik und Zeitgeschichte*, Nr. B33/1990, S. 34-45.
*Kimminich, Otto*: Die abschließende Regelung mit Polen. In: *Zeitschrift für Politik*, Nr. 4/1991, S. 361-391.
*Kirkpatrick, Jeane J.*: Beyond the Cold War. In: *Foreign Affairs*, Nr. 1/1990, S. 1-16.
*Kirste, Knut*: Rollentheorie und Außenpolitikanalyse. Die USA und Deutschland als Zivilmächte. Frankfurt/M. u. a. 1998.
*Kittner, Michael*: Rechtsfragen der Vereinigung von Bundesrepublik Deutschland und DDR. Zum Zeitpunkt der Entscheidung. In: Voigt, Dieter u. a.: Wiedervereinigung als

Organisationsproblem. Gesamtdeutsche Zusammenschlüsse von Parteien und Verbänden. Bochum 1991, S. 88–110.
*Klein, Eckart*: Bundesverfassungsgericht und Ostverträge. 2. Auflage, Bonn 1985.
*Klein, Hans*: Es begann im Kaukasus. Der entscheidende Schritt in die Einheit Deutschlands. Berlin, Frankfurt/M. 1991.
*Klein, Paul* (Hrsg.): Deutsch-französische Verteidigungskooperation. Das Beispiel der deutsch-französischen Brigade. Baden-Baden 1990.
*Klein, Paul/Rolf P. Zimmermann* (Hrsg.): Beispielhaft? Eine Zwischenbilanz zur Eingliederung der Nationalen Volksarmee in die Bundeswehr. Baden-Baden 1993.
*Klein, Yvonne*: Großbritannien nach der Wiedervereinigung. In: *Die politische Meinung*, Nr. 310/1995, S. 19–25.
*Klein, Yvonne*: British Views on German Unification 1989/90. In: *German Politics*, Nr. 3/1996, S. 404–528.
*Kloth, Hans Michael*: »GDR – Reform or Revolution?« Konferenz in Nottingham. In: *Deutschland Archiv*, Nr. 4/1990, S. 597–599.
*Knabe, Hubertus* (Hrsg.): Aufbruch in eine andere DDR. Reformer und Oppositionelle zur Zukunft ihres Landes. Reinbek 1989.
*Knapp, Manfred*: Die Außenpolitik der USA unter George Bush. In: *Aus Politik und Zeitgeschichte*, Nr. B44/1992, S. 43–54.
*Knappe, Jens*: Die USA und die deutsche Einheit. Amerikanische Deutschlandpolitik im Kontext von veröffentlichter und öffentlicher Meinung 1989/90. München 1996.
*Knodt, Michèle*: Unterordnung der EG-Integration der DDR unter den deutschen Einigungsprozeß. Frankfurt/M. 1992.
*Knopp, Guido/Ekkehard Kuhn*: Die Deutsche Einheit. Traum und Wirklichkeit. Erlangen 1990.
*Kohl, Helmut*: Deutschlands Zukunft in Europa. Reden und Beiträge des Bundeskanzlers (hrsg. von Heinrich Seewald). Herford 1990.
*Kohl, Helmut*: Die Deutsche Einheit. Reden und Gespräche. Mit einem Vorwort von Michail Gorbatschow. Bergisch Gladbach 1992.
*Köhler, Henning*: Adenauer. Eine politische Biographie. Berlin, Frankfurt/M. 1994.
*Kohler-Koch, Beate* (Hrsg.) [1991a]: Die Osterweiterung der EG. Die Einbeziehung der ehemaligen DDR in die Gemeinschaft. Baden-Baden 1991.
*Kohler-Koch, Beate* (Hrsg.): Weichenstellungen für ein neues Europa. Mannheim 1992.
*Kohler-Koch, Beate* [1991b]: Deutsche Einigung im Spannungsfeld internationaler Umbrüche. In: *Politische Vierteljahresschrift*, Nr. 4/1991, S. 605–620.
*Kok, Wim*: »Wie sehen unsere Nachbarn den deutschen Einigungsprozeß?« Die deutsche Entwicklung aus niederländischer Sicht (Friedrich-Ebert-Stiftung, Vortrag im Arbeitsbereich »Deutschlandpolitisches wissenschaftliches Forum«). Bonn 3. Mai 1990.
*Kolboom, Ingo*: Das Problem der Franzosen mit der deutschen Identität. Frankreich und die deutsche Frage in Geschichte und Gegenwart. Berlin 1985.
*Kolboom, Ingo* [1991b]: Vom geteilten zum vereinten Deutschland. Deutschlandbilder in Frankreich. Bonn 1991.
*Kolboom, Ingo*: Gorbatschow – ein deutsch-französisches Ärgernis? In: *Dokumente*, Nr. 3/1987, S. 173–174.
*Kolboom, Ingo*: Nur kein deutscher Einheitsstaat. Die französische Deutschlandpolitik bis zum Bonner Grundgesetz. In: *Dokumente*, Nr. 5/1989, S. 413–422.
*Kolboom, Ingo* [1990a]: Vom »Gemeinsamen Haus Europa« zur »Europäischen Konföderation«. François Mitterrand und die europäische Neuordnung 1981–1990. In: *Sozialwissenschaftliche Informationen*, Nr. 4/1990, S. 237–246.
*Kolboom, Ingo* [1990b]: Frankreich und die staatliche Neuordnung Deutschlands 1945–1949. Ein Rückblick aus aktuellem Anlaß. In: Wolfgang Asholt/Heinz Thoma (Hrsg.): Frankreich. Ein unverstandener Nachbar. Bonn 1990, S. 51–86.

*Kolboom, Ingo* [1991a]: Die Vertreibung der Dämonen. Frankreich und das vereinte Deutschland. In: *Europa-Archiv,* Nr. 15–16/1991, S. 470–475.
*Kolboom, Ingo* (Red.; unter Mitarbeit von *Katja Ridderbusch*) [1991c]: Deutschland und Frankreich im neuen Europa. Referate – Berichte – Dokumente. XIV. Deutsch-Französische Konferenz Berlin, 28.–30. Mai 1990. Bonn 1991.
*Kolboom Ingo/Ernst Weisenfeld* (Hrsg.): Frankreich in Europa. Ein deutsch-französischer Rundblick. Bonn 1993.
*Kolm, Serge-Christophe*: »Teutomanie« und Pascals Wette. Zur deutschen Wiedervereinigung. In: *Merkur,* Nr. 4/1990, S. 345–350.
*Kommission der Europäischen Gemeinschaften* (Hrsg.) [1990a]: Die Gemeinschaft und die deutsche Vereinigung. Dokument KOM (90) 400 endg. v. 21. 08. 1990, Vol. I-III, Brüssel 1990.
*Kommission der Europäischen Gemeinschaften* (Hrsg.) [1990b]: Die Gemeinschaft und die deutsche Vereinigung (Mitteilung). SEK (90) 751 endg. v. 20. 04. 1990. In: EG-Nachrichten, Berichte und Informationen – Dokumentation, Sonderausgabe 4/1990, S. 9–22.
*Kommission der Europäischen Gemeinschaften* (Hrsg.) [1990d]: Vertretung in der Bundesrepublik Deutschland, Jahresbericht 1989. In: EG-Nachrichten, Berichte und Informationen – Dokumentation, 6/1990.
*Kommission der Europäischen Gemeinschaften* (Hrsg.) [1990c]: Die Gemeinschaft und die deutsche Einigung – Auswirkungen des Staatsvertrages (Mitteilung). SEK (90) 1138 endg. v. 14. 06. 1990. In: EG-Nachrichten, Berichte und Informationen – Dokumentation, 8/1990, S. 2–16.
*Kommission der Europäischen Gemeinschaften* (Hrsg.): Vertretung in der Bundesrepublik Deutschland, Jahresbericht 1990. In: EG-Nachrichten, Berichte und Informationen – Dokumentation 6/1991.
*König, Helmut* [1991a]: Deutsche Fragen. In: *Politische Vierteljahresschrift,* Nr. 2/1991, S. 318–326.
*König, Helmut* [1991b]: Schwieriger Umbau. Bilanz und Perspektiven nach fünf Jahren Perestroijka – eine Momentaufnahme im Frühjahr 1990. Bericht über die erweiterte Redaktionskonferenz 1990. In: *Osteuropa,* Nr. 9/1991, S. 846–888.
*Kopielski, Bernd/Siegfried Melcher/Wolfgang Schulz*: Feindbild ade? Berlin 1990.
*Korger, Dieter*: Die Polenpolitik der deutschen Bundesregierung von 1982–1991. Bonn 1993.
*Korinman, Michel* (Hrsg.): L'Allemagne vue d'ailleurs. Paris 1992.
*Korinman, Michel*: Les limites de l'Hexagone. In: Michel Korinman (Hrsg.): L'Allemagne vue d'ailleurs. Paris 1992, S. 89–124.
*Korowkin, Wladimir*: Die Beziehungen Rußlands zu seinen europäischen Nachbarn. In: *Aus Politik und Zeitgeschichte,* Nr. B52–53/1992, S. 14–21.
*Korte, Karl-Rudolf*: Der Standort der Deutschen. Akzentverlagerungen der deutschen Frage in der Bundesrepublik. Köln 1990.
*Korte, Karl-Rudolf* (unter Mitarbeit von *Jürgen Gros* und *Thomas Lillig*): Die Chance genutzt? Die Politik zur Einheit Deutschlands. Frankfurt/M., New York 1994.
*Korte, Karl-Rudolf*: Deutschlandpolitik in Helmut Kohls Kanzlerschaft. Regierungsstil und Entscheidungen 1982–1989 (Geschichte der deutschen Einheit, Bd. 1). Stuttgart 1998.
*Kortz, Helge*: Die Entscheidung über den Übergang in die Endstufe der Wirtschafts- und Währungsunion. Baden-Baden 1996.
*Koschyk, Hartmut*: Deutschland und seine östlichen Nachbarn. In: *Die politische Meinung,* Nr. 268/1992, S. 13–20.

*Köẞmeier, Thomas*: Der erfolgreiche Verlauf der 2+4 Gespräche. Internationale Rückendeckung. In: Dieter Voigt u. a.: Wiedervereinigung als Organisationsproblem. Gesamtdeutsche Zusammenschlüsse von Parteien und Verbänden. Bochum 1991, S. 30-38.
*Kotschemassow, Wjatscheslaw*: Meine letzte Mission. Fakten, Erinnerungen, Überlegungen. Berlin 1994.
*Kovrig, Bennett*: Of Walls and Bridges. The United States and Eastern Europe. New York, London 1991.
*Krakau, Knud*: Feindstaatenklauseln und Rechtslage Deutschlands nach den Ostverträgen. Frankfurt/M. 1975.
*Kramer, Mark*: The Role of the CPSU International Department in Soviet Foreign Relations and National Security Policy. In: Frederic J. Fleron/Erik P. Hoffmann/Robbin F. Laird (Hrsg.): Soviet Foreign Policy. Classic and contemporary Issues. New York 1991, S. 444-463.
*Krämer, Raimund/Wolfram Wallraf*: DDR-Außenpolitik - Was bleibt? Versuch einer Bestandsaufnahme. In: Bernhard Muszynski (Hrsg.): Deutsche Vereinigung. Probleme der Integration und der Identifikation. Opladen 1991, S. 133-147.
*Krämer, Raimund/Wolfram Wallraf*: Diplomat oder Parteiarbeiter? Zum Selbstbild einer Funktionselite in der DDR. In: *Deutschland Archiv*, Nr. 3/1993, S. 326-334.
*Kramer, Steven Philip*: La question française. In: *Politique étrangère*, Nr. 4/1991, S. 959-974.
*Krause, Christian*: Der Zusammenbruch des kommunistischen Staatensystems (Friedrich-Ebert-Stiftung, Kurzpapier des Arbeitsbereichs »Außenpolitik- und DDR-Forschung«, Nr. 39). Bonn April 1990.
*Kreft, Heinrich*: Ostdeutschland aus der Sicht der japanischen Wirtschaft. In: *Deutschland Archiv*, Nr. 12/1992, S. 1283-1287.
*Kregel, Bernd*: Außenpolitik und Systemstabilisierung in der DDR. Opladen 1979.
*Krell, Gert*: Die Ostpolitik der Bundesrepublik Deutschland und die deutsche Frage. Historische Entwicklungen und politische Optionen im Ost-West-Konflikt. In: *Aus Politik und Zeitgeschichte*, Nr. B29/1990, S. 24-34.
*Kremp, Herbert*: Bremsmanöver. Die Sowjetunion und die deutsche Bündnisfrage. In: *Die politische Meinung*, Nr. 250/1990, S. 57-64.
*Krenz, Egon*: Wenn Mauern fallen. Die friedliche Revolution. Vorgeschichte, Ablauf, Auswirkungen. Wien 1990.
*Krenz, Egon*: Anmerkungen zur Öffnung der Berliner Mauer im Herbst 1989. In: *Osteuropa*, Nr. 4/1992, S. 365-369.
*Krenz, Egon*: Der 9. November 1989. Unfall oder Logik der Geschichte? In: Siegfried Prokop (Hrsg.): Die kurze Zeit der Utopie. Die »zweite DDR« im vergessenen Jahr 1989/90. Berlin 1994, S. 71-87.
*Kristof, Erich*: Der KSZE-Gipfel und die Deutsche Einigung. In: *Deutschland Archiv*, Nr. 8/1990, S. 1154-1156.
*Krülle, Sigrid*: Die völkerrechtlichen Aspekte des Oder-Neiße-Problems. Berlin 1970.
*Krum, Horst/Siegfried Prokop*: Das letzte Jahr der DDR. Implosion - Einigungsvertrag - »distinct society«. Berlin 1994.
*Krzoska, Markus*: Polen und die deutsche Wiedervereinigung. Sommer 1989 - November 1990. Mainz 1994 (unveröffentlichtes Manuskript).
*Kubiczek, Wolfgang*: Das Pariser Treffen der KSZE. Beginn einer neuen Ära? In: Michael Staack (Hrsg.): Aufbruch nach Gesamteuropa. Die KSZE nach der Wende im Osten. Münster 1993, S. 335-366.
*Kuby, Erich*: Der Preis der Einheit. Ein neues Europa formt sein Gesicht. Hamburg 1990.
*Küchenmeister, Daniel* (Hrsg.): Honecker - Gorbatschow. Vieraugengespräche. Berlin 1993.
*Kuhn, Ekkehard* (Hrsg.): Gorbatschow und die deutsche Einheit. Aussagen der wichtigsten russischen und deutschen Beteiligten. Bonn 1993.

*Kuhrt, Eberhard/Hannsjörg F. Buck/Gunter Holzweißig* (Hrsg.): Am Ende des realen Sozialismus. Beiträge zu einer Bestandsaufnahme der DDR-Wirklichkeit in den 80er Jahren. Bd. 1: Die SED-Herrschaft und ihr Zusammenbruch. Opladen 1996.
*Kulke-Fiedler, Christine*: Die Integration des Wirtschaftsgebietes der ehemaligen DDR in den EG-Binnenmarkt. Chancen und Risiken. In: *Deutschland Archiv*, Nr. 12/1990, S. 1873-1888.
*Kulturstiftung der deutschen Vertriebenen* (Hrsg.): Materialien zu Deutschlandfragen. Politiker und Wissenschaftler nehmen Stellung. 1989-1991. Bonn 1991.
*Kuppe, Johannes L.* [1988a]: Staatsbesuch in Frankreich. In: *Deutschland Archiv*, Nr. 2/1988, S. 113-116.
*Kuppe, Johannes L.* [1988b]: Erkundungen schwierigen Terrains. Hermann Axen in den USA, in: *Deutschland Archiv*, Nr. 6/1988, S. 557-580.
*Kuppe, Johannes L.*: Modrow in Bonn. In: *Deutschland Archiv*, Nr. 3/1990, S. 337-340.
*Kuppe, Johannes L.*: Die östlichen Bündnissysteme haben sich aufgelöst. In: *Deutschland Archiv*, Nr. 8/1991, S. 790-791.
*Kuschel, Hans-Dieter*: Die Einbeziehung der ehemaligen DDR in die Europäische Gemeinschaft. In: *Wirtschaftsdienst*, Nr. 2/1991, S. 80-87.
*Kwizinskij, Julij A.*: Vor dem Sturm. Erinnerungen eines Diplomaten. Berlin 1993.

*Laatz, Horst*: Die deutsche Frage und Europa. In: *Deutschland Archiv*, Nr. 1/1990, S. 97-99.
*Lammert, Norbert*: Deutsche Einheit und Einheit Europas. In: *Civis*, Nr. 4/1991, S. 4-8.
*Land, Rainer* (Hrsg.): Das Umbaupapier (DDR). Argumente gegen die Wiedervereinigung. Berlin 1990.
*Langguth, Gerd* (Hrsg.) [1990a]: Berlin. Vom Brennpunkt der Teilung zur Brücke der Einheit. Köln 1990.
*Langguth, Gerd*: Der Status Berlins aus der Sicht der DDR. In: *Aus Politik und Zeitgeschichte*, Nr. B50/1987, S. 37-53.
*Langguth, Gerd* [1990b]: Die deutsche Frage und die Europäische Gemeinschaft. In: *Aus Politik und Zeitgeschichte*, Nr. B29/1990, S. 13-23.
*Langguth, Gerd*: Deutschland, die EG und die Architektur Europas. In: *Aussenpolitik*, Nr. 2/1991, S. 136-145.
*Lapp, Peter Joachim*: Auf dem Weg zur Realisierung der Einheit Deutschlands. 13. Wissenschaftliche Arbeitstagung der Gesellschaft für Deutschlandforschung. In: *Deutschland Archiv*, Nr. 4/1991, S. 418-420.
*Lapp, Peter Joachim*: Vom Entstehen einer »Ehemaligen«-Literatur und der zeithistorischen Aufarbeitung der NVA. In: *Deutschland Archiv*, Nr. 10/1995, S. 1104-1108.
*Larrabee, Stephen F.* (Hrsg.): The Two German States and European Security. New York 1989.
*Larrabee, Stephen F.*: The New Soviet Approach to Europe. In: Frederic J. Fleron/Erik P. Hoffmann/Robbin F. Laird (Hrsg.): Soviet Foreign Policy. Classic and contemporary Issues. New York 1991, S. 638-663.
*Laurent, Pierre-Henri*: European Integration and the End of the Cold War. In: *Diplomacy and Statecraft*, Nr. 3/1990, S. 147-163.
*Lee, J. J./Walter Korter* (Hrsg.): Europe in Transition. Political, economic and Security prospects for the 1990s. Austin/TX 1991.
*Leggewie, Claus*: Frankreich 1988/1989. Ende eines Sonderwegs? In: Deutsch-Französisches Institut (Hrsg.): Frankreich-Jahrbuch 1989. Politik, Wirtschaft, Gesellschaft, Geschichte, Kultur. Opladen 1989, S. 9-26.
*LeGloannec, Anne Marie*: La nation orpheline. Les Allemagnes en Europe. Paris 1989.

*LeGloannec, Anne-Marie*: Die deutsch-deutsche Nation. Anmerkungen zu einer revolutionären Entwicklung. München 1991.
*LeGloannec, Anne-Marie*: L'Allemagne de l'après-Yalta ou les hauts et les bas d'un double anniversaire. In: *Politique étrangère*, Nr. 3/1989, S. 411–421.
*LeGloannec, Anne-Marie*: La nation retrouvée. De la RDA à l'Allemagne. In: *Politique étrangère*, Nr. 1/1990, S. 45–52.
*LeGloannec, Anne-Marie*: France, Germany and the New Europe. In: Dirk Verheyen/Christian Søe (Hrsg.): The Germans and their Neighbours. Boulder/CO, Oxford 1993, S. 13–34.
*Lehmann, Hans Georg*: Deutschland-Chronik 1945 bis 1995. Bonn 1995.
*Lehmann, Ines*: Die deutsche Vereinigung von außen gesehen. Angst, Bedenken und Erwartungen in der ausländischen Presse. Bd. 1: Die Presse der Vereinigten Staaten, Großbritanniens und Frankreichs. Frankfurt/M. u. a. 1996; Bd. 2: Die Presse Dänemarks, der Niederlande, Belgiens, Luxemburgs, Österreichs, der Schweiz, Italiens, Portugals und Spaniens und jüdische Reaktionen. Frankfurt/M. u. a. 1997.
*Lehmbruch, Gerhard*: Die deutsche Vereinigung. Strukturen und Strategien. In: *Politische Vierteljahresschrift*, Nr. 4/1991, S. 585–604.
*Leimbacher, Urs*: Westeuropäische Integration und gesamtdeutsche Kooperation. In: *Aus Politik und Zeitgeschichte*, Nr. B45/1991, S. 3–12.
*Leimbacher, Urs*: La coopération franco-allemande. Clé pour l'essor de l'Europe. In: *Relations Internationales*, Nr. 70/1992, S. 221–234.
*Leimbacher, Urs*: Deutsch-französische Zusammenarbeit und nationale Interessen seit Anfang der achtziger Jahre. In: Gottfried Niedhart/Detlef Junker/Michael W. Richter (Hrsg.): Deutschland in Europa. Nationale Interessen und internationale Ordnung im 20. Jahrhundert. Mannheim 1997, S. 180–201.
*Lellouche, Pierre*: Nach Jalta. Welche Sicherheit für Europa. In: Ulrich Wickert (Hrsg.): Angst vor Deutschland. Hamburg 1990, S. 278–296.
*Lemke, Christiane*: Die Ursachen des Umbruchs 1989. Opladen 1991.
*Lequesne, Christian*: Paris-Bruxelles. Comment se fait la politique européenne de la France. Paris 1993.
*Levits, Egil*: Die Auseinandersetzung zwischen der Sowjetunion und den Baltischen Staaten um die Wiederherstellung der Unabhängigkeit. In: Hans-Georg Ehrhardt (Hrsg.): Die »sowjetische Frage«. Integration oder Zerfall? Baden-Baden 1991, S. 43–56.
*Liebert, Ulrike/Wolfgang Merkel* (Hrsg.): Die Politik zur deutschen Einheit. Probleme, Strategien, Kontroversen. Opladen 1991.
*Ligatschow, Jegor*: Inside Gorbachev's Kremlin. The Memoirs of Yegor Ligachev. New York 1993.
*Links, Christoph/Hannes Bahrmann*: Wir sind das Volk. Die DDR im Aufbruch. Eine Chronik. Ost-Berlin, Wuppertal 1990.
*Lippert, Barbara*: Etappen der EG-Osteuropapolitik. Distanz – Kooperation – Assoziierung. In: *Integration*, Nr. 3/1990, S. 111–125.
*Lippert, Barbara*: Die EG als Mitgestalter der Erfolgsgeschichte. Der deutsche Einigungsprozeß 1989/90. In: Barbara Lippert u. a. (Hrsg.): Die EG und die neuen Bundesländer. Eine Erfolgsgeschichte von kurzer Dauer? Bonn 1993, S. 35–101.
*Lippert, Barbara* u. a. (Hrsg.): Die EG und die neuen Bundesländer. Eine Erfolgsgeschichte von kurzer Dauer? Bonn 1993.
*Lippert, Barbara/Rosalind Stevens-Ströhmann*: German Unification and EC Integration. German and British perspectives. London 1993.
*Lippert, Barabara/Dirk Günther/Stephen Woolcock*: Die EG und die neuen Bundesländer. Eine Erfolgsgeschichte von kurzer Dauer? In: *Integration*, Nr. 1/1993, S. 1–18.

*List, Juliane/Hans-Willy Nolden*: Zerrbild Deutschland. Wie uns Engländer, Franzosen und Amerikaner seit der Wiedervereinigung sehen. Köln 1992.
*Löbler, Frank/Josef Schmid/Heinrich Tiemann* (Hrsg.): Wiedervereinigung als Organisationsproblem. Gesamtdeutsche Zusammenschlüsse von Parteien und Verbänden. Bochum 1991.
*Long, Robert E.* (Hrsg.): The Reunification of Germany. New York 1992.
*Longerich, Peter* (Hrsg.): »Was ist des Deutschen Vaterland?« Dokumente zur Frage der deutschen Einheit 1800 bis 1990. München 1990.
*Loth, Wilfried*: Ost-West-Konflikt und Deutsche Frage. Historische Ortsbestimmungen. München 1989.
*Loth, Wilfried* [1994a]: Die deutsche Frage in der Nachkriegszeit. Berlin 1994.
*Loth, Wilfried*: Die Franzosen und die deutsche Frage 1945-1949. In: Claus Scharf/Hans-Jürgen Schröder (Hrsg.): Die Deutschlandpolitik Frankreichs und die französische Zone 1945-1949. Wiesbaden 1983, S. 27-48.
*Loth, Wilfried*: Die zweite Chance. Die deutsch-französischen Beziehungen nach der deutschen Einheit. In: Deutsch-Französisches Institut (Hrsg.): Frankreich-Jahrbuch 1992. Politik, Wirtschaft, Gesellschaft, Geschichte, Kultur. Opladen 1992, S. 47-54.
*Loth, Wilfried* [1994b]: Europa als nationales Interesse? Tendenzen deutscher Europapolitik von Schmidt bis Kohl. In: *Integration*, Nr. 3/1994, S. 149-157.
*Löw, Konrad* (Hrsg.): Ursachen und Verlauf der deutschen Revolution 1989. 2. Auflage, Berlin 1993.
*Lübkemeier, Eckard*: Wozu noch NATO? (Friedrich-Ebert-Stiftung, Kurzpapier des Arbeitsbereichs »Außenpolitik- und DDR-Forschung«, Nr. 38). Bonn April 1990.
*Ludwig, Michael* [1991a]: Polen und die deutsche Frage. Mit einer Dokumentation zum deutsch-polnischen Vertrag vom 17. Juni 1991. Bonn 1991.
*Ludwig, Michael*: Die deutsche Frage in der Außenpolitik der neuen polnischen Regierung. In: *Beiträge zur Konfliktforschung*, Nr. 3/1990, S. 99-116.
*Ludwig, Michael* [1991b]: Polen und die sicherheitspolitische Frage in Osteuropa. In: *Europa-Archiv*, Nr. 4/1991, S. 127-136.
*Luft, Christa*: Zwischen Wende und Ende. Eindrücke, Erlebnisse, Erfahrungen eines Mitglieds der Modrowregierung. Berlin 1991.
*Lutz, Dieter S.* (Hrsg.): Deutschland und die kollektive Sicherheit. Politische, rechtliche und programmatische Aspekte. Opladen 1993.
*Lutz, Dieter S./Elmar Schmähling* (Hrsg.) [1990a]: Gemeinsame Sicherheit, Internationale Diskussion. Bd. 5: Beiträge und Dokumente aus Ost und West. Baden-Baden 1990.
*Lutz, Dieter S./Elmar Schmähling* (Hrsg.) [1990b]: Gemeinsame Sicherheit, Kollektive Sicherheit, Gemeinsamer Frieden. Bd. 6: Auf dem Weg zu einer Neuen Europäischen Friedensordnung. Baden-Baden 1990.
*Lynch, Allen*: Does Gorbachev matter Anymore? In: *Foreign Affairs*, Nr. 3/1990, S. 19-29.

*Maass, Kurt-Jürgen* (Hrsg.): Deutschland von außen. Der andere Blick 50 Jahre danach. Rheinbach 1995.
*Mackow, Jerzy*: Die Entspannungspolitik der Bundesrepublik Deutschland gegenüber der Entwicklung in Polen in den siebziger und achtziger Jahren. In: *Zeitschrift für Politik*, Nr. 4/1993, S. 372-394.
*Mackow, Jerzy*: Die Normalisierung der neuen alten Nachbarschaft. Zum aktuellen Stand der deutsch-polnischen Beziehungen. In: *Aus Politik und Zeitgeschichte*, Nr. B39/1995, S. 32-39.
*Madgwick, Peter*: British Government. The Central Executive Territory. Worcester 1991.
*Magenheimer, Heinz*: Konventionelle Stabilität und Sicherheit in Europa. Truppenreduktionen, Umrüstungen und Wiener VKSE-Konferenz. In: *Aus Politik und Zeitgeschichte*, Nr. B36/1990, S. 3-12.

*Magenheimer, Heinz*: Zur Neukonstellation der Mächte in Europa. Transformation der Bündnisse – Rüstungskontrolle – Sicherheit. In: *Aus Politik und Zeitgeschichte*, Nr. B18/ 1991, S. 21–31.
*Mahncke, Dieter* (Hrsg.): Amerikaner in Deutschland. Grundlagen und Bedingungen der transatlantischen Sicherheit. Bonn 1991.
*Maier, Charles S.*: Dissolution. The Crisis of Communism and the End of East Germany. Princeton 1997.
*Maier, Gerhart*: Die Wende in der DDR. Bonn 1990.
*Maizière, Lothar de*: Die deutsche Einheit. Eine kritische Betrachtung. Fürstenfeldbruck 1994.
*Maizière, Lothar de*: Anwalt der Einheit. Ein Gespräch mit Christine de Mazières. Berlin 1996.
*Mallaby, Christopher L. G.*: Die deutsche Frage aus europäischer Sicht. Der britische Standpunkt zur europäischen Sicherheit und zur deutschen Frage (Friedrich-Ebert-Stiftung, Vortrag im Arbeitsbereich »Deutschlandpolitisches wissenschaftliches Forum«). Bonn 12. April 1989.
*Mallinckrodt, Anita M.*: Die Selbstdarstellung der beiden deutschen Staaten im Ausland. Köln 1980.
*Mand, Richard* u. a.: Zum Wiedervereinigungsgesetz der DDR vom 21. Februar 1990. In: *Staat und Recht*, Nr. 8/1990, S. 668–672.
*Mander, John*: Our German Cousins. Anglo-German Relations in the 19th and 20th Centuries. London 1974.
*Manfrass, Klaus*: Deutschland, Frankreich, Polen: Die Beziehungen der drei Länder untereinander nach der Einheit Deutschlands. Internationales Kolloquium der Europäischen Akademie Otzenhausen. In: *Deutschland Archiv*, Nr. 7/1992, S. 747–749.
*Manfrass, Klaus*: Das deutsch-französische Verhältnis nach der historischen Zäsur des Jahres 1989. In: *Aus Politik und Zeitgeschichte*, Nr. B30/1995, S. 11–18.
*Manfrass-Sirjacques, Françoise*: Die französische Europapolitik und die deutsche Frage. Angst vor der dérive allemande. In: *Neue Gesellschaft/Frankfurter Hefte*, Nr. 2/1990, S. 116–121.
*Mantzke, Martin* [1990a]: Eine Republik auf Abruf. Die DDR nach den Wahlen vom 18. März 1990. In: *Europa-Archiv*, Nr. 8/1990, S. 287–292.
*Mantzke, Martin* [1990b]: Was bleibt von der DDR? Abschied von einem ungeliebten Staat. In: *Europa-Archiv*, Nr. 24/1990, S. 735–742.
*Marcuse, Peter*: A German Way of Revolution. DDR-Tagebuch eines Amerikaners. Berlin 1990.
*Marsh, David* [1990a]: Deutschland im Umbruch. Wien 1990.
*Marsh, David* [1990b]: The Germans. A people at the crossroads. New York 1990.
*Martens, Stefan* (Hrsg.): Vom »Erbfeind« zum »Erneuerer«. Aspekte und Motive der französischen Deutschlandpolitik nach dem Zweiten Weltkrieg. Sigmaringen 1993.
*Martin, Ernst*: Zwischenbilanz. Deutschlandpolitik der 80er Jahre. Stuttgart 1986.
*Martin, Ernst*: Deutschlandpolitik. Eine Bilanz des letzten Jahrzehnts. Stuttgart u. a. 1990.
*Martin, Bernd* (Hrsg.): Deutschland in Europa. Ein historischer Rückblick. München 1992.
*März, Peter* (Hrsg.): Dokumente zu Deutschland. 1944–1994. München, Landsberg/L. 1996.
*März, Peter*: Aspekte der Deutschen Wiedervereinigung. In: Petronella Gietl (Hrsg.): Vom Wiener Kongreß bis zur Wiedervereinigung Deutschlands. Betrachtungen zu Deutschland und Österreich im 19. und 20. Jahrhundert. Festschrift für Hubert Rumpel zum 75. Geburtstag. Stamsried 1997, S. 231–285.

*Marzahn, Barbara*: Der Deutschlandbegriff der DDR. Düsseldorf 1979.
*Mathiopoulos, Margarita*: Das Ende der Bonner Republik. Beobachtungen einer Europäerin. Stuttgart 1993.
*Mathiopoulos, Margarita*: US-Präsidentschaft und die deutsche Frage in der Kanzlerschaft von Adenauer bis Kohl. In: *Aussenpolitik*, Nr. 4/1988, S. 353-370.
*Matlock, Jack F.*: Autopsy on an Empire. New York 1995.
*Matthey, Ferdinand* (Hrsg.): Entwicklung der Berlin-Frage. Berlin 1972.
*Mattox, Gale A./John H. Vaugham* (Hrsg.): Germany through American eyes. Foreign Policy and domestic Issues. Boulder/CO 1989.
*Maull, Hanns W.*: Zivilmacht Bundesrepublik Deutschland. Vierzehn Thesen für eine neue deutsche Außenpolitik. In: *Europa-Archiv*, Nr. 10/1992, S. 269-278.
*Maull, Hanns W./Michael Meimeth/Christoph Neßhöver* (Hrsg.): Die verhinderte Großmacht. Frankreichs Sicherheitspolitik nach dem Ende des Ost-West-Konflikts. Opladen 1997.
*Maurer, Karl*: Behördenbuch der DDR. Organe, Organisationen, Institutionen und Einrichtungen. Starnberg-Percha 1990.
*Maximytschew, Igor F.*: German Unification. In: *International Affairs* (Moskau), Nr. 10/1990, S. 36-42.
*Maximytschew, Igor F.*: A Missed Chance of Four-Power Cooperation in Berlin. In: *International Affairs* (Moskau), Nr. 4-5/1995, S. 108-115.
*Maximytschew, Igor F./Hans-Hermann Hertle* [1994a]: Die Maueröffnung. Teil 1: »Die Situation ist seit 1953 nie so ernst gewesen!« Wie die sowjetische Botschaft unter den Linden die Wende in der DDR erlebte. In: *Deutschland Archiv*, Nr. 11/1994, S. 1137-1144.
*Maximytschew, Igor F./Hans-Hermann Hertle* [1994b]: Die Maueröffnung. Teil 2: Der Fall der Berliner Mauer. In: *Deutschland Archiv*, Nr. 11/1994, S. 1145-1158.
*Maximytschew, Igor F./Hans-Hermann Hertle* [1994c]: Die Maueröffnung. Teil 3: Nach dem Fall der Mauer. Der Weg zur friedlichen Lösung. Anfang und Ende der Vorbereitung eines militärischen Einsatzes. In: *Deutschland Archiv*, Nr. 12/1994, S. 1241-1251.
*Maximytschew, Igor F./Pjotr Menschikow*: One German Fatherland? In: *International Affairs* (Moskau), Nr. 7/1990, S. 31-38.
*Mayer, Hartmut*: Trotz lauter Worte eine stille Allianz? Die Briten, ihre Rheinarmee und die Neubestimmung des sicherheitspolitischen Status Deutschlands. In: Gunther Hellman (Hrsg.): Alliierte Präsenz und deutsche Einheit. Die politischen Folgen militärischer Macht. Baden-Baden 1994, S. 269-312.
*Mazur, Zbigniew*: The international aspects of the Unification of Germany. In: *Polish Western Affairs*, Nr. 1/1991, S. 35-52.
*McAdams, A. James* [1990a]: Towards a new Germany? Problems of Unification. In: *Government and Opposition*, Nr. 3/1990, S. 304-316.
*McAdams, A. James* [1990b]: Revisiting the Ostpolitik in the 1990s. In: *German Politics and Society*, Nr. 21/1990, S. 49-60.
*McAdams, A. James*: Germany divided. From the Wall to Reunification. Princeton/New Jersey 1993.
*McBundy, George*: From Cold War toward trusting Peace. In: *Foreign Affairs*, Nr. 1/1990, S. 197-212.
*McCarthy, Patrick* (Hrsg.): France - Germany 1983-1993. The struggle to cooperate. London 1993.
*Mechtersheimer, Alfred*: Friedensmacht Deutschland. Plädoyer für einen neuen Patriotismus. Frankfurt/M. 1993.
*Meckel, Markus*: Das Schicksal Europas entscheidet sich in Osteuropa. In: *Deutschland Archiv*, Nr. 1/1992, S. 75-83.

*Meckel, Markus/Martin Gutzeit*: Opposition in der DDR. Zehn Jahre kirchliche Friedensarbeit. Köln 1994.
*Meier-Walser, Reinhard*: Deutschland, Frankreich und Großbritannien an der Schwelle zu einem neuen Europa. In: *Aussenpolitik*, Nr. 4/1992, S. 334–343.
*Meimeth, Michael*: Frankreichs Entspannungspolitik der 70er Jahre. Zwischen Status quo und friedlichem Wandel. Baden-Baden 1990.
*Meimeth, Michael*: Frankreich und die Sicherheit in Europa. In: *Aussenpolitik*, Nr. 2/1991, S. 151–160.
*Meimeth, Michael*: Frankreichs Sicherheitspolitik nach dem Ende des Ost-West-Konflikts (hrsg. von der Konrad-Adenauer-Stiftung). Sankt Augustin 1993.
*Meissner, Boris* [1995a]: Die Sowjetunion und Deutschland von Jalta bis zur Wiedervereinigung. Ausgewählte Beiträge. Köln 1995.
*Meissner, Boris* [1995b]: Vom Sowjetimperium zum eurasischen Staatensystem. Die russische Außenpolitik im Wandel und in der Wechselbeziehung zur Innenpolitik. Berlin 1995.
*Meissner, Boris*: Die politischen Parteien und Vereinigungen in der DDR. Ein zusammenfassender Rückblick. In: *Beiträge zur Konfliktforschung*, Nr. 4/1990, S. 81–94.
*Meissner, Boris* [1991a]: Der XXVIII. Parteitag der KPdSU. Innen- und Außenpolitik. In: *Aussenpolitik*, Nr. 1/1991, S. 38–48.
*Meissner, Boris* [1991b]: Die Wechselbeziehungen zwischen der Innen- und Außenpolitik Gorbatschows. In: Göttinger Arbeitskreis (Hrsg.): Sowjetpolitik unter Gorbatschow. Innen- und Außenpolitik 1985–1989. Berlin 1991, S. 87–114.
*Menge, Marlies*: »Ohne uns läuft nichts mehr«. Die Revolution in der DDR. Stuttgart 1990.
*Ménudier, Henri*: Das Deutschlandbild der Franzosen in den 70er Jahren. Gesammelte Aufsätze 1973–1980. Bonn 1981.
*Ménudier, Henri* (Hrsg.): La R.D.A. 1949–1990: du stalinisme à la liberté, Asnières 1990.
*Ménudier, Henri* (Hrsg.): L'Allemagne. De la division a l'unité. Asnières 1991.
*Ménudier, Henri* (Hrsg.): Le couple franco-allemand en Europe. Asnières 1993.
*Merkl, Peter H.*: German Unification in the European context. University Park/PA 1993.
*Mertes, Michael* u. a.: Europa ohne Kommunismus. Zusammenhänge, Aufgaben, Perspektiven. Bonn 1990.
*Meuschel, Sigrid* u. a.: Die DDR auf dem Weg zur deutschen Einheit. Probleme, Perspektiven, offene Fragen. Dreiundzwanzigste Tagung zum Stand der DDR-Forschung in der Bundesrepublik Deutschland. 5.–8. Juni 1990. Köln 1990.
*Mey, Holger H./Michael Rühle*: Deutsche Sicherheitsinteressen und Nuklearstrategie der NATO. In: *Zeitschrift für internationale Fragen*, Nr. 1/1991, S. 21–31.
*Meyer zu Natrup, Friedhelm B.*: Frankreich und die DDR. In: *Europa-Archiv*, Nr. 11/1988, S. 311–320.
*Meyer, Carsten*: Die Eingliederung der DDR in die EG. Köln 1993.
*Meyer, Gerd*: Die DDR-Machtelite in der Ära Honecker. Tübingen 1991.
*Meyer-Landrut, Nikolaus*: Frankreich und die deutsche Einheit. Die Haltung der französischen Regierung und Öffentlichkeit zu den Stalin-Noten 1952. München 1988.
*Meyer-Landrut, Nikolaus*: Die Entstehung des Vertrages über konventionelle Streitkräfte in Europa und die Herstellung der deutschen Einheit. Bonn 1992.
*Michalka, Wolfgang* (Hrsg.): Die Deutsche Frage in der Weltpolitik. Wiesbaden 1986.
*Migranjan, Andranik*: Perestroika aus der Sicht eines Politologen. Moskau 1990.
*Miksche, Ferdinand Otto*: Das Ende der Gegenwart. Europa ohne Blöcke. 5. Auflage, München 1991.
*Minc, Alain*: La grande illusion. Paris 1989.
*Minda de Gunzburg Center for European Studies* (Hrsg.): German Unification. Power, Process, Prognosis and Problems. Cambridge/MA.

*Misselwitz, Hans*: Diplomacy of German Unity. GDR Views. Washington/DC, Juni 1991 (unveröffentlichtes Manuskript eines Vortrags am American Institute for Contemporary German Studies).
*Misselwitz, Hans*: In Verantwortung für den Osten. Die Außenpolitik der letzten DDR-Regierung und ihre Rolle bei den »Zwei-plus-Vier«-Verhandlungen. In: Elke Bruck/ Peter M. Wagner (Hrsg.): Wege zum »2+4«-Vertrag. Die äußeren Aspekte der deutschen Einheit. München 1996.
*Miszczak, Krysztof*: Deklaration und Realitäten. Die Beziehungen zwischen der Bundesrepublik Deutschland und der (Volks-)Republik Polen von der Unterzeichnung des Warschauer Vertrages bis zum Abkommen über gute Nachbarschaft und freundschaftliche Zusammenarbeit (1970-91). München 1993.
*Mittag, Günter*: Um jeden Preis. Im Spannungsfeld zweier Systeme. Berlin, Weimar 1991.
*Mitterrand, François*: Der Sieg der Rose. Düsseldorf 1981.
*Mitterrand, François*: Überlegungen zur französischen Außenpolitik. Ingolstadt 1987.
*Mitterrand, François*: Le coup d'Etat permanent. Neuauflage (1. Auflage 1964). Paris 1993.
*Mitterrand, François*: Über Deutschland. Frankfurt/M. 1996.
*Modrow, Hans*: »...Menschen wichtiger als Macht...«. Briefe an Hans Modrow. Herausgegeben von Bernd Aichmann. Berlin 1990.
*Modrow, Hans*: Aufbruch und Ende. Hamburg 1991.
*Moens, Alexander*: American Diplomacy and German Unification. In: *Survival*, Nr. 6/1991, S. 531-545.
*Moïsi, Dominique*: The French Answer to the German Question. In: *European Affairs*, Nr. 1/ 1990, S. 30-35.
*Moïsi, Dominique*: Auf ein neues »Deutschland über alles«? Sorgen der französischen Eliten nach dem 9. November 1989. In: Günter Trautmann (Hrsg.): Die häßlichen Deutschen? Deutschland im Spiegel der westlichen und östlichen Nachbarn. Darmstadt 1991, S. 209-211.
*Mommsen, Margareta*: Wohin treibt Rußland? Eine Großmacht zwischen Anarchie und Demokratie. München 1996.
*Momper, Walter* [1990a]: Vier Tage im November. Hamburg 1990.
*Momper, Walter* [1990b]: Die zukünftige Rolle Berlins in Europa (Friedrich-Ebert-Stiftung, Vortrag im Arbeitsbereich »Deutschlandpolitisches wissenschaftliches Forum«). Bonn 15. März 1990.
*Momper, Walter*: Grenzfall. Berlin im Brennpunkt deutscher Geschichte. München 1991.
*Momper, Walter* u. a.: Bilder aus Berlin. Der Weg zur deutschen Einheit. Berlin 1990.
*Moreau Defarges, Philippe*: L'Allemagne et l'avenir de l'unification européenne. In: *Politique étrangère*, Nr. 4/1991, S. 849-857.
*Morgan, Roger*: French Perspectives of the New Germany. In: *Government and Opposition*, Nr. 1/1991, S. 108-114.
*Morizet, Jacques*: Le problème allemand vu de France. In: *Revue de défense nationale*, Nr. 2/ 1990, S. 11-23.
*Mössner, Manfred*: Einführung in das Völkerrecht. München 1977.
*Müller, Manfred*: Deutschlands Rolle in einem neugestalteten europäischen Sicherheitssystem. In: *Europa-Archiv*, Nr. 6/1990, S. 221-224.
*Müller, Reinhard*: Der »2+4«-Vertrag und das Selbstbestimmungsrecht der Völker. Frankfurt/M. u. a. 1995.
*Müller-Enbergs, Helmut*: Volkskammerwahlen in der DDR 1990. Synopse von (Wahl-) Programmen 15 kandidierender Parteien. Berlin 1990.
*Münch, Ingo von* (Hrsg.): Die Verträge zur Einheit Deutschlands. München 1990.

*Münch, Ingo von* (Hrsg.) [1991a]: Dokumente der Wiedervereinigung Deutschlands. Quellentexte zum Prozeß der Wiedervereinigung von der Ausreisewelle aus der DDR über Ungarn, die CSSR und Polen im Spätsommer 1989 bis zum Beitritt der DDR zum Geltungsbereich des Grundgesetzes der Bundesrepublik Deutschland. Stuttgart 1991.

*Münch, Ingo von* [1991b]: Deutschland: gestern – heute – morgen. Verfassungsrechtliche und völkerrechtliche Probleme der deutschen Teilung und Vereinigung. In: *Neue Juristische Wochenschrift*, Nr. 14/1991, S. 865–871.

*Münch, Ingo von/Thomas Oppermann/Rolf Stödter* (Hrsg.): Finis Germaniae? Zur Lage Deutschlands nach den Ostverträgen und Helsinki. Frankfurt/M. 1977.

*Munske, Barbara*: The Two plus Four Negotiations from a German-German Perspective. An Analysis of Perception. Hamburg 1994.

*Murswiek, Dietrich* u. a.: Die Vereinigung Deutschlands. Aspekte innen-, außen- und wirtschaftspolitischer Beziehungen und Bindungen. Berlin 1992.

*Musiolek, Berndt* (Hrsg.): Parteien und politische Bewegungen im letzten Jahr der DDR. Oktober 1989 bis April 1990. Berlin 1991.

*Muszynski, Bernhard* (Hrsg.): Deutsche Vereinigung. Probleme der Integration und der Identifikation. Opladen 1991.

*Nakath, Detlef/Gerd-Rüdiger Stephan*: Von Hubertusstock nach Bonn. Eine dokumentierte Geschichte der deutsch-deutschen Beziehungen auf höchster Ebene 1980–1987. Berlin 1995.

*Nakath, Detlef/Gerd-Rüdiger Stephan*: Countdown zur deutschen Einheit. Eine dokumentierte Geschichte der deutsch-deutschen Beziehungen 1987–1990. Berlin 1996.

*Nakath, Detlef/Gero Neugebauer/Gerd-Rüdiger Stephan* (Hrsg.): Im Kreml brennt noch Licht. Die Spitzenkontakte zwischen SED/PDS und KPdSU 1989–1991. Berlin 1998.

*Nardin, Denis*: Frankreich und die deutsche Einheit. In: *Rissener Rundbrief*, Nr. 5/1990, S. 135–142.

*Natter, Erik*: Die inneren Ursachen des Umbruchs in der DDR. Eine Analyse der politisch-kulturellen Debatten 1989–1991. Mainz 1994.

*Nawrocki, Joachim*: Die Beziehungen zwischen den beiden Staaten in Deutschland. Entwicklungen, Möglichkeiten und Grenzen. 2. Auflage, Berlin 1988.

*Neckermann, Peter*: The Unification of Germany – or the Anatomy of a Peaceful Revolution. New York 1991.

*Nerb, Gernot*: Auswirkungen der deutschen Wiedervereinigung auf den europäischen Integrationsprozeß. In: *Vierteljahresberichte*, Nr. 121/1990, S. 309–312.

*Nerlich, Uwe/James A. Thomson*: Das Verhältnis zur Sowjetunion. Zur politischen Strategie der Vereinigten Staaten und der Bundesrepublik Deutschland. Baden-Baden 1986.

*Neubold, Hanspeter*: Die deutsche Wiedervereinigung und ihre Folgen. In: ders./Paul Luif (Hrsg.): Das außenpolitische Bewußtsein der Österreicher. Aktuelle internationale Probleme im Spiegel der Meinungsforschung. Wien 1992.

*Neustadt, Amnon*: Israelische Reaktionen auf die Entwicklung in Deutschland. In: *Europa-Archiv*, Nr. 11/1990, S. 351–358.

*Nicolas, François/Hans Stark*: L'Allemagne. Une nouvelle hégémonie? Paris 1992.

*Ninkovich, Frank A.*: Germany and the United States. The Transformation of the German Question since 1945. New York/NY u. a. 1995.

*Nitsche, Rudolf*: Diplomat im besonderen Einsatz. Eine DDR-Biographie. Schkeuditz 1994.

*Nölling, Wilhelm* (Hrsg.): Wiedervereinigung. Chancen ohne Ende? Hamburg 1990.

*Norton, Philip* (Hrsg.): New Directions in British Politics? Essays on the Evolving Constitution. Aldershot 1991.

*Nötzold, Jürgen* (Hrsg.): Europa im Wandel. Entwicklungstendenzen nach der Ära des Ost-West-Konflikts. Baden-Baden 1990.

*Oberdorfer, Don*: The Turn. From the Cold War to a New Era. The United States and the Soviet Union 1983-1990. New York 1991.
*Oeser, Edith*: Zwei plus Vier gleich Fünf? Vier Mächte und zwei deutsche Staaten. In: *Blätter für deutsche und internationale Politik*, Nr. 4/1990, S. 426-433.
*Oldenburg, Fred*: Sowjetische Deutschlandpolitik nach den Treffen von Moskau und Bonn 1988/89. Köln 1989.
*Oldenburg, Fred* [1991a]: Die Implosion des SED-Regimes. Köln 1991.
*Oldenburg, Fred* [1991b]: Moskau und die Wiedervereinigung Deutschlands. Köln 1991.
*Oldenburg, Fred*: Die Deutschlandpolitik Gorbatschows 1985-1991. Köln 1992.
*Oldenburg, Fred*: Das Dreieck Moskau - Ost-Berlin - Bonn 1975-1989. Aus den Akten des SED-Archivs. Köln 1994.
*Oldenburg, Fred*: Sowjetische Deutschland-Politik nach der Oktoberrevolution in der DDR. In: *Deutschland Archiv*, Nr. 1/1990, S. 68-76.
*Oldenburg, Fred*: Der Zusammenbruch des SED-Regimes und das Ende der DDR. In: (Göttinger Arbeitskreis (Hrsg.): Die revolutionäre Umwälzung in Mittel- und Osteuropa. Berlin 1993, S. 103-161.
*Opp, Karl-Dieter/Peter Voß*: Die volkseigene Revolution. Stuttgart 1993.
*Ostermann, Christian F.*: Im Schatten der Bundesrepublik. Die DDR im Kalkül der amerikanischen Deutschlandpolitik (1949-1989/90). In: Klaus Larres/Torsten Oppelland (Hrsg.): Deutschland und die USA im 20. Jahrhundert. Geschichte der politischen Beziehungen. Darmstadt 1997, S. 230-255.

*Palazchenko, Pavel*: My Years with Gorbachev and Shevardnadze. The Memoirs of a Soviet Interpreter. With a Foreword by Don Oberdorfer. University Park/PA 1997.
*Pannen, Stefan*: Die Integration der fünf neuen Länder in die Bundesrepublik. 18. New Hampshire Symposium. In: *Deutschland Archiv*, Nr. 10/1992, S. 1070-1072.
*Paulsen, Thomas*: Frankreich und die deutsche Wiedervereinigung. In: *Interregiones*, Nr. 2/1993, S. 28-44.
*Pawlow, Nikolaj*: Die deutsche Vereinigung aus sowjet-russischer Perspektive. Ein Bericht zur Lösung der deutschen Frage versehen mit Kommentaren und historischen Rückblicken. Frankfurt/M. 1996.
*Pawlow, Nikolaj*: Zur Geschichte der deutsch-russischen Beziehungen. In: *Aus Politik und Zeitgeschichte*, Nr. B52-53/1992, S. 3-9.
*Peyrefitte, Alain*: La France en déssaroi. Entre les peurs et l'espoir. Paris 1992.
*Pelinka, Anton*: Jaruzelski oder die Politik des kleineren Übels. Zur Vereinbarkeit von Demokratie und »leadership«. Frankfurt/M. 1996.
*Peters, Ingo*: Transatlantischer Konsens und Vertrauensbildung in Europa. Die KVAE-Politik der Vereinigten Staaten von Amerika und der Bundesrepublik Deutschland 1978-1986. Baden-Baden 1987.
*Pfeiler, Wolfgang*: Deutschlandpolitische Optionen der Sowjetunion. Sankt Augustin, Melle 1988.
*Pfeiler, Wolfgang* [1991a]: Die Viermächte-Option als Instrument sowjetischer Deutschlandpolitik. Sankt Augustin 1991.
*Pfeiler, Wolfgang* [1990a]: Geschichte der Vorbehalte. Die Sowjetunion und die deutsche Einheit. In: *Die politische Meinung*, Nr. 249/1990, S. 14-20.
*Pfeiler, Wolfgang* [1990b]: Moskau und die deutsche Frage. In: Karl-Dietrich Bracher/Manfred Funke/Hans-Peter Schwarz (Hrsg.): Deutschland zwischen Krieg und Frieden. Beiträge zur Politik und Kultur im 20. Jahrhundert (Festschrift für Hans-Adolf Jacobsen). Bonn 1990, S. 182-197.
*Pfeiler, Wolfgang* [1991b]: Gorbatschows Deutschlandpolitik. In: Göttinger Arbeitskreis (Hrsg.): Sowjetpolitik unter Gorbatschow. Die Innen- und Außenpolitik der UdSSR 1985-1990. Berlin 1991.

*Pfetsch, Frank R.*: Die Außenpolitik der Bundesrepublik Deutschland 1949–1992. München 1993.
*Pflüger, Friedbert/Winfried Lipscher* (Hrsg.): Feinde werden Freunde. Von den Schwierigkeiten der deutsch-polnischen Nachbarschaft. Bonn 1993.
*Picaper, Jean-Paul/Günther Oeltze von Lobenthal* (Hrsg.): Die offene deutsche Frage. Gespräche mit unseren Nachbarn. Berlin 1987.
*Picht, Robert* (Hrsg.): Das Bündnis im Bündnis. Deutsch-französische Beziehungen im internationalen Spannungsfeld. Berlin 1982.
*Picht, Robert*: Deutschland – Frankreich – Europa. Bilanz einer schwierigen Partnerschaft. München 1987.
*Picht, Robert*: Frankreich und die deutsche Identität. Ein Berliner Gespräch über Deutschlands Platz und Rolle in Europa. In: *Dokumente*, Nr. 2/1984, S. 101–121.
*Picht, Robert*: Die deutsch-französische Sicherheitspolitik und ihre Grenzen. In: Deutsch-Französisches Institut (Hrsg.): Frankreich-Jahrbuch 1988. Politik, Wirtschaft, Gesellschaft, Geschichte, Kultur. Opladen 1988, S. 269–273.
*Picht, Robert*: Deutsch-französische Beziehungen nach dem Fall der Mauer. Angst vor »Großdeutschland«? In: *Integration*, Nr. 2/1990, S. 47–58.
*Picht, Robert*: Frankreich 1990/91. Rolle und Rang in einer veränderten Welt. In: Deutsch-Französisches Institut (Hrsg.): Frankreich-Jahrbuch 1991. Politik, Wirtschaft, Gesellschaft, Geschichte, Kultur. Opladen 1991, S. 9–31.
*Picht, Robert/Wolfgang Wessels* (Hrsg.): Motor für Europa? Le couple franco-allemand et l'integration européenne. Deutsch-französischer Bilateralismus und europäische Integration. Bonn 1990.
*Pittmann, Avril*: From Ostpolitik to Reunification. West German-Soviet political relations since 1974. Cambridge 1992.
*Plaggenborg, Stefan*: Russen und Deutsche. Bemerkungen zu einem alten neuen Thema. In: *Osteuropa*, Nr. 10/1990, S. 975–990.
*Plock, Ernest D.*: East German-West German Relations and the Fall of the GDR. Boulder/CO 1993.
*Plück, Kurt*: Erlebte Deutschlandpolitik. In: *Die politische Meinung*, Nr. 325/1997, S. 45–51.
*Plum, Werner* (Hrsg.): Ungewöhnliche Normalisierung. Beziehungen der Bundesrepublik Deutschland zu Polen. Bonn 1984.
*Pogorelskaja, Swetlana W.*: Deutsche Politik aus russischer Sicht. In: *Die politische Meinung*, Nr. 290/1994, S. 77–92.
*Poidevin, Raymond*: Der unheimliche Nachbar. Die deutsche Frage aus französischer Sicht. In: Caello, David P. u. a.: Geteiltes Land – halbes Land? Essays über Deutschland. Frankfurt/M., Berlin 1986, S. 127–196.
*Poidevin, Raymond*: Die französische Deutschlandpolitik 1943–1949. In: Claus Scharf/Hans-Jürgen Schröder (Hrsg.): Die Deutschlandpolitik Frankreichs und die französische Zone 1945–1949. Wiesbaden 1983, S. 15–25.
*Pond, Elizabeth*: Beyond the Wall. Germany's Road to Unification. New York 1993.
*Pond, Elisabeth*: A Wall Destroyed: The Dynamics of German Unification in the GDR. In: *International Security*, Nr. 2/1990, S. 35–66.
*Pond, Elizabeth*: Die Entstehung von »Zwei-plus-Vier«. In: *Europa-Archiv*, Nr. 21/1992, S. 619–630.
*Pond, Elizabeth* [1996a]: A historic reconciliation with Poland. In: *Transition*, Nr. 3/1996, S. 9–11.
*Pond, Elizabeth* [1996b]: Germany Finds Its Niche as a Regional Power. In: *The Washington Quarterly*, Nr. 1/1996, S. 25–43.

*Portugalow, Nikolaj S.*: Erinnerungen. Moskau o.J. (unveröffentlichtes Manuskript).
*Posser, Diether*: Die Deutsche Frage. »Wiedervereinigung« und »Oder-Neiße-Grenze«. In: *S+F. Vierteljahresschrift für Sicherheit und Frieden*, Nr. 1/1990, S. 2-8.
*Post, Gaines*: German Unification. Problems and prospects. Claremont/CA 1992.
*Pöttering, Hans-Gert*: Perspektiven für eine gemeinschaftliche Außen- und Sicherheitspolitik der EG. In: *Europa-Archiv*, Nr. 11/1990, S. 341-350.
*Potthoff, Heinrich*: Die »Koalition der Vernunft«. Deutschlandpolitik in den 80er Jahren. München 1995.
*Pradetto, August*: Europa nach der Revolution. Ost und West vor säkularen Herausforderungen. In: *Aus Politik und Zeitgeschichte*, Nr. B6/1992, S. 3-10.
*Pravda, Alex*: Linkages between Soviet domestic and Foreign Policy under Gorbachev. In: Frederic J. Fleron/Erik P. Hoffmann/Robbin F. Laird (Hrsg.): Soviet Foreign Policy. Classic and contemporary Issues. New York 1991, S. 424-443.
*Presse- und Informationsamt der Bundesregierung* (Hrsg.) [1990a]: Vertrag zwischen der Bundesrepublik Deutschland und der Deutschen Demokratischen Republik über die Herstellung der Einheit Deutschlands. Einigungsvertrag. Bonn 1990.
*Presse- und Informationsamt der Bundesregierung* (Hrsg.) [1990b]: Dokumentation zum 3. Oktober 1990. Reden (und Grußbotschaften) zur Deutschen Einheit. Bonn 1990.
*Presse- und Informationsamt der Bundesregierung* (Hrsg.) [1991a]: Die Teilung und Vereinigung Deutschlands. Bilddokumentation. Bonn 1991.
*Presse- und Informationsamt der Bundesregierung* (Hrsg.) [1991b]: Deutsche Einheit, Textdokumentation. Bonn 1991.
*Presse und Informationsamt der Bundesregierung* (Hrsg.) [1991c]: Deutschland 1989. Dokumentation zu der Berichterstattung über die Ereignisse in der DDR und die deutschlandpolitische Entwicklung. Bonn 1991.
*Presse- und Informationsamt der Bundesregierung* (Hrsg.): Helmut Kohl. Bilanzen und Perspektiven. Regierungspolitik 1989-1991. 2 Bde. Bonn 1992.
*Presse- und Informationsamt der Bundesregierung* (Hrsg.): Deutschland 1990. Dokumentation zu der Berichterstattung über die Ereignisse in der DDR und die deutschlandpolitische Entwicklung. Bonn 1993.
*Priewe, Jan/Rudolf Hickel*: Der Preis der Einheit. Bilanz und Perspektiven der deutschen Vereinigung. Frankfurt/M. 1991.
*Prokop, Siegfried* (Hrsg.); Die kurze Zeit der Utopie. Die »zweite DDR« im vergessenen Jahr 1989/1990. Berlin 1994.
*Pruys, Karl Hugo*: Helmut Kohl. Die Biographie. Berlin 1995.
*Przybilski, Peter*: Tatort Politbüro. Bd. 1: Die Akte Honecker. Berlin 1991.
*Przybilski, Peter*: Tatort Politbüro. Bd. 2: Honecker, Mittag, Schalck-Golodkowski. Berlin 1992.

*Quint, Peter E.*: The Imperfect Union. Constitutional Structures of German Unification. Princeton, NJ 1997.

*Raap, Christian*: Die Souveränität der Bundesrepublik Deutschland unter besonderer Berücksichtigung des militärischen Bereichs und der deutschen Einheit. Frankfurt/M. u. a. 1992.
*Raap, Christian*: Militärische Aspekte der Souveränität der Bundesrepublik Deutschland. In: *Zeitschrift für Rechtspolitik* 1990, S. 320.
*Rae, Nicol C.*: Die amerikanische und britische Reaktion auf die Wiedervereinigung Deutschlands. In: *Zeitschrift für Politik*, Nr. 1/1992, S. 24-33.
*Rakowski, Miezyslaw F.*: Es begann in Polen. Der Anfang vom Ende des Ostblocks. Hamburg 1995.

*Randzio-Plath, Christa*: Deutschland und Frankreich zwischen Maastricht und dem Binnenmarkt. In: *Aus Politik und Zeitgeschichte,* Nr. B 42/1992, S. 28-35.
*Range, Peter Ross*: When Walls Come Tumbling Down: Covering The East German Revolution (Woodrow Wilson International Center). Washington/DC 1991.
*Rauschning, Dietrich* (Hrsg.): Rechtsstellung Deutschlands. Völkerrechtliche Verträge und andere rechtsgestaltende Akte. 2. Auflage, Nördlingen 1989.
*Rauschning, Dietrich* [1990a]: Beendigung der Nachkriegszeit mit dem Vertrag über die abschließende Regelung in bezug auf Deutschland. In: *Deutsches Verwaltungsblatt,* Nr. 23/1990, S. 1275-1285.
*Rauschning, Dietrich* [1990b]: Der deutsch-deutsche Staatsvertrag als Schritt zur Einheit Deutschlands. In: *Aus Politik und Zeitgeschichte,* Nr. B 33/1990, S. 3-16.
*Reading, Brian*: The Fourth Reich. London 1995.
*Rechberg, Christoph* (Hrsg.): Restitutionsverbot. Die »Bodenreform« 1945 als Finanzierungsinstrument für die Wiedervereinigung Deutschlands 1990. Eine Dokumentation. München, Landsberg/L. 1996.
*Reich, Jens*: Rückkehr nach Europa. München u. a. 1991.
*Rein, Gerhard*: Die Opposition in der DDR. Berlin 1989.
*Reiss, Jürgen*: Die Erfolgsgeschichte. Die amerikanische Deutschlandpolitik und der Wandel in Europa. In: *Die politische Meinung,* Nr. 251/1990, S. 11-18.
*Reißig, Rolf/Gerd-Joachim Glaeßner* (Hrsg.): Das Ende des Experiments. Umbruch in der DDR und deutsche Einheit. Berlin 1991.
*Reiter, Janusz*: Wie sehen unsere Nachbarn die deutsche Entwicklung? Die deutsche Entwicklung aus polnischer Sicht (Friedrich-Ebert-Stiftung, Vortrag im Arbeitsbereich »Deutschlandpolitisches wissenschaftliches Forum«). Bonn 29. Januar 1991.
*Rengeling, Hans-Werner*: Das vereinte Deutschland in der Europäischen Gemeinschaft. Grundlagen zur Geltung des Gemeinschaftsrechts. In: *Deutsches Verwaltungsblatt,* Nr. 23/1990, S. 1307-1314.
*Ress, Georg*: Die Rechtslage Deutschlands nach dem Grundlagenvertrag vom 21. Dezember 1972. Berlin, Heidelberg, New York 1978.
*Ress, Georg*: Die abschließende Regelung in bezug auf Deutschland. Garantiefunktion der Vier Mächte? In: Ulrich Beyerlin u. a. (Hrsg.): Recht zwischen Umbruch und Bewahrung. Festschrift für Rudolf Bernhardt. Heidelberg 1995, S. 825-850.
Reunification of Germany. Themenheft der *Zeitschrift für ausländisches öffentliches Recht und Völkerrecht,* Nr. 2/1991.
*Reuter, Ute* (Hrsg.) [1990a]: Dokumentation zum letzten Parteitag der SED. Bonn 1990.
*Reuter, Ute* (Hrsg.) [1990b]: Dokumentation zur politischen Entwicklung in der DDR und zu den innerdeutschen Beziehungen. April 1990. Bonn 1990.
*Reuter, Ute/Thomas Schulte* (Hrsg.): Dokumentation zur Entwicklung der neuen Parteien und Bürgerrechtsgruppen in der DDR. Bonn 1990.
*Reuth, Ralf Georg/Andreas Bönte*: Das Komplott. Wie es wirklich zur deutschen Einheit kam. München 1993.
*Reynolds, David*: Britannia overruled. British Policy and world power in the twentieth century. New York 1991.
*Reynolds, David*: The »Big Three« and the Division of Europe, 1945-48. An Overview. In: *Diplomacy and Statecraft,* Nr. 2/1990, S. 111-136.
*Rice, Condoleezza*: Is Gorbachev Changing the Rules of Defense Decision-Making? In: Frederic J. Fleron/Erik P. Hoffmann/Robbin F. Laird (Hrsg.): Soviet Foreign Policy. Classic and contemporary Issues. New York 1991, S. 488-508.
*Riecke, Henning*: Die Bundesrepublik Deutschland als Nichtkernwaffenstaat. Der Einfluß der Alliierten Vorbehaltsrechte auf den Bonner Kernwaffenverzicht. In: Helga Haftendorn/Henning Riecke (Hrsg.): »...die volle Macht eines souveränen Staates...«.

Die Alliierten Vorbehaltsrechte als Rahmenbedingung westdeutscher Außenpolitik 1949-1990. Baden-Baden 1996, S. 187-226.

*Riecker, Ariane/Annett Schwarz/Dirk Schneider*: Laienspieler. Sechs Politikerporträts. Leipzig 1992.

*Riese, Hans-Peter*: Die Geschichte hat sich ans Werk gemacht. Der Wandel der sowjetischen Position zur deutschen Frage. In: *Europa-Archiv*, Nr. 4/1990, S. 117-126.

*Risse-Kappen, Thomas*: Masses and Leaders. Public Opinion, Domestic Structures and Foreign Policy. In: David A. Deese: The new Politics of American Foreign Policy. New York 1994, S. 238-261.

*Rittberger, Volker*: Die Bundesrepublik Deutschland – eine Weltmacht? Außenpolitik nach vierzig Jahren. In: *Aus Politik und Zeitgeschichte*, B4-5/1990, S. 3-19.

*Rittberger, Volker*: Zur Politik Deutschlands in den Vereinten Nationen. In: *Aus Politik und Zeitgeschichte*, Nr. B36/1991, S. 14-24.

*Rix, Christiane* (Hrsg.): Ideologischer Wandel und Veränderung der außenpolitischen Doktrin der DDR. Frankfurt/M. 1990.

*Robert Bosch Stiftung GmbH* (Hrsg.): »Das neue Deutschland im neuen Europa. Zwei Jahre nach der Vereinigung«. Analyse und Dokumentation 1992. Stuttgart 1993.

*Roberts, Geoffrey, K.*: German Reunification. In: *West European Politics*, Nr. 4/1994, S. 202-207.

*Rodens, Franz*: Wie steht's mit der Wiedervereinigung? Bonn 1957.

*Rogner, Klaus Michael*: Der Verfassungsentwurf des Zentralen Runden Tisches der DDR. Berlin 1993.

*Rometsch, Dietrich*: The Federal Republic of Germany and the European Union. Patterns of institutional and administrative interaction. Birmingham 1995.

*Roos, Sören*: Das Wiedervereinigungsgebot des Grundgesetzes in der deutschen Kritik zwischen 1982 und 1989. Berlin 1996.

*Rosenzweig, Luc*: Réflexions d'un Français à l'unite allemande, ou les dangers d'un success story. In: *Esprit*, Oktober 1990, S. 106-112.

*Rotfeld, Adam Daniel*: Polen und Mitteleuropa. Zwischen Deutschland und Rußland. In: Gottfried Niedhart/Detlef Junker/Michael W. Richter (Hrsg.): Deutschland in Europa. Nationale Interessen und internationale Ordnung im 20. Jahrhundert. Mannheim 1997, S. 131-147.

*Rotfeld, Adam Daniel/Walter Stützle* (Hrsg.): Germany and Europe in Transition. Oxford 1991.

*Rouget, Werner*: Schwierige Nachbarschaft am Rhein. Frankreich-Deutschland. Herausgegeben von Joachim Bitterlich und Ernst Weisenfeld. Bonn 1998.

*Rouget, Werner*: Grundpositionen französischer Außenpolitik unter Mitterrand. In: Deutsch-Französisches Institut (Hrsg.): Frankreich-Jahrbuch 1989. Politik, Wirtschaft, Gesellschaft, Geschichte, Kultur. Opladen 1989, S. 67-80.

*Rouget, Werner*: Gleichberechtigte Einbindung. Frankreich hat keine Furcht vor der Wiedervereinigung. In: *Die politische Meinung*, Nr. 249/1990, S. 21-26.

*Rovan, Joseph*: Zwei Völker – eine Zukunft. Deutsche und Franzosen an der Schwelle des 21. Jahrhunderts. München, Zürich 1986.

*Rühl, Lothar*: Zeitenwende in Europa. Der Wandel der Staatenwelt und der Bündnisse. Stuttgart 1990.

*Ruiz Palmer, Diego A.*: French Strategic Options in the 1990s. London 1991.

*Rupnik, Jacques*: The other Europe. The rise and fall of Communism in East-Central Europe. New York 1989.

*Sagladin, Wadim*: Und jetzt Welt-Innenpolitik. Die Außenpolitik der Perestroika. Rosenheim 1990.

*Sakson, Andrzej*: Die Einstellung polnischer Grenzbewohner zur Einheit Deutschlands. In: *Deutschland Archiv*, Nr. 8/1991, S. 822–830.
*Saña, Heleno*: Das Vierte Reich. Deutschlands später Sieg. Hamburg 1990.
*Sanders, David*: Losing an Empire, Finding a Role. British Foreign Policy since 1945. New York 1990.
*Sarotte, M. E.*: Elite Intransigence and the End of the Berlin Wall. In: *German Politics*, Nr. 2/1993, S. 270–287.
*Sauder, Axel*: Französische Truppenpräsenz in Deutschland und die deutsche Einheit: Abwicklung eines deutschlandpolitischen Reliktes oder Instrument einer neuen Dimension der Zusammenarbeit. In: Gunther Hellmann (Hrsg.), Alliierte Präsenz und deutsche Einheit: Die politischen Folgen militärischer Macht. Baden-Baden 1994, S. 229–268.
*Sauzay, Brigitte*: Die rätselhaften Deutschen. Die Bundesrepublik von außen gesehen. Stuttgart 1986.
*Schabowski, Günter*: Das Politbüro. Ende eines Mythos. Eine Befragung. Berlin 1990.
*Schabowski, Günter*: Der Absturz. Berlin 1991.
*Schachnasarow, Georgij*: Preis der Freiheit. Eine Bilanz von Gorbatschows Berater, hrsg. von Frank Brandenburg. Bonn 1996.
*Scharf, Claus/Hans-Jürgen Schröder* (Hrsg.): Politische und ökonomische Stabilisierung Westdeutschlands 1945–1949. Fünf Beiträge zur Deutschlandpolitik der westlichen Alliierten. Wiesbaden 1977.
*Scharf, Claus/Hans-Jürgen Schröder* (Hrsg.): Die Deutschlandpolitik Frankreichs und die französische Zone 1945–1949. Wiesbaden 1983.
*Schäuble, Wolfgang*: Der Vertrag. Wie ich über die deutsche Einheit verhandelte. Stuttgart 1991.
*Schäuble, Wolfgang*: Die polnische Heimat. Nach der Anerkennung der deutsch-polnischen Grenze. In: *Die politische Meinung*, Nr. 252/1990, S. 4–10.
*Schenk, Fritz* [1990a]: Deutsche Ratlosigkeit. Gorbatschow setzt Westen unter Zugzwang. In: *Deutschland Archiv*, Nr. 3/1990, S. 388–390.
*Schenk, Fritz* [1990b]: Zum Staatsvertrag zwischen der Bundesrepublik Deutschland und der DDR. In: *Deutschland Archiv*, Nr. 6/1990, S. 817–818.
*Scherer, Joachim*: EG und DDR. Auf dem Weg zur Integration. In: *Recht der Internationalen Wirtschaft*, Beilage 6 zu Heft Nr. 4/1990, DDR-Rechtsentwicklungen, Folge 5, S. 11–15.
*Scherer, Peter*: Das Handels- und Kooperationsabkommen der EG mit der DDR. In: *Europäische Zeitschrift für Wirtschaftsrecht*, Nr. 8/1990, S. 241–246.
*Schewardnadse, Eduard*: Die Zukunft gehört der Freiheit. Hamburg 1993.
*Schewardnadse, Eduard*: Hauptziel Perestrojka. Sowjetische Außenpolitik im Dienst der Umgestaltung. In: *Die politische Meinung*, Nr. 251/1990, S. 4–10.
*Schild, Joachim*: Frankreichs Sicherheitspolitik in Westeuropa. Zur Westeuropäisierung der französischen Sicherheitspolitik 1981–1989. Münster 1991.
*Schildt, Bernd*: Bodenreform und deutsche Einheit. In: *Deutsch-Deutsche Rechts-Zeitschrift*, Nr. 4/1992, S. 97–102.
*Schiller, Karl*: Der schwierige Weg in die offene Gesellschaft. Kritische Anmerkungen zur deutschen Vereinigung. Berlin 1994.
*Schlosser, Horst Dieter*: »Wir Deutschen« – »Wir in der DDR«. Helmut Kohl und Lothar de Maizière zur Unterzeichnung des Staatsvertrags. In: *Deutschland Archiv*, Nr. 7/1990, S. 994–996.
*Schlotter, Peter*: Die 2+4-Verhandlungen und der KSZE-Prozeß. In: Beate Kohler-Koch: Weichenstellung für ein neues Europa. Mannheim 1992, S. 65–87.
*Schmidt, Helmut*: Deutschlands Rolle im neuen Europa. In: *Europa-Archiv*, Nr. 21/1991, S. 611–624.

*Schmitz, Christian M.*: Zwischen Mythos und Aufklärung. Deutschland in der außenpolitischen Berichterstattung der Zeitung »*Le Monde*« 1963–1983. Eine Untersuchung zu Kontinuität und Wandel französischer Deutschlandbilder unter besonderer Berücksichtigung der Presseorgane »*L'Express*«, »*Le nouvel observateur*« und »*France soir*«. Frankfurt/M. 1990.
*Schoch, Bruno*: Deutschlands Einheit und Europas Zukunft. Frankfurt/M. 1992.
*Schöllgen, Gregor* [1992b]: Die Macht in der Mitte Europas. Stationen deutscher Außenpolitik von Friedrich dem Großen bis zur Gegenwart. München 1992.
*Schöllgen, Gregor*: Angst vor der Macht. Die Deutschen und ihre Außenpolitik. Berlin, Frankfurt/M. 1993.
*Schöllgen, Gregor* [1992a]: Deutschlands neue Lage. Die USA, die Bundesrepublik Deutschland und die Zukunft des westlichen Bündnisses. In: *Europa-Archiv*, Nr. 5/1992, S. 125–132.
*Scholz, Rupert*: Deutsche Frage und europäische Sicherheit. Sicherheitspolitik in einem sich einigenden Deutschland und Europa. In: *Europa-Archiv*, Nr. 7/1990, S. 239–246.
*Schönbohm, Jörg*: Zwei Armeen und ein Vaterland. Das Ende der Nationalen Volksarmee. Berlin 1992.
*Schönfelder, Wilhelm/Elke Thiel*: Ein Markt – eine Währung. Die Verhandlungen zur Europäischen Wirtschafts- und Währungsunion. 2. Auflage, Baden-Baden 1996.
*Schrader, Lutz*: Mitterrands Europapolitik oder der lange Abschied vom Gaullismus. In: *Aus Politik und Zeitgeschichte*, Nr. B32/1993.
*Schreiter, Helfried* (Hrsg.): Die letzten Tage der DDR. Berlin 1990.
*Schröder, Dieter* (Hrsg.): Das geltende Besatzungsrecht. Baden-Baden 1990.
*Schröder, Dieter*: Die Reste des Besatzungsrechts in der Bundesrepublik Deutschland. In: *Recht in Ost und West. Zeitschrift für Rechtsvergleichung und innerdeutsche Probleme*, Nr. 2/1989, S. 73–82.
*Schröder, Hans J.* (Hrsg.): Die deutsche Frage als internationales Problem. Stuttgart 1990.
*Schröder, Hans-Henning*: Sowjetische Rüstungs- und Sicherheitspolitik zwischen »Stagnation« und »Perestroika«. Eine Untersuchung der Wechselbeziehung von auswärtiger Politik und innerem Wandel in der UdSSR. 1979–1991. Baden-Baden 1995.
*Schroeder, Klaus* (Hrsg.): Geschichte und Transformation des SED-Staates. Beiträge und Analysen. Berlin 1994.
*Schubert, Beate*: BRDDR wie Deutschland. Weg in die Freiheit, Weg in die Einheit. Medienpaket. Berlin 1990.
*Schuh, Petra/Bianca M. von der Weiden*: Die deutsche Sozialdemokratie 1989/90. SDP und SPD im Einigungsprozeß. München 1997.
*Schulmeister, Otto*: Wien und die deutsche Wiedervereinigung. In: *Europa-Archiv*, Nr. 4/1990, S. 145–148.
*Schulz, Eberhard*: GDR Foreign Policy. Armonk/NY u. a. 1982.
*Schulz, Eberhard*: Die deutsche Frage und die Nachbarn im Osten. Beiträge zu einer Politik der Verständigung. München 1989.
*Schulz, Eberhard*: Ein Jahr danach. Nicht nur Deutschland, die Welt ist anders. In: *Deutschland Archiv*, Nr. 10/1991, S. 1009–1011.
*Schulz, Wilfried*: Dichtung und Wahrheit: PDS-Thesen zur Außenpolitik der DDR. In: *Deutschland Archiv* 9/1994, S. 975–979.
*Schütze, Walter*: Außen- und Sicherheitspolitik unter Mitterrand. In: *Europa-Archiv*, Nr. 20/1982, S. 591–602.
*Schütze, Walter*: Vingt-deux ans après. Un concept français pour un règlement panallemand dans le cadre paneuropéen. In: *Politique étrangère*, Nr. 3/1989, S. 453–456.
*Schütze, Walter*: Frankreich angesichts der deutschen Einheit. In: *Europa-Archiv*, Nr. 4/1990, S. 133–138.

*Schütze, Walter*: De la »note Staline« à la conférence »2+4«. La réunification allemande en perspective. In: *Politique étrangère*, Nr. 1/1991, S. 21-39.
*Schützsack, Axel*: Exodus in die Einheit. Die Massenflucht aus der DDR 1989. Melle 1990.
*Schwarz, Hans-Peter*: Eine Entente Elémentaire. Das deutsch-französische Verhältnis im 25. Jahr des Elysée-Vertrages. Mit einer Dokumentation von Ingo Kolboom. Erweiterte Neuauflage, Bonn 1990.
*Schwarz, Hans-Peter*: Das Gesicht des Jahrhunderts. Monster, Retter und Mediokritäten. Berlin 1998.
*Schwarz, Jürgen* (Hrsg.): Der Aufbau Europas. Pläne und Dokumente 1945-1980. Bonn 1980.
*Schwarz, Siegfried*: Deutschlands Rolle in Europa. Tagung der Deutschen Gesellschaft in Frankfurt/Oder. In: *Deutschland Archiv*, Nr. 9/1991, S. 971-973.
*Schweisfurth, Theodor*: Fahrplan für ein neues Deutschland. Bonn, Wien 1990.
*Seebacher-Brandt, Brigitte*: Die Linke und die Einheit. Berlin 1991.
*Seebacher-Brandt, Brigitte*: The Implications of German Unity. In: *European Journal of International Affairs*, Nr. 1/1990, S. 90-104.
*Seebacher-Brandt, Brigitte/Peter Glotz*: Die deutsche Linke und die Vereinigung (Diskussion im Süddeutschen Rundfunk am 12. November 1991 in Bonn, hrsg. von der Friedrich-Ebert-Stiftung). Bonn 1991.
*Seiffert, Wolfgang*: Die Deutschen und Gorbatschow. Chancen für einen Interessenausgleich. Erlangen, Bonn, Wien 1989.
*Seiffert, Wolfgang* [1992a]: Die Rechtslage der zwischen 1945 und 1949 in der Sowjetischen Besatzungszone Enteigneten nach Auflösung der Sowjetunion. Gutachten vom 27. Februar 1992. Ohne Ort.
*Seiffert, Wolfgang* [1992b]: Selbstbestimmungsrecht und deutsche Vereinigung. Das Selbstbestimmungsrecht einer geteilten Nation. Baden-Baden 1992.
*Seiffert, Wolfgang* [1992c]: Auswirkungen der deutschen Vereinigung auf Osteuropa. In: *Zeitschrift für Politik*, Nr. 1/1992, S. 34-48.
*Semjonow, Wladimir S.*: Von Stalin bis Gorbatschow. Ein halbes Jahrhundert in diplomatischer Mission. 1939-1991. Berlin 1995.
*Senghaas, Dieter*: Die Neugestaltung Europas. Perspektiven und Handlungsgebote. In: *Aus Politik und Zeitgeschichte*, Nr. B18/1991, S. 11-20.
*Sestanovich, Stephen*: Gorbachev's Foreign Policy. A Diplomacy of Decline. In: Frederic J. Fleron/Erik P. Hoffmann/Robbin F. Laird (Hrsg.): Soviet Foreign Policy. Classic and contemporary Issues. New York 1991, S. 576-596.
*Sheehy, Gail*: Gorbatschow. Der Mann, der die Welt verändert hat. Hamburg 1992.
*Shumaker, David H.*: Gorbachev and the German Question. Soviet-West German Relations 1985-1990. Westport/CT 1995.
*Silagi, Michael*: Staatsuntergang und Staatsnachfolge mit besonderer Berücksichtigung des Endes der DDR. Frankfurt/M. u. a. 1996.
*Simmons, Michael*: Deutschland und Berlin. Geschichte einer Hauptstadt 1871-1990. Berlin o. J. [1991].
*Simon, Gerhard*: Die Desintegration der Sowjetunion durch Nationen und Republiken. Köln 1991.
*Simon, Gerhard*: Das Ende der Sowjetunion. Ursachen und Zusammenhänge. In: *Aussenpolitik*, Nr. 1/1996, S. 9-21.
*Simon, Gerhard/Nadja Simon*: Verfall und Untergang des sowjetischen Imperiums. München 1993.
*Simons, Thomas W.*: The End of the cold war. New York 1990.
*Skubiszewski, Krzysztof*: Die völkerrechtliche und staatliche Einheit des deutschen Volkes und die Entwicklung in Europa. In: *Europa-Archiv*, Nr. 6/1990, S. 195-202.

*Smyser, William R.*: U.S.S.R. – Germany. A Link Restored. In: *Foreign Policy*, Fall 1991, S. 125–141.
*Sobtschak, Anatolij*: Für ein neues Rußland. Unser Kampf um Recht und Demokratie. Bergisch Gladbach 1991.
*Sodaro, Michael J.*: Moscow, Germany and the West: From Khrushchev to Gorbachev. Ithaca/NY 1990.
*Sontheimer, Kurt*: Die Adenauer-Ära. Grundlegung der Bundesrepublik. München 1991.
*Sorensen, Theodore C.*: Rethinking National Security. In: *Foreign Affairs*, Nr. 3/1990, S. 1–18.
*Spanger, Hans-Joachim*: The GDR in East-West relations. London 1989.
*Spence, David*: Enlargement without Accession. The European Community's Response to the Issue of German Unification. In: *Staatswissenschaft und Staatspraxis*, Nr. 3/1991, S. 336–377.
*Spence, David*: The European Community and German Unification. In: *German Politics*, Nr. 3/1992, S. 136–163.
*Spiegel-Redaktion* (Hrsg.): 162 Tage Deutsche Geschichte. Hamburg 1990.
*Spittmann, Ilse/Gisela Helwig* [1990a](Hrsg.): Chronik der Ereignisse in der DDR. Köln 1990.
*Spittmann, Ilse/Gisela Helwig* [1990b](Hrsg.): Die DDR auf dem Weg zur deutschen Einheit. Probleme, Perspektiven, offene Fragen. Köln 1990.
*Spoo, Eckart* (Hrsg.): Kohl-Zeit. Ein Kanzler und sein Deutschland. Köln 1991.
*Staack, Michael* (Hrsg.) [1992a]: Aufbruch nach Gesamteuropa. Die KSZE nach der Wende im Osten. Münster 1992.
*Staack, Michael*: Die Außenpolitik der Bundesrepublik auf dem Weg in ein neues Europa. Westintegration und Ostpolitik unter veränderten Bedingungen. In: *Aus Politik und Zeitgeschichte*, Nr. B4–5/1990, S. 20–30.
*Staack, Michael* [1992b]: Vom Teilstaat zum Motor der Gesamteuropapolitik? Die veränderte Rolle Deutschlands in Europa. In: *Deutschland Archiv*, Nr. 2/1992, S. 145–156.
*Staack, Michael/Oliver Meier*: Die KSZE und die europäische Sicherheit. Kooperative Konfliktverhütung für Gesamteuropa. In: *Aus Politik und Zeitgeschichte*, Nr. B13/1992, S. 17–26.
*Staadt, Jochen* (Hrsg.): Auf höchster Stufe. Gespräche mit Erich Honecker. Berlin 1995.
*Stache, Ulrich* (Hrsg.): Der Staatsvertrag. Auf dem Weg zur deutschen Einheit. Wiesbaden 1990.
*Staden, Berndt von*: Das vereinigte Deutschland in Europa. In: *Europa-Archiv*, Nr. 23/1990, S. 685–690.
*Stares, Paul B.*: The New Germany and the New Europe. Washington/DC 1992.
*Stein, Torsten*: External Security and Military Aspects of German Unification. In: *Zeitschrift für ausländisches öffentliches Recht und Völkerrecht*, Nr. 2/1991, S. 451–469.
*Steinkühler, Manfred*: Lothar de Maizières letzter Auslandsbesuch. In: *Deutschland Archiv*, Nr. 10/1990, S. 1483–1484.
*Stephan, Gerd-Rüdiger* (Hrsg.): Vorwärts immer, rückwärts nimmer! Interne Dokumente zum Zerfall von SED und DDR 1988/89. Berlin 1994.
*Stern, Klaus* (Hrsg.) [1992a]: Das geeinte Deutschland. Erwartungen und Perspektiven. Bonn 1992.
*Stern, Klaus* [1992b]: Die Wiederherstellung der deutschen Einheit. Retrospektive und Perspektive. Opladen 1992.
*Stern, Klaus*: Der Zwei-plus-Vier-Vertrag. Das völkerrechtliche Grundsatzdokument zur Wiederherstellung der Deutschen Einheit. In: *Bayerische Verwaltungsblätter*, Nr. 17/1991, S. 523–529.

*Stern, Klaus/Bruno Schmidt-Bleibtreu* (Hrsg.) [1990a]: Das Staatsrecht der Bundesrepublik Deutschland. Bd. 1: Staatsvertrag zur Währungs-, Wirtschafts- und Sozialunion mit Vertragsgesetz, Begründungen und Materialien. München 1990.
*Stern, Klaus/Bruno Schmidt-Bleibtreu* (Hrsg.) [1990b]: Das Staatsrecht der Bundesrepublik Deutschland. Bd. 2: Einigungsvertrag und Wahlvertrag mit Vertragsgesetzen, Begründungen, Erläuterungen und Materialien. München 1990.
*Stern, Klaus/Bruno Schmidt-Bleibtreu* (Hrsg.): Das Staatsrecht der Bundesrepublik Deutschland. Bd. 3: Zwei-plus-Vier-Vertrag, Partnerschaftsverträge, EG-Maßnahmenpaket mit Begründungen und Materialien. München 1991.
*Stinnes, Manfred*: Die amerikanische Europa-Politik und die Ost-West-Beziehungen. In: *Aus Politik und Zeitgeschichte*, Nr. B45/1989, S. 14–24.
*Stokes, Gale*: The Wall Came Tumbling Down. The Collapse of Communism in Eastern Europe. New York 1993.
*Süß, Walter*: Ende und Aufbruch. Von der DDR zur neuen Bundesrepublik Deutschland. Frankfurt/M. 1992.
*Süssmuth, Rita* (Hrsg.): Der Deutsche Bundestag. Parlament der deutschen Einheit. Stuttgart 1991.
*Szabo, Stephen F.*: The Diplomacy of German Unification. New York 1992.
*Szabo, Stephen F.*: A second Look at the Diplomacy of German Unification. Paper presented to the annual meeting of the German Studies Association. Seattle, Washington, 11.–13. Oktober 1996.
*Szilagyi, Zsofia*: Hungary Seeks to Strengthen Bilateral Relations. In: *Transition*, Nr. 3/1996, S. 36–37.

*Tamas, Paul*: A Troubled Legacy for Eastern European Jews. In: *Transition*, Nr. 3/1996, S. 19–21.
*Tarnoff, Peter*: America's New Special Relationship. In: *Foreign Affairs*, Nr. 3/1990, S. 67–80.
*Teltschik, Horst*: 329 Tage. Innenansichten der Einigung. Berlin 1993.
*Teltschik, Horst*: Die Reformpolitik Gorbatschows und die Perspektiven der West-Ost-Beziehungen. In: *Aussenpolitik*, Nr. 3/1989, S. 211-225.
*Teltschik, Horst*: Die Bundesrepublik Deutschland und Polen. Eine schwierige Partnerschaft im Herzen Europas. In: *Aussenpolitik*, Nr. 1/1990, S. 3-14.
*Tenfelde, Klaus*: 1914 bis 1990 – Einheit einer Epoche. In: *Aus Politik und Zeitgeschichte*, Nr. B40/1991, S. 3–11.
*Tessmer, Carsten*: Innerdeutsche Parteienbeziehungen vor und nach dem Umbruch in der DDR. In: *Deutsche Studien*, Nr. 114/1991, S. 179–206.
*Tetzner, Reiner*: Leipziger Ring. Aufzeichnungen eines Montagsdemonstranten. Oktober 1989 bis 1. Mai 1990. Frankfurt/M. 1990.
*Thatcher, Margaret*: Downing Street No. 10. Die Erinnerungen. Düsseldorf u. a. 1993.
Margaret Thatchers Expertenseminar über den deutschen Nationalcharakter. Vertrauliches Memorandum über ein Seminar der britischen Regierungsspitze mit internationalen Deutschlandexperten zum Umgang mit den Deutschen, veranstaltet am 24. März 1990 in Chequers. In: *Blätter für deutsche und internationale Politik*, Nr. 8/1990, S. 1021–1024.
*Thaysen, Uwe*: Der Runde Tisch. Oder: Wo blieb das Volk? Der Weg der DDR in die Demokratie. Opladen 1990.
*Thies, Jochen* [1991a]: Communication Breakdown. In: *European Affairs*, Nr. 1/1991, S. 63–64.
*Thies, Jochen* [1991b]: L'Allemagne après l'Unification. In: *Politique étrangère*, Nr. 1/1991, S. 91–98.

*Thies, Jochen/Wolfgang Wagner* (Hrsg.): Das Ende der Teilung. Der Wandel in Deutschland und Osteuropa in Beiträgen und Dokumenten aus dem Europa-Archiv. Bonn 1990.
*Thies, Jochen/Günther van Well* (Hrsg.): Auf der Suche nach der Gestalt Europas. Festschrift für Wolfgang Wagner. Bonn 1990.
*Thomas, Caroline/Klaus-Peter Weiner* (Hrsg.): Auf dem Weg zur Hegemonialmacht? Die deutsche Außenpolitik nach der Vereinigung. Köln 1993.
*Thomas-Dehler-Haus* (Hrsg.): Die Deutschlandpolitik der Liberalen. Dokumente liberaler Deutschlandpolitik 1966-1990. Bonn 1990.
*Thurich, Eckhart*: Schwierige Nachbarschaften. Deutsche und Polen, Deutsche und Tschechen im 20. Jahrhundert. Stuttgart 1990.
*Timermann, Heiner* (Hrsg.): Geschichtsschreibung zwischen Wissenschaft und Politik. Deutschland – Frankreich – Polen im 19. und 20. Jahrhundert. Saarbrücken 1987.
*Timm, Angelika*: Alles umsonst? Verhandlungen zwischen der Claims Conference und der DDR über »Wiedergutmachung« und Entschädigung. Berlin 1996.
*Timm, Angelika*: Hammer, Zirkel, Davidstern. Das gestörte Verhältnis der DDR zum Zionismus und Staat Israel. Bonn 1997.
*Tolksdorf, Michael*: Ein Geld für Europa? Die europäische Währungsunion. Opladen 1995.
*Trautmann, Günter* (Hrsg.): Die häßlichen Deutschen. Deutschland im Spiegel der westlichen und östlichen Nachbarn. Darmstadt 1991.
*Tréan, Claire*: La France et le nouvel ordre européen. In: *Politique étrangère*, Nr. 1/1991, S. 81-90.
*Tschernajew, Anatolij* [1993a]: Die letzten Jahre einer Weltmacht. Der Kreml von innen. Stuttgart 1993.
*Tschernajew, Anatolij* [1993b]: The Phenomenon of Gorbachev in the Kontext of Leadership. In: *International Affairs* (Moskau), Nr. 6/1993, S. 37-48.
*Turner, George*: Die Vereinigung Deutschlands. Hintergründe und Fakten jenseits der Statistik. In: *Aussenpolitik*, Nr. 2/1991, S. 193-198.
*Turner, Henry A.*: Germany from partition to Reunification. New Haven 1992.

*Uibopuu, Henn-Jüri*: Die Verfassungs- und Rechtsentwicklung der baltischen Staaten 1988-1990. Köln 1990.
*Umbach, Frank*: Der sowjetische Generalstab und der KSE-Vertrag. Köln 1992.
*Umbach, Frank*: Die Rolle des sowjetischen Generalstabes im politischen Entscheidungsprozeß unter Gorbatschow. Köln 1992.
*Unger, Frank*: Strategische Partnerschaft. Eine Carnegie-Studie zur Zukunft der deutschamerikanischen Beziehungen. In: *Blätter für deutsche und internationale Politik*, Nr. 3/ 1994, S. 303-309.
*Ungerer, Werner* [1990a]: Die Europäische Gemeinschaft und die Einigung Deutschlands. In: *Blätter für deutsche und internationale Politik*, Nr. 4/1990, S. 434-444.
*Ungerer, Werner* [1990b]: Die Entwicklung der EG und ihr Verhältnis zu Mittel- und Osteuropa. In: *Aussenpolitik*, Nr. 3/1990, S. 225-235.
*Urban, George*: Diplomacy and Disillusions at the Court of Margaret Thatcher. An Insider's view. London 1996.
*Uschner, Manfred*: Die Ostpolitik der SPD. Sieg und Niederlage einer Strategie. Berlin 1991.
*Uterwedde, Henrik*: Die Europäische Gemeinschaft. Entwicklung, Zwischenbilanz und Perspektiven zum Binnenmarkt 1992. Opladen 1989.

*Valance, Georges*: France – Allemagne. Le retour de Bismarck. Paris 1990.
*Van Oudenaren, John*: The Role of Shevardnadze and the Ministry of Foreign Affairs in the Making of Soviet Defense and Arms Control Policy. Santa Monica/CA Juli 1990.

*Van Oudenaren, John*: Détente in Europe. The Soviet Union and the West since 1953. Durham/NC, London 1991.
*Vedder, Christoph* (Hrsg.): Das neue Europarecht. EG-Vertrag und Europäische Union. Wiesbaden, München 1992.
*Védrine, Hubert*: Les mondes de François Mitterrand. À l'Elysée 1981–1995. Paris 1996.
*Védrine, Hubert/Jean Musitelli*: Les changements des années 1989–1990 et l'Europe de la prochaine décennie. In: *Politique étrangère*, Nr. 1/1991, S. 167–177.
*Veen, Hans-Joachim* [1991a]: Die Westbindung der Deutschen in einer Phase der Neuorientierung. In: *Europa-Archiv*, Nr. 2/1991, S. 31–40.
*Verheyen, Dirk/Christian Søe* (Hrsg.): The Germans and their Neighbours. Boulder/CO, Oxford 1993.
*Vernet, Daniel*: Was wird aus Deutschland? Bergisch Gladbach 1993.
*Vernet, Daniel*: The dilemma of French foreign policy. In: *International Affairs* (London), Nr. 3/1990, S. 477–493.
*Vernet, Daniel*: L'Ostpolitik de Weimar à Berlin. In: *Politique étrangère*, Nr. 1/1994, S. 273–281.
*Villain, Jean*: Die Revolution verstößt ihre Väter. Aussagen und Gespräche zum Untergang der DDR. Bern 1990.
*Vogel, Bernhard* (Hrsg.): Das Phänomen Helmut Kohl im Urteil der Presse 1960–1990. Stuttgart 1990.
*Vogel, Heinrich*: Die Vereinigung Deutschlands und die Wirtschaftsinteressen der Sowjetunion. In: *Europa-Archiv*, Nr. 13/1990, S. 408–414.
*Vogtmeier, Andreas*: Egon Bahr und die deutsche Frage. Zur Entwicklung der sozialdemokratischen Ost- und Deutschlandpolitik vom Kriegsende bis zur Vereinigung. Bonn 1996.
*Voigt, Karsten D.*: Deutsche Einheit und gesamteuropäische Ordnung des Friedens und der Freiheit. In: *Deutschland Archiv*, Nr. 4/1990, S. 562–567.
*Volkmann, Hans-Erich*: Das Reich in den Konzeptionen der Siegermächte des Zweiten Weltkrieges und im politisch-rechtlichen Verständnis der Bundesrepublik. In: Bernd Martin (Hrsg.): Deutschland in Europa. Ein historischer Rückblick. München 1992.
*Volkskammer der DDR*: Stenografische Niederschrift, 9./10. Wahlperiode, Jahrgänge 1989,1990. Berlin 1989–1990.
*Volle, Angelika*: Großbritannien und die deutsche Einheit. Die Auswirkungen des 9. November auf die britische Regierungspolitik. In: Jochen Thies/Günther van Well (Hrsg.): Auf der Suche nach der Gestalt Europas. Festschrift für Wolfgang Wagner. Bonn 1990, S. 130–144.
*Voslensky, Michael S.*: Das Geheime wird offenbar. Moskauer Archive erzählen. 1917–1991. München 1995.
*Voß, Hans*: Die Konferenz für Sicherheit und Zusammenarbeit in Europa und die DDR. In: *Zeitschrift für Geschichtswissenschaft*, Nr. 12/1993, S. 1061–1070.

*Wæver, Ole*: Three competing Europes: German, French, Russian. In: *International Affairs* (London), Nr. 7/1990, S. 477–493.
*Wagenlehner, Günther* (Hrsg.): Die deutsche Frage und die internationale Sicherheit. Koblenz 1988.
*Wagenlehner, Günther* (Hrsg.): Feindbild. Geschichte. Dokumentation. Frankfurt/M. 1989.
*Wagenlehner, Günther*: Der Systemwandel in Osteuropa und in der DDR als Folge der Perestrojka. In: Göttinger Arbeitskreis (Hrsg.): Die revolutionäre Umwälzung in Mittel- und Osteuropa. Berlin 1993, S. 7–30.
*Wagensohn, Tanja*: Die sowjetische Position im Zwei-plus-Vier-Prozeß. München 1996.

*Wagner, Peter M.*: Außenpolitik in der »Koalitionsdemokratie«. Entscheidungsprozesse in Deutschland. In: *Internationale Politik*, Nr. 4/1998, S. 31–36.
*Wagner, Wolfgang* (Hrsg.): Die Internationale Politik 1989/1990 (Jahrbücher der Deutschen Gesellschaft für Auswärtige Politik). München 1992.
*Wahl, Jürgen*: Fatale Mißhelligkeiten. Warum ist das deutsch-polnische Verhältnis noch nicht spürbar besser geworden? In: *Die politische Meinung*, Nr. 252/1990, S. 44–48.
*Waigel, Theo/Manfred Schell*: Tage, die Deutschland und die Welt veränderten. Vom Mauerfall zum Kaukasus. Die deutsche Währungsunion. München 1994.
*Waitz von Eschen, Friedrich*: Die völkerrechtliche Kompetenz der Vier Mächte zur Gestaltung der Rechtslage Deutschlands nach dem Abschluß der Ostvertragspolitik. Frankfurt/M. 1988.
*Wallace, William*: Deutschlands zentrale Rolle. Ein Versuch, die europäische Frage neu zu definieren. In: *Integration*, Nr. 1/1990, S. 13–20.
*Wallace, William*: Britische Außen- und Verteidigungspolitik. Thatcherismus und die Folgen. In: *Aus Politik und Zeitgeschichte*, Nr. B28/1991, S. 37–46.
*Wallach, H. G. Peter/Ronald A. Francisco*: United Germany. The Past, Politics, Prospects. Westport/CT 1992.
*Walters, Vernon A.*: Die Vereinigung war voraussehbar. Hinter den Kulissen eines entscheidenden Jahres. Die Aufzeichnungen des amerikanischen Botschafters. Berlin 1994.
*Walters, Vernon A.* [1990a]: »Die deutsche Frage aus internationaler Sicht.« Der amerikanische Standpunkt zur europäischen Sicherheit und zur deutschen Frage (Friedrich-Ebert-Stiftung, Vortrag im Arbeitsbereich »Deutschlandpolitisches wissenschaftliches Forum«). Bonn 18. Januar 1990.
*Walters, Vernon A.* [1990b]: Die Vereinigten Staaten und die europäische Sicherheit nach der Vereinigung Deutschlands. In: *Europa-Archiv*, Nr. 22/1990, S. 655–662.
*Walters, Vernon A.*: Die USA und die deutsche Einheit. In: *Die politische Meinung*, Nr. 262/1991, S. 4–9.
*Wambach, Lovis M.*: Der Einigungsvertrag und die völkerrechtlichen Verträge der ehemaligen DDR unter besonderer Berücksichtigung der Kompetenzen der Europäischen Gemeinschaften. In: *Recht in Ost und West. Zeitschrift für Rechtsvergleichung und innerdeutsche Probleme*, 1991, S. 334–336.
*Warbeck, Hans-Joachim*: Die deutsche Revolution 1989/90. Die Herstellung der staatlichen Einheit. Berlin 1991.
*Was (wem warum) zusammen gehört.* Stellungnahmen zum Thema »Deutschland begründen« (I). In: *Blätter für deutsche und internationale Politik*, Nr. 5/1993, S. 580–627. [1993a].
*Was (wem warum) zusammen gehört.* Stellungnahmen zum Thema »Deutschland begründen« (II). In: *Blätter für deutsche und internationale Politik*, Nr. 6/1993, S. 688–728. [1993b].
*Weber, Hermann*: Die DDR 1945–1990. München 1993.
*Wec, Józef-Janusz*: Die polnische Haltung zum deutschen Einigungsprozeß. Eine Bilanz. In: *Deutschland Archiv*, Nr. 5/1991, S. 519–529.
*Wehling, Hans-Georg* (Hrsg.): (Wieder-) Vereinigungsprozeß in Deutschland. Stuttgart 1990.
*Weidenfeld, Werner*: Jalta und die Teilung Deutschlands. Schicksalsfrage für Europa. Andernach 1969.
*Weidenfeld, Werner*: Die Frage nach der Einheit der deutschen Nation. München 1981.
*Weidenfeld, Werner* (Hrsg.): Die Identität der Deutschen. Bonn 1983.
*Weidenfeld, Werner*: Ratlose Normalität. Die Deutschen auf der Suche nach sich selbst. Osnabrück 1984.
*Weidenfeld, Werner* (Hrsg.): Nachdenken über Deutschland. Materialen zur politischen Kultur der Deutschen Frage. Köln 1985.

*Weidenfeld, Werner* (Hrsg.): Geschichtsbewußtsein der Deutschen. Materialien zur Spurensuche einer Nation. Köln 1987.
*Weidenfeld, Werner* u. a.: Die Architektur der europäischen Sicherheit. Probleme, Kriterien, Perspektiven. Gütersloh 1989.
*Weidenfeld, Werner* [1990a]: Der deutsche Weg. Berlin 1990.
*Weidenfeld, Werner* (Hrsg.) [1990c]: Die Deutschen und die Architektur des Europäischen Hauses. Materialien zu den Perspektiven Deutschlands. Köln 1990.
*Weidenfeld, Werner* [1991a]: Deutschland im Umbruch, Europa im Wandel. Neuordnung des Kontinents. Düsseldorf 1991.
*Weidenfeld, Werner* (Hrsg.) [1993a]: Deutschland: Eine Nation – doppelte Geschichte. Materialien zum deutschen Selbstverständnis. Köln 1993.
*Weidenfeld, Werner* (Hrsg.) [1993b]: Was ändert die Einheit? Gütersloh 1993.
*Weidenfeld, Werner* [1990b]: Die deutsche Frage europäisch lösen. In: *Politik und Kultur*, Nr. 2/1990, S. 4–13.
*Weidenfeld, Werner* [1990d]: Sein europapolitisches Denken. In: Werner Filmer/Heribert Schwan: Helmut Kohl. Düsseldorf u. a. 1990, S. 286–291.
*Weidenfeld, Werner* u. a. [1991b]: Die doppelte Integration. Europa und das größere Deutschland. Gütersloh 1991.
*Weidenfeld, Werner/Josef Janning*: Der Umbruch Europas. Die Zukunft des Kontinents. Gütersloh 1990.
*Weidenfeld, Werner/Karl-Rudolf Korte*: Die Deutschen – Profil einer Nation. Stuttgart 1991.
*Weidenfeld, Werner/Karl-Rudolf Korte* (Hrsg.): Handwörterbuch zur deutschen Einheit. Frankfurt/M., New York 1992.
*Weidenfeld, Werner/Karl-Rudolf Korte* (Hrsg.): Handbuch zur deutschen Einheit. Frankfurt/M., New York 1993.
*Weidenfeld, Werner/Karl-Rudolf Korte* (Hrsg.): Handbuch zur deutschen Einheit. Neuausgabe, Frankfurt/M., New York 1996.
*Weidenfeld, Werner/Wolfgang Wessels* (Hrsg.): Jahrbuch der Europäischen Integration 1989/90. Bonn 1990.
*Weidenfeld, Werner/Wolfgang Wessels* (Hrsg.): Jahrbuch der Europäischen Integration 1990/91. Bonn 1991.
*Weidenfeld, Werner/Wolfgang Wessels* (Hrsg.): Europa von A-Z. Taschenbuch der europäischen Integration. 3. Auflage, Bonn 1994.
*Weidenfeld, Werner/Hartmut Zimmermann* (Hrsg.): Deutschland Handbuch. Eine doppelte Bilanz 1949–1989. München 1989.
*Weidenfeld, Werner/Manfred Huterer*: Osteuropa, Deutschland und die Strategie des Westens. In: *Deutschland Archiv*, Nr. 3/1992, S. 225–227.
*Weilemann, Peter R.*: Die Westpolitik der DDR. Beziehungen der DDR zu ausgewählten westlichen Industriestaaten in den 70er und 80er Jahren. Melle 1989.
*Weilemann, Peter R.*: Der deutsche Beitrag zur Überwindung der europäischen Teilung. Die zehn Punkte von Bundeskanzler Helmut Kohl. In: *Aussenpolitik*, Nr. 1/1990, S. 15–23.
*Weisenfeld, Ernst*: Welches Deutschland soll es sein? Frankreich und die deutsche Einheit seit 1945. München 1986.
*Weisenfeld, Ernst*: Eine noble Geste – protokollarisch befrachtet. Staatspräsident Mitterrand besuchte Berlin. In: *Dokumente*, Nr. 4/1985, S. 309–312.
*Weisenfeld, Ernst*: Mitterrands Europäische Konföderation. Eine Idee im Spannungsfeld der Realitäten. In: *Europa-Archiv*, Nr. 17/1991, S. 513–518.
*Weisenfeld, Ernst*: Deutschland, Frankreich und der Osten Europas. Pariser Sorgen um ein neues europäisches Gleichgewicht. In: *Dokumente*, Nr. 3/1992, S. 192–204.

*Weiß, Robert*: Chronik eines Zusammenbruchs. Der »heiße« Herbst 1989 und seine Folgen in den Ländern des Warschauer Paktes. Berlin 1990.
*Welfens, Paul J. J.* (Hrsg.): Economic Aspects of German Unification. National and International Perspectives. Berlin u. a. 1992.
*Well, Günther van*: Zur Europa-Politik eines vereinigten Deutschlands. In: *Europa-Archiv*, Nr. 9/1990, S. 293–300.
*Wenzel, Otto*: Der Tag X. Wie West-Berlin erobert wurde. In: *Deutschland Archiv*, Nr. 12/1993, S. 1360–1371.
*Werner, Horst*: Ökonomische Probleme der deutschen Einheit und europäischen Einigung. In: *Aus Politik und Zeitgeschichte*, Nr. B28/1990, S. 16–27.
*Weston, Charles*: Die USA und der politische Wandel in Europa. In: *Aus Politik und Zeitgeschichte*, Nr. B49/1990, S. 28–36.
*Wettig, Gerhard* [1990d]: The Soviet Union and German Unification. Köln 1990.
*Wettig, Gerhard* (Hrsg.) [1990e]: Die sowjetische Militärmacht und die Stabilität in Europa. Baden-Baden 1990.
*Wettig, Gerhard*: Rußland und Deutschland in einem neuen System der europäischen Sicherheit. Köln 1992.
*Wettig, Gerhard*: Das Ende der DDR 1989/90. Ergebnis geschichtlichen Zufalls? Köln 1994.
*Wettig, Gerhard*: Friedenssicherung, Klassenkampf und neues Denken in Gorbatschows Westpolitik. In: *Aussenpolitik*, Nr. 4/1988, S. 371–383.
*Wettig, Gerhard* [1990a]: Der politische Wandel in Osteuropa und seine Auswirkungen auf die Europa-Politik. In: *Aussenpolitik*, Nr. 2/1990, S. 107–119.
*Wettig, Gerhard* [1990b]: Die Deutsche Frage in der sowjetischen Politik. In: *Aussenpolitik*, Nr. 1/1990, S. 38–51.
*Wettig, Gerhard* [1990c]: Stadien der sowjetischen Deutschland-Politik. In: *Deutschland Archiv*, Nr. 7/1990, S. 1070–1078.
*Wettig, Gerhard* [1991a]: Deutsche Vereinigung und europäische Sicherheit. In: *Aussenpolitik*, Nr. 1/1991, S. 13–20.
*Wettig, Gerhard* [1991b]: Europäische Friedensordnung ohne Option der Grenzänderung? Eine Untersuchung im Lichte des neuen deutsch-sowjetischen Vertrages und der vorangegangen Vereinbarungen. In: *Deutschland Archiv*, Nr. 1/1991, S. 66–72.
*Wettig, Gerhard* [1993a]: Moscow's Acceptance of NATO: The Catalytic Role of German Unification. In: *Europe-Asia Studies*, Nr. 6/1993, S. 953–972.
*Wettig, Gerhard* [1993b]: Die Rolle der UdSSR bei der Vereinigung Deutschlands. In: Konrad Löw (Hrsg.): Ursachen und Verlauf der deutschen Revolution 1989. 2. Auflage, Berlin 1993, S. 45–63.
*Wettig, Gerhard*: Niedergang, Krise und Zusammenbruch der DDR. Ursachen und Vorgänge. In: Eberhard Kuhrt/Hannsjörg F. Buck/Gunter Holzweißig (Hrsg.): Am Ende des realen Sozialismus. Beiträge zu einer Bestandsaufnahme der DDR-Wirklichkeit in den 80er Jahren. Bd. 1: Die SED-Herrschaft und ihr Zusammenbruch. Opladen 1996, S. 379–455.
*Wettig, Gerhard*: Konzept und Realität der deutschen Vereinigung. In: *Deutschland Archiv*, Nr. 1-2/1997, S. 124–131.
*Wetzlaugk, Udo*: Die Alliierten in Berlin. Berlin 1988.
*Wewer, Göttrik* (Hrsg.): DDR. Von der friedlichen Revolution zur deutschen Vereinigung. Opladen 1990.
*Wickert, Ulrich* (Hrsg.): Angst vor Deutschland. Hamburg 1990.
*Wielenga, Friso*: Der Faktor Deutschland in der niederländischen Außenpolitik. In: Gottfried Niedhart/Detlef Junker/Michael W. Richter (Hrsg.): Deutschland in Europa. Nationale Interessen und internationale Ordnung im 20. Jahrhundert. Mannheim 1997, S. 93–111.

*Wilke, Manfred*: Der Schlüssel zur Einheit. In: *Die politische Meinung*, Nr. 255/1991, S. 69-76.
*Wilke, Manfred/Reinhard Gutsche/Michael Kubina*: Die SED-Führung und die Unterdrükkung der polnischen Oppositionsbewegung 1980/81. In: *German Studies Review*, Nr. 1/ 1994, S. 105-152.
*Wilkens, Andreas*: Der unstete Nachbar. Frankreich, die deutsche Ostpolitik und die Berliner Vier-Mächte-Verhandlungen 1969-1974. München 1990.
*Wilms, Günter E.*: The Legal Status of Berlin after the Fall of the Wall and German Reunification. In: *Zeitschrift für ausländisches öffentliches Recht und Völkerrecht*, Nr. 2/1991, S. 470-493.
*Witznitzer, Louis*: Le grand gâchis ou la faillite d'une politique étrangère. Paris 1991.
*Wolf, Christa*: Reden im Herbst. Berlin 1990.
*Wolf, Markus*: In eigenem Auftrag. Bekenntnisse und Einsichten. München 1991.
*Wolf, Reinhard*: Opfer des eigenen Erfolgs? Perspektiven der NATO nach dem Kalten Krieg. In: *Aus Politik und Zeitgeschichte*, Nr. B13/1992, S. 3-16.
*Wolff-Poweska, Anna*: Polen und Deutsche in einem sich vereinigenden Europa. In: *Europa-Archiv*, Nr. 22/1990, S. 679-684.
*Wolffsohn, Michael*: Keine Angst vor Deutschland! Frankfurt/M., Berlin 1992.
*Wolffsohn, Michael*: Deutschland: Eine verwirrte und verwirrende Nation. Eine freundliche Polemik. In: *Europa-Archiv*, Nr. 7/1991, S. 211-214.
*Wolffsohn, Michael*: Der außenpolitische Weg zur deutschen Einheit. Das Ausland und die vollendeten Tatsachen. In: Eckhard Jesse/Armin Mitter (Hrsg.): Die Gestaltung der deutschen Einheit. Geschichte – Politik – Gesellschaft. Bonn 1993, S. 142-162.
*Wolfrum, Edgar*: Französische Besatzungspolitik in Deutschland nach 1945. Neuere Forschungen über die »vergessene Zone«. In: *Neue politische Literatur*, Nr. 1/1990, S. 50-62.
*Wolfrum, Rüdiger*: Die Bundesrepublik Deutschland im Verteidigungsbündnis. In: Isensee, Josef/Paul Kirchhof (Hrsg.): Handbuch des Staatsrechts der Bundesrepublik Deutschland. Bd. 7: Normativität und Schutz der Verfassung – Internationale Beziehungen. Heidelberg 1992, S. 647-667 (§176).
*Wörner, Manfred*: Die Atlantische Allianz in den neunziger Jahren. In: *Europa-Archiv*, Nr. 3/ 1991, S. 61-70.
*Woyke, Wichard*: Frankreichs Außenpolitik von de Gaulle bis Mitterrand. Opladen 1987.
*Woyke, Wichard*: Frankreichs Sicherheitspolitik und die deutsch-französischen Beziehungen. In: Hartmut Elsenhans u. a. (Hrsg.): Frankreich – Europa – Weltpolitik. Festschrift für Gilbert Ziebura zum 65. Geburtstag. Opladen 1989, S. 138-146.
*Woyke, Wichard*: Gesellschaftliche Grundlagen der französischen Sicherheitspolitik und ihre Auswirkungen auf die deutsch-französischen Beziehungen. In: Wolfgang Asholt/ Heinz Thoma (Hrsg.): Frankreich – ein unverstandener Nachbar. Bonn 1990, S. 87-99.
*Wrede, Hans-Heinrich*: KSZE in Wien. Kursbestimmung für Europas Zukunft. Köln 1990.
*Wuthe, Gerhard*: Einheit der Nation. Traum oder Trauma der Sozialdemokratie. In: *Deutschland Archiv*, Nr. 11/1991, S. 1170-1179.
*Yost, David S.* [1990a]: France in the New Europe. In: *Foreign Affairs*, Nr. 5/1990, S. 107-128.
*Yost, David S.* [1990b]: Frankreich in einem neuen Umfeld. In: *Europa-Archiv*, Nr. 23/1990, S. 691-702.
*Yost, David S.*: France and Western Europe defence identity. In: *Survival*, Nr. 4/1991, S. 327-351.
*Zanetti, Benno*: Der Weg zur Deutschen Einheit. 9. November 1989 – 3. Oktober 1990 mit den wichtigsten Reden. München 1991.

*Zelikow, Philip/Condoleezza Rice*: Sternstunde der Diplomatie. Die deutsche Einheit und das Ende der Spaltung Europas. Berlin 1997.
*Zellner, Wolfgang*: Die Verhandlungen über Konventionelle Streitkräfte in Europa. Konventionelle Rüstungskontrolle, die neue politische Lage in Europa und die Rolle der Bundesrepublik Deutschland. Baden-Baden 1994.
*Ziebura, Gilbert*: Die deutsch-französischen Beziehungen seit 1945. Mythen und Realitäten. Überarbeitete und aktualisierte Neuausgabe. Stuttgart 1997.
*Zieger, Gottfried*: Die Haltung von SED und DDR zur Einheit Deutschlands 1949–1987. Köln 1988.
*Zimmer, Matthias*: Das gesamte deutsche Volk bleibt aufgefordert... · Die Deutschlandpolitik der Bundesrepublik 1949–1990. Melle 1991.
*Zimmer, Matthias*: Nationales Interesse und Staatsräson. Zur Deutschlandpolitik der Regierung Kohl 1982–1989. Paderborn u. a. 1992.
*Zimmerling, Zeno/Sabine Zimmerling* (Hrsg.): Neue Chronik DDR. Berichte, Fotos, Dokumente, 5 Bde. Berlin 1990.
*Zuleeg, Manfred*: Grundvertrag und EWG-Protokoll über den innerdeutschen Handel. In: Europarecht, 1973, S. 209–225.

# CHRONOLOGIE:
# AUSSENPOLITISCHE STATIONEN AUF DEM WEG ZUR DEUTSCHEN EINHEIT[1]

## 1989

| | |
|---|---|
| 19. Januar | Der DDR-Staatsratsvorsitzende und Generalsekretär der SED, Erich Honecker, erklärt: »Die Mauer wird [...] in 50 und auch 100 Jahren noch bestehen bleiben.« |
| 2. Mai | Die ungarische Regierung kündigt die Demontage des Eisernen Vorhangs an der Grenze zu Österreich an und veranlaßt den Abbau der Grenzbefestigungen. |
| 29./30. Mai | Die Teilnehmer der NATO-Gipfelkonferenz in Brüssel verabschieden ein umfassendes Abrüstungskonzept, das auch nukleare Kurzstreckenraketen mit einbezieht. In einer Erklärung tritt die Allianz für die Einheit Deutschlands, Berlins und Europas ein. |
| 31. Mai | Der Präsident der Vereinigten Staaten von Amerika, George Bush, plädiert mit einer Rede in Mainz »für ein ungeteiltes Europa«. |
| 12.–15. Juni | Staatsbesuch Michail Gorbatschows in Bonn. In einer gemeinsamen Erklärung nennen Kohl und der Generalsekretär der KPdSU Verständnis, Vertrauen und Partnerschaft als Grundlagen für ein gutnachbarschaftliches Verhältnis und die Versöhnung der Völker. Sie halten fest: »Krieg darf kein Mittel der Politik mehr sein.« |
| 7. Juli | Die Mitgliedstaaten des Warschauer Pakts widerrufen durch das Schlußkommuniqué von Bukarest die Breschnew-Doktrin von 1968. Die These von der völkerrechtlich beschränkten Souveränität der sozialistischen Staaten ist damit aufgehoben. |
| Juli/August | Immer mehr Einwohner der DDR reisen in den Urlaubsmonaten nach Ungarn, Polen und in die ČSSR, um so auf Umwegen in die Bundesrepublik zu flüchten. |
| 11. September | Die ungarische Westgrenze wird für alle Menschen aus der DDR geöffnet. Ungarn suspendiert damit die Vorschriften des bilateralen Abkommens mit der DDR über den visafreien grenzüberschreitenden Verkehr, welches die Ausreise von Angehörigen des jeweiligen anderen Staates in westliche Länder ohne gültige Dokumente verbietet. Die Grenzöffnung führt in den folgenden Tagen zu einer Massenflucht aus der DDR. |
| 6./7. Oktober | Feiern zum 40. Staatsjubiläum der DDR. Gorbatschow mahnt: »Wer zu spät kommt, den bestraft das Leben.« Tausende demonstrieren in Ost-Berlin für Reformen. |
| 9. Oktober | Größte Montagsdemonstration in Leipzig. Die Massen fordern umfassende Reformen und skandieren: »Wir sind das Volk!« |

---

[1] Vgl. dazu auch die Chronologien in Garn 1996, Lehmann 1995, Spittmann/Helwig 1990a.

| | |
|---|---|
| 18. Oktober | Honecker tritt als Generalsekretär der SED zurück. Sein Nachfolger wird Egon Krenz, der wenige Tage später auch zum Staatsratsvorsitzenden gewählt wird. |
| 1. November | Krenz trifft Gorbatschow in Moskau. Die Vereinigung ist kein Gesprächsthema. |
| 3. November | Im Rahmen der »54. Deutsch-französischen Konsultationen« erklärt der französische Staatspräsident François Mitterrand, er habe keine Angst vor der deutschen Einheit. |
| 4. November | Auf einer polizeilich genehmigten Großdemonstration in Ost-Berlin, die von Funk und Fernsehen landesweit übertragen wird, fordern Künstler und Oppositionelle sofortige politische Reformen und Reisefreiheit. |
| 6. November | Der angekündigte Regierungsentwurf eines neuen DDR-Reisegesetzes gerät aufgrund seiner restriktiven bürokratischen Vorschriften in die öffentliche Kritik. Der zuständige Volkskammerausschuß verwirft die Vorlage darauf als »unzureichend«. |
| 8. November | In einer Erklärung zur polnischen Westgrenze verkündet der Bundestag: »Das polnische Volk [...] soll wissen, daß sein Recht, in sicheren Grenzen zu leben, von uns Deutschen weder jetzt noch in Zukunft in Frage gestellt wird.« |
| 9. November | Fall der Mauer. In Berlin kommt es zu überschwenglichen Freudenszenen an den Grenzübergängen und auf der Mauer. |
| 9.–14. November | Bundeskanzler Helmut Kohl zum Staatsbesuch in Polen. Am 10. November unterbricht er die Reise für einen Tag und fliegt zu Kundgebungen nach Berlin, anschließend nach Bonn, wo er am 11. November eine Sitzung des Bundeskabinetts leitet. |
| 13. November | Hans Modrow wird neuer Ministerpräsident der DDR. |
| 17. November | Modrow plädiert in seiner Regierungserklärung vor der Volkskammer für eine »Vertragsgemeinschaft« zwischen Bundesrepublik und DDR. |
| 18. November | Sondertreffen der EG-Staats- und Regierungschefs in Paris. Das Thema »Vereinigung« wird nicht aufgegriffen. Die britische Premierministerin Margaret Thatcher betont, die Frage der Grenzen stehe nicht auf der Tagesordnung. Auf ein offizielles Schlußkommuniqué wird bewußt verzichtet. |
| 27. November | Tagung der Mitglieder des Warschauer Paktes in Budapest. Die Vereinigung ist kein Gesprächsthema. |
| 28. November | Kohl stellt sein »Zehn-Punkte-Programm zur Überwindung der Teilung Deutschlands und Europas« vor. Ziel: Über eine Vertragsgemeinschaft und den Aufbau konföderativer Strukturen soll letztlich die Vereinigung beider deutscher Staaten erreicht werden. |
| 2./3. Dezember | Amerikanisch-sowjetisches Gipfeltreffen vor Malta. Gorbatschow: »Es existieren zwei deutsche Staaten, die Geschichte hat so entschieden.« |
| 4. Dezember | NATO-Gipfelkonferenz in Brüssel. Bush nennt vier Prinzipien zur deutschen Einheit: 1. Das Recht der Deutschen auf Selbstbestimmung; 2. den Fortbestand der Verpflichtungen Deutschlands gegenüber der NATO; 3. den friedlichen und stufenweisen Verlauf der Vereinigung; 4. die Gültigkeit der Prinzipien der Schlußakte von Helsinki in der Grenzfrage. |
| 4. Dezember | Treffen der WVO-Mitgliedstaaten in Moskau. Thema sind die künftigen Entwicklungen in der DDR und zwischen den beiden deutschen Staaten. |
| 5. Dezember | Außenminister Hans-Dietrich Genscher hält sich zu Gesprächen mit Gorbatschow und dem sowjetischen Außenminister Eduard Scheward- |

|  |  |
|---|---|
|  | nadse in Moskau auf. Die sowjetische Führung lehnt das Zehn-Punkte-Programm strikt ab und übt heftige Kritik an der Politik Kohls. |
| 6. Dezember | Krenz tritt als Staatsratsvorsitzender zurück. |
| 6. Dezember | Gorbatschow und Mitterrand treffen in Kiew zusammen. Im Mittelpunkt der Gespräche stehen die Umwälzungen in Mittel- und Osteuropa, insbesondere aber die deutsch-deutschen Entwicklungen. |
| 8./9. Dezember | Europäischer Rat in Straßburg. Das Recht der Deutschen auf Selbstbestimmung wird anerkannt. |
| 11. Dezember | Nach 18 Jahren findet auf sowjetischen Wunsch wieder ein Treffen der Botschafter der Vier Mächte im Gebäude des Alliierten Kontrollrats in West-Berlin statt. Heftige deutsche Proteste gegen diese Demonstration der Vier-Mächte-Rechte unter Ausschluß der deutschen Regierungen sind die Folge. |
| 12. Dezember | Modrow trifft US-Außenminister James Baker in Potsdam. Baker betont sein Interesse an einem friedlichen Reformprozeß in der DDR und bekräftigt die vier Prinzipien Bushs zur deutschen Vereinigung. |
| 13. Dezember | NATO-Außenministertagung in Brüssel. Im Abschlußkommuniqué werden ähnliche Bedingungen für die deutsche Vereinigung festgelegt, wie sie in den vier Prinzipien Bushs skizziert worden waren. |
| 16. Dezember | Bush und Mitterrand treffen auf St. Martin zu Gipfelgesprächen zusammen. |
| 18. Dezember | Der EG-Ministerrat spricht sich für ein Handels- und Kooperationsabkommen mit der DDR aus. Die EG-Kommission bereitet einen Entwurf vor. |
| 19. Dezember | Schewardnadse verdeutlicht in einer Rede vor dem Politischen Ausschuß des Europäischen Parlaments in sieben Punkten die sowjetischen Bedenken bezüglich einer deutschen Vereinigung. |
| 19./20. Dezember | Kohl und Modrow treffen in Dresden zusammen. Beide plädieren für erste Schritte zu einer Vertragsgemeinschaft. |
| 20.–22. Dezember | Mitterrand zum ersten Besuch eines Staatschefs der Westmächte in der DDR. Er mahnt, im Streben nach der Einheit bestehende Realitäten nicht außer acht zu lassen und die Grenzen zu respektieren. Die Interessen der Nachbarn – insbesondere die Sicherheitsbelange Polens – müßten berücksichtigt werden. |
| 22. Dezember | Öffnung des Brandenburger Tores. |
| 31. Dezember | In seiner Neujahrsansprache stellt Kohl die deutsche Einheit in den Kontext europäischer Einigungsbestrebungen und betont, daß die EG nicht »an der Elbe enden« dürfe: »Deutschland ist unser Vaterland, Europa unsere Zukunft.« |

## 1990

|  |  |
|---|---|
| 4. Januar | Kohl und Mitterrand treffen in Latché zusammen. Frankreich soll für eine deutsche Vereinigung in Verbindung mit der Förderung des europäischen Integrationsprozesses gewonnen werden. |
| 17. Januar | EG-Kommissionspräsident Jacques Delors erklärt vor dem Europäischen Parlament in Straßburg, Ostdeutschland sei ein »Sonderfall«; falls es dies wolle, habe es seinen Platz in der Gemeinschaft. |
| 22. Januar | Der britische Außenminister Douglas Hurd trifft in Leipzig mit Modrow und DDR-Außenminister Oskar Fischer zusammen. Hurd: »Deutschland muß NATO-Mitglied bleiben.« |

| | |
|---|---|
| 29. Januar | Baker und Hurd verständigen sich auf einen Sechser-Mechanismus zur Regelung der äußeren Aspekte der Vereinigung, in dem die beiden deutschen Staaten und die Vier Mächte gleichberechtigt miteinander verhandeln sollen. |
| 30. Januar | Modrow trifft Gorbatschow in Moskau. Dieser erklärt vor der Presse, daß die deutsche Einheit prinzipiell nie in Zweifel gezogen worden sei. |
| 31. Januar | In seiner »Tutzinger Rede« fordert Genscher: »... keine Ausdehnung der militärischen Strukturen der NATO auf das Gebiet der DDR.« |
| 1. Februar | Modrow stellt sein Konzept »Deutschland, einig Vaterland« vor. In vier Stufen soll von einer Vertragsgemeinschaft über eine immer engere Konföderation der beiden deutschen Staaten die Vereinigung erreicht werden. Beide deutsche Staaten sollen bündnispolitisch neutral sein. |
| 2. Februar | Genscher trifft Baker in Washington. Beide befürworten einen Sechser-Mechanismus (»Zwei-plus-Vier«) zur Regelung der äußeren Aspekte der deutschen Einheit. |
| 5. Februar | Die »Regierung der Nationalen Verantwortung« in der DDR übernimmt acht Mitglieder des Runden Tisches als Minister ohne Geschäftsbereich. |
| 5.–8. Februar | Polens Außenminister Krzysztof Skubiszewski hält sich zu Konsultationen in Bonn auf. Er betont besonders die Notwendigkeit von Garantien für die polnische Westgrenze sowie die Einbindung des Vereinigungsprozesses in den gesamteuropäischen Rahmen. |
| 6. Februar | Auf seinem Flug nach Moskau macht Baker in Shannon (Irland) Station und holt die Zustimmung des französischen Außenministers Roland Dumas zum Sechser-Mechanismus ein. |
| 7.–9. Februar | Baker wirbt in der UdSSR für den Sechser-Mechanismus zur Lösung der äußeren Aspekte der deutschen Vereinigung. |
| 10. Februar | Kohl trifft in Moskau mit Gorbatschow zusammen. Gorbatschow: »Es ist Sache der Deutschen, den Zeitpunkt und den Weg der Einigung selbst zu bestimmen.« |
| 12.–14. Februar | »Open-Skies«-Konferenz in Ottawa. Am Rande der Konferenz von 23 NATO- und WVO-Staaten wird der »Zwei-plus-Vier«-Mechanismus (beide deutsche Staaten zusammen mit den Vier Mächten) als Rahmen festgesetzt, in dem die äußeren Aspekte der deutschen Vereinigung geregelt werden sollen. |
| 14. Februar | Thatcher und Genscher treffen in London zusammen. Die Premierministerin äußert sich sehr skeptisch gegenüber der Perspektive einer deutschen Vereinigung. |
| 16. Februar | Bei einem Treffen mit dem polnischen Ministerpräsidenten Tadeusz Mazowiecki in Warschau unterstützt Modrow die polnischen Sicherheitswünsche und befürwortet die Teilnahme Polens an den »Zwei-plus-Vier«-Verhandlungen. |
| 21. Februar | Mazowiecki erklärt, daß vor der Vereinigung ein deutsch-polnischer Grenzvertrag paraphiert werden müsse. Darüber hinaus solle Polen an den »Zwei-plus-Vier«-Verhandlungen zu den Themen Grenzfrage und allgemeine Sicherheitsaspekte beteiligt werden. |
| 24./25. Februar | Bush und Kohl treffen in Camp David zusammen. Beide stimmen überein, daß die sowjetische Zustimmung zu einer gesamtdeutschen NATO-Mitgliedschaft letztlich eine Frage des Preises sein würde. |
| 1. März | Dumas erklärt in Berlin, es sei »unvernünftig«, eine Antwort auf die Frage der deutsch-polnischen Grenze bis zur Einsetzung eines gesamtdeutschen Parlaments aufzuschieben. |

| | |
|---|---|
| 1./2. März | Die Politischen Direktoren der Bundesrepublik und der drei Westmächte treffen sich in London zur Vorbereitung des 1. Beamtentreffens im Rahmen der »Zwei-plus-Vier«-Verhandlungen. |
| 2. März | Der westdeutsche Delegationsleiter bei den »Zwei-plus-Vier«-Verhandlungen, Dieter Kastrup, trifft den sowjetischen stellvertretenden Außenminister Anatoli Adamischin in Genf zu einem Vorbereitungsgespräch für das 1. Beamtentreffen. |
| 2. März | Kohl verbindet einen deutsch-polnischen Grenzvertrag mit einem Verzicht Polens auf Reparationsansprüche gegenüber Deutschland sowie der Regelung der Rechte der deutschen Minderheit in Polen. |
| 5./6. März | Modrow trifft sich in Moskau mit Gorbatschow und bittet um Unterstützung in der Eigentumsfrage. Gorbatschow sagt dies zu; er bezeichnet die deutsche Einheit als einen natürlichen Prozeß, in dem aber die Interessen aller Europäer zu berücksichtigen seien. Eine NATO-Mitgliedschaft des vereinten Deutschlands sei inakzeptabel. |
| 8. März | Entschließung des Bundestages zur polnischen Westgrenze: »Die beiden frei gewählten deutschen Parlamente und Regierungen [sollen] möglichst bald nach den Wahlen in der DDR eine gleichlautende Erklärung abgegeben«, die den Verzicht der Deutschen auf Gebietsansprüche bestätigen würde. |
| 9. März | Kastrup trifft den stellvertretenden Außenminister der DDR, Ernst Krabatsch, zu einem vorbereitenden Gespräch für die 1. Beamtenrunde der »Zwei-plus-Vier«-Verhandlungen. |
| 9. März | Anläßlich eines Staatsbesuchs in Paris fordert Mazowiecki eine partielle Einbeziehung Polens in den »Zwei-plus-Vier«-Prozeß und die Paraphierung eines deutsch-polnischen Grenzvertrages unmittelbar nach den freien Volkskammerwahlen in der DDR. Mitterrand sagt seine Unterstützung hinsichtlich der polnischen Sicherheitsinteressen zu. |
| 14. März | 1. »Zwei-plus-Vier«-Beamtentreffen in Bonn. Die Politischen Direktoren diskutieren Verfahrensfragen zum »Zwei-plus-Vier«-Prozeß; keine Übereinstimmung herrscht in der Frage der Eingrenzung der zu behandelnden Themen. Die UdSSR fordert zum Abschluß der Verhandlungen einen Friedensvertrag, der von den übrigen Delegationen abgelehnt wird. Für die DDR nimmt eine Delegation der SED-Regierung teil. |
| 15. März | Gorbatschow wird erster Staatspräsident der Sowjetunion. |
| 17. März | WVO-Außenministertreffen in Prag. Das Recht der deutschen Staaten auf Selbstbestimmung wird anerkannt. Keine Einigung wird in der Frage der NATO-Mitgliedschaft des vereinten Deutschlands erreicht. |
| 18. März | Freie Volkskammerwahlen in der DDR. Die »Allianz für Deutschland« (CDU, DSU, DA) erhält 48,1 Prozent, SPD 21,8 Prozent, PDS 16,3 Prozent, BFD 5,3 Prozent. |
| 29./30. März | Thatcher und Kohl treffen zu Gesprächen in Cambridge und London zusammen. |
| 6. April | Treffen Bakers mit Schewardnadse. Schewardnadse erklärt, die Sowjetunion sei weiter gegen eine gesamtdeutsche NATO-Mitgliedschaft, könne sich aber auch andere Lösungen als ein neutrales Deutschland vorstellen. |
| 12. April | Nach langwierigen Koalitionsverhandlungen wird Lothar de Maizière (CDU) zum neuen Ministerpräsidenten der DDR gewählt. Im Anschluß an seine Wahl bekräftigt die Volkskammer in einer Erklärung die Unverletzlichkeit der polnischen Westgrenze. |

| | |
|---|---|
| 13. April | Thatcher und Bush treffen auf den Bermudas zusammen. |
| 16. April | In einem Non-Paper an die DDR betont die sowjetische Führung im Vorfeld der Regierungserklärung von de Maizière hinsichtlich der deutschen Einheit folgende Punkte: Sicherheitsinteressen anderer Staaten müssen berücksichtigt werden, Probleme der inneren und äußeren Aspekte der Einigung sind synchron zu lösen, es besteht keine sowjetische Zustimmung zur Vereinigung nach Art. 23 GG a. F. |
| 17. April | Vereidigung der neuen DDR-Regierung. Außenminister wird Markus Meckel (SPD), Abrüstungs- und Verteidigungsminister Rainer Eppelmann (DA). |
| 19. April | Erste Regierungserklärung de Maizières. |
| 19. April | Bush und Mitterrand treffen in Key Largo/Florida zusammen. |
| 21. April | EG-Außenministertreffen in Dublin. Verabschiedung einer Richtlinie für die Eingliederung der DDR in die EG im Zuge der deutschen Einheit. |
| 23. April | Meckel besucht Polen. Er bestätigt die »Unantastbarkeit« der Oder-Neiße-Linie als polnischer Westgrenze und befürwortet die polnische Teilnahme am »Zwei-plus-Vier«-Prozeß. |
| 24. April | De Maizière und Kohl treffen sich in Bonn und vereinbaren eine Wirtschafts-, Währungs- und Sozialunion zum 1. Juli 1990. |
| 24. April | Meckel trifft Genscher in Bonn, um Absprachen zur ersten »Zwei-plus-Vier«-Konferenz der Außenminister und dem »Zwei-plus-Vier«-Prozeß insgesamt zu treffen. |
| 25./26. April | Kohl und Mitterrand treffen zu den »55. Deutsch-französischen Konsultationen« zusammen. |
| 28. April | Polens Außenminister Krzysztof Skubiszewski übermittelt an die Regierungen der Bundesrepublik und der DDR einen Vertragsentwurf über die »Grundlagen der gegenseitigen Beziehungen« mit dem vereinten Deutschland; der Schwerpunkt liegt auf der endgültigen Anerkennung der polnischen Westgrenze. |
| 28. April | De Maizière und Meckel reisen zu Gesprächen mit Gorbatschow nach Moskau. Gorbatschow: Ein vereintes Deutschland darf nicht Mitglied der NATO sein; am Ende des Prozesses müsse ein Friedensvertrag oder vergleichbares Dokument stehen. |
| 28. April | Beim Sondergipfel des Europäischen Rates in Dublin legen die EG-Mitglieder ein eindeutiges Bekenntnis zur deutschen Einheit ab. |
| 29. April – 2. Mai | Hurd plädiert anläßlich eines Aufenthaltes in Warschau für die Mitsprache Polens in Grenzfragen. |
| 30. April | 2. »Zwei-plus-Vier«-Beamtentreffen in Berlin. Erstmals nimmt eine Delegation der frei gewählten DDR-Regierung teil. Im Mittelpunkt stehen die Vorbereitungen zum 1. Außenminister-Treffen in Bonn. Über Verfahrensfragen besteht Konsens. Die Frage der zu behandelnden Themen bleibt offen; die UdSSR und DDR sind nicht bereit, auf die Diskussion militärisch-politischer Fragen zu verzichten. |
| 3. Mai | 1. trilaterale Verhandlungsrunde der Bundesrepublik, der DDR und Polens zur polnischen Westgrenze in Warschau. Die westdeutsche Seite lehnt Gespräche über den polnischen Vorschlag für einen Grundlagenvertrag ab und will statt dessen lediglich über den möglichen Wortlaut einer gemeinsamen Erklärung von Bundestag und Volkskammer zur Grenze reden. Die DDR plädiert für die Aufsplittung in einen Grenzvertrag und einen Grundlagenvertrag. |

| | |
|---|---|
| 3. Mai | NATO-Außenministertagung in Brüssel. Am Rande erfolgt die Abstimmung der westlichen Positionen für die 1. »Zwei-plus-Vier«-Außenministerkonferenz in Bonn. |
| 5. Mai | 1. »Zwei-plus-Vier«-Außenministerkonferenz in Bonn. Der Wille der Deutschen zur Einheit wird von allen Teilnehmern anerkannt. Als Themenschwerpunkte werden vereinbart: 1. Grenzfragen, 2. politisch-militärische Fragen, 3. Berlin, 4. abschließende völkerrechtliche Regelung. Die UdSSR spricht sich gegen eine NATO-Mitgliedschaft des vereinten Deutschlands aus und plädiert für eine Entkoppelung der inneren von den äußeren Aspekten der Vereinigung. Dies wird von den anderen Außenministern im Lauf der folgenden Tage abgelehnt. Konsens besteht darüber, keinen Friedensvertrag zu schließen und Polen zum 3. Außenministertreffen hinzuzuziehen. |
| 6. Mai | Baker überbringt auf seiner Polen-Visite die offizielle Einladung an die polnische Regierung, am 3. »Zwei-plus-Vier«-Außenministertreffen in Paris teilzunehmen. |
| 8. Mai | Die EG unterzeichnet mit der DDR ein Handels- und Kooperationsabkommen. |
| 16./17. Mai | Kohl, Genscher und Verteidigungsminister Gerhard Stoltenberg halten sich zu Gesprächen in den USA auf. |
| 18. Mai | 2. trilaterale Verhandlungsrunde der Bundesrepublik, der DDR und Polens zur polnischen Westgrenze. Ein westdeutsches Non-Paper mit Kernelementen zur Grenzfrage wird von Polen abgelehnt. |
| 18. Mai | Unterzeichnung des Vertrags über die Währungs-, Wirtschafts- und Sozialunion (I. Staatsvertrag) zwischen den beiden deutschen Staaten in Bonn. |
| 18. Mai | Baker zu Gesprächen in Moskau. Er präsentiert einen »Neun-Punkte-Plan«, mit dem der UdSSR die Zustimmung zur deutschen Einheit erleichtert werden soll. |
| 22. Mai | 3. »Zwei-plus-Vier«-Beamtentreffen in Bonn. Im Mittelpunkt steht die Struktur des abschließenden Dokuments, hier besonders der Inhalt der Präambel. Die westdeutsche Delegation berichtet über den Stand der trilateralen Gespräche mit der DDR und Polen zur Frage der polnischen Westgrenze. |
| 23. Mai | Ein Treffen Genschers mit Schewardnadse in Genf markiert den Beginn einer Reihe von Begegnungen, die den Boden für die Zustimmung der UdSSR zur freien Bündniswahl der Deutschen bereiten. |
| 25. Mai | Mitterrand trifft Gorbatschow in Moskau. Gorbatschow bringt eine Sonderrolle Deutschlands, ähnlich dem Status Frankreichs, innerhalb einer völlig reformierten NATO ins Spiel. |
| 29. Mai | Die 3. und letzte trilaterale Verhandlungsrunde der Bundesrepublik mit der DDR und Polen zur polnischen Westgrenze in Ost-Berlin endet ohne Ergebnis. Ein Kompromißvorschlag der DDR wird von der westdeutschen Delegation abgelehnt. |
| 30. Mai – 3. Juni | Bush und Gorbatschow treffen zu Konsultationen in Washington und Camp David zusammen. In der Frage der Bündniszugehörigkeit eines vereinten Deutschlands gibt es keine Fortschritte, dafür in der Weiterentwicklung der Ost-West-Beziehungen. Konsens besteht über die Grundelemente eines START I-Vertrags. |
| 5. Juni | Am Rande der »KSZE-Konferenz über die menschliche Dimension« in Kopenhagen kommt es zu zahlreichen Gesprächen der »Zwei-plus- |

| | |
|---|---|
| | Vier«-Außenminister; unter anderem treffen Genscher und Schewardnadse zusammen. Meckel stellt sein Projekt der Sicherheitszone, einem »Bündnis zwischen den Bündnissen«, vor. Die übrigen Außenminister reagieren mit Skepsis. |
| 5.–8. Juni | Kohl zu Gesprächen bei Bush. Beide erklären, ein vereintes Deutschland in der NATO stelle keine Bedrohung für die UdSSR dar. |
| 7. Juni | Treffen des Politisch Beratenden Ausschusses der WVO in Moskau. Die Teilnehmer beschließen Reformen zu einem Bündnis gleicher und souveräner Staaten auf der Grundlage demokratischer Prinzipien. Sie erklären »das ideologische Feindbild für überwunden [...]. Die konfrontativen Elemente der WVO und der NATO entsprechen nicht mehr dem Zeitgeist.« |
| 7./8. Juni | NATO-Außenminister-Tagung in Turnberry. Bushs »Neun-Punkte-Angebot« an die UdSSR bildet die Grundlage des abschließenden Kommuniqués. Die NATO reicht den WVO-Staaten »die Hand zur Freundschaft« und würdigt die Erklärung der WVO vom Vortag. |
| 8. Juni | Thatcher trifft Gorbatschow in Moskau. |
| 9. Juni | 4. »Zwei-plus-Vier«-Beamtentreffen in Berlin. Die Ausarbeitung der »fünf Prinzipien zur Behandlung der Grenzfrage« bestimmt die Diskussion, in deren Abschluß ein Kompromißentwurf entsteht. Dieser wird unter Vorbehalt von allen Delegationen angenommen. |
| 9.–12. Juni | Treffen de Maizières mit Bush in Washington. De Maizière: Die Mitgliedschaft des vereinten Deutschlands setzt eine völlig veränderte NATO voraus. Bush: Die USA treten für Reformen der NATO ein. |
| 11. Juni | Treffen von Genscher und Schewardnadse in Brest. |
| 12. Juni | Gorbatschow berichtet vor dem Obersten Sowjet über sein Gipfeltreffen mit Bush. Er schlägt vor, Deutschland vorübergehend beiden Bündnissen zu assoziieren. |
| 15. Juni | Gemeinsame Erklärung der beiden deutschen Regierungen, die Enteignungen in der SBZ zwischen 1945 und 1949 nicht antasten zu wollen. |
| 17. Juni | Meckel und Genscher treffen am Rande der ersten gemeinsamen Sitzung von Bundestag und Volkskammer im Schauspielhaus in Ost-Berlin zusammen. |
| 18. Juni | Schewardnadse und Genscher kommen in Münster zusammen. Der Vorschlag, ein KSZE-Treffen bereits im November stattfinden zu lassen, wird diskutiert; Schewardnadse hebt die Notwendigkeit hervor, unterstützende Signale vom NATO-Gipfel zu erhalten. |
| 18./19. Juni | De Maizière und Mitterrand betonen in Paris die bestehenden Gemeinsamkeiten in der Einschätzung der Grenzfrage. |
| 20. Juni | 5. »Zwei-plus-Vier«-Beamtentreffen in Bonn. Der Kompromißentwurf der »fünf Prinzipien zur Behandlung der Grenzfrage« wird überarbeitet. Zur Struktur des abschließenden Dokuments wird eine vorläufige Gliederung erstellt, die eine allgemeine politische Erklärung in der Präambel, einen Bezug auf die »Prinzipien zur Grenzfrage« und die Ablösung der Vier-Mächte-Rechte in Berlin umfaßt. Beide Vorlagen werden der 2. »Zwei-plus-Vier«-Außenministerkonferenz in Berlin zur Entscheidung unterbreitet. |
| 20./21. Juni | Meckel besucht Hurd. Dieser macht deutlich, daß ein Ausbau der KSZE nur komplementär zur NATO erfolgen kann. |
| 21. Juni | Bundestag und Volkskammer verabschieden eine gemeinsame Entschließung zur polnischen Westgrenze, die am folgenden Tag durch die beiden |

| | |
|---|---|
| | deutschen Regierungen notifiziert wird. Die polnische Regierungssprecherin begrüßt die Entschließung und tritt von der Forderung nach der Paraphierung eines Grenzvertrages vor der Vereinigung zurück. |
| 22. Juni | 2. »Zwei-plus-Vier«-Außenministerkonferenz in Berlin. Die UdSSR legt einen Gesamtentwurf für einen Friedensvertrag vor, der unter anderem eine Übergangszeit von 5 Jahren, eine Doppelmitgliedschaft Deutschlands in NATO und WVO sowie eine Gesamtstärke der Bundeswehr von 250 000 Soldaten vorsieht. Die übrigen Außenminister lehnen diese Regelungen ab. Auf der anschließenden Pressekonferenz korrigiert Schewardnadse seine Position und erklärt, daß Deutschland bis zur KSZE-Gipfelkonferenz im November 1990 seine volle Souveränität erhalten solle. |
| 25./26. Juni | EG-Gipfel der Staats- und Regierungschefs in Dublin. Für Dezember 1990 wird eine Regierungskonferenz angesetzt, die über die Verwirklichung der Wirtschafts- und Währungsunion sowie der Politischen Union beraten soll. |
| 26. Juni | De Maizière trifft Thatcher in London. Er mahnt Veränderungen in der NATO-Strategie an und warnt vor der Isolation der UdSSR. |
| 1. Juli | Der Vertrag über die Wirtschafts-, Währungs- und Sozialunion (I. Staatsvertrag) tritt in Kraft. Die D-Mark wird in der DDR offizielles Zahlungsmittel. |
| 3./4. Juli | 6. »Zwei-plus-Vier«-Beamtentreffen (mit polnischer Beteiligung) in Berlin. Der erste Tag wird von der Arbeit an einer »Liste der zu klärenden Fragen« bestimmt, welche die Politischen Direktoren im Auftrag der Minister erstellt haben. Sie umfaßt abschließend 20 Punkte. Der zweite Tag mit Beteiligung Polens wird von der Diskussion um die drei polnischen Ergänzungsvorschläge zur Grenzfrage dominiert. Vor allem die Verknüpfung der endgültigen Ablösung der Vier-Mächte-Rechte und -Verantwortlichkeiten mit dem Inkrafttreten eines deutsch-polnischen Grenzvertrages trifft auf heftige – insbesondere bundesdeutsche – Kritik. |
| 5./6. Juli | NATO-Gipfel der Staats- und Regierungschefs in London. Dort wird ein politisches Signal der Bereitschaft der NATO gesetzt, mit den WVO-Staaten zusammenzuarbeiten und einen Wandel von Struktur und Strategie des Bündnisses durchzuführen. Die Idee einer »Entfeindungserklärung« zwischen den Bündnissen wird aufgenommen. |
| 9.–11. Juli | Weltwirtschaftsgipfel der G 7-Staaten in Houston. Eine der UdSSR in Aussicht gestellte Finanzhilfe wird verweigert. |
| 1.–13. Juli | XXVIII. Parteitag der KPdSU. Gorbatschow wird am 10. Juli trotz scharfer Kritik als Generalsekretär der KPdSU bestätigt. |
| 13. Juli | Baker betont bei einem Treffen mit Meckel in Washington, daß auch weiterhin Kernwaffen in Westdeutschland stationiert bleiben würden. |
| 15./16. Juli | Treffen Kohls und Genschers mit Gorbatschow und Schewardnadse in Moskau und Schelesnowodsk/Kaukasus. In einer »Acht-Punkte-Erklärung« werden die wesentlichen verbliebenen Dissenspunkte des »Zwei-plus-Vier«-Prozesses geklärt: 1. Das vereinte Deutschland umfaßt die Bundesrepublik, die DDR und Berlin, 2. Deutschland erhält zum Zeitpunkt der Vereinigung die volle Souveränität, 3. Deutschland darf seine Bündniszugehörigkeit frei wählen, 4. Deutschland wird einen Truppenaufenthalts- und -abzugsvertrag mit der UdSSR schließen (Abzug der sowjetischen Truppen innerhalb von 3–4 Jahren), 5. es wird keine Aus- |

dehnung der militärischen NATO-Strukturen auf das DDR-Territorium erfolgen, 6. die Truppen der drei Westmächte bleiben in Berlin, solange sowjetische Truppen auf DDR-Gebiet sind, 7. die Bundesrepublik gibt in den Verhandlungen über Konventionelle Streitkräfte in Europa (VKSE) in Wien eine Verpflichtungserklärung zur Senkung der deutschen Streitkräfteobergrenze auf 370 000 Soldaten ab, 8. das vereinte Deutschland verzichtet auf Herstellung, Besitz und Verfügung von ABC-Waffen.

17. Juli  3. »Zwei-plus-Vier«-Außenministerkonferenz in Paris. An der Konferenz nimmt auch Skubiszewski teil. Er erklärt sein Einverständnis zu einem deutsch-polnischen Grenzvertrag nach Herstellung der Einheit. Die »fünf Prinzipien zur Grenzfrage« werden festgeschrieben. Allgemein herrscht Konsens über die Hauptaspekte der deutschen Vereinigung. Meckel kritisiert die Ergebnisse des Kaukasus-Treffens und fordert die Ablehnung der Übertragung militärischer Strukturen der NATO auf die ehemalige DDR auch nach dem Abzug der sowjetischen Truppen, den Verzicht auf Kernwaffenstationierung in Gesamtdeutschland sowie eine deutsche Streitkräfteobergrenze von 300 000 Soldaten.

19. Juli  7. »Zwei-plus-Vier«-Beamtentreffen in Bonn. Hinsichtlich der »20-Punkte-Liste der zu klärenden Fragen« besteht nahezu kein Dissens mehr. Die Arbeit an dem abschließenden Dokument wird fortgesetzt, über die Präambel herrscht prinzipielles Einvernehmen. Die Ausarbeitung der weiteren Abschnitte wird verteilt: Frankreich erarbeitet einen Artikel zur Grenzfrage, Großbritannien einen Artikel zur Ablösung der Vier-Mächte-Rechte und -Verantwortlichkeiten, die USA einen Artikel zu Berlin. Bundesrepublik und DDR bereiten die gemeinsamen deutschen Erklärungen vor. Die UdSSR behält sich einen eigenen Gesamtentwurf vor.

24. Juli  Die DDR-Liberalen verlassen nach einem Streit über den gesamtdeutschen Wahlmodus und den Beitrittstermin die Regierungskoalition. In der DDR verschärft sich die Wirtschaftskrise.

2. August  Überfall des Irak auf Kuwait. Die Koalition der beiden Weltmächte USA und Sowjetunion im Vereinigungsprozeß wird durch diese Entwicklung neuen Spannungen ausgesetzt.

15. August  De Maizière entläßt zwei SPD-Minister, bei zwei weiteren Demissionen stimmt er zu. Die SPD erwägt, die Koalition zu verlassen.

16./17. August Genscher trifft Schewardnadse in Moskau und fordert die Suspendierung der Vier-Mächte-Rechte vor Ratifizierung des »Zwei-plus-Vier«-Dokuments. Es besteht Konsens, die Verhandlungen auf dem 4. »Zwei-plus-Vier«-Außenministertreffen in Moskau abzuschließen.

20. August  Die SPD verläßt die große Koalition der DDR-Regierung. De Maizière übernimmt die Leitung des Außenministeriums und regiert mit einer Minderheitsregierung weiter.

22. August  4. Überprüfungskonferenz des Nicht-Verbreitungs(NV)-Vertrags. Beide deutsche Staaten geben eine Erklärung ab, die den Verzicht auf ABC-Waffen sowie die Fortgeltung der Rechte und Verpflichtungen des NV-Vertrags für das vereinte Deutschland beinhaltet.

23. August  Die Volkskammer der DDR beschließt, den Beitritt der DDR zur Bundesrepublik am 3. Oktober 1990 zu vollziehen.

30. August  KSE-Verhandlungen in Wien. Genscher gibt eine Erklärung über die Reduzierung der deutschen Streitkräfte auf 370 000 Soldaten ab, de Maizière schließt sich für die DDR dieser Erklärung an.

| | |
|---|---|
| 31. August | Der »Vertrag über die Herstellung der Einheit Deutschlands« (II. Staatsvertrag) wird in Berlin unterzeichnet. |
| 4.–7. September | 8. »Zwei-plus-Vier«-Beamtentreffen in Berlin. Die ausgearbeiteten Teile des abschließenden Dokuments werden diskutiert und mit den Inhalten des sowjetischen Gesamtentwurfs abgeglichen. Das Dokument wird fertiggestellt bis auf die Punkte: Bezeichnung des abschließenden Dokuments, vorzeitige Suspendierung der Vier-Mächte-Rechte und -Verantwortlichkeiten, Stationierung doppelt verwendbarer Waffenträgersysteme auf ehemaligem DDR-Territorium und Linienbegrenzung (Überschreitungsverbot der ehemals innerdeutschen Grenze durch NATO-Truppen oder sowjetische Streitkräfte). |
| 8. September | Bush und Gorbatschow treffen in Helsinki zusammen. Themen der Gespräche sind die »Zwei-plus-Vier«-Verhandlungen, die KSZE-Konferenz in Paris und die Annexion Kuwaits. |
| 12. September | 4. »Zwei-plus-Vier«-Außenministerkonferenz in Moskau. 46 Jahre nach dem »Londoner Protokoll« wird endgültig die Ablösung der Vier-Mächte-Rechte und -Verantwortlichkeiten mit dem »Vertrag über die abschließende Regelung in bezug auf Deutschland« besiegelt. |
| 13. September | Paraphierung des Vertrags über gute Nachbarschaft, Partnerschaft und Zusammenarbeit zwischen der Bundesrepublik und der UdSSR. |
| 20. September | Der II. Staatsvertrag wird von Bundestag und Volkskammer ratifiziert. |
| 24. September | Austritt der DDR aus der WVO. |
| 27./28. September | Der Deutschlandvertrag wird per Notenwechsel suspendiert und tritt nach Inkrafttreten des »Zwei-plus-Vier«-Vertrags am 15. März 1991 außer Kraft. |
| 1./2. Oktober | KSZE-Außenministerkonferenz in New York. Am Rande werden die Vier-Mächte-Rechte und -Verantwortlichkeiten suspendiert. Der »Zwei-plus-Vier«-Vertrag wird den KSZE-Staaten zur Kenntnis gebracht. |
| 2. Oktober | Letzte Sitzung der DDR-Volkskammer. |
| 3. Oktober | »Tag der deutschen Einheit«; Beitritt der DDR zur Bundesrepublik Deutschland gemäß Art. 23 GG a. F. |
| 5. Oktober | Ratifizierung des »Zwei-plus-Vier«-Vertrags im Bundestag. |
| 8. Oktober | Ratifizierung des »Zwei-plus-Vier«-Vertrags im Bundesrat. |
| 10. Oktober | Ratifizierung des »Zwei-plus-Vier«-Vertrags im US-Senat. |
| 12. Oktober | Der Vertrag über die Bedingungen des befristeten Aufenthalts und der Modalitäten des planmäßigen Abzuges der sowjetischen Truppen wird von Genscher und dem sowjetischen Botschafter, Wladislaw Terechow, in Bonn unterzeichnet. |
| 14. November | Paraphierung des deutsch-polnischen Grenzvertrages in Warschau. |
| 16. November | Übergabe der britischen »Zwei-plus-Vier«-Ratifikationsurkunde an die Bundesregierung. |
| 19.–21. November | KSZE-Gipfeltreffen der Staats- und Regierungschefs in Paris. 34 Staaten paraphieren den KSE-Vertrag; in der »Charta von Paris« wird die Institutionalisierung der KSZE verankert, im abschließenden Kommuniqué wird die Spaltung Europas für beendet erklärt. |
| 2. Dezember | Die Wahlen zum 1. gesamtdeutschen Bundestag führen zu einem Sieg der CDU/CSU-FDP-Koalition. |

## 1991

| | |
|---|---|
| 17. Januar | Übergabe der französischen »Zwei-plus-Vier«-Ratifikationsurkunde an die Bundesregierung. |
| 4. März | Ratifizierung des »Zwei-plus-Vier«-Vertrags im Obersten Sowjet der UdSSR. |
| 15. März | Der »Vertrag über die abschließende Regelung in bezug auf Deutschland« tritt in Kraft. |
| 17. Juni | Paraphierung des deutsch-polnischen Vertrags über gute Nachbarschaft und freundschaftliche Beziehungen. |
| 17. Oktober | Ratifizierung des deutsch-polnischen Grenzvertrags sowie des Vertrags über gute Nachbarschaft und freundschaftliche Beziehungen durch den Bundestag. |
| 18. Oktober | Billigung des deutsch-polnischen Grenzvertrags und Nachbarschaftsvertrags durch den polnischen Sejm. |

# ABKÜRZUNGSVERZEICHNIS

| | |
|---|---|
| AA | Auswärtiges Amt |
| ABC-Waffen | Atomare, biologische (bzw. bakteriologische) und chemische Waffen |
| Abt. | Abteilung |
| ACDP | Archiv für Christlich-Demokratische Politik der Konrad-Adenauer-Stiftung |
| AdsD | Archiv der sozialen Demokratie der Friedrich-Ebert-Stiftung |
| AL | Abteilungsleiter |
| BFD | Bund Freier Demokraten – Die Liberalen (DDR) |
| BK | Bundeskanzler |
| BM | Bundesminister |
| BMB | Bundesministerium für innerdeutsche Beziehungen |
| BPA | Bundespresseamt |
| BRD | Bundesrepublik Deutschland |
| BVerfGE | Bundesverfassungsgericht |
| CDU | Christlich Demokratische Union |
| ChBK | Chef des Bundeskanzleramtes |
| ČSFR | Tschechische und Slowakische Föderative Republik |
| ČSSR | Tschechoslowakische Sozialistische Republik |
| CSU | Christlich Soziale Union |
| D | Deutschland |
| DA | Demokratischer Aufbruch (DDR) |
| DBD | Demokratische Bauernpartei Deutschlands (DDR) |
| DDR | Deutsche Demokratische Republik |
| DFP | Deutsche Forumpartei (DDR) |
| DSU | Deutsche Soziale Union (DDR) |
| EEA | Einheitliche Europäische Akte |
| EG | Europäische Gemeinschaft |
| EP | Europäisches Parlament |
| EPZ | Europäische Politische Zusammenarbeit |
| ER | Europäischer Rat |
| EuGH | Europäischer Gerichtshof |
| EWG | Europäische Wirtschaftsgemeinschaft |
| EWGV | Vertrag zur Gründung der Europäischen Wirtschaftsgemeinschaft |
| EWS | Europäisches Währungssystem |
| F | Frankreich |
| FCO | Foreign and Commonwealth Office (britisches Außenministerium) |
| FDP | Freie Demokratische Partei Deutschlands |
| GATT | General Agreement on Tariffs and Trade (Allgemeines Zoll- und Handelsabkommen) |
| GDR | German Democratic Republic (DDR) |
| GB | Großbritannien |
| GG | Grundgesetz |
| GG a.F. | Grundgesetz alte Fassung |

| | |
|---|---|
| GL | Gruppenleiter |
| Grp. | Gruppe |
| HA | Hauptabteilung |
| IFRI | Institut Français des Relations Internationales |
| IIB | Institut für Internationale Beziehungen an der Akademie für Recht und Staat (DDR) |
| IMEMO | Institut für Weltwirtschaft und Internationale Beziehungen, Moskau |
| INF | Intermediate Nuclear Forces (Nukleare Mittelstreckenwaffen) |
| IPW | Institut für Internationale Politik und Wirtschaft (DDR) |
| IWF | Internationaler Währungsfonds |
| KOM | Kommission der Europäischen Gemeinschaften (seit Nov. 1993 Europäische Kommission) |
| KPdSU/ KP | Kommunistische Partei der Sowjetunion |
| KSE | Konventionelle Streitkräfte in Europa |
| KSZE | Konferenz für Sicherheit und Zusammenarbeit in Europa |
| KVAE | Konferenz über vertrauensbildende Maßnahmen und Abrüstung in Europa |
| KWZE | Konferenz für Wirtschaftliche Zusammenarbeit in Europa |
| KZ | Konzentrationslager |
| LASD | Leiter Arbeitsstab Deutschlandpolitik |
| LDPD | Liberaldemokratische Partei Deutschlands (DDR) |
| MDg/ MDgt | Ministerialdirigent |
| MDir/MD | Ministerialdirektor |
| MfAA | Ministerium für Auswärtige Angelegenheiten (DDR) |
| MfAV | Ministerium für Abrüstung und Verteidigung (DDR) |
| MfS | Ministerium für Staatssicherheit (DDR) |
| MLF | Multilateral Force (Multilaterale Atomstreitkraft) |
| MP | Ministerpräsident |
| NATO | North Atlantic Treaty Organization (Nordatlantische Allianz) |
| NDPD | National-Demokratische Partei Deutschlands (DDR) |
| NSC | National Security Council (Nationaler Sicherheitsrat, USA) |
| NTS | NATO-Truppenstatut |
| NVA | Nationale Volksarmee (DDR) |
| OECD | Organization for Economic Cooperation and Development (Organisation für wirtschaftliche Zusammenarbeit und Entwicklung) |
| PAM | Polnisches Außenministerium |
| PLO | Palestine Liberation Organization (Palästinensische Befreiungsorganisation) |
| PR | Public Relations |
| Ref. | Referat |
| RL | Referatsleiter |
| RGW | Rat für gegenseitige Wirtschaftshilfe |
| SAPMO | Stiftung Archiv Parteien und Massenorganisationen der DDR im Bundesarchiv |
| SDI | Strategic Defense Initiative (Strategische Verteidigungsinitiative) |
| SDP | Sozialdemokratische Partei (DDR) |
| SED | Sozialistische Einheitspartei Deutschlands |
| SNF | Short Range Nuclear Forces (Nuklearwaffen kurzer Reichweite) |
| SPD | Sozialdemokratische Partei Deutschlands |
| StäV | Ständige Vertretung |

| | |
|---|---|
| StM | Staatsminister |
| StS | Staatssekretär |
| UA | Unterabteilung |
| UdSSR | Union der Sozialistischen Sowjetrepubliken |
| UNO/UN | Vereinte Nationen |
| USA/US | Vereinigte Staaten von Amerika |
| VKSE | Verhandlungen über Konventionelle Streitkräfte in Europa |
| VLR | Vortragender Legationsrat |
| WEU | Westeuropäische Union |
| WWU | Wirtschafts- und Währungsunion |
| ZA-NTS | Zusatzabkommen zum NATO-Truppenstatut |
| ZK | Zentralkomitee |

# PERSONENREGISTER

Alle Angaben beziehen sich, soweit nicht anders angegeben, auf die Funktionen der Akteure im Untersuchungszeitraum 1989/90.

*Aboimow, Iwan,* UdSSR, stellvertretender Außenminister. – S. 51
*Achromejew, Sergej,* UdSSR, Marschall und Sicherheitsberater von Michail Gorbatschow. S. 227, 515, 527
*Ackermann, Eduard,* Leiter der Abteilung 5 (Gesellschaftliche und politische Analysen; Kommunikation und Öffentlichkeitsarbeit) im Bundeskanzleramt. – S. 9–10, 98, 104, 535
*Adamischin, Anatoli,* UdSSR, stellvertretender Außenminister, März 1990 Leiter der »Zwei-plus-Vier«-Delegation der UdSSR. – S. 246, 281–282, 291, 293, 295, 340, 342
*Adenauer, Konrad,* CDU, 1949–1963 Bundeskanzler, 1951–1955 Außenminister. – S. 10, 17, 66, 167, 187, 234, 243
*Albrecht, Ulrich,* Professor für Politikwissenschaft an der FU Berlin, April-Oktober 1990 Leiter des Planungsstabes im Ministerium für Auswärtige Angelegenheiten der DDR, Mitglied der »Zwei-plus-Vier«-Delegation der DDR. – S. 323, 326, 343
*Andreotti, Giulio,* Italien, Ministerpräsident. – S. 177, 194, 523, 529, 566
*Andriessen, Frans,* Niederlande, EG-Kommissar für auswärtige Beziehungen und Handelspolitik. – S. 387, 391, 396, 398–399
*Arnold, Hans,* Juni/Juli 1990 Berater von DDR-Außenminister Markus Meckel. – S. 324
*Attali, Jacques,* Frankreich, Sonderberater von François Mitterrand. – S. 66–67, 90–91, 93, 105, 136, 148, 156, 165, 180, 349, 376, 406, 409

*Bahr, Egon,* SPD, MdB, Direktor des Hamburger Instituts für Friedensforschung und Sicherheitspolitik. – S. 81, 118, 217, 324, 442, 445
*Baker, James,* USA, Außenminister. – S. 28–29, 31, 34, 37–38, 40, 82, 84–85, 131, 165–166, 176–177, 185–191, 215, 223, 235–237, 239, 242, 251–253, 255–258, 260, 262, 264–271, 273–274, 277–278, 287–288, 334, 366, 427, 429–433, 437, 439, 441, 445, 454–456, 459, 466–471, 473, 475–476, 513, 515–516, 519, 521, 527, 568, 591, 594, 597–598, 600–603, 614, 624, 634
*Balladur, Edouard,* Frankreich, 1986–1988 Finanzminister. – S. 136
*Bangemann, Martin,* EG-Kommissar für Binnenmarkt und gewerbliche Wirtschaft, Beziehungen zum Europäischen Parlament. – S. 385–387, 390–394, 396–397, 399, 422
*Barkley, Richard,* USA, Botschafter in der Deutschen Demokratischen Republik. – S. 191
*Barón Crespo, Enrique,* Präsident des Europaparlamentes. – S. 420
*Baum, Gerhart-Rudolf,* FDP, MdB. – S. 111
*Beil, Gerhard,* DDR, 1986–März 1990 Minister für Außenhandel. – S. 159, 162, 201
*Bérégovoy, Pierre,* Frankreich, Minister für Wirtschaft, Finanzen und Haushalt. – S. 140
*Bergsdorf, Wolfgang,* Leiter der Abteilung Inland im Presse- und Informationsamt der Bundesregierung. – S. 99
*Bertele, Franz,* Leiter der Ständigen Vertretung bei der DDR. – S. 114
*Bessmertnych, Alexander,* UdSSR, Erster stellvertretender Außenminister, zuständig für globale Politik und sowjetisch-US-amerikanische Beziehungen, Mai 1990–1991 Botschafter in den USA. – S. 469, 619

*Bianco, Jean-Louis,* Frankreich, Generalsekretär des Präsidenten im Elysée. - S. 67-68, 159, 406

*Bitterlich, Joachim,* Leiter des Referates 211 (Europäische Einigung, bilaterale Beziehungen, Westeuropäische Union, Europarat) im Bundeskanzleramt. - S. 66, 100, 142, 145, 366, 407, 408

*Blackwill, Robert,* USA, Sonderberater von George Bush, NSC-Stab. - S. 38, 126, 257, 264-265, 271, 273, 451, 516, 625

*Blech, Klaus,* Botschafter in der UdSSR. - S. 46, 235, 535, 619

*Blot, Jacques,* Frankreich, Direktor der Abteilung Europa im Quay d'Òrsay. - S. 341

*Bogisch, Manfred,* DDR, LDPD. - S. 115

*Böhme, Ibrahim,* DDR, Januar 1990 Vorsitzender der SPD (DDR), März 1990 Vorsitzender der SPD-Volkskammerfraktion, März-August 1990 Volkskammerabgeordneter. - S. 287, 315, 322

*Boidevaix, Serge,* Frankreich, Botschafter in der Bundesrepublik Deutschland. - S. 86, 90, 117, 180, 182-184, 615

*Bondarenko, Alexander,* UdSSR, Leiter der 3. Europäischen Abteilung im Außenministerium (SAM), April-Juli 1990 Leiter der »Zwei-plus-Vier«-Delegation der UdSSR. S. 53, 199-200, 232, 246, 341-344, 439-443, 467, 572, 590, 593-595

*Brady, Nicholas,* USA, Finanzminister. - S. 24

*Brandt, Willy,* SPD, Bundeskanzler 1969-1974. - S. 13-14, 18, 36, 84, 113, 164, 371, 374

*Braunmühl, Carlchristian von,* April 1990-Oktober 1990 Berater (Politischer Direktor) im Ministerium für Auswärtige Angelegenheiten der DDR, Mitglied der »Zwei-plus-Vier«-Delegation der DDR. - S. 322-324, 326, 342-343, 446

*Breschnew, Leonid,* UdSSR, 1966-1982 Generalsekretär der KPdSU. - S. 43, 155, 157, 208

*Broniarek, Zygmunt,* Polen, Korrespondent der Zeitung »Trybuna Ludu« in den USA. S. 272

*Burghardt, Günter,* Politischer Direktor der EG-Kommission. - S. 422

*Bush, George,* USA, Präsident. - S. 15-16, 23-24, 27, 29-30, 33-40, 71, 82-84, 88, 97, 99, 104-105, 117-119, 122, 126-133, 137, 155, 164-165, 175-178, 180-181, 185, 194, 234-235, 243, 252-253, 257, 263-265, 267-271, 272-274, 278, 292, 296-297, 301-302, 305-307, 339, 341, 370, 430, 436, 441, 445, 448, 451-457, 459, 466-472, 486, 490, 510, 513-514, 516-518, 521-522, 525, 527, 529, 537-538, 543, 564-566, 582, 586, 594, 597-598, 615, 624, 629, 635

*Calfa, Marian,* CSSR/CSFR, Ministerpräsident. - S. 211

*Chevènement, Jean-Pierre,* Frankreich, Verteidigungsminister. - S. 86, 136, 355, 367, 379, 405

*Chirac, Jacques,* Frankreich, Bürgermeister von Paris. - S. 62, 136

*Christophersen, Henning,* Dänemark, EG-Kommissar für Wirtschaft und Finanzen. - S. 387

*Chrobog, Jürgen,* Sprecher des Auswärtigen Amtes. - S. 263, 487

*Colé, Gérard,* Frankreich, Berater von François Mitterrand für Kommunikationsfragen. S. 164

*Cossiga, Francesco,* Italien, Präsident. - S. 350

*Cradock, Sir Percy,* Großbritannien, außenpolitischer Berater von Margaret Thatcher.

*Craig, Gordon,* Großbritannien, Historiker, Publizist. - S. 40, 86

*Cresson, Edith,* Frankreich, Ministerin für europäische Angelegenheiten. - S. 159

*Czaja, Herbert,* Präsident des Bundes der Vertriebenen. - S. 489, 498

*Delors, Jacques,* Präsident der Kommission der Europäischen Gemeinschaft. - S. 91, 139-140, 361, 380, 384-387, 390-391, 394-395, 398-405, 411-412, 415-418, 421-422, 564

*Dewitz, Gerhard,* Landesvorsitzender Berlin des Bundes der Vertriebenen. – S. 498
*Dienstbier, Jiří,* CSSR/CSFR, Außenminister. – S. 306, 308, 330
*Diepgen, Eberhard,* CDU, Berlin. – S. 319
*Dobbins, James,* USA, erster stellvertretender Staatssekretär für Europa im State Department. – S. 342, 596
*Dobiey, Burkhard,* Leiter der Abteilung II (Deutschlandpolitik) im Bundesministerium für innerdeutsche Beziehungen. – S. 232
*Domke, Helmut,* DDR, April 1990–Oktober 1990 Staatssekretär im Ministerium für Auswärtige Angelegenheiten, September 1990 Leiter der »Zwei-plus-Vier«-Delegation der DDR. – S. 323–324, 326, 576, 593, 594
*Dregger, Alfred,* Vorsitzender der CDU/CSU-Fraktion im Bundestag. – S. 34, 247, 260, 486
*Dubinin, Jurij,* UdSSR, Botschafter in den USA. – S. 215
*Dufourcq, Bertrand,* Frankreich, Politischer Direktor im Quay d'Orsay, Leiter der »Zwei-plus-Vier«-Delegation Frankreichs. – S. 37, 277–280, 282, 291–293, 341–342, 439–440, 442, 596, 600
*Duisberg, Claus-Jürgen,* Leiter »Arbeitsstab Deutschlandpolitik« im Bundeskanzleramt. S. 100–101, 107, 284, 286
*Dumas, Roland,* Frankreich, Außenminister. – S. 64–66, 68, 80, 88, 135, 137, 148, 153, 160, 171, 180, 251, 354, 365–366, 368–369, 377–379, 407–410, 427, 431–432, 473, 475–477, 486, 520, 523, 568–569, 602, 614

*Eagleburger, Lawrence,* USA, stellvertretender Außenminister. – S. 40
*Ebeling, Hans-Wilhelm,* DDR, Januar–Juli 1990 Vorsitzender der DSU, Übertritt zur CDU, März–Oktober 1990 Abgeordneter der Volkskammer. – S. 315
*Ebert, Hans-Jürgen,* DDR, Mitglied der Hauptabteilung 1 (Planung und Grundsatzfragen) im Ministerium für Auswärtige Angelegenheiten. – S. 325
*Ehmke, Horst,* SPD, MdB, stellvertretender Vorsitzender der SPD-Bundestagsfraktion. S. 111
*Eisel, Stephan,* stellvertretender Leiter des Büros von Bundeskanzler Kohl. – S. 98–99
*Elbe, Frank,* Büroleiter von Außenminister Genscher im Auswärtigen Amt, Mitglied der bundesdeutschen »Zwei-plus-Vier«-Delegation. – S. 223, 256, 292, 438, 466, 574, 599, 601
*Eppelmann, Rainer,* DDR, CDU (DDR), Februar 1990–April 1990 Minister ohne Geschäftsbereich (Ministerrat), April 1990–Oktober 1990 Minister für Abrüstung und Verteidigung. – S. 328, 335, 343
*Erler, Petra,* DDR, April-Juni 1990 Mitglied im Planungsstab des Ministeriums für Auswärtige Angelegenheiten, Juni–Oktober 1990 Staatssekretärin für Europafragen im Amt des Ministerpräsidenten. – S. 323

*Fabius, Laurent,* Frankreich, Präsident der Nationalversammlung. – S. 61, 80, 136
*Falin, Valentin,* UdSSR, Leiter der Internationalen Abteilung beim ZK der KPdSU, Vollmitglied des ZK der KPdSU. – S. 49, 81–82, 118–119, 199, 226–228, 232, 246, 310, 325, 515, 528, 618
*Feldmann, Olaf,* MdB, fremdenverkehrspolitischer Sprecher der FDP-Bundestagsfraktion, Mitglied im Auswärtigen Ausschuß des Bundestages. – S. 262
*Fischer, Oskar,* DDR, 1975–März 1990 Außenminister. – S. 51, 61, 76, 201, 206–207, 284, 308, 326
*Fitzwater, Marlin,* USA, Sprecher des Präsidenten. – S. 126
*Fritsch, Wolfram von,* Mai–Oktober 1990 Leiter des Ministerbüros im Ministerium für Auswärtige Angelegenheiten, Mitglied der »Zwei-plus-Vier«-Delegation der DDR. S. 324, 574

*Fukuyama, Francis,* USA, stellvertretender Direktor des politischen Planungsstabes im State Department. – S. 131

*Gates, Robert,* USA, stellvertretender nationaler Sicherheitsberater im Weißen Haus. S. 38, 454

*Gaulle, Charles de,* Frankreich, Präsident 1958–1969. S. 55–56, 66, 147

*Genscher, Hans-Dietrich,* FDP, Bundesaußenminister. – S. 10–11, 12–14, 16–18, 29–31, 33–34, 44–45, 60, 65–66, 68, 77, 79, 84–85, 95, 97–98, 105, 112, 118–126, 131, 133–134, 137, 139, 146, 148, 156, 160, 164, 176, 179, 184, 191–192, 194, 199, 206, 213, 215–219, 222–224, 236–237, 239, 245–247, 250–253, 255–265, 267–268, 271, 273, 276–279, 281–283, 288–290, 292, 306, 308, 310–313, 324–325, 328–334, 336–339, 342, 364, 368, 378, 385–386, 390, 407, 409, 422, 427, 431–433, 435–439, 444–446, 452–454, 458–459, 461–466, 470–471, 473, 475–476, 480–483, 486–489, 491, 496, 498–499, 501–503, 505, 513–515, 519, 523, 527, 529, 535, 546–557, 560, 562, 564, 566, 568–571, 573–575, 577–580, 583, 591–592, 597–604, 607–608, 611–612, 614–615, 618, 623–625, 629, 631–632, 634–636, 639–641, 646–647

*Gerassimow, Genadij,* UdSSR, Sprecher des Außenministeriums (SAM). – S. 43, 79, 118

*Gerlach, Manfred,* DDR, Dezember 1989–März 1990 Staatsratsvorsitzender. – S. 76, 149, 160–161

*Gibowski, Wolfgang,* Forschungsgruppe Wahlen. – S. 99

*Gilmore, Harry,* USA, Chef der Mission in West-Berlin. – S. 191

*Giscard d'Estaing, Valéry,* Frankreich, Präsident 1974–1981. – S. 60, 88

*Goebbels, Joseph,* 1933–1945 Reichsminister für Volksaufklärung und Propaganda. – S. 46

*Gorbatschow, Michail,* UdSSR, Vollmitglied des Politbüros der KPdSU, Generalsekretär der KPdSU, Vorsitzender des Obersten Sowjets, März 1990–1991 Staatspräsident. – S. 9, 13–14, 16, 18, 22–23, 27, 29–31, 33, 35, 40, 42–53, 60, 63–64, 67–71, 79–84, 88, 91–92, 97, 115, 117–129, 132, 149–150, 153–159, 161, 164–165, 167–172, 176, 178, 180–181, 187–188, 192–194, 196–197, 199–200, 203, 205–206, 208, 212–214, 216, 219, 221, 225–232, 234–250, 252, 255, 257, 266–271, 274, 281–282, 289–291, 297, 302, 305–307, 310, 312–313, 328, 332, 337–340, 343, 349–350, 352–354, 357, 359, 370, 413, 425, 427–429, 441, 445–454, 456–457, 459, 461–462, 466–472, 474–475, 477, 484, 502–503, 510–514, 516, 520, 525–532, 534–567, 574–575, 577–590, 595–597, 599, 603–604, 608, 612, 615–620, 624–625, 627, 629–630, 633–634, 636, 638–640, 646–647

*Gorbatschowa, Raissa,* UdSSR, Ehefrau des Präsidenten. – S. 546

*Gozney, Richard,* Großbritannien, Privatsekretär von Außenminister Douglas Hurd. S. 601

*Gremitskich, Jurij,* UdSSR, stellvertretender Sprecher des Außenministeriums (SAM). S. 118

*Gromyko, Andreij,* UdSSR, 1957–1985 Außenminister. – S. 52

*Grosser, Alfred,* Frankreich, Politikwissenschaftler, Publizist, Präsident des Zentrums für Informationen und Recherchen über das gegenwärtige Deutschland. – S. 54

*Guigou, Elisabeth,* Frankreich, Beraterin im Elysée, Generalsekretärin der interministeriellen Kommission für Fragen der wirtschaftlichen Zusammenarbeit in Europa. S. 66, 142, 145, 404, 406–408

*Gysi, Gregor,* DDR, seit November 1989 Vorsitzender der SED-PDS/PDS. – S. 160, 227

*Hanz, Martin,* Mitarbeiter der Abteilung 5 (Gesellschaftliche und politische Analysen, Kommunikation und Öffentlichkeitsarbeit) im Bundeskanzleramt, Redenschreiber S. 100–101

*Hartmann, Günter,* DDR, November 1989–Januar 1990 Vorsitzender der NDPD, Januar–März 1990 stellvertretender Vorsitzender. – S. 76

*Hartmann, Peter,* Leiter der Gruppe 21 (Auswärtiges Amt; BM für wirtschaftliche Zusammenarbeit) im Bundeskanzleramt, Mitglied der bundesdeutschen »Zwei-plus-Vier«-Delegation. – S. 15, 100–101, 217, 284, 292, 318, 321, 401, 403, 433, 493, 496, 597, 619, 645

*Haughey, Charles,* Irland, Premierminister. – S. 93, 400, 403, 405–406, 409, 411, 414, 422

*Haussmann, Helmut,* FDP, Wirtschaftsminister. – S. 338, 409, 489, 531, 580, 586

*Havel, Václav,* CSSR/CSFR, November 1989–1992 Präsident. – S. 211, 330, 360, 377, 512

*Herger, Wolfgang,* DDR, 1976–1989 Mitglied des Zentralkommitees der SED, 1971–März 1990 Volkskammerabgeordneter. – S. 76

*Herzog, Roman,* Präsident des Bundesverfassungsgerichts. – S. 482

*Hitler, Adolf,* 1933–1945 Reichskanzler. – S. 12, 73, 97, 123, 463

*Honecker, Erich,* DDR, 1976–Oktober 1989 Generalsekretär des Zentralkommitees der SED und Staatsratsvorsitzender. – S. 13, 22, 24, 28, 36, 43–44, 50, 61–62, 149, 156, 159, 240, 380

*Horn, Gyula,* Ungarn, Außenminister. – S. 308

*Hornhues, Karl-Heinz,* MdB, CDU, stellvertretender Vorsitzender der CDU/CSU-Bundestagsfraktion. – S. 501

*Howe, Geoffrey,* Großbritannien, stellvertretender Premierminister. – S. 70

*Höynck, Wilhelm,* Leiter der Unterabteilung 21 im Auswärtigen Amt, ab Frühjahr 1990 Politischer Direktor in Vertretung von Dieter Kastrup. – S. 277, 290

*Hurd, Douglas,* Großbritannien, Außenminister. – S. 70, 72–73, 86, 181, 223, 251, 307, 334, 427, 431, 437, 473, 475–477, 484, 520, 523, 568, 575, 599–603, 614

*Ingham, Bernard,* Großbritannien, Pressesekretär von Margaret Thatcher, Leiter der Informationsabteilung der Regierung. – S. 71

*Ismay, Hastings Lionel, Lord,* 1952–1957 Generalsekretär der NATO. – S. 71

*Jaruzelski, Wojciech,* Polen, Präsident der Polnischen Volksrepublik/der Polnischen Republik. – S. 11, 370, 372, 483–484, 489

*Jedrys, Marek,* Polen, Gesandter in der Bundesrepublik Deutschland. – S. 485, 493

*Jelzin, Boris,* UdSSR, Mitglied des Obersten Sowjet. – S. 531, 536

*Kaestner, Uwe,* Leiter Referat 212 (Ost-West-Beziehungen, bilaterale Beziehungen zu osteuropäischen Staaten, zur UdSSR und zu Nordamerika) 100, 247, 269

*Kass, Rüdiger,* »Arbeitsstab Deutschlandpolitik« im Bundeskanzleramt. S. 100–101

*Kastrup, Dieter,* Leiter Abteilung 2 / Politischer Direktor im Auswärtigen Amt, Leiter der bundesdeutschen »Zwei-plus-Vier«-Delegation. – S. 118, 184, 216, 218, 223, 232–233, 246, 258, 260, 277–284, 286, 290–295, 341–344, 436, 441–444, 468, 501, 514, 535, 572–573, 576, 579, 581, 593–596, 599–602, 614, 619, 625

*Kennan, George,* USA, Publizist. – S. 86

*Kennedy, John,* USA, 1961–1963 Präsident. – S. 33

*Kiechle, Ignaz,* CSU, Minister für Ernährung, Landwirtschaft und Forsten. – S. 33, 212

*Kimmitt, Robert,* USA, Staatssekretär für politische Angelegenheiten im State Department. – S. 37, 85

*Kissinger, Henry,* USA, 1973–1977 Außenminister. – S. 40, 176

*Klaczynski, Wladyslaw,* Polen, Sprecher des polnischen Außenministeriums (PAM). S. 501

*Klein, Hans,* CSU, Bundesminister für besondere Aufgaben und Chef des Presse- und Informationsamtes der Bundesregierung. – S. 9, 99, 104, 202, 499, 535, 546

*Kohl, Hannelore,* Ehefrau des Bundeskanzlers. – S. 102, 234

*Kohl, Helmut,* CDU, Bundeskanzler, Vorsitzender der CDU. – S. 9–14, 16–18, 21–31, 33–34, 36–37, 44–48, 58–59, 65–66, 70–71, 73, 77, 79, 81–83, 86, 88, 90–93, 95, 97–131, 133–138, 141–146, 148–151, 154–155, 159–161, 163–164, 166–172, 175–180, 185–189, 191–206, 208–209, 211–215, 217–220, 223–225, 227, 229–232, 234–250, 252–253, 255–257, 262–274, 276–279, 281, 283, 286, 289–291, 296, 299–307, 309–310, 313, 315, 317–319, 321, 330, 337–340, 347, 350–351, 352–354, 356–381, 383–384, 391–392, 399–407, 409–415, 417, 421–422, 428–430, 433–438, 445–459, 462–463, 468–470, 472, 479–483, 486–492, 496–499, 502–508, 510, 516, 518–519, 522, 524, 528–550, 552–568, 571, 574, 576–589, 591–592, 595–598, 604, 608–609, 612, 617–620, 623–625, 629–632, 634–636, 638–640, 646
*Köhler, Horst,* ab Januar 1990 Staatssekretär im Bundesministerium für Finanzen. – S. 586, 587
*Kopper, Hilmar,* ab Dezember 1989 Vorstandssprecher der Deutschen Bank AG. – S. 447, 449
*Kotschemassow, Wjatscheslaw,* UdSSR, 1983–April 1990 Botschafter in der DDR. – S. 51, 86, 179–180, 182–184, 204, 319, 320
*Krabatsch, Ernst,* DDR, 1976–1990 Leiter der Hauptabteilung, April–Oktober 1990 der Unterabteilung Grundsatzfragen und Planung im Ministerium für Auswärtige Angelegenheiten, März 1990 Leiter der »Zwei-plus-Vier«-Delegation der DDR. – S. 284–286, 293–294, 324, 326, 343
*Krause, Günther,* DDR, CDU (Ost), März–Oktober 1990 Parlamentarischer Staatssekretär im Amt des Ministerpräsidenten. – S. 318
*Krenz, Egon,* DDR, Mitglied des SED-Politbüros, 1984–1989 stellvertretender Vorsitzender des Staatsrates, Oktober–November 1989 Generalsekretär und Vorsitzender der Staatsrates. – S. 22, 24–28, 31, 50–51, 78, 95, 114, 119–120, 129, 149, 160, 191, 238, 380, 396
*Kubicek, Wolfgang,* DDR, April–Oktober 1990 Mitglied im Planungsstab des Ministeriums für Auswärtige Angelegenheiten. – S. 323
*Kuhn, Gisbert,* Journalist. – S. 10
*Kwizinskij, Julij,* UdSSR, 1986–1990 Botschafter in der Bundesrepublik Deutschland, Mai 1990–1991 stellvertretender Außenminister, September 1990 Leiter der »Zwei-plus-Vier«-Delegation der UdSSR. – S. 13, 27, 80–81, 117–118, 180, 193, 200–201, 212–213, 215, 229–230, 232, 288, 302–306, 338–340, 428, 434, 438, 440–441, 447, 459, 461, 467, 473, 501, 551, 579, 581–582, 587, 590, 595, 599–601, 618–619

*Lafontaine, Oskar,* SPD, Saarländischer Ministerpräsident, 1990 SPD-Kanzlerkandidat. S. 111, 315, 371, 376, 377
*Lambsdorff, Otto Graf,* MdB, Vorsitzender der FDP. – S. 10, 112, 437, 486, 488
*Larosière de Champfeu, Jacques,* Leiter der französischen Zentralbank. – S. 140
*Lautenschlager, Hans,* Staatssekretär im Auswärtigen Amt. – S. 462
*Lubbers, Ruud,* Niederlande, Premierminister. – S. 116, 146, 177
*Ludewig, Johannes,* Leiter der Gruppe 42 (Bundesministerium für Wirtschaft; internationale Währungsordnung und -politik; Geld-, Kredit- und Kapitalmarktpolitik) im Bundeskanzleramt. – S. 401, 403
*Luft, Christa,* DDR, SED/PDS, Nov. 1989–März 1990 Ministerin für Wirtschaft, März–Oktober 1990 Abgeordnete der Volkskammer. – S. 156, 162, 374, 461, 543, 554

*Maizière, Lothar de,* 1989 Vorsitzender der CDU (DDR), 1990 Abgeordneter der Volkskammer, April 1990–Oktober 1990 Ministerpräsident, August–Oktober 1990 amtierender Außenminister. – S. 19, 76, 315, 318–322, 328, 333–335, 343, 398, 413–414, 417, 427, 430, 455–456, 472, 492, 496–498, 511, 548, 564, 567, 569, 573, 576–577, 593, 602–603, 607, 609, 611–612, 614, 618, 637

*Maizière, Thomas de*, DDR, April–Oktober 1990 Amt des Ministerpräsidenten. – S. 319
*Major, John*, Großbritannien, Schatzkanzler. – S. 70, 72
*Mallaby, Sir Christopher*, Großbritannien, Botschafter in der Bundesrepublik Deutschland. S. 22, 86, 117, 182–184, 216
*Margerie, Caroline de*, Frankreich, Quay d'Orsay. – S. 159
*Martens, Wilfried*, Belgien, Premierminister. – S. 103
*Masur, Kurt*, Dirigent. S. 160
*Maximytschew, Igor*, UdSSR, Gesandter in der DDR. – S. 201
*Mazowiecki, Tadeusz*, Polen, Ministerpräsident. – S. 10–12, 116, 266, 279, 285, 297, 301, 318, 330, 367, 369–370, 372–374, 401, 483–485, 487–492, 499–500, 502, 504–508, 639
*Meckel, Hans-Martin*, DDR, April–Oktober 1990 Leiter des Referats Personal und Bildung im Ministerium für Auswärtige Angelegenheiten. – S. 325
*Meckel, Markus*, DDR, Mitbegründer SDP (DDR), April 1990–August 1990 Außenminister. – S. 78, 287, 315, 317, 319, 322–336, 342, 344, 427, 431–433, 446, 456, 473–474, 476, 492, 511, 567, 569, 571, 573–576, 632–633, 637
*Meissner, Boris*, Professor für Ostrecht. – S. 214
*Mertes, Michael*, Leiter Referat 521 (Mitwirkung bei der Öffentlichkeitsarbeit des Bundeskanzlers) im Bundeskanzleramt. – S. 98–101
*Meyer, Hans-Joachim*, DDR, März–Oktober 1990 Minister für Bildung und Wissenschaft. S. 614
*Meyer, Wolfgang*, DDR, November 1989–März 1990 Leiter des Presseamtes der Regierung. – S. 114
*Michelis, Gianni de*, Italien, Außenminister. – S. 251
*Miert, Karel van*, Belgien, EG-Kommissar für Transport, Kredit, Investment und Verbraucherschutz. – S. 391
*Mitterrand, François*, Frankreich, Staatspräsident. – S. 15–16, 24–25, 27, 30–31, 56–61, 63–68, 71, 88–93, 95, 98, 105, 117, 130, 135–138, 140–145, 147–173, 180, 183, 191, 194, 211–212, 217, 221–222, 231, 301, 347, 349–354, 356–367, 370–381, 404–411, 415, 436, 449, 451, 459, 471, 483–484, 486, 489–490, 516–517, 520–521, 523–524, 529, 624–625, 629, 633–634, 639
*Modrow, Hans*, DDR, SED, November 1989–Dezember 1989 Mitglied des Politbüros des ZK der SED, November 1989–März 1990 Vorsitzender des Ministerrates, Ministerpräsident. – S. 75–78, 83, 94, 98–99, 107, 119–120, 148, 156, 161, 163, 186, 190–192, 200–204, 206–208, 211, 219, 221, 224–232, 234– 235, 238, 247–249, 265, 286, 290, 352, 356, 380, 394, 396–398, 612, 624, 626
*Möllemann, Jürgen*, FDP, Bundesminister für Bildung und Wissenschaft. – S. 484
*Momper, Walter*, SPD, Regierender Bürgermeister von Berlin. – S. 13–14, 18
*Moskowski, Juri*, UdSSR, 1990 Chef der Außenwirtschaftsbank. – S. 447
*Mulroney, Brian*, Kanada, Premierminister. – S. 119, 523

*Naumann, Klaus*, Generalmajor, Leiter der Stabsabteilung III (Militärpolitische Grundlagen) im Führungsstab der Streitkräfte. – S. 260
*Németh, Miklos*, Ungarn, Ministerpräsident. – S. 187, 192
*Neuer, Walter*, Leiter des Büros von Bundeskanzler Kohl. – S. 326, 535
*Niezabitowska, Malgorzata*, Polen, Regierungssprecherin. – S. 11, 492, 499, 501
*Nyers, Reszö*, Ungarn, Mitglied der Partei 349

*O'Brien, Conor*, Irland, Publizist und Diplomat. – S. 73

*Pfeffer, Franz*, Botschafter in Frankreich. – S. 159

*Pilhan, Jacques,* Frankreich, Berater von François Mitterrand für Kommunikationsfragen. S. 24, 164
*Pöhl, Karl-Otto,* Bundesbankpräsident. – S. 232
*Portugalow, Nikolaj,* UdSSR, Konsultant der Internationalen Abteilung des ZK der KPdSU. S. 81–82, 94, 118, 226, 310–311
*Powell, Sir Charles,* Großbritannien, Privatsekretär von Margaret Thatcher. – S. 71–72, 305, 307
*Prill, Norbert,* Leiter der Gruppe 52 (Kommunikation und Öffentlichkeitsarbeit; politische Planung; Pressestelle) im Bundeskanzleramt. – S. 98–101, 107
*Prunskiene, Kasimiera,* Litauen, 1989–1990 stellvertretende Leiterin des Ministerrates, 1990–1991 Leiterin. – S. 449

*Radzimanowski, Kersten,* DDR, April–Oktober 1990 Leiter der Abteilung 4 (Entwicklungspolitik und internationale Organisationen) im Ministerium für Auswärtige Angelegenheiten. – S. 593
*Rakowsky, Mieczyslaw,* Polen, 1988–1989 Ministerpräsident. – S. 50
*Ramstetter, Erich,* persönlicher Vertrauter von Bundeskanzler Kohl. – S. 102
*Ramstetter, Fritz,* persönlicher Vertrauter von Bundeskanzler Kohl. – S. 102
*Reagan, Ronald,* USA, 1981–1989 Präsident. – S. 33, 44, 113, 181–182, 216, 471
*Reichenbach, Klaus,* DDR, April–Oktober 1990 Staatsminister im Amt des Ministerpräsidenten. – S. 318
*Rice, Condoleezza,* USA, Direktorin des Bereichs Sowjetunion und Osteuropa im National Security Council, Mitglied der »Zwei-plus-Vier«-Delegation der USA. – S. 38, 291, 295, 467, 469
*Richter, Edelbert,* DDR, Mitbegründer der Partei Demokratischer Aufbruch, Januar 1990 Übertritt in die SPD (DDR), März 1990–Oktober 1990 Abgeordneter der Volkskammer, Mitglied der »Zwei-plus-Vier«-Delegation der DDR. – S. 343
*Ridley, Nicholas,* Großbritannien, Industrieminister. – S. 564
*Rocard, Michel,* Frankreich, Premierminister. – S. 68, 91, 381
*Röller, Wolfgang,* Vorstandssprecher der Dresdner Bank. – S. 447, 449
*Romberg, Walter,* DDR, SPD (DDR), April–August 1990 Finanzminister. – S. 287, 316, 322
*Ross, Dennis,* USA, Chef des Planungsstabes des Außenministeriums. – S. 38, 131, 223, 256
*Ryshkow, Nikolaj,* UdSSR, Ministerpräsident. – S. 447–448, 567, 578

*Sagladin, Wadim,* UdSSR, Erster stellvertretender Direktor der Internationalen Abteilung beim Zentralkommitee der KPdSU, offizieller europa- und abrüstungspolitischer Berater von Michail Gorbatschow. – S. 115, 156, 226, 513, 515
*Samjatin, Leonid,* UdSSR, Botschafter in Großbritannien. – S. 215
*Santer, Jacques,* Luxemburg, Premierminister. – S. 104
*Schabowski, Günter,* 1981–Januar 1990 Abgeordneter der Volkskammer, 1984–1989 Mitglied des SED-Politbüros. – S. 28, 51
*Schachnasarow, Georgij,* UdSSR, Berater von Michail Gorbatschow. – S. 53, 227
*Scheel, Walter,* 1974–1979 Bundespräsident. – S. 36
*Schewardnadse, Eduard,* UdSSR, Mitglied des Obersten Sowjet, Außenminister. – S. 29–31, 42, 51–53, 79–80, 82, 97, 118, 120, 122–123, 191–192, 196–200, 207, 212, 215, 227, 232, 235, 237, 243, 246, 250, 251–252, 255, 257, 276, 281, 287–289, 293, 295, 306, 308, 310, 312, 331, 334, 336, 340–341, 370, 427–433, 435–438, 440–441, 446–449, 452, 454, 457, 459–467, 469–471, 473–477, 501, 510–515, 519, 521, 526–527, 534–535, 547–548, 550, 555–557, 560–562, 567–569, 575, 577, 579–581, 585, 588, 590, 598–602, 608, 611–612, 614–616, 618–619, 624, 627, 633, 636, 639

*Schikin, Gennadij*, UdSSR, 1986–1990 Botschafter in Österreich, April–Oktober 1990 Botschafter in der DDR, Mitglied der »Zwei-plus-Vier«-Delegation der UdSSR. S. 334
*Schlotter, Peter*, April 1990–Oktober 1990 Mitglied des Planungsstabes im Ministerium für Auswärtige Angelegenheiten der DDR, Schwerpunkt KSZE. – S. 324
*Schlüter, Paul*, Dänemark, Premierminister. – S. 116
*Schmidt, Helmut*, SPD, Bundeskanzler 1974–1982. – S. 60
*Scholz, Rupert*, CDU, MdB. – S. 102, 107
*Schulz, Sylvia*, DDR, April–Oktober 1990 Leiterin des Büros von Ministerpräsident de Maizière. – S. 318
*Scowcroft, Brent*, USA, 1989–1993 Berater von George Bush für Fragen der nationalen Sicherheit. – S. 29, 37, 38, 84–85, 115, 127, 130, 224, 252, 265, 267, 269, 451, 454–455, 517, 538, 597–598
*Seiters, Rudolf*, CDU, Bundesminister für besondere Aufgaben und Chef des Bundeskanzleramtes. – S. 9–10, 22, 26, 78, 80, 99–100, 104, 128, 183–184, 201–202, 211, 224–225, 262, 338, 436–437, 482, 491, 635
*Seitz, Raymond*, USA, Abteilungsleiter im Außenministerium für europäische und kanadische Angelegenheiten, Juni und Juli 1990 Leiter der »Zwei-plus-Vier«-Delegation der USA. – S. 215, 251, 277–279, 291, 441
*Senghaas, Dieter*, April–Oktober 1990 Berater des Ministeriums für Auswärtige Angelegenheiten der DDR. – S. 324
*Shamir, Jitzhak*, Israel, Premierminister. – S. 116
*Silajew, Ivan*, UdSSR, Ministerratspräsident. – S. 118
*Sitarjan, Stepan*, UdSSR, stellvertretender Vorsitzender des Ministerrates. – S. 447, 553, 559, 582, 587–588
*Skubiszewski, Krzysztof*, Polen, Außenminister. – S. 11, 17, 115, 251, 308, 332, 342, 432, 443, 463, 482–485, 489–490, 492–495, 497, 499, 502–504, 506–508, 568–571, 639
*Stalin, Josef*, UdSSR, 1922–1953 Generalsekretär der KPdSU. – S. 82, 361, 463
*Stavenhagen, Lutz*, Staatsminister im Bundeskanzleramt. – S. 151
*Steinbach, Thilo*, DDR, April 1990–Oktober 1990 Leiter der Abteilung 2 (Äußeres) im Amt des Ministerpräsidenten, Mitglied der »Zwei-plus-Vier«-Delegation der DDR. S. 319, 343, 427
*Stepanow, Tejmuras*, UdSSR, Berater von Eduard Schwewardnadse. – S. 53
*Stern, Fritz*, USA, Historiker. – S. 40, 373, 375
*Stoltenberg, Gerhard*, CDU, Bundesminister der Verteidigung. – S. 255, 258–264, 278–279, 281–282, 290, 306, 452–453, 491, 635
*Sudhoff, Jürgen*, Staatssekretär im Auswärtigen Amt. – S. 80, 181, 183–184, 291, 496
*Sulek, Jerzey*, Polen, Europadirektor im Außenministerium, Juli 1990 Leiter der Delegation Polens bei der Teilnahme am »Zwei-plus-Vier«-Beamtentreffen.- S. 342, 501
*Sununu, John*, USA, Stabschef im Weißen Haus. – S. 342, 501
*Süß, Herbert*, DDR, Leiter der Hauptabteilung 3 (Recht) im Ministerium für Auswärtige Angelegenheiten, Mitglied der »Zwei-plus-Vier«-Delegation der DDR. – S. 325–326, 343
*Süssmuth, Rita*, CDU, Bundestagspräsidentin. – S. 420, 481, 487
*Synnott, Hilary*, Großbritannien, Leiter der Abteilung Westeuropa im Foreign and Commonwealth Office, Mitglied der »Zwei-plus-Vier«-Delegation Großbritanniens. – S. 72

*Tarassenko, Sergej*, UdSSR, 1987–1990 Leiter des Allgemeinen Sekretariats des Außenministeriums (SAM), ab März 1990 Leiter des politischen Planungsstabes des SAM. S. 53, 200, 340, 464, 466, 527

*Teltschik, Horst,* Leiter der Abteilung 2 (Auswärtige und innerdeutsche Beziehungen; Entwicklungspolitik, äußere Sicherheit) im Bundeskanzleramt. – S. 13, 27, 29, 46, 66-68, 81-82, 84-85, 90, 99-105, 117, 136-137, 148, 163, 171, 193, 201, 212-213, 224, 226, 229, 235, 241, 247, 252, 264-265, 267, 271, 273, 289, 291-292, 310, 313, 318, 325, 349, 373, 376, 406, 408-409, 428, 447-449, 451, 454-455, 492, 498, 518, 535, 547, 557, 578, 581, 582-583, 587, 617, 625, 635-636, 638

*Terechow, Wladislaw,* UdSSR, ab Mai 1990 Botschafter in der Bundesrepublik Deutschland, Mitglied der »Zwei-plus-Vier«-Delegation der UdSSR. – S. 579–580, 583, 614, 617, 619

*Thatcher, Margaret,* Großbritannien, Premierministerin. – S. 15–16, 21–22, 24, 27, 30–31, 37, 69–73, 92, 115, 117, 131–133, 141, 146–147, 168, 177–178, 181, 183, 186–187, 216, 231, 255, 264, 280, 301, 304–307, 350, 352, 386, 401, 411, 459, 471–472, 514, 516, 517, 520, 522–523, 564, 566, 610, 646

*Thatcher, Mark,* Großbritannien, Sohn der Premierministerin. – S. 71

*Tiesler, Frank,* DDR, DSU, März–Oktober 1990 Mitglied der Volkskammer, Mai–Oktober 1990 Staatssekretär im Auswärtigen Amt. – S. 325

*Trojan, Carlo,* stellvertretender Generalsekretär der EG-Kommission. – S. 413

*Trumpf, Jürgen,* Ständiger Vertreter bei der Europäischen Gemeinschaft in Brüssel. S. 398, 422

*Tschernajew, Anatolij,* UdSSR, außenpolitischer Berater von Michail Gorbatschow. – S. 52, 81, 227, 310, 512, 527, 535, 578

*Tschernenko, Konstantin,* UdSSR, 1984–1985 Generalsekretär der KPdSU. – S. 45

*Turnbull, Andrew,* Großbritannien, Privatsekretär von Margaret Thatcher. – S. 71

*Tutwiler, Margaret,* USA, Sprecherin des State Department. – S. 126

*Védrine, Hubert,* Frankreich, Berater und Sprecher von François Mitterrand. – S. 66

*Vogel, Dieter,* stellvertretender Sprecher der Bundesregierung. – S. 364, 481, 486–487, 498

*Vogel, Hans-Jochen,* Vorsitzender der SPD-Fraktion im Bundestag. – S. 111, 369

*Voigt, Karsten,* MdB, Mitglied des SPD-Bundesvorstandes. – S. 111

*Voß, Hans,* DDR, Botschafter bei der KSZE. – S. 325

*Wagner, Baldur,* Leiter der Abteilung 3 (Innere Angelegenheiten, Sozialpolitik) im Bundeskanzleramt. – S. 98

*Waigel, Theodor,* CSU, Bundesminister der Finanzen, Vorsitzender der CSU. – S. 232, 338, 409, 458, 500, 529, 535, 546, 553, 555, 559, 578, 580–582, 586, 588, 635

*Walesa, Lech,* 1980–1990 Vorsitzender der – zwischen 1982 und 1989 verbotenen Gewerkschaftsorganisation Solidarność, Dezember 1990–1995 Präsident der Polnischen Republik. – S. 83

*Walters, Vernon,* USA, Botschafter in der Bundesrepublik. – S. 13, 85, 117, 165, 182–183, 191, 615

*Warnke, Jürgen,* Bundesminister für wirtschaftliche Zusammenarbeit. – S. 226

*Weber, Juliane,* persönliche Referentin von Bundeskanzler Kohl. – S. 99, 535

*Weizsäcker, Richard von,* 1984–1994 Bundespräsident. – S. 46, 49, 104–105, 164, 438

*Werner, Karl-Heinz,* DDR, DBD. – S. 76, 138

*Weston, John,* Großbritannien, stellvertretender Untersekretär für Verteidigung im Außenministerium, 1990–1991 Politischer Direktor im Foreign and Commonwealth Office, Leiter der »Zwei-plus-Vier«-Delegation Großbritanniens. – S. 72, 217, 277–280, 294–295, 572, 596–597, 600–601, 613

*Wiemer, Wolfgang,* April 1990–Oktober 1990 stellvertretender Leiter des Planungsstabes im Ministerium für Auswärtige Angelegenheiten der DDR, Mitglied der »Zwei-plus-Vier«-Delegation der DDR. – S. 323, 446, 574

*Wilhelm II.,* 1888-1918 Deutscher Kaiser. - S. 363
*Willerding, Hans-Joachim,* DDR, November-Dezember 1989 Sekretär des Zentralkommitees der SED, März-Oktober 1990 Mitglied der PDS-Fraktion der Volkskammer. S. 77
*Wilms, Dorothee,* CDU, Bundesministerin für innerdeutsche Beziehungen. - S. 77
*Wörner, Manfred,* NATO-Generalsekretär. - S. 199, 235, 257, 270, 452, 517, 520, 523, 528

*Zelikow, Philip,* USA, Direktor für Europäische Sicherheitspolitik im National Security Council, Mitglied der »Zwei-plus-Vier«-Delegation der USA. - S. 38, 257
*Zoellick, Robert,* USA, offizieller Berater des State Department, März-Mai , Juni und September 1990 Leiter der »Zwei-plus-Vier«-Delegation USA. - S. 38, 223, 251, 256, 277-279, 291, 294, 429, 441-444, 467-468, 596, 600-601, 625

# SACHREGISTER

ABC-Waffen 203, 240, 260, 281, 311, 317, 379, 440, 460f., 467, 474, 476, 533, 540, 548f., 558, 567, 575, 595, 607, 838f., 843
 *s. auch Atomwaffen*
Abrüstung 29, 37, 42, 44, 47, 62, 80, 88, 108, 121, 128, 166, 201–203, 214, 220, 233, 239, 286, 309–311, 317, 325, 327, 335, 357, 449, 452, 463, 517, 522, 526, 532, 533, 593, 595, 616, 660, 738, 766, 803, 848, 850
Alliierte 15, 31f., 83, 86, 90, 114, 117, 179f., 205, 294, 297, 331, 359, 365, 460, 473, 484, 582, 657, 703, 712, 735
– Alliierter Kontrollrat 179, 182f., 215f., 222, 473, 727f.
– Alliierte Truppen 32, 198, 261, 264, 339, 358, 474, 808, 847
– Siegermächte 26, 31, 135, 152, 157, 172, 177, 179f., 180, 183, 216, 222, 250, 273, 286, 310, 351, 366, 372, 489, 503, 571, 605, 607f., 615, 716, 812
– westliche Alliierte 27, 30, 61, 160, 180, 270, 560, 565, 575, 590f., 597, 624, 656, 665, 667, 771, 842, 853, 856
 *s. auch Vier Mächte/Westmächte*
Atomwaffen 55, 89, 108, 203, 218f., 235, 240, 267, 281, 305, 317, 319, 324, 339, 353, 359f., 433, 461, 467, 471, 515f., 518f., 521f., 524, 526, 550–553, 560, 569, 574f., 595f., 607f., 610, 756, 800, 806, 826, 837, 841
– »dual-use«-Waffen 594, 607, 834, 851
– INF 43–45, 671
– Lance 33f., 69f., 213, 267f.
– SNF 33f., 69, 203, 213, 239, 267f., 302, 430, 449, 455, 467, 516, 671, 826

Baltikum 266, 357, 429, 445, 532, 616
Berlin 18f., 19, 22–25, 27, 32f., 35, 51, 53, 57, 62, 69, 105f., 116, 179–186, 188, 206, 215f., 220f., 233, 239, 249, 259, 263, 279, 339, 342, 364, 366, 419, 383, 439, 444, 468, 474, 488, 503, 540, 551f., 558, 565, 574, 578, 586, 590–592, 594, 596–598, 605–608, 615, 624, 631, 650f., 654, 668, 678f., 699, 710, 712, 714, 721, 728, 731, 735, 742, 746, 760, 770, 775, 797, 784, 797, 803, 842, 844–846, 847f., 856f.
– Berlin-Fragen 69, 78, 179f., 182, 216f., 220, 268, 284, 291, 294, 431, 439, 443, 573, 668, 797
– Mauer 9–11, 16, 21–24, 27, 29f., 33, 35, 39f., 51, 53f., 62, 64f., 73, 75, 78f., 81, 83, 86, 88, 97, 106, 109, 113, 118, 141, 164, 172, 175, 207f., 250, 313, 383–385, 396, 425, 435, 621, 623f., 628f., 631, 634, 641, 655f., 666, 689, 694, 784, 822
– Ost-Berlin 13, 22, 24, 26, 36, 45, 50f., 53, 83, 86, 114, 118f., 125, 128, 160, 179, 182, 181, 201, 209, 211, 224f., 229, 245, 249, 253, 285f., 293, 299, 301, 318, 322, 330, 331, 334, 396, 431, 442f., 462, 472–476, 491, 515, 572, 574, 576, 588, 593f., 613, 624, 651, 665, 670, 677, 687, 697f., 702, 715, 719, 735, 746, 767, 818, 823, 841
– Senat 11, 651, 742
– West-Berlin 13f., 17, 46, 179, 249, 486, 591, 663, 771, 735, 798
Beziehungen
– deutsch-amerikanische 18, 33f., 36f., 69, 264, 273
– deutsch-britische 70, 217, 307
– deutsch-deutsche 17, 31, 57, 61, 65, 75f., 78, 80, 94, 106f., 122, 136, 156, 185, 204, 207, 296, 688
– deutsch-französische 54, 59, 65, 138, 155, 170f., 265, 353f., 372f., 375f., 378, 669, 693, 695
– deutsch-polnische 376, 483, 494, 498, 504–506, 650, 778, 814, 854
– deutsch-sowjetische 18, 27–29, 45–47f., 63, 338, 340, 428f., 457, 463, 465, 534,

- deutsch-sowjetische (Forts.) 536–539, 544, 547–549, 557–559, 561, 563f., 581, 604, 617, 619, 641, 720f., 859
- – deutsch-sowjetische Erklärung 120, 122, 126, 192, 194, 338, 532f.

Breschnew-Doktrin 43, 155, 157, 208

Brief zur deutschen Einheit 108f., 148, 195, 480

Bundesbank 139f., 232, 415, 447, 780

Bundeskabinett 11, 26f., 85, 112, 179, 201, 209, 230, 232, 258, 273, 299, 393, 487, 571, 604, 650, 654, 709, 721, 741, 748, 773
- Kabinettsausschuß Deutsche Einheit 232, 258, 278, 386, 389, 502, 571, 734, 817

Bundesministerien 99
- Auswärtiges Amt 263, 265, 276f., 282, 286, 292f., 313, 321, 324f., 328, 332, 341, 349, 390, 397f., 422, 427f., 436, 438, 447, 457f., 473, 475f., 485, 487, 495–497, 507f., 569, 572f., 575f., 578, 580, 590–592, 595, 597, 614f., 618f., 625, 634, 636, 638, 653, 675, 703f., 706, 713, 715, 717, 719, 722, 729, 733, 735–737, 739f., 744, 759, 761f., 771, 785, 788, 794f., 799, 802, 816–818, 825, 834f., 839, 842, 846f., 856, 859
- Finanzen 417, 458, 733, 743, 780, 834
- Forschung 713
- Innerdeutsche Beziehungen 77, 232, 677, 712, 721, 733, 816, 856
- Inneres 458, 733, 743, 856
- Justiz 733, 743, 856
- Landwirtschaft 212
- Umwelt 733
- Verteidigung 260, 262, 447, 447, 591f., 733, 735, 835, 843
- Wirtschaft 390, 397, 578, 733, 743, 780

Bundespräsident 104f., 438, 796

Bundestag 12, 102–105, 107, 110f., 118, 121, 123, 125f., 137, 176, 262, 274, 279, 385, 290, 296, 316, 325, 368–375, 412, 419f., 436f., 442, 495–499, 501f., 504, 506f., 509, 515 517, 532, 548, 553, 556, 565, 569, 615, 629 710. 721, 742, 772, 797, 815–817, 857

Bundesrat 150, 615, 797

Bundesverfassungsgericht 118, 188, 235, 239f., 480, 482, 486, 714, 856

Bundeswehr 258–263, 267, 274, 281, 291, 306, 311, 317, 339, 447, 455, 463f., 470, 476, 519, 542, 551f., 556, 560f., 563, 567, 572, 574, 582, 593–595, 733–737, 756, 792, 798, 834f., 850

Bündniszugehörigkeit Deutschlands 32, 130, 133, 176, 234f., 239f., 242–244, 248, 256–258, 260, 268f., 274, 311f., 341, 436, 441, 448, 450, 452f., 461, 464, 469, 472, 474, 477, 483, 510f., 516, 525, 527, 534f., 549f., 557, 559, 561f., 567, 587, 589, 603–605, 608, 632, 639, 719, 767
- Bündnistreue 29f., 39, 64, 69, 130, 178, 451, 641, 667, 670, 712, 715

Bürgerrechtsbewegung/DDR-Opposition 78, 125, 134, 159–161, 186, 190f., 201, 205, 208, 224, 299, 322, 380, 710

Demilitarisierung 257, 259, 263, 278f., 281, 303, 306, 341, 474, 515, 611, 735, 744, 763

Deutsche Frage 32, 39, 48f., 51, 56, 60, 75, 82f., 85f., 92f., 95, 97f., 109, 119, 122, 127, 129, 131–133, 135, 137, 155, 160, 169, 171, 175, 179, 187, 194, 204, 219, 225–227, 230f., 234, 237, 241–243, 246, 250, 253, 289, 304, 317, 320, 337, 354, 356, 380, 421, 425, 440, 451f., 466f., 475, 483, 522, 524, 558, 604f., 611, 613, 627f., 634, 663, 689, 700, 718f., 724, 773, 800

Deutschlandpolitik 26, 32, 35, 40, 44, 47, 74, 86, 88, 94f., 97f., 179, 181, 183, 217, 224, 621, 629, 631, 639, 695, 699, 750, 760, 805
- der Bundesrepublik 18, 92, 97–102, 109, 111–113, 117, 120, 126f., 131, 133, 135, 172, 175, 219, 277, 390, 480, 631, 682, 691, 740, 748, 809
- der DDR 76, 225, 228, 318, 323, 632
- der EG 148, 150, 399, 786
- Frankreichs 54, 56–58, 347, 380, 667
- Großbritanniens 69–72, 132, 703, 714, 730, 674f.
- Polens 479, 492f., 500f., 810, 822
- der Sowjetunion 43, 49, 53, 118, 200, 227, 232, 246, 308, 473, 476, 531, 578, 590, 618, 627, 707, 751, 770, 845
- der USA 33, 39

Eigentumsverhältnisse in der DDR 286f., 294, 329, 612, 772, 856
- besatzungsrechtliche Maßnahmen 294, 473
- Bodenreform 286, 294, 612, 758, 856
- Enteignungen 286, 460, 579, 611f., 758, 763, 843
- Vermögensfragen 612, 763

Elysée-Palast 66–68, 88f., 91, 136, 142f., 145, 153, 159f., 171, 347–349, 353, 356, 377, 404–407, 409f., 422, 559, 624, 671, 680, 691, 695, 698, 772, 777
Entkoppelung 434–438, 440f., 624, 770, 794, 796f.
Europäische Gemeinschaft 17, 29f., 37, 43, 45, 58, 68, 74, 77, 79, 84, 87–91, 94, 100f., 103, 106, 107, 114, 121, 123f., 130–132, 135f., 138, 141, 143–146, 148, 151, 153f., 157, 161f., 166f., 170f., 173, 176, 178f., 187–190, 202, 209, 218f., 249, 256, 260, 265, 277, 280, 283, 297, 305, 307, 312, 316f., 320, 323, 327, 351, 353, 358, 361–364, 370, 378–381, 383–405, 407, 409, 419, 421f., 440, 472, 508, 565, 586, 627, 630, 638, 640, 654, 669, 675, 681, 683f., 691f., 710, 722, 733, 735, 780, 783, 740, 784f., 787, 789–791, 810, 826, 836, 842
- Bangemann-Gruppe 387, 390, 393, 397
- Einheitliche Europäische Akte (EEA) 60, 139, 410
- Europäisches Parlament (EP) 104, 142, 144, 192, 196–198, 384f., 388–391, 394, 398f., 402, 404f., 410, 413, 417–420, 670, 773, 781f.
- Europäischer Rat (ER) 83, 89, 91, 136, 139–144, 148, 151, 153, 166, 180, 330, 362f., 384, 386, 389, 494f., 397, 400, 402–411, 415f., 418, 422, 530, 532, 537, 654, 680, 692, 709, 774, 781, 787
- Europäische/Politische Union 60, 107, 137, 144–146, 151, 158, 362, 364, 378, 380, 401, 403–411, 413–416, 420, 422f., 622, 624, 640, 693, 774, 787–789, 791
- Europäisches Währungssystem (EWS) 139f., 142, 391,
- Europäische Wirtschaftsgemeinschaft (EWG) 139, 394, 399, 692, 779, 781, 784

- Europäische Wirtschafts- und Währungsunion (EWWU) 68, 88f., 130, 137f., 140–147, 150f., 173, 187, 219, 354, 363f., 370, 375, 378, 380, 384, 389, 392, 400–402, 404, 406–409, 411, 414–416, 420, 422f., 624f., 640, 670, 692f., 774, 786, 787–789, 791
- Kommission der Europäischen Gemeinschaften 139, 144, 361, 383, 385–387, 389, 392–399, 401–404, 410, 416–419, 421f., 492, 564, 692, 781, 783, 785, 790, 829, 834
- Ministerrat 395, 397, 400, 408f., 414

Foreign and Commonwealth Office (FCO) 69f., 72, 181, 217, 307, 674, 694, 716f., 730, 742, 850–852
Friedensvertrag 12f., 84f., 216, 222, 227, 232, 250, 267, 273f., 278, 280, 282–284, 289, 294f., 310f., 320f., 340, 342, 344, 351, 360f., 369, 433, 435, 461, 474, 479–483, 485, 490, 498, 501–504, 507, 570, 579, 590, 593, 667, 678, 733, 737, 741, 749, 761, 768, 773, 798, 812, 819, 820

GATT 670
G 7 449, 469, 524, 529f., 532, 537f., 543, 566, 568, 827, 836
Genscher-Plan/Tutzing-Formel 256–259, 264, 273, 312, 444, 458, 476, 513, 635, 715, 731f.
Gewerkschaftsbewegung Solidarität 9, 205, 809f.
Grundgesetz 27, 86, 108f., 282, 351, 443, 461, 480, 482, 607, 630f., 779
- Art. 23 232, 249, 258, 279, 282–284, 287, 289. 309f., 315f., 319f., 328, 378, 388f., 394f., 398f., 412, 421, 425, 443, 471, 492, 606, 622, 640, 721, 738, 745, 747, 753, 760, 822, 832
- Art. 146 249, 258, 283, 315, 378, 389, 395, 421, 443, 606, 721, 783, 822

Internationaler Währungsfonds (IWF) 21, 23f., 83, 530, 532

Kalter Krieg 33, 35, 39, 54, 158, 617, 433, 512, 522, 524, 627, 639, 859
Koalition (Bundesregierung) 34, 95, 98, 105, 111–113, 134, 262, 264, 296, 370,

Koalition (Bundesregierung) (Forts.)
437, 450, 458, 480f., 486–488, 498,
634, 636, 788
- DDR-Regierung 207, 249, 315,
317–319, 324, 326–329, 335, 572, 574,
576f., 593, 755f., 762, 785, 850
Konföderation 76, 78, 81, 101, 104–107,
111, 114, 122, 126, 135, 166, 168, 187,
220, 225, 230, 302, 331, 362, 389,
404f., 631, 678, 682–684, 690, 700,
705, 721, 787
KSZE 29f., 30, 35, 49, 81, 90, 106, 108f.,
111, 121, 123, 132, 148, 152, 158, 161,
165, 172, 180, 189, 196, 198, 201, 203,
207f., 214, 216–222, 224, 227, 233,
236, 246, 250, 253, 261, 265, 267,
271f., 275, 282, 285, 287, 300, 303,
306, 311f., 316–319, 323–325,
327–335, 339, 341, 344, 354, 362, 364,
425, 428, 433–436, 440, 443, 532f.,
449f., 452, 458, 462, 464, 457f., 470,
473f., 476f., 511, 515f., 518–522, 525f.,
528, 535, 548, 557, 559, 566, 572, 577,
579, 580, 593, 606, 609f., 632, 699f.,
707, 715, 717–719, 727, 730, 733,
748f., 764–766, 768f., 774, 787,
802–804, 849, 857f.
- Helsinki II 158, 180, 202f., 208
- Helsinki-Prozeß 43, 218, 221, 223, 694
- Schlußakte von Helsinki 92, 109, 114,
120, 131, 148, 152, 155, 166, 169, 177,
188f., 192, 194f., 272f., 384, 452, 454,
469, 490, 533, 557, 738, 801

Menschenrechte 42, 190, 532, 722
Ministerium für Abrüstung und Verteidigung (MfAV) 768
Ministerium für Außenhandel 677
Ministerium für Auswärtige Angelegenheiten (MfAA) 206, 287, 322–326,
328f., 331–336, 343, 440 446, 573f.,
593, 709–711, 755, 758–762, 765,
767f., 783, 798, 839f., 857
Ministerium für Staatssicherheit (MfS) 78,
211, 356, 575, 858
Modrow-Plan 77, 228–230, 235

Nationaler Sicherheitsrat (NSC) 38, 67,
223, 224, 235, 237, 252, 264f., 271,
291, 514, 660, 687, 703, 723, 730,
746f., 824

Nationale Volksarmee (NVA) 245, 259f.,
263, 317, 361, 476, 563, 722, 756, 798,
854
NATO 17, 29f., 33, 37, 58, 69–71, 79, 84,
92, 101, 109, 121f., 128–132, 155, 158,
164f., 175–179, 188–190, 198, 203,
206, 217, 219f., 223, 228f., 235–237,
242, 246, 248–252, 255–275, 278f.,
281–283, 285–287, 289, 292, 295–297,
301–314, 316, 318–321, 324, 327f.,
329–334, 339, 341, 345, 349, 357,
359, 365f., 370f., 383, 405, 411f., 425,
427–430, 435f., 438, 440f., 445,
450–459, 461–469, 471, 474f., 477,
479, 510–532, 534, 537–541, 544, 546,
549, 550–552, 557, 560–565, 568f.,
588–590, 592–594, 596–598, 603,
609f., 624f., 627, 630, 632, 634f.,
637–639; 667, 672, 675, 690, 705,
709f., 715, 718f., 722f., 725, 727, 728,
730–732, 735–741, 744–746, 751–753,
756, 761, 763, 765f., 768f., 775, 782,
794, 796, 798, 801f., 804–806,
823–833, 836–838, 841, 845f., 849,
852–854, 858
- Doppelbeschluß 34, 36, 44, 57f., 669,
670
- Harmel-Bericht 69
- Integration 55
- Jurisdiktion/Zuständigkeit 236,
257–260, 262f., 267, 271, 274, 732f.,
741, 832
- Nachrüstungsbeschluß 33, 45, 57
- Truppenstatut (NTS) 590–592, 597, 624
-- Zusatzabkommen (ZA-NTS) 590, 624
- Gipfel 34, 35, 70, 144, 151, 175f., 178,
185, 693
Neun Zusicherungen 466–468, 470, 513,
630, 805
Neutralisierung 34, 36f., 56, 59, 69, 116,
122, 189, 197–199, 219, 229, 235, 239,
242, 252, 263, 274, 281, 289, 308, 314,
320, 329, 341, 349, 352, 355, 357, 371,
384, 427, 438, 440, 483, 511, 632, 669,
672, 719, 731, 825

Open-Skies 250, 484, 726
Ostpolitik 36f., 60f., 70, 85, 132, 480, 636,
668, 670
Ost-West-Konflikt 54, 203, 207, 668

Parlament, gesamtdeutsches 220, 239, 266f., 272, 274, 278, 285, 316, 360f., 367, 369, 370f., 374, 442, 479–481, 485–487, 490, 492, 497, 502f., 505, 547, 569f., 605, 612f., 776, 803, 816f., 855
Perestroika/Glasnost 42, 92, 120, 128f., 205, 240, 242, 293, 297, 427f., 459, 461, 468, 537, 544, 675, 711
Politbüro der KPdSU 13, 53, 200, 473, 527, 718, 760, 793, 807
– der SED 9, 50, 125, 665
Polnisches Außenministerium 443, 493, 500f., 818, 821
Polnische Westgrenze 12–14, 17, 84, 92, 106, 109, 112, 115, 121, 130f., 146, 150, 152, 154, 164, 170f., 177, 181, 189, 195, 235, 239f., 251f., 266, 268, 272–274, 278f., 285, 289–292, 294, 296f., 300–302, 305, 310, 316, 318–320, 325, 327f., 333, 335, 339, 342, 345, 347, 351, 356, 360f., 364, 367–373, 375f., 378, 380, 386, 412, 431f., 441f., 444, 452, 455, 468, 473, 479–492, 494–499, 501–509, 532, 540, 548, 556f., 566–572, 574, 589, 605f., 609f., 625, 634, 636, 639, 660, 695, 714, 733, 737, 738f., 741f., 748, 772f., 798, 806, 809, 811–816, 819, 821f.
– deutsch-polnischer Grenzvertrag 319, 367, 369, 373f., 432, 439f., 442, 452, 485, 486–490, 492–509, 540, 556, 569–571, 609f., 771, 806f., 816f., 820–822, 839, 843
– Görlitzer Vertrag 374, 485, 496
– Oder-Neiße-Linie 12, 113, 116, 132, 152, 168, 188, 241, 266, 268, 296, 327, 369f., 368–374, 367, 479–483, 486–493, 498, 500, 502, 570, 621, 694, 698, 715, 731, 776, 810, 815

Quai d'Orsay 66–68, 280, 295, 408, 422, 456, 743, 776

Raketen 669
– Pershing 45f., 58f.
– SS 20 57, 668
Rat für gegenseitige Wirtschaftshilfe (RGW) 62, 76, 79, 158, 208, 393, 395, 610, 627, 721, 784
Reparationen 266, 268, 274, 289, 297, 311, 314, 367, 369, 371, 374, 487–489, 492, 619, 736, 773, 817

Revanchismus 44, 118, 719, 813

SDI 45, 59, 670
Selbstbestimmungsrecht 12, 14, 32f., 35, 47f., 56f., 63f., 80, 82–84, 90, 92–94, 104, 107–109, 115f., 129–131, 135, 147f., 150f., 160, 169, 172, 175–177, 190, 195, 198f., 204f., 215, 217, 220, 226, 228f., 231, 234, 241, 244, 246–248, 313, 343f., 350, 354, 377, 384, 390, 430, 434f., 441, 450, 453, 470, 474, 480, 483, 494, 532, 606, 609, 623, 627, 668, 698, 707f., 715, 724, 780
Sicherheitspolitik 33, 44, 55, 57–60, 69, 71, 74, 76, 94, 112f., 115, 132, 150, 214, 218f., 223, 233, 238, 251f., 258, 260, 263, 274f., 277f., 290, 296, 300, 310, 312, 317–319, 323, 324, 365, 410, 453, 456, 458, 466, 474, 491, 510, 513, 516, 525, 534, 543f., 553, 574, 593, 632, 637, 639, 669, 722, 740, 744, 787, 823
Souveränität 16, 31, 54, 56, 64, 70, 76, 81, 111, 114, 122, 139, 141, 156, 161, 163, 168, 192, 220, 274, 291, 307, 321, 339f., 344, 365f., 381, 404f., 411, 430, 435–438, 440, 443, 453, 465f., 470, 472, 475, 477, 500–505, 532, 535, 538, 540f., 543, 548–552, 556f., 559, 564, 570f., 574, 579, 589f., 592, 594, 597–601, 603–606, 608–611, 613, 615, 617, 619, 640, 667, 742, 771, 795–797, 832, 845, 851, 853, 856f.
Sowjetisches Außenministerium 53, 79, 118, 125, 200, 288, 341, 345, 425, 467, 515, 527, 534, 614, 617, 663, 666, 731, 745, 752, 758, 770, 828
State Department 37f., 83, 126, 131, 215, 223, 252, 291, 342, 513, 660f., 690, 701, 703, 730, 732, 737, 740, 746, 805
Streitkräfte 197, 219f., 242, 259–262, 281, 286, 308, 317, 319, 339, 359, 365–367, 430, 438, 440, 454, 460f., 464f., 467, 470f., 476, 491, 516, 522–524, 526, 538, 541, 551–556, 558, 560, 563, 565, 567, 574–576, 590–603, 607f., 610, 615, 618, 634, 776, 798, 803f., 807, 823, 826, 835, 837, 841–843, 846, 849, 852, 853f.
– Sowjettruppen 43, 519, 727, 820
– sowjetische Streitkräfte in der DDR 180, 227, 232, 235, 238, 244, 246, 258,

- sowjetische Streitkräfte in der DDR
  (Forts.) 267, 269, 274, 286f., 289, 291,
  303, 306, 309, 317, 319, 334, 339,
  357–359, 365, 370, 430, 438, 441, 455,
  460, 464, 468, 474f., 531, 537f.,
  540–543, 549–556, 559–562, 565, 573,
  575, 577f., 580f., 583, 585f., 590–596,
  598f., 601, 604, 607, 609f., 619, 651,
  722, 725, 733, 736, 745, 752, 756, 766,
  802, 832, 834, 838, 840, 845f., 851,
  853f., 859f.
- US-Streitkräfte 55, 128, 199, 213, 267,
  269, 272, 319, 358, 365, 455, 471, 515,
  518, 565, 591, 727, 756, 835
- Westgruppe 334, 560, 600, 618, 666
- Westtruppen 218, 236, 303, 305, 364,
  441, 591f., 599, 607, 735, 842, 847, 854

Übersiedelung 22, 24, 27, 78, 81, 167,
  209, 238, 275, 296, 300, 307, 352, 356,
  375, 425, 709, 720, 748
- Flucht/Flüchtlinge 24, 50, 78, 159, 209,
  662

Verantwortungsgemeinschaft 76
Vereinte Nationen (UNO) 32, 38, 61, 79,
  121, 331, 480, 533, 535, 580, 657,
  659f., 759, 812
- Sicherheitsrat 56
- Vollversammlung 12
Verhandlungen über konventionelle
  Streitkräfte in Europa (VKSE) 49, 108,
  224, 261, 267f., 272, 290, 324, 331,
  428, 433f., 452, 460, 463, 469, 516,
  526, 542, 550, 554, 556, 561, 575, 593,
  607, 616, 727, 766, 835, 842, 850
- Konventionelle Streitkräfte in Europa
  (KSE) 468, 471, 842
Verträge 76, 148, 161, 240, 274, 283, 286,
  291, 294, 297, 303, 320, 338f., 428,
  450, 460, 474, 502, 504–509, 515, 533,
  537, 540f., 543, 550, 555, 558, 577–582,
  585–590, 592f., 604, 608f., 611, 614,
  618f., 630, 687, 791, 842, 854, 859
- Deutschlandvertrag 101, 351, 361, 480,
  656, 667, 668, 741
- deutsch-sowjetischer Nachbarschaftsvertrag 214, 458f., 506, 532, 537, 539,
  543f., 547f., 559, 561–563, 577–584,
  588, 604, 608, 630, 638, 840, 843–845,
  849, 860
- Grundlagenvertrag 29, 46, 48, 114, 120,
  284, 687, 784
- Moskauer Vertrag 29, 120, 122, 129,
  148, 188, 194f., 240, 338, 351, 360,
  480, 533, 582, 657, 741
- Ostverträge 120, 480
- Prager Vertrag 29, 120
- Römische Verträge 146, 384, 396, 399,
  784
- Versailler Vertrag 188
- Warschauer Vertrag 29, 120, 188, 240,
  351, 360, 480–482, 485, 496, 657, 688,
  694, 741, 815
Vertragsgemeinschaft 75f., 98f., 107, 156,
  161, 169, 201f., 204, 207, 211, 215f.,
  218, 224f., 230f., 302, 389, 717
Vertragstreue 30, 76, 217
Vertriebene 367, 369, 448f., 496,
  498–500, 814f., 843
Vier Mächte 12, 17, 28, 31, 56, 64, 86,
  94, 103, 105, 115–117, 126, 134, 136,
  154, 162, 178–182, 184, 205f., 210,
  215–218, 220–224, 228, 231, 236,
  242f., 246, 250, 252, 262f., 268, 276,
  279f., 283, 285, 288, 291–293, 295,
  311, 339f., 343, 355, 359f., 379,
  430–434, 442, 461f., 474, 484f., 489f.,
  493, 496, 503f., 551, 558, 565, 570f.,
  573, 579, 603, 605, 608–616, 654,
  668f., 704, 714, 716, 724, 731, 733,
  744f., 761, 770, 791, 840, 856
- Abkommen 32, 61, 183, 198, 220, 480,
  740
- Botschaftertreffen 29, 150, 179, 182,
  184f., 205, 215, 703f., 714
- Konferenz 84–86, 222, 232, 242, 245
- Verantwortung 16, 31f., 63, 86, 94, 105,
  177, 182f., 205, 215f., 218, 220–223,
  233f., 240, 268, 294f., 344, 431, 433,
  439, 474, 541, 557, 569, 572, 579, 605,
  608, 614f., 623, 631, 667, 681, 690,
  699, 714, 716, 725, 746, 798, 820
- Vorbehaltsrechte 13, 16f., 31f., 61,
  80, 82, 85f., 94, 105f., 116, 126, 177,
  180–182, 185, 192, 205f., 216–223,
  227f., 233f., 236, 240, 251, 268, 279,
  283f., 286, 289, 291, 294f., 300, 305,
  307, 311, 317, 342, 344, 355, 366, 368,
  431, 433f., 436–439, 441–443, 446,
  460, 466, 472, 474, 489, 502, 540f.,
  557, 569, 572, 579, 581, 605, 608, 610,

- Vorbehaltsrechte (Forts.) 613–615, 623 f., 631, 657, 667, 678, 681, 690, 699, 703, 716, 733, 742, 746, 761, 770 f., 798, 805, 820, 844, 849, 856 f.
- Westmächte 22, 29, 31 f., 61, 80, 86, 94, 117, 137, 179, 182 f., 201, 215 f., 251, 256, 270, 278–280, 283, 287, 303 f., 321, 333, 355, 373, 436, 441, 568, 573, 590–596, 599–601, 624, 657, 670, 710, 726, 728, 742, 746, 748, 796 f., 829, 846 f.

Vier Prinzipien 131, 177, 181, 190, 253, 630, 701

Volkskammer 76, 78, 206 f., 228, 274, 287, 290, 296, 315 f., 318–320, 322 f., 325 f., 355, 368–375, 412, 420, 442, 452, 473, 481, 484, 487–489, 491–499, 502, 504, 506, 532, 548, 556, 569, 577, 745, 766, 816 f.

Wahlen 79, 90, 105, 189, 197, 204, 253, 255, 264, 267, 270, 276 f., 280, 286 f., 292, 294, 419, 771
- Deutscher Bundestag 103, 113, 124, 302, 364, 367, 377, 405, 413, 425, 458, 488, 505, 536, 634, 721, 742, 748, 771, 795, 843
- gesamtdeutsche Wahlen 220, 267, 302, 420, 425, 456, 467, 511, 514, 537, 565, 577, 738, 795
- Volkskammer 18, 103, 128–130, 161 f., 187, 204, 211, 218, 224, 228, 236, 238, 249, 251, 296 f., 299–302, 307 f., 310, 337, 352, 354, 356 f., 362 f., 367, 370, 373 f., 376 f., 379, 395, 397 f., 405 f., 481, 485, 489, 690, 705, 709, 717, 728, 733, 739, 747, 754, 758, 774

Warschauer Pakt 17, 33, 76 f., 79, 121 f., 130, 132, 150, 155, 158, 165, 168, 175, 178, 192, 203, 208, 219 f., 242, 250, 256, 261, 285, 289, 302 f., 306, 308, 317 f., 320, 327, 330, 333 f., 356 f., 361, 366, 394, 427, 441, 454–456, 461, 465, 471, 476, 481, 511 f., 514–519, 521, 523–525, 529, 532, 544, 576, 610, 627, 632, 660, 662, 727, 744, 751, 753, 768, 804, 806, 810, 823, 825, 838, 842, 854

Westbindung 30, 34, 37, 69, 92, 109, 133, 189, 209, 249, 365, 383, 445, 609, 621 f., 627, 630, 635, 640 f., 728

Westeuropäische Union (WEU) 58, 311–313, 667, 752 f.

Wirtschaftshilfe 26, 83, 92, 128, 162, 178, 191, 202, 213 f., 231, 307, 441, 453, 458 f., 522, 529, 537, 553, 559, 561–563, 565, 577, 579, 604, 609 f., 614, 617 626, 640, 655, 834, 844

Zehn-Punkte-Programm 97, 99, 101–103, 105, 109–119, 121–127, 129–131, 133–138, 141, 143, 145–147, 154 f., 168 f., 173, 175 f., 178, 186–189, 192, 194–196, 202 f., 205, 213 f., 220, 226, 230 f., 240, 244, 262, 302, 353, 388, 458, 479, 483, 609, 624, 630 f., 634, 636, 640, 678, 682, 686, 690 f., 701, 723

Zentralkommitee der KPdSU 42, 53, 81, 118, 192 f., 199 f., 246, 310, 357, 438, 531, 534, 616, 752, 758, 797
- der SED 50, 77, 656, 710
- Internationale Abteilung

Zwei-plus-Vier-Vertrag 303, 434, 439, 442, 465, 543, 549, 553, 556, 567 f., 573, 576, 578–580, 585 f., 588, 593–596, 599–602, 606, 619, 625, 820, 832, 845, 850 f., 854, 857, 860
- Außenministertreffen 285, 292 f., 337, 340, 342, 344 f., 425, 430, 432, 435, 437, 439 f., 440, 442–444, 462, 472, 476, 492, 497, 501 f., 504 f., 511 f., 515, 521, 535, 564, 566–568, 572, 577, 580, 585, 589, 597, 603 f., 614, 803, 818, 839
- Beamtentreffen 253, 270, 276, 281, 284 f., 288 f., 292 f., 295, 341 f., 432, 439, 441–446, 460, 473, 490, 494, 497 f., 501, 535, 570–572, 576, 593 f., 596, 613, 728, 745, 798, 807, 820, 839, 842, 848

Zweistaatlichkeit 76 f., 77, 94, 106, 113, 117, 126, 130, 134, 163, 202, 204, 207, 218, 221, 652, 688, 698, 715